1 MONTH OF
FREE
READING

at
www.ForgottenBooks.com

By purchasing this book you are eligible for one month membership to ForgottenBooks.com, giving you unlimited access to our entire collection of over 1,000,000 titles via our web site and mobile apps.

To claim your free month visit:

www.forgottenbooks.com/free1022550

ISBN 978-0-364-42691-3
PIBN 11022550

HANDLEXIKON

zu

CICERO

VON

H. MERGUET.

LEIPZIG.

VERLAG DER DIETERICH'SCHEN VERLAGSBUCHHANDLUNG
THEODOR WEICHER

1905.

Vorwort.

Das Handlexikon gibt in einer Auswahl von Beispielen, die den sämtlichen Schriften Ciceros, also auch den rhetorischen Schriften und den Briefen nach dem Wortlaut der neuesten Texte unter Hinzufügung abweichender Lesarten entnommen sind, eine Übersicht über den gesamten Sprachgebrauch dieses Schriftstellers. Diese Beispiele sind so gewählt und gefasst, dass daraus die Bedeutungen und Konstruktionen der Wörter, ihre phraseologischen Verbindungen, die sinnverwandten Ausdrücke u. dgl. zu ersehen sind, dass sie also Auskunft über die verschiedensten Fragen der Bedeutungslehre, Grammatik und Stilistik aus dem besten klassischen Latein geben. Gleichzeitig sind die zahlreichen Stellen von sachlicher Bedeutung dabei vorwiegend berücksichtigt.

Durch diese Einrichtung soll das Buch sowohl Studienzwecken dienen, wie auch namentlich für den praktischen Schulmann bei dem Unterricht in der lateinischen Sprache ein leicht zugängliches, bequemes und ausgiebiges Hülfsmittel sein.

Die Beispiele sind wie in meinen Wörterbüchern zu den Reden und den philosophischen Schriften Ciceros nach syntaktisch-phraseologischen Gesichtspunkten und in den Abteilungen unter Hervorhebung des ersten massgebenden Wortes alphabetisch geordnet: die intransitiven Verba nach den Subjecten, die transitiven nach den Objecten, die Substantiva I. als Subject, Prädicat, Ausruf, II. nach Verben als Accusativ, Genetiv, Dativ, Ablativ und mit Präpositionen, III. nach Adjectiven, IV. nach anderen Substantiven, V. als Umstand, d. h. auf den ganzen Satz bezügliche Bestimmungen im Ablativ und mit Präpositionen; die Adjectiva A. nach den zugehörigen Substantiven, B. substantiviert; die Adverbia, Präpositionen und andern Partikeln nach den von ihnen bestimmten Verben, Adjectiven, Substantiven und den Verbindungen, welche sich auf den ganzen Satz beziehen. Diese Gruppen sind durch Nummern und in grösseren Artikeln durch Titel und Absätze gekennzeichnet. In substantivischen Reihen stehen die Personennamen und die pronominalen Personen- und Sachbezeichnungen den Appellativen voran. Erläuternde Zusätze sind in ( ) angegeben, Parenthesen des Schriftstellers in ⟨ ⟩, die Stellen aus den poetischen Stücken und der Gesetzessprache in „de legibus" stehen zwischen › ‹.

Die den rhetorischen Schriften und den Briefen entnommenen Beispiele bilden zugleich eine Ergänzung meiner früheren lexikalischen Arbeiten über Cicero.

Gotha, den 10. März 1905.

H. Merguet.

Abgekürzte Bezeichnung der Schriften:

A I—XVI	epistulae ad Atticum.
Ac I, II	Academica.
agr I - III	de lege agraria.
Arch	pro Archia poëta.
Balb	pro L. Cornelio Balbo.
Bru	Brutus.
Caecin	pro A. Caecina.
Cael	pro M. Caelio.
Catil I—IV	in L. Catilinam.
Cato	Cato maior de senectute.
Cluent	pro A. Cluentio.
Deiot	pro rege Deiotaro.
de or I—III	de oratore.
div I, II	de divinatione.
div Caec	in Q. Caecilium divinatio.
dom	de domo sua ad pontifices.
ep I—XVI	epistulae ad familiares.
fat	de fato.
fin I—V	de finibus bonorum et malorum.
Flac	pro L. Flacco.
Font	pro M. Fonteio.
fr A—K	fragmenta (ed C. F. W. Mueller).
har resp	de haruspicum responso.
imp Pomp	de imperio Cn. Pompei.
inv I, II	de inventione.
Lael	Laelius de amicitia.
leg I—III	de legibus.
Ligar	pro Q. Ligario.
Marcel	pro M. Marcello.
Milo	pro T. Annio Milone.

Muren	pro L. Murena.
nat I—III	de natura deorum.
of I—III	de officiis.
opt gen	de optimo genere oratorum.
orat	orator.
par	paradoxa.
part or	partitiones oratoriae.
Phil I—XIV	in M. Antonium orationes Philippicae.
Piso	in L. Calpurnium Pisonem.
Planc	pro Cn. Plancio.
prov	de provinciis consularibus.
Q fr I—III	epistulae ad Quintum fratrem.
Q Rosc	pro Q. Roscio comoedo.
Quinct	pro P. Quinctio.
Quir	post reditum ad Quirites.
Rabir	pro C. Rabirio.
Rab Post	pro C. Rabirio postumo.
rep I—VI	de re publica.
Scaur	pro M. Aemilio Scauro.
sen	post reditum in senatu.
Sest	pro P. Sestio.
Sex Rosc	pro Sex Roscio Amerino.
Sulla	pro P. Sulla.
Tim	Timaeus.
Top	Topica.
Tul	pro M. Tullio.
Tusc I—V	Tusculanae disputationes.
Vatin	in Vatinium testem interrogatio.
Ver pr	in C. Verrem actio prima.
Ver I—V	in C. Verrem actio secunda.

A: sus rostro si humi A litteram impresserit; div I, 23. ¶

a, ab! a te infelicem! rep I 59.

a. ab. von, von — her, aus, seit, auf Seiten, in Bezug auf, an: ut iam nescias „a" ne verum sit an „ab" an „abs"; orat 158. vgl. **af.** — I. nach Verben (vgl. **abaliene, abduco** u. s. m.): ea benivolentiam abalienant ab iis; de or II 182. legiones abducis a Bruto; Phil X 6. abeamus a fabulis; div II 22. a proposito aberramus; fin V 83. quae non abhorrent ab hominum moribus; de or I 219. iudicabit Alexandriam regis esse, a populo Romano abiudicabit; agr II 43. quod (Demosthenes) se ab hoc dicendi genere abiunxerat; A II 1, 3. nihil se ab A. Caecina posse abradere; Caecin 19. si (eum) natura a parentis similitudine abriperet; Ver V 30. tunicam eius a pectore abscidit; Ver V 3. ut neque a Fannio iudicio se absolvat; Q Rosc 36. neminem a congressu meo ianitor absterruit; Planc 66. qui abstinet se ab iniuria; fin II 71. a corpore animus abstractus; div I 66. abest a sapiente aegritudo; Tusc III, 21. neque ulla re longius absumus a natura ferarum; of I 50. procul aberam ab re ipsa et a locis; ep III 5, 4. a ratione ad humanam figuram quo modo accedis? nat I 89. se a me bis salutem accepisse; dom 134. ut maiores nostri ab aratro adduxerunt Cincinnatum; fin II 12. (tabellarius) attulit et ab eo (Bruto) et a Cassio; A XV 5, 1. cum iste a Syracusanis, quae ille calamitosus dies reliquerat, ademisset; Ver IV 151. quos (honores) a populo Romano adeptus est; Cluent 118. qui hunc minorem Scipionem a Paulo adoptavit; Bru 77. quod a maioribus nostris foedere adsequi non potuerunt; Ver V 51. advolabat ad urbem a Brundisio homo; Phil V 42. ut alienos ab eis auditorum voluntatem; inv I 24. quaestorem a sua frumentaria procuratione senatus amovit; har resp 43. cuius procurator a praetore tribunos appellare ausus sit; Quinct 64. quae (denicales) a nece appellatae sunt; leg II 55. hunc a tuis [aris] ceterisque templis, a tectis urbis ac moenibus arcebis; Catil I 33. cum ab aratro arcessebantur, qui consules fierent; Sex Rosc 50. sacra a Graecis ascita; Ver V 187. cuius furorem deos immortales a suis aris atque templis aspernatos esse; Cluent 194. rapiebat ab asportabat, quantum a quoque volebat, Apronius; Ver III 29. si aliquid a comitiis audierimus; A III 14, 2. ab Hispaniis iam audietur; A X 12, 2. avulsus a meis; dom 145. quis potest esse tam aversus a vero? Catil III 21. **M.** Antonii conatus avertere a re publica; Phil VI 18. signa ab Heio e sacrario Verres abstulit; Ver IV 7. quod me a maestitia avocas; A XII 37, 4. a te mihi omnia honesta ceciderunt; Q fr I 3, 1. quin is ab Siculis pecunias ceperit; Ver II 119. constituendi iuris ab illa summa lege capiamus exordium; leg I 19. ab auditorum persona benivolentia captabitur; inv I 22. ut a servitio caveremus; har resp 25.

illud a me novum cognoscetis; Ver pr 55. multi magnas pecunias ab invitis civitatibus coëgerunt; Ver III 218. a certis cohibes adsensum; Ac II 94. benivolentia quattuor ex locis comparatur: ab nostra, ab adversariorum, ab iudicum persona, a causa; inv I 22. a quibus comperit . .; Ver II 59. tu ab eorum oculis aliquo concederes; Catil I 17. ille tantum amorem sibi conciliarat a nobis; Arch 17. ab iis artibus se ad scribendi studium contulit; Arch 4. valetudinem tuam iam confirmatam esse et a vetere morbo et a novis temptationibus gaudeo; A X 17, 2. qui ab iure ad ferrum confugerit; Caecin 93. si Italia a dilectu, urbs ab armis numquam esset conquietura; Milo 68. scuta si quando conquiruntur a privatis; Ver IV 52. Pompeium a Brundisio conscendisse; A IX 14, 3. quantam sitis a populo Romano laudem consecuti; Phil V 2. Canius contendit a Pythio, ut venderet; of III 59. cum a praesenti supplicio tuo continuit populus Romanus se et repressit; Ver V 74. ab amicissimis civitatibus legationes convenisse; Ver pr 7. ut (sapientia) homines a consuetudine subito converteret; inv I, 3. cum (senatus) nihil a superioribus decretis decesserit; Scaur 39. nihil tam facile quam multitudo ab tristitia et saepe ab acerbitate commode et hilare dicto deducitur; de or II 340. me magna pecunia a vera accusatione esse deductum; Ver I 17. ut tu Italiam et ab armatis hostibus et ab occulta coniuratione defenderes; ep V 2, 1. rem a subselliis ad rostra detulit; Cluent 111. si plane a nobis deficis; ep VII 12, 2. qui semel a veritate deflexit; Q Rosc 46. cuius utinam filii ne degenerassent a gravitate patria! prov 18. si qui me introire prohibuerit, non ex eo, sed ab eo loco me deiecerit; Caecin 87. qui illam a re publica pestem depellere cupiebant; Muren 52. quam multorum hic vitam est a L. Sulla deprecatus! Sulla 72. (Stoici) desciscunt a natura; fin IV 43. se ab eo ipso illos duo libros descripsisse; Ac II 11. ab Chrysippo nihil magnum desideravi; rep III 12. boni multa ab eo (Pompeio) desiderant; Q fr II 4, 5. Gabinium a senatu desperasse; Piso 12. nihil isti adulescenti neque a natura neque a doctrina deesse sentio; de or III, 229. quos ab inconstantia gravitas deterret; dom 4. voluptates maioris partis animos a virtute detorquent; of II 37. in plerisque (locis communibus) fortasse ab auctoritate iuris consultorum et contra auctoritatem dici oportebit; inv II 68. qui ab scripto diceret; inv II 142. non modo dicendi ab reo, sed ne surgendi quidem potestas erat; Cluent 93. a vitio dictum vituperari; fin III 40. cum diducaris ab eo, quicum libentissime vixeris; inv I 109. homines hoc uno plurimum a bestiis differunt, quod rationem habent; fin II 45. vera a falsis, veri similia ab incredibilibus diiudicare et distinguere; part or 139. opera mea Pompeium a Caesaris amicitia esse diiunctum; Phil II 23. quod a Vibone discessimus;

A III 4. id a Platone philosophiaque didiceram; div II 6. ne ab aliorum iudiciis discrepent; Cluent 60. disiungo: ſ. diiungo. quidam multum a me dissentientes; Phil I 31. te a iudicio nostro dissidere; ep XII 17, 2. distinguo: ſ. diiudico. quantum (luna) distet a sole; div II 91. distractus a meis; Sest 145. a quibus (rebus) nos divulsi esse non possumus; Q fr I 1, 15. se a me quodam modo dare; A V 21, 11. est sermo a tali quodam ductus exordio; Tusc II 10. ut (Ser. Galba) egrederetur a proposito ornandi causa; Bru 82. multa ab ipso Publio elici (possunt); A II 22, 4. a multis eligere homines commodissimum quidque; inv II 5. ab invito emere iniuriosum esse; agr I 14. cum mihi denuntiatum esset a tuis ire aliquem; ep XII 18, 1. a quo pecuniam grandem eripueras; Ver IV 37. si potuisset ipsum ab inferis excitare; Milo 79. quae (disciplinae) virtutem a summo bono excludunt; fin III 36. quo facilius id a te exigam; de or II 128. oportet ab adversarii dicto exordiri; inv I 25. a Flacco Lentuli poenae per vos expetuntur; Flac 95. adhuc (frater) nihil a L. Egnatio expressit; A X 15, 4. coepi velle ea Trebatium exspectare a te, quae sperasset a me; ep VII 5, 1. mancipes a civitatibus pecunias extorserunt; Ver III 175. ipsa causa hanc a me orationem flagitavisset; Sulla 35. quae (divinandi genera) a libera mente fluere viderentur; div II 101. illa ut a crudelissimo hoste fugisset; Cluent 189. habebat (Scaurus) hoc a natura ipsa, quod a doctrina non facile posset; Bru 112. a suo familiarissimo L. Metello iudicium ex edicto non potest impetrare; Ver III 152. ant a narratione incipiemus aut a lege aut ab aliqua firmissima ratione nostrae dictionis; inv I 21. quae internosci a falsis non possunt; Ac II 22. ab hac contentione disputationis animos nostros curamque laxemus; de or III 230. si pater familias uxori ancillarum usum fructum legavit a filio; Top 21. Antonii edictum legi a Bruto; A XVI 7, 7. hunc ego a Caesare liberavi; ep XIII 52. a quo (Socrate) haec omnis philosophia manavit; Tusc III 8. quid est, quod ab eo non metuas? A VII 13, 1. epistulas ad familiares missas a Corintho; A XIII 6, 4. quoniam a viris virtus nomen est mutuata; Tusc II 43. invenietis id facinus natum a cupiditate; Ver II 82. quasi (Hyades) a subus essent, non ab imbribus nominatae; nat II, 111. si praetor dedit, ut est scriptum, a quaestore numeravit, quaestor a mensa publica; Flac 44. quid optamus a dis immortalibus? nat I 122. ut a corpore ordiar; fin V 46. ille a Iove ortus; Planc 59. pelli istum (Caesarem) ab Hispania; A X 8, 2. mentem a deis ad homines pervenisse; nat II 79. ut non ab Olympiis coronam petant; opt gen 8. Siculos auxilium a patronis, ab consulibus, ab senatu, ab legibus, ab iudiciis petivisse; Ver III 72. si hoc a me muneris non universa provincia poposcisset; Ver II 117. triumphum ab senatu postulat; inv II 111. ego tibi a vi praestare nihil possum; ep I 4, 3. a quibus bona precaremur; nat III 84. res ab natura profectas; inv II 160. a Leucopetra profectus; A XVI 7, 1. a quo periculo prohibete rem publicam; imp Pomp 19. ut videar non ipse a me aliquid promisisse; de or I 111. ut ab huius honore inimicorum impetus propulsare possim; Muren 2. ab aliis rerum, ab aliis verborum doctrina quaeritur; orat 17. quaerere a nobis soletis, quae vita deorum sit; nat I 50. quaeso a vobis, ut . .; Arch 3. tamquam pilam rapiunt inter se rei publicae statum tyranni ab regibus, ab iis ab unitate; rep I 68. ut longius a verbo recedamus, ab aequitate ne tantulum quidem; Caecin 58. quod me ab hoc maerore recreari vis; A XII 14, 3. pecunia se a iudicibus palam redemeret; Milo 87. dum certum nobis ab Aesernia referretur; A VIII 11, D, 2. cum Romae a iudiciis forum refrixerit; A I 1, 2. quam (invidiam) vestra fides a veritatis

disceptatione reiecit; Cluent 81. res ab nostra memoria propter vetustatem remotas; inv I 1. qui a negotiis publicis se removerint; of I 69. ut falsam a nobis crudelitatis famam repellamus; Sulla 93. repetam stirpem iuris a natura; leg I 20. reprimo: ſ. contineo. quod praeterea ab Crasso requiratis; de or I 160. nec a deo causam requirimus; nat III 91. ut eam non filiae maeror a cupiditate revocaret; Cluent 12. salvebis a meo Cicerone: A VI 2. 10. consuetudo honestatem ab utilitate secernens; of II 9. qui omnino virtutem a bonorum fine segregaverunt; fin IV 49. qui iuris civilis rationem numquam ab aequitate seiunxerit; Caecin 78. separata est ab adsumptione approbatio; inv I 64. sevocare mentem a sensibus; Tusc I 38. Quintus frater laborat, ut tibi, quod debet, ab Egnatio solvat; A VII 18, 4. qui omnia a vobis sperant; Muren 71. ſ. exspecto. ut nemo contra civium perditorum popularem dementiam a senatu et a bonorum causa steterit constantius; Bru 273. quo ego me libentius a curia et ab omni parte rei publicae subtraho; Q fr II 4, 5. vide, ne hoc totum sit a me; de or I 55. cum primum ab aliquo (levamen) poterit esse, a te erit; A XII 16. ea non sunt ab obsequio nostro; A X 11, 3. quod aliud a terra sumpsimus, aliud ab umore; nat II 18. Macer ab Sestii subselliis surrexit; Q fr II 4, 1. non quo aetas nostra ab illius aetate quicquam debeat periculi suspicari; A XIV 13, B, 5. ego tamen me teneo ab accusando; Q fr III 2, 2. ab hoc viro quisquam bellum timet? Phil X 14. signum ab sociis pecuniae magnae sustulit; Ver IV 88. a disputandi subtilitate orationem ad exempla 'traducimus; Tusc III 56. cum in alios ab se crimen volet transferre; inv II 28. nullum tempus illi (C. Pisoni) umquam vacabat aut a forensi dictione aut a commentatione domestica aut a scribendo aut a cogitando; Bru 272. a Brundisio nulla adhuc fama venerat; A IX 3, 2. ut ista ab solitudine domum meam vindicarem; de or I 199. qui me a morte ad vitam vocavit; sen 24.

II. **nach Adjectiven, adjectivischen Participien und Adverbien:** homo non alienus a litteris; Ver II 64. de meo animo a suis rationibus alienissimo; A X 4, 6. res familiaris casta a cruore civili; Phil. XIII 8. haec cum graviter tum ab exemplis copiose explicans; Bru 198. tuto consedimus copioso a frumento loco; A V 18, 2. numquam me a causis et indiciis districtiorem fuisse; Q fr II 15, 1. vir a natura ad dicendum satis solutus atque expeditus; Bru 245. litteras non tam exploratas a timore, quam sermo Livinei fuerat; A III 17, 1. ille Graecus ab omni laude felicior; Bru 63. sumus flagitiose imparati cum a militibus, tum a pecunia; A VII 15, 3. iam inde ab adulescentia; de or I 199. qui sic inopes et ab amicis et || ab || existimatione sunt, ut . .; A I 1, 2. qui a philosophia, a iure civili, ab historia fuisset instructior; Bru 161. si animus a talibus factis vacuus et integer esse dicetur; inv II 24. ſ. sincerus. loca ab arbitris libera; A XV 16, a. non longe a Syracusis; Ver IV, 107. ut tum me a re publica maestum domus excipiebat; ep IV 6, 2. est ipse a materno genere municipalis; Sulla 25. tempus mutum a litteris; A VIII 14, 1. procul a terris id evenit; Tusc I 42. tu prope a meis aedibus sedebas; Piso 26. qui (Carneades) quartus ab Arcesila fuit; Ac I 46. qui (Homerus) recens ab illorum (Tyndaridarum) aetate fuit; nat III 11. ut M'. Curium ab omni incommodo, detrimento, molestia sincerum integrumque conserves; ep XIII 50, 2. solutus: ſ. expeditus. Siciliam a fugitivis atque a belli periculis tutam esse servatam; Ver V 1. ut ab exercitationibus oratoriis nullus dies vacuus esset; Bru 309. ſ. integer.

III. **nach Substantiven:** nostri illi a Platone und Aristotele aiunt . .; Muren 63. nihil tibi opus est illud a Trabea; ep IX 21, 1. aliam aberrationem

a molestiis nullam habemus; ep XV 18, 1. praevaricationem esse omnem iudicii corruptelam ab reo; part or 124. nomen illud tres habet condiciones, aut emptionem ab hasta aut delegationem a mancipe annua die aut ..; A XII 3, 2. quamquam ista mihi tua fuit periucunda a proposita oratione digressio; Bru 292. discessum animi a corpore esse mortem; Tusc I 18. emptio: ſ. delegatio. ab adiunctis posui equidem exemplum ˏaulo ante; Top 50. quid sit, quod ego hoc nescio quid gratulationis et honoris a senatu tanti aestimem; ep XV 4, 13. etsi eram perterritus metu insidiarum a meis; rep VI 14. iter a Vibone Brundisium terra petere contendi; Planc 96. recentissimas a Cybistris te meas litteras habere ais; A VI 1, 1. ab aqua aut ab igni pericula (haruspices) monent; div II 32. haec levior est plaga ab amico quam a debitore; ep IX 16, 7. provocationem a regibus fuisse; rep II 54. revocationem a bello audire non possumus; Phil XIII, 15. tres candidati fore rei putabantur, Domitius a Memmio, Messalla a Q. Pompeio Rufo, Scaurus a Triario; A IV 17, 5. ab iis sermonem fore de te; rep VI 23. Pollicem, servum a pedibus meis ‖ meum ‖, Romam misi; A VIII 5, 1. quod erat ab oratoribus quaedam in foro solitudo; Bru 227. quod ab ea urbe transmissio in Graeciam laudabatur; Phil I 7. nullam tibi a causis vacationem dari; leg I 11.

IV. zum ganzen Satz gehörige Bestimmungen: 1. Raum: tota (Henna) ab omni aditu circumcisa atque directa est; Ver IV 107. (pirata) non modo a latere, sed etiam a tergo magnam partem urbis relinqueret; Ver V 98. a prima ora Graeciae usque ad Aegyptum optimorum civium imperiis muniti erimus; ep XII 5, 1. ut tum a dextra, tum a sinistra parte canant oscines; div I 120. quae (Cappadocia) patet a Syria; ep XV 4, 4. non ab imis unguibus usque ad verticem summum ex fraude constare totus videtur? Q Rosc 20.

2. Zeit, Reihenfolge: cui (Catoni) me totum ab adulescentia dedidi; rep II 1. quem (cursum) a prima aetate suscepisti; Planc 52. ex eo (P. Crasso) cum ab ineunte eius aetate bene speravissem; ep XIII 16, 1. qui (animus) quia vixit ab omni aeternitate; div I 115. ab hora tertia bibebatur; Phil II 104. ab hora octava ad vesperum secreto conlocuti sumus; A VII 8, 4. quem praevaricatorem esse ab initio iudicasse ‖ iudicasses ‖; Vatin 3. cenam te quaerere a mane; ep IX 26, 3. id a primo rectissime dicitur; fin III 32. quibus a principio innascitur ratio recta; nat II 34. fuit Gracchus a puero doctus; Bru 104. vix annus intercesserat ab hoc sermone cohortationis meae; de or II 89. Cotta non multis ab eo tempore mensibus eiectus est e civitate; de or III 11. fuit quaedam ab infinito tempore aeternitas; nat I 21. (litteras) ab Lentuli triumpho datas; A V 21, 4.

3. Beziehung: vgl. II.

V. logisches Subject beim Passiv: hoc ab istis ipsis Mamertinis, tuis laudatoribus, esse sublatum; Ver V 47. ignoratum ab Syracusanis sepulcrum; Tusc V 64. ab ‖ a ‖ quo (res) sit vindicata; inv II 84. supplicatio ab eo decernenda non fuit; Phil XIV 11. a non nullis veritas a te postulatur; leg I 4. ut ego a te absens defendendus essem; ep III 8, 6. cum consul designatus ab equitis Romani filio, consule, defenderetur; Muren 17. eam legem non a vestrorum commodorum patrono, sed a Valgii genero esse conscriptam; agr III 3. — cum circumsessus a tam inlustri civitate sis; Ver I 82. sedem ab universo populo concessam nulli ordini; Bru 103. deseremur ocius re publica quam a re familiari; A XVI 3, 1. te ab ‖a‖ (Velia) amari; ep VII 20, 1. ab ipsa urbe commonitus; ep VII 19. — ut ab altero non delectere, alterum oderis; orat 195. hoc, sine quo non fit, ab eo, a quo certe fit, diligenter est separandum; Top

61. Tironem nostrum ab altera relictum audio; A VIII 6, 5. quam (fortunam) existimo ab animo firmo et gravi tamquam fluctum a saxo frangi oportere; ep IX 16, 6. via ab hac una arte traditur; de or II 36. a beta et a malva deceptus sum; ep VII 26, 2. quod efficitur ab ea causa; Top 60. vgl. II. districtus. neque is, qui optime potest, deserendus ullo modo est a cohortatione nostra; de or II 86. approbata quaedam a consuetudine aut a vero legibus esse firmata; inv II 65. res ab natura profectas et ab consuetudine probatas; inv II 160. is (M. Crassus) mediocriter a doctrina instructus, angustius etiam a natura; Bru 233. num potuerit a fortuna administrari; inv II 44. a qua (gratia) te flecti non potuisse; ep V 12, 3. quod ante occupatur animus ab iracundia, quam ..; Q fr I 1, 38. (imperium) ab iis legibus datum est, ad quas ..; Q fr I 1, 23. quae confectio etiam a lingua adiuvari videtur; nat II 134. extrudimur, non a Plancio, verum ab ipso loco; A III 14, 2. a quo (loto) advenae teneri solent; ep VII 20, 1. malva: ſ. beta. ut a mente non deserar; A III 15, 2. commendatum ab ipso more maiorum; ep XIII 10, 1. res a natura copulatas; of III 75. ſ. doctrina. desertus ab officiis tuis; ep V 2, 10. re familiari: ſ. re publica. a sapientia praecipitur ..; fin III 61. saxo: ſ. animo. (signa) relicta ac destituta a ceteris signis; Ver I 61. unum quemque eorum prius a sua vita quam a vestra suspicione esse damnatum; Sulla 71. quae a terra stirpibus continentur; nat II 83. vero: ſ. consuetudine. vita: ſ. suspicione.

VI. Ellipse: sin ab eo, quod rem attingit; de or II 166. laterum inflexione haec ‖ haec ‖ forti ac virili, non ab scaena et histrionibus, sed ab armis aut etiam a palaestra; de or II 220. frugalitas, ut opinor, a fruge; Tusc III 18. Marius ab subselliis in rostra recta; of III 80. nec transversum unguem, quod aiunt, a stilo; ep VII 25, 2. ad Philotimum scripsi de viatico, sive a Moneta sive ab Oppiis; A VIII 7, 3. — quem ad modum a Vestae ad tabulam Valeriam ducta esses; ep XIV 2, 2.

abs, von (vgl. af): I. aratorum maximum numerum abs te abalienasti; Ver II 155. qui abs te gravissimas iniurias acceperit; Ver II 153. quod abs te emerat; Ver II 139. furatum me abs te esse diceres; A II 1, 1. id me habere abs te; ep XIII 5, 3. abs te peto, ut ..; ep XIII 4, 4. abs te quaero, cur ..; Sulla 44. mihi tuae litterae binae redditae sunt tertio abs te die; A V 3, 1. qua (humanitate) ego nihil utor abs te; Q fr II 8, 1. — II. qui abs te modo sunt nominati; de or I 82. abs te dicta; de or I 238. ut diligeretur abs te; ep XIII 21, 1.

abacus, Prunktisch: aliquot abacorum vasa aurea; Ver IV 57.

abalienatio, Veräußerung: abalienatio est eius rei, quae mancipi est, aut traditio alteri nexu ‖ nexo ‖ aut in iure cessio; Top 28.

abalieno, entfremden, veräußern: cur ab iis celerrime fastidio quodam et satietate abalienemur; de or III 98. totum ab se te abalienavit Dolabella; A XIV 18, 1. (amicus) mirandum in modum est animo abalienato; A I 3, 3. ea benivolentiam conciliant abalienantque ab iis, in quibus haec sunt; de or I 182. nonne a ‖ abe ‖ te iudices abalienes? de or II 304. vectigalibus abalienatis; agr II 72.

abavus, Ahnherr: duorum abavorum quam eat inlustre nomen! Bru 213.

abdico, sich lossagen, abbanken: I. ut abdicarent consules; nat II 11. — II. eo die se non modo consulatu, sed etiam libertate abdicavit; Phil III 12. magistratu se abdicavit; Catil III 15. uttela cogito me abdicare; A VI 1, 4.

abdico, verwerfen: ubi plus mali quam boni reperio, id totum abdico atque eicio; de or II 102.

cum tres partes (vineae) aves abdixissent; div I, 31.

abdo, abditus, verbergen, vertiefen: si qui se ita litteris abdiderunt; Arch 12. domum se abdidit: Piso 93. cum se ille in scalarum tenebris abdidisset: Milo 40. me totum in litteras abdere: ep VII 33, 2. (T. Antistius) abdidit se in intimam Macedoniam: ep XIII 29, 4. neque me Arpinum hoc tempore abdam; A IX 6, 1. boni abditi inclusique; Piso 21. homines in tectis silvestribus abditos; inv I 2.

abdomen, Bauch: ille helluo natus abdomini suo, non laudi et gloriae; Piso 41.

abduco, wegführen, entfernen, ablenken, abwendig machen: I. a malis mors abducit, non a bonis; Tusc I 83. — II. ne ille te ab institutis tuis cogitationibusque abducat; div Caec 46. cum iste e foro abduci, non perduci solebat; Ver V 33. quo tempore illum a quaestione ad nullum aliud rei publicae munus abduci licebat; Cluent 89. abduxisti (eum) Temno Apollonidem; Flac 51. me ab omnibus molestiis et angoribus abducam; ep V 13, 5. abduco me equidem ab omni rei publicae cura; Q fr III 5, 4. a consuetudine oculorum aciem mentis abducere; nat II 45. abduco parumper animum a molestiis; A IX 4, 3. etiamsi natura puerum a generis similitudine abduceret; Ver III 159. ne res tanta abduceretur ad mercedem; div I 92. a verbis voluntatem et sententiam scriptoris abducere; part or 108. socios nostros in servitutem abduxerunt; Piso 84. — III. quem (Ciceronem) discipulum cupio a te abducere; fin V 75.

abeo, weggehen, abschweifen, scheiden, aufhören, daraufgehen, hingehen: quid ad istas ineptias abis? Sex Rosc 47. a subselliis abire coepit; Ver II 72. abiit, excessit, evasit, erupit; Catil II 1. ego cedam atque abibo; Milo 93. abeo a sensibus; Ac II 90. abiit ad deos Hercules; Tusc I 32. Cato sic abiit e vita, ut ..: Tusc I 74. abeuntem magistratu contionis habendae potestate privavit; ep V 2. 7. ad summam, non posse istaec sic abire; A XIV 1, 1. ſ. pecunia. abiit ille annus; Sest 72. in quos sumptus abeunt fructus praediorum? A XI 2, 2. nausea iamne plane abiit? A XIV 10, 2. quod ab ipsis abisset pecuniae; Ver V 55. ne res abiret ab Apronio; Ver III 148. quamquam sensus abierit; Tusc I 109.

aberratio, Zerstreuung: sive hanc aberrationem a dolore delegerim, quae maxime liberalis sit; A XII 38, 3. aliam aberrationem a molestiis nullam habemus; ep XV 18, 1.

aberro, abirren, abschweifen, sich entschlagen, zerstreuen: quam (naturam) si sequemur ducem, numquam aberrabimus; of I 100. scribendo nihil equidem levor, sed tamen aberro; A XII 38, 1. nullo alio modo a miseria quasi aberrare possum; A XII, 44, 4 (45, 1). vereor, ne nihil coniectura aberrem; A XIV 22, 1. si congruunt ipsa sibi et a proposito non aberrant; fin IV 53. si aedilis verbo aut simpuvio aberravit; har resp 23. animus aberrat a sententia; Phil VII 1. a quo quidem homine iam dudum non aberrat oratio tua; de or II 152.

abhinc, vor: si Pompeius abhinc annos quingentos fuisset; Balb 16. repromittis tu abhinc triennium Roscio; Q Rosc 37. — quod pro Cornificio me abhinc amplius annis XXV spopondisse dicit Flavius; A XII 17. comitiis iam abhinc diebus triginta factis; Ver II 130.

abhorreo, zurückschrecken, abweichen, nicht passen, fremd sein, fern bleiben: cum ipsi a re civili et a negotiis animi quodam iudicio abhorrerent; de or III 59. animo illos abhorruisse semper ab optimo civitatis statu; Phil VII 4. illa nobis abhorrere ab usu oratorio ‖ oratorio ‖ visa sunt; inv I 77. id quod abhorret a meis moribus; Catil I 20. nostram aetatem a castris abhorrere; A XIV 19, 1. quae

(agri cultura) abhorret ab omni politiore elegantia: fin III 4. orationis genus inusitatum, abhorrens ab auribus vulgi: de or III 66. homo ab iuris studio non abhorrens; de or I 179. non debent togati iudices a Musarum honore et a poëtarum salute abhorrere: Arch 27. ab interitu naturam abhorrere: fin V 31. nec ab utilitate eorum abhorrebit oratio mea: Sest 96. non abhorret a mea suspicione eius (Oppii) oratio: A XI 17, 2. sin (orator) plane abhorrebit et erit absurdus: de or II 85. a meis consiliis ratio tua non abhorret: A I 20, 2. res non abhorrens a consuetudine: Scaur 33.

abicio, abiectus, wegwerfen, niederwerfen, fallen lassen, aufgeben, verachten, niederdrücken, entmutigen, erniedrigen: part. nachlässig, niedrig, verächtlich, mutlos: ut se abiceret in herba: de or I 28. C. Servilium ad terram virgis et verberibus abiectum: Ver V 140. abiectum non tam ad pedes quam ad mores sensusque vestros: Cael 79. cum C. Marcellus se ad Caesaris pedes abiecisset: ep IV 4, 3. te abiecisse illam aedificationem; ep XIII 1. 3. ponendus est ille ambitus, non abiciendus: orat 190. cum ceteras animantes (natura) abiecisset ad pastum, solum hominem erexit; leg I 26. oboedientia fracti animi et abiecti; par 35. abiectiore animo me futurum; ep I 9, 16. tu arma abicienda censes? Phil VIII 12. senatus auctoritatem abiecit; A I 18, 3. tu P. Clodii cruentum cadaver eiecisti domo, tu in publicum abiecisti; Milo 33. sine ulla dubitatione abieci consilium profectionis; A XVI 7, 1. quod cum spe vincendi simul abiecisti certandi etiam cupiditatem; ep IV 7, 2. non abiectum (diadema) sustuleras? Phil II 85. abiecta dolorem; Tusc III 66. abiecta metu filia; Catil IV 3. (vocis genus) demissum et haesitans et abiectum; de or III 218. abiecti homines et perditi; Milo 47. quanta contentione Titium intercessorem abiecerim; ep X 12, 4. (appetitus) abiciunt oboedientiam; of I 102. neque humilem et abiectam orationem nec nimis altam et exaggeratam probat; orat 192. abiectaque aestoria persona comitisque sumpta; Planc 100. deposita atque abiecta petitione; Muren 48. non abdidit rem tantam abiecere: A VII 3, 2. comicorum senarii sic saepe sunt abiecti, ut non numquam vix in iis numerus et versus intellegi possit; orat 184. omnem timorem abiceremus; ep XI 21, 4. verbis utebatur non abiectis; Bru 227. numquam agit hunc versum Roscius eo gestu, quo potest, sed abicit prorsus; de or III 102. nobilissimas virgines se in puteos abiecisse; prov 6. ut voluntatem discendi simul cum spe perdiscendi abiceremus; de or II 142.

abiecte, mutlos: ne quid abiecte faciamus: Tusc II 55. nec abiecte nec sine aliqua dignitate casum illum temporum tuli; Phil III 28.)

abiectio, Kleinmut: debilitatio atque abiectio animi tui; Piso 88.

abigo, wegtreiben, abtreiben: puer, abige muscas; de or II 247. quod partum sibi ipsa medicamentis abegisset; Cluent 32. pecus abegit; Ver III 37.

abitus, Abzug: post abitum huius importunissimae pestis; Ver III 125. —

abiudico, absprechen: i dicabit Alexandriam regis esse, a populo Romano abiudicabit; agr II 43. eum ipsum sibi libertatem abiudicavisse; Caecin 99.

abiungo, entfernen: quod (Demosthenes) se ab hoc refractariolo iudiciali dicendi genere abiunxerat; A II 1, 3.

abiuro, abschwören: mi ‖ mihi ‖ abiurare certius est quam dependere; A I 8, 3.

ablego, entfernen, entlassen: haec (legatio) a fratris adventu me ablegat; A II 18, 3. dimisso atque ablegato consilio; Ver II 73. honestos homines, qui causam norint, ableget a consilioque dimittat? Ver II 79.

abluo, abwaschen, tilgen: ita iactantur fluctibus

ut numquam abluantur ‖ adl. ‖; Sex Rosc 72. Anticlea Ulixi pedes abluens; Tusc V 46. perturbatio animi placatione abluatur illa; Tusc IV 60.

abnuo, ableßnen, leugnen: I. non recuso, non abnuo: Milo 100. — II. quin abnueret a se commissum esse facinus; leg I 40. — III. quid quisque concedat, quid abnuat; fin II 3.

abortio, Feßlgeburt: si haec solutio legatorum, non merces abortionis appellanda est; Cluent 34.

abortus, Feßlgeburt: Tertullae nollem abortum; A XIV 20, 2.

abrado, abfdßeren, abbringen: videt nihil se ab A. Caecina posse litium terrore abradere; Caecin 19. supercilia illa penitus abrasa; Q Rosc 20.

abripio, losreißen, fortreißen, megfdßleppen, binmegrafßen: repente te quasi quidam aestus ingenii tui procul a terra abripuit; de or III 145. quem de convivio in vincula abripi iussit; Ver IV 24. etiamsi (eum) natura a parentis similitudine abriperet; Ver V 30. quibus Romulum tenebris etiamsi natura ad hominum exitum abripuit; rep I 25. e complexu parentum abreptos filios; Ver I 7.

abrogatio, Abfdßafßung: neque ulla (lex) est, quae non ipsa se saepiat difficultate abrogationis; A III 23, 2.

abrogo, abfdßaffen, abforbern, entgießen: quia iis visis abrogatur fides; Ac II 36. qui (L. Brutus) conlegae suo imperium abrogaverit; Bru 53. ut legem Semproniam frumentariam populi frequentis suffragiis abrogaverit; Bru 222. cur (leges) abrogandas censeam, quas iudico non rogatas? Phil V 16. huic legi neque obrogari fas est neque derogari ex hac aliquid licet neque tota abrogari potest: rep III 33. qui (Gracchus) conlegae magistratum per seditionem abrogavit; Milo 72. quod (Ti. Gracchus) potestatem intercedenti conlegae abrogavit; leg III 24.

abrumpo, losreißen: haec (legio) se prima latrocinio abrupit Antonii; Phil XIV 31.

abruptio, Abreißen, Bruch: I. ista abruptio (gravis est); A XI 3, 1. — II. nobis abruptio corrigiae (erit observanda); div II 84.

abs f. S. 3.

abscedo, verfdßminben: (cor) iam abscedet, simul ac vinum insperseris; div II 37.

abscessio, Zurüdßmeidßen: cum ad corpora tum accessio fieret, tum abscessio; Tim 44.

abscessus, Entfernung: longinquo solis abscessu; nat I 24.

abscido, abfdßneiben, gerreißen: caput abscidit; Phil XI 5. alteram (orationem) non libebat mihi scribere, † qui absciram ‖ quia abscideram ‖; A II 7, 1.

abscindo, abreißen: tunicam eius a pectore abscidit; Ver V 3.

abscondite, verborgen, tiefßinnig: contineo: f. absolvo. II. partem; inv II 69. ea nec acutissime nec abscondite disseruntur; fin III 2.

abscondo, absconditus, verbergen, geßeim: (Proserpinam) absconditam quaeri a matre; nat II 66. quod quo studiosius ab ipsis opprimitur et absconditur, eo magis eminet et apparet; Sex Rosc 121. erant fortasse gladii, sed absconditi; Phil II 108. in tam absconditis insidiis; Catil III, 3.

absens, abmefenb: absentem defensum esse Quinctium; Quinct 62. de absente secundum praesentem indicare; Ver II 41. absentis damnationem multo invidiosiorem fore, quam si praesens damnatus esset; Ver II 42. si liceret nomen absentis deferre; Ver II 94. mecum absens beneficio suo rediit in gratiam; Sest 130. cum de me ea senatus consulta absente facta sint; Piso 41. absentem appello: Phil I 31. ut absentis eius ratio haberetur; Phil II 24. (L. Lucullus) absens factus aedilis; Ac II 1. absentes adsunt; Lael 23. eadem fere absentes, quae, si coram essemus, consequeremur

‖ consequemur ‖: ep XV 14, 3. eum absente accusatore condemnat; Ver III 99. ne absentes homines in provinciis rei fierent rerum capitalium; Ver II 95.

absentia, Abmefenßeit: confer absentiam tuam cum mea: Piso 37.

absolvo, absolutus, losfpredßen, freifpredßen, voßenben, voßfommen madßen; part. voßfommen: I. 1. a quo pecuniam ob absolvendum acceperis: Ver II 78. — 2. nemo absolvit; Cluent 105. — II. ut neque a Fannio iudicio se absolvat; Q Rosc 36. causa cognita possunt multi absolvi, incognita quidem condemnari nemo potest; Ver I 25. Neronis iudicio non te absolutum esse improbitatis, sed illos damnatos esse caedis: Ver I 72. tametsi ille una sententia est absolutus; Cluent 105. maiestatis absoluti sunt permulti; Cluent 116. te indices emiserunt suo iudicio absolutum, omnium condemnatum; har resp 37. qui ambitu ne absolutum quidem patiatur esse absolutnm; Cael 78. Sestius omnibus sententiis absolutus est; Q fr II 4, 1. Valerius absolutus est Hortensio defendente; A II, 3, 1. quod moderatione absolutum est; orat 182. quod inchoatum est neque absolutum: Ac I 20. in perfecto aliquo atque absoluto; nat II 38. quod ex omni parte absolutissimum est; Tim 12. absolutum annum perfectumque tum compleri; Tim 33. hoc sum adgressus statim Catone absoluto; orat 35. ut (oratio) conversiones habeat absolutas; de or III 190. ut hac aestate fanum absolutum sit; A XII 19, 1. † hunc hominem Veneri absolvit, sibi condemnat; Ver II 22. ut deus unum opus totum atque perfectum ex omnibus et totis atque perfectis absolveret; Tim 17. iuridicialis (constitutio) in duas tribuitur partes, absolutam et adsumptivam. absoluta est, quae ipsa in se continet iuris et iniuriae quaestionem; inv I 15. quem ad modum omnibus (partibus) absolutis finem dicendi fecit; inv I 33. absoluta (pars) est, quae ipsa in se, non ut negotialis implicite et abscondite, sed patentius et expeditius recti et non recti quaestionem continet; inv II 69. in absoluta iuridiciali (parte); inv II 100. reum absolutum condemnet? Ver II 79. absolutum offendi in aedibus tuis tectum; Q fr III 1, 14. quae vitam beatam perficiunt et absolvunt; fin IV 58.

absolute, voßfommen: I. quorum prope modum absolute concluderetur oratio; orat 171. in oratoriis artibus quaestionis genere proposito, quot eius formae sint, subiungitur absolute; Top 34. omnes sapientes semper feliciter, absolute, fortunate vivere; fin III 26. — II. perfecte atque absolute beatos; Tusc IV 38. esse mundos sic quosdam inter absolute perfecte et absolute ita ‖ [ita] ‖ pares, ut inter eos nihil prorsus intersit; Ac II 55.

absolutio, Freifpredßung, Voßftänbigßeit, Voßenbung, Voßfommenßeit: I. absolutio est, per quam omnia, quae incidunt in causam, genera, de quibus dicendum est, amplectimur in partitione; inv I, 32. — II. sententiis XVI absolutio confici poterat; Cluent 74. quae (virtus) rationis absolutio definitur; fin V 38. hanc ego absolutionem perfectionemque in oratore desiderans; de or I 130. — 2. quoniam (habitus) in aliqua perfecta et constanti animi aut corporis absolutione consistit; inv II 30. in qua (epistula) scribis ad me de absolutione maiestatis; ep III 11, 1. — III. per: f. I post virginum absolutionem; Catil III 9.

absonus, mißtönenb: sunt quidam ita voce absoni, nt . .; de or I 115. vox quasi extra modum absona atque absurda; de or III 41.

absorbeo, fortreißen, verfdßlingen: hunc (P. Crassum) quoque absorbuit aestus quidam insolitae adulescentibus gloriae; Bru 282. ne aestus nos consuetudinis absorbeat; leg II 9. qui (tribunatus) ipse ad sese iam dudum vocat et quodam modo absorbet orationem meam; Sest 13. Oceanus vix

videtur tot res tam cito absorbere potuisse;
Phil II 67.

abstergeo, abwifchen, befeitigen: oratio aegritudinem abstergens; Top 86. omnem abstergebo
dolorem; Q fr II 8, 4. fuligine abstersa; Phil II
91. luctum omnem absterseris; Tusc III 43. ista
epistula mi ‖ mihi ‖ omnem metum abstersisses; ep XI
24, 1. ut (huius libri confectio) omnes absterserit
senectutis molestias; Cato 2

absterreo, abfchreden: neminem a congressu
meo ianitor meus absterruit; Planc 66.

abstinens, enthaltfam, uneigennüßig: esse
abstinentem, continere omnes cupiditates praeclarum
magis est quam difficile; Q fr I 1, 32. praetorem
decet non solum manus, sed etiam oculos abstinentes habere; of I 144.

abstinenter, uneigennüßig: homine in causa
populari populariter abstinenterque versato; Sest 37.

abstinentia, Enthaltfamteit, Uneigennüßigteit: I, 1. (Verres) in Papinio fuit hac abstinentia;
Ver IV 46. — 2. nos sic in provincia nos gerimus,
quod ad abstinentiam attinet, ut nullus terruncius ‖ terun. ‖ insumatur in quemquam; A V 17, 2. —
II. nulla re conciliare facilius benivolentiam
multitudinis possunt ii quam abstinentia et continentia; of II, 77.

abstineo, zurüdhalten, fern bleiben, fich enthalten: I. qui a ceteris coniurationis causis abstinuimus; Sulla 80. nec vero iam meo nomine abstinent; rep I 6. — II. qui abstinet se ab iniuria;
fin II 71. qui me ostreis et murenis ‖ muraenis ‖
facile abstinebam; ep VII 26, 2. hunc praetorem
quisquam putabit a Siculorum argento cupiditatem
aut manus abstinere potuisse? Verr IV 34. quo
minus homines nullo dedecore se abstineant; fin
III 38. docemur nostra tueri, ab alienis mentes,
oculos, manus abstinere: de or I 194. numquam a
me sacrilegas manus abstinebit; Phil XII 26. unum
efficis, ut a me manus abstineam; A III 7, 2. f.
cupiditatem. mentes, oculos: f. manus; de or I 194.

abstraho, abziehen, entfernen, entrüden: illud
etiam verendum est, ne abstrahamur ab hac exercitatione et consuetudine dicendi populari et forensi;
de or I 81. repente te quasi quidam aestus ingenii
tui procul a terra abripuit atque in altum a conspectu paene hominum abstraxit; de or III 145.
nisi eum (Cn. Pompeium) maioris gloriae cupiditas
ad bellicas laudes abstraxisset; Bru 239. qui (Cotta)
se valde dilatandis litteris a similitudine Graecae
locutionis abstraxerat; Bru 259. ut a nullius umquam me tempore aut commodo ‖ commodo ‖
otium meum abstraxerit; Arch 12. cum Q. Metellus
abstraheretur a sinu gremioque patriae; Cael 59.
is ab hoc impetu abstractus; Phil III 31. ut eum
(Aesopum) vis quaedam abstraxisse a sensu mentis
videretur; div I 80. a corpore animus abstractus;
div I 66. si. (animus) quam maxime se a corpore
abstrahet; rep VI 29.

abstrudo, verbergen, verfteden: cum mane
me in silvam abstrusi densam et pascuum; A XII, 15.
disputatio paulo abstrusior; Ac II 30. Cn. Pompei
nimium dico reconditus et penitus abstrusus animi
dolor; dom 25. penitus abstrusas insidias; agr II,
49. quae (natura) in profundo veritatem penitus
abstruserit; Ac II 32.

absum, fern fein, fern bleiben, fehlen: I, 1.
aberit non longe, quin (Caesar) hoc a me decerni
velit; A IX 9, 3. — 2. tantum afuit, ut inflammare
nostros animos, somnum isto loco vix tenebamus;
Bru 278. philosophia tantum abest ut laudetur, ut
vituperetur; Tusc V 6. tantum porro aberat, ut
binos scriberent; vix singulos confecerunt; A XIII,
21, 5. — II. se omni tempore a tali ratione afuturum; inv II 106. tantum absum ab ista sententia;
de or I 255. non ut ingenium et eloquentiam meam

perspicias, unde longe absum; Bru 318. afui simul
cum re publica; dom 87. qui non longe a sapientia absunt; Tusc IV 29. a gloria se afuisse: Tusc
V 104. et domo absum et foro; et IV 6, 2. afuisse
me in altercationibus; A IV 13, 1. a consilio fugiendi absum; A VII 24. cum ego ab ista laude
non absim; A VIII 11, D, 8. quid huic abesse
poterit de maximarum rerum scientia? de or I 48.
in quibus (definitionibus) neque abesse quicquam
decet neque redundare: de or II 83. ut neque absit
quicquam neque supersit; de or II 108. hoc unum
illi (M. Calidio), si nihil utilitatis habebat, afuit:
si opus erat, defuit; Bru 276. abest a sapiente
aegritudo; Tusc III 21. isto bono utare, dum adsit, cum absit, ne requiras: Cato 33. nos in castra
properabamus, quae aberant tridui ‖ bidui ‖ : A
V 16. 4. studium semper adsit, cunctatio absit:
Lael 44. quot milia fundus suus abesset ab urbe;
Caecin 28. istae κολακεῖαι non longe absunt a
scelere; A XIII 30, 2. mecum leges, mecum quaestiones afuerunt; sen 34. quae (loca) a Brundisio
absunt propius biduum aut triduum; A VIII 14, 1.
quaestiones: f. leges. quod (senectus) hand procul
abait a morte; Cato 15. longe abest a me regni
suspicio; Sulla 26. si voluntas ‖ ei ‖ a faciendo
‖ faciendi ‖ demonstrabitur afuisse; inv II 85.

absumo, wegnehmen: ne dicendo tempus absumam; Quinct 34.

absurde, mißtönend, abgefchmadt, widerfinnig:
si absurde canat is, qui se haberi velit musicum;
Tusc II 12. quo quid absurdius dici aut existimari potest? Phil VIII 4. nihil tam absurde dici
potest, quod non dicatur ab aliquo philosophorum:
div II 119. sic absurde et aspere verbis vultuque
responderat; A V 1, 4.

absurdus, mißtönend, abgefchmadt, ungereimt,
widerfinnig: iam vero illud quam incredibile, quam
absurdum! Sulla 57. ista tam absurda defendes?
nat I 81. carmen cum ceteris rebus absurdum, tum
vero in illo; Muren 26. iuventutis exercitatio quam
absurda in gymnasiis! rep IV 4. L. Caesarem vidi
Menturnis cum absurdissimis mandatis; A VII 13, 6.
sin (orator) erit absurdus; de or II 85. absurda res
est caveri foedere, ut . . ; Balb 37. vox quasi extra
modum absona et absurda; de or III 41.

abundanter, reichlich, wortreich: de qua (re)
copiose et abundanter loquantur; de or II 151.
(loci) aliis disputationibus abundantius occurrunt.
aliis angustius; Top 41.

abundantia, Überfluß, Fülle: I. quorum
vitiosa abundantia est, quales Asia multos tulit:
opt gen 8. — II. cum Damocles commemoraret
rerum abundantiam; Tusc V 61. — III, 1. facis tu
quidem abundantia quadam amoris; ep I 9, 1.
abundantia quadam ingenii praestabat Aristoteles:
Ac I 18. — 2. propter abundantiam rerum omnium:
agr I 18.

abunde, reichlich: quibus (rebus) senectus
etiamsi non abunde potitur, non omnino caret:
Cato 48.

abundo, überftrömen, reichlich vorhanden, verfehen fein, Überfluß haben: I. induit abundantissimus amnis illarum disciplinarum et artium; rep
II 34. egentes abundant; Lael 23. — II. cum
aequitate causa abundabit; inv II 143. villa
abundat porco, haedo, agno, gallina, lacte, caseo,
melle; Cato 56. mulier abundat audacia; Cluent 184.
orationis copia videmus ut abundent philosophi; de
or II 151. cum ipsi doctrina et ingeniis ‖ ingenio ‖
abundarent; de or III 59. vir abundans bellicis
laudibus; of I 78. videsne abundare me otio? Tusc
II 26. sententiis magis quam verbis abundantes:
de or II 93. nulla voluptas, qua (L. Thorius) non
abundaret; fin II 63.

abusio, Gebrauch in uneigentlicher Bedeutung:

abusionem, quam (Aristoteles) κατάχρησιν vocat, ut cum minutum dicimus animum pro parvo; orat 94.

abusus, Berbrauch: usus, non abusus, legatus est: Top 17.

abutor, verbrauchen, verwenden, benußen, miß-brauchen: etsi ea (eloquentia) quidam et privatim et publice abutuntur; inv I 5. quid est aliud indicio ac legibus ac maiestate vestra abuti ad quaestum atque ad libidinem? Sex Rosc 54. istum decumanorum nomine ad suos quaestus esse abusum; Ver III 61. nec semper quinque partibus abuti (convenit); inv I 76. qui non meminissem me ab-usum isto prooemio; A XVI 6, 4. sagacitate canum ad utilitatem nostram abutimur; nat II 151. nisi forte hic sermone aliquo adrepto pro mandatis abusus est: A VII 13. a, 2 (13, 6). quo (asso sole) tu ab-usus es in nostro pratulo; A XII 6, 2. iis (studiis) cur non abutamur? ep IX 6, 5. cupiditas ad se explendam viribus corporis abutebatur, perniciosissi-mis satellitibus; inv I 2.

ac f. **atque.**

accedo, dazukommen, herantreten, sich nähern, sich befassen, übernehmen, beitreten: I, 1. huc accedit, q u o d potest . .; Sex Rosc 22. eo accedebat, quod indices dati non erant; Ver II 42. — 2. accedit, ut animus evadat; Tusc I 43. accedit, ut fuerit . .; A XIV 13, B, 3. — II. ut non veri simile sit quem-q u a m tam temere ad maleficium accessisse; inv II 44. si unus quisque velit verba spectare et non ad voluntatem eius, qui ea verba habuerit, accedere; inv II 140. ad quam (disputationem) te duo ex-cellentes ingeniis adulescentes cupiunt accedere; de or I 106. qui ad alienam causam accedere aut aspirare audeat; div Caec 20. cum accessistis Hennam; Ver IV 109. deici nullo modo potuisse, qui non accesserit; Caecin 36. ut ad urbem accederet; Catil III 8. proxime deos accessit Clodius; Milo 59. cum ad Aquinum accederet; Phil II 106. nos a doctoribus atque doctrina instructi ad eam (rem publicam) et ornati accedimus: of I 155. fac, ut neque in Apuliam tuam accedas; ep I 10. cum ad Sidam navi accederem; ep III 12, 4. ut populo Romano nescio quid ad decumas accederet; Ver III 43. ut neget accedere quicquam posse ad voluptatem nihil dolentis; fin II 28. accedebat ordo rerum plenus artis, actio liberalis totumque dicendi placidum et sanum genus; Bru 276. si pro singulis malis aegritudines accederent; Tusc IV 40. f. maerores. si quod ad facinus tali pertur-batione commotus animus accesserit; inv II 19. cum ad vanitatem accessit auctoritas; Lael 94. f. imperium. ut ad eam liberalitatem quam maximus his litteris cumulus accedat; ep XII 26, 2. ut non videam, quo (error) non possit accedere; Ac II 93. genus: f. actio. vehementer opus est nobis et voluntatem et auctori-tatem et imperium tuum accedere; ep XIII 42, 2. iuvenes ad iugum accesserunt; Tusc I 113. acce-dunt aegritudines, molestiae, maerores; fin I 59. manus extrema non accessit operibus eius; Bru 126. accedet || accedit || eo mons Gaurus, accedent || accedunt || salicta ad Minturnas; agr II 36. qua naves accedere possent; Ver V 85. ordo: f. actio. (est) modo accedens, tum autem recedens; nat II 102. vo-luntas: f. imperium. — III. accedit eodem testis locuples P o s i d o n i u s; of III 10. ut ad cumulum Staieni sententia septima decima accederet; Cluent 74.

accelero, eilen: si accelerare velint, ad vespe-ram consequentur; Catil II 6.

accendo, anzünden, beleuchten: ut haec accen-di aut commoveri arte possint; de or I 114. cum accensis facibus; A IV 3, 3. luna radiis solis ac-censa; rep VI 17. deus ipse solem quasi lumen ac-cendit; Tim 31.

accensus, Amtsdiener: I. qui tum accensus C. Neroni fuit, P. Tettius; Ver I 71. accensus sit eo numero, quo eum maiores nostri esse voluerunt, qui

hoc non in beneficii loco, sed in laboris ac muneris non temere nisi libertis suis deferebant; Q fr I 1. 13. tacuit accensus; Q fr I 1, 21. — II. ut dominus funeris u t a t u r accenso atque lictoribus: leg II 61."— III. volo ego hoc esse commune accensorum, lic-torum, viatorum; Ver III 154.

acceptio, Annahme: neque deditionem neque donationem sine acceptione intellegi posse; Top 37.

acceptus, erwünscht, angenehm: nihil est illi principi deo acceptius quam concilia coetusque ho-minum iure sociati; rep VI 13. eam rem senatui popu-loque Romano gratam acceptamque esse; Phil. XIII 50.

accerso f. **arcesso.**

accessio, Annäherung, Zuwachs, Bermehrung, Zusaß, Zuschuß: I. qui (Peripateticus) neque a d d e-r e t illam magnam accessionem: „quo modo imprimi non posset a falso"; Ac II 112. ad paternas ne-cessitudines magnam attulit accessionem tua volun-tas erga me; A XVI 16, 3. accessionem adiunxit aedibus; of I 138. cum addixisset Docimo tritici mod. v̄ et accessionem ascripsisset HS MD; Ver III 83. utrum accessionem decumae an decessionem de summa fecerit; Rab Post 30. cum ad corpora tum accessio fieret, tum abscessio; Tim 44. quantaecum-que tibi accessiones fient et fortunae et dignitatis; ep II, 1, 2. quantum ex nostro amore accessionis fieri po:est; ep XIII 18, 2. — II. eorum neque ac-cessione meliorem vitam fieri nec decessione pe-iorem; of III 12.

accessus, Annäherung: I. cuius (lunae) tenuis-simum lumen facit proximus accessus ad solem, digressione autem longissimus quisque plenissimum; nat II 50. — II. ita pedetemptim et gradatim tum accessus a te ad causam facti, tum recessus; ep IX 14, 7. quorum (aestuum) accessus et recessus lunae motu gubernantur; div II 34. — III. ut luna accessu et recessu [suo] solis lumen accipiat; de or III 178.

accido, anschneiden, angreifen, entkräften: I. accidere oportet: ut singula, sic universa frangentur; part or 44. — II. quamquam (res) sunt accisae; prov 34.

accido, niederfallen, niederfinten, fich treffen, ereignen, eintreten, widerfahren, zustoßen: I. sive casu accidit sive consilio; Tusc IV 64. — II, 1. quod potest aliqua procuratione accidere n e fiat; div II 21. — 2. percommode accidit, quod non adest is; Caecin 77. — 3. cum possit accidere, u t id, quod nigrum sit, album esse videatur; Ac II 34. — 4. videte, quam inique accidat, quis res indigna sit, ideo turpem existimationem sequi; Caecin 8. — III. ad pedes omnium singillatim accidente Clodio; A I 14, 5. quod ad oculos animumque acciderit; Ver IV 2. quae capta urbe accidunt victis; dom 98. illud accidit praeter optatum meum, sed valde ex voluntate; Piso 46. quid accidere possit in utram-que partem; of I 81. nihil mihi ad existimationem turpius, nihil ad dolorem acerbius accidere posse; de or II 200. omnia tibi accidisse gratissima; ep III 1, 1. quod video tibi etiam novum accidisse tam-quam mihi; A VI 1, 5. quid accidere huic adule-scenti potuit optatius? Phil III 17. nihil putant ac-cidere potnisse tristius; div II 32. si qui accidisset gravior rei publicae casus, si bellum, si morbus, si fames; Phil I 13. quibus si qua calamitas accidisset; Ver III 127. si sibi illa res atque ea faciendi causa per idem tempus accidisset; inv II 78. si quando dubitatio accidit; of III 18. fames, morbus: f. bellum. quae incommoda acciderint; inv I 22. negant historici Lacedaemoniis ullum ostentum hoc tristius accidisse; div II 69. res: f. causa.

accio, berufen, kommen laffen: I. populus eum (Numam) ad regnandum Sabinum hominem Romam Curibus accivit; rep II 25. tu invita mulieres, ego arci-vero || asc., acc. || viros; A V 1, 3. — II. qui (Philippus)

hunc (Aristotelem) Alexandro filio doctorem accierit; de or III 141.

accipio, empfangen, erhalten, annehmen, verstehen, gelten lassen, übernehmen, aufnehmen, vernehmen, hören (acceptum: s. III. alqd; Q Rosc 2, 5): I. **absolut**: 1. ut dando et accipiendo nulla re egeremus; of II 15. cum dicimus extremum esse, non ita accipiendum est, quasi dicamus . .; fin V 26. — 2. velle se scire, qui lator sit, qui sint accepturi; inv II 134. ut accepi a senibus; Muren 66. Romulus et Remus, ambo augures, ut accepimus; div II 80. sic a patribus accepimus; Cato 16.

II. **mit Ergänzung**: 1. ut de Socrate accepimus; of I 90. — 2. accipite nunc, quid imperarit; Ver III 71. a quo (Polemone Zeno), quae essent principia naturae, acceperat; fin IV 45. — 3. ultimas terras lustrasse Platonem accepimus; Tusc IV 44.

III **mit einfachem Object**: ut eum sic in vestram accipiatis fidem, ut . .; Arch 31. apparatu regio accepti; rep VI 10. Quintum puerum accepi vehementer; A X 7, 3. id, quod adversarius intellegat, multo minus commode fieri posse, quam id, quod nos accipimus; inv II 118. si id, quod adversarius accipiat, fieri aut intellegi voluisset; inv II 120. te meminisse intellegam, quae accepisti; part or 2. tabulas accepti et expensi; Q Rosc 2. habere se hoc nomen in codicem accepti et expensi relatum; Q Rosc 5. quod a patre accepi; Phil XIII 12. Caesar sese in optimam partem id accipere dicit; A X 3, 2. s. detrimentum. quantum a me beneficium tum acceperit; Phil II 7. si tanta ignominia et calamitas esset accepta; Ver V 100. singuli casus humanarum miseriarum graviter accipiuntur, si dicuntur dolenter; de or II 211. nulla in lege ullam causam contra scriptum accipi convenire; inv II 130. his rationibus ostenditur causam extra scriptum accipi non oportere; inv II 134. his rationibus et accipi causam et in hac lege accipi et eam causam, quam ipse adferat, oportere accipi demonstrabit; inv II 141. nunc primum aures tuae hoc crimen accipiunt? Ver II 24. si quid perfidia illorum detrimenti acceperimus; inv I 71. cum excusationem oculorum a me non acciperet; de or II 275. in hoc homine nullam accipio excusationem; ep II 14. 1. quae (furta) ego ab illis cognoram et acceperam; Ver IV 149. leniter hominem clementerque accepit; Ver IV 86. ignominiam: s. calamitatem. tam insigni accepta iniuria; Caecin 36. nec potest (animal) ullo sensu iucunda accipere, non accipere contraria; nat III 32. lautiores eleganter accepi ‖ accepti ‖; A XIII 52, 2. hanc legem populus Romanus accepit? Phil V 7. quem ad modum accipiantur hi ludi; A XV 26, 1. a quo etiam mandata acceperunt; Phil VIII 22. quoniam ea re nomen extra ordinem esset acceptum; inv II 58. Verres nummos acceperat; Ver II 70. quod pater omen accepit; div II 83. quas (opiniones) a maioribus accepimus; nat III 5. a quo pecuniam ob absolvendum acceperis; Ver II 78. (Bibulus) plagam odiosam acceperat; A V 20, 4. pretio accepto; Cluent 34. puerum: s. alqm; A X 7, 3. a te philosopho rationem accipere debeo religionis; nat III 6. duabus aedilitatis acceptis repulsis; Planc 51. nunc Romanas res accipe; A IV 15, 4. multos eius (Pompei) praeclaros de re publica sermones accipiam; A V 6, 1. quae visa accipi oporteret, quae repudiari; Ac II 29. acceptis a forti adversario vulneribus adversis; har resp 40.

IV. **mit doppeltem Accusativ**: quam (patriam Epaminondas) acceperat servientem; Tusc II 59, quod utendum acceperis; Tusc III 36.

V, **refero**: se, quod viveret, mihi acceptum referre; A I 14, 3. ut possim salutem meam benivolentiae tuae acceptam referre; A XI 1, 2. expensa Chrysogono servo HS sescenta milia accepta pupillo Malleolo rettulit; Ver I 92.

accipiter, Habicht: ibes, accipitres in deorum numerum reponemus; nat III 47.

accitus, Vorladung: Agyrio magistratus accitu istius evocantur; Ver III 68.

acclamatio, Zuruf, Geschrei: I. quanto iam levior est acclamatio! Rabir 18. — II. vitanda est acclamatio adversa populi de or II 339. — III. Cato contra dixit et Cassius maxima acclamatione senatus; Q fr II 1, 2. non modo ut (Pompeius) acclamatione, sed ut convicio et maledictis impediretur; Q fr II 3, 2.

acclamo, zurufen, laut rufen: I, 1. sibilum metuis? ne acclametur, times? Piso 65. — 2. non metuo, ne mihi acclametis; Bru 256. — II. populus cum risu acclamavit, ipsa esse; Caecin 28.

acclivis, aufsteigend, steigend: ea viae pars valde acclivis est; Q fr III 1, 4.

accola, Anwohner: ut mihi omnes accolae atque antistites Cereris esse videantur; Ver IV 111.

accolo, in der Nähe wohnen: quae gens illum locum accolit; rep VI 19.

accommodate, gemäß, angemessen: vivere sic adfectum, ut optime adfici possit ad naturamque accommodatissime; fin V 24. accommodate ad persuadendum dicere; de or I 260. ut definire rem possit nec id faciat tam presse, sed ad commune iudicium popularemque intelligentiam accommodatius; orat 117.

accommodatio, Willfährigkeit: ex liberalitate et accommodatione magistratuum consuetudo aestimationis introducta est; Ver III 189.

accommodo, accommodatus, anpassen, anschließen, anbequemen; part. geeignet: I, 1. peto a te, ut ei (Evandro) de habitatione accommodes; ep XIII 2. — 2. ad cuiusque vitam institutam accommodandum est, a multisne opus sit an satis sit a paucis diligi; of II 30. — II. quem (Demosthenem) velim accommodare ad eam, quam sentiam, eloquentiam; orat 23. ad Atticorum aures teretes et religiosas qui se accommodant; orat 27. num quis vestrum ad vim, ad facinus, ad caedem accommodatus est? agr III 16. eum (Andronem) habui vehementer ad meae vitae rationem et consuetudinem accommodatum; ep XIII 67, 1. me ad civium concordiam per te quam accommodatissimum conservari; A IX 11, A, 3. quae mihi intelleges maxime esse accommodata; ep III 3, 2. meum consilium accommodabo potissimum ad tuum; ep IX 7, 2. quorum orationis genus scis esse exile nec satis populari adsensioni accommodatum; Bru 114. initia apta et accommodata naturae; fin IV 46. eam (legem) vobis accommodatam esse; agr II 14. quod me mones de vultu et oratione ad tempus accommodanda; A XI 24, 5. pars (argumentorum) est in omnes eiusdem generis aut in plerasque causas accommodata; inv II 47. argumentandi ratio dilucidior erit, cum et ad genus et ad exemplum causae statim poterit accommodari; inv I 16. ut sumptus huius peregrinationis accomodet ad mercedes Argileti et Aventini; A XII 32, 3 (2). ut iidem versus alias in aliam rem posse accommodari viderentur; div II 111. vultum: s. orationem.

accredo, geneigt sein zu glauben: vix accredens communicavi cum Dionysio; A VI 2, 3.

accresco, anwachsen: flumen subito accrevit; inv II 97.

accretio, Zunahme: lunam accretione et deminutione luminis quasi fastorum notantem dies; Tusc I 68.

accubitio, bei Tische Liegen: I. status incessus, sessio accubitio teneat ‖ teneant ‖ illud decorum; of I 128. — II. bene maiores accubitionem epularem amicorum convivium nominaverunt; Cato 45.

accumbo, bei Tifche liegen: (homines) accubantes in conviviis; Catil II 10.

accumbo, fich zu Tifche legen: cum lauti accuhuissent; de or I 27. quem accumbere atratum videras? Vatin 32. accubueram hora nona; ep IX 26 1. infra Eutrapelum Cytheris accubuit; ep IX 26, 2. negavit moris esse Graecorum, ut in convivio virorum accumberent mulieres; Ver I 66.

accumulate, reichlich: id non solum fecit, sed etiam prolixe cumulateque ‖ accumulateque ‖ fecit; Flac 89.

accumulo. anhäufen: vix iam videtur locus esse, qui tantos acervos pecuniae capiat. auget, addit, accumulat; agr II 59.

accurate, forgfältig, genau: egit mecum accurate multis verbis; A XVI 5, 2. cum aliquid accuratius dixisset; de or III 3. de officiis accuratissime disputavit; of III 7. se, quae fecisset, honoris eorum causa studiose accurateque fecisse; Arch 18. quae accurate cogitateque scripsisset; Arch 18.

accuratio, Sorgfalt: in inveniendis componendisque rebus mira accuratio, ut non facile in ullo diligentiorem maioremque cognoverim, sed eam ut citius veterariam quam oratoriam diceres; Bru 238.

accuro, accuratus, beforgen: part. forgfältig, genau: melius accurantur, quae consilio geruntur, quam quae sine consilio administrantur; inv I 58. accuratae et meditatae commentationes; de or I 257. ex accurata consideratione; Ac II 35 (36). quia genere orationis in eius modi causis accuratiore est utendum; de or II 49. erat oratio cum incitata et vibrans tum etiam accurata et polita; Bru 326. in tam accurato sermone: de or II 283.

accurro, herbeileilen: illum cupide ad praetorem accucurrisse; Ver V 7. istae imagines ita nobis dicto audientes sunt, ut, simul atque velimus, accurrant? div II 138.

accusabilis, anklagenswert: illa, quorum omnium accusabilis est turpitudo; Tusc IV 75.

accusatio, Anklage: I. aliud sententiae dictio, aliud accusatio aut recusatio conficere debet; inv II 12. accusatio crimen desiderat, rem ut definiat, argumento probet, teste confirmet; Cael 6. in qua (Antonii contione) erat accusatio Pompei usque a pugna pura; A VII 8, 5. — II, 1. dum tu accusationem comparas; Muren 48. argumentis accusationem statim confirmare oportebit; inv II 34. si quis erit, qui perpetuam orationem accusationemque desiderat; Ver pr 55. ut tibi potissimum accusatio detur; div Caec 62. hanc causam accusationemque suscepit; Flac 13. — 2. ex accusatione et ex defensione (iudiciorum ratio) constat; of II 49. — III. dicam de ipso genere accusationis; Scaur 22. quod in accusationis septem libris non reperitur genus? orat 103. ut rationem accusationis perspicere possitis; Cluent 19.

accusator, Ankläger: I, 1. accusatorem firmum verumque esse oportet; div Caec 29. si posset reus absente accusatore condemnari; Ver II 99. quibus argumentis accusatore censes uti oportere? Sex Rosc 38. — 2. ne tu accusator esses ridiculus: Sex Rosc 50. — II, 1. a te accusatores esse instructos et subornatos; Vatin 3. interposuistis accusatorem; Ver I 30. ego defensorem in mea persona non accusatorem maxime laudari volo; Ver I 98. Quintus misit filium non solum sui deprecatorem, sed etiam accusatorem mei; A XI 8, 2. sordidum ad famam (est). committere, ut accusator nominere; of II 50. cum accusatorem parasset; Ver I 74. suborno: f. instruo. — 2. cum de verissimo accusatore disceptatur: part or 98. hi habitant cum accusatoribus; Flac 23. qui cum accusatoribus sedet; Flac 42. laus oratoris, quae vel in accusatore antea vel in patrono spectari solebat; Flac 22. — III.

calumniae accusatorum demonstrandae causa; inv II 56. cuius (Philippi) in testimonio contentio et vim accusatoris habebat et copiam; Bru 304. inaudita criminatione accusatorum; Quinct 33. certus locus est accusatoris, per quem auget facti atrocitatem; inv II 51. primus accusatoris locus est eius nominis, cuius de vi quaeritur, brevis definitio; inv II 53. possumus petitoris personam capere, accusatoris deponere? Quinct 45. apud iudices de praemio saepe accusatorum quaeritur; inv II 110. sunt et haec et alia in te falsi accusatoris signa permulta; div Caec 29. alterum sedere in accusatorum subselliis video; Sex Rosc 17. vis: f. copia. — IV. hi ab ipso accusatore producti sunt; Milo 60.

accusatorie. als, wie ein Ankläger: non agam tecum accusatorie; Ver III 164. Latine me scitote, non accusatorie loqui; Ver IV 2.

accusatorius, anklägerisch: in isto artificio accusatorio; Sex Rosc 49. quae quoniam accusatorio iure et more sunt facta; Flac 14. lex quaedam accusatoria; Muren 11.

accuso, anklagen, Borwürfe machen, schelten, tadeln, vorhalten: I, 1, a. te ad accusandum res publica adduxit; Muren 78. quod certissimis criminibus et testibus fretus ad accusandum descenderit; Cluent 10. nullam huic aliam accusandi causam fuisse; Cluent 20. ei potissimum permitti oportere accusandi potestatem; div Caec 54. si meis horis in accusando uti voluissem; Ver I 31. — b. aliud est maledicere, aliud accusare; Cael 6. — 2. accusant ii, qui in fortunas huius invaserunt, causam dicit is, cui praeter calamitatem nihil reliquerunt; Sex Rosc 13. illi gloriae causa atque ostentationis accusant; Ver III 3. „at accusat civitas verbis gravissimis". non civitas, sed imperiti homines; Flac 57. — II. non possum disposite istum accusare; Ver IV 87. si falso accuseris; Muren 7. Pompeium et hortari et orare, etiam liberius accusare et monere non desistimus; ep I 1, 2. qui mihi non id videbantur accusare, quod esset accusandum; Cato 7. ambitum accusas; non defendo; Muren 67. numquam tu illum accusavisti ut hostem, sed ut amicum officio parum functum; Deiot 9. populi culpam, non competitoris accusas; Planc 9. quod nullo umquam de homine factum est, ut absens accusaretur ab iis palam, quorum in bona liberosque potestatem haberet; Ver III 45. hostem: f. amicum. quod innocens, si accusatus sit, absolvi potest, nocens, nisi accusatus fuerit, condemnari non potest; Sex Rosc 56. facile est accusare luxuriem; Cael 29. nocentem: f. innocentem. accusari abs te officium meum; ep II 1, 1. cum (philosophia) esset accusata et vituperata apud Hortensio; fin I 2. ecquis umquam reus sic accusatus est, ut . .? Font 37. accusando senatum; dom 104. nihil habeo, quod accusem senectutem; Cato 13. error voluptatem accusantium doloremque laudantium; fin I 32. — III, 1. nemo umquam est de civitate accusatus, quod aut populus fundus factus non esset aut . .; Balb 52. hac de re te accusamus cotidie; ep X 26, 3. quod in me accusare de te solebas; A I 3, 3. — 2. qua in re abs te M. Fonteius accusatur; Font 1, 2. — 3. in quo accusavi mecum ipse Pompeium, qui tantas res Sestio nostro scribendas dederit; A VII 17, 2. — 4. ut etiam accusarer ab eo (Caesare), quod parum constantiae suae confiderem; A XVI 16, 5. — 5. ut, si qui, cum ambitus accusabitur, manu se fortem esse defendet; inv I 94. eum tu accusas avaritiae? Flac 83. ut eam (cupiditatem) tamquam capitis accuset; fin II 27. (imperator) accusatur maiestatis; inv II 72. — 6. accusatus est criminibus gravissimis; Cluent 59.

acer, scharf, stechend, schmerzlich, heftig, leidenschaftlich, tatkräftig, durchdringend, scharffinnig, fein: A. Cn. Pomponius acer, acerbus, criminosus; Bru

2

221. non minus acres contra me fuerunt; Ver II 12. ecquem Caesare nostro acriorem in rebus gerendis audisti? ep VIII 15, 1. in ipsa pugna cum acerrimo adversario; div Caec 47. quasi culpa contractum malum aegritudinem acriorem facit; Tusc III 52. qui (mundus) puro eodemque acerrimo et mobilissimo ardore teneatur; nat II 31. acerrima accusatorum criminatio; inv II 84. neque haec tam acrem curam diligentiamque desiderant; de or III 184. qui toto corpore opprimi possit doloribus acerrimis; Tusc V 26. tibi homini ad perdiscendum acerrimo; de or III 90. acerrimum hostem defendit; Nest 58. est utendum imaginibus agentibus, acribus, insignitis; de or II 358. inerat ingenium satis acre; Bru 282. lex lata est de pecuniis repetundis acerrima; Vatin 29. neque tam acri memoria fere quisquam est, ut . .; de or II 357. quod (homines) habent mentem acrem et vigentem; fin II 45. fuisse acrem morsum doloris; Tusc II 53. posteaquam sensi populi Romani aures hebetiores, oculos autem esse acres atque acutos; Planc 66. odium esse acre susceptum; inv II 108. oculorum, qui est sensus acerrimus; de or III 160. vir tam acer in ferro; A II 21, 4. — B. quae non acrium, non pertinacium sunt; de or II 182.

acerbe, herb, unfreundlich, ftreng, fchmerzlich: I. de quibus (rebus) acerbissime afflictor; A XI 1, 1. ab hoc (puero) acerbius exegit natura, quod dederat; Tusc I 93. dolebam et acerbe ferebam, si . .; Planc 4. ut acerbe indigneque moreretur; Cluent 42. quos acerbissime ceteri oderunt; Phil X 4. Quintum filium ad me acerbissime scripsisse; A XI 16, 4. — II. vir acerbe severus in filium; of III 112.

acerbitas, Bitterfeit, Strenge, Unfreundlich feit, Härte, Schmerz: I, 1. vim omnium sceleratorum acerbitas mei casus exceperat; dom 64. iustitiam acerbitas imitatur; part or 81. — 2. si implacabiles iracundiae sunt, summa est acerbitas, sin autem exorabiles, summa levitas, quae tamen ut in malis acerbitati anteponenda est; Q fr I 1, 39. — II, 1. accusata „acerbitate" Marcelli; ep IV 4, 3. Caelius legis acerbitatem mitigandam properat; Planc 64. severitatem in senectute probo, acerbitatem nullo modo; Cato 65. — 2. antepono: f. III. eventus. — III. huius acerbitatis eventum altera acerbitate non videndi fratris vitavi; A III 9, 1. apud quem evomat virus acerbitatis suae; Lael 87. — IV, 1. nec quisquam esset P. Sestio acerbitate mortis praeponendus; Sest 83. vitare: f. III. eventus. — 2. quas (lacrimas) tu in meis acerbitatibus plurimas effudisti; Planc 101.

acerbus, bitter, herb, fchmerzlich, abftoßend, grämlich: A. Cn. Pomponius acer, acerbus, criminosus; Bru 221. conveniet cum in dando munificum esse, tum in exigendo non acerbum; of II 64. orator haec acerbiora verbis facit; de or I 221. nihil tam imperio nihil acerbum esse, nihil cudele; Q fr I 1, 25. nihil umquam acerbum in me fuit; A XIV 13, B, 3. important (animorum motus) aegritudines anxias atque acerbas; Tusc IV 34. secutum est hoc acerbissimum et calamitosissimum civile bellum; Phil XI 34. illum hausi dolorem vel acerbissimum in vita; Cael 59. et praeteritorum recordatio est acerba et acerbior exspectatio reliquorum; Bru 266. o gravem acerbamque fortunam! Ver V 119. ille acerbus, criminosus, popularis homo ac turbulentus; Cluent 94. in acerbissimorum hostium numero; Cael IV 15. Q. filius ad patrem acerbissimas litteras misit; A XIV 17, 3. o acerbam mihi memoriam temporis illius! Planc 99. Sulla acerbiore odio incitatus; leg II 56. recordatio: f. exspectatio. in curru conlocat sui sceleris acerbissimi nuntium; Sex Rosc 98. in illo ipso acerbissimo miserrimoque spectaculo; Tusc III 66. vitam mihi esse acerbam; ep l 1, 1. bona Cn. Pompei Magni voci acerbissimae subiecta praeconis;

Phil II 64. — B. posse acerbos e Zenonis schola exire; nat III 77. quae non litigiosorum, non acerborum sunt; de or II 182.

acerra, Weihrauchfäftchen: „ne longae coronae nec acerrae" praetereantur; leg II 60.

acervalis, aufgehäuft, Trugschluß durch Anhäufung: quem (soritam), si necesse sit, Latino verbo liceat „acervalem" appellare; div II 11.

acervatim, gehäuft, summarisch: acervatim iam reliqua dicam; Cluent 30.

acervus, Haufen: I. qui (locus) tantos acervos pecuniae capiat; agr II 59. soritas hoc vocant, quia acervum efficiunt uno addito grano; Ac II 49. tantos acervos corporum exstructos; Sest 77. — II. quoniam congesta fuit accusatio magis acervo quodam criminum, non distinctione aliqua generum; Scaur 1, 7.

acetum. Effig: quod alterius ingenium sic dulce, acidum ut acetum Aegyptium, alterius sic acre, ut mel Hymettium, dicimus; fr F V 89.

acidus, sauer, scharf: f. **acetum.**

acies, Schärfe, Schneide, Sehkraft, Auge. Schlachtlinie, Treffen, Kampf: I. neque tam est acris acies in naturis hominum et ingeniis, ut . .; de or III 124. ut nulla acies humani ingenii tanta sit, quae penetrare in caelum, terram intrare possit; Ac II 122. patimur hebescere aciem horum auctoritatis; Catil I 4. quantum nostrorum ingeniorum acies intueri potest; de or III 20. — II, I. acies esse instructa a nobis ante cohortium; ep X 30, 2. palpebrae mollissimae tactu, ne laederent aciem; nat II 142. praestrinxerat aciem animi D. Bruti salus; Phil XII 3. quod iam ante aciem securium traiert vidisset; Ver V 113. — 2. Q. Catulum filium abducamus ex acie, id est a iudiciis, et in praesidiis rei publicae conlocemus; Bru 222. nos philosophiam in forum atque in rem publicam atque in ipsam aciem paene deduximus; ep XV 4, 16. si qui ex acie fugerint; Sex Rosc 151. quorum (Eretriacorum) omne bonum in mente positum et mentis acie; Ac II 129. bellum gerit, in acie stat; Phil XI 24. in acie non fui; ep IX 18, 2. haec ludorum atque pompae; nos autem iam in aciem dimicationemque venimus; orat 42. — III. quantum in hac acie cotidiani muneris spatii nobis datur; de or I 252. qui in acie cecidit; Marcel 31. fueras in acie Pharsalica antesignanus; Phil II 71.

acinus, Weinbeere: quae (terra) ex acini vinaceo tantos truncos ramosque procreet; Cato 52.

acipenser f. **acupenser.**

acquiesco, ruhen, Ruhe, Befriedigung finden, ausruhen: una se dicit recordatione acquiescere praeteritarum voluptatum || voluptatum ||; Tusc V 74. quod litteris lectis aliquantum acquievi; ep IV 6, 1. quia nulla nunc in re alia acquiescimus; ep IX 8, 2. tecum ut quasi loquerer, in quo uno acquiesco; A IX 10, 1. in eo acquievi; A IX 10, 10. quid est, ubi acquiescam? A XI 10, 2. Lanuvii tres horas acquieveram; A XIII 34. quae (agitatio mentis) numquam acquiescit; of I 19. senes in adulescentium caritate acquiescimus; Lael 101.

acquiro, dazu erwerben, gewinnen: I. tu dubites de possessione detrahere, acquirere ad fidem? Catil II 18. — II. sibi ut quisque malit, quod ad usum vitae pertineat, quam alteri acquirere, concessum est; of III 22. plus acquisisti dignitatis quam amisisti rei familiaris; ep VI 11, 2.

acratophoron, Weingefäß: puto concedi nobis oportere, ut Graeco verbo utamur, si quando minus occurret Latinum, ne hoc „ephippiis" et „acratophoris" potius quam „proëgmenis" et „apoproëgmenis" concedatur; fin III 15.

acredula, Käuzchen: »pertriste canit de pectore carmen et matutinis acredula vocibus instat«; div I 14.

acriculus, ȟițig, reizbar: ille acriculus senex Zeno: Tusc III 38.

acrimonia, Schärfe, Lebhaftigkeit: si Glabrionis patris vim et acrimoniam ceperis ad resistendum hominibus audacissimis; Ver pr. 52. quod illam vim et acrimoniam lenierit ac diluerit; inv II 143.

acriter, heftig, scharf, mutig, ernst: I. sic omnia, quae fiunt quaeque aguntur acerrime, lenioribus principiis natura ipsa praetexuit; de or II 317. attendam acriter; Scaur 18. ut acrius aliquanto et attentius de claris viris locorum admonitu cogitemus; fin V 4. alter acerrime se defendit; rep III 28. acerrime Dicaearchus contra hanc immortalitatem disseruit: Tusc I 77. adulescenti non acriter intellegenti; Piso 68. pugnatur acerrime; Phil VIII 17. nonne acerrime huic legi resistetis? agr II 85. adest fere nemo, quin acutius atque acrius vitia in dicente quam recta videat; de or I 116. qui acerrime hoc iter Pompei vituperarent; A VII 5, 4. — II. hominis mihi irati, sed multo acrius otii et communis salutis inimici; Sest 15.

acroama, Vortrag, Tonkünstler: I. ille non solum spectator, sed actor et acroama, nec tuos ludos aspexit nec ullos alios; Sest 116. — II. quod acroama aut cuius vocem libentissime (Themistocles) audiret; Arch 20.

acroasis, Vorlesung: ut eas (litteras) vel in acroasi audeam legere; A XV 17, 2.

acta, Meeresufer: 1. accusatores actas, convivia iactant; Cael 35. — 2. tu me iam rebare in actis esse nostris; A XIV 8, 1.

actio, Tätigkeit, Betätigung, Tat, Handlung, Verhandlung, Vortrag, Klage, Klageformel, Klagerecht: I. **Subject:** accedat oportet actio varia, vehemens, plena animi, plena spiritus, plena doloris, plena veritatis; de or II 73. accedet actio non tragica nec scaenae, sed modica iactatione corporis, vultu tamen multa conficiens; orat 86. agit: f. vacat. constat: f. est; orat 55. actio in dicendo una dominatur. sine hac summus orator esse in numero nullo potest, mediocris hac instructus summos saepe superare; de or III 213. quae (actio) sola per se ipsa quanta sit, histrionum levis ars et scaena declarat; de or I 18. animi est omnis actio; de or III 221. est actio quasi sermo corporis, quo magis menti congruens esse debet; de or III 222. est actio quasi corporis quaedam eloquentia, cum constet e voce atque motu; orat 55. earum omnium rerum memoria est quasi fundamentum, lumen actio; opt gen 5. cum aut sitne actio illi, qui agit, aut iamne sit aut num iam esse desierit aut illane lege, hisne verbis sit actio quaeritur; part or 99. quaero, sitne eius rei aliqua actio an nulla; Caecin 33. est etiam actio quaedam corporis, quae motus et status naturae congruentes tenet; fin V 35. actio, quae prae se motum animi fert, omnes movet; de or III 223. cum actio translationis aut commutationis indigere videtur, constitutio translativa appellatur; inv II 57. certe (actio) plurimum in dicendo potest; orat 56. significat: f. II, 1. adhibeo. omnis actio vacare debet temeritate et neglegentia nec vero agere quicquam, cuius non possit causam probabilem reddere; of I 101.

II. **nach Verben:** 1. quod (sapientia) honestas actiones adfert et efficit; fin III 55. adhibita etiam actione leni facilitatemque significanti; de or II 184. in quo tanta commoveri actio non posset, si esset consumpta superiore motu et exhausta; de or III 102. Cn. Flavium actiones composuisse; A VI 1, 8. hanc actionem meam C. Caesar comprobavit; ep XIII 4, 2. consumo: f. commoveo. quamquam gratiarum actionem a te non desiderabam; ep X 19, 1. ut histrioni actio, saltatori motus non quivis, sed certus quidam est datus, sic . .; fin

III 24. efficio: f. adfero. praetoris exceptionibus multae excluduntur actiones; in II 57. exhaurio: f. commoveo. expositis a Cn. Flavio primum actionibus; de or I 186. hanc puto me habere actionem, ut per interdictum meum ius teneam; Caecin 32. quae (actio) motu corporis, quae gestu, quae vultu, quae vocis conformatione ac varietate moderanda est; de or I 18. quae (actio) si partienda est in gestum atque vocem; Bru 141. actiones ipsum (Caesarem) praestare debere; A II 16, 2. ego etsi maximam actionem puto repugnare visis, obsistere opinionibus; Ac II 108. (somnus) actionem tollit omnem; fin V 54. — 2. in eis omnibus, quae sunt actionis, inest quaedam vis a natura data; de or III 223. — 3. huic (actioni) primas dedisse Demosthenes dicitur; de or III 213. ut iam non sine causa Demosthenes tribuerit et primas et secundas et tertias actioni; orat 56. — 4. si tu aut heredem aut militem defendisses, ad Hostilianas te actiones contulisses; de or I 245. te ex illa crudeli, importuna, non tribunicia actione meo consilio esse depulsum; Rabir 17. excellens in: f. IV, 1. occultare. recte facta sola in bonis actionibus ponens, prave, id est peccata, in malis; Ac I 37. alter iniquum putabat plus secum agi, quam quod erat in actione; de or I 167. in hac nostra actione secundum vocem vultus valet; de or III 223.

III. **nach Substantiven:** actionis huius modi exempla sunt: sitne sapientis ad rem publicam accedere; Top 82. fundamenta iacta sunt reliquarum actionum: Phil IV 1. cuius (actionis) alterum est praecipiendi genus, quod ad rationem officii pertinet; alterum autem ad sedandos animos et oratione sanandos; part or 67. istum paucis horis primae actionis omnium mortalium sententiis condemnavi; Ver V 173. de excipienda iniquitate actionis; part or 100. ad actionis usum atque laudem maximam sine dubio partem vox obtinet; de or III 224. ad actionis suavitatem quid est vicissitudine et varietate et commutatione aptius? de or III 225. usus: f. laus.

IV. **Umstand:** 1. M. Fonteius ita duabus actionibus accusatus est, ut . .; Font 40. sic a me sunt acta omnia priore actione, ut . .; Ver I 29. Scamander prima actione condemnatus est; Cluent 55. quae (animi permotio) maxime aut declaranda aut imitanda est actione; de or III 215. (Antonius) excellebat actione; Bru 215. imitari: f. declarari. instrui: f. I. dominatur. Lentulus ceterarum virtutum dicendi mediocritatem actione occultavit, in qua excellens fuit; Bru 235. — 2. sine: f. I. dominatur.

actito, führen, darstellen, spielen: M. Pontidius multas privatas causas actitavit; Bru 246. cum (Aeschines) adulescens tragoedias actitavisset; rep IV 13.

actor, Redner, Sachwalter, Kläger, Schauspieler: I. 1. illud egit fortissimus actor, non solum optimus, de me; Sest 122. actor moderatur et fingit non modo mentem ac voluntates, sed paene vultus eorum, apud quos agit; leg III 40. — 2. oratores, qui sunt veritatis ipsius actores; de or III 214. (Q. Varius) fortis actor et vehemens; Bru 221. sese te actore ad iudicium non adfuturos; div Caec 28. — II. 1. quem sibi illa (provincia) actorem causae totius adoptavit; div Caec 54. ut [illum] efficeret oratorem verborum actoremque rerum; de or III 57. Aristodemum, tragicum actorem, legatum miserunt; rep IV 13. qui ordinatum eandem aliam fore putarit actore mutato; de or II 213. Socratici a se causarum actores et a communi philosophiae nomine separaverunt; de or III 73. — 2. hi sunt actori, ut pictori, expositi ad variandum colores; de or III 217. — III. in oratore gestus paene summorum actorum est requirendus; de or I 128.

actuaria, Ruderschiff: actuariis minutis Patras accedere non satis visum est decorum; A V 9, 1.

2*

actuariola, Barfe: haec ego conscendens e Pompeiano tribus actuariolis decemscalmis; A XVI 3, 6. quid duro tempore anni actuariola fore censes? A X 11, 4. f. **corbita.**

actum, Vollbrachtes, Tat, Verhandlung: I. ut acta sua rata essent; Phil XIII 37. — II, 1. acta agimus, quod vetamur vetere proverbio: Lae 85. actum ne agas; A IX 18, 3. acta Caesaris pacis causa confirmata sunt a senatu; Phil II 100. eas Caesaris leges nos, qui defendimus acta Caesaris, evertendas putamus? Phil I 24. cum omnia acta illius anni per unum illum labefactari viderentur: Sest 62. acta ad te mitti sciebam; ep XI 25, 1. quodnisi res urbanas actaque omnia ad te perferri arbitrarer; ep X 28, 3. acta M. Antonii rescidistis, leges refixistis; Phil XIII 5. — 2. nisi forte, si quid memoriae causa rettulit in libellum, id numerabitur in actis; Phil I 19. de Ocella in actis non erat; ep II 15, 5.

actuose, leibenschaftlich: quam leniter, quam remisse, quam non actuose! de or III 102.

actuosus, lebensvoll, tätig: sunt maxime luminosae et quasi actuosae partes duae; orat 125. virtus actuosa, et deus vester nihil agens: nat I 110.

actus, Viehtrieb, Aufzug: I. non solum unum actum, sed totam fabulam confecissem: Phil II, 34. iter, actus a patre, sed rata auctoritas ab iure civili sumitur; Caecin 74. — II. qualis iste in quarto actu improbitatis futurus esset; Ver II 18.

actutum, sogleich: ego me vix tutum futurum ‖ mortem actutum futurum, al. ‖ puto; Phil XII 26.

acula, Wässerchen: I. quae (platanus) mihi videtur non tam ipsa acula quae describitur, quam Platonis oratione crevisse; de or I 28; ubi non seclusa aliqua acula teneatur, sed unde universum flumen erumpat; de or II 162. — I. crescere: f. I.

aculeatus, spitzig, spitzfindig: satis aculeatas ad Dolabellam litteras dedi; A XIV 18, 1. quorum sunt contorta quaedam et aculeata sophismata; Ac II 75.

aculeus, Stachel, Spitzfindigkeit: I. in quo (genere) nulli aculei contumeliarum inerant; de or II 222. fuerunt non nulli aculei in Caesarem; Q fr II 1, 1. — II. evellere se aculeum severitatis vestrae posse confidunt; Cluent 152. apis aculeum sine clamore ferre non possumus; Tusc II 52. ut in eorum mentibus, qui audissent, quasi aculeos quosdam relinqueret; de or III 138. — III. sine sententiarum forensibus aculeis; de or II 64.

acumen, Spitze, Stachel, Schärfe, Scharfsinn: I. non adimo ingeniorum acumen; Flac 9. declarant illa acumen interpretis; div I 39. acumen Hyperides habuit; de or III 28. cum illud nimium acumen inluderes; de or I 243. — II. nulla (auspicia) ex acuminibus servantur; nat II 9. — III. ad extremum ipsi (dialectici) se compungunt suis acuminibus; de or II 158.

acuo, schärfen, üben, fördern, antreiben: duae res illum acuebant, otium et solitudo; of III 1. quae optima non ‖ non optima ‖ (sint), aliquo modo acui tamen et corrigi posse; de or I 115. non quo acui ingenia adulescentium nollem, sed contra ingenia obtundi nolui; de or III 93. qui non linguam modo acuisses exercitatione dicendi; Bru 331. multa e corpore existunt, quae acuant mentem, multa, quae obtundant; Tusc I 80. quod consuetudo exercitatioque intellegendi prudentiam acueret; de or I 90. stridorem serrae, tum cum acuitur; Tusc V 116.

acupenser, Sterlet, Stör: iis licet dicere se acupenserem maenae non anteponere; fin II 91.

acus, Nadel: acu enucleata argumenta; Scaur 20. quod (vulnus) acu punctum videretur: Milo 65.

acute, scharf, hoch, scharfsinnig, geistreich: acutissime cogitare; of I 156. movemur saepe

aliquo acute concluso; Tusc I 78. veteres verbo tenus acute illi quidem, sed non ad hunc usum disserebant; leg III 14. (Calvus) acute movebatur: ep XV 21, 4. si mihi ad haec acute arguteque responderit; Cael 19. (legem) acutissime ac diligentissime scriptam; Ver III 20. natura fert, ut extrema ex altera parte graviter, ex altera autem acute sonent; rep VI 18. illae (argumentationes) tenuius et subtilius et acutius tractantur; inv II 51. quid iudici probandum sit cum acutissime vidit: de or III 31.

acutulus, ziemlich scharfsinnig, spitzfindig: Zenonis breves et acutulas conclusiones: nat III 18.

acutus, scharf, spitz, hoch, betont, scharfsinnig, geistreich: A. acutus an hebetior (sit); inv I 35. (Epicurus) non satis acutus fuit; fin II 80. acutum etiam illud est, cum ex alterius oratione aliud excipias atque ille vult; de or II 273. quo (Aristotele) profecto nihil est acutius, nihil politius; Ac II 143. acutissimus clamor; de or III 227. illa vetus Zenonis brevis et acuta conclusio; nat III 22. eorum (dentium) adversi acuti morsu dividunt escas; nat II 134. aliud voce genus iracundia sibi sumat, acutum, incitatum, crebro incidens; de or III 217. ut est hominum genus nimis acutum et suspiciosum; div Caec 28. aliud Antipatro (videri solet), homini acutissimo; of III 51. populi Romani aures hebetiores, oculos autem esse acres atque acutos; Planc 66. Gracchi habemus orationes acutas prudentiaeque plenissimas; Bru 104. non satis acutus orator; Bru 221. elephantorum accutissimis sensibus; nat II 151. ab acutissimo sono usque ad gravissimum sonum; de or I 251. voces ut chordae sunt intentae, acuta gravis; de or III 216. — B, a, I. et grandiloqui fuerunt et contra tenues, acuti: orat 20. — II. inter acutos et inter hebetes interest, quod..; Tusc IV 32. — b. quid ex ista acuta et gravi refertur ad τέλος? A XII 6, 2. — c. istis brevibus et acutis auditis; fin IV 52. (sonus) acuta cum gravibus temperans; rep VI 18.

ad, nach — hin, bis zu, bei, gemäß, gegen: quos ad id pertinebat; Top 32. senatus, quos ad soleret, referendum censuit; nat II 10. — I. **nach Verben** (vgl. **abduco, abicio** u. f. m.): abduxit legatos ad cenam in Academiam; Tusc IV 91. cui tali in re libenter me ad pedes abiecissem; A VIII 9, 1. quid est aliud iudicio abuti ad quaestum atque ad libidinem? Sex Rosc 54. ad utram potius legem accedere oporteat; inv II 147. quod ad oculos animumque acciderit; Ver IV 2. si res ad eorum, qui audient, opinionem accommodabitur; inv I 29. ad populum accusante P. Clodio; Milo 40. quid ad hanc mansuetudinem addi potest? of I 37. frequentes eos ad me domum adduxit; Cluent 49. qui ad rem publicam adeunt; imp Pomp 70. quid adfert ad cavendum scire aliquid futurum? nat III 14. litteram illam ad caput adfigent; Sex Rosc 57. quod hoc etiam ape adgredior maiore ad probandum, quia ..: de or II 9. ad eam (disciplinam) tamquam ad saxum adhaerescunt; Ac II 8. ut alia ad alium motum curatio sit adhibenda; Tusc IV 65. Caesar se ad neminem adiunxit; Phil V 44. quamquam omnis virtus nos ad se adlicit; of I 56. mentes vestras, non solum aures, ad haruspicum vocem admovete; har resp 20. adest ad tabulam; Caecin 16. te ad Italiam adventare; ep II 6, 1. advolabat ad urbem a Brundisio homo impotentissimus; Phil V 42. appulsis ad Helorum navibus; Ver V 91. ut (voluptas) ad honestatem applicetur; fin II 37. quod ascribi ad legem nefas est; inv I 56. ut ad causam tantam quisquam subscriptor me invito aspirare possit; div Caec 51. ea nihil omnino ad vitam hominum attinere; rep I 15. satis cautum tibi de defensione fore; Ver I 88. ad haec cogita vel potius excogita; A IX 6, 7. quas (res orator) ad

certam causam tempusque cognorit; de or I 69. adulescentem cohortantur ad decus; A XIII 28, 2. non eos ad rem rusticam, verum ad caedem ac pugnam comparari; Tul 18. animos conciliari ad benivolentiam; de or II 182. quotiens exercitus ad non dubiam mortem concurrerunt! Tusc I 89. quae (studia) vel ad usum vitae vel etiam ad ipsam rem publicam conferre possumus; rep I 30. in Epirum ad te statui me conferre; A. III 19, 1. si ad interdicti sententiam confugis; Caecin 83. omnis ad vitia consentiens multitudo; Tusc III 3. indices a fortuna nobis ad praesidium innocentiae constituti; Sulla 92. ii magna spectare et ad ea rectis studiis debent contendere; of II 45. quod conveniat ad usum civitatis; inv II 172. motum remigationis navem convertentis ad puppim; A XIII, 21. 3. sine lege ad Caesarem cucurristi; Phil II 50. quas (hostias) debuisti ad sacrificium; inv II 97. ad magistratum Mamertinum statim deducitur Gavius; Ver V 160. rem omnem ad patres conscriptos detuli; Catil II 12. a necessariis artificiis ad elegantiora defluximus; Tusc I 62. de imperatore ad id bellum deligendo; imp Pomp 27. ut omnes decumas ad aquam deportatas haberent; Ver III. 36. ad id bellum imperatorem deposci atque expeti; imp Pomp 5. num existimes Phidian, Polyclitum, Zeuxim ad voluptatem artes suas derexisse; fin II 115. Catonem descensurum ad accusandum non fuisse; Muren 60. quid deest ad beate vivendum ei, qui confidit suis bonis? Tusc V 40. non nullos videmus ad iuris studium devenire; Muren 29. ad hospites meos deverti; Ver I 16. cum (Cato) contra Ser. Galbam ad populum summa contentione dixisset; Bru 80. pauca dicam ad reliquam orationem tuam; fin II 85. si ad dicendum dedissent; de or III 140. sciens tu aurum ad facinus didicti; Cael 53. per quem consul ad supplicium et ad necem duceretur; Vatin 21. eductus ad consules; Planc 55. quarum (pecudum) opere ‖ opera ‖ efficitur aliquid ad usum hominum atque vitam; of II 11. cum Catilina egrederetur ad exercitum; Sulla 53. id eligere ad perfidiam; ep III 10, 8. quod (Caesar) vel ad Capuam vel ad Luceriam iturus putabatur; A VIII 3, 7. (philosophia) nos ad modestiam magnitudinemque animi erudivit; Tusc I 64. ad spem libertatis exarsimus; Phil IV 16. civitas ad arma repente est excitata; div I 55. excogito: f. cogito. expeto: f. deposco. me ab omnibus ad meam pristinam dignitatem exspectatum atque revocatum; dom 57. existimabat ea non ad hominum luxuriem, sed ad ornatum fanorum esse facta; Ver IV 98. (P. Valerius) legem ad populum tulit; rep II 53. finxit te ipsa natura ad honestatem; Muren 60. quas (res) ad communem hominum usum natura genuit; of I 51. habebit deus dentes, palatum, fauces nullum ad usum? nat I 92. equidem ad pacem hortari non desino; A VII 14, 3. cum Cn. Oppius ad pedes eius fiens iaceret; Quir 12. quae voluptate quasi mercede aliqua ad officium impellitur, ea non est virtus; Ac II 140. cum homines ad vim, ad manus incitarentur; Sest 34. M. Catoni incumbenti ad eius perniciem; Muren 59. quarum (partium) indigemus ad harum praeceptionem; inv I 34. si quem nunc rudem plane ‖ plane rudem ‖ institui ad dicendum velim; de or II 162. ut (senectus) adulescentes ad omne officii munus instruat; Cato 29. ad virtutes et ad vitia nihil interesse; fin IV 71. vincula ad singularem poenam nefarii sceleris inventa sunt; Catil IV 7. ne labar ad opinationem; Ac II 138. castra ad Cybistra locavi; ep XV 2, 2. ne ad ea meditere; ep II 3, 1. quas litteras cum ad omnes civitates misisset; Ver III 46. cum ad Cybistra quinque dies essem moratus; ep XV 4, 6. quo modo moveri animus ad appetendum potest? Ac II 25. vir ad virtutem, dignitatem, gloriam

natus; Sest 89. si ad Sidam navigassem; ep III 6, 1. iam ad ista obduruimus; A XIII 2, 1. obtulit se ad ferramenta prospicienda; Sulla 55. qui permultum ad dicendum opitulati sunt; inv II 7. praesidia ad illorum adventum opposita; Ver V 5. praesidio firmiore opus esse ad istam provinciam; ep III 3, 1. homo ortus est ad mundum contemplandum et imitandum; nat II 37. homo ad omne facinus paratissimus; Milo 25. Aiacem ira ad furorem mortemque perduxit; Tusc IV 52. iam ad reliqua pergamus; of I 161. ut aliqui sermones etiam ad vestras aures permanarent; Balb 56. quae (virtutes) pertinent ad veritatem et ad fidem; of I 31. quae pertinent ad libertatem populi Romani recuperandam; Phil III 19. cum ad summum bonum volunt pervenire; fin IV 39. his locis in omni re ad dicendum posita excitatis; de or II 175. negas ad beate vivendum satis posse virtutem? Tusc V 12. quid ad meam perniciem vocem suam communibus hostibus praebuisset; Quir 10. produci (servos) ad supplicium necesse est; Ver V 10. qui e ludo ad patris exercitum profectus est; imp Pomp 28. quos ad sumptus progressa iam ista res sit; leg II 62. cum ille dubitaret, quod ad fratrem promiserat; de or II 27. qui sibi bona et fortunas civium ad praedam proposuerunt; Phil IV 9. ne ad Catonem quidem provocabo; A VI 1, 7. se ad ornatum ludorum aurum quaerere; Cael 53. quoniam maxime rapimur ad opes augendas generis humani; rep I 3. nunc redeo, ad quae mihi mandas; A V 11 6. quin is me ad salutem reduceret; Quir 15. concordi populo et omnia referente ad incolumitatem et ad libertatem suam nihil esse immutabilius; rep I 49. omnia ad senatum reiciam; Phil XII 28. cum sibi nihil non modo ad cupiditates suas, sed ne ad necessitatem quidem reliquisset; Cluent 68. ad hanc rem aiunt artes quoque requisitas; fin IV 16. habetis consulem ex media morte non ad vitam suam, sed ad salutem vestram reservatum; Catil IV 18. ad singula statim respondebo; nat III 4. unum etiam restat amico nostro ad omne dedecus, ut Domitio non subveniat; A VIII 7, 1. nunc ad institutam disputationem revertamur; div II 7. quoniam me ad XII tabulas revocas; Tul 51. f. exspecto. (Isocrates) non ad iudiciorum certamen, sed ad voluptatem aurium scripserat; orat 38. quae ad me de tuis rebus domesticis scribis; ep I 9, 24. a quibusdam optimis viris ad Ianum medium sedentibus; of II 87. sequor: vgl. III. locus. hoc simulatur ad quasdam senatorum sententias; A IX 9, 3. mihi res ad caedem spectare videtur; A XV 18, 2. iuvenes stare ad ianuam duo quosdam; de or II 353. quod de Quinti fratris epistula scribis, ad me quoque fuit πρόσθε λέων, ὄπισθεν δὲ —; A II 16, 4. habet cohortes xxx, equitum CIƆIƆ. erit ad sustentandum, quoad Pompeius veniat; A V 1, 14. Mummium fuisse ad Corinthum; A XIII 6, 4. quae ad conloquium castra sumentur? Phil XII 28. ut (patria) suppeditaret tranquillum ad quietem locum; rep I 8. traduxit me ad suam sententiam; Cluent 144. suis te oportet inlecebris ipsa virtus trahat ad verum decus; rep VI 25. iudicium ad decemviros translatum videtis; agr II 59. ante comparandum multa fiunt, quae non ad vulnus, sed ad speciem valere videantur; de or II 317. antequam ad meam defensionem meosque testes venio; Caecin 24. te ad Baias venire; ep IX 2, 5. videt ad ipsum fornicem Fabianum in turba Verrem; Ver pr 19. quae (lex) vocet ad officium iubendo; rep III 33. si quid ad usum velint; Tusc II 37. qui etiam medicis suis non ad salutem, sed ad necem utatur; har resp 35.

II. **nach Adjectiven und Adverbien:** ut dicatis quam maxime ad veritatem accommodate: de or I 149, nihil mihi ad existimationem turpius, nihil ad do-

lorem acerbius accidere posse; de or II 200. qni
(animi motus) .et ad excogitandum acuti et ad explicandum ornandumque sint uberes et ad memoriam
firmi atque diuturni; de or I 113. curare ad
sanandum apposite; inv I 6. haec oratio magis
esset apta ad illa tempora; ep VI 12, 5. paulo ad
facinus audacior; Catil II 9. qui ad fraudem callidi
sunt; Cluent 183. virtus ad beate vivendum se
ipsa contenta est; fin V 79. difficilis ad distinguen-
dum similitudo; de or II 212. diuturnus: f. acutus.
quorum (regum) multa sunt eximia ad constituendam
rem publicam; de or I 37. quod facile ad credendum
est; Tusc I 78. fatalem hunc annum esse ad interitum huius urbis; Catil III 9. virum ad labores
belli impigrum, ad pericula fortem, ad usum ac
disciplinam peritum, ad consilia prudentem, ad casum
fortunamque felicem domi retinere maletis; Font 43.
firmus: f. acutus. nihil non flexibile ad bonitatem;
A X 11, 1. homini forti ad resistendum; de or
III 4. f. felix. servos ad caedem idoneos emit;
Sest 95. impiger: f. felix. est, etiam si minus
necessarium ad bene dicendum, tamen ad cognoscendum non inliberale; de or I 146. insignis ad
deformitatem puer; leg III 19. mihi cum omnia
sint intolerabilia ad dolorem; A XI 13, 1. etsi
multa adfero iusta ad impetrandum; A IX 15, 3.
necessarius: f. inliberalis. qui (Scaevola) cum peracutus esset ad excogitandum; Bru 145. peritus:
f. felix. quemquam pleniorem aut uberiorem ad
dicendum fuisse; Bru 125. argumentatio denfen-
soris appositissima ‖ potissima ‖ ad indicati-
onem; inv I 19. tibi victori ad aciem praesto
fuit; Deiot 24. ut sit alius ad alios motus perturbationesque proclivior; Tusc IV 81. se in potestate
propensum ad ignoscendum fuisse; inv II 107. quamvis prudens ad cogitandum sis; A XII 37, 2. f. felix.
non carere eo malo satis est ad bene vivendum; fin
II 41. ut segniores posthac ad imperandum ceteri
sint; Font 17. nihil est tam ad diuturnitatem memoriae stabile; de or I 129. nondum tempestivo ad
navigandum mari; imp Pomp 34. turpis: f. acerbus.
uber: f. acutus, plenus. ut, quicquid in his rebus
fiat utiliter ad pugnam, idem ad aspectum etiam sit
venustum; orat 228. non ab imis unguibus usque
ad verticem summum ex frande constare totus videtur? Q Rosc 20. cum ego Laodicea usque ad Iconium iter ita fecerim, ut ..; ep III 8, 4. vade esse
utile ad confirmationem Ciceronis me illuc venire;
A XIV 13, 4. utiliter: f. venustus.
    III **nach Subftantiben:** me hac ad maximas aegri-
tudines accessione non maxima libera; A XII 23,
2. accessus a te ad causam facti; ep IX 14, 7.
quod aditus ad eum (Antonium) difficilior esse dicitur; A XV 8, 1. hic tibi gravissimus auctor ad instituendam, fidelissimus socius ad comparandam, fortissimus adiutor ad rem perficiendam fuit; dom 30.
tantum animi habuit ad audaciam, ut ..; Ver III
81. auctor: f. adiutor. ad quod iudicium concursus
dicitur e tota Graecia factus esse; opt gen 22. an
utare tua illa mirifica ad refellendum consuetudine;
de or I 263. disputatio non mediocris contentionis est
vel ad memoriam vel ad imitandum; de or I 257. progressio admirabilis incredibilisque ad cum omnem excellentiam factus est; Tusc IV 1. parem dignitatem
ad consulatus petitionem fuisse; Muren 43. ut (divitiae)
quasi duces sint ad voluptatem et ad valetudinem
bonam; fin III 49. (Servius) mihi dabit argumentum
ad te epistulae; A X 13, 2. quaerenda erit excusatio ad Brutum; A XII 29, 1. facultatis ad agendum ducta ratio est; div Caec 16. aderat eorum
hortatio ad requiescendum; Phil IX 6. ut celeriter
pollicendo magna ‖ mihi ‖ ipse ad proficiendum impedimenta opponerem; ep X 8, 2. in vobis praeclaram indolem ad dicendum esse; de or I 131.
non patefactum iter ad urbem? A VIII 3, 4. tuas

littreras ad eas, quibus a te proxime consilium petivi, vehementer exspecto; A XI 20, 2. sequitur
ille locus ad augendum; part or 116. si mandata
sint exponenda ad imperatorem a senatu; de or II
49. ut (locus) bene tractatus in hac causa magno
ad persuadendum momento futurus sit; inv II 77.
quoniam tantum operae mihi ad audiendum datis:
de or II 122. cum videmus multitudinem pecuduum
partim ad vescendum, partim ad cultus agrorum:
· Tusc I 69. poëma ad Caesarem, quod † composueram.
incidi; Q fr III 1, 11. neque ego tunc princeps
ad salutem esse potuissem; Sulla 9. progressionem
ad virtutem fieri; fin IV 67. f. cursus. hunc reditu
ad Antonium prohiberi negabant oportere; Phil
VIII 32. socius: f. adiutor. ad plebem transitiones:
Bru 62. in externis locis minor etiam ad facinus
(est) verecundia; ep IV 9, 4. hanc viam ad gloriam
proximam esse; of II 43. satis magnam vim esse
in vitiis ad miseram vitam; Tusc V 50. haec nec
hominis nec ad hominem vox est; Ligar 16.
    IV. **zum ganzen Satz gehörig:** 1. **Raum: a. Ort:**
et ad laevam et ad dextram; Tim 48. ad iudicem
causam labefactari; Q Rosc 13. cum istos libros ad
Misenum — nam Romae vix licet — studiosius
legero ‖ legerim ‖; de or II 60. ad ostium Tiberis
urbem condidit; rep II 33. cum esset in agro ac
tantum modo aleretur ad villam; Sex Rosc 44. non
numquam etiam ad vinum diserti sint; Cael 67. —
b. **Ausdehnung (vgl.II. usque):** qui (homines) has
nobiscum terras ab oriente ad occidentem colunt; natI I 164. (mundum) a medio ad summum
parem; Tim 20.
    2. **Zeit, Ereignis:** te Laudiceae ‖ Laod. ‖ fore
ad meum adventum; ep III 5, 3. quem (Furnium) ad annum tribunum pl. videbam fore; A V
2, 1. nescio, quid intersit, utrum illuc nunc veniam
an ad decem annos; A XII 46. ex ea die ad hanc
diem quae fecisti; Ver I 34. ut sit, qui ad diem
solvat; A XII 32, 3 (2). cum ad hiemem me ex
Cilicia recepissem; ep III 7, 2. T. Aufidius, qui
vixit ad summam senectutem; Bru 179. neque tot
nationes id ad hac tempus retinuissent; leg II 33.
f. 3. exemplum. ut domum ad vesperum rediit:
div I 103.
    3. **Weise, Beziehung:** ut eorum mentes ad
suum arbitrium movere possit; de or II 70. ut
ad eam consuetudinem disputaremus; Tusc V 11.
Aristoteles adulescentes non ad philosophorum morem
tenuiter dicendi, sed ad copiam rhetorum in
utramque partem exercuit; orat 46. neque solum
ad tempus maximam utilitatem attulisti, sed etiam
ad exemplum; ep IX 14, 8. facinus: vgl. III. verecundia. ad meum sensum et ad illud sincerum ac
subtile iudicium nihil potest esse laudabilius quam
ea tua oratio; ep XV 6, 1. censui sumptus legatis
quam maxime ad legem Corneliam decernendos; ep
III 10, 6. senatores rem ad illorum libidinem iudicasse; Font 36. illa individua et solida corpora
ferri deorsum suo pondere ad lineam; fin I 18.
utrumque genus continet verbi ad litteram immutati
similitudo; de or II 249. ut, quem ad modum ratione
recte fiat, sic ratione peccetur; nat III 69. morem:
f. copiam. columnae ad perpendiculum exiguntur:
Ver I 133. (oratorum partus) ad nostrorum annalium
rationem veteres, ad ipsorum sane recentes; Bru 49.
sensum: f. iudicium. cum ad verbum, non ad sententiam rem accipere videare; de or II 259. ut
exerceamur in venando ad similitudinem bellicae
disciplinae; nat II 161. ut canerent ad tibiam
clarorum virorum laudes; Tusc IV 3. est ad verbum
ediscendus libellus; Ac II 135. f. sententiam. hoc
vitium hominum ad voluntatem loquentium omnia,
nihil ad veritatem; Lael 91. si ad eius (Ennii)
versus me exercerem; de or I 154. voluntatem:
f. veritatem.

4. Baḩl, Grenȝe: habeo ad sestertium bis et
viciens; A XI 1, 2. quo plus permutasti quam ad
fructum insularum; A XVI 1, 5. HS₁₀₀₀ ad libellam sibi deberi; Q Rosc 11. cum annos ad
quinquaginta natus esset; Cluent 110. huic hereditas ad HS facile triciens venit testamento; Ver
II 35. neque id ad vivum reseco; Lael 18. cui
(sententiae) sunt adsensi ad unum; ep X 16, 1.
consurrexit senatus cum clamore ad unum; Q fr
III 2, 2.
5. abverbielle Verbinbungen: quod habet
in se ad haec quandam similitudinem; inv I 46. ut
ad extremum omnis mundus ignesceret; nat II 118.
ad summam animo forti sitis; ep XIV 14, 2.
V. Ellipſen: (vgl. I. simulo): virum non inlitteratum, sed nihil ad Persium; de or II 25. hoc
nihil ad me; de or II 139. habes ad omnia; A V
4, 4. habes ad primam epistulam; A VIII 15, 1.
si vos ad quintum miliarium; A VIII 9, 2. me
existimari ad Olympia; A XVI 7, 5. haec nihil
sane ad rem; fin II 82. augures rem ad senatum;
nat II 11. quorum consilium quale fuerit, nihil
sane ad hoc tempus; de or II 5. a. d. III Nonas
Ian. ad urbem cogito; A VII 4, 3. — senatus ad
Apollinis fuit; Q fr II 3, 3. rapinas scribis ad
Opis fieri; A XIV 14, 5.

adaequo. gleich machen, gleichkommen, erreichen: I. senatorum urna copiose absolvit, equitum
adaequavit; Q fr II 4, 6. — II. qui (Magnus) cum
virtute fortunam adaequavit; Arch 24. deorum
vitam possit adaequare: Tim 41.

adamo. lieb gewinnen: postquam adamavi
hanc quasi senilem declamationem; Tusc I 26.
si illam praeclaram et eximiam speciem oratoris
perfecti et pulchritudinem adamastis; de or III 71.

adaugeo, vermehren, vergrößern: locus communis, per quem facti utilitas aut honestas adau-
getur; inv II 55. quo (tempore hoc studium) erat
studiosius adaugendum; inv I 4.

adc— ſ. **acc—**

addico. zuſprechen, zuerkennen, überlaſſen,
preiśgeben, weihen: I. cui (senatui) me semper,
addixi; Planc 23. qui morti addictus esset; of III
45. addicuntur decumae M. Caesio; Ver III 88. cui
vellem (deversorium) addici; A X 5, 3. cum fidem
ac religionem tuam iam alteri addictam pecunia
accepta habueris; Ver II 78. fundus addicitur
Aebutio; Caecin 16. regna addixit pecunia; Phil
VII 15. religionem: ſ. fidem. — II. me istos
liberos non addixisse; A VII 2, 8.

addictio. Zuerkennen: cuius praetura urbana
fuit in iure dicundo bonorum possessionumque contra
omnium instituta addictio et condonatio; Ver pr 12.

addisco, bazulernen: I. Q. Velocius puer
addidicerat; de or III 86. — II. illud Solonis, senescere se multa in dies addiscentem; Cato 50.

additamentum. Anhang: intercessit Ligus
iste nescio qui, additamentum inimicorum meorum;
Sest 68.

addo, hinzufügen, zulegen, beifügen: I. 1. ut
boni ratiocinatores officiorum esse possimus et addendo
deducendoque videre, quae reliqui summa fiat; of
I 59. — 2. alqs: ſ. **accumulo.** — II, 1. addit
praeterea, „ut, quos dederit agros, teneant ii“; Phil
VIII 25. — 2. addendam eodem est, ut ne criminibus inferendis delectetur; Lael 65. — 3. addunt
etiam se dicere videri quaedam honesta, quae non
sint; of III 103. — III. quod additum est DOLO
MALO; Tul 31. ut plus additum ad memoriam nominis nostri quam demptum. de fortuna videretur;
ep I 7. 8. in illam orationem Metellinam addidi
quaedam; A I 13, 5. ſ. eloquentiam. adde confidentiam hominis, adde imbecillitatem bonorum
virorum; A IX 13, 4. si ad id, quod ipsorum Pre-
ciliorum causa te velle arbitror, addideris cumulum

commendationis meae; ep XIII 15. 3. an supplicationes addendo diem contaminari passus es? Phil
II 110. eloquentiae quantum tibi ex monumentis
nostris addidisses! fin IV 61. eas (epistulas) in
eundem fasciculum velim addas; A XII 53. imbecillitatem: ſ. confidentiam. adde istuc sermones
hominum, adde suspiciones, adde invidiam; Phil
XI 23. qua re putabas emptori lucrum addi oportere? Ver III 71. sic religionibus colendis operam
addidit, sumptum removit; rep II 27. sermones,
suspiciones: ſ. invidiam. addidit maiorem historiae
sonum vocis Antipater; de or II 54. ut mihi non
ex his, quos mecum adduxerim, sed de populo subscriptor addatur; div Caec 50. sumptu ad sacra
addito; leg II 25. ut Diodorus ad eandem honestatem addidit vacuitatem doloris; fin II 19.

addubito, Zweifel hegen, beanſtanben: I. iu
his addubitare turpissimum est; of III 18. — II, 1.
de quo Panaetium addubitare dicebant; nat II 118.
— 2. addubitavi, an || num || (epistula) a Volumnio
senatore esset; ep VII 32. 1. — III. si quid ad-
dubitarem; ep VI 6, 12. addubitato Salutis augurio
bellum fore; div I 105.

adduco. heranziehen, anziehen, ſpannen, hin-
zuführen, bringen, beſtimmen, bewegen: I. quae
(ratio) ex rebus perceptis ad id, quod non perci-
piebatur, adducit; Ac II 26. — II. veritas clamabat
quodam modo non posse adduci, ut nihil interesset;
fin IV 55. — III. quibus inimicitiis aut qua iniuria
adductus ad accusandum descenderim; Ver III 6.
qui ipse adductus in iudicium pecuniam iudici dederit; Cluent 125. tu cum me in summam expectationem adduxeris; Tusc I 39. ut te ad meum
arbitrium adducerem; ep V 20, 2. ista me res
adducebat; A XIII 33, a, 1 (4). si eos (adversarios)
aut in odium aut in invidiam aut in contemptionem
adducemus; inv I 22. ideo aquam adduxi, ut tu ea
inceste uterere? Cael 34. balistas: ſ. tormenta.
pretio adductam civitatem ea vendidisse; Ver IV
134. quod iniquum in discrimen adducas dignitatem tuam; Planc 8. Antonius contra populum Romanum exercitum adducebat; Phil III 11. quas
(habenas amicitiae) vel adducas, cum velis, vel remittas; Lael 45. adducit iste in saltum homines
electos; Tul 48. armis et ferro rem in discrimen
adducere; Phil V 39. rem adduci ad interregnum;
A VII 9, 2. qui reum suum adduceret; Ver pr 6.
quo (balistae et reliqua tormenta) sunt contenta
atque adducta vehementius; Tusc I 57. voluptatem
in virtutum concilium adducere; fin II 12. — IV, 1.
numquam sum adductus, ut crederem; Bru 100.
nec ipse (M Anneius) adduci potuisset, ut a me
discederet; ep XIII 57, 1. — 2. ego non adducor
quemquam bonum ullam salutem putare mihi
tanti fuisse, ut . .; A XI 16, 2. — 3. illud quidem
adduci vix possum, ut ea tibi non vera videantur;
fin I 14.

adedo, verzehren: non adesa iam, sed abundanti
etiam pecunia; Quinct 40.

ademptio. Entziehung: ut esset faciendum,
non ademptione civitatis, sed tecti et aquae et ignis
interdictione adigebantur || faciebant || ; dom 78.

adeo, ſo ſehr, ſogar, vielmehr, gerade: I. adeone
hospes es || hospes || huiusce urbis, adeone ignarus
disciplinae nostrae, ut . .? Rabir 28. adeone me
delirare censes, ut ista esse credam? Tusc I 10. —
magis adeo id facilitate quam alia ulla culpa mea
contigit; de or II 15. id adeo sciri facillime potest;
Ver III 120. d adeo sic cognoscite; Cluent 80.
rem publicam funditus amisimus, adeo ut Cato vix
vivus effugeret; Q fr I 2, 15. — II. ducem hostium
intra moenia atque adeo in senatu videmus;
Catil I 5. aliquid atque adeo multa addunt; ep
IV 3, 1. quod adte antea atque adeo prius scripsi
(sic enim mavis); A XV 13, 3. ergo adeo exspec-

tate leges; leg II 23. huius improbissimi furti sive adeo nefariae praedae civitatem testem futuram; Ver I 87. usque adeo hominem in periculo fuisse, quoad . .; Sest 82.

adeo. herangehen, sich nähern, angehen, antreten, übernehmen, sich unterziehen; I, 1. quod ius adeundi non habemus; ep IV 7. 6. quo saepe adeundum sit navibus; Ver IV 21. cum ad me aditum esset ab iis; ep III 7, 3. — 2. tum primum nos ad causas et privatas et publicas adire coepimus; Bru 311. de quo nomine ad arbitrum adisti; Q Rosc 12. ut ad Verrem adirent; Ver IV 113. quo exercitus adire non posset; Muren 34. — II. quod te adeunt fere omnes, si quid velis; ep III 9, 2. cum omnem adeundi et conveniendi illius (Caesaris) indignitatem et molestiam pertulissem; ep VI 14, 2. hic municipia coloniasque adiit; dom 30. quae (simulacra) venerantes deos ipsos se adire crederent; nat I 77. illum hereditatem aditurum; A XIV 10, 3. cur ipse Pythagoras Persarum magos adiit? fin V 87. municipia; f. colonias. magnum periculum non adibit; orat 98. sese capitis periculum aditurum; Sex Rosc 110. cum neque praetores diebus aliquot adiri possent; Q fr I 2, 15. qui nondum tempestivo ad navigandum mari Siciliam adiit; imp Pomp 34.

adeps. Fett, Wohlbeleibtheit: non mihi esse L. Cassii adipes nec C. Cethegi furiosam temeritatem pertimescendam; Catil III 16.

adeptio. Erlangung: I. utilitas ex adeptione alicuius commodi vitationeque incommodi quaeritur; part or 113. — II. nos beatam vitam non depulsione mali, sed adeptione boni iudicemus; fin II 41.

adfabilis. leutselig: cum (Ulixes) in omni sermone omnibus adfabilem esse se vellet; of I 113.

adfabilitas. Leutseligkeit: quantopere conciliet animos comitas adfabilitasque sermonis; of II 48.

adfabre. kunstvoll: (deus) paulo magis adfabre atque antiquo artificio factus; Ver pr 14.

adfatim. genug: cum Bruto nostro adfatim satis fecerim; A XIV 16, 3. isdem seminibus homines adfatim vescuntur; nat II 127.

adfectio. Zustand, Beschaffenheit, Stimmung, Gesinnung: I, 1. caret: f. II. adfectio est animi aut corporis ex tempore aliqua de causa commutatio. ut laetitia, cupiditas, metus, molestia. morbus, debilitas; inv I 36. adfectio est quaedam ex tempore aut ex negotiorum eventu aut administratione aut hominum studio commutatio rerum, ut non tales, quales ante habitae sint aut plerumque haberi soleant, habendae videantur esse; inv II 176. adfectio ad' res aliquas est huius modi: principum commoda maiora quam reliquorum; Top 70. nocet: f. 2. astrorum adfectio valeat, si vis, ad quasdam res, ad omnes certe non valebit; fat 8. — 2. est innocentia adfectio talis animi, quae noceat nemini; Tusc III 16. — II. quod animi adfectionem lumine mentis carentem (maiores) nominaverunt amentiam eandemque dementiam; Tusc III 10. — III. quae vis et natura sit eius adfectionis, qua impulsus aliquid rea commisisse dicatur; inv II 25. — IV. qui definieris summum bonum firma corporis adfectione explorataque eius spe contineri; Tusc V 27. impelli: f. III.

adfecto. erstreben: quae dominatio quam viam munitet et quo || quod || iter adfectet, videtis; Sex Rosc 140.

adfectus. Zustand, Stimmung: qualis cuiusque animi adfectus esset, talem esse hominem; Tusc V 47.

adfero. hinzubringen beitragen, hinzufügen, bringen, hinbringen, mitbringen, anbieten, anführen, vorbringen, verursachen: 1. a Bruto tabellarius rediit; attulit et ab eo et a Cassio || litteras ||; A XV 5, 1. — II, 1. cum mihi de Q. Hortensii morte esset adlatum; Bru 1. — 2. ut haec ex iure civili proferunt,

sic adferant velim, quibus libertas erepta sit: Caecin 100. — 3. adfers in tauri opimi extis immolante Caesare cor non fuisse: div II 36. — III. quaecumque vos causa huc attulisset: de or II 15. si quando in dicendo scriptum attulerit aliquid: de or I 152. quid adferri potest, cur non casu id evenerit? div II 52. quicquid ad rem publicam attulimus, si modo aliquid attulimus: of I 155. multum adlaturam vel plurimum potius ad illius iudicium confirmandum auctoritatem tuam: A XVI 5, 2. f. consolationem. dignitatem. malum. quod (sapientia) honestas actiones adfert et efficit; fin III 55. haec duo signa putarem mihi aes alienum attulisse: ep VII 23, 2. an aetatem adferet? quadriennio minor est: de or I 364. ea res tibi aut timorem adferet aut alacritatem? div II 83. ut animum vacuum ad res difficiles scribendas adferam: A XII 38. a. 1 (3). commemoratio antiquitatis et auctoritatem orationi adfert et fidem: orat 120. si pacem adferent. cupidum me, si bellum. providum iudicatote; Phil VI 17. ut ne cui innocenti maeror tuus calamitatem et falsum crimen adferret; Cluent 168. simplex in iudicium causa, certa res, unum crimen adlatum est: Cluent 49. eam causam Cleanthes adfert, cur se sol referat; nat III 37. f. rationes. dies adfert vel hora potius magnas saepe clades; Phil III 2. si quam coniecturam adfert hominibus tacita corporis figura: Q Rosc 20. quid consolationis adferrem in tantis malis; ep VI 22, 1. crimen: f. calamitatem. causam. ut ad ea aliquem adferant cumulum meae litterae: ep XIII 66. 1. quia (virtutes) non nullas curas et molestias adferunt; Lael 48. ut iam videatur honoris amplissimi nomen plus invidiae quam dignitatis adferre: Sulla 81. natura adfert dolorem: Tusc III 71. quorum (legatorum) exspectatio dubitationem belli adfert: Phil V 31. quae (vis) saepe incredibiles huic urbi felicitates atque opes attulit: Milo 84. fidem: f. auctoritatem. quae cogitationis initium tu mihi attulisti; A XII 7, 1. quae (res) interitum videantur adferre: fin III 16. invidiam: f. dignitatem. quae (gravitas caeli) mihi laborem adfert in dolore; A XI 22, 2. is ad isto litteras adfert: Ver III 92. ille locus Publicianus erat ad me adlatus: A XII 38. a. 2 (4). cuius divina virtus lucem adfert rei publicae; Phil XIII 44. quid tandem illi mali mors attulit? Cluent 171. domino a familia sua manus adlatas esse; Quinct 85. ut medicina nulla adferatur; A II 20, 3. mihi perturbatio animi tui molestiam attulit: ep VII 13, 1. f. curas. Pharnaces. quoquo modo aget, adferet moram; A XI 22. 2. f. tarditatem. si Ser. Sulpicio casus mortem attuliset; Phil IX 5. adlato nuntio de legione quarta: Phil III 24. ut oratio obscuritatem et tenebras adferat; de or III 50. opes: f. felicitates. pacem: f. bellum. mihi permagnum pondus adfert benivolentia erga illum (Pompeium); A IX 9, 2. etiam poetae quaestionem attulerunt, quidnam esset illud; orat 66. causae et rationes adferentur, quare . .; inv II 137. ultro adfero res multum et diu cogitatas; Cato 38. f. causam. cui (Carboni) ne reditus quidem ad bonos salutem a bonis potuit adferre; leg III 35. scriptum: f. alqd: de or I 152. quam (solitudinem) mihi adfert necessitas, non voluntas: of III 3. litterae tuae mihi somnum attulerunt; A IX 7, 7. quae (res) speciem utilitatis attulerit; of III 35. tibi ego spem maturae decessionis adferebam: Q fr I 1, 1. suspicionem eo mihi maiorem tua taciturnitas adferebat. quod . .: A VII 8, 1. ista legatio moram et tarditatem adferet bello; Phil V 25. tenebras: f. obscuritatem. timorem : f. alacritatem. qui armati magistratibus vim attulerint: Cael 1.

adficio. belegen, zufügen, behandeln, in einen Zustand versetzen, erfüllen, ergreifen, erregen, angreifen, schwächen: I. quae venientia metuuntur, e a d e m adficiunt aegritudine instantia; Tusc IV 11. —

II. uti ei, qui audirent, sic adficerentur animis, ut eos adfici vellet orator; de or I 87. ex te duplex nos adficit sollicitudo; Bru 332. maximis iniuriis adfecti; Ver II 65. is cum gravi morbo adfectus esset; Cluent 33. quibus vitiis adfectum esse necesse sit eum; Muren 13. quonam modo ille vos vivus adficeret, quos mortuus inani cogitatione percussit? Milo 79. quisquis sentit, quem ad modum sit adfectus; fin I 38. ne quo incommodo adficiare; fin II 79. vix posse videmur ita adfectum non miserum dicere; Tusc II 25. plurimis maximisque muneribus et nos amicos et cives tuos universos et rem publicam adficies; ep II 3, 2. miro desiderio me urbs adficit; ep II 13, 4. quod iniuria, quam accepisti, dolore me adficeret, sapientia tua, qua fers iniuriam, laetitia; ep XIII 1, 1. me summo beneficio adfeceris; ep XIII 65, 2. varie sum adfectus tuis litteris; ep XVI 4, 1. magna sollicitudine adficior, magna inopia consilii; A VI 3, 2. avide sum adfectus de fano; A XII 41, 2. id non eo nomine adficiendum (esse), quo laudator adfecerit; Top 94. ille (ignis) corporeus omnia sustinet sensuque adficit; nat II 41. nemo Agrigenti neque aetate tam adfecta neque viribus tam infirmis fuit, qui non ..; Ver IV 95. amicos: f. alqm; ep II 3, 2. ut animal ita sit adfectum, ut optime secundum naturam adfectum esse possit; fin V 24. quo tandem gaudio adfici necesse est sapientis animum! Tusc V 69. bellum adfectum videmus, et vere ut dicam, paene confectum; prov 19. quo modo caelo adfecto compositisque sideribus quodque animal oriatur; div II 98. cum cives Romanos morte, cruciatu, cruce adfeceris; Ver I 9. f. alqm; ep II 3, 2. qua poena senatus adfecerat eversorem civitatis; dom 102. magnitudo periculi summo timore hominem adficit; Quinct 6. quae (leges) supplicio improbos adficiunt; leg II 13. indices hesterno die maximis praemiis adfecit; Catil IV 10. num manus adfecta recte est, cum in tumore est? Tusc III 19. quem ad modum oculus conturbatus non est probe adfectus ad suum munus fungendum, sic ..; Tusc III 15. rem publicam: f. alqm; ep II 3, 2. eodem modo sapiens erit adfectus erga amicum, quo in se ipsum; fin I 68.

adfigo, anheften, fesseln, bannen: nos in exigua eius (terrae) parte adfixi; rep I 26. quibus in rebus me sibi ille (Pompeius) adfixum habebit; ep I 8, 5. caput abscidit, idque adfixum gestari iussit in pilo; Phil XI 5. ei (mundo deus) nec manus adfixit nec pedes aut alia membra, quibus ingressum corporis sustineret; Tim 19.

adfingo, hinzubilden, hinzudenken: I. alteri adänxit, de altero limavit; de or III 36. — II. quid res ipsa tulerit, quid error adfinxerit; Cluent 9. quia huic generi malorum non adfingitur illa opinio, rectum esse ..; Tusc III 68.

adfinis, verwandt, verschwägert, beteiligt, mitschuldig: A. adfinem esse alicuius culpae eum, qui accusaretur; inv II 129. huic (facinori) si paucos putatis adfines esse, vehementer erratis; Catil IV 6. si animus nulli minus honestae rationi adfinis ostenditur; inv II 32. quod habiturus essem contra tribunum plebis furiosum et audacem amicum et adfinem consulem; Sest 20. — B I. tu adfinem tuam, filiam meam, superbissimis et crudelissimis verbis a genibus tuis reppulisti; sen 17. — II. Sulla maximis opibus, cognatis, adfinibus, necessariis, clientibus plurimis; Cluent 94.

adfinitas, Verschwägerung, Verwandtschaft: I. is, quicum tibi adfinitas, societas, omnes denique causae et necessitudines veteres intercedebant; Quinct 48. sequuntur conubia et adfinitates, ex quibus etiam plures propinqui; of I 54. — II. qui est cum illo maximis vinculis et propinquitatis et adfinitatis coniunctus; Planc 37. — III. (P. Crassus) cum Ser. Galba, cuius Gaio filio filiam suam conlocaverat, adfinitate sese devinxerat; Bru 98.

adfirmate, feierlich: quod adfirmate quasi deo teste promiseris; of III 104.

adfirmatio, Versicherung: est ius iurandum adfirmatio religiosa; of III 104.

adfirmo, behaupten, versichern: I. 1. quid opus est de Dionysio tam valde adfirmare? A VII 8, 1. — 2. quibus cum iuratus adfirmasset se e, quae deberentur, postero die persoluturum; Piso 93. qui adfirmaret nihil posse comprehendi; Ac II 109. sic decerno, sic sentio, sic adfirmo, nullam omnium rerum publicarum conferendam esse cum ea; rep I 70. — II. nihil aliud adfirmare possum nisi sententiam et opinionem meam; de or II 146. qui (Academici) nihil adfirmant; fin II 43. ex quibus adfirmetur nostra discriptio || descr. ||; inv II 55. opinionem, sententiam: f. alqd.

adflatus, Hauch, Begeisterung: quae (vis terrae) méntem Pythiae divino adflatu concitabat; div I 38.

adflictatio, Pein, Qual: adflictatio (est) aegritudo cum vexatione corporis; Tusc IV 18.

adflicto, peinigen, sich abhärmen: I. aegritudinis est in molestia esse, adflictari, desperare; Tusc III 83. — II. cum se Alcibiades adflictaret lacrimansque Socrati supplex esset, ut sibi virtutem traderet; Tusc III 77. tu me accusas, quod me adflictem; A III 12, 1. squalent municipia, adflictantur coloniae; Milo 20.

adfligo, niederschlagen, niederbrücken, heimsuchen, betrüben, bestürzt machen: ut adflictos excitet; de or I 169. quid est deformius quam aegritudine quis adflictus, debilitatus, iacens? Tusc IV 35. quo (casu) sum gravissime adflictus; ep IX 11, 1. Gabinius concursu magno et odio universi populi paene adflictus est; Q fr III 1, 24. ne me, quem ille florentissimum reliquerat, perditum illis adflictumque offerrem; A III 10, 2. ut me levarat tuus adventus, sic discessus adflixit; A XII 50. quod certe adflicti et fracti animi non fuit; A XII 21, 5. auctoritas huius ordinis adflicta est; adflixit Antonius; Phil II 55. universae similibus adflictae iniuriis et incommodis civitates; Ver III 74. nec dubitare (debes), quin non adflictiore condicione (sis) quam ceteri; ep VI 1, 6. quod domum Antonii adflictam maerore audiebam; Phil XII 2. si adflicta fortuna (fuisset); Sulla 87. videtis hominem per se ipsum iam pridem adflictum et iacentem perniciosis optimatium discordiis excitari; har resp 50. qui Catuli monumentum adflixit; Cael 78. ad quos (scopulos) Sex. Titii adflictam navem videres; Rabir 25. facta atque consilia, quibus illam tu provinciam adflictam et perditam erexisti atque recreasti; Ver III 212. quorum scelere reipublicae tum prostratae adflictaeque sunt; leg II 42. hoc oratoris esse maxime proprium, rem augere posse laudando vituperandoque rursus adfligere; Bru 47. si ipsi prius tribuno plebis adflictam et constrictam rem publicam tradidissent; Sest 24.

adflo, anwehen, zuwehen: I. rumoris nescio quid adflaverat frequentiam non fuisse; A XVI 5, 1. — II. sperat sibi auram posse aliquam adflari in hoc crimine voluntatis eorum; Ver I 35. qui (odores) adflarentur ex floribus; Cato 59.

adfluenter, reichlich: quo adfluentius voluptates undique haurit; Tusc V 16.

adfluentia, Ueberfluß: ex hac copia atque omnium rerum adfluentia illa apta est adrogantia; agr II 95.

adfluo, adfluens, zuströmen, überfluß haben, reichlich versehen: si (Cn. Octavius) in flagitiosa vita adflueret voluptatibus; fin II 93. alqd: f. litterae. divitior mihi et adfluentior videtur esse vera amicitia || am. v. ||; Lael 58. domum illam in perpetuum scelerum omnium adfluentem reliquisset; Cluent 189. homo Venerius, adfluens omni lepore ac venustate; Ver V 142. quod nihil a te, nihil a Caesare, nihil ex istis locis non modo litterarum, sed ne rumoris quidem adfluxit; Q fr III 3, 1. sive deest naturae quippiam sive abundat atque adfluit | adfuit |; div

3

161. rumor: ſ. litterae. quae (voluptas) ad eos (sensus) cum suavitate adflueret et inlaberetur; fin I 39.

adfor, anreben: cum (Caesar) hunc nomine esset adfatus; Bru 253. qui est locus tam desertus, qui illos non adfari atque appetere videatur? Phil II 33. licet mihi versibus eisdem adfari te; Cato 1.

adglutino, anſeimen, anſleben: tu illud (prooemium) desecabis, hoc adglutinabis; A XVI 6, 4.

adgn — ſ. **agn**

adgredio, angeben: ut a te fictis adgrederer donis; fr E II 2.

adgredior, berangeben, beginnen, angreifen: I. cum adgredior in ancipiti causa et gravi ad animos iudicum pertractandos; de or II 186. nec ante adgrediar, quam ..; fin II 119. prius quam adgrediamur ad leges singulas; leg II 8. — II. si quam plurimis constitutionibus adgrediatur || adgredietur || id improbare; inv II 74. — III. primo illo suo leniore || leviore || artificio Heraclium adgredi conatur; Ver II 36. Damasippum velim adgrediare; A XII 33, 1. adgrediamur iam, quod suscepimus; opt gen 19. adgrediemur alia, quoniam quiescere non possumus; Q fr II 12, 1. istam quoque (causam) adgredere; fin IV 1. (potentia) quid agat, quo modo adgrediatur iudicem; Caecin 71.

adgrego, zugeſeſſen: huius etiam filium eodem iudicio et crimine ad patris interitum adgregare voluisti; Vatin 25. si meam voluntatem ad summi viri dignitatem adgregassem; ep I 9, 11.

adgressio, Vnlauf: cum (orator) animos prima adgressione occupaverit; orat 50.

adhaereo, baften, angewachſen ſein: quae (viae) pertinent ad iecur eique adhaerent; nat II 137.

adhaeresco, baften, bängen bleiben, ſtocken, bleiben, feſtbalten: (Hortensius) in celeritate et continuatione verborum adhaerescens; Bru 320. si potes in his locis adhaerescere; A IV 4, a, 2. si non omnia ad genus id adhaerescerent; de or III 37. argumentum, simul atque emissum est, adhaerescit; de or II 214. ita iustitiae honestatique (fortis civis) adhaerescet, ut ..; of I 86. in me uno consulares faces iactae manibus tribuniciis, in me omnia coniurationis nefaria tela adhaeserunt; dom 63. (oratio) ita libere fluebat, ut nusquam adhaeresceret; Bru 274. tela: ſ. faces.

adhaesio, Anbaften: ita effici adhaesiones atomorum inter se; fin I 19.

adhibeo, anwenden, üben, zeigen, gebrauchen, gewäbren, zuweiſen, binzuzieben, beigeben, aufnebmen, bebandeln: I. (Hortensius) celeriter ad maiores causas adhiberi coeptus est; Bru 301. te adhibe in consilium, te audi; ep II 7, 2. cum adhibuisset domi meae Lupus me et Libonem et Servium; ep XI 7, 1. quos ego universos adhiberi liberaliter dico oportere; Q fr I 1, 16. Quintum filium severius adhibebo; A X 12, 3. ad quas (rationes) ego nihil adhibui praeter lectionem; ep V 20, 2. ad quod (genus) est adhibenda actio quaedam, non solum mentis agitatio; of I 17. adhibitis amicis; Cluent 33. adhibita exercitatione et arte; Ac II 20. ea (amicorum auctoritas) adhibeatur ad monendum; Lael 44. quorum (consulum) alter res ad scribendum maximas, alter cum res gestas tum etiam studium atque aures adhibere posset; Arch 5. alteri (Ephoro) se calcaria adhibere, alteri (Theopompo) frenos; Bru 204. ne qua calumnia, ne qua fraus, ne qui || quis || dolus adhibeatur; dom 36. quem tibum aut quas potiones aut quas vōcum aut florum varietates aut quos tactus, quos odores adhibebis ad deos? nat I 112. fidem eandem, curam maiorem adhibuisses; A III 15, 7. sic adfecto haec adhibenda curatio est, ut ..; Tusc IV 74. capessentibus rem publicam et magnificentia et despicientia adhibenda est rerum humanarum et tranquillitas animi atque securitas; of I 72. de pecunia video a te omnem diligentiam adhiberi; A XIII 1, 2.

tum fere Pericles primus adhibuit doctrinam; Bru 44. in me consolando non mediocrem ipse animi dolorem adhibuisti; ep IV 6, 1. dolum: ſ. calumniam. cum, quorum res esset, sua ipsi non videbant, caecum adhibebant ducem; Tusc V 112. exercitationem: ſ. artem. fidem: ſ. curam. fraudem: ſ. calumniam. frenos: ſ. calcaria. quam (gravitatem Caesar) in summo dolore adhibuisset; Q fr III 8, 3. videat. quibus de rebus loquatur; si seriis, severitatem adhibeat, si iocosis, leporem; of I 134. quae (oratio) lumen adhibere rebus debet; de or III 50. magnificentiam: ſ. despicientiam. quo magis iis et magnitudo est animi adhibenda et vacuitas ab angoribus: of I 73. adhibeant manus vectigalibus vestris; agr II 47. tu sociorum atque amicorum ad ea convivia matres familias adhibuisti; Ver V 137. desperatis etiam Hippocrates vetat adhibere medicinam; A XVI 15, 5. sive tu medicum adhibueris si‿e non adhibueris, convalesces; fat 28. adhibeatis in hominis fortunis misericordiam, in rei publicae salute sapientiam, quam soletis; Rabir 5. adhibeat oratio modum; Tusc V 80. odores: ſ. cibum. cum adhibemus ad eos orationem eius modi; Ac II 32. quod (officium) adhibetur || adhibet || erga illos; ep XIII 6, 2. qui patronum adhibet; de or III 49. potiones: ſ. cibum. fit senatus consultum, ut C. Marius L. Valerius consules adhiberent tribunos plebis et praetores, quos eis videretur; Rabir 20. eam, quam ad omnes res adhibes. in primis ad convalescendum adhibe prudentiam; A XII 4, 2. bene adhibita ratio cernit, quid optimum sit; Tusc IV 58. res: ſ. aures. sapientiam: ſ. misericordiam. omnem hanc ex Etruria scientiam adhibebant; div I 3. securitatem: ſ. despicientiam. qui (sermo) more maiorum a summo adhibetur in poculo: Cato 46. severitatem: ſ. leporem. cuius causa similitudines adhibitae sunt; inv I 54. studium: ſ. aures. tactus: ſ. cibum. tranquillitatem: ſ. despicientiam. tribunos: ſ. praetores. varietates: ſ. cibum. si hanc vim adhibes, quid opus est iudicio? Ver III 34. tu gubernacula rei publicae petas adhibendis voluptatibus? Muren 74. — II. Themistocles est auctor adhibendus; of I 71. hunc in impuriis conviviis principem adhibebat; Ver III 23. meminerit deum se adhibere testem; of III 44. cum ad suum scelus illud furtumque nefarium quosdam homines improbos duces atque adiutores adhibuisset; Ver IV 93.

adhinnio, anwiebern: admissarius iste sic ad illius hanc orationem adhinnivit, ut ..; Piso 69.

adhortatio, Anmabnung: omissa nostra adhortatione ad eorum, quos proposuimus, sermonem veniamus; de or II 11.

adhortor, ermuntern, antreiben: I. qui ad laborem, ad industriam adhortantur; sen 14. — II. cum te numquam sim adhortatus; Phil II 49. ut ad defendendam rem publicam te adhortarer; Phil II 89. ego te, ut ad certam laudem adhortor, sic a dimicatione deterreo; ep I 7, 5. tu me adhortatus es, aliorum ut facta et eventa conquirerem; fr F V 46.

adhuc, bisber, bis jetzt, noch immer: I, 1. adhuc de consuetudine exercitationis loquor; Tusc II 40. video adhuc duas esse sententias; Catil IV 7. — 2. adhuc haec erant; div II 4. — 3. quae adhuc numquam audistis; Ver V 9. ego Caesari, sicut adhuc feci, libentissime supplicabo; ep VI 14, 3. te adhuc a nullia nisi ab Siculis potuisse cognosci; div Caec 28. Sisenna omnes adhuc nostros scriptores facile superavit; leg I 7. cupidissimi veniendi adhuc non venerunt; Ver II 65. 4. unam adhuc a te epistulam acceperam; A VII 12, 1. quae nemo adhuc docuerat; Ac I 8. — 5. scelus tu illud vocas? scelus praeter te adhuc nemo; Ligar 17. idem adhuc; audi reliqua; fin IV 71. quod patior facile, dum, ut adhuc, nihil faciam turpiter; A VII 23, 3. — II. qui (mos) usque adhuc est retentus; rep II 36.

adicio, hinwenden, hinzufügen, zulegen: I. supra adiecit Aeschrio; Ver III 77. — II. (Timotheus) ad eam laudem doctrinae et ingenii gloriam adiecit; of I 116. plane videbant adiectum esse oculum hereditati: Ver II 37. ut nihil interest teruncium adicere Croesi pecuniae; fin IV 29. ne adiectae voces laberentur; nat II 144.

adigo, hinbringen, nötigen, verlangen, vorladen, verpflichten: I. adigit ita Postumia; A X 9, 3. — II. quem ad modum finibus regendis adigere arbitrum non possis, sic ..; Top 43. — III. cur non arbitrum pro socio adegeris Q. Roscium quaero; Q Rosc 25. »rogum bustamve adigi | adici || aedes alienas«; leg II 61. si adigam ius iurandum sapientem; Ac II 116.

adimo, nehmen, wegnehmen, abnehmen, befreien, entziehen, absprechen, rauben: I. si plures sunt ii, quibus improbe datum est, quam illi, quibus iniuste ademptum est; of II 79. — II. inimici mei mea mihi, non me ipsum ademerunt; A III 5. cum iste a Syracusanis, quae ille calamitosus dies reliquerat, ademisset; Ver IV 151. f. alqm. si agrum Campania ademissent; agr I 88. quibus (Cimmeriis) aspectum solis sive deus aliquis sive natura ademerat; Ac II 61. ademit Albino soceri nomen mors fidiae, sed caritatem illius necessitudinis et benivolentiam non ademit; Sest 6. quodsi adimi civitas A. Caecinae lege potuisset; Caecin 102. si rei dignitas adimet iocandi facultatem; inv I 25. nisi mihi dolor meus cum omnes partes mentis, tum maxime huius generis facultatem ademisset; A III 7, 3. qui lege sua hereditatem ademit nulli neque virgini neque mulieri; Ver I 107. adempta ignominia foedissimi criminis; Sulla 90. iam populus im eum vendit, qui miles factus non est, non adimit 'libertatem, sed ..; Caecin 99. clarissimis ducibus supplicationum honorem tribuemus, imperatorium nomen adimemus? Phil XIV 12. f. benivolentiam, partes: f. facultatem. quae (lex) testamenti faciendi iis adimat potestatem; inv II 149. adimere omnem recusationem Crasso volui; de or II 364. qui populo dedit, ademit; Milo 73. ut ei multo rhetoricam citius quis ademerit, quam philosophiam concesserit; inv I 8. reddite ei vitam, cui ademistis; Phil IX 10.

adipatus, fettig, schwülftig: asciverant opimum quoddam et tamquam adipatae dictionis genus; orat 25.

adipiscor, erreichen, erlangen, erringen: I. haec omnia tibi accusandi viam muniebant, adipiscendi obsaepiebant; Muren 48. — II, 1. vos adepti estis, ne quam civem metueretis; Milo 34. — 2. per quos illi adepti sunt, ut ceteros dies festos agitare possent; Ver IV 51. — III. huic magno adiumento Catilinae subitam spem consulatus adipiscendi fuisse; Muren 53. quod huic officium, quae laus, quod decus erit tanti, quod adipisci cum dolore corporis velit, qui .. ? Tusc II 16. qui adipisci veram gloriam volet; of II 43. quos (honores) a populo Romano adeptus est; Cluent 118. laudem: f. decus. qui per largitionem magistratus adepti sunt; Ver II 138. officium: f. decus. quibus ex rebus philosophiam adepti sumus; Tim 52. qui eam (sapientiam) adepti sunt; inv I 5. qui nullam adeptus victoriam tanta scelera fecerit; Phil III 30. ut voluptates omittantur maiorum voluptatum adipiscendarum causa; fin I 36.

aditus, Zugang, Zutritt, Eingang, Gelegenheit: I. debet: f. patet. primus aditus et postulatio Tuberonis haec fuit; Ligar 17. si qui mihi erit'aditus de tuis fortunis agendi; ep VI 10, 2 duo sunt aditus in Ciliciam ex Syria; ep XV 4, 4. quod aditus ad eum (Antonium) difficilior esse dicitur; A XV 8, 1. quaero, cur, qui aditus ad causam Hortensio patuerit, mihi interclusus esse debuerit; Sulla 4. aditus ad me maiore provinciales; A VI 2, 5. — II. 1. omnes 'laudentur aditus; Phil I 25. nisi ad res alias pestiferas aditus sibi comparent; A II 17, 1. qui annus ei (Crasso) primus ab honorum perfunctione aditum ad summam auctoritatem dabat; de or III 7. ut (L. Custidius) faciles ad te aditus habeat; ep XIII 58. intercludo: f. I. patet. aditum sibi aliis sceleribus ante munivit; Cluent 31. ad quos (fructus) omnis nobis aditus obstructus est; Bru 16. quoniam uterque vestrum patefecit earum ipsarum rerum aditum; de or I 98. aditus templorum erant non solum praesidiis et manu, verum etiam demolitione sublati; sen 32. — 2. cur eam (paupertatem)deorum aditu arceamus? leg II 25. qui erant mecum, facile operas aditu prohibuerunt; A IV 3, 3. — III. quem nemo congressu, nemo aditu dignum putat; Vatin 2. — IV. qui (Pontus) antea populo Romano ex omni aditu clausus fuisset; imp Pomp 21. in primo aditu vestibuloque templi; Ver II 160.

adiudico, zusprechen: qui nobis causam adiudicaturus sit; de or II 129. ipsam (mulierem) Veneri in servitutem adiudicat; div Caec 56.

adiumentum, Hülfe, Hülfsmittel, Unterstützung: I, 1. quam ad rem nos magnum attulimus adiumentum hominibus nostris; of I 1. a Syracusanis prorsus nihil adiumenti exspectabam; Ver IV 137. qui locus est talis, ut plus habeat adiumenti quam incommodi; de or II 102. me quaesisse adiumenta doctrinae; Muren 63. — 2. meam sibi commendationem magno adiumento fuisse; ep XIII 30, 2. — 3 eloquentia haec forensis multis adiumentis magnisque caruit; orat 13. — II. alqd: f. I, 1. — III. 1. hoc tamen in miseriis adiumento et solacio sublevatur; Quinct 49. — 2. praesidii adiumentique causa amicitias esse expetendas; Lael 46.

adiunctio, Anschluß, Zusatz: I. si haec non est, nulla potest homini esse ad hominem naturae adiunctio, qua sublata vitae societas tollitur; A VII 2, 4. adiunctio illa quid habeat utilitatis atque honestatis, erit considerandum; inv II 172. in eadem verba impetus et concursio et adiunctio (habet vim); de or III 206. — II. reperias nullam esse rem, quam facere necesse sit, nisi propter aliquam causam, quam adiunctionem nominamus; inv II 172. tollo: f. I. est. III. esse quasdam cum adiunctione necessitudines, quasdam simplices et absolutas; inv II 171. — IV. homines [mortales] necesse est interire, sine adiunctione, inv II 172.

adiunctor, Hinzufüger: ille (Pompeius) Galliae ulterioris adiunctor; A VIII 3, 3.

adiungo, adiunctus, anreihen, anschließen, zuwenden, beifügen, hinzufügen, zusetzen, beilegen, verleihen: I, 1. quibus (libris) de fato si adiunxerimus; div II 3. — 2. adiuncto vero, ut idem etiam prudentes haberentur; of II 42. — 3. adiunxit minime id esse mirandum; nat II 69. — II. ego me ad eius rationes adiungo, quem tu in meis rationibus tibi esse adiungendum putasti; ep I 8, 2. Cn. Pompeio ad causam adiuncto; ep I 9, 14. adiunctum negotio id intellegitur, quod minus ad quod minus et quod aeque magnum et quod simile erit ei negotio, quo de agitur, et quod contrarium et quod disparatum, et genus et pars et eventus; inv I 41. ab adiunctis (argumentum dicitur); Top 18. quae propiora huiusce causae et adiunctiora sunt; Cluent 30. in quo (orator) adiungat artem; de or III 152. animos hominum ad usus suos adiungere; of II 17. confirmatio est, per quam argumentando nostrae causae fidem et auctoritatem et firmamentum adiungit oratio; inv I 34. adiungit Stellatem campum agro Campano: agr II 85. cum ad praedictionem cautio adiungitur; div II 54. crimen et suspicionem potius ad praedam adiungerent quam ad egestatem; Sex Rosc 86. cum (natura) iis (corporibus) et morbos insanabiles et dolores intolerabiles adiunxisset; Tusc V 3. fidem, firmamentum: f. auctoritatem. magnus honos populi Romani rebus adiungitur; Arch 22. ad impietatem in deos in homines adiunxit iniuriam; nat III 84. idem Aventinum et Caelium montem adiunxit urbi; rep II 33.

3*

morbos: f. dolores. qui ita fatum introducunt, ut necessitatem adiungant; fat 42. non desistebant ad snos coetus occultos noctem adiungere et solitudinem; agr II 12. quod (Isocrates) verbis solutis numeros primum f primus ‖ adiunxerit; orat 174. quod omnino Marcellorum nomini tota illa provincia adiuncta est; div Caec 13. solitudinem: f. noctem. suspicionem; f. crimen. ea duo tempora (sol efficit), quorum alterum hiemi senescenti adiunctum est, alterum aestati; nat II 49. qui ad virtutem adiungunt vel voluptatem vel vacuitatem doloris; fin II 42. — III. te adiungo socium; fin III-9. cum ei filio coheredes homines alienissimos adiungeret; Cluent 135. istam iuris scientiam eloquentiae tamquam ancillulam pedisequamque adiunxisti; de or I 236.

adiuro, beſchwören, verſichern: I. Pompeius adfirmat non esse periculum, adiurat; A II 20, 2. — II. adiurat Procilius hoc nemini accidisse; Q fr II 6, 1. ille (Balbus) adiurans nusquam se umquam libentius; ep. IX 19, 1.

adiuto, unterſtützen: si tu nos aliquid adiutare potes; fr E XI 3.

adiutor, Helfer, Gehülfe, Beiſtand: I. hic tibi fortissimus adiutor ad rem perficiendam fuit; dom. 30. ut (amici) aut libidinis ministri aut adiutores essent ad iniuriam; Lael 35. eius (C. Curtii) adiutor incolumitatis fui, ep. XIII 5, 2. ille absentis in omnibus adiutor; A VIII 3, 3. quo auctore, quo adiutore in contionibus ea se facere dicebat; dom. 66. — II. 1. oratorem ipsum erudire in iure civili, non ei pragmaticum adiutore dare; de or I 253. ut omnium suorum scelerum socium te adiutoremque praeberes; Piso 28. postulat, ut ad hanc suam praedam tam nefariam adiutores vos profiteamini; Sex Rosc 6. — 2. cum adiutore populo nunc minime nos uti posse videamus; Tusc II 4 (3).

adiutrix, Helferin, Begünſtigerin: I. eandem rem adversariam esse in iudicio Cn. Plancio, quae in petitione fuisset adiutrix; Planc 1. — II. danda est opera, ut legem adiutricem et testem adhibeamus; Top 95. virtutum amicitia adiutrix a natura data est, non vitiorum comes; Lael 83.

adiuvo, helfen, unterſtützen, fördern: I, 1. existimant plerique non haec adiuvantia causarum, sed has ipsas esse omnium causas; Tim 50. — 2. studio, consilio, auctoritate unus adiuvit plurimum; Sulla 34. adiuvabis igitur, mi Capito; A XVI 16, 18. ut omnes intellegant non ad obtinendum mendacidm, sed ad verum probandum auctoritatem adiuvare; Quinct 75. ut omnia causis fiant antepositis, verum non principalibus causis et perfectis, sed adiuvantibus et proximis; fat 41. ut omnes di adiuvent, cum decumo (ager efficit); Ver III 112. — II. ut se adiuvari volent, numquam ne adfliguntur, sed ut altiorem gradum ascendant; of II 62. in eo ego te adiuvabo; A VII 1, 9. videte, qui Sthenii causam casus adiuverit; Ver II 98. subveni patriae, opitulare conlegae, omnium gentium consensum et incredibilem conspirationem adiuva; ep X 10, 2. me Pompeius Capuam venire voluit et adiuvare dilectum; A VII 14, 2. quae (fabulae) verbis sententiis, numeris cantibus adiuventur; div II 113. qui patriam conservaverint, adiuverint, auxerint; rep. VI 13. Q. Hortensii pro consule opera et virtute vehementer rem publicam adiutam (esse); Phil X 26.

adlabor, ſich anſetzen: umor ‖ humor ‖ adlapsus extrinsecus; div II 58.

adlecto, anlocken: quamquam blanda ista vanitas apud eos valet, qui ipsi illam adlectant et invitant; Lael 99.

adlegatio, Sendung: quod neque epistulae tuae neque nostra adlegatio tam potest facile delere; A I 11, 1. cum sibi omnes ad istum adlegationes difficiles viderent; Ver I 136,

adlego, abſenden, abordnen: adlegarem ad te

illos; ep XV 10, 2. Nerius index edidit ad ‖ edidit ‖ adlegatos Cn. Lentulum Vatiam et C. Cornelium; Q fr II 3, 5. necessarios istius ad eum adlegatos esse; Ver I 139. extremum illud est, ut philosophiam ad te adlegem; ep XV 4, 16,

adlevamentum, Erleichterung: P. Sulla coactus est in adversis (fortunis) sine ullo remedio atque adlevamento permanere; Sulla 66.

adlevatio, Erleichterung: I. ut eius (doloris) diuturnitatem adlevatio consoletur; fin I 40. — ut nullam adlevationem quisquam non stultissimus sperare debeat; ep IX 1, 1.

adlevo, erleichtern, aufrichten, tröſten: quae facere possim ad me adlevandum ‖ adiuvandum ‖ ; A XII 38, 2 (4). quod Acastus ea, quae vellem, de adlevato corpore tuo nuntiaret; A VII 1, 1. quod aliqua ex parte sollicitudines adlevaret meas; Bru 12.

adlicio, anlocken, einladen, anziehen, gewinnen: I. nihil (est), quod magis adliciat ad diligendum; Lael 28. — II. est quiddam, quod sua vi nos adliciat ad sese; inv II 157. cum in hunc sensum adliciar beneficiis hominum; ep I 9, 21. animi ad misericordiam adlicientur; part or 121. si magnetem lapidem esse dicam, qui ferrum ad se adliciat et attrahat ‖ trahat ‖ ; div I 86. hominem adulescentem non tam adlicere volui quam alienare nolui; ep II 15, 4. ut regum adflictae fortunae facile multorum opes adliciant ad misericordiam; imp Pomp 24 posse dicendo tenere hominum [coetus] mentes, adlicere voluntates; de or I 30.

adlido, eine Schlappe beibringen: damnationes inimicorum, in quibus me perlubente Sevius adlisus est; Q fr II 4, 6.

adligo, anbinden, verbinden, binden, verpflichten: ne L. Flaccus nunc se scelere adligeti Flac 41. ne forte qua re impediar atque adliger; A VIII 16, 1. sacris ne adligentur; leg II 50. homines ad palum adligati; Ver V 11. videret (populus), ne qua nova quaestione adligaretur; Rab Post 14. ut verba neque adligata sint quasi certa aliqua lege versus neque ita soluta, ut vagentur; de or III 176. cum videas civitatis voluntatem solutam, virtutem adligatam; A II 18, 1. vulnus adliga; Tusc II 39.

adlino, auſſtreichen: nulla nota, nullus color, nullae sordes videbantur his sententiis adlini posse; Ver pr 17.

adloquor, anreden: quem nemo adloqui vellet; Cluent 170.

adludo, ſcherzen, anſchlagen, beſpülen: Galba adludens varie et copiose; de or I 240. mare sic terram appetens litoribus adludit ‖ eludit, cludit ‖ . ut . . ; nat II 100.

adluo, beſpülen, anſpülen: ita iactantur fluctibus, ut numquam adluantur; orat 107. (abluantur; Sex Rosc 72). cum (civitas) barbariae fluctibus adluatur; Flac 63. (Fibrenus) latera haec adluit; leg II 6.

adluvio, Anſchwemmung: in causis centumviralibus, in quibus adluvionum, circumluvionum iura versentur; de or I 173.

admetior, zumeſſen: coge, ut ad ‖ aquam tibi frumentum Hennenses admetiantur; Ver III 192.

adminiculo, ſtützen: scientia atque ars agricolarum, quae circumcidat, amputet, erigat, extollat, adminiculet; fin V 39.

adminiculum, Stütze, Beiſtand: I. natura solitarium nihil amat semperque ad aliquod tamquam adminiculum adnititur; Lael 88. — II. adminiculorum ordines (me delectant); Cato 53. — III. hanc partem relictam explebimus 'nullis adminiculis, sed, ut dicitur, Marte nostro; of III 34.

administer, Diener, Gehülfe: I. (Timarchides) erat administer istius cupiditatum; Ver II 136. (Scamander) administer erat Oppianici; Cluent 61. —

II. Iovi se consiliarium atque administrum **datum**; leg III 43.

administra, Dienerin, Gehülfin: multae sunt artes eximiae huius administrae comitesque virtutis; imp Pomp. 36.

administratio, Hülfe, Leitung, Verwaltung, Regierung: I. in auro publicando et administrationem et exitum facilem **esse**; inv II 118. quia administratio huius belli mihi cum Bibulo paene est communis; ep XV 1, 1. — II, 1. administratione rei publicae **liberatus**; Ac I 11. — 2. in omni actione atque administratione rei publicae **florissemus**; ep I 9, 2. — III. nec iis (inanimis) **sine hominum** administratione uteremur; of II 12.

administrator, Verwalter, Leiter: qui (imperator) cum esset constitutus administrator [quidam] belli gerendi; de or I 210.

administro, verwalten, besorgen, verrichten, leiten, regieren: mente consilioque divino **omnia** in hoc mundo ad salutem omnium conservationemque admirabiliter administrari; nat II 132. cum bella a proconsulibus et a propraetoribus administrantur; div II 76. sine qua (severitate) administrari civitas non potest; of I 88. fore ut per homines honestissimos leges indiciaque administrentur; div Caec 68. natura mundum administrari; nat II 85. ut per te quam commodissime negotium municipii administretur; ep XIII 11, 2. in iis locis provinciam administras; Ver III 193. per quaestores rem frumentariam esse administratam; Ver III 225. uter potius rem publicam administraret; of I 87.

admirabilia, bewundernswert, wunderbar, befremdend, seltsam: A. cur plures in omnibus rebus || artibus || quam in dicendo admirabiles exstitissent; de or I 6. in oratoribus, Graecis quidem, admirabile est, quantum inter omnes unus excellat; orat 6. quae quia sunt admirabilia; par 4. o admirabilem impudentiam, audaciam, temeritatem! Phil. III 18. videte magni et clari viri admirabilem gravitatem atque constantiam; Phil XIII 41. quam admirabilis (sit) fabrica membrorum; nat II 121. admirabile (causae genus est), a quo est alienatus animus eorum, qui audituri sunt; inv I 20. gravitas: f. constantia. mihi quidem humanitas tua vel summa potius sapientia non incunda solum, sed etiam admirabilis visa est; ep I 7, 3. impudentia: f. audacia. causam investigato in re nova atque admirabili; div II 60. sapientia: f. humanitas. temeritas: f. audacia. — B. haec παράδοξα illi, nos „admirabilia" **dicamus**. quid autem habent admirationis, cum prope accesseris? fin IV 74.

admirabilitas, Bewunderungswürdigkeit: I. quanta sit admirabilitas caelestium rerum atque terrestrium; nat II 90. — II. haec animi despicientia admirabilitatem magnam **facit**; of II 38.

admirabiliter, wunderbar, seltsam: nos Asia **accepit** admirabiliter; A V 14, 2. mente consilioque divino omnia admirabiliter administrari; nat II 132. nimis admirabiliter ninisque magnifice dicere videntur; Tusc IV 36. quem (Isocratem) Plato admirabiliter in Phaedro laudari fecit ab Socrate; opt gen 17.

admiratio, Bewunderung, Interesse, Erstaunen, Verwunderung: I. (locum communem **esse**) admirationem per contentionem, qui fieri possit, ut, qui hoc aequum esse concedat, illud neget, quod aut aequius aut eadem sit in genere; inv II 150. maxima est admiratio in iudiciis; of II 49. sed habeat illa in dicendo admiratio ac summa laus umbram aliquam et recessum; de or III 101. — II, 1, haec sunt, quae clamores et admirationes in bonis oratoribus efficiunt; de or I 152. in quo (Telamone) haec admiratio fiebat: •hicine est ille Telamon?« Tusc III 39. summam hominum admirationem (Hortensius) excitabat; Bru 327. habeo: f. **admirabilia**, B.

(ambiguum) admirationem magis quam risum movet; de or II 254. — 2. ut eos, qui audient, ad maiorem admirationem possit traducere; orat 192. — III. unum illud est admiratione **dignum**; of III. 111. — IV, 1. quadam admiratione **commotus**; leg. III 1. animus defessus audiendo aut admiratione integratur aut risu novatur; inv I 25. — 2. ut cum admiratione hominum honore ab iis digni iudicaremur; of II 36.

admiror, bewundern, staunen, sich wundern; Hortensius vehementer admirans me coepit hortari, ut . . ; Ac II 63. — II, 1. de Dionysio sum admiratus; A IX 12, 2. de diplomate admiraris, quasi nescio cuius te flagitii insimularim; A X 17, 4. — 2. admirati sumus, quid esset, cur nobis Stoicos anteferres; fin IV 61. — 3. quod haerere in eo (equo) senex posset, admirari solebamus; Deiot 28. — 4. ut mihi quidem admirari luberet in homine esse Romano tantam scientiam; nat I, 91. III. in quo admirari soleo Philippum; de or II 316. id admirans illud iam mirari desino; de or II 59. admiratus sum brevitatem eius (epistulae); A VI 9, 1. eius (Thucydidis) quidam eloquentiam admirantur; opt gen 15. f. ingenium. singularis et admiranda frugalitas; Deiot 26. cuius (Pythagorae) ingenium et eloquentiam cum admiratus esset Leon; Tusc. V 8. magnitudinem animi tui, quam ego semper sum admiratus semperque amavi; ep I 7, 9. admiranda opera Phidiae; rep. III 44. quas (res meas gestas) ille admirabatur; Bru 323. si sapientiam meam admirari soletis;.Cato 5. admirabor eorum tarditatem, qui animantem immortalem et eundem beatum rotundum esse velint; nat I 24. cuius nos virtutem admirati; Phil IX 9.

admisceo, beimischen, vermischen, hineinmengen, hinzufügen, durchbringen: ego ad id consilium admiscear? Phil XII 16. Trebatium quod isto admisceas, nihil est; Q fr III 1, 9. hoc Precianum cum iis rationibus, quas ille meas tractat, admisceri nolo; A VII 1, 9. ille (aër) multo calore admixtus est; nat II 27. quo minus (animi) se admiscuerint atque implicuerint hominum vitiis et erroribus; fr F V 97. aquae etiam admixtum esse calorem; nat II 26. tibi propter admixtam civium caedem bonorum victoria maerori fuisset; de or III 12. tum admiscere huic generi orationis vehementi atque atroci genus illud alterum lenitatis et mansuetudinis coepi; de or II 200. Arabes qui fuerunt admixto Parthico ornatu; ep III 8, 10. is non intellexit in partitione, exposito genere, partem se generis admiscuisse; inv I 32. versus ab iis (philosophis) admisceri orationi; Tusc. II 26.

admissarius, Zuchthengst: admissarius iste sic ad illius hanc orationem adhinnivit, ut . . ; Piso 69.

admissum, Vergehen, Schuld: quae etiam nullo admisso consequi possent; part or 120.

admitto, zulassen, vorlassen, loslassen, begehen, verschulden: nec (ille) quemquam admitti; A XIII 52, 1. quod ea in te admisisti, quae a verecundo inimico audire non possem; Phil II 47. f. flagitium. admissum dedecus confitebor; ep III 10, 2. cum (P. Decius) equo admisso in mediam aciem Latinorum inruebat; fin II 61. ut aut hic tantum sceleris aut ille tantum flagitii admitteret; A IX 10, 3. si C. Rabirius fraudem capitalem admisit; Rabir? 26. legatum hostium in cubiculum admittere; Phil VIII 29. scelus: f. flagitium. vitio ante admisso; inv II 34.

admixtio, Beimischung: (animus) omni admixtione corporis liberatus; Cato 80.

admodum, sehr, in hohem Grade, völlig: I. orationi vita admodum **congruens**; rep II 1. Philotimi litterae me quidem non nimis, sed eos, qui in his locis erant, a. delectarunt; A VII 24. solent a. irasci; leg I 21. nihil proficiant, nisi a.

mentiantur; of I 150. cuius (Arcesilae) primo non
a. probata ratio; Ac II 16. a. tenenda sunt sua
cuique non vitiosa, sed tamen propria; of I 110.
non est (mercatura) a. vituperanda; of I 151. —
II. cum (L. Crassus) esset a. adulescens; of II
47. qui a. est excors; Lael 99. id fuit nobis gratum
a.; Ver III 10. in quo libro multum a. fortunae
datur; fin V 12. qui (Tarquinius) a. parvos tum
haberet liberos; rep II 37. praeter a. paucos; Top
3. — III. Curio litterarum a. nihil sciebat; Bru 210.
aut nihil superum aut obscure a. cernimus; Ac fr
10. paulum a. sentiens (belua) praeteritum aut
futurum; of I 11. qui (acupenser) a. raro capitur;
fat fr. 5.

admoneo. erinnern, mahnen, zurechtweisen,
belehren: quemnam? recte admones, Polyclitum esse
dicebant; Ver IV 5. quantum natura admonente
cognoverant; Tusc I 29. — II, 1 quid restet, admonendum videtur; inv II 109. — 2. cum res ipsa
admonuerit, ut in eos dicamus, qui . .; rep II 48.
— III. nt admoneam te, non ut flagitem; ep IX
8, 1. ibi sedens haec ad te scribebam, ut me locus
ipse admoneret; A I 10, 3. admonent quiddam, quod
cavebimus; Phil I 28. — IV, 1. in qua (epistula) de
aede Telluris et de porticu Catuli me admones; Q
fr III 1, 14. — 2. cotidie nos ipsa natura admonet,
quam parvis rebus egeat; Tusc V 102. — 3. nonne
te Q. illa Claudia aemulam domesticae laudis in
gloria muliebri esse admonebat? Cael 34. — 4. hominem amentem a suis consiliariis (esse) admonitum
hasce ei tabulas nihil profuturas; Ver V 103.
5. admonitus huius aeris alieni nolui deesse ne tacitae
quidem flagitationi tuae; Top 5. — 6. illud tamen
te esse admonitum volo; Cael 8. multa extis admonemur multisque rebus aliis; nat II 166. quae
(divinatio), si fato omnia fiunt, nihil nos admonere
potest, ut cautiores simus; div II 21. te illud admoneo, ut te ante compares; O fr I 1, 38. — 7. ut
ego quoque te aliquid admoneam de vestris cautio-
nibus; ep VII 13, 2.

admonitio. Erinnerung, Mahnung, Warnung:
I. si aliter sentirem, certe admonitio tua me repri-
mere posset; ep X 4, 2. — II, 1. admonitio (opponitur) quasi lenior obiurgatio; de or II 339. —
2. interesse inter argumentum conclusionemque
rationis et inter mediocrem animadversionem atque
admonitionem; altera occulta aperiri, altera prompta
et aperta iudicari || indicari ||; fin I 30. — III. iu-
dicari: f. II 2. propriis et suis argumentis et admonitionibus tractanda quaeque res est; Tusc V 19.

admonitor, Mahner: 1. misi ad te quattuor
admonitores non nimis verecundos; ep IX 8, 1. —
2. etsi admonitore non eges; Top 5.

admonitum, Warnung, Mahnung: in eodem
silentio multa alia oratorum officia iacuerunt, cohortationis praecepta, consolationis admonita; de or II 64.

admonitus, Erinnerung, Aufforderung, Mahnung: ut in religionis lege fecisti admonitu et
rogatu meo; leg III 13. admonitu Allobrogum C.
Sulpicium praetorem misi; Catil III 8. ego interea
admonitu tuo perfeci sane argutulos libros ad Varronem; A XIII 18, 2.

admotio, Anlegen: ad nervorum eliciendos
sonos ac tibiarum apta manus est admotione digitorum; nat II 150.

admoveo, nähern, richten, heranbringen, anwenden: adhibete animos et mentes vestras, non
solum aures, ad haruspicum vocem admovete; har
resp 20. dolorum cum admoventur faces; of II 37.
tamquam aliqua machina admota; Cluent 36. mentes:
f. aures. num admoveri possit oratio ad sensus animorum atque motus vel inflammandos vel etiam exstinguendos; de or I 60. utcumque animum audientis
moveri volet, ita certum vocis admovebit sonum;
orat 55. ad id (lumen virtus) se admovet; Lael 100.

admurmuratio, Gemurmel: I. (P. Clodium)
tamquam reum accusavi multis et secundis admurmurationibus cuncti senatus; Q fr II 1, 3. — II.
factus est in eo strepitus et grata contionis admurmuratio; Ver pr 45. — III. qui non admur-
muratione, sed voce et clamore abiecti hominis furorem fregistis; Piso 31.

admurmuro, murmeln: I. cum esset ad-
murmuratum; de or II 285. — II. admurmurante
senatu; A I 13, 2.

adnecto, anknüpfen, befestigen, anfügen: »navem ut adnectunt navitae«; Tusc II 23. per quam
(rationem homo) rebus praesentibus adiungit atque
adnectit futuras; of I 11. ad linguam stomachus
adnectitur; nat II 136.

adnitor, hinstreben, sich bemühen: I. natura
semper ad aliquod tamquam adminiculum adnititur:
Lael 88. — II. nisi Bibulus adniteretur de triumpho :
A VI 8, 5.

adno, heranschwimmen: quod ubique genitum
'gentium || est. ut ad eam urbem, quam incolas,
possit adnare; rep II 9.

adnumero, zuzählen, auszahlen: I. si tibi
optima fide sua omnia concessit, adnumeravit, appendit; Sex Rosc 144. his libris adnumerandi sunt
sex de re publica; div II 3. ut ea pecunia omnis
a civitatibus sibi adnumeraretur; Ver V 60. non ea
(verba) me adnumerare lectori putavi oportere, sed
tamquam appendere; opt gen 14. — II. his duobus
eiusdem aetatis adnumerabatur nemo tertius:
Bru 207.

adnuo, zunicken, bejahen: I. quaesivi, cogno-
sceretne signum. adnuit; Catil III 10 — II. postest,
ut tu non recte intellexeris." id quoque (Silus) toto
capite adnuit; de or II 285. hoc mihi significasse
et adnuisse visus est; Ver III 213.

adol f. **adul** —

adoptatio, Annahme an Kindes Statt: I.
adoptatio Theophani agitata est; Balb 57. · II.
quamquam in illa adoptatione legitime factum est
nihil; dom 77.

adoptio, Annahme an Kindes Statt: 1, 1.
nego istam adoptionem pontificio iure esse factam;
dom 36. — 2. quem (filium T. Torquatus) in adoptionem D. Silano emancipaverat; fin I 24. — II.
quod est, pontifices, ius apdoptionis? nempe ut is
adoptet, qui neque procreare iam liberos possit et.
cum potuerit, sit expertus; dom 34.

adoptivus, durch Adoption erlangt: neque
amissis sacris paternis in haec adoptiva venisti;
dom 35.

adopto, erwählen, an Kindes Statt annehmen :
I. alqs: f. **adoptio,** II. — II. is qui hunc minorem
Scipionem a Paulo adoptavit; Bru 77. qui (C.
Staienus) se ipse adoptaverat et de Staleno Aelium
fecerat; Bru 241. — Liciniae filium, Crassi testamento
qui fuit adoptatus; Bru 212. superioris filius Africani, qui hunc Paulo natum adoptavit; of I 121. —
III. quod eum sibi Achaei patronum adoptarant;
div Caec 64.

adorior, angreifen, unternehmen, versuchen:
I si convellere adoriamur ea, quae non possint
commoveri; de or II 205. — hoc ipsum continuo
adoriamur; A XIII 22, 4. 'Ηρακλείδειον, si Brundisium salvi, adoriemur; A XVI 2. 6. inermem atque
imparatum tribunum alii gladiis adoriuntur, alii
fragmentis saeptorum et fustibus; Sest 79.

adorno, schmücken, ausrüsten, vorbereiten: vidi
forum comitiumque adornatum ad speciem magnifico ornatu; Ver I 58. hoc iudicium, hoc periculum,
illa (accusatio) omnis testium copia a matre initio
est adornata; Cluent 18. Italiae duo maria maximis
classibus firmissimisque praesidiis adornavit; imp.
Pomp 35·

adp — f. **app** —

adrepo, heranschleichen: (Apronius) non sensim atque moderate ad istius amicitiam adrepserat, sed brevi tempore totum hominem possederat; Ver III 158.

adrideo lächeln, belächeln, zusagen: I. hic Catulus adrisit; de or II 28. leniter adridens Scipio: „st, quaeso“, inquit . . ; rep VI 12. „inhibere“ illud tuum, quod valde mihi adriserat, vehementer displicet; A XIII 21, 3. — II. video, quid adriseris; nat I 79.

adripio, ergreifen, erfassen, festhalten, sich aneignen, aufgreifen: I. qui (dolor), simul atque adripuit, interficit; fin II 93. — II. quod ipse celeriter adripuit, id cum tarde percipi videt, discruciatur; Q Rosc 31. unde animum adripuerimus, si nullus fuerit in mundo; nat III 27 (26). sicut argumentum, simul atque positum est, adripitur; de or II 214. me esse adrepturum arma iudiciorum atque legum; har resp 7. non cani nec rugae repente auctoritatem adripere possunt; Cato 62. te statim causam illam totam et tempus adripere; ep V 12, 2. quod vox et gestus subito sumi et alicunde || aliunde || adripi non potest; de or I 252. ille non mediocri cupiditate adripuit imperium; Ligar 3. quas (litteras Graecas) sic avide adripui, ut . . ; Cato 26. non debes adripere maledictum ex trivio; Muren 13. quemcumque patrem familias adripuissetis ex aliquo circulo; de or I 159. non || nonne || adripuisti patrocinium aequitatis; de or I 242. si tabulam de naufragio stultus adripuerit; of III 89. tempus: s. causam. cum in altercatione adripitur ab adversario verbum; de or II 255. vocem: s. gestum.

adrodo, benagen: ut illa ex vepreculis extracta nitedula rem publicam conaretur adrodere; Sest 72.

adrogans, anmaßend, dünkelhaft: A nec ego sum adrogans, quod me valuisse dico; Planc 25. nullas umquam ad me litteras misit Brutus, in quibus non inesset adrogans, ἀκοινονόητον aliquid; A VI 3, 7. sin te aliquod dictum adrogans aut superbum movet; Sulla 25. quod genus philosophandi minime adrogans arbitraremur; div II 1. proponit inania mihi nobilitatis, hoc est, hominum adrogantium nomina; Ver pr 15. — B. neglegere, quid de se quisque sentiat, non solum adrogantis est, sed etiam omnino dissoluti; of I 99.

adroganter, anmaßend: ut ne cui rei temere atque adroganter adsenserimus; inv II 10. ne quid adrogantius videar dicere; Phil XII 21. quae tu vide ne impudenter etiam postules, non solum adroganter; Ac II 126. qui (Brutus) ad me contumaciter, adroganter, ἀκοινονοήτως solet scribere; A VI 1, 7.

adrogantia, Anmaßung, Dünkel: I. cum omnis adrogantia odiosa est tum illa ingenii atque eloquentiae multo molestissima; div Caec 36. ex adrogantia odium, ex insolentia adrogantia; inv I 42. — II, 1. in rebus prosperis fastidium adrogantiamque fugiamus; of I 90. illud „γνῶθι σεαυτόν“ noli putare ad adrogantiam minuendam solum esse dictum; Q fr III 6, 7. videte hominis impudentiam atque adrogantiam; Ver IV 151. — 2. (homines) minus in adrogantiam || [in] adrogantia || offenderent; inv II 5. — III. nec in veritate crimen adrogantiae extimescerem; orat 132. — IV, 1. qui eius artis adrogantia, quasi difficillima sit, ita subnixi ambulant; de or I 246. — 2. ex: s. I. inv I 42. (P. Crassus) sine adrogantia gravis esse videbatur; Bru 282.

adrogo, in Anspruch nehmen, sich anmaßen: non tantum mihi derogo, tametsi nihil adrogo, ut te copiosius quam me putem posse dicere; Sex Rosc 89. non vereor, ne mihi aliquid videar adrogare, si de quaestura mea dixero; Planc 64. ego tantum tibi tribuo, quantum mihi, fortasse adrogo; ep IV 1, 2. qui (optimates) hoc sibi nomen adrogaverunt; rep I 50.

adsc s. **asc.**

adsectatio, Begleitung: homines tenues unum habent in nostrum ordinem aut promerendi aut referendi beneficii locum, hanc in nostris petitionibus operam atque adsectationem; Muren 70.

adsectator. Begleiter, Anhänger: cum ducibus ipsis, non cum comitatu adsectatoribusque confligant: Balb 62.

adsector, begleiten, sich anschließen: I. hereditatis spes adsectatur, adsidet; par 39. — II. cum aedilitatem P. Crassus peteret eumque iam consularis Servius Galba adsectaretur; de or I 239.

adsecula, Begleiter, Anhänger: I. is (Caesar) cum Trocmorum || Trogm., al. || tetrarchian adseculae suo Pergameno nescio cui dedisset; div II 79. — II. qui potentissimorum hominum contumaciam numquam tulerim, ferrem huius adseculae? A VI 3, 6.

adsensio, Zustimmung, Beifall: I. 1. adsensio nostra erit in potestate, eaque extrinsecus pulsa, quod reliquum est, suapte vi et natura movebitur; fat 43. — 2. opinationem volunt esse imbecillam adsensionem; Tusc IV 15. — II, 1. inductio est oratio, quae rebus non dubiis captat adsensiones eius, quicum instituta est; quibus adsensionibus facit, ut illi dubia quaedam res propter similitudinem earum rerum, quibus adsensit, probetur; inv I 51. non fieri adsensiones sine praecursione visorum; fat 44. moveo, pello: s. I, 1. quattuor eius (Clitomachi) libri sunt de sustinendis adsensionibus; Ac II 98. — 2. quorum orationis genus scis esse exile nec satis populari adsensioni accommodatum; Bru 114. — III. ex his illa nata est ἐποχή, id est adsensionis retentio; Ac II 59. — IV, 1. indicatum est res adsensione alicuius aut aliquorum comprobata; inv I 48. facere: s. II, 1. capto. — 2. nec memoriam sine adsensione posse constare nec notitias rerum nec artes; Ac II 38.

adsensor, Beipflichter: te unum in tanto exercitu mihi fuisse adsensorem et me tibi; ep VI 21, 1.

adsensus, Zustimmung, Beifall: I, 1, etiam a certis cohibes adsensum; Ac II 94. oratio popularis adsensum vulgi debet movere; Bru 191. summum munus esse adsensus suos firme sustinere; fin III 31. qui aut visum aut adsensum tollit, is omnem actionem tollit e vita; Ac II 39. — 2. cum Panaetius se ab adsensu sustineat; Ac II 107. — II, 1. qui nullam rem adsensu suo comprobet; Ac II 108. efficiatur necne, vulgi adsensu et populari approbatione iudicari solet; Bru 185. — 2. id quod ego magno quondam cum adsensu omnium dixi; Cato 62.

adsentatio, Schmeichelei, Liebedienerei: I. nullam in amicitiis pestem esse maiorem quam adulationem, blanditiam, adsentationem; Lael 91. s. II, 1. — II, 1. adsentatio, vitiorum adiutrix, procul amoveatur, quae non modo amico, sed ne libero quidem digna est; Lael 89. — 2. sunt permulti (Graeci) diuturna servitute ad nimiam adsentationem eruditi; Q fr I 1, 16. — III. qui (Avillius) ut se blanditiis et adsentationibus in Asuvii consuetudinem penitus immersit; Cluent 36.

adsentatiuncula, Liebedienerei: non vereor, ne adsentatiuncula quadam aucupari tuam gratiam videar; ep V 12, 6.

adsentator, Schmeichler, Liebediener: I. semper auget adsentator id, quod is, cuius ad voluntatem dicitur, vult esse magnum; Lael 98. cum, idemne sit an aliquid intersit, quaeritur, ut adsentator et amicus; de or III 117. descriptio, qualis sit adsentator; Top 83. — II, 1. cavendum est, ne adsentatoribus patefaciamus aures; of I 91. — 2. quid intersit inter adsentatorem et levem civem et inter constantem; Lael 95.

adsentatorie, nach Art der Schmeichler:

dubitare te non adsentatorie, sed fraterne veto; Q fr II 14, 3.

adsentio, zuſtimmen, beipflichten: I, 1. hic cum rebus non dubiis adsensum est; ino I 52. quatenus de religione dicebat, Bibulo adsensum est; ep I 2, 1. — 2. si ei rei recte adsenserit; inv I 54. censuit hoc Cato, adsensit senatus; A II 1, 8. — II. adsentio ‖ adsentior ‖ tibi, ut in Formiano potissimum commorer, etiam de supero mari; A IX 9, 1. — III. multa sequitur probabilia non comprehensa neque percepta neque adsensa, sed similia veri; Ac II 99.

adsentior, zuſtimmen, beipflichten: I. quod tu, cum es commotus, asciscis, adsentiris, approbas; Ac II 141. prorsus adsentior; leg II 12. incognito nimirum adsentiar, id est opinabor; Ac II 113. ut invitus saepe dissensi a Q. Fuſio, ita sum eius sententiae libenter adsensus; Phil XI 15. huic (Bibulo) adsentiuntur reliqui consulares praeter Servilium; ep I 1, 3. nec (sapientem) umquam ulli viso adsensurum, nisi quod tale fuerit, quale falsum esse non possit; Ac II 57. cum (senatus) mihi est adsensus; dom 9. — II, 1. de: ſ. **adsentio,** II. — 2. agri ne consecrentur, Platoni prorsus adsentior; leg II 45˙ — 3. adsentior, ut, quod est rectum verumque, aeternum quoque sit; leg II 11. ſ. 1. 4. ego adsentior eorum alterum alteri consequens esse; Tusc V 21. ſ. III de or I 91. — III. cetera adsentior Crasso; de or I 35. quorum alterum ego illi facile adsentiebar, nihil me didicisse; de or I 91. ego illud adsentior Theophrasto, qui putat . .; de or III 184. cum tam vitiosum esse constet adsentiri quicquam aut falsum aut incognitum; Ac II 68.

adsentor, beiſtimmen, ſchmeicheln: I. qui ipse sibi adsentetur; Lael 97. eam (sapientiam) si „admirabilem“ dixi, non sum veritus, ne viderer adsentari; A VIII 9, 1. — II. ut nihil nobis adsentati esse videamur; Ac II 45.

adsequor, einholen, erreichen, erlangen, erfaſſen, begreifen: I. 1. ex his parvis libellis vos iam coniectura adsequi posse, cuius modi praedo iste fuerit; Ver II 184. — 2. qui oratione adsequi volunt, ut populares esse videantur; agr II 7. non adsequor, ut scribam, quod tui convivae aequo animo legere possint; A XII 4, 2. — II. si es Romae, iam me adsequi non potes; sin es in via, cum eris me adsecutus, coram agemus, quae erunt agenda; A III 5. ut ne plus nos adsequamur, quam quantulum tu in dicendo adsecutus es; de or I 133. quod ego si verbo adsequi possem; Catil II 12. si id tantum modo, ut taceas, nihil adsequeris; Ac II 94. omnia, quae ne per populum quidem sine seditione se adsequi arbitrabantur, per senatum consecuti sunt; ep I 7, 10. ut essent, non qui scriptum suum recitarent, sed qui cogitationem ‖ cogitatione ‖ adsequi possent et voluntatem interpretari; inv II 139. ne diuturnam quidem gloriam adsequi possumus; rep VI 23. eosdem sumus honorum gradus quos illi adsecuti; Planc 60. cum multi adulescentes dicendo laudem adsecuti sint; of II 49. benivolentiam tuam erga me imitabor, merita non adsequar; ep VI 4, 5. non tanta studia adsequuntur eorum, quibus dederunt, quanta odia eorum, quibus ademerunt; of II 54. cui contigerit, ut sapientiam verasque opiniones adsequi possit; fin V 58. qui illorum prudentiam, non dicam adsequi, sed, quanta fuerit, perspicere possint; har resp 18. sapientiam: ſ. opiniones. studia: ſ. odia.

adsero, für frei erklären: cum in causa liberali eum, qui adserebatur, cognatum suum esse diceret; Flac 40.

adservio, unterſtützen: toto corpore atque omnibus unguiis, ut dicitur, contentioni vocis adserviunt; Tusc II 56.

adservo, bewahren, verwahren, bewachen: si

omnes in aedibus adservati ac retenti (erunt): Caecin 37. quibus (custodiis) adservor; A X 18, 1. (consilium nostrum) et dissimulavimus et, ut opinor, non acerrime adservabimus; A X 16, 2. quod (ius civile) si desertum aut neglegentius adservatum erit: Caecin 73. naves eorum atque onera diligenter adservanda curabat; Ver V, 146. cum Apii tabulae neglegentius adservatae dicerentur; Arch 9.

adsessio, Dabeiſitzen, Beiſtand: quae tua fuerit adsessio, oratio, confirmatio animi mei fracti: ep XI 27, 4.

adsessor, Beiſitzer: Lacedaemonii regibus suix augurem adsessorem dederunt; div I 95.

adseveranter, ernſtlich, nachdrücklich: locutum secum esse Q. Ciceronem valde adseveranter: A XV 19, 2. haec Antiochus fere et Alexandreae tum et multis annis post multo etiam adseverantius: Ac II 61.

adseveratio, Verſicherung: omni tibi adseveratione adfirmo . .; A XIII 23, 3.

adsevero, beharren, verſichern: I. quae est ista defensio? utrum adseveratur in hoc an temptatur? Ver II 26. — II, 1. quem ad modum adversarius de quaque re adseveret; Bru 208. de quo (iudicio) tantopere hoc libro adseveravi; orat 237. — 2. id se facturum esse adseveravit; Phil II 80. — III. unum illud (Servius) firmissime adseverabat, in exsilium se iturum; A X 14, 3.

adsideo, dabei-, zuſammenſitzen, zur Seite ſein: adsidens et attente audiens; Bru 200. cum (Cn. Pompeius) P. Lentulo consuli, auctori salutis meae, frequens adsideret; Piso 80. qui (principes civitatum) huius repentino periculo commoti huic adsident; Planc 28.

adsido, ſich ſetzen, ſich zur Seite ſetzen: I. qui cum in sohola adsedissent; de or I 102. peroravit aliquando, adsedit; surrexi ego; Sex Rosc 60. adsidamus, si videtur; Ac I 14. velle aliquem imprudentem super eam (aspidem) adsidere; fin II 59. — II. neque adsidere Gabinium aut adloqui in curia quisquam audebat; fr J 39.

adsidue, beſtändig, unabläſſig: I. qui me adsidue colunt et observant; ep IX 16, 5. adsiduissime mecum fuit Dionysius Magnes; Bru 316. quibus (litteris) utor adsidue; ep V 15, 3. — II. adsidue beatum esse se; nat I 114.

adsiduitas, Beſtändigkeit, Ausdauer, Eifer, Fortbauer: I. Terentiae pergrata est adsiduitas tua et diligentia in controversia Mulviana; A II 15, 4. dicendi adsiduitas induit ‖ aluit ‖ audaciam; inv I 4. — II. hanc sextulam ille mercedem isti esse voluit adsiduitatis et molestiae; Caecin 17. — III. adsiduitate cotidiana et consuetudine oculorum adsuescunt animi; nat II 96. — (Quintus) sic commutatus est totus adsiduitate orationis et praeceptis, ut . .; A XVI 5, 2. quam hunc putent, adsiduitate testimonioque declarant; Planc 27.

adsiduus (ass.), anſäſſig, gegenwärtig, fleißig, beharrlich, beſtändig: A. qui Romae erant adsidui; Sex Rosc 81. fuit adsiduus mecum praetore me: Cael 10. cum hic filius adsiduus in praediis esset: Sex Rosc 18. augebatur eius molestia adsiduo fletu sororis; Cluent 18. solidam et robustam et adsiduam frequentiam praebuerunt; Planc 21. homines labore adsiduo et cotidiano adsueti; de or III 58. hanc ipsam (commentationem) profecto adsidua ac diligens scriptura superabit; de or I 150. ex his adsiduis eius cotidianisque sermonibus; Sest 24. — B. cum lex assiduo vindicem assiduum esse iubeat, locupletem iubet locupleti; is est enim assiduus, ut ait Aelius, appellatus ab „aere ‖ asse ‖ dando“; Top 10. qui cum locupletes assiduos appellasset ab asse dando; rep II 40.

adsignatio, Anweiſung: I. cum Caesar Sullanas venditiones et adsignationes ratas esse velit;

ep XIII 8, 2. — II, ipse novas adsignationes instituit; agr III 10. — III. in hac adsignatione agrorum ne illud quidem dici potest, quod in ceteris; agr II 84.

adsigno. anweifen, zuweifen, zuschreiben: I. ne, si uno meo facto et tu et omnes mei corruistis, improbitati et sceleri meo potius quam imprudentiae miseriaeque adsignes; Q fr I 4, 1. — II. ut mihi ex agro tuo tantum adsignes, quantum meo corpore occupari potest; A III 19, 3. quoquo modo se res habebit, nihil adsignabis nec patruo nec patri; A X 4. 6. consiliis tuis, quae scribis de agris adsignandis ab utroque || utriaque || vestrum, vehementer adsentior; ep XI 21, 5. apparitores a praetore adsignatos habuisse decumanum; Ver III 61. per tuum servulum ordines adsignatos (esse); Piso 88. quod praeceptum adsignatum est deo; fin V 44. — III. uti locum sepulchro C. Pansa consul pedes triginta quoquo versus adsignet; Phil IX 17.

adsilio. hinzufpringen: neque adsiliendum statim est ad genus illud orationis; de or II 213.

adsimilis. ähnlich: in pulmonibus inest adsimilis spongiis mollitudo; nat II 136.

adsimulo (adsimilo), nachmachen, vergleichen, heucheln: exitum huius adsimulatae familiaritatis cognoscite; Cluent 36. litterae lituraeque omnes adsimulatae; Ver II 189. simile ex conferenda atque adsimilanda || adsimulanda || natura indicatur; inv I 42. nullum est exemplum, cui malimus adsimulare rem publicam; rep I 34.

adsisto, hintreten, heranfommen, daftehen: quin prius astiterit; fin V 49. ut contra omnes hostium copias in ponte unus adsisteret; leg II 10. accede, nate, adsiste; Tusc II 21. ut ipsi (servi) ad fores adsisterent; Ver I 66. ita iacere talum, ut rectus adsistat; fin III 54.

adsoleo, pflegen, Brauch fein: I. cum in hortos D. Bruti auguris commentandi causa, ut adsolet, venissemus; Lael 7. — II. deinde, quae solent || adsolent ||; inv II 122.

adsp—. adst— f. **asp—, ast—**

adsuefacio, gewöhnen: I. quorum (veterum) sermone adsuefacti qui erunt; de or III 39. quibus (rebus) et natura me et voluntas et consuetudo adsuefecerat; ep IV 13, 3. Curionis patrio fuisse instituto puro sermone adsuefactam domum; Bru 213. — II. ceteras (nationes) imperio populi Romani parere adsuefecit; prov 33.

adsuesco, gewöhnen, fich gewöhnen: I. adsiduitate cotidiana et consuetudine oculorum adsuescunt animi; nat II 96. — II. tum ingenio freta malitia pervertere urbes et vitas hominum labefactare adsuevit; inv I 3. qui diligenter haec legere adsueverit; fin I 11. — III. beluam humanis moribus adsuetam; rep II 67. vicinitas non adsueta mendaciis; Planc 22.

adsum, anwefend, zugegen, vorhanden fein, erfcheinen, beiftehen: I. adesse in Capitolio iussit; Phil III 20. — II. quo die iste. ut Syracusis Sthenius adesset, edixerat; Ver II 96. ut in indicio adessent; Ver IV 113. adest ad tabulam, licetur Aebutius; Caecin 16. me, qui Autronio non adfuerim, Sullam defendere; Sulla 14. qui reo Catilinae consul non adfui; Sulla 83. quae (gloria) efficeret, ut absentes adessemus, mortui viveremus; Milo 97. ades animo et omitte timorem, Scipio; rep VI 10. adsum amicis; Cato 38. vellem, in meo gravissimo casu adfuisses; ep IV 6,1. nunc ades ad imperandum; ep IX 25, 2. quod Pomptino ad triumphum a. d. III Nonas Novembr. volebam adesse; Q fr III 4, 6. qui se discere in ornandis provinciis consularibus scribendo adfuisse, cum omnino ne senatus quidem fuisset; A IV 17, 2. quasi coram adsis; A V 18, 3. quod adest quodque praesens est; of I 11. aderit malorum turba quaedam, paupertas, ignobilitas, humilitas, solitudo, amissio

suorum, graves dolores corporis, perdita valetudo, debilitas, caecitas, interitus patriae, exsilium, servitus denique; Tusc V 29. aderat ianitor carceris, carnifex praetoris, mors terrorque sociorum et civium Romanorum, lictor Sextius; Ver V 118. consul: f. alqs; Sulla 83. debilitas, al.: f. amissio. tibi aderit princeps fortitudo; aderit temperantia; Tusc III 36. ianitor, al.: f. carnifex. oportune adest homo summa fide praeditus; Cluent 165. adsunt ex Achaia cuncta multi legati; Flac 63. oratorem in ea causa non adesse, qui . . Bru 200. siluerunt principes neque in illa contione adfuerunt; Flac 54. praesto aderat sapiens ille, qui inire viam doceret; Muren 26. studium semper adsit, cunctatio absit; Lael 44. temperantia: f fortitudo. (teates) adsunt cum adversariis; Flac 23. nec virtutem cuiquam adesse, quin ea semper uteretur; Ac I 38.

adsumo, annehmen, hinzunehmen, einen Zufatz, Unterfatz machen, beanfpruchen, fich anmaßen: I. adsumi statim oportet, hoc modo: „fui autem Athenis eo die"; inv I 63. — II. quid praeterea esse adsumendum putes? de or I 183. omne aut ex sua sumi vi atque natura aut adsumi foris; de or II 163. quae iam dudum adsumpta dixisti; part or 48. quo posito et omnium adsensu approbato illud adsumitur, eum omnia despicere; fin III 29. cum bis sumpsit, quod voluit, quod adsumit, concedi nullo modo potest; div II 107. neque ego mihi postea quicquam adsumpsi neque hodie adsumo, quod quemquam malevolentissimum iure possit offendere; ep I 9, 17. artes: f. **adsumptio,** III. eum adsumpto aliunde uti bono, non proprio nec suo; de or II 39. neque illum in iure civili satis illi arti facere posse, nisi dicendi copiam adsumpsisset; de or I 170. quas (legiones Caesar) in Italia adsumpsit; A X 12, a, 3 (6). alii (loci) in eo ipso, de quo agitur, haerent, alii adsumuntur extrinsecus; Top 8. ad reliquos labores etiam hanc molestiam adsumo; Planc 3. adulescentes ut senum sibi pondus adsumant; rep I 67. quae (sacra Cereris) cum essent adsumpta de Graecia; Balb 55. (orator) tractationem orationis sibi adsumet; de or I 54.

adsumptio, Annahme, Zufatz, Unterfatz (vgl. approbatio): I, 1. quae perspicuam omnibus veritatem continet adsumptio, nihil indiget approbationis; inv I 65. cum adsumptio perspicua et et nullius approbationis indiget; inv I 70. extrema est adsumptio indicationis; inv II 82. est argumentatio quaedam, in qua adsumptio non indiget approbationis; inv I 64. f. continet. est. neque propositionem absolutam neque adsumptionem sibi perfectam videri, quae approbatione confirmata non sit; inv I 60. — 2. quae ab illis adsumptio et adsumptionis approbatio dicatur, eandem sibi adsumptionem solam videri; inv I 60. — II, 1. confirmo, perficio: f. I, 1. videtur. dico: f. I, 2. ut aut ad adsumptionem aliquando tolli posse putent || putet || aut propositionem; inv I 75. quam (adsumptionem) πρόσληψιν (dialectici) vocant; div. II 108. — 2. tum ab adsumptione incipere || licet || tum || ab || approbatione alterutra; inv I 76. approbationem separatam esse ab adsumptione; inv I 64. — III. artes etiam ipsas propter se adsumendas putamus, quia sit in iis aliquid dignum adsumptione; fin III 18. — IV. huius adsumptionis quarto in loco aliam porro inducunt approbationem; inv I 59. f. I, 2.

adsumptivus, unvollftändig: iuridicialis (pars) [ipsa et] in duas tribuitur partes, absolutam et adsumptivam. adsumptiva (est), quae ipsa ex se nihil dat firmi ad recusationem, foris autem aliquid defensionis adsumit. eius partes sunt quattuor, concessio, remotio criminis, relatio criminis, comparatio; inv I 15. adsumptiva (pars) tum dicitur, cum ipsum ex se factum probari non potest, aliquo autem foris adiuncto argumento defenditur; inv II 71.

adsurgo. auffteßen, fidß erßeben: I. ut maioribus natu adsurgatur; inv. I 48. — II. quisquam (tibi) in curiam venienti adsurrexit? Piso 26.

adt— f. **att—**

adveho. ßinbringen, pass. ßinfaßren, ßinreiten: inde cisio celeriter ad urbem advectus; Phil II 77. tn equo advectus ad quandam magni fluminis ripam; div I 58. cum ab Epidauro Piraeum navi advectus essem; ep IV 12, 1. illo non saxum, non materies [ulla] advecta est; Ver I 147. ita sacerdos advecta in fanum; Tusc I 113.

advena. fremb, ausländifdß, Frembling: A. »separatim nemo habessit deos neve novos neve advenas«; leg II 19. — B, 1. quod (signum) cives atque incolae [Syracusani] colere, advenae non solum visere, verum etiam venerari solebant; Ver IV 130. — 2. ne in nostra patria peregrini atque advenae esse videamur; de or I 249.

advenio. anfommen, ßinfommen, ßeranfommen, ßerannaßen: quamcumque in provinciam eius belli gerendi causa advenerit; Phil XI 30. (Scipio) Laelium advenientem salutavit; rep I 18. interea dies advenit; Ver II 37. eorum (casuum) advenientes impetus; Tusc III 31. medici ex quibusdam rebus et advenientes et crescentes morbos intellegunt; div II 142.

adventicius. von außen ßer, ausländifdß, fremb, gufällig: Puteolos totos novo populo atque adventiciis copiis occupabunt; agr II 86. quid M. Catoni praeter hanc politissimam doctrinam transmarinam atque adventiciam defuit? de or III 135. quod altera (pecunia) pupilli iam erat adventicia; inv II 64. sive externus et adventicius pulsus animos dormientium commovet; div II 126. — B. ut anteponantur innata atque insita adsumptis et adventiciis; Top 69.

advento. ßerannaßen: te ad Italiam adventare; ep II 6, 1. praestat morti iam ipsi adventanti paulum procedere obviam; Tusc V 56. quod fere iam tempus adventat; de or I 199.

adventus. Anfunft, Eintreffen, Anmarfdß: I. veritus sum, ne meus repentinus ad meos necessarios adventus suspicionis aliquid adferret; Phil I 7. ibimus Luceriam. nec eum (Pompeium) fortasse delectabit noster adventus; A VIII 1, 4. adventus meus atque introitus in urbem qui fuit? dom 75. mihi tuum adventum suavissimum exspectatissimumque esse; A IV 4. ut me levarat tuus adventus, sic discessus adflixit; A XII 50. — II, 1. vos (talem conformationem) adventum in animos et introitum imaginum dicitis; nat I 105. non praedonum adventum significabat ignis e specula sublatus aut tumulo; Ver V 93. — 2. nihil est, cur adventibus te offerre gestias; ep VI 20, 1. — 3. vas eius modi, quo solitus esset uti ad hospitum adventus; Ver IV 32. — III, 1. qui (dies) apud omnes sunt adventu meo redituque celebrati; Piso 51. quod Antonius uno adventu fecerit; Ver III 216. — 2. quae (aedes) fuit ante istius adventum ornatissima; Ver IV 118.

adversaria. Redßnungsbudß, Rlabbe: quid est, quod neglegenter scribamus adversaria? quid est, quod diligenter conficiamus tabulas? qua de causa? quia haec sunt menstrua, illae sunt aeternae: haec delentur statim, illae servantur sancte. itaque adversaria in iudicium protulit nemo: codicem protulit, tabulas recitavit; Q Rosc 7.

adversarius. feinblidß, nadßtellig, Gegner: A. etsi nihil est iis, qui placere volunt, tam adversarium; Ac II 10. nec poterat aliter de adversariis iudicari ducibus; Phil III 21. adversarium ;; adversionem ‖ (genus argumentationis) est, quod ipsi causae aliqua ex parte officit; inv I 94. opinionem istorum studiorum et suspicionem artificii apud eos, qui res indicent, oratori adversariam esse arbitror;

de or II 156. — B, a, I, 1. nihil esse tam periculosum fortunis innocentium, quam tacere adversarios; Ver I 24. — 2. eum, qui palam est adversarius, facile cavendo vitare possis; Ver I 39. — II, 1. quod non adversarium aut obtrectatorem laudum mearum, sed socium potius et consortem gloriosi laboris amiseram; Bru 2. ego semper illum appellavi hostem, cum alii adversarium; Phil XII 17. ut eos adversarios existimemus, qui arma contra ferant; of I 87. breviter arguteque incluso adversario; Bru 322. videbam, si vicissem praesentem adversarium, nimium multos mihi alios esse vincendos; sen 33. 2. qui primo sociorum consilia adversariis enuntiavit, deinde societatem cum ipsis adversariis coiit; Sex Rosc 117. — 3. coëo cum: f. 2. damnum passum esse M. Tullium convenit mihi cum adversario; Tul 23. — III. quem (timorem) mihi attribuit vis adversariorum; Sex Rosc 9. — **b.** est tibi gravis adversaria constituta et parata incredibilis quaedam exspectatio; ep II 4, 2.

adversio, Ridßtung: hanc animi remissionem ‖ adversionem, al. ‖ humanissimam iudicaretis; Arch 16.

adversor, widerftreben, ßinbern: I. adversatur primum, quod parum defigunt animos; Ac II 46. — II. quis Isocrati est adversatus infensius? orat 172. — huius libidini adversari nec poterat nec audebat; Ver V 82. cuius nos virtutem admirati non ausi sumus adversari voluntati; Phil IX 9. neque solum ea sunt, quae nobis suppetant, sed etiam illa, quae adversentur, videnda; part or 95. cum duae causae perspicuis et evidentibus rebus adversentur; Ac II 46. attendite, quaeso, iudices, quanto opere istius amentiae fortuna ipsa adversata sit; Ver II 98. adversante et repugnante natura; of III 78. — III, non adversatur ius, quo minus suum quidque cuiusque sit; fin III 67.

adversus, adversum, entgegen, gegen, gegenüber: I. ut me adversus populum Romanum facile possem defendere; Phil I 13. quonam modo gererem me adversus Caesarem; ep XI 27, 5. — II. si uterque nostrum (blandus) est adversus aliquem; A XII 3, 1. adversus deos immortales impii iudicandi sunt; of III 28. — III. eo brevior est epistula et ut adversus magistrum morum modestior; ep III 13, 2. est pietas iustitia adversum deos; nat I 116. eadem nunc mea adversum te oratio est; fin V 80. pietate adversus deos sublata; nat I 4. — IV. ne quis magistratus civem Romanum adversus provocationem necaret; rep II 53.

adversus, gugewenbet, vorn, gegenüber befinblidß, entgegen, widrig, ungünftig, unglüdlidß: A. »si tu et adversus et aversus impudicus es«; de or II 256. vides eos, qui incolunt terram, partim obliquos, partim transversos, partim etiam adversos stare nobis; par VI 20. haec quae ex eodem genere contraria sunt, appellantur adversa; Top 47. quae nobis ipsis aut prospera aut adversa eveniunt; of I 30. ad adversam basim accessimus; Tusc V 66. iudicibus cicatrices adversas senis imperatoris ostendere; de or II 124. cicatrices adverso corpore exceptas; Ver V 3. aves eventus significant aut adversos aut secundos; div II 79. ut ad prosperam adversamve fortunam, qualis sis, nihil intersit; nat III 89. qui hasce ore adverso pro re publica cicatrices accepit; Rabir 36. et secundas res splendidiores facit amicitia et adversas leviores; Lael 22. qui adversis vestigiis stent contra nostra vestigia, quos ἀντίποδας vocatis; Ac II 123. — B, I. si quid adversi acciderit; Ac II 121. — II. (sophistae) paria paribus referunt, adversa contrariis; orat 65.

adverto, bemerfen: I. advertebatur Pompei familiares adsentiri Volcacio; ep I 1, 3. — II. animum: f. **animadverto.**

advesperascit, es wird Abenb, bämmert:

tum de foro, cum iam advesperasceret, discessimus; Ver IV 147. quoniam advesperascit; nat III 94.
advigilo. wachen: ut advigiletur facilius ad custodiam ignis; leg II 29.
adulatio. Schmeichelei: nullam in amicitiis pestem esse maiorem quam adulationem, blanditiam, adsentationem; Lael 91. canum tam amans dominorum adulatio quid significat? nat II 158.
adulescens, jung, jugendlich, Jüngling: A. alqs: vgl. B. nosti profecto os illius adulescentioris Academiae; ep IX 8, 1. P. Africani filiam adulescentem; div I 36. totam tibi domum commendo, in his adulescentem filium eius, quem . .; ep XIII 19, 2. neque haec in eam sententiam disputo, ut homines adulescentes omnino a dicendi studio deterream; de or I 117. — B, I, 1. qui Diogenem Stoicum adulescens audierat, Laelius; fin II 24. defendi rem publicam adulescens, non deseram senex; Phil II 118. cum hic Q. Catulus, admodum tum adulescens, cum hic C. Curio cum consulibus essent; Rabir 21. ut nos adulescentes contra L. Sullae dominantis opes pro Sex. Roscio Amerino fecimus; of II 51. ne adulescentem vel puerum potius Caesarem iudices temere fecisse; ep XI 7, 2. videbam illud scelus tam importunum, audaciam tam immanem adulescentis furentis, nobilis, vulnerati non posse arceri otii finibus; har resp 4. ut adulescentibus bona indole praeditis sapientes senes delectantur, sic adulescentes senum praeceptis gaudent, quibus ad virtutum studia ducuntur; Cato 26. lubricum genus orationis adulescenti non acriter intellegenti est saepe praeceps; Piso 68. invenit: f. 3. — 2. adulescens etiam nunc Isocrates est; orat 41. qui senes erant adulescente me; ep II 16, 6. — 3. o fortunate adulescens, qui tuae virtutis Homerum praeconem inveneris! Arch 24. — II, 1. adulescentem inlustri ingenio, industria, gratia accusari; Cael 1. ut (senectus) adulescentes doceat, instituat, ad omne officii munus instruat; Cato 29. duco: f. I, 1. gaudent. is heredem fecit illum adulescentem Oppianicum; Cluent 21. Alexim, humanissimum puerum, nisi forte, dum ego absum, adulescens factus est, salvere iubeas velim; A VI 7, 7. instituo, instruo; f. doceo. (Scipio) salutavit generos Laelii, doctos adulescentes, iam aetate quaestorios; rep I 18. vulnero: f. I 1. furit. — 2. maximae partes istius officii sunt pueri Ciceronis sive iam adulescentis; A VI 2, 2. — 3. adulescenti ingenioso et bono, Ser. Sulpicio, de equitum centuriis respondebo; Muren 54. — 4. ignorans, quaecumque falso [in eum] diceret in sanctissimum adulescentem, ea vere recidere in memoriam pueritiae suae; Phil XIII 19. tantus in adulescente clarissimo ac principe iuventutis pudor fuit, ut . .; Ver I 139. — III. audacia, scelus: f. I, 1. furit. senes in adulescentium caritate acquiescimus; Lael 101. neque pudor patiebatur optimi adulescentis in tali illum oratione versari; Cael 7. — IV, 1. delectari: f. I, 1. gaudent. — 2. qui ab adulescente quaestum sibi instituisset sine impendio; Quinct 12. volo se efferat in adulescente fecunditas; de or II 88.
adulescentia, Jugend, Jünglingsalter, junge Leute: I. magis mea adulescentia indiget illorum bona existimatione quam illorum severissima senectus desiderat meam laudem; Q Rosc 44. sunt pueritiae studia certa; sunt ineuntis adulescentiae; Cato 76. — II, 1. haec studia adulescentiam alunt || agunt ||, senectutem oblectant; Arch 16. numquam coniurationis accusatione adulescentiam suam potissimum commendare voluisset; Cael 15. qui adulescentiam in forensi opera consumpserat; Ac II 2. qui totam adulescentiam voluptatibus dedissent; Cael 28. hoc est, quasi qui adulescentiam florem aetatis, senectutem occasum vitae velit definire; Top 32. nisi forte adulescentes pueritiam, paululum || paulum || aetate progressi adulescentiam debent requirere; Cato 33.

spectata iam adulescentia filius; sen 37. o adulescentiam traductam eleganter! Planc 31. — 2. permitto aliquid iracundiae tuae, do adulescentiae; Sulla 46. — III. quorum cum adulescentiae cupiditates deferbuissent, eximiae virtutes firmata iam aetate exstiterunt; Cael 43. studia: f. I. init. etsi ipsa ista || ista ipsa || defectio virium adulescentiae vitiis efficitur saepius quam senectutis; Cato 29. — IV. cuius (senatus) auctoritati te ab adulescentia dedisti; Rab Post 7. cum te ex adulescentia tua in amicitiam et fidem meam contulisses; ep VII 17, 2. se meum condiscipulum in pueritia, familiarem in adulescentia commemorabat fuisse; Sulla 18.
adulescentulus. sehr jung, sehr junger Mensch: A. eius duo adulescentuli filii (interfecti sunt); Phil VIII 14. quid (tibi) cum homine adulescentulo? Cael 33. adulescentulus miles ad Capuam profectus sum; Cato 10. — B, I. quae maior calumnia est quam venire imberbum adulescentulum, bene valentem ac maritum; dicere se filium senatorem populi Romani sibi velle adoptare; dom 37. — II. cui tu adulescentulo, quem corruptelarum inlecebris inretisses, non aut ad audaciam ferrum aut ad libidinem facem praetulisti? Catil I 13. — III. etiam noctes certarum mulierum atque adulescentulorum nobilium introductiones non nullis iudicibus pro mercedis cumulo fuerunt; A I 16, 5. — IV. ut dignum est tua erga me et philosophiam voluntate ab adulescentulo suscepta; fin II 96.
adulesco, heranwachsen, erstarken: ut (Romulus) adulueverit; rep II 4. ea cupiditas agendi aliquid adulescit una cum aetatibus; fin V 55. quae (ratio) cum adulevit atque perfecta est, nominatur rite sapientia; leg I 22. quae (viriditas) nixa fibris stirpium sensim adulescit; Cato 51.
adulo. streicheln: »(Iovis satelles) pinnata cauda nostrum adulat sanguinem«; Tusc II 24.
adulor. schmeicheln: adulantem omnes videre te volui; Piso 99. cavendum est, ne adulari nos sinamus; of I 91. quod neque ita aut adulatus aut admiratus fortunam sum alterius, ut me meae paeniteret; div II 6.
adulter. Ehebrecher: 1. caveret sibi ille sororius adulter, ut . .; Piso 28. in his egregibus omnes adulteri, omnes impuri impudicique versantur; Catil II 23. — 2. utrum hic tibi adulter an amator videatur? Cael 79.
adulterinus, falsch, gefälscht: si sapiens adulterinos nummos acceperit imprudens pro bonis; of III 91. testamentum signis adulterinis obsignavit; Cluent 41.
adulterium, Ehebruch: I, 1. cuius nefandum adulterium in pulvinaribus sanctissimis nobilissimae feminae comprehenderunt; Milo 72. stupra et adulteria et omne tale flagitium nullis excitari aliis inlecebris nisi voluptatis; Cato 40. — 2. qui in adulterio deprenditur; de or II 275. — II. hominem lenociniis adulteriisque confectum; Sest 20.
adultero, Ehebruch treiben, fälschen: I. adulterare ut neque sit nec dicitur non obscene; of I 128. — II. quod (ius) neque adulterari pecunia possit; Caecin 73. (simulatio) tollit iudicium veri idque adulterat; Lael 92. quae (voluptas) boni naturam fallaciter imitando adulterat; part or 90.
adultus, erwachsen, erstarkt, entwickelt: adulta aetate filius; Ver V 30. ante Periclem et Thucydidem, qui non nascentibus Athenis, sed iam adultis fuerunt; Bru 27. cum (filiae) iam essent adultae; Tusc V 58. (populum) adultum iam et paene puberem; rep II 21. (eloquentiam) tueamur ut adultam virginem caste; Bru 330.
adumbratio, Umriß, Andeutung: nulla est laus [oratoris], cuius in nostris orationibus non sit aliqua, si non perfectio, at conatus tamen atque adumbratio; orat 103.

4*

adumbro, entwerfen, anbeuten, erbichten, part. wesenlos, zum Schein: qui non herorum veteres casus fictosque luctus velim imitari atque adumbrare dicendo; de or II 194. istorum adumbratorum deorum liniamenta; nat I 75. excellentis eloquentiae speciem et formam adumbrabimus; orat 43. quo in genere orationis utrumque oratorem cognoveramus, id ipsum sumus in eorum sermone adumbrare conati: de or III 16. luctus: f. casus. in qua (contione) rebus fictis et adumbratis loci plurimum est; Lael 97. speciem: f. formam. Aeschrio, Pipae vir adumbratus: Ver III 77.

aduncitas, Krümmung: cibum (animalia) adripiunt partim aduncitate rostrorum; nat II 122.

aduncus, krumm: esse corpuscula hamata quaedam et quasi adunca; nat I 66. aduncam ex omni parte dentatam et tortuosam venire serrulam; Cluent 180.

advocatio, Berufung, Beistand, Sachverständige: I. advocatiu ea est, quam propter eximium splendorem ut iudicem unum vereri debeamus; Q Rosc 15. — II, 1. quo maximarum rerum frequentissimae cotidie advocationes fiunt; Ver I 129. quod exercitus armatos movet, id advocationem togatorum non videbitur movisse? Caecin 43. ut a singulis interregibus binas advocationes postulent; ep VII 11, 1. vereor: f. I. — 2. nihil tam copiosa advocatione uterer; Quinct 47. — III. tu in re militari multo es cautior quam in advocationibus; ep VII 10, 2.

advocatus, Beistand, Sachverständiger: I, 1. effugerunt: f. II, 1. perterreo. si constitueris cuipiam te advocatum in rem praesentem esse venturum; of I 32. — 2. isto advocato aut astipulatore: Piso 18. — II, 1. sapientia cogitatio non ferme ad investigandum adhibet oculos advocatos; Tusc V 111. cum ipsum (C. Marium) advocatum ad communem imperatorum fortunam defendendam invocarem; de or II 196. metu perterritis nostris advocatis locum se, qua effugerent, demonstrasse; Caecin 44. — 2. cum reus sine patrono atque advocatis fuisset; Ver II 74. — III. me teste producto credo te ex acclamatione Clodii advocatorum audisse, quae consurrectio indicum facta sit; A I 16, 4. — IV. cum isti Attici dicunt, non modo a corona, sed etiam ab advocatis relinquuntur: Bru 289.

adveco, herbeirufen, berufen, zum Beistand aufforbern: I. quod non advocavi ad obsignandum; A XII 18, a, 2. II. alqm: vgl. **advocatus.** advocat amicos statim; Ver V 102. nisi animum ad se ipsum advocamus; Tusc I 75. concilio advocato; dom 79. advocat contionem; Sest 28. cum (consules) viros amplissimos civitatis multos in consilium advocassent; Ver III 18.

advolatus, Heranfliegen: »me tristi advolatu Iovis satelles pastu dilaniat fero«; Tusc II 24.

advolo, heranfliegen, herbeteilen, hineilen: in Macedoniam alienam advolavit; Phil XI 27. hic tibi in rostra Cato advolat; A I 14, 5. eam (avem) ubi cibum quaerere advolantem ad eas aves, quae se in mari mergerent; nat II 124. vale, mi optime frater, et advola; Q fr II 6, 2. advolabat ad urbem a Brundisio homo impotentissimus; Phil V 42.

aduro, anbrennen, abfengen: cum ad flammam se applicaverunt, sine gemitu aduruntur; Tusc V 77. instituit (Dionysius), ut candentibus inglandium putaminibus barbam sibi et capillum adurerent; Tusc V 58.

aedes (aedis), A. sing. Tempel: I, 1. aedem Castoris P. Iunius habuit tuendam; Ver I 130. cum ictus Centaurus e caelo est, Tusculi aedes Castoris et Pollucis Romaeque Pietatis; div I 98. cum L. Octavius C. Aurelius consules aedes sacras locavissent neque potuissent omnia sarta tecta exigere; Ver I 130. in eo loco aedis posita Telluris; dom 101. tueor: f. habeo. — 2. in qua (epistula) de aede Telluris me admones; Q fr III 1. 14. Athenis

audistis ex aede Minervae grande auri pondus ablatum; Ver I 45. ut omne ebur ex aedibus sacris auferret; Ver II 50. senatum in aedem Iovis Statoris convocavi; Catil II 12. eat ad aedem Felicitatis; Ver IV 126. cum ex aede Herculis patera aurea gravis subrepta esset; div I 54. erat eodem tempore senatus in aede Concordiae; Sest 26. signum Paeanis ex aede Aesculapii non sustulisti? Ver IV 127. post diem tertium veni in aedem Telluris; Phil II 89. Romam quae asportata || app. || sunt, ad aedem Honoris et Virtutis itemque aliis in locis videmus. nihil in aedibus, nihil in hortis posuit: Ver IV 121. — II. mihi sacrarum aedium procurationem esse commissam; Ver V 36. III. o divina senatus frequentis in aede Bellonae admurmuratio! Ver V 41.

B. **plur.** Haus, Wohnhaus, Palast: I. eae (aedes) serviebant, sed hoc in mancipio Marius non dixerat; of III 67. — II, 1. quaero, quae lex lata sit, ut tu aedes meas consecrares; dom 128. demolior: f. proscribo. homo religiosus cum aedes meas idem emeret et venderet; dom 116. Claudium aedes postea proscripsisse, quam esset ab auguribus demoliri iussus: of III 66. vendat aedes vir bonus propter aliqua vitia; of III 54. f. emo. — 2. si ego sim a tuis aedibus deiectus; Caecin 90. (Galbam) exisse in aedes eo colore et iis oculis, ut egisse causam, non commentatum putares; Bru 87. ♭ illum Aspendium citharistam in intimis suis aedibus posuit; Ver I 53. f. A. I, 2. video ad. — III. cum commemoraret magnificentiam aedium regiarum; Tusc V 61. decrevistis, ut de mearum aedium religione ad pontificum conlegium referretur; har resp 12. — IV absolutum offendi in aedibus tuis tectum; Q fr III I, 14.

aedicula, A. sing. Kapelle: cum Licinia aram et aediculam dedicasset; dom 136. — B. plur. Häuschen: habuit (M'. Manilius) aediculas in Carinis: par 50.

aedificatio, Erbauung, Bau: I. cum illa eius (Gabinii) intermissa intolerabilis aedificatio constitisset; Piso 48. — II, 1. intermitto: f. I. domum tuam atque aedificationem omnem perspexi et vehementer probavi; ep V 6. 3. aedificationem Arcani ad tuum adventum sustentari placebat; Q fr II 5, 4. — 2. de aedificatione tua Cyrum urgere non cesso; Q fr II 2, 2. — III. quod aedificationis tuae consilium commendatione mea nolebam impedire; ep XIII 1, 3. — IV. votum patris Capitolii aedificatione persolvit; rep II 44.

aedificatiuncula, kleiner Bau: ecquid ei de illa aedificatiuncula Laterii mandavisses; Q fr III 1, 5.

aedificator, Erbauer, Baumeister: cur mundi aedificatores repente exstiterint; nat I 21.

aedificium, Gebäude: I. quos aedificia magnifica nimio opere delectant; par 36. — II. ut aedificium idem destruit facillime, qui construxit, sic ..; Cato 72. idcirco illa aedificia non esse deleta: agr II 88. destruo: f. construo. deturbem aedificium? Q fr III 9, 7. cum aedificium tuo iure disturbare non potueris; Tul 53. non dubitavit exstruere aedificium in alieno; Milo 74.

aedifico, bauen, erbauen, errichten, anlegen: I. quod in excelsiore loco Veliae coepisset aedificare; rep II 53. tribus locis aedifico, reliqua reconcinno: Q fr II 4, 3. — II cum maxima aedificasset ornassetque classes; imp Pomp 9. pecunia publica aedificandam domum censuerunt; Piso 52. domus utrinsque nostrum aedificatur strenue; Q fr II 4, 2. ubi (Balbus) hortos aedificaret; A IX 13, 8. qua (fabrica Plato) construi a deo atque aedificari mundum facit; nat I 19. de tua pecunia aedificatam esse navem; Ver V 45. in praediolis nostris belle aedificatis; A XVI 3, 4. non deesse, si quis adhibere

volet, non modo ut architectos. verum etiam ut
fabros ad aedificandam rem publicam; ep IX 2, 5.

aedilicius, äbilifŝ, aewefener Äbil: A. comitiis. praesertim aediliciis, studium esse populi,
non iudicium: Planc 10. illum hominem aedilicium
de civitate esse sublatum: Cluent 79. scribam aedilicium. D. Matrinium, cum defendissem; Cluent 126.
neque maiores nostri sortitionem constituissent aediliciam, nisi . .: Planc 53. quod iniquo et gravi vectigali aedilicio Asiam liberasti; Q fr I 1. 26. — B.
is (M. Pennus) omnia summa sperans aedilicius est
mortuus: Brn 109. qui aedilicii! Phil XIII 30.

aedilis, Äbil: I. 1. ab iis, qui principes in ea
civitate erant. praecipitur et negotium datur quaestoribus et aedilibus. ut noctu vigilias agerent ad
aedes sacras; Ver IV 93. aediles ludos parant; A
IX 12, 3. »sunto aediles curatores urbis, annonae
ludorumque sollemnium«; leg III 7. — 2 erit tum
consul Hortensius. ego antem aedilis, hoc est, paulo
amplius quam privatus; Ver pr 37. qui (Cn. Flavius) aedilis curulis fuerit. qui magistratus multis
annis post decemviros institutus est: A VI 1. 8. —
II. 1. in patrocinio Siciliensi maxime in certamen
veni designatus aedilis cum designato consule
Hortensio: Brn 319. hic (M. Caelius) cum summa
voluntate bonorum aedilis curulis factus esset; Brn
273. quem (Iuventium) primum de plebe aedilem
curulem factum esse dixit: Planc 58. — 2. do, prae-
cipin: f. I, 1. agunt.

aedilitas, Äbilenamt: I, 1. C. Claudius. cuius
aedilitatem magnificentissimam scimus fuisse: Ver
IV 6. — 2. praeclara aedilitas! unus leo. ducenti
bestiarii; Sest 135. — II. ea iam aetate, cum aedilitatem petat: div Caec 70. — III. omnia sunt
tardiora propter furiosae aedilitatis exspectationem: Q fr II 2. 2. is (Lamia) magnificentissimo
munere aedilitatis perfunctus petit praeturam; ep XI
17. 1. C. Marii. qui duabus aedilitatis acceptis repulsis septiens consul est factus; Planc 51. — IV. qui
ex aedilitate consulatum petit; Phil XI 11.

aedituus, Tempelhüter; fores aedis effringunt:
aeditumi custodesque mature sentiunt; Ver IV 96.

aeger, frank, leibenb, angegriffen: A. Pina-
rium diligentissime Deiotarus curat graviter aegrum:
A VI 1. 23. Tironem Patris aegrum reliqui; A VII
2. 3. qui numquam aegro corpore fuerunt; Quir 4.
nisi (T. Iunius) semper infirma atque etiam aegra
valetudine fuisset; Brn 180. — B. 1. ut aegris medeatur: de or I 169. — 2. ad aegros medicos solemus adducere: div II 9.

aegre. mit Mühe, ŝwer, ungern: nihil vidi
melius. itaque careo aegre; A VII 2, 3. nihil
aegrius factum est, quam ut . .; Ver IV 146. si quis
aegre ferat nihil in se esse virtutis; Tusc IV 61.

aegrimonia, Kummer: ferrem graviter, si
novae aegrimoniae locus esset; A XII 38, 2.

aegritudo, Leib, Kummer, Gram: I. 1. non
cadit in sapientem aegritudo; Tusc III 15. ut
aegritudo quasi morsum aliquem doloris efficiat:
Tusc IV 15. aegritudo est opinio magni mali praesentis; Tusc III 25. haec prima definitio est, ut
aegritudo sit animi adversante ratione contractio:
Tusc IV 14. proprie. ut aegrotatio in corpore. sic
aegritudo in animo nomen habet non seiunctum a
dolore: Tusc III 23. haec officia sunt consolantium,
tollere aegritudinem funditus aut sedare aut detrahere
quam plurimum aut supprimere nec pati manare
longius aut ad alia traducere: Tusc III 75. cum me
aegritudo non solum somno privaret, verum ne
vigilare quidem sine summo dolore pateretur; A IX
10, 1. -- 2. invidentiam esse dicunt aegritudinem
susceptam propter alterius res secundas; Tusc IV
16 (17). — II, 1. fulciendi sunt, qui ruunt nec
cohaerere possunt propter magnitudinem aegritudinis.
ex quo ipsam aegritudinem λύπην Chrysippus quasi

solutionem totius hominis appellatam putat; Tusc
III 61. causa efficiens aegritudinem in animo tamquam
aegrotationem in corpore: Tusc III 23. de aegritudine
lenienda tertius (liber est): div II 2. sedo. al.: f. I,
1. manat. in qua opinione illud insit, ut aegritudinem
suscipere oporteat: Tusc III 74. f. I, 2. — 2. ne me
totum aegritudini dedam; A IX 4, 1. singulis
perturbationibus partes plures subiciuntur, ut aegritudini invidentia. aemulatio, obtrectatio, misericordia.
angor. luctus, maeror. aerumna. dolor. lamentatio.
sollicitudo, molestia, adflictatio, desperatio: Tusc IV
16. — 3. quarum tu rerum cogitatione nos levare
'' levari || aegritudine voluisti: ep V 13, 5. (sapiens)
aegritudine vacabit; Tusc III 19. — 4. qui (Epicurus)
censet necesse esse omnes in aegritudine esse, qui
se in malis esse arbitrentur; Tusc III 32. — III.
magnitudo: f. II, 1. appello. non nulli aegritudinis
partem quandam metum esse dicebant; Tusc IV 64.
me non oratio tua solum et societas paene aegritudinis,
sed etiam auctoritas consolatur; ep IV 6. 1. securitatem
nunc appello vacuitatem aegritudinis; Tusc V 42. —
IV. hoc tu censes sapienti accidere posse. ut aegritudine
opprimatur. id est miseria? Tusc III 27.

aegrotatio, Krankheit, Kränklichkeit (f. aegritudo. I, 1. habet. II. 1. efficio): I. quem ad modum
in corpore morbi aegrotationesque nascuntur, sic . .:
Tusc IV 23. — II. ex perturbationibus conficiuntur
aegrotationes, quae appellantur a Stoicis
ἀῤῥωστήματα; Tusc IV 23. in animo tantum modo
cogitatione possumus morbum ab aegrotatione seiungere: Tusc IV 29. quia nomen insaniae significat
mentis aegrotationem et morbum; Tusc III 8.

aegroto, frank fein, leiben: satis vehementer
diuque aegrotavit: Cluent 175. cum (Pompeius)
graviter aegrotaret Neapoli; Tusc I 86. Cato aegrotat;
A IV 17, 4 (16, 7). ex qua (re) animus aegrotat;
Tusc IV 79. in unius hominis quotannis periculose
aegrotantis anima positas omnes nostras spes habemus;
A VIII 2, 3.

aegrotus, frank, leibenb: A. hoc remedium est
aegrotae ac prope desperatae rei publicae: div
Caec 70. — B. I. aegroti non convalescentes; Tusc
IV 74. — II, 1. quod ipsum erat fortis aegroti.
accipere medicinam: A XII 21, 5. — 3. ut aegrotus,
dum anima est, spes esse dicitur; A IX 10, 3. —
III. medici signa quaedam habent ex venis et spiritu
aegroti; div II 145.

aemula, Nacheiferin: te aemulam domesticae
laudis in gloria muliebri esse; Cael 34.

aemulatio, Nacheiferung, Wetteifer, Eiferfucht:
aemulatio dupliciter illa quidem dicitur, ut et in laude
et in vitio nomen hoc sit: nam et imitatio virtutis
aemulatio dicitur, et est aemulatio aegritudo. si eo,
quod concupierit, alius potiatur, ipse careat; Tusc
IV 17. illa vitiosa aemulatione. quae rivalitati similis
est, aemulari; Tusc IV 56.

aemulator, Nacheiferer: quod Sicyonii te
laedunt, Catoni et eius aemulatori attribuis Servilio;
A II 1. 10.

aemulor, nacheifern, neibifŝ, eiferfüchtig fein:
I. 1. aemulari utile est; Tusc IV 56. illa vitiosa
aemulatione aemulari quid habet utilitatis? Tusc IV
56. — 2. cum sit aemulantis angi alieno bono, quod
ipse non habeat; Tusc IV 56. quod iis aemulemur.
qui ea habeant, quae nos habere cupiamus; Tusc I
44. — II. ut omnes eius instituta laudare facilius
possint quam aemulari: Flac 63.

aemulus, Nacheiferer, Nebenbuhler: I. qui (sint)
auctoritatis eius et inventionis comprobatores atque
aemuli; inv I 43. — II. licebit eum (Brutum) solus
ames. me aemulum non habebis; A VI 3, 7. Zeno,
cuius inventorum aemuli Stoici nominantur; Muren
61. si non tamquam virum, sed tamquam aemulum
removisset; Ver V 82.

aëneus, ehern: in columna aënea; Balb 53.

erant aënea duo praeterea signa; Ver IV 5. aënea
statua et ea pedestris; Phil IX 13. (Thebani) aëneum
statuerunt tropaeum; inv II 69.

aenigma, Rätsel, bunkle Andeutung: I. quo
pertinent obscuritates et aenigmata somniorum?
div II 132. — II. hoc fere genere fiunt ea, quae
dicuntur aenigmata; de or III 167. aenigma plane
non intellexi; A VII 13, 5.

aequabilis, gleichmäßig, gleichförmig, unparteiisch: par (est), quod in omnes aequabile est; inv
II 68. 162. aequabili calore suffusus aether; nat II
54. ius aequabile quid utilitatis haberet; inv I 2.
omnes eius (mundi) partes undique aequabiles; nat
II 116. iuris aequabilem tenere rationem; Q fr I
1, 32. sit summa in iure dicendo severitas, dum
modo ea ne varietur gratia, sed conservetur aequabilis;
Q fr I 1, 20.

aequabilitas, Gleichmäßigkeit, Gleichförmig-
keit, Gleichheit, Unparteilichkeit: I. praeclara est
aequabilitas in omni vita; of I 90. — II, 1. ut unius
perpetua potestate regatur salus et aequabilitas et
otium civium; rep II 43. si (superiores) aequabilitatem
communis iuris praestantia dignitatis aut fortunae
suae transeunt; de or II 209. — 2. elaborant alii
in lenitate et aequabilitate et puro quasi quodam
et candido genere dicendi; orat 53. — III. sit in
iure civili finis hic: legitimae atque usitatae in rebus
causisque civium aequabilitatis conservatio: de
or I 188. — IV. quid cum aequabilitate fecerit; de
or II 345. is nihil adferens praeter facilitatem et
aequabilitatem; orat 21.

aequabiliter, gleich, gleichmäßig: parvi refert
abs te ipso ius dici aequabiliter et diligenter,
nisi ..; Q fr I 1, 20. tactus toto corpore aequabiliter fusus est; nat II 141. presse et aequabiliter
et leviter ‖ leniter ‖ (locutum esse): de or III 45.

aequalis, gleich, gleichzeitig, gleichalterig, Al-
ters-, Zeitgenosse: A ita fit aequalis dactylus,
duplex iambus, sesquiplex paean; orat 188. hominem
aequalem temporum illorum; div I 39. distinctio et
aequalium aut ‖ et ‖ saepe variorum intervallorum
percussio numerum conficit: de or III 186. cum ius
(sit) legis aequale; rep I 49. erit rebus ipsis par et
aequalis oratio; orat 123. eius (cretici) aequalis
paean; orat 215. partem pedis aequalem esse alteri
parti: orat 188. imparibus an aequalibus (partibus);
orat 205 eas (virtutes) esse inter se aequales et pares; de or I 83. — B, I. ego Q. Maximum senem
adulescens ita dilexi, ut aequalem; Cato 10. —
II. quem non aequalium studia, non ludi, non convivia delectarent; Cael 39. — III. (parvi) aequalibus delectantur libenterque ac cum iis congre-
gant; fin V 42.

aequalitas, Gleichheit, Altersgleichheit: I.
quod aequalitas vestra tantum abest ab obrecta-
tione. uti ..; Bru 156. — II. societas hominum et
aequalitas et iustitia per se est expetenda; leg I
49. quae (coniunctio) habeat similitudinem aequalitatemque verborum; part or 21. — III. multa sunt,
quae aequalitate ipsa comparantur; Top 71.

aequaliter, gleich, gleichmäßig: divisa
(Fibrenus) aequaliter in duas partes; leg II 6. in
omnibusne numeris aequaliter particulas deceat incidere an facere alias breviores, alias longiores; orat
205. sumptus et tributa civitatum ab omnibus tolerari aequaliter; Q fr. I 1, 25 hereditatem, quae
aequaliter ad utrumque lege venisset; Flac 89.

aequatio, Ausgleichung, Gleichstellung: 1.
f agitasti aequationem gratiae, dignitatis, suffragiorum; Muren 47. — 2. capitalis oratio est, ad
aequationem bonorum pertinens; of II 78.

aeque, gleich, gleich, ebenso, billig, ge-
redtt: I. ut eos, qui nobis carissimi esse debeant,
aeque ac nosmet ipsos amemus; Tusc III 73. versus aeque prima et media et extrema pars attendi-

tur; de or III 192. nisi aeque amicos et nosmet
ipsos diligamus; fin I 67. non aeque, quid dicant.
intellego; de or III 50. eam rem publicam habuistis.
ut aeque me atque illam restituendam putaretis;
Quir 14. et laetamur amicorum laetitia aeque atque
nostra et pariter dolemus angoribus; fin I 67. quae
animi adfectio hanc societatem coniunctionis humanae
munifice et aeque tuens iustitia dicitur; fin V 65. —
II. catuli aeque caeci, prius quam dispexerunt, ac
si ita futuri semper essent; fin IV 65. etsi (litterae)
utrique nostrum prope aeque gratae erant; ep XIII
18, 1. quod sit aut gravius aut aeque grave; de or
II 215. maius et minus et aeque magnum ex vi et
ex numero consideratur; inv I 41. aeque perfidiosum
et nefarium est fidem frangere et pupillum frandare
et socium fallere; Q Rosc 16. si pares aeque inter
se; A XVI 13, a (b), 2. — III quasi vero ego id
aeque commode facere non possem; Phil VIII
11. si (eorum utrumvis) aeque diu sit in corpore;
fin I 56. — IV. omnes avaritias si aeque avaritias esse dixerimus; fin IV 75.

aequilibritas, Gleichgewicht: confugis ad
aequilibritatem (sic enim ἰσονομίαν, si placet, appellemus); nat I 109.

aequinoctium, Tag- und Nachtgleiche: I.
aequinoctium nos moratur, quod valde perturbatum erat; A X 17, 3. — II si (Publilius) aequinoctium exspectat; A XII 28, 3.

aequitas, Gleichheit, Billigkeit, Gerechtigkeit,
Gleichmut: placet in iudiciali genere finem esse
aequitatem, hoc est, partem quandam honestatis;
inv II 156. aequitas lucet ipsa per se; of I 30.
apud quem non ius, non aequitas valeret; Ver I 136.
— II, 1. quam indignum sit, aequitatem litteris urgeri, quae voluntate eius, qui scripserit, defendatur: inv II 143. aequitas rei demonstranda est:
inv II 151. in explicanda aequitate nihil erat Crasso
copiosius; Bru 144. quia verbis oppugnare aequitatem videbatur; Caecin 67. perspice aequitatem
animi mei; A IV 19, 2. in quibus (exemplis) omnis aequitas perturbetur, si verbis legum ac non
sententiis pareatur; part or 136. qui ita vivunt, ut
eorum probetur aequitas; Lael 19. iudices aequitatem secuti; Ver II 109. urgeo: f. defendo. — 2. cum
aequitate causa abundabit; inv II 143. — 3. in
quibus (indiciis) saepe non de facto, sed de aequitate ac iure certetur; de or I 173. Galba multa
pro aequitate contra ius dicere: de or I 240. ut
nulla res te ad aequitatem animi possit postea extollere; ep VI 12, 1. ab aequitate tua res ipsa impetrare debet, ut ei (Hippiae) subvenias; ep XIII 37.
qui iuris civilis rationem numquam ab aequitate
seiunxerit; Caecin 78. — III. quod (edictum) mihi
plenum aequitatis videbatur; Phil I 8. — IV. si
vos semel in iudicando finem aequitatis et legis
transieritis; Ver III 230. aequitatis loci contigentur.
hi cernuntur bipertito, et natura et instituto; Top 90.
cum esset iuris et aequitatis, quae vincla sunt civitatis, repetita memoria; par 28. non adripuisti patrocinium aequitatis; de or I 242. eum non aequitatis praesidio id facere conari: inv II 136. qui
spe vestrae aequitatis erigere animum coepit: Cluent
200. aequitatis vis est duplex: cuius altera ..: part
or 130. — V, 1. M. Lucullus, qui summa aequitate
et sapientia ius dixit; Tul 8. quae (leges) ad puniendum non iracundia. sed aequitate ducuntur: of
I 89. tres personas unus sustineo summa animi
aequitate, meam, adversarii, iudicis; de or II 102.
si tribunatum, quem aequitate humana tueri non
potest, divina religione defenderit: dom 2. — 2. frater meus pro sua aequitate prudentiaque decrevit,
ut ..; Flac 49.

aequo, gleichmachen, ebnen, ausgleichen, gleich
mäßig verteilen, gleichkommen, vergleichen: ut, inter
quos posset excellere, cum iis se pateretur aequari;

inv I 3. in his (Antonio Crassoque) primum cum Graecorum gloria Latine dicendi copiam aequatam; Bru 138. omnium ante damnatorum scelera, furta, flagitia vix cum huius parva parte aequari conferrique posse; Ver I 21. aequata agri planities; Ver IV 107. quae (oracla) aequatis sortibus ducuntur; div I 34.

aequor, Ebene, Meer: 1. quid tam planum videtur quam mare? e quo etiam aequor illud poëtae vocant; Ac fr 3. — 2. Aegyptii et Babylonii in camporum patentium aequoribus habitantes; div I 93.

aequus, gleich, eben, günftig, billig, gerecht, ruhig: A. in arbitrio rei uxoriae, in quo est, QUOD EIUS ‖ QUOD ‖ MELIUS AEQUIUS; Top. 66. QUANTUM AEQUIUS ET MELIUS SIT DARI; Q Rosc 11. neque aequum est tempore et die memoriam beneficii definire; Quir 23. aequius erat id voluntate fieri; of I 28. haec verba maxime excellunt: in arbitrio rei uxoriae MELIUS AEQUIUS; of III 61. in eo, QUOD MELIUS AEQUIUS, potest ulla pars inesse frandis? of III 61. ut operam des, quod tibi aequum et rectum videbitur; ep XIII 14, 2. aequo animo paratoque moriar; Catil IV 3. quod facile homini ingenioso fuit in causa aequissima; Ver I 126. cum (decumae) aequa lege et condicione venibant; Ver III 118. quae cum esset civitas aequissimo iure ac foedere; Arch 6. iste, aequissimus homo; Ver III 68. ins: f. foedus. lex: f. condicio. cum ex provincia populi Romani aequam partem tu tibi sumpseris ac populo Romano miseris; Ver III 49. utrumque (sinum) pedibus aequis transmisimus; A XVI 6, 1. nobilitate inimica, non aequo senatu; Q fr II 3, 4. potestis (testes) iniquos aequis anteferre? Font 32. — B, a. utinam quidem haec ipsa non modo iniquorum invidiae, sed aequorum exspectationi satis facere posset! Sulla 54. — b, 1. (Caesar) rescripsit Attico aequa eum postulare; A XVI 16, 4. aequum bonum, testamentorum sententias voluntatesque tutatus est; Bru 198. — 2. tranquillissimus animus meus, qui totum istuc aequi boni facit; A VII 7, 4. — 3. ita multa (Crassus) tum contra scriptum pro aequo et bono dixit; Bru 145. eas causas, in quibus de aequo et iniquo quaeritur, exposuimus; inv II 109.

aër, Luft, Dunftfreis, untere Luftfchicht: I. aër (hoc quoque enim utimur iam pro Latino) et ignis et aqua et terra prima sunt; Ac I 26. huic (mari) continens aër fertur ille quidem levitate sublime sublimi, al. ¦¦, sed tamen in omnes partes se ipse fundit; nat II 117. ex aëre aether (oritur), deinde retrorsum vicissim ex aethere aër; nat II 84. cum umore consumpto neque terra ali posset nec remearet aër, cuius ortus aqua omni exhausta esse non posset; nat II 118. — II, 1. eiusdem (terrae) exspirationibus et aër alitur et aether; nat II 83. aër interiectus inter mare et caelum Iunonis nomine consecratur; nat II 66. fero: f. I, 1. fundit. — 2. orior ex: f. I 1, oritur. — III. aëris sonitus et ardores; Top 77. ortus: f. I, 1. remeat.

aerarium, Schatfammer, Staatsfchat: I. iam refertius erit aerarium populi Romani, quam quam fuit; Ver III 202. nec (eum) aerarium clausum tardabit; A VII 12, 2. — II, 1. claudo: f, I. tardat. effundamus aerarium; ep I 15. exhauriebat (C. Gracchus) aerarium; of II 72. — 2. (C. Cassius) attulit mandata ad consules, ut pecuniam de sanctiore aerario auferrent; A VII 21, 2. quae (litteras publicas) in aerario sanctiore conditas habebant; Ver IV 140. rationes ad aerarium continuo, dicut lex tua iubebat, detuli; Piso 61. pecunia publica ex aerario erogata; Ver III 165. vidimus huic ab aerario pecuniam numerari quaestori ad susceptam exercitus consularis; Ver III 177. quoniam lege Iulia relinquere rationes in provincia necesse erat

easdemque totidem verbis referre ad aerarium; ep V 20, 2. cum gloriosum putarem referre ad aerarium ad HS † CIƆ; A VII 1, 6. illud quaero, ista praedia subsignari apud aerarium possint; Flac N). — III. ut ego amicior invenirer Phrygum et Cilicum aerariis quam nostro; A VII 1, 6. — IV. quae senatus propter angustias aerarii vendenda censuit; agr II 36.

aerarius, Kupfergeld, Geld betreffend, Kaffierer, Ärarier: A. illa vetus aeraria fabula; Cael 71, propter aerariam rationem; Quinct 17. tribuni aerarii condemnarunt; Q fr II 4, 6. Drusus erat de praevaricatione a tribunis aerariis absolutus; Q fr II 15, 3. maculosi senatores, nudi equites, tribuni non tam aerati quam, ut appellantur, aerarii; A I 16, 3. — B. „qui te ex aerariis exemit"; de or II 268, — ut alter (censor) in aerarios referri iubeat, alter vetet; Cluent 122.

aeratus, erzbefchlagen, mit Geld verfehen (f. **aerarius;** A I 16. 3): lectos aeratos (factos) esse; Ver IV 60.

aërius, in der Luft befindlich, durch die Luft: (animantium genus) pinnigerum et aërium; Tim 35. aërii volatus avium; Top 77.

aerugo, Roft: ut aes Corinthium in aeruginem (incidit tardius); Tusc IV 32.

aerumna, Drangfal, Mühfal, Kummer: I. aerumna (est) aegritudo laboriosa; Tusc IV 18. te aerumnae premunt omnes; par 18. — II, 1. an (malis) vel Herculis perpeti aerumnas; fr II 118. — 2. te in tantas aerumnas propter me incidisse! ep XIV 1, 1.

aerumnosus, fummervoll, voll Drangfal: ut Terentiam, unam omnium aerumnosissimam, sustentes tuis officiis; A III 23, 5. filiam aerumnoso patri redde; Flac 73. »si nec tam aerumnoso navigavissem salo«; Tusc III 67.

aes, Erz, Bronze, Kupfer, Geld: I. maximum aes alienum amplissimorum virorum; ep VII 3, 2. — II, 1. ut aurum et argentam, aes, ferrum frustra natura divina genuisset, nisi ..; div I 116. nunc, me scito tantum habere aeris alieni, ut . .; ep V 6 2. »minores magistratus aes, argentum aurumve publice signanto«; leg III 6. aera legum de caelo tacta; div II 47. — 2. audio (Treviros) capitales esse; mallem „AERE ARGENTO, AURO | auro, arg., aeri, al. ‖ essent; ep VII 13, 2. — 3. cum (Dolabella) se maximo aere alieno Faberii manu liberarit; A XIV 18, 1. — 4. Hercules egregie factus ex aere; Ver IV 5. qui falsa decreta in aes incidenda curaverit; Phil III 30. multi anni sunt, cum ille (M. Fadius) in aere meo est; ep XV 14, 1. — III, 1. tu illius aeris temperationem perspicis; Ver IV 98. nos aeris, argenti, auri venas penitus abditas invenimus; nat II 151. Tusculanum et Pompeianum valde me delectant, nisi quod me, illum ipsum vindicem aeris alieni, aere non hoc Corinthio, sed hoc circumforaneo obruerunt; A II 1, 11. — 2. erant signa ex aere complura; Ver II 87. — IV, 1. obruere: f. III, 1. vindex. in aere meos amicos aere alieno obstrinxerim; ep XI 10, 5. —

aestas, Sommer: I. cum aestas summa esse coeperat; Ver V 29. — II. adfecta iam prope aestate; fr F I 17. — III. Cn. Pompeius bellum media aestate confecit; imp Pomp 35.

aestifer, Hitze bringend, heiß: »aestifer est pandens ferventia sidera Cancer«; fr A, 566. »Canis aestiferos validis erumpit flatibus ignes«; fr H IV, a, 352.

aestimabilis, fchätbar: aestimabile esse dicunt id, quod aut ipsum secundum naturam sit aut tale quid efficiat, ut . .; fin III 20. ut essent eorum alia aestimabilia, alia contra, alia neutrum; fin III 50.

aestimatio, Schätzung, Anfchlag, Taxe, Be-

zahlung burch abgeschätzte Grundstücke, Wertschätzung: I. remissior aliquanto eius fuit aestimatio quam annona; Ver III 214. nullam esse tantam aestimationem, ut ea virtuti anteponatur; fin III 44. potest: f. II, 1.·fero. — II, 1. nolles a me hoc tempore aestimationem accipere; ep V 20, 9. ut aestimationem te aliquam putes accipere; ep IX 16, 7. f. do. antepono: f. I. fin III 44. quod accipienda aliqua sit et danda aestimatio; A XII 21, 4. istam aestimationem negant ullo modo ferri posse ; Ver III 203. si aestimationes tuas vendere non potes; ep IX 18, 4. voco: f. III. — 2. a M. Laberio C. Albinius praedia in aestimationem accepit; ep XIII 8, 2. an me ad M. Antonii aestimationem frumenti revocaturus es? Ver III 213. paucos Syracusanos ad communem litium aestimationem venisse; Ver II 45. — III. quod aliquod pondus habeat dignum aestimatione, quam illi ἀξίαν vocant; fin III 20. — IV. mihi et res et condicio placet, sed ita, ut numerato malim quam aestimatione; A XII 25, 1.

aestimator, Abschätzer: si isti callidi rerum aestimatores prata et areas quasdam magno aestimant; par 51.

aestimo, schätzen, abschätzen, veranschlagen, würdigen: ex iis alia pluris esse aestimanda, alia minoris; Ac I 37. f. gratulationem. Postumius suam in senatu operam auctoritatemque quam magni aestimat; A VII 15, 2. quanti ista civitas aestimanda est, ex qua boni sapientesque pelluntur? Tusc V 109. maximi aestimare conscientiam mentis suae; Cluent 159. cum id frumentum senatus ita aestimasset: HS quaternis tritici modium, binis hordei; Ver III 188. quid sit, quod ego hoc nescio quid gratulationis et honoris a senatu tanti aestimem; ep XV 4, 13. qua in civitate C. Catoni HS VIII fis aestimata sit: Ver III 184. mittit in consilium eosdem illos, qui lites aestimarant, iudices; ep VIII 8, 3. modium: f. frumentum. operam: f. auctoritatem. aestimate harum omnium rerum pretia; Ver V 23. quanti haec philosophia aestimanda est? nat I 55. superficiem consules ex senatus consulto aestimabunt; A IV 1, 7.

aestivus, sommerlich, n. pl. Sommerlager, Feldzug: A. orationem peroratam esse uno aestivo die; leg II 69. aestivum locum obtinebit; Q fr III 1, 2. erat mihi in animo aestivos menses reliquos rei militari dare, hibernos iuris dictioni; A V 14, 2. — B, I, 1. cum prima aestiva attigissem; ep II 13, 4. aestivis confectis; ep III 9, 4. ego aestivis confectis Quintum fratrem hibernis et Ciliciae praefeci; A V 21, 6. — 2. dum in aestivis nos essemus; A V 17, 3. — II, 1. sin aestivorum timor te debilitat; ep VII 14, 1. — 2. nulla ex trinis aestivis gratulatio; Piso 97.

aestuo, schwitzen, unruhig, besorgt sein: I, 1. Lycurgi (leges) laboribus erudiunt iuventutem, algendo, aestuando; Tusc II 34. — 2. aestuabat dubitatione; Ver II 74. ille exsanguis atque aestuans se ex curia repente proripuit; har resp 2. ut desiderio nostri te aestuare putarem; ep VII 18, 1. in eo aestuavi diu; A VII 13, a, 1 (5). — II. Chrysippus aestuans laboransque, quonam pacto ǁ hoc modo ǁ explicet fato omnia fieri; fat fr 1.

aestuosus, heiß: iter conficiebamus aestuosa et pulverulenta via; A V 14, 1.

aestus, Hitze, Brandung, Ebbe und Flut, Gewalt, Latenbrang: I. repente te quasi quidam aestus ingenii tui procul a terra abripuit atque in altum abstraxit; de or III 145. ne aestus nos consuetudinis absorbeat; leg II 9. — II, 1. possent aestus maritimi fretorumque angustiae ortu aut obitu lunae commoveri? nat II 19. — 2. quid de fretis aut de marinis aestibus plura dicam? quorum accessus et recessus lunae motu gubernantur; div II 34. — III. accessus, al.: f. II, 2. — IV. homines aegri

morbo gravi cum aestu febrique iactantur; Catil I 31. cum (C. Marius) aestu magno ducebat agmen; Tusc II 35.

aetas, Alter, Lebensalter, Altersstufe, Jugend, hohes Alter, Lebenszeit, Zeitalter, Zeit: I. Subject: huic adferet aliquam deprecationem periculi aetas illa, qua tum fuit; Rabir 26. o praeclarum munus aetatis, siquidem id aufert a nobis, quod est in adulescentia vitiosissimum! Cato 39. quo tempore aetas nostra perfuncta rebus amplissimis tamquam in portum confugere deberet otii honesti; Bru 8. ut aetas nostra iam ingravescens in amore atque in adulescentia tua conquiescat; ep II 1, 2. nec ulla umquam aetas de tuis laudibus conticescet; Marcel 9. debet: f. confugit. aetates vestrae, ut illorum, nihil aut non fere multum differunt; Bru 150. quid est aetas hominis, nisi ea memoria rerum veterum cum superiorum aetate contexitur? orat 120. Romuli aetatem minus his sescentis annis fuisse cernimus; rep II 18. cum et aetas et ambitio me hortabatur; ep VI 1, 4. quorum aetas cum in eorum tempora, quos nominavi, incidisset; orat 39. ingravescit: f. conquiescit. qui ab ineunte aetate incensus essem studio utriusque vestrum; de or I 97. perfungitur: f. confugit. scio, quid aetas, quid honos meus postulet; Sest 119. progredientibus aetatibus; fin V 41. multas clarissimas victorias aetas nostra vidit; Milo 77.

II. nach Verben: 1. est quiete et pure atque eleganter actae aetatis placida ac lenis senectus; Cato 13. ab ineunte pueritia tua, confirmata iam aetate; ep X 3, 2. quoniam in eo studio aetatem consumpsi; of I 2. quo in studio hominum [quoque] ingeniosissimorum otiosissimorumque totas aetates videmus esse contritas; de or I 219. id sibi quisque genus aetatis degendae constituit, quod maxime adamavit; of I 117. qui exacta aetate moriuntur; Tusc I 93. (Falernum) bene aetatem ferat; fr G, b, 10. qui (Atticus) me inflammavit studio inlustrium hominum aetates et tempora persequendi; Bru 74. an, quod adulescens praestiti, id nunc aetate praecipitata commutem? ep XI 28, 5. iam spectata aetate filius; Quir 6. — 2. sum: f. 1. ago. — 3. cum paulum iam roboris accessisset aetati; Cael 73. non confido aetati, ignoro, quo animo; A XVI 9. quoniam officia non eadem disparibus aetatibus tribuuntur; of I 122. — 4. consul es designatus, optima aetate; ep X 3, 3. f. I. adfert. — 5. contexo cum: f. I. est; orat 120. omnia (bella civilia) in nostram aetatem inciderunt; Phil VIII 8. sunt maximae res in hac memoria atque aetate nostra; leg I 8.

III. nach Objectiven und Adverb: 1. mortem omni aetati esse communem; Cato 68. — 2. iudices certa aetate praeditos; inv II 139. — 3. philosophia iacuit usque ad hanc aetatem; Tusc I 5. IV. nach Substantiven: cum id aetatis duo filii propter cubantes ne sensisse quidem se dicerent; Sex Rosc 64. id aetatis iam sumus, ut omnia fortiter ferre debeamus; ep VI 20, 3. si aetatis excusatione usus esset; Deiot 9. si infinitus forensium rerum labor aetatis flexu constitisset; de or I 1. hoc est, quasi qui adulescentiam florem aetatis, senectutem occasum vitae velit definire; Top 32. cum omnes gradus aetatis recordor tuae; de or III 82. gravitas iam constantis aetatis; Cato 33. omnes adsunt omnium ordinum homines, omnium denique aetatum; Catil IV 14. si quae minus aetas propter infirmitatem aetatis constanter ab eo fieri videbantur; A XVI 5, 2. munus: f. I. adfert. alter virtutis robore firmior quam aetatis; Phil X 16. a primo tempore aetatis iuri studere te memini; leg I 13. nostrum hoc tempus aetatis forensi labore iactari; Q fr III 5, 4. — 2. filius: f. II, 1. specto.

V. Umstand: 1. aetate puer an adulescens, natu grandior an senex (sit); inv I 35. ut quisque aetate

et honore antecedit, ita primus solet sua sponte dicere; Ver IV 142. oratorum genera distinguere aetatibus; Bru 74. horum uterque Isocratem aetate praecurrit; orat 176. qui (Livius) usque ad adulescentiam meam processit aetate; Cato 50. quamquam eum (Q. Maximum) colere coepi non admodum grandem natu, sed tamen iam aetate provectum; Cato 10. puer: f. adulescens. quodsi esses usu atque aetate robustior; Sulla 47. quod nec una hominis vita. sed aliquot (nostra res publica esset) constituta saeculis et aetatibus; rep II 2. — 2. ab: f. I. init. frustra consumptae tot noctes tam longa in aetate; div II 141.

aetatula, Kindes-, Jugendalter: I. facile est hoc cernere in primis puerorum aetatulis; fin V 55. — II. despiciens veteres vexatores aetatulae suae; Sest 18.

aeternitas, Ewigkeit, Unvergänglichkeit, Verewigung: I. cur incredibilis iis animorum videatur aeternitas; Tusc I 50. — II, 1. mihi populus Romanus non unius diei gratulationem, sed aeternitatem immortalitatemque donavit; Piso 7. — 2. quorum cum remanerent animi atque aeternitate fruerentur; nat II 62. — 3. ex hoc genere causarum ex aeternitate pendentium fatum a Stoicis nectitur; Top 59. — III. tempus est pars quaedam aeternitatis; inv I 39. — IV. qui (animus) quia vixit ab omni aeternitate; div I 115. ex aeternitate quaedam esse vera; fat 38. eorum (astrorum) omnium in omni aeternitate ratos immutabilesque cursus: nat II 95.

aeternus, ewig, unvergänglich, unsterblich: A. legem esse aeternam quiddam; leg II 8. ex quo esse beati (di) atque aeterni intellegantur; nat I 106. quam (diem) spero aeternam fore; Catil III 26. aeternam gloriam consequere; ep X 14, 2. si aliquod aeternum et infinitum impendere malum nobis opinemur; fin I 55. tui nominis aeterna memoria; Ver IV 69. virorum bonorum mentes divinae mihi atque aeternae videntur esse; Rabir 29. quae sit et beata natura et aeterna; nat I 49. accessit eo numerus, res una immutabilis et aeterna; rep III 3. homines bonorum inimicos aeternis suppliciis vivos mortuosque mactabis; Catil I 33. — B. aeterna moliri; Tusc I 91.

aether, obere Luft, Äther, Himmelsfeuer, Himmelsraum, Himmel (f. aër; nat II 83. 84). I. hunc (aëra) rursus amplectitur immensus aether, qui constat ex altissimis ignibus; nat II 101. Stoicis aether videtur summus deus, mente praeditus; Ac II 126. — II. qui (ardor caelestis) aether vel caelum nominatur; nat II 41. — III. in aethere astra volvuntur; nat II 117.

aetherius, zum Äther, Himmel gehörig, himmlisch: nec habent (eae stellae) aetherios cursus neque caelo inhaerentes; nat II 44. »aetherio flammatus Iuppiter igni«; div I 17. sidera aetherium locum obtinent; nat II 42. caelestem altissimam aetheriamque naturam, id est igneam; nat II 64.

aevitas, Lebensalter, Alter: »aevitatem annali lege servanto«; leg III 9.

aevum, Ewigkeit, Leben, Lebenszeit: 1. si nobis in beatorum insulis immortale aevum degere liceret; fr F V 50. — 2. ubi beati aevo sempiterno fruantur; rep VI 13.

af, von: una praepositio est „af" || abs ||, eaque nunc tantum in accepti tabulis manet, ac ne his quidem omnium, in reliquo sermone mutata est; orat 158.

af— f. adf—

age, wohlan, nun denn, gut, meinetwegen: I. l. age, confer Democritum; Tusc V 66. — 2, a. age, age, inquit, exponamus adulescenti, si quae forte possumus; fin V 8. — b. age, sit ita factum? quae causa, cur Romam properaret? Milo 49. — 3, a. age, restitero Peripateticis; Ac II 115. age, hoc malum mihi commune est cum omnibus; A VII 1, 2. — b. age, si paruerit, hoc cive uti possumus? Phil V 28. age, si nocentes, cuius maleficii? Cluent 62. — II. agedum, conferte nunc cum illius vita || vitam || P. Sullae; Sulla 72. age nunc, refer animum sis ad veritatem; Sex Rosc 48. age porro, quodsi || quid si || ipsi vellent iudices adscribere, passurusne sit populus? inv II 133. age sane, inquam; fin II 119. age sis [ergo], expone nunc de reprehendendo; part or 44. age sis, nunc de ratione videamus; Tusc II 22. age vero, urbibus constituta qui tandem fieri potuit . . ? inv I 3. age vero, vicinorum quantum studium est! Cluent 197. age vero, laudo aliquem; num offendo? ep VI 7, 4.

agellus, Gütchen: I. cum agellus eum non satis aleret; nat I 72. — II. qui tot annis agellos suos redimere a piratis solebant; Ver III 85.

ager, Acker, Feld, Land, Feldmark, Grundstück: I. Subject: qui (agri festiles) multo plus efferunt quam acceperunt; of I 48. si iam te crassi agri delectabant; Flac 71. qui (ager) cum multos annos quievit, uberiores efferre fruges solet; Bru 16. cum ager, id quod perraro evenit, cum decumo extulisset; Ver III 113. f. accipiunt. ager efficit cum octavo, bene ut agatur, verum, ut omnes di adiuvent, cum decumo; Ver III 112. si compascuus ager est, ius est compascere; Top 12. Aetnensis ager, qui solebat esse cultissimus, sic erat deformis atque horridus, ut . . ; Ver III 47. si est privatus ager Recentoricus, quid eum excipis? sin autem publicus, quae est ista aequitas? agr II 57. ager Herbitensis primo anno habuit aratores CCLII, tertio cxx; Ver III 120. quodsi posset ager iste ad vos pervenire; agr II 80. f. II, 1. colo. quiescit: f. effert; Bru 16. iubent venire agros Attalensium; agr I 5.

— II. nach Verben: 1. hac lege agraria adimi Sullanos agros vobisque dividi; agr III 3. adiungit agros Bithyniae regios, quibus nunc publicani fruuntur; agr II 50. ut agro non semel arato, sed novato et iterato (opus est); de or II 131. qui agros immunes liberosque arant; Ver II 166. qui publicos agros arant; Ver V 53. vetat ex agro culto eove, qui coli possit, ullam partem sumi sepulchro; leg II 67. f. I. est; Ver III 47. quod ager · decumanus provinciae Siciliae propter istius avaritiam desertus est; Ver III 120. qui (ager) Caesaris iussu dividatur; ep XIII 5, 2. f. adimo. ut ager hac adventicia pecunia emeretur; A I 19, 4. excipio f. I. est; agr II 57. quod (Telmesses) agros uberrimos maximeque fertiles incolunt, in quibus multa propter fecunditatem fingi gignique possunt; div I 94. itero: f. aro; de or II 131. Sp. Thorius, is qui agrum publicum vitiosa et inutili lege vectigali levavit; Bru 136. C. Caesar agrum Volaterranum et oppidum omni periculo in perpetuum liberavit; ep XIII 4, 2. liberabam agrum eum, qui P. Mucio L. Calpurnio consulibus publicus fuisset; A I 19, 4. mollitos et oblimatos agros ad serendum (Nilus) relinquit; nat II 130. novo: f. aro; de or II 131. duos clarissimos viros plebem in agris publicis constituisse, qui agri a privatis antea possidebantur; agr II 10. eversis fundis aratoribus, relictis agris; Ver III 48. f. mollio. urbes ceperunt, vastarunt agros; Piso 84. agros vastare, urere; A IX 7, 4. — 2. fruor: f. 1. adiungo. — 3. ut mihi ex agro tuo tantum adsignes, quantum meo corpore occupari potest; A III 19, 3. in agros suburbanos repente advolabit; Muren 85. constituo in: f. 1. possideo. eos ex iis agris, quibus erant multati, decedere coëgit; Font 13. Venerios equis circum agros eius (Sthenii) villasque mittebat; Ver II 92. fundum habet in agro Thurino M. Tullius paternum; Tul 14. locutus sum tecum de agro vectigali municipii Atellani; ep XIII 7, 1. eos plane non solum ex agris,

verum ex civitatibus suis profugisse; Ver III 121. ex quibus (agris) maxima vis frumenti quaeritur; Ver V 123. cum in agro Amerino esset filius; Sex Rosc 76. versabitur in campo exercitus, in agris vastitas; Muren 85.

III. **nach Subſtantiven:** quos non bonorum donatio, non agrorum adsignatio satiavit; Phil IV 9. Campani semper superbi bonitate agrorum; agr II 95. nihil est agri cultura melius; of I 151. quod hominum generi universo cultura agrorum est salutaris; Cato 56. cultus dico agrorum; nat II 150. emit agri Liparensis miseri atque iniusta tritici medimnis DC ; Ver III 84. quae sit vel sterilitas agrorum vel fertilitas futura; div I 131. quid ego inirigationes .quid fossiones agri repastinationesque proferam? Cato 53. an obliti estis, quantos agri Campani fructibus exercitus alueritis? agr II 80. inirigationes: ſ. fossiones. etiam instrumenta agrorum vendere coacti sunt; Ver III 226. repastinationes: ſ. fossiones. sterilitas: ſ. fertilitas. ut (Asia) ubertate agrorum facile omnibus terris antecellat; imp Pomp 14. — 2. alqd ex: vgl. II, 3. adsigno. quid dicam concursus ex agris? Piso 51. M. et P. Cottii, nobilissimi homines ex agro Tauromenitano; Ver V 165. qui (Dionysius) per agrum Leontinum iter faciens; div I 73. cum tribuni plebi legem iniquissimam de eorum agris promulgavissent; ep XIII 4, 2. possum nominare ex agro Sabino rusticos Romanos; Cato 24.

IV. **Umſtand:** 1. qui modo ab senatu agris urbibusque multati sunt; Font 12. ſ. II, 3. decedo ex. — 2. solitario homini atque in agro vitam agenti; of II 39. ut (L. Genucilius) obtineat id iuris in agris, quod ei Pariana civitas decrevit et dedit; ep XIII 53, 2. ſ. II, 1. incolo.

agger, Damm, Wall: I. esset agger oppugnandae Italiae Graecia; Phil X 9. — II. *ut* unus aditus maximo aggere obiecto esse cingeretur vastissima; rep II 11. — III. (oppidum) cinximus vallo et fossa; aggere maximo negotium confecimus; A V 20, 5. (Pindenissum) aggere, viniis ‖ vineis ‖ turribus oppugnavi; ep XV 4, 10.

agg — ſ. **adg —**

agilitas, Beweglichkeit: esse hanc agilitatem, ut ita dicam, mollitiamque naturae plerumque bonitatis; A I 17, 4.

agitatio, Bewegung, Tätigkeit, Ausübung: I. ita fit, ut agitatio rerum sit infinita, cognitio facilis; de or III 88. — II. ad quod (genus) est adhibenda actio quaedam, non solum mentis agitatio; of I 17. — III. is (stomachus) agitatione et motibus linguae cum depulsum et quasi detrusum cibum accepit, depellit; nat II 135.

agitator, Wagenlenker: ego ut agitator callidus equos sustinebo; Ac II 94.

agito, treiben, jagen, bewegen, erregen, aufregen, beunruhigen, erwägen, betreiben, verhandeln, feiern: I, 1. de Caelio saepe mecum agito; A X 12, 6. — 2. agitare cum suis coepit, quibusnam rebus maximam pecuniam facere posset; Ver II 17. — II eos agitant ‖ ut eos agitent ‖ insectanturque furiae; leg I 40. saepius me iam agitas, quod videar . .; A XIV 18, 1. oratori, quae sunt in hominum vita, omnia tractata, agitata esse debent; de or III 54. inanimum est omne, quod pulsu agitatur externo; Tusc I 54. naturae ista sunt omnia cientis et agitantis motibus et mutationibus suis; nat III 27. mobiliter animus agitatus; div II 129. huius nomine etiam dies festi agitantur, pulchra illa Verria; Ver II 154. agraria lex a Flavio tribuno pl. vehementer agitabatur auctore Pompeio; A I 19, 4. maria agitata ventis; nat II 26. negem esse illam rem agitatam in contionibus, iactatam in iudiciis? Cluent 4. si eius (adversarii) stultitia poterit agitari; de or II 229.

agmen, Zug, Heereszug, Heer: I. ut nec duces simus nec agmen cogamus: A XV 13, 1. cum (C. Marius) aestu magno ducebat agmen, laborabat; Tusc II 35. — II. certum agminis locum tenebant barbari sagittarii; Phil V 18. — III. agmine quadrato in aedem Concordiae venit; Phil V 20.

agnascor, nachgeboren werden: I. quia constat agnascendo rumpi testamentum; de or I 241. — II. cui filius agnatus sit; Caecin 72.

agnatio, Blutsverwandtſchaft von väterlicher Seite: I. ex quo vere vel agnatio nobis cum caelestibus vel genus vel stirps appellari potest; leg I 24. — II. gentilitatum, agnationum iura; de or I 173.

agnatus, Verwandter von väterlicher Seite: I. *quos* (deos) fratres inter se agnatosque usurpari atque appellari videmus; Tim 39. — II. lex: SI FURIOSUS ESCIT, ADGNATUM GENTILIUMQUE IN EO PECUNIAQUE EIUS POTESTAS ESTO; inv II 148. cum furiosorum bona legibus in agnatorum potestate sint; rep III 45.

agnitio, Erkenntnis: quae (quaestio) ad agnitionem animi pulcherrima est; nat I 1.

agnosco, erkennen, anerkennen, wiedererkennen, einräumen, zugeben: I. ipse certe agnoscet; Piso 12. respuerent aures, nemo agnosceret, repudiarent; Planc 44. — II. 1. ut possemus aliquando, qui et ubi essemus, agnoscere; Ac I 9. — 2. me non esse verborum admodum inopem agnosco; ep IV 4, 1. — III. (parvi) eos agnoscunt, a quibus educantur; fin V 42. ut deum agnoscis ex operibus eius; Tusc I 70. agnovi erratum meum; A XVI 6, 4. cum totius Italiae concursus facti illius gloriam libens agnovisset; Milo 38. humanitatem et facilitatem agnoscimus tuam; de or II 362. quod mihi de filia gratularis, agnosco humanitatem tuam; ep I 7, 11. nihil in me humile aut ieiunum debes agnoscere; ep III 10, 7. Vibullii virtutem industriamque libenter agnovi; A VIII 11, B, 1. studium eius generis maiorque vis agnoscitur in Piaistrato; Bru 41. — IV. quod quamquam meum quodam modo agnosco; ep IV 3, 1. cum (animus) sese civem totius mundi agnoverit; leg I 61.

agnus, Lamm: cum in Aequimaelium misimus, qui adferat agnum, quem immolemus; div II 39.

ago, treiben, forttreiben, aushauchen, hervorbringen, tun, handeln, machen, ausführen, ausrichten, betreiben, beabſichtigen, vortragen, führen, halten, veranſtalten, verhandeln, in Frage ſtellen, in Gefahr bringen, verleben, barſtellen, ſpielen, part. lebhaft, ausdrucksvoll: I. **abſolut:** 1, a. appetitus impellit ad agendum; of I 132. — aliqua facultas agendi, aliqua dicendi consuetudo; div Caec 35. sequitur, quibus ius sit cum populo agendi aut cum senatu; leg III 40. ibi agendi potestas datur; inv II 58. — b. ubi (est additum) UT INTER BONOS BENE AGIER OPORTET; Top 66. non pessime cum iis esse actum, quibus sine dolore licitam est mortem cum vita commutare; ep IV 5, 3. agitur praeclare, si nosmet ipsos regere possumus; ep IV 14, 1. ut optime actum cum eo videatur esse, qui . .; ep V 18, 1. non gladiis tectum, sed litibus ageter; Q fr I 4, 5. ſ. II, 1. ep II 15, 1. — 2. quod ille tam solute egisset, tam leniter, tam oscitanter; Bru 277. non agam quidem iure tecum; Ver V 4. lege agant; Caecin 97. noli agere confuse; nat III 19. utrum per procuratores ageres an per te ipsum; A IV 16, 7 (15). rogo te et etiam *atque etiam* oro sic medius fidius, ut maiore studio magisque ex animo agere non possim, ut . .; A XVI 16, 9. est utendum imaginibus agentibus, acribus, insignitis; de or II 358.

II. **mit Ergänzung:** 1. ei, quo de agetur; inv II 94. ei negotio, quo de agitur; inv I 41. eius rei, qua de agitur; inv I 81. quae ex statu contentio

efficitur, eam Graeci κρινόμενον [vocant], mihi placet id QUA DE RE AGITUR vocare; Top 95. non potuit accuratius agi nec prudentius, quam est actum a te cum Curione de supplicatione; ep II 15, 1. f. III. alqd. — 2. numquam vehementius actum est quam me consule, ne solveretur; of II 84. f. III. alqd. — 3. neque cum P. Africano senatus egisset, ut legatus fratri proficisceretur; Muren 32. f. III. alqd. — 4. cum servis Habiti furti egit; Cluent 163. agit is, cui manus praecisa est, iniuriarum; inv II 59.

III. **mit einfachem Object**: Ballionem cum agit, agit Chaeream; Q Rosc 20. haec et agenda sunt ab oratore et dicenda quodam modo; de or III 37. quae sic ab illo (Graccho) esse acta constabat oculis, voce, gestu, inimici ut lacrimas tenere non possent; de or III 214. quid agat, quid moliatur, quid denique cotidie cogitet; Cluent 194. cum ille dixisset .quid agis, Grani?" respondit: „immo vero, tu Druse, quid agis?" Planc 33. quid ego constitui, quid gessi, quid egi nisi ex huius ordinis consilio, auctoritate, sententia? Phil II 11. nihil agis, dolor! Tusc II 61. agentes aliquid et molientes deos; nat I 77. ego, mihi ipsi ista per quem agam, non habeo; Q fr III 4, 5. f. caedem. actum: **f. actum.** egi omnes illos adulescentes, quos ille actitat ep II 9, 1. prope acta iam aetate decursaque; Quinct 99. et agere animam et efflare dicimus; Tusc I 19. quartum ago annum et octogesimum; Cato 32. in quo (bello) agitur populi Romani gloria; salus sociorum atque amicorum; aguntur certissima populi Romani vectigalia; aguntur bona multorum civium; imp Pomp 6. quem nihil aliud agere, nihil moliri nisi caedem civium atque interitum civitatis videret; Phil III 6. in quibus (amicorum voluntatibus) eorum aut caput agatur aut fama; Lael 61. cum ipse egit ornatissime meam causam; sen 26. cum itinere toto urbes Italiae festos dies agere adventus mei videbantur; Sest 131. cum agitur ingenii nostri existimatio; de or II 192. famam: f. caput. te forum Tarsi agere; ep III 6, 4. qui agunt in scaena gestum inspectante || spectante || Roscio; de or II 233. gloriam: f. bona. cui senatus singularibus verbis gratias egerit; Sulla 85. legio XII lapidibus egisse hominem dicitur; A XI 21, 2. interitum: f. caedem. quem omnes tuum negotium agere loquebantur; Ver III 149. cum et maxima res municipii honestissimi et summum meum officium agberetur; ep XIII 7, 1. cum agerent parentalia Norenses; Scaur 11. vera gloria radices agit; of II 43. antiquitatis nostrae et in inventis rebus et in artis peritus; Bru 205. nec parvis in causis res agetur; ep III 5, 2. legio Martia nihil egit aliud, nisi u t aliquando liberi essemus; Phil V 23. id populus egit, ut rem suam recuperaret; rep III 44. — 3. necesse est neminem statui detrusum, qui non adhibita vi manu demotus et actus praeceps intellegatur; Caecin 49.

agrarius, ben Ader, bie Staatsländereien

betreffend, Freund ber Adergefeße: A. illud explicare non possum, quidnam invenire possit nullo recusante ad facultatem agrariam; A II 15, 1. videte vim legis agrariae; agr II 68. vgl. B, b. huic toti rationi agrariae senatus adversabatur; A I 19, 4. qui se populares volunt ob eamque causam agrariam rem temptant; of II 78. — B, a, I. cum agrarii mare transissent; A. XVI 16, 11. — II. quod (C. Gracchus) agrarios concitare conatus est; Catil IV 4. — b. agraria promulgata est a Flavio, sane levis, eadem fere, quae fuit Plotia; A I 18, 6.

agrestis, auf bem Lanbe, Felbe lebenb, länblich, wilb, ungebilbet, bäurifch, roh: A. exculto animo nihil agreste, nihil inhumanum est; A XII 46, 1. cum pastores eum (Romulum) in agresti cultu laboreque aluissent; rep II 4. hunc hominem ferum atque agrestem fuisse; Sex Rosc 74. labor: f. cultus. nec te rhetoricis nunc quibusdam libris, quos tu agrestes putas, insequor ut erudiam; de or II 10. quas (forenses causas), ut illi ipsi dicere solebant, agrestioribus Musis reliquerunt; orat 12. quae (munditia) fugiat agrestem et inhumanam neglegentiam; of I 130. nautae coacti fame radices palmarum agrestium conligebant; Ver V 87. homines a fera agrestique vita ad hunc humanum cultum civilemque deducere; de or I 33. vita haec rustica, quam tu agrestem vocas; Sex Rosc 75. rustica vox et agrestis quosdam delectat; de or III 42. — B. quoniam non est nobis haec oratio habenda in aliquo conventu agrestium; Muren 61.

agricola, Lanbmann, Lanbwirt: I. arbores seret diligens agricola, quarum aspiciet bacam ipse numquam; Tusc I 31. si de rusticis rebus agricola quispiam diserte scripserit aut dixerit; de or II 38. — II. quam (vitem) ferro amputans coërcet ars agricolarum; Cato 52. quod est tam asperum saxetum in quo agricolarum cultus non elaboret? agr II 67.

agri cultura: f. ager III, 1. cultura.

agripeta, Anfiebler: I. quod in eam (Samum) pater eius (Epicuri) Neocles agripeta venerat; nat I 72. — II. quod agripetas Buthroti concisos audio; A XVI 1, 2. agripetas eiectos a Buthrotiis; A XV 29, 3.

ahenens f. aëneus.

aio, bejahen, behaupten, fagen, nennen: aio; fr K 18. — I, 1. hic Brutus: ain tu? inquit. etiamne Q. Scaevolae Servium nostrum anteponis? Bru 152. „ain" pro „aisne" dicimus; orat 154. tum ille: ain tandem? inquit, me tempus dilaturum putas? fin IV 1. quae appellantur negantia; ea ἀποφατικά Graece, contraria aientibus; Top 49. ista condicio est testium, ut, quibus creditum non sit negantibus, isdem credatur aientibus || dicentibus ||? Rab Post 35. — 2. iste claudus, quem ad modum aiunt, pilam retinere; Piso 69. qui, ut ais, magno vendidisti; Ver III 71. Philotimum, ut ais epistula tertia, exspectabas; A IX 9, 3. dolus malus in simulatione, ut ait Aquilius, continetur; of III 61. quod, ut ipse aiebat, libertus erat condemnatus; Flac 10. — II. quod aiebat: „minima de malis"; of III 105. — 2. EUM (FUNDUM) EGO EX IURE QUIRITIUM || IUREQUE || ESSE AIO; Muren 26. maiorem multo inter Stoicos et Peripateticos rerum esse aio discrepantiam quam verborum; fin III 41. in hominum vitiis ais esse culpam; nat III 76. Neoptolemus apud Ennium „philosophari sibi" ait „necesse esse, sed paucis"; Tusc II 1. (Quintus) ait se intellegere . .; A XI 13, 2. (Caunii) aiunt se deposita m pecuniam habuisse; ep XIII 56, 3. te aiebas de tuis rebus gestis nullas litteras misisse; Planc 85. Scaevolam ita dicere aiebat; de or II 14. haec cum dixisset, aiebat illum manus dedisse; A II 22, 2. gaudere se aiebant; ep I 9, 10. — 3. ut ait Homerus de Bellerophonte: »qui miser errabat«; Tusc III 63. — 4. quorum de

5*

altero (Tiresia) etiam apud inferos Homerus ait „solum sapere"; div I 88. — III. illud, quod Chrysogonus aiebat, neminem isti patronum futurum; Sex Rosc 58. quid ais? istius ille fundus est? Caecin 19. quid ille (Epicurus) aiat aut neget; fin II 70. — IV. quos ait Caecilius „comicos stultos senes"; Cato 36.

ala, Flügel, Reiterschar: cum te Pompeius alae [alteri] praefecisset; of II 45.

alabaster, Salbenfläschchen: quibus etiam alabaster plenus unguenti putere || puter esse || videatur; Ac fr 11.

alacer, erregt, gespannt, munter, freudig: multos alacres exspectare, quid statuatur; inv I 102. eos alacres laetosque volitare; Sest 1. quod alacres animo sumus; ep V 12, 9. legiones profectas alacri animo et erecto; Cato 75. alacri et prompto ore ac vultu; de or I 184.

alacritas, Erregung, Munterkeit, Freudigkeit: I, 1. auges mihi scribendi alacritatem; A XVI 3, 1. — 2. mira sum alacritate ad litigandum; A II 7, 2. — II. qui egregia animi alacritate afuerit; ep I 9, 16. quem temperantia insolenti alacritate gestire non sinat; Tusc V 42.

alarius, Flügelsoldat: quod meum erat proprium, ut alariis Transpadanis uti negarem; ep II 17, 7.

albatus, weiß gekleidet: cum ipse epuli dominus, Q. Arrius, albatus esset, tu in templum Castoris te cum C. Fibulo atrato funestum intulisti; Vatin 31.

albesco, weiß, hell werden: quod (mare) nunc, qua a sole conlucet, albescit et vibrat; Ac II 105.

album, weiße Tafel: res omnes singulorum annorum mandabat litteris pontifex maximus efferebatque || ref. || in album et proponebat tabulam domi; de or II 52.

albus, weiß: A. vide, quam te amarit is, qui albus aterne fuerit ignoras; Phil II 41. quae alba sint, quae nigra; div II 9. quod quasi avem albam videntur bene sentientem civem videre; ep VII 28, 2. color albus praecipue decorus deo est; leg II 45. — B. Democritus luminibus amissis alba scilicet discernere et atra non poterat, at vero bona mala; Tusc V 114.

alea, Würfelspiel, Zufall: I. non perspicitis aleam quandam esse in hostiis deligendis? div II 36. — II. Licinium Denticulam de alea condemnatum; Phil II 56. — III, 1. vel in foro alea ludere; Phil II 56. — 2. quod in alea perdiderat; Phil II 56.

aleator, Spieler: I. domus erat aleatoribus referta, plena ebriorum; Phil II 67. — II. aleatoris Placentini castra commemorabantur; Ver V 33.

aleatorius, beim Spiel: suggerebantur etiam saepe damna aleatoria; Phil II 67.

ales, geflügelt, durch den Flug bedeutsam, Vogel: A. aves quasdam, et alites et oscines, ut nostri augures appellant; nat II 160. „emergunt alite lapsu e terris volucres"; fr H IV, a, 723. — B. (aër) volatus alitum sustinet; nat II 101.

algeo, frieren: I. Cretum leges laboribus erudiunt iuventutem, algendo, aestuando; Tusc II 34. II. iocus est familiaris: „sapiens si algebis, tremes"; de or II 285.

alias, ein andermal, sonst, bald — bald: I. sed alias, ubi sit animus; Tusc I 70. sed di istos! verum alias; A X 15, 4. ex isdem illis locis interdum concludere (oportet), relinquere alias alioque transire; de or II 177. sed haec alias pluribus; nunc ad institutam disputationem revertamur; div II 7. quod cum saepe alias, tum nuper in Tusculano studiose egimus; Tusc IV 7. — II. ornamentis isdem uti fere licebit alias contentius, alias submissius; de or II 212. alias ita loquor, ut concessum est, alias, ut necesse est; orat 156. nec potest quisquam alias beatus esse, alias, miser; fin II 87. — III. quod alias aliter haec in utramque partem causae solent convenire; inv II 45. illi alias aliud isdem de rebus et

sentiunt et iudicant; de or II 30. quorum (verborum) discriptus ordo alias alia terminatione concluditur: orat 200. potest non solum aliud mihi ac tibi, sed mihi ipsi aliud alias videri; orat 237. alii sunt alias (gratiosi); A XVI 11, 7.

alibi, anderswo: Catulo et Lucullo alibi reponemus; A XIII 12, 3. omnis armatorum copia dextra, sinistra ad equum nec usquam alibi; A XIII 52, 2.

alicubi, irgendwo: hic alicubi in Crustumino aut in Capenati (agros) paravisses; Flac 71. nihil est, quod non alicubi esse cogatur; Ac I 24.

aliunde, irgendwoher, von irgendwo: omnis vis est, quae periculo decedere nos aliunde cogit; Caecin 46. si quis error aliunde exstitit; Tusc III 82.

alienatio, Entäußerung, Entfremdung: I. multa convenerunt, quae mentem exturbarent meam, subita defectio Pompei, alienatio consulum, etiam praetorum; Q fr I 4, 4. tuam a me alienationem commendationem tibi ad impios cives fore putavisti; Phil II 1. — II quibus verbis sacrorum alienatio fiat; orat 144.

alienigena, ausländisch, fremd: A. deos aut novos aut alienigenas coli; leg II 25. homo longinquus et alienigena; Deiot 10. — B. potestis alienigenas domesticis anteferre? Font 32.

alieno, entfremden, abwenden: ne plane alienarentur a senatu; A I 17, 9. plane illum a se alienatum; A VII 4, 2. noli animos alienare a causa: Sulla 64. in ista incommoditate alienati illius animi et offensi; A I 17, 7. ne dicendia sententiis aliquem tribunum alienarem; A VII 4, 2. ut alienos ab eis auditorum voluntatem; inv I 24.

alienus, fremd, ausländisch, fernstehend, ungünstig, widrig, abgeneigt, unpassend: A. a qua (urbe) cum sit alienus; Phil XI 12. neque Caesar aut iudicum aut tempore alienum; orat 88. id dicit, quod illi causae maxime est alienum; Caecin 24. quae si alienissima a mansuetudine et misericordia vestra (sunt); Muren 90. quae non aliena esse ducerem a dignitate; ep IV 7, 1. non putavi esse alienum institutis meis haec ad te scribere; ep V 17, 1. quo nec mihi gravius quicquam potest esse nec te alienius; ep XI 27, 8. quod sit alienum tuis aut etiam suis moribus; ep XIII 53, 1. illud alterum alienum esse existimatione mea; A VI 1, 21. ut non alienum sit me Romae esse; A XVI 15, 2. multae civitates omni aere alieno liberatae; A VI 2, 4. cum a te esset animo alieno; Deiot 22. qualis animus in corpore sit tamquam alienae domui; Tusc I 51. amandat hominem ac homnies a piratarum metu et suspicione alienissimos; Ver V 70. ut tuum factum alieni hominis, ut levissime dicam, meum vero coniunctissimi et amicissimi esse videatur; ep III 6, 3. quoniam is ardor non alieno impulsu, sed sua sponte movetur; nat II 32. expetendus amicus est, qui alienam potius iniuriam quam suam persequatur; Muren 57. cum in alieno malo suam infirmitatem considerabit; inv I 106. dolor (est) motus asper in corpore alienus a sensibus; Tusc II 35. deponere alienum nomen ipse maluit quam illis suum reddere; Phil XIII 22. non aliena rationi nostrae fuit illius haec praepropera prensatio; A I 1, 1. ut in alienam provinciam litteras mittat ante tempus; Ver III 44. peregrini officium est minime esse in aliena re publica curiosum; of I 125. illa aliena consulum dignitate, aliena temporum gravitate sententia est; Phil XI 21. ut vera et falsa sua sponte, non aliena iudicantur, sic .; leg I 45. de qua (suspicione) alienum tempus est mihi tecum expostulandi; ep III 10, 6. propter alienam et offensam populi voluntatem; Tusc V 106. — B. a, 1. ut neque amicis neque etiam alienioribus desim; ep I 9, 17. — 2. ut a me non eiectus ad alienos, sed invitatus ad tuos isse videaris; Catil

I 23. an ille cum alienis esse quam cum suis maluisset? Ligar 5. — **b,** 1. nihil curare deum nec sui nec alieni; leg I 21. — 2. habitent gratis in alieno; of II 83.

alimentum, Nahrung, Erzieherlohn: nec (mundus) desiderabat alimenta corporis; Tim 18. ut (patria) nulla quasi alimenta exspectaret a nobis; rep I 8.

alio, anderswohin, zu anderm Zweck: I. Arpinumne mihi eundum sit an quo alio; A IX 17, 1. alio transferenda mea tota vita est; sen 23. — II. hic alio res familiaris, alio ducit humanitas; of III 89. — III. quod simia aliud alio dissipavit; div I 76.

aliptes, Salber: vellem, ut aliptae, etiam virium et coloris rationem habere voluissent; ep I 9, 15.

aliqua, auf irgend einem Wege: iste cupere aliqua evolare, si posset; Ver I 67.

aliquam, ziemlich: Aristum Athenis audivit aliquam diu; Ac I 12. sunt vestrum aliquam multi, qui L. Pisonem cognorunt; Ver IV 56.

aliquando. einmal, irgend einmal, einst, ehemals, zuweilen, endlich einmal: I, 1. quorum simile forsitan alius quoque aliquid aliquando fecerit; Ver I 44. si in aliquam legem a. non iuraverat; Cluent 92. nostro more a. non rhetorico, loquamur; de or I 133. qui bene imperat, paruerit a. necesse est; leg III 5. si a. peccavit, numquam corrigetur; inv I 86. si possunt a. oculi non fungi suo munere; div I 71. a. recuperandae libertatis; ep XI 5, 2. non despero fore aliquem a., qui exsistat talis orator; de or I 95. fuit hic multorum illi laborum socius a.; est fortasse nunc non nullorum particeps commodorum; Balb 63. hic a. fuit meus; Phil XI 10. sapiens est a. in dolore; fin II 104. sapientem a. sustinere adsensionem; Ac II 53. sin a. tacent omnes, tum sortito coguntur dicere; Ver IV 142. putamus utile esse te a. eam rem transigere; A I 4, 1. quodsi a. alicuius furore et scelere concitata manus ista plus valuerit; Catil IV 20. velim a., cum erit tuum commodum, Lentulum puerum visas; A XII 28, 3. — 2. (homini) fortasse audaci, at a. amico; Sulla 81. a. sapiens Achilles; Tusc I 105. vgl. I. sum. — 3. tandem aliquando L. Catilinam ex urbe vel eiecimus vel emisimus; Catil I 1. tandem a. Romae esse coepimus; ep XI 27. 5.

aliquantulus f. **aliquantus,** II. deflecto.

aliquantus, bedeutend, ziemlich, ziemlich viel: I. in re aliquantum, in gubernatoris inscitia nihil interest; par 20. — II. quod litteris lectis aliquantum acquievi; ep IV, 6, 1. iam aliquantum animi videtur mihi attulisse Labienus; A VII 13, 7. qui aliquantum esse commotus dicitur; Cluent 140. deflexit iam aliquantum ‖ aliquantulum ‖ de spatio curriculoque consuetudo maiorum; Lael 40. de natura licet aliquantum ducere suspicionis; inv II 29. remittit aliquantum et relaxat; Phil VIII 27. aliquantum agri in medio relictum est; of I 33. — III. te aliquanto ante habebimus; ep X 1, 3. aliquanto liberius et fortius et magis more nostro refutaremus istam male dicendi licentiam; Cael 7. epulamur una non modo non contra legem, sed etiam intra legem, et quidem aliquanto; ep IX 26, 4. minus aliquanto condecet quam potest; div Caec 48. pluris aliquanto potuisse vendere; Ver III 148. quae (ratio) neque Solonem fugerat neque post aliquanto nostram senatum; rep II 59. postea aliquanto ipsos quoque tempestas vehementius iactare coepit; inv II 154.

aliquis, aliqui, ein, irgend ein, jemand, mancher, etwas: A bei Substantiven: 1. ohne Zusatz: non hospes, non denique aliquis Siculus, sed quaestor populi Romani praetorem appellat; Ver IV 146. gravis auctor, Catalinus credo aliquis aut Africanus, respondes; Piso 14. ut etiam inter deos Myrmecides aliqui minutorum opusculorum fabricator fuisse videatur; Ac II 120. aliquos sibi instituunt amicos; Ver IV 21. ne hoc absoluto novum aliquod bellum Gallicum concitaretur; Font 33. nisi qui deus vel casus aliquis ‖ aliqui ‖ subvenerit; ep XVI 12, 1. cum aliqua de causa quempiam diligunt; of II 21. sint sane aliquae civitates in eo numero; Ver III 180. quodsi nos ad aliquam alicuius commodi aliquando recuperandi spem fortuna reservavit; ep XIV 4, 1. illa contemnendane tibi videntur esse? aliqua facultas agendi, aliqua dicendi consuetudo, aliqua in foro iudiciis, legibus aut ratio aut exercitatio? div Caec 35. non cupiditate praesertim aliqua aut pravitate lapsis; Marcel 20. haec deus aliquis gubernabit; A VI 3, 3. in qua (causa) nullus esset apertus privatorum dolor, bonorum autem esset aliquis, sed hebes; A VIII 3, 4. sapiens magno aliquo emolumento commotus; fin II 56. exercitatio, facultas: f. consuetudo. ordo aliqui censorum est? conlegium? genus aliquod hominum? Ver II 137. isto modo, quoniam homines mortales sunt, sint aliqui immortales; nat I 109. aliqua habuisse non Romani hominis insignia; Rab Post 25. lapis aliquis caedendus et apportandus fuit? Ver I 147. ego volo aliquod emere latibulum et perfugium doloris mei; A XII 16. ut omne nomen ex aliquibus, non ex omnibus litteris scribitur; inv II 16. neque signum sibi ullum a deo quasi mali alicuius impendentis datum; div I 124. f. bona. ut aliquis metus adiunctus sit ad gratiam; div Caec 24. nisi tibi aliquem modum tute constitueris; Sulla 46. si modo is (nitor orationis) est aliquis in nobis; A XIII 19, 5. cum aliquae fortasse inessent in sermone nostro doctrinarum notae; orat 144. ordo: f. genus. omne, quod est honestum, id quattuor partium oritur ex aliqua; of I 15. perfugium: f. latibulum. nihil tam absurde dici potest, quod non dicatur ab aliquo philosophorum; div II 119. pravitas: f. cupiditas. ratio: f. consuetudo. si alicui rei oratio attribuetur; inv I 100. si is (tyrannus) aliqua de re bona deliberaturus sit; A X 1, 3. bona aut denique aliqua re publica; ep V 16, 3. quorum similitudinem aliquam qui adripuerit; Tusc I 110. spes: f. commodum. si status erit aliquis civitatis; ep IV 14, 4. num in his criminibus residet etiam ‖ aliqua suspicio? Scaur 14. etiam si verbum aliquod ex scripto definiendum est quam vim habeat; part or 107. si est in extis aliqua vis, quae declaret futura; div II 29. vendat aedes vir bonus propter aliqua vitia; of III 54.

2. mit Zusatz (Pronomina, Zahlen): hoc cum alia aliqua arte esse commune; de or II 36. sin aliud quoque aliquod genus incidet; inv II 74. civis erat expulsus non alio aliquo, sed eo ipso crimine; Sest 53. aliusne est aliquis improbis civibus peculiaris populus? Sest 125. mittas de tuis librariolis duos aliquos; A IV 4, a, 1. est aliqua mea pars virilis; Ver IV 81. videntur etiam aliquae meae partes; ep III 1, 1. remove te a suspicione alicuius tui commodi; agr II 22. sive plura sunt (argumenta) sive aliquod unum; de or II 292. si quis unum aliquem fundum quavis ratione possideat; Quinct 85. ex quibus (gradibus) unus aliquis capiendus est; part or 101.

B. mit Genetiv (vgl. A, 1. pars, philosophus): ne quis se aut suorum aliquem praetermissum queratur; rep I 1. — ut adulescentem, in quo est senile aliquid, sic senem, in quo est aliquid adulescentis, probo; Cato 38. senatum aliquid consilii capere oportuit; dom 11. ne, si improbi essent, falsi aliquid dicerent; Caecin 3. sperat aliquid illi insidiarum fieri; agr II 54. qui gemitus si levationis aliquid adferret; Tusc II 57. qui modo habent aliquid non solum sapientiae, sed etiam

sanitatis; Marcel 32. ut aliquid suorum studiorum philosophiae quoque impertiat; fin V 6. si aliquid modo esset vitii; de or I 129. — nec mercatura quaestuosa, si in maximis lucris paulum aliquid damni contraxerit; fin V 91.

C. **mit Abjectis, Particip, Pronomen, Zahlwort:** cum (luxuriosi) nec haberent ulla ex parte aliquid aut dolens aut aegrum; fin II 21. aliquid aliud videbimus; A III 10, 1. esse aliquid homine melius; nat III 18. mihi videtur dicendum dignum aliquid horum auribus; rep I 19. dolens: f. aeger. in quo est aliquid extremum; Cato 69. an aliqua firmiora aut graviora quaerenda sunt? Ver III 168. magnum aliquid deos populo Romano praemonstare; har resp 20. paulum huc aliquid poterit addere; de or I 95. iam exspectabam aliquid a Brundisio. quid autem aliquid? A VIII 16, 2. senile: f. B. adulescentis. sin tale aliquid evenerit; Lael 78. Graecis hoc modicum est: Leonidas, Epaminondas, tres aliqui aut quattuor; fin II 62. quid mirabimur turpes aliquos ibi esse? Ver III 184. sese uni alicui certo addicere; inv II 5. sin aliquis excellit unus e multis, effert se, si unum aliquid adfert; de or III 136. unum aliquem te ex barbatis illis diceres intueri; Sest 19. vir bonus utilitati omnium plus quam unius alicuius aut suae consulit; fin III 64. si unum aliquid effugerit; Tusc IV 10.

D. **allein: a. masc.:** I, 1. si aliquis ‖ quis ‖ dicat ..; inv I 80. quid ergo opus est, dicet aliquis, ratione illa? Tusc III 55. — 2. ut me velis esse aliquem; A III 15, 8. — II, 1. ut et agendi aliquid et diligendi aliquos principia contineremus; fin V 43. aliquis mihi ab inferis excitandus est ex barbatis illis; Cael 33. — 2. alienum esse a iustitia detrahere quid de aliquo, quod sibi adsumat; fin III 70. si in aliquem (epistulae) incidissent; A XI 22, 1. — III, 1. iudicatum est res iudicio alicuius aut aliquorum comprobata; inv I 48. si qua offensiuncula facta est animi tui perversitate aliquorum; ep XIII 1, 4. indicatum (est), de quo iam ante sententia alicuius aut aliquorum constitutum est; inv II 68. — 2. si certamen inter aliquos sit; div Caec 10. — IV. acerbum est ab aliquo circumveniri, acerbius a propinquo; Quinct 95.

b. neutr.: I, 1. quod erat aliquid in utraque parte, quod probari posset; Ligar 19. ut in hoc quoque nostro mundo aliquid alicui sic sit par, ut nihil differat; Ac II 55. si aliquid est, quod homo efficere non possit; nat III 25. cui (puero) si aliquid erit; ep XIV 1, 5. quin etiam cibo quo utare, interesse aliquid ad mentis aciem putant; nat II 43. ne hoc tempore isti obesse aliquid possit; A XI 7, 6. — 2. aliquantum remittet, ut tu tamen aliquid esse videare; div Caec 48. si modo sit aliquid esse beatum; fin II 86. — II, 1. ago· f. a, II, 1. diligo. si aliquid a comitiis audierimus; A III 14, 2. si quis corrigere aliquid volet; nat II 87. numquam tam male est Siculis, quin aliquid facete et commode dicant; Ver IV 95. nihilne tibi videntur an aliquid dicere aliquid; mihi vero dicere aliquid; Tusc IV 46. ego te, nisi das aliquid, hostem, si quid dederis, amicum iudicabo; fr A XV 7. exspecto: f. C. quis. qui propter me aliquid gaudeat; fin II 108. de qua (petitione) ne aliquid iurares, destitisti; Planc 52. de quo nihil nocuerit si aliquid cum Balbo eris locutus; A XII 47, 1. nunc vereor ne non modo non prosint, verum etiam aliquid obsint; Flac 103. ne sibi aliquid, quod ipse nolit, respondeat; Flac 22. f. A, I, 1. aves. qui aliquid sapiat; ep VII 28, 1. cum statuissem scribere ad te aliquid hoc tempore, multa posthac; of I 4. elliptisch: quoniam igitur aliquid omnes, quid Lucius noster? fin V 5. non reperio, quid; neque, si aliquid, potero μέμψιν effugere; A XIII 13, 2. quid possum de Torquato, nisi aliquid a Dolabella? A XIII 21, 2.

potest (Q. Cicero) aliquid iratus Antonio, potest gloriam novam quaerere; A XV 19, 2. — 2. quod motum adfert alicui; Tusc I 53. — III. par: f. I, 1. est; Ac II 55.

aliquo, irgendwohin: aliquo propius accedam; A XI 20, 2. si aliquo eum (animum mors) deducit, ubi sit futurus aeternus; Cato 66.

aliquot, einige: (M. Crassus). in principibus patronis aliquot annos fuit; Bru 233. habet aliquot cohortes; Phil XI 26. accepi a te aliquot epistulas uno tempore; ep VII 18, 1. moveri aliquot locis servitium; Ver V 9.

aliquotiens, mehrmals: hic aliquotiens ad socios litteras miserat; Ver II 171. aliquotiens antea domus eius (M'. Curii) tota mihi patuit; ep XIII 17, 1. aliquotiens iam iste locus a te tactus est; leg II 9.

aliter, anders, sonst: I. de Antonii itineribus nescio quid aliter audio, atque ut ad te scribebam; A XVI 13, b, 1. quaero, num aliter, ac nunc eveniunt, evenirent; fat 6. quod aliter existimatur; de or I 186. fieri non potuit aliter; A VI 6, 3. si longe aliter possedit, quam praetor edixit; Quinct 84. de quo aliter tu sentias atque ego; fin IV 60. tantum abest, ut enervetur oratio compositione verborum, ut aliter in ea nec impetus ullus nec vis esse possit; orat 229. quod certo scio aliter esse; dom 31. qui potest (ea natura) aliter esse optima? nat II 36. nisi illud mutari, si aliter est et oportet, non video posse; A XI 23, 1. ohne Verb: si id responderis ..; sin aliter ..; Muren 28. — II. saepe aliter est dictum, aliter ad nos relatum; Bru 208. aliter cum tyranno, aliter cum amico vivitur; Lael 89. aliter Diodoro, aliter Philoni, Chrysippo aliter placet; Ac II 143. — III. quoniam aliter ab aliis digeruntur; de or II 79. si aliter ab alio dicta sunt; part or 51. quod illum (Dionysium) aliter cum aliis de nobis locutum audiebam; A VII 8, 1.

aliunde, anderswoher: eum adsumpto aliunde uti bono, non proprio nec suo; de or II 39. quod agitatur a.; Tusc I 53. nec esset id principium, quod gigneretur a.; Tusc I 54. non a. pendere nec extrinsecus aut bene aut male vivendi suspensas habere rationes; ep V 13, 1. ut hic, nisi domesticus se instruxerit copiis, a. dicendi copiam petere non possit; de or II 38. a. est quaerenda medicina; Tusc II 45.

alius, ein anderer, verschieden, der eine — der andere (gen. aliae: f. B, I, 1. pecus): A. **einfach:** I. **bei Substantiven:** 1. nihil esse idem, quod alii aliud; Ac II 85. quod (externi) aliis avibus utuntur, aliis signis, aliter observant, alia respondent; div II 83. alia et bona et mala videntur Stoicis et ceteris civibus; de or III 66. homines alii facti sunt; ep XI 12, 2. idem alio modo dicentibus Stoicis; Tusc IV 6. mala: f. bona. nos in hanc vitam ex alia vita et natura profectos alios gloriae servire, alios pecuniae; Tusc V 9. haec alia sentiet; Tusc III 11. quod in aliis rebus aliisque sententiis versaris atque ille (Plato); leg II 17. signa: f. aves. vita: f. natura. — 2. alius aliquis: f. **aliquis,** A, 2. alius (4 St.) videamus, ecquod aliud iudicium proferre possimus; Cluent 103. alia visendi causa nulla est; Ver IV 4. proinde quasi sapiens nullum aliud decretum habeat! Ac II 109. si nulla reperietur alia medicina; of I 136. sunt et haec et alia in te falsi accusatoris signa permulta; div Caec 29. ad haec mala quod accedat aliud non videtis? Muren 81. quas ego alias optimatium discordias a Stoicis immortalibus definiri putem? har resp 53. quae est alia (poena) praeter mortem? Ligar 13. si quam ad aliam rem te forte traduxerit; Phil XIII 14. aliud quoddam genus donationis inducit; agr III 10. ut in alium quendam locum ex his locis morte migretur; Tusc I 97. ut ea vis diligendi ad aliam rem quampiam referatur, non ad eum ipsum,

qui sese diligat; fin V 30. cum quovis alio vel homine vel deo; div I 60. neque ullum aliud argumentum vere vocari potest; Scaur 16.

II. **mit Scaeriv**: haec et alia generis eiusdem ita defenditis, ut . . ; nat III 62. ſ. III. quippiam.

III. **mit Abjectiv, Prenemen, Particip**: sit aliud necesse est melius vita beata; Tusc V 50. ut interrogares, ecquosnam alios posset nominare; Vatin 26. haec et alia innumerabilia cum cernimus; Tusc I 70. hinc M. Marcellus, innumerabiles alii; of I 61. his ipsis alia interiecta et media numerabat; Ac I 36. qui valetudinem, vires, divitias, gloriam, multa alia bona esse dicant, laudabilia non dicant; fin IV 49. cum et Philus et Manilius adesset et alii plures; Lael 14. quas (res) nemo alius (attulerat); Bru 302. me alius nemo movet; A IX 1, 4. sin aliud agitur nihil, nisi ut iis ne quid desit; Sex Rosc 8. nihil egit aliud, nisi ut aliquando liberi essemus; Phil V 23. hominem natum ad nihil aliud esse quam : ad ‖ honestatem; Ac fr 20 (8. 14). his temporibus habemus aliud nihil, in quo acquiescamus; ep IV 3, 3. ut nulli alii docti viderentur; Tusc I 38. an ita dissolvit, ut omnes alii dissolverunt? Font 1. de tribus legatis frequentes ierunt in alia omnia; ep I 2, 1. posse impune praetorem aut alium quemlibet supplicium, quod velit, in eum constituere, qui . . ; Ver V 168. quid est aliud furere? Piso 47. quos ego tum alios animo intuebar? Planc 101. philosophia quid est aliud nisi, ut Plato, donum, ut ego, inventum deorum? Tusc I 64. Epicurus vel quis alius adversariorum negabit; Ac fr 20 (8. 10). si aliud quippiam nacti sumus fortuiti boni aut depulimus mali; nat III 87. legendus est hic orator, si quisquam alius, iuventuti; Bru 126. neque est quicquam aliud praeter mundum, cui nihil absit; nat II 37. ecce aliud simile dissimile; fin IV 76. cum hoc decere in alio ponatur alindque totum sit, utrum decere an oportere dicas; orat II 73.

IV. **allein: a. masc.:** I. quorum simile forsitan alius quoque aliquid aliquando fecerit; Ver I 44. pueri ferunt gloria ducti, ferunt pudore alii, multi metu; Tusc II 46. — II, 1. quod tu alius accuses? Ver II 49. a quo id accepimus, quó ceteris opitulari et alios servare possemus; Arch 1. sed quid ego alios? ad me ipsum iam revertar; Cato 45. — 2. aliis otium quaerere debent et voluptates, non sibi; Sest 139. — III. ut horribilem illum diem aliis, nobis faustum putemus; Tusc I 118. — IV. vixit ad aliorum arbitrium, non ad suum; Muren 19. si aliorum naturam imitans omittas tuam; of I 111. mihi uni necesse erit et meam et aliorum vicem pertimescere? dom 8. — V. non est incommodum, quale quidque eorum sit, ex aliis iudicare, ut vitemus ipsi; of I 146. id utilius esse per se conservari quam per alios; Sest 63.

b. neutr.: I. aliud illud esse atque hoc; de or I 233. — II, 1. saepe etiam sine ulla aperta causa fit aliud atque existimaris; Muren 35. aliud habitum esse sepelire et urere; leg II 60. alter senserat de re publica aliud atque homines exspectabant; Sest 114. — 2. etiamsi (oratio) aberrare ad alia coeperit; of I 135. ex altero genere unum est de eodem et alio; Top 85. — III, ut mel non comparatione cum aliis dulce esse sentitur, sic . . ; fin III 34. — IV. praeter mundum cetera omnia aliorum causa esse generata; nat II 37. id erat cum aliis, cur te cuperem videre; A XI 15, 1. quod habet tantam vim, ut solum sine aliis in Curione speciem oratoris alicuius effecerit; Bru 220.

B. **bistributiv und vergleichend** (partim, quidam: ſ. I, 1. bestiae): I. **jncinal: 1.** bei Subftantiven: 1. habes „Sardos venales alium alio nequiorem“; ep VII 24, 2. eorum (animalium) alia rationis expertia sunt, alia ratione utentia; of II 11. bestiarum terrenae sunt aliae, partim aquatiles, aliae

quasi ancipites in utraque sede viventes; sunt quaedam etiam, quae . . ; nat I 103. venio ad epistulas tuas; quas ego sescentas uno tempore accepi, aliam alia iucundiorem; A VII 2, 3. virtus habet plures partes, quarum alia est alia ad laudationem aptior; de or II 343. si eadem hora aliae pecudis iecur nitidum atque plenum est, aliae horridum et exile; div II 30. aliud tempus est petendi, aliud perseqendi; Muren 44. eadem res saepe aut probatur aut reicitur alio atque alio elata verbo; orat 72. — 2. allein: a. quid sit, qua re alii melius quam alii dicant; de or II 32. ſ. C. alius; Tusc IV 27. quamquam ex his alius alio plus habet virium; leg I 6. ut aliis detur, aliis auferatur; of II 85. hunc ita labi, ut aliis miserandus, aliis inridendus esse videatur; de or I 169. — b. quod aliud alio melius esset aut peius; fin IV 54. aliud est dolere, aliud laborare; Tusc II 35. omnes aliud agentes, aliud simulantes perfidi, improbi, malitiosi; of III 60.

II. **mehrmals: 1.** quoniam aliud genus est narrandi, aliud persuadendi, aliud docendi; orat 180. quarum (naturarum) suum quaeque locum habeat, alia infimum, alia summum, alia medium; nat III 34. ut alios fortes, alios viros bonos, alios prudentes esse dicamus; of II 35. — 2. alia animalia gradiendo, alia serpendo ad pastum accedunt, alia volando, alia nando; nat II 122. — 3. aliud minando, aliud pollicendo, aliud per servos, aliud per liberos, per amicum aliud, aliud per inimicum inveniebam; Ver IV 31. — 4. aliud dicendi genus deliberationes, aliud laudationes, aliud iudicia [atque sermones], aliud consolatio, aliud obiurgatio, aliud disputatio, aliud historia desiderat; de or III 211. — 5. alia (argumenta) coniugata appellamus, alia ex genere, alia ex forma, alia ex similitudine, alia ex differentia, alia ex contrario, alia ex adiunctis, alia ex antecedentibus, alia ex consequentibus, alia ex repugnantibus, alia ex causis, alia ex effectis, alia ex comparatione maiorum aut parium aut minorum; Top 11.

C. **alternativ: alias: ſ. alias, III.** (4 St.). et ceteri quidem alius alio, Marius ab subselliis in rostra recta; of III 80. cum eadem (samnia) et aliis aliter evadant et isdem non semper eodem modo; div II 146. ſ. **aliter, III.** (2 St.). quod id, quod factum est, aliud alii videtur esse et idcirco alius alio nomine id appellat; inv I 11. (natura) aliud alii commodi aliquo adiuncto incommodo muneratur; inv II 3. alium (causam) in aliam implicatam; inv II 110. ut sunt alii ad alios morbos procliviores, sic ‖ sint ‖ alii ad metum, alii ad aliam perturbationem; Tusc IV 27. haec aliorum ad alios morbos proclivitas late patet; Tusc IV 27. me cotidie aliud ex alio impedit; ep IX 19, 2. multa conlecta sunt aliud alio tempore; Q fr III 1, 23. alia timenda sunt ab aliis; A IX 20, 1.

all — ſ. **adl —**

almus, näbren: in illis alnorum umbraculis; leg 4.

alo, nähren, füttern, auferziehen, unterhalten, pflegen, fördern: I. violatur is, qui procreavit, is, qui aluit, is, qui erudivit; par 25. — II. sero resistimus ei, quem per annos decem aluimus contra nos; A VII 5, 5. quo (suco) alantur ea, quae radicibus continentur; nat II 120. (terrae) exspirationibus et aër alitur et aether; nat II 83. ſ. stellas. canes aluntur in Capitolio; Sex Rosc 56. pecuniam dedit, exercitum aluit; Deiot 24. quamquam (Isocrates) intra parietes aluit eam gloriam; Bru 32. (hic orator) non solum acuere, sed etiam alere ingenium potest; Bru 126. quod (ius) leviter a natura tractum aluit et maius fecit usus; inv II 162. hominis mens discendo alitur et cogitando; of I 105. ubi nata et alta est ratio ac moderatio vitae; ep VI 1, 6. quod illi verbis et artibus aluerunt naturae principia, hi autem institutis et legibus; rep III 7.

pulli aluntur ab iis (gallinis); nat II 124. rationem:
f. moderationem. qui spem Catilinae mollibus sententiis aluerunt; Catil I 30. quibus (vaporibus) altae renovataeque stellae atque omnis aether; nat II 118. — III. is inutilis sibi, perniciosus patriae civis alitur; inv I 1.

alsus, fühl, erfrischend: iam ἀποθνηρίῳ nihil alsius, nihil muscosius: Q fr III 1, 5. nihil quietius, nihil alsius, nihil amoenius; A IV 8, 1.

altaria, Altar: ab altaribus religiosissimis fugatus; har resp 9. a cuius (aquilae) altaribus saepe istam impiam dexteram ad necem civium transtulisti; Catil I 24.

alte, hoch, tief, weither: (medius ille) alte cadere non potest; orat 98. cruentum alte extollens Brutus pugionem; Phil II 28. cum terra araretur et sulcus altius esset impressus; div II 50. (res) alte repetita; orat 11. tollam altius tectum; har resp 33. cum verbum aliquod altius transfertur; orat 82.

alter, der andere, zweite, eine, Nächste, der eine — der andere, fem. Wechselfieber: A. einfach: I, 1. quorum (Graecorum) uni sunt Athenienses, Aeolis ‖ Aeoles ‖ alteri, Doris ‖ Dores ‖ tertii nominabantur; Flac 64. has causas inveniebam duas: unam, quod intellegerent . .; altera est haec; de or I 123. ut consules, alter ambove, ad bellum proficiscerentur; Phil VII 11. pro alteris decumis nihil datum: Ver III 198. duo genera divinandi esse dicebas, unum artificiosum, alterum naturale; div II 26. dies unus, alter, plures: non referri (candelabrum); Ver IV 66. quas (litteras) mihi Cornificius altero vicensumo die, ut dicebat, reddidit; ep XII 25, 1. ut (factum) tanto opere laudarem, quas in senatu et unis et alteris litteris; A XIV 18, 1. quod (materiae genus) esset eiusdem naturae et quod alterius; Tim 21. extrahitur domo latitans Oppianicus a Manlio; index Avillius ex altera parte coram tenetur; Cluent 39. est utraque res sine altera debilis; Tusc II 13. — 2. nec tamen illud genus alterum nocturnorum testium pertimesco; Cael 20. nullam alteram Romam nobis consulibus futuram; agr I 24. — II. caupo alterius eorum, qui sine nummis erat, gladium e vagina eduxit et illum alterum occidit; inv II 14. — III. quoniam alterum me reliquissem; ep II 15, 4. te me esse alterum; ep VII 5, 1. me ipsum multo magis accuso, deinde te quasi me alterum; A III 15, 4. (Pompeius) *ad* omnia me alterum se fore dixit; A IV 1, 7. est (verus amicus) is, qui est tamquam alter idem; Lael 80. alterum illud obscurum est; div Caec 22. ille alter est homo doctus; prov 14. f. II. — IV, a, 1, a. quasi fieri ullo modo possit, ut quisquam plus alterum diligat quam se; Tusc III 72. quorum e numero tollendus est et Plato et Socrates, alter. quia . .; Socrates autem . .; Ac II 15. — b. est genus iniustae servitutis, cum ii sunt alterius, qui sui possunt esse; rep III 37. — c. ut non liceat sui commodi causa nocere alteri; of III 23. contemnuntur ii, qui „nec sibi nec alteri", ut dicitur; of II 36. — d. ut ea in natura ne dicas, quae cum tibi falso responsa sint, erubescas; Cael 8. — 2. quo minus pro capite et fortunis alterius causam velint dicere; Sex Rosc 5. qui ad alterius non modo sensum ac voluntatem, sed etiam vultum atque nutum convertitur; Lael 93. — b. Tironem obstrum ab altera relictum audio; A VIII 6, 3. — c, 1. cum in natura tria sint, unum gaudere, alterum dolere, tertium nec gaudere nec dolere; Tusc III 47. quorum fortasse utrumque erit, alteram certe; A XI 18, 1. — 2. partes singulas ex eodem et ex altero et ex materia (deus) temperavit; Tim 22. — 3. naturam illam, quam alterius diximus, vi cum eadem (deus) coniunxit fugientem; Tim 22.
B. **distributi** (unus — alter: f. A, I, 1. alqs. causa. genus. litterae): I. consulis alterius summum

studium, alterius animus paene placatus; Sest 87. qui altero genere iniustitiae vacant, in alterum incurrunt; of I 29. natura fert, ut extrema ex altera parte graviter, ex altera autem acute sonent; rep VI 18. — II, a. cum esset eorum alter Cyrenaeus, alter Babylonius; Tusc IV 5. propter summam et doctoris auctoritatem et urbis, quorum alter te scientia augere potest, altera exemplis; of I 1. — b. quorum alterum levius est, alterum est vehementissimum; Caecin 6. — III, a. ut alter vita crudelissime privaretur. cum alteri ad prolationem iudicii biduum quaereretur; Rabir 8. eorum neuter triumphavit, quod alteri illum honorem conlega, alteri mors praeripuit; Piso 62. alteri se Brutus obiecit. alter in Asiam inrupit; Phil XI 4. cum mors nec ad vivos pertineat nec ad mortuos. alteri nulli sunt, alteros non attinget; Tusc I 91. quamquam alterum vivum amavi, alterum non odi mortuum; of III 73. — b. ut ab altero non delectere, alterum oderis; orat 195.
C. **alternatim:** cum sit semper alter ab altero adiutus; Bru 3. ut alter ex alterius laude partem, uterque autem suam totam haberet; Bru 149. siquidem (res) altera alteri defuit; Bru 204. cum domus in Palatio, villa in Tusculano, altera ad alterum consulem transferebatur; dom 62. numquam fore ut atomus altera alteram possit attingere; fin I 19. adsentior eorum alterum alteri consequens esse; Tusc IV 21. quorum (numerorum) uterque plenus alter altera de causa habetur; rep VI 12. alteri (tabulam) cedet alter: of III 90.

altercatio, Wortwechsel, Streit: I. oritur mihi magna de re altercatio cum Velleio; nat I 15. — II, 1. afuisse me in altercationibus, quas in senatu factas audio, fero non moleste; A IV 13, 1. nulla est altercatio clamoribus umquam habita maioribus; Bru 164. — 2. absum in: f. 1. facio. — III. quod dies magna ex parte consumptus est altercatione Lentuli consulis et Caninii tribuni pl.; ep I 2, 1. Clodium praesentem fregi in senatu cum oratione perpetua tum altercatione huius modi; A I 16, 8.

altercor, streiten, den Wortwechsel führen: in altercando (Crassus) invenit parem neminem; Bru 158. (Philippus) erat in altercando cum aliquo aculeo facetus; Bru 173.

alternus, abwechselnd, gegenseitig: cum Brutus duobus recitationibus constitutis ex duabus eius (L. Crassi) orationibus capita alterna inter se contraria recitanda curasset; Cluent 140. reiectionem fieri iudicum alternorum; Planc 36. ut singulis consulibus alternis mensibus lictores praeirent; rep II 55. quos (pedes) aut choreos aut heroos aut alternos esse oportebit; de or III 193. alternis versibus intorquentur contumeliae; Tusc IV 77.

alteruter (alter uter), einer von beiden: A. cum videremus alterius utrius exercitus et ducum interitum; ep IX 6, 3. in horum genus alterutrum illa quoque incident; inv II 18. omnem civilem orationem in horum alterutro genere versari; de or III 109. si qui in seditione non alterius utrius ‖ alterutrius ‖ partis fuisset; A X 1, 2. — B, a. cum sit necesse alterum utrum vincere; ep VI 3, 2. horum alterum necesse sit falsum dicere; de or II 30. — b. in omnibus diiunctionibus alterum utrum esse verum; nat I 70. si alterum utrum necesse sit; ep IV 4, 5. ai mihi alterum utrum promittendum esset; ep VI 1, 5. „alterutrum", inquit idem Sallustius; Q fr III 4, 3.

altisonus, donnernd: »Iovis altisoni pinnata satelles«; div I 106.

altitonans, hochdonnernd: »pater altitonans stellanti nixus Olympo«; div I 19. II 45.

altitudo, Höhe, Erhöhung, Erhabenheit, Tiefe: I. est altitudo animi in capiendis incommodis et maxime iniuriis; part or 77. quid altitudo animi a te (flagitet); ep IV 13, 4. — II. cum speculorum

levitas hinc illincque || illinc || altitudinem a d s u m p -
sit; Tim 49. exstrue animo altitudinem excellentiamque virtutum; fin V 71. — III, 1. in hac
immensitate latitudinum, longitudinum, altitudinum; nat I 54. — 2. spelunca infinita altitudine;
Ver IV 107. — IV. septem (sidera) multum inter se
ant altitudine aut humilitate d i s t a n t i a; Tusc V
69. ut horum concisis sententiis officit Theopompus
elatione atque altitudine orationis suae; Bru 66.
altor, Ernährer: omnium rerum educator et
altor est mundus; nat II 86.
altrix, nährend, Ernährerin: A. Romulus et
Remus cum altrice b e l u a vi fulminis icti conciderunt;
div II 45. — B. terram, altricem nostram, antiquissimam deorum omnium voluit e s s e eorum, qui . .;
Tim 37.
altum, Höhe, hohe See, Tiefe, Weite: I. sic est
hic ordo quasi propositus atque e d i t u s i n altum,
ut ab omnibus ventis invidiae circumflari posse
videatur; Ver III 98. qui iam in portum ex alto
invehuntur; Muren 4. duo cum iam in alto navigarent;
inv II 153. in altum (imbecillitas) provehitur imprudens; Tusc IV 42. si Pompeius non ex alto
peteret; fr E VIII 1. quoniam ex alto repetita sint;
ep III 5, 1. — II nautae quidam cum adversa tempestate in alto iactarentur; inv II 95.
altus, hoch, hochsinnig, erhaben, tief: si hoc
videtur esse altius, quam ut id nos humi strati
suspicere possimus; de or III 22. ut callide arguteque
diceret nec quicquam altius cogitaret; orat 98. qui
altiore animo sunt; fin V 57. praecipitari ex altissimo
dignitatis gradu; dom 98. homo alta et divina quadam
mente praeditus; Milo 21. (Aristoteles) neque humilem
et abiectam orationem nec nimis altam et exaggeratam
probat; orat 192. virtus est una altissimis defixa
radicibus; Phil IV 13.
alvarium, Bienenforb: apes in alvarium con-
resserant || alvearium congesserant || ; fr F I 14.
alveolus, Spielbrett: 1. inertissimos homines
aut alveolum poscere aut quaerere quempiam
ludum; fin V 56. — 2. quantum (temporum) alii
tribuunt alveolo, quantum pilae; Arch 13.
alveus, Badewanne: alveusne ille an equus
Troianus fuerit, qui tot invictos viros texerit;
Cael 67.
alumna, Pflegetochter: bene constitutae civitatis (est) quasi alumna quaedam eloquentia; Bru 45.
alumnus, Zögling, Jünger: quid a i t Aristoteles reliquique Platonis alumni? fin IV 72. te
iuvenem consulem florere laudibus quasi alumnum
disciplinae meae; ep IX 14, 2. ego pacis, ut ita
dicam, alumnus pacem cum M. Antonio esse nolo;
Phil VII 8.
alvus, Leib, Unterleib, Magen: I. constat:
f. III. natura. — II. te tua mater pecudem ex alvo,
non hominem e f f u d e r i t; Piso fr 14. — III. cum
alvi n a t u r a subiecta stomacho cibi et potionis sit
receptaculum, in alvo multa sunt mirabiliter effecta,
quae constat fere e nervis; nat II 136. qui (Aesculapius) primus purgationem alvi invenit; nat III 57.
— IV. i n; f. III. natura.
amabilis, liebenswürdig, lieblich: A. nihil
est virtute amabilius; nat I 121. mihi nihil amabilius officio tuo et diligentia; ep XI 15, 1. nihil
iucundius litteris Sexti, nihil amabilius; A XVI 15, 4.
filiolam tuam, quam numquam vidi, tamen et amo
et amabilem esse certo scio; A V 19, 2. mihi videntur
amabilissimum nodum amicitiae tollere; Lael 51. illi
regi amabili, Cyro, subest Phalaris; rep I 44. — B.
cetera noli putare amabiliora f i e r i posse villa, litore
prospectu maris; A XII 9.
amandatio, Verweisung: haec vita a te || a te
vita et, al. || rusticana relegatio atque amandatio
appellabitur? Sex Rosc 44.
amando (amendo), entfernen, verweisen: I. an

amandarat h u n c sic, ut esset in agro ac tantum modo
aleretur ad villam? Sex Rosc 44. me expulso, Catone
amandato; dom 66. mihi interdum (Cicerones)
amandandi videntur in Graeciam; A VII 13, 3.
amendat hominem — quo? Ver V 69. cum is inimicus
spiritu dumtaxat viveret, re quidem infra omnes
mortuos amandatus esset; Quir 10. natura res similes
procul amandavit a sensibus; nat II 141. — II. Sardi
non deducti in Sardiniam, sed amendati || amandati||
et repudiati c o l o n i; Scaur 42.
amans f. **amo.** I. II, 1.
amanter, liebevoll, freundlich: valde hoc velim
amanter, ut soles, diligenterque c o n f i c i a s; A II
4, 1. exspectatum meum adventum abs te amanter;
ep V 19, 1. me obsecras amantissime, ne . .; A VI
1, 20. o Bruti amanter scriptas litteras! A XV 10.
quocum coniunctissime et amantissime vixerat; Lael 2.
amarus, bitter, herb, unangenehm: A. amariorem
me senectus facit; A XIV 21, 3. suave etiam? an
parum est, si non amarum? Tusc II 17. esset mihi
ista solitudo non amara; A III 7, 1. ex quo vitam
amarissimam necesse est effici; fin I 44. — B. sentit
(animal) et dulcia et amara; nat III 32.
amator, Freund, Liebhaber: I, 1. amatores huic
(Catoni) d e s u n t; Bru 66. L. Papirius Paetus,
amator noster, mihi libros eos donavit; A I 20, 7.
aliud est amatorem e s s e, aliud amantem; Tusc IV
27. — 2. utrum tibi hic adulter an amator videatur; Cael
49. pacis isti scilicet amatores; A XIV 10, 2. —
II, 1. opprobrio fuisse adulescentibus, si amatores
non h a b e r e n t; rep IV 3. qui intellegentiae
sapientiaeque se amatorem profitetur; Tim 51. —
2. vivam c u m communibus nostris amatoribus; ep
VII 33, 2.
amatorie, verliebt: erat (epistula) scripta
amatorie; Phil II 77.
amatorius, verliebt, buhlerisch: amatoriis
levitatibus dediti; fin I 61. Anacreontis tota
poësis est amatoria; Tusc IV 71.
ambigo, streiten, bestreiten, bezweifeln: I, 1.
statim occurrit animo, quae sit c a u s a ambigendi;
de or II 104. omnis res eandem habet naturam
ambigendi; de or III 111. — 2. si p l u r e s ambigent;
inv II 65. ambigunt agnati cum eo, qui est heres;
inv II 122. — II, 1. cum d e vero ambigetur; orat
126. — 2. in eo genere, in quo, quale sit quid,
ambigitur; de or II 110. — III. quod inter homines
ambigatur; de or II 104. cum idcirco aliquid ambigitur,
quod aut verbum aut verba sint praetermissa; de
or II 111. quae (causae) propter scriptum ambiguntur;
de or I 242. quod (ius) ambigitur inter peritissimos;
de or I 242.
ambigue, zweideutig, doppelsinnig: cum ambigue multa d i c a n t u r; orat 115. in quo aut ambigue
quid sit scriptum aut contrarie; de or I 140. quod
adversarius ex ambigue scripto intellegendum esse
dicet; part or 132.
ambiguitas, Zweideutigkeit, Doppelsinn: 1.
nobis ambiguitate nominis videntur e r r a r e; inv I
74. — 2. cum plura significantur scripto p r o p-
ter verbi aut verborum ambiguitatem; part or 108.
ambiguus, zweideutig, doppelsinnig, zweifel:
A. cum ambiguum a l i q u i d pro certo concesseris;
inv I 88. ut effugiamus ambiguum nomen invidiae;
Tusc III 20. quod erant multa (oracla) ambigua;
div I 116. cum scriptum ambiguum est, ut duae
sententiae differentes accipi possint; Top 96. sine
ambiguo verbo aut sermone; de or III 49. verba
ambigua distinximus; orat 102. — B, I. ambigua
s u n t in primis acuta atque in verbo posita,
non in re; de or II 253. — II, 1. ambigua
primum videre, deinde d i s t i n g u e r e; Bru 152.
ego non habui ambiguum; ep XI 11, 1. — 2. ex
ambiguo n a s c i t u r controversia, cum, quid senserit
scriptor, obscurum est in II 116. in quo nulla

6

potest esse nisi ex ambiguo controversia; de or II 110. — III. in quo, quod est ambiguorum proprium, res duas significari videmus; orat 121. — IV. illud ipsum, quod scriptum a sententia discrepat, genus quoddam habet ambigui; de or II 110. ambiguorum plura genera sunt; de or II 111. genus est quoddam ambigui, quod ex praeterito verbo fieri solet: orat 121. sunt ambigui duobus adversariis praecepta communia; part or 132. V, 1. hic ambiguo ludimur; fin IV 75. — 2. ut in ambiguis disceptetur, quid maxime significetur; part or 108.

ambio, herumgehen, umfreifen, angehen: I. petamus, ambiamus; Phil XI 19. ille (Clodius) demens vicatim ambire; A IV 3, 2. — II. (populus) facit eos, a quibus est maxime ambitus; Planc 9. ut terram lunae cursus proxime ambiret; Tim 29.

ambitio, Bewerbung, Ehrgeiz, Gunstbeflissenheit, Parteilichkeit: I, 1. quod me ambitio et forensis labor ab omni illa cogitatione abstrahebat; Sulla 11. in quo uno (Domitio) maxime ambitio nostra nititur; A I 1, 4. dum me ambitio (tenebat); Ac I 11. — 2. quo (tempore) haec, sive ambitio est sive liberalitas, non fuerit; Muren 72. — II. tanta ambitione provinciae totius in uno cubiculo inclusa; Ver II 133. — III. si ambitionis occupatio decursu honorum, etiam aetatis flexu constitisset; de or I 1. — IV, 1. non puto existimare te ambitione me labi, quippe de mortuis; Bru 244. — 2. quos in foro, quos in ambitione res ipsa ante conficit, quam ..; de or I 78. Brutus petivit a me, ut eam (orationem) sine ambitione corrigerem, antequam ederet: A XV 1, a, 2.

ambitiose, ehrgeizig, rücksichtsvoll: cum in isto genere multo etiam ambitiosius facere soleam, quam honos meus et dignitas postulat; ep III 7, 4. me non † vulgare nec ambitiose scribere; ep XIII 69, 1.

ambitiosus, ehrgeizig, nach Gunst haschend: A. ne forte me in Graecos tam ambitiosum factum esse mirere; Q fr I 2, 4. si (fecisses), ut ambitiosi homines; Ver III 195. valent apud Caesarem non tam ambitiosae rogationes quam necessariae; ep VI 12, 2 (Caesar) cedit multorum iustis et officio incensis, non inanibus aut ambitiosis voluntatibus; ep VI 6, 8. — B. omitto, quae perferant quaeque patiantur ambitiosi honoris causa; Tusc V 79.

ambitus, Umlauf, Kreislauf, Bahn, Umkreis, Rand, Bereich, Periode, Bewerbung, Ämterschleichung: I. ardet ambitus; A VI 15, 7. constat ille ambitus et plena comprehensio e quattuor partibus, quae membra dicimus, orat 221. comprehensio et ambitus ille verborum, si sic περίοδον appellari placet, erat apud illum (Crassum) contractus et brevis; Bru 162. ambitus redit immanis; numquam fuit par; Q fr II 14, 4. ambitus ita apertam vim habet, ut aut accusetur improbe aut defendatur; ep III 11, 2. insistit ambitus modis pluribus; orat 212. posteaquam est nata haec vel circumscriptio vel comprehensio vel continuatio vel ambitus, si ita licet dicere; orat 208. redit: f. est. cum se octo ambitus confectis suis cursibus, ad idem caput rettulerunt; Tim 33. videtur: f. II, 1. excito. — II, 1 accuso: f. I. habet. arguti certique et circumscripti verborum ambitus conceduntur; orat 38. ex utraque re stellarum rotundi ambitus cognoscuntur; nat II 49. concedo: f. circumscribo. contraho: f. I. est. defendo: f. I. habet. dico: f. **circumitus,** II. dico. is ambitus excitari videtur, ut ego omnia pertimescam; ep XI 17, 1. quae (membra) si in extremo breviora sunt, infringitur ille quasi verborum ambitus; sic enim has orationis conversiones Graeci nominant; de or III 186. — 2. si qui, cum ambitus accusabitur, maxime se fortem esse defendet; inv I 94. id solum esse ambitus aedium; Top 24. — 3. de ambitu cum atrocissime ageretur in senatu multos dies; Q fr II 15, 2. de ambitu

raro illud datur, ut possis liberalitatem atque benignitatem ab ambitu atque largitione seiungere; de or II 105. Sestius ab indice Cn. Nerio Pupinia de ambitu ambitus, al. || est postulatus; Q fr II 3, 5. — III, 1. nec, si sibi semel periculum ambitus subeundum putaret, ipse alterum iterum ambitus crimine arcesseret; Cael 16. vehementer gratulor de iudicio ambitus; ep III 12, 1. legem ambitus flagitasti; Muren 46. periculum: f. crimen. candidati consulares omnes rei ambitus; A IV 18, 3. — 2. quod hic adsecutus est legis de ambitu praemio; Balb 57. — IV, 1. animus a medio profectus extremitatem caeli a suprema regione rotundo | rut. || ambitu circumiecit; Tim 31. meae (aures) perfecto completoque verborum ambitu gaudent; orat 168. — 2. de: f. II, 3. seiungo ab. totone in ambitu verborum numeri tenendi sint; orat 199.

ambo, beide: A, 1. uti C. Pansa A. Hirtius consules, alter ambove, imperent, ut ..; Phil IX 16. mihi cum viris fortibus ambobus est amicitia: Cluent 117. — 2. duae res vehementer in praetura desideratae sunt, quae ambae in consulatu Murenae profuerunt; Muren 37. quarum ambarum rerum cum medicinam pollicetur; fin II 70. — B. hosce ambos || ambo || tibi sic commendo, ut ..: ep IX 13, 2. quorum exstant amborum orationes: Bru 94. quos quidem ego ambo unice diligo; ep V 8, 4. — C, a. ut plurimum tribuatur ambobus; Bru 83. — b. qui utrumque probat, ambobus debuit uti: fin II 20.

ambrosia. Götterspeise: cum (Catulus) ita dicat ipse, ut ambrosia alendus esse videatur; de or II 234. non ambrosia deos aut nectare laetari arbitror; Tusc I 65.

ambulatio, Spaziergang, Gang, Wandelhalle: I, 1. ut ambulationem postmeridianam conficeremus; fin V 1. nostram ambulationem velim invisas: A IV 10, 2. — 2. haec ambulationibus Compitaliciis reservermus; A II 3, 3. — 3. cum in ambulationem ventum esset; de or I 28. — II. quod (cubicula) erant loco posita ambulationis uno latere; Q fr III 1, 2. neque est hoc munus huius ambulationis antemeridianae; de or III 121. ambulationis postes nemo umquam tenuit in dedicando; dom 121.

ambulatiuncula. kleiner Spaziergang, Wandelhalle: 1. tecta ambulatiuncula addenda est; A XIII 29, 2. — 2. cum una ambulatiuncula (nostra) omnes fructus provinciae non confero; ep II 12, 2.

ambulo, gehen, umhergehen, lustwandeln, reisen, marschieren, durchwandern: 1. qui eius artis adrogantia, quasi difficillima sit, ita subnixi ambulant; de or I 246. cum in sole ambulem; de or II 60. ut in porticu Pompei potius quam in campo ambulemus; fat 8. eo modo ambulat Caesar, ut ..; A VIII 14, 1. si recte ambulaverit, is qui hanc epistulam tulit; A IX 4, 3. naturae ista sunt non artificiose ambulantis, ut ait Zeno; nat III 27. iste pater familias cum ambularet in agro; Tul 19. ut philosophi ambulant, haec (litteras) tibi reddunt iri putabam prius; A VII 1, 1. — II. cum (Xerxes) tantis classibus maria || mari || ambulavisset; fin II 112.

amburo, versengen, verbrennen: hic sociorum ambustus incendio; Ver I 70. ut sine imaginibus, sine cantu atque ludis ambureretur abiectus; Milo 86. incendio Plaetoriano quod Seius ambustus est; A V 20, 8. cuius (Herculis) corpore ambusto; Sest 143.

amens, sinnlos, unsinnig: tamne amens eram, ut putarem ..? Sulla 45. tu, o vaecors et amens; Piso 21. homo audacissime atque amentissime; Ver III 126. init consilium importuni atque amentis tyranni; Ver V 103.

amentatus, mit Schwungriemen: cum amentatas hastas acceperit; de or I 242. ut hastae velitibus amentatae traduntur; Bru 271.

amentia, Sinnlosigkeit, Wahnsinn: I, 1. quae est ista tanta audacia atque amentia? Ver I 54.

vicit timorem audacia, rationem amentia; Cluent 15.
— 2. summam amentiam esse existimabat, quod
scriptum esset rei publicae [salutis] causa, id non ex
rei publicae salute interpretari; inv I 69. — II, 1.
in deorum hanc eius satellitibus iniecit amentiam,
ut ..; Milo 86. quod animi adflectionem lumine
mentis carentem (maiores) nominaverunt amentiam
eandemque dementiam; Tusc III 10. videte hominis
amentiam; dom 40. — 2. te in istam amentiam
incidisse; Ver III 186. III. convenisse eodem
complures eiusdem amentiae scelerisque socios;
Catil I 8. — IV, 1. ita flagrare coepit amentia,
ut ..; Cluent 12. — 2. religiones violatae consistere
eius animum sine furore atque amentia non sinunt;
Ver I 7.

amica f. **amicus**, B, b.

amice, woljlwollenb, freunbfdjaftlid), freunb-
lid): ut amice audiamur; part or 28. quos (Tor-
quatos) tu erga nos amice et benivole || benev. || con-
legisti; fin I 34. facis amice; Lael 9. M. Caecilium
cum illo (Verre) familiarissime atque amicissime
vivere: div Caec 29.

amicio, befletben: quos videtis velis amictos,
non togis; Catil I 22. f. **amiculum,** II.

amicitia, Freunbfdjaft: I. **Subjeet**: qui (Epicurei)
verentur, ne, si amicitiam propter nostram voluptatem
expetendam putemus, tota amicitia quasi claudicare
videatur; fin I 69. amicitia res plurimas continet;
Lael 22. amicitia (est) voluntas erga aliquem rerum
bonarum illius ipsius causa, quem diligit, cum eius
pari voluntate; inv II 166. quae amicitia potest esse
inter ingratos? Planc 80. hominum caritas et amicitia
gratuita est. quanto igitur magis deorum! nat I 122.
hic multum valuit vetus amicitia, quam tu non ignoras
mihi et Quinto fratri cum Caesare fuisse; ep I 9, 12.
illae ambitiosae nostrae fucosaeque amicitiae sunt in
quodam splendore forensi, fructum domesticum non
habent; A I 18, 1. ex quo exardescit sive amor sive
amicitia; utrumque enim dictum || ductum || est ab
amando: Lael 100. unde et amicitia exsistebat et
iustitia atque aequitas; Ac I 23. ut amicitia nostra,
quae summis officiis ab utroque culta est, sed longis
intervallis temporum interruptam consuetudinem
habuit, confirmaretur vehementius; ep XV 14, 2. f.
est: A I 18, 1. a natura mihi videtur potius quam
ab indigentia orta amicitia: Lael 27. valet: f. est:
ep I 9, 12. videtur: f. claudicat. oritur. II, 1. peto.
ubi illa sancta amicitia, si non ipse amicus per se
amatur toto pectore, ut dicitur? leg I 49.
II. **nach Verben:** 1. amicitiae caritate et amore
cernuntur; part or 88. coluit ipse (Epicurus)
amicitias; fin II 80. f. I. habet. idcirco amicitiae
comparantur, ut commune commodum mutuis officiis
gubernetur; Sex Rosc 111. confirmo: f. I. habet.
quae fuit umquam amicitia consularium in nostra
civitate coniunctior? ep III 10, 10. cavendum erit.
ne non solum amicitiae despositas, sed etiam inimicitiae
susceptae videantur; Lael 76. tales amicitiae sunt
remissione usus eluendae et, ut Catonem dicere audivi,
dissuendae magis quam discindendae; Lael 76. expeto:
f. I. claudicat. illud pro nostra non instituta, sed
iam inveterata amicitia cures; ep III 9, 4. ea
(iustitia) amicitia in benivolentia nominatur; par
or 78. ex quo (amore) amicitia nominata est;
Lael 26. fructus ad amicitiam adiungimus, ut eorum
quoque causa petenda videatur; inv II 167. mihi
propono fructum amicitiae nostrae ipsam amicitiam;
ep III 13, 2. amicitiam fidemque populi Romani
secuti sumus; Ver V 124. qui amicitiam e vita
tollunt; Lael 47. violata amicitia est; prov 43. —
2. religio et fides anteponatur amicitiae; of III
46. est, quatenus amicitiae dari venia possit; Lael
61. — 3. adiungo ad: f. I. peto. tyrannus petivit,
ut se ad amicitiam tertium ascriberent; of III 45.
cum totum te ad amicitiam meam contulisti; ep XI

29, 2. quod (Thermitani) semper in amicitia fideque
mansissent; Ver II 90. si eum (Anchialum) in
amicitiam tuam receperis; ep XIII 23, 2. hoc libro
ad amicum amicissimus scripsi de amicitia; Lael 5.
quantum boni sit in amicitia; Lael 23.
III. **nach Adjectiven**: 1. ut et monere et moneri
proprium est verae amicitiae; Lael 91. — 2. digni
sunt amicitia, quibus in ipsis inest causa, cur dili-
gantur; Lael 79. — 3. quod multi Epicurei fuerunt
in amicitiis fideles; fin I 81. qui ad amicitias
|| amicitiam || essent idonei; Lael 62.
IV. **nach Substantiven:** 1. quis est iste amor amicitiae? Tusc IV 70. ista memoria et caritas amicitiae
indicat innatam esse homini probitatem gratuitam;
fin II 99. benivolentiam, qui est amicitiae fons a
natura constitutus; Lael 50. qua commendatione
quasi amicitiae fores aperiantur; ep XIII 10, 4.
fructus: f. I, 1. propono. haec prima lex amicitiae
sanciatur, ut ab amicis honesta petamus; Lael 44.
memoria: f. caritas. amare, e quo nomen ductum
amicitiae est; fin II 78. non oblivione amicitiae
nostrae ad te nullas litteras misi; ep V 17, 1.
omnibus officiis amicitiae diligenter a me sancteque
servatis; ep V 17, 3. quanta vis amicitiae concor-
diaeque sit; Lael 23. 2. cuius (Laelii) tota disputatio est de amicitia; Lael 5.
V. **Umstand:** 1. ex quo ipse mundus se concordi
quadam amicitia et caritate complectitur; Tim 15.
nt coniuncti amicitia maneremus; prov 40. — 2.
grave est vere accusari in amicitia; Muren 7. pro:
f. II, 1. instituo.

amictus, Umwurf, Tracht, Mantel: I, 1. nihil
est facilius quam amicitum imitari alicuius aut
statum aut motum; de or II 91. — 2. mihi amictui
est Scythicum tegimen; Tusc V 90. — II. (Satur-
ninus) ipso amictu capiebat homines; Bru 224.

amicula, Liebchen: cum (Memmius) esset cum
eo (Largio) Tarracinae de amicula rixatus; de or
II 240.

amiculum, Umwurf, Mantel: I. (Dionysius)
aureum ei (Iovi) detraxit amiculum grandi pondere;
nat III 83. — II. qui (Alcibiades) visus est in somnis
amicae esse amictus amiculo; div II 143.

amiculus, lieber Freund: de Docimo, amiculo
meo, quid cogitatis? Ver III 79.

amicus, amica, befreundet, ergeben, zugetan,
Freund, Geliebter, Geliebte: A. **bei Substantiven**:
ubi saepe is, qui rei dominus futurus est, amicus
adversario et inimicus tibi est; de or II 72. neminem
illi civitati inimicum esse arbitror, qui amicus sit
huic civitati; Phil VIII 19. amicior causae quisquam inveniri potest quam filius? Phil X 16. nec
me benivolentiori cuiquam succedere nec te amiciori
potuisse provinciam tradere; ep III 3, 1. ut ego
amicior invenirer Phrygum et Cilicum aerariis quam
nostro; ep VII 1, 6. quem (C. Duronium) amicissimum Miloni perspexeram; A V 8, 2. praeterea de
consularibus nemini possum aut studii erga te aut
amici animi esse testis; ep I 7, 3. is cum amicus
et socius populi Romani esset, amicissimo patre, avo,
maioribus; Ver IV 67. praetores habemus amicissimos et acerrimos cives; Q fr I 2, 16. consolabor
illam fidelissimam atque amicissimam nobis civitatem;
Balb 44. numquam ab eo mentio de me nisi plena
amicissimi desiderii; Phil II 39. quae (fortuna)
amica varietati constantiam respuit; nat II 43. quo
(L. Lucilio) hominem neminem potuisti mihi amiciorem mittere; ep III 5, 1. maiores, pater: f. avus.
Macedonia, fidelis et amica populo Romano provincia;
Font 44. quae successori coniunctissimo et amicissimo commodare potest is, qui provinciam tradit;
ep III 3, 1. ille noster amicus, vir mehercule
optimus et mihi amicissimus, sane tibi iratus est;
A I 8, 1.
B. **allein: a. masc.** (vgl. A. alqs): I, 1. hoc cum

6*

ipse tum eius amici necessariique omnes cognorunt; Cluent 161. se in fugam conferunt una amici advocatique eius metu perterriti; Caecin 22. quod Halaesini, antiquissimi et fidelissimi socii atque amici, Romae impetrarant, ut . . : Ver II 122. magnus ille defensor et amicus eius tibi suffragatur, me oppugnat; div Caec 23. quia modeste apud vos socius amicusque populi Romani questus est; Ver IV 18. suffragatur: f. oppugnat. in Gallia qui sunt socii populi Romani atque amici; Font 32. — 2. rex, cuius maiores huic populo socii atque amici semper fuerunt; dom 52. qui publice socii atque amici sunt; fin V 65. f. A. avus. — II, 1. nisi aeque amicos et nosmet ipsos diligamus; fin I 67. quos fidos amicos habuisset, quos infidos; Lael 53. in bonis numerabis amicos, liberos, propinquos; fin V 81. perterreo: f. I, 1. conferunt. quod amicum atque hospitem meum Sthenium tam crudeliter tractasses; Ver II 117. te amicum et placatum Deiotari regis arae focique viderunt; Deiot 8. — 2. A. Cluentium amicis, vicinis, hospitibus, quorum studia videtis, reddite; Cluent 202. neque solum nobis divites esse volumus, sed liberis, propinquis, amicis; of III 63. — 3. eodem modo sapiens erit a d f e c t u s erga amicum, quo in se ipsum; fin I 68. illum (rusticum) etiam debilem factum rem ad amicos detulisse, quorum de sententia lecticula in curiam esse delatum; div I 55. *tum Naevius* pueros circum amicos dimittit; Quinct 25. saepe incidunt magnae res, ut discedendum sit ab amicis; Lael 75. in omni re considerandum est, quid postules ab amico; Lael 76. — III. tam i n o p s ego eram a b amicis? dom 58. — IV, 1. ut in Graecorum proverbio est, amicorum esse communia omnia; of I 51. tenuiorum et non occupatorum amicorum est ista adsiduitas, quorum copia bonis viris et beneficis deesse non solet; Muren 70. cuius in magnis catervis amicorum si fuit etiam Caelius; Cael 14. in summa amicorum copia cum familiarissimis eius est adaequatus; Balb 63. f. adsiduitas. quod eo errore careo, quo amicorum decessu plerique angi solent; Lael 10. vitam meam, quae fidelitate amicorum conservata sit, inimicorum modestia || molestia | non esse appetitam; Planc 71. etiam alienissimis in capitis periculis amicissimorum officia et studia praestamus; Muren 45. quod ex omnibus saeculis vix tria aut quattuor nominantur paria amicorum; Lael 15. aeque caram esse sapienti rationem amici ac suam; fin¡ III 70. de amicorum sententia rem defert ad senatum; Milo 65. f. II, 3. defero ad. quae familiarium dignitas! quae studia amicorum! Sulla 73. f. officia. — 2. unum egregium de rege Deiotaro, populi Romani amicissimo, decretum in Capitolio fixum; Phil II 93. scito me redisse cum veteribus amicis, id est cum libris nostris, in gratiam; ep IX 1, 2. — V. quam ob rem tota ista res per Staienum potius quam per bonum aliquem virum ageretur at amicum necessariumque] communem? Cluent 87. — b. femin.: I. amica corpus eius (Alcibiadis) texit suo pallio; div II 143. — II. ea, quam omnes semper amicam omnium potius quam cuiusquam inimicam¹ putaverunt; Cael 32. — c. neutr.: de efficientibus nihil (est bonum)¹ praeter amicum; fin III 55.

amissio, Berluft: I. f o r e aliquando finem huius lucis et amissionem omnium vitae commodorum; Tusc II 10. tanta est omnium rerum amissio et desperatio recuperandi; ep IV 3, 2. — II. magis f u g i e n d a m censet amissionem etiam liberorum, propinquorum, amicorum; of II 26. me amissionem classis obicere; Ver V 131.

amita, Tante: quae amita huius Habiti fuit; Cluent 30.

amitto, aufgeben, verzichten, einbüßen, verlieren: isti tot viri cur Licinium de manibus

amiserunt? Cael 64. quod aut effici dicendo oportet aut amitti non oportet; Bru 199. amico amisso; Bru 1. armis et impedimentis amissis; inv II 72. quae (auctoritas) amissa est; Flac 4. quarum rerum neglegentia plerasque causas et maxime privatas videmus amitti; de or II 100. civitatem nemo umquam ullo populi iussu amittet invitus; dom 78. classe illa amissa; of I 84. cuius opera omnium annorum sacra deosque patrios amiserant; Ver IV 151. quam dignitatem, quos honores. quem vitae statum amiserim; A X 4, 1. quodsi (Priamus) ante occidisset, talem || accidisset, tamen || eventum omnino amisisset; Tusc I 85. amisso exercitu; agr II 52. rem ac fortunas amittere; imp Pomp 19. duobus amissis fratribus; inv II 78. saepe totius anni fructus uno belli terrore amittitur; imp Pomp 15. honores: f. dignitatem. impedimenta: f. arma. quod ius amitti non potest sine magno incommodo civitatis; Caecin 75. cum minus miseri sint, qui (liberos) his temporibus amiserunt, quam si eosdem bona re publica perdidissent; ep V 16, 3. ut totam litem aut obtineamus aut amittamus; Q Rosc 10. quam (mentem) amiseras; har resp 33. ut viri boni et splendorem et nomen amittas; of III 82. querebantur amissas occasiones; A XV 11, 2. cavete, ne spe praesentis pacis perpetuam pacem amittatis; Phil VII 25. patriae causa patriam ipsam amittere; dom 98. rem: f. fortunas. quam (rem publicam) ego amissam puto cum vulneribus suis, tum medicamentis iis, quae parantur; A IX 5, 2. sacra: f. deos. (Priamus) sensum amisit malorum; Tusc I 85. splendorem: f. nomen. statum: f. dignitatem. quodsi (Caesar) populi studium amisisset, crudelem fore; A X 4, 8. cum Tarento amisso arcem tamen Livius retinuisset; de or II 273. nullum erit tempus hoc amisso; Phil III 32. quam (valetudinem) intermissis exercitationibus amiseram; ep IX 18, 3. nunc talis vir amissus est; de or I 230. omnes aut sua pertinacia vitam amiserunt aut tua misericordia retinuerunt; Marcel 21.

amnis, Strom: I. ut quosdam e v a n u i s s e et exaruisse amnes aut in alium cursum contortos et deflexos videmus; div I 38. alter sine ullis salebris quasi sedatus amnis fluit, alter incitatior fertur; orat 39. influxit non tenuis quidam e Graecia rivulus in hanc urbem, sed abundantissimus amnis illarum disciplinarum et artium; rep II 34. — II. c o n t o r q u e o. al.: f. I. neque Haletem, nobilem amnem, relinques; ep VII 20, 1. — III. animi labes nec amnibus ullis elui potest; leg II 24.

amo, amans, lieben, Gefallen finden, bitten, part. liebevoll, freundlich: I. nihil difficile amanti puto; orat 33. aliud est amatorem esse, aliud amantem; Tusc IV 27. urbanitatis possessionem, amabo, defendamus; ep VII 32, 2. (ad eum amorem, quam erga te habebam,) tantum accessit, ut mihi nunc denique amare videar, antea diligere; ep IX 14, 5. sed cave, amabo, quicquam cogitaris; Q fr III 9, 4. me fratri amantissimo reddidistis; sen 1. hi pueri amare et amari didicerunt; Catil II 23. in qua (causa) me lenissimis et amantissimis verbis mee te graviter accusas; ep V 15, 1. desiderium coniunctissimi atque amantissimi viri ferre nullo modo possem; Lael 104. — II, 1. equitem Romanum studiosum, amantem, observantem s u i excepit; Rab Post 43. neque quemquam amantiorem tui (esse indico; ep I 5, a, 4. amantissimum sui, summa pietate praeditum fratrem dicere . . ; ep XV 2, 6. ad nos amantissimos tui veni; ep XVI 7. nihil puero illo suavius, nihil nostri amantius; Q fr III 1, 19. f. rei publicae. temporis. homo amantissimus patriae; Sulla 34. quod te cum mei tum rei publicae cognovi amantissimum; ep VII 3, 5. dum in re publica amantiorem forte tui cognosti amantiorem quam temporis; Q fr I 1, 15. — 2. cur Lysias et Hyperides amatur. cum penitus ignoretur Cato? Bru 68. qui alios amabat turpissime; Catil II 8.

quem (Lentulum) nos, quia nos diligit, in primis amamus carumque habemus; ep I 7. 11. enm a me non diligi solum, verum etiam amari; ep XIII 47. amabo te, ne adsignes; Q fr I 4, 1. amabo te, advola; Q fr II 8, 4. (Hirrus) quam se ipse amans sine rivali! Q fr III 8. 4. iam tempus est me ipsum a me amari. quando ab illis nullo modo possum; A IV 5, 3. credo hunc (Caesarem) me non amare. at ego me amavi, quod mihi iam pridem usu non venit: A IX 18. 1. sed, amabo te, perscribe mihi totum negotium: A XV 29, 3. amabo te. mi Attice, — videsne, quam blande? A XVI 2. 2. amabo te, da mihi et hoc; A XVI 16, 10. vale et nos ama vel, si id nimis est, dilige; fr E VIII 4. me aut amabis aut. quo contentus sum. diliges; fr E VIII 5. vgl. I. alqs; ep IX 14. 5. qui haec semper amasti: ep I 9, 23. cur neque deformem adulescentem quisquam amat neque formosum senem? Tusc IV 70. ubi illa sancta amicitia, si non ipse amicus per se amatur toto pectore. ut dicitur? leg I 49. quae (bestiae) ex se natos ita amant ad quoddam tempus et ab eis ita amantur, ut . .; Lael 27. volo ames meam constantiam; A II 10. horum homines nomen, orationem, vultum, incessum amabant; Sest 105. amo et semper amavi ingenium, studia, mores tuos: orat 33. quoniam quidam nobiles homines nimis amarent inimicum meum; ep I 9, 19. natura fieri. ut liberi a parentibus amentur: fin III 62. istum. ubi tu ea natus, plus amabo posthac locum; leg II 4. quam (magnitudinem animi) semper amavi: ep I 7, 9. mores: f. ingenium. natos: f. bestias. nomen, orationem: f. incessum. pueros: f. I. pueri. senem: f. adulescentem. studia: f. ingenium. virtutem amavi illius viri; Lael 102. vultum: f. incessum. amo voluntatem; ep VII 24. 1.

amoenitas, Annehmlichkeit, Lieblichkeit, reizende Lage: I, 1. habet amoenitas ipsa inlecebras multas cupiditatum; rep II 8. — 2. quae amoenitates orarum ac litorum! nat II 100. — II, 1. nunc domus suppeditat mihi hortorum amoenitatem: Q fr III 1. 14. — 2. cum esses in ista amoenitate paene solus relictus; ep VII 1. 1. — III. in Arpinati summa cum amoenitate fluminis me refeci: Q fr III 1, 1.

amoenus, lieblich, anmutig: hac (insula) nihil est amoenius; leg II 6. tamquam in Pomptinum deverteris, neque amoenum neque salubrem locum: de or II 290. habet animi causa rus amoenum: ex Rosc 133.

amor, Liebe, Verlangen, Liebling: I. Pompeius, nostri amores, ipse se adflixit; A II 19, 2. ab his initiis noster in te amor profectus auxit paternam necessitudinem; ep XIII 29, 1. ne amores quidem sanctos a sapiente alienos esse arbitrantur; fin III 68 non ignoro, quam sit amor omnis sollicitus atque anxius; A II 24, 1. ex quo exardescit sive amor sive amicitia; utrumque enim dictum [ductum [est ab amando; Lael 100. tantus est innatus in nobis cognitionis amor et scientiae, ut . .; fin V 48. fratrum tuorum singularis pietas amorque fraternus nullum me patitur officii erga te munus praetermittere: ep VI 14, 1. proficiscitur: f. auget. — II. 1. ille corporis motu tantum amorem sibi conciliarat a nobis omnibus; Arch 17. omnem tuum amorem, quo me es amplexus, confer ad eam curam; A VII 1, 2. humanitatem tuam amoremque in tuos reditus celeritas declarabit; A IV 15, 2. facile patior datum tempus, in quo amorem experirer tuum: A XVI 16, 10. amorem eis (civibus) otii et pacis inierit; rep II 26. Caesaris amore, quem ad me perscripsit, unice delector; Q fr III 5, 3. — 2. me (h. Pompeius multis obsistentibus eius erga me studio atque amori semper dilexit; Piso 76. — 3. quoniam ad amorem meum aliquantum olei || discedens addidisti; ep XV 20, 2. dicam de incredibili amore (P. Sestii) in bonos; Sest 5. quae

(civitas) tibi una in amore atque in || atque || deliciis fuit: Ver IV 3. Dionysius mihi in amoribus est; A VI 1, 12. — III. benivolentiam non adulescentulorum more ardore quodam amoris indicemus: of I 47. quantus sit furor amoris: Tusc IV 75. quae (epistulae) fuerunt omnes, ut rhetorum pueri loquuntur, insignes amoris notis; A I 13, 1. quod tibi nullum a me amoris officium defuit; Milo 100. hoc summi in patriam amoris mei signum esse debet certissimum, quod . .; Sest 49. — IV, 1. amplecti: f. II. 1. confero. ardebat amore illius hospitae; Ver II 116. cum Dionysius haberet etiam more Graeciae quosdam adulescentes amore coninctos; Tusc V 58. coniuges et liberi et fratres, quamquam etiam caritate ipsa, tamen amore maxime continentur; part or 88. delectari: f. II. 1. perscribo. eosdem pares singulari inter se consensu et amore devinxit turpissimae vitae similitudo; Phil XI 2. qui in me pietate filius, consiliis parens, amore, ut erat, frater inventus est: sen 37. Lucius Cicero, frater noster cognatione patruelis, amore germanus; fin V 1. — 2. in amore summo summaque inopia suave esse; nat III 72. propter summam familiaritatem summumque amorem in patrem tuum: Sulla 12.

amotio. Entfernung: doloris amotio successionem efficit voluptatis; fin I 37. augendae voluptatis finis est doloris omnis amotio: fin II 9.

amoveo. entfernen, beseitigen: adsentatio procul amoveatur; Lael 89. illud est hominis magni, cum tabellam sumpserit, libidinem, odium, invidiam, metum cupiditatesque omnes amovere; Cluent 159. Porcia lex virgas ab omnium civium Romanorum corpore amovit: Rabir 12.

amphibolia, Doppelsinn, Zweideutigkeit: hanc amphiboliam versus (Pyrrhus) intellegere potuisset, „vincere te Romanos“ nihilo magis in se quam in Romanos valere; div II 116.

amphora. Krug: I. unde cccc amphoras mellis habueris; Ver II 183. — II. Titurium Tolosae quaternos denarios in singulas vini amphoras portorii nomine exegisse, Font 19.

ample, amplius, großartig, herrlich, würdig, mehr, ferner: A. unum (genus oratorum) attenuate presseque, alterum sublate ampleque dicentium; Brn 201. exornat ample magnificeque triclinium; Ver IV 62. non est ausus elate et ample loqui; Tusc V 24. pater cum amplissime atque honestissime ex praetura triumphasset: Muren 15. — B. amplius: I. recepta causa Siciliensi amplexus animo sum aliquanto amplius; Ver II 1. a. quod desideres, nihil erit; Tusc I 24. de praetore Macedoniae nihil dicam a. nisi eum mihi amicum fuisse; Planc 99. non luctabor tecum a.; de or I 74. quid a. postulatis? Ligar 13. ego (ero) aedilis, hoc est, paulo a. quam privatus; Ver pr 37. quibus natura nihil tribuit a., quam ut ea alendo tueretur; nat II 33. quid voltis a.? Sex Rosc 32. elliptisch: cum consules re audita „amplius“ de consilii sententia pronuntiavissent; Bru 86. antea vel indicari primo poterat vel „amplius“ pronuntiari; Ver I 26. — II. refertae sunt orationes a. centum quinquaginta et verbis et rebus inlustribus; Bru 65. septingentos iam annos a.; Flac 63. a. sunt sex menses; Q Rosc 8. non a. quinquaginta (equites); A VI 2, 8. — III. nescio an a. mihi negotii contrahatur; Catil IV 9.

amplector. umfassen, umschließen, umschließen, umgeben, begreifen, festhalten, hochhalten: quod me amicissime cotidie magis Caesar amplectitur; ep VI 6. 13. ut omnia generatim amplectamur; inv II 18. recepta causa Siciliensi amplexus animo sum aliquanto amplius; Ver II 1. quae si index non amplectetur omnia consilio, non animo ac mente circumspiciet; Font 25. non me fortuito ad tuam amplitudinem meis officiis amplectendam

incidisse; ep V 8, 3. libenter amplector talem animum; ep V 19, 2. quod (Crassus) neque ita amplecteretur artem, ut ii solerent, qui . .; de or I 110. vir, qui optimam quamque causam rei publicae amplectatur; Sest 93. te rogo, ut hanc cogitationem toto pectore amplectare; A XII 35. (mens) amplectitur maxime cognitionem: Ac II 31. is, qui omnia tenet, nobilitatem et dignitates hominum amplectitur; ep IV 8, 2. quod ius civile tam vehementer amplexus es; de or I 234. nobilitatem: f. dignitates. neminem posse omnes res per scripturam amplecti: inv II 152. est in eo genere omnes res una vi atque uno nomine amplexa virtus; inv II 159.

amplexor, umfaſſen, feſthalten, hochſchätzen: Appius totum me amplexatur; Q fr II 10, 3. quam (aequabilitatem iuris) amplexantur liberi populi; rep I 53. ut si ipsius animi cognitionem amplexarentur, actionem relinquerent; fin IV 36. retinere consulem fortuna constitutum ad amplexandum otium: Muren 83. quam (voluptatem) amplexari volunt; de or III 62.

amplexus, Umſchlingung: nutrix animadvertit puerum dormientem circumplicatum serpentis amplexu; div I 79.

amplificatio. Bergrößerung, Bermehrung, Erweiterung, Ausſchmückung: I. in hoc amplificatio potest plurimum, eaque una laus oratoris est et propria maxime; de or III 105. est amplificatio vehemens quaedam argumentatio; part or 27. est amplificatio gravior quaedam adfirmatio, quae motu animorum conciliet in dicendo fidem. ea et verborum genere conficitur et rerum; part or 53. amplificatio quamquam habet proprium locum, saepe etiam primum, postremum quidem fere semper, tamen reliquo in cursu orationis adhibenda est maximeque, cum aliquid aut confirmatum est aut reprehensum; part or 27. nocet: f. II. vitupero. potest: f. est; de or III 105. — II. adhibeo: f. I. habet. conficio: f. I. est; part or 53. peroratio habet amplificationem, cuius effectus hic ‖ is ‖ debet esse, ut aut perturbentur animi aut tranquillentur; Top 98. nec rei familiaris amplificatio nemini nocens vituperanda est: of I 25. — III. effectus: f. II. habeo. — IV. in quo (genere) digressio aliqua extra causam amplificationis causa interponitur: inv I 27. retinenda iustitia est propter amplificationem honoris et gloriae: of II 42.

amplificator, Erweiterer, Mehrer: I. nec Pythagoras nominis solum inventor, sed rerum etiam ipsarum amplificator fuit; Tusc V 10. — II. me tuae dignitatis amplificatorem cognosces; ep X 12, 5. quem mihi fortuna dedit amplificatorem dignitatis meae; ep II 9, 3.

amplifico, vergrößern, ſteigern, verſtärken, hervorheben, ausdehnen, erhöhen, heben: cum a populo Romano semper sim defensus, amplificatus, ornatus; dom 88. (orator) ea dicendo amplificat atque ornat; de or I 221. extrema oratione ea, quae pro nobis essent, amplificanda et augenda, quaeque essent pro adversariis, infirmanda atque frangenda; de or I 143. illum impetum et quandam commotionem animi adfectionemque verbis et sententiis amplificare debebit; inv II 19. quibus in hominibus erat summa virtus et summa virtute amplificata auctoritas; inv I 5. commotionem, impetum: f. adfectionem. quod tuam dignitatem amplificari velim; ep XI 5, 3. nihil est ad exaggerandam et amplificandam orationem accommodatius; de or III 105. Gabinio pretio amplificato Syriam nominatim dedisti; dom 23. alteram (partem pono) in augendis amplificandisque rebus, quae ab isdem (Graecis) αὔξησις est nominata: orat 125. eorum imperiis rem publicam amplificatam; nat II 8. quod his naturis relatus amplificatur sonus; nat II 144.

amplio, vertagen: si lex ampliandi faciat po-

testatem; Ver I 26. cum causam non audisset et potestas esset ampliandi, dixisse sibi liquere; Caecin 29.

amplitudo. Grüße, Fülle, Anſehnlichkeit, Hoheit, Herrlichkeit: I, 1. nec Aristotelem in philosophia deterruit a scribendo amplitudo Platonis; orat 5. in his (locis communibus) finis est amplitudo: inv II 51. amplitudo (est) potentiae aut maiestatis aut aliquarum copiarum magna abundantia; inv II 166. ut urbis egregia exornatio atque amplitudo; inv II 168. — 2. si maiestas est amplitudo ac dignitas civitatis; de or II 164. — II, 1. amplitudinem suae voluntatis ostendere; inv II 107. te amplitudinem tuam retenturum; ep I 4, 3. — 2. me (tuae) amplitudini, gloriae nullo loco defuturum; ep XI 5, 3. — 3. quae (civitates) iam quiddam magis amplum et minus necessarium conficiunt; inv II 168. homines amplissimis populi Romani beneficiis usos: Phil I 14. omitto iam plura exempla causarum amplissimarum; de or I 181. qui Lysiam sequuntur, causidicum quendam sequuntur, non illum quidem amplum atque grandem, subtilem et elegantem tamen; orat 30. ut amplae atque potentes sint civitates; inv II 169. f. locus. ex amplissimo conlegio decemvirali sacerdotes; Ver IV 108. ea spe proposita amplissimae dignitatis; Sulla 30. aliter ampla domus dedecori saepe domino fit; of I 139. sin antem sunt amplae et honestae familiae plebeiae; Muren 15. si genere dicendi uteretur amplissimo; orat 82. P. Africanus, homo virtute, fortuna, gloria, rebus gestis amplissimus; div Caec 69. quod ampliorem honorem alteri tribuebat quam ipse erat consecutus; prov 27. in amplissima civitate amplissimo loco natus; Ver V 122. qui amplissimum magistratum gerunt; Cato 20. (me) reduxit ordo amplissimus; prov 25. plures praemiis ad perdiscendum amplioribus commoveri; de or I 13. erat admodum amplum et excelsum signum cum stola; Verr IV 74. quoniam eius modi theatrum totius Asiae virtutibus tuis est datum magnitudine amplissimum; Q fr I 1, 42. vir omnibus rebus clarissimus atque amplissimus; dom 43.

ampulla. Salbenfläſchen: I. ampulla sit necne sit, quis non iure optimo irrideatur, si laboret? fin IV 31. — II. si ampullam perdidisset; fin IV 31.

amputatio. Abſchneiden: sarmentorum amputatio (me delectat): Cato 53.

amputo, abſchneiden, beſchneiden, beſchränken, verſtümmeln: licet hinc quantum cuique videbitur circumcidat atque amputet; de or I 65. volo esse in adulescente, unde aliquid amputem; de or II 88. isti infracta et amputata loquuntur; orat 170. amputata circumcisaque inanitate omni et errore; fin I 44. ut membra quaedam amputantur; of III 32. narrationes aut amputandae, quae laedunt aut relinquendae, si totae sunt molestae; part or 15.

an. etwa? ob, oder, oder ob: A. **Anlage:** cum ei (Themistocli) Simonides an quis alius artem memoriae polliceretur; fin II 104. Cn. Octavius est an Cn. Cornelius quidam, tuus familiaris, summo genere natus, terrae filius; ep VII 9, 3. nos hic te exspectamus, ex quodam rumore an ex litteris tuis; A I 3, 2. illa (legatio) Drusi an epuloni Vatinio reservatur; A II 7, 3. is (Diochares) dicitur vidisse Quintum euntem an iam in Asia; A XI 6, 7. —

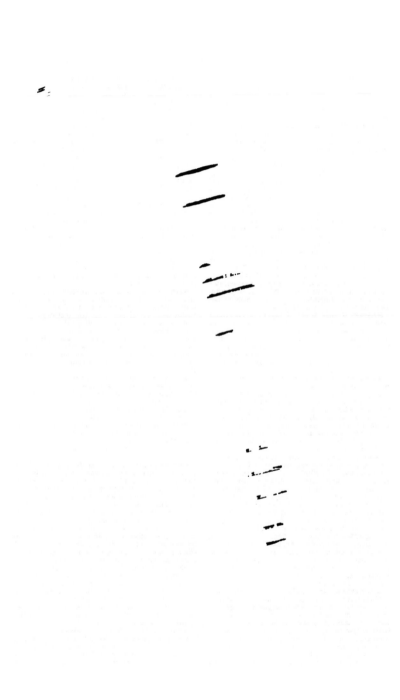

I. cum aetas tua septenos octiens solis anfractus redituaque converterit; rep VI 12. — II. quae (coniunctio) sit circumscripta non longo anfractu, sed ad spiritum vocis apto; part or 21. quae (figura) nihil incisum angulis, nihil anfractibus (habere potest): nat II 47.

angiportus, angiportum, Gaffe: I. effusum frumentum vias omnes angiportusque constraverat; div I 69 — II. ut in omnibus angiportis praedonis statua ponatur; Ver II 141.

ango, ängstigen, beunruhigen, quälen, fränfen: I, 1. et invidere aegritudinis est et angi, lugere, maerere; Tusc III 83. — 2. illud angit vel potius excruciat: discessus ab omnibus iis, quae sunt bona in vita; Tusc I 83. — II. audio te animo angi et medicum dicere ex eo te laborare; ep XVI 14, 2. angor intimis sensibus; A V 10, 3. quae (Attica) me valde angit; A XIII 13, 3. me maxime angit avunculus; A XIII 42, 1. neque (animus) tot curis vigiliisque angeretur; Arch 29. — III, 1. de quo angor et crucior; A VII 22, 1. — 2. inbir. Frage: vgl. 3. — 3. ante sollicitus eram et angebar, cum consilio explicare nihil possem ‖ quo uti consilio possem ‖; A IX 6, 4. fore ut angeretur, cum a fratre familiaritate vinceretur; A XII 7, 1. — 4. reliquum est, ut te angat, quod absis a tuis; ep VI 4, 3. me illa cura sollicitat angitque vehementer, quod nihil a te adfluxit; Q fr III 3, 1. — 5. peccasse se non anguntur; Lael 90. angor nullam esse rem publicam; Q fr. III 5, 4.

angor, Unruhe, Angst: I. angor (est) aegritudo premens; Tusc IV 18. — II, 1. qui saepissime curam et angorem animi mei sermone et consilio levasti tuo; A I 18, 1. — 2. ut aegritudini (subiciuntur) angor, luctus, maeror, aerumna; Tusc IV 16. — 3. me ab omnibus molestiis et angoribus abducam: ep V 13, 5. differo ab: f. anxietas. — III. conficiuntur et angore et metu; fin I 60.

anguiculus, kleine Schlange: serpere anguiculos videmus; fin V 42.

anguis, Schlange: I. anguem ab ara exstitisse; div II 65. in Solonio, ubi ad focum angues nundinari solent; div II 66. — II. cum (ibes) volucres angues ex vastitate Libyae vento Africo invectas interficiunt atque consumunt; nat I 101. — III. si emissio feminae anguis mortem adferebat Ti. Graccho; div II 62. — IV. Gorgonis os cinctum anguibus; Ver V 124.

angulatus, ectig: esse corpuscula quaedam rotunda, partim autem angulata; nat I 66.

angulus, Ecte, Winfel: I, 1. angulum mihi aliquem eligas provinciae reconditum ac derelictum? Ver II 193. — 2. sin me ex hoc, ut ita dicam, campo aequitatis ad istas verborum angustias et ad omnes litterarum angulos revocas; Caecin 84. — II. ut terrena et umida ad pares angulos in terram et in mare ferantur; Tusc I 40. ut de iis rebus in angulis consumendi otii causa disserant: de or I 57.

anguste, eng, fnapp, befchränft: (haec) brevius angustiusque concluduntur; nat II 20. si anguste et exiliter dicere est Atticorum; Bru 289. ut nec id faciat tam presse et anguste; orat 117. haud scio, an recte ea virtus frugalitas appellari possit, quod angustius apud Graecos valet; Tusc III 16. (Zeno) urguet angustius; nat II 22.

angustiae, angustia (f. I. tutatur), Enge, Befchränftheit, Verlegenheit: I. adferunt: f. anima, III. interclusio. ut me temporis angustiae coëgerunt: de or III 228. orationis flumine reprensoris convicia diluuntur, angustia autem conclusae orationis non facile se ipsa tutatur; nat II 20. si angustiae rei familiaris; Top 112. quod incredibiles angustiae pecuniae publicae; ep XII 30, 4. — II, 1. (possent) fretorum angustiae ortu aut obitu lunae commoveri? nat II 19. — 2. quantis ex angustiis oratorem

educere ausus es! de or III 126. nisi (C. Bellienus) in eas petitionis angustias incidisset; Bru 175. erat (Corinthus) posita in angustiis atque in faucibus Graeciae sic, ut . .; agr II 87. revoco ad: f. **angulus,** I, 2. in magnis versamur angustiis; A XV 3, 1. — III, 1. si iis angustiis (frugalitas) teneretur: Tusc III 16. — 2. in eis vel asperitatibus rerum vel angustiis temporis obsequar studiis nostris; de or I 3.

angusto, enger machen: (terra) angustata angusta ‖ verticibus, lateribus latior; rep VI 21.

angustus, eng, fnapp, furz, befchränft, engherzig, peinlich: A. erat angusti animi atque demissi iusti triumphi honorem contemnere; Piso 57. Antonius a minutis angustisque concertationibus ad omnem vim varietatemque vos disserendi traducendos putavit: de or III 121. pungunt quasi aculeis interrogatiunculis angustis; fin IV 7. consules, quorum mentes angustae, humiles magnitudinem tanti imperii nec intueri nec capere potuerunt; sen 10. quodsi et angusta quaedam atque concisa et alia est dilatata et fusa oratio; orat 187. alteram partem nimis exiguam atque angustam esse voluisti; Rabir 9. pontes etiam lex Maria fecit angustos; leg III 38. cum spiritus eius (Demosthenis) esset angustior; de or I 261. — B. quod ex infinita societate generis humani ita contracta res est et adducta in angustum, ut . .; Lael 20.

anhelitus, Atem, Dunft, Ausbünftung: I. quem vini anhelitum fore censetis! Phil XIII 4. eos anhelitus terrae, qui frigidi sint, cum fluere coeperint. ventos esse; div II 44. — II. quae (celeritates) cum fiunt, anhelitus moventur; of I 131.

anhelo, aushauchen, fchnauben, teuchen: ·gelidum valido de pectore frigus anhelans Capricornus·: nat II 112. L. Catilinam scelus anhelantem eiecimus; Catil II 1. nolo verba exiliter exanimata ‖ animata exire, nolo inflata et quasi anhelata gravius; de or III 41.

anicula, altes Weib, Mütterchen: I. haec iam ne aniculae quidem existimant; div II 36. cum (Theophrastus) percontaretur ex anicula quadam. quanti aliquid venderet; Bru 172.

anilis, altweiberhaft: qui eam superstitionem imbecilli animi atque anilis putent; div II 125. pellantur istae ineptiae paene aniles; Tusc I 93. ne anili superstitione obligemur; div I 7.

aniliter, altweibermäßig: neque id dicitis superstitiose atque aniliter, sed physica constantique ratione: nat III 92.

anima, Luft, Atem, Lebensfraft, Leben, Seele: I, 1. quam spiritu in pulmones anima ducitur, ea calescit; nat II 138. — 2. vos, meae carissimae animae, quam saepissime ad me scribite; ep XIV 14, 2. considerandum vobis, animae meae, diligenter puto, quid faciatis; ep XIV 18, 1 — II, 1. et agere amimam et efflare dicimus; Tusc I 19. qui non modo animum integrum, sed ne animam quidem puram conservare potuisset; Ver III 134. tantum (Demosthenes) continenda anima in dicendo est adsecutus, ut . .; de or I 261. duco: f, 1, 1. efflo: f. ago. ita contigit, ut inter ignem atque terram aquam deus animamque poneret; Tim 15. — 2. de vestra vita, de coniugum vestrarum atque liberorum anima vobis iudicandum est; Catil IV 18. in unius hominis quotannis periculose aegrotantis anima positas omnes nostras spes habemus; A VIII 2, 3. - III. quae de animae immortalitate dicerentur caeloque; rep. VI 3. clausulas atque interpuncta verborum animae interclusio atque angustiae spiritus attulerunt; de or III, 181.

animabilis, belebend: f. **animalis,** natura.

animadversio, Beobachtung, Bemerkung, Rüge, Tadel, Strafe: I. comprehensio sontium mea, animadversio senatus fuit; Phil II 18. id indicant notiones animadversionesque censorum; of III 111.

ita notatio naturae et animadversio peperit artem:
orat 183. — II. 1. nec effugere possemus animadversionem, si semper isdem (pedibus) uteremur: orat
195. excitandam animadversionem et diligentiam
(esse): of I 103. — 2. intersum inter: f. admonitio, II, 2. quodsi hoc exemplum ex re militari ad
animadversionem censoriam transferendum fuit: Cluent
129. — III. genus animadversionis videte: Ver I 45.

animadversor, Beobachter: si acres ac dili-
gentes esse volumus animadversores[que] || *animad-
versoresque || vitiorum; of I 146.

animadverto (animum adverto), bemerken,
wahrnehmen, sehen, beobachten, beachten, rügen,
strafen: I, 1. quod in cives indemnatos esset animadversum: sen 13. — 2. qui in alios animum advertisset indicta causa: ep V 2, 8. video animadvertisse censores in indices quosdam illius consilii
Iuniani; Cluent 119. — II, 1. ut advertatis animum,
quam sapienter iam reges hoc nostri viderint:
rep II 31. — 2. ut animadvertant, ne callida adsentatione capiantur; Lael 99. — 3. animal animadver-
tens, ut ne quid ab eo fieret nisi honeste: fin IV
18. — 4. animadverti et didici ex tuis litteris te
habuisse rationem, ut ..: ep III 5, 1. animum
advertit Gracchus in contione Pisonem stantem;
Tusc III 48. — III. cum illum alterum animum advertisset: inv II 14. non ut quidque dicendum primum est, ita primum animadvertendum videtur;
inv I 19. sin autem ea, quae observata sunt in usu
ac tractatione dicendi, haec ab hominibus callidis ac
peritis animadversa ac notata sunt; de or I 109.
dignitas tua facit, ut animadvertatur, quicquid facias; ep XI 27, 7. hoc nunc magis animum adverto:
Q fr II 4, 2. ea sunt animadvertenda peccata maxime, quae difficillime praecaventur; Sex Rosc 116.
res ipsae observari animadvertique potuerunt: div
II 47. ecquid attendis, ecquid animadvertis horum
silentium? Catil I 20. — IV 1. Paulus filiolam
-nam osculans animum advertit tristiculam; div
I 103.

animal, Geschöpf, lebendes Wesen, Tier: I, 1.
alia animalia gradiendo, alia serpendo ad pastum
accedunt, alia volando, alia nando; nat II 122.
cum inter inanimum et animal hoc maxime intersit,
quod animal agit aliquid; Ac II 37. omne animal
appetit quaedam et fugit a quibusdam; nat III 33.
cum omne animal patibilem naturam habeat, nullum
est eorum, quod effugiat accipiendi aliquid extrinsecus necessitatem, et, si omne animal tale est, immortale nullum est; nat III 29. fugit: f. appetit. omne
animal sensus habet; nat III 32. f. effugit. simul
atque natum sit animal, ipsum sibi conciliari et
commendari ad se conservandum et ad suum statum eaque, quae conservantia sunt eius status, dili-
genda, alienari autem ab interitu iisque rebus, quae
interitum videantur adferre; fin III 16. — 2. quod
est animal, id motu cietur interiore et suo: Tusc I
54. — II, 1. alieno, al.: f. I, 1. nascitur. praeter
animam, unde animantium quoque constet animus,
ex quo animal dicitur; nat III 36. animal hoc providum, sagax, multiplex, acutum, memor, plenum
rationis et consilii, quem vocamus hominem, praeclara quadam condicione generatum esse a supremo
deo; leg I 22. quid hoc homine faciatis aut ad
quam spem tam perfidiosum, tam importunum animal reservetis? Ver I 42. — 2. intersum inter:
f. I, 1. agit. — III. omnibus animalibus extremum
esse secundum naturam vivere: fin V 26. — IV. de
hominum genere aut omnino de animalium loquor?
fin V 33.

animalis, luftartig, luftförmig, belebend, be-
lebt, beseelt: sive illi (animi) sint animales, id est
spirabiles, sive ignei; Tusc I 40. ut frequenter ducatur cibus animalis, quo maxime aluntur animantes;
nat II 136. terra circumfusa undique est hac ani-

Merguet, Handlexikon zu Cicero.

mali || animabili || spirabilique natura; nat II 91. ut
(natura) vel terrena sit vel ignea vel animalis vel
umida; nat III 34. Speusippus vim quandam dicens,
qua omnia regantur, eamque animalem; nat I 32.

animans, lebend, beseelt, Geschöpf, lebendes
Wesen, Tier: A. deum animantem certe volumus
esse; nat I 36. qui mundum ipsum animantem sa-
pientemque esse dixerunt; nat I 23. ab animantibus principiis ea esse generata: nat II 75. — B, I,
1. a quo (calido, igneo) et animantia omnia et ea,
quorum stirpes terra continentur, et nasci sit necesse
et augescere: nat II 28. alius animans, qui eum
(mundum) contineat, sit necesse est, cuius partes
sint animantes superiores; Tim 12. qui animantem
immortalem et eundem beatum rotundum esse velint: nat I 24. f. continet. nascuntur: f. augescunt.
— 2. sum: f. 1. continet. — II, 1. cum ceteras animantes (natura) abiecisset ad pastum, solum hominem erexit; leg I 26. idem (aër) spiritu ductus
alit et sustentat animantes: nat II 101. hominis
natura quanto omnes anteiret animantes; nat II 153.
sustentat: f. alit. quarum (animantium) aliae
coriis tectae sunt, aliae villis vestitae, aliae spinis
hirsutae; nat II 121. — 2. quid ab animantibus
ceteris differamus; fin V 41. — III. animus:
f. animal, II. dico. persecutus est Aristoteles animantium omnium ortus, victus, figuras; fin V 10.
partes: f. I, 1. continet. cum tribus rebus animantium vita teneatur, cibo, potione, spiritu; nat II 134.

animatio, Geschöpf, Wesen: divinae anima-
tionis maxime speciem faciebat ex igne; Tim 35.

animo, animatus, beseelen, beleben, bean
lagen, part. gesinnt, mutig: quam (causam) Pompeius animatus melius quam paratus susceperat:
ep VI 6, 10. ad omnia ita paratus, ita animatus
debes esse, ut ..; ep XI 7, 3. quodsi aliter essem
animatus, numquam, quod facerem, negarem; ep
XI 28, 5. (individua corpora) se ipsa formare,
figurare, colorare, animare non possent; nat I 110.
ita animatis hominibus, ut ..; de or II 205. perinde.
utcumque temperatus sit aër, ita pueros orientes
animari atque formari; div II 89. etsi intellegebam
socios infirme animatos esse: ep XV 1, 3. (stellae)
divinis animatae mentibus; rep VI 15.

animose, mutig, mit Selbstvertrauen: id
animose et fortiter fecerunt; Phil IV 6. haec
praescripta servantem licet magnifice, graviter, animoseque vivere; of I 92.

animosa, mutig, beherzt: cum ab iis non
sane animosa defendatur sententia; Tusc III 51.
quid esset fortis et animosi viri; Tusc II 57.

animula, etwas Leben: attulit uberrimas tuas
litteras; quae mihi quiddam quasi animulae instilla-
runt || stillarunt ||; A IX 7, 1.

animus, Geist, Seele, Hauch, Atem (II, 1.
habeo; nat II 18), Sinn, Charakter, Herz, Gemüt,
Mut, Stolz, Hochmut, Übermut, Absicht, Vergnügen: I absolut: 1. animus solus, nec cum adest
nec cum discedit, apparet; Cato 80. non potuit animus haec in corpore inclusus agnoscere, cognita
attulit; Tusc I 58. apparet: f. adest. praeter animum, unde animantium quoque constet animus, ex
quo animal dicitur; nat III 36. in ea re publica,
ad quam opprimendam non animos eis, sed vires
defuerunt; Flac 61. discedit: f. adest. an natura
fieri, ut mobiliter animus agitatus, quod vigilans
viderit, dormiens videre videatur; div II 129. animus acer et praesens et acutus idem atque versutus
invictos viros efficit; de or II 84. cum animus auditoris infestus est: inv I 23. animum nostrum
amplum et excelsum et patientem incommodorum
esse; inv I 109. (ubi) frons omnium familiaris (est).
multorum animus iratus; Flac 87. calidior est vel
potius ardentior animus, quam est hic aër; Tusc I
42. neque aliud est quicquam, cur incredibilis iis

7

animorum videatur aeternitas, nisi quod nequeunt, qualis animus sit vacans corpore, intellegere; Tusc I 50. sive anima sive ignis sit ∥ est ∥ animus, eum iurarem esse divinum; Tusc I 60. quarum (bestiarum) animi sunt rationis expertes; Tusc I 80. quae (mors) aut plane neglegenda est, si omnino exstinguit animum, aut etiam optanda, si aliquo eum deducit, ubi sit futurus aeternus; Cato 66. inritabiles animos esse optimorum saepe hominum et eosdem placabiles; A I 17, 4. est animus in hortis; A XII 12, 1. accedit, ut eo facilius animus evadat ex hoc aëre eumque perrumpat, quod nihil est animo velocius; nulla est celeritas, quae possit cum animi celeritate contendere; Tusc I 43. duas esse vias duplicesque cursus animorum e corpore excedentium; Tusc I 72. exspectat animus, quidnam agam de Kalendis; A XV 8, 1. quanta spectacula animus in locis caelestibus esset habiturus; Tusc I 47. nec fieri ullo modo posse, ut a pueris tot rerum atque tantarum insitas et quasi consignatas in animis notiones, quas ἔννοιας vocant, haberemus, nisi animus, ante quam in corpus intravisset, in rerum cognitione viguisset; Tusc I 57. nasci animos, quod declaret eorum similitudo, qui procreentur; Tusc I 79. sunt qui discessum animi a corpore putent esse mortem; sunt qui nullum censeant fieri discessum, sed una animum et corpus occidere, animumque in corpore exstingui; Tusc I 18. perrumpit: ſ. evadit. Neptunum esse dicis animum cum intellegentia per mare pertinentem; nat III 64. postet: ſ. adfert. quod optimi et sapientissimi cuiusque animus ita praesentit in posterum, ut nihil nisi sempiternum spectare videatur; Rabir 29. vacat: ſ. est; Tusc I 50. videt, videtur, vigilat: ſ. dormit, praesentit. iacet corpus dormientis ut mortui, viget autem et vivit animus; div I 63. ſ. intrat. — 2. sum: ſ. 1. pertinet.

II. **nach Verben**: 1. ut abducam animum ab querelis; A IX 4, 1. plura scribere non possum; ita sum animo perculso et abiecto; A III 2. animi quem ad modum adfecti sint virtutibus vitiis, artibus inertiis; part or 35. cum semper agitetur animus; Cato 78. ſ. I, 1. dormit. scire vis; quo uno animus alitur; A XII 6, 2. attendite animos ad ea, quae consequuntur; agr II 38. quae civitas est in Asia, quae non modo imperatoris aut legati, sed unius tribuni militum animos ac spiritus capere possit? imp Pomp 66. ut animos et populi Romani et iudicum commoverem; Cluent 139. ad commutandos animos atque omni ratione flectendos; de or II 211. maxime demittitur animus hominum et ad misericordiam comparatur; inv I 106. ut et conciliantur animi et doceantur et moveantur; de or II 121. aegritudo lacerat, exest animum planeque conficit; Tusc III 27. ne contrahas ac demittas animum; Q fr I 1, 4. qui convertat animum ad ea ipsa artium genera; de or I 8. nolite animum meum debilitare cum luctu, tum etiam metu; Planc 103. deduco: ſ. I, 1. est; Cato 66. quem dictitant fracto animo et demisso fuisse; ep I 9, 16. ſ. comparo, contraho. ipse animus ab anima dictus est; Tusc I 19. iis (hominibus) animus datus est ex illis sempiternis ignibus, quae sidera et stellas vocatis; rep VI 15. doceo: ſ. concilio. equitum Romanorum animi ad causam excitati; Sest 87. exedo: ſ. conficio. bonorum animus ad nutum nostri ordinis expeditus iam non erit; har resp 60. extinguo: ſ. I, 1. est; Cato 66. occidit. auditoris animos aut renovatur ad ea, quae restant, aut omnibus iam dictis exsuscitatur; inv II 49. flecto: ſ. commuto. frango: ſ. demitto. animum illum spirabilem, si quis quaerat, unde habeamus; nat II 18. ad illum animum meum reverti pristinum, quem tu in ore et amore semper habuisti; ep X 28, 1. ſ. IV. 1. alqd. animis militum incitatis; Phil III 32. includo: ſ. I, 1. adfert. ani-

mum inducere non potui, ut illum (fratrem) aspicerem; A III 9, 1. id, quod animum induxerat pauliper, non tenuit; A VII 3, 8. quoniam (Antonius) semel induxit animum sibi licere, quod vellet; A XIV 13, 6. homo ad inflammandos animos multitudinis accommodatus; Cluent 79. relaxa modo paulum animum aut sane ∥ plane ∥, si potes, libera: Bru 21. moveo: ſ. concilio. in oratore non numquam animus auditoris offenditur; inv I 23. species utilitatis animum pepulit eius (regis); of III 41i percello: ſ. abicio. in animis vel iudicum vel popul. in omnem partem dicendo permovendis; de or I 88. (appetitus,) a quibus non modo animi perturbantur, sed etiam corpora; of I 102. vestros animos humanitate vestra esse placatos; Balb 62. ut ex pristino sermone relaxarentur animi omnium; de or I 29. ſ. libero. renovo: ſ. exsuscito. quorum animos ne supplicio quidem suo satiare posset; Sulla 1. ubi animo semper soluto liberoque erat; Ver II 185. ut mihi viderer animum hominis traducere; ep I 2, 3. suspicione offensi ad ea ipsa nomina oculos animumque transtulimus; Ver II 187. — 2. angebatur animi, quod ..; Ver II 84. ea contemnere fortis animi magnique ducendum est; of I 67. pendeo animi expectatione Corfiniensi; A VIII 5, 2. te pendere animi, quamnam rationem sim Caesari adlaturus profectionis meae; A XI 12. 1. potius. quam animi pendeam et de te et de me; A XVI 12. nihil est tam angusti animi tamque parvi quam amare divitias; of I 68. de lingua Latina securi es animi; A XII 52, 3. — 3. ea penitus animis vestris mentibusque mandate; Catil I 27. (philosophia) medetur animis; Tusc II 11. — 4. infixus haeret animo dolor; Phil II 64. si es animo vacuo; Bru 20. sunt (consules) optimo animo; Phil III 2. quod me animo infirmo esse dicis; A III 10, 2. ſ. 1. abicio, demitto, solvo. — 5. vos id potestis cum animis vestris cogitare; agr II 64. dico ex: I, 1. constat. Lucceium habere in animo statim petere: A I 17, 11. ſ. I, 1. intrat. unde postea notiones rerum in animis imprimerentur; Ac I 42. insero: ſ. I, 1. intrat. inest in animis praesagitio extrinsecus iniecta atque inclusa divinitus; div I 66. qui (philosophi) summum bonum in animo ponerent; fin III 30. si cum animis vestris recordari C. Staieni vitam volueritis; Cluent 70. revertor ad: ſ. 1. habeo; ep X 28, 1. est in animis omnium fere natura molle quiddam, demissum, humile, enervatum quodam modo et languidum; Tusc II 47. erat mihi in animo aestivos menses reliquos rei militari dare; A V 14, 2. versantur in animo meo multae et graves cogitationes; agr II 5.

III. **nach Adjectiven**: 1. quod animi quodque rationis est expers; agr II 22. ut plena esset animi et terroris ∥ fervoris ∥ oratio; Bru 268. — 2. quae (deliciae) firmiore animo praeditis diutius molestae non solent esse; Cael 44. — 3. Deiotarum ex animo amicum vereque benivolum; Phil XI 34.

IV. **nach Substantiven**: 1. ipse in re militari summi consilii et maximi animi; Font 41. qui si quid animi et virtutis habuisset; Cluent 171. illud vero pusilli animi et ipsa malivolentia ieiuni atque inania, quod .. appellat; ep II 17, 7. quid? debilitatio atque abiectio animi tui? Piso 88. cum omnes rectae animi adfectiones virtutes appellantur; Tusc II 43. adulescens maximi animi castra tutatus est; Phil XIV 28. definiunt animi aegrotationem opinationem vehementem de re non expetenda, tamquam valde expetenda sit; Tusc IV 26. novi moderationem animi tui et aequitatem; Cato 1. aeternitas: ſ. I, 1. est; Tusc I 50. primus appetitus ille animi tantum agit, ut salvi esse possimus; fin V 41. in tanto animorum ardore et armorum; Marcel 24. celeritas: ſ. I, 1. evadit. commotiones animorum a recta ratione aversas esse vitiosas; Tusc IV 61.

animi conscientia improbos excruciari; fin II 53. constantia: f. gravitas. cursus: f. I, 1. excedunt. quae (res) ad requietem animi delectationemque quaeruntur; leg II 2. discessus: f. I, 1. occidit. hominis miseri et cum corporis morbo tum animi dolore confecti; Muren 86. si non me ipsa res publica ad gravitatem animi et constantiam revocaret; Sulla 83. quae Socrates supremo vitae die de immortalitate animorum disseruisset; Cato 78. tantum animi inductio apud me valet, ut . .; ep I 8, 2. quam (patientiam dolorum) saepe iam animi intentione dixi esse firmandam; Tusc II 65. qua mollitia sum animi ac lenitate; Sulla 18. tantus animi splendor et tanta magnitudo, ut . ., Bru 268. moderatio: f. aequitas. mollitia: f. lenitas. de omni animi, ut ego posui, perturbatione, morbo, ut Graeci volunt, explicabo; Tusc III 13. motus animorum duplices sunt, alteri cogitationis, alteri appetitus; of I 132. duplex est vis animorum atque natura; of I 101. si qui voluerit animi sui complicatam notionem evolvere; of III 76. propter offensionem animi tui; Deiot 8. videamus animi partes, quarum est conspectus inlustrior; fin V 48. perturbatio: f. morbus. hanc animi remissionem || adversionem, al. || humanissimam indicaretis; Arch 16. requies: f. delectatio. occurrendum esse satietati aurium animorumque vestrorum; Ver IV 105. ut tranquillitas animi et securitas adsit; of I 69. viae quasi quaedam sunt ad oculos, ad aures, ad nares a sede animi perforatae; Tusc I 46. splendor: f. magnitudo. de consularibus nemini possum aut studii erga te aut amici animi esse testis; ep I 7, 3. tranquillitas: f. securitas. virtutes animi magnae et multae requirantur; imp Pomp 64. nulla me ingenii, sed magna vis animi inflammat; orat 132. senatum defessum ad pristinam virtutem revocavi magis animi quam ingenii viribus; ep X 28, 2. f. natura. qua voluptate animi nulla certe potest esse maior; Cato 50. — 2. consul parvo animo et pravo; A I 13, 2. — 3. haec sunt fere de animo sententiae; Tusc I 22.

V. Ilmfimb: 1. »(Iovis satelles) iam satiata animos«; div I 106. — 2. pendeo: f. II, 2. — 3. adeste omnes animis, qui adestis; Sulla 33. recepta causa Siciliensi amplexus animo sum aliquanto amplius; Ver II 1. non debemus ita cadere animis, quasi aliquid evenerit, quod . .; ep VI 1, 4. quicquid animo cernimus, id nomen oritur a sensibus; fin I 61. (Pompeius) perspectus est a me toto animo de te cogitare; ep I 7, 3. non solum commoveor animo, sed etiam toto corpore perhorresco; div V 17, 4. nisi mihi viderer habere bene cognitam voluptatem et satis firme conceptam animo atque comprensam; fin II 6. cum maximarum civitatum veteres animo calamitates conligo; inv I 1. sin a vobis deserar, tamen animo non deficiam; Sex Rosc 10. qui mala ferenda aequo animo arbitrantur; Tusc IV 60. quibus ego rebus ita flectebar animo atque frangebar, ut . .; Sulla 18. qui non horreret animo; dom 140. intuemini paulisper animis iuventutem; dom 47. qui animis movemur et sensibus; nat II 58. alias prospexi animo procellas; Piso 21. quod qui sequitur, corpore senex esse poterit, animo numquam erit; Cato 38. quid eum non sorbere animo, quid non haurire cogitatione censetis? Phil XI 10. stamus animis et speramus etiam manu; A V 18, 2. si vacas animo neque habes aliquid, quod . .; div I 10. »o ad te animo venimus, ut de re publica esset silentium; Bru 11. quem (exitum) ego tam video animo, quam ea, quae oculis cernimus; ep VI 3, 2. abl. comp.: f. I, 1. evadit. — 4. habet animi causa rus amoenum et suburbanum; Sex Rosc 133. (beneficia) ex animo (considerantur), si . .; inv II 112. sive ex animo id fit sive simulate; nat II 168. ut maiore studio magisve ex animo petere non possim: ep XI 22, 2.

vgl. III, 3. cum rerum notiones in animis fiant; fin III 33.

annalis, das Jahr betreffend, subst. Jahrbuch: A. maiores nostri leges annales non habebant, quas multis post annis attulit ambitio; Phil V 47. — B, I, 1. erat historia nihil aliud nisi annalium confectio, cuius rei memoriaeque publicae retinendae causa ab initio rerum Romanarum usque ad P. Mucium pontificem maximum res omnes singulorum annorum mandabat litteris pontifex maximus efferebatque in album et proponebat tabulam domi, potestas ut esset populo cognoscendi: ii, qui etiam nunc annales maximi nominantur; de or II 52. annales sane exiliter scriptos (Piso reliquit); Bru 106. 2. est sic apud illum (Q Ennium) in nono, ut opinor, annali; Bru 58. II. confectio: f. I, 1. nomino. ordo ipse annalium mediocriter nos retinet quasi enumeratione fastorum; ep V 12, 5. — III. (oratio) contra Ti. Gracchum exposita est in C. Fannii annalibus; Bru 81. post annales pontificum maximorum, quibus nihil potest esse ieiunius || iniucundius, al. || ; leg I 6.

ann — f. **adn** —

anniversarius, jährlich wiederkehrend: centesimo me observaturum cum anatocismo anniversario; A V 21, 11. Syracusani festos dies anniversarios agunt; Ver IV 107. quos (ludos) tum primum anniversarios in circo facere instituisset; rep II 12. ut anniversaria sacra Iuventatis non committerentur; A I 18, 3. impetum caeli moveri constantissime conficientem vicissitudines anniversarias; nat II 97.

annona, Getreide, Getreidepreis, Teuerung cum pluris senatus aestimasset, quam quanti esset annona; Ver III 195. si annona carior fuerit; ep XIV 7, 3. cum ingravesceret annona, ut iam plane inopia timeretur; dom 11. — II. carissimam annonam necopinata vilitas consecuta est; dom 14. — III. eo biduo cum esset annonae summa caritas; A IV 1, 6. difficultatem annonae summamque inopiam rei frumentariae nemo negat; dom 12. hic est Campanus ager et Leontinus, quae duo maiores nostri annonae perfugia ducebant; Phil VIII 26. cum per eos dies senatus de annona haberetur et ad eius procurationem sermone bonorum Pompeius vocaretur; A IV 1, 6. tanta repente vilitas annonae ex summa inopia consecuta est; imp Pomp 44. — IV. de: f. III. procuratio.

annus, Jahr: I. horum annorum, quos in fastis habemus, magnus XIIDCCCLIV amplectitur; fr F V 35. fatalem hunc annum esse ad interitum huius urbis atque imperii; Catil III 9. quod non est annus hic tibi destinatus, ut, si aedilis fuisses, post biennium tuus annus esset; ep X 25, 2. quando iste Metonis annus veniet? A XII 3, 2. cum ad idem cuncta astra redierint, tum ille vere vertens annus appellari potest; rep VI 24. — II. 1. amplector: f. I. amplectitur. appello: f. I. vertitur. destino: f. I. est; ep X 25,2. ut haberet ad praeturam gerendam plenum annum atque integrum; Milo 24. multi clarissimi viri annum petitionis suae non obierunt; ep X 25, 2. iis regiis quadraginta annis et ducentis praeteritis; rep II 52. — 2. eximi iubet non diem ex mense, sed ex anno unum dimidiatumque mensem; Ver II 129. quin renuntiatis sit aut iis ipsis comitiis consul aut certe in illum annum; Planc 49. — III. mensum annorumque conversiones numerum machinatae sunt; Tim 52. numerum annorum provinciis propagavit; Phil X 10. ille (Q Arrius) illius iudicialis anni severitatem non tulit; Bru 243. hoc tempore anni; leg II 3. — IV, 1. qui (Demosthenes) abhinc annos prope trecentos fuit; div II 118. adoptat annos viginti natus, etiam minor, senatorem; dom 34. (M. Crassus) in patronis aliquot annos fuit; Bru 233. tecum plus annum vixit; Quinct 41. ab illo tempore

annum iam tertium et vicesimum regnat; imp Pomp
7. in quam (Mesopotamiam Euphrates) quot annos
quasi novos agros invehit; nat II 130. — 2. Roscium decidisse. quo tempore? abhinc annis xv: Q
Rosc 37. quamquam id millensimo ante anno Apollinis oraculo editum esset; fat 13. sex annis ante,
quam ego natus sum; Cato 50. quam (tempestatem)
ego xIIII annis ante prospexerim; A X 4, 5. aetas
decem annis minor quam consularis; Phil V 48.
anno post Paulus paruit (auspiciis); div II 71. triginta annis vixisse Panaetium. postequam illos
libros edidisset; of III 8. Saturnus, quia se
saturat annis; nat III 62. qui superiore anno senatu caruisset; Sest 63. hoc gravissimo et pestilentissimo anno; ep V 16, 4. — 3. ut tibi faciendum
est ad annum; de or III 92. quid historiae de nobis
ad annos DC praedicarint? A II 5, 1. quae (lex) in
annos singulos Iovis sacerdotem sortito capi iubeat;
Ver II 126. solis defectiones praedicuntur in multos
annos; div II 17. unde vix ter in anno audire nuntium possunt; Sex Rosc 132. in hoc interdicto non
solet addi „IN HOC ANNO“; ep XV 16, 3. qui inter
tot annos unus inventus sit. quem . .; imp Pomp 68.
quae caedes per hosce annos sine illo facta est? Catil II 7. ex qua (civitate) P. Decius primum pater,
post aliquot annos filius se devovisset; Sest 48.

annuus, ein Jahr bauernb, jährlich: annuae
commutationes semper eodem modo fiunt: inv
I 59. tam annui consules; rep I 62. solis annuos
cursus spatiis menstruis luna consequitur; nat II 50
delegationem a mancipe annua die: A XII 3, 2.
edictum legem annuam dicunt esse; Ver I 109. quam
(provinciam) senatus annuam esse voluit; ep XV 14,
5. cum alicuius annui, menstrui, diurni nocturnive
spatii certa significatione; inv I 39. nos etsi annuum
tempus prope iam emeritum habebamus; A VI 5, 3.
(aër) annuas frigorum et calorum facit varietates:
nat II 101.

anquiro, sudjen, unterjudjen, forjchen: I. omnes (loci) anquirentibus nobis omnique acie ingenii
contemplantibus ostendunt se; de or I 151. — II.
qui (Plato), quid sit omnino dens, anquiri oportere
non censeat: nat I 30. — III. qui semper aliquid
anquirunt, quod spectet ad bene vivendum; of II 6.
studiose ab iis siderum magnitudines, intervalla,
cursus anquirebantur et cuncta caelestia; Tusc V 10.
quam (honestatem) unam natura maxime anquirit:
Tusc III 3.

ansa, Hanbhabe, Anhaltspunkt: quo plures
(amicus) det sibi tamquam ansas ad reprehendendum; Lael 59. si locus habet reprehensionis ansam
aliquam; Planc 84.

anser, Gans: anseribus cibaria publice locantur:
Sex Rosc 56.

ante, vor, voran, vorher, früher, bevor: A.
Präpojition: I. 1. ante pedes Pythii pisces abiciebantur; of III 58. hominem ante pedes Q. Manlii
constituunt; Cluent 38. omnia sunt posita ante oculos; de or I 192. proposito ante oculos vitae periculo; Cluent 11. cum alii saepe, quod ante pedes
esset, non viderent; Tusc V 114. versatur mihi ante
oculos indignitas calamitatis: Ver II 123. — 2. ante
oculos trucidatio civium; Phil IV 11. — 3. fit
obviam Clodio ante fundum eius; Milo 29. ante
senatum tua sica deprehensa est: par 31. in foro
L. Antonii statuam videmus, sicut illam Q. Tremuli
ante Castoris; Phil VI 13. — II, 1. caedem te optimatium contulisse in ante diem v Kalendas Novembres; Catil I 7. de Quinto fratre nuntii venerant ex ante diem III Non. Iun. usque ad prid. Kal.
Sept.; A III 17, 1. quam ante (diem) si solverint:
A VI 1, 16. cuius (Lycurgi) temporibus Homerus
etiam fuisse ante hanc urbem conditam traditur:
Tusc V 7. horum neutrum ante Zenonem magno
opere defensum est; Ac II 113. — 2. xL annis

ante me consulem interpositam senatus auctoritatem
sustinui; Piso 4. Livius fabulam dedit anno ante
natum Ennium; Tusc I 3. ille multo ante lucem
surrexit; inv II 14. ut numquam ante hoc tempus
ad aram legum confugerint: Ver II 8. placere, uti
L. Egnatuleio triennium ante legitimum tempus
magistratus petere liceat; Phil V 52.

B. Adverb: a, 1, 1. si aut manibus ingrediatur
quis aut non ante, sed retro; fin V 35. tune puter
innumerabiles dextra sinistra, ante post mundo
esse? Ac II 125. — 2. malitia, si omnia, quae turpia
sunt, mala sunt, mala bonis ponit ante; of III 71.
— 3. sin autem in ante acta vita aliquae turpitudines
erunt: iuv II 37. ut ante dixi: Ver III 1. eum.
quem ante dixi, aethera; nat I 39. campo illum, qui
ante exierat, consequitur in itinere; inv II 15. ut
ante facta in indicium non vocentur; Ver I 108.
reperiam fortasse, sed illud ante: Tusc IV 47. o
ante victrices manus!· Tusc II 21. ut „sauciabitur
Philocteta“ omnibus ante saeculis verum fuit; fat
37. — II. quem locum fugitivi iam ante tenuerunt:
Ver V 10. f. III. saeculis. quae venientia longe ante
videris: Tusc III 29. qui (pastor) navem numquam
ante vidisset; nat II 89. quae (fides) cum saepe
ante, tum in hac ipsa causa nuper est cognita; Rab
Post 13. — III. quo erat paucis annis ante deducta
(colonia): Phil II 102. etsi perpaucis ante diebus
dederam Q. Mucio litteras ad te: ep IV 9. 1. alii
orientem tyrannidem multo ante prospiciunt: div I
111. quae paulo ante nata sunt; nat II 128. amatores
huic desunt, sicut multis iam ante saeculis Philisto
Syracusio: Bru 66. — b, I. cupio, ante quam Romam
venio, odorari diligentius, quid futurum sit; A XIV
22, 1. omnia ista ante facta sunt, non modo quam
ego Siciliam, verum etiam quam iste Italiam attigit:
Ver II 161. sed ante quam adgrediar ad ea, de te
ipso dicam quid sentiam: nat I 57. contemno magnitudinem doloris, a qua me brevitas temporis vindicabit ante paene, quam venerit: Tusc II 44. — II.
quod hac lege ante omnia veneunt, ante pecuniae
coguntur et coacervantur, quam gleba una ematur:
agr I 71. qui (ludi) ante quam fierent, servus per
circum ductus est: div I 55. hoc domesticum malum
opprimit adeuntem prospicere potueris; Ver I 39.
qui antequam de meo adventu audire potuissent, in
Macedoniam perrexi; Planc 98. — III. qua (morte)
qui adfecti sunt, in eadem causa sunt, qua ante quam
nati; fin I 49. — IV. censes ante coronam herbae
exstitisse, quam conceptum esse semen? div II 68.
— V. cuius ego facinus oculis prius quam opinione,
manibus ante quam suspicione deprehendi; Cael 14.

antea. vorher, früher: I. 1. hunc audiebam
antea, nunc praesentem vident tanta temperantia,
ut . .; imp Pomp 13. quos antea commemorari:
Cluent 107. id quod dixi antea: Font 25. quod ad
te antea atque adeo prius scripsi (sic nim mavis):
A XV 13, 3. nunc isdem vobis adsentiore cum quibus
antea sentiebam; prov 25. in hoc gene. e non accusabimur posthac, neque hercule antea rneglegentes
fuimus; A VII 3, 7. accedit Saxa nescio quis, castrorum antea metator, nunc, ut sperat, urbis: Phil
XI 12. cum praemia mihi tanta pro hac indicata
sint data, quanta antea nemini; Muren 8. me Idus
Martiae non tam consolantur quam antea; A XIV
22, 2. — 2. Mallius Glaucia, quem iam modo nominavi;
Sex Rosc 96. Agim regem. quod numquam antea
apud eos (Lacedaemonios) acciderat, necaverunt; of
II 80. exportari aurum non oportere cum saepe antea
senatus, tum me consule gravissime iudicavit; Flac
67. nactus tempus hoc magis idoneum quam umquam
antea; ep I 2, 3. — II. quis tuum patrem antea,
quis esset, quam cuius gener esset, audivit? Deiot
30. te antea, quam tibi successum esset, decessurum
fuisse; ep III 6, 2.

antecapio. vorausverjassen: f. anticipatio.

antecedo, vorausgehen, vorhergehen, den Vorzug, Vorrang haben: I. 1. in quo cursu multa mirabiliter efficiens (stella) tum antecedendo, tum retardando; nat II 52. — 2. qui et auctoritate et aetate et usu rerum antecedebat, Diodorus Timarchidi: Ver IV 138. aetate paulum his antecedens Ser. Galba: Bru 82. simplex conclusio reprehenditur, si hoc, quod sequitur, non videatur necessario cum eo, quod antecessit, cohaerere: inv I 86. ab antecedentibus et consequentibus et repugnantibus (argumentum ducitur) hoc modo: Top 19. est locus dialecticorum proprius ex consequentibus et antecedentibus et repugnantibus: Top 53. ut, si omnia fato fiant, omnia causis fiant antecedentibus et necessariis; fat 44. lictores laureati antecedebant; Phil II 58. quae (pars) septem et viginti partibus antecederet primae; Tim 22. si huic rei illa antecedit, huic non antecedit: Top 88. quia (hae stellae) tum antecedunt, tum autem subsequuntur; nat II 51. — II. (Pompeius) expeditus antecesserat legiones xi K Luceria: A VIII 9, 4.

antecello hervorragen, übertreffen: praeclarum mihi quiddam videtur adeptus is, qui, qua re homines bestiis praestent, ea in re hominibus ipsis antecellat; inv I 5. in Syria Chaldaei cognitione astrorum sollertiaque ingeniorum antecellunt; div I 91. cum honore longe antecellerent ceteris; rep II 59. duae (aedes sacrae), quae longe ceteris antecellant: Ver IV 118. dicendi consuetudo longe et multam isti vestrae exercitationi ad honorem antecellit; Muren 29.

antecessio, Vorauseilen, Ursache: I. quae in orbibus eorum (deorum) conversiones quaeque antecessiones eveniant; Tim 37. — II. 1. (homo) causas rerum videt earumque praegressus et quasi antecessiones non ignorat; of I 11. — 2. cum tripertito distribuatur locus hic, in consecutionem, antecessionem, repugnantiam; Top 53.

anteco, vorangehen, übertreffen: I. eum, qui iis aetate anteibat, Catonem; Tusc I 5. anteibant lictores: agr II 93. qui quamvis minimam praestantiam animi omnibus bonis corporis anteire dicamus; fin V 93. — II. qui (consules) omnes intellegentia anteibant; Bru 229. cum Ser. Sulpicius aetate illos anteiret, sapientia omnes; Phil IX 1. hominis natura quanto omnes anteiret animantes; nat II 153. quaeris a me, quod summum pretium constituam et quantam anteire istos hortos Drusi; A XII 31, 2.

antefero, voranstellen, vorziehen, vorausbedenken, vorwegnehmen: recordor longe omnibus unum anteferre Demosthenem; orat 23. cum ipse ceteris omnibus esset omni honore antelatus; prov 27. nos, quod est dies adlatura, id consilio anteferre debemus; ep V 16, 6. sitne aequum amicos cognata anteferre; part or 66. te auctoritatem huius ordinis dignitatemque rei publicae tuis vel doloribus vel suspicionibus anteferre; Marcel 3. qui privatum otium negotiis publicis antetulerunt; Tusc III 57. cum vel iniquissimam pacem iustissimo bello anteferrem; ep VI 6, 5. cum sine cuiusquam reprehensione quaestoriis legatis quaestorem possis anteferre; ep II 18, 3. ut tuam vitam anteferrem meae; ep X 10, 2. me antelaturum fuisse voluntatem tuam commodo meo; ep V 20, 1. quod (hominum genus) anteferat semper utilitatem honestati; part or 90.

antegredior, vorangehen: I. omnia, quae fiunt, causis fiunt antegressis; fat 21. cum res eodem modo evenirent isdem signis antegressis; div I 25. — II. quae (stella Veneris) Φωσφόρος Graece, Lucifer Latine dicitur, cum antegreditur solem, cum subsequitur autem, Ἕσπερος; nat II 53.

antehac, bisher, früher: quod video non, ut antehac putabam, novitati esse invisum meae; ep I 7, 8. quae (avaritia) antehac occultis itineribus uti solebat; Ver III 219.

antelucanus, vor, bis vor Tagesanbruch: quorum omnis industria vitae in antelucanis cenis expromitur; Catil II 22. si quando (Demosthenes) opificum antelucana victus esset industria; Tusc IV 44. ex antelucano tempore usque ad horam diei x; ep XV 4, 9.

antemeridianus, vormittägig: non est hoc munus huius ambulationis antemeridianae aut nostrae posmeridianae sessionis: de or III 121. antemeridianis tuis litteris heri statim rescripsi: A XIII 23, 1. quod antemeridiano sermone significavit Antonius: de or III 22.

antenna, Segelstange, Rahe: quid tam in navigio necessarium quam prora, quam puppis, quam antennae? de or III 180.

anteoccupatio, Vorwegnahme der Einwände: anteoccupatio: de or III 205.

antepes, Vorderfuß: »Centaurus linquens vestigia parva antepedum contecta«; fr H IV, a, 704.

antepono, voranstellen, vorziehen: (pono ante: f. ante, B, a, I, 2): ut ei (C. Aculeoni) nemo de iis, qui peritissimi sunt, anteponatur: de or I 191. quem (Platonem) omnibus anteponis; leg I 15. ut dubitem, utra (amoenitas) anteponenda sit: A XIV 13, 1. ut meum consilium non anteponam tuo; ep IV 7, 1. est unus dies bene actus peccanti immortalitati anteponendus; Tusc V 5. hanc gloriam testimoniumque Caesaris tuae quidem supplicationi non, sed triumphis multorum antepono; Bru 255. longe Academiae illis ac Lycio tuum hoc suburbanum gymnasium anteponam; de or I 98. mors servituti turpitudinique anteponenda (est); of I 81. si anteposuit suam salutem meae; Piso 79. testimonium: f. gloriam.

antequam: f. ante, B, b.

antesignanus, Vorkämpfer: fueras in acie Pharsalica antesignanus; Phil II 71.

anteste f. **antiste.**

antestor, zum Zeugen anrufen: te, Magne, antestaretur; Milo 68.

anteverto, vorangehen, zuvorkommen: vidit necesse esse Miloni proficisci Lanuvium: itaque antevertit; Milo 45. id ipsum cum tecum agere conarer, Fannius antevertit; Lael 16. (stella) tuin antevertens, tum subsequens; nat II 53.

anticipatio, Vorbegriff: quod (est) genus hominum, quod non habeat sine doctrina anticipationem quandam deorum? quam appellat πρόληψιν Epicurus, id est anteceptam animo rei quandam informationem: nat I 43.

anticipo, vorher erfassen: quod ita sit informatum anticipatumque || informatum || mentibus nostris, ut..; nat I 76. qui anticipes eius rei molestiam, quam triduo scituras sis; A VIII 14, 2.

anticus, vorbere: quod (genus motus) in anticam partem a conversione eiusdem et similis pelleretur; Tim 36.

antiquitas, Alter, Altertum, Vorwelt, Menschen, Geschichte, gute Sitte der Vorzeit: I. quoniam antiquitas proxime accedit ad deos; leg II 27. habet, ut in aetatibus auctoritatem senectus, sic in exemplis antiquitas, quae quidem apud me ipsum valet plurimum; orat 169. maiore honore in omnibus artibus quam in hac una dicendi versatur antiquitas; Bru 69. — II, 1. facilius mulieres incorruptam antiquitatem conservant; de or III 45. percipienda omnis antiquitas; de or I 159. L. Cotta de industria cum verbis tum etiam ipso sono quasi subrustico persequebatur atque imitabatur antiquitatem; Bru 137. quo magis antiquitatem eorum sermo retinere videatur; de or III 42. — 2. (fabulis) ab ultima antiquitate repetitis; fr I 65. — III. (Appius Claudius) antiquitatis nostrae bene peritus fuit; Bru 267. exempla plena dignitatis, plena antiquitatis; Ver III 209. — IV. plurima est [et] in omni

iure civili et in pontificum libris et in XII tabulis antiquitatis **effigies**; de or I 193. ego non abhorrens a studio antiquitatis; Planc 58.

antiquo. verwerfen: legem antiquastis sine tabella; leg III 38. Piso operam dat, ut ea rogatio antiquetur; A I 13, 3.

antiquus, alt, früher, ehemalig, altertümlich, altehrwürdig, bieder, wichtig; A. simplex L. (Mummius) et antiquus; Bru 94. aliquot annis antiquior Romulus et Remus; div II 80. nec habui quicquam antiquius, quam ut Pansam statim convenirem; ep XI 5, 1. ne dubitaris, quin, quod honestius, id mihi futurum sit antiquius; A VII 3, 2. de Tullia mea tibi antiquissimum esse video; A. XII 5, c (4). tuus antiquissimus non solum amicus, verum etiam amator; Ver III 148. nemo est mihi te amicus antiquior; sed vetustas habet aliquid commune cum multis, amor non habet; ep XI 27, 2. causam suscepisti antiquiorem memoria tua; Rabir 25. quibus Olympiorum victoria consulatus ille antiquus videtur; Tusc II 41. navalis apparatus ei semper antiquissima cura fuit; A X 8, 4. quod antiquior dies in tuis fuisset ascripta litteris quam in Caesaris; Q fr III 1, 8. non longe a tua illa antiqua domo; leg I 3. mihi tua fama multo antiquior esset, quam illa necessitudo est; ep XIII 73, 2. Pergae fanum antiquissimum et sanctissimum Dianae scimus esse; Ver I 54. vide, quam sim antiquorum hominum; A IX 15, 5. antiquissimus est hospes meus; ep XIII 52. antiquae sunt istae leges et mortuae; Ver V 45. officium sit nobis antiquissimum; A XII 21, 3. grandior atque antiquior oratio saepe videri solet; de or III 153. qui pauperes sunt, iis antiquior officio pecunia est; inv I 80. ab antiqua philosophia usque ad Socratem; Tusc V 10. clam sustulit signa pulcherrima atque antiquissima; Ver I 46. — B, a. quod antiqui illi quasi barbati crediderint; fin IV 62. discebant fidibus antiqui; Cato 26. ut antiquis (placuit), quos eosdem Academicos et Peripateticos nominamus; fin V 21. hic mos iam apud illos antiquos et barbatos fuit, ut persequeremur populares; fr A VIII 4. — b. qui studiose antiqua persequeris; fin I 36.

antistes, Tempelvorsteher, Priester: qui sit eius artis antistes; de or I 202. ut mihi non cives illius civitatis, sed omnes sacerdotes, omnes accolae atque antistites Cereris esse videantur; Ver IV 111.

antistita, Tempelvorsteherin: sacerdotes Cereris atque illius fani antistitae, nobiles mulieres, rem ad magistratus suos deferunt; Ver IV 99.

antisto (antesto), übertreffen, hervorragen: quodam tempore Crotoniatae multum omnibus corporum viribus et dignitatibus antisteterunt ‖ antesteterunt, al ‖ ; inv II 2. si prudentia (quaeritur), Pompeius antistat; rep III 28.

anularius, Ringmacher: an tibi erit quaerendus anularius aliqui? Ac II 86.

anulus, Ring, Siegelring: I. sit anulus tuus non ut vas aliquod, sed tamquam ipse tu, non minister alienae voluntatis, sed testis tuae; Q fr I 1, 13. — II. Gyges vidit anulum aureum in digito; quem ut detraxit, ipse induit; of III 38. cum is ipse anulus in praecordiis piscis inventus est; fin V 92. — III. saepe nostri imperatores superatis hostibus scribas suos anulis aureis in contione donarunt; Ver III 185. si in eius modi cera centum sigilla hoc anulo impressero; Ac II 86.

anus, After: „anum“ appellas alieno nomine: cur non suo potius? ep IX 22, 2.

anus, alte Frau, Alte: I. quae anus tam excors inveniri potest, quae illa portenta extimescat? nat II 5. — II. anum fatidicam προνοιαν a Stoicis induci; nat II 73.

anxietas, Ängstlichkeit: in aliis anxietas, un-

de anxii, in aliis iracundia dicitur, quae ab ira differt, ut differt anxietas ab angore; Tusc IV 27.

anxifer, ängstigend, bang: »tu tamen anxiferas curas requiete relaxans«; div I 22. »nunc dolorum anxiferi torquent vertices«; Tusc II 21.

anxitudo. Ängstlichkeit: anxitudo prona ad luctum et maerens semperque ipsa se sollicitans: rep II 68.

anxius. ängstlich, angstvoll, unruhig: neque omnes anxii, qui anguntur aliquando, nec, qui anxii, semper anguntur; Tusc IV 27. f. **anxietas.** qui (amores) ut sint pudici, sollicit tamen et anxii sunt; Tusc IV 70. num eum (Sextilium) postea censes anxio animo aut sollicito fuisse? fin II 55. sunt morosi et anxii senes; Cato 65.

aper. Eber: cum aper ingens ad eum (praetorem) adlatus esset; Ver V 7. aiebant in labores Herculis non minus hunc inmanissimum verrem quam illum aprum Erymanthium referri oportere; Ver IV 95.

aperio. apertus. öffnen, eröffnen, offenbaren, enthüllen, erschließen, zugänglich, sichtbar machen, zur Verfügung stellen, part. offen, deutlich, klar, offenkundig, offenherzig: I, 1. quid agatur, cum aperuero; Phil V 6. — 2. quoniam satis apertum est sibi quemque natura esse carum; fin V 34. — II. ut ita apertus esset, ut locum crimini relinqueret; part or 115. quis umquam audacior, quis nocentior, quis apertior in iudicium adductus est? Cluent 48. alii simplices et aperti; of I 109. quid potest esse tam apertum tamque perspicuum? nat II 4. (haec) apertiora sunt ad reprehendendum; nat II 20. cum in templum Castoris aditus esset apertus nemini; dom 110. saepe apertis atque integris et oculis et auribus nec videmus nec audimus; Tusc I 46. aperiamus capita ea, unde omnis disputatio ducitur; de or II 130. cum mulier fleret uberius, homo misericors caput aperuit; Phil II 77. utraque (pars) magno opere ad aperiendam causam pertinet; inv I 31. f. **genera.** studia, consilia cogitationesque eorum aperiam? fr A VIII 1. brevis et aperta definitio; inv II 53. si populo grata est tabella, quae frontes aperit hominum. mentes tegit; Planc 16. tu omnium divinarum humanarumque rerum nomina, genera, officia, causas aperuisti; Ac I 9. ut cum apertis hostibus bellum geram; sen 23. ut in obscuro odio apertas inimicitias ostenderem; ep III 10, 6. ut Dionysius tyrannus Corinthi dicitur ludum aperuisse, sic ... ; ep IX 18, 1. aperta simplexque mens; nat I 27. ne rhetorum aperiamus mysteria; Tusc IV 55. aperta narratio poterit esse, si, ut quidque primum gestum erit, ita primum exponetur; inv I 29. nomina: f. **genera.** (dochmius) iteratus aut continuatus numerum apertum et nimis insignem facit; orat 218. tu aliquando ad eum ponendum oculos aperuisti; Milo 85. f. **aures.** officia: f. **genera.** his vos taeterrimis fratribus portas aperietis? Phil III 32. quoniam tibi virtus et dignitas tua reditum ad tuos aperuit; ep VI 11, 2. quas (res) diligentius aperiemus; inv I 81. res apertas obscuriores fieri oratione; inv II 156. quod mihi apertum tuum scelus magna manifesta dat; Sex Rosc 97. non quo aperiret sententiam suam; de or I 84. de Oppio factum est, ut volui, et maxime quod ‖ de ‖ D̄C̄C̄ aperuisti; A V 1, 2. quia (stellae) tum occultantur, tum rursus aperiuntur; nat II 51. studia: f. **consilia.** e quibus (notionibus) latiores quaedam ad rationem inveniendam viae aperirentur; Ac I 42.

aperte. offen, offenbar, offenkundig, klar, deutlich: f. haec astricta numeris, non aperte nec eodem modo semper, sed varie dissimulanterque conclusis; Bru 274. dic audacter et aperte; Q Rosc 16. non ex insidiis, sed aperte ac palam elaboratur.

ut .. ; orat 38. hinc empta apertissime praetura;
Ver I 100. laetitiam apertissime tulimus omnes:
A XIV 13, 2. aperte intellecta generali partitione;
inv I 32. Philo aperte mentitur; Ac II 18. quo
minus sperte posset perscribere id, quod cogitaret; inv II 130. nunc iam aperte rem publicam
universam petis; Catil I 12. quod apertissime
scriptum est; inv I 70. scribam aperte, sicut et
mea natura et nostra amicitia postulat; ep V 7, 3. —
II quis ista tam aperte perspicueque et perversa
et falsa secutus esset, nisi .. ? Ac II 60. qui
(reges) etiamsi sunt clam amici nobis, tamen aperte
Parthis inimici esse non audent; ep XV 4, 4. —
III. qui aperte hostia esset; Phil XI 5.

apex, Kopfbedeckung, Krone: I. apex est
senectutis auctoritas; Cato 60. — II. ab aquila
Tarquinio apicem impositum; leg I 4.

aphractus, aphractum, offenes Schiff:
L detraxit xx ipsos dies etiam aphractus
Rhodiorum; A VI 8, 4. — II. nosti aphracta
Rhodiorum; nihil, quod minus fluctum ferre possit;
A V 12, 1. — III. navigavimus tardius propter
aphractorum Rhodiorum imbecillitatem; A V
13, 1. — IV. nos Rhodiorum aphractis ceterisque
longis navibus tranquillitates aucupaturi eramus;
A VI 8, 4.

apis, Biene: I. Platoni cum in cunis parvulo
dormienti apes in labellis consedissent; div I
78. — II. apis aculeum sine clamore ferre non
possumus; Tusc II 52. cuius (equi) in iuba examen
apium consederat; div I 73.

apiscor, erlangen, erreichen: cuius (finis
bonorum) apiscendi causa sunt facienda omnia; leg
I 52. vidimus magnam ex ea re te laudem apisci;
ep IV 5, 6.

aplustrum, Schiffsspiegel: »navibus absumptis
fluitantia quaerere aplustra«; fr H IV, c, 2.

apodyterium, Auskleidezimmer: in balneariis
assa in alterum apodyterii angulum promovi; Q fr
III 1, 2.

apologus, Erzählung, Fabel, Märchen: I. quae
(res) vel apologum vel fabulam vel aliquam
contineat inrisionem; inv I 25. — II. ad hoc
genus ascribamus etiam narrationes apologorum;
de or II 264.

apoproēgmena, Zurückgewiesenes: ne hoc
„ephippiis" potius quam „proēgmenis" et „apoproēg-
menis" concedatur; fin III 15.

apotheca, Niederlage, Waren-, Weinlager:
apothecae totae nequissimis hominibus condona-
bantur; Phil II 67. cum omnium domos, apothecas,
naves furacissime scrutarere; Vatin 12.

apparate, prächtig: (Caesar) edit et bibit
ἡδέως et iucunde, opipare sane et apparate; A XIII
52, 1.

apparatio, Zurüstung, Absichtlichkeit: I. est
(Theophrastus) multus in laudanda magnificentia
et apparatione popularium munerum; of II 56. —
II. quod ex his suspicio quaedam apparationis atque artificiosae diligentiae nascitur; inv I 25.

apparatus, Zurüstung, Einrichtung, Aufwand,
Pracht, Prunk: I. sacrorum ipsorum diligentiam
difficilem, apparatum perfacilem esse voluit; rep
II 27. belli apparatus refrigescunt; Phil V 30. —
II. 1. quae (praecepta dicendi) si minorem habent
apparatum; Bru 263. omnem scriptum || descriptum ||
(esse) verborum apparatum; de or II 355. — 2.
apparatu nobis opus est et rebus exquisitis; de or
III 92. — III. 1. apparatu regio accepti; rep
VI 10. haec in senatu minore apparata agenda
sunt; de or II 333. dixit causam illam Q Mucius,
more suo, nullo apparatu, pure et dilucide; de or
I 229. — 2. in epularum apparatu a magnificentia
recedens; orat 83.

appareo, erscheinen, sichtbar, klar werden, zu

Gebote stehen, dienen: I. M. Aemilius Lepidus
fuit, ut apparet ex orationibus, scriptor sane bonus:
Bru 95. sive hic confictum est (Aestimonium), ut
apparet, sive missum domo est, ut dicitur; Flac 38.
— II, 1. quid rectum sit, apparet, quid expediat,
obscurum est; ep V 19, 2. — 2. apparet, quod
aliud a terra sumpsimus, aliud ab umore; nat II
18. — 3. ut (membra) ad quandam rationem
vivendi data esse appareant || adpareat ||; fin III
23. — 4. ut facile appareat te pretio, non iure
esse commotum; Ver I 110. — III. qui
(anguis) Sullae apparuit immolanti; div II 65.
»divorum iras (angures) providento sisque || iisque ||
apparento«; leg II 21. futtilis est illa occursatio et
blanditia popularis; procul apparet, non excutitur:
Planc 29. quod equus mecum una demersus rursus
apparuit; div II 140. ut id (malum) obruatur
sapientia vixque appareat; Tusc III 80. occursatio:
f. blanditia. iam similitudo magis apparet in bestiis;
Tusc I 80. in ceteris regibus num eloquentiae
vestigium apparet? de or I 37. ut voluntas eius,
qui dederit, appareat; nat III 70.

apparitio, Dienst der Unterbeamten, Amtsdiener: quos ex necessariis apparitionibus tecum
esse voluisti; Q fr I 1. 12. quod in longa
apparitione singularem patris Marcilii fidem cognovi:
ep XIII 54.

apparitor, Amtsdiener: I, 1. obscure praetor
ipse decumanus est, cum eius apparitores frumentum
a civitatibus exigant, pecunias imperent; Ver III
87. — plerosque in magistratibus ignoratione iuris
sui tantum sapere, quantum apparitores velint; leg
III 48. — 2. sit lictor non suae saevitiae, sed tuae
lenitatis apparitor; Q fr I 1, 13. — II. ornat
(potestatem) apparitoribus, scribis, librariis; agr
II 32.

apparo, zurüsten, vorbereiten: bellum C.
Pompeius extrema hieme apparavit; imp Pomp 35.
hi dum conviviis apparatis delectantur; Catil II 20.
quae in Sestium apparabantur crimina; Q fr II 3, 6.
qui ludos apparatissimos magnificentissimosque
fecisti; Sest 116. (Milo) ludos apparat magnificentissimos; Q fr III 8, 6.

appellatio, Berufung, Aussprache, Benennung, Titel: suavitas vocis et lenis appellatio
litterarum bene loquendi famam confecerat; Bru
259. regum appellationes venales erant; dom 129.
videturne intercessisse appellatio tribunorum auxilii
causa? Quinct 65. quae de facti appellatione
quaeruntur; part or 42.

appellator, Uppellant: nihil aegrius factum
est, quam ut manus ab illo appellatore abstinerentur;
Ver IV 146.

appello, anreben, ansprechen, begrüßen, anrufen, um Hülfe ansprechen, aufrufen, vorladen,
mahnen, aussprechen, nennen, benennen: I. verbum
nullum facis: biennio iam confecto fere appellas;
Quinct 40. quod nosset tuum istum morbum, ut
amici tui appellant; Ver IV 29. — II. appellat
Fabius, ut Tullium deduceret; Tul 20. — III. cum
ego illum (C. Marium) crebro appellans conlegam
ei suum commendarem; de or II 196. te, Oppianice,
appello, te, Tite Acci; Cluent 65. nominatim sum
appellatus in Bruto: „Tullius, qui libertatem civibus
stabiliverat"; Sest 123. in litibus nemo appellabatur
nisi ex testium dictis aut tabulis privatorum aut
rationibus civitatum; Rab Post 9. quoniam
Neptunum a nando appellatum putas; nat II 62.
quod singulis appellandis rogandisque perspexeram;
ep I 2, 1. (Metellus) cum agere coepisset, tertio
quoque verbo orationis suae me appellabat, mihi
minabatur; ep V 2, 8. crebris nos litteris appellato;
ep XV 20, 2. de Atiliano nomine scripsi ad Philotimum, ne appellaret Messallam; A V 19, 1.
Cocceium velim appelles. quod enim dixerat, non

facit; A XII 13, 2. ex quo vere vel agnatio nobis cum caelestibus vel genus vel stirps appellari potest; leg I 24. nomine appellari abs te cives tuos; Muren 77. o Q. Catule! (patremne appellem *ante* an filium?) dom 133. genus: f. agnationem. videt in turba Verrem; appellat hominem et ei voce maxima gratulatur; Ver pr 19. recta effectio (κατόρθωσιν enim ita appello, quoniam recte factum κατόρθωμα); fin III 45. legati quod erant appellati superbius; imp Pomp 11. de sono vocis et suavitate appellandarum litterarum noli exspectare quid dicam; Bru 133. Graeci μανίαν unde appellent, non facile dixerim; Tusc III 11. patrem: f. filium. quem (regem) vos honorificentissime appellassetis nullo postulante; ep XV 2, 8. placet Stoicis suo quamque rem nomine appellare; ep IX 22, 1. possumus, ut sponsores appellemus, procuratorem introducere; A XVI 15, 2. stirpem: f. agnationem. cuius procurator a praetore tribunos appellare ausus sit; Quinct 64. quae (verba) perraro appellantur ab Epicuro; fin II 51. — IV, 1. appellatus es de pecunia, quam pro domo debebas; Phil II 71. — 2. a magistratu Siculo, ne senatus consultum Siculi homines facere possent, quaestor populi Romani praetorem appellat; Ver IV 146. — 3. sic (Epicurus) appellat hanc dulcem (voluptatem): „in motu", illam nihil dolentis „in stabilitate"; fin II 16. antiquos patres maiorum gentium appellavit, a se ascitos minorum; rep II 35. — 4. „quem te appellem?" inquit. at ille „voluntate hospitem, necessitate hostem"; Phil XII 27. ego semper illum appellavi hostem, cum alii adversarium, semper hoc bellum, cum alii tumultum; Phil XII 17. victoria iusta imperator appellatus apud Issum abduxi exercitum; ep II 8, 3. Deiotarus filius, qui rex ab senatu appellatus est; A V 17, 3. alqd bellum: f. alqm; Phil XII 17. quod bones tum, quod rectum, quod decorum appellamus; TuscII 30. esse divinum quiddam, quod (Socrates) δαιμόνιον appellat; div I 122. is, qui appellatur vultus, indicat mores; leg I 27. cum nullum rectius factum sit quam id, quod tu iniuriam appellas; div Caec 60. f. III. κατόρθωσιν. cum fruges Cererem appellamus, vinum autem Liberum; nat II 60. cordis parte, quam ventriculum cordis appellant; nat II 138. qui (rex Ptolomaeus) si nondum erat ipse a senatu socius appellatus; Sest 57. recte (sapiens) etiam pulcher appellabitur; fin III 75. illam umbram, quod appellant honestum non tam solido quam splendido nomine; fin I 61.

appello, richten, hintreiben, anlanden: qui essent appulsi navigiis; Ver V 145. qui (Dionysius) cum ad Peloponnesum classem appulisset; nat III 83. valde hercule istud tamquam ad aliquem libidinis scopulum sic tuam mentem ad philosophiam appulisti; de or II 154. cum ad villam nostram navis appelleretur; A XIII 21, 3.

appendicula, Anhängsel: est haec causa, QUO EA PECUNIA PERVENERIT, quasi quaedam appendicula causae iudicatae atque damnatae; Rab Post 8.

appendix, Anhang, Zugabe: vidit appendicem animi esse corpus; fr F V 96.

appendo, zuwägen: non ea me adnumerare lectori putavi oportere, sed tamquam appendere; opt gen 14. si tibi optima fide sua omnia concessit. adnumeravit, appendit; Sex Rosc 144. ei (aurifici) palam appendit aurum; Ver IV 56.

appetens f. appeto, III, 1.

appetenter, habsüchtig: ne cupide quid agerent, ne appetenter; of I 33.

appetentia, Verlangen, Begehrlichkeit: I. unde appetentia laudis et honestatis? rep I 2. — ut libido effrenatam appetentiam (efficiat); Tusc IV 11 15.

appetitio, Greifen, Begehren, Verlangen, Reigung, Trachten, Trieb: nullum potest esse animal, in quo non et appetitio sit et declinatio naturalis; nat III 33. quem ad modum temperantia sedat appetitiones et efficit, ut eae rectae rationi pareant; Tusc IV 22. qui dicat appetitionem rerum ad vivendum accommodatarum a natura profectam; fin IV 78. appetitio animi, quae ὁρμή Graece vocatur, ad quandam formam vivendi videtur data; fin III 23. — II, 1. eius modi appetitionem Stoici βούλησιν appellant, nos appellemus voluntatem; Tusc IV 12. do: f. I. videtur. natura mundi omnes motus habet voluntarios conatusque et appetitiones. quas ὁρμάς Graeci vocant, et his consentaneas actiones sic adhibet, ut nosmet ipsi; nat II 58. dicunt appetitionem animi moveri, cum aliquid ei secundum naturam esse videatur; fin IV 58. f. IV, 1. sedo: f. I. parent. voco: f. habeo. I. videtur. — 2. ex triplici appetitione solis triginta annos Cyrum regnaturum esse portendi; div I 46. — III. nostrarum voluntatum atque appetitionum sunt causae naturales et antecedentes; fat 9. — IV, 1. aliter appetitio, qua ad agendum impellimur, moveri non potest; Ac II 24. — 2. quod aliae (causae) sunt, ut sine ulla appetitione animi, sine voluntate, sine opinione suum quasi opus efficiant; Top 62.

appetitus, Begehren, Verlangen, Trieb: I. primus appetitus ille animi tantum agit, ut salvi atque integri esse possimus; fin V 41. etiamsi virtutis ipsius vehementior appetitus sit; Tusc IV 62. appetitus impellit ad agendum; of I 132. appetitum obtemperare rationi; of I 141. unde oriantur rerum appetitus: nat II 29. — II, 1. appetitus omnes contrahendos sedandosque esse: of I 103. quod hic ei (animali) primus ad omnem vitam tuendam appetitus a natura datur. se ut conservet; fin V 24. si appetitus (fato fit), illa etiam, quae appetitum sequuntur; fat 40. quae (animalia) habent suos impetus et rerum appetitus; of II 11. — 2. una pars in appetitu posita est, quae est ὁρμή Graece, altera in ratione; of I 101. — III. motus animorum duplices sunt, alteri cogitationis, alteri appetitus; of I 132.

appeto, greifen, trachten, streben, verlangen, begehren, angreifen, part. begierig: I. quo primum natura moveatur vel ad appetendum vel ad repellendum; fin V 18. et appetendi et refugiendi initia proficiscuntur aut a voluptate aut a dolore; fin I 42. — II. ut appetat animus agere semper aliquid; fin V 55. — III, 1. quod alieni appetens; de or II 135. quoniam semper appetentes gloriae atque avidi laudis fuistis; imp Pomp 7. eadem ratio fecit hominem hominum appetentem; fin II 45. — 2. a quibus ille se lapidibus appetitum esse dixit; dom 13. quantum sibi illi oratores de praeclarissimis artibus appetierint, qui ne sordidiores quidem repudiarint; de or III 128. appetuntur, quae secundum naturam sunt, declinantur contraria; nat III 33. ut neque provinciam neque honorem neque ornamentum aliquod aut commodum appetiturus sim; agr I 25. genus illud Sullani regni iam pridem appetitur; A VIII 11, 2. honorem, al.: f. commodum. ego inimicitias potentium pro te appetivi; Milo 100. appetam huius rei principatum; ep XI 6, 3. Sp. Maelii regnum appetentis domus est complanata; dom 101. quod est ultimum rerum appetendarum; fin IV 32. cum dormienti ei (Cyro) sol ad pedes suus esset, ter eum scribit frustra appetivisse manibus; div I 46. virtutes nos magnificentius appetere et ardentius; fin IV 4. filii vita infesta, saepe ferro atque insidiis appetita; Sex Rosc 30.

Appietas, Adel der Appier: ullam Appietatem aut Lentulitatem valere apud me plus quam ornamenta virtutis existimas? ep III 7, 5.

appingo, hinzumalen, hinzuschreiben: epistulam superiorem restitue nobis et appinge aliquid novi: A II 8, 2.

applicatio, Zuneigung, Anschluß an einen Patron: L. i u s applicationis obscuram sane etignotum; de or I 177. — II. mihi videtur o r t a amicitia applicatione magis animi quam . .; Lael 27.

applico, anschließen, verbinden, richten, wenden: quod in itinere se tam familiariter applicaverit; inv II 43. cui Romae exsulare ius esset, si se ad aliquem quasi patronum applicasset; de or I 177. me ad Molonem applicavi; Bru 316. ad eorum se familiaritatem Oppianicus applicarat; Cluent 46. cum ad flammam se applicaverunt; Tusc V 77. se alii ad philosophiam, alii ad ius civile, alii ad eloquentiam applicant; of I 115. eloquentissimi homines ad historiam scribendam se applicaverunt; de or II 55. misericordia commoti navem ad eum (naufragum) applicarunt, hominem ad se sustulerunt; inv II 153. siquidem omnes vires civitatis se ad Pompei ductum applicaverunt; ep III 11, 4. ut (voluptas) ad honestatem applicetur; fin II 37.

appono, vorsetzen, hinlegen, beigeben, hinzufügen, aufstellen, part. nahe liegend, geeignet, brauchbar: I. appositus erat Venuleius quidam, qui emeret; Ver III 99. ut multo appositior ad ferenda quam ad auferenda signa esse videatur; Ver IV 126. si quid aut ad id appositum sit, quod nos interpretemur, aut ei, quod adversarius intellegat, adversetur; inv II 117. audacia non contrarium, sed appositum est ac propinquum; inv II 165. volo videre animum, qui mihi audeat ista, quae scribis, apponere; ep IX 16, 8. quid te in vasis fictilibus appositarum putem? A VI 1, 13. caupo alterius gladium propter apposuit e vagina eduxit; inv II 14. nunc ad praemii quaestionem appositos locos exponemus; inv II 112. extrudimur ab ipso loco minime apposito ad tolerandam calamitatem; A III 14, 2. apposita secunda mensa; A XIV 6, 2. reliquis epistulis tantum faciam ut notam apponam eam, quae mihi tecum convenit; ep XIII 6, 2. — II. accusator apponitur civis Romanus; Ver I 74.

apporto, herbeibringen, hinbringen: (mercatura) multa undique apportans; of I 151. ex Sicilia Siculum frumentum apportari oporteret; Ver III 172. P. Servilius quae signa atque ornamenta ex urbe hostium sustulit, ea populo Romano apportavit; Ver I 57.

apposite, geeignet: medici officium esse c u r a r e ad sanandum apposite; inv I 6. dicere apposite ad persuasionem; inv I 6.

apprehendo, ergreifen, bei der Hand fassen, Besitz ergreifen, sich aneignen: eum (L. Furium Scipio) ut salutavit, amicissime apprehendit et in lecto suo conlocavit; rep I 17. quod ex illius (Socratis) variis et diversis disputationibus alius aliud apprehenderat; de or III 61. vites sic claviculis adminicula tamquam manibus apprehendunt; nat II 120. istam (Caesarem) apprehendere Hispanias; A X 8, 2.

approbatio, Zustimmung, Billigung, Anerkennung, Darlegung, Beweis (f. **adsumptio**): I. separatum est quiddam a propositione approbatio; inv I 62. separatum quiddam extra adsumptionem est approbatio; inv I 64. — II, 1. illud perspicuum est, approbationem tum a d i u n g i, tum non adiungi; inv I 66. poëma reconditum paucorum approbationem, oratio popularis adsensum vulgi debet movere; Bru 191. utraque approbatione praeterita; inv I 72. negant neque a propositione neque ab adsumptione approbationes earum separari oporteret; inv I 60. — 2. nec si non constat, i n d i g e t approbationis; inv I 63. — 3. quod a b h o r r e t ab oculorum auriumque approbatione; of I 128. nunc de adsensione atque approbatione, quam Graeci συγκατάθεσιν vocant, pauca dicemus; Ac II 37. — III. egit causam tanta approbatione omnium, ut . .; Sest 107.

approbator, Billiger: etsi, quamvis non fueris

suasor et impulsor profectionis meae, approbator certe fuisti; A XVI 7, 2.

approbo, zustimmen, billigen, anerkennen, bestätigen, behaupten, beweisen: I. latae sunt (legea) c o n s u l i b u s illis approbantibus; Sest 55. quod genus legationis ego consul approbante senatu frequentissimo sustulissem; leg III 18. — II. approbant ita f i e r i oportere; Ver IV 142. f. III. alqd.; A VI 9, 1. — III. approbatum est, quod homines, cum dubium esset, quale haberi oporteret, sua constituerunt auctoritate; inv I 48. quod actum est, di approbent; ep II 15, 2. id videbatur approbare, quod erat in extremo, febriculam tum te habentem scripsisse; A VI 9, 1. sin has caedes et rapinas et hos tantos sumptus aut facient aut approbabunt; Sex Rosc 139. populi comitia ne essent rata, nisi ea patrum approbavisset auctoritas; rep II 56. ego meum consilium, si praesertim tu non improbas, vehementer approbo; Q fr III 4, 2. vim et eventum agnosco, scio, approbo; div I 16. ne approbet falsa pro veris; Ac II 53. cum propositio est || sit || hoc pacto approbata; inv I 59. rapinas, sumptus: f. caedes. vim: f. eventum. — IV. q u a e p r i m a natura approbavisset; fin II 42.

appromitto, auch in seinem Namen versprechen: cum id ita futurum T. Roscius Capito appromitteret; Sex Rosc 26.

appropero, sich beeilen, hineilen: nisi ad cogitatum facinus approperaret; Milo 45. fac ut eam (Lucceium), ut approperet, adhorteris; A IV 6, 4.

appropinquatio, Annäherung: cum angantur appropinquatione mortis confecti homines senectute; fin V 32.

appropinquo, herannahen, sich nähern, nahe daran sein: M i l o n e m appropinquare; Milo 48. qui ad summam aquam iam appropinquent; fin IV 64. cum appropinquare tuus adventus putaretur; ep II 6, 1. caedes atque incendia et legum interitum et bellum civile appropinquare; Catil III 19. ut et illi poena et nobis libertas appropinquet; Phil IV 10. mors cum appropinquet; fin V 31. poena: f. libertas. quasi vero tempus dandi muneris non valde appropinquaret; Sulla 54. — II. qui (catulus) iam appropinquat ut videat; fin III 48.

appulsus, Annäherung, Einwirkung: I. ut omnes minimos et frigoris et caloris appulsus sentire possimus; nat II 141. II. quod pars earum (regionum) appulsu solis e x a r s e r i t, pars obriguerit nive longinquo solis abscessu; nat I 24. tribus modis (Posidonius) censet deorum appulsu homines somniare; div I 64.

apricatio, Aufenthalt im Sonnenschein: I. unam mehercule tecum apricationem in illo lucrativo || Lucretilino || sole; A VII 11, 1. — II. ubi potest illa aetas c a l e s c e r e apricatione melius? Cato 57.

apricor, sich sonnen: offecerat (Alexander Diogeni) apricanti; Tusc V 92.

apricus, sonnig: nullo aprico horto; ep XVI 18, 2. in locis illa naturalia (spectantur), opaci an aprici; part or 36.

apte, genau, passend, geschickt: si eius verbum aliquod apte ceciderit ad id, quod ages aut cogitabis; div II 83. ita apte mundus cohaeret, ut . .; Tim 15. si quae veteres illi apte numeroseque dixerunt; orat 219. quid eorum apte fiat; of I 146. ut ad rerum dignitatem apte et quasi decore (loquamur); de or I 144. nisi omnia in istam quadrare apte viderentur; Cael 69. oculi sunt, quorum tum intentione, tum remissione motus animorum significemus apte cum genere ipso orationis; de or III 222.

apto, anpassen: est hoc verbum ad id aptatum, quod ante dixerat; de or III 162.

aptus, angefügt, abhängend, haftend, entspringend, zusammengefügt, verbunden, aus-

8

geſtattet, paſſend, geſchickt, geeignet, tauglich: A. cum te unum ex omnibus ad dicendum maxime natum aptumque cognossem; de or I 99. ego neminem nec motu corporis neque ipso habitu atque forma aptiorem mihi videor audisse; de or I 132. (Thucydides) ita verbis est aptus et pressus, ut ..; de or II 56. (Scaevola) verbis erat ad rem cum summa brevitate mirabiliter aptus; Bru 145. aptior etiam Palicanus auribus imperitorum; Bru 223. natura sumus apti ad coetus, concilia, civitates; fin III 63. quod alii ad alia bona sunt aptiores; Tusc IV 28. nemo potest non beatissimus esse, qui est totus aptus ex sese; par 17. apta inter se esse intellegemus haec, quae negotiis, et illa, quae personis sunt attributa; inv II 44. nunc, quid aptum sit, hoc est, quid maxime deceat in oratione, videamus; de or III 210. efficiatur aptum illud, quod fuerit antea diffluens ac solutum; orat 233. quod verum, simplex sincerumque sit, id esse naturae hominis aptissimum; of I 13. (ossa) commissuras habent ad stabilitatem aptas; nat II 139. figuram corporis habilem et aptam ingenio humano (natura) dedit; leg I 26. ii sunt in eo genere laudandi laudis, quod ego negotiis, et congruens nomino; de or III 53. gladium e lacunari saeta equina aptum demitti iussit; Tusc V 62. o hominem, semper illum quidem mihi aptum, nunc vero etiam suavem! ep XII 30, 3. ut eam (legem) cuperem esse aptam vestris commodis; agr II 15. omnes illi quidem (loci) ad plerasque (quaestiones), sed alii ad alias aptiores; Top 87. placet aptiora esse naturae ea officia; of I 153. ad haec omnia percipienda os est aptissimum; nat II 134. virtus habet plures partes, quarum alia est alia ad laudationem aptior; de or II 343. quod (pecus) erat ad vescendum hominibus apta; nat II 160. ex qua re una vita omnis apta est; Ac II 31. — B, I. quod multo maiorem habent apta vim quam soluta; orat 228. — II. facilius est apta dissolvere quam dissipata conectere; orat 235.

apud, bei, neben, vor, in der Nähe, in Gegenwart: I. nach Verben: accusatus est apud eos, qui ..; Cluent 59. cum apud pontifices res agatur; dom 117. cur honoris causa a te sunt et in hoc ordine et apud populum Romanum semper appellati? Phil II 31. apud Pompeium cenavi; ep I 9, 3. melius apud bonos quam apud fortunatos beneficium conlocari puto; of II 71. iis apud te mors et cruciatus erat constitutus? Ver V 153. apud quem tu etiam nos criminari soles; Vatin 29. causam nescio quam apud iudicem defendebat; Cluent 74. qui apud te pecuniam deposuerit; of III 95. apud quem deversatus es; Ver IV 37. in ea causa, quam ille contra me apud centumviros pro fratribus Cossis dixit; de or II 98. cum alter eius filius apud matrem educaretur; Cluent 27. facio: ſ. III. reus. quo tota Sicilia plus auctoritatis apud vos haberet; Ver II 14. meas litteras maximum apud te pondus habituras; ep III 1, 3. haec (legatio) praesidii apud pudorem Pulchelli non habet satis; A II 18, 3. apud me habitavit; Ver V 77. apud quos laudamus; de or II 344. apud alios loqui videlicet (Demosthenes) didicerat, non multum ipse secum; Tusc V 103. cur apud homines prudentissimos atque amicissimos mentiar; de or II 189. isne apud vos obtinebit causam? Caecin 38. se apud ipsam plebem offendisse de aerario; A X 4, 8. quoniam mihi vel peccare apud te in scribendo licet; ep XIII 18, 2. qui apud istum plurimum poterat; Ver III 130. id profiteri apud decemviros iubet; agr II 59. cum male pugnatum apud Caudium esset; of III 109. ut testatum apud animum tuum relinquam, quid senserim; ep II 3, 1. ut scriptam apud Philistum est; div I 39. cum etiam tum in lecto Crassus esset et apud eum

Sulpicius sederet; de or II 12. quem (M. Scaurum) non longe ruri apud se esse audio; de or I 214. erant apud illum inlecebrae libidinum multae; Cael 12. in summo apud illos (Graecos) honore geometria fuit; Tusc I 5. tantam esse apud omnes bonos tui caritatem, ut .. ; ep X 22, 3. nihil me turpius apud homines fuisset; A II 19, 4. Scaevolam dixisti causam apud centumviros non tenuisse; Caecin 67. nec res ulla plus apud animos hominum quam ordo et ornatus orationis valet; Bru 193.

II. nach Adjectiven: auctoritate cari hominis, ut spero, apud civitates; ep III 10, 1. loco apud illos clarissimo; Ver II 50. ita gratiosi eramus apud illum, ut .. ; A XV 4, 3. gravissima apud te voluntas patris esse debuisset; Ver II 98. C. Marii sitas reliquias apud Anienem dissipari iussit Sulla victor; leg II 56. subinvisum apud malivolos Postumi nomen; Rab Post 40.

III. nach Substantiven: Oileus ille apud Sophoclem: Tusc III 71. auctoritas: ſ. I. habeo. caritas: ſ. I. sum. domi splendor, apud exteras nationes nomen et gratia; Cluent 154. honos: ſ. I. sum. ne apud illos me in invidiam voces; Phil II 59. nomen: ſ. gratia. pondus, praesidium: ſ. I. habeo. nescio quid etiam de Locrorum apud Sagram proelio; nat III 11. apud eosdem iudices reus est factus; Cluent 59. horum (puerorum) sorores sunt apud nos virgines; inv II 2.

IV. zum ganzen Satz gehörig: apud Demetrium Syrum studiose exerceri solebam; Bru 315. apud Graecos Hercules tantus et tam praesens habetur deus; Tusc I 28. cum apud C. Cottam, familiarem meum, de dis immortalibus disputatum est; nat I 15. apud Stoicos de isto fato multa dicuntur; div II 19. tum fit illud, quod apud Platonem est luculente dictum; rep I 65. ut (M. Anneius legatus) castra in Lycaonia apud Iconium faceret; ep XV 4, 2. impendere apud inferos saxum Tantalo; Tusc IV 35. cum apud Lebadiam Trophonio res divina fieret; div I 74. quaesitum est apud maiores nostros, num is ad suos postliminio redisset; de or I 182. C. Popilius apud maiores nostros cum ad Antiochum regem legatus missus esset; Phil VIII 23. apud matrem recte est; A I 7. scimus L. Acilium apud patres nostros appellatum esse sapientem; Lael 6.

aqua, Waſſer, Gewäſſer, Waſſerleitung, Quelle, Heilquelle, Bad: (gen. aquai: ſ. III, 1. alumnae): I. quo in summo (loco) est aequata agri planities et aquae perennes; Ver IV 107. aër et ignis et aqua et terra prima sunt; Ac I 26. aqua ferventi Philodamus perfunditur; Ver I 67. aquam, quam ii ducebant non longe a villa, belle sane fontem vidi, praesertim maxima siccitate, uberioremque aliquanto sese conlecturos esse dicebant; Q fr III 1, 1. in hac causa mihi aqua haeret; Q fr II 6, 2. ut terra infimum (locum) teneat, hanc inundet aër; nat I 103. ex terra aqua, ex aqua oritur aër, ex aëre aether, deinde retrorsum vicissim ex eodem aër, inde aqua, ex aqua terra infima; nat II 84. — II, 1. ille tenet, ut hostium copiae, tu, ut aquae pluviae arceantur; Muren 22. „quid“, inquit, „homini Arpinati cum aquis calidis?“ „narra“, inquam, „patrono tuo, qui Arpinates aquas concupivit“; nosti enim Marinas; A I 16, 10. si aquam pluviam eam modo intellegeremus, quam imbri conlectam videremus; Top 38. ſ. I. fluit. duco: ſ. I. fluit. cuius (aëris) ortus aqua omni exhausta esse non posset; nat II 118. aquam ferentis mulierculae; Tusc V 103. intellego: ſ. conligo. novi: ſ. concupisco. video: ſ. conligo. I. fluit. — 2. quae (leges Caesaris) iubent ei, qui de vi, itemque ei, qui maiestatis damnatus sit, aqua et igni interdici; Phil I 23. ut a Rhodiis aqua prohiberentur nostri milites; ep XII 15, 2. non

aqua, non igni. ut aiunt, locis pluribus utimur quam amicitia; Lael 22. — 3. qui (Axius) etiam me ad Septem aquas duxit; A IV 15, 5. deum (esse) eam mentem, quae ex aqua cuncta fingeret; nat I 25. orior ex: f. I. oritur. ego Tusculanis pro aqua Crabra vectigal pendam; agr III 9. cum terra in aquam se vertit; nat III 31. — III, 1. »vos quoque signa videtis, aquai dulcis alumnae«; div I 15. qui (praetor) de minimis aquarum itinerumque controversiis interdicit; Caecin 36. de aquae ductu probe fecisti; A XIII 6, 1. natura futura praesentiunt, ut aquarum eluviones; div I 111. — 2. alqd cum: f. II, 1. concupisco. cum solarium vel discriptum vel || aut || ex aqua contemplere; nat II 87. — IV, 1. perfundi: f. I. fervet. ubi potest illa aetas umbris aquisve refrigerari salubrius? Cato 57. — 2. puto utrumque ad aquas; ep XVI 24. 2. quamquam huic (naufrago) praedictum in aqua esse pereundum; fat 5.

aquarius, das Wasser betreffend: in eo magistratu cum tibi magno clamore aquaria provincia sorte obtigisset; Vatin 12.

aquatilis, im Wasser lebend: bestiarum terrenae sunt aliae, partim aquatiles; nat I 103. vescimur bestiis et terrenis et aquatilibus et volantibus; nat II 151.

aquatio, Wasserholen: hic aquatio (est); of III 59.

aquila, Adler: I. Hirtius ipse aquilam quartae legionis cum inferret; Phil XIV 27. cum aquilam illam argenteam, cui ille etiam sacrarium [scelerum] domi suae fecerat, scirem esse praemissam; Catil II 13. — II. (Deiotarus) aquilae admonitus volatu; div I 26. — III. ab aquila Tarquinio apicem impositum; leg I 4.

aquilo, Nordwind, Norden: I, 1. alter (cingulus) subiectus aquiloni; rep VI 21. — 2. prope est spelunca quaedam conversa ad aquilonem infinita altitudine; Ver IV 107. — II quis in reliquis aquilonis austrive partibus tuum nomen audiet? rep VI 22. — III. aquilonibus reliquisque frigoribus astrictus || adiectis || durescit umor; nat II 26.

aquilonius, nördlich: quae (regio) tum est aquilonia, tum australis; nat II 50.

aquula f. acula.

ara, Altar: I. quid est sanctius quam domus unius cuiusque civium? hic arae sunt, hic foci, hic di penates; dom 109. potest: f. II, 1. dedico. — II, 1. ne aram sanguine aspergeret; nat III 88. aram Malae Fortunae Esquiliis consecratam videmus; nat III 63. aram si dedicasti, sine religione loco moveri postest; dom 121. qui humanis hostiis eorum (deorum) aras ac templa funestant; Font 31. moveo: f. dedico. ergo is, qui si aram tenens iuraret, crederet nemo, per epistulam, quod volet, iniuratus probabit? Flac 90. — 2. ego pulsus aris, foris, dis penatibus carui patria; Sest 145. — 3. qui nisi in aram tribunatus confugisset; sen 11. qui sacerdotem ab ipsis aris pulvinaribusque detraxeris; har resp 28. — III. castra in radicibus Amani habuimus apud Aras Alexandri quadriduum; ep XV 4, 9.

araneola, kleine Spinne: ut in araneolis aliae quasi rete texunt, aliae autem ex inopinato observant; nat II 123.

aratio, Ackerbau, Pflanzung, Pachtung: I. quodsi hoc munus et hoc vectigal aratio tolerare, hoc est, Sicilia ferre ac pati potest; Ver III 201. — II, 1. is cum arationes magnas conductas haberet; Ver III 53. arationes omnes tota Sicilia desertas atque ab dominis relictas esse cognoscitis; Ver III 228. ut quaestuosa mercatura, fructuosa aratio dicitur; Tusc V 86. quoniam hae quondam arationes Campana et Leontina grandiferae et fructuosae ferebantur; Phil II 101. habeo: f. conduco. relinquo:

f. desero. — 2. cum in arationibus provincia Sicilia consistat; Ver III 48. — III. ut cum decumo fructus arationis perceptus sit; Ver III 114. quid aratorem ipsum arationis nomine muneris in rem publicam fungi ac sustinere velitis; Ver III 199.

arator, Pflanzer, Pächter: I. hoc arator adsequi per triennium certe fructu suo non potuit, vendiderit instrumentum necesse est; Ver III 201. haec condicio fuit isto praetore aratorum, ut secum praeclare agi arbitrarentur, si vacuos agros Apronio tradere liceret; Ver III 70. aratores vi et metu coactos Apronio multo plus, quam debuerint, dedisse; Ver III 153. videbatur id perdere arator, quod aratro ipse quaesisset; Ver III 198. potest: f. adsequitur. cum iam privatim aratores ex agris spoliati atque exagitati decumanorum iniuriis profugissent; Ver III 75. ut aratores in servorum numero essent, servi in publicanorum; Ver III 87. vendit: f. adsequitur. videtur: f. perdit. — II, 1. cogo: f. I. dant. labefactarat vehementer aratores iam superior annus, proximus vero funditus everterat; Ver III 47. exagito, spolio: f. I. profugiunt. en, cur magister eius ex oratore arator factus sit; Phil III 22. labefacto: f. everto. — 2. aratoris interest ita se frumenta habere, ut decumae quam plurimo venire possint; Ver III 147. — 3. facio: f. III. senatus ita decernit, ut pro his (alteris) decumis pecunia solvatur aratoribus; Ver III 42. — 4. ago cum: f. I. arbitrantur. ita diligenter constituta sunt iura decumano, ut tamen ab invito aratore plus decuma non posset || possit || auferri; Ver III 20. C. Verrem ab aratoribus pro frumento in modios singulos duodenos sestertios exegisse; div Caec 30. — III. nihil te aratoribus reliqui fecisse; Ver III 178. — IV, 1. istum in aratorum bona fortunasque impetum fecisse; Ver III 142. si quem aratorum fugae, calamitates, exsilia, suspendia denique non permovent; Ver III 144. condicio: f. I. arbitrantur. quid est Sicilia, si aratorum numerum ac nomen exstinxeris? Ver III 226. quod lege Hieronica numerus aratorum quotannis apud magistratus publice subscribitur; Ver III 120. suspendia: f. calamitates. quod tabulis aratorum planum factum antea est: Ver III 189. — 2. scitote tantam acerbitatem istius, tantum scelus in aratores fuisse, ut homines mortem sibi ipsi consciverint; Ver III 129.

aratrum, Pflug: I, 1. Casilinum coloniam deduxisti, ut aratrum circumduceres; Phil II 102. nummos ut det arator, quos non aratro ac manu quaerit, boves et aratrum ipsum vendat necesse est; Ver III 199. — 2. ut maiores nostri ab aratro adduxerunt Cincinnatum illum, ut dictator esset; fin II 12. — II. quaerere: f. I, 1. vendo. ut segetes agricolae subigunt aratris multo ante, quam serant; fr F V 24.

arbiter, Augenzeuge, Schiedsrichter: I, 1. mihi videtur Chrysippus tamquam arbiter honorarius medium ferire voluisse: fat 39. — 2. quis in hanc rem fuit arbiter? Q Rosc 12. — II, 1. quem ad modum fecissem aut redigere arbitrum non possis, sic ..; Top 43. cur non arbitrum pro socio adegeris Q. Roscium, quaero; Q Rosc 25. remotis arbitris sed se adulescentem insuit venire; of III 112. (Hirtius) arbitrum me statuebat non modo huius rei, sed totius consulatus sui; A XV 1, 2. de quo nomine ad arbitrum adisti, de eo ad iudicem venisti! ceteri cum ad indicem causam labefactari animadvertunt, ad arbitrum confugiunt. hic ab arbitro ad iudicem venire est ausus! qui cum de hac pecunia tabularum fide arbitrum sumpsit, iudicavit sibi pecuniam non deberi: Q Rosc 12. 13. — 2. ut omnibus in rebus te arbitro et, quod commodo tuo fieri posset, te disceptatore uterentur; ep XIII 26, 2. — 3. adeo ad, al.: f. I. sumo. amoeno sane et ab arbitris remoto loco; Ver V 80. — III. haec loca abdita (sunt) et ab

arbitris libera; A XV 16, b. — IV. ut domi suae caput suum sine testibus et arbitris ferro defendere liceret; Tul 50.

arbitratus, Gutbünken, Belieben, Ermessen: Chaereae arbitratu causam agebas; Q Rosc 19. quousque sententias dicemus veteranorum arbitratu? Phil XI 38. apud quem et quo more et cuius arbitratu sit educatus; inv I 35. dum res maneant, verba fingant (docti) arbitratu suo; fin V 89. mihi vos nunc quaestiunculam, de qua meo arbitratu loquar, ponitis? de or I 102. ut ad te scribendi meo arbitratu facultas nulla detur; ep XII 30, 1. „concede, ut huic generi mortis potius adsentiar." at ille ridens „tuo vero", inquit, „arbitratu"; Bru 42.

arbitrium, Schiedsspruch, Schiedsgericht, Beurteilung, Belieben, Willkür, Bestimmung, freier Wille, funeris Leichengeld: I. iudicium est pecuniae certae, arbitrium incertae; ad iudicium hoc modo venimus, ut totam litem aut obtineamus aut amittamus; ad arbitrium hoc animo adimus, ut neque nihil neque tantum, quantum postulavimus, consequamur; Q Rosc 10. orationem tibi misi. eius custodiendae et proferendae arbitrium tuum; A XV 13, 1. — II, 1. cum tu arbitria non mei solum, sed patriae funeris abstulisti; Piso 21. videre praetextos inimicos nondum morte complorata arbitria petentes funeris; dom 98. — 2. si servitus sit oboedientia fracti animi et abiecti et || abiecti || arbitrio carentis suo; par 35. — 3. ex rebus ab opinionis arbitrio seiunctis scientiaque comprehensis; de or I 108. summam vim esse dicebat in omnibus iis arbitriis, in quibus adderetur EX FIDE BONA; of III 70. si in existimantium arbitrio sua scripta non venerint; Bru 92. — III, 1. quarum (mulierum) iste arbitrio praeturam per triennium gesserat; Ver IV 136. e fontibus eorum (Stoicorum) iudicio arbitrioque nostro hauriemus; of I 6. cuius (Iovis) nutu et arbitrio caelum, terra mariaque regantur; Sex Rosc 131. — 2. omnes, qui probari volunt, ad eorum (qui audiunt) arbitrium et nutum totos se fingunt et accommodant; orat 24. ad arbitrium tuum testes dabo; Ver V 164. in arbitrio rei uxoriae MELIUS AEQUIUS; of III 61.

arbitror, (arbitro f. II, 2, a. nat II 74), meinen, glauben, erachten: I. illud verbum consideratissimum nostrae consuetudinis „ARBITROR", quo neo etiam tunc utimur, cum ea dicimus iurati, quae comperta habemus, quae ipsi vidimus; Font 29. quid dices? an id, quod dictitas, iniuriam tibi fecisse Verrem? arbitror; div Caec 52. si ille, ut arbitror, aequus nobis fuerit; Sest 71. quod (tempus) mihi quidem magis videtur, quam tu umquam arbitrata es, appropinquare; Piso 94. non existimas cadere in sapientem aegritudinem? — prorsus non arbitror; Tusc IV 8. — II, 1. praeclare exigis, Quinte, (at ego effugisse arbitrabar); leg II 7. — 2, a. quae est ista accusatio, quae planius se confirmare crimen libidine barbarorum quam nostrorum hominum litteris arbitretur? Font 4. errare homines, si etiam tum senatum aliquid in re publica posse arbitrarentur; Sest 28. cum dicimus providentia mundum administrari, deesse arbitrato || arbitrator || „deorum"; nat II 74. non arbitror oocum te arthriticum habere; ep IX 23. — b. rex ita discessit, ut se honorifice acceptum arbitraretur; Ver IV 62. qui se natos ad homines iuvandos arbitrantur; Tusc I 32. unde (legiones) redituras se non arbitrarentur; Tusc I 101. iis senatus arbitratur singulares exquirendos honores; Phil IV 5. — III. hoc cum ceterae gentes sic arbitrantur, tum . . ; Ver IV 106. cum non is eventus est, quem arbitrati sunt; inv II 21. — IV. quos amicos nostros arbitramur; Cluent 143. totius mundi se incolam et civem (Socrates) arbitrabatur; Tusc V 108. quis eas (virtutes) aut laudabiles aut expetendas arbitraretur? fin I 42.

arbor, Baum: I. arbores frondescunt; Tusc V 37. excisa est arbor, non evulsa. itaque quam fruticetur, vides; A XV 4, 2. arborem et „novellam" et „vetulam" et „vigere" et „senescere" (dicimus); fin V 39. — II, 1. arbores ut hiemali tempore, quia tum exsiccatae sint, tempestive caedi putantur; div II 33. dico: f. I. senescit. evello, excido: f. I. fruticatur. — 2. Tarquinii ista sunt cruciatus carmina: „CAPUT OBNUBITO, ARBORI INFELICI SUSPENDITO"; Rabir 13. — 3. da mihi ex ea arbore, quos seram, surculos; de or II 278. quam multa ex terra arboribusque gignuntur! Tusc V 99. pependit in arbore socius amicusque populi Romani; Ver II 57. quid in eis arboribus? in quibus non truncus, non rami, non folia sunt denique nisi ad suam retinendam conservandamque naturam; de or III 179. — III. cum admiraretur Lysander et proceritates arborum et derectos || dir. || in quincuncem ordines; Cato 59. — IV. quoniam nequedum satis ab his novellis arboribus omnis hic locus opacatur; leg fr 4.

arbustus, mit Bäumen besetzt, n. Baumpflanzung: A. agri arvi et arbusti et pascui lati definiebantur; rep V 3. — B, I. visam beluam omnia arbusta pervertere; div I 49. — II. vineis et arbustis res rusticae laetae sunt; Cato 54.

arca, Kasten, Geldkasten, Kasse, Gefängniszelle 1. cum Cato percussus esset ab eo, qui arcam ferebat; de or II 279. — 2. arcae nostrae confidito; A I 9, 2. — 3. subito abrepti (servi) in arcas coniciuntur; Milo 60. (pecunia) ex arca depromitur; of II 52. multum differt, in arcane positum sit argentum an in tabulis [debeatur]; Top 16.

arcano, im Geheimen: hunc (ἀρχέτυπον) tu lege arcano convivis tuis; A XVI 3, 1.

arcanus, geheim: quicum arcana, quicum occulta omnia? tecum optime; fin II 85.

arceo, einschließen, in Schranken halten, fern halten, abwehren, hindern: in quo quasi ius arcendi continetur; Top 39. II. ut (Antonius) ab urbe tamquam pestifera flamma arceatur; Phil VI, 6. (alvus) arcet et continet, quod recepit; nat II 136. nec aqua in urbe arceatur; Top 23. aquae pluviae arcendae adigere arbitrum non possis; Top 43. f. copias. ut pudor cives non minus a delictis arceret quam metus; rep V 6. ille tenet, ut hostium copiae, tu, ut aquae pluviae arceantur; Muren 22. summus deus arcens et continens ceteros; rep VI 17. flammam: f. alqm. L. Brutus arcens reditu tyrannum; Tusc I 89.

arcera plaustrum est rusticum tectum undique quasi arca; fr K 1.

arcessitus, Einladung: cum ad eum (C. Cottam) ipsius rogatu arcessituque venissem; nat I 15.

arcesso (accerso f. II. alqm; par 28. res), holen, ableiten, herbeirufen, berufen, vorladen, anklagen. part. gesucht: I. cum omnes studio eius subitam fluminis magnitudinem scirent fuisse impedimento, tamen quidam capitis arcessierunt; inv II 97. — II. maiestatis arcessitur; inv II 74. cum ab aratro arcessebantur, qui consules fierent; Sex Rosc 50. cum magis invidioso crimine quam vero arcesseretur; Ver II 113. qui te statuarum nomine arcessat; Ver II 142. ex quo factum est, ut eum (Attum Navium) ad se rex Priscus arcesseret; div I 32. accersitus in civitatem sum; par 28. iam aetatis est ususque nostri a capite, quod velimus, arcessere et, unde omnia manent, videre; de or II 117. est cavendum, ne arcessitum dictum putetur; de or II 256. non erit necesse id (argumentum) usque a capite accessere; Top 39. haruspicesne ex Etruria accessentur? div II 11. (pater) arcessitur maiestatis; inv II 52. nobis opus est rebus undique conlectis,

accersitis, comportatis; de or III 92. quae (sacra) maiores nostri ab exteris nationibus ascita atque arcessita coluerunt; Ver IV 115. cur ea (studia) arcessita aliunde videantur; Tusc IV 2.

archipirata, Räuberhauptmann: I. cum ipse archipirata cum grege praedonum impurissimo navigares; dom 24. — II. ecquem scis in Sicilia antea captum archipiratam. qui non securi percussus sit? Ver V 67. ille, qui archipirata dicitur, nisi aequabiliter praedam dispertiat. aut interficiatur a sociis aut relinquatur: of II 40. percutio: f. capio. tu in indicium archipiratam domo producere ausus es; Ver V 136. - III. istum clam a piratis ob hunc archipiratam pecuniam accepisse; Ver V 64.

architector, aufbauen: an quod (sapientia) ita callida est, ut optime possit architectari voluptates? fin II 52.

architectura, Baukunst: || in || quibus artibus utilitas quaeritur, ut medicina, ut architectura; of I 151.

architectus. Baumeister, Begründer: I. 1 si Philonem illum architectum, qui Atheniensibus armamentarium fecit. constat perdiserte populo rationem operis sui reddidisse: de or I 62. inesse moderatorem et tamquam architectum tanti operis tantique muneris; nat II 90. reddit: f. facit. — 2. ut omnes fere Stoici sint architecti paene verborum: Bru 118. omnium architectum et moderatorem esse Chrysogonum; Sex Rosc 132. (Corumbus) bellus esse dicitur architectus; A XIV 3, 1. — II. non deesse, si quis nos adhibere volet, non modo ut architectos, verum etiam ut fabros ad aedificandam rem publicam; ep IX 2, 5. - III. Chrysippus Vettius, Cyri architecti libertus, fecit. ut . . ; ep VII 14. 1.

archon, Archon: morietur Epicurus archonte Pytharato; fat 19.

arcula, Kästchen, Farbenkasten: meus liber totum Isocrati myrothecium atque omnes eius discipulorum arculas consumpsit; A II 1. 1. qui (stipatores) scrutarentur arculas muliebres: of II 25.

arcus, Bogen, Regenbogen: arcus ipse e nubibus efficitur quodam modo coloratis: nat III 51. intentus est arcus in me unum; Sest 15.

ardenter, heiß, heftig: quod cupias ardenter; Tusc IV 39. quem videmus, quo adfluentius voluptates undique hauriat, eo gravius ardentinsque sitientem; Tusc V 16.

ardeo. ardens, brennen, glühen, entbrannt. belastet sein, matt. feurig, heftig: ardebat (Hortensius) cupiditate sic, ut in nullo umquam flagrantius studium viderim; Bru 302. cum oculis arderet; Ver IV 148. ego vos ardentes et erectos ad libertatem recuperandam cohortabor; Phil IV 11. vidimus eos ardentes tum cupiditate. tum metu, tum conscientia; leg II 43. alter ardet furore et scelere; A X 4, 2. ardeo studio historiae; A XVI 13. b (c). 2. quorum actio esset ardentior; Bru 276. quis umquam fuit avaritia tam ardenti, ut . . ? fin III 36. cum in Palatio mea domus ardebat; Piso 26. cum ardentes faces in vicinorum tecta iactas; har resp 39. una Gallia communi non ardet incendio; orat 34. nec umquam is, qui audiret, incenderetur, nisi ardens ad eum perveniret oratio; orat 132. orbem terrarum imperiis distributis ardere bello: ep IV 1, 2. res ardet invidia; Q fr II 14, 4. in illo ardenti tribunatu suo; Sest 116. facile est verbum aliquod ardens, ut ita dicam, notare; orat 27.

ardor, Brand, Glut, Feuer, Glanz, Begierde, Eifer, Begeisterung, Unruhe, Kummer: I. ardor animi non semper adest, isque cum consedit, omnis illa vis oratoris exstinguitur; Bru 93. concretus: f. II. retineo. nec hic erat unus ardor in nobis, ut hoc modo omnia diceremus; orat 108. quem ardorem studii censetis fuisse in Archimede? fin V 50. ardor ille urget et manet; A XII 13, 1. si ille imperatorius ardor oculorum valuit; Balb 49. — II. quid censes (adsumendum esse), nisi studium et ardorem quendam amoris? de or I 134. vestita (uva) pampinis nec modico tepore caret et nimios solis defendit ardores; Cato 53. omnium cupiditatum ardore restincto; fin I 43. summa pars caeli suum retinet ardorem tenuem et nulla admixtione concretum; nat II 117. visas nocturno tempore ab occidente faces ardoremque caeli: Catil III 18. — III, 1. fore aliquando, ut omnis hic mundus ardore deflagret; Ac II 119. »vidisti claro tremulos ardore cometas«; div I 18. — 2. in tanto animorum ardore et armorum; Marcel 25.

arduus, steil, schwierig: quid autem praeclarum non idem arduum? Tusc III 84. quod (oppidum) erat difficili ascensu atque arduo; Ver IV 51. eius artificii cognitio eius modi est. ut magnae atque arduae cognitionis indigeat; inv I 86. magnum opus et arduum conamur; orat 33. patientia est rerum arduarum ac difficilium voluntaria perpessio; inv II 163.

area, Platz, Bauplatz, Grund, Tenne: I. 1. si prata et areas quasdam magno aestimant; par 51. aream praeclaram habebimus; A IV 1, 7. princeps ille aream sibi sumpsit, in qua civitatem exstrueret arbitratu suo; rep II 21. — 2. cum in areis frumenta sunt; Ver V 29. in aream tuam veni: Q fr II 5, 3. — II. imbri frumentum corrumpi in area patiebatur; Ver III 36. f. I, 1. sumo.

aren — f. **haren** —

areseo; trocknen. verdorren: quem ad modum dixit rhetor Appollonius, lacrima nihil citius arescit: inv I 109. nec (virtus) triumphos arescentibus laureis, sed viridiora praemiorum genera desiderat; rep VI 8.

argentaria, Wechselgeschäft: iam argentaria dissoluta Fulcinius quaedam praedia mercatur; Caecin 11. Q. Lucceius, qui argentariam Regii maximam fecit; Ver V 165.

argentarius, Wechsler: I. qui (Pythius) esset ut argentarius apud omnes ordines gratiosus; of III 58. — II. se habere argentarii tabulas, in quibus sibi expensa pecunia lata sit acceptaque relata; Caecin 17.

argenteus, silbern: aquilam illam argenteam esse praemissam; Catil II 13. vidi argentum Cupidinem cum lampade: Ver II 115. mensas argenteas (Dionysius) de omnibus delubris iussit auferri; nat III 84. exponit pulcherrima vasa argentea; Ver IV 62.

argentum. Silber, Silbergeschirr, Silbergeld: I. ut omne argentum, quod apud quemque esset Catinae, conquirendum curaret et ad se adferendum; Ver IV 50. — II. 1. adfero: f. I. argentum ille (Eupolemus) ceterum purum apposuerat, duo pocula non magna, verum tamen cum ornatu; Ver IV 49. nec plenum artis argentum (aspiciebat); Tusc IV 62. plena domus caelati argenti optimi; Ver II 35. abacos complures ornavit argento auroque caelato; Tusc V 61. conquiro: f. I. inde aurum exportari argentumque prohiberes; Vatin 12. erat ea navis plena argenti facti atque signati; Ver V 63. quoniam argentum omne mulieri legatum est, non potest ea pecunia. quae numerata domi relicta est, non esse legata: Top 13. cum signaretur argentum Apolloniae: ep XIII 29. 4. f. facio. — 2. non argenti nomen argenti indigere: Sulla 25. — 3. sum: f. aes, II, 2. — III. plenus: II, 1. caelo, facio. — IV. numerata pecunia nomen argenti retinet; Top 13. permagnum optimi pondus argenti (fuit); Phil II 66. nos aeris, argenti, auri venas penitus abditas invenimus; nat II 151. quae (gentes), ut pace uterentur, vim argenti dederant praeclaro nostro

imperatori; prov 4. — V. hanc speciem Pasiteles caelavit argento; div I 79. tu argento, tu familia, tu
rebus omnibus ornatus et copiosus sis? Catil II 18.
f. II. I. caelo.

argumentatio. Beweisführung: I. ut ne
confirmatio modum in se argumentationis [solum]
habeat, verum ipsa argumentatio ex necessaria ratione
consistat; inv I 45. quattuor partibus constat
argumentatio, cum aut proponimus aut adsumimus
sine approbatione; inv I 70. si qui ex una quoque
parte putabunt constare argumentationem; inv I 74.
omnis argumentatio, quae ex iis locis sumetur, aut
probabilis aut necessaria debebit esse. etenim, ut
breviter describamus, argumentatio videtur esse inventum aliquo ex genere rem aliquam aut probabiliter
ostendens aut necessarie demonstrans; inv I 44.
falsum est non esse plus quam tripertitam argumentationem; inv I 65. esse quandam argumentationem,
in qua neque propositio neque adsumptio indigeat
approbationis; inv I 66. quinquepertita argumentatio
est huius modi; inv I 68. argumentationem quaerere
videris, quae est argumenti explicatio; part or 45.
potest: f. II, 1. distinguo. argumentatio nomine
uno res duas significat, ideo quod et inventum aliquam in rem probabile aut necessarium argumentatio
vocatur et eius inventi artificiosa expolitio; inv I 74.
ita fit, ut eadem ratione argumentatio tractata aliis
tripertita, aliis quinquepertita videatur; inv I 60.
f. est; inv I 44. — II. 1. expositis iis argumentationibus, quae in iudiciale causarum genus accom-
modantur; inv II 155. si concedetur, concludenda
est argumentatio. si tacebitur . .; inv I 54.
in confirmandis nostris argumentationibus infir-
mandisque contrariis; part or 122. haec argumentatio, quae dicitur artis expers, in testimonio
est posita; Top 73. expono: f. accommodo. biper-
titam quoque fieri argumentationem; inv I 72.
inveniri quidem omnis ex his locis argumentatio
poterit: inventa exornari et certas in partes distingui
suavissimum est; inv I 50. si contra firmam argumentationem alia aeque firma aut firmior ponitur;
inv I 79. f. dico. quae (oratio) ad probandam argumentationem valet; de or II 331. etiamne in tam
perspicuis rebus argumentatio quaerenda est ‖ sit ‖ ?
Sex Rosc 98. f. I. 1. est; part or 45. omnis
argumentatio reprehenditur, si . .; inv I 79. sumo:
f. I, 1. est; inv I 44. omnis igitur argumentatio
aut per inductionem tractanda est aut per ratiocinationem; inv I 51. propositionis approbatione
praeterita quattuor ex partibus argumentatio
tractatur; inv I 70. f. I. videtur. commode partiti
sunt illi, qui in quinque partes tribuerunt argumentationem; inv I 66. Graeci tales argumentationes
ἀτέχνους vocant, id est, artis expertes; Top 24. f. I.
significat. — 2. poterit accusator argumentatione
uti per inductionem; inv I 55. 3. si non similiter
semper ingrediamur in argumentationem; inv
I 76. — III. ipsum genus argumentationis vitiosum
his de causis ostendetur, si . .; inv I 89. non
incommodum videtur quandam silvam atque materiam
universam ante permixtim et confuse exponere
omnium argumentationum; inv I 34. primum
convenire exponere summam argumentationis; inv
I 58. — IV. si quadam in argumentatione satis est
uti adsumptione et non oportet adiungere approbationem adsumptioni, quadam autem in argumentatione infirma est adsumptio, nisi adiuncta sit
approbatio; inv I 64. in ipsa argumentatione non
semper a propositione incipere (convenit); inv I 76.

argumentor, den Beweis führen: I, 1, a.
est etiam illa varietas in argumentando et non
iniucunda distinctio; part or 47. — b. hoc genus
argumentandi, quod in necessaria demonstratione
versatur, maxime tractatur in dicendo aut per
complexionem aut per enumerationem aut per

simplicem conclusionem; inv I 44. ita fit hoc
genus argumentandi tripertitum; inv I 54. argumentandi duo genera sunt, quorum alterum ad fidem
derecto spectat, alterum se inflectit ad motum; part
or 46. argumentandi ratio dilucidior erit, cum et
ad genus et ad exemplum causae statim poterit
accommodari; inv I 16. hinc omnibus argumentandi
rationibus tractis; inv I 34. — 2. ego neque in
causis, si quid est evidens, argumentari soleo; nat
III 9. — II, 1. defensor de ipsa remotione sic
argumentabitur; inv II 88. — 2. tu sedulo argumentaris, quid sit sperandum; A III 12, 1. — 3. cum
etiam es argumentatus amoris esse hoc signum;
dom 22. — III. ego illa non argumentabor, quae
sunt gravia vehementer, eum corrupisse, qui . .;
Cluent 64.

argumentum, Inhalt, Stoff, Fabel, Stück.
Beweis, Beweisgrund: I. argumentum ratio ipsa
confirmat atque, simul atque emissum est, adhaerescit; de or II 214. argumentum est ficta
res, quae tamen fieri potuit; inv I 27. quos vocas
locos? in quibus latent argumenta. quid est
argumentum? probabile inventum ad faciendam
fidem; part or 5. argumento etiam firmo, quia
tamen saepe falsum est, posse recte non credi; part
or 117. argumentum (esse) rationem, quae rei
dubiae faciat fidem; Top 8. coniugata (argumenta)
dicuntur, quae sunt ex verbis generis eiusdem; Top
12. latent: f. est; part or 5. ut mihi nascatur
epistulae argumentum; ep XVI 22, 2. multa
occurrunt argumenta; de or II 308. — 2. quae
certissima sunt huius criminis argumenta; Ver V 79.
mihi satis est argumenti esse deos, quod . .; div
I 10. — II, 1. quae (argumenta) adsumuntur
extrinsecus, ea maxime ex auctoritate ducuntur;
Top 24. appello: f. allus, B, II, 5. componendum
argumentum est; A XV 4, 3. iam argumenti ratione
conclusi caput esse faciunt ea, quae perspicua
dicunt; fin IV 8. coniugo: f. I, 1. est; Top 12.
equidem cum coligo argumenta causarum, non tam
ea numerare soleo quam expendere; de or II 309.
unde statim expedita possint argumenta depromere;
de or II 117. dico: f. I, 1. est; Top 12. (Servius)
mihi dabit argumentum ad te epistulae; A X 13, 2.
ex coniunctis sic argumenta ducuntur; de or II 167.
argumentis (fides fit), quae ducuntur ex locis aut
in re ipsa insitis aut adsumptis; part or 5. a genere
sic ducitur (argumentum): Top 13. f. adsumo.
emitto: f. I, 1. adhaerescit. expedio: f. depromo.
expendo: f. coligo. in superiore genere de
tractandis argumentis, in hoc autem etiam de
inveniendis cogitandum est; de or II 117. disciplinam inveniendorum argumentorum ab Aristotele
inventam illis libris contineri; Top 2. haec argumenta locos communes nominamus; inv II 48.
numero: f. coligo. ex quibus (locis) argumenta
promuntur; de or II 131. quoniam mihi nullum
scribendi argumentum relictum est; ep II 4, 2.
argumenta et criminum et defensionis revocantur
oportet ad genus et ad naturam universam; de or
II 135. his omnibus partibus subiecta quaedam
esse argumenta propria; de or I 140. qua ex omni
copia plurima et certissima argumenta sumuntur;
fin IV 13. tracto: f. invenio; de or II 117. —
2. credo: f. I, 1. est; part or 117. quod ipsum
argumento mihi fuit diligentiae tuae; ep X 5, 1. —
3. ego argumento epistularum; A IX 4, 1. utere
argumento, Laeli, tute ipse sensus tui; rep I 59. —
4. intersum inter: f. **admonitio.** II, 2. si ego
omnem vim oratoris in argumentis et in re ipsa per
se comprobanda posuissem; de or II 181. huius
materiae ad argumentum subiectae perlustrandae
animo partes erunt omnes; part or 38. — III. alqd:
f. I, 2. div I 10. caput: f. II, 1. concludo. cum
in unum quodque eorum (generum) argumentorum

copiam dabimus; inv I 16. qui ordo tibi placeat et quae dispositio argumentorum; de or II 179. quod argumentorum genus cuique causarum generi maxime conveniat; de or II 175. est etiam genus argumentorum aliud, quod ex facti vestigiis sumitur, ut telum, cruor; part or 39. plures sunt argumentorum sedes ac loci; de or II 166. ordo: f. dispositio. omni in causa pars argumentorum est adiuncta ei causae solum; pars autem est pervagatior; inv II 47. argumentorum praecepta pauca sunt. traditi sunt, e quibus ea ducantur, duplices loci: uni e rebus ipsis, alteri adsumpti; orat 122. sedes: f. loci. — IV argumentis peccata convinci; part or 116. quae res primo pertenui nobis argumento indicique patefacta est; Ver pr 17. ne argumentis teneretur reus; part or 117.

arguo, beweifen, befchulbigen, überführen: I, 1 negare oportebit de vita eius et de moribus quaeri ꞩed de eo crimine, quo de arguatur; inv II 37. de quibus quoniam verbo arguit, verbo satis est negare: f ex Rosc 82. — 2. qui tanti sceleris argueret; Sex Rosc 53. — 3. arguis occisum esse a C. Rabirio L. Saturninum; Rabir 18. — II. arguis fatentem; Ligar 10. quod (accusator) ipse arguat; inv II 75. id, quod arguitur || arguetur ||; inv II 75. feci, quod arguis; Ver III 225. servos neque arguo neque purgo; Sex Rosc 120. — III, 1. quod pecunias praetorem in provincia cepisse arguerent; fin I 24. — 2. se pessimi facinoris arguit; Caecin 25. — 3. te hoc crimine non arguo; Ver V 46. — 4. id quod me arguis; Phil II 29.

argute, fcharffinnig, finnreich, fpitzfinbig: qui (L. Brutus) tam acute arguteque ieicerit; Bru 53. ut callide arguteque diceret; orat 98. de rebus ant difficillimis aut non necessariis argutissime disputare; de or II 18. breviter arguteque incluso adversario; Bru 322. si mihi ad haec acute arguteque responderit; Cael 19.

argutiae, fprechender Ausbrud, ausbrudsvolle Darftellung, Rebe, Spitzfinbigfeit: I. nullae argutiae digitorum; orat 59. — II. huius (C. Titi) orationes tantum argutiarum habent, ut paene Attico stilo scriptae esse videantur. easdem argutias in tragoedias satis ille quidem acute, sed parum tragice transtulit; Bru 167. — III. Demosthenes nihil argutiis et acumine Hyperidi (cedit); orat 110. nihil est. quod illi non persequantur argutiis; Lael 45.

argutulus, ein wenig fcharffinnig: perfeci sane argutulos libros ad Varronem; A XIII 18.

argutus, ausbrudsvoll, bebeutfam, fcharffinnig, geiftreich, fpitzfinbig: quis illo (Catone) in sententiis argutior? Bru 65. ex ambiguo dicta vel argutissima putantur; de or II 250. sunt, qui vel argutissima haec exta esse dicant; div II 29. genera Asiaticae dictionis duo sunt: unum sententiosum et argutum: Bru 325. velim obvias mihi litteras quam argutissimas mittas; A VI 5, 1. manus minus arguta, digitis subsequens verba, non exprimens; de or III 220. C. Memmius argutus orator verbisque dulcis; Bru 247. sunt (sententiae) delectandi quasi argutae, commoventi graves; opt gen 5.

aridus, trođen, bürr, mager: in aliis (locis) esse pituitosos et quasi redundantes, in aliis exsiccatos atque aridos; fat 7. sive illud aridum est sive umidum; nat II 136. cum arida folia laureae rettulisses; Piso 97. genus sermonis adfert non liquidum, non fusum ac profluens, sed exile, aridum, concisum atque minutum; de or II 159.

aries, Wibber, Sturmbod: I. nihilo erat ipse Cyclops quam aries ille prudentior; Tusc V 115. quamvis murum aries percusserit; of I 35. — II. ARIES SUBICITUR ille in vestris actionibus: SI TELUM ..; Top 64.

arista, Spitze: (viriditas) contra avium minorum morsus munitur vallo aristarum; Cato 51.

aristolochia, Ofterlutzei: quid aristolochia ad morsus serpentium possit; div I 16.

arithmetica, Rechenfunft: Vestorium, hominem remotum a dialecticis, in arithmeticis satis exercitatum; A XIV 12, 3.

arma, Waffen, Rampf, Rüftung, Geräte, Werf zeug: I, 1. scire cupio, quid tandem in isto versu reprehendas: "cedant arma togae"; Piso 73. arma esse suis nominibus alia ad tegendum, alia ad nocendum: Caecin 60. cum arma essent in templis, armati in foro; Sest 35. arma membra militis esse dicunt: Tusc II 37. metum credo valuisse et arma; Phil 11 107. — 2. non esse arma caespites neque glebas; Caecin 60. aptissima omnino sunt arma senectutis artes exercitationesque virtutum; Cato 9. — II. 1. armis aut condicione positis aut defetigatione abiectis aut victoria detractis; ep VI 2, 2. interficiendi Saturnini causa C. Rabirium arma cepisse; Rabir 19. sero nos iis armis adversari videbam, quae multo ante confirmata per nosmet ipsos erant; ep VI 1, 5. repente lintribus in eam insulam materiem, calcem, caementa, arma convexit; Milo 74. denuntio vim, arma: removete! Phil I 26. cum nos arma posuerimus, illi non deposuerint; Phil XII 13. detraho: f. abicio. ex armamentariis publicis arma populo Romano dantur; Rabir 20. cum extorquere arma posset e manibus iratorum civium boni civis auctoritas et oratio; Bru 7. tulit arma contra te; Ligar 16. se utraque arma metuere; A XV 1, 3. pono: f. abicio. depono. removeo: f. denuntio. ad ludendumne an ad pugnandum arma sint sumpturi; de or II 84. quid tam necessarium, quam tenere semper arma, quibus vel tectus ipse esse possis vel provocare integer || improbos, al. || vel te ulcisci lacessitus? de or I 32. non minus se nostrorum arma timere quam Antonii; A XV 1, a, 3. equidem angor animo non consilii, non ingenii, non auctoritatis armis egere rem publicam, quae didiceram tractare quibusque me adsuefeceram; Bru 7. — 2. adversor: f. 1. confirmo. — 3. egeo: f. 1. tracto. ille a me spoliatus armis audaciae; Catil II 14. — 4. cum coëgeris homines miseros ad vim, ad manus, ad arma confugere; Ver I 82. fuistisne ad arma ituri? Sest 81. ad arma rem spectare; ep XIV 5, 1. fore in armis certo die C. Manlium; Catil I 7. — III. ut defuerit civium studiis potius quam eos in armorum discrimen adduceret; Phil X 14. armorum ista et victoriae sunt facta, non Caesaris; ep VI 6, 10. hic omnia facere omnes, in armis decernatur, quorum exitus semper incerti; A VII 3, 5. exauditus est horribilis fremitus armorum; har resp. 20. nec dixerim tam libenter „armum iudicium"; orat 155. armorum officinas in urbe videtis; Phil VII 13. nec inter tantam vim armorum existimarem esse oratori locum; Milo 2. — IV, 1. adsuefacere: f. 1. tracto. cum omnia vi et armis egeris; Sest 78. utrum utilius senatui nostro armis cum hoste certare an venenis? of III 87. decernere: f. III. exitus. armis decertare pro mea salute nolui; Quir 13. Antonii incredibilis quaedam vis ingenii videtur, etiamsi hac scientia iuris nudata sit, posse se facile ceteris armis prudentiae, causas, tueri atque defendere; de or I 172. quem (tyrannum) armis oppressa pertulit civitas; of II 23. qui hunc P. Varium pellere possessionibus armis castrisque conatus est; Milo 74. qui poëtam armis persequare; Piso 73. provocare: f. II, 1 teneo. in discessu civium exercitu se armisque revocavit; Quir 7. armis barbarorum stipatus Antonius; Phil XIII 18. quin contentione et armis superior posset esse; Planc 89. tegi: f. II, 1. teneo. armis et castris temptata res est; of II 84. tueri: f. defendere. qui victi armis sunt; Font 49. ulcisci: f. II, 1. teneo. armis urgeri rem p. sempiternis; ep VI 2, 2. — 2. silent leges inter arma; Milo 11. quid est vobis consulibus gestum sine armis? Piso 15.

armamenta, Tafelwerf: ‚quem (Austrum) si prospiciens vitaveris omnia caute armamenta locans‹; fr H IV 441.

armamentarium, Zeughaus: qui (Philo) Atheniensibus armamentarium fecit; de or I 62. ſ. **arma,** II, 1. do.

armarium, Schrank: I. cum esset in aedibus armarium, in quo sciret esse nummorum aliquantum et auri; Cluent 179. — II. minus clarum putavit fore, quod de armario, quam quod de sacrario esset ablatum; Ver IV 27. sum in: ſ. I.

armatura, Bewaffnung, Waffengattung: I. potest: ſ. II. invenio. — II. ut ab imperatore (conlocantur) equites, pedites, levis armatura; Bru 139. contra equitem Parthum negant ullam armaturam meliorem inveniri posse; ep IX 25, 1. — III, 1. haec fuerit nobis tamquam levis armaturae prima orationis excursio; div II 26. — 2. (Deiotarus) habet cohortes quadringenarias nostra armatura xxx; A VI 1, 14.

armatus ſ. **armo.**

armentum, Großvieh: I. ut bos armenta. sic ego bonos viros sequar; A VII 3, 7. — II. caedit greges armentorum reliquique pecoris; Phil III 31. quod L. Papirius P. Pinarius censores multis dicendis vim armentorum a privatis in publicum averterant; rep II 60.

armiger, Waffenträger: quis est Sergius? armiger Catilinae; dom 13.

armilla, Armband: armillae; rep IV 14.

armo, rüsten, ausrüsten, bewaffnen: armatos, si Latine loqui volumus, quos appellare vere possumus? opinor eos, qui scutis telisque parati ornatique sunt; Caecin 60. perinde valebit, quasi armatissimi fuerint, si reperientur ita parati fuisse, ut vim vitae aut corpori potuerint adferre; Caecin 61. qui (inermes) vim armatorum haberent ad nocendum; Caecin 63. non fuerunt armati, cum fustibus et cum saxis fuerunt; Caecin 64. quem sua lege et suo beneficio ornatum, munitum, armatum solet gloriari; Sest 135. quidam non modo armata, sed interdum etiam otiosa minabantur; Marcel 18. tota illa lex accusationem tuam, si haberes nocentem reum, fortasse armasset; Muren 46. alias (animantes) esse cornibus armatas; nat II 121. consules, sceleris sui socios, aerario, provinciis, exercitu armavit; har resp 58. non fuit recusandum, quin multa uterque dux faceret armatus, quae idem togatus fieri prohibuisset; Marcel 24. fortitudo satis est instructa, parata, armata per sese; Tusc IV 52. vi armatis hominibus deiectum esse eum, quem vi armatis hominibus pulsum fugatumque esse constet, Caecin 75. si dilecta iuventus contra Milonis impetum armata est; Milo 67. armatis militibus refertum forum (viderat); Deiot 33. siquidem in hunc unum tota res publica armata est; Milo 67. clivum Capitolinum plenum servorum armatorum fuisse; Phil II 16. socios: ſ. consules. publicam causam contra vim armatam sine populi praesidio suscipere nolui; dom 91.

aro, adern, pflügen, beadern: I, 1, a. ad arandum bovem esse natum; fin II 40. — b. ipsam rationem arandi spe magis et iucunditate quadam quam fructu atque emolumento teneri; Ver III 227. — 2. ut (civitates) arent, ut serant; Ver III 44. — II. agrum: ſ. ager, II, 1. aro. cum terra araretur et sulcus altius esset impressus; div II 50.

arr — ſ. **adr** —

ars, Kunst, Wissenschaft, Theorie, Lehrbuch der Redekunst, Rhetorik, Fertigkeit, Gewerbe, Beruf, Geschicklichkeit, Eigenschaft, Gewohnheit: I absolut: 1. ars cum a natura profecta sit, nisi natura moveat ac delectet, nihil sane egisse videatur; de or III 197. inter ingenium et diligentiam perpaulum loci reliquum est arti. ars demonstrat tantum, ubi quaeras atque ubi sit illud, quod studeas invenire; de or

II 150. quod numquam (Scaevola) effecisset ipsius iuris scientia, nisi eam praeterea didicisset artem, quae doceret rem universam tribuere in partes, latentem explicare definiendo, obscuram explanare interpretando, ambigua primum videre, deinde distinguere, postremo habere regulam, qua vera et falsa iudicarentur; Bru 152. cuius ipsius (Isocratis) quam constet ‖ constat ‖ esse artem, non invenimus; inv II 7. (Charmadas) artem negabat esse ullam, nisi quae cognitis penitusque perspectis et in unum exitum spectantibus et numquam fallentibus rebus contineretur; de or I 92. existimesne artem aliquam esse dicendi? de or I 102. ut ex iis rebus, quarum ars nondum sit, artem efficere possit; de or I 186. res mihi videtur esse facultate praeclara, arte mediocris. ars enim earum rerum est, quae sciuntur; oratoris autem omnis actio opinionibus, non scientia, continetur; de or II 30. multae sunt artes eximiae huius administrae comitesque virtutis; imp Pomp 36. ars est praeceptionum exercitatarum constructio ad unum exitum utilem vitae pertinentium; fr I 26. cum duae civiles artes ac forenses plurimum et laudis haberent et gratiae; Bru 155. nulla ars imitari sollertiam naturae potest; nat I 92. movet: ſ. agit. ars, cum ea non utare, scientia tamen ipsa teneri potest; rep I 2. cogitare debebis nullam artem litteris sine interprete et sine aliqua exercitatione percipi posse; ep VII 19. ſ. imitatur. proficiscitur: ſ. agit. materiam artis eam dicimus, in qua omnis ars et ea facultas, quae conficitur ex arte, versatur: inv I 7. neque eo, quod eius ars, quam (Hermagoras) edidit, mihi mendosissime scripta videatur; nam satis in ea videtur ex antiquis artibus ingeniose et diligenter electas res conlocasse; inv I 8. ſ. agit. — 2. quam (prudentiam) artem vitae esse diximus; in V 18.

II. nach Beren: 1. adhibita exercitatione et arte; Ac II 20. artem se tradere bene disserendi et vera ac falsa diiudicandi, quam verbo Graeco διαλεκτικήν appellaret; de or II 157. ad eas artes, quibus a pueris dediti fuimus, celebrandas inter nosque recolendas; de or I 2. ne cognoscat artem, qui audiat; de or II 177. contineo: ſ. I, 1. est; de or I 92. libenter artem desinerem; ep VII 1. 4. quam (speciem artifex) intuens in eaque defixus ad illius similitudinem artem et manum dirigebat; orat 9. si quis aliam artem didicerit; de or I 246. ſ. I, 1. docet. edo: ſ. I, 1. videtur. ars est effecta eadem natura animadvertendo ac notando; div I 25. ſ. I, 1. est; de or I 186. perfectam artem iuris civilis habebitis; de or I 190. inlustrare oratione si quis istas ipsas artes velit; de or I 61. invenio: ſ. I, 1. est; inv II 7. cum ei (Themistocli) Simonides artem memoriae polliceretur, „oblivionis“, inquit, „mallem“; fin II 104. mitto hasce artes vulgares, coquos, pistores lecticarios; Sex Rosc 134. ut omittam has artes elegantes et ingenuas; fin III 4. ita notatio naturae et animadversio peperit artem; orat 183. percipio: ſ. I, 1. potest; ep VII 19. perficio: ſ. habeo. ut artem dicendi perscriberemus; inv II 4. polliceor: ſ. malo. recolo: ſ. celebro. quod totum arte tinctum videtur, tametsi artem requirit, tamen ..; de or II 120. scribo: ſ. I, 1. videtur. teneo: ſ. I, 1. potest; rep I 2. nos ea, quae consecuti sumus, iis studiis et artibus esse adeptos, quae sint nobis Graeciae monumentis disciplinisque tradita; Q fr I 1, 28. ſ. appello. quod adsiduus usus uni rei deditus et ingenium et artem saepe vincit; Balb 45. — 2. quorum (divinandi generum) alterum artis est, alterum naturae; div I 11. — 3. dedo: ſ. celebro. si optimis a pueritia disciplinis atque artibus studuisses et in his elaborasses; div Caec 39. artibus ea tribuuntur operosis; of II 17. — 4. utor: ſ. I, 1. potest; rep I 2. — 5. qui ab utrisque ea, quae commode dici videbantur, in suas artes contulerunt; inv II 8. conficio ex: ſ. I, 1. versatur. conloco in, eligo ex:

ſ. I, 1. videtur. elaboro in: ſ. 3. — quorum nihil in ceteris artibus inveniebamus; inv I 33. non omnia, quaecumque loquimur, mihi videtur ad artem et ad praecepta esse revocanda; de or II 44. hoc idem, quod est in naturis rerum, transferri potest etiam ad artes; de or III 26. Servius in omnibus ingenuis artibus ita versatur, ut excellat; ep IV 3, 4.
III. nach Adjectiven: 1. nec plenum artis argentum (aspiciebat); Tusc V 62. (Zeno) censet artis maxime proprium esse creare et gignere; nat II 57. disciplina digna studiosis ingenuarum artium; fin V 74. — 2. reliquus: ſ. I, 1. demonstrat. — 3. aut nulla aut humili aliqua arte praeditis; Arch 10.
IV. nach Substantiven: si qui aliarum artium bene locuti sunt; de or II 37. influxit abundantissimus amnis illarum disciplinarum et artium; rep II 34. caput esse artium decere; de or I 132. quae cognatio studiorum et artium prope modum non minus est coniuncta, quam ista generis et nominis; Ver IV 81. quodsi minus instructus erit magnarum artium disciplinis; orat 4. exposito genere huius artis et officio et fine et materia et partibus; inv II 11. ceterarum homines artium spectati et probati; de or I 124. quarum (artium) iudicium est oculorum; nat II 145. si placuerit, vos meam defensionem in aliquo artis loco reponetis; de or II 198. nec ulli bonarum artium magistri non beati putandi; Cato 29. distributione partium ac separatione magnitudines sunt artium deminutae; de or III 132. materia. officium, partes: ſ. finis. I, 1. versatur. quod Graecos homines partitionem quandam artium fecisse video; de or I 22. ut virtutis aut artis alicuius perceptionem; inv I 36. cum habeam optimarum artium scientiam; ep VII 3, 4. ab artis scriptoribus maxime neglectum (est); inv I 50. quia ceterarum artium studia fere reconditis atque abditis fontibus hauriuntur; de or I 12. varietas est tanta artium, ut ..; fin V 7. Chaldaei non ex artis, sed ex gentis vocabulo nominati; div I 2. — 2. illa, quae sine arte appellantur; part or 48. eorum multa de arte praecepta reperimus; inv II 8.
V. Umstand: 1. si haec accendi aut commoveri arte possunt; inseri quidem et donari ab arte non possunt; de or I 114. omnia fere, quae sunt conclusa nunc artibus, dispersa et dissipata quondam fuerunt; de or I 187. quod ego eruditissimorum hominum artibus eloquentiam contineri statuam; de or I 5. qui ingenuis studiis atque artibus delectantur; fin V 48. cum artibus honestissimis erudiretur; Cael 9. mediocris: ſ. I, 1. est; de or II 30. eburneae Victoriae, antiquo opere ac summa arte perfectae; Ver IV 103. si meliora sunt ea, quae natura, quam illa, quae arte perfecta sunt; nat II 87. cui persuasum sit appellari ceteros homines, esse solos eos, qui essent politi propriis humanitatis artibus; rep I 28. quod tradi arte non possit; de or I 132. — 2. quid hic meus frater ab arte adiuvari potuit, cum . .? de or II 220. ſ. 1. accendi. multo maximum ex arte dicere; inv I 8. quod non habuerit in hac dicendi arte aliena facultatem; de or I 50. si hoc in his quasi mutis artibus sit mirandum; de or III 26.

arte, eng, feſt: cum illum pugnum arte vehementerque compresserat; Ac II 145. postquam illos artius iam ex lassitudine dormire sensit; inv II 14. illud arte tenent; par 14.

arteria, Luftröhre, Schlagader: I. venae et arteriae micare non desinunt quasi quodam igneo motu; nat II 24. cum aspera arteria (sic enim a medicis appellatur) ostium habeat adiunctum linguae radicibus; nat II 136. a pulmonibus arteria usque ad os intimum pertinet; nat II 149. — II, 1. appello: ſ. I. habet. — 2. et sanguis per venas in omne corpus diffunditur et spiritus per arterias; nat II 138.

arthriticus, an der Gicht leidend: non arbitror cocum etiam te arthriticum habere; ep IX 23.
articulatim, gegliedert: quae fuse olim disputabantur ac libere, ea nunc articulatim distincta || † delecta, al. || dicuntur; leg I 36.
articulus, Knoten, Gelenk, Glied, Teil, Satzglied, Augenblick: I. non ad numerum articulus cadens; orat 59. multa sunt verba, quae quasi articuli conectunt membra orationis; de or II 359. — II. exsistit tamquam ad articulos sarmentorum ea, quae gemma dicitur; Cato 53. — III. Terentia magnos articulorum dolores habet; A I 5, 8. — IV, 1. si (continuatio verborum) est articulis membrisque distincta; de or III 186. — 2. ut eum suis condicionibus _in_ ipso articulo temporis astringeret; Quinct 19.
artifex, kunstfertig, Künstler, Meister, Schöpfer: A. servos artifices pupilli cum haberet domi; Ver I 92. — B, I, 1. hoc in oratore Latino primum mihi videtur apparuisse iam artifex, ut ita dicam, stilus; Bru 96. si probus eius (mundi est) artifex; Tim 6. illi artifices corporis simulacra ignotis nota faciebant; ep V 12, 7. Theodectes, in primis politus scriptor atque artifex, hoc idem et sentit et praecipit; orat 172. quae Graeci dicendi artifices et doctores reliquerunt; de or I 23. sentit: ſ. praecipit. videtur: ſ. apparet. — 2. si consuetudo est artifex suavitatis; orat 161. (sapientia) expetitur, quod est tamquam artifex conquirendae et comparandae voluptatis; fin I 42. — II. palam artifices omnes, caelatores et vascularios, convocari iubet; Ver IV 54. quam || quas || (artem) si subtraxeris, qui distingues artificem ab inscio? Ac II 22. — III. ut aiunt in Graecis artificibus eos auloedos esse, qui citharoedi fieri non potuerint; Muren 29.
artificiose, kunstvoll: quod in operibus nostrarum artium manus efficiat, id multo artificiosius naturam efficere; nat II 57.
artificiosus, kunstreich, künstlich, kunstgemäß: quod ex his suspicio quaedam apparitionis atque artificiosae diligentiae nascitur; inv I 25. quae (divinatio) artificiosa dicitur, extorum, fulgorum; div I 127. artificiosa eloquentia, quam rhetoricam vocant; inv I 6. ea genera divinandi non naturalia, sed artificiosa dicuntur; div I 72. ut eam (naturam Zeno) dicat ignem esse artificiosum; nat II 57. aurium est admirabile quoddam artificiosumque indicium; nat II 146. mundi natura non artificiosa solum, sed plane artifex ab eodem Zenone dicitur; nat II 58. qui (rhetores) elegantissimi atque artificiosissimi putati sunt; inv I 61.
artificium, Kunst, Theorie, System, Kunstfertigkeit, Kunstgriff, List, Ränke, Kunstwerk: I. haec opera atque artificia, signa, tabulae pictae Graecos homines nimio opere delectant; Ver IV 132. neque artificium ullum esse dicendi; de or I 93. quod existimant artificium esse hoc quoddam non dissimile ceterorum, cuius modi de ipso iure civili hesterno die Crassus componi posse dicebat; de or II 83. esse non eloquentiam ex artificio, sed artificium ex eloquentia natum; de or I 146. potest: ſ. est. — II, 1. compono: ſ. I. est. aliis quoque rationibus tractari argumentationes in philosophia multis et obscuris, de quibus certum est artificium constitutam; inv I 77. non iam satis est consilio pugnare; artificium quoddam excogitandum est; ep IX 16, 2. (Cuspius) putat me eius generis artificium quoddam tenere; ep XIII 6, 3. — 2. ii videntur errare, qui hoc genus suspicionum artificii non putant indigere; inv II 47. — 3. a necessariis artificiis ad elegantiora defluximus; Tusc I 62. cum illa verba gravissima ex intimo artificio deprompsisset; Cluent 58. ut, in quo quisque artificio excelleret, is in suo genere Roscius diceretur; de or I 130. de artificio dicendi litteris tam multa mandare; orat 140. nascor ex:

f. 'I. nascitur. ex artificio res istae praecepta non quaerunt; de or II 50. — III. non tu in isto artificio accusatorio callidior es quam hic in suo; Sex Rosc 49. — IV. eius artificii cognitio eius modi est, ut non ad huius artis partem aliquam adiungi possit; inv I 86. opinionem istorum studiorum et suspicionem artificii apud eos, qui res iudicent, oratori adversariam esse arbitror; de or II 156. — V, 1. quanto quasi artificio natura fabricata esset animal omne; Ac II 30. pocula Mentoris manu summo artificio facta; Ver IV 38. quod erat illi (Quinto fratri) non nullorum artificiis inculcatum; A I 17, 2. haec (enumeratio) si semper eodem modo tractabitur, perspicue ab omnibus artificio quodam tractari intellegetur; inv I 98. — 2. illum ex artificio comico aestimabat; Q Rosc 28.

artolaganus, Brotkuchen: dediscendae tibi sunt sportellae et artolagani tui; ep IX 20, 2.

artus, eng, fest: nec haec ita sunt arta et astricta, ut ..; orat 220. artioribus apud populum Romanum laqueis tenebitur; Ver I 13. me artior quam solebat somnus complexus est; rep VI 10. concordia, artissimum vinculum incolumitatis; rep II 69.

artus, Gelenk, Glied, Gliedmaßen: I. quod vehementer eius (Posidonii) artus laborarent; Tusc II 61. — II, 1. a quibus (nervis) artus continentur; nat II 139. — 2. si exstingui tranquille volumus, cum in his artibus vixerimus; fr F V 97. — III. propter dolorem artuum; Bru 217. — IV. ut tota mente atque artubus omnibus contremescam; de or I 121.

arula, kleiner Altar: ante hos deos erant arulae, quae cuivis religionem sacrarii significare possent; Ver IV 5.

arvus, bebaut, neutr. Saatfeld, Flur: A. agri arvi et arbusti et pascui lati atque uberes definiebantur; rep V 3. — B. prata et arva diliguntur isto modo, quod fructus ex iis capiuntur; nat II 122.

arx, Burg, Schutzwehr: I, 1. vobis arcem et Capitolium commendat; Catil IV 18. arcem Stoicorum defendis; div I 10. munite communem arcem bonorum; Sulla 79. cum Tarento amisso arcem tamen ille eius retinuisset; de or II 273. — 2. libido concitatur; in eandem arcem confugiendum est; Tusc II 58. num potui magis in arcem illius causae invadere? ep I 9, 8. — II. non Capitolii atque arcis obsessio est; Rabir 35. — III. cum in arce augurium augures acturi essent; of III 66.

as, Aß: assem sese negat daturum; Quinct 19. qui cum locupletes assiduos appellasset ab asse dando; rep II 40. — quod (M. Seius) in caritate asse modium populo dedit; of II 58.

ascea, Axt: »rogum ascea ne polito«; leg II 59.

ascendo, emporsteigen, sich erheben, ersteigen, besteigen: L (C. Staienus) ascendisset ad honores, nisi ..; Bru 241. (Curio) ad summam amplitudinem pervenisset ascendens gradibus magistratuum; Bru 281. a minoribus ad maiora ascendimus; part 12. cum in contionem ascenderis; fin II 74. ut, cum lucisceret, in Amanum ascenderem; ep XV 4, 8. cuius (gloriae) gradibus etiam in caelum homines viderentur ascendere; Milo 97. lex peregrinum vetat in murum ascendere; de or II 100. sol ut accedat ad brumale signum et inde sensim'ascendat in diversam partem; de or III 178. quae (verba) ascendunt gradatim ab humilioribus [verbis] ad superiora; part or 54. est quiddam medium, sed suum cuique voci hinc gradatim ascendere vocem et suave est ..; de or III 227. — II. quae (accusatio) facilius possit Alpes quam paucos aerarii gradus ascendere; Font 4. te adversam ascendisse ripam; div I 58.

ascensio, Aufschwung: quorum quae fuerit ascensio; Bru 137.

ascensus, Aufgang, Zugang: I. hoc iis (animis) faciliorem ascensum et reditum in caelum fore; fr F V 97. — II, 1. quod (oppidum) erat difficili ascensu atque arduo; Ver IV 51. — 2. M. Manlius cum ab ascensu Capitolii Gallorum impetum reppulisset; dom 101. — III. is (Demosthenes) inambulans atque ascensu ingrediens arduo; de or I 261.

ascisco, herbeiholen, aufnehmen, annehmen, sich aneignen, billigen: L nemo, quem non ad hoc incredibile sceleris foedus asciverit; Catil II 8. Sabinos in civitatem ascivit; rep II 13. ut sibi omnia, quae clarorum virorum essent, non dubitaret asciscere; Bru 268. aut iustitiam aut amicitiam propter utilitates ascisci aut probari: fin III 70 idcirco hanc consuetudinem libenter ascivimus; Bru 209. Caria et Phrygia et Mysia asciverunt aptum suis auribus opimum quoddam genus; orat 25. iustitiam: f. amicitiam. asciverunt sibi illud oppidum piratae primo commercio, deinde etiam societate: Ver IV 21. eos expertes esse illius prudentiae, quam sibi asciscerent; de or I 87. regem alienigenam sibi ipse populus ascivit; rep II 25. tu invita mulieres, ego arcivero || asc., acc. || viros; A V 1, 3. — II. cives undique fortes viros asciverunt; Balb 51.

ascribo, hinzuschreiben, hinzufügen, zuschreiben, eintragen, bestimmen, festsetzen: I. et Arruntius ita te mandasse aiebat, et tu ascripseras; ep VII 18, 4. II. te id non reprehendere ascribis; ep I 9, 4. — III. (L. Manlius Sosis) erat ascriptus in id municipium ante civitatem sociis et Latinis datum; ep XIII 30, 1. quod ascribi ad legem nefas est; inv I 56. (Caesarem) hoc scribere consuamque eam ascribere, quae .. ; A XIII 7, 1. colonos novos ascribi posse rescripsi; Phil II 102. hoc incommodum Scipioni ascribendum videtur; inv I 91. ad hoc genus ascribamus etiam narrationes apologorum; de or II 264. qui hanc poenam foederibus ascribat, ut ..; Balb 20. Terentia salutem tibi plurimam ascribit; A I 5, 8. sin Thucydidem laudabit, ascribat suae nostram sententiam; opt gen 16. — IV. quod vulgo hominum opinio socium me ascribat tuis laudibus; ep IX 14, 1. tyrannus petivit, ut se ad amicitiam tertium ascriberent; of III 45. eum tutorem liberis non ascripsit; Cluent 34.

ascripticius, neu eingetragen: quos quasi novos et ascripticios cives in caelum receptos putant; nat III 39.

ascriptio, schriftlicher Zusatz: declarat ista || ipsa || ascriptio esse aliquid; Caecin 95.

ascriptor, Mitunterzeichner, Förderer: I, 1. ille novicius Ligus, venalis ascriptor || scriptor || et subscriptor tuus, dixit ..; dom 49. — 2. exstitit || dimittit, al. || ascriptor dignitatis meae: seu 26. — II. conlegas suos ascriptores legis agrariae non repudiabit; agr II 22.

asellus, Esel: I. ut in tanta libertate aselli denique istic fuligin sic incurrant, ut iis de via decedendum sit; rep I 67. — II. „agas asellum"; de or II 258.

Asiaticus, asiatisch: cum inclinata ululantique voce more Asiatico canere coepisset; orat 27.

asinus, Esel: I, 1. scio me asinum germanum fuisse; A IV 5, 3. — 2. quid nunc te, asine. litteras doceam? Piso 73. — II. longum est mulorum persequi utilitates et asinorum; nat II 159.

asotus, Wüstling, Schwelger: posse asotos ex Aristippi schola exire; nat III 77. — II. nolim mihi fingere asotos, ut soletis, qui in mensam vomant; fin II 23.

aspectabilis, sichtbar: corporeum et aspectabile itemque tractabile omne necesse est esse, quod natum est; Tim 13.

aspecto, anschauen: quid me aspectas? Planc 101.

aspectus, Blick, Sehkraft, Gesicht, Gesichtskreis, Anblick, Aussehen (vgl. aspicio, I, 1, b): I. si forte eos (philosophos) primus aspectus mundi conturbaverat; nat II 90. versatur mihi ante

oculos aspectus Cethegi; Catil IV 11. auctionis miserabilis aspectus; Phil II. 73. — II, 1. quibus (Cimmeriis) aspectum solis natura ademerat; Ac II 61. aspicite, indices, vultum hominis et aspectum: Ver III 22. oculos fecit mobiles, ut aspectum, quo vellent, facile converterent; nat II 142. qui si ex illa iactatione populari referunt aspectum in curiam; prov 38. — 2. ut res caecas et [ab] aspectu[s indicio] remotas conformatio quaedam ita notaret, ut . . : de or II 357. si neque sol neque caelum sub oculorum aspectum cadere potuissent; Tim 52. quod templum in oculis cotidianoque aspectu populi Romani positum est: Ver I 129. quae sub aspectum veniunt; de or II 358. — III. (urbs) situ est praeclaro ad aspectum: Ver IV 117. ut, quicquid in his rebus fiat utiliter ad pugnam, idem ad aspectum etiam sit venustum; orat 228. — IV. rerum, quasi gerantur, sub aspectum paene subiectio (permultum movet); de or III 202. — V. e quibus (litteris) hanc primo aspectu voluptatem cepi, quod erant a te ipso scriptae: A VII 3, 1. uno aspectu intueri potestis eos. qui . . ; Sest 1. non adsidens et attente audiens, sed uno aspectu et praeteriens de oratore saepe indicat; Bru 200. quae aspectu sentiuntur; of I 14.

aspello, wegtreiben: »longe a leto numine aspellor Iovis«; Tusc II 25.

asper. uneben, rauh, streng, derb, hart, herb: A (Stoici) horridiores evadunt, asperiores, duriores et oratione et moribus; fin IV 78. quae Stoici aspera dicunt: fin V 93. esse corpuscula quaedam levia, alia aspera; nat I 66. urguentibus asperis et odiosis doloribus: Tusc II 67. plura genera, lene asperum, contractum diffusum . . ; de or III 216. in locis illa naturalia (spectantur), plani an montuosi, leves an asperi: part or 36. scilicet aspars mea natura, difficilis aditus; Vatin 8. quod ipsum alii aspera, tristi, horrida oratione, alii levi et structa et terminata: orat 20. tristis res est sine dubio, aspera, amara, inimica naturae: Tusc II 18. quod est tam asperum saxetum, in quo agricolarum cultus non elaboret? agr II 67. hanc viam asperam atque arduam esse; Sest 100. — B. quid iudicant sensus? dulce amarum, leve asperum; fin II 36.

aspere. rauh, streng, derb, grob: posteaquam Pompeius in senatu a Catone aspere et acerbe nimium est accusatus; ep I 5, b, 1. ut multa in adversarios aspere (dicantur); orat 127. alterum libere facere. non aspere; Lael 91. cum M. Cato aspere apud populum Romanum et vehementer esset locutus: de or I 227. asperius me, quam mei patiantur mores, de Dionysio scripsisse; A IX 15, 5. quod eum (Pompeium Marcellinus) nimis aspere tractat; Q fr II 4, 5. alter vestitus aspere nostra hac purpura plebeia; Sest 19. quis vituperare improbos asperius potest? de or II 35.

aspergo. spritzen, besprißen, hinzufügen: be idmußen, beschimpfen: qui istius facti non modo suspicione, sed ne infamia quidem est aspersus; Cael 23. eodem fonte se hausturum intelleget (Caesar) laudes suas, e quo sit leviter aspersus; ep VI 6. 9. sive habeas, [vere] quod narrare possis, quod tamen est mendaciunculis aspergendum; de or II 241. hoc aspersi, ut scires me tamen in stomacho solere ridere: ep II 16, 7. f. molestiam. ne aram sanguine aspergeret: nat III 88. nunc mihi iucunditatis plena epistula hoc aspergit molestiae, quod . . : Q fr II 10, 1. huic generi orationis aspergentur etiam sales: orat 87. Aebutio sextulam aspergit; Caecin 17. hunc tu vitae splendorem maculis aspergis istis? Planc 30.

asperitas, Rauheit, Härte, Herbheit, Wildheit: I. „ex usu" dicunt et „e re publica", quod in altero vocalis excipiebat, in altero esset asperitas,

nisi litteram sustulisses, ut „exegit, edixit"; orat 158. — II. in qua (oratione) asperitas contentionis oratoris ipsius humanitate conditur; de or II 212. rusticam asperitatem fugere discamus; de or III 44. illorum (Stoicorum) tristitiam atque asperitatem fugiens Panaetius; fin IV 79. habeo: f. III. — III. quae (figura) nihil asperitatis habere, nihil offensionis potest: nat II 47. — IV, 1. qui (homines) non patiuntur eam (terram) stirpium asperitate vastari: nat II 99. — 2. in eis vel asperitatibus rerum vel angustiis temporis: de or I 3. sine hac iudiciali asperitate; de or II 64.

aspernatio, Verschmähung: quorum (animorum) omnes morbi et perturbationes ex aspernatione rationis eveniunt; Tusc IV 31.

aspernor, zurückweisen, verwerfen, verschmähen, verleugnen (pass. f. II. alqm): I. quod facillimum factu est non aspernante senatu; ep XV 10, 1. — II. qui habet, ultro appetitur; qui est pauper, aspernatur; fr E II 3. gustatus quam cito id, quod valde dulce est, aspernatur ac respuit! de or III 99. cuius ego furorem atque crudelitatem deos immortales a suis aris atque templis aspernatos esse confido; Cluent 194. (animal) aspernatur dolorem ut malum; fin II 31. furorem: f. crudelitatem. eam (gratiam) ne aspernere; ep V 12, 3. utrum aperte hominem asperner et respuam; A XIII 38, 2. quamquam non aspernor Trebatii litteras; A VII 17, 3. malum: f. dolorem. nomen aspernari publicani non possunt; Q fr I 1, 33. quam (philosophiam) haec civitas aspernata numquam est; de or II 154. qui aspernetur oculis pulchritudinem rerum; Cael 42. nemo ipsam voluptatem, quia voluptas sit, aspernatur aut odit aut fugit; fin I 32.

aspersio, Besprißen: num etiam Veneris Coae pulchritudinem effici posse aspersione fortuita putas? div I 23. illud aspersione aquae tollitur; leg II 24.

aspicio, blicken, hinblicken, anblicken, ansehen, sehen, erblicken, beachten, betrachten: I, 1, a. ea contemplari cum cuperem, vix aspiciendi potestas fuit; de or I 161. — b. qua (uva, vite) quid potest esse aspectu pulchrius? Cato 53. — 2. ut possit is illa omnia cernere, qui tantum modo aspexerit; de or III 145. quocumque aspexisti; par 18. — II. nonne aspicis, quae in templa veneris? rep VI 17. — III. quo animo C. Murenam fratrem suum aspiciet? Muren 89. an L. Antonium aspicere potero? Phil XII 20. sive immolaris sive avem aspexeris; div II 149. cum ipse numquam forum, numquam ullum iudicium aspexerit; de or II 75. fratrem: f. alqm. ego frumentum neque attigi neque aspexi; Ver III 175. Graeci homines hostem aspicere non possunt: Tusc II 65. ut eius (orationis) vim et incitationem aspexerim; de or I 161. iudicium: f. forum. lucem aspicere vix possum; A III 7, 1. nec tuos ludos aspexit: Sest 116. eius orationes aspiciendas tamen censeo; Bru 220. neque ipsi eam pecuniam aspeximus; A XI 13, 4. vim: f. incitationem. — IV. L. Furium repente venientem aspexit; rep I 17. idem si praeteriens aspexerit erectos intuentes iudices; Bru 200.

aspiratio, Ausdünstung, Einatmung, Hauchlaut: I. ut eius (caeli) aspiratio gravis et pestilens futura sit; div I 130. — II. quin ego ipse, cum scirem ita maiores locutos esse, ut nusquam nisi in vocali aspiratione uterentur, loquebar sic, ut „pulcros, Cetegos, triumpos, Cartaginem" dicerem; orat 160. — III. animantes aspiratione aëris sustinentur; nat II 83.

aspiro, aushauchen, trachten, sich nähern, hingelangen, begünstigen; ut ex bellica laude aspirare ad Africanum nemo potest; Bru 84. num quis est, qui dicat in campum aspirasse Sullam? Sulla 52. cum tu ad eum [Ciceronem] numquam aspirasti;

9*

Piso 11. subinvideo tibi ultro etiam accersitam ab
eo, ad quem ceteri propter occupationem (eius)
aspirare non possunt; ep VII 10, 1. eum (Vettium)
in eo loco constituit, quo Bibulo consuli aspirare
non liceret; A II 24, 3. haec ad eam laudem
aspirare non possunt; orat 140. consul: f. alqs; A
II 24, 3. quo neque Karthaginiensium gloriosissimae
classes umquam aspirare potuerunt; Ver V 97. qui
(pulmones) tum se contrahunt aspirantes, tum in
respiratu || intrante spiritu || dilatant; nat II 136.
haec etiam in eculeum coiciuntur, quo vita non
aspirat beata; Tusc V 13 (12).

aspis, Ratter: Demetrium aspide ad corpus
admota vita esse privatam; Rab Post 23. aspidas,
crocodilos in deorum numerum reponemus; nat
III 47.

asportatio, Fortſchaffung: quod eorum (signorum) demolitio atque asportatio perdifficilis
videbatur; Ver IV 110.

asporto, fortführen, fortſchaffen: non te ex
Sicilia litteras in Verrem deportare velle arbitrantur,
sed asportare te velle ex Sicilia litteras suspi-
cantur; div Caec 28. (Dianae) simulacrum tollendum
asportandumque curavit; Ver V 185. Ditem
virginem secum asportasse; Ver IV 107.

ass — f. **ads —**

assus. troden, neutr. Braten, Schwitzbad: A.
pro isto asso sole, quo tu abusus es in nostro
pratulo, a te nitidum solem unctumque repetemus;
A XII 6, 2. — B, I. in balneariis assa in alterum
apodyterii angulum promovi; Q fr III 1, 2. — II.
usque ad assum vitulinum opera perducitur; ep
IX 20, 1.

ast, aber, doch, andrerſeits: »divos et eos
coluunto et ollos, ast olla, propter quae«..; leg II
19. »ast quid turbassitur in agendo, fraus actoris
esto«; leg III 11. tu crebras a nobis litteras
exspecta; ast plures etiam ipse mittito; A I 16, 17.
per senatumne (agi)? at || ast || tute scripsisti..;
A III 15, 6. rides? † aps || ast, at || condoleo
non perfici; A XV 4, 1. in an actuariolis ad Leuco-
petras Tarentinorum atque || ast || inde Corcyram;
A XVI 6, 1.

astipulator, Beipflichter, Anhänger: isto
advocato aut astipulatore; Piso 18. eorum
(Stoicorum) astipulator Antiochus; Ac II 67.

asto, dabeiſtehen: meam domum, maxima
frequentia amplissimorum civium astante, omni
religione liberaverunt; hac resp 12. perfecit astante
atque audiente Italia tota, ut .. ; sen 26.

astricte, gedrängt, furz: qui (Theophrastus)
putat orationem non astricte, sed remissius
numerosam esse oportere; de or III 184.

astringo, zuſammenziehen, ſtarr, hart machen,
einſchränken, feſſeln, binden, verpflichten, part.
ſtraff, knapp, gedrängt, furz: Sp. Mummius
astrictior; Bru 94. num se astrinxit scelere? of
III 19. quibus (vinculis) quidem libentissime astrin-
gor; ep III 10, 9. nec tamen haec ita sunt arta et
astricta, ut ea laxare nequeamus; orat 220. pater
nimis indulgens, quicquid ego astrinxi, relaxat; A
X 6, 2. ea (alvus) tum astringitur, tum relaxatur;
nat II 136. qui (Stoici) breviter astringere solent
argumenta; Tusc III 13. quod exercitatione perfecta
erat verborum astricta comprehensio; Bru 327. a
quo (Lycurgo) est disciplina Lacedaemoniorum
astricta legibus; Bru 40. quae (dialectica) quasi
contracta et astricta eloquentia putanda est; Bru
309. tanto scelere astrictis hominibus; Sulla 82.
tum astringentibus se intestinis, tum relaxantibus;
nat II 138. est finitimus oratori poëta, numeris
astrictior paulo, verborum autem licentia liberior;
de or I 70. aquilonibus reliquisque frigoribus
astrictus || adiectis || durescit umor; nat II 26.

astrologia, Sternfunde: I. Scylax, excellens

in astrologia; div II 88. — II. hominem ignarum
astrologiae optimis versibus Aratum de caelo
stellisque dixisse; de or I 69. — III. omnia fere.
quae sunt conclusa nunc artibus, dispersa et
dissipata quondam fuerunt; ut in astrologia caeli
conversio, ortus, obitus motusque siderum; de or
I 187.

astrologus, Sternfundiger, Sternbeuter: I.
astrologi motus errantium stellarum notaverunt;
div II 146. — II. non habeo nauci de circo astrologos; div I 132.

astrum, Himmelskörper, Geſtirn, Sternbild:
I. astra suspeximus cum ea, quae sunt infixa certis
locis, tum illa non re, sed vocabulo errantia; Tusc
I 62. cum ad idem, unde semel profecta sunt, cuncta
astra redierint; rep VI 24. — II, 1. cum in aethere
astra gignantur, consentaneum est in iis sensum
inesse et intellegentiam, ex quo efficitur in deorum
numero astra esse ducenda; nat II 42. infigo, al.
f. I. errant. — 2. quia (Pompeius) deciderat ex
astris, lapsus quam progressus potius videbatur; A
II 21, 4. insum in: f. 1. Hortalus quam ornate
nostras laudes ad astra sustulit! A II 25, 1. — III.
astrorum adfectio valeat, si vis, ad quasdam res.
ad omnes certe non valebit; fat 8. »ille astrorum
custos«; fr H IV, a, 406. nos astrorum ortus, obitus
cursusque cognovimus; nat II 153. cum tam ratos
astrorum ordines viderit; nat II 97. — IV. quae
astris praesentiuntur; div I 109.

astu, Stadt: prius quam Theseus eos (Atticos)
in astu, quod appellatur, omnes se conferre iussit
|| iussisset ||; leg II 5.

astute, liſtig, ſchlau, verſchlagen: astute nihil
sum acturus; A X 6, 1. neque quicquam astute
cogito; ep II 16, 6. nihil nec temere dicere nec
astute reticere debeo; Q fr I 2, 3.

astutia, Schlauheit, Ränfe: I. si confidens
astutia esset; Cluent 183. — II. astutiae tollendae
sunt; of I 71.

astutus, liſtig, ſchlau, verſchlagen: A. quodsi
qui me astutiorem fingit; ep III 8, 6. nihil miserabile. nihil astutum (oratio philosophorum habet);
orat 64. ut tua ista ratio existimetur astuta; Ver
pr 34. — B. quodsi id est maxime astuti, omnia ad
suam utilitatem referre; ep III 10, 9.

asylum, Freiſtätte: quo minus e fano Dianae
servum suum, qui in illud asylum confugisset, abduceret; Ver I 85.

at (vgl. ast), aber, doch, allein, dagegen, andrerſeits: I. allein: 1. Ausſage: nunc hoc probabis.
homines te tuo iure potuisse occidere? at servus
meus non comparet, qui visus est cum tuis; at casa
mea est incensa a tuis? Tul 54. quem implorem?
senatumne? at is ipse auxilium petit a vobis; Flac 4.
at beneficio sum tuo usus. quo? Phil II 5. Metellus
ille honoratis quattuor filiis, at quinquaginta Priamus
Tusc I 85. di nati numquam sunt; at homines nati;
nat I 90. dixisse te nihil illo Atinati somnio fieri
posse divinius. at multa falsa. immo obscura fortasse nobis; div I 60. ad interpretem detulit. at
ille: „vicisti“; div II 144. at memoria minuitur.
credo, nisi eam exerceas; Cato 21. parva. inquit.
est res. at magna culpa; par 20. „non est“, inquit.
„in parietibus res publica“. at in aris et focis.
„fecit Themistocles“. at idem Pericles non fecit:
A VII 11, 3. — 2. Frage und Ausruf: praetor
appellatur. at quis appellat? Ver IV 146. hoc erat.
quod ego non rebar posse dissolvi. at quam festive
dissolvitur! div II 35. at te apud eum, di boni,
quanta in gratia posui! A VI 6, 4. at quam honesta,
at quam expedita tua consilia! A IX 12, 1. — 3.
Einräumung, Bedingung: sit flagitiorum
omnium princeps; at est bonus imperator, at felix:
Ver V 4. animum tuum, etsi non sapientissimi, at
amicissimi hominis auctoritate confirmandum puto;

ep VI 6, 2. at dares hanc vim M. Crasso, ut .., in foro, mihi crede, saltaret; of III 75. at, si omnia fato fiunt, omnia causis antecedentibus fiunt; fat 31. liceat haec nobis, si oblivisci non possumus, at tacere; Flac 61. qua e poena si tum evolarunt, at aliam multo maiorem subierunt; prov 14. — 4. **Auf forderung**: ac ‖ at ‖ de me omittamus: ad Alexandrinos istos revertamur; Rab Post 34. at videte hominis diligentiam: agr II 23.

II. **Verbindungen**: si minus, ut separatim de his rebus (orator) respondeat, at certe, ut in causa prudenter possit intexere; de or II 68. ut videre piratam captam non liceret? at contra hoc iucundissimum spectaculum omnibus praebebat; Ver V 66. at, credo, omnia sua secum una moritura arbitrabatur; Rabir 29. at enim vereor, ne haec difficiliora esse videantur; de or III 188. at etiam misericordiam captabas; Phil II 86. at mehercule ego non andeo dicere ..; nat I 78. an sine me ille vicit? at ne potuit quidem; Phil II 72. (di) non diligunt homines: at nequenon diligunt nos neque ..: div I 82. at negat Epicurus ..; fin II 70. quaestionis finis (est) inventio. at nemo invenit falsa; Ac II 26. servus respondit pudenter, at non stulte, dominum esse ad villam; Tul 20. f. I. 1. Tul 54. A VII 11, 3. quem implorem? an populum Romanum? at is quidem omnem suam de nobis potestatem tradidit vobis; Flac 4. at id quoque potest, ut ..; div II 106. credo, si minus frequentia sua vestrum egressum ornando, at ominibus saltem bonis prosequebantur; Piso 31. res bello gesserat, quamvis rei publicae calamitosas, at tamen magnas; Phil II 116. bonis viris si non desiderantibus, at tamen approbantibus; of II 58. esto: nihil ex fugitivorum bello laudis adeptus est: at vero contra bellum praedonum classem habuit ornatam; Ver V 42. at vero quanta maris est pulchritudo! nat II 100. hui, totiensne me litteras dedisse Romam, cum ad te nullas darem? at vero posthac frustra potius dabo, quam ..; A V 11, 1.

atavus, **Ahnherr**: non patrem tuum videras, non patruum, non avum, proavum, atavum audieras consules fuisse? Cael 33.

ater, **schwarz**: risi „nivem atram"; Q fr II 11, 1. f. albus.

athleta, **Wettkämpfer, Ringer**: I. qui (Milo Crotoniates) cum athletas se exercentes in curriculo videret; Cato 27. ut athletas nec multo secus gladiatores videmus nihil facere, in quo non motus hic habeat palaestram quandam; orat 228. — II. quid ego te athletas putem desiderare, qui gladiatores contemperis? ep VII 1, 3.

atomus, **unteilbarer Körper, Atom, Monade**: I. in hac immensitate latitudinum, longitudinum, altitudinum infinita vis innumerabilium volitat atomorum, quae interiecto inani cohaerescunt tamen inter se et aliae alias apprehendentes continuantur; nat I 54. ille (Democritus) atomos quas appellat, id est corpora individua propter soliditatem, censet in infinito inani ita ferri, ut concursionibus inter se cohaerescant, ex quo efficiantur ea, quae sint quaeque cernantur. omnia, eumque motum atomorum nullo a principio, sed ex aeterno tempore intellegi convenire; fin I 17. declinare dixit (Epicurus) atomum perpaulum; fin I 19. — II, 1. quid est magnum de corpusculorum (ita enim appellat (Amafinius) atomos) concursione fortuita loqui? Ac I 6. continuo, al.: f. I. — 2. sint sane (di) ex atomis; nat I 68. — III. Democritus, auctor automorum; fat 23. Epicurus declinatione atomi vitari necessitatem fati putat; fat 22. quod esset earum (atomorum) motus certus et necessarius; nat I 69. vis: f. I. nat I 54.

atque, ac, **und, und zwar, und sogar, als**, **wie**: A. **Vergleich**: quos (fratres) aeque atque te summa benivolentia sum complexus; ep VI 14, 1. aeque a te peto, ac si mea negotia essent; ep XIII

43, 2. cum aequam partem tu tibi sumpseris ac populo Romano miseris; Ver III 49. cum aliter sentias ac loquare; de or II 269. qui suos casus aliter ferunt, atque ut auctores aliis ipsi fuerunt; Tusc III 73. aliud illud esse atque hoc; de or I 233. longe alia, ac tu scripseras, nuntiantur; A XI 10, 2. ut contra, ac dicat, accipi velit; orat 137. inter aliquos contrarium decernebat, ac proximis paulo ante decreverat; Ver I 120. quod est non dissimile atque ire in Solonium; A II 3, 3. in hanc (causam) argumentationes ex isdem locis sumendae sunt atque in causam negotialem; inv II 70. pro eo, ac si concessum sit, concludere oportebit argumentationem; inv I 54. qui me reliquis officiis, iuxta ac si meus frater esset, sustentavit; sen 20. neque mihi par ratio cum Lucilio est ac tecum fuit: nat III 3. perinde habenda saepe sunt, ac si effici non possint: part or 84. non perinde, atque ego putaram, adripere visus est; A XVI 5, 3. non possum ego non proxime atque ille laborare; ep IX 13, 2. illud non dixi secus ac sentiebam; de or II 24. (membra) paulo secus a me atque ab illo partita ac tributa; de or III 119. ut mihi tui libri pateant non secus, ac si ipse adesses; A IV 14, 1. ita similis erit ei (viti) finis boni, atque antea fuerat; fin V 40. neque vero illum similiter, atque ipse eram, commotum esse vidi; Phil I 9. simul ac te aspexi; Vatin 4. qui (dolor), simul atque adripuit, interficit; fin II 93. honos tali populi Romani voluntate paucis est delatus ac mihi, Vatin 10.

B. **copulativ**: I. **zu Anfang des Satzes**: ac de avertenda pecunia quaero; Ver II 144. atque in re publica maxime conservanda sunt iura belli; of I 34. atque utebar familiarissime Caesare; ep VI 6, 4. atque adeo, ne hoc obscurius esse possit, procedite in medium: Ver II 190. atque ego exempla ominum nota proferam; div I 108. atque equidem vehementer exspectabam ..: Cael 63. atque etiam sequuntur largitionem rapinae; of II 54. ac forsitan vix convenire videretur; Ver II 159. atque haec ego non reprehendo; de or II 79. atque haud scio an pietate adversus deos sublata fides etiam tollatur; nat I 4. ac iam illa omitto; Catil I 15. atque eundem primum ludos maximos fecisse accepimus; rep II 36. atque illud quoque pertinet ad paucitatem; inv I 33. atque in primis meditetur illud; Tusc II 65. atque ipsum decretum cognoscite; Sex Rosc 25. atque ea ipsa civitas qua ratione isti amica sit, dicetur certo loco; Ver II 13. atque id optimus quisque re ipsa ostendit et indicat: of I 154. atque iste vir confidere sibi debet; fin III 29. atque ita profectus est, ut ..; Milo 27. ac ne plura complectar; fin II 118. ac ne Lycurgi quidem disciplina tenuit illos in hominibus Graeciis frenos: rep II 58. ac neminem mirari conveniet, si ..: inv II 102. ac neque illius Crassi factum potuit imitari; Scaur 3, 2. ac nimirum rei militaris virtus praestat ceteris omnibus; Muren 22. atque unius cuiusque constitutionis exemplum supponere non gravaremur; inv II 156. f. hic. ac non solum erat administer istius cupiditatum, verum etiam ..: Ver II 136. ac primo quidem omnibus minabatur; Cluent 108. ac primum agros divisit; rep II 26. atque antea quidem maiores copias alere poterat; Deiot 22. f. primo. atque huius quoque exordium mali explicemus; inv I 3. ac verbis quoque dilucidis utendum est; inv I 29. atque si in virtute satis est praesidii ad bene vivendum, satis est etiam ad beate; Tusc V 53. atque sic a summis hominibus accepimus ..; Arch 18. ac tamen ita disputabant; Rab Post 16. ac vide, quid differat inter meam opinionem ac tuam: div Caec 61. atque ut hoc ita esse percipere possitis; Cluent 43. atque utinam res publica stetisset, quo coeperat, statu! of II 3.

II. **im Satz**: 1. ohne andere Copulativpartikel: a. **Substantiva**: admiratio ac summa laus; de or III 101. amicum atque hospitem; Flac

48. animo ac mente; leg I 59. aspectu atque vultu; Sulla 15. bonitati ac moderationi; de or II 342. in capite atque cervicibus; agr II 74. in oratoris cincinnis ac fuco; de or III 100. conatus atque adumbratio; orat 103. consilio atque cura; nat I 7. ab omni contentione ac dimicatione; de or III 13. correctorem atque emendatorem; Balb 20. sine cruciatu atque tormentis; Phil XII 21. cunctatione ac tarditate; Sest 100. cura atque industria; ep I 7, 9. custodem ac vindicem; agr II 24. damna ac detrimenta; Ver III 108. diritate atque immanitate; Vatin 9. distributione partium ac separatione; de or III 132. in doctrina atque praeceptis; Bru 120. egestas ac mendicitas; Catil IV 10 elatione atque altitudine orationis; Bru 66. sine emolumento ac praemio; de or II 346. tantum facilitatis ac mansuetudinis; A I 20, 1. famam ac fortunas; Ver II 57. pro patriis fanis atque delubris; Rabir 30. in ferrum atque in vincla; Ver V 107. finis aliqui atque exitus; Cluent 7. in foro atque in oculis civium; de or II 41. sine fuco ac fallaciis; A I 1, 1. furtis atque flagitiis; Ver II 1. generis ac familiae vestrae; Ligar 12. in homine atque mortali; nat I 98. ex igni atque anima; nat III 36. cum imperio ac securibus; Ver IV 8. incolumitatis ac salutis causa; de or III 178. ex inopia atque indigentia; Lael 29. eius rei inventor atque artifex; de or I 51. a tuis invidis atque obtrectatoribus; ep I 4, 2. iracundia ac stomacho; Ver II 48. ius atque vis; Sest 92. labore atque industria; Bru 240. cum laude ac virtute; Rabir 29. litteris atque linguis; Marcel 9. pompa, ludis atque eius modi spectaculis; fin V 48. tota mente atque omni animo; de or II 89. munitione ac mole lapidum; Ver IV 113. nequitiam ac turpitudinem; Ver V 92. sine nervis ac viribus; de or III 199. in illo nidore atque fumo; Piso 13. officia ac munera; de or II 345. officio ac necessitudini; Ver V 139. id operis ac muneris; leg II 6. ore ac vultu; de or I 184. in ore atque in oculis; Ver II 81. parentum ac propinquorum; Ver V 130. partus atque fontes ‖ fetus ‖; Bru 49. peregrinam atque hospitem; A VI 3, 4. pestem ac perniciem; div I 47. cum probro atque dedecore; Sex Rosc 68. pudoris ac religionis; Font 28. quietem atque otium; de or III 56. ratione ac via; fin II 18. ad requiem atque otium; de or I 224. re ac ratione Ver II 172. roboris atque nervorum; ep VI 1, 3. seditionem atque discordiam; of I 85. sententiae atque opinionis; de or I 172. servi ac supplices; Ver pr 53. societate atque amicitia; Ver IV 72. contra socios atque amicos; imp Pomp 66. solum quoddam atque fundamentum; de or III 151. superbiae ac libidini; de or II 342. tectis ac templis; Phil I 5. templis ac tectis; Sulla 33. pro deorum templis atque delubris; nat III 94. terrore ac metu; Sest 34. inopiam testium ac litterarum; Ver III 166. civilis turbae ac fori, de or I 81. viam atque rationem; Ver pr 48. vicissitudo atque mutatio; Tusc V 69. vinculis ac verberibus; imp Pomp 11. vi ac facultate dicendi; de or II 125. vi atque armis; Caecin 37. vi ac virtute; har resp 49. vires atque opes; Milo 67. vi atque victus; ep III 10. 9. — b. Adjectiva, mit Adjectiven verbunbene Participia; vox absona atque absurda; de or III 41. ingeniis acutis atque acribus; de or III 79. (scelus) apertum ac manifestum; Cluent 189. meliora atque maiora; Phil VIII 10. caelestium rerum atque terrestrium; nat II 90. illa certa fere ac definita sunt; de or II 288. consequentis ac posteri temporis; fin I 67. sermonis cotidiani ac domestici; de or III 48. ut difficiles ac morosi simus; orat 104. hic disertus atque eloquens; de or I 215. facultates diversae atque seiunctae; de or I 215. divina atque immortalia decreta; dom 75.

crimen domesticum ac vernaculum; Ver III 141. ex domesticis atque intimis familiaribus; ep III 1, 3. excellentis ingenii ac singularis; de or II 298. in externis atque alienis locis; ep IV 7, 4. esse facetum atque salsum; de or II 228. (C. Fimbria) fervidior atque commotior; Bru 129. hominem ferum atque agrestem; Sex Rosc 74. ego ferus ac ferreus; Q fr I 3, 3. firmus amicus ac fidelis; Cael 14. rem publicam firmam atque robustam; rep II 3. fortissimo atque florentissimo viro; Muren 59. vir fortis ac strenuus; Phil VIII 11. gravior homo atque honestior; Ver II 149. gravissimi atque honestissimi viri; Ver V 156. tua illa horridula mihi atque incompta visa sunt; A II 1, 1. vitam horridam atque aridam; Quinct 93. impium bellum ac nefarium; Catil I 33. a corpore impuro atque infando; Sest 117. regiones inhabitabiles atque incultas; nat I 24. omnia inimica atque infesta fuerint; Quinct 10. ut illa altera pars orationis lenis atque summissa, sic haec intenta ac vehemens esse debet; de or II 211. mala ac misera defensio; Ver III 175. pro homine miserrimo atque infelicissimo; Sex Rosc 119. multis ac magnis meritis; Ver II 122. brevitatem nudam atque inornatam; de or II 341. is fuit ornatus atque elegans; Bru 78. par atque una ratio; de or II 209. perennes cursus atque perpetui; nat II 55. loco perexcelso atque edito; Ver IV 107. (domus) plena ac referta; Ver I 120. a verbis propriis ac suis; Top 32. omnia recta atque honesta; leg I 37. officium tam sanctum atque sollemne; Quinct 26. amor sollicitus atque anxius; A II 24, 1. animo soluto ac libero; Ver V 82. (senatum) timidum atque ignavum iudicari: ep XI 18, 1. hanc doctrinam transmarinam atque adventiciam; de or III 135. vacui ac liberi temporis; de or III 57. vicinam atque finitimam scientiam; orat 113. una atque eadem causa; Caecin 59. — c. Adverbia, adverbialer Ablativ; quae coniectura explanantur acute atque concinne; de or III 280. aperte atque ingenue confitebar; ep V 2, 2. huc atque illuc tergiversantem; Q Rosc 37. vagabitur longe atque late; Marcel 29. merito ac iure laudantur; Catil III 14. qui idem ornate ac graviter, idem versute ac subtiliter dicant; orat 22. perfecte atque absolute beatos efficit; Tusc IV 38. parentibus praecipue atque insigniter diligendis; part or 80. si animus solute moveatur ac libere; div II 100. ex corpusculis concurrentibus temere atque casu; nat II 94. — d. Verba (vgl. b): abdico atque eicio; de or II 102. difficultatibus adfectus atque adflictus; Quinct 10. aspernatur ac respuit: de or III 99. aspicite atque intuemini; de or III 28. audire atque accipere; of III 5. cedam atque abibo; Milo 93. commendo atque trado; ep II 6, 5. genus comptum atque expolitum; part or 19. inter se conexa atque coniuncta; nat II 163. contemnendum ac despiciendum (esse); fin IV 73. ne contrahas ac demittas animum; Q fr I 1, 4. nobis cupientibus atque exoptantibus; de or I 2. derideretur atque contemnitur; de or III 54. describil ac distingui; Flac 36. desertum se atque abiectum fore; ep I 5, b, 2. detester ac deprecer; Catil I 27. discat atque dediscat; Quinct 56. divaricari ac deligari; Ver V 86. divellat ac distrahat; Planc 102. dori atque impertiri; Sex Rosc 131. da atque largire; ep XIII 50, 2. effingat atque exprimat; de or I 90. effingis atque os efficis; nat I 65. exagitarent atque contemnerent; de or III 59. excellit atque eminet; rep II 50. excultus atque expolitus; Bru 95. exstare atque eminere; de or III 101. ad extenuandum atque abiciendum; de or III 104. fiere ac lamentari; de or I 245. fluerent atque manarent; nat I 39. furere atque bacchari; Bru 276. impulsi atque incensi sumus; Bru 19. motus impressi atque inusti; de or II 189. inclinant atque propendent;

de or II 187. innata atque insita; Top 69. instituere atque erudire; Ver III 161. instituti atque imbuti sumus; Phil X 20. miscet ac turbat; har resp 46. notari ac vituperari; de or II 349. observat ac diligit; ep XIII 17, 1. obstare atque officere; Sex Rosc 6. ornare ac tueri; de or II 344. oro atque obsecro; Rabir 5. orat ac petit; A XV, 3, 1. partita ac tributa; de or III 119. perfectam illam atque absolutam rationem; nat II 34. perpoliam atque conficiam; de or II 121. perturbatum ac discrepans; de or III 40. precor atque quaeso; dom 144. profitetur ac praestat; Ver III 2. profiteor atque polliceor; ep V 8, 4. promitto atque confirmo; ep XIII 27, 3. purgatos ac probatos; A 1 17, 7. relinquat ac neglegat; orat 137. repressos esse ac retardatos; imp Pomp 13. rogabuntur atque orabuntur; agr II 68. spolies atque denudes; de or I 235. statuo atque decerno; de or III 94. sustinere ac ferre; Phil V 8. tegas atque tueare; ep XIII 66, 2. tegere atque celare; Piso 56. tueri atque defendere; de or I 172. ad opes tuendas ac tenendas; of I 23. victa atque superata est; Ver V 98. victi ac subacti; Font 36. — e. Präpositionen: in caede atque ex caede; Sex Rosc 78. si partes ipsae per se atque inter se continentur; nat II 116. — f. Wiederholung desselben Wortes: vestros portus atque eos portus, quibus . . ; imp Pomp 33. meus ac meorum dolor; har resp 4. paria esse ista atque ita paria, ut . . ; Muren 15. plus, ac multo plus, abstulisse; Ver III 29. de Attica optime, quod levius ac levius; A XIII 21, 6. qui hospes fuisset atque esset; Ver II 110. geris atque gessisti; ep XV 11, 2. te etiam atque etiam hortor; ep IV 9, 1. etiam atque etiam vale; ep IX 24, 4. — g. aus geführter Satzteile und Sätze: in morbum incidit ac satis vehementer aegrotavit; Cluent 175. ducere exercitum hostium atque in armis volitare; Catil II 15. se corroboravisset ac vir inter viros esset; Cael 11. ut meam domum metueret atque a me ipso caveret; Sest 133. quorum cum remanerent animi atque aeternitate fruerentur; nat II 62. — h. besondere Verbindungen: adeo; II. infirma atque etiam aegra valetudine; Bru 180. vacua ab omni periculo atque etiam suspicione belli; prov 30. vir sapientissimus atque haud sciam an omnium praestantissimus; nat II 11. quaerit Laterensis atque hoc uno maxime urget; Planc 6. Herculem exisse in solitudinem atque ibi sedentem dubitasse . . ; of I 118. vir doctissimus Plato atque idem gravissimus philosophorum omnium; leg II 14. mulierem quandam Larino atque illam usque a mari supero Romam proficisci; Cluent 192. ista effutientem nauseare atque ipsum sibi displicere; nat I 84. sollicitabar rebus maximis uno atque eo perexiguo tempore; Ver pr 24. f. f. imp Pomp 33. ut se abiceret in herba atque ita illa loqueretur; de or I 28. f. f. Muren 15. ne caderet ac ne is liberaretur; de or I 166. aliud agentem ac nihil eius modi cogitantem; Cluent 179. si verbis legum ac non sententiis pareatur; part or 136. nec vero, nunc quid cogitet, scio ac non desino per litteras sciscitari; A VII 13, 2. hominis ne Graeci quidem ac Mysi aut Phrygis potius; Q fr I 1, 19. non vagabitur oratio mea longius atque definietur . . ; de or III 9. si additum id non esset ac tibi libitum esset ita defendere; Tul 32. non te exspectare ac statim causam adripere; ep V 12, 2. virtutem nullam requirere voluptatem atque se ipsa esse contentam; fin I 61. illum senem durum ac paene agrestem; Cael 36. aditus arduus ac potius interclusus; Ver I 136. aegrotanti ac prope desperatae rei publicae; div Caec 70. fecisset, ac minore quidem cum detrimento; sen 11. id sustulit, ac tamen eo contentus non fuit; Ver IV 109. leviter transire ac tantum modo perstringere; Sex

Rosc 91. ut existiment, quod velint, ac vel hoc intellegant; fin V 33. id ne vobis diutius faciendum sit, atque ut in perpetua pace esse possitis, providebo; Catil III 29. — 2. mit andern Copulatio. partifeln: pietate ac religione atque hac una sapientia; har resp 19. in sede ac domo atque in re publica; par 25. in virtute atque in rebus gestis tuis atque in tua gravitate; ep I 5, 4. semel atque iterum ac saepius dare coacti sunt; Font 26. vultum atque amictum atque etiam illam purpuram recordemini; Cluent 111. in forum atque in rem publicam atque in aciem paene; ep XV 4, 16. aut: f. 1, h. ne — quidem. fortes atque animosos et se acriter ipsos morti offerentes; Milo 92. dentibus manditur atque [ab iis] extenuatur et molitur cibus; nat II 134. boves et aratrum ipsum atque omne instrumentum; Ver III 199. erga duces ipsos et principes atque auctores salutis meae; sen 24. leges et instituta ac mores civitatum; fin IV 61. distortione et depravatione quadam ac motu statuve deformi; fin V 35. ultimum et altissimum atque undique circumfusum ardorem; nat I 37. quiete et pure atque eleganter actae aetatis; Cato 13. ex C. Flavii officio et observantia et praeterea splendore atque inter suos gratia; ep XIII 31, 2. et amicitia et iustitia atque aequitas; Ac I 23. ne quid temere ac fortuito, inconsiderate neglegenterque agamus; of I 103. -ve: f. et; fin V 35.

atqui, aber, gleichwohl, dagegen, allerdings, freilich, nun: I. „ad reliqua pergamus“. „atqui vides“, inquit Antonius, „quam te invita audiamus“; de or III 51. non, opinor, tam impudens esses. atqui vide, ne multo nunc sis impudentior; Caecin 62. num quisnam est vestrum, qui tribum non habeat? certe nemo. atqui illum quinque et triginta tribus patronum adoptarunt; Phil VI 12. mirari se sollertiam eius, a quo essent illa dimensa, et Cyrum respondisse: „atqui ego ista sum omnia dimensus“; Cato 59. amo libertatem loquendi. atqui hoc Zenoni placuit; ep IX 22, 1. — II. non ascribis: „et tibi gratias egit“. atqui certe ille agere debuit; A VII 7, 1. qui poterit fortunae stabilitate confidere? atqui nisi stabili et fixo et permanente bono beatus esse homo potest; Tusc V 40. id factum laudatum a senatu est. atqui, si speciem utilitatis opinionemque quaerimus . . ; of III 86.

atquin, aber, doch, freilich: quis ad propulsandum metum diligentior? atquin huius animum erga M. Brutum studiumque vidistis. Phil X 11. id non ferre praesens nonne turpe est? atquin vide, ue . . ; Tusc II 43.

atramentum, Schwärze, schwarzer Saft, Tinte, Kupfervitriol: I. calamo et atramento temperato res agetur; Q fr II 14, 1. — II. atramenti effusione sepiae (se tutantur); nat I 127. — III. pater eius (Carbonis) accusatus a M. Antonio sutorio atramento absolutus putatur; ep IX 21, 3.

atratus, in Trauerkleidung: cedo, quis umquam cenarit atratus; Vat 30. f. aluatus.

atriensis, Hausdiener, Haushofmeister: 1. ut in magna familia sunt alii lautiores, ut sibi videntur, servi, ut atrienses; par 47. — 2. idem coquus, idem atriensis; Piso 67.

atriolum, kleine Halle: I, 1. in porticu ut atriolum fiat; Q fr III 1, 2. neque satis loci videbatur esse atriolo neque fere solet nisi in iis aedificiis fieri, in quibus est atrium maius; Q fr III 1, 2. — 2. sum: f. 1. — II. typos tibi mando, quos in tectorio atrioli possim includere; A I 10 3.

atrium, Halle: I est: f. atriolum, I. — II. ipse suos necessarios ab atriis Liciniis corrogat; Quinct 25. — III. quae (quaestiones) sunt habitae nunc in atrio Libertatis; Milo 59.

atrocitas, Wildheit, Abscheulichkeit, Schrecken, Schroffheit, Strenge: I. atrocitas ista tua quo modo

in veterem Abademiam inruperit, nescio; Ac II
136. — II, 1. per quem (locum communem) ipsius
facti atrocitas aut indignitas augeatur; inv II 53.
eae litterae invidiosam atrocitatem verborum habent;
Q fr I 2, 6. — 2. mores M. Caelii longissime a tanti
sceleris atrocitate esse disiunctos; Cael 53. si
qua te fortuna ab atrocitate mortis vindicasset;
de or III 12. — III. non atrocitate animi moveor;
quis est enim me mitior? Catil IV 11.

atrocciter, wild, streng, leidenschaftlich,
schrecklich: de ambitu cum atrocissime ageretur in
senatu multos dies; Q fr II 15, 2. quid atrocius
potuit, quid severius decernere? Phil XI 15. volet
ille et contenta voce atrociter dicere et summissa
leniter; orat 56. cum omnibus horis aliquid atrociter
fieri videmus; Sex Rosc 154.

atrox, wild, hart, aufgeregt, schrecklich: tam
tristis et tam atrox est ἀναθεώρησις huius
ingentis mali; A IX 19, 1. contra atrocissimum
crimen; Deiot 2. admiscere huic generi orationis
vehementi atque atroci genus illud alterum lenitatis et mansuetudinis coepi; de or II 200. is (M.
Fadius) repente percussus est atrocissimis litteris;
ep IX 25, 3. eo mors atrocior erit P. Clodii; Milo 17.
ut consules de re atroci magnaque quaererent;
Bru 85. atroci ac difficili rei publicae tempore;
Ver IV 108.

attempto, versuchen, angreifen, antasten, bei-
zukommen suchen: cum ea attemptentur eius lingua,
cuius . . ; har resp 16. omnium adversarios, omnium inimicos diligenter cognoscere, conloqui,
attemptare; Ver II 135. qui non vereatur, ne compositae orationis insidiis sua fides attemptetur;
orat 208. inimicos: s. adversarios.

attendo, spannen, richten, aufmerken, achtgeben, beachten: I. nisi admodum attendi; de or
III 50. diligenter, sicut adhuc fecistis, attendite;
Ver IV 102. excitabuntur animi, ut attendant; part
or 121. attendite, iudices, diligenter; Ver III 104. —
II, 1. cum de necessitate attendemus; part or 84. —
2. attendendum est, num quae res consequantur;
inv I 43. sed attende, quaeso, quae sint consecuta;
ep I 9, 15. — 3. contra hoc || haec || attende me
nihil dicere; fin V 81. — III. quoniam me in hoc
novo genere dicendi tam diligenter attenditis;
Arch 18. quae pertinere ad dicendum putamus,
ea nos commodius, quam ceteros, attendisse non
adfirmamus; inv I 77. id ipsum attendo; de or I
161. attendite animos ad ea, quae consequuntur;
agr II 38. humile (genus causarum), quod neglegitur ab auditore et non magnopere attendendum
videtur; inv I 20. versus aeque prima et media
et extrema pars attenditur; de or III 192. ecquid
attendis, ecquid animadvertis horum silentium?
Catil I 20.

attente, aufmerksam: nos raucos saepe attentissime audiri video; de or I 259. ut attente
audiamur; part or 30. si quid aliud attentius cogitet;
of I 144. qui (Archimedes) dum in pulvere quaedam
describit attentius; fin V 50.

attentio, Aufmerksamkeit: reliqua sunt in cura,
attentione animi, cogitatione; de or II 150.

attentus, gespannt, aufmerksam, bedacht auf:
ea dum animis admirantes excipiunt;
orat 197. praebebo ego me tibi vicissim attentum
contra Stoicos auditorem; nat III 2. omne illud
tempus meridianum Crassum in acerrima atque
attentissima cogitatione posuisse; de or III 17. et
attentum monent Graeci ut principio faciamus
iudicem et docilem; de or II 323. ceterarum rerum
pater familias et prudens et attentus, una in re
paulo minus consideratus; Quinct 11.

attenuate, schlicht: oratorum attenuate presseque dicentium; Bru 201.

attenuo, abschwächen: quod bellum expec-

tatione eius attenuatum atque imminutum est; imp
Pomp 30. eius (Calvi) oratio nimia religione
attenuata; Bru 283. qui attenuare vocem potes;
fr A III 22.

attero, abreiben, abnutzen: ut rictum eius
(simulacri) ac mentum paulo sit attritius; Ver IV 94.

attexo, anweben, anfügen: ita barbarorum
agris quasi attexta quaedam videtur ora esse
Graeciae; rep II 9. vos ad id, quod erit immortale,
partem attexitote mortalem; Tim 41.

Attice, attisch: id desinant dicere, qui subtiliter dicant, eos solos Attice dicere, id est quasi
sicce et integre; opt gen 12. ut bene dicere id sit
Attice dicere; opt gen 13.

Atticus, attisch: illam salubritatem Atticae
dictionis; Bru 51. Attico genere dicendi se gaudere
dicunt; Bru 68.

attineo, sich beziehen, betreffen, darauf ankommen, daran liegen: 1, 1. quos (viros) nihil
attinet nominare; Tusc I 81. — 2. praetori
imperat. quam id ipsum absurde, nihil ad me attinet;
agr II 28. — 3. quid attinuit eum potissimum
nuntiare, quod ad te minime omnium pertinebat?
Sex Rosc 96. urbem reliquimus, quam sapienter aut
quam fortiter, nihil attinet disputari; ep XVI 12, 2. —
II. quae ad colendam vitem attinebunt; fin IV 38.
quod ad laudem attineat; Q fr I, 45. quod ad
abstinentiam attinet; A V 17, 2. Caninium perdidi,
hominem, quod ad me attinet, non ingratum; A
XVI 14, 4. quod (studium) ad agrum colendum
attinet; Sex Rosc 48. — III. primum quod †
attinet, (Hirtius) nihil mihi concedebat; A XV 1, 2.

attingo, berühren, erreichen, betreten, anrühren, antasten, angrenzen, in Verbindung stehen,
betreffen, angeben, sich befassen: I. ante, quam
voluptas aut dolor attigerit; fin III 16. — II.
quem ipsum (Catonem) numquam attigissem; orat
35. ne quae me illius temporis invidia attingeret;
ep I 10, 10. quos in senatu ne tenuissima quidem
suspicione attigerat; A II 24, 3. quae isti rhetores
ne primoribus quidem labris attigissent; de or I
87. f. causam, doctrinam, negotium. cum prima
aestiva attigissem; ep II 13, 4. „de ambitu quid
interest", inquies, „an de maiestate?" ad rem nihil;
alterum enim non attigisti, alteram auxisti; ep III
11, 2. ut primum Asiam attigisti; Q fr I 1, 24.
numquam fore ut atomus altera alteram posset
attingere; fin I 19. cum antea per aetatem nondum
huius auctoritatem loci attingere auderem; imp
Pomp 1. voluit (Crassus) causae popularis aliquid
attingere; Bru 160. contraria, quae dicenda erunt.
leviter attingendo; inv I 30. per Cappadociae regionem eam, quae Ciliciam attingeret; ep XV 4, 4.
opinio fuit L. Crassum non plus attigisse doctrinae,
quam . .; de or II 1. quam (domum) inimicus ipse
ne una quidem attigit littera religionis; har resp 11.
nec ullum hoc frigidius flumen attigi; leg II 6. quem
(librum) tu Corcyrae strictim attigisti; A II 1, 1.
qui sero ac leviter Graecas litteras attigissem; de
or I 82. oppressus (T. Antistius) tantum attigit negotii, quantum recusare non potuit; ep XIII 29, 3.
unde nummum nullum attigisset; ep II 55. (Isocrates) reliquis praestat omnibus, qui numquam
orationes attigerunt; orat 41. qui numquam
minimam partem ullius publici muneris attigisset:
de or II 76. quae (civitates) cum officiis, fide, vetustate, tum etiam cognatione populum Romanum
attingunt; Ver V 83. qui rem ullam de meis bonis
attigerit; dom 108. hanc ille causam sibi ait non
attingendae rei publicae fuisse; ep I 9, 18. illae
virtutes bonum virum videntur potius attingere:
of I 46.

attondeo, beschneiden, schmälern: »consiliis
nostris laus est attonsa Laconum«; Tusc V 49.

attraho, anziehen, heranziehen, herbeischleppen:

adducitur a Veneriis atque adeo attrahitur L o l l i u s;
Ver III 61. qui te non Romam attraham; ep VII
10, 4. te ipsum putare me attractum iri, si de pace
agatur; A X 1, 3, si magnetem lapidem esse dicam, qui ferrum ad se adliciat et attrahat ‖ trahat ‖;
div I 86. nihil esse, quod ad se rem ullam tam
adliciat ‖ illiciat ‖ et attrahat quam ad amicitiam
similitudo; Lael 50.

attrecto, betaften, berühren: quos (libros) tu
contaminatis manibus attrectas; hac resp 26. uxores
suas a cena redeuntes attrectatas esse a Caelio;
Cael 20.

attribuo. zuteilen, zuweisen, anweisen, verleihen, hinzufügen, zuschreiben: I. attributos quod
appellas, valde probe; A XIII 22, 4. omnes res
confirmantur ‖ omnis . . confirmatur ‖ aut ex eo, quod
personis, aut ex eo, quod negotiis est attributum;
inv I 34. hoc tu si cupidius factum existimas,
Caesari attribues; si familiarius, utrique nostrum;
de or II 14. quod mihi cum illo erat commune,
sibi soli attribuit; ep II 17, 7. videbis, ut tantum
attribuatur, si modo attribuetur, quantum debetur;
A XIII 2, a, 1. personis has res attributas putamus: nomen, naturam, victum, fortunam, habitum,
adfectionem, studia, consilia, facta, casus, orationes;
inv I 34. ut aliis causam calamitatis attribueret,
quae omnis propter avaritiam ipsius accidisset; Ver
V 106. consilia, studia: f. adfectionem. (bonos exitus)
attribuimus dis immortalibus; nat III 89. non attribuere ad amissionem amicorum miseriam nostram;
Tusc III 73. si alicui rei oratio attribuetur; inv I
99. unde (pecunia) erat attributa; Ver III 165.
pueros attribue ei (Lentulo), quot et quos videbitur;
A XII 30, 1. eae res sunt signo attributae; inv I
91. f. adfectionem. quem (timorem) mihi natura
pudorque meus attribuit; Sex Rosc 9. — II. attribuit nos trucidandos Cethego; Catil IV 13.

attributio. Schuldanweisung, Umstand, Ne-
benumstand: I. ait attributionem in Idus, se autem
urgeri acriter; A XV 1, 6. — II. de attributione
conficies; ep XVI 24, 1. sese de attributione
omnia summa fecisse; A XV 13, 5. (oportunitas quaeritur) ex his etiam attributionibus: sacer an profanus, publicus anne privatus, alienus an ipsius, de
quo agitur, locus sit aut fuerit; inv I 38. ipsius
rumoris causa et veritas ex iisdem attributionibus
reperietur; inv II 47. sunt aliae suspiciones, quae
communiter et ex negotiorum et ex personarum attributionibus sumuntur; inv II 42.

avare. mit, aus Habfucht: ubi multa avare
facta videbitis; Sex Rosc 118. acerbe et avare
populi praefuerant; rep II 63.

avaritia. Habfucht, Geiz: I. nullum esse officium tam sanctum atque sollemne, quod non avaritia
comminuere ac violare soleat; Quinct 26. est
avaritia opinatio vehemens de pecunia, quasi valde
expetenda sit; Tusc IV 26. — II, 1. quod eius
avaritiam cives Romani ferre non potuerunt; Ver
I 70. Poeni primi mercibus suis avaritiam importa-
verunt in Graeciam; rep III fr 3. avaritiam si tollere
vultis, mater eius est tollenda luxuries; de or II 171.
avaritiam in crimen et in iudicium voco; Ver III
217. — 2. eum tu a c c u s a s avaritiae? Flac 83. —
III. videmurne non solum avaritiae c r i m e n effugere, sed etiam liberalitatis laudem adsequi singularem? Flac 89. mater: f. II, 1. tollo. is est reus
avaritiae? Flac 7. ut inliberalitatis avaritiaeque absit
suspicio; of II 64. testes avaritiae tuae gaudes esse
sublatos; Ver V 121. — IV, 1. quo a r d e n s avaritia
feratur infestus in suos; Sex Rosc 88. si avaritia
inductum arguas fecisse; inv II 33. — 2. quae
omnis (calamitas) propter avaritiam ipsius accidisset; Ver V 106.

avarus. habfüchtig, geizig: A. si possit demonstrare eius aliquod f a c t u m avarum; inv II 32.

P. Cornelius, homo, ut existimabatur, avarus et
furax; de or II 268. se avarissimi hominis cupiditati satis facere posse; Ver pr 41. secuti sunt
avariores magistratus; Ver III 190. — B. avari
verae laudis gustatum non h a b e n t; Phil II 115.
qui avari avaros reprehendunt; Tusc III 78.

auceps, Vogelfteller, Jäger: est tibi iuris
consultus ipse per se mihi nisi auceps syllabarum;
de or I 236. suum potius peritissimum voluptatum
aucupem sapientem esse contendet; Ac fr 20 (8. 12).

auctifer, fruchtbar: »auctiferas terras«; fat fr 3.

auctio. Versteigerung, Auktionsgut: I. e s s e
auctionem Larini video; A IV 12. — II, 1. cum esset
haec auctio hereditaria c o n s t i t u t a; Caecin 13.
si auctio ante meum adventum fiet; ep XIV 5, 2.
paulum proferant auctionem; A XIII 12, 4. de
auctione proscribenda equidem locutus sum cum
Balbo; A XIII 37, 4. quam tu mihi ex ordine
recita de legis scripto populi Romani auctionem;
agr II 48. cum auctionem venderet; Quinct 19. —
2. cum Sexti auctioni operam dederis; A XII
50. — 3. de Brinniana auctione a c c e p i a Vestorio
litteras; A XIII 12, 4. — III. auctionis vero miserabilis a s p e c t u s; Phil II 73. obire auctionis diem
facile poterant; A XIII 14, 1.

auctionarius. zur Versteigerung gehörig:
hoc etiam nequissimi homines consumptis patrimoniis
faciunt, ut in a t r i i s auctionariis potius quam in
triviis aut in compitis auctionentur; agr I 7. tabulae
novae proferentur auctionariae; Catil II 18.

auctionor, Versteigerung halten: ponite ante
oculos vobis R u l l u m in Ponto inter nostra atque
hostium castra hasta posita auctionantem; agr II 53.
homines: f. **auctionarius.** qui (rex) auctionatus
sit; Deiot 25.

auctor, Urheber, Begründer, Ratgeber, Veran-
lasser, Anstifter, Gewährsmann, Bürge, Zeuge,
Vertreter, Vorbild, Eigentümer: I, 1. nequedum
fines auctor d e m o n s t r a v e r a t; Tul 17. P. Caesennius, auctor fundi, non tam auctoritate gravi quam
corpore, nihil de vi (dixit); Caeciu 27. non erat nec
recentior auctor nec huius rei quidem melior Dolabella; A IX 13, 1. qui (Servius) etiam de duabus
legionibus luculentos auctores esse dicebat; A X
14, 2. quod domesticum auctorem, patrem suum,
facere viderat; Balb 51. in hunc me casum vos
vivendi auctores impulistis; A III 9, 1. ego ille
pacis semper laudator, semper auctor, pacem cum
M. Antonio esse nolo; Phil VII 8. neminem melius
oravisse causam locuples auctor scripsit Thucydides;
Bru 47. — 2. Piso multarum legum aut auctor aut
dissuasor f u i t; Bru 106. dux, auctor, actor rerum
illarum fuit; Sest 61. pacis, concordiae, compositionis auctor esse non destiti; Phil II 24. a me
consilium petis, quid sim tibi auctor, in Siciliane
‖ *ut* ‖ subsidas an ut proficiscare; ep VI 8, 2. quid
mihi auctor es? A XIII 40, 2. mihi, ut absim, vehementer auctor est; A XV 5, 2. auctor sum, ut
te urbi committas; A XV 11, 1. cum ingenio sibi
auctore dignitatem peperissent; de or I 208. quibus
(avibus) auctoribus officium et fidem secutus esset;
div I 27. ea ratio aedificandi initur consiliario
quidem et auctore Vestorio; A XIV 9, 1. — 3.
o praeclarum auctorem antiquitatis! Balb 20. —
II, 1. Themistocles est auctor a d h i b e n d u s; of II 71.
quod is (M.' Curius) patres ante auctores fieri
coëgerit; Bru 55. hunc rei publicae rectorem et
consilii publici auctorem esse habendum; de or I 211.
ut auctoribus laudandis ineptiarum crimen effugiam;
de or III 187. harum rerum omnium auctores
testesque produco; Ver V 131. quasi locupletior
mihi sit quaerendus auctor quam Socrates; A VIII
2, 4. (veterani) secuti sunt C. Caesarem auctorem
beneficiorum paternorum; Phil XI 37. — 2. qui nec
vobis auctoribus u t i voluerit; ep IV 9, 2. — 3. se id

quod a malo auctore emissent, diutius obtinere non posse; Ver V 56. cum loquar apud senatores populi Romani, legum et iudiciorum et iuris auctores; Ver V 171. — III. actio est in auctorem praesentem his verbis QUANDOQUE TE IN IURE CONSPICIO; Caecin 54. — IV. conlegit innumerabilia oracula Chrysippus nec ullum sine locuplete auctore atque teste; div I 37.

auctoramentum, Handgeld, Lohn: est in illis (mercennariis) ipsa merces auctoramentum servitutis; of I 150.

auctoritas, Ansehen, Gewicht, Einfluß, Macht, Beschluß, Erklärung, Wille, Gültigkeit, Gewähr, Beglaubigung, Vorbild: I. Subject: non ad obtinendum mendacium, sed ad verum probandum auctoritatem adiuvare; Quinct 75. ecquid (te) auctoritas maiorum commovet? Caecin 93. omnis auctoritas philosophiae, ut ait Theophrastus, consistit in beata vita comparanda; fin V 86. non deest rei publicae auctoritas huius ordinis; Catil I 3. tanta eius auctoritas religionis est ut . . ; Ver I 48. si quid auctoritatis in me est, apud eos utar, qui eam mihi dederunt; imp Pomp 2. cum populo Romano vox et auctoritas consulis repente in tantis tenebris inluxerit; agr I 24. inest: f. II, 1. adfero. cum vestra auctoritas intercessisset, ut ego regem Ariobarzanem tuerer; ep XV 2, 4. ad P. Lentuli auctoritatem a senatu profectam Roma contenderat || contenderet ; Rab Post 21. pontificalis maneret auctoritas; leg II 52. si auctoritates patronorum in iudiciis valent; Balb 1.

II. nach Verben: 1. ad fidem faciendam auctoritas quaeritur, sed auctoritatem aut natura aut tempus adfert. naturae auctoritas in virtute maxima inest; in tempore autem multa sunt, quae adferant auctoritatem; Top 73. cum proprium sit Academiae nulla adhibita sua auctoritate iudicium audientium relinquere integrum; div II 150. non modo auctoritatem, sed etiam nomen iudicum amittemus; Cluent 6. auctoritatem nostri decreti rebus gestis suis comprobavit; Phil XIV 28. tu auctoritate contemnis, ratione pugnas; nat III 9. quorum auctoritatem, dignitatem, voluntatem defenderas; ep I 7, 2. do: f. I. est. exspectate auctoritatem accusationis meae; Ver III 127. auctoritatem naturalem quandam habeat oratio; Bru 221. nos in causa auctoritatem eo minorem habemus, quod tibi debemus; ep I 1, 4. voluntas senatus pro auctoritate haberi debet, cum auctoritas impeditur metu; ep XI 7, 2. nondum interposita auctoritate vestra; Phil V 37. is tribunus plebis, qui auctoritatem senatus neglexisset; dom 114. eundem, id quod in auctoritatibus perscriptis || praescr.|| exstat, scribendo adfuisse; de or III 5. senatus auctoritas est perscripta; ep I 2, 4. quod medici nihil praeter artificium, oratores etiam auctoritatem praestare debent; Cluent 57. quaero: f. adfero. a quo (praetore) M. Marcelli tutoris in causa pupilli Iunii et oratio et voluntas et auctoritas re_udiata est; Ver I 158. cuius auctoritatem secuti in societatem belli veneratis; Ligar 25. tenebat (Appius) non modo auctoritatem, sed etiam imperium in suos; Cato 37. cui tu senatus auctoritatem vendidisti; Piso 15. — 2. illa oratio potius tempore mei quam iudicii et auctoritatis fuit; Cluent 139. — 3. cessit auctoritati amplissimi viri vel potius paruit; Ligar 22. nos, qui semper vestrae auctoritati dediti fuimus; Milo 4. pareo: f. cedo. — 4. consilio et auctoritate optimatium semper populum indigere; leg II 30. ut auctoritate testimoni tui perfruamur; ep V 12, 1. utor: f. I. est. — 5. hunc ad senatus auctoritatem non potui adducere; Deiot 29. cum legio Martia sese ad senatus auctoritatem populique Romani libertatem contulerit; Phil III 39. reliquum est, ut de Q. Catuli auctoritate et sententia dicendum esse videatur; imp Pomp 59. exsto in: f. 1. perscribo. habeo pro: f. 1. impedio.

III. nach Abjectiven: equestri vetere illa auctoritate et gratia fretus; Ver III 61. homo summa auctoritate praeditus; Cluent 53.

IV. nach Substantiven: 1. alqd: f. I. est. patimur hebescere aciem horum auctoritatis; Catil I 4. cum C. Caesar approbatione auctoritatis meae colonias patrias adiit; Phil V 23. tu, homo minimi consilii, nullius auctoritatis; Ver III 19. bibliothecas omnium philosophorum unus mihi videtur XII tabularum libellus auctoritatis pondere superare; de or I 195. — 2. summa auctoritate philosophi; of II 10. adest vir summa auctoritate et religione et fide, M. Lucullus; Arch 8.

V. Umstand: 1. qui aetate, honore, auctoritate antecellunt; dom 132. ut D. Bruti privatum consilium auctoritate publica comprobemus; Phil III 12. Lycurgus leges suas auctoritate Apollinis Delphici confirmavit; div I 96. quod ea auctoritate erant et sententia Ser. Sulpicii constituta; Phil IX 7. neque satis id annalium publicorum auctoritate declaratum videmus; rep II 28. vos, pontifices, qui me vestris sententiis auctoritatibusque defendistis; dom 69. ipsa auctoritate (Plato) me frangeret; Tusc I 49. duos solos video auctoritate censorum adfines ei turpitudini iudicari; Cluent 127. id, quod nondum potestate poterat, obtinuit auctoritate; Piso 8. tu, C. Piso, tali fide, virtute, gravitate, auctoritate ornatus; Q Rosc 7. quorum (philosophorum) princeps et auctoritate et antiquitate, Socraticus Aristippus; Tusc II 15. qui rem publicam senatus auctoritate servarat; Piso 29. ut etiam auctoritate iam plus valerent; ep I 7, 10. qui (Plato, Socrates) ut rationem non redderent, auctoritate tamen hoc minutos philosophos vincerent; div I 62. — 2. ad: f. I. proficiscitur. inde iter Alexandream contra senatus auctoritatem; Phil II 48. ut legati cum auctoritate mitterentur; A I 19, 2. quid egi nisi ex huius ordinis consilio, auctoritate, sententia? Phil II 11. quod (tempus aetatis) in illa auctoritate senatoria florere debebat; Q fr III 5, 4. vobismet ipsis, pontifices, pro vestra auctoritate et sapientia consulere debetis; dom 45.

aucupium, Vogelfang, Jagd, Haschen: I. ne quoddam aucupium delectationis manifesto deprehensum apparet; orat 84. conditura facit haec aucupium atque venatio; Cato 56. — II, 1. sic minime animadvertetur delectationis aucupium; orat 197. deprehendo: f. I. apparet. aucupia verborum in invidiam vocant; Caecin 65. — III. piscatu, aucupio, venatione vitantes cruditatem; fin II 23.

aucupor, belauern, trachten, haschen: quod delectationem aliquam dicendo aucupentur; orat 63. quae (res) opiniones hominum et saepe errores aucupetur; de or II 30. ne aucupari tuam gratiam videar; ep V 12, 6. opiniones: f. errores. ut levitatis est inanem aucupari rumorem, sic . .; Piso 57. nos Rhodiorum aphractis ceterisque longis navibus tranquillitates aucupaturi eramus; A VI 8, 4. attendere et aucupari verba oportebit; de or II 256.

audacia, Kühnheit, Verwegenheit, Dreistigkeit, Vermessenheit: I, 1. ex luxuria exsistat avaritia necesse est, ex avaritia erumpat audacia; Sex Rosc 75. audacia non contrarium (fidentiae), sed appositum est ac propinquum et tamen vitium est; inv II 165. quam ad finem sese effrenata iactabit audacia? Catil I 1. fortitudinem audacia imitatur; part or 81. pertinet: f. II, 1. vindico. vicit timorem audacia; Cluent 15. — 2. o incredibilem audaciam! Phil II 4. — II, 1. quorum ego ferrum et audaciam reieci in campo, debilitavi in foro, compressi etiam domi meae saepe; Muren 79. vivis non ad deponendam, sed ad minuendam audaciam; Catil I 4. audaciam temeritati, non prudentiae esse coniunctam; part or 115. debilito: f. comprimo. depono: f. confirmo. effreno: f. I, 1. iactat. oppressa virtute audacia est;

Milo 30. nisi tanta et tam perspicua audacia ab eo, ad cuius famam pertineret, || fuerit || vindicata; inv II 86. — 2. neque quicquam illius audaciae petulantiaeque concessit; Caecin 103. vos audaciae resistere debetis: Sex Rosc 36. — 3. mulier abundat audacia; Cluent 184. qui semper singulari fuerit audacia; Cluent 64. — 4. ab inimicorum audacia telisque vitam ut impune liceat defendere; Milo 6. necesse est in simili audacia perfidiaque versetur; Ver I 40. — III, 1. plenum sceleris consilium, plenum audaciae; Cael 51. — 2. qua audacia praeditis (testibus); Flac 6. — IV, 1. fore in armis C. Manlium, audaciae satellitem atque administrum tuae; Catil I 7. multos aemulos eiusdem audaciae futuros; inv I 101. veteris furoris et audaciae maturitas in nostri consulatus tempus erupit; Catil I 31. satelles: f. administer. vis manifestae audaciae; Catil II 28. 2. alter insigni scelere et audacia; rep III 27. — 3. tantum animi habuit ad audaciam, ut..; Ver III 81. — V, 1. quoniam totus ordo paucorum improbitate et audacia premitur; Ver pr 36. — 2. quem omnes oderant propter audaciam; Cluent 29.

audaciter, audacter, fühn, breift, verwegen, vermeffen: dic audacter et aperte; Q Rosc 16. in reliquis exsultavit audacius; orat 26. multa scelerate, multa audaciter, multa improbe fecisti; Sex Rosc 104. cum (P. Decius) pericula proeliorum iniret audacius; div I 51. ut neque ego satis audaciter petere possem neque ..; dom 28. (poëtae) transferunt verba cum crebrius tum etiam audacius; orat 202. is (L. Octavius) ad dicendum veniebat magis audacter quam parate; Bru 241. cum facinerosis audacter vivere; Cael 13.

audax, fühn, breift, verwegen, vermeffen: A. mihi audax praecipue fuisse videtur Aebutius in convocandis hominibus; Caecin 2. nemo est in ludo gladiatorio paulo ad facinus audacior, qui non ..; Catil I 9. temerarii atque audaces homines; inv I 4. eam causam putare, quae homines audaces in fraudem rapere soleat, castissimum quoque hominem ad peccandum potuisse impellere; inv II 36. homo petulans et audax [Vatinius] valde perturbatus debilitatusque discessit; Q fr II 4, 1. praesto est mulier audax; Cluent 18. audax negotium, dicerem impudens; fin II 1. num quem ex omnibus tribunis pl. tam audacem audieris fuisse, ut ..; Vatin 18. — B, 1. satis inconsiderati fuit, ne dicam audacis, rem ullam ex illis attingere; Phil XIII 12. — II. qui magnitudine animi consiliis audacium restiterunt: Sest 139.

audeo, wagen, fich unterfangen, über fich gewinnen, fich erbreiften: I, 1. ab homine ad audendum impudentissimo; Cluent 67. — 2. confer, si audes, absentium tuam cum mea; Piso 37. — II. nos audeamus non solum ramos amputare miseriarum, sed omnes radicum fibras evellere; Tusc III 13. utinam iam te ausurus esse appellare; Bru 18. magistratus a publicanis pecuniam pro usura auderet auferre? Ver IV 168. talis vir non modo facere, sed ne cogitare quidem quicquam audebit, quod non audeat praedicare; of III 77. qui suam causam nemini committere audeat; Piso 98. aude dicere ..; Phil II 49. verbere: f. amputare. facere, al.: f. cogitare. quoniam non audes negare sese deos; nat I 87. non mehercule tibi repromittere istuc quidem ausim] ausus sim ||; Bru 18. meretricula Leontium contra Theophrastum scribere ausa est? nat I 93. — III. qui cum tantum ausus sit ustor pro mortuo, quid signifer pro vivo non esset ausus? Milo 90. qui alia omnia auderent; Phil II 64.

audientia, Gehör, Aufmerkſamkeit: ut audientiam fieri sibi velle non || nolle || videantur; de or II 325. quantam audientiam orationi meae improbitas illius factura sit; div Caec 42

audio, hören, hinhören, zuhören, vortragen hören, anhören, Gehör ſchenken, verſtehen, ge-

horchen, in einem Ruf ſtehen: I. abjolut: 1, a. haec multitudo, quae ad audiendum convenit; Ver pr 15. quamquam non tam dicendi ratio mihi habenda fuit quam audiendi; nat I 56. me ne ipsum quidem a studio audiendi nimis abhorrentem; de or II 14. qui tamquam oculis illa viderunt, quae nos vix audiendo cognoscimus; rep I 56. — b. quamquam haec etiam auditu acerba sunt; ep VII 30, 1. o rem non modo visu foedam, sed etiam auditu! Phil II 63. quid est tam iucundum cognitu atque auditu quam ..? de or I 31. — 2. qui dicto audientes in tanta re non fuissent; Deiot 23. — 3, a. ab Hispaniis iam audietur; A X 12, 2. — b. qui attentissime est paratus audire; inv I 23. qui (Opimius) adulescentulus male audisset; de or II 277. cum laesisset testis Silus Pisonem, quod se in eam audisse dixisset; de or II 285. „istum exheredare in animo habebat.“ audio. nunc dicis aliquid, quod ad rem pertineat; Sex Rosc 52. occupare animos eorum, qui audiunt; Font 20. haec tu mecum saepe his absentibus, sed isdem audientibus haec ego tecum; Milo 99. esse hominis ingenui velle bene audire a parentibus, a propinquis, a bonis etiam viris; fin III 57. audiamus. „si summus dolor est“, inquit..; Tusc I 44. qui me idcirco putent bene audire velle, ut ille (Appius) male audiat; A VI 1, 2. (Tullia) nos recte facere et bene audire vult; A X 8, 9. (homines) primo propter insolentiam reclamantes, deinde propter rationem atque orationem studiosius audientes; inv I 2. summissa voce agam, tantum ut indices audiant; Flac 66. cum audiente populo Romano .. inberes; dom 110.

II. mit Ergänzung: 1. semper de pace audiendum putavi; Marcel 14. cum de te ex ipso audiebam; ep III 11, 1. f. III. alqm; ep VII 17, 3. alqd; Ver IV 55. Flac 13. ep VII 17, 3. — 2. a quo (Arcesila Epicurus) audit: „tu fortosse verum dicis“; Ac fr 20 (3. 37). — 3. saepe ex socero meo audivi, cum is diceret ..; de or II 22. a Pausania audivi, cum diceret..; ep III 7, 4. — 4. quid nos opinemur, audietis ex inratis: Cael 4. f. III. alqd; Tusc V 82. — 5, a. ipsum dicere adulescentem audistis se ob hunc metum pecuniam Timarchidi numerasse; Ver V 116. quod solebat narrare Pompeius, se audire voluisse Posidonium; tam cum audisset eum graviter esse aegrum ..; Tusc II 61. auditum est pantheras remedium quoddam habere; nat II 126. — b. id Socratem audio dicentem, cibi condimentum esse famem; fin II 90. vellem a principio se audisse || audissem || amicissime monentem; A VII 1, 2. quas (altercationes) in senatu factas audio; A IV 13, 1. Cassium erat hic auditum expulsum Ancona; A VII 18, 2. — 6. cum de hac communi hominum condicione audivissent, ea lege esse nos natos, ut ..; Tusc III 59.

III. mit einfachem Object: si me audiet; de or I 68. ita sum cupidus in illa longiore disputatione audiendi, ut ..; de or II 16. Xenocrates, qui Platonem audierat; de or III 67. ut amice, ut intelligenter, ut attente audiamur; part or 28. etsi me attentissimis animis auditis; Sest 31. nec audiendi sunt Cynici; of I 128. numquam labere, si te audies; ep II 7, 1. ego te de rebus illis non audiam; ep VII 17, 3. veniunt etiam, qui me audiunt quasi doctum hominem; ep IX 20, 3. f. II, 5, a. Tusc II 61. ne forte plura de isto ab aliis in sermone quam a me in iudicio vos audisse diceretis; Ver IV 55. si quid ipsi audistis communi fama atque sermone de vi, de manu; Flac 13. quod coram etiam ex ipso audiebamus; Ac I 13. id velim audire, quem ad modum his putes consentaneum esse id dicere; Tusc V 82. me his temporibus adhuc de isto periculo nihil audisse; ep IX 17, 3. ego spe audiendi aliquid Capuam veni;

A VII 20, 1. audite non futtiles ‖ futiles ‖ commentitiasque sententias, non opificem aedificatoremque mundi, Platonis de Timaeo deum, nec anum fatidicam, Stoicorum χρόνοισν; nat I 18. audito nautico cantu; nat II 89. novum crimen et ante hunc diem non auditum; Ligar 1. deum, al.: ſ. aedificatorem. quorum alterius iam nobis notus esset exercitus, alterius auditus; Phil XI 27. obstupescent posteri certe imperia, provincias, Rhenum, Oceanum, Nilum, pugnas innumerabiles, incredibiles victorias, monimenta, munera, triumphos audientes et legentes tuos; Marcel 28. audite litteras; Sest 11. monimenta, al.: ſ. imperia. qui populi Romani nomen audissent; Ver V 171. ex hoc vectigali numquam malus nuntius auditus est; agr II 88. sive tu vatem sive tu omen audieris; div II 149. continentem orationem audire malo; Tusc I 16. sociorum querimonias audiunt; imp Pomp 66. audit rem omnem ex Timarchide; Ver V 94. saepe ex te audivi tuum somnium; div I 58. audite hominum honestorum testimonium; Tul 24. multi semel auditis testibus condemnati sunt; Ver I 26. vatem: ſ. omen. si viveret, verba eius audiretis; Q Rosc 42. cui non sunt auditae Demosthenis vigiliae? Tusc IV 44. initio belli Marsici ex occulto auditas esse voces; div I 99.

IV. mit bappeltem Accuſatio: te propediem censorem audiemus; ep III 10, 11. verum est; nam hoc illam iam viginti annis audio; fr G, b, 27.

auditio, Hören: si accepisset fama et auditione esse quoddam numen deorum; nat II 95. (parvi) fabellarum auditione ducuntur; fin V 42.

auditor, Hörer, Zuhörer, Schüler: I. ut certas animo res teneat auditor; inv I 31. vigebat auditor Panaetii illius tui Mnesarchus; de or I 45. — 2. qui (Aristo) cum Zenonis fuisset auditor; Ac II 130. — II. cuius (Carneadis) ego etsi multos auditores cognovi Athenis; de or III 68. si Platonem unum auditorem haberet Demosthenes; Bru 191. praebebo ego me tibi vicissim attentum contra Stoicos auditorem; nat III 2. — III. semper oratorum eloquentiae moderatrix fuit auditorum prudentia; orat 24.

auditus, Hören, Gehör (vgl. **audio,** I, 1, b): I. auditus semper patet; eius enim sensu etiam dormientes egemus; nat II 144. — II. sensus: ſ. I. ut delectatio (ait) voluptas suavitate auditus animum deleniens; Tusc IV 20.

avello, losreißen, abreißen, entreißen, entfernen: qua hunc obiurgatione a tanto errore coner avellere? of III 83. non ab ea re publica avellar, qua carendum esse doleam; ep V 4, 4. avulsum est praeter spem, quod erat spe devoratum lucrum; Flac 57. cum e monte ‖ monte, al. ‖ Taygeto extrema montis quasi puppis avulsa est; div I 112. sigillis avulsis reliquum argentum reddidit; Ver IV 48.

avena, wilder Hafer: ne seges quidem igitur spicis uberibus et crebris, si avenam uspiam videas; fin V 91.

aveo, begehren, verlangen: I. avere te scribis accipere aliquid a me litterarum; A IV 15, 3. »avens epulas ornare«; fr H V, a, 677. valde aveo scire, quid agas; A I 15, 2. de hoc (Bruto) scire aveo omnia; A XIV 7, 1. — II. id, quod avemus animo; Tim 8. aveo genus legationis, ut, cum velis, introire, exire liceat; A XV 11, 4.

averrunco, abwenden: „di" inquis „averruncent"! A IX 2, a, 1.

aversor, Unterschlager: Verres, ille aversor pecuniae publicae, tantum sibi auctoritatis suscepit; ut . . ; Ver V 152.

averto, aversus, abwenden, entwenden, unterschlagen, abwendig machen, wegtreiben, entfremden, entfernen, entziehen: „si tu et adversus et aversus impudicus es"; de or II 256. ᵔ quis potest esse tam aversus a vero? Catil III 21. ego vero austro gratias miras, qui me a tanta infamia averterit; A XVI 7, 5. ut ab eo, quod agitur, avertat animos; orat 138. Quintus aversissimo a me animo Patris fuit; A XI 5, 4. omnis vestis ablata, omne aurum et argentum ablatum et aversum; Ver V 73. avertere a miseria cogitationem; ep VI 1, 1. commotiones animorum a recta ratione aversas; Tusc IV 61. ne patiare Erotem Turium hereditatem Turianam avertere; ep XII 26, 2. qui M. Antonii impetus nefarios ab urbe in Galliam avertit; Phil V 28. quas (legiones) ille a C. Antonii scelere avertit; Phil X 6. quod di omen avertant! Phil III 35. a iudicibus oratio avertitur, vox in coronam turbamque effunditur; Flac 69. cum a Dolabella magnam pecuniam averterit; Ver III 177. avertunt (ibes) pestem ab Aegypto; nat I 101. cuius rei putat iste rationem reddi non posse, quod ipse tabulas averterit; Caecin 17. vim armentorum a privatis in publicum averterant; rep II 60.

aufero, wegtragen, davontragen, erhalten, erreichen, mitnehmen, wegnehmen, abreißen, nehmen, entfernen, befestigen, entziehen, erpressen, erhalten: I. si qui eripiat palam atque auferat; Ver IV 134. — II, 1. ut (statuas) in foro statuerent, abstulisti, ut in curia, coëgisti; Ver II 145. — 2. quis est, qui hoc non ex priore actione abstulerit, scelera vix conferri posse? Ver I 21. — III. quam longe hunc ab hoc genere cognatio materna Transalpini sanguinis abstulisset; sen 15. ne te auferant aliorum consilia; ep II 7, 1. qui (casus) illi tantum addere iam non potest, quantum auferre; prov 35. ſ. opem. II, 2. totam Academiam ab hominibus nobilissimis abstuli, transtuli ad nostrum sodalem; A XIII 13, 1. Crassipedis ambulatio ablata, horti, tabernae plurimae; Q fr III 7, 1. ut ei (Atticae) confirmes me immutatum amorem meum ‖ minime totum amorem eo ‖ mecum abstulisse; A XV 28. quam multis istum putatis hominibus honestis de digitis anulos abstulisse? Ver IV 57. auriculam fortasse mordicus abstulisset; Q fr III 4, 2. alterius (rei) ego vobis hodierno die causam profecto auferam; Caecin 9. commentarios quosdam Aristotelios veni ut auferrem; fin III 10. cum curatione mediocrum conturbatio mentis aufertur; Tusc IV 31. adiimus ad Caesarem. liberalissimam decretum abstulimus; A XVI 16, 5. non dubitaturum fortem virum, quin secum auferret gloriam sempiternam; Milo 63. a quo (Varrone) adhuc 'Ηρακλείδειον illud non abstuli; A XVI 11, 3. hortos: ſ. ambulationem. ut ab senatu iudicia per ignominiam turpitudinemque auferantur; Ver I 23. si se ipsos illi nostri liberatores e conspectu nostro abstulerunt; Phil II 114. unde eo plus opis auferret, quo minus attulisset gratiae; Quinct 32. me ius dicente sibi omnem pecuniam ex edicto meo auferendi potestatem fuisse; A VI 1, 7. cum illi damnato omne ignominiae periculum iam abstulerit, mors vero etiam doloris; Cluent 10. (rusticanus) cum responsum ab eo (Crasso) verum magis quam ad suam rem accommodatum abstulisset; de or I 239. (genus hoc orationis) aufert humanum sensum actoris; orat 209. haec signa ab Heio e sacrario Verres abstulit; Ver IV 7. ut alter dies amicis istius ac defensoribus non modo spem victoriae, sed etiam voluntatem defensionis auferret; Ver I 20. ne cum sensu doloris aliquo spiritus auferatur; Ver V 118. tabernas: ſ. ambulationem. vitam adulescentibus vis aufert, senibus maturitas; Cato 71. voluntatem: ſ. spem.

aufugio, entfliehen: si aufugisset (archipirata); Ver V 79. Dionysius, servus meus, aufugit; ep XIII 77, 3.

augeo, wachsen lassen, hervorbringen, vergrößern, steigern, vermehren, fördern, bereichern, überhäufen, verherrlichen, übertreiben: I, 1, a.

augent etiam relata verba, iterata, duplicata, omninoque semper est quasi naturalis et non explanata
oratio, sed gravibus referta verbis, ad augendum
accommodatior; part or 54. — b. quae (natura)
causas gignendi, augendi, minuendi habeat;
nat I 35. quo quaque in causa genere utamur
augendi; part or 58. — 2. alqs: f. accumulo.
verba: f. 1, a. — II. aut augendi alterius aut
minuendi sui causa; part or 22. eodem tempore et
suscipimur in lucem et hoc caelesti spiritu augemur;
har resp 57. filiolo me auctum scito salva Terentia;
A I 2, 1. quod eum statuebam eloquentem, qui
mirabilius et magnificentius augere posset atque
ornare, quae vellet; de or I 94. auges mihi scribendi
alacritatem; A XVI 3, 1. quae (senectus) mihi
sermonis aviditatem auxit, potionis et cibi sustulit;
Cato 46. ita magnum beneficium tuum magno
cumulo auxeris; ep XIII 62. auxit benivolentiam
consuetudo; Lael 30. grata mihi est et memoria
tua nostrae coniunctionis et eius etiam augendae
voluntas; ep VI 17, 2. ut aliorum spoliis nostras
facultates, copias, opes augeamus; of III 22. an
dies augent eius desiderium, an magis oblivionem?
prov 29. suae dignitatis augendae causa; Vatin 39.
facultates augere, non minuere oportere; inv II 115.
f. copias. quanta deorum benignitate auctas exaggera-
tasque fortunas una nox paene delerit; Catil IV 19.
quaecumque homines homini tribuunt ad eum augendum atque honestandum; of II 21. decet augentem
linguam Latinam nominare (eam partem philosophiae)
.moralem"; fat 1. posteritatis immortalem memoriam angebit; de or II 335. quoniam coepi iam
cumulatius hoc munus augere; orat 54. alterius
res calamitosae vehementer et opes regis et nomen
auxerunt; Muren 33. cur legatorum numerus auctus?
Phil II 31. oblivionem: f. desiderium. opes: f.
copias. nomen. rem augere posse laudando vituperandoque rursus adfligere; Bru 47. alteram (partem
pono) in augendis amplificandisque rebus, quae ab
isdem (Graecis) αὔξησις est nominata; orat 125.
augendis rebus et contra abiciendis nihil est quod
non perficere possit oratio; orat 127. ut rem publicam
augeant imperio, agris, vectigalibus; of II 85.
umorem conligens (aër) terram auget imbribus;
nat II 101. veteranos non tueri solum, sed etiam
commodis augere debeo; Phil XI 37. augeatur isto
honore is vir; Phil IX 15. augendae voluptatis
finis est doloris omnis amotio; fin II 9. de urbe
augenda quid sit promulgatum, non intellexi; A
XIII 20, 1.

augesco. wachsen, zunehmen: quibus animantes alantur augescantque; nat II 50. ea
(semina) temperatione caloris et oriri et augescere;
nat II 26.

augur. Augur, Vogeldeuter: I, 1. cum in arce
augurium augures acturi essent; of III 66. »inter-
pretos Iovis optumi maxumi, publici augures, signis
et auspiciis † postea || ostenta || vidento, disci-
plinam tenento sacerdotesque, || et || vineta virge-
taque et salutem populi auguranto«; leg II 20.
quoniam, ut augures et astrologi solent, ego quoque
augur publicus ex meis superioribus praedictis
constitui apud te auctoritatem augurii et divinationis meae; ep VI 6, 7. vacationem augures,
quo minus iudiciis operam darent, non habere;
Bru 117. id quod augures omnes usque ab Romulo
decreverunt, Iove fulgente cum populo agi nefas
esse; Vatin 20. quid gravius quam rem susceptam
dirimi, si unus augur „alio die" dixerit? leg II 31.
habent: f. dant. cum augures iudicassent eos (consules) vitio creatos esse; div II 74. cur auspiciis
augures praesunt? nat I 122. multa augures pro-
vident; nat II 163. a te interrogati || inter-
rogante || augures responderunt, cum de caelo
servatum sit, cum populo agi non posse; dom 40.

solent: f. constituit. sunt: f. II, 1. coopto. tenent,
vident: f. augurant. — 2. Romulus ipse optimus
augur fuisse traditur. deinde auguribus reliqui
reges usi; div I 3. ille (Pompeius) in adoptando
P. Clodio augur; A VIII 3, 3. — II, 1. Pompilius
auspiciis maioribus inventis ad pristinum numerum
duo augures addidit; rep II 26. omnibus publicis
rebus instituendis, qui sibi essent in auspiciis, ex
singulis tribubus singulos cooptavit augures; rep
II 16. utrum igitur augurem Iovis optimi maximi
populus Romanus libentius sanciet, Pompeiumne
an Antonium? Phil XIII 12. — 2. utor: f. I, 2.
div I 3. — III. dubium non est, quin haec disciplina et ars augurum evanuerit iam et vetustate
et neglegentia; leg II 33. magna augurum auctoritas; nat II 12. quis cooptatus in augurum conlegium non erat; Bru 101. disciplina: f. ars. ex quo
augurum institutis in parentis eum (Hortensium)
loco colere debebam; Bru 1. non sum in exquirendo
iure augurum curiosus; dom 39. in augurum
precatione Tiberinum, Spinonem, Almonem, Nodinum,
alia propinquorum fluminum nomina videmus; nat
III 52. — IV. Claudium aedes postea proscripsisse,
quam esset ab auguribus demoliri iussus; of III 66.

auguralis. der Augurn: in cena augurali
apud Lentulum; ep VII 26, 2. (Appius Claudius)
auguralis iuris bene peritus fuit; Bru 267. quod
declarant vestri etiam augurales (libri) div I 72.
augurales libros ad commune utrinsque nostrum
otium serva: ep III 11, 4.

auguratio. Weissagung: quae tandem ista
auguratio est ex passeribus annorum potius quam
aut mensuum || mensium, mensum || aut dierum?
div II 65.

auguratus. Augurnamt: I. cuinam auguratus
deferatur; quo quidem uno ego ab istis capi
possum; A II 5, 2. poteras eo tempore auguratum
petere? Phil I 4. — II. lituus, quod clarissimum
est insigne auguratus; div I 30. paternum
auguratus locum, in quem ego eum mea voluntate
cooptabo; Phil XIII 12. — III. capi: f. I. defero.

augurium. Wahrzeichen, Weissagung, Ahnung (f. augur, I, 1. agunt, constituunt): I, 1. auguria
quoque me incitant quadam spe non dubia nec
haec conlegii nostri ab Atto, sed illa Platonis de
tyrannis; A X 8, 6. externa auguria, quae sunt
non tam artificiosa quam superstitiosa, videamus;
div II 76. — 2. o mea frustra semper verissima
auguria rerum futurarum! Phil II 89. — II. multa
auguria, multa auspicia neglegentia conlegii amissa
plane et deserta sunt; div I 28. video: f. I, 1. sunt.
— III. neglegentia nobilitatis augurii disciplina
omissa; nat II 9.

augurius. augurisch, der Augurn: retinetur
ad magnas utilitates rei publicae ius augurium || au-
gurum ||; div II 70. quanta scientia iuris augurii!
Cato 12. cognitionem iuris augurii consequi cupio;
ep III 9, 3.

auguro. Wahrzeichen beobachten, weissagen,
weihen: I. praesentit animus et augurat quodam
modo, quae futurae sit suavitas; fr E X 3. — II.
in illo augurato templo ac loco; Vatin 24. »augures vineta virgetaque et salutem populi auguranto«; leg II 21.

auguror. Wahrzeichen beobachten, weissagen,
vorausfagen, ahnen: I. quantum auguror coniectura;
de or I 95. non ex alitis involatu nec e cantu sinistro oscinis, ut in nostra disciplina est, nec ex tripudiis solistimis aut soniviis tibi auguror; ep VI 6,
7. in Persis augurantur et divinant magi; div I
90. — II, 1. quid de illo (Isocrate) augurer, libet
dicere: orat 41. — 2. de C. Gracchi tribunatu quid
exspectem, non libet augurari; Lael 41. — III.
alqd: f. II, 1. qui (Calchas) ex passerum numero

belli Troiani annos auguratus est; div I 72. ut animi futura augurentur; div I 64.

auguste, eȟrfurȟtȿvoll: non quo de religione dici possit augustius; Bru 83. quos (deos) anguste omnes sancteque veneramur; nat III 53.

augustus, erȟaben, ȟeilig: addis etiam nescio quid augustius; Bru 295. ad illa augusta centuriarum auspicia veniebat; Milo 43. ex hoc Platonis quasi quodam sancto augustoque fonte nostra omnis manabit oratio; Tusc V 36 (37). augusta illa mysteria; leg II 35. augustissimo et religiosissimo in templo; Ver V 186.

avia, Großmutter: I. avia mea dicebat fato omnia fieri; fr F V 103. — II. Malleolus a me productus est et mater eius atque avia; Ver I 93.

aviarium, Vogelȟauȿ: nihil ei (Diphilo) restabat praeter balnearia et ambulationem et aviarium; Q fr III 1, 1.

avide. begierig: quas (litteras Graecas) sic avide adripui, ut ..; Cato 26. ut illud breve vitae reliquum nec avide appetendum senibus nec sine causa deserendum sit; Cato 72. cupiditas avide semper aliquid expetens; Tusc IV 36. avide expecto tuas litteras; A XVI 10, 2.

aviditas. Begierde, Verlangen, Ȟabgier: I. erat in eo (M. Catone) aviditas legendi; fin III 7. — II. quae (senectus) mihi sermonis aviditatem auxit, potionis et cibi sustulit; Cato 46. — III. propter aviditatem pecuniae; par 43.

avidus. begierig, gierig, ȟabȿüchtig: A. neque sumus nimis avidi; de or I 133. sum avidior etiam, quam satis est, gloriae; ep IX 14, 2. grati animi, non appetentis, non avidi signa proferre perutile est; de or II 182. (Demosthenes) non semper implet aures meas; ita sunt avidae et capaces; orat 104. mea festinatio non victoriae solum avida est, sed etiam celeritatis; Phil III 2. cuius voluptatis ‖ [vol.] ‖ avidae libidines; Cato 39. — B. liberalis avidum (fraudasse dicitur): Q Rosc 21.

avis, Vogel: I. dies et noctes tamquam avis illa mare prospecto, evolare cupio; A IX 10, 2. e quibus (ovis) pullos cum (aves) excuderunt. ita tuentur, ut et pinnis foveant et. si est calor a sole, se opponant; nat II 129. quamquam aves quasdam, et alites et oscines, ut nostri augures appellant, rerum augurandarum causa esse natas putamus; nat II 160. — II. quod quasi avem albam videntur bene sentientem civem videre; ep VII 28, 2. — III. volatibus avium cantibusque ut certissimis signis declarari res futuras putant; div I 2. propter hunc concentum avium; leg I 21. tamquam remis, ita pinnis cursus avium levatur; nat II 125. (viriditas) contra avium minorum morsus munitur vallo aristarum; Cato 51. Cilices et Arabum natio avium significationibus plurimum obtemperant; div I 92. volatus: ſ. cantus. — IV. ut nunc extis, sic tum avibus magnae res impetriri solebant; div I 28.

avitus. großväterlich, ererbt, alt: cum civitatem vel paterno consilio vel avitis armis florentissimam accepissent: de or I 38. vel paternam vel avitam gloriam; Bru 126. avitum mihi hospitium est cum Lysone; ep XIII 34. „patritam" illam „et avitam", ut ait Theophrastus, philosophiam; Tusc I 45. regem spoliatum regno patrio atque avito; imp Pomp 21.

aula, Ȟoſ: perfeci, ut rex omni auctoritate aulae communita regnum cum dignitate obtineret; ep XV 4. 6.

aulaeum. Vorȟang: scabilla concrepant, aulaeum tollitur; Cael 65.

auloedus. Sänger zum Flötenſpiel: ut aiunt in Graecis artificibus eos auloedos esse, qui citharoedi fieri non potuerint. sic ..; Muren 29.

avocatio. Ablenkung: levationem aegritudinis ponit (Epicurus in) avocatione a cogitanda molestia; Tusc III 33.

avoco, ablenken, abzieȟen, abbringen, entfremden: I. quod (senectus) avocet a rebus gerendis; Cato 15. — II. quin Pompeium a Caesaris coniunctione avocarem; Phil II 23. quem temperantia a libidine avocet; Tusc V 42. quae nostros animos deterrent atque avocant a religione: hac resp 18. (orator) a propriis personis et temporibus semper avocat controversiam; orat 45.

avolo. fortſliegen, enteilen, entſchwinden: me hinc avolaturum; Tusc I 103. fluit voluptas corporis et prima quaeque avolat; fin II 106.

aura, Ȟauch, Luftzug, Gunſt: nulla aura fluctus commovente; Tusc V 16. Sulpicium longius quam voluit popularis aura provexit; har resp 43.

auratus, golben, vergolbet: curru aurato reportati (sumus); sen 28. illi aurata tecta in villis facienti; par 49.

aureolus, golben, ȟerrlich: non magnus, verum aureolus libellus; Ac II 135. in illa aureola oratiuncula; nat II 43.

aureus. golben, ȟerrlich: anulum aureum in digito (vidit); of III 38. cum coronam auream litteris imponebant; Flac 76. veniet flumen orationis aureum fundens Aristoteles; Ac II 119. quibus (bubus) ab illo aureo genere, ut poetae loquuntur. vis nulla umquam adferebatur; nat II 159. cum Aquilae nummos aureos daret; Phil XII 20. sedebat conlega tuus in sella aurea; Phil II 85. cum faceret vasa aurea; Ver IV 57. quam illa (verba) aurea: UT INTER BONOS BENE AGIER OPORTFT! of III 70.

auricula (or.), Ȟȟr, Ȟȟrläppchen: I. auriculam fortasse mordicus abstulisset; Q fr III 4, 2. — II. (me) fore oricula ‖ aur. ‖ infima scito molliorem; Q fr II 13 (15, a), 4.

aurifer, golbene ſrȟȟte tragenb: »draconem auriferam obtutu adservantem arborem«; Tusc II 22.

aurifex, Ȟolbſchmieb: I. cum vellet sibi anulum facere, aurificem iussit vocari in forum: Ver IV 56. — II. quae non aurificis statera, sed populari quadam trutina examinantur; de or II 159.

auriga, Wagenlenker: I. ut auriga indoctus e curru trahitur; rep II 68. — II. semper Carneades προβολὴν pugilis et retentionem aurigae similem facit ἐποχῆ; A XIII 21, 3.

auriger, Ȟolb tragenb, mit vergolbeten Ȟörnern: »nos aurigeris divom placantes numina tauris«; div II 63.

auris, Ȟȟr: I. ut eum (sonitum) aures hominum capere non possint; rep VI 19. ferunt aures hominum illa laudari; de or II 344. quem (concentum) aures eruditae ferre non possunt; rep II 69. hoc sonitu oppletae aures hominum obsurduerunt; rep VI 19. patere aures tuas querelis omnium; Q fr I 1, 25. possunt: ſ. capiunt. ferunt. quia vocum et numerorum aures sunt indices; orat 162. populi Romani aures hebetiores esse; Planc 66. — II, 1. cuius aures clausae veritati sunt; Lael 90. ne brevitas defraudasse aures videatur neve longitudo obtudisse; orat 221. cum multos dies aures meas Acutilio dedissem; A I 5, 4. quodsi aures tam inhumanas tamque agrestes habent; orat 172. si teretes aures habent intellegentque indicium; opt gen 11. obtundo: ſ. defraudo. ne offendam tuas patientissimas aures: Ligar 24. tenet aures vel mediocris orator; Bru 193. nondum tritis nostrorum hominum auribus; Bru 124. — 2. ut idem oculis et auribus captus sit; Tusc V 117. — 3. nihil ut umquam videretur tam populare ad populi Romani aures accidisse; Sest 107. ut eam (Voluptatem) tantum ad aurem admonerent, ut ..; fin II 69. cum erat in aurem eius insusurratum; Ver I 120. vix ad aures meas istius suspicionis fama pervenit; Sulla 12. — III .1.

quod (bonum) aurium delectatione capiatur; fin
II 7. quarum (aurium) est iudicium superbissimum;
orat 150. — 2. aliquem se aditum ad aures vestras
esse habiturum; dom 3. — IV, 1. ut sit boni
oratoris multa auribus accepisse; de or I 218.
grave acutum, flexibile durum, quae hominum solum
auribus iudicantur; nat II 146. auribus multa
percipimus; de or III 25. — 2. quoniam tu suscipis,
in alteram aurem; A XIII 24.

aurum, Gold, Goldgeld, goldner Schmuck,
goldnes Geräte: huc aurum si accedit; A XII
6, 1. est: f. III, 1. alqd. — II, 1. cum non plus
aurum tibi quam monedulae committebant:
Flac 76. exportari aurum non oportere cum saepe
antea senatus, tum me consule gravissime iudicavit:
Flac 67. huius domi inter quasilla pendebatur
aurum, numerabatur pecunia; Phil III 10. ut quasi
aurum igni sic benivolentia fidelis periculo aliquo
perspici possit; ep IX 16, 2. aurum sumptum a
Clodia dicitur; Cael 30. — 2. sum: f. aes, II, 2.—
3. ne quae lacuna sit in auro; A XII 6, 1. —
III, 1. in quo (armario) sciret esse nummorum
aliquantum et auri; Cluent 179. auri quinque
pondo abstulit; Cluent 179. Xerxes non infinito
pondere auri contentus; Tusc V 20. nos aeris,
argenti, auri venas penitus abditas invenimus; nat
II 151. Mithridates fugiens maximam vim auri
atque argenti reliquit; imp Pomp 22. — 2. de
ceteris operibus ex auro et gemmis se non
laborare; Ver IV 47. — III. >cui auro dentes
vincti escunt || iuncti essent || <; leg II 20. cum
iustitiam quaeramus, rem multo.omni auro cariorem;
rep III 8.

auscultator, Zuhörer: auscultator modo est,
qui audit; part or 10.

ausculto, zuhören: mihi ausculta; Sex Rosc
104.

auspex, Vogelschauer, Begünstiger: I. nihil
fere quondam maioris rei nisi auspicato ne privatim
quidem gerebatur, quod etiam nunc nuptiarum
auspices declarant, qui re omissa nomen tantum
tenent; div I 28. — II. si bilem id commovet et
latoribus et auspicibus legis curiatae; A II 7, 2.

auspicato, nach Anstellung der Auspicien:
quam (rem publicam) auspicato Romulus con-
diderit; rep II 51. quae (colonia) esset auspicato
deducta; Phil II 102. illo die, quo auspicato
comitiis centuriatis L. Murenam consulem renuntiavi;
Muren 1.

auspicatus, geweiht: in campo Martio,
auspicato in loco; Rabir 11.

auspicium, Beobachtung der Vögel, Wahrzeichen, Vorbedeutung, Recht Auspicien anzustellen:
I, 1. easdem leges salvis auspiciis ferri placet; Phil
V 10. quam (legem) ille bono auspicio claudus
homo promulgavit; A I 16, 13. lata lex est, ne
auspicia valerent, ne quis obnuntiaret; Sest 33. —
2. praeclara vero auspicia, si esurientibus pullis res
geri poterit, saturis nihil geretur! div I 77. —
II, 1. multa auguria, multa auspicia neglegentia
conlegii amissa plane et deserta sunt; div I 28.
acetri magistratus auspiciis utuntur coactis; div I
27. desero: f. amitto. si (te) tamquam auspicium
malum detestantur; Vatin 39. servabant auspicia
reges; quae hic consul augurque neglexit, neque
solum legibus contra auspicia ferendis, sed etiam
conlega una ferente eo, quem ipse ementitis
auspiciis vitiosum fecerat; Phil III 9. cur aliis a
laeva, aliis a dextra datum est avibus ut ratum
auspicium facere possint? div II 80. quod idem
(fulmen) omnibus rebus optimum auspicium habemus,
si sinistrum fuit; div II 43. >omnes magistratus
auspicium iudiciumque habento<; leg III 10.
auspiciis maioribus inventis; rep II 26. neglego,
servo: f. ementior. — 2. oblata religio Cornuto est

pullariorum admonitu non satis diligenter eum
auspiciis operam dedisse; ep X 12, 3. auspiciis
plurimum obsecutus est Romulus; rep II 18. —
3. utor: f. 1. cogo. — 4. cum omnia populi Romani
religio in sacra et in auspicia divisa sit: nat III
5. — III. an vos Tusci ac barbari auspiciorum
populi Romani ius tenetis? nat II 11. auspiciorum
religione conservata; prov 45. veritas auspiciorum
spreta est, species tantum retenta; nat II 9. —
IV, 1. hic bonus augur eo se sacerdotio praeditum
esse dixit, ut comitia auspiciis vel impedire vel
vitiare posset; Phil II 80. vgl. I, 1. II, 1. ementior. —
2. contra: f. II, 1. ementior. id „silentium"
dicimus in auspiciis, quod omni vitio caret; div
II 71.

auspicor, Auspicien anstellen, die Vögel
beobachten: idem (C. Flaminius) cum tripudio
auspicaretur; div I 77. qui comitiis tributis esset
auspicatus; ep VII 30, 1.

auster, Südwind, Süden: I. ego vero austro
gratias miras, qui me a tanta infamia averterit;
A XVI 7, 5. auster adversus maximo flatu me ad
tribules tuos Regium rettulit; ep XII 25, 3. — II.
quis in aquilonis austrive partibus tuum nomen
audiet? rep VI 22. — III. inde austro lenissimo in
Italiam pervenimus; ep XVI 9, 2. reiectus sum
austro vehementi ad eandem Leucopetram; A XVI 7, 1.

austere, streng: agit mecum austere et Stoice
Cato; Muren 74.

austerus, streng, ernst: A. qui fortasse auste-
rior et gravior esse potuisset; Piso 71. illo austero
more ac modo; Cael 33. ut (orator) suavitatem
habeat austeram et solidam, non dulcem atque decoctam; de or III 103. — B. quibus (falsis voculis)
non modo austeri, sed multitudo ipsa reclamat;
de or III 98.

australis, südlich: altera (ora) australis, ignota
nobis, quam vocant Graeci ἀντίχθονα; Tusc I 68.
>australem soliti quem dicere Piscem<; fr H IV, a,
411. quae (regio) tum est aquilonia, tum australis;
nat II 50.

aut, oder, entweder — oder: I. ohne aut im
ersten Teil: 1. einmal: a. tum me confitear hominibus amicum aut inimicum fuisse; Planc 93. qui
civitates aut nationes devictas bello in fidem rece-
pissent; of I 35. ut condemnaretur filius aut nepos,
si pater aut avus deliquisset; nat III 90. quid mali
aut sceleris fingi aut cogitari potest? Catil II 7.
neque habebat (numerus) aliquam necessitudinem
aut cognationem cum oratione; orat 186. quae pars
operae aut oportunitatis in scriba est? Ver III 183.
quod provisione aut permotione mentis magis quam
natura ipsa sentiamus; div II 9. si aedilis verbo
aut simpuvio aberravit; har resp 23. — b. neque
ulla gens tam barbara aut tam immanis umquam
fuit; Sulla 76. et facilior et tutior et minus aliis
gravis aut molesta vita est otiosorum; of I 70.
quae erat aut qualis quaestio? Milo 60. horam unam
aut duas armatos retinere magnum fuit? Deiot 19.
— c. aurum palaemne (navis) portet, ad bene aut
ad male gubernandum nihil interesse; fin IV 76.
quod vi aut clam factum sit; Tul 53. — d. si quae
essent incisae aut inscriptae litterae; dom 137.
Minerva, quia minuit aut quia minatur; nat III 62.
quae prosunt aut quae nocent; nat III 69. nec
vereor, ne res publica vinci aut opprimi possit; agr
II 101. — e. in habendis aut non habendis honoribus; ep XV 4, 14. quis id (orationis genus) potest
aut umquam poterit imitari? leg II 17. — f. si ea eo
beatior quisque sit corporis aut externis bonis
plenior; fin III 43. quis ferre potest aut quo modo?
Phil III 28. — g. quod illi ab his aut ab illis tu
mutarentur; de or III 72. cum mercaturas facerent
aut aliquam ob causam navigarent; Ver V 72.
dolore non interveniente aut, si interveniret, si

summus foret, futurum brevem; Tusc III 38. quid
ageres, aut ubi te visurus essem; ep III 6, 5. —
h. regem istum Numam Pythagorae ipsius discipulum
aut certe Pythagoreum fuisse; rep II 28. adimi
Sullanos agros vobisque dividi aut denique minui
privatorum possessiones; agr III 3. me inludi ab
eo aut etiam ipsum errare; de or I 91. si quid erit
aut etiamsi nihil erit; Q fr II 9, 2. quod metuendum aut omnino quod dubitandum videretur; Ver
II 69. qua hunc obiurgatione aut quo convicio convicio a tanto errore coner avellere? of III 83. quando
quattuor aut summum quinque sunt inventi, qui..?
Milo 12. — 2. wiederholt: eos propter damna
aut detrimenta aut cruciatus aliquos miseros esse
dicimus? leg I 51. num ignobilitas aut humilitas
aut etiam popularis offensio sapientem beatum esse
prohibebit? Tusc V 103. nullum (erat) conlegium
aut concilium aut omnino aliquod commune consilium, quod ..; Sest 32. — qui per tutelam aut
societatem aut rem mandatam aut fiduciae rationem
fraudavit quempiam; Caecin 7. — prius, quam ibim
aut aspidem aut faelem aut canem aut crocodilum
violent; Tusc V 78. — si velim scribere quid aut
legere aut canere vel voce vel fidibus aut geome-
tricum quiddam aut physicum aut dialecticum explicare; div II 122.

II. **mit aut im erſten Teil**: 1. elliptiſch: ne aut
verba traiciamus aperte ..; orat 229. quasi vero
aut concedatur .., et quasi nihil intersit! fin IV
77. — 2. zweimal: a. illa aut bona sunt aut
mala; fin III 69. an (putes) fuisse in iis aliquem
aut famae metum aut poenae? Planc 71. talis simulatio vanitati est coniunctior quam aut liberalitati
aut honestati; of I 44. — b. cum mediocribus multis
et aut nulla aut humili aliqua arte praeditis gratuito civitatem impertiebant; Arch 10. — c. omne,
quod ita disiunctum sit, quasi „aut etiam aut
non“; Ac II 97. quod aut secundum naturam esset
aut contra; fin III 53. — d. quo melius aut cadat aut
volvatur oratio; orat 229. haec si T. Accius aut
cognovisset aut cogitasset; Cluent 160. — e. cui aut
adsit audedesse possit multitudo malorum; Tusc V
42. quid verum aut esset aut non esset; Bru 145.
ea res maiori curae ant est aut erit; A XV 2, 1. —
f. si aut manibus ingrediatur quis aut non ante,
sed retro; fin V 35. — g. si aut referri aliquid in
litteras publicas vetuisses aut, quod relatum esset,
tolli coëgisses; Ver I 88. nec debes tu aut praecipuam aliquam fortunam postulare aut communem
recusare; ep VI 1, 1. — h. aut falsa aut certe
obscura opinio; de or I 92. utriusvis rei me aut
adiutorem velim esse aut certe non expertem; A
VII 3, 2. ceteris rebus aut pares aut etiam inferiores reperiemur; nat II 8. si tum consules aut
fuissent in re publica ant omnino non fuissent; dom
91. efficiet ratio, ut mors aut malum non sit aut
sit bonum potius; Tusc I 23. — 3. mehrmals: a. si
planum facit ab se illum aut vi aut clam aut precario
possedisse; Caecin 92. tota res est inventa fallaciis
aut ad quaestum aut ad superstitionem aut ad errorem; div II 85. nec (hostis) prae se fert, aut qui
|| quis || sit aut unde veniat aut etiam quid velit;
rep II 6. — b. nullum tempus illi umquam vacabat
aut a forensi dictione aut a commentatione domestica
aut a scribendo aut a cogitando; Bru 272. ut
(homines) aut contemnant aut metuant aut oderint
aut ament; imp Pomp 43. quae praesentiri aut arte
aut ratione aut usu aut coniectura possunt; div II
14. — c. horum unum quidque in reprehensione aut
non esse signo aut parum magno esse aut a se
potius quam ab adversariis stare aut omnino falso
dici aut in aliam quoque suspicionem duci posse
demonstrabitur; inv I 81. quis est illo aut nobilitate
aut probitate aut optimarum artium studio aut
innocentia aut ullo laudis genere praestantior?

Marcel 4. — d. quae est gens aut quae civitas, quae
non aut extispicum aut monstra aut fulgora interpretantium aut augurum aut astrologorum aut sortium aut somniorum aut vaticinationum praedictione
moveatur? div I 12. — e. cum aut duplicantur
iteranturque verba aut breviter commutata ponuntur,
aut ab eodem verbo ducitur saepius oratio aut in
idem conicitur aut utrumque, aut adiungitur idem
iteratum aut idem ad extremum refertur aut continenter unum verbum non in eadem sententia ponitur;
aut cum similiter vel cadunt verba vel desinunt;
aut cum sunt contrariis relata contraria; aut cum
gradatim sursum versus reditur; aut cum demptis
coniunctionibus dissolute plura dicuntur; aut cum
aliquid praetereuntes, cur id faciamus, ostendimus;
aut cum corrigimus nosmet ipsos quasi reprehenden-
tes; aut si est aliqua exclamatio vel admirationis
vel conquestionis || questionis ||; aut cum eiusdem
nominis casus saepius commutantur; orat 135.

autem, aber, dagegen, doch: I. **an zweiter
Stelle**: I. Ausſage: a. corporis autem alia ponebant esse in toto, alia in partibus; Ac I 19. populi
Romani aures hebetiores, oculos a. esse acres atque
acutos; Planc 66. iam contemni non poteris: odium
a. et invidiam facile vitabis; fin II 84. — b. cum
duo sint genera siderum, quorum alterum nullum
umquam cursus sui vestigium inflectat, alterum a.
continuas conversiones duas conficiat; nat II 49.
bonum omne laudabile, laudabile a. omne honestum.
bonum igitur omne honestum; fin IV 48. — c. unam
principio partem deus detraxit ex toto, secundam
a. primae partis duplam; Tim 22. — d. rursus iam
me irasci fortasse dices. ego a. sine iracundia dico
omnia; Phil VIII 19. quibus de quaestionibus tu
quidem strictim, nostri a. multa solent dicere; nat
III 19. hunc omnium superiorum, huius a. omnes,
qui postea fuerint, auctoritatem dico secutos; Font 1.
cum id non ita magnum, illud a. permagnum videatur:
of III 81. ille a. hoc ipso vincit viros optimos:
ep II 18, 2. ut ad urbem quam primum cum exercitu
accederet; id a. eo consilio, ut ..; Catil III 8. id
a. imperium cum retineri nullo modo possit; Q fr
I 1, 34. duas Gallias qui decernit .. ; qui a.
alteram Galliam ..; prov 17. quidam a. ad eas
laudes addunt aliquam suam; of I 116. deos iis uti
in maximis et optimis rebus; nihil a. nec maius nec
melius mundo; nat II 80. — e. illud tenue, quod
sentiri nullo modo, intellegi a. vix potest; div
II 94. laboro a. non sine causa; fin II 8. illum
esse libertum, teneri a. nostrum ordinem; Cluent 144. —
f. sed nunc quidem valetudini tribuamus aliquid,
cras a. agamus haec; Tusc I 119. extra a. eminent
quae appellantur aures; nat II 144. cum beatissimi
sint, qui .., minus a. miseri, qui ..; ep V
16, 3. pridie a. apud me Crassipes fuerat; A IX
11, 3. — g. contra a. omnia disputatur a nostris;
of II 8. infra a. hanc (stellam) Iovis stella fertur;
nat II 52. — h. cum detrimenta considero ..; cum
a. res remotas repetere instituo ..; inv I 1. adversi
raedarium occidunt. cum a. hic de raeda desiluisset ..; Milo 29. amplior ei supplicii metus esset
constitutus; ne a. nimium multi poenam capitis
subirent ..; Cluent 128. quod a. exemplo nostrae
civitatis usus sum ..; rep II 66. quoniam a. etiam
mortui miseri sunt ..; Tusc I 9. — i. filia consenescebat. ecce a. subitum divortium; Cluent 14. —
2. Ausruf: qui huius dolor, qui illius maeror erit!
quae utriusque lamentatio! quanta a. perturbatio
fortunae atque sermonis! Muren 89. quam brevi
tempore quot et quanti poëtae, qui a. oratores
exstiterunt! Tusc IV 5. — 3. Aufforderung:
virtutes a. noli vereri ne expostulent; Tusc V 14.
hoc totum quale sit, mox; nunc a. concludatur illud;
nat III 37. — 4. Frage: a. cur in eius legione
miles fuisti? cur a. praetor te in consilium vocavit?

Flac 77. num quis testis Postumum appellavit?
testis a.? num accusator? Rab Post 10. haec
admirabilia dicamus. quid a. habent admirationis,
cum prope accesseris? fin IV 74. quid in re publica
fiat — fiat a.? immo vero etiam quid futurum sit;
A V 13, 3. „a me", inquit, „omnia proficiscentur."
cur a. sex (fasces)?" A X 4, 9. — b. quam a. ego
dicam voluptatem, iam videtis; fin I 43. — 5.
Rebingung: hoc a. si ita sit, ut . . ; Ac II
101. si quid de Corinthiis tuis amiseris . . ; virtatem
a. si unam amiseris . . ; Tusc II 32. haec si cen-
sueritis . . ; si a. lenius agetis . . ; Phil V 34. si
a. nihil te perturbat; ep XI 16, 1. si fieri possit . . ;
si a. intelleges . . ; ep XVI 1, 2. si scelus adistis , . ;
sin a. pudorem diligitis . . ; Cluent 200. sin a. est,
quod mecum communicare velis; ep IV 2, 4.
    II. an dritter Stelle: servos artifices pupilli cum
haberet domi, circum pedes a. homines formosos;
Ver I 92. omnes ad Murenam se statim contulerunt.
magna est a. comitiis consularibus repentina volun-
tatum inclinatio; Muren 53. animus se non videns
alia cernit. non videt a. formam suam; Tusc I 67.
cur coniveres a. altero oculo, causa non esset; nat
III 9. quid inconstantius deo? quid inscitius a. est
quam . . ? div II 127. de evertendis a. diripien-
disque urbibus valde considerandum est ne quid
temere; of I 82. de me a. sic habetote; Lael 10.
quanta delectatione a. adficerer! Tusc I 98.
    III. an vierter Stelle: quid tam divinum a. quam
adflatus e terra mentem ita movens, ut . . ? div
II 117. quando ista vis a. evanuit? div II 117.
    authepsa, Selbstkocher: in quibus (vasis)
est authepsa illa, quam tanto pretio nuper mercatus
est; Sex Rosc 133.
    autumnalis, herbstlich: »in quo (orbe) autum-
nali atque iterum sol lumine verno exaequat spatium
lucis cum tempore noctis«; fr H IV, a, 533.
    autumnus, herbst: cum autumno terra se ad
concipiendas fruges patefecerit; rep IV 1.
    autumo, meinen: »bene quam meritam esse
autumas male merere || mereri «? orat 166.
    avunculus, Oheim, Bruder der Mutter: I. vel
ut Q. Tuberoni Africanum avunculum laudanti
scripsit C. Laelius; de or II 341. — II. patrem tuum
L. Philippus censor avunculum suum praeteriit in
recitando senatu; dom 84. — III. vitrici te similem

quam avunculi maluisti; Phil II 14. — IV. quae
(controversia) mihi fuit cum avunculo tuo;
fin III 6.
    avus, Großvater, Ahnherr: I. ut condemnaretur
filius aut nepos, si pater aut avus deliquisset;
nat III 90. non patrem tuum videras, non patruum,
non avum, proavum, atavum audieras consules
fuisse? Cael 33. — II. de duobus avis iam
diximus, Scipione et Crasso; Bru 212. — III.
interfectus est C. Gracchus, clarissimo patre,
avo, maioribus; Catil I 4. — IV. quae (Medea)
duobus avis, Sole et Oceano, Aeeta patre, matre
Idyia procreata est; nat III 48.
    auxiliarius, hülfe leistend: res a propraetore
una cohorte auxiliaria gesta; prov 15.
    **auxilium, hülfe, Beistand, Schutz, hülfs-
mittel, hülfstruppen:** I. omnia alia subsidia rei
publicae, consilia, auxilia, iura ceciderunt; Flac
3. dixisti non auxilium mihi, sed me auxilio
defuisse; Planc 86. hisce ego auxiliis studentibus
atque incitatis uti me potuisse confiteor; Planc
87. — II, 1. tu periculorum indicia, tu salutis
auxilia ad me et ad senatum attulisti; Flac 102.
si vobis indigni essent visi, quibus opem auxilium-
que ferretis; Ver II 9. videturne ipsa res publica
consulis auxilium implorasse? dom 12. incito: f. I.
student. quae (iuris scientia) ipsa auxililium ab
eloquentia saepe peteret; orat 141. ab ea (philosophia) omnia adiumenta et auxilia petamus bene
beateque vivendi; Tusc IV 84. Sulla nullum
auxilium requisivit; Sulla 15. ut eo tueri sex
legiones et magna equitum ac peditum auxilia
possis; par 45. — 2. vestri auxilii est, iudices,
huius innocentiae subvenire; Cluent 4. — 3. desum:
f. I. deest. qui multis saepe auxilio fuerim; Piso
18. — 4. ne Gaditanorum auxiliis uti nobis liceret;
Balb 25. f. I. student. — III. erat in eo summa
in omnes cives opis, auxilii, defensionis benignitas;
rep II 35. quodsi tantas auxiliorum nostrorum
copias Indutiomarus ipse despexerit; Font 46. —
IV. cum meos liberos et uxorem me absente tuis
opibus auxilioque defendisses; Planc 73.
    axis, Achse: 1. quae (terra) traiecto axi
sustinetur; Tim 37 — 2. quae (terra) cum circum
axem se summa celeritate convertat et torqueat;
Ac II 123.

Baca, Beere, Baumfrucht: I. arbores seret diligens
agricola, quarum aspiciet bacam ipse numquam;
Tusc I 31. id semen inclusum est in intima parte
earum bacarum, quae ex quaque stirpe funduntur;
nat II 127. — II. pars: f. I. fundo.
    bacchatio, Schwelgerei: sileatur de nocturnis
eius bacchationibus ac vigiliis; Ver I 33.
    bacchor, toben, rasen, schwelgen: quod eos
furere atque bacchari arbitraremur; Bru 276. quasi
inter sobrios bacchari vinulentus videtur; orat 99.
quanta in voluptate bacchabere? Catil I 26.
    bacillum, Stock, Stab: I. lituus, id est in-
curvum et leviter a summo inflexum bacillum; div I
31. — II. bacillum propter me, quo (volucres et
ferae) abigam, ponito te; Tusc I 104. — III. anteibant
lictores non cum bacillis, sed cum fascibus; agr II
93. quos (lictores) ago † non || nunc || paulisper cum
bacillis in turbam conieci; A XI 6, 2.
    baculum, Stock: proximus lictor converso baculo
multo misero tundere vehementissime coepit; Ver
V 142.
    baiulus (baiolus), Lastträger: I. cum operarii
aut baiuli baioli || deesse non possint; Bru 257. —

II, 1. ut ait Caecilius, „remigem aliquem aut baiulum" nobis oratorem descripseras; de or II 40. —
2. nec quicquam inter Alcibiadem summo loco
natum et quemvis baiolum interesse; Tusc III
    balbus, stammelnd: cum (Demosthenes) ita
balbus esset, ut eius ipsius artis, cui studeret primam,
litteram non posset dicere; de or I 260. ne plurime
esse balbos quam disertos putes; ep IX 19, 2.
    balbutio, stammeln, unklar sein . . . Per i
patetici balbutire aliquando desinant; Tusc V . . .
— II. praeter Epicurum balbutientem . . . . .
deorum; div I 5. — III. perpetua balbutii . .
|| balbuttiens ||; Ac II 137.
    ballista, Schleudermaschine: . . . .
eo graviores emissiones habent. . . . . . .
    balnearia, Bäder, Bade. . . . .
balnearia laudat maiora . . . .
effici posse; A XIII . . . .
assa in alterum apod . . . .
III 1, 2. nihil ei . . . .
aria et ambulatio . . . .
    balneator: . . . .
fuisse ferunt baln. . . . .

balneolum, Ifeines Bab: primus balneola suspendit, inclusit pisces; fr F V 76.

balneum (balineum), Bab, **balneae,** Badeanftalt: I, 1. balineum || balneum || calfieriiubebo; A II 3, 4. quam multa (Crassus) de balneis, quas nuper ille (Brutus) vendiderat, dixit! de or II 223. — 2. dico de: f. 1. vendo. huc te e balneo, priusquam accumberes, ducere volebant; Deiot 17. de balneis | balneis || exeunti; Vatin 31. cum e balineo exissem: A XV 13, 5. si potuisset honeste scribere se in balneis cum id aetatis filio fuisse; Cluent 141. labrum si in balineo non est; ep XIV 20. ut (servi) venirent ad balnea Senias; Cael 61. — II. si essent in vestibulo balnearum; Cael 62. III. occiditur ad balneas Pallacinas || Palatinas, al. || Sex Roscius; Sex Rosc 18.

barba, Bart: I. sordidati, maxima barba et capillo, Romae biennio prope fuerunt; Ver II 62. — II. regiae virgines ut tonstriculae tondebant barbam et capillum patris; Tusc V 58.

barbare, ungebilbet, rob: si grammaticum se professus quispiam barbare loquatur; Tusc II 12.

barbaria, barbaries, Barbarenland, Barbarenvolf, Robeit, Wilbheit: I. si haec turba et barbaria forensis dat locum vel vitiosissimis oratoribus; de or I 118. ista vero quae et quanta barbaria est! Phil II 108. nec eos aliqua barbaries domestica infuscaverat; Bru 258. — II, 1. a quo (philosopho) non solum Graecia et Italia, sed etiam omnis barbaria commota est; fin II 49. — 2. isti immani atque intolerandae barbariae resistemus; Font 44. — III. quae (pantherae) in barbaria venenata carne caperentur; nat II 126.

barbarus, ausländifch, fremb, ungriechifch, rob, wilb, ungebilbet: A. neque tam barbari lingua et natione illi quam tu natura et moribus; Ver IV 112. non esse barbaris auxiliis fallacissimae gentis rem publicam defendendam; A XI 7, 3. absurdum erat in barbaris casibus Graecam litteram addere; orat 160. ecqua civitas est tam immanis ac barbara? Ver IV 24. ne hominibus levitate Graecis, crudelitate barbaris civem vestrum dederetis; Flac 24. reges barbaros incitare; A VIII 11, 2. servos agrestes et barbaros ex Appennino deduxerat; Milo 26. — B, I, 1. si barbarorum est in diem vivere; de or II 169. — 2. nobis sinistra videntur, Graiis et barbaris dextra meliora; div II 82. — II. cur barbarorum deos repudiemus? nat III 47. ut via illa nostra excursionibus barbarorum sit infesta; prov 4. neglecta barbarorum inscitia; ep IX 3, 2. — III. beluas a barbaris propter beneficium consecratas; nat I 101.

barbatulus, bärtig, mit wenig Bart: concursabant barbatuli iuvenes; A I 14, 5. aliquem barbatulos mullos exceptantem de piscina; par 38.

barbatus, bärtig: A. quos aut imberbes aut bene barbatos videtis; Catil II 22. Iovem semper barbatum, Apollinem semper imberbem esse: nat I 83. si mulli barbati in piscinis sint; A II 1, 7. — B. hic mos iam apud illos antiquos et barbatos fuit; fr A VII 4. f. barbula.

barbula, Bärtchen: aliquis ex barbatis illis, non hac barbula, sed illa horrida; Cael 33.

bardus, ftumpffinnig, bumm: stupidum esse Socraten et bardum; fat 10.

baro, Tölpel, einfältiger Menfch: I. ille baro te putabat quaesiturum ..; ep IX 26, 3. — II. apud Patronem et reliquos barones te in maxima gratia posui; A V 11, 6.

basilica, Halle, Gerichtshalle: basilicam habeo, non villam, frequentia Formianorum; A II 14, 2. qui forum et basilicas ornamentis amicorum ornarent; Ver IV 6. Paulus in medio foro basilicam iam paene refecit || texuit, al. || isdem antiquis columnis; A IV 17, 7 (16, 14).

basis, Fußgeftell, Grundmauer, Grundlinie: 1. basis trianguli, quem efficiunt grues, ventis adiuvatur; nat II 125. ita omnia convestivit hedera, qua basim villae, ut . .; Q fr III 1, 5. ut (quaestores urbis) eam basim statuamque faciendam et in rostris statuendam locent; Phil IX 16. — 2. ut esset, quod in basi tropaeorum inscribi incidique posset; Piso 92.

batuo, ftoßen: „batuit || battuit || ", inquit. impudenter, „depsit" multo impudentius; ep IX 22. 4.

beate, glücklich, glückfelig: quae nihil valerent ad beate misereve vivendum; fin III 50. virtus ad beate vivendum se ipsa contenta est; fin V 79. nihil est aliud bene et beate vivere nisi honeste et recte vivere; par 15.

beatitas, beatitudo, Glückfeligkeit: ista. sive beatitas sive beatitudo dicenda est (utrumque omnino durum, sed usu mollienda nobis verba sunt), cur in solem illum cadere non potest? nat I 95.

beatus, glücklich, glückfelig, felig. gefegnet, begütert, reich): A. cum (Crotoniatae) florerent omnibus copiis et in Italia cum primis beati numerarentur; inv II 1. omnibus, qui patriam conservarint, certum esse in caelo definitum locum. ubi beati aevo sempiterno fruantur; rep VI 13. non solum sapiens, qui hinc absis, sed etiam beatus; ep VII 28, 1. velim, ut (Dionysius) tibi amicus sit. hoc cum tibi opto, opto ut beatus sis; erit enim tam diu; A X 16, 1. huius (M. Valerii Corvini) extrema aetas hoc beatior quam media, quod . .: Cato 60. Dionysius tyrannus fuit opulentissimae et beatissimae civitatis; nat III 81. ex quo esse beati (dei) atque aeterni intelleguntur; nat I 106. clarae mortes pro patria oppetitae rhetoribus beatae videri solent; Tusc I 116. numquam vidi solem aut mundum beatum; nat I 96. esse quandam beatam naturam et aeternam, nat III 3. sapientes omnes esse semper beatos; fin V 77. sol: f. mundus. o terram illam beatam, quae hunc virum exceperit! Milo 105. in virtute non beatam modo vitam, sed etiam beatissimam ponere; Tusc V 51. — B, a, I. his (perturbationibus) vacuus animus perfecte atque absolute beatos efficit; Tusc IV 38. — II. ut (gladius) impenderet illius beati cervicibus; Tusc V 62. si nobis in beatorum insulis immortale aevum, ut fabulae ferunt, degere liceret; fr F V 50. — b. ex bonis, quae sola honesta sunt, efficiendum est beatum; Tusc V 45.

bellator, Krieger: I. (T Postumius) de re publica non minus vehemens orator quam bellator fuit; Bru 269. — II, 1. an accusatori maiores nostri maiora praemia quam bellatori esse voluerunt? Balb 54. — 2. ecquae pacifica persona desideretur, an in bellatore sint omnia; A VIII 12, 4.

bellatrix, ftreitbar: ista bellatrix iracundia qualis est cum uxore? Tusc IV 54.

belle, fchön, artig, fein, angenehm, wohl: I. mihi Antiochum, quem audis, satis belle videri attendere; fin V 6. cecidit belle; A XIII 33, a. 1 (4). te bellissime cum quaestore Mescinio decursurum; ep XVI 4, 3. Piliam et Atticam plane belle se habere; A XVI 9, 1. Corcyram bellissime navigavimus; ep XVI 9, 1. oblecta te cum Cicerone nostro quam bellissime; Q fr II 11, 4. bellissime in nostris praediis esse poteritis; ep XIV 14, 1. — II. sumus ambo belle curiosi; A VI 1, 25. — III „bene" et „praeclare" quamvis nobis saepe dicatur: „belle" et „festive" nimium saepe nolo; de or III 101.

bellicosus, friegerifch: (Dalmatae) semper habiti sunt bellicosi; ep V 11, 3. maiores vestri bellicosissimas gentes in dicionem huius imperii redegerunt; Phil IV 13.

bellicum, Kriegsfignal: (Thucydides) de bellicis rebus canit etiam quodam modo bellicum;

orat 39. simul atque aliqui motus novus bellicum canere co**ēgit** ‖ coepit ‖; Muren 30.

bellicus, zum Kriege gehörig: tu domesticam, tu bellicam disciplinam aperuisti; Ac I 9. studium bellicae gloriae; of I 61. quos peritissimos bellici iuris esse arbitramur; Balb 45. ut ex bellica laude aspirare ad Africanum nemo potest; Bru 84. se legationibus bellicis eruditum (fuisse); Balb 47. multae res exstiterunt urbanae maiores clarioresque quam bellicae; of I 74. **f. bellicum.** qui tot habet victorias bellicas, quot . .; Balb 9. in praesidio bellicae virtutis: Muren 22.

belligero, Krieg führen: quoniam nobis cum fortuna belligerandum fuit; Quir 19.

bello, Krieg führen, kämpfen: I, 1. animos ardentes consuetudine et cupiditate bellandi; rep II 26. — 2. fuit proprium populi Romani longe a domo bellare; imp Pomp 32. Gigantum modo bellare cum dis; Cato 5. — II. cum illa civitas cum Poenis suo nomine ac sua sponte bellaret; Ver IV 72.

bellum, Krieg (vgl. duellum): I. absolut: 1. bellum civile ac domesticum appropinquare dixerunt; Catil III 19. potest esse bellum, ut tumultus non sit, tumultus esse sine bello non potest; Phil VIII 2. quasi vero non idem unumque bellum sit contra hoc iugum impiorum nefarium; Phil XI 6. quod (bellum) cum Persis fuit; of III 49. video, quantum id bellum et quam pestiferum futurum sit; A VIII 14, 2. f. 2. quod (bellum civile) natum, conflatum, susceptum opera tua est; Phil II 70. ortum repente bellum Allobrogum fregit: prov 32. potest: f. est: Phil VIII 2. secutum est bellum Africanum: Deiot 25. in Sicilia quod bellum tam diuturnum, tam calamitosum te praetore versatum est, ut . .? Ver III 124. videtur: f. II, 1. inflammo. — 2. utrum hoc bellum non est an est ‖ etiam ‖ tantum bellum, quantum numquam fuit? Phil VIII 7.

II. nach Verben: 1. quae (res) essent propriae belli administrandi; de or I 210. f. propulso. quod bellum exspectatione eius attenuatum atque imminutum est, adventu sublatum ac sepultum; imp Pomp 30. quod bellum commotum a Scapula ita postea confirmatum est a Pompeio, ut . .; ep IX 13, 1. alter bellum terra et mari comparat; A X 4, 3. ut caveretis, ne hoc absoluto novum aliquod bellum Gallicum concitaretur; Font 33. confectis omnibus maritimis terrestribusque bellis; prov 27. f. renovo. confirmo: f. commoveo. conflo: f. I, 1. nascitur. vidi nostros amicos cupere bellum, hunc (Caesarem) autem non tam cupere quam non timere; ep IX 6, 2. nullum bellum iustum habetur nisi denuntiatum, nisi indictum, nisi repetitis rebus; rep III 35. suadere intitui, ut (Pompeius) bellum duceret: ep VII 3, 2. nullus (est) rex, qui bellum populo Romano facere possit; Catil II 11. frango: f. I, 1. oritur. agitur salus sociorum atque amicorum, pro qua multa maiores vestri magna et gravia bella gesserunt; imp Pomp 6. cum Antonio bellum gerimus, sed non pari condicione, contra arma verbis; ep XII 22, 1. f. profligo, renovo. bellum nullum haberemus; Phil V 30. f. denuntio. cuius (parentis) sanguine totum illud sociale bellum macula sceleris imbutum est; Font 41. imminuo: f. attenuo. at is bellum rei publicae indiceret; ep XI 18, 2. f. denuntio. cum rex Pyrrhus populo Romano bellum ultro intulisset; of III 86. non modo non restinctum bellum, sed etiam inflammatum videtur; ep XI 12, 1. cum servorum bellum metueretur; Ver V 18. qui profligato bello ac paene sublato renovatum bellum gerere conamur ‖ cogamur ‖; ep XII 30, 2. illa (Gallia) huius belli propulsandi, administrandi, sustinendi principatum tenet; Phil XII 9. nos confecto bello, ut arbitrabamur, renovatum bellum gerimus;

ep XII 8, 1. f. profligo. cum bellum acerbissimum civile sit restinctum; Phil V 40. f. inflammo. ut bellum intestinum ac domesticum sedetur; Catil II 28. sepelio: f. attenuo. bellum crudele et exitiosum suscipi a Pompeio intellegebam; A IX 6, 7. f. I, 1. nascitur. sustineo: f. propulso. timeo: f. cupio. tollo: f. attenuo. profligo. trahi id bellum; A X 8, 2. fecerunt (poëtae), ut eorum (deorum) bella, proelia, pugnas, vulnera, videremus; nat I 42. — 2. quem bello praedonum praeponeretis; imp Pomp 63. — 3. qui praetor finitimo, consul domestico bello rem publicam liberarat; Planc 70. perfuncta res publica est hoc misero fatalique bello; Marcel 31. — 4. tantum aberat a bello, ut . .; Phil X 14. quantum ipse a continuis bellis et victoriis conquievit; Balb 3. ad tantum bellum is (Cn. Pompeius) erat deligendus atque mittendus; imp Pomp 50. L. Lucullum magnis rebus gestis ab eo bello discedere; imp Pomp 5. tua aetas incidit in id bellum; of II 45. quem iam ingressum esse in bellum videbam; Catil II 14. mitto ad: f. deligo ad. consul sortito ad bellum profectus A. Hirtius; Phil XIV 4. quoniam illi arti in bello ac seditione locus est, huic in pace atque otio; Quir 20. sum sine: f. I, 1. est; Phil VIII 2. sine qua (urbe) numquam nostri imperatores ex Transalpinis bellis triumpharunt; of II 28. maximo in bello sic est versatus, ut . .; Muren 20.

III. nach Adjectiv: vir bellorum omnium peritissimus, P. Servilius; imp Pomp 68.

IV. nach Substantiv: 1. quos cives belli calamitas reliquos fecerat; Ver II 86. quas dixi paulo ante iustas causas esse bellorum; of I 38. confectio huius belli est D. Bruti salus; Phil XIV 1. hoc vectigali etiam belli difficultates sustentantur; agr II 83. huius totius belli in unius viri vita positum esse discrimen; Phil XIV 3. quoniam conscelerati ssimi periculosissimique belli nefarios duces captos iam tenetis; Catil III 16. cum omnium bellorum exitus incerti sint; ep VI 1, 2. f. fortuna. bonum civem initia belli civilis invitum suscipere, extrema libenter non persequi; ep IV 7, 2. me mihi ipsi finem huiusce belli; ep VII 3, 5. cum esset incertus exitus et ancepe fortuna belli; Marcel 15. primum mihi videtur de genere belli, deinde de magnitudine esse dicendum; imp Pomp 6. oriens incendium belli Punici secundi; rep I 1. initia: f. extrema. quam (Minervam) principem et inventricem belli ferunt; nat III 53. quae (Mytilenae) vestrae belli lege ac victoriae iure factae sunt; agr II 40. magnitudo: f. genus. Martem belli esse communem; de or III 167. cui (Italiae) belli intestini et vastitatis metus inferebatur; Planc 87. qui nec sumptis armis belli ullam partem attigi; A IX 11, A, 2. dum modo a vobis huius horribilis belli ac nefarii periculum depellatur; Catil II 15. f. suspicio. princeps: f. inventrix. propter rationem Gallici belli; prov 19. tu populo Romano subsidia belli, tu ornamenta pacis eripias? agr I 3. omnia alia esse nobis vacua ab omni periculo atque etiam suspicione belli; prov 30. cuius belli victor L. Scipio; Muren 31. extremum malorum omnium esse civilis belli victoriam; ep IX 6, 3. — 2. quod fuerit de hoc bello iudicium senatus; Phil IX 7. o nationes testes Cn. Pompei non solum virtutis in bello, sed etiam religionis in pace! Balb 13.

V. Umstand: 1. quibus (consiliis) saepe constituta est imperatorum sapientia salus civitatis aut belli aut domi; Bru 256. qui sunt boni cives, qui belli, qui domi de patria bene merentes, nisi . .? Planc 80. magnae res temporibus illis a fortissimis viris belli gerebantur; rep II 56. — 2. cum bello sociorum tota Italia arderet; Ver V 8. quos (agros) bello Romulus ceperat; rep II 26. cum hoc bello, bello, inquam, decertandum est; Phil V 33. omne Latium bello devicit; rep II 44. socii nefario bello lacessiti;

11*

Piso 85. ceteri partim ex veteribus bellis agro multati, partim ab hoc ipso bello superati et oppressi; Font 26. cum senatus P. Dolabellam bello persequendum censuerit; Phil XI 29. quae (Italia) cum servili bello taetro periculosoque premeretur; imp Pomp 30. superari: ſ. opprimi. cum bello vastabitur Italia; Catil I 29. bello victis regibus; Sest 57. me clamante nihil esse bello civili miserius; ep XVI 12, 2. cum bello Latino ludi votivi maximi primum fierent; div I 55. — 3. ex: ſ. 2. opprimi. noster populus in pace et domi provocat, in bello sic paret ut regi; rep I 68. post magnum illud Peloponnesiacum bellum; rep III 44. „arma“ ac „tela“ pro bello; de or III 167.

bellus, ſchön, artig, fein, munter: Cicero bellissimus tibi salutem plurimam dicit; ep XIV 7, 3. fac bellus revertare; ep XVI 18, 1. quam sit bellum cavere malum; de or I 247. est bellum illud quoque, ex quo is, qui dixit, inridetur in eo ipso genere, quo dixit; de or II 277. (Corumbus) bellus esse dicitur architectus; A XIV 3, 1. est tibi ex eis ipsis, qui adsunt, bella copia; rep II 67. durius accipere hoc mihi visus est, quam homines belli solent; A I 1 4. bella ironia, si iocaremur; Bru 293. illum pueris' locum esse bellissimum duximus; A V 17, 3. satis bella materies ad iocandum; de or II 239. Piliae et puellae Caeciliae bellissimae salutem dices; A VI 4, 3. bella etiam est familiaris reprehensio quasi errantis; de or II 281. subsidium bellissimum existimo esse senectuti otium; de or I 255.

belua, Tier, Ungeheuer: I. an putas ullam esse terra marique beluam, quae non sui generis belua maxime delectetur? nat I 77. — II, 1. Aegyptii nullam beluam nisi ob aliquam utilitatem, quam ex ea caperent, consecraverunt; nat I 101. delecto: ſ. I. qui (tyrannus) morum immanitate vastissimas vincit beluas; rep II 48. — 2. quantum natura hominis pecudibus reliquisque beluis antecedat; of I 105. esse quandam illi beluae cum genere humano societatem; ep VII 1, 3. — 3. capio ex: ſ. 1. consecro. facio iniuriam fortissimo viro mortuo, qui illum cum hac importuna belua conferam; Piso 8. quem ex quaque belua usum habere possemus; of II 14. — III, 1. quas (strages) furor edere potuit impurae beluae; leg III 22. eos (deos) beluarum nomine appellas, ut Capram, ut Nepam; nat III 40. — 2. est vobis res cum immani taetraque belua; Phil IV 12. — IV, 1. delectari: ſ. I. — 2. Romulus et Remus cum altrice belua; div II 45.

bene, gut, wohl, recht, schön: I. secundum naturam vivere sic adfectum, ut optime adfici possit; fin V 24. bene adhibita ratio; Tusc IV 58. quia conscientia bene actae vitae multorumque bene factorum recordatio iucundissima est; Cato 9. qui non minus bene actum cum illis putem; A XIII 10, 1. esse hominis ingenui velle bene audire; fin III 57. cum bene completa domus est; A I 18, 1. cum corpus bene constitutum sit; fin II 92. sibi eas aves bene consuluisse; div I 27. professio ipsa bene dicendi; de or I 21. eum et Attice dicturum ut optime, ut bene dicere id sit Attice dicere; opt gen 13. cui bene dixit umquam bono? Sest 110. haec ab Antiocho dicuntur multo melius et fortius; fin V 75. ſ. facio; Bru 322. nec ut emat melius nec ut vendat, quisquam simulabit aut dissimulabit vir bonus; of III 61. exercitatus: ſ. II. robustus. quos ob bene facta diligi volemus; de or II 208. philosophiam, matrem omnium bene factorum beneque dictorum; Bru 322. bene sane facis; Ac I 25. ſ. ago. consuetudinem rei publicae bene gerendae; Sest 67. bene habet; iacta sunt fundamenta defensionis; Muren 14. ii ipsi se hoc melius habent quam nos, quod ..; A XI 7, 4. ut quisque optime natus institutusque est; fin V 57. a bene inventis alicuius recedere; inv II 4. incorrupta vox bene

indicantium de excellenti virtute; Tusc III 3. bene loquendi de Catulis opinio non minor; of I 133. ſ. spero. qui de me estis optime meriti; Quir 22. non est tuum de re publica bene mereri; Phil II 36. nascor: ſ. instituo. bene maiores accubitionem epularem amicorum convivium nominaverunt; Cato 45. tu, qui bene nosses coniunctionem meam et Caesaris; Piso 82. cuius aliquo bene praecepto duceremur; inv II 4. quos (centuriones) bene sentire de re publica cognoverat; Phil V 22. neque umquam de illo et sperare optime et loqui destiti; Phil XIII 8. spero ex tuis litteris tibi melius esse; ep XVI 22, 1. venire imberbum adulescentulum. bene valentem ac maritum; dom 37. venditorem velle quam optime vendere; of III 51. ſ. emo. ad recte, honeste, laudabiliter, postremo ad bene vivendum satisne est praesidii in virtute? Tusc V 12. — II. adulescens non minus bene nummatus quam bene capillatus; agr II 59. habetis sermonem bene longum; de or II 361. bene plane magnus mihi quidem videtur (Philoctetae dolor); Tusc II 44. nummatus: ſ. capillatus. Ser. Fabius Pictor, antiquitatis bene peritus; Bru 81. in clamando eum esse bene robustum atque exercitatum; div Caec 48. hominem bene sanum; Sest 23. — III. num tibi molestus esset futurus, si ad te bene ante lucem venisset; de or II 259. bene mane haec scripsi; A IV 9, 2. qui bene penitus in istius familiaritatem sese dedit; Ver II 169. — IV. quo melius nostri illi senes, qui ..; de or III 221. fecit etiam iste me epilogus firmiorem. — optime. inquam; Tusc I 119.

benefactum, ſ. bene, I. facio.

beneficentia, Wohltätigkeit: I. de beneficentia ac de liberalitate dicatur, qua quidem nihil est naturae hominis accommodatius, sed habet multas cautiones; of I 42. — II. dico de: ſ. I. nihil (est) honestius quam pecuniam, si habeas, ad beneficentiam liberalitatemque conferre; of I 68. quae (virtutes) videntur in quadam comitate ac beneficentia positae; de or II 343.

beneficium, Wohltat, Verdienst, Begünstigung, Gunstbezeigung: I. maiorum suorum beneficia, si qua exstabant, proferre; inv II 106. ut vestra beneficia, quae in me contulistis, aut in huius salute augeatis aut in eiusdem exitio occasura esse videatis; Milo 100. quoniam de eo genere beneficiorum dictum est, quae ad singulos spectant, deinceps de iis, quae ad universos quaeque ad rem publicam pertinent, disputandum est; of II 72. leviora beneficia quam maleficia (esse); inv II 108. ratio praemii quattuor est in partes distributa: in beneficia, in honorem, in praemii genus, in facultates. beneficia ex sua vi, ex tempore, ex animo eius, qui fecit, ex casu considerantur. ex sua vi quaerentur hoc modo: magna an parva, facilia an difficilia, singularia sint an vulgaria, vera an falsa quadam ‖ falsa, quanam ‖ exornatione honestentur; inv II 112. mihi semper eo maiora beneficia C. Caesaris visa sunt, quo minus erant ab aetate illa postulanda; Phil XIV 28. — II, 1. intellegis, quanta in dato beneficio sit laus, cum in accepto sit tanta gloria; Marcel 3. angeo: ſ. I. occidant. qui sua erga me beneficia commemorat; Phil II 48. gravissime vituperatur, qui in tantis beneficiis. quanta vos in me contulistis, remunerandis est tardior; Quir 23. ſ. I. occidant. considero, al.: ſ. I. sunt. quibus omnia populi Romani beneficia dormientibus deferuntur; Ver V 180. do; ſ. accipio. beneficia, quae venderet, a conlega petebat; Phil II 82. quoniam apud gratos homines beneficium ponis; ep XIII 54. postulo: ſ. I. videntur. profero: ſ. I. exstant. remuneror: ſ. confero. vendo: ſ. peto. — 2. nomen (consulis) beneficii populi Romani est: Phil XIV 25. — 3. quae magnitudo observantiae tot tantisque

beneficiis **respondere** poterit? sen 24. —
4. spoliari populi Romani beneficiis amplissimis;
dom 98. Acilius maximo meo beneficio est; ep VII
30, 3. quod multi eorum (deorum) beneficio
perverse uterentur; nat III 70. — 5. disputo de:
i. I. pertinent. distribuo in: f. I. sunt. vos in hac
causa non de maleficio L. Cornelii, sed de beneficio
Cn. Pompei iudicaturos; Balb 65. homines eo
animo, ut, quaecumque dicendi potestas esset data,
in honore atque in beneficio ponerent; Cluent 57.
sum in: f. 1. accipio. — III, 1. quae natio non
gratam animum et beneficii **memorem** diligit? leg
I 32. — 2. ut timeres, ne **indignus** beneficio
videreris, nisi . . ; Piso 82. — IV. **genus** horum
beneficiorum definitum lege non erat; ep V 20, 7.
f. I. pertinent. sine ad alios potestatem, ad te
gratiam beneficii tui pervenire; agr II 22. neque
aequum est tempore et die memoriam beneficii
definire; Quir 23. — V, 1. hanc ego causam cum
agam beneficio populi Romani de loco superiore;
Ver I 14. ab isto donis beneficiisque multis devin-
ciebatur; Ver V 82. nisi ex eo loco ancillarum
beneficio emissus esset; har resp 44. ut fundi
populi beneficio nostro, non suo iure fiant; Balb 21.
nisi meo in rem publicam beneficio, ubi triumpharet,
esset habiturus; of I 78. patria et parentes, quorum
beneficiis maximis obligati sumus; of I 58.
Hagesaretus magnis meis beneficiis ornatus; ep
XIII 25. quam diu imperium populi Romani
beneficiis tenebatur, non iniuriis; of II 26. —
2. quod beneficii gratiaeque **causa** concessit; Ver
III 115. rogat, ut arent. in beneficio praetor hoc
petit; Ver III 44. **M.** Cato invisus quasi per
beneficium Cyprum relegatur; dom 65. quibus pro
meis immortalibus beneficiis carissima mea salus
esse (debebat); ep IV 14, 3.

beneficus, wohltätig, gefällig: qui opera,
id est virtute et industria, benefici et liberales
erunt: of II 53. si sunt di, benefici in homines
sunt; div II 104. Iuppiter „optumus", id est beneficentissimus (dicitur); nat II 64. quorum (tenuiorum amicorum) copia bonis viris et beneficis deesse
non solet; Muren 70.

benev — f. **beniv —**

benigne, gütig, freundlich, mildtätig, wohltätig: I. quae (furta) ille benignissime cum quaestore suo **communicavit**; div Caec 33. aut opera
benigne fit indigentibus aut pecunia· of II 52. qui
plurimis in ista provincia benigne fecisti; ep XIII
63, 1. adhuc invitamur benigne; A III 4. P. Nigidio
ne benigne **quidem** polliceri possum; ep IV 13, 3. —
II. „frumentum", inquit, „aus te emere oportet".
„optime" „modium denario". „benigne ac liberaliter"
Ver III 196.

benignitas, Güte, Gefälligkeit, Bereitwilligkeit, Wohltätigkeit: I. nec ita claudenda res est
familiaria, ut eam benignitas aperire non possit;
of II 55. erat in eo summa in omnes cives opis,
auxilii, defensionis, largiendi etiam benignitas; rep
II 35. potest: f. aperit. vestra in me attente audiendo benignitas proprium orationem meam; dom 32.
— II, 1. quam (beneficentiam) eandem vel benignitatem vel liberalitatem **appellari** licet; of I 20.
si in eum benignitatis plurimum conferetur; of I
30. — 2. **utar** vestra benignitate; Arch 18. — III.
aliqd: f. II, 1. confero. qui (senatus) in eam iam
benignitatis consuetudinem venit, ut eos novis honoribus adficiat; Piso 35. — IV. qui (ordo) est semper
benignitate magistratus **sustentatus**; prov 10.

benignus, gütig, gefällig, bereitwillig, wohltätig: qui benigniores volunt esse, quam res patitur;
of I 44. comes benigni, faciles, suaves homines esse
dicuntur; Balb 36. ne homines quidem censetis,
nisi imbecilli essent, futuros beneficos et benignos

fuisse? nat I 122. ut oratione benigna multitudinis
animos ad benivolentiam adliciant; of II 48.

benivole, wohlwollend: haec accipienda amice,
cum benivole **fiunt**; Lael 88. mihi molestissimis
temporibus ita fideliter benivoleque praesto fuit,
ut . .; ep XIII 21, 2. Hirtii epistulam benivole
scriptam; A XII 34, 3.

benivolentia, Wohlwollen, Geneigtheit, Ge-
wogenheit: I. malus est custos diuturnitatis metus
contraque benivolentia fidelis vel ad perpetuitatem;
of II 23. quam (benivolentiam) si qui putant ab
imbecillitate proficisci . .; Lael 29. ut nostra iu
amicos benivolentia illorum erga nos benivolentiae
pariter aequaliterque respondeat; Lael 56. — II, 1.
abalieno: f. concilio. benivolentia quattuor ex
locis comparatur: ab nostra, ab adversariorum, ab
iudicum persona, a causa; inv I 22. ea valde benivolentiam conciliant abalienantque ab iis, in quibus
haec || non || sunt; de or II 182. ad istorum beni-
volentiam conciliandam et colligendam; ep IX 16, 2.
fretus conscientia officii mei benivolentiaque, quam
a me certo iudicio susceptam, quoad tu voles, conservabo; ep III 7, 6. lacrimantes gaudio suam erga
me benivolentiam ac misericordiam declararunt; Sest
117. ut meam erga te fidem et benivolentiam absens
experirere; ep I 5, a, 1. perspicio: f. 3. habeo in.
mea tibi benivolentia fidesque praestabitur; ep XII
2, 3. suscipio: f. conservo. caritate benivolentiaque
sublata omnis est e vita sublata iucunditas; Lael 102.
quo artificio tueamur benivolentiam Caesaris; A VII
1, 7. — 2. **respondeo:** f. I. respondet. — 3. exercitu
ad benivolentiam erga nos **consentiente**; A V
18, 2. omnem spem habeo in tua erga me mihi
perspectissima benivolentia; A XI 1, 1. — III.
conscientia: f. II, 1. conservo. in qua (tyrannorum vita) nulla stabilis benivolentiae potest esse
fiducia; Lael 52. — IV. homines benivolentia **coniuncti**; Lael 82. multorum te benivolentia praeclare
tuebere et munies; fin II 84.

benivolus, wohlwollend, günstig, geneigt, treu
ergeben: ut eum, qui audiat, benivolum nobis faciamus; de or II 80. nec me benivolentiori cuiquam
succedere potuisse; ep III 3, 1. sane benivolo animo
me praemonebat; Ver pr 23. quis est, qui C. Fabricii,
M'. Curii non cum caritate aliqua benivola memoriam
usurpet? Lael 28. pietas (est), per quam sanguine
coniunctis patriaeque benivolum officium tribuitur;
inv II 161. illum servum sibi benivolum esse; Cluent
176. officio (me) esse functum viri benivolentissimi
atque amicissimi; ep V 16, 6.

bes, zwei Drittel: faenus ex triente Idibus
Quinctilibus **factum** erat bessibus; A IV 15, 7.
Idib. Quinct. faenus fuit bessibus ex triente; Q fr
II 14, 4.

bestia, wilde, reißendes Tier: I. bestiae saepe
immanes cantu flectuntur atque consistunt; Arch 19.
quid, si etiam bestiae multa faciunt duce sua quaeque
natura partim indulgente vel cum labore? fin II
109. (natura) alias bestias nantes aquarum incolas
esse voluit, alias volucres caelo frui libero, serpentes
quasdam, quasdam esse gradientes; earum ipsarum
partim solivagas, partim congregatas, immanes alias,
quasdam autem cicures, non nullas abditas terraeque
tectas; Tusc V 38. — II, 1. **abdo,** al.: f. I. fruuntur.
flecto: f. I. consistunt. ut ipsas bestias hominum
gratia generatas esse videamus; nat II 158. quae
potest homini esse polito delectatio, cum aut homo
imbecillus a valentiore bestia laniatur, aut praeclara bestia venabulo transverberatur? ep VII 1, 3.
— 2. qua (praestantia) **antecellimus** bestiis; of
I 107. quibus bestiis erat is cibus, ut aliis || alius ||
[generis] bestiis vescerentur; nat II 123. — 3. **vescor:**
f. 2. sum. — 4. quid loquar, quanta ratio in bestiis
ad perpetuam conservationem earum generis appareat? nat II 128. f. IV. animi. si non ad homines,

verum ad bestias haec conqueri ac deplorare vellem;
Ver V 171. — III. nihil prohibet quaedam esse et
inter se animalibus reliquis et cum bestiis homini
communia; fin V 25.—IV. alqd: f. I. fruuntur. iam
similitudo magis apparet in bestiis, quarum animi
sunt rationis expertes; Tusc I 80. eos etiam ad
bestiarum auxilium confugere; ep IX 6, 3. quibus
rebus exculta hominum vita tantum distat | destitit ||
a victu et cultu bestiarum; of II 15. quam varia
genera bestiarum vel cicurum vel ferarum! nat II
99. f. II, 4. appareo in. victas: f. cultus. — V.
a: f. II, 1. transverbero.

bestiarius, Tierkämpfer: I. „do“, inquit,
„bestiarios: lex scripta || est || de gladiatoribus“; Sest
135. emo: f. II. — II. ille vindex gladiatorum et
bestiariorum emerat de Cosconio et Pomponio bestiarios; Q fr II 4, 5.

bestiola, Tierchen: apud Hypanim fluvium
Aristoteles ait bestiolas quasdam nasci, quae unum
diem vivant; Tusc I 94. — II. sic dissimillimis
bestiolis communiter cibus quaeritur; nat II 124.

beta, Beete, Mangold: a beta et a malva deceptus sum; ep VII 26, 2.

bibliotheca (bybliotheca, bibliothece), Bücher-
faal, Büchersammlung: I. in bibliotheca, quae in
Lycio est, adsedimus; div II 8. — II, 1. velim
cogites, quem ad modum bibliothecam nobis conficere possis; A I 7. bibliothecas mehercule omnium
philosophorum unus mihi videtur XII tabularum
libellus superare; de or I 195. de bibliotheca tua
Graeca supplenda; Q fr III 4, 5. qui (Dionysius)
meam bibliothecen multorum nummorum tractavit;
ep XIII 77, 3. — 2. abdo me in bibliothecam; ep
VII 28, 2. adsido in: f. I. si hortum in bybliotheca
|| habes, deerit nihil; ep IX 4. — III. erat
aptum bybliothecae || bibl. ||; ep VII 23, 2. — IV.
cum in bibliotheca uterque nostrum libellos evolveret; Top 1.

bibo, trinken: I, 1. ut (Ganymedes) Iovi bibere
ministraret; Tusc I 65. — 2. (Caesar) et edit et
bibit ἀδεῶς et iucunde, opipare sane at apparate; A
XIII 52, 1. f. II. aquam. — II. qui (Laco) plurimum
bibit; A XVI 11, 3. Darius in fuga cum aquam
turbidam bibisset, negavit umquam se bibisse iucundius; Tusc V 97. quid eum non sorbere animo,
quid non haurire cogitatione, cuius sanguinem non
bibere censetis? Phil XI 10.

biceps, zweiköpfig: si puella nata biceps esset;
div I 121.

bicorpor, zweileibig: »haec (dextra) bicorporem
adflixit manum?« Tusc II 22.

biduum, zwei Tage: I, 1. ut eximant unum
aliquem diem aut summum biduum ex mense, quos
illi exaeresimos dies nominant; Ver II 129. — 2.
„longus fuit dolor“. bidui; at compluribus annorum
saepe multorum; Phil XI 8. — II, 1. quae (castra)
aberant tridui || bidui |; A V 16, 4. — 2. aniculae
saepe inediam biduum aut triduum ferunt; Tusc II
40. in his locis, quae a Brundisio absunt propius
† quam tu biduum aut triduum; A VIII 14, 1. —
3. mihi libertus domum ex hac die biduo ante conduxerat; Piso 61.

biennium, zwei Jahre: I. an tibi unius anni
aut biennii ratio fuit habenda? Ver III 43. — II.
1. biennium provinciam obtinuit; Ver II 216. —
2. quae (lex) dilucide vetat gladiatores biennio, quo
quis petierit aut petiturus sit, dare; Sest 133. secuta
biennio post (lex) Cassia est; leg III 35. — 3. neque
tu ipse hoc ita statueras antea per biennium; Ver
III 101.

bifariam, zweifach, zweigeteilt: cum is motus
aut boni aut mali opinione citetur bifariam, quattuor
perturbationes aequaliter distributae sunt; Tusc III
24. bifariam contrarie simul procedentia (sidera);
Tim 31.

biformatus, doppelgestaltig: »hos non bifor-
mato impetu Centaurus ictus corpori inflixit meo«;
Tusc II 20.

bilis, Galle, Zorn, Schwermut: I. si bilem id
commovet; A II 7, 2. videte metuendam inimici
et hostis bilem et licentiam! fr A XIII 21. ab eo
cibo cum eat secreta bilis; nat II 137. — II. quasi
vero atra bili solum mens moveatur; Tusc III 11.

bimaritus, Doppelgatte: bimaritum appellas.
ut verba etiam fingas, non solum crimina; Planc 30.

bimus, zwei Jahre betreffend: ut (Hortensius)
de hac sententia bima decedat; ep III 8, 9.

bini, je zwei, zwei: cum (loquimur) „bini“,
obscenum est. „Graecis quidem“, inquies; ep IX
22, 3. — A. »censores bini sunto«; leg III 7.
binas centesimas ab sese ablatas; Ver III 168. ut
una continuatione verborum binae ei (Demostheni)
contentiones vocis et remissiones continerentur; de
or I 261. cum duobus in locis disiunctissimis uno
consilio a binis hostium copiis bellum terra marique
gereretur; imp Pomp 9. quas (litteras) eodem
exemplo binas accepi; ep XII 30, 7. bina aut terna
milia nummum addebat; Ver III 118. nonne cernimus vix singulis aetatibus binos oratores laudabiles
constitisse? Bru 333. quibus de rebus per binos
tabellarios mihi Romam publice litteras; A VI 1, 9.
reliquae sunt venationes binae per dies quinque;
ep VII 1, 3. — B. si, bis bina quot? essent, didicisset Epicurus; nat II 49.

bipertito, in zwei Teile, in zwei Teilen:
bipertito classem distributam fuisse; Flac 32. ibi in
proximis villis ita bipertito fuerunt, ut Tiberis inter
eos interesset; Catil III 5.

bipertitus, zweiteilig: secunda (argumentatio)
est quadripertita; tertia tripertita; dein bipertita;
quod in controversia est; inv I 67.

bipes, zweifüßig, zweibeinig: A. quid obstat.
quo minus deus sit beatus, si non sit bipes? nat I
95. — B. hoc ministro omnium non bipedum solum,
sed etiam quadripedum impurissimo; dom 48.

biremis, Zweiruderer: illa non populo Romano
reddita biremis, sed praetori donata cybaea; Ver V 59.

bis, zweimal, doppelt: ut „duellum“ bellum, [et]
„duis“ bis, sic . .; orat 153. — I. accusatoris causa.
ut bis ageretur, constitum est; Ver I 26. maiores
de singulis magistratibus bis vos sententiam ferre
voluerunt; agr II 26. unus bis rem publicam servavi, semel gloria, iterum aerumna mea; Sest 49.
posteaquam bis consul et censor fuerat; div Caec 69.
quod non semel, sed bis idem frumentum vendidisti;
Ver III 179. — II. bina, B. putas solem esse
tantulum? ego || egone? || ne bis quidem tantum:
Ac II 123. — III. (Milo) ludos apparat magnificentissimos, stulte bis terque non postulatos; Q fr III
8, 6. — IV. bis una consules; Lael 39. — V.
culpa illa „bis ad eundem“ vulgari reprehensa proverbio est; ep X 20, 2.

biurus, doppelt geschwänzt: M. Cicero tradit
animalia „biuros“ vocari, qui vites in Campania
erodant; fr I 13.

blande, schmeichelnd, höflich: I. blande appel-
lando; of II 48. id erat petere blandius; de or I
112. rogare coepit blande et concinne scilicet; Q Rosc
49. — II. amabo te, mi Attice, (videsne quam blande?)
A XVI 2, 2

blandimentum, Reiz, Annehmlichkeit: multa
nobis blandimenta natura ipsa genuit; Cael 41. ut
ea vis omnia blandimenta voluptatis otiique vicerit;
rep I 1.

blandior, schmeicheln: I. qui (callidus) etiam
litigare se simulans blandiatur; Lael 99. — II. ut
blandiri eis subtiliter || bl. suppliciter || possemus:
de or I 90. cur matri blanditur? Flac 92. video,
quam suaviter voluptas sensibus nostris blandiatur;
Ac II 139.

blanditia, Schmeichelei, Annehmlichkeit, Genuß: I. futtilis ‖ facilis ‖ est illa occursatio et blanditia popularis; Planc 29. nullam in amicitiis pestem esse maiorem quam adulationem, blanditiam, adsentationem; Lael 91. — II. blanditiis praesentium voluptatum deleniti atque corrupti; fin I 33. quem (Zeuxim) elici blanditiis ad iudicium necesse non fuit; Q fr I, 2, 5. qui ut se blanditiis et adsentationibus in Asuvii consuetudinem penitus immersit; Cluent 36.

blandus, schmeichelnd, lockend, angenehm: unum te puto minus blandum esse quam me; A XII 3, 1. voluptates, blandissimae dominae; of II 37. cum filio blando et gratioso; Ver pr 25. quod invitabantur inlecebris blandis voluptatis; Tusc IV 6. ille mihi litteras blandas mittit; A VII 3, 11. ne blanda aut supplici oratione fallamur; Phil VII 26.

bonitas, Güte, Wohlwollen, Vortrefflichkeit: I. ut bonitas malitiam (aspernatur); Lael 47. nihil est tam populare quam bonitas; Ligar 37. quod summi cuiusque bonitas commune perfugium est omnium; of II 63. quantam vim naturae bonitas haberet et vera nobilitas; sen 25. — II, 1. si recte vestram bonitatem atque prudentiam cognovi; Quinct 54. vocis bonitas optanda est; orat 59. bonitas, iustitia funditus tollitur; of III 28. — 2. eorum fortunas tuae fidei, iustitiae bonitatique commendo; ep XIII 4, 3. ut opes et copiae non superbiae videantur ac libidini, sed bonitati ac moderationi facultatem et materiam dedisse; de or II 342. — 3. bonitate potius nostrorum verborum utamur quam splendore Graecorum; orat 164. — III. num deorum bonitatis praemium sibi postulet; inv II 113. — IV, 1. Campani semper superbi bonitate agrorum; agr II 95. formae dignitas coloris bonitate tuenda est; of I 130. — 2. id non sine divina bonitate erga homines fieri arbitrabantur; nat II 60.

bonus, gut, tüchtig, trefflich, rechtschaffen, tugendhaft, bieder, patriotisch, angesehen, günstig, glücklich, vollgültig, vollberechtigt: subst. masc. Biedermann; neutr. Gut, Vorteil, Vorzug, Besitztum, Habe: A. bei Substantiven: utrum nostrum est an vestrum hoc proverbium, „Phrygem plagis fieri solere meliorem"? Flac 65. qui id efficit, melior est homine; nat III 25. Cassius petit, ut Hirtium quam optimum faciam; A XV 5, 1. vgl. B, a. quid est in homine sagaci ac bona mente melius? Tusc V 67. qui (homo) nihil in omni mundo melius esse quam se putet; nat II 16. (maiores nostri) omnibus rebus agendis „quod bonum, faustum, felix fortunatumque esset" praefabantur; div I 102. quid optimo melius cogitari potest? rep III 47. „quid si hoc melius?" oportune dici videtur vel in hoc ipso; A VII 3, 2.

f. **sequus,** A. alqd. bonum, optimum: f. B, b. I, 2 u. a. Atratino, humanissimo atque optimo adulescenti, ignosco; Cael 2. sunt (consules) optimo animo; Phil III 2. quae omnia dulciora fiunt et moribus bonis et artibus; Cato 65. Romulus optimus augur fuisse traditur; div I 3. fulmen sinistrum auspicium optimum habemus; div II 74. soluta (praedia) meliore in causa sunt quam obligata; agr III 9. o clarissimi atque optimi cives! har resp 54. praeparato animo bonis cogitationibus; div I 121. neque cohortes optimas perdidissemus; Sest 72. optimo iure ea sunt profecto praedia, quae optima condicione sunt; agr III 9. quae (conscientia mentis) si optimorum consiliorum atque factorum testis in omni vita nobis erit; Cluent 159. optimo et praestantissimo consule, Cn. Pompeio, referente; Rab Post 13. cum sacrificium Bonae deae fieret; dom 105. di boni, quid lucri est emori! Tusc I 97. quia sequantur naturam optimam bene vivendi ducem; Lael 19. quid potuit elegantius facere praetor cupidus existimationis bonae? Ver III 140. facta:

f. **consilia.** εὐδοξίαν aptius est bonam famam appellare; fin III 57. in quibus (iudiciis) EX FIDE BONA est additum; Top 66. qui si fuisset in discipulo comparando meliore fortuna; Piso 71. ut vix C. Marcello, optimo et amantissimo fratri, cederem; Marcel 34. ut unius vitio genus rei publicae ex bono in deterrimum conversum sit; rep II 47. qui optimi atque amplissimi cuiusque hominis atque ordinis auctoritatem magni putet; Flac 104. at est bonus imperator, at felix; Ver V 4. iudex esse bonus nemo potest, qui suspicione certa non movetur; Ver V 65. Iuppiter a maioribus nostris „optumus maxumus", et quidem ante „optumus", id est beneficentissimus, quam „maxumus" (dicitur); nat II 64. ius: f. condicio. ut sine lege curiata idem iuris habeant, quod haberent, si optima lege a populo essent creati; agr II 29. videtur tamquam tabulas bene pictas conlocare in bono lumine; Bru 261. modus est optimus decus ipsum tenere; of I 141. mores: f. artes. quod maxime proprium est optimae praestantissimaeque naturae; nat I 121. si sapiens adulterinos nummos acceperit imprudens pro bonis; of III 91. proficiscantur legati optimis ominibus; Phil XII 19. oratorum bonorum duo genera sunt; Bru 201. ordo: f. homo. bonam partem sermonis in hunc diem esse dilatam; de or II 14. ea a vobis spero esse in bonam partem accepta; Arch 32. omnibus bonis firmisque populis leges damus; leg II 35. bona ratio cum perdita, mens sana cum amentia, bona denique spes cum omnium rerum desperatione confligit; Catil II 25. cum ignoratione rerum bonarum et malarum maxime hominum vita vexetur; fin I 43. res Hispanienses valde bonae; A XV 13, 4. bona aut denique aliqua re publica; ep V 16, 3. ego malis sententiis vinci non possum, bonis forsitan possim et libenter; Phil XIV 18. quod (amicitia) bonam spem praelucet in posterum; Lael 23. f. ratio. cum quaeritur, qui sit optimus rei publicae status; div II 11. velim quam primum bona et certa tempestate conscendas; Q fr II 2, 4. si meliora tempora essent; Phil VI 15. ut bona valetudo voluptati anteponatur; of II 88. bona venia huius optimi viri dixerim; de or I 242. quae optimis verbis ab Epicuro de laude amicitiae dicta sunt; fin II 84. quid? tu, vir optime, ecquid habes quod dicas? Sex Rosc 104. nullo adhibito non dicam viro, ne colonum forte adfuisse dicatis, sed bono viro; Cluent 182. cum is (Lutatius) sponsionem fecisset, NI VIR BONUS ESSET; of III 77. ut quisque est vir optimus, ita difficillime esse alios improbos suspicatur; Q fr I 1, 12. f. venia.

B. allein: a. masc.: I, 1. quis tibi quemquam bonum putaret umquam honorem ullum denegaturum? Flac 102. pro qua (patria) quis bonus dubitet mortem oppetere, si ei sit profuturus? of I 57. quas (res) me consule omnes boni pro salute communi gesserunt; Sulla 32. te senatus, te omnes boni, te socii, te Latini intuebuntur; rep VI 12. oppetit, prodest: f. dubitat. cum omnes boni non recusarent, quin vel pro me vel mecum perirent; Quir 13. quem (dolorem) optimus quisque pro patria et pro suis suscipit; fin I 24. — 2. quid sit „boni", et quid sit „bene agi", magna quaestio est; of III 70. eundem casum subeam potius cum iis, qui dicuntur esse boni, quam videar a bonis dissentire. etsi prope diem video bonorum, id est lautorum et locupletum, urbem refertam fore; A VIII 1, 3. — II, 1. quae (leges) supplicio improbos adficiunt, defendunt ac tuentur bonos; leg II 13. multo illa (vox) durior: „salvi sint improbi, scelerati, impii; deleantur innocentes, honesti, boni, tota res publica!" Phil VIII 16. haec est illa pernicies, quod alios bonos, alios sapientes existimant; of III 62. etsi boni nullo emolumento impelluntur in fraudem,

improbi saepe parvo; Milo 32. tueor: ſ. defendo. —
2. an non cernimus optimo cuique dominatum ab
ipsa natura datum? rep III 37. omnibus bonis
expedit salvam esse rem publicam; Phil III 16. —
3. cui (Carboni) ne reditus quidem ad bonos salutem
a bonis potuit adferre; leg III 35. perditi in bonos
armabantur; Planc 86. dissentio a: ſ. I, 2. languentem populum aut inflammare in improbos aut
incitatum in bonos mitigare; de or I 202. secedant
improbi, secernant se a bonis; Catil I 32. amicitiam
nisi inter bonos esse non posse; Lael 65. — III, 1.
refertus: ſ. I, 2. ut alii populares, alii studiosi
optimi cuiusque videantur; of I 85. — 2. ut infestus (esse) bonis omnibus videretur; Sulla 15. —
3. eius (philosophiae) tractatio optimo atque amplissimo quoque dignissima est; Ac II 6. — 4. homo
animo hostili in omnes bonos; Phil V 42. —
IV, 1. servos tuos a te iam pridem ad bonorum
caedem paratos; dom 6. nec in hac dissensione
suscepi populi causam, sed bonorum; rep IV 8.
consensu tam incredibili bonorum omnium; Sest 36.
vita (agitur) et fortunae optimi cuiusque; Phil VII 27.
qui absens iudicio bonorum defensus esse maluit
quam praesens manu; Phil X 7. ea (gloria) est
consentiens laus bonorum; Tusc III 3. nostra antiqua
manus bonorum ardet studio nostri atque amore;
Q fr I 2, 16. ſ. iudicium. cum alii vetere odio bonorum incitarentur; Sest 46. quae (res publica) sit in
potestate optimorum; leg III 37. quo maiora studia
in me bonorum fuerunt; Planc 89. bonorum beatam
vitam esse; Tusc V 47. ſ. fortunae. — 2. dicam ego
de (P. Sestii) incredibili amore in bonos: Sest 5.
quem tu propter commune odium in bonos oderas;
Vatin 25. reditus ad: ſ. II, 3. adfero a. — V. quae
tibi tum gratiae sunt a me actae, quae ab senatu,
quae a bonis omnibus! Flac 102. ubi (est additum)
UT INTER BONOS BENE AGIER: Top 66. nisi
et ab improbis expulsus esset et per bonos restitutus; dom 87.

b. neutrum (ſ. **aequus**, B, **b.** melius: ſ. A. alqd):
I, 1. hoc summum bonum, quod tertia significatione
intellegitur, in sapientem solum cadit; fin IV 15.
sequitur illa divisio, ut bonorum alia sint ad illud
ultimum pertinentia (sic enim appello, quae τελικὰ
dicuntur), alia autem efficientia, alia utrumque; fin
III 55. in omnibus rebus esse aliquid optimum,
etiam si lateret; orat 36. quod bona, quae Sex.
Roscii fuerunt, tua facta sunt; Sex Rosc 145.
summo bono a te ita constituto, ut id totum in non
dolendo sit; fin II 11. et in corpore et extra esse
quaedam bona; fin II 68. discessus ab omnibus iis,
quae sunt bona in vita; Tusc I 83. cum furiosorum
bona legibus in agnatorum potestate sint; rep III
45. cum et bonum et malum natura iudicetur et
ea sint principia naturae; leg I 46. latet: ſ. est;
orat 36. nisi stabili et fixo et permanente bono
beatus esse nemo potest; Tusc V 40. pertinent:
ſ. efficiunt. haec bona in tabulas publicas nulla
redierunt. Sex Rosc 128. cuius fratris bona, quod
populo non solvebat, praetor Flacco publice
venierunt; Flac 43. — 2. siquidem, quod omnes
laudes habet, id est optimum; opt gen 6. id esse
optimum putemus, quod erit rectissimum; Sest 143.
qui summum bonum dicant id esse, si vacemus
omni molestia; Ac II 138. concludebas summum
malum esse dolorem, summum bonum voluptatem;
fin II 43. reliquas naturas nihil aliud agere, nisi
ut id conservent, quod in quaque optimum sit; fin
IV 34. quod bonum sit, id esse optabile; fin IV
50. nihil esse bonum, nisi quod esset honestum;
Tusc II 61. necesse est, quod honestum sit, id esse
aut solum aut summum bonum. quod autem bonum,
id certe utile; of III 35. cui praeter honestatem
multa bona, praeter turpitudinem multa mala
videntur; Ac II 135. — II, 1. qui boni quid volunt

adferre: Phil I 8. bonum ex quo appellatum sit.
nescio; fin IV 73. ſ. pono. bona eorum omnium ex
agris auferri ac diripi; Ver III 66. quod aiunt,
cognito summo bono reverti se ad naturam; fin IV
48. qui usque eo non fuit popularis, ut bona solus
comesset; Sest 110. bona tua nonne L. Ninnius
consecravit? dom 125. constituo: ſ. I, 1. est: fin
II 11. ut nihil praeter virtutem diceretur bonum:
Tusc V 34. diripio: ſ. aufero. nec tam est enitendum, ut bona, quae nobis data non sint, sequamur,
quam ut vitia fugiamus; of I 114. qui nostra bona
sperant, cum effundant sua; Phil XI 13. cum
summum bonum exquiritur; fin V 17. facio: ſ. I.
1. est; Sex Rosc 145. cum sit aemulantis angi
alieno bono, quod ipse non habeat; Tusc IV 56.
iudico: ſ. I, 1. est; leg I 46. quae isti bona
numerant, ne ipsi quidem honesta dicant; Tusc V
44. qui in voluptate summum bonum ponat; fin II
70. qui (philosophi) summum bonum, quod ultimum
appello, in animo ponerent; fin III 30. postulat a
Burrieno praetore Naevius, ut ex edicto bona
possidere liceat; Quinct 25. neque proscriptis neque
possessis bonis; Quinct 67. quodsi non hominis
summum bonum quaereremus, sed cuiusdam
animantis; fin IV 27. sequor: ſ. do. spero: ſ.
effundo. an fructus integros atque adeo bona
fortunasque aratorum omnes vendidisti? Ver III
40. — 2. tranquillissimus animus meus, qui totum
istuc aequi boni facit; A VII 7, 4. ut sit laetitia
praesentium bonorum, libido futurorum; Tusc IV
11. — 3. malitia mala bonis ponit ante; of III 71.
illud Cassianum, „cui bono“ fuerit, in his personis
valeat; Milo 32. — 4. ne vivus quidem bono caret.
si eo non indiget; Tusc I 88. hunc funditus evertit
bonis; Sex Rosc 115. num etiam patriis Heraclium
bonis exturbare oportuit? Ver II 46. si malo
careat, continuone fruitur summo bono? Tusc III
40. indigeo: ſ. careo. quia privari se vitae bonis
arbitrentur; fin V 31. utemur bono litterarum; ep
XV 14, 3. — 5. nihil ipse attigit de Valerianis
bonis; Flac 89. ut nihil de capite civis aut de
bonis sine iudicio senatus detrahi possit; dom 33.
de suis bonis ita dat, ut ab iure non abeat; Ver I
114. quorum ex bonis istum anulo aureo donabas:
Ver III 187. quod (honestum) solum in bonis
ducitur; fin II 42. omnia, quae secundum naturam
fiunt, sunt habenda in bonis; Cato 71. in mea bona,
quos voles, immittes; Ver I 142. cur nec voluptas
in bonis sit numeranda nec in malis dolor; fin I 31.
cum id officium nec in bonis ponamus nec in malis;
of III 58. istum in bonis aratorum aperte esse
praedatum; Ver III 146. omnia, quae natura
aspernetur, in malis esse, quae asciscat, in bonis;
Tusc II 30. (L. Manlius) est hodie in bonis; ep
XIII 30, 1. — III, 1. ut est quisque maxime boni
particeps, ita est laudabilis maxime; par 15. —
2. si eo beatior quisque sit, quo sit corporis aut
externis bonis plenior; fin III 43. — 3. quod alii
ad alia bona sunt aptiores; Tusc IV 28. quibus
nihil non modo de fructu, sed ne de bonis quidem
suis reliqui fecit; Ver III 115. — IV, 1. alqd:
ſ. I, 1. adfero. potest quisquam in abundantia
bonorum ipse esse non bonus? par 7. nos beatam
vitam non depulsione mali, sed adeptione boni
iudicemus; fin II 41. non tam cumulus bonorum
iucundus esse potest quam molesta decessio; Tusc
I 110. non bonorum direptiones conquerebantur:
Ver IV 111. bonorum emptio flagitiosa; Sex Rosc
24. bonorum Sex Roscii emptor est Chrysogonus:
Sex Rosc 125. quaerimus, quid sit extremum et
ultimum bonorum; fin I 29. qui fīnem bonorum
esse dixerunt honeste vivere; fin IV 43. propositis
bonorum et malorum finibus; of I 5. tria genera
bonorum, maxima animi, secunda corporis, externa
tertia; Tusc V 85. laetitia et libido in bonorum

opinione versantur; Tusc IV 12. iste in possessionem
bonorum mulieris intrat; div Caec 56. a verbo et
ab scripto plurimis saepe in rebus ius et aequi et
boni I bonique ‖ rationem esse seiunctam; Caecin
80. fines constituendi sunt, ad quos et bonorum et
malorum summa referatur; Ac II 129. si sublata
sit venditio bonorum; Sex Rosc 110. ultimum: ſ.
extremum. — 2. ut suum quisque teneat neque de
bonis privatorum publice deminutio fiat; of II
73. discessus a: ſ. I, 1. est; Tusc I 83. in bona
eius impetum fecit; Ver I 90. qui (liber) est de
summo bono; Tusc III 42. expositis iam sex de
summo bono sententiis; fin V 20. homini id esse
in bonis ultimum, secundum naturam vivere; fin V
26. — V, 1. angi: ſ. II, 1. habeo. si amicitiae, si
propinquitates, si reliqua externa summo bono non
continentur; fin V 69. gaude tuo isto tam excellenti
bono: Marcel 19. M. Lepidus, vir ornatissimus omnibus et virtutis et fortunae bonis; Phil XIII 49. —
2. ut rex amicus cum bonis omnibus publicaretur;
Sest 57. quae (vita) ex summo bono degitur; fin
IV 15.

bos. Rinb, Ochſe (gen. bovum: ſ. III): I. ad
arandum bovem esse natum; fin II 40. ut bos
armenta, sic ego bonos viros sequar; A VII 7, 7. —
II, 1. in illa incorrupta maxime gente Aegyptiorum
bovem quendam putari deum; rep III 14. — 2.
quid de bubus loquar? quorum ipsa terga declarant
non esse se ad onus accipiendum figurata; cervices
autem natae ad iugum; nat II 159. tanta putabatur
utilitas percipi e bubus, ut eorum visceribus vesci
scelus haberetur; nat II 159. — III. in extis bovis
opimi cor non fuit; div I 119. multae dictione
aviam et bovum ‖ boum ‖ coërcebat; rep II 16. terga,
al.: ſ. II, 2.

bovarius, für Rinber beſtimmt: dum in foro
bovario inquireret; Scaur 23.

bracatus, mit Hoſen bekleibet: o (non dicam)
paterni generis, sed bracatae cognationis dedecus! Piso 53. bracatis ‖ bracc. ‖ et Transalpinis
nationibus; ep IX 15, 2.

brachium, Arm: cum brachium concalefecerit,
tum se solere pugnare; de or II 316. cum extento
brachio paulum ‖ paululum ‖ etiam de gestu addidit;
de or II 242. quod eum „brachium fregisse“
diceret; de or II 253. brachium procerius proiectum
quasi quoddam telum orationis; de or III 220. —
II. trunco magis toto se ipse moderans, brachii
proiectione in contentionibus, contractione in
remissis; orat 59. — III. qui (consules) illud levi
brachio egissent; A IV 17, 3 (16, 6). quod me
quodam modo molli brachio de Pompei familiaritate
obiurgas; A II 1, 6.

breviloquens, ſich furz faſſenb: breviloquen-
tem iam me tempus ipsum facit; A VII 20, 1.

breviloquentia, Rürze im Ausbruck: brevi-
loquentiam in dicendo colat; rep V 11.

brevis, furz, klein, gering, eng, geſchärft: A.
longus an brevis, formosus an deformis sit; inv I
35. ſ. **brevitas,** I, 1. facit. habetis, quae accusatores
collegerunt, quam brevia responsu! Cluent 164.
breve, quo nihil brevius; Tusc II 44. quid breve
(dicat) in tempore; Tusc II 45. Zenonis breves et
acutulas conclusiones; nat III 18. ad istam omnem
orationem brevis est defensio; Cael 9. qui sibi in
Achaiam biduo breviorem diem postularet; Ver pr 6.
si (dolor) gravis, brevis; si longus, levis"; fin II
22. mihi omnino iam brevis exspectatio est; ep
XIV 1. 6. id accidere intervallorum longorum et
brevium varietate; orat 187. „indoctus" dicimus
brevi prima littera, „insanus" producta, „inhumanus"
brevi, „infelix" longa; orat 159. brevis est L. Crassi
oratio: de or II 326. breve et non difficile praeceptum est; of III 43. qui (iambus) est e brevi et
longa; orat 217. quos (libros) complures brevi tem-

pore edidimus; nat I 6. si versus pronuntiatus est
syllaba una brevior aut longior; par 26. brevis a
natura nobis vita data est, at memoria bene redditae
vitae sempiterna; Phil XIV 32. — B, I. istis brevibus et acutis auditis; fin IV 52. longum est ea
dicere, sed hoc breve dicam; Sest 12. — II. complectar, quod proposui, brevi; de or I 190. ne
plura consecter, comprendam brevi; de or I 34. ut
res multas brevi dicant; inv I 28. (Caecilia) brevi
mortua est; div I 104. id percurram brevi; Caecin
94. ad ea brevi respondebo; A XIV 9, 1. ad te
veniam brevi; ep V 21, 5.

brevitas. Rürze, Gebrängtheit, Rnappheit:
I, 1. qui unam dicendi laudem putant esse brevitatem; de or II 53. huic (explanationi) contraria
est distincte concisa brevitas; de or III 202. brevitas laus est interdum in aliqua parte dicendi, in
universa eloquentia laudem non habet; Bru 50.
brevitas tuarum litterarum me quoque breviorem in
scribendo facit; ep XII 9, 1. quia contractio et
brevitas dignitatem non habeat; orat 193. ſ. est;
Bru 50. — 2. brevitas est, cum nisi necessarium
nullum adsumitur verbum; inv I 32. sin tum est
brevitas, cum tantum verborum est, quantum necesse
est; de or II 326. — II. si brevitas appellanda
est, cum verbum nullum redundat; de or II 326.
concido: ſ. I, 1. est; de or III 202. brevitas conficitur
simplicibus verbis, semel una quaque re dicenda;
part or 19. diei brevitas conviviis, noctis longitudo
stupris et flagitiis continebatur; Ver V 26. — III.
multos imitatio brevitatis decipit; inv I 28. —
IV, 1. sententiis non satis apertis cum brevitate
tum nimio acumine; Bru 66. ut brevitate temporis
tam pauca cogerer scribere; A I 10, 1. cuius (doloris)
magnitudinem brevitate consolatur, longinquitatem
levitate; Tusc V 88. fluit omnino numerus a primo
tum incitatius brevitate pedum, tum proceratate
tardius; orat 212. — 2. nec minorem voluptatem
percipi in brevitate temporis, quam si illa sit sempiterna; fin II 87.

breviter. furz, fnapp, gebrängt, geſchärft: I.
agam quam brevissime potero; nat II 3. genera
ipsa cupio breviter attingere; Ver IV 57. (haec)
brevius angustiusque concluduntur; nat II 20. ea
brevissime esse defensa; Cluent 160. qualis esset,
summatim breviterque descripsimus; orat 50. quibus
in verbis eae primae litterae sunt, quae in „sapiente"
atque „felice", „in" producte dicitur, in ceteris
omnibus breviter; orat 159. si est simpliciter breviterque dicendum; of II 31. exposui breviter
consulatum meum; Piso 7. narrare rem quod breviter
iubent; de or II 326. dum multorum annorum
accusationi breviter dilucideque respondeo; Cluent 8.
scripsit et multis saepe verbis et breviter aperteque
in eo libro; fin II 100. — II. „esse igitur divinationem confitendum est." festive et breviter; div II 107.

bruma. Winterſonnenwenbe: I. in lunae quoque
cursu est et brumae quaedam et solstitii similitudo;
nat II 50. — II. eas (litteras) mihi post brumam
reddiderunt; ep III 7, 3.

brumalis. winterlich: puleium aridum florescere brumali ipso die; div II 33. cur sol nec longius
progrediatur solstitiali orbi itemque brumali; nat
III 37. ut (sol) accedat ad brumale signum; de or
III 178.

brutus. ſtumpffinnig, bumm: ista culpa Brutorum? minime illorum quidem, sed aliorum brutorum,
qui se cautos ac sapientes putant; A XIV 14, 2.

bubulcus, Ochſentreiber, Rnecht: I. eius (Tagetis)
aspectu cum obstipuisset bubulcus; div II 50.
— II. enim mane bubulco praesto ad portam fuisse;
div I 57.

bucca. Backe: I. demonstravi digito pictum
Gallum distortum, eiecta lingua, buccis fluentibus;
de or II 266. — II. tu crebro ad me eribe, vel quod

in buccam **venerit**; A VII 10. cum garrimus, quicquid in buccam; A XII 1, 2.

bucina, Şorn: I. te gallorum, illum bucinarum **cantus** exsuscitat; Muren 22. — II. signum bucina **datur**; Ver IV 96.

bucula, kleine Kuh: ut (Athenienses) ex aere Myronis buculam (**amittant**); Ver IV 135. (Hannibalem) ex eo auro buculam curasse faciendam; div I 48.

bulla, Knopf, Buckel, Kapsel: I. bullas aureas omnes ex iis valvis, quae **erant** multae et graves, non dubitavit auferre; Ver IV 124. — II. neque te tam commovebat, quod ille cum toga praetexta, quam quod **sine** bulla venerat; Ver I 152.

bustuarius. für die Leichenfeier bestimmt: si mihi cum illo bustuario gladiatore decertandum fuisset; Piso 19.

bustum, Leichenbrandstätte, Grabmal, Grab: I, 1. cui (latroni) templum illud **fuit** bustum legum omnium ac religionum; Piso 11. — 2. tu, bustum rei publicae; Piso 9. — II, 1. quod (lex) »bustum usu capi« vetat, tuetur ius sepulchrorum; leg II 61. cum idem bustum in foro facerent, qui . . ; Phil I 5. — 2. signum de busto meretricis ablatum: dom 112. qui (Sardanapallus incidi iussit in busto: »haec habeo, quae edi«; Tusc V 101. L. Quinctius ad bustum Basili vulneratus et despoliatus ‖ spoliatus est; A VII 9, 1.

Cachinnatio, schallendes Gelächter: ut, si ridere concessum sit, vituperetur tamen cachinnatio; Tusc IV 66.

cachinno, laut auflachen: ridere convivae, cachinnare ipse Apronius; Ver III 62.

cachinnus, lautes Lachen: (Curio) cachinnos inridentium **commovebat**; Bru 216. in quo Alcibiades cachinnum dicitur sustulisse; fat 10.

cadaver, Leichnam: 1. tu P. Clodii cruentum cadaver eiecisti domo, tu in publicum **abiecisti**, tu nocturnis canibus dilaniandum reliquisti; Milo 33. stratis cadaveribus parricidarum; Phil XIV 27. — 2. ab hoc eiecto cadavere quicquam mihi opis **expetebam?** Piso 19.

cado, fallen, sinken, abfallen, endigen, ausklingen, untergehen, unterliegen, hingehören, anheimfallen, verfallen, fällig werden, widerfahren, ausfallen, zutreffen, passen: I. si cecidisset, ut volumus; ep I, 7, 5. verebar, ne ita caderet, quod etiam nunc vereor, ne . . ; ep II 19, 1. cecidit belle; A XIII 33, 4. ei (Ciceroni) ex praediis, ut cadet, ita solvetur; A XV 20, 4. — II, 1. quae in quem cadunt, in eundem cadit ut serviat, ut victum, si quando, se esse fateatur; Tusc III 14. f. III. alqd A III 1. — 2. in quem cadit misereri, in eundem etiam **invidere**; Tusc III 21. — III ita ius civile habemus constitutum, ut causa cadat **is**, qui non, quem ad modum oportet, egerit; inv II 57. (medius ille) alte cadere non potest; orat 98. noluerunt ita quemquam cadere in iudicio, ut . . ; Muren 58. qui pugnantes pro patriae libertate ceciderunt; nat III 49. si Daphitae fatum fuit ex equo cadere atque ita perire; fat 5. non debemus ita cadere animis, quasi aliquid evenerit, quod . . ; ep VI 1, 4. minus multi iam te advocato causa cadent; ep VII 14, 1. casurus (videor) in aliquam vituperationem; A XIV 13, 4. signum est, quod sub sensum aliquem cadit; inv I 48. quaecumque in hominum disceptationem cadere possunt; de or II 5. hoc mihi cecidit peroportune, quod venistis; de or II 15. quae cadunt similiter; de or III 206. quod sub aurium mensuram aliquam cadit ‖ cadat‖; orat 67. eodem pacto cadentia; orat 84. ea vel aptissime cadere debent; orat 223. quae in exornationem cadunt omnia; part or 12. omnia cadunt in eam formam causarum; part or 100. nihil mihi optatius cadere posse, quam ut tu me quam primum consequare; A III 1. cui cadunt ea, quae diligentissime sunt cogitata, taeterrime; A X 12, 1. f. II, 1. in quem cadit aegritudo, in eundem metum cadere necesse est; in quem autem metus, in eundem formido, timiditas, pavor, ignavia; Tusc V 52. istis latronibus iam pridem arma de manibus cecidissent; Phil XIV 21. auctoritas principum cecidit; har resp 60. si neque sidera neque sol neque caelum

sub oculorum aspectum cadere potuissent; Tim 52. comprehensio in spondios cadit; orat 223. formido. ignavia, metus: f. aegritudo. in idem genus orationis verborum cadunt lumina omnia; orat 95. in mundis innumerabilibus aliis nascentibus, aliis cadentibus; nat I 67. in eam diem cadere nummos, qui a Quinto debentur; A XV 20, 4. pavor: f. aegritudo. qui pedes in orationem non cadere qui possunt? orat 188. quod (res) ita essent parvae, ut sub sensum cadere non possent; Ac I 31. cum aliter res cecidisset, ac putasses; ep V 19, 1. sidera, sol: f. caelum. in quem (Caesarem) caderet nulla suspicio; A XIII 10, 3. si (tecta) aut vi tempestatis aut terrae motu aut vetustate cecidissent; of II 13. timiditas: f. aegritudo. cum similiter cadunt verba; orat 135. cum apte verba cecidissent; orat 168. quod verba melius in syllabas longiores cadunt; orat 194. — IV. a te mihi omnia semper honesta et iucunda ceciderunt; Q fr I 3, 1. qui ita talus erit iactus, ut cadat rectus; fin III 54. si minus fortissimi viri virtus civibus grata cecidisset; Milo 81.

caduceus: qui possit non tam caduceo quam nomine oratoris ornatus incolumis vel inter hostium tela versari; de or I 202.

caducus, hinfällig, vergänglich, verfallen, herrenlos: non eloquentem quaero neque quicquam mortale et caducum; orat 101. quae fragilia essent et caduca; leg I 24. qui ex animo constet et corpore caduco et infirmo; nat I 98. quam (celeritatem) nisi in via caducae hereditates retardassent; Phil X 11. in quam (prudentiae doctrinaeque possesionem) homines quasi caducam atque vacuam involaverunt; de or III 122. quoniam res humanae fragiles caducaeque sunt; Lael 102. quae (vitis) natura caduca est et, nisi fulta est, fertur ad terram; Cato 52.

caecitas, Blindheit, Verblendung: I. furorem **esse** rati sunt mentis ad omnia caecitatem; Tusc III 11. — II. angurem Tiresiam numquam inducunt **deplorantem** caecitatem suam; Tusc V 115. — III. certae scholae sunt de debilitate, de caecitate: Tusc III 81. — IV. in furore animi et caecitate: dom 129.

caeco, blenden, verblenden, verdunkeln: ut ne (animi **acies**) caecaretur erroribus; Tusc V 39. qui largitione caecarunt mentes imperitorum; Sest 139. rapida et celeritate caecata oratio; Bru 264.

caecus, blind, verblendet, dunkel, finster, un sichtbar, verborgen, unsicher: ita te caecum cupiditate et avaritia fuisse, ut . . ; Quinct 83. traditum est etiam Homerum [caecum fuisse; Tusc V 114. quam caeca avaritia est! Phil II 97. »caeca caligine«; fr H IV, a, 591. quod tenere fit caeco casu; div II 15. caeca ac temeraria dominatrix animi cupiditas; inv I 2. depressam, caecam, iacentem

domum; Scaur 45. nolo suspensam et incertam plebem Romanam obscura spe et caeca exspectatione pendere: agr II 66. quod Fortuna ipsa, quae dicitur caeca, vidit; Phil XIII 10. quam (matrem) caecam crudelitate et scelere ferri videtis; Cluent 199. cum neque caeca nox ostendisset Milonem; Milo 50. in illis rei publicae tenebris caecisque nubibus et procellis: dom 24. res caecas et [ab] aspectu[s iudicio] remotas; de or 357. »caecas in umbras«; fr H IV, a, 639.

caedes, Morb, Ermordung, Gemeßel, Blutbad: I. quem caedes civium, quem bellum civile delectat: Phil XIII 1. nullus ei ludus videtur esse iucundior quam cruor, quam caedes, quam ante oculos trucidatio civium; Phil IV 11. — II, 1. nihil cogitant nisi caedem; Catil II 10. caedem a vobis liberisque vestris depuli; Sest 49. cum in silva Sila facta caedes esset notique homines interfecti; Bru 85. caedem, in qua P. Clodius occisus est, »senatum iudicasse contra rem publicam esse factam; Milo 12. cum alter vim caedemque fugisset; sen 38. L. Catilinam caedem senatus molientem; Piso 5. »nius (belli) exitus ex altera parte caedem ostentat, ex altera servitutem; ep IV 14. 1. — 2. illos damnatos esse caedis; Ver I 72. — 3. qui caedi et flammae vobis auctoribus restiterat; sen 7. — 4. hominem a caede abhorrentem; Sest 132. ad cotidianam caedem, incendia, rapinas se cum exercitu suo contulit; Sest 88. qui servitia ad caedem incitavit; Cael 78. quid loquar de caede civium Romanorum? Phil XI 6. in caede atque ex caede vivunt; Sex Rosc 78. — III, 1. urbe incendio et caedis metu liberata; Phil I 30. liberatus periculo caedis senatus; Phil I 5. — 2. erant leges, erant quaestiones vel de caede vel de vi; Milo 13. si mors legati sine caede atque ferro nullum honorem desiderat; Phil IX 14. — IV, 1. Catilinam orbem terrae caede atque incendiis vastare cupientem perferemus? Catil I 3. — 2. in: f. II, 1. facio. quantam manu ac viribus per caedem ac vulnera aut eripere aut retinere potuissent; Sest 91.

caedo. schlagen, peitschen, zerhauen, behauen, niederschlagen, fällen, töten, schlachten, morden, ruta caesa, Material, nicht niet und nagelfest; I. CUM L. VOLTEIO CAEDE CONCIDE; Ver III 135. — II. virgis te ad necem caedi necesse erit; Ver III 70. quae sint ruta caesa; part or 107. cum aedes fundumve vendiderint rutis caesis receptis; Top 100. ne quid inter caesa et porrecta, ut aiunt, oneris mihi addatur aut temporis; A V 18, 1. arbores ut hiemali tempore tempestive caedi putent; div II 33. hostium exercitum caesum fusumque cognovi; Phil XIV 1. caedit greges armentorum reliquique pecoris; Phil III 31. caedere ianuam saxis coeperunt; Ver I 69. lapis aliqui || aliquis || caedendus et apportandus fuit; Ver I 147. tot legionibus caesis; Phil XIV 12. cum iuberetur silicem caedere; div II 85.

caelator, Ciseleur, Bildstecher: ait (vasa ea) se suis caelatoribus velle ostendere; Ver IV 63.

caelebs, ehelos: »censores caelibes esse prohibento«; leg III 7.

caeles. himmlisch: »ira caelitum invectum malum«; Tusc IV 63.

caelestis, himmlisch, am Himmel, göttlich, Gottheit: A. est animus caelestis depressus in terram; Cato 77. quae (astra) oriuntur in ardore caelesti: nat II 41. facibus visis caelestibus; nat II 14. illa caelestis et divina legio; Phil XII 8. cum se a caelestibus rebus referet ad humanas; orat 119. ut a caelestibus rebus ad terrestres veniamus; nat II 120. homines vim quandam esse caelestem et divinam suspicati sunt; nat II 14. — B, a. quem (Herculem) hominum fama in concilio caelestium collocavit; of III 25. »tu, caelestum sator«; Tusc

II 21. — b, I. cogitantes supera atque caelestia; Ac II 127. cum caelum suspeximus caelestiaque contemplati sumus; nat II 4. — II. caelestium ordinem contemplantes; Cato 77.

caelo. in erhabener Arbeit ausführen, mit Bildwerken verzieren: neque me divitiae movent neque vestis aut caelatum aurum et argentum; orat 232. loricas galeasque aëneas, caelatas opere Corinthio; Ver IV 97. hanc speciem Pasiteles caelavit argento; div I 79. vende mihi vasa caelata; Ver IV 45.

caelum, Meißel: Lysippus eodem caelo centum Alexandros facere non posset? Ac II 85.

caelum, Himmel, Horizont, Aussicht, Himmelsstrich, Klima, Witterung, Luft, Atmosphäre, Welt: I. qua ex coniunctione caelum ita aptum est, ut sub aspectum et tactum cadat; Tim 15. initio belli Marsici discessisse caelum; div I 99. rutundum ut caelum sit; de or III 178. et mundum deum esse et caelum; nat I 30. si obscurior stella exstiterit, pingue et concretum esse caelum, ut eius aspiratio gravis et pestilens futura sit: sin industris stella apparuerit, significari caelum esse tenue purumque et propterea salubre; div I 130. f. cadit. cum (Assyrii) caelum ex omni parte patens atque apertum intuerentur; div I 2. qui (globi) versantur retro contrario motu atque caelum; rep VI 17. — II, 1. cui repente caelum, solem, aquam terramque ademerint; Sex Rosc 71. cum nostri principes digito se caelum putent attingere; A II 1, 7. cum caelum totum cernerent astris distinctum et ornatum; nat II 95. totum prope caelum nonne humano genere completum est? Tusc I 28. distinguo: f. cerno. caelum in sedecim partes diviserunt Etrusci; div II 42. orno: f. cerno. intueor: f. I. patet. quae vis aequalia (est) illius caelum atque terras tuentis et regentis dei; leg II 9. cum caelum suspeximus; nat II 4. quodsi eorum (siderum) vi caelum modo hoc, modo illo modo temperatur; div II 93. caelum testarer ipsum; Deiot 6. tueor: f. rego. — 2. quae (sidera) infixa caelo sunt; nat I 34. sidera innumerabilia caelo inhaerentia; Tusc V 69. — 3. qui utantur crasso caelo atque concreto; nat II 42. — 4. mihi videor in caelum ascendisse; dom 75. Cn. Pompeium sicut aliquem de caelo delapsum intuentur; imp Pomp 41. Socrates primus philosophiam devocavit e caelo; Tusc V 10. quam (facultatem) modo Crassus in caelum verbis extulit; de or II 128. ut (Socrates) non ad mortem trudi, verum in caelum videretur escendere; Tusc I 71. ad caelum exstruit villam; dom 124. quibus laudibus te omnes in caelum iure et vere ferunt; ep X 26, 2. hominum ratio non in caelum usque penetravit? nat II 153. complures in Capitolio res de caelo esse percussas; Catil III 19. posse animos in caelum quasi in domicilium suum pervenire; Tusc I 24. augures responderunt, cum de caelo servatum sit, cum populo agi non posse; dom 40. proscripsit (Sestius) se per omnes dies comitiales de caelo servaturum; A IV 3, 3. Bibulus hominum admiratione et benivolentia in caelo est; A II 20, 4. tyrannoctonos in caelo esse; A XIV 6, 2. cum suspexit in caelum; har resp 19. ut beneficiis exeellentes viros in caelum fama ac voluntate tollerent; nat II 62. Salaminii nos in caelum decretis suis sustulerunt; A VI 2, 9. cum (animus) exierit et in liberum caelum quasi domum suam venerit; Tusc I 51. — III, 1. aspiratio: f. I. est; div I 130. omnia cingens et coёrcens caeli complexus; nat II 101. quod contemplationi caeli officere posset; div I 93. deflagrationem futuram aliquando caeli atque terrarum; div I 111. te nec terrae fremitus nec caeli discessus (terrebit); div II 60. caeli distributio docet, unde fulmen venerit; div II 45. iam corpore vix sustineo gravitatem huius caeli; A XI 22, 2. tum tam

12*

certos caeli motus viderit; nat II 97. hunc
admirabilem caeli ornatum; nat II 94. quod
(Fufius) cuicumque particulae caeli officeretur,
quamvis esset procul, mutari lumina putabat; de or
I 179. quorum alter fines vestri imperii non terrae,
sed caeli regionibus terminaret; Catil III 26. e
Caucaso caeli signa servantes; div I 36. (cingulos)
caeli verticibus ipsis ex utraque parte subnixos; rep
VI 21. — 2. hoc iis (animis) faciliorem ascensum
et reditum in caelum fore; fr F V 97. ea vita via
est in caelum; rep VI 16. — IV, 1. quae (gloria)
vix caelo capi posse videatur; Phil II 114.
terrae tibi hoc nebuloso et caliginoso caelo aut
sata aut concreta videtur tanta vis memoriae? Tusc
I 60. — 2. quod efficitur in caelo singulis diebus
et noctibus; nat II 88.

caementum, Baustein: qui repente lintribus
in eam insulam materiem, calcem, caementa, arma
convexit; Milo 74. † quid? si caementum bonum
non haberem, deturbem aedificium? Q fr III 9. 7.

caenum, Schmuß, Kot, Unflat: I, 1. male
olere omne caenum. at non semper. commove,
senties ; Tusc IV 54. — 2. meministine, caenum, te
prodire . .? Piso 13. — II. si (Protogenes) Ialysum
illum suum caeno oblitum videret; A II 21, 4.

caerimonia, Heiligkeit, Feierlichkeit, Feier,
Religionsgebrauch: I, 1. religio est, quae superioris
cuiusdam naturae, quam divinam vocant, curam
caerimoniamque adfert; inv II 161. qui (maiores)
sacra, qui caerimonias coluerunt; Milo 83. ut sacra,
caerimonias religionesque defenderem; nat III 5.
qui perfidia legationis ipsius caerimoniam polluerit;
Sex Rosc 113. — 2. id e caerimoniis sepulcrorum
intellegi licet; Tusc I 67. reperietis frequentiores
pontifices de mea domo quam umquam de caerimoniis virginum iudicasse; har resp 13. religionem
eam, quae in metu et caerimonia deorum sit, appellant;
inv II 66. — II. vos, qui estis antistites caerimoniarum et sacrorum; dom 104. — III, 1. sacra
Cereris summa maiores nostri religione confici
caerimoniaque voluerunt; Balb 55. animos religionum
caerimoniis mitigavit; rep II 26. — 2. omnia sollemnia ac iusta ludorum summa cum caerimonia esse
servata; har resp 21.

caeruleus, caerulus, dunkel, dunkelblau,
schwärzlich, neutr. Meer: A. mare nonne caeruleum?
Ac fr 7. »Centaurus caerulea contectus nube«; fr
H IV, a, 448. caesios oculos Minervae, caeruleos
esse Neptuni; nat I 83. »ad caeli caerula templa«;
div I 41. — B. »nemo haec est transvectus
caerula cursu, quin astiterit«; fin V 49. »Pistrix
caerula vestigat finita in partibus Austri«; fr H
IV, a, 386.

caesim, in einem Schlage: „o rem excogitatam,
o ingenia metuenda!" membratim adhuc; deinde
caesim: „diximus", rursus membratim: „testes dare
volumus"; orat 225.

caesius, blaugrau: f. caeruleus, oculi.

caespes, Rasenstück: non esse arma caespites
neque glebas; Caecin 60.

caestus, Schlagriemen: pugiles caestibus contusi
ne ingemescunt quidem; Tusc II 40.

calamister, Brenneisen, Künstelei: I. ne calamistri quidem adhibebuntur; orat 78. — II. frons
calamistri notata vestigiis; sen 16. — III. qui
(inepti) volent illa calamistris inurere; Bru 262.

calamistratus, gekräuselt, mit gebrannten
Locken: calamistrata coma; Sest 18. huius calamistrati saltatoris virtus; sen 13.

calamitas, Schaden, Verlust, Unglück, Bedrängnis, Not, Niederlage: I. defensoris conquestio
est calamitas eius, quae non culpa, sed vi maiore
quadam acciderit; inv II 102. si qua calamitas
hunc in hoc iudicio adflixerit innocentem; Cluent 201.
quos cives belli calamitas reliquos fecerat; Ver II 86.

in ceteris rebus cum venit calamitas, tum detrimentum
accipitur; imp Pomp 15. — II, 1. Cannensi calamitate
accepta; of III 47. ne quid absens (Quintus frater)
acciperet calamitatis; A III 9, 1. ut calamitatem
provinciae cognoscatis; Ver II 134. multis signis
Lacedaemoniis Leutricae pugnae calamitas denun-
tiabatur; div I 75. ut omnibus iniuriis et calamitatibus, quas te praetore tulerunt, in posterum liberentur;
Ver III 203. is (Pompeius) propagatione vitae quot.
I 86. quem ad modum calamitatem meam non modo
levaret, sed etiam honestaret; sen 24. ut cum his
necessariis lugere suam calamitatem liceat; Sulla 89.
propulsandae calamitatis suae causa; Sulla 88.
misericordiam (utilem esse) ad hominum indignorum
calamitates sublevandas; Tusc IV 46. — 2. utrum
posthac amicitia clarorum virorum calamitati hominibus an ornamento esse malitis; Balb 65. — 3.
libero: f. 1. fero. si (aratio) omni tempestati-
calamitate semper vacat; Tusc V 86. — 4. haec vobis
provincia non modo a calamitate, sed etiam a metu
calamitatis est defendenda; imp Pomp 14. qui
simili in calamitate sunt; Phil II 98. nobis in hac
calamitate tabescendum esse; A III 25. ut non
plures secum in eandem trahant calamitatem; imp
Pomp 19. si in hanc calamitatem veni propter
praediorum bonitatem; Sex Rosc 49. — III, 1. dignus: f. calamitosus, B, I. — 2. qui ne equestrem
quidem splendorem incolumem a calamitate iudicii
retinere potuisset; Planc 12. — IV. alq d: f. II, 1.
accipio. ut meae calamitatis non adiutor solum,
verum etiam socius videretur; sen 20. conquestio:
f. I. accidit. quae est ista a deis profecta significatio et quasi denuntiatio calamitatum? div II 54.
cum Heracliensem securi percussum esse dico, versatur mihi ante oculos indignitas calamitatis; Ver
V 123. metus: f. 1. fero. defendo a. quod illi unum
in malis erat perfugium calamitatis; Cluent 171.
significatio: f. denuntiatio. quam graves, quam
difficiles plerisque videntur calamitatum societates!
Lael 64. socius: f. adiutor. — V, 1. cur hunc miserum tanta calamitate adfici velis; Sex Rosc 146.
hic se ita fractum illa calamitate atque adflictum
putavit, ut . .; Sulla 15. homines percussi Sullani
temporis calamitate; Muren 49. qui calamitate
premitur; of II 61. — 2. annona porro pretium nisi
in calamitate fructuum non habet; Ver III 227.
vgl. II 4. tabesco in. eiciuntur duo, alter per honorem
turpissimum, alter per honestissimam calamitatem;
dom 65.

calamitose, unglücklich: quod aiunt: „minima
de malis", id est ut turpiter potius quam calamitose;
of III 105.

calamitosus, unglücklich, elend, unheilvoll,
verderblich: A. eos, qui se aegritudini dediderunt,
miseros, adflictos, aerumnosos, calamitosos (dicere
solemus); Tusc IV 82. calamitosum est bonis everti.
calamitosius cum dedecore; Quinct 95. o casum
illum multis innocentibus calamitosum atque funestum! Ver V 92. quae ille calamitosus dies reliquerat;
Ver IV 151. reditum mihi gloriosum iniuria tua
dedit, non exitum ‖ exilium ‖ calamitosum; par 29.
ratio flagitiosae et calamitosae fugae; A VIII 1, 3.
ut homines miseros et fortuna magis quam culpa
calamitosos conserves; ep IX 13, 3. alterius rei et
terrae et mari calamitosae; Muren 33. — B, I. propensior benignitas esse debebit in calamitosos, nisi
forte erunt digni calamitate; of II 62. — II.
occurrere solet ipsa (misericordia) supplicibus et
calamitosis; Deiot 40. — III. propensus in: f. I. —
IV. valeant haec omnia ad auxilium calamitosorum;
Muren 59.

calamus, Rohr, Schreibrohr: I. hoc facio
semper, ut, quicumque calamus in manus meas venerit, eo sic utar tamquam bono; Q fr II 14. 1. —

II. 1. cum instituissem ad te scribere calamumque sumpsissem; A VI 8, 1. calamo et atramento temperato res agetur; Q fr II 14, 1. — 2. utor: f. I.
calautica. Kopfbinbe, Haube: cum calautica capiti accommodaretur; fr A XIII 24.
calcar, Sporn, Antrieb: 1. alteri se calcaria adhibere, alteri frenos; Bru 204. quasi calcar admovet: A VI 1, 5. — 2. alter, uti dixit Isocrates in Ephoro et Theopompo, frenis eget, alter calcaribus: A VI 1, 12. se calcaribus in Ephoro, contra autem in Theopompo frenis uti solere; de or III 36.
calceo, mit Schuhen bekleiden: calceati et vestiti; Cael 62.
calceolus, kleiner Schuh: quam (Sospitam) tu vides cum calceolis repandis; nat I 82.
calceus, Schuh: I. ut, si mihi calceos Sicyonios attulisses, non uterer, quamvis essent habiles et apti ad pedem, quia non essent viriles, sic . .; de or I 231. — II, 1. adfero: f. I. mutavit calceos, pater conscriptus repente factus est; Phil XIII 28. Scipio calceis et vestimentis sumptis e cubiculo est egressus; rep I 18. — 2. si multus erat in calceis pulvis, ex itinere eum venire oportebat; inv I 47.
calciamentum. Schuhwerk: mihi est calciamentum solorum callum; Tusc V 90.
calcitro, ausschlagen, sich sträuben: (filius familiae) calcitrat, respuit; Cael 36.
calculus, Steinchen, Stein im Brettspiel, Rechenstein, Blasenstein: 1. nunc saltem ad illos calculos revertamur, quos tum abiecimus; A VIII 12. 5. qui (Demosthenes) coniectis in os calculis versus pronuntiare consuescebat; de or I 261. tibi concedo, ut calculum reducas, si te alicuius dati paenitaet; fr F V 60. dicuntur quidam calculos eiecisse; div II 143. reduco: f. do. fortes viri voluptatumne calculis subductis proelium ineant? fin II 60. — 2. revertor ad: f. 1. abicio. hoc est nimis exigue et exiliter ad calculos vocare amicitiam; Lael 58.
calefacio (calfacio, calficio), wärmen, erwärmen, zusetzen, beunruhigen: Gabinium ad populum luculente calefecerat Memmius; Q fr III 2. 1. quod balneum calfacias oporteret; ep IX 16, 9. balineum ∥ balineum ∥ calfieri iubebo; A II 3, 4. ad calficiendum corpus; nat II 151. calface hominem; ep XVI 18, 2. nos Ventidianis rumoribus calficimur; fr E VI 3.
caleo, warm, heiß sein, glühen, beunruhigt sein, betrieben werden, Interesse haben: vos nunc istic satis calere audio; ep VII 10, 2. illud crimen caluit re recenti, nunc in causa refrixit; Planc 55. calere ignem; fin I 80. indicia calent; A IV 18, 3 (16, 11). calebant in interiore aedium parte totius rei publicae nundinae; Phil V 11. postea quam satis calere res Rubrio visa est; Ver I 66.
calesco, sich erwärmen: ubi potest illa aetas calescere vel apricatione melius vel igni aut vicissim umbris aquisve refrigerari salubrius? Cato 57. ea (anima) calescit primum ipso ab spiritu, deinde contagione pulmonum; nat II 138.
calidus, warm, heiß, hitzig, eifrig: A. omne, quod est calidum et igneum, cietur et agitatur motu suo; nat II 23. nil illos calidius cogitare; A XV 6, 4. ex puteis iugibus aquam calidam trahi: nat II 25. quibus periculosa et calida consilia quietis et cogitata splendidiora et maiora videantur: of I 82. grues loca calidiora petentes; nat II 125. — B. calidum illud atque igneum ita in omni fusum esse natura, ut . .; nat II 28. sentit (anima) et calida et frigida; nat III 32.
caliga. Soldatenstiefel: mihi caligae eius (Epicratis) et fasciae cretatae non placebant; A II 3, 1.
caliginosus, neblig, verdunkelt: hoc nebuloso et caliginoso caelo; Tusc I 60. si obscurior et quasi caliginosa stella exstiterit; div I 130.

caligo, Nebel, Dunkel, Finsternis: I. illa omnis pecunia latuit in illa caligine ac tenebris, quae totam rem publicam tum occuparant; Ver III 177. — II, 1. hic error et haec indoctorum animis offusa caligo est; Tusc V 6. vide nunc caliginem temporum illorum; Planc 96. — 2. lateo in: f. I. — III. 1. cum has terras incolentes circumfusi erant caligine; Tusc I 45. — 2. quod videbam equidem, sed quasi per caliginem; Phil XII 3.
caligo, dunkeln, finster sein: »sin Centaurus Aram tenui caligans vestiet umbra«; fr H, a, 449. »cum neque caligans detersit sidera nubes«; fr H IV, a, 490.
calix, Becher: I. maximi calices et ii Placentini; Piso 67. — II. huic calix mulsi impingendus est, ut plorare desinat? Tusc III 44.
callide, einsichtsvoll, geschickt, schlau, verschlagen: ut callide arguteque diceret nec quicquam altius cogitaret; orat 98. aut callide aut copiose dicere; de or I 93. vereor, ne id astute et callide fecerint; Caecin 4. omnia callide referentem ad utilitatem; fin II 53. neque sine legum, moris, iuris scientia in iis ipsis rebus satis callide versari et perite potest; de or I 48.
calliditas, Gewandtheit, Schlauheit, Verschlagenheit: I. fuit stulta calliditas perverse imitata prudentiam; of III 113. f. calumnior, I. — II. scientia, quae est remota ab iustitia, calliditas potius quam sapientia est appellanda; of I 63. — III. genus eius modi calliditatis et calumniae trahatur retrahatur ∥ in odium iudicis cum quadam invidiosa querela; par 137. — IV. nec calliditate Poenos superavimus; har resp 19.
callidus, gewandt, geschickt, schlau, verschlagen: A. callidos (eos appello), quorum tamquam manus opere, sic animus usu concalluit; nat III 25. qua (natura) nihil potest esse callidius; nat II 142. ne callida adsentatione capiantur; Lael 99. versutum et callidum factum Solonis; of I 108. homines prudentes natura, callidi usu, doctrina eruditi; Scaur 24. ex aequo et bono, non ex callido versutoque iure rem iudicari oportere; Caecin 65. quid tulit legum scriptor peritus et callidus? dom 47. — B, I. callidus ille et occultus ne se insinuet, studiose cavendum est; Lael 99. — II. non viri boni (hoc genus est), versuti potius, obscuri, astuti, fallacis, malitiosi, callidi, veratoris, vafri; of III 57.
callis, Bergpfad, Trift: I. cum (Catilina) Italiae calles praeoccupare ∥ praedari, al. ∥ coepisset; Sest 12. — II. cum quaedam in callibus controversia pastorum esset orta; Cluent 161.
callum, harte Haut, Schwiele: I. mihi est calciamentum solorum callum; Tusc V 90. — II. λεληθότως consuetudo diurna ∥ diuturna ∥ callum iam obduxit stomacho meo; ep IX 2, 3.
calo, zusammenrufen: alter a Galatis ∥ calatis ∥ Gaviis in Calatinos Atilios insitus; Sest 172.
calo, Reitknecht: eos (Tyndaridas) tu cantheriis albis nullis calonibus obviam Vatinio venisse existimas? nat III 11.
calor, Wärme, Hitze, Glut: I. animantes, cum calor defecerit, tum interire; nat III 35. ut est calor a sole; nat II 129. Scaevola paulum requiescet, dum se calor frangat; de or I 265. anni tempore gravissimo et caloribus maximis; Q fr II 15, 1. — II. aucque etiam admixtus esse calorem; nat II 26. is (vapor) exsistit motu eius caloris, qui aquis continetur; nat II 27. refrigerato et exstincto calore occidimus ipsi et exstinguimur; nat II 23. ego ex magnis caloribus (non enim meminimus maiores) in Arpinati summa cum amoenitate fluminis me refeci; Q fr III 1, 1. ut tectis saepti frigora caloresque

pellamus; nat II 151. refrigero: ſ. extinguo. —
III, 1. ipse aër, qui natura est maxime frigidus,
minime est expers caloris; nat II 26. — 2. ex corpusculis non calore praeditis; nat II 94. — IV. ut
omnes minimos et frigoris et caloris appulsus
sentire possimus; nat II 141. motus: ſ. II. contineo.
regiones omni cultu propter vim frigoris aut caloris
vacantes; Tusc I 45. — V, 1. omnes partes mundi
calore fultae sustinentur; nat II 25. cuius (caeli)
tenuitate et calore temperatus (aër); nat II 117. —
2. ex: ſ. II. memini.

calvitium, Glaße: perinde stultissimum regem
in luctu capillum sibi evellere, quasi calvitio maeror
levaretur; Tusc III 62.

calumnia, Kabale, Chikane, Ränke, Verdrehung, ränkevolle Auslegung, Rechtsverdrehung,
trügerische Anklage: I, 1. ne qua calumnia adhibeatur; dom 36. senatus religionis calumniam
comprobat; ep I 1, 1. nec Arcesilae calumnia conferenda est cum Democriti verecundia; Ac II 14.
calumniam stultitiamque eius obtrivit ac contudit;
Caecin 18. haec facilius effugiunt Academicorum
calumniam; nat II 20. obtero: ſ. contundo. (per te
esse) remotam a fama et a fortunis et ab otio loca-
pletium illam acerbissimam ministram praetorum va-
ritiae, calumniam; Q fr I 1, 25. — 2. iuris iudicium
cum erit et aequitatis, cave in ista tam frigida, tam
ieiuna calumnia delitiscas; Caecin 61. — II.
genus: ſ. calliditas, III. nec sine ignominia
calumniae relinquere accusationem (poterat) Cluentius; Cluent 86. imponatur honestae civitati turpissima persona calumniae? Ver II 43. — III, 1,
Metellus calumnia dicendi tempus exemit; A IV
3, 3. qui (Carneades) saepe optimas causas ingenii
calumnia ludificari solet; rep II 9. qui non calumnia
litium alienos fundos, sed castris petebat; Milo 74. —
2. a quo HS c milia per calumniam malitiamque
petita sunt; Ver II 66.

calumniator, Rechtsverdreher, trügerischer
Ankläger: I. est hic Ennius egens quidam calumniator; Cluent 163. — II, 1. Verres calumniatores
apponebat; Ver II 26. — 2. scriptum sequi
calumniatoris esse † bonique iudicis voluntatem
scriptoris auctoritatemque defendere; Caecin 65.

calumnior, verdrehen, chikanieren, trügerisch
anklagen, sich ängstigen: I. quae est ista calliditas
res vetustate robustas calumniando velle pervertere? div I 35. — II. cum calumniari sciens
non videatur; Sex Rosc 55. calumniabar ipse; ep
IX 2, 3. quod ante[a te] calumniatus sum, indicabo
malitiam meam; ep IX 7, 1.

calx, Ferſe: adulescentium greges Lacedaemone
vidimus certantes pugnis, calcibus, unguibus,
morsu denique; Tusc V 77. cum pugnis et calcibus
concisus esset; Ver III 56.

calx, Kalk, Ziel: 1. calcem, caementa convexit; Milo 74. nunc video calcem; Tusc I 15. —
2. nec velim quasi decurso spatio ad carceres a calce
revocari; Cato 83.

camelus, Kamel: quae (animalia) altiora sunt,
ut cameli; nat II 122 (123).

camera, gewölbte Decke, Gewölbe: cameras
quasdam non probavi mutarique iussi; Q fr III 1, 1.

caminus, Kamin, Feuerung: camino luculento
utendum cenaeo; ep VII 10, 2.

campester, auf dem Felde, Marsfelde: ut
exercitatione ludoque campestri tunicati uteremur;
Cael 11. quaestum illum maxime fecundum uberemque
campestrem totum ad se ita redegit, ut . .; har
resp 42.

campus, Feld, Ebene, Platz, Marsfeld,
Tummelplatz, Gemeinplatz: I. cum sit campus, in
quo exsultare possit oratio; Ac II 112. Aegyptii
et Babylonii in camporum patentium aequoribus
habitantes; div I 93. hinc rhetorum campus de

Marathone, Salamine; of I 61. — II, 1. quos ego
campos antea collesque nitidissimos viridissimosque
vidissem, hos ita vastatos nunc ac desertos
videbam, ut . .; Ver III 47. si iam campus Martius
dividatur; agr II 85. non habeat satis magnum
campum ille tibi non ignotus cursus animi; A V
15, 1. vasto, video: ſ. desero. — 2. ex ingenti
quodam oratorem immensoque campo in exiguum
sane gyrum compellitis; de or III 70. qui in
campo Martio crucem constitui iubes; Rabir 11.
quod in campum descenderim; fat 34. nisi Milo in
campo Martio comitia futura; A
IV 3, 4. sin me ex hoc, ut ita dicam, campo
aequitatis ad istas verborum angustias revocas;
Caecin 84. in hoc tanto tam immensoque campo
cum liceat oratori vagari libere; de or III 124. —
III. aequora: ſ. I. patent. sit sane Fors domina
campi; Piso 3. duo milia iugerum campi Leontini
Sex. Clodio rhetori adsignasti, et quidem immunia;
Phil II 43. cum in villa quadam campi Atinatis
maneres; div I 59. — IV. ut victi in campo in foro
vinceretis; Sulla 49. sibi in campo Martio comitia
consulum habenti; Q fr III 2, 1. ſ. I. est.

cancelli Schranken: 1. si extra hos cancellos
egredi conabor, quos mihi ipse circumdedi;
Quinct 36. — 2. egredior extra: ſ. I. ex fori
cancellis plausus excitatus; Sest 124. — II. certarum
rerum forensibus cancellis circumscriptam
scientiam; de or I 52.

candelabrum, Leuchter: candelabrum e
gemmis clarissimis opere mirabili perfectum reges
ii Romam cum attulissent, ut in Capitolio
ponerent; Ver IV 64. candelabra aënea facta esse;
Ver IV 60.

candeo, glänzen, glühen: qui (Dionysius)
candente carbone sibi adurebat capillum; of II 25.
candens et plena luna; rep I 23. »tenui quae candet
lumine Phatne«; fr H IV, b, 160.

candidatorius, des Amtsbewerbers: in omni
munere candidatorio fungendo; A I 1, .

candidatus, Amtsbewerber: I. semper hoc
fit, simul atque candidatus accusationem meditari
visus est, ut honorem desperasse videatur; Muren
43. habet: ſ. III. vultus. — II, 1. scito nihil tam
exercitum esse nunc Romae quam candidatos
omnibus iniquitatibus; A I 11, 2. — 2. quid referat
Celer egisse Caesarem cum candidatis; A XII 8.
tanta invidia sunt consules propter suspicionem
pactorum a candidatis praemiorum; Q fr III 3, 2.
virtus, probitas, integritas in candidato, non linguae
volubilitas, non scientia requiri solet; Planc 62. —
III. nisi forte candidatorum licentia
hic (Sabinus) quoque usus hoc subito cognomen
adripuit; ep XV 20, 1. quid? si illa officiosissima,
quae neminem patitur non honeste in urbem
introire, tota natio candidatorum obviam venit?
Muren 69. me nomen consularis candidati delaturum;
Muren 62. cum ex vultu candidatorum coniecturam
faciant, quantum quisque animi et facultatis habere
videatur; Muren 44.

candidulus, glänzend weiß: candiduli dentes;
Tusc V 46.

candidus, rein, klar: elaborant alii in puro
quasi quodam et candido genere dicendi; orat 53.

candor, Glanz, Lichtglanz, weiße Farbe:
I. solis candor inlustrior est quam ullius ignis; nat
II 40. candor huius (vicini) te et proceritas
pepulerunt || perp. ||; Cael 36. — II. fucati
medicamenta candoris et ruboris omnia repellentur;
orat 79. cum videmus speciem candoremque caeli;
Tusc I 68. — III. medicamenta: ſ. II. fuco.

canesco, altern: cum ipsa oratio iam nostra
canesceret; Bru 8. ea (quercus) »canescet saeclis
innumerabilibus«; leg II (2).

canis, Hund, Spürhund, Schmarotzer: I. apponit

de suis canibus quendam, qui dicat se Diodorum reum velle facere; Ver IV 40. Gavius est quidam, P. Clodii canis; A VI, 3, 6. canse aluntur in Capitolio, ut significent, si fures venerint; Sex Rosc 56. — II, 1. in Hyrcania plebs publicos alit canes, optimates domesticos. nobile autem genus canum illud scimus esse; sed pro sua quisque facultate parat, a quibus lanietur, eamque optimam illi esse censent sepulturam; Tusc I 108. f. I. significant. appono: f. I. dicit. qui canem et faelem ut deos colunt; leg I 32. venandi et custodiendi (causa) canem (esse generatum); nat II 37. — 2. tu P. Clodii cruentum cadaver nocturnis canibus dilaniandum reliquisti; Milo 83. — III, 1. canum tam fida custodia tamque amans dominorum adulatio; nat II 158. genus: f. II, 1. alo. nos sagacitate canum ad utilitatem nostram abutimur! nat II 151. — 2. alqs de: f. I. dicit. — IV. a: f. II, 1. alo.

canistrum, Fruchtkorb: in felicatis lancibus et splendidissimis canistris holusculis nos soles pascere; quid te in vasis fictilibus appositurum putem? A VI 1, 13.

cano, tönen, singen, spielen, blasen, schreien, krähen, krächzen, verkünden, weissagen: I. cum inclinata ululantique voce more Asiatico canere coepisset, quis eum ferret? orat 27. Epaminondas fidibus praeclare cecinisse dicitur; Tusc I 4. si absurde canat is, qui se haberi velit musicum; Tusc II 12. Aspendium citharistam, de quo saepe audistis id, quod est Graecis hominibus in proverbio, quem omnia intus canere dicebant, sustulit; Ver I 53. Iuppiterne cornicem a laeva, corvum ab dextra canere iussisset; div I 12. cur ante lucem galli canant; div II 57. receptui canente senatu; Phil XII 9. cum in eius conviviis symphonia caneret; Ver III 105. modulate canentes tibiae; nat II 22. quem ad modum tibicen sine tibiis canere (non potest), sic . . ; de or II 338. — II, 1. solitos esse in epulis canere convivas ad tibicinem de clarorum hominum virtutibus; Tusc I 3. f. III. bellicum. — 2. nec ei (Deiotaro) cornix canere potuit recte eum facere; div II 78. — III. non haec a me tum tamquam fata in ipsa re gerenda canebantur? Sest 47. (Thucydides) de bellicis rebus canit etiam quodam modo bellicum: orat 39. quae (carmina) apud illum (Homerum) et in Phaeacum et in procorum epulis canuntur; Bru 71. fata: f. alqd. ut canerent ad tibiam clarorum virorum laudes atque virtutes; Tusc IV 3. ut (tibicina) spondeum caneret; fr F X 3. virtutes: f. laudes.

camorus, wohltönend, klangvoll, helltönend, singend, sangluftig: A. cum hoc animal tam sit canorum sua sponte; div II 57. hunc (Carbonem) canorum oratorem fuisse; Bru 105. (Cn. Lentulus) voce suavi et canora, † admirando inridebat; Bru 234. — B, I. canorum illud in voce splendescit etiam in senectute; Cato 28. — II. profluens quiddam habuit Carbo et canorum; de or III 28.

cantharis, spanische Fliege, Giftkäfer: I. Gaius (Carbo) accusante L. Crasso cantharidas sumpsisse dicitur; ep IX 21, 3. — II. magnum effecisti, si cantharidis vim consecutus es; Tusc V 117.

cantherius, Wallach, Ross: quem (mulum) tibi reliquum dicis esse, quoniam cantherium comedisti; ep IX 18, 4. f. calo.

canticum, Gesang, Lied: I. est etiam in dicendo quidam cantus obscurior, non hic e Phrygia et Caria rhetorum epilogus || in epilogis || paene canticum, sed ille . . ; orat 57. — II. »modo forte — nosti canticum; ep IX 22, 1.

cantilena, Lied, Spruch, Geschwätz: ut crebro mihi vafer ille Siculus insusurret Epicharmus cantilenam illam suam; A I 19, 8. qui neque ex scholis cantilenam requirunt; de or I 105.

cantio, Lied, Zauberformel: id veneficiis et cantionibus Titiniae factum esse; Bru 217.

cantito, oft singen: quae (carmina) in epulis esse cantitata; Bru 75.

cantiuncula, Liedchen: si cantiunculis tantus vir inretitus || i. v. || teneretur; fin V 49.

canto, singen, preisen, krähen: I, 1. deos gallis signum dedisse cantandi; div II 57. — 2. si qui in foro cantet; of I 145. — II. iam pridem istum canto Caesarem; Q fr II 11, 1.

cantor, Sänger, Hersager, Lobredner: I. est tibi iuris consultus ipse per se nihil nisi cantor formularum; de or I 236. — II. o poëtam egregium! quamquam ab his cantoribus Euphorionis contemnitur; Tusc III 45.

cantus, Ton, Gesang, Lied, Klang, Musik, Strähen, Krächzen: I. est etiam in dicendo quidam cantus obscurior; orat 57. nondum dico, quam haec signa nulla sint, fissum iecoris, corvi cantus; div II 16. te gallorum, illum bucinarum cantus exsuscitat; Muren 22. — II, 1. (gallos) cantus edere quiete satiatos; div II 57. solet idem Roscius dicere se, quo plus sibi aetatis accederet, eo tardiores tibicinis modos et cantus remissiores esse facturum; de or I 254. cantus avium et volatus notaverunt; div I 94. — 2. quae (Homerus) de Sirenum cantibus ftinxeri | finxit ||; fin V 49. — III. summam eruditionem Graeci sitam censebant in nervorum vocumque cantibus; Tusc I 4. — IV, 1. quid summi poëtae de se ipsis et carminibus edunt et cantibus? Tusc IV 71. qui Phrygiis cantibus incitantur; div I 114. ut cotidiano cantu vocum et nervorum et tibiarum tota vicinitas personet; Sex Rosc 134. — 2. quanto molliores sunt et delicatiores in cantu flexiones et falsae vocalae quam certae et severae! de or III 98.

canus, grau, graues Haar: A. »nec metuunt canos fluctus«; fr H IV, a, 305. »saxa cana salis niveo spumata liquore«; div I 13. — B. non cani nec rugae repente auctoritatem adripere possunt; Cato 62.

capacitas, Raum: utrum capacitatem aliquam in animo putamus esse? Tusc I 61.

capax, empfänglich: qui (Demosthenes) non semper implet aures meas; ita sunt avidae et capaces; orat 104.

capedo f. **capudo.**

capeduncula, Opferschälchen: meliora me didicisse de colendis dis capedunculis iis, quas Numa nobis reliquit; nat III 43.

capella, Ziege: capella quaedam est scite facta; Ver II 87.

capesso, ergreifen, übernehmen, sich befassen, hinstreben, erreichen: cibum (animalia) partim oris hiatu et dentibus ipsis capessunt; nat II 122. principium libertatis capessendae; Phil X 19. Melitam capessamus; A X 9, 1. . sitne sapienti capessenda res publica; de or III 112. nec ego nunc istuc ad rem publicam capessendam venio; A XVI 7, 7. animus superiora capessat necesse est; Tusc I 42.

capillatus, behaart: capillatior quam ante (esse meditabatur) barbaque maiore; agr II 13. adulescens non minus bene nummatus quam bene capillatus; agr II 59.

capillus, Haar: I. erant illi compti capilli; Piso 25. composito et deliubto capillo; Sex Rosc 135. regem in luctu capillum sibi evellere; Tusc III 62. pexo capillo; Catil II 22. — II. sordidati, maxima barba et capillo; Ver II 62. (alter) capillo ita horrido, ut; Sest 19.

capio, fassen, ergreifen, erhalten, wählen, nehmen, einnehmen, gewinnen, erbeuten, erobern, enthalten, aufnehmen, begreifen, beeinflussen, fangen, verleiten, lähmen: I, 1. (philosophi) docendi causa, non capiendi loquuntur; orat 63. — 2. iam in uno "capsis" tria verba sunt; orat 154. — II. nostram

intellegentiam capere, quae sit beata natura; nat
I 49. — III. prius, quam misericordia sum ipse
captus; de or II 195. qui a praedonibus erant capti;
Ver V 72. quoniam sunt ita multi, ut eos carcer
capere non possit; Catil II 22. ego te non mente
captum putem? Piso 47. quae si vos cepit oblivio;
Milo 99. nisi te amor ipse ceperit; fin II 78. ut
idem oculis et auribus captus sit; Tusc V 117. voluptate capiuntur omnes; leg I 31. (urba) ei parum
magna visa est, quae etiam ipsum capere potuerit;
A XIII 35, 1. qui tantundem caperent, quantum
omnes heredes; leg II 52. ſ incommodum. vix iam
videtur locus esse, qui tantos acervos pecuniae
capiat; agr II 59. (T. Iuventius) in capiendo adversario versutus; Bru 178. ut imperator agros de
hostibus captos consecraret; dom 128. aliquando
patrium animum virtutemque capiamus; Phil III 29
si pro illorum laude mihi arma capienda essent;
Rabir 30. nimis insidiarum ad capiendas aures adhiberi videtur; orat 170. quae (benivolentia) capitur
beneficiis maxime; of II 32. hoc duce castra cepimus;
Muren 38. quam (causam) ceperimus ex magnitudine
commodorum; nat II 13. qui ex lucri magnitudine
coniecturam capiam furti atque praedae; Ver III 111.
subito consilium cepi, ut exirem; A VII 10. quod
(desiderium Laërtes) capiebat e filio; Cato 54.
dolorem gravissimum cepi A XI 21, 1. nunc quoniam
periculosissimi belli nefarios duces captos iam et
comprehensos tenetis; Catil III 16. a Bruto capiamus
exordium; Phil V 35. eius mei consilii maiorem in
dies singulosfructum voluptatemque capio; ep V 2,
3. ex quibus (litteris) cepi fructum duplicem; ep X
5, 1. nullam esse gratiam tantam, quam non capere
animus meus in accipiendo posset; ep II 6, 2. quod
ea (voluptate) videlicet homines capiantur ut pisces;
Cato 44. quod insit in iis aliquid probi, quod capiat
ignaros; of III 15. incommodi nihil ceperunt; Ver
III 109. quam (laetitiam) oculis cepi iusto interitu
tyranni; A XIV 14, 4. nostri imperatores ex hac
una re maximam laudem capere studebant; of II 27
(26). ut non fugiendi hostis sed capiendi loci causa
cessisse videar; de or II 294. ex iis, qui magistratum ceperunt, quod senatus efficitur; leg III 27.
prima Haluntinorum navis capitur; Ver V 90. patria
capta; Tusc III 54. C. Verrem contra leges pecuniam cepisse; Ver I 10. possumus petitoris personam capere, accusatoris deponere? Quinct 45. quae
(aves) cum piscem cepissent; nat II 124. ſ. homines.
fore ut brevi a Gallis Roma caperetur; div I 100.
qui sensum verae gloriae ceperit; Phil V 49. in
eodem loco somnum capere voluerunt; inv II 14. ut
eum (sonitum) aures hominum capere non possint;
rep VI 19. qui (Ti. Gracchus) cum tabernaculum
vitio cepisset imprudens; div I 33. virtutem: ſ.
animum. magnam cum ex ingenio eius (Servii)
singularique studio, tum ex virtute et probitate
voluptatem capio; ep XIII 27, 4. ſ. fructum. urbes
partim vi, partim obsidione cepit; Muren 20. utilitates
ex amicitia maximae capientur; Lael 32.

capio, Ergreifung: ſ. **usus capio.**

capital, todeswürdiges Verbrechen: cum Lacedaemoniis lex esset, ut, hostias nisi ad sacrificium
quoddam redemptor praebuisset, capital esset; inv
II 96. »qui non paruerit, capital esto«; leg II 21.

capitalis, tödlich, totbringend, gefährlich,
todeswürdig, der Todesstrafe verfallen, die Hin-
richtungen beauffichtigend, vorzüglich: A Siculus
ille (Philistus) capitalis, creber, acutus, brevis; Q fr
II 11, 4. ſ. aes, II 2. non continuo id C. Norbano
in nefario crimine atque in fraude capitali esse
ponendum; de or II 199. quod tam capitalem hostem
non comprehenderim; Catil II 3. cum is capitali
odio a Q. Pompeio dissideret; Lael 2. nullam capitaliorem pestem quam voluptatem corporis hominibus
dicebat (Archytas) a natura datam; Cato 39. ne

arguere illum rei capitalis viderer; Caecin 25. —
B. »(minores magistratus) capitalia vindicanto«;
leg III 6.

capito, Großkopf, Dickkopf: ecquos (deos)
frontones, capitones (esse arbitramur)? nat I 80.

capra, Ziege, Geiß: I. capras in Creta feras,
cum essent confixae venenatis sagittis, herbam
quaerere, quae dictamnus vocaretur, quam cum
gustavissent, sagittas excidere dicunt ‖ [dicunt] ‖
e corpore; nat II 126. — II. capras et oves quot
quisque haberet; Lael 62.

caprigenus, von Ziegen stammend: »caprigeni
pecoris custos de gurgite vasto«; fr H IV, c. 3.

caprinus, von der Ziege: quam (Sospitam) tu
numquam vides nisi cum pelle caprina; nat I 82.

capsa, Bücherkapsel: si te semel ad meas capsas
admisero; div Caec 51.

captio, Haschen, verb. Silbenstecherei: illam
disputandi prudentiam concertatio captatioque verborum (imitatur); part or 81.
I. quanta esset in verbis
captio cum in ceteris rebus tum in testamentis, si
neglegerentur voluntates; Bru 198. mea captio
‖ cautio ‖ est; A V 4, 4. omnes captiones in omni
sententia occurrunt; A X 15, 2. — II. 1. cur vos
induitis in eas captiones, quas numquam explicetis?
div II 41. eam sententiam nihil habere aut captionis aut vitii; part or 133. hoc ipsum providens,
dialecticas captiones; fin II 17. — 2. induo in: ſ. 1.
explico. — III. alqd: ſ. II, 1. habeo. similiter
Scaevolam ex uno scalmo captionis centumvirale
iudicium hereditatis effecisse; Bru 197.

captiose, verfänglich: nec diutius captiose
interroganti respondeo; Ac II 94.

captiosus, verfänglich, sophistisch, neutr. Trugschluß: A. quam captiosum esset populo, quod
scriptum esset, neglegi? Bru 196. fallacibus et captiosis interrogationibus circumscripti; Ac II 46. ne
umquam captiosa probabilitate fallamur; fin III 72.
— B. qua via captiosa solvantur; fin I 22.

captiuncula, Verfänglichkeit: Servius videtur
omnes captiunculas pertimescere; A XI 7.

captivus, gefangen, kriegsgefangen: A. duces
eum (Dionysium) captivum in triumpho; ep V 11,
3. eo quod multos captivos cives Romanos coniecerat;
Ver V 69. in piratarum captivorum numero; Ver
V 156. — B. Regulus captivos reddendos non
censuit; of I 39. nisi de redimendis captivis impetravissent; of III 113. captivi retenti sunt; of
III 10

capto, zu fangen, zu gewinnen suchen, haschen,
trachten, auffuchen: I. est quiddam non emolumento captans aliquo, sed trahens sua dignitate;
inv II 157. — II. inductio est oratio, quae rebus
non dubiis captat adsensiones eius, quicum instituta est; inv I 51. benivolentiam captare oportebit;
inv I 21. locis communibus misericordiam captare
oportebit; inv II 108. captatur occasio; har resp
55. captare plausus; Piso 60. ut (Epicurus) risus
captare videatur; Tusc II 17. ex hoc evenit, ut in
animi doloribus alii solitudines captent; Tusc III 63.
ut non modo nullam captet, sed etiam praeterea
omnes voluptates; fin I 24.

captus, Fassungskraft: Graeci homines prudentes,
ut est captus hominum, satis; Tusc II 65.

capudo, Opferschale: oratio Laelii, quam sim-
puvia ‖ simpula, al. ‖ pontificum dis immortalibus
grata sint Samiaeque, ut is scribit, capudines ‖ capp.,
cupedines ‖; rep VI 2. a Numa Pompilio minusne
gratas dis immortalibus capudines fuisse arbitramur?
par 11.

capulus, Schwertgriff: Philippus hasne in
capulo quadrigulas vitare monebatur? quasi vero
capulo sit occisus; fat 5.

caput. Kopf, Haupt, Leben, Person, persön-
liches Recht, bürgerliche Ehre, Spitze, Pfahlkopf,
Ursprung, sichere Quelle, Hauptsache, Hauptsumme,
Kapital, Hauptpunkt, Hauptsatz, Abschnitt, Kapitel:
I. absolut: 1. unamne fundum pulcherrimum populi
Romani, caput vestrae pecuniae, disperire patiemini? agr II 80. potest caput (dolere); Tusc II 44.
in ea (aegritudine) est fons miseriarum et caput;
Tusc IV 83. caput est in iecore; div II 37. alterum
caput est tralaticium de impunitate, SI QUID . . ;
A III 23, 2. in lege nulla esse eius modi caput te
non fallit: A III 23, 4. diligentissime scriptum
caput est, quod pertinet ad minuendos sumptus
civitatum; ep III 8, 4. potest: f. dolet. quod videretur salvo capite fieri posse; Caecin 20. propter
tuas res ita contractas, ut, quem ad modum scribis,
nec caput nec pedes; ep VII 31, 2. — 2. hoc loco
caput illud erit accusatori, si demonstrare poterit
alii nemini causam fuisse faciendi; secundarium, si
tam idoneam nemini; inv II 24. caput esse oratoris,
ut . . ; de or I 87. ad consilium de re publica
daudum caput est nosse rem publicam; de or II 337.
quod (ius nigrum) cenae caput erat; Tusc V 98.
quod caput est, mihi quaevis satis iusta causa
cessandi est: A II 6, 1.
II. nach Verben: 1. qua in re ipsius praetoris
caput existimatioque ageretur; Ver II 57. ut
aperiamus capita ea, unde omnis disputatio ducitur;
de or II 130. cum contraria inter sese de re publica
capita contulisset; de or II 223. caput iecoris ex
omni parte diligentissime (haruspices) considerant;
div II 32. tibi illud superius sicut caput et famam
tuam defendere necesse erit; Ac II 119. quod ex
quibusdam capitibus expositis nec explicatis intellegi
potest: Bru 164. qui capitibus involutis producebantur: Ver V 156. ut scriba secum ipse, caput
sinistra manu perfricans, commurmuratus sit . . ;
Piso 61. sciebam Catilinam caput aut collum solere
petere: Muren 52. scribo: f. I, 1. pertinet. ut
quidam imperatores etiam se ipsos capite velato
devoverent; nat II 10. horum duorum criminum
video certum nomen et caput; Cael 31. nostri imperatores pro salute patriae sua capita voverunt; fin
V 64. — 2. uti iis haec capitis aestimaretur;
Cluent 116. quidam capitis arcessierunt; inv II 97.
cuius (Socratis) reponso iudices sic exarserunt, ut
capitis hominem innocentissimum condemnarent; de
or I 233. ut ipse se capitis damnaret; Quinct 32. —
3. multa mala cum (Dionysius) dixisset || anem
dixisse || suo capiti, ut aiunt; A VIII 5, 1. — 4.
nec capite damnarer; Tusc I 98. quae (mulier)
+ capite numquam deminuit; Top 18. — 5. aetatis,
est ususque nostri a capite, quod velimus, arcessere;
de or II 117. demit de capite medimna DC; Ver
III 77. ab huius una capite Gallorum impetus
terroresque depellit; Font 44. cum maiores ita con-
stituerint. ut, qui pro capite diceret, is posteriore
loco diceret; Quinct 33. de capite non modo ferri,
sed ne indicari quidem posse nisi comitiis centuriatis: Sest 73. ab isto capite fluere necesse est
omnem rationem bonorum et malorum; fin II 34.
intellego ex: f. 1. explico. iudico de: f. fero de.
quae (vis) ad caput ac vitam pertineret; Caecin 63.
ut omnem semper vim a corpore, a capite, a vita
sua propulsarent; Milo 30. tibi concedetur, qui de
capite vectigalium populi Romani remisisti? Ver III
82. altera (lex) de capite civis rogari nisi maximo
comitiatu vetat; leg III 44. cum exta sine capite
fuerant, quibus nihil videtur esse dirius; div II 36.
III. nach Adjectiv: in hominis caput ille tam crudelis propter versum fuisset? Piso 75.
IV. nach Substantiven: 1. capitis nostri saepe
potest accidere ut causae versentur in iure; de
or I 181. horribile est causam capitis dicere,
horribilius priore loco dicere; Quinct 95. cum

Merguet, Handlexikon zu Cicero.

altero capitis et famae (certamen est); of I 38.
neque tributa capitis comitia rata esse posse; leg
III 45. qui custos capitis fuit, Cn. Plancius; sen 35.
si quae dimicatio capitis futura (est); Milo 100. ne
in illam acerbissimam exactionem capitum atque
ostiorum inducerentur sumptum minime necessarii;
ep III 8, 5. in iudicium capitis multos vocaverunt;
Bru 136. adminiculorum ordines (me delectant),
capitum iugatio; Cato 53. in periculis capitis, ut
quaeque causa difficillima est, ita deterrimus patronus
adhibetur; Cluent 57. indemnati civis capitis bonorumque tribunicia proscriptio; Piso 30. regem reum
capitis esse; Deiot 1. — 2. Hermae tui Pentelici cum
capitibus aëneis; A I 8, 2. in filii caput quaestionem
habere conata es? Cluent 182.
V. Umstand: 1. excipitur hoc capite ager in Sicilia
Recentoricus; agr II 57. quid attinet tertio capite
legem curiatam ferre iubere? agr II 29. qui (Solon)
capite sanxit, si qui in seditione non alterius utrius
| alterutrius || partis fuisset; A X 1, 2. — 2. philo-
sophorum greges iam ab illo fonte et capite Socrate;
de or I 42. a primo capite legis usque ad extremum
reperio . . ; agr II 15. nos de Dolabella cotidie,
quae volumus, audimus, sed adhuc sine capite, sine
auctore, rumore nuntio; ep XII 10, 1. ecce supra
caput homo levis ac sordidus; Q fr I 2, 6.
carbaseus, aus Musselin: tabernacula carbaseis intenta velis; Ver V 30. 80.
carbo, Kohle: qui (Dionysius) candente carbone
sibi adurebat capillum; of II 25.
carcer, Gefängnis, Kerker, Schranken der
Rennbahn: I. carcer ille, qui est a crudelissimo
tyranno Dionysio factus Syracusis, quae lautumiae
vocantur, in istius imperio domicilium civium Romanorum fuit; Ver V 143. — II, 1. facio, al.: f. I.—
2. (Theramenes) coniectus in carcerem; Tusc I 96.
est in carcerem deductus; inv II 149. cum sicariis
e carcere emissis; Sest 78. nec in quadrigis eum
secundum numeraverim aut tertium, qui vix e
carceribus exierit, cum palmam iam primus acceperit;
Bru 173. nec velim quasi decurso spatio ad carceres
a calce revocari; Cato 83. tam diu fuit Apollonius
in carcere; Ver V 21. — III. nec (beata vita) resistet
extra fores limenque carceris; Tusc V 80. aderat
ianitor carceris, carnifex praetoris; Ver V 118.
cardiacus, magentrant: ego haud scio an nec
cardiacis hoc tribuendum sit nec phreneticis; div I 81.
cardo, Weltachse: >extremus duplici de cardine
vertex dicitur esse polus<; nat II 105.
care, teuer: emit domum prope dimidio carius
quam aestimabantur; dom 115.
careo, frei sein, nicht haben, sich enthalten,
entbehren, fern sein, meiden müssen, ermangeln:
I triste est nomen ipsum carendi, quia subicitur
haec vis. habuit, non habet, desiderat, requirit,
indiget; Tusc I 87. „carere“ hoc significat: egere
eo, quod habere velis. inest enim velle in carendo,
nisi cum sic tamquam in febri dicitur alia quadam
notione verbi. dicitur enim alio modo etiam carere,
cum aliquid non habeas et non habere te sentias,
etiamsi id facile patiare; Tusc I 88. — II. quibus
(Graecis) carere hoc quidem sermonis genere non
possumus; de or III 137. commisi, ut me vivo
careres, vivo me aliis indigeres; Q fr I 3, 2. propter
quem mihi non modo meis, sed memet ipso carendum
est; A VIII 7, 2. f. civi. amicis: f. familiaribus.
quibus (artibus) qui carebant, inertes a maioribus
nominabantur; fin II 115. ne vivus quidem bono
caret, si eo non indiget; Tusc I 88. quem non modo
foro, sed etiam caelo hoc ac spiritu censoriae leges
atque urbis domicilio carere voluerunt; Rabir 15.
cum (res publica) declarasset se non potuisse me
uno civi carere; ep I 9, 16. in hac solitudine careo
omnium conloquio; A XII 15. haec duo tempora
carent crimine; Ligar 4. nihil esse indignius, quam

13

eum, qui culpa careat, supplicio non carere; inv II 101. P. Naso, omni carens cupiditate; Phil III 25. summam voluptatem esse dolore carere; Tusc III 47. domicilio: f. caelo. non solum domo, sed tota urbe careo; dom 146. careo cum familiarissimis multis tum omnibus amicis; ep IV 13, 2. te plane febri carere et belle habere; ep XVI 15, 1. foro: f. caelo. possum oblivisci, quo caream honore, qua gloria, quibus liberis, quibus fortunis, quo fratre? A III 10, 2. f. patria. nihil in bonis ducendum, quod honestate careat; Tusc V 75. honore, liberis: f. fortunis. (Isocrates) quamquam forensi luce caruit intraque parietes aluit eam gloriam; Bru 32. carere omni malo mortem; Tusc I 26. te carentem patria et fortunis tuis; ep IV 7, 4. summa utilitate ac maximo saepe praesidio asperis temporibus carendum nobis erit; Balb 22. qua (prudentia) ne maximis quidem in bellis aequo animo carere quisquam potest; Bru 23. f. sensu. quibus (rebus) senectus etiamsi non abunde potitur, non omnino caret; Cato 48. quoniam Roma caremus; A IX 19, 1. (Sophocles) iusta reprehensione caruisset; of I 144. scelere careat; Cael 42. careat (deus) sensu necesse est, careat etiam prudentia, careat voluptate; nat I 30. spiritu: f. caelo. supplicio: f. culpa. si corpus caret viribus; fin V 47. cum omni vitio carere lex inbeat; leg III 29. voluptate: f. sensu. urbe: f. domo. utilitate: f. praesidio.

carica, getrocnete Feige: quidam in portu caricas Cauno advectas vendens Cauneas clamitabat; div II 84.

caritas, hoher Preis, Teuerung, Hochschätzung, Hochachtung, Liebe: I. quae (caritas) est inter natos et parentes, quae dirimi nisi detestabili scelere non potest; Lael 27. tantam esse apud omnes bonos tui caritatem, ut ..; ep X 22, 3. ubi patriae caritas poterit exsistere? leg I 43. me impulit tui caritas, ut vellem ..; ep X 6, 2. caritas amicitiae indicat ..; fin II 99. potest: f. est, exsistit. virtus, quam sequitur caritas, minime repudianda est; Lael 61. — II, 1. haec res amorem magis conciliat, illa virtutis defensio caritatem; de or II 206. dirimo: f. I. est. natura gigni benivolentiae caritatem; Lael 32. patria dici vix potest quid caritatis habeat; Quir 4. ad tuendas amicitias et reliquas caritates quid natura valeat; fin III 73. — 2. cuius (patriae) salutem caritati anteponit suorum; dom 98. parcendum maxime [est] caritati hominum, ne temere in eos dicas, qui diliguntur; de or II 237. — 3. tanta repente vilitas annonae ex summa inopia et caritate rei frumentariae consecuta est, quantam ..; imp Pomp 44. ad populi caritatem (devocant); prov 29. cum deorum tum parentum patriaeque cultus ad caritatem referri solet; part or 88. — III. alqd: f. II, 1. habeo. cum animus societatem caritatis coierit cum suis; leg I 60. — IV, 1. nec id fit fastidio meo, sed caritate rei publicae; Phil XII 20. aut caritate moventur hominis, ut deorum, ut patriae, ut parentum; aut amore, ut fratrum, aut coniugum, ut liberorum, ut familiarium || familiarum ||; part or 56. — 2. frumenti in summa caritate; Planc 64. in maxima caritate annonae; of III 89. nunc omnia ista iacere puto propter nummorum caritatem; A IX 9, 4.

carmen, Lied, Gedicht, Spruch, Formel, In schrift: I. quae (carmina Aratia) a te admodum adulescentulo conversa ita me delectant, quia ..; nat II 104. Tarquinii ista sunt cruciatus carmina, quae tu libentissime commemoras: CAPUT OB-NUBITO, ARBORI INFELICI SUSPENDITO; Rabir 13. notum est carmen incisum in sepulcro; Cato 61. utinam exstarent illa carmina, quae multis saeclis ante suam aetatem in epulis esse cantitata a singulis convivis de clarorum virorum laudibus in Originibus scriptum reliquit Cato! Bru 75. si

quis occentavisset sive carmen condidisset, quod infamiam faceret flagitiumve alteri; rep IV 12. potest: f. II, 1. invenio. mihi etiam Appii Caeci carmen Pythagoreum videtur; Tusc IV 4. — II, 1. cum Simonides cecinisset id carmen, quod in eum (Scopam) scripsisset, in quo multa ornandi causa poëtarum more in Castorem scripta et Pollucem fuissent; de or II 352. »pertriste canit carmen acredula«; div I 14. cantito: f. I. exstant. commemoro; f. I est. ei (praetori) carmen compositum est; Muren 26. condo: f. I. facit. converto: f. I. delectant. incido: f. I. est. quod carmen artificiosa verborum conclusione aptius (inveniri potest)? de or II 34. scribo: f. I. cano. — 2. ut totum illud UTI LINGUA NUNCUPASSIT non in XII tabulis, sed in magistri carmine scriptum videretur; de or I 245. f. 1. cano. — III. quorum (numerorum atque vocum) illa summa vis carminibus est aptior et cantibus; de or III 197. — IV. Decimus Brutus Accii carminibus templorum ac monumentorum aditus exornavit suorum; Arch 27.

carnifex, Henker, Scharfrichter: I. aderat ianitor carceris, carnifex praetoris, lictor Sextius: Ver V 118. — II, 1. crudelissimum carnificem civium sociorumque in vestrum iudicium adduximus; Ver I 9. — 2. ut nobilissimus adulescens istius carnifici Sextio dederetur; Ver V 125. — III. nec graviora sunt carnificum cruciamenta quam interdum tormenta morborum; Phil XI 8.

carnificina, Marter, Pein: I. non ea est medicina, cum sanae parti corporis scalpellum adhibetur; carnificina est ista et crudelitas; Sest 135. carnificina est aegritudo; Tusc III 27. — II. (Aegyptiorum) mentes quamvis carnificinam prius subierint, quam ibim violent; Tusc V 78.

caro, Fleisch, Fleischmasse: I. qui carnem Latinis petant; Planc 23. — II, 1. quae (pantherae) in barbaria venenata carne caperentur; nat II 126. — 2. lacte, caseo, carne vescor; Tusc V 90. — III. ego istius pecudis ac putidae carnis consilio scilicet aut praesidio volebam niti? Piso 19. — IV. capi: f. I. veneno. extructa mensa carne subrancida; Piso 67.

carpo, pflücken, auswählen, rupfen, schmähen: I. vel passim licet carpentem et conligentem undique replere iustam iuris civilis scientiam || repleri iusta .. scientia ||; de or I 191. alia (animalia) sugunt, alia carpunt; nat II 122. — II. is (Pompeius) carpebatur a Bibulo; Q fr II 3, 2. non sum tam insolens in dicendo, ut omni ex genere orationem aucuper et omnes undique flosculos carpam atque delibem; Sest 119.

caruncula, Stückchen Fleisch: carunculae vitulinae mavis quam imperatori veteri credere? div II 52.

carus, teuer, wert, wertvoll, lieb, beliebt: I. „carum" ipsum verbum est amoris; nat I 122. — II. quem (Lentulum) nos in primis amamus carumque habemus; ep I 7, 11. Pompeius amat nos carosque habet; A II 20, 1. quod apud homines carissimum est; Ver II 110. carissimam annonam recipinata vilitas consecuta est; dom 14. quorum tibi auctoritas est videlicet cara, vita vilissima; Catil I 21. tuam mihi existimationem et dignitatem carissimam esse; ep III 4, 1. f. gloria. cari sunt parentes, cari liberi, propinqui, familiares; of I 57. qui (frater) mihi est carissimus; Muren 10. quorum gloria nobis et dignitas cara est; de or I 19. homines mihi ita cari itaque iucundi, ut ..; Bru 10. cari hominis apud civitates; ep III 10, 1. liberi, al.: f. familiares. quae (patria) mihi erat carissima; Sest 53. ad salutem meam, quae tibi carissima fuisset; Milo 68. tam caram populo Romano vitam A. Hirtii fuisse; Phil I 37.

casa, Hütte, Gartenhaus: I. Helico nequissimus HS ∞ dabat nullo aprico horto, nullo emissario.

nulla maceria, nulla casa; ep XVI 18, 2. — II. adii
casas aratorum; Scaur 25. casas omnium introspicere;"div II 105.
cascus, uralt: quos (priscos) „cascos" appellat
Ennius; Tusc I 27.
caseus. Käse: villa abundat caseo, melle;
Cato 56. lacte, caseo, carne vescor; Tusc V 90.
cassus, leer, nichtig: ut omne id illi (philosophi)
cassum quiddam et inani vocis sono decoratum esse
dicant; Tusc V 119. »Orion dextra retinens non
cassum luminis ensem«; fr H IV, a, 615. »sanguine
cassam«: div II 133.
caste. sittenrein, lauter, züchtig, fromm: caste
iubet lex adire ad deos; leg II 24. qui (Iuppiter)
castissime colitur a matribus; div II 85. nihil rite,
nihil caste perfecit; dom 134. haec omnia pure
atque caste tribuenda deorum numini sunt; nat I 3.
tueamur (eloquentiam) ut adultam virginem caste;
Bru 330. qui cum caste et integre viverent; fin
IV 63.
castellanus. Festungen betreffend: malim
mihi L. Crassi unam pro M'. Curio dictionem quam
castellanos triumphos duo; Bru 256.
castellum, Befestigung, Schanze, Festung:
I, 1. castellum munitum habitanti mihi prodesset,
transeunti non est necessarium; A III 7, 1. —
2. cui templum illud fuit castellum forensis latrocinii; Piso 11. — II. castellum capi Ligurum; Bru
256. urbem philosophiae proditis, dum castella
defenditis; div II 37. qui Ligurum castella
expugnaverunt; Bru 255. — III. te in castello
circumsederi; Deiot 25.
castigatio, Zurechtweisung, Strafe: I. omnis
et animadversio et castigatio contumelia vacare
debet: of I 88. — II. clementi castigatione licet
uti: of I 137. — III. ut (me) castigatione dignum
putares; A III 10, 3. — IV. ut homines castigationibus,
reprehensionibus, ignominiis adfici se in delicto
dolerent; Tusc IV 45.
castigo, zurechtweisen, rügen, strafen: in hoc
me ipse castigo, quod ..; Tusc V 4. videsne, ut
obmutuerit castigatus animi dolor? Tusc II 50.
castigemus etiam segnitatem || segnitiem || hominum
atque inertiam; de or I 185. pueros matres et
magistri castigare etiam solent, nec verbis solum,
sed etiam verberibus; Tusc III 64. segnitatem: f.
inertiam.
castimonia, Reinheit, Keuschheit: I. caste
iubet lex adire ad deos, animo videlicet; nec tollit
castimoniam corporis; leg II 24. — II. quae sacra
per summam castimoniam virorum ac mulierum
fiant; Ver IV 102.
castitas, Keuschheit: naturam || in naturam ||
feminarum omnem castitatem pati; leg II 29.
castrensis, im Lager: hunc ego hominem
nisi ex domesticis insidiis in castrense latrocinium
compulissem; Catil III 17. eadem erat castrensis
ratio ac militaris; Cael 11.
castro, entmannen: nolo dici morte Africani
„castratam" esse rem publicam; de or III 164.
castrum, Burg, Festung, pl. Lager, Feldlager,
Hoflager: A. sing.: »qua miser sollertia transverberatus castrum hoc Furiarum incolo«; Tusc V
23. — B. plur.: I. nimium diu te imperatorem tua
illa Manliana castra desiderant; Catil I 10. —
II. 1. hoc duce castra cepimus; Muren 38. ille
ex Sicilia iam castra commoverat et vasa conlegerat;
Ver IV 40. ubi iste castra luxuriae conlocarat; Ver
V 36. ut (M. Anneius legatus) castra in Lycaonia
apud Iconium faceret; ep XV 4, 2. his rebus ita
gestis castra in radicibus Amani habuimus apud
Aras Alexandri quadriduum; ep XV 4, 9. castra
ad Cybistra locavi; ep XV 2, 2. castra movi ab
Iconio pridie Kalendas Septembres; ep III 6, 6. ex
eo loco castra movi; ep XV 2, 8. qui (Manlius) in

agro Faesulano castra posuit; Catil II 14. teneant
alii castra, gerant || regna || res bellicas; nos urbem
tuebimur; Phil XII 24. — 2. in Epicuri nos,
adversarii nostri, castra coiecimus; ep IX 20, 1.
se in castra Q. Metelli contulit; Cluent 24. qui e
castris duas legiones eduxit; Phil XIV 27.
improviso eos (Syracusanos) in castra inrupisse; div
I 50. mihi non est dubium, quin res spectet ad
castra; A XIV 21, 3. posteaquam in castris esse
potuit per aetatem; Deiot 37. ex qua (civitate) C.
Mucius solus in castra Porsennae venisset; Sest 48.
si ad interdicti sententiam confugis, in meis castris
praesidiisque versaris; Caecin 83. — III. Saxa,
castrorum ante metator, nunc, ut sperat, urbis;
Phil XI 12. — IV, 1. si castris res geretur; A
VII 1, 4. armis et castris temptata res est; of II
84. — 2. huc Tertia illa perducta maximas in
istius castris effecisse dicitur turbas; Ver V 31.
Cn. Pompeius cum P. Vettio Scatone inter bina
castra conlocutus est; Phil XII 27.
castus, sittenrein, keusch, lauter, fromm,
heilig: A. qui (animi) se integros castosque
servavissent; Tusc I 72 ut casta corpora adhibeantur; leg II 24. cultus deorum est castissimus atque
sanctissimus, ut ..; nat II 71. in M. Crassi
castissima domo; Cael 9. ebur ex inani corpore
extractum haud satis castum donum deo; leg II 45.
hominem integrum et castum et gravem cognovi;
A XI 6, 5. vestrae mentes tam castae, tam
integrae; Font 32. si quae mulieres castiores
erant; Ver V 28. praemia virtutis et officii sancta
et casta esse oportere; inv II 114. res familiaris
cum ampla tum casta a cruore civili; Phil XIII
8. — B. periurum castus (fraudasse dicitur)? Q
Rosc 21.
casus, Fall, Sturz, Vorfall, Ereignis, Gelegenheit, Ausfall, Zufall, Unfall, Unglück, Casus,
Beugefall, Endsilbe: I, 1. mihi explicandae philosophiae causam attulit casus gravis civitatis; div
II 6. videte, qui Sthenii causam casus adiuverit;
Ver II 98. eos huius mihi belli casus eripuit; ep
VI 1, 7. quid est aliud fors, quid fortuna, quid
casus, quid eventus, nisi cum sic aliquid cecidit, sic
evenit, ut vel aliter cadere atque evenire potuerit?
div II 15. quam spem consiliorum meorum cum
graves communium temporum tum varii nostri casus
fefellerunt; de or I 2. haec casus gubernabit; A
XV 9, 1. iecit quidam casus caput meum quasi
certaminis causa in mediam contentionem dissen-
sionemque civilem; ep I 9, 13. casus mirificus
quidam intervenit quasi testis opinionis meae; ep
VII 5, 2. casus consilium nostri itineris iudicabit;
A XV 25. quibus in rebus temeritas et casus, non
ratio nec consilium valet; div II 85. quid iste in
domo tua casus armorum? A XV 9, 2. — 2. o
casum illum multis innocentibus calamitosum atque
funestum! Ver V 92. — II, 1. cum eiusdem nominis
casus saepius commutantur; orat 135. non
extimescet ancipites dicendi incertosque casus; orat
98. magna illa laus videri solet, tulisse casus
sapienter adversos; de or II 346. flens meum et rei
publicae casum; Sest 60. quae (verba) sive casus
habent in exitu similes sive ..; orat 164. aetas
illa multo plures quam nostra casus mortis habet;
Cato 67. casus infertur || inferetur || in concessionem,
cum demonstratur || demonstrabitur || aliqua fortunae
vis voluntati obstitisse; inv II 96. si levare potest
|| potes || communem casum misericordia hominum;
Q fr I 4, 4. cum meum illum casum tam horribilem,
tam gravem, tam repentinum non solum homines,
sed tecta urbis ac templa lugerent; Sest 53.
respicite dubios variosque casus; Cluent 58. ipse
pari fortuna adflictus aliorum opibus casus meos
sustentabam; ep IV 13, 1. casum proelii nemo
nostrum erat quin timeret; div II 114. — 2. animi,

13*

si quando vera viderunt, usi sunt fortuna atque casu; div II 108. — 3. maiores nostros semper ad novos casus temporum novorum consiliorum rationes accommodasse; imp Pomp 60. nec in eum casum incidisset; div II 20. quod in multis casibus ponitur; de or III 207. nullum crimen est in casu; Planc 35. — III. virum ad consilia prudentem, ad casum fortunamque felicem; Font 43. regna, imperia in casu sita temporibus gubernantur; of I 115. — IV. omnem vim omnium sceleratorum acerbitas mei casus exceperat; dom 64. — V, 1. sive casu accidit sive consilio; Tusc IV 64. ut ea (verba) sic et casibus et temporibus et genere et numero conservemus, ut ..; de or III 40. similium verborum conversa et immutata casibus notatio; de or II 358. ex corporibus huc et illuc casu et temere cursantibus; nat II 115. casune ipse (mundus) sit effectus aut necessitate aliqua an ratione ac mente divina; nat II 88. quod temere fit caeco casu et volubilitate fortunae; div II 15. quid est tandem, quod casu (haec) fieri aut forte fortuna putemus? div II 18. quis esset, qui me in consulatu non casu potius existimaret quam consilio fortem fuisse? ep V 2, 8. immutari: f. converti. loqui: f. 2. in. eo ipso die casu Messanam Verres venit; Ver V 160. oraculis casu veris; div II 115. — 2. beneficia ex casu considerantur; inv II 112. in Caepionis gravi miserabilique casu; de or II 197. absurdum erat aut etiam in barbaris casibus Graecam litteram adhibere aut recto casu solum Graece loqui; orat 160. quae (mors) propter incertos casus cotidie imminet; Tusc I 91.

Catamitus, Luftfnabe: ut te Catamitum mulier aspiceret; Phil II 77.

cataplus, Lanbung: cataplus ‖ artata plus, al. ‖ ille Puteolanus aures refersit istis sermonibus; Rab Post 40.

cate, geſchidt: »ut nemo tam tornare cate contortos possiet orbes«; H IV, a, 550.

catellus, junges Hündchen: erat mortuus catellus eo nomine; div I 103.

catena, Kette, Feſſel: I. catenas habebat hospes tuus; Ver V 110. iste hominibus miseris innocentibus inici catenas imperat; Ver V 106. — II. belnam constrictam legum sacratarum catenis solvit consul; Sest 16.

caterva, Schar, Truppe, Chor: I. cum ageretur togata, caterva tota clarissima concentione contionata est ..; Sest 118. catervae veniunt contra dicentium; Tusc I 77. — II, 1. cum forum armatis catervis perditorum hominum possideres; dom 110. — 2. cuius in magnis catervis amicorum si fuit etiam Caelius; Cael 14. — III, 1. possidere: f. II, 1. — 2. quem ad modum passim per forum volitet cum magna caterva togatorum; Sex Rosc 135.

catulus, junger Hund: I. quoniam catuli, qui iam dispecturi sunt, caeci aeque et ii, qui modo nati; fin IV 64. — II. in cane (esse meliora) quam in catulo; nat II 38.

catus, gewanbt, geſchidt: A. vide, quam sit catus is, quem isti tardum putant; Ac II 97. — B. quis prudentem et, ut ita dicam, catum ex aliqua re externa iudicet? leg I 45.

cauda (coda), Schwanz, Schweif: I. videtis extremam partem nominis, codam ‖ caudam ‖ illam Verrinam tamquam in luto demersam esse in litura? Ver IV 191. caudam antiqui »penem« vocabant; ep IX 22, 2. — II. »canis ad caudam serpens prolabitur Argo«; nat II 114.

cavea, Gehege, Käfig, Sitzreihen, Zuſchauerraum: I. illi cum ludos facerent, servos de cavea exire iubebant; har resp 26. inclusa (avis) in cavea; div II 73. — II, 1. ludi publici quoniam sunt cavea circoque divisi; leg II 38. — 2. attulit

in cavea pullos is, qui . .; div II 72. qui in prima cavea spectat; Cato 48.

caveo, ſich hüten, ſich vorſehen, vorſehen, Vorſichtsmaßregeln treffen, Sicherheit ſchaffen, ſorgen, verfügen, verhüten, vermeiden, verhinbern: I, 1. quid iuvat aut quid adfert ad cavendum scire aliquid futurum? nat III 14. in iure cavere vehementer et ad opes augendas pertinet et ad gratiam; of II 65. quia vulgo pragmatici homines omnibus historiis, praeceptis, versibus denique cavere iubent et vetant credere; A II 20, 1. — 2. cum ita caverent, si post Kalendas Ianuarias in consilium iretur; Ver I 31. insanire hominem, periturum hoc uno crimine, nisi cavisset; Ver IV 41. — II, 1, a. cave putes quicquam esse verius; fin II 71. cave facias; A XIII 33, a, 1 (33, 4). — b. ut diligenter caveret atque prospiceret, ne quid esset . .; Ver II 173. tu caves, ne tui consultores, ille ne urbes aut castra capiantur; Muren 22. — c. testamento cavere, ut (dies natalis) ageretur; fin II 103. — d. caveamus, ut ne quod in nobis insigne vitium fuisse dicatur; Q fr I 1, 38. — e. si cautum esset eos testimonium non esse dicturos; Ver IV 92. — 2, a. melius ei cavere volo. quam ipse aliis solet; ep III 1, 3. cum heredi vellet cavere; inv II 120. praedibus et praediis populo cautum est; Ver I 142. quoniam veteranis cautum esse volumus; Phil II 59. — b. nisi prius a te cavero amplius eo nomine neminem petiturum; Bru 18. a me ipso caveret; Sest 133. ut a servitio caveremus; har resp 25. a veneno ut (rex) caveret; fin V 64. — c. de quibus (agris) foedere cautum est; agr II 58. ita cautum una quaque de re, ut . .; inv II 135. — III. fidem nobis habendam non esse, me vero etiam cavendum; A XIII 37, 2. non omnia scriptis, sed quaedam, quae perspicua sint, tacitis exceptionibus caveri; inv II 140. cavebo, quae sunt cavenda; A I 17, 10. dum ut in pessimis rebus aliquid caveam, qui nihil umquam cavi; A XI 19, 2. e Graecis ipsis diligenter cavendae sunt quaedam familiaritates; Q fr I 1, 16. cavenda est presso illi oratori inopia et ieiunitas. amplo autem inflatum et corruptum orationis genus; Bru 202. o hominem cavendum! A XII 38, 2. ieiunitatem, inopiam: f. genus. Caleni interventum et Calvense cavebis; A XVI 11, 1. quam sit bellum cavere malum; de or I 247. socium cavere qui possumus? Sex Rosc 116.

caverna, Höhlung, Höhle, hohler Raum, Grotte: I. quid tam in navigio necessarium quam latera, quam cavernae? de or III 180. — II. nos e terrae cavernis ferrum eligimus; nat II 151. — III. »aetheris aeterni saepta (mens divina) atque inclusa cavernis«; div I 17. quibus cavernis maria sustineantur; Tusc V 69.

cavillatio, Neckerei, Spott, Humor: cum duo genera sint facetiarum, alterum aequabiliter in omni sermone fusum, alterum peracutum et breve, illa a veteribus superior cavillatio, haec altera dicacitas nominata est; de or II 218.

cavillator, Stichler: consul tamen ï tantum cavillator genere illo moroso, quod etiam sine dicacitate ridetur; A I 13, 2.

cavillor, ſcherzen, ſpotten, beſpötteln: I. iam familiariter cum ipso cavillor ac iocor; A II 1, 5. — II. (Dionysius) in eo etiam cavillatus est aestate grave esse aureum amiculum, hieme frigidum; nat III 83. — III. inridentes oratorem cavillantur: de or III 122. togam sum eius praetextam cavillatus; Q fr II 10, 2.

caulis, Kohl: (vites) a caulibus refugere dicuntur; nat II 120.

caupo, Schenfwirt: I. alterum (Arcadem) ad cauponem ‖ cop. ‖ devertisse, ad hospitem alterum; div I 57. — II. quale est (somnium) de illo interfecto a caupone ‖ copone ‖ Megaris; div II 135.

caupona, Schenke: nonne tibi caupona (erat) pro oppido? Piso 53.

cauponula, kleine, schlechte Schenke: delituit in quadam cauponula; Phil II 77.

causa, Ursache, Veranlassung, Beweggrund, Einwand, Vorwand, Angelegenheit, Verhältnis, Zustand, Sache, Interesse, Partei, Rechtssache, Rechtsfall, Prozeß: I. **absolut:** 1. **Subject:** causam solum illa causa non habet, ceteris rebus abundat; A VII 3, 5. quia nulla causa accedat extrinsecus; fat 24. num quaerenda causa, quae te ad tantum facinus adduxerit? Sex Rosc 86. s. frangit. causarum genera sunt plura. nam sunt aliae, quae ipsae conficiunt, aliae, quae vim ad conficiendum aliquam adferunt. itaque illae superiores conficientes vocentur, hae reliquae ponantur in eo genere, ut sine his confici non possit; part or 93. „causarum", inquit (Chrysippus), „aliae sunt perfectae et principales, aliae adiuvantes et proximae" est 41. voluntatis nostrae non esse causas externas et antecedentes: fat 23. s. V, 1. fieri. sunt aliae causae, quae aut propter principium aut propter exitum conficientes vocantur; part or 94. s. adferunt. qua de re agatur, et in quo causa consistat, non videt; fat 9 sunt multae causae, quae ex praemii alicuius petitione constant; inv II 110. si causa facultatem dabit; inv II 147. proximus est locus rerum efficientium, quae causae appellantur; deinde rerum effectarum ab efficientibus causis; Top 58. causa efficiens aliquid necessario; Top 60. erat hoc quidem verum ex aeternitate, sed causas id efficientes non habebat; fat 33. constitutione causae reperta statim placet considerare, utrum causa sit simplex an iuncta; inv I 17. quae sit causa ambigendi; de or II 104 nulla est causa, in qua id, quod in iudicium venit, reorum personis ac non generum ipsorum universa dubitatione quaeratur; de or II 134. haec duo sunt ei (accusatori) prima, causa et eventus; part or 110. earum causarum, quae non sunt constantes, aliae sunt perspicuae, aliae latent. perspicuae sunt, quae appetitionem animi iudiciumque tangunt; latent, quae subiectae sunt fortunae; Top 63. ut causa, quid sit effectum, indicat, sic quod effectum est, quae fuerit causa, demonstrat; Top 67. non fuit causa, cur tantum laborem caperes; Q Rosc 49. si causam ipsam per se firmam esse et stabilem videritis; Balb 19. aliae causae iustae, haec necessaria est; Phil VIII 12. quae est alia causa erroris tanti? fin II 115. quid est causae, quin liceat idem Peripateticis dicere? Tusc V 32. neque erant causae fatales, cur ita accideret; fat 19. nec sequitur ilico esse causas immutabiles, easque aeternas, quae prohibeant quicquam secus cadere, atque casurum sit; fat 28. s. adferunt, adiuvant, antecedunt, conficiunt, constant. me haec fecit praeclarissima causa popularem; Phil VII 4. eadem causa opes meas fregit, quae tuam salutem in discrimen adduxit; ep VI 13, 4. cum causae causa nexa rem ex se gignat; div I 125. deliberativa causa simul ex eadem parte eodem in genere et coniecturalem et generalem et definitivam et translativam solet habere constitutionem et unam aliquam et plures non numquam; inv I 14. constituo, quid habeat causa quaeque boni, quid mali; de or II 291. prima causa publica pro Sex. Roscio dicta tantum commendationis habuit, ut . .; Bru 312. s. abundat. latent: s. est; Top 63. indicat: s. est; Top 67. quae causa ante mortua est, quam tu natus es; Rabir 25. nihil vitiosius quam nasci de integro causam, cum sit ab altero perorata; Bru 208. nascitur causa Cornelii ex ea lege, quam . .; Balb 19. primum considerare soleo, postuletne causa; de or II 206. potest: s. II, 1. sano. prohibet: s. est; fat 28. causae capitis alium quendam verborum sonum requirunt, alium rerum privatarum atque parvarum; de or III 211. solet: s. habet; inv I 14. tangunt:

s. est; Top 63. ut in genus honestum causa translata videatur; inv I 21. valuit causa rogandi, non gratia; Planc 24. omnis et demonstrativa et deliberativa et iudicialis causa necesse est in aliquo eorum, quae ante exposita sunt, constitutionis genere, uno pluribusve, versetur; inv II 12. quae (causae) in civitate et in forensi disceptatione versantur; de or III 111. causa cognita possunt multi absolvi, incognita quidem condemnari nemo potest; Ver I 25. rem indicta causa indicatam; Phil II 56. huius modi causae non necessariae; Top 62.

2. **Prädicat:** qui (Hermagoras) causam esse dicat rem, quae habeat in se controversiam in dicendo positam cum personarum certarum interpositione; inv I 8. causa ea est, quae id efficit, cuius est causa, ut vulnus mortis; fat 34. existimant plerique non haec adiuvantia causarum, sed has ipsas esse omnium causas; Tim 50.

3. **Attribut:** o causam singularem! Ver II 151. en causa, cur regem fugitivus accuset! Deiot 17.

II. **nach Verben:** 1. **Accusativ:** accipio: s. accipio. III. causam. pars causae est constitutio omnis. non enim causa ad constitutionem, sed constitutio ad causam accommodatur; inv I 13. (Galbam) exisse in aedes eo colore et iis oculis, ut egisse causam, non commentatum putares; Bru 87. quae (causae) propter scriptum ambiguntur; de or II 110. quarum rerum neglegentia plerasque causas et maxime privatas videmus amitti; de or II 100. causam appellant rem positam in disceptatione reorum et controversia; de or II 78. alterum (quaestionum genus) finitum temporibus et personis causam appello; part or 61. causam appello rationem efficiendi, eventum id, quod est effectum; part or 110. s. I, 1. efficit; Top 58. causa certis personis, locis, temporibus, actionibus, negotiis cernitur aut in omnibus aut in plerisque eorum; Top 80. ut eas (causas) diligenter penitusque cognoscat; de or II 99. quorum ipse (Caesar) causam cognovisset; A XI 7, 2. s. I, 1. abl. abs. qui necessitudinis causas complures protulit, simultatis nullam commemorare potuit; Muren 56. commentor: s. ago. esset magnum tantam causam, tam exspectatam et diligentia consequi et memoria complecti et oratione expromere et voce ac viribus sustinere; div Caec 39. quodsi auctoritatibus hanc causam confirmandam putatis; imp Pomp 68. causam meam cum communi salute coniunxit; Quir 16. collectis ceteris causis eluvionis, pestilentiae, vastitatis; of I 16. consequor: s. complector. ea (futura), quorum causas natura ita contineret, ut ea fieri necesse esset; fat 32. neque hoc, quod nunc fit, ut causae singulae defenderentur a pluribus, quo nihil est vitiosius; Bru 207. perpaucae ad eum (Curionem) causae deferebantur; Bru 220. si pollicebimur nos brevi nostram causam demonstraturos; inv I 23. si non in hominem certum, sed in rem aliquam causa domovebitur; inv II 90. si nostram causam laudando extollemus, adversariorum causam per contemptionem deprimemus; inv I 22. si quis aes statuae causam velit dicere, quod sine eo non possit effici; Top 58. accusant ii, qui in fortunas huius invaserunt, causam dicit is, cui nihil reliquerunt; Sex Rosc 13. ut apud M. Metellum praetorem causa diceretur; Ver pr 26. cum alia lege causam dicerent; Cluent 114. ne de ambitu causam diceret; Sest 18. recte nihil de discenda praecipiunt; de or II 100. distribuo: s. tribuo. qui (Trebatius) mihi dedit causam harum litterarum; ep XI 27, 8. qui cum me hanc causam doceret; Cluent 198. qui bene exordiri causam volet, cum necesse est genus suae causae diligenter ante cognoscere; inv I 20. ut possem oratione mea crimina causamque explicare; Ver I 25. expromo, exspecto: s. complector. extollo: s. deprimo. quod (verbum) causam facit; de or II 108. quid faciat

causam, id est, quo sublato controversia stare non possit; de or II 132.¶ accusas eum, qui causam habet aut meliorem quam tu aut parem; Ligar 10. cum id visum proximam causam habeat, non principalem; fat 42. ſ. I, 1. abundat. causa morbi inventa; Tusc III 23. quae (causa) iudicata est; Rab Post 11. iungo: ſ. I, 1. est; inv I 17. non modo non laedetur causa nobilitatis, verum etiam ornabitur; Sex Rosc 138. cum (cogitatio) rerum causas alias ex aliis aptas et necessitate nexas videt; Tusc V 70. ſ. I, 1. gignit. isne apud vos obtinebit causam suam? Caecin 38. orno: ſ. laedo. hic tu si amplius HS nummo petisti, quam tibi debitum est, causam perdidisti; Q Rosc 10. si omnia perfectis et principalibus causis fieri diceremus; fat 41. causa duabus actionibus perorata; Font 37. ſ. I, 1. nascitur. tota causa pertemptata atque perspecta; de or II 318. sequitur, ut causa ponatur; de or II 331. ſ. I,. 1 adferunt. causa Milonis semper a senatu probata est; Milo 62. profero: ſ. commemoro. si causam quis ex eo (Xerxe) quaereret tantarum copiarum tantique belli; fin II 112. ſ. I, 1. adducit. ut ego nemini (respondi), cuius causam non reciperem; A VIII 4, 2. quod indicium lege non erat, causam totam reliquit; Flac 50. causa aegritudinis reperta; Tusc III 23. cuius (Tuscenii) causa sanari non potest; Q fr I 2, 6. quae (causae) sint a communi quaestione seiunctae; de or I 141. causam maxime spectari oportere et non oportere; inv II 50. subicio: ſ. I, 1. est; Top 63. quia parricidii causa subscripta esset; inv II 58. me, ut hanc causam salutisque suae defensionem susciperem, obsecrarunt; Ver II 156. inflammatus incredibili cupiditate hanc causam accusationemque suscepit; Flac 13. quoniam tribunatus totus P. Sestii nihil aliud nisi meum nomen causamque sustinuit; Sest 14. ſ. complector. rationes et causas rerum non tenebant; Tusc I 29. hac lege causae possessionum tollentur; agr III 11. causas totas alias alia forma dicendi esse tractandas; orat 74. causa transfertur, cum aliena dicitur vi et potestate factum; inv I 15. ſ. I, 1. videtur. causa tribuitur ‖ distribuitur ‖ in impulsionem et [in] ratiocinationem; inv II 17. victa est causa rei publicae non suffragiis, sed vi, manu, ferro; Sest 78. voco: ſ. I, 1. adferunt.

2. **Genetiv**: omnes illae (orationes) causarum ac temporum sunt, non hominum ipsorum aut patronorum; Cluent 139.

3. **Dativ**: vi opprimi in bona causa est melius quam malae cedere; leg III 34. alter causae confidit, alter diffidit; Q Rosc 11. quod suae causae convenit; inv I 70. ne quis illi causae patronum defuisse arbitraretur; Cluent 51. diffido: ſ. confido. quibus (causis) totis moderatur oratio; orat 51. necto: ſ. I, 1. gignit. posse te causae atque officio tuo satis facere; div Caec 47. id quod maximo malo illi causae fuit; Cluent 54.

4. **Ablativ**: ne adversarius causa caderet; de or I 166. docuit, cur sibi causa desistere necesse esset; of III 112.

5. mit **Präposition**: nec ab ipsa causa P. Sestii abhorrebit oratio mea; Sest 96. nec ad privatas causas magnos ac disertos homines accedere; inv I 4. accommodo ad: ſ. 1. accommodo. priusquam adgrediar ad ius causamque Cornelii; Balb 18. tum primum nos ad causas et privatas et publicas adire coepimus; Bru 311. in causis conditae sunt res futurae; div I 128. quodsi in causa spem aliquam conlocasset; Ver pr 9. qui in forensibus causis possit praeclare consistere; orat 30. antequam de ipsa causa dicere incipio; Cluent 6. quod de causa digredi nisi per locum communem displicet; ino I 97. qui (Hermagoras) oratoris materiam in causam et in quaestionem dividat; inv I 8. ex causis sic (argumenta ducuntur); de or II 171. ut (Antonius)

me tum elicere vellet ad caedis causam; ep XII 25, 4. equitum Romanorum animi ad causam excitati: Sest 87. cum se in causa putant habere aequum et bonum, quod defendant; Caecin 65. iactare se in causis centumviralibus,¶ in quibus usucapionum, tutelarum iura versentur; de or I 173. ¶ omnium causarum in aliis inest constantia, in aliis non inest; Top 63. Cn. Pompeius rogatione sua et de re et de causa iudicavit; Milo 15. haec ex naturalibus causis vitia nasci possunt; fat 11. necto ex: ſ. 1. necto. quae mihi visa sunt ad illius miseri causam pertinere; dom 41. sin hominibus remotis de causa quaeritis; Caecin 104. cum haec duo nobis quaerenda sint in causis, primum quid, deinde quo modo dicamus; de or II 120. L. Sulla, homo a populi causa remotissimus; Cluent 151. in causa (est finis) [et] fides et motus; part or 9. in omnibus causis tres sunt gradus; part or 101. motus sine causa nullus est; fat 20. quod in aliis causis debet valere et valet lege Aquilia; Tul 11. me in causis maioribus sicuti te solere versari; de or I 82. ſ. iacto in.

III. **nach Adjectiven und Adverb**: 1. **Genetiv**: non sum tam ignarus causarum, ut . . ; Sest 119.

2. **Dativ**: amicior causae quisquam inveniri potest quam filius? Phil X 16. (Caesar) Africanae causae iratior; ep VI 13, 3. huic causae id satis est; Muren 38.

3. **mit Präpositionen**: alienum me animum habuisse a causa nobilitatis; Sex Rosc 135. aptus ex: ſ. II, 1. necto. non essem ad ullam causam idoneus; Cluent 17.

IV. **nach Substantiven**: 1. **Genetiv**: alqd: ſ. I, 1. est; Tusc V 32. quoniam actio maximae causae debilitatur loco; Deiot 7. me actorem causae totius esse voluerunt; div Caec 11. ſ. defensor. adiuvantia: ſ. I, 2. Tim 50. propter summam bonitatem et aequitatem causae; A XVI 16, 9. initiorum causarumque cuiusque rei cognitione; Tusc V 7. causarum est conflictio, in qua constitutio constat; inv I 18. constitutio: ſ. I, 1. est; inv I 17. in causarum contentionibus magnum est quoddam opus atque haud sciam an de humanis operibus longe maximum; de or II 72. ea, quae sic referuntur, continentia causarum vocentur ‖ vocantur ‖; part or 103. actor hic defensorque causae meae nihil progreditur; Sest 75. totam causae meae dictionem certas in partes dividam; Quinct 35. est causarum dissimilitudo, quod . . ; Top 62. erit videndum, quod firmamentum causae sit; inv I 18. deliberatio et demonstratio genera sunt causarum. nam aut nullum causae genus est aut indiciale solum aut et indiciale et demonstrativum et deliberativum; inv I 12. genera causarumquinque sunt: honestum, admirabile, humile, anceps, obscurum; inv I 20. genus hoc causarum, quod in scripti interpretatione versatur; de or II 112. constituunt in partiendis orationum modis duo genera causarum: unum appellant, in quo sine personis atque temporibus de universo genere quaeratur, alterum, quod personis certis et temporibus definiatur; de or II 133. tria genera causarum exstiterunt: unum, quod a meliore parte laudationis est appellatum, deliberationis alterum, tertium indiciorum; part or 70. huius generis causarum, sine quo non efficitur, alia sunt quieta, nihil agentia, stolida quodam modo, ut locus, tempus; alia autem praecursionem quandam adhibent ad efficiendum; Top 59. tria sunt genera causarum: iudicii, deliberationis, laudationis; Top 91. ſ. I, 1. adferunt. II, 1. exordior. hoc instrumentum causarum et generum universorum in forum deferre debemus; de or II 146. fatum id appello, quod Graeci εἱμαρμένη est ordinem seriemque causarum; div I 125. pars: ſ. II, 1. accommodo. patronusne causae negaret . . ? fin IV 22. omnium causarum unum est naturale

principium, una peroratio; Bru 209. causae remo-
tionis hoc nobis exemplo sit'; inv II 87. series: f.
ordo. quoniam ipsa susceptio causae reprehensa
est; Muren 2. ut (M. Annelus) suum negotium pro
causae veritate conficiat; ep XIII 57, 2.
2. mit Präpositionen; qui aditus ad causam
Hortensio patuerit; Sulla 4. quid de vestra in illa
causa perseverantia respondebitis? Ligar 29. de
causa praecepta dant; de or II 78. nullam tibi a
causis vacationem video dari; leg I 11.
V. Umstand: 1. Ablativ: si omnia fato fiunt,
omnia causis antecedentibus fiunt; fat 31. f. II, 1.
perficio. (C. Iunius) oppressus est non causa, sed
tempore; Cluent 91. vincerer causa; Scaur 16.
2. Präpositionen: ab: f. I, 1. efficit; Top 58. scio
te fecisse cum causa; Q fr I 2, 6. quod nos cum
causa dicimus, illi sine causa; de or II 247. multis
de causis mihi Fabius debebit ignoscere; Tul 3.
qua ex causa cum bellum Romanis Sabini intulissent:
rep II 13. me plura extra causam dixisse; dom 32.
in his causis eadem et prima quaestio et disceptatio
extrema est; part or 104. his rebus in causa
indicioque patefactis; Cluent 25. ecquis umquam
tam in bona causa concidit? A III 10, 2. f. I, 1. est;
de or II 134. II, 3. cedo. ut homo homini ob eam
ipsam causam, quod is homo ait, consultum velit;
of III 27. cum tu in bona fortunasque locupletiam
per causam inopum atque imperitorum repentinos
impetus comparares; dom 13. te a me pro magnis
causis nostrae necessitudinis monendum esse; Sulla
23. publice propter duas causas nihil scripsi; ep
XV 3, 2. cum nihil sine causa fiat; Top 63. f. cum.
I. 1. adferunt.

causa, wegen, um — willen, um zu: I. eum
nihil ad utilitatem suam rettulisse ac nihil omnino
fecisse causa sua; de or II 207. quam multa,
quae nostra || nostri || causa numquam faceremus,
facimus causa || [causa] || amicorum! Lael 57.
cuius ea (membra) causa utilitatis || ut. c. ||
habeamus; fin III 66. — II, 1. ut mea causa
mentiatur ; Q Rosc 48. peto a te maiorem in
modum vel humanitatis tuae vel mea, ut . . ; ep
XI 22, 1. cui cum rei publicae c. faveo tum etiam
tua; Phil X 4. quod illi semper sua || sui || c.
fecerant; Ver III 121. qui nostra c. volunt; A XI
8, 1. quorum haec c. praeparantur; leg I 28.
quorum igitur c. quis dixerit effectum esse mundum?
eorum scilicet animantium, quae ratione utuntur;
nat II 133. quoniam, qua de causa et quorum c.
ille hoc promulgarit || promulgavit ||, ostendi; agr
III 15. formicae, apes, ciconiae aliorum etiam c.
quaedam faciunt; fin III 63. — 2. te ipsius
X. Annei c. omnia velle; ep XIII 57, 2. etsi te
ipsius Attici c. velle intellexeram; A XVI 16, 6.
animantium: f. 1. quorum? deliciarum c. et voluptatis; Rab Post 26. nomen clarissimum vel generis
vel vetustatis vel hominis c. rei publicae reservate;
Flac 106. hoc non est faciendum nisi aut rei
publicae c. aut ulciscendi aut patrocinii; of II 50.
si quid praedictionis c. monuerunt; nat III 5. rei
publicae: f. patrocinii. 1. tua. cum gradatim interrogetur verbi c., tria pauca sint anne multa; Ac II
93. vetustatis: f. generis. voluptatis: f. deliciarum. —
3. equum vehendi c., arandi bovem, venandi et
custodiendi canem (esse genitos); nat II 37.
non exprobrandi c., sed commonendi gratia dicam;
Sex Rosc 45. sin me interrogare (voles) non tam
intellegendi c. quam refellendi; nat III 4. ulciscendi:
f. 2. patrocinii. — 4. nihil de me dixi sublatius
asciscendae laudis c. potius quam criminis
depellendi; Sex Rosc 95. si omnia fugiendae
turpitudinis adipiscendaeque honestatis c. faciemus;
Tusc II 66. aures tegendi c. factae tutandique
sensus; nat II 144. cum venisset eodem Mytilenis
mei salutandi et visendi c. Cratippus; Tim 2. etsi

me aut consolandi aut iuvandi tui c. scribere ad te
oportebat; ep VI 13, 1.
causidicus. Advokat, Rechtsanwalt: non
causidicum nescio quem neque clamatorem || procla-
matorem || aut rabulam hoc sermone nostro con-
quirimus, sed eum virum, qui sit eius artis
antistes; de or I 202. qui Lysiam sequuntur, causidicum quendam sequuntur; orat 30.
causor, einen Grund vorschützen: num quid
causare || causae est ||, quin ab iudicio abeas
turpissime victus? Q Rosc 41.
causula, unbedeutender Prozeß: quia (Lysias)
parvarum rerum causulas scripsit; opt gen 9.
caute, vorsichtig, mit Sicherstellung: sine quo
nihil satis caute, nihil satis callide posset agi;
Caecin 15. a me omnia caute pedetemptimque
dicentur; Cluent 118. aliter nec caute nec iure
fieri potest; A XV 17, 1. partitionis caput scriptum
caute; leg II 53. ita est totum hoc ipso genere
ridiculum, ut cautissime tractandum sit; de or
II 242.
cautio. Vorsicht, Sicherung, Sicherstellung:
I. defendendi facilis est cautio; Flac 31. horum
vitiorum atque incommodorum una cautio est atque
una provisio, ut ne . .; Lael 78. quoniam vestrae
cautiones infirmae sunt; ep VII 18, 1. — II. ut
privatis meis rebus adhibeam quandam cautionem
et diligentiam; A I 19, 8. a malis natura declinamus, quae declinatio cum ratione fiet, cautio
appelletur; Tusc IV 13. quae cautionem non habebunt; ep XI 21, 3. Graeculam tibi misi cautionem
chirographi mei; ep VII 18, 1. neque illa mea
cautio et timiditas in causis neglegenda erat; de or
II 300. — III. quae scripsi, scripsi propter
diligentiam cautionis meae; Q fr I 2, 13. cum
in altera (iuris scientia) persecutionum || praescrip-
tionum || cautionumque praeceptio (esset); orat 141.
magna res et multae cautionis; A XIII 41, 2. —
IV. hunc vir clarissimus omni cautione, foedere,
exsecratione devinxerat nihil in tribunatu contra
me esse facturum; Sest 15.
cautor, Sichersteller, Abwender: nisi ipsum
cautorem alieni periculi suis propriis periculis
terruisset; Sest 15.
cautus, vorsichtig, behutsam, sicher, gesichert:
quam te velim cautum esse in scribendo; Q fr III
9, 3. sapientia cautioribus utitur consiliis; Phil
XIII 6. illi homines parum putantur cauti providique fuisse; Sex Rosc 117. tametsi bestiae sunt,
tamen in eam partem potius peccant, quae est
cautior; Sex Rosc 56.
cavus, hohl: in quem (ventriculum cordis)
sanguis a iecore per venam illam cavam influit; nat
II 138.
cedo, weichen, nachgeben, nachstehen, entschwinden, scheiden, Fortgang haben, von statten
gehen, zufallen, überlassen: I, 1. cedendum est
celeriter; A VIII 16, 1. — 2. qui (Aeschines) cum
propter ignominiam iudicii cessisset Athenis; de or
III 213. ille (Hortensius) cessit e vita; Bru 4. illo
ipso anno, cum ego cessissem; sen 4. quorum ego
furori nisi cessissem; Piso 16. me vel vi pulsum
vel ratione cedentem; Planc 26. cessit (Tubero)
auctoritati amplissimi viri vel potius paruit; Ligar
22. qui vita cesserint; Tusc I 35. cur succumbis
cedisque fortunae? Tusc III 36. ut in hoc etiam
genere Graeciae nihil cedamus; leg I 5. pudori
malui famaeque cedere quam salutis meae rationem
ducere; ep VII 3, 1. eos (Parthos) cedentes ab
oppido Cassius insecutus; A V 20, 3. cum tibi
aetas nostra iam cederet fascesque submitteret; Brn
22. necesse est animum perspicuis cedere; Ac II
38. horae cedunt et dies et menses et anni; Cato
69. »cedant arma togae, concedat laurea laudi«; of
I 77. auctoritati cessisset audacia; Phil XIII 28.

dies, al.: ſ. anni. ut vanitati veritas et opinioni confirmatae natura ipsa cedat; Tusc III 2. ut etiam is quaestus huic cederet; Ver II 170. Hortensii et mea sententia cedit religioni de exercitu; ep I 1, 3. cedere e patria servatorem eius, manere in patria perditores! Phil X 8. tuis armis cessit toga; Phil II 20. veritas: ſ. natura. vita nulla alia re nisi immortalitate cedens caelestibus; nat II 153. — II. multa multis de suo iure cedentem; of II 64. vgl. I, 2. alqs; leg I 6. volo hoc oratori contingat, ut gratiosi scribae sint in dando et cedendo loco; Bru 290. quasi sorte aut micando victus alteri (tabulam) cedet alter; of III 90

cedo, gieb her, laß hören, ſieh nur! I. cedo, quis umquam cenarit atratus; Vatin 30. cedo tandem, qui sit ordo aut quae concursatio somniorum; div II 146. — II. „vidisti virum? ingemuisti?" certe. „cedo reliqua"; A IX 18, 3. ego statim „cedo", inquam, „si quid ab Attico"; A XVI 13 (a), 1. unum cedo auctorem tui facti, unius profer exemplum; Ver V 67. cedo Thermitanorum mihi litteras et testimonium; Ver III 99.

celeber, besucht, volkreich, berühmt, gefeiert, herrlich: ubi Syracusani festos dies anniversarios agunt celeberrimo virorum mulierumque conventu; Ver IV 107. P. Scipioni ex multis diebus, quos in vita celeberrimos laetissimosque viderit, illum diem clarissimum fuisse; Lael 12. in loco celebri homo occidi qui potuit? inv I 80. urbis celeberrimae et maximae partes; dom 146. clara res eat, tota Sicilia celeberrima atque notissima; Ver III 61.

celebratio, zahlreiche Gesellschaft, Besuch, Feier; I, 1. natura impellit, ut (homo) hominum coetus et celebrationes et esse et a se obiri velit; of I 12. — 2. quae domus [,quae] celebratio cotidiana! Sulla 73. — II, 1. obeo: ſ. I, 1. — 2. de celebratione ludorum Bruti tibi adsentior; A XV 29, 1.

celebritas, Belebtheit, Feierlichkeit, Volksmenge, zahlreiches Zusammenkommen, Zudrang, Verherrlichung, Berühmtheit: I. si offendet me loci celebritas; ep XIV 1, 7. me haec solitudo minus stimulat quam ista celebritas; A XII 13, 1. — II, 1. (lucus) celebritatem nullam tum habebat, nunc audio maximam; A XIII 29, 1 (2). (Pompilius) mercatus, ludos omnesque conveniendi causas et celebritates invenit; rep II 27. odi celebritatem, fugio homines; A III 7, 1. — 2. in multitudine et celebritate iudiciorum et novis legibus ita distinemur, ut . .; ep VII 2, 4. — III, 1. hac tanta celebritate famae cum esset iam absentibus notus; Arch 5. cum (Hippias) Olympiam venisset maxima illa quinquennali celebritate ludorum; de or III 127. — 2. propter viae celebritatem; A III 14, 2.

celebro, zahlreich besuchen, beleben, erfüllen, verbreiten, begehen, feiern, betreiben, verherrlichen, preisen: I, 1. est omnium sermone celebratum, quem ad modum iste omnia fecerit; dom 140. — 2. quibus in locis paucis ante diebus factum esse consulem Murenam nuntii litteraeque celebrarint celebrarant, al. ||; Muren 89. — II. similis et frequentia et plausus me usque ad Capitolium celebravit; A IV 1, 5. ad eas artes celebrandas inter nosque recolendas; de or I 2. cuius litteris, fama, nuntiis celebrantur aures cotidie meae novis nominibus gentium, nationum, locorum; prov 22. nunc apud Philonem etiam harum iam causarum cognitio exercitatioque celebratur; de or III 110. ad festos dies ludorum celebrandos; Arch 13. exercitationem: ſ. cognitionem. bellicae tuae laudes celebrabuntur paene omnium gentium litteris atque linguis; Marcel 9. nomen ut nostrum scriptis inlustretur et celebretur tuis; ep V 12, 1. scio me in rebus celebratissimis omnium sermone versari; Phil II 57. nota illa res et celebrata monumentis plurimis litterarum; rep II 63. senectuti celebrandae et ornandae quod honestius potest esse

perfugium quam iuris interpretatio? de or I 199. quod (vestibulum) maxima cotidie frequentia civium ac summorum hominum splendore celebratur; de or I 200. cum viae multitudine legatorum undique missorum celebrabantur; Sest 131.

celer, schnell: A. qua (mente) nihil est celerius; orat 200. motum istum celerem cogitationis; nat III 69. oratione celeri et concitata; de or II 88. videbam celerem mihi reditum; dom 64. — B. ut, quod esset tardissimum, id proximum fieret celerrimo; Tim 31.

celeripes, schnellfüßig: venit ille „celeripes", quem Salvius dixerat; A IX 7, 1.

celeritas, Schnelligkeit, Eile, Hast, Gewandtheit, schnelle Wirkung: I. nulla est celeritas, quae possit cum animi celeritate contendere; Tusc I 43. propter verborum bonitatem et expeditam ac profluentem quodam modo celeritatem; Bru 220. quid haec tanta celeritas festinatioque significat? Sex Rosc 97. — II, 1. velocitas corporis celeritas appellatur, quae eadem ingenii etiam laus habetur; Tusc IV 31. expedio: ſ. I. profluit. habeo: ſ. appello. ut (cor) imitaretur igneam celeritatem; nat II 24. quod consuetudo exercitatioque eloquendi celeritatem incitar.t; de or I 90. legatorum nomen belli celeritatem morabitur; Phil V 26. non quaeritur mobilitas linguae, non celeritas verborum; de or I 127. mortis celeritatem pretio redimere cogebantur parentes; Ver V 119. ut maeror patrius celeritatem persequendi retardaret; imp Pomp 22. Galli promptam et paratam in agendo et in respondendo celeritatem subtilitate diligentiaque (Servius) superavit; Bru 154. — 2. haec Centuripina navis erat incredibili celeritate velis; Ver V 88. aiunt eum (Antonium) Caesarina uti celeritate; A XVI 10, 1. — 3. maiorem fructum (te) ponere in perpetuitate laudis quam in celeritate praeturae; ep X 25, 3. — III, 1. Sestius cum illo exercitu summa celeritate C. Antonium consecutus est; Sest 12. ut tarditate et celeritate dissimillimos motus una regeret conversio; Tusc I 63. quos sciebam memoria, scientia, celeritate scribendi facillime, quae dicerentur, persequi posse; Sulla 42. versari circum axem caeli admirabili celeritate; nat I 52. — 2. cum impetum caeli cum admirabili celeritate moveri vertique videamus || videmus ||; nat II 97. propter: ſ. I. profluit.

celeriter, schnell: quod ipse celeriter adripuit. id cum tarde percipi videt, discruciatur; Q Rosc 31. ut cuperem quam celerrime res nostras monimentis commendari tuis; ep V 12, 1. mature et celeriter deflorescunt (hae deliciae); Cael 44. celeriter isti, redisti; Phil II 78. qui accusatine et celerrime potest et videre et explicare rationem; of I 16. quod celeriter eras facturus; ep III 1, 2. librum tibi celeriter mittam „de gloria"; A XV 27, 2. quia (hae stellae) tum celerius moventur, tum tardius; nat II 51. in iis rebus celeriter expediteque percipiendis; fin V 36. redeo: ſ. eo. celeriter una futuros nos arbitror; A IX 11, 2. video: ſ. explico.

cella, Kammer, Vorratskammer, Kapelle: I, 1. boni domini referta cella vinaria, olearia, etiam penaria est; Cato 56. — 2. illi Capuam cellam atque horreum Campani agri esse voluerunt; agr II 89. — II, 1. M. Cato sapiens cellam penariam rei publicae nostrae Siciliam nominabat; Ver II 5. cellis vinariis et oleariis plenis relictis; Top 17. cui (matri) ego totam villam cellamque tradidi; A XIV 19, 6. — 2. in cella Concordia conlocari armatos; Phil V 18. placet vobis in cellam magistratibus vestris frumentum Siculos dare gratis? Ver III 200. cum frumentum sibi in cellam imperavisset; div Caec 30. cum ex legibus frumentum in cellam ei sumere liceret; Ver III 188. — III. multi magnas pecunias ista ratione cellae nomine coëgerunt; Ver III 218.

celo. verheimlichen, verbergen, in Unkenntnis
lassen: I, 1. ex omni deliberatione celandi et occultandi spes opinioque removenda est; of III 37. —
2. callidum Q Maximum accepimus, facile celare,
tacere, dissimulare; of I 108. — II. istum celare,
quae scribat; Ac I 2. — III. non quo celandus
esses: ep V 19, 2. celari videor a te; Q fr II 15,
5. (eos) triumphi nomine tegere atque celare cupiditatem suam; Piso 56. cur celatis sententiam
vestram? Ac II 60. — IV, 1. debes existimare te
maximis de rebus a fratre esse celatum; ep V 2, 9.
Bassus noster me de hoc libro celavit; ep VII 20,
3. — 2. quam celo miseram me hoc timere; A
XI 24, 2. — 3. o virum simplicem, qui nos nihil
celet! orat 230. indicabo tibi, quod in primis te
celatum volebam; Q fr III 5, 4. non te celavi
sermonem T. Ampii; ep II 16, 3.

celsus, hoch, emporragend, erhaben, groß: qui
poterit esse celsus et erectus; Tusc V 42. »haec
»pecies celsa est in sede locata«; div I 21. status
erectus et celsus; orat 59. »stridor celso e vertice
montis ortus«; div I 13.

cena, Mahlzeit, Mittagessen, Gastmahl: I, 1.
etiam Hirtio cenam dedi, sine pavone tamen; ep
IX 20. 2. quas eos (viros bonos) cenas et facere
et obire scripsit ad me Sextus, quam lautas, quam
tempestivas! A IX 13, 6. ut puerum vocaret, credo,
cui cenam imperaret; Sex Rosc 59. obeo: f. facio.
nec eas cenas quaero, ut magnae reliquiae fiant; ep
IX 16, 8. — 2. is me crebro ad cenam invitat;
ep VII 9, 3. occiditur rediens a cena Sex. Roscius;
Sex Rosc 18. hunc (Hortensium filium) ego patris
causa vocavi ad cenam; A VI 3, 9. — II. quod (ius
nigrum) cenae caput erat; Tusc V 98. — III. si
inter cenam foc tibi accidisset; Phil II 63.

cenaculum, oberes Stockwerk: Romam cenaculis sublatam atque suspensam contemnent; agr II 96.

cenito, oft speisen: I. cura, ut valeas; id foris
cenitando facillime consequere; ep IX 24, 3. — II.
ego si foris cenitarem; ep VII 16, 2. non desino
apud istos, qui nunc dominantur, cenitare; ep IX 7, 1.

ceno, speisen, cenatus, nach dem Essen: illud
egregium Sextii et ex tempore: „manum lava“,
inquit, „et cena“; de or II 246. cedo, quis umquam
cenarit atratus; Vatin 30. cum illa munera in-
expisses cenatus; Deiot 42. (Crassus) cenavit apud
me: ep I 9, 20. villa ita completa a || completa ||
militibus est, ut vix triclinium, ubi cenaturus ipse
Caesar esset, vacaret; A XIII 52, 1. ubi (praetor)
cenaret; agr II 94.

censeo, schätzen, meinen, glauben, der Ansicht
sein, für wahr halten, raten, dafür stimmen, beantragen, beschließen: I. si, quem ad modum
senatus censuit populusque inssit, ita fecisses;
Planc 42. — II, 1. de ea re ita censeo, uti C. Pansa
A. Hirtius, consules designati, dent operam uti . . ;
Phil III 37. de ea re ita censeo: cum . . ; Phil
X 25. si (Regulus) de captivis, quod ipsi opus esse
videretur, censuisset; of III 115. — 2. qua ex syngrapha quid sis acturus, meditare censeo; Phil
II 95. quae disputari de amicitia possunt, ab eis
censeo petatis, qui ista profitentur; Lael 17. 3. cum
exsisterent non nullae sententiae, quae censerent,
ut tribuni, ut praefecti lege hac tenerentur; Rab
Post 13. f. 1. Phil III 37. — 4. quid vos fieri
»»setis Trallibus? Flac 57. qui (Hieronymus) censet
»ummum bonum esse sine ulla molestia vivere; fin
II 16. non censet (Ennius) lugendam esse mortem,
quam immortalitas consequatur; Cato 73. nunc,
quoniam est id temporis, surgendum censeo et
requiescendum; de or III 367. patres conscripti
mihi pecunia publica aedificandam domum censuerunt; Piso 52. hic sapientem censet id suave dic-
tarum; Tusc II 17. nisi omnia sibi in se posita
censebit; Tusc V 42. — III. cum quaeritur, is, qui

domini voluntate census sit, continuone, an, ubi
lustrum sit conditum, liber sit; de or I 183. eum,
qui, cum liber esset, censeri noluerit, ipsum sibi
libertatem abiudicavisse; Caecin 99. ne absens cen-
seare, curabo edicendum et proponendum locis
omnibus; A I 18, 8. quid tum? quid censes? Ver
III 25. quasi quicquam de nostra salute decre-
vissemus, quod non idem illis censuissemus; ep IX
6, 3. »quorum luxuries † fortunata censa peperit«;
fr H X, b, 7. »censores populi aevitates, suboles,
familias pecuniasque censento«; leg III 7. sintne
ista praedia censui censendo; Flac 80. familias, al.
f. aevitates. Crassus tres legatos decernit, nec
excludit Pompeium, censet enim etiam ex iis, qui
cum imperio sint; ep I 1, 3. si censenda nobis sit
atque aestimanda res; par 48. — IV. quid censes
hunc ipsum Sex. Roscium, quo studio et qua
intellegentia esse in rusticis rebus? Sex Rosc 49.
mentem solam censebant idoneam, cui crederetur;
Ac I 30. gloriosus fuisti, voluisti magnum agri
modum censeri. census es praeterea numeratae
pecuniae CXXX. census es mancipia Amyntae; Flac
80. cum te audisset servos suos esse censum; Flac 80.

censor, Zensor: I, 1. video animadvertisse
censores in iudices quosdam illius consilii Iuniani;
Cluent 119. quod L. Papirius P. Pinarius censores
multis dicendis vim armentorum a privatis in
publicum averterant; rep II 60. »censores populi
aevitates, suboles, familias pecuniasque censento,
urbis tecta templa, vias aquas, aerarium vectigalia
tuento populique partes in tribus discribunto, exin
|| † exin || pecunias, aevitates, ordines partiunto,
equitum peditumque prolem discribunto | descr. ||,
caelibes esse prohibento, mores populi regunto, probrum in senatu ne relinquonto; bini sunto, magistratum quinquennium habento«; leg III 7. »cen-
sores || cesoris || fidem legum custodiunto; privati
ad eos acta referunto«; leg III 11. discribunt, al.:
f. censent. cum imperator exercitum, censor populum
lustraret, bonis nominibus, qui hostias ducerent,
eligebantur; div I 102. cum Africanus censor tribu
movebat eum centurionem, qui in Pauli pugna non
adfuerat; de or II 272. quos ipse L. Gellius et
Cn. Lentulus, duo censores, furti et captarum
pecuniarum nomine notaverunt; Cluent 120. patrem
tuum L. Philippus censor avunculum suum praeteriit in recitando senatu; dom 84. quia censores
subscripserint; Cluent 123. — 2. illo ipso tempore,
illis censoribus; Cluent 130. — II, 1. censores quem
ad modum isto praetore in Sicilia creati sint; Ver
II 131. discribebat || descr. || censores binos in
singulas civitates Timarchides; Ver II 133. censores CXXX facti sunt; Ver II 137. — 2. putavi
esse censorio, ne longius id serperet, providere; de
or III 94. — 3. cum centuriata lex censoribus
ferebatur; agr II 26. ne in unum quemque
nostrum censoribus in posterum potestatem regiam
permittatis; Cluent 123. — 4. refero ad: f. 1, 1.
custodiunt. ista praedia subsignari apud aerarium
ant apud censorem possint; Flac 80. — III. duos
solos video auctoritate censorum adfines ei
turpitudini indicari; Cluent 127. si centuria censorum proximi consules haberent; A IV 2, 6. ordo
aliqui censorum est? conlegium? Ver II 137.
iudices saepe potius religioni quam censorum
opinioni paruerunt; Cluent 121. — IV. eos a censoribus omnibus ignominiis notatos; of III 115.
anno ante me censorem (avus) mortuus est; Cato 19.

censorius, censorisch, des Zensors, gewesener
Zensor, sittenrichterlich, streng: numquam animad-
versionibus censoriis hanc civitatem ita contentam
ut rebus iudicatis fuisse; Cluent 119. removeantur
auctoritates censoriae; Cluent 124. consulem habuimus tam severum tamque censorium, ut .; fr G,
b, 25. sublata cooptatione censoria; leg III 27.

vide, ne quid Catulus attulerit religionis: opus hoc censorium est, id autem committere videa quam homini censorio conveniat*; de or II 367. sibi censoriam ignominiam impedimento esse; Cluent 121. iudicium: f. notio. corriguntur leges censoriae; Ver I 143. possunt in pactionibus faciendis non legem spectare censoriam; Q fr I 1, 35. quod ceteris (provinciis) censoria locatio constituta est; Ver III 112. genus id hominum tribu moveri notatione censoria voluerunt; rep IV 10. quadringentos (annos tenueramus) iudicium notionemque censoriam; Piso 10. opus: f. homo. illa censoria contra Cn. Domitium conlegam non est oratio, sed quasi capita rerum; Bru 164. populi Romani suffragiis saepe numero censorias subcriptiones esse sublatas; Cluent 121. illum tabulas publicas Larini censorias corrupisse: Cluent 41.

censura, Censoramt: I. Q. Metelli egregia censura (fuit); dom 87. — II, 1. ab eodem homine vetus illa magistra pudoris et modestiae, censura, sublata est; Piso 9. — 2. sane velim scire, tota de censura (tribuni plebis) quid agant, quid cogitent; A IV 9, 1. — III. † qui (populus Romanus) eum (Gracchum) ob id factum eo, quod insciente conlega in censura || non || nihil gessit, post censuram consulem fecit; inv I 48.

census, Schätzung, Schätzungsliste, Vermögen: I. in his omnibus senatoribus cooptandis neque census neque aetates neque cetera Siculorum iura valuisse; Ver II 120. — II, 1. census, qui isto praetore sunt habiti, non servaturum se Metellus ostenderat; Ver II 63. sane velim scire. num censum impediant tribuni diebus vitiandis; A IV 9, 1. servo: f. habeo. — 2. haec praedia etiam in censum dedicavisti; Flac 79. — III, 1. non aestimatione census, verum victu atque cultu terminatur pecuniae modus; par 50. — 2. Meandrio, homini egenti, sine homne, sine censu; Flac 52. — IV, 1. discriptus populus censu, ordinibus, aetatibus; leg III 44. cum ei. qui in servitute iusta fuerunt, censu liberantur; Caecin 99. — 2. quem tu si ex censu spectas, eques Romanus est; Q Rosc 42.

centeni, je hundert: Dionem HS deciens centena milia numerasse; Ver I 28.

centesimus, hundertste, fem. ein Prozent: A. anno fere centesimo et quadragesimo post mortem Numae; rep II 29. — B, I. si Brutus putabit me quaternas centesimas oportuisse decernere, cum tota provincia singulas observarem; A VI 1, 6. cum senatus consultum modo factum sit, ut centesimae perpetuo faenore ducerentur; A V 21, 13. confeceram, ut solverent centesimis sexennii ductis cum renovatione singulorum annorum; A VI 1, 5. centesimis ductis a proxima quidem syngrapha nec perpetuis, sed renovatis quotannis; A VI 2, 7. (Scaptius) aut bono nomine centesimis contentus erat aut non bono quaternas centesimas sperabat; A V 21, 12. — II. contentus: f. I. spero. anatocismus. — III. (Verres pecuniam) binis centesimis faeneratus est; Ver III 165. a Caecilio propinqui minore centesimis nummum movere non possunt; A I 12, 1.

centiens, hundertmal, zehn Millionen: sestertium centiens et octogiens ex aerario tibi attributum; Piso 86.

centum, hundert: cuius (Isocratis) magister Leontinus Gorgias centum et septem complevit annos; Cato 13. centum et unum aratores unus ager istius iniuria desiderat; Ver III 120. qui cum amplius centum cives Romanos haberet ex conventu Syracusano; Ver V 155. addicitur medimnum VIIIc; Ver III 77. dic (Flavium) HS ᴄᴄᴄıɔɔɔ dedisse, qui assem nullum dedit; Q Rosc 49. qui centum milibus annorum ante occiderunt; Tusc I 9.

centumviri, Hundertmänner: I. qua de re inter Marcellos et Claudios patricios centumviri iudicarunt; de or I 176. cum vos volueritis de privatis hereditatibus centumviros iudicare; agr II 44. — II. id apud centumviros in M'. Curii causa cognitum est; Bru 144. res delata est ad centumviros; de or I 175. quam (causam) ille contra me apud centumviros pro fratribus Cossis dixit; de or II 98.

centumviralis, der Hundertmänner: iactare se in causis centumviralibus, in quibus usucapionum, tutelarum, gentilitatum, agnationum, adluvionum, circumluvionum, nexorum, mancipiorum, parietum, luminum, stillicidiorum, testamentorum ruptorum aut ratorum ceterarumque rerum innumerabilium iura versentur; de or I 173. quod item in centumvirali iudicio certatum esse accepimus; de or I 177.

centuria, Centurie, Feldbezirk: I. ei (L. Turio) paucae centuriae ad consulatum defuerunt; Bru 237. est in eo agro centuria. quae Populiana nominatur; Tul 16. — II, 1. ut † equitum centuriae cum sex || certamine cum et || suffragiis et prima classis addita centuria, quae ad summum usum urbis fabris tignariis est data. LXXXVIIII centurias habeat; rep II 39. — II, 1. ut is (Lupus) nobis eas centurias centuriat; ep XI 16, 3. do, habeo: f. addo. nomino: f. I. est. quoniam equitum centurias tenes. in quis regnas; ep XI 16, 3. — 2. cum (Scipio) ex centuria sua renuntiaret Acidinum consulem; de or II 260. — III. qui rogator centuriae fuisset; div II 75. — IV, 1. quo (die) consul omnibus centuriis P. Sulla renuntiatus est; Sulla 91. — 2. illarum sex et nonaginta centuriarum in una centuria tum quidem plures censebantur quam paene in prima classe tota; rep II 40. f. II, 1. teneo.

centuriatim, nach Centurien: tributim et centuriatim discriptis ordinibus, classibus, aetatibus: Flac 15.

centuriatus, Centurionenstelle: cuius in exercitu centuriatus veneant; imp Pomp 37.

centurio, in Centurien einteilen, in Centurien beschließen: I. (Octavianus) centuriat Capuae. dinumerat; A XVI 9. — II. quae (lex) de capite civis Romani nisi comitiis centuriatis statui vetaret; rep II 61. legem comitiis centuriatis esse perlatam; A IV 1, 4. cum homines in tribunali Aurelio palam conscribi centuriarique vidissem: Quir 13. cum centuriata lex censoribus ferebatur: agr II 26.

centurio, Centurio, Hauptmann: I. illam iram centurio habeat aut signifer; Tusc IV 55. L. Marcius, primi pili centurio, cum Gaditanis foedus icisse dicitur; Balb 34. — II. delectos Martiae legionis centuriones trucidavit; Phil XIII 18. — III. qui dilectus centurionum? Phil V 22. ne vos quidem Titi Pontii centurionis vires habetis; Cato 33.

cenula, kleine Mahlzeit: I. vereor, ne nescio quid illud dediscas, cenulas facere; ep IX 24, 2. — II. vos hesterna cenula non intellexistis me pecunia non egere? Tusc V 91.

cera, Wachs, Wachstafel: I. si omnis cera commutabilis esset nihil esset cereum, quod commutari non posset; nat III 30. (ea) sicut mollissimam ceram ad nostrum arbitrium formamus et fingimus; de or III 177. — 2. alterum fingere opinor e cera solitum esse; Ver IV 30. — II, 1. ceratam uni cuique tabellam dari cera legitima, non illa infami ac nefaria; div Caec 24. Persae etiam cera circumlitos (mortuos) condunt; Tusc I 108. — 2. in codicis extrema cera nomen intimum in flagitiosa litura fecit; Ver I 92.

cerarium. Siegelgebühren: ex omni pecunia deductiones fieri solebant pro nescio quo cerario: Ver III 181.

cerebrum, Gehirn: I. si cor aut sanguis aut cerebrum est animus; Tusc I 24. magis illa (ad vitam pertinent), cerebrum, cor; nat I 99. — II. alii in cerebro dixerunt animi esse sedem et locum; Tusc I 19.

cereus, wächsern, Wachsfackel: A. alqd: f. cera. I. — B, I. omnibus vicis statuae, ad eas tus, cerei; of III 80. — II. delectabatur (C. Duellius) cereo || crebro || funali et tibicine; Cato 44.

cerno, wahrnehmen, sehen, erkennen, bestimmen, entscheiden, beschließen, die Erbschaftsannahme erklären, die Erbschaft antreten: I. acies, qua cernimus, quae pupula vocatur; nat II 142. nunc mittendum est, ut meo iussu cernat; A XIII 46, 3. idem Pollex remittendus est, ut ille cernat; A XIII 47 (a). — II, 1. ut magis in aliis cernamus quam in nobismet ipsis si quid delinquitur; of I 146. — 2. bene adhibita ratio cernit, quid optimum sit; Tusc IV 58. cerno iam animo, quanto omnia uberiora atque ornatiora futura sint; ep V 12, 2. — 3. nonne cernitis ex uno fonte omnia scelera manare? Phil XIII 36. — III. hoc melius ea fortasse. quae erant vera, (antiquitas) cernebat; Tusc I 26. cerno animo sepulta in patria miseros atque insepultos acervos civium; Catil IV 11. quod (Saufeius) debet etiam fratris Appii amorem erga me cum reliqua hereditate crevisse; A VI, 1, 10. fortis animus et magnus duabus rebus maxime cernitur; or I 66. causa certis personis, locis, temporibus, actionibus, negotiis cernitur; Top 80. 1. notus. quoniam decorum illud in omnibus factis, dictis. in corporis denique motu et statu cernitur; of I 126. tam vera quam falsa cernimus; Ac II 111. ut fortitudo in laboribus periculisque cernatur, temperantia in praetermittendis voluptatibus; fin V 67. ut me hanc quasi falsam hereditatem alienae gloriae sinas cernere; ep IX 14, 4. eo ipso die ex testamento crevi hereditatem; A XI 2, 1. Galeonis hereditatem crevi; A XI 12, 4. qui etsi causas ipsas non cernunt, signa tamen causarum et notas cernunt: div I 127. ut eas (res) non penitus acri vir ingenio cernat, si modo aspexerit; de or III 124. matrum in liberos, virorum in uxores scelera cernitis; Scaur 13. signa: f. acies. onusti cibo et vino perturbata et confusa (somnia) cernimus; div I 60. temperantiam: f. fortitudinem. vera: f. falsa. hae virtutes cernuntur in agendo; part or 78. vitium integra valetudine ipsum ex se cernitur; Tusc IV 29. — IV. supina etiam ora cernuntur depulsione luminum; Tim 49.

cero, mit Wachs bestreichen: f. cera, II, 1.

cerritus, verrückt: numquam (Dionysius) cerritior || certior, al. || fuit quam in hoc negotio; A VIII 5, 1.

certamen, Wettstreit, Wetteifer, Streit, Kampf: I illud. in quo quasi certamen est controversiae, quod Graece κρινόμενον dicitur; orat 126. si certamen inter aliquos sit, cui potissimum delatio detur; div Caec 10. cum proelii certamen varium atque anceps fuisset; rep II 13. quicum laudis certamen fuisset; of III 86. — I, 1. quoniam adhuc praesens certamen contentionemque fugerunt; agr III 1. ut magnum et difficile certamen iniens; fin IV 31. magnum erat ei certamen propositum; Flac 92. — 2. adducta res in certamen putabatur, atrum ..; Piso 79. qui in id certamen descendant; Tusc II 62. consulatu devenimus in medium rerum omnium certamen atque discrimen; de or I 3. honestissimas ex gymnico certamine victorias domum rettulerunt; inv II 2. in patrocinio Siciliensi maxime in certamen veni designatus aedilis cum designato consule Hortensio; Bru 319. — III, 1. illam pugnam navalem ad Tenedum mediocri certamine et parva dimicatione commissam

arbitraris? Muren 33. — 2. in ipso illo gladiatorio vitae certamine, quo ferro decernitur; de or II 317.

certatim, wetteifernd, eifrig: quem (adulescentem) ego et frater meus certatim amamus; Phil III 18. cum omnes certatim aliusque alio gravius de mea salute dixisset; Sest 74.

certatio, Streit, Wettstreit, Verhandlung: I. non fuisse Naevio parem certationem cum Alfeno; Quinct 68. »per populum multae poenae certatio esto«; leg III 6. — II. relinquitur non mihi cum Torquato, sed virtuti cum voluptate certatio; fin II 44.

certe, gewiß, sicherlich, doch, wenigstens: I. allein: 1. quodsi tibi tantum in nobis videtur esse, doctrina certe et otium defuit; de or I 79. sit Ennius sane, ut est certe, perfectior; Bru 76. hoc, sine quo non fit, ab eo, in || a || quo certe fit, diligenter est separandum; Top 61. quod legem de ambitu tuli, certe ita tuli, ut ..; Muren 5. quodsi de Antonio non laboratis, mihi certe consulere debetis; Phil XII 19. ut velle ceteris, sibi certe persuasisse videatur; Tusc I 49. si omne futurum ex aeternitate verum est, ut ita certe eveniat, quem ad modum sit futurum; fat 32. causam nostram Pompeium certe suscepturum; A III 18, 1. si est bellum civile futurum, quod certe erit, si Sextus in armis permanebit; A XIV 13, 2. — 2. ne: f. II aut. is certe neque ullam classem prodidit neque ..; Ver V 111. mihi videor iam de omnibus rebus eius gestis dixisse; certe nihil sciens praetermisi; Ver V 25. f. II. num id iussum esset ratum? certe non; dom 77. sint (haec) falsa sane, invidiosa certe non sunt; Ac II 105. alterum fieri profecto potest, ut earum (opinionum) nulla, alterum certe non potest, ut plus una vera sit; nat I 5. a quibus exspectare gloriam certe nullam potestis; rep VI 20. causas egi multas equidem tecum, certe numquam hoc modo: „ignoscite, iudices"; Ligar 30.

II. Verbindungen: si minus sapientes (tulit civitas), at certe summa laude dignos; rep III 7. atque haec certe non ita se haberent; Tusc V 42. hoc unum (mundus) non habebit? atqui certe nihil omnium rerum melius est mundo; nat II 18. ut ea res aut prosit aut certe ne obsit rei publicae; of II 72. nos aut sine molestia aut certe sine errore futuros; A II 22, 5. mundo autem certe nihil est melius; nat II 46. certe enim boni aliquid attulimus inventuti; Bru 123. qui nec pauciores et certe meliores fuerunt viri; rep VI 23. boni nihil ab illis nugis esse exspectandum, mali quidem certe nihil pertimescendum; Sest 24. cum civis is pelleretur, non dicam auxilio vestro, quod vere licet dicare, sed certe silentio; Piso 23. quid habet vita commodi? sed habeat sane, habet certe tamen aut satietatem aut modum; Cato 84. ex victoria cum multa mala, tum certe tyrannus exsistet; A XII 5, 4. nam vero publicam nostri maiores certe melioribus temperaverunt et institutis et legibus; Tusc I 2.

certo, sicher, gewiß: certo scio vos non petere sanguinem; Ligar 13. facile me a te vinci posse certo scio; nat III 95. id ipsum certo fore; A X 14, 3.

certo, kämpfen, streiten, verhandeln, wetteifern: I, 1. in D. Bruti salute certatur; Phil XIII 16. — 2. memini T. Tincam cum Q. Granio praecone dicacitate certare; Bru 172. cum luxuria nobis, cum amentia, cum scelere certandum est; Catil II 11. te imitere oportet, tecum ipse certes; ep IX 14, 6. non ut cum aliis, sed ut tecum iam ipse certes; Q fr I 1, 3. (erat candelabrum) ea varietate operum, ut ars certare videretur cum copia; Ver IV 65. sic fortuna cum improbitate certavit, prov 8. — II, 1. in quibus (iudiciis) saepe non de facto, sed de aequitate ac iure certetur; de or I 173. qui (Hannibal) tot annis de imperio cum populo Romano certasset; de or II 76. ego de omni statu consilioque

14*

totius vitae certare cum aliis pugnaciter velim? Ac
II 65. — 2. si nautae certarent, quis eorum potissimum gubernaret; of I 87.

certus, sicher, gewiß, entschieden, feststehend,
zuverlässig, bestimmt: A. quod crebro certior per me
fias de omnibus rebus; ep I 7, 1. cras ad te fortasse; sed cum certum sciam, faciam te paulo ante
certiorem; ep IX 23, 1. sibi certum esse a iudiciis
causisque discedere; de or II 144. fidentium est
hominum illa vera et firma et certa esse, quae
tutentur; Ac II 43. quae fortuita sunt, certa esse
non possunt; div II 24. mihi non tam de iure
certum est (quamquam ne id quidem valde
dubium est) quam illud; ep I 9, 25. cum certius
tibi sit me esse Romae quam mihi te Athenis; A I
9, 1. actio: f. motus. certissima accipite argumenta;
Ver I 18. eos (comites) Verres certiores facit,
quid opus esset; Ver I 66. ut certo consilio certum
in locum proficiscerentur; Tul 25. ubi vidit certissimum consulem; Milo 25. certissimis criminibus
et testibus fretus; Cluent 10. infinitum (genus
quaestionum) mihi videbatur id dicere, in quo aliquid generatim quaereretur; certum autem, in quo
quid in personis et [in] constituta re et definita
quaereretur; de or II 42. (Cleanthes) ultimum ardorem,
qui aether nominetur, certissimum deum iudicat; nat
I 37. quo pervenire ante certam diem non licebit;
prov 37. quoniam te nulla vincula impediunt ullius
certae disciplinae; Tusc V 82. iste continuo mittit
homines certos Melitam; Ver IV 39. quotiens mihi
certorum hominum potestas erit; ep I 7, 1. certum
et definitum ius religionum; dom 4. est certus
locus, certa lex, certum tribunal, quo hoc reservetur;
Ver V 79. non certos quisquam aspexerat ‖ in-
spexerat ‖ liberos; inv I 2. locus: f. consilium, lex.
gladiatores, quam sibi ille manum certissimam fore
putavit; Catil II 26. noctes certarum mulierum non
nullis iudicibus pro mercedis cumulo fuerunt; A I
16, 5. ut histrioni actio, saltatori motus non quivis,
sed certus quidam est datus; fin III 24. certus est
inquisitioni comitum numerus constitutus; Flac 13.
iudicium est pecuniae certa, arbitrium incertae;
Q Rosc 10. his rationibus tam certis tamque inlustribus; rep I 4. locus communis aut certae rei
quandam continet amplificationem aut dubiae; inv
II 48. huic certae stabilique sententiae quae sint
coniuncta; fin I 55. tu velim quam primum bona
et certa tempestate consecandas; Q fr II 2, 4. ut
certo tempore anni venderent; Ver III 14. testes:
f. crimina. tribunal: f. lex. si iudicaretur certis
quibusdam verbis; de or I 183. sunt certa legum
verba; leg II 18. sunt certa vitia, quae nemo est
quin effugere cupiat; de or III 41. — B, a, I. cum
certi propter divitias rem publicam tenent, est
factio; rep III 23. — II. nec fictus (Romuli auguratus) ad opiniones imperitorum, sed a certis acceptus;
div I 107. — b, I. sunt certa, quae de paupertate,
certa, quae de vita inhonorata dici soleant; Tusc
III 81. — II, 1. quod certum declaret ‖ declarat ‖,
ut fumus ignem; part or 34. dico: f. I. de quo
(Caldo) adhuc nihil certi habebamus; A VI 5, 3.
haec nunc quaero quae causa fuerit. de Oropo,
opinor, sed certum nescio; A XII 23, 2. scio: f. A.
alqs. quo in somnis certiora videamus; div II 119.
— 2. quod ego pro certo dicere audeam; Bru 10.
quid stultius quam incerta pro certis habere, falsa
pro veris? Cato 68. — III. alqd: f. II, 1. habeo.
quasi desperata cognitione certi; fin II 43.

cerva, Hirschkuh, Hindin: cervae paulo ante
partum perpurgant se quadam herbula, quae seselis
dicitur; nat II 127.

cervicula, Nacken: tamenne putamus patronum
tuum in hoc crimine cerviculam iactaturum? Ver
III 49.

cervix, Nacken, Genick, Stärke, Festigkeit: I.

cervices (boum) natae ad iugum; nat II. 159. —
II, 1. dandae cervices erant crudelitati nefariae-
Phil V 42. cervices in carcere frangebantur indignissime civium Romanorum; Ver V 147. »huic
(Equo) cervix dextra mulcetur Aquari«; fr H IV, a,
290. — 2. qui tantis erunt cervicibus recuperatores,
qui audeant ..? Ver III 135. — 3. eas (legiones
Antonius) in cervicibus nostris conlocare (cogitabat); ep XII 23, 2. quos (homines) ego a vestris
cervicibus depuli, iudices, a meis non removi; Sulla
28. imposuistis in cervicibus nostris sempiternum
dominum; nat I 54. removeo a: f. depello a. —
III, 1. nulla mollitia cervicum, nullae argutiae digitorum; orat 59. — 2. »supera cervice iubata cedit
Equus fugiens«; fr H IV, a, 727. — IV, 1. »anguem
varia cervice micantem«; div I 106. qui suis
cervicibus tanta munia atque rem publicam sustinent;
Sest 138. — 2. »hic Equus a capite et longa cervice
latescit«; fr H IV, a, 631.

cerula, Stückchen Wachs, miniata, Rotstift: I.
cerulas tuas miniatulas ‖ miniatas ‖ illas extimescebam; A XVI 11, 1. — II. quae (σύνταξις) vereor ne
miniata cerula tua pluribus locis notandae sint;
A XV 14, 4.

cervus, Hirsch: quod (natura) cervis et cornicibus vitam diuturnam dedisset; Tusc III 69.

cessatio, Muße, Ruhe, Untätigkeit: I. ne
nostra nobiscum aut inter nos cessatio vituperetur:
ep IX 3, 1. — II. Epicurus quasi pueri delicati nihil
cessatione melius existimat; nat I 102.

cessator, Zauberer, Saumselig: non quo cessator
esse solerem; ep IX 17, 3. de libris Tyrannio est
cessator; Q fr III 5, 6. cessator esse noli; Q fr
III 5, 7.

cessio, Abtretung, Übergabe: f. abalienatio.

cesso, säumen, zögern, untätig, müßig sein,
feiern: I. neque (Leontinus Gorgias) umquam in
suo studio atque opere cessavit; Cato 13. ego hic
cesso, quia ipse nihil scribo, lego autem libentissime:
ep XVI 22, 1. quod quaeris, quid de illis libris
egerim, quos scribere institui, non cessavi neque
cesso; Q fr III 5, 1. cur (mens divina) tam multos
deos nihil agere et cessare patitur? nat III 93. —
II. quid cessat hic homullus dare haec praeclara
praecepta sapientiae clarissimo imperatori? Piso 59.
ille non cessat de nobis detrahere; A XI 11, 2. de
aedificatione tua Cyrum urgere non cesso; Q fr II 2, 2.

ceteroqui, sonst, außerdem: quam (subtilem)
nisi quod solum ceteroqui recte quidam vocant
Atticum; orat 83. ceteroqui mihi locus non displicet;
ep VI 19, 1. Tusculanum, ubi ceteroqui sum libenter,
sed . .; A XII 3, 1. o loca ceteroqui valde expetenda, interpellantium autem multitudine paene
fugienda! A XIV 16, 1. pauca παρὰ λέξιν, ceteroqui
satis graviter; A XVI 4, 1.

ceterus, übrig, andere: A. mihi pro cetera eius
audacia atque amentia ne hoc quidem mirandum
videtur; Ver I 6. argentum ille ceterum purum
apposuerat, duo pocula non magna, verum tamen
cum emblemate; Ver IV 49. audacia: f. amentia.
homines, ut in ceteris artibus, sic in hac posse falli;
div I 124. vestrae domus, patres conscripti, ceterorumque civium; har resp 11. cum nostris civibus
pateat ad ceteras iter civitates; Balb 29 iam cetera
iuris dictio nec imperita et clemens cum admirabili
facilitate; A VI 2, 5. id confirmandum (est) ex
cetera diligentia; inv II 90. est forma eius disciplinae, sicut fere ceterarum, triplex; fin V 9. cuius
pater, cum ceteri deficerent finitimi ac vicini, singulari exstiterit in rem publicam nostram officio:
Sulla 58. numquam ea diligentia, quae solet adhiberi
in ceteris iudiciis ‖ cetero iudicio ‖, eadem reo damnato adhibita est; Cluent 115. si vestem aut ceterum
ornatum muliebrem pretii maioris habeat; inv I 51.
»cetera pars late tenui cum lumine serpit«; fr H

IV. a, **336.** inter Siciliam ceterasque provincias hoc interest, quod . .; Ver III 12. omnium ceterarum rerum obliti; fin V 57. cetera vectigalia belli difficultatibus adfliguntur; hoc vectigali etiam belli difficultates sustentantur; agr II 83. vicini: f. finitimi. beatus esse poterit virtute una praeditus, carens ceteris; fin IV 51. cum cetera vita fuisse hoc magis consentaneum, quam . .; inv II 90. - B, a, I. quae (vitia) ipse norit, ceteri ignorent; of III 54. quos acerbissime ceteri oderunt, tu constantissime diligas? Phil X 4. — II, 1. erant perpauci reliqui, ceteri dimissi; Ver V 87. — 2. qui anteire ceteris virtute putantur; of II 37. — III. libertate esse parem ceteris, principem dignitate; Phil I 34. — IV. si tuae res gestae ceterorum laudibus obscuritatem attulerunt; Deiot 12. — V. res praetoribus erat nota solis, ignorabatur a ceteris; Catil III 6. testis est Phalaris, cuius est praeter ceteros nobilitata crudelitas; of II 26. — b. huius Tertiae plus etiam quam Pipae, plus quam ceterarum auctoritas potuit; Ver III 78. — c. I. si cetera paria sunt; of I 49. — II. cognosce nunc cetera; A VI 2, 10. ut cetera exstinguuntur, sic sepulcra sanctiora fiunt vetustate; Phil IX 14. sed perge cetera; leg II 69. libidini (subiecta sunt) ira, excandescentia, odium et cetera eius modi; Tusc IV 16. videamus cetera; Muren 18. — III. Democritus huic in hoc similis, uberior in ceteris; Ac II 118. — IV. ut ex uno de ceteris coniecturam facere possitis; Ver I 125. — V. de cetero vellem equidem ipse (Epicurus) doctrinis fuisset instructior; fin I 26. ignoscite in hoc uno, iudices; in ceteris enim non magnopere causas requiram; Ver V 141. — C. ego me in Cumano et Pompeiano, praeterquam quod sine te, ceterum satis commode oblectabam; Q fr II 12, 1. cetera noli putare amabiliora fieri posse villa, litore, prospectu maris; A XII 9.

charta, Papier, Blatt: chartae quoque, quae illam pristinam severitatem continebant, obsoleverunt; Cael 40. charta ipsa ne nos prodat, pertimesco: A II 20, 3. ne chartam quidem tibi suppeditare? ep VII 18, 2. — II. calamo et atramento temperato. charta etiam dentata res agetur; Q fr II 14, 1.

chartula, Blättchen, Briefchen: miror, quid in illa chartula fuerit, quod delere malueris; ep VII 18, 2.

chirographum, Handschrift, Aufzeichnung, Verschreibung: I, 1. qui chirographa Caesaris delendisset lucri sui causa, is leges Caesaris evertit; Phil II 109. sese chirographa, testificationes deferre; Bru 277. cum chirographum sex primorum imitatus est; nat III 74. — 2. neque utar meo chirographo neque signo, si modo erunt eius modi litterae, quas in alienum incidere nolim; A II 20, 5. — 3. quid ego de commentariis infinitis, quid de innumerabilibus chirographis loquar? Phil I 97. — II. neque solum commentariis commenticiis chirographisque venalibus innumerabilis pecunia congesta in illam domum est; Phil V 12. extrema pagella pupugit me tuo chirographo; ep II 13, 3.

chirurgia, Wundarzneikunst: ego diaeta curare incipio, chirurgiae taedet; A IV 3, 3.

chlamydatus, mit dem Kriegsmantel bekleidet: † maeciapella saepe videri chlamydatum illum || etiam || L. Sullam imperatorem; Rab. Post 27.

chlamys, Kriegsmantel: L. Scipionis non solum cum chlamyde, sed etiam cum crepidis in Capitolio statuam videtis; Rab Post 27.

chorda, Saite: I. voces ut chordae sunt intentae, quae ad quemque tactum respondeant; de or III 216. — II. plectri similem linguam nostri solent dicere, chordarum dentes; nat II 149.

choreus (chorius), chorëisch, Choreus: A. quos (pedes) aut chorios aut heroos aut alternos esse oportebit; de or III 193. — B. qui (modus) dichoreus

vocatur, cum duo extremi chorei sunt, id est e singulis longis et brevibus; orat 212.

chorus, Chor, Schar, Reihe: I, 1. Baiana negotia chorumque illum cum perspexero; A XIV 8, 1. — 2. totum Epicurum paene e philosophorum choro sustulisti; fin I 26. — II. quod sit huic talium virtutum choro contrarium; of III 116. — III. Catilinam stipatum choro iuventutis (videbant); Muren 49.

cibarius, aus grobem Mehl, n. Futter, Ration, Deputatgetreide, Lieferung: A. cui (Dario) cum cibarius panis datus esset; Tusc V 97. — B, I, 1. respondi me non instituisse iis dare cibaria, quorum opera non essem usus; A VI 3, 6. anseribus cibaria publice locantur; Sex Rosc 56. unde me iubes petere cibaria praefecti? A VI 3, 6. — 2. eo minus ad te de tuis cibariis pervenisse; ep V 20, 9. — II. quod Antonius uno adventu et vix menstruis cibariis fecerit; Ver III 216.

cibus, Speise, Nahrung, Futter, Nahrungsstoff, Speisesaft: 1. per quas (vias) lapsus cibus in eam venam, quae cava appellatur, confunditur perque eam ad cor confectus iam coctusque perlabitur, a corde autem in totum corpus distribuitur per venas; nat II 137. — II, 1. conficio, al.: f. I. depulso de pectore et in omne corpus diviso et mitificato cibo; div II 57. ut frequenter ducatur cibus animalis, quo maxime aluntur animantes; nat II 136. prohibentur liberis suis cibum vestitumque ferre; Ver V 117. mitifico: f. depello. subduc cibum unum diem athletae; Tusc II 40. ut domitores equorum cibum saepe subtrahunt; fr F V 85. — 2. cibo quo utare; nat II 43. — 3. ne (sol) longius discedat a cibo; nat III 37. — III. cibi condimentum esse famem, potionis sitim; fin II 90. perspicuum est, quo ciborum conditiones processerint; nat II 146. non multi cibi hospitem accipies, multi ioci; ep IX 26, 4. — IV negat verum esse adlici benivolentiam cibo; Muren 74. ali: f. II, 1. duco. multo cibo et potione completi; Tusc V 100. conferti cibo; Catil II 10. cum tribus rebus animantium vita teneatur, cibo, potione, spiritu; nat II 134.

cicatrix, Narbe: I. quoniam cicatrix est, fuit vulnus; inv I 47. — II. qui hasce ore adverso pro re publica cicatrices ac notas virtutis accepit, is . .; Rabir 36. ne refricare obductam iam rei publicae cicatricem viderer; agr III 4. qui non dubitavit indicibus cicatrices adversas senis imperatoris ostendere; de or II 124. refrico: f. obduco.

ciconia, Storch: formicae, apes, ciconiae aliorum etiam causa quaedam faciunt; fin III 63.

cicur, zahm: immanes alias (bestias), quasdam autem cicures; Tusc V 38. quam varia genera bestiarum vel cicurum vel ferarum! nat II 99.

cieo, erregen, aufregen, aufrufen, ertönen lassen: I. quibus verbis herctum cieri oporteat; de or I 237. — II. omne, quod est calidum et igneum, cietur et agitatur motu suo; nat II 23. quod est animal, id motu cietur interiore et suo; Tusc I 54. >cum absurdo sono fontis et stagna cietis; div I 15. qui unus (motus) mentem atque intellegentiam cieret maxime; Tim 19. ex corporis totius natura et figura varios motus cieri tamquam in cantu sonos; Tusc I 19. stagna: f. fontes.

cilicium, Haardecke: cum iste civitatibus coria, cilicia imperaret; Ver I 95.

cincinnatus, gelockt: cum flens universus ordo cincinnatum consulem orabat; Sest 26. quas (stellas) Graeci cometas, nostri cincinnatas vocant; nat II 14.

cincinnus, Locke, Künstelei: I. eo citius in oratoris aut in poëtae cincinnis ac fuco offenditur. quod . .; de or III 100. — II. erant illi madentes cincinnorum fimbriae; Piso 25.

cingo, umgürten, einschnüren, umgeben, um⸗

ſchließen, verſchanzen: omnia cingens et coërcens caeli complexus; nat II 101. *ut unus* aditus fossa cingeretur vastissima; rep II 11. (civitas Massilia) cincta Gallorum gentibus; Flac 63. ut illi aniculae collum digitulis duobus oblideret, resticula cingeret; Scaur 10. non corona consessus vester cinctus est; Milo 1. (insulae) fluctibus cinctae; rep II 8. in campo Martio saepta tribulis comitiis marmorea sumus et tecta facturi eaque cingemus excelsa porticu; A IV 17, 7 (16, 14). diligentius urbem religione quam ipsis moenibus cingitis; nat III 94.

cingulus. Erdgürtel, Zone: cernis terram quasi quibusdam redimitam et circumdatam cingulis; rep VI 21.

cinis, Aſche: I, 1. cur hunc dolorem cineri eius atque ossibus inussisti? Ver I 113. — 2. obscravit per fratris sui mortui cinerem, ut .. ; Quinct 97. — II. in cinere urbis; Catil II 19.

circa, um, ringsum: I. quos (canes) circa se haberet; Ver I 126. Henna, quam circa lacus lucique sunt plurimi; Ver IV 107. — II. cum urbes circa Capuam occuparint; agr I 22.

circiter, um, ungefähr: quarto circiter et quinquagesimo anno; rep II 60. ut circiter Idus Sextiles putem me ad Iconium fore; ep III 5, 4. (Pansa) circiter Kal. adfuturus videtur; A XII 27, 3.

circuitus ſ. **circumitus.**

circulor, einen Zuhörerkreis um ſich bilden: videt iudicem loquentem cum altero, non numquam etiam circulantem; Bru 200.

circulus Kreis, Kreisbahn, Geſellſchaft, Verſammlung: I. cum duae formae praestantes sint, ex solidis globus, ex planis autem circulus aut orbis, qui *κύκλος* Graece dicitur; nat II 47. — II. 1. quae (stellae) circulos suos orbesque conficiunt celeritate mirabili; rep VI 15. inertissimos homines circulos aliquos et sessiunculas consectari; de or I 159. is (Cato) diribitis tabellis de circulo se subduxit; Q fr III 4, 1. — III. sermo in circulis dumtaxat et in conviviis est liberior, quam fuit; A II 18, 2.

circum, um, herum, ringsum: A, I. quae (terra) cum circum axem se summa cleritate convertat et torqueat; Ac II 123. Diodorus Romae sordidatus circum patronos atque hospites cursare; Ver IV 41. volo circum villulas nostras errare; A VIII 9, 3. sol ut eam (terram) circum feratur ‖ circumf. ‖ ; de or III 178. hunc (polum) circum Arctoe duae feruntur; nat II 105. cum haberet circum pedes homines formosos; Ver I 92. quae (templa) circum forum sunt; opt gen 10. torqueo: ſ. converto. sol circum eam ipsam (terram) volvitur; nat II 102. — II. plenum est forum, plena templa circum forum; Catil IV 14. — B. ligna et sarmenta circumdare ignemque ‖ circum ‖ subicere coeperunt; Ver I 69.

circumcido, beſchneiden, abſchneiden, einſchränken, part. ſteil: licet hinc, quantum cuique videbitur, circumcidat atque amputet; de or I 65. amputata circumcisaque inanitate omni et errore; fin I 44. Henna ab omni aditu circumcisa atque derecta est; Ver IV 107. inanitatem: ſ. errorem.

circumcludo, einſchließen: te meis praesidiis, mea diligentia circumclusum; Catil I 7. L. Catilina consiliis, laboribus, periculis meis circumclusus ac debilitatus; Catil II 14.

circumdo, herumführen, herumlegen, umgeben: invenit auri aliquantum, idque circumdatum argento; div II 134. satisne vobis praetori improbo circumdati cancelli videntur? Ver III 135. cum (Dionysius) fossam latam cubiculari lecto circumdedisset; Tusc V 59. quoniam exiguis quibusdam finibus totum oratoris munus circumdedisti; de or I 264. vallo et fossa (Pindenissum) circumdedi; ep XV 4, 10. obsessum te dicis, ignem adlatum, sarmenta circum-

data; Ver I 80. cernis terram quasi quibusdam redimitam et circundatam cingulis; rep VI 21.

circumduco, herumführen: Casilinum coloniam deduxisti, ut aratrum circumduceres; Phil II 102.

circumeo, umringen, umherziehen, bereiſen, beſuchen: se totius belli fluctibus circumiri; Phil XIII 20. cum fana circumimus in agro Ardeati; nat III 47. illum (Antonium) circumire veteranos: ut acta Caesaris sancirent; A XIV 21, 2.

circumfero, herumtragen: cedo, quaeso, codicem, circumfer, ostende; Ver II 104. cum ipsius tabulae circumferrentur inspiciendi nominis causa; Balb 11.

circumflo, umwehen: ut (hic ordo) ab omnibus ventis invidiae cirrumflari posse videatur; Ver III 98.

circumfluo, Überfluß haben, ſchwelgen: istum rebus omnibus circumfluere atque abundare; Ver III 9. ille amicus noster semper in laude versatus. circumfluens gloria; A II 21, 3. incitata et volubilis, nec ea redundans tamen nec circumfluens oratio; Bru 203.

circumforaneus, vom Markte geborgt, die Märkte bereiſend: quod me aere hoc circumforaneo obruerunt; A II 1, 11. L. Clodium, pharmacopolam circumforaneum, ‖ [circ.] ‖ adgreditur; Cluent 40.

circumfundo, herumgießen, umſtrömen, umgeben: quod (Pompeius) illis publicorum praesidiorum copiis circumfusus sedet; Milo 71. quod se classe hostium circumfusos viderent; Tusc III 66. latent ista omnia crassis occultata et circumfusa tenebris; Ac II 122. (Cleanthes) undique circumfusum ardorem, qui aether nominetur, certissimum deum iudicat; nat II 37. terra parva quaedam insula est circumfusa illo mari; rep VI 21. nostris undique circumfusis molestiis; Tusc V 121. quam (terram) crassissimus circumfundat aër; nat II 17.

circumgesto, herumtragen: nam quoque epistulam T. Catienus circumgestat; Q fr I 2, 6.

circumicio, herumlegen, umgeben: I. animus extremitatem caeli rotundo ‖ rut. ‖ ambitu circumiecit; Tim 26. — II. quod anguis domi vectem circumiectus fuisset; div II 62.

circumiectus, Umfaſſen, Umgebung: »qui (aether) terram tenero circumiectu amplectitur«; nat II 65. munita arx circumiectu arduo; rep II 11.

circumitio, Umſchweif, Umweg: I. quid opus est circumitione et anfractu? div II 127. — II. hic (Epicurus) circumitione quadam deos tollens; div II 40.

circumitus (circuitus), Umlauf, Kreislauf. Periode: I. modo ne circumitus ipse verborum sit aut brevior, quam aures exspectant, aut longior, quam vires atque anima patiatur; de or III 191. cum haec duo ei (Attico oratori) liberiora fuerint, circuitus conglutinatioque verborum; orat 78. circumitus incitatior numero ipso fertur et labitur, quoad perveniat ad finem et insistat; orat 187. circumitus solis et lunae reliquorumque siderum spectaculum hominibus praebent; nat II 155. — II. cum circumitum et quasi orbem verborum conficere non possent; de or III 198. in toto circumitu illo orationis, quem Graeci *περίοδον*, nos tum ambitum, tum circumitum, tum comprehensionem aut continuationem aut circumscriptionem dicimus; orat 204. quantos circumitus facere deceat; orat 206. fero: ſ. I. insistit. — III. in: ſ. II. dico.

circumligo, umſchlingen: ut (Roscius) circumligatus fuerit angui; div II 66.

circumlino, beſtreichen: Persae etiam cera circumlitos (mortuos) condunt; Tusc I 108.

circumluvio, Umſpülung: in quibus (causis centumviralibus) adluvionem, circumluvionem iura versantur; de or I 173.

circumplector, umfaſſen, umgeben: undique (deus) est eas (coniunctiones) circumplexus:

Tim 24. qui domini patrimonium circumplexus quasi [thesaurum] draco; Phil XIII 12.

circumplico, umwideln, umſchlirgen: tum visam beluam immanem circumplicatam serpentibus; div I 49. nutrix animadvertit puerum dormientem circumplicatum serpentis amplexu; div I 79.

circumpotatio, ḫerumtrinfen: tollitur omnis circumpotatio ‖ circumputatio, al. ‖ ; leg II 60.

circumretio, umſtriden: te circumretitum frequentia populi esse; Ver V 150.

circumrodo, ringšum benagen: dudum circumrodo, quod devorandum est; A IV 5, 1.

circumsaepio, umringen: vos isdem ignibus circumsaepti; har resp 45.

circumscribo, umſchreiben, begrenzen, beſchränfen, ausſcheiben, umgarnen, übervorteilen: te ab Roscio HS 1000 circumscriptum esse; Q Rosc 24. virgula stantem circumscripsit; Phil VIII 23. circumscripta numerose; part or 72. testamenta, credo, subiciunt aut adulescentulos circumscribunt; Phil XIV 7. certi et circumscripti verborum ambitus conceduntur; orat 38. quae (coniunctio) sit circumscripta non longo anfracta, ~ed ad spiritum vocis apto; part or 21. exiguum nobis vitae curriculum natura circumscripsit, immensum gloriae; Rabir 30. brevis et circum~cripta quaedam explicatio; de or I 189. (poëta) nullis ut terminis circumscribat aut definiat ius ~uum; de or I 70. ut (ea pars) sit circumscripta modicis regionibus; de or II 67. esse certarum rerum forensibus cancellis circumscriptam scientiam; de or I 52. ante circumscribitur mente sententia; orat 200. hoc omni tempore Sullano ex accusatione circumscripto; Ver I 43.

circumscripte, umgrenzt, genau, periodiſch: ~ingulas res definimus circumscripteque complectimur; nat II 147. quoniam raro circumscripte numeroseque dicendum est; orat 221.

circumscriptio, Begrenzung, Periode, Übervorteilung: I. est etiam circumscriptio; de or III 207. quam (aeternitatem) nulla circumscriptio temporum metiebatur; nat I 21. cum omnis ab iis fraus, omnes insidiae circumscriptionesque adulescentium nascerentur; Cluent 46. — II. cum contineri licebit eius (terrae) situm, formam, circumscriptionem; Tusc I 15. dico: ſ. **circumitas,** II. dico. — III. ipsa natura circumscriptione quadam verborum comprehendit concluditque sententiam; Bru 34.

circumscriptor, Betrüger: qui circumscriptor inveniri potest, qui se cum Catilina non familiarissime vixisse fateatur? Catil I 7.

circumseco, ringšum ḫerausſchneiben: qua ~ecula) illud potuisse ita circumsecari videretur; Cluent 180.

circumsedeo, umlagern, belagern: populi Romani exercitus Cn. Pompeium circumsedet; A IX 12, 3. circumsedemur copiis omnibus; A XV 9, 2. ne imperatorem populi Romani, ne exercitum, ne coloniam circumsedeat; Phil V 27. quidam imperator cum ab hostibus circumsederetur; inv II 72. dum contiteare hunc ordinem hoc ipso tempore ab Ityraeis circumsederi; Phil II 19.

circumsessio, Belagerung: docebo te huius circumsessionis tuae causam et culpam in alios contulisse; Ver I 83.

circumsisto, ſich ḫerumſtellen: sex lictores circumsistant valentissimi, Ver V 142.

circumsono, ringšum ertönen: conducere arbitror talibus aures tuas vocibus undique circum~onare; of III 5.

circumspectio, Umſchau, Umſicht: sin ex circumspectione aliqua et accurata consideratione quod visum sit, id se dicent sequi; Ac II 35.

circumspecto, umḫerſchauen, umḫerſpäḫen: I. ut bestiae in pastu circumspectent; nat II 126.

dubitans, circumspectans, haesitans nostra vehitur ratio; Tusc I 73. — II. circumspectantem omnia, quicquid increpuisset, pertimescentem videre te volui; Piso 99.

circumspectus, Umſchau: facilis est circumspectus, unde exeam, quo progrediar; Phil XII 26.

circumspicio, umḫerbliden, Umſchau halten, betrachten, erwägen, barauf achten: I. nec suspicit nec circumspicit; div II 72. — II, 1. quid decent, circumspicietur; orat 79. circumspicite celeriter animo, qui sint rerum exitus consecuti; leg II 42. — 2. esse circumspiciendum diligenter, ut videare . . ; Q fr I 1, 10. — III. numquamne, homo amentissime, te circumspicies? par 30. permulta sunt in causis in omni parte orationis circumspicienda; de or II 301. illud circumspicite vestris mentibus animisque; agr II 45. circumspicite paulisper mentibus vestris hosce ipsos homines; Sulla 70. circumspice omnia membra rei p., quae notissima sunt tibi; ep V 13, 3. circumspicite omnes procellas, quae impendent, nisi providetis; Catil IV 4.

circumsto, umſteḫen, umgeben: circumstant te summae auctoritates; Ver pr 52. fortissimi cives, qui circumstant senatum; Catil I 21. desinant (improbi) circumstare tribunal praetoris urbani; Catil I, 32.

circumvallo, einſchließen: circumvallatum esse Pompeium; A IX 12, 1.

circumvectio, Ḫanbelšverfehr, Umlauf, Streisbaḫn: I. ut ei (lunae) supra terram proxima solis circumvectio esset; Tim 29. — II. illud, quod scribis, animadvertas velim de portorio circumvectionis; A II 16, 4.

circumvenio, bebrängen, umgarnen, gefäḫrben, ḫintergeḫen, burch Ränfe ſtürzen: quia quasi committeret contra legem „quo quis iudicio circumveniretur"; Bru 48. C. Rusius „circumvenior", inquit, „iudices, nisi subvenitis"; Bru 260. Oppianicum indicio oppressum et circumventum esse innocentem? Cluent 30. cum vir optimus et homo innocentissimus pecunia circumventus diceretur; Cluent 136. innocentem pecunia circumventum; Cluent 9. ut neque tenuiores propter humilitatem circumveniantur neque . . ; of II 85. virum: ſ. hominem.

circus, Kreis, Rennbaḫn: I. ~vidisti magnum candentem serpere circum~; fr H IV, a, 492. erat is splendidissimo candore inter flammas circus elucens; rep VI 16. — II. quod eorum (astrorum) motus in orbem circumque ferretur; nat II 44. — III. non habeo nauci de circo astrologos; div I 132. popa Licinius nescio qui de circo maximo; Milo 65. — IV, 1. ludi publici quoniam sunt cavea circoque divisi; leg II 38. — 2. qui (viri primarii) in circo totas tabernas tribulium causa compararunt; Muren 73. consules producti in circo Flaminio in contionem ab illa furia; Sest 33. res agebatur in circo Flaminio; A I 14, 1.

cis, biešſeitš: quae (dioeceses) cis Taurum sunt; ep III 8, 4. quoad hostis cis Euphratem fuit; A VII 2, 6.

cisium, leichter Reiſewagen: inde cisio celeriter ad urbem advectus; Phil II 77. decem horis nocturnis sex et quinquaginta milia passuum cisiis pervolavit; Sex Rosc 19.

cista, Kaſten: quaternos HS ih cistam transferam de fisco; Ver III 197.

cistophorus, aſiatiſche Münze: I, 1. ut in Asia cistophori flagitaret; dom 52. — 2. quaestores num etiam de cistophoro dubitant? A II 16, 4. ego in cistophoro in Asia habeo ad sestertium bis et viciens; A XI 1, 2. — II. ecquae spes sit denarii, an cistophoro Pompeiano iaceamus; A II 6, 2.

citerior, biešſeitig, näḫer, näḫer liegend,

neuer: A quorum alter ulteriorem Galliam! decernit cum Syria, alter citeriorem; prov 36. quae (stella) ultima a caelo, citima a terris luce lucebat aliena; rep VI 16. — B, 1. citeriora nondum audiebamus; ep II 12, 1. quanta animi tranquillitate humana et citeriora considerat! Tusc V 71. — 2. ut ad haec citeriora veniam et notiora nobis; leg III 4.

citharista, Zitherspieler: I. illum Aspendium citharistam, quem omnia intus canere dicebant, sustulit; Ver III 53. — II. saltatores, citharistas in tertiam decuriam iudicum scitote esse (coniectos); Phil V 15. tollo: f. I.

citharoedus, Sänger zur Zither: I. facio: f. auloedus. — II. tamquam citharoedi prooemium adfectum I adfictum || aliquod; de or II 325.

cito, schnell, citius, eher: qua (lege) vel cito absolvi vel tarde condemnari licebat; Ver I 26. festive orbis hic in re publica est conversus citius omnino, quam potuit || oportuit || + id culpa Catonis; A II 9, 1. neque verbis aptiorem cito alium dixerim; Bru 264. quod quidem citius dixerim solum quam non summum bonum; Tusc II 46. ego citius cum eo veterem coniunctionem diremissem quam novam conciliassem; ep III 10, 5. quae omnia sunt citius facta quam dixi; Phil II 82. citius hercule is, qui duorum sealmorum naviculam in portu everterit, in Euxino ponto Argonautarum navim || navem || gubernarit; de or I 174. nimium cito ait me indignari de tabulis; Q Rosc 5. cito me ad te esse venturum; ep IX 3, 1. ego te cito videbo; A III 27.

cito, erregen, anrufen, aufrufen, vorladen, anstimmen: I. me, cum citatus essem, non adesse; Ver II 99. qui (Graeci) hoc anapaesto citantur; fin II 18. citat reum; non respondit || respondet ||; citat accusatorem; Ver II 98. citat praeco voce maxima legatos Acmonenses; Flac 34. cum is motus aut boni aut mali opinione citetur bifariam; Tusc III 24. ante quam Paeanem aut Nomionem || munionem || citarimus; de or I 251. reum: f. accusatorem. — II. si Lysiades citatus index non responderit; Phil V 14. in hanc rem te testem citabo; Quinct 37. cum equester ordo reus a consulibus citaretur; Sest 35. quamvis citetur Salamis clarissimae testis victoriae; of I 75.

citra, diesseits, vor, innerhalb: exercitum citra flumen Rubiconem eduxerit (oportet); Phil VII 26. natura in omni verbo posuit acutam vocem, nec una plus nec a postrema syllaba citra tertiam; orat 58. is locus est citra Leucadem stadia cxx: ep XVI 2. erat (Brutus) cum suis navibus apud Heletem fluvium, citra Veliam milia passuum III; A XVI 7, 5.

citreus, aus Citrusholz: tu pulcherrimam mensam citream abstulisti; Ver IV 37.

citro, hierher, herüber: ex beneficiis ultro et citro datis acceptis; of I 56. homines cursare ultro et citro non destiterunt; Sex Rosc 60. do: f. accipio. multis verbis ultro citroque habita; rep VI 9. cum sic (illa vis) ultro citroque versetur; Ac I 28.

citus, schnell, rasch: voces ut chordae sunt intentae, quae ad quemque tactum respondeant. acuta gravis, cita tarda, magna parva; de or III 216.

civicus, bürgerlich: id etiam gregarii milites faciunt inviti, ut coronam dent civicam; Planc 72.

civilis, bürgerlich, die Bürger betreffend, unter Bürgern, voll Bürgersinn, gemeinnützig: non suscepisset bellum civile Caesar; div II 24. (bellum) ita civile est, ut non ex civium dissensione, sed ex unius perditi civis audacia natum sit; A VII 13, 1. adsentiris mihi nostram aetatem a castris, praesertim civilibus, abhorrere; A XIV 19, 1.

recordamini omnes civiles dissensiones; Catil III 24. maiores aliud ius gentium, aliud ius civile esse voluerunt; of III 69. quem (locum) civilem recte appellaturi videmur, Graeci πολιτικόν; fin IV 5. quod est in oratione civili vitium vel maximum: orat 30. in discordia pax civilis esse nullo pacto potest; Phil VII 23. civilis quaedam ratio est, quae multis et magnis ex rebus constat; inv I 6. in explicandis rationibus rerum civilium; rep I 13. spe pacis et odio civilis sanguinis; ep XV 15, 1. dum modo illa ad hanc civilem scientiam transferamus; de or III 123. cum (animus) se ad civilem societatem natum senserit; leg I 62. quae semper in civili victoria sensimus; Deiot 33.

civiliter. nach Bürgerart: philosophiae quidem praecepta noscenda, vivendum autem esse civiliter; fr E IX 4.

civis. Bürger, Mitbürger, Mitbürgerin (fem. f. II, 1. habeo): I. absint: 1. ut, quod civis cum cive agat, domi certet suis legibus; Ver II 32. omnes omnium generum atque ordinum cives summae rei publicae a consulibus petendum esse auxilium arbitrabantur; Sest 25. certat: f. agit. qui cum amplius centum cives Romanos haberet ex conventu Syracusano, qui eum cognoscerent; Ver V 155. se comparet hic civis ita necesse est, ut sit contra haec, quae statum civitatis permovent, semper armatus; rep VI 1. qui meos cives et a me conservatos et me servare cupientes spoliatos ducibus servis armatis obici noluerim; ep I 9, 13. cum civis Centuripinus inter duo || duos || cives diiudicasset || indicasset ||; Ver II 66. ingratus est iniustusque civis, qui armorum periculo liberatus animum tamen retinet armatum; Marcel 31. quae sunt apud Platonem nostrum scripta divinitus, quales in re publica principes essent, tales reliquos solere esse cives; ep I 9, 12. quis civis ei regi non faveret, cuius . .? Deiot 6. fruuntur: f. IV, 2. discrimen inter. non erat aequum principes cives rem habere, ad Satrium nihil praeter nomen pervenire; of III 74. quod cives Romani permulti in illo oppido cum ipsis Agrigentinis vivunt ac negotiantur; Ver IV 93. merentur: f. 3. II, 1. eicio. »ius (imperiis) cives modeste ac sine recusatione parento; magistratus nec oboedientem et noxium || innoxium || civem multa, vinculis verberibusve coherceto«; leg III 6. retinet, solent: f. est. vivunt: f. negotiantur. — 2. est etiam bonorum et fortium civium, quales vos omnibus rei publicae temporibus exstitistis, intercludere omnes seditionum vias; Rabir 3. illum clamitasse se civem esse Romanum; Ver V 165. iura certe paria debent esse eorum inter se, qui sunt cives in eadem re publica; rep I 49. esse pro cive, qui civis non sit, rectum est non licere; of III 47. cum illi cives optimi sirt; A VIII 11, D, 8. — 3. L. Flaccus, qui homo, qui civis! Planc 27. miseros interdum cives optime de re publica meritos! Milo 33.

II. nach Verben: 1. civem Romanum e conventu Panhormitano ad terram virgis et verberibus abiectum; Ver V 140. cum (animus) sese civem totius mundi quasi unius urbis agnoverit; leg I 61. armo: f. I, 1. comparat. ne quem asciscere civem aut civitate donare possimus; Balb 30. coërceo: f. I, 1. parent. videtis cives Romanos gregatim coniectos in lautumias; Ver V 148. conservate rei publicae, iudices, civem bonorum artium, bonarum partium, bonorum virorum studiosum; Cael 77. f. I, 1. cupiunt. ut religione civitas solvatur, civis Romanus dediderit; Caecin 98. aratores Centuripini tres legatos, viros suos, delegerunt; Ver III 108. optime meritos cives e civitate eiciebant; Flac 16. exterminabit cives Romanos edicto consul a suis dis penatibus? expellet ex patria? Sest 30. in dissensione civili expendendos cives, non numerandos

puto; rep VI 1. extermino: f. expello. hic est Dio nunc beneficio Q Metelli civis Romanus factus; Ver II 20. cum (Dionysius) duas uxores haberet, Aristomachen, civem suam, Doridem autem Locrensem; Tusc V 59. f. I, 1. cognosco. L. Caesar, optimus et fortissimus civis, valetudine impeditur; ep XII 2, 3. si sceleratos cives interfici nefas esset; Milo 8. quem vos amantissimum rei publicae civem iudicavistis; Flac 8. cum ad vestrum iudicium cives amplissimos legavit; Balb 42. libero: f. I, 1. est. persaepe etiam privati in hac re publica perniciosos cives morte multaverunt; Catil I 28. facinus est vincire civem Romanum, scelus verberare, prope parricidium necare; quid dicam in crucem tollere? Ver V 170. obicio: f. I, 1. cupiunt. civem Romanum securi esse percussum M. Annius dicit; Ver V 74. quorum in foederibus exceptum est, ne quis eorum a nobis civis recipiatur; Balb 32. quos quasi novos et ascripticios cives in caelum receptos putant; nat III 39. spolio: f. I, 1. cupiunt. omnes cives legibus teneri omnibus; Cluent 156. hoc vos pati potestis, hoc ferre civitas, ut singuli cives singulis versiculis e civitate tollantur? dom 44. f. neco. hic Brundisii ad trecentos fortissimos viros civesque optimos trucidavit; Phil III 10. verbero, vincio: f. neco. — 2. sapientis civis fuit causam nec perniciosam et ita popularem, ut non posset obsisti, perniciose populari civi non relinquere; leg III 26. f. I, 2. exsisto. — 3. neque ratio adferri potest, cur, si cuiquam novi civi potuerit adimi civitas, non omnibus antiquissimis civibus possit; Caecin 101. aguntur bona multorum civium, quibus est a vobis et ipsorum et rei publicae causa consulendum; imp Pomp 6. haec omnia plane et Siculis et civibus Romanis erepta sunt; Ver II 33. cum sit patriae, qui suis civibus natos arbitrantur; Sest 138. cum nostris civibus pateat ad ceteras iter civitates; Balb 29. sic magistratuum, sic patrum, sic populorum imperia civibus sociisque praesunt ut corporibus animus; rep III 37. iubet Plato tantum contendere in re publica, quantum probare tuis civibus possis; ep I 9, 18. relinquo: f. 2. si optimarum artium vias traderem meis civibus; div II 1. qui istos plausus, cum popularibus civibus tribuerentur, semper contempserim; Phil I 37. — 4. cum (res publica) declarasset me uno civi carere; ep I 9, 16. et locupletioribus his et melioribus civibus uteremnr; Catil II 18. — 5. quos quis ignorat duodecim coloniarum fuisse et a civibus Romanis hereditates capere potuisse? Caecin 102. cum infimo cive Romano quisquam amplissimus Galliae comparandus est? Font 27. se causam apud Chios cives suos dixisse; Ver I 52: diiudico inter: f. I, 1. diiudico. quid intersit inter popularem, id est adsentatorem et levem civem, et inter constantem, severum || et severum, al. || gravem; Lael 95. cum tribunus pl. poenas a seditioso civi per bonos viros iudicio persequi vellet; ep I 9, 15. Syracusis cum civibus Romanis eram; eorum tabulas exquirebam, iniurias cognoscebam; Ver IV 137. ut nunc in uno civi spes ad resistendum sit || vires . . sint, al. ||; A VII 3, 4. pro: f. I, 2. of III 47. non modo in socios, sed etiam in cives militesque nostros persaepe esse severe vindicatum; Ver V 133.

III. **nach Adjektiven**: 1. multa sunt civibus inter se **communia**, forum, fana, porticus, viae; of I 53. ut et civibus et sociis gratissima esset eius integritas ac fides; Ligar 2. — 2. harum omnium rerum mentio ipsa **indigna** cive Romano atque homine libero erat; Rabir 16. — 3. homines Lampsaceni summe in omnes cives Romanos officiosi; Ver I 63.

IV. **nach Substantiven**: 1. perficiam profecto, ut neque res publica civis a me animum neque·tu amici desideres; A VIII 11, D, 8. ut omnium civium

salus, vita, libertas, arae, foci, di penates, bona' fortunae, domicilia vestrae sapientiae credita esse videantur; dom 1. auctoritas: f. 2. discrimen inter. bona: f. arae. II, 3. consulo. caedes: f. trucidatio. quae (lex) de capite civis Romani nisi comitiis centuriatis statui vetaret; rep II 61. hoc bellum quintum civile geritur primum non modo non in dissensione et discordia civium, sed in maxima consensione incredibilique concordia; Phil VIII 8. Porcia lex virgas ab omnium civium Romanorum corpore amovit; Rabir 12. di: f. arae. cruor: f. trucidatio. Collinam novam dilectu perditissimorum civium conscribebat; Milo 25. habere dilectum (debemus) civis et peregrini; of I 149. dissensio, discordia: f. concordia. domicilia: f. arae. quid est sanctius quam domus unius cuiusque civium? dom 109. foci: f. arae. ut fortunas civis bene meriti defenderetis; Quir 16. f. arae. quasi tu Gavio tum fueris infestus ac non nomini, generi, iuri civium hostis; Ver V 169. ut mea persona semper ad improborum civium impetus aliquid videretur habere populare; A VIII 11, D, 7. iniuriae: f. II, 5. sum cum. ius: f. genus. Porcia lex libertatem civium lictori eripuit; Rabir 12. in conservanda civium libertate esse privatum neminem; rep II 46. f. arae. ut unius honestissimi atque innocentissimi civis mortem ac sanguinem deprecaretur; Ver V 125. cum interfecta sit civium multitudo; Phil XIV 7. nomen: f. genus. ut nemo. nisi qui mecum esset, civium esse in numero videretur; Piso 7. vos in viri et in civis invicti appello periculo; Milo 101. neque delendum (arbitrarer), etiamsi id fieri posset, summorum civium principatum; ep I 9, 21. saluti prospexit civium; fin I 35. f. arae. civium Romanorum omnium sanguis coniunctus existimandus est; Ver V 172. f. mors. quam sancta sit societas civium inter ipsos; leg II 16. leges, quae de civium Romanorum supplicio rogatae sunt; Catil I 28. nummus in Gallia nullus sine civium Romanorum tabulis commovetur; Font 11. f. II, 5. sum cum. nullus ei ludus videtur esse iucundior quam cruor, quam caedes, quam ante oculos trucidatio civium; Phil IV 11. huic moderatori rei publicae beata civium vita proposita est; rep V 8. f. arae. — 2. si in hostes animo fuisset ut non fuit in cives Romanos; prov 10. quod (bellum) et ἄνοστον est et cum civibus; A IX 10, 5. erat in eo summa in omnes cives opis, auxilii, defensionis, largiendi etiam benignitas; rep II 35. qui sibi cum suis civibus nullam iuris communionem, nullam humanitatis societatem velit; rep II 48. sit hoc discrimen inter gratiosos cives atque fortes, ut illi vivi fruantur opibus suis, horum. etiam mortuorum vivat auctoritas immortalis; Balb 49. qui de sociis cum hostibus, de civibus cum sociis faciat pactiones; prov 12. societas cum: f. communio cum. supplicia in cives Romanos nulla Tarquinii accepimus; Phil III 10.

V. **Umstand**: 1. quae (caritas generis humani) serpit sensim foras, cognationibus primum, tum civibus; fin V 65. — 2. homines Graeci inique a suis civibus damnati atque expulsi; Sest 142. se a suis civibus rei publicae causa diligi; Vatin 7. notatio iudicum etiam in nostris civibus haberi solet; Phil V 13. pro uno cive universum senatum mutasse vestem; Sest 27. nemo Gallorum sine cive Romano quicquam negotii gerit; Font 11.

civitas, Bürgerschaft, Gemeinde, Stadt, Staat, Bürgerrecht. I. **absolut**: 1. erat summum otium forense, sed senescentis magis civitatis quam acquiescentis; Ver II 13, 5. multae civitates omni aere alieno liberatae, multae valde levatae sunt, omnes suis legibus et iudiciis usae, ἀυτονομίαν adeptae, revixerunt; A VI 2, 4. in hac civitate, quae longe iure libertatis ceteris civitatibus antecellit; agr II 29. lege carens civitas estne ob id ipsum habenda nullo loco? leg II 12. Syracusana civitas,

ut eam potissimum nominem. dedit ipsi statuam; Ver II 145. civitates locupletes, ne in hiberna milites reciperent, magnas pecunias dabant; A V 21, 7. ſ. II, 3. concedo. debet: ſ. est; rep III 34. II, 1. rego. hoc Netinorum foederata civitas publice dicit; Ver V 133. hac re incredibile est quantum civitates emerserint; A VI 2, 4. foederatae civitates sunt duae, quarum decumae venire non soleant, Mamertina et Tauromenitana: quinque praeterea sine foedere immunes civitates ac liberae, Centuripina, Halaesina, Segestana, Halicyensis, Panhormitana; Ver III 13. quid est civitas nisi iuris societas? rep I 49. debet constituta sic esse civitas, ut aeterna sit; rep III 34. quae tam firma civitas est. quae non odiis et discidiis funditus possit everti? Lael 23. non id actum, beata et honesta civitas ut esset; A VIII 11, 2. cuius paucos pares haec civitas tulit; Piso 8. qui (rex) civitatem non modo liberam, sed etiam gentibus imperantem servire sibi coëgisset; of III 84. quae (civitates) in amicitia fideque populi Romani perpetuo manserant; Ver V 83. nunc novo quodam morbo civitas moritur; A II 20, 3. potest: ſ. est; Lael 25. stat. II, 1. adimo. et in nostra civitate et in ceteris, quae rerum potitae sunt, multis fortissimis viris iniustis iudiciis tales casus incidisse; ep V 17, 3. huic (fratri) ab urbem venienti tota obviam civitas cum lacrimis gemituque processerat; Sest 68. recipiunt: ſ. dant. reviviscunt: ſ. adipiscuntur. senescit: ſ. acquiescit. servit: ſ. imperat. sine quo (imperio) nec domus nec ulla civitas stare potest; leg III 3. quibus (legibus) haec civitas utitur; dom 33. ſ. adipiscuntur. ut illa omittam, quae civitate teste fecisti; ep XV 21, 2. 2. eum (mundum) esse quasi communem urbem et civitatem hominum et deorum; fin III 64.

II. nach Verben: 1. ut omnes intellegerent nec ademptam cuiquam civitatem esse neque adimi posse; Caecin 101. ſ. depono. provideri abs te, ut civitates optimatium consiliis administrentur; Q fr I 1, 25. cum ex nostro iure duarum civitatum nemo esse possit, tum amittitur haec civitas denique, cum is, qui profugit, receptus est in exsilium, hoc est in aliam civitatem; Caecin 100. cogo: ſ. I, 1. imperat. cum a me peteret Philippus Lacedaemonius, ut tibi civitatem commendarem; ep XIII 28, a, 1. sin ea conservandae civitatis causa gessissem; Quir 1. constituo: ſ. I, 1. est; rep III 34. quae (civitas) legibus contineatur; Cluent 146. non admittar iis civitas, sed ab iis relinquitur atque deponitur; Caecin 100. ipsa Iulia, qua lege civitas est sociis et Latinis data, qui fundi populi facti non essent, civitatem non haberent; Balb 21. non ut eriperent nobis socii civitatem, sed ut in eam reciperentur, petebant; Phil XII 27. everto: ſ. I, 1. est; Lael 23. habeo: ſ. do. I, 1. caret. cur de civitatibus instituendis littera nulla in eorum (rhetoricorum doctorum) libris inveniretur; de or I 86. levo: ſ. I, 1. adipiscuntur. nuper fixa tabula est, qua civitates locupletissimae Cretensium vectigalibus liberantur; Phil II 97. ſ. I, 1. adipiscuntur. iure nostro neque mutare civitatem quisquam invitus potest neque, si velit, mutare non potest, modo asciscatur ab ea civitate, cuius esse se civitatis velit; Balb 27. nomino: ſ. I, 1. dat; Ver II 145. ne P. Clodius vi oppressam civitatem teneret; Milo 38. considerandae leges, quibus civitates regi debeant; leg I 17. relinquo: ſ. depono. ut religione civitas solvatur, civis Romanus deditur; Caecin 98. teneo: ſ. opprimo. legem populum Romanum iussisse de civitate tribuenda; Balb 38. sapientissimis et fortissimis et armis et consilio civitatem tuentibus; rep II 59. — 2. duarum civitatum civis noster esse iuri civili nemo potest; non esse huius civitatis, qui se alii civitati dicarit, potest; Balb 28. ſ. 1. amitto, muto. — 3. antecello: ſ. I, 1. antecellit. qui civitatibus concesserunt, ut

nummos pro frumento darent; Ver III 191. etsi memineram me ei civitati omnia debere; ep XIII 28, a, 1. classis nomine pecuniam civitatibus imperatam queruntur; Flac 27. cum (Pericles) iam suae civitati maxima auctoritate plurimos annos domi et belli praefuisset; rep IV 11. permultis civitatibus pro frumento nihil solvit omnino; Ver III 165. ut usui civitati simus; rep I 33. numquam tanto odio civitati Antonius fuit, quanto est Lepidus; ep XII 10, 3. hanc coniunctionem videlicet potestatis et sapientiae saluti censuit (Plato) civitatibus esse posse; Q fr I 1, 29. — 4. qui (viri) carere ingrata civitate quam manere in improba maluerunt; leg III 26. Volaterrani optimi cives fruuntur nobiscum simul hac civitate; dom 79. — 5. accersitus in civitatem sum: par 28. ascivit eos (Latinos) in civitatem; rep II 33. qui ex civitate in senatum propter dignitatem delecti estis; Sex Rosc 8. cum indemnati cives e civitate eiciebantur; Sest 56. aut tres tibi Ligarii retinendi in civitate sunt aut tres ex civitate exterminandi; Ligar 33. maneo in: ſ. 4. careo. qui de illa civitate totaque provincia optime meritus esset; Ver IV 142. hunc in ea civitate, in qua est natus, honestissimo loco natum esse concedis; Balb 6. eos plane non solum ex agris, verum ex civitatibus suis profugisse; Ver III 121. et ex Latio multi, ut Tusculani, ut Lanuvini, et ex ceteris regionibus gentes universae in civitatem sunt receptae. ut Sabinorum. Volscorum, Hernicorum; Balb 31. ſ. 1. amitto, eripio. cuius (Calidii) lege Q. Metellus in civitatem sit restitutus; Planc 69. retineo in: ſ. extermino ex. cum ego me sensissem tuto omnino in civitate esse non posse; dom 8. summos fuisse in civitate nostra viros; leg I 14. senatum omnino de civitate esse sublatum; Sest 42.

III. nach Adjectiven: 1. id est proprium civitatis atque urbis, ut sit libera suae rei cuiusque custodia; of II 78. — 2. neminem illi civitati inimicum esse arbitror, qui amicus huic sit civitati; Phil VIII 19. adfert haec opinio religionem utilem civitatibus; leg II 26. — 3. natura sumus apti ad coetus, concilia, civitates: fin III 63. homines in suis civitatibus et municipiis gratiosi; Muren 47.

IV. nach Subſtantiven: 1. id ut esset faciendum non ademptione civitatis, sed tecti et aquae et ignis interdictione; dom 78. illi Massiliensium paucorum et principum administrationi civitatis; rep I 44. etsi cursum ingenii tui, Brute, premit haec importuna clades civitatis: Bru 332. amisimus omnem non modo sucum ac sanguinem, sed etiam colorem et speciem pristinam civitatis; A IV 18, 2. omitto civitatium, nationum consensum; dom 75. ut in re publica quaedam sunt, quae, ut sic dicam, ad corpus pertinent civitatis, ut agri, portus, pecunia, classis, nautae, milites, socii: inv II 168. de C. Mario, custode civitatis atque imperii vestri; Quir 9. decumae: ſ. I, 1. est; Ver III 13. reddite prius nobis Brutum, lumen et decus civitatis; Phil XI 24. ſ. persona. dignitas: ſ. persona. ut de disciplina ac temperatione civitatis loquamur: Tusc IV 1. cum paucis annis post hanc civitatis donationem acerrima de civitate quaestio Licinia et Mucia lege venisset; Balb 48. sumptus et tributa civitatum ab omnibus, qui earum civitatum fines incolant. tolerari aequaliter ‖ aequabiliter I; Q fr I 1, 25. ea forma civitatis mutabilis maxime est: rep II 43. Romulum auspiciis, Numam sacris constitutis fundamenta iecisse nostrae civitatis; nat III 5. numero definieram genera civitatum tria probabilia; rep II 65. usus eius (virtutis) est maximus civitatis gubernatio; rep I 2. Cetarinos, Scherinos, parvarum civitatum homines, omnino abiectos esse; Ver III 103. leges etiam et instituta ac mores civitatum perscripsimus; fin IV 61. quoniam census non ius civitatis confirmat; Arch 11. leges: ſ. instituta.

haec ita gesta esse cognoscite et ex litteris publicis civitatum et ex testimoniis publicis; Ver III 175. lumen: f. decus. mores: f. instituta. postliminio potest civitatis fieri mutatio; Balb 28. cum imploraret saepius usurparetque nomen civitatis; Ver V 163. de sua potentia dimicant homines hoc tempore periculo civitatis; A VII 3, 4. est proprium munus magistratus intellegere se gerere personam civitatis debereque eius dignitatem et decus sustinere; of I 124. cur me a ceteris clarissimis viris ac principibus civitatis secernas; Sulla 3. Pericles, et auctoritate et eloquentia et consilio princeps civitatis suae; rep I 25. in optimorum consiliis posita est civitatium salus; rep I 51. sanguis, species, sucus: f. color. sermo in novem et dies et libros distributus de optimo statu civitatis et de optimo cive; Q fr III 5, 1. sumptus: f. fines. temperatio: f. disciplina. testimonia: f. litterae. tributa: f. fines. sunt testes viri clarissimi nostrae civitatis; div Caec 13. f. princeps. — 2. an lingua et ingenio patefieri aditus ad civitatem potuit, manu et virtute non potuit? Balb 54. iste homo ex eius modi civitate testis relinquetur? Ver V 105. cum ex omnibus civitatibus via sit in nostram cumque nostris civibus pateat ad ceteras iter civitates; Balb 29. quaestio de: f. 1. donatio. via ex. in: f. iter ad.

V. **Umftanb**: 1. qui (Q. Nobilior) etiam Q. Ennium civitate donavit; Bru 79. qui foederatos civitate donarunt; Balb 65. cum (Caesar) tabulam, in qua nomina civitate donatorum incisa essent, revelli iussisset; ep XIII 36, 1. ne quem populus Romanus Gaditanum recipiat civitate; Balb 32. — 2. Theodosium, legatum ad senatum a civitate libera missum; har resp 34. nullum bellum suscipi a civitate optima nisi aut pro fide aut pro salute; rep III 34. f. II, 1. muto. nihil in hac civitate temporibus illis sciri discive potuit, quod . , ; de or III 135. in qua civitate nihil valeret senatus, rem publicam esse nullam putavi; Quir 14. quotus quisque (est, qui] istam (famam) effugere potest possit || in tam maledica civitate? Cael 38. quae harmonia a musicis dicitur in cantu, ea est in civitate concordia; rep II 69. f. I, 1. antecellit, potiuntur.

clades, Unglüd, Unheil, Niederlage: I. illam meam cladem maximum esse rei publicae vulnus iudicastis; Ver 31. etsi cursum ingenii tui, Brute, premit haec importuna clades civitatis; Bru 332. — II, 1. post acceptam illam maximam cladem; div I 101. dies adfert magnas saepe clades; Phil III 2. — 2. in has clades incidimus; of II 29. — III. nonne C. Flaminius neglexit signa magna cum clade rei publicae? div I 77. post: f. II, 1. accipio.

clam, heimlich: non desistebant clam inter se convenire; agr II 12. ut in rebus ab intimis ac domesticis Pompei clam exulceratis, deinde palam a consularibus exagitatis ita versamur; ep I 1, 4. clam an palam de se sententiam ferri vellet; Cluent 55. nisi docet ita se possedisse, ut nec vi nec clam nec precario possederit; Caecin 92. se, ut clam venisset, sic clam || [clam] || in Pyrrhi castra rediturum; of III 86. si qui clam surripiat aut eripiat palam; Ver IV 134. venio: f. redeo.

clamator, Schreier: I, 1. qui (pulli) evolent clamatores odiosi ac molesti; de or III 81. — 2. quem existimem clamatorem, quem oratorem fuisse; Bru 182. — II. non causidicum nescio quem neque clamatorem aut rabulam conquirimus; de or I 202.

clamito, rufen, ausrufen, schreien: I, 1. clamitas: „quo usque istam dicis?" Planc 75. — 2. hoc tu confiteris, illum clamitasse se civem esse Romanum; Ver V 165. — II. nonne supercilia abrasa clamitare calliditatem videntur? Q Rosc 20. quidam in portu caricas Cauno advectas vendens cauneas clamitabat; div II 84.

clamo, rufen, schreien, verkünden, bezeugen,

nennen: I, 1. a principio clamare agreste quiddam est; de or III 227. — 2. alii vestrum anseres sunt, qui tantum modo clamant, nocere non possunt; Sex Rosc 57. — II, 1. si tu clamare coepisses „C. Caesar, cave ignoscas"; Ligar 14. — 2. cum et de suo et de uxoris interitu clamaret; Cluent 31. f. III. — 3. socii praedae clamare coeperunt, sibi ut haberet hereditatem; Ver II 47. — 4. ipsius Habonii tabulae praedam illam istius fuisse clamant; Ver I 150. maxima voce clamat populus neque se uni neque pancis velle parere; rep I 55. — III. quid restipulatio clamat? Q Rosc 37. cum hoc de pecunia clamaret; Ver V 17. — IV. Academicus ab eis, quos deseret, insanus, imperitus temerariusque clamabitur; Ac fr 20 (3. 29).

clamor, Ruf, Beifallsruf, Geschrei, Lärm, Getöse: I. ad quos (poëtas) cum accessit clamor et approbatio populi; rep IV 9. nihil me clamor iste commovet; Rabir 18. est quiddam contentionis extremum, quod tamen interius est quam acutissimus clamor; de or III 227. insecutus est me cum suis: clamor, lapides, fustes, gladii, haec improvisa omnia; A IV 3, 3. — II. haec sunt, quae clamores et admirationes in bonis oratoribus efficiunt; de or I 152. qui clamores vulgi atque imperitorum excitantur in theatris! fin V 63. tantus in curia clamor factus est, ut populus concurreret; Ver II 47. eius (Clodii) operae repente a Graecostasi et gradibus clamorem satis magnum sustulerunt; Q fr II 1, 3. — III, 1. Fufium clamoribus et conviciis et sibilis consectantur; A II 18, 1. se clamore populi Romani infesto atque inimico excitatum confessum esse . . ; Ver I 12. rumore et clamore populi perturbatus est; Ver II 48. non modo tonante Iove, sed prope caelesti clamore prohibente; Phil V 8. cum in singulis versibus populus Romanus maximo clamore et plausu Bruti memoriam prosequebatur; Phil X 8. dixi de te tanto clamore consensuque populi, ut nihil umquam simile viderim; ep XII 7, 1. eodem die vehementer actum de agro Campano clamore senatus prope contionali; Q fr II 5, 1. — 2. apis aculeum sine clamore ferre non possumus; Tusc II 52.

clandestinus, heimlich, geheim: hinc cum hostibus clandestina conloquia nasci; Cato 40. qui (Aratus) clandestino introitu urbe est potitus; of II 81. exercitus perditorum civium clandestino scelere conflatus; Sulla 33.

clangor, Geschrei: »(Iovis satelles) clangorem fundit vastum«; Tusc II 24.

clare, deutlich, laut: dic etiam clarius; Ver III 175. cum omnes clare gemant; A II 20, 3. recita istam restipulationem clarius; Q Rosc 37.

clareo, glänzen, leuchten: »rutilo cum lumine claret Canis«; fr H IV, a, 348. »simili quia forma littera claret«; fr H IV, a, 240.

clarisonus, helltönend: »a clarisonis auris Aquilonis«; fr H IV, a, 526.

claritas, Klang, Glanz, erlauchter Name, Ruhm: I. claritatem in voce (esse); Ac I 19. — II. ad claritatem amplitudinemque aptior eorum (vita est), qui . .; of I 70. — III. quae quamquam ex multis pro tua claritate audiam; ep XIII 68, 1.

claro, erhellen, glänzen lassen: »Iuppiter excelsa clarabat sceptra columna«; div I 21. »has stellas non potuit nobis nota clarare figura«; fr H IV, a, 410.

clarus, hell, deutlich, laut, einleuchtend, leuchtend, glänzend, berühmt, berüchtigt: A. quis clarior in Graecia Themistocle? Lael 42. quod erit vobis luce clarius; Ver II 186. »vidisti claro tremulos ardore cometas«; div I 18. desideratis clarissimos cives; Phil II 55. luce sunt clariora nobis tua consilia omnia; Catil I 6. plurimis nostris exemplia usus es, et iis quidem claris et inlustribus; div II 8. illa expilatio || expugnatio || fani quam clara apud omnes (fuit)! Ver I 50. quae (pocula) gemmis erant

15*

distincta clarissimis; Ver IV 62. solitos esse in
epulis canere convivas ad tibicinem de clarorum
hominum virtutibus; Tusc I 3. in duabus Hispaniis
clarissimos imperatores fuisse; Font 16. quis (litterulae) solent tuae compositissimae et clarissimae
esse; A VI 9, 1. in tantis tenebris erroris clarissimum lumen menti meae praetulistis; Sulla 40. sol
omnia clarissima luce conlustrans; nat II 92. quodsi
non imminuit calamitas clarissimi nominis gloriam;
dom 86. quod (oppidum) fuerat in primis Siciliae
clarum et ornatum; Ver II 86. ex tribus istis
clarissimis philosophis; de or II 157. clarissimis
rebus tenebras obducere; Ac II 16. signis luce omni
clarioribus crimina refellemus; Cael 22. »Helice«,
cuius clarissimas stellas; nat II 105. amplissimus
quisque et clarissimus vir; de or I 198. Cn. Octavii,
clari viri et magni, statuam videmus in rostris;
Phil IX 4. non miserabiliter vir clarus emoritur;
Tusc I 96. cum in voce duo sequamur, ut clara
sit, ut suavis; of I 133. urbem Asiae clarissimam
Cyzicenorum; imp Pomp 20. — B, a, I. non tulit
ullos haec civitas aut gloria clariores aut auctoritate
graviores; de or II 154. — II. quae (pecunia) semper
ab amplissimo quoque clarissimoque contempta est;
Phil I 29. — b. incredibile dicam, sed ita clarum,
ut ipsum negaturum non arbitrer; Ver IV 57.

classicula, Flottille: Cassius cum classicula
sua venerat; A XIV 2, 4.

classis, Abteilung, Klasse, Flotte: quem in
locum classes hostium saepe accesserint; Ver IV
104. cum in hanc rei publicae navem armatae tot
classes incursurae viderentur; Sest 46. si fatum fuit
classes populi Romani bello Punico primo, alteram
naufragio, alteram a Poenis depressam, interire; div
II 20. cum contento cursu hostium classis Italiam
peteret; Muren 33. potest: f. II, 1. incendo. videtur: f. incurrunt. — II, 1. cum maximas aedificasset ornassetque classes; imp Pomp 9. classes
cum magna ignominia populi Romani amissae et
perditae; Ver pr 13. qui (Dionysius) cum ad Peloponnesum classem appulisset; nat III 83. armo: f.
I. incurrunt. depressa hostium classis; Arch 21. f.
I. intereunt. classem pulcherrimam populi Romani
in litus expulsam et eiectam inflammari incendique
iussit; Ver V 91. classem Lacedaemoniorum, quae
subducta esset ad Gytheum, clam incendi posse; of
III 49. inflammo: f. eicio. orno: f. aedifico. perdo:
f. amitto. subduco: f. incendo. — 2. qui mihi cum
illo (Democrito) conlati quintae classis videntur;
Ac II 73. — 3. tu classi et navibus Syracusanum
praeesse voluisti; Ver V 85. — 4. relicuum populum
distribuit in quinque classes; rep II 39. — III,
1. relicti ab duce praefectoque classis; Ver V 89.
— 2. nonne M. Curtio et P. Sextilio quaestoribus
pecunia in classem est erogata? Flac 30. — IV.
quod classe tu velles decedere; ep III 5, 3. qui
(Duellius) Poenos classe devicit; orat 153. hac
classe M. Crassus ab Aeno in Asiam navigavit;
Flac 32.

clava, Keule: I. sibi habeant clavam et pilam;
Cato 58. — II. male mulcati clavis ac fustibus
repelluntur; Ver IV 94.

claudicatio, Hinken: I. in quo (Vulcano) leviter apparet claudicatio non deformis; nat I 83. —
II. quod in claudicatione animadverti potuit;
de or II 249.

claudico, hinken, lahmen: Sp. Carvilio graviter claudicanti ex vulnere ob rem publicam accepto;
de or II 249. "ubi est vetus illud: num claudicat?
at hic clodicat"; de or II 249. si quid in nostra
oratione claudicat; de or III 198. actio paulum cum
vitio vocis tum etiam ineptiis claudicabat; Bru 227.
omnis nec claudicans nec quasi fluctuans et aequabiliter constanterque ingrediens numerosa habetur

oratio; orat 198. tota res vacillat et claudicat;
nat I 107.

claudo, schließen, einschließen, verschließen, absperren: omnes claudentur aditus; Phil I 25.
tamquam clausa sit Asia, sic nihil perfertur ad nos
praeter rumores; ep XII 9, 1. nostrorum hominum
ad eorum doctissimas voces aures clausas fuisse;
Tusc IV 2. quam (consuetudinem) adhuc meus
pudor mihi clausit; ep IV 13, 6. mea domus tibi
patet, mihi clausa est; Sex Rosc 145. claudere mihi
videtur (Caesar) maritimos exitus; A IX 15, 1.
adservasses hominem custodiis Mamertinorum tuorum, vinctum clausum habuisses; Ver V 168. cum
L. Flacco consuli portas tota Asia claudebat; Flac
61. qui non claudunt numeris sententias; orat 229.
cum edictis tuis tabernas claudi iubebas; dom 54.
ut, quae (valvae) olim ad ornandum templum erant
maxime, nunc tantum ad claudendum || cludendum
factae esse videantur; Ver IV 124. valvae clausae
subito se aperuerunt; div II 67.

claudo, lahmen, hinken: in quacumque una
(parte) plane clauderet, orator esse non posset; Bru
214. quid est, cur claudere aut insistere orationem
malint quam cum sententia pariter excurrere? orat
170. etiamsi (beata vita) ex aliqua parte clauderet;
Tusc V 22.

claudus, lahm: A. claudum habebimus deum,
quoniam de Vulcano sic accepimus; nat I 83. quam
(legem) ille claudus homo promulgavit; A I 16, 13.
— B. iste "claudus", quem ad modum aiunt, "pilam"
|| retinere ||; Piso 69.

clavicula, Ranke: vites sic claviculis adminicula tamquam manibus apprehendunt; nat II
120. vitis claviculis suis quasi manibus, quicquid
est nacta, complectitur; Cato 52.

clavis, Schlüssel: mimulam || illam || suam suas
res sibi habere iussit; ex duodecim tabulis claves
ademit, exegit; Phil II 69. Sex Clodio omnes
horreorum claves lege tua tradidisti; dom 25.

claustra, Verschluß, Bollwert, Schranken,
Schutz: 1. iis claustra loci committenda non
existimavit; Ver V 84. effringi multorum fores,
revelli claustra; Ver IV 52. cum ego tanto intervallo claustra ista nobilitatis refregissem; Muren 17.
— 2. nos sub signo claustrisque rei publicae positum
vectigal || [vectigal] || servare non potuisse; agr I 21.

clausula, Schluß, Ende, Schlußsatz: sunt
clausulae plures, quae numerose et iucunde cadunt; orat 215. clausula est difficilis in tradenda
provincia; A VI 3, 3. f. cadunt. — II, 1. addidisti
clausulam; de or II 240. clausulas atque interpuncta
verborum animae interclusio atque angustiae spiritus
attulerunt; de or III 181. neque librariorum notis,
sed verborum et sententiarum modo interpunctas
clausulas in orationibus esse voluerunt; de or III
173. clausulas diligentius etiam servandas esse
arbitror quam superiora, quod in eis maxime
perfectio atque absolutio indicatur; de or III
192. hunc (creticum) ille (Aristoteles) clausulis
aptiorem putat, quas vult longa plerumque syllaba
terminari; de or III 183. — 2. utar ea clausula,
qua soleo; ep II 4, 2. — 3. veniamus aliquando
ad clausulam; Phil XIII 47. — III. aptus: f. II, 1.
termino. — IV. in: f. II, 1. servo.

clavus, Nagel, Keil, Griff am Steuerruder:
I. etiam novo quidam amore veterem amorem tamquam clavo clavum eiciendum putant; Tusc IV
75. ex hoc die clavum anni movebis; A V 15, 1.
clavum tanti imperii tenere et gubernacula rei
publicae tractare in maximo cursu ac fluctibus posse;
Sest 20. sedebamus in puppi et clavum tenebamus;
ep IX 15, 3. — II. eici: f. I. eicio.

clemens, mild, schonend: etsi satis clemens
sum in disputando; fin II 12. clementi castigatione
licet uti; of I 137. consilium capit clemens; Ver V

101. apud clementes iudices et misericordes; Planc 31. nomine C. Caesaris, clementissimi atque optimi viri; Vatin 22.

clementer, mild, ſchonend: leniter hominem clementerque accepit; Ver IV 86. cum aliquid clementer, mansuete, iuste, moderate, sapienter factum audimus; Marcel 9.

clementia, Milde, Schonung: I. clementia (est), per quam animi temere in odium alicuius [iniectionis] ‖ innocentis, al. ‖ concitati comitate retinentur; inv II 164. ipsam (Caesarem) non voluntate aut natura non esse crudelem, sed quod popularem putaret esse clementiam; A X 4, 8. — II, 1. eandem clementiam experta esset Africa, quam cognovit Asia; ep XV 15, 2. indigne ferunt illam clementiam mansuetudinemque nostri imperii tantam in crudelitatem esse conversam; Ver V 115. experior: ſ. cognosco. — 2. ad clementiam tuam confugio; Ligar 30. — III. tu clementia ac misericordia singulari tanto scelere tantaque intemperantia fuisti, ut . .; sen 17. — IV, 1. huius insidiosa clementia delectantur, illius iracundiam formidant; A VIII 16, 2. — 2. per: ſ. I. inv II 164.

clepo, ſtehlen: I. Spartae, rapere ubi pueri et clepere discunt; rep IV 3. — II. ›sacrum qui clepsit‹; leg II 22.

clepsydra, Waſſeruhr: hunc (Periclem) non declamator aliquis ad clepsydram latrare docuerat; de or III 138. cras ergo ad clepsydram; Tusc II 67.

cliens. Schutzverwandter, Schützling: I, 1. adsunt Segestani, clientes tui; Ver IV 80. — 2. quos clientes nemo habere velit, non modo illorum cliens esse; Phil II 107. — II, 1. se clientes appellari mortis instar putant; of II 69. habeo: ſ. I, 2. — 2. ab hospitibus clientibusque suis iniurias propulsare eorumque fortunas defendere; de or Caec 66. — III. Samnitium, quondam hostium, tum iam clientium suorum, dona repudiaverat; rep III 40. fortunae: ſ. II, 2.

clientela, Schutzverwandtſchaft, Schutzgenoſſenſchaft: I, 1. amplissimas clientelas acceptas a maioribus (Nero) confirmare poterit et beneficiis suis obligare; ep XIII 64, 2. scis, quam diligam Siculos et quam illam clientelam honestam iudicem; A XIV 12, 1. obligo: ſ. accipio. tu non modo totius Siciliae, sed unius tenuissimi Siculi clientelam tueri potes? Ver IV 90. — 2. habuit plebem in clientelae principum discriptam ‖ descr. ‖; rep II 16. — II. decretum officio aliquo expressum clientelae; Sest 10.

clinatus, geneigt, geſenkt: ›haec (Ales) clinata magis paulo est Aquilonis ad auras‹; fr H IV, a, 327. ‹clinato corpore‹; fr H IV, a, 505. ›clinata est ungula vemens fortis Equi‹; fr H IV, a, 287.

clipeus (clupeus), Schild: I. (Epaminondas) quaesivit, salvusne esset clipeus; fin II 97. — II. 1. si quis Phidiae clipeum dissolverit; orat 234. — 2. quid Phidias sui similem speciem inclusit in clupeo Minervae? Tusc I 34.

clitellae. Saumſattel: clitellis eas (columnas) apportavi; Scaur 45, l.

clitellarius, einen Saumſattel tragend: mulus clitellarius; Top 36.

clivus, Hügel: I. quem (equitatum) ego in clivo Capitolino conlocaram; A II 1, 7. — II, 1. se clivi Capitolini poenas ab equitibus Romanis esse repetiturum; sen 12. — 2. domus in clivo Capitolino scutis referta; Milo 64.

cloaca, Abzugsgraben: 1. corporibus civium Tiberim compleri, cloacas refarciri; Sest 77. — 2. qui (praetor) de fossis, de cloacis interdicit; Caecin 36.

clodico ſ. **claudico.**

cludo ſ. **claudo,** templum.

---

clueo. genannt werden, heißen: ›unde ignis cluet mortalibus clam divisus‹; Tusc II 23.

coacervatio, Aufhäufung: alteri (haec facienda) frequentatione argumentorum et coacervatione universa; part or 122.

coacervo, zuſammenhäufen, aufhäufen: quantum e multis familiis coacervari una in domo potuit; Sex Rosc 133. videtis omnibus rebus et modis constructam et coacervatam pecuniam decemviralem; agr. I 14. veri similia, etiamsi videntur esse exigua per se, multum tamen, cum sunt coacervata, proficiunt; part or 40.

coacesco, ſauer, ſchlecht werden: ut non omne vinum, sic non omnis natura ‖ aetas matura ‖ vetustate coacescit; Cato 65.

coactor, Einnehmer: ut nostri facere coactores solent in centesima ‖ centima, al ‖; Rab Post 30.

coactus, Zwang: eum coactu istius, quod non senserit, iudicasse; Verr II 34. in iudicio coactu atque efflagitatu meo producere eum; Ver V 75.

coaedifico. aufbauen, bebauen: campum Martium coaedificari; A XIII 33, a, 1 (4). (loci) coaedificati an vasti; part or 36. quae (urbs) quia postrema coaedificata est; Ver IV 119.

coaequo, gleich machen: ad libidines iniuriasque tuas omnia coaequasti; Ver III 85.

coagmentatio, Zuſammenfügung, Verbindung: I. quasi consentiens ad mundi incolumitatem coagmentatio naturae; nat II 119. quae est coagmentatio non dissolubilis? nat I 20. — II. omnis coagmentatio corporis labefactatur et frangitur; Tim 17.

coagmento, anſammenfügen, zuſammenfitten: ut neve asper eorum (verborum) concursus neve hiulcus sit, sed quodam modo coagmentatus et levis; de or III 171. cum opus ipsa suum eadem, quae coagmentavit, natura dissolvit; Cato 72. ne coagmentari quidem posse pacem; Phil VII 21. verba etiam verbis quasi coagmentare neglegat; orat 77.

coangusto, einſchränken: haec lex dilatata in ordinem cunctum coangustari etiam potest; leg III 32.

coarguo, beſchuldigen, beweiſen, überführen: I. ratio rerum et vis argumentorum coarguit; Font 21. — II. cum tot testibus coarguare; Ver V 74. reliquum est, ut iam illum natura ipsius consuetudoque defendat, hunc autem haec eadem coarguant ‖ coarguat ‖; Milo 36. ne nostram culpam coarguamus; A IX 6, 2. errorem eorum coarguit; Ac I 13. iniuriam queror, improbitatem coarguo; Ver III 217. non nostram is perfidiam coarguit, sed indicat suam; ep III 8, 7. — III, 1. eodem modo Hirtuleium dissolvisse publicae tabulae coarguunt; Font 2. — 2. meum crimen avaritiae te nimiae coarguit; Ver V 153.

coarto, zuſammenbrängen, einengen: Gnaeus noster adhuc in oppidis coartatus et stupens; A VII 10. perfice, ut Crassus haec, quae coartavit et peranguste refersit in oratione sua, dilatet nobis atque explicet; de or I 163.

coclea, Schnecke: ut sumat ›terrigenam‹ potius quam hominum more cocleam diceret ‖ dicere, al. ‖; div II 133.

cocus ſ. **coquus.**

codex, Buch, Ausgabe- und Einnahmebuch, Hauptbuch: I, 1. cedo, quaeso, codicem: circumfer, ostende; Ver II 104. quodsi eandem vim, diligentiam auctoritatemque habent adversaria quam tabulae, quid attinet codicem instituere, conscribere? Q Rosc 6. qui (codex) tum interlitus proferebatur; Cluent 91. ostendo: ſ. cedo. suum codicem testis loco recitare adrogantiae est; Q Rosc 5. si, quod adversariis nihil credimus, idcirco codicem scribere instituimus; Q Rosc 6. — 2. non habere se hoc nomen

in codicem accepti et expensi relatum confitetur; Q Rosc 5. — II. in codicis extrema cera nomen infimum in flagitiosa litura fecit; Ver I 92.

codicilli, Schreibtafel, Billet, Brief: I. epistulam hanc convicio efflagitarunt codicilli tui; Q fr II 9, 1. — II. cum ad te harum ǁ *litterarum* ǁ exemplum in codicillis exaravi; ep IX 26, 1. hic sententias vestras in codicillos referebat; Phil VIII 28. quae desideras, omnia scripsi in codicillis; A XII 7, 1. — III. si id est, quod nescio an sit, ut non minus longas iam in codicillorum fastis futurorum consulum paginulas habeant quam factorum; A IV 8, a, 2. — IV. quaesivi e Balbo per codicillos, quid esset in lege; ep VI 18, 1.

coëmo, aufkaufen, zusammenkaufen: omnia qui signa, tabulas pictas, omne argentum, aurum, ebur, gemmas coëmeret; Ver IV 8. qui (Thales) omnem oleam coëmisse dicitur; div I 111.

coëmptio, Ehe durch Kauf, Scheinehe: I. quibus verbis coëmptio fiat; de or I 237. quae (mulier) coëmptionem fecerit; de or I 237. horum ingenio senes ad coëmptiones faciendas interimendorum sacrorum causa reperti sunt; Muren 27. — II. „in manum convenerat". quaero, usu an coëmptione? Flac 84.

coëo, sich verbinden, sich vereinigen, eingehen: I. eo capite, QUI COISSET, QUO QUIS CONDEMNARETUR, illum esse liberum; Cluent 54. Caesar cum eo coire per Arrium cogitat; A I 17, 11. — II. qui societatem cum ipsis adversariis coiit; Sex Rosc 117.

coepi, angefangen, begonnen haben: I, 1. ut magis paeniteret coepisse quam liceret desistere; Rab Post 5. — 2. perge, ut coeperas; leg III 1. 14. — urget eadem fortuna, quae coepit; Sulla 91. — II, 1. neque se ante causas amicorum tractare atque agere coepisse, quam ius civile didicisset; de or I 170. qui hostes patriae semel esse coeperunt; Catil IV 22. primo gravari coepit; Cluent 69. posteaquam honoribus inservire coepi; of II 4. domum oppugnare, itineribus occurrere, vi lacessere et terrere coepit; Sest 88. ego ut primum fletu represso loqui posse coepi; rep VI 15. occurrere, al.: f. lacessere. cum primo impudenter respondere coepisset; Catil III 12. tractare: f. agere. — 2. res agi coepta est; Cluent 50. statim, ut (res) dici coepta est; de or II 313. comitia nostra haberi coepta sunt; Ver pr 25. qua in urbe primum monumentis et litteris oratio est coepta mandari; Bru 26. haec in hac urbe primum a Socrate quaeri coepta; fin V 88. coeptum est referri de inducendo senatus consulto; dom 10. — III. illa, quae temptata iam et coepta sunt ab isto; Ver V 174. repete, quae coeperas; nat I 17. istam rationem, quam coepisti, tene; leg II 69.

coepto, beginnen: coeptat (animal) ea appetere; fin V 24.

coeptus, Anfang: primos suos quasi coeptus appetendi fuisse, ut se conservaret; fin IV 41.

coërceo, (coherceo: f. omnis) umfchließen, zufammenhalten, einfchränken, zügeln, bändigen, ftrafen: ut nos quasi extra ripas diffluentes coërceret; Bru 316. eos morte, exilio, vinclis, damno (leges) coërcent; of III 23. Appius turmas aliquot equitum dederat huic Scaptio, per quas Salaminios coërceret; A V 21, 10. qui (mundus) omnia complexu suo coërcet et continet; nat II 58. altera (aqua pluvia) ǁ alterum ǁ iubetur ab arbitro coërceri; Top 39. qui coërcet et regit beluam; rep II 67. »magistratus nec oboedientem et noxium ǀ. innoxium ǁ civem multa, vinculis verberibusve coherceto«; leg III 6. docemur coërcere omnes cupiditates; de or I 194. unius improbi supplicio multorum improbitatem coërcere; Ver III 208. ut (iuventus) omnium opibus refrenanda atque coërcenda

sit; div II 4. ut ratio coërceat temeritatem; Tusc II 47. quam (vitem) ferro amputans coërcet ars agricolarum; Cato 52.

coërcitio, Einfchränkung: interpellatio, contentio ǁ interpellantis coërcitio ǁ; de er III 205.

coëro f. **curo.**

coetus, Zufammenkunft, Vereinigung, Verbindung, Berfammlung: I, 1. ut (homo) hominum coetus et celebrationes et esse et a se obiri velit: of I 12. — 2. populus non (est) omnis hominum coetus quoquo modo congregatus, sed coetus multitudinis iuris consensu et utilitatis communione sociatus; rep I 39. — II. congrego: f. I, 2. vixdum etiam coetu vestro dimisso; Catil I 9. congregatione aliae (bestiae) coetum quodam modo civitatis imitantur; fin II 109. obeo: f. I, 1. socio: f. I, 2. — III. natura sumus apti ad coetus, concilia, civitates; fin III 53. — IV. in hominum eruditissimorum coetu loquor; Piso 68.

cogitate, durchdacht: quae accurate cogitateque scripsisset; Arch 18.

cogitatio, Gebanke, Borftellung, Rachbenken, Überlegung, Erwägung, Borhaben, Abficht: I. ut ea vix cuiusquam mens aut cogitatio capere possit; Marcel 6. in quo evigilarunt curae et cogitationes meae? par 17. haec cogitatio, quid magnitudine animi dignissimum sit, dolorem mitiorem facit; Tusc II 53. cogitatio diuturna nihil esse in re mali dolori medetur; Tusc III 74. potest: f. capit. posteriores cogitationes, ut aiunt, sapientiores solent esse; Phil XII 5. cogitatio in vero exquirendo maxime versatur; of I 132. — II, 1. qui suas omnes cogitationes abiecerunt in rem tam humilem: Lael 32. ut essent, non qui scriptum suum recitarent, sed qui cogitationem ǁ cogitatione ǁ adsequi possent et voluntatem interpretari; inv II 139. quae (vis) investigat occulta, quae inventio atque cogitatio dicitur; Tusc I 61. nec tuas tacitas cogitationes extimescit; Ligar 6. non rei publicae procurationem impediebantur cogitationes meae; ep IV 6, 2. omnis in ea (re publica) cogitatio et cura ponenda (est): div II 7. non ex eventu cogitationem spectari oportere; inv II 23. quod vis ǁ quaeris ǁ, ut suscipiam cogitationem, quidnam istis agendum putem; A XIV 20, 4. vincam meis officiis cogitationes tuas; ep III 10, 1. — 2. Plato omne iudicium veritatis veritatemque ipsam cogitationis ipsius et mentis esse voluit; Ac II 142. — 3. ea, quae dicuntur a testibus, coniecturae et cogitationi traduntur; Font 23. — 4. curandum est, ut cogitatione ad res quam optimas utamur; of I 132. — 5. quod ne in cogitationem quidem cadit; nat I 20. de reliqua nostra cogitatione cognosce; A IV 2, 6. omne illud tempus meridianum Crassum in acerrima atque attentissima cogitatione posuisse; de or III 17. quamquam hae me litterae Dolabellae iubent ad pristinas cogitationes reverti; A IV 13, 2. animo soluto a cura et a cogitatione; Tul 1. — III. solum est (hoc animal) particeps rationis et cogitationis, cum cetera sint omnia expertia; leg I 22. — IV. ut non adhibeas in consilium cogitationum tuarum desperationem aut timorem; ep VI 1, 2. motus animorum duplices sunt, alteri cogitationis, alteri appetitus; of I 132. — V, 1. me omnino tua cogitatione adiuva; A IX 10, 10. adsequi: f. II, 1. adsequor. quoniam attigi cogitatione vim varietatemque fortunae; de or III 9. complexus sum cogitatione te absentem; ep III 11, 2. mentem meam ipsa cogitatione hominum excellentium conformabam; Arch 14. quocumque te animo et cogitatione converteris; de or I 6. ut (animus) id, quod fecit, impetu quodam animi potius quam cogitatione fecerit; inv II 17. quarum tu rerum cogitatione nos levare ǁ levari ǁ aegritudine voluisti; ep V 13, 5. speciem dei percipi cogitatione,

non sensu; nat I 105. quod cogitatione magis a virtute potest quam re separari; of I 95. — 2. cum ei nihil adhuc praeter ipsius voluntatem cogitationemque acciderit; Catil II 16. quod facinus sine animi motu et cogitatione, id est ratione, perficitur? nat III 71.

cogito, benfen, bebenfen, erwägen, überlegen, gebenfen, beabfichtigen: I, 1, a. spatium sumamus ad cogitandum; fin IV 1. hominis mens discendo alitur et cogitando; of I 105. ut ea, quae cogitando complecti vix possemus, intuendo quasi teneremus; de or II 357. duas res non modo agere uno tempore, sed ne cogitando quidem explicare quisquam potest; Phil XI 23. — b. loquor de docto homine et erudito, cui vivere est cogitare; Tusc V 111. — 2. ad haec cogita vel potius excogita; A IX 6, 7. ego etiam atque etiam cogitabo; A XII 7. 1. cui (Karthagini) male iam diu cogitanti bellum multo ante denuntio; Cato 18. — II. 1. sic cogitans: „est istuc quidem honestum"; of III 75. — 2. cum mecum ipse de immortalitate animorum coepi cogitare; Tusc I 24. numquam de te ipso nisi crudelissime cogitatum est; A XI 6, 2. — 3. nihil agens ne cogitari quidem potest quale sit; Ac II 37. — 4. si causas dicere cogitatis; Bru 297. siquidem liberi esse et habere rem publicam cogitaretis; Sest 81. te id cogitasse facere; ep III 3, 2. cogito interdum trans Tiberim hortos aliquos parare; A XII 19, 1. quia scripseras te proficisci cogitare; A X 17, 4. — 5. elliptifch: in Pompeianum statim cogito; ep VII 4. unde nos pridie Nonas Maias cogitamus; A II 13, 2. Beneventi cogitabam hodie; A V 3, 3. inde ad Taurum cogitabam; A V 15, 3. postridie apud Hirtium cogitabam; A XIV 21, 4. — 6. quod posse accidere diu cogitavit; Tusc III 34. — III. curiam nostram solebam intuens Scipionem, Catonem cogitare; fin V 2. saepe et multum hoc mecum cogitavi; inv I 1. id agi, id cogitari, in eo elaborari, ut ..; Ver I 31. quae contra rem publicam iam diu cogitarunt; agr I 22. nihil tam praepostere, tam incondite, tam monstruose cogitari potest, quod non possimus somniare; div II 146. nihil me contra Caesaris rationes cogitare; A X 10, 1. ad Caesaris non modo acta, verum etiam cogitata revocamur; A XIV 17, 6. iubes me bona cogitare, oblivisci malorum; Tusc III 35. quibus periculosa et calida consilia quietis et cogitatis splendidiora et maiora videantur; of I 82. nisi ad cogitatum facinus approperaret; Milo 45. aut foedissimam mortem omnes aut miserabilem fugam cogitabant; Phil XIV 10. non modo referenda, sed ne cogitanda quidem gratia; ep I 8, 6. mortem: f. fugam. ultro agitere rex multum et diu cogitatas; Cato 38. tanto scelere non modo perfecto, sed etiam cogitato; Deiot 15. quod verbum tibi non excidit fortuito; scriptum, meditatum, cogitatum attulisti; Phil X 6. — IV. modo nosmet eum (mundum) animantem cogitare! nat III 20.

cognatio, Berwandtfchaft, Berbindung: quae tandem esse potest propior certiorve cognatio? leg I 25. nulla tibi cum isto cognatio, nulla necessitudo; Ver V 176. — II. 1. quae cognatio studiorum et artium prope modum non minus est coniuncta, quam ista, quae tua delectamini, generis et nominis; Ver IV 81. numerus non habeat aliquam necessitudinem aut cognationem cum oratione; orat 186. — 2. ut a progenie et cognatione ordiar; rep I 38. — III, 1. omnes artes quasi cognatione quadam inter se continentur; Arch 2. delectari: f. II, 1. coniungo. thensaurus e' hereditas qua cum somniis naturali cognatione iunguntur? div II 142. frater noster cognatione patruelis, amore germanus; fin V 1. (hominum genus consideratur) cognatione, quibus maioribus, quibus consanguineis (sit); inv I 35. — 2. propter propinquam cognationem; Ligar 8.

cognatus, verwandt, übereinftimmenb: A. nihil est tam cognatum mentibus nostris quam numeri atque voces; de or III 197. formam maxime cognatam (deus) dedit; Tim 17. — B, I. non pro meo reditu multi cognati atque adfines deprecati sunt; Quir 6. si qua erat famosa, ei cognati osculum non ferebant; rep VI 6. — II. incidissemus etiam in illos, in eis in cognatum tuum; A XIII 27, 1. — III. de amicorum cognatorumque sententia Romam confugit; Sex Rosc 27.

cognitio, Kenntnis, Erkenntnis, Borftellung, Begriff, Unterfuchung, Befichtigung: I. cognitio haec est una nostri, ut vim corporis animique norimus; fin V 44. hinc illa cognitio virtutis exsistit; Tusc V 71. causarum cognitio cognitionem eventorum facit; Top 67. nullius artis sibi faciliorem cognitionem videri; de or I 185. cognitio decemvirum, (ager) privatus sit an publicus; agr II 56. — II. 1. qui (philosophi) naturae cognitionem admirantur eiusque inventori et principi gratias exsultantes agunt; Tusc I 48. nunc apud Philonem etiam harum iam causarum cognitio exercitatioque celebratur; de or III 110. (Aristoteles) rerum cognitionem cum orationis exercitatione coniunxit; de or III 141. rerum natura nullam nobis dedit cognitionem finium; Ac II 92. facio: f. I. facit. quae cognitionem habent facilem; de or III 38. (Zeno) tollit omnino usitatas perceptasque cognitiones deorum; nat I 36. aut ipsa cognitio rei scientiaeque perquiritur aut ..; de or III 112. tollo: f. percipio. — 2. cognitionis sunt eae (quaestiones), quarum est finis scientia; Top 82. — 3. Etrusci extorum cognitioni se maxime dediderunt; div I 93. — 4. quod (artes) constent ex cognitionibus; fin III 18. qui (Erillus) in cognitione et scientia summum bonum ponit; Ac II 129. res in perfacili cognitione versantur; orat 122. — III. quae cognitione digna sint; of I 153. — IV, 1. tantus est innatus in nobis cognitionis amor et scientiae, ut ..; fin V 48. cum cognitionis ideas esset; Bru 87. eius (cognitionis) scientia est finis; part or 62. inventor, princeps: f. II, 1. admiror. cognitionis tres sunt modi: coniectura, definitio est, ut ita dicam, consecutio; de or III 113. — 2. huic ego tantum modo aditum ad tuam cognitionem patefacio et munio; ep XIII 78, 2. — V, I. in Syria Chaldaei cognitione astrorum antecellunt; div I 91. quae (imagines) delectabant cognitione formarum; Ver IV 123. — 2. in hoc conspectu et cognitione naturae quam se ipse (animus) noscet! leg I 61.

cognitor, Bertreter, Sachwalter, Anwalt, Jbentität&zeuge: I. me cognitorem iuris sui, me actorem causae totius esse voluerunt; div Caec 11. — II. cognitorem ascribit Sthenio — quem? cognatum aliquem aut propinquum? non; Ver II 106. qui cognitores homines honestos daret, sublatum esse in crucem dixerunt; Ver I 13. qui per se litem contestatur, sibi soli petit. alteri nemo potest, nisi qui cognitor est factus; Q Rosc 53. — III. cui hanc cognitoris falsi improbam personam imponeret; Ver II 109.

cognomen, Beiname: I. quanto in odio noster amicus Magnus! cuius cognomen una cum Crassi Divitis cognomine consenescit; A II 13, 2. Apollodorum, cui Pyragro cognomen est; Ver III 74. argentarius Sex Clodius, cui cognomen est Phormio; Caecin 27. — II. ut hic (Verres) nomen suum comprobavit, sic ille (Piso Frugi) cognomen; Ver IV 57. quasi (Cato) cognomen iam habebat in senectute sapientis; Lael 6. nomen cum dicimus, cognomen quoque intellegatur oportet; inv II 28. qui (Torquatus) hoc primus cognomen invenit; fin I 23. — III. una cum: f. I. consenescit. — IV. P. Crassus cognomine dives; of II 57.

cognomentum, Beiname: Heraclitus „cognomento qui σκοτεινός perhibetur"; fin II 15.

cognominatus, gleichbedeutend, sinnverwandt: verba cognominata; part or 53.

cognosco, erkennen, kennen lernen, erfahren, prüfen, untersuchen: I, 1, a. cognoscendi consuetudo iam de civitate sublata est; Sex Rosc 3. nec sapientem posse esse, qui cognoscendi [esse] initium ignoret; Ac II 29. nullum ad usum meum, tantum cognoscendi studio adductus; de or II 74. — b. id quod ei facile erit cognitu; inv I 25. quid est tam iucundum cognitu atque auditu, quam .. ? de or I 31. — c. non parum cognosse, sed in parum cognito stulte et diu perseverasse turpe est; inv II 9. — 2. Verres cognoscebat, Verres iudicabat; Ver II 26. ut ex te ipso saepe cognovi; leg I 56. — II, 1. cognoscite nunc de crimine vinario; Font 19. est sapientis iudicis animadvertere, de quo reo cognoscat; Cluent 159. de omnibus rebus optime ex M. Plaetorio cognosces; ep I 8, 1. habes consilia nostra; nunc cognosce de Bruto; A V 21, 10. — 2. cognosce, quid me consule senatus decreverit; Flac 27. qui cognoverit, quid sit aeternum; rep I 26. ſ. III. alqd; ep I 5, b, 1. — 3. quo facilius res eius falsa esse cognosceretur; Cluent 47. — 4. cognoscite nunc ita reum citatum esse illum, ut .. ; Cluent 49. in qua (morte) aut summum bonum aut nullum malum esse cognovimus; Tusc I 110. — III. etsi satis mihi videbar habere cognitum Scaevolam ex iis rebus, quas .. ; Bru 147. Platonem ferunt, ut Pythagoreos cognosceret, in Italiam venisse; Tusc I 39. an nihil certum sciri, nihil plane cognosci et percipi possit; de or I 222. neque ex publico Tissensium testimonio cognoscite; Ver III 87. hic quae agantur, ea te et litteris multorum et nuntiis cognosce arbitror; ep I 5, b, 1. ſ. I, 1, c. ut simul Africani quoque humanitatem et aequitatem cognoscatis; Ver II 86. ex utraque re et mundi volubilitas et stellarum rotundi ambitus cognoscuntur; nat II 49. quibus (litteris) infinitatem rerum atque naturae et in hoc ipso mundo caelum, terras, maria cognoscimus; Tusc V 105. hoc ei primum praecipiemus, quascumque causas erit tractaturus, ut eas diligenter penitusque cognoscat; de or II 99. virtutem eorum diligentiamque cognoscis; Cael 63. omnium fere civitatum non Graeciae solum, sed etiam barbariae ab Aristotele mores, instituta, disciplinas, a Theophrasto leges etiam cognovimus; fin V 11. furto postridie cognita; Cluent 180. Q. Pompeius, homo per se cognitus; Bru 96. homo in rebus iudicandis spectatus et cognitus; Ver pr 29. humanitatem: ſ. aequitatem. infinitatem: ſ. caelum. an eo querelas atque iniurias aratorum non in segetibus ipsis arvisque cognoscerem? Scaur 25. instituta: ſ. disciplinas. tuum iudicium ut cognoscerem; fin I 72. (P. Crassus) domi ius civile cognoverat; Bru 98. leges: ſ. disciplinas. cognoscite Agyrinensium publicas litteras, deinde testimonium publicum civitatis; Ver III 74. Lentulus tamen et signum et manum suam cognovit; Catil III 12. maria: ſ. caelum. eorum (siderum) cursus dimetati maturitates temporum et varietates mutationesque cognovimus; nat II 155. mores: ſ. disciplinas. rerum magis natura cognoscitur quam deorum; nat I 119. sero a nostris poëtae vel cogniti vel recepti; Tusc I 3. querelas: ſ. iniurias. dierum ratione pervulgata ‖ promulgata ‖ et cognita; Muren 25. artem negabat esse ullam, nisi quae cognitis penitusque perspectis rebus contineretur; de or I 92. ut aliquando de rebus ab isto cognitis iudicatisque dicere desistamus; Ver II 118. signum: ſ. manum. cognovi ego tua studia in amicos; A XVI 16, 17. terras: ſ. caelum. testimonium: ſ. litteras. si qui satis esset concitatus ad studium cognoscendae percipiendaeque virtutis; de or I 204. ſ. diligentiam.

cum iam inveterata vita hominum ac tractata esset et cognita; rep II 20. volubilitatem: ſ. ambitum. nisi mihi viderer habere bene cognitam voluptatem et satis firme conceptam animo atque comprensam; fin II 6. — IV. quem nocentissimum cognorant; Cluent 106. si quem forte tui cognosti amantiorem quam temporis; Q fr I 1, 15. se eum (Pompeium) cognovisse paratissimo animo; Phil XIII 13. in reliquis tuis rebus omnibus pari me studio erga te et eadem voluntate cognosces; ep V 11, 1.

cogo, versammeln, berufen, vereinigen, zu sammenziehen, zusammentreiben, einsammeln, eintreiben, folgern, schließen, nötigen, zwingen, erzwingen: I, 1, a. remisset aliquid profecto de severitate cogendi; Phil I 12. — b. aliud, quam cogebatur, inlatum est; inv I 87. — 2. poposcit, imperavit, eripuit, coëgit; Scaur 18. geometrae provideant, qui se profitentur non persuadere, sed cogere; Ac II 116. nolle me plura dicere, quam necessitas ipsa cogeret; Sex Rosc 123. non modo non postulante atque cogente, sed invito atque oppresso senatu; Piso 57. — II, 1. eorum ratio certe cogit, ut conservetur beata vita sapienti; fin III 42. — 2. virtus et honestas et pudor cum consulibus esse cogebat; Rabir 24. — 3. ratio ipsa coget ex aeternitate quaedam esse vera; fat 38. — III. vi et necessario sumus in portum coacti; inv II 98. cogimur in senatum; Phil II 79. quod ex omnibus partibus cogit; inv I 59. dum haec, quae dispersa sunt, coguntur; de or I 191. legem mentem esse omnia ratione aut cogitatione apti vetantis dei; leg II 8. adsentior tibi, ut nec duces simus nec agmen cogamus. faveamus tamen; A XV 13, 1. videretur vi hominibus coactis armatisve damnum dolo malo familiae datum; Tul 12. ‖ se ſ ius civile, quod nunc diffusum et dissipatum esset, in certa genera coacturum et ad artem facilem redacturum; de or II 142. cum multitudinem hominum coëgerit, armarit, instruxerit; Caecin 33. vis ventorum invitis nautis in Rhodiorum portum navem coëgit; inv II 98. ut equites Scaptio ad pecuniam cogendam darem; A VI 2, 8. tu a civitatibus pecunias classis nomine coëgisti; Ver V 136. recuperatores vi Flacci coactos et metu falsum invitos iudicavisse; Flac 49. omnibus unum in locum coactis scriptoribus; inv II 4. quis umquam tanto damno senatorem coëgit? Phil I 12. si (senatus) absentibus consulibus umquam nisi ad rem novam cogeretur; ep XII 28, 2. hoc coactum tripudium solistimum dicitis; div I 28. — IV, 1. haec spinosiora, prius ut confitear, me cogunt, quam ut adsentiar; Tusc I 16. — 2. cum me ad Pompeium proficisci sive pudor meus coëgit sive officium sive fortuna; ep XI 27, 4. nihil est, quod non alicubi esse cogatur; Ac I 24. ut (discipuli) id sua sponte facerent, quod cogerentur facere legibus; rep I 3. nolite cogere socios atque exteras nationes hoc uti perfugio; Ver I 82. — 3. tu istud petisti, ego hoc cogor; Rab Post 17. ille civis, qui id cogit omnes imperio legumque poena, quod vix paucis persuadere oratione philosophi possunt; rep I 3.

cohaerentia, Zusammenhang: quamquam (circumitus siderum) etiam ad mundi cohaerentiam pertinent; nat II 155.

cohaereo, zusammenhängen, zusammenhalten: quicquid sequitur quamque rem, id cohaeret cum re necessario; Top 53. ut non modo non cohaerentia inter se diceres, sed maxime disiuncta atque contraria; Phil II 18. apta inter se et cohaerentia; nat III 4. cohaerens cum omni corpore membrum; de or II 325. ita apte (mundus) cohaeret, ut dissolvi nullo modo queat; Tim 15. non necessario cum priore posterius cohaerere; inv I 86. sermo cotidianus non cohaerebit, si verba inter nos aucupabimur; Caecin 52. conlocabuntur verba, ut inter se quam aptissime cohaereant extrema cum primis; orat 149.

cohaeresco, ſich aneinander hängen, verbinden: ſ. **atomus,** I.

coheres, Miterbe: I. L. Nostius Zoilus est coheres meus, heres autem patroni sui; ep XIII 46. — II. ut heres sibi soli, non coheredibus petit, sic ..; Q Rosc 55. — III. confecissem cum coheredibus; ep VII 2, 1. Dolabellam video Liviae testamento cum duobus coheredibus esse in triente; A VII 8, 3.

cohibeo, enthalten, zurüchalten, zügeln, in Schranken halten: sapientem adsensus omnes cohibiturum; Ac II 68. qui se a pecuniis sociorum, qui ab eorum coniugibus ac liberis, (qui ab ornamentis fanorum atque oppidorum), qui ab auro gazaque regia manus, oculos, animum cohibere possit; imp Pomp 66. nobis olim annus erat unus ad cohibendum brachium toga constitutus; Cael 11. animum vincere, iracundiam cohibere; Marcel 8. manus, oculos: ſ. animum. id (semen terra) occaecatum cohibet, ex quo occatio nominata est; Cato 51.

cohonesto, ehren, verherrlichen: quos cohonestaris in primisque me; ep XIII 11, 3. ad exsequias cohonestandas; Quinct 50. quorum tu auctoritate statuas cohonestare tuas conatus es; Ver II 168.

cohorresco, zuſammenſchauern, erſchrecken: ex quo (sudore) cum (Crassus) cohorruisset, cum febri domum rediit; de or III 6. scis me cohorruisse eo, quod tuae litterae de legionibus Caesaris adferrent; A VII 1, 1.

cohors, Cohorte, Gefolge, Schar: I. abesse tres cohortes, quae sint plenissimae; ep III 6, 5. nihil sibi ex ista laude cohors, nihil turma decerpit; Marcel 7. cuius modi cohortem putatis hoc principe fuisse? Ver II 34. ſ. absunt. — II, 1. conferte huius cohortem impuram cum illius exercitu invicto; Ver IV 115. neque equitatum in Syria et cohortes optimas perdidissemus; Sest 72. — 2. recuperatores dicit se de cohorte sua daturum; Ver III 136. — III. qui quasi ex cohorte praetoris appellari solent; Q fr I 1, 12. (iudicium) ex quo iudicum numero? ex cohorte praetoria praeclara hominum honestissimorum; Ver III 70. — IV, 1. his viginti cohortibus cum tribus Antonii legionibus equitatuque conflixit; Phil XIV 27. — 2. iste solus cum sua cohorte nequissima relinquitur; Ver II 71.

cohortatio, Ermahnung, Ermunterung: I. ubi sunt, C. Pansa, illae cohortationes pulcherrimae tuae? Phil XII 15. quae sunt eorum consolationes, quae cohortationes! fin IV 6. videtur: ſ. II. suscipio. mirifica ἀπάντησις et cohortatio; A XVI 11, 6. — II. recitavit cohortationem quandam iudicum ad honeste indicandum; Cluent 138. mea cohortatio ne tibi inanis aut sine causa suscepta, videatur; ep I 7, 9. — III. si qui satis esset concitatus cohortatione sua ad studium cognoscendae virtutis; de or I 204.

cohortor, ermahnen, ermuntern, ermutigen: I, 1. quod vereor, ne maiorem vim ad deterrendum habuerit quam ad cohortandum; de or I 258. — 2. quis cohortari ad virtutem ardentius, quis a vitiis acrius revocare potest? de or II 35. hac (eloquendi vi) cohortamur, hac persuademus; nat II 148. — II. ergo vos ardentes et erectos ad libertatem recuperandam cohortabor; Phil IV 11. quid C. Pansa egit aliud nobis cohortandis, nisi ut ..? Phil XIV 5. te ad studium summae laudis cohortabor; ep II 4, 2. quem (Athenodorum Calvum) velim cohortere et roges. ut quam primum (mittat); A XVI 11, 4. adulescentem incensum cupiditate verissimae gloriae cohortantur ad decus; A XIII 28, 2. numquam de Q. Metello M. Antonius senatum aut populum est cohortatus; Quir 11. qui vicinos suos cohortatus est, ut milites fierent; Phil VII 24.

coicio ſ. **conicio.**

coitio, Zuſammenkunft, Vereinigung, Complott: I, 1. Memmius dirempta coitione invito Calvino plane refrixerat; A IV 17, 3. — 2. in candidatorum consularium coitione me interfuisse; Q fr III 1, 16. — II. quamquam ne id quidem suspicionem coitionis habuerit; Planc 53.

coleus, Sack, Hode: honesti „colei Lanuvini", „Cliternini" non honesti; ep IX 22, 4.

coll — ſ. **conl —**

collis, Hügel: I. colles sunt, qui cum perflantur ipsi, tum adferunt umbram vallibus; rep II 11. — II. perflo: ſ. I. qui (collis) nunc Quirinalis vocatur; rep II 20.

collum, Hals: I. erat in nobis procerum et tenue collum; Bru 313. — II. quis (gladiator) ferrum recipere iussus collum contraxit? Tusc II 41. te inflato collo intulisti; Vatin 4. homini collum in laqueum inserenti; Ver IV 37. — III. eosdem fere sectores fuisse collorum et bonorum; Sex Rosc 80.

collybus (collubus), Aufgeld, Agio: I. collybus esse ali potest, cum utuntur omnes uno genere nummorum? Ver III 181. — II. in collubo est detrimenti satis; A XII 6, 1.

colo, bebauen, anbauen, Ackerbau treiben, bewohnen, betreiben, pflegen, hochachten, huldigen, verehren, heilig halten, feiern, anbeten: I, 1. ut bono patri familias colendi, aedificandi, ratiocinandi quidam usus opus est; rep V 4. — 2. posthac poterimus commodius colere inter nos in Tusculano; A XIII 11, 1. — II, 1. qui (sunt) sancti, qui religionum colentes, nisi qui ..? Planc 80. — 2. cum me colat et observet; ep IV 3, 4. cum a satis multis et coli me videam et diligi; ep IX 15, 1. qui hoc solum colendum ducebant; de or II 160. ut aratoribus arare atque agros colere expediret; Ver III 43. hic neque amicitiam colere possit nec iustitiam nec liberalitatem; of I 5. qui canem et faelem ut deos colunt; leg I 32. quam (Dianam) sanctissime colerent; Ver IV 72. haec (diligentia) praecipue colenda est nobis; de or II 148. Q. Aelius Tubero vita severus et congruens cum ea disciplina, quam colebat; Bru 117. vereris, ne tua domus, si a litigiosis hominibus non colatur, a ceteris deseratur? de or I 255. faelem: ſ. canem. testimoniorum religionem et fidem numquam ista natio coluit; Flac 9. neque serendi neque colendi fructus ulla pecudum scientia est; nat II 156. liberalitatem, iustitiam: ſ. amicitiam. qui (Mercurius) sacris anniversariis apud eos ac summa religione coleretur; Ver IV 84. pie sancteque colimus naturam excellentem atque praestantem; nat I 56. hunc colendis praediis praefuisse; Sex Rosc 44. religionem: ſ. fidem. qui sacra privata coluerunt; dom 315. studium philosophiae a prima adulescentia cultum et semper auctum renovavi; Bru 315. qui (homines) has nobiscum terras ab oriente ad occidentem colunt; nat II 164. nunc plane me ego victum nec vitam illam colere possum; A XII 28, 2. quae ad colendam vitem attinebunt; fin IV 38. urbem, urbem, mi Rufe, cole et in ista luce vive; ep II 12, 2.

colonia, Pflanzſtadt, Niederlaſſung: I. est in eadem provincia Narbo Martius, colonia nostrorum civium; Font 13. municipia, colonias, praefecturas num aliter indicare censetis? Phil IV 7. — II, 1. ut, quibuscumque in locis vobis videretur, colonias conlocaretis; agr II 98. cum (Q. Nobilior) triumvir coloniam deduxisset; Bru 79. in lustranda colonia ab eo, qui eam deduceret, bonis nominibus, qui hostias ducerent, eligebantur; div I 102. ut omnia municipia coloniasque Italiae novis colonis occuparetis; agr II 98. qui Mutinam, coloniam populi Romani firmissimam, oppugnarit; Phil VII 15. — 2. quos (Ariminenses) quis ignorat duodecim coloniarum fuisse et a civibus Romanis hereditates capere potuisse? Caecin 102. — 3. uti consules cog-

16

noscerent, qui ager iis coloniis esset. quo milites deducti essent; Phil V 53. — 4. qui (milites veterani) cum ab Antonio in colonias essent deducti; Phil V 3. — III. qui dego illa municipiorum et coloniarum decreta commemorem? dom 75. illud vexillum Campanae coloniae Capuam || Capuae, al. || a decemviris inferetur; agr II 86. — IV. quod totam Italiam vestris coloniis complere voluistis; agr I 17. quam (Italiam) coloniis occuparetis; agr I 16.

colonus, Pflanzer, Ansiedler, Wächter: I, 1. coloni omnes municipesque vestri facile urbes suas finesque defendent; Catil II 26. colonus, quod decumanorum iniurias ferre non poterat, ex agro profugerat; Ver III 55. — 2. cum (M. Antistius) optimus colonus, parcissimus, modestissimus, frugalissimus esset; de or II 287. — II, 1. qui (P. Furius) est ex iis colonis, quos Faesulas L. Sulla deduxit; Catil III 14. — 2. Caecina rationes a colono accepit; Caecin 94. sum ex: f. 1. — III. Catilinam circumfluentem colonorum Arretinorum et Faesulanorum exercitu; Muren 49. ne plures essent in senatu ex colonorum numero quam ex vetere || veterum Agrigentinorum; Ver II 123. — IV. ad ostium Tiberis urbem condidit colonisque firmavit; rep II 33. ut omnia municipia coloniasque Italiae novis colonis occuparetis; agr II 98.

color, Farbe, Gesichtsfarbe: I. debet: f. insidet. intelleges nihil illius (Catonis) liniamentis nisi eorum pigmentorum, quae inventa nondum erant, florem et colorem defuisse; Bru 298. qui est iste tandem urbanitatis color? Bru 171. sin unus color, una vox, una natio est omnium testium; Scaur 19. f. II, 1. his tribus figuris insidere quidam vetustatis non fuco inlitus, sed sanguine diffusus debet color: de or III 199. color egregius, integra valetudo; fin II 64. — II, 1. diffundo, inlino: f. I. insidet. in columba plures videri colores nec esse plus uno: Ac II 79. — 2. qui non sunt usi plus quam quattuor coloribus; Bru 70. — III. crebra coloris mutatio haec aperta (faciebat); Cluent 54. ut corporis est quaedam apta figura membrorum cum coloris quadam suavitate, sic . .; Tusc IV 31. — IV, 1. ornatur oratio genere primum et quasi colore quodam et suco suo; de or III 96. — "varietas" Latinum verbum est, idque proprie quidem in disparibus coloribus dicitur; fin II 10.

coloro, färben, bräunen: cum in sole ambulem, fieri, ut colorer; de or II 60. quod educata huius nutrimentis eloquentia et ipsa se postea colorat et roborat; orat 42. e nubibus quodam modo coloratis; nat III 51. quod non est eorum urbanitate quadam quasi colorata oratio; Bru 170.

columba, Taube: alia (videntur a natura esse donata) ad quendam ornatum, ut plumae versicolores columbis; fin III 18. f. color, II 1.

columbinus, der Tauben: plures iam pavones confeci quam tu pullos columbinos; ep IX 18, 3.

columella, kleine Säule: I. animum adverti columellam non multum e dumis eminentem, in qua inerat sphaerae figura et cylindri; Tusc V 65. — II, 1. supra terrae tumulum noluit quicquam statui nisi columellam tribus cubitis ne altiorem; leg II 66. — 2. insum in: f. 1.

columen, Giebel, Säule, Stütze: I. in quibus (castris est) columen amicorum Antonii, Cotyla Varius; Phil XIII 26. — II. te imaginem antiquitatis, columen rei publicae diceres intueri; Sest 19. — III. quae (Phoebi fax) magnum ad columen flammato ardore volabat; div I 18.

columna, Säule: I. cum (Hannibal) columnam auream, quae esset in fano Iunonis Laciniae, auferre vellet; div I 48. columnae templa et porticus sustinent; de or III 180. — II, 1. aufero: f. I. est. columnas neque rectas neque e regione Diphilus conlocarat; Q fr III 1, 2. omnes illae columnae, quas de-

albatas videtis, machina apposita nulla impensa deiectae eisdemque || eisdem || lapidibus repositae sunt: Ver I 145. — 2 quod nuper in columna aenea meminimus post rostra incisum et perscriptum fuisse: Balb 53. ut aliquos ad columnam Maeniam vestri ordinis reos reperiatis; div Caec 50.

columnarium, Säulensteuer: columnarium vide ne nullum debeamus; A XIII 6. 1.

colus, Spinnrocken: "quid tu, Egilia mea? quando ad me venis cum tua colu et lana?" d- or II 277.

coma, Haupthaar: alter calamistrata coma. Sest 18. (vir) madenti coma, composito capillo: sen 13.

combibo, trinfen, einsaugen, in sich aufnehmen: quas (artes) si combiberit; fin III 9. qui combibi purpuram volunt; fr V 23.

combibo, Zechbruder: quas (controversias) haber cum tuis combibonibus Epicuriis; ep IX 25, 2.

comburo, verbrennen: I. non (sol) ut tem faciat solum. sed etiam saepe comburat: nat II -- — II. te curaturum, fumo ut combureretur; Q fr 2, 6. rugas Fabium, ut et patrem et filium vivos comburat, si possit; Q fr I 2, 6. ille (Caesar) in foro combustus; A XIV 10, 1. libri eius (Protagoras) in contione combusti (sunt); nat I 63.

comedo, verzehren, aufzehren: te muscae comedissent: Bru 217. ne ego te iacente bona tua comedim; ep IX 20, 3. qui usque eo non fuit popularis, ut bona solus comesset; Sest 110. comedisse eum (Memmium) lacertum Largi; de or II 240. ex se natos (Saturnus) comesse fingitur solitus; nat II 64. suos nummos vos comedisse; A VI 1, 25. qui (Segulius) res novas quaerit, non quo veterem comederit, sed . .; ep XI 21, 2.

comes, Begleiter, Begleiterin, Gefährte, pl. Gefolge: I, 1. comites illi tui delecti manus erant tuae; Ver II 27. — 2. ut omnes (artes) comites a ministratrices oratoris esse diceres; de or I 75. pa cis est comes otiique socia eloquentia; Bru 45. neque ego tunc princeps ad salutem esse potuissem; esse alii comites noluissent; Sulla 9. quae (sapientia) esset naturae comes et adiutrix; fin IV 17. — II, 1. exanimatorum metum subsequentem et quasi comitem pavoris (definiunt); Tusc IV 19. deligo. f. I, 1. ut facile (Scipionem) ducem populi Romani. non comitem diceres: Lael 96. me tuarum actionum. sententiarum, voluntatum, rerum denique omnium socium comitemque habebis; ep I 9, 22. praebuit se mercennarium comitem regi Alexandrino; Pis 49. — 2. quorum bona statim suis comitibus comporibusque discripsit; Phil V 22. — III, 1. certus est inquisitioni comitum numerus constitutus: Flac 13. cum mansissem in villa P. Valerii, comitis et familiaris mei; Phil I 8. — 2. ei statim rescripsi hominemque certum misi de comitibus meis: A VIII 1, 2.

cometes, Haarstern, Komet: quas (stellas) Graeci cometas, nostri cincinnatas vocant; nat II 14.

comice, fomisch: quis umquam res praeter hunc tragicas paene comice tractavit? de or III 30.

comicus, fomisch, des Lustspiels, Lustspieldichter: A. nemo illum ex trunco corporis spectabat. sed ex artificio comico aestimabat; Q Rosc 28. levitates comicae parumne semper || saepe || in ratione versantur? nat III 72. poëmatis tragici. comici, epici, melici etiam ac dithyrambici suum cuiusque (genus) est, diversum a reliquis. itaque et in tragoedia comicum vitiosum est et in comoedia turpe tragicum; opt gen 1. quid mihi displiceat in nocturnis (sacris), poëtae indicant comici; leg II 36. — B, a. comicorum senarii sic saepe sunt abiecti, ut . .; orat 184. — b. f. A. poëma.

comis, freundlich, höflich: comis [officiosus] an infacetus (sit); inv I 35. Cyrum ceteris in rebus

comem erga Lysandrum atque humanum fuisse; Cato 59. •quiddam come loquens•; fr H VIII. utrum comi domino an aspero serviant; rep I 50. comes, benigni, faciles, suaves homines esse dicuntur; Balb 36.

comissatio. Umzug, Gelage: I. nolo esse aut maius, quam res postulet: „tempestas comissationis"; aut minus: „comissatio tempestatis"; de or III 164. — II. nullum turpe convivium, non amor, non comissatio ostenditur; Muren 13. — III. totum comissationis Antonianae chorum; Phil V 15. tempestas: f. I.

comissator. Zechbruder: I. ut nostri isti comissatores coniurationis illum (Magnum) in sermonibus „Cn. Ciceronem" appellent; A I 16. II. — II. non idem indicum comissatorumque conspectus; Cael 67.

comitas. Freundlichkeit, Höflichkeit: I. difficile dictu est, quantopere conciliet animos comitas adfabilitasque sermonis; of II 48. quid tam distans quam a severitate comitas? orat 34. summa non vitae solum atque naturae, sed orationis etiam comitas; Bru 132. — II, 1. si illius comitatem et facilitatem tuae gravitati severitatique asperseris; Muren 66. patrem nullam comitatem habuisse sermonis; of I 109. — 2. multa comitate usus; rep II 38. — III. erat in illo viro comitate condita gravitas; Cato 10. mulieres valde delectari obsequio et comitate adulescentis; A VI 6, 1.

comitatus. Begleitung, Gefolge: I. 1. si illum comitatum optimorum civium desero; A VIII 3, 2. si modo tacti satis est ad comitatum nostrum recipiendum; ep VI 19, 1. — 2. quid opus est) tanto virtutum comitatu? fin II 111. — 3. cum ducibus ipsis, non cum comitatu adsectatoribusque confligant; Balb 62. — II. gladiatores ex praetoris comitatu comprehensi; Sest 85. — III. ingressus urbem est quo comitatu vel potius agmine; Phil XIII 19.

comiter. freundlich, höflich: qui (accusator) ita dicebat, „comiter" esse „communiter"; Balb 36. — quem (Q. Tuberonem) cum comiter Scipio appellavisset; rep I 14. „qui erranti comiter monstrat viam," benigne, non gravate; Balb 36. cum in convivio comiter et iucunde fuisses; Deiot 19. cum senibus graviter, cum iuventute comiter vivere; Cael 13.

comitialis, für die Comitien, für die Wahl bestimmt: consecuti sunt dies comitiales, per quos senatus haberi non poterat; Q fr II 2, 3. dies comitiales (Lentulus) exemit omnes; Q fr II 44. qui (mensis) consequitur mensem comitialem; Ver II 130.

comitatus, Volksversammlung: I. auspicia (dantur), ut multos inutiles comitiatus probabiles impedirent morae; leg III 27. — II. altera (lex) de capite civis rogari nisi maximo comitiatu vetat; leg III 44.

comitium, Versammlungsplatz (f. II, 1. orno. 2. venio in), pl. Versammlung: I. possunt: f. II, 1. habeo. hic tribunus plebis curiatis eam (potestatem) comitiis, quae vos non initis ‖ sinitis ‖, confirmavit, tributa, quae vestra erant, sustulit; agr II 27. populi comitia ne essent rata, nisi ea patrum approbavisset auctoritas; rep II 56. cum comitia si gratuita fuerint; Q fr II 14, 4. — II, 1. approbo: f. I rep II 56. quo die nos comitiis centuriatis, quae maxime maiores comitia iusta dici haberique voluerunt, arcessivit in patriam; sen 27. f. IV. dimere. curiata: f. I. agr II 27. IV. creare. comitiis consularibus factis; Ver pr 17. quid sibi in campo Martio comitia consulum habenti contra auspicia accidisset; Q fr II 2, 1. iste sordidissimus, qui consularia comitia a praetore ait haberi posse; A IX 9, 3. f. centuriata. ineo: f. I. agr II 27.

comitiis quaestoriis institutis; ep VII 30. 1. huius signis et tabulis forum comitiumque ornari: Ver III 9. tollo, tributa: f. I. agr II 27. — 2. ne obnuntiare concilio aut comitiis liceret; sen 11. — 3. venio ad comitia, sive magistratuum placet sive legum; Sest 109. in comitium Milo de nocte venit; A IV 3, 4. — III. comitiorum cotidie singuli dies tolluntur obnuntiationibus magna voluntate bonorum omnium; Q fr III 3, 2. propter dilationem comitiorum; imp Pomp 2. nihil (est) fallacius ratione tota comitiorum; Muren 36. ·non fuisse iustum comitiorum rogatorem; nat II 10. si campus atque illae undae comitiorum effervescunt; Planc 15. — IV. populus Romanus L. Sulla dictatore ferente comitiis centuriatis municipiis civitatem ademit; dom 79. arcessere: f. II, 1. centuriata. confirmare: f. I agr I 27. Tullum Hostilium populum regem interrege rogante comitiis curiatis creavit; rep II 31. auspicato postero anno tribuni plebi comitiis curiatis creati sunt; fr A VII 48. comitiis, praesertim, aediliciis, studium esse populi, non iudicium; Planc 10. nos initium prensandi facere cogitaramus eo ipso tempore in campo comitiis tribuniciis; A I 1, 1. scire sane velim, num quid necesse sit comitiis esse Romae; A XII 8.

comitor, begleiten: I. etiamsi nulla comitetur infamia; fin II 60. — II. illi iniusto domino prospera fortuna comitata est; rep II 44. quae comitantur huic vitae; Tusc V 100. — III. quod ex urbe parum comitatus exierit; Catil II 4. puero ut uno esset comitatior; Tusc V 113. si Gnaeus bene comitatus conscendisset; A IX 2.

commaculo, beflecken: si se isto infinito ambitu commaculasset; Cael 16.

commeatus, Zufuhr, Lebensmittel, Urlaub: I. cum commeatus istius avaritia interierit; Ver III 127. — II, 1. haec classis ad intercludendos commeatus Italiae comparatur; A IX 9, 2. — 2. si ille (Caesar) commeatu et reliquis copiis intercludendus (sit); A VII 9, 2. cum ex omnibus provinciis commeatu et privato et publico prohibebamur; imp Pomp 53. — 3. adiungeremus de oppidorum oppugnationibus, de commeatu; de or I 210. qui (Heraclius) propter gravem morbum oculorum tum non navigarit et in commeatu Syracusis remanserit; Ver V 111.

commemini, sich erinnern: I. id quod tu recte commeministi; de or III 85· quem hominem probe commeminisse se aiebat; de or I 227. — II. ego non commemini, ante quam sum natus, me miserum; Tusc I 13.

commemorabilis, denkwürdig: multa alia commemorabilia proferre possum; nat II 131. viri commemorabili pietate praediti; Marcel 10.

commemoratio, Erinnerung, Erwähnung: I. commemoratio antiquitatis exemplorumque prolatio auctoritatem orationi adfert; orat 120. me commemoratione temporitatis ad spem quandam immortalitatis rapit; ep V 12. 1. — II, 1. harum rerum commemorationem verecundia saepe impedivit utriusque nostrum; A I 17, 7. — 2. qui absens non in oblivione iacuisset, sed in aliqua commemoratione omnium omnium flagitiorum fuisset; Ver I 101. — III, 1. tantus est gemitus factus aspectu statuae et commemoratione, ut . . : Ver IV 139. — 2. ex commemoratione alienorum malorum; Tusc III 60.

commemoro, sich erinnern, vergegenwärtigen, erwähnen, anführen: I, 1. tibi nota sunt, mihi ad commemorandum non necessaria; div I 123. — 2. nolo eam rem commemorando renovare; Quinct 70. — II, 1. omnes ita de tua virtute, integritate, humanitate commemorant, ut . . ; Q fr I 1, 37. — 2. si commemorem, quibus improbis optime (evenerit); nat III 81. — 3. quem (Critolaum) ‖ simul ‖ cum Diogene venisse commemoras; de or II 160. —

10*

III. **Medea** modo et **Atreus** commemorabantur a
nobis, heroicae personae; nat III 71. cum duo Decii
aut duo Scipiones fortes viri commemorantur; of
III 16. cum quidam ex eius (Dionysii) adsentatoribus, Damocles, commemoraret in sermone copias
eius, opes ‖ [opes] ‖, maiestatem dominatus, rerum
abundantiam, magnificentiam aedium regiarum: Tusc
V 61. bonitas praediorum, huius inopia et solitudo
commemoratur; Sex Rosc 20. omnes causae, quas
commemoras, iustissimae sunt; ep IV 4, 2. copias:
f. abundantiam. dum id eius facinus commemoro
et profero: Ver IV 105. inopiam: f. bonitatem.
o praeclarum et commemorandum iudicium! Ver
III 28. quid ego inique commemoro? imp Pomp
32. magnificentiam, al.: f. abundantiam. belli
pericula, tempora rei publicae, imperatorum penuriam
commemorabit; Ver V 2. personas: f. alqm; nat
III 71. ipsorum deorum saepe praesentiae, quales
supra commemoravi; Bru 164. — II, 1. commemoras
bonitatem. tempora: f. pericula. viros: f. alqm;
of III 16. cum eam vocem Aebutii, quam commemoravi, audisset; Caecin 22.

commendaticius, empfehlend: etsi statueram nullas ad te litteras mittere nisi commendaticias;
ep V 5, 1. multum apud illum tabellas non commendaticias, sed tributarias valuisse: Ver IV 148.

commendatio, Empfehlung: I. cui qui noster
honos, quod obsequium, quae etiam ad ceteros contempti cuiusdam hominis commendatio defuit? A
VIII 4, 1. hanc commendationem sibi apud te
magno adiumento fuisse; ep XIII 46. f. IV, 1.
commendare. hae tantae commendationes a natura
profectae: fin IV 26. — II. huius si vita non omnem
commendationem ingenii everteret; Bru 238.
alterum commendationem habet nostram aut eorum,
quos defendimus; de or I 114. cum gratias agam,
quod meas commendationes tam diligenter observes;
ep XIII 27, 1. — III. fundamentum est perpetuae commendationis et famae iustitia; of I 71.
ei (Cuspio) ego pollicitus sum me ex intima nostra
arte deprompturum mirificum genus commendationis;
ep XIII 6, 3. — IV, 1. quod istius egregia virtus
adiuvabitur commendatione maiorum; Planc 67.
P. Messienum tibi commendo ea commendatione,
quae potest esse diligentissima; ep XIII 51. si (ea)
etiam commendatione oculorum ‖ oc. com. ‖ animis
traderentur; de or II 357. — 2. principia acuta
sententiis vel ad offensionem adversarii vel ad
commendationem sui; orat 124.

commendatrix. Empfehlerin: quoniam vitiorum emendatricem legem esse oportet commendatricemque virtutum; leg I 58.

commendo, anvertrauen, empfehlen, an-
zeichnen: I. commendo tibi eius (Trebonii) omnia
negotia, libertos, procuratores, familiam, in primisque
ut ea comprobes; ep I 3, 2. — II. ut nemini se
intellegat commendatiorem umquam fuisse; ep XIII
49. Nysaeos habeas tibi commendatissimos; ep
XIII 64, 1. tibi nihil mando nominatim, totum me
tuo amori fideique commendo; A III 20, 2. f. causam.
commendatio, IV, 1. commendare. •sacrum sacrove
commendatum qui clepsit•; leg II 22.• ipsum (animal)
sibi conciliari et commendari ad se conservandum;
fin III 16. nunc tibi omnem rem atque causam
meque totum commendo atque trado; ep II 6, 5.
eorum (Vclaterranorum) ego domicilia, sedes, rem,
fortunas tuae fidei, iustitiae bonitatique commendo;
ep XIII 4, 3. famam, al: f. concredo. familiam:
f. I. quod duos filios suos parvos tutelae populi
commendasset; de or I 228. fortunas: f. domicilia.
libertos, al: f. I. huius (Q. Pompei) actio non satis
commendabat orationem; Bru 240. nulla re una
magis oratorem commendari quam verborum splendore et copia; Bru 216. quorum (pontificum) auctoritati, fidei, prudentiae maiores nostri sacra religio-

nesque et privatas et publicas commendarunt; har
resp 14. ut cuperem quam celerrime res nostras
monimentis commendari tuis; ep V 12, 1. f. causam.
domicilia. sacra: f. religiones. senatus salutem
(meam) vobis, municipiis, coloniis omnibus commendavit; Quir 15. sedes: f. domicilia. ut duos summos
viros iis, qui neutrum illorum viderint, commendemus:
de or II 9.

commentariolus. Entwurf, Aufsatz: 1. in
commentariolis et chirographis et libellis prolatis acta Caesaris firma erunt? Phil I. 16. — 2.
quae pueris aut adulescentulis nobis ex commentariolis nostris inchoata ac rudia exciderunt: de
or I 5.

commentarius. commentarium (f. I. 2).
Entwurf, Abhandlung, Tagebuch, Denkwürdig-
keiten: (commentarii Caesaris) nudi sunt, recti et
venusti, omni ornatu orationis tamquam veste
detracta; Bru 262. — 2. illa censoria non est
oratio, sed quasi orationis commentarium paulo
plenius; Bru 164. — II, 1. commentarios quosdam
Aristotelios veni ut auferrem; fin III 10. commentarium consulatus mei Graece compositum misi
ad te; A I 19, 10. conficiam commentarios
rerum omnium; ep V 12, 10. legi commentarios.
quos ‖ quosdam ‖ idem (Caesar) scripsit rerum
suarum; Bru 262. mitto: f. compono. scribo: f.
lego. — 2. cum iste omnes acerbitates ex regum
commentariis conquisierit; Rabir 15. nos in
antiquis commentariis invenimus; Bru 72. quae
Caesar numquam neque fecisset neque passus esset.
ea nunc ex falsis eius commentariis proferuntur:
A XIV 13, 6. quae in commentarium meum rettuli;
de or I 208. ut in veteribus commentariis scriptum
est; Bru 60. — III. cuius domi quaestuosissima est
falsorum commentariorum et chirographorum officina: Phil II 35. —

commentatio, Erwägung. Überlegung, Vorbereitung: I, 1. si subitam et fortuitam orationem
commentatio et cogitatio facile vincit; de or I 150.
— 2. philosophorum vita commentatio mortis est:
Tusc I 74. — II, 1. omnem commentationem causarum abiecimus; ep IX 20, 1. illa commentatio
inventionis in veritatis lucem proferenda est: de or I
157. — 2. (Carbonem) in exercitationibus commen-
tationibusque multum operae solitum esse ponere:
Bru 105. — III, 1. (Marcellus) sese cotidianis commentationibus acerrime exercuit; Bru 249. quos
locos multa commentatione [atque meditatione] paratos
atque expeditos habere debetis: de or II 118. —
2. in cotidianis commentationibus equidem mihi
adulescentulus proponere solebam illam exercitationem
maxime; de or I 154.

commenticius, erfunden, erdichtet: in illa
commenticia Platonis civitate; de or I 230. quo
modo crimen commenticium confirmaret; Sex Rosc
42. ut a physicis rebus tracta ratio sit ad com-
menticios et fictos deos; nat II 70. auctoritatem
nullam debemus nec fidem commenticiis rebus
adiungere; div II 113.

commentor, erwägen, überlegen, entwerfen,
sprechen: I. usque illum (Galbam) omnibus exclusis commentatum in quadam testudine cum servis
litteratis fuisse; Bru 87. satisne vobis videor pro
meo iure in vestris auribus commentatus? fin V 75.
cum (Antonius) in villa Metelli complures dies
commentatus esset; ep XII 2, 1. — II. ut ante
commentemur inter nos, qua ratione nobis traducendum sit hoc tempus; ep IV 6, 3. — 2. ut: f. III.
alqd; A IV 6, 2. — III. ut sua et commentata et
scripta meminisset; Bru 301. qui multos annos nihil
aliud commentaris: ep VII 1, 5. id ipsum mecum
commentor, ut ista improbem; A IV 6, 2. alter
commentatus est mimos; Phil XI 13. θέσεις meas
commentari non desino; A IX 9, 1.

commentum, Erfindung, Trug: I. haec *non* somniantium philosophorum *esse commenta,* sed prudentiam coniecturas; rep VI 3. — II. opinionis commenta delet dies, naturae iudicia confirmat; nat II 5.

commeo, fich bewegen, wandern, kommen, fahren: crebro illius litterae ab aliis ad nos commeant; A VIII 9, 3. naturis his || iis || sursus deorsus, ultro citro commeantibus; nat II 84. quae (navis) ad ea furta commearet; Ver V 46.

commercium, Handel, Verkehr, Kaufrecht: I. arabat is agrum conductum in Segestano; nam commercium in eo agro nemini est; Ver III 93. — II. nec habet (voluptas) ullam cum virtute commercium; Cato 42. — III. asciverunt sibi illud oppidum piratae primo commercio, deinde etiam societate; Ver IV 21 (22).

commereor, verdienen: erat Athenis quasi poenae aestimatio; et sententia cum iudicibus daretur, interrogabatur reus, quam [quasi aestimationem] commeruisse se maxime confiteretur; de or I 232.

commetior, messen, vergleichen: ceterorum siderum ambitus homines neque nomine appellant neque inter se numero commetiuntur; Tim 33. saepe oportet commetiri cum tempore negotium; inv I 39.

commigro, einziehen: domus tibi conducta est; sed paucis mensibus post K. Quintiles in tuam commigrabis; Q fr II 3, 7.

commilito, Kriegsgefährte: 1. dementes fuisse milites veteranos, commilitones tuos; ep XI 7, 2. 2. hic adulescens, qui meus in Cilicia miles, in Graecia commilito fuit; Deiot 28.

comminatio, Androhung: orationis ipsius tamquam armorum est ad usum comminatio et quasi petitio; de or III 206.

comminiscor, ersinnen, erdichten: I. qui commenti sunt se de terra exstitisse; rep III 25. — II. ne me hoc commentum putes; A VI 1, 8. Epicurus monogrammos deos commentus est; nat II 59.

comminuo, zerbrechen, zertrümmern, untergraben, demütigen: quem (Viriathum) C. Laelius praetor fregit et comminuit; of II 40. re familiari comminuti sumus; A IV 3, 6. nullum esse officium tam sanctum, quod non avaritia comminuere ac violare soleat; Quinct 26. opes illius civitatis comminutae depressaeque sunt; Ver V 98. statuam istius comminuunt; Piso 93.

comminus, im Handgemenge, in der Nähe, persönlich: I. qui me epistula petivit, ad te, ut video, comminus accessit; A II 2, 2. qui cum hoste nostro comminus in acie saepe pugnarit; Balb 23. nec (avus) eminus hastis aut comminus gladiis uteretur; Cato 19. — II. non solum conflictu corporum neque ictu comminus magnas copias pulsas esse; Caecin 43.

commisceo, vermischen, vermengen: qui (Peripatetici) honesta commiscerent cum commodis; nat I 16. ignem sempiternum cum totius urbis incendio commisceri; dom 144.

commiseratio, Mitleid, Rührung: I. quid de Q. Regis commiseratione dicam? de or II 125. — II. (vocis genus) sine commiseratione grave quoddam; de or III 219.

commiseror, klagen, beklagen: I. cum commiserari, conqueri coeperit; div Caec 46. — »nox commiseran hominum casus«; fr H IV, a, 435.

commissio, Aufführung, Beginn: 1. commissione Graecorum frequentiam non fuisse; A XVI 5, 1. — 2. tecum ago, ut iam ab ipsa commissione ad me, quem ad modum accipiantur hi ludi; A XV 26, 1.

commissura, Verbindung: I. ut et ipsae (coniunctiones) secum et inter se ex commissura, quae e regione esset, iungerentur; Tim 24. — II. quae (ossa) mirabiles commissuras habent ad stabilitatem aptas; nat II 139.

committo, beginnen, ausüben, zulassen, begehen, sich vergehen, verschulden, preisgeben, verwirken, überlassen, auftragen, anvertrauen, begehen: I, 1. quia quasi committeret contra legem, „quo quis iudicio circumveniretur"; Bru 48. — 2. vide, quam temere committant, ut, si nulla sit divinatio, nulli sint di; div II 41. non committo, ut ambitione mea conturbem officium tuum; ep XIII 5, 1. — II. summae fuisse amentiae dubia spe impulsum certum in periculum se commetere; inv II 27. non dubito. quin, quoad plane valeas, te neque navigationi neque viae committas; ep XVI 4, 1. auctor non sum, ut te urbi committas; A XV 11, 1. cum non impulsione. verum ratiocinatione aliquam commisisse quid dicet; inv II 20. an coli iustitia poterit ab homine propter vim doloris enuntiante commissa? Tusc II 31. f. flagitium. uni gubernatori, uni medico, si digni modo sint iis artibus, rectius esse alteri navem committere, aegrum alteri quam multis; rep I 62. ut omnis rei publicae dignitas, omnium civium salus, vita, libertas, arae, foci, di penates. bona, fortunae, domicilia vestrae sapientiae, fidei, potestati commissa creditaque esse videantur; dom 1. ego tibi ullam causam maiorem committendam putem? de or I 174. si quae culpa commissa est; ep XVI 10, 1. deos, al. f. aras. commissum facinus et admissum dedecus confitebor; ep III 10, 2. quantum flagitii commisisset; Bru 219. focos, al.: f. aras. Philocles ὑποθήκας Cluvio dedit. eae commissae sunt; ep XIII 56, 2. longo intervallo iudicium inter sicarios hoc primum committitur; Sex Rosc 11. libertatem: f. aras. quo die ludi committebantur; Q fr III 4, 6. ut illam multam non commiserit; Cluent 103. navem: f. aegrum. quod eorum hominum fidei tabulae publicae periculaque magistratuum committuntur; Ver III 183. ne committeret proelium; div I 77. quae (pugna) cum rege commissa est; Muren 34. qui tibi rem magnam difficilemque commisit; ep XIII 5, 1. salutem, vitam: f. aras. tabulas: f. pericula. — III. mihi totam urbem tuendam esse commissam; Ver V 36.

commode, angemessen, zweckmäßig. trefflich, bequem: nos commodius agimus; fin II 3. numquam tam male est Siculis, quin aliquid facete et commode dicant; Ver IV 95. sane commode Pompeius distribuit binos (gladiatores) singulis patribus familiarum; A VII 14, 2. te in Formiano commodissime exspectari; A II 14, 2. quod litteras, quibus putas opus esse, curas dandas, facis commode; A XI 7, 7. perficere rem eius modi commodius in turba posse se arbitrati sunt; Cluent 36. ut satis haec commode perscripsisse videamur; inv II 10. hoc commode reprehenditur || reprehendetur ||, si . .; inv I 85. (orationem) commode scriptam esse dixit; de or I 231. ut vos istic commodissime sperem esse; ep XIV 7, 2.

commoditas, Zweckmäßigkeit, Annehmlichkeit, Bequemlichkeit, Vorteil: I. in occasione commoditas ad faciendum idonea consideranda est; inv II 40. omnem commoditatem prosperitatemque vitae a dis se habere; nat III 86. — 2. ad hominum commoditates et usus tantam rerum ubertatem natura largita est, ut . .; leg I 25. — II. ad quem (usum) accommodanda est aedificandi descriptio et tamen adhibenda commoditatis dignitatisque diligentia; of I 138.

commodo, gefällig sein, leihen: I. 1. habere te magnam facultatem Caerelliae commodandi; ep XIII 72, 2. invidetur commodis hominum ipsorum, studiis autem eorum ceteris commodandi favetur; de or II 207. — 2. socios Bithyniae, ut is commodaris, memores esse; ep XIII 9, 3. ut omnibus in rebus ei (L. Genucilio) commodes, quoad fides tua dignitasque patietur; ep XIII 53, 1. — II. a te idem illud peto, ut de loco, quo deportet frumentum, et

de tempore Avianio commodes; ep XIII 75, 2. — III.
nihil est, quod in isto genere cuiquam possim commodare: ep II 17. 4. quae successori amicissimo
commodare potest is, qui provinciam tradit; ep III
3, 1. quibus (Paphiis) tu quaecumque commodaris,
erunt mihi gratissima; ep XIII 48. quae si se aurum
Caelio commodasse non dicit; Cael 32.

commodum, eben, gerade: commodum discesseras heri, cum Trebatius venit; A XIII 9, 1.
commodum ad te dederam litteras, cum ad me
Dionysius † fuit; A X 16, 1. emerseram commodum
ex Antiati in Appiam, cum in me incurrit Curio;
A II 12, 2.

commodus, angemessen, zweckmäßig, bequem,
umgänglich, genehm, günstig, neutr.: Vorteil, Bequemlichkeit, Muße, Wohl, Vergünstigung, Vorrecht,
(Gestehenes: A. ut Apronius, qui aliis inhumanus
ac barbarus, isti uni commodus ac disertus videretur;
Ver III 23. in hoc genere multo te esse iam
commodiorem mitioremque nuntiant; Q fr I 1, 39.
te brevius, quam paratus fueris, esse dicturum commodum est polliceri; inv I 25. ex quibus (litteris)
ea, quae in agro Piceno gesta erant, cognovi
commodiora esse multo, quam ut erat nobis
nuntiatum; A VIII 11, B, 1. vide, quam commodam
defensionem excogitaris! Ver V 153. eos, qui
antea commodis fuerint moribus, prosperis rebus
immutari; Lael 54. minus commodos sermones
malevolorum fuisse: ep II 17, 3. potestne tibi ulla
spes salutis commoda ostendi, cum . . ? Ver I 47.
si commodius anni tempus esset; A IX 3, 1. —
B. I, 1. solent: f. II, 1. comparo. commoda et
incommoda in eo genere sunt, quae praeposita et
reiecta dicimus ‖ diximus ‖ ; fin III 69. hinc ad
rem publicam plurima commoda veniunt; inv I 5. —
2. velim aliquando, cum erit tuum commodum,
Lentulum puerum visas; A XII 28, 3. — II. 1. illa,
in quibus aut incommodi aliquid maioris adipiscendi commodi causa aut maioris vitandi incommodi
suscipitur aut aliquod commodum maioris adipiscendi
commodi aut maioris vitandi incommodi praeteritur;
inv I 18. corporis commoda cum externis comparari solent; of II 88. commoda et incommoda
considerantur ab natura atque animo aut corpori;
inv I 35. omnibus provincialibus ornamentis
commodisque depositis; sen 35. do: f. considero.
qui utilitatem defendit, enumerabit commoda
pacis, opum, potentiae, vectigalium, praesidii
militum; de or II 335. cum (homo) tam
diu sedens meum commodum exspectet; A XIV 2, 3.
quoniam omnia commoda nostra, iura legibus
obtinemus; Cluent 155. praetereo: f. adipiscor.
quid commodi sit secutus aut quid incommodi
fugerit; inv II 20. — 2. qui honesta et recta
emolumentis omnibus et commodis anteponerent:
fin II 55. qua in re dolori suo, non rei publicae
commodis serviunt; div Caec 64. — 3. posse eos
(cives) colendis agris abundare commodis omnibus;
rep II 26. carere mortuos vitae commodis? Tusc I 87.
si frui tuis commodis cogitas; A IV 18, 5 (17, 3).
locis commodisque puplicis uti vetuit; Ver II 66. —
4. comparo cum: f. 1. comparo. suum cuique
incommodum ferendum est potius quam de alterius
commodis detrahendum; of III 30. pertinere hoc ad
commodum senatorium; Ver III 223. — III. alqd:
f. II, 1. sequor. fore aliquando amissionem omnium
vitae commodorum; Tusc II 10. parva esse ad
beate vivendum momenta ista corporis commodorum;
fin V 72. ut ex omni potestate, curatione, patrocinio
vestrorum commodorum Cn. Pompeius depelleretur;
agr II 25. officii rationem in omni vita, non
commodi esse ducendam; Sest 23. — IV, 1. qui
omnia metiuntur emolumentis et commodis, of
III 18. qui forum commodis hospitum, non furtis
nocentium ornarent; Ver IV 6. si commodo

valetudinis tuae fieri possit; ep XVI 1, 2. plane
illuc te ire nisi tuo magno commodo nolo; A XIII
27, 2. — 2. etsi mea commodi causa commovere me
noluisti; ep V 20, 1. dies ex utriusque commodo
sumitur; Caecin 20.

commonefacio, erinnern, mahnen: I. quin
tui sceleris et crudelitatis ex illa oratione
commonefiat; Ver V 112. — II. te etiam atque
etiam esse commonefaciendum; ep XIII 72, 1.

commoneo, erinnern, mahnen: I. quod
frumenti copia commonet, tempus anni non
impedit; Ver V 29. — II. cum quidam ex illius
amicis commonerent oportere decerni; Ver IV
141. — III, 1. de periculo commonendi (erunt):
part or 96. — 2. te breviter commonendum putavi.
ne existimares . . ; ep IV 15, 2. — 3. quae
(auctoritates) te commonerant fortissimum tibi
patrem fuisse; Ver pr 52. — 4. quod vos lex
commonet, id . . ; Ver III 40.

commonstro, zeigen: qui illi sedes et quasi
domicilia omnium argumentorum commonstret;
de or II 162. quoniam de ornatu omni orationis
sunt omnes, ut non patefacti, at certe commonstrati
loci; de or III 210. sedes: f. domicilia. ut
commonstrarem tantum viam; de or I 203.

commoratio, Verweilen, Aufenthalt: I.
posteaquam Pompei commoratio diuturnior erat.
quam putaram; ep VII 5, 1. commoratio una in re
permultum movet; de or III 202. et villa et
amoenitas illa commorationis est, non devorsorii
"devers. ‖ ; ep VII 19, 1.

commoror, verweilen, bleiben: I. consilium
tuum diutius in armis civilibus commorandi: ep
VI 10, 1. — II. nos apud Alyziam unum diem
commorati sumus; ep XVI 3, 1. me diutius in
tam turpi vita commorari; Q fr I 3, 6. quoniam
Romae commoraris; A V 12, 3. defensor maxime
in voluntate defendenda commorabitur; inv II 101.
unam illam noctem solam praedones ad Helorum
commorati; Ver V 95. ut una in re haereat in
eademque commoretur sententia; orat 137.

commotio, Erregung, Aufregung: I. ita
definit, ut perturbatio sit aversa a ratione contra
naturam animi commotio; Tusc IV 47. — II. quae
(temperantia) sit ‖ est ‖ moderatrix omnium
commotionum; Tusc V 42. — III. in contrariis
commotionibus auferenda ‖ efferenda ‖ sunt; de
or II 216.

commotiuncula, kleine Unpäßlichkeit: com-
motiunculis συμπάσχω; A XII 11.

commoveo, bewegen, von der Stelle bringen,
Eindruck machen, bestimmen, rühren, erregen, aufregen, angreifen, aufreizen, beunruhigen, verwirren.
in Verlegenheit setzen: I. in primis commovet
explicatio vocabuli ac nominis; part or 41. —
II. facilius est currentem, ut aiunt, incitare quam
commovere languentem; de or II 186. sin te
auctoritas commovebat; fin IV 61. me commoveri
κανικοῖς; ep XVI 23, 2. quod (Quintus) perleviter
commotus fuerat; Q fr III 5, 2 (6, 1). nec sane
satis commoveor animo ad ea, quae vis, canenda;
Q fr III 5, 4. non commovi me adhuc Thessalonica;
A III 14, 2. si convellere adoriamur ea, quae non
possint commoveri; de or II 205. ab iis et appetitio
et actio commovetur; fin IV 48. alterum est
accommodatum ad eorum animos ad id commovendos:
de or II 114. appetitionem: f. actionem. quae
magnum et acerbum dolorem commoverit; Ver
IV 47. commorat exspectationem Lupus; Q fr II 1,1.
quandam laetitiam bonorum esse commotam; A XI
16, 2. ais, si una littera commota sit, fore tota ut
labet disciplina; fin IV 53. in quo (loco) porticus
haec ipsa et palaestra et tot locis sessiones
Gymnasiorum et Graecorum disputationum memoriam
quodam modo commovent; de or II 20. ad

misericordiam commovendam; Bru 142. nummus in Gallia nullus sine civium Romanorum tabulis commovetur; Font 11. indignatio summum in eum odium commovere poterit; inv I 103. rem commovisti nova disputatione dignam; Bru 297. quam multorum non modo discendi, sed etiam scribendi studia commoverim; nat I 8. omnis suspicio in eos servos commovebatur; Cluent 180. magnis commotis tempestatibus; inv II 96.

communicatio, Mitteilung: I. mihi nunc te absente sermonis communicatio, quae mihi suavissima tecum solet esse, maxime deest; A I 17, 6. communicatio, quae est quasi cum iis ipsis, apud quos dicas, deliberatio; de or III 204. f. deest. nihil est quod latius pateat quam quasi quaedam societas et communicatio utilitatum; fin V 65. — II. numqnam est internissa a maioribus nostris largitio et communicatio civitatis; Balb 31.

communico, mitteilen, teilnehmen laffen, gemeinfam machen, Anteil haben: I. nam || non || habeo ne me quidem ipsum, quicum tam audacter communicem quam tecum; A XII 36, 1. — II. qui (Pompeius) mecum saepissime d e te communicare solet: ep I 7. 3. velle te mecum de officio utriusque nostrum communicare; ep IV 1, 1. f. III alqd. — III. quae temporibus illis inter nos familiarissime dicta, scripta, communicata sint; ep XI 27, 2. quod de nostris rebus coram communicassemus inter nos; ep XV 14, 4. desinant suam causam cum Chrysogono communicare; Sex Rosc 140. quicum (consilium) communicaret; of III 49. modo vestri facti gloriam cum mea laude communicet; ep XII 2, 1. cum mecum inimicitias communicavisti; ep XV 21, 2.

communio, verfchanzen, befeftigen, fichern: Atella m praesidio communient; agr I fr. 2. omni auctoritate aulae communita; ep XV 4, 6. sanctissimis testimoniis causa Roscii communita est; Q Rosc 43.

communio, Gemeinfchaft: I. inter quos est communio legis, inter eos communio iuris est; leg I 23. multum valet communio sanguinis; Sex Rosc 63. — II. si manere in pristina communione voluissent; de or III 72. — III. (homines) litterarum et rocum communione iunxisti; Tusc V 5. genus id est, quod sui similis communione quadam, specie autem differentis, duas aut plures complectitur partes; de or I 189.

communis, gemeinfchaftlich, gemeinfam, allgemein, gewöhnlich, zugänglich, leutfelig, demofratifch gefinnt, neutr. Gemeinwefen, Gemeingut, gemeinfame Kaffe: A quemquamne existimas Catone proavo tuo commodiorem, communiorem, moderatiorem fuisse ad omnem rationem humanitatis? Muren 66. an eum magis communem censemus in victoria futurum fuisse? ep IV 9, 2. commune (est), quod nihilo minus in hanc quam in contrariam partem causae potest convenire; inv I 26. commune est, quod homines vulgo probarunt et secuti sunt, huius modi: ut maioribus natu adsurgatur; inv I 48. quid est tam commune quam spiritus vivis, terra mortuis? Sex Rosc 72. multa sunt civibus inter se communia, forum, fana, porticus, viae; of I 53. ut commune officium censurae communi animo ac voluntate defenderent; prov 20. id pertinere ad communem causam libertatis et dignitatis; Ver V 143. ut omnes et communibus commodis et suis uterentur; rep V 7. maiores nostri Capua magistratus, senatum, consilium commune sustulerunt; agr I 19. non debes aut propriam fortunam et praecipuam postulare aut communem recusare; ep IV 15, 2. succurrere saluti fortunisque communibus; Rabir 3. commune (genus est), quod accidit omnibus eodem fere tempore, ut messis, vindemia, calor, frigus; inv I 40. commune (genus argumentationis) est, quod nihilo magis ab adver-

sariis, quam a nobis facit; inv I 90. domum meam eversam non ab inimico meo, sed ab hoste communi; dom 101. ut id faciat ad commune iudicium populareinque intellegentiam accommodatius; orat 117. quamquam hoc communi iure gentium sanctum est; har resp 32. homini non communium litterarum et politioris humanitatis experti; de or II 72. locorum communium quoniam duo genera sunt, quorum alterum dubiae rei, alterum certae continet amplificationem; inv II 68. scriptas fuisse et paratas a Protagora rerum inlustrium disputationes, quae nunc communes appellantur loci; Bru 46. qui (loci) communes sunt appellati eo, quod videntur multarum idem esse causarum; orat 126. quae (memoria) communis est multarum artium; orat 54. quid in communi mente quasi impressum sit; de or III 115. quam fortiter ferres communes miserias; ep IV 15, 1. mortem omni aetati esse communem; Cato 68. aliqua eius nota et || et non || communia officia; inv II 35. f. animus. onus meum vobiscum esse commune; Ver I 19. qui posset satis acute ex communi quadam opinione hominum dicere; de or I 94. vobis supplex manus tendit patria communis: Catil IV 18. cum huius tum communis periculi causa; Planc 56. (libri) abhorrent a communibus praeceptis; ep I 9, 23. si, cum de certa re quaeretur, de communi instituetur oratio; inv I 95. numquam dubitastis meam salutem cum communi salute coniungere; sen 4. f. fortuna. quod ea sunt in communibus infixa sensibus; de or III 195. hoc studium non erat commune Graeciae, sed proprium Athenarum; Bru 49. quam spem cum graves communium temporum tum varii nostri casus fefellerunt: de or I 2. in communi vita et vulgari hominum consuetudine non hebetem nec rudem (esse); de or I 248. Socrates mihi videtur philosophiam ad vitam communem adduxisse; Ac I 15. voluntas: f. animus. res ad communem utilitatem, quas publicas appellamus; Sest 91. — B, I, 1. quod ius statuere COMMUNI DIVIDUNDO? ep VII 12, 2. quo modo iste commune Milyadum vexarit; Ver I 95. — 2. ut communibus pro communibus utatur, privatis ut suis; of I 20. — 3. ex nostra (arte) || nostro || quoque non nihil in commune contulimus; inv II 8. posteaquam nescio quid impendit et in commune contulit; Quinct 12. utor pro: f. 2. — III. statuae a communi Siciliae datae; Ver II 114.

communitas, Gemeinfchaft. Gemeinfinn, Allgemeinheit: I. cum homini nulla cum deo sit communitas; nat I 116. — II. 1. qua (ratione) societas hominum inter ipsos et vitae quasi communitas continetur; of I 20. societas hominum et communitas evertatur necesse est; of II 22. — 2. quae (virtutes) in communitate cernuntur et in societate generis humani; of III 118. iam a communitate non diiuncta videbitur; Top 29. necesse est, quod a communitate ducatur officium, id esse maximum; of I 153. nec id ad voluptatem refero, sed ad communitatem vitae atque victus; ep IX 24, 3. — III. quae naturae principia sint communitatis et societatis humanae; of I 50.

communiter, allgemein, im allgemeinen, gemeinfchaftlich, zufammen: quod communiter appellamus honestum; of I 17. alia epistula communiter commendavi tibi legatos Arpinatium, hac separatim Q. Fufidium; ep XIII 12, 1. hoc sit nobis dictum communiter de omni genere locorum communium; inv II 50. •una in stella communiter haerent«; fr H IV, a, 250. cur omnia cum Chrysogono communiter possidet? Sex Rosc 108. cum communiter quaedam de omnibus praecipi possint, separatim quoque aliae sunt cuiusque generis diverse praeceptiones; inv II 12. utra (lex) communiter in plures, utra in aliquam certam rem scripta videatur; inv II 146. ex litteris et iis, quas

communiter cum aliis scripsisti, et iis, quas tuo nomine; A XI 5, 1. quo (munere) uterque nostrum communiter uteretur; Cato 2.

communitio, Wegbahnung: omne principium aut rei totius, quae agetur, significationem habere debebit aut aditum ad causam et munitionem ‖ communitionem ‖ aut . . ; de or II 320.

commurmuror, murmeln: ut scriba secum ipse commurmuratus sit: „ratio apparet"; Piso 61.

commutabilis, veränderlich: commutabile (est), quod ab adversario potest leviter mutatum ex contraria parte dici; inv I 26. si ne in uno quidem quoque unus animus erit idemque semper, sed varius, commutabilis, multiplex; Lael 92.

commutatio, Umwandlung, Veränderung, Wechsel, Umschlag: I. exorta est totius commutatio rei publicae; rep II 63. — II. annuae commutationes quadam ex necessitudine semper eodem modo fiunt; inv I 59. commutationes dominorum reformido; A XII 36, 1. — III. illa poteris uti civilium commutationum scientia; ep V 12, 4.

commuto, umwandeln, verändern, wechseln, auswechseln, tauschen: nihil commutantur animo et iidem abeunt, qui venerant; fin IV 7. (Quintus) commutatus est totus et scriptis meis quibusdam et assiduitate orationis; A XVI 5, 2. ad commutandos animos atque omni ratione flectendos; de or II 211. qui commutatam annonam esse dicebant; dom 15. Regulus captus a Poenis cum de captivis commutandis Romam missus esset; of I 39. eo (cursu) commutato; ep I 9, 21. ut commutatis eis opus sit legibus; Cluent 150. hanc esse rem, quae ut sit semel indicata, neque alio commutari iudicio neque ulla potestate corrigi possit; inv I 102. quae (res publica Atheniensium) persaepe commutata esset; rep II 2. facile et libenter sententiam commutabimus ‖ c. s. ‖; inv II 9. an audacius tabulas publicas commutavit? Ver III 83. tempestate iam commutata; inv II 154. ornandi causa proprium proprio commutatum (est verbum); de or III 167.

como, ordnen, glätten, schmücken: erant illi compti capilli; Piso 25. diserti senis compta ‖ conposita ‖ et mitis oratio; Cato 28.

comoedia, Lustspiel: I. comicum (Hyperboli) improbitatem veteres Atticorum comoediae notaverunt; Bru 224. numquam comoediae, nisi consuetudo vitae pateretur, probare sua theatris flagitia potuissent; rep IV 11. — II. Aristophanes, facetissimus poëta veteris comoediae; leg II 37. — III. et in tragoedia comicum vitiosum est et in comoedia turpe tragicum; opt gen 1.

comoedus, Komiker: I. et comoedum in tragoediis et tragoedum in comoediis admodum placere vidimus; orat 109. — II. nemo a pessimo histrione bonum comoedum fieri existimaret; Q Rosc 30.

compaciscor (compec.), übereinkommen: compecto cum matre Bostaris consilium cepit, ut . . ; Scaur 8.

compactio, Zusammenfügung: quod contingit animalibus quadam compactione membrorum; fin V 33.

compactum, Vertrag: non comittendum, ut etiam compacto ‖ cum pacto ‖ prohibiti videamur; A X 12, 2.

compages, Gefüge: dum sumus inclusi in his compagibus corporis; Cato 77.

comparabilis, vergleichbar: comparabile est, quod in rebus diversis similem aliquam rationem continet. eius partes sunt tres: imago, conlatio, exemplum; inv I 49. cum pro comparabili aliquid inducetur, quoniam id per similitudinem maxime tractatur, conveniet . . ; inv I 82. simile ex specie comparabili iudicatur; inv I 42.

comparate, vergleichsweise: cum quaeritur, quale quid sit, aut simpliciter quaeritur aut com-

parate; simpliciter: expetendane sit gloria; comparate: praeponendane sit divitiis gloria; Top 84.

comparatio, Beschaffung, Vorbereitung, Zurüstung: I. sit tam facilis, quam vultis, comparatio voluptatis; fin II 92. — II, 1. totius huius ab illa est et inventa et adornata comparatio criminis; Cluent 191. — 2. Mithridates omne reliquum tempus ad comparationem novi (belli) contulit; imp Pomp 9. ut nihil de mea comparatione deminuam; Q fr I 2, 16.

comparatio, Vergleich, Vergleichung, Verhältnis: I. comparatio est, cum aliud aliquod factum rectum aut utile contenditur, quod ut fieret, illud, quod arguitur, dicitur esse commissum; inv I 15. eius (adsumptivae partis) partes sunt quattuor: comparatio. relatio criminis, remotio criminis, concessio. comparatio est, cum aliquid ‖ aliquod ‖ factum, quod ‖ per se ‖ ipsum non sit probandum, ex eo, cuius id causa factum est, defenditur; inv II 71, 72. illa orationis suae cum scriptis alienis comparatio non mediocris contentionis est; de or I 257. est etiam cum ceteris praestantibus viris comparatio in laudatione praeclara; de or II 348. parium comparatio nec elationem habet nec submissionem; Top 71. — II. si contentio quaedam et comparatio fiat, quibus plurimum tribuendum sit officii; of I 58. etsi praestantia debent ea dici, quae habent aliquam comparationem; Tusc V 38. — III. comparationum duo (genera sunt): unum de eodem et alio, alterum de maiore et minore; Top 84. reliqua est comparationis locus; Top 68. comparationis duo sunt modi: unus, cum . .; de or III 117. — IV. ex comparatione (coniuncta causa est), in qua per contentionem, utrum potius [aut quid potissimum sit], quaeritur; inv I 17. non simpliciter solum quaeritur, quid honestum sit, sed etiam ex comparatione, quid honestius; part or 66. ex comparatione omnia (argumenta) valent, quae sunt huius modi; Top 23. iter per brevem comparationem auditoris memoria redintegrabitur; inv I 99. cum hoc maxime tamen in comparatione coniungar; de or II 32. ex quibus (litteris) cepi fructum duplicem mihique in comparatione difficilem ad iudicandum; ep X 5, 1. cum ipsum audires sine comparatione; Bru 134.

comparativus, vergleichend: infirmatio est haec comparativa; inv II 73. oportebit ipsam illam comparativam iudicationem exponere tamquam causam deliberativam; inv II 76.

compareo, erscheinen, sichtbar werden: cum subito sole obscurato (Romulus) non comparuisset; rep II 17. hic rumores ‖ rumor est ‖ Pompeium non comparere; A XII 2, 1. quaerite nunc vestigia, quibus exitus eorum ex illo loco compareant; Ver V 148. nobis pueris haec (oratio) omnium optima putabatur, quae vix iam comparet in hac turba novorum voluminum; Bru 122. ut in Thucydide orbem modo orationis desidero, ornamenta comparent; orat 234.

comparo, bereiten, vorbereiten, einrichten, be schaffen. besorgen, rüsten: I. omnino ex hac quoque parte diligentius comparatur; ep XVI 11, 3. — II, 1. in Asiam me ire comparantem; Planc 100. — 2. ut (id) consideratae fieret, comparaverunt; Quinct 51. — III. quae salutis causa comparata sunt; inv II 75. ut accusatorem filio suo compararet; Cluent 191. numquam huc venissem, nisi ad res alias pestiferas aditus sibi compararent; A II 17, 1. alter bellum terra et mari comparat; A X 4, 3. ut tibi manum, copias, tibi suos spectatos ‖ sper. ‖ centuriones, tibi pecuniam, tibi familias comparares; dom 55. nec illa sibi remedia comparavit ad tolerandum dolorem. firmitatem animi, turpitudinis verecundiam, exercitationem consuetudinemque patiendi, [praecepta fortitudinis,] duritiam virilem; Tusc V 74. copias; f. centuriones. duritiam, al. f. consuetudinem. exercitum eum contra te magnum comparasse; Deiot 22.

familiam, al. f. centuriones. quod (genus) esset ad
delectationem comparatum; orat 208. homines comparari, qui armati in Tusculanum mitterentur; A
XV 8.§2. quae (insidiae) tuae atque horum famae
comparantur; Ver pr 52. hunc homini alienissimo
a civitatibus laudationes comparare; Ver IV 147.
quibus artibus eae laudes comparantur; ep II 4, 2.
quid ego ad id longam orationem comparem? Rabir
8. ipse princeps praesidii comparandi fuit; Phil V
44. quas (res) sapientia comparat ad voluptatem;
fin II 89. primum silva rerum [ac sententiarum]
comparanda est; de or III 103. equidem mihi hoc
subsidium iam inde ab adulescentia comparavi; de
or I 199. — IV. hi eandem Capuam molem contra
veterem rem publicam comparant; agr II 89. subsidium mihi diligentiam comparavi; Quinct 4.

comparo, vergleichen, zusammenstellen, gegenüberstellen: ut me tecum compararem; Piso 63. ut
neminem tibi anteponam, comparem paucos; ep XII
17, 3. cum Aesernino Samnite Pacideianus compa-
ratus viderer; Q fr III 4, 2. comparantur ea, quae
aut maiora aut minora aut paria dicuntur. numero
sic comparabuntur, ut . .; Top 68, 69. multa sunt, quae aequalitate
ipsa comparantur ‖ comparentur ‖; Top 71. haec in
deligendo officio saepe inter se comparentur necesse
est; of I 152. ut crebro conferantur pugnantia
comparenturque contraria; orat 38. cum meum
factum cum tuo comparo; ep III 6, 1. et hominem
cum homine et tempus cum tempore et rem cum re
comparate; dom 130. maiora et minora et paria
comparabimus sic; de or II 172. vgl. alqd. comparare oportet ‖ oportebit ‖ cum beneficio maleficium;
inv II 75. paria, parva: f. magna vgl. alqd. rem:
f. hominem. equi fortis et victoris senectuti comparat suam; Cato 14. tempus: f. hominem.

compasco, gemeinschaftlich hüten, **compascuus,** zur Gemeindeweide gehörig: si compascuus
ager est, ius est compascere; Top 12.

compellatio, Vorwurf: I. nec sentit amens
commendationem esse compellationem suam; Phil
III 17. — II. crebras vel potius cotidianas com-
pellationes meas non tulit; ep XII 25, 2.

compello, drängen, treiben, zusammentreiben,
nötigen: quod me domo mea expulistis, Cn. Pompeium domum suam compulistis; Piso 16. qui ad
illa arma sumus compulsi; Marcel 13. hunc ego
hominem nisi ex domesticis insidiis in castrense
latrocinium compulissem; Catil III 17. cur eam
(orationem) tantas in angustias compellimus? Ac II
112. omni totius provinciae pecore compulso; Piso 47.

compello, tadeln, anklagen: Q. Ciceronem,
fratris mei filium, compellat edicto; Phil III 17. se
iudicem, qui non adfuerit, compellaturum; A II 2, 3.

compendiarius, kurz: quamquam praeclare
Socrates hanc viam ad gloriam proximam et quasi
compendiariam dicebat esse; of II 43.

compendium, Vorteil: I. in quo praesertim
sit compendium populi; A V 4, 2. — II. ut paululum tu compendii facias; Q Rosc 49.

compensatio, Ausgleichung: nisi aequabilis
haec in civitate compensatio sit iuris et officii et
muneris; rep II 57.

compenso, gegenüberstellen, ausgleichen, er-
setzen: facile iniuriarum omnium compensarem curam
et molestiam; rep I 7. iudicii nostri errorem laus
tibi dati muneris compensabit; orat 35. quoniam
summi labores nostri magna compensati gloria mitigantur; de or III 14. rationes tuas te video compensare
cum istis doloribus, non memoriam corpore perceptarum voluptatum; fin II, 98. molestiam: f. curam.
paucitatem pedum gravitate sua et tarditate compensat; orat 216. Catonis est dictum „pedibus
compensari pecuniam“; Flac 72. rationes: f. memoriam.
o vix ullo otio compensandus hanc rei publicae

Merguet, Handlexikon zu Cicero.

turpitudinem! A VII 18, 2. hoc vitium compensant
vel facultate vel copia; orat 231.

comperendinatus, Aufschub: I. adimo
comperendinatum; Ver I 26. — II. unum quasi
comperendinatus medium diem fuisse; Bru 87.

comperendino, vertagen, zum zweiten Termin vorladen: I. ut ante primos ludos comperen-
dinem; Ver pr 34. — II. reus lege comperendinatus;
Ver IV 34.

comperio, erfahren: I. a quibus comperit
idcirco suum decretum pecunia esse templatum; Ver
II 59. esse aliquid abs te profectum ex multis
audivi; nam „comperisse“ me non audeo dicere; ep
V 5, 2. — II. de: f. III. alqd. — III. nihil de hoc
consul comperi, nihil suspicatus sum, nihil audivi;
Sulla 86. me (Clodius) tantum „comperisse“ omnia
criminabatur; A I 14, 5. facinus manifesto com-
pertum atque deprehensum; Cluent 43. cum indicia
mortis se comperisse manifesto et manu tenere
diceret; Bru 277. — IV. omnia falsa comperta
sunt; Milo 67.

compes, Fußfessel: I. has compedes, fasces,
inquam, hos laureatos efferre ex Italia quam molestum
est! A VIII 3, 5. — II. ille ex compedibus atque
ergastulo; Rabir 20.

compesco, bändigen: qui contuderit ‖ compe-
scit, al. ‖ eius vim; rep I 1.

competitor, Mitbewerber: I. accidere posse,
ut competitores pares suffragiis essent; Planc 53.
competitores, qui certi esse videantur; Galba et
Antonius et Q. Cornificius; A I 1, 1. — II. accusavit ambitus designatum competitorem; Bru 113.
cum proximis comitiis consularibus competitores tuos
interficere voluisti; Catil I 11.

competitrix, Mitbewerberin: nos quoque
habuimus scaenam competitricem; Muren 40.

compilatio, Plünderung: ut mihi Chresti
compilationem mitteres; ep II 8, 1.

compilo, plündern, ausbeuten: „si malui com-
pilari quam venire“; de or II 268. quasi vero non
apertissime consulem, exercitum provinciamque
compilarit; Ver I 35. alii omnia, quae possunt
fana compilant; nat I 86. qui hortos compilaverit;
Phil III 30. provincia: f. consulem.

compingo, zusammenfügen, stecken, verstecken:
(Pompeius) in Apuliam se compegerat; A VIII 8, 1.
quid tam compositum tamque compactum et coagmentatum inveniri potest? fin III 74. a quibus oratorem
in indicia et contiunculas tamquam in aliquod
pistrinum detrudi et compingi videbam; de or I 46.

Compitalia, Compitalien: I. in Kalendas
Ianuarias Compitaliorum dies incidisset; Piso 8. —
II. tu pridie Compitalia memento; A II 3, 4.

Compitalicius, zu den Compitalien gehörig:
haec ambulationibus Compitaliciis reservemus;
A II 3, 3. quoniam IIII Non. Ian. Compitalicius
dies est; A VII 7, 3. cuius (consulatus tui) fuit
initium ludi Compitalicii; Piso 8.

compitum, Kreuzweg: ut in atriis auctionariis
potius quam in triviis aut in compitis consideretur;
agr I 7.

complano, niederreißen: Sp. Maelii regnum
appetentis domus est complanata; dom 101.

complector, umfassen, umarmen, umschließen,
zusammenfassen, einschließen, enthalten, erfassen,
begreifen (pass: f. II. scelera): I. ita complectemur,
ut in unum conducamus propositionem et adsumptionem; inv I 73. cum complector animo; Cato 15.
— II. in hac sententia complectendus erat mihi
Caesar; ep I 9, 12. ut eum (Lysonem) etiam atque
etiam tuis officiis, liberalitate complectare; ep XIII
24, 3. peto, ut eum (Democritum) complectare,
diligas, in tuis habeas; ep XIII 78, 2. veteres illi
maius quiddam animo complexi; de or III 20. ut
ea cura ac diligentia tua complectare; ep III 3, 1.

17

cum (Oppius) me hortaretur, ut adulescentem totamque causam manumque veteranorum complecterer;
A XVI 15, 3. omnes omnium caritates patria una
complexa est; of I 57. causam: f. adulescentem.
nisi gratulationem quam confirmationem animi tui
complecti litteris maluissem; ep VI 6, 1. quantam
rerum varietatem, quantam vim, quantam copiam
complexus es! de or III 126. cum virgo Vestalis
germanum fratrem complexa teneat; Font 46. quos
(fratres) aeque atque te summa benivolentia sum
complexus; ep VI 14, 1. gratulationem: f. confirmationem. ut animo rei magnitudinem complectantur;
de or I 19. manum: f. adulescentem. complexi
mulieres impudicas; Catil II 10. ille (L. Paulus)
artius puellam complexus; div I 103. (Hortensius)
rem complectebatur memoriter; Brn 303. quae
(natura) omnes res sit complexa; nat II 36. quo
|| quod i uno maleficio scelera omnia complexa esse
videantur || complexum . . videatur ||; Sex Rosc 37.
quod complector tantam scientiam vimque doctrinae;
de or III 75. varietatem, vim: f. copiam. — III.
ita te victorem complectar re publica recuperata,
ut . .; ep X 12, 1.

complementum, Ausfüllungsmittel: apud
alios inculcata reperias inania quaedam verba quasi
complementa numerorum; orat 230.

compleo, anfüllen, befetzen, erfüllen, vollzählig,
vollftändig machen, vollenden (gen. f. Ver V 147.
Cato 46): meae (aurea) perfecto completoque verborum
ambitu gaudent; orat 168. completi sunt animi
auresque vestrae me legi obsistere; agr III 3. cum
completus iam mercatorum carcer esset; Ver V 147.
convivium vicinorum cotidie compleo; Cato 46. haec
est undique completa et perfecta explicatio summi
boni; fin V 72. ut plangore et lamentatione complerimus forum; orat 131. complere paginam volui;
A XIII 34. onerandum complendumque (est) pectus
maximarum rerum et plurimarum suavitate, copia,
varietate; de or III 121. neque est adhuc ea summa
completa; Flac 32. ut locus in subselliis occupetur,
compleatur tribunal; Brn 290. illi corporis commodis compleri vitam beatam putant; fin III 43.

complexio, Verbindung, Umfaffung, Zu-
fammenpfaffung, Schlußfatz: I. (complexio) unum in
locum cum conduxerit breviter propositionem et adsumptionem, adiungit, quid . .; inv I 59. ex his
prima est brevis complexio totius negotii, quae
summam continet facti, hoc modo: parentis occisio,
patriae proditio; inv I 37. complexio est, in qua,
utrum concesseris, reprehenditur, ad hunc modum:
„si improbus est, cur uteris?“ si probus, cur accusas?“
inv I 45. longissima est complexio verborum, quae
volvi uno spiritu potest; de or III 182. f. continet.
quinto inducunt loco complexionem eam, quae id
infert solum, quod ex omnibus partibus cogitur, hoc
modo: „consilio igitur mundus administratur“; inv I
59. — II, 1. demonstrare oportebit non ex eo, quod
ipse concesseris, sed ex eo, quod ille sumpserit,
conflici complexionem, ad hunc modum: „si in-
digetis pecuniae“ . .; inv I 88. perspicuam fugeris
complexionem; inv I 73. induco: f. I. infert. volvo:
f. I. est. — 2. ne, quod perspicuum sit, id in complexionem inferamus; inv I 72. — III. si com-
plexionum genera intelleguntur; inv I 73. tum
hoc, tum illo genere complexionis uti (licet); inv
I 76. — IV, 1. nec avercatim multa frequentans una
complexione devinciet; orat 85. — 2. in: f. I. est.

complexus, Umarmung, Umfchließung, Um-
treis: 1. omnia cingens et coërcens caeli complexus;
nat II 101. — II. e complexu parentum abreptos
filios; Ver I 7. utinam complexu ad complexum
meae Tulliae, ad osculum Atticae possim currere!
A XII 1, 1. quem (filium) ego ferus ac ferreus e
complexu dimisi meo; Q fr I 3, 3. si in vestrum
complexu venero; ep XIV 1, 3. — III, 1. qui

(mundus) omnia complexu suo coërcet et continet:
nat II 58. dicitur quidam, cum in somnis complexu
Venerio iungeretur, calculos eiecisse; div II 143. me
ipsa suo complexu patria tenuisset; Piso 19. — 2.
cupio in tuo complexu emori; ep XIV 4, 1.

complico, zufammenlegen, verwirren: cum
complicarem hanc epistulam; A XII 1, 2. si qui
voluerit animi sui complicatam notionem evolvere:
of III 76.

comploro, beflagen: nondum morte complorata:
dom 98.

complures, mehrere: A. aliarum commodi-
tatum complurium copia; nat II 18. sunt senatus
consulta complura; agr II 88. confirmandi genera
compluris; fr F II 5. quos (libros) complures brevi
tempore edidimus; nat I 6. municipes Regini complures ad me venerunt; Phil I 8. erant signa ex
aere complura; Ver II 87. — B, a, I. nemone fuit,
cui deberet Quinctius? fuerunt, et complures fuerunt:
Quinct 78. — II. complures in perturbatione rei
publicae consules || consulares || dicti; ep X 6, 3. —
b. quod in poëmatis, in picturis usu venit in aliisque compluribus; of III 15.

compono, zufammenfetzen, entwerfen, abfaffen,
feftfetzen, einrichten, rüften, ordnen, bilden, fchlich-
ten: I, 1. stilus exercitatus facile efficit formulam
|| eff. facilem hanc viam || componendi; orat 150. —
2. (P. Antistius) componebat diligenter; Brn 227. —
II. (n. Flavium scribam fastos protulisse actionesque composuisse; A VI 1, 8. (Isocratem) totum se
ad artes componendas transtulisse; Bru 48. artificium, cuius modi de ipso iure civili hesterno die
Crassus componi posse dicebat; de or II 83. composito et delibuto capillo; Sex Rosc 135. quem
(diem) totum Galbam in consideranda causa com-
ponendaque posuisse; Bru 87. commentarium
consulatus mei Graece compositum misi ad te; A I
19, 10. Romae composui edictum; ep III 8, 4 certam
quandam disciplinae formulam composuerunt; Ac I
17. non solum re et sententia, sed verbis quoque
hoc interdictum ita esse compositum, ut . .; Caecin
86. ego itinera sic composueram, ut . .; A XV 26, 3.
severissimum iudicium maximaque ratione compositum; Tul 36. (librum) ex alienis orationibus compositum; div Caec 47. admiratus sum σύγγνων
litterularum, quia solent tuae compositissimae et
clarissimae esse; A VI 9, 1. compositam orationem
et ornatam (adferunt); de or I 50. compositi oratoris
bene structam conlocationem; orat 232. in inveniendis componendisque rebus mira accuratio; Bru 238.
composita et constituta re publica; leg III 42. tibi
etiam gratias agebat, quod signa componenda
suscepisses; A IV 9, 1. ego testimonium composui.
quod, cum voles, obsignabitur; A XV 15, 1. conlocationis est componere et struere verba sic, ut . .:
de or III 171. ipsa verba compone et quasi coagmenta; Bru 68. nec solum componentur verba ratione,
sed etiam finientur; orat 164.

comporto, zufammentragen, einliefern: cum
arma in aedem Castoris comportabas; dom 54.
frumentum ex agris in loca tuta comportatur; A V
18, 2. apparatu nobis opus est et rebus exquisitis.
undique conlectis, accersitis, comportatis; de or III 92.

compos, im Befitz, im Genuß, teilhaftig, mächtig:
si me aliquando vestri et patriae compotem fortuna
fecerit; A III 15, 4. eam naturam non rationis et
consilii compotem esse; nat II 36. non sum mentis
compos; A IX 6, 4. patriae: f. vestri. rationis: f.
consilii. quarum (rerum) qui essent animo et scientia
compotes, eos esse imperatores dicerem; de or I
210. omnes virtutis compotes beati sunt; Tusc V 39.
qui me huius urbis compotem fecerunt; Sest 146.

composite, wohlgeordnet: composite et apte
sine sententiis dicere insania est; orat 236. sin

oratoris nihil vis esse nisi composite, ornate, copiose loqui; de or I 48.

compositio. Zuſammenſetzung, Anordnung, Geſtaltung, Abfaſſung, Einigung: I. iuris compositio pontificalis magnam religionem declarat; leg II 55. quae (compositio) tota servit gravitati vocum aut suavitati; orat 182. — II. ut mihi gladiatorum compositiones mitteres; ep II 8, 1. (hanc) sive compositionem sive perfectionem sive numerum vocari placet; orat 228. — III. me spes compositionis (fefellit); A IX 6, 7. — IV. erat (Hortensius) compositione aptus; Bru 303. ut pulchritudo corporis apta compositione membrorum movet oculos; of I 98.

compositor, Ordner: non inventor aut compositor aut actor, qui haec complexus est omnia, sed „eloquens" dictus est; orat 61.

compotatio, Trinkgeſellſchaft: bene maiores accubitionem epularem convivium nominaverunt, melius quam Graeci, qui hoc idem tum compotationem, tum concenationem vocant; Cato 45. illi (Graeci) συμπόσια aut σύνδειπνα, id est compotationes aut conˉenationes, nos „convivia"; ep IX 24, 3.

compotor, Trinkgenoſſe: I. quorum bona suis comitibus compotoribusque discripsit || descr. ||; Phil V 22. — II. adhibes ioci causa magistrum suffragio tuo et compotorum tuorum rhetorem; Phil II 42.

compransor, Tiſchgenoſſe: agrum Campanum tu compransoribus tuis et conlusoribus dividebas; Phil II 101.

comprehendibilis ſ. comprend.

comprehendo (comprendo), faſſen, ergreifen, feſtnehmen, begreifen, ausdrücken, umfaſſen, um‐ ſchließen: I. ne plura consecter, comprendam brevi; de or I 34. si (semen) inciderit in concipientem comprendentemque naturam; nat II 81. — II. quod nequeunt, qualis animus sit vacans corpore, intellegere et cogitatione comprehendere; Tusc I 50. — III. si tu cum gladio cruento comprensus (es); de or II 170. volui in consulatu tuo venire, sed nox me comprehendit; fr G, b, 32. nihil esse, quod comprehendi et percipi possit; Ac II 148. si hunc adulescentem humanitate tua comprenderis; ep XIII 15, 3. cuius nefandum adulterium in pulvinaribus sanctissimis nobilissimae feminae comprehenderunt; Milo 72. in his operibus si quis illam artem comprehenderit; de or II 73. testimonii audaciam manifesto comprehensam atque oppressam teneri; Flac 38. cum tu tantam vim rerum cognitionemque comprenderis; de or III 131. has quinque dierum disputationes memoria comprehendamus; Tusc V 121. oratione aliqua lecta ad eum finem, quem memoria possem comprehendere; de or I 154. habuit (M. Antonius) comprehensam animo quandam formam eloquentiae; orat 19. hominem comprehendit et in custodiam Ephesi tradidit; Q fr I 2, 14. ad rerum nostrarum || veterum annalium || memoriam comprehendendam impulsi sumus; Bru 19. si quis omnium rerum atque artium rationem naturamque comprenderit; de or I 80. quia (Cato) verbis luculentioribus et pluribus rem eandem comprehenderat; A XII 21, 1. est scientia comprehendenda rerum plurimarum; de or I 17. propriis verbis comprendens solute et facile sententiam; Bru 317. comprehensus est in templo Castoris servus P. Clodii; Milo 18. vobis haec Carneadia aut illa Aristotelia vis comprehendenda est de or III 71. ſ. cognitionem.

comprehensio (comprensio), Ergreifen, Be‐ griffen, Begriff, Zuſammenfaſſung, Periode, Satz: i. 1. ut comprehensio numerose et apte cadat; orat 149. constat. al.: ſ. ambitus, I. comprehensio, quae, utrum concesseris, debet tollere, si vera est, numquam reprehendetur; inv I 83. quod comprehensio facta sensibus et vera esse illi et fidelis videbatur; Ac I 42. tollit: ſ. debet. nihil tam

tenerum quam illius (M. Calidii) comprensio verborum; Bru 274. — 2. cum pugnum fecerat, comprensionem illam esse dicebat; Ac II 145. II. cum (visum) acceptum iam et approbatum esset, comprehensionem appellabat, similem iis rebus, quae manu prenderentur; Ac I 41. quod exercitatione perfecta erat verborum eratque astricta comprensio; Bru 327. universa comprehensio et species orationis clausa et terminata est; orat 198. facio: ſ. I. est. dico: ſ. circumitus, II. dico. nunc, quot modis mutentur comprehensiones conclusionesque, dicendum est; orat 212. perficio: ſ. astringo. si comprehensio aut una aut utraque ex parte reprehenditur; inv I 79. ſ. I. debet. spiritu quasi necessitate aliqua verborum comprensio terminatur; Bru 34. ſ. claudo. — III. in verbis et eligendis et conlocandis et comprensione || compressione || devin‐ ciendis; Bru 140.

comprendibilis, erfaßbar: id visum cum ipsam per se cerneretur, comprendibile || compre‐ hendibile, comprehensibile, al. || (quonam enim alio modo κατάληπτόν diceres?) appellabat; Ac I 41.

compresse. gedrängt: quod latius loquerentur rhetores, dialectici autem compressius; fin II 17.

compressio, Zuſammendrängen: compressione rerum breves erant; Bru 29.

compressus, Umſchließen: tepefactum (semen terra) vapore et compressu suo diffundit; Cato 51.

comprimo, zuſammendrücken, unterbrücken, zurückhalten, beugen, hemmen, beſchwichtigen: haec cogitatio animum comprimit; Tusc II 53. comprimere eorum audaciam; ep XV 4, 10. qui (Milo) omnes P. Clodii conatus furoresque compressit; of II 58. pina comprimit conchas; nat II 123. neque unum eius nec parvum, sed multa magna delicta compressi; A X 4, 6. cum (Zeno) compresserat digitos pugnamque fecerat, dialecticam aiebat eius modi esse; orat 113. ut ferocitatem istam tuam comprimerem; Vatin 2. perfeci, ut et Graeci et cives Romani, qui frumentum compresserant, magnum numerum populis pollicerentur; A V 21, 8. furores: ſ. conatus. in iracundia comprimenda; part or 67. oratio exsultantem laetitiam comprimens; Top 86. comprimendae libidines sunt; Marcel 23. ne improbum negotiatorem, paulo cupidiorem publicanum comprimere non possis; Q fr I 1, 7. ita (orationem) compresseram, ut numquam emanaturam putarem; A III 12, 2. publicanum: ſ. negotiatorem. cum illum pugnum arte vehementerque compresserat; Ac II 145. ne audaciae quidem locum ad timorem comprimendum fuisse; dom 140.

comprobatio, Anerkennung: quis est tam dissimilis homini, qui non moveatur et offensione turpitudinis et comprobatione honestatis? fin V 62.

comprobator, Anerkenner: qui (sint) auctoritatis eius et inventionis comprobatores atque aemuli; inv I 43.

comprobo, billigen, anerkennen, zugeben, beſtätigen, genehmigen, beweiſen: qui omnium iudicio comprobatus est; Q Rosc 42. ut ea non dicam comprobes, sed studiose libenterque comprobes; A XVI 16, 15. auctoritatem nostri decreti rebus gestis suis comprobavit; Phil XIV 28. mea privata consilia publici quoque casus comprobaverunt; Planc 66. quem arbitramur decretum consulum comprobaturum; A XVI 16, 18. quodsi hoc foedus, quod populus Romanus voluntate et sententiis suis comprobat, idem suffragiis comprobasset; Balb 35. si tu honorem meum sententia tua comprobaris; ep XV 4, 11. leges poena, non iustitia nostra comprobantur; rep III 18. milites veteranos atque legiones Martiam et quartam comprobastis; Phil V 28. si ista comprobabis divina praedicta; fat 13. iudicatum est res adsensione aut auctoritate aut indicio alicuius aut aliquorum comprobata; inv I 48. res

17*

somnium comprobavit; div I 50. ita mihi meam
voluntatem spemque reliquae vitae vestra populique
Romani existimatio comprobet, ut . . ; Ver V 35.
compromissum, Übereinkunft: I. quid ita
de hac pecunia compromissum feceris; Q Rosc 12.
poenis compromissique interpositis; Ver II 66. —
II. sese, quo minus id facerent, et compromisso et
iure iurando impediri; ep XII 30, 5.
compromitto, sich gegenseitig versprechen:
tribunicii candidati compromiserunt HS quingenis in
singulos apud M. Catonem depositis petere eius
arbitratu, ut, qui contra fecisset, ab eo condemnaretur; Q fr II 14, 4.
compungo, stechen, zeichnen: ipsi (dialectici)
se compungunt suis acuminibus; de or II 158. barbarum compunctum notis Thraeciis; of II 25.
computo, berechnen: computarat, pecuniam
imperarat || impetrarat·|| ; Phil II 94.
conatum. Versuch: cuius ego inceptum ullum
conatumve contra patriam deprehendero; Catil II 27.
conatus. Versuch, Absicht, Unternehmen,
Wagnis: I. cuius (laudis) in nostris orationibus non
sit aliqua si non perfectio, at conatus tamen atque
adumbratio; orat 103. — II, 1. qua (via) omnes illorum
conatus investigare et consequi possim; Ver pr 48.
natura mundi omnes motus habet voluntarios conatusque et appetitiones; nat II 58. ut altero (appetitu beluae) conatum haberent ad naturales pastus
capessendos; nat II 122. investigo: f. consequor. quem
(fratrem) ego cum comperissem omnem sui tribunatus conatum in meam perniciem parare atque
meditari; ep V 2, 6. qui horum impetus et conatus
represserunt; Sest 139. uterque conatum iracundiae
suae morte sedavit; Bru 42. — 2. hac ego religione
non sum ab hoc conatu repulsus; orat 36. —
III. illud mihi nequaquam dignum industria cona-
tuque meo videbatur; Ver pr 35. — IV. quo maiore
conatu studioque aguntur; Quinct 47.
concalefacio (concalf.), erwärmen: cum
brachium concalfecerit, tum se solere pugnare; de
or II 316. quam (corporum concursionem) Democritus concalefactam esse vult; Tusc I 42.
concalesco, sich erwärmen: quia corpora nostra
ardore animi concalescunt; Tusc I 42.
concallesco, Schwielen bekommen, gewandt
werden: callidos (eos appello), quorum, tamquam
manus opere, sic animus usu concalluit; nat III
25. locus ille animi nostri, stomachus ubi habitabat
olim, concalluit || habitat, olim concaluit || ; A IV
18, 2 (16, 10). .manus: f. animus.
concavus, hohl, gewölbt: adde huc spelun-
carum concavas altitudines || amplitudines || ;
nat II 98. quod (Socrates) iugula concava non
haberet; fat 10.
concedo, nachgeben, nachstehen, weichen, sich
begeben, beitreten, einräumen, zugestehen, gestatten:
I, I. qua in re vel concedere alteri vel ad condicionem
alterius descendere oportebit; inv II 174. — 2. das
possessionem ei, qui non iuravit: concedo; Ver
I 124. dignitati eorum concessit; Muren 57.
primum quod † attinet, (Hirtius) nihil mihi concedebat; A XV 1, 2. consules neque concedebant
neque valde repugnabant; ep I 2, 2. »concedat
laurea laudi«; of I 77. ut magnitudini medicinae
doloris magnitudo concederet; Tusc IV 63. — II, 1.
levitatem totius Asiae protulit, de qua nos et
libenter et facile concedimus; Flac 37. etsi de
cupiditate nemini concedam; A XII 47, 2. —
2. quibus ego, ut de iis rebus disserant, cum concessero; de or I 57. haec ut alius melius quam
alius, concedendum est; opt gen 4. id nos ut in
reliquis rebus faciamus, a Stoicis non concedetur?
div I 6. — 3. ut, si ridere concessum sit, vituperetur tamen cachinnatio; Tusc IV 66. — 4. si
hoc verum esse concedis; Cluent 114. — III. cum,

his concessis, complexio [ex his] non conficietur
|| conficitur || : iuv I 87. si quid est tibi remissum
atque concessum; Sulla 47. id sumunt pro concesso
et probato; Tusc V 18. neque ei (Servio) quicquam
in desperatione concedo; A XIV 18, 3. cui civitati
maiores nostri maximos agros concesserunt; Ver V
125. quibus maiora delicta concessa sint; inv II 107.
cui (Catulo) Graeci ipsi solent suae linguae subtilitatem elegantiamque concedere; de or II 28. non
concessum (genus argumentationis) est, cum id, quod
augetur, in controversia est; inv I 92. communem
hereditatem concessit adulescenti propinquo suo:
Flac 89. quibus summa dicendi laus a nostris
hominibus concessa est; de or I 23. f. potestatem.
si virgo Vestalis locum suum gladiatorium concessit
huic; Muren 73. multi saepe in iudicando peccata
liberum parentum misericordiae concesserunt; Cluent
195. cum eius (rei publicae) administrandae potestatem aliis laudemque concederent; of I 71. te
sine ulla mora provinciam successori concedere: ep
I 9, 25. tibi concedo meas sedes; div I 104.
subtilitatem: f. elegantiam. ad cetera quod tibi
tandem tempus vacuum fuit concessum? leg I 9.
cui (Demostheni) sine dubio summa vis dicendi conceditur; de or I 260. — IV. ei bona quaedam
proscriptorum diripienda concessit; Ver I 98.
concelebro. betreiben, feiern: mihi videntur
postea cetera studia recta atque honesta per
otium concelebrata ab optimis enituisse; inv I 4.
summae virtutis concelebrandae causa; inv II 70.
concenatio. Speisegesellschaft: f. **compotatio.**
concentio, Einklang, Harmonie: I. est animis
rationis concentionisque, quae ἁρμονία Graece, sem-
piternarum rerum compos; Tim 27. — II. caterva
tota clarissima concentione contionata est; Sest 118.
concentus, Gesang, Harmonie, Übereinstimmung, Chor: I. ex coniunctione naturae et quasi
concentu atque consensu, quam συμπάθειαν Graeci
appellant; div II 34. qui (sonus) acuta cum
gravibus temperans varios aequabiliter concentus
efficit; rep VI 18. ut a populo catervae atque concentus eiciantur; de or III 196. mirus quidam
omnium quasi consensus doctrinarum concentusque
reperitur; de or III 21. ut in cantu ipso ac vocibus
concentus est quidam tenendus ex distinctis sonis:
rep II 69. — IV. ex: f. I. appello.
conceptio, Fassung, Empfängnis: I. conceptio
contra naturam fortasse, sed partus prope necessarius; div II 50. — II. ibi omnis conceptio privatorum iudiciorum constituitur; inv II 58.
conceptus, Empfängnis: quaedam (invisitata)
etiam ex hominum pecudumve conceptu et satu
(oriebantur); div I 93. ut Oceanum Salaciamque
Caeli satu Terraeque conceptu generatos editosque
memoremus; Tim 39.
concerpo, zerreißen: tu eas epistulas aliquando
concerpito, ne quando quid emanet; A X 12, 3.
concertatio, Streit, Wortstreit: I, 1. nostras
concertationes res publica diiudicavit; A XIV
13, B, 4. — 2. oritur (seditio) ex concertatione
magistratuum; Sest 77. a minutis angustisque
concertationibus ad omnem vim varietatemque vos
disserendi traducendos putavit; de or III 121. —
II. infinitis concertationumque plenis disputationibus; de or I 194. — IV. (loquatur) sine ieiuna
concertatione verborum; de or II 68.
concertatorius, streitend: Thucydides hoc
forense, concertatorium, iudiciale non tractavit
genus; Bru 287.
concerto, streiten, kämpfen: I. qui saepius cum
hoste conflixit, quam quisquam cum inimico concertavit; imp Pomp 28. quia numquam accidit, ut
cum eo verbo uno concertarem; A III 12, 2. — II.
quem (Herculem) concertavisse cum Apolline de
tripode accepimus; nat III 42. — III. quae etiamsi

aut concertata aut diiudicata aut confecta non sunt; part or 99.

concessio, Einräumung, Zugeständniß: I. concessio est, cum reus non id, quod factum est, defendit, sed, ut ignoscatur, postulat. haec in duas partes dividitur, purgationem et deprecationem; inv I 15. concessio est, per quam non factum ipsum probatur ab reo, sed ut ignoscatur, id petitur. cuius partes sunt duae, purgatio et deprecatio; inv II 94.— II, 1. quae (conclusio) aut confirmat concessionem aut, quid ex ea conficiatur, ostendit; inv I 54. divido: f. I. — 2. ex quibus concessionibus non conficitur hoc: inv I 88. f. 1. — III. partes: f. I. — IV, 1. cum nostra ‖ vestra ‖ concessione omnem vim sui iuris amiserint; A III 24. 1. — 2. per: f. I.

concessus, Zugeständniß: quae ratio sit in e-unda nobis illius concessu et beneficio quiescendi; ep IV 6, 3. cum Servius regnare coepisset non iussu, sed voluntate atque concessu civium; rep II 38.

concha, Muschel: I. on coachas eos et umbilicos ad Caietam et ad Laurentum legere consuesse; de or II 22. — II. haec avis scribitur conchis se solere complere; nat II 124. pina duabus grandibus patula conchis; nat II 123.

conchyliatus, purpurfarben: conchyliatis Cn. Pompei peristromatis; Phil II 67.

conchylium, Schaltier, Auster, Purpur: I. ostreis et conchyliis omnibus contingere, ut cum luna pariter crescant pariterque decrescant; div II 33. — II. exstructa mensa non conchyliis aut piscibus; Piso 67. cum palliis conchylio tinctis; rep VI 2.

concido, schlagen, niederstürzen, zu Grunde gehen, unterliegen, schwinden: qui concidentem vulneribus Cn. Pompeium vidissent; Tusc III 66. ecquis umquam tam ex amplo statu concidit? A III 10, 2. cum meae forenses artes et actiones publicae concidissent; orat 148. cum religio, cum pudicitia, cum iudiciorum fides, cum senatus auctoritas concidisset; A I 16, 7. conclave illud concidisse; de or II 353. omnes Catilinae copias, omnes spes atque opes his depulsis urbis periculis concidisse; Catil III 16. quo ostento regnum patris et domum funditus concidisse; div I 121. fides: f. auctoritas. huic novo pontifici non mentem debilitatam metu concidisse; dom 135. opes: f. copiae. ne una plaga accepta patres conscripti conciderent, ne deficerent; A I 16, 9. pudicitia, religio: f. auctoritas. regnum: f. domus. rem publicam concidere unius discessu quam omnium interitu occidere malui; dom 96. spes: f. copiae.

concillatio, Gewinnung, Verbindung, Neigung, Trieb: I, 1. communem totius generis hominum conciliationem et consociationem colere, tueri, servare debemus; of I 149. istam conciliationem gratiae Staienus excogitavit; Cluent 84. — 2. quod non inest in primis naturae conciliationibus honesta actio; fin III 22. — II. quae aut conciliationis causa leniter aut permotionis vehementer aguntur; de or II 216.

conciliatricula, Fürsprecherin: erat hominum opinione nobilitate ipsa, blanda conciliatricula, commendatus; Sest 21.

conciliatrix, Vermittlerin: quam blanda conciliatrix et quasi sui sit lena natura; nat I 77. omitto orationis vim, quae conciliatrix est humanae maxime societatis; leg I 27. cum conciliatrix amicitiae virtutis opinio fuerit; Lael 37.

concilio, verbinden, hinführen, geneigt machen, gewinnen, erwerben: ut conciliemus eos nobis, qui audiunt; de or II 115. quocum mihi amicitiam res publica conciliavit; Deiot 39. haec res amorem magis conciliat, illa virtutis defensio caritatem; de or II 206. conciliantur animi dignitate hominis, rebus gestis, existimatione vitae; de or II 182. quorum (amicorum) benivolentiam nobis conciliarat res publica; ep IV 13, 2. caritatem: f. amorem. est amplificatio gravior quaedam adfirmatio, quae motu animorum conciliet in dicendo fidem; part or 53. gratiae conciliandae causa; Cluent 87. quas (legiones Antonius) sibi conciliare pecunia cogitabat; ep XII 23, 2. nec mihi conciliare pecuniam licere nec illi capere; A VI 1, 21. quas (res) primas homini natura conciliet; Ac II 131. quam (societatem generis humani) conciliavit ipsa natura; Lael 20. ars eius (voluptatis ‖ voluntatis ‖) conciliandae reperienda (fuit); orat 162.

concilium, Vereinigung, Verbindung, Versammlung: I, 1. posse a summis imperiis et summis postestatibus comitiatus et concilia vel instituta dimittere vel habita rescindere; leg II 31. concilium plebis habentem; inv II 52. — 2. ne obnuntiare concilio aut comitiis liceret; sen 11. — 3. quid necesse est voluptatem in virtutum concilium adducere? fin II 12. cum in illud divinum animorum concilium coetumque proficiscar; Cato 84. Hannibalem visum esse in somnis a Iove in deorum concilium vocari; div I 49. — II. venit tandem in consilio de me agendi dies; Sest 75.

concinne, fein, witzig: sunt concinne distributa; de or II 81. rogare coepit blande et concinne scilicet; Q Rosc 49. concinne, ut multa, Timaeus; nat II 69.

concinnitas, kunstgerechte Verbindung, Abrundung: I. ne elaborata concinnitas appareat; orat 84. cuius (Gorgiae) in oratione plerumque efficit numerum ipsa concinnitas; orat 167. in his ornata sententiarum concinnitas non erat; Bru 325. in quibus ipsis (verbis) concinnitas inest; orat 164. — II, 1. illam concinnitatem adhibet ‖ adhibebit ‖ hic subtilis; orat 83. si (verba) aliquid concinnitatis efficiunt; orat 81. elatio: f. I. apparet. — 2. datur etiam venia concinnitati sententiarum; orat 38. — 3. quid est tam in ipsa concinnitate puerile? Bru 287. — III. alqd: f. II, 1. efficio. in huius concinnitatis consectatione Gorgiam fuisse principem accepimus; orat 165. ut memoriam concinnitatis suae relinqueret; Bru 38.

concinnitudo, Abrundung: splendoris et festivitatis et concinnitudinis minimum (exordium debet habere); inv I 25.

concinnus, kunstgerecht, abgerundet, gefällig, zierlich: alii in eadem ieiunitate concinniores; orat 20. concinnum (orationem) de or III 100. reditus ad rem aptus et concinnus esse debebit; de or III 203. concinnae acutaeque sententiae; Bru 272. concinnas magis sententias exquirunt quam probabiles; orat 65. tectorium ut concinnum sit; Q fr III 1, 1.

concino, singen, übereinstimmen: I. Antiocho Stoici cum Peripateticis re concinere videntur, verbis discrepare; nat I 16. omnibus inter se concinentibus mundi partibus; nat II 19. — II. haec cum pressis et flebilibus modis concinuntur; Tusc I 106.

concipio, auffassen, abfassen, empfangen, sich aufnehmen, auf sich laden, begehen: I, 1. sicut verbis concipitur more nostro; of III 108. — 2. negavit eam (matronam) concipere potuisse; div II 145. — II. quod ita iuratum est, ut mens conciperet fieri oportere; of III 107. — III. auribus

tu tantam cupiditatem concepisti, ut . .; Ver IV
101. quae (materies) nisi admoto igni ignem concipere
possit; de or II 190. quoniam principio rerum
omnium quasi adumbratas intellegentias animo ac
mente conceperit; leg I 59. ex quo (sanguine
paterno) si qua macula concepta est; Sex Rosc 66.
cum (vir egregius) iam praecordiis conceptam mortem
contineret; Tusc I 96. non istum maius in sese
scelus concepisse, cum fana spoliarit; Ver I 9. quae
terra concipiat semina; nat II 26. qui vadimonium
concipere posset; Q fr II 13, 3. voluptatem satis
firme conceptam animo atque comprensam; fin II 6.
concisio, Zerstückelung: dilucidum fiet ‖ fit ‖
[aut] circumscriptione conclusa aut intermissione aut
concisione verborum; part or 19.

concitatio. Erregung, Aufregung: I, 1. plebei
contra patres concitatione et seditione nuntiata;
Bru 56. — 2. ut omni populari concitatione defungerer; Sest 74. — 3. sapientem ab omni
concitatione animi, quam perturbationem voco, semper
vacare; Tusc V 48. — II. qui concitatione quadam
animi futura praesentiunt; div I 34.

concitator, Aufwiegler: seditionis instimulator
et concitator tu fuisti; dom 11. quis est Sergius?
signifer seditionis, concitator tabernariorum; dom 13.

concito, erregen, aufregen, aufreizen, zusammentreiben: si qui satis esset concitatus cohortatione sua ad studium cognoscendae virtutis; de or
I 204. cum a corpore animus abstractus divino instinctu concitatur; div I 66. cum magnum bellum
in Cappadocia concitaretur; ep XV 4, 6. contiones
cotidianas seditiose ‖ seditione ‖ ac populariter concitatas; Cluent 93. cuius (cursus) conversio est
concitatior; rep VI 18. quam exspectationem tui
concitasti; ep II 1, 2. hominem totiens omni motu
animi concitari; de or II 191. qui peregrinam manum
facinerosorum concitavit; Sest 95. quod is populi
misericordiam concitasset; de or I 227. quae (perturbationes) sunt turbidi animorum concitatique
motus; Tusc IV 34. quantam auditorum multitudinem infamia C. Verris concitatura (sit); div Caec 42.
ut in aliquem hominem magnum odium aut in rem
gravis offensio concitetur· inv I 100. ex qua
(vitiositate) concitantur perturbationes; Tusc IV 34.
qui concitatum populum flectat; Muren 24. quo pacto
(risus) concitetur; de or II 235. ut tempestates saepe
improviso nulla ex certa ratione, obscura aliqua ex
causa concitantur; Muren 36. nullo tumultu publice
concitato; Catil I 11.

conclamo, laut rufen, zustimmen: I. cum a
me conservatam esse rem publicam concla-
mastis; Phil VI 2. — II. id sutores et zonarii
conclamarunt; Flac 17.

conclave, Zimmer, Gemach: I. conclave illud,
ubi epularetur Scopas, concidisse; de or 353. — II,
1. inferior porticus et eius conclavia fiunt recte;
Q fr III 9, 7. — 2. cum cenatus cubitum in idem
conclave isset; Sex Rosc 64.

concludo, einschließen, einengen, abschließen,
schließen, einen Schluß ziehen, zum Schluß kommen;
I, 1. quae (ars) tradit concludendi rationem; Ac II
92. — 2. ut concludamus atque ita peroremus, hoc
dicendi natura ipsa praescribit; de or II 307. quanta
ab illis (antiquis) varietas argumentorum ratione
concludentium! fin IV 9. — II. quattuor sunt capita,
quae concludant nihil esse, quod nosci, percipi,
comprehendi possit; Ac II 83. qua ratione deum
esse mundum concluditur; nat II 47. — III. artifices
omnes, caelatores ac vascularios, convocari iubet.
eos concludit, magnam hominum multitudinem; Ver
IV 54. omnia fere, quae sunt conclusa nunc artibus,
dispersa et dissipata quondam fuerunt; de or I 187.
omnia concludenda plerumque rebus augendis; de or
II 332. huic acuto fugienda sunt paria paribus relata et similiter conclusa; orat 84. quod omnia fere

concludebantur uno modo; orat 231. singulis argumentationibus ita concludendis, ut . .; orat 122.
quas (bestias) delectationis causa concludimus; fin
V 56. si (ancipites variique casus) exitu notabili
concluduntur; ep V 12, 5. (conligatio) in exiguum
angustumque concluditur; of I 53. concludis epistulam quandam hoc modo; A IX 10, 5. concludam
iam interrogationem meam; Vatin 40. ut hoc (ius)
civile, quod dicimus, in parvum quendam et angustum
locum concludatur; leg I 17. multitudinem: f. alqm.
legi non nullos, quorum prope modum absolute concluderetur oratio; orat 171. is (orator) concludatur
in ea, quae sunt in usu civitatum vulgari ac forensi;
de or I 260. quorum (verborum) discriptus ordo
alias alia terminatione concluditur; orat 200. Cratippus
solet rationem concludere hoc modo; div I 71. ea
(via), tametsi verbis interdicti non concluditur, sententia tamen iuris retinetur; Caecin 63.

concluse, abgerundet: cum (veteres) fortuito
saepe aliquid concluse apteque dicerent; orat 177.

conclusio, Schluß, Abschluß, Schlußfolgerung:
I, 1. si simplex conclusio falsi aliquid continere
demonstratur; inv I 79. conclusio est exitus et
determinatio totius orationis. haec habet partes tres.
enumerationem, indignationem, conquestionem; inv I
98. ex iis modis conclusiones innumerabiles nascuntur,
in quo est tota fere διαλεκτική; Top 57. rationis
apta conclusio; de or III 203. — 2. quid verum sit
in singulis, extrema conclusio est; fin IV 8. — II, 1.
simplex conclusio ex necessaria consecutione conficitur; inv I 45. tum conclusionem orationis et
quasi perorationem conlocant; de or II 80. vocis
dico moderationem et verborum conclusionem; de or
III 174. post inventa conclusio est; qua inventa
omnes suos magnos oratores videmus; orat 169. nunc.
quot modis mutentur comprehensiones conclusiones-
que, dicendum est; orat 212. hanc conclusionem
Arcesilas probabat; Ac II 67. simplex conclusio
reprehenditur ‖ reprehendetur ‖, si . .; inv I 86. —
2. utor: f. 1. invenio. — 3. id, quod non conficitur.
quasi conficiatur, in conclusionem ‖ conclusione
infertur; inv I 89. intersum inter: f. **admonitio,**
II, 2. — III. ut in extrema parte et conclusione
muneris ac negotii tui diligentissimus sis; Q
fr I 1, 46. — IV. quod carmen artificiosa verborum
conclusione aptius? de or I 34.

conclusiuncula. Schlußfolgerung: I. qui
(Stoici) contortulis quibusdam et minutis conclusiunculis nec ad sensus permanentibus effici volunt
non esse malum dolorem; Tusc II 42. — II. sophismata; sic enim appellantur fallaces conclusiunculae; Ac II 75.

concoquo, verdauen, zeitigen, überlegen: I.
tibi diu deliberandum et concoquendum est, utrum
potius Chaereae credas; Q Rosc 45. — II. quid is
(cibus) nocte et die concoquatur; nat II 24. nocturnis
vigiliis iustitium illud concoctum atque meditatum
est; har resp 55. haec (κρίσις), quam noster Diodotus
non concoquebat; ep IX 4. ut eius (Vatinii) ista
odia non sorbeam solum, sed etiam concoquam; Q
fr III 9, 5.

concordia, Eintracht: I, 1. fore ut possemus
concordiam constituere; A VIII 11, D, 1. nihil tam
populare quam pacem, quam concordiam reperiemus;
agr I 23. — 2. sive ad concordiam res adduci
potest sive ad bonorum victoriam; A VII 3, 2. te
de otio, de pace, de concordia civium agi velle; A
IX 11, A, 1. illum contra rem publicam concordiam-
que civium facturum; sen 27. Pompeium seperatim
ad concordiam hortabor; A VII 3, 5. — II, 1. pacis,
concordiae, compositionis auctor esse non desisti;
Phil II 24. quod in meo reditu spes otii et concordiae sita videbatur; dom 15. tollitur beneficium,
tollitur gratia, quae sunt vincla concordiae; fin II
117. — 2. Demetri Magnetis librum, quem ad te

misit de concordia, velim mihi mittas; A VIII 12, 6. — III. ego quod facio, me pacis, otii, concordiae causa facere clamo; Muren 78.

concorditer, einträchtig: quicum (fratre) concordissime vixerat; Rabir 14.

concordo. übereinstimmen: cum eius (animi) iudicia opinionesque concordant; Tusc IV 30.

concors, einträchtig, übereinstimmend: A. (mundus) se concordi quadam a m i c i t i a et caritate complectitur; Tim¹15. concentus ex dissimillimarum vocum moderatione concors efficitur et congruens; rep II 69. concordi populo nihil esse immutabilius; rep I 49. — B. aliis cor ipsum animus videtur, ex quo „excordes, vaecordes concordesque“ dicuntur; Tusc I 18.

concredo, anvertrauen: cui tu et rem et f a m a m tuam commendare proficiscens et concredere solebas; Quinct 62. cui fama mortui, fortunae vivi commendatae sunt atque concreditae; Sex Rosc 113.

concrepo. flappen, flappern: scabilla concrepant, aulaeum tollitur; Cael 65. (vir bonus) si digitis concrepuerit; of III 75.

concresco. zusammenwachsen, sich verbinden, sich verdichten, gerinnen, hart werden, sich verdunkeln: nihil est in animis mixtum atque concretum; Tusc I 66. crassus hic et concretus aër; Tusc I 42. quae (aqua) neque conglaciaret frigoribus neque nive pruinaque concresceret; nat II 26. qui utantur crasso caelo atque concreto; nat II 42. terrenis concretisque corporibus; Tusc I 47. terrane tibi aut sata aut concreta videtur tanta vis memoriae? Tusc I 60. ut (di) aut nimis acres aut nimis concretos umores conligant; nat II 59.

concretio, Verbindung, Verdichtung: 1. dum (Epicurus) individuorum corporum concretionem fugit; nat I 71. — 2. mens s e g r e g a t a ab omni concretione mortali; Tusc I 66.

concubina, Beischläferin: quae (mater) in concubinae loco ‖ locum ‖ duceretur; de or I 183.

concubitus, Zusammenliegen, Beischlaf: complexus concubitusque p e r m i t t u n t palliis interiectis; rep IV 4. ut deorum cum humano genere concubitus (videremur); nat I 42.

concubius, zur Zeit tiefen Schlafes: concubia nocte; div I 57.

conculco, niedertreten, mit Füßen treten: «in istum domi conculcandum putaverunt; Flac 53. conculcari miseram Italiam videbis proxima aestate; A VIII 11, 4. qui sanctissimas leges conculcaris ac pro nihilo putaris; Vatin 23.

concumbo, sich niederlegen, begatten: si peperit, cum viro concubuit; inv I 73. concubituram cum uxore Laium; fat 30.

concupisco, begehren, verlangen, trachten: I. si (sapiens) irascitur, etiam concupiscit; Tusc III 19. — II. cum praestare omnibus concupieris; of I 64. — III. qui civile b e l l u m concupiscit; Phil XIII 2. qui suis rebus exhaustis fortunas nostras concupiverunt; Phil XIII 3. ut non nimis concupiscendus honos esse videatur; ep XV 6, 2. cum est concupita pecunia; Tusc IV 24. qui res magnas concupiverunt; orat 4. qui pauperum sanguinem concupisset; Phil V 22. mirandum in modum Gnaeus noster Sullani regni similitudinem concupivit; A IX 7, 3.

concurro. zusammenlaufen, eilen, zusammentreffen, stattfinden: I. ad nos c o n c u r r i t u r; ep XII 4, 1. — II. quae ut concurrant o m n i a, optabile est: of I 45. ex corpusculis concurrentibus temere atque casu; nat II 94. homines ex agris concurrunt; Ver IV 96. si diem nobis dixerit, tota Italia concurret: Q fr I 2, 16. quod dicitur „cum illis, -rum“ autem „nobis“ non dicitur, sed „nobiscum“, quia, si ita diceretur, obscenius concurrerent litterae, ut etiam modo, nisi „antem“ interposuissem, con-

currissent; orat 154. quod ad Balbum scripsi apertius, ut, si quid tale accidisset, ut non concurrerent nomina, subveniret; A XVI 3, 5. nisi ista (somnia) casu non numquam forte temere concurrerent; div II 141. ut (verba) neve aspere concurrant neve vastius diducantur; de or III 172.

concursatio. Lauf, Zusammenlauf, Zusammentreffen, Umherziehen: I. Libonis et Hypsaei non obscura concursatio et contentio omniumque Pompei familiarium studium in eam opinionem rem a d d u x e r u n t, ut . . ; ep I 1, 3. *si operosa est concursatio magis oportunorum*; Bru 333. illa omnibus in provinciis quam acerba concursatio decemviralis futura sit; agr I 8. cedo tandem, qui sit ordo aut quae concursatio somniorum; div II 146. puerorum illa concursatio nocturna flagitabat . . ; dom 14. — II. quid huius lacrimas et concursationes proferam? Ver I 75. — III. qui eam verborum copiam praebebat populo c u m multa concursatione magnoque clamore; Bru 242.

concursio. Zusammentreffen, Zusammenstoßen: I. illa atomorum turbulenta concursio hunc mundi ornatum efficere non poterit; fin I 20. in ea (oratione) est crebra ista vocalium concursio, quam magna ex parte ut vitiosam fugit Demosthenes; orat 151. concursio fortuitorum talis est, ut . . ; Top 76. in eadem verba impetus et concursio; de or III 206. — II, 1. lusiones deorum et inter ipsos deos ‖ [deos] ‖ concursiones si e x p l i c a r e conemur; Tim 37. fugio: f. I. est. — 2. quid est magnum d e corpusculorum (ita enim appellat (Amafinius) atomos) concursione fortuita l o q u i? Ac I 6.

concurso. herumlaufen, umherziehen: cum o m n e s fere domos omnium concursent; Muren 44. ut mecum simul lecticula concursare possis; ep VII 1, 5. lenonem quendam Lentuli concursare circum tabernas; Catil IV 17. cum concursant ceteri praetores; Ver V 29.

concursus, Zusammenlauf, Auflauf, Zusammentreffen: I. ne extremorum verborum cum insequentium primis concursus aut hiulcas voces efficiat aut asperas; orat 150. quodsi mundum efficere potest concursus atomorum; nat II 94. collocationis est componere et struere verba sic, ut neve asper eorum concursus neve hiulcus sit; de or III 171. qui concursus legatorum ex Italia cuncta fuerit; Sest 72. quinque artium concursus maximarum quantam vim habeat; Bru 25. hiant: f. II, 1. diiungo. — II, 1. quae (coniunctio) neque asperos habeat concursus neque d i i u n c t o s atque hiantes; part 21. incredibilem in modum concursus fiunt ex agris, ex vicis, ex domibus omnibus; A V 16, 3. concursus Siculorum ad Catonem dicitur factus; A X 12, 2. habeo: f. diiungo. — 2. de concursu legationum, privatorum a u d i s s e te puto; A V 13, 1. venis ‖ venies ‖ in maximarum quasi concursum occupationum; ep VII 33, 2. — III. quae cogitatio concursu calamitatum erat aliquantum labefactata atque c o n v u l s a; ep V 13, 2. omnia hominum concursu clamore, concursu, vi, manu gerebantur; Sest 85. labefactari: f. convelli. quem de tribunali citari iussit concursu magno frequentiaque conventus; Ver V 16.

concutio, erschüttern: I. *terrorem m e t u m concutientem (definiunt); Tusc IV 19. — II. ut rem p u b l i c a m concutere posset; Phil II 109.

condemnatio, Verurteilung: quod is ob Oppianici condemnationem pecuniam accepisset; Cluent 135.

condemno, verurteilen, zur Verurteilung bringen, verdammen, abweisen: I. maluisse condemnare quam absolvere; Caecin 29. — II. qui convenerit, quo q u i s indicio publico condemnaretur; Cluent 148. qui ob innocentem condemnandum pecuniam acceperit; Cluent 129. non modo

stultitiam meam, sed etiam mores et naturam condemnandam puto; Ac II 65. innocentem reum condemnatum audiebant, Staieni sententia condemnatum videbant; Cluent 78. servus ille innocens omnibus sententiis absolvitur, quo facilius vos hunc omnibus sententiis condemnare possitis; Ver IV 100. stultitiam: f. mores. aeque tabulae condemnantur eius, qui verum non rettulit, et eius, qui falsum perscripsit; Q Rosc 2. — III, 1. civem Romanum capitis condemnari; Rabir 12. ceteros non dubitabo primum inertiae condemnare sententia mea, post etiam impudentiae; de or I 172. qui rei capitalis condemnatus esset; Ver II 100. — 2. ego hoc uno crimine illum condemnem necesse est; div Caec 30. ab adseculis tuis quadruplo condemnari; Ver III 34. — 3. quasi ii, qui magna fide societatem gererent, arbitrium pro socio condemnari solerent; Quinct 13. — 4. cuius etiam familiares de vi condemnati sunt; Phil II 4. — 5. Marcus (Carbo) condemnatus, fur magnus, ex Sicilia; ep IX 21, 3.

condicio, Sage, Los, Zustand, Verhältnis, Beschaffenheit, Bestimmung, Bedingung, Verhandlung, Vertrag, Vergleich: I. quod salutis certa laetitia est, nascendi incerta condicio; Catil III 2. quorum (servorum) ius, fortuna, condicio infima est; Balb 24. — II, 1. haecine plebi Romanae te praetore est constituta condicio? Ver V 157. omnem condicionem imperii tui statumque provinciae mihi demonstravit Tratorius; Q XII 23, 1. mihi si haec condicio consulatus data est, ut ..; Catil IV 1. necessitas ferendae condicionis humanae; Tusc III 60. ea condicione proposita; Cluent 154. qui condicionem aequissimam repudiet; Quinct 46. qui suo iudicio essent illam condemnationem vitae secuti; Rab Post 16. parem cum ceteris fortunae condicionem subire; rep I 7. — 2. quae (praedia) optima condicione sunt; agr III 9. quos intellegebat non communi condicione servitutis uti; Cael 57. — 3. nec Pompeium ad ullam condicionem accessurum putabam; A VIII 15, 3. cum a suis condicionibus ipse (Caesar) fugerit; ep XVI 12, 4. ad eam condicionem te vivendi hortarer; ep VI 22, 2. mansit in condicione atque pacto; Ver pr 16. Proficiscor ab: f. condicio. — III. nihil tam aptum est ad ius condicionemque naturae quam imperium; leg III 3. — IV. quae vobis potest cum hoc gladiatore condicionis, aequitatis, legationis esse communitas? Phil VI 3. quam (Africam) confirmari cotidie magis ad condicionis spem quam victoriae; A XI 12, 3. — V, 1. ea condicione (vitam) acceperas; Tusc I 93. cum (decumae) aequa lege et condicione venibant; Ver III 118. longe alia mihi lege in hac civitate et condicione vivendum est; Ver V 180. — 2 in gladiatoriis pugnis et infimi generis hominum condicione atque fortuna; Milo 92. pro mortali condicione vitae immortalitatem estis consecuti; Phil XIV 33.

condico, fich als Gast ansagen: cum (Crassus) mihi condixisset, cenavit apud me; ep I 9, 20.

condictio, Verabredung: an (ius profectum sit) ab aliqua quasi condicione || condictione || hominum et pactione; Top 82.

condimentum, Würze: I, 1. acceddat huc suavitas quaedam oportet sermonum atque morum, haudquaquam mediocre condimentum amicitiae; Lael 66. — 2. cibi condimentum esse famem potionis sitim; fin II 90. — II. nisi (severitas) multis condimentis humanitatis mitigaretur; Q fr I 1, 21.

condio, würzen, schmackhaft machen, einmachen, einbalsamieren, milbern: nemo umquam urbanitate, nemo lepore, nemo suavitate conditior; Bru 177. nisi id, quod dicitur, fit voce, vultu motuque conditius; Bru 110. in qua (oratione) asperitas contentionis oratoris ipsius humanitate conditur; de or

II 212. isti lauti fungos, helvellas, herbas omnes ita condiunt, ut nihil possit esse suavius; ep VII 26, 2. condiunt Aegyptii mortuos; Tusc I 108. qua (hilaritate) hanc tristitiam temporum condiebamus || condiebam ||; A XII 40, 3. unguentis summa et acerrima suavitate conditis; de or III 99.

condiscipulus, Mitschüler: nec eius (Aristotelis) condiscipulus Xenocrates in hoc genere prudentior || est ||; nat I 34.

condisco, erlernen: 1. ut in tua pecunia condisceret, qui pecuniae fructus esset; Quinct 12. — 2. condiscas mihi paulo diligentius supplicare; Planc 13.

condicio, Einlegen, Würzen: I. quo ciborum conditiones processerint; nat II 146. — II. nisi (natura) earum (frugum, bacarum) cultus et conditiones tradidisset; div I 116.

conditor, Begründer, Anstifter: 1. ipse conditor totius negotii Guttam aspergit huic Bulbo; Cluent 71. — 2. hi sunt conditores instructoresque convivii; sen 15.

condo, gründen, verfassen, bergen, einbringen, verwahren, verbergen, bestatten: condi iam tum solitum esse carmen; Tusc IV 4. ut esset locus comportandis condendisque fructibus; agr II 88. quas (litteras publicas) in aerario sanctiore conditas habebant; Ver IV 140. ubi lustrum sit conditum; de or I 188. „is lustrum condidit et taurum immolavit"; de or II 268. Persae' etiam cera circumlitos (mortuos) condunt; Tusc I 108. quam (conciniam) condiderat; Cluent 72. qui (piratas) in carcerem quod imperavit; Ver V 76. in causis conditae sunt res futurae; div I 128. post Romam conditam; Sest 128. post urbem conditam; Catil IV 14. ad ostium Tiberis urbem condidit; rep II 33.

condocefacio, unterrichten, abrichten: quin eum (animum) condocefaciat; Tusc V 87. ut utamur (beluis) domitis et condocefactis; nat II 161.

condoleo, Schmerz empfinden: † aps condoleo non mea potius adsiduitate perfici; A XV 4, 1.

condolesco, schmerzen, leiden, trauern: si pes condoluit, si dens; Tusc II 52. cum natura (hominem) condolescere et concupiscere et extimescere et efferri laetitia dicerent; Ac I 38. pes: f. dens.

condonatio, Verschenkung: cuius praetura urbana fuit bonorum addictio et condonatio; Ver pr 12.

condono, schenken, erlassen, überlassen, preisgeben: utrum M. Antonio facultas detur agrorum suis latronibus condonandi; Phil V 6. ut eius filios mihi potissimum condones; ep XIII 73, 2. omnes Caesar inimicitias rei publicae condonavit; Phil V 50. ut quod (iudicium) una sententia potentiae alicuius condonatum existimetur; ep V 18, 2. cum aliis adimuntur, aliis condonantur pecuniae; of II 78. vos, ne huius honestissime actam vitam matris crudelitati condonetis, rogamus; Cluent 195.

conduco, zusammenbringen, zusammenfassen, mieten, bingen, übernehmen, nützen: I, 1, a. ipsi patriae conducit pios habere cives in parentes; of III 90. — b. quod tuae laudi conducere arbitror ea te instituere, quae sequantur alii; ep XIII 48. — 2. qui emunt emundant, conducunt locant; of II 40. quae maxime cum mihi tum etiam rei publicae rationibus putem conducere; ep I 9, 21. quaecumque saluti dignitatique tuae conducere arbitrabor; ep VI 22, 3. quod valetudini tuae maxime conducet; ep XVI 1, 2. — II. in unum multa sunt conducenda; inv II 24. is cum arationes magnas conductas haberet; Ver III 53. Asiam qui de censoribus conduxerant || conduxerant ||; A I 17, 9. conduxit in Palatio, non magno, domum; Cael 18. homines mercede conducti; of II 22. conquirendorum et conducendorum testium causa; Cluent 192. — IV. qui (redemptor) columnam illam de Cotta et de Torquato conduxerat faciendam; div II 47.

conductio, Pachtung: cum idem (colonus) ex eadem conductione fuerit in fundo; Caecin 94.

conductor, Unternehmer: se ipsum eius operis HS XVI conductorem fuisse; Q fr III 1, 5. conductores qui sint et quanti; A XII 32, 3 (2).

conecto, verbinden, anreihen: illud, quod ex hoc genere profluit, non est in uno verbo translato, sed ex pluribus continuatis conectitur; de or III 166. si quid ita conexum est, ut hoc: „si dies est, lucet"; Ac II 143, cum tam inter se omnia conexa et apta viderit; nat II 97. amicitia cum voluptate conectitur; fin I 67. cum (virtutes) ita copulatae conexaeque sint, ut ..; fin V 67.

conexio, Verbindung, Verknüpfung: fatum est conexio rerum per aeternitatem se invicem tenens; fat fr 2.

conexum, Schlußreihe, Schlußfolge: I. quod primum in conexo est; fat 14. — II. ipsa ratio conexi, cum concesseris superius, cogit inferius concedere; Ac II 96.

confatalis, mitverhängt: haec „confatalia" ille (Chrysippus) appellat; fat 30. copulata res est et confatalis; fat 20.

confectio, Verrichtung, Vollendung, Zerstörung, Schwächung: I. confectio huius belli est D. Bruti salus; Phil XIV 1. quae confectio est valetudinis? fr F V 81. — II. quae confectio etiam a lingua adiuvari videtur; nat II 134. nec tributi confectio ulla recitatur; Flac 20

confector, Besorger, Zerstörer: I. ignis confector est et consumptor omnium; nat II 41. qui reliquias huius belli oppresserit, eum totius belli confectorem fore; ep X 20, 3. — II. qui confector negotiorum numerabatur; Ver II 108.

confercio, anfüllen: conferti cibo; Catil I 10. cum ita completa et conferta sint omnia, ut ..; Ac II 125. est (liber) confertus voluptatibus; Tusc III 44. nihil esse praestabilius otiosa vita, plena et conferta voluptatibus; Sest 23.

confero. zusammenbringen, zusammenziehen, festsetzen, bringen, beitragen, beisteuern, zuwenden, nerwenden, vereinigen, anpassen, übertragen, beilegen, aufbürden, begeben, vergleichen: I. ut in pauca conferam, testamento facto mulier moritur; Caecin 17. quam ob rem censores ad statuam tibi conferebant? Ver II 137. — II. conferam tecum, quam cuique verbo rem subicias; fin IV 74. — III. qui se ad causas contulerunt; de or II 94. nec continentia nec pietate nec ullo genere virtutis quemquam eiusdem aetatis cum illo (C. Pisone) conferendum puto; Bru 272. se in Chrysogoni fidem et clientelam contulerunt; Sex Rosc 106. confer te ad Manlium; Catil I 23. qui se totos et animis et corporibus in salutem rei publicae contulerunt; Phil XII 7. priusquam me dormitum conferam; ep IX 26, 1. multos nobiles, quod quisque potuisset, in illam orationem contulisse; Bru 99. parva magnis saepe rectissime conferuntur; orat 14. f. diligentiam. quam (benivolentiam) erga me a pueritia contulisses; ep X 5, 1. caedem te optimatium contulisse in ante diem v Kalendas Novembres; Catil I 7. castra in Thessalia castris conlata audiebamus; div II 114. ut omne nostrum consilium, studium, officium, operam, laborem, diligentiam ad amplitudinem tuam conferamus; ep X 1, 3. ut omnes ad eum (improbum) honores, omnia imperia, omnes opes, omnes undique copiae conferantur; rep III 27; (Caesar) solet, cum se purgat, in me conferre omnem illorum temporum culpam; A IX 2, a, 1. ut non sine causa tantam curam in eius (regis) vos salutem diligentiamque videamini contulisse; ep XV 2, 8. omnia omnium dicta in me conferri; ep VII 32, 1. te plurimum operae, studii, diligentiae, laboris ad conficiendum reditum meum contulisse; A IV 1, 1. f. consilium, curam. ad id (summum bonum) explicandum dis-

putationem omnem conferemus; fin IV 8. qui cum ipso M. Fonteio ferrum ac manus contulerunt; Font 12. honores: f. copias. cum ignis oculorum cum eo igne, qui est ob os offusus, se confudit et contulit; Tim 49. imperia: f. copias. cum omne olim studium atque omne ingenium contulerit Archias ad populi Romani gloriam laudemque celebrandam; Arch 19. laborem: f. consilium, diligentiam. neque (Quintus) desistit omnia in me maledicta conferre; A XI 8, 2. manus: f. ferrum. simile ex conferenda et adsimilanda || adsimulanda|| natura iudicatur; inv I 42. si in nos aliquod odium offensive conlata sit; part or 28. quae in me officia et studia Brundisii contulisti; ep XIII 50, 2. f. consilium. quod quidam nimis magnum studium multamque operam in res obscuras atque difficiles conferunt; of I 19. f. consilium, diligentiam. opes: f. copias. ut pecuniam conferrent in eas statuas; Ver II 145. nihil (est) honestius quam pecuniam ad beneficentiam liberalitatemque conferre; of I 68. cum hoc in via sermonem contulit; inv II 14. signa contulit cum Alexandrinis; Piso 49. studium: f. consilium, diligentiam, ingenium, officia, operam. non hanc suspicionem nunc primum in Capitonem conferri; Sex Rosc 100. vitam inter se utriusque conferte; Q Rosc 20.

confessio, Geständnis, Bekenntnis: I. statuite, quid vos illius confessio de vi admoneat ut iudicetis; Caecin 104. — II, 1. quam a me graviorem confessionem exspectas? Rabir 19. quoniam taciturnitas imitatur confessionem; inv I. 54. — 2. uteretur eadem confessione T. Annius, qua Ahala; Milo 83. — 3. quae (res) ad confessionem ignorationis adduxerant Socratem; Ac I 44. quod turpitudinis (solet esse) in confessione; Sulla 51. — III. sua confessione induatur ac iuguletur necesse est; Ver V 166. ut confessionibus ipsius omnia patefacta eius parricidia videretis; Phil XIII 48:

confestim, unverzüglich, sofort: quae factum aliquid || aliquod || similiter confestim aut ex intervallo solent consequi; inv I 43. ad exercitum mihi confestim esse eundum; ep XV 4, 2. rem administrandam arbitror sine ulla mora et confestim gerendam censeo; Phil V 31.

conficio, vollenden, erfüllen, erledigen, abmachen, ausführen, zu stande bringen, schließen, verarbeiten, verbauen, verzehren, verbrauchen, angreifen, schwächen, aufreiben, umbringen: I, 1, a. celeritas in conficiendo; imp Pomp 29. — b. cum Ovia, quaeso, vide ut conficiatur; A XII 30, 2. vgl. III, 2. alqd; Phil XIV 5. — 2. negare equidem et hodierno sermone conficiam, spero; leg II 69. illae supellectilis (causae) conficientes vocentur; part or 93. — II, 1. de Dionysio, si me amas, confice; ep V 11, 3. cum Apella Chio confice de columnis; A XII 19, 1. — 2. ex hoc et ex eo, quod proposueramus, hoc conficitur, separatum esse quiddam a propositione approbationem; inv I 63. ex quo posse probabiliter confici eum recte primum esse suo iudicio; Ac fr 20 (8. 4). — III, 1. haec cum corporis bona sint, eorum conficientia certe in bonis numerabis; fin V 81. cum civitate conficientissima litterarum; Flac 44. — 2. quos in re publica, quos in amicorum negotiis res ipsa ante confecit, quam ..; de or I 78. (Tarquinius) dicitur senio et aegritudine esse confectus; Tusc III 27. conficior maerore; ep XIV 3, 1. cum dolore conficior, tum etiam pudore; ep XIV 3, 2. ipse conficior venisse tempus cum .. ; A X 18, 3. me confecit sollicitudo; A XI 4, a (2). confectus iam cruciatu maximorum dolorum; A XI 11, 1. observare diligenter oportet, [et] quid sumatur [et] quid ex his conficiatur; inv I 89. quod sperare debemus aut inibi esse aut iam esse confectum; Phil XIV 5. omnia conficiebantur iudiciis regiis; rep V 3. f. admirationem. II, 2.

inv I 63. non solum unum actum, sed totam fabulam confecissem; Phil II 34. illa tria omnia iustitia conficit, et benivolentiam, quod prodesse vult plurimis, et ob eandem causam fidem et admirationem; of II 38. aegritudo lacerat, exest animum planeque conficit; Tusc III 27. (Isocrates) prope centum confecit annos; orat 176. cum omnia iam bella terra marique confecisset; Flac 29. benivolentiam: f. admirationem. quae (stellae) circulos suos orbesque conficiunt celeritate mirabili; rep VI 15. cum, his concessis, complexio [ex his] non conficitur; inv I 87. ut omnem vitae suae cursum in labore corporis atque in animi contentione conficeret; Cael 39. is (sol) oriens et occidens diem noctemque conficit; nat II 102. intimi (dentes escas) conficiunt; nat II 134. ut exercitum invictum ex paternis militibus conficeret; Phil IV 3. fabulam: f. actum. fidem: f. admirationem. hominem vino, ganeis, lenociniis adulteriisque confectum; Sest 20. quo (itinere) confecto; Tusc I 96. oportueritne eos conficere nihilo minus legationem? inv I 87. negotium conficit; of III 59. noctem: f. diem. singula nomina aratorum et cum singulis pactiones decumanorum litteris persequi et conficere necesse est; Ver III 112. orbes: f. circulos. pactiones: f. nomina. duae rationes conficiendae pecuniae, aut versura aut tributo; Flac 20. confici (pisces) a ranis atque consumi; nat II 125. reditum hominibus confice; ep IX 13, 4. quoniam (res) vi manuque confecta est; of I 76. eo omni sermone confecto; de or I 27. tabulas, qui in patris potestate est, nullas conficit; Cael 17. reditum ad vestitum confectae victoriae reservate; Phil XIV 1. ut earum (ovium) villis confectis atque contextis homines vestiantur; nat II 158. beata vita virtute conficitur; Tusc V 48. — IV. quod eveniet, si (oratio) eum (animum auditoris) benivolum, attentum, docilem confecerit; inv I 20. animum auditoris mitem et misericordem conficere oportet; inv I 106.

confictio, Erdichtung: criminis conficionem accusator Erucius suscepit; Sex Rosc 35.

confidens, zuversichtlich, breist: I. qui fortis est, idem est fidens, quoniam „confidens" mala consuetudine loquendi in vitio ponitur, ductum verbum a confidendo, quod laudis est; Tusc III 14. — II. quodsi confidens astutia esset; Cluent 183. nequam est homo ille atque confidens; Phil VII 3.

confidenter. zuversichtlich: dicam confidentius de studiis eius honestis; Cael 44.

confidentia. Zuversicht, Dreistigkeit: I. aliam causam esse confidentiae et temeritatis tuae; Phil II 104. — II. videte, quo vultu, qua confidentia dicant; Flac 10.

confido, vertrauen, sich verlassen, zuversichtlich hoffen (f. **confidens**): I. in spem, quem ad modum confido, verissimam sumus adducti; Milo 78. — II. ea confido probata esse omnibus; Arch 32. — III, 1. hoc et tu tibi confidis magis et nos prope iure diffidimus; har resp 35. ut his rebus magis videantur quam causae suae confidere; inv I 22. neminem alterius, qui suae confideret, virtuti invidere; Phil X 1. — 2. quo confideret (Pythagoras) confideret; Tusc V 8. ego copia et facultate causae confisus; Q Rosc 2. — IV. tribus exercitibus quidvis nos oportere confidere; ep XI 24, 1.

configo. treffen, durchbohren, ausbaden: eum (caprae) essent confixae venenatis sagittis; nat II 126. hominem ducentis confixum senati consultis; har resp 8. qui (Cn. Flavius) cornicum oculos confixerit; Muren 25.

confingo. erfinnen, erdichten: I. id (facinus) ab homine minime stulto cogitatum esse confingitis? Deiot 16. — II. crimen incredibile confingunt; Sex Rosc 30. sive (testimonium) hic confictum est sive missum domo est; Flac 38.

confinium, Grenzscheide: in vicinitatibus et confiniis aequum, facilem (esse) of II 64.

confio. ausgeführt werden, geschehen: quod confieri ? conferri. conpleri ‖ atque ad exitum perduci potest; inv II 169.

confirmatio, Bestätigung, Begründung, Befestigung des Charakters, Ermutigung: I. confirmatio est, per quam argumentando nostrae causae fidem et auctoritatem et firmamentum adiungit oratio; inv I 34. si quid habet auctoritatis confirmatio mea; Muren 90. — II, 1. reprehensio est, per quam argumentando adversariorum confirmatio diluitur [aut infirmatur] aut elevatur; inv I 78. ea (oratio) et confirmationem et reprehensionem quaerit; de or II 331. — III. valde esse utile ad confirmationem Ciceronis me illuc venire; A XIV 13, 4. — IV. fons confirmationis, ut facultas tulit, apertus est; inv I. 49. — V. per: f. I.

confirmator. Gewährleister: sequester et confirmator pecuniae desiderabatur; Cluent 72.

confirmo. befestigen, bestätigen, versichern, beweisen, begründen, unterstützen, stärken, kräftigen, ermutigen, beruhigen: I, 1. quod esset in causa aut ad confirmandum aut ad refellendum; Bru 303. in confirmando nostra probare volumus, in reprehendendo redarguere contraria; part or 33. — 2. qualis (amicus). ut arbitror, nemo umquam erit, ut confirmare possum, nemo certe fuit; Lael 10. — II, 1. quorum omnium testimoniis de hac Dionis pecunia confirmatum est; Ver II 23. — 2. ut non aliorum exemplis confirmem, quantam [huius] auctoritas valeat in bello; imp Pomp 44. — 3. (pecuniam) expensam latam non esse codices Fannii confirmant; Q Rosc 14. cum quidam ei (Stratonico) molestus Alabandum deum esse confirmaret, Herculem negaret; nat III 50. — III. nondum satis sum confirmatus ad sribendum; ep IX 11, 2. ego, qui te confirmo, ipse me non possum; ep XIV 4, 5. confirma te; ep XVI 3, 1. adhuc numquam te confirmare potuisti; ep XVI 4, 4. f. hominem. id ex isdem locis, quibus confirmatur, infirmabitur; inv I 81. in quibus (litteris) erat confirmatius idem illud; A X 15, 1. acta Caesaris pacis causa confirmata sunt a senatu; Phil II 100. quae (aetates) iam confirmatae sunt; fin V 62. cum progrediens confirmatur animus; fin V 43. vivis non ad deponendam, sed ad confirmandam audaciam; Catil I 4. iam confirmata causa; Ac II 61. crimen eius modi nisi litteris confirmetur; Ver II 177. ita et necessitatem et fatum confirmari (Epicurus) putat; fat 21. tradere, quem ad modum unum quodque causae genus hinc omnibus argumentandi rationibus tractis confirmari oporteat; inv I 34. nec confirmare (te audeo,) maximi animi hominem; ep IV 8, 1. nunc meum iudicium multo magis confirmo testimonio et iudicio tuo; Bru 156. eum morem ius pontificale confirmat; leg II 57. necessitatem: f. fatum. non institutis opinio est confirmata, non legibus; Tusc I 30. pax cum praestantissimis civibus confirmata est; Phil I 2. ego confirmabam omnium privatorum possessiones; A I 19, 4. qua ratione aut confirmare aut infirmare testes, tabulas, quaestiones oporteat; de or II 119. quae (natura) confirmat ipsa per se rationem et perficit; leg I 27. ut illius (regis) reditum vel adiuvando confirmares vel neglegendo impedires; ep I 7, 6. praesentis poenae metu religio confirmari videtur; leg II 25. omnes res [argumentando] confirmantur ‖ omnis .. confirmatur ‖ aut ex eo, quod personis, aut ex eo, quod negotiis est attributum; inv I 34. quod, quibus ex locis aliqua res confirmari potest, isdem potest ex locis infirmari; inv I 78. ut eam (rem publicam) confirmaret, non ut everteret; Phil V 50. confirmata suspicio est; Scaur 12. tabulas, testes: f. quaestiones.

confisio, Vertrauen: si fidentia, id est firma animi confisio, scientia quaedam est; Tusc V 80.

confiteor, gestehen, eingestehen, bekennen (pass. f. III. rem): L habes confitentem reum, sed tamen hoc confitentem, se in ea parte fuisse, quâ ..; Ligar 2. — II, 1. ut d e ipso genere sum confessus artem esse non maximam; de or II 32. eum, tametsi verbo non audeat, tamen re ipsa de maleficio suo confiteri; Sex Rosc 123. — 2. erit confiteri necesse: „si hoc enuntiatum verum non est, sequitur, ut falsum sit"; fat 28. — 3. nihil erat periculosius quam, ad quam rem accepisset, confiteri; Cluent 86. — 4. quam bellum erat, Vellei, confiteri potius nescire, quod nescires, quam nauseare! nat I 84. — 5. esse deos confitendum est; nat I 44. f. 1. I. — III. haec omnia indices detulerunt, rei confessi sunt; Catil IV 5. f. I. ego susciperem hoc crimen, agnoscerem, confiterer; Rabir 18. scelus et facinus prae se ferens et confitens; Milo 43. vir sapientissimus peccatum suum, quod celari posset, confiteri maluit; nat II 11. ut omnes intellegant, quam manifestam, quam confessam rem pecunia redimere conetur; Ver III 130. scelus: f. facinus. — IV. quid potest dicere, quin se hostem confessus sit? Phil II 21. consolatores ipsos confiteri se miseros; Tusc III 73.

conflagro, brennen, verbrennen, zu Grunde gehen: qua invidia C. Iunius conflagravit; Ver I 157. an, cum tecta ardebunt, tum te non existimas invidiae incendio conflagraturum? Catil I 29. qua (nocte) praetor amoris turpissimi flamma, classis populi Romani praedonum incendio conflagrabat; Ver V 92. ut conflagrare terras necesse sit a tantis ardoribus; nat II 92. hanc urbem conflagrare; Catil III 25.

conflictio, Zusammenstoßen, Streit: I. constitutio est prima conflictio causarum; inv I 10. causarum est conflictio, in qua constitutio constat; inv I 18. maxime (valet) inter se pugnantium rerum conflictio; part or 55. — II. consto in: f. L inv I 18.

conflicto, bedrängen, heimsuchen: a quibus (Caesar) se putat diuturnioribus esse molestiis conflictatum; ep VI 13, 3. qua (fortuna) nos duriore conflictati videmur; A X 4ᵃ 4. eadem superstitione, qua ceterae gentes, conflictantur; leg I 32.

conflictor, kämpfen, streiten: 1. cum his conflictari erat illis molestum; har resp 41. — 2. ut honestiore iudicio conflictere? Quinct 44.

conflictus, Zusammenschlagen, Zusammenstoß: lapidum conflictu atque tritu elici ignem videmus; nat II 25. nubium conflictu ardor expressus; div II 44.

configo, zusammenstoßen, kämpfen, sich schlagen, zusammenhalten: I. 1. fortitudo a d confligendum impellit; Phil XIII 6. — 2. manu cum hoste confligere; of I 81. — II. cum Cleombrotus invidiam timens temere cum Epaminonda conflixisset; of I 84. si causas ipsas, quae inter se confligunt, contendere velimus; Catil II 25. qui (homo) saepius cum hoste conflixit quam quisquam cum inimico concertavit; imp Pomp 28. — III. saepe cum scripto factum adversarii confligendo; inv I 126.

conflo, schüren, anstiften, erregen, zusammenbringen, bilden, entwickeln: bilden, quod natum, conflatum, susceptum o era tua est; Phil II 70. a reo querela civile criminis proferetur; part or 121. exercitus perditorum civium clandestino scelere conflatus; Sulla 33. quibus ex rebus confatur et efficitur id, quod quaerimus, honestum; of I 14. summam illi iudicio invidiam infamiamque esse conflatam; Cluent 79. ut una ex duabus naturis conflata videatur; nat II 100. quod cuique negotii conflare volebat; Ver II 135. quae ratio aut flandae aut conflandae pecuniae non reperiebatur? Sest 66. Norbani seditionem iure esse conflatam; de or II 124.

confluo, zusammenströmen: si ad haec studia plures confluxerint; Tusc II 6. ut ad nos pleraeque

(causae) confluant; Planc 84. hinc ad ipsos, qui eam (sapientiam) adepti sunt, laus, honos, dignitas confluit; inv I 5. (Fibrenus) cito in unum confluit; leg II 6. honos, laus: f. dignitas.

conformatio. Gestaltung, Gestalt, Bildung, Ausbildung: I. cum ad naturam eximiam atque inlustrem accesserit ratio quaedam conformatioque doctrinae; Arch 15. permanet: f. II, 2. quae animantis figura conformatioque membrorum tantam naturae sollertiam significat? nat II 85. — II, 1. quarum rerum est quaedam conformatio insignita et impressa intellegentia; Top 27. inventa vitae via est conformatioque omnium officiorum; fin V 15. conlocatio conformatioque verborum perficitur in scribendo, non poëtico, sed quodam oratorio numero et modo; de or I 151. tollo: f. 2.—2. hoc interest** sed inter ‖ interest inter ‖ conformationem verborum et sententiarum, quod verborum tollitur, si verba mutaris, sententiarum permanet, quibuscumque verbis uti velis; de or III 201. — III. in sententiarum ornamentis et conformationibus; Bru 140. nullus fere ab eo (Demosthene) locus sine quadam conformatione sententiae dicitur; orat 136.

conformo, gestalten, bilden, ausbilden: sic ad nos conformatus ‖ confirmatus ‖ revertare, ut . .; ep II 1, 2. ut id conformaret in utroque, quod utriusque natura pateretur; de or III 36. animum et mentem meam ipsa cogitatione hominum excellentium conformabam; Arch 14. cur de conformandis hominum moribus littera nulla in eorum libris inveniretur; de or I 86. haec vox huius hortatu praeceptisque conformata; Arch 1. quibus (praeceptis) in omnes partes usus vitae conformari possit; of I 7.

confragosus, uneben: hoc iter vitae tam confragosum putamus; fr F IX 17.

confrico, einreiben: cum Apronius caput atque os suum unguento confricaret; Ver III 62.

confringo, zerbrechen, vernichten: quae (vis) coniunctionem vestram et tantam conspirationem bonorum omnium confringere et labefactare possit; Catil IV 22. confringat iste sane vi sua consilia senatoria; Ver I 13. digitos, quos confregit, restituere non potest; Flac 73.

confugio, seine Zuflucht nehmen, flüchten: 1. (Eros comoedus) sicut in aram confugit in huius domum, disciplinam, patrocinium, nomen; Q Rosc 30. cum (Priamus) in aram confugisset; Tusc I 85. f. poetae. civitates ad vim atque ad arma confugiunt; Ver I 78. cum homines vincula vitant, confugiunt quasi ad aram in exsilium; Caecin 100. ut tragici poëtae confugitis ad deum; nat I 53.

confundo, vermengen, vermischen, verbinden, ergießen, verbreiten, verwirren: est id in totam orationem confundendum; de or II 322. (alvus) omne, quod accepit, cogit et confundit; nat II 136. cibus in eam venam, quae cava appellatur, confunditur; nat II 137. omnes homines inter se natura confusi pravitate dissentiunt; leg fr 2. nec (oratio) eius modi est, ut a pluribus confusa videatur; Bru 100. omnes in oratione esse quasi permixtos et confusos pedes; orat 195. perturbata et confusa (somnia) cernimus; div I 60. cum (venenum) ita confusum esset, ut secerni nullo modo posset; Cluent 173. quae (philosophia) confundit vera cum falsis; Ac II 61. quae (vis sentiens) est toto confusa mundo; div I 118.

confuse, verworren: confusius hesterno die est acta res; Phil VIII 1. confuse loquitur; gerendus est mos, modo recte sentiat; fin II 27.

confusio, Vermischung, Vereinigung, Verwirrung: I. ut exsistat ex populo turba et confusio; rep I 69. — II, 1. haec coniunctio confusioque virtutum tamen a philosophis ratione quadam distinguitur; fin V 67. confusionem suffragiorum flagitasti; Muren 47. — 2. quanta in confusione rerum

18*

omnium viveremus; ep VI 6, 13. — III. ante
hanc confusionem temporum; cf II 65.

. **confuto**, zurückweifen, widerlegen: ut Stoicorum
argumenta confutet; div I 8. audaciam confutet
eius, qui . .; part or 134. cuius opinionis levitas
confutata a Cotta; nat II 45. qua in causa invidos
vituperatores confutare possumus; nat I 5.

congelo, einfrieren: congelasse nostrum amicum
laetabar otio; ep II 13, 3.

congemo, auffeufzen, murren: congemuit
senatus frequens; Muren 51.

. **congero**, zufammentragen, fammeln, aufhäufen,
zuwenden: neque verendum est, ne plus aequo quid
in amicitiam congeratur; Lael 58. Midae dormienti
formicae in os tritici grana congesserunt; div I 78.
in Caesarem maledicta congessit; Phil III 15. innumerabilis pecunia congesta in illam domum est;
Phil V 12. ex ea, quam ego congessi in hunc sermonem, turba patronorum; Bru 332.

congestus, Zufammentragen, Niften: herbam
asperam ‖ subito ‖ credo avium congesta, non humano
satu (exstitisse); div II 68.

congiarium, Spende: I. eae (legiones) congiarium ab Antonio accipere noluerunt; A XVI 8,
2. — II. avaritiam video fuisse at spem magni
congiarii; A X 7, 3. — III. congiariis, epulis multitudinem imperitam delenierat; Phil II 116.

conglacio, gefrieren: quae (aqua) neque conglaciaret frigoribus neque nive pruinaque concresceret;
nat II 26.

conglobo, zufammenballen, zufammenbrängen,
fugelförmig geftalten: maxime definitiones valent
conglobatae; part or 55. conglobata figura; Ac II
118. mare conglobatur undique aequabiliter; nat II
116. terra globosa et undique ipsa in sese nutibus
suis conglobata; nat II 98.

conglutinatio, Zufammenleimung, Zufam-
menfügung: I. cum haec duo ei (Attico oratori)
liberiora fuerint, circuitus conglutinatioque verborum; orat 78. — II. omnis conglutinatio recens
aegre, inveterata facile divellitur; Cato 72.

. **conglutino**, zufammenfügen, verbinden: quod
tu soles conglutinare amicitias testimoniis tuis;
A VII 8, 1. tueor illam a me conglutinatam concordiam; A I 17, 10. sic hominem eadem optime,
quae conglutinavit, natura dissolvit; Cato 72. quae
(ars) rem dissolutam divulsamque conglutinaret et
ratione quadam constringeret; de or I 188. vitae
dissimilitudo non est passa voluntates nostras consuetudine conglutinari; ep XI 27, 2.

congredior, zufammenkommen, zufammentreffen, fich in einen Kampf einlaffen: congredere
mecum criminibus ipsis; Muren 67. ut ego tecum
luctari et congredi debeam; Sulla 47. qui contra
ipsum Caesarem est congressus armatus; Ligar 9.
saepius congredientes nos, et maxime in Tusculanis
nostris; Ac II 148. tum (luna) congrediens cum
sole, tum digrediens ‖ degred. ‖; nat II 103. qui (populus) si tecum congrediatur; Planc 12.

congregabilis, gefellig: quae (apium examina)
congregabilia natura sint; of I 157.

congregatio, Zufammenleben, Gefelligfeit:
I. nos ad coniunctionem congregationemque hominum
esse natos; fin III 65. — II. congregatione aliae
(bestiae) coetum quodam modo civitatis imitantur; fin II 109.

congrego, vereinigen, verfammeln: earum
ipsarum (bestiarum) partim solivagas, partim
congregatas; Tusc V 38. quod familiae congregantur; Ver V 29. quae vis alia potuit dispersos homines
unum in locum congregare? div I 33. multitudinem hominum ex servis, ex conductis, ex facinerosis,
ex egentibus congregatam; dom 89. Chrysippus
magnam turbam congregat ignotorum deorum;
nat I 39.

congressio. Zufammenkunft, Umgang: I. hoc
malum minus miserum fuit, quam fuisset cum
congressio, tum vero digressio nostra; Q fr I 3, 4. —
II. omnia sunt conlocata in congressione hominum
atque in foro; de or I 192. ut a prima congressione
maris et feminae ordiar; rep I 38. — III. nemo
illum aditu, nemo congressione dignum iudicabat;
Cluent 41.

congressus. Zufammenkunft, Vereinigung,
Gefellfchaft, Zufammentreffen, Kampf: I. si quis
congressus fuerit mihi cum Caesare; A XI 12, 3.
me nunc congressus huius (Caesaris) stimulat; A
IX 15, 2. — II. quis aut congressum meum aut
facilitatem sermonis desideravit? A XII 40, 2.
hominis fugientis congressum; ep III 6, 3. — III.
quem nemo congressu, nemo aditu dignum putet;
Vatin 2. — IV. congressus nostri lamentationem
pertimui; digressum vero non tulissem; Q fr I 3, 4. —
IV, 1. congressune aliquo inter se (bestiolae) con-
gregatae sint; nat II 124. — 2. ante congressum
multa fiunt, quae non ad vulnus, sed ad speciem
valere videantur; de or II 317.

congruenter. übereinftimmend, angemeffen:
ut ad id, quodcumque agetur, apte congruenterque
dicamus; de or III 37. congruenter naturae convenienterque vivere; fin III 26.

congruo. zufammentreffen, übereinftimmen.
entfprechen: I. cum virtute congruere semper; of
III 13. — II. si aliquem nacti sumus, cuius cum
moribus et natura congruamus; Lael 27. reliqua
patebant et cum Terentiae summa congruebant; A
VII 13, a, 1 (13, 5). actiones virtutibus congruentes;
fin V 58. cum multae causae inter se congruere
videntur; Sex Rosc 62. quod suos dies mensesque
congruere volunt cum solis lunaeque ratione; Ver
II 129. non omni causae nec auditori neque
personae neque tempori congruere orationis unum
genus; de or III 210. ratio fecit hominem cum iis
(hominibus) natura et sermone et usu congruentem;
fin II 45. quibus litteris congruentes fuerunt aliae
postea multorum; ep IX 24, 1. menses: f. dies.
quae (actio corporis) motus et status naturae congruentes tenet; fin V 35. interpres mentis oratio
verbis discrepat sententiis congruens; leg I 30.
valde eius (Curionia) sermo de Publio cum tuis
litteris congruebat; A II 8, 1. status: f. motus.
erat in homine orationi vita admodum congruens;
rep II 1. — III. quia de re una solum dissident,
de ceteris mirifice congruunt; leg I 53.

conicio. richten, wenden, werfen, fchleudern.
verwenden, bringen, eintreihen, vermuten, auslegen.
fchließen (coicio: f. III. alqm; ep IX 20, 1. alqd. argumentationes): I. »bene qui coniciet, vatem hunc
perhibebo optumum«; div II 12. — II, 1. de me
conicio; de or III 51. — 2. quam multos esse
oporteret, ex remorum numero coniciebam; Ver
V 71. — 3. num vates quis melius coniecerit e morbo
evasurum aegrotum? div II 13. — III. tantum
hominis ingenioli valuit exercitatio, ut, cum se
macros ac voluntate coniecisset in versum, verba
sequerentur; de or III 194. cur in noctem se
coniceret? Milo 49. (P. Vatinius) in carcerem
coniectus est; nat II 6. te mirificam in latebram
coniecisti; div II 46. in Epicuri nos. adversarii
nostri, castra coiciuntur; ep IX 20, 1. haec etiam
in eculeum coiciuntur; Tusc V 13 (12). quo omnes
argumentationes repetitae ex inveniendi locis
coiciantur; part or 109. gladiatores in vincla coniecti
a Milone. emissi a Serrano; Sest 85. homines
honestissimos in ferrum atque in vincla coniectos;
Ver V 107. perdidimus hominem, cum illum ex
occultis insidiis in apertum latrocinium coniecimus;
Catil II 1. ignis in aquam coniectus; Q Rosc 17.
cum haec navis invitis nautis vi tempestatis in portum coniecta sit; inv II 98. oculi omnium iudicum

in Oppianicum coniciebantur; Cluent 54. quod
(Pericles) tantam pecuniam in praeclara illa propylaea coniecerit; of II 60. conieci id (prooemium) in
eum librum, quem tibi misi; A XVI 6, 4. male
coniecta maleque interpretata (signa); div I 118.
numquid oportet nisi tres sortes conici, unam educi?
Ver II 127. omnia tela totius accusationis in
Oppianicum coniciebantur; Cluent 50. cuius causa
verba haec in interdictum coniecta sunt; Caecin 63.
coniectio, Werfen, Deutung: I. (Chrysippus)
somniorum coniectionem definit hoc modo; div II
130. — II. coniectione telorum magnas copias
pulsas esse; Caecin 43.
coniector, Deuter, Ausleger, Traumdeuter,
Wahrsager: I. coniectores ex quadam convenientia
et coniunctione naturae, quid cuique rei conveniat,
intellegunt; div II 124. — II, 1. ut haruspices,
augures, harioli, vates, coniectores nobis essent
colendi; nat I 55. non (habeo nauci) Isiacos
coniectores; div I 132. — 2. defert ad coniectorem
quidam somniasse se ..; div II 134. aegros a
coniectore somniorum potius quam a medico petere
medicinam; div II 123. — III. responsa coniectorum; part or 6. — IV. eius somnii a coniectoribus
quae sit interpretatio facta, videamus; div I 45.
coniectura. Vermutung, Deutung, Wahr-
sagung: I. coniecturam divinationem esse; inv II
133. ut in causis iudicialibus alia coniectura est
accusatoris, alia defensoris et tamen utriusque
credibilis; div II 55. te caute ab iis coniecturis,
quae haberent artem atque prudentiam, abducere
divinationem; div II 13. — II, 1. omnis ex causa,
ex persona, ex facto ipso coniectura capienda est;
inv II 16. coniectura omnis, in qua nititur
divinatio, ingeniis hominum in multas aut diversas
aut etiam contrarias partes saepe diducitur; div II
55. redeunt ad coniecturam. eamque in quattuor
genera dispertiunt; de or III 114. quorum tu ex
aetate coniecturam facere potes, quid tum fecerint;
Rabir 31. ut Antonius coniectura movenda incredibilem vim habebat; Bru 144. in veri similibus et
in propriis rerum notis (coniectura) posita tota est;
part or 34. omnis iisdem ex locis coniectura
sumenda est; inv II 47. — 2. ea vestris ingeniis
coniecturaeque committo; Sex Rosc 123. — 3. quae
(artes) ipsae fatentur coniectura se plus uti quam
scientia; Ac II 107. — 4. abduco a: f. I. habet.
nitor in: f. II, 1. diduco. quae (rationes) ex coniectura pendent: Ac II 116. quae posita sunt in
coniectura; ep I 5, b, 1. redeo ad: f. I. dispertio.
haec causa ab argumentis, a coniectura ad testes
tota traducta est; Cael 66. — III. ad coniecturam
maxime apta, quae ex causis, quae ex effectis,
quae ex coniunctis sumi possunt; Top 87. — IV.
coniecturae ratio in quattuor partes distributa est;
Top 82. — V. interdum coniectura possis propius
accedere: ep VI 4, 1. in quo quae vestra
defensio futura sit, coniectura adsequi non queo;
Ver II 165. quantum coniectura auguramur; A II
9. 1. quae (causae) coniectura continentur; part or
107. tantum modo coniectura ducor ad suspicandum;
Bru 56. neque levi coniectura res penditur; Sex
Rosc 62. id cum coniectura probabile est, tum
quibusdam etiam vestigiis indicatur; Tusc IV 2.
(Graecum) transisse iam coniectura (Postumus) coniectura
tempestatum ac dierum; A IX 3, 2. quid in re sit,
coniectura quaeritur; de or III 113. cum res non
coniectura, sed oculis ac manibus teneretur; Cluent 20.
coniecturalis, auf Vermutung beruhend:
coniecturalis causa non potest simul ex eadem
parte eodem in genere et coniecturalis esse et
definitiva; inv I 14. cum facti controversia est,
quoniam coniecturis causa firmatur, constitutio
coniecturalis appellatur; inv I 10. f. **constitutio,**
II. 2. IV, 1. exponemus locos, quorum pars aliqua

in omnem coniecturalem incidit controversiam; inv
II 16. omne genus coniecturale in hoc fere genere
ponebas; div II 26. in qua argumentatione status
coniecturalis exsistit; Top 93.
coniectus, Wurf, Richtung: I. oculorum coniectum praebuerunt; Planc 21. — II. Quinti fratris
domus fracta coniectu lapidum ex area nostra;
A IV 3. 2.
conitor, streben, sich anstrengen: I. quae
(ratio) conixa per se et progressa longius fit perfecta
virtus; Tusc II 47. — II. (parvi) conituntur, sese ut
erigant; fin V 142
coniveo, sich schließen, die Augen schließen,
Nachsicht haben: neque est quisquam, qui eadem
conivens efficiat; de or III 221. quibusdam etiam
in rebus coniveo; Phil I 18. cur te duobus contuear
oculis et non altero coniveam: nat III 8. coniventes
illos oculos abavi tui; har resp 38. quibus (blandimentis) sopita virtus coniveret interdum; Cael 41.
coniugatio, Verbindung: haec verborum
coniugatio συζυγία dicitur; Top 12. est primus
locus ex coniugatione, quam συζυγίαν vocant; Top 38.
coniugium. Ehe: 1. coniugia virorum et
uxorum natura coniuncta esse; fin IV 17. — 2.
prima societas in ipso coniugio est; of I 54.
coniugo. verbinden: est ea iucundissima ami-
citia, quam similitudo morum coniugavit || (est..
coniugavit) ||: of I 58. coniugata (argumenta) di-
cuntur, quae sunt ex verbis generis eiusdem; Top 12.
quia coniugata || iugata || verba essent „pluvia" et
„pluendo"; Top 38.
coniuncte verbunden, in Verbindung, hypo-
thetisch, vertraut: mihi videtur coniuncte agendum
de materia ac partibus; inv I 9. mihi coniuncte est
visus de utraque re dicere; de or II 366. si simpliciter dictum sit .., si coniuncte sit elatum; de or
II 158. si quando risus coniuncte re verboque
moveatur; de or II 248. quibuscum privatus coniunctissime vixerat; de or III 11. A. Caecina vivebat mecum coniunctissime; ep VI 9, 1. ut non ullo
cum homine coniunctius viverem; ep VI 9, 1.
coniunctio, Vereinigung, Verbindung, Be-
griffsverbindung, Satzverbindung, Zusammen-
setzung: I. accesserunt etiam coniunctiones necessariorum tuorum; ep III 4, 2. sanguinis coniunctio
et benivolentia devincit homines et caritate; of I 54.
quae est continuatio coniunctioque naturae, quam
vocant συμπάθειαν? div II 142. haec quoque coniunctio est ex repugnantibus: „et est Fabius, et in
mari Fabius morietur"; fat 12. nobis hanc coniunctionem voluptati fore; ep I 7, 11. quam suavis
esset inter nos et quanta coniunctio; ep XIII 26. 1.
quod illa ordinum coniunctio ad salutem rei publicae
pertinebat; of III 88. — II, 1. ego citius cum eo veterem coniunctionem diremissem quam novam conci-
liassem; ep III 10, 5. cum demptis coniunctionibus
dissolute plura dicuntur; orat 135. dirimo: f. concilio. quodsi exemeris ex rerum natura benivolentiae
coniunctionem; Lael 23. quorum nemo est, quin
mecum habeat aliquam coniunctionem gratiae; Phil
VIII 20. ut societas hominum coniunctioque servetur;
of I 17. — 2. ut se coniunctione criminum liberarent; Ver I 97. multorum officiorum coniunctione me privatum videbam; Bru 1. — 3. nihil
praetermisi, quin Pompeium a Caesaris coniunctione
avocarem; Phil II 23. dixi de coniunctione eorum
(verborum); de or III 199. quae de coniunctione
generis humani dicuntur; fin IV 19. videtis et
„versutiloquas" et „expectorat" ex coniunctione facta
esse verba, non nata; de or III 154. — III. me Cn.
Pompeius semper sua coniunctione dignissimum
indicavit; Piso 76. — IV. si Chaldaei ita loquantur,
ut negationes infinitarum coniunctionum potius
quam infinita conexa ponant; fat 15. — V, 1. nostra
municipia coniunctione etiam vicinitatis vehementer

moventur; Planc 21. — 2. in omnibus novis coniunctionibus interest, qualis primus aditus sit; ep XIII 10, 4. a te maximo opere pro nostra summa coniunctione peto, ut . . ; ep III 2. 1.

coniungo, coniunctus, verbinden, vereinigen, anſchließen, verwickeln: I. ad fugam hortatur turpitudo coniungendi cum tyranno; A VII 20, 2. — II. horum aetati prope coniunctus L. Gellius; Bru 174. coniunctus Sulpicii aetati P. Antistius fuit; Bru 226. quaero, qui possis eos, quos crimine coniungis, testimonio diiungere; Vatin 41. Segestani non solum perpetua societate atque amicitia, verum etiam cognatione se cum populo Romano coniunctos esse arbitrantur; Ver IV 72. quos coniunctos summa benivolentia plurimisque officiis amisisti; ep VI 22, 2. cui me studia coniunxerant; ep XV 11, 2. ſ. alqd; ep XIII 76, 1. ex coniunctis sic argumenta ducuntur; de or II 167. quae sunt ei cum colega coniuncta atque communia; Sest 29. quae coniunctiora rebus tuis sunt; ep I 8, 5. ut nihil possit esse coniunctius, quam nos inter nos sumus; ep XIII 76, 1. difficile est ea, quae commodis, utilitate et prope natura diversa sunt, voluntate coniungere; Q fr I 1, 36. iustitia et huic coniuncta beneficentia; of I 20. simplex (causa) est, quae absolutam in se continet unam quaestionem. coniuncta ex pluribus quaestionibus, in qua plura quaeruntur; inv I 17. ex coniunctissima atque amicissima civitate; Balb 47. coniugia virorum et uxorum natura coniuncta esse; fin IV 17. quod (crimen) sit a lege seiunctum, cum vestra severitate coniunctum; Cael 22. inter se (esse deos) quasi civili conciliatione et societate coniunctos; nat II 78. habitare laxe voluit duasque nobiles domos coniungere; dom 115. eam epistulam cum hac epistula coniunxi; ep VII 30, 3. exercitus, qui coniunctus est ex ducbus; Phil XII 8. quae (ratio, oratio) homines coniungit naturali quadam societate; of I 50. hominis omnibus mecum studiis officiisque coniunctissimi; ep XIII 66, 1. cui (pietati) coniuncta iustitia est reliquaeque virtutes; nat II 153. ea summa miseria est summo dedecore coniuncta; Phil III 35. erant (nuptiae) non matrimonii dignitate, sed sceleris societate coniunctae; Cluent 35. cum hoc subito pacem velle coniungi; Phil VII 9. ut publicanos cum Graecis gratia atque auctoritate coniungas; Q fr I 1, 35. ne ratibus coniunctis freto fugitivi ad Messanam transire possent; Ver V 5. ne populo necesse sit in coniunctis rebus compluribus id, quod nolit, accipere; dom 53. sacra cum pecunia pontificia auctoritate, non caerimoniis coniuncta sunt; leg II 52. qui coniunctissima fuisti mecum et sententia et voluntate; ep VI 21, 2. esse inter homines natura coniunctam societatem; of III 53. societatem mihi coniunctiorem feceris, ep XIII 65, 2. desiderium coniunctissimi atque amantissimi viri; Lael 104. virtutes: ſ. iustitiam. quorum artibus vestra ista dicendi vis ne minima quidem societate coniungitur; de or I 44. quae vita maxime disiuncta a cupiditate et cum officio coniuncta est; Sex Rosc 39. voluntatem: ſ. sententiam. urbs mihi coniunctissima; Phil I 7. repugnetne (utilitas) plane an possit cum honestate coniungi; of III 50.

coniuratio, Verſchwörung: I. cum illa coniuratio ex latebris erupisset palamque armata volitaret; Sest 9. — II, 1. armo: ſ. I. illius coniurationis, quae facta contra vos, atque in vos, a vobis prolata esse dicitur, ego testis esse non potui; Sulla 12. qui investigarit coniurationem. qui patefecerit, qui oppresserit; Sulla 85. si omnia facienda sint, quae amici velint, non amicitiae tales, sed coniurationes putandae sint; of III 44. profero: ſ. defero. — 2. homines sceleris coniurationisque damnati; Ver V 11. — 3. Sullam in illa fuisse superiore coniuratione; Sulla 67. . — III. qui a ceteris con-

iurationis causis abstinuimus; Sulla 80. crimen maximae coniurationis a me defendetur; Sulla 13. obsessa facibus et telis impiae coniurationis patria; Catil IV 18. iam diu in his periculis coniurationis insidiisque versamur; Catil I 31. cognosce alias quaestiones, auri Tolossani, coniurationis Iugurthinae; nat III 74. tela: ſ. faces. testis: ſ. II, 1. defero. — IV. bellum hac scelerata coniuratione excitatum; prov 32.

coniuratus. verſchworen: A. homines coniuratos deduci a Catilina; Muren 52. iratis et coniuratis (testibus non credere); Font 21 — B, I. cum meo iussu et coniurati et eorum indices in aedem Concordiae ducerentur; Catil III 21.—II. indices: ſ. I. residebit in re publica reliqua coniuratorum manus; Catil I 12. cum omnium perditorum et coniuratorum incitata vis in me impetum faceret; dom 96.

coniuro. ſich verſchwören: I. Catilina contra rem publicam coniuravit; Sulla 70. quibuscum coniurasti; har resp 36. nunc me scito tantum habere aeris alieni, ut cupiam coniurare, si quisquam recipiat; ep V 6, 2. — II. servos Milonis sibi confessos esse de interficiendo Pompeio coniurasse; Milo 65.

coniux, Gatte, Gattin: I, 1. quis liberos, quis coniugem aspicere poterat sine fletu? Phil XIV 10. conservate vos, coniuges, liberos fortunasque vestras; Catil IV 3. coniugibus et liberis Troezene depositis; of III 48. liberos, coniugem meam vexarat; Milo 87. — 2. tu numquam meis me absente liberis, numquam coniugi meae defuisti; Rab Post 47. — II. deflevi coniugis miserae discidium, liberorum carissimorum solitudinem; dom 96. — III. ne eadem mulier cum suo coniuge et fratre honestissimum adulescentem oppressisse videatur; Cael 78.

conlacrimatio, Tränenvergießen: nisi tu ei signa doloris tui vultu, conlacrimatione denique ostenderis; de or II 190.

conlacrimo, weinen, beweinen: I. complexus me senex conlacrimavit; prov VI 9. — II. histrio casum meum totiens conlacrimavit; Sest 123.

conlatio. Zuſammenſtellung, Zuſammenlegung, Zuſammenbringen, Vergleichung, Verhältnisbeſtimmung: I. conlatio est oratio rem cum re ex similitudine conferens; inv I 49. — II. adiungemus de exercitu, de castris, de agminibus, de signorum conlationibus; de or I 210. cum philosophia ex rationum conlatione constet; Tusc IV 84. quae est in conlatione ista similitudo? nat III 70. — III. quamquam tu infirmas sortes conlatione hostiarum; div II 38. te conlatione centuriarum e postremo in tertium locum esse subiectum; fr A IX 5. alterum similitudinis genus conlatione sumitur, cum una res uni, par pari comparatur; Top 43.

conlaudatio, Belobung: I. quae conlaudatio hominis turpissimi mihi ipsi erat paene turpis; Piso 72. — II. scriptoris conlaudatione (poterit uti): inv II 125.

conlaudo, beloben: fore ut conlaudere; ep I 7, 5. eorum benivolentiam erga se diligentiamque conlaudat; Ver V 161. cum eius (Caesaris) clementiam Corfiniensem illam per litteras conlaudavissem; A IX 16. 1. diligentiam: ſ. benivolentiam. factum eius conlaudasti; Phil V 28. quo (libro) a nobis philosophia defensa et conlaudata est; fin I 2. cum res gestas consulatus mei conlaudasset; Piso 72.

conlecta. Beitrag: quoniam conlectam a conviva exigis; de or II 233.

conlecticius, zuſammengerafft: tirone et conlecticio exercitu; ep VII 3, 2.

conlectio. Zuſammenfaſſung: duas res (attulerat Hortensius), quas nemo alius: partitiones, quibus de rebus dicturus esset, et conlectiones; Bru 302.

conlega, Amtsgenosse: I, 1. cum Octavio conlega Cinna dissedit; har rep 54. quod novem tui conlegae sibi timendum esse duxerint; Vatin 17. conlega una ferente eo, quem ipse ementitis auspiciis vitiosum fecerat; Phil III 9. — 2. qui (Metrodorus) est Epicuri conlega sapientiae; nat I 113. — II, 1. eum C. Antonium, conlegam meum, defenderem; dom 41. Cn. Octavius consul armis expulit ex urbe conlegam; Catil III 24. facio: f. I, 1. fert. conlegas habuisti viros fortes novem; Vatin 16. qui eum, quem conlegam habebas, dominum habere velles; Phil II 85. Publicola sibi conlegam Sp. Lucretium subrogavit; rep II 55. — 2. cum Collatino conlegae Brutus imperium abrogabat; of III 40. Crassus consul, pontifex maximus, Flacco conlegae, flamini Martiali, multam dixit; Phil XI 18. ut conlegae diadema imponeret; Phil III 12. — 3. cum (Marius) Cimbricae victoriae gloriam cum conlega Catulo communicavit; Tusc V 56. ea (vis) quae sit, augur a conlega requiro; Phil II 84. — III. ne sufficiatur consul, non timent. vident in tuorum potestate conlegarum fore; Muren 82. legem tulit P. Lentulus consul de conlegae Q. Metelli sententia; Piso 35. — IV. hac tanta de re P. Rullus cum ceteris decemviris conlegis suis iudicabit? agr II 43. silet ‖ sed ‖ augur verecundus sine conlegis de auspiciis; Phil V 7. gravioribus bellis etiam sine conlega omne imperium nostri penes singulos esse voluerunt; rep I 63.

conlegium, Amtsgenossenschaft, Genossenschaft, Verbindung: I. fuit conlegium nuper tribunicium, in quo tres minime, vehementer duo populares existimabantur; Sest 113. quod est tam desperatum conlegium, in quo nemo e decem sana mente sit? leg III 24. — II, 1. cum conlegium praetorium tribuni plebi adhibuissent; of III 80. ut conlegia non modo illa vetera contra senatus consultum restituerentur, sed ab uno gladiatore innumerabilia alia nova conscriberentur; Sest 55. — 2. ex rebus ad conlegium delatis; dom 138. ut de mearum aedium religione ad pontificum conlegium referretur; har resp 12. — III, 1. cooptatio ‖ coaptatio ‖ conlegiorum ad populi beneficium transferebatur; Lael 96. conlegiorum omnium decreta de me rei publicae causa esse facta fateamur; Vatin 8. — 2. summa nobilitate hominem, cognatione, sodalitate, conlegio; Bru 166. — 3. ex amplissimo conlegio decemvirali sacerdotes populi Romani; Ver IV 108. — IV. quae causa cuique sit adoptionis, quaeri a pontificum conlegio solet; dom 34. decretum a pontificum conlegio non esse ius in loco publico fieri sepulchrum; leg II 58. in: f. I. ei M. Aemilium pontificem maximum pro conlegio respondisse; dom 136.

conlibertus, Mitfreigelassener: qui partim libertos, partim conlibertos spoliatos esse dicunt; Ver V 154.

conlibet, es beliebt: simul ac mihi conlibitum sit de te cogitare; ep XV 16, 2.

conlido, zerschlagen, zerbrücken: quaedam argentea vasa conlisa; Phil II 73. umor ita mollis est, ut facile premi conlidique possit; nat III 31.

conligatio, Verbindung: I. artior conligatio est societatis propinquorum; of I 53. — II. qui conligationem causarum omnium perspiciat animo; div I 127. — III. omnia naturali conligatione conserte contexteque fiunt; fat 31.

conligo, binden, zügeln, fesseln, verbinden: ni Brutum conligassemus in Graecia; Phil XI 26. ita se cum multis conligavit; ep IX 17, 2. omne conligatum solvi potest; Tim 40. homines antea dissociatos iucundissimo inter se sermonis vinclo conligavit; rep III 3. Brutus impetum furentis vitae suae periculo conligavit; Phil XI 4. I, LICTOR, CONLIGA MANUS; Rabir 13. ut alia (res) ex alia nexa et omnes inter se aptae conligataeque videantur; nat I 9.

conligo, sammeln, fassen, zusammensuchen, bekommen, zusammenfassen, folgern, schließen, urteilen: I. ita cognitione et ratione homo conlegit, ut ..; fin III 21. — II. 1. de: f. III. alqd. — 2. ex eo conligere poteris, quanta occupatione distinear; A II 23, 1. — 3. bene etiam conligit haec pueris esse grata; of II 57. — III. L. Crassum quasi conligendi sui causa se in Tusculanum contulisse; de or I 24. quid est se ipsum conligere nisi dissipatas animi partes rursum in suum locum cogere? Tusc IV 78. nt me conlegi; ep III 10, 1. conligamus nos; A IX 9, 1. quam multa ab iis conquisita et conlecta sunt de omnium animantium genere, ortu, membris, aetatibus! fin IV 13. cum se (animus) conlegit atque recreavit; Tusc I 58. conlectis omnibus bellis civilibus; ep IV 3, 1. quae (facete dicta) a sene Catone conlecta sunt; of I 104. cum ex hoc labore magnam gratiam magnamque dignitatem sim conlecturus; Q fr II 15, 1. exercitus superbissimo dilectu et durissima conquisitione conlectus; prov 5. ut ante conlectam famam conservet; div Caec 71. gratiam: f. dignitatem. ut ex eo crudelitatis invidiam conligam; Ver V 19. in omnium laude undique conligenda; Q fr I 1, 41. nullam memoriam antiquitatis conlegerat; Bru 214. conligit innumerabilia oracula Chrysippus; div I 37. nautae coacti fame radices palmarum agrestium conligebant; Ver V 87. apparatu nobis opus est et rebus exquisitis, undique conlectis, arcessitis, comportatis; de or III 92. ille ex Sicilia iam castra commoverat et vasa conlegerat; Ver IV 40. cum multa in conventu vitia conlegisset in eum (Socratem) Zopyrus; Tusc IV 80. qui vocem quasi quodam modo conligunt; de or I 251.

conlineo, zielen, richten, treffen: I. quis est, qui totum diem iaculans non aliquando conliniet? div II 121. — II. si cui propositum sit conliniare ‖ collineare, al. ‖ hastam aliquo aut sagittam; fin III 22.

conliquefacio, flüssig werden: si (venenum) totum conliquefactum in potione esset; Cluent 173.

conlocatio, Stellung, Verheiratung: I. est haec conlocatio conservanda verborum, de qua loquor; quae vinctam ‖ iunctam ‖ orationem efficit, quae cohaerentem, quae levem, quae aequabiliter fluentem; de or III 172. non eadem (conlocatio est) accusatoris et rei; part or 14. quae eorum (siderum) sit conlocatio; Tim 30. — II, 1. conservo: f. I. efficit si compositi oratoris bene structam conlocationem dissolvas permutatione verborum; orat 232. perficio: f. conformatio, II, 1. perficio. — 2. conlocationis est componere et struere verba sic, ut neve asper eorum concursus neve hiulcus sit, sed quodam modo coagmentatus et levis; de or III 171. — 3. loquor de: f. I. efficit. reliqua ex conlocatione verborum quae sumuntur quasi lumina; orat 134. — III. ex tribus partibus conlocationis; orat 175. conlocationis (partes sunt) compositio, concinnitas, numerus; orat 201. ita videtur eadem vis ordinis et conlocationis fore; of I 142. — IV, 1. ea non numero quaesito, sed verborum conlocatione ceciderunt; orat 219. (Oppianicum) conlocatione filiae, spe hereditatis obstrinxit; Cluent 190. — 2. liberales, qui in filiarum conlocatione adiuvent; of II 56 (55).

conloco, setzen, stellen, ordnen, legen, aufstellen, errichten, anlegen, ansiedeln, unterbringen, verheiraten: I, 1. conlocandi quae est exposita in aliis ratio; part or 68. — 2. conlocare ad inveniendum refertur; part or 3. — II. fuerant ad hanc rem conlocati, ut venenum comprehenderetur; Cael 64. ut haec aedilitas recte conlocata et iudicio populi in loco esse posita videatur; Ver V 37. ubi in suo quisque erit gradu firmiter conlocatus; rep I 69. in cella Concordiae conlocati armatos, latrones, sicarios; Phil V 18. aures recte in altis corporum partibus

conlocatae sunt; nat II 141. beneficii conlocandi spem perdidistis; Muren 28. castra sunt in Italia contra populum Romanum in Etruriae faucibus conlocata; Catil I 5. ut, quibuscumque in locis vobis videretur, colonias conlocaretis; agr II 98. comites eius item apud ceteros hospites conlocantur; Ver I 63. ut sedes ac domicilium conlocare (libeat); Ver II 6. omnia bene facta in luce se conlocari volunt; Tusc II 64. in possessione praediorum eius familiam suam conlocavit; Flac 72. cuius (Galbae) Gaio filio filiam suam conlocaverat; Bru 98. conlocari iussit hominem in aureo lecto; Tusc V 61. in animis ego vestris omnes triumphos meos, omnia ornamenta honoris, monumenta gloriae, laudis insignia condi et conlocari volo; Catil III 26. omnium longitudinum et brevitatum in sonis sicut acutarum graviumque vocum iudicium ipsa natura in auribus nostris conlocavit; orat 173. latrones: f. armatos. cum prima aestiva attigissem militemque conlocassem; ep II 13, 4. monumenta, ornamenta: f. insignia. cum eam (pecuniam) in praediis conlocari maxime expediret; Caecin 16. scientia rerum loco suo conlocandarum; of I 142. Ptolemaide aut aliquo propinquo loco rege conlocato; ep I 7, 4. sedes: f. domicilium. sicarios: f. armatos. iusserunt simulacrum Iovis in excelso conlocare; Catil III 20. in quibus magnam tum spem maiores natu dignitatis suae conlocarent; de or I 25. si ii, qui (res publicas) regerent, omne suum studium in doctrina et sapientia conlocassent; Q fr I 1, 29. tabernacula conlocari iussit in litore; Ver V 80. cum adiungit illa oratoria ornamenta dicendi, tum videtur tamquam tabulas bene pictas conlocare in bono lumine; Bru 261. triumphos: f. insignia. cum eas (virgines) in familiarum amplissimarum matrimoniis conlocavit; rep II 12. — III. columnas neque rectas neque e regione Diphilus conlocarat; Q fr III 1, 2. senatum rei publicae custodem, praesidem, propugnatorem conlocaverunt; Sest 137. sensus interpretes ac nuntii rerum in capite tamquam in arce conlocati sunt; nat II 140.

conlocutio, Unterredung: I. una mehercule conlocutio nostra pluris erit quam omnes Samarobrivae; ep VII 11, 2. secutae conlocutiones familiarissimae cum Trebonio; Phil XI 5. — II. hac me mente fuisse in nostris sermonibus conlocutionibusque [ipse] vidisti; ep I 9, 4.

conloquium, Unterredung, Gespräch: I. non tenuit omnino conloquium illud fidem, a vi tamen periculoque afuit; Phil XII 27. hinc cum hostibus clandestina conloquia nasci; Cato 40. — II, 1. quibus (notis) conloquia cum absentibus tenerentur; rep III 3. — 2. in Antonii congressum conloquiumque veniendum est; Phil XII 26.

conloquor, sich unterreden, unterhalten, verabreden, anreden, besprechen: I, 1. inter se conloquendi (causa); div I 90. — 2. hoc uno praestamus vel maxime feris, quod conloquimur inter nos; de or I 32. hi conlocuti inter se leniter et quiete; Tusc IV 49. cum ipsa quasi re publica conlocutus sum; ep I 9, 10. tu velim quam saepissime mecum per litteras conloquare; A VI 1, 24. — II. saepe de isto conlocuti sumus; leg I 8. — III. cum essent perpauca inter se conlocuti; rep I 18. omnium inimicos diligenter cognoscere, conloqui, attemptare; Ver II 135.

conlucere. leuchten, glänzen: quorum (hominum) operibus agri, insulae litoraque conlucent distincta tectis et urbibus; nat II 99. qui (sol) tam longe lateque conluceat; nat II 40. cuius (candelabri) fulgore conlucere atque inlustrari Iovis optimi maximi templum oportebat; Ver IV 71.

conludo, in geheimem Einverständnis sein: nisi tecum conlusisset; Ver II 58.

conlusio, geheimes Einverständnis: tuorum comitum, conlusio cum decumanis: Ver III 33.

conlusor, Spielgenosse: 1. addite Antonii conlusores et sodales; Phil XIII 3. Licinium Denticulam de alea condemnatum, conlusorem suum, restituit; Phil II 56. — 2. agrum Campanum tu compransoribus tuis et conlusoribus dividebas: Phil II 101.

conlustro, erhellen, erleuchten, betrachten, mustern: sol omnia clarissima luce conlustrans; nat II 92. si quis multas et varias gentes et urbes despicere et oculis conlustrare possit; rep III 14. in picturis alius horrida, inculta, abdita et opaca, contra alius nitida, laeta, conlustrata delectatur 'alios .. alios .. delectant ||; orat 36. urbes: f. gentes.

conluvio, Gemisch, Schlamm, Zusammenfluß, Verwirrung: I. nisi forte existimatis hanc tantam conluvionem illi tantamque eversionem civitatis in mentem subito venire potuisse; har resp 55. — II. o praeclarum diem, cum ex hac turba et conluvione discedam! Cato 84. ille nefarius, ex omnium scelerum conluvione natus; Sest 15. — III. quae (leges) in conluvione Drusi vixerunt; Vatin 23.

conne — f. **cone** —

conor, versuchen, unternehmen, wagen: I, 1. quodsi, quam audax est ad conandum, tam esset obscurus in agendo; Ver pr 5. — 2. si modo id exprimere Latine potuero; difficile factu est, sed conabor tamen; rep I 65. — II. poëtas non conor attingere; de or II 61. Zeno corrigere conatus est disciplinam; Ac I 35. neque ego nunc istius facta omnia enumerare conor; Ver IV 49. si illi bellum facere conabuntur; Font 36. rem iudicatam labefactare conari impudentiae (esse putabamus): Cluent 57. si tyrannidem occupare, si patriam prodere conabitur pater, silebitne filius? of III 90. is Minervae templum spoliare conatus est; Ver IV 123. — III. vides profecto illum (Demosthenem) multa perficere, nos multa conari, illum posse, nos velle, quocumque modo causa postulet, dicere; orat 105. quia sine sociis nemo quicquam tale conatur; Lael 42. cum eam rem tua sponte conarere, non impulsu meo; Phil II 49. tantum scelus Oppiam esse conatum; fr A III 3.

conquassatio, Erschütterung: illa duo, morbus et aegrotatio. ex totius valetudinis corporis conquassatione et perturbatione gignuntur; Tusc IV 29.

conquasso, erschüttern: cum Apulia maximis terrae motibus conquassata esset; div I 97. etiam exteras nationes illius anni furore conquassatas videbamus; Sest 56.

conqueror, klagen, sich beschweren, beklagen: I. cum commiserari, conqueri coeperit, div Caec 46. — II. hominem eum in contione de religionibus neglectis conqueri; har resp 8. f. III. ep V 2, 6. — III. si ad saxa et scopulos haec conqueri ac deplorare vellem; Ver V 171. nihil me etiam tecum de tui fratris iniuria conqueri; ep V 2. 6. quo modo ego illam labem, ignominiam calamitatemque totius ordinis conquerar? Ver pr 40. per quem (locum) eorum, qui cari nobis debent esse, fortunas conqueri nos demonstramus; inv I 109. ignominiam, labem: f. calamitatem.

conquestio, Wehklagen, Klage, Beschwerde: I. conquestio est oratio auditorum misericordiam captans; inv I 106. defensoris conquestio est calamitatis eius, quae ..; inv II 102. ubi nulla conquestio (est); Q fr I 1, 22. — II. 1. indignatio iuncta conquestioni; inv II 36. — 2. diutius in conquestione morari non oportebit; inv I 109. — III, 1. quo facilius (animus auditoris) conquestione commoveri possit; inv I 106. — 2. per quem (locum) cum conquestione misericordia captatur; inv II 51. si qua simili in genere quolibet de incommodo per conquestionem dici poterunt; inv I 107.

conquiesco, ruḥen, Ruḥe ḥalten, Ruḥe finden, aufḥören, in Stoċen geraten: I. a diuturnis dissensionibus conquiescamus; har resp 46. ego cotidie magis in iis studiis conquiesco; A I 20, 7. ut aetas nostra tam ingravescens in amore atque in adulescentia tua conquiescat; ep II 1, 2. cum omnia bella iure gentium conquiescant; Rab Post 42. si Italia a dilectu, urbs ab armis sine Milonis clade numquam esset conquietura; Milo 68. conquiescent litterae; A XII 39, 2. mercatorum navigatio conquiescit; imp Pomp 15. quae (vita) non in amici mutua benivolentia conquiescit; Lael 22. urbs: f. Italia. — II. quia a qui, al. || tu nisi perfecta re de me non conquiesti; ep I 1, l.

conquiro, aufſuḋen, aufſpüren, zuſammen-ſuḋen, ſammeln: ut omne argentum conquiren-dum curaret; Ver IV 50. non causidicum nescio quem neque clamatorem || proclamatorem || aut rabulam ḥoc sermone nostro conquirimus, sed eum virum, qui . . ; de or I 202. isti a Rullo conquisiti atque electi coloni; agr II 97. mensae conquisitissimis epulis exstruebantur; Tusc V 62. cum omnium factorum, cum regionum conquiris historiam; fin II 107. cum undique nequissimos homines conquisisset; Ver III 22. rabulam: f. causidicum. scuta si quando conquiruntur a privatis in bello ac tumultu; Ver IV 52. terra marique ut (servus) conquireretur, prae-mandavi; ep V 9, 2. id (verum) summa cura studioque conquirimus; Ac II 7. virum: f. causidicum.

conquisitio, Aufſuḋung, Ausḥebung: I. exercitus superbissimo dilectu et durissima conqui-sitione conlectus; prov 15. - 2. difficillimum est in omni conquisitione rationis exordium; Tim 7.

conquisitor, Werber, Ausḥebungsbeamter: nec conquisitores φαινοπρoσωπεῖν audent; A VII 21, 1. ut non nulli conquisitores tui dictitarunt; Milo 67.

conr — f. **corr** —

consaepio, umzäunen: Cyrum ei (Lysandro) quendam consaeptum agrum diligenter consitum ostendisse; C 59.

consalutatio, Begrüßung: huic (Curioni) consalutatio forensis perhonorifica; A II 18, 1.

consaluto, begrüßen, nennen: I. qui cum inter se amicissime consalutassent; de or II 13 — II. qui (M'. Manilius) a Scipione ceterisque ami-cissime consalutatus adsedit proximus Laelio; rep I 18. — III. quam (mimam) homines honesti non noto illo et mimico nomine, sed Volumniam con-salutabant; Phil II 58.

consanesco, ḥeilen: hoc tam gravi vulnere etiam i' iae consanuisse videbantur, recrudescunt; ep I, u, ...

consanguineus, blutsverwandt: A. nec se (homines) intellegunt esse consanguineos; leg fr 2. — B. I. βoάκιδoς nostrae consanguineus non medi-ocres terrores iacit; A II 23, 3. — II. cognatione (consideratur). quibus maioribus, quibus consangui-neis (sit); inv I 35.

consceleratus, verruḋt, frevelḥaft: A. con-sceleratissimi periculosissimique belli nefarios duces; Catil III 16. quae (Furiae) dies noctesque parentum poenas a consceleratissimis filiis repetunt; Sex Rosc 67. quod eorum conatus impios et furorem con-sceleratum repressi; Sulla 29. subiit vim illam nefariam conscelerorum latronum; Sest 76. horum voluntates conscelaratas ac nefarias; Sulla 28. — B. deorum immortalium has esse in impios et con-sceleratos poenas certissimas; Piso 46.

conscendo, einſteigen, beſteigen: I. ab hoc loco conscendi, ut transmitterem; Phil I 7. conscende nobiscum, et quidem ad puppim. una navis est iam bonorum omnium; ep XII 25, 5. tu velim quam primum bona et certa tempestate conscendas ad

meque venias; Q fr II 2, 4. — II. naves subito perterriti metu conscendistis; div I 69.

conscensio, Einſteigen: conscensionem in naves cum fuga fore; div I 68.

conscientia, Bewußtſein, Erinnerung, Mit-wiſſenſchaft, Gewiſſen, Schuldbewußtſein: I. con-scientiam rectae voluntatis maximam consolationem esse rerum incommodarum; ep VI 4, 2. mea mihi conscientia pluris est quam omnium sermo; A XII 28, 2. potest: f. II, 1. accipio. te conscientiae stimulant maleficiorum tuorum; par 18. suae (quem-que) malae cogitationes conscientiaeque animi terrent; Sex Rosc 67. illis magna consolatio conscientia maximi et clarissimi facti; A XIV 11, 1. — II, 1. maximi aestimare conscientiam mentis suae, quam ab dis immortalibus accepimus, quae a nobis divelli non potest; Cluent 159. qui (improbus) animi conscientiam non curet, quam scilicet com-primere nihil est negotii; fin II 54. divello: f. accipio. qua (conscientia) sublata iacent omnia; nat III 85. — 2. hoc „in omni vita sua quemque a recta conscientia traversum unguem non oportet disce-dere" viden quam φιλοσόφως? A XIII 20, 4. — III. angore conscientiae (eos agitant furiae); leg I 40. eodem se conscientiae scelere devinxit; Cael 52. magna vis est conscientiae; Milo 61. — IV. conscientia sceleris excitatus dixit . . ; Ver V 78. animi conscientia improbos excruciari; fin II 53. nulla re tam laetari soleo quam meorum officiorum conscientia; ep V 7, 2. recentis maleficii conscientia perterritus; Cluent 58. qui se optimorum consiliorum conscientia sustentare possit; ep VI 1, 3. nullam theatrum virtuti conscientia maius est; Tusc II 64.

conscindo, zerreißen, ſḋmäḥen, ausziſḋen: me ab optimatibus conscindi· A VIII 16, 1. gladi-atoribus qua dominus qua advocati sibilis conscisi; A II 19, 3. hanc epistulam cur conscindi || non scindi || velim, causa nulla est; ep V 20, 9. quod epistulam conscissam doles, noli laborare, salva est; ep VII 25, 1.

conscisco (cosciisco), beſḋließen, zufügen, geben: iudicia populi, iussa vetita quom suffragio cosciscentur; leg III 10. consciscenda (fuit) mors voluntaria; ep VII 3, 3. mortem mihi cur con-sciscerem. causa non visa est; ep VII 3, 4. Iunius necem sibi ipse conscivit; nat II 7.

conscius, bewußt, wiſſend, Mitwiſſer: A. qui C. Fabricium conscium maleficii condemnarant; Cluent 59. etsi mihi sum conscius numquam me nimis vitae cupidum fuisse; Tusc II 10. homo omnium meorum in te studiorum et officiorum maxime con-scius; ep V 5, 1. huic facinori tanto tua mens liberalis conscia esse non debuit; Cael 52. ut tot viros primarios velim esse temeritatis et mendacio meo conscios; Ver IV 124. quam (urbem) ḥaberet flagitiorum omnium consciam; Ver V 160. — B. cuius ministris consciisque damnatis; Cluent 125.

conscribo, aufzeiḋnen, verzeiḋnen, eintragen, abfaſſen, ausḥeben, anwerben, verſammeln: I. de-curiasse Plancium, conscripsisse, sequestrem fuisse; Planc 45. tu velim Servilio conscribas, ut tibi videbitur, meo nomine; A XI 5, 3. — II. de Antonio Balbus quoque ad me cum Oppio conscripsit, idque tibi placuisse; A XII 19, 2. — 2. cum uterque pluribus conscripsisset, qui esset optimus rei publicae status; Ver V 11. — 3. a c c. c. inf.: f. 1. — III. puto conscripta habere Offilium omnia; A XIII 37, 4. ut conlegia ab uno gladiatore innumerabilia alia nova conscriberentur; Sest 55. conscripsi epistulam noctu; ep IX 2, 1. cum exercitum tantum tam brevi tempore conscripserit; Phil V 36. eam legem a Valgii genero esse conscriptam; agr III 3. legiones conscripsit novas; Phil XI 27. cum in tribunali Aurelio conscribebas palam non modo liberos, sed etiam servos; dom 54. quem (librum) in medio dolore

conscripsimus; Tusc IV 63. rem omnem ad patres conscriptos detuli; Catil II 12. servos: f. liberos. qui (xviri) cum x tabulas summa legum ‖ [legum] ‖ aequltate conscripsissent; rep II 61. mortuorum testamenta conscripsit; har resp 42. nisi ille (Caesar) veteranos celeriter conscripsisset; ep X 28, 3.

conscriptio, Abfaſſung: eiusdem amentiae falsae conscriptiones quaestionum; Cluent 191.

consecratio, Weihe, Bann, Verfluchung: I. sin ista consecratio legitima est; dom 125. an consecratio nullum habet ius, dedicatio est religiosa? dom 125. — II. utrum capitis consecratione an obtestatione legis (Gaditanum foedus) sacrosanctum esse confirmas? Balb 33.

consecro weihen, unſterblich machen, verewigen, für heilig erklären, zur Gottheit erheben, bannen, verfluchen: illam (Tulliam) consecrabo omni genere monimentorum; A XII 18, 1. quae (lex) vetet iniussu plebis aedes, terram, aram consecrari; dom 127. quia consecrabantur aedes, non privatorum domicilia, sed quae sacrae nominantur, consecrabantur agri. non ita ut nostra praedia, si qui vellet, sed ut imperator agros de hostibus captos consecraret; dom 128. aër Iunonis nomine consecratur; nat II 66. agri ne consecrentur, Platoni prorsus adsentior; leg II 45. f. aedes. aram: f. aedes. cum caput eius, qui contra fecerit, consecratur; Balb 33. domicilia: f. aedes. quibusnam verbis ant quo ritu civis domum consecrares; dom 132. omne fere genus bestiarum Aegyptii consecraverunt; nat III 39. insulam Siciliam totam esse Cereri et Liberae consecratam; Ver IV 106. (Socratis) ingenii magnitudo Platonis memoria et litteris consecrata; Tusc V 11. praedia: f. aedes. quae (simulacra deorum) ipsa domi consecravisset; div I 46. terram: f. aedes. virtutes, non vitia consecrare decet; leg II 28.

consectarius, folgerichtig, n. Folgeſatz: A. illud minime consectarium, sed in primis hebes; fin II 50. — B. consectaria me Stoicorum brevia et acuta delectant; fin III 26.

consectatio, Streben: in huius concinnitatis consectatione Gorgiam fuisse principem accepimus; orat 165.

consectatrix, Freundin: est temperantia libidinum inimica, libidines consectatrices voluptatis; of III 117.

consectio, Zerſchneiden: arborum consectione omnique materia utimur; nat II 151.

consector, nachjagen, trachten, haſchen, verfolgen: L. Licinius Crassus consul quosdam consectatus est et confecit; inv II 111. Fufium clamoribus et conviciis et sibilis consectantur; A II 18, 1. quod (Alexander) largitione benivolentiam Maredonum consectetur; of II 53. inertissimos homines circulos aliquos et sessiunculas consectari; fin V 56. neque (fortis civis) opes ant potentiam consectabitur; of I 86. si ita in iure ‖ tam vere ‖ homines verba consectarentur, ut rem; Caecin 54. tardi ingenii est rivulos consectari, fontes rerum non videre; de or II 117. sessiunculas: f. circulos. verba: f. rem. omnes umbras etiam falsae gloriae consectari; Piso 57. tantum abest ut voluptates consectentur; fin V 57.

consecutio, Folge, Schlußfolge, Ordnung: I. quarta pars est ex iis rebus, quas negotiis dicebamus esse attributas, consecutio. in hac eae res quaeruntur, quae gestum negotium consequuntur; inv I 43. — II, 1. ut ipsa detractio molestiae consecutionem adfert voluptatis, sic . . ; fin I 37. numeri quidam sunt in coniunctione servandi consecutioque verborum; part or 18. consecutio tractatur, cum, quid quamque rem sequatur, anquiritur; de or III 113. quae (ratio, mens) et causas rerum et consecutiones videat; fin II 45. — 2. cum tripertito distribuatur locus hic, in consecutionem, antecessionem,

repugnantiam; Top 53. — III. consecutionis duo prima quaestionum genera ponuntur; de or III 116. — IV. in: f. I.

consenesco. altern, ſchwach werden: omne illius partis auctores ac socios nullo adversario consenescere; A II 23, 2. cuius (amici) cognomen consenescit; A II 13, 2. filia maerore et lacrimis consenescebat; Cluent 13. falsa invidia consenescat: Cluent 5. veteres leges sua vetustate consenuisse: de or I 247. socii: f. auctores. quamvis consenuerint vires atque defecerint; Cato 29.

consensio, Übereinſtimmung, Einverſtändnis, Verabredung: I. si ad humanos casus sceleris etiam accedit insidiarumque consensio; Marcel 23. quocum (Scipione) fuit voluntatum, studiorum, sententiarum summa consensio; Lael 15. nulla de illis magistratuum consensio (exstitit); sen 38. — II. nullaene consensiones factae esse dicuntur? Ver V 9. omni in re consensio omnium gentium lex naturae putanda est; Tusc I 30. — III. quorum societatis et sceleratae consensionis fides quo eruperit, vides; A X 4, 1. — IV. hoc bellum quintum civile geritur non modo non in dissensione et discordia civium, sed in maxima consensione incredibilique concordia; Phil VIII 8.

consensus, Übereinſtimmung, Einmütigkeit. Einverſtändnis, Verabredung, Anſchlag: I. tantus vester consensus de salute mea fuit, ut . . ; sen 5. recordamini, quantus consensus vestrum (fuerit): Phil V 2. quodsi omnium consensus naturae vox est; Tusc I 35. est in ea (natura) iste quasi consensus, quam συμπάθειαν Graeci vocant; div II 28. qui fuit apud Athenienses triginta virorum consensus et factio; rep I 44. — II. cum totius mundi convenientiam consensumque adferebas; nat II 58. consensus ordinum est divulsus; har resp 60. — III, 1. cum meum ius iurandum populus Romanus una voce et consensu approbavit; Piso 7. permanere animos arbitramur consensu nationum omnium; Tusc I 36. quae (rerum natura) ut uno consensu iuncta sit et continens; div II 33. omitto nobilitatem improborum consensu excitatam; Tusc V 46. quod consensu bonorum omnium pro salute patriae gessissem; dom 94. iungi: f. continens. si res publica vi consensuque audacium armis oppressa teneretur; Sest 86. populus (est) coetus multitudinis iuris consensu et utilitatis communione sociatus; rep I 39. — 2. cum bene de re publica meritis testimonium a consensu civitatis datur; Phil XIV 13.

consentaneus, übereinſtimmend, vernunft gemäß, folgerichtig: bellum etiam est, cum, quid cuique sit consentaneum, dicitur; de or II 283. decere (declarat) quasi aptum esse consentaneumque tempori et personae; orat 74. consentaneum est fungi officio; fin III 58. quid consentaneum cuique (sit), quid consequens; of II 18. quod erat consentaneum cum iis litteris; ep III 6, 2. quae (actiones) virtuti consentaneae sunt ‖ sunt cons. ‖; fin V 30. hae disciplinae si sibi consentaneae velint esse: of I 6. quod consensio conveniens consentaneumque dicimus; fin III 24. relinquebatur triste quoddam et miserum et his temporibus consentaneum genus litterarum; ep IV 13, 1. virtus est animi habitus naturae modo atque rationi consentaneus; inv II 159. cum eius mors consentanea vitae fuerit sanctissime actae; Phil IX 5. obscura somnia minime consentanea maiestati deorum; div II 135.

consentio, übereinſtimmen, einig, einver ſtanden ſein, ſich vereinigen, verabreden: I. populo Romano consentiente; Phil III 36. ratio nostra consentit, pugnat oratio; fin III 10. — II, 1. omnes ordines ad conservandam rem publicam mente, voluntate, voce consentiunt; Catil IV 18. quoniam cum consiliis tuis mea facta et consilia consentiunt: A IX 13, 3. f. 2. ep VI 18, 2. idne consensisse de

Calatino plurimas gentes arbitramur, primarium fuisse populi ‖ pop. fuisse ‖, quod . . ; fin II 117. in qua (cansa) omnes honestates civitatis, omnes aetates, omnes ordines una consentiunt; Sest 109. quod inter se omnes partes cum quodam lepore consentiunt; of I 98. — 2. quod (P. Curtius) consensisset cum Hispanis quibusdam eum (Pompeium) comprehendere; ep VI 18, 2. si consenserint possessores non vendere; agr I 15. — 3. quodsi omnes consentiunt esse aliquid, quod . . ; Tusc I 43. f. 1. fin II 117. — 4. si personis, si temporibus, si locis ea, quae narrabuntur, consentient; part or 32. ut principiis consentiant exitus; ep XI 5, 3. — III. alqd: II, 1. fin II 117.

consequens, vernunftgemäß, passend, folgerichtig, Folgerung: I, 1. cum consequens aliquod falsum sit, illud, cuius id consequens sit, non posse esse verum; fin IV 68. — 2. quae quibus propositis essent quaeque non essent consequentia; Bru 152. in coniunctis (verbis), quod non est consequens, vituperandum est; part or 18. hoc probato consequens esse beatam vitam virtute esse contentam; Tusc V 18. — II, 1. ea dico consequentia, quae rem necessario consequuntur; Top 53. consequentia diluet exponendo non esse illa certa indicia facti; part or 120 — 2. a consequentibus (argumentum ducitur); Top 20. ex consequentibus (sic argumenta ducuntur); de or II 170. — III. consequentium repugnantiumve ratio; fin I 63.

consequentia, Folge: qui cursum rerum eventorumque consequentiam notaverunt; div I 128.

consequor, folgen, erfolgen, eintreten, nachfolgen, befolgen, einholen, erreichen, erzielen, erhalten, gewinnen: I. cum verbis consequi non possim; Sest 87. alqd: f. consequens. ut summus furor atque amentia consequatur; Sex Rosc 66. tertius est annus xviralis consecutus; rep II 62. Cassii classis paucis post diebus consequebatur; Phil X 8. ex quo tantus error consequitur, ut . . ; in V 15. furor: f. amentia. quae (mors) brevi consecuta est; Tusc I 96. silentium est consecutum; de or I 160. spe eriguntur consequentis ac posteri temporis; fin I 67. consecutus est ipsius tribunatus; Sest 62. tanta repente vilitas annonae ex summa inopia et caritate rei frumentariae consecuta est; imp Pomp 44. — II, 1. ne: f. III. alqd; Cluent 51. — 2. (Democritus) ex illa investigatione naturae consequi volebat, bono ut esset animo; fin V 87. — 3. vere etiam illud dicitur, perverse dicere homines perverse dicendo facillime consequi; de or I 150. — III. hunc Cethegum consecutus est aetate Cato; Bru 61. nunc tu propera, ut nos consequare; A III 4. quin te iam consequi non possemus; A VIII 11, D. 3. ut hoc, quod timide dicam, consecutus sim, ne quis illi causae patronum defuisse arbitraretur; Cluent 51. quod si tenere et consequi potuero; rep I 70. (senex) est eo meliore condicione quam adulescens, quod ‖ cum ‖ id, quod ille sperat, hic consecutus est; Cato 68. f. commodum. summam ingenii non laudem modo, sed etiam admirationem (t rassus) est consecutus; Bru 159. carissimam antonam necopinatam vilitas consecuta est; dom 14. qui alterum violat, ut ipse aliquid commodi consequatur; of III 26. si ob hanc facultatem homines saepe etiam non nobiles consulatum consecuti sunt; Muren 24. quoniam ea poena damnationem necessario consequatur; inv II 59. hinc honores amplissimos, hinc mediocres opes, hinc dignitates consecuti sumus; Phil VII 7. (C. Curio) honores quam opes consequi maluisset; Bru 280. f. dignitatem. qui (homines) immortalitatem essent consecuti; nat I 39. id (ius) si ab uno iusto et bono viro consequebantur; of II 42. laudem: f. admirationem. qui vestram magnitudinem multitudinemque beneficiorum oratione consequi possit; Quir 5. opes: f. dignitatem, honores.

qui nondum perfectam illam sapientiam essent consecuti; fin IV 63. qui legum praemiis praetoriam sententiam et praetextam togam consequuntur; Balb 57. hunc (solem) ut comites consequuntur Veneris alter, alter Mercurii cursus; rep VI 17. togam: f. sententiam. cum ex rei publicae causa iam esset gloriosam victoriam consecutus; Cael 18. consequatur summas voluptates non modo parvo, sed per me nihilo, si potest; fin II 92.

consero, säen, besäen, bepflanzen: I. iam istuc te impediet in navigando, in conserendo; Ac II 109. — II. agrum diligenter consitum; Cato 59.

consero, anlegen, handgemein werden: qui te ex iure manum consertum vocarent; de or I 41. signa contulit, manum conseruit; Muren 20. „INDE IBI EGO TE EX IURE MANUM ‖ MANU ‖ CONSERTUM VOCO"; Muren 26.

conserte, verkettet: si omnia antecedentibus causis fiunt, omnia naturali conligatione conserte contexteque fiunt; fat 31.

conservatio, Bewahrung, Erhaltung, Aufrechterhaltung, Rettung: I. sit in iure civili finis hic: legitimae atque usitatae in rebus causisque civium aequabilitatis conservatio; de or I 188. ex qua (constantia) conservatio et salus omnium omnis oritur; nat II 56. — II. cui proposita sit conservatio sui; fin V 37. — III. si attentos animos ad decoris conservationem tenebimus; of I 131. — IV. maximam pietatem conservatione patriae contineri; Phil XIII 46. qui conservatione officiorum existimantur boni; of III 17.

conservator. Erhalter, Retter: I. cuius (libertatis) non modo defensor, sed etiam conservator fui; Phil III 28. — II, 1. tormentis etiam dedendi fuerunt conservatores domini; Milo 58. alterum existimari conservatorem inimicorum, alterum desertorem amicorum; A VIII 9, 3. cum ab hoc ordine ego conservator essem, tu hostis rei publicae indicatus; Phil II 51. — 2. tantam importare meis defensoribus et conservatoribus calamitatem; Sest 146. — 3. ea dixit de conservatoribus patriae, quae dici deberent de proditoribus; ep XII 3, 2.

conservatrix. Erhalterin: omnis natura vult esse conservatrix sui; fin IV 16.

conservo, bewahren, wahren, erhalten, beibehalten, beobachten, sichern, retten: I. si, quae interimant, innumerabilia sint, etiam ea, quae conservent, infinita esse debere; nat I 50. — II. quo modo, quod constat inter omnes, conservabitur, ut simile sit omnium naturarum illud ultimum? fin IV 33. — II, 1. quae conservantia sunt eius status; fin III 16. — 2. quem si nobis, si suis, si rei publicae conservatis; Cael 80. primam (nos) ex natura hanc habere appetitionem, ut conservemus nosmet ipsos; fin IV 25. virtus et conciliat amicitias et conservat; Lael 100. conservate auctoritatem vestram; Phil XIV 3. rem publicam vitamque omnium vestrum, bona, fortunas, coniuges liberosque vestros atque hoc domicilium clarissimi imperii, fortunatissimam urbem hodierno die vobis conservatam ac restitutam videtis; Catil III 1. ut conservetur homini omni erga hominem societas, coniunctio, caritas; fin III 69. haec omnia subire conservandorum civium causa; dom 98. de instituendis et conservandis civitatibus; rep II 65. coniunctionem: f. caritatem. coniuges, domicilium: f. bona. ut ante conlectam famam conservet; div Caec 71. est in eo ipso fides conservanda; of I 39. fortunas: f. bona. qui se natos ad homines iuvandos, tutandos, conservandos arbitrantur; Tusc I 32. ut imperium populi Romani maiestasque conservaretur; Rabir 20. qui id (ius) conservaret, eum iustum, qui migraret, iniustum fore; fin III 67. ut (leges) conservari non possint; inv II 145. liberos: f. bona. maiestatem: f. imperium. ut (natura) et salva sit

19*

et in genere conservetur suo; fin IV 16. quae
(pietas) erga patriam aut parentes aut alios
sanguine coniunctos officium conservare moneat;
inv II 66. meis consiliis patriam conservatam esse;
dom 72. aut undique religionem tolle aut usque
quaque conserva; Phil II 110. alter ad evertendam
rem publicam praesidia quaerebat, alter ad conservandam; Phil X 12. f. bona. ut (sacra) conserventur; leg II 47. a quo mea salus conservata
est; Planc 103. societatem: f. caritatem. cur neque
solum (ea studia) expetita, sed etiam conservata et
culta videantur; Tusc IV 2. ut ea (verba) sic et
casibus et temporibus et genere et numero conservemus, ut ne ..; de or III 40. vitam, urbem:
f. bona. — IV. me salvum adhuc res publica conservavit sibi; Phil XII 24. qui non modo animum
integrum, sed ne animam quidem puram conservare
potuisset; Ver III 134. ut homines miseros conserves
incolumes; ep IX 13, 3.

conservus, Mitsflave: I, 1. noctu duos conservos dormientes occidit; Cluent 179. — 2.
conservo servimus; ep XII 3, 2. — II. vos ne
conservorum quidem vestrorum principes estis;
par 36.

consessor, Nachbar, Beisitzer: I. modo te
consessore spectare liceat; A II 15, 2. — II, 1. ne
accusatoris consessoribus supplicum vestrum dederetis; Flac 24. — 2. ut Varius, qui est habitus
iudex durior, dicere consessori solebat; fin II 62.

consessus, Zusammensitzen, Versammlung,
Sitzung: I. theatrales gladiatoriique consessus
dicuntur omnino solere levitate non nullorum emptos
plausus exiles et raros excitare; Sest 115. — II.
non corona consessus vester cinctus est, ut
solebat; Milo 1. — III, 1. qui non aspectu con-
sessuque vestro commoveretur; Ver I 19.
significari populi Romani iudicium ludorum gladiatorumque consessu; Sest 106. — 2. in huius modi
sermone et consessu facillimum (est negare deos
esse); nat I 61. quo matrona nulla adiit propter
vim consessumque servorum; har resp 24.

considerate, besonnen: agere, quod agas,
considerate decet; of I 94. nec solum id animose
et fortiter, sed considerate etiam sapienterque
fecerunt; Phil IV 6. hominum est parum considerate
loquentium; of II 6.

consideratio, Betrachtung, Erwägung: I. me
cognitio ipsa rerum consideratioque delectat; rep
I 19. eat animorum ingeniorumque naturale quoddam
quasi pabulum consideratio contemplatioque naturae;
Ac II 127. — II. ex circumspectione aliqua et
accurata consideratione quod visum sit; Ac II 35.

consideratus, überlegt, besonnen, bedächtig:
Marcellus ut acer et pugnax, Maximus ut consideratus et lentus; rep V 10. consideratius consilium
te daturum; A IX 2, a, 2. illud considerati hominis
esse putavit; Caecin 1. quem ad modum temperantia
conservat considerata iudicia mentis; Tusc IV 22.
illud verbum consideratissimum nostrae consnetu-
dinis "arbitror"; Font 29.

considero, betrachten, überlegen, erwägen
(vgl. consideratus): I. vere ac diligenter considerate;
agr II 77. — II, 1. de quibus (rationibus) etiam
atque etiam consideret; fin II 38. — 2. quorum quid
verissime constituatur, alius locus erit considerandi; inv II 167. f. 3. — 3. caveat ne id modo
consideret, quam illa res honesta sit, sed etiam ut
habeat efficiendi facultatem; in quo ipso considerandum
est, ne desperet; of I 73. — 4. velim, quod poteris,
consideres, ut sit, unde nobis suppeditentur sumptus
necessarii; A XI 13, 4. f. 3. — 5. non mihi videntur
considerare earum rerum auctoritatem se amittere;
Ac II 128. — III. accessit ad argentum, contemplari
unum quidque otiose et considerare coepit; Ver
IV 33. f. II, 3. cum illorum actionem causae

considero; Caecin 4. eos casus mecum ipse con-
siderans; Tusc V 3. commoda et incommoda
considerantur ab natura data animo aat corpori; inv
I 35. faciem utriusque considerate; Q Rosc 20.
age nunc ex ipsius Chrysogoni iudicio Rosciorum
factum consideremus; Sex Rosc 108. incommoda:
f. commoda. iura simul civitatum atque officia
considero; Ver V 124. ut pictores suum quisque
opus a vulgo considerari vult; of I 147. considerat
templum; Ver I 133. cui vivendi via considerata
atque provisa est; par 34.

consido, sich setzen, Sitzung halten, sich lagern,
sich festsetzen, nachlassen, niedersinken, in Vergessenheit geraten: I. ibi magna cum audiendi
expectatione considitur; de or III 18. — II. cum
Quintus noster in otio consederit; A II 4, 2. quae
(Alpes) iam licet considant; prov 34. ardor animi
cum consedit; Bru 93. ut omnis cura consederit;
Bru 10. cuius (equi) in iuba examen apium consederat; div I 73. ea legio consedit Albae; Phil III 6.
consedit utriusque nomen in quaestura; Muren 18.
quorum (ludorum) religio tanta est, ut ex ultimis
terris arcessita in hac urbe consederit; har resp
24. — III. repentini in nos iudices consedistis;
Sulla 92.

consigno, besiegeln, bescheinigen, beglaubigen,
verbürgen: clarissimis monumentis testata consignataque antiquitas; div I 87. quam (commendationem) his litteris consignare volui; ep XIII
6, 3. quibus (sideribus) erat modus temporis
consignandus; Tim 30. tabulae maxime signis hominum nobilium consignantur; Quinct 25.

consiliarius, Ratgeber, Bertrauter: I, 1. et
ipse et eius amici et consiliarii moleste ferre
coeperunt Heraclium profugisse; Ver II 42. non
invito rege ipso consiliariisque eius; ep I 2, 3. — 2.
consiliario et auctore Vestorio; A XIV 9, 1. —
II, 1. est boni auguris meminisse Iovi optimo maximo
se consiliarium atque administrum datum; leg III
43. — 2. tu me consiliario fortasse non imperitissimo, fideli quidem et benivolo certe usus esses:
ep I 9, 2.

consilium, Rat, Beirat, Ratsversammlung,
Kollegium, Kriegsrat, Ratschlag, Ratschluß, Einsicht,
Plan, Absicht, Maßregel, Entschluß: I. absent: 1.
quoniam istam prudens humana consilia ceciderunt;
har resp 61. non deest rei publicae consilium; Catil
I 3. consilium est aliquid faciendi aut non faciendi
excogitata ratio; inv I 36. video difficile esse consilium; A XI 15, 1. in qua (parte animi) inest ratio
atque consilium; fin II 115. mihi totum eius (Antonii) consilium ad bellum spectare videtur; A XV
4. 1. si meum consilium auctoritasque valuisset;
Phil II 37. quibus in rebus temeritas et casus, non
ratio nec consilium valet; div II 85. — 2. summum
est populi Romani consilium senatus; dom 73. vgl.
1. est; inv I 36. — 3. plenum sceleris consilium,
plenum audaciae! Cael 51. o consilia dissoluta atque
perdita! agr II 55.
II. nach Berben: 1. Memmius aedificandi consilium
abiecerat; A V 11, 6. causam sese dimisso atque
ablegato consilio defensurum negavit; Ver II 73.
consilium capiunt, ut ad servos M. Tullii veniant:
Tul 34. in quo non sit coniunctum consilium tuum
cum meo; ep IV 2, 4. cum parum consilium (esset)
constitutum; Tusc IV 1. senatum, id est orbis terrae
consilium, delere consilii; ipse consilium publicum
nullum habet; Phil IV 14. dimitto: f. ablego. quid
debet .qui consilium dat, praestare praeter fidem ?
A XVI 7, 2. sociorum consilia adversariis enuntiavit; Sex Rosc 117. exponam vobis breviter consilium et profecti onis et reversionis meae; Phil I 1.
habeo: f. deleo. me consilium inisse, ut vi deiceretur
Tul 29. initur consilium de interitu Cn. Pompei
Sest 69. rationem dico et, si placet pluribus verbis

mentem, consilium, cogitationem, prudentiam. ubi invenimus? nat II 18. ab omnibus sapiens tuum consilium iudicatum; ep IV 7, 3. mutavi consilium; A XVI 10, 1. omnia superioris noctis consilia ad me perlata esse sentiunt; Catil II 6. praeripere hostium consilia; of I 108. consilium hominis probavit; Balb 63. cum (Cato) semper in proposito susceptoque consilio permansisset; of I 112. quo sint omnia bene vivendi rectoque faciendi consilia referenda; fin I 11. non est consilium Cethegi reprehendendum; Cluent 85. nemo consilium (meum), nemo auxilium requirebat; Vatin 8. suscipio: f. propono. si publicum ex illa urbe consilium sustulissent; agr II 88. — 2. me nullius consilii fuisse confiteor; Sest 36. est vestri consilii in posterum providere; Phil VII 19. vgl. IV, 1. res. — 3. Athenienses publicis consiliis divinos quosdam sacerdotes adhibuerunt; div I 95. me consiliis eorum interesse; ep IX 6, 2. cum (Callicratidas) consilio non paruit eorum; of I 84. — 4. cum (multitudo) omni consilio communi ac potestate careat; rep I 43. animo consulem esse oportet, consilio, fide; Piso 23. isto tuo consilio erit utendum, ut cedamus; Phil XII 15. — 5. illis adhibitis in consilium, quos ablegaverat; agr II 74. qui in consilii adestis; Quinct 10. ego de omni statu consilioque totius vitae certare cum aliis pugnaciter velim? Ac II 65. consurgitur in consilium; Cluent 75. qui honestos homines a consilio dimittat; Ver II 79. quo (die) de Sestio nostro lege Pompeia in consilium iri necesse erat; A XIII 49, 1. quem (M. Petilium) habebat in consilio; Ver II 71. cum in consilium mittebant; Cluent 83, permaneo in: f. 1. propono. a senatu aut a consilio aliquod praemium saepe petitur; inv II 110. utinam sederet in consilio C. Pisonis! Q Rosc 12. quos iste adnuerat, in suum consilium sine causa subsortiebatur; Ver I 158. cum vos mihi essetis in consilio; rep III 28. cur praetor te inimicum paternum in consilium vocavit? Flac 77.

III. mach Adjectiven: 1. qui convenit mundum consilii et rationis esse expertem putare? nat II 87. qui omnium meorum consiliorum particeps fuisset; Quir 15. animal plenum rationis et consilii, quem vocamus hominem; leg I 22. — 2. homines divina mente et consilio praeditos; agr II 90. — 3. virum ad consilia prudentem; Font 43.

IV. nach Gubstantiven: 1. fuerat (Collatinus) in regibus expellendis socius Bruti consiliorum et adiutor; of III 40. habes auctores consilii publici; ep XII 2, 3. si senatus dominus sit publici consilii; leg III 28. consules, qui duces publici consilii esse deberent; Sest 42. continentia est, per quam cupiditas consilii gubernatione regitur; inv II 164. parens eius, homo maximi animi, summi consilii; Sulla 34. ineunte adulescentia, cum est maxima imbecillitas consilii; of I 117. magna inopia consilii (adficior); A VI 3, 2. vir praestanti | praesentia || magnitudine et animi et consilii; ep XV 4, 5. socrum, mulierem imbecilli consilii; Flac 72. exponam omnem rationem facti et consilii mei; Sest 36. sin (Gnaeus) cedet, consilii res est; A VII 10. quos Cn. Pompeius de consilii sententia singillatim civitate donaverit; Balb 19. societas consiliorum et voluntatum; Planc 5. socius: f. adiutor. ita sum perturbatus temeritate nostri amentissimi consilii; A VII 10. — 2. qui primi virtute et consilio praestanti exstiterunt; Sest 91. — 3. hoc ipso ex consilio utar exemplis; Ver III 212.

V. llmitaud: 1. quo consilio ad causam publicam accesserim; Ver III 164. sive casu accidit sive consilio; Tusc IV 64. mente consilioque divino omnia in hoc mundo administrari; nat II 132. quae si index non amplectetur omnia consilio; Font 25. rationem bono consilio a dis immortalibus datam; nat III 78. rem publicam senatorio consilio maxime

posse defendi; Ver I 4. quantum humano consilio effici poterit; A VIII 4, 1. ne quid acrius publico consilio factum videretur; Sex Rosc 153. id ipsum est gestum consilio urbano sine exercitu; of I 76. quae (Massilia) sic optimatium consilio gubernatur, ut ...; Flac 63. meis consiliis interitu rem publicam liberavi; Sulla 33. non est humano consilio, ne mediocri quidem, iudices, deorum immortalium cura res illa perfecta; Milo 85. ut certo consilio certum in locum proficiscerentur; Tul 25. omnis res publica consilio quodam regenda est, ut diuturna sit; rep I 41. putasne te posse tot res consilio, ingenio sustinere? div Caec 37. tot homines sapientissimos prudentia consilioque vicisti? Ver III 16. — 2. nec somnia graviora a summo consilio neglecta sunt; div I 4. cum consilio cognita causa; Ver II 57. M. Baebius de suo consilio Diogenem emptum esse dicebat; Cluent 53. quid egi nisi ex huius ordinis consilio? Phil II 11. in iudicio et in eo consilio, in quo ex cunctis ordinibus amplissimi viri iudicarent; Milo 5. quae cum essem in consilio meo cum rege locutus; ep XV 2, 5. quod bellum susceptum ab ea (Graecia) sine consilio deorum est? div I 3.

consimilis, ganz ähnlich: causa aliqua posita consimili causarum earum; de or I 149. eandem aut consimilem agi rem; inv I 24. cum rem gessisset consimilem rebus iis, quas ipse gesseram; Phil II 28.

consisto. hintreten, sich aufstellen, stehen bleiben, Halt machen, stille stehen, stocken, festen Fuß fassen, Ruhe finden, verweilen, beruhen, sich gründen, verbleiben, fortbestehen: I, 1. cui nullus esset usquam consistendi locus; Flac 50. — 2. ita consistendum est, ut id, quo de agitur || quod obicitur ||, factum neges; part or 101. — II. me in possessionem iudicii ac defensionis meae constituisse; de or II 200. qui in forensibus causis possit praeclare consistere; orat 30. consistet in singulis; part or 120. consistam in uno nomine; Ver I 96. ne mihi non liceat contra vos in contione consistere; agr I 25. mortem timens qui poterit animo consistere? Cato 74. ut (Clodius) neque mente nec lingua neque ore consisteret; Q fr II 3, 2. ut agitatam aequitatem in hoc tandem loco consistere et confirmari patiamini; Quinct 10. omnis auctoritas philosophiae, ut ait Theophrastus, consistit in beata vita comparanda; fin V 86. in quo consistat controversia; inv I 23. ut (διάφορα) hodie primum videatur coepisse consistere; ep VII 26, 2. modo ut tibi constiterit fructus tibi tui; ep VII 1, 1. si infinitus forensium rerum labor et ambitionis occupatio cursu || decursu || honorum, etiam aetatis flexu constitisset; de or I 1. leges in consilio scriptoris et utilitate communi, non in verbis consistere; inv II 143. cum ageret illam rem ita raptim, uti neque mens neque vox neque lingua consisteret; dom 139. nec habet mens mens quicquam, ubi consistat tamquam in extremo; fin I 41. f. lingua. occupatio: f. labor. omnem utilitatem oportunitatemque provinciae Siciliae consistere in re frumentaria maxime; Ver III 11. in quibus oppidis consistere praetores soleant; Ver V 28. ego, in cuius causa rei publicae salus consistebat; A VII 3, 4. in aliis non nullis suspicio consistebat; Cluent 78. quae (vita) in virtute una consisteret; fin IV 20. vox: f. lingua. utilitas: f. oportunitas.

consitio, Besäen: nec consitiones modo delectant, sed etiam insitiones; Cato 54.

consitura, Besäung: quae (hominum vestigia) videlicet ille non ex agri consitura, quam cernebat, sed ex doctrinae indiciis interpretabatur; rep I 29.

consobrina Muhme: P. Quinctii consobrinam habet in matrimonio Naevius; Quinct 16.

consobrinus, Vetter: I. quod ad me Curius, consobrinus tuus, scripsit; ep II 19, 2. — II, 1. cum

adhibuisset Lupus Servium, consobrinum tuum; ep XI 7, 1. — 2. ne cum avunculo, ne cum eius filio, consobrino suo, vivat? Ligar 11. — III. sequuntur fratrum coniunctiones, post consobrinorum sobrinorumque; of I 54. — IV. cum nos cum consobrinis nostris, Aculeonis filiis, erudiremur; de or II 2.

consociatio, Verbindung: L ita fit, ut vincat cognitionis studium consociatio hominum atque communitas; of I 157. — II. communem totius generis hominum conciliationem et consociationem colere, tueri, servare debemus; of I 149.

consocio, vereinigen, verbinden: inter nos natura ac civilem communitatem coniuncti et consociati sumus; fin III 66. tune ausus es cum A. Gabinio consociare consilia pestis meae? sen 16. lege quoque consociati homines cum dis putandi sumus; leg I 23. nec rectum est cum amicis aut bene meritis consociare aut coniungere iniuriam; fin III 71. pro nostra consociatissima voluntate; ep III 3, 1.

consolabilis, zu trösten: est omnino vix consolabilis dolor; ep IV 3, 2.

consolatio, Trost, Tröstung, Trostschrift: 1. est consolatio pervulgata quidem illa maxime, quam semper in ore atque in animo habere debemus, homines nos ut esse meminerimus ea lege natos, ut..; ep V 16, 2. esset ea consolatio tenuis; A XI 15, 2. consolatio certe nulla est, quae levare possit dolorem meum; A XI 25, 1. stulta iam Iduum Martiarum est consolatio; A XV 4. 2. levat, potest: f. est; A XI 25, 1. quae (Consolatio) mihi ipsi sane aliquantum medetur; div II 3. — II, 1. † huic tu malo adfer consolationes, si ullas potes; A X 4, 6. habeo: f. I. est; ep V 16, 2. — 2. utamur vulgari consolatione: „quid, si hoc melius?" ep XIII 47. — 3. ut fere nos in Consolatione omnia in consolationem unam coniecimus; Tusc III 76. simile quiddam est in Consolatione Crantoris; Tusc I 115. — III. etsi aegritudinis sedatio explicata est in Consolationis libro; Tusc IV 63. — IV, 1. qua consolatione levari maxime possin; A XI 6, 1. — 2. in: f. II, 3.

consolator, Tröster: I. consolatoris ipsos confiteri se miseros, cum ad eos impetum suum fortuna converterit; Tusc III 73. — II. etsi me ipsum consolatorem tuum non tantum litterae, quibus semper studui, quantum longinquitas temporis mitigavit; ep VI 4, 3.

consolatorius, tröstend: a Caesare litteras accepi consolatorias; A XIII 20, 1.

consolor, trösten, ermutigen, beruhigen, mildern: I, 1. sunt etiam qui haec omnia genera consolandi conligant; Tusc III 76. huic alteri generi similis est ea ratio consolandi, quae docet humana esse, quae acciderint; Tusc III 57. — 2. haec officia sunt consolantium, tollere aegritudinem funditus aut sedare; Tusc III 75. sunt qui unum officium consolantis putent || putent docere || malum illud omnino non esse, ut Cleanthi placet; Tusc III 76. — II. potest multo facilius s e Deiotarus consolari; Deiot 36. feci, quod profecto ante me nemo, ut ipse me per litteras consolarer; A XII 14, 3. ego desiderium tui spe tuorum commodorum consolabor; ep VII 11, 2. ut eius (doloris) magnitudinem celeritas, diuturnitatem adlevatio consoletur; fin I 40. consolari dolorem tuum; ep IV 8, 1. eripit etiam spem, quae sola hominem in miseriis consolari solet; Catil IV 8. in consolandis maeroribus; part or 67. magnitudinem: f. diuturnitatem. — III. qui (Oileus) Telamonem antea de Aiacis morte consolatus esset; Tusc III 71. hoc mihi non sumo, ut te consoler de communibus miseriis; ep VI 4, 2.

consonus, passend: credo Platonem vix putasse satis consonum fore, si hominem id aetatis in tam longo sermone diutius retinuisset; A IV 16, 3.

consopio, einschläfern: a qua (Luna Endy-

mion) consopitus putatur; Tusc I 92. quid melius quam ita coniventem somno consopiri sempiterno? Tusc I 117.

consors, gleich beteiligt, Teilhaber, in Gütergemeinschaft: A. quid tibi (respondebo), Quinte frater, consorti mecum temporum illorum? Milo 102. cum ex agris tres fratres consortes profugissent: Ver III 57. — B. quod socium et consortem gloriosi laboris amiseram; Bru 2.

consortio, Gemeinschaft: quam (utilitatem) si ad se quisque rapiet, dissolvetur omnis humana consortio; of III 26.

conspectus, Blick, Anblick, Aussicht, Gesichtskreis, Anschauung: I. quamquam mihi semper frequens conspectus vester multo iucundissimus est visus; imp Pomp 1. — II, 1. ut, antequam luceret, exirem, ne qui conspectus fieret aut sermo; A VII 10. fugientes conspectum sceleratorum; of III 3. — 2. mihi liceret eius urbis conspectu frui: Sulla 26. — 3. qui astat in conspectu meo gener: Catil IV 3. ne discessissem || dec. || quidem e conspectu tuo; A XII 16. se in conspectum nautis paulisper dedit; Ver V 86. illa oculorum multo acriora, quae paene ponunt in conspecta animi, quae cernere et videre non possumus; de or III 161. cum enim in conspectum populi Romani produxisset; Ver I 122. cuius prope in conspectu Aegyptus est: ep I 7, 5. eum (filium) in conspectum suum venire vetuit; fin I 24. ut explicatis ordinibus temporum uno in conspectu omnia viderem; Bru 15. — III. haec, quae procul erant a conspectu imperii; agr II 87. quod excelso et inlustri loco sita est laus tua in plurimorum et sociorum et civium conspectu: ep II 5, 1. — IV. qui me in conspectu uxoris ac liberorum meorum trucidaret; Sulla 18. (animus) in hoc conspectu et cognitione naturae quam se ipse noscet! leg I 61.

conspergo, besprengen, benetzen, bestreuen: cum (me) complexus est conspersitque lacrimis: Planc 99. quae quadam hilaritate conspersum est: Ac I 8. eius (Tauri) caput stellis conspersum est frequentibus; nat II 111. ut (oratio) conspersa sit quasi verborum sententiarumque floribus; de or III 96.

conspicio, erblicken, gewahren, betrachten: I. simul ac procul conspexit armatos; Caecin 46. ex quibus (templis) hic locus conspici potest: imp Pomp 44. (ratio) incitat ad conspiciendas varias voluptates; Tusc III 33. — II. ne eundem (filium) paulo post spoliatum omni dignitate conspiciat: Muren 88.

conspiratio, Übereinstimmung, Einverständnis, Komplott: I. qualis est haec conspiratio consensusque virtutum; fin V 66. — II, I. hanc conspirationem in re publica bene gerenda diremerunt: dom 28. — 2. nihil de conspiratione audiebat certorum hominum contra dignitatem tuam; Deiot 11. — III. ut magnas utilitates adipiscimur conspiratione hominum atque consensu, sic ..; of II 16.

conspiro, übereinstimmen, zusammenwirken: tanta rerum consentiens, conspirans, continuata cognatio; nat II 19. mirabiliter populus Romanus universus et omnium generum ordinumque consensus ad liberandam rem publicam conspiravit: ep X 12, 4. consilium omnis vitae consentiens et paene conspirans; Tusc V 72. populus: f. consensus.

consponsor, Mitbürge: I. si Galba, consponsor tuus, rederit; ep VI 18, 3. — II. ut investiges ex consponsorum tabulis, sitne ita; A XII 17.

conputo, anspeien: quasi signo dato Clodiani nostros conspuitare coeperunt; Q fr II 3, 2.

constans, stetig, fest, unwandelbar, gleichmäßig, übereinstimmend, beständig, charakterfest: A. quod multi Epicurei sunt in omni vita con-

stantes et graves; fin II 81. gravitas iam constantia aetatis; Catc 33. quae cursus certos et constantes habent; nat III 24. quem hominem? mobilem? immo constantissimum; Q Rosc 49. est aliquid, quod perturbata mens melius possit facere quam constans? Tusc IV 54. vident ex constantissimo motu lunae, quando illa incurrat in umbram terrae; div II 17. constans et perpetua ratio vitae, quae virtus est; leg I 45. nec (senatus) fuit umquam gravior, constantior, fortior; Phil XIII 15. — ß. a. sunt firmi et stabiles et constantes eligendi: Lael 62. — b. omnia vera diligimus, id est fidelia, simplicia, constantia; fin II 46.

constanter, regelmäßig, gleichmäßig, folgerichtig, standhaft, beständig: quam sibi constanter convenienterque dicat, (Epicurus) non laborat; Tusc V 26. splendide, constanter, graviter, honeste omnia (facere); Tusc V 81. omnis nec claudicans nec quasi fluctuans et aequaliter || sed aequaliter || constanterque ingrediens numerosa habetur oratio; orat 198. alios parum constanter in suscepta causa permanere; Phil XIV 17. quis non de communi salute constantissime sensit? Sulla 82. a quibus (officiis) constanter honesteque vivendi praecepta ducuntur; of III 5. quam bene, non quaeritur, constanter quidem certe; Tusc V 24.

constantia, Regelmäßigkeit, Gleichmäßigkeit, Beständigkeit, Ausdauer, Folgerichtigkeit, Gleichmut, Charakterfestigkeit: I. una virtus est consentiens cum ratione et perpetua constantia; par 22. in natura et [in] arte constantia est, in ceteris nulla; Top 63. quattuor perturbationes sunt, tres constantiae, quoniam aegritudini nulla constantia opponitur; Tusc IV 14. ut constantia scientiae, sic perturbatio erroris est; Tusc IV 80. f. concinuit. ea constantia si nihil habeat percepti et cogniti, quaero, unde nata sit aut quo modo; Ac II 23. caelestium admirabilem ordinem incredibilemque constantiam, ex qua conservatio et salus omnium omnis oritur, qui vacare mente putat; nat II 56. — II. 1. cuius est in rem publicam semper merito laudata constantia; Phil XIII 29. oppono: f. I. est: Tusc IV 14. constantiam probo, qua mihi quoque utendum fuit; dom 19. quae (fortuna) amica varietati constantiam respuit; nat II 43. in omni re gerenda consilioque capiendo servare constantiam; of I 125. videte magni et clari viri admirabilem gravitatem atque constantiam; Phil XIII 41. in animo opinionum iudiciorumque aequabilitas et constantia pulchritudo vocatur; Tusc IV 31. — 2. sunt (stellae) admirabili incredibilique constantia; nat III 23. utor: f. 1. probo. — 3. qui longius discesserit a naturae constantia; Tusc IV 11. orior ex: f. I. vacat. quartus (modus est susceptus) ex astrorum ordine caelique constantia; nat III 16. — III. 1. nihil est tam contrarium rationi et constantiae quam fortuna; div II 18. — 2. adest praesens vir singulari virtute, constantia, gravitate praeditus; dom 39. — IV, 1. parens eius, homo singularis constantiae; Sulla 34. nobis cum a natura constantiae, moderationis, temperantiae, verecundiae partes datae sint; of I 98. — 2. ut non audeas civem singulari virtute, fide, constantia vituperare; Vatin 40. — V, 1. L. Caesar qua constantia sententiam dixit! Phil II 14. cum vidissent omnia ratis ordinibus moderata immutabilique constantia; nat II 90. quicquid auctoritate, fide, constantia possum; imp Pomp 69. — 2. ut, etiam quae non probare soleant, ea cogantur constantiae causa defendere; Tusc II 5. non ex singulis vocibus philosophi spectandi sunt, sed ex perpetuitate atque constantia; Tusc V 31.

consterno, bestreuen, bedecken: frumentum vias omnes angiportusque constraverat; div I 69. forum corporibus civium Romanorum constratum

caede nocturna; Sest 85. erat sola illa navis constrata; Ver V 89. vias: f. angiportus.

constipo, zusammendrängen: ne constipari quidem tantum numerum hominum posse in agrum Campanum; agr II 79.

constituo, feststellen, aufstellen, errichten, einrichten, einsetzen, bestimmen, begründen, ordnen, beschließen, sich entschließen: I, 1. cum in senatum, ut erat constitutum, venire vellemus; Phil II 108. — 2. sumus multi, ut constituimus, parati abuti tecum hoc otio; rep I 14. -- II, 1. si de certo, de perspicuo vobis iure esse constituendum videtis; Balb 64. constitutum inter eos alia de re fuisse, ut medicamentum Diogenes adferret; Cluent 53. — 2. constitui cum hominibus, quo die mihi Messanae praesto essent; Ver II 65. — 3. constituimus inter nos, ut ambulationem postmeridianam conficeremus in Academia; fin V 1. f. 1. Cluent 53. — 4. cum P. Africanus constituisset in hortis esse; rep I 14. — 5. ita constitui, fortiter esse agendum; Cluent 51. cum esset satis constitutum id solum esse bonum, quod esset honestum; fin III 50. L. Cincio HS ХХꞩꝺ constitui me curaturum Idibus Febr.; A I 7. — III. repentini in nos iudices consedistis, a fortuna nobis ad praesidium innocentiae constituti; Cluent 92. Metram et Athenaeum in maxima apud regem auctoritate gratiaque constitui; ep XV 4, 6. quae perdiscenda quaeque observanda essent, multa constituit; rep II 27. vgl. constitutum. publice constitutis accusatoribus; leg III 47. si utilitas constituet amicitiam, tollet eadem; fin II 78. nobis annus erat unus ad cohibendum brachium toga constitutus; Cael 11. cum a primo urbis ortu regiis institutis, partim etiam legibus auspicia, caerimoniae, comitia, provocationes, patrum consilium, equitum peditumque discriptio, tota res militaris divinitus esset constituta; Tusc IV 1. f. sacra. quis tibi hoc concesserit, reliquas utilitates aut in constituendis aut in conservandis civitatibus non a sapientibus et fortibus viris, sed a disertis ornateque dicentibus esse constitutas? de or I 36. comitia: f. auspicia. ut in Italia possemus concordiam constituere; A VIII 11, D, 1. videte, quam condicionem vobismet ipsis constituere velitis; Caecin 40. consilium: f. auspicia. cui corpus bene constitutum sit; Tusc II 17. crimen a Plaetorio ita constitutum est; Font 19. quoniam (decemviri) per novem tribus essent constituti; agr II 28. f. reges. cui sciam pactam et constitutam cum Manlio diem; Catil I 24. disceptatio cum est constituta; part or 109. discriptionem: f. auspicia. exercitus contra vos constituitur; agr III 16. ut fines bonorum malorumque constituas; Ac II 114. fortunas eius ita constitutas fuisse familia, pecore, villis, pecuniis creditis, ut ..; Ver V 20. ante iudicium de constituendo ipso iudicio solet esse contentio; part or 99. quo de iure hoc iudicium constitutum est; Balb 44. neque opinione, sed natura constitutum esse ius; leg I 28. legem Semproniam esse de civibus Romanis constitutam; Catil IV 10. qua de re alius mihi locus ad dicendum est constitutus; Ver II 50. in Mamertinorum solo foederato monumentum istius crudelitatis constitutum est; Ver IV 26. cum non instituto aliquo aut more aut lege sit opinio constituta; nat I 44. cum perturbare philosophiam bene iam constituam velitis; Ac II 14. ad memoriam poenae publice constitutae; dom 102. mihi in acre legis praesidia constituere defensionis meae non licet; Cluent 156. provocationes: f. auspicia. qua lege haec quaestio constituta est; Cluent 148. ad conligendas et constituendas reliquias nostras; A IV 1, 3. reliquia de rebus constituendis ad senatum referemus; Catil II 26. ut res nummaria de communi sententia constituatur; of III 80. f. auspicia. rem pubicam quibus moribus aut legibus constituere vel conservare possimus; rep II 64. reges constitu-

untur, non decemviri; agr II 29. Romulum auspiciis,
Numam sacris constitutis fundamenta iecisse nostrae
civitatis; nat III 5. constituitote ante oculos etiam
huius miseri senectutem; Cael 79. tanta in eo rei
publicae bene gerendae spes constituebatur, ut . . ;
imp Pomp 62. cur tot supplicia sint in improbos more
malorum constituta; Ver V 22. constitui virtus
nullo modo potest, nisi . . ; fin IV 41. in tota vita
constituenda; of I 119. utilitates: f. civitates. —
IV, 1. ei sunt constituti quasi mala valetudine
animi, sanabiles tamen; Tusc IV 80. — 2. qui de
quaque re constituti iudices sint; dom 33. benivolentiam, qui est amicitiae fons a natura constitutus; Lael 50. uti decem reges orbis terrarum
domini constituerentur; agr II 15. finem sibi con-
stitueret (animus) secundum naturam vivere; fin IV 27.

constitutio, Einrichtung, Bestimmung, Fest-
stellung, Begründung, Verfassung, Zustand: I, 1.
causarum est conflictio, in qua constitutio constat;
inv I 18. omnino nulla constitutio nec pars constitutionis potest simul et suam habere et alterius in
se vim continere; ideo quod una quaeque ex se et
ex sua natura simpliciter consideratur; altera adsumpta numerus constitutionum duplicatur, non vis
constitutionis augetur; inv I 14. eam quaestionem,
ex qua causa nascitur, constitutionem appellamus.
constitutio est prima conflictio causarum ex depulsione intentionis profecta, hoc modo: „fecisti": „non
feci" aut „iure feci". cum facti controversia est,
quoniam coniecturis causa firmatur, constitutio
coniecturalis appellatur. cum autem nominis, quoniam vis vocabuli definienda verbis est, constitutio
definitiva nominatur. cum vero, qualis res sit, quaeritur, quia [et] de vi et de genere negotii controversia est, constitutio generalis vocatur. at cum
causa ex eo pendet, quia ‖ quod ‖ non aut is agere
videtur, quem oportet, aut [non] cum eo, quicum
oportet, aut [non] apud quos, quo tempore, qua lege,
quo crimine, qua poena oportet, translativa dicitur
constitutio, quia actio translationis et commutationis
indigere videtur; inv I 10. pars causae est constitutio omnis. non enim causa ad constitutionem, sed
constitutio ad causam accommodatur; inv I 13. si
constitutio et ipsa et pars eius ‖ quaelibet ‖ intentionis depulsio est, deliberatio et demonstratio neque
constitutio neque pars constitutionis est; inv I 13.
haec constitutio, quam generalem nominamus, partes
videtur nobis duas habere, iuridicialem et negotialem;
inv I 14. f. continet. aliam quoque incidere constitutionem in hanc causam; inv II 53. — potest: f.
continet. videtur: f. habet. — 2. quae (civitas) est
constitutio populi; rep I 41. f. I, 1. est; inv I 13. —
II, 1. accommodo: f. I, 1. est; inv I 13. adsumo:
f. I, 1. continet. appello, al.: f. I, 1. est; inv I 10.
nunc generalem constitutionem et partes eius consideremus; inv II 61. f. I, 1. continet. sive constitutionem primam causae accusatoris confirmationem
dixerit sive defensoris primam deprecationem; inv
I 13. nomino: f. I, 1. habet. — 2. accommodo
ad: f. I, 1. est; inv I 13. cum separatim de ipsa
coniecturali constitutione dicemus; inv I 81. nunc
exponemus, in coniecturalem constitutionem qui (loci
communes) [loci com.] incidere soleant; inv II 50.
nunc ab conlecturali constitutione proficiscamur; inv
II 14. — III. hic locus sicut aliquod fundamentum
est huius constitutionis; inv II 19. huius constitutionis Hermagoras inventor esse existimatur; inv
I 16. numerus: f. I, 1. continet. pars: f. I, 1.
continet, est; inv I 13. 14. II, 1. considero. vis:
f. I, 1. continet. — IV, 1. si vita omnis beata
corporis firma constitutione continetur; of III 117.
ceteris criminibus defendendis coniecturali constitutione translationem coniunget; inv II 59. — 2.
sunt causae, quae plures habent rationes in simplici
constitutione; inv II 63.

constitutum, Berabredung, Zusammenkunft:
I, 1. constitutum factum esse cum servis, ut
venirent ad balneas Senias; Cael 61. ante rem
quaeruntur conloquia, locus, constitutum; Top 52.
reperietis idcirco haec in uno homine pecunioso tot
constituta, ut . . ; Ver V 23. — 2. qui ad constitutum experiundi iuris gratia venissent; Caecin 33.
— II. v Kalend. igitur ad constitutum; A XII 1, 1.

consto, feststehen, stattfinden, vorhanden sein,
kosten, bestehen, bekannt sein, übereinstimmen, gleich,
getreu bleiben: I. Nympho, antequam plane constitit, condemnatur; Ver III 54. — II, 1. de: f.
III. alqd. — 2. cum constiterit inter doctos, quanti
res quaeque sit; fin V 89. etsi non satis mihi
constiterat, cum aliquane animi mei molestia an
potius libenter te Athenis visuras essem; ep XIII
1, 1. — 3. quae praeiudicia de eo facta esse
constarent; Cluent 104. — 4. quae constat ‖ constant ‖ esse peccata; inv I 104. ut omnium testimonio
per me unum rem publicam conservatam esse constaret; Quir 17. constitit fere inter omnes id
accommodatum naturae esse oportere; fin V 17. — III.
praeclare tibi constas, ut velis . . ; Bru 251. in qua
(adsensionis retentione) melius sibi constitit Arcesilas;
Ac II 59. cum constemus ex animo et corpore;
Tusc III 1. qua in sententia si constare voluissem;
ep I 9, 14. si humanitati tuae constare voles; A I
11, 1. dum haec de Oppianico constabunt; Cluent
125. qui (aether) constat ex altissimis ignibus; nat
II 91. (ambulatiuncula) prope dimidio minoris constabit isto loco; A XIII 29, 1 (2). nec officia nec
virtutes in ea ratione nec amicitiae constare possunt;
fin V 22. praeter animam, unde animantium quoque
constet animus; nat III 36. Asia vestra constat ex
Phrygia, Mysia, Caria, Lydia; Flac 65. modo ut
tibi constiterit fructus otii tui; ep VII 1, 1. nullum
est genus rerum, quod avulsum a ceteris per se
ipsum constare (possit) de or III 20. ius ex quibus
rebus constet, considerandum est; inv II 65. si
summa eorum in me merita constarent; ep I 9, 11.
natura constare administrarique mundum; nat II 82.
hic quoque summe constat procuratoris diligentis
officium; Quinct 61. f. amicitiae. constetne oratio
aut cum re aut ipsa secum; inv II 45. auri ratio
constat; Flac 69. antiquissimi fere sunt, quorum
quidem scripta constent, Periclesatq ue Alcibiades; de
or II 93. virtutes: f. amicitiae. — IV. ut usque ad alterum R litterae constarent integrae; inv IV 187.

constrictio, Bücherrolle: f. constructio, III.

constringo, binden, verbinden, fesseln, verpflichten, lähmen: constrictam iam horum omnium
scientia teneri coniurationem tuam; Catil I 1.
etiamsi corpora capta sint armis aut constricta
vinclis; de or I 226. noluerunt religione videri
potius quam veritate fidem esse constrictam; Balb
12. qui scelus fraudemque nocentis posset dicendo
subicere odio civium supplicioque constringere; de
or I 202. vinciatur et constringatur (illa pars animi)
amicorum propinquorumque custodiis; Tusc II 48.
homini taeterrimo nonne populos liberos constrictos
tradidisti? dom 23. quae (ars) rem dissolutam
divulsamque conglutinaret et ratione quadam constringeret; de or I 188. scelus: f. fraudem. quae
(sententia) cum aptis constricta verbis est, cadit
etiam plerumque numerose; Bru 34.

constructio, Zusammenfügung, Bau, Verbindung, Periodenbau: I. nolo haec tam minuta
constructio appareat; orat 150. erat verborum
apta et quasi rotunda constructio; Bru 272. eorum
(verborum) constructio et numerus liberiore quadam
fruitur licentia; orat 37. — II. constructio verborum
tum coniunctionibus copuletur, tum dissolutionibus
quasi relaxetur; part or 21. quanto artificio esset
totam constructionem hominis fabricata natura; Ac

II 86. relaxo: f. copulo. — III. ipsa oratio conformanda (est) non solum electione, sed etiam
constructione verborum; de or I. 17. bibliothecam
mihi tui pinxerunt constructione et sillybis || con-
strictione et sittybis || ; A IV 5, 3.

construo, zusammenfügen, aufhäufen, an-
einanderreihen, bauen: tanti acervi nummorum
apud istum construuntur, ut . .; Phil II 97. ut
navem, ut aedificium idem destruit facillime, qui
construxit, sic ..; Cato 72. aves cubilia sibi nidosque
construunt; nat II 129. dentibus in ore constructis;
nat II 134. navem: f. aedificium. nidos: f. cubilia.
iis omnibus multis magnificisque rebus constructis
ac reconditis; de or I 161.

co·stupro, durch Unzucht beflecken: adflicta
res publica res empto constupratoque iudicio; A I 18, 3.

consuasor, Ratgeber: auctore et consuasore
Naevio; Quinct 18.

consuesco, sich gewöhnen, pf. gewohnt sein,
pflegen, Umgang haben: I. in ea exercitatione non
sane mihi displicet adhibere, si consueris, etiam
istam locorum simulacrorumque rationem; de or I 157.
huc omnes mulieres, quibuscum iste consuerat, con-
veniebant; Ver V 30. qui ita natus est et ita
consuevit; Milo 68. — II. etsi tu meam stultitiam
consuesti ferre; A XII 37, 2. disiungamus nos a
corporibus, id est consuescamus mori; Tusc I 75.
qui mentiri solet, peierare consuevit; Q Rosc 46.
qui (Demosthenes) summa voce versus multos uno
spiritu pronuntiare consuescebat; de or I 261. qui
maxime ab iniuriis nostrorum magistratuum remoti
consuerant esse; Ver II 160. cum minus idoneis
(verbis) uti consuescerem; de or I 154.

consuetudo, Gewöhnung, Gewohnheit, Herkommen, Sprachgebrauch, Übung, Verkehr, Umgang:
I. absolut: 1. ferre laborem, contemnere vulnus
consuetudo docet; Tusc II 38. iam erat unctior
quaedam splendidiorque consuetudo loquendi; Bru 78.
quodsi indocta consuetudo tam est artifex suavitatis,
quid ab ipsa arte postulari putamus? orat 161. est
consuetudo Siculorum ceterorumque Graecorum, ut
eximant diem ex mense; Ver II 129. eius (Asclaponis)
consuetudo mihi iucunda fuit; ep XIII 20. versutus,
quam mea consuetudo defendendi fert; Caecin 85.
mihi cum eo (L. Egnatio) cotidianam consuetudinem
summam intercederet; ep XIII 45. ut sua voluntate
a iucundissima consuetudine recederet, quae praesertim
iam naturae vim obtineret propter vetustatem; inv
I 3. numquam comoediae, nisi consuetudo vitae
pateretur, probare sua theatris flagitia potuissent;
rep IV 11. nec in hoc, quod est animal, sed in iis
etiam, quae sunt inanima, consuetudo valet; Lael 68.
quibus (verbis) iam consuetudo nobis non utitur;
de or III 39. — 2. quam periculosa consuetudo!
nat III 62.

II. nach Verben: 1. hanc consuetudinem benignitatis largitioni munerum longe antepono; of II 63.
cum incendisses cupiditatem meam consuetudinis
augendae nostrae; ep XV 21, 1. consuetudinem a
maioribus traditam convellere et commutare ausus
est; Ver III 15. hanc tibi consuetudinem plerisque
in rebus bonis obtrectandi qui detraxerit; Phil X
6. Atticus noster maiorem etiam mihi cum Cossinio
consuetudinem; ep XIII 20, 1. quam facultatem
exercitatio dabit, ex qua consuetudo gignitur; de or
II 358. quoniam minime ignoras consuetudinem
dicendi meam; Sulla 47. intermissa nostra consuetudine; ep III 1, 1. cuius rei non nullam consuetudinem nactus sum; Q fr II 12, 2. consuetudinem
victus, doctissimos sermones requirens tuos; orat 33.
eos usque ad hanc diem retinere illam immanem ac
barbaram consuetudinem hominum immolandorum;
Font 31. si consuetudinem verborum teneret; fin
II 30. trado: f. convello. 2. etsi non est meae
consuetudinis initio dicendi rationem reddere . .;

Rabir 1. — 3. reliqua iam a me meae perpetuae.
consuetudini naturaeque debentur; Sulla 87. —
4. communi consuetudine sermonis abutimur, cum
ita dicimus, velle aliquid quempiam aut nolle sine
causa; fat 24. qua (consuetudine) privati in civitate
uterentur; de or I 212. — 5. in quo nihil est difficilius quam a consuetudine oculorum aciem mentis
abducere; nat II 45. (verbum) in consuetudinem
nostram non caderet; Tusc III 7. neque sum de
arte dicturus, sed de mea consuetudine; de or I 208.
quam longe videar ab consuetudine mea discedere;
Font 12. de summa re publica dissentientes in
eadem consuetudine amicitiae permanere; Phil II 38.
recedo a: f. I, 1. obtinet. quod est in consuetudine
sermonis Latini; Tusc III 11. qui a scribendi consuetudine ad dicendum venit; de or I 152. quaedam
in consuetudinem ex utilitate ratione venerunt;
inv II 160.
III. nach Adjectiv: ne oratio mea aliena a cotidiana
dicendi consuetudine esse videatur; Ver IV 109.
IV. nach Substantiv: ne aestus nos consuetudinis
absorbeat; leg II 9. quodsi depravatio consuetudinum
torqueret et flecteret, quocumque coepisset; leg I 29.
honestius est ei nullum dare (laudatorem) quam
illum quasi legitimum numerum consuetudinis non
explere; Ver V 57. illud verbum consideratissimum
nostrae consuetudinis „arbitror“; Font 29. consuetudinis magna vis est; Tusc III 40.
V. limitand: 1. hominem coniunctissimum
officiis, consuetudine; Sulla 57. si est tua natura
filius, consuetudine discipulus; Ver III 162. con-
suetudine || consuetudinis || ius esse putatur id, quod
voluntate omnium sine lege vetustas comprobarit;
inv II 67. hominem a pueritia consuetudine et
studio in omni flagitio versatum; Sulla 70. — 2. res
ab natura profectas et a consuetudine probatas;
inv II 160. virtutibus videris ad consuetudinem
nostrae orationis vitia posuisse contraria; fin III 40.
decumis contra instituta, leges consuetudinemque
omnium venditis; Ver III 131. est hoc ex consuetudine cautionis gravissimum argumentum; Q
Rosc 37. iniuriae dolor facit me praeter consuetudinem
gloriosum; Phil XIV 13. quae de causa pro mea
consuetudine breviter simpliciterque dixi; Arch 32.

consuetus, gewohnt: quae Carneades, Graecus
homo et consuetus, quod commodum esset, verbis*;
rep III 8.

consul, Consul: I. absolut: 1. Ti Gracchi
litteris Scipio et Figulus consules magistratu se
abdicaverunt; div II 74. fit senatus consultum,
ut C. Marius L. Valerius consules adhiberent tribunos
plebis et praetores, quos eis videretur, operamque
darent, ut imperium populi Romani conservaretur;
Rabir 20. consules causam cognorunt, cum viros
primarios advocassent, de consilii sententia pronun-
tiarunt se lege Hieronica vendituros; Ver III 18.
quae comitia primum habere coepit consul summa
auctoritate; Planc 49. cognoscunt: f. advocant.
idem consul vos frequentissimos in Capitolium convocavit; Sest 25. dant: f. adhibent. qui consul
Kalendis Ianuariis habere provinciam debet; prov
37. consul se cum praesidio descensurum esse
dixit; Phil VIII 6. cum subito edicunt duo consules, ut ad suum festivum senatores redirent;
Sest 32. cum ad arma consules ex senatus consulto
evocassent; Rabir 21. consulem Romae fuisse
peregrinum; Sulla 22. animo consulem esse oportet,
consilio, fide, gravitate, vigilantia, cura, toto denique
munere consulatus omni officio tuendo, maximeque
rei publicae consulendo; Piso 23. has in sententias
meas si consules discessionem facere voluissent;
Phil XIV 21. quam legem tulerunt sapientissimi
consules Crassus et Scaevola; of III 47. bellum
contra te duo consules gerunt; Phil XIII 39.
consules et reliqui magistratus etiam spectionem

habent; Phil II 81. ut senatum tuto consules
Kalendis Ianuariis habere possent; Phil III 13.
ſ. coepit, debet. cum consules designati magistratum
inierint; Phil III 7. consules porticum Catuli
restituendam locarunt; A IV 2, 5. cur Marius tam
feliciter septimum consul domi suae senex est
mortuus? nat III 81. quod idem in dilectu consules
observant, ut primus miles fiat bono nomine; div
I 102. ex acuminibus iam M. Marcellus ille quinquiens consul totum omisit; div II 77. consules ex
Italia profugisse omnesque consulares; Deiot 11.
pronuntiant: ſ. advocant. Sertorianum bellum a
senatu privato datum est, quia consules recusabant;
Phil, XI 18. uti C. Pansa A. Hirtius consules,
alter ambove, si iis videbitur, de eius honore ad
senatum 'referant; Phil VIII 33. in aes incidi
iubebitis, credo, illa legitima: CONSULES POPULUM
IURE ROGAVERUNT; Phil I 26. ut consules
Dolabellae ; persequendi causa Asiam et Syriam
sortiantur; Phil XI 21. vendunt: ſ. advocant.
volunt: ſ. faciunt. — 2. T. Veturius et Sp. Postumius
cum iterum consules essent, dediti sunt iis
(Samnitibus); of III 109. hoc consecutus est Rebilus,
ut quaereretur, quibus consulibus consul fuerit; fr
G, 5, 23. ſ. II, 1. renuntio. his consulibus eam legem
suasit, quibus nati sumus; Bru 161. (Archias)
Romam venit Mario consule et Catulo; Arch 5.
quem magistratum gessi consulibus Tuditano et
Cethego; Cato 10.
  II. nach Verben: 1. »regio imperio duo sunto iique
a praeeundo, iudicando, consulendo praetores, iudices,
consules appellamino«; leg III 8. nos in libris
habemus non modo consules a praetore, sed ne
praetores quidem creari ius esse; A IX 9, 3. me
una voce universus populus Romanus consulem
declaravit; agr II 4. duo quidem quasi designati
consules; A XIV 9, 2. ſ. I, 1. ineunt. qui consulem
morti obieceris, inclusum obsederis, extrahere ex
suis tectis conatus sis; Vatin 23. qui (Cn. Octavius)
primus ex illa familia consul factus est; of I 138.
consulem habuimus tam severum tamque censorium.
ut in eius magistratu nemo praederit, nemo
cenaverit, nemo dormierit; fr G, b, 25. consule in
carcere incluso; A II, 1, 8. ſ. extraho. si eum
consulem iudicavisset; Phil III 6. quo consulem
cum exercitu misimus; Phil VIII 5. obicio, obsideo:
ſ. extraho. se ipsos tantum praetores et consules
recipere solere; Ver I 65. (legio Martia) reliquit
consulem; Phil III 6. quin renuntiatus sit aut iis
ipsis comitiis consul aut certe in illum annum;
Planc 49. consulem hora septima renuntiavit, qui
usque ad Kalendas Ian. esset, quae erant futurae
mane postridie; ep VII 30, 1. duas Gallias qui
decernit consulibus duobus, hos retinet ambo; prov
17. (Ti. Gracchus) comitia consulibus rogandis
habuit; div I 33. me debuit res publica consulem
ad communem salutem defendendam vocare; Muren
5. — 2. si est boni consulis ferre opem patriae;
Rabir 3. — 3. qui C. illi Mario, fortissimo viro et
consuli et sextum consuli, cedendum esse duxit;
Piso 20. quibus (consulibus) more maiorum concessum est vel omnes adire provincias; A VIII 15, 3.
decerno: ſ. 1. retineo. nec sine causa oppositi
consulibus tribuni; leg III 16. instituit primus, ut
singulis consulibus alternis mensibus lictores praeirent; rep II 55. quae (legio) praesidio consulibus
esset; Phil V 52. videor: ſ. I, 1. adhibent. —
4. nuper cum Reatini me suam publicam causam
de Velini fluminibus et cuniculis apud hos consules
agere voluissent; Scaur 27. ad me consulem
querelas Puteolanorum esse delatas; Vatin 12. est
fortium civium summum in consulibus imperium
putare; Rabir 3.
  III. nach Adverb: usque ad M. Terentium C.
Cassium consules (tabulas) confecisse; Ver I 60.

  IV. als Substantiv: 1. cum populo Romano vox
et auctoritas consulis repente in tantis tenebris
inluxerit; agr I 24. quae (pars) consulis auxilium
implorat; Rabir 9. omnium consulum gravis in re
publica custodienda cura ac diligentia debet esse;
agr II 100. magnum nomen est, magna species,
magna dignitas, magna maiestas consulis; Piso 24.
diligentia: ſ. cura. omnes in consulis iure et
imperio debent esse provinciae; Phil IV 9. senatus
auxilium omnium civium consulis voce et litteris
implorandum putavit; Piso 34. magistratus: ſ. II, 1.
habeo. maiestas, nomen, species: ſ. dignitas.
omnibus malis illo anno scelere consulum rem
publicam esse confectam; Sest 53. vox: ſ. auctoritas,
litterae. — 2. quod mihi certamen esset huius
modi? cum Catilinae lanternario consule? Piso 20.
  V. Umstand: 1. illa tempora cum societatis tabulis
non solum consulibus, verum etiam mensibus convenire; Ver II 186. — 2. cum equester ordo reus
a consulibus citaretur; Sest 35. quae (litterae) sunt
a consulibus missae; Phil XIV 6. qui (homines)
relicti in castris fuissent a Paulo et a Varrone
consulibus; of III 114. XI. annis ante me consulem;
Piso 4. dictator est institutus decem fere annis
post primos consules; rep II 56. ut eques Romanus
ad bellum maximum pro consule mitteretur; imp
Pomp 62. cum (Gellius) pro consule ex praetura
in Graeciam venisset; leg I 53.

  consularis, zum Consul gehörig, dem ge-
wesenen Consul angehörig, gewesener Consul: A.
Alexander nonne tertio et tricesimo anno mortem
obiit? quae aetas nostris legibus decem annis
minor quam consularis; Phil V 48. complures in
perturbatione rei publicae consules || consulares
dicti, quorum nemo consularis habitus || est ||, nisi
qui animo exstitit in rem publicam consulari; ep X
6, 3. isti a consulari Macedonia et Asia; Tul 15.
ex illo tribunatu consularem auctoritatem hominem
esse adulescentem consecutum; Vatin 16. campus
consularibus auspiciis consecratus; Catil IV 2. quid
habet admirationis tali viro advenienti, candidato
consulari, obviam prodisse multos? Muren 68. comitiis consularibus factis; Ver pr 17. bellum consulari
exercitu imperioque confectum; prov 15. hic familia
consulari est: Planc 15. qui hominem consularem
in iudicium vocarit; Caol 78. imperium: ſ. exercitus.
minuit consulare ius; leg III 16. ut litteris consularibus omnes convocarentur; Sest 128. Macedonia:
ſ. Asia. est tuum nomen utraque familia consulare;
Planc 18. provinciam sortitus es; obtigit tibi consularis; Ver I 34. mortem filii, clari viri et consularis; Cato 12. — B, I, 1. quid est, quam ob rem
consulares, qui Catilinae adfuerunt, reprehendantur?
Sulla 81. si (Regulus) domi senex captivus, periurus
consularis remansisset; of III 100. — 2. a vobis
natus sum consularis; Quir 5. — II. habeo: ſ. A.
animus. reprehendo: ſ. I, 1. adsunt. — III. quia
refertum est municipium consularibus; Planc 19.
— IV. ea erat summa laus consularium, vigilare ..;.
Phil VIII 30.

  consulatus, Consulwürde, Consulat: I. honorum dignitas finis est consulatus, quem magistratum
iam octingenti fere consecuti sunt; Planc 60. bellum
nescio quod habet susceptum consulatus cum tribunatu; agr II 14. — II, 1. ille (Cn. Octavius) in
suam domum consulatum primus attulit; of I 138.
Catilinae subitam spem consulatus adipiscendi;
Muren 53. si ob hanc facultatem homines saepe
etiam non nobiles consulatum consecuti sunt; Muren
24. quibus hic consulatus me rogante datus esset?
Muren 1. fratre tuo consulatum ex auctoritate tua
gerente; ep IV 9, 2. misi ad te Graece perfectum
consulatum meum; A I 20, 6. e || a || quo (Gallia)
nos tum, cum consulatus petebatur, non rogabatur,
petere consulatum solebamus; Phil II 76. — 2. ea

die se non modo consulatu, sed etiam libertate abdicavit; Phil III 12. consulatu abiens; rep I 7. — III, 1. is (tuus puer) mihi commentarium consulatus mei Graece scriptum reddidit; A II 1, 1. quam sollicita sit cupiditas consulatus; Milo 42. quibus (ornamentis) fretum ad consulatus petitionem adgredi par est; Muren 15. P. Decius, princeps in ea familia consulatus; fin II 61. Mamerco, homini divitissimo, praetermissio aedilitatis consulatus repulsam attulit; of II 58. misericordiam spoliatio consulatus magnam habere debet; Muren 87. qui (consul) posset sustinere tamen titulum consulatus; Piso 19. — 2. ut aditus ad consulatum posthac, sicut apud maiores nostros fuit, non magis nobilitati quam virtuti pateret; Muren 17. — IV, 1 magnum ostentum anno Vatinii factum est, quod illo consulatu nec bruma nec ver nec aestas nec autumnus fuit; fr G, b, 241. — 2. cum (Appius Claudius) censor ante superiorem consulatum fuisset; Cato 16. Cotta ex consulatu est profectus in Galliam; Bru 318. quas res nos in consulatu nostro gessimus; Arch 28. vigilantem habemus consulem Caninium, qui in consulatu suo somnum non vidit; fr G, b, 24. qui (L. Metellus) cum quadriennio post alterum consulatum pontifex maximus factus esset; Cato 30.

consulo, beraten, besorgen, bedacht sein, befragen: I. cum non recusarem, quo minus more patrio sedens in solio consulentibus responderem; leg I 10. — II. 1. de Capua multum est et diu consultum; agr II 88. — 2. id possetne fieri, consuluit; div I 32. — 3. mihi, ut urbi satis esset praesidii, consultum est; Catil II 26. — III. consuli quidem te a Caesare scribis; sed ego tibi ab illo consuli mallem; ep VII 11, 2. agris his sic diligenter Rullum sua lege consulere, ut . .; agr III 3. ab iis (dis) et civitatibus et singulis hominibus consuli; nat II 166. senatus concordiae consulam; prov 47. causam esse iustam alieno dolori potius quam vestrae fidei consulendi; Cael 21. consulet laudi et existimationi tuae; div Caec 48. fidei: f. dolori. tuum est consulere temporibus et incolumitati et vitae et fortunis tuis; ep IV 9, 4. hominibus: f. civitatibus. incolumitati: f. fortunia. laudi: f. existimationi. ut liberis consultum velimus; fin III 57. suo quemque officio consulere oportere; inv II 88. ut otio, ut paci, ut saluti, ut vitae vestrae et ceterorum civium consulatis; Muren 86. qui (imperatores) patriae consulerent, vitae non parcerent; nat III 15. paci: f. otio. ut, quibuscumque rebus poteris, prospicias et consulas rationibus meis; ep II 2, 1. me consuluisse rei publicae; dom 68. saluti, si me amas, consule; A II 19, 1. f. otio. temporibus, vitae: f. fortunia, otio. qui (rector) populi utilitati magis consulat quam voluntati; rep V 8. — IV. si me consulis, suadeo; Catil I 13. f. III. alicui. quae consuluntur, minimo periculo respondentur; Muren 28. impetriendis consulendisque rebus; div I 3. — V, 1. cui si qua re consulere aliquid possum; A XI 25, 3. — 2. cum initio civilis belli per litteras te consuluissem, quid mihi faciendum esse censeres; ep XI 29, 1. senatum consului, de summa re publica quid fieri placeret; Catil III 13. nihil de eius morte populus consultus est; Milo 16.

consultatio, Beratung, Untersuchungsfrage, Anfrage: I, 1. haec altera quaestio infinita et quasi proposita consultatio nominatur; de or III 109. — 2. licebit iuris peritis copiose de consultationibus suis disputare; Top 66. in his ego me consultationibus exercens; A IX 4, 3. quid de quaque consultatione respondeamus; leg I 17. quasi aliquam in consultationem res veniat; inv II 76. — II. ex cognitionis consultatione unum genus est quaestionis . .; part or 64. sive in infinitis consultationibus disceptatur; de or III 111.

consulto, absichtlich: alter ille consulto se domi

continebat; Sest 26. ut neminem nisi consulto putet, quod contra se ipsum sit, dicere; de or II 299. utrum perturbatione aliqua animi an consulto et cogitata fiat iniuria; of I 27. multa praetereo consulto; imp Pomp 26.

consulto, überlegen, erwägen: 1. in quibus (generibus) deliberare homines et consultare de officio solerent; of III 7. — 2. (Octavianus) consultabat, utrum Romam proficisceretur, an . .; A XVI 8, 2.

consultor, Befrager: vigilas tu de nocte, ut tuis consultoribus respondeas; Muren 22.

consultrix, Beraterin: mundi natura consultrix et provida utilitatum omnium (a Zenone dicitur); nat II 58.

consultum, Beschluß: I, 1. quod senatus consultum non infirmari ac convelli potest, si . .? Caecin 51. eo ipso die innumerabilia senatus consulta fecit, quae quidem omnia citius delata quam scripta sunt; Phil XIII 19. senatus consulta falsa deferuntur || referuntur ||; ep XII 1, 1. facio: f. defero. habemus senatus consultum in te, Catilina, vehemens et grave; Catil I 3. infirmo: f. convello. si prima quaeque bene ab eo (sapiente) consulta atque facta ipsius oblivione obruentur; fin II 105. quoniam nondum est perscriptum senatus consultum; Catil III 13. quo (senatus consulto) recitato; Phil I 3. senatus consulto scribendo Lamiam adfuisse; ep XII 29, 2. f. defero. — 2. cui senatus consulto intercederent, verebatur? Phil III 23. — 3. hoc vel coniungi cum hoc senatus consulto licet vel seiungi potest; Phil XIII 50. — II, 1. decrevit senatus honorifico senatus consulto, ut . .; Ver II 122. L. Pisonem velle exire legatum γνωδογράφῳ senatus consulto; A XV 26, 1. ut senati consulto meus inimicus sublevaretur; ep V 2, 9. — 2. omitto iuris dictionem in libera civitate contra leges senatusque consulta; prov 6. frumentum in Sicilia emere debuit Verres ex senatus consulto; Ver III 163. quis legatos umquam audivit sine senatus consulto? Vatin 36.

consultus, funbig, Kenner: I, 1. est tibi iuris consultus ipse per se nihil nisi leguleius quidam cautus et acutus, praeco actionum, cantor formularum, auceps syllabarum; de or I 236. — 2. nec ille magis iuris consultus quam iustitiae fuit; Phil IX 10. f. III. alqs. — II, 1. quisnam iuris consultus vere nominaretur; de or I 212. — 2. rettulit ad iuris consultos; Flac 80. — III. consultorum alterum disertissimum, disertorum alterum consultissimum fuisse; Bru 148. est sine dubio domus iuris consulti totius oraculum civitatis; de or I 200. innumerabilia nascuntur, quibus implentur iuris consultorum libri; leg II 48. privata iudicia maximarum quidem rerum in iuris consultorum mihi videntur esse prudentia; Top 65.

consumo, verbrauchen, verwenden, verzehren, aufreiben, vernichten: quos vulnere ac dolore corporis cruciari et consumi vides; har resp 39. qui consumpta replere vellent; Muren 50. in his artibus omne tempus atque aetates suas consumpserunt; de or III 58. animo et corpore consumpto; Tusc I 90. detractionem confecti et consumpti cibi; Tim 18. corpus: f. animum. me scito omnem meum laborem, omnem operam, curam, studium in tua salute consumere; ep VI 14, 1. commodissimum duxi dies eos cum Pompeio consumere; A V 6, 1. ut horas multas saepe suavissimo sermone consumeres; ep XI 27, 5. quibus in rebus summa ingenia philosophorum plurimo cum labore consumpta intellegimus; inv I 8. cum industriae subsidia atque instrumenta virtutis in libidine audaciaque consumeret; Catil II 9. laborem: f. curam. populum Romanum manus suas non in defendenda re publica, sed in plaudendo consumere; A XVI 2, 3. operam: f. curam. nunc in eo consumenda est oratio, ut . .; Tul 1. qui

20*

(Philistus) otium suum consumpsit in historia scribenda; de or II 57. ut ista pecunia in quinquennio consumatur in statuis; Ver II 142. confici (pisces) a ranis atque consumi; nat II 125. risus omnis paene consumitur; ep XV 21, 2. cum studium tuum consumas in virorum fortium factis memoriae prodendis; ep VI 12, 5. ſ. curam. subsidia: ſ. instrumenta. in quibus (litteris) consumo omne tempus; ep V 15, 4. ſ. aetates.

consumptio, Aufzehrung: se ipse (mundus) consumptione et senio alebat sui; Tim 18.

consumptor, Verzehrer: ignis confector est et consumptor omnium; nat II 41.

consurgo. aufstehen: I. consurgitur in consilium; Cluent 75. — II. ut (senatus) cunctus consurgeret; ep IV 4, 3.

consurrectio, Aufstehen: 1. quae consurrectio iudicum facta sit; A I 16, 4. — 2. cepi equidem fructum maximum ex consurrectione omnium vestrum; har resp 2.

contabesco. sich verzehren: eodem (luctu) etiam confecta (Artemisia) contabuit; Tusc III 75.

contagio, Berührung, Einwirkung, Ansteckung: I. latius patet illius sceleris contagio; Muren 78. — II. cum est somno sevocatus animus a societate et a contagione corporis; div I 63. — III, 1. qui aliqua se contagione praedae contaminaverunt; dom 108. — 2. decoloratio quaedam ex aliqua contagione terrena maxime potest sanguini similis esse; div II 58.

contamino, verderben, beflecken, entweihen: ut integra contaminatis (anteponantur); Top 69. qui (animi) se humanis vitiis contaminavissent; Tusc I 72. homo multis flagitiis contaminatus; Cluent 97. ut collegae tui contaminatum spiritum pertimescerem; Piso 20. per me ego veritatem patefactam contaminarem aliquo mendacio? Sulla 45.

contego, bedecken, verdecken: messoria se corbe contexit; Sest 82. quas (libidines) fronte et supercilio, non pudore et temperantia contegebat; prov 8.

contemno, nicht beachten, gering gelten laſſen, gering achten, verachten, zurücksetzen: omnes istos deridete atque contemnite; de or III 54. quid contemptius timiditate dici potest? ep I 51. quod ea contemnant et pro nihilo putent; of I 28. ille (vir sapiens) nostras ambitiones levitatesque contemnet; Tusc V 104. non ut ullam artem doctrinamve contemneres; de or I 75. tu auctoritates contemnis, ratione pugnas; nat III 9. si bellum hoc, si hic hostis, si ille rex contemnendus fuisset; Muren 34. derisum tuum beneficium esse atque contemptum; Ver III 215. defensiones non contemnendae saneque tolerabiles; Bru 273. erat angusti animi iusti triumphi honorem dignitatemque contemnere; Piso 57. doctrinam: ſ. artem. erit (sapiens) instructus ad mortem contemnendam, ad exsilium, ad ipsum etiam dolorem; fin II 57. non modo stimulos doloris, sed etiam fulmina fortunae contemnamus licebit; Tusc II 66. contempsi Catilinae gladios; Phil II 118. quos (libros philosophi) scribunt de contemnenda gloria; Tusc I 34. honorem: ſ. dignitatem. hostem: ſ. bellum. illa humana contemnere; rep VI 20. qui ita iudicia poenamque contempserat, ut . . ; Milo 43. levitates: ſ. ambitiones. qui tantum praesens lucrum contempserit; Ver III 150. mortem: ſ. dolorem. Q. Pompeius non contemptus orator fuit; Bru 96. magnificas villas et pavimenta marmorea et laqueata tecta contemno; leg II 2. nihil (est) honestius magnificentiusque quam pecuniam contemnere, si non habeas; of I 68. deprehensus (sapiens) omnem poenam contemnet; fin II 57. ſ. iudicia. quas illorum querimonias nolite contemnere; Ver IV 113. qui suas omnes cogitationes abiecerunt in rem tam humilem tamque contemptam; Lael 32. regem: ſ. bellum. in monumentum illud contempsimus sex-

centies HS; A IV 17, 7 (16, 14). stimulos: ſ. fulmina. tecta, villas: ſ. pavimenta. vita etiam contempta ac sordida; Planc 12. cum honestas in voluptate contemnenda consistat; Ac II 139.

contemplatio, Betrachtung: I. est animorum naturale quoddam quasi pabulum consideratio contemplatioque naturae; Ac II 127. — II. (vitae ratio) in contemplatione et cognitione posita rerum; fin V 11.

contemplator, Betrachter: cum videmus hominem ipsum quasi contemplatorem caeli ac deorum cultorem; Tusc I 69.

contemplor, betrachten: cum intueor et contemplor unum quemque vestrum; Planc 2. ea contemplari cum cuperem, vix aspiciendi potestas fuit: de or I 161. id animo contemplare, quod oculis non potes; Deiot 40. cum caelum suspeximus caelestiaque contemplati sumus; nat II 4. (deus) terras et maria contemplans; nat II 52. hebetem facit (ratio) aciem ad miserias contemplandas; Tusc III 33. totos nos in contemplandis rebus perspiciendisque ponemus; Tusc I 44. terras: ſ. maria.

contemptio, Geringschätzung, Verachtung: I. in qua (fortitudine) est magnitudo animi, mortis dolorisque magna contemptio; rep V 9. tanta legum contemptio quem habitura sit exitum; Sest 134. — II, 1. vellem hanc contemptionem pecuniae suis reliquisset! Phil III 16. — 2. si eos (adversarios) in contemptionem adducemus; inv I 22. totam vim bene vivendi in omnium rerum humanarum contemptione ac despicientia ponamus; Tus I 95.

contendo, anspannen, anstrengen, streben, verlangen, eilen, wetteifern, kämpfen, sich messen, behaupten, vergleichen: I. qui interdicto tecum contenderet; de or I 41. siquidem potuissemus, quo contendimus, pervenire; orat 105. cum ad ultimum animo contendissemus; Muren 65. contenderem contra tribunum plebis privatus armis? Sest 43. in hac causa improbitatem et gratiam cum inopia et veritate contendere; Quinct 84. multi oratores fuerunt, qui numquam lateribus aut clamore contenderent; de or I 255. — II, 1. quicum de vita fortunisque contenderis; Sulla 83. Pompeius a me valde contendit de reditu in gratiam; Q fr III 1. 15. — 2. videsne, ut etiam contendant et elaborent, si efficere possint, ut non appareat corporis vitium? fin V 46. — 3. qui inter se contenderent, uter potius rem publicam administraret; of I 87. — 4. pro suo iure contendet, ne patiamini talem imperatorem eripi; Ver V 2. — 5. a te non dubitavi contendere, ut hanc causam illi integram conservares; ep XIII 7, 3. — 6. iter a Vibone Brundisium terra petere contendi; Planc 96. — 7. cum ego vehementius contendissem civitatem adimi non potuisse; Caecin 97. — III. id, quod arguitur || arguetur ||, cum eo, quod factum ab defensore laudatur || laudabitur ||. contendere (oportet || oportebit ||); inv II 75. quod plurimis locis perorationes nostrae voluisse nos atque animo contendisse declarant; orat 210. ballistas: ſ. tormenta. his in rebus omissis causas ipsas, quae inter se configunt, contendere velimus; Catil II 25. ut onera contentis corporibus facilius feruntur, remissis opprimunt; Tusc II 54. (vocis genus) contentum, vehemens; de or III 219. leges oportet contendere considerando, utra lex . . ; inv II 145. hic magistratus a populo summa ambitione contenditur; Ver II 131. ut omnes tuos nervos in eo contendas, ne prorogetur; ep XV 14, 5. quo (balistae et reliqua tormenta) sunt contenta atque adducta vehementius; Tusc II 57.

contente, angestrengt: cum (M. Antonius) contente pro se ipse diceret; Tusc II 57. plaga hoc gravior, quo est missa contentius; Tusc II 57. ornamentis isdem uti fere licebit alias contentius, alias summissius; de or III 212.

contentio, Anſpannung, Anſtrengung, Streben, Eifer, Wettſtreit, Streit, Vergleichung: I. rationum et firmamentorum contentio adducit in angustum disceptationem; part or 104. animi magna, vocis parva contentio (erat); Bru 233. nostros Gracchos nonne agrariae contentiones perdiderunt? of II 80. contentio nimia vocis resederat; Bru 316. cum honoris amplissimi contentio subesset; Milo 42. eorum, qui praemio adfecti sunt, cum suis factis contentio; inv II 114. interpellatio, contentio; de or III 205. ut rerum contentiones, quid maius, quid par, quid minus sit; part or 7. — II. 1. si contentio quaedam et comparatio fiat, quibus plurimum tribuendum sit officii; of I 58. haec acrior est cum Stoicis parata contentio; fin III 2. quorum de sedibus haec mihi est proposita contentio; dom 144. — 2. ut tu a contentionibus, quibus summis uti solebas, cotidie relaxes aliquid; leg I 11. — 3. discedam ab ea contentione, ad quam tu me vocas, et veniam ad illam, ad quam me causa ipsa deducit; Planc 6. relaxo a: ſ. 2. venit iam in contentionem, utrum sit probabilius; div II 129. noli me ad contentionem vestrum vocare; Planc 16. — III. non sunt alia sermonis, alia contentionis verba; de or III 177. — IV, 1. an decertare mecum voluit contentione dicendi? Phil II 2. quem intellego honoris contentione permotum; Muren 56. omnibus rebus simili contentione animi resistendum est; Tusc II 58. — 2. si ex contentione procliviora erunt nostra; part or 95. in scripti sententiaeque contentione utrum potius index sequatur; part or 108. ita per contentionem, quanto atrocius sit illud, ostenditur; inv I 104. qui verum invenire sine ulla contentione volumus; Ac II 7.

contemtus, ſich begnügend, zufrieden: ita is, cuius arbitrio et populus Romanus et externe gentes contentae esse consuerant, ipse sua scientia ad ignominiam alterius contentus non fuit; Cluent 134. Xerxes non equitatu, non pedestribus copiis, non navium multitudine, non infinito pondere auri contentus; Tusc V 20. quamvis parvis Italiae latebris contentus essem; ep II 16, 2. gentes, populus: ſ. illi; Cluent 134. quod parvo cultu natura contenta est; Tusc V 97. ad beate vivendum virtutem se ipsa esse contentam; div II 2. beatam vitam virtute esse contentam; Tusc V 18.

contero, abnutzen, verbrauchen, verbringen, gering achten, tilgen: cum in causis et in negotiis et in foro conteramur; de or I 249. reliqua ex conlatione facile est conterere atque contemnere; Tusc V 85. quo in studio hominum ingeniosissimorum totas aetates videmus esse contritas; de or I 219. quocum (M'. Lepido) diem conterere solebam; A IX 1, 2. quod eius (Crassi) omnes gravissimas iniurias communis concordiae causa voluntaria quadam oblivione contrieram || contriveram ||; ep I 9, 20. καιδείαν Κύρου, quam contrieram || contriveram || legendo; ep IX 25, 1. ista omnium communia et contrita praecepta; de or I 137. contritum vetustate proverbium; fin II 52.

conterreo, einſchüchtern: hanc loquacitatem nostram vultu ipso aspectuque conterreat; de or I 214. ceteras (nationes) conterruit, compulit; prov 33.

contestatio, Beſchwörung: petivit a me praetor maxima contestatione, ut ..; fr A VII 10.

contestor, als Zeugen anrufen, einleiten: de me tibi sic contestans omnes deos promitto; ep III 10, 1. cum his contestata cum Flavio damni iniuria esset; Q Rosc 54.

contexo, zuſammenweben, verbinden, anzetteln, fortſetzen: coniunctede malles cum reliquis rebus nostra contexere an ..; ep V 12, 2. quid est aetas hominis, nisi ea || nisi || memoria rerum veterum cum superiorum aetate contexitur? orat

120. quam festive crimen contexitur! Deiot 19. earum (ovium) villis confectis atque contextis; nat II 158.

contexte, verbunden: omnia necesse est conligatione naturali conserte contexteque fieri; fat 32.

contextus, Gewebe, Zuſammenhang: I. mirabilis est contextus rerum; fin V 83. — II, 1. pennarum contextu corpori tegumenta (Philoctetes) faciebat; fin V 32. — 2. in toto quasi contextu orationis haec erunt inlustranda maxime; part or 82.

conticesco, verſtummen, ſchweigen: parumper ipse (Crassus) conticuit; de or III 143. numquam de vobis eorum gratissimus sermo conticescet; Phil XIV 33. paulo ante, quam perterritum armis hoc studium nostrum conticuit subito et obmutuit; Bru 324.

continens, zuſammenhängend, angrenzend, voll Selbſtbeherrſchung, enthaltſam: continentia cum ipso negotio sunt ea, quae semper adfixa esse videntur ad rem neque ab ea possunt separari; inv I 37. ea, quae sic referuntur, continentia causarum vocentur || vocantur ||; part or 103. moderatissimos homines et continentissimos; Arch 16. quae (rerum natura) ut uno consensu iuncta sit et continens; div II 33. quae (pars Cappadociae) cum Cilicia continens est; ep XV 2, 2. Fulcinius huic fundo uxoris continentia quaedam praedia atque adiuncta mercatur; Caecin 11. ut a continentibus tuis scriptis secernas hanc quasi fabulam; ep V 12, 6. terra continens adventus hostium ante denuntiat; rep II 6.

continenter, fortgeſetzt, beſtändig, enthaltſam: quia continenter laberentur et fluerent omnia; Ac I 31. continenter unum verbum non in || non || eadem sententia ponitur; orat 135. quam honestum (sit) parce, continenter, severe, sobrie (vivere); of I 106.

continentia, Selbſtbeherrſchung, Enthaltſamkeit: continentia est, per quam cupiditas consilii gubernatione regitur; inv I 164. quid continentia C. Fabricii sequebatur? par 12. — II, 1. cuius fidem continentiamque cognoverant; Ven II 10. adde siccitatem, quae consequitur hanc continentiam in victu; Tusc V 99. — 2. fuisse homines Romanos hac quondam continentia; imp Pomp 41. — 3. conferte huius libidines cum illius continentia; Ver IV 115. ut de continentia et temperantia dicit ille (Epicurus) multa; of III 117. — III. quaeritur in re domestica continentiae laus; Flac 28. — IV. qua aequitate et continentia tuerer socios provinciamque administrarem; ep XV 4, 1. restat quarta pars, quae decore, moderatione, modestia, continentia, temperantia continetur; of III 116. tueri: ſ. administrare.

contineo, zuſammenhalten, erhalten, halten, behalten, umfaſſen, enthalten, zügeln, begrenzen, beſchränken, beherrſchen, pass. beruhen: I. contine te in tuis perennibus studiis; Bru 332. qui (mundus) omnia complexu suo coërcet et continet; nat II 58. quae a terra stirpibus continentur; nat II 83. continenda anima (Demosthenes) in dicendo est adsecutus, ut ..; de or I 261. nulla ars divitiis contineri potest; fin III 49. statas sollemnesque caerimonias pontificatu contineri; har resp 18. quae causa in rerum natura continebatur, fore ut ..? fat 36. cuius (Pompei) res gestae atque virtutes isdem quibus solis cursus regionibus ac terminis continentur; Catil IV 21. qui (dies) hoc et superiore libro continetur; de or III 1. cum omnium artium ratio et disciplina studio sapientiae contineretur; Tusc I 1. ut contineret dolorem; Sest 88. tu commode feceris, si reliquos (libros) continueris; A XIII 21, a, 1 (4). indicia, quibus omne ius continetur; Sest 92. ius omne retinendae maiestatis Rabirii causa continebatur; orat 102. quae (natura) contineat mundum omnem:

nat II 29. si omnes eius (mundi) partes undique aequabiles ipsae per se atque inter se continentur; nat II 116. urbe portus ipae cingitur et continetur; Ver V 96. rationem: f. disciplinam. ut iis de rebus, quae doctrina aliqua continerentur, disputarem; de or II 15. res gestas: f. cursum. quae (res publica) salute nostra continebatur; of II 58. nemo erat qui in ipso dolore risum posset continere; Phil II 95. quod (verbum) similitudinem continet; de or III 161. cohibere semper et ab omni lapsu continere temeritatem; Ac I 45. virtutes: f. cursum. quae (fides) continet vitam; Q Rosc 16. quae (lex naturae) utilitatem hominum conservat et continet; of III 31. — II. f r u m e n t u m provinciae frumentariae custodiis suis c l a u s u m continebant; dom 11. quod odium scelerati homines in omnes bonos conceptum iam diu continerent; Quir 1.

contingo, zu teil werden, widerfahren, zutreffen, glücken, berühren, erreichen: I. cum, ut Herculi contigit, mortali corpore cremato in lucem animus excesserit; div I 47. — II, 1. conchyliis omnibus contigere, ut cum luna pariter crescant; div II 33. f. III. Bru 290. — 2. istuc nihil dolere non sine magna mercede contingit immanitatis; Tusc III 12. — III. volo hoc oratori contingat, ut compleatur tribunal; Bru 290. tibi idem, quod illis accidit, contigisset; Phil II 17. id in magnis animis ingeniisque plerumque contingit; of I 74. quoniam tantum habemus otii, quantum iam diu nobis non contigit; de or I 164. si contigerit ea vita sapienti, ut ..; of I 153. — IV. dum illa divina (bona) c a e l u m contingant; Tusc V 76. cum animus naturam sui similem contigit et agnovit; Tusc I 43. quanta humilitate luna feratur terram paene contingens; div II 91.

continuatio, Aufeinanderfolge, Zusammenhang: I. sequitur continuatio verborum, quae duas res maxime, conlocationem primum, deinde modum quendam formamque desiderat; de or III 171. quodsi continuatio verborum haec soluta multo est aptior ac iucundior, si est articulis membrisque distincta, quam si continuata ac producta; de or III 186. quae est continuatio coniunctioque naturae, quam vocant συμπάθειαν? div II 142. sequitur: f. desiderat. — II, 1. continuo, al.: f. I. dico: f. circumitus, II. dico. continuationem verborum modo relaxet et dividat; orat 85. — 2. ut, quicquid accidat, id ex aeterna veritate causarumque continuatione f l u x i s s e dicatis; nat I 55. — III. ut una continuatione verborum binae ei (Demostheni) contentiones vocis et remissiones c o n t i n e r e n t u r; de or I 261.

continuo, sogleich, sofort: deinde continuo (ludi) Romani c o n s e q u e n t u r; Ver pr 31. aeque contingit omnibus fidibus, ut incontentae sint, illud non continuo, ut aeque incontentae; fin IV 75. cur tanto post potius quam continuo queri maluerit; Cael 19. ut, si id (malum) sibi accidisse opinetur, sit continuo in aegritudine; Tusc III 28.

continuo, anschließen, verbinden, fortsetzen, erweitern: continuatum; de or III 207. aër mari continuatus et iunctus est; nat II 117. Sullanus ager a certis hominibus latissime continuatus; agr II 70. (dochmius) iteratus aut continuatus numerum apertum facit; orat 218. ea (imperia) continuantur; rep I 68. omni natura cohaerente et continuata; Ac I 28. fecerisne ante rostra pontem continuatis tribunalibus; Vatin 21. est quidam ornatus orationis, qui ex singulis verbis est; alius qui ex continuatis (coniunctis) constat; de or III 149.

continuus, beständig, zusammenhängend: iam per annos octo continuos; Cluent 7. quantum a continuis bellis et victoriis conquievit; Balb 3. cum fluxerunt ‖ confluxerunt ‖ plures continuae tralationes; orat 94.

contio, Volksversammlung, Volksrede: I. contio tanta, quantam meminisse non videor, alacritatem mihi summam a d f e r t; Phil IV 1. contio capit omnem vim orationis et gravitatem varietatemque desiderat; de or II 334. ipsae illae contiones ita multas habent obscuras abditasque sententias, vix ut intellegantur; orat 30. Graecorum totae res publicae sedentis contionis temeritate administrantur; Flac 16. L. Antonii horribilis contio, Dolabellae praeclara; A XIV 20, 2. — II, 1. erant ea testimonia non c o n c i t a t a e contionis, sed iurati senatus; Flac 17. exspecto Octavii contionem; A XIV 21, 4. abeunte magistratu contionis habendae potestate privavit; ep V 2, 7. intellego: f. I. habent. memini: f. I. adfert. quod me hortaris, ut scriptam contionem mittam; A XIV 20, 3. castam contionem servari oportere; Rabir 11. — 2. in contionem e s c e n d i t; sen 12. productus sum in contionem a tribuno pl. M. Servilio; ep XII 7, 1. nostrae laudationes scribuntur ad funebrem contionem; de or II 341. in contionibus esse invidiae locum, in iudiciis veritati; Cluent 202. quem cum in contionem Gracchus vocari iuberet; Font 39. — III. grata contionis a d m u r m u r a t i o; Ver pr 45. motum quendam temerarium Graeculae contionis; Flac 23. temeritas: f. I. sedet. testimonia: f. II, 1. concito. — IV, 1. p e r t u r b a t a m (mihi civitatem) vestris legibus et contionibus tradidistis; agr I 23. — 2. P. Valerius fasces primus demitti iussit, cum dicere in contione coepisset; rep II 53.

contionalis, der Volksversammlung: vehementer actum de agro Campano clamore senatus prope contionali; Q fr II 5, 1.

contionarius, der Volksversammlung: contionario illo populo a se prope alienato; Q fr II 3, 4.

contionator, Volksredner: intellectum est, quid interesset inter levitatem contionatorum et animum vere popularem; Catil IV 9.

contionor, öffentlich reden: I. neque contionandi potestas erat cuiquam; agr II 91. — II. contionari (Dionysius) ex turri alta solebat; Tusc V 59. — III. C. Cato contionatus est comitia haberi non siturum; Q fr II 4, 6.

contiuncula, kleine Volksversammlung, Volksrede: I. oratorem in iudicia et contiunculas tamquam in aliquod pistrinum detrudi; de or I 46. — II. quae (vicensima) mihi videtur una contiuncula clamore pedisequorum nostrorum esse peritura; A II 16, 1.

contorqueo, drehen, wenden, winden, schleudern, schwungvoll machen: ut quosdam a m n e s in alium cursum contortos et deflexos videmus; div I 38. cuius (Demosthenis) non tam vibrarent fulmina illa, nisi numeris contorta ferrentur; orat 234. si animal omne membra, quocumque vult, flectit, contorquet; div I 120. haec contorta et acris oratio; orat 66. quae verba contorquet! Tusc III 63.

contorte, gedrängt: haec concluduntur contortius; Tusc III 22. ne quid perturbate, ne quid contorte dicatur; inv I 29.

contortio, Windung, Verschrobenheit: has contortiones orationis perdiscere; fat 17.

contortulus, etwas geschraubt: contortulis et minutis conclusiunculis; Tusc II 42.

contra, gegen, entgegen, gegenüber, dagegen, andrerseits, anders, umgekehrt: A. Präposition (nachgestellt f. I. dico, disputo, statuo, venio): L ut esset contra fortunam semper armatus; Tusc V 19. quis quasi committeret contra legem „quo quis iudicio circumveniretur"; Bru 48. ut (tauri) pro vitulis contra leones summa vi impetuque contendant; fin III 66. senatus auctoritatem sustinui contra invidiam atque defendi; Piso 4. quos contra dicas; inv II 114. Stoicis, quos contra disputant; Ac II 47. haec est vetus et Socratica ratio contra alterius

opinionem disserendi; Tusc I 8. quod magis mihi
videntur vota facturi contra rem publicam quam
arma laturi; Catil II 18. quia cum C. Graccho
contra salutem rei publicae fecerat; dom 102. cum
contra me (lex) ferebatur; Sest 100. ſ. facio. contiones haberi cotidie contra me; Sest 42. nefas esse
publicanum iudicare contra publicanum; Flac 11.
contra rem publicam largiri pecunias; de or II 172.
cum me firmissimis opibus contra scelus inimicorum munire possem; prov 41. quis contra
studia naturae tam vehementer obduruit, ut . . ? fin
III 37. quae (pecunia) contra fidem meam nihil
potuisset; Ver I 19. qui contra vos pro huius salute
pugnabat; Sulla 49. quos contra statuas; orat 34.
cum saepe a mendacio contra verum stare homines
consuescerent; inv I 4. quod contra legem Corneliam
esset; Ver I 123. quod aut secundum naturam esset
aut contra; fin III 53. scelus susceptum contra
salutem omnium; Sulla 86. sustineo: ſ. defendo.
quos non splendor tueri potuit contra illius helluonis
audaciam; prov 11. hoc contra omnia ostenta valeat;
div II 49. quem contra veneris; Muren 9. dum
modo ea (potentia) nos utamur pro salute bonorum
contra amentiam perditorum; Milo 12. haec fere
contra Regulum; of III 103. — II. nulla poterat esse
fortior contra dolorem et mortem disciplina; Tusc
II 41. nimis pugnax contra imperatorem populi
Romani esse noluit; Piso 70. — III. si conveniat
causam contra scriptum accipi; inv II 135. ut perturbatio sit aversa a ratione contra naturam animi
commotio; Tusc IV 47. nihil de conspiratione audiebat certorum hominum contra dignitatem tuam;
Deiot 11. locus communis contra eum, qui translationem iudicet; inv II 61. contra vim tuam in patronis
praesidii nihil esse; Ver IV 89. non provocatione
ad populum contra necem et verbera relicta; rep II
62. iucundus Balbo nostro sermo tuus contra Epicurum fuit; nat III 2. — IV. qui (consules) contra
auspicia navigaverunt; div II 71. omnia contra
leges moremque maiorum temere, turbulente esse
gesta; dom 68. somnum denique nobis contra naturam putaremus datum; fin V 54. quibus te contra
ipsorum voluntatem venditabas; Sulla 32.

B. **Adverb**: I, 1. auxilia totidem sunt contra comparanda; Ac II 46. si contra verbis et summo
iure contenditur; Caecin 65. caute an contra de-
monstrata res sit; de or II 330. adversarii non
audebant contra dicere; Ver II 59. quod disputari
contra nullo pacto potest; agr II 40. cum contra
fecerint quam polliciti professique sint; leg II 11.
qui contra omni ratione pugnarunt; Sex Rosc 137.
ut contra sit (is, qui audit); inv I 26. ut essent
eorum alia aestimabilia, alia contra, alia neutrum;
fin III 50. contra est, ac dicitis; fin IV 41. neminem se violaturum, nisi qui arma contra; A IX
14. 2. — 2. nulla luxuries; contra summus labor;
Ver II 7. ut aliae (res) probabiles videantur, aliae
contra; Ac II 103. cuius (Catonis mei) a me corpus
est crematum, quod contra decuit, ab illo meum;
Cato 84. pro his rebus nullam mihi abs te habendam
esse gratiam, contra etiam esse aliquid abs te profectum; ep V 5, 2. simulacrum Iovis contra, atque
antea fuerat, ad orientem convertere; Catil III 20.
ſ. I. sum. ut senatus, quorum quam ipse censuisset,
ad vestitum rediret; Piso 18. ſ. I. facio. — II. si
Iuppiter saepe hominibus nocuit, a t contra commoda
ab eo nobis dari videmus; Sex Rosc 131. aut contra,
opes metuunt, aut contra, a quibus aliquid exspectant: of II 21. quia pacis est insigne et otii toga,
contra autem arma tumultus atque belli; Piso 73.
cum non modo tumultus sit cursus impeditus, sed
contra semper alter ab altero adiutus; Bru 3.

contractio, Zuſammenziehung, Beengung,
Beklommenheit: I. quia contractio et brevitas dignitatem non habeat: orat 193. digitorum contractio

facilis facilisque porrectio nullo in motu laborat; nat
II 150. — II. contractionem animi recte fieri numquam posse, elationem posse; Tusc IV 67. — III.
ut aut contractione brevius fieret aut productione
longius; de or III 196.

contractiuncula, leichte Beklommenheit:
morsus et contractiuncula quaedam animi relinquetur
contractiunculae . . relinquentur ǁ; Tusc III 83.

contraho, zuſammenziehen, verkürzen, vereinigen, eingehen, abſchließen, zuziehen, verwirken,
beengen, bekommen machen: I, 1. in quo (malo)
demitti contrahique animo rectum esse videatur;
Tusc IV 14. — 2. sine vocalibus saepe brevitatis
causa contrahebant, ut ita dicerent „multi' modis,
vas' argenteis“; orat 153. quibuscum [contrahebat;
Ver II 170. — III. quorum a es alienum contractum
in popina; Catil II 4. (vis sonorum) tum remittit
animos, tum contrahit; leg II 38. ea est a nobis
contracta culpa, ut . .; A XI 24, 1. illa sunt ab
his delapsa plura genera, lene asperum, contractum
diffusum; de or III 216. intervalla aut contrahimus
aut diducimus; Ac II 19. culpa contractum malum;
Tusc III 52. quas (molestias) liberalitate sua con-
traxerat; ep II 16, 5. qui contrahendis negotiis
implicantur; of II 40. his iam contractioribus
noctibus; par 5. si causae turpitudo contrahit
ǁ contrahet ǁ offensionem; inv I 24. cum illo nemo
iam rationem, nemo rem ullam contrahebat; Cluent
41. quin etiam verba saepe contrahuntur non usus
causa, sed aurium; orat 153.

contrarie. entgegengeſetzt, gegenſätzlich: ornat
in primis orationem verba relata contrarie; de or
II 263. in quo aut ambigue quid sit scriptum aut
contrarie; de or I 140.

contrarius. entgegengeſetzt, widerſprechend,
ungünſtig, feindlich, subst. Gegenſatz, Gegenteil:
A. nihil est tam contrarium rationi et constantiae
quam fortuna; div II 18. saepe in iisdem, saepe in
contrariis causis versati sumus; div Caec 44.
(animus) pugnantibus et contrariis studiis consillis-
que semper utens; fin I 58. contrarium (genus
argumentationis) est, quod contra dicitur atque ii,
qui audiunt, fecerunt; inv I 93. motus contrarios
inimicosque rationi; Tusc IV 10. et laetari bonis
rebus et dolere contrariis; Lael 47. studia: ſ. consilia. ut de ceteris virtutibus contrariisque vitiis
dicendum oratori putemus; de or II 67. quae
(vitia) sunt virtutum contraria; fin IV 67. —
B, I, 1. contrariorum contraria sunt consequentia;
Tusc V 50. — 2. contrarium est, quod positum in
genere diverso ab eo ǁ eodem ǁ, cui contrarium
dicitur, plurimum distat, ut frigus calori, vitae
mors; inv I 42. fidentiae contrarium est diffidentia
et ea est vitium est; audacia non contrarium, sed
appositum est ac propinquum et tamen vitium est;
inv II 165. — II, 1. dico: ſ. I, 2. haec, quae
Graeci ἀντίθετα nominant, cum contrariis opponuntur
contraria; orat 166. — 2. oppono: ſ. I, 1. — 3. ex
hoc illa rhetorum ex contrariis conclusa, quae
ipsi ἐνθυμήματα appellant; Top 55. ut ex contrario
conficiatur sententia; inv I 73. ex contrario sic
(argumentum ducitur); Top 17. — III. consequens:
ſ. I, 1. locus est, qui e contrario dicitur. contrariorum autem genera plura; Top 47. alia quoque
sunt contrariorum genera, velut ea, quae cum
aliquo conferuntur, ut duplum simplum, multa
pauca; Top 49. — e: ſ. III.

contrectatio. Berührung: quam contrectati-
ones et amores soluti et liberi! rep IV 4.

contrecto, berühren, ſich befaſſen: qui, quae
complecti tota nequeunt, haec facilius oculus contrectant; de or III 24. impellit (ratio) ad conspiciendas totaque mente contrectandas varias
voluptates; Tusc III 33.

contremisco, (contremesco), erzittern, er

fchrecfen: ut tota mente atque artubus omnibus contremescam ‖ contremiscam ‖; de or I 121.‑ cum agri atque terrae motu quodam novo contremiscunt; har resp 63.

controversia, Streit, Streitfrage, Widerfpruch: I. ex scripto et sententia controversia consistit, cum ..; inv II 121. considerandum est, in ratione an in scripto sit controversia. nam scripti controversia est ea, quae ex scriptionis genere nascitur; inv I 17. si in lege erit ex ambiguo controversia; inv II 119. de quo (fundo) erat controversia: Caecin 21. ut in his exemplis concessionis inest omnibus scripti controversia, ea quae ex scripto et sententia nominatur; inv II 103. nascitur: f. est. quo sublato controversia stare non possit; de or II 132. verbi controversia iam diu torquet Graeculos homines contentionis cupidiores quam veritatis; de or I 47. quae (controversiae) in scripto versantur; inv II 115. — II, 1. horum superius illud genus causam aut controversiam appellant eamque tribus, lite aut deliberatione aut laudatione, definiunt; de or III 109. (orator) a propriis personis et temporibus semper avocat controversiam; orat 45. controversiam constituendam (esse); de or I 143. definio: f. appello. necesse est oratori controversias explicare forenses dicendi genere apto ad docendum, ad delectandum, ad permovendum; opt gen 16. nihil ambigi posse, in quo non aut res controversiam faciat aut verba; orat 121. eum (M. Anneium) cum Sardianis habere controversiam scis; ep XIII 55, 1. nomino: f. I. inest. ignari omnes controversias ad universi generis vim et naturam referri; de or II 133. — 2. qui ad parvas controversias privatorum accederent; inv I 4. tria sunt omnino genera, quae in disceptationem et controversiam cadere possint; de or II 113. dividunt totam rem in duas partes, in causae controversiam et in quaestionis; de or II 78. quod totum a facti controversia separatum est; de or II 112. quae (res) in aliquam controversiam vocarentur; ep XIII 26, 2. — III. ut finis aliquando iudiciariae controversiae constitueretur; Ver I 5. legitimarum et civilium controversiarum patrocinia suscipere; orat 120. unum genus est, in quo ipsa causa et omnis ratio controversiae continetur; inv I 27. — IV. id est genus primum causarum in iudiciis ex controversia facti; de or II 105. qui (Panaetius) sine controversia de officiis accuratissime disputavit; of III 7.

controversor, erörtern: ut inter vos de huiusce modi rebus controversemini, non concertetis; fr F II 3.

controversus, ftrittig: quod dubium controversumque ‖ contravers. ‖ sit; div II 104. controversum (genus argumentationis) est, in quo ad dubium demonstrandum dubia causa adfertur; inv I 91. controversum ius nosse videare; Muren 28. controversam rem et plenam dissensionis inter doctissimos; leg I 52.

contrucido, zusammenhauen: debilitato corpore et contrucidato; Sest 79. rem publicam contrucidaverunt: Sest 24.

contrudo, hineinftoßen: ut in balneas contruderentur; Cael 63.

contubernalis, Zeltgenoffe, Genoffe, Gefährte: I. qui (L. Gellius) se illi (Carboni) contubernalem in consulatu fuisse narrabat; Bru 105. — II, 1. habuisses non hospitem, sed contubernalem; ep IX 20, 1. — 2. ne accusatoris contubernalibus supplicem vestrum dederetis; Flac 24.

contubernium, Zeltgenoffenfchaft: ut contubernii necessitudo postulabat; Planc 27.

contueor, erblicken, betrachten: actorem aversum esse, qui in agendo contuens aliquid pronuntiaret; de or III 221. aspicite ipsum,

contuemini o+; Sulla 74. cum totam terram contueri licebit; Tusc I 45.

contumacia, Eigenfinn, Troß: I. Socrates adhibuit liberam contumaciam a magnitudine animi ductam, non a superbia; Tusc I 71. qui potentissimorum hominum contumaciam numquam tulerim, ferrem huius adseculae? A VI 3, 6. video: f. II. — II. ut isti oris oculorumque illa contumacia ac superbia, quam videtis, dissimillimus esse videar; Ver III 5.

contumaciter, troßig, fchonungslos: ad me (Brutus) contumaciter, adroganter, ἀκοινονοήτως solet scribere; A VI 1, 7. a Racilio se contumaciter inurbaneque vexatum; Q fr II 1, 3.

contumax. eigenfinnig, troßig: quod contumax, quod superbus esse videtur; Piso 66. Saran cognori in me contumacem; A XV 15, 2.

contumelia, Schmach, Befchimpfung, Schmähung, Mißhandlung: I. in quem tu nullam contumeliam iacere potueris, quae non ad maximam partem civium conveniret; Sulla 23. habet quendam aculeum contumelia, quem pati viri boni difficillime possunt; Ver III 95. — II, 1. quid ego illas istius minas contumeliasque commemorem, quibus invectus est in Sidicinos, vexavit Puteolanos? Phil II 107. iacio: f. I. convenit. quibus tu privatim iniurias plurimas contumeliasque imposuisti; Ver IV 20. domi etiam contumelias servorum ancillarumque (Ulixes) pertulit; of I 113. — 2. omnis et animadversio et quasi contigatio contumelia vacare debet; of I 88. — 3. haec ego ad memoriam vetustatis, non ad contumeliam civitatis referri volo; Ver V 84. — III, 1. quis umquam tanta a quoquam contumelia adfectus est? Ver II 139. homines benivolos grave est insequi contumelia; A XIV 14, 5. invehi, al.: f. II, 1. commemoro. omnibus eum contumeliis onerasti; Phil II 99. — 2. ab his per acerbissimas contumelias plus aliquanto ablatum esse quam natam est; Ver III 102. quae (contentio) tractari sine contumelia non potest; Planc 17.

contumeliose, ehrenrührig, fchmählich: cum tu ei contumeliosissime totiens male dicas; Vatin 29. dimitto eos non tam contumeliose quam philosophum illum Hannibal; de or II 77. cum Epicurus Aristotelem vexarit contumeliosissime; nat I 93.

contumeliosus, fchmähfüchtig, fchmählich, fchmachvoll: qui illum ferre potuissent, impotentem, iracundum, contumeliosum; Muren 24. quin etiam usuri beneficio Antonii contumelioso; A XV 12, 1. contumeliosa habenda est oratio; Planc 6.

contundo, zerfchlagen, lähmen, Gewalt antun, vernichten: contudi animum et fortasse vici: A XII 44, 3. ita calumniam stultitiamque eius obtrivit ac contudit; Caecin 18. manus, quas contudit; Flac 73. pugiles caestibus contusi; Tusc II 40. stultitiam: f. calumniam.

conturbatio, Verwirrung, Berftörung: I. pravarum opinionum conturbatio sanitate spoliat animum; Tusc IV 23. — II. conturbationem metum excutientem cogitata (definiunt); Tusc IV 19.

conturbo, verwirren, verftören, irre machen, außer Faffung bringen: I. aguntur omnia metu. conturbent; nat I 61. — II. valetudo tua ne valde conturbet; A VII 2. 2. ut animum sapientis commoveri et conturbari negarent; Ac II 135. cum sacra ludosque conturbas; har resp 39. non committo, ut ambitione mea conturbem officium tuum; ep XIII 5, 1. sacra: f. ludos.

convalesco, erftarken, zu Kräften kommen, genefen: I. ad convalescendum adhibe prudentiam; A XII 4, 2. te Patris convalescendi causa paulum commorari; ep XVI 1, 2. — II. ille (T. Antistius) in morbum continuo incidit, ex quo non convaluit; ep XIII 29, 4. aegroti non convalescentes; Tusc IV 74. ‖ in ‖ quibus facillime iustitia et fides con-

valeseit; rep II 26. qua lege (Cassia) suffragiorum vis potestasque convaluit; fr A VII 50.

conubium, Eheverbindung, Eherecht: quae diiunctis populis tribui solent conubia; rep II 63.

convallis, Abhang: Romam in montibus positam et convallibus contemnent; agr II 96.

convector, Reisegefährte: navi eius (Serapionis) me et ipso convectore usurum puto; A X 17, 1.

conveho, zusammenbringen: repente lintribus in eam insulam materiem, calcem, caementa, arma convexit; Milo 74.

convello, losreißen, ausreißen, erschüttern, untergraben: qui (Antiochus) me ex nostris paene convellit hortulis; leg I 54. quae (epistulae) me convellerunt de pristino statu iam tamen labantem; A VIII 15, 2. cum cuncta auxilia rei publicae labefactari convellique videat; Rabir 3. quas leges potuit nemo convellere; Piso 10. convulsis repagulis; Ver IV 94. quo iudicio convulsam penitus scimus esse rem publicam; Bru 115. signa convelli iussit; div I 77. ut rei publicae statum convulsuri videntur; Piso 4.

convena, fremd, Fremdling: 1. an vero tibi Romulus ille pastores et convenas congregasse eloquentia videtur? de or I 37. — 2. quibusdam convenis et feris barbaris corporis custodiam (Dionysius) committebat; Tusc V 58.

convenienter, angemessen, übereinstimmend: quid (Epicurus) convenienter possit rationi et sententiae suae dicere; fin II 84. congruenter naturae convenienterque vivere; fin III 26. congruere naturae cumque ea convenienter vivere; Tusc V 87.

convenientia, Übereinstimmung, Einklang, Zusammenhang: I. in ea (virtute) est convenientia rerum; Lael 100. — II. cum totius mundi convenientiam consensumque adferebas; nat III 18. — III. quorum omne bonum convenientia atque opportunitate finitur; fin III 46.

convenio, zusammenkommen, sich versammeln, passen, anstehen, sich einigen, übereinstimmen, vereinbaren, aufsuchen, besuchen: I. 1. ut ei cum Curio coassessore facillime possit convenire; Phil V 13. — 2. a. de quo inter omnes conveniat; nat III 9. — b. si quid esset „prodesse", mihi cum Ennio conveniret; of III 62. — c. neminem conveniet arbitrari..; inv II 110. si homines ipsos spectare convenit; Font 21. — d. interfectum esse a Clytaemnestra Agamemnonem convenit; inv I 31. — II. 1. ut tibi ipse non conveniat; Bru 209. cum (Cornelius) inter falcarios ad M. Laecam convenit; Sulla 52. hoc mihi cum Bruto convenit; Tusc V 39. si id convenire eius sapientiae dicerem; A VIII 9, 1. quando virtus est adfectio animi constans conveniensque; Tusc IV 34. cuius (partitionis) in singulas partes multae convenient argumentationes; inv II 130. cum multae causae conveniae unum in locum videntur; Sex Rosc 62. quod quaeris conveniens consentaneumque dicimus; fin III 24. non omnes (locos) in omnem causam convenire; inv II 16. cum incredibili in Capitolium multitudo ex tota urbe convenisset; Sest 26. quae (praedia) mulieri maxime convenirent; Caecin 16. dum rem conventuram putamus; A IX 6, 2. somnium mirifice ad verbum cum re convenisse; div I 99. intellegetis illa tempora cum societatis tabulis non solum consulibus, verum etiam mensibus convenire; Ver II 186. uxor in manum convenerat; Flac 84. — 2. cum ii de communi officio convenissent; of I 144. — III. Postumia tua me convenit et Servius noster; ep IV 2, 1. post Hirtium conventum; A X 4, 6. paternos amicos, hoc est, divisores appellare omnes et convenire; Ver pr 25.

conventicium, Sitzungsgeld, Diäten: utrobique conventicium accipiebant; rep III 48.

conventiculum, Verein: tum conventicula

hominum, quae postea civitates nominatae sunt, tum domicilia coniuncta, quas urbes dicimus, invento et divino iure et humano moenibus saepserunt; Sest 91.

conventum, Abmachung, Übereinkunft: I. privatum tabulae, pactum conventum, stipulatio; part or 130. — II. 1. facere promissa, stare conventis; of III 95. — 2. Pomptinus ex pacto et convento iam a me discesserat; A VI 3, I.

conventus, Versammlung, Verein, Gesellschaft, Kreisversammlung, Gerichtstag, Bezirk, Verein der römischen Bürger, Abmachung: I. quod is est conventus Syracusis civium Romanorum, ut hac re publica dignissimus existimetur; Ver V 94. quibus in oppidis cum magni conventus fuissent; ep XV 4, 2. tanto conventu hominum ac frequentia; Arch 3. — II. 1. in quibus (oppidis) consistere praetores et conventum agere soleant; Ver V 28. Romae querimoniae de tuis iniuriis conventusque habebantur; Ver III 132. — 2. quaesivi a Catilina, in nocturno conventu ad M. Laecam fuisset necne; Catil II 13. — III. in consilio habebat homines honestos e conventu Syracusano; Ver II 70. Scandilius postulare de conventu recuperatores; Ver III 137. — IV, 1. in quo (fundo) ex conventu vim fieri oportebat; Caecin 22. quoniam non est nobis haec oratio habenda in aliquo conventu agrestium; Muren 61.

converro, zusammenfegen: quem paulo ante fingebam digitorum percussione hereditates omnium posse converrere; of III 78.

conversio, Umdrehung, Umlauf, Wendung, Ummälzung, Umwandlung: I. geminatio verborum habet interdum vim, leporem alias; tum eiusdem verbi in extremum conversio; de or III 206. ut tarditate et celeritate dissimillimos motus una regeret conversio; Tusc I 63. — II. Saturnum eum esse voluerunt, qui cursum et conversionem spatiorum ac temporum contineret; nat II 84. ut (oratio) conversiones habeat absolutas; de or III 190. verborum ambitus; sic enim has orationis conversiones Graeci nominant; de or III 186. qui novos motus conversionesque rei publicae quaerant; Sest 99. — III, 1. quae conversione rotunda circum medium feruntur; nat II 84. quod conversione sic reprehenditur ‖ reprehendetur ‖; inv I 83. — 2. fateor ea (saecla) sine mundi conversione effici non potuisse; nat I 21.

converso, umdrehen: qui (animus) se ipse conversans; Tim 27.

converto, wenden, richten, zuwenden, umwenden, ummälzen, verwandeln, übersetzen, sich wenden, sich verwandeln: I. septimus (locus est), per quem ad ipsos, qui audiunt, convertimus; inv I 108. nec hoc ex vero in falsum poterat convertere; fat 37. num (virtus) in vitium possit convertere? de or III 114. hoc vitium huic uni in bonum convertebat; Bru 141. — II. vos me ab omnibus ceteris cogitationibus ad unam salutem rei publicae convertistis; Sulla 40. gratulabor tibi prius; deinde ad me convertar; ep III 12, 1. cavendum, ne etiam in graves inimicitias convertant se amicitiae; Lael 78. ut ab eo, quod agitur, avertat animos; ut saepe in hilaritatem risumve convertat; orat 138. nos ad hanc scribendi operam omne studium curamque convertimus; of III 4. possitne eloquentia commutatione aliqua converti in infantiam; Top 82. populi motus, iudicum religiones, senatus gravitatem unius oratione converti; de or I 31. quo ego converti iter meum; A III 3. motus: f. gravitatem. motum remigationis navem convertentis ad puppim; A XIII 21, 3. nec converti (orationes) ut interpres, sed ut orator, sententiis isdem et earum formis tamquam figuris, verbis ad nostram consuetudinem aptis; opt gen 14.

te publicam pecuniam domum tuam convertisse; Ver III 176. si homines rationem in fraudem malitiamque convertunt; nat III 78. religiones: f. gravitatem. iusserunt simulacrum Iovis ad orientem convertere; Catil III 20. studium: f. curam. quae (terra) cum circum axem se summa celeritate convertat et torqueat; Ac II 123. quoniam in quartanam conversa vis est morbi; ep XVI 11, 1.

convestio, bekleiben, verdecken: (topiarius) omnia convestivit hedera; Q fr III 1, 5. eius domum eversam duobus lucis convestitam videtis; dom 101.

convexus, gewölbt: »Fides leviter convexa«: nat II 112.

conviciator, Lästerer: maledictum est maledici conviciatoris; Muren 13.

convicium, Scheltwort, Schmähung, Zurechtweisung, Mahnung: I. cum ei (Cornuto) magnum convicium fieret cuncto a senatu; ep X 16, 1. quae (maledictio) si petulantius iactatur, convicium nominatur; Cael 6. — II. cum convicio veritatis coacti perspicua a perceptis volunt distinguere; Ac II 34. Fusium clamoribus et conviciis et sibilis consectantur; A II 18, 1. aliquando, idque sero, convicio aurium cum extorta mihi veritas esset; orat 160.

convictio, Zusammenleben, Umgang: quos ex domesticis convictionibus tecum esse voluisti; Q fr I 1, 12.

convictus, Zusammenleben, Umgang: tollit convictum humanum et societatem; of III 21.

convinco, überführen, beweisen, dartun, widerlegen: I. quid taces? convincam, si negas; Catil I 8. — II. cum eum ne liberum quidem esse ratio et veritas ipsa convincat; par 41. — III. si quo in pari ante peccato convictus sit; inv II 32. quod sive fateris sive convinceris; Ver III 149. quae (causa) ipsa opinione hominum tacita prope convicta atque damnata sit; Cluent 7. convictis Epicuri erroribus; nat II 3. argumentis peccata convinci; part or 116. supplicia, quae in convictos maleficii servos constituta sunt; Ver V 139. istius vitam tot vitiis flagitiisque convictam; Ver pr 10.

conviso, beschauen, besehen: »nocturno convisens tempore caelum«; fr H IV, a, 489. »loca convisit cauda tenus infera Piscis«; fr H IV, a, 598.

conviva, Tischgenosse, Gast: I, 1. ne accusatoris consessoribus, conviviis supplicem vestrum dederetis; Flac 24. — 2. quoniam conlectam a conviva exigis; de or II 233. — II. quae (carmina) in epulis esse cantitata a singulis conviviis; Bru 75.

convivium, Gastmahl, Gelage: I, 1. domesticis copiis ornare et apparare convivium; Ver IV 44. quod quasi aliquod Lapitharum convivium ferebatur; Piso 22. omnibus curat rebus instructum et paratum ut sit convivium; Ver IV 62. orno: f. apparo. paro: f. instruo. voco: f. **compotatio.** nos »convivia«, quod tum maxime simul vivitur; ep IX 24, 3. — 2. quantum (temporum) alii tribuunt tempestivis conviviis; Arch 13. — 3. cum mihi carendum sit conviviis; A XII 13, 2. — 4. accubantes in conviviis; Catil II 10. negavit moris esse Graecorum, ut in convivio virorum accumberent mulieres; Ver I 66. cum iste cum pallio purpureo versaretur in conviviis muliebribus; Ver V 31. — II. hi sunt conditores instructoresque convivii; sen 15. — III, 1. quamquam immoderatis epulis caret senectus, modicis tamen conviviis delectari potest; Cato 44. — 2. nemo saltat sobrius in convivio moderato atque honesto; Muren 13. quae (lex) in Graecorum conviviis obtinetur: „aut bibat", inquit „aut abeat"; Tusc V 118.

convivor, schmausen: (Apronium) cotidie solitum esse non modo in publico, sed etiam de publico convivari; Ver III 105.

convocatio, Zusammenberufung: nulla ad rem publicam defendendam populi Romani convocatio (exstitit); sen 38.

convoco, zusammenberufen, versammeln: convocatis auditoribus; Bru 191. qui congregat homines et convocat; Caecin 59. cum C. Caesar veteranos milites convocavit; Phil V 23. Gellium Athenis philosophos in locum unum convocasse; leg I 53. senatus est confinuo convocatus; ep X 12, 3.

convolo, herbeieilen: qui cuncta ex Italia ad me revocandum convolaverunt; dom 57. in qua (causa) furiae concitatae tamquam ad funus rei publicae convolant; Sest 109.

convolvo, fortrollen, drehen: se convolvens sol || [sol] ||; div I 46.

convomo, bespeien: cum tu Narbone mensas hospitum convomeres; Phil II 76.

conus, Kegel: conum tibi ais et cylindrum et pyramidem pulchriorem quam sphaeram videri; nat II 47.

cooperio, bedecken: hos omni scelere coopertos; Phil XII 15. humus erat spinis cooperta piscium; fr A VI 1.

cooptatio, Ergänzungswahl, Wahl: sublata cooptatione censoria; leg III 27. cooptatio || cooptatio || conlegiorum ad populi beneficium transferebatur; Lael 96.

coopto, wählen, ergänzen: cooptatum me ab eo in conlegium recordabar; Bru 1. ex singulis tribubus singulos cooptavit augures; rep II 16. ne cooptari quidem sacerdotem licebat, qui cuiquam ex conlegio esset inimicus; ep III 10, 9. cooptandorum sacerdotum potestatem; fr A VIII 6. quem (senatum) maiore ex parte ipse (Caesar) cooptasset; div II 23.

coorior, entstehen: subito tempestates coortae sunt maximae; Ver I 46.

copia, Menge, Fülle, Vorrat, Reichtum, Macht: pl. Mittel, Vermögen, Truppen: A. sing.: I. copia cum egestate confligit; Catil II 25. erat Romae summa copia patronorum; Cluent 109. quae fuerit hesterno die Cn. Pompei gravitas in dicendo, quae copia; Balb 2. — II, 1. haec aetas effudit hanc copiam; Bru 36. eum facere civibus suis omnibus consilii sui copiam; de or III 133. qui genuit in hac urbe dicendi copiam; Bru 255. temperata oratione ornandi copiam persecuti sumus; orat 102. copiam sententiarum atque verborum perspexistis; Cael 45. qui copiam nobis rerum orationisque tradat; de or III 142. — 2. quorum (amicorum) ille copia quondam abundarat; Sulla 7. cum tanta causa est, ut oratoris copia vel ad hortandum vel ad docendum; leg III 40. — III. superior in: f. V. vinci. — IV. quem principem atque inventorem copiae (Caesar) dixerit; Bru 254. — V. dis frugum ubertate, copia, vitäte reditum meum comprobantibus; Quir 18. animus saepe nimia copia inopia etiam non numquam impeditus; Cael 45. non non modo non vinci a Graecis verborum copia, sed esse in ea etiam superiores; fin III 5.

B. plur.: I. cum copias hostium, quae ad castra accesserant, profligarit, occiderit; Phil XIV 37. omnium rerum adfluentibus copiis; of I 153. ne ex Italia transire in Siciliam fugitivorum copiae possent; Ver V 5. — II, 1. ut aliorum spoliis nostra facultates, copias, opes augeamus; of III 22. hominum causa eas rerum copias comparatas fateris est; nat II 158. magnas copias hostium fudit Muren 20. exponit suas copias omnes, multum armatum; Ver IV 62. maximas Mithridati copias omnibus rebus ornatas atque instructas fuisse; in Pomp 20. occido, profligo: f. I. accedunt. cum manum fecerit, copias pararit; Caecin 33. — 2. si quid ipsi audistis de armis, de copiis; Flac 13. siquidem satis a Socrate dictum est de ubertate virtutis et copiis; nat II 167. — III. cum iam

firmissimo **robore** copiarum suarum relictus esset; dom 67. — IV, 1. posse domesticis copiis ornare et apparare convivium; Ver IV 44. Olympum vi, copiis cepit; Ver I 56. isdem se copiis cum illo posse confligere; dom 66. quos vi, manu, copiis delere non potuerunt; Sest 2. cum Sicilia florebat opibus et copiis; Ver IV 46. tribunus plebis consularibus copiis instructus; dom 119. cum exercitu, copiis oppugnarer; Sest 133. ornare: f. apparare. — 2. cam duo reges **cum** maximis copiis propter visit: imp Pomp 16.

copiose, reichlich, reich, gedankenreich, mortreich, ausführlich: senatorum urna copiose absolvit; Q fr II 4, 6. pastum animantibus large et copiose natura comparavit; nat II 121. Q. Hortensio copiosissime defendente; Rabir 18. quae (philo-ophia) de maximis quaestionibus copiose posset ornateque dicere; Tusc I 7. quod a Carneade multa acute et copiose contra Stoicos disputata sint; div I 7. de qua (re) copiose et abundanter loquantur; de or II 151. ut Capitolium copiosius ornatum sit quam fuit; Ver IV 69. quem morem cum Carneades acutissime copiosissimeque tenuisset; Tusc V 11.

copiosus, reich, wohlhabend, reichhaltig, gedankenreich, wortreich, ausführlich: quo (Catone) quem I saepissime legendo (Caesar) se dicit copiosiorem factum; A XIII 46, 2. Catinam cum venisset, oppidum locuples, honestum, copiosum; Ver IV 50. yeorum (Graecorum) copiosior est lingua quam nostra; Tusc II 35. multa et varia et copiosa oratione: de or II 214. quod non modo copiosus, sed etiam sapiens orator habere deberet; de or II 98. patrimonium tam amplum et copiosum; Sex Rosc 6. tenuem victum antefert (Epicurus) copioso; Tusc III 49.

copo f. **caupo.**

copulatio, Verbindung, Verkettung: I. quae copulatio rerum quam non movet; nat II 119. — IL ita effici complexiones et copulationes et adhaesiones atomorum inter se; fin I 19.

copulo, verbinden, verknüpfen, vereinigen: I. libenter etiam copulando verba iungebant, ut „sodes“ pro „si audes“, „sis“ pro „si vis“; orat 154. — II. ille se sic cum inimico meo copularat, ut . . ; Ast 133. quae (ratio) mens cum praesentibus futura copulet; fin II 45. constructio verborum tum coniunctionibus copuletur, tum dissolutionibus quasi relaxetur; part or 21. noverit genera verborum et implicium et copulatorum; orat 115. cum (virtutes) ita copulatae conexaeque sint, ut . . ; fin V 67. ad voluntates nostras copulandas; ep III 4, 2.

coquo, kochen, reifen, verdauen: confectus iam aetusque cibus; nat II 137. quasi poma ex arboribus, cruda si sunt, vix evelluntur, si matura et coeta, decidunt; Cato 71.

coquus (cocus), Koch: I. servi sordidati minitrant: idem coquus, idem atriensis; Piso 67. — II. mitto hasce artes vulgares, cocos, pistores. cetterrios: Sex Rosc 134. — 2. cum eo (Aegypta) num (misi), quo uterere; ep XVI 15, 2.

cor, Herz, Seele, Geist, Gemüt, Verstand: I. cum pulmones et cor extrinsecus spiritum ducant; nat II 136. ut cor aut sanguis aut cerebrum est animus; Tusc I 24. cui cor sapiat; fin II 24. — II. I. Dionysius nobis cordi erat; A V 3, 3. — 2. a orte in totum corpus (cibus) distribuitur per vias; nat II 137. qui (nervi) sient venae et arteriae a orte tracti et profecti; nat II 139. — III. ex ea anima) pars concipitur cordis parte quadam, quem icatriculam cordis appellant, cui similis aliter adiunctus est; nat II 138.

coram, in Gegenwart, anwesend, persönlich, mündlich: I. persaepe te cum Panaetio disserere solitum coram Polybio; rep I 34. — II. coram qui ad nos intempestive adeunt; ep XI 16, 1. coram aderit: Phil XIII 33. quod tecum et coram et per

litteras diligentissime egi; ep XIII 57, 2. si tecum olim coram potius quam per litteras de salute nostra deliberavissem; A XI 3, 1. iocabimur alias coram; ep IX 25, 2. coram tecum loquar; ep V 12, 10. coram negare mihi non vult, quod . . ; A X 13, 2. cum coram sumus; A XII 1, 2. index Avillius ex altera parte coram tenetur; Cluent 39. magni interest coram videre me, quem ad modum . . ; Bru 208. his de rebus coram plura propediem; ep IX 14, 8.

corbis, Korb: messoria se corbe contexit; Sest 82.

corbita, Lastschiff: fore ut cogitaremus, corbitane Patras an actuariolis ad Leucopetram Tarentinorum; A XVI 6, 1.

corculum, Herzchen: qui (P. Scipio) est corculum dictus; Bru 213.

corium, Haut, Fell: I. cum iste civitatibus frumentum, coria imperaret neque ea sumeret; Ver I 95. ut corium peti (oportuerit); Tul 54. — II. quarum (animantium) aliae coriis tectae sunt; nat II 121.

corneolus, hornartig: duros et quasi corneolos (aures) habent introitus; nat II 144.

corneus, hörnern: cum (ibes) sint aves corneo proceroque rostro; nat I 101.

cornicen, Hornbläser: liticinibus, cornicinibus, proletariis; rep II 40.

corniger, gehörnt: ⟩corniger est valido conixus corpore Taurus‹; nat II 110.

cornix, Krähe: I. Iuppiterne cornicem a laeva, corvum ab dextera canere iussisset; div I 12. — II. quod (natura) cervis et cornicibus vitam diuturnam dedisset; Tusc III 69. — III. qui cornicum oculos confixerit; Muren 25.

cornu (cornus: f. I), Horn, Flügel: I. nares (similes) cornibus iis, qui ad nervos resonant in cantibus; nat II 149. — II, 1. si possimus cornua commovere disputationis tuae; div II 26. ille arma misit, cornua, tubas; Sulla 17. — 2. cornibus uti boves videmus; fin V 42. — III. similis: f. I. — IV. in fidibus testudine resonatur aut cornu; nat II 144.

corollarium, Geschenk, Nebeneinnahme: I. nummulis corrogatis de scaenicorum corollariis; Ver III 184. — II. ne sine corollario de convivio discederet; Ver IV 49.

corona, Kranz, Zuhörerkreis: I. aderant unguenta, coronae; Tusc V 62. tibi ipsi pro te erit maxima corona causa dicenda; Tusc I 10. — II, 1. etiam gregarii milites faciunt inviti, ut coronam dent civicam; Planc 72. ut imponeretur aurea corona mortuo; Flac 75. — 2. de Reatinorum corona quod scribis; A IX 8, 1. — III, 1. humus erat coronis languidulis cooperta; fr A VI 1. Q. Rubrium corona et phaleris et torque donasti; Ver III 185. — 2. si a corona relictus sim; Bru 192.

coronarius, zum Kranz: mitto aurum coronarium, quod te diutissime torsit, cum modo velles, modo nolles; Piso 90.

corono, bekränzen: sequebantur epulae, quas inibant ‖ inirent ‖ propinqui coronati; leg II 63. coronatus Quintus noster Paribus! A XIV 14, 1.

corporeus, körperlich, am Körper haftend: corporeum et aspectabile itemque tractabile omne necesse est esse, quod natum est; Tim 13. ille (ignis) corporeus vitalis et salutaris; nat II 41.

corporo, verkörpern: quandoquidem (mundus) est undique corporatus; Tim 5.

corpus, Körper, Leib, Leichnam, Person, Schriftwerk, Gesamtwerk, Gesamtheit, Ganzes: I. absolut: 1. quia corpora nostra terreno principiorum genere confecta ardore animi concalescunt; Tusc I 42. cum unum corpus debeat esse defensionis; Bru 208. non corpus esse in deo, sed quasi corpus; nat I 68. utros eius (Philisti) habueris libros ⟨duo

enim sunt corpora) an utrosque, nescio; Q fr II 11, 4. eam naturam esse quattuor omnia gignentium corporum, ut ..; Tusc I 40. exercendum corpus et ita adficiendum est, ut oboedire consilio rationique possit in exsequendis negotiis et in labore tolerando; of I 79. — 2. nec ea species corpus est, sed quasi corpus; nat I 49. omnium, quae sint, naturam esse corpora et inane; nat II 82.

II. nach Berben: 1. adficio: f. I, 1. oboedit. et vires et corpus amisi; ep VII 26, 2. commiscendorum corporum mirae libidines; nat II 128. a principio coniurationis usque ad reditum nostrum videtur mihi modicum quoddam corpus confici posse; ep V 12, 4. f. I, 1. concalescunt. animo et corpore consumpto; Tusc I 90. tumulus, qui corpus eius contexerat; Arch 24. mortali corpore cremato; div I 47. cur corporis curandi tuendique cansa || [causa] || quaesita sit ars; Tusc III 1. corpus caeli aspectabile effectum est; Tim 27. exerceo: f. I, 1. oboedit. atomos quas (Democritus) appellat, id est corpora individua propter soliditatem, censet ita ferri, ut ..; fin I 17. magorum mos est non humare corpora suorum, ni.i a feris sint ante laniata; Tusc I 108. ille corpus suum periculo obiecit; Deiot 14. (appetitus,) a quibus non modo animi perturbantur, sed etiam corpora; of I 102. tueor: f. curo. eius magistratus corpus legibus vallatum esse voluerunt; Tul 49. corpus hominis mortui vidit; of III 38. — 2. nisi (somnus) requietem corporibus et medicinam quandam laboris adferret; in V 54. inde corpori omne tempus datur; ep IX 20, 3. ut animus corpori dicitur imperare; rep III 37. omnia depone, corpori servi; ep XVI 4, 4. quae (ossa) subiecta corpori mirabiles commissuras habent; nat II 139. — 3. cum (animus) omnino corpore excesserit; div I 63. (Trebatius) nondum satis firmo corpore cum esset; ep XI 27, 1. qualis animus sit vacans corpore; Tusc I 50. — 4. cum a corpore animus abstractus a divino instinctu concitatur; div I 66. nomen ipsum crucis absit a corpore civium Romanorum; Rabir 16. ut (principium) cohaerens cum omni corpore membrum esse videatur; de or II 325. cum consemus ex animo et corpore; Tusc III 1. sanguis per venas in omne corpus diffunditur; nat II 138. a corporibus solidis et a certis figuris (Democritus) vult fluere imagines; div II 137. cum (animus) erit inclusus in corpore; rep VI 29. ipsi animi magni refert quali in corpore locati sint; Tusc I 80. ut omnem semper vim a corpore, a capite, a vita sua propulsarent; Milo 30. ad corpus omnia referre sapientem; Tusc III 51. Cn. Pompeio de corpore rei publicae tuorum scelerum tela revellente; Piso 25. fontem omnium bonorum in corpore ponit; Ac II 140. cum solis ignis similis eorum ignium sit, qui sunt in corporibus animantium; nat II 41.

III. nach Abverb: cum corporibus simul animos interire; Lael 18.

IV. nach Subftantiven: 1. tantos a cervos corporum exstructos quis umquam in foro vidit? Sest 77. est etiam actio quaedam corporis; fin V 35. (animus) omni admixtione corporis liberatus; Cato 80. qui multum in bonis aut malis corporis ponerent; fin V 75. illi corporis commodis compleri vitam beatam putant; fin III 43. illam funditus eiciamus individuorum corporum levium et rotundorum || rut. || concursionem fortuitam; Tusc I 42. idem illud efficit per alieni corporis mortem atque cruciatum; Cluent 32. victus cultusque corporis ad valetudinem referatur; of I 106. quibusdam convenis et feris barbaris corporis custodiam (Dionysius) committebat; Tusc V 58. Crotoniatae multum omnibus corporum viribus et dignitatibus antisteterunt || antestiterant, al. ||; inv II 2. facile dolorem corporis patiebatur: Ver V 112. color (tuendus est) exercitationibus corporis; of I 130. corporis nostri

partes totaque figura et forma et statura quam apta ad naturam sit, apparet; fin V 35. qui poterit corporis firmitate confidere? Tusc V 40. forma: f. figura. oculi in corporum etiam motione atque gestu multa cernunt subtilius; nat II 145. animi vires corporis infirmitas non retardavit; Phil VII 12. is (animus) cum languore corporis nec membris uti nec sensibus potest; div II 128. mala: f. bona. dum morbis corporum comparatur morborum animi similitudo; Tusc IV 23. mors: f. cruciatus. motio: f. gestus. quoniam decorum in corporis denique motu et statu cernitur; of I 126. natura: f. I, 1. gignunt. valetudo sustentatur notitia sui corporis et observatione; of II 86. aptas et integras omnes partes corporis habere; fin III 17. f. figura. ut venustas et pulchritudo corporis secerni non potest a valetudine, sic ..; of I 95. statura: figura. status: f. motus. nemo illum ex trunco corporis spectabat; Q Rosc 28. venustas: f. pulchritudo. victus: f. cultus. corporis (est virtus) valetudo. dignitas, vires, velocitas; inv II 177. vires: f. dignitas. nullam capitaliorem pestem quam voluptatem corporis hominibus dicebat (Archytas) a natura datam; Cato 39. — 2. proprie, ut aegrotatio in corpore, sic aegritudo in animo nomen habet non seiunctum a dolore; Tusc III 23. istuc nihil dolere non sine magna mercede contingit immanitatis in animo, stuporis in corpore; Tusc III 12.

V. Umstand: 1. quae (vulnera Miltiades) corpore adverso in clarissima victoria accepisset; rep I 5. qui asperis et levibus et hamatis uncinatisque corporibus concreta haec esse dicat interiecto inani; Ac II 121. qui se totos ad animis et corporibus in salutem rei publicae contulerunt; Phil XII 7. amicus noster deformatus corpore, fractus animo: A II 21, 3. quot ego tuas petitiones parva quadam declinatione et, ut aiunt, corpore effugi! Catil I 15. constituamus aliquem magnis, multis, perpetuis fruentem et animo et corpore voluptatibus; fin I 40. cum (di) voluptates corpore percipere non possint; fin II 115. cum me animo, corpore, copiis prosecutus esses; Planc 78. qui toto corpore opprimi possit doloribus acerrimis; Tusc V 26. — 2. quae in corpore excellerent; fin IV 20. in fragili corpore odiosa omnis offensio est; Cato 65. sine corpore animo vigente divina vita est; leg fr 1.

corpusculum, Körperchen: I. an (veritas est) in individuis corpusculis tam praeclara opera fingentibus? nat I 67. — II. quid est magnum de corpusculorum (ita enim appellat atomos) concursione fortuita loqui; Ac I 6.

correctio, Verbefferung, Berichtigung, Zurechtweisung: I. haec videlicet est correctio philosophiae veteris et emendatio; fin IV 21. correctio vel ante vel post quam dixeris vel cum aliquid a te ipso reicias; de or III 203. alia correctio; de or III 207. — II, 1. quod contra oportebat, delicto dolere, correctione gaudere; Lael 90. — 2. sine ulla correctione rei publicae; A II 15, 2.

corrector, Verbefferer: o praeclarum correctorem atque emendatorem nostrae civitatis! Balb 20.

correpo, hineinkriechen: I. occulte in aliquam onerariam corrependum; A X 12, 2. — II. in dumeta correpitis; nat I 68.

corrigia, Schuhriemen: nobis abruptio corrigiae et sternumenta erunt observanda; div II 84.

corrigo, beffern, verbeffern, berichtigen, zu rechtweifen: accusatione tua correctus ab errato recedet; inv I 84. vitam nostram, consilia, voluntates, non verba corrigi; fin IV 52. Castricianum mendum nos corrigemus; A II 7, 5. ut eam (orationem) ne ambitiose || sine ambitione || corrigerem, antequam (Brutus) ederet; A XV 1, a, 2. nondum rogatione correcta; A III 2. verba, al.: f. consilia.

corripio, ergreifen, zusammenraffen: hominem corripi iussit; Ver III 57. ut apertus in corripiendis pecuniis fuit; Ver pr 5.

corroboro, stärken, pass. erstarken: ut (M. Terentius) se corroboravit; ep XIII 10, 2. corroboratis iam confirmatisque et ingeniis et aetatibus; Lael 74. corroborari impudentiam (nolui); de or III 93. ingenia: s. aetates. illud malum ita corroborabatur cotidie, ut ..; ep XII 1, 1. cuius civitatis virtus non solum natura corroborata, verum etiam disciplina putatur; Flac 63.

corrodo, zernagen: mures scuta an cribra corroserint; div II 59.

corrogo, zusammenbitten: ipse suos necessarios ab atriis Liciniis corrogat; Quinct 25.

corrumpo, verderben, zerrütten, verführen, fälschen, bestechen: ut conclusa aqua facile corrumpitur; nat II 20. decretum: s. iudicium. imbri frumentum corrumpi in area patiebatur; Ver III 36. genus hominum malo cultu pravisque opinionibus esse corruptum; part or 91. suum comitem iuris. decreti, iudicii corrumpendi causa pecuniam accepisse; Ver II 57. Epicratem litteras publicas corrupisse; Ver II 60. vel corrumpere mores civitatis vel corrigere; leg III 32. corrupti mores depravatique sunt admiratione divitiarum; of II 71. falsum etiam de corruptis navibus; A IX 9, 2. quod pecunia corrumpere pudentem || prudentem || nemo potest, dicendo potest; rep V 11. totam rem istam esse corruptam; ep I 2, 3. largitione corrupta suffragia; leg III 39. illa tormenta corrumpit spes; Sulla 78.

corruo, stürzen, einstürzen, zu Grunde gehen, durchfallen: si uno meo fato et tu et omnes mei corruistis; Q fr I 4, 1. paene ille timore, ego risu corrui; Q fr II 8, 2. ii mihi nec tamquam inexercitati histriones in extremo actu corruisse (videntur); Cato 64. qua (plaga) Lacedaemoniorum opes corruerunt; of I 84. tabernae mihi duae corruerunt; A XIV 9, 1.

corrupte, verkehrt: de quibus (voluptate, dolore) neque depravate iudicant neque corrupte; fin I 71.

corruptela, Verderbnis, Verführung, Bestechung: I. praevaricationem esse omnem iudicii corruptelam ab reo; part or 124. est maritimis urbibus etiam quaedam corruptela ac demutatio morum; rep II 7. — II. stupra dico et corruptelas et adulteria; Tusc IV 75. — III. in mulierum corruptelis; Ver II 134.

corruptio, Verkehrtheit, Zerrüttung: I. morbum appellant totius corporis corruptionem; Tusc IV 28 (29). — II. ut corruptione opinionum morbus efficiatur; Tusc IV 29.

corruptor, Verderber, Verführer, Bestecher: I. cuius tribus venditorem et corruptorem et sequestrem Plancium fuisse; Planc 38. — II. corruptorem, adulterum (adduxeris); Ver III 4.

corruptrix, Verführerin: tam corruptrice provincia; Q fr I 1, 19.

cortex, Rinde: obducuntur libro aut cortice trunci; nat II 120.

coruscus, zuckend: »vim coruscam fulminis«; Tusc II 21.

corvus, Rabe: I. quid (habet) augur, cur a dextra corvus, a sinistra cornix faciat ratum? div I 85. — II. nondum dico, quam haec signa nulla sint, fissum iecoris, corvi cantus; div II 16.

corycus, Fechtersandsack: corycus laterum et vocis meae, Bestia; Phil XIII 26.

coryphaeus, Stimmführer, Oberhaupt: quem (Zenonem) Philo noster coryphaeum appellare Epicureorum solebat; nat I 59.

cos, Stein, Klippe, Wetzstein: 1. cotem novacula esse discissam: div I 32. — 2. ex quibus quoniam tamquam ex scrupulosis cotibus enavigavit oratio; Tusc IV 33.

cosmee, Ordner: in Creta decem, qui cosmoe vocantur, contra vim regiam constituti (sunt); rep II 58.

cothurnus, Schuh, Stiefel: I. si cothurni laus illa esset, ad pedem apte convenire; fin III 46. — II. qui (Tuditanus) cum palla et cothurnis nummos populo spargere solebat; Phil III 16.

cotidiano, täglich: ut cotidiano in forum mille hominum descenderent; rep VI 2.

cotidianus, täglich, alltäglich, gewöhnlich: hoc est eius (Domitii) cotidianum, se ne tribunum militum quidem facere; Q fr II 13, 3. ad cotidianam caedem, incendia, rapinas se contulit; Sest 88. summa iucunditas e cotidiano cultu atque victu; Tusc V 72. ex meis curis laboribusque cotidianis; Muren 55. incendia: s. caedes. non Cn. Dolabella C. Volcatium communi et cotidiano iure privasset; fr A VII 36. labores: s. curae. rapinae: s. caedes. apud quos, nisi quod versiculi sunt, nihil est aliud cotidiani dissimile sermonis; orat 67. ut cotidianis sumptibus copiae suppetant; Tusc V 89. victus: s. cultus. quam personam iam e cotidiana vita cognostis || cognoscitis ||; Caecin 14.

cotidie, täglich: qui (Solon) se cotidie aliquid addiscentem dicit senem fieri; Cato 26. magister hic Samnitium summa iam senectute est et cotidie commentatur; de or III 86. qui periculum fortunae cotidie facit; Phil V 14. cum tantas res gessisset gereretque cotidie; Piso 81. quae (mors) propter incertos casus cotidie imminet; Tusc I 91. cotidie aliquid ligurir aut. scribitur; ep IX 26, 4. cum cotidie magis magisque perditi homines tectis ac templis urbis minarentur; Phil I 5. scribo: s. lego. cum mihi summa et cotidie maiora praemia in re publica fore putabas; dom 113.

crapula, Rausch: edormi crapulam et exhala; Phil II 30.

cras, morgen: cras agamus haec; Tusc I 119. Lentulus Spinther hodie apud me. cras mane vadit; A XIV 11, 2. cras ergo ad clepsydram; Tusc II 67.

crassitudo, Dicke: I. extremitatem et quasi libramentum (esse), in quo nulla omnino crassitudo sit; Ac II 116. — II. propter aëris crassitudinem; div I 93.

crassus, dick, dicht, fett: quam (terram) crassissimus circumfundat aër; nat II 17. si iam te crassi agri delectabant; Flac 71. qui utantur crasso caelo atque concreto; nat II 42. ista crassis circumfusa tenebris; Ac II 122.

crastinus, morgende Tag: nisi forte in crastinum differre mavultis; de or II 367.

cratera, creterra, Gefäß, Mischkessel: I. quid delectationis habent in „Equo Troiano" creterrarum tria milia? ep VII 1, 2. — II. quod crateras ex aere pulcherrimas abstulit; Ver IV 131.

creatio, Wahl: »creatio magistratuum, iudicia populi optumatibus nota, plebi libera sunto«; leg III 10.

creator, Schöpfer, Erzeuger: »portenta deum dedit creator«; div II 64. princeps ille creator huius urbis, Romulus, docuit ..; Balb 31.

creber, häufig, sich oft wiederholend, zahlreich, reich: qui (Thucydides) ita creber est rerum frequentia, ut ..; de or II 56. (Philippus) satis creber in reperiendis sententiis; Bru 173. neque sententiis crebriorem (alium dixerim); Bru 264. utraeque (venae, arteriae) crebrae multaeque toto corpore intextae; nat II 138. hanc similitudinem qui imitatione adsequi volet, exercitationibus crebris persequatur; ep III 5, 4. quae (peccata) magis crebra et iam prope cotidiana sunt; Sex Rosc 62. per hos dies creberrimum fuisse sermonem ..; Phil XIV 14. venae: s. arteriae.

crebritas, Häufigkeit, Fülle: I. tanta erat crebritas litterarum; A XIII 18. concinnitas illa crebritasque sententiarum pristina manebat; Bru 327. — II. ut longi temporis usuram et crebritate et magnitudine officiorum meorum sarciam; ep III 1, 1.

crebro, häufig, oft: quae (somnia) creberrime commemorantur a Stoicis; div I 56. quod (Etrusci) religione imbuti studiosius et crebrius hostias immolabant; div I 93. tu ad me velim litteras crebrius mittas; ep V 6, 3. cum crebro Catulum, saepe me, saepissime rem publicam nominabat; Cael 59. ut intuens alium crebro ad se ipsum revertatur; de or II 211.

credibilis, glaublich: credibile est, quod sine ullo teste auditoris opinione firmatur; inv I 48. id quod pro credibili sumptum erit, ‖ id ‖ infirmabitur, si . .; inv I 80. non est credibilis tantus in illo furor, ut . .; Marcel 21.

credibiliter, glaublich: quam non credibiliter (contingitis)! Deiot 17.

creditor. Gläubiger: I. nonne ultro Fufidium creditorem debitoribus suis addixisti? Piso 86. — II. nec tabulae creditoris proferuntur; Flac 20. — III. res agitur per eosdem creditores; ep I 1, 1.

credo, glauben, für wahr halten, vertrauen, anvertrauen, leihen: I, 1, a. cum imperiti facile ad credendum impellerentur; rep II 18. ut iudici libera potestas ad credendum (daretur); Ver II 178. — b. non temere creditur; Sex Rosc 62. — 2. at, credo, Sthenius hoc sibi amplum putavit; Ver II 107. „emi, pecuniam solvi.“ credo; Ver IV 43. amoenitas eum, credo, locorum retinet; prov 29. reddasne depositum? non credo; of III 95. — II, 1. haec est una via, mihi credite, laudis; Sest 137. urbem philosophiae, mihi crede, prodiis, dum castella defenditis; div II 37. eram totus, crede mihi, tecum; A V 10, 1. ille (sapiens) longe aberit ut argumentis credat philosophorum; Ac II 117. nihil neque crimini tuo neque testimonio credendum esse fateare; Cael 35. quibus (eventis) mihi liceat non credere; div II 27. nemo umquam sapiens proditori credendum putavit; Ver I 38. fortunatorum promissis saucios et miseros credere non oportere; Muren 50. quodsi eius modi visis credendum non est, cur somniis credatur, nescio; div II 120. testimonio: f. crimini. curate, ut nostris testibus plus quam alienigenis credidisse videamini; Font 49. visis: f. somniis. — 2. nunc denique incipiunt credere fuisse homines Romanos hac quondam continentia; imp Pomp 41. Iunonem a iuvando credo nominatam; nat II 66. fingebat Carneades saxo diffisso caput exstitisse Panisci; credo, aliquam non dissimilem figuram; div I 23. — III. victori esse crediderunt; ep IV 7, 3. f. facinus. quo hoc firmius crederemus; Tusc V 20. vgl. II, 1. crimini. testibus. ut omnium civium bona, fortunae, domicilia vestrae sapientiae, fidei, potestati commissa creditaque esse videantur; dom 1. cui tantum facinus, cui se, cui salutem suam credidit? Cael 57. fortunas: f. bona. altera (opinio) in Sardinia magis etiam credita; Scaur 10. qui maximam regi pecuniam credidit; Rab Post 38. salutem: f. facinus. (testimonium) non crederetur; Sex Rosc 103. — IV, 1. ut id de Romulo Proculo Iulio, homini agresti, crederetur; rep II 20. — 2. (Regulus) sibi honestum et sentire illa et pati credidit; of III 110. quae quondam credebantur apud inferos portenta; nat II 5.

credulus. leichtgläubig: in hoc me libenter praebeo credulum; A XV 16. ubi discerni (possit) stultus auditor et credulus ab religioso iudice; Font 23. persona improvidorum et credulorum senum; Lael 100.

cremo, verbrennen: (Sulla) primus e patriciis Corneliis igni voluit cremari; leg II 57. ubi crematum est corpus; leg II 57.

creo, schaffen, erschaffen, hervorrufen, erzeugen, erwählen: I, 1. artis maxime proprium esse creare et gignere; nat II 57. - - 2. quoniam patria est antiquior parens quam is, qui creavit; rep I fr 2. — II. vitio creatos consules esse; nat II 11. si (decemviri) optima lege a populo essent creati; agr II 29. non numquam etiam errorem creat similitudo: div II 55. si magistratus patricii creati non sint; dom 38. odium creatur; de or II 208. si mihi periculum crearetur ab eo, quem ipse armasset; A II 22, 2. — III. natura fingit homines et creat imitatores et narratores facetos; de or II 219. cunctis populi suffragiis rex est creatus L. Tarquinius; rep II 35.

crepida, Sandale: L. Scipionis cum crepidis in Capitolio statuam videtis; Rab Post 27.

crepidatus, mit Sandalen bekleidet: profugisse noctu crepidatum imperatorem: Piso 93.

crepido, Kai: piraticus myoparo usque ad omnes crepidines urbis accessit; Ver V 97.

crepitus, Schall, Klappen, Blähung: ut terrorem dentium crepitus consequatur; Tusc IV 19. illi (Stoici) etiam crepitus aiunt aeque liberos ac ructus esse oportere; ep IV 22, 5. pedum crepitus; Top 52.

crepundia, Klapper: quoniam totum me non naevo aliquo aut crepundiis, sed corpore omni videris velle cognoscere: Bru 313.

cresco, wachsen, steigen, zunehmen: I. (lunae) forma mutatur tum crescendo, tum defectibus in initia recurrendo; nat II 50. — II. accusarem alios potius, ex quibus possem crescere; Sex Rosc 83. cum hostium opes animique crevissent; imp Pomp 45. conchyliis omnibus contingere, ut eum luna pariter crescant pariterque decrescant; div II 33. quod ex his studiis haec quoque crescit oratio et facultas; Arch 13. cum lacus Albanus praeter modum crevisset; div I 100. medici ex quibusdam rebus et advenientes et crescentes morbos intellegunt; div II 142. crescebat in eos odium; har resp 46. opes: f. animi. oratio: f. facultas. quamquam negant nec virtutes nec vitia crescere; fin III 48.

creta. Kreide, Siegelerde: haec laudatio obsignata erat creta illa Asiatica, qua utuntur omnes non modo in publicis, sed etiam in privatis litteris; Flac 37.

cretatus, mit Kreide bestrichen: mihi caligae eius (Epicratis) et fasciae cretatae non placebant; A II 3, 1.

creterra f. **cratera.**

creticus, kretischer Vers: creticus, qui est e longa et brevi et longa; orat 215.

cretio, Übernahme der Erbschaft: Galeonis hereditatem crevi. puto enim cretionem simplicem fuisse, quoniam ad me nulla missa est; A XI 12, 4. ut in cretionibus scribi solet, QUIBUS SCIAM POTEROQUE; de or I 101.

cretula, Siegelerde: cum epistula Agrigento adlata esset, casu signum iste animadvertit in cretula; Ver IV 58.

cribrum, Sieb: mures scuta an cribra corroserint; div II 59.

crimen, Vorwurf, Beschuldigung, Anklage, Klagepunkt, Schuld, Verbrechen: I, 1. hoc non esse. ut solemus interdum in defensionibus dicere, crimen domesticum ac vernaculum; Ver III 141. volo esse totum mihi crimen hoc integrum; Ver V 79. quo maius crimen sit id, quod ostendatur esse falsum; Font 20. quod est istud crimen senectutis, cum id ei videatis cum adulescentia esse commune? Cato 67. in eo culpa et crimen haerebit; Ver III 106. quae in ipsum valebant crimina; Ver I 41. — 2. omnia sunt alia non crimina, sed maledicta; Cael 30. — II, 1. ut ne cui innocenti maeror tuus falsum crimen adferret; Cluent 168. susciperem hoc crimen, agnoscerem, confiterer; Rabir 18. de quo vos

homine ne ab inimicis quidem ullum fictum probrosum non modo crimen, sed ne maledictum quidem
audistis; Font 37. in quam id crimen ab reo con-
feratur; inv II 82. confiteor: f. agnosco. quam
acute conlecta crimina! Deiot 33. qui hoc navale
crimen conetur defendere; Ver V 131. depellendi
criminis causa; Cael 31. ego crimen oportet diluam;
Sex Rosc 36. videmurne avaritiae crimen effugere?
Flac 89. ut in testibus interrogandis omnia crimina
proponerem et explicarem; Ver I 29. utrum hoc
tantum crimen praetermittes an obicies? div Caec
31. propono: f. explico. in hoc crimine propulsando;
Sulla 12. libenter hoc iam crimen de statuis relinquam; Ver II 151. suscipio: f. agnosco. in quem
crimen transferetur; inv II 79. — 2. nihil neque
crimini tuo neque testimonio credendum esse
fateare; Cael 35. quod crimini dabitur; inv II 74.
cum respondero criminibus; Planc 4. non id erit
eius vitrico fraudi aut crimini; Muren 73. — 3.
sceleris crimine, furoris, parricidii liceat Cn. Pompeio mortuo carere; Ligar 18. qui antea Sopatrum
eodem illo crimine liberarunt; Ver II 71. — 4 ad
hoc crimen accedam; Scaur 22. cognoscite nunc
de crimine vinario; Font 19. non desino incurrere
in crimen hominis nimium grati; Planc 91. ne ipse
esset in crimine; Ver IV 100. avaritiam in crimen
et in iudicium voco; Ver III 217. — III. quod certissimis criminibus fretus ad accusandum descenderit; Cluent 10. — IV. quae certissima sunt huius
criminis argumenta; Ver V 79. totius huius ab
illa est adornata comparatio criminis; Cluent 191.
in hac intentio est criminis: „occidisti". depul-io:
„non occidi"; inv II 15. nullum est fundamentum
horum criminum, nulla sedes; Cael 30. intentio: f.
depulsio. eorum criminum nos patronos adhiberi,
quorum testes esse possemus; Sulla 13. relatio criminis est, cum reus id, quod arguitur, confessus
alterius se inductum peccato iure fecisse demonstrat;
inv II 78. remotio criminis est, cum eius intentio
facti, quod ab adversario infertur, in alium aut in
aliud demovetur; inv II 86. sedes: f. fundamentum.
testes: f. patroni. quoniam criminum vim subterfugere nullo modo poterat; Ver pr 8. — V, 1. accusatus est criminibus gravissimis; Cluent 59. qui
(Marius) optimum civem in invidiam falso crimine
adduxerit; inv II 79. nec ipse alterum iterum ambitus crimine arcesseret; Cael 16. Scaev-la condemnatus est aliis criminibus; Cluent 116. tam nefariis
criminibus convictus; Ver I 1. quibus criminibus
Oppianicus damnatus sit; Cluent 19. quae (avaritia)
criminibus infinitis implicata est; Piso 86. est reus
uterque eodem crimine; Vatin 41. reus est maximis
plurimisque criminibus in iudicium vocatus; Ver II
142. — 2. non iudicis solum severitatem in hoc crimine suscipere debes; Ver IV 69. quem absentem
sine crimine et sine teste damnasti? Ver II 110.

criminatio. Beschuldigung, Verdächtigung;
I. 1. quod accusator quoque saepe ex remotione criminationem conficit; inv II 93. Erucii criminatio
tota dissoluta est; Q Rosc 82. illa acerrima accusatorum criminatio levabitur; inv II 84. — 2. quae
valeant contra falsam criminationem; de or II
221. — II. decimus locus est, per quem omnia cum
unius cuiusque indignatione et criminatione conligimus; inv I 104. subita ex criminatione facere iudicium; inv II 36.

criminor. beschuldigen, verdächtigen, ver-
leumden: I, 1. libet tibi nescio quid etiam de illa
tribu criminari; Planc 38. — 2. criminabatur (M.
Pomponius) etiam, quod (L. Manlius) Titum filium
ab hominibus relegasset; of III 112. — 3. C. Marius
Q. Metellum apud populum R-manum criminatus
est bellum illum ducere; of III 79. — II. alqd:
f. I, 1. quibus (contionibus) cotidie meam potentiam
invidiose criminabatur; Milo 12.

criminose. gehässig: qui suspiciosius aut criminosius diceret, audivisse me neminem; Bru 131.
quod possit crimose ac suspiciose dicere; Sex Rosc 55.

criminosus, vorwurfsvoll, gehässig: Cn. Pomponius acer, acerbus, criminosus; Bru 221. in hunc
id criminosum esse debere; Sulla 36. si ingeniis
hominum criminosorum sit exposita vita innocentium;
part or 44. officiosam amicitiam nomine inquinas
criminoso; Planc 46.

crinis, Haar: haec civitas mulieri in crines
(praebeat); Ver III 76.

criticus. Kunstrichter: ego tamquam criticus
antiquus iudicaturus sum, utrum (versiculi) sint τοῦ
ποιητοῦ an παρεμβεβλημένοι; ep IX 10, 1.

crocodilus. Krokodil: I crocodilos dicunt, cum
in terra partum ediderint, obruere ova, deinde discedere; nat II 129. — II. prius, quam (Aegyptii)
crocodilum violent; Tusc V 78.

crocota. Frauenkleid: P. Clodius a crocota est
factus repente popularis; har resp 44.

crocus, Safran: magis laudari, quod terram
quam quod crocum olere || sapere || videatur; de
or III 99.

cruciamentum. Marter: nec vero graviora
sunt carnificum cruciamenta quam interdum tormenta
morborum; Phil XI 8.

cruciatus, Qual, Marter: I, 1. omnibus cruciatum, tormenta denuntiat; Phil XIV 8. ut omnes
dolores cruciatusque perferrem; Catil IV 1. qui
(princeps) retinendi officii causa cruciatum subierit
voluntarium; of III 105. — 2. qui vel ipse sese in
cruciatum dari cuperet; Sex Rosc 119. — II, 1. cum
cives Romanos morte, cruciatu, cruce adfeceris;
Ver I 9. angore conscientiae fraudisque cruciatu (eos
agitant furiae); leg I 40. quo cruciatu animi
(Caesarem putamus) vitam acturum fuisse? div II 23.
confectus iam cruciatu maximorum dolorum; A XI
11, 1. summo cruciatu supplicioque Q. Varius periit;
nat III 81. — 2. ille in dolore cruciatuque moriens;
Ver V 169.

crucio, quälen, martern: I. dolor (est) aequi-
tudo crucians; Tusc IV 18. — II. cum (M. Regulus)
vigiliis et fame cruciaretur; fin II 65. quodsi
exspectando et desiderando pendemus animis || animi ||,
cruciamur, angimur; Tusc I 96. sin illa te res cruciat; ep V 16, 4. officii me deliberatio cruciat crucia-
vitque adhuc; A VIII 15, 2. non animus ipse
(Reguli cruciabatur a Poenis); par 16. ne diu
crucietur (filius, quid dabis)? Ver V 118.

crudelis, grausam, unbarmherzig, gefühllos:
ipsum (Caesarem) non voluntate aut natura non esse
crudelem, sed quod popularem putaret esse clementiam; A X 4, 8. nemo erit tam crudeli animo;
Planc 102. bellum crudele et exitiosum suscipi a
Pompeio; A IX 6, 7. crudelissima in foro caede
facta; Milo 38. in oppida militum crudelis et misera
deductio; Phil II 62. latronis feremus taeterrimum
crudelissimumque dominatum? Phil III 29. se ad
crudelissimum hostem proficisci; of III 100. ut iis
omnibus mortem acerbam crudelemque proponeret;
Ver V 152. quod in tam crudelem necessitatem incidissemus; Tusc III 60. quod fuit ullorum umquam
barbarorum tam crudele (odium) in hostem? Planc 71.
o rem auditu crudelem! Planc 99. taurus, quem
crudelissima omnium tyrannorum Phalaris habuisse
dicitur; Ver IV 73. quam crudelis esset futura
victoria; ep IV 14, 2.

crudelitas, Grausamkeit, Unbarmherzigkeit,
Härte: I. quas res crudelitas in suppliciis efficere
potuisset; div Caec 3. est hominum naturae maxime
inimica crudelitas; of III 46. cum exstitisset in
cives tanta crudelitas; of II 27. — II, 1. quam
(crudelitatem) in ipsum me ac meos adhibuistis;
dom 60. ut suam insatiabilem crudelitatem exercuerit etiam in mortuo; Phil XI 8. quorum crude-

litas nostro sanguine non potest expleri; de or I
225. cum crudelitatem vestram saturare cuperetis;
Vatin 6. tibi civilis ferri subeunda fuit crudelitas;
de or III 12. — 2. quorum alterum optare illorum
crudelitatis est; Deiot 43. — 3. cum eorum omnium
crudelitati scelerique cessissem; dom 58. — 4.
illam clementiam tantam in crudelitatem esse conversam; Ver V 115. — III. hora nulla vacua a
furto, scelere, crudelitate reperietur; Ver I 34. —
IV. ut falsam a nobis crudelitatis famam repellamus;
Sulla 93. qui (Sulla) trium pestiferorum vitiorum,
luxuriae, avaritiae, crudelitatis, magister fuit; fin
III 75. qui nullum vestigium crudelitatis regiae
retinuerunt; Rabir 10. — V. procedit iste inflammatus crudelitate; Ver V 106. crudelitate mixtas
libidinis videtis immanes; Scaur 13. cuius taeterrima
crudelitate omnis barbaria superata est; Phil XI 6.

crudeliter, graufam, unbarmherzig, schonungslos: quod gravius aut crudelius facere posses;
Quinct 48. crudeliter et regi factum esse dicerent;
Catil I 30. crudeliter otiosis minabantur; ep IX
6, 3. ante, quam me foedissime crudelissimeque
vexarint; prov 3. ne quid temere, ne quid crudeliter;
of I 82.

cruditas, Überlabung des Magens, ver-
borbener Magen: I. aucupio, venatione vitantes
cruditatem; fin II 23. — II. cruditate (Sullam mortuum) dicebant; ep XV 17, 1. satius est hic cruditate quam istic fame; ep IX 18, 4.

crudus, mit verborbenem Magen, unreif:
Roscius crudior fuit; de or I 124. quia crudus
fuerit; de or I 125. (poma) cruda si sunt; Cato 71.

cruento, mit Blut befpritzen: haec
(sica) istam Appiam nece Papirii cruentavit;
Milo 37. ne propter me civium vulneribus res
publica cruentaretur; sen 6.

cruentus, blutig, mit Blut befprizt: cruentus
sanguine civium Romanorum; Phil IV 4. quod
cruentum gladium habuerit; inv II 43. guttis imbrium quasi cruentis; nat II 14. qui monumentum
senatus cruentis inustum litteris esse passi sunt;
ep I 9, 15. cruentis manibus scelus et facinus prae
se ferens; Milo 43. Antonii igitur promissa cruenta;
Phil XIII 10.

cruor, Blut, Blutvergießen: I. nisi cruor
apparet, vim non esse factam; Caecin 76. — II.
ut cruorem inimici quam recentissimum ostenderet;
Sex Rosc 19. — III. res familiaris casta a cruore
civili; Phil XIII 8.

crus, Bein, Unterschenkel: I. alia (membra) videntur
propter eorum usum a natura esse donata, ut
manus, crura, pedes; fin III 18. quod in hoc Planco
proverbii loco dici solet, perire eum non posse, nisi
ei crura fracta essent; Phil XIII 27. — II. cum
(ibes) sint aves excelsae, cruribus rigidis; nat I 101.

crusta, Zierat eingelegte Arbeit: quae probarant,
iis crustae aut emblemata detrahebantur; Ver IV 52.

crux, Kreuz, Qual, Plage: I. 1. qui in campo
Martio crucem ad civium supplicium defigi et constitui iubes; Rabir 11. multas cruces propositas
effugere cupiebant; Ver III 70. ut, quam damnatis
crucem servis fixeras, hanc indemnatis videlicet civibus Romanis reservares; Ver V 12. — 2. si se et
Gabinium cruci suffixos viderem; Piso 42. —
3. cum (Polycrates) ab Oroete in crucem actus
est; fin V 92. ab isto civem Romanum sublatum
esse in crucem; Ver I 13. — II. nomen ipsum crucis
absit a corpore civium Romanorum; Rabir 16. —
III. cum cives Romanos morte, cruciatu, cruce adfecerit; Ver I 9.

cubicularis, im Schlafgemach: cum (Dionysius) fossam latam cubiculari lecto circumdedisset;
Tusc V 59.

cubicularius, Kammerdiener: I. hunc vestri

ianitores, hunc cubicularii diligunt; Ver III 8. —
II. nihil per cubicularium; A VI 2, 5.

cubiculum, Zimmer, Schlafgemach: I. subgrande cubiculum et hibernum alterum ‖ altum ‖ valde
probavi, quod et ampla erant et loco posita; Q fr
III 1, 2. — II, 1. pono, al.: f. I. — 2. domum recipere legatam hostium, in cubiculum admittere;
Phil VIII 29. huius in sedibus ‖ aedibus ‖ pro cubiculis stabula sunt; Phil II 69. — III. cum forem
cubiculi clauserat (Dionysius); Tusc V 59. — IV.
cum in cubiculo recubuisses; Deiot 42. in illo cubiculo tuo; ep VII 1, 1.

cubile, Lager, Lagerstatt: I. mihi est cubile
terra; Tusc V 90. — II. gallinae avesque reliquae
cubilia sibi nidosque construunt; nat II 129. ut
omnes mortales istius avaritiae non iam vestigia, sed
ipsa cubilia videre possint; Ver II 190.

cubito, schlafen: qui tecum semper pusio cum
maiore sorore cubitavit; Cael 36.

cubitum, Elle: 1. biennium praeteriit, cum ille
Καλλιππίδης adsiduo cursu cubitum nullum processerat ‖ processerit ‖; A XIII 12, 3. — 2. columellam
tribus cubitis ne altiorem; leg II 66.

cubo, liegen, schlafen, bei Tische liegen: I. ut
cubitum discessimus; rep VI 10. — II. quo
eorum loco quisque cubuisset; de or 353. Cretes,
quorum nemo gustavit umquam cubans; Muren 74.
in eo conclavi cum (Deiotaro) cubandum fuisset: div
II 20. cum (uxor) simul cubaret; inv II 144.

cuias, was für ein Landsmann: cuiatem (Socrates) se esse diceret; Tusc V 108.

cuicuimodi, wie immer beschaffen: cuicuimodi ‖ cuiusmodi ‖ (Graeci) essent; de or III 94.
velim omnia, cuicuimodi sunt, scribas; A III 22, 4.
legem, cuicuimodi sit; inv II 134. cuicuimodi ‖ cuiusmodi ‖ res esset; ep IV 7, 4.

cuius, wem angehörig, wessen: A. cuium nomen
exisset; Ver II 127. ut optima condicione sit is,
cuia res, cuium periculum; Ver I 142. — B. ea
caedes detur ei (crimini), cuia interfuit, non ei,
cuia nihil interfuit; fr A II 11.

culcita, Polster: 1. Silius culcitas non habet;
A XIII 50, 5. — 2. conlocemus (hunc) in culcita
plumea; Tusc II 46.

culina, Küche: tua (philosophia) quidem in culina, mea molesta ‖ in palaestra est; ep XV 18, 1.

culleus, Sack: 1. dum culleus ‖ culeus ‖, in
quem coniectus in profluentem deferretur, compararetur; inv II 149. — 2. conicio in: f. 1.
quoniam Smyrnae duos Mysos insuisses in culleum
‖ culeum ‖; Q fr I 2, 5.

culmus, Halm: (viriditas) culmo erecta geniculato; Cato 51.

culpa, Schuld, Verschuldung: I. dico aut omnes
extra culpam fuisse aut, si uni attribuenda culpa
sit, in eo maximam fuisse, qui..; Ver V 134.
num ista est nostra culpa? Planc 18. in hoc uno
genere omnes inesse culpas istius maximas avaritiae,
maiestatis, dementiae, libidinis, crudelitatis; Ver
V 42. — II, 1. attribuo: f. I. est. culpam omnem
Pompeius in Domitium confert; A VIII 12, 6. cum
ab aliis culpam demovebit; inv II 28. quo te
liberant aliqua culpa, quam tu vereris, ne a te
suscepta videatur; Planc 52. eorum malorum
omnium culpam fortuna sustinet; ep XV 15, 2. ut
omnem culpam in te transferas; A XV 28. — 2. te
summam laudem Sex Roscio vitio et culpae
dedisse; Sex Rosc 48. — 3. qui culpa careat;
inv II 101. libero: f. 1. suscipio. vacare culpa
magnum est solacium; ep VII 3, 4. — 4. quod
absit a culpa; inv II 101. ad alios ex culpa
eximendos; inv II 24. omnes in culpa sunt ac
suspicione ponendi; Cluent 127. malo Tironis
verecundiam in culpa esse quam inliberalitatem
Curii; A VIII 6, 5. sum extra: f. I. est. — III. hunc

adfinem culpae iudicatote; Sex Rosc 18. — IV.
huius culpae omnis a philosophia petenda correctio
est; Tusc V 5. cum a te non liberationem culpae,
sed errati veniam impetravissent; Ligar 1. sunt
ista non naturae vitia, sed culpae; Tusc III 73. —
V, 1. quae (calamitas) non culpa, sed vi maiore
quadam acciderit; inv II 102. quae ipsorum
(hominum) culpa contracta sunt; Q fr I 1, 2. qui
non natura, sed culpa vitiosi esse dicuntur; Tusc
IV 81. — 2. ut nullam calamitatem res publica
accipere possit sine culpa senatus; Phil VII 20.

culter, Messer: (Dionysius) cultros metuens
tonsorios; of II 25.

cultio, Bebauung: qui se agri cultione oblectabant; Cato 56.

cultor, Bebauer, Pfleger, Verehrer: I. sunt
alii veritatis cultores, fraudis inimici; of I 109. —
II. ut ager ipse cultorem desiderare videretur;
Ver III 47. cum videmus hominem quasi deorum
cultorem; Tusc I 69.

cultrix, Pflegerin: earum (rerum) augendarum
et alendarum quandam cultricem esse; fin V 39.

cultura, Bebauung, Anbau, Pflege: I. cultura
animi philosophia est: Tusc II 13. — II. quibus
(rebus) fundi fructus et cultura continetur; Ver
III 119. agri cultura deseritur; imp Pomp 15. —
III. sicut in vitibus nova sarmenta cultura excitantur; de or II 88.

cultus, Anbau, Pflege, Ausbildung, Verschönerung, Lebensweise, Verehrung: I. animi
cultus ille erat ei quasi quidam humanitatis cibus;
fin V 54. nobis, quocumque in loco simus, eundem
cultum, eundem victum esse; ep IX 3, 1. deorum
cultus exsistunt in dies maiores atque meliores;
nat II 5. — II, 1. victus cultusque corporis ad
valetudinem referatur; of I 106. pietas, per
quam sanguine coniunctis diligens tribuitur cultus;
inv II 161. — 2. regiones omni cultu propter vim
frigoris aut caloris vacantes; Tusc I 45. — 3.
quae vis alia potuit homines a fera agrestique vita
ad hunc humanum cultum civilemque deducere?
de or I 33. quae (officiorum genera) pertinent ad
vitae cultum; of II 1. — III. quod parvo cultu
natura contenta sit; Tusc V 97. — IV. summa
iucunditas e cotidiano cultu atque victu; Tusc
V 72. — V. 1. quae (religio) deorum cultu pio
continetur; nat I 117. aratores cultu agrorum
defessi; agr II 88. victu atque cultu terminatur
pecuniae modus; par 50. — 2. neque fructum edere
ex se sine cultu hominum et curatione potuissent;
nat II 158.

culus, Hintere: Sex. Clodium, hominem impurum
ac non modo facie, sed etiam culo ‖ oculo ‖ tuo dignissimum; Piso 8.

cum, als, wann, so oft als, seit, während, da,
weil, obgleich, sowohl, nicht nur: A. temporal,
causal, concessiv: I, 1, a. cum ea commutantur
fiuntque contraria; of I 31. cum contrarium contrario
opponitur; orat 220. cum de dis immortalibus
disputatum est; nat I 15. Hercules cum non con-
figebat sagittis; Ac II 89. cum venerat ad se in
Sabinos; rep III 40. ita fere officia reperiuntur, cum
quaeretur, quid deceat; of I 125. nemo me vestrum,
cum hinc excesseris, consequetur; Tusc I 103. — b.
cum domus sit omnium una; div I 131. cum corpus
bene constitutum sit; fin II 92. facile indicabat ipsa
natura vim suam. cum id recte fieri in altero iudicarent; Lael 24. antea cum certior factus essem;
A XV 14, 2. cum mansurus sis in eadem ista
liberalitate; ep XIII 41, 2. — 2. biennium praeteriit. cum ille Καλλιππίδης adsiduo cursu cubitum
nullum processerat ‖ processerit ‖; A XIII 12, 3.
commodum discesseras heri, cum Trebatius venit;
A XIII 9, 1. nisi forte cessare nunc videor, cum
bella non gero; Cato 18. nuper, cum in contione

donaret eos; Phil XII 19. quadriennio post, cum
tribunus militaris depugnavi apud Thermopylas; Cato
32. secutum illud tempus est, cum me coëgit . .;
ep XI 27, 4. fuit quoddam tempus, cum homines
passim vagabantur; inv I 2. cum minime videbamur,
tum maxime philosophabamur; nat I 6. tum etiam,
cum has terras incolentes circumfusi erant caligine;
Tusc I 45. tum ipsum, cum immolare velis, extorum
fieri mutatio potest; div I 118. quem dolum tum
teneri putat, cum aliud sit simulatum, aliud actum;
nat III 74. iam tum, cum bello sociorum tota Italia
arderet; Ver V 8. ut, cum Sthenium damnasset,
tum supplicium sumeret; Ver II 91. non modo tunc,
cum premetur summis doloribus; Tusc II 16. vixdum
epistulam tuam legeram, cum Postumus Curtius
venit; A IX 2, a, 3. — II. at cum de dignitate mea
ferebatur; Sest 112. cum autem laevam manum
admoverat; Ac II 145. nec satis lucebat. cum autem
luceret . .; A XVI 13 (a), 1. cum enim fidem alicuius laudant; of III 77. etenim, cum esset ita
responsum; Catil III 21. cum igitur hic locus nihil
habeat dubitationis; of I 17. cum interea ne litteras
quidem ullas accepi; ep III 6, 5. itaque, cum hanc
eius consuetudinem cognosset; Cluent 33. cum haec
maxime scriberem; A II 15, 3. nam cum extensis
digitis adversam manum ostenderat; A II 145. ne
cum appellasset quidem Autronium; Sulla 38. praesertim cum ii ipsi, qui ea vident, nihil divinent;
div II 147. cum praesertim te ita malle arbitrarer;
ep III 5, 3. cum primo sunt dati iudices; Ver II
55. qui consulatum petierim, cum primum licitum
sit; agr II 3. cum quidem ii, qui alia via fugerant,
in hostium equitatum inciderant; div I 123. nec
reprehendo, quippe cum ipse istam reprehensionem
non fugerim; A X 3, a, 1. quod cum speraret te
quoque ita existimare; ep XIII 16, 3 cum repente
a te praeclara illa tabula praelata est; Phil II 73.
sed cum agellus eum non satis aleret; nat I 72.
cum subito mare coepit horrescere; rep I 63. cum
tamen abessent aliquot dierum viam; Planc 98.
tamen, cum esset Demosthenes, multi oratores fuerunt;
orat 6. cum vero paulum processerunt; fin V 55.
verum tamen cum illorum actionem causae considero;
Caecin 4.

B. copulativ: amicitias cum animi ratione tum
facilius eloquentia comparatas; inv I 1. cum alia
multa tum hoc vel maxime; Flac 94. in quo inest
omnis cum subtilitas disserendi, tum veritas iudicandi;
Tusc V 68. sollicitum esse te cum de tuis communibusque fortunis, tum maxime de me; A XI 6, 1. —
vir cum clarissimus tum vero optimus mihique
amicissimus; sen 25. quam (rem publicam) et domi
et militiae cum ratione tum etiam diutissime gesserat;
rep II 1. cum facile orari tum semel exorari soles;
Deiot 9. hoc cum ceterae gentes sic arbitrantur,
tum ipsis Siculis ita persuasum est, ut . .; Ver IV
106. etenim cum ceteris praemiis digni sunt, tum
certe dignissimi sunt, qui civitate ea donentur; Balb
51. cum in augendis opibus, tum multo magis in
his ipse despiciendis; of I 77. mihi cum omnia sunt
intolerabilia ad dolorem, tum maxime, quod . .; A
XI 13, 1. cum te semper amavi, tum mei amantissimum cognovi, tum patris tui pluribus beneficiis
defensus sum totus vester; ep XV 7.

cum, mit, bei, unter, zu: quod dicitur „cum
illis", „cum" autem „nobis" non dicitur, sed „nobiscum"; quia, si ita diceretur, obscenius concurrerent litterae. ex eo est „mecum" et „tecum",
non „cum te" et „cum me", ut esset simile illis
„vobiscum" atque „nobiscum"; orat 154.
I. nach Verben: hoc Precianum cum iis rationibus
admisceri nolo; A VII 1, 9. ut, inter quos posset
excellere, cum iis se pateretur aequari; inv I 3. cum
me tecum eadem haec agere saepe conantem; ep V
12, 1. ambigunt agnati cum eo, qui est heres; inv

22

II 122. omnes se secum libidinum voluptates abstulisse ‖ se omnes secum abst. lib. vol. ‖; fin II 106. quoniam nobis cum fortuna belligerandum fuit; Quir 19. Gigantum modo bellare cum dis; Cato 5. iam non cum aliis, sed tecum ipse certa; ep XI 15, 2. cum mecum ipse de immortalitate animorum coepi cogitare; Tusc I 24. haec fides implicata est cum illis pecuniis Asiaticis et cohaeret; imp Pomp 19. qui (Peripatetici) honesta commiscerent cum commodis; nat I 16. cum illo re saepe communicata; ep I 7, 4. ut cum patriae caritate constantiae gloriam commutaret; Sest 37. cum meum factum cum tuo comparo; ep III 6, 1. rationes tuas te video compensare cum istis doloribus; fin II 98. quocum mihi amicitiam res publica conciliavit; Deiot 39. idcirco amicitia cum voluptate conectitur; fin I 67. conferte nunc cum illius vita P. Sullae vobis notissimam; Sulla 72. manu cum hoste confligere; of I 81. quae (philosophia) confundit vera cum falsis; Ac II 81. ut ego tecum luctari et condredi debeam; Sulla 47. pares vetere proverbio cum garibus facillime congregantur; Cato 7. si aliquem nacti sumus, cuius cum moribus et natura congruamus; Lael 27. quod (ius) cum religione coniunctum est; leg II 47. seiunge te ab iis, cum quibus te temporum vincla coniunxerunt; ep X 6, 2. quibuscum coniurasti; har resp 36. ita se cum multis conligavit; ep IX 17, 2. quicum conloqui libeat; rep I 28. nihil me etiam tecum de tui fratris iniuria conqueri; ep V 2, 6. ut vestrae mentes cum populi Romani voluntatibus consentiant; Muren 1. cum quibus vobis videbitur, consideretis; ep XIV 14, 2. cum hoc consistit; Ver pr 19. lege quoque consociati homines cum dis putandi sumus; leg I 23. senatum cum populo Romano conspirasse; Phil XI 2. cui sciam pactam et constitutam cum Manlio diem; Catil I 24. ſ. III. necessitudo. constetme oratio aut cum re aut ipsa secum; inv II 45. multis cum multis res rationesque contractae; of I 53. hoc mihi cum Bruto convenit; Tusc V 39. si cum honestate voluptatem tamquam cum homine pecudem copulavissent; of III 119. qui unus cum tot imperatoribus nostris per tot annos de imperio et de gloria decertavit; Sest 142. Flavium cum Fannio de Panurgo decidisse; Q. Rosc 79. quicum deliberarit; Sex Rosc 58. ſ. statuo. cum (Aiax) depugnaturus esset ‖ est ‖ cum Hectore; Tusc IV 49. quid res cum re differat; inv I 82. cum Pyrrho de imperio dimicabatur; of I 38. ut sibi cum palaestritis aequo iure disceptare liceat; Ver II 38. ut intellegas facta eius (Epicuri) cum dictis discrepare; fin II 96. quae a nobis cum familiaribus nostris in Tusculano erant disputata; Tusc III 6. dissensit cum Mario L. Sulla; har resp 54. cum illo (Epicuro) malo disserere quam tecum; nat I 61. verba ipsa videntur cum sententia scriptoris dissidere; inv I 17. quonam ille modo cum regno, cum domo, cum coniuge, cum carissimo filio distractus esset tanto scelere? Deiot 15. Herculem diu secum multumque dubitasse, utram (viam) ingredi melius esset; of I 118. quae secum, ut aiunt, vel e naufragio possit efferre; rep I 28. ut ii, qui sunt superiores, exaequare se cum inferioribus debent, sic . . ; Lael 71. qui nihil tecum de his ipsis rebus expostulem; ep V 2, 9. ea (aequitas) cum secum faciat; part or 127. cum filium tecum haberes; Ver V 109. quod (aegritudinis nomen) cum sapientia esse atque, ut ita dicam, habitare nullo modo possit; Tusc III 83. implico: ſ. cohaeret. quae (religio) est iuncta cum cognitione naturae; div II 149. quid dulcius quam habere, quicum omnia audeas sic loqui ut tecum? Lael 22. luctor: ſ. congredior. si qui in itinere secum ipse meditetur; of I 44. ut parentalia cum supplicationibus miscerentur; Phil I 13. quocum (regis filio) esset nupta regis Armeniorum soror; ep XV 3, 1.

quicum pepigerat; of III 92. ſ. constituo. quibuscum vivi bona nostra partimur; Ver I 113. quae permiscens cum materia (deus); Tim 22. ut utilia cum honestis pugnare videantur; of III 72. quaerere ipse saepe coepit; Ver II 17. querar cum Vacerra; ep VII 8, 2. ut saepe soleo mecum recordari; ep XV 15, 1. tu videlicet tecum ipse rides; fin II 76. qui cum accusatoribus sedet; Flac 42. neque cum iis sentimus, qui . . ; inv I 6. cum tu eam (vim rerum) cum eius scientia atque exercitatione sociaris; de or III 131. sic habuisti statutum cum animo ac deliberatum; Ver III 95. quae (aequitas) cum adversario staret; inv II 142. cum stomacharetur cum C. Metello; de or II 267. si mihi tecum minus esset, quam est cum tuis omnibus; ep XV 10, 2. erant principes (Syracusanorum) mecum; Tusc V 65. ſ. habito. qui (sonus) acuta cum gravibus temperans; rep VI 18. Tulliam adhuc mecum teneo; ep XIV 15. cum de sua arte Roscius transegit cum Flavio; Q Rosc 55. Publilius tecum tricatus est; A XIV 19, 4. quid exspectamus? an dum in foro nobiscum di immortales versantur? div I 79. cum ipsu (Erote) videro; A XIV 18, 2. ut vivat cum suis, primum cum parente; Planc 29. semper ille antea cum uxore, tum sine ea; Milo 55. at quicum ioca seria, ut dicitur? fin II 85.

II. nach Adjectiven und Adverbien: aequa parta cum P. fratre gloria; Muren 31. apte cum genere ipso orationis; de or III 222. quocum (astro) aptus fuerit; Tim 45. quae sunt communia vobis cum antiquis; fin IV 24. cum cetera vita fuisse hoc magis consentaneum; inv II 90. tibi consorti mecum temporum illorum; Milo 102. cum ea (natura) convenienter vivere; Tusc V 82. parem cum ceteris fortunae condicionem subire; rep I 7. quoniam in rem publicam sum pariter cum re publica restitutus; sen 36. orta (ratio) est simul cum mente divina; leg II 10. sociorum salutem una cum imperii vestri dignitate defendere; imp Pomp 14.

III. nach Substantiven: immissat cum falcibus multi; Tusc V 65. quid tibi cum Caelio? Cael 33. deinceps sunt cum populo actiones; leg III 42. quicum tibi adfinitas, societas, omnes denique causae et necessitudines veteres intercedebant; Quinct 48. oritur mihi magna de re altercatio cum Velleio; nat I 15. sibi cum eo amicitiam cognationemque esse; Ver II 64. illum cum re publica bellum gerere; ep XI 5, 2. cum fortuna bella restabant; Tusc I 109. adipisci cum honore et fide caritatem; of II 29. quae mihi sit ratio et causa cum Caesare; prov 40. ſ. adfinitas. est mihi tecum pro aris et focis certamen; nat III 94. qui (Peripatetici) sibi cum oratoribus cognationem esse dicant; Ac II 115. ſ. amicitia. quae vobis potest cum hoc gladiatore condicionis esse communitas? Phil VI 3. cum ceteris praestantibus viris comparatio; de or II 348. si quis congressus fuerit mihi cum Caesare; A XI 12, 3. coniunctio tua cum conlega gratissima accidit; ep XI 15, 1. secutae conlocutiones familiarissimae cum Trebonio complexusque; Phil XI 5. hinc cum hostibus clandestina conloquia nasci; Cato 40. cum Metellis erat ei non modo hospitium, verum etiam domesticus usus et consuetudo; Sex Rosc 15. quibus (animis) fuisset minima cum corporibus contagio; Tusc I 72. cum aliquis (philosophis) omnis fere nobis disceptatio contentioque est; div II 150. eandem tum fuisse P. et L. Cominiis controversiam tum Staieno; Cluent 100. si ullam esse convenientiam naturae cum extis concessero; div II 34. disceptatio: ſ. contentio. haec cum illis (Stoicis) est dissensio; fin V 76. genus rationum mearum dissimilitudinem non nullam habet cum illius administratione provinciae; ep II 13, 2. Lentulum cum Metella certe fecisse divortium; A XIII 7 (1). accessit familiaritas mihi cum Bruto tuo maxima; ep XV 14, 6. fletum cum singultu videre potuisti; Planc 76.

cum sententia senatus inclinaret ad pacem cum Pyrrho foedusque faciendum; Cato 16. cum mihi cum illo (Crasso) magna iam gratia esset; ep I 9, 20. honestas cum aliqua accessione; fin II 35. hospitium: f. consuetudo. cum triginta dierum essent cum hoste indutiae factae; of I 33. erant ei veteres inimicitiae cum duobus Rosciis Amerinis; Sex Rosc 17. illud unum derectum iter ad laudem cum labore qui probaverunt; Cael 41. homini nihil iuris esse cum bestiis; fin III 67. aegrotationem (appellant) morbum eum imbecillitate; Tusc IV 28 (29). necessitudinem constitutam habui cum domo vestra; ep X 3, 2. f. adfinitas. quod mihi odium cum P. Clodio fuit? prov 24. tecum mihi instituenda oratio est: fin V 86. cum omnibus nobis propositum esse debeat cum dignitate otium; ep I 9, 21. qui de sociis cum hostibus faciat pactiones; prov 12. pax: f. foedus. quem te in ipsa pugna cum acerrimo adversario fore putemus? div Caec 47. ratio: f. causa. erat res ei cum exercitu C. Marii invicto; Sest 37. qui (sermo) cum Torquato est habitus; in III 2. cum hoc genere philosophiae magnam habet orator societatem; fat 3. f. adfinitas. initium quod huic cum matre fuerit simultatis, audistis; Cluent 17. sphaeram esse positam cum cylindro; Tusc V 64. sponsio facta est cum cognitore tuo Apronio de fortunis tuis omnibus; Ver III 137. cum ceteris quae habebat vadimonia, differt; Quinct 23. cum M. Fadio mihi summus usus est; ep IX 25, 2. f. consuetudo.

IV. **zum ganzen Sah gehörige Bestimmungen:** qui (cygni) cum cantu et voluptate moriantur; Tusc I 73. Segestanis maxima cum cura Diana redditur; Ver IV 74. sumptus effusi cum probro atque dedecore; Sex Rosc 68. eum subsidio tibi venire cum fortissimis legionibus, maximo equitatu; Phil XIII 44. magno cum luctu et gemitu totius civitatis, multis cum lacrimis et lamentationibus virorum mulierumque omnium; Ver IV 76. si quivis unus cum scuto et gladio impetum in me fecisset; Caecin 62. (Diana) in suis antiquis sedibus summa cum gratulatione civium et laetitia reponitur; Ver IV 72. classes cum magna ignominia populi Romani amissae; Ver pr 13. vivere cum intellegentia rerum earum, quae.. ; fin II 34. lacrimis, al.: f. gemitu. laetitia: f. gratulatione. quod poterat domi cum laude meditari; of II 47. legionibus: f. equitatu. pallio: f. tunica. Glaucia cum primis ridiculus; Bru 224. vgl.

cumprime. probro: f. dedecore. quid ante rem, quid cum re, quid post rem evenerit; Top 51. scuto: f. gladio. me aliquando cum similibus nostri rem publicam defensuros; ep XIV 7, 2. cum telis in manu faciunt impetum; Milo 29. in hac officina cum tunica pulla sedere solebat et pallio; Ver IV 54. quae (vita) cum virtute degatur; fin IV 30. voluptate: f. cantu.

cumba, Rahn: cumbarum ante oculos multitudo; of III 58.

cumprime, besonders: C. Coponium, cumprime || cum primo, cum primis || hominem prudentem atque doctum; div I 68.

cumulate, reichlich, vollständig: quoniam coepi iam cumulatius hoc munus augere; orat 54. cumulate publicanis factum; A VI 3, 3. omnia te cumulatissime et liberalissime procuratoribus suis pollicitum esse; ep XIII 42, 1. cumulatissime mihi gratiam rettulerunt; ep XIII 4, 1.

cumulo, aufhäufen, überhäufen, erfüllen, steigern, zur Vollendung bringen: cumulari me maximo gaudio; ep IX 14, 1. ut ea augeri et cumulari per te velis; ep XIII 41, 2. duplici dedecore cumulatam domum; A XII 5, 1. (pars) totius eloquentiae cumulandae; de or III 91. ad cumulandum gaudium; A IV 1, 2. cumulata erant officia vitae; Tusc I 109. (orator) omni laude cumulatus; de or

I 118. nonne etiam alio incredibili scelere hoc scelus cumulasti? Catil I 14.

cumulus, Haufe, Übermaß, Gipfel: I magnus ad tua pristina erga me studia cumulus accedet; ep XV 12, 2. — II, 1. si ad id addideris cumulum commendationis meae; ep XIII 15, 3. quae (eloquentia) necesse est tamen aliquem cumulum illorum (philosophorum) artibus adferre videatur; de or III 143. — 2. noctes certarum mulierum non nullis iudicibus pro mercedis cumulo fuerunt; A I 16, 5. — III. ita magnum beneficium tuum magno cumulo auxeris; ep XIII 62.

cunabula, Wiege: qui (Roscius) cum esset in cunabulis; div I 79.

cunae, Wiege: Platoni in cunis parvulo dormienti; div I 78.

cunctatio, Zögern, Zurückhaltung: I. bonis viris hanc cunctationem nostram non probari; A IX 1, 3. — II. dicam sine cunctatione, quod sentio; Vatin 15.

cunctor, zögern, zaubern: I. quem (solitus esses) cunctantem et diffidentem excitare; ep VI 1, 5. cunctari illum (Diagoram) diutius in vita; Tusc I 111. — II. non est cunctandum profiteri hunc mundum animal esse; Tim 10.

cunctus, gesamt, sämtlich, alle: A. amicis et prope cunctis civibus; de or I 184. una voce cuncta contio declaravit.. ; Phil XIV 16. adsentiente Italia cunctisque gentibus; Piso 23. cum multitudo ex tota urbe cunctaque Italia convenisset; Sest 26. erat mecum cunctus equester ordo; Planc 87. reditu suo senatum cunctum paene delevit; sen 38. populi cunctis suffragiis se consulem declaratum; Milo 96. cunctam intuens terram; nat II 99. ille cunctam urbem, illa vos omnes salvos esse voluit; Catil III 22. — B, a. ut cuncti ex omni Italia ad me unum defendendum venirent; sen 24. — b. ut (sol) cuncta sua luce lustret et compleat; rep VI 17.

cuneolus, kleiner Keil, Stift: crebris quasi cuneolis inliquefactis; Tim 47.

cuneus, Keil: »hos ille (Mulciber) cuneos fabrica crudeli inserens«; Tusc II 23.

cuniculus, unterirdischer Gang, Mine: I. quattuor eius (Cillonia) conservos et discipulos Venafri cuniculus oppresserat; Q fr III 1, 3. — II, 1. si (pater) cuniculos agat ad aerarium; of III 90. — 2. quod in templum per Gallorum cuniculum ascendit; Phil III 20. — III. usque hoc aperte petebatur, ea nunc occulte cuniculis oppugnatur; agr I 1.

cupa, Faß: panis et vinum a propola atque de cupa; Piso 67.

cupedo, Näscherei: f. capudo; rep VI 2.

cupide, begierig, gern, leidenschaftlich, voreilig: cuius (Erechthei) etiam filiae cupide mortem expetiverunt pro vita civium; Tusc I 116. hoc tu si cupidius factum existimas; de or II 14. ut hanc fere (laudem) cupidissime persequantur; Rab Post 2.

cupiditas, Begierde, Sucht, Habsucht, Leidenschaft, Verlangen, Streben, Begehrlichkeit, Gelüste (cupiditatum: f. IV. lenocinia): ea cupiditas quae aliquid adulescit una cum aetatibus; fin V 55. ut populari cupiditas a consilio principum dissideret; Sest 103. genus est omnium nimirum libidinum cupiditas: eius autem generis sine dubio pars est avaritia; inv I 32. quae sit omnium mortalium cupiditas, ut acria iudicia fiant, intellegis; Sex Rosc 11. animi morbi sunt cupiditates immensae et inanes divitiarum, gloriae, dominationis, libidinosarum etiam voluptatum; fin I 59. quo te iam pridem ista tua cupiditas effrenata ac furiosa rapiebat; Catil I 25. in iis pecuniae cupiditas spectat ad opes; of I 25. — 2. o caecam cupiditatem! Sulla 91. — II. 1 quae res pecuniae cupiditatem adferunt; Tusc V

22*

88. meditare, quibus verbis incensam illius cupiditatem comprimas atque restinguas; Piso 59. quae (sententiae) ad explendas cupiditates pertinebunt; part or 96. (sapiens) finitas habet cupiditates; fin I 62. de frangendis cupiditatibus; de or I 86. at, credo, in hisce solis rebus indomitas cupiditates atque effrenatas habebat; Ver I 62. f. finio. incendo: f. comprimo. quas inflammant cupiditates! rep IV 9. ipsa natura profundit adulescentiae cupiditates; Cael 28. restinguo: f. comprimo. cuius cupiditatem nulla unquam turpitudo retardavit; Cluent 199. — 2. huic veri videndi cupiditati adiuncta est appetitio quaedam principatus; of I 13. qui non potest cupiditatibus suis imperare; par 33. ut ne cupiditati quidem ulli servias; Sulla 25. — 3. (philosophia) cupiditatibus liberat; Tusc II 11. cum in hac re tam aperta cupiditate fuerit; Ver II 164. — 4. omnes trahimur et ducimur ad cognitionis et scientiae cupiditatem; of I 18. exarsistis ad libertatis recuperandae cupiditatem; Phil XI 3. cuius (Caesaris) in cupiditatem te auctore incubui; A V 13, 3. ex cupiditatibus odia, discidia, discordiae, seditiones, bella nascuntur; fin I 44. proximo bello si multum de cupiditate Caesar remisisset; Phil XIII 2. traho ad: f. duco ad. — III, 1. quorum cupiditati nimium angustus orbis terrarum esse videatur; agr II 37. — 2. modo (luxuria) sit vacua infinita cupiditate et timore; fin II 40. — IV. duo genera cupiditatum, naturales et inanes, naturalium duo, necessariae et non necessariae; fin II 26. si qui se cupiditatium lenociniis dediderunt; Sest 138. nomine decumanos, re vera ministros ac satellites cupiditatum suarum; Ver III 21. moderator cupiditatis pudor; fin II 113. treane partes (animus) habeat, ut Platoni placuit, rationis, irae, cupiditatis; Ac II 124. satellites: f. ministri. quorum virtuti auctoritatem in testimonio cupiditatis suspicio derogavit; Font 23. — V, 1. vidimus eos ardentes tum cupiditate. tum metu, tum conscientia; leg II 43. non te arbitror supellectilis meae cupiditate esse caecatum; dom 60. non gloriae cupiditate efferebantur; agr II 91. si Atheniensium sacra summa cupiditate expetuntur; Ver IV 108. flagrabat tota domus praetoria studio hominum et cupiditate; Ver II 133. beate vivendi cupiditate incensi omnes sumus; fin V 86. cum Catilinam et spe et cupiditate inflammatum viderent; Muren 52. maximam turpitudinem suscipere vitae cupiditate; Phil XIII 49. — 2. quam videmus omnia rabide appetentem cum inexplebili cupiditate; Tusc V 16. qui periculo carere possumus in tanta hominum cupiditate? Phil III 25. sine cupiditate indicabunt; Marcel 29.

cupidus, begierig, lüstern, habfüchtig, eigennützig, parteiisch, ergeben: A. quis est, qui non officii cupidior quam pecuniae sit? inv I 80. ita sum cupidus in illa longiore te disputatione audiendi, ut . . ; de or II 16. quam cupidus mei C. Cestilius fuerit; sen 21. numquam me nimis vitae cupidum fuisse; Tusc II 10. retinere consulem non cupidum: Muren 83. hominem nostri cupidissimum; de or I 104. homo non cupidus neque appetens; agr II 20. videre licet alios (philosophos) pecuniae cupidos. gloriae non nullos; Tusc II 12. ne cupido (testi) auctoritas attributa esse videatur; Font 22. — B, 1. potestis cupidos moderatis anteferre? Font 32. — 2. quam (scientiam) non erat mirum sapientiae cupido patria esse cariorem; fin V 49.

cupio, begehren, verlangen, wünschen: I. 1. appetitus tamquam exsultantes sive cupiendo sive fugiendo; of I 102. — 2. in quem tu, cum cuperes, nullam contumeliam iacere potueris; Sulla 23. eius (Dolabellae) causa et cupio et debeo; A XV 3, 1. — II, 1. necesse erit cupere et optare, ut quam saepissime peccet amicus; Lael 59. — 2. cupiit diem consumere; A IV 2, 4. quam

cupiunt (pueri) laudari! fin V 61. prior pars orationis tuae faciebat, ut mori cuperem; Tusc I 112. — 3. paratus ad praedam meditatusque venire cupiebat; Ver II 17. — 4. nemo est, qui non liberos suos incolumes et beatos esse cupiat; inv I 48. eum me esse cupio, ut . . ; ep V 8, 3. cum maxime filium interfectum cupit; Cluent 12. — 5. cupio ad omnes tuas epistulas; A VII 2, 8. — III. (Pompeius) „te", inquit, „ipsum cupio"; ep I 9, 9. neque quisquam potest exercitum cupere aperteque petere, ut non . . ; Piso 56. cum (homines) quaedam etiam praeclara cuperent; Tusc III 4. si triumphum non cupiebas; Piso 56.

cuppedia, Nafchhaftigkeit: aegrotationi subiecta sunt vinulentia, cuppedia; Tusc IV 26.

cupressetum, Cypressenhain: in cupressetis Gnosiorum et spatiis silvestribus; leg I 15.

cur, warum, weshalb: I, 1. cur iustitia laudatur? aut unde est . . ? fin II 52. cur non sanciunt, ut . . ? aut cur ius ex iniuria lex facere possit? leg I 44. cur non iuret se Gadibus fuisse? dom 80. cur eum beatum modo et non beatissimum etiam dixerim? Tusc V 76. si (malum) in re esset, cur fierent rovisa leviora? Tusc III 31. hodie non descendit Antonius. cur? Phil II 15. numquam facies. cur, nisi quod turpis oratio est? fin II 74. — 2. cur autem praetor te in consilium vocavit? Flac 77. cur deinde Metrodori liberos commendas? fin II 98. cur enim non confitear. quod necesse est? Planc 18. cur ergo hic nescio qui thensaurum solus invenit? div II 134. cur igitur pacem nolo? Phil VII 9. primum cur ista res digna odio est, nisi quod est turpis? fin II 79. sed cur sic ago? Planc 49. cur tandem, M. Lurco. non oportet? Flac 86. — II, 1. illud reprehendo et accusas, cur in re tam vetere quicquam novi feceris; Ver III 16. cum exspectant et avent audire, cur dolor malum non sit; fin IV 52. non solum Torquatus dixit, quid sentiret, sed etiam. cur; fin II 3. cur credatur somniantium visis, non intellego; div II 122. hoc tamen miror, cur huic potissimum irascare; Planc 17. quod crebro videt. non miratur, etiamsi, cur fiat, nescit; div II 49. cur non arbitrum pro socio adegeris Q Roscium. quaero; Q Rosc 25. reprehendo: f. accuso. illud etiam requiro, cur (deus ista visa) non vigilantibus potius det quam dormientibus; div II 126. non erit, cur depugnare quisquam posthac possessionis causa velit; Caecin 47. non video, cur esse divinationem negem; leg II 32. — 2. erat nihil, cur properato opus esset; Milo 49. quid est, cur is non beatus sit? Tusc V 17. id satis magnum argumentum esse dixisti, cur esse deos confiteremur; nat I 62. causam, cur cuperes, non fuisse; de or I 137. quaere rationem, cur ita videatur; Ac II 81.

cura, Sorge, Sorgfalt, Fürforge, Beforgung. Pflege, Beforgnis, Kummer: I. si qua de Pompeio nostro tuendo cura te attigit; A IX 11, a, 2. est difficilis cura rerum alienarum; of I 30. dum (me) rei publicae non solum cura, sed quaedam etiam procuratio multis officiis implicatum et constrictum tenebat; Ac I 11. — II, 1. omnis adhibenda erit cura, meditatio, diligentia, ut . . ; of I 114. relinquetur simplex illa iam cura doloris tui, quae non cum illis communicabitur, sed ad te ipsum proprie referetur; ep V 16, 5. ego omnes meas curas cogitationesque in eam (rem publicam) conferebam: of II 2. nec mediocrem a primo tempore aetatis in eo studio operam curamque consumpsimus; nat I 6. qui (Socrates) omnem eius modi curam deposuerit: rep I 15. haec cura erit infixa animo meo sempiterna, ut dignissimus ea civitate videar; Quir 25. levatur omnis cura, cum aut constitit consilium, aut cogitando nihil explicatur; A VIII 11, 1. in qua (re puplica) omnis mea cura, cogitatio.

opera poni solebat; of II 3. refero, relinquo: f. communico. ut requiescerem curamque animi remitterem; Ver IV 187. tibi haec cura suscipienda est; Ver IV 69. — 2. quod omnibus curae sunt, et maximae quidem, quae post mortem futura sint; Tusc I 31. de Tirone mihi curae est; A XII 49, 3 (2). — 3. magnis curis liberatus; Marcel 34. — 4. cum diutius in negotio curaque fueram; Ver IV 137. ut sine cura essent; A XVI 16, 5. ut sine cura metuque vivamus; fin I 49. — III. quod vacua metu, cura, sollicitudine, periculo vita bonorum virorum sit; rep III 26. — IV. animus liber ab omni impeditione curarum; div I 115. sive requies curarum (quaeritur); of II 6. — V, 1. id (verum) summa cura studioque conquirimus; Ac II 7. animus aberrat a sententia suspensus curis maioribus; Phil VII 1. — 2. quae (virtus) necesse est cum aliqua cura res sibi contrarias aspernetur atque oderit; Lael 47. nihil horum sine magna cura loquor; Rab Post 15.

curatio, Pflege, Behandlung, Heilung, Verwaltung: I. cum omnes potestates, imperia, curationes ab universo populo Romano proficisci convenit tum eas profecto maxime, quae constituuntur ad populi fructum aliquem; agr II 17. — II, 1. ut alia ad alium motam curatio sit adhibenda; Tusc IV 65. constituo: f. I. plane curationes eius (medici) non probo; ep XVI 4, 1. in aegritudine lenienda, quam quisque curationem recipere possit, videndum est; Tusc III 79. si curationem et quasi dispensationem regiam suscepisset; Rab Post 28. — 2. ut (Brutus) uteretur Asiatica curatione frumenti; A XV 11, 1. — 3. qui tulerit de aliqua curatione ac potestate; agr II 21. — III. cum curatione medicorum conturbatio mentis aufertur; Tusc IV 30.

curator, Aufseher, Leiter, Verwalter: Demosthenes curator muris reficiendis fuit; opt gen 19. sunto aediles curatores urbis, annonae ludorumque sollemnium; leg III 7. quod (Thermus) curator est viae Flaminiae; A I 1, 2.

curia, Curie, Pflegschaft, Ratsgebäude, Amtsgebäude: I. Romuli lituus, cum situs esset in curia Saliorum, quae est in Palatio, eaque deflagrav isset, inventus est integer; div I 30. non curia vires meas desiderat. non rostra; Cato 32. est: f. deflagrat. cum speculator atque obsidet rostra vindex temeritatis et moderatrix officii curia; Flac 57. — II, 1. aspicere curiam non poteram; ep IV 6. 2. censor Concordiae signum volebat in curia curiamque ei deae dedicare; dom 130 (131). curiam nostram (Hostiliam dico) intuens; fin V 2. ut eam (curiam Clodius) mortuus incenderet, quam vivus everterat; Milo 90. intueor: f. dico. — 2. ut dies inter eos curiae fuisse videretur, convivium Tusculani; de or I 27. — 3. quamquam populum in tribus tres curiasque triginta discripserat||descr.; rep II 14. a curia nulla me res divellet; A I 20, 3. fore ut (Caesar) in curia Pompeia trucidatus iaceret; div II 23. ut in curia Syracusis inauratam sibi statuam ponerent; Ver II 50. — III. situs in: f. I. deflagrat. — IV. si neque amici in foro requirunt studium meum neque res publica in curia; Sulla 26. f. II. 1. dedico.

curialis, Curiengenosse: Cimonem Athenis Ath.|. etiam in suos curiales Laciadas [Lac.]|' hospitalem fuisse; of II 64.

curiatim, nach Curien: (Tullus Hostilius) de imperio suo exemplo Pompilii populum consuluit curiatim; rep II 31.

curiatus, aus Curien bestehend, in Curien beschlossen: Tullum Hostilium populus regem interrege rogante comitiis curiatis creavit; rep II 31. quod consuli, si legem curiatam non habet, attingere

rem militarem non licet; agr II 30. si licitum esset legem curiatam ferre; ep I 9, 25.

curiose, eifrig, neugierig: conquiram ista posthac curiosius; Bru 133. curiosius id faciunt, quam necesse est; nat I 10. cum de eo curiose quaesisset servus noster Dionysius; A IX 3, 1.

curiositas, Wißbegier, Neugier: sum in curiositate ὀξύπεινος; A II 12, 2.

curiosus, wißbegierig, sorgfältig, neugierig, zudringlich: A. quo minus familiaris sum, hoc sum ad investigandum curiosior; ep IV 13, 5. ut (Chrysippus) est in omni historia curiosus; Tusc I 108. quod non solum curiosos oculos excludit, sed etiam errantes; har resp 37. — B. omnia scire cupere curiosorum est putandum; fin V 49.

curo (coero f. III. alqd; leg III 10), sorgen, Sorge tragen, besorgen, bedacht sein, Gewicht legen, sich kümmern, behandeln, pflegen, heilen: I. num eum (Endymionem) curare censes, cum Luna laboret? Tusc I 92. — II, 1. is (Antiochus) curavit, || ut || ex eo ceteri (argumentum) sumerent; Ac II 71. — 2. eos (deos) non curare, quid agat humanum genus; div I 132. — 3. curavi, ne quis (Catilinam) metueret; Muren 79. — 4. cura, ut valeas; ep IX 8, 2. f. 1. — 5. (Cato) in Siciliam ire non curat; A VII 15, 2. qui ista nec didicissent nec omnino scisse || scire || curassent; de or I 91. — 6. ut natura et procreari vellet et diligi procreatos non curaret; fin III 62. — III. nos curemus; de or III 230. Pinarium diligentissime Deiotarus curat graviter aegrum; A VI 1, 23. eam (Atticam) cura diligenter; A XII 17. sat quid erit, quod astra magistratus coerari oesus sit<; leg III 10. studiosissime omnia diligentissimeque curabo; ep IV 13, 7. in quo (rei publicae statu) etiamsi nihil procuro, tamen nihil curare vix possum; Q fr III 9, 3. f. agros. si eius (animi) acies ita curata est, ut ne caecaretur erroribus; Tusc V 39. cur alia (acta Caesaris) defendas, alia non cures; Phil II 111. qui (medici) leviter aegrotantes leniter curant; of I 83. nihil prorsus aliud curant nisi agros, nisi villulas, nisi nummulos suos; A VIII 13, 2. qui animi conscientiam non curet; fin II 54. quod corpora curari possint; Tusc III 4. ad quos videbitur, velim cures litteras meo nomine; A XI 8, 2. mandatum tuum curabo diligenter; ep VI 2, 1. qui negotia aliena curasset; Top 66. nummulos: f. agros. deos res humanas curare; div I 33. quae (sacra Cereris) per Graecas curata sunt semper sacerdotes; Balb 55. L. Cincio HS ccioo ccioo cccc pro signis Megaricis curavi; A I 8, 2. valetudinem tuam cura diligenter; ep XIV 11. villulas: f. agros. — IV. quas (litteras) velim cures quam primum ad me perferendas; A XI 6, 7. postea, quam tu oppida pacata diripienda ac vexanda curasti; Ver I 56. ut tantam pecuniam redemptori attribuendam solvendamque curent; Phil IX 16.

curriculum, Lauf, Wettlauf, Laufbahn, Rennbahn, Rennwagen: I. illa sunt curricula multiplicium variorumque sermonum; orat 12. tui sacerdotii sunt tensae, curricula; har resp 21. haec (sunt) curricula mentis; Cato 38. — II, 1. qui recte curriculum vivendi a natura datum confecerit; Tim 45. curriculis equorum usque ad certam victoriam circo constitutus; leg II 38. do: f. conficio. si ne minimum quidem de meo curriculo vitae, quod mihi semper propositum fuit, decessero; Ver II 179. — 2. decedo de: f. propono. vix ut in eodem curriculo esse videatur; Bru 173. qui (Milo Crotoniates) cum athletas se exercentes in curriculo videret; Cato 27.

curro, laufen, eilen, vorwärts streben, durchlaufen: I. curri ad praetorium; Ver V 92. — II. ut statim de iure aliquis cucurreti; Quinct 79. quod me hortaris, ut eos dies consumam in philosophia explicanda, currentem tu quidem; A XIII

45, 2. expedita erat et perfacile currens oratio; Bru 227. — III. quos (cursus) cucurrerunt; agr II 44. qui stadium currit; of III 42.

currus, Wagen, Rennwagen, Streitwagen, Triumphwagen: I, 1. quem ego currum aut quam lauream cum tua laudatione conferrem? ep XV 6, 1. cum currus esset ductus a filiis; Tusc I 113. cum de foro in Capitolium currus || currum ‡ flectere incipiunt; Ver V 77. — 2. optavit (Phaëthon), ut in currum patris tolleretur; of III 94. — II. cursor ad Olympia proficisci cogitans visus est in somnis curru quadrigarum vehi; div II 144.

cursim, im Lauf, eilig: quae cursim adripui; de or II 364. ille sensim dicebat, quod causae prodesset; tu cursim dicis aliena; Phil II 42.

curso. umherlaufen, umherziehen: Diodorus Romae sordidatus circum patronos atque hospites cursare; Ver IV 41. quia cum lictoribus invitus cursarem; A X 10, 1. ex corporibus huc et illuc casu et temere cursantibus; nat II 115. homines cursare ultro et citro non destiterunt; Sex Rosc 60.

cursor, Läufer, Wettläufer: ut in stadio cursores exclamant, quam maxime possunt; Tusc II 56. f. **currus**, II.

cursus, Lauf, Wettlauf, Flug, Zug, Richtung, Reise, Fahrt, Laufbahn, Umlauf, Gang, Verlauf: I. ut terram lunae cursus proxime ambiret; Tim 29. in his erat admirabilis orationis cursus; Bru 325. esse quosdam certos cursus conclusionesque verborum; orat 178. qui cursus rerum, qui exitus futurus sit; ep IV 2, 3. — II, 1. quo (rei publicae gubernatores) cursum suum derigere debeant; Sest 98. cursum exspectabamus; A V 8, 1. progressio admirabilis incredibilisque cursus ad omnem excellentiam factus est; Tusc IV 1. quae cursus certos et constantes habent; nat III 24. cum numquam sit aut illius (Hortensii) a me cursus impeditus aut ab illo meus; Bru 3. (C. Fimbria) verborum sane bonorum cursu quodam incitato ita furebat tamen, ut . .; Bru 233. inflectens sol cursum; nat II 49. qui errantium stellarum cursus, praegressiones, institiones notavit; Tusc I 62. ille fortasse alium cursum petivit; A III 8, 2. maritimos cursus praecludebat hiemis magnitudo; Planc 96. etsi cursum ingenii tui premit haec importuna clades civitatis; Bru 332. quem potissimum vitae cursum sequi vellent; of I 119. minus tardabitur cursus animorum; Tusc I 75. qui eum vitae cursum tenere potuerunt; de or I 1. — 2. quem (non) honoris aura potuit umquam de suo cursu demovere; Sest 101. ad cursum equum esse natum; fin II 40. cum sum in cursu orationis; de or II 82. — III. hi (homines) optima petentes non tam voluntate quam cursus errore falluntur; Tusc III 4. — IV, 1. si ambitionis occupatio cursu || decursu || honorum, etiam aetatis flexu constitisset; de or I 1. furere: f. II, 1. incito. ante implicatur aliquo certi genere cursuque vivendi, quam potuit, quod optimum esset, iudicare; of I 117. si lacus emissus lapsu et cursu suo ad mare profluxisset; div I 100. — 2. (C. Galba) cecidit in cursu; Bru 127. gubernacula rei publicae tractare in maximo cursu ac fluctibus posse; Sest 20.

curtus, verstümmelt, unvollständig: A. nihil (eis) curtum (videtur)? orat 173. eorum quasi curta sententia; fin IV 36. — B. meae (aures) curta sentiunt nec amant redundantia; orat 168.

curulis, curulisch: post curulem aedilitatem; Bru 264. quod permulta essent ornamenta, toga praetexta, sella curulis; Cluent 154.

custodia, Wache, Aufsicht, Bewachung, Gewahrsam, Haft, Verwahrung, Schutz, Bedeckung, Wachtposten: I. ne Cn. Plancio custodia meae salutis apud eos obsit, qui . .; Planc 2. canum tam fida custodia quid significat? nat II 158. — II. 1. cuius ego excubias et custodias mei capitis cognovi in consulatu meo; Phil VII 24. feris barbaris corporis custodiam (Dionysius) committebat; Tusc V 58. — 2. idcirco in hac custodia et tamquam specula conlocati sumus, uti . .; Phil VII 19. qui in custodiam nominatim dati sunt; Catil IV 5. emitti nos e custodia et levari vinclis arbitremur; Tusc I 118. cum (Socrates) esset in custodia publica; div I 52. — III. nihil tam tutum ad custodiam cogitari potest; Ver V 68. — IV. homines spe custodiae rerum suarum praesidia quaerebant; of II 73. — V. ut illae tabulae privata tamen custodia more maiorum continerentur; Sulla 42. illam coloniam meo iussu meis praesidiis, custodiis, vigiliis esse munitam; Catil I 8. domi teneamus eam (eloquentiam) saeptam liberali custodia; Bru 330. cum parietum custodiis consulis vita tegeretur; Vatin 22.

custodio, bewachen, behüten, beschirmen, aufbewahren, festhalten, gefangen halten: si qui publice custodiendi sunt; Ver V 63. undique custodior: A X 12, 1. id posse percipere animo et memoria custodire; de or I 127. ut ea custodirem litteris; de or II 7. ut mulierum famam multorum oculis lux clara custodiat; leg II 37. se ut custodiat (natura) quam in optimo sui generis statu; fin V 26. uti Q. Caepio Brutus provinciam Macedoniam custodiat; Phil X 26. ut salutem et vitam custodirent; Sest 128.

custos, Wächter, Wächterin, Hüter, Schirmer, Aufseher: I. 1. praetor, custos defensorque provinciae. sic vixit, ut . .; Ver V 81. — 2. qui custos capitis fuit, Cn. Plancius; sen 35. cum sapientiam totius hominis custodem et procuratricem esse vellent; fin IV 17. — II. ne reges quidem (appellabant eos). sed patriae custodes; rep I 64. si hunc habent custodem litterarum; Flac 53. quotiens custodes posuit, ne intimare! Phil II 45. — III. numquam de C. Mario, custode civitatis atque imperii vestri, in senatu mentio facta est; Quir 9. — IV. clamor a vigilibus custodiae custodibus tollitur; Ver IV 94. monitus a diligentissimo custode pacis atque otii; prov 39.

cybaea, bauchig, Transportschiff: A. navem cybaeam maximam, triremis instar, palam aedificatam sumptu publico; Ver V 44. — B. praeclara illa praetori donata cybaea; Ver V 59.

cycneus, des Schwanes: illa tamquam cycnea fuit divini hominis vox et oratio; de or III 6.

cygnus, Schwan: quae (animalia) altiora sunt. ut anseres, ut cygni; nat II 123 (122).

cylindrus, Walze: I. suapte natura cylindrum volvi; fat 42. — II. nihil cylindri (forma) videtur esse formosior; nat I 24.

cymbalum, Schallbecken: cum conlegae tui domus cantu et cymbalis personaret; Piso 22.

cynocephalus, Hundsäffe: erat praeterea cynocephalus in essedo; A VI 1, 25.

Dactylicus, baftylifch: quod ‖ cum ‖ ille dactylicus numerus hexametrorum magniloquentiae sit accommodatior; orat 191.

dactylus. Dattyluß: I. iambus et dactylus in versum cadunt maxime; orat 194. qui (dactylus) est e longa et duabus brevibus; orat 217. nihil interest, dactylus sit extremus an creticus; orat 217. — II. Ephorus paeana sequitur aut dactylum; orat 191.

damnatio, Verurteilung: I. damnatio ista, quae in te flagitatur, obtigit P. Rutilio; Piso 95. — II, 1. quoniam ea poena damnationem necessario consequatur; inv II 59. flagito: f. I. — 2. hae pecuniae tibi fraudi et damnationi esse deberent; Ver III 91. — 3. quoniam ad omnia de Oppianici damnatione respondi; Cluent 143. — III. si propter divitias poenam damnationis contemneret; Ver III 55. — IV. qui Fabriciorum damnatione de Oppianico iudicarant; Cluent 59.

damnatorius, verurteilend: Verres in Xenonem iudicium dabat illud suum damnatorium de iugerum professione ‖ possessione ‖; Ver III 55.

damno, verurteilen, verdammen: ut ipse se capitis damnaret; Quinct 32. contra edictum fecisse damnabere; Ver III 25. qui octupli damnatus sit; Ver III 29. cum iam pro damnato mortuoque esset; Ver IV 33. verbera atque ignes et illa extrema ad supplicium damnatorum; Ver V 14. quibus criminibus Oppianicus damnatus sit; Cluent 19. qui (Nicomedes) et furti et pro socio damnatus est; Flac 43. (Sergius) damnatus iniuriarum; dom 13. damnatus est T. ‖ L. ‖ Albucius, C. Megaboccus ex Sardinia; Scaur 40. qui de vi damnatus sit; Phil I 23. qui in vinculis essent damnati rei capitalis; Cato 42. nec posthac quisquam damnabitur, nisi qui hominem occiderit; A IV 18, 3 (16, 11). iure alter (consul) populi iudicio damnatus est; div II 71. homo vita atque factis omnium iam opinione damnatus; Ver pr 2. homines sceleris coniurationisque damnati; Ver V 11. reo damnato de pecuniis repetundis; Cluent 116. servorum sceleris coniurationisque damnatorum vita; Ver V 14. in quo (loco) vita esset damnata; Milo 86.

damnum, Verlust, Nachteil, Schaden, Buße: I, 1. si (merratura) in maximis lucris paulum aliquid damni contraxerit; fin V 91. nec consulto alteri damnum dari sine dolo malo potest; Tul 34. damnum illius (C. Gracchi) immaturo interitu res Romanae Latinaeque litterae fecerunt; Bru 125. damnum passum esse M. Tullium convenit mihi cum adversario; Tul 23. in meis damnis ex auctoritate senatus sarciendis; ep I 9, 5. suggerebantur etiam saepe damna aleatoria; Phil II 67. — 2. qui in pariete communi demoliendo damni infecti promiserit; Top 22. QUI REDEMERIT, SATIS DET DAMNI INFECTI EI, QUI A VETERE REDEMPTORE ACCEPIT; Ver I 146. — II, 1. non queror flagitium huius iacturae atque damni; agr I 21. — 2. cum sciret de damno legem esse Aquiliam; Tul 9. — III. quis umquam tanto damno senatorem coëgit? Phil I 12.

datio, Geben: cuius iudicium legumque datio tollitur; agr II 60.

de, von, von — herab, aus, unter, über, wegen, hinfichtlich, nach (nachstellt: f. I. ago, arguo, dico, iudico, quaero): I. nach Verben (vgl. abeo, abicio ± f. w.): commodissimum putavit esse de provincia clam abire; Ver II 55. quod (insigne) ille de suo capite abiecerat; Sest 58. quem de convivio in vincla abripi iussit; Ver IV 24. Drusus erat de praevaricatione a tribunis aerariis absolutus; Q fr II 15, 3. quos de publico nummos acceperat; Ver III 170. hac de re te accusamus cotidie; ep X 26, 3. avide eum adfectus de fano; A XII 41, 2. quamquam adfirmare de altero difficile est; Phil XIII 43. adiun-

gam etiam de memoria; de or II 350. adsentio I adsentior ‖ tibi, ut in Formiano potissimum commorer, etiam de supero mari; A IX 9, 1. qua de re quamquam adsentior iis; fin V 33. de quo (iudicio) tantopere hoc libro adseveravi; orat 237. de tua pecunia aedificatam esse navem; Ver V 45. delectationis (causa) non alienae ab eo negotio, quo de agitur; inv I 27. ei, quo de agetur; inv II 94. ubi de facto ambigitur; de or II 135. praeda de manibus amissa; Ver IV 44. de rausculo Numeriano multum te amo; A VII 2, 7. peregrini officium est nihil de alio anquirere; of I 125. defensor de ipsa remotione sic argumentabitur; inv II 88. negari oportebit de vita eius et de moribus quaeri, sed de eo crimine, quo de arguatur; inv II 37. cum de necessitate attendemus; part or 84. ut nihil ex sacro, nihil de publico attingeres; Ver II 113. de hoc huius generis acerrimo existimatore saepissime audio, illum Latine loqui elegantissime; Bru 252. cum is se nihil audisse de P. Sulla, nihil suspicatum esse diceret; Sulla 14. quid est, quod audivi de Bruto? A XVI 7, 8. avertere aliquid de publico solebant; Ver IV 53. simulacra deorum de locis sanctissimis ablata videmus a nostris; nat I 82. cecidisse de equo dicitur: Cluent 175. f. delabor. (Thucydides) de bellicis rebus canit etiam quodam modo bellicum; orat 39. agros de hostibus captos; dom 128. agros, de quibus foedere cautum est; agr II 58. de armis, de ferro, de insidiis celare te noluit? Deiot 18. de ea re ita censeo; Phil II 37. quae (conlegia) coëunt de hominum locupletissimorum bonis; dom 47. de vobis ac de vestris liberis cogitate; Ver IV 1. de meo studio erga salutem et incolumitatem tuam credo te cognosse ex litteris tuorum; ep X 29. de cuius virtute antea commemoravi; Ver II 102. de his te commonebo; de or III 47. qui (Pompeius) mecum de re communicare solet; ep I 7, 3. nihil de hoc consul comperi, nihil suspicatus sum; Sulla 86. quod si de artibus concedamus; fin III 50. cuius etiam familiares de vi condemnati sunt; Phil II 4. Asiam qui de censoribus conduxerunt ‖ conduxerant ‖; A I 17, 9. qui de vi confessus esset; Tul 45. vos de pagis omnibus conligitis bonos illos viros; fin II 12. saepe de isto conloenti sumus; leg I 8. proinde quasi alio modo sit constituturus aut de religione pontifex aut de re publica civis; dom 31. cum de re conveniat; fin IV 72. qui nihil de me credidistis; agr III 2. vetat Pythagoras de praesidio et statione vitae decedere; Cato 73. ab atomis de via declinantibus; fat 46. quae abs te breviter de arte decursa sunt; de or I 148. deduc certiorem tuam de caelo ad haec citeriora; rep I 34. prius te quis de omni vitae statu quam de ista auctoritate deiecerit; nat I 66. de manibus audacissimorum civium delapsa arma ipsa ceciderunt; of I 77. quod sit in praesentia de honestate delibatum; inv II 174. ne quid de bonis deminuerent; Q fr I 2, 10. de dignitatis gradu demoveri; Tusc II 58. ne quid privatus studiis de opera publica detrahamus; Ac II 6. causam, qua de ante dictum est; inv II 70. quid est ineptius, quam de dicendo dicere? de or I 112. difficile dictu est de singulis; ep I 7, 2. ille stimulus, de quo dixi me facere quiddam, quod · .; ep I 9, 19. dimicare (debemus) paratius de honore et gloria quam de ceteris commodis; of I 83. de civitatis iure, non de foederibus disceptamus; Balb 29. quae de bonis et malis didicerimus; fin III 72. quae a me disputantur de divinatione; div I 22. de summa re publica dissentientes; Phil II 38. quae saepissime inter me et Scipionem de amicitia disserebantur; Lael 33. cum praesertim (Regulus) de captivis dissuasurus esset; of III 110. te distentissimum esse qua de Buthrotiis, qua de Bruto; A XV 18, 2. dat de lucro; Flac 91. ut de eius iniuriis iudices docerent; Ver IV 113. de Atticae febricula

scilicet valde dolui; A XII 1, 2. quae (sapientia) neque de se ipsa dubitare debet neque de suis decretis; Ac II 27. quia de manibus vestris effugit; Sex Rosc 34. ut de tribus Antoniis eligas, quem velis; Phil X 5. quod de Crasso domum emissem; ep V 6, 2. si qua vis istam de vestra severitate eripuerit; Ver V 173. mullos exceptantem de piscina; par 38. de balineis exeunti; Vatin 31. cuius (Curionis) de ingenio ex orationibus eius existimari potest; Bru 122. haec ego semper de vobis expetivi, haec optavi, haec precatus sum; Piso 46. ut Stoicos nihil de dis explicare convinceret; nat III 44. videtisne, ut de rege dominus exstiterit? rep II 47. de quo (casu) mihi exploratum est ita esse, ut tu scribis; ep II 16, 6. quotiens tibi iam extorta est ista sica de manibus! Catil I 16. de quo ipso tamen quid est quod exspectetis? Cael 23. de templo carcerem fieri; Phil V 18. nihil de meo capite potuisse ferri; dom 68. num minus ille (Herodotus) potuit de Croeso quam de Pyrrho fingere Ennius? div II 116. neque est ullum bonum, de quo non is, qui id habeat, honeste possit gloriari; par 15. quod mihi de eo gratularis; ep IV 14. 3. concessit Aebutio, quantum vellet, de Caesenniae bonis ut haberet; Caecin 18. cum vidisset haustam aquam de iugi puteo; div I 112. de cynico consulari (non) poterit se iactare; A II 9, 1. cum de vi interdicitur; Caecin 86. de Lentulo investigabo diligentius; A IX 7. 6. ad eam rem, qua de iudicatum est; inv I 82. qui Fabriciorum damnatione de Oppianico iudicarant; Cluent 59. animadvertit sororem suam de fratrum morte non laborantem; inv II 78. dum modo de iisdem rebus ne Graecos quidem legendos putent; fin I 8. de quo Panaetio non liquet; div I 6. adhuc de consuetudine exercitationis loquor, nondum de ratione et sapientia; Tusc II 40. meministi ipse de exsulibus; Phil II 91. ut alterum complecterer, quia de me erat optime meritus; A VII 1, 2. de absolutione istius neque ipse iam sperat nec populus Romanus metnit, de impudentia singulari sunt qui mirentur; Ver I 6. discubuimus omnes praeter illam, cui tamen Quintus de mensa misit; A V 1. 4. cum de immortales monent de optimatium discordia; har resp 53. ut alter de senatu movere velit; Cluent 122. Pindaro de Cumano negaram; A XIV 1, 5. de isto altero sole quod nuntiatum sit in senatu; rep I 15. de Cispio mihi igitur obicies? Planc 75. quod de Hippolyti interitu iratus optavit; of I 32. f. expeto. quae valde breviter a te de ipsa arte percursa sunt; de or I 205. perge de Caesare; Bru 258. si forte de paupertate non queraris; Tusc IV 59. Siculi de suis periculis fortunisque omnibus pertimescunt; Ver V 113. petii ab eo (Dolabella) de mulis || ab eodem mulos, al. || vecturae; A XV 18, 1. quoniam de aestate polliceris vel potius recipis; A III 1, 2. primo de vi postulavit; sen 19. brevi communiter de utroque praecipiendum videtur; inv I 25. f. trado. quae soleam de me praedicare; dom 92. quod de te sperare, de me praestare possum; ep IV 15, 2. precor; f. expeto. de Vergilii parte valde probo; A XIII 26, 1. quem exstet et de quo sit memoriae proditum fuisse; Bru 57. qui promulgarent de salute mea; sen 4. (Brutus) per litteras purgat Caesarem de interitu Marcelli; A XIII 10, 3. eius rei, qua de quaeritur; inv II 150. de ingenio eius (Epicuri) in his disputationibus, non de moribus quaeritur; fin II 80. f. arguo. liceat mihi potius de levitate Graecorum queri quam de crudelitate; Flac 61. f. taceo. de pecunia ratiocinari sordidum esse, cum . .; inv II 115. recipio: f. polliceor. velim scire, ecquid de te recordere; Tusc I 13. de foro redeuntem te; Caecin 89. de supplicationibus referebatur; Phil I 12. remisisset aliquid profecto de severitate cogendi; Phil I 12. de ipsis rebus vereor ne reprehendar; fin III 6. quid de vestra in illa

causa perseverantia respondebitis? Ligar 29. quo te de te ipso rogaro; Vatin 10. qui scire debuit de sanitate, de fuga, de furtis; of III 71. si Gaditani sciverint nominatim de aliquo cive Romano; Balb 27. cum saepe mecum ageres, ut de amicitia scriberem aliquid; Lael 4. de Antonio iam antea tibi scripsi non esse eum a me conventum; A XV 1, 2. multo magis aveo audire, de divinatione quid sentias; div I 11. dixeram, de re publica ut sileremus; Bru 157. spero: f. metuo, praesto. ut statuant ipsi (populi) non de nostris, sed de suis rebus; Balb 22. quod (genus) est de eius (Catilinae) dilectu, immo vero de complexu eius ac sinu; Catil II 22. de Domitio, ut scribis, ita opinor esse, ut . .; A IX 9, 3. de quo iam ipsi supplicium sumpserint; inv II 81. uxorem suam suspendisse se de ficu; de or II 278. suspicor: f. audio, comperio. sunt, qui de via Appia querantur, taceant de curia; Milo 91. aera legum de caelo tacta; div II 47. valde mehercule de te timueram; ep VII 10, 2. fidem de foro, dignitatem de re publica sustulistis; agr I 23. quae de officiis tradita ab illis (philosophis) et praecepta sunt; of I 4. cetera in XII translata de Solonis fere legibus; leg II 59. de C. Macro transegimus; A I 4. 2. triumphavit L. Murena de Mithridate; imp Pomp 8 de me ut valeret (rerum gestarum memoria); Quir 10. verti multa de Graecis; Tusc II 26. nunc de ratione videamus; Tusc II 42.

II. nach Adjectiven, Adverb, Zahlen, Superlativen: 1. coloni omnes municipesque vestri certiores a me facti de hac nocturna excursione Catilinae: Catil II 26. distentus: f. I. nisi de via fessus esset: Ac I. de quibus est integrum vobis; Phil I 26. de qua scis me miserrimum esse; A XI 3, 3. si de pecunia testibus planum facere non possem; Ver II 81. Axius de duodecim milibus pudens! A X 15, 4. quibus nihil non modo de fructu, sed ne de bonis quidem suis reliqui fecit; Ver III 115. de ioco satis est; ep VII 2, 1. — 2. necesse est sit alterum de duobus; Tusc I 97. de consularibus nemini possum studii esse testis; ep I 7, 3. de pertinentibus nihil est bonum praeter actiones honestas; fin III 55. vgl. I. attingo. nulla de virtutibus tuis plurimis: Ligar 37. se gladio percussum esse ab uno de illis: Milo 65. vgl. III. alqs, alqd. — 3. de tuis innumerabilibus in me officiis erit hoc gratissimum; ep XVI 1, 3. quod aiunt, "minima de malis"; of III 102.

III. nach Substantiven und Verbindungen von Substantiv und Verb: de conlegio quis tandem adfuit? dom 117. si quid de Corinthiis tuis amiseris; Tusc II 32. non (habeo nauci) de circo astrologos: div I 132. Ambivium quendam, canponem de via Latina, subornatis; Cluent 163. quo (anno) causam de pecuniis repetundis Catilina dixit; Cael 10. de libris Tyrannio est cessator; Q fr III 5, 6. in consiliis de re publica capiendis; Quir 24. de Cn. Pompeio interficiendo consilia inibantur; dom 129. nunc proxima contio eius exspectatur de pudicitia; har resp 9. cum esset de re pecuniaria controversia; Tul 5. hunc de pompa Quirini contubernalem; A XIII 28, 3. equidem libenter hoc iam crimen de statuis relinquam; Ver II 151. de triumpho nulla me cupiditas umquam tenuit; A VII 2, 6. illa de valetudine decreta municipiorum; A IX 5, 3. quo de genere expecto disputationem tuam; leg I 56. qua de re cum sit inter doctissimos summa dissensio; fin I 11. hoc ipsum de deis exordium; leg II 17. o gratam famam de subsidio tuo, de studio, de celeritate, de copia! ep X 14, 1. non adimi cuiquam glebam de Sullanis agris; Sulla III 3. hominem audietis de schola; de or II 28. cum sitis iudices de pecunia capta conciliata; Ver III 218. quae (urbs) primum iudicium de capite vidit M. Horatii; Milo 7. cum ille (Q. Maximus) admodum senex suasor legis Cinciae de donis et muneribus fuit; Cato 10. f. privilegium.

hunc librum ad te de senectute misimus; Cato 3. cur de conformandis hominum moribus littera nulla in eorum libris inveniretur; de or I 86. omni te de me metu libero; ep XI 21, 3. navem tu de classe populi Romani ausus es vendere? Ver I 87. quorum de iustitia magna esset opinio multitudinis; of II 42. orationem Stratonis conscribere de furto; Cluent 184. ut aliquam partem de istius impudentia reticere possim; Ver I 32. se nostra causa voluisse suam potestatem esse de consulibus ornandis; A III 24, 1. eorum preces et vota de meo reditu exaudiens; Planc 97. an de peste civis licuit tibi ferre non legem, sed nefarium privilegium? dom 26. perdifficilis et perobscura quaestio est de natura deorum; nat I 1. ita liberae querimoniae de aliorum iniuriis esse dicuntur; imp Pomp 41. reo de pecuniis repetundis Catilinae fuit advocatus; Sulla 81. nihil perfertur ad nos praeter rumores de oppresso Dolabella; ep XII 9, 1. sex hae sunt simplices de summa bonorum malorumque sententiae; fin V 21. ne malevolis de me sermonibus crederet; ep III 10, 10. unum (somnium) de Simonide; div I 56. non uno || sitam || in eo (Pompeio) iudico spem de salute rei publicae; A VIII 2, 4. is de me suffragium tulit; Sest 111. de classe po uli Romani triumphum agere piratam! Ver V 100. perpauca mihi de meo officio verba facienda sunt; Cluent 117. vota: f. preces.

IV. **iam pridem Ea2 pehörig**: qua de causa discidium factum sit; Ac I 43. in quos (milites) de improviso incidant; Sex Rosc 151. qui quasi de industria in odium irruere videantur; Ver pr 35. hanc ego causam cum agam de loco superiore; Ver I 14. in comitium Milo de nocte venit; A IV, 3, 4. multa de nocte eum profectum esse ad Caesarem; A VII 4, 2. de scripto sententia dicta; Sest 129. quam (Karthaginem) P. Africanus de consilii sententia consecravit; agr II 51.

V. **Heißen**: tritici quod satis esset, de suis decumis; Ver IV 62. quid ego de nave? Ac II 82. mox de sortibus; div II 38. sed de auspiciis alio loco, nunc de fulgoribus; div I 12.

dea, Göttin: I, 1. ab iis (Stoicis) providentiam fingi quasi quandam deam singularem, quae mundum omnem gubernet et regat; nat II 73. natas esse has in iis locis deas; Ver I 106. regit: f. gubernat. — 2. si di sunt, suntne etiam Nymphae deae? si Nymphae, Panisci etiam et Satyri? nat III 43. terra ipsa dea est et ita habetur; quae est enim alia Tellus? nat III 52. — II, 1. deam deae detrahere conatus es? Ver IV 112. fingo: f. I, 1. gubernat. — 2. detraho: f. 1. — 3. ab Iove ceterisque dis deabusque immortalibus, quorum ope et auxilio haec res publica gubernatur, pacem ac veniam peto, precorque ab iis, ut . . ; Rabir 5.

dealbo, weißen: quodsi tanta pecunia columnas dealbari putassem, certe numquam aedilitatem petivissem; Ver I 145.

deambulo, spazieren gehen: eamus deambulatum; de or II 256.

debeo, schulden, vorenthalten, verbanken, verpflichtet sein, sollen, müssen, dürfen: I. quem sua causa cupere ac debere intellegebat; Sex Rosc 149. Ille (Dolabella) mihi debebat, quod non defueram eius periculis; ep VI 11, 1. — II. quamquam parum erat, a quibus debuerat, adiutus; Phil I 10. praestitimus patriae non minus certe, quam debuimus; ep V 13, 4. fit saepe ut ii, qui debent, non respondeant ad tempus; A XVI 2, 2. — III, 1. praeter communem fidem, quae omnibus debetur, praeterea nos isti hominum generi praecipue debere videmur. ut apud eos ipsos, apud quos iis didicerimus, velimus expromere; Q fr I 1, 28. — 2. non debemus ita cadere animis, quasi . . ; ep VI 1, 4. ut tam in praecipitem locum non debeat se sapiens com-

mittere; Ac II 68. non hoc debent dicere; Caecin 68. debebant illi (di) omnes bonos efficere; nat III 79. magni iudicii, summae etiam facultatis esse debebit moderator ille et quasi temperator huius tripertitae varietatis; orat 70. quid ego senator facere debeo? prov 30. nostrum et nostra causa susceptum dolorem modice ferre debemus; Tusc I 111. artes pergratam utilitatem debent habere; Muren 23. ex quo intellegi debet eam caloris naturam vim habere; nat II 24. quod vos de *ea* re iudicare non debetis; Caecin 102. quae mulier ne domum quidem ullam nisi socrus suae nosse debuit; Cluent 35. se in testimonio nihil praeter vocem et os praestare debere; Font 29. quae (philosophia) rationibus progredi debet; Ac II 27. explorata si sint ea, quae ante quaeri debeant; div I 117. in codicem acceptum et expensum referri debuit; Q Rosc 8. nullum est tempus, quod iustitia vacare debeat; of I 64. eius ignoratio de aliquo purgatio debet videri; Sulla 39. — IV. id cum rei publicae, tum nostrae necessitudini debere me indico; ep X 12, 5. me huic municipio debere plurimum; ep XIII 7, 4. vgl. II. ep V 13, 4. quoniam tibi incredibilem quandam amorem et omnia in te ipsum summa studia deberem; ep I 9, 4. mihi civicam coronam deberi a re publica; Piso 6. fidem: f. III, 1. huic iustam et debitam gratiam refero; Balb 59. multi saepe honores dis immortalibus iusti habiti sunt ac debiti; Catil III 23. quas (hostias) debuisti ad sacrificium; inv II 97. debebat Epicrates nummum nemini; Ver II 60. si (maerens) se officio fungi putet iusto atque debito; Tusc III 76. oratio iuventuti nostrae deberi non potest; A IV 2, 2. cum ei praesertim pecunia ex partitione deberetur; Caecin 15. quod eodem ostento Telluri postilio deberi dicitur; har resp 31. studia: f. amorem. supplicia, quae debentur hostibus victis; Ver V 77. privabo potius illum debito testimonio quam id cum mea laude communicem; Ac II 3. qui Veneri et Cupidini vota deberet; Ver IV 123.

debilis, schwach, gebrechlich, gelähmt, siech: qui hac parte animi, quae custos est ceterarum ingenii partium, tam debilis esset, ut . . ; Bru 219. Q. Scaevola, membris omnibus captus ac debilis; Rabir 21. duo corpora esse rei publicae, unum debile, alterum firmum; Muren 51. quorum vires erant debiles; Milo 94.

debilitas, Schwäche, Lähmung, Verkrüppelung: I. bonum integritas corporis, misera debilitas; fin V 84. — II. pauci stuporem debilitatemque linguae (noramus); Piso 1. eos (sapientes) id agere, ut a se dolores, morbos, debilitates repellant; fin IV 20. — III. ut ob eam debilitatem animi multi parentes, multi amicos perdiderunt; fin I 49.

debilitatio, Schwächung, Fassungslosigkeit: quid? debilitatio atque abiectio animi tui, cum . . ? Piso 88.

debilito, schwächen, hemmen, lähmen, der Fassung berauben: I. viri non esse debilitari dolore, frangi, succumbere; Tusc II 95. — II. qui desperatione debilitati experiri id nolent || nolint ||, quod . . ; orat 3. debilitor lacrimis; ep XIV 3, 5. te subita re quasi debilitatum novas rationes tuendi mei quaerere; A XI 5, 1. quod (amicitia) bonam spem praelucet in posterum nec debilitari animos aut cadere patitur; Lael 23. quorum ego ferrum et audaciam debilitavi in foro; Muren 79. quae (dies) debilitat cogitationes inimicorum tuorum; ep I 6, 1. ferrum: f. audaciam. contra illam naufragorum eiectam ac debilitatam manum; Catil II 24. tua profectio spem meam debilitat; A V 4, 1. f. virtutem. qui (versus) debilitatur, in quacumque sit parte titubatum; de or III 192. bonorum spem virtutemque debilites?

debitio, Schuld: I. quamquam dissimilis est

pecuniae debitio et gratiae; Planc 68. — II. (Quintus) satis torquetur debitione dotis; A XIV 13, 5.

debitor, Schuldner: I. ut locupletes suum perdant, debitores lucrentur alienum; of II 84. — II. haec levior est plaga ab amico quam a debitore; ep IX 16, 7. eundem bona creditorum cum debitoribus Graecis divisisse; Sest 94.

decanto, abfingen, zu fingen aufhören, hersagen, vortragen: I. iam decantaverant fortasse; Tusc III 53. — II. ut eas omnes (causas) diligentes oratores percursas animo et prope dicam decantatas habere debeant; de or II 140. ne necesse sit isdem de rebus semper quasi dictata decantare; fin IV 10. haec decantata erat fabula; A XIII 34. qui (Graecus doctor) mihi pervulgata praecepta decantet; de or II 75.

decedo, weggehen, abgehen, gehen, scheiden, verscheiden, sterben, abweichen, ausweichen, schwinden: se de via decessisse; Cluent 163. qui iam de vita decesserunt; Rabir 30. quis potest de sententia decedere? fin IV 52. quod classe tu velles decedere; ep III 5, 3. velim cures, ut aut de hypothecis decedat aut pecuniam solvat; ep XIII 56, 2. quod omnes illi decesserant; A XIII 19, 4. ego equites ex Cypro decedere iussi; A V 21, 10. quaestores, legatos, praefectos, tribunos suos multi de provincia decedere iusserunt; Ver III 134. alteram quartanam decessisse et alteram leviorem accedere; A VII 2, 2. cum (senatus) nihil a superioribus decretis decesserit; Flac 27. tribuni: f. legati.

decem, zehn: in Creta decem, qui cosmoe vocantur, (sunt) constituti; rep II 58. ludi per decem dies facti sunt; Catil III 20. decem milia civium esse Centuripinorum; Ver II 163. evocat ad se Centuripinorum magistratus et decem primos; Ver II 162. qui (xviri) cum x tabulas summa legum || (legum)·|| aequitate conscripsissent; rep I 61. extenuato sumptu tribus riciniis et decem tibicinibus || [trib... tib.) || tollit lamentationem; leg II 59. decem tribunos plebis hoc statuisse; Ver II 100.

December, des Dezember: nemo Habonio molestus est neque Kalendis Decembribus neque Nonis neque Idibus; Ver I 149. mense Decembri mei consulatus; Planc 90.

decempeda, Meßstange: quam (urbem) iam peritus metator decempeda sua Saxa diviserat; Phil XIV 10. vos huius (solis) magnitudinem quasi decempeda permensi refertis; Ac II 126.

decempedator, Feldmesser: qui fuerat aequissimus agri privati et publici decempedator; Phil XIII 37.

decemscalmus, mit zehn Rudern: haec ego conscendens e Pompeiano tribus actuariolis decemscalmis; A XVI 3, 6.

decemvir, Mitglied des Zehnmännerkollegs, pl. Zehnmännerkolleg: I. „decem virorum stilitibus iudicandis" dico numquam; orat 156. — II. cum is decemvir illam ipsam sedem hospitalem publicam populi Romani esse dicet; agr II 46. quotiens senatus decemviros ad libros ire iussit! div I 97. quod proditum memoriae est xviros, qui leges scripserint, sine provocatione creasse; rep II 54. quot res et quantas decemviri legis permissu venditari sint; agr II 47. — III, 1. ut xviri maxima potestate sine provocatione crearentur; rep II 61. f. II. scribunt. ut sibi iam decemvir designatus esse videatur; agr II 53. — 2. ut furtim tota (Alexandria, Aegyptus) decemviris traditur! agr II 41. — 3. quod tu et Caesar in decem viris non essetis; ep XI 21, 2. — IV. hac tanta de re P. Rullus cum ceteris decemviris conlegis suis iudicabit? agr II 43.

decemviralis, der Zehnmänner: tertius est annus xviralis consecutus; rep II 62. quod audaciae decemvirali magna permittitur potestas; agr II 37. populum Romanum redigas iu istam decemviralem

dicionem ac potestatem? agr II 74. post decemviralem invidiam; Bru 54. potestas: f. dicio.

decemviratus, Zehnmänneramt: I. ut ei decemviratum habeant, quos plebs designaverit; agr II 26. — II. qui honore decemviratus excluditur prope nominatim; agr II 60.

decentia, Anstand: 1. colorum et figurarum ordinem et, ut ita dicam, decentiam oculi iudicant; nat II 145. — 2. || verbis ad aptam compositionem et decentiam utatur ||; de or III 200.

deceo, sich schicken, gehören, geziemen, anstehen: I. decere quasi aptam esse consentaneumque tempori et personae (declarat), contraque item dedecere; orat 74. caput esse artis decere; de or I 132. f. IV. orat 73. — II. ut loqui deceat frugaliter; fin II 25. — III. oratorem irasci minime decet, simulare non dedecet; Tusc IV 55. — IV. non faciendo solum. quod decet, sed non faciendo id, quod non decet, impudentiae nomen effugere debemus; de or I 120. quod plurimis in rebus, quod maxime est utile, id nescio quo pacto etiam decet maxime; de or III 224. cum hoc decere dicimus, illud non decere, et id usque quaque quantum sit appareat; orat 73. et, quod decet, honestum est et, quod honestum est, decet: of I 94. — V. illa ornamenta decere me non putabam; prov 41. nec velle experiri, quam se aliena deceant; of I 113. nec scit, quod augurem, nec facit, quod pudentem decet; Phil II 81.

decerno, entscheiden, beschließen, bestimmen, erklären, beantragen, genehmigen, kämpfen: I, 1. decernendi tempus nondum erat; Phil VIII 5. — 2, a. quo (certamine) ferro decernitur; de or II 317. — b. utinam meo solum capite decernerem! A X 9. 2. — II, 1. decrevit senatus frequens de meo reditu; Sest 68. f. 4. — 2. consules de consilii sententia decreverunt secundum Buthrotios; A XVI 16. 11. — 3. decrevistis, ne quis rem impediret; sen 27. — 4. nos hic nonne decrevimus, ut classis in Italia navigaret? Flac 30. de quo (Postumio) nominatim senatus decrevit, ut statim in Siciliam iret; A VII 15, 2. — 5. decreram cum eo (Hortensio) valde familiariter vivere; A VI 6, 2. — 6. cnius (regis) salutem magnae vobis curae esse decressetis; ep XV 2, 8. quod in me ipso satis esse consilii decreras; A III 15, 7. — III. decernat bellum Cretensibus; Ver II 76. honores ei decrevi quos potui amplissimos; Phil XIII 8. Crassus tres legatos decernit. nec excludit Pompeium; ep I 1. 3. quae (legiones) decretae sunt in Syriam; ep II 17, 5. eripueras senatui provinciae decernendae potestatem; Vatin 36. maiores nostri statuas multis decreverunt, sepulcra paucis; Phil IX 14. sumptus decerni legatis nimis magnos; ep III 8, 2. cum cuidam clarissimo viro supplicationem non decerneres; ep XV 4, 11. — IV. Dolabella hesterno die hoste decreto; Phil XI 16. decrevit P. Mucius familiam puram; leg II 57.

decerpo, abpflücken, entnehmen, Abbruch tun: ne quid iocus de gravitate decerperet; de or II 229. nihil sibi ex ista laude centurio decerpit; Marcel 7. humanus animus decerptus ex mente divina; Tusc V 38.

decertatio, Entscheidungskampf: cum harum rerum omnium decertatio consulibus commissa et commendata sit; Phil XI 21.

decerto, kämpfen, in die Entscheidung kämpfen: I, 1. omnia facienda, ne armis decertetur; A VII 6. 2. — 2. ubi Demosthenes et Aeschines inter se decertare soliti sunt; fin V 5. cum Latinis decertans pater Decius; Tusc I 89. — II. de sanguine et de spiritu decertat; Phil XI 24. cum de imperio decer tatur; of I 38.

decessio, Abzug, Abgang, Abnahme, Schwinden: I. ne te delectet tarda decessio; ep IV 10 non tam cumulus bonorum iucundus esse potes quam molesta decessio; Tusc I 110. f. II. — II. utrum

accessionem decumae an decessionem de summa fecerit; Rab Post 30. haec decessio capitis aut accessio subitone fieri potest? div II 36. neque ante adventum C. Verris neque post decessionem; Ver II 188.

decessus, Abgang, Abscheiden: 1. quod eo errore careo, quo amicorum decessu plerique angi solent; Lael 10. — 2. an Caesaris decreto post M. Bruti decessum potuit liberari? Phil II 97.

decido, abschließen, abmachen, sich vergleichen: 1. mancipes pretio cum civitatibus decidisse? Ver III 175. — II, 1. ut cum Moeragene signis conlatis de servo tuo deciderem; A V 15, 3. — 2. decidis statuisque, quid iis ad denarium solveretur; Quinct 17. — 3. cum propinquis suis decidit, ne reos faceret; har resp 42. — III. omnibus rebus actis atque decisis; Ver V 120.

decido, fallen, herabfallen, abfallen, herabsinken, hineingeraten: tametsi ne oculis quidem captus in hanc fraudem decidisti; Ver IV 101. quia deciderat ex astris, lapsus quam progressus potius videbatur; A II 21, 4. ficta omnia celeriter tamquam flosculi decidunt; of II 43. quod unius vitio praecipitata (res publica) in perniciosissimam partem facillime decidit; rep II 43. seminane deorum decidisse de caelo putamus in terras? nat I 91.

deciens, zehnmal, Million: quo modo ex deviens HS sescenta sint facta; Ver I 92.

decimus (decumus), zehnte, decumum das Zehnfache (decuma: s. B, a): A, I. cum hora diei decima fere ad Saxa rubra venisset; Phil II 77. qui remanserant, vix decuma pars aratorum; Ver III 121. — II. qui dies nudius tertius decimus fuerit; Phil V 2. sexto decimo fere anno; rep II 57. — B, a, I. quarum (civitatum) decumae venire non soleant; Ver III 13. — II, 1. ut ab invito aratore plus decuma non posset || possit || auferri; Ver III 20. quibus, cum decumas dare deberent, vix ipsis decumae relictae sunt; Ver III 226. quod undique ad emendas decumas solent eo convenire; Ver III 149. relinquo: do. ... Octavio et C. Cottae consulibus senatus permisit, ut vini et olei decumas Romae venderent; Ver III 18. ut, quae dimidiae essent, decumae vocarentur; Ver III 117. neque Herculi quisquam decumam vovit unquam, si sapiens factus esset; nat III 88. — 2. ut illi in alteras decumas triticum emere cogerentur; Ver III 101. — III. quod omnis frumenti copia decumarum nomine penes istum esset redacta; Ver III 171. ut ne legem quidem venditionis decumarum commutarent; Ver III 14. — IV. Aeschrio in Herbitensibus decumis novus instituitur publicanus; Ver III 77. — b. cum ager cum decumo venisset; Ver III 113.

decipio, täuschen, betören, blenden, betrügen: I. 1. primo decipi incommodum est; iterum, stultum; tertio, turpe; inv I 71. — 2. si cotidie fraudas, decipis, poscis; par 43. II. quod aut similitudine aut suspicione aut demonstratione falsa deceptus sit; inv II 34. non nos color iste servilis, non pilosae genae, non dentes putridi deceperunt; Piso 1. a beta et a malva deceptus sum; ep VII 26, 2. ut errare potuisti, sic decipi te non potuisse quis non videt? ep X 20, 2. (legati) istius fide ac potius perfidia decepti; Sex Rosc 110.

decisio, Abmachung, Vergleich, Entscheidung: I dicat decisionem factam esse; Q Rosc 48. — II. negat eum sibi illa decisione satis facere posse; Ver I 140.

declamatio, Redeübung, Vortrag: I. ut antea declamitabam causas, quod nemo me diutius fecit, sic haec mihi nunc senilis est declamatio; Tusc I 7. — II. quod declamationibus nostris cares, damni nihil facis; ep VII 33, 1.

declamator, Redekünstler: 1. non declamatorem aliquem de ludo quaerimus; orat 47. —

2. non vobis videtur cum aliquo declamatore disputare? Planc 83.

declamatorius, schulrednerisch: puer magis illo declamatorio genere duci et delectari videtur; Q fr III 3, 4. utrum is, qui dicat, tantum modo in hoc declamatorio sit opere iactatus, an..; de or I 73.

declamito, Redeübungen halten, vortragen: I. commentabar declamitans (sic enim nunc loquuntur) saepe cum M. Pisone; Brn 310. — II. ipse interea septemdecim dies de me declamitavit; Phil V 19. — III. ut antea declamitabam causas; Tusc I 7.

declamo, Redeübungen halten, eifern: I. qui pro isto vehementissime contra me declamasset; Ver IV 149. cum una declamabamus; fr G, b, 26. — II. quae mihi iste visus est ex alia oratione declamare; Sex Rosc 82.

declaratio, Kundgebung: quae (visa) propriam quandam haberent declarationem earum rerum, quae viderentur; Ac I 41.

declaro, kund tun, offenbaren, erklären, darlegen, bemeisen, erkennen lassen, bezeichnen: I. ut declarat cicatrix; Phil VII 17. — II, 1. daclarat Ennius de Africano: "hic est ille situs"; leg II 57. — 2. quid velim tua causa, re potius declarabo quam oratione; ep VI 13, 4. — 3. magnam esse partem sine fide res ipsa declarat; Scaur 44. — III. cum iam facti prope superioribus comitiis declaratique venissent; Planc 53. ratio hoc idem ipsa declarat; nat I 46. in qua (causa) facile declarare possis tuam erga me benivolentiam; ep XIII 43, 1. tota huius iuris compositio pontificalis magnam religionem caerimoniamque declarat; leg II 55. qui (populus) declaravit maximam libertatem recuperandae cupiditatem; Phil VII 22. si est in extis aliqua vis, quae declaret futura; div II 29. Rupae studium non deterruit declarandorum munerum tuo nomine; ep II 3, 1. si autem vellent declarare in eo officium suum; ep III 8, 3. religionem: f. caerimoniam. quorum epistulas spem victoriae declarantes in manu teneo; Phil XII 9. — IV. anno fere ante, quam consul est declaratus; rep I 23.

declinatio, Abweichung, Ausweichen, Vermeidung, Abneigung: I. nullum potest esse animal, in quo non sit appetitio et declinatio naturalis; nat III 33. declinatio brevis a proposito, non ut superior illa digressio; de or III 205. honestior declinatio haec periculi; A II 19, 5. — II. in cursu ipso orationis declinationes ad amplificandum dantur; part or 52. — III, 1. quot ego tuas petitiones parva quadam declinatione effugi! Catil I 15. Epicurus declinatione atomi vitari necessitatem fati putat; fat 22. — 2. posse Epicureos suam causam sine hac commenticia declinatione defendere; fat 23.

declino, abweichen, ausweichen, abwenden, vermeiden: I. ait (Epicurus) declinare atomum sine causa; fat I 19. unde huc declinavit oratio; de or II 157. — II. appetuntur, quae secundum naturam sunt, declinantur contraria; nat III 33. vel subire eas (minas Clodii contentionesque) videor mihi summa cum dignitate vel declinare nulla cum molestia posse; A II 19, 1. nec (orator || oratio ||) satis tecte || tecte || declinat impetum, nisi; orat 228. minas: f. contentiones. urbem unam mihi amicissimam declinavi; Planc 97.

decoctor, Verschwender, Bankerotteur: I. cum esset lege Roscia decoctoribus certus locus; Phil II 44. — 2. exercitum conlectum ex rusticis decoctoribus; Catil II 5.

decolor, entfärbt, getrübt: »iam decolorem sanguinem omnem (vestis) exsorbuit«; Tusc II 20.

decoloratio, Verfärbung: decoloratio quaedam ex aliqua contagione terrena maxime potest sanguini similis esse; div II 58.

23*

decoquo, verflüchtigen, das Vermögen auf-
brauchen, Bankerott machen: I. quamvis quis
fortunae vitio, non suo decoxisset; Phil II 44. —
II. ut (orator) suavitatem habeat austeram et
solidam, non dulcem atque decoctam; de or III 103.

decore, geziemend, anständig, ehrenhaft, statt-
lich: hi tres [heroi] pedes in principia continuandorum verborum satis decore cadunt; de or
III 182. ut ea si non decore, at quam minime
indecore facere possimus; of I 114. ut ad rerum
dignitatem apte et quasi decore (loquamur); de
or I 144.

decoro, schmücken, verherrlichen: (Socrates)
respondit sese meruisse, ut amplissimis honoribus et
praemiis decoraretur; de or I 232. haec omnia
vitae decorabat gravitas ‖ dignitas ‖ et integritas;
Bru 265. cum vera ‖ quoniam ‖ virtus atque
honestus labor honoribus, praemiis, splendore de-
coratur; de or I 194. qui oppidum maximis ex sua
pecunia locis communibus monumentisque decoravit;
Ver II 112. virtutem: f. laborem.

decorus, geziemend, anständig, schicklich, ehrenhaft, glänzend, schön: A. color albus praecipue
decorus deo est; leg II 45. est decorus senis sermo
quietus et remissus; Cato 28. — B, 1. et generale
quoddam . decorum intellegimus, quod in omni
honestate versatur, et aliud huic subiectum, quod
pertinet ad singulas partes honestatis; of I 96. —
II. quoniam decorum illud in omnibus factis, dictis,
in corporis denique motu et statu cernitur; of
I 126. πρέπον appellant hoc Graeci, nos dicamus
sane „decorum"; orat 70. intellego: f. I quo facilius
decorum illud, quod quaerimus, retineatur; of I 110.

decrepitus, abgelebt, altersschwach: quae
(bestiola) occidente sole (mortua est), decrepita
(mortua est); Tusc I 94.

decresco, abnehmen: ostreis et conchyliis
omnibus contingere, ut cum luna pariter crescant
pariterque decrescant; div II 33.

decretum, Entscheidung, Beschluß, Bescheid,
Grundsatz, Lehrsatz: I. nulla de illis decreta
municipiorum et coloniarum exstiterunt; sen
38. — II, 1. liberalissimum decretum abstulimus;
quod est obsignatum ab amplissimis viris; A XVI
16, 5. dico: f. habeo. decurionum decretum statim
fit, ut ..; Sex Rosc 25. quoniam id haberent
Academici decretum (sentitis enim iam hoc me
δόγμα dicere), nihil posse percipi; Ac II 29. obsigno: f. aufero. ut hoc ipsum decretum, quo
sapientis esset nihil posse percipi, fateretur esse
perceptum; Ac II 109. nova decreta petebantur;
Ver I 137. posse tua voluntate decretum illud
Areopagitarum, quem ὑπομνηματισμὸν illi vocant,
tolli; ep XIII 1, 5. — 2. quis umquam consul
senatum ipsius decretis parere prohibuit? Sest
32. — III. neque istius decreti auctores esse
voluerunt; Flac 54. tantum valuit istius decreti
auctoritas; Ver V 55. — IV, 1. si Athenienses
quibusdam temporibus sublato Areopago nihil nisi
populi scitis ac decretis agebant; rep I 43. esse:
f. II, 1. percipio. quas (tabulas) vos decretis vestris
refixistis; Phil XII 12. — 2. neque me ex decreto
praetoris restitutum esse; Caecin 82.

decuma f. **decimus,** f.

decumanus, zehntpflichtig, den Zehnten, den
Zehntpächter betreffend, Zehntpächter: A. omnis
ager Siciliae civitatum decumanus est; Ver III 13.
totum hoc crimen decumanum peroraro; Ver III 154.
de decumano dicemus frumento; Ver III 12. —
B, I. te in decumanum, si plus abstulerit, quam
debitum sit, in octuplum iudicium daturum ‖ esse‖;
Ver III 26. quid? decumani num quid praeter
singulas decumas debent? Ver V 53. quantum
decumanus edidisset aratorem sibi decumae dare
oportere, ut tantum arator decumano dare cogeretur;

Ver III 25. — II, 1. praetorem socios habuisse
decumanos; Ver III 130. — 2. cum tantum lucri
decumano sit datum; Ver III 72. f. I. edit. —
III, 1. ut homines propter iniurias licentiamque
decumanorum mortem sibi ipsi consciverint; Ver
III 129. — 2. iudicium in: f. I. aufert.

decumbo, niederfinken, unterliegen: quis.
cum decubuisset, ferrum recipere iussus collum
contraxit? Tusc II 41. quod gladiatores nobiles
faciunt, ut honeste decumbant; Phil III 35.

decuria. Abteilung, Decurie: I. saltatores,
citharistas, totum denique comissationis Antonianae
chorum in tertiam decuriam iudicum scitote esse
coniectum; Phil V 15. f. II. — II. ut honestis
decuriis potius dignus videatur quam in turpem
iure coniectus; Phil I 20. — III. ut Alaudae in tertia
decuria iudicarent; Phil XIII 37,

decuriatio, Einteilung in Decurien: decuriatio
tribulium, discriptio populi severitatem senatus
excitarunt ‖ excitarent ‖; Planc 45.

decurio, in Decurien einteilen, Rotten bilden:
I. decuriasse Plancium, conscripsisse; Planc 45. —
II. ut sodalitates decuriatique discederent; Q fr II
3, 5. cum decuriatos ac discriptos haberes exercitus
perditorum; dom 13.

decurio, Decurienvorsteher, Decurienführer:
I. quid decrerint Capuae decuriones; Sest 10.
illum tabulas publicas Larini censorias corrupisse
decuriones universi iudicaverunt; Cluent 41. — II. eos,
qui facerent praeconium, vetari esse in decurionibus; ep VI 18, 1.

decurro, hineilen, seine Zuflucht nehmen,
durchlaufen: I. ad haec extrema iura tam cupide
decurrebas, ut ..; Quinct 48. — II. quae abs te
breviter de arte decursa sunt; de or I 148. prope
acta iam aetate decursaque; Quinct 99. nec velim
quasi decurso spatio ad carceres a calce revocari;
Cato 83.

decursus, Durchlaufen: I. facilior erit mihi
quasi decursus mei temporis; ep III 2, 2. — II. si
ambitionis occupatio cursu ‖ decursu ‖ honorum
constitisset; de or I 1.

decurto, verkürzen, verstümmeln: (animus)
mutila sentit quaedam et quasi decurtata; orat 178.

decus, Zierde, Glanz, Ehre, Ruhm, sittliche
Würde: I. Cn. Pompeium, quod imperii populi Romani decus ac lumen fuit; Phil II 54. — II, 1. nihil
(natura) habet praestantius, nihil, quod magis expetat
quam honestatem, quam laudem, quam dignitatem,
quam decus; Tusc II 46. decora atque ornamenta
fanorum posthac in supellectile Verris nominabuntur:
Ver IV 97. — 2. qui ad laudem et ad decus nati.
suscepti, instituti sumus; Ver V 63. quia nusquam
possumus nisi in laude, decore, honestate utilia
reperire; of III 101. — III. maxime suo decore
(virtus) se ipsa sustentat; rep III 40.

decusso, kreuzweise verbinden: hanc omnem
coniunctionem duplicem in longitudinem (deus) diffidit
mediaeque accommodans mediam quasi decussavit:
Tim 24.

dedeceo, nicht geziemen, nicht anstehen:
I. decere quasi aptum esse consentaneumque tempori
et personae (declarat), contraque item dedecere:
orat 74. ut iis, quae habent, modice et scienter
utantur et ut ne dedeceat; de or I 132. — II, 1. labi,
decipi tam dedecet quam delirare; of I 94. —
2. oratorem irasci minime decet, simulare non
dedecet: Tusc IV 55. — III. si quid dedeceat in
illis; of I 146.

dedecoro, verunehren: inanem redire turpissimum est te dedecorantem et urbis auctoritatem et
magistri; of III 6.

dedecus, Schmach, Schande, Schandfleck, Schändlichkeit: I. quod tantum evenire dedecus potest?
Quinct 49. — II, 1. si quid a me praetermissum

erit. commissum facinus et admissum dedecus confitebor; ep III 10, 2. quod ipsa senectus dedecus concipit; of I 123. cum dedecus illi summum malum, hic solum (dicat); leg I 55. quorum (iudicum) lectione duplex imprimeretur rei publicae dedecus; Phil V 16. — 2. aliter ampla domus dedecori saepe domino fit; of I 139. — III. divitiae, nomen, opes vacuae consilio dedecoris plenae sunt et insolentis superbiae; rep I 51. — IV, 1. ne is dedecore notetur: Quint 99. — 2. sumptus effusi cum probro atque dedecore; Sex Rosc 68.

dedicatio, Weihung, Einweihung: I. hanc tu dedicationem appellas, ad quam non conlegium adhibere potuisti? dom 118. — II. nihil (loquor) de ipsius verbis dedicationis; dom 121.

dedico, weihen, einweihen, angeben: I. ambulationis postes nemo umquam tenuit in dedicando; dom 121. — II. cum Licinia, virgo Vestalis, aram et aediculam et pulvinar sub Saxo dedicasset; dom 136. ut aedis haec dedicaretur; leg II 58. aram: f. aediculam. dum dedico domum Ciceronis, dom 133. haec praedia etiam in censum dedicavisti; Flac 79. pulvinar: f. aediculam. censorem simulacrum Concordiae dedicare pontifices in templo inaugurato prohibuerant; dom 137. quorum templa sunt dedicata, nat III 43.

dedisco, verlernen: I. cum iuventus nostra dedisceret paene discendo; de or III 93. — II. vereor, ne nescio quid illud, quod solebas, dediscas et obliviscare. cenulas facere; ep IX 24, 2. — II. multa oportet discat atque dediscat; Quinct 56. f. II. haec (verba) mutari dediscique possunt; Bru 171.

deditio, Übergabe, Auslieferung: I. neque deditionem neque donationem sine acceptione intellegi posse; Top 37. — II. huius deditionis ipse Postumius, qui dedebatur, suasor et auctor fuit: of III 109. spe adlata deditionis; Phil XII 2.

dedo, deditus, ergeben, übergeben, ausliefern, liefern, preisgeben: dedendusne sit hostibus necne? inv II 92. quem pater patratus dedidisset; de or I 181. nec magnopere te istis studiis, hominibus, libris intellego deditum; de or III 82. cui (patriae) nos totos dedere debemus; leg II 5. apud M. Pisonem adulescentem huic studio deditum; de or I 104. non apparebat eam (verborum structuram) dedita opera esse quaesitam: Bru 33. si se (illa pars animi) lamentis mulieribriter lacrimisque dedet; Tusc II 48. vitam vitiis flagitiisque omnibus deditam; Sex Rosc 38.

dedoceo, verlernen lassen, von der Ansicht abbringen: cum aut docendus is est aut dedocendus; de or II 72. si (Epicurus) a Polyaeno geometrica discere maluisset quam illum etiam ipsum dedocere; fin I 20. Heracleotes Dionysius, cum a Zenone fortis esse didicisset, a dolore dedoctus est; Tusc II 60.

deduco, führen, hinführen, leiten, geleiten, ableiten, wegführen, ablenken, wegnehmen, abziehen: I. (se) omnibus portis, quo velint, deducturum; Phil VIII 9. — II. quo deduci oratione facillime posse videantur; de or II 186. ut ad fletum misericordiamque deducatur; de or II 189. quae me antea in iudicia atque in curiam deducebant; orat 148. si impendens patriae periculum me necessario de hac animi lenitate deduxerit; Catil II 28. hac (eloquendi vi) deducimus perterritos a timore; nat II 148. cum ea contraherent in angustumque deducerent; Ac I 34. in hos agros colonias ab his decemviris deduci iubet: agr II 73. deductis tritici modium CCXVI: Ver III 116. nihil tam facile quam multitudo ab tristitia et saepe ab acerbitate commode et hilare dicto deducitur; de or II 340. ut centum nummi deducerentur; leg II 53. deduc orationem tuam de caelo ad haec citeriora; nep I 84. quem in locum res deducta sit, vides: ep IV 2, 3. — III. neque poena deductus est, quo minus officium praestaret: ep

XIV 4, 2. — IV. a Poenis Sardi non deducti in Sardiniam, sed repudiati coloni; Scaur 42.

deductio, Ansiedelung, Austreibung, Abzug, Ableitung: I. in oppida militum crudelis et misera deductio; Phil II 62. — II. ex omni pecunia certis nominibus deductiones fieri solebant; Ver III 181. ut vis ac deductio moribus fieret: Caecin 32. ex quo illa admirabilis || mirabilis || a maioribus Albanae aquae facta deductio est; div I 100.

deerro, abirren: qui in itinere deerravissent; Ac fr 16.

defaenero, verschulden: qui (videt) dimissiones libertorum ad defaenerandas diripiendasque provincias; par 46.

defatigatio (defet.), Ermüdung, Ermattung: I. nulla res ei finem caedendi nisi defatigatio et satietas attulisset; Phil V 20. quaerendi defetigatio turpis est; fin I 3. — II. ut (di) morbos metuant ex defetigatione membrorum; nat II 59.

defatigo (defet.), ermüden: I. nostrum est non defetigari supplicando; Planc 11. — II. tractatio varia esse debet, ne, qui audiat, defatigetur similitudinis satietate: de or II 177. te nec animi neque corporis laboribus defatigari; ep XIV 1, 1. emit domum licitatoribus defatigatis; dom 115. puellam defatigatam petisse, ut . . ; div I 104.

defectio, Abfall, Abnehmen, Schwächung, Verfinsterung: I. defectiones solis et lunae cognitae praedictaeque in omne posterum tempus, quae, quantae, quando futurae sint; nat II 153. — II. cognosco, al. f. I. defectio virium adulescentiae vitiis efficitur saepius quam senectutis; Cato 29. — III. in illa omnium barbarorum defectione; Piso 84.

defectus, Abnehmen: (lunae) forma mutatur tum crescendo, tum defectibus in initia recurrendo; nat II 50.

defendo, abwehren, schützen, vertetbigen, verschließen, vertreten, rechtfertigen, behaupten: I, 1. etsi dat ipsa lex potestatem defendendi; Milo 11. — 2. accusatoremne se existimari (vult), qui antea defendere consuerat? div Caec 70. parentes propinquique adsunt, defendunt; Ver V 108. — II, 1. quae (navis) defenderet, ne provincia spoliaretur; Ver V 59. — 2. Erillus scientiam summum bonum esse defendit; fin V 73. — III. qui sententia se defendet; inv II 122. si fuerit occasio, manu, si minus, locis nos defendemus; A V 18, 2. defensum esse iudicio absentem Quinctium; Quinct 65. potui me vi armisque defendere; sen 33. cum Stoici omnia fere illa defenderent; div I 6. f. caput. cum in eius modi causis alias scriptum, alias aequitatem defendere docentur; de or I 244. ut auctoritatem senatus, statum civitatis, fortunas civis bene meriti defenderetis; Quir 16. f. imperium. quae (leges) supplicio improbos adficiunt, defendunt ac tuentur bonos; leg II 13. tibi illud superius sicut caput et famam tuam defendere necesse erit; Ac II 119. causam nescio quam apud iudicem defendebat; Cluent 74. f. vitam. defendo multos mortales, multas civitates, provinciam Siciliam totam; div Caec 5. si hoc crimen non modo Marcelli facto, sed ne Lepidi quidem potes defendere; Ver III 212. famam: f. caput. ut hospitis salutem fortunasque defenderem; Ver II 117. f. auctoritatem. cogor non numquam homines non optime de me meritos rogatu eorum, qui bene meriti sunt, defendere; ep VII 1, 4. f. virum. cum senatus auctoritatem, populi Romani libertatem imperiumque defenderet. a quo defenderit? Phil IV 8. si is, qui non defendit iniuriam neque propulsat, cum potest, iniuste facit; of III 74. ubi defendis ius nomenque legati? Ver I 83. ut libertatem Graeciae classe defenderent; of III 48. f. imperium. Caesaris mors facillime defenditur oblivione et silentio; Phil XIII 39. mortales: f. civitates. nomen: f. ius. de civium periculis defendendis; Muren 5. provin-

ciam: f. civitates. qui rem publicam consul defendisset; dom 114. cum consul communem salutem
sine ferro defendissem; sen 34. f. fortunas. scriptum:
f. aequitatem. duae (sententiae) sine patrono, quattuor
defensae; fin V 21. statum: f. auctoritatem. vestra
tecta custodiis vigiliisque defendite; Catil II 26.
castra in agro, villa defensa est; A XIII 52, 1.
virum bonum atque integrum hominem defendimus;
Muren 14. eiusdem nunc causam vitamque defendere; Sulla 83. quae (voluptas) plurimorum patrociniis
defenditur; par 15. — IV. se a societate Punicorum
bellorum defendit; Scaur 45. f. III. imperium,
libertatem. haec vobis provincia non modo a calamitate, sed etiam a metu calamitatis est defendenda;
imp Pomp 14. qui illum solus antea de ambitu
defendisset; Sulla 6.

defensio, Verteidigung, Rechtfertigung: I, 1.
haec res amorem magis conciliat, illa virtutis
defensio caritatem; de or II 206. utriusque rei
facilis est et prompta defensio; de or I 237. ex
accusatione et ex defensione (iudiciorum ratio) constat; quarum etsi laudabilior est defensio, tamen
etiam accusatio probata persaepe est; of II 49. cum
hac spe tota defensio Sopatri niteretur; Ver II 71.
— 2. cuius tribunatus nihil aliud fuit nisi defensio
salutis meae; sen 30. — II, 1. ex isdem constitutionibus defensionem comparabit; inv II 76. cum
illa defensione usus essem, quae in libertinorum
causis honestissima semper existimata est; Cluent 52.
quae motu animi et perturbatione facta sine ratione
sunt, ea defensionem contra crimen in legitimis
iudiciis non habent; part or 43. vide, quam tibi
defensionem patefecerim, quam iniquam in socios,
quam remotam ab utilitate rei publicae, quam seiunctam a sententia legis; Ver III 193. quae a me
suscepta defensio est te absente dignitatis tuae; ep
V 8, 5. quas (defensiones) solent magistri pueris
tradere; de or II 130. — 2. quid est in hac causa,
quod defensionis indigeat? Sex Rosc 34. — 3. ut
nec testimonio fidem tribui convenerit nec defensioni
auctoritatem; Sulla 10. — 4. utor: f. 1. existimo.
— 5. consto ex: f. I, 1. est. si prius illud propugnaculum ex defensione eius deicero; Ver III
40. — III. me adductum fide atque officio defensionis;
Cluent 10. hoc uti initio ac fundamento defensionis;
Cluent 30. officium: f. fides. a me pietatis potius
quam defensionis partes esse susceptas; Sest 3. me
in possessionem iudicii ac defensionis meae constituisse;
de or 200. mihi mutanda ratio defensionis*; Tul 3.—
IV. in hac defensione capitis proponenda ratio videtur
esse; Rabir 1.

defensito, verteidigen: (Antiochus) haec non
acrius accusavit in senectute, quam antea defensi-
taverat; Ac II 69. (Fannius) causas defensitavit;
Bru 100. cuius (Calliphontis) sententiam Carneades
ita studiose defensitabat, ut . .; Ac II 39.

defensor, Verteidiger: I. Mucius, paterni iuris
defensor et quasi patrimonii propugnator sui, quid
attulit, quod . . ? de or I 244. concedit: f. dicit.
defensor debebit vitam eius, qui insimulabitur, quam
honestissimam demonstrare; inv II 35. defensor ex
contrario primum impulsionem aut nullam fuisse
dicet aut, si fuisse concedet, extenuabit; inv II 25.
si quisquam huius imperii defensor mori potest;
Balb 49. — II, 1. quem habuit ille pestifer annus
defensorem salutis meae; sen 3. horum qui voluntati
serviunt, defensores optimatium numerantur; Sest 97.
— 2. si is uti me defensore volueris; Cluent 158. —
III. ut in causis iudicialibus alia coniectura est
accusatoris, alia defensoris; div II 55. quem ad
modum accusator defensoris locis utetur; inv II 28.
certus locus est defensoris, per quem calumnia
accusatorum cum indignatione ostenditur; inv II 51.
defensoris primus locus est nominis brevis et aperta
discriptio; inv II 55. quam personam iam e coti-

diana vita cognoscitis, defensoris nimium litigiosi:
Caecin 14.

defenstrix, Beschützerin: defenstrix; Tim 52.

defero, bringen, versetzen, darbringen, übertragen, hinterbringen, anmelden, empfehlen, anzeigen, hintreiben, verschlagen: I. ad pontificem
detulisses; dom 132. — II, I. te ad || ex || me detulisse.
quid || ecquid || vellet; A XII 7, 1. — 2. defers ad
Pergamenos, ut illi reciperent in suas litteras publicas emptiones tuas; Flac 74. — 3. ad interpretem
(cursor) detulit aquilam se e in somnis visum esse
factum; div II 144. — III. quem (Platonem) cum ex
alto ignotas ad terras tempestas et in desertum litus
detulisset; rep I 29. quae (acta Dolabellae) necesse
est aliquando ad nostrum conlegium deferantur;
Phil II 83. ut id (candelabrum) in praetorium involutum quam occultissime deferrent; Ver IV 65.
qui ad nos causas deferunt; de or III 50. sese
chirographa, testificationes, indicia, quaestiones, manifestam rem deferre; Bru 277. omnia tum falsa senatus
consulta deferebantur; ep XII 29, 2. quod scribis
de beneficiis, scito a me et tribunos militares et
praefectos et contubernales dumtaxat meos delatos
esse; ep V 20, 7. epistulam ad Vestorium statim
detuli; A X 5, 2. honos tali populi Romani voluntate
paucis est delatus ac mihi; Vatin 10. indicia: f.
chirographa. qui ultro ei detulerim legationem; ep
XIII 55, 1. nomina filiorum de parricidio delata
sunt; Sex Rosc 64. ad Staienum sescenta quadraginta
milia nummum esse delata; Cluent 87. ut praedones
eodem deferrentur; Ver IV 21. praefectos: f. contubernales. cui (Gavio) cum praefecturam deferrem a
Bruti rogatu; A VI 3, 6. quaestiones: f. chirographa.
detulit rem; div I 54. f. chirographa. Ti. Gracchum
de M. Octavio deferentem sitellam; nat I 106. testificationes: f. chirographa. tribunos: f. contubernales.
te ei (Attico) nec opinanti voluntatem tuam tantam
per litteras detulisse; ep XIII 18, 1.

defervesco, verbrausen, austoben, austoben:
quae nequaquam satis defervisse; orat 107. quorum
cum adulescentiae cupiditates defervbuissent; Cael 43.
dum defervescat ira; Tusc V 78. quasi deferverat
oratio; Bru 316.

defetig — f. **defatig** —

defetiscor, ermüden, ermatten: nisi forte es
iam defessus; de or III 147. ita defessa ac refri-
gerata accusatione; Ver pr 31. aratores cultu agrorum
defessi; agr II 88. aures convicio defessae; Arch 12.

deficio, nachlassen, abnehmen, sich verfinstern,
schwinden, fehlen, abfallen, im Stiche lassen:
I. qui a re publica defecerunt; Catil I 28. ut a
me ipse deficerem; ep II 16, 1. — timendum esse, ut
et consilium et vita deficeret; div I 119. manebat
insaturabile abdomen, copiae deficiebant; Sest 110.
nisi memoria forte defecerit; fin II 44. nec postea
(oratores) defecerunt; orat 6. solem lunae opposita
solere deficere; rep I 25. deficit non voluntas, sed
spes; A VII 21, 1. vita: f. consilium. — II. si
M. Fonteium in causa deficerent omnia; Font 34.
dies me deficiet; fin II 62. quod ea me solacia
deficiunt, quae ceteris simili in fortuna non
defuerunt; ep IV 6, 1. quodsi quem illa praestantis
ingenii vis forte deficiet; orat 4. quos discentes
vita defecit; de or III 86. vox eum (Aesopum)
defecit in illo loco: „si sciens fallo“; ep VII 1, 2.
mulier abundat audacia, consilio et ratione deficitur
Cluent 184.

defigo, hineinstoßen, richten, errichten, befestigen, bestimmen: cum eum (Crassum) defixum
esse in cogitatione sensisset: de or III 17. ut
omnes vigilias, curas, cogitationes in rei publicae
salute defigeret; Phil VII 5. quod illam civibus
Romanis crucem non posset in foro defigere: Ver
V 170. curas: f. cogitationes. his locis in mente
et cogitatione defixis; de or II 175. in eo mentem

orationemque defigit; de or III 31. quod eam
(sicam) necesse putas esse in consulis corpore
defigere; Catil I 16. terra penitusne defixa sit; Ac
II 122. vigilias: f. cogitationes.

definio. abgrenzen, begrenzen, beſchränken, beſtimmen, feſtſtellen: I, 1. qui (antiqui) et definierunt
plurima et definiendi artes reliquerunt; fin IV 8. —
2. definiendum saepe est ex contrariis, saepe etiam
ex dissimilibus, saepe ex paribus; part or 41. —
II, 1. tu non definias, quo colonias deduci velis?
agr II 74. — 2. ea sic definiunt, ut, rectum quod
sit, id officium perfectum esse definiant; of I 8. —
III. illa certa fere ac definita sunt; de or II 288.
f. I, 1. II, 2. altera sententia est, quae definit
amicitiam paribus officiis ac voluntatibus; Lael 58.
cum praesertim (Epicurus) omne malum dolore
definiat, bonum voluptate; Tusc V 73. si non
totam causam, at certe nostrum iudicium definiri
convenire; ep XV 15, 1. genera esse definita non
solum numero, sed etiam paucitate; de or II 145.
quaestionum duo genera: alterum infinitum, definitum alterum. definitum est, quod ὑπόθεσιν Graeci,
nos causam; Top 79. qui imperium populi Romani
orbis terrarum terminis definisset; Sest 67. sic
definitur iracundia: ulciscendi libido; Tusc III 11.
iudicium: f. causam. nullis ut terminis circumscribat aut definiat ius suum; de or I 70. malum:
f. bonum. cum esset omnibus definita mors; Sest
47. oratio mea eis fere ipsis definietur viris, qui..;
de or III 9. eas (perturbationes) definiunt pressius;
Tusc IV 14. ut verbum illud, quod causam facit,
breviter uterque definiat; de or II 108. — IV. qui
(Diogenes) bonum definierit id, quod esset natura
absolutum; fin III 33. definiunt animi aegrotationem
opinationem vehementem ..; Tusc IV 26. ex qua
(ratione) virtus est, quae rationis absolutio definitur;
fin V 38.

definite, beſtimmt, ausbrücklich: quae (lex)
definite potestate Pompeio civitatem donandi
dederat; Balb 32.

definitio, Beſtimmung, Begriffsbeſtimmung:
I. est definitio rerum earum, quae sunt eius rei
propriae, quam definire volumus, brevis et circumscripta quaedam explicatio; de or I 189. siquidem
est definitio oratio, quae, quid sit id, de quo agitur,
ostendit quam brevissime; orat 116. definitiones
aliae sunt partitionum, aliae divisionum; Top 28.
quoniam omnium rerum una est definitio com-
prehendendi; Ac II 128. ad id totum, de quo
disseritur, definitio adhibetur, quae quasi involutum
evolvit id, de quo quaeritur; Top 9. quam vim
quaeque res habeat, definitio explicat; de or III 113.
maxime valent definitiones conglobatae; part or
55. — II, 1. adhibeo: f. I. evolvit. conglobo:
f. I. valent. non dubium est, quin definitio genere
declaretur et proprietate quadam; part or 41.
definitio primum reprehenso verbo uno aut addito
aut dempto saepe extorquetur e manibus; de or
II 109. inducere (oportebit) definitionem necessitudinis aut casus aut imprudentiae; inv II 99. cum
definitio ad unum verbum revocatur; part or 23.
tracta definitiones fortitudinis, intelleges eam
stomacho non egere; Tusc IV 53. — 2. definitione
et praeceptis definitionis uti oportebit; inv II 74.
— 3. ad definitionem pertinet ratio et scientia
definiendi; Top 87. omnis institutio debet a
definitione proficisci; of I 7. ne in definitionem
quidem venit genere scripti ipsius; part or 107. —
III. quod (genus) appellari de eodem et de altero
|| et alio || diximus, quod genus forma quaedam
definitionis est; Top 87. qui sit definitionis modus;
Top 28. praecepta: f II, 2. — IV. omnis ratio vitae
definitione summi boni continetur; Ac II 132.
si res tota quaeritur, definitione universa [vis]
explicanda est; de or II 164. si quaeratur, idemne

sit pertinacia et perseverantia, definitionibus indicandum est; Top 87. et relinquere navem et
remanere in navi, denique navis ipsa quid sit, definitionibus quaereretur; inv II 154.

definitivus, begriffsbeſtimmend, erläuternd:
nec definitiva causa potest simul ex eadem parte
eodem in genere et definitiva esse et translativa;
inv I 14. cum nominis (controversia est), quia vis
vocabuli definienda verbis est, constitutio definitiva
nominatur; inv I 10. aut infitialis aut coniecturalis
prima (defensio) appelletur, definitiva altera; Top 92.
quartum (genus) ratiocinativum, quintum definitivum
nominamus || (quartum .. nominamus) ||; inv I 17.

deflagratio, Brand, Vernichtung durch
Feuer: I. deflagrationem futuram aliquando caeli
atque terrarum; div I 111. — II. cum mea domus
ardore suo deflagrationem urbi minaretur; Planc 95.

deflagro, niederbrennen, in Flammen aufgehen, untergehen: I. fore aliquando, ut omnis hic
mundus ardore deflagret; Ac II 119. qua nocte
templum Ephesiae Dianae deflagravit; div I 47. —
II. ut gentem Allobrogum in cinere deflagrati
imperii conlocarent; Catil IV 12.

deflecto, ablenken, abweichen, abbiegen:
I. oratio redeat illuc, unde deflexit; Tusc V 80. —
II. ut quosdam amnes in alium cursum contortos
et deflexos videmus; div I 38. cum ipsos principes
aliqua pravitas de via deflexit; rep I 68. si ad
verba rem deflectere velimus; Caecin 51.

defleo, beweinen, beklagen: saepe inter nos
impendentes casus deflevimus; Bru 329. meum
discessum, quem saepe defleras; Planc 86. quae
(L. Crassi mors) est a multis saepe defleta; de or
III 9. te quasi deflevisse iudiciorum vastitatem et
fori; Bru 21.

defloresco, verblühen: qualem tu eum (Hortensium) iam deflorescentem cognovisti; Bru 317.
hae deliciae mature et celeriter deflorescunt; Cael 44.

defluo, herabfließen, herabfallen, vergehen,
übergehen: a necessariis artificiis ad elegantiora
defluximus; Tusc I 62. iam ipsae defluebant coronae;
Tusc V 62. cum quondam etiam lactis imber defluxit;
div I 98. ab amicitiis perfectorum hominum ad leves
amicitias defluxit oratio; Lael 100. ubi salutatio
defluxit; ep IX 20, 3.

defodio, vergraben: quod (aurum) esset multi-
fariam defossum; de or II 174. thensaurum || thes. ||
defossum esse sub lecto; div II 134.

deformatio, Entſtellung: quae est confectio
valetudinis, quae deformatio corporis? fr F V 81.

deformis, mißgeſtaltet, häßlich, ſchmachvoll,
entehrt: formosus an deformis (sit); inv I 35. Sardanapallus ille vitiis multo quam nomine ipso deformior; rep III fr 4. quid est foedius et deformius
quam aegritudine quis adflictus? Tusc IV 35. campus Leontinus sic erat deformis atque horridus,
ut ..; Ver III 47. in quibus si peccetur motu
statuve deformi; fin V 35. nec ulla deformior species
est civitatis quam illa; rep I 51. status: f. motus.

deformitas, Verunſtaltung, Mißgeſtalt, Häß-
lichkeit, Widrigkeit: I. me illius (Pompei) fugae
neglegentiaeque deformitas avertit ab amore;
A IX 10, 2. — II, 1. dicis deformitatem, morbum,
debilitatem mala; fin V 80. — 2. ne mala consuetudine ad aliquam deformitatem pravitatemque veniamus; de or I 156. — III diserti deformitate agendi
multi infantes putati sunt; orat 56.

deformo, entſtellen, verunſtalten: in qua
(contione) Pompeium ornat an potius deformat?
har resp 51. auctores omni facinore et flagitio deformatos habetis; Scaur 13. non vidit in omni genere
deformatam civitatem; de or III 8. parietes nudos
ac deformatos reliquit; Ver IV 122.

deformo, ſchildern: ille, quem supra deformavi,
voluntarius amicus mulieris; Caecin 14.

defraudo (defrudo) betrügen, täuschen: quem antea ne andabata quidem defraudare poteramus; ep VII 10, 2. ne brevitas defrudasse aures videatur; orat 221.

defringo, abbrechen: qui praetereuntes ramum defringerent arboris; Caecin 80. ut surculo defringendo (possessionem) occupare videantur; de or III 110.

defugio. ausweichen, sich entziehen: I. si defugerim; de or II 283 — II. nullas sibi neque contentiones neque inimicitias neque vitae dimicationes nec pro re publica nec pro me defugiendas putavit; Planc 77. te decet neque defugere eam disputationem; de or I 106. inimicitias: f. contentiones. non quo munus illud defugerem; A VIII 3, 4.

defungor. erlebigen, abmachen, loskommen: ut omni populari concitatione defungerer; Sest 74. non nulli defuncti honoribus; Planc 52. cum iam defunctos sese periculis arbitrarentur; Sex Rosc 21.

degenero, entarten, ausarten: naturale quoddam stirpis bonum degeneravisse vitio depravatae voluntatis; Bru 130. cuius utinam filii ne degenerassent a gravitate patria! prov 18.

dego. zubringen, hinbringen: inter feras satius est aetatem degere; Sex Rosc 150. quae (res) ad vitam degendam pertinerent; fin III 50.

degredior, abgehen, abschweifen (vgl. digredior): 1. saepe datur ad commovendos animos degrediendi || digr. || locus; de or II 312. — 2. alii iubent, antequam peroretur, ornandi aut augendi causa degredi || digr. || ; de or II 80. degredi || digr. || ab eo, quod proposueris atque agas, saepe utile est; de or II 311.

degressio, Abschweifung: quae (causae) plurimos exitus dant ad eius modi degressionem || digr. ||; de or II 312.

degusto, kosten, genießen, prüfen, erproben: tu velim istum convivam tuum degustes; A IV 8, a, 4. eorum, apud quos aliquid aget aut erit acturus, mentes sensusque degustet; de or II 223. qui aliquid ex eius sermone speculae degustarant; Cluent 72. visne, o Damocle, ipse eam (vitam) degustare? Tusc V 61.

dehortor, abmahnen: res ipsa me ipsum aut invitabit aut dehortabitur; Piso 94.

deicio, herabstürzen, umstürzen, vertreiben, verdrängen, entfernen, abwenden: si me aedilitate deiecissent; Ver pr 23. si vi deieci M. Claudium, dolo malo deieci; Tul 29. me pudet tam cito de sententia esse deiectum; Tusc II 14. deiectos esse populi Romani socios atque amicos; Ver III 127. dupliciter homines deiciuntur, aut sine coactis armativse hominibus aut per eius modi rationem atque vim; Caecin 92. cuius a cervicibus iugum servile deiecerant; Phil I 6. mucrones eorum a iugulis vestris deiecimus; Catil III 2. nec a re publica deiciebam oculos ex eo die; Phil I 1. quod hominibus perturbatis inanem religionem timoremque deicerat; rep I 24. socios: f. amicos. Leontinis istius in gymnasio statua deiecta est; Ver II 160. mihi videtur Σταγύλαξ ille deiectus de gradu; A XVI 15, 3. timorem: f. religionem. cum illa (vitia) sibi insita, sed ratione a se deiecta dicerat; Tusc IV 80.

deiectio. Vertreibung: qui illam vim deiectionemque tuo rogatu aut tuo nomine fecerit; Caecin 57.

deinceps, demnächst, nacheinander, der Reihe nach: I. 1. ut deinceps, qui accubarent, canerent ad tibiam clarorum virorum laudes; Tusc IV 3. ea, quae ἀκροστιχίς dicitur, cum deinceps ex primis primi cuiusque versus || primis versuum, al. || litteris aliquid conectitur; div II 111. deinceps omnibus magistratibus auspicia et iudicia dantur; leg III 27. C. Cotta, qui [tum] tribunatum plebis petebat, et P. Sulpicius, qui deinceps eum magistratum petiturus putabatur; de or I 25. deinceps fuit annus, quo ego

**consulatum petivi; Cael 10. — 2. principes sint patria et parentes, proximi liberi totaque domus, deinceps bene convenientes propinqui; of I 58. — II. sequitur deinceps cum officio selectio, deinde ea perpetua, tum ad extremum constans; fin III 20. iustissimus (rex erat), et deinceps retro usque ad Romulum; rep I 58.

deinde, dein, darauf, alsdann, sodann, von da ab, ferner, außerdem: A allein: I. dein cum otiosus stilum prehenderat; Bru 93. mancipes pecunias abstulisse, deinde ipsos sibi frumentum coëmisse; Ver III 175. panlisper commoratus est, dein profectus id temporis, cum . .; Milo 28. cur deinde Metrodori liberos commendas? fin II 96. dein cum essent perpauca inter se uno aut altero spatio conlocuti; rep I 18. quid tibi sit deinde dicendum; leg III 47. iubent exordiri ita, ut eam benivolum nobis faciamus; deinde rem narrare; post autem dividere causam; deinde contraria refutare. tum autem conclusionem orationis conlocant; de or II 80. — II. et P. Crassus eo paulo post L. Crassus magnificentissima aedilitate functus est, deinde C. Claudius App. f., multi post; of II 57. Quinti fratris domus primo fracta conlectu lapidum ex area nostra, deinde inflammata iussu Clodii; A IV 3, 2. tu eos (homines) inter se primo domiciliis, deinde coniugiis, tum litterarum et vocum communione iunxisti; Tusc V 5. primum alium, non me excogitasse, deinde huius rationis ne probatorem quidem esse me; Caecin 85. primum iudices suae potius religioni paruerunt; deinde praetores urbani numquam duxerunt; censores denique ipsi non steterunt; Cluent 121. in signo primum verum esse ostendi oportet; deinde esse rei signum proprium; deinde factum esse, quod non oportuerit; postremo scisse eum eius rei legem; inv I 81. primum qua re civis optimi bona venierint, deinde qua re hominis eius bona venierint, deinde qua re aliquanto post eam diem venierint, deinde cur tantulo venierint; Sex Rosc 130. primum Latine Apollo numquam locutus est; deinde ista sors inaudita Graecis est; praeterea Pyrrhi temporibus iam Apollo versus facere desierat; postremo hanc amphiboliam versus intellegere potuisset; div II 116. ut haec genera tollantur epistularum primum iniquarum, deinde contrariarum, tum absurde et inusitate scriptarum, postremo in aliquem contumeliosarum; Q fr I 2, 9. — B. Verbindungen: sunt deinde posita deinceps, quae habemus . .; leg III 43. ut pecuniam polliceatur, deinde eam postea supprimat; Cluent 71. primum (quaeritur), quod factum est, quo id nomine appellari conveniat; deinde eius facti qui sint principes, qui deinque auctoritatis eius comprobatores; deinde ecqua de ea re sit lex; deinde natura eius; postea homines id comprobare consuerint; et cetera, quae factum aliquid solent consequi. deinde postremo attendendum est, num . .; inv I 43. possetne uno tempore florere, dein vicissim horrere terra; nat II 19.

delabor, sinken, herabsinken, herunterkommen, herkommen, sich hinneigen, sich verirren: aut a minoribus ad maiora ascendimus aut a maioribus ad minora delabimur; part or 12. ipse cotidie mihi delabi ad aequitatem et ad rerum naturam videtur; ep VI 10, 5. Piliam in idem genus morbi delapsam; A VII 5, 1. eo magis delabor ad Clodiam; A XII 47, 1. quem ad modum ex utraque tecti parte aqua delaberetur; de or III 180. de manibus audacissimorum civium delapsa arma ipsa ceciderunt; of I 77. deus aliqui delapsus e caelo; har resp 62. illa sunt ab his delapsa plura genera; de or III 216. de caelo divinum hominem esse in provinciam delapsum; Q fr I 1, 7. a maledictis pudicitiae ad coniurationis invidiam oratio est vestra delapsa; Cael 15.

delatio, Anklage: cui potissimum delatio detur;

div Caec 10. cum in P. Gabinium L. Piso delationem nominis postularet; div Caec 64.

delectamentum. Ergötzlichkeit: inania sunt ista delectamenta paene puerorum; Piso 60.

delectatio. Unterhaltung, Vergnügen, Genuß: I. quae potest homini esse polito delectatio, cum homo imbecillus a valentissima bestia laniatur? ep VII 1, 3. — II, 1. quae (fabulae) delectationis habeant, quantam voles; div II 113. si ex his studiis delectatio sola peteretur; Arch 16. — 2. qui se delectationi natos arbitrantur; Sest 138. — 3. concinnam (orationem) non posse in delectatione esse diuturna; de or III 100. philosophiae studium mihi sumo ad delectationem animi; Ac I 7. — III. quamquam plenae disputationes delectationis sunt; Tusc III 81. — IV. alqd: §. II, 1. — V. satiari delectatione non possum; Cato 52.

delecto, anziehen, fesseln, unterhalten, erfreuen, ergötzen: I, 1. docere debitum est, delectare honorarium; opt gen 3. — 2. non tam utilitas parta per amicum quam amici amor ipse delectat; Lael 51. placuit oppidum; regio delectavit; Flac 72. — II. ut ab altero non delectere, alterum oderis; orat 195. dum praediis lectis, familiis magnis, conviviis apparatis delectantur; Catil II 20. res familiaris sua quemque delectat; Quir 3. quodsi studia Graecorum vos tanto opere delectant; rep I 30. in hoc admodum delector; leg II 17. non tam ista me sapientiae fama delectat, falsa praesertim, quam, quod spero ..; Lael 15. Hermae tui Pentelici iam nunc me admodum delectant; A I 8, 2. quod nulla utilitate obiecta delecentur animi; fin V 50. quid, quod homines infima fortuna, opifices denique delectantur historia? fin V 52. regem primo delectatum esse munere; Ver IV 103. ut adulescentibus bona indole praeditis sapientes senes delectantur; Cato 26. cum a malo (oratore vulgus) delectatur; Bru 193.

delectus f. **dilectus.**

delegatio, Zahlungsanweisung: nomen illud, quod a Caesare, tres habet condiciones, aut emptionem ab hasta aut delegationem a mancipe annua die aut Vettieni condicione semissem; A XII 3, 2.

delego, überweisen, übertragen, zuschreiben: quae nunc ad me delegare vis; de or II 125. Quinto delegabo, si quid superabit; A XIII 46, 4. si hoc crimen optimis nominibus delegare possumus; Font 18.

delenio (delinio), beschwichtigen, gewinnen: cum virtuti nuntium remisisti delenitus inlecebris voluptatis; ep XV 16, 3. alter item adfinis novis commentariis Caesaris delenitus est; ep XII 2, 2. quibus (rebus) illa aetas capi ac deliniri potest; Cluent 13. tn gubernacula rei publicae petas deleniendis animis? Muren 74. epulis multitudinem imperitam delenierat; Phil II 116. ad multitudinem deliniendam; of II 56.

delenitor, Gewinner: cuius (iudicis) delenitor esse debet orator; Bru 246.

deleo, tilgen, auslöschen, beendigen, vernichten, zu Grunde richten: I. iam scripseram, delere nolui; A XV 4, 3. sin autem (supremus dies) perimit peremit § ac delet omnino; Tusc I 117. — II. senatus auctoritate deleta; dom 130. qui (Scipio) non modo praesentia, sed etiam futura bella delevit; Lael 11. ceris deletis; fr E IX 3. si iste hanc unam domum sibi delendam putavit; dom 143. quas (epistulas) ego lacrimis prope delevi; ep XIV 3, 1. homines iam morte deletos reponere in deos; nat I 38. se tantum imperium posse delere; Sulla 28. cum tabulas prehendisset Opianicus, digito legata delevit; Cluent 41. omnem memoriam discordiarum oblivione sempiterna delendam censui; Phil I 1. in ea (patria) funditus delenda; of I 57. ne deleri et everti rem publicam funditus velles; Phil II 52. Marius reditu suo senatum cunctum paene delevit;

sen 38. delet (simulatio) veritatem; Lael 92. inita sunt consilia urbis delendae; Muren 80.

deletrix, Zerstörerin: tum est illa in templo Castoris scelerata et paene deletrix huius imperii sica depressa; hac resp 49.

deliberatio, Erwägung, Überlegung, Beratung: I. cum deliberatio et demonstratio neque ipsae similes inter se sint et ab iudiciali genere plurimum dissideant; inv I 12. deliberatio et demonstratio genera sunt causarum; inv I 12. placeat oportet demonstrationem et deliberationem non esse constitutionem nec partem constitutionis; inv I 13. — II, 1. habet res deliberationem; A VII 3, 3. inciditur omnis deliberatio, si intellegitur non posse fieri aut si necessitas adfertur; de or II 336. si quid effici non potest, deliberatio tollitur; part or 83. —. 2. magnae est deliberationis, quae ratio sit ineunda nobis; ep IV 6, 3. — 3. quod in deliberationem cadit; of I 9. hoc genus in deliberationibus maxime versabitur; inv I 96. — III. hoc ex locis deliberationis tractari oportebit; inv II 76. — IV. in iudiciis, quid aequum sit, quaeritur, in demonstrationibus, quid honestum, in deliberationibus, ut nos arbitramur, quid honestum sit et quid utile; inv II 12.

deliberativus, erwägend, überlegend, beratend: I. non deliberativum est; inv II 110. et demonstrativa et deliberativa et iudicialis causa; inv II 12. demonstrativum (genus) est, quod tribuitur in alicuius certae personae laudem aut vituperationem; deliberativum, quod positum in disceptatione civili habet in se sententiae dictionem; inv I 7. deinceps in deliberativum genus et demonstrativum argumentandi locos et praecepta dabimus; inv II 155. in deliberativo (genere finem esse) Aristoteli placet utilitatem, nobis et honestatem et utilitatem; in demonstrativo honestatem; inv II 156.

delibero, erwägen, überlegen, beraten, sich entscheiden: I, 1. deliberandi finis (est) utilitas; Top 91. cum coram tantum mihi potestas deliberandi non esset; A VIII 3, 1. — 2. est in deliberando finis utilitas; part or 83. — II, 1. si tecum olim coram potius quam per litteras de salute nostra fortunisque deliberavissem; A XI 3, 1. — 2. ut saltem deliberare plebes Romana possit, quid intersit sua; agr II 66. — 3. mihi deliberatum est abesse ex ea urbe; A XV 5, 3. — III. neque illi quicquam deliberatius fuit quam me evertere; ep V 2, 8. rem a me saepe deliberatam; Ac I 4.

delibo, entnehmen, abnehmen: I. nonne de sua gloria delibari putent? inv II 114. — II. quod sit in praesentia de honestate delibatum; inv II 174. quin ex universa mente delibatos animos haberemus; Cato 78. ut omnes undique flosculos carpam atque delibem; Sest 119.

delibuo, bestreichen, salben: qui (Octavius) multis medicamentis propter dolorem artuum delibutus (erat); Bru 217. composito et delibuto capillo; Sex Rosc 135.

delicate, fein, üppig, gemächlich: ubi (philosophia) recubans molliter et delicate nos avocat a rostris; de or III 63. quam sit turpe delicate ac molliter vivere; of I 106.

delicatus, fein, elegant, üppig, schlüpfrig, weichlich: ut Crassus ab adulescente delicato exorsus est; Bru 197. de illo delicato convivio; A II 14, 1. cum haberet filium delicatiorem; de or II 257. odia illa libidinosae et delicatae iuventutis; A I 19, 8. in illo delicatissimo litore; Ver V 104. quanto molliores sunt et delicatiores in cantu flexiones et falsae voculae quam certae et severae! de or III 98. quod (bonum) sit seiunctam a delicatis et obscenis voluptatibus; nat I 111.

deliciae, Wonne, Lust, Galanterien, Liebhaberei, Prunk, Anspruch, Liebling: I, 1. deliciae tuae, noster Aesopus, eius modi fuit, ut .. ; ep VII

1, 2. hae deliciae, quae vocantur, numquam hunc occupatum tenuerunt; Cael 44. 2. quae cenae! quae deliciae! A XII 2, 2. f. II, 1. — II, 1. ecce aliae deliciae equitum vix ferendae! quas ego non solum tuli, sed etiam ornavi; A I 17, 9. voco: f. I, 1. -- 2. longissime ipsi (Herodotus Thucydidesque) a talibus deliciis vel potius ineptiis afuerunt; orat 39. (publicanos) habeo in deliciis, obsequor, verbis laudo, orno; A VI 1, 16. — III, 1. multarum deliciarum comes est extrema saltatio; Muren 13. -- num ullam cogitationem habuisse videantur ii supellectilis ad delicias; par 10.

deliciolae, trauter Liebling: Tulliola, deliciolae nostrae, tuum munusculum flagitat; A I 8, 3.

delictum, Vergehen, Fehler: I. omne delictum scelus esse nefarium; Muren 61. — II, 1. multa magna delicta compressi; A X 4, 6. quibus maiora concessa delicta sint; inv II 107. — 2. ut pudor cives non minus a delictis arceret quam metus; rep V 6. — III. ut nullius in delicti crimen vocaretur; Balb 5. eius delicti veniam petit; Muren 62. — IV, 1. homines sapientes delicto suo, non aliorum iniuria commoveri; ep V 17, 5. — 2. si poenas a populo Romano ob aliquod delictum expetiverunt; Marcel 18.

deligo, anbinden: ut civis Romanus deligatus in foro virgis caederetur; Ver V 163.

deligo (delego f. IV), auswählen, auserwählen, wählen: I. si vobis ex omni populo deligendi potestas esset data; agr II 23. — II, 1. quod tempus a natura ad deligendum, quam quisque viam vivendi sit ingressurus, datum est; of I 118. — 2. si deligere potuisses, ut potius telis tibi Gallorum quam periuriis intereundum esset; Font 49. — III. ut non nuntios pacis ac belli, non oratores, non interpretes, non bellici consilii auctores, non ministros muneris provincialis senatus more maiorum deligere posset? Vatin 35. ut de imperatore ad id bellum deligendo dicendum esse videatur; imp Pomp 27. imperator est deligendus || dil. ||; Phil XI 16. interpretes, al.: f. auctores. delecta || dil. || iuventus; Milo 67. haec in deligendo officio saepe inter se comparentur necesse est; of I 152. ain altera est utra via prudentiae deligenda; rep III 6. idemne delecti ex amplissimis ordinibus honestissimi viri iudicabunt? Muren 83. ille (Zeuxis) quinque (virgines) delegit; inv II 3. — IV. deligere || delegere || iterum consul absens; rep VI 11.

delino, verderben, vernichten: tuli moleste, quod litterae delitae mihi a te redditae sunt; fr E X 1.

delinquo, sich vergehen, verschulden: I. hac quoque in re eum deliquisse; inv II 33. quod (philosophus) artem vitae professus delinquit in vita; Tusc II 12. — II. haec, quae deliquerit; inv II 106. ut magis in aliis cernamus quam in nobismet ipsis, si quid delinquitur; of I 146.

deliquesco, zerfließen: ut nec alacritate futtili gestiens deliquescat; Tusc IV 37.

deliratio, Wahnwitz: quae (senilis stultitia) deliratio appellari solet; Cato 36.

deliro, wahnwitzig sein, faseln: mentiri Xenophontem an delirare dicemus? div I 53. in extis totam Etruriam delirare; div I 35. summos viros desipere, delirare, dementes esse; nat I 94.

delirus, aberwitzig, schwachsinnig: quae est anus tam delira? Tusc I 48. multos se deliros senes saepe vidisse; de or II 75.

delitisco (delitesco), sich verbergen, verstecken: qui (Arcesilas) in eorum auctoritate delitesceret, || delitisceret ||, qui . .; Ac II 15. ut (bestiae) in cubilibus delitiscant; nat II 126. delituit (homo) in quadam cauponula; Phil II 77. ista serpens, quae tum hic delitiscit, tum se emergit; har resp 55.

delphinus, Delphin: gubernatores cum viderunt

delphinos se in portum conicientes; div II 145. praesto est, qui excipiat, delphinus, ut Arionem; Tusc II 67.

delubrum, Tempel, Heiligtum: I, 1. in qua urbe imperatores Musarum delubra coluerunt; Arch 27. Fontis delubrum Maso ex Corsica dedicavit; nat III 52. vidimus eius (Hecatae) aras delubraque in Graecia; nat III 46. — 2. Alexander in Cilicia deposuisse apud Solenses in delubro pecuniam dicitur; leg II 41. — II. an templorum et delubrorum religiones ad honorem deorum constitutae sint; dom 119.

deludo, hinhalten, täuschen: deludi vosmet ipsos diutius a tribuno plebis patiemini? agr II 79.

delumbo, lähmen: ut nec minutos numeros sequens concidat delumbetque sententias; orat 231.

demens, des Verstandes beraubt, unsinnig, töricht: quis tam demens, ut sua voluntate maereat? Tusc III 71. quid te aut fieri aut fingi dementius potest? dom 76. homo demens maluit . .; rep I 1. est ille plenus dementissimae temeritatis; har resp 55.

dementer, unsinnig: tam dementer tantae res creditae barbaris numquam essent; Catil III 22.

dementia, Torheit, Wahnsinn: I, 1. quae tanta dementia est, ut . .? div II 94. — 2. insanitas quaedam (animi), quae est insania eademque dementia; Tusc III 10. — II. hic ira dementiaque inflammatus; Phil XII 26. a dis quae potest homini maior esse poena furore atque dementia? har resp 39.

demergo, eintauchen, untertauchen, versenken: (C. Marius) expulsus, egens in palude demersus; fin II 105. est animus caelestis quasi demersus in terram; Cato 77. quamvis sint demersae leges alicuius opibus, emergunt tamen; of II 24. in profundo veritatem esse demersam; Ac I 44.

demeto, abmähen: (Galli) armati alienos agros demetunt; rep III 15. demetendis fructibus; Cato 70.

demeter f. **dimeter.**

demigro, auswandern, wegziehen, abgehen: vetat dominans ille in nobis deus iniussu hinc nos suo demigrare; Tusc I 74. nec tamen ego de meo statu demigro; A IV 18, 2. demigraturos in illa loca nostros homines; agr II 42.

deminuo, vermindern, schmälern, berauben: qui amici non sunt deminuti; Top 29. nihil potest de tutela legitima nisi omnium tutorum auctoritate deminui; Flac 84. ne quid de bonis deminuereat; Q fr I 2, 10. neque vectigalia solum, sed etiam imperium populi Romani huius domesticis nundinis deminutum est; Phil II 92. deminuendi || dim. devitandive incommodi causa; inv II 18. distributione partium ac separatione magnitudines sunt artium deminutae || dim. ||; de or III 132. vectigalia: f. imperium.

deminutio, Verminderung, Verlust: I. quo animo libertatis vestrae deminutionem || dim. || ferre possitis; agr II 16. non queror deminutionem || dim. vectigalium; agr I 21. — II. quod multari imperatorem deminutione provinciae contumeliosum est; prov 38. lunam accretione et deminutione luminis quasi fastorum notantem dies; Tusc I 68.

demiror, sich wundern: 1. in quo demiror, cur Milonem impulsu meo rem illam egisse dicas; Phil II 49. — 2. me tibi liberum non visum demiror; ep VII 27, 2. nihil te ad me postea scripsisse demiror; ep VII 18, 4.

demisse, demütig: cum humiliter demisseque sentiret; Tusc V 24. me tueor, ut oppressis omnibus non demisse, ut tantis rebus gestis parum fortiter; A II 18, 3.

demissio, Beugung: cadere in eundem timorem et infractionem animi et demissionem; Tusc III 14.

demitigo, zur Milde stimmen: nosmet ipsi,

qui Lycurgei a principio fuissemus, cotidie demitigamur; A I 13, 3.

demitto, demissus, herablaſſen, ſenſen, ſinſen laſſen, herabſtimmen, part. niedergeſchlagen, verzagt, beſcheiben: quae proborum, demissorum, non acrium, non pertinacium sunt; de or II 182. cum me in res turbulentissimas infidelissimis sociis demisissem ‖ demissum ‖; ep IX 1, 2. si me in Ciliciam demisissem; ep XV 4, 4. demittamne me penitus in causam? A VII 12, 3. quem post reditum dictitant fracto animo et demisso fuisse; ep I 9, 16. tum demissi populo fasces; rep I 62. (vocis genus) demissum et haesitans et abiectum; de or III 218. illam usque ad talos demissam purpuram; Cluent 111. eo rem demittit Epicurus; Ac II 79.

demo, abnehmen, wegnehmen, abziehen: quanto aut addito aut dempto; Ac II 92. accusatione alterius et culpae depulsione dempta; inv II 90. demit de capite medimna DC; Ver III 77. Publicola secures de fascibus demi iussit; rep II 55. se nullum bonum intellegere posse demptis corporis voluptatibus; Piso 69.

demolior, herabnehmen, abbrechen, niederreißen: (Mercurium) demoliendum curavit Demetrius; Ver IV 92. in pariete communi demoliendo; Top 22. illam porticum redemptores statim sunt demoliti; A IV 2, 5. signum ut demolirentur; Ver IV 84.

demolitio, Abnehmen, Niederreißen: I. quod eorum (signorum) demolitio pardifficilis videbatur; Ver IV 110. — II. dum ea demolitio fieret; Ver II 161.

demonstratio, Angabe, Darlegung, Beweis, Beweisführung (ſ. **deliberatio,** I. II, 1. IV): I. huius generis demonstratio est et doctrina ipsa vulgaris: de or III 209. — II. quam multae demonstrationes, quem ad modum quidque fiat. (conquisitae et conlectae sunt)! fin IV 13. — III. gestus universam rem et sententiam non demonstratione, sed significatione declarans; de or III 220.

demonstrativus, hinzeigend, darlegend, beweiſend: ſ. **deliberativus.**

demonstrator, Angeber: Simonides dicitur demonstrator unius cuiusque sepeliendi fuisse; de or II 353.

demonstro, bezeichnen, zeigen, darlegen, beweiſen, nachweiſen: I. 1. ars demonstrat tantum, ubi quaeras: de or II 150. — 2. cum demonstratur aliqua fortunae vis voluntati obstitisse; inv II 36. quibus ex locis culpa demonstrabitur esse in eo; inv II 137. — 3. mihi Fabius idem demonstravit te id cogitasse facere; ep III 3, 2. — II. per quem (locum) aequitas causae demonstretur; inv II 138. si pollicebimur nos brevi nostram causam demonstraturos; inv I 23. impudentiam demonstrare eorum, qui ..; inv II 81. demonstrabo iter; Catil II 6. Spurinna, cum ei rem demonstrassem, magnum periculum summae rei publicae demonstrabat, nisi ..; ep IX 24, 2. quaere, quorum (deorum) demonstrentur sepulcra in Graecia; Tusc I 29. — III. (adversariorum descriptio) infirmabitur, si falsa demonstrabitur; inv II 54.

demorior, verſterben: nostri familiares fere demortui; A XVI 11, 7. cum esset quidam senator demortuus; Ver III 124.

demoror, aufhalten: ne diutius vos demorer: de or II 235.

demoveo, entfernen, verdrängen, vertreiben, abwälzen: qui (Q. Metellus) de civitate maluit quam de sententia demoveri; Sest 101. vigilantem consulem de rei publicae praesidio demovere ‖ dim. ‖ volunt; Muren 82. cum ab aliis culpam demovebit dim. ‖; inv II 28. remotio criminis est, cum eius intentio facti, quod ab adversario infertur, in alium aut in aliud demovetur ‖ dim. ‖; inv II 86. odium a nobis ac nostris demovere ‖ dim. ‖; de or II 208.

Rullus exstitit, qui ex ea possessione rem publicam demoveret; agr II 81.

demum. gerabe, eben, erſt: id demum aut potius id solum esse miserum, quod turpe sit; A VIII 8, 1. nunc demum rescribo iis litteris; A XVI 3, 1. tum demum mihi procax Academia videbitur, si ..; nat I, 13.

demutatio, Veränderung, Entartung: est maritimis urbibus etiam quaedam corruptela ac demutatio morum; rep II 7.

denarius, Denar: I. (Octavianus) quingenos denarios dat; A XVI 8, 1. — II. ecquae spes sit denarii, an cistophoro Pompeiano iaceamus; A II 6, 2. — III. praetor Antonius denariis III aestimavit; Ver III 215.

denego, verſagen, abſchlagen, verweigern: I. qui (Aquilius) denegavit; A I 1, 1. potest mihi denegare occupatio tua; ep V 12, 2. — II. ut ei nihil a natura denegatum videatur; de or II 126. tibi quemquam bonum non salutem, verum honorem denegaturum? Flac 102. senatus frequens divinus fuit in supplicatione Gabinio deneganda; Q fr II 6, 1.

deni, je zehn: A. pueri annorum senum septenumque denum; Ver II 22. in iugera dena discribat; agr II 79. qui sestertia dena meritasset; Ver III 119. — B. cum deni creentur; leg III 24.

denicales, Totenfeſt: nec denicales, quae a nece appellatae sunt, quia residentur mortuis mortui ‖, feriae nominarentur, nisi ..; leg II 55.

denique, endlich, zuletzt, überhaupt, kurz: I. Reihenfolge: nisi tu ei signa doloris tui verbis, sententiis, voce, vultu, conlacrimatione denique ostenderis; de or II 190. non gratia, non cognatione, non aliis recte factis, non denique aliquo mediocri vitio; Ver pr 47. si humano modo, si usitato more, si denique uno aliquo in genere peccasset; Ver II 9. nihil se testibus, nihil tabulis, nihil aliquo gravi argumento comperisse, nihil denique causa cognita statuisse; Cluent 126. quis cum senator appellavit? quis salutavit? quis denique ita aspexit ut ..? Catil II 12. ut me aut otium meum abstraxerit aut voluptas avocarit aut denique somnus retardarit; Arch 12. hos ludos servi fecerunt, servi spectaverunt, tota denique hoc aedile servorum Megalesia fuerunt; har resp 24. ut venenum, ut insidias, facinus denique ipsum ut manifesto comprehenderetur; Cael 64. cum a summis, mediis, infimis, cum denique ab universis hoc idem fit; Phil I 37. is enim denique honos mihi videri solet qui ..; ep X 10, 1. — II. Zeit: ei (operarii) denique illud (signum) sustulerunt; Ver IV 77. post biennium denique appellas; Quinct 41. tantum accessit, ut mihi nunc denique amare videar, antea dilexisse; ep IX 14, 5. tum denique poterit aliquid cognosci et percipi; fin I 64.

demoto, bezeichnen: qui uno nuntio cives Romanos omnes necandos trucidandosque denotavit; imp Pomp 7.

dens, Zahn: bona dicantur necesse est: candiduli dentes, venusti oculi, color suavis; Tusc V 46. praefectum regium dentes eburneos e fano sustulisse; Ver IV 103. auro dentes vincti ‖ iuncti ‖; leg II 20.

dense, dicht, häufig: quod eluceat aliquando, idem apud alios densius, apud alios fortasse rarius; orat 7.

densus, dicht, gewaltig: ubi illae sunt densae tensae ‖ dexterae? A VII 1, 4. cum mane me in silvam abstrusi densam et asperam; A XII 15. cernes vestitus densissimos montium; nat II 161. quod vis caloris hieme sit ‖ fit ‖ densior; nat II 25.

dentatus, mit Zähnen, gezähnt: charta dentata res agetur; Q fr II 14, 1. aduncam ex omni parte dentatam serrulam; Cluent 180.

denudo, entblößen: ne denudetur a pectore; Ver V 32. vide, ne, dum novo et alieno ornatu velis

24*

ornare iuris civilis scientiam, suo quoque eam concesso et tradito spolies atque denudes; de or I 235.

denuntiatio, Ankündigung, Androhung: I. quae est ista a deis profecta significatio et quasi denuntiatio calamitatum? div II 54. — II. posteaquam in istam accusandi denuntiationem ingressus es; Muren 46.

denuntio, anzeigen, zumuten, ankündigen, androhen: I, 1. cur de isto potius fundo quam de alio Caecinae denuntiabas? Caecin 95. — 2. denuntiatum est, ne Brutum obsideret; Phil XII 11. — 3. ut a deo denuntiatum videatur, ut exeamus e vita; Tusc I 118. — II. plus aliquanto attulisti, quam tibi erat attributum a nobis ac denuntiatum; de or III 144. nec mihi ille iudicium populi nec legitimam aliquam contentionem nec disceptationem aut causae dictionem, sed vim, arma, exercitus, imperatores, castra denuntiabat; Sest 40. genus illud interitus quasi denuntiatum nobis ab Antonio; A XV 20, 2. imperatores, al.: f. arma. denuntiabitur commune insidiarum periculum; part or 121. quid erat aliud nisi denuntiare populo Romano servitutem? Phil V 21. βοώπιδος nostrae consanguineus non mediocres terrores iacit atque denuntiat; A II 23, 3. quibus ego testimonium denuntiavi; Ver II 65.

denuo, von neuem: censa denuo est; Ver II 139.

deonero, entlasten: cum ex illius invidia deonerare aliquid et in te traicere coeperit; div Caec 46.

deorsum, deorsus, abwärts: naturis his || iis || sursus deorsus, ultro citro commeantibus; nat II 84. haec aut pondere deorsum aut levitate [in] sublime ferri; nat II 44. † sed multum ea philosophia sursum deorsum; A V 10, 5.

depasco. abweiden, einschränken: a pecore eius depasci agros publicos; de or II 284. quae (luxuries) stilo depascenda est; de or II 96. depasci veterem possessionem Academiae ab hoc acuto homine non sinemus; leg I 55.

depeciscor, einen Vertrag schließen, aus bedingen, abmachen: I. cur non honestissimo (periculo) depecisci velim? A IX 7, 3. — II. imperator depectus est cum iis (hostibus), ut arma relinqueret; inv II 72. — ipse tria praedia sibi depectus est; Sex Rosc 115.

depeculator. Plünderer: I. adduxi depeculatorem aerarii; Ver pr 2. — II. (incusationem) in depeculatorem; de or III 106.

depeculor, ausplündern: ut peccatum est fana depeculari; fin III 32. qui laudem honoremque familiae vestrae depeculatus est; Ver IV 79.

depello, hinabstoßen, vertreiben, verdrängen, beseitigen, entfernen, abwenden: non de spe conatuque depulsus; Catil II 14. quos ne depellere quidem a se sine ferro potuit res publica; leg II 20. depulsum (bellum est) ex Italia; ep VI 6, 6. depulsum et quasi detrusum cibum; nat II 135. depellendi aut ulciscendi doloris gratia; patr or 42. quorum ego a |templis flammam depuli; dom 144. nisi iam ratio ipsa depulisset omnes molestias; ep II 16, 1. ut multa tam gravis T. Mario depelleretur: ep V 20, 4. his depulsis urbis periculis; Catil III 16.

dependo, zahlen, erleiden: I. mi || mihi abiurare certius est quam dependere; A I 8, 3. — II. omnes fere rei publicae poenas aut praesenti morte aut turpi exsilio dependerunt; Sest 140.

deperdo, verderben, verlieren, einbüßen: cum de inre civitatis nihil potuerit deperdere; Caec 102. qui non solum bona, sed etiam honestatem miseri deperdiderunt; prov 11. (Calvus) verum sanguinem deperdebat; Bru 283.

depereo, umkommen, verloren gehen: enitere, ut scida ne qua depereat; A I 20, 7. si is (servus) deperisset; Top 15.

depingo, darstellen, schildern, vorstellen: quaedam nimium depicta; orat 39. cum mens nostra quidvis videatur cogitatione posse depingere; nat I 39. quem ad modum vitam huiusce depinxeris; Sex Rosc 74.

deploro, klagen, beklagen, beweinen: I. ut iis ne deplorare quidem de suis incommodis liceat; Ver II 65. f. II. alqd. — II. illa, quae de altero deplorentur; de or II 211. amorem, al.: f. incommodum. cur his deplorandae calamitatis adimis potestatem? div Caec 21. per quem (locum) unum quodque deploratur incommodum, ut in morte filii pueritiae delectatio, amor, spes, solacium, educatio; inv I 107. Theophrastus interitum deplorans Callisthenis; Tusc III 21. (Quintus frater) ita deplorat primis versibus mansionem suam, ut quemvis movere possit; A II 16, 4.

depono, niederlegen, in Verwahrung geben, endigen, aufgeben, verzichten: si is, qui apud te pecuniam deposuerit, bellum inferat patriae, reddasne depositam? of III 95. te aedificationem deposuisse: ep XIII 1, 5. (Antonius) arma deponat; Phil V 3. Alexandrina causa videtur ab illo (Pompeio) plane esse deposita; ep I 5, b, 1. cuius in sermone et suavitate omnes curas doloresque deponerem; ep IV 6, 2. tu modo ineptias istas et desideria urbis depone; ep VII, 6, 1. dolores: f. curas. ea (gloria) non delectari totamque abicere atque deponere; de or II 210. consules summum imperium statim deponere (maluerunt); nat II 11. ineptias: f. desideria. depositis inimicitiis; Phil I 31. nec prius, quam nostrum negotium aut confecerimus aut deposuerimus; A VII 5, 5. Q. Metellus omnia privata odia deposuit; sen 25. ut omnem offensionem suspicionis deponeres; ep XIII 24, 2. ut ascriberem te in fano pecuniam iussu meo deposuisse: ep V 20, 5. f. alqd. ego provinciam Galliam in contione deposui; Piso 5. eas (rationes) nos Apameae deponere cogitabamus; ep II 17, 4. nec pristinum dicendi studium deponere; Tusc I 7.

depopulatio, Verwüstung, Plünderung: I. cuius praetura urbana aedium sacrarum fuit publicorumque operum depopulatio; Ver pr 12. — II. qui depopulationem meis omnibus tectis atque agris intulerunt; har resp 3.

depopulor, verwüsten, verheeren: ne agros depopuletur; Phil V 27. quibus in provincia multas domos, plurimas urbes, omnia fana depopulatus est; Ver pr 12.

deporto, hinbringen, davontragen, hinschaffen. Itefern, mitbringen: mihi placebat, si firmior esses, ut te Leucadem deportares; ep XVI 5, 1. nihil ex ista provincia potes, quod iucundius sit, deportare; ep VII 15, 2. f. pecuniam. ut omne (caelatum argentum) statim ad mare ex oppido deportaretur; Ver IV 51. te non cognomen solum Athenis deportasse, sed humanitatem et prudentiam intellego; Cato 1. quas ego litteras obsignandas publico signo deportandasque curavi; Ver IV 140. quantum pecuniae Malleoli deportavit; Ver I 92. prudentiam: f. cognomen. signa, tabulas in hortos Pompei deportavit; Phil II 109.

deposco, verlangen, fordern, sich ausbedingen, die Auslieferung fordern: I. hunc etiamsi tota Asia deposcit ad supplicium; Flac 5 (§. 33). qui sibi gubernacula patriae depoposcerunt; Sest 99. ipse aequalem aetatis suae memoriam deposcit; leg I 8. qui has sibi partes depoposcit; Scaur 31. — II. qui Cn. Pompeium interficiendum depoposcit; dom 13.

depravatio, Entstellung, Verunstaltung: I. quanta illa depravatio et foeditas turpificati animi debet videri! of III 105. tertium (genus), oris depravatio, non [digna] nobis; de or II 252. —

II. defensor depravatione verbi sese urgeri queratur; part or 127.

depravo, entſtellen, verunſtalten, verderben, verführen: alter indulgentia videlicet nostra depravatus; A X 4, 5. quamvis (bestiae) depravatae non sint, pravae tamen esse possunt; fin II 33. tam depravatis moribus; Q fr I 1, 19. eas (disciplinas) ipsam depravare naturam; fin III 11.

deprecatio, Fürſprache, Entſchuldigung, Abbitte: I. deprecatio est, cum et peccasse et consulto peccasse reus se confitetur et tamen, ut ignoscatur, postulat; quod genus perraro potest accidere; inv I 15. deprecatio est, in qua non defensio facti, sed ignoscendi postulatio continetur; inv II 104. — II, 1. adgrediar ad crimen cum illa deprecatione, qua mihi saepius utendum esse intellego; Cluent 8. — 2. contineo in: ſ. I. — III. ad eius facti deprecationem ignoscendi petenda venia est; part or 131. cum: ſ. II, 1.

deprecator, Verzeihung, Gnade erbittend, Fürſprecher: I, 1. omnes Achaici deprecatores in Africam dicuntur navigaturi; A XI 14, 1. — 2. te ipso deprecatore; ep XV 15, 2. — II. Quintus misit filium non solum sui deprecatorem, sed etiam accusatorem mei; A XI 8, 2. deprecatorem me pro illius periculo praebeo; ep II 13, 2. — III. me rogando deprecatoris suscepturum officia atque partes; ep III 10, 1.

deprecor, Fürbitte einlegen, um Gnade bitten, erflehen, durch Bitten abzuwenden ſuchen: I. erit isdem aequitatis sententiis contra acerbitatem verborum deprecandum; part or 137. — II, 1. civis a civibus deprecarer, ne civem dederetis; Flac 24. — 2. quo minus ambo una necaremini, non deprecarere || deprecarere ||? fin II 79. — 3. nec deprecaturi sumus, ut crimen hoc nobis condonetis; Milo 6. — III. te adsiduae lacrimae C. Marcelli, fratis optimi, deprecantur; ep IV 7, 6. omnia me semper pro amicorum periculis, nihil umquam pro me ipso deprecatum; de or II 201. paululum equidem de me deprecabor; de or III 74. cum (Q. Catulus) sibi non incolumem fortunam, sed exitum || exsilium || et fugam deprecaretur; de or III 9. ut innocentissimi civis mortem ac sanguinem deprecaretur; Ver V 125. cum ad fratris salutem a populo Romano deprecandam venisset; Sest 76. sanguinem: ſ. mortem. quam multorum hic vitam est a L. Sulla deprecatus! Sulla 72.

deprehendo, antreffen, ergreifen, auffangen, entdecken, überraſchen: I. nec deprehendetur manifesto, quid a nobis de industria fiat; orat 219. — II. deprehensum me video; de or I 207. in facinore manifesto deprehensus; Bru 241. cuius ego facinora oculis prius quam opinione, manibus ante quam suspicione deprehendi; Cael 14. deprehensis atque oppressis domesticis hostibus; Sest 11. hac re comperta manifestoque || manifesteque || deprehensa; Cluent 48. propter vim sceleris manifesti atque deprehensi; Catil III 11. ante senatum tua sica deprehensa est; par 31. cuius in manibus venenum deprehenderat; Cluent 49.

deprehensio, Ergreifung: accusatio manifesta veneni deprehensione conclusa est; Cluent 50.

deprimo, niederdrücken, ſenken, in den Grund bohren: est animus caelestis ex altissimo domicilio depressus et quasi demersus in terram; Cato 77. depressa hostium classis; Arch 21. terram ea iam et maria deprimet; fin V 92. navem ceperunt onere uno depressam; Ver V 63. altero ad frontem sublato, altero ad mentum depresso supercilio; Piso 44. terram: ſ. maria. saepe multorum improbitate depressa veritas; Cluent 183.

depromo, hervorholen, entnehmen, entlehnen: e quibus locis quasi thesauris argumenta depromerentur; fin IV 10. me ex intima nostra arte

deprompturum mirificum genus commendationis; ep XIII 6, 3. numerus non domo depromebatur; orat 186. ut in rerum privatarum causis depromenda saepe oratio est ex iure civili; de or I 201. pecuniam ex aerario depromptam; imp Pomp 37.

depso, fneten: „batuit", inquit, impudenter, „depsit" multo impudentius; ep IX 22, 4.

depugno, kämpfen, bis zur Entſcheidung kämpfen: I, 1. Aiax cum Hectore congrediens depugnandi causa; fr F VIII 9. — 2. ante depugnabitur; A XVI 11, 6. — II. ter depugnavit Caesar cum civibus; Phil II 75. cum (sapiens) sibi cum capitali adversario, dolore, depugnandum videret; fin IV 31.

depulsio, Zurückwerfen, Abwehr: I. in hac intentio est criminis: „occidisti". depulsio: „non occidi"; inv II 15. quae causa iustior est belli gerendi quam servitutis depulsio? Phil VIII 12. — II. constitutio est prima conflictio causarum ex depulsione intentionis profecta, hoc modo: „fecisti". „non feci", aut: „iure feci"; inv I 10. — III. supina etiam ora cernuntur depulsione luminum; Tim 49.

depulsor, Zerſtörer: qui depulsor dominatus quam particeps esse maluit; Phil II 27.

deque, nieder: de Octavio susque deque; A XIV 6, 1.

derecto, derectus ſ. dir —

derelictio, Hintanſetzung: communis utilitatis derelictio contra naturam est; est enim iniusta; of III 30.

derelinquo, gänzlich verlaſſen, aufgeben: haec oppida atque oram maritimam illam (Pompeium) pro derelicto || relicto || habere; A VIII 1, 1. ut homines arationes derelinquerent; Ver III 120. qui (bonorum sensus) totus est nunc ab iis, a quibus tuendus fuerat, derelictus; ep I 9, 17. seremus aliquid tamquam in inculto et derelicto solo; Bru 16.

derideo, verſpotten: omnes istos me auctore deridete atque contemnite; de or II 54. derisum tuum beneficium esset; Ver III 215. quas (fabulas) Epicurei derident; rep VI 3.

derigo ſ. **dirigo**.

deripio, abreißen, entreißen: ei misero omnia vitae ornamenta deripi; Quinct 64. omnium fabarum opinionum temeritate derepta; fin I 43. Henna tu de manu Cereris Victoriam eripere || deripere || conatus es? Ver IV 112.

derivatio, Ableitung: adde derivationis fluminum; of II 14.

derivo, ableiten: I. poterat in alios derivare; A IV 3, 2. — II. cum (sapiens) iustitia nihil in suam domum inde derivet; Tusc V 72. non derivandi criminis causa; Milo 29.

derodo, benagen: Lanuvii clipeos a muribus esse derosos; div I 99.

derogatio, Abſchaffung: tertium est de legum obrogationibus || derogationibus, al. ||; fr A VII 23.

derogo, beſchränken, entziehen: neque derogari ex hac (lege) aliquid licet; rep III 33. quorum virtuti, generi, rebus gestis fidem et auctoritatem in testimonio cupiditatis suspicio derogavit; Font 23.

dermo, herabwerfen: de laudibus Dolabellae deruam cumulum; A XVI 11, 2.

descendo, herabſteigen, abſteigen, kommen, ſich einlaſſen, eingehen, ſchreiten: I. praecipitare istuc quidem est, non descendere; nat I 89. — II. quod in campum descendere; fat 34. (Masinissam) ex equo non descendere; Cato 34. si invitus in eam causam descendo; A VIII 1, 3. (se) ad omnia esse descensurum; A IX 18, 3. consul se cum praesidio descensurum esse dixit; Phil VIII 6. ut senes ad ludum adulescentium descendant; rep I 67. beatam vitam in Phalaridis taurum descensuram; Tusc V 75.

descensio, Herabfahren: quem Tiberina descensio festo illo die tanto gaudio adfecit, quanto L. Paullum eodem flumine invectio? fin V 70.

descisco, abfallen, ſich losſagen: quod a senatu

descīverat: har resp 41. qui ab excitata fortuna ad inclinatam et prope iacentem desciscerem; ep II 16, 1. quod a me ipse non desciverim; A II 4, 2.

descrībo (vgl. **discrībo**), abſchreiben, auf- zeichnen, beſchreiben, barſtellen, ſchilbern, einteilen, feſtſeen: I, 1. soletis, quam sint omnia apta, describere; nat I 47. — 2. +ut ita cadat in annuis anfractibus, descriptum esto+; leg II 19. — II. Pompeius Crassum descripsit; Q fr II 3, 3. ut (quae scripsi) iam Romam miserim describenda; A XIII 21, a, 1 (21, 4). o dies in auspiciis Lepidi *lepide* descriptos et apte ad consilium reditus nostri! A XVI 5, 4. ipse multis (epistulam) dedi describen- dam; A VIII 9, 1. Crassus visus est oratoris facul- tatem non illius artis terminis, sed ingenii sui finibus immensis paene describere: de or I 214. quem librum ad te mittam, si descripserint librarii; A XII 14, 3. suffragia descripta tenentur a paucis; har resp 60. — III. me latronem ac sicarium abiecti homines describebant; Milo 47. remigem aliquem aut baiulum nobis oratorem descripseras; de or II 40.

descrīptē ſ. **discrīptē**.

descrīptio (vgl. **discrīptio**), Abſchrift, Ent- wurf, Plan, Ordnung, Beſchreibung, Schilberung: I. philosophi est quaedam descriptio; de or I 212. quae (erit) totius rei ratio atque descriptio? agr I 16. — II, 1. ad quem (usum) accommodanda est aedificandi descriptio: of I 138. additur etiam descriptio, quam *χαραχτῆρα* Graeci vocant: Top 83. explicate descriptionem imaginemque tabularum; Ver II 190. descriptio (sic quaeritur), qualis sit avarus: Top 83. voco: ſ. addo. — 2. quorum disputatio ex locorum descriptione sumenda est; part or 43.

desecō, abſchneiden: dens partes ex toto desecans; Tim 23. tu illud (prooemium) desecabis, hoc adglutinabis; A XVI 6, 4.

deserō, desertus, verlaſſen, aufgeben, preis- geben, im Stiche laſſen, täuſchen, abfallen, part. verlaſſen, öbe, einſam: I. cum spes deseruisset; inv II 112. — II. ut in mea erga te voluntate etiam desertus ab officiis tuis permanerem: ep V 2, 10. ut a mente non deserar: A III 15, 2. a ceteris oblectationibus deseror et † voluptatum propter rem publicam; A IV 10, 1. turpe Domitium deserere erit ‖ deseri ‖ implorantem eius auxilium; A VIII 3, 7. deseremur ocius a re publica quam a re familiari: A XVI 3, 1. hos (campos collesque) ita vastatos nunc ac desertos videbam. ut ..; Ver III 47. vereor, ne aut eripiatur causa regia nobis aut deseratur; ep I 5, a, 3. colles: ſ. campos. quaestor consulem, exercitum, sortem provinciamque deseruit; Ver I 34. desertae disciplinae et iam pridem relictae patrocinium; nat I 6. exercitum. al.: ſ. consulem. non deseram neque fratris preces nec Sestii promissa nec spem Terentiae nec Tulliolae obsecrationem et fideles litteras tuas; A III 19, 2. qui officia deserunt mollitia animi; fin I 33. preces, promissa: ſ. litteras. ego meam salutem deserui; sen 6. spem: ſ. litteras. ut vita inculta et deserta ab amicis non possit esse iucunda; Lael 55.

desertor, preisgebenb: I. ex ea parte homines aut proditores esse aut desertores salutis meae; Quir 13. — II. alterum existimari conservatorem inimicorum, alterum desertorem amicorum: A VIII 9, 3.

deserviō, bienen, ergeben ſein: qui se huic latroni deservire prae se ferat: ep XII 2, 2. cui (valetudini) tu adhuc, dum mihi deservis, servisti non satis: ep XVI 18, 1. si ille labor meus pristinus, si sollicitudo, si officia, si operae, si vigiliae deser- viunt amicis; Sulla 26.

desīderābilia, begehrenswert: ut desiderabilia iis (anteponantur), quibus facile carere possis; Top 69.

desīderātio, Verlangen: non est voluptatum tanta quasi titillatio in senibus. credo, sed ne de- sideratio ‖ desideratur ‖ quidem; Cato 47.

desīderium, Wunſch, Verlangen; Sehnſucht, Bebürfnis: I, 1. ut desiderium (ait) libido eius. qui non adsit, videndi; Tusc IV 21. mirum me desiderium tenet urbis, incredibile meorum atque in primis tui; ep II 11, 1. — 2. hem. mea lux, meum desiderium! ep XIV 2, 2. valete, mea desideria; ep XIV 2, 4. — II. 1. qui desideria imperitorum misericordia commoveret; Rabir 24. ut eorum de- siderium forti (animo) feras; ep VI 22. 2. et auctori- tatis et prudentiae suae triste nobis desiderium reliquerat; Bru 2. veniebat (Laelius) ad cenam, ut animo quieto satiaret desideria naturae; fin II 25. libidini (subiecta sunt) indigentia, desiderium; Tusc IV 16. — 2. erat (vir) in desiderio civitatis; Phil X 14. — III. mentio plena amicissimi desiderii; Phil II 39. — IV. ea si paulo latius dixeris, expleris omnem exspectationem diuturni desiderii nostri; de or I 205. — V, 1. ut desiderio nostri te aestuare putarem; ep VII 18, 1. etsi multarum rerum desiderio te angi necesse est; ep VI 1, 1. se lucis magis quam utilitatis desiderio moveri; fin V 54. — 2. in tanto luctu ac desiderio mei; Sest 76.

desīderō, verlangen, münſchen, begehren, be- bürfen, vermiſſen: I. non caret is, qui non desiderat; ergo hoc non desiderare dico esse iucundius; Cato 47. — II. 1. eius (Cottae) orationi non sane desidero quid ‖ quod ‖ respondeam; div I 9. — 2. ut: ſ. III. adiumenta. — 3. haec scire desidero; nat I 65. — III. haec non desidero: lucem, forum, urbem, domum. vos desidero; A V 15, 1. ab Chrysippo nihil mag- num desideravi; rep III 12. ſ. alqm. omnis ratio atque institutio vitae adiumenta hominum desiderat: in primisque ut habeat, quibuscum ..; of II 39. cum benivolentiam causa desideret; inv I 26. quis aut congressum meum aut facilitatem sermonis deside- ravit? A XII 40, 2. domum, al.: ſ. alqm. cum sint plura causarum genera, quae eloquentiam desiderent; of II 49. facilitatem: ſ. congressum. reliqua multo magis meum studium voluntasemque gravitatem et laborem desiderant; ep V 5, 3. qui severiora iudicia desiderant; Ver II 174. laborem: ſ. gravitatem. cur pecuniam magnopere desideret? Tusc V 89. neque prudentia tua cuiusquam prae- cepta desiderat; Q fr I 1, 36. quis ab iis ullam rem laude dignam desiderat? A VIII 14, 2. omnia tenentem nostras sententias desideraturum censes fuisse? ep IV 9, 2. studium: ſ. gravitatem. ut tales viri desiderandi sint; Font 43. se eius (regis Per- sarum) voluptates non desiderare; Tusc V 92.

desīdia, Trägheit, Untätigteit: I. 1. ne languori se dedisset aut desidiae dedat; of I 123. — 2. ab industria plebem ad desidiam avocari; Sest 103. — II. quo tempore aetas nostra tamquam in portum compulsa deberet non inertiae neque desidiae, sed otii moderati atque honesti; Bru 8.

desīdiōsus, träge, müßig: quod cum desidiosa delectatione vestiges; de or III 88. Campanam adrogantiam ad inertissimum ac desidiosissimum otium perduxerunt; agr II 91.

desīdō, ſich ſenten, ſeen: quae (res) si de- sederit; A II 12, 3. cum ad infinitam altitudinem terra desedisset ‖ desid., disid. ‖ div I 97.

designātio (vgl. **dissignātio**), Bezeichnung. Angabe, Anordnung: I. offendes designationem Tyrannionis mirificam ‖ in ‖ librorum meorum [bibliotheca]; A IV 4, a, 1. — II. esse orationem de infinitae rei quaestione sine designatione perso- narum et temporum; de or I 138.

designātor (vgl. **dissignātor**), Aufſeher bei Kampfſpielen: vix iam Decimum designatorem retinet; A IV 3, 2.

designō (vgl. **dissignō**), bezeichnen, beſtimmen, ernennen: I. quae est ista designandi licentia. ut ..? div II 125. — II. quam diu fuit designatus: Ver I 119. — III. quasi non comitiis iam superioribus sit Plancius designatus aedilis; Planc 49. qui

tum erant consules designati; Phil II 12. cum esset designatus tribunus plebis; Sest 61. quem (mundum Aristotelea) designarit deum; nat I 33.

deſilio, herabſpringen: cum hic de raeda desiluisset; Milo 29.

deſino, ablaſſen, aufhören, enbigen, ſchließen: l. 1. ut haec quoque copia facultatem adferat non semper eodem modo desinendi; orat 220. ut incipiendi ratio fuerit, ita sit desinendi modus; of I 135. — 2. Aesopus eius modi fuit, ut ei desinere per omnes homines liceret; ep VII 1, 2. quae similiter desinunt; de or III 206. — II. se dicere desiturum; inv II 125. conventus iam diu fieri desierunt; A I 19, 9. te ad cenas itare desisse; ep IX 24, 2. quod veteres orationes a plerisque legi sunt desitae; Bru 123. mihi suscensere desinito; Ver V 19. — III. libenter mehercule artem desinerem; ep VII, 1, 4.

deſipio, töricht, unzurechnungsfähig ſein: desipere vos arbitrantur; Ac II 123. desipientis adrogantiae est; nat II 16. cum offendisset populum Atheniensem prope iam desipientem senectute; ep I 9, 18.

deſiſto, abſtehen, ablaſſen, aufhören: I. Martini publice suscepta causa destiterunt; Balb 52. — II. qui (amici) agerent cum eo, ut de illa mente desisteret; ep V 2, 8. — III. compositionis auctor esse non destiti; Phil II 24. hortari et hortari et orare non desistimus; ep I 1, 2. ne destiteris ad me, quicquid tibi in mentem venerit, scribere; A IX 9, 1.

deſpectio, Verachtung: consolabitur eam cum l humanarum opinionum alta quaedam despectio; fr F V 69.

deſperanter, verzweifelnd: Servius proficiscens quod desperanter tecum locutus est; A XIV 18, 3.

deſperatio, Hoffnungsloſigkeit, Verzweiflung: l. desperatio (est) aegritudo sine ulla rerum expectatione meliorum; Tusc IV 18. tanta est omnium rerum amissio et desperatio recuperandi; ep IV 3, 2. tanta desperatio rerum eius (Pompei) omnium regum et populorum animos occuparat, ut ..: A XI 6, 5. — II. qua in desperatione rerum simus, vides; A X 11, 1. qui me a desperatione ad spem vocavit; sen 18.

deſpero, deſperatus. die Hoffnung verlieren, verzweifeln, aufgeben, part. verzweifelt, hoffnungslos: I. 1. aegritudinis est desperare; Tusc III 83. — 2. neque me desperare vis nec temere sperare; A III 18, 2. — II, 1. (Gabinium) spem habere a tribuno plebis, a senatu quidem desperasse; Piso 12. — 2. Laterensis desperans de se, de exercitu, de Lepidi fide; ep X 21, 3. — 3. quas (villulas) visurum me postea desperavi; A VIII 9, 3. — 4. quoniam sibi hic ipse desperat; Muren 45. saluti desperare vetuit; Cluent 68. — III. desperatis etiam Hippocrates vetat adhibere medicinam; A XVI 15, 5. neque illud ipsum, quod est optimum, desperandum est; orat 6. quod ipsum non despero; ep III 13, 2. haec quamquam sunt etiam multo desperatiora; ep VI 22, 1. o copias desperatas! A IX 18, 2. domum Sullanam desperabam iam; ep IX 15, 5. nt honorem desperare videatur; Muren 43. ea (pace) desperata; ep II 16, 3. pacem desperavi; A VII 20, 1. desperata res est; A VII 23, 3. neque (res nostrae) tam mihi desperatam iri videbantur | desperaturi videbamur ||: A XI 13, 4. desperans victoriam; ep VII 3, 2. vitam domini desperantes; Milo 56.

deſpicatio, Verachtung anderer: ut odia, invidiae, despicationes adversantur voluptatibus; fin I 67.

deſpicatus, verachtet: si cessi tribuni plebis, despicatissimi hominis, furori; Sest 36.

deſpicatus, Verachtung: si quis despicatui ducitur; Flac 55.

deſpicientia, Verachtung: l. magnitudinem animi despicientia iu contemnendis honoribus imitatur; part or 81. — II. despicientia adhibenda est rerum humanarum: of I 72.

deſpicio, herabblicken, fortblicken, verachten, verſchmähen: l. simul atque ille despexerit; Sex Rosc 22. — II, 1. nemo umquam tam sui despiciens fuit, quin speraret ..; de or II 364. — 2. si despicere se dicant ea, quae plerique mirantur, imperia et magistratus; of I 71. intellexi fortunam ab eo (Dionysio) nostram despectam esse; A X 16, 1. si quis multas et varias gentes et urbes despicere et oculis conlustrare possit; rep III 14. homines despecti et contempti; Sest 87. te natura humana despicientem genuit; Tusc II 11. imperia, magistratus: ſ. alqd. ea re contemnis equestrem ordinem et despicis? Ver IV 45. urbes: ſ. gentes.

deſpolio, ausplündern: in eius (impensae) partem te miseram et despoliatam venire; ep XIV 2, 3. L. Quinctius, familiaris meus, ad bustum Basili vulneratus et despoliatus || spoliatus · est; A VII 9, 1.

deſpondeo, verſprechen, zuſagen, verheißen, verſoben, vertröſten: Tulliam Crassipedi esse desponsam; Q fr II 5, 1. L. Lentulus Hortensii domum sibi et Caesaris hortos et Baias despondarat: A XI 6, 6. quod Crassi filiam C. filio suo (Ser. Galba) despondisset; de or I 239. hortos: ſ. Baias. ea (spes) despondetur anno consulatus tui; ep XII 9, 2. desponsam homini iam Syriam ademi: A I 16, 8.

deſtino, beſtimmen, feſtſetzen: ex qua (parte) certum quiddam destinatur auditori, in quo animum debeat habere occupatum; inv I 31. cum eorum alteri Dionysius tyrannus diem necis destinavisset; of III 45. ad horam mortis destinatam; Tusc V 63. certis quibusdam destinatisque sententiis; Tusc II 5. quod tibi destinaras trapezophorum, si te delectat, habebis; ep VII 23, 3.

deſtituo, preisgeben, im Stiche laſſen, hinter gehen: hunc nudum in causa destitutum videtis; Caecin 93. manebo in septemviratu nonne destituisti? Phil II 99. quorum ego consiliis, promissis, praeceptis destitutus: Q fr I 3, 8. (duo signa) relicta ac destituta a ceteris signis; Ver I 61.

deſtitutio, Täuſchung: eos destitutione irator; Cluent 71. destitutione illa perculsus; Quinct 20.

deſtringo (vgl. diſtr.), ziehen: cum ille gladios destringendos, lapides iaciendos curavisset; Milo 41.

deſtruo, niederreißen: ut navem, ut aedificium idem destruit facillime, qui construxit; Cato 72.

deſubito, plötzlich: funus desubito esset ornatum; rep VI 2.

deſudo, ſchwitzen, ſich abmühen: in his (exercitationibus) desudans atque elaborans; Cato 38.

deſuefacio, entwöhnen: multitudinem desuefactam iam a contionibus; Cluent 110.

deſultorius, Springerpferd: qui mihi videtur praetorius candidatus in consularem quasi desultorius in quadrigarum curriculum incurrere; Muren 57.

deſum, fehlen, im Stiche laſſen, den Beiſtand verſagen, verabſäumen: l. uter est divitior, cui deesst an cui superat? par 49. — II. in iis non deerit sapienti, nec quid faciat nec quid respondeat; Ac II 110. — III. tibi neque hortanti deero neque roganti; de or I 4. Publio tuo neque opera neque consilio neque labore neque gratia neque testimonio defui; ep V 17, 2. ego nullo loco dero neque ad consolandum neque ..; ep V 17, 5. ne ipse tibi defuisse videare; ep VII 7, 2. nec reliquo tempore ullo aut rei aut existimationi aut dignitati tuae dero || deero ||; ep XIII 77, 1. huic convivio (Quintus) defuit; Q fr II 5, 2. nihil isti adulescenti neque a

natura neque a doctrina deesse sentio; de or III 223.
hoc uuum illi (M. Calidio), si nihil utilitatis habebat,
afuit; si opus erat, defuit; Bru 276. plane deest,
quod ad te scribam; A VII 6, 1. aliis consilium,
aliis animus, aliis occasio defuit, voluntas nemini;
Phil II 29. quod viderim mihi auxilium non deesse;
Planc 86. Scaevolae multa in severitate non deerat
tamen comitas; Bru 148. tuis laudibus nullo loco
nec consilium nec studium meum defuturum; ep
XI 6, 1. f. animus. nec voluntatem sibi defuisse
nec curam; rep IV 1. quibus etiamsi ingenium non
maxime defuit, doctrina certe et otium et hercule
etiam studium illud discendi acerrimum defuit; de
or I 79. non mihi exercitum, sed duces defuisse;
ep I 9, 13. ingenium: f. doctrina. cum magnus
numerus deesset; Ver V 72. ei nummos deesse
|| deesse ||; ep V 6, 2. occasio: f. animus. nullo
modo mihi deesse posset oratio; Deiot 6. otium:
f. doctrina. et deesse aliquam partem et superare
mendosum est; de or II 83. Philone vivo patrocinium Academiae non defuit; Ac II 17. plaga una
illa extrema defuit; Sest 80. cûm splendor ei non
defuisset; Bru 124. studium: f. consilium, doctrina.
voluntas: f. animus, cura. — IV. neque se ei
legatum defuturum; Phil XI 17.

detego, aufbeden, bloß legen: quia possit fieri,
ut patefacta et delecta mutentur; Ac II 122.

detergeo, abwijchen, verjchuuchen, einftreichen:
primo anno LXXX detersimus; A XIV 10. 3. »cum
neque caligans detersit sidera nubes«; fr H IV, a, 490.

deterior, geringer, weniger gut, jchlechter:
A. quod optimo dissimilibus ait, id esse deterrimum; opt gen 4. ne deterior causa sit eorum;
Caecin 46. non sit deterior mundi potius quam
humana condicio; nat II 36. muliercularum deterrimarum cognitores; Ver III 78. ut (Africani fratris
nepos) esset facile deterrimus; Tusc I 81. rem
non fecit deteriorem, haud scio an etiam fructuosiorem; A XIV 11, 2. deteriore tempore absens
auctionatur; Quinct 20. — B. „DETERIORES,
REPULSOS" hos appellant, quorum et mentes et
res sunt perditae; har resp 53. deteriores cavete:
har resp 57.

deterius, jchlechter: de malis Graecis Latine
scripta deterius; fin I 8.

determinatio, Grenze, Begrenzung: 1. restat
extrema ora et determinatio mundi; nat II 101. —
2. conclusio est exitus et determinatio totius orationis;
inv I 98.

determino, begrenzen, erfüllen: id, quod
dicit, spiritu, non arte determinat; de or III 175.
»nunc ea omnia fixa tuus glomerans determinat
annus«; div I 19.

deterreo, abjchreden, abbringen, abhalten:
I. neque erat causa, cur probibendo non tam
deterrere videretur quam admonere; dom 127. —
II. nisi eos (homines) per se foeditate sua turpitudo ipsa deterreat; in III 38. si qua gratia testes
deterrentur; Font 3. — III, 1. ego te a dimicatione
deterreo; ep I 7, 5. ut eum ab illa iniuria deterrerent; ep V 2, 6. (Caesar) sanos homines a scribendo
deterruit; Bru 262. — 2. deterrere te, ne popularis
esses, non poteramus; Phil VIII 19. — 3. non ea res
me deterruit, quo minus litteras ad te mitterem;
ep VI 22, 1. neque te deterreo, quo minus id disputes; A XI 8, 1. — 4. eius libidines commemorare pudore deterreor; Ver pr 14.

· **detestabilis**, verabjcheuenswert, abjcheulich:
o detestabilem hominem! Phil II 110. quo est
detestabilior istorum immanitas; of I 57. hoc detestabile omen avertat Iuppiter! Phil XI 11. quae
(caritas) dirimi nisi detestabili scelere non potest;
Lael 27.

detestatio, Sühne: cum pro detestatione tot
scelerum unam aram nefarie consecraret; dom 140.

˙ **detestor**, verwünjchen, verabjcheuen, abwenden, abwehren: detestaris hoc diligenter xi K.
Mart.; A IX 10, 6. detestor exitum; Phil VIII 7.
quae is (Epicurus) de deis immortalibus dixerit,
invidiae detestandae gratia dixisse; nat I 123. o di
immortales, avertite et detestamini hoc omen!
Phil IV 10.

detexo, vollenden: quibus ante exorsa et potius
detexta prope retexantur; de or II 158. libri ad
Varronem non morabantur, sunt enim detexti; A
XIII 23, 2. »is (Lacteus) non perpetuam detexens
conficit orbem«; fr H IV, a, 494.

detineo, fefthalten, bejchäftigen: Actionis
tabula te stupidum detinet; par 37. tantum civium
numerum tam prope ab domo detineri; Ver II 6.

detorqueo, drehen, wenden, umbrechen, ver-
brehen: ut ea ipsa detorqueres; de or I 74. eam
(coniunctionem deus) detorsit a latere in dexteram
partem; Tim 25. imminutas aut detortas (partes
corporis) habere; fin III 17. eum (ponticulum) detor-
quebat; Tusc V 59. quae (voluntas testium) nullo
negotio flecti ac detorqueri potest; Cael 22.

detractio, Wegnahme, Entziehung: I. non
magis est contra naturam morbus quam detractio
atque appetitio alieni; of III 30. — II. cuius loci
detractionem (Silius) fieri velit; A XII 34, 3. —
III. dicunt voluptatis magnitudinem doloris detrac-
tione finiri; of III 118.

detraho, abnehmen, wegnehmen, abziehen,
entziehen, herabziehen, herabjetzen: I. ne de huius
generi aut arte aut gloria detraham; de or I 35.
de hominibus, non de iure civili detrahit; Caecin 70
ille in Achaia non cessat de nobis detrahere; A XI
11, 2. hominem homini detrahere sui commodi causa:
of III 28. — II. rogavi, ut, si quid posset, ex ea
summa detraheret; A X 5, 3. cum (Terentia) hoc
tam parvum de parvo detraxerit; A XI 24, 3. patri
familias anulus de digito detractus est; Ver IV 58.
terroribus cupiditatibusque detractis; fin I 43.
detrahendae spotiandaeque dignitatis gratia; Cael 3.
si absenti mihi unius mensis labor detractus esset;
ep III 6, 5. bellicas laudes solent quidam detrahere
ducibus; Marcel 6. postremam litteram detrahebant:
orat 161. omni ornatu orationis tamquam veste
detracta; Bru 262. disceptationes fiunt infinitae
detractis personis et temporibus; part or 106. qui
sacerdotem ab ipsis aris detraxeris; har resp 29.
tempora: f. personae. terrores: f. cupiditates. torquem
detraxit hosti; fin I 35. vestem: f. ornatum. quae
detracta utilitate quid habent venustatis? nat I 92.

detrectatio, Ablehnung: non esse † detractionem
|| non esse detrectationem ||; fr B 23 (C 28).

detrecto, ablehnen, verweigern: quod non
detrectare militiam, sed defendere provinciam iudicata est; fr A I.

detrimentum, Nachteil, Einbuße, Verluft,
Schaden: I. et emolumenta et detrimenta, quae
ὠφελήματα et βλάμματα appellant, communia esse
voluerunt fin III 69. — II. ne quid res publica detrimenti acciperet; A X 8, 8. appello: f. I. ut videret.
ne quid res publica detrimenti caperet; Milo 70.
cum nostrae rei publicae detrimenta considero; inv
I 1. plura proferre possim detrimenta publicis
rebus, quam adiumenta per homines eloquentissimos
importata; de or I 38. — III. alqd: f. II. — IV.
cum maximo detrimento vectigalium; Ver III 19.
ut peccare sine summo rei publicae detrimento non
possitis; Ver I 22.

detrudo, fortftoßen, drängen, verbrängen,
verjchieben: hunc ad id, quod facere possit, detruden-
dum puto; de or I 130. qui me de mea sententia
detruserant; ep XIV 16. quoniam in tantum luctum
laboremque detrusus es; Q fr I 4, 4. depulsum et
quasi detrusum cibum; nat II 135. nisi in eandem
impiorum poenam optime meritos cives detruserint;

Flac 94. ita putantur detrudi comitia in mensem Martium; Q fr II 11, 3.

deturbo, vertreiben, herabstürzen, niederreißen: I. miserum est deturbari fortunis omnibus: Quinct 95. — II. neque solum spe, sed certa re iam et possessione deturbatus est meo convicio; ep XII 25, 2. tuos veteres hostes, novos amicos ex magna spe deturbatos iacere; ep V 7, 1. deturbem aedificium? Q fr III 9, 7. hostes: f. amicos. Tyndaritani statuam istius deturbarunt; Ver IV 90.

deveho, hinbringen, pass. hinfahren: ego celeriter Veliam devectus; Phil I 9. arma in villam Ocriculanam devecta Tiberi; Milo 64.

devenio, hinkommen, geraten: I. deveniendum (fuit) in victoris manus; ep VII 3, 3. — II. consulatu devenimus in medium rerum omnium certamen atque discrimen; de or I 3. ad quos ista non translata sint, sed nescio quo pacto devenerint; Bru 157. solebam illum nostrum familiarem sermonem in alienas manus devenire; A I 9, 1.

deversor, sich aufhalten, Wohnung nehmen: (Vedius) deversatus est Laodiceae apud Pompeium Vindullum: A VI 1. 25. invito eum (Ariarathem) per litteras, ut apud me deversetur; A XIII 2, a, 2. domi suae deversatum esse Antiochum regem Syracusis: Ver IV 70.

deversor (div.), Gast: caupo cum quibusdam diversoribus ‖ dev. ‖ illum. qui ante exierat, consequitur in itinere; inv II 15.

deversoriolum, kleines Absteigequartier: I. quod Sinuessanum deversoriolum contempsisti; ep XII 20. — II. ego accepi xvii Kal. in deversoriolo Sinuessano tuas litteras; A XIV 8, 1.

deversorium (devors., divor.) Einkehr, Herberge: I, 1. commorandi natura deversorium ‖ divers.‖ nobis, non habitandi dedit; Cato 84. ista quidem summa ne ego multo libentius emerim deversorium Tarracinae, ne semper hospiti molestus sim; ep VII 23, 3. neque ita apta habeo devorsoria I devers. ‖, ut tota tempora diurna in iis possim consumere: A, XI 5, 2. studiorum suorum M. Varro voluit illud, non libidinum deversorium; Phil II 104. — 2. et villa et amoenitas illa commorationis est, non deversorii I devers. ‖; ep VI 19, 1. — 3. qui in ‖ qui ‖ hoc devorsorio ‖ divors., al. ‖ sermonis mei libenter acquieturum te esse dixisti; de or II 290. requiescam in Caesaris sermone quasi in aliquo peroportuno devorsorio ‖ devers., divors. ‖; de or II 234. — II. eius (Maculae) Falernum mihi semper idoneum visum est devorsorio ‖ devers. ‖; ep VI 19, 1. — III. Kalendis cogito in hortis Crassipedis, quasi in deversorio, cenare; A IV 12.

deverticulum, Schlupfwinkel, Zufluchtsort: ne deverticula peccatis darentur; part or 136. quae deverticula flexionesque quaesisti? Piso 53.

deverto(r) (devor., diver.), vom Wege abweichen, einkehren: cum in eandem tabernam divertisent ‖ devert. ‖; inv II 14. quod simul diverterit devert. ‖; inv II 43. tamquam in Pomptinum deverteria ‖ div. ‖; de or II 290. devertit Clodius ad Albanum; Milo 51. cum ad villam M. Aemilii Philemonis deverltisset; ep VII 18, 3. itineris causa ut devorterer ‖ deverterem, al. ‖; A III 7, 1. Hortensius ad Terentiam salutatam deverterat; A X 16, 5.

devexo f. **divexo.**

devexus, sich neigend, abschüssig: aetas iam a diuturnis laboribus devexa ad otium; A IX 10, 3. qui (locus Vestae) Palatii radice in novam viam devexus est; div I 101. quoniam sol paululum a meridie iam devexus videtur; leg fr 4.

devincio, fesseln, binden, verbinden, verpflichten: I. hunc vir clarissimus omni cautione, foedere, exsecrationibus devinxerat nihil contra me esse facturum; Sest 15. — II. cum Ser. Galba adfinitate sese devinxerat; Bru 98. ut ego eum

M e r g u e t, Handlexikon zu Cicero.

(Caesarem) mihi devinctum putarem; ep I 9, 21. quibus (studiis) uterque nostrum devinctus est; ep III 13, 2. nec acervatim multa frequentans una complexione devinciet; orat 85. ut animos eorum, qui audirent, devinciret voluptate; Bru 276. qui (L. Brutus) civitatem legibus iudiciisque devinxerit; Bru 53. quibus (foederibus) etiam cum hoste devincitur fides; of III 111. homines honestissimos summo beneficio in perpetuum tibi tuisque devinxeris; ep XIII 7, 5. si sedem ipsam ac templum publici consilii religione Concordiae devinxisset; dom 131. in verbis comprehensione devinciendis; Bru 140. virum tibi tua praestanti in eum liberalitate devinctum; ep I 7, 3.

devinco, völlig besiegen: qui (C. Duellius) Poenos classe primus devicerat; Cato 44. a quo etiam ipsius victoriae condicio visque devicta est; Marcel 12. omne Latium bello devicit; rep II 44. vim: f. condicionem.

devitatio. Vermeiden, Ausweichen: facilior et exploratior devitatio legionum fore videtur quam piratarum; A XVI 2, 4.

devito, vermeiden, ausweichen: ne (Caesar) divitatum se a me putet; A IX 7, 2. »validis fugito devitans viribus Austrum«; fr H IV, a, 439. deminnendi devitandive incommodi causa; inv II 18. quas (insidias) mea diligentia devitarim; Ver pr 3. neque (homines) honesta tam expetunt quam devitant turpia; part or 91.

devius, abgelegen, abirrend, umstät: cum essent devii; Phil II 106. quid potest esse tam flexibile, tam devium quam animus eius, qui . .? Lael 93. homo in omnibus consiliis praeceps et devius; Phil V 37. ut Trebonius itineribus deviis proficisceretur in provinciam; A XIV 10, 1. in oppidam devium Beroeam defugisti; Piso 89.

deunx. elf Zwölftel: facit heredem ex deunce et semuncia Caecinam; Caecin 17.

devoco, herabrufen, abberufen, verletten: non avaritia (illum) ab instituto cursu ad praedam aliquam devocavit; imp Pomp 40. nihil est, quod eum (hominem) de provincia devocent; prov 29. Socrates primus philosophiam devocavit e caelo; Tusc V 10.

devolo, hinfliegen: ad florentem aliam (amicitiam) devolare; Quinct 93.

devolvo, herabstürzen, pass. herabsinken: ad spem estis inanem pacis devoluti; Phil VII 14.

devoro, verschlingen, verschlucken, ertragen, nicht völlig verstehen: quod (M. Piso) hominum ineptias ac stultitias, quae devorandae nobis sunt, non ferebat; Bru 236. qui illos libros devorasti; A VII 3, 2. exspectate legatorum reditum et paucorum diarum molestiam devorate; Phil VII 17. eius (Calvi oratio) a multitudine et a foro devorabatur; Bru 283. devorata pecunia; Piso 90. qui (Segulius) res novas quaerit, non quo veterem comederit, sed hanc ipsam recentem novam devoravit; ep XI 21, 2. stultitias: f. ineptias.

devor — f. **dever** —

devotio, Gelübde, Aufopferung: I. eius devotionis me esse convictum; Quir 1. — II. Deciorum devotionibus placatos deos esse; nat III 15.

devoveo, weihen, opfern, preisgeben: cum me fortunasque meas pro vestra incolumitate devovi; Quir 1. quod T. Annio devota et constituta ista hostia esse videtur; har resp 6. quae (sica) quibus abs te initiata sacris ac devota sit, nescio; Catil I 16. devota vita; par 12.

deus, Gott, Gottheit, Schutzgott (gen. pl. deum f. IV, 1. creator, elliptisch): I. absint: 1. animum cum ille procreator mundi deus ex sua mente et voluntate genuisset, tum denique omne, quod erat concretum atque corporeum, substernebat animo interiusque faciebat atque ita medio medium accommodans copulabat; Tim 26. quae verens

25

Epicurus monogrammos deos et nihil agentes commentus est; nat II 59. non animadvertunt, inquit, omnia di, ne reges quidem; nat III 90. quorum (globorum) unus est caelestis. extumus, summus ipse deus arcens et continens ceteros; rep VI 17. quod di immortales omen avertant! Flac 104. consulantne di rebus humanis; nat III 65. continet: f. arcet. copulat: f. accommodat. magna di curant, parva neglegunt; nat II 167. di immortales mihi liberos dederunt, Quir 5. mundus hic totus, quod domicilium quamque patriam di nobis communem secum dederunt; rep I 19. aut (di) non diligunt homines aut . . ; div I 82. efficit: f. inngit. ei deo, qui ibi esset, se vitulum immolaturos; inv II 95. esse deos confitendum est; nat I 44. ita nec beatus est vester deus nec aeternus; nat I 114. nostra causa di id facerent, ut providere futura possemus; div II 124. dei isti Segulio male faciant! ep XI 21, 1. di faxint, ut tali genero mihi praesenti frui liceat! ep XIV 3, 3. ut mihi deus aliquis medicinam fecisse videatur; ep XIV 7, 1. f. accommodat. qui (di) utilitates quasque gignebant; nat II 62. is deus, qui omnia genuit; Tim 40. f. accommodat. deos ipsos iocandi causa induxit Epicurus perlucidos et perflabiles et habitantes tamquam inter duos lucos sic inter duos mundos propter metum ruinarum; div II 40. de mea causa omnes di atque homines iudicaverunt; dom 44. mundum efficere moliens deus terram primum ignemque iungebat; Tim 13. Xenophanes (dixit) unum esse omnia, et id esse deum neque natum umquam et sempiternum, conglobata figura; Ac II 118. neglegunt: f. curant. quae vis aequalia (est) illius caelum atque terras tuentis et regentis dei; leg II 9. utrum sit melius, di immortales sciunt; Tusc I 99. frustra (di futura) significarent; div I 83. substernit: f. accommodat. nisi qui deus vel casus aliquis subvenerit; ep XVI 12, 1. tuetur: f. regit. pro dei immortales custodes huius urbis, quaenam illa scelera vidistis! Sest 53. harum sententiarum quae vera sit, deus aliqui viderit; Tusc I 23. quem di immortales omnibus gentibus imperare voluerunt; Phil VI 19. nec ratione utentem nec virtute ulla praeditam deum intellegere qui possumus? nat III 39. di meliora! Phil VIII 9. — 2. et mundum deum esse et caelum et astra et terram et animos et eos, quos maiorum institutis accepimus; nat I 30. qui (Achilles) si deus est, et Orpheus et Rhesus di sunt; nat III 45. f. 1. nascitur. — 3. di boni! quid potest agi severius? Milo 59. quem virum, di immortales! nat I 72. quam turpe, o di boni! Tusc V 77. pro di immortales! egone me audisse aliquid non gaudeam? par 42. f. 1. videt.

II. **nach Verben:** 1. eos, qui di appellantur, rerum naturas esse, non figuras deorum; nat III 63. comminiscor: f. I, 1. agunt. deos hominesque contestans; Ver IV 67. quando omnes (di) creati sunt; Tim 40. eundem (Socratem) et solem et animum deum dicere, et modo unum, tum autem plures deum; nat I 31. apud Graecos Hercules tantus et tam praesens habetur deus; Tusc I 28. deos omnes imploro et obtestor, quorum templis et religionibus iste bellum habuit indictum; Ver V 188. induco: f. I, I. habitant. intellego: f. I, I. utitur. obtestor: f. imploro. tu etiam Deciorum devotionibus placatos deos esse censes; nat III 15. quid veneramur, quid precamur deos? nat I 122. te in dicendo semper putavi deum; de or I 106. quem deum, ut ita dicam, inter homines putant? de or III 53. ego omnes homines deosque testor, Caecin 83. nonne (Democritus) deum omnino ita tollit, ut nullam opsinionem eius reliquam faciat? nat I 29. ut deos patrios venderet; Ver IV 14. veneror: f. precor. audio, quibus dis violatis expiatio debeatur; har resp 21. ita mihi deos velim

propitios, ut . . ; div Caec 41. — 2. quaecumque sunt in omni mundo, deorum atque hominum putanda sunt; nat II 154. — 3. eos (bonos exitus) attribuimus sine ulla ratione dis immortalibus; nat III 89. ut omnia dis immortalibus debeamus; sen 2. f. 1. violo. immolo: f. I, 1. est; inv II 95. cui (Epicuro) etiam, si dis placet, videtur semper sapiens beatus; Tusc V 31. qui (imperiti) non membra solum hominis deo tribuant, sed usum etiam membrorum; nat I 101. — 4. hunc miserum dis penatibus praecipitem exturbat; Sex Rosc 23. ego pulsus aris, focis, deis || dis, diis || penatibus; Sest 145. — 5. caste iubet lex adire ad deos. animo videlicet; leg II 24. humanus animus cum alio nullo nisi cum ipso deo comparari potest; Tusc V 38. ut tragici poëtae confugitis ad deum; nat I 53. dum per deos immortales licet; imp Pomp 59. quid optamus a deis immortalibus? nat I 122. qui potentes viros tradunt post mortem ad deos pervenisse; nat I 119. illae (nationes) in bellis gerendis ab dis immortalibus pacem ac veniam petunt, istae cum ipsis dis immortalibus bella gesserunt; Font 30. his nominibus quae vis sit in quoque declaratur deo; nat II 62. quoniam illam. qui hanc urbem condidit, ad deos immortales sustulimus; Catil III 2.

III. **uab Adjectiven:** 1. aequalis: f.I, 1. regit. casu esse factum, ut essemus similes deorum; nat I 91. — 2. dis immortalibus gratum et iucundum meum reditum esse; dom 147. ut eum aut invisum deo aut neglectam a deo iudicemus; nat II 167. eum simillimum deo iudico; Marcel 8. — 3. in deos immortales quam impius, quam sceleratus, quam nefarius fueris; Ver I 47.

IV. **uab Substantiven:** 1. ut deorum animi sine oculis, sine auribus, sine lingua sentiunt inter se, quid quisque sentiat: div I 129. non deorum immortalium beneficio utemini? Phil III 32. quae contuens animus accedit ad cognitionem deorum; nat II 153. dicentem Apollinem in concilio deorum. qualis reditus duorum imperatorum futurus esset: Q fr III 1, 24. »nobis haec portenta deum dedit ipse creator tarda nimis«; div II 64. quae (religio) deorum cultu pio continetur; nat I 117. figurae: f. II, 1. appello. formam dei quaeri non oportere; nat I 31. me esse convictum iudicio deorum immortalium; Quir 1. obscura somnia minime consentanea maiestati deorum; div II 135. haec (quinta natura) et deorum est et animorum; Tusc I 65. tres libri perfecti sunt de natura deorum; div II 3. Cleanthes quattuor modis formatas in animis hominum putat deorum esse notiones; nat III 16. deorum immortalium numen implorare potero; Scaur 17. ex quo efficitur in deorum numero astra esse ducenda: nat II 42. opinio: f. II, 1. tollo. providentia deorum mundum et omnes mundi partes et initio constitutas esse et omni tempore administrari; nat II 75. mecum deorum et hominum sanctitates omnes et religiones afuerunt; sen 34. f. II, 1. imploro. initio belli Marsici deorum simulacra sudavisse; div I 99. deorum immortalium templa patefecit; Piso 6. f. II, 1. imploro. cum sustuleris omnem vim deorum; nat I 117. vox ipsa deorum immortalium non mentes omnium permovebit? har resp 62. ellipticch: quid igitur, pro deum immortalium! primum eam docebas, quaeso? fr F I 8. — 2. bella cum: f. II, 5. peto a. ita ad impietatem in deos in homines adiunxit iniuriam; nat III 84. nec est ulla erga deos pietas; dom 107. est prima homini cum deo rationis societas; leg I 23.

V. **Unland:** 1. nihil est praestantius deo; nat II 77. — 2. prodigiis a dis immortalibus admonemur; har resp 44. signa ostenduntur a dis rerum futurarum; nat II 12. rationem bono consilio a dis immortalibus datam; nat III 78. animum esse

ingeneratam a deo; leg I 24. f. III, 2. invisus. deorum et hominum causa factum esse mundum; aat II 133. sed per deos immortales! quae est ista societas? Balb 23. quid est, per deos, optabilius sapientia? cf II 5. vgl. II, 5. licet per.

dextella, baš rechte Händchen: Quintus filius Antonii est dextella; A XIV 20, 5.

dexter, wohl, günstig, subst. Rechte: A. prospera Iuppiter his dextris fulgoribus edit-. ita nobis sinistra videntur, Graiis et barbaris dextra meliora. quamquam haud ignoro, quae bona sint, sinistra nos dicere, etiamsi dextra sint; div II 82. dextra videntur, quae laeva sunt; Tim 49. fulgores: f. alqd. quam (pateram Mercurius) dextra manu teneret; div I 46. — B, I. ubi illae sunt densae || tensae || dexterae? A VII 1, 4. — II. per dexteram istam te oro, quam regi Deiotaro porrexisti; Deiot 8. prehendisse eum (C. Marium) dextram tuam; div I 59. tendo: f. I. — III, 1. innumerabiles supra infra, dextra sinistra mundos esse? Ac II 125. omnis armatorum copia dextra, sinistra ad equum; A XIII 52, 2. — 2. et ad laevam et ad dextram; Tim 48. per: f. II. porrigo.

diadema, Königsbinde: tu diadema imponebas cum plangore populi, ille cum plausu reiciebat; Phil II 85.

diaeta, Lebensweise, Diät: ego diaeta curare incipio, chirurgiae taedet; A IV 3, 3.

dialectice, nach Art der Dialektiker: multa dicta dialectice; Ac I 8. rhetorice nos mavis quam dialectice disputare? fin II 17.

dialecticus, bialettisch, subst. Dialettifer, Dialettit: A. hoc ipsum providens, dialecticas captiones; fin II 17. — B, a, I. utuntur: f. III. II, 1. eadem anguste disserere, ut dialectici qui appellantur; part or 139. qui dialectici dicuntur spinosiora multa pepererunt; orat 114. — 2. disputandi ratio et loquendi dialecticorum sit, oratorum autem dicendi et ornandi; orat 113. — III. dialecticorum verba nulla sunt publica, suis utuntur; Ac I 25. — IV. ex iis conclusionibus prior quartus, posterior quintus a dialecticis modus appellatur; Top 57. — b, I, 1. (Zeno) cum compresserat digitos pugnumque fecerat, dialecticam aiebat eius modi esse; orat 113. — 2. illam iustam eloquentiam, quam dialecticam dilatatam esse putant; Bru 309. — II, 1. dialecticam mihi videris dicere; Bru 153. dilato: f. I, 2. dialecticam inventam esse dicitis veri et falsi quasi disceptatricem et iudicem; Ac II 91. in dialectica exercebar, quae quasi contracta et astricta eloquentia putanda est; Bru 309. — 2. exerceo in: f. 1. puto. — c. accubans apud Vestorium, hominem remotum a dialecticis, in arithmeticis satis exercitatum; A XIV 12, 3.

dialis, deš Jupiter, eintägig: solent esse flamines diales, modo consules diales habemus; fr G, b, 25.

dialogus, Gespräch: I. sic constitueram, neminem includere in dialogos eorum, qui viverent; A XIII 19, 3. — II. nosti morem dialogorum; ep IX 8, 1.

diarium, tägliche Ration: Caesar iis congiariis diariis, dictis | militum celeritatem incitat, ut . .; A VIII 14, 1.

dibaphus, Staatskleid: Curtius noster dibaphum cogitat; ep II 16, 7.

dica, Prozeß, Klage: 1. ex lege Rupilia sortiri dicas oportere; Ver II 42. — 2. iste omnibus dicis diem distulit; Ver II 38.

dicacitas, Witz, Witzelei: I. scurrilis oratori diracitas magnopere fugienda est; de or II 244. nomine: f. **cavillatio.** — II. in hoc altero (genere) dicacitas quid habet ars loci? de or II 219. (sales). quorum duo genera sunt, unum facetiarum, alterum dicacitatis; orat 87. dicacitatis moderatio et temperantia et raritas dictorum distinguent oratorem a

scurra; de or II 247. — III. memini T. Tincam cum Q. Granio praecone dicacitate certare; Bru 172.

dicatio, bürgerliche Aufnahme: neque solum dicatione, sed etiam postliminio potest civitatis fieri mutatio; Balb 28.

dicax, witzig: (Demosthenes) non tam dicax fuit quam facetus; orat 90. populum etiam dicacem in te reddidisti; Phil II 78.

dichoreus, Doppelchoreus, Doppeltrochäus: I. qui (modus) dichoreus vocatur, cum duo extremi chorei sunt; orat 212. — II. hoc dichoreo tantus clamor contionis excitatus est, ut . .; orat 214.

dicio, Gewalt, Botmäßigkeit: Galliam in nostram dicionem esse redigendam; prov 32. quae (nationes) in amicitiam populi Romani dicionemque essent; div Caec 66. quae (nationes) in eorum regno ac dicione sunt; Ver IV 60.

dicis causa, zum Schein: quod (Metellus) habet dicis causa promulgatum illud idem de Clodio; A I 18, 5.

dico, weihen, widmen, zueignen, aufnehmen lassen: qui tum adulescentes Crasso se dicarant; de or III 11. in aliam se civitatem dicavit; Balb 30. id (candelabrum) se dicare Iovi; Ver IV 67. hunc tibi totum dicamus diem; leg II 7. simulacrum aliquod dicatum; leg I 59. ut meae saluti tuum studium dices; ep II 6, 4.

dico (dixti f. III. alqd; fin II 10. dicier f. III. stellas), sagen, sprechen, ausprechen, ausbrücken, reden, meinen, behaupten, versichern, zusagen, versprechen, nennen, benennen, bezeichnen, ernennen, festsetzen, bedeuten: I. absolut: 1. substantivisch: a. Gerundium: α. naturam primum atque ingenium ad dicendum vim adferre maximam; de or I 113. quid est ineptius quam de dicendo dicere? de or I 112. lege Pompeia ternis horis ad dicendum datis; Bru 324. quae pertinere ad dicendum putamus, ea nos commodius, quam ceteros, attendisse non affirmamus; inv I 77. nulla res tantum ad dicendum proficit, quantum scriptio; Bru 92. nihil est in dicendo maius, quam ut faveat orator is, qui audiet; de or II 178. ut idem (Stoici) traducti a disputando ad dicendum inopes reperiantur; Bru 118. — β. cur plures in omnibus rebus || artibus || quam in dicendo admirabiles exstitissent? de or I 6. oratorem complexi sumus aptum ad dicendum; Tusc I 5. mihi, non copioso homini ad dicendum; Caecin 64. (orator) odiosus in dicendo ac loquax; Muren 30. huic (actioni) primas dedisse Demosthenes dicitur, cum rogaretur, quid in dicendo esset primum, huic secundas, huic tertias; de or III 213. — γ. ut artem aliquam dicendi explicemus; de or II 175. Lysiam primo profiteri solitum artem esse dicendi; Bru 48. quae Graeci dicendi artifices et doctores reliquerunt; de or I 23. Thucydiden omnes dicendi artificio facile vicit; de or II 56. illos veteres doctores auctoresque dicendi nullum genus disputationis a se alienum putasse accepimus; de or III 126. ut (Isocrates) incondita antiquorum dicendi consuetudinem numeris astringeret; de or III 173. ut consuetudinem dicendi mutarem, ea causa mihi in Asiam proficiscendi fuit; Bru 314. esse in te tantam dicendi vel vim vel suavitatem vel copiam; de or III 82. nec in constituentibus rem publicam nec in bella gerentibus nec in impeditis ac regum dominatione devinctis nasci cupiditas dicendi solet; Bru 45. doctores: f. artifices, auctores. stilus optimus et praestantissimus dicendi effector ac magister; de or I 150. dicendi me non tam fructus et gloria quam studium ipsum exercitatioque delectat; Bru 23. neque parvis in rebus adhibendae sunt hae dicendi faces; de or II 205. si paene innumerabiles sint quasi formae figuraeque dicendi, specie dispares, genere laudabiles; de or III 34. quid est maius quam indicare, quae sit optima species et quasi figura dicendi? orat 2. formae: f. figura. fructus: f. exercitatio. alia quae-

dam dicendi molliora ac remissiora genera viguerunt; de or II 95. alter acutissimum et subtilissimum dicendi genus est consecutus; de or II 98. genus dicendi grandius quoddam et inlustrius esse adhibendum videtur; de or II 337. fit, ut natura ipsa ad ornatius dicendi genus excitemur; de or II 338. nonne fore, ut, quot oratores, totidem paene reperiantur genera dicendi? de or III 34. Rutilius in quodam tristi et severo genere dicendi versatus est; Bru 113. accedebat placidum et sanum genus; Bru 276. tria sunt omnino genera dicendi; orat 20. elaborant alii in puro quasi quodam et candido genere dicendi; orat 53. quot officia oratoris, tot sunt genera dicendi: subtile in probando, modicum in delectando, vehemens in flectendo; in quo uno vis omnis oratoris est; orat 69. proxime scripsi de optimo genere dicendi; ep XII 17, 2. quodvis potius periculum mihi adeundum quam a sperata dicendi gloria discedendum putavi; Bru 314. ſ. exercitatio. quod gradus tuos et quasi processus dicendi studeo cognoscere; Bru 232. quem (Arcesilam) ferunt eximio quodam usum lepore dicendi; de or III 67. Isocrates, cuius domus cunctae Graeciae quasi ludus quidam patuit atque officina dicendi; Bru 32. magistri dicendi multi subito exstiterunt; Bru 30. ſ. effector. quinam dicendi est modus melior, quam ut Latine, ut plane, ut ornate. ut ad id, quodcumque agetur, apte congruenterque dicamus? de or III 37. ut illa dicendi mysteria enuntiet; de or I 206. hoc dicendi natura ipsa praescribit; de or II 307. officina: ſ. ludus. huic (generi) omnia dicendi ornamenta conveniunt; orat 92. neque dicendi ab reo, sed ne surgendi quidem potestas erat; Cluent 93. alii quoque alio ex fonte praeceptores dicendi emanaverunt; inv II 7. permulta nobis praecepta dicendi reliquerunt; inv II 7. processus: ſ. gradus. quod haec ratio dicendi latior sit, illa loquendi contractior; orat 114. omnis ubertas et quasi silva dicendi ducta ab illis (philosophis) est; orat 12. species: ſ. figura. incredibili quodam nostri homines dicendi studio flagraverunt; de or I 14. ſ. exercitatio. suavitas: ſ. copia. ubertas: ſ. silva. de virtutibus dicendi tuis; Bru 232. Athenas, in quibus summa dicendi vis et inventa est et perfecta; de or I 13. dicendi, id est eloquendi maxima vis soli huic (eloquenti) conceditur; orat 61. ſ. copia. si meam in dicendo moderationem modestiamque cognostis; Phil II 10. erat in homine modus in dicendo; rep II 1. — ∂. posse dicendo tenere hominum [coetus] mentes, ad licere voluntates, impellere, quo velit, unde autem velit, deducere; de or I 30. vere illud dicitur, perverse dicere hominem perverse dicendo facillime consequi; de or I 150. qui dicendo tempus consumerent; Ver II 96. deducere, al.: ſ. adlicere. fallit eos, quod audierunt, dicendo homines, ut dicant, efficere solere; de or I 149. tria sunt, quae sint efficienda dicendo: ut doceatur is, apud quem dicetur, ut delectetur, ut moveatur vehementius; Bru 185. ad dicendum probabiliter (caput est) nosse mores civitatis; de or II 337. non quo aliter hoc in sermone atque in dicendo sit utendum; inv I 55. ut in dicendo vitium vel maximum sit a vulgari genere orationis atque a consuetudine communis sensus abhorrere; de or I 12. si umquam in dicendo fuimus aliquid; A IV 2, 2. — b. Suptnum: a. difficile dictu est de singulis; ep I 7, 2. grave dictu est, sed dicendum tamen; Phil IX 8. incredibile est dictu: Ver III 129. nec hoc tam re est quam dictu inopinatum atque mirabile; par 35. quae mihi turpia dictu videbuntur; Ver I 32. — β. si hoc fas est dictu: Tusc V 38. — 2. verbal: a. unperfönlid): apud quem dicitur; inv I 104. in plerisque (locis communibus) fortasse ab auctoritate iuris consultorum et contra auctoritatem dici oportebit; inv II 68. quo modo dicatur, id est in duobus: in agendo et in eloquendo; orat 55. toto

corpore atque omnibus ungulis, ut dicitur, contentioni vocis adserviunt; Tusc II 56. contra Epicurum satis superque dictum est: nat II 2. ſ. 1, a, δ. efficere. illud utilius, sumpto spatio ad cogitandum paratius atque accuratius dicere; de or I 150. bene dicere. quod est scienter et perite et ornate dicere, non habet definitam aliquam regionem, cuius terminis saepta teneatur; de or II 5. si anguste et exiliter dicere est Atticorum; Bru 289. hominem nondum suspicantem, quale esset copiose et ornate dicere; Bru 294. nec idem loqui esse quod dicere; orat 113. nec quicquam est aliud dicere nisi omnes aut certe plerasque aliqua specie inluminare sententias; orat 136. composite et apte sine sententiis dicere insania est, sententiose autem sine verborum et ordine et modo infantia; orat 236. — b. perſönlid): a. qui ab scripto diceret; inv II 142. neque conamur docere eum dicere, qui loqui nesciat; de or III 38. qui distincte, qui explicate, qui abundanter, qui inluminate et rebus et verbis dicunt; de or III 53. quem ad modum primum ornate. deinde etiam apte diceremus; de or III 144. dicere bene nemo potest, nisi qui prudenter intellegit; Bru 23. omnes cupisse dicere, non plurimos ausos esse, potuisse paucos; Bru 182. dicebat (Cotta) pure ac solute: Bru 202. hic Scipio mihi sane bene et loqui videtur et dicere: Bru 212. si quis eos, qui nec inepte dicunt nec odiose nec putide, Attice putat dicere; Bru 284. ad Atticorum aures teretes et religiosas qui se accommodant, ii sunt existimandi Attice dicere; orat 28. qui horride inculteque dicat; orat 28. facile me paterer apud Cassianos iudices pro Sex Roscio dicere: Sex Rosc 85. illud quis est qui dubitare debeat, contra damnatum et mortuum pro incolumi et pro vivo dicere? Cluent 10. genu M. Antonium vidi, cum contente pro se ipse lege Varia diceret, terram tangere; A IV 2, 4. omnia plena pacis, aliter ac mihi Calvena dixerat; A XIV 9, 3. ſ. 1, a, γ. modus. II, 2. b. Tusc I 8. homines: ſ. 1, a, δ. consequi. efficere. poëta ius suum tenuit et dixit audacius: Tusc III 20. — β. sint haec, ut dixi, somnia fabularum; div I 43. ex quo efficitur gloriatione. ut ita dicam. dignam esse beatam vitam; fin III 28.

II. mit Ergänung: 1. unabhängig: a. bei Erflärung eines Ausbrucks: utinam C. Caesari, patri dico, contigisset, ut ..! Phil V 49. audax negotium, diceram impudens; fin II 1. consulibus illis, tacentibus dicam? immo vero etiam approbantibus; Sest 55. crudelem Castorem, ne dicam sceleratum et impium; Deiot 2. cum summo non dicam exitio, sed periculo certe vestro; Sest 46. excludit eum solum. cui prope dicam soli potestatem factam oportebat: Ver I 142. mihi placebat Pomponius maxime, vel dicam, minime displicebat; Bru 207. — b. mit directer Rede: a. quem (Anaxagoram) ferunt nuntiata morte filii dixisse: „sciebam me genuisse mortalem“: Tusc III 30. · β. „non igitur faciat“, dixerit quis. „quod utile sit, quod expediat?“ of III 76. — γ. ait se, si uratur, „quam hoc suave!“ dicturum; fin II 88. — 2. abhängig: a. videtur dicendum de genere ipsius artis, de officio, de fine, de materia, de partibus: inv I 5. causam, qua de ante dictum est; inv II 70. dicendum duobus superioribus (libris) de morte et de dolore dictum est: Tusc III 6. de quibus dicere adgrediar, si ..; of II 1. ſ. I, 1, a, α. dico de. b, α. difficilis. III. alqd; Marcel 15. sententiam. versum. — b. neque gravabor breviter meo more. quid quaque de re sentiam, dicere; de or I 107. ut, cum is, qui audire vellet, dixisset, quid sibi videretur, tum ego contra dicerem; Tusc I 8. Brutum vidi, quanto meo dolore, non dico; Phil I 9. ſ. III. alqd; Milo 30. — c. dixeram a principio, de re publica ut sileremus; Bru 157. dicam tuis, ut eum (librum) describant: ep XII 17, 2. domus ut pro-

pugnacula et praesidium habeat, Philotimo dicetis;
ep XIV 18, 2. — d. voluptatis causa facere omnia,
cam, etiamsi nihil consequamur, tamen ipsum illud
consilium ita faciendi solum bonum sit, nemo dixit;
fin V 20. — e. qui cives Romani esse dicerentur;
Ver V 136. ex ea (Venere) et Marte natus Anteros
dicitur; nat III 59. f. dic nunc Roscium abs
te petisse, ut familiarem suum sumeres arbitrum!
Q Rosc 26. qui quamvis minimam praestantiam
animi omnibus bonis corporis anteire dicamus; fin V
93. qui id me facturum paulo ante dixeris: Ac II
87. in quo indicio de verbis quaesitum esse dicatur:
Caecin 38. f. III. alqd; fin II 21. Tusc II 28.
testimonium. — g. quae in quamque argumentationes
conveniant, singillatim in secundo libro de uno
quoque genere dicemus; inv I 49. — h. de hoc
(Diodoro) Verri dicitur habere eum perbona
torcumata; Ver IV 38. de huius spe tantum dico,
nullas a me opes P. Sullam exspectare; Sulla 21.
ille stimulus, de quo in iudicio dixi me facere
quiddam, quod . .; ep I 9, 19. — i. elliptifch: isdem
rationibus, quibus ante dictum est, utetur; inv II 152.
qui esset ea memoria, qua ante dixi: Ac II 4.

III. mit einfachem Object: nec nihil optime nec
omnia praeclarissime quisquam dicere nobis videbatur; inv II 4. quod non solum, quod opus esset,
diceres, sed etiam, quod non opus esset, non diceres;
de or II 296. nihil subtiliter dici (potuit), nihil
presse, nihil enucleate; Bru 35. ne quid plus
minusve, quam sit necesse, dicat; Flac 12. quid
dicam in ignotam? Flac 23. ego quia dico aliquid
aliquando; Planc 35. nihil dico, quid res publica
consecuta sit, nihil, quid vos, nihil, quid omnes
boni; Milo 30. multa de pace dixi; Marcel 15. ad
has omnes visiones inanes Antiochus permulta
dicebat; Ac II 49. quae contra sensus contraque
perspicuitatem dicantur; Ac II 99. utramque in
partem multa dicuntur; Ac II 124. tu istuc dixti
bene Latine, parum plane; fin II 10. id si ita
dicit, non esse reprendendos luxuriosos, si sapientes
sint, dicit absurde; fin II 21. cum (Epicurus) hoc
ipsum dicit, summum malum esse dolorem; Tusc
II 28. si quid asperius dixeram; nat I 93. haec
et in eam sententiam cum multa dixisset, aiebat
illum primo sane diu multa contra, ad extremum
autem manus dedisse; A II 22, 2. f. I, 1, a, δ.
consequi. quid dicam adventus meos? Piso 51.
cum tuam dixeris argumentationem; inv I 99.
numquam illum „aspectum" dicebat, quin . .; de
or II 193. contrarias saepe causas dicimus; de or
II 30. quotienscumque potuerit dictum dici; de or
II 244. nuper Cn. Domitium scimus M. Silano diem
dixisse propter unius hominis iniurias; div Caec 67.
cum tria genera dicit bonorum; Tusc V 24. parvi
refert abs te ipso ius dici aequabiliter et diligenter,
nisi . .; Q fr I 1, 20. alia legatio dicta erat, alia
data est; A II 7, 3. magnum dicis malum; leg
III 17. quam (orationem Aeschines) in Ctesiphontem
contra Demosthenem dixerat; de or III 213. (L.
Aelius) scribebat orationes. quas alii dicerent;
Bru 206. istius modi res dicere ornate velle puerile
est; fin III 19. multam salutem et foro dicam et
curiae: ep VII 33, 2. sententiam de me designatus
consul saepe dixisti; dom 70. «frustra septem
(stellas) dicier«; fr H IV, 4, 267. qui testimonium
diceret, ut .arbitrari« se diceret, etiam quod ipse
vidisset: Ac II 146. nova (verba) dicebat: Ac I 41.
de Domitio dixit versum Graecum eadem sententia;
Deiot 25. si verum dicimus; leg II 3. ut in iis
(praediis) vendendis vitia dicerentur, quae nota
essent venditori; of III 65. non intellegere nos,
quam dicatis voluptatem; fin II 75.

IV. mit Object und prädikativem Zusatz: 1. recte
•ius omnia dicentur, qui scit uti solus omnibus;
fin III 75. quam (naturam) alterius diximus;

Tim 22. — 2. a quibus dicebare consul; Piso 3.
qui erant cum Aristotele, Peripatetici dicti sunt;
Ac I 17. quem (Epicurum) hebetem et rudem
dicere solent Stoici; div II 103. cum ratione animus
movetur placide atque constanter, tum illud gaudium
dicitur; Tusc IV 13. id „silentium" dicimus in
auspiciis, quod omni vitio caret; div II 71. ut
finem bonorum dicerent secundum naturam vivere;
fin II 34. (Socratem) et solem et animum deum
dicere; nat I 31. ea divinatio, quae artificiosa
dicitur; div I 127. cum fruges Cererem, vinum
Liberum dicimus; nat III 41. ipsius mundi natura
non artificiosa solum, sed plane artifex ab eodem
Zenone dicitur. consultrix et provida utilitatem
oportunitatumque omnium; nat II 58. illa fatalis
necessitas, quam εἱμαρμένην dicitis; nat I 55. solem:
f. animum. vinum: f. fruges. cui (frugalitati) contrarium vitium nequitia dicitur; Tusc III 17.

dicrotum. zweiruderige Galeere: Domitius
bona plane habet dicrota; A XVI 4, 4.

dictamnus. Diptam: capras in Creta feras
herbam quaerere, quae dictamnus vocaretur; nat
II 126.

dictator. Dictator: I. is (magister populi) est
dictator; fin III 75. — II. quod (Cato) Pompeium
„privatum dictatorem" appellavit; Q fr I 2, 15.
si Sulla potuit efficere, ab interrege ut dictator
diceretur; A IX 15, 2. cum sibi negotium daret
Antonius, ut eum dictatorem efficeret; A XV 21, 1.
dictator est institutus decem annis post primos
consules; rep II 56. — III. dictatoris Lanuvini
stata sacrificia nosse negotii nihil erat: Milo 45.

dictatorius. dictatorisch: ne censorium stilum
aeque posthac atque illum dictatorium [gladium]
pertimescamus; Cluent 123.

dictatura. Dictatur: I. quod is (L. Manlius)
paucos sibi dies ad dictaturam gerendam addidisset; of III 112. diem, quo dictaturam sustulisti; Phil II 115. — II. quod dictaturae nomen
sustulisti; Phil I 32. est non nullus odor dictaturae.
sermo quidem multus; A IV 18, 3 (16, 11). nisi
dictaturae etiam rumor plenus timoris fuisset; Q
fr III 4, 1. sermo: f. odor.

dictio. Rede, rednerischer Vortrag, Spruch,
Bestimmung: I. aliud sententiae dictio, aliud
accusatio aut recusatio conficiere debet; inv
II 12. — II, 1. educenda deinde dictio est ex
hac domestica exercitatione et umbratili medium in
agmen; de or I 157. omitto iuris dictionem contra
leges; prov 6. — 2. cum ante meridiem dictioni
operam dedissemus; Tusc II 9. 3. etiamsi
vehementissime se in his subitis dictionibus
exercuerit; de or I 152. Graecos homines
seposuisse a ceteris dictionibus eam partem dicendi,
quae in forensibus disceptationibus iudiciorum aut
deliberationum versaretur; de or I 22. — III. sunt
ad popularem sensum accommodata omnia genera
huius forensis nostrae dictionis: de or I 108.
genera Asiaticae dictionis duo sunt: unum sententiosum et argutum, sententiis non tam gravibus et
severis quam concinnis et venustis. aliud autem
genus est non tam sententiis frequentatum quam
verbis volucre atque incitatum: Bru 325. Caria et
Phrygia et Mysia asciverunt aptum suis auribus
opimum quoddam et tamquam adipatae dictionis
genus: orat 25. — IV. 1. plebem multae dictione
ovium et bovum || boum || coërcebat; rep II 16. —
2. si per sententiae dictionem agitur; inv II 110.

dictito. oft sagen, im Munde führen, behaupten, führen: 1. ut tui familiarissimi
dictitant; Phil II 42. — II. Antonium in cogendis
pecuniis dictitare partem mihi quaeri; A I
12, 2. — III. an id, quod Apronius dictitabat, tute
de te profiterere || confiterere || ac dictitares? Ver

III 141. qui causas dictitarunt ⌐ dictitarent ‖; de or II 56.

dicto, vorſagen, bictieren: quorum (servorum) alii aliud dictare eodem tempore (Ser. Galba) solitus esset; Bru 87. ne necesse sit isdem de rebus semper quasi dictata decantare; fin IV 10. hoc ‖ haec ‖ inter cenam Tironi dictavi; Q fr III 1, 19. haec dictavi ambulans; A II 23, 1. ut dictarem hanc epistulam et non ipse scriberem; Q fr II 2, 1.

dictum, Ausſpruch, Äußerung, Wort: I. sin te aliquod dictum adrogans aut superbum movet; Sulla 25. haec scilicet bona dicta, quae salsa sint; nam ea „dicta" appellantur proprio iam nomine; de or II 222. — II, 1. nostri, cum omnia, quae dixissemus, „dicta" essent, quae facete et breviter et acute locuti essemus, ea proprio nomine appellari „dicta" voluerunt; fr E II 1. ſ. I. quae (facete dicta) a sene Catone conlecta sunt, quae vocant ἀποφθέγματα; of I 104. quotienscumque potuerit dictum dici; de or II 244. qui omnia indicum dicta perscríberent; Sulla 41. voco: ſ. conligo. — 2. istae imagines ita nobis dicto audientes sunt, ut .. ? div II 138. — III. sperabam ita notata me reliquisse genera dictorum meorum, ut cognosci sua sponte possent; ep VII 32, 1. transitum est ad honestatem dictorum atque factorum; fin II 47. effugere si velim non nullorum acute aut facete dictorum opinionem ‖ famam ‖; ep IX 16, 3. — IV. in litibus nemo appellabatur nisi ex testium dictis; Rab Post 9. in dicto ridiculum est id, quod verbi aut sententiae quodam acumine movetur; de or II 244.

diduco, ausdehnen, teilen, trennen: varietate et dissimilitudine rerum diductus alicuius animus; inv II 109. cum (Zeno digitos) diduxerat ‖ ded. ‖ et manum dilataverat, palmae illius similem eloquentiam esse dicebat; orat 113. si [verba] extrema cum consequentibus primis ita iunguntur, ut neve aspere concurrant neve vastius diducantur; de or III 172. intervalla aut contrahimus aut diducimus; Ac II 19. rivis est diducta oratio, non fontibus; de or III 23.

diecula, Zahlungsfriſt: quid olim mali C. Iulius fecerit, cum dieculam duxerit; A V 21, 13.

dies, Tag, Termin, Zeit: I, 1. si supremus ille dies non exstinctionem, sed commutationem adfert loci, quid optabilius? Tusc I 117. fore ut infringatur hominum improbitas ipsa die, quae debilitat cogitationes et inimicorum et proditorum tuorum; ep I 6, 1. quod ita esse dies declarat, quae procedens ita mitigat, ut leniatur aegritudo; Tusc III 53. dies me deficiet; fin I 62. si dies est, lucet; Ac II 143. is dies fuit Nonae Novembres; ep XVI 3, 1. qui fuit dies Nonarum Septembr.; A IV 1, 5. alios non solvere, aliorum diem nondum esse; A VIII 10. illam diem negabat esse mense Maio, istam non negabat; A XIII 5, 1. diem meum scis esse III Nonas Ianuarias; A XIII 42, 3. ſ. II, 1. ascribo. quod dies impetratura est; A XII 10. quem potes recordari in vita inluxisse tibi diem laetiorem? Phil I 30. mitigat, procedit: ſ. declarat. postquam ea dies venit; Ver II 38. dies una, alter, plures: non referri; Ver IV 66. — 2. ecce Dolabellae comitiorum dies! Phil II 82. o praeclarum diem, cum ex hac turba et conluvione discedam! Cato 84. — II, 1. ludis quoniam dies est additus, eo etiam melius hic eum diem cum Dionysio conteremus; A IV 8, a, 1. ut ceteros dies festos agitare possent; Ver II 51. diem natalem reditus mei cura ut in tuis aedibus amoenissima agam tecum; A III 20, 1. in altera (epistula) dies erat ascripta Nonarum Aprili um, in altera dies non erat; ep III 11, 1. consules diem consumi volebant; ep I 2, 2. contero: ſ. addo. non proscripta neque edicta die; Ver I 141. hunc diem campi speratum

atque exoptatum sibi proponens; Milo 43. ab hominum genere finitus est dies, mensis, annus; nat II 153. Clodius rogatus diem dicendo eximere coepit; Q fr II 1, 3. si sibi cum populo dies agendi esset exempti; Q fr II 4, 6. ut ter ante magistratus accuset intermissa die, quam multam inroget: dom 45 his ludorum diebus interpositis; Ver I 20. quodsi dies notandus fuit, eumne potius, quo natus, an eum, quo sapiens factus est? fin II 103. obire auctionis diem facile poterant; A XIII 13, 4 (14, 1). a quibus etiam dies, tamquam a Chaldaeis, petebantur; Muren 25. itinera ita facit, ut multos dies in oppido uno ‖ oppidum ‖ ponat; A XI 22, 2. scis dies illorum iudiciorum praestitutos fuisse; A XIII 49, 1. Clodius in Quirinalia prodixit diem; Q fr II 3, 2. propono, spero: ſ. exopto. proscribo; ſ. edico. dies ex utriusque commodo sumitur; Caecin 20 sane velim scire, num censam impediant tribuni diebus vitiandis; A IV 9, 1. — 2. in posterum diem distulit; Deiot 21. hanc vim non esse in die positam, sed in cogitatione diuturna; Tusc III 74. estne tui pudoris primam rogare de die, deinde plus annua postulare? ep VII 23, 1. nonne tibi nox erat pro die? Piso 53. cum perditissimis latronibus non solum de die, sed etiam in diem vivere; Phil II 87. — III. diei brevitas conviviis continebatur; Ver V 26. spoliatus illius supremi diei celebritate; Milo 86. tempus largitur longitudo diei; leg III 30. feriarum festorumque dierum ratio in liberis requietem litium habet et iurgiorum, in servis operum et laborum; leg II 29. decerno quinquaginta dierum supplicationes; Phil XIV 28. cum videmus vicissitudines dierum ac noctium; Tusc I 68. — IV, 1. quamquam me vester h..... vigilare dies atque noctes iubet; agr II 77. apud Hypanim fluvium Aristoteles ait bestiolas quasdam nasci, quae unum diem vivant; Tusc I 94. quod diem ex die exspectabam, ut statuerem, quid esset faciendum; A VII 26, 3. — 2. comitiis iam abhinc diebus triginta factis; Ver II 130. Socrates et supremo vitae die de hoc ipso multa disseruit et paucis ante diebus, cum facile posset educi e custodia, noluit; Tusc I 71. neque aequum est tempore et die memoriam beneficii definire; Quir 23. infringi: ſ. I, 1. debilitat. ut quadragesimo post die responderes; Ver I 30. quas (litteras) mihi Cornificius altero vicensumo die, ut dicebat, reddidit; ep XII 25, 1. delegationem a mancipe annua die: A XII 3, 2. ſ. ante II, 1. noto. 2. noto de- 3. multus sermo ad multum diem; A XIII 9, 1. adesse in senatum iussit a. d. XIII Kalendas Octobres; Phil V 19. ut id ante diem certam in suum quidque diem referret; nat III 84. comitia Bibulus in ante diem xv Kal. Novembr. distulit; A II 20, 6. ex: ſ. 1. A VII 26, 3. sed, si placet, in hunc diem hactenus; rep II 70. cotidie vel potius in dies singulos breviores litteras ad te mitto; A V 7. his in die saturum fieri; Tusc V 100. quae ego per hos dies in senatu de re publica sensi; dom 3. post diem tertium veni in aedem Telluris; Phil I 89.

differentia, Verſchiedenheit, Unterſchied: 1. qualis differentia sit honesti et decori; of I 94. sequitur similitudinem differentia, rei maxime contraria superiori; Top 46. — II, 1. Chrysippus exponens differentias animantium; fin IV 28. — 2. a differentia (argumentum ducitur); Top 16.

differo, aufſchieben, verzögern, ſich unterſcheiden, verſchieden ſein: I, 1. multum differt, utrum causa naturalis ex aeternitate futura vera efficiat, an ..: fat 32. — 2. illi naturis differunt, voluntate autem similes sunt inter sese; de or II 94. mirabile est, cum plurimum in faciendo intersit inter doctum et rudem, quam non multum differat in iudicando; de or III 197. si nihil inter deum et deum differt; nat I 80. aetates vestrae nihil aut non fere multum

differunt; Bru 150. ut differt anxietas ab angore; Tusc IV 27. coniectura consequentium non multum a divinatione differens; fin II 113. hoc genus causae cum superiore hoc differt, quod . .; inv II 92. genus id est, quod sui similes communione quadam, specie autem differentes, duas aut plures complectitur partes; de or I 189. poëtae quaestionem attulerunt, quidnam esset illud, quo ipsi differrent ab oratoribus; orat 66. quid res cum re differat, demonstrabimus; inv I 82. quo neget visa a falsis vera differre; Ac II 111. — II, 1. quae eorum (siderum) sit conlocatio, in sermonem alium differendum est; Tim 30. — 2. iste omnibus dicis diem distulit; Ver II 38. in aliud tempus ea quaestio differatur; de V 45. res dilata est in posterum: ep X 12, 3. distulimus omnino sermonem in posterum; A X 14, 3. cum vadimonis saepe dilata essent; Quinct 22.

difficilis, ſchwer, beſchwerlich, ſchwierig, emp-finblich: A. etiam usque eo difficiles ac morori sumus ,ut . . simus ||, ut . .; orat 104. si qui difficiliores erunt, ut rem sine controversia confici nolint; ep XIII 26, 3. difficile factu est me id sentire, quod tu velis; nat III 1. et imbecilli valent et, quod difficilis dictu est, mortui vivunt; Lael 23. maximo difficillimoque bello; Ver II 5. Chrysippi (consolatio) ad veritatem firmissima est, ad tempus aegritudinis difficilis; Tusc III 79. difficilis auguri locus ad contra dicendum. Marso fortasse, sed Romano facillimus; div II 70. ut quisque (morbus) est difficillimus; Cluent 57. contortas res et saepe difficiles necessario perdiscimus; de or I 250. difficillimo rei publicae tempore; Phil IX 15. longa difficilique vectura; Ver I 147. — B. cum tradita sint cuiusque artis difficillima; de or II 69.

difficiliter, ſchwer, faum: morbi animorum difficilius evelli posse putantur quam summa illa vitia; Tusc IV 32. ut, si quid cui simile esse possit, sequatur, ut etiam difficiliter internosci possit possint ||; Ac II 50. quae difficillime praecaventur; Sex Rosc 116.

difficultas, Schwierigfeit, Beſchwerlichkeit, Verlegenheit: I. ut temporis difficultas tulit; Ver III 126. difficultas ineundi consilii rem a rege ad plures transtulit; ep I 52. — II, 1. quare || quarum || quinque artium concursus maximarum quantam vim quantamque difficultatem habeat, existimari potest; Bru 25. ut quisque optime dicit, ita maxime dicendi difficultatem pertimescit; de or I 120. his susceptis difficultatibus; inv II 169. — 2. nihil constitui potest, quod non incurrat in magnam aliquam difficultatem; ep IV 2, 4. — III. te non habuisse rationem huius publicae difficultatis; A VII 18, 4. — IV, 1. vecturae difficultate adductos; Ver III 191. — 2. propter itinerum et navigationum difficultatem; ep XV 2, 1. si fieri sine summa difficultate non possunt; Top 93.

diffidenter, ängſtlich: timide et diffidenter attingere rationem veneficii criminum; Cluent 1.

diffidentia, Mißtrauen, Mangel an Selbſt-vertrauen: fidentiae contrarium est diffidentia et ea re vitium est: inv II 165. metus quoque est diffidentia exspectati et impendentis mali; Tusc IV 80.

diffido, mißtrauen, fein Vertrauen haben: I. ita graviter aegrum Eudemum fuisse, ut omnes medici diffiderent; div I 53. — II, 1. de Othone diffido; A XII 43, 3 (2). — 2. quod se adsequi posse diffidant; orat 3. — III. alter causae confidit, alter diffidit; Qu Rosc 11. Parthos times, quia diffidis copiis nostris; ep II 10, 2. huic incipio sententiae diffidere interdum; Tusc V 3. tu totiens diffidens ac desperans rebus tuis; Piso 89.

diffindo, zerſpalten, zerteilen: coniunctionem duplicem in longitudinem deus diffidit; Tim 24. saxo diffisso; div I 23.

---

diffluo, zerfließen, überſtrömen, ſich auflöſen, triefen: 1. quam sit turpe diffluere luxuria; of I 106. — 2. otio diffluentes; de or III 131. ut nos quasi extra ripas diffluentes coërceret; Bru 316. omnia, quae dilapsa iam diffluxerunt; Marel 23.

diffugio, ſliehen, ſich zerſtreuen: neque multi sunt, et diffugiunt, qui sunt, metu oblato: ep XV 1, 5. qui (homines) periculo mortis diffugissent; of III 114.

diffundo, ausſtrömen, verbreiten, ausbehnen: in hac ratione dicendi excogitare, ornare, disponere, meminisse, agere ignota quodam modo || quondam || [omnibus] et diffusa late videbantur; de or I 87. non luco inlitus, sed sanguine diffusus color; de or III 199. causa erroris tanti, tam longe lateque diffusi; fin II 115. est ille pollicitus ius civile, quod nunc diffusum et dissipatum esset, in certa genera coacturum; de or II 142. dithyrambus, cuius membra et pedes sunt in omni locupleti oratione diffusa; de or III 185. quae (platanus) ad opacandum hunc locum patulis est diffusa ramis; de or I 28. sanguis per venas in omne corpus diffunditur; nat II 138.

diffuse, zerſtreut, weitläufig: res disperse et diffuse dictae; inv I 98. latius aliquanto dicenda sunt et diffusius; Tusc III 22.

digamma, Digamma, Zinsbuch: neque solum Romae, sed etiam Deli tuum digamma videram; A IX 9, 4.

digero, einteilen, ordnen, erledigen: I. discripte et electe in genus quodque causae, quid cuique conveniat, ex hac copia digeremus; inv I 49. — II. nulli fuerunt, qui illa artificiose digesta generatim componerent; de or I 186. quoniam aliter ab aliis digeruntur; de or II 79. ut omne ius civile in genera digerat; de or I 190. ut mea mandata digeras; Q fr II 12, 3.

digestio, Einteilung, Aufzählung: digestio (etiam est); de or III 205.

digitulus, Fingerchen: ut illi aniculae collum digitulis duobus oblideret; Scaur 10.

digitus, Finger, Zoll: I, 1. ut digitum ad fontes intenderem; de or I 203. hoc quid intersit, si tuos digitos novi, certe habes subductum; A V 21, 13. — 2. anulus de digito detractus est; Ver IV 58. — II. nullae argutiae digitorum; orat 59. digitorum contractio facilis facilisque porrectio nullo in motu laborat; nat II 150. — III, 1. ab hac (regula) mihi non licet transversum, ut aiunt, digitum discedere; Ac II 58. mihi certum est ab honestissima sententia digitum nusquam; A VII 3, 11. — 2. qui genus hoc vitae extremis, ut dicitur, digitis attigissent; Cael 28.

digladior, ſich herumſchlagen, im Streit ſiegen: I. quibus (sicis) digladiarentur inter se cives; leg III 20. — II. de quibus inter se digladiari soleant; of I 28.

dignatio, Ehre: nec (meus puer) quicquam nisi de dignatione || dignitate || laborat; A X 9, 2.

digne, würbig: numquam digne satis laudari , l. s. d. || philosophia poterit; Cato 2. quis de tali cive satis digne umquam loqueretur? sen 19.

dignitas, Würde, Tüchtigfeit, Verdienſt, An-ſehen, Schönheit, Bedeutung, Ehre, Rang: I, 1. ut eorum tortum ipsorum dignitas consolaretur ea, quam ex re publica consequebantur; ep IV 6, 1. dignitas est alicuius honesta et cultu et honore et verecundia digna auctoritas; inv II 166. quantam (religionem) rei publicae dignitas postulat; Muren 1. — 2. si maiestas est amplitudo ac dignitas civitatis; de or II 164. — 3. o speciem dignitatemque populi Romani, quam reges pertimescant! dom 89. — II, 1. qui potes dubitare, quin ad consulatum adipiscendum multo plus adferat dignitatis rei militaris quam iuris civilis gloria? Muren 22. is, qui omnia tenet, nobilitatem et dignitates hominum

amplectitur; ep IV 8, 2. ut primum potestas data est augendae dignitatis tuae; ep X 13, 1. ſ. tueor. ei (Hirtio) dignitatem Bruti et Cassii commendavi; A XV 6, 1. dignitas verborum, numerus dierum Caesaris ipsius laudi concessus est; prov 27. consequor: ſ. I, 1. consolatur. dignitatem docere non habet: orat 144. quod summam dignitatem pavimentata porticus habebat; Q fr III 1, 1. omitto dignitatem, honestatem, speciem ipsam virtutum; fin II 107. solent aequi et boni nomen dignitatemque opponere: Caecin 65. pertimesco: ſ. I 3. dignitate omni recuperata; Sest 129. retinuisse in rebus asperis dignitatem; de or II 346. si personarum dignitates servabuntur: inv I 29. qui omnem dignitatem iudiciorum tenebat; Rabir 20. quantum † ad ‖ quantum ‖ meum studium exstiterit dignitatis tuae vel tuendae vel etiam augendae; ep V 8, 1. — 2. meae dignitatis ista sunt; Ver IV 45. — 3. non existimavi me dignitati praefecturae gravissimae satis esse facturum; Scaur 27. — 4. simili dignitate consilium nullum fuisse; Ver I 18. — 5. si meam voluntatem ad summi viri dignitatem adgregassem; ep I 9, 11. pauca esse de provinciae dignitate dicenda: Ver II 2. qui ad dignitatem impellit; de or II 335. id quod ad dignitatem populi Romani maxime pertinet; Font 49. qui honos non solum ad dignitatem valet; Phil V 45. — III, 1. plenam dignitatis domum; of I 138. hominem studiosissimum dignitatis meae; Planc 2. — 2. illa aliena consulum dignitate sententia est; Phil XI 21. — IV, 1. alqd: ſ. II, 1. adfero. dignitatis habuisse nimis magnam iudicatus est cupiditatem; Sulla 73. ut (Scipio) ex tam alto dignitatis gradu ad superos videatur deos potius quam ad inferos pervenisse; Lael 12. cui senatus amplissima dignitatis praemia dedit; Balb 10. ut P. Sulla dignitatis suae splendorem obtinere potuisset; Sulla 1. ad omnem statum nostrae dignitatis; Q fr III 8, 1. si hac dignitate hominem defenderem; Planc 72. — 3. omne suum erga meam dignitatem studium et iudicium; dom 142. — V, 1. Crotoniatae multum omnibus corporum viribus et dignitatibus antisteterunt ‖ antestiterunt, al. ‖; de or II 2. hic (Epicurus) dignitate huius sententiae capitur; Tusc V 31. me dignitate superatum non arbitrabor; div Caec 73. — 2. cum dignitate moriamur; Phil III 36. imperaverunt pro dignitate sua, quod visum est; Font 18. dum otium volunt etiam sine dignitate retinere; Sest 100.

digmo, würdigen: qui ob egregiam virtutem tali honore dignati sunt; inv II 114. observantia, per quam homines aliqua dignitate antecedentes cultu quodam et honore dignantur; inv II 161. res complures dissimiles inter se, quae tamen consimili laude dignentur; de or III 25.

dignus, wert, würdig, berechtigt, verdienend, angemessen, entsprechend: A. supplicio dignus es; inv II 95. ut honore potius aliquo quam ullo supplicio dignus esse videatur; inv II 107. ut digni essent, qui hostes populi Romani esse dicerentur; inv II 111. ut dignissimus sit curia propter abstinentiam; Q Rosc 17. misericordia dignior quam contumelia putaretur; Piso 32. qui si se dignum maioribus suis praebuerit; ep II 18, 3. ut (me) castigatione aut obiurgatione dignum putares; A III 10, 3. dignum vestra mansuetudine, dignum virtute huius esset, iudices, a vobis hanc rem hoc postulante impetrari; inv II 104. nihil magno et praeclaro viro dignius placabilitate atque clementia; of I 88. nisi forte (calamitosi) erunt digni calamitate: of II 62. fraus odio digna maiore; of I 41. homo iis dignissimus, quibuscum vivit; Sest 133. illa (liberalitas) viro forti claroque dignior; of II 52. erat munus Scipionis dignum et eo ipso et illo

Q. Metello; Sest 124. o rem dignam, in qua non modo docti, sed etiam agrestes erubescant! leg I 41. ei tractanti contemplantique res cognitione dignissimas; of I 154. quae (verba) scelere istius digna sint; Ver V 159. — B, a. ut ne nimis cito diligere incipiant neve non dignos; Lael 78. — b. stomachor, cum aliorum non me digna in me conferuntur; Planc 35.

digredior, sich entfernen, abschweifen (vgl. **degredior**): 1. quod de causa digredi nisi per locum communem displicet; inv I 97. — 2. sed iam ad id, unde digressi sumus, revertamur; Bru 300. qui delectandi gratia digredi parumper a causa posset; Bru 322. etsi periniquo patiebar animo te a me digredi; ep XII 18, 1. tum (luna) congrediens cum sole, tum digrediens ‖ degred. ‖; nat II 103. unde digressa est oratio; Ver IV 35.

digressio, Trennung, Scheiden, Abschweifung (vgl. **degressio**): I. quamquam ista mihi tua fuit periucunda a proposita oratione digressio; Bru 292. hoc malum minus miserum fuit, quam fuisset cum congressio tum vero digressio nostra; Q fr I 3, 4. ab re digressio, in qua cum fuerit delectatio, tum reditus ad rem aptus et concinnus esse debebit; de or III 203. II, 1. in quo (genere) digressio aliqua extra causam interponitur; inv I 27. Hermagoras digressionem deinde, tum postremam conclusionem ponit. in hac autem digressione ille putat oportere quandam inferri orationem a causa atque a iudicatione ipsa remotam: inv I 97. — 2. sum in: ſ. I. de or III 203. — III. in: ſ. II, 1. pono.

digressus, Entfernung, Trennung: I. digressum meum longe tuo praestitisse; Piso 63. — II. congressus nostri lamentationem pertimui: digressum vero non tulissem; Q fr I 3, 4.

diiudicatio, Entscheidung: ita magna diiudicatio est; leg I 56.

diiudico, entscheiden, unterscheiden: I. utrum inter has sententias diiudicare malumus an . .? Tusc I 23. — II. 1. de rationibus societatis vult diiudicari; Quinct 43. — 2. omnes tacito quodam sensu, quae sint in artibus ac rationibus recta ac prava, diiudicant; de or III 195. — III. tametsi non facile diiudicatur amor verus et fictus; ep IX 16, 2. nec solum ius et iniuria natura diiudicatur, sed omnino omnia honesta et turpia; leg I 44. vera a falsa, veri similia ab incredibilibus diiudicare et distinguere; part or 139.

dilum — ſ. **dialum**.

dilabor, sich auflösen, sich teilen, zerfallen, entweichen, entschwinden: nisi eadem (aqua) se admixto calore liquefacta et dilapsa diffunderet: nat II 26. cibus a iecore dilapsus: nat II 137. rapide dilapsus (Fibrenus); leg II 6. ut hic ornatus numquam dilapsus occidat; Ac II 119. ut praeclarissime constituta res publica dilaberetur; of II 80.

dilacero, zerfleischen: ad dilacerandam rem publicam; Milo 24.

dilanio, zerreißen: P. Clodii cruentum cadaver canibus dilaniandum reliquisti; Milo 33.

dilargior, verschenken: qui omnia, quibus voluit, est dilargitus; agr II 81.

dilatio, Aufschub: I. quae est vel minimi dilatio temporis? Phil III 2. — II. propter dilationem comitiorum; imp Pomp 2.

dilato, ausdehnen, erweitern, ausführlich behandeln: I. omni copia dicendi dilatavit, quid esset maiestatem minuere de or II 109. — II. perfice, ut Crassus haec, quae coartavit et peranguste refersit in oratione sua, dilatet nobis atque explicet; de or I 163. illam iustam eloquentiam, quam dialecticam dilatatam esse putant; Bru 309. cum (Zeno digitos) diduxerat ‖ ded. ‖ et manum dilataverat; orat 113. haec lex dilatata in ordinem cunctum coangustari etiam potest; leg III 32. qui (Cotta) se valde dilatandis litteris a similitudine

Graecae locutionis abstraxerat; Bru 259. ut aut ex verbo dilatetur aut in verbum contrahatur oratio; part or 23. qui (pulmones) tum se contrahunt aspirantes, tum in respiratu ‖ intrante spiritu ‖ dilatant; nat II 136. (Isocrates) primus instituit dilatare verbis sententias; orat 40.

dilaudo, ſehr loben: quos (libros) tu dilaudas; A IV 17, 5. VI 2, 9.

dilectus (delectus), Wahl, Auswahl, Aushebung: I. verborum dilectum originem esse eloquentiae; Bru 253. — II, 1. Romae dilectus habetur totaque Italia, si hic dilectus appellandus est, cum ultro se offerunt omnes; ep XI 8, 2. dilectus tota Italia decreti sublatis vacationibus; Phil VIII 6. acceptorum beneficiorum sunt dilectus habendi; of I 49. ſ. appello. — 2. quid huic opus est dilectu bonorum et malorum? fin V 67. — 3. magnas Romae Pansa copias ex dilecta ‖ del. ‖ Italiae comparat; ep XII 5, 2. si Italia a dilectu numquam esset conquietura; Milo 68. quam ob rem in hoc provinciali dilectu ‖ del. ‖ spem habeatis aliquam, causa nulla est; ep XV 1, 5. — III. quod idem facere censores in dilectu dignitatis qui convenit? Cluent 128. quod idem in dilectu consules observant, ut primus miles fiat boni nomine; div I 102.

diligens, achtſam, aufmerkſam, umſichtig, ſorgſam, gewiſſenhaft: neque hoc homine in omnibus officiis retinendis diligentior esse quisquam potest; Cluent 133. ut ‖ tamquam ‖ ex diligendo diligens (dicti sunt); nat II 72. diligentior ad declarandam benivolentiam multo (sum factus); ep III 12, 4. tam severam diligentemque accusationem; div Caec 73. pietas, per quam sanguine coniunctis diligens tribuitur cultus; inv II 161. quem diligentissimum ducem cognoverunt; Flac 8. et doctum hominem et diligentem; div I 39. quaedam etiam neglegentia est diligens; orat 78. adsidua ac diligens scriptura; de or I 150.

diligenter, achtſam, aufmerkſam, umſichtig, ſorgfältig, gewiſſenhaft: si diligenter attendamus; inv II 44. ut diligenter caveret atque prospiceret; Ver II 173. quod meam Tulliam suavissime diligentissimeque coluisti; A X 8, 9. ſ. observo. quae te velle compositae diligenter; Bru 233. ego, quae te velle arbitror, studiose diligenterque curabo; A XVI 16, 7. liber tuus et legitur a me diligenter et custoditur diligentissime; ep VI 5, 1. diligenter oportere exprimi, quae vis subiecta sit vocibus; fin II 6. fecit diligentissime; Ver I 60. quorum (civium) vobis habenda est ratio diligenter; imp Pomp 17. lego: ſ. custodio. hic Caecilium colimus et observamus diligenter; A II 19, 5. prospicio: ſ. caveo. quae diligentissime providenda sunt; imp Pomp 20. nihil esse in civitate tam diligenter quam ius civile retinendum; Caecin 70. pluribus verbis scripsit ad patrem tuum M. Iunius sodalis perite et diligenter; leg III 49. quod in rebus privatis diligentissime singulos cives opera, consilio, re tuebantur; rep II 59.

diligentia, Sorgfalt, Umſicht, Achtſamkeit: I. ipsum ingenium diligentia etiam ex tarditate incitat, diligentia inquam, quae cum omnibus in rebus, tum in causis defendendis plurimum valet. haec praecipue colenda est nobis, haec semper adhibenda, haec nihil est quod non adsequatur; de or II 147, 148. quod mea diligentia istorum impudentiam vicerat; Ver pr 16. — II, 1. in deligendis idoneis iudicium et diligentiam adhibere (debemus); of II 62. ſ. colo: ſ. I. ne desideres aut industriam meam aut diligentiam; A XV 13, 3. minuta est omnis diligentia; part or 57. si in hac causa nostrum officium ac diligentiam probaverimus; div Caec 72. — 2. est (poëma) magis artis et diligentiae quam incitationis et motus; div II 111. — 3. id signis confirmandum huius modi: ex cetera diligentia,

ex ante factis; inv II 90. — III, 1. vita haec rustica diligentiae magistra est; Sex Rosc 75. — 2. vir summa diligentia; Muren 48. — IV, 1. omnia et provisa et parata et constituta sunt mea summa diligentia; Catil IV 4. earum (litterarum) accuratissima diligentia sum mirum in modum delectatus; A VII 3, 1. ut mea diligentia mandatorum tuorum te quoque ad memoriam nostrarum rerum excitarem; Top 5. ut (Demosthenes) impedimenta naturae diligentia industriaque superaret; de or I 260. — 2. in audiendi diligentia non minus religioni tribuere quam voluptati; Ver III 10. sine quorum (magistratuum) prudentia ac diligentia esse civitas . non potest; leg III 5.

diligo, hochachten, ſchätzen, lieben: I. ita diligi a sese quemque, nt ea vis diligendi ad aliam rem quampiam referatur, non ad eum ipsum, qui sese diligat; fin V 30. — 2. qui (di) inter se diligunt; nat I 122. — II, 1. omnis est natura diligens sui; fin IV 32. — 2. ut neque diligat quemquam nec ipse ab ullo diligatur; Lael 52. quos ego ambo unice diligo; ep V 8, 4. tantum accessit, ut mihi nunc denique (te) amare videar, antea dilexisse; ep IX 14, 5. eum a me non diligi solum, verum etiam amari; ep XIII 47. ſ. I, 1. amicum atque hospitem meum Sthenium, quem ego singulariter dilexissem; Ver II 117. omne animal se ipsum diligit; fin V 24. tuam benivolentiam, diligentiam, prudentiam mirifice diligo; A XII 34, 2. quam diu C. Caesaris consilia in re publica non maxime diligebatis; prov 25. diligentiam: ſ. benivolentiam. quia natura propensi sumus ad diligendos homines; leg I 43. hospitem: ſ. amicum. poëtae, quorum ego semper ingenia dilexi; Sest 123. patres vestros, quos colui et dilexi; Cato 83. prudentiam: ſ. benivolentiam. qui si senatum dilexisset; Phil XIII 27.

dilorico, aufreißen: qui non dubitavit excitare reum consularem et eius diloricare tunicam; de or II 124.

dilucesco, hell werden: cum iam dilucesceret; Catil II 6. diluxit; Phil XII 5.

dilucide, klar, deutlich: fons confirmationis dilucide demonstratus (est); inv I 49. dilucide planeque dicetur; orat 79. modo satis illa dilucide dixerimus pro rerum obscuritate; Tusc IV 33. quod crimina dilucide solerent; Ver II 191.

dilucidus, klar, deutlich: A. omnia docentes et dilucidiora, non ampliora facientes; orat 20. quae mox de narratione dilucida dicentur; part or 29. dilucida (fuit) oratio; fin III 3. rationem non arbitror exspectari a me puri dilucidique sermonis; de or III 38. verbis dilucidis utendum est; inv I 29. — B, I. est plus aliquanto inlustre quam illud dilucidum; part or 20. — II. dilucidum fiet ‖ fit ‖ usitatis verbis et propriis dispositis; part or 19.

diluculum, Morgendämmerung: primo diluculo nuntius hic Ameriam venit; Sex Rosc 19. cum venissem diluculo ad pontem Tirenum ‖ Tiretium ‖; A XVI 13 (a) 1.

diluo, hinwegſpülen, auseinanderſetzen, entkräften: I. cum ego una quaque de re dicam et diluam; Cluent 6. — II. sic orationis flumine reprensoris convicia diluuntur; nat II 20. si crimina inlata et aliquas minus honestas suspiciones iniectas diluemus; inv I 22.

dilutius, verdünnt: Gallos post haec dilutius esse poturos, quod illi venenum esse arbitrabantur; Font fr 13. (4, 9).

dimano, ſich ausbreiten: meus hic forensis labor vitaeque ratio dimanavit ad existimationem hominum paulo latius; Cael 6.

dimensio, Ausmeſſung: pusionem quendam Socrates interrogat quaedam geometrica de dimensione quadrati; Tusc I 57.

dimetior, vermeſſen, ausmeſſen: in studio di-

metiendi paene caeli atque terrae; Cato 49. civem
digitis peccata dimetientem sua; par 26. quem
(sensum) dimensa ratio docuit, quid acciderit; orat
183. de syllabis dimetiendis loquemur; orat 147.
terram: f. caelum.

dimeto(r), abmeſſen, abgrenzen: eorum (siderum) cursus dimetati maturitates temporum cog-
novimus; nat II 155. ita dimetata || demet. || signa
sunt, ut . .; nat II 110.

dimicatio, Kampf, Ringen: I. si quae dimicatio capitis futura (est); Milo 100. — II, 1. ut
mihi caedem et dimicationem denuntiarent; dom
55. nullam proelii dimicationem pertimescimus; Q
fr I 1, 5. — 2. nos iam in aciem dimicationemque
veniamus; orat 42. — III, 1. illam pugnam parva
dimicatione commissam arbitraris? Muren 33. —
2. pater ut in dimicatione fortunarum obesse filio
debeat? Planc 31.

dimico, kämpfen, ringen: I, 1. armis fuit di-
micandum; Planc 87. — 2. ut cum consulibus dimi-
carem; Sest 43. an Dolabella pro te in Hispania
dimicaret? Phil II 76. cum A. Postumius dictator
cum Octavio Mamilio Tusculano proelio dimicaret;
nat II 6. — II. dimicare (debemus) paratius de
honore et gloria quam de ceteris commodis; of I 83.
de sua potentia dimicant homines hoc tempore periculo civitatis; A VII 3, 4.

dimidiatus, halb: eximi iubet ex anno unum
dimidiatumque mensem; Ver II 129. apparebat
epigramma exesis posterioribus partibus versiculorum
dimidiatis fere; Tusc V 66.

dimidius, halb, neutr. Hälfte: A. ex ea pecunia partem dimidiam fere exegi; A XI 2, 3. —
B, I. redemptori tuo dimidium pecuniae curavi:
Q fr II 4, 2. se dimidium eius ei, quod pactus esset,
pro illo carmine daturum; de or II 352. — II. (ambulatiuncula) prope dimidio minoris constabit isto
loco; A XIII 29, 1 (2). quos dimidio redderet stul-
tiores; Flac 47.

dimin — f. **demin** —

dimissio, Ausſendung, Entlaſſung: I. qui
(videt) dimissiones libertorum ad defaenerandas
diripiendasque provincias; par 46. — II. classis infirma propter dimissionem propugnatorum atque
remigum; Ver V 86.

dimitto, ausſenden, fortſchicken, entlaſſen,
laſſen, aufgeben, fallen laſſen, hingehen laſſen:
I. de reliquo iam nostra culpa fuerit, si te dimiserimus: de or I 100. ut eum a se dimitteret?
Deiot '1. ut hoc summum beneficium Q. Maximo
debueris, quod continuo consilium dimiserit; de or
I 121. ego non dimitto istam curam; A XIV 11, 2.
quod (Hortensius) exercitationem studiumque dimise-
rat; Bru 327. ut omnes exercitus dimittantur; Phil
VII 2. ut homines servos e medio supplicio dimiserit; Ver V 13. remigibus militibusque dimissis;
Ver V 100. cum alii versantur in hostium castris
ac sua praesidia dimittunt; de or II 303. remiges:
f. milites. senatu dimisso; Cael 12. studium: f.
exercitationem. neque dimisi tempus; de or II 89.
minime miror caelum etiam et terras vim suam, si
tibi ita conveniat, dimittere; ep IX 12, 1. illam
(voluptatem) dimittamus; fin III 1. etsi non idcirco
eorum usum dimiseram, quod iis suscenserem; ep IX
1, 2. neque (uxorem) dimittere propter dotem volebat; Scaur 8. — II. ut eos ipsos, quos contra statuas, aequos placatosque dimittas; orat 34.

dimoveo f. **demoveo.**

dimoto, unterſcheiden: cum ei (sapienti) res
similes occurrant, quas non habeat dinotatas; Ac II 57.

dinumeratio, Aufzählung: est etiam dinumeratio; de or III 207. dinumerationibus noctium
ac dierum*; rep III 3.

dinumero, abzählen, aufzählen: I. (Octavianus) centuriat Capuae, dinumerat; A XVI 9. re-

giis annis dinumeratis; rep II 29. de syllabis prope
modum dinumerandis loquemur; orat 147.

dioecesis, Bezirk: ut me omnium illarum dioecesium, quae cis Taurum sunt, magistratus lega-
tionesque convenirent; ep III 8, 4. per magistros
scripturae et portus nostrarum dioecesium; A V 15, 3.

dioecetes, Finanzbeamter: dioecetes fuit regius; Rab Post 22. id facere non poterat nisi dioecetes; Rab Post 28.

diploma, Staats-Empfehlungsſchreiben: 1. diploma statim non est datum; ep IV 12, 3. quia
pueris diploma sumpseras; A X 17, 4. — 2. de
diplomate admiraris; A X 17, 4.

directe, geradezu: cum semel dictum sit directe:
part or 24.

directo (der.), in gerader Richtung, geradezu:
potius, quam derecto deus „hoc facito, hoc ne feceris"
diceret; div II 127. eo derectius || dir. || (Phoeni-
ces) gubernant; Ac II 66.

directus f. **dirigo.**

diremptus, Trennung: est interitus quasi
discessus et secretio ac diremptus earum partium.
quae . .; Tusc I 71.

direptio, Plünderung: I. in urbe auri, argenti
maximeque vini foeda direptio; Phil II 62. — II, 1.
unius urbis, Syracusarum, direptionem commemo-
rabo; Ver IV 115. ante oculos aratorum direptiones
proponite; Ver III 58. — 2. urbem sine legibus relictam direptioni et incendiis; ep IV 1, 2.

direptor, Plünderer: cum direptoribus bonorum meorum in ius adeundi potestatem non fecerit:
sen 22.

diribeo, ſondern: is (Cato) diribitis tabellis de
circulo se subduxit; Q fr III 4, 1.

diribitio, Sonderung der Stimmtafeln: nihil
iam est, quod diribitio exspectetur; Planc 14.

diribitor, Sonderer der Stimmtafeln: ve-
diribitores fuisse tabellarum; Piso 36.

dirigo, directus (der.), richten, gerade richten, lenken, hinführen, beſtimmen, part. gerade:
Antonius nihil non ad rationem et tamquam ad
artem dirigebat; Bru 140. quos (fines bonorum)
utilitate aut voluptate derigunt; fin V 57. derec-
tum || dir. || iter ad laudem; Cael 41. quicquam fir-
mius, quo iudicium meum derigerem || dir. ||; orat 237.
ad quam (naturam) leges hominum deriguntur
|| dir. ||; leg II 13. derectos || dir. || in quincunc m
ordines; Cato 59. omnibus est ius parietem dire-
tum ad parietem communem adiungere; Top 22.
huic tristi ac derecto seni; Cael 38. o praeclaram
beate vivendi et apertam et simplicem et derectam
viam! fin V 57. aequitatis vis est duplex: cuius
altera derecta || directi, al. || veri et iusti ratione de-
fenditur; part or 130. M. Catoni vitam ad certam
rationis normam derigenti || dir. ||; Muren 3.

dirimo, trennen, löſen, unterbrechen, vereiteln:
dirempta coitione; A IV 17, 3. ego citius cum
eo veterem coniunctionem diremissem; ep III 10, 5.
qui se dirempturos controversiam putaverunt; of III
119. ideone ego pacem Pyrrhi diremi? Cael 34.
num sermonem vestrum aliquem diremit noster interventus? rep I 17. cum ille omnium officiorum
societatem diremisset; Sulla 6.

diripio, rauben, plündern, berauben: direpto
et vastato Amano; A V 20, 3. perditis iam et
direptis aratorum bonis; Ver III 79. ad fortunas
aratorum diripiendas; Ver III 24. ex horreis direptum
effusumque frumentum; div I 69. tamquam ab aliquo
nefario praedone diriperetur patrimonium dignitatis;
de or III 8. portum Caietae a praedonibus esse
direptum; imp Pomp 33.

diritas, Härte, Grauſamkeit: I. quanta in altera
(fratre) diritas, in altero comitas! Cato 65. — II.
quamquam es omni diritate atque immanitate
taeterrimus; Vatin 9.

dirumpo, (disr.), zerreißen, abbrechen, pass.
bersten: dirupi me paene in iudicio Galli Caninii;
ep VII 1, 4. tuus necessarius infinito fratris tui
plausu dirumpitur; ep XII 2, 2. dirumpor dolore;
A VII 12, 3. repente in medio cursu amicitias
exorta aliqua offensione disrumpimus; Lael 85. dirum-
patur || disr. || licet ista furia; dom 99. homo diruptus
dirutusque; Phil XIII 26.

diruo, zerstören, abziehen: aere dirutus est;
Ver V 33. homo diruptus dirutusque; Phil XIII 26.
urbem diruamus; inv I 73.

dirus, unheilvoll, schrecklich, subst. f. Ver-
wünschung, n. Unheil: A. cum exta sine capite
fuerunt, quibus nihil videtur dirius; div II 36. —
B, a. dirarum obnuntiatione neglecta; div I 29.
— b. in dira et in vitiosa incurrimus; div I 28.

discedo, auseinandergehen, sich trennen, weggehen, abgehen, sich entfernen, scheiden, davon-
kommen, hingehen, schwinden, absehen: I. ubi semel
a ratione discessum est; Tusc IV 42. — II. cum ab
eo (Crasso) nusquam discederem; de or I 97. nescio
quo modo discessu meo (M. Caelius) discessit a sese;
Bru 273. discessi cum fratre e curia; Ver IV 145.
ab hoc credulo discedamus; Ac II 82. cum a vobis
discesserim, neminem esse . .; ep I 9, 18. si possum
discedere; A II 16, 4. commodum discesserat
Hilarus, cum venit tabellarius; A XIII 19, 1. qui
discedere animum censent; Tusc I 18. initio belli
Marsici discessisse caelum; div I 99. numquam ex
animo meo discedit illius optimi viri memoria; rep
VI 9. ut (pater) te ante videret, quam a vita
discederet; ep II 2. modo audivi quartanam a te
discessisse; A VIII 6, 3. senatus in alia omnia
discessit; ep X 12, 3. cum terra discessisset magnis
quibusdam imbribus; of III 38. — III. is ipsorum
consulum iudicio discessit probatus; Bru 229. si
istius haec tanta iniuria impunita discesserit;
Ver IV 68.

disceptatio, Erörterung, Verhandlung: I.
definitionis sunt disceptationes aut, cum quaeritur . . . aut . .; de or III 115. aut simplex est
disceptatio aut ex comparatione; de or III 116. iuris
tamen disceptationem esse voluit; Milo 23. — II, 1.
in qua re alii quasi status exsistunt novi, sed appellentur legitimae disceptationes; Top 95. ex
rationis et ex firmamenti conflictione et quasi concursu quaestio quaedam exoritur, quam disceptationem
voco; part or 104. — 2. tria sunt omnino genera,
quae in disceptationem et controversiam cadere
possint; de or II 113. quam (invidiam) vestra fides a
veritatis disceptatione reiecit; Cluent 81. nullo fere
potest res in dicendi disceptationem aut controversiam
vocari, quae . .; de or II 291. — III. cum sint duo
genera decertandi, unum per disceptationem, alterum
per vim; of I 34.

disceptator, Schiedsrichter: I. aut auscultator
modo est, qui audit, aut disceptator, id est rei
sententiaeque moderator; part or 10. — II, 1. severissimis disceptatoribus M. Caeli vitam me proba-
turam esse; Cael 35. — 2. ut te arbitro et, quod
commodo tuo fieri posset, te disceptatore uterentur;
ep XIII 26, 2.

disceptatrix, Entscheiderin: dialecticam inventam esse dicitis veri et falsi quasi disceptatricem
et iudicem; Ac II 91.

discepto, erörtern, verhandeln, entscheiden,
abhängen: I. 1. quod ego condicionibus, illi armis
disceptari maluerunt; A VIII 11, D, 8. — 2. quamquam in uno proelio omnis fortuna rei publicae
disceptat; ep X 10, 1. — II. latius de genere quam
de parte disceptare licet; orat 45. dolebam pilis et
gladiis, non consiliis neque auctoritatibus nostris de
iure publico disceptari; ep VI 1, 5. — III. hoc modo
hanc causam disceptari oportet; fat 46. cum
Academici eorum controversias disceptarent; Tusc IV 6.

discerno, sondern, unterscheiden: I. qua notione
discerneres? Ac II 85. — II. ne nota quidem ulla,
pacatus an hostis sit, discerni ac iudicari potest;
rep II 6. — III. Democritus luminibus amissis alba
scilicet discernere et atra non poterat, at vero bona
mala, aequa iniqua; Tusc V 114. temperantia
duobus modis in rebus commodis cernitur || discerni-
tur ||; part or 77. qualia visa a falsis discerni non
possent; Ac II 22.

discerpo, zerstückeln, zerreißen, zerteilen:
distractione humanorum animorum discerpi et lacerari
deum; nat I 27. cum res ea, quae proposita est,
quasi in membra discerpitur; Top 28. non discerptis
sententiis; de or III 49.

discessio, Abstimmung: I. ante se oportere
discessionem facere quam consules; ep I 2, 2. —
II. senatus consultum de supplicatione per discessionem fecit; Phil III 24.

discessus, Trennung, Scheiden, Abgang, Ab-
reise, Senatsferien: I, 1. ut me levarat tuus adventus, sic discessus adflixit; A XII 50. acerbiorem
mihi reditum esse, quam fuerit ille ipse discessus;
Milo 103. non longinquum inter nos digressum et
discessum fore; Cato 84. quam longum istum tuum
discessum a nobis futurum putes; ep VII 10, 3. si
quis requirit, cur Romae non sim: quia discessus
est; A XII 40, 3. — 2. „o praeclarum discessum",
inquit, „e vita"! div I 47. — II, 1. sunt qui nullum
censeant fieri discessum; Tusc I 18. — 2. quod
discessio esset de discessu voluntario sine ulla spe reditus
cogitare; A IX 13, 4. — III. de illius (Caesaris)
Alexandria discessu nihil adhuc rumoris; A XI
18, 1. — IV, 1. quin (sapiens) discessu a suis
moveatur; fin V 32. — 2. in illo tristi et acerbo
discessu; Planc 73.

discidium, Trennung, Zerwürfnis: I. hinc
discidium illud exstitit quasi linguae atque cordis,
absurdum sane et inutile et reprehendendum, ut alii
nos sapere, alii dicere docerent; de or III 61. —
II. deflevi coniugis miserae discidium; dom 96.
ne qua amicorum discidia fiant; Lael 78. reprehendo:
f. I. — III, 1. melius quidem in pessimis nihil fuit
discidio; A XI 23, 3. — 2. post discidium optimatium;
har resp 45.

discindo, zerreißen, zerschneiden: tales amicitiae sunt dissuendae magis quam discindendae;
Lael 76. ut discinderem tunicam, ut cicatrices
ostenderem; de or II 195.

discingo, aufgürten: in sinu est (iste Caesar),
neque ego discingor; Q fr II 11, 1.

disciplina, Unterweisung, Unterricht, Lehre,
Kenntnis, Schule, System, Einrichtung, Gewohnheit, Zucht, Methode: I. ceterae philosophorum
disciplinae, omnino alia magis alia, sed tamen omnes
eas nihil adiuvare arbitror; fin III 11. cum iam
philosophorum disciplinae gravissimae constitissent;
Ac II 15. C. Sicinius ex hac inopi ad ornandum,
sed ad inveniendum expedita Hermagorae disciplina,
ea dat rationes certas et praecepta dicendi; Bru
263. quod alia intellegendi, alia dicendi disciplina
est; orat 17. a quo (Zenone) disciplina Stoicorum
est; orat 113. Megaricorum fuit nobilis disciplina;
Ac II 129. praeter tres disciplinas, quae virtutem
a summo bono excludunt; fin III 36. quorum (Rhodiorum) usque ad nostram memoriam disciplina navalis et gloria remansit; imp Pomp 54. nisi disciplina plus valeret quam dolor; Flac 11. — II, 1.
qui (Anaxagoras) accepit ab Anaximene disciplinam; nat I 26. Q. Aelius Tubero vita severus
et congruens cum ea disciplina, quam colebat; Bru
117. siquidem philosophia contineat bene vivendi
disciplinam; Piso 71. expedio: f. I. dat. quamquam
ab iis (Graecis) philosophiam et omnes ingenuas
disciplinas habemus; fin II 68. Cyri vitam et disciplinam legunt; Bru 112. mitto veterem ab

ipsis dis Etruriae traditam disciplinam; har resp 20.
qui eam disciplinam probant; fin I 13. qui ipsorum
disciplinam sequor; Ac II 98. trado: ſ. mitto. —
2. haruspicum disciplinae magna accessit auctoritas; div I 33. — 3. congruo cum: ſ. 1. colo.
quae (civitas) tam procul a Graecorum disciplinis
linguaque divisa; Flac 63. (vitia) funditus tolli,
non est id positum in naturalibus causis, sed in
voluntate, studio, disciplina; fat 11. — III, 1. erit
haec formula Stoicorum rationi disciplinaeque maxime
consentanea; of III 20. — 2. virum ad usum ac
disciplinam peritum; Font 43. procul a: ſ. II, 3.
divido a. — IV, 1. admirabilis compositio disciplinae; fin III 74. prima aetate incidimus in ipsam
perturbationem disciplinae veteris; de or I 3. omnes
fere philosophi omnium disciplinarum; Tusc V 90.
si te ratio quaedam mira Etruscae ‖ Tuscae ‖ disciplinae non fefellit; ep VI 6, 3. — 2. qualis vir M.
Iuventius Pedo fuit ex vetere illa iudicum disciplina! Cluent 107. ſ. I. dat. repetam a te istum
de educatione et de disciplina locum; leg III 30.
doctus vir ex Rhodia disciplina Molonis; Bru 245.
— V, 1. ut natura, non disciplina consultus esse
videatur; Caecin 78. ferarum natura non est illa
quidem depravata mala disciplina, sed natura sua;
fin II 33. cum (Lacedaemo) praestare putabatur
disciplina rei publicae; rep I 50. — 2. eos (liberos)
instituere ad civitatis disciplinam debuisti; Ver III
161. praeter: ſ. I. excludunt.

discipulus, Zögling. Schüler: I, 1. hanc opinionem discipulus eius (Pherecydis) Pythagoras maxime
confirmavit; Tusc I 38. — 2. quod (Panurgus)
Roscii fuit discipulus; Qu Rosc 29. — II. rudem
me et integrum discipulum accipe; nat III 7. si
fuisset in discipulo comparando meliore fortuna; Piso
71. Hirtium ego et Dolabellam dicendi discipulos
habeo, cenandi magistros; ep IX 16, 7. magister ut
discipulos metuat; rep 67. quattuor eius (Cillonis)
conservos et discipulos Venafri cuniculus oppresserat; Q fr III 1, 3. hoc loco discipulos quaerere videtur; fin II 30. — III. Aristoteles cum florere Isocratem nobilitate discipulorum videret; de or III
141. cuius (Zenonis) discipuli Aristonis sententia;
nat I 37.

discludo, trennen: quas (partes) is semotas a
mente et disclusas putat; Tusc I 80.

disco, lernen, kennen lernen, erfahren: I, 1, a.
isti nos iuris consulti a discendo deterrent; de or
II 142. — b. ut voluntatem discendi simul cum
spe perdiscendi abiceremus; de or II 142. — c. hominis mens discendo alitur et cogitando; of I 105.
— 2. disces tu quidem a principe huius aetatis
philosophorum; of I 2. valent pueri, studiose discunt;
Q fr III 3, 1. — II, 1. de: ſ. III, 1. alqd; rep I
11. — 2. quod didicit iam populus Romanus, quantum cuique crederet; Phil II 117. — 3. Q. Hortensius contra caput non didicit dicere; Quinct 44.
oblivisci se malle discere; Ac II 2. — 4. quod didicerunt se totos esse perituros; Tusc I 49. — III,
1. quod eum negasti, qui non cito quid didicisset,
umquam ‖ numquam ‖ omnino posse perdiscere; de
or III 146. se de rationibus rerum publicarum aut
constituendarum aut tuendarum nihil nec didicisse
umquam nec docere; rep I 11. quae (artes) sine
summo otio non facile discuntur; Balb 15. discebamus pueri XII ut carmen necessarium; leg II 59.
recte nihil de causa discenda praecipiunt; de or II 100.
qui litteras Graecas senex didici; Cato 26. num me
ius civile aut rem militarem iubes discere? de or I
131. quos memoriae proditum est ab ipso Hercule
sacra didicisse; dom 134. tabulas: ſ. carmen. sequor
eas vias, quas didici ab Antiocho; Ac II 98. — 2.
discebant fidibus antiqui; Cato 26.

discolor, verschiedenfarbig: ut discoloribus sig-

nis iuratorum hominum sententiae notarentur; Ver
pr 40.

discordia, Uneinigkeit, Zwietracht: I. ea con-
trahere amicitiam, dissipare discordiam; Lael 24.
quod discordiam excitari videbant; Sest 103. libidini
subiecta sunt odium, inimicitia, discordia; Tusc IV
16. — II. sit discordiarum finis; har resp 46. incidi in ipsam flammam civilis discordiae vel potius
belli; ep XVI 11, 2. — III, 1. quae (odia) tacitis
nunc discordiis continentur; Muren 47. — 2. in
dissensione et discordia civium; Phil VIII 8.

discordo, uneinig sein: animus a se ipse dissidens secumque discordans; fin I 58. (cupiditates)
inter se dissident atque discordant; fin I 44.

discrepantia, Widerspruch: I. sunt tria genera: ambiguum, discrepantia scripti et voluntatis,
scripta contraria; Top 96. maiorem multo inter
Stoicos et Peripateticos rerum esse aio discrepantiam
quam verborum; fin III 41. — II. ridetur ‖ ridentur ‖ etiam discrepantia: „quid huic abest nisi res
et virtus?“ de or II 281.

discrepo, nicht übereinstimmen, in Widerspruch
stehen, abweichen, falsch singen: I. non modo catervae
atque concentus, sed etiam ipsi sibi singuli discrepantes; de or III 196. animorum contentione, non
opinionum dissensione me ab eo discrepare; ep II
13, 2. id discrepare cum a ‖ cum I ceteris scriptis;
part or 132. discrepat a timendo confidere; Tusc
III 14. catervae, concentus: ſ. alqs. ut in fidibus
aut tibiis, quamvis paulum discrepent, tamen a
sciente animadverti solet, sic . .; of I 145. vestrum
iudicium ab uno indicio ne discrepet; div Caec 14.
cum inter se duae videntur leges aut plures discrepare; inv II 144. oratio verbis discrepat sententiis
congruens; leg I 30. si qua in re discrepavit I discrepuit I ab Antonii divisione nostra partitio; de or III
119. tibiae: ſ. fides. — II. qui (philosophi) de
bonis contrariisque rebus tanto opere discrepant,
ut . .; Ac II 147.

discribo (überall Var. describo), einteilen,
ordnen, verteilen, bestimmen: I. discribebat censores binos in singulas civitates Timarchides; Ver
II 133. quarum (stellarum) ita discripta distinctio
est, ut . .; nat II 104. ubi paulisper pretio, non
aequitate, iura discripserat; Ver V 27. in quattuor
partes omnem orationis laudem discripseras; de or
III 144. ut eam materiem orationis omnibus locis
discriptam, instructam ornatamque comprehenderent,
rebus dico et sententiis; de or II 145. quorum
(verborum) discriptus ordo alias alia terminatione
concluditur; orat 200. discripsisti urbis partes ad
incendia; Catil I 9. pecuniae maximae discribuntur;
ep XII 1, 1. quamquam populum in tribus tres
curiasque triginta discripserat; rep II 14. Italiae
regiones discriptae sunt, quam quisque partem
tueretur; ep XVI 11, 3. — II. quae (pars) prima
discripta est; of I 15.

discrimen, Unterschied, Unterscheidung, Entscheidung, Gefahr: I. si in ea (mundi moderatione)
discrimen nullum est bonorum et malorum; nat III
85. — II, 1. si ei subito sit adlatum periculum
discrimenque patriae; of I 154. nullum (sibi) vitae
discrimen vitandum umquam putavit; sen 20. — 2.
res erat in extremum adducta discrimen; ep XII
6, 2. devenimus in medium rerum omnium certamen atque discrimen; de or I 3. tuos magistratus
in ipsa discrimina incidisse salutis fortunarumque
communium; ep VI 12, 4. quasi res in contentionem
aut in discrimen aliquod posset venire; Planc 54. —
III, 1. quoniam vera a falsis nullo discrimine separantur; Ac II 141. — 2. in ipso discrimine
ordinis iudiciorumque vestrorum; Ver pr 2.

discrimino, durchschreiben: Etruriam discri-
minat Cassia; Phil XII 23

discripte, geordnet: discripte ‖ descr. ‖ et electe

in genus quodque causae, quid cuique conveniat, ex hac copia digeremus; inv I 49.

discriptio (überall Var. descriptio), Einteilung, Verteilung, Anordnung, Ordnung: I. haec est fere discriptio officii; of I 101. — II, 1. servorum omnium vicatim celebrabatur tota urbe discriptio; dom 129. ex quo iuris aequa discriptio (constituta est); of II 15. haec ideo diligentius inducitur discriptio, ut ..; inv I 32. — 2. parent huic caelesti discriptioni; leg I 23. — 3. quid reliqua discriptione omnium corporis partium (opus est)? nat I 92. — III. si via ulla nisi ab hac [una] arte traditur discriptionis atque ordinis; de or II 36. — IV. quorum (magistratuum) discriptione omnis rei publicae moderatio continetur; leg III 5.

discrucio, quälen, martern: I. ut ille Brutum, Cassium discruciatos necaret; Phil XIII 37. — II. discrucior Sextilii fundum a verberone Curtilio possideri; A XIV 6, 1.

discumbo, sich niederlegen: 1. discumbitur; Ver I 66. — 2. cenati discubuerunt ibidem; inv II 14. discubuimus omnes praeter illam; A V 1, 4.

discus, Wurfscheibe: eorum (philosophorum) auditores discum audire quam philosophum malunt; qui simul ut increpuit ..; de or II 21.

discutio, vertreiben, verwerfen, vereiteln: discutienda sunt ea, quae obscurant, et ea, quae sunt eminentia et prompta, sumenda; de or III 215. discussa est illa caligo; Phil XII 5. ut occurrere possimus interrogationibus eorum captionesque discutere; Ac II 46.

diserte, deutlich, beredt: ut prudentibus diserte, stultis etiam vere videare dicere; de or I 44. hoc eum diserte scribere; Ver III 126.

disertus, beredt: A. neque quemquam in eo disertum esse posse, quod nesciat; de or I 63. „disertos" cognosse me non nullos, „eloquentem" adhuc neminem, quod eum statuebam disertum, qui posset satis acute atque dilucide apud mediocres homines ex communi quadam opinione hominum dicere; de or I 94. M. Antonius „disertos" ait „se vidisse multos, eloquentem omnino neminem"; orat 18. hunc loquacem esse habitum, numquam disertum; fr I 20. f. B. uni tuae disertissimae epistulae non rescripsi; A VII 2, 8. cum homine disertissimo; div Caec 44. si, ut scribis, eae litterae non fuerunt „disertae"; ep III 11, 5. difficultas laborque discendi disertam neglegentiam reddidit; div I 105. — B. consultorum alterum disertissimum, disertorum alterum consultissimum fuisse; Bru 148.

disicio, zerstreuen: haec (adversaria) sunt disiecta, illae (tabulae) sunt in ordinem confectae; Qu Rosc 7.

disiuncte (diuncte), getrennt: quae diiunctius dicuntur; Phil II 32.

disiunctio (diiunctio), Trennung, Scheidung, Gegensatz: I. animorum disiunctio dissensionem facit; agr II 14. — II, 1. ut non statim alienatio disiunctioque facienda sit; Lael 76. — 2. qui (dialecticorum modi) ex disiunctionibus constant; Top 56. — III, 1. coniunctione frangi senatus opes, diiunctione civile bellum excitari videbam; ep VI 6, 4. — 2. quod in disiunctione plus uno verum esse non potest; Top 56.

disiungo (diiungo), trennen, ausspannen, scheiden, entfernen, unterscheiden, entgegensetzen: quoniam intervallo locorum et temporum diiuncti sumus; ep I 7, 1. totum est aliud, posteaquam sum a te diiunctior; A XIII 11, 1. quod longissime sit ab imperitorum intellegentia sensuque diiunctum disi. ||; de or I 12. vigilantes animi diiungunt se a societate divina; div I 110. ut iumenta iubeant diiungere; div II 77. duobus in locis disiunctissimis maximeque diversis; imp Pomp 9. mores M. Caelii longissime a tanti sceleris atrocitate esse disiunctos; Cael 53. etiam quae diiunctae populis tribui solent

conubia; rep II 63. a communitate res diiuncta videbitur; Top 29.

dispar, ungleich, verschieden, unähnlich: A. quoniam officia non eadem disparibus aetatibus tribuuntur; of I 122. in utriusque pari scelere disparem condicionem facit; prov 17. geminorum formas esse similes, vitam atque fortunam plerumque disparem; div II 90. dispares mores, disparia || mores disparia || studia sequuntur; Lael 74. huic est illa dispar adiuncta ratio orationis; de or II 185. studia: f. mores. vita: f. fortuna. — B. quam a b dispari (tecta) tenebantur! Phil II 104.

disparilis, ungleich: ex disparili aspiratione terrarum; div I 79.

disparo, trennen, part. Gegensatz: disparatum est id, quod ab aliqua re praepositione || per oppositionem || negationis separatur, hoc modo: sapere et non sapere; inv I 42. eas (classes) ita disparavit, ut ..; rep II 39.

dispello, zerstreuen: quae (pecudes) dispulsae sui generis sequuntur greges; A VII 7, 7.

dispensatio, Verwaltung: I. profectionem meam Erotis dispensatio impedit; A XV 15, 3. — II. eripueras senatui aerarii dispensationem; Vatin 36.

dispensator, Rechnungsführer, Kassierer: cum rationem a dispensatore accipis; fr F V 59.

dispenso, verteilen, verwalten: inventa non solum ordine, sed etiam momento quodam atque iudicio dispensare atque componere; de or I 142. qui eas (res domesticas) dispensavit; A XI 1, 1. quasi dispensare rem publicam; rep V 5.

disperdo, zu Grunde richten: ut possessiones disperdat ac dissipet; agr I 2.

dispereo, verloren gehen: nuumne fundum pulcherrimum populi Romani disperire patiemini? agr II 80.

dispergo, zerstreuen, verbreiten, verteilen: dum haec, quae dispersa sunt, coguntur [cogantur ||]; de or I 191. ut quodam tempore homines dispersi vagarentur; Sest 91. tantum modo numeros et modos et partes argumentandi confuse et permixtim dispersimus; post discripte || descr. || et electe digeremus; inv I 49. membratim oportebit partes rei gestae dispergere in causam; inv I 30.

disperse, zerstreut, vereinzelt: res disperse et diffuse dictae; inv I 98. cum ceteris de rebus distinctius dictum sit, disperse autem de confirmatione; inv II 11.

dispersus, Zerstreuung: dispersu || discessu || illorum soceie de pace sublata est; A IX 9, 2.

dispertio(r), einteilen, zerlegen, verteilen, zuteilen: iuris consulti, quod positum est in una cognitione, id in infinitam dispertiuntur; leg II 47. eam (coniecturam) in quattuor genera dispertiunt; de or III 114. ut eorum generum quasi quaedam membra dispertiat; de or I 190. mihi tecum ita dispertitum officium fuisse in rei publicae salute retinenda, ut ..; ep V 2, 1. quo modo vultis a dis immortalibus hominibus dispertiri ac dividi somnia? nat III 93.

dispertitio, Verteilung: qui sit ad dispertitionem || dispersionem, al. || urbis venire conatus; Phil III 31.

dispicio, sehen, die Augen öffnen, wahrnehmen, ermitteln: I. qui (catuli) iam dispecturi sunt; fin IV 64. — II. Pompeius quid velit, non dispicio; Q fr II 2, 3. — III. si quid in perditis rebus dispiceres, quod mihi putares faciendum; A XI 16, 3. nunc velim dispicias res Romanas; A VI 8, 5.

displiceo, mißfallen, unzufrieden sein: I, 1. quoniam tibi non omnino displicet definire; fin II 5. — 2. veteribus displicuisse Romanis laudari quemquam in scaena; rep IV 12. — II. cum ceteris tum mihi ipse displiceo; ep IV 13, 3. ut ipse etiam

sibi, non iis solum, qui aderant, displicebat! A II
21, 3. acta mea sibi ait displicere; Sest 133. ei
dominatum regium maxime displicere; Phil V 40.
sin tibi (genus querelae) displicet; ep III 11, 5.

dispono, verteilen, orbnen: postea quam
Tyrannio mihi libros disposuit; A IV 8 (a), 2. tum
erit denique de disponenda tota oratione quaerendum;
de or II 181. de inveniendis rebus disponendisque;
de or II 350. verba ita disponunt, ut pictores
varietatem colorum; orat 65.

disposite, geordnet: non possum disposite istum
accusare; Ver IV 87.

dispositio. Anordnung: I. dispositio est
rerum inventarum in ordinem distributio; inv I 9. —
II. hoc ad dispositionem pertinet; inv I 30.

disputatio, Unterſuchung, Erörterung, Unterredung: I, 1. quod prima disputatio Tusculana te
confirmat, sane gaudeo; A XV 2. 4. quamquam
aliud videtur oratio esse, aliud disputatio; orat 113.
disputatio Cottae quamquam labefactavit sententiam
meam, non funditus tamen sustulit; div I 8. — 2.
haec ipsa recusatio disputationis disputatio quaedam
fuit mihi quidem periucunda; de or II 26. — II, 1.
quo commodius disputationes nostrae explicentur,
sic eas exponam, quasi agatur res, non quasi narretur;
Tusc I 8. habent (haec) et bene longam et satis
litigiosam disputationem; fin V 76. Socratem omnem
istam disputationem reiecisse; rep I 16. — 2. quae
quamquam ita sunt in promptu, ut res disputatione
non egeat; of I 6. — 3. incubuit in eas disputationes, ut doceret . .; Ac II 77. si cuius aures
ad hanc disputationem patent; ep III 8, 3. revocate
iam animos vestros ab hac subtili nostra disputatione;
dom 142. ut penitus in eam ipsam totius huius vel
studii vel artificii vel facultatis disputationem paene
intimam veniretis; de or I 96. sermo in circulis,
disputationibus, congressionibus familiarium versetur;
of I 132. — III. reliquae disputationis cursum
teneamus; Tusc IV 33. recusatio: ſ. I, 2. — IV, 1.
superioribus disputationibus effectum est vacare
omni animi perturbatione sapientem; Tusc V 17. —
2. in hac disputatione de fato; fat 1.

disputator, Denker: Demetrius Phalereus,
disputator subtilis; of I 3.

disputo, ſprechen, beſprechen, auſeinanderſetzen,
vortragen, erörtern: I, 1, a, α. te ingressum
ratione ad disputandum deos; rep II 21. — β. impia
consuetudo est contra deos disputandi; nat II
168. ut omnes istos aculeos et totum tortuosum
genus disputandi relinquamus; Ac II 98. iam remota
subtilitate disputandi; nat II 98. — γ. non tam
auctores in disputando quam rationis momenta
quaerenda sunt; nat I 10. — b. nec esse ullam
rationem disputare cum iis, qui nihil probarent; Ac
II 17. optare hoc quidem est, non disputare; fat
46. — 2. non inscite Heracleotes Dionysius ad ea
disputat; Tusc III 18. in utramque partem (Hecato)
disputat; of III 89. — II, 1. disputandum est omni
re in contrarias partes; de or I 158. ſ. III. alqd. —
2. si nihil queam disputare, quam ob rem quidque
fiat; div I 109. — 3. qui disputant horam nullam
vacuam voluptate esse debere; sen 14. — III. quae
sunt a me in secundo libro „de oratore" per Antoni
personam disputata de ridiculis; ep VII 32, 2. cum
multa sint in philosophia et gravia et utilia accurate
copioseque a philosophis disputata; of I 4. an causa
disputata (est) hesterno die copiosissime a Q. Hortensio?
Planc 37. quibus ex rebus breviter disputatis intellegi
potest . .; of I 161.

disquisitio, Unterſuchung: I. ad facinoris
disquisitionem interest adesse quam plurimos; har
resp 13. — II. in magnis disquisitionibus; Sulla 79.

disrumpo ſ. **dirumpo.**

dissaepio, trennen, abſchließen: Lacedaemonii
ipsi tenui sane muro dissaepiunt id, quod excipiunt;
rep IV 4.

dissemino, ausſtreuen, verbreiten: latius
opinione disseminatum est hoc malum; Catil IV 6.
ne disseminato dispersoque sermoni fortunas innocentium subiciendas putetis; Planc 56.

dissensio, Meinungsverſchiedenheit, Uneinigkeit, Zwietracht: I. fuit inter peritissimos hominum summa de iure dissensio; de or I 238. numquam de
bono oratore aut non bono doctis hominibus cum
populo dissensio fuit; Bru 185. quod vehementer
interfuit rei publicae, nullam videri in eius modi
causa dissensionem esse; Q fr II 4, 1. — II, 1.
amicorum disiunctio dissensionem facit; agr II 14.
recordamini omnes civiles dissensiones; Catil III 24.
— 2. inimicitias sibi mecum ex rei publicae dissensione susceptas esse; Sest 72. — III. ut sin-
studiis dissensionis sententiae dicerentur; dom 131.
— IV, 1. de his ‖ iis ‖ summa philosophorum dissensione certatur; nat I 2. — 2. in dissensionibus
ordines bonorum et genera quaerenda sunt; A VII 7, 5.

dissentaneus, nicht übereinſtimmend: qua
sunt aut ipsi aut contrario eius aut consentanea aut
dissentanea; part or 7.

dissentio, verſchiedener Meinung, uneinig ſein,
widerſprechen, abweichen: I. non possumus. quin
alii a nobis dissentiant, recusare; Ac II 7. vitiosita-
est adfectio a se ipsa dissentiens; Tusc IV 29. concitationibus tam ipsis inter se dissentientibus atque
distractis; Tusc V 43. quae (nationes) tantum a
ceterarum gentium more dissentiunt; Font 30. nt a
sententia scriptura dissentiat; de or I 140. dissentire
adversarii vocem atque legis; part or 135. — II.
soles non numquam hac de re a me in disputationibus nostris dissentire; de or I 5. — III. nihil a
nostra opinione dissentitis; Q fr III 8, 3.

dissero, auseinanderſetzen, vortragen, entwickeln, erörtern: I, 1, a, α. cum superiores alii
(fuissent) in gerendo probabiles, in disserendo rudes:
rep I 13. — β. artem se tradere bene disserendi:
de or II 157. contemnit disserendi elegantiam; fin
II 27. cum omnis ratio diligens disserendi dua-
habeat partes ‖ artes ‖, unam inveniendi, alteram
iudicandi; Top 6. disserendi subtilitatem; de or I
68. erat summa gravitas, erat in disserendo mira
explicatio; Bru 143. — b. ut, inter quos disseritur, conveniat, quid sit, de quo disseratur: fin
II 3. — 2. quid cum eo disseras? of III 26. ut in
primo libro disserui; of III 74. — II, 1. reliqui
disseruerunt de generibus et de rationibus civitatum:
rep II 22. ſ. I, 1, b. — 2. an, partus ancillae sit ne
in fructu habendus, disseretur inter principes civitatis? fin I 12. — 3. Pherecratem disserentem inducit
nihil esse omnino animum; Tusc I 21. — III. in
utramque partem multa disseruntur; Ac I 46. quae
(res) in philosophia disseruntur; div II 12.

dissideo, nicht übereinſtimmen, uneinig ſein:
I. nisi (Q. Caepio) a senatu dissedisset; Bru 223.
qui a Platone et Socrate et ab ea familia dissident:
Tusc I 55. te a iudicio nostro paulum dissidere:
ep XII 17, 2. animus, cupiditates: ſ. **discordo.**
genere et prima conformatione eas (causas) intellexit
dissidere; inv II 110. colloquia „cum acerbissime
dissidentibus civibus; Phil XII 27. has sententias
eorum philosophorum re inter se magis quam verbis
dissidere; fin III 41. — II. quia de re una solum
dissident, de ceteris mirifice congruunt; leg I 53.

dissignatio, Einrichtung, Anordnung: omnem
totius operis dissignationem ‖ design. ‖ atque apparatum (requiro); nat I 20.

dissigno, einrichten, orbnen: Anaxagoras
primus omnium rerum discriptionem et modum
motum ‖ mentis infinitae vi ac ratione dissignari
et confici voluit; nat I 26. ut nec domus nec re

publica ratione quadam et disciplina dissignata
design. ‖ videatur, sic . .; nat III 85.
dissimilis, unähnlich, verschieden: A. quid
est tam dissimile quam Demosthenes et Lysias?
Bru 285. quod existimant artificium esse hoc quoddam non dissimile ceterorum; de or II 83. sic
dissimillimis bestiolis communiter cibus quaeritur;
nat II 123. quamquam dissimilis est pecuniae debitio et gratiae; Planc 68. ut tarditate et celeritate
dissimillimos motus una regeret conversio; Tusc I
63. res complures dissimiles inter se, quae tamen
consimili laude dignentur; de or III 25. — B, **a,** I.
duo fuerunt per idem tempus dissimiles inter se;
Bru 266. — II. cur semper tui dissimiles defendis?
Phil X 3. — **b.** ut (natura) sui dissimilia posset
effingere; nat III 23.
dissimilitudo, Unähnlichkeit, Verschiedenheit:
I. an tu maiores ullas inimicitias putas esse quam
dissimilitudines studiorum et voluntatum? Ver III 6.
quoniam in naturis hominum dissimilitudines sunt;
fat 8. — II, 1. est fugienda dissimilitudo: „caeli
ingentes fornices"; de or III 162. quod (ius civile)
banc habet ab illis rebus dissimilitudinem; de or I
252. genus institutorum et rationum mearum dissimilitudinem non nullam habet cum illius administratione provinciae; ep II 13, 2. — 2. quod eins
(dei) iudicio praestabat dissimilitudini similitudo;
Tim 17. — 3. ex dissimilitudine (sic argumenta
ducuntur; de or II 169.
dissimulanter, unvermerkt, insgeheim: I.
numeris non aperte nec eodem modo semper, sed
varie dissimulanterque conclusis; Bru 274. id
dissimulanter facere; de or II 149. — II. ceteri sunt
partim obscurius iniqui, partim non dissimulanter
irati; ep I 5, b, 2.
dissimulantia, Verstellung, Ironie: Socratem
opinor in hac ironia dissimulantiaque longe lepore
et humanitate omnibus praestitisse; de or II 270.
dissimulatio, Verstellung, Ironie: I. urbana
etiam dissimulatio est, cum alia dicuntur ac sentias;
de or II 269. illa, quae maxime quasi inrepit in
hominum mentes, alia dicentis ac significantis dissimulatio, quae est periucunda, cum orationis non
contentione, sed sermone tractatur; de or III 203. —
II. I. ex omni vita simulatio dissimulatioque tollenda est; of III 61. tracto: f. I. cum (Socrates) aliud
diceret atque sentiret, libenter uti solitus est ea
dissimulatione, quam Graeci εἰρωνείαν vocant; Ac II
15. — 2. utor: f. I. voco.
dissimulo, verbergen, verhehlen, sich ver-
stellen: I, 1. ut mihi dissimulare non liceat, quid
sentiam; ep XIV 5, 1. — 2. non dissimulo me
nescire ea, quae, etiamsi scirem, dissimularem;
dom 121. — II. quicum ego cum ‖ ex animo ‖ loquar,
nihil fingam, nihil dissimulem, nihil obtegam; A I
18, 1. f. I, 2. occultat et dissimulat appetitum voluptatis; of I 105. neque dissimulari tantum scelus
poterat; Sest 25.
dissipabilis, leicht zerstreubar: ignis et aër
natura cedens est maxime et dissipabilis; nat III 31.
dissipatio, Zerstreuung, Zerteilung, Scheidung, Verschleuderung: I. dum (Epicurus) individuorum corporum concretionem fugit, ne interitus et
dissipatio consequatur; nat I 71. est etiam
dissipatio; de or III 207. nec ulla res magis Carthaginem pervertit aliquando quam hic error ac dissipatio civium; rep II 7. — II. dissipatio pecuniae
publicae ferenda nullo modo est; Phil V 11.
dissipo, auseinander, zerstreuen, zersprengen,
zergeuben, verschleudern: facilius est apta dissolvere
quam dissipata conectere; orat 235. si (animus)
anima est, fortasse dissipabitur; Tusc I 24. dissipato
concursu impiorum; Phil I 30. genus hominum in
montibus ac silvis dissipatum; de or I 36. multi
hostes occisi, capti, reliqui dissipati; ep II 10, 3.

est pollicitus ius civile, quod nunc diffusum et dissipatum esset, in certa genera coacturum; de or II 142.
pecuniam publicam maximam dissipavit; Phil VII
15. C. Marii sitas reliquias apud Anienem dissipari
iussit Sulla victor; leg II 56. quam (rem familiarem)
dissipari nolumus; ep IV 7, 5. eius filii eloquentia
rem publicam dissipaverunt; de or I 38. rumoribus
improbissimis dissipatis; Phil XIV 10.
dissocio, trennen, veruneinigen: quorum
(morum, studiorum) dissimilitudo dissociat amicitias; Lael 74. dissociati a Socrate diserti a doctis;
de or III 72.
dissolubilis, auflösbar, zerlegbar: mortale
omne animal et dissolubile et dividuum sit necesse
est; nat III 29. quae est coagmentatio non dissolubilis; nat I 20.
dissolvo, dissolutus, auflösen, vernichten,
entkräften, widerlegen, bezahlen, part. nachlässig,
leichtfertig, zügellos: I. quem ad modum uterque
pro sua parte petit, sic pro sua parte dissolvit; Q
Rosc 55. — II. sit aliquis dissolutior in iudicando:
Ver III 143. quae (dialectici) iam non possint ipsi
dissolvere; de or II 158. est etiam dissolutum; de
or III 207. dixit de adulescente perdito ac dissoluto;
Tusc IV 55. clipeum: f. orationem. hominem eadem
optime, quae conglutinavit, natura dissolvit; Cato 72.
prorsus dissolutum offendi navigium vel potius dissipatum; A XV 11, 3. isti cum dissolvunt orationem,
in qua nec res nec verbum ullum est nisi abiectum,
non clipeum, sed, ut in proverbio est, scopas [ut ita
dicam] mihi videntur dissolvere; orat 235. quoniam
pater tam neglegens ac dissolutus est; Ver III 162.
quam (poenam) sine verura possem dissolvere; Tusc
I 100. quae (ars) rem dissolutam divulsamque conglutinaret; de or I 188. scopas: f. orationem. quam
ob rem HS CCCIↃↃↃ separatim Fannio dissolvit
‖ dissolverit ‖? Q Rosc 40. vir dissolutissimus;
Cluent 175.
dissolutio, Auflösung, Abschaffung, Widerlegung, Schwäche: I. si humanitas appellanda est
in acerbissima iniuria remissio animi ac dissolutio;
ep V 2, 9. dissolutionem naturae tam valde per-
horrescere; fin V 31. — II. post indiciorum dissolutionem; Ver IV 133.
dissuadeo, widerraten, abraten: I. ceteri
utilitatis modo finem in suadendo et in dissuadendo
exponi oportere arbitrati sunt; inv II 12. — II. cum
praesertim (Regulus) de captivis dissuasurus esset;
of III 110. — III. suadere aliquid aut dissuadere
gravissimae mihi personae videtur esse ‖ esse vid. ‖;
de or II 333. quis umquam tam secunda contione
legem agrariam suasit quam ego dissuasi? agr II 101.
dissuasio, Widerraten, Gegenrede: I. cum
constet genus hoc causarum ex suasione et dissuasione; part or 85. — II. in dissuasione rogationis
dixi; Cluent 140.
dissuasor, Widerrater: I, 1. ut illa prima
sint suasori aut dissuasori videnda; part or 83. —
2. Piso multarum legum aut auctor aut dissuasor
fuit; Bru 106. te non dissuasorem mihi emptionis
Neapolitanae fuisse; ep IX 15, 3. Piso consul, lator
rogationis, idem erat dissuasor; A I 14, 5. — II.
suasori proponitur simplex ratio, dissuasori duplex;
part or 85.
dissuo, allmählich lösen: tales amicitiae sunt
dissuendae magis quam discindendae; Lael 76.
distantia, Abstand, Verschiedenheit: quod tanta
est inter eos (bonos et improbos), quanta maxima
potest esse, morum studiorumque distantia; Lael 74.
distermino, scheiden: »quas (stellas) intervallum binas disterminat unum«; fr H IV, a, 303.
distincte, deutlich, bestimmt: de quibus in
deliberativo genere causae distinctius erit dicendum:
inv I 43. qui nihil potest definite, distincte, facete

dicere; orat 99. se neque distincte neque distribute scribere; Tusc II 7.

distinctio. Unterſcheidung, Beſtimmung, Ver ſchiedenheit, Unterſchied: I. distinctio et aequalium aut saepe variorum intervallorum percussio numerum conficit; de or III 186. an omnino nulla sit in eo genere distinctio; orat 205. quartam causam esse solis, lunae siderumque omnium distinctionem; nat II 15. eiusdem verbi crebrius positi quaedam distinctio (habet vim, leporem); de or III 206. — II. quo (iudicio) iudicatur varietas sonorum, intervalla, distinctio; nat II 146. veri a falso distinctio traditur; fin I 64.

distineo, verzögern, in Anſpruch nehmen, vielſeitig beſchäftigen: nos hic in multitudine et celebritate indiciorum et novis legibus ita distinemur, ut . .; ep VII 2, 4. cum antea distinebar maximis occupationibus; ep XII 30, 2. etsi distentus cum opera, tum animo sum multo magis; Q fr III 8, 3. quoniam intellego te distentissimum esse qua de Buthrotiis, qua de Bruto; A XV 18, 2. per me pacem distineri; Phil XII 28. quae rem distinere videantur; A III 23, 5.

distinguo, unterſcheiden, abſondern, beſtimmen, auszeichnen, beſetzen, ſchmücken: I. quid inter naturam et rationem intersit, non distinguitur; nat II 26. — II. qui distinguemus a Crasso familiarem vestrum Granium? de or II 244. non satis acute, quae sunt secernenda, distinguit; Top 31. quorum (hominum) operibus agri, insulae litoraque conlucent distincta tectis et urbibus; nat II 99. familiarem; ſ. alqm. distincta genera esse delictorum; Muren 63. quod (guttae cadentes) intervallis distinguuntur; de or III 186. insulas, litora; ſ. agros. distincta et interpuncta intervalla; orat 53. festivitatem habet narratio distincta personis et interpuncta sermonibus; de or II 328. distinguitur oratio atque inlustratur maxime raro inducendis locis communibus; inv II 49. quibus (luminibus) tamquam insignibus in ornatu distinguebatur omnis oratio; Bru 275. sophistarum magis distinguenda similitudo videtur; orat 65. ut concentus est quidam tenendus ex distinctis sonis; rep II 69. verba ambigua distinximus; orat 102. quia nulla nota verum (visum) distinguebatur a falso; Ac II 84. quibus (signis) voluntas a simulatione distingui possent; A VIII 9, 2. incidit has (voces) et distinxit in partes; rep III 3.

disto, entfernt ſein, ſich unterſcheiden: a quo genere ne illud quidem plurimum distat; de or II 263. quid tam distans quam a severitate comitas? orat 34. multum inter se distant istae facultates longeque sunt diversae atque seiunctae; de or I 215. tam distantibus in locis; Phil II 67. quantum (luna) alio intervallo distet a sole; div II 91.

distorqueo, verdrehen, verzerren, part. verwachſen: demonstravi digito pictum Gallum distortum; de or II 266. nec ullum (genus enuntiandi) distortius quam hoc; fat 16. solus sapientes esse, si distortissimi sint, formosos; Muren 61.

distortio, Verdrehung, Verzerrung: I. ex quo pravitas membrorum, distortio, deformitas; Tusc IV 29. — II. in quibus si peccetur distortione et depravatione quadam; fin V 35.

distractio, Trennung, Abſonderung: I. nulla est societas nobis cum tyrannis, et potius summa distractio est; of III 32. — II. distractione humanorum animorum discerpi deum; nat I 22.

distraho, auseinanderziehen, losreißen, trennen, auflöſen, zerſtören: qui non idem consilium, quod tu, secuti sunt, eos video in duo genera esse distractos; ep IV 7, 3. in quo considerando saepe animi in contrarias sententias distrahuntur; of I 9. distrahendarum controversiarum causa; Caecin 6. careo familiarissimis multis, quos aut mors eripuit nobis aut distraxit fuga; ep IV 13, 2. ut eius

(oratoris) industriam in plura studia distrahere nolim: de or I 250. quae sententia omnem societatem distrahit civitatis; of III 28. nobis ne si cupiamus quidem distrahere voces conceditur; orat 152.

distribuo, einteilen, verteilen, verbreiten: sin haec partibus distributa sunt; de or I 109. me ita distribuisse initio causam in crimen et in audaciam; Sex Rosc 122. a corde in totum corpus (cibus) distribuitur per venas; nat II 137. sane commode Pompeius distribuit binos (gladiatores) singulis patribus familiarum; A VII 14, 2. quadragena milia nummum in singulos iudices distributa; Cluent 74. quae (oratio) cum sit in ius religionis et in ius rei publicae distributa; dom 32. pecunias, quas civitatibus distribuere debeat; Ver III 171. in tres partes distributa sapientia est; Ac II 116.

distribute. in logiſcher Ordnung: se neque distincte neque distribute scribere; Tusc II 7. sin distributius tractare qui volet; inv II 177.

distributio. Einteilung, Verteilung: I. caeli distributio docet . .; div II 45. haec eadem erit quadripertita distributio totius accusationis meae: Ver I 34. distributio; de or III 203. — II. quod contingit animalibus sensuum distributione; fin V 33.

distringo, in Anſpruch nehmen, beſchäftigen: orbis terrae procuratione ac summi imperii gubernatione districtus || destr. ||; de or III 131. numquam me a causis et iudiciis districtiorem fuisse; Q fr II 15, 1. quam diu Crassi fuit ambitionis abore vita districta || destr. || de or III 7.

disturbatio, Zerſtörung: in Corinthi disturbatione; of III 46.

disturbo, zerſtreuen, zerſtören: quibus inspectantibus domus mea disturbaretur; dom 113. solet vi iudicium disturbare; Sest 135. cum parietes disturbabas; par 28. disturbata porticus Catuli: A IV 3, 2. disturbat vitae societatem; Sex Rosc 111.

dithyrambicus, bithyrambiſch: poëmati melici etiam ac dithyrambici suum cuiusque (genus) est; opt gen 1.

dithyrambus, Dithyrambus: inde ille licentior et divitior fluxit dithyrambus, cuius membra et pedes, ut ait idem (Theophrastus), sunt in omni locupleti oratione diffusa; de or III 185.

diu, lange: quae, etiamsi primo aspectu nos ceperunt, diutius non delectant; de or III 98. nisi diu multumque scriptitarit; de or I 152. quod te diutissime torsit; Piso 90. — II. si (eorum utrumvis) aeque diu sit in corpore; fin I 56. ut non aliquando condemnatum esse Oppianicum, sed aliquam diu incolumem fuisse miremini; Cluent 25. de quo iam nimium etiam diu disputo; Ac II 59. quae (Graecia) cum eloquentiae studio sit incensa iam dinque excellat in ea; Bru 26. cur iam oracla Delphis non eduntur, non modo nostra aetate, sed iam diu? div II 117. nimium: ſ. etiam. nemo parum diu vixit, qui . .; Tusc I 109. quam diu etiam furor iste tuus nos eludet? Catil I 1. qui (motus) quam diu remanet in nobis, tam diu sensus et vita remanet; nat II 23. Erucius potest ne quamvis diu dicere: Sex Rosc 91. haec satis diu multumque defleta sunt; Phil XIII 10. cuius gandere tam diu, dum praesentem sentiret voluptatem; Tusc V 96. ſ. quam.

divarico, ausſtrecken: in ea (statua) Sopatrum divaricari ac deligari iubet; Ver IV 86.

divello, trennen, zerreißen, losreißen: nec me ab iis umquam ulla fortuna divellet; Sest 146. amicitiam a voluptate non posse divelli; fin II 82. consensus ordinum est divulsus; har resp 60

divendo, verkaufen: vectigalia divendidit: Phil VII 15.

diverse, verſchieden: inconstans est, quod ab eodem de eadem re diverse dicitur; inv I 93.

divers — ſ. **devers —**

diversus, verſchieden, entgegengeſetzt: illud

diversum esse genere, natura, vi, magnitudine, tempore, loco, persona, opinione; inv II 151. (I 82.) duos (cingulos) maxime inter se diversos; rep VI 21. ex illius (Socratis) variis et diversis et in omnem partem diffusis disputationibus; de or III 61. cum tam diversa sint genera causarum; inv I 20. confluxerunt in hanc urbem multi ex diversis locis; Bru 258. duo maria maxime navigationi diversa; agr II 87.

divertium f. **divortium.**
diverto f. **deverto.**
dives, reich: A. sisne ex pauperrimo dives factus; Vatin 29. divitissimum (Midam) fore praedictum est; div I 78. quo modo Stoici dicunt, omnes esse dirites, qui caelo et terra frui possint; ep VII 16, 3. animus hominis dives, non arca; par 44. inde ille licentior et divitior fluxit dithyrambus; de or III 185. solos sapientes esse, si mendicissimi (sint), divites: Muren 61. — B. vetus est de scurra multo facilius divitem quam patrem familias fieri posse; Quinct 55.

divexo, mißhandeln: agros divexat civium optimorum; Phil XIII 21. per tot annos re publica divexata || dev. || ; ep X 3, 3.

divido, trennen, teilen, scheiden, einteilen, verteilen: I. vitiosum est in dividendo partem in genere numerare; fin II 26. — II. Graecus primo distinguere et dividere. illa quem ad modum dicerentur; Piso 69. — III quae in confirmationem et in reprehensionem dividuntur; part or 33. agrum Campanum tu compransoribus tuis dividebas; Phil II 101. dividere causam aut proponere; de or II 80. genus universum in species certas partietur ac dividet; orat 117. mons divisus aquarum divertiis || divortiis || ; ep II 10, 2. in quos (locos) honesti naturam vimque divisimus; of I 18. cuius legati dividere tuis operis nummos solebant; har resp 28. quae (praecepta) in singula causarum dividentur genera; inv I 34. quoniam quattuor in partes totam quaestionem divisisti; nat III 20. (Hortensius) rem dividebat acute; Bru 303. seniores a iunioribus divisit; rep II 39. vim: f. naturam. urbem ae divisurum esse; Phil IV 10.

dividuus, teilbar: id (materiae genus deus) interiecit inter individuum atque id, quod dividuum esset in corpore; Tim 21. mortale omne animal et dissolubile et dividuum sit necesse est; nat III 29.

divinatio, Ahnung, Eingebung, Weissagung, Bestimmung des Anklägers: I, 1. quae (divinatio) est earum rerum, quae fortuitae putantur, praedictio atque praesensio; div I 9. ut et, si divinatio sit, di sint et, si di sint, sit divinatio; div I 10. apud Catonem erat divinatio in Gabinium futura inter Memmium et Ti. Neronem; Q fr III 2, 1. cui divinationi hoc plus confidimus, quod ea nos nihil in his tam obscuris rebus umquam omnino fefellit; ep VI 6, 4. — 2. iam ista divinatio est; qua si uti licet, vide, ne . . ; Cluent 97. — II, 1. Chrysippus divinationem definit his verbis: vim cognoscentem et videntem et explicantem signa, quae a dis hominibus portendantur; div II 130. sequitur μαντική vestra, quae Latine divinatio dicitur; nat I 55. hic (Epicurus) circumitione quadam deos tollens recte non dubitat divinationem tollere; div II 40. — 2. confido: f. I, 1. fallit. — 3. utor: f. I, 2. — III, 1. quoniam constitui apud te auctoritatem augurii et divinationis meae; ep VI 6, 7. quod difficile dictu videtur, quae cuiusque divinationis ratio, quae causa sit; div I 85. quod esse clara et perspicua divinationis genera iudico; div I 10. ratio: f. causa. — 2. quos libros de divinatione edidi; fat 1. — IV. quod tamen ipsum nescio qua permotus animi divinatione non despero; ep III 13, 2.

divine, durch göttliche Eingebung, vortrefflich: qui potuit divinius utilitates complecti maritimas

Romulus? rep II 10. non modo plura, sed etiam pauciora divine praesensa et praedicta reperiri; div I 124.

divinitas, Göttlichkeit, göttliches Wesen, göttliche Weisheit: I. unde esset illa tanta tua in causis divinitas; de or II 362. — II, 1. (Cleanthes) divinitatem omnem tribuit astris; nat I 37. — 2. quod alterum divinitatis mihi cuiusdam videtur, alterum humanitatis; de or II 86. — 3. non me de perfecti oratoris divinitate quadam loqui; de or II 298. — III. siquidem Theophrastus divinitate loquendi nomen invenit; orat 62.

divinitus, durch göttliche Fügung, Eingebung, vorahnend, herrlich: si id divinitus accidisse potuerit videri; part or 82. multa divinitus a tribus illis consularibus Cotta deplorata et commemorata narrabat; de or I 26. ut id ipsum, quod erat hominis proprium, non partum per nos, sed divinitus ad nos delatum videretur; de or I 202. deploro: f. commemoro. quae philosophi divinitus ferunt esse dicta; de or I 28. quae (sortes) ductae ut in rem apte cadant, fieri credo posse divinitus; div I 34. si Plato de rebus ab civilibus controversiis remotissimis divinitus est locutus; de or I 49. in hominibus de me divinitus meritis; sen 30.

divino, ahnen, erraten, voraussehen, in die Zukunft schauen, weissagen: I, 1. in optima quaque re publica plurimum auspicia et reliqua divinandi genera valuisse; div I 95. primum mihi videtur a deo, deinde a fato, deinde a natura vis omnis divinandi ratioque repetenda; div I 125. — 2. quod is, qui divinat, praedicit, id vero futurum est; div II 20. in Persis augurantur et divinant magi; div I 90. — II. etsi, quem exitum acies habitura sit, divinare nemo potest; ep VI 3, 2. — III. non equidem hoc divinavi; A XVI 8, 2. neque ego, ea, quae facta sunt, fore cum dicebam, divinabam futura; ep VI 1, 5.

divinus, die Götter betreffend, göttlich, herrlich, erhaben, gottbegeistert, weissagend, Wahrsager, Seher: A. quem (Platonem Panaetius) omnibus locis divinum appellat; Tusc I 79. (Cleantes) nihil ratione censet esse divinius; nat I 37. ut illud nescio quid non fortuitum, sed divinum videretur; rep VII 5, 2. vgl. B, b. o divina senatus admurmuratio! Ver V 41. divinus animus mortale nihil habuit; Scaur 50. eum quasi divino consilio isti negotio praepositum esse; ep XIII 4, 4. rationem, consilium, prudentiam qui non divina cura perfecta esse perspicit; nat II 147. furore divino incitatus animus; div II 100. vir divina et incredibili fide; Milo 91. esse meriti de rebus communibus ut genere etiam putarentur, non solum ingenio esse divino; rep II 4. Ser. Galbam memoria teneo divinum hominem in dicendo; de or I 40. ingenium: f. animus. iura divina atque humana; Sex Rosc 37. (stellae) divinis animatae mentibus; rep VI 15. ut de tuis divinis in rem publicam meritis sileretur; ep XI 6, 2. omnem vim mundi natura divina contineri (necesse est); nat II 30. qui nullam vim esse ducit numenve divinum; Milo 83. quas (res) divina providentia dicimus constitutas; nat II 98. nemo cunctam intuens terram de divina ratione dubitaret; nat II 99. nondum divinae religionis, non humani officii ratio colebatur; inv I 2. contra omnes divinas atque humanas religiones; Ver V 34. patera, qua mulieres ad res divinas uterentur; Ver IV 46. tu omnium divinarum humanarumque rerum nomina, genera, officia, causas aperuisti; Ac I 9. senatus frequens divinus fuit in supplicatione Gabinio deneganda; Q fr II 6, 1. divina haec fere sunt testimonia; Top 77. sequar divinum illum virum; leg III 1. incredibilis ac divina virtus; Phil X 11. qui (Strato) omnem vim divinam in natura sitam esse censet; nat I 35. f. numen. — B, a, I. cum plurimis de rebus divini isti menti-

antur; nat III 14. — II. ad sapientes haec, non
ad divinos referri solent; div II 11. — **b.** I.
inesse in animis hominum divina quaedam; Tusc
I 56. — II. cum a sensibus profecti (philosophi)
maiora quaedam et diviniora vidissent; fin IV 42.

divisio, Teilung, Verteilung, Einteilung: I.
quadripertita fuit divisio tua; nat III 6. nou
honestum verbum est „divisio"? at inest obscenum,
cui respondet „intercapedo"; ep IX 22, 4. — II, 1.
divisio (sic quaeritur) et eodem pacto partitio
[sic]: triane genera bonorum sint; Top 83. — 2. si
qua in re discrepavit ǁ discrepuit ǁ ab Antonii
divisione nostra partitio; de or III 119. de agri
Campani divisione disputet; agr II 78. illa neque
habent suum locum ullum in divisione partium
neque . .; de or II 50. ut intellegatur, quid velimus
inter partitionem et divisionem interesse; Top 34. in
divisione formae (sunt), quas Graeci εἴδη vocant,
nostri „species" appellant; Top 30. — III. divisionum
definitio formas omnes complectitur, quae sub eo
genere sunt, quod definitur; Top 28. — IV. non est
vitiosum in re infinita praetermittere aliquid. quod
idem in divisione vitiosum est; Top 33.

divisor, Verteiler, Geldverteiler: I. alterum
(senatus consultum), cuius domi divisores habitarent,
adversus rem publicam; A I 16, 12. — II, 1. consul
domi divisores habere (dicitur); A I 16, 12. divisores omnium tribuum noctu ad istum vocatos;
Ver pr 22. — 2. quod HS c̄c̄c̄ divisoribus, ut praetor
renuntiarere, dedisti; Ver IV 45. — III. in furis
atque divisoris disciplina educatus; Ver III 161.

divitiae, Reichtum: I. divitiae(oportunae sunt)ǁ,
ut utare, opes, ut colare; Lael 22. — II. nihil est
tam angusti animi quam amare divitias; of I 68.
multi divitias despiciunt; Lael 86. expetuntur divitiae cum ad usus vitae necessarios, tum ad perfruendas
voluptates; of I 25. ego ipse, quem tu iocum
(sic enim accipio) „divitias orationis" habere dicis;
ep IV 4, 1. in oratione Crassi divitias atque ornamenta eius ingenii per quaedam involucra perspexi;
de or I 161. — III. divitiarum est fructus in
copia; par 47. — IV. ut Sullanos possessores divitiis
augeatis; agr II 69. quod si adsequor, supero
Crassum divitiis; A I 4, 3.

divortium (divertium), Scheidung, Wasser-
scheide, Ehescheidung: I. si indicaretur certis quibusdam verbis, non novis nuptiis fieri cum superiore
divortium; de or I 183. haec, ut ex Apennino
fluminum, sic ex communi sapientiae ǁ sapientium ǁ
iugo sunt doctrinarum facta divortia; de or III 69.
divortium Muciae vehementer probatur; A I 12, 3.
— II, 1. mons divisus aquarum divertiis ǁ divortiis ǁ;
ep II 10, 2. — 2. qui (Amanus) Syriam a Cilicia in
aquarum divertio ǁ divortio ǁ dividit; A V 20, 3.

diurnus, bei Tage, einen Tag dauernd: nocturnum furem quoquo modo, diurnum autem, si se telo
defenderet, interfici impune; Milo 9. tantos labores
diurnos nocturnosque; Cato 82. »luctum lacrimis
finire diurnis«; Tusc III 65. possunt cuiquam esse
utiles diurni et nocturni metus? of III 84. cum
alicuius annui, menstrui, diurni nocturnive spatii
certa significatione; inv I 39. ut tota tempora
diurna in iis (devorsoriis) possim consumere; A XI 5, 2.

dius f. fidius.

diutinus, lange dauernd: tantus ardor animos
hominum occupavit odio diutinae servitutis; ep XI 8, 2.

diuturnitas, lange Dauer, Länge der Zeit:
I. quod adlatura est ipsa diuturnitas, quae maximos
luctus vetustate tollit; ep V 16, 5. posteaquam
diuturnitas pacis otium confirmavit; de or I 14.
tollit: f. adfert. — II. ut eius (doloris) diuturnitatem
adlevatio consoletur; fin I 40. — III. nihil est
tam ad diuturnitatem memoriae stabile, quam id,
in quo aliquid offenderis; de or I 129. — IV. malus
est custos diuturnitatis metus: of II 23. — V. nec

confirmaretur (opinio) diuturnitate temporis;
nat II 5. nec (aetas) subito frangitur, sed diuturnitate exstinguitur; Cato 38.

diuturnus, lange dauernd, langjährig, lange
bestehend: neque hoc, quod agitur, videtur diuturnum esse posse; A XI 3, 3. ut diuturniora bona
brevioribus (anteponantur); Top 69. ut quam maxime
permaneant diuturna corpora; Tusc I 108. (orationem)
non posse in delectatione esse diuturna; de or III
100. a diuturnis dissensionibus conquiescamus; har
resp 46. infirmus ex gravi diuturnoque morbo;
Phil VIII 5. valet in fulguribus observatio diuturna:
div II 42. quaesturae diuturnum tempus; Ac II 2.
hominem emersum subito ex diuturnis tenebris
lustrorum; Sest 20. quas (res) diuturnus usus ita
notavit; nat II 166.

divulgo, verbreiten, bekannt machen, veröffentlichen, preisgeben: I. visum est occultius agendum
neque ullo modo divulgandum de te iam esse perfectum; ep VI 12, 3. — II. hunc librum, etiamsi
minus nostra commendatione, tuo tamen nomine
divulgari necesse est; orat 112. qui (Hermodorus)
Platonis libros solitus est divulgare; A XIII 21. a.
1 (4). adipiscendi magistratus levissimi et divulga-
tissimi festinatio; ep X 26, 2. hanc rem sermonibus
divulgari voluerunt; Font 20. cuius primum tempus
aetatis palam fuisset ad omnium libidines divulga-
tum; sen 11.

divus (divom f. B, a, III), göttlich, Gott, neutr.
freier Himmel: I. est ergo flamen divo Iulio M.
Antonius? Phil II 110. — **B, a,** I. de divis, neque
ut sint neque ut non sint, habeo dicere; nat I 63.
— II, 1. »divos eos, qui caelestes semper habiti.
colunto«; leg II 19. — 2. dico de: f. I. huic
praestantissimae rei nomen nostri a divis, Graeci a
furore duxerunt; div I 1. — III. »divom simulacra
peremit fulminis ardor«; div I 19. — **b.** (signa) in
silva disposita sub divo; Ver I 51.

do (duint f. III. mentem), geben, hingeben,
widmen, übergeben, übertragen, zuschreiben, anrechnen, liefern, zahlen, zugeben, einräumen, gewähren, gestatten, bestimmen, anführen, nennen.
ernennen, darstellen, zeigen, verursachen, erregen:
I. absetzt: qui tamen de cohorte sua dare non solebat; Ver II 34. in cellam cum cupiant gratis dare:
Ver III 228. se a quodam modo dare; A V 21.
11. pater dat filiae. de suis bonis ita dat. ut ab
iure non abeat; Ver I 144.
II. mit Ergänzung: 1. si tibi fortuna non dedit,
ut patre certo nascerere; Sex Rosc 46. f. III. aliqd:
ep VI 8, 1. — 2. illi non dabunt fortasse vitam
beatam habere, in quo possit iure gloriari; fin IV 51.
III. mit einfachem Object: qui (Q. Scaevola) quamquam nemini se ad docendum dabat; Bru 306. se
in conspectum nautis paulisper dedit; Ver V 86.
provinciae se ac rei militari dedit; har resp 42. quod
in custodiam dederat; Phil III 10. da te homini
complecatur; ep XIII 1, 4. in viam quod te des hoc tempore
nihil est; ep XIV 12. quod sibi ille dederat, quicum
disputabat; in I 53. quod tibi omnes dant: de o
II 125. fac id te dedisse mihi, quod non ademisti
Phil II 60. dabit hoc Zenoni Polemo; fin IV 51.
tantum (vir bonus) dabit amicitiae, ut veram amic
causam esse malit; of III 43. mihi hoc dederunt
ut esses in Sicilia, quoad velles; ep VI 8, 1.
facinus, liberos. iis colonis agros ǁ agrum ǁ dari cupere
agr II 75. cum tibi sive deus sive mater, ut ii
dicam, rerum omnium natura dederit animum; pa
14. unum da mihi ex illis aratoribus; Ver III 18
nisi forte haec illi (Caesari) tum arma dedimus, t
HS ccciɔɔ dedisse, qui assem nullum dedit; Q Ro
49. se dedisse beneficium, non accepisse; ep VI 1
2. f. testimonium. esse stultitiam ab iis porriget

tibus et dantibus (bona) nolle sumere; nat III 84.
dandae cervices erant crudelitati nefariae; Phil V
42. civitas non iam singillatim, sed provinciis totis
dabatur; Phil II 92. consilium fidele deliberanti
dare; of I 52. nec consulto alteri damnum dari sine
dolo malo potest; Tul 34. sese decumas ei, quem ad
modum deberent, daturos; Ver III 68. Tulliola tibi
diem dat; A I 10, 6. te existimo cum populis, tum
etiam singulis hodierno sermone leges vivendi et
disciplinam daturum; leg I 57. dedit illi dolorem;
A VII 13, 1. equites, frumentum, pecuniam dare
cuacti sunt; Font 26. tibi exercitum patria pro se
dedit; Phil XIII 14. iidem etiam di fraudem dederunt, facinus ceteraque; nat III 75. ut ad te scribendi
meo arbitratu facultas nulla detur; ep XII 30, 1.
tidem hosti datam fallere; of I 39. fraudem: f.
facinus. frumentum eos in cellam dare; Ver III
226. f. equites. dedit divinis duo genera motus;
Tim 36. ut in ipsa petitione gladiatores audeas
dare; Vatin 37. C. Caesari imperium extraordinarium
dedi; Phil XI 20. tu ad me velim proximis litteris,
ut se initia dederint, perscribas; A III 23, 5. quod
indices ex lege Rupilia dati non erant; Ver II 42.
ut in haec verba iudicium dant; Tul 41. f. recuperatores. omnibus bonis firmisque populis leges damus;
leg II 35. f. disciplinam. quid dulcius hominum
generi ab natura datum est quam sui cuique liberi?
Quir 2. plebi re, non verbo danda (fuit) libertas;
leg III 25. quo ex loco ant quo tempore (litterae)
ressent datae; ep II 19, 1. quoad aetas M. Caelii
dare potuit isti suspicioni locum; Cael 9. quae
publice decumanis lucra data sint; Ver III 100. si
rationem hominibus di dederunt, malitiam dederunt;
nat III 75. utinam tibi istam mentem di immortales
duint! Catil I 22. dat hospiti suo cuidam negotium,
ut aliquem reperiret; Ver IV 100. ut nummos pro
frumento darent; Ver III 191. iam Clitomacho Philo
vester operam multos annos dedit; Ac II 17. danda
omnino opera est, ut omni generi satis facere possimus; of II 71. quae partes corporis ad naturae
necessitatem datae; of I 126. dant (parvi) se ad
ludendum; fin V 42. pecuniam: f. equites. nisi rei
publicae poenas dederis; Phil XIII 44. ei Verres
possessionem hereditatis negat se daturum; Ver I
124. quae (lex) definite potestatem Pompeio civitatem donandi dederat; Balb 32. quaedam praecepta
danda sunt; of II 44. praemia legatis Allobrogum
dedistis amplissima; Catil IV 5. si quies dabitur;
A II 20, 2. rationem: f. malitiam. necesse putavit
rae et in universam familiam iudicium dare et
recuperatores dare, ut ..; Tul 10. ut, si quid satis
dandum erit, „AMPLIUS EO NOMINE NON PETI",
cures, ut satis detur fide mea; ep XIII 28, 2. sententia
cum iudicibus daretur; de or I 232. H S: f. assem.
multa iam mihi dare signa puerum et pudoris et
ingenii; fin III 9. qui supplicium dederit indemnatus; inv II 85. quod datum est temporis nobis;
Tusc II 9. quorum dignitati populus Romanus
testimonium, non beneficium ambitioni dedit; Planc
50. nam testes ex Sicilia dabo; Ver IV 48. dasne
adulescenti veniam? fin V 76. vel verba mihi dari
facile patior in hoc; A XV 14.

IV. mit Object und Zusatz: 1. ne sibi crimini
daretur eos ab se pecunia liberatos; Ver I 12. te
istupia criminum summam laudem Sex. Roscio vitio
vulpae dedisse; Sex Rosc 48. quod Q. Metello
laudi datum est; Planc 89. si despicere se dicant
..., iis non modo non laudi, verum etiam vitio dandum puto; of I 71. — 2. consulibus senatus rem
publicam defendendam dedit; Phil VIII 15.
in homo amens diripiendam urbem daturus est; ep
XIV 14, 1. — 3. mundus hic totus, quod domicilium quamque patriam di nobis communem secum
dederunt; rep I 19. dat iste viros optimos recuperatores; Ver III 54.

doceo, lehren, belehren, unterrichten, unter-
weisen, zeigen, dartun, nachweisen, aufführen: I.
1, a. erat in homine summum vel discendi studium
vel docendi; rep II 1. Molonem instituendo docen-
doque prudentissimum; Bru 316. quoniam
docendi causa a gaudio laetitiam distinguimus; Tusc
IV 66. — b. „dignitatem docere non habet". certe,
si quasi in ludo; orat 144. docere debitum est,
delectare honorarium, permovere necessarium; opt
gen 3. — 2. qui (Apollonius) cum mercede doceret;
de or I 126. 'ut modo docui, veri a falso distinctio
traditur; fin I 64. hoc nunc magis animum adverto,
quod Tyrannio docet apud me; Q fr II 4, 2. — II,
1. doce, quam pecuniam Cluentius dederit; Cluent
124. primum (nostri) docent esse deos, deinde quales
sint; nat II 3. — 2. canere ipse (Aristoxenus)
doceat; Tusc I 41. — 3. nisi vetustas ea certa esse
docnisset; leg II 33. f. 1. ea sumenda docebat; Ac
I 36. at sectabantur multi. doce mercede; concedam
esse crimen; Muren 70. — III. cum aut docendus is
eat ant dedocendus; de or II 72. cum causam docuisset; of II 82. civitates quaedam universae more
doctae parsimonia delectantur; Tusc V 89. cum
Thyesten fabulam docuisset; Bru 78. mihi videris
Latine docere philosophiam; fin III 40. — IV, 1.
nihil de dividendo ac partiendo (Epicurus) docet;
fin I 22. — 2. quae (litterae) me docerent, quid
ageres; ep III 6. 5. — 3. haec (philosophia) una
.nos cum ceteras res omnes, tum docuit, ut nosmet
ipsos nosceremus; leg I 58. — 4. docemur auctoritate
nutuque legum domitas habere libidines; de or I
194. qui tanta mercede nihil sapere doceat; Phil
II 8. — 5. docuit nos idem, qui cetera, natura
effectum esse mundum; nat I 53. — 6. ut ea,
quae scimus, aliis docere possimus; nat II 148. f. 5.
causam Sthenii totam et istius crudelitatem et iniquitatem senatum docent; Ver II 95. res: f. 3.

dochmius, bochmischer Versfuß: dochmius
e quinque syllabis, brevi, duabus longis, brevi, longa,
ut est hoc: „amicos tenes", quovis loco aptus est,
dum semel ponatur; orat 218.

docilis, gelehrig: o medicum suavem meque
docilem ad hanc disciplinam! ep VII 20, 3. coërcet
beluam, et eam docilem; rep II 67. [et] attentum
ut principio faciamus iudicem et docilem; de or II 323.

docilitas, Gelehrigkeit: perspecto genere humanae docilitatis; Sest 91.

docte, gelehrt, wohl unterrichtet: (Pythagoram)
docte et copiose disseruisse quaedam; Tusc V 8.
quicum haec familiariter docteque rideam; ep XII 18, 2.

doctor, Lehrer; I. 1. eius (Xenocratis) doctor
Plato triplicem finxit animum; Tusc I 20. intellegit:
f. II, 1. quae Graeci dicendi artifices et doctores
reliquerunt; de or I 23. — 2. iudicem esse me, non
doctorem volo; orat 117. — II, 1. hoc doctoris
intellegentis est videre, quo ..; Bru 204. — 2. cum
ab iis doctoribus, quibus ille uteretur, erudiremur;
de or II 2. — III. cum ad cuiusque naturam institutio doctoris accommodaretur; de or III 35. —
IV. ab: f. II, 2.

doctrina, Unterricht, Unterweisung, Gelehrsamkeit, Wissenschaft: I. accessit istuc doctrina
non moderata nec mitis, sed paulo asperior et durior;
Muren 60. disertis elegans doctrina defuit; orat 13.
unam quandam omnium rerum fuisse doctrinam; de
or III 140. in his fere rebus omnis istorum artificum
doctrina versatur; de or I 145. — II, 1. Pericles
primus adhibuit doctrinam; Bru 44. || si || usus
doctrinam confirmet; de or III 88. omnem doctrinam
harum ingenuarum et humanarum artium uno quodam societatis vinculo contineri; de or III 21. quibus
(artibus) liberales doctrinae atque ingenuae continerentur; de or III 127. (Aristoteles) ornavit et
inlustravit doctrinam illam omnem; de or III 141.
quod ab aliis rerum, ab aliis verborum doctrina

quaeritur; orat 17. — 2. ut ad eam doctrinam
adiungeretur usus frequens; de or I 15. qui in
harum artium liberalissimis studiis sint doctrinisque
versati; de or I 11. — III. noli prae te ferre vos
plane expertes esse doctrinae; nat II 47. — IV.
mirus quidam omnium quasi consensus doctrinarum
concentusque reperitur; de or III 21. illas omnium
doctrinarum inventrices Athenas; de or I 13. multi
in exsilio dolorem suum doctrinae studiis levarunt;
fin V 53. — V, 1. si essent Graecis doctrinis
eruditi; Ac I 4. quae bona sint, fieri meliora
posse doctrina; de or I 115. sit modo is, qui dicet
aut scribet, institutus liberaliter educatione doctrinaque puerili; de or III 125. qui natura doctrinaque
longe ad virtutem processissent; fin IV 21. illa
sunt non aliqua mihi doctrina tradita, sed in rerum
usu causisque tractata; de or I 208. — 2. ingenuit
(natura) sine doctrina notitias parvas rerum
maximarum; fin V 59.

doctus, unterrichtet, gelehrt, gebildet, klug: A.
hoc loco primum videtur insitiva quadam disciplina
doctior facta esse civitas; rep II 34. homo doctissimus atque humanissimus; Ver IV 98. et mediocriter
doctos magnos in re publica viros et doctissimos
homines non nimis in re publica versatos multos
commemorare possumus; leg III 14. poëta doctus
sapiensque (Simonides) traditur; nat I 60. ut vir
doctissimus fecit Plato; leg II 14. f. homo. — B, I.
quae nec indocti intellegere possent nec docti legere
curarent; Ac I 4. sic omnibus bonis et doctis esse
faciendum; Tusc I 73. — II. ita et doctis eloquentia
popularis et disertis elegans doctrina defuit; orat
13. — III. qua de re cum sit inter doctissimos
summa dissensio; fin I 11. — IV. neque se ab
indoctissimis neque a doctissimis legi velle; de or
II 25. haec ut et properans et apud doctos et semi-
doctus ipse percurro; de or II 178.

documentum, Beweis, Beispiel: I. P. Rutilius,
qui documentum fuit hominibus nostris virtutis;
Rab Post 27. — II. ex quo nimirum documentum
nos capere fortuna voluit, quid esset victis exti-
mescendum; Phil XI 5. dederas, quam contemneres
populares insanias, documenta maxima; Milo 22.

dodrans, drei Viertel: (Q. frater) Argiletani
aedificii reliquum dodrantem emit HS DCCXXV; A
I 14, 7.

dodrantarius, um drei Viertel ermäßigt:
quod in tabulis dodrantariis et quadrantariis Fontei
officium desiderat; Font 2.

dogma, Lehrsatz: I. ut proverbia non nulla
veriora sint quam vestra dogmata; fin II 105. —
II. omnia meminit Siron Epicuri dogmata; Ac II 106.

dolenter, schmerzlich, mit Trauer: si (casus)
dicuntur dolenter; de or II 211. cum dolenter
feras; dom 98. qua (miseratione) nos ita dolenter
uti solemus, ut ..; orat 131.

doleo, Schmerz empfinden, schmerzen, trauern,
unwillig sein, bedauern: I, 1, a. nec (Epicurus)
distinguit a non dolendo voluptatem; Tusc III
47. ratio voluptatis non dolendive particeps; fin
II 38. — b. aliud est laborare, aliud dolere; Tusc
II 35. cum tertium (sit) nec gaudere nec dolere;
Tusc III 47. — 2. nec gaudere quemquam nisi
propter corpus nec dolere; fin II 98. nihil dolet nisi
pes; Tusc II 44. si aut aegrum corpus est aut
dolet; fin V 47. pes: f. alqd. sapiensne non doleat,
si (patria) deleta sit? Ac II 135. — II, 1. de Atticae
febricula scilicet valde dolui; A XII 1, 2. — 2. id
ipsum dolendum esse dicebat, quod in tam crudelem
necessitatem incidissemus; Tusc III 60. — 3. dolui
pacem repudiari; Marcel 14. interitu talis
auguris dignitatem nostri conlegii deminutam dolebam; Bru I. — 4. qui sociorum iniuriis provincia-
rumque incommodis doleat; Ver III 6. qui dolet
rebus alicuius adversis; Tusc III 21. — III. cum

esset praesertim, ut ais tu, summa voluptas nihil
dolere; fin II 22. istuc nihil dolere non sine magna
mercede contingit immanitatis in animo, stuporis in
corpore; Tusc III 12. neque ea non ulciscenda sunt.
etiamsi non sunt dolenda; ep XII 23, 1. f. II, 2.
quia meum casum luctumque doluerunt; Sest 145.
nt nemo umquam unici filii mortem magis doluerit:
Phil IX 12. ut meam vicem doleres, cum me derideri
videres; A VIII 15, 3.

dolium, Faß: num igitur, qui hoc sentiat, si
is potare velit, de dolio sibi hauriendum putet?
Bru 288.

dolo, bearbeiten, behauen: neque (Coelius) perpolivit illud opus, sed, sicut potuit, dolavit; de or
II 54. quis robur illud dolavit? div II 86.

dolor, Schmerz, Betrübnis, Kränkung, Gram.
Kummer, Unwille, Ärger: I, 1. si cadit in sapientem animi dolor; Lael 48. qua (oratione) me uti
dolor meus coëgit; Sex Rosc 143. maiores esse
voluptates et dolores animi quam corporis; fin II
108. cum (Epicurus) hoc ipsum dicit, summum malum
esse dolorem; Tusc II 28. nisi iis dolori meus
fuisset dolor; ep VII 2, 3. exarsit dolor; Q fr II
3, 2. iniuriae dolor facit me gloriosum; Phil XIV
13. quem naturalis quidam dolor dicentem incende-
bat; Bru 93. animi voluptates et dolores nasci
fatemur e corporis voluptatibus et doloribus; fin I
55. cum remiserant dolores pedum; Bru 130. hic
me dolor tangit; Bru 331. — 2. quoniam omne id,
quo gaudemus, voluptas est, ut omne, quo offendi-
mur, dolor; fin I 37. — II, 1. (animal) aspernatur
dolorem ut malum; fin II 31. augeo commemorando
dolorem et facio etiam tibi; A XI 8, 2. minimum
dolorem capiet, qui istam non videbit; Cael 33.
possumusne nos contemnere dolorem? Tusc II 22.
definis tu mihi, non tollis dolorem, cum dicis asperum.
contra naturam; Tusc II 30. dedit illi dolorem; A
VII 13, 1. facio: f. augeo. nostrum et nostra causa
susceptam dolorem modice ferre debemus; Tusc I 111.
dolorem ipsum per se esse fugiendum; fin I 31. quia
neque lenire videbar oratione neque levare posse
dolorem tuum; ep VI 13, 1. levat dolorem communis
quasi legis et humanae condicionis recordatio; ep VI
6, 12. f. lenio, sano. mortem aut dolorem metuens:
Tusc V 15. maerorem minui, dolorem nec potui nec.
si possem, vellem; A XII 28, 2. ceteri dolores mitigantur vetustate; A III 15, 2. cum (Panaetius) ad
Q. Tuberonem de dolore patiendo scriberet; fin IV
23. animi dolores (sapiens) percipiet omnibus partibus maiores quam corporis; fin II 108. quae (consolatio) levare dolorem tuum posset, si minus sanare
potuisset; ep V 16, 1. suscipere tantos animi
dolores; dom 98. f. fero. quis istum dolorem timet?
fin II 93. secundus (liber est) de tolerando dolore;
div II 2. tollo: f. definio. — 2. cogitatio diuturni
nihil esse in re mali dolori medetur, non ipsi
diuturnitas; Tusc III 74. non posse me tanto dolor
resistere; A XI 15, 2. sum: f. I, 1. est; ep VII 2
3. — 3. summam voluptatem esse dolore carere;
Tusc III 47. nec dolore debeo? A IV 6, 2.
(di) dolore vacant; nat I 114. — 4. quae Theophrastu
de fortuna, de dolore, de cruciatu corporis dixit
fin V 77. nascor e: f. 1. nascuntur. quoniam
miseriam omnem in dolore (ponitis); fin II 86. f
in his (doloribus) est summum malum; Tusc II 16
— III, 1. quia dolori non voluptas contraria est
sed doloris privatio; fin II 28. — 2. quodsi vit
doloribus referta maxime fugienda est; fin I 41.
3. mihi exire domo mea ad privatum dolorem fui
luctuosum; har resp 49. animi adfectio in labor
ac dolore patiens; Tusc V 41. — IV, 1. brevitas
f. magnitudo. in qua (fortitudine) est mortis dol
risque magna contemptio; rep V 9. cuius (dolori
magnitudinem brevitate consolatur, longinquitate
levitate; Tusc V 88. nulla admiscetur opini

officiosi doloris; Tusc III 70. ut haec patientia
dolorum in omni genere se aequabilem praebeat;
Tusc II 65. consuetudo laborum perpessionem dolorum
efficit faciliorem; Tusc II 35. privatio: f. III 1. ne
cum sensu doloris aliquo spiritus auferatur; Ver V
118. qui vacuitatem doloris finem bonorum esse
voluerunt; fin III 2. — 2. sive hanc aberrationem
a dolore delegerim, quae ..; A XII 38, a, 1 (38, 3).
ego tantam vim non tribuo sapientiae contra dolorem;
Tusc II 18. — V, 1. cum (sapiens) summis doloribus
conficiatur; fin V 80. illa suspicio intolerabili
dolore cruciat; Tusc I 111. alii dolore moventur,
alii cupiditate; fin V 29. quamquam (L. Caesar)
erat oppressus totius corporis doloribus; ep IX 14, 3.
qui bona voluptate terminaverit, mala dolore; of III
117. — 2. ne omnia cum dolore agere videamur;
Ver II 52. ea ex animi mei sensu ac dolore pronuntio; Sex Rosc 129. quem (librum) in medio
maerore et dolore conscripsimus; Tusc IV 63. non
possum prae fletu et dolore diutius in hoc loco
commorari; A XI 7, 6. quae videre sine summo
animi dolore non poterat; Cluent 16.

dolose, betrügerifch: cum dicitur INTER BONOS
BENE AGIER, quicquam agi dolose aut malitiose
potest? of III 61.

dolosus, argliftig: Ptotomaeus dolosis consiliis
Romam venit; Rab Post 4.

dolus, £ift, Arglift, Täuschung, Betrug: I, 1. in
vi dolus malus inest; Tul 29. — 2. si dolus malus
est, cum aliud agitur, aliud simulatur; Top. 40. —
II. dolus malus in simulatione, ut ait Aquilius,
continetur; of III 61. iste dolus malus legibus
erat vindicatus; of III 61. — III, 1. quas (res) cum
dolo malo mancipio accepisse de Vario diceret;
A I 1, 3. — 2 id sine dolo malo factum iudicabitur;
Tul 32.

domesticus, zum Haufe, zur Familie gehörig,
häuslich, eigen, einheimisch, innerlich, Hausgenosse:
A. de Ocella cepi consilium domesticum; A XVI
12. qua consuetudine domestica sit; inv I 35. nisi
(orator) domesticis se instruxerit copiis; de or II 38.
quae non ad domesticam tuam difficultatem ac turpitudinem, sed ad summam rem publicam pertinent;
Catil I 14. quamquam domesticis te finibus tenes;
A VII 12, 6. sunt domesticae fortitudines non inferiores militaribus; of I 78. impetus domesticorum
hostium; Catil III 28. in imperiis domesticis; inv II
140. ut ego urbem a domesticis insidiis et ab intestino
-celere (defenderem); ep V 2. 1. neque rebus externis
magis laudandus quam institutis domesticis; Phil II
69. maximis rebus forensibus nostris [et externis] inclusae et domesticae litterae respondebunt; orat 148.
malum civile ac domesticum; Catil IV 15. quo modo
domestico vivat; inv II 29. commisi, ut mea vox in
domesticis periculis potissimum occideret; Q fr I 3, 2.
religionem domesticam requirebant; Ver IV 93. unde
hoc sit tam insolens domesticarum rerum fastidium;
fin I 10. quae est domestica sede iucundior? ep IV
8. 2. turpitudo: f. difficultas. est condicio melior exter-
nae victoriae quam domesticae; Calit IV 22. facile
patior non esse nos transmarinis nec importatis artibus eruditos. sed genuinis domesticisque virtutibus;
rep II 29. — B, a. in rebus ab intimis ac domesticis
Pompeii fama exulceratis; ep I 1, 4. — b. et domestica
feremus et publica; ep V 13, 4.

domicilium, Bohnung, Bohnfitz: I. cui verbo
(„fideliter") domicilium est proprium in officio, migrationes in alienum multae; ep XVI 17, 1. domicilium tantum in urbe remanet studiorum; de or
III 43. — II, 1. qui suorum improbissimorum sermonum domicilium in auribus eius conlocarant; Piso
76. nos domicilia. sedesque populi Romani defendimus; Phil VIII 8. qui hoc universum rei publicae
domicilium delere conati sunt; Catil IV 12. nulla alia
in civitate ullum domicilium libertas habet; rep. I 47.

— 2. coloni Capuae in domicilio superbiae conlocati;
agr II 97. Atheniensium plus interfuit firma tecta in
domiciliis habere; Bru 257. posse animos in caelum
quasi in domicilium suum pervenire; Tusc I 24. —
III. in hoc domicilio imperii et gloriae; de or I 105·

domina, Herrin, Gebieterin: I. haec una virtus
omnium est domina et regina virtutum; of III 28.
— II. cum servi ad dominam rem detulissent;
Cael 62.

dominatio, Herrschaft, Alleinherrschaft: I. sin
te potentia mea, si dominatio movet; Sulla 25. —
II, 1. tulit haec civitas regiam istam vestram dominationem in iudiciis; Ver V 175. dominatio quaesita
ab utroque est; A VIII 11, 2. — 2. et a regum et a
patrum dominatione solere in libertatem rem populi
vindicari; rep I 48. — III. animi morbi sunt cupiditates immensae gloriae, dominationis; fin I 59.
te socium fore dominationis Antonii; Phil VIII 12.

dominator, Beherrscher: illum et Iovem et
dominatorem rerum (invocant); nat II 4.

dominatrix, Beherrscherin: caeca ac temeraria
dominatrix animi cupiditas ad se explendam viribus
corporis abutebatur; inv I 2.

dominatus, Herrschaft, Beherrschung, Alleinherrschaft: I. terrenorum commodorum omnis est in
homine dominatus; nat II 152. — II, 1. fit in dominatu servitus, in servitute dominatus; Deiot 30. —
index quantum habet dominatum! par 40. — 2. dominatu regio re publica liberata; Tusc IV 1. —
qui locus hoc dominatu vacat? ep IV 8, 2. — 3. in
superbissimo dominatu fuit; Rab. Post 39. — III, 1.
cum dominatu unius omnia tenerentur; of II 2.
— 2. in: f. II, 1. facio.

dominium, Besitz: huius argento dominia vestra
ornari; Ver III 9.

dominor, herrschen, ben Herrn spielen: sese
in iudiciis diutius dominari non posse; div Caec 24.
quod in hoc oratore dominabitur || acutae crebraeque
sententiae in hoc oratore dominabuntur || ; orat 79.
dominans ille in nobis deus; Tusc I 74. quae dominatur in civitate potentia; Caecin 71. si (senectus)
usque ad ultimum spiritum dominatur in suos; Cato 38.
sententiae: f. alqd. voluptate dominante; fin II 117.

dominus, Herr, Gebieter, Hausherr, Eigentümer, Besitzer, Veranstalter: I, 1. cum ipse epuli
dominus, Q Arrius, albatus esset; Vatin 31. domini
servos ita fatigant, ut ..; rep III 37. dominus funeris
(ut) uutiar accenso atque lictoribus; leg II 61. — 2.
qui rei dominus futurus est; de or II 72. ei senatus
dominus sit publici consilii; leg III 28. — II, 1. nec
domo dominus, sed domino domus honestanda est;
of I 139. nobis dominum cur imponeret? Phil XIII
17. — 2. ut hoc populorum intersit, utrum comi domino
an aspero serviant; rep I 50. domus erat non domino magis ornamento quam civitati; Ver IV 5. —
III. semper boni adsiduique domini referta cella
vinaria, olearia, etiam penaria est; Cato 56. illam
(ancillam) domini iussu dixisse; de or II 276. — qui
se populi Romani victoris dominique omnium gentium
patronum dicere anderet; Phil VI 12. is qui domini
voluntate census sit; de or I 183. — VI. honestari:
f. II, 1. honesto.

domitor, Bändiger, Bezwinger: I. ut domitores
equorum non verba solum adhibent ad domandum;
fr F V 85. Miltiadem. victorem domitoremque
Persarum vitam in civium vinclis profudisse; rep
I 5. — II. ut disset domitorem armorum suorum;
Milo 35.

domitus, Zähmung: efficimus etiam domitu
nostro quadripedum vectiones; nat II 151.

domo, zähmen, bändigen: ut utamur
(beluis) domitis et condocefactis; nat II 161.
domitis iam gentibus finitimis; prov 5. docemur
domitas habere libidines, coërcere omnes cupiditates;
de or I 194.

domus (domui: f. V, 2, b. domu: f. II, 1.
expilo. V, 2, f), Hauß, Wohnung, Hauswesen,
Familie, Heimat: I, 1. cum me domus eadem
accepisset, quae proximo anno maerens receperat
et defenderat; Sest 131. quid est sanctius, quid
omni religione munitius quam domus unius cuiusque
civium? Ver IV 109. cuius domus cunctae Graeciae
patuit; Bru 32. f. II, 1. claudo. recipit: f. accipit.
domus te nostra tota salutat; A IV 12. tota domus
vacat superior; A XII 10. — 2. quae (domus nostra)
non ea est, quam parietes nostri cingunt, sed
mundus hic totus; rep I 19. — II, 1. se publicis
operis disturbaturum publice ex senatus sententia
aedificatam domum; Phil I 12. cingo. f. I, 2.
mea domus tibi patet, mihi clausa est; Sex Rosc 145.
cum bene completa domus est tempore matutino;
A I 18, 1. si (Cicero) domum conduceret; A XII
32, 3 (2). cum meam domum cum Flacci domo
coniungebat; dom 102. cum deploraret domum
incensam, eversam; Sest 121. disturbo: f. aedifico.
everto: f. deploro. domu ¶ domo ‖ sua tota expilata;
Ver V 128. domum meam maioribus praesidiis
munivi atque firmavi; Catil I 10. nec domo dominus,
sed domino domus honestanda est; of I 139. incendo:
f. deploro. domum meam iudicio pontificum religione
liberatam videri; har resp 13. munio: f. firmo.
domus est oppugnata ferro; Sest 85. Italiam ornare
quam domum suam (L. Mummius) maluit; of II 76.
sibi relinquendas domos ac sedes suas esse; Ver
II 157. — 2. coniungo cum: f. 1. coniungo. a domo
tua Chelidonem excludere noluisti; Ver V 38. (con-
sobrini, sobrini) in alias domos tamquam in colonias
exeunt; of I 54. inesse aliquem non solum habita-
torem in hac caelesti ac divina domo, sed etiam
rectorem; nat II 90. Antiocho id magis licuerit,
remigrare in domum veterem e nova quam nobis in
novam e vetere? Ac I 13. — III. fuit proprium
populi Romani longe a domo bellare; imp Pomp
32. — IV. concursus fiunt ex agris, ex vicis, ex
domibus omnibus; A V 16, 3. ponite ante oculos
inruptionem armatorum in Trebonii domum; Phil
XI 7. — V, 1. honestari: f. II, 1. honesto. domo
me tenui; dom 6. 2, a. alter ille horridus (consul)
consulto se domi continebat; Sest 26. huius domi
inter quasilla pendebatur aurum; Phil III 10.
nonne mavis sine periculo tuae domi esse quam cum
periculo alienae? ep IV 7, 4. cuius domi (haec)
nascuntur; ep IX 3, 2. P. Clodium cum veste
muliebri deprehensum domi C. Caesaris; A I 12, 3.
domi ‖ domui ‖ vestrae estis et eritis omnes boni;
A VIII 2, 3. f. 3. extra. — b. qualis animus in
corpore sit tamquam alienae domui; Tusc I 51.
esse domui suae cum uxore; of III 99. f. a. A VIII
2, 3. — c. quia domum properant; A XIII 26, 2.
cum ad me domum venisses; ep XIII 7, 1. domum
meam ventitaras; Phil II 3. Rhodiorum classi
propinquum reditum ac domum itionem dari; div
I 68. — d. cum omnes fere domos omnium concursent; Muren 44. — e. exeuntem illum domo;
Tusc III 31. quas (artes) cum domo haurire non
posses; Bru 332. — f. quotiens te pater eius domu
sua eiecit! Phil II 45. — 3. ex qua domo recitatur
vobis auctoritas; Cael 55. hominem domi splendidum,
gratiosum etiam extra domum; Q fr II 12, 3. in
domo clari hominis adhibenda est cura laxitatis;
of I 139.

donatio, Schenkung: I, 1. ut ea donatio fieret
in theatro; opt gen 19. — qui umquam tenuissime
in donationem histrionum aestimavit; Ver IV
35. — II. post hanc civitatis donationem; Balb 48.

donec, bis: donec vicinum eius modi nactus
est; Tul 14. illud in eadem causa est, a quo abesse
velis, donec evaseris; fin IV 65.

dono, schenken, verleihen, beschenken: ut (Demosthenes) corona aurea donaretur eaque donatio

fieret in theatro; opt gen 19. quod eum Pompeius
civitate donavit; Balb 7. (haec) inseri et donari ab
arte non possunt; de or I 114. consulibus aerarium.
provinciae, legiones, imperia donabantur; sen 18.
mihi populus non unius diei gratulationem, sed
aeternitatem immortalitatemque donavit; Piso 7.
quos (homines mens divina) bona ratione donavit:
nat III 70. imperia, al. f. aerarium, aeternitatem.
tu, tuas inimicitias ut rei publicae donares, te
vicisti; ep V 4, 2. L. Papirius Paetus, amator
noster, mihi libros eos donavit; A I 20, 7. cum
ipsi (praecones) ante ludorum missionem corona
donentur; ep V 12, 8.

donum, Gabe, Geschenk, Weihgeschenk: I. omnia
sunt illa dona naturae; de or I 114. divinissima
dona aves et formae ab uno pictore uno absolutae
die; leg II 45. — II, 1. non intermittebas quasi
donum aliquod cotidie adferre rei publicae; Phil
I 32. si id donum a deo, non a nobis haberemus:
nat III 87. — 2. cuius (Iunonis) duo fana iste
omnibus donis ornamentisque nudavit; Ver V 184.
— III. Xerxes refertus omnibus praemiis donisque
fortunae; Tusc V 20. — IV. quo die (M. Cincius)
legem de donis et muneribus tulit; de or II 286.

dormio, schlafen, schlummern: postquam illos
artius iam ex lassitudine dormire sensit; inv II 14.
Platoni cum in cunis parvulo dormienti apes in
labellis consedissent; div I 78. (Antonius) dormiit
ad horam III; A X 13, 1. an natura fieri, ut
mobiliter animus agitatus, quod vigilans viderit,
dormiens videre videatur; div II 129. dormienti in
maximo rei publicae motu consuli; Tusc V 20. eas
(virtutes) excita, si forte dormiunt; Tusc III 36.

dormito, schlafen: cenato mihi et iam dormi-
tanti; A II 16, 1.

doryphorus, Lanzenträger: I. ut Polycliti
doryphorum sibi Lysippus aiebat (magistrum fuisse):
Bru 296. — II. nec doryphori statua deterrit:
orat 5.

dos, Mitgift, Heiratsgut: I. est: f. II. dico. —
II. Atheniensis Clisthenes Iunoni Samiae filiarum
dotes credidisse (dicitur); leg II 41. quaecumque
sine hoc auctore est dicta dos, nulla est; Flac 86. —
III. (Quintus) satis torquetur debitione dotis:
A XIV 13, 5. — IV. verborum eam (artem) dote
locupletasti et ornasti; de or I 234.

dotalis, zum Heiratsgut gehörig: exquiram de
mercedibus dotalium praediorum; A XV 20, 4.

doto, aussteuern, ausstatten: quo introducatur
dotata Aquilia; A XIV 13, 5.

drachma, Drachme: quod scribis ad me de
drachmum ↃↃↃↃↃ; ep II 17, 4.

draco, Drache: I. Alexandro draco loqui
visus est; div II 141. — II. cur de dracone silet.
qui lapideus dicitur factus? div II 65.

dubie, zweifelhaft, ungewiß: signum dubie
datum; div I 124. etsi non dubie mihi nuntiabatur
Parthos transisse Euphratem; ep XV 1, 1.

dubitanter, zweifelnd, zögernd: dubitanter
unum quidque dicemus; inv II 10. de meo non
dubitanter (dixit), quin omnia de meo consilio
fecissetis; ep XII 3, 2. illum verecunde et dubitanter
recepisse; Bru 87.

dubitatio, Zweifel, Bedenken, Bedenklichkeit:
I. dubitatio damnationis quae poterat esse? Ver
III 70. deinde dubitatio, tum distributio; de or
III 203. — II, 1. quorum exspectatio dubitationem
belli adfert; Phil V 31. de quo alterum potest
habere dubitationem, adhibendumne fuerit an omit-
tendum; of III 9. praecisa mihi est dubitatio; de
or II 28. nulla dubitatio relinquetur, quin honore
mortui, quam vivo iniuriam fecimus, sarciamus;
Phil IX 8. ut (Caesar) mihi dubitationem omnem
tolleret; A XII 6, a, 2 (6, 4). — 2. cuius virtus
dubitationi locum non daret; Balb 16. — 3. quod

itinerum meorum ratio te non nullam i n dubitationem
videtur a d d u c e r e; ep III 5, 3. — III. cum animi
s i n e ulla dubitatione sanentur; Tusc III 5.

dubito, zweifeln, schwanken, unentschlossen
sein, Bedenken tragen, zögern, bezweifeln: I. i l l e
haud dubitans cessisset patria; Milo 68. dubitans,
circumspectans nostra vehitur ratio; Tusc I 73. —
II, 1. qui potes d e damnatione dubitare? Ver
V 74. — 2. utrum difficilius e s s e t negare an
efficere id, diu multumque dubitavi; orat 1. dubitabitis etiam, cui ista tanta praeda quaesita sit?
Ver III 111. f. 3. — 3. hi dubitant d e mundo,
casune s i t effectus an ratione? nat II 88. — 4.
utrum de his potius, dubitasset aliquis, q u i n
alterum, nemo; Bru 189. ' dubitas, quin sensus in
morte nullus sit? Tusc I 92. non dubito, quin ad
te statim veniam; A VIII 11, B, 3. — 5. de
Hispaniis non dubitabat, q u i n Caesaris essent;
A X 4, 8. — G. si in eos non dubitamus officia
conferre; of I 48. qui poscere pecuniam non
dubitarit; Ver I 127. — 7. nemo dubitat A c a d e m i-
c u m praelatum i r i; Ac fr 20 (8. 34). — 8. nihil est.
de quo minus dubitari possit, quam h o n e s t a
expetenda e s s e; fin III 38. — III. conclusio rationis
ea probanda est, in qua ex rebus non dubiis id,
q u o d dubitatur, efficitur; div II 103. res minime
dubitanda; Cael 55. — IV, 1. quid est, q u o d d e
eius civitate dubitetis? Arch 10. quid de Codro
dubitare possumus? nat III 49. — 2. non solum
id homines scelere dubitare, honestumne an turpe
sit; of I 161. — 3. illud quis est qui dubitet,
q u i n suscipienda accusatio fuerit? Cluent 48.
illud cave dubites, quin ego omnia faciam, quae . . ;
ep V 20, 6. — 4. illud quis est qui dubitare
debeat, contra damnatum pro incolumi d i c e r e?
Cluent 10.

dubius, zweifelhaft, schwankend, unsicher, un-
entschieden, bedenklich: A. dubiumne est, ad quem
maleficium pertineat? Sex Rosc 152. quando
dubium fuisset apud patres nostros, eligendi cui
patroni daretur optio, q u i n aut Antonium optaret
aut Crassum? Bru 189. nemini dubium est, quin
ea re plurimum possit; imp Pomp 43. ex quo
postulabimus nobis illud, q u o d dubium sit, concedi,
dubium esse id ipsum non oportebit; inv I 53. in
quibusdam causis dubiis; of III 56. quasi res
dubia aut obscura sit; div Caec 14. mihi non dubiam
spem mei conveniendi adferebas; ep III 6, 4. —
B. I, 1. utrum perspicuisne dubia a p e r i u n t u r, an
dubiis perspicua tolluntur? fin IV 67. — 2. alii
capti, alii interclusi non veniunt in dubium de
voluntate; A XI 15, 2. quae qualia sint, vocatur
in dubium; part or 42. — II, 1. tolli: f. I, 1. —
2. tristis res est s i n e dubio; Tusc II 18.

ducenti, zweihundert: regiis quadraginta
annis et ducentis; rep II 52. hominem ducentis
confixum senati consultis; har resp 8. dum ne
propius urbem Romam cc milia admoveret; Phil VI 5.

ducentiens, zweihundertmal, zwanzig Millionen: testis non invenitur in ducentiens et triciens
sestertio! Font 4. amplius sestertium ducentiens
acceptum hereditatibus rettuli; Phil II 40.

duco, ziehen, verziehen, zubringen, hinbringen,
hinschleppen, ableiten, herleiten, führen, leiten, anführen, bestimmen, verleiten, abführen, heimführen,
meinen, halten, rechnen, berechnen, schätzen: I. s e
ducturos et dicendo et excusando facile ad ludos
Victoriae; Ver pr 31. cohortes ex Piceno Lentulo
et Thermo ducentibus cum Domitii exercitu coniunctas
esse; A VII 23, 1. hic alio res familiaris, alio ducit
humanitas; of III 89. — II, 1. id apud iudicem grave
et sanctum e s s e ducetur? Q Rosc 6. — 2. optimum
vectigal duco esse parsimoniam; rep IV 7.
quae ne tu quidem umquam timenda duxisti; ep
I 6. 2. — III. sunt multa, quae n o s cum dignitate

tum [quoque] fructu suo ducunt; quo in genere est
gloria, dignitas, amplitudo, amicitia; inv II 166.
quo me non cupiditas ducit, sed fides; Sex Rosc 83.
eos ad supplicium duci; Ver V 66. per triumphum,
credo, quem ante currum tuum duceres; Ver V 67.
an vos in errorem ducere velit; Font 2. ad quem
metum si deorum monitis non duceremur; har
resp 54. si e vectoribus sorte ductus ad gubernacula
accesserit; rep I 51. istud nimium diu duci;
A XII 5, a (5, 2). quae spiritu in pulmones anima
ducitur; nat II 138. M. Taurum de aqua per
fundum eius ducenda rogabo; Q fr III 1, 4. ex
coniunctis sic argumenta ducuntur; de or II 167.
dico me centesimas ducturum; A VI 1, 16. cohortes:
vgl. I. A VII 23, 1. ea comitia puto fore ut ducantur; A IV 15, 7. hac controversia usque ad
noctem ducta; ep I 2, 3. qui (rex) maximas copias
duxit ad Troiam; Tusc I 98. quid olim mali
C. Iulius fecerit, cum dieculam duxerit; A V 21, 13.
contra patriam exercitum ducere; Phil XIII 14. a
lege ducendum est iuris exordium; leg 1 19. ut
(Salaminii) faenus quaternis centesimis ducant;
A VI 2, 9. accedit etiam, quod (Trebatius) familiam
ducit in iure civili singulari memoria, summa
scientia; ep VII 5, 3. cum funus quoddam duceretur;
de or II 283. cuius (belli) initium ducetur a fame;
A IX, 9, 2. quoniam x̅c medimnum duximus; Ver
III 116. amare, e quo nomen ductum amicitiae est;
fin II 78. quoniam a quattuor fontibus honestatis
primo libro officia duximus; of III 96. quo (vultu)
dicuntur os ducere; orat 86. salutis meae rationem
ducere; ep VII 3, 1. ut res ita duceretur, ut . . ;
Ver pr 26. aut ex reo aut ex adversario sententias
duci licebit; de or II 321. ille sermo ductus est
ducitur || e percontatione filii; Bru 218. qui in
matrimonium sororem eius antea duxisset; Cluent
190. quae (sortes) ducuntur; div II 70. si spiritum
ducit, vivit; inv I 86. a ponte Mulvio Tiberim
duci secundum montes Vaticanos; A XIII 33, a, 1
(33, 4). — IV, 1. quod (honestum) solum in bonis
ducitur; fin III 21. ipsi in hostium loco numeroque
ducimini; Ver V 125. — 2. vir infra se omnia
humana ducens; fin III 29. — 3. an Scythes Anacharsis potuit pro nihilo pecuniam ducere? Tusc
V 90. — 4. omnia pericula parvi esse ducenda;
Arch 14. — 5. si quis despicatui ducitur; Flac
65. — 6. alqd — timendum: vgl. II, 2. ep
I 6, 2. cognitionem rerum aut occultarum aut
admirabilium ad beate vivendum necessariam duci-
mus; of I 13. venustatem muliebrem ducere
debemus, dignitatem virilem; of I 130. matrem
illam Bostaris duxit uxorem; Scaur 12. quae (para)
in nobis divina ducenda est; fin V 57. venustatem:
f. dignitatem.

ductor, Heerführer: quotiens non modo ductores
nostri, sed universi etiam exercitus ad non dubiam
mortem concurrerunt! Tusc I 89.

ductus, Zug, Führung, Leitung: I. qui ductus
oris, qui vultus in quoque sit; fin V 47. — 1, 2.
cuius (urbis) is est tractus ductusque muri regum
sapientia definitus; rep II 11. aquae ductus a
patre sumitur; Caecin 74. — 2. si omnes vires
civitatis se a d Pompei dictum applicaverunt;
ep III 11, 4. — III. rem optime ductu suo gerere;
imp Pomp 61.

dudum, lange, schon vorher: dudum c i r c u m-
rodo, quod devorandum est; A IV 5, 1. ut dudum
diximus; fin III 52. quam dudum nihil habeo, quod
ad te scribam! scribo tamen; A XIV 12, 3. cum
vix, ut dudum ad Demosthenem, sic nunc ad Antonium pervenimus; Bru 138. quae dudum ad me
et quae etiam ad meos, id est ad Tulliam de me
scripsisti; A XI 24, 1. vocat me alio iam dudum
tacita vestra exspectatio; Cluent 63.

duellum, Krieg: I. ut „duellum" bellum; orat 153. — II. iam aes atque ferrum duelli instrumenta, non fani; leg II 45.

duis, zweimal: ut „duis" bis; orat 153.

dulcedo, Süßigkeit, Annehmlichkeit: I. si apud te plus auctoritas mea quam quaedam dulcedo iracundiae (valuisset); Q fr I 2, 7. — II. quia dulcedine hac et scabie carent; leg I 47. — III. nostri illi fortes viri dulcedine quadam gloriae commoti; Arch 24. hac dulcedine corruptelaque depravati (mores); leg II 38.

dulcesco, süß werden: quae (uva) maturata dulcescit; Cato 53.

dulciculus, lieblich süß: dulciculae potionis aliquid videamus et cibi; Tusc III 46.

dulcis, süß, lieblich, angenehm, freundlich, gefällig, liebenswürdig, süßlich: A. quis Theophrasto dulcior? Bru 121. fons aquae dulcis; Ver IV 118. eam (epistulam) fuisse dulcissimam; A XV 13, 4. nec locus tibi ullus dulcior esse debet patria; ep IV 9, 3. etsi (mel) dulcissimum est; fin III 34. quae (res) dulcem motum adferant sensibus; fin II 10. o nomen dulce libertatis! Ver V 163. ut suavitatem habeat austeram et solidam, non dulcem atque decoctam; de or III 103. — B. sentit (animal) et dulcia et amara; nat III 32.

dulciter, angenehm, lieblich: qua (voluptate) sensus dulciter ac iucunde movetur; fin II 18. historia quaedam Graeca scripta dulcissime; Bru 77.

dulcitudo, Süßigkeit: I. et „murmur" maris et „dulcitudo" ‖ dulcedo ‖ orationis sunt ducta a ceteris sensibus; de or III 161. — II. qui (gustatus) dulcitudine praeter ceteros sensus commovetur; de or III 99.

dum, während, so lange bis, wenn nur, noch: I, 1. ego in Arcano opperior, dum ista cognosco; A X, 3. dum haruspicinam veram esse vultis, physiologiam totam pervertitis; div II 37. quod ne vivus quidem diutius sentire poterat, quam dum fruebatur; fin II 106. qui primum, dum in hunc ascendere gradum dignitatis conatus est, venit in periculum, ne ..; Muren 55. dum honestas, dum dignitas, dum decus aderit; Tusc II 31. — 2. usque ad eum finem, dum possint se fasse defendere; nat II 129. mihi tantum temporis satis est, dum ut in pessimis rebus aliquid caveam; A XI 19, 2. corpus gaudere tam diu, dum praesentem sentiret voluptatem; Tusc V 96. dum (Chrysippus) studiose omnia conquisierit contra sensus; Ac II 87. — 3. Melitam capessamus, dum, quid in Hispania; A X 9, 1. — II. sin autem ieiunitatem et siccitatem, dum modo sit polita, dum urbana, dum elegans, in Attico genere ponit; Bru 285. qui id numquam, dum modo otiosi essent, recusarunt; A VII 7, 5. celeriter ad comitia veniendum censeo, dum modo ne [quid] haec ambitiosa festinatio aliquid imminuat gloriae; ep X 25, 2. ego, si cui adhuc videor segnior fuisse, dum ne tibi videar, non laboro; A VIII 11, B, 3. f. modo. philosophi summi nequedum tamen sapientiam consecuti; Tusc III 68. nihildum aliis suspicantibus, me vero iam pertimescente; de or II 203. a te nihildum certi exquiro, sed quid videatur; A VII 12, 4. vixdum epistulam tuam legeram, cum Postumus Curtius venit; A IX 2, a, 3. se praedonum duces incolumes domi suae, usque dum per me licuerit, retinuisse; Ver I 12. quoad erit integrum; erit autem, usque dum ad navem; A XV 23.

dumetum, Dickicht, Gesträpp: I. quod cum efficere vultis, in dumeta correpitis; nat I 68. — II. vestitum vepribus et dumetis sepulcrum; Tusc V 64.

dumtaxat, wenigstens, nur: artem et praecepta dumtaxat hactenus requirunt, ut ..; de or II 119. progredi licet duo dumtaxat pedes aut paulo plus; de or III 182. ad rem publicam dumtaxat

quod opus esset eloquentiae Bru 108. hoc recte dumtaxat; Bru 285. cum is inimicus spiritu dumtaxat viveret; Quir 10. coluntur (tyranni) simulatione dumtaxat ad tempus; Lael 53. ut mihi videamur ab illo dumtaxat sordidissimo periculo tuti futuri; ep XII 1, 1. ni te in Formiano commodissime exspectari viderem dumtaxat ad pr. Nonas Maias; A II, 14, 2.

dumus, Strauch, Gesträpp: columellam non multum e dumis eminentem; Tusc V 65.

duo, zwei: A. multo tardius fama deseret duo Scipiones, duo Africanos; Tusc I 110. praeter duo nos loquitur isto modo nemo; ep VII 25, 2. cum vos duo delegi; A IX 11, A, 2. abhinc duo et xx annos; Ver II 25. duae causae accesserunt. quae ..; ep XIII 10, 2. cum civis Centuripinus inter duo ‖ duos ‖ cives diiudicasset ‖ indicasset ‖; Ver II 66. pina duabus grandibus patula conchis; nat II 123. de duobus honestis utrum honestius; of I 152. HS ducenta triginta duo milia; Ver I 100. duo milia nummum; Ver III 201. duabus animi temerariis partibus compressis; div I 61. restant duae perturbationes; Tusc IV 8. progredi licet duo dumtaxat pedes aut paulo plus; de or III 182. harum rerum duarum splendor; of I 67. interdictio aliquod inter duos soles esse componendum; rep I 20. demus tibi istas duas sumptiones; div II 108. plane „duorum virorum iudicium" dico numquam; orat 156. — B, a, 1. duos solos adfines ei turpitudini indicari; Cluent 127. — 2. cum duobus pares casus evenerint; Tusc III 59. — b, 1. quae duo plerique simul faciunt; de or II 103. duo modo haec opto; Phil II 119. 2. quo modo dicatur. id est in duobus: in agendo et in eloquendo; orat 55.

duodecies, zwölfmal, 1,200000: quae essent S H ꓵꓵꓵ ‖ duodecies ‖; Ver II 185.

duodecim, zwölf: illa membra merere per se non amplius poterant duodecim aeris; Q Rosc 28. eum dominum esse rerum suarum vetant duodecim tabulae; Tusc III 11. discebamus pueri xii ut carmen necessarium; leg II 59.

duodecimus, zwölfte: ante diem xii Kalendas Novembres; Catil I 7. duodecimum iam diem; A V 8, 1.

duodeni, je zwölf: duodena discribit in singulos homines iugera; agr II 85.

duodequadraginta, achtunddreißig: duodequadraginta annos tyrannus Syracusanorum fuit Dionysius; Tusc V 57.

duodequinquagesimus, achtundvierzigste: qua (oratione) anno duodequinquagesimo usus est; Bru 162.

duodetriciens, achtundzwanzigmal, 2,800000: in frumentum imperatum HS duodetriciens in annos singulos Verri decernebatur; Ver III 163.

duodetriginta, achtundzwanzig: Lycurgus γέροντας Lacedaemone appellavit, nimis is quidem paucos, xxviii; rep II 50.

duodeviginti, achtzehn: solem plus quam duodeviginti partibus maiorem esse quam terram; Ac II 128.

duplex, zweifach, doppelt: »duplici de cardine vertex«; nat II 105. ut duplicem dolorem gemitumque susciperet; Vatin 19. iunctae et duplices expositiones summi boni tres omnino fuerunt; fin V 21. gemitus: f. dolor. ut in eis (pedibus) singulis modus insit aut sesquiplex aut duplex aut par; orat 193. ita quaestus duplex unius missionis fiebat; Ver V 62. cum duplex ratio sit orationis; of II 48.

dupliciter, doppelt, in doppelter Weise: 1. dupliciter homines deicuntur; Caecin 92. dupliciter dici adsensus sustinere sapientem; Ac II 104. — II. dupliciter esse te iniustum; Tusc III 36.

duplico, verdoppeln: superioris generis causa duplicatur; de or II 110. quem (exercitum) nos

Deiotari adventu duplicaturi eramus; A V 18, 2.
cum saepius duplicaret numerum dierum; nat I 60.
verba duplicata; part or 20.

duplus, zweifach, boppelt: A. secundam (partem)
primae partis duplam; Tim 22. duplo et triplo
intervallo; Tim 25. — B, I. nec in quadruplum
(darent), sed in duplum; Tul 41. — II. dupli
poenam subiret; of III 65.

dupondius, zwei Aß: si dupondius tuus ageretur; Quinct 53.

dure, hart, streng: durius accipere hoc mihi
visus est, quam vellem; A I 1, 4. sunt, qui dicant
dure illi quidem, sed tamen dicunt) minus dolendum,
quod . .; Phil XII 25. ut non nulla durius, quam
a te facta sint, proferantur; ep XI 27, 7.

duresco, hart werden: frigoribus astrictus
adiectis ‖ durescit umor; nat II 26.

duritas, Härte, Unfreundlichkeit: aliqui duritatem et severitatem quandam in verbis sequntur;
orat 53.

duritia, Härte, Abhärtung, Strenge, Gefühllosigkeit: I. patientiam duritia (imitatur); part or
81. — II. qui (Antisthenes) patientiam et duritiam
in Socratico sermone maxime adamarat; de or III
62. nec sibi comparavit duritiam virilem; Tusc V
74. eam animi duritiam, sicut corporis, quod cum
uritur, non sentit, stuporem potius quam virtutem
putarem; dom 97.

durus, hart, abgehärtet, streng, derb, rauh,
drückend, gefühllos: A. Q. Aelius Tubero ut vita
sic oratione durus, incultus, horridus; Bru 117. quae
dura, difficilia, adversa videantur; fin IV 59. quae
(annona), quia facta erat durior; dom 15. (iudicatur
genus) flexibile, durum; nat II 146. Epicuro, homini
aspero et duro; Tusc II 17. nimis duras leges
imponere visus es huic aetati; de or I 256. quod
ille durissimis pedibus fecit; de or I 28. hoc Atilius,
poeta durissimus; A XIV 20, 3. de Cn. Minucio

rumores duriores erant; ep XII 25, 7. illa iniustissima
et durissima servitus; rep I 68. ante haec durissima
rei publicae tempora; dom 93. nec vero ullum
(verbum) aut durum aut insolens; Bru 274. — B. in
qua varietate duriorum accusatio suppeditabit
exempla, mitorum defensiones meae; orat 131.

duumvir (vgl. duo, A. vir), Duumvir: cum in
ceteris coloniis duumviri appellentur, hi se praetores appellari volebant; agr II 93. Gabinium si
vidissent duumvirum vestri illi unguentarii; Piso 25.

duumviratus, Würde der Duumvirn: Capua,
in qua ipsa tum imaginis ornandae causa duum-
viratum gerebat; Sest. 19

dux, Führer, Führerin, Anführer, Leiter, Feldherr, Rädelsführer: I, 1. tum bella gerere nostri
duces volumus, cum auspicia posuerunt; nat II 9.
praedonum ducem vivere, habitare apud te; Ver V
77. — 2. quem (virum) regendae civitatis ducem
esse volumus; de or III 63. qui ipsi fuerint im-
pietatis duces; Lael 42. ut eadem (natura) optima
duce cursum vitae conficere possemus; Tusc III 2.
ut se duce bellum geratur cum Antonio; A XVI 8,
1. — 3. o vitae philosophia dux! Tusc V 5. — II,
1. populum nunc habemus ducem; Phil VII 22.
qui te senatui bonisque omnibus auctorem, principem,
ducem praebeas; ep X 6, 3. studii sui quaerebant
aliquem ducem; Ligar 3. summum me ducem litterae
tuae reddiderunt; ep IX 25, 1. qui triumphant
eoque diutius vivos hostium duces reservant; Ver V
77. homines L. Pisonem ducem optimae sententiae
non secutos; Phil I 14. in hoc naturam debemus
ducem sequi; of I 22. — 2. utor te ipso duce;
Tusc III 37. dabitur (tabella) de ducibus conservandae civitatis; Flac 99. — IV. relicti ab duce
classis; Ver V 89.

dynastes, Herrscher, Gewalthaber: I. si ceteri
reges, tetrarchae dynastaeque fecissent; Phil XI
31. — II. si erit nebulo iste cum his dynastis in
gratia; A II 9, 1.

E: ut Iota litteram tollas et E plenissimum dicas;
de or III 46.

e f. ex.

ea, da, daselbst: ut ea traduci victimae nullo
modo possent; inv II 96.

eadem, auf demselben Wege, zugleich: ut eadem
me quam maxime conciliarent familiari suo; ep
IX 18, 1. Socrates eadem, qua ceteri, fugere noluit;
div I 123.

eatenus, insoweit: qui (di) eatenus nobis
declarantur, qua ipsi volunt; Tim 40. ferres
eatenus, quoad per se neglegeret eas leges; Q fr I
1. 11. verba persequens eatenus, ut ea non abhorreant
a more nostro; opt gen 23.

eblandior, erschmeicheln: I. enitere, elabora
vel potius eblandire, effice, ut Plancus sit etiam
melior opera tua; A XVI 16, 12. — II. eblandita
illa, non enucleata esse suffragia; Planc 10.

ebrietas, Trunkenheit, **ebriositas**, Trunk-
sucht: ut inter ebrietatem et ebriositatem interest;
Tusc IV 27.

ebriosus, dem Trunke ergeben, Trunkenbold:
A. hunc (Stilponem) et ebriosum et mulierosum
fuisse; fat 10. — B. ebriosos sobrii (insidiari)
catil II 10.

ebrius, trunken: A. servos Milonis apud se
ebrios factos; Milo 65. — B, I. quod et insani et
ebrii multa faciunt saepe vehementius; Tusc IV

52. — II. quid dicam, insanis, quid ebriis quam
multa falsa videantur? div II 120.

ebullio, hervorsprudeln, prahlen: quod (Epicurus) solet ebullire non numquam; fin V 80. qui
si virtutes ebullire volent et sapientias; Tusc III 42.

ebur, Elfenbein: I, 1. ebur ex inani corpore
extractum haud satis castum donum deo; leg II
45. — 2. ex ebore diligentissime perfecta argumenta; Ver IV 124. — II, 1. te maximum pondus
auri, argenti, eboris exportasse; Ver II 176. — 2.
Minervae signum ex ebore pulcherrimum; Ver II 57.

eburneolus, elfenbeinern: cum eburneola
fistula; de or III 225.

eburneus, elfenbeinern: praefectum regium
dentes eburneos incredibili magnitudine e fano sustulisse; Ver IV 103. nego signum ullum aeneum,
marmoreum, eburneum (fuisse), quin conquisierit;
Ver IV 1.

ec f. ex.

ecce, da, siehe da: I. ecce ipse Aebutius in
castellum venit; Caecin 20. ecce tibi Sebosus! A
II 15, 3. ecce tuae litterae de Varrone; A XIII 16,
1. ecce tibi et Bruti et tuae litterae; A XIV 19, 1.
— II. ecce autem de transverso L Caesar ut veniam
ad se rogat; A XV 4, a (4, 5). sed ecce in manibus
vir praestantissimo ingenio; Bru 125.

ecdicus, bevollmächtigter Anwalt: legatos
audio missos esse, sed malo ecdicos; ep XIII 56, 1.

28

ecf — f. **eff —**

eclogarii, ausgewählte Stellen: notentur eclogarii, quos Salvius bonos auditores nactus in convivio dumtaxat legat; A XVI 2, 6.

ecquando, wann? wohl jemals? I. ecquando igitur isto fructu quisquam caruit? Ver V 66. quotiens hoc agitur, ecquandone nisi admirationibus maximis? fin V 63. — II. quaero, ecquando (decemviri) nisi per xxxv tribus creati sint; agr II 17.

ecqui. ecquis, wohl irgend einer? irgend welcher? I, 1. ecquem scis captum archipiratam? Ver V 67. ecqui pudor est, ecquae religio, Verres, ecqui metus? Ver IV 18. — 2. ecquis fuit, quin lacrimaret? Ver V 121. ecquid habes, quod dicas? Sex Rosc 104. sed heus tu, ecquid vides Kalendas venire, Antonium non venire? A II 2, 3. — II, 1. aliquid etiam in posterum prospicias fingasque, ecquae pacifica persona desideretur, an in bellatore sint omnia; A VIII 12, 4. (quaeritur), ecqua ecquae ∥ de ea re sit lex; inv I 43. quaererent, ecquo modo petitorem ipsum Apronio condemnare possent; Ver III 31. in qua (parte) videbimus, ecqua consuetudo sit, ecqua lex, ecqua pactio, ecquod eius rei artificium aut usus aut exercitatio; inv II 42. videamus, ecquod aliud iudicium proferre possimus; Cluent 103. — 2. percontantibus nobis, ecquid forte Roma novi; Ac I 2. ut illud quaeramus, ecquid auctoritatis socii habere debeant; div Caec 17. velim scire, ecquid de te recordere; Tusc I 13. ecquid in Italiam venturi sitis hac hieme, fac plane sciam; ep VII 16, 3.

ecquinam, ecquisnam, wohl irgend einer? I, I. quid, illa ecquonam modo [ecquonam loco] artis indigent? part or 48. — 2. ecquidnam ∥ et quidnam ∥ est tui consilii † ad finis huius miserrimae vitae? A IX 12, 4. — II, 1. perspicis profecto, ecquaenam nobis spes salutis relinquatur; Q fr I 4, 2. temptabo, ecquonam modo possim voluntate eius nullam rei publicae partem attingere; A IX 9, 1. vereri, ecquodnam curriculum aliquando sit habitura tua natura; Bru 22. — 2. ut interrogares, ecquosnam alios posset nominare; Vatin 26. cum quaeritur, ecquisnam perfecte sapiens esse possit; part or 64.

ecquo, wohin wohl? ecquo te tua virtus provexisset, ecquo genus vitae? Phil XIII 24.

eculeus, Füllen, Pferdchen, Folter; I, 1. eculeos argenteos nobiles, qui Q. Maximi fuerant, aufert; Ver IV 42. — 2. haec etiam in eculeum coicientur; Tusc V 13 (12). facti in eculeo quaestio est, iuris in iudicio; Milo 57. omnia in perfectis esse meliora, ut in equo quam in eculeo; nat II 38.

edacitas, Eßlust, Gefräßigkeit: 1. edacitatem pueri pertimesco; Q fr III 9, 9. — 2. alterum morbum edacitatis esse (Stoici) putant; ep VII 26, 1.

edax, eßlustig: exspecta hospitem minime edacem; ep IX 23.

edico, bestimmen, bekannt machen, ansagen, verordnen, befehlen: I. „fecit fecerit“? quis umquam edixit isto modo? Ver I 107. si non decrevisset, sed edixisset; Flac 78. — II, 1. est tibi edicendum, quae sis observaturus in iure dicendo; fin II 74. — 2. cum tribuni pl. edixissent, senatus adesset a. d. xiii Kal. Ian.; ep XI 6, 2. — 3. edicere andeas ∥audebas ∥, ne maererent homines meam calamitatem? Sest 32. — 4. edicunt duo consules, ut ad suum vestitum senatores redirent; Sest 32. — 5. edicit se recuperatores daturum; Ver III 35. — III. quae praetores edicere consuerunt; inv II 67. — (comitia) edicta sunt in a. d. xi K. Febr.; Q fr II 2, 2.

edictum, Bekanntmachung, Verordnung Verfügung: I. qui plurimum tribuunt edicto, praetoris edictum legem annuam dicunt esse; Ver I 109. faciebant cum pupilla edicta praetorum; Ver I 104. — II, 1. Romae composui edictum; ep III 8, 4.

conscripserunt communiter edictum cum poena atque iudicio; of III 80. quod magistratus edictum non infirmari ac convelli potest? Caecin 51. si habuisset iste edictum, quod ante istum et postea omnes habuerunt; Ver I 115. infirmo: f. convello. consul, praetor, tribunus plebis nova novi generis edicta proponunt, ne reus adsit, ne citetur, ne quaeratur; Sest 89. servabis edictum et institutum tuum; ep XIII 59. — 2. tribuo: f. I. est. — 3. cum ego in edicto translaticio centesimas me observaturum haberem cum anatocismo anniversario; A V 21. 11. — III. diem edicti obire neglexit; Phil III 20. nulla erat edicti poena certa; Ver III 54. — IV, 1. civem ut edicto ex patria consul eiecerit; Sest 29. quis umquam eius rei fraudem aut periculum proposuit edicto, quae neque post edictum reprehendi neque ante edictum provideri potuit? Ver I 107. — 2. ni adversus edictum praetoris vis facta esset: Caecin 45. ante, post: f. 1. proponi. eos (Caunios) neque ex edicto neque ex decreto (pecuniam) depositam habuisse: ep XIII 56, 3. quae ex edicto et postulari et fieri solent; A VI 1, 15.

edisco, auswendig lernen, erlernen: I. malunt disserere nihil esse in auspiciis quam, quid sit, ediscere; div I 105. — II. qui istam artem facillimam non ediscant; de or I 246. ut eum (epilogum) edisceremus; Bru 127. ut (poëtae) non legantur modo, sed etiam ediscantur; Tusc II 67. exercenda est memoria ediscendis ad verbum quam plurimis scriptis; de or I 157.

edissero, erörtern, vortragen: neque necesse est edisseri a nobis, quae finis funestae familiae fiat; leg II, 55.

editicius, vorgeschlagen: editicios iudices esse voluisti; Muren 47.

editio, Angabe, Vorschlag: I. ista editio per se non acerba est; Planc 41. — II. quam ob rem senatus (non) eandem editionem transtulerit in ceteras causas; Planc 36.

edo, hervorbringen, ausstoßen, angeben, aussprechen, bestimmen, bekannt machen, herausgeben, begehen, vollbringen, ausdauchen; part. hoch, hervorragend: I. apud eosdem (censores), qui magistratu abierint, edant et exponant, quid in magistratu gesserint; leg III 47. — II. qui nihil potest dignum hominum auribus efficere atque edere: de or I 120. ede illa, quae coeperas, et Bruto et mihi; Bru 20. quantum decumanus edidisset, aratorem sibi decumae dare oporteret; Ver III 25. si tum P. Sestius animam edidisset; Sest 83. ut annales suos emendem et edam; A II 16, 4. cum bubulcus clamorem maiorem edidisset; div II 50. te simile edere exemplum severitatis tuae voluisse; Q fr I 2, 5. quos (libros) brevi tempore satis multos edidimus; Top 1. Henna est loco perexcelso atque edito; Ver IV 107. quorum editi nomina Metello; Ver II 65. oraculo edito; Tusc I 116. sic est hic ordo quasi propositus atque editus in altum; Ver III 98. cum (testudines, crocodili) in terra partum ediderint; nat II 129. rudem illum (videmus) quamvis levi ictu ploratus turpissimos edere; Tusc II 38. quas ego pugnas et quantas strages edidi! A I 16, 1. quas (sortes) e terra editas accepimus; div I 34. strages: f. pugnas. quas tribus edidisti? Planc 38. qui pro re publica vitam ediderunt; Planc 90. — III. socium tibi in his bonis edidisti Quinctium; Quinct 76. edo haec iis cognoscenda, qui eos ipsos, de quibus loquor, saepe audierunt; de or II 9.

edo, essen, verzehren: I. ut (asoti) „edint de patella“; fin II 22. — II. quem (oratorem) cum Catulus nuper audisset, „fenum alios“ aiebat „esse oportere“; de or II 233. multos modios salis simul edendos esse, ut amicitiae munus expletum sit; Lael 67.

edoceo, lehren, belehren, Auskunft geben: I, 1. quid ea nocte egisset, edocui; Catil II 13. — 2. edocuit ratio, ut videremus id non naturale esse; Tusc III 80. — II. qui causam meam imperitos edocuerit; sen 29.

edolo, fertig machen: ea, quae in manibus habebam, abieci, quod iusseras, edolavi; A XIII 47.

edomo, bezwingen: vitiosam naturam ab eo (Stilpone) sic edomitam et compressam esse doctrina, ut . . ; fat 10.

edormio, ausschlafen: I. cum (vinulenti) edormiverunt; Ac II 52. — II. edormi crapulam; Phil II 30.

educatio, Erziehung: I. cum etiam feras inter sese partus atque educatio conciliet; Sex Rosc 63. earum etiam rerum, quas terra gignit, educatio quaedam et perfectio est non dissimilis animantium; in V 39. — II. repetam a te istum de educatione et de disciplina locum; leg III 30. — III. sit modo is institutus liberaliter educatione doctrinaque puerili; de or III 125.

educator, Erzieher: 1. quis est nostrum liberaliter educatus, cui non educatores cum grata recordatione in mente (versentur)? Planc 81. — 2. omnium rerum educator et altor est mundus; nat II 86.

educatrix, Erzieherin: earum (rerum) parens est educatrixque sapientia; leg I 62.

educo, aufziehen, ernähren, erziehen: neque hac nos patria lege genuit aut educavit, ut . . ; rep I 8, 1. **educator**, 1. filios non tam in gremio educatos quam in sermone matris; Bru 211. quod est homine ingenuo liberaliterque educato dignum; de or I 137. a Q. Apronio, homine ad turpitudinem educato; Ver III 60. ita (ova) et nascuntur et educantur ipsa per sese; nat II 129.

educo, herausführen, vorführen, mitnehmen, herausziehen, zücken, ableiten, erziehen, ausrücken: I. Sullam, cum in expeditionem || exercitum || educturus esset, immolavisse; div II 65. — II. neque est boni parentis, quem procrearis et eduxeris, eum non et vestire et ornare; de or II 124. ut te in ius educerent; Quinct 33. educit ex urna tres; Ver II 42. si nobiscum rus aliquo eduxerimus; Q fr III 3, 4. exercitum eduxit ex Syria; Piso 49. vgl. I. gladium e vagina eduxit; inv II 14. sin autem larva) ita esset eductus, ut ad mare pervenire non posset; div I 100. quem (medicum) tecum tum eduxeras; Piso 83. numquid oportet nisi tres sortes conici, unam educi? Ver II 127.

efatum f. **effor**.

effectio, Ausübung, wirkende Kraft: quae (physica) cum contineantur ex effectione et ex materia ea, quam fingit et format effectio; Ac I 6. recta effectio (κατόρθωσιν enim ita appello) crescendi accessionem nullam habet; fin III 45.

effector, Urheber, Schöpfer: I, 1. hanc habuit rationem effector mundi et molitor deus, ut . .; Tim 17. — 2. cuius (Suadae) effector est orator; Bru 59. si magna deus est effector somniorum; div II 147. vilius optimus et praestantissimus dicendi effector ac magister; de or I 150. — II. earum rerum deos facere effectores; div II 55.

effectrix, Urheberin, Schöpferin: 1. effectrix eatae vitae sapientia (permanet); fin II 87. — 2. amicitiae effectrices sunt voluptatum tam amicis quam sibi; fin I 67. nullam vim esse divinam effectricem somniorum; div II 124.

effectus, Ausführung, Wirkung, Erfolg: I. effectus eloquentiae est audientium approbatio; Tusc II 3. — II. quarum (herbarum) causam ignorares, vim et effectum videres; div II 47. — III. timere peccatum est etiam sine effectu; fin III 32.

effeminate, weibisch, weichlich: ne quid indecore effeminateve faciat; of I 14.

effemino, weibliches Geschlecht beilegen, weibisch machen, verweichlichen: effeminarunt eum (aëra) Iunonique tribuerunt; nat II 66. imbecillitatem animi effeminati; Tusc IV 60. homo effeminatus; Milo 89.

efferitas, Roheit: »undique omnem efferitatem expuli«; Tusc II 20.

effero, verwildern lassen: in hominis figura animo esse efferato; rep IV 1. nec (terram) immanitate beluarum efferari; nat II 99.

effero (efero: f. II. alqd), heraustragen, bestatten, setzen, tragen, hervorbringen, ertragen, ausbrüden, veröffentlichen, hinreißen, heben, erheben, preisen, übermütig machen: I. cum ager cum decumo extulisset; Ver III 113. — II. P. Crassum praecipue in hoc ferendum || efferendum || et laudandum puto; de or I 170. post comitia ista praeclara, quae me laetitia extulerunt; ep II 10, 1. cum te summis laudibus ad caelum extulerunt; ep IX 14, 1. in eo genere sic studio efferimur, ut . .; A I 8, 2. nimium fortasse haec illi eferunt; fr K 25. quamquam insolentia dominatus extulerat animos; dom 141. quod is Galli filium ipse paene in umeros suos extulisset; de or I 228. qui (ager) cum multos annos quievit, uberiores efferre fruges solet; Bru 16. hac exspectatione elatus homo; Sest 134. ne has meas ineptias efferatis; de or I 111. voluptas gestiens, id est praeter modum elata laetitia; Tusc III 24. Cn. Lucullus matrem efferebat; A XV 1, a, 1. secum mortem extulit; Phil IX 5. qua in urbe primum se orator extulit; Bru 26. qui (Socrates) pedem porta non extulit; A VIII 2, 4. tua rogatione funere elatam rem publicam esse; dom 42. videmus ex acie efferri saepe saucios; Tusc II 38. si (graves sententiae) incondite positis verbis efferuntur; orat 150. principia verecunda, nondum elatis incensa verbis; orat 124. qui verecundiam tecum extuleris et non hic nobiscum reliqueris; ep VII 18, 2.

effervesco, sieden, aufwallen, aufbrausen: M. Pontidius effervescens in dicendo stomacho vehementius; Bru 246. quae (aquae) effervescunt || eis fervescunt || subditis ignibus; nat II 27. si cum nimium efferbuisse videtur huius ferocitas; Cael 77. dum effervescit haec gratulatio; ep IX 2, 4. verbis effervescentibus et paulo nimium redundantibus; de or II 88.

effetus, entkräftet: intemperans adulescentia effetum corpus tradit senectuti; Cato 29.

efficacitas, Wirksamkeit: viribus corporis et nervis et efficacitati similes similibus quoque verbis animi vires nominantur; Tusc IV 31.

efficienter, wirksam: non sic causa intellegi debet, ut, quod cuique antecedat, id ei causa sit, sed quod cuique efficienter antecedat; fat 34.

efficientia, Wirksamkeit: cum eius (solis) efficientiam cognovissent; nat II 95. interest inter causas fortuito antegressas et inter causas cohibentes in se efficientiam naturalem; fat 19.

efficio, bewirken, durchsetzen, ausführen, zu stande bringen, herstellen, hervorbringen, erregen, schaffen, verschaffen, folgern, schließen, erweisen: I, 1. aër et ignis movendi vim habent et efficiendi; Ac I 26. — 2. ager efficit cum octavo; Ver III 112. causas efficientes quod non habebit, id nec verum nec falsum erit; fat 20. f. III res. ab efficientibus rebus hoc modo (argumentum ducitur); Top 22. proximus est locus rerum efficientium, quae causae appellantur; Top 58. — II, 1. eos privatos, qui efficiant, ne quid inter privatum et magistratum differat, ferunt laudibus; rep I 67. — 2. ut effici non possit, quin eos tam oderim, quam rem publicam diligo; Phil XI 36. — 3. ita efficitur, ut omne corpus mortale sit; nat III 30. eblandire, effice, ut Plancus sit melior; A XVI 16, 12. — 4.

quid est aliud nolle moneri a Iove nisi efficere, ut
ne fieri possit auspicium? div II 78. — 5. ex quo
efficitur gloriatione, ut ita dicam, dignam esse
beatam vitam; fin III 28. efficitur omnia regi
divina mente atque prudentia; nat II 80. — III, 1.
quae (causae) cum intellegentia sunt efficientes
pulcherrimarum rerum; Tim 51. quae sunt luxuriosis efficientia voluptatum; fin II 21. quod ea
(virtus) efficitur utilitatis esset; of III 12. — 2. cur
in hoc tanto mundo Catulus alter non {possit
effici? Ac II 55. id, quod concludere illi velint,
non effici ex propositis nec esse consequens; de or
II 215. scire, quibus rebus efficiatur amittaturve
dicendo illud quidquid est, quod aut effici dicendo
oportet aut amitti non oportet; Bru 199. ea, quae
natura efficit; nat II 85. causa ea est, quae id
efficit, cuius est causa, ut vulnus mortis; fat 34.
f. malum. causa efficiens aegritudinem in animo
tamquam aegrotationem in corpore; Tusc III 23.
sol aestates et hiemes efficit; nat II 49. cognitiones
comprensionesque rerum, e quibus efficiuntur artes;
fin III 49. civium expulsiones, calamitates, fugae,
rursusque secundae res, honores, imperia, victoriae,
quamquam fortuita sunt, tamen sine hominum opibus
et studiis neutram in partem effici possunt; of II
20. clamores efficiam, si eum mecum habuero
otiosus; Q fr III 1, 7. heri etiam effeci epistulam
ad Caesarem; A XIII 26, 2. expulsiones, fugas:
f. calamitates. nec figuram situmque membrorum
nec ingenii mentisque vim talem effici potuisse
fortuna; nat II 153. hiemes: f. aestates. honores,
imperia: f. calamitates. nihil est mali, nihil sceleris,
quod illa non ab initio filio voluerit, effecerit;
Cluent 188. ut innumerabiles natura mundos
effectura sit, efficiat, effecerit; nat I 53. quod
(opus) effectum divina mente videatur; nat I 100.
ab effectis rebus hoc modo (argumentum ducitur);
Top 23. (locus) rerum effectarum ab efficientibus
causis; Top 58. f. calamitates. scelus: f. malum.
situm: f. figuram. quam (sphaeram) nuper familiaris
noster effecit Posidonius; nat II 88. quas effecerit
strages; Phil III 31. (aer) effluens huc et illuc
ventos efficit; nat II 101. victorias: f. calamitates.
vim: f. figuram. quibus rebus efficiuntur voluptates;
fin II 89. — IV. quod eum, qui audit, neque
benivolum neque attentum neque docilem efficit;
inv I 26. ut Catilinam consulem efficeret; Sulla 68.
virtus laudabiles efficiens eos, in quibus est; Tusc
IV 34. necesse est ‖ erit ‖ attentum efficere auditorem, inv I 21. ita perpetuos defensores Macedoniae
vexatores ac praedatores effecisti; Piso 84. cum
eum (ignem) similem universi naturae efficere
vellet; Tim 35. poteratne tantus animus efficere
non iucundam senectutem? Cato 56. ut virtus
sola, si adsit, vitam efficiat beatam; fin V 22.

effigies, Bild, Abbild, Ebenbild: I. plurima
est [et] in omni iure civili et in pontificum libris
et in XII tabulis antiquitatis effigies; de or I 193. —
II. relinquere virtutum nostrarum effigiem;
Arch 30. nos veri iuris germanaeque iustitiae
solidam et expressam effigiem nullam tenemus,
umbra et imaginibus utimur; of II 69. ut homines
videre effigiem Cereris de caelo lapsam arbitrarentur;
Ver V 187. — III. Cyrus ille a Xenophonte non ad
historiae fidem scriptus, sed ad effigiem iusti
imperii; Q fr I 1, 23.

effingo, abwischen, nachbilden, wiedergeben,
darstellen, schaffen: e qua (materia) omnia expressa
atque efficta sint; Ac I 71. cum artificium effingitis
fabricamque divinam; nat I 47. et formas et mores
et plerosque status ac motus effingere a parentibus
liberos; div II 94. ut quasi mores oratoris effingat
oratio; de or II 184. motus, status: f. formas. e
foro spongiis effingi sanguinem; Sest 77.

efflagitatio, bringende Aufforderung: quia

communicatio consilii tali tempore videtur ese
efflagitatio ad coëundam societatem vel periculi
vel laboris; ep V 19, 2.

efflagitatus, Forderung: coactu atque efflagitatu meo producere eum; Ver V 75.

efflagito, bringend verlangen, auffordern: 1.
cum iste a Cn. Dolabella efflagitavisset, ut se mitteret:
Ver I 63. — II. a multis efflagitatus dixit . . : Ver
I 92. epistulam hanc convicio efflagitarunt codicilli
tui; Q fr II 9, 1. poena gravior in plebem tua voce
efflagitata est; Muren 47.

effligo, umbringen: qui (Servius) filium misit
ad effigendum Cn. Pompeium; A IX 19, 2.

efflo, aushauchen: et agere animam et efflare
dicimus; Tusc I 19.

effloresco, emporblühen, hervorsprießen: cui
(Sulpicio) ad summam gloriam eloquentiae florescenti
efflorescenti ‖ ferro erepta vita est; de or III 11.
siquidem (illa aetas) efflorescit ingenii laudibus:
Cael 76. efflorescunt genera partesque virtutum;
Tusc V 71. ex rerum cognitione efflorescat et redundet
oportet oratio; de or I 20. eas (partes) penitus ex
ea causa effloruisse ‖ et floruisse, al. ‖; de or II 319.
quae (utilitas) efflorescit ex amicitia; Lael 100.

effluo, ausströmen, entschwinden, vergehen:
antequam plane ex animo tuo effluo ‖ effluam ‖; ep
VII 14, 1. nihil ex illius animo, quod semel esset
infusum, umquam effluere potuisse; de or II 300.
(aër) effluens huc et illuc ventos efficit; nat II 101.
ne aestas effluat; A XII 43, 3 (2). in eo (corpore)
influente atque effluente; Tim 47. huic minime
mirum est ex tempore dicenti solitam effluere mentem:
Bru 219.

effodio, ausgraben, ausstechen: cuius (L. Sestii)
in cubiculo effossum esse mortuum; rep II 61. hi
duo illos oculos orae maritimae effoderunt, non iratus
aliqui deus; nat III 91.

effor, aussprechen, behaupten, bestimmen, abgrenzen: I. ex oraculo effatam esse Pythiam: ego
providebo« ..; div I 81. — II. quidquid enuntietur
(id autem appellant ἀξίωμα, quod est quasi „effatum"):
Ac II 95. „effatum" id esse, quod aut verum aut
falsum sit; Ac II 95. quod ita effabimur; Ac II 97.
quibus et agros [et] templa liberata et effata (angures)
habento; leg II 21. opinor augures velle habere ad
templum effandum; A XIII 42, 3. neque verbum
ullum sollemne potuit effari; dom 141.

effrenate, ausgelöst, unaufhaltsam: cuius
voluptatis ‖ [vol.] ‖ avidae libidines temere et effrenate ad potiendum incitarentur; Cato 39. cum legio
effrenatius in aciem hostium inrupisset; Phil XIV 26.

effrenatio, Zügellosigkeit: vox quaedam libera
atque etiam effrenatio ‖ effrenatior ‖ augendi causa:
de or III 205. quae effrenatio impotentis animi
Phil V 22.

effrenatus, zügellos, unbändig, ungezähmt:
istius effrenatum animum; Ver V 139. indomitas
cupiditates atque effrenatas habebat; Ver I 62. eius
vim et effrenatam illam ferociam; rep VI 1. homines
secundis rebus effrenatos; of I 90. o libidinem
effrenatam! Cluent 15. effrenatam insolentia multitudinem; rep I 65.

effringo, erbrechen, aufbrechen: fores aedis
effringunt; Ver IV 96. effractis valvis; Ver IV 94.

effugio, entfliehen, entkommen, entrinnen,
entgehen, vermeiden, ausweichen: I. quia de manibus
vestris effugit; Sex Rosc 34. a quibus (ludis) vix
vivus effugit; Sest 116. qui e proelio effugerant;
Phil II 71. ut dolores suscipiantur maiorum
dolorum effugiendorum gratia; fin I 36. crudelitati-
infamiam effugerunt; agr II 91. quo modo eam
(legem) effugere possimus; A XII 36, 1. ut (Chrysippus) necessitatem effugiat; fat 41. sepulcri
similitudinem effugere studeo; A XII 36, 1. etiam
in soluta oratione, dum versum effugeres, modum

tamen et numerum quendam oportere servari; Bru
32. quam multi votis vim tempestatis effugerint;
nat III 89. quod effugissem duas maximas vituperationes: A XVI 7, 5.

effugium, Entfliehen, Mittel zur Flucht: si
non effugium, ne moram quidem mortis adsequi
potuit? Ver V 166. alias (animantes) habere effugia
pinnarum; nat II 121.

effundo, ausgießen, ausschütten, ausſprechen,
loslaſſen, verſtreuen, vergeuden, hingeben, part.
verſchwenderiſch: quis in largitione effusior? Cael
13. effudi vobis omnia, quae sentiebam; de or I
159. quod casus effudisset; orat 177. C. Gracchus
cum effudisset aerarium; Tusc III 48. nihil perniciosius quam effusa sine intermissione contentio;
de or III 224. ut (Antonius) omnem suum vinulentum
furorem in me unum effunderet; ep XII 25, 4. aliud
vocis genus sibi sumat) voluptas, effusum et tenerum;
de or III 219. ut conlectam gratiam florentissimi
hominis effunderem; ep II 16, 1. quod (odium) ego
effudisse me omne arbitrabar; ep I 9, 20. qui
extremum spiritum in victoria effudistis; Phil XIV
32. — II. te tua mater pecudem ex alvo, non
hominem effuderit; Piso fr 14.

effuse, maßlos, verſchwenderiſch: cum inaniter
et effuse animus exsultat; Tusc IV 13. si (mulier)
dives effuse viveret; Cael 38.

effusio, Ausſtrömen, Erguß, Ausgelaſſenheit,
Verſchwendung: I. eodem vitio est effusio animi in
laetitia, quo in dolore contractio; Tusc IV 66.
liberalitatem effusio imitatur; part or 81. — II. qui
has pecuniarum effusiones non admiremur; of II
56. quid (dicam) effusiones hominum ex oppidis?
Piso 51. — III. atramenti effusione sepiae (se tutantur; nat II 127.

effutio, ausſtoßen, ſchwaßen: I. ut ex tempore
quasi effutire videatur; Tusc V 88. — II. ita temere
de mundo effutiunt, ut . .; nat II 94. — III. (Apollinis
apertorum) partim effutita temere; div II 113.

egeo, egens, barben, arm ſein, Mangel leiden,
bedürfen, entbehren: I. egentes in locupletes armabantur; Planc 86. pecunia superabat? at egebas;
Scaur 45, n. ut sumptus egentissimarum civitatum
minuerem; ep III 8, 2. homo egens et levis; Ver
II 94. ſ. egestas. II, 1. sustineo. — II. † recte sit
censeo cedendum de oppidis iis egeo consilii; A
VII 22, 2. quod gravitas morbi facit, ut medicinae
egeamus; ep IX 3, 2. — III. gratiarum actione eos
magis egere quam commendatione; ep XII 26, 1.
C. Macer anctoritate semper eguit; Bru 238. hoc
oculis (mundus) egebat nec auribus; Tim 18. videri
se eguisse auxilio meo; ep II 17, 6. commendatione:
ſ. actione. neque confirmatione nostra egebat virtus
tua: ep VI 3, 1. te nec cuiusquam egere consilio;
ep IX 14, 2. ut consolatione ipse egerem; ep V 16,
1. si id crederemus, non egeremus perpendiculis,
non normis, non regulis; Ac fr 8. oculis: ſ. auribus.
quo otio) ego maxime egeo; A IV 16, 2. malo
virum. qui pecunia egeat, quam pecuniam, quae viro;
of I 71. perpendiculis, regulis: ſ. normis. etsi haec
pecunia ex eo genere est, ut professione non egeat;
ep XVI 23, 1. ipse egens rebus omnibus; ep VI
22. 1. qui senatu non egeret; Phil II 109. iam
nihil eguo vectigalibus; A XII 19, 1. viro: ſ. pecunia.

egestas, Armut, Dürftigkeit, Mangel: I. non
recipit egestas animi (tui maiestatem consulis);
Piso 24. — II. 1. ad explendas egestates latrocinii
sui: Phil XIV 10. istam paupertatem vel potius
egestatem ac mendicitatem tuam numquam obscure
tulisti; par 45. egestates tot egentissimorum hominum nec privatas posse res nec rem publicam sustinere;
A IX 7, 5. — 2. copia cum egestate confligit;
Catil II 25. ex summa egestate in eandem rerum
abundantiam traducti; agr II 97. — III. per homines
egestate perditos; Sest 2.

ego, ich: A. alicis: I. Singular: 1. ego tamen
confitebor; Ligar 25. ego vero ista audire cupio;
leg I 16. quam (rem familiarem) ego non curo; A
XII 22, 3. ego sum hic hospita; A V 1, 3. neque
ego discingor; Q fr II 11, 1. ego instare, ut mihi
responderet; Ver II 188. ego legem recitare; Ver
IV 49. auspicia, quibus ego et tu praesumus: de
or I 39. quem ego et frater meus amamus; Phil III 18.
ut ego et Triarius te hortatore facimus; fin I 72.
elliptiſch: a me C. Caesar pecuniam? cur potius
quam ego ab illo? Phil II 72. tu Epicurum existimas ista voluisse? ego vero minime; Tusc III 46.
dic igitur, inquit, quid requiras. egone? primum illud;
nat III 8. — 2. me saepe esse pollicitum, saepe ostendisse dicebant commodis eorum me non defuturum;
div Caec 2. in qua (causa) ipse (Dolabella) sentiat
me ab illo abalienatum; A XVI 15, 1. miserum me!
Piso 3. o me miserum, o me infelicem! Milo 102.
heu me miserum; Phil VII 14. litterae tuae sic me
adfecerunt, ut . .; A XIV 13, B, 2. me cuncta
Italia, me omnes ordines, me universa civitas non
prius tabella quam voce priorem consulem declaravit;
Piso 3. neque domum umquam ad me meos litteras
mittam, quin adiungam eas, quas tibi reddi velim;
ep III 8, 10. vix Id. veni ad me in Sinuessanum;
A XVI 10, 1. ego nondum utor hac voce ad hunc
defendendum, ad purgandum me potius utar; Sulla
14. qui tanto amore in me fuit; sen 24. vel cum
mendacio, si vultis, gloriemini per me licet; Ligar
25. — 3. ne me hodie oblitum esse putetis mei;
Phil II 10. spem mei conveniendi; ep III 6, 4.
tempus purgandi mei; ep III 10, 6. cupiditate
videndi mei; ep V 21, 1. hominum amantium
mei copia; ep V 21, 1. vos mei semper cupidissimos;
prov 43. Quintus misit filium non solum sui deprecatorem, sed etiam accusatorem mei; A XI 8, 2.
ut vos memoria mei, misericordia desideriumque
teneret; Quir 1. ut etiam maiorem exspectationem
mei faciam; Ac II 10. — 4. hoc commentemur, mihi
crede; Tusc I 75. Lyso omnia mihi tua et facta
et dicta laudabat; ep XIII 24, 2. illud mihi animum
advertisse videor; ep XV 4, 14. vir optimus mihique
amicissimus; sen 25. etsi mihi sum conscius
numquam me nimis vitae cupidum fuisse; nat II 10.
quod curae tibi est, ut . ., per mihi gratum est;
A XIV 11, 2. mihi pulchre est; nat I 114. mihi consilium captum iam diu est; ep V 19, 2. animus mihi
perspectus et cognitus; ep XV 14, 1. mihi exspectatissimae litterae; ep X 5, 1. mihi indicatum est deponere
illam personam; ep VII 33, 2. cum ticaret, ante scripta
epistula ex duabus tuis prior mihi legi coepta est; A
XVI 13 (a), 1. notantur mihi signa; ep VI 6, 8. ea
mihi valde probari; A VII 1, 3. id sic susceptum est
mihi, ut nihil sim habiturus antiquius; A XV 2, 1.
mihi et tecum et cum illis armis decertandum fuit;
dom 91. ut mihi non unus homo improbus oppri-
mendus sit; div Caec 26. mihi dat ethicus: sit mihi
tinctus litteris, audierit aliquid; de or I 85. is mihi
etiam queritur, quod . .? Ver I 156. tu mihi ita
defendas? Ver II 26. tu mihi adripis hoc, quod . .?
Muren 13. elliptiſch: quid est, sine his (studiis)
cur vivere velimus? mihi vero cum his ipsis vix,
his autem detractis ne vix quidem; ep IX 8, 2. —
5. mi mihi abiurare certius es quam dependere;
A I 8, 3. — 6. hic vide quam me sis usurus aequo;
Ver V 154. cum aliorum non me digna in me
conferuntur; Planc 35. me recusante; Balb 17.
me consule; agr II 55. quod nemo me diutius
fecit; Tusc I 7. ut a me inierit gratiam; Sest 132.
tuam a me alienationem; Phil II 1. ſ. 1. elliptiſch. si
etiam monendi estis a me; Font 42. a me magistratibus gratias esse agendas; sen 31. si ego a me
referendam gratiam non putem; Planc 78. a me est
de universo genere dicendum; Scaur 44. saepe et
multum hoc mecum cogitavi; inv I 1. mecum erat

hic; illi ne advocatus quidem venit umquam; Cael 10. qui cum de me decretum Capuae fecisset; Milo 39. non de me, sed de sapiente quaeritur; Ac II 66. quod ex me quaesisti; Sest 132. cum auctoritatis in me tantum sit; imp Pomp 2. me facultatem secutum esse prae me fero; nat I 12. pro me pugnabit L. Philippus; Quinct 72.

II. $\mathfrak{P}$lural: 1. nos quoque habuimus scaenam competitricem; Muren 40. nos iam ab indicibus nominamur, in nos crimina finguntur, nobis pericula comparantur; Flac 96. nos in media re publica nati semperque versati; Deiot 10. elliptifch: biennio quam nos fortasse maior; Bru 240. ut alia nos melius multa quam Graeci, sic . .; div I 1. illi συμπόσια aut σύνδειπνα, id est compotationes aut concenationes, nos „convivia"; ep IX 24, 3. — 2. spero nos ad haec ipsa via perventuros; rep I 33. quasi muneribus deorum nos esse instructos et ornatos; leg I 35. o nos beatos! Catil II 10. o nos turpes! Phil XIII 34. quid est, quod tantis nos in laboribus exerceamus? Arch 28. rectene an secus, nihil ad nos aut, si ad nos, nihil ad hoc tempus; Piso 68. vestrorum in nos beneficiorum memoria; sen 3. f. 1. Flac 96. nostrae nobis sunt inter nos irae discordiaeque placandae; har resp 63. f. 6. de. quod perditi cives sublatum per nos criminabantur; Sest 123. — 3. homo nostri amantissimus: ep V 5, 1. nihil puero illo nostri amantius; Q fr III 1, 19. cum dissimillimis nostri esse cupio; A IX 11, 4. prima illa commendatio, quae a natura nostri facta est nobis; fin V 41. perferas nostri desiderium; ep VII 11, 3. desiderio nostri te aestuare; ep VII 28, 1. spero tibi aliquid etiam misericordiam nostri praesidii laturam; Q fr I 3, 5. propter odium nostri; Ver I 22. cupio ab hac hominum satietate nostri discedere; A II 5, 1. — 4. ais: „habe meam rationem". habe tu nostram ‖ nostrum | ; A VII 9, 4. nemini nostrum obtemperat; Cael 76. ne quis nostrum plus quam unius civitatis esse possit; Balb 31. quis nostrum tam impudens est, qui . .? de or I 101. quid agat, quem ignorare nostrum ‖ nostrorum ‖ putat? Cluent 194. verbum in senatu factum esse numquam de ullo nostrum; A VII 3, 1. voluisti in suo genere unum quemque nostrum quasi quendam esse Roscium; de or I 258. velle te mecum de officio utriusque nostrum communicare; ep IV 1, 1. etsi (litterae) utrique nostrum aeque gratae erant; ep XIII 18, 1. qui hoc ab utroque nostrum fieri velis; A XIII 1, 3. — 5. cum (di) consulerent nobis; div II 126. multa nobis blandimenta natura ipsa genuit; Cael 41. licebit nobis eas actiones non infirmare; dom 42. f. 1. Flac 96. Hirtius, vir nobis amicissimus; fat 2. nobis etiam vitia saepe iucunda sunt: nat I 79. ex quo vere vel agnatio nobis cum caelestibus vel genus vel stirps appellari potest; leg I 24. ut hae feriae nobis ad utilissimos rei publicae sermones potissimum conferantur; rep I 33. sumatur nobis quidam praestans vir optimis artibus; Tusc V 68. auditus est nobis Laeliae C. F. saepe sermo; Bru 211. cuius fides est nobis cognita; div Caec 20. quibus de rebus saepe nobis multa quaesita et disputata sunt; Ac II 9. etsi nobis, qui id aetatis sumus, evigilatum fere est; rep III 41. natura iuris explicanda nobis est; leg I 17. quoniam gerendi nobis essent magistratus; agr II 11. ne non tam nitendum nobis ad spem beate vivendi (videatur); Tusc V 2. — 6. hoc putaremus philosophia nobisque dignum; fin IV 52. quid C. Pansa egit aliud nobis cohortandis, nisi ut . .? Phil XIV 5. silvam tu Scantiam vendas nobis consulibus? agr I 3. memineram nobis privatis unum fere censum fuisse bonorum omnium; ep I 9, 12 non eos (maiores) venerandos a nobis et colendos putatis? agr II 95. praeclare nobiscum actum iri; Ver I 9. frequens fuerat nobiscum; ep XIII 52. posthac, mi Varro, quam plurima,

si videtur, et de nobis inter nos, sero fortasse: ep IX 8, 2. erat in nobis summa gracilitas corporis; Bru 313.

B. **Serbindungen:** 1. consul ego quaesivi de Numantino foedere; rep III 28. me consulem interficere voluisti; Catil I 11. vos mihi praetori hanc personam imposuistis; agr II 49. quod de me civi ita de re publica merito tulisses; dom 42. quod nos augures praecipimus; div II 77. nos barones stupemus; fin II 76. qui nos Sullanos in invidiam rapit; agr III 7. nobis imperatoribus rem publicam defendendam datam; Deiot 11. nobis senibus talos relinquant et tesseras; Cato 58. (hostiae) a nobis consulibus probatae; agr II 93. — 2. nos alios gloriae servire, alios pecuniae: Tusc V 9. te me esse alterum; ep VII 5, 1. quid nobis duobus laboriosius? Milo 5. nihil duobus nobis est stultius; ep VII 10, 4. ego idem. qui tribuerim, recordor; orat 23. utrumque per me eundem obtinuit; ep XIII 75, 2. cum idem nos teneamur: de or III 98. ego ille, qui semper pacis auctor fui; Phil VII 7. quid ego ipse sentiam; leg I 5. inimici mei mea mihi, non me ipsum ademerunt; A III 5. potest mihi ipsi aliud alias videri; orat 237. si nihil situm est in ipsis nobis; Ac II 39. nos omnes omnia ad huius adulescentiam conferamus; fin V 6. communis nostrum omnium patria; Flac 5 (3. 30). de communi condicione omnium nostrum; Balb 18. nobisne omnibus nescio quem illum anteponebas? fin IV 61. nec ego solus (bonum appello), sed tu etiam; fin V 89. quae (domus) spectat in nos solos: of I 58. qua (libertate) nobis solis in philosophia licet uti; Tusc V 83. me totum et mea et meos commendatos habebis; ep III 9, 4. Appius totum me amplexatur; Q fr II 10, 3. tibi nos nunc penitus totosque tradimus; Tusc V 5. puto inveniri posse, et quidem aliquem de tribus nobis: leg III 14. nisi forte ego unus ita me gessi in iudiciis, ut..; Planc 75. per me unum rem publicam conservatam esse; Quir 17. — 3. ego ipse pontifex mea deos persuaderi mihi velim; nat I 61. — 4. egomet dicam; inv I 52. quamquam memet mei paenitet; de or III 32. cum mihimet displicerem: Phil I 12. gaudere nosmet omittendis doloribus: fin I 56. — 5. nisi ipse egomet deiecissem; Tul 30. quibus studiis haud dignitatem consecutus sim. memet ipsum commemorare perquam grave est: agr II 2. sedulitate mihimet ipse satis facere possum: ep I 8, 6. quae (brevitas) mihimet ipsi amicissima est; Quinct 34. ut ea, quae dicam, non de memet ipso, sed de oratore dicere putetis; de or III 74. ut nosmet ipsi nobis mederi possimus; Tusc III 6. nosmet ipsi cotidie demitigamur; A I 13, 3. aliter nosmet ipsos nosse non possumus; fin V 44. nemo erit praeter nosmet ipsos; inv I 71. quam (personam) nobismet ipsi iudicio nostro accommodamus; of I 115. nobismet ipsis accidit, ut hoc doleremus; Bru 8. de nobismet ipsis pauca dicemus: Bru 279.

egredior, hinausgehen, ausgehen, ausrücken, abfegeln: ut (Ser. Galba) egrederetur a proposito ornandi causa; Bru 82. egreditur in Centuripina quadriremi Cleomenes e portu; Ver V 86. sese in terram esse egressum; Ver V 133. tu egressus porta Capena; Tusc I 13. ante quam ex Asia egressus es; ep III 9, 1. cum mercatores e navi egredientes terreres; Vatin 12. ut eo, unde egressa . digr. ‖ est, referat se oratio; of II 77. cum senatum egressum vidi populumque universum: Piso 52.

egregie, ausgezeichnet, vortrefflich, außer ordentlich: I. fecerat hoc egregie Metellus; Ver II 63. cum pauci pingere egregie possint aut fingere; Bru 257. cum uterque Graece egregie loquatur; fin II 19. pingo: f. fingo. — II. si qui»

est ex servis egregie fidelis; Q fr 1 1, 17.
P. Cornelius, homo egregie fortis; de or II 268.
egregius, ausgezeichnet, vortrefflich, vorzüglich, außerordentlich: in qua (laude bellica) egregium fuisse Laelium; Bru 84. cuius animum egregium perspicere potuistis; Phil X 13. virum bonum et civem egregium; div I 29. color egregius, integra valetudo; fin II 64. in vobis egregiam quandam ac praeclaram indolem ad dicendum esse; de or I 131. o poëtam egregium! Tusc III 45. omnium rerum egregiarum exempla; imp Pomp 44. lusit vir egregius extremo spiritu; Tusc I 96. istius egregia virtus adiuvabitur; Planc 67.

egressus, Ausgang, Bertreibung: si minus frequentia sua vestrum egressum ornando prosequebantur; Piso 31.

eiectio, Bertreibung, Berbannung: I. eiectio nusquam est; dom 51. — II. mortem et eiectionem timemus; A II 18, 1.

eicio, hinauswerfen, auswerfen, ausstreßen, ausstoßen, vertreiben, verbannen, verdrängen, abweisen, pass. stranden: Cotta eiectus est e civitate; de or III 11. a suis dis penatibus praeceps eiectus; Quinct 83. iam sese in terram e navi eiecerat; Ver V 91. nos hunc Heracliensem multis civitatibus expetitum de nostra civitate eiciemus? Arch 22. tot legibus eiectus in exsilium; par 32. novo amore veterem amorem tamquam clavo clavum eiciendum putant; Tusc IV 75. ab hoc eiecto cadavere; Piso 19. classem in litus expulsam et eiectam; Ver V 91. clavum: s. amorem. tertias (cupiditates) funditus eiciendas putavit; Tusc V 93. pictum Gallum, eiecta lingua, buccis fluentibus; de or II 266. contra illam naufragorum eiectam ac debilitatam manum; Catil II 24. Cynicorum ratio tota est eicienda; of I 148. reliquum (venenum Theramenes) sic e poculo eiecit, ut id resonaret; Tusc I 96. quae (voluptates) subito se non numquam profundunt atque eiciunt universae; Cael 75.

eiero, (eiuro), abschwören, sich eidlich lossagen, ablehnen: me iniquum eierabant; Phil XII 18. quod mihi bonam copiam eiures,, nihil est; ep IX 16, 7. praetor provinciam suam sibi totam iniquam eierat ‖ eiurat ‖; Ver III 137.

eiulatio, Wehklagen: L. Aelius „lessum" quasi lugubrem eiulationem (suspicatur), ut vox ipsa significat; leg II 59.

eiulatus, Wehklagen: I. non sunt illi eiulatus Philoctetae tam miseri; har resp 39. — II. lamentatio (est) aegritudo cum eiulatu; Tusc IV 18.

eiulo, wehklagen: I. dum tibi turpe videbitur gemere, eiulare; Tusc II 31. — II. Herculem magnitudine dolorum eiulantem; Tusc II 19.

eiuro s. **eiero.**

eius modi s. **modus,** II, 2. IV.

elabor, entschlüpfen, entkommen, entrinnen, sich entfernen, entfallen: nihil umquam vidi, quod tam e manibus elaberetur, quam mihi tum est elapsa illa ipsa causa; de or II 202. vel exstincto animo vel elapso; Tusc I 104. causa: s. alqd. frater meus quotiens est ex vestro ferro ac manibus elapsus! dom 24. his poenis, egestate, exsilio, elabuntur saepe privati; rep III 34. quotiens ista (sica) elapsa est! atil I 16. ex isto ore religionis verbum elabi potest? dom 104.

elaboro, sich anstrengen, bemühen, streben, ausarbeiten: I. ut proinde, uti quaeque res erit, elaboremus ‖ laboremus ‖; inv II 175. ad quorum iudicium elaboraret; fin I 7. — II, 1. de quibus etsi a Chrysippo maxime est elaboratum; fin IV 9. — 2. a te peto, ut in hac re etiam elabores; ep XIII 77, 3. — 3. multo etiam magis elaborandum est, ne animi motus a natura recedant; of I 131. — 4. tale est, ut elaborandum sit, quo facilius probetur; Tusc V 1. — 5. ut (haec in me) esse possent, magno studio mihi est elaboratum; div Caec 40. — III.

ante, quam haec est [a Graecis] elaborata dicendi vis atque copia; Bru 26. ei unum illud habebant dicendi opus elaboratum; Bru 214. vim: s. copiam.

elamentabilis, jammernd: sin erit ille gemitus elamentabilis, si imbecillus; Tusc II 57.

elate, erhaben: ita fit, ut Demosthenes certe possit summisse dicere, elate Lysias fortasse non possit; opt gen 10. non est ausus elate et ample loqui; Tusc V 24.

elatio, Erhebung, Aufschwung, Schwung: I. in orationibus multa, sed inepta elatio; leg I 7. — II. contractionem animi recte fieri numquam posse, elationem posse; Tusc IV 67. — III. ut horum concisis sententiis officit Theopompus elatione atque altitudine orationis suae, sic ..; Bru 66.

electe, mit Auswahl: discripte ‖ descr. ‖ et electe in genus quodque causae, quid cuique conveniat, ex hac copia digeremus; inv I 49.

electio, Wahl, Auswahl: id est iudicium electioque verborum; orat 68.

elegans, fein, geschmackvoll: L. Torquatus elegans in dicendo; Bru 239. ut omittam has artes elegantes et ingenuas; fin III 4. aurea ad te adferam non minus elegantes; ep IX 19, 2. complures minime dignos elegantis conventus auribus; Bru 223. inter puerulos ex tot elegantissimis familiis lectos; Sex Rosc 120. perspicitis, genus hoc quam sit facetum, quam elegans, quam oratorium; de or II 241. sermone eleganti fuit; Bru 130. compararat supellectilem ex aere elegantiorem; Ver II 83. hominum nos capis summi viri vitaeque elegantissimae verissimis laudibus; Bru 295.

eleganter, geschmackvoll, fein, artig, anständig: pure atque eleganter actae aetatis; Cato 13. quae eleganter copiosaque conlegisti; ep V 13, 3. causam pro publicanis accurate eleganterque dixisse Laelium; Bru 86. hoc ipsum elegantius poni meliusque potuit; fin II 100. adulescentiam traductam eleganter! Planc 31.

elegantia, Feinheit, Geschmack, Anstand: I. quae (elegantia verborum Latinorum), etiam si orator non sis et sis ingenuus civis Romanus, tamen necessaria est; Bru 261. (erat) in eo summa verborum et gravitas et elegantia; Bru 265. — II, 1. adiunxit loquendi elegantiam; Bru 153. admiror, nec rerum solum, sed verborum etiam elegantiam; rep IV 8. — 2. quae tuae elegantiae esse videbuntur; A I 8, 2. — III. qui cum summa elegantia atque integritate vixisti; Sulla 79.

elegium s. **elogium.**

elementum, Grundlage, Anfänge, Anfangsgründe: I, 1. sunt prima elementa naturae, quibus auctis virtutis quasi germen efficitur; fin V 43. — 2. haec, quae isti forsitan puerorum elementa videantur; de or I 163. — II. augeo: s. I, 1. quae (ars) primo progessu festive tradit elementa loquendi; Ac II 92. — III. quod in elementis dialectici docent, quo modo iudicare oporteat; Ac II 143.

elephantus, Elefant: I. ut nepotem regis Antiochi elephantos alere prohiberet; Phil IX 4. — II. extremus elephantorum dies fuit; ep VII 1, 3. nos elephantorum acutissimis sensibus ad utilitatem nostram abutimur; nat II 151.

elevo, vermindern, beeinträchtigen, mildern: nihil est, quod tam obtundat elevetque aegritudinem quam ..; Tusc III 34. reprehensio est, per quam argumentando adversariorum confirmatio diluitur aut elevatur; inv I 78.

elicio, herausholen, entlocken, veranlassen, ermitteln, erforschen, hervorbringen: quem ego totiens omni ratione temptans ad disputandum elicere non potuissem; de or II 13. cum inferorum animas elicere soleas; Vatin 14. lapidum conflictu atque tritu elici ignem videmus; nat II 25. alias abs te litteras eliciam; A IX 2. his ex partibus iuris elicere

pertemptando unam quamque iuris partem oportebit; inv II 68. qui (ardor animi) etiam ex infantium ingeniis elicere voces et querelas solet; Bru 278. si tacebitur, elicienda responsio est; inv I 54. elicit (terra) herbescentem ex eo (semine) viriditatem; Cato 51. voces: f. querelas.

elido, herausstoßen, zerschlagen, vernichten: qui rebus his fractus aegritudine eliditur; Tusc V 16. ut auriga indoctus e curru trahitur, eliditur; rep II 68. nervos omnes virtutis poëtae elidunt; Tusc II 27. vgl. **eligo** fibras, stirpes.

eligo, ausjäten, herausholen, wählen, auswählen: I. quarum (rationum) quinta ad eligendi iudicium (pertinet); of II 9. — II. ut eligas, utrum velis, factum esse necne; div Caec 45. — III. quodsi in ceteris quoque studiis a multis eligere homines commodissimum quidque vellent; inv II 5. nos e terrae cavernis ferrum eligimus; nat II 151. haec sunt illae fibrae stirpium eligendae || elidendae ||; Tusc III 84. adducit homines electos; Tul 18. oppidum sibi elegit Ariminum; Ver I 36. quae (stirpes aegritudinis) ipso trunco everso omnes eligendae || elidendae || sunt; Tusc III 83. potest id omnibus electissimis verbis gravissimisque sententiis augeri et ornari; fin III 26. — IV. ille legatus a suis civibus electus est; Ver II 156.

elimo, ausfeilen, ausarbeiten: rationes has latiore specie, non ad tenue elimatas; Ac II 66.

elinguis, stumm, sprachlos, unberedt: cum Fannius numquam sit habitus elinguis; Bru 100. testem elinguem reddidit; Flac 22.

eloco, verpachten: fundum elocatum esse dicebat; Ver III 55.

elocutio, Ausdruck, Stil: 1. elocutio est idoneorum verborum [et sententiarum] ad inventionem accommodatio; inv I 9. — II. omnia ornamenta elocutionis in communes locos conferuntur; inv II 49. quo de genere dicendum est in praeceptis elocutionis; inv I 29.

elogium, Grabschrift: I. Solonis sapientis est elogium || elegium ||, quo se negat velle . .; Cato 73. non elogia monimentorum id significant; in II 116. — II. quod elogium recitasti; Cluent 135.

eloquens, beredt: A. M. Antonius disertos ait se vidisse multos, eloquentem omnino neminem; orat 18. quod eum eloquentem quaerebam, qui mirabilius et magnificentius augere posset atque ornare, quae vellet, omnesque omnium rerum, quae ad dicendum pertinerent, fontes animo ac memoria contineret; de or I 94. et Graece ab eloquendo ῥήτωρ et Latine eloquens dictus est; orat 61. erit eloquens is, qui in foro causisque civilibus ita dicet, ut probet, ut delectet, ut flectat; orat 69. is est eloquens, qui et humilia subtiliter et alta || magna || graviter et mediocria temperate potest dicere; orat 100. copia patronorum, hominum eloquentissimorum; Cluent 109. qui (orator) iure non solum disertus, sed etiam eloquens dici possit; de or I 95. illa eloquentissimi viri, L. Crassi, oratio; par 41. — B. mirari desinamus, quae causa sit eloquentium paucitatis; de or I 19.

eloquentia, Beredsamkeit: I eloquentiam abundantem sonantibus verbis uberibusque sententiis; Tusc I 64. eloquentia haec forensis spreta a philosophis et repudiata multis quidem illa magnisque adiumentis caruit, sed tamen ornata verbis atque sententiis iactationem habuit in populo nec paucorum iudicium reprehensionemque pertimuit; orat 13. ipsam eloquentiam, quod ex bene dicendi scientia constaret, unam quandam esse virtutem; de or I 83. ut semel e Piraeo eloquentia evecta est, omnes peragravit insulas atque ita peregrinata tota Asia est, ut se externis oblineret moribus omnemque illam salubritatem Atticae dictionis et quasi sanitatem perderet ac loqui paene dedisceret; Bru 51. doctis eloquentia popularis defuit; orat 13. quod (Stoici)

soli ex omnibus eloquentiam virtutem ac sapientiam esse dixerunt; de or III 65. ut hominis decus ingenium, sic ingenii ipsius lumen est eloquentia; Bru 59. cum (Zeno digitos) diduxerat || ded. || et manum dilataverat, palmae illius similem eloquentiam esse dicebat; orat 113. nihil est aliud eloquentia nisi copiose loquens sapientia; part or 79. f. constat. II. 1. voco. IV, 2. evehitur: f. dediscit. haec (eloquentia) modo perfringit, modo inrepit in sensus; inserit novas opiniones, evellit insitas; orat 97. habet: f. caret. inrepit, inserit: f. evellit. ex qua (laude) eloquentia nomen suum invenit; de or II 366. esse non eloquentiam ex artificio, sed artificium ex eloquentia natum; de or I 146. f. II, 1. alo. sapientiam sine eloquentia parum prodesse civitatibus, eloquentiam vero sine sapientia nimium obesse plerumque, prodesse numquam; inv I 1. oblinit, al.: f. caret. dediscit. evellit. quis umquam dubitavit, quin in re publica nostra primas eloquentia tenuerit semper urbanis pacatisque rebus? orat 141. — II, 1. in qua (urbe) et nata et alta sit eloquentia; Bru 39. quo fit, ut veram illam et absolutam eloquentiam nemo consequatur; orat 17. quod ego eruditissimorum hominum artibus eloquentiam contineri statuam; de or I 5. cuius eloquentia litteris instructior fuisse traditur quam Pisistrati? de or III 137. qui ipsam eloquentiam locupletavisses graviorum artium instrumento: Bru 331. eloquentiam ipsius (Demosthenis) viribus, non imbecillitate sua metiantur; orat 23. orno: f. I. caret. perficio: f. III fons, species. quam (eloquentiam) in clamore et in verborum cursu positam putant; de or II 136. qui ponunt in orationis celeritate eloquentiam; orat 53. repudio, sperno: f. I. caret. si volumus huius rei, quae vocatur eloquentia, sive artis sive studii sive exercitationis cuiusdam si,e facultatis ab natura profectae considerare principium; inv I 2. eius (rationis) quaedam magna et ampla pars est artificiosa eloquentia, quam rhetoricam vocant; inv I 6. — 2. qui eloquentiae verae dat operam, dat prudentiae; Bru 23. nemo studet eloquentiae nostrorum hominum, nisi ut in causis atque in foro eluceat; de or II 55. — 3. nonne (Cato) eloquentia tanta fuit, quantam . .? de or I 171. magna eloquentia sit utendum; Tusc I 117. — 4. nascor ex: f. nascitur. seiunctus orator a philosophorum eloquentia, a sophistarum, ab historicorum, a poëtarum; orat 68. — III. Origines eius (Catonis) quem florem aut quod lumen eloquentiae non habent? Bru 66. quibus (litteris) fons perfectae eloquentiae continetur; Bru 322. est eloquentiae sicut reliquarum rerum fundamentum sapientia; orat 70. summa laus eloquentiae est amplificare rem ornando; de or III 104. lumen: f. flos. quinque faciunt quasi membra eloquentiae, invenire, quid dicas, inventa disponere, deinde ornare verbis, post memoriae mandare, tum ad extremum agere ac pronuntiare; de or II 79. ille pater eloquentiae Isocrates; de or II 10. quae (Graecia) semper eloquentiae principes esse voluit; de or I 13. perfectae eloquentiae speciem animo videmus, effigiem auribus quaerimus; orat 9. bonine an mali plus attulerit hominibus et civitatibus copia dicendi ac summum eloquentiae studium; inv I 1. quoniam post Hortensii clarissimi oratoris mortem ornatae eloquentiae quasi tutores relicti sumus; Bru 330. illa vis eloquentiae tanta est, ut . .; de or III 76. — IV, 1. nisi homines ea, quae ratione invenissent, eloquentia persuadere potuissent; inv I 3. num eloquentia Platonem superare possumus? Tusc I 24. — 2. si eloquentia nulla sine hac (actione). haec autem sine eloquentia tanta est; orat 56. f. I. obest.

eloquor, aussprechen, vortragen: I. 1. a. in rebus difficilibus ad eloquendum; of I 126. eloquendi exercitatio maxime in hoc toto convertendi genere versatur; part or 24. unum genus est

eloquendi sua sponte fusum; alterum versum atque mutatum; part or 16. — b. eloqui copiose, modo prudenter, melius est quam vel acutissime sine eloquentia cogitare; of I 156. — 2. qui ornate et copiose eloqui possunt; Top 67. — II. quod eloquimur sic, ut id aut esse dicamus aut non esse; de or II 158. defendendi haec causa eloquor; Cael 45.

eluceo, hervorleuchten, hervortreten, sichtbar werden: ut in causis atque in foro eluceat; de or II 55. erat is splendidissimo candore inter flammas circus elucens; rep VI 16. quasi lumen aliquod exstinctis ceteris elucere sanctitatem et prudentiam et dignitatem tuam; ep IV 3, 2. in qua (re publica) honos elucere possit; ep X 10, 2. opto, ut ab istis Orientis partibus virtutis tuae lumen eluceat; ep XII 5. 3. f. dignitas. hoc in genere omnis eluceat oportet eloquentiae magnitudo; orat 139. prudentia, sanctitas: f. dignitas. non latuit scintilla ingenii, quae iam tum elucebat in puero; rep II 37.

elucubro(r), bei Licht schreiben, ausarbeiten: quas (causas) nos diligenter elaboratas et tamquam elucubratas adferebamus; Bru 312. quam (epistulam) eram elucubratus; A VII 19.

eludo, anspülen, Spott treiben, verspotten, täuschen, vereiteln: I. qua fluctus eluderet; Top 32. quasi rudibus eius (Isocratis) eludit oratio; opt gen 17. — II. ab isto nebulone facetius eludimur quam putamus; Sex Rosc 128. magnas accusatoris minas magnamque iudicii exspectationem eludemus; Ver pr 30. hac scientia illam eluditis; leg II 52.

elugeo, betrauern: patriam eluxi iam et gravius et diutius quam ulla mater unicum filium; ep IX 20, 3.

eluo, abspülen, tilgen: tales amicitiae sunt remissione usus eluendae; Lael 76. animi labes nec amnibus ullis elui potest; leg II 24. macula elui non potest; Sex Rosc 66. ut centurionum profusus sanguis eluatur, num elui praedicatio crudelitatis potest? Phil XII 12.

eluvies, Überflutung: idcirco tu ad illam labem atque eluviem civitatis sine summa vi pervenire potuisti? dom 53.

eluvio, Überschwemmung: I. futura praesentiunt, ut aquarum eluviones; div I 111. — II. propter eluviones exustionesque terrarum; rep VI 23.

em, siehe: em || en, hem || causam, cur lex ferretur; Phil V 15. em hic ille est de illis, maxime qui obiurgare me solitus est, quod . . ; ep XIII 15, 1. vgl. en, hem.

emancipo, entlassen, überlassen, abtreten: quem (filium) in adoptionem D. Silano emancipaverat; fin I 24. venditum atque emancipatum tribunatum consiliis vestris opposuit; Phil II 51.

emano, entstehen, entspringen, sich verbreiten: ut (orationem) numquam emanaturam putarem; A III 12, 2. alii quoque alio ex fonte praeceptores dicendi emanaverunt; inv II 7. ex quo iste fonte senator emanet; Cael 19. ne per nos hic sermo huius emanet; Bru 231. locus is, ex quo vis omnis oportet emanet ratiocinationis; inv I 67.

emax, kauflustig: non esse emacem vectigal est; par 51.

emblema, Arbeit, Reliefplatte: I. emblemata evellenda curavit; Ver IV 49. — II. duo pocula cum emblemate; Ver IV 49.

embolium, Zwischenspiel, Episode: mirificum embolium cogito in secundum librum meorum temporum || secundum meorum librorum, al. || includere; Q fr III 1, 24. qui omnia sororis embolia novit; Sest 116.

emendate, fehlerfrei, richtig: pure et emendate loquentes, quod est Latine; opt gen 4.

Merguet, Handlexikon zu Cicero.

emendatio, Verbesserung, Besserung: 1. facilior est emendatio temeritatis; Ac fr 16. — 2. haec est correctio philosophiae veteris et emendatio, quae . . ; fin IV 21.

emendator, Verbesserer: 1. Sisenna quasi emendator sermonis usitati cum esse vellet; Bru 259. — 2. o praeclarum correctorem atque emendatorem nostrae civitatis! Balb 20.

emendatrix, Verbesserin: 1. quoniam vitiorum emendatricem legem esse oportet; leg I 58. — 2. o praeclaram emendatricem vitae poëticam! Tusc IV 69.

emendo, verbessern, bessern, vervollkommnen: ut annales suos emendem et edam; A II 16, 4. a quibusdam sero iam emendatur antiquitas; orat 155. ut cupiditatibus principum infici solet tota civitas, sic emendari et corrigi continentia; leg III 30. Caesar rationem adhibens consuetudinem vitiosam et corruptam pura et incorrupta consuetudine emendat; Bru 261. cum emendati mores amicorum sint || sunt || ; Lael 61.

ementior, lügen, erdichten: I, 1. qui religiones omnes pollueris ementiendo; dom 125. — 2. ementiri, fallere voluisti? dom 125. — II. eo me beneficio obstrictum esse ementior? Planc 73. — III. (C. Ateium) ementitum auspicia; div I 29. non genus suum ementitus (esse dicitur); Balb 5. quod (Aeschines) legationem ementitus esset; opt gen 21.

emereo, ausdienen, abdienen: annuae mihi operae a. d. III Kal. Sextil. emerentur; A VI 2, 6. tamquam emeritis stipendiis libidinis; Cato 49. nos etsi annuum tempus prope iam emeritum habebamus; A VI 5, 3.

emergo, auftauchen lassen, auftauchen, hervorkommen, emporkommen, sich zeigen: I. ex quo magis emergit, quale sit decorum illud; of I 110. — II. incommoda valetudo, e qua iam emerseram; A V 8, 1. ut ab infima ara subito anguis emergeret; div I 72. cum tam multa ex illo mari bella emerserint; Ver IV 130. hac re incredibile est quantum civitates emerserint; A VI 2, 4. emergit rursum dolor; A IX 6, 5. quod (equus) emersit e flumine; div II 67. — III. tibi sum visus emersus e flumine; div II 140. (di) rursus emersi; Tim 37. iam ista serpens se emergit; har resp 55.

emetior, zumessen, darbieten: ego voluntatem tibi profecto emetiar, sed rem ipsam nondum posse videor; Bru 16.

emigro, auswandern, scheiden: domo eius emigrat atque adeo exit; nam iam ante emigrarat || migrarat || ; Ver II 89. qui e vita emigrarit; leg II 48.

eminentia, Erhöhung, körperliche Gestalt: 1. si nec habent (di) ullam soliditatem nec eminentiam; nat I 105. — 2. quam multa vident pictores in umbris et in eminentia! Ac II 20.

emineo, hervortreten, hervorragen: qui (Demosthenes) quamquam unus eminet inter omnes in omni genere dicendi; orat 104. si iam tum, cum (animus) erit inclusus in corpore, eminebit extra; rep VI 29. animum adverti columellam non multum e dumis eminentem; Tusc V 65. toto ex ore crudelitas eminebat; Ver V 161. genae leniter eminentes; nat II 143. sententiarum ornamenta sunt illa quidem permulta, sed, quae emineant, pauciora; orat 81.

eminus, von fern: nec (avus) eminus hastis aut comminus gladiis uteretur; Cato 19.

emissarium, Abzugsgraben: Helico nequissimus HS ∞ dabat nullo aprico horto, nullo emissario; ep XVI 18, 2.

emissarius, Sendbote, Späher: I. se in me emissarium semper fore; ep VII 2, 3. — II. quem iste in decuniis habere solebat emissarium; Ver V 108.

emissio, Entlassung, Wurf: I. si emissio ferinae anguis mortem adferebat Ti. Graccho; div

29

II 62. II. ut balistae lapidum eo graviores emissiones habent, quo . .; Tusc II 57.

emitto, herauslaffen, entlaffen, abschicken, loslaffen, ablaffen, hinausweifen, abschießen, hören laffen: I. L. Catilinam ex urbe emisimus; Catil II 1. si quando aliquid dignum nostro nomine emisimus; ep VII 33, 1. nec (aculeos) emittere in hominem et in reum; Cael 29. si nubium conflictu ardor expressus se emiserit, id esse fulmen; div II 44. illud facete dictum emissum; de or II 219. lacus Velinus a M.' Curio emissus; A IV 15, 5. (tabulas) emisi in omnes provincias; Sulla 42. quae (tela) conlega patris emisit; har resp 2. multae emissae iam eius modi voces; Q fr I 2, 1. — II. quod te iudices emiserunt excussum et exhaustum; har resp 37.

emo, faufen, erfaufen: I. 1. ut alii emendi aut vendendi quaestu et lucro ducerentur; Tusc V 9. — 2. qui vendunt, emunt; of II 40. si Faberianum explicas, emamus vel magno; si minus, ne parvo quidem possumus; A XIII 29, 2 (3). — II. emisti a foedissimo tribuno plebis, emisti grandi pecunia, ut tibi ius dicere liceret; prov 7. — II. quod (Dolabella rem publicam) deseruerit emptus pecunia; A XVI 15, 1. ut emantur agri a privatis, quo plebes publice deducatur; agr II 65. non se decumas emisse, sed bona fortunasque aratorum; Ver III 31. se HS L emere de Canuleio deversorium illud posse; A X 5, 3. emi eam ipsam domum HS xxxv; ep V 6, 2. fortunas: f. bona. una (pecunia), qua frumentum tibi emeres in cellam, altera, qua frumentum emeres a civitatibus, quod Romam mitteres; Ver III 202. quoniam potestas esset emendi fundum illum; Caecin 15. gladiatoribus emptis; of II 58. frugi hominem si pro fabro emimus; Planc 62. emit homo cupidus et locuples tanti, quanti Pythius voluit, et emit (hortos) instructos; of III 59. Verrem emptos habere iudices, alium HS cccc, alium HS D, quem minimo, ccc; Ver III 145. is cɪɔ iugerum de M. Pilio emit HS cxv; A XIII 31, 4. tritici modium lx empta; Ver IV 20. pro empta pace declarum nobis intulerunt; prov 4. puer emptus libidinis causa; Phil II 45. Oppianicum iudici ad emendas sententias dedisse pecuniam; Cluent 102.

emolumentum, Vorteil, Nußen: I. et emolumenta et detrimenta, quae ὠφελήματα et βλάμματα appellant, communia esse voluerunt; quorum altera prosunt, nocent altera; fin III 69. — II, 1. ut nihil adiungatur emolumenti; inv II 164. appello: f. I. commodis meis omnibus, emolumentis, praemiis praetermissis; dom 145. — 2. qui honesta et recta emolumentis omnibus et commodis anteponerent; fin II 55. ut rei publicae emolumento esse possitis; de or I 34. — III, 1. qui omnia metiuntur emolumentis et commodis; of III 18. — 2. ut ad maleficium nemo conetur sine emolumento accedere; Sex Rosc 84.

emoneo, ermahnen: te et oro et moneo‖emoneo‖;. ut omnem gloriam consequare; ep I 7, 9.

emorior, fterben, hinscheiden, vom Tod gehen: I. nasci prius oportere quam emori; de or I 243. — II. pro quo (Pompeio) emori cum pie possum tum libenter; A VII 23, 2. neque tuorum quicquam potuit emori praeter corpus; Scaur 50. animos, dum in corporibus essent mortalibus, vivere, cum excessissent ex eis, emori; Cato 80. quorum laus emori non potest; par 18.

empiricus, Empirifer: nec eo tamen aiunt empirici notiora esse illa; Ac II 122

emporium. Markt: cum per emporium Puteolanorum iter facerem; A V 2, 2.

emptio. Kauf, Ankauf: I. migrationem et emptionem feliciter evenire volo; ep IX 8, 2. — II, 1. emptiones falsas fecisti; Flac 74. nomen illud tres habet condiciones, aut emptionem ab hasta aut . .; A XII 3, 2. — 2. ad hanc frumenti emptionem Siciliensem prope centiens et viciens erogatum

est; Ver III 163. — III, 1. te ista simulatione emptionis vi eripuisse; Ver IV 14. — 2. qui tam multa de tuis emptionibus verba faciam; Ver IV 35.

emptor, Käufer: I, 1. ut ne quid omnino, quod venditor norit, emptor ignoret; of III 51. — 2. bonorum emptor est Chrysogonus: Sex Rosc 125. — II, 1. emptorem ei loco reperire non potuit; agr II 51. — 2. emptori damnum praestari oportere: of III 66.

em (vgl. em), fiehe, fehet, da ist: I, 1. en hoc illud est, quod ante dixi; Cluent 184. — 2. en, cur magister eius ex oratore arator factus sit; Phil III 22. f. II, 2. — II, 1. en crimen, en causa, cur regem fugitivus accuset! Deiot 17. — 2. en, cui tuos liberos committas, en memoriam mortui sodalia, en metum vivorum existimationis! Ver I 93.

enarro, erzählen: I. ut ne enarres, quem ad modum sit factum; inv I 28. — II. cum senatui somnium enarravisset; div I 55.

enato, herausschwimmen: reliqui habere se videntur angustius, enatant tamen, Epicurus. Hieronymus; Tusc V 87.

enavigo, herausfegeln: ex quibus quoniam tamquam ex scruplosis cotibus enavigavit oratio: Tusc IV 33.

endo. in: »quos endo caelo merita locaverint ‖ conloc. ‖ «; leg II 19.

endoploro, mit Hülfe rufen: ENDOPLORATO, hoc est clamato, ut aliqui audiant et conveniant; Tul 50.

eneco, umbringen, quälen, erschöpfen: pleni enectine simus; div II 142. (avis) fame enecta; div II 73. Appius provinciam mihi tradidit enectam; A VI 1, 2.

enervo, entfräften, schwächen, lähmen: ego usque eo sum enervatus, ut . .; A II 14, 1. cum hominibus enervatis; Sest 24. nec id (incendium belli) Q Maximus enervavisset; rep I 1. tantum abest, ut enervetur oratio compositione verborum. ut . .; orat 229. ad hanc enervatam muliebremque sententiam; Tusc II 15.

enim, benn, nämlich, freilich, allerdings: I. homo enim sapiens fieri potest; nat II 36. multorum enim capita civium viderat; Deiot 33. mihi enim satis est; fin II 82. quorum enim interpretes sunt; nat II 12. quis enim ignorat . .? Font 31. facite enim, ut recordemini; Cluent 111. est enim bellum gestum; of I 75. at enim observatio diuturna notandis rebus fecit artem; div II 146. aut enim nemo aut ille sapiens fuit: Lael 9. cur enim quisquam vellet . .? dom 37. nec enim solum, utrum honestum an turpe sit, deliberari solet; of I 10. per enim magni aestimo tibi factum nostrum probari; A X 1, 1. quia enim ostendunt, ostenta dicuntur; div I 93. quo enim usque tantum bellum propulsabitur? Phil III 3. sed enim maius est hoc quiddam, quam homines opinantur; de or I 16. ut enim antea declamitabam causas; Tusc I 7. — II. de civitatis enim iure disceptamus; Balb 29. quam multi enim essent de victoribus, qui . .! Ligar 15. a quo enim animanti contineri vellet . .; Tim 17. dicendum est enim saepius; Tusc II 58. — III. in his est enim aliqua obscuritas; Tusc II 78. quae vis est enim, quae magis arceat homines ab improbitate omni? par 23.

enim vero, allerdings, freilich: enim vero iste ridere; Ver III 61. ille enim vero negat; Ver IV 147. verum enim vero, cum esset (frumentum) HS binis, duodenos sestertios exegisti; Ver III 194.

eniteo, hervorleuchten, glänzen: in quibus non hoc maxime enituit, quod tibi omnes dant, acumen quoddam singulare; de or II 125. fortasse magis hoc in suo genere opus nostrum, quam illius in suo

pictura nobilis eniteret; inv II 5. Crassi magis enitebat oratio; Bru 215. pictura: f. opus. mihi videntur postea cetera studia recta atque honesta per otium concelebrata ab optimis enitnisse; inv I 4. quo in bello virtus enituit egregia M. Catonis; Muren 32.

enitor, fid) anftrengen, ftreben, erftreben, bewirfen: I, 1. non quin enitendum sit in utroque; de or II 295. — 2. tu vero enitere; rep VI 26. nemo fere laudis cupidus adulescens non sibi ad dicendum studio omni enitendum putavit; de or I 14. — II. omni ope atque opera enitar, u t de Buthrotiis senatus consultum fiat; A XIV 14, 6. — III. quod qui1em certe enitar; A XVI 6, 2.

enixe, eifrig: meam causam omnes boni proprie enixeque susceperant; Sest 38.

eno, herauðfd)wimmen: qui (pinoteres) enat e rnncha; fin III 63.

enodate, ausführlich: haec nobis e x p l i c a n d a sunt. sed si enodatius, vos ignoscetis; fin V 27. sua diligenter et enodate narrando; inv I 30.

enodatio, Auflöfung, Entwidelung: I. quid vis illa delectat enodatio nominum? nat III 62. — II. cognitio enodationis i n d i g e n s; Top 31.

enodo, auflöfen, entwideln: in enodandis no minibus laboratis; nat III 62. praecepta enodata diligenter exposuit; inv II 6.

ensis, Sd)wert: ›funestum fabricarier ensem‹; nat II 159.

enucleate, beutlid), bündig: nihil enucleate (dici potuit); Bru 35. quae de perturbationibus enucleate disputant Stoici; Tusc IV 33. modo id eleganter enucleateque faciat; orat 28. Q Mucius enucleate ille quidem et polite, ut solebat; Bru 115.

enucleo, hervorfuchen, forgfältig abgeben, er läutern: nec q u i c q u a m in amplificatione nimis enucleandum est; part or 57. acu quaedam enucleata argumenta; Scaur 20. videtisne genus hoc quod sit Antonii? acre, acutum, enucleatum; de or III 32. ›blandita illa, non enucleata esse suffragia; Planc 10.

enumeratio, Aufzählung: I. enumeratio est, in qua pluribus rebus expositis et ceteris infirmatis una reliqua necessario confirmatur; inv I 45. enumeratio est, per quam res disperse et diffuse dictae unum in locum coguntur et reminiscendi causa unum sub aspectum subiciuntur; inv I 98. — II. enumeratio exemplorum adfertur; Tusc III 60. quo multo infirmatur enumeratio; inv I 85. enumeratio vitiosa intellegitur, si . .; inv I 84. — III. commune praeceptum hoc datur ad enumerationem, ut ex una quaque argumentatione id eligatur, quod erit gravissimum; inv I 100. — IV. praeteritur quiddam in eius modi enumerationibus; inv I 84. I. I. per: f. I.

enumero, aufzählen: I. enumerare possum, quae sit discriptio partium; nat II 121. — II. in numerandis corporis c o m m o d i s; fin V 45. quos (consules) enumerare nolo; leg III 23. qui vestram magnitudinem multitudinemque beneficiorum enumerare possit; Quir 5. quid enumerem artium multitudinem? of II 15.

enuntiatio, Ausfprud), Sa, Ausplaubern: I. enuntiationem illam Memmii valde Caesari displicere: A IV 17, 3 (16, 6). non omnis enuntiatio, quod ἀξίωμα dialectici appellant, aut vera aut falsa rit: fat 20. — II. appello: f. I. est. voco: f. III. — III. explicanda vis est ratioque enuntiationum, quae Graeci ἀξιώματα vocant; fat 1.

enuntio, ausfagen, ausplaubern, verraten, ausbrüden: I. si quaeritis, plane quid s e n t i a m enuntiabo apud homines familiarissimos, quod adhuc semper tacui; de or I 119. — II. si omne enuntiatum aut verum aut falsum est; fat 28. ceterorum legatorum consilia et voluntatem Chrysogono enuntiat: ›ex Rosc 110. quam (geometriam) quibusnam quis-

quam (poterit) enuntiare verbis? Ac I 6. ut illa dicendi mysteria enuntiet; de or I 206. quia gravissimae sint ad beate vivendum breviter enuntiatae sententiae; fin II 20. voluntatem: f. consilia.

eo, gehen, reifen, von ftatten gehen: I, 1, a. Ianum, quod a b eundo nomen est dactum; nat II 67. — b. quo (die) de P. Sestio in consilium iri necesse erat; ep VII 24, 2. non esse itum obviam; A II 1, 5. ibitur, et ita quidem, ut censes; A X 15, 3. — 2. ut in duplum iret; Flac 49. perspiciebant in Hortensii sententiam multis partibus plures ituros; ep I 2, 2. Pompeium nostrum in Hispaniam iturum; ep III 8, 10. iens in Pompeianum haec scripsi; A IV 9, 2. quod (Caesar) vel ad Capuam vel ad Luceriam iturus putabatur; A VIII 3, 7. quam diu alium praetorem cum iis indicibus de te in consilium iturum putasti; Ver I 51. incipit res melius ire, quam putaram; A XIV 15, 2 (3). beatam vitam conantem ire in eculeum retinet ipsa prudentia || [ipsa pr.] ||; Tusc V 14. — II, 1. de tribus legatis frequentes ierunt in alia omnia; ep I 2, 1. — 2. imusne sessum? de or III 17. — III ITE VIAM; Muren 26.

eo, A. bahin, bazu, fo weit, biß zu bem Grabe: I. eo cum a c c e s s i t ratio; Ac II 30. ut eo nihil ferme quisquam addere posset; Bru 161. eo rem iam adducam, ut . .; Sex Rosc 96. maior pars eo fere deferri solet, quo a natura ipsa deducitur; of I 147. omnes rectas res eo referri, ut cum voluptate vivatur; fin I 42. ut eo restitueretur; Caecin 80. res erat at causa nostra eo iam loci, ut . .; Sest 68. — II. ut eo ex acie respectum haberemus; Phil XI 26. — III. quod Amerinis u s q u e eo visum est indignum, ut . .; Sex Rosc 24. usque eo timui, donec ad reiciendos iudices venimus; Ver I 17. multa facimus usque eo, dum aspectus ipse fidem faciat; Ac II 19. — B. beswegen, befto: I. non eo dico, quo mihi veniat in dubium; Quinct 5. eo fit, ut errem; Ac II 66. eo te ne laudandi quidem causa interpellavi, ne . .; de or III 189. quin eo sit occisus, quod habere clausa non potuerit sua consilia; Ver III 63. eo mihi semihoram praestitntiam esse, ut ne plura de pudicitia dicerem; Rabir 9. vindemiolas eo reservo, ut illud subsidium senectuti parem; A I 10, 4. — II, 1. quia non sint, cum fuerint, eo m i s e r o s esse; Tusc I 13. — 2. ille confidebat, et eo m a g i s, quod . .; A IX 3, 2. eo maiorem vim esse naturae, quod . .; fin II 58. non veniunt in dubium de voluntate, eo minus scilicet, cum . .; A XI 15, 2. eo plus apud Plancum enitere; A XVI 16, 12. quod eo saepius testificor, ut ineptiarum crimen effugiam; de or III 187.

eodem, eben bahin, bazu: I. accedunt eodem multa merita; Phil XIII 7. addendum eodem est, ut ne criminibus delectetur; Lael 65. quod eodem ceteros piratas condi imperarat; Ver V 69. eodem incumbunt municipia; Phil VII 18. ut (pusio) gradatim respondens eodem perveniat, quo si geometrica didicisset; Tusc I 57. revolveris eodem; Tusc I 12. — II. ut omnium · siderum eodem, unde profecta sint, fiat ad unum tempus r e v e r s i o; fin II 102

ephebus, Jüngling: I. ut (mindum) f e r r e n t ephebi; Flac 75. — II. quam levis epheborum illa militia! rep IV 4.

ephemeris, Tagebud): ad ephemeridem revertitur; Quinct 57.

ephippium, Sattel: ne hoc „ephippiis" potius quam „proëgmenis" concedatur; fin III 15.

ephorus, Auffeher: Spartae sunt quinque, quos illi ephoros a p p e l l a n t, constituti; rep II 58. nec ephori Lacedaemone sine causa a Theopompo oppositi regibus; leg III 16.

epicopus, mit Rubern verfehen: conscendens in phaselum epicopum; A XIV 16, 1.

epicus, epifd): poëmatis tragici, comici, epici

29*

suum cuiusque (genus) est; opt gen 1. licet dicere Ennium summum epicum poëtam; opt gen 2.

epidicticus, prunſenb: orationis genus sententiis argutum, verbis sonans est in illo epidictico genere, quod diximus proprium sophistarum, pompae quam pugnae aptius; orat 42.

epigramma, Auſſchrift, Sinngedicht: I. apparebat epigramma; Tusc V 66. — II. non intellego, cur Aristoteles Sardanapalli epigramma tantopere derideat; fin II 106. quod epigramma in eum fecisset; Arch 25. pono: ſ. III. — III. epigrammatis tuis, quae in Amaltheo posuisti, contenti erimus; A I 16, 15.

epilogus, Schlußrede: I. est etiam in dicendo quidam cantus obscurior, non hic e Phrygia et Caria rhetorum epilogus paene canticum, sed . .; orat 57. — II. exstat eius (Galbae) peroratio, qui epilogus dicitur; Bru 127. ut miserabiliores epilogos possem dicere; Planc 83. — III. qui (orator) cum in epilogo misericordiam movisse se putaret; de or II 278.

epistula, Brief, Sendschreiben: I. ut istius epistula ad te missa declarat; Ver III 189. epistula non erubescit; ep V 12, 1. etsi erat ἑωλος illa epistula: ep IX 2, 1. quod epistula librarii manu est; A IV 16, 1. non dubito, quin tibi odiosae sint epistulae cotidianae; A VIII 14, 1. (epistula) et exigue scripta est et suspiciones magnas habet non esse ab illo; A XI 16, 1. exstant epistulae Philippi ad Alexandrum; of II 48. habet: ſ. est; A XI 16, 1. epistulae nostrae debent interdum halucinari; Q fr II 9, 1. quod nullam a me volo epistulam ad te sine argumento ac sententia pervenire; A I 19, 1. numquam mihi tua epistula aut intempestiva aut loquax visa est; A IV 14, 2. — II, 1. obsignata epistula accepi tuas; A XII 11. harum iam epistularum complicarem; Q fr III 1, 17. epistulam tuam conscidi innocentem; ep VII 18, 4. mearum epistularum nulla est συναγωγή; sed habet Tiro instar septuaginta; et quidem sunt a te quaedam sumendae. eas ego oportet perspiciam, corrigam. tum denique edentur; A XVI 5, 5. Oppio et Balbo epistulas deferri iubebis; A XIII 2, 1. non puto te meas epistulas delere, ut reponas tuas; ep VII 18, 2. ut dictarem hanc epistulam et non, ut ad te soleo, ipse scriberem; Q fr II 2, 1. edo, habeo: ſ. corrigo. legimus epistulas Corneliae matris Gracchorum; Bru 211. numquam ante arbitror te epistulam meam legisse, nisi mea manu scriptam; A II 23, 1. mitto: ſ. I. declarat. obsignaram iam epistulam eam; A V 19, 1. ſ. accipio. perspicio: ſ. corrigo. repono: ſ. deleo. tertiam ad te hanc epistulam scripsi eodem die; ep XVI 6, 1. ſ. dicto, lego. I. est; A XI 16, 1. IV. genus. signata iam epistula.; A XV 29, 3. sumo: ſ. corrigo. epistulas cotidianis verbis texere solemus; ep IV 21, 1. — 2. eo serius ad tuam illam epistulam, cui ego statim rescripseram, redditae sunt meae litterae; A IX 9, 3. duabus tuis epistulis respondebo; ep IX 15, 1. — 3. consuetudinem earum epistularum, quibus secundis rebus uti solebamus, tempus eripuerat; ep IV 13, 1. — 4. qui (libellus) in epistulam coniectus est; A IX 13, 7. reddo ad: ſ. 2. rescribo. — III. quod est epistulae proprium, ut is, ad quem scribitur, de iis rebus, quas ignorat, certior fiat; Q fr I 1, 37. — IV. egeo argumento epistularum; A IX 4, 1. (Servius) mihi dabit argumentum ad te epistulae: A X 13, 2. consuetudo: ſ. II, 3. reliqua sunt epistularum genera duo, quae me magnopere delectant, unum familiare et iocosum, alterum severum et grave; ep II 4, 1. ut haec genera tollantur epistularum primum iniquarum, deinde contrariarum, tum absurde et inusitate scriptarum, postremo in aliquem contumeliosarum; Q fr I 2, 9. quam me conturbatum tenuit epistulae tuae prior pagina! A XV 9, 2. συναγωγή: ſ. II, 1. corrigo. evolvi volumen epistularum tuarum, quod ego sub signo [habeo servoque]

diligentissime; A IX 10, 4. — V, 1. venio nunc ad tuas litteras, quas pluribus epistulis accepi; Q fr III 1, 8. - 2. praeclare in epistula quadam Alexandrum filium Philippus accusat, quod . .; of II 53. purgat se per epistulam; Flac 91.

epitome, Auszug: 1. epitomen Bruti Caelianorum velim mihi mittas; A XIII 8. — 2. in Bruti epitoma Fannianorum [scripsi] quod erat in extremo; A XII 5, b (3).

epoto, austrinken: epoto poculo; Cluent 168. venenum celerius potuit comestum quam epotum in venas permanare? Cluent 173.

epulae, Gericht, Mahl, Schmaus: I. tui sacerdotii sunt epulae ludorum; har resp 21. — II. 1. non amat profusas epulas; Muren 76. his rebus Lacedaemoniorum epulae condiuntur; Tusc V 98. — 2. quamquam immoderatis epulis caret senectus, modicis tamen conviviis delectari potest; Cato 44. — 3. quoniam avidum hominem ad has discendi epulas recepi; Top 25. — III. ut epularum sollemnium fides ac tibiae Saliorumque versus indicant; de or III 197. morem apud maiores hunc epularum fuisse, ut canerent ad tibiam; Tusc IV 3. tibiae: ſ. fides. — IV, 1. epulis multitudinem imperitam delenierat; Phil II 116. ea parte animi saturata bonarum cogitationum epulis; div I 61. — 2. quae (carmina) in epulis esse cantitata a singulis convivis; Bru 75.

epularis, beim Mahl, mit einem Schmause verbunden: bene maiores accubitionem epularem amicorum, quia vitae coniunctionem haberet, „convivium" nominaverunt; Cato 45. cum essent ipsi (pontifices) a Numa, ut etiam illud ludorum epulare sacrificium facerent, instituti; de or III 73.

epulo, Ordner des Festmahls: ad quos (pontifices) epulones Iovis optimi maximi, si quid est praetermissum, adferunt; har resp 21. ut pontifices veteres propter sacrificiorum multitudinem tres viros epulones esse voluerunt; de or III 73.

epulor, speisen, schmausen: epulamur una non modo non contra legem, sed etiam intra legem et quidem aliquanto; ep IX 26, 4. cum muneribus tuis epulati essemus Saliarem in modum; A V 9, 1. epulatos cum matre adulescentes somno se dedisse; Tusc I 113. epulantur milites; Phil III 31.

epulum, Mahlzeit, Gastmahl: I. ita illud epulum est funebre, nt . .; Vatin 30. — II. cum epulum Q. Maximus populo Romano daret; Muren 75. — III. cum ipse epuli dominus, Q. Arrius, albatus esset; Vatin 31. — IV. ut in epulo Q. Arrii cum toga pulla accumberes; Vatin 30.

equa, Stute: I. quo modo equa pariat; div II 49. — II. cur non gestiret taurus equae contrectatione? nat II 77.

eques, Reiter, Ritter: I, 1. A. Cluentius causam dicit eques Romanus; Cluent 156. equites rem ad illorum libidinem iudicasse; Font 36. ii senatores equites ordini senatorio dignitate proximos, concordia coniunctissimos esse cupiunt; Cluent 152. — 2. o viros fortes, equites Romanos! Cluent 153. — II, 1. a quo (Q. Caepione equites Romani) erant ipsi propter iudicia abalienati; de or II 199. coniungo: ſ. I, 1. sunt. quorum certe aliquis defendisset equitem Romanum; Cluent 109. quid tam inusitatum quam ut eques Romanus ad bellum pro consule mitteretur? missus est; imp Pomp 62. quod C. Caesar equites, sagittarios, elephantos in suam potestatem redegerit; Phil V 46. — 2. nega equiti Romano credi oportere! Qu Rosc 43. equiti Romano libertinum homo sit heres? Ver I 124. — 3. se poenas ab equitibus Romanis esse repetiturum; sen 12. — III, 1. magna equitum ac peditum auxilia; par 45. patronus centuriarum equitum Romanorum; Phil VII; 16. flos equitum Romanorum, ornamentum civitatis, firmamentum rei publicae public anorum ordine continetur;

Planc 23. cuius dictatoris iussu magister equitum C. Servilius Ahala Sp. Maelium interemit; Cato 56. equitum magno numero ex omni populi summa separato; rep II 39. senatorum urna copiose absolvit, equitum adaequavit, tribuni aerarii condemnarunt; Q fr II 4, 6. — 2. datur tibi tabella de equite Romano; Rab Post 12. — IV. contra equitem Parthum negant ullam armaturam meliorem inveniri posse; ep IX 25, 1. cum primum senatores cum equitibus Romanis lege Plotia iudicarent; fr A VII 53.

equester. zum Reiter, Ritterstande gehörig, ritterlich, zu Pferde: homo levis ac sordidus, sed tamen equestri censu, Catienus; Q fr I 2, 6. M. Crepereius ex acerrima illa equestri familia et disciplina; Ver pr 30. nimium retinens equestris iuris et libertatis; Planc 55. equestri loco natus; rep I 10. cum (L. Lamia) equestris ordinis princeps esset: ep XI 16. 2. pugna erat equestris picta; Ver IV 122. res familiaris alteri eorum valde exigua est, alteri vix equestris; ep IX 13, 4. qui equestrem splendorem pati non potuerunt; Sex Rosc 140. statuam equestrem inauratam statui; Phil V 41.

equidem, allerdings, freilich, meinerseits: nam Fauni vocem equidem numquam andivi; nat III 15. equidem doleo non me tuis litteris certiorem fieri; A VI 3, 4. equidem nos, qui Romae sumus, miserrimos esse duco; ep VI 4, 3. scribendo nihil equidem levor, sed tamen aberro; A XII 38, 1. equidem, cum haec scribebam, aliquid iam actum putabam; ep VI 4, 1. at ego sum multum equidem cum Phaedro in Epicuri hortis; fin V 3. equidem etiam in te saepe vidi . .; div I 80. — qui equidem equidem ‖ non in umbra versatus est; Flac 5 (3. 46).

equinus, vom Pferde: gladium e lacunari saeta equina aptum demitti iussit; Tusc V 62.

equitatus, Reiterei, Ritterschaft: I, 1. equitatum ad hunc morem constituit, qui usque adhuc est retentus; rep II 36. magnam commode (discriptus) equitatus, in quo suffragia sunt etiam senatus; rep IV 2. magnos equitatus imperavit; Font 13. — 2. cum ii in hostium equitatum inciderunt; div I 123. sum in: f. 1. discribo. — II. cum una excursio equitatus perbrevi tempore totius anni vectigal inferre possit; imp Pomp 16. — III, 1. ab eodem rege adinti sumus equitatu; Phil XI 34. Sabinos equitatu fudit; rep II 36. — 2. cum maximo equitatu Gallorum; Phil XIII 44.

equito, reiten, pränseln: 1. apud quos venandi et equitandi laus viget; Tusc II 62. — 2. qua (certatione) tu contra Alsenum equitabas; Quinct 73. iactabit se et in his equitabit eculeis; Ver IV 43.

equus, Pferd, Roß: I. ut equos ferocitate exsultantes domitoribus tradere soleant, ut iis facilioribus possint uti, sic . .; of I 90. equi ipsi gladiatorum repentinis sibilis extimescebant; Sest 126. si auditor omnino tamquam equus non facit; Bru 192. ad cursum equum esse natum; fin II 40. — II, 1. cum (P. Decius) equo admisso in mediam aciem Latinorum inruebat; fin II 61. equos sustinebo, atque magis, si locus is, quo ferentur equi, praeceps erit: Ac II 94. equum et mulum Brundisii tibi reliqui: ep XVI 9, 3. boves et equos in deorum numerum reponemus; nat III 47. sustineo: f. fero. trado: f. 1. exsultant. — 2. utor: f. 1. exsultant. 3. cum (Masinissa) ingressus iter pedibus sit, in equum comnino non ascendere, cum autem equo, ex equo non descendere; Cato 34. cecidisse de equo dicitur: Cluent 175. descendo ex: f. ascendo in. ut cum nemo umquam in equo sedentem viderit; Ver V 27. — III. curriculis equorum constitutis; leg II 38. greges nobilissimorum equorum abactos; Ver II 20. — cuius (equi) in iuba examen apinum conservat: div I 73. — IV, 1. tu equo advectus ad ripam; div I 58. cursu corrigam tarditatem cum equis tum

vero quadrigis poëticis; Q fr II 13, 2. cum his „viris equisque", ut dicitur, decertandum est; of III 116. ingredi: f. II, 3. ascendo in. — 2. obviam fit ei Clodius in equo; Milo 28. quid delectationis habent in „Equo Troiano" creterrarum tria milia? ep VII 1. 2. in „Equo Troiano" scis esse in extremo „sero sapiunt"; ep VII 16, 1.

ereptio, Raub: quod putabant ereptionem esse, non emptionem; Ver IV 10.

ereptor, Räuber: iste bonorum ereptor nihil petit; Quinct 30. non furem, sed ereptorem adduximus; Ver I 9.

erga, gegen: I. ut eodem modo erga amicum adfecti simus, quo erga nosmet ipsos; Lael 56. ut, quem ad modum (sapientes) sint in se ipsos animati, eodem modo sint erga amicos; fin II 83. mitigo: vgl. III. animus. — II. quos (Torquatos) tu erga nos amice et benivole conlegisti; fin I 34. Cyrum comen erga Lysandrum atque humanum fuisse; Cato 59. tu quam gratus erga me fueris; ep V 5, 2. humanus: f. comis. Deiotarum talem erga te cognovisti, qualis rex Attalus in P. Africanum fuit; Deiot 19. vgl. III. animus. — III. de summo meo erga te amore; ep III 12, 4. quem (amorem) erga te habebam; ep IX 14, 5. suum talem erga me animum; ep IV 6, 1. signa animi erga te mitigati; ep VI 1, 2. hoc me animo erga te esse; ep XIII 77, 1. ut eius animum erga me perspiceres; A VII 2, 5. aliquo ‖ alicui ‖ erga me singulari beneficio; ep I 9, 4. ex tua erga Lucceium benignitate; ep XIII 41, 1. in tua erga me mihi perspectissima benivolentia; A XI 1, 1. id non sine divina bonitate erga homines fieri arbitrabantur; nat II 60. ut conservetur omnis homini erga hominem societas, coniunctio, caritas; fin III 69. fides erga plebem Romanam, aequitas in vos defuit; agr II 20. Caesaris summam erga nos humanitatem; ep IV 13, 2. merita Pompei summa erga salutem meam; A VIII 3, 2. meum studium erga te officium; ep III 4, 1. tua multa erga me officia; ep VI 5, 4. societas: f. caritas. de hominum erga te studiis; ep III 10, 4. f. officium. tua voluntas erga me meaque erga te par atque mutua; A XVI 16, 3.

ergastulum. Sklavenzwinger: homines ex ergastulis emptos; Sest 134. apud eum in ergastulo fuit; Cluent 21.

ergo, wegen, deshalb, daher, demnach, also: I. „plebes quos auxilii ergo decem creassit«; leg III 9. »rei suae ergo ne quis legatus esto«; leg III 9. — II, 1. ergo is, qui scriptum defendet, his locis plerumque poterit uti; inv II 125. ergo animus divinus est; Tusc I 65. proximum est ergo, ut quaeramus . .; Flac 27. et vita igitur laudabilis boni viri et honesta erga, quoniam laudabilis; Tusc V 47. — 2. ergo hoc te ratio non docebit? nat I 96. quid ergo erat? Milo 54. — 3. ergo adeo exspectate leges; leg II 23. pellantur ergo istae ineptiae paene aniles; Tusc I 93.

erigo, aufrichten, erheben, anregen, ermutigen: I. quae (ars) erigat, extollat, adminiculet; Ver V 39. — II. paulum se erexit Antipater; de or II 54. me erectiorem esse animo; A XI 12, 4. animantes: f. vites. erigebat animum iam demissum et oppressum Oppianicus; Cluent 58. erigite mentes auresque vestras; Sulla 33. civitatem ad aliquam spem erexit; dom 25. si aspexerit erectos intuentes iudices; Bru 200. mentes: f. aures. provinciam adflictam erexisti; Ver III 212. in gestu status erectus et celsus; orat 59. cuius studium in legendo non erectum Themistocli fuga reditunque retinetur? ep V 12, 5. vites ita se erigunt, ut uninixae; nat II 120.

eripio, entreißen, entziehen, retten, nehmen, hinraffen: I. si qui clam subripiat aut eripiat palam atque auferat; Ver IV 134. — II. ut vos populumque Romanum ex caede miserrima, totam Italiam ex bello

et vastitate eriperem; Catil IV 2. cum Q. Metellus eriperetur civitati; Cael 59. ut (C. Suberuius) nulla ratione ab illa miseria se eripere posset; ep IX 13, 1. quantum manu ac viribus eripere potuissent; Sest 91. qui eripiunt aliis quod aliis largiantur; of I 43. agros ereptos rei publicae; Phil II 43. arma ab aliis erepta sunt; Marcel 31. eripias tu voluntatem mortuis, bona vivis, ius omnibus? Ver I 114. vereor, ne eripiatur causa regia nobis; ep I 5, a, 3. eripueras senatui provinciae decernendae potestatem, imperatoris deligendi iudicium, aerarii dispensationem; Vatin 36. quam facultatem si quis casus eripuerit; ep III 5, 4. fortunis omnibus ereptis; Ver III 128. ut hunc ei fructum eripere cupiant; Phil XIV 3. Italiam: ſ. alqm; Catil IV 2. iudicium: ſ. dispensationem. ius: ſ. bona. cum (Dionysius) omnia moliendo eripuerit civibus suis libertatem; rep I 28. qui lucem eripere conetur; Ac II 30. illum motum (Epicurus) eripuit atomis; fin I 19. mihi eripuisti ornamentum orationis meae; Planc 83. qui pretio adductus eripuerit patriam civi innocenti; Cluent 129. est eiusdem et eripere et contra rem publicam largiri pecunias; de or II 172. a quo pecuniam grandem eripueras; Ver IV 37. populum: ſ. alqm; Catil IV 2. potestatem: ſ. dispensationem. rebus omnibus undique ereptis; Ver III 9. quodsi negabit se illi vitam erepturum; leg I 41. voluntatem: ſ. bona. urbem e flamma ac paene ex faucibus fati ereptam; Catil III 1. — nonne te mihi testem in hoc crimine eripuit legis exceptio? Ver II 24.

erogatio, Auszahlung: *πεντέλοιπον* movere ista videntur, in primis erogatio pecuniae; A XV 2, 4.

erogo, verausgaben: qua ex insula nummus nullus erogabitur; A V 21, 7. pecunia publica ex aerario erogata; Ver III 165. nonne in mare superum et inferum sestertium ter et quadragiens erogabamus? Flac 30.

erraticus, schweifend, sich schlängelnd: (vitem) serpentem multiplici lapsu et erratico; Cato 52.

erratio, Irrung, Abweichung: I. nulla in caelo erratio inest; nat II 56. — II. quae (sidera) vaga et mutabili erratione labuntur; Tim 36.

erratum, Irrtum, Verirrung: I. quod appelletur L. Corfidius in oratione Ligariana, erratum esse meum; A XIII 44, 3. — II. agnovi erratum meum; A XIV 6, 4. Democriti errata ab Epicuro reprehensa et correcta permulta; fin I 28. ea errata expiantur; har resp 23. reprehendo: ſ. corrigo. — III. errati veniam impetravissent; Ligar 1. — IV. iis (Dionysius) se inretierat erratis; Tusc V 62.

erro, umherirren, umherschweifen, sich verirren, irren, sich irren: I. cuiusvis hominis est errare, nullius nisi insipientis in errore perseverare; Phil XII 5. quodsi est erratum spe falsa, redeamus in viam; Phil XII 7. — II. me una cum Socrate et cum Platone errare patiantur; orat 42. nisi forte se intellexerit errasse in deligendo genere vitae; of I 120. erranti viam non monstrare; of III 55 (54). astra suspeximus cum ea, quae sunt infixa certis locis, tum illa non re, sed vocabulo errantia; Tusc I 62. quod non solum curiosos oculos excludit, sed etiam errantes; har resp 37. ut aliorum errantem opinionem aucupemur; fin II 71. ne vagari et errare cogatur oratio; de or I 209. ut ingredi libere, non ut licenter videatur errare (oratio); orat 77. ut prudentes errarent; har resp 41. de dis immortalibus habere non errantem et vagam, sed stabilem certamque sententiam; nat II 2. qui errantium stellarum cursus notavit; Tusc I 62. infima est quinque errantium stella Veneris; nat II 53. etiam Lucifer ceteraeque errantes numerum deorum obtinebunt; igitur etiam inerrantes; nat III 51. ne adiectae voces laberentur atque errarent; nat II 144.

error, Irrweg, Irrfahrt, Abirren, Schwanken, Irrtum, Wahn, Verblendung, Verirrung: I. cuius generis error ita manat, ut non videam, quo non possit accedere; Ac II 93. natura nos noster delectat error; de or II 260. cum in eo magnus error esset, quale esset id dicendi genus; opt gen 13. qui tibi aestus, qui error, quae tenebrae erunt! div Caec 45. nesciunt (homines) hos siderum errores id ipsum esse, quod rite dicitur tempus; Tim 33. manat: ſ. accedit. unde omnis iste natus error sit; fin I 32. error in hac causa atque invidia versata est; Cluent 8. — II, 1. convictis Epicuri erroribus; nat II 3. non omnis error stultitia dicenda est; div II 90. si quis vobis error in tanta re sit obiectus; Caecin 5. nationum varios errores perspicere cum liceat; Tusc I 108. ut tollatur error omnis imperitorum; fin I 37. — 2. errori satis factum esse duxit; Deiot 13. ubi locus fuit errori deorum? nat III 76. — 3. errore maximo liberabuntur; fin I 42. — 4. ut imperitos posses in errorem inducere; Bru 293. qui ex errore imperitae multitudinis pendet; of I 65. si in eo sit errore civitas; rep III 27. quanto in errore versatus essem; ep V 2, 2. — III. plena errorum sunt omnia; Tusc I 105. — IV. etsi aliqua culpa tenemur erroris humani; Marcel 13. o vim maximam erroris! div II 99. — V, 1. te audire me etiam mentis errore ex dolore adfici; A III 13, 2. errore quodam fallimur ita disputando; rep III 47. ita variis imbuimur erroribus, ut vanitati veritas cedat; Tusc III 2. ne labamur interdum errore sermonis; leg II 8. non sumus ii, quorum vagetur animus errore; of II 7. — 2. ad quos Ceres in illo errore venisse dicitur; Ver IV 108. quam multa passus est Ulixes in illo errore diuturno! of I 113. emptorem pati ruere et per errorem in maximam fraudem incurrere; of III 55 (54). ut sine ullo errore diiudicare possimus; of III 19.

erubesco, erröten, schamrot werden: o rem dignam, in qua non modo docti, sed etiam agrestes erubescant! leg I 41. epistula non erubescit; ep V 12, 1. hic mulier erubuit; inv I 51.

eructo, ausstoßen: qui eructant sermonibus suis caedem bonorum atque urbis incendia; Catil II 10.

erudio, unterrichten, ausbilden, bilden, aufklären: I. violatur is, qui procreavit, is, qui aluit, is, qui erudivit; par 25. — II. in nobis erudiendis; de or II 1. haec (philosophia) nos ad modestiam magnitudinemque animi erudivit; Tusc I 64. sunt permulti (Graeci) diuturna servitute ad nimiam adsentationem eruditi; Q fr I 1, 16. cuius adulescentia ad scientiam rei militaris non stipendiis, sed triumphis est erudita; imp Pomp 28. rem dignam auribus eruditis; orat 119. qui magnam Graeciam institutis et praeceptis suis erudierunt; Lael 13. erudito homine in philosophia; de or I 67. homines non eruditi; de or II 1. si docemus atque erudimus iuventutem; div II 4. nos quoque oculos eruditos habemus; par 38. oratorem ipsum erudire in iure civili; de or I 253. quia numquam eruditum illum pulverem attigistis; nat II 48. Sapientiam istam, quamvis sit erudita; Phil XIII 6. his temporibus tam eruditis; A XII 18, 1. ut omni doctrina hominum vita erudiretur; Tusc III 69. — III. quae (litterae) me erudiant de omni re publica; ep II 12, 1.

erudite, gelehrt, kenntnisreich: qui (M. Cato) si eruditius videbitur disputare, quam ..; Cato 3. litteris tuis eruditissime scriptis; orat 174.

eruditio, Gelehrsamkeit, Bildung: I. summam eruditionem Graeci sitam censebant in nervorum vocumque cantibus; Tusc I 4. — II. M. Antonium omnino omnis eruditionis expertem atque ignarum fuisse; de or II 1. — III. praeclara eruditione atque doctrina ornati; of I 119.

erumpo, hervorbrechen, hervorkommen, zum Ausbruch kommen, hervorbrechen lassen: I. haec quo sint eruptura, timeo; A II 20, 5. ex avaritia erumpat audacia (necesse est); Sex Rosc 75. cum

id (bellum) videatur in hanc provinciam erupturum;
A VI 3, 2. quorum societatis et sceleratae consensionis fides quo eruperit, vides; A X 4, 1.
erupturum illud malum aliquando; har resp 4. quo
modo (risus) ita repente erumpat, ut eum cupientes
tenere nequeamus; de or II 235. sermones iniquorum in suum potissimum nomen erumpere; Q fr
I 2, 2. perfracto saxo sortes erupisse in robore
insculptas priscarum litterarum notis; div II 85. —
II. ·Canis aestiferos validis erumpit flatibus i g n e s‹;
fr H IV, a, 352. ne in me stomachum erumpant,
cum sint tibi irati; A XVI 3, 1.

eruo, aufwühlen, ausgraben, beseitigen, hervorziehen, aufstöbern: q u o d ex tenebris erueris; agr
I 3. scrutari locos, ex quibus argumenta eruamus;
de or II 146. propter utriusque difficultatem pecu-
niariam; quae erui nusquam nisi ex privatorum bonis
posset; A X 14, 1. hac exercitatione non eruenda
memoria est; de or II 360. mortuum erutum esse;
div I 57. sententiae nescio unde ex abdito erutae;
orat 79.

eruptio, Ausfall, Ausbruch: I. eruptionem
facturi fuisse dicebantur; A VII 14, 2. — II.
quantae (tenebrae) quondam eruptione Aetnaeorum
ignium finitimas regiones o b s c u r a v i s s e dicuntur;
nat II 96.

erus, Herr, Gebieter: non eros nec dominos
appellabant eos, quibus iuste paruerunt; rep I 64.

esca, Speise, Lockspeise: I, 1. divine Plato
.escam malorum" a p p e l l a t voluptatem; Cato 44.
si modo temperatis escis modicisque potionibus ita
(animus) est adfectus, ut . .; div I 115. — 2. nec
(di) iis escis aut potionibus vescuntur, ut . .;
nat II 59. — II. a d f i c i: f. I, 1. tempero.

escendo. emporsteigen, hingehen: cum subito
ille in contionem escendit ‖ asc. ‖ ; A IV 2, 3. ut
omnes simul in rostra escenderent; of III 80. non
pudebat magistratus in hunc ipsum locum escendere:
imp Pomp 55. in rotam beatam vitam non escendere: Tusc V 24.

esco f. **sum,** VII.

esculentus, von Speisen, eßbar, Speise: A.
q u a e sunt esculenta; nat II 124. vomens frustis
esculentis tribunal implevit; Phil II 63. — B. in ea
parte oris, qua esculentis et potulentis iter natura
p a t e f e c i t; nat II 141.

essedarius, Wagenkämpfer: in Britannia ne
ab essedariis decipiaris, caveto; ep VII 6, 2.

essedum, Wagen: I, 1. essedum aliquod
·a p i s a suadeo et ad nos quam primum recurras;
·p VII 7, 1. — 2. v e h e b a t u r i n essedo tribunus
plebis: Phil II 58. — II. hic Vedius mihi obviam
venit c u m duobus essedis et raeda equis iuncta;
A VI 1, 25.

essentia, Wesen: essentiam; fr K 10.

esurio, hungern: ut ad cenam et sitiens et
·suriens veniret; fin II 64. praeclara auspicia, si
·surientibus pullis res geri poterit, saturis nihil
geretur! div I 77.

et, und, auch, und zwar, sowohl — als auch, als,
wie : A. **vergleichend:** quoniam cratuli, qui iam di-
·spectari sunt, caeci aeque et ii, qui modo nati;
nn IV 64. si aliter est et oportet; A XI 23, 1.
alia est bona et mala videntur Stoicis et ceteris
civibus; de or III 66. aliud habitum esse sepelire
·t urere; leg II 60. similem sibi videri vitam
hominum et mercatum eum, qui . .; Tusc V 9.
dicit absurde similiter si at dicat non reprehendendos
parricidas; fin II 21. simul aliquid ‖ et quid ‖ erit
·erti, scribam ad te; A II 20, 2. quam (epistulam)
accepi, simul et in Cumanum veni; A X 16, 4.
B. **hervorhebend** (= etiam): „tu tuum negotium
gessisti bene". gere et tu tuum bene; Q Rosc 32.
: qnod et in Tettii testimonio interpellavit

Hortensius; Ver I 71. notata a nobis sunt et prima
illa scelera; Piso 83. at et morbi perniciosiores
pluresque sunt animi quam corporis; Tusc III 5.
itaque et Aeschines in Demosthenem invehitur,
quod . .; Tusc III 63. mittit et signa nobis eius
generis, qualia . .; div I 121. nam et voluptate
capiuntur omnes; leg I 31. quamquam (Catuli)
erant litterati; sed et alii; of I 133. id et Curtius
ita volebat; Q fr II 13, 3. de Philotimo idem et
ego arbitrabar; A XII 48 (47, 3). da mihi et hoc;
A XVI 16, 10.

C. **anreihend:** I. am Anfang des Satzes: et horum
utrumque potest accidere; Caecin 86. et quisquam
dubitabit . .? imp Pomp 42. et sunt, qui de via
Appia querantur, taceant de curia? Milo 91. et
nunc tota Asia vagatur; Phil XI 6. et tu oblivisci
iubes, quod contra naturam est; Tusc III 35. et
praeter eos (Gracchos) quamvis enumeres multos
licet; leg III 24. et Scipio: tum magis adsentiare,
Laeli, si . .; rep I 62. et certe non tulit ullos
haec civitas gloria clariores; de or II 154. et, quam
tu a Ti. Gracchi aequitate longissime remotus sis,
id eodem iure putas esse oportere? agr II 31. et
ait etiam meus familiaris . .; Rab Post 32. et
multo etiam magis, inquit Mummius; rep III 46.
et hercule sine dubio erit ignominia; rep II 18, 2.
et ita factum est a P. Servilio filio; A I 19, 9. et
ne hoc in causis accidere miremur; de or II 192.
et vos non videtis . .? Cael 56. f. certe. et quidem
honestis similia sunt quaedam non honesta; Ac II 50.
et quoniam hoc reprehendis; dom 93. et si conferre
volumus nostra cum externis; nat II 8. et simul
absurda est; Balb 37. et tamen nescio quo
pacto non nimis irati revertistis; Phil VIII 28. et
vero ita existimo; Tusc III 12. et ut haec omittamus, tamen . .; nat III 32.

II. im Satz: a. ohne andere Copulativ-
p a r t i k e l: 1. einmal: a. a Cleanthe et Chrysippo;
nat II 63. Cn. et P. Scipionibus; Planc 60. Tuditano et Aquilio consulibus; nat II 14. consulibus
Tuditano et Cethego; Cato 10. auspicia, quibus ego
et tu praesumus; de or I 39. ego et Triarius; fin
I 76. hoc et alia multa; Ac II 19. se et salutem
suam; Sest 1. sibi et suis commodis; Ver III 228.
unum et idem; Catil II 19. in a c i e et ferro; opt
gen 17. aditu et limine; Milo 75. adiumenta et
auxilia; Tusc IV 84. in maximis meis aerumnis et
luctibus; A III 8, 2. amplitudinem et dignitatem
tuam; ep I 5, a, 4. aqua et igni; Phil I 23. pro
aris et focis; nat III 94. ad eorum arbitrium et
nutum; orat 24. caput et sanguinem; Ver V 13.
caritas et amicitia; nat I 22. carminibus et cantibus; de or III 197. casum et eventum; Ver III 227.
cautio et timiditas; de or II 300. comites et socios;
A XI 14, 1. conciliationem et consociationem; of I
149. coniecturae et cogitationi; Font 23. coniunctione
et familiaritate; Phil XIV 16. coniugibus et liberis;
of III 48. consensum et concordiam; Phil IV 14.
continentiae et temperantiae; of III 96. copiis et
opibus; ep XV 3, 2. tribus in generibus, externis,
corporis et animi; part or 74. correctio et emendatio; fin IV 21. cura et sollicitudine; A XV 14,
3. coniectura, definitio et, ut ita dicam, consecutio;
de or III 113. deliciarum et voluptatis; Rab Post
26. domo et patria; dom 5. elegantia et munditia;
orat 79. facinorum et sceleris; nat III 46. facta et
consulta; leg I 62. facultatem et materiam; de or
II 342. familiaritate et consuetudine; ep XIII 29, 1.
fastidio quodam et satietate; de or III 98. fidem et
religionem; Ver II 78. fidem et famam meam; A
XI 2, 1. ab illo fonte et capite; de or I 42. formam et speciem; orat 101. formae et figurae; nat
I 54. fortunis et bonis; dom 24. vox, gestus et
omnis actio; Bru 238. honos et dignitas; Ver I 37.
humanitatem et facilitatem; de or II 362. delectatio,

iactatio et similia; Tusc IV 16. imago et similitudo; de or II 356. imperiis et potestatibus; Phil II 53. ab inconstantia et temeritate; nat III 61. insignia et lumina; de or III 96. integritas et continentia: Q fr I 1, 18. iocus et facetiae; de or II 216. iure et more; Flac 14. iura et iussa; leg I 17. temperantia, modestia, iustitia et omnis honestas; fin IV 18. fortitudinem, iustitiam et reliquas (virtutes) generis eiusdem; fin V 36. laborem et industriam; Bru 318. lacertis et viribus; ep IV 7, 2. latibulum et perfugium; A XII 13, 2. ex lateribus et lacertis; Cato 27. levitatem et inconstantiam; ep XII 8, 1. legibus et iudicio; Bru 241. legum et libertatis; of III 83. malitiam et fraudem; Cluent 70. mancipio et nexo; ep VII 30, 2. mansuetudine et continentia; ep XV 3, 2. memoria et recordatio; Bru 9. moderatio et temperantia; de or II 247. moderatione et continentia; A VI 2, 4. momenti et ponderis; Vatin 9. monumentis et litteris; Bru 26. more et exemplo; Caecin 36. motus et gestus; Bru 303. sine mutatione et sine versura; Tusc I 100. nomen et vocabulum; de or III 159. obscuritatem et tenebras; de or III 50. ab obtrectatione et invidia; Bru 156. ex oculis et vultu; ep VI 14, 2. opes et copiae; de or II 342. operis et muneris; Tusc I 70. in ore et amore; ep X 28, 1. ex pacto et convento; A VI 3, 1. palaestrae et olei; de or I 81. patientiam et duritiam; de or III 62. pace et otio; Caecin 33. pacis et foederis; rep II 14. in tanta hominum perfidia et iniquitate; ep I 2, 4. ex pernicie et peste rei publicae; ep IV 3, 1. perturbatione et confusio; ep IV 4, 2. pugna et acies; de or II 84. ratione et intellegentia; orat 10. ratione et via; orat 10. salis et urbanitatis; de or II 231. a senatu et a populo; prov 7. sine sensu et mente; nat I 25. in sermone et suavitate; ep IV 6, 2. simulatione et fallaciis; de or II 191. socium et consortem; Bru 2. in solem et pulverem; Bru 37. speciem et imaginem; div II 137. splendorem et speciem; ep I 9, 17. stomachi et molestiae; A XVI 2, 3. studio et cupiditate; Deiot 28. sucus et sanguis; Bru 36. tectis et urbibus; nat II 99. temperantiam et moderationem; ep I 9, 22. tempore et die; Quir 23. tractatio et quaestio; de or III 88. ubertatem et copiam; Bru 44. venustas et pulchritudo; of I 95. virtute et voluntate; Phil VII 6. vis et contentio; de or I 255. vi et virtute; Ver I 57. vi et metu; Ver III 143. vi et minis; Catil II 14. vi et armis; Phil I 26. vitiorum et peccatorum; de or III 106. vocabulo et nomine; de or III 161. voluptates et dolores; fin I 55. usus et consuetudo; Sex Rosc 15. usu et fructu; ep VII 30, 2. ab augendis utilitatibus et commodis; of I 155. — b. Aventinum et Caelium montem; rep II 33. agri Piceni et Sabini; of III 74. Titias et Apuleias leges; leg I 14. vir acer et fortis; Bru 135. ornatu acerbo et lugubri; Ver I 58. virtutes aequales et pares; de or III 55. aequum et bonum; Caecin 65. agrestem et inhumanum; sen 13. amplae et honestae familiae; Muren 15. patrimonium tam amplum et copiosum; Sex Rosc 6. angustis et concisis disputationibus; de or II 61. animum apertum et simplicem; ep I 9, 22. (genus) aptum et congruens; de or III 53. me astutum et occultum; ep III 10, 8. homo avarus et furax; de or II 268. (aures) avidae et capaces; orat 104. mi optime et optatissime frater; Q fr II 6, 2. brevis et circumscripta explicatio; de or I 189. ex corpore caduco et infirmo; nat I 98. oratione celeri et concitata; de or II 88. certa et vera; div I 121. commune vitium et pervagatum; de or II 210. constantem hominem et gravem; de or III 92. cotidianis et vernaculis rebus; de or III 188. familiae disiunctae et dispares; de or III 61. iura divina et humana; of I 26. egregia et praeclara mater;

Cluent 14. eloquentior et disertior; de or III 129. erectum et celsum; de or I 184. eximia et praeclara; of I 67. falsis et mendacibus visis; div II 127. segetes fecundae et uberes; orat 48. firma haec civitas et valens; har resp 60. (virtus) formosa et inlustris; de or III 55. fortem et virilem; de or I 231. fortis actor et vehemens; Bru 221. fortunatum hominem et nobilem; de or II 352. servi frugi et diligentes; Phil VIII 32. tribunum pl. furiosum et audacem; Sest 20. (amor tuus) gratus et optatus; ep V 15, 1. gravissimum et severissimum; de or II 228. inter honestum et turpe; fin IV 70. idem et semper sui similis orbis: Tim 33. (dominationem) ignominiosam et flagitiosam; Phil III 34. immensa et infinita vetustas; nat II 15. ab illa impia et scelerata manu; Sest 9. improbi hominis et perfidiosi; de or II 297. in inculto et derelicto solo; Bru 16. inculta quaedam et horrida; fin I 8. (hominum genus) indoctum et agreste; part or 90. industrium et diligentem; Bru 105. ea inlustriora et clariora; fin I 71. navis inops et infirma; Ver V 86. inscium et rudem; Bru 292. incundum et gratum convivium; Ver IV 63. cum iusto et legitimo hoste; of III 108. (fortunam) levem et imbecillam; ep IX 16, 6. magnanimum et fortem virum; Tusc IV 61. meum et rei publicae casum; Sest 60. querela misera et luctuosa; Phil II 6. molesta et putida; de or III 50. multae et magnae (contentiones); Phil II 7. multa et varia oratione; Ac II 41. in re nota et pervulgata; de or II 358. obscurum et occultum: Cluent 157. consul parvo animo et pravo; A I 13, 2. patiens et lentus; de or II 305. puer patrimus et matrimus; har resp 23. perdifficilis et perobscura quaestio; nat I 1. privatis et domesticis incommodis; ep II 16, 4. proximam et continentem causam; fat 44. propria et certa vocabula; de or III 149. prudens et sciens; ep VI 6, 6. is prudentissimus et sapientissimus; of I 16. pura et incorrupta consuetudine; Bru 261. quot et quanta (res); imp Pomp 48. ridicula et salsa multa; de or II 217. rustica vox et agrestis; de or III 42. sani et sicci; opt gen 8. officium sapientis et insipientis; fin III 59. severior et tristior; de or II 289. solliciti et anxii (amores); Tusc IV 70. speciosum et inlustre; Bru 250. exitus spissi et producti; de or II 213. subtile et politum; opt gen 12. taetram et immanem beluam; Tusc IV 45. tot et tantas res; imp Pomp 48. validam urbem et potentem; rep II 4. varia et diversa genera; imp Pomp 28. uberem et fecundum; orat 15. vehemens et acer; Bru 113. homo vehemens et violentus; Phil V 19. venustissimus et urbanissimus; de or II 228. veri et certi notam; Ac II 103. haec tam vetera et tam obsoleta; rep II 55. vigilantem hominem et industrium; A VIII 11, B, 1. consuetudinem vitiosam et corruptam; Bru 261. re utiles et salutares; nat I 38. — c. anguste et exiliter dicere; Bru 289. aperte et perspicue nulla esse indicia; Ver pr 20. apte et loco positum; Top 100. aspere et acerbe est accusatus; ep I 5. b. 1. „belle et festive“; de or III 101. „bene et praeclare“; de or III 101. senatus consultis bene et e re publica factis; Phil III 30. breviter et commode dicta; Lael 1. casu et fortuito factum esse; div I 125. constanter et fortiter; prov 41. docte et copiose disseruisse; Tusc V 8. ficte et fallaciter populares; dom 77. ut maneamus in perspicuis firmius et constantius; Ac II 45. Hortensius filius fuit Laodiceae gladiatoribus flagitiose et turpiter; A VI 3, 9. quae huc et illuc trahuntur; Ac II 116. qui immoderate et intemperanter vixerit; Tim 45. locum longe et late patentem; orat 72. narrare memoriter et iucunde; Lael 1. causam ornatissime et copiosissime defensam; Bru 21. pedetemptim et gradatim accessus facti; ep

IX 14. 7. quae cum perite et scienter diceret; Bru 197. ut nec id faciat tam presse et anguste; orat 117. ut pure et Latine loquamur; de or I 144. ego nunc, qua et quo, videbo; A X 6, 3. ridicule et facete explicans; Bru 198. saepe et multum hoc mecum cogitavi; inv I 1. semel et saepius sententiam meam sustulerunt; Phil XIV 22. eos solos Attice dicere, id est quasi sicce et integre; opt gen 12. suavissime et humanissime scriptae litterae; ep XIII 18, 1. turpiter et nequiter facere; Tusc III 36. vere et sapienter (populares) dom 77. — d. annos quattuor et quadraginta; Bru 229. quinque et sexaginta annos; Cato 14. sex et quinquaginta milia; Sex Rosc 19. unum et alterum; fat fr 5. quartum annum et octogesimum; Cato 32. quarto et sexagesimo anno; Bru 324. Olympias secunda et sexagesima; rep II 28. septimo et quinquagesimo die; A V 20, 1. sexagesimo et quingentesimo (die); A V 13, 1. uno et vicesimo die; ep XIV 5, 1. HS deciens et octoginta milia; Ver I 100. sestertium bis miliens et quadringentiens; Rab Post 21. remissis senis et trientibus; Sest 55. dupla et tripla intervalla; Tim 23. — e. de (arte) absoluta et perfecta; de or III 84. acceptum et expensum; Q Rosc 8. angor et crucior; A VII 22, 1. asperner et respuam; A XIII 38, 2. audite et cognoscite; Phil II 43. cingens et coërcens; nat II 101. cohortere et exacuas; A XII 36, 2. colat et observet; ep IV 3, 4. committi et condonari; agr II 46. comprehendi et percipi; Ac II 119. confectus et oppressus; A XI 9, 1. confirmo et spondeo; ep XIII 41, 2. configendum et armis decertandum; Caecin 46. contemnant et pro nihilo putent; of I 28. conticuit et obmutuit; Bru 324. convalescere et sanari; Sulla 65. cura te et confirma; ep XVI 7. discerpi et lacerari; nat I 27. doceo et explano; de or II 82. dormientium et vigilantium; Ac II 52. (poëtae) audiuntur, leguntur, ediscuntur et inhaerescunt penitus in mentibus; Tusc III 3. efferendum et laudandum; de or I 170. evellenda et extrahenda sunt; Tusc IV 57. ad exaggerandam et amplificandam orationem; de or III 105. exanimati et suspensi sumus; ep VI 1. 6. excisam et eversam; Sest 35. exhausti et exinanivit; Ver V 109. exigeres et eriperes; Ver III 42. explanandi et inlustrandi; part or 32. explices et expedias; ep XIII 26, 2. te extrudam et eiciam; de or II 234. ferri et pati; Phil II 85. fixi et locavi; ep II 6, 3. rebus fictis et adumbratis; Lael 97. formamus et fingimus; de or III 177. fracto animo et demisso; ep I 9, 16. incitare et inflammare; Phil XI 22. inflammatum et furentem; Tusc V 16. inflatus et tumens animus; Tusc III 19. instructos et ornatos; leg I 36. quod intellego et perspicio; ep VI 13, 2. laberentur et fluerent; Ac I 31. ei (Hirtio) legi et egi; A XV 1, 2. manet et funditur; Tusc V 72. minuet et leniet; Phil IX 13. miscendi et temperandi; orat 197. moventur et agitantur; div II 140. mutatur et vertitur; de or III 177. ut narrata et exposita; de or II 312. ira nascens et modo exsistens; Tusc IV 21. memoria obscurata est et evanuit; de or II 95. observant et colunt; ep VI 10, 2. parebit et oboediet; Tusc V 36. percipi et comprehendi; Ac II 40. in perditis et desperatis; ep XIII 56, 1. pergas et properes; Q fr I 3, 4. perpetior et perfero; de or II 77. si perseverant et obtinent; Q XI 7, 3. perspecta et cognita; ep I 9, 12. potuit et debuit; Q Rosc 42. itinere proposito et constituto; div I 26. pugna et enitere; ep III 10, 3. regerent et gubernarent; Tim 46. relinquet et deseret; Tusc II 33. reminisci et recordari; Cato 78. retinnit et resonat; Bru 171. sciente et vidente; Cluent 129. scrutabimur et quaeremus; part or 8. sentit et sapit; rep I 65. spernit et neglegit; of II 38. tradunt et docent; fin IV 9. trahimur et ducimur; of I 18. tuetur et sustinet; Rab Post 41.

vale et salve; ep XVI 4, 4. victi et debilitati; fin I 47. volitare et vagari; rep I 26. volumus et optamus; ep I 7, 5. sunt vota et dedicata; nat III 43. — f. contra omnia dici oportere et pro omnibus; Ac II 60. ex qua (materia) et in qua omnia sint; nat III 92. amicitia per se et propter se expetita; Lael 80. — g. fratrem et talem fratrem relinqui; A VI 9, 3. cui iter instet et iter ad bellum idque periculosum; A XIII 42, 1. plurimum se et longe longeque plurimum tribuere honestati; fin II 68. omnes et omnia (viceris); Tusc II 63. cum hoc Pompeius egit et vehementer egit; A II 22, 2. audisti et audies; Ver IV 70. defensus sit et hoc tempore defendatur; Phil III 38. dico et maxima voce dico; dom 95. quos diligamus et a quibus diligamur; Lael 102. manet (quercus) et semper manebit; leg I 1. credi oportere et non oportere; inv II 50. sapere et non sapere; inv I 42. sit et fuerit; Ver II 165. videmus et aequo animo videmus; Ver V 152. ignosco, et eo magis, quod . .; Rab Post 20. — h. ut timide et pauca dicamus; imp Pomp 47. quod et qua de causa discidium factum sit; Ac I 43. quis et unde sit; rep II 6. quae magna et prater opinionem suam animadverterunt; of II 36. sollicitus eram et angebar; A IX 6, 4. — i. contumeliosa habenda est oratio, et dicendum est id, quod . .; Planc 6. quia facillime in nomine tuo acquiesco, et quia te habeo aequissimum iudicem; fin III 6. si (avis) in offam pultis invadit, et si aliquid ex eius ore cecidit; div II 73. quibus (litteris) mihi gratulatur et omnia pollicetur; A VII 2, 7. — k. rogo te et etiam oro sic medius fidius, ut . .; A XVI 16, 9. f. quidem. Pomponius iocari videtur, et fortasse suo iure; fin V 4. definitiones rerum probabant et has ad omnia adhibebant; Ac I 32. in excellenti oratore et eodem bono viro; de or II 85. a magno homine et in primis erudito; leg III 14. privatas causas, et eas tenues, agimus subtilius; ep IX 21, 1. f. quidem. Simillatim unam quamque rem attingere et ita omnes transire breviter argumentationes; inv I 98. esse tertium inter illos, et ita factos eos pedes esse, ut . .; orat 193. ut (Caesar) tradat exercitum et ita consul fiat; A VII 9, 3. sic nata eloquentia videtur et item postea esse versata; inv I 3. placet mihi igitur et item tibi nuntium remitti; A XI 23, 3. in bello et maxime civili; Phil V 26. neutrum tibi palam sentiendum et tempori serviendum est; A X 7, 1. nihil habent haec duo genera proni et supera semper petunt; Tusc I 42. quae si omnia summa non sunt et pleraque tamen magna sunt; de or I 259. f. potius. videte, quid aliae faciant feminae, et ne exire non liceat; ep XIV 18, 2. ut ipse doceat et ut ne quis alius adsit; de or II 102. quos (sensus) qui tollunt et nihil posse percipi dicunt; fin I 64. si arbitrarer et nisi audirem . .; ep XIII 21, 1. si, unde necesse est, inde initium sumetur et non ab ultimo repetetur; inv I 28. virum bonum et non inlitteratum; de or II 25. qui verecundiam tecum extuleris et non hic nobiscum reliqueris; ep VII 18, 2. ut dictarem hanc epistulam et non ipse scriberem; Q fr II 2, 1. novi te et non ignoro, quam sit amor sollicitus; A II 24, 1. servire tempori et non amittere tempus; A VIII 3, 6. f. g. oportet, sapio. cum adsumptio perspicua est et nullius approbationis indiget; inv I 70. tam inurbanus et paene inhumanus; de or II 365. de spe minime dubia et plane explorata; ep III 9, 2. non deesse et potius libenter accurrere; ep IX 2, 5. illa stomachosa et quasi submorosa ridicula; de or II 279. verba compone et quasi coagmenta; Bru 68. multis litteris et iis quidem reconditis et exquisitis; Bru 252. necesse est intellegentem esse mundum et quidem etiam sapientem; nat II 36. quoniam iam dialecticus es ethaec quoque liguris; dom 47. me confirmavi et sic paravi, ut . .; Cluent 88. attendite

et simul videte . .; Ver II 96. non perfecti homines
et tamen ingeniis excellentibus praediti; fin V 69.
ſ. non; de or I 259. formam quidem ipsam et tamquam faciem honesti vides; of I 15. dicitur quidem
istuc a Cotta, et vero saepius; div I 8. — 2. ʒweimal:
vicissitudine et varietate et commutatione; de or
III 225. particeps et socius et adiutor; A IX 10, 5.
esset ex inerti et improbo et impuro parente gnavus
et pudens et probus filius; Ver III 161. libidinosae
et acerbe et avare populo praefuerunt; rep II 63.
circumitus solis orbium v et LX et CCC; nat II 49.
id si voluerunt et cogitarunt et perfecerunt; Tul 25.
dominum et dominum absentem et dominum amicissimum nostrae rei publicae; Deiot 3. auctoritate et
consilio et etiam gratia; ep IX 25, 3. querela con-
flati criminis et accusatoris insidiae et item commune
periculum; part or 121. magnam et maxime aegram
et prope depositam rei publicae partem; Ver I 5.
coniunctio inter homines hominum et quasi quaedam
societas utilitatum et ipsa caritas generis humani;
fin V 65. cadere in eundem timorem et infractionem
quidem animi et demissionem; Tusc III 14. — 3.
breimal: mens et animus et consilium et sententia
civitatis; Cluent 146. quae cum breviter et presse
et satis ornate et pereleganter diceret; Bru 197. —
4. viermal: nostra illa aspera et montuosa et fidelis
et simplex et fautrix suorum regio; Planc 22. —
5. fünfmal: cogitare et providere et discere et docere
et invenire aliquid et tam multa alia meminisse;
Tusc I 22. — 6. ſechsmal: solem dico et lunam et
vagas stellas et inerrantes et caelum et mundum
ipsum et earum rerum vim, quae . .; nat II 80. --
7. achtundzwanzigmal: de or III 207.
   b. mit andern Copulativpartikeln: 1.
affirmativ: ei HS quadraginta milia pollicetur et eum,
ut ceteros appellet, rogat atque etiam Guttam
aspergit huic Bulbo; Cluent 71. ut canes etiam et
equi, aselli denique liberi sic incurrant, ut . .; rep
I 67. geometrae vero et musici, grammatici etiam
more quodam loquuntur suo; fin III 4. haec diu
multumque et multo labore quaesita; Sulla 73. recte
et ordine exque re publica fecisse; Phil X 26. in
Rhodiorum inopia et fame summaque annonae caritate; of III 50. qui (Alcmaeo) soli et lunae reliquisque
sideribus animoque praeterea divinitatem dedit; nat
I 27. vir iste fuit prudens et acutus et in suo
genere perfectus mihique familiaris; leg I 54. omnium
rerum seminator et sator et parens, ut ita dicam,
atque educator et altor est mundus; nat II 86.
vastitate, pestilentia, terrae motibus et saepe fremi-
tibus lapideisque imbribus et guttis imbrium quasi
cruentis, tum labibus aut repentinis terrarum
hiatibus, tum hominum pecudumque portentis, tum
facibus visis caelestibus, tum stellis iis, quas . .,
tum sole geminato; nat II 14. — 2. negativ: officium
absolutum est et omnes numeros habet nec praeter
sapientem cadere in quemquam potest; of III 14.
vidi statim indolem neque dimisi tempus et eum
cohortatus sum, ut . .; de or II 89. eum secundus
ortus transferet, et gravius etiam iactabitur et in
figuras pecudum transferetur neque terminum aspiciet . .; Tim 45.
   D. correspondierend: I. mit et: 1. ʒweimal: a.
et nobismet ipsis et nostris; div II 148. et bonum
et malum; leg I 46. et dies et noctes; A XII 46.
et dignitatem et salutem; har resp 6. et pro facultate et pro fide; Balb 17. et flumina et fontes; nat
III 52. summa et gratia et gloria; ep X 19, 2. in
omni genere et honorum et laborum meorum; ep
XIII 29, 2. et necessitatem et fatum; fat 21. et
operam et oleum; ep VII 1, 3. et propinquitatis et
adfinitatis; Planc 27. et senatui et populo Romano;
Phil VIII 30. et terra et mari; Muren 33. singularis et vir et imperator; of I 76. et usu et moribus; Lael 32. — b. invento et divino iure et

humano; Sest 91. cum et diurno et nocturno metu;
Tusc V 66 et maxime fidelem et minime timidum
defensorem; sen 3. is mihi et honestus et honoratus
videretur; Bru 281. fractus multo et maior et
certior; of II 56. de rebus et obscuris et incertis;
div I 122. commeatu et privato et publico; imp
Pomp 53. et splendida et inlustris oratio; fin V 11.
epistulam et suavem et gravem; Q fr III 1, 19. et
urbanis et bellicis rebus; de or III 138. ſ. h. — c.
fecimus et alias saepe et nuper in Tusculano, ut . .;
Tusc V 11. me et grate et pie facere; Planc 96.
cum et hac et illac aurem admoverit; Ac fr 20 (3.
29). dicta sunt et privatim et publice testimonia;
Ver II 120. — d. et committi et credi; Q fr I 1,
14. vos et hortor et moneo; ep XV 1, 4. qui (populus) et potest et solet non numquam dignos
praeterire; Planc 8. et praestare et probare; ſont
18. et sitiens et esuriens; fin II 64. volo et esse
et haberi gratus; fin II 72. et videre et audire;
Tusc I 46. et vidit et fecit; Sest 92. — e. et contra
omnes philosophos || [phil.] || et pro omnibus dicere;
nat I 11. et de te et a te; Phil II 6. et ex quo
loco et a quo loco; Caecin 87. — ſ. quod et quaestor
est et quaestor tuus; ep II 18, 2. vgl. e. et
privati et privatum ad negotium; agr I 8. gratiam
et, qui rettulerit, habere et, qui habeat, rettulisse;
of II 69. et esse et fore; ep XIII 28, a, 2. et sum
totus vester et esse debeo; ep XV 7. et vincere et
vinci; Quir 18. et utetur et usus est; ep XIII 64,
2. — g. et sine mea oratione et tacitus facile ipse
respondet; Cael 3. alterum et a paucis et raro,
alterum et saepe et a plurimis; nat III 69. -- h. et
festivitatem habet narratio, et est et || est || probabi-
lius et multo apertius; de or II 328. et maiestatis
absoluti sunt permulti, et hoc cotidie fieri videmus,
ut . .; Cluent 116. — i. et illud et etiam de ipso
testamento; A XI 23, 3. ſ. vero. et magnos et
eosdem bene longinquos dolores; fin II 94. et mihi
et item rei publicae; Marcel 13. peroratio et alia
quaedam habet et maxime amplificationem; Top 98.
et nec sententia ulla est, quae . ., nec verborum
lumen apparet nisi diligenter conlocatorum, et horum
utrumque numerus inlustrat; orat 227. ut et se
perire cuperet et nihil haberet, quod . .; Sulla 32.
et longum est iter et non tutum, et non video, quid . .;
ep XIV 12. de Buthrotiis tu recte cogitas, et
ego non dimitto istam curam; A XIV 11, 2. id et
nobis erit periucundum et tibi non sane devium; A
II 4, 6. et eas res tibi notas esse et non ignorari
a te . .; ep XV 4, 1. criminibus gravissimis et iis
et praeterea multis; Cluent 59. (appetitus animi)
et oderit se et simul diliget; fin V 28. uterque et
id posuit, quod conveniebat, et tamen suae causae
commodo consuluit; inv I 31. tibi et fuit hoc semper
facillimum et vero esse debuit; Q fr I 1, 7. et illi
ostendisti et vero etiam mihi; A XVI 16, 9. - 2.
breimal: et te et tua et tuos; Phil II 68. et in
legatione et in praetura et hic in Sicilia; Ver III
187. (terrae) exspirationibus et aër alitur et aether
et omnia supera; nat II 83. homine et sapiente et
sancto et severo; Sest 6. vescimur bestiis et terrenis
et aquatilibus et volantibus; nat II 151. et scribens
et legens et commentans; Bru 305. et colit et observat et diligit; ep XIII 78, 1. si naturalis amor
esset, et amarent omnes et semper amarent et idem
amarent; Tusc IV 76. qui et consul rogavi et augur
et auspicato; nat II 11. is et nudius tertius in
custodiam cives Romanos dedit et supplicationem
mihi decrevit et indices hesterno die maximis praemiis adfecit; Catil IV 10. et dignitatis municipii
et aequitatis et etiam voluntatis erga se; ep XIII 7,
3. et maneo et manebo et non desistam . .; Q fr
I 2, 13. vgl. 1, i. non; ep XIV 12. — 3. viermal:
et diligentia consequi et memoria complecti et
oratione expromere et voce ac viribus sustinere; div

et 235 etiam

Caec 39. tales sunt (voluptates) et oculorum et tactionum et odorationum et saporum; Tusc IV 20. ut est et studiis et officiis nostris mutuis et summa amicitia dignum et necessitudine etiam paterna; ep XV 4, 13. — 4. fünfmal: vir et in re publica fortissimus et in suscepta causa firmissimus et bonorum voluntati et auctoritati senatus deditus et in hac Milonis invidia incredibili fide: Milo 91. et invidere aegritudinis est et aemulari et obtrectare et misereri et angi, lugere, maerere . . : Tusc III 83. — 5. sechsmal: et mundum deum esse et caelum et astra et terram et animos et eos, quos maiorum institutis accepimus: nat I 30. — 6. zehnmal: et geminatio verborum habet interdum vim: et paulum immutatum verbum atque deflexum et eiusdem verbi repetitio et in eadem verba impetus et concursio et adiunctio et progressio et eiusdem verbi quaedam distinctio et revocatio verbi et illa, quae similiter desinunt; de or III 206.

II. mit andern Partikeln: 1. affirmativ: unde et amicitia exsistebat et iustitia atque aequitas: Ac I 23. et publicani suas rationes contulerunt. deinde ex ceteris ordinibus homines gnavi in Asia negotiantur; imp Pomp 17. 18. et P. Crassus functus est aedilicio maximo munere, et paulo post L. Crassus magnificentissima aedilitate functus est, deinde C. Claudius, multi post; of II 57. ut et privata domus omnis vacet dominatione et hoc manin usque ad bestias perveniat, denique ut pater filium metuat: rep I 67. et animus et opera et auctoritas et gratia, etiam res familiaris; ep XIII 29, 2. et corona subito exstitit, stellaeque aureae deciderunt; div I 75. non necesse est et illa pristina manete, et haec multo esse cariora, animique optimam quamque partem carissimam, in eaque expletione naturae summi boni finem consistere? fin V 40. — 2. negativ: si et Silius is fuerit nec Drusus facilem te praebuerit: A XII 23, 1. et lumina dimiseramus, nec satis lucebat; A XVI 13, (a) 1. nec metuam quicquam et cavebo omnia; ep XI 21, 4. hoc nec mihi placebat et multo illi minus; A XV 8, 1. nec miror et gaudeo teque hoc existimare volo . .; ep X I. 4. Cn. Aufidius et in senatu sententiam dicebat nec amicis deliberantibus deerat et Graecam scribebat historiam et videbat in litteris; Tusc V 112.

etenim, nämlich, und allerdings: I, 1. etenim nomen iudicum amittemus; Cluent 6. etenim iam diu in his periculis versamur; Catil I 31. dicam hercle; etenim recte requiris; Tusc II 26. — 2. etenim quis te tum audiret illorum? Planc 44. etenim, pro deorum atque hominum fidem! parumne cognitum est . .? Tusc V 48. — 3. etenim rem totam breviter cognoscite; Ver II 169. — II. etenim, credo, Manlius bellum populo Romano suo nomine indixit; Catil II 14. etenim cum ortus nascentium luna moderetur; div II 91. etenim quamquam illi sunt mortui; Ver V 121. etenim quoniam detractis de homine sensibus reliqui nihil est; fin I 30. etenim si memoriae proditum est . .; Bru 3. etenim ut simul Africani aequitatem cognoscatis; Ver II 86. etenim ut membra quaedam amputantur, sic..; of III 32. etesiae, Passatwinde: I. nisi quid me etesiae morabuntur; ep II 15, 5. cum me etesiae quasi boni cives relinquentem rem publicam prosequi noluerunt: ep XII 25, 3. etsi etesiae valde reflant; A VI 7, 2. — II, 1. quam salutares (natura dedit) ventos etesias! nat II 131. — 2. quae (navigatio) incarrebat in ipsos etesias; ep XV 11, 2.

ethologus. Charakterdarsteller, Possenreißer: I. mimorum est et ethologorum, si nimia est imitatio, sicut obscenitas; de or II 242. — II. vitanda est et mimorum et ethologorum similitudo; de or II 244.

etiam, auch, noch, sogar, selbst, freilich, ja, wieder: I. absolut: etiamne (sapiens beatus est), si sensibus

carebit oculorum, si aurium? etiam; Tusc V 111. novi tibi quidnam scribam? quid? etiam; A I 13, 6. aliud quid? etiam; A II 6, 2. quid aliud novi? etiam; A IV 18, 4.

II. im Zusammenhang: 1. vorangestellt: vitanda etiam ingenii ostentationis suspicio; de or II 333. his scriptis etiam ipse interfui; Bru 207. adiungo proximum superiorem pedem, saepe etiam tertium; orat 216. ut etiam illis optimis temporibus solus Frugi nominaretur; Font 39. omnis ingenuorum adest multitudo, etiam tenuissimorum; Catil IV 16. quorum ego ferrum et audaciam reieci in campo, debilitavi in foro, compressi etiam domi meae saepe; Muren 79. ne pestis removeretur, restiterunt, etiam, ne causam diceret, etiam, ne privatus esset; har resp 50. hic etiam miramur, si illam pyxidem sit fabula consecuta? Cael 69. qui etiam ipse in te dixeris; Planc 85. accipio (visa) iisque interdum etiam adsentior; Ac II 66. ut „arbitrari" se diceret, etiam quod ipse vidisset; Ac II 146. quam etiam pecudes, si loqui possent, appellarent voluptatem; fin II 18. si (sapiens) irascitur, etiam concupiscit; Tusc III 19. quod multa intelleges etiam aliunde sumpta meliora apud nos multo || [multo] || esse facta, quam . .; rep II 30. est autem etiam vehementer utile iis valere opibus; of II 64. est etiam quiete et pure atque eleganter actae aetatis placida ac lenis senectus; Cato 13. equidem etiam admodum adulescentis P. Rutilii familiaritate delector; Lael 101. quantus interitus esset futurus civium partim amplissimorum, partim etiam optimorum; ep IV 14, 2. quae res etiam auxit dolorem meum; A IV 6, 2. scripsi ad Terentiam, scripsi etiam ad ipsum; A VII 1, 9. ego autem, etiam ut nullum periculum sit, tantum abest, ut . . ; A XV 5, 2.

2. eingeschaltet und nachgestellt: ex hac (oratione) haec etiam soluta variis modis oratio; de or III 177. nisi forte id etiam dubium est, quo modo iste praetor factus sit; Ver I 100. unum etiam mihi reliquum eius modi crimen est; Cluent 169. quam diu etiam furor iste tuus nos eludet? Catil I 1. accedit etiam, quod T. Annio devota ista hostia esse videtur; har resp 6. disputavit etiam multa prudenter; Sest 73. nisi forte eos etiam, qui in hostes inciderint, vituperandos putes; Rab Post 29. quod nomen hi reges posteris etiam suis traditurus se esse confidunt; Deiot 41. nonne ita credit || credidit || (Iliona) filium locutum, ut experrecta etiam crederet? Ac II 88. Polyaenus num illa etiam, quae sciebat, oblitus est? Ac II 106. geometrae et musici, grammatici etiam more quodam loquuntur suo; fin III 4. quoniam plures Ioves etiam accepimus; nat III 42. ut maiores nostri Tusculanos, Hernicos in civitatem etiam acceperunt; of I 35. cum iam lege etiam sim confectus; A XI 9, 1.

3. bei Comparativen: quod hoc etiam spe adgredior maiore ad probandum, quia . .; de or II 9. quo etiam satietas formidanda est magis; orat 213. quo maiore etiam apud vos odio esse debet, quam . .; Ver pr 42. domo per religionis vim sceleratius etiam aedificata quam eversa; dom 146 (147). plura etiam acciderunt, quam vellem; Piso 46. haec Antiochus multo etiam adseverantius; Ac II 61. Xenophanes, paulo etiam antiquior; Ac II 118. alios dicere aiunt multo etiam inhumanius; Lael 46.

4. Verbindungen: an etiam id dubium est? leg III 33. at etiam quodam loco facetus esse voluisti; Phil II 20. atque etiam in bestiis vis naturae perspici potest; fin III 62. quae interesse tua aut etiam velle te existimem; ep V 20, 6. pueri, etiam cum cessant, exercitatione aliqua ludicra delectantur; nat I 102. quod genus imperii deinde

30*

etiam deinceps posteris prodebatur; leg III 4. dolere animos, ergo etiam interire; Tusc I 79. me perculso et spirante etiam re publica; Sest 54. ut, et quid tu agas, et quid agatur, scire possim, et etiam quid acturus sis; ep XII 18, 1. etiam atque etiam te hortor; ep VI 10, 4. de geographia etiam atque etiam deliberabimus; A II 7, 1. non dico fortasse etiam, quod sentio; Tusc I 12. antea nostra causa, nunc iam etiam tuae constantiae gratia; ep XIII 41, 2. num igitur etiam rhetorum epilogum desideramus? Tusc I 112. avarus erat? immo etiam ante quam locuples semper liberalissimus fuit; Q Rosc 22. etiamne privatus, etiamne reus, etiamne paene damnatus hostium duces privata in domo retinuisti? Ver V 76. quem (oratorem) etiam ne physicorum quidem ignarum esse volo; orat 119. qui nihildum etiam istius modi suspicabantur; Ver IV 9. quasi vero perpetua oratio rhetorum solum, non etiam philosophorum sit; fin II 17. qui nondum etiam omnia paterno funeri iusta solvisset; Sex Rosc 23. hominem perustum etiamnum gloria volunt incendere; ep XIII 15, 2. quoniam etiamnum | etiamdum, al. || abes, Dicaearchi libros sane velim mi mittas; A XIII 31, 2. num etiam una est omnium (deorum) facies? nat I 80. patris etiamnunc mortui voluntas plurimum valebat; inv II 64. de materia loquor orationis etiam nnnc, non de ipso genere dicendi; orat 119. tempus ne maturum quidem etiam nunc fuit; ep X 10, 1. idem te impediret, quod nunc etiam impedit; A XII 16. quod laudabile autem, profecto etiam honestum; Tusc V 43. quin etiam Aesopi filius me excruciat; A XI 15, 3. eius modi cetera, quae forsitan alii quoque etiam fecerint; Ver III 206. etiam sane sit aliquis dissolutior in iudicando; Ver III 143. elegit triginta fortasse versus, plerosque senarios, sed etiam anapaestos; orat 190. hic mihi primum meum consilium defuit, sed etiam obfuit; A III 15, 5. neque eo contentus fuit, sed etiam in contionem escendit; sen 12. nec consitiones modo delectant, sed etiam insitiones; Cato 54. non adesa iam, sed abundanti etiam pecunia; Quinct 40. in virtute non beatam modo vitam, sed etiam beatissimam ponere; Tusc V 51. tum eris non modo consul et consularis, sed magnus etiam consul et consularis; ep X 6, 3. non modo non contemno, sed etiam vehementer admiror; de or I 219. non modo non contra legem, sed etiam intra legem; ep IX 26, 4. meus dolor non modo non minuitur, sed etiam augetur; A XI 6, 1. ut non modo nullius audaciae cedamus, sed etiam omnes improbos lacessamus; Catil III 28. ne ex facto solum sapientes illos iudicetis, sed etiam ex hominibus ipsis; Cluent 107. admiror, neque rerum solum, sed verborum etiam elegantiam; rep IV 8. his mihi rebus levis est senectus, nec solum non molesta, sed etiam iucunda; Cato 85. at in vectigalibus non solum adventus mali, sed etiam metus ipse adfert calamitatem; imp Pomp 15. istic non solum non licet, sed etiam taedet; A II 6, 2. in qua (Academia vetere) non ii soli numerantur, qui Academici vocantur, sed etiam Peripatetici veteres; fin V 7. etiam si quid habent adiumenti; de or II 308. atque etiam si qua erat famosa, ei cognati osculum non ferebant; rep IV 6. vgl. †tiamsi. simul etiam illud volo uti respondeas; Vatin 18. si decrevistis, quod ita meritus erat, grati, sin etiam, ut quam coniunctissimis huic ordini esset, sapientes fuistis; prov 38. sive a viris inventa sive etiam in istorum otio tractata res; rep III 4. concors etiam tum senatus; har resp 45. civem cum gravem tum etiam eloquentem; Bru 79. quae nusquam etiam tunc sint; div I 117. plurimum vel dignitatis vel saepe etiam venustatis; de or III 178. laudanda est vel etiam amanda vicinitas . .; Planc 22. vivit? immo vero etiam in senatum venit; Catil

I 2. facilius vero etiam in bestiis vis ipsius naturae perspici potest; Tusc V 38. ut non ex illis maleficiis hoc intellegatur, verum ex hoc etiam convincatur; Sex Rosc 118. neque auxilium modo defensioni meae, verum etiam silentium pollicentur; Milo 3. quis gladiator non modo stetit, verum etiam decubuit turpiter? Tusc II 41. non modo non laedetur, verum etiam ornabitur; Sex Rosc 138. ut homines te non solum audiant, verum etiam libenter studioseque audiant; div Caec 39. neque his tantum (se commisit), verum etiam eius potestati, cui . .; Milo 61. vixdum etiam coetu vestro dimisso; Catil I 10.

etiamnum, etiamnunc f. etiam, II. 4.

etiamsi, obgleich, wenn auch, selbst wenn: non debeo dubitare, quin. etiamsi is invidiosus esse videatur, etiamsi eum oderitis, etiamsi inviti absoluturi sitis, tamen absolvatis; Cluent 158. etiamsi formam hominis, si nomen, si tribum nostis, mores tamen exquirendos putatis; Flac 12. qui est, etiamsi non appellatur, hostis; prov 12. in quibus (tramitibus) etiamsi non erunt insidiae, animus tamen erit sollicitus; Phil XII 26. ex quo efficitur, etiamsi sit atomus eaque declinet, declinare sine causa; fat 22. quae (iracundia) etiamsi non adsit, tamen simulandam arbitrantur; Tusc IV 43. consulatu tuo, etiamsi timidi essemus, tamen omnem timorem abiceremus; ep XI 21, 4. ego bonos viros sequar, etiamsi ruent; A VII 7, 7. qui etiamsi quando aliquo metu adducti deos placandos esse arbitrantur; Font 31. etiamsi qui sunt pudore moderatiores; imp Pomp 64.

etsi, obgleich, obwohl, gleichwohl: I, 1. etsi aegritudinis sedatio hesterna disputatione explicata est; Tusc IV 63. concedam hoc ipsum, si vis, etsi magnam iacturam causae fecero, si . .; div II 34. id enim, etsi erat diliberationis, tamen obire non potui; A VIII 12, 3. etsi in ipso itinere discedebant publicanorum tabellarii, tamen surripiendum aliquid putavi spatii; A V 16, 1. nos tamen, etsi hoc te ex aliis audire malo, sic in provincia nos gerimus. ut . .; A V 17, 2. etsi — verum tamen de illis — nosti cetera; ep XVI 22, 2. — 2. etsi in rebus iniquissimis quid potest esse aequi? Phil II 75. — II. etsi enim mentitur, tamen est adversarius lenior: Ac II 12. itaque, etsi non omni intermenstruo, tamen . .; rep I 25. nam etsi optabilius est cursum vitae conficere sine dolore, tamen . .; dom 86. etsi ne discessissem || dec. || quidem e conspectu tuo. nisi me plane nihil ulla res adiuvaret; A XII 16. non: f. itaque. etsi hoc quidem est in vitio. dissolutionem naturae tam valde perhorrescere, sed quia fere sic adficiuntur omnes . .; fin V 31. quodetsi ingeniis magnis praediti quidam copiam sine ratione consequuntur, ars tamen est dux certior quam natura: fin IV 10. sed etsi magna cum utilitate rei publicae, tamen diutius, quam vellem, tanta vis virtutis afuit; Ac II 3.

evado, herausgehen, entweichen, entrinnen. hervorgehen, sich entwickeln, werden, ablaufen, Erfolg haben: I. nimis saepe secus aliquanto videmus evadere; leg II 43. — II. ipse Sextus quo evadat: A XIV 4, 1. ista quo evasura sint; A XV 19. 6. quoad audiamus, haec, quae commota sunt, quorsus evadant; A XVI 15, 4. ant e morbo evasurum aegrotum aut e periculo navem aut ex insidiis exercitum; div II 13. cum eadem (somnia) et aliis aliter evadant et isdem non semper eodem modo; div II 146. — III. quos iudicabat non posse oratores evadere; de or I 126. (T. Albucius) perfectus Epicurius evaserat; Bru 131. in eo, cuius omnes cupidissimi essent, quam pauci digni nomine evaderent; Bru 299. si somnium verum evasit aliquod; div II 146.

evagor, ausschweifen: qui appetitus longius evagantur; of I 102.

evalidus, erftarkenb: »quam (stellam) iacit ex
»e Pistricis spina evalida cum luce refulgens«; fr
H IV. a, 398.

evanesco, verſchwinben, ſchwinben, vergehen:
cum iam paene evanuisset Hortensius; Bru 323.
quin haec disciplina et ars augurum evanuerit iam
et vetustate et neglegentia; leg II 33. posteaquam
omnis eorum memoria sensim obscurata est et evanuit: de or II 95. quae (orationes) iam evanuerunt;
Bru 106. evanuisse aiunt vetustate vim loci eius;
div II 117.

eveho, fortſchaffen, entfernen: omnia ex fanis,
ex locis publicis plaustris evecta exportataque esse;
Ver I 53. ut semel e Piraeo eloquentia evecta est;
Bru 51.

evello, herausreißen, ausreißen, vertilgen, vernichten: me radicitus evellere omnes actiones tuas;
dom 34. quae (aegritudo) tota poterit evelli explicata
causa aegritudinis; Tusc III 61. excisa est arbor,
non evulsa; A XV 4, 2. stultissimum regem in
luctu capillum sibi evellere; Tusc III 62. (Epaminondas) evelli iussit eam, qua erat transfixus,
hastam; fin II 97. omnem eorum importunitatem ex
intimis mentibus evellisset vis orationis tuae; de or
I 230. (haec eloquentia) inserit novas opiniones,
evellit insitas; orat 97. hunc sibi ex animo scrupulum ut evellatis; Sex Rosc 6. quod evelli primi
hastati signum non potuerit; div II 67.

evenio, geſchehen, ſich ereignen, eintreten,
wiberfahren, ausfallen: I. at certe ei (Priamo) melius
evenisset; Tusc I 85. — II, 1. bene mihi evenire,
quod mittar ad mortem; Tusc I 97. — 2. qua re
evenit. ut res pertineat ad rationem perceptionis;
inv I 60. — III. quid quaque ex re soleat evenire,
considerandum est, hoc modo: ex adrogantia odium,
ex insolentia adrogantia; inv I 42. ex quo vereor,
ne idem eveniat in meas litteras; ep II 10, 1.
timebam, ne evenirent ea, quae acciderunt; ep VI
21, 1. **eventus,** I. inv I 42. adrogantia, odium:
i. alqd. cum duobus pares casus evenerint; Tusc III
39. migrationem et emptionem feliciter evenire volo;
»p IX 8, 2. ut, quaecumque accidant incommoda,
propter eam causam sceleris istius evenire videantur;
Ver IV 113. eam rem tibi volo bene et feliciter
evenire; ep XII 19, 1. vides omnia fere (responsa)
contra. ac dicta sint, evenisse; div II 53. ut alia
Tusculi, alia Romae eveniat saepe tempestas; div II
94. — IV. quae (auspicia) sibi ad Pompeium
proficiscenti secunda evenerint; div I 27.

eventum, Ausgang, Erfolg, Ereignis: I. semper
causae eventorum magis movent quam ipsa eventa;
A IX 5, 2. — causam appello rationem efficiendi,
eventum id, quod et effectum; part or 110. — 2. ni
verrer. ne ex eventis fingere viderer; ep VI 6,
4. — III. causae: ſ. L causarum cognitio cognitionem eventorum facit; Top 67. me stultitiae meae
poenam ferre gravius quam eventi; A III 8, 4. —
IV. 1. haec veteres rerum magis eventis moniti
quam ratione docti probaverunt; div I 5. — 2. ut te
ex nostris eventis communibus admonendum putarem,
ut considerares . .; ep I 7, 9.

eventus, Ausgang, Ende, Erfolg, Ereignis:
I. eventus est exitus alicuius negotii, in quo quaeri
solet, quid ex quaque re evenerit, eveniat, eventurum
sit: inv I 42. facta et eventus aut consilii sunt
aut imprudentiae; part or 38. haec duo sunt ei
(accusatori) prima, causa et eventus; part or 110.
eventus tum fallit, cum aliter accidit; inv II 23.
non numquam summis oratoribus non satis ex sententia eventum dicendi procedere; de or I 123.
ansarum eventus, id est, quae sunt effecta de causis;
part or 7. — II, 1. aves eventus significant aut
adversos aut secundos; div II 79. eventus quoque
videndus erit, hoc est, quid ex || una || quaque re
»oleat evenire; inv II 41. — 2. ad omnem eventum

paratus sum; ep VI 21, 1. — III, 1. maerere
hoc eius (Scipionis) eventu vereor ne invidi magis
quam amici sit; Lael 14. — 2. non ex eventu cogitationem spectari oportere; inv II 23.

everriculum, Kehrbeſen, Fangneß: quod
umquam huiusce modi everriculum ulla in provincia
fuit? Ver IV, 53. inde everriculum malitiarum
omnium, iudicium de dolo malo; nat III 74.

everro, ausfegen: quod (fanum) non eversum
atque extersum reliqueris; Ver II 52. videte, satisne
paratus ad everrendam provinciam venerit; Ver II 19.

eversio, Umwälßung, Umſturß, Zerſtörung:
I, 1. talis (fuit) eversio illius exsecratae columnae;
Phil I 5. hinc rerum publicarum eversiones nasci;
Cato 40. — 2. quae sine dubio vitae est eversio;
fin V 28. — II. eversionem, depopulationem meis
omnibus tectis atque agris intulerunt; har resp 3.

eversor, Zerſtörer: I. potueritne recte civem
eversorem civitatis indemnatum necare; part or
106. — II. oportere eversorum rei publicae sceleri
legibus resistere; Sest 86.

everto, umſtürßen, ſtürßen, vertreiben, vernichten, zerſtören, zu Grunde richten: hunc funditus evertit bonis; Sex Rosc 115. sua confirmare,
adversaria evertere; orat 122. eadem aestimatione
alter sublevarat aratores, alter everterat; Ver III
215. quae domus tam stabilis, quae tam firma civitas est, quae non odiis et discidiis funditus possit
everti? Lael 23. totam evertit (Epicurus) dialecticam;
Ac II 97. domum: ſ. civitatem. funditus eversam
fortunam fortiter ferre debemus; ep V 21, 4. everte
leges, testamenta, voluntates mortuorum, iura vivorum; Ver II 46. eversa Karthagine; Tusc III 54.
leges: ſ. iura. imperatorum monumenta evertit; har
resp 58. qui duorum salmorum naviculam in portu
everterit; de or I 174. maxima exspectatione in
perditam et plane eversam in perpetuum provinciam
nos venisse; A V 16, 1. homines optimi non intellegunt totam rationem everti; fin I 25. cum rem
publicam evertebas; Piso 56. testamenta, voluntates:
ſ. iura. virtutem penitus evertis; fin III 10. etiam
totam vitam evertunt funditus; Ac II 31. de evertendis diripiendisque urbibus; Lael 11.

evidens, einleuchtenb, offenbar: quod in homine
multo est evidentius; Lael 27. narrationes ut
evidentes (sint); Top 97. definitiones ipsarum etiam
evidentium rerum; Ac II 18.

evidentia, Beranſchaulichung: I. quod nihil
esset clarius ἐναργείᾳ, ut Graeci, perspicuitatem aut
evidentiam nos, si placet, nominemus; Ac II 17. —
II. orationem nullam putabant inlustriorem ipsa
evidentia reperiri posse; Ac II 17.

evigilo, wachen, ſorgen, ſorgfältig burchbenten:
I. etsi nobis, qui id aetatis sumus, evigilatum fere
est; ep II 41. — II. quam evigilata (tua consilia)
tuis cogitationibus! A IX 12, 1.

eviscero, ausweiden, zerfleiſchen: »miserandum
aspice evisceratum || eviscerati || corpus laceratum
patris!« Tusc II 21.

evito, vermeiben, entgehen: nisi etiam (dolorem)
evitare posset; fin V 20. hi sunt evitandi continuati
pedes; orat 194.

eunuchus, Kaſtrat: quo nostros Marcellos
Maximosque multi eunuchi e Syria Aegyptoque
vicerunt; fr A VIII 9.

evocator, Aufwiegler: quem esse evocatorem
servorum et civium perditorum (comperisti); Catil I 27.

evoco, berufen, aufrufen, aufbieten, vorlaben,
hervorrufen: D. Antonium, praefectum evocatorum,
misi ad te: ep III 6, 5. cum evocatorum firmam
manum comparassem; ep XV 4, 3. non expulsi.
sed evocati ex patria; A VIII 2, 3. Deiotarus vestram
familiam e tenebris in lucem evocavit; Deiot 30.
evocat ad se Centuripinorum magistratus et decem
primos; Ver II 162. probitatem non praemiorum

mercedibus evocatam; fin II 99. tam multos testes
huc evocare non potuissem; Ver II 64.

evolo, davonfliegen, enteilen, sich empor-
schwingen: cum rus ex urbe tamquam e vinclis
evolavissent; de or II 22. cum illos (inferiores)
dolent evolasse; de or II 209. quem evolare altius
certe noluerunt; ep I 7, 8. certe hinc istis invitissi-
mis evolabo; A X 10, 3. quorum animi spretis
corporibus evolant atque excurrunt foras; div I 114.
sic evolavit oratio, ut . .; de or I 161. evolarat iam
e conspectu fere fugiens quadriremis; Ver V 88.

evolvo, abnehmen, enthüllen, aufschlagen, entwickeln, darstellen: te evolutum illis integmentis
dissimulationis tuae; de or II 350. quae (definitio)
quasi involutum evolvit id, de quo quaeritur; Top 9.
hanc deliberationem evolvis accuratius in litteris
VIII Kal. Mart. datis; Ac IX 10, 7. cuius (criminis)
ego neque evolvere exitum possum; Cael 56. cum
uterque nostrum ad suum studium libellos, quos
vellet, evolveret; Top 1. in poëtis evolvendis;
fin I 72.

evolutio. Aufschlagen: quid poëtarum evolutio
voluptatis adfert? fin I 25.

evomo, ausspeien, ausschütten: haec avis
scribitur (conchas) evomere; nat II 124. in me
absentem orationem ex ore impurissimo evomuit;
Phil V 20. quod (urbs) tantam pestem evomuerit;
Catil II 2.

evulsio. Ausziehen: qui primus dentis evulsionem,
ut ferunt, invenit; nat III 57.

ex, e, ec (f. I. prodo). aus, heraus, von-
her, seit, nach, wegen, gemäß: I. nach Verben und
Participien: ex qua (urbe) illi abirent; Phil X 8.
numquam ex urbe afuit nisi sorte; Planc 67. qua
ex re magnum accipio dolorem; Phil I 14. nec tibi
sollicitudinem ex dubitatione mea nec spem ex adfirmatione adferre volui; ep IX 17, 3. ex te duplex
nos adficit sollicitudo; Bru 332. ex quibus adfirmetur
nostra descriptio; inv II 55. quibus ex rebus philosophiam adepti sumus; Tim 52. ut te ex nostris
eventis communibus admonendum putarem, ut . .;
ep I 7, 9. adsunt ex Achaia cuncta multi legati;
Flac 63. e quo apparet sapientis esse . .; fin III
69. ex qua una virtute viri omnis appellantur; of
II 38. quod ille ex eo, quod iam concessisset,
necessario approbare deberet; inv I 53. quas (artes)
arcessivisti ex urbe ea, quae . .; Bru 332. ex illo
fano nihil attigit; Flac 46. saepe ex eo audivi,
cum diceret . .; Bru 205. cum offa cecidit ex ore
pulli; div II 72. te ex eius amicitia magnam voluptatem esse capturum; ep XIII 77, 2. quoniam ille
(Hortensius) cessit e vita; Bru 4. accepi tuas litteras ex
quibus cognovi . ; ; A VIII 11, B, 1. quod ex omnibus
partibus cogitur; inv I 59. pecuniae ex aratorum
bonis coactae; Ver pr 13. f. efficio. qui aliquid sibi
spei comparet ex iudiciorum perturbatione: inv II
85. (librum) ex alienis orationibus compositum; div
Caec 47. furore ex maleficiis concepto excitatus;
Ver V 73. ex quo concluditur mundum servari;
nat II 28. quod est concretum ex his || iis || aut ex
aliqua parte eorum; nat III 30. Marcus (Carbo)
condemnatus || est || ex Sicilia; ep IX 21, 3. omne,
quod ipsum ex se conexum sit, verum esse; Ac II
98. magna etiam illa communitas est, quae conficitur ex beneficiis ultro et citro datis acceptis; of
I 56. quod, quibus ex locis aliqua res confirmari
potest, isdem potest ex locis infirmari; inv I 78.
ut una ex duabus naturis conflata videatur; nat
II 100. omnes homines ex terris homines improbos
conlegerat; Cael 14. nos ex omnibus molestiis et
laboribus uno illo in loco conquiescimus; A I 5, 7.
ut aliquid ex ea (exercitatione) commodi consequatur; fin I 32. ex omni populo constitutos iudices;
Planc 41. tu te ex diebus et ex ratione itineris
onstitues . . ; ep III 6, 6. quae (alvus) constat

fere e nervis: nat II 136. ex isto morbo convalesces:
fat 29. cum haruspices ex tota Etruria convenissent;
Catil III 19. quem (librum) nos e Graeco in Latinam
convertimus; of II 87. ut ex invidia senatoria
posset crescere; Cluent 77. cum e Cilicia decedens
Rhodum venissem; Bru 1. quae mihi iste visus est
ex alia oratione declamare; Sex Rosc 82. quos ex
eo loco deduxisset; Ver V 87. definiendum saepe
est ex contrariis; part or 41. si qui me introire
prohibuerit, non ex eo, sed ab eo loco me deiecerit:
Caecin 87. nominis prope Romani memoriam ex
litteris esse deletam; Flac 60. quos ex familiis
locupletium servos delegerat; Tusc V 58. crimen
Romam ex provincia deportatum; Ver III 141. e
quibus locis quasi thesauris argumenta depromerentur; fin IV 10. ex equo non descendere; Cato 34.
tuos novos amicos ex magna spe deturbatos iacere:
ep V 7, 1. sunt dicti religiosi ex relegendo; nat
II 72. pecuniam datam tibi ex aerario; Ver III 164.
quorum ex bonis istum anulo aureo donabas; Ver
III 187. ex quo (amore) amicitiae nomen est ductum; nat I 122. quas (sortes) e terra editas accepimus; div I 34. videmus ex acie efferri saepe
saucios; Tusc II 38. ex falsis verum effici non
potest; div II 106. ex quibus id, quod volumus.
efficitur et cogitur; leg II 33. ad eam partem
sermonis, ex qua egressi sumus, revertamur; leg
II 7. e fundo ornatissimo eiectus; Quinct 98. nos
e terrae cavernis ferrum eligimus; nat II 151. qui
in eo magistratu emerseris ex mendicitate; Vatin
23. cum ex terra nihil emineret, quod . .; div
I 93. ex his vinclis emissi; Tusc I 75. qui
(pinoterea) enat e concha; fin III 63. ut te eripias
ex ea turba patronorum; Bru 332. erupit e senatu
triumphans gaudio; Muren 51. e morbo evasurum
aegrotum; div II 13. quid ex quoque eveniat: div
I 109. evolet (ales) ex vestra severitate; Tusc I 13.
cum (animi) e corporibus excesserint; Tusc I 24.
qui (vapores) a sole ex agris tepefactis et ex aquis
excitantur; nat II 118. ut e patriciis exeat; dom
37. eximi iubet ex anno unum dimidiatumque
mensem; Ver V 129. quorum quae fuerit ascensio.
ex eo, quod dicam, existimari potest; Bru 137. cum
alius est dominus exortus ex conscientia peccatorum.
timor; par 40. hunc ex hac urbe expellet? Milo
104. verbum e verbo exprimentes; Ac II 31. cum
ex te causas unius cuiusque divinationis exquirerem:
div II 46. ex luxuria exsistat avaritia necesse est;
Sex Rosc 75. non ante, quam auctoritatem vestram
e civitate exterminarint; prov 3. quod ei ferrum
e manibus extorsimus; Catil II 2. Epicurus ex
animis hominum extraxit radicitus religionem; nat
I 121. exturbare homines e possessionibus; Sulla
71. ex annua provincia prope iam undecim mensum
|| mensum, al. || provinciam factam esse gaudebam;
ep III 6, 5. feruntur (imagines) ex optimis naturae
et veritatis exemplis; of III 69. ex argilla et luto
fictus Epicurus; Piso 59. quoniam id (iudicatum)
ex his locis maxime firmatur; inv I 82. ex eius
(Nestoris) lingua melle dulcior fluebat oratio;
Cato 31. fugit aliquis e manibus; Cael 65. quae
(bacae) ex quaque stirpe funduntur; nat II 127.
ex quo (calore) omnia generari dicebas; nat III 18.
quam multa ex terra arboribusque gignuntur; Tusc
V 99. quicquid habuit, illud totum habuit e disciplina; Bru 268. quia ceterarum artium studia
fere reconditis atque abditis e fontibus hauriuntur;
de or I 12. cum in Capitolio ictus Centaurus
caelo est: div I 98. id ex isdem locis, quibus confirmatur, infirmabitur; inv I 81. f. confirmo. quo
ex verbis intellegi possit; Caecin 52. leges ex vo-
litate communi, non ex scriptione interpreta
(oportet); inv I 68. ex quo fructu nummos inven
ret? Ver III 198. simile ex specie comparabi
iudicatur; inv I 42. cum ex renibus laborare

Tusc II 60. hos ex media morte liberare; Ver V 12. quoniam (peccata) ex vitiis manant; par 22. ante quam ex hac vita migro; rep VI 9. ea (bona) mixta ex dissimilibus si erunt; Tusc V 45. aliquem ex hac urbe missum; imp Pomp 41. quam (amicitiam) ex inopia atque indigentia natam volunt; Lael 29. ex quo (amore) amicitia nominata est; Lael 26. mensa (numeravit) ex vectigali; Flac 44. ex quibus (discordiis) oriuntur bella civilia; Phil VII 23. id quod ostendam ipsorum ex litteris; Ver V 48. peperit maximam laudem ex illa accusatione nobili; of II 47. pulsus e rostris; Sest 76. quoniam ex iis (comitiis) pendes; ep X 26, 3. non minor voluptas percipitur ex vilissimis rebus quam ex pretiosissimis; fin II 91. candelabrum e gemmis auroque perfectum; Ver IV 71. ex hoc genere toto perspici potest levitas orationis eorum; Ac II 53. perparvum ex illis magnis lucris ad se pervenire; Ver III 130. tantum te peto, ut gaudeas; ep XV 6, 2. si quid possumus, ex eo possumus, quod..; Milo 21. ex quo (oraculo) futura praesentiant; div II 100. cum mundus ex se procreet animantes; nat II 22. »olli (patres) eo se produnto, qui..; leg III 9. si unum factum ex omni antiquitate protulero; Cluent 133. Cotta ex consulatu est profectus in Galliam; Bru 318. Pythagorei ex numeris et mathematicorum initiis proficisci volunt omnia; Ac II 118. consules ex Italia profugisse; Deiot 11. quod ex obscuriore aliqua scientia sit promendum; de or I 59. utilitas ex adeptione alicuius commodi quaeritur; part or 113. quod 'honestum) ex animo excelso magnificoque quaerimus; of I 79. si qua (pecunia) ex novis vectigalibus recipiatur; agr I 13. quae tum ex tabulis Oppianici recitabantur; Cluent 34. leviter saucius facile ex vulnere est recreatus; inv II 154. ut ex alienissimis sociis amicissimos, ex infidelissimis firmissimos redderem; ep XV 4, 14. senatoribus e senatu redeuntibus; Sest 117. ad quos aliquantum etiam ex cotidianis sumptibus redundet; Cael 57. ubi animus ex hoc forensi strepitu reficiatur; Arch 12. P. Sullam ex his amicorum gregibus reicietis; Sulla 77. qui in urbe ex eo numero relicti sunt; Phil XII 13. quibus ex locis ea reperiantur; de or II 127. quae (aristolochia) nomen ex inventore repperit; div I 16. (Deiotarus) cum ab itinere revertisset; div I 26. nisi me e medio cursu clara voce patria revocasset; of III 121. quasi, si quid aliquando scio, non ex isto soleam scire; ep IX 17, 1. quod ex omnium precibus sentire potuisti; Marcel 33. vitam ex hostium telis servatam; rep I 5. ex hoc illa tea singularis significatur insolentia; Ver IV 89. ex eo (P. Crasso) cum ab ineunte eius aetate bene speravissem; ep XIII 16, 1. quicquid erit quacumque ex arte; de or I 51. si sit numerus in oratione, qualis sit aut quales, et e poëticisne numeris an ex alio genere quodam; orat 180. alteri sunt e mediis C. Caesaris partibus; Phil V 32. ex ipsa etiam Gallia auxilia sumuntur; Font 45. qui (modus) est susceptus ex praesensione rerum futurarum; nat III 16. quando te visuri essemus, nihil sane ex isdem litteris potui suspicari; ep IX 1, 1. at sit ex igni atque anima temperatum; nat III 36. dictaturam funditus ex re publica sustulit; Phil I 3. ex agro homines traduci in forum; Ver III 26. stirpes e terra sucum trahunt; nat II 120. quae e balneo in cubiculum transferri non possent; Deiot 21. ex qua provincia triumpharunt; Piso 61. quaedam ex utilitatis ratione in consuetudinem venisse; inv II 65. ex eius regno piratas ad Siciliam esse venturos; Ver IV 66. vident ex constantissimo motu lunae, quando..; div II 17. qui in caede atque ex caede vivunt; Sex Rosc 78. ex quo pecuniosi et locupletes vocabantur; rep II 16. utemur eo, de quo scribis; A XI 21, 1.

II. nach Adjectiven, Adverb, Pronomina, Zahlwörtern, Comparativ, Superlativen: 1. cum Tarquinius ex vulnere aeger fuisse diceretur; rep II 38. ex quo (honesto) aptum est officium; of I 60. Demetrium et ex re publica et ex doctrina nobilem et clarum; Rab Post 23. nihil est tam miserabile quam ex beato miser; part or 57. nobilis: f. clarus. cum e provincia recens esset; Ver pr 5. ex dispersis quasi membris simplex deus; nat I 34. agros populo Romano ex parte decuma vectigales fuisse; Ver III 108. — 2. ex his locis alii in eo ipso, de quo agitur, haerent, alii adsumuntur extrinsecus; Top 8. ex his duo sibi putant concedi; Ac II 41. ex illius (Clodii) sermone ad te scribam plura; ep III 4, 2. neminem esse ex his omnibus; Rabir 31. e quibus nihil umquam rettulerit ad corpus; fin II 106. partim ex illis distracti ac dissipati iacent; leg II 42. ex quattuor locis primus ille; of I 18. princeps ex omnibus ausus est ..; de or III 129. qui ex numero civium hostes patriae semel esse coeperunt; Catil IV 22. quidam ex eius adsentatoribus; Tusc V 61. quis te ex hac frequentia totque || ex || tuis amicis salutavit? Catil I 16. qui ex illo numero reliqui Syracusas refugerant; Ver V 101. soli ut ex omnibus Delphis statua aurea statueretur; de or III 129. ille unus e septem sapientibus; fin III 76. — 3. cuius ex omnibus pugnis vel acerrima mihi videtur illa; Muren 34. ex multis mirabilibus exemplis haud facile quis dixerit hoc exemplo aut laudabilius aut praestantius; of III 110. primus: f. 2. maxime ex omnibus eruditus fuit; Bru 236. haec minima est ex iis iniuriis, quas accepi; A XI 2, 2. quid sequatur natura ut summum ex rebus expetendis; fin I 11.

III. nach Substantiven und Verbindungen von Substantiven und Verb: (Spurius) fuit doctus ex disciplina Stoicorum; Bru 94. Q. Vettius Vettianus e Marsis; Bru 169. quod ex hominum genere consecratos coli lex iubet; leg II 27. ut neque deficiat umquam ex infinitis corporibus similium accessio; nat I 105. navibus aditus ex alto est; Ver V 84. invidentia aegritudo est ex alterius rebus secundis; Tusc III 21. alia (argumenta) coniugata appellamus, alia ex genere, alia ex forma, alia ex similitudine, alia ex differentia, alia ex contrario, alia ex adiunctis, alia ex antecedentibus, alia ex consequentibus, alia ..; Top 11. id est genus primum causarum in iudiciis ex controversia facti; in deliberationibus plerumque ex futuri, nam ex instantis aut facti; de or II 105. extrema sequitur comprehensio, sed ex duobus membris; orat 225. quarum (stellarum) tantus est concentus ex dissimillimis motibus, ut ..; nat II 119. illa ex repugnantibus sententiis conclusio; Top 56. concursus fiunt ex agris, ex vicis, ex domibus omnibus; A V 16, 3. est boni iudicis ex parvis rebus coniecturam facere; Ver IV 34. etsi levis est consolatio ex miseriis aliorum; ep VI 3, 4. crateras ex ebore pulcherrimas; Ver IV 181. o praeclarum discessum e vita! div I 47. excessum e vita (ad media referri); fin III 60. gladiatores ex praetoris comitatu comprensi; Sest 85. nonne bonus ex numero disertorum postulabat, ut ..? de or I 168. quae summi ex Graecia homines reliquerunt; rep I 36. nullae ad senatum e provincia litterae; Piso 97. cum (Eriphyla) vidisset monile ex auro et gemmis; Ver IV 39. ex ea pecunia partem dimidiam fere exegi; A XI 2, 3. quaestum M. Fonteium ex viarum munitione fecisse; Font 17. is meus domum fuit e foro reditus; Piso 7. habere Minervae signum ex ebore pulcherrimum; Bru 257. cum esset spes ex illo somnio in Cyprum illum esse rediturum; div I 53. fuerisne intolerandus ex caeno nescio qui atque ex tenebris tyrannus; Vatin 13. inest in eadem explicatione naturae insatiabilis quaedam e cognoscendis rebus voluptas; fin IV 12.

IV. zum ganzen Satz gehörig: 1. aliud ex alio-

succurrit mihi; fr B 9. id verbum esset e verbo;
Tusc III 7. quod diem ex die exspectabam, ut . .;
A VII 26, 3. vgl. I. exprimo. — 2. quod ipsum ex
se sua sponte moveatur; nat II 32. ex eo fieri, ut
. .; Lael 46. ex quo mihi odium in illum commune
vobiscum est; Phil XII 19. — 3. ex huiusce modi
principio atque ex liberalitate et accommodatione
magistratuum consuetudo aestimationis introducta
est; Ver III 189. si ex senatus aestimatione. non
ex annonae ratione solvisses; Ver III 195. si alterum
utrum ex aeternitate verum sit; fat 21. oratori
multo maximum ex arte dicere; inv I 8. quod
spectatur ex auctoritate, ex voluntate, ex oratione
aut libera aut expressa; part or 6. f. consilio. id
tribus ex causis fit maxime; inv I 23. ut oratio ex
re et ex causa habita videretur; Cluent 141. ex
clamore fama tota urbe percrebruit; Ver IV 94. ex
comparatione, quid honestius (sit, quaeritur); part
or 66. qui ex iuris peritorum consilio et auctoritate
restipularetur a Fannio diligenter; Q Rosc 56. cum
consules oporteret ex senatus consulto de actis Caesaris cognoscere; A XVI 16, 11. f. legibus. controversia: vgl. III. causa. ut morbos metuant ex defetigatione membrorum; nat II 59. in litibus nemo
appellabatur nisi ex testium dictis aut tabulis privatorum aut rationibus civitatum; Rab Post 9. domum
ex hac die biduo ante conduxerat; Piso 61. eum
honorem a te ex tua maiorumque tuorum dignitate
administrari (volo); ep XV 12, 1. iudicium ex edicto
dedit; Flac 88. e quibus (elementis) aër et ignis
movendi vim habent; Ac I 26. statues, ut ex fide,
fama reque mea videbitur; A V 8, 3. in quibus
(iudiciis) additur EX FIDE BONA; of III 61. maius
et minus et aeque magnum ex vi et ex numero et
ex figura negotii, sicut ex statura corporis, consideratur; inv I 41. ex foedere quod debuerunt,
non dederunt; Ver V 58. non ex fortuna fidem
ponderandam; part or 117. qui te non ex fortuna,
sed ex virtute tua pendimus; ep V 17, 5. qui non
ex insidiis interiit; of II 26. Romae vereor ne ex
K. Ian. magni tumultus sint; ep XVI 9, 3. postquam illos artius iam ex lassitudine dormire sensit;
inv II 14. cum ex senatus consulto et ex legibus
frumentum in cellam ex sumere liceret; Ver III 188.
liberalitate: f. accommodatione. ex tuis litteris
Quinto fratri gratias egi; ep VII 17, 1. hoc causae
genus ex suis locis tractare f tractari ‖ oportebit;
inv II 74. multa me sollicitant et ex rei publicae
tanto motu et ex iis periculis, quae . .; A II 19, 1.
se ex Nonis iis aedem Opis explicaturum; A XVI
14, 4. numero: f. figura. oratione: f. auctoritate.
dixit item causam illam quadam ex parte Q. Mucius;
de or I 229. periculis: f. motu. misericordiam
captare oportebit ex iis praeceptis, quae . .; inv II
108. principio: f. accommodatione. ratione: f. aestimatione, dictis. si omnia deorsus e regione ferrentur;
fin I 19. columnas neque rectas neque e regione
Diphilus conlocarat; Q fr III 1, 2. si ars ita definitur, ex rebus penitus perspectis; de or I 108.
f. causa, fama, reis, tempore. multas etiam e re
publica seditiones saepe esse factas; de or II 124.
„ex usu" dicunt et „e re publica", quod in altero
vocalis excipiebat, in altero esset asperitas, nisi
litteram sustulisses; orat 158. si ex reis numeres,
iunumerabilia sunt, si ex rebus, valde modica; de or
II 137. si modo ista ex sententia confecta essent;
ep X 25, 2. statura: f. figura. tabulis: f. dictis.
illud egregium Sextii et ex tempore; de or II 246.
versus fundere ex tempore: de or III 194. ex quo
tempore tu me diligere coepisti; ep III 4, 2. haec
melius ex re et ex tempore constitues; ep XII 19,
3. virtute: f. fortuna. vi: f. figura. voluntate: f.
auctoritate. usu: f. re publica. — 4. de Quinto fratre
nuntii venerant ex ante diem *III* Non. Iun. usque
ad prid. Kal. Sept.; A III 17, 1.

V. Ellipsen: ex quo pravitas membrorum: Tusc IV
29. nec enim sanguis nec sudor nisi e corpore: div
II 58. Caesar, opinor, ex uncia; sed Lepta ex triente:
A XIII 48, 1.

exactio, Vertreibung, Eintreibung, Erhebung,
Einnahme, Leitung: I. operum publicorum exactio
num aliud videtur esse ac meorum bonorum direptio?
dom 51. — II, 1. ne extrema exactio nostrorum
nominum exspectetur; A V 1, 2. exactis regibus.
tametsi ipsam exactionem mente, non lingua perfectam L. Bruti esse cernimus; de or I 37. — 2. ut
in illam acerbissimam exactionem capitum atque
ostiorum inducerentur sumptus minime necessarii:
ep III 8, 5. — III. non exitum exactionis. sed
initium repromissionis spectare debemus; Qu Rosc 39.

exacuo, schärfen, antreiben: ad vos exacuen-
dos; de or I 131. velim cohortere et exacuas
Cluatium: A XII 36, 2. cum animus exacuerit illam.
ut oculorum, sic ingenii aciem ad bona seligenda:
leg I 60. nisi mucronem aliquem tribunicium exacuisset in nos; leg III 21.

exadversus. gegenüber: ara exadversus eum
locum consecrata est; div I 101.

exaedificatio. Aufbau: haec scilicet fundamenta nota sunt omnibus. ipsa autem exaedificatio
posita est in rebus et verbis; de or II 63.

exaedifico, aufbauen, erbauen: ne exaedifi-
catum quidem hunc mundum divino consilio
existimo; Ac II 126. ne gravere exaedificare id opus.
quod instituisti; de or I 164. qui cum Apollini
Delphis templum exaedificavissent; Tusc I 114.

exaequo, gleich machen, ausgleichen: ut ii, qui
sunt superiores, exaequare se cum inferioribus debent.
sic . .; Lael 71. vereor, ne exaequare videar ambitione quadam commendationes meas; ep XII 30, 1.
pecunia omnium dignitatem exaequat; A IV 15, 7
qui omnia iura pretio exaequasset; Ver II 123. ut
inter eas res, quas Zeno exaequaret, nihil interesset:
fin IV 55.

exaeresimus f. **exhaer —**

exaggeratio. Erhebung: hoc tibi propone.
amplitudinem animi et quasi quandam exaggerationem
quam altissimam animi; Tusc II 64.

exaggero, vergrößern, erhöhen, erheben:
animo excelso et alto et virtutibus exaggerato: par
41. nisi istam artem oratione exaggerasses; de or
I 234. deorum benignitate exaggeratas fortunas:
Catil IV 19. Catonis luminibus obstruxit haec
posteriorum quasi exaggerata altius oratio; Bru 66.
Xenocratem exaggerantem tantopere virtutem. exte-
nuantem cetera et abicientem; Tusc V 51.

exagitator. Tadler: Plato exagitator omnium
rhetorum hunc miratur unum; orat 42.

exagito, umhertreiben, beunruhigen, verfolgen.
aufrütschen, tadeln, verspotten, verwerfen: cum etiam
Demosthenes exagitetur ut putidus; orat 27.
quod apud Lucilium scite exagitat in Albucio Sca-
vola; orat 149. (animi) multis exagitati saeculis:
rep VI 29. causam senatus exagitatam contionibus
improborum; sen 20. qui hanc dicendi exercitationem
exagitarent atque contemnerent; de or III 59. exa-
gitabantur eius omnes fraudes atque fallaciae; Cluent
101. ne meum maerorem exagitem; A III 7, 2. in
rebus palam a consularibus exagitatis; ep I 1, 4.

exalbesco, erblassen: ut exalbescam in principiis dicendi; de or I 121.

exalo f. **exhalo.**

examen, Schwarm, Schar: I. cuius (equi) in
iuba examen apium consederat; div I 73. — II.
examina tanta servorum immissa in populum
Romanum; har resp 25.

examino, ins Gleichgewicht bringen, prüfen
quae non aurificis statera, sed populari quadam
trutina examinantur; de or II 159. tamquam paribus
examinatus ponderibus (animus); Tusc I 43. in hoc

ipso diligenter examinante verborum omnium pondera; orat 26.

exanclo, vollbringen: Herculi quendam laborem exanclatum a Carneade; A II 108.

exanimatio, Entſeķen: I. ſub metum ſubiecta sunt pavor, exanimatio, conturbatio ..; Tusc IV 16. — 2. ne in perturbationes atque exanimationes incidamus; of I 131!

exanimo, entſeelen, töten, betäuben, erſchrecken: adventus Philotimi exanimavit omnes, qui mecum erant: A X 9, 1. Tulliae meae morbus et imbecillitas corporis me exanimat; A XI 6, 4. cum (adulescentes) exanimarentur prius, quam victos se faterentur; Tusc V 77. exanimata uxor; Catil IV 3.

exardesco, heiß werden, entbrennen, ſich entjünben, entſtehen, ergrimmen: I. ut nulla materies tam facilis ad exardescendum est; de or II 190. — II. in ea (causa Rabirii) omni genere amplificationis exarsimus; orat 102. sibilis vulgi, sermonibus honestorum, fremitu Italiae vereor ne exarserint; A II 21, 1. bellum subito exarsit; Ligar 3. nisi quaedam admodum intolerabilis iniuria exarserit; Lael 76. ira exardescit; Tusc II 58. tota Italia desiderio libertatis exarsit; Phil X 19. cuius (Socratis) responso iudices sic exarserunt, ut ..; de or I 233.

exaresco, austrocknen, verſiegen: facultas orationis exaruisset; ep IX 18, 3. cum inexplebiles populi fances exaruerunt libertatis siti; rep I 66. cito exarescit lacrima, praesertim in alienis malis; part or 57. (Ser. Galbae) orationes ita exaruerunt, vix iam ut appareant; Bru 82. exaruisse iam veterem urbanitatem; ep VII 31, 2.

exaro, ausgraben, umpflügen, durch Aderbau gewinnen, entwerfen, aufzeichnen: haec, cum essem in senatu, exaravi; ep XII 20. de eodem oleo et opera exaravi nescio quid ad te; A XIII 38, 1. hanc epistulam exaravi; A XV 1, a, 1. hoc litterulantim exarari egrediens e villa ante lucem; A XII 1, 1. ut plus quam decem medimna ex ingero exararent; Ver III 113. statim novum prohoemium exaravi; A XVI 6, 4. exaratum puerum; div II 80. (sepulcra) exarata sunt; leg II 58.

exaudio, deutlich hören, vernehmen, verſtehen: L vix mihi exaudisse videor; A IV 8, a, 1. — II. exaudivi etiam nimium a me Brutum ornari; Phil XI 36. — III. neque exaudimus nostret ipsos; orat 189. heri nescio quid in strepitu videor exaudisse, cum diceres te in Tusculanum venturum; A XIII 48, 1. eorum preces et vota de meo reditu exandiens; Planc 97. exaudita vox est a luco Vestae; div I 101.

exaeco, blind machen: num is (Empedocles) excaecat nos ant orbat sensibus? Ac II 74.

excandescentia, Aufbrauſen: I. ut excandescentia sit ira nascens et modo exsistens, quae θύμωσις Graece dicitur; Tusc IV 21. — II. libidini (ſubiecta sunt) ira, excandescentia, odium; Tusc IV 16.

excandesco, erglühen: nisi ira excanduit excanduerit || fortitudo; Tusc IV 43.

excarnifico, zu Tobe martern: Anaxarchum Democriteum a Cyprio tyranno excarnificatum accepimus; nat III 82.

excavo, aushöhlen: erat ex una gemma pergrandi trulla excavata; Ver IV 62.

excedo, hinausgehen, ſich entfernen, entweichen, weichen, ſcheiben: qui vita excesserunt; Bru 262. V. Varius sua lege damnatus excesserat; Bru 305. abiit, excessit; Catil II 1. qui e || ex || vita excesserint rise tormentis; Phil XIII 41. huius officium est de e || vita excedere; fin III 60. cum hinc excesserint; Tusc I 103. cum (animi) e corporibus excesserint; Tusc I 24. cum cupiditatis dominatus excessit; par 40. ut nulla pars huiusce generis excederet extra; Tim 16.

excellens ſ. **excello.**

excellenter, vortrefflich: qui se excellentius gerere studuerunt; Sest 96. quae fortiter excellenterque gesta sunt; of I 61.

excellentia, Vortrefflichleit, Vorzug, hervorragenbe Perſönlichteit: I. saepe excellentiae quaedam sunt, qualis erat Scipionis in nostro grege; Lael 69. — II. ex strue animo altitudinem excellentiamque virtutum; fin V 71. — III. incredibilis cursus ad omnem excellentiam factus est; Tusc IV 1.

excello (excelleo ſ. alqs; fr E IX 1), hervorragen, ſich auszeichnen: qui (Zeuxis) tum longe ceteris excellere pictoribus existimabatur; inv II 1. in quo (numero) perraro exoritur aliquis excellens; de or I 11. in quibus (facetiis) tu longe aliis excellis; de or II 216. hic (Pericles) doctrina, consilio, eloquentia excellens; de or III 188. est mos hominum, ut nolint eundem pluribus rebus excellere; Bru 84. Galba fuit inter tot aequales unus excellens; Bru 333. qui singulis vitiis excellunt aut etiam pluribus; leg I 51. effice et elabora, ut excelleas; fr E IX 1. quae maxime excellent; de or II 92. quid unum excellat ex omnibus; de or III 143. M. Petrei excellens animus et amor rei publicae; Sest 12. propter excellentem artem ac venustatem; Arch 17. Pompei auctoritas excellit in ista provincia; Flac 14. gaude tuo isto tam excellenti bono; Marcel 19. tantam eam (honestatem) rebus omnibus praestare et excellere, ut ..; fin IV 59. quoniam rebus omnibus excellat natura animi; nat I 76. in oratoribus admirabile est quantum inter omnes unus excellat; orat 6. populus Romanus animi magnitudine excellit; of I 61. tuae scientiae excellenti ac singulari; ep IV 3, 4. cum verbis tum etiam sententiis excellentibus; inv II 51. venustas: ſ. ars. verba: ſ. sententiae. excellentes viri cum subtilitate, tum copia; div II 4. sociis excellenti virtute praeditis; Balb 24.

excelsae, erhaben: omnia excelsius magnificentiaque et dicet et sentiet; orat 119.

excelsitas, Erhabenheit: multo magis est secundum naturam excelsitas animi et magnitudo; of III 24.

excelsus, hervorragenb, hoch, erhaben: A. neque eos quicquam excelsum magnificumque delectat; opt gen 12. quo tua in me humanitas fuerit excelsior quam in te mea; A III 20, 3. quod excelso et inlustri loco sita est laus tua; ep II 5, 1. quo grandior (orator) sit et quodam modo excelsior; orat 119. — B. simulacrum Iovis in excelso conlocare; Catil III 20. ea statua, quae ad Opis † per te posita in excelso est; A VI 1, 17.

exceptio, Ausnahme, Einſchränkung: I. sunt in tota lege exceptiones duae; agr I 10. — II, 1. hic is, qui agit, iudicium purum postulat; ille, quicum agitur, exceptionem addi ait oportere; inv II 60. si istius honoris causa hanc eandem exceptionem iniussu populi ad legem ascribi iubeatis; inv II 56. ut illi, unde perteretur, vetus atque usitata exceptio daretur CUIUS PECUNIAE DIES FUISSET; de or I 168. ibi exceptiones postulantur; inv II 58. — 2. consuesse eos, qui leges scribant, exceptionibus uti; inv II 130. — II, 1. non omnia scriptis, sed quaedam, quae perspicua sint, tacitis exceptionibus caveri; inv II 140. praetoris exceptionibus multae excluduntur actiones; inv II 57. — 2. oportet recitare leges cum exceptionibus scriptas; inv II 131. neque te patiar cum exceptione laudari; Q fr I 1, 37. ut sit inter eos (amicos) omnium rerum sine ulla exceptione communitas; Lael 61.

excepto, herausnehmen: aliquem barbatulos mullos exceptantem de piscina; par 38.

excerpo, herausnehmen, ausmählen, auszieķen: quod quisque (scriptor) commodissime praecipere videbatur, excerpaimus; inv II 4. excerpere ex his

ipsis (malis), si quid inesset boni; of III 3. non (hoc genua), si est facilius, eo de numero quoque [est] excerpendum; de or II 47.

excessus, Scheiden, Hinscheiden: I. et excessum e vita et in vita mansionem (ad media referri); fin III 60. — II. 1. neque excessu vitae sic deleri hominem, ut ..; Tusc I 27. — 2. post obitum vel potius excessum Romuli; rep II 52.

excetra, Schlange: »taetra mactata excetra«; Tusc II 22.

excido, abhauen, brechen, verwüsten, vernichten: Epirus excisa; Piso 96. illam (Karthaginem) excisam esse; Cato 18. nec lapides ex terra exciderentur; of II 13. quem (lotum) si excideria, multam prospexeris; ep VII 20, 1. nonne videor illud tristissimum tempus debere ex animo excidere? prov 43. cum omnes urbem nondum excisam videremus; Sest 35.

excido, herausfallen, entfallen, entschlüpfen, entschwinden, verloren gehen: quod (animal) cum ex utero elapsum excidit; nat II 128. quae cogitatio cum mihi non omnino excidisset; ep V 13, 1. gladii de manibus crudelissimis exciderunt; Piso 21. qui (libellus) me imprudente et invito excidit et pervenit in manus hominum; de or I 94. sagittas excidere e corpore; nat II 126. sol excidisse mihi e mundo videtur; A IX 10, 3. quod verbum tibi non excidit fortuito; Phil X 6.

excipio, herausnehmen, ausnehmen, auffangen, abfangen, gefangen nehmen, aufnehmen, empfangen, auf sich nehmen, übernehmen: I. dulcis non multo secus est ea (patria), quae genuit, quam illa, quae excepit; leg II 5. — II, 1. quibus (legibus) exceptum est, de quibus causis magistratum capere non liceat; Cluent 120. — 2. quorum in foederibus exceptum est, ne quis recipiatur; Balb 32. — 3. neque Camertium foedere esse exceptum, quo minus praemia tribuerentur; Balb 47. — 4. non exceperas, ut ne esset rogatum? dom 106. — III. eum (Pompeium) exceptum iri puto; A VII 22, 1. quod me ipsum plane exceptum putabam; A VIII 11, 3. admoniti sumus, ut caveremus. ne exciperemur a Caesare; A VIII 11, D, 3. quem ad modum redeuntem excipiam Caesarem; A VIII 15, 1. eum (legis scriptorem) fuisse exceptarum, si quid excipiendum putaret; inv II 131. si nos aliquid ex sermone vestro memoria dignum excipere possemus; de or I 96. nisi si quid ex praetereunte viatore exceptum est; A II 11, 1. quod (dictum) ille (Caesar) non ita inlustri gratia exceperit, ut ..; ep I 9. 21. quos dolores et quas molestias excepturi sint; fin I 33. omnino excipiam hominem; A X 10, 3. ut in tuis summis laudibus excipiant unam iracundiam; Q fr I 1, 37. cum labores etiam magnos excepisset; Bru 243. molestias: f. dolores. quas (occupationes) si, ut volumus, exceperimus; ep VII 33, 2. cum ipsius rei gestae expositio magnam excipit offensionem; inv I 30. pueros excipientes gravissimas plagas; Tusc II 46. hunc excepisse sanguinem patera; Bru 43. ut filiorum suorum postremum spiritum ore excipere liceret; Ver V 118. vim improborum excepi meo corpore; dom 63. ad excipiendas eorum (hominum) voluntates; de or II 32. qui vulnera exceperunt fortiter; Tusc II 65. — IV. me quaestorem Siciliensis excepit annus; Bru 318.

excisio, Zerstörung: qui excisionem, inflammationem meis omnibus tectis intulerunt; har resp 3.

excito, aufrichten, errichten, herausloden, hervorrufen, aufrufen, herbeiführen, erweden, ermuntern, erregen, antreiben: I. in excitando et in acuendo plurimum valet, si laudes eum, quem cohortere; ep XV 21, 4. — II. excitare ipsum a mortuis! Milo 91. si te ipse vehementius ad omnes partes bene audiendi excitaris; Q fr I 1, 3. nec e lapide excitari plus nec imponi, quam quod capiat laudem mortui; leg II 68. quid tam regium quam

excitare adflictos? de or I 32. belli Transalpini et tumultus Gallici excitandi causa; Catil III 4. civitas ad arma repente est excitata; div I 55. hoc dichoreo tantus clamor contionis excitatus est, ut ..; orat 214. excitabat fluctus in simpulo, ut dicitur, Gratidius; leg III 36. qui ab excitata fortuna ad inclinatam et prope iacentem descisceret; ep II 16, 1. excita ex somno tuas litteras humanitatemque; ep XVI 14, 2. si quod esset in suas fortunas incendium excitatum; Muren 51. litteras: f. humanitatem. hi locis in mente et cogitatione defixis et in omni re ad dicendum posita excitatis; de or II 175. in eorum. qui audiunt, mentibus aut sedandis aut excitandis; de or I 17. nec ab inferis mortuos excitabit; orat 85. poëtam mentis viribus excitari; Arch 18. labentem languentemque populum ad decus excitare; de or I 202. qui non dubitavit excitare reum consularem et eius diloricare tunicam; de or II 124. quos ego risus excitassem! ep III 11, 2. cum excitavi maestum ac sordidatum senem; de or II 195. acuto et excitato sono; rep VI 18. quanta tempestas excitaretur; har resp 4. ex qua (memoria) ab inferis locupletissimos testes excitaret; Bru 322. Appiae nomen quantas tragoedias excitat! Milo 18. tumultum: f. bellum — III. ut nos ex annalium monimentis testes excitamus eos, quorum ..; fin II 67.

exclamatio, Ausruf: quamquam illa ipsa exclamatio: „non potest melius", sit velim crebra; de or III 101. si est aliqua exclamatio vel admirationis vel conquestionis; orat 135.

exclamo, schreien, aufschreien, ausrufen: I. ut in stadio cursores exclamant, quam maxime possunt; Tusc I 56. — II. 1. (Philoctetes) exclamat: »heu! qui ..?« Tusc II 19. — 2. (eum) exclamavisse. ut bono esset animo; rep I 29. — 3. ille nonne etiam bis exclamavit se videre? Ac II 89. — III. Ciceronem nominatim exclamavit; Phil II 28. qui volunt exclamare maius; Tusc II 56.

excludo, ausschließen, fern halten, trennen, ausbrüten: illum omnibus exclusis commentarius; Bru 87. Crassus tres legatos decernit, nec excludit Pompeium; ep I 1, 3. ipsae illae (litterae) excludere me a portu et perfugio videntur; ep V 15, 3. qui regionibus exclusi intra arma aliena venissent: A VIII 11, D, 4. praetoris exceptionibus multae excluduntur actiones; inv II 57. multorum opes praepotentium excludunt amicitias fideles; Lael 54. quae (ratio) vitia culpamque excluderet; nat III 76. qui armis et praesidiis populum et magistratus foro excluserit; Phil III 30. matres ab extremo conspectu liberum exclusae; Ver V 118. populum: f. magistratus. Coracem patiamur pullos suos excludere in nido; de or III 81. exclusis sententiis reliquorum; fin V 23. pacis spem a publico consilio esse exclusam; Bru 329. qui excludat auribus omnem suavitatem; Cael 42. vitia: f. culpam.

excogitatio, Ausdenken, Ersinnen: I. inventio est excogitatio rerum verarum; inv I 9. — II. illa excogitationem non habent difficilem; de or II 120.

excogito, ersinnen, ausdenken, erfinden: I. 1 ab homine ad excogitandum acutissimo; Cluent 67. — 2. ad haec igitur cogita, vel potius excogita; A IX 6, 7. — II, 1. facile ut excogitet, quo modo occulte fallat; ep II 14, 2. qui (Scaevola) excogitasset nasci prius oportere quam emori; de or I 243. — III. si nihil, quo pacto tractaretur id, quod esset excogitatum, referret; inv I 75. si nihil exco gitas; A XI 16, 5. legem neque hominum ingenio excogitatam esse, sed aeternum quiddam; leg II 8 praedandi rationem ab hoc primum excogitatam; V V 60. quod tandem excogitabitur in eum supplicium? Rabir 28.

excolo, bilden, ausbilden, veredeln: demus nos huic (philosophiae) excolendos; Tusc IV 84. qu (ingenia) disciplinis exculta sunt; orat 48. quorum

ingeniis et inventis omnem vitam legibus et institutis excultam constitutamque habemus; fr F IX 11.

excors, töricht, einfältig: A. neque tu eras tam excors tamque demens, ut nescires . .; dom 48. quae anus tam excors inveniri potest, quae illa portenta extimescat? nat II 5. — B. aliis cor ipsum animus videtur, ex quo excordes dicuntur; Tusc I 18.

excrucio, peinigen, quälen, ängstigen: I. illud angit vel potius excruciat: discessus ab omnibus iis, quae . .; Tusc I 83. — II. nec meae me miseriae magis excruciant quam tuae vestraeque; ep XIV 3, 1. popali Romani socium atque amicum fumo excruciatum: Ver I 45· quem ad modum temeritas et libido et ignavia semper animum excruciant et semper sollicitant; fin I 50.

excubiae, Wache: si excubiae, si vigiliae, si dilecta iuventus contra Milonis impetum armata est: Milo 67. cuius ego excubias et custodias mei capitis cognovi; Phil VII 24.

excubo, schlafen, Wache halten: excubabo vigilaboque pro vobis; Phil VI 18. qui praeerant Lacedaemoniis, in Pasiphaae fano somniandi causa excubabant; div I 96. ego excubo animo nec partem ullam capio quietis; A IX 11, 4.

excudo, ausbrüten, ausarbeiten: excudam aliquid 'Ηρακλείδειον; A XV 27, 2. e quibus (ovis) pullos cum excuderunt; nat II 129.

excurro, hinausetlen, einen Ausflug machen, hervorbrechen, abschweifen: ego excurro in Pompeianum; A X 15, 4. cupio excurrere in Graeciam; A XIV 16, 3. productiora aliqua et quasi immoderatius excurrentia; orat 178. quorum animi spretis corporibus evolant atque excurrunt foras; div I 114. quod (Karthago) excurrere ex Africa videbatur; agr II 87. ne (oratio) excurrat longius; de or III 190.

excursio, Lauf, Umhergehen, Ausjug, Streifjug, Einfall; I. cum una excursio equitatus totius anni vectigal auferre possit; imp Pomp 16. excursio moderata eaque rara; orat 59. — II. nec (avus) excursione nec saltu uteretur; Cato 19. — II. certiores a me facti de hac nocturna excursione Catilinae; Catil II 26. — IV. qui excursionibus et latrociniis infestam provinciam redderent; inv II 111.

excursor, Kundschafter: petit Naevius Turpio qialam, istius excursor et emissarius; Ver II 22.

excusatio, Entschuldigung: I. P. Rutilium Rutam necessitatis excusatio defendet; Rab Post 27. deo ne excusatio quidem est inscientiae; nat III 90. — II, 1. cum excusationem oculorum a me non acciperet; de or II 275. accipio excusationem tuam, qua usus es; ep IV 4, 1. nihil praetermissum est quod non habeat sapientem excusationem, non modo probabilem; A VIII 12, 2. hanc eram ipsam excusationem relicturus ad Caesarem; A IX 6, 1. — 2. si Q. Axius utitur excusatione temporis; A X 11, 2. f. 1. accipio. — III. ne se stuporis excusatione defendat; har resp 5.

excuso, entschuldigen, vorschützen, als Entschuldigungsgrund anführen: si Lysiades excusetur Areopagites esse; Phil V 14. — II. quod Planco conlegae mandasti, ut te mihi per litteras excusares; ep XI 15, 1. me tibi excuso in eo ipso, in quo te excuso; Q fr II 2, 1. viris bonis me non nimis excuso; A IX 13, 6. cura, ut excuser morbi ausa in dies singulos; A XII 13, 2. re magis morbum quam oratione excusantem; Phil IX 8. Varroni rimineris excusare tarditatem litterarum mearum; A XV 26, 5.

excutio, abschütteln, austreiben, ausschütten, abschliessen, aufjagen, durchsuchen, untersuchen: excutere unum quemque eorum; Q fr I 1, 11. excussa inanissima prudentiae reperta sunt; Muren 26. noli aculeos orationis meae excussos arbitrari; sulla 47. ex iis (formis litterarum) in terram excussis;

nat II 93. qui etiam imperatores nostros excutiant; agr II 61. explica atque excute intellegentiam tuam; of III 81. iuventutem omnem ex tota Italia excusimus; Phil XII. 16. hanc excutere opinionem mihimet volui radicitus; Tusc I 111. tu adeo mihi excussam severitatem veterem putas, ut . .? ep IX 10, 2. omnia ista nobis studia de manibus excutiuntur; Muren 30. explicando excutiendoque verbo (tractatur hoc genus); part or 124.

exedo, verzehren, zerstören: aegritudo exest animum planeque conficit; Tusc III 27. apparebat epigramma exesis posterioribus partibus versiculorum dimidiatis fere; Tusc V 66.

exedra f. **exhedra.**

exemplar, Abschrift, Ebenbild, Vorbild: I. non habebam exemplar; A IV 5, 1. ille fabricator huius tanti operis utrum sit imitatus exemplar; Tim 6. verum amicum qui intuetur, tamquam exemplar aliquod intuetur sui; Lael 23. ad imitandum tam mihi propositum exemplar illud est quam tibi; Muren 66. — II. sine ullo certo exemplari formaque rei publicae; rep II 22.

exemplum, Beispiel, Weise, Abschrift, Abbild, Muster, Vorbild, Vorgang, Präcedenzfall: I, 1. minimam olim istius rei fuisse cupiditatem multa exstant exempla maiorum; leg II 62. maximam fidem facit ad similitudinem veri exemplum; part or 40. duo illa, quae maxime movent, similitudo et exemplum; de or III 205. — 2. exemplum est, quod rem auctoritate aut casu alicuius hominis aut negotii confirmat aut infirmat; inv I 49. cum esset ille vir exemplum innocentiae; de or I 229. cum ipse sis quasi unicum exemplum antiquae probitatis et fidei; rep III 8. — II, 1. exempla ad eam definitionem adiungere; inv II 99. cum aliquod exemplum ponamus, quod in senatu agatur; inv II 110. exemplum imperii veteris diceres intueri; Sest 19. misi ad te exemplum litterarum mearum ad Caesarem; A IX 11, 4. mittam ad te exemplum fortasse Lanuvio; A XIII 26, 2. pono: f. ago. propositis tot exemplis iracundiae levitatisque popularis; Sest 141. quae quaerimus exempla maiora? nat II 11. earum litterarum exemplum infra scriptum est; ep VI 8, 3. qui earum (litterarum) exemplum subscripseras; A VIII 11, D, 3. ex eodem similitudinis loco etiam exempla sumuntur; Top 44. — 2. quod exemplo nostrae civitatis usus es; Tusc V 79. — III. plena vita exemplorum est; Tusc V 79. — IV. possumus ne tibi probare auctorem exempli? Balb 46. pugnasti commenticiorum exemplorum mirifica copia; div II 27. ne periculosam imitationem exempli proderetis; Flac 24. nihil prohibet fictam (legem) exempli loco ponere; inv II 118. — 2. quis solet eodem exemplo plures (epistulas) dare, qui sua manu scribit? ep VII 18, 2. cur saepius ad me litteras uno exemplo dedisses; ep IV 4, 1. binas a te accepi litteras eodem exemplo; ep X 5, 1. misi ad Caesarem eodem illo exemplo litteras; Q fr II 10, 5. — V, 1. agebat exemplo bonorum civium; Sest 87. cuius exemplo se consolatur; prov 16. iste quod fecisset, aliorum exemplo institutoque fecisse; Ver II 102. quod exemplo fit, id etiam iure fieri putant; ep IV 3, 1. eius generis exemplo nobis posita sit haec causa; inv II 52. bis eodem exemplo (scripseras); ep IX 16, 1. imperii diuturnitati modum statuendum vetere exemplo; imp Pomp 26. quod eodem exemplo ad me, quo ad ceteros; ep XII 30, 3. — 2. si exempli causa poterit ostendi . .; inv I 85. habet in exemplis (auctoritatem) antiquitas; orat 169. id fieri potuit sine exemplo; Phil II 66.

exeo, herausgehen, ausgehen, weggehen, ausziehen, entkommen, herauskommen, landen, bekannt werden, zu Ende gehen: I. „quando de triclinio tuo exibis?" de or II 263. quidvis me potius perpessu-

rum quam ex Italia ad bellum civile exiturum; ep
II 16, 3. Ostiae videri commodius eum (Caesarem)
exire posse; ep IX 6, 1. cum cogar exire de navi;
A II 7, 4. quinto anno exeunte; div I 53. libri
quidem ita exierunt, ut..; A XIII 13, 1. existimans
exituras (litteras); ep XV 21, 4. pecuniam, quae
via modo visa est exire ab isto, eam semita revertisse; Ver II 57. priusquam plaustrum ex oppido
exiret: div I 57. senatores, qui C. Verre sortiente
exirent in eum reum; Ver pr 39. — II. quem omnino vivum illinc exire non oportuerat; Muren 51.
quam nihil non consideratum exibat ex ore! Bru
265. nolo verba exiliter exanimata ‖ animata ‖ exire;
de or III 41.

exeq — ſ. exseq —

exerceo, üben, ausüben, betreiben, führen,
bemühen, heimſuchen: a quo (Diodoto) cum in aliis
rebus tum studiosissime in dialectica exercebar; Bru
309. quid te exercuit Pammenes? Bru 332. ad haec
te exerceas; ep I 7, 9. te in ea quaestione non
exerceo; A VII 9, 4. te de praedio Oviae exerceri
moleste fero; A XIII 22, 4. scito nihil tam exercitum
esse nunc Romae quam candidatos omnibus iniquitatibus; A I 11, 2. exercendum corpus est; of I
79. ut suam insatiabilem crudelitatem exercuerit in
mortuo; Phil XI 8. exercebatur una lege indicium
Varia; Bru 304. medicinae exercendae causa; Cluent
178. exercenda est memoria ediscendis scriptis; de
or I 157. qui (L. Tubulus) cum praetor quaestionem
inter sicarios exercuisset; fin II 54. utinam haec
inter nos studia exercere possemus! ep IX 8, 2.
plerique in hoc vocem modo, neque eam scienter, et
vires exercent suas; de or I 149.

exercitatio, Übung, Geübtheit, Ausübung:
I, 1. quod consuetudo exercitatioque intellegendi
prudentiam acueret; de or I 90. erat apud eos
dicendi exercitatio duplex; fin IV 6. — 2. iuventutis
exercitatio quam absurda in gymnasiis! rep IV 4. —
II, 1. hic exercitationem virtutis perdidit; Milo
34. exercitatio quaedam suscipienda vobis est; de
or I 147. — 2. ut exercitatione ludoque campestri
tunicati uteremur; Cael 11. — 3. ne abstrahamur
ab hac exercitatione et consuetudine dicendi populari
et forensi; de or I 81. in isdem exercitationibus
ineunte aetate fuimus; Bru 151. — III. adhuc de
consuetudine exercitationis loquor; Tusc II 40. —
IV, 1. qui non linguam modo acuisses exercitatione
dicendi; Bru 231. Graecis exercitationibus ali melius ingenia posse; fr E I. hanc ad legem cum
exercitatione tum stilo formanda nobis oratio est;
de or III 190. — 2. quod etiam si hanc forensi
exercitatione efficere potuerunt; de or II 139. nullam
artem litteris sine interprete et sine aliqua exercitatione percipi posse; ep VII 19.

exercitatus, geübt, erfahren, beunruhigt:
bona disciplina exercitatis; orat 200. tamquam
exercitatiores (erunt) ad bene de multis promerendum;
of II 53. (curis) agitatus et exercitatus animus;
rep VI 29. corporibus exercitatis; Tusc V 9. apud
Vestorium, hominem in arithmeticis satis exercitatum;
A XIV 12, 3. (Etrusci) ostentorum exercitatissimi
interpretes exstiterunt; div I 93. manum in propinquorum bonis proscribendis exercitatam; Quinct
97. ars est praeceptionum exercitatarum constructio
ad unum exitum utilem vitae pertinentium; fr I 26.

exercitus, Heer, Kriegsheer: I. quo exercitu
adire non posset; Muren 34. populi Romani exercitus Cn. Pompeium circumsedet, fossa et vallo
saeptum tenet, fuga prohibet; A IX 12, 3. nostrum
exercitus (nostri) ad non dubiam mortem concurrerunt!
Tusc I 89. L. Luculli exercitus, qui ad triumphum
convenerat, L. Murenae praesto fuit; Muren 37.
nostri exercitus unde nomen habeant, vides: Tusc
II 37. prohibet, tenet: ſ. circumsedet. cum exercitus vestri numquam a Brundisio nisi hieme summa

transmiserint; imp Pomp 32. — II. 1. hic eum
exercitum, quem accepit, amisit; Phil IV 15. sine
ullo sumptu nostro coriis, tunicis frumentoque sup-
peditando (Sicilia) maximos exercitus nostros vestivit.
aluit, armavit; Ver II 5. qui exercitum alere posset
suis fructibus; par 45. amitto: ſ. accipio. armo: ſ.
alo. si hostium exercitum caesum fusumque cognovi; Phil XIV 1. cum exercitum tantum conscripserit, compararit; Phil V 36. qui prius confecit
exercitum, quem furori M. Antonii opponeret, quam..;
Phil V 43. conscribo: ſ. comparo. exercitus contra
vos, contra libertatem vestram constituitur; agr III
16. exercitu deleto; div II 22. qui exercitum
deseruerunt; Catil II 5. an Deiotarus continuo dimisit exercitum? Deiot 19. si tibi provinciam, si
exercitum dedisset; Piso 28. in Galliam mutilatum
ducit exercitum; Phil III 31. ut in expeditionem
exercitum educeret; div I 72. fundo: ſ. caedo. et
parentiores habuerunt exercitus et fortiores; of I 76.
cum imperator exercitum lustraret; div I 102. nisi
exercitum tantum, quantum ad maximum bellum
mittere soletis, mature in has provincias miseritis;
ep XV 1, 5. mutilo: ſ. duco. oppono: ſ. conficio.
quorum (imperatorum) alter exercitum perdidisset.
alter vendidisset; Q fr III 1, 24. Macedoniam, in
quam tantum exercitum transportasses; Piso 47.
vendo: ſ. perdo. vestio: ſ. alo. — 2. nostris exercitibus quid pollicemur? Phil VIII 10. — 3.
aliquid de eius exercitu detrahi posse; agr II 54.
qui miles in exercitu fuit summi imperatoris; imp
Pomp 28. — III, 1. cum videremus alterius utrius
exercitus et ducum interitum; ep IX 6, 3. exercitus ius amittit is, qui eo exercitu rem publicam
oppugnat; Phil X 12. cum salus exercitum
nostrorum interierit; Ver III 127. — 2. erat mihi
contentio non cum victore exercitu; Sest 38. in
exercitum nostrum clarum atque victorem impetum
fecit; imp Pomp 25. — IV, 1. oppugnare: ſ. III.
1. ius. qui exercitu plurimum poterant; Planc 86.
— 2. venit cum exercitu Capuam; Sest 9. in exercitu seditionem esse conflatam; Cluent 99. quae per
exercitum atque imperium gerenda sunt; ep I 7, 9.
id ipsum est gestum consilio urbano sine exercitu;
of I 76.

exhaeresimus, ausgeschieben: quos illi exhaeresimos dies nominant; Ver II 129.

exhalatio, Ausdünstung: quod caliginosum
(caelum) est propter exhalationes terrae; Tusc I 43.

exhalo, ausdünsten, verdunsten laſſen: edormi
crapulam et exhala ‖ exala ‖; Phil II 30. vini
exhalandi ‖ exal. ‖ causa; Phil II 42.

exhaurio, ausſchöpfen, leeren, erſchöpfen,
vernichten, überſtehen, durchführen, vollenden: Catilina exhausto; Catil I 7. si (actio) esset consumpta superiore motu et exhausta; de or III 102.
aerarium exhauseras; Piso 37. tantus fuit amor, ut
exhauriri nulla posset iniuria; A II 21, 4. aqua
omni exhausta; nat II 118. amicorum facultates
exhausta est in ea re, quae..; A IV 2, 7. non
facile exhauriri tibi istum dolorem posse universum
puto; ep V 16, 4. implet (stipa) superstitione animos
et exhaurit domus; leg II 40. non (homines) sumptu
exhauriri; Q fr I 1, 9. ut mandata nostra exhaurias:
A V 1, 5. iam exhausto illo poculo mortis; Cluent 31.
exhaustus est sermo hominum; Q fr I 2, 1. fortissimum virum eadem sibi manu vitam exhausisse:
Sest 48.

exhedra (exedra), Halle, Geſellſchaftszimmer:
I. (C. Cottam) sedentem in exedra ‖ exhedra ‖; nat
I 15. sese in eam exhedram venisse, in qua Crassus
posito lectulo recubuisset; de or III 17. — II, 1.
ego illa moveor exhedra; fuit enim Carneadis: fin
V 4. — 2. in: ſ. I. venio in.

exhedrium, Niſche mit Sitzplätzen: exhedria

‖ exed., al. ‖ quaedam mihi nova sunt instituta in porticula Tusculani; ep VII 23, 3.

exheredo, enterben: quem pater censoria subscriptione exheredavit; Cluent 135. exheredare pater filium cogitabat; Sex Rosc 53.

exheres, enterbt: cum egisset lege in hereditatem paternam testamento exheres filius; de or I 175. possetne paternorum bonorum exheres esse filius, quem pater testamento neque heredem neque exheredem scripsisset nominatim; de or I 175.

exhibeo, herbeischaffen, darbieten, preisgeben, verursachen, bereiten: I. fratres saltem exhibe; Flac 35. noli mihi molestiam exhibere; ep XII 30, 1. quod beatum et immortale est, id nec habet nec exhibet cuiquam negotium; nat I 85. iam exhibeo pupillum, neque defendo; A V 18, 4. — II. ut omnia sibi integra quam primum exhiberentur; Ver V 63.

exhilaro, heiter machen: miraris tam exhilaratam esse servitutem nostram? ep IX 26, 1.

exhorresco, erschauern, sich entsetzen: quae (sapientia) nos exhorrescere metu non sinat; fin I 43. in quo homines exhorrescunt? de or III 53.

exigo, vertreiben, vollenden, fordern, eintreiben: I. legationes sumere liberas exigendi causa; Flac 86. — II. quo facilius id a te exigam, quod peto ‖ petam ‖; de or II 128. qui exacta aetate moriuntur; Tusc I 93. quoniam conlectam a conviva exigis; de or II 233. nisi etiam praetermissos fructus tuae suavitatis praeteriti temporis omnes exegero; A IV 1, 2. mitto rationem exacti frumenti; Piso 90. tum exacti in exsilium innocentes; rep I 62. cum a civitatibus pro frumento pecuniam exigebas; Ver III 179. ad pecunias, quae a colonis debentur, exigendas; ep XIII 11, 1. dum a Dolabellae procuratoribus exigam primam pensionem; ep VI 18, 5. exactis regibus; de or I 37. in sartis tectis exigendis; Ver III 16. tertia fere vigilia exacta; Catil III 6. — III. omnibus ex rebus voluptatem quasi mercedem exigit; fin II 73. vgl. II. tecta.

exigue, knapp, spärlich, genau: cum de duabus primis (partibus) celeriter exigueque dixisses; de or III 144. (epistula) exigue scripta est; A XI 16, 1. hoc est nimis exigue et exiliter ad calculos vocare amicitiam; Lael 58.

exiguitas, Geringfügigkeit: in quibus propter eorum exiguitatem obscuratio consequitur; fin IV 29.

exiguus, klein, gering, geringfügig, unbedeutend, beschränkt: A. si istas exiguas copias quam minime immineris; ep III 3, 2. cor: f. exilis, cor. suis finibus, exiguis sane; Arch 23. optime Epicurus, quod exiguam dixit fortunam intervenire sapienti; fin I 63. ex ingenti quodam oratorem immensoque campo in exiguum sane gyrum compellitis; de or II 70. tam exiguum oratorum numerum inveniri; de or I 16. spe exigua pendet; Flac 4. exigui temporis opinio; de or I 92. — B. artior conligatio est societatis propinquorum; ab illa enim immensa societate humani generis in exiguum angustumque concluditur; of I 53.

exilis, dürr, mager, kraftlos, dürftig, unvollständig: contractum aliquo morbo bovis exile et exiguum et vietum cor fuisse; div II 37. quorum orationis genus scis esse exile; Bru 114. me nomen habere duarum legarum exilium; A V 15, 1. praeter illum de ratione dicendi sane exilem libellum; Bru 163. huius (Ser. Galbae) exiliores orationes sunt; Bru 82. quod solum tam exile est, quod ..? agr II 67.

exilitas, Dürre, Trockenheit: I. inde erat ista exilitas, quam ille (Calvus) de industria consequebatur; Bru 284. — II, 1. consequnor: f. I. — 2. qui discernes eorum ubertatem in dicendo et copiam ab eorum exilitate? de or I 50.

exiliter, dürr, gehaltlos, dürftig, kleinlich: si anguste et exiliter dicere est Atticorum; Bru 289. videmus iisdem de rebus ieiune quosdam et exiliter disputavisse; de or I 50. nolo verba exiliter exanimata ‖ animata ‖ exire, nolo inflata et quasi anhelata gravius; de or III 41. annales sane exiliter scriptos; Bru 106. voco: f. exigue voco.

eximius, außerordentlich, ausgezeichnet: ea semper in te eximia et praestantia fuerunt; de or II 125. sine eximia virtutis gloria; rep II 17. vidisse se in somnis pulchritudine eximia feminam; div I 52. propter hanc eximiam virtutem; Ver V 3.

eximo, ausnehmen, herausnehmen, beseitigen, befreien: iis (rationibus) accusator ad alios ex culpa eximendos abutetur; inv II 24. eum tamquam e vinculis numerorum eximamus; orat 77. ne tu ex reis eximerere; Ver II 99. qui (agri) cum de vectigalibus eximebantur; Phil II 101. quodsi exemeris ex rerum natura benivolentiae coniunctionem; Lael 23. Clodius rogatus diem dicendo eximere coepit; Q fr II 1, 3. qui ex obsidione faeneratores exemerit; ep V 6, 2. Metellus calumnia dicendi tempus exemit; A IV 3, 3.

exin, exinde, dann, alsdann, hierauf: exin ‖ exim ‖ mari finitimus aër die et nocte distinguitur; nat II 101. exin filium eius (rustici) esse mortuum; div I 55. »erin proiectae claro cum lumine Chelae«; fr IV a, 569. »exinde multae videntur stellae«; fr IV a, 399. »exinde, australem soliti quem dicere Piscem, volvitur«; fr IV a, 411. exin senatus postridie Idus; A IV 3, 3.

exinanio, ausleeren, ausplündern: istum arationes et agros vectigales vastasse atque exinanisse; Ver III 119. regibus atque omnibus gentibus exinanitis; agr II 72. nox in exinanienda nave consumitur; Ver V 64. reges: f. gentes.

existimatio, Meinung, Urteil, Achtung, Ruf: I. cui existimatio sanctissima fuit; Q Rosc 15. si bona existimatio divitiis praestat; de or II 172. — II, 1. eius summa existimatio agitur in eo, ut ..; ep XIII 65, 1. reconciliare existimationem iudiciorum amissam; Ver pr 2. habet existimationem multo sudore conlectam; div Caec 72. existimationem populi Romani concupivi; Ver I 21. habeo: f. conligo. bono praesidio munitur existimatio tua; Ver V 154. reconcilio: f. amitto. — 2. existimationem tuae consulere; Ver III 131. plane serviunt existimationi meae; A V 11, 5. — 3. ne quid de existimatione sua deperderet; Font 29. falso venisse in eam existimationem dicetur; inv II 37. — III. nihil mihi ad existimationem turpius accidere posse; de or II 200. — IV, 1. (tabulae) perpetuae existimationis fidem et religionem amplectuntur; Q Rosc 7. in tanto existimationis meae periculo; Ver pr 27. religio: f. fides. — 2. homo frugalitatis existimatione praeclara; Ver I 101. — 3. homini egenti, sine honore, sine existimatione; Flac 52. — V. quae (praeturae) existimatione innocentiae maxime floruerunt; Font 41. ut (improbus) vir optimus omnium existimatione iudicetur; rep III 27.

existimator, Beurteiler: I. 1. quantum existimator doctus et intellegens posset cognoscere; Bru 320. ut existimatores videamur loqui, non magistri; orat 112. f. II, 2. — 2. me esse fortasse non stultum alieni artificii existimatorem; de or III 83. — II, 1. quia te habeo aequissimum eorum studiorum existimatorem et iudicem; fin III 6. (Scaevola) in augendo, in ornando, in refellendo magis existimator metuendus quam admirandus . orator; Bru 146. — 2. de hoc huius generis acerrimo existimatore saepissime audio, illum loqui elegantissime; Bru 252.

existimo, achten, schätzen, erachten, beurteilen, begutachten, urteilen, meinen, glauben: I. apud

quos **agetur**, ut benivolos beneque existimantes efficiamus; de or II 322. orationis subtilitas imitabilis illa quidem videtur esse existimanti, sed nihil est experienti minus; orat 76. — II, 1. cuius (Curionis) de ingenio ex orationibus eius existimari potest; Bru 122. ex eventu homines de tuo consilio existimaturos; ep I 7, 5. non de me is peius quam de te existimat; ep III 8, 7. — 2. equidem existimo: promiscue toto quam proprie parva frui parte maletis || malitis, al. ||; agr II 85. — 3. quorum quanta mens sit, difficile est existimare; Tusc I 59. — 4. **Thermus** cum Silano contendere existimatur; A I 1, 2. dissimulare te id defensurum, quod existimeris || existimaris defensurus ||; inv I 24. — 5. ego existimo iacere vestra omnia; fin II 44. existimant dis immortalibus se facilius satis facturos; Tusc III 72. nec Marciis vatibus credendum existimo; div II 113. ut non frustra me natum existimem; Cato 84. — III. non quo haec dici quam existimari malit; Sest 87. — IV, 1. quae quidem (res) esset in his artibus, de quibus aliquid existimare possem; de or II 3. quid de ipsis auspiciis existimandum sit; nat II 14. — 2. si innocentes existimari volumus; Ver II 28. hunc omnes hospitio dignum existimarunt; Arch 5. (Matius) existimatus est semper auctor otii; A IX 11, 2. — 3. non eiusdem hominis atque artis utraque facultas existimanda est; de or I 216. — 4. eam (filiam) summa integritate pudicitiaque existimari; Ver I 64. — 5. socii fidelissimi in hostium numero existimati; Ver pr 13.

existo ſ. **exsisto.**

exitiabilis, zum Untergang führend: bellum comparat suis civibus exitiabile, nisi vicerit; A X 4, 3.

exitialis, Verderben bringend: perditae civitates hos solent exitus exitiales habere; Ver V 12.

exitiosus, unheilvoll, verderblich: quod exitiosum fore videbam; ep VI 1, 5. nec dubito, quin exitiosum bellum impendeat; A IX 9, 2. tam exitiosam haberi coniurationem a civibus; Catil IV 6. cum his exitiosis prodigiis; har resp 4.

exitium, Verderben, Untergang: I. non exitium ob oculos versabatur? Sest 47. — II, 1. qui aut laqueos aut alia exitia quaerant; fin V 28. — 2. ego omnibus meis exitio fuero, quibus ante dedecori non eram; Q fr I 4, 4. — 3. qui de orbis terrarum exitio cogitent; Catil I 9. me ad exitium praecipitantem retinuisses; A III 15, 7. — III. ille iam pridem ad poenam exitiumque praeceps; har resp 51. — IV. qui civitatum adflictarum extremi exitiorum solent esse exitus; agr II 10. cum ad vos indicia communis exitii detuli; Sest 145.

exitus, Ausgang, Ausweg, Ende, Schluß, Tod, Ergebnis, Erfolg, Schicksal, Ziel: I. in auro publicando et administrationem et exitum facilem esse; inv II 118. exitus spissi et producti esse debent; de or II 213. Bibuli qui sit exitus futurus, nescio; A II 21, 5. ſ. **exitium,** IV. improvisi exitus habent aliquam in audiendo voluptatem; part or 73. — II, 1. qua (ratione) causae rerum atque exitus cognoscuntur; de or III 21. quae (causae) plurimos exitus dant ad eius modi degressionem || digr. ||: de or II 312. exspectans huius exitum diei; Catil IV 3. Britannici belli exitus exspectatur; A IV 16, 7. haec aestas habuit hunc exitum satis felicem; ep II 10, 4. nullius consilii exitum invenimus; A X 14, 1. semper magis adversos rerum exitus metuens quam sperans secundos; ep VI 14, 1. produco: ſ. I. de or II 213. nullum fortunis communibus exitum reperietis; dom 123. spero: ſ. metuo. se harum rerum exitum non videre; A X 5, 2. — 2. quoniam una pars ad exitum hoc ac superiore libro perducta est; inv II 178. cum ea, quae consulebantur, ad exitum non pervenirent; ep X 22, 2. in unum exitum spectantibus rebus; de

or I 92. in exitu iam est meus consulatus; Mur 80 — III. ut ea, quae initio ostendisti, deinceps fecisti, ad exitum augeri et cumulari per te veli-; ep XIII 41, 2. quaecumque eius (M. Caelii) in exitu vel fortuna vel mens fuit; Bru 273.

exlex, dem Geſetz nicht unterworfen: non quo illi exlegem esse Sullam putarent; Cluent 94.

exoletus, Luſtknabe: qui semper secum exoletos duceret; Milo 55.

exopto, wünſchen, herbeiwünſchen, erſehnen: I. neque nobis cupientibus atque exoptantibus fructus otii datus est ad eas artes, quibus ..: de or I 2. — II, 1. ut laudi tibi sit tribunatus, exopto; ep II 7, 1. — 2. te exopto quam primum videre; ep IV 6, 3. — III. diem campi exoptatum; Milo 43. torqueor infelix, ut iam illum Mucianum exitum exoptem; A IX 12, 1. quam ob rem praeturam potius exoptes quam mortem; Vatin 39. tibi pestem exoptant; Piso 96. praeturam; ſ. mortem.—IV. cui quaesitorem tribulem exoptandum fuisse videatis; Planc 43.

exorabilis, nachgiebig: in litteris mittendis nimium te exorabilem praebuisti; Q fr I 2, 8. sin autem exorabiles (iracundiae sunt); Q fr I 1, 39.

exordior, anfangen, beginnen: I, 1. a. primum in rationem exordiendi praecepta dabimus; inv I 19. — b. exordiri dispari ratione in uno quoque genere necesse est; inv I 20. oportet ab adversarii dicto exordiri; inv I 25. iubent exordiri ita, ut eum, qui audiat, benivolum nobis faciamus: de or II 80. ab ipsa re est exordiri saepe commodius: de or II 320. — 2. qui cum ita esset exorsus; de or I 30. ut Crassus ab adulescente delicato exorsus est; Bru 197. — II. quasi ab alio principio sum exorsus dicere; div II 101. — quod exorsus es; de or II 145. quibus ante exorsa et potius detexta prope retexantur; de or II 158. qui bene exordiri causam velet; inv I 20. quem (locum) modo sum exorsus; de or II 145.

exordium, Anfang, Einleitung: I. exordium sententiarum et gravitatis plurimum debet habere et omnino omnia, quae pertinent ad dignitatem. in se continere; inv I 25. quoniam exordium princeps debet esse; inv I 19. exordium est oratio animum auditoris idonee comparans ad reliquam dictionem; inv I 20. nec est dubium, quin exordium dicendi vehemens et pugnax non saepe esse debeat: de or II 317. habet: ſ. continet. — II, 1. a Bruto capiamus exordium; Phil V 35. exordium in duas partes dividitur, || in || principium et || in || insinuationem; inv I 20. — 2. postremum soleo cogitare. quo utar exordio; de or II 315. — III. vitia haec sunt certissima exordiorum, quae summopere vitare oportebit: vulgare, commune ..; inv I 26. — IV. quas res exordio conficere oportet; inv I 21.

exorior, aufgehen, ſich erheben, aufſtehen, auftreten, entſtehen, eintreten: ego paulum exorior et maxime quidem iis litteris, quae Roma adferuntur: A VII 26, 1. (bellum) paucis post mensibus exortum: div I 105. post solstitium Canicula exoritur; div II 93. horum (virum) ex iniustitia subito exorta est maxima perturbatio et totius commutatio rei publicae; rep II 63. ex hoc ipso crimen exoritur; Rab Post 30. unde erat exortum genus Atticorum; Tusc II 3. perturbatio: ſ. commutatio. subito exorta est nefaria Catonis promulgatio; ep I 5, a, 2. exortus est servus, qui eum accuset; Deiot 3. cum (Sol) est exortus; nat II 68. ut exoriantur et confirmentur vitia contraria; leg I 33.

exornatio, Ausſchmückung: I. (genus) exornationis; quae, quia in laudationes maxime confertur, proprium habet iam ex eo nomen; part or 10. — II. confero: ſ. I. illud superius exornatio dicitur; part or 69. — III, 1. (beneficia) vera an falsa quadam || falsa, quanam || exornatione honestentur;

inv II 112. — 2. inventa exponentur simpliciter sine ulla exornatione; inv II 11.

exornator, Ausschmücker: ceteri non exornatores rerum, sed tantum modo narratores fuerunt; de or II 54.

exorno, ausschmücken, aufputzen: nisi eum mulieres exornatum ita deprehendissent; har resp 44. cum sui facti rationem et aequitatem causae exornaverit; inv II 138. qua (varietate) caelum et terras exornatas videmus; nat I 22. ad inlustrandam atque exornandam orationem; de or III 152. rationem: f. aequitatem. terras: f. caelum. exornat ample triclinium; Ver IV 62.

exoro, anflehen, durch Bitten bewegen: I. nec exorari fas est; Quir 23. — II. ipsum sapientem exorari et placari; Muren 63. — III. qui hominem avarissimum exoraret, sestertium bis miliens ne contemneret; Rab Post 21. me frater exoravit, ut hac secum venirem; de or II 14.

exorsus, Anfang: quoniam is est exorsus orationis meae; imp Pomp 11.

exortus, Aufgang: qui exortus quoque die signi alicuius aut qui occasus futurus sit; div II 17.

exostra, Bühnenerhöhung: quibuscum iam in exostra helluatur; prov 14.

exotericus, volkstümlich: quos (libros Aristoteles, ἐξωτερικούς || exotericos || vocat; A IV 16, 2.

expect — f. **exspect** —

expedio, lösen, frei machen, in Bereitschaft legen, entwickeln, abmachen, erledigen, zu statten kommen, nützen, part. frei, unbehindert, kampfbereit: I, 1. ut aratoribus tamen arare expediret; Ver III 43. — 2. bonis expedit salvam esse rem publicam; Phil XIII 16. — 3. (sapientem) nihil facere, nisi quod expediat; Tusc III 51. — II. Q. Varius verbis expeditus; Bru 221. obviam fit ei Clodius expeditus; Milo 28. si me expediero; ep IX 19, 2. peto a te, ut honoris mei causa eum (Hippiam) expedias; ep XIII 37. si, quae volo, expediero; ep VII 3, 6. haec omnia vobis sunt expedienda; ep XII 1, 2. ea sunt ad explicandum expeditissima; Q. fr 14, 3. ex hac ad inveniendum expedita Hermagorae disciplina; Bru 263. quem ad modum expediam exitum huius institutae orationis; ep III 12, 2. peto a te, ut eius negotia explices et expedias auctoritate et consilio tuo; ep XIII 26, 2. dum hic nodus expediatur; A V 21, 3. pecunia expeditissima quae erat, tibi decreta est; ep XI 24, 2. ex ceteris generibus tunc pecunia expeditur, cum . . ; fr E V 8. Balbi tarditatem vicit expediendis conficiendisque rebus; Bru 154. cum illam viam sibi videant expeditiorem ad honores; Flac 104. virgas expediri iubet; Ver V 161. — III, 1. aut expedies nos omni molestia aut eris particeps; A II 25, 2. — 2. quod te in tanta hereditate ab omni occupatione expedisti; A III 20, 2.

expedite, leicht, ohne Schwierigkeit: ex quo (loco) te, quocumque opus erit, facillime et expeditissime conferas; ep IV 20, 2. C. Censorinus, quod proposuerat, explicans expedite; Bru 237. ut expeditius ratio tradatur; inv II 158.

expeditio, Feldzug: ut in expeditionem exercitum educeret; div I 72.

expello, forttreiben, treiben, vertreiben, austreiben: expulsi bonis omnibus; Ver II 62. Catilinam verbis et paene imperio ex || imperio || urbe expulisse; Muren 6. cum M. Bibulum foro expulisses; Vatin 22. quod me domo mea expulistis; Piso 16. non expulsi, sed evocati ex patria; A VIII 2, 3. (civis) erat expulsus sine iudicio, vi, lapidibus, ferro; Sest 53. classem pulcherrimam in litus expulsam; Ver V 91. mitto expulsam ex matrimonio aliam; Cluent 188. in regibus expellendis; of III 40. socerum fluctibus rei publicae expulsum; Sest 7. Dionysius tyrannus Syracusis expulsus Corinthi

pueros docebat; Tusc III 27. haec tanta virtus ex hac urbe expelletur? Milo 101.

expendo, abwägen, erwägen, prüfen, zahlen, erbulden: I. nec inveniet (orator) solum, quid dicat, sed etiam expendet; orat 48. — II. profert alter, opinor, duobus versiculis expensum Niciae; ep IX 10, 1. non tam ea (argumenta causarum) numerare soleo quam expendere; de or II 309. in dissensione civili expendendos cives, non numerandos puto; rep VI 1. tabulas, in quibus sibi expensa pecunia lata sit acceptaque relata; Caecin 17. »Prometheus (cluet) poenas Iovi fato expendisse supremo«; Tusc 23. quodsi mihi expensa ista HS c̄ tulisses; ep V 20, 9. testem diligenter expenditis; Flac 12.

expergefacio, erwecken: si forte expergefacere te posses; Ver V 38.

expergiscor, erwachen: cum Alexander experrectus narrasset amicis somnium; div II 135. si dormis, expergiscere; A II 23, 3. cum sinui cum sole experrectus essem; A XIII 38, 1.

experientia, Versuch: 1. experientia patrimonii amplificandi labentem excepit; Rab Post 43. — 2. aegritudinem suscipere pro experientia, si quid habere velis; Tusc IV 56.

experimentum, Beweis: hoc maximum est experimentum hanc vim esse positam in cogitatione diuturna; Tusc III 74.

experior, erfahren, durchmachen, kennen lernen, versuchen, erproben, geltend machen, gerichtlich verfahren, part. unternehmend, tätig: I, 1. quae (temporum varietates) etsi nobis optabiles in experiendo non fuerunt, in legendo tamen erunt iucundae; ep V 12, 4. — 2. dicam non tam doctus quam expertus; de or II 72. iudicio gravi experiri nolebas? Q Rosc 25. omnia dico expertus in nobis; Planc 22. quid, quod ne cum iis quidem expertus es? fr A VII 15. Nympho, experientissimus ac diligentissimus arator; Ver III 53. vir fortis et experiens; Cluent 23. — II, 1. numquam se coepisse de tantis iniuriis experiri; Cael 20. — 2. nec reliqui minus experti sunt, quid efficere possent; orat 5. — 3. experiar equidem [illud], ut ne Sulpicius plus quam ego apud te valere videatur; de or II 16. — 4. quoniam in pecunia tantum praesidium experiatur esse; Ver p. 8. — III. quod ipsi experti non sunt, id docent ceteros; de or II 76. par est omnes omnia experiri, qui res magnas concupiverant; orat 4. cum eos (amicos) gravis aliquis casus experiri cogit; Lael 84. datum tempus, in quo amorem experirer tuum; A XVI 16, 10. qui ad constitutum experiundi iuris gratia venissent; Caecin 33. visne fortunam experiri meam? Tusc V 61. industriam non sum expertus; Bru 280. te arbitror malle ipsum tacere quam taciturnitatem nostram experiri; Bru 231. quorum (magistratuum) voluntatem in supplicatione sum expertus; A VI 7, 2.

expers, unbeteiligt, ohne Anteil, entbehrend, frei, ledig: I. per quem (locum) oratio ad mutas et expertes animi res referetur; inv I 109. me expertem belli fuisse; A VIII 9, 1. nos expertes sui consilii (Pompeius) relinquebat; A VIII 8, 1. quasi corporis simus expertes; Ac II 139. M. Antonium omnino omnis eruditionis expertem atque ignarum fuisse; de or II 1. hunc nullius laboris, nullius obsessionis, nullius proelii expertem fuisse; Balb 6. ut nemo in perpetuum esse posset expers mali; Tusc III 59. obsessionis, proelii: f. laboris. sunt (ferae), rationis et orationis expertes; of I 50. te omnium periculorum video expertem fore; ep IV 14, 4. eos quasi esse illius prudentiae, quam sibi asciscerent; de or I 87. rationis: f. orationis. id quod necesse fuit | ab || hominibus expertibus veritatis; de or II 81. — II. quinque reliquis motibus orbum eum, (mundum) voluit esse et expertem; Tim 36. — III.

per triennium soli vacui, expertes, soluti ac liberi fuerunt ab omni sumptu, molestia, munere; Ver IV 23.

expeto, erſtreben, begehren, trachten, verlangen, fordern: I. qui ignoret extremum expetendi; Ac II 29. — II, 1. vincere illi expetunt; Phil XII 9. — 2. dum nostram gloriam tua virtute augeri expeto; Q fr I 1, 2. — III. qui (Antonius) maxime expetebatur; Bru 207. quae vulgo expetenda atque optabilia videntur; de or I 221. illa non dico me expetere, sed legere, nec optare, sed sumere; fin IV 72. cupiditas avide semper aliquid expetens; Tusc IV 36. si nulla caritas erit, quae faciat amicitiam ipsam sua sponte expetendam; fin II 83. caedem illi civium, vos servitutem expetistis; Piso 15. quod (commodum) expetitum dicatur; inv II 26. nihil (natura habet), quod magis expetat quam honestatem, quam laudem, quam dignitatem, quam decus; Tusc II 46. si pecunia tanto opere expetitur, quanto gloria magis est expetenda! de or II 172. honestatem, laudem: ſ. decus. et virtutes omnes et honestum illud per se esse expetendum; fin V 64. cuius (Erechthei) etiam filiae cupide mortem expetiverunt pro vita civium; Tusc I 116. pecuniam: ſ. gloriam. a me poenas expetistis; Piso 16. cum reditum nostrum in gratiam uterque expetisset; ep III 10, 8. quae (prudentia) est rerum expetendarum fugiendarumque scientia; of I 153. hanc (sapientiam) qui expetunt, philosophi nominantur; of II 5. servitutem: ſ. caedem. cum virtus maxime expetatur; Tusc III 47. ſ. honestum. ea omni vita illam vitam magis expetendam non esse, sed magis sumendam; fin IV 20. ut probet voluptatem natura expeti; fin II 32. — IV. quo tempore me augurem a toto conlegio expetitum nominaverunt; Phil II 4. unum ab omnibus ad id bellum imperatorem deposci atque expeti; imp Pomp 5.

expiatio, Sühnung: I. scelerum in homines atque in *deos* *impietatum* || impietatum || nulla expiatio est; leg I 40. — II. quibus dis violatis expiatio debeatur; har resp 21.

expilatio, Beraubung, Ausplünderung: I. hinc furta, peculatus, expilationes direptionesque sociorum et civium (nascuntur); of III 36. — II. hunc in fanorum expilationibus adhibebat; Ver III 23.

expilator, Ausplünderer: cum domus hospitem, non expilatorem recepisse videatur; Q fr I 1, 9.

expilo, berauben, ausplündern: a quibus expilati sumus; de or III 123. si socios spolia, aerarium expilas; par 43. Cibyrae cum in suspicionem venissent suis civibus fanum expilasse Apollinis; Ver IV 30. quem ad modum regem ex provincia spoliatum expilatumque dimitteret; Ver IV 63.

expingo, schildern: quae regio, quae ars, qui motus hominum non ita expictus est, ut ..? Tusc V 114.

expio, versöhnen, sühnen, entsündigen, büßen, strafen: sine illius || ullis || suffimentis expiati sumus; leg I 40. expiandum forum ab illis nefarii sceleris vestigiis esse; Rabir 11. a me poenas expetistis, quibus coniuratorum manes mortuorum expiaretis; Piso 16. expiabo religionem aedium mearum; har resp 11. tua scelera di immortales in nostros milites expiaverunt; Piso 85. solum frugibus expiatum ut vivis redderetur; leg II 63.

expiscor, ausforschen: I. velim ex Theophane expiscere, quonam in me animo sit Arabarches; A II 17, 3. — II. nescis me ab illo (Balbo) omnia expiscatum; ep IX 19, 1.

explanate, deutlich: ut definire rem possit nec id faciat tam presse et anguste, sed cum explanatius tum etiam uberius; orat 117.

explanatio, Entwickelung, Auslegung, Deutung: I. ista explanatio naturae nempe hoc effecerit, ut ea, quae ante explanationem tenebamus, relinquamus; fin IV 41. industris explanatio (permultum movet); de or III 202. — II. somniis, vaticinationibus, oraclis explanationes adhibitae sunt interpretum; div I 116. — III. ante: ſ. I.

explanator, Erklärer, Ausleger: si (di) ea nobis obiciunt, quorum nec scientiam neque explanatorem habeamus; div II 131. neque est quaerendus explanator aut interpres eius (legis) alius; rep III 33.

explano, entwickeln, erklären, auslegen: I. ut, quid illud sit, de quo disputetur, explanetur; de or I 209. — II. movent etiam illa, quae coniectura explanantur longe aliter atque sunt; de or II 280. ille tibi omnia explanabit; ep III 1, 1. rem obscuram explanare interpretando; Bru 152. vim istius caelestis legis explanabo; leg II 9.

expleo, erfüllen, ausfüllen, ergänzen, voll zählig machen, genügen, befriedigen, sättigen, stillen: non vereor, ne non scribendo te expleam; ep II 1, 1. quod in suo genere expletum atque cumulatum est; Tusc V 39. si non explet bona naturae voluptas; fin V 45. quae cupiditates a natura proficiscuntur, facile explentur; fin I 53. ad explendam damnationem; Caecin 29. expleris omnem expectationem diuturni desiderii nostri; de or I 205. ut non unius libidinem, non suos oculos, sed omnium cupidissimorum insanias expleret; Ver IV 47. non explere susceptum rei publicae munus; prov 35. oculos: ſ. insanias. neque inferciens verba quasi rimas expleat; orat 231. ad explendum aurium sensum quo quodam quasi verborum modo; part or 72. quasi diuturnam sitim explere cupiens; Cato 26. quae (vita) sit animi corporisque expleta virtutibus; fin V 37.

expletio, Vervollständigung: in ea expletione naturae summi boni finem consistere; fin V 40.

explicate, klar: qui distincte, qui explicate et rebus et verbis dicunt; de or III 53.

explicatio, Abrollen, Entwickelung, Erörterung, Auseinandersetzung: I, 1. erat in disserendo mira explicatio; Bru 148. est quasi rudentis explicatio sic traductio temporis; div I 127. multum ad ea, quae quaerimus, explicatio tua ista profecerit; fin III 14. — 2. haec est undique completa et perfecta explicatio summi boni; fin V 72. — II, 1. compleo, perficio: ſ. I, 2. illa explicationem magis inlustrem perpolitamque desiderant; de or II 120. — 2. similia dici possunt de explicatione naturae, qua et hi (Peripatetici) utuntur et vestri; fin IV 11.

explicator, Erklärer, Darsteller: I. ut rerum explicator prudens, severus, gravis (Thucydides laudatus est); orat 31. — 2. ut ad hunc quasi ad quendam multo commodiorem explicatorem revertantur; inv II 6.

explicatrix, Entwicklerin: vis dicendi adhibebatur, explicatrix orationis perpetuae; Ac I 32.

explicatus, Erörterung: quam difficiles explicatus (natura deorum) haberet; nat III 93.

explico, entwickeln, ausbreiten, ausdehnen, aufschlagen, lösen, ordnen, ausführen, aus der Verlegenheit ziehen, erklären, erörtern, erläutern, auseinandersetzen: I. de quibus (officiis) est nobis his libris explicandum; of I 7. — 2. quid mihi in mentem veniat, explicabo brevi; A VIII 3, 1. — 3. hoc loco tantum explicemus, haec honesta esse expetenda; fin V 61. — II. si ex his te laqueis exueris ac te aliqua via ac ratione explicaris; Ver V 151. si velim geometricum quiddam aut physicum aut dialecticum explicare; div II 122. utique explicatum sit illud I de || HS XX et ᴅᴄᴄᴄ ||; A V 5, 2. ſ. consilium. ambigua se audere aiunt explicare dilucide; fr F V 99. quae sua Capua planissimo in loco explicata; agr II 96. doloris huius origo nobis explicanda est, id est causa efficiens aegritudinem; Tusc III 23. ſ. crimina.

meas cogitationes omnes explicavi tibi superioribus litteris; A X 6, 1. metuo, ne id consilii ceperimus, quod non facile explicare possimus; ep XIV 12. ut possem oratione mea crimina causamque explicare; Ver I 25. ut forum laxaremus et usque ad atrium Libertatis explicaremus; A IV 17, 7. natura cupiditatum generibusque earum explicatis; fin I 64. praetorum litteras profer, explica; Ver II 106. locis est utendum multis, inlustribus, explicatis; de or II 358. habetis explicatum omnem religionum locum; leg II 69. naturam: f. genera. nostra negotia explica; A V 12, 3. cum philosophiam viderem diligentissime Graecis litteris explicatam; Ac I 4. ut eos dies consumam in philosophia explicanda; A XIII 45, 2. originem: f. causam. quae (ratio) a te secundo libro est explicata dilucide; div I 117. veteris cuiusdam memoriae non sane satis explicata recordatio; de or I 4. res involutas definiendo explicavimus; orat 102. re publica nondum omnino explicata; ep XII 25, 6. Catonis sermo explicabit nostram omnem de senectute sententiam; Cato 3. nisi explicata solutione non sum discessurus; A XV 20, 4. (somnia) Antiphontis interpretatione explicata; div I 39. vitam alterius totam explicare; div Caec 27. explicet suum volumen illud; Sex Rosc 101.

explodo, auspochen, verwerfen: Aesopum, si paulum irrausexit, explodi; de or I 259. qui posteaquam e scaena non modo sibilia, sed etiam convicio explodebatur; Q Rosc 30. explodatur haec quoque somniorum divinatio; div II 148. histrio exsibilatur, exploditur; par 26. ut Aristonis esset expload sententia; fin IV 47.

explorate, sicher, zuverlässig: quod non satis explorate perceptum sit et cognitum; nat I 1. ne naviges nisi explorate; ep XVI 8, 1. percipio: f. cognosco. cum id futurum exploratius possem promittere; ep VI 1, 5.

exploro, erspähen, erforschen, prüfen, part. sicher, gewiß: I, 1. cui possit exploratum esse de sua sanitate? Ac II 54. — 2. nec quantum facere posses nec quoad progredi velles, (senatus) exploratum satis habebat; ep X 12, 1. — 3. cum mihi esset exploratissimum P. Lentulum consulem futurum; Quir 15. — 4. de quo (casu) mihi exploratum est ita esse. ut tu scribis; ep II 16, 6. — II. quae mihi exploratiora essent, si remansissem; A XI 6, 3. ut ista nobis impetrata quicquam ad spem explorati haberent; A XI 20, 1. facilior et exploratior devitatio legionum fore videtur quam piratarum; A XVI 2, 4. quae (navis) explorare fugam domini videbatur; Ver V 44. antequam (malum) prospicere atque explorare potueris; Ver I 39. nec habet explicatam aut exploratam rationem salutis suae; ep VI 1, 2. ut exploratam spem salutis ostenderem; ep VI 12, 4. ut explorata nobis esset victoria; ep VI 1, 3.

expolio, herausarbeiten, ausbilden, verfeinern: quis Dionem Syracosium doctrinis omnibus expolivit? de or III 139. Gaius Tuditanus omni vita atque victu excultus atque expolitus; Bru 95. quod nihil simplici || suo || in genere omnibus ex partibus perfectum natura expolivit; inv II 3. quod (genus argumentandi) per ratiocinationem expolitur; inv I 61. orationis pictum et expolitum genus; orat 96. neque eadem parte ratione || partitione || expolire (convenit); inv I 76.

expolitio, Verschönerung, Ausschmückung: I. expolitiones utriusque nostrum sunt in manibus; Q fr III 3, 1. in verbis inest quasi materia quaedam, in numeris expolitio; orat 185. — II. inventum proferent, non expolitionem; inv I 75. argumentatio vocatur eius inventi artificiosa expolitio; inv I 74. urbanam expolitionem urget Philotimus; Q fr III 1, 6. — III. de expolitionis partibus loquimur; inv I 75. — IV. orationem expolitione distinctam; de or I 50.

expono, aussetzen, preisgeben, zur Verfügung stellen, ausstellen, zur Schau stellen, darstellen, darlegen, auseinandersetzen, vortragen, erörtern, entwerfen: I, 1. expone nunc de reprehendendo; part or 44. de Oppio bene curasti, quod ei de || ei || DCCC exposuisti; A V 4, 3. — 2. hoc in sermone cum a me exponeretur, quae mea exspectatio fuisset orationis tuae; ep V 2, 2. — 3. idem (Sisenna) exponit simulacra sudavisse; div I 99. — II. aliquid in aliquos eorum, qui modo expositi sunt, factum esse; inv II 85. dicitur (Romulus) ab Amulio ad Tiberim exponi iussus esse; rep II 4. exponam generatim argumenta eorum; Ac II 47. quod ex quibusdam capitibus expositis nec explicatis intellegi potest; Bru 164. causa non solum exponenda, sed etiam graviter copioseque agenda est; div Caec 39. hi sunt actori, ut pictori, expositi ad variandum colores; de or III 217. ut exponas disciplinam sapientiae; Ac II 114. expositis tridui disputationibus; Tusc IV 7. habere domum patentem atque adeo expositam cupiditati et voluptatibus; Quinct 93. exponam vobis Oppianici facinus; Cluent 43. in omni re difficillimum est formam, quod χαρακτήρ Graece dicitur, exponere optimi; orat 36. mandata (Regulus) exposuit; of III 100. si exponenda narratio (est); orat 210. quam orationem in Originibus suis exposuit ipse (Cato); de or I 227. erant huic studio maxima exposita praemia; de or I 15. mei facti rationem exponere illis volo; har resp 3. rem breviter exponere et probabiliter et aperte; orat 122. expositis iam sex de summo bono sententiis; fin V 20. qui (sermo) erat expositus in Bruto; orat 23. vasa omnia, ut exposita fuerant, abstulit; Ver IV 35. vitam alterius in oculis conspectuque omnium exponere; div Caec 27. — III. summum bonum (Hieronymus) exposuit vacuitatem doloris; fin V 14.

exportatio, Ausfuhr: I. earum rerum, quibus abundaremus, exportatio nulla esset; of II 13. — II. his exportationibus HS LX socios perdidisse; Ver II 185.

exporto, ausführen, fortschaffen: quae sine portorio Syracusis erant exportata; Ver II 171. qui in fame frumentum exportare erat ausus; Flac 17. dico te maximum pondus auri, argenti, eboris, purpurae, plurimam vestem Melitensem, plurima vasa Corinthia Syracusis exportasse; Ver II 176. o portentum in ultimas terras exportandum! Ver I 40. vasa, vestem: f. pondus.

exposco, erbitten: quam (misericordiam) imploro et exposco; Milo 92.

exposite, beutlich: † haec posite || exposite | haec iura pontificum auctoritate consecuta sunt || [† haec .. sunt || ; leg II 48.

expositio, Erklärung, Darlegung: I. iunctae et duplices expositiones summi boni tres omnino fuerant; fin V 21. expositiones rerum tarditatem (magis requirunt); orat 212. rogatio atque huic finitima quasi percontatio expositioque sententiae suae; de or III 203. — II. quae (narratio) causae continet expositionem; inv I 28. iungo: f. iuncta.

expostulatio, Forderung, Beschwerde: I. fuerunt (non nullae) expostulationes cum absente Pompeio; Q fr II 1, 1. — II. cognosce aequitatem expostulationis tuae; ep III 7, 3. — III. flagitabar bonorum expostulatione; dom 16.

expostulo, sich beschweren, Genugtuung fordern: I, 1. locus esse videtur tecum expostulandi; ep II 17, 6. — 2. quererer tecum atque expostularem; ep III 10, 7. — II. de qua (suspicione) alienum tempus est mihi tecum expostulandi; ep III 10, 6. — III. cuius ex oratione ne illum quidem Iuventium tecum expostulavi; Planc 58. — IV. qui nihil tecum de his ipsis rebus expostulem; ep V 2, 9.

exprimo, herausdrücken, ausbilden, ausprägen, darstellen, schildern, nachbilden, über-

ſeßen, beſtimmen, nötigen, erzwingen, erpreſſen:
I, 1. de lamentis expressa verbis sunt »mulieres
genae ne radunto«; leg II 64. — 2. diligenter oportere
exprimi, quae vis subiecta sit vocibus; fin II 6. —
3. expressi, ut conficere se tabulas negaret; Ver III
112. — 4. nemo umquam superiorum non modo ex-
presserat, sed ne dixerat quidem posse hominem
nihil opinari; Ac II 77. — II. in quibus (libris)
omnibus fere Socrates exprimitur; de or III 15.
alqd: ſ. nummulos. nubium conflictu ardor expressus;
div II 44. quod (auspicium) tam sit coactum et
expressum; div II 73. sic fuit illa expressa causa;
Scaur 26. veri iuris germanaeque iustitiae solidam
et expressam effigiem; of III 69. quod ad me quasi
formam communium temporum et totius rei publicae
misisti expressam; ep III 11, 4. nolo exprimi litteras
putidius, nolo obscurari neglegentius; de or III 41.
unde illud ut ex ore aliquo quasi imago exprimatur;
orat 8. laus ab invitis expressa; agr II 5. tu si
tuis blanditiis tamen a Sicyoniis nummulorum aliquid expresseris; A I 19, 9. quorum ego orationes
si ita expressero; opt gen 23. ex oratione aut
libera aut expressa; part or 6. si eum oratorem,
quem quaeris, expressero; orat 3. te expressisse ab
invitis Liparensibus hanc pecuniam; Ver III 84.
quod exprimere dicendo sensa possumus; de or I
32. si intimos sensus civitatis expressero; Sest 119.
ut exprimerem quaedam verba imitando; de or I
155. quam (κατάληψιν) verbum e verbo exprimentes
„comprensionem" dicemus; Ac II 31. quem (virum)
nostris libris satis diligenter expressimus; A VIII
11, 1. — III. horum exprimere mores oratione
iustos, integros, religiosos; de or II 184.

exprobro, vorwerfen, vorhalten: I. non exprobrandi causa dicam; Sex Rosc 45. — II. si ea
(vitia, incommoda) in adversariis exprobrando non
intellegas te in iudices invehi; de or II 305. odiosum
sane genus hominum officia exprobrantium; Lael
71. vitia: ſ. incommoda. — III. ipsae illae (litterae)
me quasi exprobrare videntur, quod in vita maneam;
ep V 15, 3.

expromo, vorbringen, hervorheben, darlegen,
entwickeln, betätigen: I. quid in quamque sententiam
dici possit, expromere; div I 150. — II. quae
nunc expromam absens audacius; ep V 12, 1. quoniam in meo inimico crudelitatem exprompsisti tuam;
Milo 33. quorum omnis industria vitae et vigilandi
labor in antelucanis cenis expromitur; Catil II 22.
iam exprome istas leges de religione; leg II 17.
quod omnis vis ratioque dicendi in eorum, qui
audiunt, mentibus aut sedandis aut excitandis ex-
promenda est; de or I 17.

expugnatio, Erſtürmung: 1. ut urbium expugnationes recordentur; Cato 13. videtis aedificiorum expugnationes; Tul 42. — 2. ut ipsorum adventus non multum ab hostium expugnatione
differant; imp Pomp 13.

expugnator, Erſtürmer, überwinder: 1. expugnatorem pudicitiae adduximus; Ver I 9. —
2. dicens contra aliquem urbis expugnatorem;
inv I 93.

expugno, erſtürmen, erobern, überwinden,
erzwingen: I. aliqua ratione expugnasset iste, ut
dies xxxv inter binos ludos intercederet; Ver II 130.
— II. sapientis animus vincetur et expugnabitur?
par 27. se fortunae eius patrias expugnare posse;
Cluent 36. utrum hic tibi expugnare pudicitiam
videatur? Cael 49. expugnare urbes; Rab Post 42.

expulsio, Vertreibung: commemoratur
expulsio Laenatis; rep I 6. qui expulsiones vicinorum recordetur; par 46.

expulsor, Vertreiber: ubi erant tum civium
expulsores? Sest 125.

expultrix, Vertreiberin: o virtutis (philosophia)
indagatrix expultrixque vitiorum! Tusc V 5.

expurgo, reinigen: quo magis expurgandus est
sermo; Bru 258.

exquiro, fragen, ſich erkundigen, ſuchen,
forſchen, erforſchen, unterſuchen, prüfen, part. aus-
geſucht, vorzüglich: I. neque nos studium exquirendi defatigati relinquemus; Ac II 7. — II, 1.
de animi bonis accuratius exquirebant; fin IV 17.
— 2. de Varrone non sine causa quid tibi placeat
tam diligenter exquiro; A XIII 22, 1. — 3. qui
(stipatores), ne quod in vestimentis telum occultaretur,
exquirerent; of II 25. — III. quamquam ipsi omnia,
quorum negotium est, consulta ad nos et exquisita
deferunt; de or I 250. me exquisisse aliquid. in
quo te offenderem; ep III 8, 4. a te nihildum certi
exquiro; A VII 12, 4. consilium meum magno opere
exquirunt; A XV 5, 1. si eventa quaerimus, quae
exquiruntur avibus; div II 79. propter exquisitius
et minime vulgare orationis genus; Bru 321. huic
summi honores exquiruntur; Phil IV 49. nullum
meum iudicium interponens, sed exquirens tuum;
A VIII 3, 7. in exquirendo iure; dom 39. exquisitos e Graecia magistros; Bru 104. quartum ex-
quirendorum officiorum genus; of II 89. reconditas
exquisitasque sententias; Bru 274. quo (Polybio)
nemo fuit in exquirendis temporibus diligentior;
rep II 27. ea verba non, ut poëtae, exquisita ad
sonum, sed sumpta de medio; orat 163. re ac ratione
exquirere possumus veritatem; imp Pomp 51.

exquisite, ſorgfältig, gründlich: cum de eo
crimine accurate exquisiteque disputavisset;
Bru 277. quorum nemo erat, qui videretur exquisitius quam vulgus hominum studuisse litteris;
Bru 322.

exsanguis, blutlos, blaß, erſchöpft: exsanguis
se ex curia proripuit; har resp 2. exsanguia corpora
mortuorum; Ver V 130. exsanguem iam et iacentem
(rem publicam); rep II 2. de quibus illi tenui quodam et exsangui sermone disputant; de or I 57.

exsaturo, ſättigen: cum eius cruciatu animum
exsaturare vellent; Ver V 65.

exscindo, vernichten, zerſtören: templum sanctitatis, caput urbis, aram sociorum exscindi; Milo 90.
hostium urbes exscindere; dom 61.

exscribo, abſchreiben: quas (litteras) ex-
scripsistis; Font 18. tabulas in foro exscribo; Ver
II 189.

exsculpo, herausſchnitzen: nescio quid e quercu exsculpseram, quod videretur simile simulacri;
A XIII 28, 2.

exseco, herausſchneiden, ausſchneiden, entmannen: exsectum Caelum a filio Saturno; nat
II 63. armarii fundum exsecuit; Cluent 179. ex-
secta lingua; Cluent 187. nervis omnibus urbis exsectis; agr II 91. non minus esset probanda medicina, quae sanaret vitiosas partes rei publicae, quam
quae exsecaret; A II 1, 7.

exsecratio, Beteuerung, Schwur, Verwün-
ſchung: I Thyestea est iste exsecratio poëtae; Piso
43. habet etiam Campana lex exsecrationem ‖ in
contione ‖ candidatorum, si . .; A II 18, 2. — II.
hunc exsecratione devinxerat; Sest 15.

exsecror, verwünſchen, verfluchen: I. Italia
cuncta exsecratur; Piso 64. — II. exsecratur luculen-
tis sane versibus apud Ennium Thyestes, primum
ut naufragio pereat Atreus; Tusc I 107. — III. te
exsecratum populo Romano; Phil II 65.

exsectio, Ausſchneiden, Abſchneiden: I. ex
eodem furore etiam illa conscelerata exsectio linguae;
Cluent 191. — II. cum exsectio illa fundi in armario
animadverteretur; Cluent 180.

exsequiae, Leichenbegängnis, Beſtattung: I.
mater exsequias illius funeris prosecuta; Cluent
201. — II. sepultura et iustis exsequiarum caruerunt; leg II 42. sibi exsequiarum munus ereptum;
Cluent 28.

exsequor, begleiten, bestatten, ausführen, sich unterziehen, erdulden: »hunc omni amicos laude et laetitia exsequi«; Tusc I 115. qui per valetudinem exsequi cladem illam fugamque potuissent; Phil II 54. cur non omnes fatum illius (Pompei) una exsecuti sumus? A IX 12, 1. fugam: f. cladem. (Masinissam) omnia exsequi regis officia et munera; Cato 34. quam (orationem) si ipse exsequi nequeas; Cato 28.

exsibilo, auszischen: histrio, si versus pronuntiatus est syllaba una brevior aut longior, exsibilatur. exploditur; par 26.

exsicco, austrocknen, ausbörren: in aliis (locis) esse pituitosos, in aliis exsiccatos atque aridos; fat 7. quia tum (arbores) exsiccatae sint; div II 33. sin autem exsiccatum genus orationis probant; Bru 291.

exsilio, aufspringen: ita properans de sella exsilit; Ver II 75. tuis et illius litteris perlectis exsilui gaudio; ep XVI 16, 1.

exsilium, Verbannung, Zufluchtsort: I, 1. exsilium quantam tandem a perpetua peregrinatione differt? Tusc V 107. exsilium non supplicium est, sed perfugium portusque supplicii; Caecin 100. quodvis exsilium his est optatius quam patria; Ligar 33. nescis exsilium scelerum esse poenam? par 30. — 2. ut consuli domus exsilium esse non posset; Vatin 22. — II, 1. quod (exsilium) in maximis malis ducitur; Tusc V 106. — 2. in quo (bello) piendus (fuit) tamquam exsilio locus; ep VII 3, 3. — 3. innocens in exsilium eiectus a consule esse dicetur; Catil II 14. ibit igitur in exsilium miser? quo? Muren 89. qui (Themistocles) cum in exsilium expulsus esset; Lael 42. profectus in exsilium Tubrius ‖ est ‖ ; fin II 54. cum in exsilium profugissent; dom 86. qui Romam in exsilium venisset, cui Romae exsulare ius esset; de or I 177. — III. num stulte (Damaratus) anteposuit exsilii libertatem domesticae servituti? Tusc V 109. pericula exsilii parvi esse ducenda; Arch 14. — IV, 1. quos (sceleratos, impios) leges exsilio adfici volunt; par 31. quem leges exsilio, natura morte multavit; Cluent 29. — 2. exsilii causa solum vertisse; Quinct 86.

exsisto, hervorkommen, hervortreten, sich erheben, auftreten, eintreten, entstehen, sich zeigen, erscheinen, folgen: I, 1. ex quo exsistet, ut de nihilo quippiam fiat; fat 18. — 2. ex quo exsistit illud. multa esse probabilia ‖ [ex . . . prob.] ‖ ; nat I 12. — II. qui (Athenienses), credo, timentes, hoc interdictum iustitiae ne quando exsisteret, commenti sunt se de terra tamquam hos ex arvis musculos exstitisse; rep III 25. f. pater. alqd: f. l. 2. exsistit morbus et aegrotatio, quae evelli inveterata non possunt; Tusc IV 24. beluae quaedam illae ex portentis immanes exstiterunt; Sulla 76. in Lysandri statua in capite corona subito exstitit ex asperis herbis; div I 75. quod in maximis animis splendidissimisque ingeniis plerumque exsistunt honoris, imperii, potentiae, gloriae cupiditates; of I 26. nullus Italiae motus, nulla decreta municipiorum exstiterunt; sen 38. talem exsistere eloquentiam non potuisse; de or II 6. submersus equus voraginibus non exstitit; div I 73. tam gloriosum exitum tui iudicii exstitisse; ep III 11, 2. cuius (Tulli Hostilii) excellens in re militari gloria magnaeque exstiterunt res bellicae; rep II 31. ab his oratores, ab his imperatores ac rerum publicarum principes exstiterunt; fin V 7. exsistunt etiam saepe iniuriae calumnia quadam; of I 33. interdictam: f. alqs. ut excandescentia sit ira nascens et modo exsistens; Tusc IV 21. ex victoria cum multa mala tum certe tyrannus exstitisset; A VII, 5, 4. morbus: f. aegrotatio. motus: f. decreta. musculi: f. alqs. oratores: f. imperatores. Ditem patrem repente cum curru exstitisse; Ver IV 107. principes: f. imperatores. exsistit hoc loco quaedam quaestio

subdifficilis, num . .; Lael 67. res: f. gloria scriptorem ipsum, si exsistat, factum hoc probaturum; inv II 139. tyrannus: f. mala. exsistat ille vir parumper cogitatione vestra; Balb 47. ex perpetuis plenisque gaudiis vitam beatam exsistere; Tusc V 67. vocem ab aede Iunonis ex arce exstitisse; div I 101. — III, 1. harum rerum Torquatus auctor, adiutor, particeps exstitit; Sulla 34. cur plures in omnibus rebus ‖ artibus ‖ quam in dicendo admirabiles exstitissent; de or I 6. poëtam bonum neminem sine inflammatione animorum exsistere posse; de or II 194. ita finis bonorum exsistit secundum naturam vivere sic adfectum, ut . .; fin V 24. si obscurior et quasi caliginosa stella exstiterit; div I 130. — 2. qui animo exstitit in rem publicam consulari; ep X 6, 3. qui primi virtute et consilio praestanti exstiterunt; Sest 91.

exsolvo, befreien, bezahlen, erfüllen: quibus (occupationibus) si me relaxaro (nam, ut plane exsolvam, non postulo); ep VII 1, 5. nec (Panaetius) exsolvit id, quod promiserat; of III 7. nomina mea, per deos, expedi, exsolve; A XVI 6, 3

exsorbeo, ausschlürfen, verschlingen, ausstoßen: multorum difficultatem exsorbuit; Muren 19. quantas iste praedas exsorbuit; har resp 59. ne iudicio iniquo exsorbeatur sanguis tuus; de or I 225.

exspectatio, Erwartung, Spannung, Sehnsucht: I, 1. quanta eorum iudicii et auctoritatis exspectatio sit; inv I 22. omnis exspectatio nostra erat in nuntiis Brundisinis; A VIII 13, 1. ut famam ingenii exspectationem ipsius adventus superaret; Arch 4. eo me maior exspectatio tenet, quibusnam rationibus ea tanta vis comparetur; de or II 74. — 2. si spes est exspectatio boni, mali exspectationem esse necesse est metum; Tusc IV 80. — II, 1. quantam exspectationem magnitudo iudicii sit adlatura; div Caec 42. crebras exspectationes nobis tui commoves; A I 4, 1. ut. quam exspectationem tui concitasti, hanc sustinere ac tueri possis; ep II 1, 2. ut etiam maiorem exspectationem mei faciam, quam modo fecit Hortensius; Ac II 10. quantam tu mihi moves exspectationem de sermone Bibuli! A II 14, 1. supero: f. I, 1. superat. sustineo, tueor: f. concito. — 2. res hoc postulat, ut eorum exspectationi, qui audiunt, quam celerrime succurratur ‖ occurratur ‖ ; de or II 313. — 3. summa scito te in exspectatione esse eaque a te exspectari, quae . .; ep III 3, 2. est adventus Caesaris in exspectatione; ep IX 6, 1. — III. o gravitatem dignam exspectatione! Sex Rosc 101. — IV, 1. cum quasi decepti sumus exspectatione, ridemus; de or II 260. qua exspectatione torqueor; A VIII 14, 1. — 2. summa cum exspectatione concurritur; agr II 13.

exspecto, warten, abwarten, erwarten, entgegensehen, harren, gespannt sein, part. erwünscht, willkommen: I. paucos dies exspectasset Quinctius; Cluent 90. qui exspectat, pendet animi; fr F V 83. — II, 1. de C. Gracchi tribunatu quid exspectem; Lael 41. — 2. exspectant omnes, quantae tibi ea res curae sit; Ver III 137. tu quid egeris, vehementer exspecto; A XV 9, 2. — 3. hic nolite exspectare, dum ego haec crimina agam ostiatim; Ver IV 48. non te exspectare, dum ad locum venias; ep V 12, 2. — 4. an id exspectamus, quoad ne vestigium quidem relinquatur? Phil XI 25. — 5. os ut u videam hominis, exspecto; Piso 51. quod diem ex die exspectabam, ut statuerem, quid esset faciendum; A VII 26, 3. — III. a quibus aliquid exspectant; of II 21. quod ego a te vehementer exspecto; ep I 9, 2. f. l. 4. cum in rebus magnis memoria digna consilia primum, deinde acta, postea eventus exspectentur; de or

32*

II 63. hostium repens adventus magis aliquanto conturbat quam exspectatus; Tusc III 52. mihi tuum adventum suavissimum exspectatissimumque esse; A IV 4. annus est integer vobis exspectandus; prov 17. eum (Publilium) commodum nostrum exspectare debere; A XVI 2, 1. consilia: f. acta. legem hominis contionemque exspectabam; agr II 13. hunc ego diem exspectans M. Antonii sceleratissima arma vitavi; Phil III 33. eventus: f. acta. hic cum similem exitum exspectaret; Piso 92. in exspectatis ad amplissimam dignitatem fratribus; Cato 68. a quibus exspectare gloriam certe nullam potestis; rep VI 20. quae de se exspectat iudicia graviora? Phil III 25. legem: f. contionem. ut ad me mihi exspectatissimae litterae perferrentur; ep X 5, 1. tuas litteras avide exspecto; ep XII 4, 2. tuum est munus hoc, a te exspectatur; leg I 7. a me omnia summa in te studia officiaque exspecta; ep I 6, 2. ego mihi ab illo non rationes exspectabam, quas tibi edidit; A VII 3, 7. reliquum est, tuam profectionem amore prosequar, reditum spe exspectem; ep XV 21, 5. neque exspectabit senatum; Phil XI 26. studia: f. officia. neque legitimum tempus ad ulciscendum exspectare; Ver I 81. testis exspectatus dixit senator; Caecin 28. nulla praeterea neque praesenti nec exspectata voluptate; fin I 41. — IV. illa castra nunc non Catilinam ducem exspectant; Catil II 14. quem ex his tribus a me testem exspectabis? Q Rosc 42.

exspiratio, Ausdünstung: terrae exspirationibus aër alitur; nat II 83.

exspolio, berauben, ausplündern: I. alter provincia exspoliare conatur; A X 4, 2. — II, 1. non plane exspoliare urbem; Ver IV 120. — 2. cum illi certissimum sit exspoliare exercitu et provincia Pompeium; A X 1. 3. ut eam (virtutem) rerum selectione exspoliarent; fin II 43.

extinguo, auslöschen, tilgen, vernichten, unterbrücken, zu Grunde richten, pass. vergehen, aufhören, sterben: qui me exstinctum voluerunt; har resp 3. refrigerato et exstincto calore occidimus ipsi et exstinguimur; nat II 23. sin autem exstincta erat consuetudo; Cael 61. faces iam accensas exstinxi; Piso 5. gratiam nostram exstinguit hominum suspicio; ep I 1, 4. illud immortalitate dignum ingenium, illa humanitas, illa virtus L. Crassi morte exstincta subita est; de or III 1. cum sua sponte nulla adhibita vi consumptus ignis exstinguitur; Cato 71. ingenium: f. humanitatem. clarissimis viris interfectis lumina civitatis exstincta sunt; Catil III 24. ad sensus animorum atque motus vel inflammandos vel etiam exstinguendos; de or I 60. ad illam pestem exstinguendam; har resp 6. quae (res) ad exstinguendas reliquias belli pertinent; ep X 25, 1. cum exstinguebas senatum; Piso 56. cum dissolutione, id est morte, sensus omnis exstinguatur; fin II 101. f. motus. ut olim deficere sol hominibus exstinguique visus est; rep VI 24. virtutem: f. humanitatem.

extirpo, ausrotten: nisi ex eius (sapientis) animo exstirpatam humanitatem arbitramur; Lael 48. exstirpari (vitia) et funditus tolli; fat 11.

exsto, hervorragen, hervortreten, sich herausstellen, bestehen, vorhanden sein: I. quem exstet et de quo sit memoriae proditum eloquentem fuisse; Bru 57. — II. ut mihi permirum videatur quemquam exstare, qui credat iis; div II 99. habeat illa laus umbram aliquam, quo magis id, quod erit inluminatum, exstare atque eminere videatur; de or III 101. scriptum exstat in isdem litteris: ἐδικαιώθησαν; Ver V 148. ut non exstet auctor; Planc 57. si causae factorum exstabunt; inv I 29. quoniam senatus consultum nullum exstat; ep I 7, 4. minimam olim istius rei fuisse cupiditatem multa exstant exempla maiorum; leg

II 62. quaedam foedera exstant; Balb 32. quodsi litterae non exstarent; inv I 70. si qui ex tanto exercitu reliqui milites exstant; Piso 96. quia eorum monumenta certa in litteris exstent; inv I 39. si sine oculis non potest exstare officium et munus oculorum; div I 71. dum populi Romani nomen exstabit; Phil II 51. officium: f. munus. ipsius Appii exstat oratio; Cato 16. quod os supra terram non exstaret; leg II 57. si etiam ratio exstat artificiosae praesensionis facilis; div I 109. ut exstet scelus hostium militumque divina virtus: Phil XIV 38. is, cuius nulla exstant scripta, Demades; Bru 36. nostrum studium exstabit in conveniendis magistratibus; ep I 8, 7. dicendi virtus exstare non potest; de or I 48. f. scelus.

exstructio, Bau: I. quae (exstructio) sit ara Virtutis; Phil XIV 34. — II. cultus dico agrorum exstructionesque tectorum; nat II 150.

exstruo, aufhäufen, errichten, erbauen, aufbauen, besetzen: magnum acervum Dicaearchi mihi ante pedes exstruxeram; A II, 2, 2. exstrue animo altitudinem excellentiamque virtutum; fin V 71. in qua (area) civitatem exstrueret arbitratu suo; rep II 21. mensae conquisitissimis epulis exstruebantur; Tusc V 62. cum vobis immortale monimentum exstruxerit; Phil XIV 33. usque ad illum a Cyro exstructum rogum; fin III 76. exstruit villam in Tusculano; dom 124.

exsul, verbannt, ausgewiesen, ausgewandert: I. civitas exsulem regem esse iussit: rep II 46. — II, 1. multantur bonis exsules; Tusc V 107. exsules reducuntur; ep XII 1, 1. exsules sine lege restituti; Phil VII 15. — 2. ut populo de exsulibus Byzantiis displiceret; dom 58. — III. quo modo tot legibus eiectus in exsilium nomen exsulis non perhorrescis? par 32. ut illam vitam esse arbitraretur, damnati, exsulis; Cluent 170.

exsulo, in der Verbannung, im Auslande leben: I. huic amplissimam esse etiam a d exsulandum locum; ep IV 8, 2. — 2. cui Romae exsulare ius esset; de or I 177. Italia prohibetur, exsulat; Ligar 11. cum omnes meo discessu exsulasse rem publicam putent; par 30.

exsultatio, Frohlocken: non sunt illi eiulatus Philoctetae tam miseri quam illa exsultatio Athamantis; har resp 39.

exsulto, aufspringen, sich tummeln, übermütig sein, frohlocken, sich freuen: alterum immittam verborum audacia reprimebat; de or III 36. quibus gaudiis exsultabis! Catil I 26. cum inaniter et effuse animus exsultat; Tusc IV 13. appetitus tamquam exsultantes sive cupiendo sive fugiendo: of I 102. equos ferocitate exsultantes; of I 90. qui eius furorem exsultantem repressit; Sest 95. gubernatores cum exsultantes lolligines viderunt; div II 145. in quo campo exsultare possit oratio: Ac II 112. victoriis divitiisque subnixus (rex) exsultabat insolentia; rep II 45.

exsuperantia, Hervorragen: nonne omnem exsuperantiam virtutis oderunt? Tusc V 105.

exsupero, überragen: quod fore paratum est, id summum exsuperat Iovem; div II 25.

exsurgo, aufstehen, sich erheben: paulisper exsurge; Cluent 168. haec ne quando recreata exsurgere atque erigere se possent; agr II 87 (Pompeianorum causa) si esset iugulata, numquam exsurgeret; Phil XIII 38.

exsuscito, erwecken, anregen: quae cura exsuscitat etiam animos et maiores ad rem gerendam facit; of I 12.

exta, Eingeweide: I. quid est, quod me moneant aut sortes aut exta aut ulla praedictio? div II 20. cum [tristissima] ‖ primae victimae, exta sine capite fuerunt, quibus nihil videtur esse dirius; div II 36. — II, 1. exta sunt coniuncta

mundo; div II 33. inspiciamus **exta**; div II 28. —
2. in extis bovis opimi cor non fuit; div I 119. —
III. 1. quid est, quod declarari possit habitu extorum
et colore? div II 30. — 2. per exta inventa
praesensio; Top 77. — IV, 1. quae oraculis,
auspiciis, extis declarentur; Ac II 47. ut nunc
extis, sic tum avibus magnae res impetriri solebant;
div I 28. cum puerorum extis deos manes mactare
soleas; Vatin 14. — 2. cum pulmo incisus etiam
in bonis extis dirimat tempus; div I 85.

extabesco, sich abzehren, schwinden: »sic
corpus clade horribili absumptum extabuit«; Tusc
II 20. videmus ceteras opiniones fictas atque vanas
diuturnitate extabuisse; nat II 5.

extemplo, sogleich: quid fingat extemplo, non
habet; Q Rosc 8. „posteaquam abs te, ut venirem,
tetigit aures nuntius extemplo" instituta omisi;
A XIII 47 (a).

extendo, ausstrecken: extento brachio paulum
etiam de gestu addidit; de or II 242. cum (Zeno)
extensis digitis adversam manum ostenderat; Ac
II 145.

extenuatio, Verkleinerung: contraria est extenuatio et huic adiuncta inlusio; de or III 202.

extenuo, verdünnen, zerkleinern, vermindern,
abschwächen, herabsetzen: hoc extenuando maleficii
magnitudinem simul adaugere (oportebit); inv II 75.
ut illud, quod comparauretur, extenuaretur ab accusatore quam maxime; inv II 82. (aër) fusus et ex-
tenuatus sublime fertur; nat II 101. dentibus
manditur atque [ab iis] extenuatur et molitur
cibus; nat II 134. sensim et pedetemptim progrediens extenuatur dolor; Tusc III 54. (genus)
flexo sono extenuatum, inflatum; de or III 216.
fellicas laudes solent quidam extenuare verbis;
Marcel 6. ipsum illud peccatum erit extenuandum;
inv II 107. eae voluptates singillatim extenuantur;
Tusc V 94.

exterebro, ausbohren: quod (aurum) ex-
terebratum esset; div I 48.

extergeo, rein ausspülndern: quam tu domum,
quam urbem adisti, quod fanum denique, quod non
eversum atque extersum reliqueris? Ver II 52.

extermino, vertreiben, verbannen, abweisen:
Protagoras Atheniensium iussu urbe atque agro
est exterminatus; nat I 63. exterminabit cives
Romanos edicto consul? Sest 30. hoc omne genus
pestiferum ex hominum communitate exterminandum
est; of III 32. nec istas quaestiones physicorum
exterminandas puto; Ac II 127. haec tanta virtus
ex hac urbe expellatur, exterminabitur, proicietur?
Milo 101.

externus, äußerlich, auswärtig, ausländisch,
fremd: A. externa auguria videamus; div II 76.
tria genera bonorum, maxima animi, secunda
corporis, externa tertia; Tusc V 85. sine antecedente et externa causa (animum) moveri; fat 24.
quae sunt aut animi aut corporis aut externa vel
commoda vel incommoda; Top 89. externis hostibus
victis; agr I 19. incommoda: f. commoda. in externis locis minor etiam ad facimus verecundia
est; ep IV 9, 4. nullum externum periculum est;
agr I 26. inanimum est omne, quod pulsu agitatur
externo; Tusc I 54. quae (fortuna) domina rerum
sit et externarum et ad corpus pertinentium; Tusc
V 25. (animos) externa et adversa divisione
pulsari; div II 120. — B, a. qui civium rationem
dicunt habendam, externorum negant; of III 28. —
b. 1. si amicitiae, si propinquitates, si reliqua
externa summo bono non continentur; fin V 69.
— 2. si.conferre volumus nostra cum externis;
nat II 8.

exterreo, erschrecken, einschüchtern, aufscheuchen:
dolorum cum admoventur faces, praeter modum
plerique exterrentur; of II 37. quibus exterriti

homines vim quaadam esse divinam suspicati sunt;
nat II 14. quo aspectu exterrita (nutrix) clamorem
sustulit; div I 79.

exterus, äußere, auswärtig: si qui rex, si
qua civitas exterarum gentium, si qua natio fecisset aliquid in cives Romanos eius modi; Ver V
149. fore ut ab exteris gentibus vinceretur ea res-
publica; div I 121. nolite cogere socios atque exteras nationes hoc uti perfugio; Ver I 82. o dignitatem populi Romani, quam reges, quam nationes
exterae, quam gentes ultimae pertimescant! dom 89.
ita cum (deus) alterum esset exteriorem, *alterum
interiorem* amplexus orbem; Tim 25.

extremus, äußerste, letzte: A. extremum omnia
cingentem ardorem; nat I 37. in Cappadocia extrema castra feci; ep XV 4, 4. cum extremum vitae
diem morte confecerit; fin III 76. res in extremum
est adducta discrimen; Phil VI 19. ad haec extrema
et inimicissima iura tam cupide decurrebas? Quinct
48. in extremo libro tertio; of III 9. ut homunculi
similem (deum Epicurus) fingeret, liniamentis dumtaxat extremis, non habitu solido; nat I 123. manus
extrema non accessit operibus eius; Bru 126. ut non
adluantur mari moenia extrema; Ver V 96. est id
quidem in totam orationem confundendum nec minime in extremam; de or II 322. lusit vir egregius
extremo spiritu; Tusc I 96. illud extremum supplicium legis; Piso 99. extremis rei publicae temporibus; Rabir 4. extremo tempore aetatis; Cato 30.
»extremus adeo duplici de cardine vertex dicitur
esse polus«; nat II 105. — B, I. ut pariter extrema
terminentur eundemque referant in cadendo sonum;
orat 38. respondent extrema primis; fin V 83. cum
aures extremum semper exspectent in eoque acquie-
scant, id vacare numero non oportet; orat 199. —
2. quoniam id est vel summum vel ultimum vel extremum bonorum; fin I 42. cum omnium rerum
mors sit extremum; ep VI 21, 1. — II, 1. tu con-
texes extrema cum primis; ep X 13, 2. me, quod
τέλος Graeci dicunt, id dicere tum extremum, tum
ultimum, tum summum; fin III 26. exspecto: f. I,
1. vacat. (quod omne est), nihil cum habeat extremum, infinitum sit necesse est; div II 103. principiis cognitis multo facilius extrema intellegetis;
Cluent 11. termino: f. I, 1. referunt. — 2. acquiesco in: f. I, 1. vacat. ut ad naturae perveniat e.tremum; fin V 43. in ea Pompei epistula
erat in extremo ipsius manu . .; A VIII 1, 1. (verborum comprehensio) ad extremum veniens; orat 199. —
III. id non exsequi usque ad extremum; Rab Post
5. — IV. cum omnis haec quaestio de finibus et
quasi de extremis bonorum et malorum ab eo proficiscatur, quod . .; fin V 23. — V. nulla (natura)
est, quin suam vim retineat a primo ad extremum;
fin IV 32. somniis crebris, ad extremum etiam mi-
nacibus cum iuberetur . .; div II 85. licebit etiam
finem pro extremo aut ultimo dicere; fin III 26.

extumus, äußerste: quorum (globorum) unus
est caelestis, extumus; rep VI 17.

extimesco, in Furcht geraten, fürchten: I. cum
te constet excellere hoc genere virtutis, ut numquam
extimescas; ep XI 21, 4. equi ipsi gladiatorum repentinis sibilis extimescebant; Sest 126. — II, 1. de
fortunis communibus extimescebam; Deiot 3. — 2.
metuit, ne laceratis membris minus bene utatur, ne
combustis, non extimescit; Tusc I 106. f. III. alqd.
— III. erunt mihi illi etiam extimescendi; Phil
XII 30. unum illud extimescebam, ne quid turpiter
facerem; A IX 7, 1. nihil est, quod adventum
nostrum extimescas; ep IX 26, 4. cerulas tuas mi-
nutulas || miniatas || illas extimescebam; A XVI 11, 1.
quia quasdam post mortem formidines extimescant;
fin V 31. quod ego periculum non extimesco; ep
XII 2, 1. cur non extimescam opinandi temeritatem?

Ac II 87. victorem orbis terrarum non extimescere; Deiot 15.

extim — ſ. **exstim** —

extispex, Eingeweideſchauer: hac extispicum divinatione sublata; div II 42. quae (gens) non extispicum praedictione moveatur? div I 12.

extollo, erheben, aufrichten, preiſen: I. quae (ars) erigat extollat, adminiculet; fin V 39. — II. extollere iacentem; Marcel 8. remissione (animus) sic urgetur, ut se nequeat extollere; Tusc II 54. quae (libertas) extollere iam caput debebat; Planc 33. vos meam fortunam deprimitis, vestram extollitis? Piso 41. magnitudinem animi superbia in nimis extollendis et despicientia in contemnendis honoribus imitatur; part or 81.

extorqueo, entwinden, entreißen, erpreſſen: I. quoniam extorsisti, ut faterer . .; Tusc I 14. — II. alqd: ſ. partem. extorqueri e manibus arma non possunt; Phil XIII 15. nec mihi hunc errorem extorqueri volo; Cato 85. qui P. Lentulo ferrum et flammam de manibus extorsimus; Piso 97. a Flamma, si non potes omne, partem aliquam velim extorqueas; ep XVI 24, 1. qui numquam sententias de manibus iudicum vi quadam orationis extorsimus; de or II 74. cur eorum spem vi extorquere conaris? div Caec 61. iamne vos a Caesare ver Herodem talenta Attica L extorsistis? A VI 1, 25.

extorris, heimatsloß: hinc CXXXII patres familias extorres profugerunt; Ver III 120.

extra, außer, ausgenommen, außerhalb: A, I. si extra hos concellos egredi conabor; Quinct 36. histrio si paulum se movit extra numerum; par 26. ne extra modum sumptu prodeas; of I 140. solane beata vita relinquitur extra ostium limenque carceris? Tusc V 13. si extra periculum esset; inv II 134. ut extra ruinam sint eam, quae impendet; A XI 24, 2. — existimationis suae iudicium extra cohortem suam committendum fuisse nemini; Ver III 142. si quicquam extra virtutem habeatur in bonis; fin V 77. — III. nostis extra portam Collinam aedem Honoris; leg II 58. in quo (genere) digressio aliqua extra causam interponitur; inv I 27. — IV. quodsi non extra castra congrediemur; Phil XII 28. hoc extra hanc contentionem certamenque nostrum familiariter tecum loquar; div Caec 37. si nihil fit extra fatum; div II 25. extra iocum moneo te, ut . .; ep IX 24, 3. quae (sapientia) neque extra Romam usquam neque Romae quicquam valet; Muren 28. — B, I. extra eminent quae appellantur aures; nat II 144. ut nulla pars huiusce generis excederet extra; Tim 16. quia nihil extra, quod cerni posset, relictum erat; Tim 18. ea, quae extra sunt; nat II 147. — II. si addat hanc exceptionem: EXTRA QUAM SI QUIS REI PUBLICAE CAUSA EXERCITUM NON TRADIDERIT; inv I 56. quod negant sapientem quicquam extra rei publicae partem, extra quam si eum tempus coëgerit; rep I 10.

extraho, hinausziehen, hervorziehen, ausreißen, entreißen, retten: (causa) per obtrectatores Lentuli calumnia extracta est; Q fr II 2, 3. ex tenebricosa popina consul extractus; Piso 18. hunc errorem quasi radicem malorum omnium stirpitus philosophia se extracturam pollicetur; Tusc IV 83. Epicurus ex animis hominum extraxit radicitus religionem; nat I 121. res ab adversariis nostris extracta est variis calumniis; ep I 4, 1. telum e corpore extractum; Sex Rosc 19. cum urbem ex periculis maximis extraxissent; Sest 11.

extraneus, äußerlich, von außen kommend: nullum extraneum malum est; Rabir 33. quod non verbis neque extraneis ornamentis animus auditoris tenendus est; inv I 32. quae (res) sunt aut corporis aut extraneae; de or II 46.

extraordinarius, außerorbentlich, außergewöhnlich: extraordinaria non imperia, sed regna quaeri putabantur; agr II 8. ut summa abstinentia munus hoc extraordinarium traducamus; A V 9, 1. hinc illae extraordinariae pecuniae; Ver I 100. (P. Antistius) contra C. Iulii illam consulatus petitionem extraordinariam veram causam agens est probatus; Bru 226. regna: ſ. imperia.

extrarius, äußerlich, von außen kommend: utilitas aut in corpore posita est aut in extrariis rebus; inv II 168. partiatur in animum et corpus et extrarias res licebit; inv II 177. extrariae (virtutes sunt) honos, pecunia, adfinitas, genus, amici, patria, potentia; inv II 177.

extremitas, äußerste Grenze, Fläche: I. extremitatem et quasi libramentum (esse), in quo nulla omnino crassitudo sit; Ac II 116. — II, 1. cuius omnis extremitas paribus a medio radiis attingitur; Tim 17. — 2. summa pars caeli cum aëris extremitate coniungitur; nat II 117.

extremus, extumus ſ. ©. 253, b.

extrinsecus, von außen, außen, außerhalb: adhibita e.t ars quaedam extrinsecus ex alio genere quodam; de or I 188. alii (loci) in eo ipso, de quo agitur, haerent, alii adsumuntur extrinsecus; Top 8. ut (imagines) universum mundum complectantur extrinsecus; nat I 20. animos hominum quadam ex parte extrinsecus esse tractos et haustos; div I 70. utrum ea (columna) solida esset an extrinsecus inaurata; div I 48. quae (virtus) si extrinsecus religata pendeat et non oriatur a se; Tusc III 37. non aliunde pendere nec extrinsecus aut bene aut male vivendi suspensas habere rationes; ep V 13, 1. traho: ſ. haurio.

extrudo, hinaustreiben, hinausbrängen, fortſchaffen: te in viam, simul ac perpaulum gustaris, extrudam et eiciam; de or II 234. quid posses? (Catonem) extrudere ad Cypriam pecuniam? dom 65. is tamquam extruderetur a senatu in Macedoniam et non contra prohiberetur proficisci; Phil X 10. nisi te extrusissemus; ep VII 6, 2. Pollicem quam primum fac extrudas; ep XIV 6.

exturbo, austreiben, austreiben, verjagen: num patriis Heraclium bonis exturbare oportuit? Ver II 46. qui sint isti optimates, qui me exturbent. cum ipsi domi maneant; A VIII 16, 2. exturbare homines e possessionibus; Sulla 71. multa convenerunt, quae mentem exturbarent meam; Q fr I 4. 4.

exul — ſ. **exsul** —

exulcero, verſchlimmern, verberben, verbittern: ille tot suspicionibus certorum hominum et scelere exulceratus; dom 28. cum ea, quae sanare nequeunt, exulcerant; de or II 303. uti ea (invidia) non modo non exulcerare vestram gratiam, sed etiam conciliare videatur; Bru 156. in rebus ab ipso rege clam exulceratis; ep I 1. 4.

exuo, herausziehen, ausziehen, ablegen: si ex his te laqueis exueris; Ver V 151. hanc (aegritudinem) nisi exuimus sic, ut abiciamus; Tusc III 27. hominem exuens ex homine; fin V 35. humanitatem omnem exuimus; A XIII 2 (2, 1).

exuro, verbrennen verheeren: ille domi suae vivus exustus est; Ver I 70. exustus flos siti veteris malitiae exaruit; Bru 16. exustis villis omnibus; Tul 14.

exustio, Brand: propter eluviones exustionesque terrarum, quas accidere tempore certo necesse est; rep VI 23.

exuviae, Beute: eum (locum) exuviis nauticis et classium spoliis ornatum: imp Pomp 55. tu ornatus exuviis huius venis ad eum lacerandum, quem . .: Sulla 50.

Faba, Bohne: I. videsne consulatum illum nostrum, quem Curio antea ἀποθέωσιν vocabat, si hic factus erit, fabam mimum futurum? A I 16, 13. — II. faba Pythagorei utique abstinere; div II 119.

fabella, Erzählung, Sage, Märchen, Schauspiel: 1. adfertur etiam de Sileno fabella quaedam; Tusc I 114. fabellas Latinas ad verbum e Graecis expressas; fin I 4. quamquam a te factam fabellam video esse festive; Q fr II 15, 3. cuius (Terentii) fabellae propter elegantiam sermonis putabantur a C. Laelio scribi; A VII 3, 10. — 2. nihil debet esse in philosophia commenticiis fabellis loci; div II 80.

faber, Schmied, Handwerker: I. ego me Phidiam esse mallem quam vel optimum fabrum tignarium; Bru 257. — II, 1. non deesse, si quis adhibere volet, non modo ut architectos, verum etiam ut fabros ad aedificandam rem publicam; ep IX 2, 5. armatis hominibus expulsi sunt fabri de area nostra; A IV 3, 2. huc etiam fabros se missurum esse dixit; Phil V 19. — 2. quae (centuria) fabris tignariis est data; rep II 39. — III. Q. Leptam, praefectum fabrum meum, tibi obviam misi; ep III 7, 4. — IV. tu velim cum fabris eam (domum) perspicias; ep IX 15, 5.

fabrica, Bau, Baukunst, Kunstfertigkeit, Schmiede: I. quam admirabilis (sit) fabrica membrorum: nat II 121. — II, 1. illa potius explicetur incredibilis fabrica naturae; nat II 138. quibus oculis [animi] intueri potuit vester Plato fabricam illam tanti operis, qua construi a deo atque aedificari mundum facit? nat I 19. — 2. qui (Vulcanus) Lemni fabricae traditur praefuisse; nat III 55. — III. aedificari, construi: f. II, 1.

fabricatio, Bildung, Bau, künstliche Veränderung: ne illa quidem traductio atque immutatio in verbo quandam fabricationem habet; de or III 167. si erit tota hominis fabricatio perspecta; nat II 133.

fabricor, verfertigen, bilden: I. qui ea (astra) fabricatus esset in caelo; Tusc I 62. Capitolii fastigium non venustas, sed necessitas ipsa fabricata 'est]: de or III 180. qui fabricatus gladium est; Rab Post 7. fabricemur verba; Ac II 17. — (animantem deus) globosum est fabricatus; Tim 17.

fabrilis, des Künstlers, Arbeiters: erratum fabrile putavi, nunc video Metelli; A VI 1, 17.

fabula, Erzählung, Erdichtung, Sage, Märchen, Theaterstück: I, 1. quod quam magnum sit, fictae veterum fabulae declarant; fin I 65. nec, ut fabulae ferunt, bellis proeliisque (di) caruerunt; nat II 70. Livianae fabulae non satis dignae (sunt), quae iterum legantur; Bru 71. — 2. fabula est, in qua nec verae nec veri similes res continentur; inv I 27. — II, 1. si fabulas audire volumus; Tusc I 92. qui (Livius) primus fabulam dedit; Bru 73. hic Livius primus fabulam C. Claudio Caeci filio et M. Tuditano consulibus docuit anno ipso ante, quam natus est Ennius; Bru 72. philosophi quidam fictam et commenticiam fabulam prolatam dicunt a Platone; of III 39. f. I, 1. declarant. lego: f. I, 1. sunt. profero: f. fingo. ut illa vetus aeraria fabula referretur; Cael 71. ut a continentibus tuis scriptis secernas hanc quasi fabulam rerum eventorumque nostrorum; ep V 12, 6. — 2. cum minor fabulis nisi de veteribus rebus haberetur fides; rep II 18. — 3. physica ratio non inelegans inclusa est in impias fabulas; nat II 64. — III. quid vos illa delectat explicatio fabularum? nat III 62. IV. 1. Ponticus Heraclides puerilibus fabulis refersit libros; nat I 34. — 2. quod in fabulis saepe videtis fieri; har resp 62.

facesso, bereiten, sich entfernen: I. ab omni societate rei publicae paulisper facessant rogemus; leg I 39. operae facessant; Flac 97. — II. qui tibi negotium facesserent; ep III 10, 1. ne innocenti periculum facessieris ‖ facesseris ‖; div Caec 45.

facete, launig, witzig: saepe etiam facete concedas adversario id ipsum, quod tibi ille detrahit; de or II 286. cum multa coligeres non modo acute, sed etiam ridicule et facete; de or I 243. multa non tam graviter dixit quam facete; de or I 75. illud facete dictum; de or II 219. nos ab isto nebulone facetius eludimur, quam putamus; Sex Rosc 128. facete M. Piso Stoicos inridebat; fin IV 73.

facetiae, Scherz, Witz: I. et multum facetias in dicendo prodesse saepe et eas arte nullo modo posse tradi; de or II 227. — II. trado: f. I. — III. cum artem esse facetiarum, Iuli, ‖ ullam ‖ negares; de or II 229. cum duo genera sint facetiarum, alterum aequabiliter in omni sermone fusum, alterum peracutum et breve; de or II 218. duo sunt genera facetiarum, quorum alterum re tractatur, alterum dicto; de or II 239. — IV, 1. multum in causis persaepe lepore et facetiis profici vidi; de or II 219. consul facie magis quam facetiis ridiculus; A I 13, 2. sale et facetiis Caesar vicit omnes; of I 33. — 2. sunt etiam illa venusta, ut in gravibus sententiis, sic in facetiis; de or II 262.

facetus, launig, witzig: genus iocandi non profusum nec immodestum, sed ingenuum et facetum esse debet; of I 103. quod est hominibus facetis et dicacibus difficillimum, habere hominum rationem et temporum; de or II 221. natura fingit homines et creat imitatores et narratores facetos; de or II 219. Aristophanes, facetissimus poëta veteris comoediae; leg II 37. non esse omnia ridicula faceta; de or II 251.

facies, Gestalt, Erscheinung, Ansehen, Antlitz: I. si una omnium (deorum) facies est; nat I 80. — II, 1. senatum faciem secum attulerat; Phil VIII 23. cum Homeri faciem cogito; div II 39. — 2. qua facie (animus) sit; Tusc I 67. — III, 1. cuius (dei) crebra facie pellantur animi; nat I 106. consul facie magis quam facetiis ridiculus; A I 13, 2. — 2. quam (virtutem) tu ne de facie quidem nosti; Piso 81.

facile, leicht, ohne Mühe, unbedenklich, unstreitig: I. rem facilius totam accipietis; Quinct 36. ut facile appareat Atrei filios esse; Tusc IV 77. id facillime consequar; Sest 119. quae (veritas) facile se per se ipsa defendat; Cael 63. in quo quantum ceteris profuturi simus, non facile dixerim; Tusc V 121. quo facilius ea efficeret; Sulla 57. cui (rei publicae) facile satis facere possint; Bru 222. quo id facilius faciant; Flac 66. quod is (M. Cato) tam facile senectutem ferat; Cato 3. principiis cognitis multo facilius extrema intellegetis; Cluent 11. quae (visa) non facile internoscantur; Ac II 48. te aberrare a proposito facile patiebar; Tusc I 81. ut quivis facile perspiceret . .; Ver V 70. ut vos facillime potestis indicare; Sest 6. qua (magnitudine animi) facile posset repugnari obsistique fortunae; fin IV 17. nihil est, quod expedire tam facile possimus; nat I 7. facile, cui velles, tuam causam probares; Ver IV 28. certe istum virum bonum non facile reperimus; of III 64. quod facile sentio, quam multorum scribendi studia commoverim, nat I 8. quin Q. Valerium Soranum lenitate vocis facile vincat; de or III 43. — II. idem (M. Cato) facile optimus imperator; de or III 135. ut ad liberaliter vivendum facile contentus sit; par 42. virum unum totius Graeciae facile doctissimum, Platonem; Rab Post 23. omnium facile omnibus rebus infimus; Vatin 17. tu esses ordinis tui facile

princeps; ep VI 10, 2. — III. huic hereditas ad HS facile **tricies** venit; Ver II 85.

facilis, leicht, bequem, willig, bereitwillig, nachgiebig, umgänglich, gefällig, gewandt: A. ut faciles essent in suum cuique tribuendo; Bru 85. quod Antonius facilis in causis recipiendis erat; Bru 207. si quisquam est facilis, hic (**M.** Cicero) est; A XIV 1, 2. ego Antonio facillimum me praebui; A XIV 13, 6. id quod ei facile erit cognitu; inv I 25. facile id dicemus ‖ facile fieri id dicimus ‖, quod sine magno aut sine ullo labore, sumptu, molestia quam brevissimo tempore confici potest; inv II 169. quod erat inventu facillimum; Ver II 182. id quod facile factu fuit; Sest 39. ego non solum hoc in loco dicam, ubi est id dictu facillimum, sed . . ; agr II 6. honorum aditus numquam illi faciliores optavi quam mihi fuerunt; Planc 59. hoc iis (animis) faciliorem ascensum et reditum in caelum fore; fr F V 97. facilis est populi causa; Ver V 126. (cibus) facillimus ad concoquendum; fin II 64. facillimam in ea re publica esse concordiam; rep I 49. quae (cupiditates) faciles haberi solent; Cael 28. magis facilis disputatio est quam necessaria; Phil XIII 32. ut iis (equis) facilioribus possint uti; of I 90. comes benigni, faciles, suaves homines esse dicuntur; Balb 36. quod lenior eorum vita et mores fuerant faciliores; of I 112. ulciscendae iniuriae facilior ratio est quam beneficii remunerandi; Quir 22. reditus: ſ. ascensus. mihi faciliorem fuisse ad adipiscendos honores viam; Planc 59. — B. ut a facillimis **ordiamur**; fin I 13.

facilitas, Leichtigkeit, Willigkeit, Umgänglichkeit, Leutseligkeit: I, 1. **adiungenda** est facilitas in iudiendo; Q fr I 1, 21. humanitatem et facilitatem agnoscimus tuam; de or II 362. si illius comitatem et facilitatem tuae gravitati severitatique asperseris; Muren 66. meam facilitatem laudatote; de or I 208. haec in bonis rebus, quod alii ad alia bona sunt aptiores, facilitas nominetur, in malis proclivitas; Tusc IV 28. — 2. sed hoc meae nimiae facilitatis; A XIV 12, 2. — 3. immoderate quidam nostra facilitate **abutuntur**; ep XII 1, 2. — 4. ea semper ad facilitatem aequitatemque referebat; Phil IX 2. — I, 1. magis adeo id facilitate quam alia ulla culpa mea contigit; de or II 15. ut is, qui dignitate principibus excellit, facilitate infimis par esse videatur; imp Pomp 41 (42). — 2. ut plerique faciunt **propter** facilitatem; inv I 98.

facinerosus, lasterhaft: A. usitatum hominis facinerosi scelus; dom 12. vitam e tuis facinerosissimis manibus ereptam; Phil XIII 25. ab iniuriosa facinerosaque vita; leg I 40. — B, 1. facinerosos maiore quadam vi quam ridiculi **vulnerari** volunt; de or II 237. — 2. **vivebat** Dionysius **cum** facinerosis; Tusc V 63.

facinus, Lat, Ereignis, Übeltat, Schandtat: I, 1. nullum scelus, nullum malum facinus esse, ad quod suscipiendum non libido voluptatis impelleret; Cato 40. invenietis id facinus natum a cupiditate, auctum per stuprum, crudelitate perfectum atque conclusum; Ver II 82. facinus iam diu nullum civile praeclarius; A VII 13, 1. — 2. facinus est vincire civem Romanum, scelus verberare, prope parricidium necare; Ver V 170. — II, 1. **augeo:** ſ. I, 1. nascitur. credibile est tantum facinus esse commissum? Cael 56. improbum facinus, non ferendum, nemini lege concessum; Ver III 194. concludo: ſ. I, 1. nascitur. exponam vobis Oppianici facinus manifesto deprehensum; Cluent 43. totum facinus sine dolo malo factum indicabitis? Tul 34. vide, ne facinus facias; fin II 95. quod turpissimum illud facinus graviter tulit; Ver pr 29. ſ. concedo. perficio: ſ. I, 1. nascitur. nullum facinus huius protulerunt; Font 40. ut, ad quod facinus nemo praeter te ulla pecunia

adduci potuerit, id tu gratis suscipere conatus sis: Ver V 11. ſ. I, 1. est. — 2. quin tanti facinoris reus **arguatur;** Cael 1. eorum facinorum damnati; Ver V 13. — 3. **adduco** ad: ſ. 1. suscipio. libidines ad omne facinus impellunt; rep VI 1. — III. nemo est paulo ad facinus **audacior,** qui . . ; Catil II 9. — IV, 1. an etiam consilia **conscientia**sque eius modi facinorum supplicio dignas iudicarent: Cluent 56. ad se revocarent maximi facinoris crimen. Cael 65. praeclara defensio facinoris tui; Vatin 25. utrum veterum facinorum sis imitator an inventor novorum; Vatin 22. omnium facinorum sibi cum Dolabella societatem initam; Phil XIII 36. sibi facinoris suspicionem obstare; Milo 96. — 2. in externis locis minor etiam ad facinus **verecundia** (est). ep IV 9, 4. — V, 1. quia non alio facinore clari homines, alio obscuri necantur; Milo 17. — 2. qui iudicaverint hostem Dolabellam **ob** rectissimum facinus; Phil XIII 36.

facio, machen, tun, handeln, verfahren, zu Werke gehen, schaffen, bilden, zu stande bringen, ausrichten, bewirken, veranstalten, darstellen, erleiden, wählen, annehmen, aufstellen, voraussetzen, behaupten, achten, zusammenhalten, begünstigen (faxint: ſ. II, 3. 6. A XVI 1, 6): I. **absolut:** 1. a. si te laus **adlicere** ad recte faciendum non potest: Phil II 115. quarum (artium) omne opus est in faciendo atque agendo; Ac II 22. tamquam ad picturam probandam adhibentur etiam **inscii** faciendi; opt gen 11. — b. quid sit optimum factu; part or 94. quorum iudicium in eo difficile factu est non probare; of I 71. quod facile factu sit; Tul 21. honestume factu sit an turpe; of I 9. — 2, a. hoc, sine quo non fit, ab eo, in ‖ a ‖ quo certe fit, diligenter est separandum; Top 61. crudeliter et regie factum esse dicerent; Catil I 30. si quando, ut fit, iactor in turba; Planc 17. vel in caelum vos, si fieri potuerit, umeris nostris tollemus; Phil XI 24. sicut erat in simili causa antea factum; rep II 63. aut opera benigne fit indigentibus aut pecunia; of II 52. — b. quibus benigne fecerimus; inv I 109. ut tibi faciendum est ad annum; de or III 92. cur tam imperite facit? Q Rosc 36. si id recte factum defenderem. facerem improbe; Muren 5. facis iniuste, si putas . . ? Flac 41. cum multo ambitiosius facere soleam, quam . . ; ep III 7, 4. ea (aequitas) cum secum faciat; part or 127. si auditor omnino tamquam equus non facit; Bru 192. multorum te oculi et aures non sentientem, sicut adhuc fecerunt, speculabuntur atque custodient; Catil I 6. omnes damnatos illac facere: A VII 3, 5. oculi: ſ. aures. nescio quo modo populus cum illis facit; fin II 44. sententiam interdicti mecum facere; Caesin 79.

II. **mit Ergänzung:** 1. sicut de religionum lege fecisti; leg II 2. de familia quo modo placuisse scribis amicis, faciemus; ep XIV 1, 3. o factum male de Alexione! A XV 1, 1. ſ. III **alqd.** Catil II 13. — 2. tibi in mentem **veniat** facito, quem ad modum vitam huiusce depinxeris; Sex Rosc 74. tu fac habeas fortem animum; ep VI 13, 5. — 3. di immortales faxint, ne sit alter! Ver III 81 4. quin (populi) serviant quidem, fieri non potest rep I 50. facere non potui, quin tibi voluntatem declararem meam; ep VI 13, 1. — 5. bene facis, quo me adiuvas; fin III 16. recte enm (Deiotarum) facere quod populi Romani libertatem defendere pararet div II 78. — 6. qui potest fieri, ut sine imperio tenetur exercitus? Phil XI 20. ex quo fit, ut alier malo gaudeat; Tusc III 19. ita fit, ut nulla s omnino iustitia, si . . ; leg I 42. fac ut ad summ contendas; ep XII 8, 2. ut nihil ad te dem litterari facere non possum; A VIII 14, 1. tu etsi non pot isti ullo modo facere, ut mihi illam epistulam n mitteres; A XI 21, 1. di faxint, ut (Q. filius) faci ea, quae promittit; A XVI 1, 6. ſ. III. alqd: Clue

59. – 7. quoniam fecisti, ut ne cui innocenti maeror tuus calamitatem adferret; Cluent 168. – 8. quem (Isocratem) Plato admirabiliter in Phaedro laudari fecit a Socrate; opt gen 17. fac aliquid gravius in Heium statuisse Mamertinos; Ver IV 19. nondum palam factum erat occidisse rem publicam; sen 18. facio me alias res agere; ep XV 18, 1. ſ. III. alqd; Q fr I 3, 6.

III. **mit einfachem Object**: qui esset totus ex fraude et mendacio factus; Cluent 72. ut unus fiat ex pluribus; of I 56. hic ille omnia, quae voluit de re publica, dixit, ut ‖ et ‖ qui illuc factus institutusque venisset; rep I 38. quod promittis, di faxint! A XV 29, 1. consilium est aliquid faciendi non faciendive excogitata ratio; inv II 31. ſ. malum. hoc si vos temere feristis; imp Pomp 64. haec fieri vetuit; dom 128. illud nec faciendum est nec fieri potest, me diutius commorari; Q fr I 3, 6. id Q. Caepionem Brutum bene et e re publica fecisse; Phil X 25. id maxime fieri temporibus hibernis; nat II 25. ſ. I, 2, b. Muren 5. II. 6. A XVI 1, 6. quam multa iniuste fieri possunt! fin II 57. abs te nihil rectius factum esse dico; Ver IV 37. quod apud maiores nostros saepe fiebat; of II 74. si eam (provinciam), quod eius facere potueris, quam expeditissimam mihi tradideris; ep III 2, 2. te, quae facias, tuo iudicio et tua sponte facere; ep IV 14. 2. des operam, quod commodo tuo fiat, ut ..; ep XIII 27, 3. si me amas, quod quidem aut facis aut perbelle simulas; ep XVI 18, 1. tu tamen velim ne intermittas, quod eius facere poteris. scribere ad me; A XII 12, 4. de summa re publica quid fieri placeret; Catil III 13. quid Tulliola mea fiet? ep XIV 4, 3. nec quicquam propius est factum, quam ut illum persequeretur; Cluent 59. utrumque horum cumulatissime facere posse; de or III 105. cum ad corpora tum accessio fieret, tum abscessio; Tim 44. pedetemptim et gradatim tum accessus a te ad causam facti, tum recessus; ep IX 14, 7. nego istam adoptionem pontificio iure esse factam; dom 36. quod dicantur adaeensiones fieri causis antepositis; fat 42. qui (M. Fulcinius) Romae argentariam non ignobilem fecit; Caecin 10. quod Apollonium omni argento optime facto spoliasti; Ver IV 37. ut audientiam fieri sibi velle non ‖ nolle ‖ videretur; de or II 325. ut ne fieri possit auspicium; div II 78. si consilium belli faciendi abiecerit; Catil II 14. sin has caedes et rapinas aut facient aut approbabunt; Sex Rosc 139. quid facit causam? de or II 132. ostendit sese in omnibus civitatibus censores esse facturum; Ver II 132. fit gemitus omnium et clamor; Ver V 74. sin autem morum commutatio quaedam facta erit; Lael 77. si contentio quaedam quaedam et comparatio fiat, quibus plurimum tribuendum sit officii; of I 58. fit ad domum eius cum clamore concursus atque impetus; Ver IV 94. cur de passerculis coniecturam facit? div II 65. qui non videat coniurationem esse factam; Catil I 31. omnia illa senatus consulta, populi iussa rei publicae causa esse facta fateamur; Vatin 8. contentionem: ſ. comparationem. quem conventum mulierum factum esse arbitramini? Ver IV 77. Cato convicium Pisoni consuli mirificum facit; A I 14, 5. cum facere civibus suis omnibus consilii sui copiam; de or III 133. damnum illius immaturo interitu res Romanae Latinaeque litterae fecerunt; Bru 125. eos damnum facturos fuisse; Ver III 111. quae declinatio cum ratione fiet, cautio appelletur; Tusc IV 13. conlegiorum omnium decreta de me esse facta; Vatin 8. ne qua deductio fieret; div Caec 33. res publica detrimentum fecit; Ver IV 20. has in sententias meas si consules discessionem facere voluissent; Phil XIV 21. nullum fieri discessum; Tusc I 18. quod cum mima fecit divortium; Phil II 69. Menelaus aegre id passus divortium fecit; A I 18, 3.

vide, ne facinus facias; fin II 95. fit illa factio, genus aliud tyrannorum; rep I 68. fidem maiorem varietas ipsa faciebat; Scaur 40. quintus hic dies finem faciet Tusculanarum disputationum; Tusc V 1. cum sententia senatus inclinaret ad pacem cum Pyrrho foedusque faciendum; Cato 16. Strato ille medicus domi furtum fecit; Cluent 179. gemitum: ſ. clamorem. genus: ſ. factionem. „quotienscumque gradum facies"; de or II 249. quam (gratulationem) tuo nomine ad omnia deorum templa fecimus; ep XI 18, 3. neque erat ferendum, cum, qui hodie haruspicinam facerent, in senatum Romae legerentur, eos, qui aliquando praeconium fecissent, in municipiis decuriones esse non licere; ep VI 18, 1. si in mari iactura facienda sit; of III 89. quoniam impensam fecimus in macrocolla; A XIII 25. 3. impetum: ſ. concursum. quo die caedis initium fecisset a me; Phil V 20. aut facere iniuriam nec accipere aut . .; rep III 23. quas mihi ipsi fecerat insidias; Sulla 18. facto interitu universo; Tusc I 90. qua iter feci; A IX 19, 1. ut de ipso, qui iudicarit, iudicium fieri videatur; inv I 82. iussa: ſ. consulta. ut multis locis labes factae sint; div I 78. non magnum lucrum fecisse decumanos; Ver III 110. eundem primum ludos maximos fecisse; rep II 36. qui (orator) aliquid mali faceret dicendo; de or II 298. legatorum mentionem nullam censeo faciendam; Phil V 31. te monumentum fecisse in meis aedibus; dom 51. cum terrae motus factus esset; div I 101. deorum et hominum causa factum esse mundum; nat II 133. etiam postliminio potest civitatis fieri mutatio; Balb 28. qui cupide profecti sunt, multi naufragia fecerunt; ep XVI 9, 1. navem tibi operis publicis Mamertinorum esse factam; Ver V 47. cum (Zeno) uteretur in lingua copiosa factis tamen nominibus ac novis; fin III 51. diem praestituit operi faciundo Kalendas Decembres; Ver I 148. pacem: ſ. foedus. ex quibus (nummis) pecuniam maximam fecit; Ver II 136. numquam erat periculum factum consilii; Piso 1. orator nec plagam gravem facit, nisi petitio fuit apta, nec . .; orat 228. si tui nobis potestas saepius fieret; fin V 75. praeconium: ſ. haruspicinam. ea de eo praeiudicia esse facta; Cluent 9. Pharsalico proelio facto; Deiot 13. facere promissa; of III 95. cum pugnum fecerat; Ac II 145. obiectum est quaestum M. Fonteium ex viarum munitione fecisse; Font 17. rapinas: ſ. caedes. cur a dextra corvus, a sinistra cornix faciat ratum; div I 85. recessus: ſ. accessus. posteaquam reiectio iudicum facta est; Ver pr 16. ad rem factam nostramque veniamus; of III 99. qui (M. Popilius) sacrificium publicum cum lena faciebat; Bru 56. quae (sacerdos) Graecum illud sacrum faceret; Balb 55. in campo Martio saepta tributis comitiis marmorea sumus et tecta facturi; A IV 17, 7 (16. 14). mihi satis superque abs te videntur istorum studiis esse factum; de or I 204. cumulate satis factum esse debet voluntati tuae; Top 99. simulationi certe facio satis; A XII 20, 1. quae idem illa gradibus scelera fecerat; dom 81. ex quibus magna significatio fit non adesse constantiam; of I 131. Chrysae simulacrum, praeclare factum e marmore; Ver IV 96. in qua (pecunia) legitimae partis sponsio facta est; Q Rosc 10. ut eam statuam faciendam locent; Phil IX 16. eorum omnium est aliqua summa facienda; fin IV 32. ut sumptum faciat in militem, nemini vis adfertur; imp Pomp 39. tecta: ſ. saepta. quod (testamentum) Romae Paulo et Marcello consulibus fecerat; ep XIII 29, 4. ut illi palliati topiariam facere videantur; Q fr III 1, 5. omnem avem tripudium facere posse; div II 73. qui tam multa de tuis emptionibus verba faciam; Ver IV 35. iu alienis (verbis probatur) aut translatum aut factum aliunde ut mutuo; orat 80. si factis verbis aut translatis frequenter utamur; part or 72. negavit

sese omnino versuram ullam fecisse Romae; Flac 48.
Pyrrhi temporibus iam Apollo versus facere desierat:
div II 116. si negassent vim hominibus armatis
esse factam; Caecin 4. si aedes eae corruerunt vi-
tiumque faciunt || fecerunt ⁴|; Top 15. cum de illo
aegroto vota faciebant; A VIII 16, 1.
   IV. **mit Object uub præbicativem Zufaß**: 1. animus
meus, qui totum istuc aequi boni facit; A VII 7. 4.
quae (mancipia) sunt dominorum facta nexo aut aliquo iure civili; par 35. τρισαρειοπαγίτας ambitum,
comitia, interregnum, maiestatem, totam denique rem
publicam flocci non facere; A IV 15, 4. si te inte-
rioribus vicinis tuis anteponis, valde magni facis! Q
fr I 2, 7. eum (dolorem) nihili facit; fin II 88. ut
primum per aetatem iudicium facere potueris, quanti
quisque tibi faciendus esset; ep XIII 29, 1. ſ. tanti.
nihil te aratoribus reliqui fecisse; Ver III 178. quodcumque sibi petat socius, id societatis fieri; Q Rosc
56. si me tanti facis, quanti certe facis; ep XI 16,
3. — 2. aliter ampla domus dedecori saepe domino
fit; of I 139. — 3. quod idem in dilectu consules
observant, ut primus miles fiat bono nomine; div
I 102. — 4, a. aedilis es factus, Piso 2. quo die
censor est factus; prov 20. ut aiunt in Graecis artificibus eos auloedos esse, qui citharoedi fieri non potuerint; Muren 29. aut neminem ex sociis civem
fieri posse aut etiam posse ex foederatis; Balb 27.
brevi multitudo dispersa atque vaga concordia civitas
facta erat; rep I 40. cum ille, cui dies dicta est,
praetor postea factus sit et consul; Flac 77. magna
stultitia est earum rerum deos facere effectores, causas
rerum || [rerum] || non quaerere; div II 55. fundos
populos fieri noluerunt; Balb 22. cuius filium faceret
heredem; Cluent 34. ei fieri illud sempiternum malum;
Tusc III 32. praetorem: ſ. consulem. nec oportuisse
Sestium de vi reum fieri; Vatin 41. factus ea tribunus
plebis; Vatin 13. fit (rex) continuo tyrannus; rep
II 48. — b. Laelium et Scipionem facimus admirantes, quod . . ; Cato 3. ne eorum quidem bonorum
frequentia beatiorem vitam fieri aut magis expetendam
aut pluris aestimandam; fin III 43. [et] attentum
monent Graeci ut principio faciamus iudicem et docilem;
de or II 323. beatum: ſ. aestimandum. quicquam
bonum est, quod non eum, qui id possidet, meliorem
facit? par 14. Apronius certiorem facit istum, cuia
res erat; Ver III 68. quod excellentes animos et
humana contemnentes facit; of I 67. quae (res) rem
credibilem facere possunt; inv II 42. facit (Xenophon) Socratem disputantem formam dei quaeri non
oportere; nat I 39. dociles auditores faciemus; inv
I 23. ſ. attentum. quae omnia dulciora fiunt et moribus
bonis et artibus; Cato 65. excellentem: ſ. contemnen-
tem. quae (caritas) faciat amicitiam ipsam sua sponte
expetendam; fin II 83. ſ. aestimandum. feci sermonem inter nos habitum in Cumano; ep IX 8, 1. oratorem non facio eundem, quem Crassus; de or I 213.
quod meae litterae te patientiorem lenioremque fecerunt; Q fr I 1, 40. nihil opus est exemplis hoc facere
longius; fin V 16. haec non fiunt temporis productione maiora; fin III 46. se audisse eum (filium)
missum factum esse a consule; of I 37. patientem:
ſ. lenem. quo teste hoc planum faciam? Q Rosc 42.
duarum mihi civitatium reliquos feci agros; Ver III
104. bis in die saturum fieri; Tusc V 100. — 5.
obviam fit ei Clodius; Milo 28.
   facteon, zu achten: quare, ut opinor, φιλοσοφητέον,
id quod tu facis, et istos consulatus non flocci facteon;
A I 16, 13.
   factio, Recht zur Errichtung, Partei, Anhang:
I. cui testamenti factio nulla esset; Top 50. ut exsistat ex optimatibus factio; rep I 69. — II. 1. qui
factionem testamenti non habuerit; ep VII 21. —
2. invidia concitatur in iudicum et in accusatorum
factionem; Bru 164. — III. quae (res publica) tota
sit in factionis potestate; rep III 44.

factiosus, parteisüchtig: A.* deterrimus et ex
hac vel optimatium vel factiosa tyrannica illa vel
regia; rep I 45. — B exsistunt in re publica
pleramque largitores et factiosi; of I 64.
   factito, häufig, gewöhnlich, tun, machen, ausführen: I. quod erat factitatam, ut uni plura funera
fierent; leg II 60. — II. quod ne Graeci quidem veteres
factitaverunt; Bru 68. alterum factitatum est, alterum
novum; orat 143. qui (M. Brutus) accusationem fac-
titaverit; Bru 130. — III. quem palam heredem
semper factitarat; Phil II 41.
   factum, Tat: I. facilius eorum facta occurrent mentibus vestris; Sest 17. quamquam sunt
facta verbis difficiliora; Q fr I 4, 5. videntur: ſ. II.
1. suscipio. omnia bene facta in luce se conlocari volunt;
Tusc II 64. — II. 1. quoniam recte factum κατόρθωμα
(appello); fin III 45. factum pulcherrimum Martialium comprobavistis; Phil IV 5. conloco: ſ. I.
volunt. recte facta et peccata non habentur communia; fin III 69. quorum facta imitere; Phil II 1.
id eius (Fabricii) factum laudatum a senatu est; of
III 86. recte facta sola in bonis actionibus ponens.
prave, id est peccata, in malis; Ac I 37. si factum
vobis non probaretur; Milo 81. si quod eorum (adversariorum) spurce, superbe, crudeliter, malitiose
factum proferetur; inv I 22. ne reprehendo quidem
factum tuum; Sulla 50. fortes viros non tam praemia sequi solere recte factorum quam ipsa recte facta
Milo 96. gratissima laus eorum factorum habetur.
quae suscepta videntur a viris fortibus sine emolumento ac praemio; de or II 346. factum (transfertur),
cum alius aut debuisse aut potuisse facere dicitur;
inv I 15. — 2. cuius recte facto exigua laus proponitur; agr II 5. — 3. si neque de facto neque de
facti appellatione ambigi potest; part or 101. cum
ego omnium meorum consiliorum atque factorum exempla semper ex summorum hominum factis mihi censuerim petenda; prov 20. cum de facto quaeratur:
de or II 136. praemia ipsa non sunt in eius facto.
qui adeptus est, sed in eius, qui dedit; Balb 6. ut
res ipsa a facto crudeli et turbulento ad quoddam
mitius et tranquillius traducatur; inv II 25. — III. 1.
appellatio: ſ. II, 3. ambigo de. habet istius pulcherrimi facti clarissimos viros res publica auctores;
Phil II 36. quae tanta ex improbis factis ad minuendas
vitae molestias accessio potest fieri, quanta ad augendas cum conscientia factorum tam poena legum? fin
I 51. facti controversia in omnia tempora potest tribui
| distribui; inv I 11. exempla: ſ. II, 3. peto ex.
qui recte factorum fructus esset; Phil I 30. qui istius
facti non modo suspicione, sed ne infamia quidem est
aspersus; Cael 23. eius facti qui sint principes et
inventores; inv I 43. laus: ſ. II, 1. suscipio. praemia: ſ. II, 1. sequor. principes: ſ. inventores. si
mei facti rationem vobis probarem; Sulla 2. suspicio:
ſ. infamia. — 2. accessio ex: ſ. 1. conscientia. —
IV, 1. honestis consiliis iustisque factis, non fraude
et malitia se ea consegui posse; of II 10. qui se
alterius facto, non suo defendat; Vatin 15. cum re ac
factis (maiores nostri) longe plura aliter iudicavissent; par
7. — in omnibus et opinionibus et factis ne quid
(natura ratioque) libidinose aut faciat aut cogitet:
of I 14.
   facultas, Fähigkeit, Anlage, Möglichkeit, Gelegenheit, Mittel, Reichtum, pl. Vermögen: I, 1.
quoniam dicendi facultas non debeat esse ieiuna
atque nuda, sed aspersa atque distincta multarum rerum
iucunda quadam varietate; de or I 218. si fuisse
facultates faciundi videbuntur; inv I 29. sin autem
erit etiam testium facultas; part or 117. quoad facultas tulit; inv II 8. — 2. facultates sunt, aut
quibus facilius aliquid fit aut sine quibus omnino
confici non potest; inv I 41. — II, 1. aspergo: ſ.
I, 1. debet. quodsi magnam in his Hermagoras
habuisset facultatem studio et disciplina comparatam;

inv I 8. **facultates** considerantur, cum aliquod pecuniarium ‖ pecuniarum ‖ praemium postulatur; inv II 115. distinguo: f. I, 1. debet. dedit ei facultatem res publica liberalitatis; Muren 42. si res facultatem habitura videatur, ut . .; ep I 7, 4. f. comparo. noscenda est natura, non facultas modo; A XII 5, a (5, 2). facultatem mihi oblatam putavi, ut . .; Catil III 4. quas ad causas facultas petitur argumentationum ex aequitatis locis; part or 98. quas facultates aut provincialium aut urbanorum commodorum praetermiseris; A I 17, 5. omnium rerum in contrarias partes facultatem ex isdem suppeditari locis; de or II 215. — 2. quidnam i n v e n i r e possit nullo recusante a d facultatem agrariam; A II 15, 1. quarum (rationum) duae ad commoda vitae, copias, opes, facultates (pertinerent); of II 9. — III. in me, homine parvis facultatibus p r a e d i t o; div Caec 69. — IV. officium eius facultatis videtur esse dicere apposite ad persuasionem; f i n i s persuadere dictione; inv I 6. — V, 1. quorum tu praecepta oratoris facultate c o m p l e c t e r i s; de or I 226. erat (Hortensius) facultate copiosus; Bru 303. licere amicorum facultatibus in emendo ad dignitatem aliquam pervenire; A I 13, 6. — 2. ex ea summa facultate vacui ac liberi temporis; de or III 57.

faelis, Ra§e: I. qui canem et faelem ut deos c o l u n t; leg I 32. — II. possum de faelium (u t i l i t a t e) dicere; nat I 101.

faeneratio, Darle§n, Wucher: 1. nec, cum tua causa cui commodes, beneficium illud h a b e n d u m est, sed faeneratio; fin II 117. — 2. haec pecunia tota ab honoribus t r a n s l a t a est in faenerationem; Flac 56.

faenerator. Gelbverlei§er. Wucherer: I. nec putant ei nummos deesse posse, qui ex obsidione faeneratores e x e m e r i t; ep V 6, 2. — II. qui (quaestus) in odia hominum incurrunt, ut portitorum, ut faeneratorum; of I 150.

faenero, lei§en: liceat faenerare veternum; fr I 24.

faeneror. auf §infen ausIei§en, wu¢ern: neque b e n e f i c i u m faeneramur; Lael 31. (pecuniam) binis centesimis faeneratus est; Ver III 165.

faeneus, au§ §eu: (Cominius) videt homines fa¢neos in medium ad temptandum periculum proiectos: fr A VII 3.

faenum (foen., fen.), §eu: nos foenum non a c c i p e r e; A V 16, 3. „fenum alios" (oratores Catullus) aiebat „esse oportere"; de or II 233.

faenus. §in§: I. faenus f u i t bessibus ex triente; Q fr II 14, 4. — II. ut (Salaminii) faenus quaternis centesimis d u c a n t; A VI 2, 9. faenus ex triente Idibus Quinctilibus factum erat bessibus; A IV 15, 7. renovato in singulos annos faenore; A VI 3, 5. — III. non modo ‖ modico, al. ‖ † sed iniquissimo faenore versuram f a c e r e Aurelius coactus est; A XVI 15, 5. pecuniam adulescentulo grandi faenore occupavisti; Flac 51. Graeci solvunt tolerabili faenore; A VI 1, 16.

faex, §efe: I. quoniam tanta faex e s t in urbe, ut . .; ep VII 32, 2. — II. conlegia nova ex omni faece urbis ac servitio c o n c i t a t a; Piso 9. tu de faece hauris; Bru 244. apud perditissimam illam atque infimam faecem populi (Pompeius) propter Milonem suboffendit; Q fr IV 4, 5. — III. de plebeia faece sellulariorum; fr K 11.

falcarius, Si¢elma¢er (inter f. Si¢elma¢er-ftra§e): cum inter falcarios ad M. Laecam convenit; Sulla 52.

fallaciae, Täu§ung, Verftellung, Intrique: I. 1. nihil ut o p u s sit simulatione et fallaciis; de or II 191. — 2. non ex fraude, fallaciis, mendaciis c o n s t a r e totus videtur? Q Rosc 20. — II. sine fuco ac fallaciis more maiorum negatur; A I 1, 1.

fallaciter, betrügeri§: eandem gentem fallaciter portenta i n t e r p r e t a r i; of III 68. vobis se coepit (Clodius) subito fallacissime venditare; har resp 48.

fallax, trügeri§, betrügeri§, rän¢enooII: A. b a r b a r i vani atque fallaces; div I 37. fallacissimum genus esse Phoenicum; Scaur 42. levium hominum atque fallacium; Lael 91. quodsi est erratum ape fallaci; Phil XII 7. — B. non viri boni (hoc g e n u s est), versuti potius, fallacis, veteratoris; of III 57.

fallo, täu§en, §interge§en, betrügen, fi¢irren, entge§en: I, 1, a. quod ad s t u d i u m fallendi studio quaestus vocabantur (Karthaginienses); agr II 95. — b. falli, errare, labi decipi tam d e d e c e t quam . .; of I 94. — 2. quo modo occulte fallat; fin II 53. vana, falsa, fallentia odimus, ut fraudem, periurium; fin II 46. — II. neque hoc te fallit, quam multa sint genera dicendi; de or I 255. quem, quaeso, nostrum fefellit ita vos esse facturos? orat 225. quantum nos fefelierit; ep VI 2, 3. ne nos quidem nostra divinatio fallet; ep VI 6, 3. in quo num me ille (Pompeius) fallit, sed ipse fallitur; A II 19, 4. possum falli ut homo; A XIII 21, a 2 (21, 5). opinio dupliciter fallit homines; inv II 21. medici quoque saepe falluntur; nat III 15. qui socium fefellisset; Sex Rosc 116. quam spem cogitationum et consiliorum meorum cum graves communium temporum tum varii nostri casus fefellerunt; de or I 2.

false, fäl§Ii¢, fal§¢: quae (criminatio) confingi quamvis false ‖ facile ‖ possit; inv II 36.

falso, fäl§Ii¢, fal§¢: quod (verbun) abs te aiunt falso in me solere c o n f e r r i; ep V 5, 2. nihil aliud arbitror falso in istum esse dictum; Ver III 50. non possum quemquam insimulare falso; Ver V 107. etiamsi falso venisses in suspicionem P. Sestio; Vatin 2. aliud utile interdum, aliud honestum videri solet; falso; of III 75 (74.)

falsus, fäl§¢, unbegründet, unbere¢tigt, trügeri§, unaufri¢tig, unwa§r: A. habetis, q u a e accusatores conlegerunt, quam levia genere ipso, quam falsa re! Cluent 164. eorum, quae videntur, alia vera sunt, alia falsa, at, quod falsum est, id percipi non potest; Ac II 40. sunt in te falsi accusatoris signa permulta; div Caec 29. multas civitates falso aere alieno liberavi; ep XV 4, 2. falsum esse crimen? Ver III 205. omnem enuntiationem aut veram esse aut falsam; fat 21. falsa quadam hominum fama; div II 110. falsum (genus argumentationis) est, in quo perspicue mendacium est; inv I 90. levate hunc tot annos in falsa invidia versatum; Cluent 200. quae (ratio) opinionem falsam tollit; Tusc IV 60. oraculis partim falsa, partim casu veris; div II 115. si ratio alicuius rei rederetur falsa; inv I 95. cum aut falsa aut incognita res approbaretur; Ac II 45. quo modo distingui possunt vera somnia a falsis? div II 146. utilitatis species falsa; of III 109. quodsi est erratum spe falsa atque fallaci; Phil XII 7. facile falsae suspicioni restitisset; Cluent 134. interponi (solent) falsae tabulae; Caecin 71. cum falsum testimonium dixeris; Vatin 40. sunt falsa sensus visa; Ac II 101. quanto molliores sunt in cantu falsae voculae quam certae et severae! de or III 98. — B, 1. si in eius modi genere orationis nihil e s s e t nisi falsum atque imitatione simulatum; de or II 189. ita finitima sunt falsa veris, ut . .; Ac II 68. — II, 1. ut aliquid falsi d i c e r e cogerentur; Cluent 177. posse eum (sapientem) falsa a veris distinguere; Ac II 67. ut falsum indicet; agr II 40. vana, falsa, fallentia odimus, ut fraudem, periurium; fin II 46. — 2. omne visum, quod a falso esse, quale etiam a falso possit esse; Ac II 41. — III. sublata veri et falsi nota; Ac II 58. — IV.

33*

nihil ita signari in animis nostris a vero posse, quod non eodem modo posset || possit || a falso; Ac II 71.

falx, Sichel: immissi cum falcibus multi || famuli, al. ||; Tusc V 65.

fama, Gerücht, Gerede, Sage, Ruf, Leumund, Ehre, Ruhm: I. plerumque peccatorum vitiorumque laudatrix, fama popularis, simulatione honestatis formam eius (gloriae) pulchritudinemque corrumpit; Tusc III 4. bona de Domitio, praeclara de Afranio fama est; A VII 26, 1. fama nuntiabat te esse in Syria; ep XII 4, 2. a Brundisio nulla adhuc fama venerat; A IX 3, 2. — II, 1. quam appellant εὐδοξίαν, aptius est bonam famam hoc loco appellare quam gloriam; fin III 57. cui fama mortui, fortunae vivi commendatae sunt atque concreditae; Sex Rosc 113. tibi illud superius sicut caput et famam tuam defendere necesse erit; Ac II 119. non putavi famam inconstantiae mihi pertimescendam; ep I 9, 11. — 2. pudori malui famaeque cedere quam salutis meae rationem ducere; ep VII 3, 1. qui nostrae famae capitique consulant; Ver II 28. summa cura cum tuae tum suae famae pepercisset; Ver II 49. serviendum esse famae meae; A V 10, 2. — 2. quem spoliatum fama arbitrabare; Quinct 76. — 4. si de fama Scauri detraxerint; Scaur 36. — III. hoc quanti putas esse ad famam hominum? Muren 38. — IV. cum altero certamen honoris et dignitatis est, cum altero capitis et famae; of I 38. in hac defensione capitis, famae fortunarumque omnium C. Rabirii; Rabir 1. ne quod capiat famae vulnus; Rabir 36. — V, 1. quae (Graecia) fama, quae gloria floruit; Flac 64. id solum dicitur honestum, quod est populari fama gloriosum; fin II 48. ut beneficiis excellentes viros in caelum fama ac voluntate tollerent; nat II 62. — 2. huius innocentiae in hac calamitosa fama subvenire: Cluent 4.

fames, Hunger, Hungersnot: I. xxxi (iudices) fuerunt, quos fames magis quam fama commoverit; A I 16, 5. illud verendum est, ne brevi tempore fames in urbe sit; ep XIV 14, 1. — II. integram famem ad ovum adfero; ep IX 20, 1. cum cibo et potione fames sitisque depulsa est; fin I 37. Fausti ex epulo famem illam veterem tuam non expleras? Vatin 32. se, quo melius cenaret, obsonare ambulando famem; Tusc V 97. ut pueri famem et sitim perferant; fin V 48. — III, 1. si fame ipse (sapiens) conficiatur; of III 29. nautae militesque Siculorum fame necati sunt; Ver pr 13. — 2. qui (Athenagoras) in fame frumentum exportare erat ausus; Flac 17.

familia, Dienerschaft, Gesinde, Hausgenossenschaft, Hausstand, Familie, Fechtertruppe, Philosophenschule: I. te familiae valde interdicere, ut uni dicto audiens esset; rep I 61. quae (familia) postea viris fortissimis floruit; Phil IX 4. ipsae familiae sua quasi ornamenta ac monumenta servabant et ad usum, si quis eiusdem generis occidisset, et ad memoriam laudum domesticarum et ad inlustrandam nobilitatem suam: Bru 62. — II, 1. commendo tibi eius omnia negotia. libertos, procuratores, familiam; ep I 3, 2. quod et familiae congregantur et magnitudo servitii perspicitur; Ver V 29. accedit etiam, quod familiam ducit in iure civili singulari || singularis ||, summa scientia; ep VII 5, 3. deflevi subitas fundatissimae familiae ruinas; dom 96. Elis familias duas certas habet, Iamidarum unam, alteram Clutidarum, haruspicinae nobilitate praestantes; div I 91. herciscundae familiae causam agere: de or I 237. de familia liberata nihil est quod te moveat; ep XIV 4, 4. „at praefuit familiae". iam si in paranda familia nulla suspicio est, quis praefuerit, nihil ad rem pertinet; Sulla 55. — 2. interdico: ſ. I. est. praesum: ſ. I. paro. — 3. familia mea maxima tu uteris; Sex Rosc 144. — 4. quod primus (Murena)

in familiam veterem consulatum attulisset: Muren 86. quia valde a Xenocrate et Aristotele et ab illa Platonis familia discreparet; leg I 55. moveo de: ſ. 1. libero. etiamsi in amplissima familia natus sit; par 36. cum ex amplissimo genere in familiam clarissimam nupsisses; Cael 34. cum illi (Martiales) Larini in Martis familia numerarentur; Cluent 43. quia esset e familia consulari; Planc 59. quasi in familiam patriciam venerit, (Fibrenus) amittit nomen obscurius; leg II 6. — III. quae ad commune familiae dedecus pertinebant; Cluent 188. nihil posse dolo malo familiae fieri; Tul 35. vis illum filium familias habere tuis copiis devinctum; Cael 36. qui laudem honoremque familiae vestrae depeculatus est; Ver IV 79. hospes familiae vestrae; Lael 37. laus: ſ. honos. genus est uxor: eius duae formae: una matrum familias, altera earum, quae tantum modo uxores habentur; Top 14. pater familias prudens: Quinct 11. hinc cxxxii patres familias extorres profugerunt; Ver III 120. gladiatores Caesaris Pompeius distribuit binos singulis patribus familiarum; A VII 14, 2. ritus familiae patrumque servare; leg II 27. ruinae: ſ. II, 1. fundo. — IV. 1. tu familia ornatus et copiosus sis? Catil II 18. — 2. ut dominus a sua familia vi deiceretur: Quinct 82. locus a tota Peripatheticorum familia tractatus uberrime: div II 3. de: ſ. II. 1. libero. nonne (M'. Curius) hunc hominem ita servum iudicet, ut ne in familia quidem dignum maiore aliquo negotio putet? par 38.

familiaris, zum Hause, zur Familie gehörig, vertraut, befreundet, Freund: A. cum (Philistus) Dionysii tyranni familiarissimus esset; de or II 57. qui (Demosthenes) familiarior nobis propter scriptorum multitudinem est; de or III 71. nondum te sibi satis esse familiarem propter occupationes suas; ep VII 8, 1. illi di penates ac familiares; dom 143. ut domus eadem esset familiarissima senectuti (huius); Arch 5. homo familiarissimus patris istius: Ver I 128. vexati nostri Lares familiares; leg II 42. patrii penates familiaresque; dom 144. res domesticas ac familiares nos melius tuemur; Tusc I 2. quibuscum (homo) possit familiares conferre sermones: of II 39. istos servos familiares; Cael 58. — B (vgl. A. alqs), I. quod familiaris omnium nostrum Posidonius disseruit; nat I 123. viris optimis, tuis familiaribus, praesentibus; Q Rosc 49. intimus, proximus, familiarissimus quisque sibi pertinuit: Q fr I 4, 1. quod (iudicium) C. Aquillius, familiaris noster, protulit: nat III 74. Vettius, tuus familiarissimus, testatur ..; Ver III 168. — II, 1. qui audivit Q. Metellum, familiarem meum; de or III 68. — 2. (L. Valerius) est ex meis domesticis atque intimis familiaribus; ep III 1, 3. — III. an ego non venirem contra alienum pro familiari? Phil II 3.

familiaritas, vertrauter Umgang, Vertraulichkeit, Freundschaft: I. accessit familiaritas mihi cum Bruto tuo maxima; ep XV 14, 6. familiaritas tanta est mihi nullo cum hospite: ep XIII 19, 1. — II, 1. quocum mihi familiaritatem consuetudo attulit: Deiot 39. exitum huius adsimulatae familiaritatis cognoscite; Cluent 36. cum suus progrediens familiaritatem effecerit; fin I 69. familiaritatem (hominis Sthenius) secutus est: Ver II 107. — 2. me familiaritatis necessitudinisque oblitum; Muren 7. — 3. cum (Dionysius) abundaret et aequalium familiaritatibus et consuetudine propinquorum: Tusc V 58. — 4. qui (Aebutius) se in eius (Caesenniae) familiaritatem insinuasset; Caecin 13. qui in tuam familiaritatem penitus intrarit; Q fr I 1, 15. cum in C. Matii familiaritatem venisti; ep VII 15, 2. — III. exitus: ſ. II, 1. adsimulo. A. Licinius Aristoteles est coniunctus magno usu familiari-

tatis; ep XIII 52. — IV, 1. homo summa cum Crasso familiaritate coniunctus; de or I 24. — 2. quicum pro summa familiaritate nostra communicasses; Phil XI 23. propter summam familiaritatem summumque amorem in patrem tuum; Sulla 12.

familiariter, vertraulich, freundschaftlich: ut illud iter familiarius facere vellent; inv II 14. me velim quam familiarissime certiorem facias; ep I 9, 24. familiariter tecum loquar; div Caec 37. ut ad te familiariter scriberem; ep XIII 50, 1. Caecilium cum illo (Verre) familiarissime atque amicissime vivere; div Caec 29. C. Curtio familiarissime sum usus; ep XIII 5, 2.

famosus, berüchtigt: A. si qua erat famosa, ei cognati osculum non ferebant; rep IV 6. — B. „me ad famosas vetuit mater accedere"; de or II 277.

famula, Dienerin: quae (res familiaris) est ministra et famula corporis; Tusc I 75.

famularis, eines Dieners: qui (Codrus) se in medios immisit hostes veste famulari || [v. f.] ||; Tusc I 116.

famulatus, Dienstbarkeit, Knechtschaft: I. quam miser virtutis famulatus servientis voluptati! of III 117. — II. qui aliquamdiu in famulatu fuerunt fuerint : Lael 70.

famulor, dienen: cum ii famulantur*; rep III 37.

famulus, Diener, Knecht: I. famulos (parare): Lael 55. ut eris in famulos, si aliter teneri non possunt; of II 24. — 2. quae a maioribus prodita est cum dominis tum famulis religio Larum; leg II 27. — 3. sum in: f. 1. teneo.

fanaticus, schwärmerisch, rasend: homo fanatice: dom 105. isti philosophi superstitiosi et paene fanatici; div II 118.

fanum, Heiligtum, Tempel: I. quarum (Eumenidum· Athenis fanum est; nat III 46. — II, 1. alii omnia fana compilant: nat I 86. quo facto fanum illud Indicis Herculis nominatum est; div I 54. spoliatum esse fanum Iunonis; Ver I 52. Febris fanum in Palatio et Orbonae ad aedem Larum videmus, nat III 63. — 2. quae ex fanis religiosissimis abstulisti: Ver I 57. in Pasiphaae fano somniandi causa excubabant; div I 96. ut auctore Cn. Pompeio ista pecunia in fano poneretur; ep V 20, 5. quae (columna aurea) esset in fano Iunonis Laciniae; div I 48. ex fano Apollinis religiosissimo sustulit signa pulcherrima: Ver I 46. — III. est tanta apud eos vius fani religio atque antiquitas; Ver I 46. illius fani antistitae; Ver IV 99. clamor a fani custodibus tollitur; Ver IV 94. qui ab ornamentis fanorum manus cohibere possit: imp Pomp 66. fani pulchritudo et vetustas; div II 86. religio: f. antiquitas. eligam spoliationem nobilissimi atque antiquissimi fani: Ver IV 102. pulchritudo: f. vetustas.— IV. Lacedaemoniis in Herculis fano arma sonuerunt; div II 67.

farcio, stopfen: in qua (lectica) pulvinus erat rosa fartus; Ver V 27.

fas, Recht, heilige Ordnung: I. si neque id, quod fas fuit, dedicavit; dom 138. quid (Scipio) non adeptus est, quod homini fas esset optare? Lael 11. quod ne dictu quidem fas est; Tim 6. — II. in qua praetura) iste ius, fas, leges, iudicia violavit; har resp 43. — III. factus es eius filius contra fas; dom 35.

fasceola, kleine Binde: P. Clodius a purpureis fasceolis est factus repente popularis; har resp 44.

fascia (fascea), Binde, Band: I. mihi fasciae exetatae (Epicratis) non placebant; A II 3, 1. — II. 1. qui purpureas fascias habere non possumus; fr A XIII 22. — 2. somniasse se ovum pendere vi fascea lecti sui cubicularis; div II 134. — III. qui (Octavius) devinctus erat fasciis; Bru 217.

fasciculus, Bündel, Paket, Strauß: 1. accepi fasciculum, in quo erat epistula Piliae; A V .11, 7. fasciculum ad nares admovebis? Tusc III 43. eum fasciculum domum latum esse; A II 13, 1. fasciculum illum epistularum totum sibi aqua madidum redditum esse; Q fr II 10, 4. — 2. eas (epistulas) in eundem fasciculum velim addas; A XII 53. sum in: f. 1. accipio.

fascis, Rutenbündel: I, 1. tum demissi populo fasces: rep I 62. fasces hos laureatos efferre ex Italia quam molestum est! A VIII 3, 5. clarissimi consulis fasces fractos vidistis; sen 7. fascem unum si nanctus esses; fr K 2. cum tibi aetas nostra iam cederet fascesque summitteret; Bru 22. — 2. Publicola secures de fascibus demi iussit; rep II 55. — II. ecqui locus orbi terrarum vacuus extraordinariis fascibus fuisset; dom 24. — III. quaestores utriusque provincie cum fascibus mihi praesto fuerunt; Ver II 11.

fastidio, Widerwillen empfinden, verschmähen: I. qui etiam in recte factis (candidatorum) saepe fastidiunt; Milo 42. — II. non fastidivit eius amicitiam; Piso 68.

fastidiose, widerwillig, wählerisch, hochmütig: quem ego paulo sciebam vel pudentius vel invitius — nolo enim dicere in tam suavi homine fastidiosius — ad hoc genus sermonis accedere; de or II 364. quam diligenter et quam prope fastidiose indicamus! de or I 118. nisi eum (librum) lente ac fastidiose probavissem; A II 1, 1. quod ego non tam fastidiose in nobis quam in histrionibus spectari puto; de or I 258.

fastidiosus, verwöhnt, überdrüssig, reizbar: fastidiosior Crassus; Bru 207. C. Memmius fastidiosus sane Latinarum (litterarum); Bru 247. ut ita fastidiosae mollesque mentes evadant civium, ut ..; rep I 67.

fastidium, Widerwille, Überdruß, Stolz, Hochmut: I. omnibus in rebus voluptatibus maximis fastidium finitimum est; de or III 100. — II, 1. quorum non possem ferre fastidium; Phil X 18. etiam in rebus prosperis fastidium adrogantiamque fugiamus; of I 90. quae habent ad res certas vitiosam offensionem atque fastidium; Tusc IV 23. ut cibi satietas et fastidium aut subamara aliqua re relevatur aut dulci mitigatur; inv I 25. — 2. quae prava, fastidio sunt; de or I 258. — 3. sin autem intellegentiam ponunt in audiendi fastidio; opt gen 12. — III. quod (M. Piso) hominum ineptias ac stultitias iracundius respuebam sive morose sive ingenuo liberoque fastidio; Bru 236. ut neque ei satientur, qui audient, fastidio similitudinis; de or III 193.

fastigium, Giebel, Giebelbach: I, 1. Capitolii fastigium illud et ceterarum aedium non venustas, sed necessitas ipsa fabricata [est]; de or III 180. ut (Caesar) haberet pulvinar, simulacrum, fastigium, flaminem; Phil II 110. — 2. quod (tectum) supra conclavia non placuerat tibi esse multorum fastigiorum; Q fr III 1, 14. — II. utilitatem templi fastigii dignitas consecuta est; de or III 180.

fastus, Spruchtag, Gerichtstag, pl. Kalender: A. ut omnibus fastis diebus legem ferri liceret; Sest 33. — B, I, 1. Cn. Flavium scribam fastos protulisse actionesque composuisse; A VI 1, 8. — 2. neque dies de fastis eximere (iste voluit); Ver II 132. ut non minus longas iam in codicillorum fastis futurorum consulum paginulas habeant quam factorum; A IV 8, 2. quos (annos) in fastis habemus; fr F V 35. — II. ordo ipse annalium mediocriter nos retinet quasi enumeratione fastorum; ep V 12, 5. — III non omnibus fastis legem ferri licere: prov 46.

fatalis, vom Schicksal bestimmt, verhängnisvoll

verberblich; mihi fatalis quaedam c a l a m i t a s incidisse videtur; Ligar 17. fuit aliquis fatalis casus; Phil VI 19. neque tamen erant causae fatales, cur ita accideret; fat 19. L. Cotta fatali quadam desperatione, ut ait, minus in senatum venit; ep XII 2, 3. quod liceat in hoc communi nostro et quasi fatali malo; Bru 250. illa fatalis necessitas, quam εἱμαρμένην dicitis; nat I 55. a fatali portento prodigioque rei publicae lex Aelia et Fufia eversa est; Piso 9.

fateor, gestehen, bekennen, einräumen, zugeben: I. qui a Naevio vel sumpsisti multa, si fateris, vel. si negas, surripuisti; Bru 76. — II. 1. qui cum d e facto turpi aliquo fateatur; inv II 77. — 2. nescio nec me ‖ nec l pudet fateri n e s c i r e, quod nesciam; Tusc I 60. — 3. cum fatentur satis magnam v i m e s s e in vitiis ad miseram vitam. nonne fatendum est eandem vim i n virtute esse ad beatam vitam? Tusc V 50. prius, quam victos se faterentur; Tusc V 77. hominum causa eas rerum copias comparatas fatendum est; nat II 158. — III. q u o d sive fateris sive convinceris; Ver III 149. quod ipsi etiam fatentur; fin IV 33.

fatidicus, weissagend, Wahrsager: I. nec (audite) a n u m fatidicam, Stoicorum πρόνοιαν; nat I 18. — B. »fatidicorum et vatium e c f a t a incognita«; leg II 20.

fatigo, ermüden, bedrängen, zusetzen: verberibus, tormentis, igni fatigati quae dicunt; Top 74. qui non verbis sunt et disputatione philosophorum, sed vinclis et carcere fatigandi; of III 73. domini servos ita fatigant, ut sapientia libidines; rep III 37.

fatuitas, Albernheit: hanc fatuitatem nominari oportere; inv II 99.

fatum. Weissagung, Bestimmung, Geschick, Schicksal, Verhängnis: I. 1. fatum est conexio rerum per aeternitatem se invicem tenens; fat fr 2 haec ita multa quasi fata impendere amicitiis, ut . .; Lael 35. — 2. quod semper ex omni aeternitate verum fuerit, id e s s e fatum; nat III 14. — II, 1. fatum id a p p e l l o, quod Graeci εἱμαρμένην, id est ordinem seriemque causarum; div I 125. cur non omnes fatum illius (Pompei) una exsecuti sumus? A IX 12, 1. nec ob eam causam fatum aut necessitas extimescenda est; fat 28. nisi di immortales prope fata ipsa flexissent; Catil III 19. ex hoc genere causarum ex aeternitate pendentium fatum a Stoicis nectitur; Top 59. — 2. apud Stoicos d e isto fato multa d i c u n t u r; div II 19. nihilne secum esset de fatis Sibyllinis locutus; Catil III 11. — III. urbem paene ex f a u c i b u s fati ereptam videtis; Catil III 1. si fati omnino nullum nomen, nulla natura, nulla vis esset; fat 6. Epicurus declinatione atomi vitari necessitatem fati putat; fat 22. nomen, vis: f. natura. —IV, 1. si Q. Hortensii vox e x s t i n c t a fato suo est, nostra publico; Bru 328. fieri uno die multa fato cogit fateri; div I 125. aut non fato interiit exercitus, aut . .; div II 20. qui (Milo) hoc fato natus est, ut . .; Milo 30. — 2. cum s i n e fato ratio omnium rerum ad naturam fortunamve referatur; fat 6.

fatuus, töricht: ne diutius cum periculo fatuus sis; ep X 26, 1. nisi (luxuriosi) plane fatui sint, id est nisi aut cupiant aut metuant; fin II 70. hoc praeceptum est magis monitoris non fatui quam eruditi magistri; de or II 99.

fauces, Schlund, Kehle, Engpaß, Höhle, Zugang, bedrängte Lage: I, 1. qui volunt exclamare maius, num satis habent latera, fauces, linguam in ten d e r e, e quibus eici vocem et fundi videmus? Tusc II 56. omitto fauces, ex quibus te eripi vis; de or I 225. patefactis terrae faucibus; nat II 95. — 2. castra sunt in Etruriae faucibus c o n l o c a t a; Catil I 5. eicio, fundo e; f. 1. intendo. eripio ex: f. 1. omitto. Albam Aemilium sedentem in faucibus macelli; Ver III 145. — II. cum faucibus p r e m e r e t u r Staienus; Cluent 84.

faveo, günstig sein, begünstigen, sich hingeben, schweigen: I. favete linguis; div II 83. qui (index) aut invidet aut favet; Planc 7. — II. me ei fautorum; A XII 49, 2 (1). etsi non magis mihi faveo in nostra amicitia tuenda quam tibi; ep III 6, 1. mirabiliter faveo dignitati tuae; ep X 3, 2. favebam et rei publicae, cui semper favi, et dignitati ac gloriae tuae; ep XII 7, 1. is, qui omnia tenet, favet ingeniis; ep IV 8, 2. rei publicae: f. dignitati. animadverto quosdam huic favere sententiae; Phil XIV 3. invidetur commodis hominum ipsorum, studiis autem eorum ceteris commodandi favetur; de or II 207.

favor, Gunst, Begünstigung: I. quem favorem secum in scaenam attulit Panurgus! Q Rosc 29. — II. qui favore populi tenetur et ducitur; Sest 115.

fauste, glücklich: ut eic hominibus ea res fauste feliciter prospereque eveniret; Muren 1.

faustus, günstig, Glück bringend: (maiores nostri) omnibus rebus agendis „QUOD BONUM, FAUSTUM, FELIX FORTUNATUMQUE ESSET" praefabantur; div I 102. ut horribilem illum diem aliis. nobis faustum putemus; Tusc I 118. o nox illa fausta huic urbi! Flac 103.

fautor, Gönner, Beschützer: I. qui (di) semper exstiterunt huic generi nominique fautores; Scaur 17. multi (sunt) fautores laudis tuae; Planc 55. — II, 1. ille improbissimus Chrysogoni fautor l a e d i t u r, cum . .; Sex Rosc 142. — 2. ut eo (Scamandro) fautore uteretur; Cluent 66.

fautrix. Begünstigerin: amicitiae fautrices fidelissimae sunt voluptatum tam amicis quam sibi; fin I 67.

favus, Honigscheibe, Wabe: (apium examina) cum congregabilia natura sint, fingunt favos: of I 157.

faux f. fauces.

fax, Fackel, Brandfackel, Feuerschein, Glut: I. ista fax patriae cum urbem c e p i s s e t, occupasset, teneret; dom 102. ita te nec traiectio stellae nec faces visae terrebunt; div II 60. — II. ego faces iam a c c e n s a s ad huius urbis incendium comprehendi. protuli, exstinxi; Piso 5. neque parvis in rebus adhibendae sunt hae dicendi faces; de or II 205. hic cum homini vehementi quasi quasdam verborum faces admovisset; de or III 4. comprehendo, ac: f. accendo. iniecta fax est foeda rei publicae; har resp 45. cui tu adulescentulo non ad libidinem facem praetulisti? Catil I 13. video: f. I. terrent. — III. c u m his furiis et facibus bellum mihi inexpiabile dico esse susceptum; har resp 4. — IV. cum corporis facibus i n f l a m m a r i soleamus ad omnes fere cupiditates; Tusc I 44.

febricula, leichtes Fieber: I. quam (epistulam) incipiente febricula scripseras; A VII 8, 2. — II, 1. febriculam tum te habentem scripsisse: A VI 9, 1. — 2. de Atticae febricula scilicet valde dolui; A XII 1, 2.

febris, Fieber: I. vide, ne tertianas quoque febres et quartanas divinas esse dicendum sit, quarum reversione et motu quid potest esse constantius? nat III 24. — II, 1. quia febrim non h a b e r a m; ep VII 26, 1. — 2. te plane febri c a r e r e; ep XVI 15. 1. — 3. te in febrim subito incidisse; ep XIV 8. — III. motus, reversio: f. I. — IV. quod c u m febre Romam venisses; A VII 1, 1.

fecunditas, Fruchtbarkeit: I, 1. volo ce et ferat in adulescente fecunditas; de or II 88. — 2. o miserae mulieris fecunditatem calamitosam! Phil II 58. — II. nos aquarum inductionibus terrae fecunditatem damus; nat II 152.

fecundus, fruchtbar, ergiebig, reich: a quo (Anaxagora) eum (Periclen) uberem et fecundum fuisse; orat 15. quaestum illum maxime fecundum; har resp 42. quibus (inrigationibus) fit multo terra fecundior; Cato 53.

fel, Galle: cum rerum natura quid·habere potest non dicam gallinaceum fel, sed . . ? div II 29.

felicatus, mit Farnkraut verziert, kunstvoll gearbeitet: in felicatis lancibus; A VI 1, 13. felicatas Saliorum ‖ aliorum ‖ pateras; par 11.

felicitas, Glück, Gedeihen: I, 1. illum videtur felicitas ipsius, qua semper est usus, ab eis miseriis morte vindicavisse; Bru 329. — 2. neque quicquam aliud est felicitas nisi honestarum rerum prosperitas vel, ut alio modo definiam, felicitas est fortuna adiutrix consiliorum bonorum, quibus qui non utitur, felix esse nullo pacto potest; fr E II 5. — II, 1. quorum (hominum) cognita felicitas in re militari sit; Font 42. cuius (belli) altera pars sceleris nimium habuit. altera felicitatis parum: of II 45. — 2. finem stipendiorum patris victoriam fuisse felicitatis fuit; Muren 12. — 3. utor: f. I, 1. — III. alqd: f. II, 1. habeo. — IV. ea omnia felicitate L. Sullae gesta esse; Sex Rosc 136. laetatus sum felicitate navigationis tuae; A VI 8, 1.

feliciter, glücklich: bella cum finitimis felicissime multa gessit; rep II 15. qui satis feliciter navigasset; Ver II 95.

felis f. **faelis.**

felix, glücklich: ille Graecus ab omni laude felicior; Bru 63. alqd: f. faustus, alqd. mulier sibi felicior quam viris; Phil V 11. virum ad casum fortunamque felicem; Font 43.

femina, Frau, Weib, Weibchen: I, 1. cur pudentissima lectissimaeque feminas in tantum virorum conventum insolitas invitasque prodire cogis? Ver I 94. — 2. et mares deos et feminas esse; nat I 95. — II, 1. quod mihi feminam primariam, Pompeiam, uxorem tuam commendas; ep V 11, 2. probri insimulasti pudicissimam feminam; Phil II 99. — 2. si pecuniae modus statuendus fuit feminis; rep II 17. III. emissio feminae anguis; div II 62. huius sanctissimae feminae atque optimae pater; Phil III 16. — IV. quibus hostiis immolandum cuique deo, cui maribus, cui feminis leg II 29.

femineus, eines Weibes: >feminae ‖ feminea ‖ vir feminea interimor manu<; Tusc II 20.

femur, Oberschenkel: I, 1. frons non percussa, non femur; Bru 278· — 2. tuus deus redundat feminibus, cruribus; nat I 99. — II. pectoris, feminum, capitis percussiones; Tusc III 62.

fen — f. **faen.**

fenestra, Fenster: quae (partes) quasi fenestrae sint animi; Tusc I 46.

fenicularius campus, Fenchelfeld: utrum ipse (Caesar) in fenicularium an in Martium campum cogitet; A XII 8.

ferax, fruchtbar: nihil est feracius ingenii; orat 48. qui cum agros feracissimos depopularetur; Ver III 84. nullus feracior in ea (philosophia) locus est nec uberior quam de officiis; of III 5.

ferculum, Tragbahre: I. neclectis ferculis triumphalibus; Piso 61. — II. ut pomparum fercula similes esse videamur; of I 131.

fere, fast, ungefähr, beinahe, gewöhnlich, in der Regel, meistens: I. qui (Cato) fuit eius (Scipionis) fere aequalis; of III 1. annum fere una sunt; Quinct 15. — II. fere ad ‖ fere ‖ HS cccc milia; Ver II 25. hora fere tertia; A XIV 20, 1. — III. haec fere sunt in illa epistula; A VII 1, 2. recitatae sunt tabellae in eandem fere sententiam; Catil III 10. nemo fere saltat sobrius, nisi forte insanit; Muren 13. nihil ut fere interest aut admodum paululum ‖ paulum ‖; nat II 118. omnes fere familiarissimi eius me diligenter observant et colunt; ep VI 10. 2. agros fere optimos ac nobilissimos; Ver III 104. ut tota fere quaestio tractata videatur; Ac II 10. — IV. ita fere officia reperiuntur; of I 125. aetates vestrae nihil aut non fere multum differant; Bru 150. mihi fere satis est, quod vixi; Phil I 38.

Laelium semper fere cum Scipione solitum rusticari; de or II 22. — V. nostri familiares fere demortui; Ac XVI 11, 7. quod fere fieri solet; inv I 46. lucebat iam fere; Ver V 94. nostri Graece fere nesciunt; Tusc V 116.

feriae, Feiertage: I. quantum (temporis) mihi forenses feriae concesserint; de or III 85· num feriae quaedam piscatorum essent; of III 59. novendialibus iis feriis, quae fuerunt Tuditano et Aquilio consulibus; Q fr III 5, 1. — II. in feriis imperandis; div I 102. — III. dies feriarum mihi additos video; A XIII 45, 1. feriarum festorumque dierum ratio in liberis requietem litium habet et iurgiorum, in servis operum et laborum; leg II 29. — IV. has (orationes) ego scripsi ludis et feriis; Planc 66. cum feriis Latinis ad eum venissem; nat I 15. f. I.

ferio, schlagen, treffen, töten, hinrichten, schließen: I, 1. sibi vitandi aut feriendi rationem esse habendam; de or III 200. binis aut ternis ferire verbis; orat 226. — 2. quod provisum ante non sit, id ferire vehementius; Tusc III 52. — II. armatus adversarius, qui sit feriendus; de or II 72. animum: f. oculos. ut ille archipirata securi feriretur; Ver V 78. qui (imperator) videret, ut satis honestum foedus feriretur; inv II 92. his spectris etiamsi oculi possent feriri, animus qui possit, ego non video; ep XV 16, 2. parietem saepe feriens; Cael 59. ut sensum feriat id, quod translatum sit; de or III 163.

ferior, feiern, müßig sein: illi voluntate sua feriati; de or III 58. quoniam tertium diem iam feriati sumus; rep VI 3.

feritas, Wildheit: I. in qua (parte animi) feritas quaedam sit atque agrestis immanitas; div I 60.

ferme, fast, beinahe, meistens: I. aequabat eodem modo ferme; Tim 42. — II. quod hoc non ferme sine magnis principum vitiis evenit; rep I 69. satis ferme esse dictum puto; Tim 52.

fero, tragen, erheben, bringen, darbringen, mit sich bringen, entnehmen, davontragen, erhalten, ertragen, zufrieden sein, aushalten, treiben, hinreißen, beherrschen, erzählen, berichten, nennen, rühmen, beantragen: I, 1. siquidem philosophia, ut fertur, virtutis continet disciplinam; Piso 71. — 2. non ferrem omnino moleste, si ita accidisset; Piso 44. non facis finem? ferre non possumus; Planc 75. illud, quod eo, quo intendas, ferat deducatque; de or I 135. quoad facultas tulit; inv II 8. cum, quo natura fert, liber animus pervenerit; Tusc I 46. oratio hominis, ut opinio mea fert, longe ingeniosissimi; Font 39. si vestra voluntas feret; imp Pomp 70. — II, 1. de quo ferre, cum de reliquis ferres, noluisti; Phil II 98. f. 3. 6. — 2. „quicumque ordinem duxit. iudicet" at si ferretis, quicumque equo meruisset, nemini probaretis; Phil I 20. quem (Ciceronem) quanti facias, prae te soles ferre; A XVI 16, 10. — 3. tulisti de me, ne reciperar; dom 51. — 4. ad officium pertinere aegre ferre, quod sapiens non sis; Tusc III 68. — 5. si natura non feret, ut quaedam imitari possit; of I 121. — 6. neque sine causa de Cn. Publicio Menandro ad populum latum est, ut is Publicius ne minus civis esset; Balb 28. — 7. vultum Considii videre ferendum vix erat; agr II 93. — 8. ut Themistocles fertur respondisse; Cato 8. — 9. ferunt aures hominum illa laudari; de or II 344. fortasse ceteri tectiores; ego semper me didicisse prae me tuli; orat 146. quos omnes Erebo et Nocte natos ferunt; nat III 44. — III. quis te feret praeter me, qui omnia ferre possum? ep VII 13, 1. censatus in hortos ad Pompeium lectica latus sum; Q fr II 5, 3. quod utilitas oratoris feret; de or II 186. qui ea fert sustinetque praesentia; Tusc V 16. f. alqm. (aër) eontinuatus sublime fertur; nat II 101. Falernum hoc bene aetatem fert; fr G, b, 10. tulit arma contra te; Ligar 16. si sodali meo auxilium ferre

non potuissem; de or II 200. quantas calamitates
nostri exercitus ferant; imp Pomp 37. ferre immoderatius casum incommodorum tuorum; ep V 16,
5. prohibentur (parentes) liberis suis cibum vestitumque ferre; Ver V 117. necessitas ferendae condicionis humanae; Tusc III 60. censet (Epicurus)
eadem illa individua et solida corpora ferri deorsum
suo pondere ad lineam; fin I 18. ad ferendum dolorem placide atque sedate; Tusc II 58. quia, quod
multo rectius fuit, id mihi fraudem tulit; A VII
26, 2. non diuturnum beneficii mei patria fructum
tulisset; leg III 25. quae (terra) oleam frugesve
ferret; rep III 15. annorum decem imperium et ita
latum *placet!'* A VII 7, 6. suum cuique incommodum ferendum est potius; of III 30. praetoris iniurias tacite, hospitis placide ferendas arbitrabatur;
Ver II 84. laetitiam apertissime tulimus omnes;
A XIV 13, 2. in privatos homines leges ferri noluerunt; leg III 44. quae (actio) prae se motum
animi fert; de or III 223. oleam: f. fruges. (Ennius) ita ferebat duo, quae maxima putantur, onera,
paupertatem et senectutem, ut . . ; Cato 14. si est
boni consulis ferre opem patriae; Rabir 3. Sulpicii
orationes, quae feruntur; Bru 205. paupertatem; f.
onera. in caelum ferri profectionem meam; A XVI
6, 2. L. Scribonio quaestionem in eum ferente; de
or I 227. frater repulsam tulit; Phil VIII 27.
Sullam illam rogationem de nolle ferri; Sulla 65.
senectutem: f. onera. de quibus (finibus) tres video
sententias ferri; Lael 56. nisi speciem prae te boni
viri feras; of II 39. te suffragium tulisse in illa
lege; ep XI 27, 7. quas tribus tu tulisti; Planc 48.
vestitum: f. cibum. omne animal ad accipiendam
vim externam et ferendam paratum est; nat III 29.
— IV. quam (matrem) caecam crudelitate et scelere
ferri videtis; Cluent 199. quod sibi expensum ferri
iussisset; Q Rosc 2. in quibus (tabulis) sibi expensa
pecunia lata sit; Caecin 17. quam (Minervam) principem et inventricem belli ferunt; nat III 53. Servius ille [Galba] cum iudices L. Scribonio tribuno
plebis ferret familiares suos; de or II 263. quod
praecipitem amicum ferri sinit; Lael 89. principem:
f. inventricem. neque P. Sullam supplicem ferre
potui; Sulla 20.

ferocia, Wildheit, Trotz: illam Campanam adrogantiam atque insolentiam ferociam ratione et
consilio maiores nostri ad inertissimum otium perduxerunt; agr II 91.

ferocitas, Übermut, Trotz, Wildheit: I. ut
ferocitatem istam tuam comprimerem; Vatin 2. —
II. equos ferocitate exsultantes; of I 90. perhibetur (Romulus) et corporis viribus et animi ferocitate tantum ceteris praestitisse, ut . . ; rep II 4.

ferocio, trotzig, übermütig: quanto ferocius
ille causae suae confidet? A VIII 9, 2. respondisti plane ferociter; Planc 33.

ferox, wild, trotzig: quae fuit ista tam ferox
fiducia? Scaur 23. Aequorum magnam gentem et
ferocem; rep II 36.

ferramentum, Eisengerät: I. ad ferramenta
prospicienda; Sulla 55. — II. se semper bonorum
ferramentorum studiosum fuisse; Catil III 10.

ferreus, eisern, starr, gefühllos: ferreus essem,
si te non amarem; ep XV 21, 3. quem (filium) ego
ferus ac ferreus e complexu dimisi meo; Q fr I 3, 3.
os tuum ferreum; Piso 63. qui virtutem duram et
quasi ferream esse quandam volunt; Lael 48.

ferrum, Eisen, Stahl, Waffe, Schwert, Pflug-
schar, Kette: I, 1. ut aes, ferrum frustra natura
divina genuisset, nisi eadem docuisset, quem ad
modum ad eorum venas perveniretur; div I 116.
(gladiator) ferrum recipere iussus; Tusc II 41. —
2. homines honestissimos in ferrum atque in vincla
coniectos; Ver V 107. quod C. Marium e civili
ferro eripuerunt; Planc 26. — III. tam vehemens

vir tamque acer in ferro; A II 21, 4. — IV.
venae: f. I, 1. — V, 1. qui haec omnia flamma ac
ferro delere voluerunt; prov 24. cum sontes ferro
depugnabant; Tusc II 41. qui huic urbi ferro igni-
que minitantur; Phil XI 37. ad eam (terram)
utendam ferroque subigendam; leg II 40. — 2. ut
in Caecinam advenientem cum ferro invaderet;
Caecin 25. si mors legati sine caede atque ferro
nullum honorem desiderat; Phil IX 14.

fertilis, fruchtbar: quod (Telmesses) agros
uberrimos maximeque fertiles incolunt; div I 94.
illam opimam fertilemque Syriam; dom 23.

fertilitas, Fruchtbarkeit: quae sit vel sterilitas
agrorum vel fertilitas futura; div I 131.

ferveo, glühen, sieden, erregt sein: qui usque
eo fervet avaritia; Quinct 38. fortis animus in
homine non perfecto ferventior plerumque est; of
I 46. aqua ferventi perfunditur; Ver I 67.

fervidus, heiß, glühend, feurig: (C. Fimbria)
genere toto paulo fervidior atque commotior; Bru
129. C. Staienus fervido quodam et petulanti et
furioso genere dicendi; Bru 241. Appii Claudii
volubilis, sed paulo fervidior || erat || oratio; Bru 108.

fervor, Wärme, Glut, Brausen, Unruhe: I, 1.
mundi ille fervor purior, perlucidior mobiliorque
est multo quam hic noster calor; nat II 30. cum
hic fervor concitatioque animi inveteravit; Tusc IV
24. — 2 quid esset iracundia, fervorne mentis an
cupiditas poeniendi doloris; de or I 220. — II. cuius
(maris) fervore non solum maritimi cursus tenebantur; prov 31.

ferus, wild, unbändig, ungezähmt, fem. wilde
Tier: A. quem (filium) ego ferus ac ferreus e complexu dimisi meo; Q fr I 3, 3. beluae quaedam
immanes ac ferae; Sulla 76. quam varia genera
bestiarum vel cicurum vel ferarum! nat II 99.
gentes feras armatas in Italiam adducere; A VIII
11, 2. id a feris hominibus et immanibus bestiis
esse remotum; inv I 103. quae tam fera immanis-
que natura (est)? Sex Rosc 146. cum homines sibi
victu fero vitam propagabant; inv I 2. haec
(eloquendi vis nos) a vita immani et fera segre-
gavit; nat II 148. — B, a. quae est civitas?
omnisne conventus etiam ferorum et immanium?
par 27. — b, I. hoc uno praestamus vel maxime
feris, quod conloquimur inter nos; de or I 32. —
II. in suis moribus simillimas figuras pecudum
et ferarum transferetur; Tim 45. — III. terra ea
ferarumne an hominum causa gignere videtur?
nat II 156.

fessus, müde, erschöpft: Veientes bello fessi;
div I 100. me de via fessum; rep VI 10. plorando
fessus sum; A XV 9, 1.

festinanter, schnell, übereilt: nimium festinanter dictum; fin V 77. turbide, festinanter, rapide
omnia esse suscepta; Scaur 37.

festinatio, Eile, Ungeduld: I, 1. cuius (causae)
festinationem mihi tollis; A XIII 1, 2. — 2. ignoscas velim huic festinationi meae; ep V 12, 1. —
II. illa nos cupiditas incendit festinationis; ep
V 12, 9. — III. ne in festinationibus suscipiamus
nimias celeritates; of I 131.

festino, eilen: I. plura scripsissem, nisi tui
festinarent; ep XII 22, 4. quo festinat animus;
Phil XII 22. — II. tu festina ad nos venire;
A III 26.

festive, anmutig, fein, witzig: quam festive
crimen contexitur! Deiot 19. quam festive (hoc)
dissolvitur! div II 35. quae (ars) primo progressu
festive tradit elementa loquendi; Ac II 92.

festivitas, Pracht, Anmut, Laune, Witz: I.
hoc in genere narrationis multa debet inesse
festivitas, confecta ex rerum varietate, animorum
dissimilitudine; inv I 27. — II, 1. conficio: f. I.

habeo: f. III. — 2. Gorgias his festivitatibus insolentius **abutitur**; orat 176. — III. exordium debet habere splendoris et festivitatis et concinnitudinis **minimum**; inv I 25. in quo possim imaginem antiquae et vernaculae festivitatis agnoscere; ep IX 15, 2. — IV. dicendi vis egregia summa festivitate et venustate **coniuncta** profuit; de or I 243. festivitate et facetiis C. Iulius aequalibus suis omnibus praestitit; Bru 177.

festivus, hübſch, heiter, artig, witzig: quibus (pueris) **nihil** potest esse festivius; ep VI 4, 3. festivo homini Egilio; de or II 277. festivam (orationem); de or III 100. cum Socrates venisset ad Cephalum, locupletem et festivum senem; A IV 16, 3.

festus, feſtlich: omitto epulum populi Romani, festum diem; Vatin 31. feriarum festorumque dierum ratio; leg II 29.

fetialis, fetialiſch, Fetiale: A. belli aequitas sanctissime fetiali **populi Romani iure** perscripta est; of I 36. quod p(ius) sanxit fetiali religione; rep II 31. — B. habemus hominem in fetialium **manibus educatum**; Ver V 49.

fetura, Nachzucht, Jungvieh: »alios ad dies ubertatem lactis feturaeque servanto«; leg II 20.

fetus, Fruchtbarkeit, Ertrag, Frucht, Junges: I. nec ulla aetate uberior oratorum fetus **fuit**; Bru 182. ex quo triplex ille animi fetus exsistet; Tusc V 68. — II. quo meliores fetus (ager) possit et grandiores **edere**; de or II 131. quae multiplices fetus procreant, ut sues, ut canes; nat I 128. — III. quae frugibus atque bacis terrae fetu **funduntur**; leg I 25.

fetus, fruchtbar: terra feta frugibus et vario leguminum genere; nat II 156.

fibra, Faſer: I. audeamus non solum ramos amputare miseriarum, sed omnes radicum fibras **evellere**; Tusc III 13. — II. quae (viriditas) **nixa** fibris stirpium; Cato 51.

ficte, zum Schein: I. ne cui suspicionem ficte **reconciliatae** gratiae darem; ep III 12, 4. — II. qui (maiores) non ficte et fallaciter **populares**, sed vere et sapienter fuerunt; dom 77.

fictilis, irden, tönern: in fictilibus **figuris**; nat I 71. fictiles urnulas; par 11.

fictor, Bildhauer, Opferbildner: I. deos ea facie novimus, qua pictores fictoresque **voluerunt**; nat I 81. — II. quod imperitus adulescens **sine fictore** fecisse dicatur; dom 139.

fictrix, Bildnerin: (materiae) fictricem et moderatricem divinam esse providentiam; nat III 92.

ficus, Feigenbaum, Feige: I. uxorem suam **suspendisse** se de ficu; de or II 278. — II. homini Phrygi **fiscinam** ficorum obiecisti; Flac 41.

fide, getreu: quae mihi a te ad timorem fidissime atque amantissime proponuntur; ep II 16, 4.

fidelis, treu, ehrlich, zuverläſſig: A. et doctrina et domus et ars et ager etiam „fidelis" dici potest, ut sit verecunda tralatio; ep XVI 17, 1. nullam reperietis officiis fideliorem (civitatem); Ver III 170. mulierem miserrimam, fidelissimam coniugem; Q fr I 3, 3. doctrina, domus: f. ager. cum fidelissimae provinciae patrocinium recepissem; Scaur 26. tibi, servo fideli; Deiot 18. ut urbs fidelissimorum sociorum **defenderetur**; Muren 33. — B. omnia vera **diligimus,** id est fidelia, simplicia, constantia; fin II 46.

fidelitas. Treue, Zuverläſſigkeit: I. ubi me amicorum fidelitas (**custodit**); Phil XII 22. — II, 1. quo (tempore) ego maxime operam et fidelitatem **desideravi tuam**; ep XVI 12, 6. — 2. tanta auctoritas est in eorum hominum fidelitate; Ver III 74.

fideliter, getreu, zuverläſſig: quae (praedia) si fideliter Ciceroni **curabuntur**; A XV 20, 4. unde illud tam ὀχυρον, „valetudini fideliter inserviendo"? unde in istum locum „fideliter" venit? cui

Merguet, Handlexikon zu Cicero.

verbo domicilium est proprium in officio, migrationes in alienum multae; ep XVI 17, 1.

fidens f. **fido.**

fidenter, zuverſichtlich, beherzt: tum ille fidenter homo peritissimus **confirmare** ita se rem habere; de or I 240. timide fortasse signifer (signum) evellebat, quod fidenter infixerat; div II 67.

fidentia, Zuverſicht: I. fidentia est, per quam magnis et honestis in rebus multum ipse animus in se fiduciae certa cum spe conlocavit; inv II 163. — II. fidentiae **contrarium** est diffidentia; inv II 165.

fides, Glaube, Treue, Vertrauen, Zuverläſſigkeit, Gewiſſenhaftigkeit, Kredit, Verſprechen, Zuſage, Sicherheit, Schutz: I, 1. credo esse neminem, qui his hominibus ad vere referendum fidem putet **defuisse**; Sulla 42. quoniam fides est firma opinio; part 9. firmamentum stabilitatis constantiaeque est eius, quam in amicitia quaerimus, fides; Lael 65. nostra ad diem dictam fient. docui enim te, fides ἔτυμον quod haberet; ep XVI 10, 2. si dederis operam, quoad tua fides dignitasque patietur, ut . .; ep XIII 61. — 2. pro deorum atque hominum fidem! Tusc V 48. — II, 1. quia iis visis, inter quae nihil interest, aequaliter omnibus **abrogatur** fides; Ac II 36. quod in homine summam fidem probitatemque cognosset; Vatin 38. nt fidem suam corrumpi pateretur; Ver V 179. non quo nationi huic ego uuus maxime fidem derogem; Flac 9. Regulus ad supplicium redire maluit quam fidem hosti datam fallere; of I 39. ad eas tres res, quae ad fidem faciendam solae valent; de or II 121. quae (visa) fidem nullam habebunt; Ac II 58. vicinorum fidem implorant; Tusc III 50. an (Quintus) fidem infirmet filio; A XV 26, 1. quod dixi in contione, in eo velim fidem meam liberes; ep XII 7, 2. ea (iustitia) creditis in rebus fides nominatur; part or 78. (Vettius) statim fidem publicam postulavit; A II 24, 2. tu si meam fidem praestiteris; fr E V 11. quod probare populo Romano fidem vestram non potueritis; Ver I 22. fidem recepisse sibi et ipsum et Appium de me; A II 22, 2. (Deiotarus) fidem secutus amicitiamque populi Romani; div II 78. sublata erat de foro fides; agr II 8. si ista hereditas fidem et famam meam tueri potest; A XI 2, 1. — 2. est fidei pietatisque nostrae declarare . .; Phil XIV 29. — 3. cum tuae fidei optimae et spectatissimae salutem urbis et civium **commendabam**; Flac 102. non existimavi me fidei meae satis esse facturum; Scaur 27. — 4. (Sicilia) sola **fuit** ea fide benivolentiaque erga populum Romanum, ut . .; Ver II 2. — 5. ut a fide se **abduceret**; Flac 83. Siculi ad meam fidem confugiunt; div Caec 11. cum omnes boni omnem spem melioris status in eorum fidem convertissent; Sest 70. summa amentia est in eorum fide spem habere, quorum perfidia totiens deceptus sis; inv I 71. fragi hominem videtis positum in vestra fide ac potestate; Font 40. ostendite aliquid his in vestra fide praesidii esse oportere; Ver I 72. — III, 1. eius generum, pari fide **praeditum**; Flac 93. — 2. per dexteram non [tam] in bellis quam in promissis et fide firmiorem; Deiot 8. — IV, 1. in qua (re publica) vivit mecum simul exemplum fidei publicae; Sest 50. — 2. alter optimus vir, aequissimus, summa iustitia, singulari fide; rep III 27. — 3. inde tot indicia de fide mala; nat III 74. urbem sine fide relictam direptioni; ep IV 1, 2. — V, 1. me **adductum** fide atque officio defensionis; Cluent 10. Deiotarum fide et religione vitae defendendum puto; Deiot 16. summa tribunorum plebis fide et diligentia sublevati; sen 18. — 2. Cyrus ille a Xenophonte non ad historiae fidem scriptus; Q fr I 1, 23. in quibus (indiciis) EX FIDE BONA est additum; Top 66. qui saepenumero nos per fidem fefellerunt; inv I 71. hoc nos metu per fidem et constantiam et clementiam tuam libera; Deiot 8.

34

propter singularem eius civitatis gravitatem et fidem; Phil VIII 19.

fides, Saite, pl. Laute, Zither: I. cum (Diodotus) fidibus Pythagoreorum more uteretur; Tusc V 113. — II, 1. docere: f. **fidicen.** omnes voces, ut nervi in fidibus, ita sonant, ut sunt pulsae; de or III 216. — 2. in fidibus testudine resonatur aut nat II 144.

fidicen, Lautenspieler: Socraten fidibus docuit nobilissimus fidicen; ep IX 22, 3.

fidicula, Saiteninstrument: si platani fidiculae ferrent numerose sonantes; nat II 22.

fidius, medius f.: wahrlich: conlegia medius fidius tota reperientur; dom 47. vultu medius fidius conlegae sui libidinem franget; Sest 20. Oceanus medius fidius vix videtur tot res absorbere potuisse; Phil II 67. unum medius fidius tecum diem libentius posuerim quam . .; ep V 21, 1.

fido, trauen, vertrauen, part. getrost: I. qui est fidens; Tusc III 14. — II. fidentium est hominum illa vera esse; Ac II 43. — III, 1. puer bene sibi fidens; A VI 6, 4. non tam nostrae causae fidentes quam huius humanitati; Ligar 13. — 2. haec sunt opera animi prudentia consilioque fidentis; of I 81. istis fidentes somniis; nat I 93.

fiducia, Vertrauen, Zuversicht, Vertrag, Sicherheit: I. in qua (tyrannorum vita) nulla fides, nulla stabilis benivolentiae potest esse fiducia; Lael 52. — II, 1. si fidem praestare debet, qui fiduciam acceperit; Top 42. — 2. id (fidei bonae nomen) versari in fiduciis, mandatis; of III 70. — III. qui per fiduciae rationem fraudavit quempiam; Caecin 7. — IV. nihil esse, quod posthac arcae nostrae fiducia conturbaret; Q fr II 10 (12), 5.

fidus, treu, zuverlässig: coloniam vestram fidissimam; Phil VI 2. cuum tam fida custodia; nat II 158. o fidam dexteram Antonii! Phil XIII 4. familiaritates habere fidas amantium nos amicorum; of II 30. mea Terentia, fidissima atque optima uxor; ep XIV 4, 6.

figo, anheften, aufhängen, aufrichten, durchbohren, part. fest, unveränderlich: Zeno non eos solum figebat maledictis; nat I 93. tantum modo adversarios figet; orat 89. nisi stabili et fixo et permanente bono beatus esse nemo potest; Tusc V 40. ego omnia mea studia, omnem operam, curam, industriam, cogitationem, mentem denique omnem in Milonis consulatu fixi et locavi; ep II 6, 3. cum cruces ad civium Romanorum supplicia fixas recordetur; Ver III 6. curam, al.: f. cogitationem. cum videmus globum terrae fixum in medio mundi universi loco; Tusc I 68. Antonius fixit legem; A XIV 12, 1. scuta, quae fuerant sublime fixa, sunt humi inventa; div II 67. ne qua immunitatis tabula neve cuius beneficii figeretur; Phil II 91.

figura, Gestalt, Gestaltung: I. quae figura, quae species humana potest esse pulchrior? nat I 47. quae cum ipso homine nascuntur, conformatio quaedam et figura totius oris et corporis; de or I 114. non ab hominibus formae figuram venisse ad deos; nat I 90. — II, 1. figuram corporis habilem et aptam ingenio humano (natura) dedit; leg I 26. suam expressit quasi formam figuramque dicendi; de or II 98. quae (natura) formam nostram reliquamque figuram, in qua esset species honesta, eam posuit in promptu; of I 126. — 2. si nemo est, quin emori malit quam converti in aliquam figuram bestiae; rep IV 1. de figuris deorum multa dicuntur; nat I 2. Himera in muliebrem figuram habitumque formata; Ver II 87. nec rationem esse nisi in hominis figura; nat I 89. f. 1. pono. — III. ista in figura hominis feritas et immanitas beluae; of III 32. — IV, 1. quae (astra) forma ipsa figuraque sua momenta sustentant; nat II 117. — 2. malus et minus ex

figura negotii, sicut ex statura corporis. consideratur; inv I 41.

figuro, gestalten, bilden: ita figuratum corpus. ut excellat aliis; fin V 34. terga (boum) non esse ad onus accipiendum figurata; nat II 159.

filia, Tochter: I, 1. cum (Caecilia Metelli) vellet sororis suae filiam in matrimonium conlocare; div I 104. quod Crassi filiam C. filio suo despondisset (Ser. Galba); de or I 239. (Sassia) invito despondit ei filiam suam, illam, quam ex genero susceperat; Cluent 179. filiam quis habet, pecunia est opus; par 44. suscipio: f. despondeo. — 2. cum ipse filiae nubili dotem conficere non posset; Quinct 98. — II. etiam nomina necessitudinum mutavit (Sassia), filiae pelex; Cluent 199. filiae solitudinem sustentavit; Sest 7. pervulgatum recens Caeciliae. Baliarici filiae, somnium; div II 136.

filiola, Töchterchen: I. mea carissima filiola; ep XIV 4, 6. — II. L. Paulus filiolam suam Tertiam osculans; div I 103.

filiolus, Söhnchen: filiolo me auctum scito salva Terentia; A I 2, 1.

filius, Sohn: I, 1. accubante praetextato praetoris filio; Ver III 23. cum P. Africanus hic, Pauli filius, constituisset in hortis esse; rep I 14. non pro meo reditu adulescentes filii deprecati sunt, non iam spectata aetate filius, non sororum filii: Quir 6. habitat: f. II, 1. relego. nemo ex improbo patre probum filium nasci posse existimaret; Q Rosc 30. regis Antiochi filios pueros scitis Romae nuper fuisse; Ver IV 61. — 2. ut facile appareat Atrei filios esse; Tusc IV 77. — 3. habes a patre munus, Marce filii, mea quidem sententia magnum: of III 121. nolite arbitrari, o mihi || mei || carissimi filii, me , .; Cato 79. — II, 1. se filium senatorem populi Romani sibi velle adoptare; dom 37. Q. Maximus, qui filium consularem amisit; ep IV 6, 1. vis illum filium familias patre parco ac tenaci habere tuis copiis devinctum; Cael 36. T. Torquatus cum illam severitatem in eo filio adhibuit, quem in adoptionem D. Silano emancipaverat, ut . .; fin I 24. exheredare filium voluit; Sex Rosc 54. quem (filium) ex tyranno habebat; inv II 144. f. devincio. Metellus ille honoratis quattuor filiis, at quinquaginta Priamus; Tusc I 85. quae (vis) patrem Decium, quae filium devota vita immisit in armatas hostium copias? par 12. interfectus est M. Fulvius eiusque duo adulescentuli filii; Phil VIII 14. quae (mater) misera modo consulem osculata filium suum: Muren 88. M. Cato, qui summo ingenio, summa virtute filium perdidit; ep IV 6, 1. quod (L. Manlius) Titum filium ab hominibus relegasset et ruri habitare iussisset; of III 112. qui (Q. Metellus) tres filios consules vidit; fin V 82. — 2. huic terrae filio nescio cui committere epistulam tantis de rebus non audeo; A I 13, 4. Syracusana civitas dedit ipsi (Verri) statuam et filio; Ver II 145. ut parens filio (imperat); Tusc II 48. — 3. (mater) orbata filio; Cluent 45. — 4. male narras de Nepotis filio; A XVI 14, 4. ut ceteri ex patribus, sic hic ex filio est nominandus; of III 66. — III. usum omnium bonorum suorum Caesenniae legat. ut frueretur una cum filio; Caecin 11. — IV. ut haec simulata adeptio filii quam maxime veritatem illam suscipiendorum liberorum imitata esse videatur; dom 36. huius importunitatem matris a filii capite depellite; Cluent 195. ut is, qui te adoptavit, vel filii tibi loco per aetatem esse potuerit vel eo, quo fuit; dom 36. ut nemo umquam unici filii mortem magis doluerit quam ille maeret patris; Phil IX 12. — V. Philippum rebus gestis et gloria superatum a filio; of I 90. in: f. II, 1. emancipo.

filum, Faden, Gewebe, Form: I. si tenuis causa est, tum etiam argumentandi tenue filum: orat 124. — II. erant paulo uberiore filo; de or

II 93. — III. ego hospiti munusculum mittere volui levidense crasso filo; ep IX 12, 2. — IV. haec (silva rerum) formanda filo ipso et genere orationis; de or III 103.

fimbria, Locke: erant illi madentes cincinnorum fimbriae; Piso 25.

findo, fpalten (vgl. **fissum**): hoc quasi rostro finditur Fibrenus; leg II 6.

fingo, bilben, fchaffen, vorftellen, erbichten, erfinnen, erfinben, vorgeben, lügen: I, 1. quam tam immanem Charybdim poëtas fingendo exprimere potuerunt? har resp 59. — 2. cum pauci pingere egregie possint aut fingere; Brn 257. ne ex eventis fingere viderer; ep VI 6, 4. — II, 1. num minus ille (Herodotus) potuit de Croeso quam de Pyrrho fingere Ennius? div II 116. — 2. veteres philosophi in beatorum insulis fingunt qualis futura sit vita sapientium; fin V 53. — 3. ex se natos comesse fingitur solitus (Saturnus); nat II 64. — 4. cum ea esse in me fingo; ep III 11, 2. — III. cum (Polyclitus) Herculem fingebat; de or II 70. ad eorum arbitrium et nutum totos se fingunt et accommodant; orat 24. Alexander a Lysippo (potissimum) fingi volebat; ep V 12, 7. ea quae nobis non possumus fingere, facies, vultus, sonus; de or I 127. quid potest esse tam fictum quam versus, quam scaena, quam fabulae? de or II 193. fingenda mihi fuit causa peracuta; Planc 72. bimaritum appellas, ut verba etiam fingas, non solum crimina; Planc 30. fabulas, faciem: f. alqd. ut apium examina non fingendorum favorum causa congregantur; of I 157. in pictis, fictis caelatisque formis; nat II 145. actor moderatur et fingit non modo mentem ac voluntates, sed paene vultus eorum; leg III 40. opiniones fictas atque vanas; nat II 5. Peripateticorum institutis commodius fingeretur oratio; Brn 119. in summo oratore tingendo; orat 7. in qua (contione) rebus fictis et adumbratis loci plurimum est; Lael 97. scaenam, al.: f. alqd. fictis sermonibus et falsis criminibus; dom 28. verba: f. crimina. voluntates: f. mentem. recordamini illos eius fictos simulatosque vultus; Cluent 72. f. alqd, mentem. — IV. natura fingit homines et creat imitatores et narratores facetos; de or II 219. ut homunculi similem deum (Epicurus) fingeret; nat I 123.

finio, begrenzen, befchränfen, beftimmen: ab hominum genere finitus est dies, mensis, annus; nat II 153. si finitas cupiditates haberent; fin II 23. diem: f. annum. maximos (dolores) morte finiri; fin I 49. in ore sita lingua est finita dentibus; nat II 149. mensem: f. annum. Marco Marcello consuli finienti provincias Gallias Kalendarum Martiarum die restitit; A VIII 3, 3. ut sententiae verbis finiantur; de or III 191. negat infinito tempore aetatis voluptatem fieri maiorem quam finito atque modico; fin II 88. quod (tempus) tu mihi et senatus consulto et lege finisti; ep XV 9, 2. nec solum componenter verba ratione, sed etiam finientur; orat 164.

finis, Enbe, Grenze, Höchfte, Zweck, Ziel (fem. f. II, 1. facio): I. 1. sit iam huius loci finis; of III 115. — 2. quibus in orationibus delectatio finis est; part or 12. qui finem bonorum esse dixerunt honeste vivere; fin IV 43. — II, 1. diuturni silentii finem hodiernus dies attulit; Marcel 1. cum id, quod facere debet, officium esse dicimus, illud, cuius causa facere debet, finem appellamus; inv I 6. ut fines bonorum malorumque constituas; Ac II 114. licebit etiam finem pro extremo et ultimo dicere; fin II 26. difficile est finem facere pretio, si libidini non feceris; Ver IV 14. quae finis funestae familiae fiat; leg II 55. finem nullam facio de te cogitandi; ep XII 1, 1. naturam id habere propositum quasi finem et extremum, se ut custodiat;

fin V 26. ii (appetitus) sine dubio finem et modum transeunt; of I 102. — 2. ii sese Thermis conlocarant in isdem agri finibus; Ver II 86. inter officium et finem hoc interest, quod in officio, quid fieri, in fine, quid confici ‖ effici, al. ‖ conveniat, consideratur; inv I 6. sin ea non neglegemus neque tamen ad finem summi boni referemus; fin IV 40. ut tanta sit in finibus bonorum malorumque dissimilitudo; fin V 19. — III. sapiens naturae finibus contentus; fin I 44. — IV, 1. rerum natura nullam nobis dedit cognitionem finium; Ac II 92. — 2. tres solas esse sententias de finibus bonorum; Ac II 138. — V. 1. videbam illud scelus non posse arceri otii finibus; har resp 4. quoniam exiguis quibusdam finibus totum oratoris munus circumdedisti; de or I 264. isdemne ut finibus nomen suum, quibus vita, terminaretur? Tusc I 32. — 2. quem ad finem sese effrenata iactabit audacia (tua)? Catil I 1. in: f. II, 2. intersum inter.

finite, mäßig: avarus erit, sed finite; fin II 27.

finitimus, benachbart, angrenzend, ähnlich, Grenznachbar: A. qui praetor finitimo, consul domestico bello rem publicam liberarat; Planc 70. huic generi historia finitima est; orat 66. aegritudini finitimus est metus; Tusc IV 64. qui concursus ex oppidis finitimis undique? Flac 74. — B, I. cum ceteri deficerent finitimi; Sulla 58. — II. bella cum finitimis felicissime multa gessit; rep II 15.

finitor, Bermeffer, Feldmeffer: I. ratum sit, quod finitor uni illi, a quo missus erit, renuntiaverit; agr II 34. — II. ponite ante oculos vobis Rullum in Ponto cum suis formosis finitoribus auctionantem; agr II 53.

firmamentum, Stütze, Stärfe: I. firmamentum est firmissima argumentatio defensoris et appositissima ‖ potissima ‖ ad iudicationem; inv I 19. — II, 1. firmamentum (appellemus), quod contra ad labefactandam rationem refertur; part or 103. ille annus duo firmamenta rei publicae per me unum constituta evertit; A I 18, 3. frequentatis firmamentis orationis; part or 59. quae (pars) multo plus firmamenti ac roboris habebat; imp Pomp 10. suggerenda sunt firmamenta causae coniuncte; de or II 331. — 2 in gravissimis firmamentis etiam illa ponenda sunt, si ..; part or 107. — III. alqd: f. II, 1. habeo.

firme, feft, beftimmt: unum illud (Servius) firmissime adseverabat; A X 14, 3. voluptatem satis firme conceptam animo atque comprensam; fin II 6. multo firmius acta tyranni comprobatum iri quam in Telluris; A XVI 14, 1. adsensus suos firme sustinere; fin III 31.

firmitas, Feftigfeit, Stärfe, Standhaftigfeit: I. cuius (virtutis) omnis constantia et firmitas ex iis rebus constat, quibus adsensa est; Ac II 39. est: f. II, 1. cognosco. — II, 1. firmitatem et constantiam, si modo fuit aliquando in nobis, eandem cognoscam, quam reliquisti; ep IX 11, 1. ea (amicitia) non satis habet firmitatis; Lael 19. si aliquid firmitatis nactus sit Antonius; ep XI 12, 1. relinquo: f cognosco. — III. alqd: f. II. — IV. qui poterit corporis firmitate confidere? Tusc V 40.

firmiter, feft, bauerhaft: ubi in suo quisque est gradu firmiter conlocatus; rep I 69. firmiter stabilita matrimonia esse; rep VI 2.

firmitudo, Feftigfeit, Dauerhaftigfeit: I. causa facti parum firmitudinis habet ‖ habebit ‖; inv II 32. non quod ab isto (Caesare) salus data quicquam habitura sit firmitudinis; A XI 14, 2. quod firmitudinem gravitatemque animi tui perspexi; ep V 13, 3. — II. alqd: f. I. habeo. — III. tu cura, ut firmitudine te animi sustentes; ep VI 6, 13.

firmo, befeftigen, fräftigen, ftärfen, befräftigen: firmata iam aetate; Cael 43. eam (Alexandream)

34*

cum pace praesidiisque firmaris; ep I 7, 4. ad firmandam novam civitatem; rep II 12. ut in ceteros firmaret imperium; Sulla 32. ut ea (vis iustitiae) etiam latronum opes firmet atque augeat; of II 40. ea (opinio) omnium gentium firmata consensu; div I 1. in qua (oratione) remissio lenitatis quadam gravitate et contentione firmatur; de or II 212. firmata iam stirpe virtutis; Cael 79.

firmus, feſt, ſtarf, fräftig, unwandelbar, zuverläſſig, ſicher: A. discedet nihilo firmior ad dolorem ferendum, quam venerat; fin IV 52. cum ea (Tullia) satis firma sit; ep VI 18, 5. illa vera et firma et certa esse; Ac II 43. accusatorem firmum verumque esse oportet; div Caec 29. eum animo firmissimo contra dicere paratum; inv I 25. argumenta excogitabantur ab eo firma ad probandum; Bru 272. causam ipsam per se firmam esse; Balb 19. Mutinam, coloniam populi Romani firmissimam; Phil VII 15. firma et stabilis doloris mortisque contemptio; fin II 113. paucis diebus se firmum exercitum habiturum; A VII 16, 2. firmiores quod eos opiniones esse de bestiis quibusdam quam ..; nat I 81. duo maria firmissimis praesidiis adornavit (Pompeius); imp Pomp 35. spem habeas firmissimam; ep VI 5, 4. ut (civium vita) opibus firma, copiis locuples sit; rep V 8. — B. sunt firmi et stabiles et contantes eligendi; Lael 62.

fiscina. Korb: homini Phrygi fiscinam ficorum obiecisti; Flac 41.

fiscus. Geldborb, Staatskaſſe: 1. fiscos complures cum pecunia Siciliensi esse translatos; Ver pr 22. — 2. de fisco quid egerit Scipio, quaeram; Q fr III 4, 5. quaternos HS, quos mihi senatus decrevit et ex aerario dedit, ego habebo et in cistam transferam de fisco; Ver III 197.

fissio. Spalten: cum terrae subigerentur fissione glebarum; nat II 159.

fissum. Spalt, Einſchnitt: I. num etiam, si fissum cuiusdam modi fuerit in iecore, lucrum ostenditur? div II 34. — II. fissum familiare et vitale (haruspices) tractant; div II 32.

fistula. Rohr, Waſſerröhre, Pfeife, Flöte: I. quod fistulas, quibus aqua suppeditabatur Iovis templis, praecidi imperarat; Phil 31. — II. Gracchus cum eburneola solitus est habere fistula, qui staret occulte post ipsum, cum contionaretur, peritum hominem; de or III 225. mirandas ἐπισημασίας sine ulla pastoricia fistula auferebamus; A I 16, 11.

fistulator. Pfeifer: fistulatorem domi relinquetis; de or III 227.

fixus ſ. figo.

flabellum, Fächer, Wedel: cuius (Maeandrii) lingua quasi flabello seditionis illa tum est egentium contio ventilata; Flac 54.

flabilis, luftförmig: nihil (est in animis) ne aut umidum quidem aut flabile aut igneum; Tusc I 66.

flacceo, matt ſein, nachlaſſen: Messala flaccet; Q fr II 14, 4.

flaccesco, ermatten: flaccescebat oratio; Bru 93.

flaccus, ſchlapphrig: ecquos (deos) silos, flaccos (arbitramur)? nat I 80.

flagellum, Peitſche: Porcia lex virgas amovit, hic misericors flagella rettulit; Rabir 12.

flagitatio, Forderung, Mahnung: nolui deesse ne tacitae quidem flagitationi tuae; Top 5.

flagitator, Mahner: hunc video flagitatorem non illum quidem tibi molestum, sed adsiduum tamen et acrem fore; Bru 18.

flagitiose, ſchimpflich, ſchmachvoll: I. haec non [modo] parum commode, sed etiam turpiter et flagitiose dicta esse; de or I 227. quae in rebus iudicandis nefarie flagitioseque facta sunt; Ver pr 37. qui aliorum amori flagitiosissime serviebat; Catil II 8. — II. sumus flagitiose imparati; A VII 15, 3.

flagitiosus, mit Schande beladen, ſchimpflich,

ſchmachvoll: foedo illo et flagitioso die; Phil III 12. propter hominis flagitiosissimi singularem nequitiam; Ver I 76. tam flagitiosa et tam perdita libido: Cato 42. vectigalium flagitiosissimae nundinae; Phil II 35. in flagitiosa atque vitiosa vita; fin II 93.

flagitium, Schmach, Schande Schändlichfeit, Schandtat: I. quod flagitium a toto corpore (tuo) afuit? Catil I 13. in qua (domo) omnia inaudita vitia ac flagitia versentur; Cael 57. — II, 1. quantum flagitii commississet; Brn 219. ut in oculis omnium sua furta atque flagitia defixurus sim; Ver pr 7. quod (carmen) infamiam faceret flagitiumve alteri; rep IV 12. — 2. cum manifestis in flagitiis tenebitur; Ver III 207. quorum (poëtarum) fabulis in hoc flagitio versari ipsum videmus Iovem; Tusc IV 70. — III. id erat meum factum? flagitii scilicet plenum et dedecoris; A XVI 7, 4. — IV. alqd: ſ. II, 1. committo. notas ac vestigia suorum flagitiorum relinqui; Ver II 115. — V. vitam tot vitiis flagitiisque convictam; Ver pr 10. qui ea sacra flagitio stuproque violarit; har resp 8.

flagito, bringend fordern, verlangen, mahnen, aufforbern: I. etsi munus flagitare ne populus quidem solet nisi concitatus, tamen ego expectatione promissi tui moveor, ut admoneam te, non ut flagitem; ep IX 8, 1. tametsi causa postulat, tamen, quia postulat, non flagitat, praeteribo; Quinct 13. — II. semper flagitavi, ut convocaremur; Phil V 20. — III. a me annona flagitabatur; dom 15. postulatur a te iam diu vel || et || flagitatur potius historia; leg I 5. munus: ſ. I. a te cum tua promissa per litteras flagitabam; ep III 11, 4. orationem civium pacem flagitantium; Marcel 14. populus regem flagitare non destitit; rep II 23. severitatem res ipsa flagitat; Catil I 6. — IV. cum frequentissimus senatus eos, ut de me referrent, cotidie flagitaret: dom 70. — V. quae me ludens Crassus modo flagitabat; de or II 188.

flagrantia, Glut: si (mulier) ita sese geret || gerat || non flagrantia oculorum, sed ..; Cael 49.

flagro, brennen, glühen, erfüllt, behaftet ſein: quos nimis etiam flagrare intellego cupiditate; de or I 134. nisi te ipsum flagrantem odio ante viderit; de or II 190. consules flagrant infamia; A IV 17, 2. incredibili quodam nostri homines dicendi studio flagraverunt; de or I 14. totam Italiam flagraturam bello intellego; A VII 17, 4. flagrantes (naves) onerarias videbatis; div I 69. vir flagranti studio; Bru 125. ut in nullo umquam flagrantius studium viderim; Bru 302.

flamen, Eigenprieſter: I. quod (M. Popilius) erat flamen Carmentalis; Bru 56. — II. adiunxit flamines, Salios virginesque Vestales; rep II 26. L. Lentulum, flaminem Martialem, opprimere voluisti: Vatin 25.

flamen, Wehen: 1. »haec augens anima vitali flamine mulcet«; fr H IV, a, 359. — 2. »inter flamina venti«; fr H IV, a, 341.

flamma, Flamme, Feuer, Brand: I. exortam videtur flammam paucorum dolore ac morte restinxisse; Ver V 14. ex aethere innumerabiles flammae siderum existunt; nat II 92. — II, 1. aut ab aris, focis ferrum flammamque depellit; Sest 90. omnis illa vis et quasi flamma oratoris exstinguitur; Bru 93. restinguo: ſ. I. exoritur. — 2. ut hanc pulcherrimam patriam omnium nostrum ex foedissima flamma eriperem; Catil IV 2. qui (Sulpicius) in eadem invidiae flamma fuisset; de or III 11. veniendum est vel in ipsam flammam; A XVI 15, 6. — III. cum aquae multitudine flammae vis opprimitur; Cato 71. — IV. qua (nocte) praetor amoris turpissimi flamma, classis praedonum incendio conflagrabat; Ver V 92.

flammeus, feurig, glänzend: sunt stellae natura flammeae; nat II 118.

flammo, entflammen: »(Phoebi fax) flammato ardore volabat«; div I 18. »flammato fulminis ictu«; div I 20.

flammula, Flämmchen: negat sibi duas ex lucerna flammulas esse visas; Ac II 80.

flatus, Schnauben, Wehen, Wind: I, 1. ad id, unde aliquis flatus ostenditur, vela do; de or II 187. — 2. cum prospero flatu eius (fortunae) utimur; of II 19. — II. »Canis aestiferos validis erumpit flatibus ignes«; fr H IV, a, 352.

flebilis, flagend, jammernd, jammervoll: maeror (est) aegritudo flebilis; Tusc IV 18. haec cum pressis et flebilibus modis concinuntur; Tusc I 106. o flebiles vigilias! Planc 101. flebili voce; de or III 217.

flebiliter, flagend, kläglich: nec tam flebiliter illa canerentur; Tusc I 85. perquam flebiliter Ulixes lamentatur; Tusc II 49.

flecto, biegen, umwenden. lenken, richten, verändern, umstimmen, herumsegeln: a qua (gratia) te flecti non magis potuisse demonstras quam Herculem Xenophontium illum a Voluptate; ep V 12, 8. quae (oratio) suscipitur ad animos omni ratione flectendos; de or II 211. ut eam (iram) flectas. te rogo; A XI 18, 2. Leucatam flectere molestum videbatur; A V 9, 1. si animal omne membra, quocumque vult, flectit, contorquet; div I 120. qui (Gaditani) mentes suas ad nostrum imperium flexerunt; Balb 39. qui concitatum populum flectat; Muren 24. (genus) flexo sono extenuatum; de or III 216. quae (voluntas testium) facillime fingi, nullo negotio flecti ac detorqueri potest; Cael 22.

fleo, weinen, beweinen: I. cum ego te flens flentem obtestabar; Flac 102. etsi flemus, cum legimus; Tusc I 96. cum senatus equitesque flere pro me vetarentur; Quir 13. lapides mehercule omnes flere ac lamentari coëgisses; de or I 245. cum mulier fleret uberius; Phil II 77. — II. »gentes nostras flebunt miserias«; Tusc II 21.

fletus, Weinen, Jammer: I. quem fletum totius Asiae fuisse (putatis)? Ver I 76. — II, 1. ut urbe tota fletus gemitusque fieret; Sex Rosc 24. — 2. neque te in eundem fletum adducam; ep XIV 1, 5. — III, 1. quid est fletu muliebri viro turpius? Tusc II 57. — 2. non possum prae fletu et dolore diutius in hoc loco commorari; A XI 6, 6.

flexibilis, biegsam, geschmeidig, lenksam, haltlos: nihil non flexibile ad bonitatem; A X 11, 1. i. animus, oratio. quid potest esse tam flexibile, tam devium quam animus eius, qui ..? Lael 93. (vocis genus) flexibile, plenum, interruptum flebili voce; de or III 217. materiam rerum totam esse flexibilem et commutabilem; nat III 92. nihil est tam flexibile quam oratio; de or III 176. quam flexibiles hominum voluntates (sint); ep II 7, 2.

flexiloquus, zweideutig redend: oraculis flexiloquis et obscuris; div II 115.

flexio, Biegung, Krümmung, Windung, Modulation, Ausflucht: I. quanto molliores sunt et delicatiores in cantu flexiones et falsae voculae quam certae et severae! de or III 98. — II. cum alter alteri ubicit vocis flexiones; orat 57. quae deverticula flexionesque quaesisti? Piso 53. — III. se ipse moderans virili laterum flexione; orat 59.

flexuosus, gewunden: flexuosum iter (auditus) habet; nat II 144.

flexus, Wendung, Windung: I. in quo (ponte) flexus est ad iter Arpinas; A XVI 13, (a) 1. — II. duro, (aures) habent introitus multisque cum flexibus; nat II 144. — III. si ambitionis occupatio rursu honorum, etiam aetatis flexu constitisset; de or I 1.

flo, blasen, gießen: quae ratio aut flandae aut conflandae pecuniae non reperiebatur; Sest 66.

floccus, Flocke, Faser: istos consulatus non flocci facteon; A I 16, 13. hoc ipsum, quantum acceperit, prorsus aveo scire, nec tamen flocci facio; A XIII 50, 3.

floreo, floreus, blühen, in Blüte, Ansehen, Kraft stehen, glänzen, part. ausgezeichnet, herrlich: cum (Crotoniatae) florerent omnibus copiis; inv II 1. qui in eis (artium generibus) floruerint | floruerunt ||; de or I 8. cur adulescens magis floruerit dicendo quam senior Hortensius; Bru 325. in qua urbe modo gratia, auctoritate, gloria floruimus; ep IV 13, 2. florente Academia; de or I 45. quae (ἄνθη) mihi florentiora sunt visa tuo iudicio; A XVI 11, 1. cur haec arbor una ter floreat; div I 16. campum Martium tanta celebritate, tanto splendore floruisse; dom 75. invidetur praestanti florentiae fortunae; de or II 210. cum floreret in Italia Graecia potentissimis urbibus; Tusc IV 2. hominem florentem aetate, opibus, honoribus, ingenio, liberis, propinquis, adfinibus, amicis; ep II 13, 2. haec una res in omni libero populo praecique semper floruit; de or I 30. (senatus) quondam florens; Phil II 15. possetne uno tempore florere, dein vicissim horrere terra? nat II 19.

floresco, aufblühen, erblühen: cui (Sulpicio) ad summam gloriam eloquentiae florescenti ferro erepta vita est; de or III 11. hoc (Hortensio) florescente Crassus mortuus est; Bru 303. puleium aridum florescere brumali ipso die; div II 33.

floridus, blühend, blumenreich: A. (Demetrius) est floridior, ut ita dicam, quam Hyperides; Bru 285. quanto colorum pulcritudine et varietate floridiora sunt in picturis novis pleraque quam in veteribus! de or III 98. — B. expones, quae spectet, florida et varia? Tusc III 43.

flos, Blume, Blüte, Blütezeit, Glanz, Zierde: I. nihil illius liniamentis nisi eorum pigmentorum florem et colorem defuisse; Bru 298. exustus flos siti veteris ubertatis exaruit; Bru 16. — II, 1. qui (sophistae) omnes eosdem volunt flores, quos adhibet orator in causis, persequi; orat 65. qui adulescentiam florem aetatis velit definire; Top 32. contra illam naufragorum manum florem totius Italiae ac robur educite; Catil II 24. exuro: f. I. exarecit. persequor: f. adhibeo. — 2. cum versaris in optimorum civium vel flore vel robore; orat 34. — III. res rusticae laetae sunt florum omnium varietate; Cato 54. — IV. sepulcrum L. Catilinae floribus ornatum est; Flac 95.

flosculus, Blüte: I. ficta omnia celeriter tamquam flosculi decidunt; of II 43. — II. ut omnes undique flosculos carpam atque delibem; Sest 119.

fluctiger, Wellen ertragend: »tunc se fluctigero tradit mandatque paroni«; fr H IX 3.

fluctuo(r), auf den Wellen treiben, schwanken, unsicher sein: quid est tam commune quam mare fluctuantibus? Sex Rosc 72. non debere eos (Academicos) in suo decreto fluctuari; Ac II 29. quadriremem fluctuantem reliquerat; Ver V 91. tota res etiam nunc fluctuat; A II 12, 3. cum hominis fluctuantem sententiam confirmassem; A I 20, 2.

fluctus, Flut, Welle, Woge, Strömung, Strudel: I. qui (fluctus) per nos a communi peste depulsi in nosmet ipsos redundarent; de or I 3. — II, 1. nulla aura fluctus commovente; Tusc V 16. depello: f. I. excitabat fluctus in simpulo, ut dicitur, Gratidius; leg III 36. fluctus numero; A I 6, 1. ut iam placatis utamur fluctibus; A VIII 3, 5. sedatis fluctibus; iuv II 154. — 2. utor: f. I. placo. — 3. emergere auctoritatem vestram e fluctibus illis servitutis; har resp 48. — III, 1. insulae fluctibus cinctae; rep II 8. navis illa expulsa atque eiecta fluctu frangitur; Ver I 46. — 2. qui in hac tempestate populi iactamur et fluctibus; Planc 11.

fluito, schwimmen, treiben, wogen: id sibi (deus) adsumpsit non tranquillum et quietum, sed immoderate agitatum et fluitans; Tim 9. »navibus

absumptis fluitantia quaerere aplustra«; fr H IV, c, 2. quot genera fluitantium et innantium beluarum! nat II 100. in hanc rei publicae navem fluitantem in alto tempestatibus seditionum; Sest 46.

flumen, Fluß, Strom: I. flumen subito accrevit; inv II 97. flumen aliis verborum volubilitasque cordi est; orat 53. nullius tantum flumen est ingenii; Marcel 4. ut flumina in contrarias partes fluxerint; div I 78. — II, 1. nos flumina arcemus, derigimus || dir. ||, avertimus; nat II 152. veniet flumen orationis aureum fundens Aristoteles; Ac II 119. — 2. vivos in flumen deici; Sex Rosc 70. tibi subito sum visus emersus e flumine; div II 140. — III. studio eius subitam fluminis magnitudinem fuisse impedimento; inv II 97. enumerari non possunt fluminum oportunitates; nat II 132. ad ostium fluminis Cydni; Phil II 26. propter hunc strepitum fluminum; leg I 21. — IV, 1. illi meum reditum flumine sanguinis intercludendum putaverunt; sen 6. (munus) flumine orationis et varietate maximum; de or II 62. — 2. quae navis umquam in flumine publico tam vulgata omnibus quam istius aetas fuit? har resp 59.

fluo, fließen, strömen, hervorströmen, entstehen, sich verbreiten, zerfließen, erschlaffen, entfallen: cum fluimus mollitia; Tusc II 52. multa ab ea (luna) manant et fluunt; nat II 50. haec omnia ex eodem fonte fluxerunt; nat III 48. fluent arma de manibus; Phil XII 8. pictum Gallum eiecta lingua, buccis fluentibus; de or II 266. Pythagorae doctrina cum longe lateque flueret; Tusc IV 2. ut flumina in contrarias partes fluxerint; div I 78. quid? cum fluvius Atratus sanguine fluxit? div I 98. mel ex olea fluxisse dicunt; div II 86. superior longius, quam volui, fluxit oratio; ep IX 6, 4. res fluit ad interregnum; A IV 18, 3 (16, 11). fluentium frequenter transitio fit visionum; nat I 109. quod (vitium) ab Hegesia maxime fluxit; orat 230.

fluviatilis, in Flüssen lebend: fluviatiles testudines aquam persequuntur; nat II 124.

fluvius, Fluß, Strom: I. Atratum etiam fluvium fluxisse sanguine; div II 58. qui (Hypanis) fluvius ab Europae parte in Pontum influit; Tusc I 94. — II. fluvius Eurotas ita magnus et vehemens factus est, ut ..; inv II 96.

fluxus, schwankend, zerrüttet: ita sunt res nostrae, »ut in secundis fluxae, ut in adversis bonae« | ut .. bonae ||; A IV 1, 8.

foculus, Opferherd: foculo posito in rostris; dom 123.

focus, Feuerstätte, Herd, Haus, Heim: I, 1. cum Vesta quasi focum urbis complexa sit; leg II 29. haec (est) restitutio in aris, in focis, in dis penatibus reciperandis; dom 143. repetebam deos patrios, aras, focos, larem suum familiarem; Phil II 75. — 2. nudum eicit domo atque focis patriis; Sex Rosc 23. — 3. Curio ad focum sedenti; Cato 55 (56). — II. bellum nefarium contra aras et focos comparari; Phil III 1.

fodico, wühlen: fodicantibus iis rebus, quas malas esse opinemur; Tusc III 35.

fodio, graben, wühlen, stechen: I. quibus (notis) cognitis ipse sibi foderet; de or II 174. pungit dolor, vel fodiat sane; Tusc II 33. — II. num exspectas, dum te stimulis fodiamus? Phil II 86.

foede, gräßlich, abscheulich, schmählich: (causa) agetur foedissime; A IX 7, 4. qui legato foedissime et crudelissime venas incideret; har resp 35. Scipio, Afranius foede perierunt; ep IX 18, 2.

foederatus, verbündet: A. foederatae civitates duae sunt; Ver III 13. si quis apud nos servisset ex populo foederato; de or I 182. in Mamertinorum solo foederato; Ver IV 26. — B, I. qui foederatos civitate donarunt; Balb 65. — II. tu, patrone foederum ac foederatorum; Balb 25.

foedifragus, bundbrüchig: Poeni foedifragi: of I 38.

foeditas, Abscheulichkeit, Entstellung, Schändlichkeit: I. quanta illa depravatio et foeditas turpificati animi debet videri! of III 105. — II. cuius scelere in hac vestitus foeditate fuerimus; Phil XII 12. - III. multae bestiae etiam insectantes odoris intolerabili foeditate depellunt; nat II 127.

foedo, verunstalten, schänden, entweihen: -quae (custos) me perenni foedat miseria«; Tusc II 24. quoniam togatam domestici belli exstinctorem nefario scelere foedasset; har resp 49. a Sex. Serrano sanctissima sacella summa turpitudine foedata esse nescimus? har resp 32.

foedus, garstig, gräßlich, abscheulich: si nihil malum, nisi quod turpe, inhonestum, indecorum. pravum, flagitiosum, foedum; fin III 14. ego bellum foedissimum futurum puto; A VII 26, 3. exitum iudicii foedum et perniciosum levissime tuli; Q fr III 9, 1. genus illud interitus foedum ducens; A XV 20, 2. cum conlega tuus a foedissimis latronibus obsideretur; ep X 6, 1. multo taetrior et foedior (puer) renatus est; leg III 19. populum Romanum foedissima crudelissimaque servitute liberatum; Phil XIV 37. sempiternas foedissimae turpitudinis notas; Piso 41. in causa impia, victoria etiam foediore; of II 27.

foedus, Bündnis, Bund, Bundesvertrag: I. cum Camertino foederum sanctissimum atque aequissimum sciret esse; Balb 46. — II. in eo foedere, quod factum est quondam cum Samnitibus. quidam adulescens nobilis porcam || porcam | sustinuit iussu imperatoris; inv II 91. qui (imperator) videret. ut satis honestum foedus feriretur; inv II 92. fregit foedus Gabinius; dom 66. cum Latinis omnibus foedus esse ictum; Balb 53. foedere ab senatu improbato: inv II 91. hunc quisquam foedera scientem neglexisse. violasse, rupisse dicere audebit? Balb 13. — 2. ut id contra foedus fieri dicat legemque naturae: Scaur 5. quod non est in omnibus foederibus; Balb 35. — III. qui (populi) domini sint belli, pacis. foederum; rep I 48. en foederum interpretes! Ver V 54. habetis imperatorum summorum interpretationem iuris ac foederum; Balb 52. quod iis navem contra pactionem foederis imperarint; Ver V 49. quantae saluti sint foederum religiones; leg II 16. cuius (populi) maiestas foederis sanctione defenditur; Balb 36. — IV, 1. ut Tauromenitanis cautum et exceptum sit foedere, NE NAVEM DARE DEBEANT; Ver V 50. ut quaeque (civitas) nobiscum maxime societate, amicitia, sponsione, pactione, foedere sit coniuncta; Balb 29. excipi: s. caveri. — 2. istum contra foedus Tauromenitanis imperasse (navem); Ver V 50. ex foedere quam (navem Mamertini) deberent; Ver V 136. in: s. II, 1. facio.

foen — s. faen —

foetidus, stinkend: cum isto ore foetido taeterrimam nobis popinam inhalasses; Piso 13.

foetor, Gestank: hic iacebat in suorum Graecorum foetore et caeno; Piso 22.

folium, Blatt: I. ex illo seminario triumphorum cum arida folia laureae rettulisses; Piso 97. — II. qui ipsi (consules) pluma aut folio facilius moventur; A VIII 15, 2.

folliculus, Schlauch: os obvolutum est folliculo et praeligatum; inv II 149.

follis, Blasebalg: quas (formas) vos effici posse sine follibus et incudibus non putatis; nat I 54.

fomentum, Linderungsmittel: haec sunt solacia, haec fomenta summorum dolorum; Tusc II 59.

fons, Quelle, Ursprung: I, 1. in hac insula extrema est fons aquae dulcis; Ver IV 118. fontem omnium bonorum in corpore esse; Ac II 140. in ea (aegritudine) est fons miseriarum et caput; Tusc IV 83. quoniam ipsi fontes iam sitiunt; Q fr III

l, 11. — 2. quoniam iuris natura fons s i t; of III 72. — II, 1. qui omnes omnium rerum fontes animo ac memoria c o n t i n e r e t; de or I 94. largitio, quae üt ex re familiari, fontem ipsum benignitatis exhaurit; of II 52. hic fontem perennem gloriae suae perdidit; Milo 34. tardi ingenii est rivulos consectari, fontes rerum non videre; de or II 117. — 2. quoniam a quattuor fontibus honestatis officia d u x i m u s; of III 96. ex iisdem te haec haurire fontibus, ex quibus ipse hauseram; ep X 3, 4. equidem ab his fontibus profluxi ad hominum famam; Cael 6. ad fontem generis utriusque veniamus; Planc 18. — III. partium distributio saepe [est] infinitior, tamquam rivorum a fonte d i d u c t i o; Top 33. — IV. urgerent philosophorum greges iam a b illo fonte et capite Socrate; de or I 42. post Arethusae fontem; Ver V 80.

for, fagen, fpredjen, verfünben: I. postulatio ante hoc tempus ne fando quidem a u d i t a; Quinct 71. — II. ad eos (deos) is deus, qui omnia genuit, fatur: »haec vos . .;« Tim 40. — III. »fabitur h a e c aliquis, mea semper gloria vivet«; fr F VIII 9.

foramen, Öffnung: quamquam foramina illa, quae patent ad animum a corpore, callidissimo artificio natura fabricata est; Tusc I 47.

foras, nad) außen, fjinaus: ea (scripta) tum foras dari, cum . .; A XIII 22, 3. quorum animi spretis corporibus evolant atque excurrunt foras; div I 114. filium suum foras ad propinquum suum quendam mittit ad cenam; Ver I 65. quae (oratio) non sit foras prodituro; A XV 13, 7. iustitia foras spectat; fin V 67.

forem f. **sum.**

forensis, auf bem Marft, geridjtlid), öffent= lid): *Cicero qui „foresia" et „Megalesia" et „Hortesia" sine n littera libenter dicebat;* fr K 13. — educenda dictio est ex hac domestica exercitatione in castra atque in a c i e m forensem; de or I 157. cum meae forenses artes et actiones publicae concidissent; orat 148. si haec turba et barbaria forensis dat locum vel vitiosissimis oratoribus; de or I 118. quem cursum industria mea tenere potuisset sine forensibus causis? Phil VIII 11. ne abstrahamur ab hac exercitatione et consuetudine dicendi populari et forensi; de or I 81. in forensibus disceptationibus; de or II 175. exercitatio: f. consuetudo. ut sequeretur et illud forense dicendi et hoc quietum disputandi genus; of I 3. quantum (temporis) mihi forenses feriae concesserint; de or III 85. quamquam (Isocrates) forensi luce caruit; Bru 32. omnibus forensibus negotiis intermissis; Cael 1. neque sine forensibus nervis satis vehemens et gravis esse orator potest; de or III 80. sit par forensis opera *militari,* militaris suffragatio urbanae; Muren 41. et domesticis et forensibus solaciis ornamentisque privati; Tusc I 84. amisso regno forensi; ep IX 18, 1. maximis rebus forensibus nostris domesticae litterae responderunt; orat 148. solacia: f. ornamenta. splendorem nostrum illum forensem; A IV 1, 3. in usu civitatum vulgari ac forensi; de or I 260.

foris, Tür, Eingang: 1. a p e r u i t forem scalarum; fr A VII 11. cum forem cubiculi (Dionysius) clauserat; Tusc V 59. effringi multorum fores; Ver IV 52. — 2. ut ipsi (servi) ad fores a d s i s t e r e n t; Ver I 66. nec (vita beata) resistet extra fores limenque carceris; Tusc V 80.

foris, braußen, ausmärts: I. foris a d s u m u n t u r ea, quae non sua vi, sed extranea sublevantur; de or II 173. cum Pomponia foris || foras || cenaret; Q fr III 1, 19. ut in ipsa (arte) insit, non foris petatur extremum, id est artis effectio; fin III 24. non quaeram exemplum foris; Ver III 212. quae sunt foris neque haerent in rei natura; de or II

163. — II. fuit ille vir cum foris clarus, tum domi admirandus; Phil II 69.

forma, Geftalt, Figur, Gepräge, Art, Ehataftet, Ibeal, Bilb, Sinnbrit}, Darftellung, Sdjönfjeit: I. has rerum formas appellat ibéas Plato easque gigni negat et ait semper e s s e ac ratione et intellegentia contineri; orat 10. formae quaedam sunt orationis, in quibus ea concinnitas est, ut sequatur numerus necessario; orat 220. genus est notio ad plures differentias pertinens; forma est notio, cuius differentia ad caput generis et quasi fontem referri potest; Top 31. formae sunt eae, in quas genus sine ullius praetermissione dividitur; Top 31. formas qui putat idem esse, quod partes, confundit artem; Top 31. cum duae formae praestantes sint, ex solidis globus, ex planis autem circulus aut orbis; nat II 47. quod ingenii quaedam forma lucebat; Bru 327. — II, 1. formae ab uno pictore uno a b s o l u t a e die; leg II 45. appello: f. I. orat 10. oculi in pictis, fictis caelatisque formis multa cernunt subtilius; nat II 145. redeo ad illam Platonis rei formam et speciem, quam etsi non cernimus, tamen animo tenere possumus; orat 101. contineo: f. I. orat 10. quae dicuntur orationis quasi formae et lumina, quae Graeci vocant oyhmata; orat 181. f. expono. (grues) trianguli efficere formam; nat II 125. habes undique expletam et perfectam formam honestatis; fin II 48. in omni re difficillimum est formam, quod || qui || yaqaxtñq Graece dicitur, exponere optimi; orat 36. formam mihi urbis exponas; A VII 12, 6. quod ad me quasi formam communium temporum et totius rei publicae misisti expressam; ep III 11, 4. fingo: f. caelo. gigno: f. I. orat 10. qui (praedones) aliquid formae habebant; Ver V 64. f. expleo. ea oratio in eam formam, quae est insita in mentibus nostris, includi sic potest, ut maior eloquentia ne || non || requiratur quidem; orat 133. mitto: f. exprimo. Aristoteles mutavit repente totam formam prope disciplinae suae; de or III 141. perficio: f. expleo. pingo: f. caelo. formam aliquam figuramque quaerebant; Tusc I 37. (orationes Catonis) significant formam quandam ingenii, sed admodum impolitam et plane rudem; Bru 294. formarum certus est numerus, quae cuique generi subiciantur; Top 33. teneo: f. cerno. formam ipsam et tamquam faciem honesti vides; of I 15. — 2. c e r n o in: f. 1. caelo. divido in: f. I. est; Top 31. a forma generis (argumentum ducitur) hoc modo; Top 14. includo in: f. 1. insero. domus erit egregia; magis enim cerni iam poterat, quam quantum ex forma indicabamus; Q fr II 5, 3. redeo ad: f. 1. cerno. quicquid est, de quo ratione et via disputetur, id est ad ultimam sui generis formam speciemque redigendum; orat 10. sum in: f. 1. orat 220. — III. (di) pulcherrima forma p r a e d i t i; nat II 60. — IV, 1. alqd: f. II, 1. habeo. formae dignitas coloris bonitate tuenda est; of I 130. non ab hominibus formae figuram venisse ad deos; nat I 90. hi monumenta tuae formae ac nominis in suis civitatibus esse cupiebant; Ver II 157. numerus: f. II, 1. subicio. — 2. ad mensam eximia forma p u e r o s delectos iussit consistere; Tusc V 61. — V. ut sibi praeter formam nihil ad similitudinem hominis reservarit; Cluent 199. qui (Homerus) Ganymeden ab dis raptum ait propter formam; Tusc I 65.

formica, Ameife: I. formicae, apes, ciconiae aliorum etiam causa quaedam f a c i u n t; fin III 63. — II. quod in formica non modo sensus (sit), sed etiam mens, ratio, memoria; nat III 21. — III. usque ad apium formicarumque perfectionem; Ac II 120.

formido, fürdjten: qui (vir), quicquid fecerit, ipse se cruciet o m n i a q u e formidet; fin II 53.

illius (Pompei) iracundiam formidant; A VIII 16, 2.
quo etiam satietas formidanda est magis; orat 213.

formido, Furcht, Grausen, Schreckbild: I.
(perturbationes) sunt aegritudo, formido, libido;
fin III 35. ecce illa bonorum subita atque improvisa
formido; prov 43. — II. cuius ignoratio finxit
inferos easque formidines, quas tu contemnere
non sine causa videbare; Tusc I 36. ut aliqua in
vita formido improbis esset posita; Catil IV 8. —
III. vidi hominem plenum formidinis; A IX
10, 2. — IV. quae (sapientia) nos a formidinum
terrore vindicet; fin I 46.

formidolose, furchtbar, schreckhaft: eos opponi
omnibus contionibus falso, sed formidolose tamen
auctores ad perniciem meam; Sest 42.

formidolosus, grausig, furchtbar: confecto
per te formidolosissimo bello; Piso 58. (consessum
vestrum) horribilem A. Cluentio ac formidolosum fore;
Cluent 7. scientia rerum formidolosarum neglegen-
darum; Tusc IV 53. formidolosis temporibus; Ver
V 1.

formo, bilden, gestalten, schaffen: ea (verba)
nos sicut mollissimam ceram formamus et fingimus;
de or III 177. quam (materiam) fingit et format
effectio; Ac I 6. si quisquam dicitur nisi orator
formare orationem; de or II 36. perinde, utcumque
temperatus sit aër, ita pueros orientes animari atque
formari; div II 89. speciem (natura) ita formavit
oris, ut . .; leg I 26. verba: f. ceram.

formositas, Schönheit: quoniam id (decorum)
positum est in tribus rebus, formositate, ordine, ornatu
ad actionem apto; of I 126.

formosus, wohlgestaltet, schön: formosus an
deformis (sit); inv I 35. solos sapientes esse, si
distortissimi sunt, formosos; Muren 61. cur neque
deformem adulescentem quisquam amat neque formosum senem? Tusc IV 70. praebete mihi ex istis
virginibus formosissimas; inv II 2.

formula, Regel, Verordnung, Vorschrift, Bestimmung, Formel: I. ubi illa erit formula fiduciae:
„UT INTER BONOS BENE AGIER OPORTET"?
ep VII 12, 2. — II, 1. an (hortaria), ut stipulationum
et iudiciorum formulas componam? leg I 14. —
quid est, quo formulam exprimas? orat 36. quae
(postulata) omnia novas iniurias habent, sed postulationum formulas usitatas; Ver II 147. — 2. causa
ipsa abhorret a formula consuetudinis nostrae;
opt gen 20. eundem in angustissimam formulam sponsionis concludebas? Q Rosc 12. quid ille non dixit
de testamentorum iure? de antiquis formulis? Bru
195. QUA DE RE AGITUR illud, quod multis locis
in iuris consultorum includitur formulis; Bru 275.

fornax, Ofen: (bestiae) in ardentibus fornacibus
volitantes; nat I 103.

fornicatus, gewölbt: parietem vel solidum vel
fornicatum; Top 22.

fornix, Bogen, Gewölbe: I. non debebit praestare, quod fornix vitii fecerit; Top 22. — II. vis
servorum e fornicibus ostiisque omnibus in scaenam
inrupit; har resp 22. — III. videt (Curio) ad ipsum
fornicem Fabianum in turba Verrem; Ver pr 19.

foro, durchbohren: certe solebas bene foratas
habere aures; fr G b 14.

fors, Zufall, abl. zufällig, etwa, vielleicht: I.
sit sane Fors domina campi; Piso 3. quid est aliud
fors, quid fortuna, quid casus, nisi . .? div II 15.
quemcumque fors tulerit casum; A VIII 1, 3. quod
fors obtulerit; A II 22, 1. haec fors viderit, ea quae
talibus in rebus plus quam ratio potest; A XIV 13, 3. —
II. quid est tandem, quod casu (haec) fieri aut forte
fortuna putemus? div II 18. quod umquam eorum
in re publica forte factum exstitit? A VIII 14, 2.
etiamsi res forte non suppetit; of II 32. ne forte
quaeratis; Caecin 14. ne colonum forte adfuisse dicatis; Cluent 182. nisi me propter benivolentiam forte

fallebat; Cael 45. tu velim eam orationem legas,
nisi forte iam legisti; A XV 1, a, 2. quodsi forte
(tyranni) ceciderunt; Lael 53. si forte tu frigus
ferre non posses; ep IX 24, 2. (Brutum) exspectantem,
si qui forte casus; A XVI 5, 3. vide, si forte in
Tusculano recte esse possum; A XVI 14, 2. ut, si
haec ex sententia confecta essent, consilio et auctu-
ritate tua, sin quid forte titubatum, exercita tuo
niteremur; ep XII 10, 2.

forsitam, vielleicht, etwa: forsitan quispiam
dixerit . .; of III 29. nimium forsitan haec illi
mirentur; Ver IV 124. maior ars aliqua forsitan esset
requirenda; de or II 189. ac forsitan vix convenire
videretur; Ver II 159.

fortasse, vielleicht, wohl, etwa, ungefähr: I.
quia mihi ipse adsentor ‖ adsentior ‖ fortasse, cum
ea esse in me fingo; ep III 11, 2. ut discederem
fortasse in aliquas solitudines; ep II 16, 2. mittam
ad te exemplum fortasse Lanuvio, nisi forte Romam;
A XIII 26, 2. quaeret fortasse ‖ fortassis ‖ qui-
piam . .; Cluent 144. — II. parens tuus Catilinae
fuit advocatus, improbo homini, at supplici, fortas-
audaci, at aliquando amico; Sulla 81. Graeculo
otioso et loquaci et fortasse docto atque erudito; de
or I 102. sed haec leviora fortasse; Phil III 23.
vendo meum non pluris quam ceteri, fortasse etiam
minoris; of III 51. elegit ex multis Isocrati libris
triginta fortasse versus Hieronymus; orat 190. — Ill.
cur non etiam, ac fortasse magis, propter se formae
dignitatem sequamur? fin V 47. at fortasse non
omnia eveniunt, quae praedicta sunt; nat II 12. —
IV. hoc fortasse rei publicae causa constitutum
est; div II 43.

fortassis, vielleicht: I. postremo etiam fortassis
mater mortem se filii lugere simulasset; Cluent 201.
— II. si condicio valde bona fuerit, fortassis non
amittam ‖ omittam ‖; Q fr II 2, 1.

forte f. fors, II.

forticulus, recht standhaft: quamvis idem
forticulum se in stranguria sua praebeat; Tusc II 45.

fortis, stark, tüchtig, kraftvoll, energisch, mutig,
tapfer, heldenmütig: A. me fortiorem in patiendo
dolore fore, si . .; fin IV 72. fortes et duri Spartiatae; Tusc I 2. sequemur id, quod vehemens atque forte est; of I 100. cum A. Hirtius fortissimum
praestantissimoque animo exercitum castris eduxerit;
Phil XIV 36. fuit constans civis et fortis; Bru 117.
an consules in praetore coërcendo fortes fuissent?
Milo 89. oculis nulla poterat esse fortior contra
dolorem et mortem dignitius; Tusc II 41. fortissimo quodam animi impetu; de or III 31. legionum
fortissimam verissimumque iudicium; Phil IV 6.
fortibus sane oculis Cassius; A XV 11, 1. quod
eorum opera forti fidelique usus essem; Catil III 14.
illam orationem disertam sibi et oratoriam videri.
fortem et virilem non videri; de or I 231. qui
maxime forti et, ut ita dicam, virili fuisse animo
atque sententia; Tusc III 22. producebat virum
fortissimum; har resp 48. an vero vir fortis, nisi
stomachari coepit, non potest fortis esse? Tusc IV
48. — B, I. videas rebus iniustis iustos maxime
dolere, imbellibus fortes; Lael 47. vicissent improbos boni, fortes inertes; Sest 43. — II. fortem
ignavum, audacem timidumque (oculi) cognoscunt;
nat II 145. — III. fortium bonorumque (animo-
esse) divinos; leg II 27.

fortiter, kräftig, mutig, energisch, tapfer: fortiter hoc velim accipias, ut ego scribo; A XV
20, 2. haec ab Antiocho dicuntur multo melius et
fortius, quam a Stasea dicebantur; fin V 75. quid
in re militari fortiter feceris; Ver V 4. ut, quicquid acciderit, fortiter et sapienter feramus; A
XIV 13, 3. qui recte et fortiter sentient; Phil
VIII 22. cum gravissimam adulescens nobilissimus

rei publicae partem fortissime suscepisset; Milo 40. satis virtus ad fortiter vivendum potest; Tusc V 53.

fortitudo, Stärke, Unerschrockenheit, Energie, Tapferkeit: I. fortitudo (certat) cum ignavia; Catil II 25. tracta definitiones fortitudinis, intelleges eam stomacho non egere; Tusc IV 53. fortitudo est considerata periculorum susceptio et laborum perpessio. eius partes magnificentia, fidentia, patientia, perseverantia; inv II 163. probe definitur a Stoicis fortitudo, cum eam virtutem esse dicunt propugnantem pro aequitate; of I 62. obstat: f. II nomino. — II. quas (virtutes) appellamus voluntarias, ut fortitudinem, iustitiam; fin V 36. definio: f. I. est. fortitudinem audacia imitatur; part or 81. quae venientibus malis obstat, fortitudo nominatur; part or 77. — III. isto modo licet dicere utilem vinulentiam ad fortitudinem; Tusc IV 52. — IV. iracundiam fortitudinis quasi cotem esse; Ac II 135. definitiones: f. I eget. num est vehementius severitatis ac fortitudinis invidia, quam inertiae ac nequitiae pertimescenda? Catil I 29. animus paratus ad periculum audaciae potius nomen habeat quam fortitudinis; of I 63. partes: f. I. est. similis est ratio fortitudinis; of I 94.

fortuito, zufällig, planlos: nec mihi ipsi huc accidit fortuito; Tusc I 99. ea, quae praedicta sunt, fortuito cecidisse potuerunt; div II 66. non fortuito factum videtur, sed a te ratione propositum, ut . . .; Tusc IV 83. fortuito in sermonem vestrum incidisse; de or I 111. quid casu et fortuito futurum sit; div II 18.

fortuitus, zufällig: A. quae fortuita sunt, certa esse non possunt; div II 24. ut illud nescio quid non fortuitum, sed divinum videretur; ep VII 3. 2. mundum effici ex eorum corporum concursione fortuita; nat II 93. subitam et fortuitam orationem; de or I 150. rerum fortuitarum nulla praesensio est; div II 18. — B. concursio fortuitorum talis est, ut si interventum est casu, cum . . .; Top 76.

fortuna, Schicksal, Los, Glück, Unglück, Zufall, Lage, Stellung, Umstände, Glücksgüter, Vermögen, Glücksgöttin: I. absolut: 1. nisi ad ipsum discrimen eius temporis divinitus Cn. Pompeium ad eas regiones fortuna populi Romani attulisset; imp Pomp 45. ut regum adflictae fortunae facile multorum opes adliciant ad misericordiam; imp Pomp 24. cui etiam, quae vim habere maximam dicitur, Fortuna ipsa cedit; par 34. quem virum fortuna ex hostium telis eripuisset; Ver V 3. quae potest esse fortuna? qua sublata qui locus est divinationi? div II 19. Fortuna caeca est; Lael 54. in utroque eandem habuit fortuna potestatem, sed usa in altero est; Tusc I 85. f. cedit. utrique horum secunda fortuna regnum est largita, adversa mortem; har resp 54. si nos premet eadem fortuna; ep XIV 1, 5. ex quibus (manibus) si me non vel mea vel rei publicae fortuna servasset; Milo 20. si hoc, quod eventurum est, vel hoc vel illo modo potest evenire, fortuna valet plurimum; div II 24. haec fortuna viderit, quoniam ratio non gubernat; A XIV 11, 1. utitur: f. habet. — 2. o fragilem fortunam! de or III 7. o gravem acerbamque fortunam! Ver V 119. o volucrem fortunam! Sulla 91. vgl. V, 2. per. II. nach Verben: 1. adfligo: f. I, 1. adiiciunt. iis praetor adimere bona fortunasque poterit? Ver I 113. agi fortunas omnium dicebat; Cluent 77. qui amplissimas fortunas amitteret; Ver V 18. his (hominibus) salutem nostram, his fortunas rectissime committi arbitramur; of II 33. conservate vos, coniuges, liberos fortunasque vestras; Catil IV 3. nullo loco dero neque ad consolandam neque ad levandam fortunam tuam; ep V 17, 5. nolite fortunam convertere in culpam; Rab Post 29. qui eius iura fortunasque defenderem; div Caec 65. magis vestras

fortunas lugerem quam desiderarem meas; sen 34. fortunas locupletium diripere; Vatin 6. cum omnes aratorum fortunas decumarum nomine eriperes; Ver III 48. fortunam et laudare stultitia et vituperare superbia est; inv II 178. levo: f. consolor. lugeo: f. desidero. laetemur decertandi oblatam esse fortunam; Phil XIII 7. non debes aut propriam fortunam et praecipuam postulare aut communem recusare; ep IV 15, 2. ut, quaecumque mihi proponetur fortuna, subeatur; Catil IV 2. ut Cn. Pompei filius posset et dignitatem et fortunas patrias recuperare; Phil XIII 12. recuso: f. postulo. se in beneficiis conlocandis mores hominum, non fortunam sequi; of II 69. subeo: f. propono. ne fictis auditionibus fortunas innocentium subiciendas putetis; Planc 56. tollo: f. I. est. an bona fortunasque aratorum omnes vendidisti? Ver III 40. vitupero: f. laudo. — 2. iacere telum voluntatis est, ferire quem nolueris fortunae; Top 64. — 3. tuum est consulere temporibus et incolumitati et vitae et fortunis tuis; ep IV 9, 4. hominem nulli fortunae succumbere (oportere); of I 66. — ne pupillum Iunium fortunis patriis conetur evertere; Ver I 135. fortunis omnibus expulsos esse populi Romani socios atque amicos; Ver III 127. fruere fortuna et gloria (tua); Marcel 19. se fortunis spoliari; Sest 59. qui si fuisset in discipulo comparando meliore fortuna; Piso 71. — 5. qua ex fortuna quis cadat; part or 57. in qua (quisque) fortuna est nascendi initio constitutus; Balb 18. dico pro capite fortunisque regis; Deiot 1. L. Cornelium de fortunis omnibus dimicare; Balb 5. quod in vetere fortuna illos natos et educatos nimiae rerum omnium copiae depravabant; agr II 97. cuncti Siculi de suis periculis fortunisque omnibus pertimescunt; Ver V 115. qui in eadem causa et fortuna fuisset; Ligar 16. tale ingenium in tam misera fortuna versari; A XI 17, 1.

III. nach Adjectiven: vos vestra secunda fortuna non potestis sine propinquorum calamitate esse contenti? Deiot 29. quem dignum fortuna quam amplissima putant? of II 21.

IV. nach Substantiven: 1. non se praetulisse aliis propter abundantiam fortunae; de or II 342. quae bona coporis et fortunae putantur; Tusc II 30. P. Lentulus, parens ac deus nostrae vitae, fortunae, memoriae; sen 8. aegritudinem moveri corporis et corporis incommodis, non animi malis; Tusc III 78. animi aegritudo fortunae magna et gravi commota iniuria; nat I 9. esse quaedam et corporis et fortunae mala; Ac II 134. (vir) summis ornamentis honoris, fortunae, virtutis, ingenio praeditus, Q. Hortensius; imp Pomp 51. parens: f. deus. possumus sine periculo fortunarum de re pecuniaria disceptare? Quinct 45. ne tum quidem fortunae rotam pertimescebat; Piso 22. fortunae tela tela sunt, non culpae; Piso 43. quem (statum) neque fortunae temeritas neque inimicorum labefactaret iniuria; par 17. negat (Epicurus) ullam in sapientem vim esse fortunae; Tusc III 49. — 2. homines infima fortuna; fin V 52. — 3. cum tu in bona fortunasque locupletium repentinos impetus comparares; dom 13.

V. Umstand: 1. si non fortuna, sed industria factum videbitur; inv II 112. quid tandem, quod casu haec fieri aut forte fortuna putemus? div II 18. vir cum virtutibus tum etiam fortuna ornatus; ep XIII 13. ab hominibus (circumsessus es) fortuna servis, voluntate supplicibus; Ver .I 81. quam (Diogenes) regem Persarum vita fortunaque superaret; Tusc V 92. — 2. in fortuna quaeritur, servus sit an liber, pecuniosus an tenuis, privatus an cum potestate; inv I 35. (Pompeius) in amplissimis fortunis occidisset; Tusc I 86. per fortunas miseras nostras, vide, ne . . .; ep XIV 1, 5. ad quae recuperanda, per fortunas! incumbe; A III 20, 1. per fortunas! A V 13, 3. VII 1, 2. magnis imperatoribus

etiam propter fortunam saepius imperia mandata esse; in p Pomp 47.

fortunate, glüdlich: omnes sapientes semper feliciter, absolute, fortunate vivere; fin III 26.

fortuno, beglücten, segnen, part. glücklich, gesegnet, begütert: si opulentum fortunatumque defenderis; of II 70. maiores nostri omnibus rebus agendis „QUOD BONUM, FAUSTUM, FELIX, FORTUNATUMQUE ESSET" praefabantur; div I 102. o fortunate adulescens! Arch 24. fortunatus illius (Hortensii) exitus; Bru 329. nusquam se fortunatiorem quam Praeneste vidisse Fortunam; div II 87. eum honorem tibi deos fortunare volo; ep XV 7. 12, 1. apud Scopam, fortunatum hominem et nobilem; de or II 352. o fortunata mors! Phil XIV 31. tibi patrimonium dei fortunent; ep II 2. fortunatissimam pulcherrimamque urbem; Catil III 1.

forum, Marti, Marktplaß, Gerichtsstätte, Gerichtstag: I. cum est forum plenum iudiciorum, plenum magistratuum, plenum optimorum virorum et civium; Flac 57. — II, 1. vidi forum comitiumque adornatum ad speciem magnifico ornatu, ad sensum lugubri; Ver I 58. forum institueram agere Laodiceae Cibyraticum et Apamense; A V 21, 9. hoc foro, quod egi ex Idibus Februariis Laodiceae ad Kal. Maias omnium dioecesium, mirabilia quaedam effecimus; A VI 2, 4. ut plangore et lamentatione complerimus forum; orat 131. forum corporibus civium Romanorum constratum caede nocturna; Sest 85. qui expiandum forum populi Romani ab illis nefarii sceleris vestigiis esse dico; Rabir 11. ut forum laxaremus et usque ad atrium Libertatis explicaremus; A IV 17, 7 (16, 14). qui forum et basilicas non spoliis provinciarum, sed ornamentis amicorum ornarent; Ver IV 6. lex erat lata vastato ac relicto foro et sicariis servisque tradito; Sest 53. video; f. adorno. — 2. non ius abesse videbatur a foro neque iudicia, sed vis et crudelitas; Ver V 31. de qua (philosophia) disserens adripere verba de foro non potest; fin III 4. erant hostiae maiores in foro constitutae; agr II 93. petitorem ego magno animo et in forum et in campum deduci volo; Muren 44. non dubito, quin, si maiestas populi Romani revixisset, aliquando statua huic in foro statueretur; Sest 83. quae (templa) circum forum sunt; opt gen 10. cum (Caelius) iam aliquot annos esset in foro; Cael 12. sublata erat de foro fides; agr II 8. cum primum M. Terentius in forum venit; ep XIII 10, 2. annos iam triginta in foro versaris, sed tamen in Pergameno; Flac 70. is (Crassus) primus instituit in forum versus agere cum populo; Lael 96. cum aut in foro magistratus aut in curia senatum video; div II 142. quod me in forum vocas, eo vocas, unde etiam bonis meis rebus fugiebam; A XII 21, 5. — III. tantus est ex fori cancellis plausus excitatus, ut ..; Sest 124. nunc vobis videtur cum aliquo declamatore, non cum laboris et fori discipulo disputare? Planc 83. alia fori vis est, alia triclinii; Cael 67. — IV, 1. efficere: f. II, 1. ago. — 2. qui iam conticuerunt paene ab ipso foro inrisi; Tusc II 3. ne quis extra suum forum vadimonium promittere cogatur; Ver III 38. Hortensius cum admodum adulescens orsus esset in foro dicere; Bru 301. cum iam in foro celebratum meum nomen esset; Brn 314. ut victi in campo in foro vinceretis; Sulla 49.

forus, Schiffsgang: cum alii malos scandant, alii per foros cursent; Cato 17.

fossa, Graben, Flußbett: I. non Rheni fossam gurgitibus illis redundantem Germanorum gentibus obicio et oppono; Piso 81. — II. obicio: f. I. — III. ut unus aditus maximo aggere obiecto fossa cingeretur vastissima; rep II 11. (oppidum) vallo et fossa circumdedi; ep XV 4, 10.

fossio, Graben: I. quid fossiones agri repastinationesque proferam, quibus fit multo terra fecundior? Cato 53. — II. recenti fossione terram fumare calentem; nat II 25.

fovea, Grube: quae (belua) quoniam in foveam incidit; Phil IV 12.

foveo, wärmen, hegen, begünstigen: puto per Pomponium fovendum tibi esse ipsam Hortensium; Q fr I 3, 8. Vettienum et Faberium foveo; A XV 13, 3. quasi fovebam dolores meos; A XII 18, 1. ut (pullos) pinnis foveant, ne frigore laedantur; nat II 129. fovendis hominum sensibus; Muren 74.

fragilis, gebrechlich, schwach, unbeständig: quod fragile et caducum sit; fin II 86. in fragili corpore; Cato 65. o fragilem fortunam! de or III 7.

fragilitas, Hinfälligkeit: incipio humani generis imbecillitatem fragilitatemque extimescere; Tusc V 3.

fragmentum, Bruchstück: I. ut fragmentum lapidis (dicimus); nat II 82. — II. tribunum adoriuntur fragmentis saeptorum; Sest 79.

fragor, Getöse: terra continens adventus hostium quasi fragore quodam et sonitu ipso ante denuntiat; rep II 6.

frango, brechen, zerbrechen, schwächen, entkräften, verweichlichen, bezwingen, bändigen, besänftigen, entmutigen: I. hoc est non dividere, sed frangere; fin II 26. — II. cum frangerem iam ipse me cogeremque illa ferre toleranter; ep IV 6, 2. sin te tanta mala rei publicae frangunt; ep IV 8, 1. multis invidentibus, quos ingenio industriaque fregisti; ep X 3, 2. quae timido animo, humili, demisso fractoque fiant; of III 115. Scaevola paulum requiescet, dum se calor frangat; de or I 265. cervicibus fractis caput abscidit; Phil XI 5. fregit hoc meum consilium Caesaris magnitudo animi; ep IV 4, 4. quae (contentiones) medio in spatio saepe franguntur et corruunt; de or III 7. quis cupiditatem vehementius frangere accusando potest? de or II 35. cum consulis fasces frangerentur; Quir 14. fregit foedus Gabinius; dom 66. (genus) lene asperum, contractum diffusum, fractum scissum; de or II 216. fracto impetu levissimi hominis; ep I 5, b, 2. quo facto frangi Lacedaemoniorum opes necesse esset; of III 49. alter alterius ova frangit; nat II 125. quod iam illam sententiam Bibuli de tribus legatis pridie eius diei fregeramus; ep I 4, 1. vi vim oblatam ut frangeret et refutaret; Sest 88.

frater, Bruder, Vetter: I, 1. (cum audissent Antiochum) una nobiscum Q. frater et T. Pomponius Luciusque Cicero, frater noster cognatione patruelis. amore germanus; fin V 1. quod non minus ille declararet quam hic illius frater patruelis et socer. T. Torquatus; Planc 27. dixit Cn. Fannius, frater germanus Q. Titinii; Ver I 128. ut Servius, frater tuus, facile diceret ..; ep IX 16, 4. hoc primus frater meus in Asia fecit, ut hoc sumptu remigum civitates levaret; Flac 33. duo sapientissimos et clarissimos fratres, P. Crassum et P. Scaevolam. aiunt Ti. Graccho auctores legum fuisse; Ac II 13. una congressio pluris erit quam fratres nostri Haedui; ep VII 10, 4. — 2. C. et L. Fabricii fratres gemini fuerunt; Cluent 46. — 3. ego, frater. quaero ..; leg III 19. quae (causa), optime et dulcissime frater, incidit in tribuniciam potestatem; leg III 25. ferremus, o Quinte frater; leg III 26. — II, 1. quos (deos) fratres inter se agnatosque usurpari atque appellari videmus; Tim 39. habet secum L. fratrem; Phil X 21. cur fratrem provinciae non praefecissem, exposui breviter; A VII 1, 1. usurpo: f. appello. — 2. his vos taeterrimis fratribus portas aperietis? Phil III 31. — 3. ibi adulescens habitabat (Epicurus) cum patre et fratribus; nat I 72. nec (L. Antonius) secerni a fratre poterit; Phil VI 10. ne cum optimis fratribus vivat? Ligar 11. — sequuntur fratrum coniunctiones, post

consobrinorum sobrinorumque; of I 54. (filia) in
huius amantissimi sui fratris manibus et gremio
maerore et lacrimis consenescebat; Cluent 13. me
fratris miserrimi atque optimi cotidianae lacrimae
sordesque lugubres a vobis deprecatae sunt; Quir 7.
manus: f. gremium. quanto fructu sim privatus et
forensi et domestico Lucii fratris nostri morte; A I
5, 1. nunc a te supplex fratris salutem petit; Ligar
36. sordes: f. lacrimae. — IV. fore ut angeretur,
cum a fratre familiaritate et omni gratia vinceretur;
A XII 7, 1. is (Romulus) cum Remo fratre dicitur
ab Amulio exponi iussus esse; rep II 4. huic virgini
quid est praeter fratrem, quod aut iucundum aut
carum esse possit? Font 47.

fraterculus, Brüderchen: VOLO, MI FRATER,
FRATERCULO TUO CREDAS; Ver III 155.

fraterne. brüderlich: si fraterne, si pie faci‑
unt; Ligar 33. huic tu epistulae non fraterne
scriptae fraterne debes ignoscere; Q fr I 2, 12.

fraternus, des Brubers, brüberlich, innig:
propter amorem in nos fraternum; Q fr I 1, 10.
ne ab hereditate fraterna excluderetur; Cluent 31.
in ipso fraterno parricidio; Cluent 31.

fraudatio, Betrügerei: I. hinc fides, illinc
fraudatio (pugnat); Catil I 25. — II. fraudationis
causa latuisse (Quinctium); Quinct 74.

fraudator, Betrüger: I. in quibus (castris est)
fidei patronus, fraudator creditorum, Trebellius;
Phil XIII 26. — II. eandem omnibus in locis esse
fraudatorum et infitiatorum impudentiam; Flac 48.

fraudo, betrügen, hintergehen, übervorteilen:
I. fraudandi spe sublata solvendi necessitas con‑
secuta est; of II 84. — II. Caecilius a P. Vario
cum magna pecunia fraudaretur; A I 1, 3. tam‑
quam (animus) debito fraudetur; orat 178. quae
potest esse maior fides quam fraudare creditores?
Phil VI 11.

fraudulentus, betrügerisch: Carthaginien‑
ses fraudulenti et mendaces non genere, sed natura
loci; agr II 95. quid conligimus venditiones frau‑
dulentas? of III 83.

fraus, Betrug, Hinterlist, Übervorteilung,
Täuschung, Übertretung, Vergehen: I. si fraus
capitalis non esset; de or I 232. cum omnis ab
iis fraus (nasceretur); Cluent 46. — II, 1. quia ut
mihi fraudem tulit; A VII 26, 2. qui scelus
fraudemque nocentis possit dicendo subicere odio
civium; de or I 202. nec in praediis solum ius
civile malitiam fraudemque vindicat; of III 71.
eadem facultate et fraus hominum ad perniciem et
integritas ad salutem vocatur; de or II 35. — 2.
quibus certe pietas fraudi esse non debuit; Phil
V 39. — 3. doleo illos viros in eam fraudem in re
publica esse delapsos; de or III 226. etsi boni
nullo emolumento impelluntur in fraudem; Milo 32.
cuius (pacis) ego spe in hanc fraudem incidi; A XI
16, 1. emptorem pati per errorem in maximam
fraudem incurrere; of III 55 (54). non id in fraude
capitali esse ponendum; de or II 199. — III. qui
fons est fraudium, maleficiorum, scelerum omnium;
of III 75. ut singulare genus fraudis cognoscere
possitis; Quinct 22. — IV, 1. T. Roscius
nurem homines honestissimos omni fraude et perfidia
fefellit; Sex Rosc 117. — 2. si ista causa abs te
nita per summam fraudem et malitiam ficta est;
Quinct 56.

fremitus, Getöse, Brausen, Murren: I. nec
fremitum murmurantis maris (audiunt); Tusc V
116. exauditus in agro propinquo est strepitus
quidam reconditus et horribilis fremitus armorum;
har resp 20. — II. tu me Afrorum fremitu terrere
conere? Scaur 17.

fremo, murren: I. fremant omnes licet, dicam
quod sentio; de or I 195. Pompeius fremit, queritur;

A IV 15, 7. — II. Arrius consulatum sibi erep‑
tum fremit; A II 7, 3.

frendo, knirschen: »Nemeaeus leo frendens ef‑
flavit halitum«; Tusc II 22.

freno. zügeln, bändigen: ea (pars animi) non
unam (beluam) frenat et domat; rep II 67. quos
(furores) nullis iam legibus frenare poteramus; Milo 77.

frenum, freni, Zügel, Zaum: I. alteri se
calcaria adhibere, alteri frenos; Bru 204. illi
exsultanti tamquam frenos furoris iniecit; Phil XIII
20. ut mones, „frenum momordi"; ep XI 24, 1. equa,
quae frenos recipere solet; Top 36. — 2. se calcari‑
bus in Ephoro, contra autem in Theopompo frenis
uti solere; de or III 36.

frequens, zahlreich, gedrängt voll, zahlreich
besucht. reichlich, häufig, oft: frequens te audivi
atque adfui; de or I 243. de tribus legatis frequentes
ierunt in alia omnia; ep I 2, 1. (A. Licinius Ari‑
stoteles) frequens fuerat nobiscum; ep XIII 52. sane
frequentes fuimus, omnino ad cc; Q fr II 1, 1.
(Demosthenes) quam frequens fuerit Platonis auditor;
orat 15. coloniae frequentissimae dignitas; Phil XIII
20. quamquam mihi semper frequens conspectus
vester multo iucundissimus est visus; imp Pomp 1.
caret (senectus) frequentibus poculis; Cato 44. in
utroque frequentiores sunt et liberiores poëtae; orat
202. frequentiores pontifices iudicasse; har resp 13.
senatus est continuo convocatus frequensque convenit;
ep X 12, 3. frequentissimo theatro; div I 59.

frequentatio, Häufung: I. maxime (valet)
consequentium frequentatio; part or 55. — II. alteri
(accusatori faciendum) frequentatione argumen‑
torum et coacervatione universa; part or 122.

frequenter. zahlreich, häufig, oft: Zenonem
audiebam frequenter; nat I 59. colitur ea pars
et habitatur frequentissime; Ver IV 119. haec fre‑
quenter in me congessisti; Planc 88. habito: f. colo.
qua (tralatione) frequentissime sermo omnis utitur;
orat 81. ut tralatis (verbis) utamur frequenter; de
or III 201.

frequentia, Menge, Masse, zahlreiche Ver‑
sammlung: I. maxima frequentia amplissimorum
civium astante; har resp 12. est magna frequentia
sepulcrorum; Tusc V 65. — II, 1. de optimis et huic
omni frequentiae probatissimis fratribus; Ligar
37. — quod tanta ex frequentia inveniri nemo
potuit, qui . .; agr II 13. ille (Africanus) e coetu
hominum frequentiaque interdum se in solitudinem
recipiebat; of III 2. — III, 1. quod (vestibulum)
maxima cotidie frequentia civium celebratur; de
or III 200. qui (Thucydides) ita crebes est rerum
frequentia, ut . .; de or II 56. — 2. ut Hortensius
domum reducebatur e campo cum maxima frequentia;
Ver pr 18. qui ex magna hominum frequentia dicere
iuberent, ut quis quid quaereret; de or I 102.

frequento, oft besuchen, bevölkern, zahlreich
versammeln, wiederholen: acervatim multa frequen‑
tans; orat 85. qui frequentant domum meam; ep
V 21, 1. hoc (genus argumentandi) summe est ab
Aristotele frequentatum; inv I 61. est quasi lumi‑
nibus distinguenda et frequentanda omnis oratio
sententiarum atque verborum; de or III 201. — quos
(scribas) cum casu hic dies ad aerarium frequentasset;
Catil IV 15. Italiae solitudinem frequentari posse
arbitrabar; A I 19, 4.

fretum, fretus, Brandung, Meer, Meerenge:
I. qui Oceani freta illa viderunt; Tusc I 45. —
II. possent aestus maritimi fretorumque angustiae
ortu aut obitu lunae commoveri? nat II 19. — III,
1. ne ratibus coniunctis freto fugitivi ad Messanam
transire possent; Ver V 5. — 2. a Gaditano freto;
fr K 3. ne in Scyllaeo illo aeris alieni tamquam
[in] fretu ad columnam adhaeresceret; Sest 18.

fretus, vertrauend, sich verlassend, trotzend:
quae duo plerique ingenio freti simul faciunt; de

35*

or II 103. fide vestra fretus plus oneris sustuli; Sex Rosc 10. quod certissimis criminibus et testibus fretus (Cluentius) ad accusandum descenderit; Cluent 10. quod ita fore confido fretus et industria et prudentia tua; ep XII 19, 1. ingenio freta malitia; inv I 3. qui (scaenici) voce freti sunt; of I 114. veritas his iudicibus freta; Cluent 88.

frigeo, frieren, ftoßen, untätig, machtlos fein, falt aufgenommen werben: valde metuo, ne frigeas in hibernis; ep VII 10, 2. plane iam frigeo; ep XI 14, 1. cum omnia consilia frigerent; Ver II 60. discipulo sane frigenti ad populum; Bru 187.

frigidus, falt, froftig, matt: A. T. Iuventius nimis ille quidem lentus in dicendo et paene frigidus; Bru 178. haec aut frigida sunt aut tum salsa, cum aliud est exspectatum; de or II 260. domo adlata, quae plerumque sunt frigida; orat 89. (Gabinius) accusatoribus frigidissimis utitur; Q fr III 3, 3. aureum amiculum hieme frigidum (esse); nat III 83. nec ullum hoc frigidius flumen attigi; leg II 6. quod (genus acuminis) erat non numquam frigidum; Bru 236. cum is frigidas sane et inconstantes recitasset litteras Lepidi; ep X 16, 1. ut mulsum frigidum biberet; de or II 282. ut ea (verba), quae sunt frigidiora, vitemus; de or II 256. — B. sentit (animal) et calida et frigida; nat III 32.

frigus, Kälte, Froft: I. eius modi frigus impendebat, ut . .; Q fr II 10, 5. — II. »gelidum valido de pectore frigus anhelans Capricornus«; nat II 112. frigus ferre poterat; Catil III 16. — III. habes, ubi ostentes tuam illam praeclaram patientiam famis, frigoris; Catil I 26. idem (aër) annuas frigorum et calorum facit varietates; nat II 101. quibus (tectis) frigorum vis pelleretur et calorum molestiae sedarentur; of II 13. — IV. si Iuppiter saepe nimio calore aut intolerabili frigore hominibus nocuit; Sex Rosc 131. quod (ceterae partes) aut frigore rigeant aut urantur calore; Tusc I 69.

frondesco, Laub bekommen: ea verno tempore tepefacta frondescere; Tusc V 37.

frons, Laub: haec deserta via interclusa iam frondibus et virgultis relinquatur; Cael 42.

frons, Stirn, Gefichtsausbruck, Vorderfeite: I. (frons erat) tranquilla et serena; Tusc III 31. — II. ut frontem ferias; A I 1, 1. frons non percussa; Bru 278. — III. tu adeo mihi excussam severitatem veterem putas, ut ne in foro quidem reliquiae pristinae frontis appareant? ep IX 10, 2. — IV, 1. fronte occultare sententiam; Lael 65. Pompeius Scauro studet, sed utrum fronte an mente, dubitatur; A IV 15, 7. — 2. a tergo, fronte, lateribus tenebitur (Antonius); Phil III 32.

fronto, breitftirnig: ecquos (deos) frontones, capitones (arbitramur)? nat I 80.

fructuosus, fruchtbar, ergiebig, einträglich, gewinnreich: ut ager quamvis fertilis sine cultura fructuosus esse non potest; Tusc II 13. ut quaestuosa mercatura, fructuosa aratio dicitur; Tusc V 86. Siciliam, fructuosissimam atque oportunissimam provinciam; Ver III 226. ruina rem non fecit deteriorem, haud scio an etiam fructuosiorem; A XIV 11, 2. hae virtutes generi hominum fructuosae putantur; de or II 344.

fructus, Nutzung, Ertrag, Frucht, Zins, Gewinn, Vorteil, Genuß, Erfolg: I. 1. qui sit oratori memoriae fructus; de or II 355. hominibus novis non satis magnos in hac civitate esse fructus; Cluent 111. nec ex novis, ut agricolae solent, fructibus est, unde tibi reddam, quod accepi, nec ex conditis, qui iacent in tenebris; Bru 16. — 2. fructus senectutis est ante partorum bonorum memoria et copia; Cato 71. — II, 1. ex accusatione M.' Aquilii diligentiae fructum ceperat; Bru 222. magnum fructum studiorum optimorum capis; ep VI 10, 4. neque serendi neque colendi neque tempestive demetendi

percipiendique fructus neque condendi ac reponendi ulla pecudum scientia est; nat II 156. condo: f. colo. I, 1. iacent. demeto: f. colo. neque nobis fructus otii datus est; de or I 2. me laboris mei. vos virtutis vestrae fructum esse laturos; Ver I 2. quarum (aedium) usus fructus legatus est; Top 15. ain autem ubertas in percipiendis fructibus fuit. consequitur vilitas in vendendis; Ver III 227. f. colo. omnes me et industriae meae fructus et fortunae perdidisse; ep IV 6, 2. repono, sero: f. colo. quod ad tempus existimationis partae fructus reservabitur? Sulla 77. cui honoris integros fructus non sit traditurus; Sulla 88. vendo: f. percipio. — 2. quod carni fructu iucundissimae consuetudinis; ep II 1, 2. — 3. sum ex: f. I, 1. iacent. — III. annona pretium nisi in calamitate fructuum non habet; Ver III 227. frugum fructuumque reliquorum perceptio et conservatio; of II 12. Campani semper superbi bonitate agrorum et fructuum magnitudine; agr II 95. perceptio: f. conservatio. — IV, 1 hoc arator adsequi per triennium certe fructu suo non potuit; Ver III 201. cuius (pecuniae) fructibus exercitum alere non posset; of I 25. certare cum usuris fructibus praediorum; Catil II 18. cuius (Attici) quoniam proprium te esse scribis mancipio et nexo, meum autem usu et fructu; ep VII 30, 2. — 2. est (genus) propter fructum atque utilitatem petendum; inv II 157.

frugalis, orbentlich, wirtschaftlich, bieber: cum optimus colonus, cum parcissimus, modestissimus. frugalissimus esset; de or II 287. M. Iunius, frugalissimus homo et castissimus; Ver I 137.

frugalitas, Wirtschaftlichkeit, Bieberkeit: I. reliqua est frugalitas. eius enim videtur esse proprium motus animi appetentis regere et sedare semperque servare constantiam; cui contrarium vitium nequitia dicitur. frugalitas, ut opinor, a fruge; Tusc III 17. 18. — II. ego frugalitatem, id est modestiam et temperantiam, virtutem maximam iudico; Deiot 26.

frugaliter, orbentlich, bieber: omnia signa. tabulas sane frugaliter domum suam deportavit; dom 111. ut loqui deceat frugaliter; fin II 25.

frugi, rechtschaffen, brav, bieber: qui vivit ut Gallonius, loquitur ut Frugi ille Piso; fin II 90. qui sit frugi vel, si mavis, moderatus et temperans; Tusc III 18. quamquam illum hominem frugi et tibi amicum existimabam; ep V 6, 1. (homo) permodestus ac bonae frugi; A IV 8, a, 3. servus frugi atque integer; Cluent 47.

frugifer, fruchtbar: ut agri non omnes frugiferi sunt, qui coluntur, sic . .; Tusc II 13. cum tota philosophia frugifera et fructuosa sit, tum . .; of III 5.

frumentarius, das Getreide betreffend, Getreide liefernb, Getreidehänbler: A. nunc tractare causam instituimus frumentariam; Ver III 10. ut (M. Octavius) legem Semproniam frumentariam populi frequentia suffragiis abrogaverit; Bru 222. haec classis ad occupandas frumentarias provincias comparatur; A IX 9, 2. qua (lege) Pompeio per quinquennium omnis potestas rei frumentariae toto orbe terrarum daretur; A IV 1, 7. ut (Pompeius) oram maritimam retineret, si rem frumentariam sibi et provinciis suppeditari vellet; A VIII 1, 2. haec tria frumentaria subsidia rei publicae firmissimis praesidiis classibusque munivit; imp Pomp 34. — B. non videtur frumentarius ille Rhodius celare debuisse; of III 57.

frumentum, Getreide: I. ex horreis direptum effusumque frumentum vias omnes angiportusque constraverat; div I 69. ut sibi pro numero, quanti frumentum esset, dare liceret; Ver III 180. — II, 1. retines HS xxx: tanti enim est frumentum Siciliense ex lege aestimatum; Ver III 174. frumentum ex agris in loca tuta comportatur; A V 18

2. qui frumentum compresserant; A V 21, 8. diripio, effundo: f. I. consternit. placet vobis in cellam magistratibus vestris frumentum Siculos gratis dare d. gr. ||? Ver III 200. fore Nonis senatum, ut Brutus in Asia, Cassius in Sicilia frumentum emendum et ad urbem mittendum curarent; A XV 9, 1. mitto rationem exacti imperatique frumenti; Piso 90. frumentum imponere! quod (est) munus in re publica sordidius? A XV 10. mancipes frumentum improbasse; Ver III 175. mitto: f. emo. Romae domum ad Antonium frumentum omne portari; A XIV 3, 1. frumento suppeditato; Balb 40. ostendam neminem in Sicilia pluris frumentum vendidisse; Ver III 173. — 2. do pro: f. I. est. cum a civitatibus pro frumento pecuniam exigebas; Ver III 179. structores nostri ad frumentum profecti; A XIV 3, 1. permultis civitatibus pro frumento nihil solvit omnino; Ver III 169. — III. de aestimatione frumenti cum dices; Ver III 222. propter caritatem frumenti; Ver III 217. frumenti maximus numerus e Gallia; Font 8. ratio: f. II, 1. exigo.

fruor, genießen, sich erfreuen, benutzen, haben, den Nießbrauch haben: I, 1. quae gignuntur nobis ad fruendum; leg II 16. — 2. usum et fructum omnium bonorum suorum Caesenniae legat, ut frueretur una cum filio; Caecin 11. fruor, dum licet, opto. ut semper liceat; ep IX 17, 2. bestiae furtim fruuntur, domini palam et libere; nat II 157. — II. non paranda nobis solum ea (sapientia), sed fruenda etiam est; fin I 3. suavitatis nostrae fruendae causa; Q fr II 14, 3. — III. quod eo (Hortensio) iam frui nobis non licet; Bru 5. quibus (agris) nunc publicani fruuntur; agr II 50. uterque summo bono fruitur, id est voluptate; fin II 88. omnes esse divites, qui caelo et terra frui possint; ep VII 16, 3. fruere cum fortuna et gloria, tum etiam natura et moribus tuis; Marcel 19. di faxint, ut tali genero mihi praesenti frui liceat! ep XIV 3, 3. gloria: f. fortuna. numerus liberiore quadam fruitur licentia; orat 37. moribus, natura: f. fortuna. si pace frui volumus; Phil VII 19. plurimis maritimis rebus fruimur atque utimur; nat II 152. si mihi bona re publica frui non licuerit; Milo 93. terra: f. caelo. res publica frui debet summi viri vita atque virtute; imp Pomp 59. sapientia iubet frui voluptatibus; rep III 24. f. bono.

frustra, erfolglos, umsonst, vergeblich, zwecklos: I. summam esse stultitiam frustra confici maerore; Tusc III 77. aes, ferrum frustra natura divina genuisset, nisi ..; div I 116. neque auxilium suum saepe a viris bonis frustra implorari patietur; de or II 144. quae (lex) neque probos frustra iubet aut vetat; rep III 33. ne forte me hoc frustra pollicitum esse praedices; Q Rosc 37. frustra suscipi miseriam voluntariam; Tusc III 32. veto: f. iubeo. — II. cum (gemitus) nihil imminuat doloris, cur frustra turpes esse volumus? Tusc II 57.

frustror, täuschen, hinhalten, Winkelzüge machen: I. Cocceius vide ne frustretur; A XII 18, 3. — II frustrari cum alios tum etiam me ipsum velim? Ac II 65.

frustum, Brocken, Bissen: necesse est offa obiecta cadere frustum ex pulli ore; div I 27. magister equitum vomens frustis esculentis vinum redolentibus totum tribunal implevit; Phil II 63.

fruticor, treiben, ausschlagen: excisa est arbor, non evulsa. itaque quam fruticetur, vides; A XV 4, 2.

frux, Frucht, Feldfrucht, Getreide, Tüchtigkeit, Besserung (vgl. **frugi**): I adsunt Athenienses, unde fruges, iura, leges ortae atque in omnes terras distributae putantur; Flac 62. — II, 1. distribuo: f. I. ut segetes fecundae et uberes non solum fruges, verum herbas etiam effundunt inimicissimas frugibus; orat 48. quae terra fruges ferre possit;

leg II 67. quod non ita vigeat, ut aut flores aut fruges fundat aut bacas; Tusc V 37. inventis frugibus; orat 31. — 2. tui milites in provincia Sicilia frugibus frumentoque caruerunt; Ver V 137. — 3. multos et vidi in hac civitate et audivi se ad frugem bonam, ut dicitur, recepisse; Cael 28. — II. inimicus: f. I, 1. effundo. — III. frugum fructuumque reliquorum perceptio et conservatio; of II 12. dis immortalibus frugum ubertate, copia, vilitate reditum meum comprobanti; Quir 18. in hac inopia frugum; har resp 31. perceptio: f. conservatio. quam (Proserpinam) frugum semen esse volunt; nat II 66. ubertas, vilitas: f. copia. — IV, 1. frugalitas, ut opinor, a fruge, qua nihil melius || est || e terra; Tusc III 18. — 2. a: f. 1. „Cererem" pro frugibus; de or III 167.

fuco, schminken, fälschen: secerni blandus amicus a vero tam potest, quam omnia fucata et simulata a sinceris atque veris; Lael 95. fucati medicamenta candoris et ruboris omnia repellentur; orat 79. in qua (aetate) naturalis inesset, non fucatus nitor; Bru 36. rubor: f. candor.

fucosus, geschminkt, verfälscht: illae ambitiosae nostrae fucosaeque amicitiae; A I 18, 1. fallaces et fucosae (merces); Rab Post 40.

fucus, Schminke, Aufputz, Schein, Verstellung: I. in oratorio cincinnis ac fuco offenditur; de or III 100. tam sine pigmentis fucoque puerili (sententiae sunt); de or II 188. — II. in his omnibus inest quidam sine ullo fuco veritatis color; Bru 162. — III. 1. venustatis non fuco inlitus, sed sanguine diffusus color; de or III 199. — 2. sine fuco ac fallaciis more maiorum negatur; A I 1, 1.

fuga, Flucht, Entweichen, Verbannung, Scheu: I. quo fugam hostium fore arbitrentur; Sex Rosc 151. si quem aratorum fugae, calamitates non permovent; Ver III 144. eo eo non iter, sed cursus et fuga in Galliam; Phil XIII 20. — II, 1. post discessum latronis vel potius desperatam fugam; Phil V 30. hinc gignebatur fuga desidiae voluptatumque contemptio; Ac I 23. ut fugam intercludat; A VII 23, 2. mittam fugam ab urbe turpissimam; A VII 21, 1. — 2. ne me dem incertae et periculosae fugae; A VII 23, 2. dubitas vitam istam fugae solitudinique mandare? Catil I 20. — 3. dant se in fugam istine praeclari imperatoris nocturni milites; Ver IV 95. ad fugam hortatur amicitia Gnaei; A VII 20, 2. paucis post diebus ex Pharsalia fuga venisse Labienum; div I 68. — III. qui ipsius fugae tutam viam quaesiverunt; Caecin 44. — IV, 1. qui officia deserunt mollitia animi, id est laborum et dolorum fuga; fin I 33. — 2. quam (Medeam) praedicant in fuga fratris sui membra dissipavisse; imp Pomp 22. post: f. II, 1. despero.

fugax, flüchtig, vergänglich: haec omnia contemne, brevia, fugacia, caduca existima; ep X 12, 5.

fugio, fliehen, entfliehen, enteilen, schwinden, entgehen, vergessen, meiden, vermeiden, ausweichen: I, 1. officium aut fugiendi aut sequendi; fin V 18. — 2. non illa (Sassia) ut a viro improbo discessisset, sed ut a crudelissimo hoste fugisset; Cluent 189. fugit aliquis e manibus; Cael 65. Damaratus fugit Tarquinios Corintho; Tusc V 109. ut ignavus miles abiecto scuto fugiat, quantum possit; Tusc II 54. qui vinum fugiens vendat sciens, debeatne dicere; of III 91. — II. neque illud fugerim dicere; de or III 153. — III. quod nemo civis est, qui vos non oculis fugiat; Piso 45. cui rei fugerat me rescribere; A V 12, 3. eius (epistulae) exemplum fugit me tum tibi mittere; A XIII 51, 1. qui (consules) aditum huius loci conspectumque vestrum partim magnopere fugerunt, partim non vehementer secuti sunt; agr II 6. fugiendas esse nimias amicitias, ne ..; Lael 45. conspectum: f. aditum. quodsi curam fugimus, virtus fugienda est; Lael 47.

quam ob rem voluptas expetenda, fugiendus dolor sit; fin I 30. vitiosum genus et longa animi provisione fugiendum; orat 189. non fugisset hoc Graecos homines; de or I 253. fugienda semper iniuria est; of I 25. hic si laborem fugeret; Cael 47. ea Sex. Roscium fugientem latronum tela et minas recepit domum; Sex Rosc 27. quia idcirco mortem fugiant; fin V 31. ipse fugi adhuc omne munus; A XI 4, 1. nullum se umquam periculum pro tua dignitate fugisse; Milo 68. dum recordationes fugio; A XII 18, 1. (aegritudo res est) omni contentione, velis, ut ita dicam, remisque fugienda; Tusc III 25. quae (prudentia) est rerum expetendarum fugiendarumque scientia; of I 153. tela: f. minas. si omnia fugiendae turpitudinis adipiscendaeque honestatis causa faciemus; Tusc II 66. virtutem: f. curam. quodsi vita doloribus referta maxime fugienda est; fin I 41. ut (sapiens) voluptatem fugiat; Tusc V 95. — IV. non fuisse fugiendos tribules huic iudices; Planc 43.

fugitivus, Flüchtling, Ausreißer: I, 1. en causa, cur regem fugitivus, dominum servus accuset; Deiot 17. — 2. neque tam fugitivi illi ab dominis quam tu ab iure et ab legibus; Ver IV 112. — 3. di te perduint, fugitive! Deiot 21. — II. vivebat (Dionysius) cum fugitivis, cum facinerosis, cum barbaris; Tusc V 63. — III. cum servitiorum animos in Sicilia suspensos propter bellum Italiae fugitivorum videret; Ver V 14. conflato fugitivorum tumultu; Sulla 15.

fugito, fliehen, meiden: qui quaestionem fugitant; Sex Rosc 78.

fugo, in die Flucht schlagen, verjagen, vertreiben, verscheuchen: qui armis proterritus, fugatus, pulsus est; Caecin 31. ab altaribus religiosissimis fugatus (Clodius); har resp 9. Latini ad Veserim fusi et fugati; of III 112. fugata contione; Phil VI 3.

fulcio, stützen, unterstützen, aufrecht erhalten: Thermam creberrimis litteris fulcio; A V 21, 14. qui (Chrysippus) fulcire putatur porticum Stoicorum; Ac II 75. magnis subsidiis fulta res publica est; ep XII 5, 1. horum consulum ruinas vos consules vestra virtute fulsistis; sen 18. nisi (vitis) fulta est, fertur ad terram; Cato 52.

fulgeo, blitzen, glänzen, strahlen: qui (Pericles) si tenui genere uteretur, numquam ab Aristophane poëta fulgere, tonare dictus esset; orat 29. qui fulgent purpura; Catil II 5. fulgentes gladios hostium videbant Decii; Tusc II 59. fulve fulgente, tonante; nat II 65. fulsisse mihi videbatur τὸ καλὸν ad oculos eius; A VIII 8, 2. »Nepae propter fulgentis acumen«; nat II 114.

fulgor, Glanz, Schimmer, Blitz, Wetterleuchten: I cum (anhelitus terrae) se in nubem induerint, tum et fulgores et tonitrua exsistere; div II 44. — II. cuius (candelabri) fulgore conlucere atque inlustrari Iovis templum oportebat; Ver IV 71. quae extis, quae fulgoribus praesentiatur; div I 109.

fulgur, Blitz, Wetterleuchten (vgl. fulgor): 1. quae est gens, quae non fulgora interpretantium praedictione moveatur? div I 12. — 2. valet in fulguribus observatio diuturna; div II 42.

fulguralis, den Blitz betreffend: quod Etruscorum declarant fulgurales libri; div I 72.

fulgurator, Blitzdeuter: eadem conclusione uti posse fulguratores; div II 109.

fulguro, blitzen: in nostris commentariis scriptum habemus: „Iove tonante, fulgurante comitia populi habere nefas"; div II 42.

fuligo, Ruß: quasi fuligine abstersa praeclara senatus consulta fecisti; Phil II 91.

fulix, Seehuhn: »cana fulix itidem fugiens e gurgite ponti nuntiat horribiles clamans instare procellas«; div I 14.

fulmen, Blitz, Blitzstrahl: I. cuius (Demosthenis) non tam vibrarent fulmina illa, nisi numeris contorta ferrentur; orat 234. — II, 1. fulmina fortunae contemnamus licebit; Tusc II 66. contorqueo: f. I. fulmen sinistrum auspicium optimum habemus ad omnes res praeterquam ad comitia; div II 74. quia tribunus plebis sinistrum fulmen nuntiabat; Phil II 99. — 2. quidam nec acumine posteriorum nec fulmine utens superiorum; orat 21. — III. is (Phaëthon) ictu fulminis deflagravit; of III 94. — IV. Romulus lactens fulmine ictus; div II 47. is (Aesculapius) fulmine percussus; nat III 57.

fulvus, rotgelb: »nuntia fulva Iovis«; leg I 2.

fumo, rauchen, dampfen: cum (praedones) fumantes nostras naves reliquissent; Ver V 95. recenti fossione terram fumare calentem; nat II 25.

fumosus, berußert: obrepsisti ad honores errore hominum commendatione fumosarum imaginum: Piso 1.

fumus, Rauch, Qualm: 1. hominem fumo excruciatum semivivum reliquit; Ver I 45. — 2. paulisper stetimus in illo ganearum tuarum nidore atque fumo; Piso 13.

funale, Fackel: delectabatur (C. Duellius) cereo || crebro || funali et tibicine; Cato 44.

functio, Verrichtung: labor est functio quaedam vel animi vel corporis gravioris operis et muneris: Tusc II 35.

funda, Schleuder: »fundum Vetto vocat, quem possit mittere funda, ni tamen exciderit, qua cava funda patet«; fr H XIV 1.

fundamentum, Grund, Grundlage, Grundforderung: I. hoc quasi solum quoddam atque fundamentum est, verborum usus et copia bonorum; de or III 151. — II, 1. fundamenta ieci salutis tuae; ep X 29. labefactant fundamenta rei publicae; of II 78. his fundamentis positis consulatus tui; Piso 9. — 2. hoc uti initio ac fundamento defensionis; Cluent 30. — III. quae (senectus) fundamentis adulescentiae constituta sit; Cato 62.

funditus, von Grund aus, völlig, gänzlich: I. totam vitam evertunt funditus; Ac II 31. se istius opera funditus exstinctos esse; Ver II 52. necesse est rem publicam funditus interire; ep IV 1. 2. ut eius omnis memoria funditus ex oculis hominum ac mentibus tolleretur; dom 114. quod (Epaminondas) Lacedaemonios funditus vicit; inv I 55. — nec earum rerum quemquam funditus natura esse voluit expertem; de or III 195.

fundo, begründen, befestigen, sichern: tam diligenter non modo fundatam, verum etiam extructam disciplinam; fin IV 1. deflevi subitas fundatissimae familiae ruinas; dom 96. qui (rei publicae status) bonorum omnium coniunctione et auctoritate consulatus mei fixus et fundatus videbatur; A I 16, 6.

fundo, gießen, ausgießen, ergießen, ausströmen lassen, verbreiten, hervorbringen, gebären, aussprechen, dichten, niederwerfen, schlagen: I. tum se latius fundet orator || [or.] ||; orat 125. quod non ita vigeat, ut aut flores aut fruges fundat aut bacas; Tusc V 37. qui (umor, calor) est fusus in corpore; nat II 18. cum innumerabiles hostium copias fudisset; Rabir 29. cuius (Hydrae) longe corpus est fusum; nat II 114. flores, fruges: f. bacas. genus orationis fusum atque tractum; de or II 64. (genus facetiarum) aequabiliter in omni sermone fusum; de or II 218. hostibus fusis; ep X 14, 1. anhelitus terrarum, quibus inflatae mentes oracla funderent; div I 115. saepe etiam in amplificanda re concessu omnium funditur numerose et volubiliter oratio; orat 210. quae (disserendi ratio et scientia) per omnes partes sapientiae manat et funditur; Tusc V 72. reliquae duae (res), sicuti sanguis in corporibus, sic illae in perpetuis orationibus fusae esse debebunt; de or II 310. Mercurium e patera

sanguinem visum esse fundere; div I 46. f. res.
scientiam: f. rationem. si Antipater solitus est versus hexametros aliosque variis modis fundere ex tempore; de or III 194. nisi si vellent voces inanes fundere; Tusc III 42. — II. quae te beluam ex utero, non hominem fudit; Piso fr 14.

fundus, Grund, Boden, Grundstück, Landgut, Autorität (vgl. **funda**): I. ex quo tempore fundus veniit; Caecin 19. — II, 1. nulla se pecunia fundum cuiusdam emere potuisse; agr II 82. ut fundi populi beneficio nostro, non suo iure fiant; Balb 21. cui nostrum [non] licet fundos nostros obire? de or I 249. Caesennia fundum possedit; Caecin 17. — 2. fundo Arpinati bene poteris uti; ep XIV 7, 3. — 3. ut dominus de suo fundo a sua familia vi deiceretur; Quinct 81. sive ex fundo sive a fundo deiectus essem; Caecin 87. e fundo ornatissimo eiectus (P. Quinctius); Quinct 98. posita in fundo villaeque conspectu religio Larum; leg II 27. cum erat colonus in fundo; Caecin 94. — III, 1. P. Caesennius, auctor fundi, nihil de vi (dixit); Caecin 27. quoniam usus, auctoritas ||auctoritasque|| fundi biennium est, sit etiam aedium; Top 23. lex usum et auctoritatem fundi iubet esse biennium; Caecin 54. se nec dominum eius esse fundi nec locatorem; Ver III 55. cum exsectio illa fundi in armario animadverteretur; Cluent 180. usus eius fundi et fructus testamento viri fuerat Caesenniae; Caecin 19. locator: f. dominus. usus: f. auctoritas, fructus. — 2. quam (controversiam) habet de fundo cum quodam Colophonio; ep XIII 69, 2. — IV. fit obviam Clodio ante fundum eius; Milo 29.

funebris, bei dem Leichenbegängnis, bei der Bestattungsfeierlichkeit: A. nostrae laudationes scribuntur ad funebrem contionem; de or II 341. ita illud epulum est funebre; Vatin 30. cetera in XII minuendi sumptus sunt lamentationisque funebris; leg II 59. hoc se suspicari vestimenti aliquod genus funebris, L. Aelius »lessum« quasi lugubrem eiulationem; leg II 59. — B. cetera funebria, quibus luctus augetur, XII sustulerunt; leg II 60.

funesto, besudeln, entweihen: qui humanis hostiis eorum (deorum) aras ac templa funestant; Font 31.

funestus, durch eine Leiche verunreinigt, trauervoll, unheilvoll, verderblich: ut maiores nostri funestiorem diem esse voluerunt Alliensis pugnae quam urbis captae; A IX 5, 2. suo ductu et imperio cruento illo atque funesto; har resp 3. quae finis funestae familiae fiat; leg II 55. illae infestae ac funestae faces; Sulla 19. imperium: f. ductus. multi genero »cerus funestis ominibus omnium; Cluent 14. tu, funesta rei publicae pestis; dom 5.

fungor, vollbringen, leisten, genügen, erfüllen, genießen: I. oculus non probe adfectus ad suum manus fungendum; Tusc III 15. — II. L. Crassus magnificentissima aedilitate functus est; of II 57. ille (Q. Arrius) omni iam fortuna prospere functus; Bru 243. (Lysias) est functus omni civium munere; Bru 243. alter fungitur officio boni senatoris; prov 36.

fungus, Pilz, Schwamm: 1. fungos ita condiunt, ut nihil possit esse suavius; ep VII 26, 2. — 2. oblituse es fungorum illorum, quos apud Niciam? ep IX 10, 2. — 3. ad fungos me tuos conferam; ep IX 15, 5.

funiculus, dünnes Seil: ut [inde funiculo, qui a puppi religatus scapham adnexam trahebat, navi, quoad posset, moderaretur; inv II 154.

funis, Seil: cum alii (conarentur signum) rapere ad se funibus; Ver IV 95.

funus, Leichenbegängnis, Bestattung, Untergang: I. coeperunt: f. II, 1. facio. Serrani Domestici filii funus perluctuosum fuit a. d. VIII K. Decembr. laudavit pater scripto meo; Q fr III

8, 5. — II, 1. cum funus quoddam duceretur; de or II 255. posteaquam sumptuosa fieri funera et lamentabilia coepissent; leg II 64. — 2. (Pilia) venerat in funus; cui funeri ego quoque operam dedi; A XV 1, a, 1. qui omnia paterno funeri iusta solvisset; Sex Rosc 23. — 3. uti ne se legitimo funere privetis; Rabir 37. — 4. furiae concitatae tamquam ad funus rei publicae convolant; Sest 109. venio in: f. 2. do. — III. cum tibi arbitria funeris solvebantur; sen 18. f. **arbitrium,** II, 1. a quo (viro) funerum sumptus praefinitur ex censibus a minis quinque usque ad minam; leg II 68. — IV, 1. nonne meministi clamare te omnia perisse, si ille (Caesar) funere elatus esset? A XIV 14, 3. — 2. illum tot iam in funeribus rei publicae exsultantem; Sest 88. quem (fletum) duodecim tabulae in funeribus adhiberi vetuerunt; Tusc II 55.

fur, Dieb: I. ut reliqui fures earum rerum, quas quodsi duodecim tabulae nocturnum furem quoquo modo, diurnum autem, si se telo defenderet, interfici impune voluerunt; Milo 9. — II. interficio: f. I. si qui || quis || sacrum ex privato surripuerit, utrum fur an sacrilegus sit iudicandus; inv I 11.

furaciter, diebisch: cum omnium domus, apothecas, naves furacissime scrutarere; Vatin 12.

furax, diebisch: P. Cornelius homo, ut existimabatur, avarus et furax; de or II 268. tuis furacissimis manibus; Piso 74. ridiculum est illud Neronianum vetus in furace servo; de or II 248.

furca, Gabel, Halsblock: servus per circum, cum virgis caederetur, furcam ferens ductus est; div I 55.

furcifer, Galgenstrick: 1. furcifer quo progrediatur? Deiot 26. — 2. crudelitatis tu, furcifer, senatum consul condemnas? Piso 14.

furcilla, Gabel, Gewalt: quoniam furcilla extrudimur; A XVI 2, 4.

furenter, wütend, rasend: pueri aiunt eum (Dionysium) furenter irasci; A VI 1, 12.

furia, Raserei, Furie, Rachegöttin: I. ista fax ac furia patriae cum urbem cepisset; dom 102. in qua (causa) furiae concitatae tamquam ad funus rei publicae convolant; Sest 109. eodem nos fortasse Furiae persequentur; A X 18, 2. Furiae deae sunt, speculatrices et vindices facinorum et scelerts; nat III 46. — II, 1. concito: f. I. convolant. — 2. ardentes faces furiis Clodianis paene ipse consul ministrabas; Piso 26. — III. cum C. Fibulo atrato ceterisque tuis furiis; Vatin 31.

furialis, den Furien gehörig, rasend, schrecklich: furialibus taedis ardentibus; Piso 46. »haec me inretivit veste furiali«; Tusc II 20. furialia illa vox acerbissime personabat; Planc 86.

furibundus, begeistert, rasend: traductione ad plebem furibundi hominis; Sest 15. Caesaris virtus latronis impetus crudeles ac furibundos retardavit; Phil XIII 19. saepe etiam vatum furibundas praedictiones audiendas putaverunt; div I 4.

furiose, leidenschaftlich: cum (Dionysius) aliquid furiose fecit; A VIII 5, 1.

furiosus, wütend, rasend, leidenschaftlich, unsinnig: A. quid est tam furiosum, quam verborum vel optimorum atque ornatissimorum sonitus inanis? de or I 51. propter furiosae aedilitatis expectationem; Q fr II 2, 2. (erat) C. Staienus fervido quodam et petulanti et furioso genere dicendi; Bru 241. cum hominem seditiosum furiosumque defenderet; de or II 124. mulier iam non morbo, sed scelere furiosa; Cluent 182. non mihi esse C. Cethegi furiosam temeritatem pertimescendam; Catil III 16. — B. cum furiosorum bona legibus in agnatorum potestate sint; rep III 45.

furo, rasen, wüten, toben: I. quod e o s, quorum actio esset ardentior, furere atque bacchari arbitraretur; Bru 276. furere apud sanos et quasi inter sobrios bacchari vinulentus videtur; orat 99. Sibyllae versus observamus, quos illa furens fudisse dicitur; div II 110. ille furens et exsanguis interrogabat suos . .; Q fr II 3, 2. id certe magis est attenti animi quam furentis; div II 111. illius furentes ac volaticos impetus in se ipsos posse converti; har resp 46. — II, 1. Pansa furere videtur d e Clodio; A XIV 19, 2. — 2. (Clodius) furebat a Racilio s e contumaciter v e x a t u m; Q fr II 1, 3.

furor, stehlen, erschleichen: I. eundem mira quaedam excogitare g e n e r a furandi; Ver II 134. — II. si quae bestiae furantur a l i q u i d ex iis aut rapiunt; nat II 157. non furatus esse civitatem dicitur; Balb 5. si ego tuum (librum) ante legissem, furatum me abs te esse diceres; A II 1, 1.

furor, Wut, Raserei, Wahnsinn, Leidenschaft: I. cum maxime furor arderet Antonii; Phil III 3. ut furor in sapientem cadere possit, non possit insania; Tusc III 11. cuius furor consederit, putare non fuisse ea vera, quae essent sibi visa in furore; Ac II 88. qui aliqua ex parte eius furorem exsultantem repressit; Sest 95. mirus invaserat furor non solum improbis, sed etiam iis, qui boni habentur; ep XVI 12, 2. — II, 1. ea (praesagitio) si exarsit acrius, furor a p p e l l a t u r; div I 66. ut eius furorem ne Alpium quidem muro cohibere possemus, Phil V 37. qui abiecti hominis furorem petulantiamque fregistis; Piso 31. reprimo: s. I. exsultat. quem nos furorem, μελαγχολίαν illi vocant; Tusc III 11. — 2. quorum ego furori nisi c e s s i s s e m; Piso 16. — 3. cuius ego d e effrenato et praecipiti furore quid d i c a m? har resp 2. revocare te a furore Lepidus voluit; Phil XIII 43. — III. qualem (rem) tu adfers sceleris p l e n a m et furoris; dom 130. — IV. duo (divinandi g e n e r a), furoris et somni; div II 101. veteris furoris et audaciae maturitas in nostri consulatus tempus erupit; Catil I 31. — V, 1. quod || cum || summo furore c u p i u n t; Catil II 19. ipse inflammatus scelere et furore in furorem venit; Ver V 161. — 2. in furore animi et caecitate; dom 129. negat sine furore Democritum quemquam poëtam magnum esse posse; div I. 80.

furtim, verstohlen, heimlich: Metellus furtim in campum itineribus prope deviis c u r r e b a t; A IV 3, 4. bestiae furtim fruuntur, domini palam et libere; nat II 157.

furtivus, heimlich: accesit furtivum iter per Italiam; Piso 97.

furtum, Diebstahl, Entwendung, Unterschleif, gestohlenes Gut: I. furtum e r a t apertum; Q Rosc 26. mira erant in civitatibus ipsorum furta Graecorum, quae magistratus sui fecerant; A VI 2, 5. hinc furta, peculatus (nascuntur); of III 36. — II, 1. controversiam esse, possetne heres, quod furtum antea f a c t u m esset, furti recte agere; ep VII 22. s. I. est. quid minus libero dignum quam cogi a magistratu furtum reddere? Ver II 58. quae (navis) ad ea furta, quae reliquisses, commearet; Ver V 46. — 2. a g o:

s. 1. facio. qui (Nicomedes) furti damnatus est; Flac 43. — 3. c o m m e o ad: s. 1. relinquo. cum de furto quaereretur; Cluent 185. quot vultis esse in uno furto peccatorum gradus? Ver III 172. cum in manifestissimo furto teneare; Ver II 144. — III, 1. in hac pecunia publica haec insunt tria g e n e r a furtorum; Ver III 165. cum te maculas furtorum et flagitiorum tuorum sociorum innocentium sanguine eluere arbitrabare; Ver V 121. fuisse Messanam omnium istius furtorum ac praedarum receptricem; Ver IV 150. — 2. cum haberetur d e furto q u a e s t i o; Cluent 183. — IV. vidi c o n l u c e r e omnia furtis tuis; Ver I 58.

furunculus, Spitzbube: quod vobis iste olim furunculus, nunc vero etiam rapax esse videatur || videtur ||; Piso 66.

fuscina, Dreizack: dant (dis) hastam, clipeum, fuscinam, fulmen; nat I 101.

fuscus, dunkel, dunkelbraun, dumpf: iudicatur et in vocis et in tibiarum cantibus (g e n u s) canorum. fuscum; nat II 146. vestitus aspere nostra hac purpura plebeia ac paene fusca; Sest 19.

fuse, weit, weitläufig, ausführlich: populus fuse in tribus c o n v o c a t u s; leg III 44. haec cum uberius disputantur et fusius; nat II 20. tam fuse lateque imperantem rem publicam; rep V 1.

fusio, Strömen, Verbreitung: liquor aquae d e c l a r a t et fusio || effusio ||; nat II 26. mundum (Chrysippus) deum dicit esse et eius animi fusionem universam; nat I 39.

fustis, Knüttel, Stock: I. clamor, lapides, fustes. gladii, haec improvisa omnia; A IV 3, 3. — II. non o p u s est verbis, sed fustibus; Piso 73. — III. qui (fani custodes) clavis ac fustibus r e p e l l u n t u r; Ver IV 94.

fustuarium, Tötung mit Knütteln: fustuarium meruerunt legiones, quae consulem reliquerunt; Phil III 14.

futtilis, nichtig, eitel: A. a l a c r i t a t e futtili gestiens; Tusc IV 37. (haruspices) vanos, futtiles || futiles || esse dicamus; div I 36. — B. quis non o d i t sordidos, vanos, leves, futtiles? fin III 38.

futtilitas, Nichtigkeit: haec plena sunt futtilitatis || futil. ||; summaeque levitatis; nat II 70.

futurus, künftig, zukünftig, Zukunft: A. cum et praeteriti doloris memoria recens est et futuri atque impendentis torquet timor; fin II 95. si cupiat prolea illa futurorum hominum deinceps laudes uniuscuiusque nostrum posteris prodere; rep VI 23. est metus, ut aegritudo praesentis, sic ille futuri mali; Tusc IV 64. o mea frustra semper verissima auguria rerum futurarum! Phil II 89. — B, I. quia futura vera non possunt esse ea, quae causae, cur futura sint, non habent; fat 26. — II. qui extis aut avibus aut ostentis aut oraclis aut somniis futura praesentiunt; div II 16. (tum animus) meminit praeteritorum, praesentia cernit, futura providet; div I 63. natura significari futura sine deo possunt; div I 10. — III. cum tanta memoria praeteritorum futurorumque p r u d e n t i a (sit); Cato 78. — IV. omne, quod falsum dicitur in futuro, id fieri non potest; fat 12.

Galea, Helm: in hoc fano loricas galeasque aëneas caelatas opere Corinthio Scipio posuerat; Ver IV 97.

galeo, mit dem Helm bedecken: habebam, inquis, in animo insitam informationem quandam dei. et barbati quidem Iovis, galeatae Minervae; nat I 100.

gallina, Huhn, Henne: I. quae id (ovum) gallina peperisset, dicere solebant; Ac II 57. — II, 1. qui gallinas a l e r e permultas quaestus causs solerent; Ac II 57. — 2. anitum ova gallinis saepe s u p p o n i m u s; nat II 124.

gallinaceus, von Hühnern: cum rerum natura quid habere potest commune non dicam gallinaceum fel, sed . . ? div II 29. s. gallus, II.

gallus, Hahn: I. quia galli victi silere solerent, canere victores; div II 56. — II. vates Boeotios vidisse ex gallorum gallinaceorum cantu victoriam esse Thebanorum; div II 56.

ganea, Kneipe: I. paulisper stetimus in illo ganearum tuarum nidore atque fumo; Piso 13. — II. hominem vino, ganeis confectum; Sest 20.

ganeo, Schwelger: I. quo vultu cincinnatus ganeo patriae preces repudiavit! sen 12. — II. plura dixi quam dicendum fuit in furiosissimum atque egentissimum ganeonem; Sest 111.

garrio, plaudern, schwatzen: I. saeculis multis ante gymnasia inventa sunt, quam in iis philosophi garrire coeperunt; de or II 21. — II. cupiebam etiam nunc plura garrire; A VI 2, 10. cum garrimus, quicquid in buccam; A XII 1, 2.

gaudeo, froh sein, sich freuen, gern haben: I. 1. locus: f. II, 1. gaudere decet, laetari non decet; Tusc IV 66. — 2. animo aequo, immo vero etiam gaudenti ac libenti; A II 4, 2. corpus gaudere tam diu, dum praesentem sentiret voluptatem; Tusc V 96. — II, 1. bonis viris quod ais probari, quae adhuc fecerimus, valde gaudeo, si est nunc ullus gaudendi locus; A IX 7, 6. — 2. gaudeo tibi iucundas esse meas litteras; Q fr II 10, 1. — III, 1. qui propter me aliquid gaudeat; fin II 108. — 2. quodsi gaudere talibus bonis animi, id est virtutibus, beatum eat; Tusc V 72. gaudere nosmet omittendis doloribus; fin I 56. adulescentes senum praeceptis gaudent; Cato 26. virtutibus: f. bonis.

gaudium, Freude, Genuß: I. quod non dicitur laetitia nec gaudium in corpore; fin II 13. cum ratione animus movetur placide atque constanter, tum illud gaudium dicitur; Tusc IV 13. — II. omnia, quae honesta sunt, plena gaudiorum sunt; Tusc V 67. — III. ex quo (mens) insatiabili gaudio compleatur I completur ||; Tusc V 70. quibus gaudiis exsultabis! Catil I 26.

gaza, Schatz: 1. omni Macedonum gaza, quae fuit maxima, potitus [est] Paulus; of II 76. — 2. alterum haurire cotidie ex pacatissimis atque opulentissimis Syriae gazis innumerabile pondus auri; Sest 93.

gelidus, eiskalt: si (homines aegri) aquam gelidam biberunt || biberint ||; Catil I 31. adde huc fontium gelidas perennitates; nat II 98.

geminatio, Verdoppelung: geminatio verborum habet interdum vim, leporem alias; de or III 206.

gemino, verdoppeln: quae (causa) terret animos sole geminato; nat II 14.

geminus, doppelt, Zwillinge: A. C. et L. Fabricii fratres gemini fuerunt; Cluent 46. ecce tibi geminum in scelere par; Phil XI 2. — b. ut mater geminos internoscit consuetudine oculorum; Ac II 57.

gemitus, Seufzen, Klagen, Trauer: I, 1. cum totius Siciliae cotidie gemitus querimoniasque audires; Ver III 52. tanti gemitus fletusque fiebant; Ver IV 110. — 2. versor in gemitu Italiae; ep XV 15. — II, 1. ne civium quidem Romanorum fletu et gemitu maximo commovebare? Ver V 163. — 2. huic tota obviam civitas cum lacrimis gemituque processerat; Sest 68.

gemma, Auge, Knospe, Edelstein: I. exsistit ea, quae gemma dicitur, a qua oritur uva se ostendit; Cato 53. — II. de ceteris operibus ex auro et gemmis se non laborare; Ver IV 67.

gemmeus, aus Edelsteinen: mittit etiam trullam gemmeam rogatum; Ver IV 63.

gemmo, Knospen treiben: "gemmare vites" etiam rustici dicunt; de or III 155. siquidem est eorum (rusticorum) "gemmare vites"; orat 81.

gemo, seufzen, klagen, betrauern: I. dum tibi

turpe videbitur gemere, eiulare; Tusc II 31. — II. quid est, quod gemas hostem Dolabellam iudicatum? Phil XIII 23. — III. quo minus occulte vestrum malum gemeretis; sen 12. hic status una voce omnium gemitur; A II 18, 1.

gena, Wange: I. genae ab inferiore parte tutantur subiectae leniterque eminentes; nat II 143. — II. ex hac opinione sunt muliebres lacerationes genarum; Tusc III 62.

genealogus, Verfasser von Geschlechtsregistern: eorum fratres et sorores, qui a genealogis antiquis sic nominantur; nat III 44.

gener, Schwiegersohn, Eidam: I. Piso ille, gener meus, a propinquo suo socerum suum flagitabat; Sest 68. — II, 1. cum soceris generi non lavantur; of I 129. — 2. nubit genero socrus; Cluent 14. — 3. ut tali genero mihi praesenti frui liceat; ep XIV 3, 3. — III. contra legem generi tui; prov 7.

generalis, allgemein: cum, qualis res sit, quaeritur, quia [et] de vi et de genere negotii controversia est, constitutio generalis vocatur; inv I 10. cum vis et natura et genus ipsius negotii quaeritur, constitutionem generalem appellamus; inv II 62. generale quoddam decorum intellegimus; of I 96.

generaliter, allgemein: ipsum (tempus) generaliter definire difficile est; inv I 39.

generatim, klassenweise, allgemein: ut omnia generatim amplectamur; inv II 18. nulli fuerunt, qui illa artificiose digesta generatim componerent; de or I 186. haec Crassus exponet discripta generatim; de or II 142. ut non nominatim, sed generatim proscriptio esset informata; A XI 6, 2. quid ego de ceteris civium Romanorum suppliciis singillatim potius quam generatim atque universe loquar? Ver V 143.

generator, Erzeuger: nosse generatores suos optime poterant; Tim 38.

genero, erzeugen, erschaffen, hervorbringen, pass. abstammen: Oceanum Salaciamque Caeli satu Terraeque conceptu generatos editosque; Tim 39. unde essent omnia orta, generata, concreta; Tusc V 69. omnia sui similia generavit; Tim 9. nox et dies ob has generata causas; Tim 32. istius (Scipionis) genus est ex ipsius sapientiae stirpe generatum; Bru 212. quoniam hominem generavit et ornavit deus; leg I 27. semperne (mundus) fuerit nullo generatus ortu, an ortus sit; Tim 5. noctem: f. diem.

generosus, edel: humilem sane relinquunt et minime generosum, ut ita dicam, ortum amicitiae; Lael 29. rationem dicendi voce, motu, forma etiam magnificam et generosam quodam modo; Bru 261. o generosam stirpem! Bru 212.

genetrix, Mutter: »nona super tremulo genetrix clangore volabat«; div II 63.

genialis, hochzeitlich: lectum illum genialem sibi ornari iubet; Cluent 14.

geniculatus, knotig: culmo erecta geniculato (viriditas); Cato 51.

genitalis, der Geburt: verba novantur, ut "di genitales"; de or III 154.

genitor, Erzeuger, Vater: I. imitantes genitorem et effectorem sui; Tim 47. — II. quo (animo) nihil est ab optimo et praestantissimo genitore meliore procreatum; Tim 27.

geno, gebären: SI MIHI FILIUS GENITUR || GIGNITUR, al ||; inv II 122. de or II 141.

gens, Stamm, Geschlecht, Verwandtschaft, Volksstamm, Volk, Schule: I. cum integri simul fuerit in hac gente plena, quam valde eam putamus tot transfusionibus coacuisse? Scaur 43. testes nunc sunt omnes exterae gentes ac nationes; imp Pomp 31. civitas exsulem et regem ipsum et liberos eius et

gentem Tarquiniorum esse iussit; rep II 46. quae
funditus gens vestra non novit; nat I 89. — II, 1.
quodsi aut Sabinam aut Volscam gentem conlustrare animo voluerimus; rep III 7. gentes sibi
in tenebris rei publicae perturbandas putaverunt;
leg III 21. quo bello omnes gentes ac nationes
premebantur; imp Pomp 35. Perraebia Athamanum-
que gens vendita; Piso 96. — 2. quam praeclarum
esset exteris gentibus imperare; Ver II 2. — 3.
sum in: ſ. I. coacescit. sine qua (urbe) numquam
ex Transalpinis gentibus maiores nostri triumpha-
verunt; Phil VIII 18. — III. nostri tyrannoctoni
longe gentium absunt; ep XII 22, 2. ubicumque
erit gentium; nat I 121. ubinam gentium sumus?
Catil I 9. — IV, 1. inter omnes omnium gentium
summa constat; nat II 12. quae caritas generis humani serpit sensim foras deinde totius complexu
gentis humanae; fin V 65. illi maiorum gentium
di qui habentur; Tusc I 29. qui rex populi Romani
dominusque omnium gentium esse concupiverit; of
III 83. quamquam hoc communi iure gentium
sanctum est; har resp 32. fuerunt patricii minorum
gentium; ep IX 21, 2. Rabocentum, Bessicae gentis
principem, securi percussisti; Piso 84. propior est
eiusdem gentis, nationis, linguae (societas); of I 53.
— 2. tanta religio est sepulchrorum, ut extra sacra et gentem inferri fas negent esse; leg II 55.
quale bellum nulla umquam barbaria cum sua gente
gessit; Catil III 25. — V, 1. cum Marcelli ab liberti
filio stirpe, Claudii patricii eiusdem hominis hereditatem gente ad se redisse dicerent; de or I 176.
— 2. ab isdem gentibus sanctis et in testimonio religiosis obsessam Capitolium est; Font 30. in illa
incorrupta maxime gente Aegyptiorum; rep III 14.

gentilicius, zum Geſchlecht gehörig; sacrificia gentilicia anniversaria facitarint; har resp 32.

gentilis, geſchlechtsverwandt: I, 1. meo regnante gentili; Tusc I 38. — 2. gentiles sunt inter
se, qui eodem nomine sunt, qui ab ingenuis oriundi
sunt, quorum maiorum nemo servitutem servivit,
qui capite non sunt deminuti; Top 29. — II. lex:
SI FURIOSUS ESCIT, ADGNATUM GENTILIUM-
QUE IN EO PECUNIAQUE EIUS POTESTAS
ESTO; inv II 148.

gentilitas, Geſchlechtsverwandtſchaft: nonne
in ea causa fuit oratoribus de toto stirpis et gentilitatis iure dicendum? de or I 176.

genuine, offenherzig: de quo petis ut ad te
genuine fraterneque rescribam; Q fr II 14, 2.

genuinus, angeboren, echt: non esse nos importatis artibus eruditos, sed genuinis domesticisque
virtutibus; rep II 29.

genuinus, zu den Backen gehörig: qui (dentes)
genuini vocantur; nat II 134.

genus, Knie: I, 1. »iam dextrum genus erigit
ille Nixus«; fr H IV, a, 646. »laevum genus linquit in alto«; fr H IV, a, 621. — 2. tu meum generum a genibus tuis reppulisti; sen 17. — II,
1. »Engonasin vocitant, genibus quia nixa feratur«;
nat II 108. genu M. Antonium nihil terram tangere;
Tusc II 57. — 2. »tertia (stella) sub cauda ad genus ipsum lumina pandit«; fr H IV, a, 149.

genus, Geſchlecht, Stamm, Volksſtamm,
Gattung, Art, Weſen, Element, Kraft (vgl. **dico,**
I, 1, a, γ. genus): I. abſolut: 1. videtisne, genus
hoc quod sit Antonii? forte, vehemens, commotum
in agendo, praemunitum et ex omni parte causae
saeptum, acre, acutum, enucleatum, in una quaque
re commoratus, honeste cedens, acriter insequens,
terrens, supplicans, summa orationis varietate, nulla
nostrarum aurium satietate; de or III 32. quod
argumentorum genus cuique causarum generi maxime
conveniat; de or II 175. illa sunt ab his delapsa
plura genera, lene asperum, contractum diffusum,
continenti spiritu intermisso, fractum scissum, flexo

sono extenuatum inflatum; de or III 216. genera
causarum quinque sunt: honestum, admirabile,
humile, anceps, obscurum; inv I 20. duo prima
genera quaestionum esse, in quibus eloquentia
versaretur, unum infinitum, alterum certum; de or
II 41. ambiguorum plura genera sunt; de or II 111.
est quoddam etiam insigne et florens orationis
pictum et expolitum genus; orat 96. unum est
genus perfecti (oratoris); opt gen 3. genus et
formam definiunt hoc modo: genus est notio ad
plures differentias pertinens; forma est notio, cuius
differentia ad caput generis et quasi fontem referri
potest; Top 31. causarum genera duo sunt; Top
58. genus scribendi id fuit, quod nemo abiecto
animo facere posset; A XII 40, 2. ſ. cedit. ex quo
exsistit id, quod Scipio laudabat, coniunctum civitatis
genus; rep III 23. floret: ſ. est; orat 96. omnia,
quae incidunt in causam, genera; inv I 32. incidens:
ſ. II, 1. sumo. insequitur: ſ. cedit. cum pauci post
genus hominum natum reperti sint, qui . . ; Balb 26.
restant duo divinandi genera, quae habere dicimur
a natura, non ab arte, vaticinandi et somniandi:
div II 100. ad hanc emptionem decemviralem duo
genera agrorum spectant; agr II 69. supplicat.
terret: ſ. cedit. hoc loquor de tribus his generibus
rerum publicarum non turbatis atque permixtis, sed
suum statum tenentibus; rep I 44. tria genera
bonorum, maxima animi, secunda corporis, externa
tertia; Tusc V 85. — 2. eadem res alii genus esse,
alii pars potest, eidem genus esse et pars non
potest; inv I 12. genus est, quod plures partes
amplectitur, ut animal. pars est, quae subest generi.
ut equus. sed saepe eadem res alii genus, alii pars
est. nam homo animalis pars est, Thebani aut
Troiani genus; inv I 32. genus id est, quod sui
similes communione quadam, specie autem differentes.
duas aut plures complectitur partes; de or I 189.
vgl. V, 1. — 3. quae vero et quam varia genera
bestiarum vel cicurum vel ferarum! nat II 99.

II. nach Verben: 1. (Calvus) accuratius quoddam
dicendi et exquisitius adferebat genus; Bru 283.
mirari licet, quae sint animadversa a medicis
herbarum genera, quae radicum; div I 13. gaudeat
(Torquatus) suo genere meum non anteponere;
Sulla 25. genus hoc Graeci appellant διληγορίαν;
orat 94. aliud genus imperatoris sane diligenter
retinendum et conservandum cognoscite; Ver V 25.
commoveo: ſ. I, 1. cedit. quod (genus) Graece
ἐπιδεικτικόν nominatur, quod quasi ad inspiciendum
delectationis causa comparatum est; orat 37. quod
genus erat orationis Asiaticum adulescentiae magis
concessum quam senectuti; Bru 325. coniungo:
ſ. I, 1. exsistit. conservo: ſ. cognosco. cognosco:
ſ. I, 1. delabuntur. eorum (visorum) et vim et
genera definiunt; Ac II 40. ſ. I, 1. est; Top 31.
ea genera divinandi non naturalia, sed artificiosa
dicuntur; div I 72. diffundo, extenuo: ſ. I, 1. delabuntur. enucleo: ſ. I, 1. cedit. exsicco: ſ. probo.
expolio: ſ. I, 1. est; orat 96. fit illa factio, genus
aliud tyrannorum; rep I 68. ſ. I, 1. est; A XII
40, 2. frango, inflo: ſ. I, 1. delabuntur. habeo: ſ.
I, 1. restant. incito, interrumpo: ſ. sumo. laudo:
ſ. I, 1. exsistit. nomino: ſ. comparo. quod multa
eius ludorum genera noratis; Ver III 156. permisceo:
ſ. I, 1. tenent. nec illud genus alterum nocturnorum
testium pertimesco; Cael 20. pingo: ſ. I, 1. est:
orat 96. omne genus coniecturale in hoc fere genere
ponebas; div II 26. praemunio: ſ. I, 1. cedit. sin
autem acutum, prudens et idem sincerum et solidum
et exsiccatum genus orationis probant; Bru 291.
Dicaearchus cetera divinationis genera sustulit.
somniorum et furoris reliquit; div I 5. reprehendis
solutionis genus; Font 2. nec hoc benignitatis
genus omnino repudiandum est; of II 54. retineo:
ſ. cognosco. saepio: ſ. I, 1. cedit. scindo: ſ. I, 1

delabuntur. aliud vocis genus iracundia sibi sumat, acutum, incitatum, crebro incidens; aliud miseratio ac maeror, flexibile, plenum, interruptum, flebili voce; de or III 217. ut genus hoc totum multarum atque eius modi iudiciorum tolleretur; Ver I 156. i. relinquo. turbo: f. I, 1. tenent. videtis profecto genus hoc totum, cum inflexo immutatoque || commut. || verbo res eadem enuntiatur ornatius; de or III 168. — 2. in quo etiam de animis, cuius generis essent, quaereretur; fin IV 12. — 3. antepono: f. 1. antepono. convenio: f. I, 1. convenit. da te huic etiam generi litterarum; Ac I 12. subsum: f. I, 2. inv l 32. potest fieri, ut nulla ab iis (dis) divinatio generi humano tributa sit; div I 10. — 4. quidam malo genere natus; de or II 286. eum neque genere neque animo regio esse; agr II 42. quod captiosissimo genere interrogationis utuntur; Ac II 49. — 5. ut in dicendo vitium vel maximum sit a vulgari genere orationis abhorrere; de or I 12. hoc dico de toto genere Graecorum; Flac 9. a genere (argumentum) sic ducitur; Top 13. omnino in illud genus eum Crassi magnificum atque praeclarum natura ipsa ducebat; de or II 89. ii student plerumque eodem in genere laudis excellere; of I 116. quodsi quod in genus plures incident partes; inv I 33. cum homines humiliores in alienum eiusdem nominis infunderentur genus; Bru 62. quodsi inest in hominum genere mens, fides, virtus, concordia; nat II 79. loquor de: f. I, 1. tenent. quae (officia) oriuntur a suo cuiusque genere virtutis; fin V 69. quae (natura) in suo quidque genere perfectum esse voluit; Tusc V 37. sin autem ieiunitatem et siccitatem et inopiam, dum modo sit polita, dum urbana, dum elegans, in Attico genere ponit; Bru 285. f. 1. pono. ut ex utroque genere, et iuris dicendi et sartorum tectorum exigendorum, ea postuletis, quae . .; Ver I 103. num est ex indicum genere? Phil V 13. hoc in genere nervorum vel minimum, suavitatis autem est vel plurimum; orat 91. quos nos et quales esse velimus et in quo genere vitae; of I 117. item de contrariis, a quibus (antiqui) ad genera formasque generum venerunt; fin IV 8. nimium mihi diu videor in uno genere versari criminum; Ver IV 105. f. I, 1. est; de or II 41.
III. **nach Adjectiven:** 1. quae (virtus) propria est Romani generis; Phil IV 13. — 2. quod hominum generi universo cultura agrorum est salutaris; Cato 56. — 3. digna Aeacidarum genere sententia; of I 38. — 4. dixit Q. Tadius, non alienus a matris eius genere; Ver I 128. in eo genere exercitati; Ac II 20. solum ex tot animantium generibus atque naturis; leg I 22.
IV. **nach Substantiven:** 1. me aliquid id genus solitum scribere, ut . .; A XIII 12, 3. — 2. haec et alia generis eiusdem ita defenditis, ut . .; nat III 62. caput: f. I, 1. est; Top 31. quae cognatio studiorum et artium prope humanorum non minus est coniuncta quam ista generis et nominis; Ver IV 81. quae (virtutes) in communitate cernuntur et in societate generis humani; of III 118. generis est controversia, cum et, quid factum sit, convenit, et, quo id factum nomine appellari oporteat, constat; inv I 12. summam video esse in te dignitatem generis; Muren 15. fons: f. I, 1. est; Top 31. formae: f. II 5. venio ad. incipio humani generis imbecillitatem fragilitatemque extimescere; Tusc V 3. in infimi generis hominum condicione; Milo 92. quod omnium gentium generumque hominibus ita videretur; nat I 62. multis viris fortibus ne ignobilitas generis obiceretur; Muren 17. imbecillitas: f. fragilitas. quae cuiusque generis vel inanimi vel animantis vel muti vel loquentis origo (esset), quae vita, qui interitus; Tusc V 69. habetis nobilitatem generis gloriosam; Phil III 16. quae sunt vel

generum vel partium nomina; de or I 189. est officium eius generis, quod nec in bonis ponatur nec in contrariis; fin III 58. origo, vita: f. interitus. societas: f. communitas. — 3. iste novo quodam genere imperator; Ver V 29. — 4. qui (sibi) cum omni hominum genere nullam iuris communionem, nullam humanitatis societatem velit; rep II 48. ut ex eo genere homines diligenter vobis retinendos existimetis; Font 42. societas cum: f. communio cum.
V. **Umstand:** 1. quod genus pactum [est], par, iudicatum; inv II 162. quod genus, fidentiae contrarium est diffidentia; inv II 165. — 2. quia corpora nostra terreno principiorum genere confecta ardore animi concalescunt; Tusc I 42. ut ea (verba) sic et genere et numero conservemus, ut . .; de or III 40. generibus ipsis distinguere convenit, hoc est, tum inductione uti, tum ratiocinatione; inv I 76. nisi hanc mihi totam rationem omni et personarum genere idem sit, fit aliud, quod parte quadam et specie differat; inv I 40. haec partibus sunt innumerabilia, generibus pauca; de or II 289. Amyntas est genere, honore princeps illius civitatis; Flac 72. ea aestimatio genere valet, non magnitudine; fin III 34. — 3. quo e genere nobis notitiae rerum imprimuntur; Ac II 21. de quibus in deliberativo genere causae distinctius erit dicendum; inv I 43. quo item in genere et virtutes et vitia pro ipsis, in quibus illa sunt, appellantur; de or III 168. post: f. I, 1. nascitur. propter exquisitius et minime vulgare orationis genus animos hominum ad me dicendi novitate converteram; Bru 321.
geographia, Erdbeschreibung: de geographia etiam atque etiam deliberabimus; A II 7, 1. de geographia dabo operam ut tibi satis faciam; A II 4, 3.
geometres, Feldmesser, Mathematiker: I. geometrae provideant, qui se profiteantur non persuadere, sed cogere, et qui omnia vobis, quae describant, probant; Ac II 116. ut geometrae solent non omnia docere, sed postulare, ut quaedam sibi concedantur, quo facilius, quae volunt, explicent; of III 33. — II. I. concedo: f. L — 2. alii ad geometras se contulerunt; de or III 58.
geometria, Geometrie: I, 1. adhibenda etiam geometria est; Ac I 6. geometriam Euclide aut Archimede tractante; de or III 132. — 2. Democrito, homini in geometria perfecto; fin I 20. — II. Sex. frater eius praestantissimum ingenium contulerat ad perfectam geometriae scientiam; Bru 175. — III. (dispersa quondam fuerunt) in geometria lineamenta, formae, intervalla, magnitudines; de or I 187.
geometricus, geometrisch: A. in arena geometricas formas quasdam esse descriptas; rep I 29. — B. pusionem quendam Socrates interrogat quaedam geometrica de dimensione quadrati; Tusc I 57.
germanitas, Geschwisterschaft, Brüderlichkeit: I. moveat (te horum) germanitas; Ligar 33. — in domesticis est germanitatis stupris volutatus; har resp 42.
germanus, leiblich, wirklich, echt: germanos se putant esse Thucydidas; orat 32. hanc ego iudico formam summissi oratoris, sed magni tamen et germani Attici; orat 90. insula Arpinas habere potest germanam ἀποθέωσιν; A XII 12, 1. scio me asinum germanum fuisse; A IV 5, 3. cuius frater germanus sermones iniquorum effugere non potuit; Cael 38. haec germana ironia est; Bru 296. inter hos germanos huius artis magistros; de or II 160. hunc locum germanam patriam esse vestram; leg II 5. quem cum sorore germana nefarium stuprum fecisse L. Lucullus se dixit comperisse; Milo 73.

36*

germen, Keim: sunt prima elementa naturae, quibus auctis virtutis quasi germen efficitur; fin V 43.

gero, tragen, führen, ausführen, verwalten, leiten, bringen, hinbringen, verleben, halten, sich benehmen: I, 1. si est Ceres a gerendo; nat III 52. — 2. qui gessit, non adest; Flac 23. — II, 1. eques Romanus locuples, sui negotii bene gerens (erat procurator); Quinct 62. — 2. omitto, quem ad modum isti se gerant atque gesserint; leg III 18. qui haec omnia pro salute omnium communi consilio, una mente atque virtute gesserunt; Flac 96. f. negotium. quorum sunt de amicitia gerenda praeclarissime scripti libri; ep III 8, 5. cum consul bellum gesserim cum coniuratis; Sulla 83. si ita gesseris censuram, ut et debes et potes; ep III 10, 3. adfectionis ratio perspicuam solet prae se gerere coniecturam; inv II 30. et in petendo et in gerendo consulatu; ep XV 13, 1. mater est a gerendis frugibus Ceres tamquam „Geres"; nat II 67. ut nostras inimicitias ipsi inter nos geramus; Balb 60. qui amplissimum magistratum gerunt; Cato 20. gerendus est tibi mos adulescentibus; de or I 105. nemo Gallorum sine cive Romano quicquam negotii gerit; Font 11. ut haberet ad praeturam gerendam plenum annum atque integrum; Milo 24. cum (illi) rerum gestarum gloria florerent; de or I 1. quibus hic rebus consulem ad rem gerendam excitarit; Sest 12. quod rem gestam Dolabellae nimis in caelum videar efferre; A XIV 18, 1. re publica a Dolabella meo praeclarissime gesta; ep XII 1, 1. qui magna fide societatem gerunt; Quinct 13.

gestio, Führung, Ausführung: I. ipsius est negotii gestio pertractanda; inv III 39. — II. in gestione negotii quaeretur locus, tempus, occasio, modus, facultas ‖; inv I 38.

gestio, sich freuen, frohlocken, begehren: I. quorum alter laetitia gestiat, alter dolore crucietur; fin II 14. ut nostri animi negotiis forensibus defessi gestiant ac volitare cupiant vacui cura; de or II 23. cum effuse animus exsultat, tum illa laetitia gestiens vel nimia dici potest; Tusc IV 13. iactatio est voluptas gestiens et se efferens insolentius; Tusc IV 20. — II. quod gestiat animus aliquid agere in re publica; A II 7, 4. cur adventibus te offerre gestias; ep VI 20, 1. gestio scire ista omnia; A IV 11, 1.

gesto, tragen: id (caput) adfixum gestari iussit in pilo; Phil XI 5.

gestus, Geberde, Haltung: I. gestus erat non verba exprimens, sed cum sententiis congruens: manus, umeri, latera supplosio pedis, status, incessus omnisque motus; Bru 141. omnes hos motus subsequi debet gestus, non hic verba exprimens scaenicus, sed universam rem et sententiam non demonstrative, sed significatione declarans; de or III 220. motus et gestus etiam plus artis habebat, quam erat oratori satis; Bru 303. subsequitur: f. debet. gestus et motus corporis ita venustus, ut . .; Bru 203. — II, 1. qui agunt in scaena gestum inspectante ‖ spect. ‖ Roscio; de or II 233. umeris gestum agebant; Rab Post 36. qui semel in gestu peccavit, non continuo existimatur nescire gestum; de or I 125. — 2. pecco in: f. 1. nescio. — III. homo tam solutus et mollis in gestu, ut . .; Bru 225. — IV. extento brachio paululum etiam de gestu addidit; de or II 242. — V. huic simile vitium in gestu motuque caveatur; of I 130.

gigas, Gigant: quis est ex gigantibus illis, quos poëtae ferunt bellum dis immortalibus intulisse, tam impius, qui . .? har resp 20.

gigno, erzeugen, gebären, hervorbringen, verursachen, schaffen (vgl. geno): I, 1. quae (seminum vis) ad gignendum procreandumque plurimum valeat; div II 94. — 2. artis maxime proprium esse creare et gignere; nat II 57. — II. ut idem deus

urbem hanc gentibus, vos huic urbi genuisse videatur; Phil XIV 32. ad maiora quaedam nos natura genuit et conformavit; fin I 23. qui (Iuppiter) genuisse Minervam dicitur; nat III 53. »quasi vos sibi dedecori genuere parentes«; fr H X, b, 11. qui genuit in hac urbe dicendi copiam; Bru 255. eas fruges atque fructus, quos terra gignit; nat II 37. cum (Cato) ipse sui generis initium ac nominis ab se gigni et propagari vellet; Ver V 180. ex avaritia erumpat audacia (necesse est), inde omnia scelera ac maleficia gignuntur; Sex Rosc 75. ad eosdem illos animi motus gignendos; part or 67. quae (res) gignuntur e terra; Ac I 26. scelera: f. maleficia. urbem: f. alqm; Phil XIV 32. qui (di) utilitates quasque gignebant; nat II 62. — III. dens et ortu et virtute antiquiorem genuit animum; Tim 21.

gladiator, Fechter, Klopffechter, Bandit, pl. Gladiatorenspiele: (gladiatores) accipere plagam malunt quam turpiter vitare; Tusc II 41. unus furiosus gladiator cum taeterrimorum latronum manu contra patriam gerit bellum; Phil XIII 16. — II, 1. quae (lex) dilucide vetat gladiatores biennio, quo quis petierit aut petiturus sit, dare; Sest 133. gladiatoribus emptis rei publicae causa; of II 58. — 2. quod fugitivo alicui aut gladiatori concedi sit necesse; Catil II 19. — 3. si mihi cum illo bustuario gladiatore decertandum fuisset; Piso 19. — III, 1. fama nostrae severitatis obruet scelerati gladiatoris amentiam; Phil V 32. ut mihi gladiatorum compositiones mitteres; ep II 8, 1. ludorum gladiatorumque consessu; Sest 106. omnem impetum gladiatoris ferociamque compressi; har resp 1. qui gladiatorum muneribus pecunias profundunt; of II 55. crudele gladiatorum spectaculum non nullis videri solet; Tusc II 41. — 2. tamquam mihi cum M. Crasso contentio esset, non cum uno gladiatore nequissimo; Phil II 7. — IV, 1. ut in foro ‖ (cum) gladiatoribus Gabinii Pompeium adorirentur; A II 24, 3. Hortensius filius fuit Laodiceae gladiatoribus; A VI 3, 9. — 2. sexta palma urbana etiam in gladiatore difficilis; Phil XI 11.

gladiatorius, fechtermäßig, bei Gladiatoren spielen: casus gladiatorii vetabant me rei publicae penitus diffidere; ep V 13, 3. in ipso illo gladiatorio vitae certamine; de or II 317. gladiatorii consessus dicuntur solere plausus excitare; Sest 115. familiam gladiatoriam nactus est; Sest 134. nemo est in ludo gladiatorio paulo ad facinus audacior, qui non . .; Catil II 9. si in gladiatoriis pugnis timidos otiose solemus; Milo 92. in Tusculanum mihi nuntiabantur gladiatorii sibili; fr F VIII 11.

gladius, Schwert: I. excident gladii de manibus; Phil XII 8. fulgentes gladios hostium videbant Decii; Tusc II 59. — II, 1. gladios in rem publicam destrictos rettudimus; Catil III 2. gladium e vagina eduxit; inv II 14. cum gladium scelere imbuisset; Phil V 20. gladium cruentum in vaginam recondidit; inv II 14. retundo: f. destringo. video: f. fulgent. — 2. ut ille in gladium incumberet; inv II 154. — III. in summa impunitate gladiorum; ep X 2, 1. magna gladiorum est licentia; ep IV 9, 4. quorum alter gladiorum est princeps; Phil II 106. — IV, 1. illum (Clodium) plumbeo gladio iugulatum iri; A I 16, 2. se gladio percussum esse; Milo 65. — 2. si tu inimicus ei cum gladio cruento comprensus (es); de or II 170. homines coniuratos cum gladiis in campum deduci a Catilina; Muren 52.

glandifer, Eicheln tragend: „glandifera" illa quercus nunc sit haec; leg I 2.

glans, Eichel: hunc, pecudem ac beluam, pabulo inimicorum meorum et glande corruptum; har resp 5. ut sues quasi caprae ex ramis glande pascantur; fr F XII.

glarea, Ἄιεϑ: eo loco pulvis, non glarea iniecta est; Q fr III 1, 4.

gleba (glaeba), Θφοⅼⅼε, Θrbϳφοⅼⅼε: I. vinces non esse arma caespites neque glebas; Caecin 60. — II. non adimi cuiquam glebam de Sullanis agris; agr III 3. non ita dicimus, ut glaebam aut fragmentum lapidis; nat II 82. prius quam in os iniecta gleba est; leg II 57. qui nllam agri glebam possiderent; Ver III 28. illi miseri glebis subigendis exercitati; agr II 84. — III. cum terrae subigerentur fissione glebarum; nat II 159.

glisco, auffⅼammen: ad invenilem libidinem copia voluptatum ‖ si . . . accessit, al. ‖, gliscit illa · ita ‖ ut ignis oleo; fr F V 74.

globosus, fugelförmⅰg, runb: (animantem) globosum (deus) est fabricatus, quod σφαιροειδές Graeci vocant; Tim 17. quae (stellae) globosae et rotundae; rep VI 15. terra solida et globosa; nat II 98.

globus, Ἄugel: I. cum videmus globum terrae eminentem e mari; Tusc I 68. cum duae formae praestantes sint, ex solidis globus (sic enim σφαιραν interpretari placet), ex planis autem circulus aut orbis; nat II 47. stellarum globi terrae magnitudinem facile vincebant; rep VI 16. — II. video: ſ. L eminet. — III. novem tibi orbibus vel potius globis conexa sunt omnia; rep VI 17.

glomero. ϳuϳammenbⅰängen, ϧäuϳen: »nunc ea omnia fixa tuus glomeras determinat annus«; div I 19. »haec vetusta saeclis glomerata horridis luctifica clades«; Tusc II 25.

gloria, Ἄuϧm, Θϧre, Θϧrgeⅰϑ, Ἄuϧmϳuφt, Ἄuϧmⅰⅰⅰⅰⅰⅰⅰ: I. qui potes dubitare, quin ad consulatum adipiscendum multo plus adferat dignitatis rei militaris quam iuris civilis gloria? Muren 22. gloria est frequens de aliquo fama cum laude; inv II 166. videsne verborum gloriam tibi cum Pyrrhone esse communem? fin III 11. vide, ne haec, quae expetitur, gloria (plus) molestiae habeat quam voluptatis; Tusc V 103. — II, 1. illa gloria militaris vestris formalis atque actionibus anteponenda est; Muren 29. prima est adulescenti commendatio ad gloriam, si qua ex bellicis rebus comparari potest; of II 45. eos esse immortalem gloriam consecutos; Sest 143. quod gloriam contemnant; of I 71. si pecunia tanto opere expetitur, quanto gloria magis est expetenda! de or II 172. ſ. I. habet. vereor, ne imminuam summorum virorum gloriam; Phil II 86. hodie hanc gloriam atque hoc orbis terrae imperium teneremus? imp Pomp 53. optima hereditas a patribus traditur liberis gloria virtutis rerumque gestarum; of I 121. — 2. ut me sempiternae gloriae per eum commendari velim, qui . . ; ep V 12, 6. qui laudi, qui gloriae (se) natos arbitrantur; Sest 138. quod Q. Metello semper erit maximae gloriae; Planc 89. — 3. non possum dicere Solonem legum et publicae disciplinae carere gloria, Themistoclem bellicae virtutis; Tusc I 110. quod eius (Hannibalis) nomen erat magna apud omnes gloria; de or II 75. maxima fuit (Anaxagoras) et gravitatis et ingenii gloria; Ac II 72. — 4. tot iam menses aut de salute aut de gloria dimicaret? Cael 47. vir ad virtutem, dignitatem, gloriam natus; Sest 89. quorum alterum pertinet ad virorum fortissimorum gloriam sempiternam; Phil XIV 31. ut nostri illi non heroes, sed di futuri in gloria sempiterna sint; A XIV 11, 1. ut (invidia) mihi valeat ad gloriam; Catil III 29. — III, 1. multi cupidi splendoris et gloriae; of I 43. an ipse expers esse debet gloriae? imp Pomp 57. — 2. unum (Pompeium) esse dignum huius imperii gloria; har resp 51. — 3. nonne te Q. illa Claudia aemulam domesticae landis in gloria muliebri esse admonebat? Cael 34. — IV, 1. hunc (P. Crassum) quoque absorbuit ae s t u s quidam insolitae adulescentibus gloriae; Bru 282. de meo quodam amore gloriae

vobis confitebor; Arch 28. adde imperii, adde gloriae cupiditatem; rep I 60. exiguum nobis vitae curriculum natura circumscripsit, immensum gloriae; Rabir 30. quid optabilius ad immortalitatem gloriae (meae)? Vatin 8. propter honestatis et gloriae similitudinem; leg I 32. si eum studium gloriae aliquo impulisset; Vatin 15. ut levitatis est omnes umbras etiam falsae gloriae insectari; Piso 57. — 2. singulari virtute et gloria civem; Milo 73. — 3. de ardore mentis ad gloriam (loquor); Cael 76. commendatio ad: ſ. II, 1. comparo. librum tibi celeriter mittam „de gloria“; A XV 27, 2. „de gloria“ misi tibi; A XVI 2, 6. hanc viam ad gloriam proximam esse; of I 43. — V, 1. quae populari gloria decorari in Lucullo debuerunt; Ac II 4. cum (illi) et honoribus et rerum gestarum gloria florerent; de or I 1. multum is (Procles) fratri rerum gestarum gloria praestitit; div I 91 (90) Cn. Pompeius, vir omnium virtute, sapientia, gloria princeps; Quir 16. qui cum longe omnes belli gloria et virtute superaret; Phil XI 18. — 2. si gloriae causa imperium expetendum est; of III 87. mors oppetatur cum gloria; Phil XII 30.

gloriatio, Ἄüϧmen: gloriatione dignam esse beatam vitam; fin IV 50.

gloriola, etⅰvaϑ Ἄuϧm: I. ut nosmet ipsi vivi gloriola nostra perfruamur; ep V 12, 9. — II. quo minus etiam hisce eum ornes gloriolae insⅰgnⅰbuϑ; ep VII 5, 3.

glorior, ϳⅰφ rüϧmen, praϧⅼen: I. ne nimis gloriari viderer; har resp 16. — II, 1. quoniam de tuis divitiis intolerantissime gloriaris; Vatin 29. — 2. in virtute recte gloriamur; nat III 87. — 3. glorianti cuidam mercatori, quod multas naves dimisisset; Tusc V 40. — 4. cum Asellus omnes se provincias stipendia merentem peragrasse gloriaretur; de or II 258. — III, 1. vita beata glorianda et praedicanda est; Tusc V 50. — 2. nominⅰbus veterum gloriantur; orat 169. ut, quibus rebus gloriemini in vobis, easdem in aliis reprehendatis; Ligar 20.

gloriose. ruϧmvoⅼⅼ, ruϧmreⅰφ, praϧⅼerⅰϳφ: nostri ἤρωες, quod per ipsos confici potuit, gloriosissime et magnificentissime confecerunt; A XIV 4, 2. exorsus es non gloriose; de or II 31. ut gloriose loqui desinant; Tusc III 51. solere me de me ipso gloriosius praedicare; dom 93.

gloriosus, ruϧmvoⅼⅼ, ruϧmreⅰφ, praϧⅼerⅰϳφ: A. ut non solum gloriosis consⅰⅼⅰⅰs utamur, sed etiam paulo salubrioribus; A VIII 12, 5. si ille dies tibi gloriosissimus fuit; Ligar 37. mihi crede, homini non glorioso; ep XI 14, 1. deforme est imitari militem gloriosum; of I 137. cum esset proposita aut fuga turpis aut gloriosa mors; fin II 97. ubi (erat) illa magnifica et gloriosa ostentatio civitatis? plac 52. sive quem ista praepotens et gloriosa philosophia delectat; de or I 193. — B. a. qui gloriae cupidos gloriosi reprehendunt; Tusc III 73. — b. est philosophi non tam gloriosa quam vere quaerentis; fin V 72.

glutinator, Ϫuϳammenⅼeⅰmer: quibus (libra- riolis) Tyrannio utatur glutinatoribus; A IV 4, a, 1.

gnarus, funbⅰg: „noti“ erant et „navi“ et „nari“; orat 158. (Periclen) gnarum (fuisse), quibus orationis modis quaeque animorum partes pellerentur; orat 15. qui eiue rei gnarus esset; orat 36. (L. Sisenna) gnarus rei publicae; Bru 228.

gnata, Ϫoφter: „gnatam requirens Cassiepia«; fr H IV, a, 694.

gnavus, rüϧrⅰg, tätⅰg: magni et gnavi ‖ navi ‖ aratores; Ver III 120. esset ex inerti et improbo et impuro parente gnavus ‖ navus ‖ et pudens et probus filius; Ver III 161. Nympho est Centuripinus, homo gnavus et industrius; Ver III 53.

grabatus, nⅰebrⅰgeϑ Ϫett, Θφragen: deosne

concursare *circum* omnium mortalium non modo lectos, verum etjam grabatos? div II 129.

gracilitas, Schlautheit, Hagerkeit: I. erat eo tempore in nobis summa gracilitas et infirmitas corporis; Bru 313. — II. qui non tam habitus corporis opimos quam gracilitates consectentur; Bru 64.

gradatim, Schritt für Schritt, stufenweise: ita pedetemptim et gradatim tum accensus a te ad causam facti, tum recessus, ut . .; ep IX 14, 7. cum (Chrysippus) gradatim interrogetur; Ac II 39. quid opus erat te gradatim istuc pervenire? nat I 89.

gradatio, Steigerung: est etiam gradatio quaedam; de or III 207.

gradior, schreiten: I. alia animalia gradiendo, alia serpendo ad pastum accedunt; nat II 122. — II. fidenti animo gradietur ad mortem; Tusc I 110.

gradus, Schritt, Stufe, Staffel, Grad, Rang: I, 1. an censes non eosdem gradus oratorum vulgi iudicio et doctorum fuisse? Bru 186. in omnibus causis tres sunt gradus, ex quibus unus aliqui capiendus est ad resistendum; part or 101. — 2. quasi hunc gradum mei reditus esse, quod mulieres revertissent; A VII 23, 2. — II, 1. dum unum ascendere gradum dignitatis conatus est; Muren 55. capio: f. I, 1. part or 101. gradus templorum ab infima plebe completi erant; A IV 1, 5. maioribus nostris in Africam ex hac provincia gradus imperii factus est; Ver II 3. ipsa aequabilitas est iniqua, cum habet nullos gradus dignitatis; rep I 43. cum omnes gradus aetatis recordor tuae; de or III 82. ut omnes et dignitatis et gratiae gradus tollerentur; Muren 47. — 2. non est causa conversionis, ubi in suo quisque est gradu firmiter conlocatus; rep I 69. sunt duae artes, quae possunt locare homines in amplissimo gradu dignitatis; Muren 30. — III. unus ex: f. I, 1. part or 101. — IV, 1. ascendens gradibus magistratuum; Bru 281. est quiddam gravissimum quoque tamquam sonorum gradibus descenditur; de or III 227. ut ea (honesta, commoda) inter se magnitudine et quasi gradibus, non genere differrent; nat I 16. — 2. a: f. **Graecostasis.** qui (populus Romanus) te ad summum imperium per omnes honorum gradus extulit; Catil I 28.

Graece, griechisch, in griechischer Sprache: id faciebam multum etiam Latine, sed Graece saepius; Bru 310. cum ea, quae legeram Graece, Latine redderem; de or I 156. quae mihi tu de ratione dicendi Graece tradidisti; part or 1.

Graecostasis, Griechenstand: eius operae repente a Graecostasi et gradibus clamorem satis magnum sustulerunt; Q fr II 1, 3.

gramineus, aus Rohr: etiamne hastas gramineas (concupisti)? Ver IV 125.

grammatica, Sprachkunde: quibus (verbis) utimur pro Latinis, ut dialectica, grammatica; fin III 5.

grammaticus, Sprachkundiger, Gelehrter, n. pl. Sprachkunde: a, I. quoniam grammaticus es; A VII 3, 10. — II. si grammaticum se professus quispiam barbare loquatur; Tusc II 12. quod (studium litterarum) profitentur ei, qui grammatici vocantur; de or I 10. — b. omnia fere dispersa quondam fuerunt; ut in grammaticis poëtarum pertractatio, historiarum cognitio, verborum interpretatio, pronuntiandi quidam sonus; de or I 187.

granarium, Kornspeicher: num utiliorem tibi hunc Triarium putas esse posse, quam si tua sint Puteolis granaria? fin II 84.

grandesco, wachsen: »lentiscus triplici solita grandescere fetu«; div I 15.

grandifer, einträglich: quoniam hae quondam arationes grandiferae et fructuosae ferebantur; Phil II 101.

grandiloquus, großsprecherisch, großartig redend: qui tandem isti grandiloqui contra haec duo melius se habent quam Epicurus? Tusc V 89. et grandiloqui, ut ita dicam, fuerunt cum ampla et sententiarum gravitate et maiestate verborum et contra tenues, acuti; orat 20.

grandis, groß, ansehnlich, bedeutend, heran gewachsen, an Jahren vorgerückt, bejahrt: A. cum hoc Catone grandiores natu fuerunt C. Flaminius, C. Varro; Bru 77. (C. Gracchus) grandis est verbis: Bru 126. exemplis grandioribus decuit uti: div I 39. tune in Siciliam tecum grandem praetextatum filium ducebas? Ver III 159. genus dicendi grandius quoddam et inlustrius esse adhibendum videtur: de or II 337. cum „grandem orationem“ pro longa dicimus; de or III 169. quo grandior (orator) sit et quodam modo excelsior; orat 119. eius filio pecuniam Nicaeenses grandem debent; ep XIII 61. uxori grande pondus argenti legavit; Caecin 12. grandi vitio praeditum exemplum; inv I 88. — B. a. cum quidam in theatrum grandis natu venisset: Cato 63. — b. qui grandia ornate vellent, enucleate minora dicere; fin IV 8.

granditas, Erhabenheit: id apparet ex genere et granditate verborum; Bru 121.

grando, Hagel: I. si grando quippiam ∥ cuipiam ∥ nocuit; nat III 86. II. quae (causa) terret auimos nivibus, grandiuibus; nat II 14.

granum, Korn, Kern: 1. Midae dormienti formicae in os tritici grana congesserunt; div I 78. granum ex provincia Sicilia nullum haberemus; Ver III 44 — 2. quae (terra) ex fici tantulo grano tantos truncos ramosque procreet; Cato 52.

grassator, Wegelagerer, Räuber: hoc modo viator quoque bene vestitus causa grassatori fuisse dicetur ∥ diceretur ∥, cur ab eo spoliaretur; fat 34.

grate, gern, dankbar: me, quod faciam, et grate et pie facere; Planc 98. (sapiens) praeterita grate meminit; fin I 62.

grates, Dank: grates tibi ago, summe Sol, quod conspicio . .; rep VI 9.

gratia, Dank, Dankbarkeit, Gunst, Gnade, Einfluß, Kredit, Gefälligkeit, Einvernehmen, Freundschaft; I, 1. nullam esse gratiam tantam, quam non vel capere animus meus in accipiendo vel in remunerando cumulare atque inlustrare posset; ep II 6, 2. contra nos faciunt summa gratia et eloquentia; Quinct 1. gratiam (eam appellant), quae in memoria et remuneratione officiorum et honoris et amicitiarum observantiam teneat; inv II 66. — 2. gratia (est), in qua amicitiarum et officiorum alterius memoria et remunerandi voluntas continetur: inv II 161. — II, 1. vides, quam omnes gratias non modo retinendas, verum etiam acquirendas putemus; A I 1, 4. L. Murenae provincia multas bonas gratias cum optima existimatione attulit; Muren 42. maximas gratias et ago et habeo Pisoni; Phil I 15. appello: f. I, 1. tenet. capio: f. I, 1. est. conciliandae gratiae causa; Cluent 100. quod qui faciunt, plurimum gratiae consequuntur; of II 67. cumulo: f. I, 1. est. nec gratia deberi videtur ei, qui sua causa commodaverit; fin II 117. gratiam nostram extinguit hominum suspicio; ep I 1, 4. habeo: f. ago, refero. magnam ineat gratiam; fin IV 31. inlustro: f. I, 1. est. neque illud ad neglegendam meam gratiam debet valere; Planc 82. huic utinam aliquando gratiam referre possimus! habebimus quidem semper; ep XIV 4, 2. retineo: f. acquiro. — 2. contineo in: f. I, 2. est apud eum (Caelium) quanta in gratia posui! A VI 6, 4. hic me meus in rem publicam animus cum Caesare reduxit, reconciliat, restituit in gratiam; prov 23. ut cum Crasso redirem in gratiam; ep I 9, 20. reduco, restituo in: f. reconcilio in. me cum Caesare et cum Appio esse in gratia; ep I 9, 4. — III. equestri vetere illa

auctoritate et gratia fretus; Ver III 61. — IV.
alqd: f. II, 1. consequor. quamquam gratiarum
actionem a te non desiderabam; ep X 19, 1. aequationem gratiae, dignitatis, suffragiorum (flagitasti);
Muren 47. istam conciliationem gratiae Staienus
excogitavit; Cluent 84. crimen gratiae concedebas;
Q Rosc 19. reconciliationem esse gratiae factam;
har resp 51. — V, 1. si qua gratia testes deterrentur; Font 3. Sp. Cassium summa apud populum gratia florentem; rep II 60. cum tanta gratia
tantisque opibus accusatio vestra nitatur; Cael 19.
per hospites apud externos populos valere opibus et
gratia; of II 64. — 2. ut nemo a vobis, ut istum
absolvatis, per gratiam conetur contendere; Ver pr
48. huic patronos propter Chrysogoni gratiam defu-
turos; Sex Rosc 28.

gratia, wegen, um — willen, zu Gefallen: I.
quod facio, amicitiae dignitatisque L. Murenae
gratia facio; Muren 78. si exempli gratia vir bonus
magnum frumenti numerum advexerit; of III 50.
— II. cum obsignandi gratia venissem; Ver I
50. — III. quae tibi non consolandi tui gratia
dicent; Planc 52. ut dolores suscipiantur maiorum
dolorum effugiendorum gratia; fin I 36.

gratificatio, Gefälligkeit, Bewilligung: cum
in imbecillitate gratificationem et benivolentiam ponitis; nat I 122. Sullana gratificatio reprehensa;
Muren 42.

gratificor, willfahren, gefällig sein, darbringen,
mitteilen: I, 1. in quo populo potestas honeste
bonis gratificandi datur; leg III 39. — 2. quod Pompeio se gratificari putant; ep I, 1, 4. gratificatur mihi
gesta accusator; Balb 41. — II. de eo, quod ipsis
superat, (parvi) aliis gratificari volunt; fin V 42. —
III. cur tibi hoc non gratificer, nescio; ep I 10.

gratiosus, in Gunst stehend, angenehm, beliebt, einflußreich: A. is (A. Trebonius) et suo
splendore et nostra ceterorumque amicorum commendatione gratiosissimus in provincia fuit; ep I 3, 1.
ita gratiosi eramus apud illum, ut ..; A XV 4, 3.
non potentia mea, sed causa rogationis fuit gratiosa;
Planc 25. homo et domi nobilis et apud eos, quo
se contulit, propter virtutem splendidus et gratiosus;
Ver IV 38. species ipsa tam gratiosi liberti aut
servi dignitatem habere nullam potest; ep I 2, 3.
potentia: f. causa. rogatio ipsa semper est gratio-
sissima; Planc 25. ut gratiosi scribae sint in dando
et cedendo loco; Bru 290. servus: f. libertus. — B.
si Valerius interpres ad me nomina gratiosorum
scripserit; A XVI 11, 7. habemus inventutis et
gratiosorum in suffragiis studia; ep II 6, 3.

gratis, umsonst: gratis esse Oppianicum condemnatum; Cluent 132. cum aratores frumentum
dare gratis mallent; Ver III 215. neminem ulla in
civitate senatorem factum esse gratis; Ver II 120.
habitent gratis in alieno; of II 83. id me scis antea
gratis tibi esse pollicitum; Q fr III 1, 7.

gratuito, unentgeltlich, uneigennützig: hominis multorum causas et non gravate et gratuito defendentis; of II 66. cum mediocribus multis
gratuito civitatem in Graecia homines impertiebant;
Arch 10.

gratuitus, unentgeltlich, uneigennützig: quae
comitia si gratuita fuerint; Q fr II 14, 4. liberalitas gratuitane est an mercennaria? leg I 48. te
ne gratuita quidem eorum suffragia tulisse; Planc
54. nisi (virtus) erit gratuita; Ac II 140.

gratulatio, Freudenbezeigung, Glückwunsch,
Danksagung, Dankfest: I. gratae nostrae dis immortalibus gratulationes erunt; Phil XIV 7. fuit mihi
saepe laudis nostrae gratulatio tua iucunda; A I
17, 6. f. II, 1. facio. — II, 1. tam recenti gratulatione, quam tuo nomine ad omnia deorum templa
fecimus; ep XI 18, 3. a qua (plebe) plausu maximo cum esset mihi gratulatio significata; A IV 1,

5. — 2. ne obtulisse nos gratulationi videamur;
A IX 5, 1. — III, 1. ad urbem accessus incredibili
hominum multitudine et gratulatione florebat;
Sest 131. — 2. ut undique ad me cum gratulatione
legati convenerint; A IV 1, 4. quod in precibus et
gratulationibus non solum id (simulacrum) venerari,
verum etiam osculari solent; Ver IV 94.

gratulator, Glück wünschend: [ita fit, ut
gratulator laetior sit quam is, cui gratulatur];
fin II 108.

gratulor, Freude bezeigen, Glück wünschen,
danken: I. vulgo ex oppidis publice gratulabantur;
Tusc I 86. — II, 1. ipse mihi gratulatus sum; ep
III 11, 2. gratularer felicitati tuae; ep IX
14, 7. — 2. quod mihi de eo, quod egerim, gratularis; ep IV 14, 3. ut tibi absenti de reditu nostro
gratularer; A IV 1, 1. — 3. gratulor tibi, quod
salvum te recepisti; ep XIII 73, 1. f. 4. — 4. tibi
cum pro rerum magnitudine, quas gessisti, tum pro
oportunitate temporis gratulor, quod te summa laus
prosecuta est; ep XV 14, 3. — III. qui etiam mihi
gratulatus es illius diei celebritatem; A V 20, 1.

gratus, angenehm, erfreulich, dankenswert,
dankbar: A. tu quam gratus erga me fueris; ep
V 5, 2. te re ipsa atque animo esse gratissimum;
ep X 19, 1. mihi, quod fecit, gratissimum; A IX
13, 3. huic animo gratissimo adsunt; Sulla 72.
gratum hominem observantemque cognosces; Q fr
II 12, 3. tuae litterae mihi gratae incundaeque sunt;
A VII 17, 1. gratissima memoria omnium civium;
Phil X 7. eius in me meritum tibi gratum esse;
Planc 73. cuius (Servii) officia iucundiora scilicet
saepe mihi fuerunt, numquam tamen gratiora; ep
IV 6, 1. si dis immortalibus, si senatui gratum et
incundum meum reditum intellegitis esse; dom 147.
eae res, quas ingenio ac ratione persequimur, gratiores sunt quam illae, quas viribus; of II 45. ista
veritas, etiamsi iucunda non est, mihi tamen grata
est; A III 24, 2. nulla de virtutibus tuis plurimis
nec admirabilior nec gratior misericordia est; Ligar
37. -- B. facis amice tu quidem mihique gratissimum; A VIII 2, 2.

gravate, ungern: „qui erranti comiter monstrat viam", benigne, non gravate; Balb 36. cum
vobis non gravate respondero; de or I 208.

gravedinosus, mit Schnupfen behaftet: dicimus gravedinosos quosdam, non quia iam sint, sed
quia saepe; Tusc IV 27.

gravedo, Gliederschwere, Schnupfen: I. gravedo tua mihi molesta est; A XVI 11, 3. — II, 1.
tu, quoniam novum morbum removisti, seda etiam
gravedinem; A X 16, 6. — 2. gravedini, quaeso,
omni ratione subveni; A XVI 14, 4.

graviditas, Schwangerschaft: ut Luna gravi-
ditates et partus adferat; nat II 119.

gravido, schwängern, befruchten: quae (terra)
gravidata seminibus omnia pariat; nat II 83.

gravidus, schwanger, voll: cum esset gravida
Auria; Cluent 31. »uberibus gravidis«; div I 20.

gravis, schwer, gewichtig, nachdrücklich, bedeutend, ernst, würdig, gewaltig, drückend, lästig, hart,
schmerzlich, schwer verdaulich, dumpf, tief, tiefbetont:
A. cum omnium sit urbanissimus, omnium gravissimum et severissimum et esse et videri; de or II
228. si non graves sumus; de or III 147. tibi
verenti, ne mihi gravis esses; Top 4. etsi gravis
tibi nulla in re erit; ep XIII 69, 2. est quiddam
in remissione gravissimum quoque tamquam sonorum
gradibus descenditur; de or III 227. grave est ho
mini pudenti petere aliquid magnum; ep II 6, 1.
haec bona sunt, quibus aegritudines gravissimae
detrahantur; Tusc III 46. sapientem plurimis et
gravissimis artibus atque virtutibus instructum; fin
II 112. ut auctor vobis gravior nemo esse debeat;
imp Pomp 68. quorum auctoritas gravissima debeat

esse; inv I 101. P. Caesennius, non tam auctoritate
gravi quam corpore; Caesin 27. cum Tigrane grave
bellum gessimus; Sest 58. cum eos (amicos) gravis
aliquis casus experiri cogit; Lael 84. quoniam corrumpendi iudicii causas ille multas et graves habuit;
Cluent 82. negat esse ullum cibum tam gravem,
quin concoquatur; nat II 24. queritur gravis, locuples, ornata civitas; Flac 56. corpus: ſ. auctoritas.
quod ego gravissimum crimen iudico; Phil II 3. o
gravem acerbamque fortunam! Ver V 119. (vocis
genus) sine commiseratione grave quoddam et uno
pressu ac sono obductum; de or III 219. homini
gravi leve est; Sest 115. cuius (senatus) est gravissimum iudicium de iure legum; dom 71. quodsi
corporis gravioribus morbis vitae iucunditas impeditur; fin I 59. ut (senes) onus se Aetna gravius dicant sustinere; Cato 4. quid ego ita
gravem personam induxi? Cael 35. quod solum
bonum severus et gravis philosophus novit; fin II
29. barbaros excipientes gravissimas plagas; Tusc
II 46. quae homini gravior poena accidere potuit?
prov 14. cum gravibus seriisque rebus satis fecerimus; of I 103. breviter comprehensis gravissimis
sententiis; fin II 20. ab acutissimo sono usque
ad gravissimum sonum; de or I 251. grave tempus!
div II 79. (Centuripini) hoc in te certiores graviores-
que testes sunt, quod . .; Ver III 108. parumne
declaravit vir gravis et sapiens . .? Tusc III 48.
virtutes: ſ. artes. gravior vobis erit hostium voluntas quam civium? Font 32. voces ut chordae sunt
intentae, acuta gravis, cita tarda; de or III 216.
acutarum graviumque vocum iudicium; orat 173.
Lentulus grave vulnus accepit; Phil VIII 14. —
B, a. etiam graviores constantioresque admonendi
sunt, ut . .; Lael 99. — b. quid ex ista acuta et
gravi refertur ad τέλος? A XII 6, 2. — c. quod
a gravioribus leviora natura repellantur; Tusc I 40.

gravitas, Schwere, Schwerkraft, Gewicht,
Schwerfälligkeit, Beschwerde, Ungesundheit, Nachdruck, Gewalt, Ernst, Strenge, Bedeutung, Würde:
I. corpore vix sustineo gravitatem huius caeli, quae
mihi laborem adfert in dolore; A XI 22, 2. das
mihi nullam gravitatem, nullam constantiam in Graecis hominibus esse; Flac 36. si in sensibus ipsius
sapientis est aliqua forte gravitas aut tarditas; Ac
II 53. ignari, quid gravitas, quid integritas valeret;
Sest 60. — II, 1. cuius (Cyri) summa gravitas ab
illo philosopho cum singulari comitate coniungitur;
Q fr I 1, 23. gravitatem res habet, cum frequens
ordo est; leg III 40. si umquam res publica consilium, gravitatem, sapientiam iudicum imploravit;
Flac 3. quod corporis gravitatem et dolorem animo
iudicamus; Tusc III 1. ne sit loci gravitas huic
miserrimae perferenda; A XI 21, 2. quod gravitas
honestis in rebus severisque ſ et sev. ſ ponitur; de
or II 248. tu cum Sexto servasti gravitatem eandem,
quam mihi praecipis; A X 1, 4. sustineo: ſ. I, 1.
adfert. quod gravitatem in congressu nostro tenui,
quam debui; A IX 19, 4. — 2. extraordinarium imperium est minime nostrae gravitatis; Phil XI 17.
— 3. omnium sententiarum gravitate, omnium verborum ponderibus est utendum; de or II 73. in
quibus (obiurgationibus) utendum est fortasse verborum gravitate acriore; of I 136. — 4. cuius (Ti.
Gracchi) utinam filii ne degenerassent a gravitate
patria! prov 18. — III. quid tam indignum sapientis gravitate atque constantia (est) quam . .? nat I
1. — IV, 1. quo labefactari possit tanta contentio
gravitatis et ponderum; nat II 116. quaerimus
gravitatis, constantiae, firmitatis, sapientiae iudicium;
Ac II 63. illam gravitatis severitatisque personam
non appetivi; Muren 6. — 2. multae et cum gravitate facetiae; Bru 158. — V, 1. ne Caelium incipiat accusare illa sua gravitate censoria; Cael 35.
corpora quaedam solida atque individua vi et gravi-

tate ferri; nat II 93. cum (atomus) per inane moveatur gravitate et pondere; fat 24. tu, C. Piso,
tali fide, virtute, gravitate, auctoritate ornatus; Q
Rosc 7. me rarius ad te scribere gravitate valen-
dinis; ep VI 2, 1. — 2. egit causam summa cum
gravitate copiaque dicendi; Sest 107. ne nimis indulgenter et cum gravitate potius loquar; A IX 9.
2. multi ex morbi gravitate maiores (sunt dolores);
Phil XI 8.

graviter, schwer, gewichtig, bedeutend, nachdrücklich, ernst, würdig, streng, heftig, empfindlich,
ungern, schmerzlich, dumpf, tief: I. singuli casus
rerum humanarum graviter accipiuntur, si dicuntur dolenter; de or II 211. facilius in morbos incidunt adulescentes, gravius aegrotant; Cato 67. causa
graviter copioseque agenda est; div Caec 39. gravissime et verissime defenditur . .; fin III 71. fuisse
quosdam, qui idem ornate ac graviter, idem versute
et subtiliter dicerent; orat 22. Platonem existimo
gravissime et copiosissime potuisse dicere; of I 4.
tulit hoc commune dedecus graviter filius; Cluent
16. gravius de te iudicatum putarem; Planc 9.
omnes bonos interitu suorum quam gravissime maerere oporteret; Tusc III 63. Thucydides res gestas
narrat, graviter sane et probe; orat 30. Dionysius
graviter queritur; A XIII 2, b. quid est, quod posit graviter a Cicerone scribi ad Curionem nisi de
re publica? ep II 4, 1. haec praescripta servantem
licet magnifice, graviter animoseque vivere; of I 92.
— II. cum (Posidonium) graviter esse aegrum;
Tusc II 61. qui graviter saucius e caede effugerat;
Tul 22.

gravo, beschweren, befruchten, pass. Schwierig-
keiten machen, verdrießlich sein: 1. »semper gravata
lentiscus«; div I 15. — 2. ut in eo gravarer, quod
vos cupere sentirem; de or II 365. — 3. neque gravabor breviter meo more, quid quaque de re sentiam.
dicere; de or I 107. qui gravere litteras ad me
dare; ep VII 14, 1.

gregalis, Kamerad, Spießgesell: I. cum gregales eum (Titium) requirerent; de or II 253.
— II, 1. gregalibus illis, quibus te plaudente vige-
bamus, amissis; ep VII 33, 1. — 2. si ego consul
rem publicam contra te et gregales tuos defendissem; Sest 111. — III. vigere: ſ. II, 1.

gregarius, gemein: id etiam gregarii milites
faciunt inviti; Planc 72.

gregatim, scharenweise: videtis cives Romanos
gregatim coniectos in lautumias; Ver V 148.

gremium, Schoß: I. quae (terra) cum gremio
mollito ac subacto sparsum semen excepit; Cato
51. — II, 1. quae (Aetolia) medio fere Graeciae
gremio continetur; Piso 91. — 2. apparet, filius
non tam in gremio educatos quam in sermone matris; Bru 211. filia in fratris manibus et gremio
maerore consenescebat; Cluent 13.

grex, Herde, Schar, Schwarm, Kreis: I. si ex
urbe exierint desperatorum hominum flagitiosi
greges; Catil II 10. urgerent philosophorum greges;
de or I 42. — II, 1. caedit greges armentorum reliquique pecoris; Phil III 21. pecudum greges diliguntur isto modo, quod fructus ex iis capinntur;
nat I 122. quae (pecudes) dispulsae sui generis sequuntur greges; A VII 7, 7. quam magnos tenuit
amicorum greges! fin I 65. — 2. quippe ex: ſ. 1.
diligo. si qua erunt mediocria, in mediam turbam
atque in gregem coiciantur; de or II 314. gloriam
sperabit a latronum gregibus, Phil XII 26. — III.
alter faeneratorum gregibus inflatus; Sest 18.

grunditus, Grunzen: ne stridorem quidem
serrae (audiunt), tum cum acuitur, aut grunditum.
cum iugulatur, suis; Tusc V 116.

grus, Kranich: grues cum loca calidiora petentes maria transmittant, trianguli efficere formam:

nat II 125. quae (animalia) altiora sunt, ut grues; nat II 123 (122).

gubernaculum (gubernaclum),Steuer,Steuer= ruber, Leitung: I. »gubernaclum disperso lumine fulgens«; fr H IV, a, 381. — II, I. qui sibi gu- bernacula patriae deposocerunt; Sest 99. cum gubernacula rei publicae tenebamus; div II 3. civi- tatum regendarum oratori gubernacula sententia sua tradidit; de or I 214. — 2. cum ad gubernacula rei publicae temerarii atque audaces homines acces- serant; inv I 4. ille naufragus ad gubernaculum accessit et navi, quod ‖ quoad ‖ potuit, est opitulatus; inv II 154. repelli oratorem a gubernaculis civita- tum; de or I 46.

gubernatio, Steuerung, Lenkung, Regierung: I. quod vix videtur humani consilii tantarum rerum gubernatio esse potuisse; Catil III 18. usus eius (virtutis) est maximus civitatis gubernatio; rep I 2. — II. qui (populus Romanus) numquam summi con- silii gubernationem auferre conatus est; Vatin 36. — III, 1. tu summi imperii gubernatione destric- tus; de or III 131. per quam (continentiam) cupi- ditas consilii gubernatione regitur; inv II 164. — 2. si in ipsa gubernatione neglegentia est navis ever- sa; fin IV 76.

gubernator, Steuermann, Lenker: I. ut si qui gubernatorem in navigando nihil agere dicant, cum ille clavum tenens quietus sedeat in puppi; Cato 17. ut gubernator aeque peccat, si palearum navem evertit et si auri; fin IV 76. tempestates (providet) gubernator; div II 16. sedet, tenet: f. agit. — II, 1. quid est propositum his rei publi- cae gubernatoribus? Sest 98. — 2. quae (navis) scientissimo gubernatore utitur; inv I 58. — III. ut gubernatoris ars, quia bene navigandi ratio- nem habet, utilitate, non arte laudatur; fin I 42.

gubernatrix, Lenkerin: ista praeclara guber- natrice, ut ais, civitatum eloquentia ‖ [el.] ‖ rem publicam dissipaverunt; de or I 38.

guberno, steuern, leiten, lenken, regieren: I, 1. num tot regum naufragium sustulit artem guber- nandi? div I 24. — 2. ut si nautae certarent, quis eorum potissimum gubernaret; of I 87. — II. quod (bellum civile) opinione plerum- que et fama gubernatur; Phil V 26. iter meum res publicae et rerum urbanarum ratio guber- nabit; ep II 17, 1. cuius fortunae nos motum ra- tione quadam gubernabimus; A VIII 4, 1. quae (dea) mundum omnem gubernet et regat; nat II 73. qui rei publicae navem gubernassem; Piso 20. si ii rem publicam regent, quorum nemo duo menses potuit patrimonium suum gubernare; A X 8, 6. si sapientia est, quae gubernet rem publicam; rep III 47. illa tormenta gubernat dolor, moderatur natura cuiusque cum animi, tum corporis; Sulla 78. qui- bus praeposita (ratio) vitam omnem debet gubernare; fin IV 39.

gula, Schlund, Kehle, Schlemmerei: I. o gulam insulsam! A XIII 31, 4. — II. quem (Sex Comi- nium) obtorta gula de convivio in vincla abripi ius- sit; Ver IV 24.

gurges, Strudel, Schlund, Abgrund, Prasser: I. qui (Apronius) immensa aliqua vorago est et gurges vitiorum turpitudinumque omnium; Ver III 23. — II, 1. videtis, quos et quam multos habeat Antonius. primum Lucium fratrem, quem gurgitem,

quam voraginem! Phil XI 10. — 2. ut eorum divi- tias in profundissimum libidinum suarum gurgitem profundat; Sest 93. — III. Rheni fossam gurgi- tibus illis redundantem; Piso 81.

gurgulio, Kehle: ut eos omnes (servos) gurgu- lionibus insectis relinquerent; Tul 21.

gurgustium, Hütte, Kneipe: (deus) videlicet in tenebris tamquam in gurgustio habitaverat; meministine nescio quo e gurgustio te prodire? Piso 13.

gustatus, Geschmack: I. gustatus, qui est sen- sus ex omnibus maxime voluptarius, quam cito id, quod valde dulce est, aspernatur ac respuit! de or III 99. gustatus habitat in ea parte oris, qua . .; nat II 141. respuit: f. aspernatur. — II. faci- nerosi verae laudis gustatum non habent; Phil II 115. — III. quae (uva) primo est peracerba gu- statu; Cato 53.

gusto, kosten, schmecken, genießen: paululum ‖ paulum ‖ sitiens istarum artium gustavi; de or III 75. quia Stoicorum ista magis gustata quam potata delectant; Tusc V 13. ut ne aquam quidem gustarem; ep VII 26, 1. artes: f. alqd. qui pri- moribus labris gustassent genus hoc vitae; Cael 28. quam (herbam caprae) cum gustavissent; nat II 126. quod nullam partem per aetatem sanae et salvae rei publicae gustare potuisti; ep XII 23, 3. de ac- tione et de memoria quaedam brevia praecepta gu- staram; de or I 145.

gustus, Geschmack: quae (aquae) † gustu tamen Arpinatis fuissent; fr A XIII 21.

gutta, Tropfen: I. quem (numerum) in caden- tibus guttis, quod intervallis distinguuntur, no- tare possumus; de or III 186. — II. quae (causa) terreret animos guttis imbrium quasi cruentis; nat II 14.

guttur, Kehle: »fulix tremulo fundens e gutture cantus«; div I 14.

gymnasiarchus, Vorsteher der Turnanstalt: demoliendum (Mercurium) curavit Demetrius gym- nasiarchus, quod is in loco praeerat; Ver IV 92.

gymnasium, Turnanstalt: I. clamabunt, credo, omnia gymnasia atque omnes philosophorum scholae sua esse haec omnia propria; de or I 56. — II. longe Academiae illi ac Lycio tuum hoc subur- banum gymnasium anteponam; de or I 98. sae- culis multis ante gymnasia inventa sunt, quam in iis philosophi garrire coeperunt; de or II 21. cum omnia gymnasia philosophi teneant; de or II 21. cum addissem Antiochum in eo gymnasio, quod Ptolomaeum ‖ Ptolem. ‖ vocatur; fin V 1. — III. inventutis exercitatio quam absurda in gymnasiis! rep IV 4. f. II. invenio, voco.

gymnicus, gymnastisch: Crotoniatae honestis- simas ex gymnico certamine victorias domum rettu- lerunt; inv II 2. praecones ludorum gymnicorum; ep V 12, 8.

gynaecium, Frauenwohnung: syngrapha facta in gynaecio est; Phil II 95.

gypso, mit Gips überziehen: quibus (matronis) illa (Medea) manibus gypsatissimis persuasit, ne . .; ep VII 6, 1.

gyrus, Kreis: ex ingenti quodam oratorem im- mensoque campo in exiguum sane gyrum compel- litis; de or III 70. homines secundis rebus effre- natos tamquam in gyrum rationis et doctrinae duci oportere; of I 90.

Habena, Zügel: quam laxissimas habere habenas amicitiae, quas vel adducas vel remittas; Lael 45. cui (senatui) populus ipse moderandi et regendi sui potestatem quasi quasdam habenas tradidisset; de or I 226.

habeo, (habessit: f. III. deos), haben, besitzen, behalten, enthalten, herbeiführen, verursachen, meinen, glauben, schätzen, annehmen, kennen, wissen, können, sich befinden, sich verhalten: I. **absolut:** 1. solum habere velle summa dementia est; Tusc IV 56. — 2. te plane febri carere et belle habere; ep XVI 15, 1. pro malis recte habebat; A XII 14, 3. II. **mit Ergänzung:** 1. de me sic habetote; Lael 10. — 2. nec mehercule habebam, quid scriberem; ep IX 10, 1. quid faciat, non habet; ep IX 17, 2. quem fugiam, habeo, quem sequar, non habeo; A VIII 7, 2. — 3. quid habes de causa dicere? part or 10. de Alexandrina re tantum habeo polliceri, me tibi satis facturum; ep I 5, a, 3. de re publica nihil habeo ad te scribere; A II 22, 6. — 4. sic habeto, non esse te mortalem, sed corpus hoc; rep VI 26.

III. **mit einfachem Object:** habere eum (Aristippum) Laida; ep IX 26, 2. cum se Cicero meus belle habebit; Q fr III 8, 2. ut adhuc habuit se status iudiciorum; Ver III 205. si ita res se habeat; fin I 25. ea res sic se habet; ep III 5, 3. dicitur carere, cum aliquid non habeas et non habere te sentias; Tusc I 88. f. admirationem, asperitatem, certum, cognitum, consilium, divinum, firmitudinem, ius, malum, sollicitudinem. quae (emendatio philosophiae) omnino aditum nullum habere potest in urbem; fin IV 21. quid habet ista multitudo admirationis? Muren 69. vos agros non habebitis; agr II 72. si Coriolanus habuit amicos; Lael 36. magnum fac animum habeas et spem bonam; Q fr I 2, 16. si locus habet reprehensionis ansam aliquam; Planc 84. hanc nos habere sive anticipationem sive praenotionem deorum, ut . .; nat I 44. aphracta Rhodiorum et dicrota Mytilenaeorum habebam; A V 11, 4. humani animi eam partem, quae sensum, quae motum, quae appetitum habeat; div I 70. quae (figura) nihil asperitatis habere, nihil offensionis potest; nat II 47. quo maiorem auctoritatem haberet oratio; Cato 3. qua (celeritate) si essemus usi, bellum nullum haberemus; Phil V 53. cum sit aemulantis angi alieno bono, quod ipse non habeat; Tusc IV 56. aetas illa multo plures quam nostra casus mortis habet; Cato 67. quoniam corrumpendi iudicii causas ille multas et graves habuit, hic nullam; Cluent 82. qui se aliquid certi habere arbitrantur; nat I 14. cum rerum natura quam cognationem (haec) habent? div II 33. cum nihil haberet comprehensi, percepti, cogniti, constituti; Ac II 23. habet aliquot cohortes, habet equitatum; Phil XI 26. interrege Appio Caeco comitia contra leges habente; Bru 55. omnem commoditatem vitae a dis se habere; nat III 86. comprehensum, constitutum: f. cognitum. amicos tuos plus habuisses pudoris et consilii; Piso 39. Milone occiso habuisset suos consules; Milo 89. habuit de eodem me P. Lentulus consul contionem; Sest 107. (causa) scripti an rationis habeat controversiam; inv I 18. quam multas cupiditates, quam varias, quam infinitas habueri; Ver II 184. quae cursus certos et constantes habent; nat III 24. alii (loci communes) habent deprecationem aut miserationem; alii vero ancipites disputationes; de or III 107. in Graecia multos habent ex hominibus deos; nat III 39. »separatim nemo habessit deos«; leg II 19. dicrota: f. aphracta. ut (Capitolium) nullam sine fastigio dignitatem habiturum fuisse videatur; de or III 180. dilectu tota Italia habito; Phil XIII 23. quae (disputatio) mihi nuper habita est in Tusculano; Tusc II 2. f. deprecationem. hoc auspicium divini quicquam habere potest, quod tam sit coactum? div II 73. equitatum: f. cohortes.

ut habeat exercitum; imp Pomp 50. non numquam bonos exitus habent boni; nat III 89. quae habent ad res certas vitiosam offensionem atque fastidium; Tusc IV 23. si defensioni Gabinii fidem non habes; Rab Post 20. is cum haberet unicam filiam; Ver I 104. quando fiuem habet motus; Tusc I 53. ita populus Romanus brevi tempore neque regem sacrorum neque flamines habebit; dom 38. ut per se minus habeant firmitudinis; inv II 58. cum plures fundos haberet; agr II 82. habeo maximam gratiam Laelio; rep I 37. qui honos togato habitus ante me est nemini; Catil IV 5. sibi habeant honores; Flac 104. si habet imperium a populo Romano; Ver II 121. cum ex eo numero iudices haberet; Ver II 44. nec potest is ullum habere iudicium aut ullam omnino veritatis notam; Ac II 33. si idem nos iuris haberemus, quod ceteri; Balb 29. apud eum quem habet locum fortitudo? of III 117. sit aliquis, qui nihil mali habeat; Tusc I 85. habuit (L. Lucullus) divinam quandam memoriam rerum; Ac II 2. miserationem: f. deprecationem. cum ad beatam vitam nullum momentum cetera haberent; fin IV 47. sol, luna quem motum habeat? div II 10. f. appetitum. quod beatum et immortale est, id nec habet nec exhibet cuiquam negotium; nat I 85. f. sollicitudinem. quae voluptatis nomen habent; Muren 13. notam: f. iudicium. offensionem: f. asperitatem, fastidium. si opes magnas habeant; of I 70. quam (opinionem) de meis moribus habebat; Lael 30. contra mortem habita oratio; Tusc II 11. et pacem stabilem et aliquam rem publicam nobis habere licuisset; Phil XIII 2. habes tantam pecuniam; agr II 66. perceptum: f. cognitum. has litteras tantum apud te pondus habuisse; ep XIII 17, 3. qui summam potestatem habetis; Sex Rosc 29. praenotionem: f. anticipationem. a quo praesidium res publica tantum haberet; Phil VI 20. pudorem: f. consilium. cum valetudinis rationem habueris, habeto etiam navigationis; ep XVI 6, 1. dedicatio magnam habet religionem; dom 127. rem publicam: f. pacem. regem: f. flamines. quod (natura) habet quasi viam quandam et sectam, quam sequatur; nat II 57. Antonio senatum habente; Phil III 9. omne animal sensus habet; nat III 32. f. appetitum. si quem cum eo sermonem habueris; ep XVI 22, 2. quicquid habuerit sollicitudinis ac negoti; Cluent 169. quaedam humanitatis quoque habent primam speciem; Tusc IV 32. quod in te ipso maximam spem habebam; ep III 10. 1. f. animum. si habet Asia suspicionem luxuriae quandam; Muren 12. habeat huius tanti facti testimonium sempiternum; Phil V 37. multis verbis ultro citroque habitis ille nobis consumptus est dies; rep VI 9. viam: f. sectam. exsilia, orbitates magnam vim habere ad male misereque vivendum; Tusc V 24. nescis, quantas vires virtus habeat; par 17. quem ex quaque belua usum habere possemus; of II 14. solere aiunt reges barbaros plures uxores habere; Ver III 76.

IV. **mit Object und prädicativem Zusatz:** 1. ego omnem quem tui diligenter curandi in Curio habeam; ep XVI 5, 2. quam possessionem habet in agro Fregellano a vobis emptam; ep XIII 76, 2. me habere in animo causam hanc praesidio legis defendere; Cluent 143. illud est hominis magni, habere in consilio legem, religionem, aequitatem, fidem; Cluent 159. quae habemus etiam in publicis institutis atque legibus; leg III 43. quod (equus) habuit apes in iuba; div II 67. habeo opus magnum in manibus; Ac I 2. quam (proavum) tu in ore semper habes; fin III 37. hunc hominem in iudicium numero habebimus? Ver II 79. quod tu homo castissimus aliud in tabulis habebas; Ver I 100. — 2. ne incognita pro cognitis habeamus; of I 18. ceteris omnibus pro nihilo habitis; Tusc V 9. — 3. sine metu is habendus est, qui . .; Tusc V 41. — 4. illa (virtus) omnia, quae cadere

in hominem possunt, s u b t e r se habet; Tusc V 4. —
5. illi maiorum g e n t i u m di qui habentur; Tusc I
29. non habeo nauci Marsum augurem; div I 132.
— 6. habere q u a e s t u i rem publicam nefarium (est);
of II 77. nec est habendum religioni nocentem defendere; of II 51. — 7. cum honestatem eo l o c o
habeat, ut . .; fin II 50. qui se indicum numero
haberi volunt; Tusc I 98. — 8, a. habet clarissimos
viros res publica a u c t o r e s; Phil II 36. habeo
iudices tecum principes civitatis; Ver III 210. —
b. a l i u d: f. 1. Ver I 100. contumeliosa habenda
est oratio; Planc 6. ut (animus) omnes partes suas
habeat incolumes; fin V 36. qui (Bias) sapiens habitus esset unus e septem; Lael 59. Teretinam (tribum) habuerat venalem; Planc 43. — c. non habebimus n e c e s s e semper concludere; ̃art or 47. eo
minus habeo necesse scribere, quid sim facturus; A
X I. 4. se satis superque habere dicit, quod sibi ab
arbitro tribuatur; Q Rosc 11. — d. omnia, quae
quisque meminit, habet ea c o m p r e n s a atque percepta; Ac II 106. eos (Caunios) neque ex edicto neque ex decreto (pecuniam) depositam habuisse; ep
XIII 56, 3. emptum: f. 1. ep XIII 76, 2. nos habere
etiam insitam quandam vel potius innatam cupiditatem scientiae; fin IV 4. haec est illa sapientia, et
perceptas penitus et pertractatas res humanas habere;
Tusc III 90. f. comprensum. quod celari opus erat,
habebant sepositum et reconditum; Ver IV 23. si habes
iam statutum, quid tibi agendum putes ep IV 2, 4.

habilis, paſſend, geſchickt: ʼsunt quidam ita
in isdem rebus habiles, ut . .; de or I 115. (calcei
Sicyonii) quamvis essent habiles atque apti ad pedem;
de or I 231. figuram corporis habilem et aptam
ingenio humano (natura) dedit; leg I 26.

habilitas, geſchickte Anlage: habilitatem corporis habilitatesque reliqui corporis; leg I 27.

habitabilis, bewohnbar: cum videmus globum terrae duabus oris distantibus habitabilem et
cultum; Tusc I 68. et habitabiles regiones et rursum omni cultu vacantes; Tusc I 45.

habitatio, Wohnung: I. peto a te, ut ei de
habitatione accommodes; ep XIII 2. — II.
sumptus unius generis obiectus est, habitationis;
Cael 17.

habitator, Bewohner: tuam (domum) in
Carinis mundi habitatores Lamiae c o n d u x e r u n t;
Q fr II 3, 7. novi conventus habitatores sane
movent; A XV 3, 1.

habito, wohnen, bewohnen: I. 1. habitari ait
Xenophanes in luna; Ac II 123. — 2. q u i habitaret
in subselliis; de or I 264. illi habitarunt in hac
una ratione tractanda, non eadem prudentia, qua
ille, sed usu maiore; de or II 160. diserti
Q. Varius C. Carbo, et hi quidem habitabant in
rostris; Bru 305. quonam modo ille in bonis
haerebit et habitabit suis? orat 49. decrevi habitare apud te; ep IX 15, 5. ubi (animus) habitet;
Tusc I 67. ut deus ipse melius habitaret; nat I 22.
ceteras voluptates in ipsis habitare sensibus; Tusc
V 111 — II. colitur ea p a r s et habitatur frequentissime; Ver IV 119.

habitus, Erſcheinung, Haltung, Zuſtand,
Stimmung: I, 1. qui habitus et quae figura non
procul a b e s s e putatur a vitae periculo; Bru 313.
corpori mediocris habitus accesserat; Bru 316.
quoniam (habitus) in aliqua perfecta et constanti
animi aut corporis absolutione consistit; inv II 30.
vitiositas est habitus aut adfectio a se ipsa
dissentiens; Tusc IV 29. erat eius (P. Antistii)
quidam tamquam habitus non inurbanus; Bru 227.
inerat habitus virginalis; Ver IV 74. iustitia est
habitus animi communi utilitate conservata suam
cuique tribuens dignitatem; inv II 160. — 2. sum:
f. 1. dissentit, tribuit. II. 1. adficio. — II, 1. hi
sunt fere quasi quidam habitus animi sic a d f e c t i

et constituti, ut sint singuli inter se proprio virtutis
genere distincti; part or 79. habitum appellamus
animi aut corporis || [ant corp.] || constantem et ab-
solutam aliqua in re perfectionem; inv I 36. qui
non tam habitus corporis opimos quam gracilitates
consectentur; Bru 64. constituo, distinguo: f. adficio. — 2. ipsa Himera in muliebrem figuram habitumque f o r m a t a; Ver II 87. quae industria comparantur, ad habitum pertinent; inv I 35. qui
processit aliquantum ad virtutis habitum; fin III
48. — III. quid est, quod d e c l a r a r i possit habitu
extorum et colore? div II 30.

hac, hier: cum (Academicus) et hac et illac
aurem diligenter a d m o v e r i t; A fr 20 (8. 29).
qui hac iter faciebant; ep V 4, 1.

hactenus, bis bahin, bis hierher, ſo weit, in-
ſofern: hactenus existimo nostram consolationem
recte a d h i b i t a m esse, quoad certior fieres . .; ep
IV 3, 3. tibi hactenus mando, de illo nostro exquiras; A XIII 49, 2. artem et praecepta dumtaxat
hactenus requirunt, ut certis dicendi luminibus
orneutur; de or II 119. hactenus fuit, quod caute
a me scribi posset; A XI 4, a (2). sed haec quidem
hactenus; of I 91.

haedinus, von jungen Böcken: ille stravit
pelliculis haedinis lectulos Punicanos; Muren 75.

haedus, junger Bock: villa abundat porco,
haedo, agno; Cato 56.

haereo, bleiben, haften, hangen, anhangen,
ſtocken, aufhören, ſtecken bleiben, in Verlegenheit
ſein: I. haerere in iure ac praetorum tribunalibus
insignis e s t impudentiae; de or I 178. — II. nisi
haereret in eorum mentibus m o r t e m e s s e migrationem; Tusc I 27. — III. sic dicet ille, ut una in
re haereat; orat 187. in quo etiam Democritus
haeret; fin I 20. qui mihi haeres in medullis; ep
XV 16, 2. valde in scribendo haereo; A XIII 39, 2.
quae sunt foris neque haerent in rei natura; de or
II 163. dicet ille quidem multa, sed aqua haeret,
ut aiunt; of III 117. in eo culpa et crimen
haerebit; Ver III 106. quod privatarum rerum
dedecus non haeret in fama? Catil I 13. cum
ante illud facete dictum emissum haerere debeat,
quam cogitari potuisse videatur; de or II 219. infixus haeret animo dolor; Phil II 64. ut non possit
haerere in tam bona causa tam acerba iniuria; ep
VI 5, 2. linguam ad radices eius haerens excipit
stomachus; nat II 135. terra nona immobilis
manens una sede semper haeret; rep VI 18.

haeresis, Schule: I. Cato in ea est haeresi,
quae nullum s e q u i t u r florem orationis; par 2. —
II. ioca tua plena facetiarum d e haeresi Vestoriana
risisse me satis; A XIV 14, 1.

haesitantia, Stottern: qui (Bambalio) propter
haesitantiam linguae cognomen ex contumelia traxerit; Phil III 16.

haesitatio, Bedenklichkeit, Verlegenheit: si
facile inveneris, quid dicas, noli ignoscere haesitationi meae; ep III 12, 2.

haesito, zaudern, ſtocken, unentſchloſſen, in
Verlegenheit ſein: (C. C a r b o n e m) haesitantem in
maiorum institutis; de or I 40. sunt quidam ita
lingua haesitantes, ut . .; de or I 115. (vocis genus)
demissum et haesitans et abiectum; de or III 218.
quis orator magnus haesitavit ob eam causam,
quod . .? de or I 220. dubitans, circumspectans,
haesitans nostra vehitur ratio; Tusc I 73. si dixit
aliquid verbis haesitantibus; dom 134.

halitus, Hauch: ›Nemaeus leo efflavit extremum halitum‹; Tusc II 22.

halucinor, ſchwatzen, töricht handeln: I. suspicor hunc halucinari; A XV 29, 2. epistulae
nostrae debent interdum halucinari; Q fr II 9, 1. —
II q u a e Epicurus oscitans halucinatus est; nat I 72.

hamatus, gefrümmt, hafenförmig: hamatis uncinatisque corporibus concreta haec esse; Ac II 121. esse corpuscula hamata quaedam et quasi adunca; nat I 66.

hara, Stall: Epicure noster ex hara producte; Piso 37.

harena (ar.), Sand, Sandfläche, Kampfplatz: I. 1. ut harenam aliquam aut paludes emat; agr II 71. — 2. in arena geometricas formas quasdam esse descriptas; rep I 29. — II. cum barbaros in harena videris excipientes gravissimas plagas; Tusc II 46.

harenaria, Sandgrube: Asuvius in harenarias quasdam extra portam Esquilinam perductus occiditur; Cluent 37.

hariolor, wahrsagen: qui quaestus causa hariolentur; div I 132. προθεσπίζω non hariolans ut illa, cui nemo credidit, sed coniectura prospiciens; A VIII 11, 3.

hariolus, Wahrsager: I. ut harioli, vates, coniectores nobis essent colendi; nat I 55. — II. hariolorum et vatum furibundas praedictiones; div I 4.

harmonia, Einklang, Harmonie: I. si (animus) est Aristoxeni harmonia; Tusc I 14. — II. harmonian || harmoniam || ex intervallis sonorum nosse possumus, quorum varia compositio etiam harmonias efficit plures; Tusc I 41. — III. ad harmoniam canere mundum, ut Pythagoras existimat; nat III 27.

haruspex, Opferschauer, Weissager: I. multa cernunt haruspices; nat II 163. videamus, quid haruspices dicant; har resp 28. qui (haruspices) recentibus comitiis in senatum introducti negaverunt iustum comitiorum rogatorem fuisse; div I 33. nonne haruspices ea respondernt, quae evenerunt? div I 98. mirabile videtur, quod non rideat haruspex, cum haruspicem viderit; nat I 71. — II. duobus anguibus domi comprehensis haruspices a patre convocatos; div II 62. non habeo nauci vicanos haruspices; div I 132. inrideamus haruspices, vanos, futtiles || futiles || esse dicamus, quorumque disciplinam eventus ac res comprobavit, contemnamus; div I 36. introduco: f. I. negant. video: f. I ridet. — III. haruspicum disciplinae magna accessit auctoritas; div I 33. f. II. inrideo. ex hoc haruspicum responso decrevit senatus, ut ..; har resp 11. de sententia scribae, medici haruspicesque condemnat (hominem); Ver II 75. — IV. quota quaeque res evenit praedicta ab istis (haruspicibus)? div II 52.

haruspicina, Opferschau: I, 1. ut ordiar ab haruspicina, quam ego rei publicae causa communisque religionis colendi causa censeo; div II 28. cum, qui hodie haruspicinam facerent, in senatum Romae legerentur; ep VI 18, 1. — 2. ordior ab: f. 1. colo. — II. qua (oratione) haruspicinae diciplina contineretur; eam postea crevisse rebus novis cognoscendis; div II 50.

haruspicinus, die Opferschau betreffend: quod Etruscorum declarat et haruspicini et fulgurales libri; div I 72.

hasta, Schaft, Speer, Lanze: I. unum vereor, ne hasta Caesaris refrixerit; ep IX 10, 3. — II, 1. a quo (auctore) cum amentatas hastas acceperit, ipse eas oratoris lacertis viribusque torquebit; de or I 242. etiamne gramineas hastas (concupisti)? Ver IV 125. quod accusator singula argumenta quasi hastas in manu conlocat || conlocatas, al. ||, vehementer proponit; part or 14. (Epaminondas) evelli iussit eam, qua erat transfixus, hastam; fin II 97. (iuris consulti) patronis hastas ministrant; Top 65. propono: f. conloco. torqueo: f. accipio. qui (Samnites) vibrant hastas ante pugnam, quibus in pugnando nihil utuntur; de or II 325. — 2. utor: f. 1. vibro. — III. tres habet condiciones, aut

emptionem ab hasta aut ..; A XII 3, 2. — IV. videntur prope hasta praeconis insectari (n. Pompei exercitum; agr I 6. transfigi: f. II. 1. evello.

hastatus, Abteilung der Speerträger: cum signifer primi hastati || astati || signum non posset movere loco; div I 77.

hastile, Lanzenschaft: Q. Scaevola hastili nixus; Rabir 21.

haud, nicht, keineswegs: I. haud sane difficile dictu est; nat II 138. haud mediocris hic vir fuit; rep II 55. inest haud obscurum odium; har resp 55. — II. idque haud paulo est verius, quam ..; leg III 32. quod (senectus) haud procul absit a morte; Cato 15. — III. quamquam haud ignoro nos dicere ..; div II 82. haud scio an multo sit etiam adiuvandus magis; Milo 92.

haudquaquam, keineswegs: I. sed haudquaquam boni est ratione vinctum velle dissolvere; Tim 40. haudquaquam id est difficile Crasso; de or II 143. homo prudens et gravis, haudquaquam eloquens; de or I 38. — II. haudquaquam hercule mirandum est; de or III 82.

haurio, schöpfen, entnehmen, einschlürfen, erbulben: I. tu quidem de faece hauris; Bru 244. num, si is potare velit, de dolio sibi hauriendum putet? Bru 288. — II. a qua (natura deorum) haustos animos et libatos habemus; div I 110. cam vidisset haustam aquam de iugi puteo; div I 112. quas (artes) cum domo haurire non posses; Bru 332. luctum nos hausimus maiorem, dolorem ille animi non minorem; Sest 63. eodem fonte se hansturum intelleget laudes suas, e quo sit leviter aspersus; ep VI 6, 9. luctum: f. dolorem. ad meum sanguinem hauriendum advolaverunt; Sest 54. in pulmonibus inest mollitudo ad hauriendum spiritum aptissima; nat II 136. quia ceterarum artium studia fere reconditis atque abditis e fontibus hauriuntur; de or I 12. sumptum haurit ex aerario; agr II 32.

haustus, Quellenbenutzung: aquae ductus, haustus a patre sumitur; Caecin 74.

hebdomas, der siebente kritische Tag: ne in quartam hebdomada incideres; ep XVI 9, 3.

hebes, stumpf, abgestumpft, schwerfällig, unempfindlich, stumpfsinnig: acutus an hebetior (sit); inv I 35. M. Pontidius nec hebes in causis; Bru 246. acuti hebetesne simus; fat 9. me hebetem molestiae reddiderunt; A IX 17, 2. populi Romani aures hebetiores (esse); Planc 66. aliquis, sed hebes (dolor); A VIII 3, 4. si fuerit is hebeti ingenio atque nullo; Tusc V 45. neque tam acri memoria fere quisquam est neque vero tam hebeti, ut ..; de or II 357. sensus omnes hebetes et tardos esse arbitrabantur; Ac I 31. etsi (spondius), quod est e longis duabus, hebetior videtur et tardior; orat 216. quin ea tela leviora atque hebetiora esse videantur; har resp 2.

hebesco, stumpf werden, sich abschwächen, erlahmen: qui in eo (otio) nosmet ipsos hebescere et languere nolumus; Ac II 6. patimur hebescere aciem horum auctoritatis; Catil I 4.

hedera, Efeu: topiarium laudavi; ita omnia convestivit hedera; Q fr III 1, 5.

hedychrum, Räucherwerk: hedychri incendamus scutellam; Tusc III 46.

heia, nun: et Philus: heia vero, inquit, geram morem vobis; rep III 8.

helica, Schraubengewinde: omnes orbes eorum (siderum) quasi helicae inflexione vertebat; Tim 31.

hellatio, Schlemmerei: in lustris et hellnationibus huius calamistrati saltatoris; sen 13.

helluo, Schwelger, Verprasser: I. ille gurges et helluo, natus abdomini suo, ausus est a senatu

supplicationem postulare; Piso 41. me ipsum ut contempsit helluo patriae! nam quid ego „patrimonii" dicam? Sest 26. — II. tu helluoni spurcatissimo omnes mancipes tradidisti? dom 25.

helluor, ſchwelgen: tu meo periculo helluabare? Sest 111. quibuscum iam in exostra helluatur; prov 14. quo magis tum quasi helluari libris, si hoc verbo in tam clara re utendum est, videbatur; fin III 7.

helvella, Rüchentraut: fungos, helvellas, herbas omnes ita condiunt, ut nihil possit esse suavius; ep VII 26, 2.

hem, ei! hem, Postume, tune es C. Curtii filius? Rab Post 45. hem, men lux! ep XIV 2, 2. vgl. em.

hemicyclium, Lehnſeſſel: domi in hemicyclio sedentem (Scaevolam); Lael 2.

herba, Halm, Gras Kraut: I. herbas arescere et interfici; fr F I 12. — II, 1. ut segetes herbas etiam effundunt inimicissimas frugibus; orat 48. interficio: f. I. — 2. in Lysandri statua in capite corona subito exstitit ex asperis herbis et agrestibus; div I 75. cum (natura fruges) ad spicam perduxerit ab herba; fin IV 37. cum ipse (Lepidus) in herba recubuisset; de or II 287. — III. pronuntiabas genera herbarum, quarum causam ignorares, vim et effectum videres; div II 47. — IV. terra vestita floribus, herbis; nat II 98.

herbesco, Halme treiben, hervorſprießen: elicit (terra) herbescentem ex eo (semine) viriditatem; Cato 51.

herbigradus, im Grase wandelnd: aegrotus sumat ›terrigenam, herbigradam‹; div II 133.

herbula, Heines Kraut: cervae paulo ante partum expurgant se quadam herbula, quae seselis dicitur; nat II 127.

hercisco, die Erbſchaft teilen: nec, qui, quibus verbis herctum cieri oporteat, nesciat, idem herciscundae familiae causam agere non possit; de or I 237. nomine heredis arbitrum familiae herciscundae postulavit; Caecin 19.

herctum, Erbſchaft: ſ. hercisco.

hercule (hercle, al.), wahrlich, wirtlich: credo hercle ita esse; leg II 34. et hercle si sic ageres; Bru 251. non hercule dubito, quin . .; rep I 37. et hercule sine dubio erit ignominia; ep II 18, 2. valde hercules vobis laborandum est; Phil XII 4. et hercules eae (laudationes) quidem exstant; Bru 62. numquam mehercule hoc dicerem; de or I 71. „mehercule" (libentius dixerim) quam „mehercules"; orat 157. non mehercule aequo animo te careo; A IV 18, 5. multa me movent, in primis mercule ‖ meh. ‖, quod diiungor a te; A XVI 3, 4. sed mehercules homo bellus est; ep VII 16, 2. sed mehercules tecum iocam; ep VII 32, 3. doleo mehercules te tam esse distentum; A XV 19, 1.

here ſ. **heri.**

hereditarius, die Erbſchaft betreffend, erblich, geerbt: cum esset haec auctio hereditaria constituta; Caecin 13. erit cognomen id tibi per te partum, quod habes adhuc a nobis hereditarium; rep VI 11. multae sunt domus iure hereditario; har resp 14. in re adventicia atque hereditaria; Ver I 126.

hereditas, Erbſchaft: si ad illum hereditas veniebat; inv I 89. — II, 1. ante quam (sapiens) hereditatem adeat; of III 93. ne patiare Erotem Turium hereditatem Turianam avertere; ep XII 26, 2. quoniam hereditas usu capta esset; A I 5, 6. Galeonis hereditatem crevi; A XI 12, 4. donavit populo Syracusano illam hereditatem; Ver II 45. hereditatum obeundarum causa quibus vos legationes dedistis; agr I 8. num quis eo testamento, quod pater familias ante fecit, quam ei filius natus esset, hereditatem petit? nemo; de or I 241. ut hereditatem reddas suae filiae; fin II 58. quam (virtutem)

vobis tamquam hereditatem maiores vestri reliquerunt; Phil IV 13. — 2. cum miles egisset lege in hereditatem paternam testamento exheres filius; de or I 175. cum vos volueritis de privatis hereditatibus centumviros iudicare; agr II 44. — III, 1. ut eius ipsius hereditatis ius causamque tueare; ep XIII 19, 2. eam potestatem hereditatis loco (Dionysius) filio tradidit; nat III 84. cum hereditatis sine lege aut sine testamento petitur possessio; part or 98. — 2. dicetis eundem conscripsisse, qui illud edictum de hereditate; Ver I 143. alia iura esse de mulierum legatis et hereditatibus; rep III 17. — IV, 1. neque (equum) emisti neque hereditate venit; inv I 84. — 2. cum pecunia Caesenniae ex illa hereditate deberetur; Caecin 16.

heres, Erbe: I, 1. heres ex sua parte, qua hereditatem adiit, (dissolvit); Q Rosc 55. an heredes secundi ipsius patris familias, non filii quoque eius pupilli heredes sint? inv II 62. — 2. unius pecuniae plures dissimilibus de causis heredes esse non possunt, nec umquam factum est, ut eiusdem pecuniae alius testamento, alius lege heres esset; inv II 63. testamento heres ex parte dimidia et tertia est Capito; in sextante sunt ii, quorum . .; ep XIII 29, 4. f. l. est. — II, 1. qui eum (sapientem) heredem faciat; of III 93. cum (M'. Curius) ita heres institutus esset, si pupillus ante mortuus esset, quam in suam tutelam venisset; Bru 195. qui (T. Pinnius) me secundum heredem instituerit; ep XIII 61. possetne paternorum bonorum exheres esse filius, quem pater testamento neque heredem neque exheredem scripsisset nominatim; de or I 175. ut per aes et libram heredem testamenti solvant; leg II 53. — 2. ut minus capiat, quam omnibus heredibus relinquatur; leg II 53. — 3. ab secundo herede nihil legat; Cluent 33. si plus legarit, quam ad heredem heredesve perveniat; Ver I 110. — III. nomine heredis arbitrum familiae herciscundae postulavit; Caecin 19.

heri, (here), geſtern: de quibus (libris) heri dictum a Catulo est; Ac II 11. here ‖ heri ‖ dederam ad te litteras; A XV 1, a, 1. here ludis commissis ex urbe profectus veni ad vesperum; fin III 8.

hermes, Herme: I. hermae tui Pentelici cum capitibus aëneis, de quibus ad me scripsisti, iam nunc me admodum delectant; A I 8, 2. — II. nec hermas, quos vocant, licebat imponi; leg II 65.

heroicus, den Heroen, Halbgöttern angehörig, heldenmütig: A. iam heroicis aetatibus Ulixem et Nestorem fuisse sapientes; Tusc V 7. vetus opinio est iam usque ab heroicis ducta temporibus; div I 1. — B. quid quaeris? heroica; A XIV 15, 1.

heros, Held, Ehrenmann: I. erat dicturus heros ille noster Cato; A I 17, 9. — II. quantum in illo heroe esset animi; A IV 3, 5. — III. heroum veteres casus fictosque luctus; de or II 194. Antonii conloquium cum heroibus nostris pro re nata non incommodum; A XIV 6, 1.

herous, epiſch, epiſcher Vers: A. qui (Aristoteles) iudicat heroum numerum grandiorem quam desideret soluta oratio; orat 192. quos (pedes) aut chorios aut heroos aut alternos esse oportebit; de or III 193. quod caput laudem mortui incisam ne plus quattuor herois versibus, quos „longos" appellat Ennius; leg II 68. — B. neque vos paean aut herous ille conturbet. ipsi occurrent orationi; de or III 191.

hesternus, geſtrig: hesterna contione intonuit vox perniciosa; Muren 81. patefeci in senatu hesterno die; Catil II 6. dici non potest, quam sim hesterna disputatione tua delectatus; Tusc II 10. quem (populum) Africanus hesterno sermone a stirpe repetivit; rep II 24.

heu, ach! wehe! heu me miserum! Phil VII

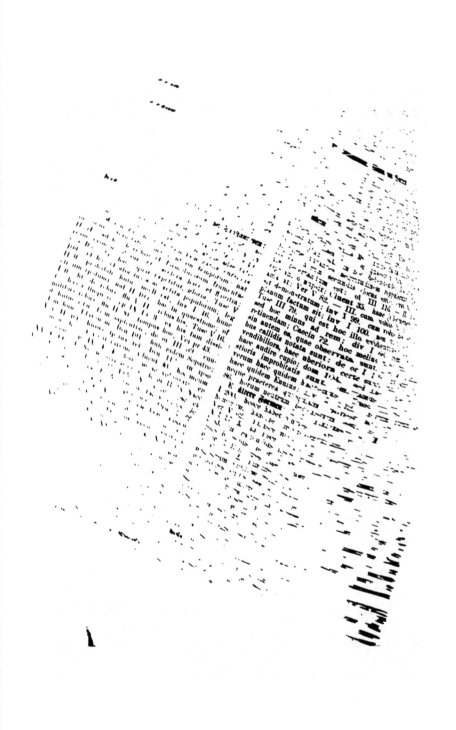

iscum ad haec subsellia; Rab Post 36.
ʼomines opinio; Ver IV 86. hic tu me
uiraris? ep V 15, 4. qui si hic perma-
I 5. hicne ‖ hicine ‖ etiam sese putat
Chrysogonus? Sex Rosc 141. hic iam
ʼsatore quaero; Sest 78. hic, hic sunt
umero; Catil I 9. hic Scipio: faciam,
rep I 38. hic sacra, hic genus, hic
ita vestigia; leg II 3.
is, winterlich: praeter navigationis
ʼcalum; ep VI 20, 1. arbores ut hiemali
ʼpestive caedi putentur; div II 33. Cau-
ʼniemalemque vim perferunt sine dolore;

. überwintern: spero te istic iucunde
libenter requiescere; ep V 21, 1. ubi
rus; ep VII 9, 1. exercitus hiemavit in
t 16.

(hiemps), Sturm, Regenzeit, Winter:
hiems ‖ adhuc rem geri prohibuerat;
∴ — II. inflectens sol cursum aestates et
icit; nat II 49. excipio: f. III. vis.
ʼ se facilius hiemem toleraturos putant;
— III. iam diu propter hiemis magni-
nihil ad nos novi adferebatur; ep II 14.
frigorum hiememque ‖ hiememque ‖ ex-
b Post 42. non illum vis hiemis retarda-
IX 2. — IV, 1. quod (ille) saepe hieme
vigarit; ep XIII 60, 2. hieme maxima
m est; A VIII 3, 5. — 2. spero nos ante
ʼntubernales fore; Q fr II 4, 2.

ʼ. heiter, fröhlich: hilare a te acceptus;
290. quoniam eum (inimicum) familiariter
ure amplexarentur; ep I 9, 19. multitudo
hilare dicto deducitur; de or II 340. res
ilare tractavit; de or III 30.

is, hilarus, heiter, fröhlich: te hilari
sse et prompto ad iocandum valde me iuvat;
I1, 1. convivia hilaris et bene acceptis; A
. (Cephalio) attulit a te litteras hilariores;
ʼ. te hilarioribus oculis, quam solitus eras,
Piso 11. hilara sane Saturnalia militibus
A V 20, 5. si semel tristior effectus est,
ta amissa est? fin V 92. cum (Lacedaemo-
ʼet vultu hilari atque laeto; Tusc I 100.

ritas, Heiterkeit, Frohsinn: I. quod ipsa
benivolentiam conciliat ei, per quem ex-
t; de or II 236. hilaritas illa nostra et sua-
ʼaae te praeter ceteros delectabat, erepta nihil
ʼst; ep IX 11, 1. — II, 1. hilaritatem illam,
c tristitiam temporum condiebamus ‖ condie-
ʼin perpetuum amisi; A XII 40, 3. eripio,
f. I. ut laetitia profusam hilaritatem (efficiat);
V 15. apparatus spectatio tollebat omnem hi-
m; ep VII 1, 2. — 2. Curiana defensio tota
davit hilaritate quadam et ioco; de or II
3. ut saepe in hilaritatem risumve conver-
ʼrat 138. animos in hilaritatem a severitate
it; Bru 197. — III. condire: f. II, 1. amitto.

aro, fröhlich machen, aufheitern: huius
ʼis) suavitate maxime hilaratae Athenae sunt;
·4. (vocis genus) hilaratum ac remissum; de
ʼ219. iucundum motum, quo sensus hilaretur,
ʼe ἡδονήν, Latine voluptatem vocant; fin II 8.
rra) cum caelo hilarata videatur; nat II 102.

iarulus, recht heiter: quoniam (Attica) hi-
est; A XVI 11, 8.

ʼue, von hier, von, auf dieser Seite, daher:
ʼhinc avolaturum; Tusc I 103. hinc amicis
idium comparatur; inv I 5. a se Scaevolam
euntem esse conventum; de or II 13. istim
ʼa) emanant. boni autem hinc quod exspectes,
ʼest; A VII 21, 1. hinc illa Verria nata sunt;
IV 24. hinc in Ligarium crimen oritur; Ligar

22. hinc pietas (pugnat), illinc scelus; hinc constantia, illinc furor; hinc honestas, illinc turpitudo; Catil
II 25. quam longe est hinc in saltum? Quinct 79.
— II. quae (via) est hinc in Indiam; fin III 45. —
III. hinc omnia, quae pulchra sunt, plena gaudiorum
sunt; Tusc V 67. — IV. hinc Hercules, hinc Castor
et Pollux, hinc Aesculapius; nat II 62.

hinnitus, Wiehern: subito (Dionysius) exau-
divit hinnitum; div I 73.

hio, offen stehen, klaffen, schnappen, begehren:
cum mutila quaedam et hiantia locuti sunt; orat
32. Verrem tantum avaritia semper hiante atque
imminente fuisse; Ver II 134. cum pisciculi parvi
in concham hiantem innat[a]verunt; nat II 123. quae
(coniunctio) neque asperos habeat concursus neque
diiunctos atque hiantes; part or 21. qui (poëtae),
ut versum facerent, saepe hiabant; orat 152.

hippocentaurus, Hippocentaur: in nubibus
numquam animadvertisti leonis formam aut hippocen-
tauri? div II 49.

Hipponacteus, Hipponacteisch: senarios et
Hipponacteos (versus) effugere vix possumus; orat 189.

hirsutus, struppig: quarum (animantium) aliae
coriis tectae sunt, aliae spinis hirsutae; nat II 121.

hirudo, Blutegel: accedit illud, quod illa contionalis hirudo aerarii putat . .; A I 16, 11.

hisco, den Mund auftun: omnino hiscere audebis? Phil II 111.

historia, Geschichte, Erzählung: I, 1. quis
nescit primam esse historiae legem, ne quid falsi
dicere audeat? deinde ne quid veri non audeat?
ne quae suspicio gratiae sit in scribendo? ne quae
simultatis? de or II 62. f. II, 1. commoveo. erat
historia nihil aliud nisi annalium confectio; de or II
52. huic generi historia finitima est, in qua narra-
tur ornate; orat 66. obscura est historia Romana;
rep II 33. quid historiae de nobis ad annos DC
praedicarint? A II 5, 1. — 2. historia est gesta res
ab aetatis nostrae memoria remota; inv I 27. — II,
1. historia testis temporum, lux veritatis, vita memoriae, magistra vitae, nuntia vetustatis, qua voce alia
nisi oratoris immortalitati commendatur? de or
II 36. primis ab his (Herodoto, Thucydide), ut ait
Theophrastus, historia commota est, ut auderet uberius et ornatius dicere; orat 39. in quibus (continentibus tuis scriptis) perpetuam rerum gestarum historiam complecteris; ep V 12, 6. quamquam his laudationibus historia rerum nostrarum est facta mendosior;
Bru 62. moleste fero Vennonii me historiam non
habere; A XII 3, 1. Italici belli et civilis historiam
iam a te paene esse perfectam; ep V 12, 2. A. Albinus, is qui Graece scripsit historiam; Bru 81. hortaris
me, ut historias scribam? A XIV 14, 5. — 2. addidit maiorem historiae sonum Antipater; de or II 54.
ego me do historiae; A II 8, 1. simiae Dodoneae
improbitatem historiis Graecis mandatam esse demiror;
div II 69. — 3. huius (Sisennae) omnis facultas ex
historia ipsius perspici potest; Bru 228. esse utilitatem in historia, non modo voluptatem; fin V 51.
— III. ut est (Chrysippus) in omni historia curiosus; Tusc I 108. — IV. ut in eo leges historiae
neglegas; ep V 12, 3. f. I, 1. audet. apud Herodotum,
patrem historiae, sunt innumerabiles fabulae; leg I
5. ardeo studio historiae; A XVI 13, b (c), 2. —
V. nihil est in historia pura et inlustri brevitate
dulcius; Bru 262. intellego te alias in historia leges
observandas putare, alias in poëmate; leg I 5. f. I, 1. est.

historicus, geschichtlich, Geschichtschreiber:
A. Demochares earum rerum historiam non tam
historico quam oratorio genere perscripsit; Bru
286. — B, I. et poëtas et historicos (esse tales),
ex quorum et dictis et scriptis saepe auctoritas petitur ad faciendam fidem; Top 78. cuius (Apollinis)
in tutela Athenas antiqui historici esse voluerunt;
nat III 55. — II. dicta, scripta: f. I.

histrio, Schauspieler: A. ut ex persona mihi ardere oculi hominis histrionis viderentur; de or II 193. — B, I. negarem posse eum (histrionem) satis facere in gestu, nisi palaestram, nisi saltare didicisset; de or III 83. histrio si paulum se movit extra numerum, aut si versus pronuntiatus est syllaba una brevior aut longior, exsibilatur, exploditur; par 26. imitatores veritatis, histriones, (genus hoc) occupaverunt; de or III 214. potest, al.: f. discit. quis ignorat, quam pauci (histriones) sint fuerintque, quos animo aequo spectare possimus? de or I 18. — II, 1. explodo, exsibilo: f. I. movet. specto: f. I. sunt. histriones eos vidimus, quibus nihil posset in suo genere esse praestantius; orat 109. — 2. ut histrioni actio, saltatori motus non quivis, sed certus quidam est datus, sic . .; fin III 24. — 3. a pessimo histrione bonum comoedum fieri posse (nemo) existimaret; Q Rosc 30. — III. histrionum levis ars; de or I 18. histrionum non nulli gestus ineptiis non vacant; of I 130.

hiulce, klaffend, mit Hiatus: (locutum esse eius patrem) non vaste, non rustice, non hiulce, sed presse et aequabiliter et leviter; de or III 45.

hiulcus, klaffend, mit Hiatus: ut neve asper eorum (verborum) concursus neve hiulcus sit, sed quodam modo coagmentatus et levis; de or III 171. ne verborum concursus hiulcas voces efficiat; orat 150.

hodie, heute: eum, qui hodie haruspicinam facerent, in senatum Romae legerentur, eos, qui aliquando praeconium fecissent, in municipiis decuriones esse non licere; ep VI 18, 1. eam (dignitatem) semper in M. Caelio habitam esse summam hodieque haberi ab omnibus, quibus . .; Cael 3. quod Homericus Ulixes Deli se proceram palmam vidisse dixit, hodie monstrant eandem; leg I 2. homines Graeci inique a suis civibus damnati tanta hodie gloria sunt, ut . .; Sest 142. hodie, utro (studio) frui malis, optio sit tua; fat 3. ut saepe alias, sic hodie ita nosse ista visus es, ut . .; fin V 75.

hodiernus, heutig: te hodiernis comitiis esse absolutum; Ver pr 19. hac tam exigua disputatione hesterni et hodierni diei; de or III 81. in hodierna epistula; A XII 30, 2. hodierno sermone conficiam; leg II 69.

holitor, Küchengärtner: Parhedrum excita, ut hortum ipse conducat; sic holitorem || ol. || ipsum commovebis; ep XVI 18, 2.

holusculum, Gemüse: in splendidissimis canistris holusculis nos soles pascere; A VI 1, 13.

homicida, Mörder: statuendum tibi esse, utrum illi homicidae sint an vindices libertatis; Phil II 30.

homo, Mensch, Mann, tüchtiger Mann, Mann von Ehre, pl. Leute: I. absolut: 1. Pacilius quidam, homo egens et levis, accedit; Ver II 94. f. II, 1. cogo. ibidem homo acutus attulit rem commenticiam; fin I 19. omnes adsunt omnium ordinum homines, omnium denique aetatum; Catil IV 14. etiam solitario homini atque in agro vitam agenti opinio iustitiae necessaria est; of II 39. aethera esse eum, quem homines Iovem appellarent; nat I 40. homo impurissimus statim coepit in eius modi mente et cogitatione versari; Cluent 69. ut homini, cum de deo cogitet, forma occurrat humana; nat I 76. ut homo effeminatus fortissimum virum conaretur occidere; Milo 89. novi homines plurimi sunt eosdem honores consecuti; Planc 67. huic ego homini tantum debeo, quantum hominem homini debere vix fas est; Quir 17. L. Aelium, libertinum hominem litteratum, nomen Q. Muttonis detulisse; Scaur 23. denuntiasti homo adulescens, quid de summa re publica sentires; Planc 52. ceterarum artium homines ornatui illa sua dicunt, si quid ab hac arte didicerunt; de or II 37. dixit causam Heraclius Segestanus, homo domi suae nobilissimo loco natus;

Ver V 111. discunt: f. dicit. Tauromenitani. homines quietissimi, istius evertere statuam non dubitaverunt; Ver II 160. qua sanctissimi homines pietate erga deos immortales esse soleant; Quir 18. homo ortus est nullo modo perfectus, sed est quaedam particula perfecti; nat II 37. secundum deos homines hominibus maxime utiles esse possunt; of II 11. evertunt: f. dubitant. excellit: f. II, 3. respondeo. hominem frugi omnia recte facere; Tusc IV 36. illud videndum est, quanto magis homines mala fugiant quam sequantur bona; part or 91. quod tu homo castissimus aliud in tabulis habebas; Ver I 100. non intellegunt homines, quam magnum vectigal sit parsimonia; par 49. de mea causa omnes di atque homines iudicarunt; dom 44. existimabam nihil homines aliud Romae nisi de quaestura mea loqui; Planc 64. prudentissimum hominem, nobilissima familia natum, optime de re publica meritum, in discrimen omnium fortunarum vocavisti? Flac 81. duo haec capita nata sunt post homines natos taeterrima; Phil XI 1. hominem ad duas res, ut ait Aristoteles, ad intellegendum et || et ad || agendum, esse natum quasi mortalem deum; fin II 40. f. dicit, meretur. noluerunt sapientissimi homines ita quemquam cadere in iudicio, ut . .; Muren 58. a nobis homo audacissimus Catilina in senatu accusatus obmutuit; orat 129. occidit: f. conatur. oritur: f. est; nat II 37. ab his hoc postulare sicarios et gladiatores; Sex Rosc 8. si homines despecti et contempti tantam rem sustinere non potuissent; Sest 87. qui, qua re homines bestiis praestent, ea in re hominibus ipsis antecellat; inv I 5. quam (legem) ille bono auspicio claudus homo promulgavit; A I 16, 13. severi homines se superioribus iudiciis constare putabant oportere; Cluent 76. cum homines bestiaeque hoc calore teneantur et propterea moveantur ac sentiant; nat II 31. sequuntur: f. fugiunt. solent: f. est; Quir 18. sustinent: f. possunt. frequentissimi venerunt ad hoc iudicium mercatores, homines locupletes atque honesti; Ver V 154. in summo errore necesse est homines atque in maximarum rerum ignoratione versari; nat I 2. f. coepit. vigilat: f. II, 3. committo. hoc est dicere: et consul et homo nequissimus; Phil II 70. — 2. cui persuasum sit appellari ceteros homines, esse solos eos, qui essent politi propriis humanitatis artibus; rep I 28. ut et hominem te et virum esse meminisses; ep V 17, 3. mehercule extra iocum homo bellus est; ep VII 16, 2. si vis homo esse, recipe te ad nos; A IV 15, 2. quid multa? homines visi sumus; A XIII 52, 2. — 3. a o peritum iuris hominem! Flac 84. — b. tu, sancte homo ac religiose, cur . .? Ver V 49. quid tibi necesse fuit anili superstitione, homo fanatice? dom 105.

II. nach Verben: 1. qui a senatu et ordine coniunctissimum et hominem clarissimum abalienarunt; ep I 8, 4. tot homines nocentes et improbos accusatos scitis esse; Ver III 64. f. I, 1. obmutescit. quod homo nequam, turpis, improbus, multis flagitiis contaminatus in iudicium sit adductus; Cluent 97. hominem adulescentem non tam adlicere volui quam alienare nolui; ep II 15, 4. appello: f. I, 2. rep I 28. quem hominibus armatis deieceris; Caecin 60. mihi negas optandum reditum fuisse per homines armatos; Sest 127. quod ea (voluptate) videlicet homines capiantur ut pisces; Cato 44. cui per homines coactos licitum non sit accedere; Caecin 48. (caupo) hominem comprehendit; inv II 15. homines benivolentia coniuncti; Lael 82. homini scelerosus contaminatissimo nihil esse credendum; prov 14. f. adduco. contemno: f. I, 1. possunt. possitne homo nocentissimus pecuniosissimusque damnari; Ver pr 47. despicio: f. I, 1. possunt. si quando naturam hominis dicam, hominem dicere me; fin V 33. ut homines servos e medio supplicio

dimiserit; Ver V 13. in quibus homines errore ducuntur; Piso 59. effemino: f. I, 1. conatur. cum hominibus enervatis atque exsanguibus consulatus tamquam gladius esset datus; Sest 24. homo certior fit agi nihil nisi . .; Ver V 101. me primum hominem novum consulem fecistis; agr II 3. cum mecum duos frugalissimos homines scribas haberem; Ver III 182. quod audaces homines et perditi nutu impelluntur et ipsi etiam sponte sua contra rem publicam incitantur; Sest 100. T. Caelium quendam, hominem non obscurum, inventum esse mane iugulatum; Sex Rosc 64. qui diceret non oportere mitti hominem privatum pro consule; imp Pomp 62. moveo: f. I, 1. sentiunt. qui cum telo occidendi hominis causa fuit; Rabir 19. petam a C. Cluvio, ornatissimo homine; Q Rosc 48. perficio: f. I, 1. est; nat II 37. polio: f. I, 2. rep I 28. seditiosos homines rei publicae praeficiebant; Flac 16. hoc ipsum concedatur, bonis rebus homines morte privari; Tusc I 87. teneo: f. I, 1. sentiunt. L. Caesarem vidi Menturnis cum absurdissimis mandatis, non hominem, sed scopas solutas; A VII 13, a, 2 (6). voco: f. I, 1. meretur. — 2. si iusti hominis et si boni est viri parere legibus; rep III 18. haec (benignitas) est gravium hominum atque magnorum; of II 63. — 3. antecello: f. I, 1. praestant. quae tam antiquis hominibus attribuerem; Q fr III 5, 1. rem publicam vigilanti homini, non timido, diligenti, non ignaro, commisistis; agr II 100. ab iis (dis) et civitatibus et singulis hominibus consuli; nat II 166. credo: f. 1. contamino. debeo: f. I, 1. debet. do: f. 1. enervo. ut donum hoc divinum rationis et consilii ad fraudem hominibus, non ad bonitatem impertitum esse videatur; nat III 75. occurro: f. I, 1. cogitat. M. Catoni, homini in omni virtute excellenti, respondebo; Muren 54. defendendo moroso homini cumulatissime satis fecimus; Q fr II 4, 1. quo modo hominum inter homines iuris esse vincula putant, sic homini nihil iuris esse cum bestiis; fin III 67. vide, quid homini tribuam; Tusc I 49. — 4. multis peritissimis hominibus auctoribus uteretur; Caecin 69. — 5. ab Lysone, primo homine, Apollinis signum ablatum certe non oportuit; Ver IV 37. omnia, quae cadere in hominem possunt; Tusc V 4. L. Quinctius dicens pro homine alienissimo; Tul 4. cum multa in deos hominesque nefarie fecerit; Ver pr 56. neque in homine inesse animum vel animam nec in bestia; Tusc I 21. licet per: f. 1. cogo. peto a: f. 1. orno. nihil me turpius apud homines fuisset; A II 19, 4. terrenorum commodorum omnis est in homine dominatus; nat II 152. nulla varietas est inter homines opinionis; Flac 96.

III. nach **Objectiva:** 1. in primis hominis est propria veri inquisitio atque investigatio; of I 13. quem scirem nulla in re quicquam simile hominis habere; Ver IV 33. — 2. quid (est) praestantius (sapientia), quid homini melius, quid homine dignius? of II 5. necessarius: f. I, 1. agit. honorum gradus summis hominibus et infimis sunt pares; Planc 60. utilis: f. I, 1. est; of II, 11. — 3. dignus: f. 2. bonus. indigna homine dubitatio! Lael 67. — 4. quod hoc honore ex novis hominibus primum me multis post annis adfecistis; agr II 4.

IV. nach **Substantiva:** 1. videte hominis amentiam; dom 40. animos hominum quadam ex parte extrinsecus esse tractos et haustos; div I 70. hominis eloquentissimi et sapientissimi, L. Crassi, auctoritatem sequor; Cluent 140. facile hominis amentis fregissemus audaciam; Phil III 2. ut est captus hominum; Tusc II 65. in hominum eruditissimorum et humanissimorum coetu loquor; Piso 68. f. concilia. ita fit, ut vincat cognitionis studium consociatio hominum atque communitas; of I 157. nihil est illi principi deo acceptius quam concilia coetusque hominum iure sociati; rep VI 13. optime societas hominum

coniunctioque servabitur; of I 50. consilium hominis probavit, fidem est complexus, officia observantiamque dilexit; Balb 63. erat hominum conventus maximus, summum silentium, summa exspectatio; Ver II 74. cum esset maior iucundorum hominum copia; ep V 21, 1. omne officium munusque sapientiae in hominis cultu esse occupatum; fin IV 36. flagrabat tota domus praetoria studio hominum et cupiditate; Ver II 133. quoniam video vos hominis dignitate esse commotos; agr II 24. quem ad modum hominum existimationi te probari velis; Ver III 137. quorum iam [et] nomen et honos inveteravit et urbi huic et hominum famae ac sermonibus; Sulla 24. pro deum hominumque fidem! Ver III 137. f. consilium. nec rationem esse nisi in hominis figura; nat I 89. ex magna hominum frequentia; de or I 102. hominum genus et in sexu consideratur, virile an muliebre sit, et in natione, patria, cognatione, aetate; inv I 35. genus hominum ad honestatem natum malo cultu pravisque opinionibus esse corruptum; part or 91. ratione utentium duo genera ponunt, deorum unum, alterum hominum; of II 11. accessus incredibili hominum multitudine et gratulatione florebat; Sest 131. os hominis insignemque impudentiam cognoscite; Ver IV 66. videmus, quanta sit in invidia apud quosdam nobiles homines novorum hominum virtus et industria; Ver V 181. propter hominum ingenia ad fallendum parata; Q fr I 2, 4. quicum me deorum hominumque iudicium coniunxerat; div Caec 65. ad hanc hominum libidinem ac licentiam me abducis? Ver III 210. o post hominum memoriam fortissimi atque optimi consules! har resp 15. esse in mentibus hominum tamquam oraclum aliquod; div II 100. hoc non ex hominum more solum, sed etiam ex bestiis intellegi potest; Tusc V 98. haec (Capua) splendidissimorum hominum multitudine redundat; Piso 25. f. gratulatio. videndum est, quae sit hominis natura; fin V 34. nomen hominis audacissimi detuli; Ver I 15. ingentem numerum perditorum hominum conlegerat; Catil II 8. observantia, officia: f. consilium. qui (quaestus) in odiis hominum incurrunt, ut portitorum, ut faeneratorum; of I 150. os: f. impudentia. ut meum laborem hominum periculis sublevandis non impertiam; Muren 8. hominum ratio non in caelum usque penetravit? nat II 153. ad meam unius hominis salutem senatus auxilium omnium civium implorandum putavit; Piso 34. vix feram sermones hominum; Catil I 23. f. fama. societas: f. coniunctio. neminem magnas res et salutares sine hominum studiis gerere potuisse; of II 16. f. cupiditas. non recito testimonia hominum honestissimorum; Cluent 99. vincula: f. II, 3. sum. quorum (hominum) virtus fuerat domi militiaeque cognita; Tusc V 55. f. industria. vi sceleratorum hominum corroborata; Sest 89. quae (vitia) sunt in vita hominum neque carorum neque calamitosorum; de or II 238. a quibus vita hominum instructa primis sit; Tusc V 6. rerum ego vitia conlegi, non hominum; A XIV 14, 2. de hominis certo et proprio vocabulo agitur; inv II 28. haec nec hominis nec ad hominem vox est; Ligar 16. ut placet Stoicis, quae in terris gignantur, ad usum hominum omnia creari; of I 22. quae (lex naturae) utilitatem hominum conservat; of III 31. — 2. si quis umquam de nostris hominibus a genere isto studio ac voluntate non abhorrens fuit; Flac 9. propter necessitatem vitae initam esse cum hominibus communitatem et societatem; of I 138. ius inter: f. II, 3. sum. non est vobis res cum scelerato homine ac nefario, sed cum immani taetraque belua; Phil IV 12. f. communitas cum. vincula inter: f. II, 3. sum. vox ad: f. 1. vox.

V. **Umstand:** 1. deicere: f. II, 1. armo. esse aliquid homine melius; nat III 18. — 2. a certis hominibus dominationem quaeri; agr II 25. res caelestes omnesque eae, quarum est ordo sempiternus, ab homine confici non possunt; nat II 16. apud:

f. IV, 1. **industria.** deorum et hominum causa factum esse mundum; nat II 133. cum hoc homine an cum stipite in foro constituas, nihil crederes interesse; sen 14. efficitur in homine virtus; quanto igitur in mundo facilius! nat II 39. per: f. II, 1. armo. post: f. I, 1. nascitur; Phil XI, 1.

homullus, Schwächling: hic homullus ex argilla et luto fictus [Epicureus]; Piso 59.

homuncio. schwacher Mensch: homuncio hic, qui multa putat praeter virtutem homini cara esse; Ac II 134.

homunculus. schwacher, armer Mensch: I. ex eadem urbe humilem homunculum a pulvere et radio excitabo, Archimedem; Tusc V 64. — II. ut homunculi similem deum (Epicurus) fingeret; nat I 123.

honestas, Ehre, Ehrenhaftigkeit, Sittlichkeit, Tugend, Würde, Anstand: I. in demonstrativo (genere finem esse) honestatem; inv II 156. finis alterius est honestas, alterius turpitudo; part or 71. in eo (officio) et colendo sita vitae est honestas omnis et neglegendo turpitudo; of I 4. (honestas) habet partes quattuor: prudentiam, iustitiam, fortitudinem, temperantiam; inv II 159. quamquam praestet honestas incolumitati; inv II 174. laudationis finis honestas; Top 91. f. II, 3. pono in. — II, 1. nonne honestatem omnem amitteret? Sex Rosc 114. nihil (natura) habet, quod magis expetat quam honestatem. quam laudem; Tusc II 46. si honestatem tueri ac retinere sententia est; of III 116. — 2. certatur, utrum honestati potius an utilitati consulendum sit; de or II 335. est etiam quaedam quasi materies subiecta honestati; part or 88. — 3. aut voluptas adiungi potest ad honestatem aut doloris vacuitas aut prima naturae; fin V 21. si cum honestate voluptatem tamquam cum homine pecudem copulavimus; of III 119. quare de magnificentia aut de honestate quiddam derogetur; inv II 175. ita tres sunt fines expertes honestatis, tres, in quibus honestas cum aliqua accessione, una simplex posita in decore tota, id est in honestate; fin II 35. cum (homines) utilitatem ab honestate seiungunt; of III 101. — II, 1. expers: f. II, 3. pono in. — 2. ut utilitatem nullam esse docuimus, quae honestati esset contraria, sic omnem voluptatem dicimus honestati esse contrariam; of III 119. — IV, 1. apud superiores utilitatis species falsa ab honestatis auctoritate superata est; of III 109. de eo genere honestatis, quod omni ex parte propter se petitur, satis dictum est; inv II 165. honestatis pars confecta est, quam quidem tibi cupio esse notissimam; of II 9. quae (gloria) habet speciem honestatis et similitudinem; fin V 69. tota vis erit simplicis honestatis consideranda; inv II 159. — 2. ex hoc cursu atque impetu animorum ad veram laudem atque honestatem pericula adeuntur; Tusc II 58. — V, 1. qui honestate summum bonum metiantur; fin II 48. (rationem) honestate ornatissimam; fin II 58. — 2. quae (familias) honestatis amplitudinisque gratia nomino; Sex Rosc 15. quod non possit sine honestate contingere, ut iure quisquam glorietur; fin IV 50.

honeste. ehrenvoll, anständig, ehrbar, sittlich, passend: acta aetas honeste ac splendide; Tusc III 61. potuisse honeste ab eo reum condemnari; Cluent 104. ad corpus omnia referre sapientem sive, ut honestius dicam, nihil facere, nisi quod expediat; Tusc III 51. quae in nostris rebus non satis honeste, in amicorum fiunt honestissime; Lael 57. facultatem vere atque honeste iudicandi; Ver II 179. quibus (Graecis) loqui et scribere honeste et magnifice licebat; Cael 40. honeste moriendi facultatem petit; Rabir 37. scribo: f. loquor. ut honeste vos (Romae) esse possitis; ep XIV 14, 1. id (tectum) nunc honeste vergit in tectum inferioris porticus; Q fr III 1, 14. non posse iucunde vivi, nisi honeste et sapienter et

iuste viveretur; fin II 51. quia, quod bene. id recte. frugaliter, honeste; fin II 25.

honesto. ehren, zieren: cum quosdam ornare voluit, non illos honestavit, sed ornamenta ipsa turpavit; fr I 38. (beneficia) vera an falsa quadam exornatione honestentur; inv II 112. cuius currum rex Perses honestavit; Catil IV 21. ad eum (hominem) augendum atque honestandum; of II 21. qui hominis seditiosi imagine mortem eius honestaret; Rabir 24.

honestus. ehrenvoll, ehrenhaft, anständig, schicklich, würdig, edel, sittlich: A. qui eum (honorem) sententiis, qui suffragiis adeptus est, is mihi et honestus et honoratus videtur; Bru 281. duobus propositis honestis utrum honestius (sit, deliberari solet); of I 10. nihil (est) honestius magnificentiusque quam pecuniam contemnere. si non habeas: of I 68. vgl. B, b, I, 2. quae (filia) nupsit A. Aurio Melino, adulescenti in primis et honesto et nobili; Cluent 11. in omni genere honestarum artium; Bru 213. eae (artes) sunt iis, quorum ordini conveniunt. honestae; of I 151. in hominem honestissimae civitatis honestissimum graviter animadverti; Ver V 30. ut honestis consiliis iustisque factis, non fraude et malitia se intellegant ea consequi posse; of II 10. certa re et possessione deturbatus est meo iustissimo honestissimoque convicio; ep XII 25, 2. quod post tuum discessum is dies honestissimus nobis fuerat in senatu; ep I 2, 3. tres equites Romani honesti et graves; Flac 40. honestum causae genus est, cui statim sine oratione nostra favet auditoris animus; inv I 20. publicani, homines honestissimi atque ornatissimi; imp Pomp 17. f. civitas. hunc honestissimo loco natum esse concedis; Balb 6. cum duo consulares spem honestae pacis nobis attulissent; Phil XII 1. se paratum esse omni recta atque honesta ratione defendere, quod petat, non deberi; Quinct 66. quod gravitas honestis in rebus severisque I et severis || ponitur; de or II 248. cum honesto verbo vitiosa res appellatur; de or II 272. vestibula honesta faciet; orat 50. M. Cossutium, sanctissimum virum atque honestissimum, (torque donasti); Ver III 185. vita recta et honesta existimari potest; fin V 66. qui vitam honestam ingredi cogitant; of III 6. — B, a. deleantur innocentes, honesti, boni; Phil VIII 16. — b, I, 1. tale est illud ipsum honestum; fin V 66. f. III. et virtutes omnes et honestum illud. quod ex iis oritur et in illis haeret, per se esse expetendum; fin V 64. — 2. cum, quod honestum sit. id solum bonum esse confirmatur; fin IV 68. ut Chius Aristo dixit solum bonum esse, quod honestum esset, malumque, quod turpe; leg I 55. nihil praeter id, quod honestum sit, propter se esse expetendum; of III 33. ita, quicquid honestum, id utile; of III 35. — II, 1. unum istud, quod honestum appellas; rectum, laudabile, decorum, id si solum est bonum; fin III 14. omnino illud honestum, quod ex animo excelso magnificoque quaerimus, animi efficitur, non corporis viribus; of I 79. qui omnia recta atque honesta per se expetenda duxerunt; leg I 37. f. I. 1. haeret. si quando cum illo, quod honestum intellegimus, pugnare id videbitur, quod appellamus utile; of III 19. quod aut totum aut aliqua ex parte propter se petitur, honestum nominabimus; inv II 159. vera animi magnitudo honestum illud, quod maxime natura sequitur, in factis positum, non in gloria indicat; of I 65. propono: f. A. alqd. ut Cretes et Aetoli latrocinari honestum putent; rep III 15. quaero: f. efficio. sequor: f. pono. — 2. ut utilia cum honestis similia sunt quaedam non honesta; Ac II 50. — IV. his tribus generibus honestorum notatis; fin II 47. tanta vis est honesti, ut speciem utilitatis obscuret; of III 47. — V. ut haec de honesto,

sic de turpi contraria; Tusc II 46. cui (Zenoni) praeter honestum nihil est in bonis; Ac II 135.

honorabilis, eﬂrenvoll: haec ipsa sunt honorabilia, salutari, appeti, decedi, adsurgi . .; Cato 63.

honorarius, Eﬂren ﬂalber: docere debitum est, delectare honorarium, permovere necessarium; opt gen 3. mihi videtur Chrysippus tamquam arbiter honorarius medium ferire voluisse; fat 39. quod non honorariam operam amici, sed severitatem iudicis requirit; Caecin 6.

honorifice, eﬂrenvoll: ut se honorifice acceptum arbitraretur; Ver IV 62. numquam nisi honorificentissime Pompeium (Caesar) appellat; ep VI 6, 10. honorifice sane consurgitur; Ver IV 138. cum abs te honorificentissime invitarer; ep XIII 15, 1. nec liberalius nec honorificentius potuisse tractari se; ep XIII 27, 2.

honorificus, eﬂrenvoll: cum tu a me rebus amplissimis atque honorificentissimis ornatus esses; ep V 2, 1. cum is (Cato) honorificentissimam in me sententiam dixisset; A VII 1, 8. (Hortensius) sermone erat usus honorifico erga me; A X 16, 5. ut honorificentissimis verbis consequi potuero; Phil XIV 29.

honoro, eﬂren, auszeíﬂnen, Eﬂrenämter verleiﬂen: cum praesertim (Thucydides) fuisset honoratus et nobilis; orat 22. qui (Dionysius) apud me honoratior fuit quam apud Scipionem Panaetius; A IX 12, 2. ſ. **honestus,** A. alqs. nusquam est senectus honoratior; Cato 63. in claris et honoratis viris; Cato 22. nemo virtutem non honorabat; Phil IX 4.

honos (honor: ſ. II, 1. exhibeo), Eﬂre, Auszeíﬂnung, Eﬂrenſtelle, Amt: I, 1. auget et aetas et honos dignitatem; dom 117. cui (Dionysio) qui noster honos, quod obsequium defuit? A VIII 4, 1. nisi iam tum esset honos eloquentiae; Bru 40. cum honos sit praemium virtutis iudicio studioque civium delatum ad aliquem, qui eum sententiis, qui suffragiis adeptus est, is mihi et honestus et honoratus videtur; Bru 281. tibi illum honorem nostrum supplicationis iucundum fuisse; ep XV 6, 2. spem, virtutem, honorem rerum vim habere videmus, non deorum; nat III 61. quid honos meus postulet; Sest 119. — 2. is honos mihi videri solet, qui non propter spem futuri beneficii, sed propter magna merita claris viris defertur et datur; ep X 10, 1. — II, 1. nunc contra plerique ad honores adipiscendos nudi veniunt atque inermes; de or III 136. ſ. I, 1. est; Bru 281. quod ampliorem honorem alteri tribuebat quam ipse erat consecutus; prov 27. erat angusti animi iusti triumphi honorem dignatemque contemnere; Piso 57. honores ei decrevi quos potui amplissimos; Phil XIII 8. defero, de: ſ. I, 2. quam diu ab omnibus honor principi exhiberetur; rep V 9. eum honorem tibi deos fortunare volo; ep XV 12, 1. in habendis aut non habendis honoribus; ep XV 4, 14. populum Romanum hominibus novis industriis libenter honores mandare semperque mandasse; Ver IV 81. ne is honos nimium pervulgetur ǁ pervagetur ǁ; inv II 113. si sua studia ad honores petendos conferre voluissent; Cluent 133. sin de Aurelia aliquid aut Lollia (dicimus), honos praefandus est; ep IX 22, 4. nec sitio honores; Q fr IX 5, 3. cum a te est Popilia, mater vestra, laudata, cui primum mulieri hunc honorem in nostra civitate tributum puto; de or II 44. ſ. consequor. multam tibi in his honoribus tuendis operam esse ponendam; Q fr I 1, 31. — 2. honoris amplissimi puto esse et accusare improbos et miseros defendere; div Caec 70. — 3. eorum non modo saluti, sed etiam honori consulerandur; Font 42. posteaquam honoribus inservire coepi; of II 4. quam rem sibi (Plancius) magno honori sperat fore: A III 22, 1. — 4. omnibus amplissimis honoribus abundabis; ep X 10, 2. cuius (M. Mar-

celli interitum ne crudelissimus quidem hostis honore sepulturae carere passus est; Cato 75. ut amplissimo honore everteretur; Sulla 1. quamquam hoc honore usi togati solent esse; Phil VIII 32. — 5. hos homines tu persuadebis ad honorem atque amplitudinem tuam pecunias maximas contulisse? Ver II 157. dimicare (debemus) paratius de honore et gloria quam de ceteris commodis; of I 83. quod positum esset aut in praemio virtutis aut in honore verborum; ep X 13, 1. decrevistis, ut de honoribus imperatorum referretur; Phil V 4. qui in aliquo honore sunt; fin III 52. multum valuisse ad patris honorem pietas filii videbitur; Phil IX 12. — III, 1. tu laudis et honoris cupidior? Ver III 43. — 2. ut honore dignus essem; Planc 50. me hoc honore praeditum; imp Pomp 71. — IV, 1. cum in imperiorum, honorum, gloriae cupiditatem inciderunt; of I 26. si ambitionis occupatio cursu ǁ decursu ǁ honorum etiam aetatis flexu constitisset; de or I 1. habes neminem honoris gradu superiorem; ep II 18, 2. qui ad delendum senatum se illis fascibus ceterisque insignibus summi honoris atque imperii ornatos esse arbitrabantur; Sest 17. amplissimi honoris nomen obtinebis; Phil X 6. summis ornamentis honoris praeditus, Q. Hortensius; imp Pomp 51. eos (gradus dignitatis) honorum vocabula habituros, non dignitatis insignia; ep X 6, 2. — 2. homini egenti, sordido, sine honore, sine existimatione; Flac 52. emergunt haec aliquando occultis de honore suffragiis; of II 24. — V, 1. cum honore longe antecellerent ceteris; rep II 59. quorum domus cum honore ac virtute florerent; Ver I 55. Caesar singularibus ornatus et novis honoribus ac iudiciis; ep I 9, 14. fuisse Demaratum Corinthium et honore et auctoritate et fortunis facile civitatis suae principem; rep II 34. is (T. Iunius) processisset honoribus longius; Bru 180. — 2. quo in oppido uno pecunia a tota Asia ad honores L. Flacci poneretur; Flac 56. ut tantum ei honoris mei causa commodes; ep XIII 69, 2. (Caesarem) tantam illi pecuniam dedisse honoris mei causa; A XI 9, 2. unde cum honore discesseris; Muren 89. propter honorem et gratiam Cleomenis minime multi remiges deerant; Ver V 88.

hora, Stunbe, pl. Uﬂr: I. horae cedunt et dies et menses et anni; Cato 69. haec diu quaesita una eripuit hora; Sulla 73. horae, quibus exspectabam, longae videbantur; A XII 5, c (4). — II, 1. ut horas multas saepe suavissimo sermone consumeres; ep XI 27, 5. intellegere declarari horas arte, non casu; nat II 87. cum machinatione quadam moveri aliquid videmus, ut sphaeram, ut horas; nat II 97. ne quam ego horam de meis legitimis horis remittam; Ver I 25. hora nulla vacua a furto, scelere, crudelitate, flagitio reperietur; Ver I 34. — 2. si meis horis in accusando uti voluissem; Ver I 31. — 3. videt mittentem ad horas (iudicem); Bru 200. remitto de: ſ. 1. remitto. — III, 1. fit obviam Clodio hora fere undecima; Milo 29. tribus iis horis concisus (est) exercitus; ep I 77. ſ. I. videntur. — 2. ab hora tertia bibebatur; Phil II 104. me ex Kalendis Ianuariis ad hanc horam invigilasse rei publicae; Phil XIV 19. (Antonius) dormiit ǁ dormit ǁ ad horam III; A X 13, 1. ante horam tertiam noctis de foro non discedit; Ver II 92. post horam quartam molesti ceteri non sunt; A II 14, 2.

hordeum, Gerſte: pro decumis hordei alia pecunia cogitur; Ver III 73. cum id frumentum senatus ita aestimasset; HS quaternis tritici modium, binis hordei; Ver III 188.

hornotinus, ﬂeurig, von bieſem Jaﬂre: quantum est ex Sicilia frumenti hornotini; Ver III 45.

horologium, Uﬂr: horologium mittam; ep XVI 18, 3.

horreo, von Froſt ſtarren, ſchaubern, fürchten:
I. si nemo umquam praedo tam barbarus fuit, qui
non horreret animo; dom 140. possetne uno tempore
florere, dein vicissim horrere terra? nat II 19. —
II, 1. ut, quorsus (dominatio) eruptura sit, horreamus; A II 21, 1. — 2. quod sacrificium nemo vir
aspicere non horruit; har resp 37. — III. quia
nihil habet mors, quod sit horrendum; Tusc II 2.
primas eius (Caesaris) actiones horreo; A IX 15, 2.
etsi omnium conspectum horreo; A XI 14, 2. ut
neque divinum numen horreat; fin I 41. ut ipsam
victoriam horrerem; ep VII 3, 2. — IV. hunc
quaesitorem ac iudicem fugiebant atque horrebant
ii, quibus . .; Sex Rosc 85.

horresco, aufwallen: cum subito mare coepit
horrescere; rep I 63.

horreum, Scheune, Speicher, Magazin: L illi
Capuam horreum Campani agri esse voluerunt; agr
II 89. — II. ex horreis direptum frumentum;
div I 69. in tuis horreis omne frumentum fuisse;
Ver III 178. — III. neque in areis neque in
horreis; Ver III 20.

horribilis, furchtbar, ſchrecklich, entſetzlich:
illud fuit horribile; de or I 258. horribile est,
quae loquantur, quae minitentur; A XIV 4, 1.
huius horribilis belli periculum; Catil II 15.
horribilis ista caecitas quibus tandem caret voluptatibus? Tusc V 111. L. Antoni horribilis contio,
Dolabellae praeclara; A XIV 20, 2. e qua ipsa
(ignoratione rerum) horribiles exsistunt saepe
formidines; fin I 63. illud erat hominum genus
horribile; Sulla 50. nuntiatur terrae motus horribilis; har resp 62. in illa tempestate horribili
Gallici adventus; rep II 11.

horride, rauh, ſchmucklos: qui horride inculteque dicat; orat 28. quamquam isdem ornamentis
utetur horridius; orat 86. vixit horride; Quinct 59.

horridulus, ziemlich rauh, ungefeilt: quamquam tua illa (legi enim libenter) horridula mihi
atque incompta visa sunt; A II 1, 1. indicant
orationes horridulae Catonis; orat 152?

horridus, ſtruppig, rauh, ungepflegt, ungebildet, roh: multo vetustior et horridior ille
(Laelius) quam Scipio; Bru 83. (Q. Aelius Tubero)
ut vita sic oratione durus, incultus, horridus; Bru
117. aliquis ex barbatis illis non hac barbula, sed
illa horrida; Cael 33. campus Leontinus sic erat
deformis atque horridus, ut . .; Ver III 47. corpore
inculto et horrido; agr II 13. si eadem hora aliae
pecudis iecur nitidum atque plenum est, aliae
horridum et exile; div II 30. non plane horrida
oratio; Bru 238. aspera, tristi, horrida oratione;
orat 20. in picturis alius horrida, inculta, contra
alius nitida, laeta delectatur || alios . . alios . . de-
lectant ||; orat 36. antiquior est huius (Catonis)
sermo et quaedam horridiora verba; Bru 68. sibi
ait vitam omnino semper horridam cordi fuisse;
Quinct 93.

horrifer, ſchaurig kalt: »horriferis aquilonis
auris tangitur«; nat II 111.

horrificus, ſchrecklich: »(Lepus) ictus horrificos
metuens rostri«; fr H IV, a, 366.

horrisonus, ſchaurig brauſend: »horrisono
freto«; Tusc II 23.

horror Schauer, Schrecken, Fieberfroſt: I. qui
me horror perfudit! A VII 6, 3. — II. quoniam
(Attica) iam sine horrore est; ep IX 20, 1. ut
volumus; A XII 6, a, 2 (6, 4).

hortatio, Ermunterung, Ermahnung: I. aderat eorum hortatio ad requiescendum; Phil IX 6.
hortatio non est necessaria; ep IX 14, 7. — II, 1.
nec adhibetur ulla sine anapaestis pedibus hortatio; Tusc II 37. — 2. hortatione tu quidem non
eges; ep XI 5, 1.

hortator, Mahner: eo accedebat hortator

adsiduus Sallustius, ut agerem . .; A I 11, 1.
adiutores, auctores hortatoresque ad me restituendum
ita multi fuerunt, ut . .; Quir 9. permultos hor-
tatores esse caedis; A X 4, 8.

hortatus, Ermunterung, Ermahnung: haec vox
huius hortatu praeceptisque conformata; Arch 1.
id (me) fecisse aliorum consilio, hortatu, auctoritate;
ep XIII 29, 7.

hortor, ermahnen, ermuntern, an-
treiben: I, 1. ut opus sit oratoris copia vel ad hortandum vel ad docendum; leg III 40. — 2. rettuli
me, Brute, te hortante maxime ad ea studia; Tusc
I, 1. — II, 1. hortata etiam est, ut me ad haec
conferrem, animi aegritudo; nat I 9. — 2. quae (rei
publicae dignitas) me ad sese rapit, haec minora
relinquere hortatur; Sest 7. — III. ad eam condicionem te vivendi, quae daretur, quaecumque esset,
hortarer; ep VI 22, 2. ipse me Caesar ad pacem
hortatur; A VII 21, 3. quod me hortaris ad memoriam
factorum meorum; A VIII 2, 2. vos hortor, ut ita
virtutem locetis, ut . .; Lael 104. te rei publicae
causa hortor, ut ne cui quicquam iuris in tua provincia esse patiaris; ep XII 22, 3. aliud quiddam
maius et ingenia me hortantur vestra et aetates; de
or III 97. quid ego te haec hortor? Q fr I 1, 36.
id, quod eum hortarer; A VIII 9, 1. qui populum
Romanum pro me non solum hortatus sit, verum etiam
obsecrarit; sen 29.

hortulus, Gärtchen: I. cuius (Platonis) etiam
illi propinqui hortuli memoriam mihi adferunt;
fin V 2. — II, 1. se hortulos aliquos emere velle;
of III 58. cuius (Democriti) fontibus Epicurus hortulos suos inrigavit; nat I 120. — 2. (ea philosophia)
in hortulis quiescet suis, ubi vult; de or III 63.

hortus, Garten, Gartenanlagen, Park: I. tantum
Epicuri hortus habuit licentiae; nat I 93. — II.
1. ubi (Balbus) hortos aedificaret; A IX 13, 8.
iam hortum ipsi agricolae succidiam alteram appellant; Cato 56. Parhedrum excita, ut hortum ipse
conducat; ep XVI 18, 2. si hortum in bibliotheca
habes; ep IX 4. — 2. qui Athenis praefuerit
hortis; A XII 23, 2. — 3. Kalendis cogito in hortis
Crassipedis cenare; A IV 12. in hortos paternos
immigrabit; Phil XIII 34. triginta dies in hortis
fui; A XII 40, 2. — III. nunc domus suppeditat
mihi hortorum amoenitatem; Q fr III 1, 14.
nisi sibi hortorum possessione cessisset; Milo 75. —
IV. dat nataliciam in hortis; Phil II 15.

hospes, Gaſtfreund, Gaſt, Fremdling: I, 1. si
pro patris huius hospitiis et gratia vellent omnes
huic hospites adesse et auderent libere defendere;
Sex Rosc 148. »dic, hospes, Spartae nos te hic
vidisse iacentes«; Tusc I 101. audire te hospitem
Scipio, hospes tuus avitus Masinissa quae faciat;
Cato 34. hic mihi ignoscet Cn. Domitius Sincaius,
hospes et familiaris meus; Scaur 43. volunt: ſ. adsunt.
— 2. fateor enim nec peregrinum atque hospitem
in agendo esse debere; de or I 218. si erit idem
|| eidem || in consuetudine civitatis, in exemplis, in
institutis, in moribus ac voluntatibus civium suorum
hospes; de or II 131. est quiddam advenientem non
esse peregrinum atque hospitem; A VI 3, 4. — II,
1. non multi cibi hospitem accipies, multi ioci;
ep IX 26, 4. habuisses non hospitem, sed contubernalem; ep IX 20, 1. iam non hospites, sed peregrini
atque advenae nominabamur; agr II 94. nos errantes
tamquam hospites tui libri quasi domum reduxerunt;
Ac I 9. Caesarem eodem tempore hostem et hospitem
(Deiotarus) vidit; div II 79. — 2. Diodorus circum
patronos atque hospites cursare; Ver IV 41. —
III. in hospitis et amici mei M. Pacuvii nova fabula;
Lael 24. ut hospitis salutem fortunasque defenderem;
Ver II 117. praetoris iniurias tacite, hospitis placide
ferendas arbitrabatur; Ver II 84. salus: ſ. fortunae.
de amicorum hospitumque suorum sententia Thermis

Sthenius Romam profugit; Ver II 91. tulisse eum
moleste se non effugere hospitis speciem; Bru 172.

hospita, Gaſtfreundin, Frembe: I. illa (Pomponia) audientibus nobis „ego ipsa sum“, inquit,
„hic hospita“; A V 1, 3. — II. ardebat amore
illius hospitae; Ver II 116.

hospitalis, gaſtfreundlich, gaſtlich: huius
domus est nostris hominibus apertissima maximeque
hospitalis; Ver IV 3. homo, qui semper hospitalis-
simus amicissimusque nostrorum hominum existimatus
esset; Ver I 65. cum eundem (Iovem dicimus) Salutarem, Hospitalem; fin III 66.

hospitalitas, Gaſtlichkeit: recte etiam a Theophrasto est laudata hospitalitas; of II 64.

hospitium, Gaſtfreundſchaft, gaſtliche Aufnahme, Herberge: I. cum Lysone Patrensi est
mihi quidem hospitium vetus; ep XIII 19, 1. — II,
1. te in Arpinati videbimus et hospitio agresti acci-
piemus, quoniam maritimum hoc contempsisti; A
II 16, 4. non nimis liberale hospitium meum dices;
de or II 234. hospitium cum L. Cornelio Gaditano
fecisse; Balb 41, Piliae paratum est hospitium; A
XIV 2, 4. — 2. huius hospitio Verres cum esset
usus; Ver II 83. — 3. e Pompeiano navi advectus
sum in Luculli nostri hospitium vi Idus; A XIV 20, 1.
pro clientelis hospitiisque provincialibus nihil a vobis
nisi mei consulatus memoriam postulo; Catil IV 23.
— III. non retito decretum hospitii publici; Sest 10.
hospitii iura violarat; Ver II 116. — IV. accipere:
f. II. 1. contemno.

hostia, Opfertier, Opfer: I. qui evenit, ut is,
qui impetrire velit, convenientem hostiam rebus
suis immolet? div II 35. quibus hostiis immolandum
cuique deo, cui maioribus, cui lactentibus; leg II 29.
-sunt: f. II. debeo. — II. ne Latinae in montem
Albanum hostias non adducerent; A I 3, 1. quod
T. Annio devota et constituta ista hostia esse videtur;
har resp 6. hostiae, quas debuisti ad sacrificium,
praesto non fuerunt; inv II 97. devoveo: f. constituo.
immolo: f. I. convenit. cum Lacedaemoniis lex esset,
ut. hostias nisi ad sacrificium quoddam redemptor
praebuisset, capital esset; inv II. 96. — III. immolare: f. I. lactent. proxima hostia litatur saepe
pulcherrime; div II 36. hostia maxima parentare;
leg II 54.

hostificus, feindſelig, erbittert: qui columnis
ac postibus meis hostificum quoddam et nefarium bellum
intulistis; dom 60.

hostilis, feindlich, der Feinde: an civilem coniurationem ab hostilibus externisque bellis seiungeres;
ep V 12, 2. Regulus non debuit condiciones pactione-
que bellicas et hostiles perturbare periurio; of III
108. tametsi in hunc hostili odio et crudelitate sint;
Cluent 12. Priamum hostilis manus interemit; Tusc
I 85. cives Romani hostilem in modum cruciati et
necati; Ver V 73. odium: f. crudelitas. pactiones:
f. condiciones. hostili in terra turpiter iacuit insepultus; inv I 108.

hostiliter, feindſelig: quid ille fecit hostiliter,
quod . . ? Phil V 25.

hostis, Frembling, Feind: I, 1. cum iste impurus atque impius hostis omnium religionum ageret
illam rem; dom 139. hostis est in urbe in foro;
Muren 84. si forte aliquando aut benefici huius
obtrectator aut virtutis hostis aut laudis invidus
exstitisset; Flac 2. — 2. etiamsi tibi, cui sum amicissimus, hostis essem; ep III 10, 10. omnibus inimicis rei publicae esse me acerrimum hostem prae
me fero; ep XII 28, 3. — 3. promulgarisne, impurissime et perditissime hostis, quaestionem; Vatin 26.
- II, 1. populi Romani hostis privati hominis custodiis adservabitur? Ver V 77. est hostis a senatu
nondum verbo appellatus, sed re iam indicatus Antonius; Phil IV 1. hostis apud maiores nostros is
dicebatur, quem nunc peregrinum dicimus; of I 37.

qui duo nefarios patriae proditores, domesticos hostes,
legibus exterminarat; Vatin 25. Lepidus sententiis
omnibus hostis a senatu indicatus est; ep XII 10, 1.
f. appello. qui acerrimum hostem in regnum recepit;
Sest 59. — 2. qua (rogatione) accepta (C. Mancinus)
est hostibus deditus; of III 109. (Regulus) ad
supplicium redire maluit quam fidem hosti datam
fallere; of I 39. ut me et rem publicam hostibus
rei publicae proderet; sen 32. inimicis quoque et
hostibus ea indigna videri solere; inv I 105. — 3.
utrum utilius senatui armis cum hoste certare an
venenis? of III 87. cum legio Martia princeps cum
hoste confixerit; Phil XIV 38. negat ius esse, qui
miles non sit, cum hoste pugnare; of I 37. quid
timuerimus a domesticis hostibus; Phil XIV 10. —
III. qui mons erat hostium plenus sempiternorum;
A V 20, 3. — IV, 1. acies: f. gladii. hostium
repens adventus magis aliquanto conturbat quam
exspectatus; Tusc III 52. cum hostium classis Italiam peteret; Muren 33. quae vis Coclitem contra
omnes hostium copias tenuit in ponte solum? par
12. sceleratissimorum hostium exercitum caesum
fusamque cognovi; Phil XIV, 1. tertio genti im-
portunissimorum hostium cupio quam acerbissimum
dolorem inurere; Phil XI 38. fulgentes gladios
hostium videbant Decii, cum in aciem eorum inrue-
bant; Tusc II 59. qui hostium impetum vimque
pertimuit; Cluent 128. qui se in hostium manum
multitudinemque immiserit; Font 48. qui hostium
numero non sunt; Phil XIII 11. quas urbes P. Africanus etiam ornandas esse spoliis hostium arbitratus
est; Ver V 124. vis: f. impetus. urbe hostium capta;
Ver IV 75. — 2. hinc cum hostibus clandestina
conloquia nasci; Cato 40. maiora in nos quam
in hostem supplicia meditatur; Phil XI 3. — V.
domum meam eversam non ab inimico meo, sed ab
hoste communi; dom 101. quibus (foederibus) etiam
cum hoste devincitur fides; of III 111.

huc (hucine: f. I. recido), hierher, hierzu, ſo
weit: 1. quid huc accessit ex iure civili? leg II
53. adde huc fontium gelidas perennitates; nat II
98. si quam huc graviorem opinionem attulistis;
Cluent 142. ne cursem huc illuc via deterrima; A
IX 9, 2. rem huc deduxi; Catil II 4. suam naturam
huc et illuc torquere ac flectere; Cael 13. huc atque illuc intuentem; de or I 184. opus est huc
limatulo tuo iudicio; ep VII 33, 2. quae (pars)
hominem huc et illuc rapit; of I 101. hucine tandem haec omnia reciderunt, ut . . ? Ver V 163.
harum (civitatum) rectores et conservatores hinc
profecti huc revertuntur; rep VI 13. Fannium invitum et huc atque illuc tergiversantem; Q Rosc 37.
torqueo: f. flecto. eius generis praecepta licebit
huc pari ratione transferre; inv II 74. volucres huc
et illuc passim vagantes; div II 80. in quo verses
te huc atque illuc necesse est; fin V 86. ut tum
huc, tum illuc volent alites; div I 120. -- II. huc
tibi aditus patere non potest; rep VI 15.

hui, ei! hui, totiensne me litteras dedisse Romam,
cum ad te nullas darem? A V 11, 1. hui tam longe!
A V 19, 1. hui, fratrem reliqui! A VI 6, 3. hui,
quam diu de nugis! A XIII 21, a, 2 (5). nec tibi
integrum est, hui, si scias, quanto periculo tuo! A
XIII 35, 2. hui, quam timeo, quid existimes! A
XV 13, 7.

humane, menſchlich, vernünftig, menſchenfreundlich: eos aliquid moderate aut humane esse
facturos; Phil XIII 36. si qui forte, cum se in
luctu esse vellent, aliquid fecerunt humanius; Tusc
III 64. (Graeci) morbos toleranter atque humane
ferunt; Tusc II 65. quibus (litteris) tu humanissime
respondisti; ep X 5, 2. litteras scriptas humanissime; ep II 19, 1.

humanitas, Menſchennatur, Menſchheit,
Menſchlichkeit, Menſchenfreundlichkeit, Milde, feine

Bilbung: I. non modo in quo (genere hominum) ipsa ‖ ipso ‖ sit, sed etiam a quo ad alios pervenisse putetur humanitas; Q fr I 1, 27. tibi cum summam humanitatem, tum etiam tuas litteras profuisse; ep V 21, 3. nullum ut sit vitae tempus, in quo non deceat leporem humanitatemque versari; de or II 271. — II, 1. iam ad ista obduruimus et humanitatem omnem eximus; A XIII 2, (1). obtinemus ipsius Caesaris summam erga nos humanitatem; ep IV 13, 2. polio: f. III. expers. — 2. hoc primum ignoscere est humanitatis tuae; A XVI 16, 10. — 3. ne de vestra sapientia atque de vestra humanitate dubitare videar; Balb 19. ad humanitatem atque mansuetudinem revocavit animos hominum studiis bellandi iam immanes ac feros; rep II 27. quo minus in omni recto studio atque humanitate versentur; de or I 256. — III. homini non hebeti neque politioris humanitatis experti; de or II 72. quid esse potest in otio aut iucundius aut magis proprium humanitatis, quam sermo facetus ac nulla in re rudis? de or I 32. — IV. ista in figura hominis feritas et immanitas beluae a communi tamquam humanitatis corpore segreganda est; of III 32. ut iura omnia officii humanitatisque violarent; Flac 57. quemquamne existimas Catone commodiorem, communiorem, moderatiorem fuisse ad omnem rationem humanitatis? Muren 66. quae (epistulae) fuerunt omnes, ut rhetorum pueri loquuntur, humanitatis sparsae sale; A I 13, 1. qui (sibi) cum omni hominum genere nullam humanitatis societatem velit; rep II 48. ut me patiamini de studiis humanitatis ac litterarum paulo loqui liberius; Arch 3. — V, 1. Q. Catulum humanitate, sapientia, integritate antecellentem; Muren 36. non tulit ullos haec civitas humanitate politiores P. Africano, C. Laelio; de or II 154. — 2. qui illis pro sua fide et humanitate consuluit; Scaur 39.

humaniter, menſchlich, gebulbig, freundlich (vgl. humane): fecit humaniter Licinius; Q fr II 1, 1. de Antiocho fecisti humaniter; fr E VI 1. sin aliter acciderit, humaniter feremus; A I 2, 1. ita sunt humaniter scriptae (litterae); fr E XI 4. quid sit humaniter vivere; ep VII 1, 5.

humanitus, nach menſchlicher Art: si quid mihi humanitus accidisset; Phil I 10.

humanus, menſchlich, menſchenfreundlich, gebilbet: A. esse extra divinum animum, humanus unde ducatur; div I 70. necessitas ferendae condicionis humanae; Tusc III 60. quoniam iam pridem humana consilia ceciderunt; har resp 61. deus inclusus corpore humano non, cum Cassandra loquitur; div I 67. homines a fera agrestique vita ad hunc humanum cultum civilemque deducere; de or I 33. a ratione ad humanam figuram quo modo accedis? nat I 89. ut homini, cum de deo cogitet, forma occurrat humana; nat I 76. incipio humani generis imbecillitatem extimescere; Tusc V 3. apud hominem facillimum atque humanissimum, Plancum; A XVI 16, 12. domum humano et divino iure munitam; har resp 14. humanae naturae figura atque perfectio; nat II 133. nondum divinae religionis, non humani officii ratio colebatur; inv I 2. rerum humanarum domina, Fortuna; Marcel 7. despicientia adhibenda est rerum humanarum; of I 72. violabit ius humanae societatis; of I 21. (di) induti specie humana; nat II 63. vitae humanae enumerat incommoda; Tusc I 84. — B. despicientem omnia humana; rep I 28. vir fortis, infra se omnia humana ducens; fin III 29. sed humana ferenda; A XV 20, 3. Homerus humana ad deos transferebat; divina mallem ad nos; Tusc I 65.

humatio, Beerbigung: I. tota de ratione humationis unum tenendum est, ad corpus illam pertinere; Tusc I 104. — II. nt aliquid etiam de humatione et sepultura dicendum existimem; Tusc I 102. — III. ratio: f. I.

humerus, humidus, humifer f. um —

humilis, niebrig, gering, unbebeutenb, klein müttig: A. nemo est tam humilis, qui se non posse adipisci putet; Bru 24. Amphiaraus et Tiresias non humiles et obscuri, sed clari et praestantes viri: div I 88. quae sunt humiliora; Piso V 37. quae timido animo, humili, demisso fractoque fiant: of III 115. humile (causae genus est), quod neglegitur ab auditore et non magnopere attendendum videtur; inv I 20. cum (homines) multis rebus humiliores et infirmiores sint; inv I 5. Q. Pompeius. humili atque obscuro loco natus; Ver V 181. si prece et obsecratione humili ac supplici utemur; inv I 22. neque humilem et abiectam orationem nec nimis altam et exaggeratam probat; orat 192. prece: f. obsecratio. quae demisso atque humili sermone dicuntur; orat 196. nec vero nullum (verbum) aut humile aut longius ductum; Bru 274. — B. a. indignius (est vinci) ab inferiore atque humiliore; Quinct 95. — b. oratorum laus ita ducta ab humili venit ad summum, ut . . ; Tusc II 5.

humilitas, Niebrigkeit, Armut, Verzagtheit: humilitatem cum dignitate de ‖ [dign. de] ‖ amplitudine contendere; Sex Rosc 136. — II. habet humilitatem metus; Tusc III 27. — 2. huic humilitati dicebat vel exsilium fuisse vel mortem anteponendam; de or I 228. — III, 1. septem alia (sidera) multum inter se aut altitudine aut humilitate distantia; Tusc V 69. — 2. superbiam eius deridendam magis arbitrarentur propter humilitatem hominis quam pertimescendam; Cluent 112.

humiliter, Kleinmütig: cum humiliter demisseque sentiret; Tusc V 24.

humo, beerbigen, begraben: I. iis (corporibus) humo tectis, e quo dictum est „humari"; Tusc I 36. — II. quos cum humare vellent sui; de or II 353. humare corpora suorum; Tusc I 108. cum eum (mortuum) humavisset; div I 56.

humor f. umor.

humus, Erbe, Erbboben, Boben: I. quos humus iniecta contexerat; leg II 57. humus erat immunda ‖ [im.] ‖, lutulenta vino; fr A VI 1. — II. cum admiraretur Lysander humum subactam atque puram; Cato 59. inicio: f. I. — III, 1. tegi: f. humo, — 2. a. iacere humi; Catil I 26. nos humi strati: de or III 22. — b. quae (providentia) eos (homines) humo excitatos celsos et erectos constituit: nat II 140.

hydraulus, Wafferorgel: hydrauli hortabere ut audiat voces potius quam Platonis? Tusc III 43.

hydria, Krug, Urne: 1. hydrias grandes eadem arte perfectas Scipio posuerat; Ver IV 97. — 2. nt, quot essent renuntiati, tot in hydriam sortes conicerentur; Ver II 127.

hyperatticus, Ultra-Attifer: quamquam vereor, ne cognomine tuo lapsus ὑπεραττικός ‖ hyperatticus ‖ sis in iudicando; A XV 1, a, 2.

hypodidascalus, Unterlehrer: sella tibi erit in ludo tamquam hypodidascalo proxima; ep IX 18, 4.

hypomnema, Denkſchrift: cui (Silio) hypomnema compositum est; A XV 23.

hypotheca, Hypothek: ut (Philocles) de hypothecis decedat easque procuratoribus Cluvii tradat: ep XIII 56, 2.

Iaceo, liegen, verharren, ruhen, gefallen sein, tief stehen, barnieder liegen, machtlos, unbeachtet sein: I. iacere humi; Catil I 26. Brundisii iacere in omnes partes est molestum; A XI 6, 2. — II. M. Furium ad pedes cuiusque iacentem; Q fr II 5, 2. ego etiam nunc eodem in loco iaceo; A III 12, 3. iacere Caesarem putans offensione populari; A X 7, 3. ut amici iacentem animum excitet; Lael 59. tota Capua et omnis hic dilectus iacet; A VII 23, 3. iacet corpus dormientis ut mortui; div I 63. dilectus: f. Capua. depressam, caecam, iacentem domum pluris quam te et fortunas tuas aestimasti; Scaur 45. iustitia vacillat vel iacet potius omnesque virtutes; of III 118. quarum (matrum) una mihi ad pedes misera iacuit; Ver V 129. in eodem silentio multa alia oratorum officia iacuerunt; de or II 64. cum iacerent pretia praediorum; Q Rosc 33. vestrum studium totum iacet; Muren 30. (n (verba) nos cum iacentia sustulimus e medio; de or III 177. virtutes: f. iustitia. — III. turpe est rem impeditam iacere; A XII 12, 1.

Iacio, werfen, schleudern, legen, ausstoßen, hören lassen, verbreiten: I. iecit || legit || quodam loco vita illam mulierem spoliari quam pudicitia maluisse; Scaur 4, 5. — II. ieciesem ipse me potius in profundum quam . .; Sest 45. »totus ab ore micans iacitur mortalibus ardor«; fr H IV, a, 353. crimen: f. telum. quid (Iuppiter) proficit, cum in medium mare fulmen iecit? div II 45. iacta sunt fundamenta defensionis; Muren 14. »mediocre iacit quatiens e corpore lumen«; fr H IV, a, 285. in iaciendo mittendoque ridiculo; orat 87. Venerium iaci posse casu quattuor talis iactis; div II 48. cum falsum crimen quasi venenatum aliquod telum iecerint; Quinct 8. non mediocres terrores iacit atque denuntiat; A II 23, 3. Venerium: f. talos.

Iactatio, Bewegung, Eitelkeit, Prahlerei, Ansehen, Beifall: I. iactatio est voluptas gestiens et se efferens insolentius; Tusc IV 20. non multa iactatio corporis; Bru 158. — II. qui excutient tibi istam verborum iactationem; Sulla 24. eloquentia haec forensis iactationem habuit in populo; orat 13. voluptati (subiecta sunt) delectatio, iactatio; Tusc IV 16. — III. accedit actio non scaenae, sed modica iactatione corporis; orat 86. — IV. cum homines se non iactatione populari, sed dignitate atque innocentia tuebantur; Cluent 95.

Iacto, werfen, würfeln, umherschleudern, bestürmen, im Munde führen, rühmen, prahlen, pass. schwanken: I. nemo est, quin saepe iactans Venerium iaciat aliquando; div II 121. — II. utrum is, qui dicat, tantum modo in hoc declamatorio sit opere iactatus an . .; de or I 73. iactare se in causis centumviralibus; de or I 173. si (superiores) intolerantius se iactant; de or II 209. postea quam Pompeius apud populum clamore convicioque iactatus est; ep I 5, b, 1. vgl. conlegam, orationem. orat, ut multis iniuriis iactatam atque agitatam aequitatem in hoc tandem loco consistere et confirmari patiamini; Quinct 10. qui (conlega) nisi se suo more iactavisset; Bru 217. cum ardentes faces in vicinorum tecta iactas; har resp 39. primas illas hastas ita iactare leniter, ut . .; de or II 316. minae iactentur; Quinct 47. iactabatur temporibus illis nummus sic, ut nemo posset scire, quid haberet; of III 80. in quo maxime consuevit iactare vestra se oratio claris viris commemorandis; fin I 36. nostrum hoc tempus aetatis forensi labore iactari; Q fr III 5, 4. — III. non modo de Cynico consulari, sed ne de istis quidam piscinarum Tritonibus poterit se iactare; A II 9, 1.

Iactura, Nachteil, Opfer, Einbuße, Verlust, Aufwand: I. quae iactura! qui sumptus! quanta largitio! Flac 13. — II. 1. cum tanta sit a nobis iactura facta iuris; A XVI 2, 1. tu illam iacturam

feres aequo animo; A XIII 13, 1. — 2. plura ponuntur in spe, quam petimus || quam in pecunia || ; reliqua ad iacturam reserventur || struentur || ; Q fr III 8, 1. — III. qui (Sp. Maelius) annona levanda iacturisque rei familiaris in suspicionem incidit regni appetendi; Milo 72.

Iactus, Wurf, Schleudern: I. quid est tam incertum quam talorum iactus? div II 121. — II. ut fulminum iactus relinquam; Catil III 18.

Iaculor, nach dem Ziel werfen: quis est, qui totum diem iaculans non aliquando conliniet? div II 121.

Iaculum, Wurfspieß: I. solem prae iaculorum multitudine et sagittarum non videbitis; Tusc I 101. — II. si Hannibal murum iaculo traiecisset; fin IV 22.

Iam, schon, bereits, noch, nun, soeben, sogleich, dann, ferner, außerdem, sogar, neg. nicht mehr, noch nicht: I. 1. quod iam audietis; har resp 53. sed mehercules in ea (re publica) conservanda iam defetigatus faveo . .; ep X 19, 2. de qua (vita) iam dicam; Planc 27. expositis iam igitur sex de summo bono sententiis; fin V 20. si ad causas indicia iam facta domo deferemus; Cluent 6. cum iam in manibus tabulas haberemus; Ver II 187. quae (Alpes) iam licet considant; prov 34. sed iam hoc totum omitto; Ligar 24. ut iam puerilis tua vox possit aliquid significare; Sest 10. iam remota subtilitate disputandi; nat II 98. quoniam iam nox est; Catil III 29. dicimus gravedinosus quosdam, quosdam torminosos, non quia iam sint, sed quia saepe; Tusc IV 27. sed iam haruspicum reliqua responsa videamus; har resp 34. — 2. ad humanitatem revocavit animos hominum studiis bellandi iam immanes ac feros; rep II 27. quae iam prisca videntur propter vetustatem; leg III 20. — 3. patimur enim multos iam annos et silemus; Ver V 126. quartum iam annum regnante Lucio Tarquinio Superbo; rep II 28. ter iam homo stultus triumphavit; Piso 58. at nos vicesimum iam diem patimur hebescere aciem horum auctoritatis; Catil I 4. — ut iam a principio videndum sit . .; orat 201. qui (Scipio) summam spem civium, quam de eo iam puero habuerant, continuo adulescens superavit; Lael 11. qui (Milo Crotoniates) cum iam senex esset; Cato 27. — 5. controversam rem, sed aliquando iam iudicandam; leg I 52. multis iam ante saeclis; Bru 66. cum idem omnes boni iam ante fecissent; sen 12. iam antea petivi abs te, ut . .; A XVI 16, 8. quae iam diu gesta et a memoria nostra remota; inv I 39. quae (Graecia) cum eloquentiae studio sit incensa iam diuque excellat in ea; Bru 26. vides aquam ne iam dudum laborantem, quo modo ea tuear; ep III 12, 3. senatum iamiam inclinatum || inclinantem || ; Bru 55. id me iamiam nolle; A XV 26, 4. vos exspectari, Brutum quidem iam iamque; ep XII 10, 4. quamquam ipse iam iamque adero; A XIV 22, 1. hermae tui Pentelici iam nunc me admodum delectant; A I 8, 2. iam pridem conticuerunt tuae litterae; Bru 15. nos pridem iam constituisse . .; A XVI 15, 5. ne senectutem iam propter desperatam contempsisse videamini; Cael 80. prope senescente iam Graecia; rep I 58. sed hic quidem locus concludi iam potest; nat III 79. quod saepe iam dixi; Catil I 32. sed: f. quidem. 1. omitto, video. quae iam tum, cum aderas, offendere eius animum intellegebam; A I 9, 1. probabilis orator, iam vero etiam probatus; Bru 263. iam vero quis dicere audeat vera omnia esse somnia? div II 127. verum haec genera virtutum non solum in moribus nostris, sed vix iam in libris reperiuntur; Cael 40. — II. hunc diem iam ne numerant quidem; Ver pr 31. quas (xii) iam nemo discit; leg II 59. nihil iam in istam mulierem dico; Cael 38. non est iam lenitati locus; Catil II 6.

quae iam non ad multitudinem, sed ad vosmet ipsos
pertinent; Ac II 144. iam nullum fortunis communibus exitum reperietis; dom 123.

iambicus, jambifch: sequitur, ut, qui maxime
cadunt in orationem aptam numeri, videndum sit.
sunt enim, qui iambicum putent; orat 191.

iambus, Jambus, jambifcher Vers: I. iambus
et dactylus in versum cadunt maxime; orat 194.
iambum nimis e vulgari esse sermone; orat 192.
iambus frequentissimus est in iis, quae demisso
atque humili sermone dicuntur; orat 196. qui (iambus) est e brevi et longa; orat 217. quem Hippo-
nactis iambus laeserat; nat III 91. — II, 1. ita fit
aequalis dactylus, duplex iambus; orat 188. iambum
et trochaeum frequentem segregat ab oratore Aristoteles; de or III 182. — 2. magnam partem ex
iambis nostra constat oratio; orat 189.

iamiam f. iam, I, 5.

ianitor, Türhüter: neminem a congressu meo
neque ianitor meus neque somnus absterruit;
Planc 66. aderat ianitor carceris; Ver V 118.

ianua, Tür: I. testis est huiusce Q. Mucii
ianua et vestibulum; de or I 200. — II. principem
in sacrificando Ianum esse voluerunt, quod ab eundo
nomen est ductum, ex quo transitiones perviae
„iani“ foresque in liminibus profanarum aedium
„ianuae“ nominantur; nat II 67. — III, 1. non
ianua receptis, sed pseudothyro intromissis voluptatibus; sen 14. — 2. cum ad Nasicam venisset
Ennius et eum ad ianuam ‖ a ianua ‖ quaereret;
de or II 276.

ianuarius, dem Janus, Januar angehörig:
A. Kalendis Ianuariis cum in Capitolium nos se-
natum convocassemus; Sulla 65. veniunt Kalendae
Ianuariae; Phil II 79. a. d. xiii Kal. Ian.; Phil
X 23. causa ad vos mense Ianuario deferebatur;
Quir 12. — B. Ianuario, Februario provinciam non
habebit; prov 37.

ianus, Durchgang: f. ianua, II.

ibi, bort, ba, bafelbft, bann: ibi (Appius) forum
agit; A V 16, 4. ibi cum palam eius anuli ad
palmam converterat; of III 38. haec ubi conceduntur esse facta, ibi vis facta negabitur? Caecin 44.
inbeas ibi me metiri, quo pretium non expediat?
Ver III 193. ibi tum Caecinam postulasse, ut ..;
Caecin 27. ut, ubi virtus sit, ibi esse miseria et
aerumna non possit; fin V 95. ut nemo sit, quin
ubivis quam ibi, ubi est, esse malit; ep VI 1, 1.
quid tu ibi tum? Ver III 139.

ibidem, eben bort, eben bafelbft, babei: cenati
discubuerunt ibidem; inv II 14. ab Hermippo
ibidem mancipia petere coepit; Flac 49. laesit in eo
Caecinam, sublevat ibidem; Caecin 23. cum ibidem
essent duo adulescentes filii; Sex Rosc 64. primum
esse quaedam falsa visa, deinde ibidem, inter falsa
visa et vera nihil interesse; Ac II 44.

ibis, Jbis: I. velut ibes maximam vim serpentium conficiunt, cum sint aves excelcae, cruribus
rigidis, corneo proceroque rostro; nat I 101. — II.
prius, quam ibim ani pulsabit videretur; Tusc V 78.

ichneumon, Pharaosratte: possum de ichneu-
monum utilitate dicere; nat I 101.

ico, treffen, fchlagen, ftoßen, fchließen: in illo
tumultu fracti fasces, ictus ipse; Piso 28. cum in
Capitolio ictus Centaurus e caelo sit; cum
T. Tatio foedus icit; rep II 13. Romulus lactens
fulmine ictus; div II 47.

ictus, Stoß, Stich, Schlag, Hieb: I, 1. ut (di)
casus aut ictus extimescant; nat II 59. — 2.
vulnus in latere, quod acu punctum videretur, pro
ictu gladiatoris probari; Milo 65. — II. is (Phaëthon) ictu fulminis deflagravit; of III 94. neque
ictu comminus neque coniectione telorum magnas
copias pulsas esse; Caecin 43.

idcirco, deswegen beshalb: I. quos idcirco
non appello hoc loco, ne mea oratio infinita esse
videatur; Sest 108. idcircone nos populus Romanus
consules fecit, ut rem publicam pro nihilo haberemus? Phil I 14. quid sit, quod idcirco fugiendum
non sit, quod omnino turpe non sit; of III 33.
idcirco, iudices, quia veram causam habebam, brevi
peroravi; inv I 90. tamen abs te idcirco, quia
aequum est, postulo; Tul 6. sin autem idcirco
possunt provideri, quia certa sunt et fatalia; div
II 25. — II. quia verum est, idcirco grave debet
esse; Cluent 124. — III. quod eum tibi quaestori-
in loco constitueras, idcirco tibi amicum in perpetuum fore putasti? Ver I 77. — IV. idcirco haec
tecum, quia vestra est de somniorum veritate
sententia; nat III 93.

idem, berfelbe, eben berfelbe, eben biefer, ber
nämliche, zugleich: A, I, 1. idem iterum Sulla
superavit; har resp 54. aequitate eadem; of II 83.
ad eandem inter se comparationem; nat II 51. exercitus idem; Muren 37. eundem bene dicendi
finem; Tusc II 3. idem homines; Q fr I 1, 15. ex
isdem locis; inv I 81. ex isdem praediis; Flac 80.
eisdem de rebus; Ac II 125. iisdem de rebus; tu
I 6. isdem de rebus; leg I 15. rebus isdem; Lael
65. legum scriptoribus isdem; dom 48. unum atque
idem erat tempus; Flac 61. eodem tempore; div
I 74. una atque eadem voce; of II 42. si vultum semper eundem videtis; Milo 92. — 2. eodem
hoc animo; Tusc V 90. haec eadem vocabula;
Tusc IV 36. illa eadem Diana; Ver IV 77. eadem
illa individua et solida corpora; fin I 18. eadem
illa nocte; Ver pr 23. isdem istis lictoribus me
uti; A XI 7, 1. quibus ille dies acerbissimus fuit,
qui idem tibi laetissimus; Vatin 6. aderit temperantia,
quae est eadem moderatio; Tusc III 36. — II. Asiam
istam refertam et eandem delicatam sic obiit, ut ..;
Muren 20. si P. Crassus idem fuit eloquens et iuris
peritus; de or I 216. M. Marcellus ille quinquies
consul, idem imperator, idem augur optimus; div
II 77. non eam (fidem) C. Rabirius, sed C. Marius
dedit, idemque violavit; Rabir 28. animantem immortalem et eundem beatum; nat I 24. cultus
deorum est optimus idemque castissimus atque
sanctissimus plenissimusque pietatis, ut ..; nat
II 71. si tu mihi quamvis eruditum hominem
adduxeris, si erit idem ‖ eidem ‖ in consuetudine
civitatis hospes; de or II 131. quem (oratorem) si
patiuntur eundem esse philosophum; de or III 143.
si me populus Romanus eiecisset idemque postea se
conlegisset; dom 88. viros fortes et magnanimos
eosdem bonos et simplices esse volumus; of I 63. —
III. qui id bonum solum esse dicebant, quod esset
unum et simile et idem semper; Ac II 129. cum,
quaecumque bona Peripateticis, eadem Stoicis commoda viderentur; Tusc V 120. ut eandem nos
modestiam appellemus; of I 142. quam interdum
eandem necessitatem appellant; Ac I 29. si voluntas
eadem maneret; Quinct 82. — B, I, 1. me arbitrari
eundemque me ita iudicare . .; ep XIII 28 b. 2.
at idem vos anno superiore hos eosdem revocabatis;
prov 13. probatur ab eodem illo maxime paean; de
or III 183. in quos idem illud senatus decreverat;
Cluent 137. idem illi reclamarunt; ep XI 21, 2.
quam (legem) idem iste tulerat; dom 70. eadem
ista dixerit; ep XI 21, 1. qui idem non dubitavit ..;
de or II 127. a quo eodem acciperet; de or III 141.
quod idem cum vestri faciant; fin IV 13. quod
idem dici potest; div II 69. ut in eodem simili
verser; Tusc II 13. nunc isdem vobis adsentior.
cum quibus antea sentiebam; prov 25. tu idem fer
opem; Ligar 31. eodem te actore; par 46. tibi
eidem erit curae; ep I 9, 22. f. hic. — 2. idem ego
ille persolvi patriae, quod debui; Sulla 87. eadem
ista omnia comprimentur; Muren 85. — II. »oenus

ne amplius sex menses idem iuris, quod duo consules, teneto«; leg III 9. — C, I. in templis: EIDEM PROBAVIT; at „isdem" erat verius, nec tamen „eisdem" ut opimius; male sonabat „isdem"; orat 157. at idem non adfuit alio in iudicio; Sulla 81. et idem sum in re publica, qui fui semper; Planc 93. qui fortis sit, eundem esse magni animi; Tusc III 15. culpa illa „bis ad eundem" vulgari reprehensa proverbio est; ep X 20, 2. aes alienum eiusdem est dissolutum; Sulla 56. si eidem nunc tacent; Sest 14. idem in eis elaborant, quae..; ı ato 24. laudabuntur idem; ep I 9, 19. res capitales et reliquas omnes iudicabant iidem; rep III 48. non ab isdem accusatur M. Caelius, a quibus oppugnatur; Cael 20. non semper easdem sententias ab eisdem esse defensas; Planc 94. discrepabat ab iisdem; Ac I 39. — II. eademque (Cassandra) paulo post: »eheu videte«..! div II 112. quod tu iure eandem sororem et uxorem appellare possis; dom 92. — III. hoc persimile atque adeo plane idem est in hoc iudicio; Tul 31. ad idem semper expectandum paratior; of II 53. facient idem ceteri libenter, ut possessionis invidiam pecunia commutent; agr I 14. magna vis est unum et idem sentientis senatus; Phil III 32. a conversione eiusdem et similis; Tim 36. ut, unde est orsa, in eodem terminetur oratio; Marcel 33. ex eodem et ex altero; Tim 22. cum de plurimis eadem dicit; fin IV 13. de iisdem scribere; fin I 6.

identidem, wiederholt, oft: sororem sponsi nomen appellantem identidem Curiatii; inv II 78. id (natura) providit ut identidem fieri posset cum maxima celeritate; nat II 142. recitabatur identidem Pompei testimonium; Rab Post 34. revolvor identidem in Tusculanum; A XIII 26, 1.

ideo, deshalb, bestwegen, darum: I. quia plerumque homines cogi solent, ideo de coactis compositum interdictum est; Caecin 59. an ideo aliquid contra mulieres fecit, ne..? Ver I 106. ideo viam munivi, ut eam tu alienis viris comitata celebrares? Cael 34. non ut quidque dicendum primum est, ita primum animadvertendum videtur; ideo quod illa ex iis ducas oportet, quae ..; inv I 19. non eodem modo de omnibus: ideo quod prima illa res ad meum officium pertinet, duae ..; Sex Rosc 36. — II. nec Marcellum apud Clastidium ideo fortem fuisse, quia fuerit iratus; Tusc IV 49. hoc si vobis ideo levius videtur, quod putatis ..; Ver I 22. — III. haec ideo diligentius inducitur praescriptio, ut ..; inv I 32.

idiota, unwissender, ungebildeter Mensch, Idiot: I. quemvis nostrum, quos iste idiotas appellat; Ver IV 4. — II. posteaquam rem paternam ab idiotarum divitiis ad philosophorum regulam || regulam || perduxit; Sest 110.

idonee, gehörig, angemessen: exordium est oratio animum auditoris idonee comparans ad reliquam dictionem; inv I 20.

idoneus, geeignet, passend, tauglich, geschickt, würdig: A. putarem me idoneum, qui exemplum sequerer humanitatis; Ver II 118. profiterer satis idoneum esse me defensorem; Caecin 5. eius Falernum mihi semper idoneum visum est devorsorio; ep VI 19, 1. est (illa lex) ratio mensque sapientis ad iubendum et ad deterrendum idonea; rg II 8. plerique rem idoneam, de qua quaeratur, putant; Ac II 18. ad lacertas captandas tempestates non sunt idoneae; A II 6, 1. ut idoneum tempus diligerent; Tul 25. cum minus idoneis (verbis) uti consuescerem; de or I 154. — B. in deligendis doneis iudicium et diligentiam adhibere (debemus); of II 62.

Idus, Ibus: I. Idus Martiae consolantur; A XIV 4, 2. — II, I. locat circiter Idus Septembres; Ver I 148. exin senatus postridie Idus; A IV

3, 3. — 2. quas (ruinas) omnes impendere tibi proximis Idibus senties; Catil I 14. haec Idibus mane scripsi; ep I 1, 3. — 3. post Idus Martias; Phil I 3.

iecur, Leber: I. si eadem hora aliae pecudis iecur nitidum atque plenum est, aliae horridum et exile; div II 30. — II. succus is, quo alimur, permanat ad iecur per quasdam a medio intestino usque ad portas iecoris ductas vias, quae pertinent ad iecur eique adhaerent; nat II 137. postero die caput in iecore non fuit; div I 119. — III. caput iecoris ex omni parte diligentissime (haruspices) considerant; div III 32. nondum dico, quam haec signa nulla sint, fissum iecoris, corvi cantus; div II 16. portae: f. II.

iecusculum, kleine Leber: musculorum iecuscula bruma dicuntur augeri; div II 33.

ieiune, trocken, matt: (quae) ieiunius aguntur; orat 118. nec satura ieiune nec grandia minute (dicet); orat 123. quis ieiunius dixit inimicus? A XII 21, 1. videmus iisdem de rebus ieiune quosdam et exiliter disputavisse; de or I 50.

ieiunitas, Leere, Magerkeit, Trockenheit: I. cavenda est presso illi oratori inopia et ieiunitas; Bru 202. qui ieiunitatem et famem se malle quam ubertatem et copiam dicerent; Tusc II 3. sin autem ieiunitatem in Attico genere ponit; Bru 285. — II. alii in eadem ieiunitate concinniores; orat 20. propter eorum ieiunitatem bonarum artium; de or II 10.

ieiunus, leer, nüchtern, hungrig, trocken, mager, fabe, matt, kraftlos, gering: qui aut Antonium ieiuniorem aut Crassum pleniorem fuisse putet; de or III 16. (Lysias) videtur esse ieiunior; opt gen 9. cum biduum ita ieiunus fuissem, ut ne aquam quidem gustarem; ep VII 26, 1. nihil in me humile aut ieiunum debes agnoscere; ep III 10, 7. si non ieiunum hoc nescio quid, quod ego gessi, et contemnendum videbitur; ep XV 4, 14. emit agri Liparensis miseri atque ieiuni decumas; Ver III 84. illud pusilli animi et ipsa malevolentia ieiuni atque inanis, quod ..; ep II 17, 7. ieiunas huius multiplicis orationis aures civitatis accepimus; orat 106. tam eminentibus canibus Scyllam tamque ieiunis; har resp 59. solivaga cognitio et ieiuna videatur; of I 157. quibus (locis communibus) uti confirmatis criminibus oportet, aliter enim ieiuni sunt atque inanes; de or II 106. sunt eius (Rutilii) orationes ieiunae; Bru 114.

igitur, also, daher, benn, bemnach, folglich (an vierter Stelle f. B, I, 2 causa, 3 frugi; an fünfter Stelle: f. B, I, 1. fruor, II, 1, d. Ac II 129): A. igitur primus liber continetur ..; inv II 11. igitur pecuniam omnem decemviri tenebunt; agr II 72. igitur mundi est propria virtus; nat II 39. — B, I, 1. efficiatur igitur fato fieri, quaecumque fiant; fat 21. eius (bonae mentis) bono fruendum est igitur, si beati esse volumus; Tusc V 67. obsequar igitur voluntati tuae; fin II 17. respondebo igitur Postumo primum; Muren 57. — 2. non sine causa igitur Epicurus ausus est dicere ..; Tusc V 110. deorum igitur consilio (mundus) administratur; nat II 76. — 3. qui sit frugi igitur vel, si mavis, moderatus et temperans, eum necesse est esse constantem; Tusc III 18. ieiunas igitur huius multiplicis orationis aures civitatis accepimus; orat 106. prima igitur commendatio proficiscitur a modestia; of II 46. reliquum est igitur crimen de veneno; Cael 56. — 4. his igitur expositis; of II 99. illi igitur viri vituperandi; Phil VIII 14. quod igitur tibi erat optatissimum? Ver II 99. cum igitur de furto quaereretur; Cluent 185. numquam igitur sapiens irascitur; Tusc III 19. si igitur memoria perceptarum comprensarumque rerum est; Ac II 106. ut igitur intellegeretis, qualem ipse se consulem profiteretur; Phil II 11. — II, I, 1. a. probas igitur animum ita adfectum? rep I 60. — b. nec ratione igitur utentem deum

39

intellegere qui possumus? nat III 39. — c. libidinosum igitur censemus esse sapientem? Tusc IV 57. — d. quo tandem igitur Habitus metu adductus conatus est . . ? Cluent 170. qua de re est igitur inter summos viros maior dissensio? Ac II 129. quae est igitur causa istarum angustiarum? fin IV 68. quid igitur? haec vera an falsa sunt? Ac II 95. quae sequuntur igitur? fin IV 55. cuius igitur potius opibus utamur quam tuis? Tusc V 5. — e. cur igitur dubitas, quid de re publica sentias? rep I 60. nihilne est igitur actum, quod . . ? A II 16. cum hocne igitur esse vis? A IX 7, 3. num igitur censes ullum animal, quod sanguinem habeat, sine corde esse posse? div I 119. qui igitur potest ei (mundo) deesse id, quod est optimum? nat II 38. ubi est igitur remedium? Ver I 142. — 2. sitne igitur malum dolere necne, Stoici viderint; Tusc II 42. — III. quo tandem igitur gaudio adfici necesse est sapientis animum! Tusc V 69. — IV. omitte igitur lituum Romuli; div II 80. — V. ait igitur aliquis, qui nihil mali habeat; Tusc I 85.

ignarus, nicht wissend, unkundig, unerfahren: A. si ignarus sit faciundae ac poliendae orationis; de or I 63. imperiti homines, rerum omnium rudes ignarique; Flac 16. ab hominibus virtutis ignaris; Phil XIV 13. quem (oratorem) ne physicorum quidem esse ignarum volo; orat 119. ignaro populo Romano, quid agueretur; sen 18. vir bonus et civilis officii non ignarus; fin III 64. — B, I. sicut vulgo ignari rerum loquebantur; Sest 15. — II. quod insit in iis aliquid probi, quod capiat ignaros; of III 15.

ignave, feig: ne quid timide, ne quid ignave faciamus; Tusc II 55.

ignavia, Trägheit, Mutlosigkeit, Feigheit: I. nec tua ignavia etiam mihi inertiam adferet; ep XII 20. in quem metus (cadit), in eundem formido timiditas, pavor, ignavia; Tusc V 52. quae his contraria sunt, ut fortitudini ignavia et iustitiae iniustitia; inv II 165. — II, 1. qui propter metum praesidium reliquit, quod est ignaviae; Tusc III 17. — 2. fortitudo, prudentia certant cum ignavia, temeritate; Catil II 25. — III. ut potius vestra iniuria quam ignavia mea cessem; Q fr II 8, 4.

ignavus, träg, feig: A. recte genus hoc interrogationis ignavum atque iners nominatum est: fat 29. ut ignavus miles ac timidus fugiat; Tusc II 54. illa ignava ratio, quae dicitur; fat 28. — B. quem ad modum in bello poena ignavis ab imperatoribus constituitur; Caecin 46.

ignesco, in Brand geraten: ut ad extremum omnis mundus ignesceret; nat II 118.

igneus, feurig: omne, quod est calidum et igneum, cietur et agitatur motu suo; nat II 23. sive illi (animi) sint animales sive ignei; Tusc I 40. ut (natura) vel terrena sit vel ignea vel animalis vel umida; nat III 34. cum sol igneus sit; nat II 40. omnia vestri solent ad igneam vim referre; nat III 35.

igniculus, Feuerchen, Funke: I. quorum similia sunt prima in animis quasi virtutum igniculi et semina; fin V 18. — II. ut ab ea (corruptela) tamquam igniculi exstinguantur a natura dati; leg I 33. quo tolerabilius feramus igniculum desiderii tui; ep XV 20, 2. reliqua pars epistulae non nullos interdum iacit igniculos viriles; A XV 26, 2. quod scribis »igniculum matutinum γερόντικόν"; A XII 1, 2.

ignifer, feurig: »Aquila igniferum mulcens tremebundis aethera pinnis«; fr H IV, a, 329.

ignis, Feuer, Brand: fin I 30. quod astrorum ignis et aetheris flamma consumit; nat II 118. aër et ignis et aqua et terra prima sunt; Ac I 26. ignem interiturum esse, nisi alatur; nat III 37. non praedonum adventum significabat ignis e specula sublatus aut tumulo; Ver V 93. — 2. nihil esse animum nisi ignem; nat

III 36. — II, 1. quae (materies) nisi admoto igni ignem concipere possit; de or II 190. alo: f. I, 1. interit. pati ab igne ignem capere; of I 52. toti urbi subiectos prope iam ignes circumdatosque restinximus; Catil III 2. concipio: f. admoveo. ita fit, ut ne ignem quidem efficere possitis aeternum; nat III 36. restinguo, subicio: f. circumdo. tollo: f. I, 1. significat. — 2. tamquam si illi aqua et igni interdictum sit; Phil VI 10. non aqua, non igni, ut aiunt, locis pluribus utimur quam amicitia; Lael 22. — 3. capio ab: f. 1. capio. qui, cum templum illud arderet, in medios se iniecit ignes; Scaur 48. a quo (igne) rursum animante ac deo renovatio mundi fieret atque idem ornatus oreretur; nat II 118. — III. ut advigiletur facilius ad custodiam ignis; leg II 29. eruptione Aetnaeorum ignium; nat II 96. propter ignis periculum; leg II 58. — IV, 1. vos isdem ignibus circumsaepti; har resp 45. legatus igni, ferro, manu, copiis oppugnatus; Ver I 79. hunc (virum) igni spectatum arbitrantur; of II 38. — 2. ab: f. II, 3. orior ab.

ignitus, feurig: [aetheres (ignis), quem Cicero „ignitum liquorem" dicit]; fr K 20.

ignobilis, unbekannt, unberühmt, gering: qui Romae argentariam non ignobilem fecit; Caecin 10. ex familia non ignobili; Ver V 28. ignobili loco natus; Cluent 111. apud Demetrium Syrum, veterem et non ignobilem dicendi magistrum, studiose exerceri solebam; Bru 315. Cyrenaeum Theodorum, philosophum non ignobilem; Tusc I 102.

ignobilitas, Unberühmtheit, Niedrigkeit der Abkunft: I. num ignobilitas aut humilitas sapientem beatum esse prohibebit? Tusc V 103. — II. multis viris fortibus ne ignobilitas generis obiceretur; Muren 17.

ignominia, Schmach, Schande, Entehrung: I. misera est ignominia indiciorum publicorum; Rabir 16. — II, 1. tanta accepta ignominia; Ver II 58. adempta ignominia foedissimi criminis; Sulla 90. qui ignominiam et infamiam ferunt sine dolore; Tusc IV 45. pertimescit, ne dedecus aeternum miseris atque ignominiam relinquat; Font 48. ne quae insignis huic imperio macula atque ignominia suscipiatur; Font 36. quid, si odit paupertatem, ignominiam, infamiam timet? Tusc V 15. — 2. eum omni ignominia liberat; Cluent 132. — III, 1. ut Heius adficeretur ignominia; V IV 18. ut hominibus ignominia notatis neque ad honorem aditus neque in curiam reditus esset; Cluent 119. — 2. sibi trans Euphratem cum ignominia et dedecore esse pereundum; div II 22. ut ab senatu iudicia per ignominiam turpitudinemque auferantur; Ver I 23. domo carere sine maxima ignominia rei publicae non possum; dom 146.

ignominiosus, schimpflich, entehrend: non modo crudelem superbamque dominationem nobis, sed ignominiosam etiam et flagitiosam ferendam esse; Phil III 34.

ignorabilis, unbekannt: quod non ignorabile, non fortuitum, non necessarium fuerit; inv II 99.

ignorantia, Unkenntnis, Unwissenheit: I. quanta ignorantia || ignoratio || sui! Cluent 109. — II. errorem et temeritatem et ignorantiam a virtute removebat; Ac I 42.

ignoratio, Unkenntnis, Unkunde: I. cuius scientiam de omnibus constat fuisse. eius ignoratio de aliquo purgatio debet videri; Sulla 39. ignoratio rerum aliena naturae deorum est; nat II 77. — II. mittam ignorationem non solum adversarii, sed etiam suarum copiarum; A VII 21, 1. omnium rerum occultarum ignoratione sublata; fin I 64. — III, 1. huius (decori) ignoratione non modo in vita, sed saepissime et in poëmatis et in oratione peccatur; orat 70. qui (homines) ignoratione virtutis opulentos homines esse optimos putant; rep

I 51. quae (opiniones) in maxima inconstantia veritatis ignoratione versantur; nat I 43. — 2. timentibus ceteris propter ignorationem locorum; rep I 29.

Ignoro, nicht wissen, nicht kennen, unkundig sein: I. ut vos, qui ignoratis et exspectatis, scire possitis; Catil III 3. — II, 1. nec ignoras, quanti fecerim Caepionem; fin III 8. — 2. quis ignorat, qui modo umquam mediocriter res istas scire curavit, quin tria Graecorum genera sint vere? Flac 64. — 3. neque tum (Regulus) ignorabat se ad crudelissimum hostem proficisci; of III 100. — III. et illum et me vehementer ignoras; Rab Post 33. rhetor ille magnus haec Aristotelia se ignorare respondit; Top 3. quarum (herbarum) causam ignorares, vim videres; div II 47. Cn. Octavii eloquentia. quae fuerat ante consulatum ignorata; Bru 176. etsi eius (dei) ignores et locum et faciem; Tusc I 70. qui et rem agnoscit neque hominem ignorat; Flac 46. haec et horum similia iura suae civitatis ignorantem; de or I 184. locum: f faciem. hunc tu morem ignorabas? Vatin 32. (Archimedis) ignoratum ab Syracusanis sepulcrum; Tusc V 64. qui tali in re possit veritatem ignorare; inv II 27. quae (vitia) ipse norit, ceteri ignorent; of III 54.

Ignosco, verzeihen, Nachsicht haben, für schuldlos erklären: I, 1. esse apud hominem constantem ignoscendi locum; Muren 63. — 2. haec sentio tuisse longiora. ignoscetis autem; Cato 55. — II, 1. quibus in simili excusatione non sit ignotum; inv II 100. nescio an ignoscendum sit huic, si tantopere laborat; ep XIII 1, 4. quodsi tali suo tempore uni delicto ut ignosceretis postularet; inv II 104. quibus (deprecatoribus) non erat ignotum; A XI 14, 1. noli ignoscere haesitationi meae; ep III 12, 2. loquacitati ignosces; A VII 13, 4. tuis occupationibus ignosco; A XII 26, 1. quorum silentio ignosco; Phil I 15. quibus (viris) semel ignotum a te esse oportet; Deiot 39. — 2. ignoscite in hoc uno, iudices; Ver V 141. — III, 1. Caesar mihi ignoscit per litteras, quod non venerim; A X 3, a, 2. — 2. ceteris non modo nihil ignoscendum, sed etiam acriter est resistendum; Cael 2. est, quod abs te mihi ignosci pervelim; A I 1, 3. abs te peto, ut mihi hoc ignoscas; A I 1, 4. — 3. quod (dea) in tanto sibi scelere ignoverit; har resp 37.

Ignotus, unbekannt, fremd, niedrig, unkundig: A. si tibi ignoto apud ignotos, apud barbaros nomen civitatis tuae profuisset; Ver V 166. cum neque sit ignota consuetudo tua contrarias in partes disserendi; rep III 8. ille tibi non ignotus cursus animi et industriae meae; A V 15, 1. profectionis huius diem illi notum, reditus illius huic ignotum fuisse; Milo 52. fac tantum hominum numerum ignotissimorum atque alienissimorum pepercisse Lnius capiti; Font 3. ius applicationis, quorum sane et ignotum; de or I 177. quam (potestatem) tanto opere populus noster ignotam expetisset, qui posset carere cognita? leg III 26. quem cum ex alto ignotas ad terras tempestas detulisset; rep I 29. a testibus quaeretis ignotis; Flac 6. — B, I. potestis igitur ignotos notis anteferre? Font 32. — II. illi artifices corporis simulacra ignotis nota faciebant; ep V 12, 7. — III. apud: f. A alqs.

ilico, auf der Stelle, sogleich, alsbald: simul atque increpuit suspicio tumultus, artes ilico nostrae conticiscunt; Muren 22. ilicone ad praetorem ire convenit? Quinct 48.

ill — f. **iml —**

illac, dort: cum (Academicus) et hac et illac aurem diligenter admoverit; Ac fr 20 (S. 29).

ille, jener: A. bei Substantiven: I, 1. longe Academiae illi tuum hoc suburbanum gymnasium anteponam; de or I 98. Antipater ille Sidonius; de or III 194. Herculem illum; of III 25. M. Horatius ille Pulvillus; dom 139. Iunonem illam; div I 101.

M. ille Lepidus; prov 20. Q. Scaevola ille augur; Balb 45. Semiramis illa; prov 9. Tertia illa; Ver V 31. illa Verria; Ver IV 24. Verria illa; Ver 151. Xenophon Socraticus ille; de or II 58. ex illa impura adulescentia; Ver I 32. anhelitus ille terrae; div II 117. apud perditissimam illam atque infimam faecem populi; Q fr II 4, 5. illa genera bonorum; Tusc V 76. genera illa universa; Tim 16. illud quoque nobis accedit incommodum, quod M. Iunius abest; Quinct 3. locus ille; Ver II 128. si quo de || quod || illorum (maleficiorum) forte dubitabitur; Sex Rosc 118. animi pars illa mollior; Tusc II 50. illa (oratio) ad iudicem, haec ad C. Pisonem; Q Rosc 15. illa fuit pecunia immanis, haec parvula, illa honesta, haec sordida, illa iucunda, haec acerba, illa propria, haec in causa et in iudicio conlocata; Q Rosc 23. de rebus illis; ep VII 17, 3. nihil praeter rumores satis illos quidem constantes, sed adhuc sine auctore; ep XII 9, 1. cuius (Xenophontis) sermo est ille quidem melle dulcior, sed a foren i strepitu remotissimus; orat 32. illa scelerata et paene deletrix huius imperii sica; har resp 49. in quibus (consulibus) est magna illa quidem spes, sed anceps cura; ep XII 10, 3. posse se illum etiam, illum externorum bellorum hostiumque victorem affigere; har resp 49. — 2. eodem illos deos; Ver IV 77. eadem illa furia; Vatin 40. eadem illa peste; Sest 39. ipsae illae nostrae Athenae; leg II 4. qui (Metrodorus) cum illis una ipsum illum Carneadem diligentius audierat; de or I 45. ille ipse Sulpicius; Bru 226. illa ipsa arma; ep V 21, 2. ipso illo die; A IV 1, 4. illis ipsis diebus; Ver pr 21. ipsa illa effectrix beatae vitae sapientia; fin I 87. comprehensus in illo ipso loco; de or II 170. ipsas etiam illas res gestas iustiores esse; ep XV 4, 15. ipsum illud verum; orat 237. me, illum ipsum vindicem aeri alieni; A II 1, 11. in illius mei patrineque custodis tanta suspicione; Milo 65. illa plurima sacrificia et fana; fin II 63. quod nostrum illum non fugit Catonem; inv I 5. f. ipse; leg II 4. egi omnes illos adulescentes, quos ille actitat; ep II 9, 1. primus appetitus ille animi; fin V 41. utinam primis illis (litteris) paruissem! ep XV 15, 4. quattuor illas (columnas); Ver I 147. illae quinque formae; nat I 19. illarum sex et nonaginta centuriarum; rep II 40. tertium illum uberrimum quaestuosissimumque annum totum; Ver pr 40. de tota illa ratione; Quinct 15. triplex ille anima fetus; Tusc V 68. vigebat auditor Panaetii illius tui Mnesarchus; de or I 45. — II, 1. tum ille vere vertens annus appellari potest; rep VI 24. illa erit consolatio maxima; Q fr III 6, 4. corpus illud non est, sed simile corporis; nat I 75. studiorum suorum Varro voluit illud, non libidinum deversorium; Varro II 104. est enim ille flos Italiae, illud firmamentum imperii populi Romani, illud ornamentum dignitatis; Phil III 13. si illa lex est ac non vox sceleris et crudelitatis tuae; dom 128. — 2. quod genus tandem est illud ostentationis et gloriae? Rab Post 38. quodnam illud esset tale monstrum; div I 49. unam illam civitatem putat; leg II 5.

B. bei Adjectiven, Pronominen, Zahlen, Genetiv und Präpositionen: I, 1. non adgrediar ad illa maxima atque amplissima; Sest 5. illa nimis antiqua praetereo; Catil I 3. calidum illud atque igneum; nat II 28. callidus ille et occultus; Lael 99. illa demens; dom 3. nunc eadem illa audite; Ver IV 102. quod sine eodem illo Catilina facinus admisit? Sulla 16. igneum: f. calidum. nam ipsum quidem illud etiam sine cognitione iuris, quam sit bellum cavere malum, scire possumus; de or I 247. dictum ab ipso illo; fin II 82. in illorum ipsorum artibus; fin III 5. illud ipsum non accidisset; Tusc V 108. maxima: f. amplissima. illorum miserorum; Ver I 129. tu illum amas mortuum? Phil II 110. occultus: f.

39*

callidus. fieri omnia illa propter argentum; Ver IV 70. nescio quem illum anteponebas; fin IV 61. solus ille cognovit; har resp 8. permanent illi soli; Sest 101. illud totum habuit e disciplina; Bru 268. Ennium ita totum illud audivisse; Ac II 88. triginta illi; leg I 42. unum illud ex hominibus certis reperiebam, fiscos esse translatos; Ver p 22. ille unus e septem sapientibus; fin III 76. si ab uno illo cavero; A X 6, 2. scitum est illud Catonis: „melius mereri" ..; Lael 90. praesertim cum illud esset aetatis; Phil VIII 5. ut illud in ore habeant ex Hymnide: »mihi« ..; fin II 22. — 2. idem ego ille, qui vehemens in alios, persolvi patriae, quod debui; Sulla 87. ut omnia illa prima naturae huius (rationis) tutelae subiciantur; fin IV 38. productus cum tuo illo pare; sen 17. ubi igitur illud vestrum beatum et aeternum? nat I 68. — II. hic est ille moderatus; Tusc V 36. quicquid est illud, quod sentit; Tusc I 66. tu es ille, cui crudelitas displicet? Piso 17. cum primum audivi, ego ille ipse factus sum (scis, quem dicam); ep II 9, 1. ne illa quidem divinantis esse dicebas; div II 14.

C. bei Infinitiven und Citaten: I. illo addito „iuste" fit recte factum; fin III 59. — II. ipsum illud aemulari, obtrectare non esse inutile; Tusc IV 46. ipsum illud peccare, quoquo verteris, unum est; par 20. venio nunc ad illud tuum: „non deieci"; Caecin 64.

D. alicix: I. quid ille non audeat? Piso 41. quaesisse, num ille aut ille defensurus esset; Sex Rosc 59. utinam ille omnes secum suas copias eduxisset! Catil II 4. numquam ille mihi fuit suspectus, neque ego scripsi meo iudicio; Q fr I 2, 2. atque ille vitam suam reservavit; Sest 50. at ille cum videret ..; Phil IX 6. quae cum dixisset, finem ille; fin IV 1. huic ille, classem incendi posse; of III 49. ut ego illum plus (amem) quam me; Tusc III 73. nunc illum honore augeri, me idem non adsequi; A VII 2, 6. ut illum iam oppressum omnes arbitrarentur, te autem in Italiam venire cum exercitu; ep XII 10, 2. illum oppugnaram, hunc defenderam; ep VII 2, 3. dum illum rideo, paene sum factus ille; ep II 9, 2. magis fuisse vestrum agere Epicuri diem natalem, quam illius testamento cavere, ut ageretur; fin II 103. hoc illius munus in tua diligentia positum est; A II 1, 12. ut et illi poena et nobis libertas appropinquet; Phil IV 10. cum illo (Scipione) actum optime est; Lael 15. quod illi venenum esse arbitrabantur; Font 8. ne illi vehementer errant; Catil II 6. ergo hi in illorum et illi in horum sermone surdi; Tusc V 116. o beatos illos, qui ..! Phil I 36. vivis illis; Ver V 120. — II. subito illa exclamavit se emori; Cluent 30. quos (versus) illa (Sibylla) furens fudisse dicitur; div II 110. — III. est hoc novum: multo illud magis; Piso 38. verum illud esto; ep VII 18, 4. illud magis mihi solet esse molestum, tantis me impediri occupationibus, ut ..; ep XII 30, 1. mihi illud iucundum est, quod reus dixit ..; Q fr III 4, 3. illud, quod a te dictum est, esse permulta, valde tibi adsentior; de or I 126. illud quidem perlibenter audivi ex eodem Chrysippo, te esse Caesari familiarem; ep VII 14, 2. illud profecto perficiam, quod ..; Catil II 28. illud mihi persuade, te nihil temere fecisse; ep XIII 73, 2. quod est contra illud indicatum; Rab Post 20. nunc, si videtur, hoc, illud alias; Tusc I 23. Cotta meus modo hoc, modo illud; nat I 47. illud vero quam callida ratione! nat III 66. illud tamen de Chrysippo; A VII 2, 8. quo modo hoc sit consequens illi, sic illud huic; Tusc V 18. in illo vicimus; Ver III 145. quid hoc ab illo differt? Caecin 39. ut cum illo, quod positum est, haec pugnare videatur oratio; fin III 39. illa tamen simplicia, vestra versuta; fin IV 69. ac iam illa omitto, quae ..; Ver IV 116. nunc ad illa vel gravissimum accedit desiderium tui; Q fr III 6, 4. quicquam illorum facere sapientem; of I 159. neque ea, quae mihi videntur, anteferre illis audeo; rep I 36. si illis plane orbatus essem; Lael 104.

E. alte Formen: »praeter olla (sacrificia)«; leg II 21. »ollis lex esto«; leg III 8. »nisi per ollos ne ferunto«; leg III 11.

ill — f. iml —

illic, dort, da: illum plures illic offendisse inimicos, quam hic reliquisse; Cluent 171. qui illic eius modi est, ut eum pueri sectentur; Ver IV 148. ut illic liberalissimum esset spectare nihil sibi acquirentem, sic ..; Tusc V 9.

illim, von dort: quid illim adferatur; A VII 13, a, 3 (7). post fugit illim; har resp 42. illim omnes praestigiae, illim, inquam, omnes fallaciae, omnia denique ab iis mimorum argumenta nata sunt; Rab Post 35. illim equidem Gnaeum profectum puto; A IX 14, 2.

illinc, von dort, auf jener Seite: id sit, cum speculorum levitas hinc illincque || illinc || altitudinem adsumpsit; Tim 49. posteaquam illinc M' Aquilius decessit; Ver V 7. nihil illinc huc pervenit; fin V 94. quodsi illinc inanis profugisses; Ver I 37. ex hac parte pudor pugnat, illinc petulantia; hinc pudicitia, illinc stuprum; hinc fides, illinc fraudatio; hinc pietas, illinc scelus; Catil II 25.

illo, dorthin: si illo accessisset; Caecin 46. illo non saxum, non materies [ulla] advecta est; Ver I 147.

illuc, dorthin (f. huc): cum illuc ex his vinclis emissi feremur; Tusc I 75. summa illuc pertinet. ut ..; Ver V 25. oratio redeat illuc, unde defexit: Tusc V 80. se illuc venturum esse salvum; Ac II 101.

imago, Bild, Abbild, Ahnenbild, Schatten. Traumbild, Echo: I, 1. est utendum imaginibus agentibus, acribus, insignitis, quae occurrere celeriterque percutere animum possint; de or II 358. imago aut oratio demonstrans corporum aut naturarum similitudinem; inv I 49. nullae imagines obrepunt in animos dormientium extrinsecus, nec omnino fluunt ullae; div II 139. iis occurrunt plerumque imagines mortuorum; div I 63. f. agunt. percutiunt: f. agunt. ea (gloria) virtuti resonat tamquam imago: Tusc III 3. quicquid imago veteris meae dignitatis (valebit); ep VI 13, 4. — 2. haec ars tota dicendi. sive artis imago quaedam et similitudo est: de or II 356. — II, I. Alexin curemus, imaginem Tironis; A XII 10. valde ridentur etiam imagines, quae fere in deformitatem aut in aliquod vitium corporis ducuntur cum similitudine turpioris; de or II 266. explicate descriptionem imaginemque tabularum; Ver IV 190. unde illud ut ex ore aliquo quasi imago exprimatur; orat 8. descriptio generis alicuius et quasi imago est exprimenda; part or 65. eorum (verborum) fingendae sunt nobis imagines, quibus semper utamur; de or II 359. qui (Democritus, tum imagines earumque circumitus in deorum numero refert, tum illam naturam, quae imagines fundat ac mittat; nat I 29. quorum tu omnium patriciorum imagines habeas volo; ep IX 21, 2. te exemplum imperii veteris, imaginem antiquitatis diceres intueri; Sest 19. mitto, refero: f. fundo. imago nulla liberae civitatis relinquetur; Phil V 11. rideo: f. duco. cuius (Demosthenis) imaginem et aere vidi; orat 110. quorum (temporum) imaginem video in rebus tuis; ep I 6, 2. — 2. imagini animi et corporis tui, filio tuo, studium meum pollicitus sum; ep VI, 13. — 3. spoliatum imaginibus exsequiis, pompa; Milo 33. utor: f. 1. fingo. I. f. agunt. — III. plena sunt imaginum omnia; div I 137. — IV. circumitus: f. II, 1. fundo. obrepsistis ad honores commendatione fumosarum imaginum Piso 1. opprimi memoriam imaginum pondere: de or II 360. nulla species cogitari potest nisi pulsu imaginum; div II 137. — V. quam facultatem dabit unius verbi imagine totius sententiae informatio

de or II 358. quorum uterque tamquam litteris in
cera, sic se aiebat imaginibus in iis locis, quos
haberet, quae meminisse vellet, perscribere; de or II 360.
imaguncula. Bilbchen: inventae sunt quinque imagunculae matronarum; A VI 1, 25.
imbecille, schwach, schwankend: iis imbecillius
adsentiuntur; Ac II 52. si qui imbecillius horrent
dolorem et reformidant; Tusc V 85.
imbecillis, schwach: imbecillio || imbecillus ||
est pudoris magister timor; fr F V 72.
imbecillitas, Schwäche, Schwächlichkeit, Krankheit, Haltlosigkeit: I. hac praesertim imbecillitate
magistratuum; ep I 4, 3. Tulliae meae morbus et
imbecillitas corporis me exanimat; ep IX 6, 4. ipsa
sibi imbecillitas indulget; Tusc IV 42. quae te tanta
mentis imbecillitas tenuit, ut ..? dom 105. — II, 1.
incipio humani generis imbecillitatem fragilitatemque
extimescere; Tusc V 3. cum obicimus maerentibus imbecillitatem animi effeminati; Tusc IV 60.
tu modo istam imbecillitatem valetudinis tuae sustenta et tuere; ep VII 1, 5. — 2. (Cotta) ad virium
imbecillitatem dicendi accommodabat genus; Bru
202. Labienum non dubitantem de imbecillitate
Caesaris copiarum; A VII 16, 2. — III. aegrotationem
(appellant) morbum cum imbecillitate; Tusc IV
28 (29). — IV. utrum propter imbecillitatem atque
inopiam desiderata sit amicitia, an ..; Lael 26.
imbecillus, schwach, hinfällig, schwächlich,
kränflich, haltlos: A. malo te paulo post valentem
quam statim imbecillum videre; ep XVI 5, 2. tam
imbecillo animo; ep V 16, 6. sin erit ille gemitus
elamentabilis, si imbecillus; Tusc II 57. quam fortunam existimo levem et imbecillam; ep IX 16, 6.
magister: f. imbecillis. imbecillior est medicina
quam morbus; A X 14, 2. quae (opinio) esset imbecilla; Ac I 41. si gladium imbecillo seni aut de-
bili dederis; Sest 24. — B, a. sedentibus ignavis
et imbecillis; rep I 48. et imbecilli valent et mortui
vivunt; Lael 23. — b. haec imbecilla [pecuniae
membra] verbo „bona" putaverunt appellanda;
par 7.
imbellis, feig: ut imbelles timidique videamur;
of I 83. rebus imbellibus fortes (maxime dolere);
Lael 47.
imber, Regen, Platzregen: I. quid? cum saepe
lapidum, sanguinis non numquam, terrae interdum,
quondam etiam lactis imber defluxit? div I 98.
erat hiems summa, imber maximus; Ver IV 86.
nec lapideus aut sanguineus imber (te terrebit); div
II 60. — II. ita magnos et adsiduos imbres habebamus; A XIII 16, 1. ergo imbres, nimbi, procellae,
turbines dei putandi; nat III 51. imbris vitandi
causa; dom 116. — III. guttis imbrium quasi cruentis; nat II 14. — IV. maximo imbri Capuam veni;
A VII 20, 1.
imberbis, imberbus, ohne Bart: Iovem
semper barbatum, Apollinem semper imberbem
esse; nat I 83. venire imberbum adulescentulum;
dom 37. imberba iuventute; agr I fr 1.
imbibo, annehmen, fassen, sich vornehmen: I.
si imbiberit eius modi rationibus illum ad suas condiciones perducere; Quinct 27. — II. nisi de vobis
malam opinionem animo imbibisset; Ver pr 42.
imbuo, benetzen, eintauchen, tränken, beflecken,
unterrichten, vertraut machen: is qui et doctrina
[mihi] liberaliter institutus et aliquo iam imbutus
usu esse videatur; de or II 162. imbuendus est is
quasi natura quadam apta ad haec genera et moribus;
de or II 289. (Etrusci) religione imbuti; div I 93.
ut eius (pueri Clodii) animum tenerum iis opinionibus imbuas, ut ..; A XIV 13, B, 4. omni imbutum
odio bellum; dom 60. cum semel gladium scelere
imbuisset; Phil V 20. nemo, cuius mentem non im-
buerit deorum opinio; Tusc I 30.

imitabilis, leicht nachzuahmen: orationis
subtilitas imitabilis videtur esse existimanti; orat 76.
imitatio, Nachahmung: I. morum ac vitae
imitatio vel in personis vel sine illis, magnum quoddam ornamentum orationis; de or III 204. — II, 1.
imitatio virtutis aemulatio dicitur; Tusc IV 17.
orator surripiat oportet imitationem; de or II 242.
sine dubio in omni re vincit imitationem veritas; de
or III 215. vitanda est brevitatis imitatio; inv
I 28. — 2. vos, adulescentes, ad maiorum vestrorum
imitationem excitabo; Sest 136. quod (ridiculum)
ex quadam depravata imitatione sumi solet; de or
II 242. ut ad imitationem sui vocet alios; rep
II 69. — III. quae sunt imitatione ex aliquo expressa; de or III 47. si in eius modi genere
orationis nihil esset nisi falsum atque imitatione
simulatum; de or II 189.
imitator, Nachahmer: I, 1. imitatores veritatis,
histriones, (genus hoc) occupaverunt; de or III
214. — 2. o civem imitatorem maiorum! Phil
III 8. — II. ut multos imitatores saepe cognovi;
de or II 90. illo aemulo atque imitatore studiorum
distracto; Marcel 2.
imitatrix, Nachahmerin: postquam commoditas
quaedam, prava virtutis imitatrix, sine ratione officii,
dicendi copiam consecuta est; inv I 3. quae
penitus in omni sensu implicata insidet, imitatrix
boni, voluptas; leg I 47.
imitor, nachahmen: I, 1. noster ille amicus,
dignus huic ad imitandum; rep I 30. — 2. qui
(imitatores) etiam illa, quae vitiosa (sunt), consectentur imitando; de or II 90. qua (exercitatione) illum, quem delegerit, imitando effingat atque
exprimat; de or II 90. — II. ipsi sibi imitandi
fuerunt; orat 177. in ea cena cocus meus praeter
ius fervens nihil *non* potuit imitari; ep IX 20, 2.
nihil est facilius, quam amictum imitari alicuius
aut statum aut motum; de or II 91. an contagionem
imitandi belli periculosam fuisse? Ver V 6. qui
non heroum veteres casus fictosque luctus velim
imitari atque adumbrare dicendo; de or II 194.
cum chirographum sex primorum imitatus est; nat
III 74. Archimedem arbitrantur plus valuisse in
imitandis sphaerae conversionibus quam naturam in
efficiendis; nat II 88. quorum facta imitere; Phil
II 1 sustines non parvam exspectationem imitandae
industriae nostrae; of III 6. luctus: f. casus.
motum: f. amictum. ut multos naturam imitans
omittas tuam; of I 111. qui orationem bonorum
imitaretur; Quinct 16. qui non potuerunt Coae
Veneris pulcritudinem imitari; orat 5. statum: f.
amictum. Canachi signa rigidiora esse quam ut
imitentur veritatem; Bru 70. huius legionis virtutem
imitata quarta legio; Phil III 7. qui (animi) essent
in corporibus humanis vitam imitati deorum; Tusc
I 72.
immanis, schrecklich, fürchterlich, wild, ungeheuer, unermeßlich: A. quam (voluptatem) im-
manissimus quisque acerrime sequitur; part or 90.
ambitus redit immanis; Q fr II 14, 4. ad humanitatem atque mansuetudinem revocavit animos hominum studiis bellandi iam immanes ac feros; rep
II 27. o audaciam immanem! Phil II 68. beluam
vastam et immanem; div I 49. ne bestiis quoque
immanioribus uteremur; Sex Rosc 71. Antonii
immanem et foedam crudelitatem; Phil XIV 25.
quantae et quam immanes divitiae; agr II 62.
(gentem) tam immanem tamque barbaram; div I 2.
istius immanis atque importuna natura; Ver I 8.
qui immanes pecunias paucis dederunt; A II 9, 1.
ex hoc populo indomito vel potius immani; rep I 68.
ad istius ingentem immanemque praedam; Ver
II 110. tam infestum scelus et immane; Cluent
188. quibus (mysteriis) ex agresti immanique vita
exculti ad humanitatem sumus; leg II 36. — B. quae

est civitas? omnisne conventus etiam ferorum et immanium? par 27.

immanitas, Wildheit, Roheit, Unmenschlichkeit: I. ne in hac civitate tanti facinoris immanitas aut exstitisse aut non vindicata esse videatur; Catil I 14. temperantiam immanitas in voluptatibus aspernandis imitatur; part or 81. versabatur in Sicilia quoddam novum monstrum ex vetere illa immanitate, quae in isdem locis versata esse dicitur; Ver V 145. — II, 1. immanitate et feritate quadam proponenda; Tusc IV 66. ista in figura hominis feritas et immanitas beluae a communi tamquam humanitatis corpore segreganda est; of III 32. vindico: f. I. exsistit. — 2. si ille aditus Gallorum immanitati multitudinique patuisset; prov 34. — III, 1. domuisti gentes immanitate barbaras; Marcel 8. qui (tyrannus) quamquam figura est hominis, morum tamen immanitate vastissimas vincit beluas; rep II 48. — 2. ex: f. I. versatur.

immaturitas, Unzeitigkeit: quid haec immaturitas tanta significat? Quinct 82.

immaturus, unzeitig, zu früh: damnum illius (C. Gracchi) immaturo interitu res Romanae fecerunt; Bru 125. si negavi posse mortem immaturam esse consulari; Phil II 119.

immemor, uneingedenk, vergeßlich: I. magna haec immemoris ingenii signa; Bru 218. quae tam immemor posteritas (reperietur)? Phil II 33. — II. omnes immemorem beneficii oderunt; of II 63. non immemor istius mandati tui; A IV 6, 3. quis est civis tam oblitus beneficii vestri, tam immemor patriae? Phil VI 18.

immensitas, Unermeßlichkeit, unermeßliche Größe: 1. adde huc immensitates camporum; nat II 98. — 2. in hac immensitate latitudinum, longitudinum vis volitat atomorum; nat I 94.

immensus, unermeßlich, unendlich: A. ex ingenti quodam oratorem immensoque campo in exiguum sane gyrum compellitis; de or III 70. exignum nobis vitae curriculum natura circumscripsit, immensum gloriae; Rabir 30. cupiditates immensae et inanes divitiarum, gloriae; fin V 59. immensum atque infinitum lucrum esse factum; Ver III 149. tamquam in rate in mari immenso nostra vehitur ratio; Tusc I 73. observata sunt haec tempore immenso; div I 12. — B. Olympus in immensum editus; fr K 35. hoc in immensum serpet; nat III 52.

immergo, eintauchen, versenken: qui ut se blanditiis in Asuvii consuetudinem penitus immersit; Cluent 36. illi (ambitus) in flumen immersi; Tim 48.

immigro, einziehen: ut ea non inruisse in alienum locum, sed immigrasse in suum diceres; Bru 274. cum repente (animus) in tam insolitum domicilium immigravit; Tusc I 58. di immortales ex suis templis in eius aedes immigrare nolebant; dom 141.

immineo, bevorstehen, drohen, bedrohen, trachten: qui imminere iam cupiditate videntur in tribuniciam potestatem; dom 47. Parthos Ciliciae magis imminere; A V 20. ipse eo die in Paeti nostri tyrotarichum imminebam; A XIV 16, 1. imminebat tuus furor omnium fortunis et bonis; dom 25. aliud (vocis genus sibi sumat) vis, contentum, vehemens, imminens quadam incitatione gravitatis; de or III 219. gestu omni et imminenti; de or II 225. huius mendicitas aviditate coniuncta in fortunas nostras imminebat; Phil V 20. quae (mors) propter incertos casus cotidie imminet; Tusc I 91.

imminuo, vermindern, verringern, schwächen, verstümmeln, schmälern: simul atque imminuitur aliquid de voluptate; de or I 259. f. dolorem. (opinio istorum studiorum) imminuit et oratoris

auctoritatem et orationis fidem; de or II 156. quod bellum exspectatione eius attenuatum atque imminutum est; imp Pomp 30. cum in hoc illa constantia imminuta sit; A III 24, 2. si istius exiguas copias quam minime imminueris; ep III 3, 2. cum (gemitus) nihil imminuat doloris; Tusc II 57. fidem: f. auctoritatem. vereor, ne imminuam sanctorum virorum gloriam; Phil II 86. cur imminuisti ius legationis? Ver I 84. utrum laus imminuatur an ..; ep I 7, 8. dolorem imminutae libertatis; Caecin 35. a populo factarum rerum summas imminuere; Ver III 81.

imminutio, Verminderung, Verkleinerung, Schmälerung, Verkrüppelung: I. est etiam imminutio; de or III 207. — II. si pravitatem imminutionemque corporis propter se fugiendam putamus; fin V 47. — III. sine ulla imminutione dignitatis tuae; ep III 8, 2.

immisericors, unbarmherzig: ipsum immisericordem, superbum fuisse; inv II 108.

immissio, Wachsenlassen: sarmentorum aliorum amputatio, aliorum immissio (me delectat): Cato 53.

immitto, hineinschicken, abschicken, loslassen, abschießen, hineinstürzen, einsetzen, verursachen: immittebantur illi continuo Cibyratici canes; Ver IV 47. a deo immissum dolorem; nat III 91. servi et egentes in tecta omnium cum facibus immissi; A XIV 10, 1. gladiatores tu novicios cum sicariis e carcere emissis ante lucem immittas? Sest 78. imperatorem equo incitato se in hostem immittentem; nat III 15. iactam et immissam a te nefariam in me iniuriam; par 28. hic corrector in eo ipso loco immittit imprudens ipse senarium; orat 190. servos: f. egentes. quae (tela) ex illius actionibus in meum corpus immissa sunt; dom 39.

immo, (im Gegenteil, vielmehr, nein, keineswegs, ja sogar, allerdings: I, 1. ubi fuit Sulla? num Romae? immo longe afuit; Sulla 53. debebat? immo in suis nummis versabatur; Q Rosc 22. — 2. "causa igitur non bona est?" immo optima; A IX 7, 4. non conficit tabulas? immo diligentissime; Q Rosc 4. — 3. die dico? immo hora atque etiam puncto temporis redeo; Sest 53. — II. hoc Aetnenses soli dicunt? immo etiam Centuripini; Ver III 108. an censes ..? immo prorsus || prosus || ita censeo; leg II 23. vicit ergo utilitas honestatem? immo vero honestas utilitatem: of III 19. tacentibus dicam? immo vero etiam approbantibus; Sest 55.

immobilis, unbeweglich: (mundum) voluit esse immobilem et stantem; Tim 60. terra nona immobilis manens una sede semper haeret; rep VI 18.

immoderate, maßlos, zügellos, regellos: immoderate quidam et ingrate nostra facilitate abutuntur; ep XII 1, 2. id immoderate agitatum et fluitans; Tim 9. ut adversas res, sic secundas immoderate ferre levitatis est; of I 90. qui immoderate et intemperate vixerit; Tim 45.

immoderatio, Maßlosigkeit: cum L. Torquatus interdum efferatur immoderatione verborum; Sulla 30.

immoderatus, unmäßig, maßlos, zügellos regellos, unermeßlich: »vides sublime fusum, immoderatum aethera«; nat II 65. quae est immoderata appetitio opinati magni boni; Tusc III 24. ne (Saturnus) immoderatos cursus haberet; nat II 64. illum Aristotelis discipulum superbum, crudelem, immoderatum fuisse; A XIII 28, 3. omnium perturbationum matrem esse arbitrabatur immoderatam quandam intemperantiam; Ac I 39. o immoderata mulier! Cael 53.

immodestus, zügellos: genus iocandi non

profusum nec immodestum, sed ingenuum et facetum esse debet; of I 103.

immolatio, Opferung: I. in ipso immolationis tempore; div I 119. — II. subito id (cor) in ipsa immolatione interisse; div II 37.

immolator, Opferer: ut se exta ad immolatoris fortunam accommodent? div II 36.

immolo, opfern: I. cum pluribus deis immolatur, qui tandem evenit, ut litetur aliis, aliis non litetur? div II 38. ← II. eos retinere consuetudinem hominum immolandorum; Font 31. nostri duces mare ingredientes immolare hostiam fluctibus consuerunt; nat III 51. ei deo, qui ibi esset, se vitulum immolaturos; inv II 95.

immortalis, unfterblid), unvergänglid): A. quod plenus aër sit immortalium animorum; div I 64. horum etiam mortuorum vivat auctoritas immortalis; Balb 49. di immortales nobis haec praesidia dederunt; Phil III 34. quorum (imperatorum) vivit immortalis memoria et gloria; Balb 40. qui (honores) ei pro divinis et immortalibus meritis divini immortalesque debentur; Phil IV 4. hanc (memoriam) immortalem redderem, si possem; de or II 8. ſ. gloria. merita: ſ. honores. ut fortuna non numquam tamquam ipsa mortalis cum immortali natura pugnare videatur; of I 120. quem virum tam immortali virtute vidimus? Sest 86. — B. qui mortalis natus condicionem postulas immortalium; Tusc III 36. ut quemquam mortuum coniungerem cum immortalium religione; Phil I 13.

immortalitas, Unfterblidjfeit, Unvergänglid)-feit: I. de posteris nostris et de illa immortalitate rei publicae sollicitor, quae poterat esse perpetua, si ..; rep III 41. cuius (Herculis) corpore ambusto vitam eius et virtutem immortalitas excepisse dicatur; Sest 143. — II. 1. numquam mehercule eos mortem potius quam immortalitatem adsecutos putari; Planc 90. putasne illum immortalitatem mereri voluisse, ut ..; Phil I 34. — 2. nomen tuum commenda immortalitati; ep X 12, 5. cuius (Socratis) ingenium variosque sermones immortalitati scriptis suis Plato tradidit; de or III 60. — 3. cum mecum ipse de immortalitate animorum coepi cogitare; Tusc I 24. quae de animae immortalitate dicerentur caeloque; rep VI 3. quae Socrates supremo vitae die de immortalitate animorum disseruisset; Cato 78. sollicito de: ſ. I. est. — III. prope ad immortalitatis et religionem et memoriam consecraturi; Milo 80. hanc totam spem immortalitatis relinquamus; Tusc I 39. — IV. ut immortalitate vincamur ab ea natura, sic ..; nat I 96.

immortaliter, unenblid): quod scribis te a Caesare cotidie plus diligi, immortaliter gaudeo; Q fr III 1, 9.

immundus, unrein, unfauber: A. humus erat immunda, lutulenta vino; fr A VI 1. — B. sicut ἐν τοῖς ἐρωτικοῖς alienantur ‖ alienant, al. ‖ immundae, insulsae, indecorae; A IX 10, 2.

immunis, abgabenfrei, unbienftfertig: A. quinque sine foedere immunes civitates ac liberae; Ver II 13. qui optumas immunes, socios vectigales habemus; of III 49. (praedia) immunia commodiore meliore ‖ condicione sunt quam illa, quae pensitant; agr III 9. non est inhumana virtus neque immunis neque superba; Lael 50. — B. quid immunes? hi certe nihil debent; Ver V 63.

immunitas, Abgabenfreiheit, Vergünftigung, Befreiung: I. qui (Strato) det isti deo immunitatem magni quidem muneris; Ac II 121. immunitates dantur; ep XII 1, 1. qui vendiderit immunitates; Phil III 30. — II. oppidorum, immunitatum, vectigalium flagitiosissimae nundinae; Phil II 35. — III. immunitatibus infinitis sublata vectigalia a mortuo; Phil I 24.

immunitus, unwegfam: si via sit immunita; Caecin 54.

immutabilis, unveränberlid), unwanbelbar: quod aeternitate inmutabili continetur; Tim 7. esse causas immutabiles easque aeternas; fat 28. omnia ratis ordinibus moderata immutabilique constantia; nat II 90. una lex et sempiterna et immutabilis; rep III 33.

immutabilitas, Unwanbelbarfeit: in factis immutabilitatem apparere; fat 17.

immutatio, Veränberung, Vertaufdjung: I. est etiam immutatio; de or III 207. quamquam tralatio est apud eum (Phalereum) multa, tamen immutationes nusquam crebriores; orat 94. ne illa quidem traductio atque immutatio in verbo quandam fabricationem habet; de or III 167. — II. ornari orationem Graeci putant, si verborum inmutationibus utantur, quos appellant τρόπους; Bru 69.

immutatus, unveränbert: veritas, per quam immutata ea dicuntur; inv II 162. orbis illius generis alterius immutatus et rectus; Tim 28.

immuto, veränbern, umwanbeln, metonymifd) gebraudjen: si quibusdam in sententiis paulum me immutassem; ep I 9, 11. quaedam pestes hominum me aliquando immutarunt tibi; ep V 8, 2. haec, quae immutata esse dixi; de or III 169. eae (aures) quod respuunt, immutandum est; part or 15. ad immutandi animi licentiam; rep I 44. ut eius orbis una quaeque pars alia alio modo moveat immutetque caelum; div II 89. isti color immutatus est; Ver I 141. Neptunus a nando paulum primis litteris immutatis; nat II 66. vel eadem species vel interdum immutata redditur; Tim 49. paulum immutato verbum atque deflexum; de or III 206. inlustrant eam (orationem) quasi stellae quaedam tralata verba atque immutata. immutata ‖ mutata ‖ (dico) in quibus pro verbo [proprio] subicitur aliud, quod idem significet, sumptum ex re aliqua consequenti; orat 92. rursus immuto voluntatem meam; Sex Rosc 95.

impar, ungleid), ungerabe: ab hoc impari certamine avocabat; Balb 59. stellarum numerus par an impar sit; Ac II 32. imparibus an aequalibus (partibus); orat 205.

imparatus, unvorbereitet, ungerüftet: A. imparatum te offendam; ep II 3, 1. sumus flagitiose imparati cum a militibus, tum a pecunia; A VII 15, 3. inermem atque imparatum tribunum alii gladiis adorirentur; Sest 79. — B. breve tempus longum est imparatis; Phil III 2.

impedimentum, Hinbernis, pl. Gepäck: I, 1. ne moram atque impedimentum reliquis praeceptis intulisse videamur; inv I 12. quae (civitas) C. Catonis impedimenta retinuit; Ver IV 22. — 2. quoniam ad dicendum impedimento est aetas et pudor; Sex Rosc 149. — II, 1. obviam fit ei Clodius, expeditus, nullis impedimentis; Milo 28. — 2. Patras accedere sine impedimentis non satis visum est decorum; A V 9, 1.

impedio, verwideln, hemmen, behinbern, abhalten, verfpetren, verfagen: I. non impedio; rep I 20. si nulla res impediat; Lael 68. haec studia delectant domi, non impediunt foris; Arch 16. — II, 1. id in hac disputatione de fato casus quidam ne facerem impedivit; fat 1. — 2. ne impediant divitiae, quo minus iuvetur; of II 71. — III. me cotidie aliud ex alio impedit; sed, si me expediero ..; ep IX 19, 2. me metus de fratre in scribendo impedit; A III 8, 4. ne forte qua re impediar atque adliger; A VIII 16, 1. nisi te impedivisti; A XIII 47, a, 1. animi vinclis corporis impediti; div I 100. cum is publicanorum causam stultissimis interrogationibus impediret; har resp 1. ut ne minima quidem re ulla Bruti commodum impediamus; A XIII 25, 2. ne eius usitatus honos impediretur; Phil III 23. impedita et oppressa mens; Piso 43. universam

naturam nulla res potest impedire; nat II 35. quod
intercessio non rem impeditura (sit); agr II 30. nec
domesticas res impeditas reliquissem; A XI 1, 2.
sapientes nulla re impediri, nulla prohiberi, nulla
egere; fin III 26. quae cave ne impediant valetudinem tuam; ep XVI 12, 5. ut sit visum illud probabile neque ulla re impeditum; Ac II 101. — IV, 1.
plura n e scribam, dolore impedior; A XI 13, 5. —
2. formido, quae tot ac tales viros impediat, q u o
minus causam velint dicere; Sex Rosc 5. — 3.
quid est, quod me impediat ea s e q u i? of II 8.

impeditio, Hemmung: viget animus in somnis
liber ab sensibus omnique impeditione curarum; div
I 115.

impello, bewegen, treiben, antreiben, reizen: I.
ad quam quemque artem(A p o l l o n i u s) putabat esse
aptum, ad eam impellere atque hortari nolebat; de
or I 126. fortitudo ad configendum impellit; Phil
XIII 6. ut aut spes aut metus impulisse videatur
aut aliquis ‖ alius ‖ repentinus animi motus; part
or 113. ad id bonum adipiscendum impellit ipsa
natura; Tusc IV 12. spes: ſ. metus. — II. quae
(res) prima impulit etiam, ut suspiceremus in caelum;
rep III 3. — III. si e u m (C. Caesarem) magnitudo
contentionis, studium gloriae, praestans animus, excellens nobilitas aliquo impulisset; Vatin 15. neque
extrinsecus impulsam atomum loco moveri; fat 47.
etsi boni nullo emolumento impelluntur in fraudem;
Milo 32. quibus (locis) impetus eorum, qui audiant,
aut impellantur aut reflectantur; de or II 312.
(perturbationes) ipsae se impellunt; Tusc IV 42.
posse dicendo voluntates impellere, quo velit; de or
I 30. — IV. q u i impelluntur, ut vim adferant magistratibus; dom 89. horum (siderum) aspectus impulit illos veteres et admonuit, ut plura quaererent;
Tusc V 69.

impendeo, herüberhangen, schweben, bevorstehen, nahe sein, drohen: dum impendere P a r t h i
videbantur; A VI 6, 3. magnum bellum impendet
a Parthis; A VI 2, 6. impendebat fames, incendia,
caedes, direptio; dom 25. nullo dolore nec impediente
nec impendente; fin I 40. fames, al.: ſ. caedes. ut
(gladius) impenderet illius beati cervicibus; Tusc V 62.
signum mali alicuius impendentis; div I 124. quae
(mors) quasi saxum Tantalo semper impendet; fin I 60.
de impendentibus periculis maximis; har resp 10.
quanta impenderet procella rei publicae; har resp 4.
saxum: ſ. mors. propter suspicionem huius impendentis tempestatis; A VIII 3, 2. cui semper aliqui
terror impendeat; Tusc V 62.

impendio, bei weitem: ille (Caesar) impendio
nunc magis odit senatum; A X 4, 9.

impendium, Aufwand, Kosten, Zinsen: I.
cogito faenus et impendium r e c u s a r e; A VI 1, 4.
— II, 1. quod ita diligenter colemus, ut impendiis
etiam a u g e r e possimus largitatem tui muneris;
Bru 16. — 2. qui ab adulescente quaestum sibi instituisset s i n e impendio; Quinct 12.

impendo. aufwenden, verwenden: I. cum
e g o emerim, aedificarim, tuear, impendam; of II
83. — II. ut operam, c u r a m, pecuniam impendant
in eas res; Ver IV 68. ad incertum casum et eventum certus quotannis labor et certus sumptus impenditur; Ver III 227. operam, pecuniam: ſ. curam.
impenso pretio; A XIV 13, 5. qui ab hac tam impensa voluntate bonorum dissideret; Sest 130.

impensa, Aufwand, Kosten: I. illae impensae
meliores, muri. navalia, portus; of II 60. iste non
tanta impensa derideat? ep XVI 18, 2. — II. nullam
impensam f e c e r a n t; Phil VI 14. — III. ut necessariae (cupiditates) nec opera multa nec impensa e x-
p l e a n t u r; fin I 45. is cum arationes magna impensa magnoque instrumento tueretur; Ver III 53.

impense, angelegentlich: Strabonem Servilium

tibi saepe commendavi; nunc eo facio id impensius,
quod . .; ep XIII 64, 1.

imperator, Gebieter, Befehlshaber, Feldherr:
I, 1. imperatore bellum a d m i n i s t r a n t e; agr II
54. consilium illud imperatorium fuit, quod Graeci
στρατήγημα appellant, sed eorum imperatorum, qui
patriae consulerent, vitae non parcerent; nat III 15.
quem (regem) L. Sulla, pugnax et acer et non
rudis imperator, cum pace dimisit; Muren 32.
constituendum putarem principio, quis esset imperator; qui cum esset constitutus administrator belli
gerendi, tum adiungeremus de exercitu, de castris;
de or I 210. ut nostri imperatores huic deae vota
facerent eaque persolverent; har resp 28. cum imperator exercitum, censor populum lustraret, bonis
nominibus, qui hostias ducerent, eligebantur; div
I 102. parcunt: ſ. consulunt. persolvunt: ſ. faciunt.
profugisse noctu crepidatum imperatorem; Piso 93.
quantum (laudis) neque ambitiosus imperator neque
invidus tribuere alteri debuit; Muren 20. nostri
imperatores pro salute patriae sua capita voverant;
fin V 64. dignus imperator legione Martia, digna
legio imperatore; Phil XIV 26. — 2. unus erit
communis quasi magister et imperator omnium
deus; rep III 33. nolo eundem populum imperatorem
et portitorem esse terrarum; rep IV 7. quibus
locis nuper legatus Flaccus imperatore Metello
praefuit; Flac 63. — II, 1. ut appellatus imperator sim; ep III 9, 4. cum is de uno imperatore
contra praedones constituendo legem promulgasset:
imp Pomp 52. ſ. I, 1. est. restat, ut de imperatore
ad id bellum deligendo ac tantis rebus praeficiendo
dicendum esse videatur; imp Pomp 27. eripueras
senatui imperatoris deligendi iudicium; Vatin 36.
ut deposcerent imperatorem et ducem C. Caesarem;
Phil XI 20. in Asiam factus imperator venit; Ac
II 2. nec imperatorem incensum ad rem publicam
bene gerendam revocare debemus; prov 35. ne imperatorem oppugnet; Phil V 27. praeficio: ſ. deligo.
revoco: ſ. incendo. — 2. magnis imperatoribus
propter fortunam saepius imperia mandata atque
exercitus esse c o m m i s s o s; imp Pomp 47. nobis
imperatoribus rem publicam defendendam datam;
Deiot 11. mando: ſ. committo. multo magnus
orator praestat minutis imperatoribus; Bru 256. ut
multum imperatori sub ipsis pellibus otii relinquatur;
Ac II 4. ut semper Macedonicis imperatoribus idem
fines provinciae fuerint qui gladiorum atque pilorum;
Piso 38. — 3. qui hostes a d nostros imperatores
p e r f u g i s s e n t; Balb 24. hunc cum clarissimo
imperatore L. Lucullo apud exercitum fuisse; Arch
11. — III. d i g n u s: ſ. I, 1. Phil XIV 26. — IV.
quae esset ars imperatoris; de or I 210. eorum
trium imperatorum virtute, imperio, consilio, gravitate, constantia, magnitudine animi, felicitate populum Romanum foedissima servitute liberatum; Phil
XIV 37. ſ. I, 1. consulunt. nomen invicti impera-
tis incidatur; Ver IV 82. Paulus tantum in
aerarium pecuniae invexit, ut unius imperatoris
praeda finem attulerit tributorum; of II 76. si
mihi nunc de rebus gestis esset nostri exercitus
imperatorisque dicendum; Muren 33. ex aede Iovis
religiosissimum simulacrum Iovis Imperatoris, quem
Graeci Οὔριον nominant, nonne abstulisti? Ver IV
128. quae (Macedonia) erat antea munita plurimorum imperatorum non turribus, sed tropaeis; prov
4. virtus: ſ. consilium. — V. quem ad modum in
bello poena ignavis a b imperatoribus constituitur:
Caecin 46.

imperatorius, des Feldherrn: consilium:
ſ. **imperator,** I, 1. consulunt. in quo ipso inest
quaedam dignitas imperatoria; imp Pomp 42. ne
obteri laudem imperatoriam criminibus avaritiae
velitis; Ver V 2. quae (rostra) imperatoriis
manubiis ornarat; de or III 10. praeclarae mortes

sunt imperatoriae; fin II 97. neque sunt solae virtutes imperatoriae; imp Pomp 29.

imperatrix. Befehlshaberin: fortes viros ab imperatrice in insidiis conlocatos; Cael 67.

imperfectus. unvollkommen: imperfecto nec absoluto simile pulchrum esse nihil potest; Tim 11.

imperiosus. gebietend, mächtig, herrisch: L. Lamiam consul imperiosus exire ex urbe iussit; sen 12. cupiditas honoris quam dura est domina, quam imperiosa, quam vehemens! par 40. ut nimis imperiosi philosophi sit vetare meminisse; fin II 10. cognoscat memoriae veteris ordinem imperiosorum populorum; orat 120.

imperite, ungeschickt, einfältig, unkundig: dicebat etiam L. Scipio non imperite; Bru 175. quid potuit dici imperitius quam ..? Balb 20. cum est illud imperitissime dictum; Balb 27. non nulli isti faciunt imperite; leg I 4. (id est) imperite absurdeque fictum; rep II 28.

imperitus, unerfahren, unkundig, unwissend: A. se non imperitum foederis, non rudem exemplorum fuisse; Balb 47. quod imperitus adulescens fecisse dicatur; dom 139. si civium imperitorum multitudinem concitassent; Flac 96. me consiliario fortasse non imperitissimo usus esses; ep I 9, 2. ab homine eloquenti iuris imperito; de or I 238. ex errore imperitae multitudinis; of I 65. per legatos, viros bonos, sed timidos et imperitos; Phil II 95. — B. I, 1. ista sententia maxime fallit imperitos; leg III 34. — 2. quae (res) magis oratorem ab imperito dicendi ignaroque distinguat; de or III 175. — II. pretio sperare sollicitari posse animos egentium atque imperitorum; Catil IV 17. ut tollatur error omnis imperitorum; fin I 87. qui largitione caecarunt mentes imperitorum; Sest 139. ad opinionem imperitorum esse fictas religiones; div I 105. populum ac vulgus imperitorum ludis magno opere delectari; Muren 38.

imperium. Befehl, Vorschrift, Herrschaft, Kommando, Gewalt, Reich, Regierung, Behörde, Befehlshaber: I. »imperia, potestates, legationes ex urbe exeunto, duella iusta iuste gerunto, populi sui gloriam augento«; leg III 9. imperium domesticum nullum erit, si ..; Caecin 52. quorum (consulum) est maius imperium; A IX 9, 3. exeunt, gerunt: f. augent. ad quem regnum huius urbis atque imperium pervenire esset necesse; Catil III 9. sic regum, sic imperatorum, sic magistratuum, sic patrum, sic populorum imperia civibus sociisque praesunt ut corporibus animus; rep III 37. — II, 1. C. Cato legem promulgavit de imperio Lentulo abrogando; Q fr II 3, 1. ut populi Romani imperium auxerint; Phil V 48. cui testimonium imperii conservati dedissent; dom 132. ut hanc delendi imperii coniurationem praedixerint; har resp 18. consules summum imperium statim deponere (maluerunt) quam id tenere punctum temporis contra religionem; nat II 11. C. Caesaris adulescentulo imperium extraordinarium mea sententia dedi; Phil XI 20. f. reddo. in potestatibus, in imperiis gerendis; Font 37. se lege Cornelia imperium habiturum, quoad in urbem introisset; ep I 9, 25. hic senatus decrevit nec populus iussit me imperium in Sicilia habere; A VII 7, 4. an orbis terrarum imperium a populo Romano petebas? Muren 74. qui quinquennii imperium Caesari prorogaret; Phil II 24. extraordinaria in imperiis, sed regna quaeri putabantur; agr II 8. quibus imperium ita datum est, ut redderent; Q fr I 1, 23. quod maius imperium a minore rogari non sit ius; A IX 9, 3. (milites) illius auctoritatem, imperium secuti; Phil XI 20. quibus (auspiciis) omnis res publica atque imperium tenetur; Vatin 14. f. depono. — 2. ut me imperii nostri, quo quasi punctum eius (terrae) attingimus, paeniteret; rep VI 16. quoniam quidem est hoc summi imperii, nosmet ipsos de nostris rebus

iudicare; fr A XV 4. — 3. cum Karthago huic imperio immineret; Balb 34. qui consulari imperio paruerunt; Rabir 27. si isdem imperiis et potestatibus parent; leg I 23. magnis imperiis et provinciis praefui; par 37. — 4. qui sub populi Romani imperium dicionemque ceciderunt; Font 12. cum de imperio decertatur; of I 38. ne quis vir pro nostro imperio periculo suo dimicaret; Balb 25. qui in illa loca cum imperio mitterentur; Ver V 41. quae lex ad imperium, ad maiestatem pertinet; Cael 70. erit tum consul Hortensius cum summo imperio et potestate; Ver pr 37. provincias de populi Romani imperio sustulit; Phil VII 15. vides tyranni satellites in imperiis; A XIV 5, 2. — III, 1. hominem dominandi cupidum aut imperii singularis; rep I 50. — 2. quem (Deiotarum) unum habemus fidelissimum huic imperio; har resp 29. a gentibus aut inimicis huic imperio aut infidis; prov 33. — 3. fretus imperio populi Romani; Sest 57. — IV, 1. sociorum auxilia propter acerbitatem atque iniurias imperii nostri ita alienata a nobis (sunt), ut ..; ep XV 1, 5. iure auctoritas huius imperii gravis habebatur; div Caec 69. cum in imperiorum, honorum, gloriae cupiditatem inciderunt; of I 26. de Cn. Pompeio, propugnatore et custode imperii, interficiendo consilia inibantur; dom 129. sicut huius imperii dignitas in summo periculo civium postulabat; Muren 6. hoc domicilium clarissimi imperii (conservatum) videtis; Catil III 1. ut eius gloriae domicilium communis imperii finibus terminetur; Balb 13. ea bella, quibus imperii proposita gloria est; of I 38. his insignibus atque infulis imperii venditis; agr I 6. iniuriae: f. acerbitas. sustulisti ius imperii; Ver V 50. cum (Sulla) imperii maiestatem legibus confirmaret; Sex Rosc 131. grave est nomen imperii; agr II 45. accedit nomen imperii, quo appellor; ep II 16, 2. propugnator: f. custos. nunc imperii vestri splendor illis gentibus lucem adferre coepit; imp Pomp 41. cum imperii summam rex teneret; rep II 50. — 2. de nostro imperio fundos populos fieri noluerunt; Balb 22. iussus regnare legem de imperio suo curiatam tulit; rep II 38. — V, 1. attingere: f. I, 2. paenitet. si hoc non est vi atque imperio cogere invitos lucrum dare alteri; Ver III 71. omnia legum imperio et praescripto fieri videbitis; Cluent 147. quae (Graecia) quondam opibus, imperio, gloria floruit; Flac 16. nisi illam rem imperio edictoque prohibuisset; Ver II 160. — 2. ab: f. II, 1. rogo. qui provincias cum imperio obtinerent; Sest 128. vgl. II, 4. mitto cum. nullam rem ne in sermone quidem cotidiano atque imperiis domesticis recte posse administrari, si ..; inv II 140. cum ipse imperator in toto imperio populi Romani unus esset; Ligar 7. qui potest fieri, ut sine imperio teneatur exercitus? Phil XI 20.

impero, befehlen, herrschen, gebieten, anbefehlen, auferlegen: I, 1. a. nunc ades ad imperandum vel ad parendum potius; sic enim antiqui loquebantur; ep IX 25, 2. quae lex est recta ratio imperandi atque prohibendi; leg I 42. — b. sapientia iubet imperare quam plurimis; rep III 24. — 2. quoniam neque domi imperaram; de or II 28. si harum civitatum militibus, nauarchis Syracusanus Cleomenes iussus est imperare; Ver V 84. cur deus homini, animus imperat corpori, ratio libidini ceterisque vitiosis animi partibus? rep III 36. nulla est tam stulta civitas, quae non iniuste imperare malit quam servire iuste; rep III 28. deus, ratio: f. animus. noster populus in pace et domi imperat; rep I 63. — II, 1. ei medico imperati, ut venas hominis incideret; Piso 83. — 2. in has lautumias, si qui publice custodirendi sunt. etiam ex ceteris oppidis Siciliae deduci imperantur; Ver V 68. — 3. ipsos in lautumias abduci imperabat; Ver V 146. — III. »quod is, qui bellum geret, imperassit, ius ratumque

40

esto«; leg III 6. f. naves. ut puerum vocaret, credo,
cui cenam imperaret; Sex Rosc 59. qui frumentum
cellae nomine imperaverunt; Ver III 209. quibus ei
videatur, naves, nautas, pecuniam ceteraqne ut imperandi ius potestatemque habeat; Phil XI 30. cum
L. Flaccus in Asia remiges imperabat; Flac 30. illam
rationem in imperando sumpta et Pompeius et Flaccus
secutus est; Flac 32. in tributis imperandis tantum
oneris plebi imponebatur, ut . .; Ver II 138.
impertio, zuteilen, mitteilen, gewähren, wib-
men: alqd: f. consilium, al. cum mediocribus multis gratuito civitatem in Graecia homines impertiebant; Arch 10. huic plausus maximi, consalutatio
forensis perhonorifica, signa praeterea benivolentiae
permulta a bonis impertiuntur; A II 18, 1. sin autem
(frater) aliquid impertivit tibi sui consilii; ep V 2,
9. Sampsiceramum dolorem suum impertire nobis;
A II 23, 2. viro forti, conlegae meo, laus impertitur,
quod . .; Catil III 14. plansus: f. consalutationem.
imperti etiam populo potestatis aliquid; rep II 50.
quoniam nihil impertisti tuae prudentiae ad salutem
meam; A III 15, 7. Terentia impertit tibi multam
salutem; A II 12, 4. signa: f. consalutationem. ut
aliquid suorum studiorum philosophiae quoque impertiat; fin V 6. ut mihi quoque tuae suavitatis
aliquid impertias; de or II 16. qui tantum potuit
impertire huic studio temporis; Balb 3.
impetibilis, unerträglich: quem (dolorem)
vos impetibilem facitis; fin II 57.
impetratio, Auswirkung, Vergünstigung:
illud molestius, istas impetrationes nostras nihil
valere; A XI 22, 1.
impetrio, burch günstige Wahrzeichen zu erlangen suchen: I. is, qui impetrire velit; div II
35. — II. ut nunc extis, sic tum avibus magnae res
impetriri solebant; div I 28.
impetro, bewirfen, erlangen, erreichen, Erfolg
haben: I. eine, qui postulabant, indigni erant,
qui impetrarent? Sex Rosc 119. haec si tecum patria
loquatur, nonne impetrare debeat? Catil I 19. — II.
1. nisi de redimendis captivis impetravissent; of III
113. res publica ab iis ipsis de te propediem impetrabit; ep IV 13, 5. — 2. ceteri quoque impetrant, ne
retineantur; Ver II 71. — 3. impetrat a senatu, ut
dies sibi prorogaretur; Ver I 98. — III. si a Caesare,
quod speramus, impetrarimus; ep XIII 7, 5. impetrabo aliquid a me ipso; A IX 15, 1. ei (Demetrio
Megae) Dolabella rogatu meo civitatem a Caesare
impetravit; ep XIII 36. 1. a quo (praetore) ius impetraret; Quinct 96. cum a te non liberationem culpae, sed errati veniam impetravissem; Ligar 1. quo
optato impetrato; of III 94. veniam: f. liberationem.
impetus, Umschwung, Schwung, Ungestüm,
Angriff, Anbrang, Drang, Trieb: I. quodsi omnis
impetus domesticorum hostium depulsus a vobis se
in me unum convertit; Catil III 28. multos saepe
impetus populi non iniustos esse; de or II 124. in
eadem verba impetus (habet interdum vim); de or
III 206. populi impetus periculi rationem sui non
habet; leg III 23. — II, 1. duobus inceptis verbis omnem
impetum gladiatoris ferociamque compressi; har
resp 1. ab huius nunc capite Gallorum impetus terroresque depellit; Font 44. f. I. convertit. impetum
faciunt in Fabricium; Sest 75. qui illum impetum
oratoris non habeat; de or II 58. tu illos impetus
perditorum hominum in nostras domos immisisti;
Phil II 91. incitatos latronum impetus retardavit;
Phil V 23. est prudentis sustinere ut cursum, sic
impetum benivolentiae; Lael 63. vitandi illorum impetus potestas; Quinct 8. — 2. horum sunt anguria
non divini impetus, sed rationis humanae; div I 111.
— 3. magno semper usi impetu; orat 129. — 4. si
meam salutem contra illius impetum in me crudelissimum defenderim; ep V 2, 6. de impetu animi
loquor; Cael 76. — III, 1. ut (animus) id, quod fecit,

impetu quodam animi potius quam cogitatione fecerit; inv II 17. repentino quodam quasi vento impetu
animi incitati; of I 49. nec tantum in alios caeco
impetu (cupiditates) incurrunt; fin I 44. quem impetu perculerit; dom 106. ut impetu quodam animi
et perturbatione magis quam iudicio aut consilio
regatur; de or II 178. — 2. ex hoc cursu atque
impetu animorum ad veram laudem atque honestatem
illa pericula adeuntur in proeliis; Tusc II 58.
impie, gottlos, ruchlos, unehrerbietig: I. multa
et in deos et in homines impie nefarieque commisit;
Ver I 6. qui in Dolabellam tam spurce, tam impie
dixeris; Phil II 99. non indocte solum, verum etiam
impie faciat, si deos esse neget; nat II 44. — II.
tam impie ingratus esse audet, ut . .? Tusc V 6.
impietas, Gottlosigkeit, Ruchlosigkeit: I. si
nihil est, quod tam miseros faciat quam impietas
et scelus; fin IV 66. — II. ad impietatem in deos
in homines adiunxit iniuriam; nat III 84.
impiger, unverdrossen, rastlos: quis est tam
in scribendo impiger quam ego? ep II 1, 1. virum
ad labores belli impigrum; Font 43.
impigritas, Unermüdlichkeit: viri fortissimi
fortitudinis, impigritatis, patientiae*; rep III 40.
impingo, anschlagen, aufbrängen, vorhalten:
huic calix mulsi impingendus est? Tusc III 44.
impingit mihi epistulam Scaptius Bruti; A VI 1, 6.
uncus impactus est fugitivo illi; Phil I 5.
impius, gottlos, ruchlos, gewissenlos, frevelhaft: A. proficiscere ad impium bellum ac nefarium;
Catil I 33. quod (bellum) cum impiis civibus con-
sceleratisque suscepimus; Phil XIII 1. mala et impia consuetudo est contra deos disputandi; nat II 168.
exsulta impio latrocinio; Catil I 23. numquam a me
sacrilegas manus atque impias abstinebit; Phil XII
26. quis Lentuli perversam atque impiam religionem
recordatur, qui . .? Sulla 70. cum (is philosophus)
impiis sententiis damnatus esset; div I 124. — B, I.
donis impii ne placare audeant deos; leg II 41.
salvi sint improbi, scelerati, impii; Phil VIII 16. —
II. nocentem aliquando, modo ne nefarium impiumque
defendere; of II 51. -- III, 1. hae sunt impiorum
furiae, hae flammae, hae faces; Piso 46. omnes
acerbissimas impiorum poenas pertulerunt; agr II 92.
— 2. quod in impios singulare supplicium invenerunt; Sex Rosc 69.
implacabilis, unversöhnlich: cur ego in te
tam implacabilis essem; ep III 10, 8. si implacabiles
iracundiae sunt; Q fr I 1, 39.
implecto, burchflechten: »oblique implexus
tribus orbibus unus«; fr H IV, a, 556.
impleo, anfüllen, erfüllen, befriebigen: (Demosthenes) non semper implet aures meas; orat
104. si neque ollam denariorum implere (potes); ep
IX 18, 4. lautissimum oppidum militum sanguine
implevit; Phil XIII 18. tuis oraculis Chrysippus
totum volumen implevit; div II 115.
implicatio, Einfügung, Verflechtung, Verwirrung: I. huc adde nervos eorumque implicationem
corpore toto pertinentem; nat II 139. — II.
addo: f. I. — III. oportebit per locorum communium
implicationem redargnentem demonstrare . .; inv
II 100. qui propter implicationem rei familiaris
communi incendio malint quam suo deflagrare;
Sest 99.
implicite, verschlossen: quae (pars) non implicite et abscondite, sed patentius et expeditius
recti et non recti quaestionem continet; inv II 69.
implico, verwideln, verwirren, verschlingen,
verknüpfen, verbinden: L. Gellius ita diu vixit,
ut multarum aetatum oratoribus implicaretur; Bru
174. qui vestri ordinis cum magistratibus nostris
fuerint his causis implicati; Rab Post 19. quae
(avaritia) criminibus infinitis implicata est; Piso 86.
nullis occupationibus (deus) est implicatus; nat

151. omnes Caesaris familiares satis oportune habeo implicatos consuetudine et benivolentia sic, ut . . ; ep VI 12, 2. haec fides atque haec ratio pecuniarum implicata est cum illis pecuniis Asiaticis et cohaeret; imp Pomp 19. implicata inscientia impudentia est; Phil II 81. rationem: f. fidem. quam (vim di) hominum naturis implicant; div || 79.

imploratio, Anflehen, Hülferuf: non fuit haec sine meis lacrimis omnium deorum et hominum et civium et sociorum imploratio; de or II 196. si te illius acerba imploratio et vox miserabilis non inhibebat; Ver V 163.

imploro, anrufen, anflehen, flehend bitten: l. populo Romano imploraute; dom 26. — II. neque auxilium suum saepe a viris bonis frustra implorari patietur; de or II 144. quid ego nunc tuas litteras, quid tuam prudentiam aut benivolentiam implorem? A IX 12, 4. si umquam res publica consilium, gravitatem, sapientiam [providentiam] iudicum imploravit, hoc tempore implorat; Flac 3. vestram in hac re fidem, dignitatem, religionem in iudicando non imploro; Ver III 146. cum virgo Vestalis populi Romani fidem imploret; Font 46. gravitatem, al. f. benivolentiam, al. (mater) filii nomen implorans; Ver V 129.

impluvium. Regenbaffin, Hof: quae (signa) nunc ad impluvium tuum stant; Ver I 61.

impolite, fchmucklos, fchlicht: tibi breviter impoliteque dicenti; de or I 214.

impolitus, ohne Glätte, unausgebilbet, unvollendet: alii callidi, sed impoliti; orat 20. significant formam quandam ingenii, sed admodum impolitam et plane rudem; Bru 294. (genus eorum) hebes atque impolitum; de or II 133. impolitae vero res et acerbae || asperae, al. || si erunt relictae; prov 34.

impono. auflegen, hinauflegen, aufftellen, auffetzen, einfetzen, einfchiffen, verfaben, auferlegen, geben, zufügen, aufbinden, hintergehen, täufchen: f. cui (Catoni) egregie imposuit Milo noster; Q fr II 4, 5. — II. (Er) rogo impositus; rep VI 3. si mihi imposuisset aliquid; A XV 26, 4. f. onus. ab aquila Tarquinio apicem impositum; leg I 4. quibus tu privatim iniurias plurimas contumeliasque imposuisti; Ver IV 20. cum ceteris coronas imposuerint victoribus; ep V 12, 8. imposuistis in cervicibus nostris sempiternum dominum; nat I 54. cum M. Crassus exercitum Brundisii imponeret; div II 84. frumentum imponere? A XV 10. iniurias: f. contumelias. qui mihi prope iam nimis duras leges imponere visus es huic aetati; de or I 256. quae (mulier) laeta una cum viro in rogum imponitur; Tusc V 78. ne nomen quidem ei vitio imposuerunt; de or II 18. qui tibi tantum oneris imponam; ep V 12, 2. quam (personam) casus aliqui aut tempus imponit; of I 115. supra impositum puteal accepimus; div I 33. si Lentuli navis non erit, quo tibi placebit, (signa) imponito; A I 8, 2. vectigal esse impositum fructibus nostris dicitur; Font 20. quae hic (C. Gracchus) rei publicae vulnera imponebat, eadem ille (Drusus) sanabat; fin IV 66. — III. sin autem emimus, quem vilicum imponeremus; Planc 62.

importo, einführen, bringen, herbeiführen, verurfachen: alqd: f. incommodum. plura proferre possim detrimenta publicis rebus quam adiumenta per homines eloquentissimos importata; de or I 38. tantam importare meis defensoribus calamitatem; Sest 146. si quid importetur nobis incommodi; of II 18. importantur non merces solum adventiciae, sed etiam mores; rep II 7.

importunitas. Rückfichtslofigkeit, Schroffheit, Frechheit: I. importunitas et inhumanitas omni aetati molesta est; Cato 7. — II, 1. huius importunitatem matris a filii capite depellite Cluent

195. omnem eorum importunitatem ex intimis mentibus evellisset vis orationis tuae; de or I 230. — 2. quamquam est incredibili importunitate et audacia; Ver II 74. — 3 vide inter importunitatem tuam senatusque bonitatem quid intersit; Ver III 42. — III. Metram et Athenaeum importunitate Athenaidis exsilio multatos; ep XV 4, 6.

importunus. ungünftig, rückfichtslos, ungeftüm, frech: fac ista esse non importuna; fin II 85. qui illum cum hac importuna belua conferam; Piso 8. Q. Varius, homo importunissimus; nat III 81. societatem cum importunissimo hoste; Phil II 89. non importunas istius libidines conquerebantur; Ver IV 111. post abitum huius importunissimae pestis; Ver III 125. est in eo loco sedes huic nostro non importuna sermoni; de or III 18. si modo vultum importunum in forum detulisset; sen 15.

impotens, ohnmächtig, fchwach, zügellos: A. (victoria) eos ipsos ferociores impotentioresque reddit; ep IV 9. 3. sin ista pax perditum hominem in possessionem impotentissimi dominatus restitutura est; ep X 27, 1. in qua (re publica) hominis impotentissimi atque intemperantissimi armis oppressa sunt omnia; ep X 1, 1. quae est ista tam impotens, tam crudelis, tam immoderata inhumanitas? Deiot 32. — B. sic distrahuntur in contrarias partes impotentium cupiditates; Tusc V 60. valeant haec omnia ad opem impotentium; Muren 59.

impotentia. Unbändigkeit, Zügellofigkeit: I. animorum motus inflammant impotentiam quandam animi a temperantia et moderatione plurimum dissidentem; Tusc IV 34. impotentia dictorum ac factorum quam partem (habet) sanitatis? Tusc IV 52. — II. inflammo: f. I.

impressio. Eindruck, Ausbruck, Taft, Angriff: I. in lingua etiam explanatam vocum impressionem (esse); Ac I 19. — II, 1. si numerosum est in omnibus sonis atque vocibus, quod habet quasdam impressiones; de or III 185. — 2. inter ipsas impressiones nihil interesse, sed inter species et quasdam formas eorum (visorum); Ac II 58. — III. me vi atque impressione evertere; ep V 2, 8.

imprimis f. in, B, IV, 7.

imprimo, aufbrücken, einbrücken, abbrücken, einprägen, bezeichnen: an imprimi quasi ceram animum putamus? Tusc I 61. horum flagitiorum iste vestigiis omnia municipia, praefecturas, colonias, totam denique Italiam impressit; Phil II 58. quorum (iudicum) lectione duplex imprimeretur rei publicae dedecus; Phil V 16. Italiam, al.: f. colonias. nisi omnes illi motus in ipso oratore impressi esse atque inusti videbantur; de or II 189. in quo imprimuntur illae notae (litterarum); part or 26. cum sulcus altius esset impressus; div II 50. illa sunt curricula sermonum, in quibus Platonis primum sunt impressa vestigia; orat 12. visum impressum effectumque ex eo, unde esset; Ac II 18.

improbatio. Berwerfung: dubiumne est, quin ista omnis improbatio cogendae pecuniae causa nata sit? Ver III 172.

improbe, unrecht, unreblich, fchlecht: an improbius populo Romano ademit? Ver II 83. qui aliquid improbe faciat; fin II 57. ut homo popularis fraudaret improbissime populum; har resp 42. si me non improbissime Dolabella tractasset; A XVI 15, 1. qui improbe credita pecunia usus est; Rab Post 7.

improbitas. Unreblichkeit, Schlechtigkeit, Frechheit, Ruchlofigkeit: I. quia nulla sit in dolore nec fraus nec improbitas; fin IV 52. quod eius improbitatem versari in re publica nollet; Cluent 88. — II, 1. unius improbi supplicio multorum improbitatem coërcere; Ver III 208. cognoscite hominis ne dissimulatione quidem tectam improbitatem et audaciam; Ver II 71. mirantur omnes

40*

improbitatem calumniae; Ver II 37. cuius (Hyperboli) improbitatem veteres Atticorum comoediae notaverunt; Bru 224. tego: f. cognosco. — 2. Neronis iudicio non te absolutum esse improbitatis; Ver I 72. haec, quae robustioris improbitatis sunt; Phil II 63. — 3. confido poenam iam diu improbitati, nequitiae debitam instare; Catil II 11. — 4. locutus erat liberius de istius improbitate atque nequitia; Ver V 141. — III. scitote vos nullum ceteris in aestimando finem improbitatis et avaritiae reliquisse; Ver III 220. — IV, 1. quoniam totus ordo paucorum improbitate et audacia premitur; Ver pr 36. — 2. ob singularem improbitatem atque audaciam; Ver III 140.

improbo, mißbilligen, tabeln, verwerfen: I. mancipibus potestatem probandi improbandique permisi; Ver III 175. — II. non ego causam nostram, sed consilium improbabam; ep VI 1, 5. foedere ab senatu improbato; inv II 91. improbas frumentum Siculorum; Ver III 172. quicquid de homine probando aut improbando dicitur; inv II 110. cum omnino iudicium improbatur; inv I 79. improbantur ii quaestus, qui in odia hominum incurrunt; of I 150. ego ista studia non improbo; de or II 156.

improbus, unredlich, böse, schlecht, ruchlos, verworfen: A. longe post natos homines improbissimus C. Servilius Glaucia; Bru 224. Carbonis, seditiosi atque improbi civis; leg III 35. minister improbissimae cupiditatis; Ver I 72. quae tanta ex improbis factis accessio potest fieri, quanta ..? fin I 51. illud improbi esse hominis et perfidiosi; de or II 297. esset ex inerti et improbo et imparo parente gnavus et pudens et probus filius; Ver III 161. se in re improbissima voluisse M. Antonium imitari; Ver III 213. verbis uti improbissimis solitum esse scimus; Sulla 71. — B. I. quod adhuc nemo nisi improbissimus fecit; Ver III 219. — II, 1. et accusare improbos et miseros defendere; div Caec 70. si improborum exemplis improbi iudicio ac periculo liberabuntur; Ver III 207. — 2. quod improbis semper aliqui scrupus in animis haereat; rep II 26. spem improbis ostendistis; agr I 23. — 3. langnentem populum aut inflammare in improbos aut incitatum in bonos mitigare; de or I 202. — III. exempla: f. II, 1. libero. plerumque improborum facta primo suspicio insequitur, dein sermo atque fama; fin I 50. quae future improborum in re publica gesta sunt; dom 2. omnia iudicia ex improborum iniquitate et iniuria nata sunt; Tul 8. conflatam improborum manum; Catil I 25.

improdictus, nicht verlegt: ne improdicta || in prodicta, al. || die quis accusetur; dom 45.

improvidus, arglos, unvorsichtig: ut existimares me tam improvidum; ep II 16, 1. iis (Dionysius) ab adulescens improvida aetate retierat erratis; Tusc V 62. fatalis quaedam calamitas videtur improvidas hominum mentes occupavisse; Ligar 17.

improviso, unversehens, unvermutet: cum mihi nihil improviso pro tantis meis factis evenisset; rep I 7. cur tam improviso, cur tam repente pacis est facta mentio? Phil XII 3. cum hominem temperantem tantus improviso morbus oppresserit; ep XV 1, 1.

improvisus, unvorhergesehen, unvermutet: A. est etiam improvisum quiddam; de or III 207. castella munita improviso adventu capta; ep II 10, 3. ecce illa subita atque improvisa formido; prov 43. ut nulla sit res tam improvisa, de qua non ..; de or I 103. quam tu salutem rei publicae attulisti, quam improvisam, quam repentinam! Phil III 27. — B. in quos de improviso incidant; Sex Rosc 151. ex improviso si quae res nata esset; Ver I 112.

imprudens, ahnungslos, ohne Kunde, unabsichtlich, unvermutet, unvorsichtig, unklug: qui (libellus) me imprudente et invito excidit; de or I 94. ut mihi imprudens M. Servilium praeterisse videare; Bru 209. hic corrector immittit imprudens ipse senarium; orat 190. in altum (imbecillitas) provehitur imprudens; Tusc IV 42. multa saepe imprudentibus imperatoribus vis belli molitur; Sex Rosc 91. (nautae) imprudentes legis vituium immolaverunt; inv II 95. quae (sacra) viri oculis ne imprudentis quidem aspici fas est; har resp 8.

imprudenter, unwissend, aus Unwissenheit: nihil imprudenter, sed omnia ex crudelitate et malitia facta (adversarius) dicet; inv II 108. illud imprudenter, si arbitrantur ..; Ac I 22.

imprudentia, Unachtsamkeit, Unkenntnis, Unwissenheit, Unabsichtlichkeit, Unbesonnenheit: I, 1. eius (modi) partes sunt prudentia et imprudentia; inv I 41. facta et eventus aut consilii sunt aut imprudentiae, quae est aut in casu ant in quadam animi permotione; part or 38. pertinet: f. III. — 2. imprudentia est, cum scisse aliquid is, qui arguitur, negatur; inv II 95. — II, 1. prudentiae ratio quaeritur ex iis, quae ..; imprudentia in purgationem confertur, cuius partes sunt inscientia, casus, necessitas, et in adfectionem animi, hoc est molestiam, iracundiam, amorem; inv I 41. — 2. sum: f. I, 1. est. — 3. voluntario maleficio veniam dari non oportere, imprudentiae concedi non numquam convenire; inv I 102. — 4. est etiam in imprudentia necessitas ponenda; part or 38. — III. si incidet imprudentia causa, quae non ad delictum, sed ad casum necessitatemve pertineat; part or 137. — IV, 1. tu imprudentia laberis; Muren 78. — 2. quod versus saepe in oratione per imprudentiam dicimus; orat 189.

impubes, unerwachsen: filium impuberem necatum esse; Catil IV 13.

impudens, unverschämt, schamlos: A. si impudentes in defendendo esse noluissent; Ver III 192. maximo atque impudentissimo furto; Ver III 163. quantum sibi ablatum homo impudentissimus dicit; Flac 34. est impudens luctus maerore se conficientis; Tusc III 26. in aliquo impudenti mendacio; Balb 5. — B probus improbam, pudens impudentem (fraudasse dicitur)? Q Rosc 21.

impudenter, unverschämt, schamlos: quo impudentius egerit; Caecin 2. quod cum impudentius me contenderes; fr A IX 26. non video, quid impudentius dici possit; Caecin 4. quam impudenter faciam; ep V 12, 2. homines impudentissime mentiuntur; Cluent 174. ut satius fuerit illud concedere quam tam impudenter resistere; nat I 69.

impudentia, Unverschämtheit, Schamlosigkeit: I. tametsi ea est hominis impudentia, quam nostis; Ver V 82. si tantum in foro atque in iudiciis impudentia valeret; Caecin 1. — II, 1. ut audacia tua cognoscatur et impudentia; Sex Rosc 95. nosco: f. I. est. putavi mihi reprimendam esse P. Clodii impudicam impudentiam; har resp 1. verecundia negandi scribendi me impudentiam suscepisse; orat 238. — 2. ceteros non dubitabo primum inertiae condemnare sententia mea, post etiam impudentiae; de or I 172. volitare in foro insignis est impudentiae; de or I 173. — 3. quo nunc impudentiae facilius obsisteremus; Caecin 2. — 4. es tu quidem cum audacia tum impudentia singulari; dom 133. — 5. ineptum est de tam perspicua eius impudentia pluribus verbis disputare; Ver I 148. si quis pudor esse potest in tam insigni impudentia; agr II 36. ecquem andistis in tanta audacia, tanta impudentia esse versatum? Ver III 65. ut tamen impudentiae suae pudentem exitum quaesisse videantur; Ver I 2. — IV, 1. animos iudicum defensionis impudentia commoveri; Cluent

3f – 2. neque in alterius impudentia sui pudoris
existimationem amitterent; Ver II 192.

impudicitia, Unzüchtigkeit: I. cuius impudi-
citiam pueritiae vidimus; dom 126. — II. maledicta
deprompta ex recordatione impudicitiae et stuprorum suorum; Phil III 15.

impudicus. unzüchtig, unkeusch: A. „si tu et
adversus et aversus impudicus es"; de or II 256. cum
omnes impuritates impudica in domo cotidie susciperes;
Phil II 6. putavi mihi reprimendam esse P. Clodii
impudicam impudentiam; har resp 1. „plus impudi-
cissimae mulieris apud te sagia valere"; Ver V 112. —
B. in his gregibus omnes impuri impudicique versantur; Catil II 23.

impugnatio, Angriff: ipse domum P. Sullae
pro castris sibi ad eam impugationem sumpserat; A
IV 3, 3.

impugno, angreifen, bekämpfen: quae (malevolentia) te impugnare auderet; ep III 12, 1. magistratuum tecta impugnata vidistis; sen 7.

impulsio, Einwirkung, Antrieb, Erregung:
I. 1. causa tribuitur in impulsionem et [in] ratiocinationem. impulsio est, quae sine cogitatione per
quandam adfectionem animi facere aliquid hortatur,
ut amor, iracundia, aegritudo, violentia; inv II 17.
ad hilaritatem impulsio; de or III 205. — 2. sum:
§ 1. — II, 1. quos (sensus) iunctos esse censuit e quadam quasi impulsione oblata extrinsecus, quam ille
qantaoíar, nos visum appellemus licet; Ac I 40.
aliam quandam vim motus (atomi) habebant a Democrito impulsionis, quam plagam ille appellat; fat 46.
– 2 iungo e: §. 1. — III. vis: §. II, 1. — cum
(accusator) impulsione aliquid factum esse dicet;
inv II 19.

impulsor. Antreiber, Anreger: I. quamvis
non fueris suasor et impulsor profectionis meae;
A XVI 7, 2. — II. esse auctores et impulsores et
socios habuisse sceleris illius; Vatin 24.

impulsus, Stoß, Antrieb, Anregung: 1. cur
Milonem impulsu meo rem illam egisse dicas; Phil
II 49. qui simili impulsu aliquid commiserint; inv
II 19. si quam Rubrius iniuriam suo nomine ac non
impulsu tuo et tua cupiditate fecisset; Ver I 80.
de oratore vestro impulsu loquor; de or III 84.
quoniam is ardor non alieno impulsu, sed sua sponte
movetur; nat II 32. impulsu scutorum magnas copias pulsas esse; Caecin 43. — 2. quae (scientia)
potest esse etiam sine motu atque impulsu deorum;
div I 109.

impune, straflos, ohne Gefahr, ohne Nachteil:
te id impune facere potuisse; Phil II 5. Dionysius
cum multos libros surripuisset nec se impune laturum
putaret. aufugit; ep XIII 77, 3. quod in metu fin-
gratur impunius; div II 58. homines impune occide-
bantur; Sex Rosc 93. licet impune per me parietes
in adulescentia perfoderis; Vatin 11. ut, si (nummos)
non dederit, impune sit; A I 16, 13.

impunitas. Straflosigkeit. I. cum tanta praesertim gladiorum sit impunitas; Phil I 27. — II.
omni impunitate proposita; Phil II 36. — III, 1.
Gabinii absolutio lex impunitatis putatur; Q fr III
9. 3. quis ignorat maximam inlecebram esse peccandi impunitatis spem? Milo 43. — 2. alterum
caput est tralaticium de impunitate, SI QUID . .;
A III 23. 2. — IV. nos supra fluentes inveniri
quadam dicendi impunitate et licentia; Bru 316.

impunitus, ungestraft, straflos: illo impuni-
to: har resp 61. possemus hanc iniuriam ignominiam-
que nominis Romani inultam impunitamque dimittere?
Ver V 149. omnium rerum impunitati libertatem;
de or I 226. nisi multorum impunita scelera tulissemus; of II 28.

impure, schändlich, lasterhaft: a quo (Dionysio) impurissime haec nostra fortuna despecta est;
A IX 12, 2. multa facere impure atque taetre; div

I 60. quam (religionem) tu impurissime taeterrimeque violasti; dom 104. quem impure ac flagitiose
putet vivere; fin III 38.

impuritas. Unflätigkeit: I. illam impuritatem
caeni fuisse, ut . .; Phil V 16. — II. cum omnes
impuritates impudica in domo cotidie susciperes;
Phil II 6.

impurus, schändlich, lasterhaft, verworfen:
A. cum impuris atque immanibus adversariis
decertantem; rep I 9. ex illa impura adulescentia
sua; Ver I 32. homo improbus atque impurus; Ver
III 140. in illa taetra atque impura legatione; Ver
I 62. orationem ex ore impurissimo evomuit; Phil
V 20. cum ab hoc eodem impurissimo parricida
rogarer . .; har resp 17. praetor eiusdem populi
turpissimus atque impurissimus; Ver IV 77. — B, I.
quicum vivere nemo umquam nisi turpis impurusque voluisset; Ver III 65. — II. impuri cuiusdam
esse sententiam; Lael 59.

in (vgl. endo. im: f. A, I. sum; leg III 6), A.
mit Accusativ: in, in — hinein, nach, auf, gegen,
für, zu: I. nach Verben: in Aegyptum nos abde-
mus; A IX 19, 3. (Cleombrotum) e muro se in mare
abiecisse; Tusc I 84. quem in portum numquam
hostis accesserat; Ver V 138. quaeso, ut hoc in
bonam partem accipias; Sex Rosc 45. pars (argumentorum) est in omnes eiusdem generis aut in plerasque
causas accommodata; inv II 47. ut adderet in indicium INIURIA; Tul 38. in illam orationem Metellinam addidi quaedam; A I 13, 5. cum eum in invidiam suis maleficiis adduxit; Ver pr 11. cum ad
praetorem in ius adissemus; Ver IV 147. ille (Cn.
Octavius) in suam domum consulatum primus attulit;
of I 138. quod in me tantum facinus admisi? Milo
103. quem (Gavium) tu in crucem egisti; Ver V
164. cum egisset lege in hereditatem paternam testamento exheres filius; de or I 175. animadvertisse
censores in iudices quosdam; Cluent 119. quibus
tamquam gradibus mihi videor in caelum ascendisse,
non solum in patriam revertisse; dom 75. comprehensio in spondíos cadit; orat 223. in illo communi
incommodo nulla in quemquam propria ignominia
nominatim cadebat; Sest 30. vi et necessario sumus
in portum coacti; inv II 98. ut tam in praecipitem
locum non debeat se sapiens committere; Ac II 68.
cum arma in aedem Castoris comportabas; dom 54.
scribarum ordinem in me concitabat Hortensius; Ver
III 182. is (orator) concludatur in ea, quae sunt in
usu civitatum vulgari ac forensi; de or I 260. in
actiones omnemque vitam nullam discrepantiam conferre debemus; of I 111. confugiunt quasi ad aram
in exsilium; Caecin 100. est id quidem in totam
orationem confundendum nec minime in extremam;
de or II 322. homines honestissimos in ferrum atque
in vincla coniectos; Ver V 107. in eam tabulam
magni risus consequebantur; Q fr II 4, 5. me in
possessionem iudicii ac defensionis meae constituse;
de or II 200. consurgitur in consilium; Cluent 75.
nunc in alteram concessionis partem iam constituo;
inv II 103. quid in quamque (causam) conveniat,
res ipsa docebit; inv II 44. licet in Latinum illa
convertere; Tusc III 29. quo (die) in aedem Telluris
convocati sumus; Phil I 1. quae (legiones) decretae
sunt in Syriam; ep II 17, 5. cum ea contraherent
in angustumque deducerent; Ac I 38. eadem lectica
usque in cubiculum deferebatur; Ver V 27. Piliam
in idem genus morbi delapsam; A VII 5, 1. eas
(tabulas) hic partim in hortos Pompei deportavit.
partim in villam Scipionis; Phil II 109. deverteram
in Cumanum; A XV 1, a, 1. quod apud Platonem
est in philosophos dictum; of I 28. in aliud tempus
ea quaestio differatur; fin V 45. comitia Bibulus in
ante diem Kal. Novembr. distulit; A II 20, 6. ut
omne ius civile in genera digerat; de or I 190. haec

Graeci in singulas scholas et in singulos libros dispertiunt; Tusc III 81. iuventis frugibus et in orbem terrarum distributis; Ver V 188. quoniam quattuor in partes totam quaestionem divisisti; nat III 20. se in conspectum nautis paulisper dedit; Ver V 86. da te in sermonem; A XIII 23, 3. quae spiritu in pulmones anima ducitur; nat II 138. itum est in consilium; Cluent 55. nonne pecunia in classem est erogata? Flac 30. omnium scelerum maturitas in nostri consulatus tempus erupit; Catil I 31. quod ((Cato) in contionem escendit; Q fr I 2, 15. vereor, ne idem eveniat in meas litteras; ep II 10, 1. in Piraeea cum exissem pridie Idus Octobr.; A VI 9, 1. venio ad „Piraeea", in quo magis reprehendendus sum, quod homo Romanus „Piraeea" scripserim, non „Piraeum", quam quod addiderim „in". non enim hoc ut oppido praeposui, sed ut loco; A VII 3, 10. hic tantum inventa unam quamque in rem exponentur simpliciter; inv II 11. sponsio quae in verba facta est? Quinct 84. impetum: f. III. si atomi ferrentur in locum inferiorem suopte pondere; nat I 69. in nos crimina finguntur; Flac 96. aër in omnes partes se ipse fundit; nat II 117. cum (Iuppiter) in medium mare fulmen iecit; div II 45. et in domum et in hortos paternos immigrabit; Phil XIII 34. imperatorem equo incitato se in hostem immittentem; nat III 15. cum frumentum sibi in cellam imperavisset; div Caec 30. iste chorus virtutum in eculeum impositus; Tusc V 13. quare non in omnem causam, sed in omne causae genus incidunt; inv II 56. qui in latrones inciderint; Milo 30. qui falsa decreta in aes incidenda curaverit; Phil III 30. incumbite in causam; Phil IV 12. ne incurrat (inventus) in alterius domum atque famam; Cael 42. quae te ratio in istam spem induxit, ut . . ? of II 53. si quae in eum lis capitis inlata est; Cluent 116. in eas imagines mentem intentam infixamque intellegentiam capere . .; nat I 49. populum inflammare in improbos; de or I 202. qui (Hypanis fluvius) ab Europae parte in Pontum influit; Tusc I 94. posteaquam in istam accusandi denuntiationem ingressus es; Muren 46. qui (paean) commodissime putatur in solutam orationem inligari; orat 215. imagines extrinsecus in animos nostros per corpus inrumpere? Ac II 125. Torquatus rursus in me inruit; Sulla 40. age vero, nunc inserite oculos in curiam; Font 43. quid sumptus in eam rem aut laboris insumpserit; inv II 113. quoniam Smyrnae duos Mysos insuisses in culleum; Q fr I 2, 5. si quod in me telum intenderit; har resp 7. f. infigo. si (Academia) invaserit in haec; leg I 39. Paulus tantum in aerarium pecuniae invexit, ut . .; of II 76. vos non ex lege, in quam iurati sitis, rem indicare; in III 131. Popilium in senatum non legit; Cluent 132. video te velle in caelum migrare; Tusc I 82. misit litteras in Siciliam; Ver III 167. in miseriam nascimur sempiternam; Tusc I 9. cum ex amplissimo genere in familiam clarissimam nupsisses; Cael 34. obtulit in discrimen vitam suam; Sest 61. quis in eius (Curtii) locum paretur; A II 5, 3. dum panis et cetera in navem parantur; A X 15, 4. omnia in quaedam genera partita; Tim 11. in me ipsum peccavi vehementius; A III 15, 4. in ipsum portum penetrare coeperunt; Ver V 96. perge in Siciliam; agr II 48. permanat in venas illud malum; Tusc IV 24. quam multi in portum salvi pervenerint; nat III 89. ut servos in quaestionem polliceatur; Sex Rosc 77. qui sibi in Achaiam biduo breviorem diem postularet; Ver pr 6. tu M. Bibulum in contionem, tu augures produxisti; dom 40. quam (rationem) profiteri et in medium proferre non audeas; in II 76. qui cives Romani in colonias Latinas proficiscebantur; dom 78. cum in exsilium profugissent; dom 86. cogita, quem in locum sis progressus; Catil III 12. quod erat (urbs) ita proiecta in altum; Ver IV 21. cum

de servo in dominum ne tormentis quidem quaeri liceat; Deiot 3. opinionibus vulgi rapimur in errorem: leg II 43. ne in unius imperium res recidat, admonemur; har resp 53. Numestium libenter in amicitiam recepi; A II 20, 1. gladium cruentum in vaginam recondidit; inv II 14. ut in gratiam iam cum voluptate redeamus; Cato 56. totam Galliam in nostram dicionem esse redigendam; prov 32. reges a se in gratiam esse reductos; Cluent 101. omnes in me meosque redundant ex fonte illo dolores: Milo 103. quodsi nubes rettuleris in deos; nat III 51. nt res in illud tempus reiceretur; Ver I 31. Isocratem hunc in numerum non repono; opt gen 17. quoniam in rem publicam sum pariter cum re publica restitutus; †en 36. ut dignitas iam in patriam revertisset; sen 5. f. ascendo. me in patriam ter suis decretis Italia cuncta revocavit; Quir 10. sero: f. spargo. utra (lex) communiter in plures, utra in aliquam certam rem scripta videatur; inv II 146. (genus humanum) sparsum in terras atque satum; leg I 24. fac aliquid gravius in Heium statuisse Mamertinos; Ver IV 19. qui M. Laevino praetores in eam provinciam successerant; Ver III 125. qui (sodalis) mihi in liberum locum ‖ loco ‖ more maiorum esse deberet; de or II 200. quae (nationes) in amicitiam populi Romani dicionemque essent; div Caec 66. »minores magistratus partiti iuris ploêres mi ploera sunto«; leg III 6. suscipimur in lucem; har resp 57. in caelum huius proavus Cato tollitur; Arch 22. ut se in studium aliquod traderent quietum; inv I 4. hominem in custodiam Ephesi tradidit; Q fr I 2, 14. hi ex summa egestate in eandem rerum abundantiam traducti; agr II 97. non erit difficile in unam quamque causam transferre, quod conveniet; inv II 103. qui (locus) in tempora tribuitur; inv I 107. quae (voluntas) in omne tempus et in omne factum idem valeat; inv II 123. „vincere te Romanos" nihilo magis in se quam in Romanos valere; div II 116. nos in forum venimus; Ver III 180. ut hoc solum in mentem M. Catonis; Ver V 180. ut hoc solum in iudicium veniret; Tul 12. cum res agatur in discrimenque ventum sit; of II 33. quod in bucram venerit, scribito; A I 12, 4. ut in flammam ipsam venirem; A XVI 7, 2. cum terra in aquam se vertit; nat III 31. laudem patriae in libertatem vindicandae; Flac 25. qui in expeditionem ad arma populum vocarit; inv II 93. si in invidiam vocamus; Sulla 80. nullam vim in iudicium vocari; Cael 1. me nemo adhuc rogavit, num quid in Sardiniam vellem; Q fr I 2, 1. quoniam sibi in illum legibus uti non liceret; Sest 89.

II. **nach Adjectiven, Pronomina und Adverb:** par (est), quod in omnes aequabile est; inv II 68. 162. cuius tu in patrem quod fuisti asperior; Q fr I 2, 6. f. durus. se beneficos in suos amicos visum iri; of I 43. quod in illum minime durum aut asperum possit esse; Scaur 32. in quem si me intellegis esse gratum; A IX 11, A, 3. idem in Cn. Dolabellam qui in Cn. Carbonem fuit; Ver I 41. in deos immortales quam impius, quam sceleratus, quam nefarius fueris; Ver I 47. cur ego in te tam implacabilis essem; ep III 10, 8. id quam iniustum in patriam esset; of III 82. erit in aratores lenior quam videtur; Ver III 34. nefarius: f. impius. homines Lampsaceni summe in omnes cives Romanos officiosi; Ver I 63. propensior benignitas esse debebit in calamitosos; of II 62. qualis rex Attalus in P. Africanum fuit; Deiot 19. qui: f. idem. sceleratus: f. impius. idcirco in eos me severum vehementemque praebeo; Catil IV 12. usque: f. I. defero.

III. **nach Substantiven und Verbindungen von Substantiven und Verben:** fuerunt non nulli aculei in Caesarem, contumeliae in Gellium; Q fr II 1, 1. huic aditus in senatum fuit; Phil VIII 28. quo amore tandem inflammati esse debemus in eius

modi patriam? de or I 196. propter tuum in me
amorem; ep I 3, 1. ſ. humanitas. tibi notior meus
in te animus esset, si . .; ep I 9, 1. velim angeas
tua in eum beneficia; ep XIII 28, 2. duae causae
accesserunt, quae meam in illum (Terentium) benivolentiam augerent; ep XIII 10, 2. commutatio ex
vero in falsum; fat 17. contumeliae: ſ. aculei. quod
in hunc maius crimen exspectas? Rabir 19. cum
exstitisset in cives tanta crudelitas; of II 27. ex
eo non iter, sed cursus et fuga in Galliam; Phil
XIII 20. ne tam diu quidem dominus erit in suos;
Sex Rosc 78. omnium rerum in contrarias partes
facultatem ex isdem suppeditari locis; de or II 215.
quod (libertas) est in patronum suum officio et fide
singulari; ep XIII 21, 2. fuga: ſ. cursus. humanitatem tuam amoremque in tuos reditus celeritas
declarabit; A IV 15, 2. in bona eius impetum
fecit; Ver I 90. non cognosco tuam in me indulgentiam; A XII 22, 1. his de tot tantisque iniuriis
in socios, in reges, in civitates liberas consulum
querela esse debuit; Sest 64. introitus in urbem
desertus ab amicis; Piso 97. in Epirum invitatio
quam suavis! A IX 12, 1. iter: ſ. cursus. ut in
eam rem iudices dentur; Ver II 38. quid tandem
postulat arator? nihil nisi ex edicto iudicium in
octuplum; Ver III 28. nimia in istum non modo
lenitudine, sed etiam liberalitate oppugnarer; Ver
IV 136. equitum ego Romanorum in homines nobilissimos maledicta commemorem? Planc 33. qua
mente ille in patriam fuit; de or III 10. maximis
in rem publicam meritis; ep I 9, 11. odio proprio
in Caepionem; de or II 200. nec patefecisset odium
suum in me; A XI 13, 2. multa mea in se, non
nulla etiam sua in me proferebat officia; Sulla 18.
ſ. fides. exstat in eam legem oratio; Bru 160. te
perspicere meam in te pietatem; ep I 9, 1. has
esse in impios et consceleratos poenas certissimas;
Piso 46. in filium quam habebam potestatem; inv
II 52. primus liber continebat partes orationis et
in eas omnes omnia praecepta; inv II 11. reditus
intercesserat in gratiam; ep I 9, 19. reditus in
gratiam cum inimicis; A II 3, 4. propter tuum in
me scelus; Vatin 1. pro suo studio, quod in vos
semper habuit; inv II 104. cognovi ego tua studia
in amicos, etiam in te amicorum; A XVI 16, 17.
supplicia in cives Romanos nulla Tarquinii accepimus;
Phil III 10. sunt in eam rem testimonia; Caecin
34. testes nobis in hanc rem reliquos esse; Ver
I 36. ea vita via est in caelum; rep VI 16. quid
est pietas nisi voluntas grata in parentes? Planc 80.

IV. **jam ganzen Saß zeherige Bestimmungen:**
1. **Raum:** qui consulatum in Bruti locum se
petere profitetur; Phil XI 11. hanc coniunctionem
duplicem in longitudinem (deus) diffidit; Tim 24. —
2. **Zeit:** solis defectiones praedicuntur in multos
annos; div II 17. renovato in singulos annos
faenore; A VI 3, 5. qui in horam viverent; Phil
V 25. quid optabilius in memoriam mei nominis
sempiternam? Vatin 8. quod dictaturae nomen in
perpetuum de re publica sustulisti; Phil II 91.
admirandum tantum maiores in posterum providisse;
leg III 44. in reliquum tempus diligentissime
sancit. ut . .; agr I 13. — 3. **Weise:** peto a te in
maiorem modum; ep XIII 65, 1. quae dicuntur
in utramque partem; Ac II 133. cum in eam
rationem pro suo quisque sensu loqueretur; Ver
I 59. duabus epistulis tuis perdiligenter in eandem
rationem scriptis; A I 11, 1. neque haec in eam
sententiam disputo, ut . .; de or I 117. in hanc
sententiam scriberem plura; ep II 4, 2. haec et in
eam sententiam cum multa dixisset; A II 22, 2.
quod in vulgus gratum esse sentimus; A II 22, 3.
alter (dies) in vulgus ignotus; A IX 5, 2. — 4.
Distributiv: describebat censores binos in
singulas civitates; Ver II 133. cotidie vel

potius in dies singulos breviores litteras ad te
mitto; A V 7. ut in iugera singula ternis medimnis decidere liceret; Ver III 114. is (Mescidius) se
ternis nummis in pedem tecum transegisse dicebat;
Q fr III 1, 3.

V. **Elliptisch:** locus communis in eius malitiam; inv
II 55. Nonis Maiis in Ciliciam cogitabam; A VI
2, 6. in Nesida VIII Idus; A XVI 4, 1.

B. **mit Ablativ:** in, an, auf, unter, bei,
während, hinsichtlich: I. **nach Verben:** homines in
tectis silvestribus abditos; inv I 2. ut se abiceret
in herba; de or I 28. afuisse me in altercationibus;
A IV 13, 1. in qua (arte) ego me scripsi acqui-
escere; ep IV 3, 4. in me uno consulares faces, in
me omnia coniurationis nefaria tela adhaeserunt;
dom 63. multum te in eo frater adiuvabit meus;
ep VII 7, 2. aderat in senatu Verres pater istius;
Ver II 95. neque in uno aut altero animadversum
est, sed iam in pluribus; Muren 43. ut in hoc
hominibus ipsis antecellat; de or I 33. similitudo
magis apparet in bestiis; Tusc I 80. quae (virtutes)
in communitate cernuntur et in societate generis
humani; of III 118. non possum prae fletu et
dolore diutius in hoc loco commorari; A XI 7, 6.
ſ. haereo. in causis conditae sunt res futurae; div
I 128. ut suo quidque in loco conlocet; de or I 162.
hominum genus in sexu consideratur; inv I 35. ut
ex ultimis terris arcessita (religio) in hac urbe consederit; har resp 24. omnes ordines, tota in illa
contione Italia constitit; Sest 107. nisi omne
bonum in una honestate consisteret; Tusc V 42. si
in verbis ius constituamus; Caecin 55. ſ. defigo. si
quis consumit omnem operam in exercitatione
dicendi; inv I 1. Quinctilis in itinere est con-
sumendus; A V 21, 9. in quo (facinore) omnia
nefaria contineri mihi atque inesse videantur; Ver
IV 60. si quo in pari ante peccato convictus sit;
inv II 32. qui in campo Martio auspicato in loco
crucem defigi et constitui iubes; Rabir 11. hac
quoque in re eum deliquisse; inv II 33. in balneis
delituerant; Cael 63. in profundo veritatem esse
demersam; Ac I 44. qui populi ius in vestra fide
ac religione deponit; Caecin 108. cum in alio maleficio deprehensus esset; inv II 14. in quo defuit
fortasse ratio; rep II 57. quare in alienis detineantur
negotiis; inv II 132. sese in iudiciis diutius dominari non posse; div Caec 24. ipsi in hostium loco
numeroque ducimini; Ver V 125. in litteris certe
elaboravi; Cato 26. errabat multis in rebus antiquitas; div II 70. eruditus: ſ. II. in qua (arte)
excellis ipse; rep I 20. ſ. II. excellens. a quo
(Diodoto) cum in aliis rebus tum studiosissime in
dialectica exercebar; Bru 309. exercitatus: ſ. II.
et in nostro populo et in ceteris deorum cultus exsistunt; nat II 5. scriptum exstat in iisdem litteris;
Ver V 148. quae in omni crudelitate sic exsultat,
ut vix hominum acerbis funeribus satietur; rep II
68. arma, quae fixa in parietibus fuerant; div I 74.
qui in iis (artium generibus) floruerint; de or I 8.
alterum (genus facetiarum) aequabiliter in omni
sermone fusum; de or II 218. cum in aethere astra
gignantur; nat II 42. quod Fannius in mediocribus
oratoribus habitus esset; Bru 100. fundum habet
in agro Thurino M. Tullius paternum; Tul 14.
habitari ait Xenophanes in luna; Ac II 123. sic
dicet ille, ut una in re haereat in eademque commoretur sententia; orat 137. pulsus e rostris in
comitio iacuit; Sest 76. ex utilitatis partibus, in
quibus est necessitudinis vis implicata; inv II 89.
imposuistis in cervicibus nostris sempiternum dominum; nat I 54. esse aliquid perspicui impressum
in animo atque mente; Ac II 34. carmen incisum
in sepulcro; Cato 61. in Phalaridis tauro inclusus;
Piso 42. qui (poëtae) inhaerescunt penitus in
mentibus; Tusc III 3. tantus est innatus in nobis

cognitionis amor, ut . .; fin V 48. orationem in animo inscribere; de or II 355. nisi insitum illud in animis haberemus; Tusc III 63. cum in locis semen insedit; nat II 128. cum in rebus singulis insistas; fin II 3. in vi dolus malus inest; Tul 29. f. contineo. in caede interesse non potui; inv I 63. cum is ipse anulus in praecordiis piscis inventus est; fin V 92. qui in eo genere laborarunt; ep V 12, 7. cum ipsum illud verum tamen in occulto lateret; orat 237. terra locata in media sede mundi; nat II 98. quod semper in amicitia fideque mansissent; Ver II 90. tu in alia lingua ac moribus natus; de or III 131. in eo (portu) te praetore primum piratae navigaverunt; Ver V 138. in qua (coniectura) nititur divinatio; div II 55. cum ea, quae supra enumeravi, in malis numerent; Tusc V 30. ne quod in vestimentis telum occultaretur; of II 25. dum is in aliis rebus erat occupatus; Sex Rosc 91. in oratoris cincinnis ac fuco offenditur; de or III 100. quae (astra) oriantur in ardore caelesti; nat II 41. philosophus in vitae ratione peccans; Tusc II 12. perfectus, perpolitus: f. II. si et in urbe et in eadem mente permanent; Catil II 11. in eo ut perseverem; A VIII 11. 5. etiam in bestiis vis naturae perspici potest; fin III 62. qui (philosophi) summum bonum in animo atque in virtute posuerunt; fin III 30. quam (spem) in tua humanitate positam habemus; A I 7. quod ipse potest in dicendo; div Caec 48. ut, si quis impedisset reditum meum, in hostium numero putaretur; Piso 35. neque ulla alia in re nisi in natura quaerendum esse illud summum bonum; Ac I 19. relinquetur in insula Philoctetes; fat 37. qui (Heraclius) in commeatu Syracusis remanserit; Ver V 111. quia nusquam possumus nisi in laude, decore, honestate utilia reperire; of III 101. quamquam illos quidem censemus in numero eloquentium reponendos; de or I 58. quorum non in sententia solum, sed etiam in nutu residebat auctoritas; Cato 61. equitem Romanum scitote biduum Leontinis in foro custodiis Apronii retentum; Ver III 60. ut in Sullae scriptum historia videmus; div I 72. in hac officina sedere solebat; Ver IV 54. statuitur eques Romanus in Apronii convivio; Ver III 62. quod (triclinium) in foro Aetnae straverat; Ver III 61. qui in contione stabunt; Ac I 144. cum illa pateant in promptuque sint omnibus; de or I 23. tecum in acie contra Pharnacem fuit; Deiot 14. ut in maxima et gratia futurus sit et gloria; of III 85. (ille amicus) est mihi, ut scis, in amoribus; ep VII 32, 3. nos in culpa sumus; ep X 26, 3. te in meo aere esse; ep XIII 62. Bibulus in caelo est; A II 19, 2. tum eramus in maxima spe, nunc ego quidem in nulla; A IX 19, 2. quod multi sunt uno in loco; A XI 7, 4. fui apud illum (Brutum) multas horas in Neside; A XVI 2, 3. in rebus turpissimis cum manifesto teneatur; Ver I 2. in hoc campo cum liceat oratori vagari libere; de or III 124. valet hoc in vivis; Tusc I 87. vehebatur in essedo tribunus plebis; Phil II 58. versabitur in curia timor; Muren 85. in summo errore necesse est homines atque in maximarum rerum ignoratione versari; nat I 2. eo ipso in loco visus, in quo facinus; part or 114. quae in hoc uno homine videmus; imp Pomp 62. in columba plures videri colores nec esse plus uno; Ac II 79. ut eorum et in bellicis et in civilibus officiis vigeat industria; of I 122. qui aut reges sunt aut vivunt in regno; imp Pomp 24. quae (bestiae) appareant in ardentibus fornacibus saepe volitantes; nat I 103.

II. nach Adjectiven, adjectivischen Participien, Pronomina und Adverbien: quis in rebus vel inveniendis vel iudicandis acrior Aristotele fuit? orat 172. vir tam acer in ferro; A II 21, 4. f. copiosus. quis illo (Catone) gravior in laudando? acerbior in vitu-

perando? in sententiis argutior? in docendo edisserendoque subtilior? Bru 65. in re publica non alius essem; ep I 9, 21. argutus: f. acerbus. ille tenuis orator nec in faciendis verbis erit audax et in transferendis verecundus et parcus et in priscis reliquisque ornamentis demissior; orat 81. vir in dicendo brevis; Bru 169. omnes cauti in periculis, non timidi in contentionibus; agr I 27. multi erant praetera clari in philosophia et nobiles; de or I 45. esset hic quidem clarus in toga et princeps; ep VI 6, 5. quod multi Epicurei fuerunt in amicitiis fideles et in omni vita constantes et graves; fin II 81. hominem omnium in dicendo acerrimum et copiosissimum; de or I 45. creber in reperiendis sententiis; Bru 173. reliqui primum in ipso bello rapaces, deinde in oratione ita crudeles, ut . .; ep VII 3, 2. demissus: f. audax. in causis cognoscendis componendisque diligens; Bru 246. in reliquis rebus ita dissimiles erant inter sese, ut . .; Bru 148. (Curio) cum tardus in cogitando tum in struendo ‖ in instr. ‖ dissipatus fuit; Bru 216. si est idem in procuratione civitatis egregius; de or I 215. erat in verborum splendore elegans; Bru 303. f. prudens. omnes in eo, quod scirent, satis esse eloquentes; de or I 63. erudito homine in philosophia; de or I 67. quin in dicendo excellentes vix paucos proferre possimus; de or I 7. alii in re publica exercitati; div I 111. facilis in causis recipiendis erat; Bru 207. in quo (bello) tu nimium felix fuisti; Phil II 39. fidelis: f. constans. sunt fortasse in sententia firmiores; Balb 61. an consules in praetore coërcendo fortes fuissent? Mil 89. erat T. Iuventius nimis ille quidem lentus in dicendo et paene frigidus, sed et callidus et in capiendo adversario versatus; Bru 178. est mihi iucunda in malis et grata in dolore vestra erga me voluntas; Catil IV 1. ornati homines in dicendo et graves; de or I 42. f. acerbus, constans. sunt quidam ita in isdem rebus habiles, ut . .; de or I 115. vos eosdem in hoc conservando futuros, qui fueritis in me; Planc 104. quod Theodorus esset in arte subtilior, in orationibus autem ieiunior; Bru 48. ut si impudentes in deferendo esse noluissent, ingrati in deserendo existimarentur; Ver II 192. quod neminem cognovi in omni genere honestarum artium tam indoctum, tam rudem; Bru 213. ingratus: f. impudens. si eo ipso in genere integer ante fuisset demonstrabitur; inv I 38. ea membra, quae sunt intus in corpore; fin III 18. iucundus: f. gratus. lentus: f. frigidus. ne quis me in isto genere leviorem iam putet; de or II 290. qui tam fuerit in hereditate concedenda liberalis; Flac 89. homo minime in rogando molestus; ep XIII 1. 5. nolo in stellarum ratione multus vobis videri; nat II 119. non potui in illo sumptu non necessario neglegens esse; ep III 8, 5. nobilis: f. clarus. si in dicendo suaves atque ornati fuerunt; de or I 49. f. gravis. cum in dicendo saepe par, non nunquam etiam superior visus esset is; inv I 4. parcus: f. audax. animi adfectio in adeundo periculo et in labore ac dolore patiens; Tusc V 41. penitus: f. I. inhaeresco. fateor callidum quendam hunc et nulla in re tironem ac rudem nec peregrinum atque hospitem in agendo esse debere; de or I 218. perfectos iam homines in dicendo et perpolitos; de or I 58. quod in suo genere perfectum est; de or III 34. hominem prudentissimum et peritissimum in iis ipsis rebus; de or I 66. perpolitus: f. perfectus. Platonem in illis artibus praestantissimum fuisse; de or I 217. quid in dicendo rectum sit aut pravum; Bru 184. quem (virum) principem in senatu, in populo, in causis publicis esse volumus; de or III 63. f. clarus. L. Torquatus elegans in dicendo, in existimando admodum prudens; Bru 239. f. peritus. ut non solum in imperio, verum etiam in stipendiis qualis fueris intellegatis; Ver V 33. quanti hominis in dicendo

putas esse historiam scribere? de or II 51. qui: ſ.
idem. rapax: ſ. crudelis. rectus: ſ. pravus. ab
isdem gentibus in testimonio religiosis; Flac 23.
(C. Carbonem) rudem in iure civili; de or I 40. ſ.
indoctus, peregrinus. (Isocrates est) in ipsis numeris
sedatior; orat 176. sin aliqua in re Verris similis
fuero; Ver III 162. terram in medio mundo sitam;
Tusc I 40. solutus in explicandis sententiis; Bru
173. suavis: ſ. ornatus. subtilis: ſ. acerbus, ieiunus.
superior: ſ. par. minime ille quidem tardus in ex-
cogitando; Bru 239. ſ. dissipatus. te in dicendo tectissimum esse; de or II 296. timidus: ſ. cautus.
(Isocrates est) in transferendis faciendisque verbis
tranquillior; orat 176. quae (res) erunt uberrimae
vel in argumentis vel in partibus; de or II 319.
verecundus: ſ. audax. versutus: ſ. frigidus.

III. na**ḍ Subſtantiven**: adiungit Attalicos agros
in Cherroneso; agr II 50. consul omnibus in rebus
summa auctoritate; Planc 49. ſ. fides. cuius tanta
in dicendo gravitas, tanta iucunditas, tanta brevitas
fuit, ut . .; har resp 41. Galli promptam et paratam in agendo et in respondendo celeritatem superavit; Bru 154. eius rei in iure cessio; Top 28.
ubi illa consuetudo in bonis vendendis omnium consulum? Ver I 142. adde siccitatem, quae consequitur hanc continentiam in victu; Tusc V 99. vide,
quam sim deus in isto genere; de or II 180. unde
esset illa tanta tua in causis divinitas; de or II 362.
ista in figura hominis feritas et immanitas beluae;
of III 32. quorum virtuti fidem et auctoritatem in
testimonio cupiditatis suspicio derogavit; Font 23.
gravitas: ſ. brevitas. si erit idem in consuetudine
civitatis, in exemplis, in institutis, in moribus ac
voluntatibus civium suorum hospes; de or II 131.
ſ. II. peregrinus. immanitas: ſ. feritas. iucunditas:
ſ. brevitas. et in re militari virtutem et in admini-
stranda provinciæiustitiam et in omni genere prudentiam mibi tuam exposuit; ep X 3, 1. in petendo
studium esse acerrimum, in defendendo officium, in
accusando laborem; Muren 46. ut esset in homine
tanto in loquendo ↑ iocando ‖ lepos, ut . .; de or
I 27. propter perpetuam in populari ratione levitatem; Bru 103. excitabat eos magnitudo, ‖ ac ‖
varietas multitudoque in omni genere causarum;
de or I 15. et excessum e vita et in vita mansionem
(ad media referri); fin III 60. C. Coelio honori fuisse
in dicendo mediocritatem; de or I 117. si meam
cum in omni vita tum in dicendo moderationem
modestiamque cognostis; Phil II 10. multitudo: ſ.
magnitudo. officium: ſ. labor. numquam laudata
est in una sententia perpetua permansio; ep I 9, 21.
prudentia: ſ. iustitia. eius in aequitate explicanda
scientia; Phil IX 10. Nioba fingitur lapidea propter
aeternum, credo, in luctu silentium; Tusc III 63.
tibi Apronium in decumis socium fuisse; Ver III
157. studium: ſ. labor. temeritas in adsentiendo
errorque turpis est; div I 7. tiro: ſ. II. peregrinus.
varietas: ſ. magnitudo. virtus: ſ. iustitia. in ex-
cogitando vis quaedam ingenii admirationis habet
non minus; de or II 344. hanc in motu voluptatem
interdum ita extenuat, ut . .; fin II 30. vulnus in
latere pro ictu gladiatorio probari; Milo 65.

IV. **zur ganzen Sat gehörige Beſtimmungen**: 1. tu id in
me reprehendis; Planc 89. in quo homines exhorrescunt? quem stupefacti dicentem intuentur? de or III
33. in quo nihil est difficilius quam . .; nat I 45.
— 2. qui (Thales) sapientissimus in septem fuit;
leg II 26. non solitos maiores nostros eos legare
in decem, qui . .; A XIII 6, 4. — 3. quod fanum
in Achaia, qui locus in Graecia tota tam sanctus
fuit? prov 7. illas omnium doctrinarum inventrices
Athenas, in quibus summa dicendi vis inventa est;
de or I 13. navis et in Caieta est parata nobis et
Brundisii; A VIII 3, 6. terrae motus in Liguribus
totaque in Italia factos esse; div I 78. qua in urbe

tam immanis Hannibal capta quam in Parma surrepta
Antonius? Phil XIV 9. ut nostri imperatores ea
(vota) in ipso Pessinunte persolverent; har resp 28.
obsaepiatur (via) insidiis, neque hoc in Sardis magis
quam in Gallis, in Afris, in Hispanis; Scaur 40.
quod in Gabinio fateris; dom 126. ut (furor) in
Phaedro Platonis laudatus est; div I 80. — 4 dicendi
Latine prima maturitas in qua aetate exstitisset;
Bru 161. quos in foro, quos in ambitione, quos in
re publica, quos in amicorum negotiis res ipsa ante
confecit, quam . .; de or I 78. cum casu in eadem
causa efferretur anus Iunia; de or II 225. in ea
(causa) omni genere amplificationis exarsimus; orat
102. quid? ‖ in ‖ his paucis diebus nonne postulabat,
ut . .; de or I 168. bis in die saturum fieri; Tusc
V 100. qui ut multi saepe fortes viri in eius modi
dolore mortem sibi ipse conscisset; Cluent 171. in
foedere nihil esse cautum praeter pacem; Balb 38.
(Q. Hortensius) in foro dixit; Bru 229. ſ. ambitione.
in omni genere deformatam civitatem; de or III 8.
hominibus: ſ. rebus. id fratri in honore fratris amplissimo non concedendum putem? Scaur 35. vel
ternas (epistulas) in hora darem; ep XV 16, 1. sicut
aliis in locis parum firmamenti veritas habet, sic in
hoc loco falsa invidia imbecilla esse debet; Cluent
5. vos mihi hoc eodem in loco personam hanc imposuistis; agr II 49. ceteris in locis sortes plane
refrixerunt; div II 87. in hoc tanto, tam atroci,
tam singulari maleficio quibus argumentis accusatorem censes uti oportere? Sex Rosc 38. in hac mea
mediocritate ingenii quid despicare possit Antonius;
Phil II 2. quod in omni memoria est inauditum;
Vatin 33. si filius natus esset in decem mensibus;
Top 44. Pompeio in sex mensibus promissa cc
(talenta); A VI 3, 5. negotiis: ſ. ambitione. quod
a natura in primo ortu appetatur; fin V 17. Caecina
in possessionem in praesentia non restituetur; Caecin
75. quod in quibusdam rebus aut hominibus accidit;
inv I 80. ut iis omnibus in rebus commodes; ep
XIII 82, 2. re publica: ſ. ambitione. si haec in
aliqua desertissima solitudine conqueri vellem; Ver
V 171. hoc et in hac [tempore] ‖ in hoc tempore ‖
et in omni vita studiose consequemur; inv II 10.
in quo (tempore) res diiudicabitur; A III 17, 2. datum tempus, in quo amorem experirer tuum; A XVI
16, 10. nec tuos ludos aspexit in illo ardenti tribunatu suo; Sest 116. sic est intemperans in forti viro
gloria; Tusc II 39. — 5. iam istuc te quoque impediet in navigando, in conserendo; Ac II 109.
qui comitatus in inquirendo! Flac 13. cum ceteri
soleant in indicando, ne ab aliorum indiciis discrepent, providere; Cluent 60. — 6. haec vidit in sententia dicenda vir prudentissimus; dom 68. ut
ne mors quidem sit in repetenda libertate fugienda;
Phil X 20. ut (corpus) oboedire consilio rationique
possit in exsequendis negotiis et in labore tolerando;
of I 79. — 7. hominem in primis disertum atque
eruditum; de or II 316. homini in primis ornato
atque honesto; Phil VII 24. legimus Panaetium,
multos alios in primisque familiarem nostrum Posidonium; fin I 6. hominis in primis bene definientis;
Tusc IV 53 (vita beata) iustitiam, temperantiam
in primisque. fortitudinem, magnitudinem animi, patientiam prosecuta; Tusc V 80. nonne cum multa
alia mirabilia, tum illud in primis? div I 16. quem
in primis diligebat; rep I 18. videat in primis, quibus de rebus loquatur; of I 134. Polybius, bonus
auctor in primis, novem revertisse dicit; of III 113.
V. **Ellipſen**: summa in filio spes; Phil XI 33.
idem (Ennius) in Epicharmo: »nam videbar« . .;
Ac II 51. et haec quidem in primo libro de natura
deorum; nat I 41. sed de hoc loco plura in aliis,
nunc hactenus; div II 76. at in eo rege, qui urbem
condidit, non item; of III 40. quo modo mortem
filii tulit! memineram Paulum, videram Galum, sed

hi in pueris, Cato in perfecto et spectato viro; Lael 9. eo die cogitabam in Anagnino, postero autem in Tusculano; A XII 1, 1. f. I. video; part or 114.

in —, ohne, un —: praeposito „in“ privatur verbum ea vi, quam haberet, si „in“ praepositum non fuisset, dignitas indignitas, humanitas inhumanitas; Top 48.

inaedifico, anbauen: a Sex. Serrano sanctissima sacella suffossa, inaedificata esse; har resp 32.

inaequabilis, ungleichmäßig: quem ad modum inaequabiles et varios cursus servaret una conversio; rep I 22. haec inaequabili || inaequali || varietate distinguimus; part or 12.

inaestimabilis, nicht schätzenwert: aestimabile esse dicunt id, quod . ., contraque inaestimabile. quod sit superiori contrarium; fin III 20.

inambulatio, Umhergehen: nulla inambulatio, non crebra supplosio pedis; Bru 158.

inambulo. umhergehen: qui (Demosthenes) etiam versus multos uno spiritu pronuntiare solebat, neque id consistens in loco, sed inambulans; de or I 261. cum Antonius inambularet cum Cotta in porticu; de or II 12. ante lucem inambulabam domi, ut olim candidatus; A VI 2, 5.

inanimus, unbeseelt, leblos: A. inanimum est omne, quod pulsu agitatur externo; Tusc I 54. partim sunt inanima, partim animalia; of II 11. quae (esset) cuiusque generis vel inanimi vel animantis origo; Tusc V 69. rebus inanimis atque mutis haec docet tributa nomina; nat I 36. — B, I. cum inter inanimum et animal hoc maxime intersit, quod animal agit aliquid; A II 37. — II. fortuna casus rariores habet, primum ab inanimis procellas, ruinas, incendia, deinde a bestiis ictus, morsus; of II 19.

inanis, leer, gehaltlos, seelenlos, nichtig, vergeblich: A. omnia nonne plena consiliorum, inania verborum videmus? de or I 37. o spes fallaces et cogitationes inanes meae! Milo 94. inanem quandam habet elocutionem et paene puerilem; de or I 20. nulla abs te per hos dies epistula inanis aliqua re utili et suavi venerat; A II 8, 1. si tabellarios ad te cum inanibus epistulis mitterem; A VIII 14, 1. propter inanem laetitiam litterarum superiorum; ep X 20, 2. inanes esse meas litteras quam nullas malui; ep VI 22, 1. falso atque inani metu; Marcel 13. naves inanes fuisse; Ver V 131. simulatione et inani ostentatione; of II 43. quid est tam furiosum quam verborum sonitus inanis? de or I 51. ad quem estis inanem pacis devoluti; Phil VII 14. structores nostri ad frumentum profecti, cum inanes redissent; A XIV 3, 1. ait eos voce inani sonare; fin II 48. — B, I. nullum inane, nihil esse individuum potest; nat I 65. — II. quis non sentit, quid intersit inter perspicua et inania? Ac II 51. — III. atomos in infinito inani ita ferri, ut . .; fin I 17.

inanitas, leerer Raum, Nichtigkeit, Eitelkeit: 1. amputata circumcisaque inanitate omni et errore; fin I 44. cuius (Panaetii) sententia condemnata mihi videtur esse inanitas ista verborum; fin IV 23. — 2. cum duo individua per inanitatem ferantur; fat 18.

inaniter, vergeblich, unnütz, ohne Grund: cum inaniter et effuse animus exsultat; Tusc IV 13. cum animi inaniter moveantur; Ac II 47.

inaudio, hören, vernehmen: I, 1. de: f. II. — 2. inaudivi L. Pisonem velle exire legatum; A XV 26, 1. — II. num quid de quo inandisti? A IV 1, 20. de qua (voce) ego ex te primum quiddam inaudieram; fr E VI 2. quae (consilia) te video inaudisse; ep IX 24, 1.

inauditus, unerhört, unbekannt, außerordentlich: A. cum omnia sunt inandita; de or II 82. hunc incredibili quadam atque inaudita gravitate, virtute, constantia praeditum; Balb 13. non modo

suppliciis invisitatis, sed etiam verborum crudelitate inaudita; Rabir 13. gravitas: f. constantia. cum inaudita ac nefaria sacra susceperis; Vatin 14. novo. inaudito, inexpiabili scelere; Phil XI 29. ista sors inaudita Graecis est; div II 116. virtus: f. constantia. tibi non inaudita vox; de or III 21. — B. inaudita desiderat; Ver V 117. quae inaudita nobis obiecit; Sex Rosc 82.

inauguro, weihen: me inauguratum ab eodem; Bru 1. in templo inaugurato; dom 137.

inauro, vergolden: te malle a Caesare consuli quam inaurari; ep VII 13, 1. utrum ea (columna) solida esset an extrinsecus inaurata; div I 48. in turma inauratorum (statuarum) equestrium; A VI 1, 17.

inauspicato, ohne Anstellung von Auspicien: quod (Ti. Gracchus) inauspicato pomerium transgressus esset; div I 33.

incallide, ungeschickt: non incallide tergiversantur; of III 118.

incallidus, ungeschickt: alios fuisse non incallidos homines; inv I 4. servus non incallidus; Cluent 47.

incautus, unvorsichtig, unbesonnen: tam Velleius: ne ego. inquit, incautus! nat II 1. incantior fuissem; ep IX 24, 1. incauti potius habendi sunt improbi; leg I 40. sensit rusticulus non incautus; Sest 82.

incedo, einhergehen: quam taeter incedebat! Sest 19. quacumque (belua) incederet; div I 49.

incendium, Brand, Glut, Feuersbrunst. I. impendebat fames, incendia, caedes, direptio; dom 25. non duo Scipiones oriens incendium belli Punici secundi sanguine suo restinxisset; rep I 1. hoc tanto incendio civitatis; ep IX 3, 1. — II. hic amor Medeae quanta miseriarum excitavit incendia! Tusc IV 69. quibus non olim adiutoribus illud incendium exstinximus; ep IV 13, 2. restinctis iam animorum incendiis; orat 27. f. I. oritur. — 2. faces iam accensas ad huius urbis incendium; Piso 5. — III, 1. fugientibus mirabilem respectum incendiorum fore; div I 68. — 2. flamma ex ipso incendio navium; Ver V 93. — IV, 1. classis populi Romani praedonum incendio conflagrabat; Ver V 92. Catilinam orbem terrae caede atque incendiis vastare cupientem; Catil I 3. — 2. in illo incendio civitatis; dom 129.

incendo, anzünden, erwärmen, entzünden, erregen: I. cum summa (stella) Saturni refrigeret. media Martis incendat; nat II 119. — II. qui ab ineunte aetate incensus essem studio utriusque vestrum; de or I 97. incendor cotidie magis desiderio; orat 33. qui (Sex. Clodius) aedes sacras. qui census populi Romani, qui memoriam publicam suis manibus incendit; Cael 78. quae (res) bonorum animos vehementius possit incendere; A II 16, 1 census: f. aedes. classis populi Romani a praedonibus capta et incensa est; Ver V 137. inimicitiis incensa contentio; opt gen 22. cum incendisses cupiditatem meam consuetudinis augendae nostrae; ep XV 21, 1. domum mei fratris incendere; Milo 87. homines Romanos bellicis studiis ut vidit incensos; rep II 25. sensim incendens iudices; orat 26 memoriam: f. aedes. quae (mens) possit incendi; de or II 190. incendebantur odores; Tusc V 62. cum urbem ex omnibus partibus incendissent; Catil III 8.

incensio, Brand: I. incensione urbem liberavi; Sulla 33. — II. post Capitolii incensionem; Catil III 9.

incensus, ungeschätzt: cum populus incensum vendit; Caecin 99.

inceptio, Beginnen: quod nulla fuerit tam praeclari operis inceptio; Ac II 119.

inceptum, Unternehmen: cuius ego non modo factum, sed inceptum ullum conatumve contra patriam deprehendero; Catil II 27.

incertus, unfider, zweifelhaft, ungewiß, schwan-
fend: A. ille incertus, ubi ego essem, fortasse alium
cursum petivit; A III 8, 2. aetati maxime lubricae
atque incertae; Ver V 137 non extimescet ancipites
dicendi incertosque casus; orat 98. prima illa commendatio incerta et obscura est; fin V 41. incertos
exitus esse belli; Phil X 20. ne me dem incertae
et periculosae fugae; A VII 23, 2. in communi
incertoque periculo belli; Ver V 131. quis incertis
rebus offendet Antonium? A XVI 11, 6. — B, 1.
quid stultius quam incerta pro certis habere, falsa
pro veris? Cato 68. - 2. ad incertum revocari
bona; Caecin 38.

incessus, Gang, Einherschreiten: I. fuit incessus saltem Seplasia dignus; Piso 24. rarus incessus
nec ita longus; orat 59. — II, 1. vultum atque incessum animo intuemini; Sest 17. — 2. iam designatus alio incessu esse meditabatur; agr II 13.

inceste, unzüchtig: ideo aquam adduxi, ut ea
tu inceste uterere? Cael 34.

incestum, Unzucht, Blutschande: stupra dico
et corruptelas et adulteria, incesta denique; Tusc
V 75. ▸incestum pontifices supremo supplicio san-
ciunto◂; leg II 22.

incestus, unzüchtig: qui incesto flagitio et
stupro caerimonias polluit; dom 105. cum verborum
contumeliis optimum virum incesto ore lacerasset;
Phil XI 5. de illo incesto stupro; Milo 13. f. flagitium.

incestus, Blutschande: repete posteriora, de
incestu rogatione Peducaea; nat III 74.

inchoo, anfangen, beginnen, barstellen versuchen: I. de: f. II. alqd; Brn 20. — II. referamus
nos ad eum, quem volumus, inchoandum; orat 33.
quae pueris nobis inchoata ac rudia exciderunt; de
or I 5. quod mihi nuper in Tusculano inchoavisti
de oratoribus, quando esse coepissent; Bru 20. praeclare inchoata multa, perfecta non plane; Bru 126.
quod inchoatum est neque absolutum; Ac I 20. nolebam aut obsoletum Bruto aut Balbo inchoatum dari;
A XIII 22, 3. novum delubrum cum inchoares; dom
132. quae in animis imprimuntur inchoatae intellegentiae; leg I 30. hoc inchoati cuiusdam officii est,
non perfecti; fin IV 15. philosophiam multis locis
inchoasti; Ac I 9. virtutem ipsam (natura) inchoavit;
fin V 59.

incido, hineinfallen, fallen, hineingeraten,
treffen, stoßen, eintreten: I, 1. nec in hos scopulos
incidere vitae; fr F IX 9. — 2. cum inciderit, ut id apte
fieri possit; fin I 7. — II. cum (C. Vennonius)
omnia obsignaret, in Vedianas res incidit; A VI 1, 25.
ego in huius sermones incidebam; A XVI 2, 4. f.
aes. alqd: f. malum. ut aes Corinthium in aeruginem,
sie illi in morbum incidunt tardius; Tusc IV 32.
quorum aetas cum in eorum, quos nominavi, tempora
incidisset; orat 39. facilius ad inventionem animus incidet incidit, al.; inv II 45. fatalis quaedam calamitas
incidisse videtur; Ligar 17. optimis viris iniustis
iudiciis tales casus incidisse; ep V 17, 3. incidunt
multae saepe causae; of III 40. nec fere omnes locos
incidere in omnem quaestionem; Top 79. (una) incidens in umbram terrae; nat II 103. ut nihil incidisset postea civitati mali, quod non ..; de or I 26.
quocumque oculi inciderunt; Scaur 46. si sapiens
in aegritudinem incidere posset, posset etiam in
misericordiam, posset in invidentiam; Tusc II 20.
▸xum in crura eius incidisse; fat 6.

incido, einschneiden, eingraben, zerschneiden,
▸schneiden, abbrechen, teilen, sondern (vgl. incisum):
L aliud vocis genus est iracundia sibi sumat, acutum,
incitatum. crebro incidens; de or III 217. — II. in
(qua (tabula) publice erat et huius beneficiis scriptum
et incisum; Ver II 112. — III. notum est carmen
incisum in sepulcro; Cato 61. qui falsas leges C.
t aesaris nomine et falsa decreta in aes incidenda et
in Capitolio figenda curaverit; Phil III 30. inciditur

omnis deliberatio, si intellegitur non posse fieri; de
or II 336. leges: f. decreta. uos linum incidimus;
Catil III 10. qui nervos virtutis incideret ‖ inciderit ‖;
Ac I 35. in qua (tabula) nomina civitate donatorum
incisa essent; ep XIII 36, 1. in omnibusne numeris
aequaliter particulas deceat incidere an facere alias
breviores, alias longiores; orat 205. quae pinnas
inciderant, nolunt easdem renasci; A IV 2, 5. poëma
ad Caesarem incidi; Q fr III 1, 11. quid habet
haruspex, cur pulmo incisus etiam in bonis extis
dirimat tempus? div I 85. ut venas hominis incideret; Piso 83. incidit has (voces) et distinxit in
partes; rep III 3.

incipio, anfangen, beginnen: I, 1, a. ut incipiendi ratio fuerit, ita sit desinendi modus; of I
135. — b. in ipsa argumentatione non semper a
propositione incipere (convenit); inv I 76. — 2.
quam (epistulam) incipiente febricula scripseras;
A VII 8, 2. tum incipere ver arbitrabatur; Ver V
27. — II. antequam de ipsa causa dicere incipio;
Cluent 6. ut ne nimis cito diligere incipiant neve
non dignos; Lael 78. in quo gradu resistere incipiet
severitas indicis? Ver III 220. — III. duobus inceptis verbis omnem impetum gladiatoris compressi;
har II resp 1.

incise, zerschnitten, kurzgegliedert: quo pacto
deceat incise membratimve dici; orat 212. haec
incise dicta sunt quattuor; orat 224.

incisim, zerschnitten, kurzgegliedert: quae incisim aut membratim efferuntur; orat 223. incisim
et membratim tractata oratio in veris causis plurimum valet; orat 225. haec duo binis pedibus incisim;
deinde membratim; orat 213.

incisio, Einschnitt, Abschnitt: I. quantos circuitus facere deceat deque eorum particulis et tamquam incisionibus disserendum est; orat 206. —
II. (spondius) habet stabilem quendam gradum, in
incisionibus vero multo magis et in membris; orat 216.

incisum, Einschnitt, Abschnitt: quae nescio
cur, cum Graeci κόμματα et κῶλα nominent, nos non
recte incisa et membra dicamus; orat 211. quae
sint illa, quae supra dixi incisia, quae membra; orat
221. prima sunt illa duo, quae κόμματα Graeci vocant,
nos incisa dicimus; orat 223.

incitamentum, Antrieb: hoc maximum et
periculorum incitamentum est et laborum; Arch 23.

incitate, rasch, heftig: fluit omnino numerus a
primo tum incitatius brevitate pedum, tum proceritate tardius; orat 212.

incitatio, Erregung, Bewegung: I. eiusdem
(est) et languentis populi incitatio et effrenati
moderatio; de or II 35. quo ex genere sunt inci-
tationes; Top 86. — II. (Cassandram divinantem)
mentis incitatione et permotione divina; div I 89.
in quibus (causis) minus potest inflammari animus
iudicis acri et vehementi quadam incitatione; de or
II 183.

incito, antreiben, erregen, aufregen, reizen,
begeistern, part. schnell: I. facta lapidatio est. si ex
dolore plebei nullo incitante, magnum malum; dom
12. — II. facilius est currentem, ut aiunt, incitare
quam commovere languentem; de or II 186. (Thucydides) incitatior fertur; orat 39. neque desunt, qui
istos in me atque in optimum quemque incitent; Flac
66. ut (te oratio mea) currentem incitasse videatur;
Q fr I 1, 45. quorum (doctorum) sedare animos
malunt (philosophi) quam incitare; orat 63. quod
consuetudo exercitatione intellegendi eloquendi celeritatem incitaret; de or I 90. interdum cursus est
in oratione incitatior; orat 201. incitato furore;
Ac II 89. genus: f. incido, I. saepe erunt accusatori motus animorum incitandi, reo mitigandi; part
or 122. quarum (stellarum) motus tum incitantur,
tum retardantur, saepe etiam insistunt; nat II 103.
populum incitatum in bonos mitigare; de or I 202.

ad investigandam veritatem studio incitato; Tusc
V 68. vi perditorum hominum incitata; Vatin 21.
— III. quas (perturbationes) in vitam hominum
stultitia quasi quasdam furias immittit atque incitat; Tusc III 25.

inclamo, laut rufen, die Stimme erheben,
anrufen: I. ut, si inclamaro, advoles; A II 18, 4.
nemo inclamavit patronorum; de or I 230. — II.
comitem illum suum inclamavit semel et saepius;
inv II 14.

inclemens, hart, schonungslos: non senatus
in ea causa cognoscenda diligentior aut inclementior
fuit quam vos universi; Rabir 32.

inclinatio, Neigung, Abweichung, Wechsel,
Veränderung: I. ut in me unum omnis illa inclinatio
communium temporum incumberet; Balb 58. non
inclinatio vocis; Bru 158. — II, 1. fieri quaedam
ad meliorem spem inclinatio visa est; Sest 67. —
2. quod paulo ante d ea inclinatione atomorum dixi;
nat I 73. quae quoniam in temporum inclinationibus
saepe parvis posita sunt; ep VI, 10, 1. — III. ut is
inclinatione voluntatis propendeat in nos; de
or II 129.

inclino, wenden, neigen, sich neigen, schwanken:
I. intelleges, ecquid inclinent ad hoc meum consilium
adiuvandum; A XII 29, 2. cum sciatis, quo quaeque
res inclinet; rep II 45. cum sententia senatus inclinaret ad pacem cum Pyrrho foedusque faciendum;
Cato 16. — II. quam vellem te ad Stoicos inclina-
visses! fin III 10. ut me paulum inclinari timore
viderunt; A III 13, 2. partitio debet illud, quod
convenit, inclinare ad suae causae commodum; inv
I 31. »inferior paulo est Aries et flamen ad Austri
inclinatior«; fr H IV, a, 244. inclinato iam in pos-
meridianum tempus die; de or III 17. postmeridianum; Tusc III 7. qui ab excitata fortuna ad
inclinatam et prope iacentem desciscerem; ep II 16, 1.
inclinata res est; ep I 1, 3. quia senatum iamiam
inclinatum || inclinantem || a Pyrrhi pace revocaverit;
Bru 55. cum inclinata ululantique voce more Asiatico
canere coepisset; orat 27.

inclitus f. **inclutus.**

includo, einschließen, einsperren, umschließen,
einfügen: eos in eam formam non poterat includere; orat 19. quod multis locis in iuris consultorum includitur formulis; Bru 275. praeterea
illa prima de Buthrotiis; quae mihi sunt inclusa
medullis; A XV 4, 3. hoc loco voluimus aetatem
eius (Hortensii) in disparem oratorum aetatem includere; Bru 229. (deus) intellegentiam in animo,
animum inclusit in corpore; Tim 10. deus inclusus
corpore humano; div I 67. intellegentiam: f. animum. quae (membra) intus inclusa sunt; nat II
121. tu inclusam in litteris rei publicae pestem
deprehendisti; Flac 102. physica ratio non inelegans
inclusa est in impias fabulas; nat II 64. de salute
populi Romani extimescebat, in qua etiam suam esse
inclusam videbat; Deiot 11. τοχοθεσίαν, quam
postulas Miseni et Puteolorum, includam orationi
meae; A I 13, 5.

inclusio, Einschließung: cuius inclusione contentus non eras; Vatin 24.

inclutus, berühmt: »pater altitonans ipse suas
arces atque incluta templa petivit«; fr H X, b, 2
(vgl. div I 19, II 45).

incognitus, unbekannt, ungekannt, nicht
untersucht: A. te eum, quem C. Sacerdos causa
cognita absolvisset, eundem causa incognita condem-
nasse; Ver II 81. illi (parentes) mihi fratrem incognitum, qualis futurus esset, dederunt; Quir 5.
natura hominum incognita ac moribus; de or I 48.
nisi (opifices) vocabulis uterentur nobis incognitis,
usitatis sibi; fin III 4. — B, I. ne incognita pro
cognitis habeamus iisque temere adsentiamur; of

I 18. — II. iudicium tollit incogniti et cogniti;
Ac II 18.

incola, Einwohner, Insaß: I, 1. cuius (loci)
incola Sophocles ob oculos versabatur; fin V 3.
— 2. alias bestias nantes aquarum incolas esse
(natura) voluit; Tusc V 38. — II. totius mundi se
incolam et civem (Socrates) arbitrabatur; Tusc
V 108. — III. peregrini atque incolae officium
est nihil praeter suum negotium agere; of I 125.

incolo, bewohnen: qui tum eos agros incolebant; rep II 4. ut haec insula ab ea ((Cerere)
incoli custodirique videatur; Ver IV 107. quae
(loca) nos incolimus; nat II 95. qui incolunt
terram; rep VI 20. qui easdem illos (deos) urbes
quas nos incolere voluerunt; leg II 26.

incolumis, unverletzt, unversehrt, wohl-
behalten, am Leben: A. incolumem te cito videbimus; ep VI 6, 13. fore, ut te brevi tempore incolumem haberemus; ep VI 13, 1. bonum incolumi-
acies, misera caecitas; fin V 84. et urbem et cives
integros incolumesque servavi; Catil III 25. incolumi illa civitate; Ver II 85. incolumem esse
civium coniunctionem; of III 23. incolumi fortuna:
Cluent 175. nemo est, qui non liberos suos incolumes
et beatos esse cupiat; inv I 48. incolumis numerus
manebat; Ver III 125. urbe: f. cives. — B. contra
damnatum et mortuum pro incolumi et vivo
dicere; Cluent 10.

incolumitas, Unverletztheit, Erhaltung: I.
incolumitas est salutis rata || tuta || atque integra
conservatio; inv II 169. — II. 1. quo modo a me
ipsam incolumitatem desiderari putas? A III
15, 2. explorata eius (Lysonis) incolumitate; ep
XIII 19, 2. quis incolumitatem praestat? A XV
10. quibus rebus incolumitatem ac libertatem
retinent civitates; inv II 168. — 2. cum incolumitati consuluerimus; inv II 174. quamquam
praestet honestas incolumitati; inv II 174. — 3.
cum me fortunasque meas pro vestra incolumitate.
otio concordiaque devovi; Quir 1. — III. eius
(C. Curtii) adiutor incolumitatis fui; ep XIII 5, 2.
ore gustatus continetur et ad usum apte et ad incolumitatis custodiam; nat II 145.

incommode, unbequem, ungünstig: cum illo
(Scipione) quidem actum optime est, mecum incom-
modius; Lael 15. qui incommodissime navigassemus;
A V 9, 1. ut nihil esset incommode; A VI 9, 1.

incommoditas, Unannehmlichkeit: in ista
incommoditate alienati illius animi et offensi illud
inest tamen commodi, quod . .; A I 17, 7.

incommodo, lästig sein, Beschwerde verursachen: cum ipsi nihil alteri scientes incommo-
darint; Quinct 51. quod animi ipsa scientia, etiamsi
incommodatura sit, gaudeant; fin V 50.

incommodum, Unbequemlichkeit, Unannehmlichkeit, Nachteil, Schaden, Unglück: I. quod (incommodum) acciderit; inv II 26. quae vitia aut
incommoda sint in aliquo iudice; de or II 305. incommoda et commoda communia esse voluerunt,
paria noluerunt; fin III 69. ut stulti nec vitare
venientia (incommoda) possint nec ferre praesentia;
nat I 23. — II, 1. reiciendi, deminuendi devitandive incommodi causa; inv II 18. fero: f. I.
veniunt. qui locus est talis, ut plus habeat adiumenti quam incommodi; de or II 102. quid ego
Ostiense incommodum quaeram? imp Pomp 33.
reicio: f. deminuo. vito: f. I. veniunt. — 2. multos
ex his incommodis pecunia se liberasse; Ver V
23. — III. si ego illos meorum laborum atque incommodorum participes esse nolui; prov 44. —
IV, 1. alqd: f. II. 1. habeo. omnium horum vitiorum atque incommodorum una cautio est atque
una provisio; Lael 78. — 2. cum hoc unum his vol
incommodis remedium esse arbitrarer; div I'ae
9. — V, 1. adfectum illum quibusdam incommodi

et detrimentis meminerant; Deiot 8. nostro incommodo detrimentoque doleamus; Bru 4. nemo
maeret suo incommodo; Tusc 1 30. ȝum Ø¢aȝ: te
commoveri incommodo valetudinis tuae nolo; A VII
7. 3. — 2. in tantis aratorum incommodis; Ver III 109.

incommodus, unbequem, läftig, unȝwed-
mäßig, ungünftig: aliquid triste, novum, horribile
statim] non incommodum est inicere; inv I 25. ex-
adem esse (me) non incommodiore loco, quam si ..;
ep VII 3. 5. onus esse grave et incommodum
indicare; Ver I 22. facilem et liberalem patrem incommodum esse amanti filio; nat III 73. me incommoda valetudo tenebat Brundisii; A V 8, 1.

incommutabilis, unveränderlich: non posse
hunc incommutabilem rei publicae conservari statum;
rep II 57.

incomptus, funftlos, fchlicht, unbefchnitten:
quamquam tua illa horridula mihi atque incompta
visa sunt; A II 1, 1. cuius artem cum indotatam
esse et incomptam ǁ incomitatam ǁ videres; de or
I 234. haec subtilis oratio etiam incompta delectat;
orat 78. quam incomptis unguibus discerpant; Ac
fr 20 (ȝ. 22).

inconcinnus, ungefchict: qui in aliquo
genere aut inconcinnus aut multus est; de or II 17.

incondite, regellos, funftlos, plump: quos
versus) dicam, ut potero, incondite fortasse; of
III 82. fabulas fictas etiam non numquam incondite;
rep II 19. quod ille rudis incondite fundit; de or
III 175. si (graves sententiae) incondite positis
inconditis ǁ verbis efferuntur; orat 150.

inconditus regellos, plump: A. eodem tempore C. L. Caepasii fratres fuerunt oppidano quodam
et incondito genere dicendi; Bru 242. incredibile
est, quam sit omne ius civile praeter hoc nostrum
inconditum ac paene ridiculum; de or I 197. — B.
si alicuius inconditi adripias dissipatam aliquam
sententiam; orat 233.

inconsiderantia, Unbefonnenheit: cuius
(Milonis) in hoc uno inconsiderantiam sustinebo, ut
putero; Q fr III 9. 2.

inconsiderate, unüberfegt, unbefonnen: ut
ne quid temere ac fortuito, inconsiderate neglegenterque agamus; of I 103. nihil potest dici inconside-
ratius; Ac II 132. nos multa inconsiderate ac
temere dicimus; Tim 21. libri Latini scripti inconsiderate; div I 6.

inconsideratus, unüberfegt, unbefonnen:
A. o cupiditatem inconsideratam! Quinct 80.
illa temeraria atque inconsiderata et plerumque
peccatorum laudatrix, fama popularis; Tusc III 4. —
B. satis inconsiderati fuit, ne dicam audacis, rem
ullam ex illis attingere; Phil XIII 12.

inconstans, unbeftändig, veränderlich, nicht
folgerichtig: A. si ego sum inconstans ac levis;
Sulla 10. inconstans (genus argumentationis) est,
quod ab eodem de eadem re diverse dicitur; inv
I 93. quae (ratio) tibi videtur inconstans; fin
V 95. — B. neque esse inconstantis puto sententiam; Balb 61.

inconstanter, unregelmäßig, ohne Grund-
fäße, nicht folgerichtig: haec dicuntur inconstan-
tissime; fin II 88. iactantibus se opinionibus inconstanter et turbide; Tusc IV 24. si inconstanter
tamen suum misit in hoc iudicium; Flac 5 (ȝ. 38).

inconstantia, Unbeftändigkeit, Veränderlich-
feit: I. 1. quae inconstantia deorum est, ut primis
minentur extis, bene promittant secundis? div II 38.
— 2. nemo doctus umquam mutationem consilii inconstantiam dixit esse; A XVI 7, 3. — II, 1. quis
tantam inconstantiam rerum iudicatarum ferre potuisset? Cluent 61. — 2. quoniam omne peccatum
imbecillitatis et inconstantiae est; fin IV 77. — 3.
quos ab inconstantia gravitas deterret; dom 4.
quae (opiniones) in maxima inconstantia veritatis

ignoratione versantur; nat I 43. — III. quid est inconstantia, levitate, mobilitate turpius? Phil VII 9.

inconsulte, unüberfegt: ea qui consideret
quam inconsulte ac temere dicantur; nat I 43.
multi patrimonia effuderunt inconsulte largiendo;
of II 54

inconsultus, unüberfegt: homo inconsultus
et temerarius; Deiot 16. inconsultam rationem sive.
ut gravissimo verbo utar, temeritatem; Rab Post 2.

incontentus, ungefpannt: aeque contingit
omnibus fidibus, ut incontentae sint, illud non continuo, ut aeque incontentae; fin IV 75.

incontinenter, unenthaltfam: nihil iniuste,
nihil libidinose, nihil incontinenter esse faciendum;
of III 37.

incontinentia, Ungenügfamfeit: multa de
incontinentia intemperantiaque disseruit; Cael 25.

incorrupte, unverfälfcht: ipsa natura incorrupte atque integre iudicante; fin I 30.

incorruptus, unverdorben, unverfälfcht, rein,
aufrichtig, unbeftochen, unbeftechlich: qui (animus)
si permanet incorruptus suique similis; Tusc I 43.
facilius mulieres incorruptam antiquitatem conservant,
quod ..; de or III 45. incorrupta quaedam Latini
sermonis integritas; Bru 132. sed fuerint incorruptae litterae domi; Flac 21. ut eos (deos) semper
pura, integra, incorrupta et mente et voce veneremur;
nat II 71. suens ille et sanguis incorruptus; Bru
36. qui incorrupta sanitate sunt; opt gen 8. ille
incorruptum (servum) audire noluit, tu corrupisti;
Deiot 31. suous: f. sanguis. oratio philosophorum
(est) virgo incorrupta quodam modo; orat 64. vox:
f. mens.

increbresco, fich verbreiten, zunehmen: cum
hoc nescio quo modo apud eos increbruisset, me
in causis maioribus solere versari; de or I 82. quae
(consuetudo) increbuit ǁ increbruit ǁ; Phil XIV 12.
nunc apud oratores iam ipse numerus increbruit; orat
66. quoniam non nullorum sermo iam increbruit,
se dirus ..; opt gen 11. ventus increbrescit; ep
VII 20, 3.

incredibilis, unglaublich, außerordentlich:
A. incredibile dictu est, quam multi Graeci de harum
valvarum pulchritudine scriptum reliquerint; Ver II
124. nihil est tam incredibile, quod non dicendo fiat
probabile; par 3. quod singularem et prope incredibilem patris Marcilii fidem, abstinentiam modestiamque cognovi; ep XIII 54. ardeo incredibili quodam
amore patriae; prov 23. iste quamquam est incredibili importunitate et audacia; Ver II 74. cernes incredibili cursus maritimos celeritate; nat II 161.
crimen incredibile confingunt; Sex Rosc 30. o deli-
rationem incredibilem! div II 90. accepi magnum
atque incredibilem dolorem; dom 97. fides: f. abstinentia. incredibilis fuit ac singularis furor; Sulla
75. importunitas: f. audacia. est fons incredibili
magnitudine; Ver IV 118. modestia: f. abstinentia.
incredibilis me rerum traxit ordo; fin III 74. quae
(res) rem incredibilem aut incredibilem facere possunt;
inv II 42. o mulieris scelus incredibile! Cluent 15.
ut incredibilis quaedam et divina virtus exsisteret;
rep III 4. Antonii incredibilis quaedam et prope
singularis et divina vis ingenii videtur; de or I 172.
— B. incredibile dicam, sed ita clarum, ut ..;
Ver IV 57.

incredibiliter, unglaublich, außerordentlich:
"ex ǁ augurum praedictis multa incredibiliter vera
cecidisse; leg II 33. mehercule tuis incredibiliter
studiis erga me muneribusque delector; ep III 9, 3.
incredibiliter pertimuit; A VIII 7, 1. qnae incredibiliter tollimus; part or 17.

incrementum, Zuwachs, Wachstum: negat
summo bono adferri incrementum diem; fin II 88.
quid ego vitium ortus, satus, incrementa commemorem?
Cato 52.

increpo, faufen, verlauten, fich regen, ausfchelten, tadeln: I. quicquid increpuerit, Catilinam timeri; Catil I 18. qui (discus) simul ut increpuit; de or II 21. simul atque increpuit suspicio tumultus; Muren 22. — II. qui C. Caesarem saepe increpuit, saepe accusavit; Sest 132. orationem converti in increpandam Caepionis fugam; de or II 199. cum illius in me perfidiam increparet; Q fr II 3, 3.

incubo, bewachen, hüten: qui illi pecuniae spe iam atque animo incubaret; Cluent 72.

inculco, einfchalten, einmifchen, aufbrängen, einprägen, einfchärfen: I. inculcarisne, ut C. Pisonem nominaret? Vatin 26. — II. qui (Graeci) se inculcant auribus nostris; de or II 19. quod tradatur vel etiam inculcetur; de or I 127. (orator) inculcabit leviora; orat 50. quod erat illi (Quinto fratri) non nullorum artificiis inculcatum; A I 17, 2. ἀρχέτυπον ipsum crebris locis inculcatum et refectum; A XVI 3, 1. inculcamus minus usitatos versus; orat 189.

inculte, einfach, funftlos, ohne Feinheit: qui horride inculteque dicat; orat 28. D. Brutus dicere non inculte solebat; Bru 107. vixit inculte atque horride; Quinct 59.

incultus, unbefannt, ungepflegt, einfach, ungebildet: (Q. Aelius Tubero) ut vita sic oratione durus, incultus, horridus; Bru 117. erat ager incultus; Q. Rosc 33. corpore inculto et horrido; agr II 13. seremus aliquid tamquam in inculto et derelicto solo; Bru 16. Cotta quasi inculta et silvestri via ad eandem laudem pervenerat; Bru 259. vita inculta et deserta ab amicis; Lael 55.

incumbo, fich hinneigen, stürzen, befleißigen, anstrengen: qui in gladium incubuerat; inv II 154. in id studium, in quo estis, incumbite; de or I 34. ut in rem publicam omni cogitatione curaque incumberes; ep X 1, 2. incumbe in eam curam et cogitationem; ep X 3, 3. incumbe toto pectore ad laudem; ep X 10, 2. incumbe, ut belli extrema perficias; ep X 19, 2. cuius (Caesaris) in cupiditatem te auctore incubui; A V 13, 3. tota mente incumbe in hanc curam; A XVI 10, 2. eodem incumbunt municipia, coloniae, cuncta Italia; Phil VI 18. cum hi mores tantum iam ad nimiam lenitatem ‖ levitatem ‖ et ad ambitionem incubuerint; Q fr I 1, 11. municipia: f. coloniae. tantum impelli iudicem primo leviter (oportebit), ut iam inclinato reliqua incumbat oratio; de or II 324.

incunabula, Wiege, Ursprung: 1. quod horum in iis locis vestigia ac prope incunabula reperiuntur deorum; Ver IV 107. — 2. non alienum fuit a oratoris quasi incunabulis dicere; orat 42. »ad incunabula nostra pergam«; fr H IX 4. quae (proscriptio) ad infantium puerorum incunabula pertinet; Sex Rosc 153. repetam non ab incunabulis nostrae veteris puerilisque doctrinae quendam ordinem praeceptorum; de or I 23.

incuria, Nachläffigfeit, Bernachläffigung: I. quo etiam magis vituperanda est nei maxime necessariae tanta incuria; Lael 86. — II. milites incuria, fame, morbo consumpti; prov 5.

incurro, anrennen, hineingeraten, verfallen, anstoßen, angrenzen, eintreten, fommen: in memoriam notam et aequalem incurro; Bru 244. incurristi amens in columnas; Scaur 45. ne in nostra tempora incurrens offenderem quempiam; Q fr III 5, 2. in oculos incurrentibus iis, quos aequo auimo videre non possum; A XII 21, 5. qui (agri) in publicum Campanum incurrebant; agr II 82. ut in tanta libertate canes etiam et equi, aselli denique liberi sic incurrant, ut iis de via decedendum sit; rep I 67. incurrit huc definitio; inv II 72. equi: f. aselli. incurrit haec nostra laurus non solum in oculos, sed etiam in voculas malevolorum; ep II 16, 2. tua λῆψις quem in diem incurrat, nescio; A VII 7, 3. nec ullam esse disputationem,

in qua non aliquis locus incurrat: Top 79. quando illa (luna) incurrat in umbram terrae; div II 17. etsi incurrunt tempora et personae; de or II 139. etiam incurrit alia quaedam in testibus et in quaestionibus ratio; part or 51. tempora: f. personae.

incursio, Einfall, Anbrang: I. quem numquam incursiones hostium loco movere potuerunt: Rabir 36. — II. cum (deus) pulsetur agiteturque atomorum incursione sempiterna; nat I 114.

incurso, einbringen, übergehen: incursabit in te dolor meus; A XII 41, 2.

incursus, Anfturm, Angriff: I. incursus et impetus non valebit? Caecin 46. — II. ceterorum tela atque incursum refugit; Caecin 23.

incurvo, frümmen: bacillum inflexum et incurvatum de industria; fin II 33.

incurvus, frumm, gebüdt: incurvum et leviter a summo inflexum bacillum ‖ [inc. . . . bacillum] ‖; div I 30. statua senilis incurva: Ver II 87.

incus, Amboß: I. iis adsiduis uno opere eandem incudem diem noctemque tundentibus; de or II 162. — II. quas (formas) vos effici posse sine follibus et incudibus non putatis; nat I 54.

incusatio, Befchulbigung: quorum (locorum communium) partim habent vitiorum et peccatorum acrem quandam cum amplificatione incusationem aut querelam; de or III 106.

incutio, einflößen: quibus temporibus (diterrorem incutiant rationis expertibus; Tim 37. timor incutitur aut ex ipsorum periculis aut ex communibus; de or II 209.

indagatio, Erforfchung: indagatio ipsa rerum cum maximarum, tum etiam occultissimarum habet oblectationem; Ac II 127. inde est indagatio nata initiorum et tamquam seminum; Tusc V 69.

indagatrix, Erforfcherin: o virtutis (philosophia) indagatrix expultrixque vitiorum! Tusc V ₃.

indago, auffpüren, entbeden, erforfchen: I. ad indagandum canem esse natum; fin II 40. — II, 1. de: f. III. alqd. — . quid cuique opus esset, indagare et odorari solebat; Ver II 135. — III. tu quicquid indagaris de re publica; A II 4, 4. ea velim omnibus vestigiis indagata ad me adferas: A II 7, 2. quod inusitatas vias indagemus; orat 11.

inde, von da, von dort, barauf: I. cum inde decessisset; dom 52. inde deiectus es? Caecin 65. quicquid inde haurias; Caecin 78. inde oriendum est; fin V 83. pendeo: f. II. inde Sardiniam cum classe venit; imp Pomp 34. — II. altera est nexa cum superiore et inde apta ‖ apteque, al. ‖ pendens; fr V 52. — III. inde ad urbem cursus; Phil XIII 19. qui vero inde reditus Romam! Phil II 108. — IV. cuius cum patre magna mihi fuit amicitia iam inde a quaestura mea Siciliensi; ep XIII 38. hominem mei sane studiosum iam inde a Pontiano; A XII 44, 2. — V. deinceps inde multae (causae); Bru 312. post in Africam, inde ad consulatum; Ac II 1.

indecore, unfchidflich: ut ea si non decore. at quam minime indecore facere possimus; of I 114.

indecorus, unpaffend, unfchidflich: A. iniusta, ut turpia, sic indecora (sunt); of I 94. — B, a. sicut ἐν τοῖς ἐρωτικοῖς alienantur ‖ alienant al. ‖ immundae, insulsae, indecorae, sic ; A IX 10, 2. — b. illud indecorum, quod quale sit ex de coro debet intellegi, hic quoque apparet, cum . orat 82.

indefinitus, unbeftimmt: habet ipsa incer tam et indefinitam ‖ certam et definitam ‖ viam: F V 70.

indemnatus, nicht verurteilt: A. ut. quam damnatis crucem servis fixeras, hanc indemnati civibus Romanis reservares; Ver V 12. qu. supplicio dominos indemnatos adficiebat; Ver V 18. —

B. I. potest igitur damnati poenam sustinere indemnatus? dom 77. — II. quem indemnatorum necis principem fuisse dixeras; dom 21.

index, Angeber, Spion, Verräter, Verkünder, Zeigefinger, Titel, Aufschrift, Verzeichnis: I, 1. haec omnia indices detulerunt; Catil IV 5. Pollex praesto fuit, sed plane pollex, non index; A XIII 46, 1. — 2. hic est legis index; Phil I 20. — II. 1. ex qua (membranula) indices fiant, quos vos braeci, ut opinor, σιλλύβους appellatis; A IV 4, a. 1. in illo indice corrumpendo; Cluent 25. velim dari mihi iubeas indicem tragicorum; fr F V 48. facio: f. appello. parantur orationibus indices gloriosi; A IV 15, 9. medicum indicem subornavit; Deiot 17. — 2. qui indici praemium decrerit; Catil IV 10. — III, 1. in philosophos vestros si quando incidi, deceptus indicibus librorum; de or II 61. — 2. a. d. III Idus Febr. Sestius ab indice Cn. Nerio Pupinia de ambitu est postulatus; Q fr II 3, 5.

indicium, Angabe, Anzeige, Erlaubnis zur Anzeige, zur Aussage, Anzeigelohn, Anzeichen, Beweis: I. quae solent esse indicia et vestigia veneni; Cluent 30. — II, 1. tu periculorum indicia ad me attulisti; Flac 102. si tibi indicium postulas dari: div Caec 34. sese testificationes, indicia deferre: Bru 277. quae (animi partes) quo sunt exrelsiores, eo dant clariora indicia naturae; fin V 48. ut indicia facti aut effugere aut occultare non posset; part or 115. cum illa indicia communis exitii indicavi, patefeci, protuli, exstinxi; Milo 103. impetro: f. postulo. occulto: f. effugio. patefacio, profero: f. exstinguo. reus erat apud Crassum Divitem Vettius de vi et. cum esset damnatus, erat indicium postulaturus. quod si impetrasset, iudicia fore videbantur; A II 24, 4. quae vetustas tollet sceleris indicia latrociniique vestigia? Phil XII 12. — 2. quae domus erat ipsa indicio crudelissimi tui dominatus; dom 110. — III. qui indicii partem acceperit; Sex Rosc 107. — IV, 1. quo facilius comprehendere tar res eius indicio; Cluent 47. terra continens adventus hostium multis indiciis denuntiat; nep II C. quae res pertenui nobis argumento indicioque patefacta est; Ver pr 17. — 2. cum aliquo indicio indicio meae erga te benivolentiae; ep VII 6, 1.

indico, angeben, anzeigen, bekannt machen, offenbaren, verraten, taxieren: I. quod non indicasti, gratias ago; Phil II 34. ut epularum sollemnium fides ac tibiae Saliorumque versus indicant; de or III 197. — II, 1. quis tibi de epistulis istis indicavit? Flac 92. — 2. dicendi genus quod fuerit in utroque, orationes utrinsque etiam posteris nostris indicabunt; Bru 324. — 3. scutorum multitudo deprehendi posse indicabatur; Milo 64. — 4. provideat, ne sermo vitium indicet inesse in moribus; of I 134. — III. iam me vobis, indices, indicabo; Arch 28. quo (tempore) coniuratio indicabatur; div II 47. ut sibi fundus, cuius emptor erat, semel indicaretur; of III 62. quod ante[a te] calumniatus sum, indiraho malitiam meam; ep IX 7, 1. quae (verba) indicarent voluntatem; Caecin 53.

indico, ansagen, ankündigen: I. nihil me clamor iste commovet, cum indicat esse quosdam cives imperitos, sed non multos; Rabir 18. — II. maior. cur philosophiae prope bellum indixeris; de or II 155. funus te indixisse rei publicae; dom 42. tanto mercatu praetoris indicto; Ver II 133.

indictus, unverhört, ohne Verteidigung: hominem innocentem indicta causa condemnat; Ver II 75.

indidem, ebendaher: refundunt eadem et rursum trahunt indidem; nat II 118. unde simile duci potest, indidem verbum unum, quod similitudinem continet, tralatum lumen adferet orationi; de or III 161.

indifferens, gleichgültig: quod illi ἀδιάφορον

dicunt, id mihi ita occurrit, ut indifferens dicerem; fin III 53.

indigentia, Hülfsbedürftigkeit, Ungenügsamkeit: I. ut indigentia (sit) libido inexplebilis; Tusc IV 21. — II. quam (amicitiam) ex inopia atque indigentia natam volunt; Lael 29.

indigeo, bedürfen, brauchen, ermangeln: I. aut opera benique fit indigentibus aut pecunia; of I 50. saepe idoneis hominibus indigentibus de re familiari impertiendum; of II 54. — II. Africanus indigens mei? minime hercule! ac ne ego quidem illius; Lael 30. est adsumptio quaedam, quae approbationis non indiget; inv I 65. quae commendationis meae pro tuo in nos amore non indigent; A X 8, 9. indigeo tui consilii; A XII 35. quae (miseriae) ad consolandum maioris ingenii et ad ferendum singularis virtutis indigent; ep VI 4, 2. (eae rationes) multorum verborum indigent; inv I 9. virtutis: f. ingenii. — III. commisi, ut me vivo careres, vivo me aliis indigeres; Q fr I 3, 2. est quaedam propositio, quae non indiget approbatione; inv I 63. ne vivus quidem bono caret, si eo non indiget; Tusc I 88. qui civilem scientiam eloquentia non putant indigere; inv I 6.

indignatio, Unwille, Entrüstung, Erregung des Unwillens: I. quibus ex omnibus acriter excitata indignatio summum in eum, qui violarit horum aliquid, odium commovere poterit; inv I 103. indignatio est oratio, per quam conficitur, ut in aliquem hominem magnum odium aut in rem gravis offensio concitetur; inv I 100. ex iis rebus, quae personis aut quae negotiis sunt attributae, quaevis amplificationes et indignationes nasci possunt; inv I 100. — II, 1. excito: f. I commovet. quorum ex auctoritate indignatio sumitur; inv I 101. posse omnibus ex locis iis, quos in confirmationis praeceptis || confirmandi praeceptione, al. || posuimus, tractari indignationem; inv I 100. — 2. quae separatim de indignatione praecipi possunt; inv I 100. — III. pars locorum communium per indignationem aut per conquestionem inducitur; inv II 48.

indigne, unwürdig, schmachvoll, unwillig: cum ille vir eriperetur indignissime bonis omnibus; Cael 59. ut acerbe indigneque moreretur; Cluent 42. (Horatius) indigne passus virginem occidit; inv II 78.

indignitas, Unwürdigkeit, Nichtswürdigkeit, Entrüstung: I. si quid adfert praeterea hominis aut dignitas aut indignitas; de or II 138. tacita esse poterit indignitas nostra? A X 8, 3. versatur mihi ante oculos indignitas calamitatis; Ver V 123. — II. cum omnem adeundi et conveniendi illius (Caesaris) indignitatem et molestiam pertulissem; ep VI 14, 2. — III. ne qua ex tua summa indignitate labes illius dignitati aspersa videatur; Vatin 15. nosti oculorum in hominum insolentium indignitate fastidium; ep II 16, 2. quorum nemo propter indignitatem repudiatus est; div Caec 63.

indignor, unwillig sein, sich entrüsten: I, 1. nimium cito ait me indignari de tabulis; Q Rosc 5. — 2. locus communis erit defensoris, per quem indignabitur accusatorem verba commutare conari; inv II 56. — II. ea, quae indignentur adversarii, tibi quoque indigna videri; inv I 24. facti indignandi causa; inv II 56.

indignus, unwürdig, unschicklich, schmachvoll, empörend, unverdient: A. (C. L a e l i u m) indignum esse suis maioribus; de or II 286. quid hoc indignius? Ver III 200. nihil homine indignius; Tusc II 46. cum ipsi hoc turpe et me indignum putarent; ep IX 6, 4. cum caedes indignissimae maximaeque factae sint; Sex Rosc 11. indigna homine dubitatio! Lael 67. indignum facinus esse ea poena adficere reum; inv II 58. Gellius, homo et fratre indignus et ordine equestri; Sest 110. in

morte misera atque indigna nauarchorum; Ver V 172. res indigna videbatur omnibus; Ver IV 78. — B, **a.** ne dominarentur indigni: Phil VIII 7. — **b.** etiamsi nobis indigna audiamus; of I 137.

indiligenter, unachtfam, nachlässig: non indiligenter expositum est; inv II 11. quamquam nihil ab eo arbitror neque indiligenter neque inliberaliter; A XVI 3, 2.

indiligentia, Mangel an Sorgfalt: esse a me raro litterarum missarum indiligentiam reprehensam; Q fr I 2, 7.

indiserte, unberedt: orationem meam conlaudavit non mehercule indiserte Vetus Antistius; Q fr II 1, 3.

indisertus, unberedt, wortarm: T. Annium Luscum non indisertum dicunt fuisse; Bru 79. malim equidem indisertam prudentiam quam stultitiam loquacem; de or III 112.

indissolubilis, unauflöslich: quoniam estis orti, immortales esse et indissolubiles non potestis; Tim 40.

indissolutus, unauflöslich: quorum operum ego parens effectorque sum, haec sunt indissoluta me invito; Tim 40.

individuus, unteilbar, untrennbar, neutr. Atom: A. nullum est eorum (animalium) individuum; nat III 29. corpora quaedam solida atque individua vi et gravitate ferri; nat II 93. quae (materia) individua est; Tim 21. — B, I. ut, cum duo individua per inanitatem ferantur, alterum e regione moveatur, alterum declinet; fat 18. — II, 1. ipsius individui hanc esse naturam, ut pondere et gravitate moveatur, eamque ipsam esse causam, cur ita feratur; fat 25. f. I. — 2. concedam ex individuis constare omnia; nat I 67. — III. natura: f. II, 1.

indo. anziehen: quidam iudicatus est parentem occidisse et ‖ ei ‖ statim ligneae soleae in pedes inditae ‖ inductae ‖ sunt; inv II 149.

indocilis, ungelehrig, unlehrbar: quia nimis indociles quidam tardique sunt; nat I 12. ingenii magnitudo non desideravit indocilem usus disciplinam; Ac II 2.

indocte, ungebildet: non indocte solum, verum etiam impie faciat, si deos esse neget; nat II 44.

indoctus, ungelehrt, ungebildet, ungeschickt: „indoctus" dicimus brevi prima littera, „insanus" producta; orat 159. — A. ut auriga indoctus e curru trahitur; rep II 68. quodsi indocta consuetudo tam est artifex suavitatis; orat 161. hominum esse duo genera, alterum indoctum et agreste, alterum humanum et politum; part or 90. qui (rabulae) et plane indocti et inurbani fuerunt; Bru 180. — B, I. quae nec indocti intellegere possent nec docti legere curarent; Ac I 4. — II. valebis apud indoctum eruditus; Piso 59.

indolentia, Schmerzlosigkeit, Unempfindlichkeit gegen den Schmerz: I. num propterea illum voluptas est, quod, ut ita dicam, indolentia? fin II 11. — II. indolentiam honestati Peripateticus Diodorus adiunxit; Tusc V 85. — III. qui res expetendas vel voluptate vel indolentia metiuntur; of III 12.

indoles, Anlage, Talent: I. quod in vobis egregiam quandam ac praeclaram indolem ad dicendum esse cognovi; de or I 131. ad virtutem maior indoles (videtur esse); orat 41. — II, 1. virtute, labore, industria tueretur summi viri indolem; rep V 9. — 2. si qui indole virtutis ac continentiae fuit; Cael 39. — III. adulescentibus bona indole praeditis; Cato 26. — IV. ab hac etiam indole inm illa matura: uxor generi ..; orat 107.

indolesco, sich betrüben: quis (miles fuit), qui non indoluerit tam aere se, quam nequam hominem secutus esset, cognoscere? Phil II 61.

indoloria, Schmerzlosigkeit: indoloriam; fr K 10.

indomitus, ungebändigt, wild: indomitas cupiditates atque effrenatas habebat; Ver I 62. insanos atque indomitos impetus vulgi; rep I 9. ex hoc populo indomito vel potius immani; rep I 68.

indormio, schlafen, verschlafen: I. quoniam in isto homine colendo tam indormivi diu; Q fr II 13, 2. — II. quae (faces) excitent tantae causae indormientem; Phil II 30. si indormierimus huic tempori; Phil III 34.

indotatus, unausgestattet, arm: cuius (Scaevolae) artem cum indotatam esse et incomptam ‖ incomitatam ‖ videres, verborum eam dote locupletasti et ornasti; de or I 234.

indotiae f. **indutiae.**

induco, anziehen, anbringen, anhängen, einführen, vorbringen, veranlassen, verleiten, aus streichen, aufheben: I. induxit (natura) in eaquae inerant, tamquam elementa virtutis: fin V 59. — II. quo modo [a nobis] uterque inductus est: de or III 16. ad misericordiam inducitur, ad pudendum. ad pigendum; Bru 188. qui hoc primus in nostros mores induxit; de or II 121. ut agros a vobismet ipsis emptos, quanti velletis, populo Romano induceretis; agr II 98. si ire in exsilium animum induxeris; Catil I 22. coniecturam induci ab accensatore oportebit; inv II 99. inducendi senatus consulti maturitas nondum est; A I 20, 4. eos (homines) in unam quamque rem inducens utilem atque honestam; inv I 2. ut imperitos posses in errorem inducere; Bru 293. hic illa magna cum gravitate inducetur indignatio; inv II 36. ut inducetur locatio, postulaverunt; A I 17, 9. ille locus inductus a me est divinitus; A I 16, 9. haec pactio prolata a Memmio est nominibus inductis; A IV 17, 2. etsi nomina iam facta sunt; sed vel induci vel mutari possunt; A XIII 14, 1 (2). a me gladiatorum par nobilissimum inducitur; opt gen 17. quem ad modum (pecuniam) in rationem inducerent: Ver I 106. puero me hic sermo inducitur; A XIII 19, 4. cum vix manicatam tunicam in lacertos induceres; fr A XIII 24. — III. ita ut facerem, et orationibus inducebar tuis et versibus: leg II 2. — IV. ab Epicuro sapiens semper beatus inducitur; fin I 62. testes sunt rationes civitatis, in quibus quantum quaeque voluit, legatis tuis datum induxit: ep III 10, 6. quasi ipsos induxi loquentes; Lael 3.

inductio, Einführung, Herleitung, Beziehung, Vorsatz, Entschluß: I. inductio est oratio, quae rebus non dubiis captat adsensiones eius, quicum instituta est; inv I 51. ne intellegatur ‖ non intellegat ‖, quo spectent illae primae inductiones et ad quem sint exitum perventurae; inv I 53. tantum animi inductio apud me valet; ep I 8, 2. erroris inductio; de or III 205. — II, 1. haec ex pluribus perveniens, quo vult, appellatur inductio, quae Graece ἐπαγωγή nominatur; Top 42. cuius confirmandi causa fiet inductio; inv I 53. personarum ficta inductio vel gravissimum lumen augendi; de or III 205. — 2. alia utendum (est) inductione; inv I 54. — 3. est positum in quadam inductione animi et voluntate; Q fr I 1, 32. — II, 1. nos aquarum inductionibus terris fecunditatem damus; nat II 152. dolor animi inductione languescet; Tusc II 31. — 2. argumentatio, quae per inductionem tractatur; inv I 82.

inductus, Antrieb: optio vobis datur, utrum velitis casu illo itinere Varenum usum esse an huius persuasu et inductu; fr A II 14.

indulgenter, nachsichtig, bereitwillig: si etiam bestiae multa faciunt indulgenter; fin II 109. ne nimis indulgenter et ut cum gravitate potius loquar; A IX 9, 2.

indulgentia, Nachsicht, Güte, Zärtlichkeit: I,
1. non cognosco tuam in me indulgentiam; A XII
22. 1. si meam in illum indulgentiam laudare vere
solebatis; Sest 8. — 2. ut in alterius dolore vel pietati
vel indulgentiae vestrae serviatis; Cael 79. — 3.
qua nos in liberos nostros indulgentia esse debemus?
de or II 168. — II. qui simili sensu atque indulgentia
filiarum commovemini; Ver I 112. omnes inter
se naturali quadam indulgentia contineri; leg I 35.

indulgeo, nachsichtig sein, nachgeben, ergeben
fein, forgen: sibi indulgentes; leg I 39. indulge
valetudini tuae; ep XVI 18, 1. consuetudini auribus
indulgenti libenter obsequor; orat 157. ipsa sibi
imbecillitas indulget; Tusc IV 42. quo est ipsum
nomen amantius indulgentiusque maternum; Cluent
12. (obsequium) peccatis indulgens; Lael 89. indulsit
illi (filio) quidem suus pater semper; A X 11, 3.

induo, anziehen, anlegen, bekleiden, einhüllen,
annehmen, eingehen, sich verwickeln: hic videte in
quot se laqueos induerit; Ver II 102. videte, ut,
dum expedire sese vult, induat; Ver II 106. cur vos
induitis in eas captiones, quas numquam explicetis?
div II 41. duabus quasi nos a natura indutos esse
personis; of I 107. quem (anulum Gyges) induit; of III
38. beluae forma hominum indutae; Sulla 76. habes
summam imaginem mortis eamque cotidie induis;
Tusc I 92. cui (Herculi) cum Deianira sanguine Centauri tinctam tunicam induisset; Tusc II 20.

industria, Tätigkeit, Fleiß, Regsamkeit, Be-
triebsamkeit: I. quorum (adulescentium) in re publica
late patere poterit industria; div II 5. quoad eum
industria cum innocentia prosecuta est; Cluent 111.
— II, 1. Vibullii virtutem industriamque libenter
agnovi; A VIII 11, B, 1. homines, quorum cognita
virtus, industria, felicitas in re militari sit; Font 42.
ne desideres aut industriam meam aut diligentiam;
A XV 13, 3. qui in scribendo tantum industriae
ponam; ep III 9, 3. — 2. neque nos neque alios
industriae nostrae paenitebit; inv II 9. — 3. ob-
·isto: f. IV, 1. fieri. — 4. quod ab industria plebem
ad desidiam avocari putabant; Sest 103. in vestro
ingenio et industria mihi plurimum et suavitatis et
dignitatis constitutum puto; ep XV 14, 6. quae
(benignitas) constet || constat || ex opera et indus-
·tria; of II 54. (Hortensius) revocare se ad industriam
coepit; Bru 323. — III. alqd: f. II, 1. ponam. meae
curriculum industriae nostrae in foro elaboratum est;
Phil VII 7. erant etiam industriae quidam stimuli
ac laboris; Cael 12. — IV, 1. si non fortuna, sed
industria factum videbitur aut si industriae fortuna
obstiterat; inv II 112. dilectus habitus in Macedonia
est summo Q. Hortensii studio et industria; Phil
X 13. quod virtute industriaque perfecisti; Muren 16.
qui (Demosthenes) dolere se aiebat, si quando opificum
antelucana victus esset industria; Tusc IV 44 —
2. ut neque verbum ita traiciat, ut id de industria
factum intellegatur; orat 231. cum praemia mihi
tanta pro hac industria sint data; Muren 8.

industrius, tätig, fleißig: A. M. Eppium, vigilantem hominem et industrium; A VIII 11, B, 1.
(Dionysium fuisse) in rebus gerundis virum acrem
et industrium; Tusc V 57. — B. opponuntur labores,
leve sane impedimentum vigilanti et industrio; rep
I 4.

indutiae (indotiae) Waffenstillstand: I. cum
triginta dierum essent cum hoste indutiae factae;
of I 33. quod dierum essent pactae, non noctium
indutiae; of I 33. — II. » foederum indotiarum
rutorum || †oratorum || fetiales iudices sunto«; leg
II 21.

inedia, Hunger, Fasten: I. aniculae saepe
inediam biduum aut triduum ferunt; Tusc II 40.
— II, 1. inedia et purgationibus et vi ipsius morbi
consumptus es; ep XVI 10, 1. fessum inedia

fluctibusque; Planc 26. a vita quidam per inediam
discedens; Tusc I 84.

inelegans, geschmacklos, unschön: inerat orationis non inelegans copia; Bru 282. physica
ratio non inelegans inclusa est in impias fabulas;
nat II 64.

ineleganter, geschmacklos, unrichtig: divisit
ineleganter; fin II 26. historia non ineleganter
scripta; Bru 101.

inenodabilis, unerklärbar: cur Epicurus uno
tempore suscipiat res duas inenodabiles; fat 18.

ineo, betreten, hineingehen, anstellen, beginnen,
anfangen: I. ineunte adulescentia; of I 117.
ab ineunte eius (P. Crassi) aetate; ep XIII 16, 1.
ineunte vere; imp Pomp 35. — II. ut magnum et
difficile certamen iniens; fin IV 31. propter
necessitatem vitae initam esse cum hominibus communitatem et societatem; of I 158. nisi de mea
pernicie consilia inirentur; A III 10, 2. convivia
cum patre non inibat; Sex Rosc 52. iamiam a bonis
omnibus summam ineat gratiam; A VII 9, 3. iam
cum magistratum inieris et in contionem ascenderis;
fin II 74. ut ineas rationem, quem ad modum ea
mulier Romam perducatur; ep XIII 28, 2. societatem: f. communitatem. quod ante initum tribunatum
veni; A XI 9, 1. sapiens ille, qui inire viam
doceret; Muren 26.

inepte, töricht, läppisch: qui nec inepte
dicunt nec odiose nec putide; Bru 284. nisi
inepte fieret; de or I 112. inepte, quisquis Minervam docet; Ac I 18.

ineptiae, Torheiten, Possen: I. omnium
ineptiarum, quae sunt innumerabiles, hand sciam an
nulla sit maior, quam . . ; de or II 18. — II, 1. ne
has meas ineptias efferatis; de or I 111.
pellantur istae ineptiae paene aniles, ante tempus
mori miserum esse; Tusc I 93. — 2. quid ad istas
ineptias abis? Sex Rosc 47. — III. isdem ineptiis
fucata sunt illa omnia; Muren 26.

ineptus, töricht, albern, ungereimt: A. quem
nos „ineptum" vocamus, is mihi videtur ab hoc
nomen habere ductum, quod „non" sit „aptus"; de
or II 17. qui in aliquo genere aut inconcinnus aut
multus est, is ineptus esse dicitur; de or II 17. si
tibi videntur, qui temporis, qui loci, qui hominum
rationem non habent, inepti; de or II 20. quod
nihil habeat insolens aut ineptam; orat 29. nisi
forte ineptis fabulis ducimur; Cluent 171. ineptum
sane negotium et Graeculum; Tusc I 86. tantum
ingenium in tam leves, ne dicam in tam ineptas
sententias incidisse; nat I 59. — B. (personam)
inepti ac stulti inter viros; Caectn 14.

inermis, unbewaffnet, wehrlos: (Epicurus)
plane inermis ac nudus est; fin I 22. inermem
atque imparatum tribunum alii gladiis adoriuntur;
Sest 79.

inermus, unbewaffnet: A. qui homines
inermos armis reppulerit; Caecin 33. — B. cum
paucis inermis fugisse Antonium; ep XI 12, 1.

inerrans, nicht umherschweifend, unbeweglich:
habent suam sphaeram stellae inerrantes ab
aetheria coniunctione secretam et liberam; nat II 55.
solem dico et lunam et vagas stellas et inerrantes;
nat II 80.

iners, ungeschickt, untätig, träge: A. C. Censorinus iners et inimicus forti; Bru 237. quibus
(artibus) qui carebant, inertes a maioribus nominabantur; fin II 115. inertissimos homines videmus
tamen et corpore et animo moveri semper; fin V 56.
ad inertissimum ac desidiosissimum otium; agr
II 91. esset ex inerti parente navus filius; Ver
III 161. quae vitia sunt non senectutis, sed inertis,
ignavae, somniculosae senectutis; Cato 36. — B.
vicissent improbos boni, fortes inertes; Sest 43.

42

inertia, Trägheit, Verdrossenheit: I, 1. nec
tua ignavia etiam *mihi* inertiam adferet; ep XII
20. — 2. ceteros non dubitabo inertiae condemnare; de or I 172. — 3. hominum ignobilium
virtutem persaepe nobilitatis inertiae praetulerunt;
Balb 51. — II. hominem singulari luxuria atque
inertia; Ver I 34. — III. neglegentia, pigritia,
inertia impediuntur; of I 28.

ineruditus. ungebildet, unwissenschaftlich:
non Epicurus ineruditus, sed ii indocti, qui . .;
fin I 72. modo ne quis illud tam ineruditum ab-
surdumque respondeat; Ac II 132.

inexercitatus, ungeübt: in promptis et non
inexercitatis ad dicendum fuit; Bru 136. ludus est
homini non hebeti neque inexercitato; de or II 72.
adduc pari animo inexercitatum militem, mulier
videbitur; Tusc II 37.

inexorabilis, unerbittlich: qui inexorabilis
in ceteros esse visus sum; Sulla 87. inexorabiles
iudices, Minos et Rhadamanthus; Tusc I 10.

inexpiabilis. unsühnbar, unversöhnlich:
bellum inexpiabile infert; Phil XIV 8. inexpiabiles
poenas impendere iis, a quibus violatum sit animal;
rep III 19. nec (caerimonias sepulcrorum) violatas
tam inexpiabili religione sanxissent; Tusc I 27.
sacra inexpiabili scelere pervertit; har resp 57.

inexplebilis, unersättlich: omnia rabide
appetentem cum inexplebili cupiditate; Tusc
V 16. cum inexplebiles populi fauces exaruerunt
libertatis siti; rep I 66.

inexplicabilis, unauflösbar, unausführbar:
haec scilicet inexplicabilia esse dicitis; Ac II 95.
(tua legatio) est inexplicabilis; A XV 9, 2. „o rem",
inquis, „difficilem et inexplicabilem!" atqui explicanda est; A VIII 3, 6. o rem odiosam et
inexplicabilem! A XV 4, a (5).

inexpugnabilis, unüberwindlich: volumus
eum, qui beatus sit, tutum esse, inexpugnabilem;
Tusc V 41.

inexspectatus, unerwartet: quanta vis!
quam inexspectata! de or II 225.

infacetus, unfein, plump: comis [officiosus]
an infacetus (sit); inv I 35. C. Canius, nec infacetus
et satis litteratus; of III 58. est non infacetum
mendacium; Cael 69.

infamia, übler Ruf, Schmach, Schande: I. cum
ipsa infamia propter rei turpitudinem consequatur;
leg I 51. — II, 1. ut magnam infamiam fugiat;
ep I 1, 2. te sine tuo quaestu tantam tuam
infamiam neglexisse; Ver III 52. videntur offensionum et repulsarum quasi quandam ignominiam
timere et infamiam; of I 71. — 2. ut infamia totum
ordinem liberetis; Ver pr 43. rem esse insigni
infamia; A I 12, 3. — 3. qui se eripere ex infamia cuperet; Ver III 140. illum (Clodium) in infamia relinqui ac sordibus; A I 16, 2. ut senatum
in tanta infamia versari velis; Rab Post 7. — III.
quod in hoc uno (iudicio) denique falsae infamiae
finis aliqui atque exitus reperiatur; Cluent 7.
qui a stupro arcentur infamiae metu; leg I 51. —
IV, 1. consules flagrant infamia; A IV 17, 2.
qui frangantur infamia; of I 71. illa iudicia operta
dedecore et infamia; Cluent 61. — 2. tot annos versatus in foro sine suspicione, sine infamia; Cael 11.

infamis. berüchtigt, verrufen: ceratam uni cuique tabellam dari cera legitima, non illa infami ac
nefaria; div Caec 24. homines, quos ceteris vitiis
atque omni dedecore infames videbant; Cluent 130.
invidiosum nomen est, infame, suspectum; fin II 12.
multas esse infames eius palmas; Sex Rosc 100. si
(M. Fonteius) turpi adulescentia, vita infami in
iudicium vocaretur; Font 34.

infamo. in schlechten Ruf bringen: ut tua
moderatio et gravitas aliorum infamet iniuriam;
ep IX 12, 2.

infandus. abscheulich: vix homines odium
suum a corpore eius impuro atque infando represserunt; Sest 107.

infans. unberedt, jung, kleines Kind: A.
ipsum Scipionem accepimus non infantem fuisse;
Bru 77. Q. Metellus Celer non ille quidem orator.
sed tamen non infans; Bru 305. et infantes actionis
dignitate eloquentiae saepe fructum tulerunt et
diserti deformitate agendi multi infantes putati
sunt; orat 56. (ut timerem,) si nihil dixissem. ne
infantissimus existimarer; Cluent 51. quae (historia)
neque nimis est infans neque perfecte diserta; Bru
101. neque in publicis rebus infantes et insipientes
homines solitos esse versari; inv I 4. si infantes
pueri, mutae etiam bestiae paene loquuntur; fin I
71. — B, I. ut conquiescere ne infantes quidem
possint; fin V 55. — II. ita futura eloquentia provisa in infante est; div I 78.

infantia, Mangel an Rednergabe, Unberedt-
heit: I, 1. accusatorum incredibilis infantia; A IV
18, 1. — 2. sententiose (dicere) sine verborum ordine
infantia est; orat 236. — II. neque infantiam eius,
qui rem norit, sed eam explicare dicendo non queat
esse laudandam; de or III 142.

infatuo. betören: ut hominem stupidum magis etiam infatuet mercede publica; Phil III 22.

infector. Färber: Curtius noster dibaphum
cogitat, sed eum infector moratur; ep II 16, 7.

infectus, ungeschehen, nichtig, künftig: id.
quod iudicatum non sit, pro infecto haberi oportere:
inv II 80. »inrita, infecta sunto«; leg II 21. qui
in pariete communi demoliendo damni infecti promiserit; Top 22.

infelicitas, Unglück: I. neque tanta est infelicitas haruspicum, ut . .; div II 62. — II. sit
hoc infelicitatis tuae; Piso 47.

infelix, unglücklich, unheilvoll: „inhumano«
brevi (prima littera dicimus), „infelix" longa; orat
159. — A. o me miserum, o me infelicem! Milo
102. proinde || perinde || quasi plures fortunati sint
quam infelices; Tusc I 86. o miserum et infelicem
illum diem! Sulla 91. P. Clodii cruentum cadaver
infelicissimis lignis semiustilatum; Milo 33. — B.
hunc miserum atque infelicem posse consistere:
Quinct 94.

infense. erbittert: quis Isocrati est adversatus
infensius? orat 172.

infensus, erbittert, feindselig: quod eos in-
fenso animo atque inimico venisse dicatis; Ver II
149. quod omnium mentes improborum mihi uni
maxime sunt infensae et adversae; Sulla 29. ner
tam fuit hominum veneri infensa atque inimica
natura, ut . .; Tusc IV 58.

infercio, hineinstopfen: ut neque inferciens
verba quasi rimas expleat; orat 231.

inferiae, Totenopfer: tertius (Hercules) est ex
Idaeis Digitis, cui inferias adferunt | Coi |; nat III 42.

infernus, unterirdisch, n. Tiefe: A. »hic sese
infernis e partibus erigit Hydra«; nat II 114.
»(Arctophylax) amplior infernas depulsus possidet
umbras«; fr H IV, a, 607. — B. »(Hydra) converso
sinu subiens inferna Leonis«; fr H IV, a, 461.

infero. hineintragen, hinbringen, vorbringen.
erwähnen, beisetzen, hineinstürzen, erregen, verursachen, zufügen, anrechnen, folgern: infestis pro-
signis inferuntur Galli in M. Fonteium; Font 43.
tanta religio est sepulcrorum, ut extra sacra et gentem inferri fas negent esse; leg II 55. ne. quod
perspicuum sit, id in complexionem inferamus; inv
I 72. ut id solum, quod conficitur, inferatur; inv I
73. hoc si nolis inferre et inferas id, quod sequitur.
inv I 73. id, quod non conficitur, quasi conficiatur.
in conclusionem infertur; inv I 89. deinde infertur
„ille igitur occidit"; inv I 89. bellum Italiae terra
marique inferamus; A IX 1, 3. neque ulla actionis

inlata controversia; inv II 62. excisionem, inflammationem, eversionem, depopulationem, vastitatem, ea meis omnibus tectis atque agris intulerunt; har resp 3. me meis civibus famem, vastitatem inferre Italiae? A IX 10, 3. deorum templis atque delubris sunt funestos ac nefarios ignes inferre conati; Catil III 22. ne moram atque impedimentum reliquis praeceptis intulisse videamur; inv I 12. inflammationem: f. depopulationem. quae (iniuriae) nocendi causa de industria inferantur; of I 24. si iudicatum aliquod inferetur; inv I 82. qui in sacrificium cogitatam libidinem intulit; leg II 36. qui (modi) totis theatris maestitiam inferant; Tusc I 106. moram: f. impedimentum. mortuum se in domum eius inlaturum; Milo 75. ad inferendum periculum; div I aec 59. Crassum sermonem quendam de studio dicendi intulisse; de or I 29. Catilinam signa patriae inferentem; Flac 5 (§. 1). pro quo (frumento) cum pecuniam accepisset, celavit suos cives ultroque iis sumptum intulit; Flac 45. vastitatem: f. depopulationem. famem. cum vi vis inlata defenditur; Milo 9.

Inferus (imus: f. A. ungues), untere, unter- geordnet, gering, nachstehend, später, jünger, pl. Unterwelt: A. P. Orbius in iure civili non inferior quam magister fuit; Bru 179. aetate inferiores paulo quam Iulius; Bru 182. si in causa pari dis- *vedere inferior videretur; Quinct 59. inferioris aetatis erat proximus L. Sisenna; Bru 228. quem ad modum causa inferior dicendo fieri superior posset; Bru 30. cum infimo cive Romano quisquam amplis- simus Galliae comparandus est? Font 27. honorum gradus summis hominibus et infimis sunt pares; Planc 60. ut (sapientia) humana omnia inferiora virtute ducat; Tusc IV 57. ponderum e regione inferiorem locum petentium; fin I 19. »obit infera Perseus in locas; fr H IV, a, 418. nonne nos hic in mare superum et inferum sestertium ter et quadra- giens erogabamus? Flac 30. nomen infimum in flagitiosa litura fecit; Ver I 92. qui inferioris or- *dinis essent; leg III 30. ex aqua terra infima (ori- tur); nat II 84. non ab imis unguibus usque ad verticem summum ex fraude constare totus videtur? Q Rosc 20. — B, a, I, 1. cuius ignoratio finxit inferos easque formidines; Tusc I 36. — 2. splen- *dorem tuum cuiquam es infimo ac despicatissimo antelaturus? Piso 64. cum par habetur honos summis et infimis; rep I 53. — 3 ut mortui ab inferis excitentur; Top 45. ut (Scipio) ad superos videatur deos potius quam ad inferos pervenisse; Lael 12. — II. cum inferorum animos elicere soleas; Vatin 14. — III. cum a summis. mediis, infimis hoc idem fit; Phil I 37. impiis apud inferos poenas esse praeparatas; inv I 46. — b. ratio conexi, cum con- *vexeris superius, cogit inferius concedere; Ac II 96. ut omnia supera, infera videremus; Tusc I 64.

infesto, feinbfelig: sin autem inimicissime atque infestissime contendere perseveret; Quinct 66

infestus, unficher, beunruhigt, feindfelig: qui- *itu Gavio tum fueris infestus; Ver V 169. si non omnino infesti auditores erunt; inv I 21. si me huic itineri tam infesto tamque periculoso commisero; Phil XII 25. mare infestum habebimus; A IX 19, 3. abduxi exercitum ad infestissimam Ciliciae partem; ep II 10, 3. tam horribilem tamque infestam rei publi- cae pestem; Catil I 11. qui excursionibus et latro- ciniis infestam provinciam redderent; inv II 111. ille furens infesta iam patriae signa a Brundisio inferebat; Phil V 23. illud tempus aetatis, quod aliorum libidine infestum est; Cael 10. duas urbes huic imperio infestissimas; Catil IV 21.

inficio, tränten, betannt machen, anfteden, be- fleden: tum plane inficimur opinionum pravitate; Tusc III 3. nos umbris, deliciis, otio, languore, de- *sidia animum infecimus; Tusc V 78. (puer) iam inici debet iis artibus; fin III 9.

infidelis. treulos: A. ut ex infidelissimis (sociis) firmissimos redderem; ep XV 4, 14. — B, I. nullam esse fidem, quae infideli data sit; of III 106. — II. pertuli scelus infidelium; Sest 145·

infidelitas, Treulofigfeit: I. vide. quantae sint infidelitates in amicis; Milo 69. — II. quibus neque propter iracundiam fidem neque propter in- fidelitatem honorem habere debetis; Font 15.

infidus, treulos: quos fidos amicos habuisset, quos infidos; Lael 53. a gentibus aut inimicis huic imperio aut infidis; prov 33·

infigo, heften, hineinstoßen, befestigen, ein- prägen, pass. haften: haec cura erit infixa animo meo sempiterna; Quir 25. infixus haeret animo dolor; Phil II 64. cum gladium hosti in pectus in- fixerit; Tusc IV 50. quae (sidera) infixa caelo sunt; nat I 34. timide fortasse signifer (signum) evelle- bat, quod fidenter infixerat; div II 67.

infinitas, Unbegrenztheit, Unendlichfeit, un endliche Weite: I. (Anaximander) infinitatem naturae dixit esse, e qua omnia gignerentur; Ac II 118. — II, 1. quibus (litteris) infinitatem rerum atque naturae cognoscimus; Tusc V 105. — 2. gigno e: f. I. — III. summa vis infinitatis diligenti contemplatione dignissima est; nat I 50.

infinite, endlos, unbefchränft, bis ins Unend- liche: illi supellectilem et vestem infinite concu- piscenti; par 49. quae (partes) infinite secari ac dividi possint; Ac I 27. ne infinite feratur ad flumen oratio; orat 228. quaecumque res infinite posita sit; de or II 66. seco: f. divido.

infinitio, Unendlichfeit: infinitio ipsa, quam απειρίαν vocant, tota ab illo (Democrito) est; fin I 21.

infinitus, unbeftimmt, grenzenlos, unbefchränkt, allgemein gültig, unendlich, unermeßlich: A. spelun- ca infinita altitudine; Ver IV 107. modo luxuria sit vacua infinita cupiditate et timore; fin II 30. infinitum (genus quaestionum) mihi videbatur id dicere, in quo aliquid generatim quaereretur; certum autem . .; de or II 42. quos non illa infinita hasta satiavit; Phil IV 9. ita se in isto infinito imperio M. Antonium gessisse; Ver III 213. tria intervalla infinita et immensa; div I 91. si infinitus tironorum rerum labor constitisset; de or I 1. quoniam eorum infinita est multitudo; of I 52. qui tam infinitas pecunias repudiarit; Q Rosc 24. quae (mutationes dominorum) innumerabiles fieri possunt in infinita posteritate; A XII 19, 1. permitterae infinita pote- stas; agr II 33. infinitam generis sine tempore et sine persona quaestionem; de or II 65. fuit quaedam ab infinito tempore aeternitas; nat I 21. timor: f. cu- piditas. in infinitum temporum varietate; de or II 145. — B, 1. definitum est, quod ὑπόθεσιν Graeci, nos causam; infinitum, quod θέσιν illi appellant. nos propositum possumus nominare; Top 79. libi- dines infinita quaedam cogunt atque imperant; rep VI 1. — 2. neque motum sensui iunctum in infinito ullum esse posse; nat I 26.

infirmatio, Entfräftung, Widerlegung: I, 1. neque vero illa popularia sunt existimanda, rerum iudicatarum infirmationes; agr II 10. — 2. facultatem infirmatione utetur, si . .; part or 119. — 3. cum aliquid de commutatione aut infir- matione actionis agitur; inv I 16. indicatio est, quae ex infirmatione [et confirmatione] rationis na- scitur controversia; inv I 18. — II. alterius partis infirmatione hoc modo reprehenditur; inv I 84.

infirme, fchwach: socios infirme animatos esse; ep XV 1, 3.

infirmitas, Schwäche, Kraftlofigfeit, Unzuver- läffigfeit: I. erat eo tempore in nobis summa gra- cilitas et infirmitas corporis; Bru 313. etsi ea est in iudiciis nostris infirmitas, ut . .; Ac II 7. non infirmitas ingenii sustinet tantam personam; Piso 24. —

II. haec duo levitatis et infirmitatis plerosque con-
vincunt; Lael 64. — III. ut (Cotta) ad infirmitatem
laterum perscienter contentionem omnem remiserat;
Bru 202. propter infirmitatem aetatis; A XVI 5, 2.

infirmo. ſchwächen, entkräften, erſchüttern:
id ex iisdem locis, quibus confirmatur, infirmabitur;
inv I 81. et infirmandis contrariis et tuis confirmandis; de or II 331. erit infirmanda adversariorum
discriptio; inv II 53. ut id ipsum factum quam
plurimis infirmet rationibus; inv II 74. dubitans,
utrum morem gerat Leptae an fidem infirmet filio;
A XV 26, 1. nec oratio mea ad infirmandum foedus
Gaditanorum pertinet; Balb 34. (iudicatum) ex
contrariis locis, si res aut vera aut veri similis per-
mittet, infirmari oportebit; inv I 82. qua ratione
aut confirmare aut infirmare testes, tabulas, quaestio-
ues oporteat; de or II 119. quod, quibus ex locis
aliqua res confirmari potest, iisdem potest ex locis
infirmari; inv I 78. si ulla ex parte sententia huius
interdicti deminuta. aut infirmata sit; Caecin 38.
tabulas, testes: ſ. quaestiones.

infirmus. ſchwach, angegriffen, unſelbſtändig,
mutlos, unbedeutend: A. duo corpora esse rei
publicae, unum debile, infirmo capite; Muren 51.
his de causis levissimis et infirmissimis; Cluent 91.
quoniam vestrae cautiones infirmae sunt; ep VII 18, 1.
qui ex animo constet et corpore caduco et infirmo;
nat I 98. cum (homines) multis rebus humiliores
et infirmiores sint; inv I 5. hominem infirmum in
villam apertam invitare nolui; Q fr II 8, 2. tam
inopi, tam infirmo, tam enervato reo; Piso 82. in-
firmissimo tempore aetatis; Ac II 8. nisi (T. Iunius)
semper infirma atque etiam aegra valetudine fuisset;
Bru 180. — B. cum summa utilitate infirmorum;
rep III 37.

infitialis, ableßnend: aut infitialis aut coniecturalis prima (causa) appelletur; Top 92.

infitiatio, Leugnen: nostrae fere causae plerumque infitiatione defenduntur; de or II 105.

infitiator, Leugner: I. si ille infitiator pro-
basset iudici . .; de or I 168. — II. non unam
et eandem esse fraudatorum et infitiatorum impudentiam; Flac 48.

infitior, leugnen beſtreiten, nicht anerkennen:
I, a. neque infitiandi rationem reliqui; Ver IV
104. — b. tacendo loqui, non infitiando confiteri
videbantur; Sest 40. - II. vi hominibus armatis
rem esse gestam non infitiantur; Tul 23. — III.
quis id hoc tempore infitiari potest? Cluent 80. in
foedere Numantino infitiando; fin II 54. Floro legatum ex testamento infitiatum esse; Cluent 162.

inflammatio, Brand, Glut: I. inflammationem
meis omnibus tectis intulerunt; har resp 3. —
II poëtam bonum neminem sine inflammatione animorum exsistere posse et sine quodam adflatu quasi
furoris; de or II 194.

inflammo, anzünden, entzünden, entflammen,
anfeuern, erregen, reizen: hoc non feci inflammandi
tui causa; ep II 4, 2. in quibus (causis) minus
potest inflammari animus iudicis acri et vehementi
quadam incitatione; de or II 183. ira inflammatos
· deos; nat I 42. cum eadem lucerna hanc epistulam
scripsissem, qua inflammaram tuam; A VIII 2, 4.
tuum inflammatum in bonos omnes impetum; dom 76.
vel inflammando iudice vel mitigando; de or II 332.
cum libido ad id, quod videtur bonum, inlecta et
inflammata rapiatur; Tusc IV 12. neminem posse
eorum mentes, qui andirent, aut inflammare direndo
aut inflammatas rectinguere; de or I 219. populum
inflammare in improbos; de or I 202. inflammare
tuum istuc praestantissimum studium debemus;
Phil XI 23. Ceres dicitur inflammasse taedas [ex]
iis ignibus; Ver IV 106. quibus (magis) auctoribus
Xerxes inflammasse templa Graeciae dicitur; leg II
26. qui hanc urbem inflammare vellet; Sulla 57.

inflatio, Blähung: quod habet inflationem
magnam is cibus; div I 62.

inflatus, Blaſen, Einhauchen, Eingebung: I.
oratori populi aures tamquam tibiae sunt; eae si
inflatum non recipiunt . .; Bru 192. — II. quae
(vis et natura) aliquo instinctu inflatuque divino
futura praenuntiat; div I 12. qui primo inflatu
tibicinis Antiopam esse aiunt; Ac II 20.

inflecto. beugen, krümmen, geſchmeidig machen,
wenden, lenken, auf ſich ziehen, verändern: bacillum inflexum et incurvatum de industria; fin II
33. inflectens sol cursum tum ad septentriones. tum
ad meridiem; nat II 49. quod (ius civile) neque
inflecti gratia possit; Caecin 73. magnitudinem animi
tui ne umquam inflectas cniusquam iniuria; ep I 7,
9. sic suum nomen ex Graeco nomine inflexerat; rep
II 35. qui (frater) suo squalore vestros oculos
inflecteret; Quir 8. hic primus inflexit orationem;
Bru 38. dum de remo inflexo respondeam; Ac
II 19. ubi primum ex alto sinus ab litore ad
urbem inflectitur; Ver V 30. tribus sonis, inflexo.
acuto, gravi; orat 57. cum inflexo immutatoque
|| commut. || verbo res eadem enuntiatur ornatius; de
or III 168. inflexa ad miserabilem sonum voce: de
or II 193.

inflexio, Windung, Beugung, Haltung: gestu-
rem declarans, laterum inflexione haec || hac || forti
ac virili; de or III 220. orbis eorum (siderum) quasi
helicae inflexione vertebat; Tim 31.

infligo, ſchlagen, zufügen: ut tibi sempiternam
turpitudinem infixerint; Piso 63. tum illud tibi
vulnus inflictum est; Phil II 52.

inflo. blaſen, den Mund voll nehmen, auf-
blaſen, aufblähen, übermütig machen, begeiſtern:
I. Antipater paulo inflavit vehementius; leg I 6.
simul inflavit tibicen. a perito carmen agnoscitur:
Ac II 86. — II. quibus illi rebus elati et inflati;
agr II 97. ex hac vi non numquam animi aliquid
inflandum || inflammandum || est illi lenitati; de or
II 212. inflati laetitia atque insolentia impii cives:
Phil XIV 15. (genus) flexo sono extenuatam, inflatam:
de or III 216. anhelitus quosdam fuisse terrarum,
quibus inflatae mentes oracla funderent; div I 115.
poëtam quasi divino quodam spiritu inflari; Arch 18.
qui inflaret celeriter eum sonum; de or III 225. nolo
verba exire inflata et quasi anhelata gravius; de or
III 41. inflatas rumpi vesiculas; div II 33.

influo. hineinfließen, einbringen, ſich einſchleichen: nihil tam facile in animos teneros influere
quam varios canendi sonos; leg II 38. amnis in
mare late influentis; rep II 10. influentes in Italiam
Gallorum maximas copias repressit; prov 32. in eo
(corpore) influente atque effluente; Tim 47. in quem
(ventriculum cordis) sanguis a iecore per venam illam
cavam influit; nat II 138. soni: ſ. alqd.

informatio. Vorstellung, Begriff: quam (anticipationem) appellat πρόληψιν Epicurus, id est anteceptam animo rei quandam informationem; nat
I 43. habebam, inquis, in animo insitam informationem
quandam dei; nat I 100.

informo. geſtalten, bilden, vorſtellen, unterrichten: I. a me informari oportere, qualis esse
posset is, qui . .; de or I 264. — II. quem volumus eadem eloquentia informandum; orat 33. ut.
quae numquam vidimus, ea tamen informata habeamus,
oppidorum situs, hominum figuras; div II 138.
artibus, quibus aetas puerilis ad humanitatem informari solet; Arch 4. animus bene informatus a
natura; of I 13. figuras: ſ. alqd. ut non nominatim.
sed generatim proscriptio esset informata; A XI 6,
2. situs: ſ. alqd. qui (vir) in sexto libro informatus
est; A VII 3, 2. informari non posse virtutem, si . .;
fin IV 46. — III. ego in summo oratore fingendo
talem informabo, qualis fortasse nemo fuit; orat 7.

infra, unterhalb, unter, unten: A, I. accubueram apud Volumnium Eutrapelum, et quidem
supra me Atticus. infra Verrius; ep IX 26, 1. is
infra etiam mortuos amandatur; Quinct 49. vir
infra se omnia humana ducens; fin III 29. si quidem
Homerus) non infra superiorem Lycurgum fuit;
Bru 40. ea circum terras infra lunam versantur;
nat II 56. — II. cum infra Martem duae (stellae)
soli oboediant; nat II 119. — B. earum litterarum
exemplum infra scriptum est; ep VI 8, 3. innumerabiles supra, infra mundos esse? Ac II 125. quae
(partes) sunt infra quam id; nat II 135. deinde paulo
infra; „saepe quaesivi", inquit . .; Tusc III 42.

infractio, Niedergeschlagenheit: cadere in
eundem timorem et infractionem quidem animi et
demissionem; Tusc III 14.

infreno, zügeln, hemmen: horum alterum sic
(nisse infrenatum conscientia scelerum et fraudium
suarum, ut . .; Piso 44.

infrequens, wenig zahlreich, mit wenig Zu-
hörern, selten: sum et Romae et in praediis infrequens; Q fr III 9, 4. in parvis atque infrequentibus
causis; de or II 320. cum Appius senatum infre-
quentem coëgisset; Q fr II 10, 1.

infrequentia, geringe Anzahl, Beteiligung:
decimo die inrepsit summa infrequentia; Q fr III 2, 2.

infringo, brechen, beugen, entkräften, lähmen:
isti infracta et amputata loquuntur; orat 170. quae
si in extremo breviora sunt, infringitur ille quasi
verborum ambitus; de or III 186. velle ipsum florem
dignitatis infringere; Balb 15. ut infringatur
hominum improbitas et consilii tuorum amicorum et
ipsa die; ep I 6, 1. infracto remo; Ac II 79. non
est cur eorum spes infringatur; orat 6. cum Drusi
tribunatus infringi iam debilitatus videretur; de
or I 24.

infucatus, geschminkt: in scriptis et in dictis
non aurium solum, sed animi iudicio etiam magis
infucata vitia || [vitia] || noscuntur; de or III 100.

infula, Binde: I. his insignibus atque infulis
imperii venditis; agr I 6. — II. praesto mihi
sacerdotes Cereris cum infulis ac verbenis fuerunt;
Ver IV 110.

infundo, eingießen, einbringen lassen, mitteilen, pass. sich ergießen: nihil ex illius animo,
quod semel esset infusum, umquam effluere potuisse;
de or II 300. cum homines humiliores in alienum
eiusdem nominis infunderentur genus; Bru 32.
infundere in aures tuas orationem; de or II 355.
cum in urbem nostram est infusa peregrinitas; ep
IX 15, 2. portus usque in sinus oppidi et ad urbis
crepidines infusi; rep III 43. sororis filio infudit
venenum; Phil XI 13.

infusco, verdunkeln, entstellen: neque eos aliqua barbaries domestica infuscaverat; Bru 258.
vicinitas non infuscata malivolentia; Planc 22.

ingemisco (ingemesco), seufzen: I. nondum
plane ingemueram: „salve", inquit Arrius; A II
15, 3. in quo tu quoque ingemiscis; A VII 23, 1.
civitas ingemuit; Phil II 64. pugiles caestibus
contusi ne ingemescant quidem; Tusc II 40. — II.
... iudicatam hostem populi Romani Dolabellam ingemiscendum est." quid ingemiscis hostem
iudicatam Dolabellam? Phil XIII 23.

ingenero, einpflanzen, anerschaffen: animum
... ingeneratum a deo; leg I 24. ut ingenerata
familiae frugalitas videretur; Sest 21. quae (virtutes) ingenerantur suapte natura appellanturque
non voluntariae; fin V 36.

ingeniose, geistvoll: ex antiquis artibus ingeniose et diligenter electas res; inv I 8. tractantur ista ingeniose; Ac II 87.

ingeniosus, geistvoll, scharfsinnig, talentvoll:
A. Bruto, et ingenioso et erudito; A XIV 20, 3.

alterum (iocandi genus) elegans, urbanum, ingeniosum, facetum; of I 104. exstat oratio hominis
nostrorum hominum longe ingeniosissimi; Font 39.
— B, I. quod ingeniosi in morbum incidunt
tardius, hebetes non item; Tusc IV 32. ut et ingeniosi et tardi ita nascantur antecedentibus causis;
fat 9. — II. ingeniosi videtur vim verbi in aliud,
atque ceteri accipiant, posse ducere; de or II 254.

ingenium, Fähigkeit, Geist, Scharfsinn, Er-
findungsgeist, Talent, Genie: I. magnum ingenium
L. Luculli caruit rebus urbanis; Ac II 1. his
quidem non omnino ingenium, sed oratorium ingenium defuit; Bru 110. ut hominis decus ingenium,
sic ingenii ipsius lumen est eloquentia; Bru 59.
quorum in hac civitate longe maxima consilia atque
ingenia fuerunt; Rabir 26. contra quorum (Stoicorum) disciplinam ingenium eius (Carneadis) ex-
arserat; Tusc V 83. manent ingenia senibus; Cato
22. tot ingeniis tantisque studiis (verum) quaerentibus; Ac II 76. — II, 1. (C. Gracchus) non
solum acuere, sed etiam alere ingenium potes';
Bru 126. breve tempus ingenii augendi et declarandi
fuit; Bru 104. quae (pars) non oratoris ingenium
implorat et flagitat; Rabir 9. sunt partes agrorum
aliae, quae acuta ingenia gignant, aliae, quae
retunsa || retusa || ; div I 79. imploro: f. flagito. sin
inverecundum animi ingenium possidet; inv I 83.
retundo: f. gigno. cui vos ingenium certe tribuitis;
Cael 57. — 2. quamquam hoc animi, illud etiam
ingenii magni est, praecipere cogitatione futura;
of I 81. — 3. nec vero possum tantum meo ingenio
dare; Sulla 40. sunt ingeniis nostris semina innata
virtutum; Tusc III 2. — 4. hic mihi isti singulari
ingenio videntur esse; Tul 33. — 5. quae (similitudo) etiam in hominibus, non solum in corporibus
appareat; Tusc I 79. ubi ardor animi, qui etiam
ex infirmum ingeniis elicere voces et querelas
solet? Bru 278. ex quibus (orationibus) existimari
de ingeniis oratorum || eorum || potest; Bru 82. de
ingenio eius (Epicuri) in his disputationibus, non de
moribus quaeritur; fin II 80. — III, 1. tam expers
(eram) consilii aut ingenii? Sest 47. adulescens
ingenii plenus; Flac 15. — 2. figuram corporis
aptam ingenio humano (natura) dedit; leg I 26. —
3. est C. Curio summo ingenio et prudentia praeditus; imp Pomp 26. — IV, 1. ingenii et mentis
acie fruuntur; fin V 57. cuius ratio quamquam
floruit acumine ingenii; Ac II 16. ingenii celeritas
maior est, quae apparet in respondendo; de or II
230. nullius tantum flumen est ingenii; Marcel 4.
maxima fuit (Anaxagoras) et gravitatis et ingenii
gloria; Ac II 72. summa in filio spes, summa ingenii indoles; Phil XI 33. lumen: f. 1. est. incredibilis quaedam ingenii magnitudo; Ac II 2.
animi atque ingenii celeres quidam motus esse
debent; de or I 113. quae fere omnia appellantur
uno ingenii nomine; fin V 36. summis ornamentis
ingenii praeditus; imp Pomp 51. si minus imitatione
tantam ingenii praestantiam consequi possumus; of
III 1. quod ingenii specimen est quiddam transilire
ante pedes positum || posita || et alia longe repetita
sumere; de or III 160. o magnam vim ingenii!
fin IV 21. — 2. adulescentem inlustri ingenio
accusari; Cael 1. praestantissimis ingeniis homines
se ad philosophiae studium contulerunt; fin II 51.
C. Pansa, praestanti vir ingenio; Ligar 1. — V, 1.
hominum acutissimum || acutissimo || omnium in-
genio; de or I 191. quorum aut ingenio aut virtute
animus excellit; Tusc I 35. M. Octavium Ligurem,
hominem ornatissimum ingenio; Ver I 127. vir ingenio et virtute praestans, L. Brutus; rep II 46.
qui ingenio atque animo singulares; div II 97. si
non plus ingenio valebas quam ego; A III 15, 7. —
2. quod (M. Terentius) versabatur in hoc studio
nostro cum ingenio nec sine industria; ep XIII

10, 2. ut Isocratem in acerrimo ingenio Theopompi et lenissimo Ephori dixisse traditum est; Bru 204.

ingens, außerordentlich, ungeheuer, sehr groß: ex ingenti quodam oratorem immensoque campo in exiguum sane gyrum compellitis; de or III 70. Falcidianum crimen est ingens; Flac 90. cum utrique ingens pecunia (dabatur); dom 55. ingentes quasdam imagines (deos esse); nat I 120.

ingenue. anständig, edel, freimütig: quod me abs te cupisse laudari aperte atque ingenue confitebar; ep V 2, 2. institutus et educatus ingenue; fin III 38. quo (vultu) significant ingenue, quo sensu quidque pronuntient; orat 86.

ingenuitas. freie Geburt, Edelsinn, Aufrichtigkeit: I. mihi perspecta est et ingenuitas et magnitudo animi tui; A I 17, 5. praestet idem (orator) ingenuitatem et ruborem suum; de or II 242. — II. quem (vestitum) illi mos et ius ingenuitatis dabat; Ver I 152. detrahes ornamenta ingenuitatis; Ver I 113.

ingenuus. frei geboren, edel, aufrichtig: A. doctrinam harum ingenuarum et humanarum artium; de or III 21. si sis ingenuus civis Romanus; Bru 261. quod hominum ineptias respuebat ingenuo liberoque fastidio; Bru 236. homine ingenuo dignum atque iocto; Planc 35. facilis est distinctio ingenui et inliberalis ioci; of I 104. ab ingenuis mulieribus hereditates lege non veniunt? Flac 84. pueri ingenui abripiuntur; Phil III 31. — B, I. aperte vel odisse magis ingenui est quam fronte occultare sententiam; Lael 65. — II, 1. quid est turpius ingenuo? Ver II 58. — 2. (luxuria) est ingenuo ac libero dignior; Piso 67.

ingero, einmischen, aufdrängen: ingerebat iste Artemidorum Cornelium medicum; Ver III 69. ingero praeterita; A XI 6, 3.

ingigno, einpflanzen: quoniam eadem natura cupiditatem ingenuit homini veri videndi; fin II 46. ingenuit (natura) sine doctrina notitias parvas rerum maximarum; fin V 59.

inglorius. unberühmt, ruhmlos: qui (rex) senem fortunatum esse dicit, quod inglorius sit atque ignobilis ad supremum diem perventurus; Tusc III 57. quae de vita inhonorata et ingloria dici soleant; Tusc III 81.

ingrate, undankbar: immoderate quidam et ingrate nostra facilitate abutuntur; ep XII 1, 2. quamvis ingrate et impie necessitudinis nomen repudiaretis; Deiot 30.

ingratiis (ingratis), wider Willen, ungern: nisi (causa) plane cogit ingratiis; Tul 5. dicent, quae necesse erit, ingratiis || ingratis ||; Ver IV 19. extorquendum est invito atque ingratiis || ingratis ||; Quinct 47.

ingratus. unangenehm, undankbar: A. ut iis ingratis esse non liceat; of I 63. quae si ingrata esse sentiam; ep V 5, 3. nihil cognovi ingratius; in quo vitio nihil mali non inest; A VIII 4 2. in quibus ipsi aculei mihi non ingrati acciderunt; Planc 58. quia ingrati animi crimen horreo; A IX 2, a, 2. esset hominis et astuti et ingrati; Muren 8. ubi severitas periculosa est. liberalitas ingrata; Flac 87. ne mea oratio ingrata esse videatur; Sest 108. (Themistocles) ingratae patriae iniuriam non tulit; Lael 42. — I. quae (natio) ingratos non aspernatur, non odit? leg I 32. — 2. quae amicitia potest esse inter ingratos? Planc 80.

ingravesco, schwerer, drückender, ärger werden, zunehmen: nec (alter) remittit aliquid, sed in dies ingravescit; A X 4, 2. aetas nostra iam ingravescens; ep II 1, 2. cum ingravesceret annona; dom 11. medicus morbum ingravescentem ratione providet; div II 16. hoc studium cotidie ingravescit; ep IV 4, 4.

ingredior, gehen, einhergehen, hineingehen, eingehen, sich einlassen, betreten, antreten, anfangen: I, 1. decebit ingredi in sermonem: rep I 38. — 2. (Demosthenes) ascensu ingrediens arduo; de or I 261. quo cum ingressus esses; de or III 145. me in vitam paulo serius tamquam in viam ingressum; Bru 330. solutum quiddam sit nec vagum tamen. ut ingredi libere, non ut licenter videatur errare; orat 77. qui ingrediar ad explicandam rationem sententiae meae; ep II 3, 2. (natura) multas vias adulescentiae lubricas ostendit, quibus illa insistere aut ingredi sine casu aliquo vix posset; Cael 41. in quas (res) ingressa erat oratio; Phil II 88. — II. cum ingressus essem dicere, quid oportuisset; A XV 11. 2. maiores nos res scribere ingressos; Top 1. — III. qui istam disputationem mecum ingressus esset; Caecin 79. tu etiam ingredi illam domum ausus es? Phil II 68. cum (Maximisus) ingressus iter pedibus sit; Cato 34. duces mare ingredientes; nat III 51. quam quisque viam vivendi sit ingressurus; of I 118. qui vitam honestam ingredi cogitant; of III 6.

ingressio, Eingang, Beginn, Gang: I. interdum cursus est in oratione incitatior, interdum moderata ingressio; orat 201. — II, 1. video hanc primam ingressionem meam non ex oratoriis || oratoriis disputationibus ductam, sed e media philosophia repetitam; orat 11. — 2. ab ingressione fori populum propulsari; Phil V 9.

ingressus, Gang, Eintritt: I. qui ingressus fuerit eius in forum ardente curia; Milo 61. — II. vestigiis odorantes ingressus tuos; Piso 83. sic evolavit oratio, ut eius vim et incitationem aspexerim, vestigia ingressumque vix viderim; de or I 161. — III. quid pedibus opus est sine ingressu? nat I 92.

inguen, Geschwulst: ut tu in hoc ulcere tamquam inguen exsisteres; dom 12.

ingurgito, hineinstürzen, überladen: numquam te in tot flagitia ingurgitasses; Piso 42. in eius viri copias cum se subito ingurgitasset; Phil I 65. qui (asoti) crudi postridie se rursus ingurgitent; fin II 23.

inhabitabilis, unbewohnbar: terrae regiones inhabitabiles atque incultas; nat I 24.

inhaereo, hangen, haften, schweben: qui (animi) coporibus non inhaerent; div I 114. nescio quo modo inhaeret in mentibus quasi saeclorum quoddam augurium futurorum; Tusc I 33. opinatio inhaerens et penitus insita; Tusc IV 27. sidera innumerabilia caelo inhaerentia; Tusc V 69. astrorum terrae inhaerent; nat II 83. si tibi ita penitus inhaesisset ista suspicio; Milo 68.

inhaeresco, hangen bleiben, haften: ut in sordibus aurium tamquam in visco (bestiola) inhaeresceret; nat II 144. qui (poëtae) inhaerescunt penitus in mentibus; Tusc III 3.

inhalo. anhauchen: cum isto ore foetido taeterrimam nobis popinam inhalasses; Piso 13.

inhibeo, hemmen, hindern, rückwärts rudern: I. „inhibere" illud tuum vehementer displicet. est enim verbum totum nauticum; A XIII 21, 3. — II. arbitrabar sustineri remos, cum inhibere essent remiges iussi. id non esse eius modi didici heri. non enim sustinent, sed alio modo remigant; A XIII 21, 3. — III. si te illius acerba imploratio et vox miserabilis non inhibebat; Ver V 163.

inhibitio, Hemmen, Rückwärtsrudern: inhibitio remigum motum habet et vehementiorem quidem remigationis navem convertentis ad puppim; A XIII 21, 3.

inhio, den Mund öffnen. schnappen: quem (Romulum) uberibus lupinis inhiantem fuisse meministis; Catil III 19.

inhonestas, Unfeinheit: turpe est, quod aut iis, qui audiunt, aut ea re, qua de agitur, indignum [propter inhonestam rem] [propter inhonestatem] videtur; inv I 92.

inhoneste. unebel: (Favonius) accusavit Nasicam inhoneste ac modeste tamen; A II 1, 9.

inhonestus, ehrlos, unſittlich, ſchändlich: si nihil malum, nisi quod turpe, inhonestum; fin III 14. hominem inhonestissimum iudicares; Sex Rosc 50.

inhonoratus, ungeehrt, ohne Ehrenamt: multi inhonorati proferuntur; Tusc III 57. quae de vita inhonorata et ingloria dici soleant; Tusc III 81.

inhorresco, erzittern: dicitur inhorruisse primum civitas; rep IV 6.

inhospitalitas, Ungaſtlichkeit: ut inhospitalitas sit opinio vehemens valde fugiendum esse hospitem; Tusc IV 27.

inhumane, unnatürlich, lieblos: alios dicere aiunt multo etiam inhumanius; Lael 46. inhumane feceris contraque naturae legem; of III 30.

inhumanitas, Roheit, Unfreundlichkeit, Grauſamkeit: I. importunitas et inhumanitas omni aetati molesta est; Cato 7. — II, 1. non amat profusas epulas, sordes et inhumanitatem multo minus; Muren 76. — 2. illam clementiam mansuetudinemque nostri imperii in tantam crudelitatem inhumanitatemque esse conversam; Ver V 115. — III. quod ego non superbia neque inhumanitate faciebam; de or I 99.

inhumaniter, unhöflich: me miratum esse illam tam inhumaniter fecisse; Q fr III 1, 21. respondit illa ut meretrix non inhumaniter; Ver I 138.

inhumanus, unmenſchlich, grauſam, roh, rückſichtslos, unfreundlich, ungebildet: „inhumanus“ brevi (prima littera dicimus), „infelix“ longa; orat 159. non essem tam inurbanus et paene inhumanus, ut . . ; de or II 365. nemo erit tam crudeli animo tamque inhumano; Planc 102. quodsi aures tam inhumanas tamque agrestes habent; orat 172. inhumanissima lege sanxerunt; rep II 63. testamentum fecerat non inhumanum; Ver I 107. non est inhumana virtus neque immunis neque superba; Lael 50. illa vox inhumana et scelerata; fin III 64.

inhumatus, unbeerdigt: eos nec inhumatos esse nec desertos; Phil XIV 34. Diogenes proici se iussit inhumatum; Tusc I 104.

inibi. nahe daran: quod sperare debemus aut inibi esse aut iam esse confectum; Phil XIV 5.

inicio, hineinwerfen, einfügen, werfen, ſtürzen, erheben, auflegen, anlegen, einflößen, verurſachen: I. breviter iniciemus, quid quaque in parte considerari oporteat; inv II 40. — II. iste inici catenas imperat; Ver V 106. quodsi ista nobis cogitatio de triumpho iniecta non esset; A VII 3, 2. prius quam in os iniecta gleba est; leg II 57. ipsa mihi veritas manum inicit; Q Rosc 48. erat metus iniectus iis nationibus; imp Pomp 23. cui periculum mortis sit iniectum; Caecin 83. illa plaga est iniecta petitioni tuae maxima; Muren 48. cum Cotta decemviris religionem iniecisset non posse nostrum sacramentum iustum iudicari; Caecin 97. quodsi suspiciones nicere velitis; Ver III 217. iniecto terrore mortis; fin V 31. clarissimos viros se in medios hostes ad perspicuam mortem pro salute exercitus iniecisse; dom 64.

inimice, feindſelig, feindlich: vide, quam tecum agam non inimice! Phil II 34. sin autem inimicissime contendere perseveret; Quinct 66. qui minice insectantur; nat I 5.

inimicitia, Feindſchaft, Gegnerſchaft: I. quae fuerunt inimicitiae in civitate graviores quam Lucullorum atque Servilii? prov 22. ut inimicitia sit) ira ulciscendi tempus observans; Tusc IV 21. — II, 1. ceteri novis adfinitatibus adducti veteres inimicitias saepe deponunt; Cluent 190. tu, tuas inimicitias ut rei publicae donares, te vicisti; ep V 4, 2. aeque muliebres umquam inimicitias mihi gerendas putavi; Cael 32. neque me vero paenitet mortales inimicitias, sempiternas amicitias habere; Rab Post

32. libidini (subiecta sunt) odium, inimicitia, discordia; Tusc IV 16. cavendum erit. ne non solum amicitiae depositae, sed etiam inimicitiae susceptae videantur; Lael 77. — 2. cavendum, ne etiam in graves inimicitias convertant se amicitiae; Lael 78. tu me a tuis inimicitiis ad simultatem revocabis? Piso 82. — III. odio inimicitiarum mearum inflammatus; Milo 78. quorum virtuti fidem cupiditatis atque inimicitiarum suspicio derogavit; Font 23. — IV, 1. quibus inimicitiis adductus ad accusandum descenderim; Ver III 6. nullis impulsi inimicitiis; Ver III 1. summorum oratorum accurata et inimicitiis incensa contentio; opt gen 22. quod iniurias meo labore, inimicitiis, periculo sum persecutus; Ver II 16. — 2. altera (pars) me deposcere propter inimicitias putabatur; sen 33.

inimicus, feindlich, feindſelig, entgegengeſetzt, Feind, Gegner, Feindin: A. alqs: ſ. B. nec quicquam inimicius quam illa (oratio est) versibus; orat 194. quae sint inimica et otio communi et dignitati tuae; Phil X 3. nihil inimicius quam sibi ipse (Caesar); A X 12, a, 3 (6). fortissimus consul inimicus Clodio; Milo 39. cum homine mihi inimicissimo; Vatin 10. turbidi animorum motus, aversi a ratione et inimicissimi mentis vitaeque tranquillae; Tusc IV 34. civem optimum dedi inimicissimis atque immanissimis nationibus; Font 41. etiamsi cetera inimica oratione detrahitis; Cael 57. ſ. alqd; orat 194. inimicissimum atque improbissimum testimonium dixit; Ver I 41. rationi (voluptas) inimica est; Cato 42. ut nemo vocem acerbam atque inimicam bonis posset andire; sen 26. — B, a, I, 1. melius de quibusdam acerbos inimicos mereri quam eos amicos, qui dulces videantur; Lael 90. cum inimici M. Fonteii vobis minentur; Font 35. — 2. ubi is, qui rei dominus futurus est, amicus adversario et inimicus tibi est; de or II 72. quorum ille utri sit inimicior, nescio; Sest 111. quis umquam tam audax, tam nobis inimicus fuisset, ut . .? leg III 21. C. Censorinus iners et inimicus fori; Bru 237. — II, 1. utrum tibi Siculos amicos an inimicos existimari velis; Ver II 155. ubi vidit fortissimum virum, inimicissimum suum, certissimum consulem; Milo 25. cuius (rei publicae) inimicos ulcisci saepius non esset reprehendendum; of II 50. — 2. nec umquam succumbet inimicis; Deiot 36. cum duo consules empti pactione provinciarum se inimicis rei publicae tradidissent; Quir 13. inimicis et hostibus ea, quae nobis acciderint, indigna videri solere; inv I 105. — 3. quae a verecundo inimico audire non posses; Phil II 47. qui saepius cum hoste conflixit quam quisquam cum inimico concertavit; imp Pomp 28. — II. 1. ei fortasse non numquam consilia ac sententias inimicorum suorum extimescunt; har resp 55. quem ad modum inimicorum iniurias crudelitatemque persequar; Quir 22. pertuli crudelitatem inimicorum; Sest 145. iniuriae: ſ. crudelitas. qui minas inimicorum meorum neglexit; sen 38. sententiae: ſ. consilia. — 2. cum Cimbris bellum ut cum inimicis gerebatur; of I 38. nonne cum suis inimicissimis in gratiam rediit? prov 21. — IV. etiam ab inimicis eadem praetura laudabatur; Flac 6. — b, I. Mamertina civitas erat inimica improborum; Ver IV 22. est temperantia libidinum inimica; of III 117. — II. quam omnes semper amicam omnium potius quam cuiusquam inimicam putaverunt; Cael 32.

inintellegens, vernunftlos: nihil esse eorum, quae natura cernerentur, inintellegens intellegente in toto genere praestantius; Tim 10.

inique, ungleich, unbillig, ungerecht: hoc prope iniquissime comparatum est; Deiot 31. homines Graeci inique a suis civibus damnati atque expulsi; Sest 142. ad inique paciscendum; Ver III 37.

iniquitas, Ungleichheit, Unbilligkeit, Härte, Unrecht, Not: I. temporis iniquitas atque invidia

recesit; Cluent 80. — II, 1. vestram iniquitatem
accusatote, qui ex me ea quaesieritis, quae ego
nescirem; de or I 208. nullis interiectis iuiquitati-
bus; rep I 42. neque ego nunc legis iniquitatem
queror; Planc 42. hereditatis spes quid iniquitatis
in serviendo non suscipit? par 39. — 2. aequitas,
temperantia, fortitudo certant cum iniquitate.
luxuria, ignavia; Catil II 25· omnia iudicia, quae
paulo graviora videntur esse, ex improborum iniquitate et iniuria nata sunt; Tul 8. — III. alqd:
f. II, 1. suscipio. — IV, 1. Tyndaritanam, nobilissimam civitatem, Haluntinam perditas esse hac
iniquitate decumarum; Ver III 103. — 2. in tanta
hominum perfidia et iniquitate; ep I 2, 4. qui
adesse propter iniquitatem illius Cinnani temporis
noluit; dom 83.

iniquus, ungleich, unbillig, nachteilig, ungerecht, parteiisch, feindselig: A. ceteri sunt
partim obscurius iniqui, partim non dissimulanter
irati; ep I 5, b, 2. Servilius Iovi ipsi iniquus; ep
X 12, 4. desitum est videri quicquam in socios iniquum; of I 27. credo Scaptium iniquius de me aliquid ad Brutum scripsisse; A VI 1, 6. cum par
habetur honos summis et infimis, ipsa aequitas iniquissima est; rep I 53. quod ii ferunt animo
iniquo, qui ..; Tusc II 5. in hac tam misera atque
iniqua condicione vitae; Ver III 98. quanto ista sit
angustior iniquiorque defensio; Caecin 64. ad illius
iniquissimi hominis arbitrium; Ver I 144. qui iniquis imperiis rem publicam miscerent; agr II 91.
alia quaedam civem egregium iniqui iudicii procella
pervertit; Sest 140. tam iniquo iure sociis imperari;
Ver II 164. iniquam legem instituet; Muren 60.
in rebus iniquissimis quid potest esse aequi? Phil
II 75. quorum iniqui sermones cum ad me perferrentur; ep I 9, 20. — B, a, I, 1. „non ego nihi
[illum] iniquum eiero. verum omnibus"; de or II
285. eiuro, inquit adridens, iniquum, hac quidem
de re; fin II 119. — 2. tam defendo, quam me scio
a te contra iniquos meos solere defendi; ep XI
27, 7. — II. ut omnium malivolorum, iniquorum,
invidorum animos frangeremus; Balb 56. — b.
aequa, iniqua (discernere) poterat; Tusc V 114.

initio, weihen, einweihen: reminiscere, quoniam
es initiatus, quae tradantur mysteriis; Tusc I 29.
ut initientur (mulieres) eo ritu Cereri, quo Romae
initiantur; leg II 37. quae (sica) quibus abs te initiata sacris ac devota sit, nescio; Catil I 16. M.
Luculli uxorem Memmius suis sacris initiavit; A
I 18, 3.

initium, Anfang, Ursprung, Grundstoff, Weihe,
Gottesdienst: I. tu ad me velim proximis litteris,
ut se initia dederint, perscribas; A III 23, 5.
hoc initio suspicionis orto; Cluent 180. rerum
gerendarum initia proficiscuntur aut a voluptate aut
a dolore; fin I 42. — II. 1. quaerendi initium ratio
attulit; Ac II 26. initia ut appellantur (mysteria), ita re vera principia vitae cognovimus; leg II
36. illa initia et, ut e Graeco vertam, elementa
dicuntur; Ac I 26. ita ex quattuor temporum
mutationibus omnium initia causaeque ducuntur;
nat II 49. eius (caedis) initium a me se facturum
putavit; ep XII 2, 1. si forte videbor altius initium
rei demonstrandae petisse; Caecin 100. homo amens
caedis initium quaerit; ep XII 2, 1. (narratio)
brevis erit, si, unde necesse est, inde initium
sumetur; inv I 28. veteres illi in sacris initiisque
tradendis divinae mentis interpretes; fr F V 95. —
2. L. Bestia bonis initiis orsus tribunatus tristes
exitus habuit consulatus; Bru 128. hoc uti initio
ac fundamento defensionis; Cluent 30. — 3. tam
multis inter nostrum tuumque initium dicendi
interpositis oratoribus; Bru 231. cum de rerum
initiis locuti essent; fin V 9. reges constituuntur,
non decemviri, itaque ab his initiis fundamentisque

nascuntur, ut ..; agr II 29. scio ab isto initio
tractum esse sermonem; Bru 21. — III. initiorum
causarumque cuiusque rei cognitione; Tusc V 7.
inde est indagatio nata initiorum et tamquam
seminum; Tusc V 69. — IV, 1. quod initio scripsi:
ep I 7, 5. — 2. in his studiis ab initio versatus
aetatis; of II 4.

iniucunde, unfreundlich: quae (res) mihi
asperius a nobis atque nostris et iniucundius actae
videbantur; A I 20, 1.

iniucunditas, Unangenehmes: ne quid habeat
iniucunditatis oratio; nat II 138.

iniucundus. unangenehm: noster minime
nobis iniucundus labor; fin I 3. visa est oratio
non iniucunda; ep V 2, 2. rumor dictatoris iniucundus bonis; Q fr III 8, 4.

iniuratus, unvereidigt: utrum potius Chaereae iniurato in sua lite an Manilio et Luscio
iuratis in alieno iudicio credas; Q Rosc 45· cum
dicit iuuratus; Q Rosc 47. quod ego iniuratus insimulo; Caecin 3.

iniuria. Unrecht, Rechtsverletzung, Gewalttat,
Beleidigung, Kränkung, Entehrung: I. 1. mihi
quod potuit vis et iniuria detrahere, eripuit. abstulit, dissipavit; Quir 19. exsistunt etiam saepe
iniuriae calumnia quadam; of I 33. quamquam
nulla me ipsum privatim pepulit insignis iniuria:
ep IV 13, 2. illae iniuriae saepe a metu proficiscuntur; of I 24. — 2. ex quo illud „summum ius
summa iniuria" factum est iam tritum sermone
proverbium; of I 33. — II. 1. accepi iniuriam:
prov 43. ita ad impietatem in deos in homines
adiunxit iniuriam; nat III 84. eorum tabulas ex-
quirebam, iniurias cognoscebam; Ver IV 137. si is.
qui non defendit iuiuriam neque propulsat, cum
potest, iniuste facit; of III 74. hic honos veteri
amicitiae tribuendus, ut is in culpa sit, qui faciat.
non, qui patiatur iniuriam; Lael 78. quae (sapientia)
ipsius fortunae modice ferre doceat iniurias: fin
I 46. iniuriis in socios nostros inferendis; Sest 58.
patior: f. facio. qui iniurias suas persequi volunt:
div Caec 64. quae dicenda erunt de propulsanda
iniuria, de ulciscenda; part or 131. f. defendo
subire vim atque iniuriam malui; prov 41. ut
peccata homines peccatis et iniurias iniuriis ulc-
scantur; inv II 81. f. propulso. — 2. agit is. qui
manus praecisa est, iniuriarum; inv II 59. qui
iniuriarum damnatus est; Ver III 90. — 3. qui non
obsistit, si potest, iniuriae; of I 23. — 4. ut omnibus iniuriis in posterum liberentur; Ver III
203. — 5. quodsi homines ab iniuria poena. non
natura arcere deberet; leg I 40. de iure et
iniuria disputare noluerunt; Tul 42. quae fere
omnia ex tuis iniuriis nata sunt; Ver II 146. pauca
querar de hesterna Antonii iniuria; Phil I 11. non
veniremus contra iniuriam; Phil II 3. — III. lex in
mulieres plena est iniuriae; rep III 17. — IV, 1.
actio iniuriarum non ius possessionis adsequitur:
Caecin 35· ut idem sit gravis auctor iniuriae
publicae; Ver III 53. genera ipsa iniuriarum cognoscite; Ver III 53. pro magnitudine iniuriae; Sex
Rosc 148. ea (lex) est iuris atque iniuriae regula:
leg I 19. me ultorem iniuriarum esse voluerunt:
div Caec 11. — 2. ut (amici) adiutores essent ad
iniuriam; Lael 35. legem de iniuriis publici
tulisti; dom 81. — V, 1. qua iniuria adductus ad
accusandum descenderim; Ver III 6. quod multis
adficientur iniuriis; of II 39. aratores exagitati
decumanorum iniuriis; Ver III 75. hoc horret Milo
nec iniuria; Q fr III 8, 6. omni lacerabantur
iniuria; Ver III 198. non accusares nulla lacessitus
iniuria; Muren 64. occidit. iure an iniuria? Milo
57. Phalereus Demetrius cum patria pulsus esset
iniuria; fin V 54. ulcisci: f. II, 1. ulciscor. ut
adderet in indicium INIURIA; Tul 38. — 2. sic ad

libidines iniuriasque tuas omnia coaequasti; Ver III
35. qui summa cum tua iniuria contumeliaque rei
publicae provinciam absens obtinebat; ep XII 25, 2.
solent muti esse in iniuriis suis; Ver III 96. cum
mulier pudens ob illam iniuriam sese ipsa morte
multavisset; rep II 46. genus infinitae pecuniae
per summam iniuriam cogendae; Ver III 223.
Sthenius est hic propter suam calamitatem atque
istius insignem iniuriam omnibus notus; Ver II 83.
ut sine iniuria in pace vivatur; of I 35.

iniuriose, wiberrechtlich: qui in magistratibus
iniuriose decreverant; Q fr I 1, 21. naviculariis
nostris iniuriosius tractatis; imp Pomp 11.

iniuriosus, ungerecht: ab invito emere iniuriosum esse; agr I 14. si metus supplicii deterret ab
iniuriosa facinerosaque vita; leg I 40.

iniurius, ungerecht: negat (Hecato), quia sit
iniurium; of III 89.

iniussus, ohne Befehl: quae (lex) vetet iniussu
plebis aedes consecrari; dom 127. iniussu populi
senatusque (pacem) fecerant; of III 109. mittis
iniussu praetoris; Quinct 82. cum edixi, ne quis
iniussu meo proficisceretur; ep III 8, 4.

iniuste, ungerecht, unrecht: si plures sunt ii,
quibus improbe datum est, quam illi, quibus iniuste
ademptum est; of II 79. facis iniuste; Flac 41.
neque homini impotenti iniuste facta conducunt; fin
I 52. nulla est tam stulta civitas, quae non iniuste
imperare malit quam servire iuste; rep III 28. cum
triginta viri illi urbi iniustissime praefuerunt; rep
III 44.

iniustitia, Ungerechtigkeit: I. quae his contraria sunt, ut fortitudini ignavia et iustitiae
iniustitia; inv II 165. — II. iniustitiae genera duo
sunt, unum eorum, qui inferunt, alterum eorum, qui
non propulsant iniuriam; of I 23. iniustitiae quae
nemina essent? nat III 71. — III. iniustitia
partum praemium; rep III 26.

iniustus, ungerecht: A. illa iniusta bella
sunt, quae sine causa suscepta; rep III 35.
neque eam (iracundiam) iniustam, sed meritam ac
debitam fuisse; de or II 203. in quoddam odium
iniustum vocatus; Cael 29. ut iniusti oneris
impositi tua culpa sit; orat 35. cum rex iniustus
esse coepit; rep I 65. rogationis iniustissimae subitam acerbitatem deprecantem; Sest 144. illa iniustissima et durissima servitus; rep I 68. — B, I.
iniusta, ut turpia, sic indecora (sunt); of I 94. —
II. est lex iustorum iniustorumque distinctio;
leg II 13.

inlabor, hinabgleiten, sich einschleichen: pernicies inlapsa in civium animos; leg II 39. quae
(voluptas) ad eos (sensus) cum suavitate adflueret et
inlaberetur; fin I 39.

inlacrimo(r), weinen, beweinen: I. (Milo
Crotoniates) dicitur inlacrimans dixisse..; Cato 27.
— II. cuius (Socratis) morti inlacrimari soleo; nat
III 82. »nate, inlacrima patris pestibus!« Tusc II 21.

inlaqueo, verstricken: inlaqueatus iam omnium
rerum periculis; har resp 7.

inlecebra, Anreizung, Lockung: I. quis ignorat
maximam inlecebram esse peccandi impunitatis
spem? Milo 43. — II. habet amoenitas ipsa vel
sumptuosas vel desidiosas inlecebras multas cupiditatum; rep II 8. — III. cum virtuti nuntium
remisisti delenitus inlecebris voluptatis; ep XV
16, 3. quem corruptelarum inlecebris inretiases;
Catil I 13. suis te oportet inlecebris ipsa virtus
trahat ad verum decus; rep VI 25.

inlibatus, unvermindert: ut eorum veteres
inlibatasque divitias profundat; Sest 93.

inliberalis, unedel, unpassend, unanständig:
artificium) est ad cognoscendum non inliberale;

de or I 146. facilis est distinctio ingenui et inliberalis ioci; of I 104. inliberales et sordidi
quaestus mercennariorum omnium; of I 150.

inliberalitas, Kargheit: I. malo Tironis
verecundiam in culpa esse quam inliberalitatem
Curii; A VIII 6, 5. — II. ut inliberalitatis avaritiaeque absit suspicio; of II 64.

inliberaliter, unedel, geizig: unum e togatis
non inliberaliter institutum; rep I 36. quamquam nihil ab eo arbitror neque indiligenter neque
inliberaliter; A XVI 3, 2.

inlicio, anlocken, verlocken, verführen: quod
ab eisdem inlecti sumus; A IX 13, 3. cum libido
ad id, quod videtur bonum, inlecta et inflammata
rapiatur; Tusc IV 12.

inlicitator, Scheinkäufer: non inlicitatorem
|| licitatorem || venditor apponet; of II 61. in-
licitatorem potius ponam, quam illud minoris veneat;
ep VII 2, 1.

inlido, anstoßen, zerschmettern: iam ista serpens compressa atque inlisa morietur; har resp 55.
»siquidem volnus inlidat manu; Tusc III 76.

inligo, binden, befestigen, anbringen, verwickeln, verstricken, verpflichten: magnis et multis
pignoribus M. Lepidum res publica inligatum
tenet; Phil XIII 8. cum Archimedes lunae, solis,
quinque errantium motus in sphaeram inligavit;
Tusc I 63. qui (paean) commodissime putatur in
solutam orationem inligari; orat 215. qui sermonibus eius modi nolint personas tam graves inligari;
Ac II 6. (philosophi) ita sunt angustis et concisis
disputationibus inligati; de or II 61. orator sic in-
ligat sententiam verbis, ut ..; de or III 175.

inlimo, aufstreichen, auftragen: venustatis non
fuco inlitus, sed sanguine diffusus color; de or
III 199.

inliquefacio, in Fluß bringen: crebris quasi
cuneolis inliquefactis; Tim 47. tamquam inlique-
factae voluptates; Tusc IV 20.

inlitteratus, ungebildet, unwissenschaftlich:
quae nec inlitterata esse videantur; ep IX 16, 4.
virum non inlitteratum; de or II 203.

inlucesco, aufleuchten, anbrechen: cum populo
Romano vox et auctoritas consulis repente in
tantis tenebris inluxerit; agr I 24. inlucescet aliquando ille dies, cum .. ; Milo 69. cum sol in-
luxisset; nat II 96. vox: s. auctoritas.

inludo, verspotten, zum Besten haben: I. hic
non inludit auctoritati horum omnium? dom 104.
ne videaris virorum talium dignitati inludere; Sex
Rosc 54. — II. me inludi ab eo; A I 91. cum
illud nimium acumen inluderes; de or I 243. contemni se (senes) putant, despici, inludi; Cato 65.

inluminate, lichtvoll: qui inluminate et rebus
et verbis dicunt; de or III 53.

inlumino, erleuchten, aufhellen, aufklären,
schmücken: quod erit inluminatum; de or III 101.
quod inluminatum genere verborum (est); orat 182.
ab eo (Sole) Luna inluminata; nat II 119. quibus
orationem ornari atque inluminari putem; de or III
25. haec sunt, quae sententiis orationem verborum-
que conformationibus inluminent || inluminant ||; de
or III 208. in inluminandis sententiis; Bru 141.
quem ad modum verba struat et inluminet; de or
III 125. locorum splendidis nominibus inluminatus
est versus; orat 163.

inlusio, Verspottung, Ironie: contraria est extenuatio et huic adiuncta inlusio; de or III 202.

inlustris, hell, glänzend, strahlend, deutlich,
klar, offenbar, berühmt, ausgezeichnet: A. quod
ita fuit inlustre notumque omnibus, ut; Ver V
34. si ea, quae dixi, sole ipso inlustriora et clariora
sunt; fin I 71. solis candor inlustrior est quam
ullius ignis; nat II 40. ita ab his sex patronis

causae inlustres agebantur; Bru 207. cum circumsessus a tam inlustri civitate sis; Ver I 82. ex familia vetere et inlustri; Muren 17. ut ad maiora istius et inlustriora in hoc genere furta et scelera veniamus; Ver IV 97. adulescentem inlustri ingenio, industria, gratia accusari; Cael 1. quod testes erant homines maxime inlustres; Ver I 17. homo inlustris ac nobilis; Ver III 93. industria, ingenium: f. gratia. ostendebat Karthaginem de excelso et pleno stellarum inlustri et claro quodam loco; rep VI 11. inlustris est oratio, si et verba gravitate delecta ponuntur et translata et . .; part or 20. orationem nullam putabant inlustriorem ipsa evidentia reperiri posse; Ac II 17. clientelam tam splendidae, tam inlustris provinciae; Ver IV 90. de re tam inlustri tamque nota; rep I 38. scelera: f. furta. sin inlustris et perlucida stella apparuerit; div I 130. quae (verba) sunt cuiusque generis maxime inlustria; de or I 151. — B, a. quis audeat inlustrem adgredi? Phil XII 25. — b, I. est plus aliquanto inlustre quam illud dilucidum. altero fit ut intellegamus, altero ut videre videamur; par or 20. — II. etiam a certis et inlustrioribus cohibes adsensum; Ac II 94. — III. fieri: f. I.

inlustrius, flarer, beutlicher; quis de illius dignitate inlustrius || industrius || dixit? dom 27. me a te amari. dices: „quid antea?" semper quidem, sed numquam inlustrius; ep X 19, 1.

inlustro, leuchten, beleuchten, aufflären, aufhellen, verschönern, verherrlichen, berühmt machen: f. cum his (stellis) interiecta Iovis inlustret et temperet; nat II 119. — II. haec quem ad modum inlustrentur; de or II 121. Capitolium illud templis tribus inlustratum; Scaur 47. qui eas (cogitationes) nec disponere nec inlustrare possit; Tusc I 6. tum inlustrator consulatus; Phil VII 7. quam genus hoc scriptionis nondum sit satis Latinis litteris inlustratum; Bru 228. nomen ut nostrum scriptis inlustretur et celebretur tuis; ep V 12, 1. (pars) inlustrandae orationis; de or III 91. qui (locus) totam philosophiam maxime inlustrat; div II 2.

inm — f. imm —

innascor, angeboren werden, entstehen: I. omnibus innatum est esse deos; nat II 12. — II. nos habere etiam insitam quandam vel potius innatam cupiditatem scientiae; fin IV 4. f. pertinacia. quamquam innata libertas fortissimum virum hortabatur, ut . .; Sest 88. quod in hac elatione et magnitudine animi facillime pertinacia et nimia cupiditas principatus innascitur; of I 64. sunt ingeniis nostris semina innata virtutum; Tusc III 2. qui (sermo) innatus est nobis; of I 111.

innato, hineinschwimmen: cum pisciculi parvi in concham hiantem innataverunt; nat II 123.

innitor, sich stützen: quia dux non habet, ubi nitatur || cui innitatur ||; nat II 125.

inno, darauf schwimmen: quot genera partim submersarum, partim fluitantium et innantium beluarum! nat II 100.

innocens, unschädlich, unschuldig, rechtschaffen, unbescholten, uneigennützig: A. tu innocentior quam Metellus? Ver III 43. unius honestissimi atque innocentissimi civis mortem; Ver V 125. epistulam tuam conscidi innocentem; ep VII 18, 4. unicum miser abs te filium optimum atque innocentissimum flagitat; Ver V 128. ut innocentem reum condemnarent; Cluent 77. servus ille innocens absolvitur; Ver IV 100. T. Aufidius erat et bonus vir et innocens; Bru 179. avunculus meus, vir innocentissimus; nat III 80. — B, I, 1. exacti in exsilium innocentes; rep I 62. cum aliquem innocentem securi percusserat; Ver III 156. — 2. ne innocenti periculum facessieris; div Caec 45. — II. qui caput innocentis defenderet; Sex Rosc 149. quae prima innocentis mihi defensio est oblata. suscepi;

Sulla 92. valeant haec omnia ad salutem innocentium; Muren 59.

innocentia, Unschuld, Unbescholtenheit, Rechtschaffenheit: I. innocentia (quae apud Graecos usitatum nomen nullum habet, sed habere potest ἀβλάβεια: nam est innocentia adfectio talis animi, quae noceat nemini); Tusc III 16. — II, 1. quorum studio et dignitate defendi huius innocentiam vides; Sulla 4. ingenii praesidio innocentiam iudiciorum poena liberare; de or I 202. — 2. quanta innocentia debent esse imperatores? imp Pomp 36. — III. (populus Romanus) virtute eorum et innocentia contentus est; Planc 62. hominem singulari innocentia praeditum; Ver III 217. — IV, 1. vos a fortuna nobis ad praesidium innocentiae constituti: Sulla 92. — 2. homo summa integritate atque innocentia; Phil III 25. — V, 1. cum homines se dignitate atque innocentia tuebantur; Cluent 95. — 2. iudicia non metuis, si propter innocentiam, laudo: Phil II 115.

innovo, erneuern, hingeben: quo te modo ad tuam intemperantiam innovasti! Piso 89.

innumerabilis, unzählig, zahllos, massenhaft: A. hinc M. Marcellus, innumerabiles alii: »I 61. ea, si ex reis numeres, innumerabilia sunt si ex rebus, modica; de or II 137. qui (animus) quia versatus est cum innumerabilibus animis; div I 115. infinita vis innumerabilium volitat atomorum: nat I 54. ex aethere innumerabiles flammae siderum existunt; nat II 92. cum innumerabilis multitudo bonorum venisset; sen 12. innumerabiles mundos alios aliarum esse formarum; nat II 48. innumerabilem frumenti numerum aversum esse; Ver III 163. cum innumerabilem Magio praefecto pecuniam dixisset datam; de or II 265. innumerabiles pecuniae coactae; Ver pr 13. alterum haurire cotidie ex Syriae gazis innumerabile pondus auri; Sest 93. eo cum accessit rerum innumerabilium multitudo; Ac II 31. innumerabilibus paene saeculis; div II 147. — B, a. qua (calliditate) perpauci bene utuntur, innumerabiles autem improbe utuntur; nat III 75. — b, I sunt eius generis innumerabilia; div I 71. — II. innumerabilia dici possunt in hanc sententiam fin III 38.

innumerabilitas, Unzahl, zahllose Menge: I. innumerabilitas suppeditat atomorum; nat I 109. — II. (Epicurus dicit) innumerabilitatem mundorum; nat I 73.

innumerabiliter, unzählige Male: in quo (aeternitate) cum paene innumerabiliter res eodem modo evenirent; div I 25.

inofficiosus, pflichtwidrig, ungefällig: aliter fuissemus in hos inofficiosi; A XIII 27, 1. testamentum P. Annius fecerat non improbum, non inofficiosum; Ver I 107.

inopia, Mangel, Armut, Not: I. vobis tanti inopia reorum est? div Caec 50. mea opera frumenti inopiam esse; A IV 1, 6. — II, 1. nullius inopiam ac solitudinem ne domo quidem et cubiculo esse exclusam tuo; Q fr I 1, 25. ut aliquid ornaficiatur ad inopiam propulsandam; A XI 23, 3. — 2. tantane vobis inopia videor esse amicorum? div Caec 50. — 3. tanta repente vilitas annonae e summa inopia consecuta est; imp Pomp 44. quam (amicitiam) ex inopia atque indigentia natam volunt Lael 29. — III. habes, ubi ostentes tuam illam praeclaram patientiam famis, frigoris, inopia rerum omnium; Catil I 26. — IV, 1. te inopia criminum summam laudem Sex. Roscio vitio dedisse Sex Rosc 48. — 2. in hac inopia frugum; har res 31. si propter inopiam in egestate estis; inv I 8

inopinatus, unvermutet: A. nihil oporte inopinatum videri; Tusc III 55. res inopinata recens; dom 9. res tantas gessit tamque inopinata; ep XII 5, 1. — B, I. nihil inopinati accidiss

Tusc III 76. — II. ut in araneolis aliae ex inopinato observant; nat II 123.

inops, hülflos, machtlos, arm, dürftig: A. M. Messalla nullo modo inops, sed non nimis ornatus genere verborum; Bru 246. tam inops ego eram ab amicis? dom 58. copiis inops, gente fallax; Scaur 45. o verborum inops intrdum, quibus abundare te semper putas, Graecia! Tusc II 35. in hac inopi lingua; fin III 51. oratorem descripseras, inopem quendam humanitatis atque inurbanum; de or II 40. ut vitam inopem et vagam persequamur; Phil XII 15. — B, I. ut magis amicitiarum praesidia quaerant inopes quam opulenti; Lael 46. — II. cum tu per causam inopum atque imperitorum repentinos impetus comparares; dom 13.

inoratus, nicht vorgetragen: Ameriam re inorata reverterunt; Sex Rosc 26.

inordinatus, ungeordnet, n. Unordnung: id (dens) ex inordinato in ordinem adduxit; Tim 9.

inornatus, ungeschmückt, schmucklos: quod (Lysias) sit inornatus; orat 29. nostrae laudationes testimonii brevitatem habent nudam atque inornatam; de or II 341. ut mulieres esse dicuntur non nullae inornatae; orat 78.

inquam, fagen, sprechen, antworten, fragen: immo, nemo, inquam, indices, reperietur; Font 3. aliam, filiam, inquam, aerumnoso patri redde; Flac 73. istud quidem, inquam, optime dicis; fin III 13. habebam, inquis, in animo insitam informationem quandam dei; nat I 100. „quid tu?" inquit, „ecquid me adiuvas?" Cluent 71. vives, inquit Aristo, magnifice atque praeclare; fin IV 69. mihi vero, inquit ille, nihil potest esse iucundius; div II 150. quae res tandem inciderat? inquit Philus. tum ille . .; rep I 17. „a te infelicem", inquit vilico, „quum necessem iam verberibus, nisi iratus essem"; rep I 39. „cum" enim inquit „inexplebiles populi fauces exaruerunt libertatis siti"; rep I 66. „horum", inquiunt illi, „sorores apud nos virgines"; inv II 2. „ubi sunt, Pamphile", inquiunt, „scyphi?" Ver IV 32. „nihil hoc ad ius; ad Ciceronem", inquiebat talius noster, si . .; Top 51. „tu vero", inquitis, „modestus non eris"; de or II 259. ridere igitur, inquies, possumus? ep XV 18, 1. „ubi igitur", inquies, „philosophia?" ep XV 18, 1. „ego quoque", inquiet populus Romanus, „ad ea te tempora revocavi"; Planc 13.

inquilinus, Insasse, Hausbewohner: 1. non solum inquilini, sed mures etiam migraverunt; V XIV 9, 1. — 2. te inquilino — non enim domino personabant omnia vocibus ebriorum; Phil II 105.

inquinate, unrein: neque tamen (Antonius) et admodum inquinate locutus; Bru 140. multi inquinate loquentes; Bru 258.

inquino, verunreinigen, beflecken, befudeln: quis a voluptatibus inquinatior? Cael 13. quibus (libidinibus animi) caecati domesticis vitiis atque flagitiis e inquinavissent; Tusc I 72. aquam turbidam et alaveribus inquinatam; Tusc V 97. ut domestica inanitate nostrae civitatis humanitatem inquinares; Brut 32. tantum eius sermo inquinatissimus salnit); Ver III 65. (versus est) inquinatus insualssima littera; orat 163.

inquiro, untersuchen, nachforschen: I, 1, a. am diem inquirendi postulavissem; Ver pr 6. — at apud magistratus inquili liceret; A I 16, 12. — (Calvus) nimium inquirens in se; Bru 283. am in istum inquiro; Ver IV 4. — II. in eum, nid agat, inquiritur; of I 44. — III. anni sunt rb). cum omnia ex huius tabulis agitatis, tractatis, quiritis; Cluent 82.

inquisitio, Untersuchung, Erforschung: I. omnis est propria veri inquisitio atque investigatio; of I 13. — II, 1. quod inquisitionem sustu-

listi; Scaur 30. — 2. lege hac certus est inquisitioni comitum numerus constitutus; Flac 13.

inquisitor, Untersucher, Erforscher: rerum inquisitorem decet esse sapientem; Ac fr 19. ille Achaicus inquisitor ne Brundisium quidem pervenit; Ver pr 6.

inraucesco, heiser werden: Aesopum, si paulum inranserit, explodi; de or I 259.

inrepo, sich einschleichen: non inrepsisse in censum dicitur; Balb 5. illa, quae maxime quasi inrepit in hominum mentes, alia dicentis ac simulantis dissimulatio; de or III 203. (eloquentia) modo perfringit, modo inrepit in sensus; orat 97.

inretio, verstricken, verwickeln, fangen: Stoici nostri disputationum suarum atque interrogationum laqueis te inretitum tenerent; de or I 43. cum paenula inretitus esset; Milo 54. (Dionysius) iis se adulescens improvida aetate inretierat erratis; Tusc V 62. ut loquacitatem paucis meis interrogationibus inretitam retardarem; Vatin 2.

inrideo, spotten, verspotten, verhöhnen: I, 1. etiam inridendo amplissimum quemque insequebantur; Sest 25. — 2. ut omnes, cum loqui coepit, inrident; Ver IV 148. — II. qui (Cynici) reprehendunt et inrident, quod ea flagitiosa ducamus; of I 128. — III. ut senatus auctoritatem inriderent; dom 55. inrideamus haruspices; div I 36. me inrisisse eorum hominum impudentiam; de or I 102. legatos nostros ab Antonio despectos et inrisos; Phil VIII 32. qui (physici) maxime in Academia inridentur; Ac II 55.

inrigatio, Bewässerung: adde agrorum inrigationes; of II 14. quid ego inrigationes proferam? Cato 53.

inrigo, bewässern: Aegyptum Nilus inrigat; nat II 130. cuius (Democriti) fontibus Epicurus hortulos suos inrigavit; nat I 120.

inrisio, Spott, Hohn: I, 1. quae (res) aliquam contineat inrisionem; inv I 25. — 2. hanc civitatem subiectam esse inrisioni tuae; Vatin 31. — II. ne aut inrisione aut odio digni putemur; de or II 205.

inrisor, Spötter: veniant isti inrisores huius orationis ac sententiae; par 13.

inritabilis, erregbar, reizbar: inritabiles animos esse optimorum saepe hominum; A I 17. 4.

inrito, anregen, reizen: ut (istae artes) paulum acuant et tamquam inritent ingenia puerorum; rep I 30. ut vi inritare ferroque lacessere fortissimum virum auderet; Milo 84.

inritus, ungültig: »quae augur iniusta nefasta. vitiosa dira defixerit || deixerit ||, inrita infectaque sunto; leg II 21. inritae venditiones, inritae proscriptiones; Flac 74. testamentum inritum fecit; Phil II 109.

inrogatio, Auferlegung: quod est in eadem multae inrogatione praescriptum || perscriptum ||; Rabir 8.

inrogo, vorschlagen, durchsetzen, auferlegen: vetant duodecim tabulae leges privatis hominibus inrogari; dom 43. mihi praesenti si multa inrogata, dom 58. »privilegia ne inrogunto«; leg III 11.

inrumpo, einbrechen, eindringen: qui in nostrum patrimonium inruperunt; de or III 108. inrumpant in aerarium; agr II 47. imagines extrinsecus in animos nostros per corpus inrumpere? Ac II 125. cum legio in aciem hostium inruisset; Phil XIV 26. luxuries quam in domum inrupit; de or III 168.

inruo, hineinstürzen, eindringen: quod in alienas possessiones tam temere inruisses; de or I 41. vi in tectum inruunt; Tul 34. cum (P. Decius) in mediam aciem Latinorum inruebat; fin II 61. cum in mala scientes inruunt; fin V 29. metuo, ne turbem et inruam in Drusum; A XIII 26, 1.

43*

Inruptio, Einfall, Einbruch: etiamsi inruptio nulla facta est; imp Pomp 15.

insanabilis, unheilbar: vitabit insanabiles contumelias; orat 89. cum iis (corporibus natura) morbos insanabiles adiunxisset; Tusc V 3.

insania, Tollheit, Torheit, Wahnsinn: I. ut furor in sapientem cadere possit, non possit insania; Tusc III 11. — II, 1. quam contemneres populares insanias; Milo 22. insulsitatem et insolentiam tamquam insaniam quandam orationis odit, sanitatem autem probat; Bru 284. quis insaniam libidinum recordatur? Sulla 70. — 2. incideram in hominum pugnandi cupidorum insanias; ep IV 1, 1. — III. an est quicquam similius insaniae quam ira? Tusc IV 52. — IV. quia nomen insaniae significat mentis aegrotationem et morbum; Tusc III 8. (Ulixem) simulatione insaniae militiam subterfugere voluisse; of III 97. — V. haec iste ad insaniam concupiverat; Ver II 87.

insanio, rasen, toll sein: in alienos insanus insanisti; Scaur 45. insanire tibi videris, quod . .? ep IX 21, 1. nec insaniturum illum (Othonem) puto; A XIII 29, 1 (2). an fortitudo, nisi insanire coepit, impetus suos non habet? Tusc IV 50. omnes stultos insanire; Tusc IV 54.

insanitas, Ungesundheit: ita fit, ut sapientia sanitas sit animi, insipientia autem quasi insanitas quaedam, quae est insania eademque dementia; Tusc III 10.

insanus, toll, rasend, unsinnig: „indoctus" dicimus brevi prima littera, „insanus" producta; orat 159. — A. ut, si quis mihi male dicat, petulans, ut plane insanus esse videatur; de or II 305. in alienos insanus insanisti; orat 224. quo (die) fuit insanissima contio concitata; Milo 45. Theomnastus quidam, homo ridicule insanus; Ver IV 148. cum (sapiens) insanos atque indomitos impetus vulgi cohibere non possit; rep I 9. propter insanas illas substructiones; Milo 53. — B, I, quod et insani et ebrii multa faciunt saepe vehementius; Tusc IV 52. quod insani sua visa coniectori non narrant; div II 122. — II. quid dicam, insania, quid ebriis quam multa falsa videantur? div II 120.

insatiabilis, unersättlich, nicht sättigend: ut suam insatiabilem crudelitatem exercuerit non solum in vivo; Phil XI 8. cupiditates sunt insatiabiles; fin I 43. ex quo (mens) insatiabili gaudio compleatur || completur ||; Tusc V 70. caeli signorum insatiabilem pulchritudinem magis spectat; fr F V 53. nulla est insatiabilior species; nat I 155.

insaturabilis, unersättlich: manebat insaturabile abdomen; Sest 110.

insaturabiliter, unersättlich: quia aetas annis praeteritis insaturabiliter expletur; nat II 64.

inscendo, hinaufsteigen: cum (Callanus) inscenderet in rogum ardentem; div I 47.

insciens, nicht wissend, ohne Wissen: utrum inscientem vultis contra foedera fecisse an scientem? Balb 43. Thessalonicam omnibus inscientibus noctuque venisti; Piso 89. quae me insciente facta sunt a meis; ep III 12, 2.

inscienter, ungeschickt, unverständig: ut, si partiri velis tutelas, inscienter facias, si ullam praetermittas; Top 33. eos inscienter facere dicebant; Ac II. 17.

inscientia, Nichtwissen, Unkenntnis, Unwissenheit: I. imprudentia in purgationem confertur, cuius partes sunt inscientia, casus, necessitas; inv I 41. — II, 1. si ita erat comprensum, ut convelli ratione non posset, scientiam, sin aliter, inscientiam nominabat; Ac I 41. neque solum inscientiam meam, sed ne rerum quidem magnitudinem perspicit; de or I 203. — 2. (homines) aliquanto levius ex inscientia laborarent; inv II 5. — III. in tantis tenebris erroris et inscientiae; Sulla 40. — IV.

vitam omnium perturbari errore et inscientia; fin I 46.

inscite, ungeschickt: inscite gubernationis ultimum cum ultimo sapientiae comparatur; fin III 25. ut non inscite illud dictum videatur; fin V 38. Democritus non inscite nugatur, ut physicus; div II 30.

inscitia, Unwissenheit, Mangel an Verständnis, Ungeschickt, Unüberlegtheit: I, 1. adde inscitiam pransi, poti, oscitantis ducis; Milo 56. nec vulgi atque imperitorum inscitiam despicere possum; nat III 39. — 2. neminem id agere, ut ex alterius praedetur inscitia; of III 72. — II, 1. inhumanus videatur inscitia temporis; of I 144. — 2. auri navem evertat gubernator an palea, in re aliquantum, in gubernatoris inscitia nihil interest; par 20.

inscitus, unverständig: quid inscitius est quam mentes mortalium falsis visis concitare? div II 127.

inscius, unwissend: A. (Socrates) se omnium rerum inscium fingit et rudem; Bru 292. — B. qui distingues artificem ab inscio? Ac II 22.

inscribo, anschreiben, aufschreiben, mit einer Inschrift, einem Titel versehen, benennen: I. „Oratorem" meum (sic enim inscripsi) Sabino tuo commendavi; ep XV 20, 1. — II, 1. in statua inscripsit „PARENTI OPTIME MERITO"; ep XII 3, 1. - 2. sit inscriptum in fronte unius cuiusque, quid de re publica sentiat; Catil I 32. — 3. inscriptum esse video statuam aratores dedisse; Ver II 150. - III. omnibus in parietibus inscriptas fuisse litteras LLLMM; de or II 240. vestris monumentis suum nomen inscripsit; har resp 58. — IV. eos (libellos) rhetoricos inscribunt; de or III 122. qui (liber) „Sosus" inscribitur; Ac II 12. qui (liber) inscribitur de Minerva; nat I 41.

inscriptio, Aufschrift, Inschrift: I. nominis inscriptio tibi num aliud videtur esse ac meorum bonorum direptio? dom 51. — II, 1. odi falsas inscriptiones statuarum alienarum; A VI 1, 26. — 2. quod de inscriptione quaeris, non dubito, quin καθῆκον „officium" sit; A XVI 11, 4. — III. cui ei decerneretis statuam cum inscriptione praeclara; Phil XIII 9.

insculpo, einschneiden, einprägen: I, 1. (natura) insculpsit in mentibus, ut eos (deos) beatos habeamus; nat I 45. — 2. omnibus innatum est et in animo quasi insculptum esse deos; nat II 12. — II. sortes erupisse in robore insculptas priscarum litterarum notis; div II 85.

inseco, durchschneiden: ut eos gurgulionibus insectis relinquerent; Tul 21.

insector, verfolgen, bedrängen: I. insectandum ultro atque insto accusatori; Font 11. — II. ne esse insectandos inimicorum amicos; A XIV 13. F 3. ista avis insectans alias avis et agitans; div I 144. nullius insector calamitatem; Phil II 98. in sectari alterius innocentiam; Cael 16.

insepultus, unbestattet: cerno animo insepultos acervos civium; Catil IV 11. qui illam insepultam sepulturam effecerant; Phil I 5.

insequor, folgen, verfolgen, beabsichtigen, setzen, ereilen: I. grave bellum Octavianum insecutum est; Phil XIV 23. extremorum verborum cum insequentibus primis concursus; orat 150. postremam litteram detrahebant, nisi vocalis insequebatur; orat 161. — II. nec te rhetoricis num quibusdam libris insequor ut erudiam; de or II 10. III. hunc (Pisistratum) proximo saeculo Themistocles insecutus est; Bru 41. mors insecuta Gracchum est; div II 62. accusatorem urgebo atque insequar Flac 5. plerumque improborum facta primo suspicio insequitur, dein sermo atque fama, tum accusatium index || iudex ||; fin I 50.

insero, einpflanzen, part. angeboren, in die Sache liegend, eigen: haec inseri et donari arte non possunt; de or I 114. insita (appell-

quae inhaerent in ipsa re; part or 6. (insita dico), quae [iura] natura infixa sunt rebus ipsis, ut definitio. ut contrarium; part or 7. quod erat insitus menti cognitionis amor; fin IV 18. cum animos corporibus necessitate insevisset; Tim 44. o tamquam in unam arborem plura genera, sic in istam domum multorum insitam sapientiam! Bru 213. natura ius est, quod quaedam in natura ‖ innata ‖ vis insevit; inv II 161. odio penitus insito; agr II 14. (eloquentia) inserit novas opiniones, evellit insitas; orat 97. sapientiam: f. genera. non de insita cuiusque virtute disputo; Muren 30.

insero, einfügen, hineinstecken: I. caput in aversam lecticam inserens; Phil II 82. homini collum in laqueum inserenti; Ver IV 37. nunc inserite oculos in curiam; Font 43. — II. qui omnia minima mansa ut nutrices infantibus pueris in os inserant; de or II 162.

inservio, dienen, ergeben fein, betreiben: I. (adulescentes) suis commodis inservituros; fin II 117. inserviebam honori tuo; ep III 13, 1. optimatibus: f. II. improbi magistratus in provinciis inserviebant publicanis; Ver III 94. — II. nihil est a me inservitum temporis causa; ep VI 12, 2. optimatibus tuis nihil confido, nihil iam ne inservio quidem; A IX 5, 3.

insideo, sitzen, haften, sich befinden, besetzt halten: his tribus figuris insidere quidam venustatis debet color; de or III 199. imitatrix: f. voluptas. his malis insidentibus; Tusc IV 84. ipsius in mente insidebat species pulchritudinis; orat 9. nunc insidet quaedam in optimo quoque virtus; Arch 29. quae penitus in omni sensu implicata insidet, imitatrix boni, voluptas; leg I 47.

insidiae, Hinterhalt, Nachstellung, Hinterlift: I. intus insidiae sunt; Catil II 11. — II, 1. quas isti penitus abstrusas insidias se posuisse arbitrantur; agr II 49. qui consul insidias rei publicae consilio investigasset, veritate aperuisset, magnitudine animi vindicasset; Sulla 14. ut Miloni insidias conlocaret; Milo 27. adiungeremus de insidiis faciendis atque vitandis: de or II 210. investigo: f. aperio. non: f. abstrudo. animis omnes tenduntur insidiae; leg I 47. vindico: f. aperio. vito: f. facio. — II. huius ex mediis mortis insidiis vita conservata esse videatur; Cluent 201. qui in insidiis versatur; Sex Rosc 78. — III. cum solitudo et vita sine amicia insidiarum et metus plena sit; fin I 66. — IV. habes crimina insidiarum; Deiot 21. etsi eram perterritus non tam mortis metu quam insidiarum a meis; rep VI 14. ut novam rationem insidiarum cognoscere possitis; Quinct 22. — V, 1. si insidiis ille (Marcellus) interfectus esset; A XIII 10, 3. — 2. qui (Phalaris) non ex insidiis interiit; of II 26. quod eum totiens per insidias interficere voluistis; dom 59.

insidiator, Auflauerer, Soldat im Hinterhalt: I, 1. nullus (est) insidiator viae; Catil II 27. — 2. appareret, uter esset insidiator; Milo 54. — II. 1. insidiator erat in foro conlocatus; Milo 19. insidiatorem iure interfici posse; Milo 11. — 2. quod insidiatoribus eius (regis) ἀπόσιτον me praebui; A V 20, 6.

insidior, lauern, auflauern, nachstellen: I. quod neque precibus umquam nec insidiando nec speculando adsequi potui, ut liceret . .; de or I 136. — II. desinant insidiari domi suae consuli; Catil I 32. vigilare insidiantem somno maritorum; Catil I 26.

insidiose, hinterliftig: falsa atque insidiose ficta; Milo 67. his insidiose spem falsam ostendere; Sex Rosc 110.

insidiosus, hinterliftig, heimtückisch, gefährlich: nihil in me perfidiosum et insidiosum et fallax in

amicitia debes agnoscere; ep III 10, 7. in tam insidioso bello; Catil II 28. huius (Caesaris) insidiosa clementia delectantur; A VIII 16, 2. ubi sermo insidiosus (est); Flac 87. propter insidiosas non nullorum simulationes; agr II 7.

insido, sich feftfetzen, einprägen: quod nihil quisquam umquam me audiente egit orator. quod non in memoria mea penitus insederit; de or II 122. quae (macula) penitus iam insedit; imp Pomp 7. facile in animo forti contra mortem habita insedit oratio; Tusc II 11. cum in locis semen insedit; nat II 128.

insigne, Kennzeichen, Zeichen, Abzeichen, Zierde, Auszeichnung: I, 1. excellunt, al.: f. II, 1. appello. omnia generis, nominis, honoris insignia atque ornamenta unius iudicii calamitate occiderunt; Sulla 88. — 2. quod erat insigne eum facere civibus consilii sui copiam; de or III 133. lituus, quod clarissimum est insigne auguratus; div I 30. — II, 1. insignia virtutis multi etiam sine virtute adsecuti sunt; ep III 13, 1. quae in amplo ornatu scaenae aut fori appellantur insignia, non quia sola ornent, sed quod excellant; orat 134. minime virtutis insignia contemnere debuisti; Piso 63. ut sint quasi in ornatu disposita quaedam insignia et lumina; de or III 96. iste non dubitavit illud insigne penatium ex hospitali mensa tollere; Ver IV 48. — 2. ne insignibus quidem regiis Tullus nisi iussu populi est ausus uti; rep II 31. — III. te magis iudicio bonorum quam insignibus gloriae delectari; ep X 13, 2. orationem variare et distinguere quasi quibusdam verborum sententiarumque insignibus; de or II 36.

insignio, deutlich machen, part. deutlich: est quaedam conformatio insignita et impressa intellegentia; Top 27. est utendum imaginibus agentibus, acribus, insignitis; de or II 358. in quibus (animis) tamquam insignitae notae veritatis appareant; div I 64.

insignis, kenntlich, auffallend, hervorragend, ausgezeichnet: sunt non tam insignia ad maximam laudem quam necessaria; orat 44. crimen est vel maxime insigne illud exemplum; de or III 36. os hominis insignemque impudentiam cognoscite; Ver IV 66. cum aliquo insigni indicio meae erga te benivolentiae; ep VII 6, 1. hac accepta tam insigni iniuria; ep V 2, 8. insignem illam et propriam percipiendi causam; Ac II 101. ut ne in ipsum quidem Clodium meum insigne odium fuerit umquam; A XIV 13, B, 3. insignis ad deformitatem puer; leg III 19. tantum huius genus ridiculi insigni aliqua et nota re notari volo; de or II 259. quos si titulus hic delectat insignis et pulcher; Tusc V 30. iudicia insigni turpitudine notata; Cluent 61.

insignite, auffallend: I. nec improbum notari ac vituperari sine vitiorum cognitione satis insignite atque aspere posse; de or II 349. — II. neque quisquam inventus est tam insignite improbus, qui . .; Quinct 73.

insigniter, außerordentlich: hospitibus praecipue atque insigniter diligendis; part or 80.

insimulatio, Beschuldigung, Anklage: I. insimulatio est repentina capitalis atque invidiosi criminis; Ver V 23. — II. is vir in falsam atque iniquam proborum insimulationem vocabatur; Font 39.

insimulo, beschuldigen, verdächtigen: I. cur igitur insimulas? Q Rosc 25. — II. insimulare coeperunt Epicratem litteras publicas corrupisse; Ver II 60. — III. quod peccati se insimulant; Tusc III 64. quasi nescio cuius te flagitii insimularim; ep X 17, 4. probri insimulesti pudicissimam feminam; Phil II 99.

insinuatio, Empfehlung: I. exordium in duas partes dividitur, ∥ in ∥ principium et ∥ in ∥ insinuationem. insinuatio est oratio quadam dissimulatione et circuitione obscure ∥ obscura ∥ subiens auditoris animum; inv I 20. — II, 1. cum insinuationem res postulet; inv I 26. insinuationes quem ad modum tractari conveniat; inv I 23. — 2. insinuatione utendum est, cum admirabile genus causae est; inv I 23. — 3. sin (auditores) erunt vehementer abalienati, confugere necesse erit ad insinuationem; inv I 21. divido in: f. I.

insinuo, einbrängen, einbringen, fich einschmeicheln: I. in ipsius consuetudinem insinuabo; ep IV 13, 6. (Vettius) insinuavit ∥ insinuatus ∥ in familiaritatem adulescentis; A II 24, 2. ut (animus) penitus insinuet in causam; de or II 149. — II. cum familiariter me in eorum sermonem insinuarem ac darem; agr II 12.

insipiens, unweise, unverständig, töricht: A. nec tum animum esse insipientem, cum ex insipienti corpore evasisset; Cato 80. mundus si fuit insipiens; nat II 36. — B, I. qui (Stoici) omnes insipientes insanos esse dicunt; Tusc IV 54. — II, 1. cuiusvis hominis est errare, nullius nisi insipientis in errore perseverare; Phil XII 5. — 2. est quaedam animi sanitas, quae in insipientem etiam cadat; Tusc IV 30. — III. quid turpius quam sapientis vitam ex insipientium sermone pendere? fin II 50.

insipienter, töricht: insipienter (adulescens) sperat; Cato 68.

insipientia, Torheit, Unverstand: I. ita fit, ut sapientia sanitas sit animi, insipientia autem quasi insanitas quaedam; Tusc III 10. — II. neque insipientia ullum maius malum est; Tusc III 68.

insisto, auftreten, stehen bleiben, halt machen, stehen, verweilen, beharren, betreiben: I. in quo (vestigio) institisset; de or III 6. ut, si singulis insistere velim, progredi iste non possit; Ver IV 172. quae cum dixisset paulumque institisset; fin V 75. iunctis ex anima et ex ardore ignibus (animus) insistit; Tusc I 43. in quo (statu) primum insistit quasi ad repugnandum congressa defensio; Top 93. in qua (celeritate) non video ubinam mens constans et vita beata possit insistere; nat I 24. ne insistat (oratio) interius, ne excurrat longius; de or III 190. ille (sapiens) in reliquis rebus non poterit eodem modo insistere? Ac II 107. insistebat in manu Ceceris dextra grande simulacrum; Ver IV 110. — II. quonam modo tantum munus insistemus, ut arbitremur ..? de or III 176.

insitio, Einpfropfen: nec consitiones modo delectant, sed etiam insitiones, quibus nihil invenit agri cultura sollertius; Cato 54.

insitivus, eingepfropft, unecht: cum insitivum Gracchum prohibuisset; Sest 101. videtur insitiva quadam disciplina doctior facta esse civitas; rep II 34.

insolens, ungewohnt, ungewöhnlich, lästig, dreist, übermütig: quorum sum ignarus atque insolens; de or I 207. non fuisse insolentem in pecunia; de or II 342. ne in re nota tam multus et insolens sim; de or II 358. insolenti alacritate gestire; Tusc V 42. unde hoc sit tam insolens domesticarum rerum fastidium; inv I 10. opes vacuae consilio dedecoris plenae sunt et insolentis superbiae; rep I 51. nec (verbum) ullum insolens ponere audebat; orat 25. quae (victoria) civilibus bellis semper est insolens; ep IV 4, 2. superba responsa, insolens vita; Vatin 8.

insolenter, ungewöhnlich, auffallend, dreist, übermütig: Gorgias his festivitatibus insolentius abutitur; orat 176. iactatio est voluptas gestiens et se efferens insolentius; Tusc IV 20. evenire vulgo soleat an insolenter et raro; inv I 43. cum auctorem senatus exstinctum laete atque insolenter tulit; Phil IX 7.

insolentia, Ungewohnheit, Ungewöhnlichkeit, Überhebung, Übermut: I, 1. peregrinam insolentiam fugere discamus; de or III 44. M. Antonii insolentiam superbiamque perspeximus; Phil VIII 21. huius saeculi insolentiam vituperabat; Phil IX 13. — 2. quid quaque ex re soleat evenire, considerandum est: ex adrogantia odium, ex insolentia adrogantia; inv I 42. — II, 1. mira quadam exsultasse populum insolentia libertatis; rep I 62. quod ego non superbia faciebam, sed istius disputationis insolentia atque earum rerum inscientia; de or I 99. inflati laetitia atque insolentia impii cives; Phil XIV 15. moveor etiam loci ipsius insolentia; Deiot 5. — 2. (homines) primo propter insolentiam reclamantes, deinde propter rationem atque orationem studiosius audientes; inv I 2.

insolitus, ungewohnt, ungewöhnlich: cur pudentissimas feminas in tantum virorum conventum insolitas invitasque prodire cogis? Ver I 94. hunc absorbuit aestus quidam insolitae adulescentibus gloriae; Bru 282. ex agris homines traduci ad insolitam litem atque iudicium; Ver III 26. ad hanc insolitam mihi loquacitatem; de or II 361. quasi vero priscum aliquid aut insolitum verbum interpretaretur; Balb 36.

insomnia, Schlaflosigkeit: caret (senectus) cruditate et insomniis; Cato 44.

inspecto, zuschauen: qui agunt in scaena gestum inspectante Roscio; de or II 233. inspectantibus omnibus Syracusanis securi percussus est; Ver V 155. quae (dona) Africanus inspectante exercitu accepit; Deiot 19. quo ille die populo Romano inspectante ebrius est contionatus; Phil III 12. cotem inspectante et rege et populo novacula esse discissam; div I 32.

insperans, wider Erwarten: insperanti mihi cecidit, ut ..; de or I 96. quibus tu salutem insperantibus reddidisti; Marcel 21.

insperatus, unerwartet: ut ille insperato aspectu complexuque aliquam partem maeroris sui deponeret; Sest 7. festivitas confecta ex insperato incommodo; inv I 27. insperato et necopinato malo (aegritudinem effici); Tusc III 28. qui se in insperatis ac repentinis pecuniis insolentius iactarunt; Catil II 20.

inspergo, daraufstreuen: simul ac molam et vinum insperseris; div II 37.

inspicio, ansehen, beschauen, besichtigen, mustern, untersuchen: I. inspiciam, quid (Cicero) dicat, quam saepissime; Q fr II 12, 2. — II. tamquam si arma militis inspicienda sint; Caecin 61. inspiciamus exta primum; div II 28. si cui fundus inspiciendus sit; de or I 249. hortos quoniam hodie eras inspecturus; A XIII 28, 1. cum ipsius tabulae circumferrentur inspiciendi nominis causa; Balb 11. ut signum publicum inspexit; Flac 36. inspiciebamus tabulas societatis; Ver II 186.

instantia, Nähe, Gegenwart: ut praeterita ea vera dicimus, quorum superiore tempore vera fuerit instantia, sic futura, quorum consequenti tempore vera erit instantia, ea vera dicemus; fat 27.

instar, wie, so gut wie, etwa: I. illa sunt tamquam animi instar in corpore; orat 44. latere mortis erat instar turpissimae; Rabir 24. quae (Erana) fuit non vici instar, sed urbis; ep XV 4, 9. equidem hos tuos Tusculanenses dies instar esse vitae puto; ep IX 6, 4. quae (epistula) voluminis instar erat; A X 4, 1. urbis: f. vici. — II. Plato mihi unus instar est centum milium ∥ omnium ∥; Bru 191. mearum epistularum nulla est συναγωγή; sed habet Tiro instar septuaginta; A XVI 5, 5.

instauratio, Erneuerung: mentes deorum

immortalium ludorum instauratione placantur; har resp 23.

instaurativus, erneuert: ludis intermissis instaurativi constituti sunt; div I 55.

instauro, erneuern, wiederholen: scio me gladiatoribus tuis instaurandae caedis potestatem non fecisse; dom 6, Latinae instaurantur; Q fr II 4. 4. ludos illos iterum instauratos; div I 55. ne nova per vos proscriptio instaurata esse videatur; Sex Rosc 153. id sacrificium cum virgines instaurassent; A I 13, 3.

instigo, anreizen: cum mea domus ardebat ignibus iniectis instigante te; Piso 26.

instillo, einträufeln, benetzen: quae (litterae tuae) mihi quiddam quasi animulae instillarunt stillarunt ∥; A IX 7, 1. haec (mens, animus) quoque. nisi tamquam lumini oleum instilles, extinguuntur senectute; Cato 36. »quae (guttae) saxa instillant Caucasi«; Tusc II 25.

instimulator, Anreizer, Erreger: seditionis instimulator et concitator tu fuisti; dom 11.

instinctus, Antrieb, Eingebung: 1. quae (oracla) instinctu divino adflatuque funduntur; div I 34. quae (vis et natura) aliquo instinctu inflatuque divino futura praenuntiat; div I 12. — 2. poëtam carmen sine caelesti aliquo mentis instinctu fundere; Tusc I 64.

instinguo, anreizen: nefario quodam furore et audacia instinctus; Ver V 188. vinulenti adulescentes tibiarum etiam cantu instincti; fr F X 3.

institio, Stillstand: qui errantium stellarum cursus, praegressiones, institiones notavit; Tusc I 62.

institor, Hausierer: quorum (chirographorum) etiam institores ¿ imitatores ∥ sunt; Phil II 97.

instituo, einsetzen, einrichten, einführen, bestimmen, festsetzen, ordnen, beginnen, beabsichtigen, unterrichten, bilden: I. sequar, ut institui, divinum illum virum; leg III 1. — II, 1. si instinatur, ut ab scripto recedatur; inv II 128. instituit primus, ut singulis consulibus alternis mensibus lictores praeirent; rep II 55. — 2. forum institueram agere Laodiceae Cibyraticum et Apamense; A V 21, 9. ut primum Velia navigare coepi, institui Topica Aristotelea conscribere; ep VII 19. — III. qui instituunt aliquos atque erudiunt; de or III 35. erat (Philippus) Graecis doctrinis institutus; Bru 173. ut ∥ et∥ qui illuc factus institutusque venisset; A II 24, 3. instituti (mulier) accusatores; Cluent 18. sic tu instituis adulescentes? Cael 39. pro nostra non instituta, sed iam inveterata amicitia; ep III 9, 4. qui (praedones) aliquos sibi instituunt amicos; Ver IV 21. nullum ut certamen instituam; Tusc III 51. de civitatibus instituendis; de or I 86. nunc ad institutam disputationem revertamur; div II 7. historia nec institui potest nisi praeparato otio nec exiguo tempore absolvi; leg I 9. qui aedilis curulis fuerit, qui magistratus multis annis post decemviros institutas est; A VI 1, 8. quem ad modum expediam exitum huius instituae orationis; ep III 12, 2. ut portorium vini institueret; Font 19. qui ab adulescente quaestum instituisset; Quinct 12. haec dixi longius quam instituta ratio postulabat; orat 162. quantis oneribus premere susceptarum rerum et iam institutarum; ep V 12, 2. cum mihi sermo cum hoc Crasso esset institutus; de or II 296. velim tabellarios instituatis certos; ep XIV 18, 2. quod dodrantarias tabulas instituerit; Font 2. praeter voluntatem institutae vitae; A I 17, 5. — IV. ut filiam bonis suis heredem institueret; Ver I 104. qui me cum tutorem tum etiam secundum heredem instituerit; ep XIII 61.

institutio, Einrichtung, Anweisung, Unterricht: I. institutio aequitatis tripertita est: una pars legitima est, altera conveniens, tertia moris

vetustate firmata; Top 90. — II, 1. cum ad cuiusque naturam institutio doctoris accommodaretur; de or III 35. quod earum rerum prima institutio et quasi disciplina illo libro continetur; Ac II 102. — 2. quia (ea officia) magis ad institutionem vitae communis spectare videntur; of I 7. — III. complures Graecis institutionibus eruditi; nat I 8.

institutum, Unternehmen, Absicht, Einrichtung, Anordnung, Grundsatz, Lehre: I. omnium instituta atque edicta praetorum fuerunt eius modi, ut ..; Ver V 7. — II, 1. ad exstinguenda omnia iura atque instituta maiorum; Sest 17. qui instituta maiorum neglexerunt; Sest 140. veterem morem ac maiorum instituta retinebant excellentes viri; rep V 1. eorum (virorum) se institutum sequi dicunt; Ac II 13. mores et instituta vitae melius tuemur; Tusc I 2. — 2. me nunc oblitum meae consuetudinis et instituti mei rarius ad te scribere; A IV 17, 1. — 3. quamquam te abundare oportet praeceptis institutisque philosophiae; of I 1. utor instituto meo; Cluent 144. — 4. Carbonem haesitantem in maiorum institutis; de or I 40. manere in instituto meo videor; div Caec 5. ad huius libri institutum illa nihil pertinent; Top 28. iam ad institutum revertar meum; de or II 113. — III, 1. facienda morum institutorumque mutatio est; of I 120. — 2. quodsi iustitia est obtemperatio scriptis legibus institutisque populorum; leg I 42. — IV, 1. patrio fuisse instituto puro sermone adsuefactam domum; Bru 213. ut meum ageretur more institutoque maiorum; dom 56. Martiales quidam Larini appellabantur ei deo veterибus institutis religionibusque Larinatium consecrati; Cluent 43. qui suam quisque rem publicam constituissent legibus atque institutis suis; rep II 2. augurum institutis in parentis eum loco colere debebam; Bru 1. opinionibus et institutis omnia teneri; Ac I 44. quis tam agrestibus institutis vivit, ut ..? fin III 37. — 2. decumis contra instituta, leges consuetudinemque omnium venditis; Ver III 131.

insto, bevorstehen, nahe sein, einbringen, drängen: me tibi cupienti atque instanti saepissime negasse; de or I 99. urge, insta, perfice; A XIII 32, 1. id genus primum causarum in iudiciis ex controversia facti; in deliberationibus plerumque ex futuri, raro ex instantis aut facti; de or II 105. quod nolo cum Pompeio pugnare (satis est, quod instat de Milone); Q fr III 2, 2. ita mihi videtur bellum illud instare; A XIV 9, 3. premit (dolor) atque instat; Tusc III 71. cum illi (Bruto) iter instaret et subitum et longum; A XIII 23, 1. instant magnificentissimi ludi; Piso 65. quod terrae motus instaret; div I 112. quibus ego confido poenam aut instare iam plane aut certe appropinquare; Catil II 11. instat (superstitio) et urget; div II 149.

instructio, Aufstellung: quae instructio exercitus tantam naturae sollertiam significat, quantam ipse mundus? nat II 85-

instructor, Ordner: hi sunt conditores instructoresque convivii; sen 15.

instructus, Ausstattung: quocumque (oratio) ingreditur, eodem est instructu ornatuque comitata; de or III 23.

instrumentum, Werkzeug, Gerät, Hülfsmittel: I. instrumenta naturae deerant; Bru 268. instrumentum hoc forense, litigiosum, acre, tractum ex vulgi opinionibus, exiguum saneque mendicum est; de or III 92. — II, 1. omne instrumentum, omnis opera atque quaestus frequentia civium sustentatur, alitur otio; Catil IV 17. quod solvendi sunt nummi Caesari et instrumentum triumphi eo conferendum; A VII 8, 5. cum industriae subsidia atque instrumenta virtutis in libidine audaciaque consumeret; Catil II 9. hoc instrumentum causarum et generum universorum in forum deferre debemus;

de or II 146. ut ipse instrumentum oratoris exponeret; de or II 366. ad quorum (operum) intellegentiam a natura minus habent instrumenti; de or III 195. quodsi quis ad ea instrumenta animi, quae natura quaeque civilibus institutis habuit, adiungendam sibi etiam doctrinam putarit; rep III 5. sustento: ſ. alo. traho: ſ. I. est. (aratores) etiam instrumenta agrorum vendere coacti sunt; Ver III 226. — 2. adiungo ad: ſ. 1 habeo. in oratoris instrumento tam lautam supellectilem numquam videram; de or I 165. — III. qui eloquentiam locupletavisses graviorum artium instrumento; Bru 331.

instruo, ordnen, aufſtellen, einrichten, verſehen, ausrüſten, unterrichten, unterweiſen: ut unus ad dicendum instructissimus a natura esse videatur; de or III 31. instructus veniet ad causas; orat 121. instruar consiliis idoneis ad hoc nostrum negotium; A V 6, 1. fieri nullo modo posse, ut idem accusationem et petitionem consulatus diligenter adornet atque instruat; Muren 46. instructa acie; Sest 48. ut (animus) sensibus instructus sit; fin V 34. ad bellum instruendum; agr II 90. domus ea omnibus est instructior rebus et apparatior; inv I 58. quam (exercitationem) extremo sermone instruxit Antonius; de or III 105. instructo exercitu; prov 9. quod ab hoc, quem instruimus, oratore valde abhorreat; de or III 65. petitionem: ſ. accusationem. instruite contra has tam praeclaras Catilinae copias vestra praesidia; Catil II 24. qui instructam ornatamque a senatu provinciam deposui; Phil XI 23. sapientem plurimis et gravissimis artibus atque virtutibus instructum et ornatum; fin II 112. nec satis instructa (ubertas) ad forenses causas; orat 12.

insuavis, unangenehm, ohne Reiz: insuavem illam admirationem ei fore; Lael 88. (versus) inquinatus insuavissima littera; orat 163. qui vitam insuavem sine his studiis putaretis; de or II 25.

insuetus, ungewohnt: vir tam insuetus contumeliae; A II 21, 4.

insula, Inſel, Mietshaus: I. visne in insula, quae est in Fibreno, sermoni reliquo denuo operam sedentes? leg II 1. — II, 1. an dubium est, quin fundos et insulas amicis anteponamus? fin II 83. insulam Siciliam totam esse Cereri et Liberae consecratam; Ver IV 106. ut sibi insulam in lacu Prilio venderet; Milo 74. — 2. in insula Cereris natos; Ver V 99. quos etiam intra Syracusanam insulam recepisset; Ver IV 144. relinquetur in insula Philoctetes; fat 37. — III. quo plus permutasti quam ad fructuum insularum; A XVI 1, 5. velim ab Erote quaeras, ubi sit merces insularum; A XV 17, 1. — IV. in beatorum insulis qualis futura sit vita sapientium; fin IV 53. ſ. I.

insulanus, Inſelbewohner: Achillem Astypalaeenses insulani sanctissime colunt; nat III 45.

insulse, abgeſchmackt: multa in omni genere stultitiae insulse adrogantur et dicuntur et tacentur cotidie; A V 10, 3. sane insulse, ut solet, nisi forte, quem non ames, ab eo omnia videntur insulse fieri; A XV 4, 1. nonnulli ridiculi homines hoc ipsum non insulse interpretantur; de or II 221.

insulsitas, Abgeſchmacktheit, Geſchmackloſigkeit: quam vix harum rerum insulsitatem feram; A V 11, 1. cuius (villae) insulsitatem bene noram; A XIII 29, 1 (2). insulsitatem et insolentiam tamquam insaniam quandam orationis odit; Bru 284. ut nihil aliud eorum nisi ipsa insulsitas rideatur; de or II 217.

insulsus, abgeſchmackt, geiſtlos, albern: A. sic insulsi exstiterunt, ut ..; de or II 217. est etiam in verbo positum non insulsum genus; de or II 259. o gulam insulsam! A XIII 31, 4. Epicharmi, acuti nec insulsi hominis ut Siculi, sententiam; Tusc I 15. —

B. sicut ἐν τοῖς ἐρωτικοῖς alienantur ‖ alienant. al. ‖ immundae, insulsae, indecorae; A IX 10, 2.

insulto, verſpotten, verhöhnen: non insultabo vehementius; Flac 38. illum in hanc rem publicam insultare; Milo 87. hominem insultantem in omnes; nat II 74.

insum, darin, daran ſein, innewohnen, ſich befinden, beruhen: I. 1. in qua (selectione) primum inesse incipit et intellegi, quid sit, quod vere bonum possit dici; fin V 15, 3. in quo velle in carendo; Tusc I 88. — II. in qua (vita) nibil insit nisi propagatio miserrimi temporis; ep V 15, 3. in summo imperatore quattuor has res inesse oportere. scientiam rei militaris, virtutem, auctoritatem, felicitatem; imp Pomp 28. in quibus (animi partibus) inest memoria rerum innumerabilium, inest coniectura consequentium, inest moderator cupiditatis pudor ..; fin II 113. inesse in animis hominum divina quaedam; Tusc I 56. sive in ipso mundo deus inest aliquis, qui regat; nat I 52. quod in oratore perfecto inest illorum (philosophorum) omnis scientia. in philosophorum autem cognitione non continuo inest eloquentia; de or III 143. felicitas: ſ. auctoritas. ut in uno omnia maleficia inesse videantur; Ver II 82. memoria, moderator: ſ. coniectura. oracula ex eo ipso appellata sunt, quod inest [in] his deorum oratio; Top 77. inest natura philosophia in huius viri mente quaedam; orat 41. propagatio: ſ. alqd. pudor: ſ. coniectura. nisi in hominis figura rationem inesse non posse; nat I 98. res, scientia, virtus: ſ. auctoritas, eloquentia. maxima vis decori in hac inest parte, de qua disputamus; of I 100. in his primis naturalibus voluptas insit necne, magna quaestio est; fin II 34.

insumo, aufwenden, anwenden: quo plus insumptum in monimentum esset, quam ..; A XII 35. quid sumptus in eam rem aut laboris insumpserit; inv II 113. qui tantum praesens lucrum nulla opera insumpta contempserit; Ver III 150. sumptum: ſ. laborem. ut nullus terruncius ‖ teruncius insumatur in quemquam; A V 17, 2.

insuo, einnähen: quoniam Smyrnae duos Mysos insuisses in culleum; Q fr I 2, 5. insui voluerunt in culleum vivos; Sex Rosc 70.

insusurro, einflüſtern, zuflüſtern: I. in quae (aures) ficte et simulate quaestus causa insusurretur; Q fr I 1, 13. — II, 1. mulierculae insusurranti alteri: „hic est ille Demosthenes"; Tusc V 103. — 2. quoniam Favonius ipse insusurrat navigandi nobis tempus esse; Ac II 147.

intactus, unverſehrt: ut (arx) incolumis atque intacta permanserit; rep II 11.

integellus, unangetaſtet: suavissimum συμβιωτὴν nostrum praestabo integellum; ep IX 10, 2.

integer, unverſetzt, unbeſchädigt, ungeſchwächt, unverſehrt, friſch, neu, unverdorben, unentſchieden ſtatthaft, unbefangen, unſchuldig: A. cum illo (viro) nemo neque integrior esset in civitate neque sanctior; de or I 229. neque iam mihi licet neque est integrum, ut meum laborem non impertiam; Muren 8. eam rem et sententiam quemvis prudentem hominem, si integrum daretur, scripturum fuisse; part or 132. quid hac quaestione dici potest integrius? Milo 60. ut nihil posit in patriis institutis manere integrum; rep II 7. ut integrum mihi de causa Campana ad suum reditum reservarem; ep I 9, 10. quod erit integrum; A XV 23. qui (animi) se integros castosque servavissent; Tusc I 72. Alexandrina causa, quae nobis adhuc integra est; ep I 5, b, 1. cui honoris integros fructus non sit traditurus; Sulla 88. homines honestissimi atque integerrimi absentes rei facti; Ver pr 13. qui Romuli lituus inventus est integer; div I 30. pura mente atque integra Milonem revertisse; Milo 61. integrum militum numerum

fuisse; ep III 3, 2. erit integra potestas nobis deliberandi; Phil VII 26. integerrimo atque honestissimo praetore; Ver pr 52. nec integra re mihi ad
consulendum; ep I 9, 18. si qui intercessisset, res
integra referretur; A IV 17, 3. sanis et integris
sensibus; Ac II 80. incorruptis atque integris testibus; fin I 71. integra valetudo; fin II 64. Catoni,
gravissimo atque integerrimo viro; Muren 3. — B,
a, I. ne probrum castis, labem integris inferat;
Cael 42. — II. integrorum et fortunatorum promissis sancios et miseros credere non oportere; Muren
50. — b (vgl. A. alqd), I. ut damnati in integrum
restituantur; Ver V 12. quoniam haec iam neque in integro nobis esse possunt; de or III 14.
rem in integro esse; A XI 15, 4. — II. unam columnam efficere ab integro novam; Ver I 147. ei
(Atticae) de integro gratulare; A XIII 51, 2.

integimentum, Decke, Hülle: 1. te evolutum illis integmentis ∥ integum.∥ dissimulationis
tuae nudatumque perspicio; de or II 350. ut frontis
tibi integimento ad occultanda tanta flagitia diutius
uti non liceret; sen 16. — 2. divitias atque ornamenta eius ingenii per quaedam involucra atque
integimenta perspexi; de or I 161.

intego, bedecken: nunc in hibernis intectus
iniectus, al. ∥ mihi videris; ep VII 16, 1.

integre, rein, unbefangen, unparteiisch, unbescholten: eos solos Attice dicere, id est quasi
sicce et integre; opt gen 12. ipsa natura incorrupte
atque integre indicante; fin I 30. in quo nihil integre, contra improbe omnia videtis esse suscepta;
Sest 37. qui cum caste et integre viverent;
fin IV 63.

integritas, Unversehrtheit, Unverdorbenheit,
Unbescholtenheit, Redlichkeit: I. haec omnia vitae
decorabat gravitas ∥ dignitas ∥ et integritas; Bru
265. incorrupta quaedam Latini sermonis integritas;
Bru 132. bonum integritas corporis, misera debilitas;
fin V 84. — II, 1. integritatem oculorum reliquorumque sensuum ponere in bonis potius; fin IV 20.
eadem facultate et fraus hominum ad perniciem et
integritas ad salutem vocatur; de or II 35. — 2.
qui (vir) tanta virtute atque integritate fuit, ut . .;
Font 39. — 3. ad integritatem maiorum spe sua
hominem vocabant; Sest 21. — III, 1. ain tandem,
Attice, laudator integritatis et elegantiae nostrae?
A VI 2, 8. spero me integritatis laudem consecutum;
ep II 12, 3. quam (opinionem) is vir haberet integritatis meae; A VII 2, 5. — 2. homo summa integritate atque innocentia; Phil III 25. — IV. quanta
(voluptate) adficiar hac integritate; A V 20, 6.
V. Catulum humanitate, sapientia, integritate antecellentem; Muren 36. qui se facile tuentur integritate; Cluent 152.

integro, auffrischen: animus defessus audiendi sat admiratione integratur aut risu novatur;
inv I 25.

intellectus, Erkenntnis, Einsicht: hoc intellecta ∥ intellecto ∥ si qui negabit esse ullam pecuniam
fratris vita antiquiorem; inv II 22.

intellegenter, mit Einsicht, mit Verständnis:
intellegenter ut audiamur; part or 29. quod
munus prudentiae? an legere intellegenter voluptates? of III 117.

intellegentia, Einsicht, Erkenntnis, Verständnis, Erkenntnisvermögen: I. ut ∥ † et∥
communis intellegentia nobis notas res efficit easque in animis nostris inchoavit; leg I 44. falsum
quiddam dicit, hoc pacto: „sapientia est pecuniae
quaerendae intellegentia"; inv I 91. intellegentia
.oti. per quam (animus) ea perspicit, quae sunt;
inv II 160. probabile est praestantem intellegentiam
a sideribus esse; nat II 43. inchoat: f. efficit. ex
qua (natura) ratio et intellegentia oriretur; fin IV

12. quod quaedam animalia intellegentia per omnia
ea permanet et transeat; Ac II 119. — II, 1. simul
(homo) cepit intellegentiam vel notionem potius;
fin III 21. qui intellegentiam iuris habuerunt; Phil
IX 10. quorum ex prima et inchoata intellegentia
genera (natura) cognovit; leg I 27. sin autem intellegentiam ponunt in audiendi fastidio; opt gen 12.
quae (ars) tradit ambiguorum intellegentiam; Ac II
92. — 2. quod (honestum) in nostram intellegentiam
cadit; of III 17. quod longissime sit ab imperitorum intellegentia sensuque diiunctum; de or I 12.
ad quorum (operum) intellegentiam a natura minus
habent instrumenti; de or III 195. — III. quae pars
animi rationis atque intellegentiae sit particeps;
div I 70. — IV. aperta simplexque mens fugere intellegentiae nostrae vim et notionem videtur; nat
I 27. — V, 1. eas (ἰδέας Plato) ait semper esse ac
ratione et intellegentia contineri; orat 10. conformatio insignita et impressa intellegentia; Top 27.
is (Mucius) iuris civilis intellegentia atque omni
prudentiae genere praestitit; Bru 102. — 2. vivere
cum intellegentia rerum earum; fin II 34. ex: f.
II, 1. inchoo. per: f. I. est; inv II 160.

intellego, einsehen, merken, wahrnehmen, erkennen, begreifen, verstehen, meinen, beurteilen.
part. einsichtig, verständig, kundig, mit Vernunft
begabt: I, 1, a. hominem ad intellegendum et ∥ et
ad ∥ agendum esse natum quasi mortalem deum;
fin II 40. ille non intellegendi solum, sed etiam
dicendi gravissimus auctor et magister Plato; orat
10. — b. in his rebus cum bona sint, facile est intellectu, quae sint contraria; part or 88. — 2, a.
non ut dictum est, in eo genere intellegitur, sed ut
sensum est; de or III 168 — b. qui praestat intellegens imperito? magna re et difficili; Bru 199.
semperne in oratore probando vulgi iudicium cum
intellegentium iudicio congruit? Bru 183. qui vulgi opinione disertissimi habiti sint, eosdem intellegentium quoque iudicio fuisse probatissimos; Bru
190. male eum (Tironem) credo intellexisse, si quisquam male intellegit, † potius nihil intellexisse; A
XVI 15, 5. hoc doctoris intellegentis est; Bru 204.
intellegens dicendi existimator praeteriens de oratore
saepe iudicat; Bru 200. si teretes aures habent in-
tellegensque iudicium; opt gen 11. necesse est intellegentem esse mundum et quidem etiam sapientem;
nat II 36. quid est in his (rebus terrestribus), in
quo non naturae ratio intellegentis appareat? nat II
120. — II, 1. non intellego, cur (virtus) tantopere
expetenda videatur; Tusc III 37. quod vulgus,
quid absit a perfecto, non fere intellegit; of III 15.
f. I, 1, b. — 2. ex quo intellegitur, ut fatum sit
non id, quod . .; div I 126. — 3. ut ne: f. II, 1.
alqd; fin IV 41. — 4. ex quo esse beati (dei) atque
aeterni intellegantur; nat I 106. — 5. ex quo intellegi
potest nihil te aratoribus reliqui fecisse; Ver III
178. quorum exitio intellegi potest rem publicam
nat II 8. — III, 1. erat (L. Thorius)
et cupidus voluptatum et eius ∥ cuiusvis ∥ generis
intellegens et copiosus; fin II 63. — 2. vide, ne sit
aliqua culpa eius, qui ita loquatur, ut non intellegatur; fin II 15. eum commodissime scribere, qui
curet, ut quadam ex quibusdam intellegantur; inv
II 152. haec dumtaxat in Graecis intellego, quae
ipsi, qui scripserunt, voluerunt vulgo intellegi; de
or II 60. sive id, quod est, sive id, quod in tellegitur, definiendum est; Top 29. quid aliud intellegetur, nisi uti ne quae pars naturae neglegatur; fin
IV 41. qui fundus aut quae talis animi figura intellegi potest aut quae tanta omnino capacitas?
Tusc I 61. cum voluntas et consilium et sententia
interdicti intellegatur; Caecin 50. generale quoddam
decorum intellegimus; of I 96. deus ipse, qui intellegitur a nobis; Tusc I 66. age, si voluptatem
non intellegimus, ne dolorem quidem? Tusc III 49. 44

figuram, fundum: f. capacitatem. medici ex quibusdam rebus et advenientes et crescentes morbos intellegunt; div II 142. sententiam: f. consilium. si haec verba minus intelleguntur; fin III 17. quibus in rebus vis intellegi potest, si in his non intellegetur? Caecin 31. de fundo Frusinati redimendo iam pridem intellexisti voluntatem meam; A XI 13, 4. f. consilium. voluptatem: f. dolorem. — IV, 1. quod dicitis, id non intellego quale sit; fin II 94. ut plane qualia sint intellegantur; fin V 58. (di) poterunt intellegi qui qualesque sint; nat II 71. — 2. eos sanos quoniam intellegi necesse est, quorum..; Tusc III 11. quid hoc loco (philosophus) intellegit honestum? fin II 50. istuc „quasi corpus" et „quasi sanguinem" quid intellegis? nat I 73. nos deum nisi sempiternum intellegere qui possumus? nat I 25. obtrectatio, ea quam intellegi ζηλοτυπίαν volo; Tusc IV 17 (18).

intemperans, ohne Mäßigung, unbesonnen: A. intemperans sum in eius rei cupiditate, quam nosti; A XIII. 26, 1. libidinosa et intemperans adulescentia; Cato 29. istius impurissimae atque intemperantissimae pecudis; Piso 72. — B. intemperantis arbitror esse scribere, quod occultari velit || velis ||; Ac I 2.

intemperanter, ohne Mäßigung: hominis est intemperanter abutentis et otio et litteris; Tusc I 6. ne intemperantius suis opibus utatur; Phil V 48.

intemperantia, Unmäßigkeit, Zügellosigkeit: I. omnium perturbationum matrem esse arbitrabatur immoderatam quandam intemperantiam; Ac I 39. — II, 1. quorum (scurrarum) intemperantia expleta; har resp 42. nec intemperantiam propter se esse fugiendam temperantiamque expetendam; fin I 48. — 2. vehementer ut inimicos tuos paeniteat intemperantiae suae; ep III 10, 1. — 3. ut (deorum) effusas in omni intemperantia libidines, adulteria, vincula (videremus); nat I 42.

intemperate, unmäßig: qui immoderate et intemperate vixerit; Tim 45. iis est usus intemperatius; orat 175.

intemperans, ungemäßigt: ne intemperata quaedam benivolentia impediat magnas utilitates amicorum; Lael 75.

intemperies, Mangel an Mäßigung, Zügellosigkeit: I. qui videor stulte illius amici intemperiem non tulisse; A IV 6, 3. — II. propter unius ex illis xviris intemperiem; rep II 63.

intempestive, ungelegen: si irascamur intempestive accedentibus; of I 88. coram qui ad nos intempestive adeunt; ep XI 16, 1.

intempestivus, unzeitig, ungelegen: numquam amicitia intempestiva, numquam molesta est; Lael 22. numquam mihi tua epistula aut intempestiva aut loquax visa est; A IV 14, 2.

intempestus, dunkel, stürmisch: nocte intempesta; Ver V 186. cum intempesta nox esset; Phil I 8.

intendo, ausdehnen, ausstrecken, spannen, anspannen, richten, wenden, zuzügnen, suchen, beabsichtigen, behaupten: I. ante, quam illuc proficiscare, quo te dicis intendere; de or II 179. — II. intendere coepit ante se oportere discessionem facere quam consules; ep I 2, 2. — III. si illa omnia in hunc unum instituta, parata, intenta sunt; Milo 67. si C. Antonius, quod animo intenderat, perficere potuisset; Phil X 9. quo animum intendat, facile perspicio; Ver pr 10. voces ut chordae sunt intentae, quae ad quemque tactum respondeant; de or III 216. quia profundenda voce omne corpus intenditur; Tusc II 56. quo cupiditatem infinitam cum immani crudelitate iam pridem intendit Antonius; Phil VII 27. simul dextram intendit ad statuam; A XVI 15, 3. digitum ad fontes inten-

derem; de or I 203. singulae familiae litem tibi intenderent; de or I 42. ut in haec intenta mens nostra beatam illam naturam putet; nat I 105. pars orationis intenta ac vehemens; de or II 211. quae (pericula) mihi ipsi intenduntur; A II 19, 1. tabernacula carbaseis intenta velis conlocabat; Ver V 30. si quod in me telum intenderit; har resp 7.

intentio, Anspannung, Anstrengung, Anklage: I. reperit (gladium) cruentum. homo in urbem ab illis deducitur ac reus fit. in hac intentio est criminis: „occidisti". depulsio: „non occidi"; inv II 15. intentio est: „maiestatem minuisti". depulsio est: „non minui maiestatem"; inv II 52. — II. mentes suas a cogitationum intentione cantu fidibusque ad tranquillitatem traducere; Tusc IV 3. — III. facti aut intentionis adversariorum cum ipso scripto contentione; inv II 125. si constitutio et ipsa et pars eius quaelibet intentionis depulsio est; inv I 13. — IV. cum animus hac intentione omnes totius negotii partes considerabit; inv II 46.

intento, drohend richten: is (dolor) ardentes faces intentat; Tusc V 76. haec (sica) intentata nobis est; Milo 37.

intentus, Ausstrecken: vocem et palmarum intentus et maledictorum clamorem omnes prudierunt; Sest 117.

inter, zwischen, unter, während, bei (nach) gestellt: f. I. communico. III. societas: I. qui inter sicarios et de veneficiis accusabant; Sex Rosc 90. Cicerone pueri amant inter se; A VI 1, 12. non cohaerentia inter se; Phil II 18. socii putandi sunt. quos inter res communicata est; Ver II 50. ut. quibus de rebus vellemus, inter nos communicaremus; ep XV 14, 2. ipsa inter se corporis (commoda) comparari solent; of II 88. quae (ratio, oratio) docendo, discendo conciliat inter se homines; of I 50. utinam liceat inter nos conferre sollicitudines nostras! per VI 21, 2. quae (causae) inter se configunt; Catil II 25. cum ea congruunt inter se; Tusc IV 30. quibus (causis) inter nos amore sumus coniuncti; ep X 10, 2. conligo: f. II. aptus. f. II. aptus. inter se; Tusc IV 49. cum constet inter omnes omne officium sapientiae in hominis cultu esse occupatum; fin IV 36. de quo inter omnes conveniat; nat III 9. qui inter sicarios damnatus est; Cluent 21. dico: f. discepto. eorum definitiones paulum oppido inter se differunt; fin III 33. ista inter Graecos dici et disceptari solere; de or I 45. intus in animis inclusae (cupiditates) inter se dissident atque discordant; inv I 44. ut (leges) ne discrepare quidem videantur inter se; inv II 147. qui inter se dissident; Ac II 143. f. discordant. multum inter se distant istae facultates; de or I 215. Galba fuit inter tot aequales unus excellens; Bru 333. aër interiectus inter mare et caelum; nat II 66. nihilne existimas inter tuam et istius sortem interfuisse? Muren 41. qua de re inter Marcellos et Claudios patricios centumviri indicarunt; de or I 176. ut omnis caritas aut inter duos aut inter paucos iungeretur; Lael 20. mihi videtur inter viros optimos esse numerandus; Font 38. cum partirentur inter se; Phil XIV 15. Hortensius suos inter aequales longe praestitit; Bru 230. pugnant haec inter se; fat 12. omne genus hominum sociatum inter se esse; leg I 32. cum inter me et Brundisium Caesar esset; A IX 2, a, 2. cum inter subsellia nostra versantur amici; Phil II 19. — II. quod aequabile inter omnes esse possit; Caecin 70. ut' omnes (res) inter se aptae conligataeque videantur; nat I 9. multa sunt civibus inter se communia; of I 53. adulescenti in primis inter suos et honesto et nobili; Cluent 11. non placuit Epicuro medium esse quiddam inter dolorem et voluptatem; fin II 88. nobilis: f. honestus. etsi inter se pares non fuerunt; de or II 94. voluntate similes sunt et inter sese et magistri; de or II 94. —

III. nec ex eo amor inter nos natus est; ep XII 29, 1. quo animo inter nos sumus; ep III 9, 1. nulla est caritas naturalis inter bonos? nat I 122. erat certamen inter clarissimos duces; Marcel 30. non longinquum inter nos digressum et discessum fore: Cato 84. una spes est salutis istorum inter istos dissensio; A II 7, 3. cum tanta sit inter oratores bonos dissimilitudo; orat 2. fuit hoc in amicitia quasi quoddam ius inter illos, ut . .; rep I 18. quasi pactio fit inter populum et potentes; rep III 23. haec inter nos partitio defensionis non est fortuito; Sulla 13. feci sermonem inter nos habitum in Cumano; ep IX 8, 1. quae sit coniunctio hominum, quae naturalis societas inter ipsos; leg I 16. quae si quos inter societas aut est aut fuit; Lael 83. — IV. cum ipsi inter nos viles neglectique simus: fin III 66. ita fit, ut ipsi dei inter se ab aliis alii neglegantur; nat I 121. quae inter decem annos nefarie facta sunt; Ver pr 37. cum dicitur INTER BONOS BENE AGIER; of III 61. cum inter falcarios ad M. Laecam convenit; Sulla 52. — V. sed quid hoc loco vos inter vos, Catule? de or II 295. pauca primo inter nos de litteris; fin I 14.

interaresco, vertrocfnen: nihil interarescere, nihil extingui, nihil cadere debet eorum, in quibus . .; Tusc V 40.

intercalaris, eingefdjaltet: pridie Kalend. intercalares; Quinct 79. a. d. v Kal. intercalares priores; ep VI 14, 2.

intercalarius, eingefdjaltet: Cephaloeditani fecerunt || decrerunt || intercalarium (mensem) xxxv dies longum; Ver III 130.

intercalo, einfcfjalten: a. diligenter habenda ratio intercalandi est; leg II 29. — b. ut cotidie vota faciamus, ne intercaletur; ep VII 2, 4. cum eies. Romae intercalatum sit necne; A V 21, 14.

intercapedo, Unterbrechung: quas ob causas in forum vita nulla est intercapedo molestiae; fin I 61. non honestum verbum est „divisio"? at inest obscenum, cui respondet „intercapedo"; ep IX 22, 4.

intercedo, bajwifcfjentreten, fid) wiberfe§en, »ergeben, eintreten, beftefjen, fid) verbürgen: I, 1. admitt intercedendi potestatem; agr II 30. — 2. vix annus intercesserat ab hoc sermone, cum . .; de or II 89. magna vetustas, magna consuetudo intercedit; ep XI 16, 2. inter nosmet ipsos vetus vinc intercedit; ep XIII 23, 1. — II, 1. qua (lege) intercedi de provinciis non licebit; prov 17. de his rebus senatus auctoritas gravissima intercessit; ep I 2, 4. studui quam ornatissima senatus populique Romani de me iudicia intercedere; ep XV 4, 13. — 2. quicum tibi adfinitas, societas omnes denique causae et necessitudines veteres intercedebant; Quinct 44. si intercessisset conlega Fabricio; Sest 78. omnia mihi cum eo (L. Titio Strabone) intercedunt iura summae necessitudinis; ep XIII 14, 1. cui senatus consulto ne intercederent, verebatur? Phil III 23. ut ei (homini) cum genere humano quasi civile ius intercederet; fin III 67. cum intercedere vellent rogationi; ep II 197. — III. intercessisse se pro iis magnam pecuniam; A VI 1, 5.

interceptio, Wegnafjme: quae interceptio poculi? Cluent 167.

intercessio, Einfprache, Wiberfprud): I. cum intercessio stultitiam intercessoris significatura sit, nisi rem impeditura; agr II 30. — II. sic reliqua auctoritas senatus earum intercessione sublata est; Milo 14. cum intercessionem consul sustulisses; Phil II 6.

intercessor, Verfjinberer: I, 1. Ti. Gracchum tum solum neglectus, sed etiam sublatus intercessor evertit; leg III 24. — 2. se intercessorem fore profes ses est; Sulla 65. — II. quanta contentione Titium intercessorem abiecerim; ep X 12, 4. intercessorem dictaturae si (Milo) iuverit manu et praesidio suo;

Q fr III 8, 6. neglego: f. I, 1. multi intercessores numerantur; Q fr III 9, 3. intercessor parabitur; Q fr I 4, 3. tollo: f. I, 1.

intercido, eintreten, fid) jutragen: si quae interciderunt non tam re quam suspicione violata; ep V 8, 3.

intercido, burcfjfcfjneiben: quod lacus Velinus a M'. Curio emissus interciso monte in Nar defluit; A IV 15, 5.

intercipio, auffangen, wegnefjmen, entreifjen: ne cuiusquam animum meae litterae interceptae offendant; Q fr III 9, 3. quas (res) intercipi periculosum esset; A X 8, 1. Balbutium quendam (venenum) intercepisse; Cluent 166.

intercise, unterbrochen, in Abfä§en: ut idem intercise atque permixte (dicatur); part or 24.

intercludo, verfperren, abfcfjneiben, verfjinbern: I. Caesarem intercludi posse; A VII 23, 1. ut plane interclusi captive simus; A IX 6, 2. uterque (aditus) parvis praesidiis propter angustias intercludi potest; ep XV 4, 4. mihi meae pristinae vitae consuetudinem interclusam aperuisti; Marcel 2. ut fugam intercludat; A VII 20, 1. quod iter meum interclusum putabam; A VIII 11, 2. num intercludere perfugia fortunae videor? Ver V 132. — II, 1. interclusor dolore, quo minus ad te plura scribam; A VIII 8, 2. — 2. ille (Caesar) commeatu et reliquis copiis intercludendus; A VII 9, 2. qui occisi captive sunt, interclusi fuga; ep XV 4, 8.

interclusio, Hemmung: clausulas atque interpuncta verborum animae interclusio atque angustiae spiritus attulerunt; de or III 181.

intercolumnium, Raum jwifcfjen ben Säulen: 1. qua (hedera topiarius convestivit) intercolumnia ambulationis; Q fr III 1, 5. — 2. quae (signa) in omnibus intercolumniis vidimus; Ver I 51.

intercurro, bajwifcfjentreten, bajufommen: his laboriosis exercitationibus dolor intercurrit non numquam; Tusc VII 36. qui intercurrerent, misimus tres principes civitatis; Phil VIII 17.

intercus, unter ber Haut: si quis medicamentum cuipiam dederit ad aquam intercutem; of III 92.

interdico, unterfagen, verbieten, befefjlen: I, 1. ut interdictum sit, cui non sit interdictum? dom 47. — 2. quibus verbis praetor interdixerit; Caecin 85. — II, 1. cum de vi interdicitur; Caecin 86. vgl. interdictum, I. — 2. cum ita interdicitur, unde dolo malo meo vi deiectus sit; Tul 30. — 3. nec mihi tamen, ne faciam, interdictum puto; fin I 7. f. III. alqd. — 4. te familiae valde interdicere, ut uni dicto audiens esset; rep I 61. — 5. neque est interdictum aut a rerum natura aut a lege aliqua atque more, ut singulis hominibus ne amplius quam singulis artes nosse liceat; de or I 215. — 6. ut mihi aqua et igni interdiceretur; dom 82. quem ad modum nostro more male rem gerentibus patribus bonis interdici solet, sic . .; Cato 22. — III. neque hoc liberis nostris interdicendum est, ne observent tribules suos; Planc 45. non modo nullo proposito praemio, sed etiam interdicto; Balb 26. ut huic furiae vox interdiceretur; har resp 12.

interdictio, Unterfagung, Verbot: tecti et aquae et ignis interdictione adigebantur; dom 78.

interdictum, Verbot, Einfprud), Beftimmung: I. cum inderdictum esset de pluribus; Caecin 62. — II. nisi forte Manilius interdictum aliquod inter duos soles putat esse componendum, ut ita caelum possidaret, ut . .; rep I 20. Caesaris interdicta: »si te secundo lumine hic offendero — « respuuntur; A VII 26, 1. hae lege praetorum interdicta tollentur; agr III 11. — III. cognita sententia interdicti; Caecin 57. interdicti vis respuat hanc defensionem; Caecin 56. — IV, 1. qui interdicto tecum contenderim; de or I 41. in eadem causa eodem

44*

interdicto te oportere restitui; Caecin 38. — 2. ut
per interdictum meum ius teneam; Caecin 32.

interductus, Trennungszeichen: quae (oratio)
non interductu librarii debet insistere; orat 228.

interdum, zuweilen, manchmal: I. quibus
(blandimentis) sopita virtus coniveret interdum;
Cael 41. ut solemus interdum in defensionibus dicere;
Ver III 141. geminatio verborum habet interdum
vim, leporem alias; de or III 206. ut mihi in hoc
Stoici iocari videantur interdum; fin IV 30. cohortationes, consolationes, interdum etiam obiurgationes in amicitiis vigent maxime; of I 58. — II.
(genus acuminis) saepe stomachosum, non numquam
frigidum, interdum etiam facetum; Bru 236. quod
mihi interdum levis in urbis urbanitatisque desiderio,
interdum piger, interdum timidus in labore militari,
saepe autem etiam subimpudens videbare; ep VII
17, 1. — III. populariter interdum loqui necesse
erit; leg I 19.

☞**interea,** inzwischen, unterdessen: cum interea
nullus gemitus audiebatur; Ver V 162. nec interea locupletare amicos umquam suos destitit; Rab
Post 4. de illis interea nemo iudicabit; agr II 34.
atque interea statim C. Sulpicium praetorem misi;
Catil III 8. hominem interea perire innocentem non
oportere; Ver IV 87. atque interea tamen, dum
haec coguntur, vel passim licet carpentem replere
iustam iuris civilis scientiam; de or I 191. venit
in Thurinum interea Tullius; Tul 19. — ἐλλιπτιϧ:
interea, unde isti versus? non enim agnosco; Tusc II 26.

intereo, untergehen, umkommen, verloren
gehen, vergehen, ausgehen: omne animal intereat
necesse est; nat III 33. fac sic animum interire, ut
corpus; Tusc I 82. ut membrum aliquod potius
quam totum corpus intereat; Phil VIII 15. f. animus.
iam vero exercitus noster ille omnis interiit; prov 5.
ignem interiturum esse, nisi alatur; nat III 37. ut
(litterae) aut interire aut aperiri aut intercipi possint;
A I 13, 2. membrum: f. corpus. nihil valentius
esse, a quo (natura) intereat; Ac I 28. cum salus
urbis istius avaritia interierit; Ver III 127. statuae
intereunt tempestate, vi, vetustate; Phil IX 14.

interfatio, Unterbrechung: cum se contra
verba atque interfationem legibus sacratis esse armatum putaret; Sest 79.

interfector, Mörder: I. cum interfectores
rei publicae revixissent; sen 4. — II. ut cum
summa interfectoris gloria interfici possit; Phil I 35.

interficio, vernichten, zu Grunde richten, umbringen, töten, ermorden: I, 1. negaret esse in
malis capi, venire, interfici? fin IV 22. — 2. qui
(dolor), simul atque adripuit, interficit; fin II 93. —
II. si insidiis ille (Marcellus) interfectus esset;
A XIII 10, 3. interfectis bonis omnibus; dom 63.
quotiens consulem interficere conatus es! Catil I 15.
doletis tres exercitus populi Romani interfectos;
interfecit Antonius; Phil II 55. nullo modo facilius
arbitror posse neque herbas arescere et interfici
neque . .; fr F I 12. insidiatorem iure interfici
posse; Milo 11. cum interfecta sit civium multitudo;
Phil XIV 7. voluit ille senatum interficere; Piso 15.
ab uxoris fratribus interfectum tyrannum; div I 53.

intericio, dazwischenstellen, einfügen: (L.
Sisenna) interiectus inter duas aetates Hortensii
et Sulpicii; Bru 228. est quidam interiectus inter
hos medius utriusque particeps; orat 21. ut alios
eis interiectos et tamquam medios putet; opt gen 2.
aër interiectus inter mare et caelum; nat I 66.
nullis interiectis iniquitatibus aut cupiditatibus; rep
I 42. quantum intervallum inter te atque illum
interiectum esse putas? Rabir 15. non ita lato
interiecto mari; orat 25. nasus ita locatus est, ut
quasi murus oculis interiectus esse videatur; nat II
143. brevi tempore doloris interiecto; Sest 52.

interiectus, Dazwischentreten: ipsa (luna)

incidens in umbram terrae interpositu interiectuque
terrae repente deficit; nat II 103.

interim, unterdessen, mittlerweile: interim
accepimus tuas litteras; A VIII 11, D, 4. hoc
interim spatio conclave illud concidisse; de or II 353.
cum interim Sulla solitudinem non quaereret; Sulla
16. interim ad me venit Munatius noster; ep X 12, 2.

interimo (interemo), aus dem Wege räumen,
beseitigen, vernichten, töten: I. quia sunt ǁ sint ſ quae
interimant. sint quae conservent; nat I 109. — II. qui
illo gladio civem aliquem interemit; Rab Post 7.
cum Decimus quidam Verginius virginem filiam in
foro sua manu interemisset; rep II 63. cum (Hercules) uxorem interemebat, cum conabatur etiam
patrem; Ac II 89. senes ad coëmptiones faciendas
interimendorum sacrorum causa reperti sunt; Muren
27. uxorem: f. patrem.

interior, intimus, innern, vertrauter, ge-
heimer: A. quae disputatio non huius instituti sermonis est, sed artis intimae; orat 179. ad omnia
intima istorum consilia pervenimus; Ver pr 17.
intimi (dentes escas) conficiunt, qui genuini vocantur;
nat II 134. ut in disputationem intimam veniretis;
de or I 96. quod interiore epistula scribis . .; Q fr
III 1, 18. illa vincula quanta sunt, studiorum similitudo, litterae interiores! ep III 10, 9. quod est
animal, id motu cietur interiore et suo; Tusc I 54.
his tabulis interiores templi parietes vestiebantur;
Ver IV 122. id semen inclusum est in intima parte
earum bacarum; nat II 127. multa admixta ex intima philosophia; Ac I 8. si intimos sensus civitatis
expressero; Sest 119. angor intimis sensibus; A V
10, 3. interior est ille proprius (timor); de or II
209. — B, a, I. intimi multa apertiora videant
necesse est; Sex Rosc 116. — II. (Paccius) in intimis
est meis; A IV 16, 1. — III. A. Fufium, unum
ex meis intimis; ep XIII 3. — IV. tanta est inti-
morum multitudo, ut . .; ep VI 19, 2. — **b, 1.**
haec in promptu fuerint, nunc interiora videamus;
div II 124. — 2. sin ea in intimum conicere vellent; Cael 62.

interitio, Untergang: aratorum interitio nulla
facta est; Ver III 125.

interius, intime, innen, in der Mitte, angelegentlich: matricidam tibi a me intime commendari; Q fr I 2, 4. ne insistat (oratio) interius, ne
excurrat longius; de or III 190.

interitus, Untergang, Vernichtung: I. legum
interitum appropinquare dixerunt; Catil III 19.
est interitus quasi discessus et secretio ac diremptus
earum partium, quae . .; Tusc I 71. dolor in maximis malis ducitur, quod naturae interitus videtur
sequi; leg I 31. — II. 1. quae (res) interitum videantur adferre; fin III 16. interitum rei publicae
comparari; Catil III 21. interitus exercituum sine
hominum opibus effici (non) possunt; of II 20.
quorum (tyrannorum) haud fere quisquam talem interitum effugit; of II 23. is causam interitus
quaerendam, non interitum putavit; Milo 15. — 2.
ab interitu naturam abhorrere; fin V 31. erepti
estis ex crudelissimo ac miserrimo interitu; Catil III
23. nobilissimam familiam paene ab interitu vindicasti; Marcel 10. — III, 1. causa: f. II, 1. quaero.
quo illi (patres) a se invidiam interitus Romuli
pellerent; rep II 20. quorum virtute maximis periculis servitutis atque interitus liberati sumus; Phil
XIV 11. — 2. est Dicaearchi liber de interitu hominum; of II 16. nempe haec est quaestio de interitu
P. Clodii; Milo 79. — IV, 1. damnum illius (C.
Gracchi) immaturo interitu res Romanae fecerunt;
Bru 125. — 2. possuntne hae leges esse ratae sine
interitu legum reliquarum? Phil V 8.

interlino, überstreichen, fälschen: qui (codex)
tum interlitus proferebatur; Cluent 91. qui testamentum interleverit; Cluent 125.

intermenstruus, währenb beš Reumonbeš: etsi non omni intermenstruo, tamen id fieri non posse nisi certo intermenstruo tempore; rep I 25.

interminatus, unbegrenzt: si immensam et interminatam in omnes partes magnitudinem regionum videretis; nat I 54.

intermissio, Unterbrechung, Berfall: I. ut intermissionem eloquentiae, ne dicam interitum, deplorarem; of II 65. ut ulla intermissio fiat officii; Lael 8. — II. neque alia ulla fuit causa intermissionis epistularum, nisi quod . .; ep VII 13, 1. — III. l. non intermissione consuetudinis meae ad te nullas litteras misi; ep V 17, 1. — 2. cum (deus) sine ulla intermissione pulsetur agiteturque atomorum incursione sempiterna; nat I 114.

intermitto, unterbrechen, unterlassen, aufhören, verstreichen lassen: I. gallos gallinaceos sic adsidue canere coepisse, ut nihil intermitterent: div I 74. — II. mirabar, quid esset, quod tu mihi litteras mittere intermisisses; ep VII 12, 1. tu velim ne intermittas scribere ad me; A XI 12, 4. — III. nullum adhuc intermisi diem, quin aliquid ad te litterarum darem; A VII 15, 1. intermisso impetu pulsuque remorum; de or I 153. iudicia intermissa bello; Bru 308. ceteris (legibus) propter bellum intermissis; Bru 304. acriores morsus sunt intermissae libertatis quam retentae; of II 24. si ludi non intermissi, sed perempti sunt; har resp 23. quod nec tui mentionem intermitti sinit; A V 9, 3. pulsum: f. impetum. nullo puncto temporis intermisso; nat I 52. quod in maximis occupationibus numquam intermittis studia doctrinae; orat 34. (verba) vetustate ab usu cotidiani sermonis iam diu intermissa; de or III 153.

intermorior, absterben: memoriam prope intermortuam generis sui virtute renovare; Muren 16. quod eandem illam manum ex intermortuis Catilinae reliquiis concitastis; Piso 16.

intermundia, Räume zwischen ben Welten: I. cum dicitis „intermundia", quae sine ulla nec possunt esse; fin II 75. — II. tamquam (Velleius) modo ex Epicuri intermundiis descendisset; nat I 18.

internicio (internecio), Bernichtung, Unterqang: I. internicione cives liberavi; Sulla 33. — II. 1. per quam (Galliam) legionibus nostris iter Gallorum internicione patefactum est; imp Pomp 30. — 2. neque resisti sine interneciones posse arbitramur; A II 20, 3.

internicivus, mörberisch: quibuscum acerbum bellum internicivumque || innocivumque || suscepimus; dom 61.

internosco, unterscheiden: I. ut (mens) non internoscat, vera illa visa sint anne falsa; Ac II 48 — II. cum neque possent obtritos internoscere ullo modo; de or II 353. secerni blandus amicus a vero et internosci tam potest adhibita diligentia quam . .; Lael 95. quae (somnia) si alia falsa, alia vera, qua nota internoscantur, scire sane velim; div II 126.

internuntius, vermittelnb, Bote: A. haec hae || sunt aves internuntiae Iovis! div II 72. — B. cuius (Iovis) interpretes internuntiique constituti sumus; Phil XIII 12.

interpellatio, Unterbrechung, Störung: I. digestio, interpellatio, contentio || interpellantis coërcitio f; de or III 205. — II. te istud domi agere posse interpellatione sublata; A XII 42, 3. — III. in quibus (litteris) sine ulla interpellatione versor; ep VI 18, 5.

interpellator, Unterbrecher, Störer: I. interpellatores illic minus molesti; A XV 13, 6. — II. ut interpellatorem coërceat; orat 138. — III. ubi sine interpellatoribus posset: of III 58.

interpello, unterbrechen, stören, verhindern:

I. nisi paulum interpellasset Amyntae filius; A XII 9. interpellantibus his inimicitiis; A XIV 13, B, 5. ut mihi liceat vi nulla interpellante isto modo vivere; ep IX 6, 4. — II. te ne laudandi quidem causa interpellavi; de or III 189. tu metuis, ne me interpelles? Q fr II 8, 1. tu ut me et appelles et interpelles velim; Q fr II 8, 1. ubi me interpellet nemo, diligant omnes; A II 6, 2. haec tota res interpellata bello refrixerat; A I 19, 4.

interpolo, auffrischen, fälschen: iste sibi prospicere didicit semper aliquid demendo, mutando, interpolando: Ver I 158. quo minus togam praetextam quotannis interpolet; Q fr II 10, 3.

interpono, einschieben, einschalten, einmischen, verstreichen lassen, geltenb machen, aufstellen: I. de Ascanione tu, quod voles, facies; me nihil interpono; Q fr III 4. 5. quid me interponam? A XV 10. ut, nisi „autem" interposuissem, (litterae) concurrissent; orat 154. offensionem esse periculosam propter interpositam auctoritatem religionemque video; ep I 7, 5. inter quae (verba) variis clausulis interponit se raro numerosa comprehensio; orat 226. interponuntur etiam contiones et hortationes: orat 66. quae (decreta) de Caesaris actis interposita sunt; A XVI 16, 8. paucis interpositis diebus; Bru 86. in quo (genere) digressio aliqua extra causam aut criminationis aut similitudinis interponitur; inv I 27. ut in eam rem fidem suam interponeret; Sex Rosc 114. hortationes: f. contiones. haec scripsi nullum meum iudicium interponens, sed exquirens tuum; A VIII 3, 7. f. supplicium. quas (orationes Thucydides) interposuit; Brn 287. quod tuas rationes communibus interponis; Phil VIII 12. religionem: f. auctoritatem. non oportuisse ante supplicium, quam iudicium, interponere; inv II 80. interponi falsae tabulae (solent); Caecin 71. paucis interpositis versibus; div I 131. — II. diis immortalibus interpositis tum iudicibus, tum testibus: leg II 16.

interpositio, Einschaltung, Hineinziehung: I. una omnino interpositio difficilior est, quam ne ipse quidem facile legere soleo. de quadrimo Catone; ep XVI 22, 1. — II. quae (res) habeat in se controversiam in dicendo positam cum personarum certarum interpositione; inv I 8.

interpositus, Dazwischenkunft: ipsa (luna) incidens in umbram terrae interposito interiectuque terrae repente deficit; nat II 103.

interpres, Bermittler, Erklärer, Ausleger, Dolmetscher: I, 1. nec converti (orationes) ut interpres, sed ut orator, sententiis isdem; opt gen 14. huic (Dionysii matri) interpretes portentorum, qui Galeotae tum in Sicilia nominabantur, responderunt . .; div I 39. — 2. neque vos scripti sui recitatores, sed voluntatis interpretes fore putavit; inv II 139. vobis interpretibus amitteret hereditatem: Caecin 54. — 3. en foederum interpretes! Ver V 55. — II. 1. non (habeo nauci) interpretes somniorum; div I 132. nomino: f. I, 1. respondent. neque est quaerendus explanator aut interpres eius (legis) alius; rep III 33. alii interpretes religionum (nobis erunt) requirendi; dom 2. — 2. ne ipsi iuris interpreti fieri videretur iniuria; Top 4. — 3. quo iste interpres nati ad linguam Graecam, sed ad furta et flagitia uti solebat; Ver III 84. — 4. ad interpretem (cursor) detulit aquilam se in somnis visum esse factum; div II 144. — III. somnii, vaticinationibus, oraclis explanationes adhibitae sunt interpretum; div I 116. — IV. nullam artem litteris sine interprete et sine aliqua exercitatione percipi posse; ep VII 19.

interpretatio, Erklärung, Deutung, Auslegung: I. senecturi celebrandae quod honestius potest esse perfugium quam iuris interpretatio? de or I 199. non scripti genus, sed verbi interpretatio controversiam facit || parit ||; part or 107. etiam

interpretatio nominis habet acumen; de or II 257. —
II, 1. eius somnii a coniectoribus quae sit interpretatio facta, videamus; div I 45. habetis clarissimorum virorum interpretationem iuris; Balb 52. an
interpretationem foederis non tenebat? Balb 14. —
2. exsistere controversias etiam ex scripti interpretatione; de or I 140. — III. ut is, qui de re
confiteatur, verbi se interpretatione defendat; part
or 127. cum neque ea interpretatione mea aut ornatius explicari aut planius exprimi possint; de
or I 23.

Interpretor, erflären, beuten, auslegen, ver-
ftehen, fchließen, folgern, überfetzen: I. rem obscuram
explanare interpretando; Bru 152. — II, 1. me
de tua liberalitate ita interpretaturum. ut tuo summo
beneficio me adfectum iudicem; A XVI 16, 7. —
2. hoc quid sit, per se ipsum non facile interpretor;
har resp 36. — 3. reditu in castra liberatum se
esse iure iurando interpretabatur, non recte; of III
113. — III. Menippum imitati, non interpretati;
Ac I 8. nolite consilium ex necessitate nec voluntatem ex vi interpretari; Rab Post 29. omnium
bonarum artium doctores atque scriptores interpre-
tandi; de or I 158. quam (epistulam) modo totidem
fere verbis interpretatus sum; fin II 100. quam
(epistulam) interpretari ipse vix poteram; A XV 28.
summam eius (Hortensii) felicitatem non satis grato
animo interpretamur; Bru 5. aut extispicum aut
monstra aut fulgora interpretantium praedictione;
div I 12. [iudicem] legi parere, non interpretari
legem oportere; inv II 127. monstra: f. fulgora.
scriptores: f. doctores. ex quo ita illud somnium
esse interpretatum, ut . .; div I 53. quasi vero
priscum aliquod aut insolitum verbum interpretaretur;
Balb 36. iam virtutem ex consuetudine vitae
sermonisque nostri interpretemur; Lael 21. multo
propius accedere ad scriptoris voluntatem eum, qui
ex ipsius eam litteris interpretetur; inv II 128. f.
consilium. — IV. non hanc *(εὐτραξίαν)*, quam interpretamur modestiam; of I 142. eam sapientiam
interpretantur, quam adhuc mortalis nemo est consecutus; Lael 18.

Interpunctio, Abteilung: res sunt prope in
singulis litteris atque interpunctionibus verborum
occupatae; Muren 25.

Interpunctum, Abteilung, Unterfcheibung:
clausulas atque interpuncta verborum animae interclusio atque angustiae spiritus attulerunt; de or
III 181. interpuncta argumentorum plerumque occulas, ne quis ea numerare possit; de or II 177.

Interpungo, abteilen, unterfcheiben: interpunctas clausulas in orationibus esse voluerunt;
de or III 173. distincta alios et interpuncta intervalla delectant; orat 53. narratio interpuncta sermonibus; de or II 328.

Interquiesco, eine Paufe machen: cum paulum interquievissem; Bru 91.

Interregnum, Zwifchenregierung: I. quis
tot interregnis iure consultus desiderat? ep VII 11,
1. — II, 1. interregnumne (Caesar) esset exspec-
taturus; A X 4, 11. cum superiores illi principes
novam et inanditam ceteris gentibus interregni in-
eundi rationem excogitaverunt; rep II 23. — 2. ad
interregnum comitia adducta; Q fr III 8, 4. res
videtur spectare ad interregnum; Q fr III 2, 3.
permagni eius (Caesaris) interest rem ad interregnum
non venire; A IX 9, 3.

Interrex, Reichsverwefer: I. Tullum Hostilium
populus regem interrege rogante comitiis curiatis
creavit; rep II 31. — II. ut a singulis interregibus
binas advocationes postulent; ep VII 11, 1. —
III. si Sulla potuit efficere, ab interrege ut dictator
diceretur; ep IX 15, 2. video Messalam nostrum
consulem, si per interregem, sine iudicio; Q fr III 9, 3.

Interrogatio, Frage, Befragung. Schlußfolgerung: I. tota interrogatio mea nihil habuit
nisi reprehensionem illius tribunatus; ep I 9, 7. —
II. ut occurrere possimus interrogationibus eorum
captionesque discutere; Ac II 46. — III. quod cap-
tiosissimo genere interrogationis utuntur; Ac II
49. — IV. fallacibus et captiosis interrogationibus
circumscripti atque decepti quidam; Ac II 46.
cum is publicanorum causam stultissimis interrogationibus impediret; har resp 1.

Interrogatiuncula, kurze Frage, Schlußfolgerung: quae (haeresis) minutis interrogatiunculis quasi punctis, quod proposuit, efficit; par 2.
pungunt quasi aculeis interrogatiunculis angustis;
fin IV 7.

Interrogo, fragen, befragen, fchließen: I, 1.
(Socrates) percontando atque interrogando elicere
solebat eorum opiniones, quibuscum disserebat; fin
II 2. ut interrogando urgeat; ut rursus quasi ad
interrogata sibi ipse respondeat; orat 137. — 2. qui
ita interrogant; Ac II 35. — II. sic interrogant:
„si fatum tibi est ex hoc morbo convalescere, convalesces"; fat 28. — III. ut tu me Graece soles
ordine interrogare; part or 2. alqd: f. I, 1. quod
acute testes interrogabat; Flac 82. — IV, 1. ut a
quibusdam interrogatur: „ergo istuc quidem per-
cipis"? Ac II 35. — 2. visne, ego te vicissim
isdem de rebus Latine interrogem? part or 2. qui
de me Graeculorum instituto contionem interrogare
solebat; Sest 126. — 3. (meus frater) a Philippo
interrogatus, quid latraret; de or II 220. — 4. pusionem quendam Socrates interrogat quaedam geometrica de dimensione quadrati; Tusc I 57.

Interrumpo, unterbrechen, trennen: eos,
qui incolunt terram, interruptos ita esse, ut . .;
rep VI 20. est etiam continuatum et interruptum;
de or III 207. quae (amicitia) longis intervallis temporum interruptam consuetudinem habuit; ep XV
14, 2. aliud (vocis genus) miseratio ac maeror (sibi
sumat), flexibile, plenum, interruptum, flebili voce;
de or III 217. multa varietate temporum interruptum officium cumulate reddidi; ep V 8, 1. inter-
ruptis ac morientibus vocibus; Cael 59.

Interrupo, unterbrochen: erit perspicua narratio, si non interrupte narrabitur; de or II 329.

Intersaepio, verftopfen: nunc (foramina illa)
terrenis concretaque corporibus sunt intersaepta
quodam modo; Tusc I 47.

Interscindo, abbrechen: ut a tergo pontem
interscindi iuberet; leg II 10.

Interspiratio, Atemholen: I. ut aequalibus
interspirationibus uterentur; de or III 198. —
II. interspirationis clausulas in orationibus esse
voluerunt; de or III 173.

Intersum, bazwifchen fein, verfchieben fein,
fich unterfcheiben, gegenwärtig fein, baran gelegen
fein, von Wichtigkeit fein: I. crimen defensum ab
eo est, qui interfuit; Sulla 12. cum, idemne sit an
aliquid intersit, quaeritur, ut metuere et vereri; de
or III 117. quod permagni interest, pro necessariis
saepe habetur; part or 84. quorum modo interfuit
aliquid; part or 114. quia tua id interesse arbitrarer; Top 2. quod ego et mea et rei publicae
et maxime tua interesse arbitror; ep II 19, 2. ut
mihi nihil putem praetermittendum, quod illius (M.
Annei) intersit; ep XIII 55, 1. ea caedes si potissimum crimini datur, detur ei, cuia interfuit, non ei
cuia nihil interfuit; fr A II 11. f. II, 4. maria
montes, regionum magnitudines interessent; I'hi
XIII 5. non quo mea interesset loci natura || fru-
al. fl ; A III 19, 1. qui illa visa negant quicquam
a falsis interesse; Ac II 27. — II, 1. neque ver
multum interest, praesertim in consule, utrum ipsam publicam vexet an alios vexare patiatur;
Piso 10. — 2. hoc interest, quod voluptas dicitu

etiam in animo; fin II 13. — 3. quod ut facias, non mea solum, sed etiam tua interesse arbitror; ep XII 18, 2. — 4. quod interest omnium recte facere; fin II 72. id, quod iam ante statueram vehementer interesse utriusque provinciae, pacare Amanum; ep XV 4, 8. — 5. quod eos scire aut nostra aut ipsorum interesset; ep II 4, 1. multum interesse rei familiaris tuae te quam primum venire; ep IV 10, 2. ut omnia prospere procedant, multum interest te venire; ep XII 9, 2. tua et mea maxime interest te valere; ep XVI 4, 4. permagni nostra interest te esse Romae; A II 23, 3. magni interest Ciceronis vel mea potius me intervenire discenti; A XIV 16, 3. — III. nos publicis consiliis nullis inter-umus; A II 23, 3. illi crudelitati non solum praeesse, verum etiam interesse; A IX 6, 7. qui et decretis et responsis Caesaris interfueramus; A XVI 16, 15. is adfuit, is interfuit epulis et gratulationibus parricidarum; Sest 111. cui (foederi) teriendo interfuerat; har resp 43. gratulationibus: [. epulis. tot iudiciis interfuistis; Ver III 64. cum tuis omnibus negotiis interessem; Ligar 35. hunc acerrimis illis proeliis interfuisse; Balb 5. quodsi tales dei sunt, ut rebus humanis intersint; nat III 47. responsis: [. decretis. his scriptis etiam ipse interfui; Bru 207. hoc non opinione timeo, sed interfui sermonibus; A IX 9, 2. — IV, 1. quibus in rebus ipsi interesse non possumus; Sex Rosc 111. neque hic in testamento faciendo interfuit; Cluent 162. — 2. vide, quid intersit inter tuam libidinem maiorumque auctoritatem, inter amorem furoremque tuum et illorum consilium atque prudentiam; Ver V 85. interest aliquid inter laborem et dolorem; Tusc II 35. quid intersit inter populares, id est adsentatorem et levem civem, et inter constantem, severum et gravem; Lael 95.

intertrimentum, Verluft, Schaden: I. nullum in iis nominibus intertrimenti aut deminutionis vestigium reperietur; Font 3. — II. cum ~o sine ullo intertrimento convenerat; Ver I 132.

intervado, dazwischentreten: »nisi si qua Ubrea intervasit Lartius«; fr G, b, 13.

intervallum, Entfernung, Zwischenraum, Zwischenzeit, Pause: I. distincta alios et interpuncta intervalla delectant; orat 53. si inter-vallum longius erit mearum litterarum; ep VII 18, 4. — II. intervalla aut contrahimus aut diducimus; Ac II 19. distinguo, al.: [. I. quantum intervallum inter te atque illum interiectum esse putas? Rabir 15. sesqualteris intervallis et sesquitertiis et sesquioctavis sumptis; Tim 23. — III. di-tinctio et aequalium aut saepe variorum inter-vallorum percussio numerum conficit; de or III 186. recesse est id accidere intervallorum longorum et brevium varietate; orat 187. — IV, 1. ut numerus intervallis appareat; orat 181. quae genus nego-tium confestim aut ǁ ex ǁ intervallo consequuntur; A II 42. quoniam intervallo locorum et temporum diiuncti sumus; ep I 7, 1. quae (studia) longo intervallo intermissa revocavi; Tusc I 1. syllabis metiendos pedes, non intervallis existimat; orat 194. quoniam longo intervallo modo primum animadverti [ ]ulo te hilariorem; Bru 18. — 2. quarum (rever-ti num) in intervallo (sol) tum contrahit terram, [ ]ua ..: nat II 102.

intervenio, dazwischentreten, dazukommen, eintreten, widerfahren: I. si interventum est casu; [ ]ep 76. — II. (Statius) intervenit non nullorum querelis; Q fr I 2, 2. magni interest Ciceronis vel mea potius me intervenire discenti; ep VII 5, 2. A casus mirificus quidam intervenit; ep VII 5, 2. dum non intervenissem; Tusc III 38. quid melius quam fortunam exiguam intervenire sapienti? Tusc V 36. — III. nisi forte molesti intervenimus; de [ ] II 14. casus mirificus quidam intervenit quasi

vel testis opinionis meae vel sponsor humanitatis tuae; ep VII 5, 2.

interventor, störender Besucher: magis vacuo ab interventoribus die; fat 2.

interventus, Dazwischenkunft: I. si interventus alicuius dederit occasionem nobis; part or 30. — II. Caleni interventum et Calvenae cavebis; A XVI 11, 1. — III. quae vita? suppeditatio, inquis, bonorum nullo malorum interventu; nat I 111.

interverto, entziehen, unterschlagen: posse se interversa aedilitate praetorem renuntiari; dom 112. interverso hoc regali dono; Ver IV 68.

interviso, nachsehen, besuchen: Ipse crebro interviso; Q fr III 1, 6. — II. quod nos minus intervisis; ep VII 1, 5.

intestato, ohne Testament: si intestato esset mortuus; de or I 177.

intestatus, ohne Testament: si is intestatus mortuus esset; Ver I 114. cum esset eius uxor Valeria intestata mortua; Flac 84.

intestinus, innerlich, n. Eingeweide: A. ut bellum intestinum ac domesticum sedetur; Catil II 28. intestinum urbis malum minus timeremus; ep XI 25, 2. — B, I. quem ad modum reliquiae cibi depellantur tum astringentibus se intestinis, tum relaxantibus; nat II 138. — II. cum decumum iam diem graviter ex intestinis laborarem; ep VII 26, 1.

intexo, einweben, einfügen: me aliquid id genus solitum scribere, ut Varronem nusquam possem intexere; A XIII 12, 3. cum parva magnis, simplicia coniunctis inteximus; part or 12. quod (sophistae) intexunt fabulas; orat 65. ut (eas res) in causa prudenter possit intexere; de or II 68.

intimus [. **interior.**

intolerabilis, unerträglich: quicumque postea rem publicam oppressisset armis, multo intolerabiliorem futurum; ep IV 3, 1. mihi cum omnia sint intolerabilia ad dolorem; A XI 13, 1. quam gravis atque intolerabilis adrogantia! Cluent 109. his suspicio intolerabili dolore cruciat; Tusc I 111. si Iuppiter intolerabili frigore hominibus nocuit; Sex Rosc 131. intolerabilia postulata rettulerunt; ep XII 4, 1. alterum si fit, intolerabile vitium est; orat 220.

intolerandus, unerträglich: nihil, quod homini accidere possit, intolerandum putare; of III 100. isti immani atque intolerandae barbariae resistemus; Font 44. o magnum atque intolerandum dolorem! Ver V 119.

intoleranter, unerträglich, maßlos: cum ipsum Herculem tam intoleranter dolere videamus; Tusc II 22. quoniam de tuis divitiis intolerantissime gloriaris; Vatin 29. si (superiores) intolerantius se iactant; de or II 209.

intolerantia, Unerträglichkeit, Unausstehlichkeit: I. intolerantiam regum esse dicetis; agr II 33. — II. quis eum cum illa superbia atque intole-rantia ferre potuisset? Cluent 112.

intono, donnern: »partibus intonuit caeli pater ipse sinistris«; div I 106. hesterna contione intonuit vox perniciosa designati tribuni; Muren 81.

intorqueo, verdrehen: libidinis (vox est), verbo ac littera ius omne intorqueri; Caecin 77.

intra, innerhalb: I. ingrediens intra finem eius loci; Caecin 22. quos etiam intra Syracusanam insulam recepisset; Ver IV 144. nosse regiones, intra quas venere et pervestiges, quod quaeras; de or II 147. quod intra moenia nefarius hostis versatus est; sen 11. — II. epulamur non modo non contra legem, sed etiam intra legem, et quidem aliquanto; ep IX 26, 4. modice hoc faciam aut etiam intra modum; ep IV 4, 4. nisi intra parietes meos de mea pernicie consilia inirentur; A III 10 2.

intractatus, nicht zugeritten: nemo est, quin ‖ qui non ‖ eo (equo), quo consuevit, libentius utatur quam intractato et novo; Lael 68.

intrico, verwickeln: Chrysippus intricatur hoc modo ‖ intr. ‖; fat fr 1.

intrinsecus, innerlich: nihil esse animal ‖ animale ‖ intrinsecus in natura atque mundo praeter ignem; nat III 36.

intro, eintreten, einbringen, betreten: ante quam (animus) in corpus intravisset; Tusc I 57. (definitio) et in sensum et in mentem iudicis intrare non potest; de or II 109. quo ne imprudentia quidem impune possit intrare; har resp 37. — II. ne limen intrares; Phil II 45. cum pomerium postea intrasset habendi senatus causa; nat II 11. quod regnum intrarit; Rab Post 22.

intro, hinein: se ipse inferebat et intro dabat ‖ intrudebat, al. ‖; Caecin 13. vgl. **introfero.** cur ad nos filiam tuam non intro vocari iubes? Ver I 66.

introduco, hineinführen, einführen: I, 1. Aristo, qui introduxit, quibus commotus sapiens appeteret aliquid; fin IV 43. — 2. introducebat etiam Carneades summum bonum esse ..; Ac II 131. — II. consuetudo aestimationis introducta est; Ver III 189. id fuit defendi melius quam introducere declinationem; fat 23. Socrates philosophiam in domus etiam introduxit; Tusc V 10. maximam fidem facit introducta rei similitudo; part or 40. — III. prudentiam introducunt scientiam suppeditantem voluptates, depellentem dolores; of III 118.

introductio, Zuführung: adulescentulorum nobilium introductiones non nullis iudicibus pro mercedis cumulo fuerunt; A I 16, 5.

introeo, hineingehen, eintreten: ut domum tuam te introire prohibuerit; Caecin 89. quem fuerat aequius, ut prius introieram, sic prius exire de vita; Lael 13. qui (Pompeius) introisset in urbem; ep I 9, 7. simul nobiscum in oppidum introiit Terentia; ep XVI 9, 2. introire Mutinam legatos; Phil VI 6.

introfero, hineinbringen: noctu lectica in urbem introferri solitus est; Ver V 34. ut cibum tibi [vestitumque] intro ferre liceat; Ver V 118.

introitus, Eingang, Eintritt: I. primus introitus fuit in causam fabulae Clodianae; A I 18, 2. — II, 1. aperto suspicionis introitu ad omnia intima istorum consilia pervenimus; Ver pr 17. duros et quasi corneolos (aures) habent introitus multisque cum flexibus; nat II 144. introitum ipsi sibi vi manuque patefaciunt; Tul 21. — 2. quod est ad introitum Ponti; Ver IV 130. — III. propter ipsum introitum atque ostium portus; Ver V 80.

intromitto, hineinschicken: medicum intromisit suum; har resp 38. pseudothyro intromissis voluptatibus; sen 14.

introspicio, hineinblicken: I. introspicite penitus in omnes rei publicae partes; Font 43. — II. scilicet casas omnium introspicere, ut (di) videant, quid cuique conducat; div II 105. penitus introspiciate Catilinae ceterorumque mentes; Sulla 76.

intueor, ansehen, hinschauen, betrachten, beachten: I. mihi saepe numero in summos homines intuenti; de or I 6. in te intuens, Brute, doleo; Bru 331. quot et quales animalium formas mens in speciem rerum intuens poterat cernere; Tim 34. — II. qualis quisque sit, (deos) intueri; leg II 15. — III. si tibi te ipsum intuens gratularer; ep XV 14, 3. nec minus nostra sunt, quae animo complectimur, quam quae oculis intuemur; ep V 17, 4. omnis voluntas M. Bruti, omnis cogitatio, tota mens auctoritatem senatus, libertatem populi Romani intuetur; Phil X 23. iisdem hic sapiens oculis, quibus iste vester, caelum, terram, mare intuebitur; Ac II 105. te imaginem antiquitatis, columen rei publicae diceres intueri; Sest 19. libertatem: f. auctoritatem. mare:

f. caelum. raros esse quosdam, qui rerum naturam studiose intuerentur; Tusc V 9. Lysandrum intuentem purpuram eius (Cyri) et nitorem corporis ornatumque Persicum dixisse ..; Cato 59. idem vestram potestatem ac vestras opes intuetur; Muren 86. purpuram: f. nitorem. ad hanc civilem scientiam, quo pertinent et quam intuentur; de or III 123. qui splendorem et speciem huius vitae intuentur; ep I 9, 17. terram: f. caelum. voluntatem eorum, qui audiunt, intuentur; orat 24.

intus, inwendig, darin, innen: I. de quo (citharista) saepe audistis id, quod est Graecis hominibus in proverbio, quem omnia intus canere dicebant; Ver I 53. intus inclusum periculum est; Catil II 11. ut in fronte ostentatio sit, intus veritas occultetur? fin II 77. Nasica sensit illum intus esse; de or II 276. — II. nec ille (Q. Maximus) in luce modo magnus, sed intus domique praestantior; Cato 12.

invado, hineingehen, einbringen, angreifen, losgehen: in collum invasit; Phil II 77. in huius vectigalia invadit; agr I 13. quo Atheniensium classis sola invasit; Ver V 98. mirus invaserat furor non solum improbis; ep XVI 12, 2. cum subito bonus imperator noctu in urbem hostium plenam invasisset; Q fr III 2, 2. hoc malum in hanc rem publicam invasit; of II 75.

invectio, Einfuhr, Einfahrt: quanto (gaudio) adfecit) L. Paulum eodem flumine invectio; fin V 70. et earum rerum, quibus abundaremus, exportatio et earum, quibus egeremus, invectio certe nulla esset; of II 13.

inveho, einführen, hineinführen, einjagen, pass. einziehen, einbringen, losfahren: I. ut invehamur, ut male dicamus; de or II 301. si in homines caros acerbius et contumeliosius invehare; de or II 304. Diphilus tragoedus in nostrum Pompeium petulanter invectus est; A II 19, 3. alqd: f. pecuniam. in quam (Mesopotamiam Euphrates) quot annos quasi novos agros invehit; nat II 130. volucres angues ex vastitate Libyae vento Africo invectas; nat I 101. cum bellum invexisset totum in Asiam; Muren 32. ›ira caelitum invectum malum‹; Tusc IV 63. quos invehunt metus! rep IV 9. non minimam video per disertissimos homines invectam partem incommodorum; inv I 1. Paulus tantum in aerarium pecuniae invexit, ut ..; of II 76. — II. si in Capitolium invehi victor cum illa insigni laurea gestiret; prov 35.

invenio, finden, antreffen, entdecken, ausfindig machen, erfinden, erdenken, erwerben (sup. f. III. alqm): I, 1, a. inveniendi artem, quae ῥοπική dicitur, quae et ad usum potior erat et ordine naturae certe prior, totam reliquerunt; Top 6. — b. quoniam invenire primum est oratoris; part or 5. — 2. inveniebat acute Cotta; Bru 202. — II, 1. ut (oratori) inveniat, quem ad modum fidem faciat iis; part or 5. — 2. invenitur a serrula ad Stratonem pervenisse; Cluent 180. — 3. invenietis id facinus natum a cupiditate; Ver II 82. — III. ubi istum invenias, qui honorem amici anteponat suo? Lael 64. ad quas (calamitatum societates) non est facili inventu ad descendant; Lael 64. nequaquam satis esse reperire, quid dicas, nisi id inventum tractari possis; de or III 176. nihil acute inveniri potuit in eis causis, quas scripsit; Bru 35. cum is ipse anulus in praecordiis piscis inventus est; fin V 92. auspiciis maioribus inventis; rep II 26. inventum est caput in Tiberi; div II 45. ut medici causa morbi inventa curationem esse inventam putant, sic ..; Tusc III 23. qui (Torquatus) hoc primus cognomen in venit; fin I 23. omnes magni, etiam superiores, qui fruges, qui vestitum, qui tecta, qui cultum vitae qui praesidia contra feras invenerunt; Tusc I 62 curationem: f. causam. invenitur dies profectionis

Quinct 57. his explicatis fons legum et iuris inveniri potest; leg I 16. frugibus inventis; Ver V 99. f. cultum. constat ad salutem civium inventas esse leges; leg II 11. a cuius (sapientiae) amore Graeco verbo philosophia nomen invenit; leg I 58. inventus est ordo in iis stellis, qui non putabatur; div II 146. praesidia: f. cultum. inventa est ratio, cur pecunia sacrorum molestia liberaretur; leg II 53. fuit is (L. Aelius) antiquitatis nostrae et in inventis rebus et in actis scriptorumque veterum litterate peritus; Bru 205. unum senatorem solum esse, qui vobis gratificari vellet, inventum; Cael 19. tecta: f. cultum. qui thesaurum inventum iri dicunt; div II 18. quo modo verum inveniatur; de or II 157. cum interea Cluentianae pecuniae vestigium nullum invenitis; Cluent 82. vestitum: f. cultum. — IV. cuius (testimonii) auctor inventus est nemo; Flac 53. mane adulescentes inventos esse mortuos; Tusc I 113. dialecticam inventam esse dicitis veri et falsi quasi disceptatricem et iudicem; Ac II 91.

inventio. Auffindung, Ermittelung, Erfindung, Erfindungskraft: I. inventio est excogitatio rerum verarum aut veri similium, quae causam probabilem reddant; inv I 9. inventio, quae princeps est omnium partium, potissimum in omni causarum genere, qualis debeat esse, consideretur; inv I 9. quaestionis finis (est) inventio; Ac II 26. — II, 1. considero: f. L quae (vis) investigat occulta, quae inventio atque cogitatio dicitur; Tusc I 61. videamus, clarissimarum sortium quae tradatur inventio; div II 85. — de inventione, prima ac maxima parte rhetoricae, satis dictum videtur; inv II 178. — III, 1. qui (sint) auctoritatis eius et inventionis comprobatores atque aemuli; inv I 43. — 2. ut ad officii inventionem aditus esset; of I 6.

inventor, Finder, Begründer, Urheber, Erfinder: I, 1. Lycurgus, ille legum optimarum et aequissimi iuris inventor, agros locupletium plebi ut servitio colendos dedit; rep III 16. — 2. qui (Zeno) inventor et princeps Stoicorum fuit; Ac II 131. — II, 1. quem principem atque inventorem copiae dixerit; Bru 254. qui etiam inventorem olei deum sustulisset; Ver IV 139. — 2. neque (adsentiebar) harum disputationum inventori et principi longe eloquentissimo Platoni; de or I 47. — III. quae ab illo inventore veritatis et quasi architecto beatae vitae dicta sunt; fin I 32.

inventrix, Erfinberin, Urheberin: quam (Minervam) principem et inventricem belli ferunt; nat III 53. ut omittam illas omnium doctrinarum inventrices Athenas; de or I 13.

inventum, Erfindung: I. si vera sunt tua scripta et inventa; leg II 98. — II, 1. in eo admirandum esse inventum Archimedi, quod excogitavisset ..; rep I 22. qui philosophorum inventa didicisset; de or I 84. ut ex hoc (libro) inventa ipsa, ex superiore autem expolitio inventorum petatur; inv II 11. — 2. stultitia visa est a bene inventis alicuius recedere; inv II 4. — III. expolitio: f. II, 1. peto. quam (laetitiam) capiebam memoria rationum inventorumque nostrorum; fin II 96.

invenustus, ohne Anmut: C. Censorinus non invenustus actor; Bru 237.

inverecundus, unbescheiden, rücksichtslos: lubium est, uter nostrum sit, leviter ut dicam, inverecundior? Ac II 126. sin inverecundum animi ingenium possidet; inv I 83.

inversio, Umkehrung, Jronie: quae ducuntur ex inversione verborum; de or II 261.

inverto, umwenden, umkehren, ironisch gebrauchen: cum in locum anulum inverterat; of III 38. ut invertatur ordo; part or 24. invertuntur verba; de or II 262.

invesperasco, dämmern: cum primum invesperasceret; Ver V 91.

Merguet, Handlexikon zu Cicero.

investigatio, Aufspürung, Erforschung: I. in primis hominis est propria veri inquisitio atque investigatio; of I 13. — II. cum totum se ad investigationem naturae contulisset; Ac I 34. quae omnes artes in veri investigatione versantur; of I 19.

investigator, Erforscher: 1. his consulibus Naevius est mortuus; quamquam Varro noster diligentissimus investigator antiquitatis putat in hoc erratum; Bru 60. — 2. fuit ille vir acer investigator et diligens earum rerum, quae a natura involutae videntur; Tim 1.

investigo, aufspüren, nachforschen, erforschen: I, 1. de Lentulo investigabo diligentius; A IX 7, 6. — 2. me adhuc investigare non posse, ubi P. Lentulus noster sit; A IX 1, 2. — II. investigemus hominem investiges velim; Q fr I 2, 14. qui consul insidias rei publicae consilio investigasset; Sulla 14. natura sic ab iis investigata est, ut nulla pars praetermissa sit; fin V 9. a principe investigandae veritatis; nat II 57. ut excitaret homines non socordes ad veri investigandi cupiditatem; nat I 4.

inveterasco, alt werben, einwurzeln: I. in nostra civitate inveterasse iam bonis temporibus, ut splendor aedilitatum ab optimis viris postuletur; of II 57. — II. si inveterarit, actum est; ep XIV 3, 3. quorum iam et nomen et honos inveteravit; Sulla 24.

inveteratio, eingewurzelter Fehler: inveteratio, ut in corporibus, aegrius depellitur quam perturbatio; Tusc IV 81.

invetero, alt machen, pass. einwurzeln: pro nostra non instituta, sed iam inveterata amicitia; ep III 9, 4. quantus iste est hominum et quam inveteratus error! rep II 29. inveteratum malum fit plerumque robustius; Phil V 30. nec (opinio) una cum saeclis aetatibusque hominum inveterari potuisset; nat II 5. num inveterata (res) quam recens debuit esse gravior? Sulla 81. cum iam inveterata vita hominum ac tractata esset et cognita; rep II 20.

invicem, abwechselnd, gegenseitig: fatum est conexio rerum per aeternitatem se invicem tenens; fat fr 2.

invictus, unbesiegt, unüberwindlich: qui magni animi sit, (eundem) invictum (esse necesse est); qui invictus sit, eum res humanas despicere; Tusc III 15. Caesar confecti invictum exercitum; Phil XIII 16. populi Romani invicta ante te praetorem gloria illa navalis; Ver V 97. populus Romanus, cuius usque ad nostram memoriam virtus invicta in navalibus pugnis permanserit; imp Pomp 54. deos huic invicto populo auxilium esse laturos; Catil II 19. animus acer et praesens invictos viros efficit; de or II 84. nos virtutem semper liberam volumus, semper invictam; Tusc V 52.

invidentia, Mißgunst, Scheelsucht: I. invidentia aegritudo est ex alterius rebus secundis; Tusc III 21. invidentiam esse dicunt aegritudinem susceptam propter alterius res secundas; Tusc IV 16 (17). — II. ab invidendo invidentia recte dici potest; Tusc III 20. ut aegritudini (subicitur) invidentia (utendum est enim docendi causa verbo minus usitato); Tusc IV 16.

invideo, scheel sehen, neidisch sein, beneiden, mißgönnen: I, 1, a. dico ab: f. invidentia, II. — b. ut nos invidendo abalienarunt; ep I 7, 7. — 2. quoniam invidia non in eo, qui invidet, solum dicitur, sed etiam in eo, cui invidetur; Tusc IV 16. alia est lugenti, alia miseranti aut invidenti adhibenda medicina; Tusc IV 59. — II. esse quamvis facetum atque salsum non nimis est per se ipsum invidendum; de or II 228. — III. invident homines maxime paribus aut inferioribus; sed etiam superioribus invidetur saepe vehementer; de or II 209.

45

in qua (purpura) tibi invideo; Flac 70. probus invidet nemini; Tim 9. quid mihi nunc invideri potest? ep IX 16, 5. f. I, 2. invidetur commodis hominum ipsorum, studiis autem eorum ceteris commodandi favetur; de or II 207. invidetur praestanti florentique fortunae; de or II 210. non invidebit huic meae gloriae; Phil VI 9. non novitati esse invisum meae; ep I 7, 8. valde invidendum est eius statuis; Deiot 34. — IV. ut „videre", sic „invidere florem" rectius quam „flori"; Tusc III 20.

invidia, Reib, Mißgunst, Haß, Gehäffigteit, üble Nachrede: I. non dixi invidiam, quae tum est, cum invidetur; Tusc III 20. video iam, quo invidia transeat et ubi sit habitatura; A II 9, 2. quod aequalitas vestra tantum abest ab obtrectatione et invidia, quae solet lacerare plerosque, uti . .; Bru 156. si nos multitudinis furentis inflammata invidia pepulisset; leg III 26. transit: f. habitat. ante hoc tempus error in hac causa atque invidia versata est; Cluent 8. — II, 1. a sui similibus invidiam aliquam in me commoveri putat; Phil III 18. haud sciam an acerrimus longe sit omnium motus invidiae nec minus virium opus sit in ea comprimenda quam in excitanda; de or II 209. si mihi inimico tuo conflare vis invidiam; Catil I 23. dico: f. I. est. excito: f. comprimo. mors cum exstinxisset invidiam; Balb 16. cum Scaurus non nullam haberet invidiam ex eo, quod . .; de or II 283. inflammo: f. I. pellit. utrum hoc capite honos haberi homini an invidia quaeri videtur? agr II 60. si qua est invidia conservanda re publica suscepta; Catil III 29. odium et invidiam facile vitabis; fin II 84. — 2. cesseram invidiae; Sest 64. quae invidiae, infamiae nobis omnibus esse possint; Ver III 144. — 3. invidia summus ordo caret; leg III 24. Balbum levari invidia per nos velim; A XV 2, 3. ut invidia totum ordinem liberetis; Ver pr 48. — 4. absum ab: f. I. lacerat. adductus erat in sermonem, invidiam, vituperationem; Ver III 140. (Balbus) questus est etiam de sua invidia; A XIV 21, 2. si in invidiam vocamur; Sulla 80. — III. ut agros plenos invidiae decemviris tradant; agr II 68. — IV. vix molem istius invidiae sustinebo; Catil I 23. motus: f. II, 1. comprimo. ut effugiamus ambiguum nomen invidiae, quod verbum ductum est a nimis intuendo fortunam alterius; Tusc III 20. quae mihi de communibus invidiae periculis dicenda esse videantur; Cluent 8. quanta tempestas invidiae nobis impendeat; Catil I 22. — V, 1. cum invidia flagraret ordo senatorius; Cluent 136. fore ut eius socios invidia oppressus persequi non possem; Catil II 4. — 2. ullam rei publicae partem cum sua mimina invidia auderet attingere? Sest 49. propter invidiam Numantini foederis; de or I 181. ut in iudiciis sine invidia culpa plectatur; Cluent 5.

invidiose, gehässig: quibus (contionibus) cotidie meam potentiam invidiose criminabatur; Milo 12. num minus haec invidiose dicuntur? Ac II 146.

invidiosus, neibisch, gehässig, Mißgunst erregend, mißliebig, verhaßt: A. hoc ipsis indicibus invidiosissimum futurum; inv II 134. si quae sunt in iis invidiosa, efferendo invidiosiora faciunt; de or II 304. quod (crimen) illi invidiosissimum et maximum esse voluerunt; Font 19. putabant absentis damnationem multo invidiosiorem fore; Ver II 42. invidiosum nomen est, infame, suspectum; fin II 12. o invidiosum offensumque paucorum culpa ordinem senatorium! Ver III 145. — B. ut omnium invidiosorum animos frangeremus; Balb 56.

invidus, neibisch, mißgünstig: A. quorum animos iam ante habueris inimicos et invidos; Ver V 182. neque ambitiosus imperator neque invidus; Muren 20. qua in causa et benivolos obiurgatores placare et invidos vituperatores confutare

possumus; nat I 5. — B, 1. nos non inimici, sed invidi perdiderunt; A III 9, 2. — II, 1. invidere virtuti et gloriae serviendo (ulciscar); Quir 21. — 2. persuaserat non nullis invidis meis se in me emissarium semper fore; ep VII 2, 3. — III. in te similia invidorum vitia perspexi; ep I 7, 8. — IV. a tuis invidis atque obtrectatoribus nomen inductum fictae religionis; ep I 4, 2.

invigilo, überwachen: me ex Kalendis Ianuariis ad hanc horam invigilasse rei publicae; Phil XIV 19.

inviolate, unverletzt: vos memoriam nostri pie inviolateque servabitis; Cato 81.

inviolatus, unverletzt: ceteri omnino invulnerati inviolatique vixerunt; Sest 140. qui prima illa initia aetatis integra atque inviolata praestitisset; Cael 11.

invisitatus, ungesehen, unbekannt, neu: quae est forma tam invisitata, tam nulla, quam non sibi ipse fingere animus possit? div II 138. corpus hominis mortui vidit magnitudine invisitata; of III 38. ecce tibi geminum in scelere par, invisitatum, inauditum, ferum, barbarum; Phil XI 2.

inviso, besichtigen, besuchen, erblicken: ut iam invisas nos; A I 20, 7. quod Lentulum invisis, valde gratum; A XII 30, 1. nostram ambulationem velim invisas; A IV 10, 2. domum meam quod crebro invisis; A IV 5, 3. »natos Geminos invises sub caput Arcti«; nat II 110. »dum Nepa et Arcitenens invisant lumina caeli« fr H IV, a, 653. res rusticas vel fructus causa vel delectationis invisere; de or I 249.

invisus, nie gesehen: occulta et maribus non invisa solum, sed etiam inaudita sacra; har resp 37.

invisus, verhaßt: quo quis versutior et callidior, hoc invisior et suspectior; of II 34. ne invisa dis immortalibus oratio nostra esse videatur; imp Pomp 47. philosophia multitudinem consulto ipsa fugiens eique ipsi et suspecta et invisa; Tusc II 4.

invitamentum, Reiz, Lockung: I, 1. in quo (fonte) sint prima invitamenta naturae; fin V 17. — 2. is, qui vere appellari potest honos, non invitamentum ad tempus, sed perpetuae virtutis est praemium; ep X 10, 2. — II. multa etiam ad luxuriam invitamenta perniciosa civitatibus suppeditantur mari, quae vel capiuntur vel importantur; rep II 8.

invitatio, Einladung, Aufforderung: I. in Epirum invitatio quam suavis, quam liberalis, quam fraterna! A IX 12, 1. — II. quae compararat ad invitationes adventusque nostrorum hominum; Ver II 83. — III. quod (aegritudo) non natura exoriatur, sed quadam invitatione ad dolendum; Tusc III 82.

invitatus, Einladung: ut (Trebatium) initio mea sponte, post autem invitatu tuo mittendum duxerim; ep VII 5, 2.

invite, ungern: quem (Crassum) ego paulo sciebam vel pudentius vel invitius ad hoc genus sermonis accedere; de or II 364. lente :| invite cepi Capuam; A VIII 3, 4.

invito, einladen, ermuntern, auffordern: I. hospitio invitabit; Phil XII 23. — II. me ille horum sociorum esse voluit, detulit, invitavit, rogavit, Piso 79. — III. (Aristoteles) primum ad heroum nos [pedem] invitat; de or III 182. is me crebro ad cenam invitat; ep VII 9, 3. a Caesare valde liberaliter invitor in legationem illam; A II 18, 3. ut ipsum per se invitaret et adliceret appetitum animi; fin I 17. innatam esse homini probitatem gratuitam, non invitatam voluptatibus; fin II 99. — IV. invito eum per litteras, ut aqud me deversetur A XIII 2 a, 2.

invitus, wider Willen, ungern, unfreiwillig, gezwungen: A. hoc nos ab istis adulescentibus

facere inviti et recusantes heri coacti sumus; de or
II 18. eum (M. Laenium) ego a me invitissimus
dimisi; ep XIII 63, 1. te dis hominibusque invitis
omnia consecuturum; Vatin 38. quod praeda ad
multos Syracusanos invito populo senatuque Syracusano venerat; Ver II 50. defervescere certe significat ardorem animi invita ratione excitatum; Tusc
IV 78. senatus: f. populus. — B, I, 1. extorquen-
dum est invito atque ingratiis; Quinct 47. — 2.
ravet. ne emat ab invito; agr I 14. laus ab invitis expressa; agr II 5. — H. dilectus adhuc quidem
invitorum est et a pugnando abhorrentium; A VII 13, 2.

inultus, ungerächt, ungestraft: ut ceterorum
quoque iniuriae sint impunitae atque inultae;
div Caec 53. ut mortem suam ne inultam esse
pateretur; div. I 57. vos eum regem inultum esse
patiemini? imp Pomp 11.

inundo, überschwemmen: ut hanc (terram)
inundet aqua; nat II 103.

invocatus, ungerufen: quid, quod etiam ad
dormientem veniunt (imagines) invocatae? nat I 108.

invoco, anrufen: I. ut apud Graecos Dianam,
eamque Luciferam, sic apud nostros Iunonem Luci-
nam in pariendo invocant; nat II 68. — II. cum
ipsum (C. Marium) advocatum ad communem
imperatorum fortunam defendendam invocarem; de
or II 196.

involatus, Flug: non ex alitis involatu tibi
auguror; ep VI 6, 7.

involo, sich stürzen, bemächtigen: in quam
(possessionem) homines quasi caducam atque vacuam
abundantes otio involaverunt; de or III 122.

involucrum, Hülle, Decke: I, 1. posteaquam
(candelabrum) involucris reiectis constituerunt;
Ver IV 65. — 2. divitias atque ornamenta eius
ingenii per quaedam involucra atque integimenta
perspexi; de or I 161. — II. multis simulationum
involucris tegitur unius cuiusque natura; Q fr I 1, 15.

involvo, einhüllen, verhüllen: litteris me involvo; ep IX 20, 3. definitio adhibetur, quae quasi
involutum evolvit id, de quo quaeritur; Top 9.
cum ea, quae quasi involuta fuerunt, aperta sunt,
tum inventa dicuntur; Ac II 26. nomine pacis
bellum involutum fore; fr E V 9. ut id (candelabrum)
in praetorium involutum deferrent; Ver IV 65.
capitibus involutis civis Romanos ad necem producere
instituit; Ver V 157. res involutas definiendo explicavimus; orat 102.

inurbane, unwitzig: apud quos (Alabandenses)
non inurbane Stratonicus, ut multa, „ergo", inquit ..;
nat III 50.

inurbanus, unfein, ungefällig, unwitzig: non
essem tam inurbanus et paene inhumanus, ut..;
de or II 365. erat eius (P. Antistii) quidam tamquam habitus non inurbanus; Bru 227. omni de re
facilius puto esse ab homine non inurbano quam de
ipsis facetiis disputari; de or II 217. oratorem descripseras, inopem quendam humanitatis atque inurbanum: de or II 40.

inuro, einbrennen, einprägen, zufügen, kennzeichnen: is censoriae severitatis nota non inuretur?
Clnct 129. qui volent illa calamistris inurere; Bru
292. proprium est irati cupere, a quo laesus videatur, ei quam maximum dolorem inurere; Tusc III
19. monumentum senatus hostili nomine et cruentis
inustum litteris esse passi sunt; ep I 9, 15. nisi
mnes illi motus in ipso oratore impressi esse atque
inusti videbuntur; de or II 189. ne qua generi suo
nota nefariae turpitudinis inuratur; Sulla 88. id
(velium est) insitum penitus et inustum animis hominum amplissimorum; har resp 55.

inusitate, ungewöhnlich: familiaris meus recte
loqui putabat esse inusitate loqui; Bru 260.

inusitatus, ungebräuchlich, ungewöhnlich:
novum est, non dico inusitatum; Caecin 36. tam

inusitatam inauditamque clementiam; Marcel 1. ut
me patiamini uti prope novo quodam et inusitato
genere dicendi; Arch 3. inusitatum nostris quidem
oratoribus leporem quendam et salem; de or II 98.
cum rem aliquam invenisset inusitatam; fin III 15.
sal: f. lepos. inusitata sunt prisca (verba) fere
ac vetustate ab usu cotidiani sermonis iam diu
intermissa; de or III 153.

inutilis, unbrauchbar, unnütz, untauglich,
nachteilig, schädlich: A. turpe esse aut inutile ignosci; inv II 109. bella inutilia suscipiebant;
Flac 16. seditiosum et inutilem civem, C. Norbanum;
of II 49. cum quaeritur. quae leges, qui mores aut
utiles aut inutiles (sint); div II 11. quae (promissa)
sint iis, quibus promiseris, inutilia; of I 32. — B.
honesta turpia, utilia inutilia (discernere) poterat; Tusc V 114.

inutilitas, Schädlichkeit: ex his illud conficitur, ut petendarum rerum partes sint honestas et
utilitas, vitandarum turpitudo et inutilitas; inv II 158.

invulneratus, unverwundet: ceteri omnino
invulnerati inviolatique vixerunt; Sest 140.

iocatio, Scherz: I. nunc venio ad iocationes
tuas; ep IX 16, 7. — II. sin nihil praeter iocatio-
nem (in ea epistula fuit), redde id ipsum; A II 8, 1.

iocor, scherzen: I, 1. a. te hilari animo esse et
prompto ad iocandum; Q fr II 11, 1. — b. duplex
omnino est iocandi genus, unum inliberale, alterum
elegans; of I 104. — c. haec adhibenda est in iocando moderatio; de or II 238. — 2. non ego tecum
iam ita iocabor, ut isdem his de rebus, cum ..; fin
IV 74. cupio tecum coram iocari; ep I 10. iocerne
tecum per litteras? ep II 4, 1. — II. de re severissima tecum, ut soleo, iocor; ep VII 11, 3. f. I. 2.

iocose, scherzhaft: qui iocose volet dicere; de
or II 289. eum lusi iocose satis; Q fr II 10 (12), 2.
quid ego iocosius scribam; ep IX 24, 4.

iocosus, scherzhaft: una nostra vel severa vel
iocosa congressio pluris erit quam ..; ep VII 10,
4. videat, quibus de rebus loquatur; si seriis, severitatem adhibeat, si iocosis, leporem; of I 134.

iocularis, spaßhaft: ioculare istuc quidem
et a multis derisum; leg I 53. o licentiam iocu-
larem! fat 15.

ioculator, Spaßmacher, launig: huic ioculato-
rem senem illum interesse mea nolui; A IV 16, 3.

iocus, Scherz: I, 1. suavis est et vehemente
saepe utilis iocus et facietiae; de or II 216. — 2.
quid iocus in iurandum iocus est; Flac 12. — II, 1.
quod iocus in turpiculis et quasi deformibus (rebus)
ponitur; de or II 248. ioca tua plena facetiarum
de haeresi Vestoriana risisse me satis; A XIV 14,
1. quicum ioca seria, ut dicitur, quicum arcana?
fin II 85. — 2. ut ad ludum et iocum facti esse
videamur; of I 103. — III. gravium et iocorum
unam esse materiam; de or II 262. rationem
aliam esse ioci, aliam severitatis; de or II 262. —
IV. sed mehercules, extra iocum, homo bellus est;
ep VII 16, 2. paucos homines Q. Opimium per
ludum et iocum fortunis omnibus evertisse; Ver I 155.

iota, J: ut Iota litteram tollas et E plenissimum
dicas; de or III 46.

ipse, selbst, in eigener Person, eben, gerade,
sogar, schon [ipsus; fr K 33.]: A. bei Subjantiven:
1. quem locum apud ipsum Caesarem obtinuisti?
Phil II 71. Numam Pythagorae ipsius discipulam
aut certe Pythagoreum fuisse; rep II 28. ut infringatur hominum improbitas ipsa die; ep I 6, 1. ipso
dimidio plus scripsit Clodia; A IX 9, 2. ut fortuna
tamquam ipsa mortalis cum immortali natura pugnare videatur; of I 120. genus aestimationis ipsum
a me numquam est reprehensum; Ver III 214. ipsis
in hominibus nulla gens est ..; leg I 24. hominum
inter ipsos vivendi rationem; leg I 35. de ipsis
inimicis tantum, quantum mihi res publica permittit,

cogitabo; Quir 21. in ipsis quasi maculis, ubi habitatur, rep VI 20. Pythagoras rerum ipsarum amplificator fuit; Tusc V 10. triennio ipso minor quam Antonius; Bru 161. — 2. ego cum Athenis decem ipsos dies fuissem; ep II 8, 3. cum ibi decem ipsos fuissem dies; A V 11, 4. annis LXXXVI ipsis ante me consulem; Bru 61. triginta dies erant ipsi, cum has dabam litteras; A III 21. detraxit xx ipsos dies etiam aphractus Rhodiorum; A VI 8, 4. hoc ipso in loco sedebat; Cluent 54. eodem tempore ipso; div II 95. ipse ille maxime ludius, non solum spectator, sed actor et acroama; Sest 116. locus ille ipse; Milo 53. ut eorum adfectio est illa quidem discrepans sibi ipsa; Tusc IV 29. in ea ipsa sententia; Tusc V 28. eo die ipso; ep XI 6, 2. istius ipsius facultatis; de or II 128. ipsi inimici nostri; Sest 124. est perspicuum nullam artem ipsam in se versari; fin V 16. ex qua ipsa (cognitione); de or III 147. quem ipsum hominem cuperent evertere; Ver II 159. si quae familia ipsa in caede interesse noluisset; Tul 27. fragore quodam et sonitu ipso; rep II 6. mentis acies se ipsa intuens; Tusc I 73. inimicus ultus est ipse sese; ep I 9, 2. sibi: f. ille; Tusc IV 29. philosophorum de se ipsorum opinio; Bru 114. in se: f. nullus. an Stoicis ipsis inter se disceptare, cum iis non licebit? Ac II 126. sive per se ipsi animi moventur; div II 126. quod tua dignitas mihi est ipsa cara per se; ep VII 9, 2. ibi mihi Tulliola mea fuit praesto natali suo ipso die; A IV 1, 4. — II. hunc ipsum Zenonis aiunt esse finem; fin IV 14. eam ipsam esse causam, cur ..; fat 25. istuc ipsum vereor ne malum sit; Tusc I 26.

B. bei Adjectiven und Pronomina: 1. quotiens ego ipse effugi! Milo 20. cum per me ipsum egissem; de or I 97. me dicere pro me ipso; Sex Rosc 129. ut ea, quae dicam, non de memet ipso, sed de oratore dicere putetis; de or III 74. ita nobismet ipsis accidit, ut ..; Bru 8. redeamus ad Hortensium, tum de nobismet ipsis pauca dicemus; Bru 279. hoc ipsum non insulse interpretantur; de or II 221. ex hoc ipso crimen exoritur; Rab Post 30. f. se. in ipso honesto positum; fin V 83. dictum ab ipso illo; fin II 82. in illorum ipsorum (artibus); fin III 5. is servit ipse; rep I 52. eius ipsius domum; Piso 83. id ipsum posse intellegi; div II 91. istuc ipsum tenebo; Ver V 165. ne forte ipsi nostri plus animi habeant, quam habeant; A XV 6, 1. atque hic quidem ipse et sese ipsam nobis et eos, qui ante fuerunt, in medio posuit, ut ceteros et se ipsum per se cognosceremus; inv II 7. in ipso se offenderet; Ver I 64. qui ea per se ipsum praestare possit; Catil IV 24. ut aeque quisque altero delectetur ac se ipso; of I 56. te ipsum probaturum esse; fin I 28. te ipso deprecatore; ep XV 15, 2. si ipse unus cum illo uno contenderet; A I 1, 4. — 2. quod hoc ipsum probabile elucere non posset; of II 8. quem non ipsum amet propter ipsum; fin II 78. dices ista ipsa obscura planius; Tusc IV 10. videmus ea multa quodam modo efficere ipsa sibi per se; fin V 26. si quis ipse sibi inimicus est; fin V 28. qui per se ipse spectari velit; leg III 40. tute introspice in mentem tuam ipse; fin II 118.

C. bei Infinitiven und Wörtern: I, 1. cum ipsum dicere numquam sit non ineptum, nisi ..; de or I 112. ipsum Latine loqui est illud quidem in magna laude ponendum; Bru 140. partiri ipsum illius exercitationis et artis est; part or 139. si ipsum, quod veni, nihil iuvat; A XI 9, 1. — 2. per se hoc ipsum reddere in officio ponitur; fin III 59. — II. id ipsum est deos non putare; div I 104.

D. bei Adverbien: nunc ipsum non dubitabo rem tantam abicere; A VII 3, 2. nunc ipsum minime offendisses eius (Caesaris) causam; A X 4, 10. nunc ipsum ego lego; A XII 40, 2. ne tum ipsum accide-

ret; de or I 123. tum ipsum, cum immolare velis, extorum fieri mutatio potest; div I 118.

E. allein und auf Eigennamen bezogen: I, 1. hinc ipse evolare cupio; ep VII 30, 1. propter avaritiam ipsius; Ver V 106. ex ipsorum incommodo; Ver III 95. — 2. ipsa paulisper Larini est commorata; Cluent 192. — II, 1. cum se ipse defenderet; Bru 47. si mihi ipse confiderem; Lael 17. quam (personam) nobismet ipsi iudicio nostro accommodamus; of I 115. quae ipsi per nos intellegamus; div II 131. — 2. parumne ratiocinari videtur et sibi ipsa nefariam pestem machinari? nat III 66. — 3. inter sese ipsa pugnant; fin II 90.

ira, Zorn, Erbitterung, Rache: I. est ira ulciscendi libido; Tusc IV 44. Aiacem ira ad furorem mortemque perduxit; Tusc IV 52. II, 1. ut auditoris iram oratoris incendat actio; Tusc IV 43. nostrae nobis sunt inter nos irae discordiaeque placandae; har resp 63. prohibenda maxime est ira in puniendo; of I 89. — 2. quae (iracundia) ab ira differt; Tusc IV 27. — III. in illa altera (parte ponunt) motus turbidos cum irae, tum cupiditatis; Tusc IV 10. — IV. in quos incensos ira cum incidisset; Milo 56. aut ira aut aliqua perturbatione incitatus; of I 23. (id) neque ira neque gratia teneri; nat I 45.

iracunde, zornig: hi nimis iracunde agunt; Tusc III 51. iracundius aut vehementius expostulasti? Sulla 44. nihil ne in ipsa quidem pugna iracunde rabioseve fecerunt; Tusc IV 49.

iracundia, Zorn, Eifer, Jähzorn, Heftigkeit I. quid esset iracundia, fervorne mentis an cupiditas poeniendi doloris; de or I 220. ipsam iracundiam fortitudinis quasi cotem esse dicebant; Ac II 135. si implacabiles iracundiae sunt, summa est acerbitas. sin autem exorabiles, summa levitas; Q fr I 1, 39. — II, 1. sic definitur iracundia: ulciscendi libido; Tusc III 11. non desiderat fortitudo advocatam iracundiam; Tusc IV 52. ut in tuis summis laudibus excipiant unam iracundiam; quod vitium levis esse animi videtur; Q fr I 1, 37. in iracundia vel excitanda vel sedanda; de or II 208. hac (eloquendi vi) cupiditates iracundiasque restinguimus; nat II 148. sedo: f. excito. — 2. quantum iustae iracundiae concedendum putetis; Sest 4. — 3. quae de iracundia dici solent a doctissimis hominibus; Q fr I 1, 37. quanta animi perturbatio ex iracundia fiat; inv II 19. — III. quaedam dulcedo iracundiae; Q fr I 2, 7. — IV, 1. Septimium ardentem iracundia videre potuistis; Flac 88. iracundia etiam multi efferuntur; fin V 29. non illum (Africanum) iracundia tum inflammatum fuisse; Tusc IV 50. — 2. quod ante occupatur animus ab iracundia, quam providere ratio potuit, ne occuparetur; Q fr I 1, 38. ego sine iracundia dico omnia; Phil VIII 19.

iracundus, jähzornig, heftig, rachsüchtig: A. est aliud iracundum esse, aliud iratum; Tusc IV 27. sunt iracundi et difficiles senes; Cato 65. nimis iracundam futuram fuisse victoriam; Marcel 17. — B. iracundus non semper iratus est; lacesse, iam videbis furentem; Tusc IV 54.

irascor, zürnen: I. nec eos (Stoicos) iratos vereor, quoniam omnino irasci nesciunt; de or III 65. videbam irascentem et stomachantem Philippum; Bru 326. numquam nec irasci deum nec nocere; of III 102. oratorem irasci minime decet; Tusc IV 55. numquam sapiens irascitur; Muren 62. — II, ex perfidia et malitia di immortales hominibus irasci et suscensere consuerunt; Q Rosc 44. qui improbitati irascuntur candidatorum; Milo 42. nec audiendi, qui graviter inimicis irascendum putabant; of I 88.

iratus, zornig, erzürnt: A. qui (Archytas

cum vilico factus esset iratior, „quo te modo“, inquit, „accepissem, nisi iratus essem!“ Tusc IV 78. iratos tuae severitati esse non nullos; Q fr I 2, 3. ubi multorum animus iratus (est); Flac 87. qui (di), ut noster divinus ille dixit Epicurus, neque propitii cuiquam esse solent neque irati; Piso 59. cum iratum adversario indicem facere vellet; de or I 220. patres veniunt amissis filiis irati; Ver V 120. — B. I. iratos proprie dicimus exisse de potestate, id est de consilio; Tusc IV 77. — II. ne irato facultas ad dicendum data esse videatur; Font 22. — III. proprium est irati cupere, a quo laesus videatur. ei quam maximum dolorem inurere; Tusc III 19.

ironia, Ironie: I. ironiam illam. quam in Socrate dicunt fuisse, qua ille in Platonis et Xenophontis et Aeschini libris utitur, facetam et elegantem puto; Bru 292. — 2. utor: f. I. — III. historia vide ne tam reprehendenda sit ironia quam in testimonio; Bru 292. — 2. utor: f. I. — III. Socratem opinor in hac ironia dissimulantiaque longe lepore et humanitate omnibus praestitisse; de or II 270. sine ulla mehercule ironia loquor; Q fr III 4, 4.

is, er, derjenige, derselbe, so beschaffen: A. bei Substantiven: I, 1. is L. Sisenna; Ver IV 43. Vulcanum eum, quem fecit Alcamenes; nat I, 83. aniculia, et iis quidem indoctis; nat I 55. ob eam causam; dom 35. post eos censores; Ver I 107. consules eos, quorum . .; Arch 5. fuerunt ii consules, quorum . .; sen 10. si non minus nobis iucundi sunt ii dies, quibus conservamur, quam illi, quibus nascimur; Catil III 2. inque eo exercitu; Sest 41. ris quoque hominibus, quibus . .; Muren 1. quodsi omnia visa eius modi essent, qualia isti dicunt; Ac II 27. iis (philosophis); Tusc II 12. id, quod iam contritum est vetustate, proverbium; of III 77. propter eas res; fin III 39. eis de rebus; Tusc VI. ex rebus iis; of II 14. ii servi; Sex Rosc 77. telo eo; Tul 50. visis movebantur, iisque nocturnis; Tusc I 29. qui hac exaudita quasi voce naturae sic eam firme comprehenderit, ut . .; fin I 71. — 2. ea duo genera; div I 113. iis regiis quadraginta annis et ducentis; rep II 52. earum quinque stellarum: nat I 51. illa altera ratio et oratio est ea quidem utilior; Tusc IV 60. ego ipse pontifex. qui arbitror, is velim . .; nat I 61. in eo ipso interdicto; Caecin 55. in iis rebus ipsis, quas . .; Muren 43. eo tempore ipso; Deiot 24. quod eos (piscatores) nullos videret; of II 59. o reliquos omnes dies portesque eas, quibus . .! Planc 99. eo omni reliquo motu et statu; Tusc III 53. (tempus) id quo nunc utimur; inv I 39. Asclepiades, is quo nos medico amicoque usi sumus; de or I 62. filius, is qui adoptavit; Bru 77. eius, qui nunc floret, Cratippi: div II 100. reliquus: f. omnis. ea tua liberalitas; ep XII 29, 2. tuus dolor humanus is quidem, sed magno opere moderandus; A XII 10. ob eam unam causam; A XII 38, 1. — II, 1. aethera esse eum, quem homines Iovem appellarent; nat I 40. id est caput civilis prudentiae, videre . .; rep II 45. ea triangula illi et quadrata nominant; div I 89. terram eam esse, quae Ceres diceretur; nat I 40. ea enim denique virtus esse videtur praestantis viri, quae . .; de or II 346. — 2. sumptiones (ea quae λήμματα appellant dialectici); div II 108. ea est. quam eloquentiam dicimus; of II 48. si ea sola voluptas esset, quae . .: fin I 39. quod honestum est, id bonum solum habendum est; fin III 28. utrum ea nostra an nostra culpa est? Ac II 95.

B. bei Adjectiven, Pronomina, Zahlen und Genetiv: I, 1. possumus existimare ex eo decoro, quod . .: of I 97. quod efficiebatur ex iis duobus; fin III 27. ut ea, quae gessit, haec auctoritate nostra comproben tur: Phil III 7. id, quod quaerimus, honestum; of I 14. illa complent ea quidem beatissimam vitam;

fin V 71. accusare eos ipsos; Sex Rosc 80. nisi eum iam per se ipsum tibi satis notum esse arbitrarer; ep XIII 24, 3. id ipsum, quod ille doceret, populare omnibus videretur; de or III 138. id ipsum agimus; Phil VIII 9. quibus id ipsum, se inimicos esse, non liceret aut dissimulare aut negare; A IV 1, 5. quid ego de iis omnibus loquor? Rabir 27. id omne tale est; Ac II 40. omnia ea obteri posse; fin IV 59. A. Albinus, is qui Graece scripsit historiam; Bru 81. Q. Metellus, is cuius quattuor filii consulares fuerunt; Bru 81. illos. id quod maxime opus est, motu animi aliquo perturbatos esse vehementius; Bru 200. peto a te. id quod facillimum factu est, ut . .; ep XV 10, 1. ut id maxime deceat, non ut solum; orat 199. utrum iudices in eos solos essent severi; Cluent 56. erat ex iis tribus, quae . .; of II 36. eum unum secutus esset; fin I 21. — 2. ea sunt haec; Ac II 41. id ego suspicari coepi aut hoc ipsum esse aut non multo secus; A IX 9, 3. quod erant quidam iique multi, qui . .; de or III 59. meam cuiusque is est quisque; rep VI 26. non te puto esse eum, qui . .; div II 43. — II, 1. se in balneis cum id aetatis filio fuisse; Cluent 141. id aetatis iam sumus; ep VI 20, 3. id fuisse causae, cur . .; fat 34. corporis ea, quae diximus; fin V 60. (Varro) venit id temporis, ut . .; A XIII 33, 4. — 2. ea fere artis sunt; div I 12. nec fuisse id humanitatis tuae; Lael 8.

C. bei Infinitiven: 1. poscere quaestionem, id est inbere dicere, qua de re quis vellet antea; fin II 1. id est convenienter congruenterque naturae vivere; fin III 31. — 2. id ipsum est deos non putare, quae ab iis significantur, contemnere; div I 104.

D. allein und auf Eigennamen bezogen: I. is sic se gerit, ut . .; agr II 53. is enim fueram, cui cum liceret . .; rep I 7. a Curione mihi nuntiatum est eum ad me venire: A X 4, 7. dubitabisne eum miserum dicere? Tusc V 45. nisi aliqui casus eius consilium peremisset; of III 33. egi ei per litteras gratias; ep XV 4, 5. quem cum eo conferre possumus? Ac II 73. qui amicis L. Cornelii invident, ii sunt huic pertimescendi; Balb 58. ei, qui sapientes habentur, nudi aetatem agunt; Tusc V 77. non sumus ii, quibus nihil verum esse videatur, sed ii, qui . .: nat I 12. ad eos, qui vita excesserunt, revertamur; Bru 262. eorum alter est interfectus; Bru 103. me consiliis eorum interesse; ep IX 6, 2. iis, qui hanc partem ingenii exercerent, locos esse capiendos; de or II 354. quibus nihil est in ipsis opis ad bene beateque vivendum, eis omnis aetas gravis est; Cato 4. quae sola tradebantur ab iis, qui dicendi numerabantur magistri; orat 17. qui ita se gerunt, ut eorum probetur fides nec sit in eis ulla cupiditas; Lael 19. — II. ea si dea est; nat III 47. apud quos eam natam esse constat; Ver IV 108. ut eam non pudor a cupiditate revocaret; Cluent 12. vidimus eius (Latonae) aras delubraque in Graecia; nat III 46. cum ei colendae virgines praesint; leg II 29. ex ea (Venere) potius „venustas“ quam „Venus“ est venustate; nat II 69. ut homines ad earum (Sirenum) saxa adhaerescerent; fin V 49. — III. verum id fit non genere, sed gradu: opt gen 4. quod ita erit gestum, id lex erit? Phil I 26. idne est, quo traduci luctum levemus? Tusc III 40. id mihi vehementer gratum erit; ep XIII 37. obscurari etiam id, quod per se natura tenere potuisset; de or II 360. idque ut maturaret, hortatus sum; ep XV 4, 5. qui ad id, quodcumque decebit, poterit accommodare orationem; orat 123. illos ipsos || ipse || laudo idque merito; orat 171. id quidem recte; opt gen 15. quod ergo ille re, id ego etiam verbo; Phil XIV 24. equidem expectabam iam tuas litteras, idque cum multis; ep X 14, 2. hominem cognovi studiis optimis deditum, idque a puero; ep XIII 16, 4. ineptum id quidem, sed . .;

A IX 9, 3. ne ego essem hic libenter atque id cotidie magis; A XII 9. cuius ergo omne animal quasi particula quaedam est, eius similem mundum esse dicamus; Tim 11. eique, quod visum est, adsentiatur; Ac II 39. eo concesso, quod volunt: Tusc I 78. errat in eo, quod existimat ..: of III 26. cum Hannibal pro eo, quod eius nomen erat magna apud omnes gloria, invitatus esset, ut ..; de or II 75. equidem pro eo, quanti te facio, quicquid feceris, approbabo; ep III 3, 2. atque ea quidem, quae dixi, iam diu nota sunt nobis; Phil III 8. ea audiebamus et ea verebamur, ut ..; A VIII 11, B, 1. ut. quae secum commentatus esset, ea sine scripto redderet; Bru 301. facere omnia voluptatis causa aut eorum. quae secundum naturam sunt, adipiscendi; fin V 19. quid, si tuemur ea, quae dicta sunt ab iis, quos probamus, eisque nostrum iudicium adiungimus? fin I 6. iisque, quae videntur, imbecillius adsentiuntur; Ac II 52. ut laudent ea, quod insit in iis aliquid probi; of III 15.

iste, istic, biefer, ber da: A. **bei Subftantiven:** I, 1. istius veteris, quam commemoras, Academiae; fin V 8. istius Q. Hortensii; Ver III 42. Manlius iste centurio, qui in agro Faesulano castra posuit; Catil II 14. quae ista fuit amentia? Ver II 43. quis est iste amor? Tusc IV 70. ista condicione, dum ..; de or I 101. a genere isto; Flac 9. istud disserendi genus; leg III 13. iste aequissimus homo; Ver III 68. isto loco; inv II 121. maleficium istud; Sex Rosc 79. istius modi disputationibus; de or I 104. iste non dolendi status; fin II 28. vadimonium istuc; Quinct 57. isto verbo usus non esset; inv II 121. istos excellentes viros; Bru 266. — 2. de isto altero sole; rep I 15. eodem ex studio isto; Muren 66. eadem ista labes; har resp 46. meae totius in dicendo rationis et istius ipsius facultatis; de or II 128. istis ipsis nationibus; Font 13. omnes istos aculeos; Ac II 98. quis iste dies inluxerit; Ac II 69. ex tribus istis modis; rep I 46. in isto tuo maledicto; dom 76. — II, 1. armorum ista et victoriae sunt facta, non Caesaris; ep VI 6, 10. ista Academiae ista propria sententia; Ac II 148. ista est veritas? nat I 67. sit sane ista voluptas; fin II 75. — 2. istuc ipsum vereor ne malum sit, non dico carere sensu, sed carendum esse: Tusc I 26. cum ego ista omnia bona dixero; fin V 90.

B. **bei Adjectiven, Pronomina und Genetiv:** I, 1. iste optimus; rep I 50. horribilia: f. 2. per eiusdem istius lictores; Ver I 74. ipsum istum esse pollicitum; Ver IV 92. conveni istum ipsum; Caecin 79. istuc ipsum tenebo; Ver V 165. facit vester iste; Sest 115. — 2. dices ista ipsa obscura planius; Tusc IV 10. istis, quaeso, ista horribilia minitare purpuratis tuis; Tusc I 102. — II, 1. quis est iste? Tusc II 17. quidnam est istuc? Tusc IV 9. — 2. poëtarum ista sunt; nat III 77. totum istud Graecorum est; Flac 10.

C. **bei Infinitiven und Ausdrücken:** non dolere istud quam vim habeat; fin II 9. istuc „quasi corpus"; nat I 73. istuc totum DOLO MALO; Tul 26. — II. praecipitare istuc quidem est, non descendere; nat I 89.

D. **allein und auf Eigennamen bezogen:** I. iste nihilo minus iudicium HS 1000 dabat. ille iudicium se accepturum esse dicebat; Ver III 55. Apronius certiorem facit istum. cuia res erat; Ver III 68. invectus est in istum Dolabella; Phil II 79. ut mos erat istius; Ver I 63. vehementer istius cupidi; Ver II 12. signum de busto meretricis ablatum isti dedit; dom 112. isto damnato; Ver I 8. isti palam dicere solent ..: rep I 11. omnia apud istos relinquebantur; Ver IV 23. in istorum otio ac litteris tractata res; rep III 4. rogarem te, ut paulum loci mihi, ut iis responderem, dares, nisi

istis alio tempore responsurus essem; fin IV 62. ex urbanis malivolorum sermunculis haec ab istis esse conlecta; Deiot 33. — II. qua (barbula) ista delectatur; Cael 33. nisi omnia, quae cum turpitudine aliqua dicerentur, in istam quadrare apte viderentur; Cael 69. — III. non est istud pati neque iudicio defendere; Quinct 63. sane istuc quidem, inquit; Ac I 14. istud quidem optime dicis; fin III 13. ego iam tibi ipse istuc, quod expetis, concedam; div Caec 27. fac nihil isto esse iucundius; of III 117. saepe de isto conlocuti sumus; leg I 8. non ista quidem erunt meliora, quae nunc sunt optima, sed certe condita iucundius; Muren 66. nos ista numquam contempsimus, sed hanc vitam quietam secuti sumus; Rab Post 17. quasi vero me pudeat istorum; fin II 7. quid ergo eius modi istorum est? Tusc V 40.

istic, ba, bort: quoniam istic sedes; Sex Rosc 84. istic sum; fin V 78.

istim, von ba, von bort: quae mihi istim adferuntur! A XIV 12, 1. te istim ne temere commoveas; ep VI 20, 3. istim emanant (mala): A VII 21, 1. valde ego te istim excitarem; A II 1, 4. iis ventis istim navigatur; ep XVI 7. te istim posse proficisci; ep VI 20, 1.

istine, von ba, von bort: si istinc causa corrumpendi iudicii, si istinc pecunia, istine Staienus, istinc denique omnis fraus et audacia est, hinc pudor, honesta vita ..; Cluent 83. quod eos (sonitus) usque istinc exauditos putem; A I 14, 4.

isto, bahin, ba hinein: si qua me res isto adduxerit: A XII 23, 1. Trebatium quod isto admisceas, nihil est; Q fr III 1, 9.

istuc, bahin, bazu: adde istuc sermones hominum; Phil XI 23. istuc addi nihil potest; A XIII 32, 1. istuc sunt delapsi; Muren 29. quid opus erat te gradatim istuc pervenire? nat I 89.

ita, fo, alfo, auf biefe Weife, fo fehr, in bem Grabe, infofern, unter ber Bebingung: I. **allein:** 1. ita me de praeturae criminibus anditote, ut ..; Ver I 103. quas ob res ita censeo: „cum" ..: Phil IX 15. quam (laetitiam) ita definiunt: sine ratione animi elationem; Tusc IV 13. humilem sane relinquunt et minime generosum, ut ita dicam. ortum amicitiae; Lael 29. si ita commodum vestrum fert; agr II 77. qui ita se gerunt, ita vivunt. ut eorum probetur fides; Lael 19. age, sit ita factum: Milo 49. quae cum ita se res haberet; Ver II 124. cum ita ita loquitur: „se consulem esse"; Ver pr 27. ita de me erit meritus ille ordo; Rab Post 6. his ita positis: fin III 41. ita putavit senatus. eosdem fore testes et iudices; Planc 37. de morte ita sentit. ut dissoluto animante sensum exstinctum putet: Tusc V 88. non est ita; Rabir 29. quae cum ita sint; Muren 2. ita est; rep II 33. quod ni ita fuisset; Cato 85. quae ita videantur, ut etiam alia eodem modo videri possint; Ac II 40. quis hoc putaret praeter me? nam ita vivam, putavi; ep II 13, 3. f. gero. quoniam senatus ita vult; dom 147. — 2. hominem mihi ita cari itaque iucundi, ut ..; Bru 10. ne istius quidem laudis ita sum cupidus, ut ..; Sex Rosc 2. qui ita dignissimus est scaena propter artificium, ut dignissimus sit curia propter abstinentiam; Q Rosc 17. ita gratiosi eramus apud illum, ut ..; A XV 4, 3. quod ita fuit inlustre notumque omnibus, ut ..; Ver V 34. iucundus: f. carus. animadvertit aedificium non ita magnum; Tul 19. non ita multis ante annis; Sex Rosc 64. ita multa meminerunt; Tusc I 59. notus: f. inlustris. ut reliqua non illa quidem nulla, sed ita parva sint, ut nulla esse videantur; fin V 72. Themistocles non ita sane vetus; Bru 41. — 3. scripta lex ita diligenter est, ut ..; Ver III 39. C. Fimbria non ita diu iactare se potuit; Bru 233. cum mihi hoc responderis aut ita impudenter, ut ..

aut ita dolenter, ut . .; Vatin 10. meum reditum ita longe tuo praestitisse, ut . .; Piso 63. dicemus, neque ita multo post; of II 19. plura me scribere non ita necesse arbitrabar; ep X 25, 3. si tibi ita penitus inhaesisset ista suspicio; Milo 68. ita saepe et ita vehementer esse petitum, ut . .; div Caec 14. — 4. nonne (M'. Curius) hunc hominem ita servum iudicet, ut . .? par 38. — 5. ita si verum tibi Caelius dixit; Cael 53. tanta multitudine *hostium* interfecta (*hostium* dico; ita, inquam, *hostium*): Phil XIV 12. expers virtutis igitur (*deus*); ita ne beatus quidem; nat I 110. ita, quicquid honestum, id utile; of III 35.

II. **Verbindungen:** ut concludamus atque ita peroremus; de or II 307. tu crebris nos litteris appellato, atque ita, si idem fiet a nobis; ep XV 20, 2. quem exstet eloquentem fuisse et ita esse habitam: Bru 57. sin autem ingredienti cum armata multitudine obvius fueris et ita venientem reppuleris; Caecin 76. dicam alio loco et ita dicam, ut . .; imp Pomp 10. illudque mihi gratissimum est, et ita Lucceius ipse intellexit . .; ep XIII 42, 2. cura, ut valeas et ita tibi persuadeas, mihi te carius nihil esse; ep XIV 3, 5. f. I, 3. saepe. „quid agas mecum ex iure civili, non habes". itane vero? Caecin 34. casu, inquis. itane vero? div I 23. perinde: f. utcumque. non dicis igitur: „miser est M. Crassus", sed tantum: „miser M. Crassus". ita plane: Tusc I 13. fieri potest, ut errem, sed ita prorsus existimo . .; fin I 23. alii, quasi corpus nullum sit hominis, ita praeter animum nihil curant; fin IV 36. huius exiliores orationes sunt itaque exarmerunt, vix iam ut appareant; Bru 82. qui semper apud omnes sancti sunt habiti itaque dicti; Arch 31. nihil his in locis nisi saxa et montes cogitabam, itaque ut facerem, orationibus inducebar tuis; leg II 2. f. I, 2. carus. non sic agam, sed ita quaeram, quem ad modum te velle intellego; Ver V 4. quid ita non profers? Q Rosc 3. num nulla quaestio de Africani morte lata est? certe nulla. quid ita? quia non alio facinore clari homines, alio obscuri necantur; Milo 17. si ullum probarem simplex rei publicae genus, sed ita, quoad statum suum retinet; rep II 43. appelletur ita sane; Milo 12. f. I, 2. vetus. sed ita te para, ut, si inclamaro, evoles; A II 18, 4. f. prorsus, quem ad modum, quoad, -L hoc ipsum ita iustum est, quod recte fit, si sit voluntarium; of I 28. libenter amplector talem animum, sed ita: si feceris id, quod ostendis . .; ep V 19, 2. ut faveas, sed ita, si non ieiunum hoc nescio quid videbitur; A XV 4, 14. Lucullo alibi reponemus, ita tamen, si tu hoc probas; A XIII 12, 3. f. atque. quoniam ex vita ita discedo tamquam ex hospitio, non tamquam e domo; Cato 84. vero: f. ne. haec, ut brevissime dici potuerunt, ita a me dicta sunt; de or II 174. ut in quoque eorum (*patronorum*) minimum putant esse, ita eum primum volunt dicere; de or II 313. modo ita laudes (*Lepidi orationes*), ut antiquas; Bru 295. ut quisque maxime ad suum commodum refert, quaecumque agit, ita minime est vir bonus; leg I 49. ut in rebus exagitatis, ita versamur; Q fr II 4, 6. perinde, utcumque temperatus sit aër, ita pueros orientes animari; div II 89.

itaque, also, daher: I. 1. itaque feci non invitus, ut prodessem multis rogatu tuo; Lael 4. itaque illam Campanam adrogantiam maiores nostri ad inertissimum otium perduxerunt; agr II 91. itaque causa fuit Aeschini; opt gen 21. itaque Archilochia in illum edicta Bibuli populo ita sunt accumula, ut . .; A II 21, 4. itaque (P. Clodium) repente Romam constituisse proficisci; Milo 46. — f. itaque num tibi videor in causa Ligarii esse occupatus? Ligar 29. itaque quid fecit (Regulus)? of III

100. — 3. itaque quantum adiit periculum! fin II 56. — 4. itaque perscrutamini penitus naturam criminum; Flac 19. itaque ab eodem Cn. Pompeio omnium rerum egregiarum exempla sumantur; imp Pomp 44. — II. itaque, cum ceteri consulares irent, redirent, in sententia mansi; Phil II 89. itaque, nisi ineptum putarem, iurarem . .; Ac II 65. itaque quamquam non haec una res efficit maximam aegritudinem, tamen . .; Tusc III 30. itaque, si quam habeo laudem, parta Romae est; Planc 66. itaque, ut omittam largitione corrupta suffragia, non vides quaeri in suffragiis . .? leg III 39. itaque, ut ita placet, damus operam, ne cuius animum offendamus; Q fr II 15, 1.

item, ebenso, auf gleiche Art, desgleichen, ebenfalls, auch: I, 1. recta effectio, item convenientia, denique ipsum bonum crescendi accessionem nullam habet; fin III 45. a quo (*viro*) item funerum sumptus praefinitur; leg II 68. in re est item ridiculum; de or II 242. — 2. quod ita mihi videatur verum, ut non possit item falsum videri; Ac II 34. tu eas epistulas aliquando conceptio; ego item tuas; A X 12, 3. — 3. quia nunc item ab eodem sunt nobis agendi capienda primordia; leg II 7. — 4. permulta item contra eam legem verba fecisti; imp Pomp 52. item quaero de Regillo, Lepidi filio; A XII 24, 2. — II. me tuum aut item te meum servum esse; Caecin 96. qua inventa selectione et item reiectione; fin III 20. me et coram P. Cuspio tecum locutum esse et item postea tecum egisse . .; ep XIII 6, 1. ita fit, ut non item in oratione ut in versu numerus exstet; orat 202. id erat quondam quasi necesse; nunc non est item; A XIV 12, 2. ad aedem Honoris et Virtutis itemque aliis in locis; Ver IV 121. non (*sapiens*), quem ad modum, si quaesitum ex eo sit, stellarum numerus par an impar sit, item, si de officio, nescire se dicat; Ac II 110. in specie fictae simulationis, sicut reliquae virtutes, item pietas inesse non potest; nat I 3. utinam, ut mihi illa videor videre, item nunc possem vobis exquirere . .! de or II 33. ut Numestio mandavi, tecum ut agerem, item te rogo, ut . .; A II 24, 5. f. non; orat 202.

iter, Weg, Straße, Reise, Fahrt, Gang, Marsch: I. iter huius sermonis quod sit, vides; leg I 37. nobis iter est in Asiam, maxime Cyzicum; A III 6. cum nostris civibus pateat ad ceteras iter civitates; Balb 29. — II, 1. ego itinera sic composueram, ut Nonis Quinctilibus Puteolis essem; A XV 26, 3. statim iter Brundisium versus contuli; A III 4. cum illud iter Hispaniense pedibus fere confici soleat; Vatin 12. quo ego converti iter meum; A III 3. demonstrabo iter; Catil II 6. ut (*servi*) ita se gerant in istis Asiaticis itineribus, ut sit iter Appia via faceres; Q fr I 1, 17. quod iter meum interclusum putabam; A VIII 11, D, 2. ut (*occupatio*) interrumpat iter amoris nostri et officii mei; A IV 2, 1. in ea parte oris, qua esculentis et potulentis iter natura patefecit; nat II 141. P. Sestius designatus iter ad C. Caesarem pro mea salute suscepit; Sest 71. iter illud Brundisinum sublatum videtur; A XVI 4, 4. — 2. quae (*avaritia*) antehac occultis itineribus atque angustis uti solebat; Ver III 219. — 3. haec tibi ex itinere misi; Top 5. — III. non illum longitudo itineris retardavit; Phil IX 2. quod itinerum meorum ratio te non nullam in dubitationem videtur adducere; ep III 5, 3. — IV, 1. defessus iam labore atque itinere disputationis meae; de or II 234. quam potui maximis itineribus ad Amanum exercitum duxi; ep XV 4, 7. naturam suo quodam itinere ad ultimum pervenire; nat II 35. ut Trebonius itineribus deviis proficisceretur in provinciam; A XIV 10, 1. — 2. in: f. II, 1. facio.

iteratio, Wiederholung: si quae verborum

iterationes contentionem aliquam et clamorem requirent; orat 85. iteratio; de or III 203.

itero, wiederholen, nochmals umpflügen: ut idem illud iteremus; orat 101. ut, quod dixit, iteret; orat 137. ut agro non semel arato, sed novato et iterato (opus est); de or II 131. cum iterantur verba; orat 135. augent etiam relata verba, iterata, duplicata; part or 54.

iterum, abermals, zum zweiten Male, wiederholt: I. audierat ex illo se a me bis salutem accepisse, separatim semel, iterum cum universis; dom 134. ac primo quidem decipi incommodum est; iterum, stultum; tertio, turpe; inv I 71. quattuor (partes) duplicare, post idem iterum facere; div II 42. Livianae fabulae non satis dignae, quae iterum legantur; Bru 71. iterum autem peccant, cum . .; de or II 112. id ut experiantur, iterum et saepius te rogo; ep XIII 42, 2. unus bis rem publicam servavi, semel gloria, iterum aerumna mea; Sest 49. iterum ad Sopatrum Timarchides venit; Ver II 70. — II. M. Atilius Regulus cum consul iterum in Africa ex insidiis captus esset; of III 99. res erat cum L. Saturnino, iterum tribuno plebis; Sest 37.

itidem, auf gleiche Weise, ebenso, ebenfalls: ea, quae movent sensus, itidem movent omnium; leg I 30. vinctum itidem a filio Saturnum; nat III 62.

itio, Gehen, Reise: 1. Rhodiorum classi propinquum reditum ac domum itionem dari; div I 73. — 2. quaeris, quid cogitem de obviam itione; A XIII 50, 4. de obviam itione ita faciam, ut suades; A XI 16, 1.

ito, gehen: te ad cenas itare desisse moleste fero; ep IX 24, 2.

itus, Reise: quis porro noster itus, reditus, vultus, incessus inter istos? A XV 5, 3.

iuba, Mähne: 1. »Equus ille iubam quatiens fulgore micanti«; nat II 111. — 2. cuius (equi) in iuba examen apium consederat; div I 73.

iubeo, befehlen, gebieten, verordnen, genehmigen, heißen, auffordern, nötigen: I. 1. quae (lex) est recta ratio in iubendo et vetando; leg I 33. movere: III. f. probos. — 2. quem ad modum senatus censuit populusque iussit; Planc 41. — II, 1. Centuriporum senatus decrevit populusque iussit, ut eas (statuas) quaestores demoliendas locarent; Ver II 161. f. 2. — 2. VELITIS IUBEATIS, UT M. TULLIUS IN CIVITATE NE SIT BONAQUE EIUS UT MEA SINT; dom 44. — 3. consul imperiosus exire ex urbe iussit; sen 12. iubes de profectione mea providere; A X 12, a, 1 (12, 4). — 4. non adesse eram iussus; dom 62. dicitur (Romulus) ab Amulio ad Tiberim exponi iussus esse; rep II 4. — 5. Areopagitae comprehendi iubent eum, qui a Sophocle erat nominatus; div I 54. balineum || balneum || calfieri iubebo; A II 3, 4. Dionysium velim salvere iubeas; A IV 15, 10. ita te sine cura esse iussit, ut . .; A XII 6, a, 2. — III. ut me iubet Acastus, confido te iam valere; A VI 9, 1. quicquid populus iusserit; Caecin 96. hoc quia vos foedus non iusseritis; agr II 58. de legibus iubendis aut vetandis dici; de or I 60. quae (lex) neque probos frustra iubet aut vetat nec improbos iubendo et vetando movet; rep III 33. — IV. (rusticum) iterum idem esse iussum et monitum; div I 55. quae (litterae) te aliquid iuberent; ep XIII 26, 3.

iucunde, ergötzlich, angenehm, mit Vergnügen: Darius negavit umquam se bibisse iucundius; Tusc V 97. id, quod casus effudisset, cecidisse iucunde; orat 177. qua (voluptate) sensus dulciter ac iucunde movetur; fin I 18. cum in convivio comiter et iucunde fuisses; Deiot 19. non posse iucunde vivi nisi etiam honeste; fin II 49.

iucunditas, Annehmlichkeit, Lieblichkeit, Liebenswürdigkeit, Beliebtheit: I. modus transferendi verbi, quem iucunditas delectatioque celebravit;

de or III 155. ut ea esset in homine iucunditas: de or I 27. — II, 1. quibus ista agri spes et iucunditas ostenditur; agr II 79. caritate benivolentiaque sublata omnis est e vita sublata iucunditas; Lael 102. — 2. ille unus dies tantae mihi iucunditati fuit, ut . .; dom 76. — III. mihi iucunditatis plena epistula hoc aspersit molestiae, quod . .; Q fr II 8, 2. — IV, 1. voluptas. huic verbo subiciunt laetitiam in animo, commotionem suavem iucunditatis in corpore; fin II 13. — 2. nihil mihi umquam ex plurimis tuis iucunditatibus gratius accidisse quam . .; A X 8, 9. — V. qui neque elabi ex iudicio iucunditate sua neque emitti gratia potest; Sest 134.

iucundus, erfreulich, angenehm, liebenswürdig, beliebt: A. nihil est illo homine iucundius; A I 13, 1. quae (admiratio) iucundissima fuisset, si aliquem, cui narraret, habuisset; Lael 88. agri iucundi et fertiles; agr II 40. (amor tuus) gratus et optatus (dicerem „iucundus", nisi id verbum in omne tempus perdidissem); e V 15, 1. clementia, institia. benignitas, fidesque fortitudo in periculis communibus iucunda est auditu in laudationibus; de or II 343. quamquam mihi semper frequens conspectus vester multo iucundissimus est visus; imp Pomp 1. fuit mihi saepe et laudis nostrae gratulatio tua iucunda et timoris consolatio grata; A I 17, 6. contio Pompei non iucunda miseris, beatis non grata; A I 14, 1. fides, fortitudo: f. benignitas. consolatio: f. gratulatio. in homines caros iudicibusque iucundos: de or II 304. institia: f. benignitas. o gratas tuas mihi iucundasque litteras! A XII 4, 1. omnes iucundum motum Graece ἡδονήν, Latine voluptatem vocant; fin II 8. cuius (Servii) officia iucundiora scilicet saepe mihi fuerunt, numquam tamen gratiora: ep IV 6, 1. res ipsa cum iucunda, tum salutaris (est); Phil XIII 1. his mihi rebus levis est senectus, quam non modo non molesta, sed etiam iucunda; Cato 85. si incundissimis nos somniis usuros putemus; fin V 55. hoc iucundissimum spectaculum omnibus praebebat; Ver V 66. tamquam bona valetudo iucundior est iis, qui e gravi morbo recreati sunt, quam . .; Quir 4. verbis ad audiendum iucundis; de or I 213. ista veritas, etiamsi iucunda non est, mihi tamen grata est; A III 24, 2. — B. (voluptas) si honestis iucunda anteponat; fin III 1. omnia iucunda, quamquam sensu corporis iudicentur, ad animum referri tamen; Tusc V 95.

iudex, Richter, Beurteiler: I, 1. qui (iudices) se non solum de reo, sed etiam de accusatore debere iudicare arbitrabantur; Font 25. quae inratis iudices cognovissent, ut ea non esse facta, sed ut „videri" pronuntiarentur; Ac II 146. vos repentini in nos iudices consedistis; Sulla 92. est: f. II, 1. commoveo. si index nequam et levis, quod praetor iusserit, iudicet; Ver II 30. f. arbitrantur. iubet lex ea, qua lege haec quaestio constituta est, iudicem quaestionis cum iis iudicibus, qui ei obvenerint, quaerere ex veneno; Cluent 148. cum huic eidem quaestioni index praeesses; Sex Rosc 11. quaerit f. obveniunt. si (indices) ab eo, quod scriptum sit, recedant; inv II 132. in comitium veniant, ad stantem iudicem dicant: subsellia pleniorem vocem desiderant; Bru 289. sunt: f. II, 1. commoveo. eius modi indices infesti tum reo venerant; Cluent 75. — 2. quoniam indicem esse me, non doctorem volo; orat 117. quoniam iudex es in A. Cluentium Cluent 198. ut postea princeps inter suos plurimarum rerum sanctissimus et iustissimus iudex (fuerit); Planc 32. mentem volebant rerum esse iudicem; Ac I 30. te iudice vincamus necesse est Caecin 38. — 3. ista condicio, indices, respuatur Cael 14. — II, 1. xxxi (iudices) fuerunt, quos fames magis quam fama commoverit; A I 16, 3 nos neque ex delectis iudicibus, sed ex omni populo

neque editos ad reiciendum, sed ab accusatore constitutos iudices ita feremus, ut neminem reiciamus? Planc 41. mihi hoc plus mali facere videtur, qui oratione, quam qui pretio iudicem corrumpit, quod . .; rep V 11. deligo: f. constituo. tot homines etiam nunc statuere non potuisse, utrum „iudicem" an „arbitrum" dici oporteret; Muren 27. ut iudices ex lege Rupilia dentur; Ver II 38. iis iudicibus editis; Planc 42. f. constituo. ut (sit) index erectus; Bru 290. fero· f. constituo. V. ex. quia te habeo aequissimum eorum studiorum existimatorem et indicem; fin III 6. sensim incendens iudices; orat 26. ut hos iudices legere auderet; Phil V 16. a te peto, ut tu quoque aequum te iudicem dolori meo praebeas; ep V 2, 10. quibus ne reiciendi quidem amplius quam trium iudicum praeclarae leges Corneliae faciunt potestatem; Ver II 77. f. V. ex. negavit se iudices ex lege Rupilia sortiturum; Ver II 39. ut ipse iudices per praetorem urbanum sortiretur; Q fr II 1, 2. — 2. iudicis est semper in causis verum sequi; of II 51. — 3. audete negare ab Oppianico Staieno iudici pecuniam datam; Cluent 65. ut hoc probari aequissimo iudici possit; Ver III 164. — 4. Graeci exsultant, quod peregrinis iudicibus utuntur; A VI 1, 15. — 5. animos equitum Romanorum, apud quos tum iudices causa agebatur; de or II 199. animadvertisse censores in iudices quosdam; Cluent 119. ut non cum adversario solum, sed etiam cum iudice ipso iurgio saepe contenderet; Bru 246. dico ad: f. I, 1. stat. pecunia se a iudicibus palam redemerat; Milo 87. apud me, ut apud bonum iudicem, argumenta plus quam testes valent; rep I 59. ad eius omnia iudicia te iudices esse venturum; Ver III 95. f. arbiter, II, 1. sumo. — III. est philosophia paucis contenta iudicibus; Tusc II 4. — IV, 1. ut animos iudicum commoverem; Cluent 139. o consessum iudicum praeclarum! Phil V 12. totum chorum in tertiam decuriam iudicum scitote esse coniectum; Phil V 15. dilectus et notatio iudicum etiam in nostris civibus haberi solet; Phil V 13. ut eo fautore uteretur cupidiore, quam fides iudicis postulabat; Cluent 61. notatio: f. dilectus. hunc hominem in iudicum numero habebimus? Ver II 79. posteaquam reiectio iudicum facta est; Ver pr 16. si sententiis iudicum iura constituerentur; leg I 43. eius modi subsortitionem homo amentissimus suorum quoque iudicum fore putavit per sodalem suum Q. Curtium, indicem quaestionis [suae]; Ver I 158. — 2. lege de indiciis iudicibusque novis promulgata; Ver V 177. — V. a iudicibus condemnandus est; Planc 8. apud eosdem iudices est reus factus; Cluent 59. cum ex cxxv iudicibus principibus equestris ordinis quinque et lxx reus reiceret, l ferret; Planc 41. f. II, 1. constituo. per: f. IV, 1. subsortitio.

iudicatio, Untersuchung, Urteil, Ausspruch: I, 1. simplex erit iudicatio et in quaestione ipsa continebitur; inv II 111. in coniecturali constitutione non potest ex diductione rationis nasci iudicatio; inv I 19. indicatio nascitur: possintne . .? inv II 64. — 2. iudicatio est, quae ex infirmatione rationis nascitur controversia; inv I 18. indicatio fiet: minuatne is maiestatem, qui . .? inv II 52. haec opinatio est iudicatio se scire, quod nesciat; Tusc IV 26. — II, 1. ex hac diductione rationis illa summa nascitur controversia, quam iudicationem appellamus; inv I 18. contineo: f. I, 1. est. oportebit ipsam illam comparationem iudicationem exponere tamquam causam deliberativam; inv II 76. quo modo iudicationes plures fiant; inv II 64. anceps genus causae si dubiam iudicationem habebit, ab ipsa iudicatione exordiendum est; inv I 21. in ceteris constitutionibus ad hunc modum iudicationes reperiantur; inv I 19. — 2. ad hanc iudicationem argumentationes omnes adferre oportebit; inv

II 52. exordior ab: f. 1. habeo. — III. quid controversiae sit, ponendum est in indicationis expositione; inv I 31.

iudicatum, Urteilsspruch, Entscheidung: I. indicatum est res adsensione aut auctoritate aut indicio alicuius aut aliquorum comprobata. id tribus in generibus spectatur, religioso, communi, approbato; inv I 48. iudicatum (est), de quo iam ante sententia alicuius aut aliquorum constitutum est; inv II 68.— II, 1. si iudicatum aliquod inferetur; inv I 82. ut procurator iudicatum solvi satis daret; Quinct 29. specto: f. I. inv I 48. cum iudicatum aliam in partem traducitur; inv I 79. — 2. constituo de: f. I. inv I 68. — III. his rebus auctoritas iudicati maxime potest infirmari; inv I 83.

iudicatus, Richteramt: I. isti ordini iudicatus lege Iulia, etiam antea Pompeia, Aurelia non patebat? Phil I 20. — II. quod de iudicatu meo (scribis); A XII 19, 2.

iudicialis, gerichtlich: quia ab homine statuitur, iudiciale est habendum; inv II 110. illius iudicialis anni severitatem (Q. Arrius) non tulit; Bru 243. omnis et demonstrativa et deliberativa et iudicialis causa necesse est in aliquo eorum constitutionis genere versetur; inv II 12. iudiciale (genus est), quod positum in indicio habet in se accusationem et defensionem aut petitionem et recusationem; inv I 7. unum iudiciale (genus) solum esse qui potest, cum deliberatio et demonstratio neque ipsae similes inter se sint et ab iudiciali genere plurimum dissideant? inv I 12. nos ab indiciali genere exemplorum recedere; inv II 110. placet in iudiciali genere finem esse aequitatem, hoc est, partem quandam honestatis; inv II 156. hoc forense, concertatorium, iudiciale non tractavit genus; Bru 287. iudiciali molestia ut caream, videbis; A XIII 6, 4. in oratione iudiciali et forensi; orat 170. huic iudicialis tabella committetur? Ver II 79.

iudiciarius, das Gericht betreffend, gerichtlich: ut finis iudiciariae controversiae constitueretur; Ver I 5. nonne omnes iudiciariae leges Caesaris dissolvuntur? Phil I 19. ille quaestu iudiciario pastus; Cluent 72.

iudicium, Gericht, Gerichtsbarkeit, Urteil, Entscheidung, Meinung, Überzeugung, Überlegung, Vorbedacht: I. absolut: 1. postea quam appropinquare huius iudicium ei nuntiatum est; Cluent 192. semperne in oratore probando aut improbando vulgi iudicium cum intellegentium iudicio congruit? Bru 183. indicia populi iam magis patronum desiderabant, tabella data; Bru 106. ut vestrum iudicium ab suo iudicio ne discrepet; div Caec 14. quo liberius iudicium esse posset tuum; ep V 19, 1. graviora indicia de potentissimis hominibus exstant vocis quam tabellae; leg III 34. qui iudicia manere apud ordinem senatorium volunt; div Caec 8. hoc Caesaris iudicium quam late pateat, attendite; Marcel 13. hand scio an plus iudicium voluntatis valere quam sortis debeat; Ver I 41. inde tot iudicia de fide mala, tutelae, mandati, pro socio, fiduciae, inde iudicium publicum rei privatae lege Plaetoria, inde everriculum malitiarum omnium, iudicium de dolo malo; nat III 74. — 2. aestimationem litium non esse iudicium; Cluent 116. tu id quanti aestimes, tuum iudicium est; A IX 15, 5.

II. nach Verben: 1. in deligendis idoneis iudicium et diligentiam adhibere (debemus); of II 62. opinor totum hoc iudicium quasi mente quadam regi legis et administrari; Cluent 147. si ista indicia appellare vultis; Cluent 122. non modo non esse reprehensum indicium, sed ab omnibus approbatum: inv I 82. ut ab senatu indicia auferantur; Ver I 23. existimationis suae iudicium extra cohortem suam committendum fuisse nemini; Ver III 142. de quo (maleficio) indicium comparatum sit; inv II 60. ut

46

quod (iudicium) una sententia eaque dubia potentiae alicuius condonatum existimetur; ep V 18, 2. id iudicium Auli filio condonatum putabatur; A II 3, 1. scientia conservans earum rerum stabile indicium; Tusc IV 53. etiam ante iudicium de constituendo ipso iudicio solet esse contentio; part or 99. crimen est hoc post iudicia de pecuniis repetundis constituta gravissimum; Ver III 130. ex quo genere peccati vel iniuriarum vel capitis iudicia constituta sunt; Caecin 9. corrupisse dicitur A. Cluentius iudicium pecunia; Cluent 9. interea dissolvant iudicia publica; agr II 34. solet vi iudicium disturbare; Sest 135. ut ex edicto suo iudicium daret in Apronium; Ver III 152. hoc praetore exercente iudicium; Arch 3. Scauri iudicium statim exercebitur; Q fr II 15, 3. in quo (conlegio) iuratus iudicium dignitatis meae fecerat; Bru 1. neque tam multa quam nostra aetate iudicia fiebant; Bru 207. de quo non praeiudicium, sed plane iudicium iam factum putatur; div Caec 12. per quos (dies) solos iudicium fieri posset; Ver II 130. ut primum per aetatem iudicium facere potueris. quanti quisque tibi faciendus esset; ep XIII 29, 1. ut tacitum iudicium ante comitia fieret; A IV 17, 3. f. IV, 3. iudicium de. deorum immortalium iudicia solent in scholis proferre de morte, nec vero ea fingere ipsi, sed . . ; Tusc I 113. si teretes aures habent intellegensque iudicium; opt gen 11. me confiteor non iudicium aliquod habuisse de utilitate rei publicae; Planc 93. vestrum ab illis de eodem homine iudicium populique Romani auctoritatem improbari; imp Pomp 63. homines legum iudiciorumque metuentes; dom 70. ut existimem me bonorum iudicium non funditus perdidisse; A XI 7, 3. hic is, qui agit, iudicium purum postulat; ille, quicum agitur, exceptionem addi ait oportere; inv II 60. profero: f. fingo. rego: f. administro. quod omnia iudicia aut distrahendarum controversiarum aut puniendorum maleficiorum causa reperta sunt; Caecin 6. reprehendo: f. approbo. ne tuum iudicium videar rescindere; Ver V 20. alia iudicia Lilybaei, alia Agrigenti, alia Panhormi restituta sunt; Ver II 63. qui in iudicando superiora iudicia secuti sunt; Cluent 106. solvo: f. V, 1. tribui. gravius iudicium in dicendo subimus; de or I 125. sublatum esse omne iudicium veri et falsi (Epicurus) putat; fin I 22. f. IV, 3. crimen de. iudiciis ad senatorium ordinem translatis; Ver pr 38. — 2. nihil possumus indicare nisi quod est nostri indicii; fin II 36. — 3. crimen iudicio reservavi; Milo 14. placet esse quasdam res servatas iudicio voluntatique multitudinis; rep I 69. — 4. nos imperitae multitudinis iudicio confidimus; Flac 97. opus est huc limatulo et polito tuo iudicio; ep VII 33, 2. de rebus ipsis utere tuo iudicio; of I 2. — 5. quae ne adducta quidem sit in iudicium; inv II 82. nolo accusator in iudicium potentiam adferat; Muren 59. prima illa naturae sub iudicium sapientis et dilectum cadunt; fin III 61. congruo cum: f. I, 1. conquiri. ut (ea), quamquam in ipsum iudicium saepe delabuntur || dilabantur, al. ||, tamen ante iudicium tractanda videantur; part or 100. se ex iudicio discessisse victum; Cluent 111. istum mihi ex hoc iudicio ereptum ad illud populi Romani iudicium reservari; Ver V 173. laudatores ad hoc iudicium summos homines ac nobilissimos deprecatores huius periculi missos videtis; Balb 41. quae ad vestrum iudicium minime pertinerent; Cluent 164. ut non tam fuerit honestum in iudicium illam rem pervenire; inv II 84. ab omni iudicio provocari licere indicant xii tabulae compluribus legibus; rep II 54. reservo ad: f. eripio ex. si (Epaminondas) extra iudicium esset; inv I 70. si lis in iudicio sit; of I 59. si auctoritates patronorum in iudiciis valent; Balb 1. videtis hominum trucidationes, incendia, rapinas, sanguinem in iudicium venire; Tul 42. versatam esse in iudicio pecuniam

constat; Cluent 81. sin autem certo nomine maleficii vocabitur in iudicium; inv II 74. in iudicium capitis multos vocaverunt; Bru 136.

III. nach Adjectiven: 1. sunt expertes imperii, consilii publici, indicii delectorum iudicum; rep I 47. metuens: f. II, 1. metuo. cum est forum plenum iudiciorum; Flac 57. — 2. exorta est illa auctoritati vestrae, iudiciis publicis funesta quaestura; har resp 43. — 3. quare dignus vestro summo honore singularique iudicio sim; agr II 2.

IV. nach Substantiven: 1. ut iuris et iudiciorum aequitate suum quisque teneat; of II 85. qui auctor huius iudicii est; Rabir 33. ad causas eas. in quibus plusculum negotii est, iudiciorum atque litium; de or II 99. quod (genus dicendi) non modo a consuetudine iudiciorum, verum etiam a forensi sermone abhorreat; Arch 3. reos corruptelam iudicii molientes; par 46. cum huiusce iudicii discrimen ab opinione tua non abhorreret; Ver III 52. iudicii finis est ius, ex quo etiam nomen; Top 91. quod genus iudiciorum si est aequum; Planc 36. quid negotii sit gravitatem iudiciorum defendere; div Caec 27. cum de infamia iudiciorum disputarem; Cluent 138. posteaquam primum Clodii absolutione levitatem infirmitatemque iudiciorum perspexi; A I 19, 6. quantam expectationem magnitudo iudicii sit adlatura; div Caec 42. te metus examinant iudiciorum atque legum; par 18. perturbationem fore omnium iudiciorum; inv II 84. ut omnis mearum fortunarum status unius iudicii periculo contineretur; Cluent 81. nullius neque privati neque publici iudicii poenam effugere potuerunt; dom 108. me in possessionem iudicii ac defensionis meae constitisse; de or II 200. veterem iudiciorum severitatem non requiro; Ver III 146. hoc specimen est popularis iudicii; Bru 188. veritate iudiciorum constituta; Ver III 162. — 2. adulescens gravis, senili iudicio; Sest 111. — 3. de perduellionis iudicio, quod a me sublatum esse criminari soles, meum crimen est, non Rabirii; Rabir 10. quae facta postea iudicia de illo iudicio dicerentur; Cluent 88. secuta biennio post (lex) Cassia est de populi iudiciis; leg III 35. duum lex de tacito iudicio ferretur; A IV 17, 3 (16, 6).

V. Umstand: 1. Neronis iudicio non te absolutum esse; Ver I 72. quo facilius circumvenire iudicio capitis atque opprimere filium posset; Cluent 192. hoc esse indignius, quam rem verbo et litteris mutare non possint, eam re ipsa et iudicio maximo commutare; inv II 133. iure alter (consul) populi iudicio damnatus est; div II 71. defensum esse iudicio absentem Quinctium; Quinct 65. me universi populi Romani iudicio consulem ita factum (esse), ut . . ; agr II 7. mea (domus) his tribus omnibus iudiciis liberata est; har resp 30. cum sis gravissimo iudicio taciturnitatis oppressus; Catil I 16. f. circumvenire. Epaminondas, princeps meo iudicio Graeciae; Tusc I 4. decessit illinc Pompei iudicio probatissimus; Cael 73. sapientis est proprium suis stare iudiciis; Tusc V 81. tuo potius stabam iudicio quam meo; A VIII 4, 1. hunc honorem a senatu tributum iudicio senatus soluto et libero; Phil V 41. — 2. ante: f. II, 1. constituo. 5. delabor in. summo cum imperio iudicioque rerum omnium vagari ut liceat, conceditur; agr II 34. in iudiciis, quid aequum sit, quaeritur; inv II 12. qui (Socrates) ita in iudicio capitis pro se ipse dixit, ut . . ; de or I 231. opinor poenam in cives Romanos nominatim sine iudicio constitutam; dom 43. non posse quemquam de civitate tolli sine iudicio; Sest 73. multi faciunt multa temeritate quadam sine iudicio; of I 49.

iudico, Recht sprechen, urteilen, aburteilen, entscheiden, beschließen, beurteilen, dafür halten, glauben, erklären: I, 1, a. si facultatem vere atque honeste iudicandi fecero; Ver II 179. in quo inest omnis cum subtilitas disserendi, tum veritas

iudicandi; Tusc V 68. iudicandi vias (Stoici) diligenter persecuti sunt ea scientia, quam διαλεκτικήν appellant; Top 6. — b. qui in iudicando superiora iudicia secuti sunt; Cluent 106. cum ob iudicandum pecuniam acceperat; Ver III 156. promulgatum ex senatus consulto fuisse, ut de eis, qui ob iudicandum accepissent, quaereretur; A I 17, 8. — 2, a. ita fit, ut animus de se ipse tum iudicet, cum id ipsum, quo iudicatur, aegrotet; Tusc III 1. — b. quo minus secundum illum iudicetis; Q Rosc 2. libere civi iudicare non licebat; Ver II 33. decemviri prima actione non iudicaverunt; Caecin 97. ut (iudices) vellent contra iudicare; inv II 136. ipsa natura incorrupte atque integre iudicante; fin I 30. parumne videbatur populus Romanus iudicare? Sest 123. senatus ex aliqua civitate, qui iudicet, datur; Ver II 32. — II, 1. qua d e re inter Marcellos et Claudios patricios centumviri iudicarunt; de or I 176. quibus (consulibus) permissum erat, ut de Caesaris actis cognoscerent, statuerent, iudicarent; A XVI 16, 8. ſ. I, 2, a. — 2. tu ipse velim iudices, satisne v i d e a t u r his omnibus rebus tuus adventus mutae respoudisse; ep V 2, 4. — 3. mihi indicatum est d e p o n e r e illam iam personam; ep VII 33, 2.— 4. q u i d a m iudicatus est parentem o c c i d i s s e; inv II 149. — 5. senatus universus iudicavit illud c o r r u p t u m esse i u d i c i u m; Cluent 136. ut sua omnia in se ipso posita iudicet; Lael 30. — 6. d e Caesare ita iudico, i l l u m l o q u i elegantissime; Bru 252. — III. q u e m iudicatum hic duxit Hermippus; Flac 45. alias aliud et sentiunt et iudicant; de or II 30. plura multo homines iudicant odio aut amore aut cupiditate aut iracundia aut dolore aut laetitia aut spe aut timore aut errore aut aliqua permotione mentis quam veritate aut praescripto aut iuris norma aliqua aut iudicii formula aut legibus; de or II 178. cum et bonum et malum natura iudicetur; leg I 46. est haec causa quasi quaedam appendicula causae iudicatae; Rab Post 8. quod corporis gravitatem et dolorem animo iudicamus; Tusc III 1. cur populi Romani hereditatem decemviri iudicent; agr II 44. an ingenia natura, virtutes et vitia, quae exsistunt ab ingeniis, aliter iudicabuntur? leg I 46. malum: ſ. bonum. in theatro et in curia res capitales et reliquas omnes iudicabant iidem; rep III 48. etsi alii pecunia accepta verum iudicabant; Cluent 76. virtutes, vitia: ſ. ingenia. nos beatam vitam non depulsione mali, sed adeptione boni iudicemus; fin II 41. — IV, 1. q u i d de te ceteros velis iudicare; Deiot 4. erat aequius Triarium aliquid de dissensione nostra iudicare; fin II 119. — 2. simile ex specie comparabili iudicatur; inv I 42. hunc ex maxime raro genere hominum iudicare debemus et paene divino; Lael 64. — 3. non ‖ sitam, al. ‖ uno i n eo (Pompeio) iudico spem de salute rei publicae; A VIII 2, 4. — 4. ut. quia tu defendis, i n n o c e n s iudicetur? Sulla 84. quem omnes gentes viris ac vitae civium conservatorem iudicarunt; Milo 73. quoniam hostis est indicatus Dolabella; Phil XI 16. quo etiam sapientiorem Socratem soleo iudicare; rep I 15. si hoc optimum factu iudicarem; Catil I 29. id deos immortales spero aequissimum iudicare; Phil XI 39. qui (vir) ista putat humana, sua bona divina iudicat; rep III 40. si mortem malum iudicaret; Tusc I 97. qui valetudinem aestimatione aliqua dignam iudicamus; fin III 44.

iugatio. Verbindung: adminiculorum ordines (me delectant), capitum iugatio; Cato 53.

iugerum. Morgen Landes, Juchert: I. qui ager (Campanus), ut dena iugera s i n t, non amplius hominum quinque milia potest sustinere; A II 16, 1. — II. is (C. Albanius) CIↃ iugerum de M. Pilio e m i t H8 CXV; A XIII 31, 4. ut aratores iugera sationum suarum profiterentur; Ver III 38.

quot milia ingerum sata essent; Ver III 113. — III. ita in eum iudicium de p r o f e s s i o n e iugerum postulabatur; Ver III 39 — IV. in iugero Leontini agri medimnum fere tritici seritur; Ver III 112.

iugis, zusammengespannt, bauernb, beständig: A. etiamne (terrae motum) futurum esse a q u a e iugis colore praesentiunt? div II 31. auspicium: ſ. B. ex puteis iugibus aquam calidam trahi; nat II 25. — B. quod nos augures praecipimus, ne iuges ‖ iuge, al. ‖ auspicium obveniat, aut iumenta iubeant diiungere; div II 77.

iuglans, Walnuß: instituit (Dionysius), ut (filiae) candentibus iuglandium putaminibus barbam sibi adurerent; Tusc V 58.

iugo, verbinden: quia coniugata ‖ iugata ‖ verba essent „pluvia" et „pluendo"; Top 38. omnes inter se nexae (virtutes) et iugatae sunt; Tusc III 17.

iugulo, abschlachten, töten, vernichten: cum Oppianicum iam perditum et duobus iugulatum praeiudiciis videret; Cluent 68. illum plumbeo gladio iugulatum iri; A I 16, 2. qui fortissimos viros optimosque cives iugulari iusserit; Phil III 4. patrem meum iugulastis; Sex Rosc 32. grunditum, cum iugulatur, suis; Tusc V 116. viros: ſ. cives.

iugulum, Kehle: 1. si nudus es, da iugulum; Tusc II 33. stupidum esse Socraten, quod iugula concava non haberet; fat 10. ut aperte iugula sua pro meo capite P. Clodio ostentarint; A I 16, 4. — 2. tela intenta iugulis civitatis; Piso 5. — 3. mucrones eorum a iugulis vestris deiecimus; Catil III 2.

iugum, Joch, Gespann, Paar, Wage, Gebirge: I, 1. cuius a cervicibus iugum servile d e i e c e r a n t; Phil I 6. — 2. legionibus nostris s u b iugum missis; of III 109. in iugo cum esset luna; div II 98. — II, 1. qui singulis iugis arant; Ver III 27. — 2. haec, ut ex Apennino fluminum, sic e x communi sapientiae ‖ sapientium ‖ iugo sunt doctrinarum facta divortia; de or III 69.

iumentum, Zugtier: 1. iubet, qua velit, a g e r e iumentum; Caecin 54. ut iumenta iubeant diiungere; div II 77. — 2. iumento certe Athenis nihil opus est; A XII 32, 3 (2).

iunctio, Verbindung: ut verborum iunctio nascatur ab proceris numeris ac liberis, maxime heroo aut paeane priore aut cretico, sed varie distincteque consīdat; de or III 191.

iungo, verbinden, vereinigen, zusammenfügen: ut est ex me et ex te iunctus Dionysius M. Pomponius; A IV 15, 1. an haec inter se iungi copularique possint; de or I 222. cum hominibus nostris consuetudines, amicitias, res rationesque iungebat; Deiot 27. infinitum bellum iunctum miserrima fuga; A IX 10, 4. si (causa) iuncta erit, utrum sit ex pluribus quaestionibus iuncta an aliqua comparatione; inv I 17. post causa fuit propior et cum exitu iunctior; fat 36. consuetudinem: ſ. amicitias. qui isdem artibus decus omne virtutis cum summa eloquentia laude iunxisses; Bru 331. si [verba] extrema cum consequentibus primis ita iungentur, ut . .; de or III 172. mundum efficere moliens deus terram primum ignemque iungebat; Tim 13. insignis improbitas et scelere iuncta; de or II 237. inductur indignatio, iuncta conquestioni; inv II 36. rationes, res: ſ. amicitias. terram: ſ. ignem. verba ponenda sunt iuncta, facta, cognominata; part or 53. est (vis) probitate iungenda summaque prudentia; de or III 55. magni philosophi haec ultima bonorum iuncta fecerunt; fin II 19.

iunior ſ. iuvenis.

iuratus ſ. iuro.

iurgium, Wortwechsel, Zank, Streit: I. benivolorum concertatio, non lis inimicorum, iurgium

dicitur; rep IV 8. ex quibus (inimicitiis) iurgia, maledicta, contumeliae gignuntur; Lael 78. — II. omnia sunt alia non crimina, sed m a l e d i c t a iurgii petulantis; Cael 30. — III. ut cum iudice ipso iurgio saepe c o n t e n d e r e t; Bru 246.

iurgo, ȝanſen, ſtreiten: iurgare lex putat inter se ‖ vetat ‖ vicinos, non litigare; rep IV 8.

iuridicialis, baȣ Reǫt betreffenb, juribiſǫ: tertia (c a u s a), quamvis molestum nomen hoc sit, iuridicialis vocetur; Top 92. iuridicialem causam esse dicebamus, in qua aequi et iniqui natura et praemii aut poenae ratio quaereretur; inv II 109. nunc iuridiciale genus et partes ‖ eius ‖ consideremus. iuridicialis est, in qua aequi et iniqui natura et praemii aut poenae ratio quaeritur. huius partes sunt duae, quarum alteram absolutam, adsumptivam alteram nominamus; inv II 68. 69.

iuro, iuror, ſǫwören, beſǫwören, beteuern, part. vereibigt: I. iuratus iudicium dignitatis meae fecerat; Bru 1. cum id iurati dicunt; Caecin 3. scite Euripides: »iuravi lingua, mentem iniuratam gero«; of III 108. de epistula ad Caesarem, iurato mihi crede, non possum: A XIII 28, 2. cum omnes legati nostri, omnes equites Romani M. Fonteium iurati privatim et publice laudent; Font 32. quae iurati iudices cognovissent; Ac II 146. legati: ſ. equites. erant ea testimonia non concitatae contionis, sed iurati senatus; Flac 17. — II, 1. vos non ex lege, in quam iurati sitis, rem indicare; inv II 131. cur in certa verba iurent; inv II 132. — 2. (puer) iurat. ita sibi parentis honores consequi l i c e a t; A XVI 15, 3. — 3. iurarem per Iovem deosque penates m e ardere studio veri reperiendi; Ac II 65. — 4. d e Africano vel iurare possum non i l l u m iracundia tum inflammatum f u i s s e; Tusc IV 50. — III. iudici demonstrandum est, q u i d iuratus sit; inv II 126. quo modo tibi placebit IOVEM LAPIDEM IURARE? ep VII 12, 2. magna voce iuravi verissimum pulcherrimumque ius iurandum; ep V 2, 7. (Aquilius) iuravit morbum; A I 1, 1. ipse perpetuum morbum iurabo; A XII 13, 2.

ius, Brüǫe, Suppe: I. negavit (Dionysius) se iure illo nigro, quod cenae caput erat, delectatum; Tusc V 98. fervet: ſ. II, 2. — II. ius d a n d u m tibi non fuit, cum κακοστόμαχος esses; ep XVI 4, 1. — III, 1. tu istic te Hateriano iure d e l e c t a s, ego me hic Hirtiano; ep IX 18, 3. ſ. I. — 2. in ea cena meus praeter ius fervens nihil *non* potuit imitari; ep IX 20, 2.

ius, Reǫt, Reǫtȣkunbe, Geriǫt: I. abſoIut: 1. proinde quasi alio modo sit constituturus de religione pontifex quam eum caerimoniarum ius c o ë g e r i t; dom 31. eum morem in pontificale confirmat; leg III 57. ius ex quibus rebus constet, considerandum est; inv II 65. in ea (consuetudine) quaedam sunt iura ipsa iam certa propter vetustatem; inv II 67. incredibile est, quam ius civile praeter hoc nostrum inconditum ac paene ridiculum; de or I 197. naturane sit ius inter homines an in opinionibus? de or III 114. non ex verbis aptum pendere ius; Caecin 52. in quo (bello) et suscipiendo et gerendo et deponendo ius ut plurimum valeret et fides; leg II 34. naturae iura minus ipsa quaeruntur ad hanc controversiam, quod neque in hoc civili iure versantur et a vulgari intellegentia remotiora ‖ remota non ‖ sunt; inv II 67. iactare se in causis centumviralibus, in quibus usucapionum, gentilitatum iura versentur; de or I 173. — 2. naturae ius e s s e, quod nobis non opinio, sed quaedam innata vis adferat, ut religionem, pietatem; inv II 65. consuetudine ‖ consuetudinis ‖ ius esse putatur id, quod voluntate omnium sine lege vetustas comprobarit; inv II 67. natura iuȣ est, quod non opinio gennit, sed quaedam in natura vis insevit, ut religionem,

pietatem, gratiam, vindicationem, observantiam, veritatem; inv II 161. consuetudine ius est, quod aut leviter a natura tractum aluit et maius fecit usus, ut religionem; aut quod in morem vetustas vulgi approbatione perduxit; quod genus pactum [est], par, iudicatum; inv II 162. lege ius est, quod in eo scripto, quod populo expositum est, ut observet, continetur; inv II 162. idne sit ius, quod maximae parti sit utile; de or III 115. ius civile est aequitas constituta iis, qui eiusdem civitatis sunt; Top 9. si compascuus ager est, ius est compascere; Top 12. II. naǫ Berben: 1. a b s c o n d o: ſ. 4. dico de. adfero, alo: ſ. I, 2. inv II 65. 162. quod (ius) ambigitur inter peritissimos; de or I 242. iam iura legitima ex legibus cognosci oportebit; inv II 68. (P. Crassus) domi ius civile cognoverat; Bru 98. per se igitur ius est expetendum et colendum; leg I 48. est ille (Crassus) hoc pollicitus ius civile, quod nunc diffusum et dissipatum esset, in certa genera coacturum et ad artem facilem redacturum: de or II 142. comprobo: ſ. I, 2. inv II 67. ita ius civile habemus constitutum, ut causa cadat is, qui non, quem ad modum oportet, egerit: inv II 57. contineo: ſ. I, 2. inv II 162. ut huius urbis iura et exempla corrumperes; Deiot 32. ut in re publica iura tribunatus defenderet; Sest 95. se isti pecuniam ob ius dicendum dedisse; Ver II 119. ut tibi de pecuniis creditis ius in liberos populos dicere liceret; prov 7. diffundo, dissipo: ſ. cogo. nemo (erat), qui ius civile didicisset, rem ad privatas causas et ad oratoris prudentiam maxime necessariam: Bru 322. quoniam omnia iura dissolvit; Phil XI 14. quod (ius) dividitur in duas primas partes, naturam atque legem, et utriusque generis vis in divinum et humanum ius est distributa; part or 129. et ius et omne honestum sua sponte esse expetendum; leg I 48 ſ. colo. facio: ſ. I, 2. inv II 162. gigno: ſ. I, 2. inv II 161. iura omnia praetoris urbani nutu gubernari; Ver V 34. cur imminuisti ius legationis? Ver I 84. insero: ſ. I, 2. inv II 161. nescio: ſ. profiteor. cum ius illius populi nosset; Balb 14. se omnia iura belli perdiscere ac nosse potuisse; Balb 47. ne certum ius non obtinuisse videatur; Caecin 10. si tu malnisses benivolentiae quam litium iura perdiscere; ep VII 14, 2. ſ. nosco. perduco: ſ. I, 2. inv II 162. quem ad modum meum ius persequar: Caecin 8. qui omnia deorum hominumque iura novo scelere polluerit; Phil XI 29. ius in natura esse positum; leg I 34. ius profitentur etiam qui nesciunt; orat 145. quaero: ſ. I, 1. versantur; inv II 67. videtur res publica ius suum reciperatura; A XV 13, 4. redigo: ſ. cogo. removeo: ſ. I, 1. versantur; inv II 67. nihil esse in civitate tam diligenter quam ius civile retinendum; Caecin 70. retinet ius civitatis; Caecin 98. ſ. III, 1. retinens. quod clarissimorum hominum auctoritate leges et iura tecta esse voluerunt; de or I 253. ius civile (orator) teneat, quo egent causae forenses cotidie; orat 120. cum ius illud matrimonii castum atque legitimum damnatae viri sublatum arbitraretur; Cluent 175. traho: ſ. I, 2. inv II 162. violabit ius humanae societatis; of I 21. — 2. iuri s t u d e r e te memini; leg I 13. — 3. egeo: ſ. I. teneo. quae cum esset civitas aequissimo iure; Arch 6. ſ. V, 1. muniri. semper hoc iure usi sumus; Ver I 114. - 4. ibi se eum (Philotimum) de suis controversiis i n ius a d e u n t e m vidisse; A XI 24, 4. in iure cavere vehementer et ad opes pertinet et ad gratiam; of II 65. nos de iure naturae cogitare per nos atque dicere debemus, de iure populi Romani quae relicta sunt et tradita; leg III 49. cum de iure praediatorio consuleretur; Balb 45. nemo ad ius voluisset sine vi descendere; inv I 3. me nihil de abscondito pontificum iure dicturum; dom 138. ſ. cogito de. quae (oratio) cum sit in ius religionis et in ius rei

publicae distributa; dom 32. f. 1. divido. relinquo
de: f. cogito de. quid alicui de iure viro ant mulieri
responderit; de or II 142. quod idem (Rutilius)
magnum munus de iure respondendi sustinebat;
Bru 113. ea non tam ad religionem spectant quam
ad ius sepulchrorum; leg II 58. rata auctoritas
harum rerum ab iure civili sumitur; Caecin 74.
trado de: f. cogito de. versor in medio iure publico;
dom 34. f. I, 1. versantur; inv II 67.

III. **nad Abjectiven**: 1. est sine dubio domus iuris
consulti totius oraculum civitatis; de or I 200.
sin autem quaereretur, quisnam iuris consultus vere
nominaretur, eum dicerem, qui legum et consuetudinis eius, qua privati in civitate uterentur, peritus
esset; de or I 212. ita est tibi iuris consultus ipse
per se nihil nisi leguleius quidam cautus et acutus;
de or I 236. (interpretes) imperitos iuris esse;
Caecin 70. Q. Scaevola, iuris peritorum eloquentissimus, eloquentium iuris peritissimus; de or I 180.
nimium retinens equestris iuris et libertatis videtur;
Planc 55. — 2. nemo iure consultus dicet ..;
Phil II 96. mira persona induci potest Britannici
iure consulti; ep VII 11, 2. — 3. Acilius (sapiens
appellabatur), quia prudens esse in iure civili
putabatur; Lael 6.

IV. **nad Substantiven**: 1. perfectam artem iuris
civilis habebitis; de or I 190. cum loquar apud
senatores, iudiciorum et iuris auctores; Ver V 171.
iis, qui perfecti oratores esse vellent, iuris civilis
cognitionem esse necessariam; de or I 197. me cognitorem iuris sui esse voluerunt; div Caec 11. inter
quos est communio legis, inter eos communio iuris
est; leg I 23. cum maiores vim armatam nulla iuris
defensione texerint; Caecin 83. quoniam iuris dictionem confeceram; ep II 13, 4. erat mihi in animo
aestivos menses reliquos rei militari dare, hibernos
iuris dictioni; A V 14, 2. a lege ducuntur est
iuris exordium; leg I 19. quoniam iuris natura
rons sit: of III 72. quaedam genera iuris iam certa
consuetudine facta sunt; quod genus pactum, par,
indicatum; inv II 67. initium eius (iuris) ab natura
ductum videtur; inv II 65. ne ad illam causarum
operam adiungatur haec iuris interpretatio; leg I 12.
quam tu longe iuris principia repetis! leg I 28. qui
iuris civilis rationem numquam ab aequitate seiunxerit;
Caecin 78. cuius (iuris civilis) scientia neglecta ab
oratoribus plerisque nobis ad dicendum necessaria
videtur: part or 100. quid est civitas nisi iuris
societas? rep I 49. quod iuris utilitas ad quamque
causam quamvis repente vel a peritis vel de libris
depromi potest; de or I 252. — 2. abalienatio est
-ius rei, quae mancipi est, ant traditio alteri nexu
nexo " aut in iure cessio; Top 28. de iure
libertatis et civitatis suum pntat esse iudicium;
Ver I 13. quos (libellos) M. Brutus de iure civili
reliquit : Cluent 141. Pompeius de iure, non de
facto quaestionem tulit; Milo 31.

V. **Umftanb**: 1. qui armis quam iure agere ma-
luissent; Tul 42. suo iure noster ille Ennius sanctos
appellat poëtas; Arch 18. confirmabuntur (agri)
optimo iure; agr III 14. neque hoc solum natura.
id est iure gentium, sed etiam legibus populorum
constitutum est; of III 23. me rei publicae iure
defenderem; dom 122. nego istam adoptionem pontificio iure esse factam; dom 36. propter virtutem
iure laudamur; nat III 87. multae sunt domus in
hac urbe atque haud scio an paene cunctae iure
optimo, sed tamen iure privato. iure hereditario,
iure auctoritatis. iure mancipi, iure nexi; nego esse
ullam domum aliam privato eodem quo quae optima
lege, publico vero omni praecipuo et humano et divino iure munitam; har resp 14. occideritne? occi-
d.t iure an iniuria? Milo 57. hoc communi iure
gentium sanctum est; har resp 32. ut neque disceptatione vinci se nec ullo publico ac legitimo iure

patiantur; of I 64. bona quo iure venierint, quaero;
Sex Rosc 126. soli (di, homines) ratione utentes
iure ac lege vivunt; nat II 154. — 2. quia contra
ius moremque (vis) facta sit; Caecin 2. videbat
populos de suo iure, non de nostro fundos fieri solere;
Balb 48. cum ex nostro iure duarum civitatum
nemo esse possit; Caecin 100. sit in iure civili finis
hic: legitima atque usitatae in rebus causisque
civium aeqnabilitatis conservatio; de or I 188. si
modo absentem defendebat per ius et per magistratum; Quinct 68.

ius iurandum, Eib, Schwur: I est ius iurandum adfirmatio religiosa; of III 104. — II. 1. ius
iurandum conservandum putabat; of III 100.
aliquando desinat ea se postulare emere, quae ipse
semper habuit venalia, fidem, ius iurandum; Ver
III 144. si avarus est, neglegit ius iurandum; inv
I 46. — 2. reditu in castra liberatum se esse
iure iurando interpretabatur; of III 113. — 3. qui
(censores) nulla de re diligentius quam de iure iurando iudicabant; of III 111. — III. an vero
istas nationes religione iuris iurandi commoveri
arbitramini? Font 30. — IV, 1. iure iurando
devincta auctoritas; Cael 55. sese, quo minus id
faceret, et compromisso et iure iurando impediri;
ep XII 30, 5. — 2. in iure iurando non qui metus,
sed quae vis sit, debet intellegi; of III 104.

iussum. Befehl, Verordnung, Vorschrift: I. num
id iussum esset ratum; dom 77. huic (senatori)
iussa sua sunt: ut adsit; ut loco dicat; ut modo;
leg III 40. — II, 1. omnia illa senatus consulta,
populi iussa rei publicae causa esse facta; Vatin
8. — 2. hominum vita iussis supremae legis obtem-
perat; leg III 3.

iussus. Befehl, Geheiß, Verordnung, Beschluß:
L. Lucullus vestro iussu coactus partem militum
dimisit; imp Pomp 26. iussu Tarquinii se ius
dicere; rep II 38. fidem publicam iussu senatus
dedi; Catil III 8. cum hodierno die mane per forum
meo iussu coniurati ducerentur; Catil III 21. cum
iussu tuo securi cives Romani ferirentur; Ver V
113. quodsi principes viri hauc Latinis viam ad
civitatem populi iussu patere passi sunt; Balb 54.
illum iussu praetoris in crucem esse sublatam; Ver
V 7. ne insignibus quidem regiis Tullus nisi iussu
populi est ausus uti; rep II 31.

iuste, gerecht, rechtmäßig: ut ant iuste pieque
accusaret aut acerbe indigneque moreretur;
Cluent 42. ut, si iuste depositum reddere in recte
factis sit. in officiis ponatur depositum reddere; illo
enim addito „iuste" fit recte factum; fin III 59.
qui haec iuste sapienterque disceptet; Milo 23.
quod cum facimus, prudenter facere dicimur, iuste
non dicimur; rep III 16. non posse incunde vivi.
nisi honeste et sapienter et iuste viveretur; fin
I 51.

iustitia. Gerechtigkeit: I, 1. illa tria omnia
iustitia conficit, et benivolentiam, quod prodesse
vult plurimis, et ob eandem causam fidem et admirationem, quod eas spernit et neglegit, ad
quas ..: of II 38. iustitia est habitus animi communi utilitate conservata suam cuique tribuens dignitatem; inv II 160. fundamentum est perpetuae
commendationis et famae iustitia; of II 71. neglegit,
al.: f. conficit. iustitia praecipit parcere omnibus,
consulere generi hominum; rep III 24. quod
(iustitia) tranquillet animos; fin I 50. — 2. est
pietas iustitia adversum deos; nat I 116. — II, 1.
quas (virtutes) appellamus voluntarias, ut prudentiam, temperantiam, fortitudinem, iustitiam; fin
V 36. omni ratione colenda et retinenda iustitia
est; of II 42. in communione quae posita pars est,
iustitia dicitur eaque erga deos religio, erga
parentes pietas nominatur; part or 78. quae animi
adfectio suum cuique tribuens iustitia dicitur; fin

V 65. nomino: f. dico. cum iustitiam quaeramus, rem multo omni auro cariorem; rep III 8. haud scio an una excellentissima virtus, iustitia, tollatur; nat I 4. retineo: f. colo. — 2. nullum est tempus, quod iustitia vacare debeat; of I 64. — 3. Marius a fide institiaque discessit; of III 79. scientia, quae est remota ab iustitia, calliditas potius quam sapientia est appellanda; of I 63. — III. nec ille magis iuris consultus quam iustitiae fuit; Phil IX 10. quae (aequitas) est iustitiae maxime propria; of I 64. — IV, 1. fundamentum est iustitiae fides; of I 23. eius (iustitiae) initium est ab natura profectum; inv II 160. erit explicandum in laude iustitiae, quid cum fide, quid cum aequabilitate is, qui laudabitur, fecerit; de or II 345. qui adipisci veram gloriam volet, iustitiae fungatur officiis; of II 43. iustitiae partes sunt non violare homines, verecundiae non offendere; of I 99. cuius (iustitiae) tanta vis est, ut . .; of II 40. — 2. vir summa iustitia, singulari fide; rep III 27. — V, 1. Q. Scaevolam, virum omnibus ingenio, iustitia, integritate praestantem; Planc 33. ut unius perpetua potestate et iustitia omnique sapientia regatur salus civium; rep II 43. — 2. prudentia sine iustitia nihil valet ad faciendam fidem; of II 34.

iustitium. Stillstand ber Gerichte: I. nocturnis vigiliis iustitium illud concoctum atque meditatum est; har resp 55. tumultum decerni, iustitium edici, saga sumi dico oportere; Phil V 31. meditor: f. concoquo. — II. † fruere iustitio et omnium rerum licentia; A IV, 19, 1.

iustus, recht, gerecht, rechtmäßig, gebührend, berechtigt, begründet, triftig: A. qui unus omnium iustissimus fuisse traditur; Sest 141. ego non iustus, qui et consul rogavi et augur et auspicato? nat II 11. gentes eae bellum nobis prope iustum intulerunt; prov 4. heredum causa iustissima est; leg II 48. C. Caesaris pecuniarum translatio a iustis dominis ad alienos non debet liberalis videri; of I 43. te illam iustam eloquentiam, quam dialecticam dilatatam esse putant, consequi non posse; Bru 309. quibus si nihil aliud responderem, iusta esset excusatio; orat 140. si iusti hominis et si boni est viri parere legibus; rep III 18. multi saepe honores dis immortalibus iusti habiti sunt, sed profecto iustiores numquam; Catil III 23. f. laudationes. mihi quoque initium requiescendi fore iustum; de or I 1. ex quo efficitur, ut nec laudationes iustae sint nec vituperationes nec honores nec supplicia; fat 40. horum exprimere mores oratione iustos, integros, religiosos; de or II 184. fortitudo iustum odium incendit; Phil XIII 6. prudens. temperata, fortis, iusta ratio; fin V 58. haruspices introducti responderunt non fuisse iustum comitiorum rogatorem; nat II 10. supplicia: f. laudationes. C. Curionis, M. Luculli iustissimos triumphos vidimus; Piso 44. iusta victoria imperator appellatus; ep II 10, 3. Sex. Peducaeus, cum doctus, tum omnium vir optimus et iustissimus; fin II 58. vituperationes: f. laudationes. — B, a. videas rebus iniustis iustos maxime dolere; Lael 47. ex quo illud efficitur, ne iustos quidem esse natura; rep III 18. — b, I. iusta omnia decora sunt; of I 94.

— II. qui (Plato) iusta funerum reicit ad interpretes religionum; leg II 67. — III. est lex iustorum iniustorumque distinctio; leg II 13.

iuvencus, junger Stier: »(proles ausa est) gustare manu vinctum domitumque invencum«; nat II 159.

iuvenilis, jugendlich: nos supra fluentes || superfluentes || iuvenili quadam dicendi impunitate et licentia; Bru 316. illa iuvenilis redundantia multa habet attenuata; orat 108.

iuveniliter, jugendlich: (Q. Maximus) Hannibalem iuveniliter exsultantem patientia sua molliebat; Cato 10.

iuvenis, Jüngling, junger Mann, jung: L ut nostri isti comissatores coniurationis barbatuli iuvenes illum (Magnum) in sermonibus „Cn. Ciceronem" appellent; A I 16, 11. — II, 1. vellem suscepisses iuvenem regendum; A X 6, 2. — 2. seniores a iunioribus divisit; rep II 39. — III. qui te totiens seniorum iuniorumque centuriis illo honore adfici pronuntiavit; Ver V 38. mihi avi tui duo comitatu nobilium iuvenum fortunati videbantur; Cato 29. illi corpora iuvenum firmari labore voluerunt; Tusc II 36. quoniam alia (officia) sunt iuvenum, alia seniorum; of I 122.

iuventa. Jugend: »primo iam a flore iuventae«; div I 22. »prima a parte iuventae«; A II 3. 4.

iuventus, Jugend, junge Leute, junge Mannschaft: I. cum cuncta nobilitas ac iuventus accurreret; Rabir 21. parcat iuventus pudicitiae suae; Cael 42. — II, 1. Cretum leges itemque Lycurgi laboribus erudiunt iuventutem; Tusc II 34. — 2. legendus est hic orator iuventuti; Bru 126. — 3. cum orbabas Italiam iuventute; Piso 57. — III. Catilinam stipatum choro iuventutis (videbant); Muren 49. tu mihi videbare ex communi infamia iuventutis aliquam invidiam Caelio velle conflare; Cael 29. tantus in adulescente clarissimo ac principe iuventutis pudor fuit; Ver I 139. cum saepius esset iuventutis; Sulla 34. quid est iucundius an iis, quae iuventute geruntur et viribus? Cato 15. — 2. quod in iuventute habemus industrius exemplum veteris sanctitatis? Phil III 15.

iuvo, unterstützen, helfen, erfreuen: I, 1. a. Iunonem a iuvando credo nominatam; nat II 66. — b. „iuvare" in utroque (corpore, animo) dicitur, ex eoque „iucundum"; fin II 14. — 2. me dis iuvantibus ante brumam exspectabis; ep VII 20, 2. Iuppiter, id est „iuvans pater"; nat II 64. — II. iuvit me tibi tuas litteras profuisse; ep V 21, 3. si omni studio Lamiam in petitione iuveris; ep XI 17. 2 si T. Manlium quam maxime iuveris atque ornaveri«; ep XIII 22, 2. (aures) ita se dicent iuvari; orat 159. iuvari hac confessione causam suam putavit; Tul 1. quod nullam eruditionem esse duxit, nisi quae beatae vitae disciplinam iuvaret; fin I 71. ut multis bellis saepe numero imperium populi Romani iuverint; Phil XI 31.

iuxta, ebenso: qui me reliquis officiis, iuxta ac si meus frater esset, sustentavit; sen 20.

Kalendae, erſte Tag des Monats: 1. quamquam adsunt Kalendae Ianuariae; Phil III 2. veniunt Kalendae Ianuariae; Sest 72. — II, 1. litteram illam, cui vos usque eo inimici estis, ut etiam Kal. omnes oderitis, ita vehementer ad caput adfigent, ut ..; Sex Rosc 57. diem praestituit operi faciundo Kalendas Decembres; Ver I 148. ut, quo die verbi causa esse oporteret Idus Ianuarias, in eum diem Kalendas Martias proscribi iuberet; Ver II 129. — 2. cum in Kalendas Ianuarias compitaliorum dies incidisset; Piso 8. — III. se usque ad Kalendas Maias ad urbem exercitum habiturum; Phil III 27. — IV, 1. caedem te optimatium contulisse in ante diem v Kalendas Novembres; Catil I 7. a. d. viiii K. in Cumanum veni; ep VII 4. deicitur de saltu pridie Kalend. intercalares; Quinct 79. — 2. Kalendis Ianuariis cum in Capitolium nos senatum convocassemus; Sulla 65. ut Kalendis Iuniis de Caesaris actis cum consilio cognosceretis; Phil II 100. — 3. ut ante Kalendas Sextiles decumas deportatas haberet; Ver III 51. ea fundamenta iacta iam ex K. Ianuariis confirmandi senatus; ep I 9, 12. ut numquam post Kalendas Ianuarias idem senseris: Phil X 3.

L. omnibus in parietibus inscriptas fuisse litteras LLLMM; de or II 240.

labecula, Fleckchen: cum clarissimo viro non nullam laudatione tua labeculam aspergas; Vatin 41.

labefacio, erſchüttern: quem numquam ulla vis, ullae minae, ulla invidia labefecit; Sest 101. qui illam (Karthaginem) a multis imperatoribus obsessam, oppugnatam, labefactam evertit; har resp 6.

labefacto, wankend machen, erſchüttern, ſchübigen: me restitutum posse labefactari; dom 27. nec destiti labefactare eum, qui ..; ep XII 25, 2. labefactant fundamenta rei publicae, concordiam primum, deinde aequitatem; of II 78. ad labefactandam illius dignitatem; har resp 44. fundamenta: f. aequitatem. nemo labefactare iudicium est conatus; Sulla 64. quae (coniuratio) rem publicam labefactat; Muren 90. hanc nostram tanti et tam praeclari muneris societatem a tuis propinquis labefactatam; ep V 2, 1. ut cogitaret umquam de statu nostro labefactando; leg III 21. an possit (beata vita) aut labefactari aut eripi rebus adversis; fin V 12.

labellum, Lippe: Platoni cum in cunis parvulo dormienti apes in labellis consedissent; div I 78.

labellum, Opferbecken: super terrae tumulum voluit quicquam statui nisi columellam aut mensam aut labellum; leg II 66.

labes, Einſinken, Sturz, Unheil, Verderben, Schande: I, 1. est haec saeculi quaedam macula atque labes, virtuti invidere; Balb 15. — 2. o scelus, o pestis, o labes! Piso 56. — II, 1. delata ad senatum labe agri Privernatis; div I 97. ne hanc labem tanti sceleris in familia relinquat; Sulla 88. coërceat avaritiam, ceteras animi labes repellat; par 33. — 2. labeo, quem opponam labi illi atque caeno; Sest 20. — III. quae (causa) terreret animos labibus aut repentinis terrarum hiatibus; nat II 14.

labo, wanken, ſchwanken: eae (cohortes) abare dicuntur; A X 15, 1. scito labare meum consilium illud, quod satis iam fixum videbatur; A VIII 14, 2. fore tota ut labet disciplina; fin IV 43. illud (signum) nulla lababat ex parte; Ver IV 95.

labor, gleiten, ſtraucheln, ſinken, fallen, abkommen, abſchweifen, entſchwinden: hunc in minutiis tenuissimisque rebus ita labi, ut ..; de or I 169. non puto existimare te ambitione me labi, quippe te mortuis; Bru 244. labor longius; ep IX 10, 3. ne qua mihi liceret labi ad illos, qui non desinunt invidere: A IV 5, 2. quibus vitiis orator in his labatur solet; Bru 185. cum labentem et prope cadentem tam publicam fulcire cuperetis; Phil II 51. »quae ver his sex signorum labier orbem quinque solent stellae«; fr H IV, a, 470. brevitate et celeritate syllabarum labi putat verba proclivius; orat 191. quia (vitia) incitata semel proclivi labuntur; Tusc IV 42.

labor, Arbeit, Anſtrengung, Mühſal, Beſchwerde: I. me forensis labor ab omni illa cogitatione abstrahebat; Sulla 11. si infinitus forensium rerum labor constitisset; de or I 1. quod (Xenophon) diceret eosdem labores non aeque graves esse imperatori et militi; Tusc II 62. quem laborem nobis Attici nostri levavit labor; orat 120. — II, 1. quod in ea (arte) tu plus operae laborisque consumpseras; de or I 234. Herculi quendam laborem exanclatum a Carneade; Ac II 108. ille cum labores etiam magnos excepisset; Bru 243. partis honoribus eosdem in foro gessi labores quos petendi; Phil VI 17. quid habet vita commodi? quid non potius laboris? Cato 84. quid sumptus in eam rem aut laboris insumpserit; inv II 113. levandi laboris sui causa; de or II 23. f. I. levat. in perpetiendis laboribus adeundisque periculis; fin II 113. putavi mihi suscipiendum laborem utilem studiosis; opt gen 13. in labore tolerando; of I 79. — 2. nemini meus adventus labori fuit; Ver I 16. — 3. cum defensionem laboribus essem aliquando liberatus; Tusc I 1. — 4. in his vitae laboribus versamur; Arch 30. quis tam esset amens, qui semper in laboribus et periculis viveret? Tusc I 33. — III, 1. res arduas plenasque laborum et periculorum; of I 66. — 2. virum ad labores belli impigrum; Font 43. — IV. neque (L. Sisenna) laboris multi; Bru 228. alqd: f. II, 1. consumo, habeo, insumo. quae (fortitudo) est dolorum laborumque contemptio; of III 117. mei laboris capiam fructum; Ver pr 32. qui tantas pecunias non propter inertiam laboris, sed propter magnificentiam liberalitatis repudiarit; Q Rosc 24. perfugium videtur omnium laborum et sollicitudinum esse somnus; div II 150. neque laborum perfunctio neque perpessio dolorum per se ipsa adlicit; fin I 49. fuit hic illi multorum laborum socius; Balb 63. — V, 1. homines labore assiduo et cotidiano adsueti; de or III 58. qui hanc tantam rem publicam suis consiliis aut laboribus aut auxerint aut defenderint aut servarint; Sest 143. quae omnia labore et diligentia est consecutus; Cael 74. defendere: f. augere. Cretum leges laboribus erudiunt iuventutem, venando, currendo; Tusc II 34. nihil aegrius factum est multo labore meo, quam ut ..; Ver IV 146. quae pro salute gentium summo labore gessisset; fin II 119. servare: f. augere. mei satietatem magno meo labore superavi; Muren 21. — 2. quod cum labore aliquo suo factum queant dicere; Lael 71. quae (Asia) ab hoc non ad voluptatem et luxuriam expetita est, sed in militari labore peragrata; Muren 11. qui (agri) colerentur sine regum opera et labore; rep V 3.

laboriose, mühevoll, mühſam: semper ii diligentissime laboriosissimeque accusarunt, qui ..; div Caec 71. quo quisque est sollertior et ingeniosior, hoc docet iracundius et laboriosius; Q Rosc 31.

laboriosus, arbeitſam, mühſam, beſchwerlich, ſich abmühend, geplagt: A. quos laboriosos solemus dicere; Phil XI 8. aerumna (est) aegritudo laboriosa; Tusc IV 18. hunc deum rite beatum

dixerimus, vestrum vero laboriosissimum; nat I 52.
his laboriosis exercitationibus; Tusc II 36. industrios
homines illi (Graeci) studiosos vel potius amantes
doloris appellant, nos commodius laboriosos; Tusc II
35. honorem illa nostra laboriosissima ratione vitae
consequemur; imp Pomp 70. — B. ut proclivia
laboriosis (anteponantur); Top 69.

laboro, fid) anftrengen, abmüßen, befümmern,
forgen, leiben, in Not, Gefaßr fein: I, 1. pro
bonis viris laborare; de or II 206. spiritu verborum
comprehensio terminatur; in quo non modo defici,
sed etiam laborare turpe est; Bru 34. aliud est
laborare, aliud dolere; Tusc II 35. laboratur vehementer; ep I 1, 3. — 2. cum decumum iam diem
graviter ex intestinis laborarem; ep VII 26, 1. cum
te tantopere viderem eius (Rufi) causa laborare; ep
IX 24, 1. non ignoro, quantum ex desiderio labores;
ep XVI 11, 1. utpote cum sine febri laborassem;
A V 8, 1. neque nunc tam pro se quam contra
me laborare dicitur; A XI 9, 2. populum domestica
crudelitate laborare; Sex Rosc 154. — II, 1. neglegentiam de re hominis magis quam de verbis
laborantis; orat 77. cum intellegitur, quid significetur, minus laborandum est de nomine; Top 35. —
2. quam sibi constanter dicat, (Epicurus) non
laborat; Tusc V 26. — 3. laborare eum (Caesarem)
coepisse, ne omnes abessemus; A VII 17, 3. — 4.
ut honore dignus essem, maxime semper laboravi;
Planc 50. — 5. si sociis prospicere non laboratis;
Ver III 127. — 6. hunc hominem parum gratum
quisquam putet, quod laudari ‖ audiri ‖ non
laborarit? A V 2, 2. — III. minus id quidem nobis
laborandum est; Ver II 76. propter quae haec la-
borantur; ep III 13, 1.

labrum, Lippe: I. cum a me trementibus
omnino labris requirebas ..; Piso 82. — II. illud
nescio quid, quod in primoribus habent, ut aiunt,
labris; fr F V 93. cuius (Periclis) in labris veteres
comici leporem habitasse dixerunt; de or III 138. —
III. quae isti rhetores ne primoribus quidem labris
attigissent; de or I 87. qui primoribus labris
gustassent genus hoc vitae; Cael 28.

labrum, Beden: labrum si in balineo non est;
ep XIV 20.

lac. Mild): I. villa abundat lacte, caseo, melle;
Cato 56. — II. cum quondam etiam lactis imber
defluxit; div I 98. — III. ut paene cum lacte
nutricis errorem suxisse videamur; Tusc III 2.

laceratio, Zerfleifd)ung: I. ex hac opinione
sunt muliebres lacerationes genarum; Tusc III 62. —
II. an ego maiore adficerer laetitia ex corporis vestri
laceratione? Piso 42.

lacerna, Oberfleib: per municipia coloniasque
Galliae cum Gallicis et lacerna cucurristi; Phil II 76.

lacero, zerreißen, zerfleifdjen, verleßen, quälen:
I. (eae res) lacerant, vexant, stimulos admovent;
Tusc III 35. — II. quae (invidia) solet lacerare
plerosque; Bru 156. haec te lacerat, haec cruen-
tat oratio, Phil II 86. meus me maeror cotidianus
lacerat et conficit; A III 8, 2. lacerat lacertum
Largi mordax Memmius; de or II 240. laceratis
membris; Tusc I 106. qui lacerarunt omni scelere
patriam; of I 57. provincia lacerata; Ver V 67.
cum optimum virum incesto ore lacerasset; Phil XI 5.

lacerta, Eibed)fe, Seefifd): ad lacertas captandas tempestates non sunt idoneae; A II 6, 1. anguibus comprehensis haruspices convocatos. qui
magis anguibus quam lacertis, quam muribus? div II 62.

lacertosus, musfelfräftig: centuriones pug-
naces et lacertosos; Phil VIII 26.

lacertus, Mustel, Oberarm, Kraft: I. quamquam in Lysia sunt saepe lacerti; Bru 64. —
II, 1. comedisse eum (Memmium) lacertum Largi;
de or II 240. — 2. neque ex te umquam es nobilitatus, sed ex lateribus et lacertis tuis; Cato 27. —

III. non consilio (pugnabamus), sed lacertis et
viribus; ep IV 7, 2. eas hastas oratoris lacertis
viribusque torquebit; de or I 242.

lacesso, reißen, ßerausforbern, veranlaffen:
I, 1, a. scio te non esse procacem in lacessendo;
ep VII 13, 2. — b. accedat eodem oportet celerita;
et brevitas et respondendi et lacessendi; de or I 17. —
2. vi lacessere coepit; Sest 88. — II. cum ille bello
prope nos lacessisset; Sest 58. non te epistulis,
sed voluminibus lacesserem; ep XII 30, 1. quibus
epistulis sum equidem abs te lacessitus ad rescribendum; A I 13, 1. si nulla ipsi iniuria lacessiti
maiores nostri bella gesserunt; imp Pomp 14. hos
ego sermones lacessivi numquam, sed non valde
repressi; ep III 8, 7. saepe aliqui testis non laedit.
nisi lacessatur; de or II 301.

lacinia, Zipfel: alterum genus obtinent, atque
id ipsum lacinia; de or III 110.

Laconicum, Sd)wißbad: nostram ambulationem et Laconicum velim, quod poteris, invisas;
A IV 10, 2.

lacrima, Tränе: I. arescit: f. IV. 1. abl.
comp. cito exarescit lacrima, praesertim in alienis
malis; part or 57. moveant te horum lacrimae;
Ligar 33. lacrimae se subito profuderunt; A XI
7, 6. — II. qui risus classe devicta multas ipsi
lacrimas attulit; nat II 7. consumptis lacrimis
tamen infixus haeret animo dolor; Phil II 64. profundo: f. I. profundunt. reddam etiam lacrimas,
quas debeo; quas quidem ego tuas in meo casu
plurimas vidi; Rab Post 47. — III. equidem vim
lacrimarum profudi; rep VI 14. — IV, 1. qui meorum
lacrimis commotus simultates deposuisset; Planc
76. quod conficior lacrimis sic, ut ferre non possim;
ep XIV 4, 1. lacrimis consenescebat; Cluent 13
ut vox eius lacrimis impediretur; Sest 123. quod
eum linquentem terram votis, ominibus lacrimisque
prosecuti sunt; Planc 26. quem ad modum dixit
rhetor Apollonius, lacrima nihil citius arescit; inv
I 109. — 2. veniebat multis cum lacrimis; Sulla
18. neque prae lacrimis iam loqui possum; Mil
105. quae sine lacrimis non possumus dicere;
div II 22.

lacrimo, weinen: lacrimantes gaudio suam
erga me benivolentiam declararunt; Sest 117. te
ut a me discesseris, lacrimasse moleste ferebam; A
XV 27, 2. cum lacrimans in carcere mater adsideret; Ver V 112. video hunc oculis lacrimantibus
me intuentem; Sest 144.

lacrimula, Tränd)en: mihi lacrimulam Cispiani iudicii obiectas; Planc 76. non modo lacrimulam, sed multas lacrimas videre potuisti; Planc 76.

lacto, faugen: Romulus lactens fulmini-
ictus; div II 47. quibus hostiis immolandum eoque deo, cui maioribus, cui lactentibus; leg II 29.

lactesco, fid) in Mild) verwandeln: in ii
animantibus, quae lacte aluntur, omnis fere cibi
matrum lactescere incipit; nat II 128.

lacteus, aus Mild): quem vos orbem lacteu-
nuncupatis; rep VI 16.

lacto, faugen: quem (Romulum) lactante-
‖ lactentem ‖ uberibus lupinis inhiantem fuisse m
ministis; Catil III 19.

lacuna, Tiefe, Abgrund, Lüde: I. de Cael
vide, quaeso, ne quae lacuna sit in auro; A I
6, 1. — II. ut illam lacunam rei familiaris e
plerent; Ver II 138. »caecas lustravit luce lac
nas«; fr H IV, a, 680.

lacunar, getäfelte Dede: fulgentem gladium
lacunari saeta equina aptum demitti iussit; Tusc V
lacunosus, lüdenhaft: quae (figura) ni
eminens, nihil lacunosum (habere potest); nat II

lacus, See, Kufe: I. quod lacus Velinus a.
Curio emissus interciso monte in Nar defluit;
IV 15, 5. si lacus Albanus redundasset isque

mare fluxisset, Romam perituram; si repressus esset, Vrios*; div II 69. in vicinia nostra Averni lacus; Tusc I 37. — II, 1. emitto, reprimo: f. I. — 2. me, ad lacum quod habeo, venditurum; A XIV 13, 5. — III. istis novam istam quasi de musto ac lacu fervidam orationem fugiendam; Bru 288. — IV. multos caesos non ad Trasumennum lacum, sed ad Servilium vidimus; Sex Rosc 89.

laedo, verletzen, beſchädigen, beleidigen, angreifen: I, 1. Graecus testis cum ea voluntate processit, ut laedat, non iuris iurandi, sed laedendi verba meditatur; Flac 11. — 2. cum laedat nemo bonus: Font 35. testis: f. 1. — II. si laesus efferare iracundia; de or II 305. quos tu rei publicae causa laeseras; rep I 7, 2. palpebrae mollissimae tactu, ne laederent aciem; nat II 142. non modo non laedetur causa nobilitatis, verum etiam ornabitur: Sex Rosc 138. dintius suspicionibus obscuris laedi famam suam noluit; Cluent 14. vultu saepe laeditur pietas; Sex Rosc 37. ne (pulli) frigore laedantur; nat II 129. aut oratio testium refelli solet aut vita laedi; Flac 23. hominum gratiosorum laesae voluntates; Flac 6.

laena, Mantel: 1. (M. Popilius) ut erat laena amictus, ita venit in contionem; Bru 56. — 2. qui (M. Popilius) cum sacrificium publicum cum laena faceret, quod erat flamen Carmentalis; Bru 56.

laesio, Verletzung, Reizen: laesio; de or III 205.

laetabilis, erfreulich: quae magna et laetabilia ducuntur; Tusc IV 65. omne bonum laetabile est: Tusc V 43.

laete, froh, freudig: quo faciant id, quod nuntiant, laetius; Phil I 8. cum auctorem senatus exstinctum laete atque insolenter tulit; Phil IX 7.

laetifico, erfreuen, befruchten: Indus aqua agros laetificat et mitigat; nat II 130. (sol) cum quasi tristitia quadam contrahit terram, tum vicissim laetificat; nat II 102.

laetitia, Freude, Fröhlichkeit: I. potuit accidisse alia quoque laetitia, qua (galli) ad cantum moverentur; div II 56. salutis certa laetitia est; Catil III 2. ut sit laetitia praesentium bonorum, libido futurorum; Tusc IV 11. laetitia (est) opinio recens boni praesentis; Tusc IV 14. cum laetitia ut adepta iam aliquid concupitum efferatur et gestiat; Tusc IV 12. cum effuse animus exsultat, tum illa laetitia gestiens vel nimia dici potest; Tusc IV 13. laetitia et libido in bonorum opinione versantur; Tusc IV 12. — II, 1. commemoratio tua paternae necessitudinis ceterarumque rerum incredibilem mihi laetitiam attulerunt; ep X 5, 1. maximam laetitiam cepi ex tuis litteris de spe triumphi tui; ep III 9. 2. quandam laetitiam bonorum esse commotam; A XI 16, 2. dico: f. I. gestit. quoniam docendi causa a gaudio laetitiam distinguimus; Tusc IV 66. alter: f. I. gestit. laetitiam apertissime tulimus omnes; A XIV 13, 2. omitto laetitiam paucorum in luctu omnium; Sest 54. percipietis etiam illam ex cognitione iuris laetitiam et voluptatem, quod . . ; de or I 197. — 2. cum invidere aegritudinis sit, malis autem alienis voluptatem capere laetitiae; Tusc IV 66. — 3. quod mihi maximae laetitiae fuit; ep XV 2, 5. — 4. laetitia frui satis est maximae pugnae; Phil XIV 1. — 5. ad summam laetitiam meam magnus illius (Dionysii) adventus ‖ adventu ‖ cumulus accedet; A IV 19, 2. tamquam machinatione aliqua tum ad tristitiam, tum ad laetitiam est contorquendus; de or II 72. — III. hilaritatis plenum iudicium ac laetitiae fuit; de or I 243. — IV. incredibili quadam laetitia voluptate carnissem; Clair 2. — V. 1. maxima sum laetitia adfectus; A XV 7. nimis elati laetitia iure indicantur leves; Tusc IV 66. quae (comitia) me laetitia extulerunt; A II 10, 1. exsultant laetitia in municipiis; A XIV

6, 2. quorum alter laetitia gestiat, alter dolore crucietur; fin II 14. moveri: f. I. accidit. — 2. in communi omnium laetitia si etiam ipse gauderet; Milo 21.

laetor, ſich freuen: I. ut cavere decet, timere non decet, sic gaudere decet, laetari non decet; Tusc IV 66. — II, 1. quae (urbs) mihi laetari videtur, quod tantam pestem evomuerit; Catil II 2. — 2. quae perfecta esse gaudeo vehementerque laetor; Sex Rosc 136. laetemur decertandi oblatam esse facultatem; Phil XIII 7. — 3. non ambrosia deos aut nectare laetari arbitror; Tusc I 65. quodsi meis incommodis laetabantur (consules); Sest 54. quemcumque haec pars perditorum laetatum Caesaris morte putabit; A XIV 13, 2. nectare: f. ambrosia. et laetari bonis rebus et dolere contrariis; Lael 47. — III. illud in primis mihi laetandum iure esse video, quod . . ; imp Pomp 3. quod quidem hoc vehementius laetor, quod . . ; ep XIII 28, 2.

laetus, froh, freudig, heiter, lachend, angenehm: qui „omnibus laetitiis laetum" esse se narrat; fin II 13. ut tuum laetissimum diem cum tristissimo meo conferam; Piso 33. quarum (vitium) uberrimi laetissimique fructus nihil omnino ad bestias pertinent; nat II 156. nitidum quoddam genus est verborum et laetum; de or I 81. illa laetioribus nominibus appellari ab eo (Zenone) quam a nobis, haec tristioribus; fin IV 73. nec segetibus solum et pratis res rusticae laetae sunt, sed hortis etiam et pomariis; Cato 54. „laetas segetes" etiam rustici dicunt; de or III 155. quo senatus die laetior? Phil I 32. cum (Lacedaemonius) esset vultu hilari atque laeto; Tusc I 100.

laevo, glätten: qui effeminare vultum, attenuare vocem, laevare corpus potes; fr A XIII 22.

laevus, linfe, fem. Linfe: A. cum speculorum levitas ita dextera detrusit in laevam partem oculorum laevaque in dexteram; Tim 49. »hunc (orbem) sura laeva Perseus umeroque sinistro tangit«; fr H IV, a, 501. — B, a. cur aliis a laeva, aliis a dextra datum est avibus ut ratum auspicium facere possint? div II 80. — b. detrudo: f. A. pars.

lambo, belecken: quos (canes) tribunal meum vides lambere; Ver III 28.

lamentabilis, flagend: posteaquam sumptuosa fieri funera et lamentabilia coepissent; leg II 64. lamentabili voce deplorans; Tusc II 32.

lamentatio, Wehflagen, Jammer: I. lamentatio (est) aegritudo cum eiulatu; Tusc IV 18. — II. quas (putatis) lamentationes fieri solitas esse? Ver IV 47. ut aegritudini (subiciuntur) dolor, lamentatio, sollicitudo; Tusc IV 16. — III, 1. ut plangore et lamentatione complerimus forum; orat 131. — 2. sororem sponsi nomen appellantem cum gemitu et lamentatione; inv II 78.

lamentor, wehflagen, beflagen, bejammern: I, 1. dum tibi turpe videbitur lamentari; Tusc II 31. — 2. Cimbri et Celtiberi in proeliis exsultant, lamentantur in morbo; Tusc II 65. lapides mehercule omnes flere ac lamentari coëgisses; de or I 245. — II. ut nemo ad lamentandam tanti imperii calamitatem relinquatur; Catil IV 4. haec vita mors est, quam lamentari possem; Tusc I 75.

lamentum, Wehflagen: I. si se (illa pars animi) lamentis muliebriter lacrimisque dedet; Tusc II 48. — II. ut sine lamentis ambureretur abiectus; Milo 86.

lamina, Platte: I. cum ignes ardentesque laminae ceterique cruciatus admovebantur; Ver V 163. — II. admoveo: f. I. ad eam (aram) cum lamina esset inventa et in ea scriptum lamina ‖ † domina ‖: „Honoris"; leg II 58.

lampas, Fackel: vidi argenteum Cupidinem cum lampade; Ver II 115.

47

lana, Wolle: quid a Milesiis lanae publice abstulerit; Ver I 86. ut ii, qui combibi purpuram
volunt, sufficiunt prius lanam medicamentis quibusdam, sic . .; fr F V 23.

laneus, wollen: ei (Iovi) laneum pallium iniecit;
nat III 83.

languefacio, beruhigen: (vis sonorum) et incitat languentes et languefacit excitatos; leg II 38.

langueo, matt sein: alqs: f. **languefacio.**
quamquam languet iuventus; Piso 82. eiusdem
(est) et languentis populi incitatio et effrenati
moderatio; de or II 35. senatum iam languentem
et defessum; ep X 28, 2. sine contentione vox nec
languens nec canora; of I 133.

languesco, matt werden, erschlaffen: non est
cur eorum languescat industria; orat 6. Martia
legio hoc nuntio languescet; Phil XII 8. orator
metuo ne languescat senectute; Cato 28.

languide, matt: negant ab ullo philosopho
quicquam dictum esse languidius; Tusc V 25.

languidulus, welf: humus erat coronis languidulis et spinis cooperta piscium; fr A VI 1.

languidus, matt, schlaff: surrexisset Apronius vino vigiliisque languidus; Ver III 31. languidiora
adhuc consilia cepi; A X 11, 3. sunt illae (orationes) quidem languidiores; Bru 220. philosophus tam
mollis, tam languidus, tam enervatus; de or I 226.
videtis, ut senectus non modo languida atque iners
non sit, verum etiam sit operosa; Cato 26. langui-
diore studio in causa fuistis; Ligar 28.

languor, Mattigkeit, Erschlaffung: I. quae
(res) languorem adferunt ceteris; of III 1. vides
languorem bonorum; A XIV 6, 2. — II. confectus
languore et fame; ep VII 26. 1. is (animus) cum
languore corporis nec membris uti nec sensibus
potest; div II 128.

laniatus, Zerreißen: quid mihi ferarum laniatus
oberit nihil sentienti? Tusc I 104.

lanio, zerreißen, zerfleischen: magorum mos est
non humare corpora suorum, nisi a feris sint ante
laniata; Tusc I 108. cum homo imbecillus a valentissima bestia laniatur; ep VII 1, 3. pueri Spartiatae non ingemiscunt verberum dolore laniati;
Tusc V 77.

lanista, Fechtmeister, Führer von Fechter-
banden: 1. ille lanista a gladio recessisse
videtur; Sex Rosc 118. cum reus tamquam clemens
lanista frugalissumum quemque secerneret; A I
16, 3. — 2. ego „lanista"? et quidem non insipiens:
deteriores enim iugulari cupio, meliores vincere;
Phil XIII 40.

lanterna, Laterne: Clodii vestibulum vacuum
sane mihi nuntiabatur, paucis pannosis linea lanterna; A IV 3, 5.

lanternarius, Laternenträger: quod mihi
certamen esset huius modi? cum altero Catilinae
lanternario consule? Piso 20.

lanx, Schale, Wagschale: I. terram ea lanx et
maria deprimet; fin V 92. II. virtutis amplitudinem quasi in altera librae lance ponere
(audebo); fin V 91. — III. in felicatis lancibus et
splendidissimis canistris holusculis nos soles pascere;
A VI 1, 13.

lapathus, Sauerampfer: nec lapathi suavitatem
acupenseri Gallonii Laelius anteponebat; fin II 25.

lapicidinae, Steinbrüche: fingebat Carneades
in Chiorum lapicidinis saxo diffisso caput exstitisse
Panisci; div I 23.

lapidatio, Steinewerfen, Steinigung: I. facta
lapidatio est; dom 12. vim, fugam, lapidationem in
iudicium vocabas; de or II 197. — II. iudicium
tollere voluit lapidatione atque concursu; Sulla 15.

lapidator, Steinschleuderer: quis est Sergius?
percussor, lapidator; dom 13.

lapideus, steinern: A. Nioba fingitur lapidea;

Tusc III 63. te nec lapideus aut sanguineus imber
(terrebit); div II 60. — B. lapideum (dicato) in
delubris communibus; leg II 45.

lapis, Stein: I. lapides mehercule omnes flere
ac lamentari coëgisses; de or I 245. — II, 1. lapides
iacti (sunt); dom 53. me lapidem e sepulchro
venerari pro deo; Planc 95. — 2. praeter duos de
lapide emptos tribunos; Piso 35. — III. lapidum
conflictu atque tritu elici ignem videmus; nat
II 25. quid? cum saepe lapidum imber defluxit?
div I 98. nisi (fons) mole lapidum diiunctus esset
a mari; Ver IV 118. tritus: f. conflictus. — IV.
lapidibus duo consules ceciderunt; fr A XIV 7.
Cyrsilum quendam lapidibus obruerunt; of III 48.
M. Aemilium lapide percussum esse constabat; de or
II 197. columnae eisdem lapidibus repositae sunt.
Ver I 145.

lapsio, Neigung zum Fall: haec in malis
(rebus nominetur) proclivitas, ut significet lapsionem:
Tusc IV 28.

lapsus, Bewegung, Flug, Fall, Windung.
Verstoß: I. cum sint populares multi variique
lapsus; de or II 339. — II. ab omni lapsu continere temeritatem; Ac I 45. — III. puros, integros
leni quodam et facili lapsu ad deos pervolare;
fr F IX 12. si lacus emissus lapsu et cursu suo ad
mare profluxisset; div I 100. (vitem) serpentem
multiplici lapsu et erratico; Cato 52.

laqueatus, getäfelt: pavimenta marmorea et
laqueata tecta contemno; leg II 2.

laqueus, Fallstrick, Schlinge, Fessel: I, 1. qui
aut laqueos aut alia exitia quaerant; fin V 28.
2. homini collum in laqueum inserenti sub-
venisti; Ver IV 37. — II. aequitatem rei verbi
laqueo capi; Caecin 83. Stoici nostri disputationum
suarum atque interrogationum laqueis te inretitum
tenerent; de or I 43. artioribus apud populum
Romanum laqueis tenebitur; Ver I 13.

lar, Hausgott, Haus, Heimat: I, 1. quos Graeci
δαίμονας appellant, nostri, opinor, Lares; Tim 38.
ista tua pulchra Libertas deos penates et familiares
meos lares expulit; dom 108. — 2. qui ad suum
larem familiarem redirent; Ver III 125. — II.
nihil esse, nisi ad larem suum liceret; A XVI 4, 2.
domino a familia sua manus adlatas esse ante suos
Lares familiares; Quinct 85.

large, reichlich, freigebig: pastum animantibus
large et copiose natura comparavit; nat II 121.
quod dandum est amicitiae, large dabitur a me:
Muren 10. cuius (decuriae) mihi copiam quam
largissime factam oportebat; Ver I 158.

largior, schenten, spenden, austeilen, gewähren:
I. 1. erat in eo summa largiendi benignitas; rp
II 35. — 2. multi patrimonia effuderunt inconsulte largiendo; of I 54. — II. si quis deus mihi
largiatur, ut repuerascam; Cato 83. — III. duo illi
relinquamus atque largiamur inertiae nostrae; de or
I 68. amori nostro plusculum etiam, quam concedit
veritas, largiare; ep V 12, 3. his agrum Campanum
est largitus Antonius; Phil XI 12. homo nimius
parcus in largienda civitate; Balb 50. ut verear
ne maiorem largiar ei libertatem et licentiam; A
II 30. fortuna regnum est largita; har resp 5.
quas (res) tibi fortuna largita est; ep I 5, a.
qui (Menoeceus) largitus est patriae suum sanguinem;
Tusc I 116. tempus largitur longitudo diei; le
III 30.

largitas, Reichlichkeit, Freigebigkeit: I.
impendiis etiam augere possimus largitatem t
muneris; Bru 16. — II. quae (terra) cum maxim
largitate fundit; nat II 156.

largitio, Freigebigkeit, Schenkung, Spend
Bestechung: I. ex horum severitate te ulla r
eripiet aut ulla largitio? Ver III 83. largiti
quae fit ex re familiari, fontem ipsum benignitat

exhaurit; of II 52. C. Gracchi frumentaria magna largitio; of II 72. — II. 1. facta necne ‖ et non ‖ facta largitio, ignorari potest? ep III 11, 2. ſ. I. exhaurit. qui novam largitionem quaerunt aliquo plebei scito reddendorum equorum; rep IV 2. — 2. cum iste infinita largitione contra me uteretur; Ver I 19. — 3. ut possis liberalitate ac benignitatem ab ambitu atque largitione seiungere; de or II 105. — III. causa largitionis est, si aut necesse est aut utile; of II 58. omnis exspectatio largitionis agrariae in agrum Campanum videtur esse derivata; A II 16, 1. illius regiae largitionis invidia; ep I 1, 1. spe largitionis oblata; dom 47. — IV. ut omittam largitione corrupta suffragia; leg III 39. omni largitione saturati Pergameni; Flac 17.

largitor, Spender, Bestechung ausübend: I, 1. existunt in re publica plerumque largitores et factiosi; of I 64. — 2. cuiuscumque tribus largitor esset, eum maxime iis hominibus, qui eius tribus essent, esse notum; Planc 37. — II. largitorem non putat appellari posse popularem; Catil IV 10.

largus, reichlich, freigebig: A. qui (arator) si largissimus esse vellet; Ver III 118. cum (sol) terras larga luce compleverit; nat II 49. — B. omnino duo sunt genera largorum, quorum alteri prodigi, alteri liberales; of II 55.

lascivia, Lustigkeit: non hilaritate nec lascivia sunt beati; fin II 65.

lascivio, ausgelassen sein: licet lascivire, dum nihil metuas; rep I 63.

lascivus, ausgelassen, übermütig: Epicratem suspicor lascivum fuisse; A II 3, 1.

lassitudo, Müdigkeit, Ermattung: I. nulla lassitudo impedire officium et fidem debet; ep XII 25, 6. — II. postquam illos artius iam ex lassitudine dormire sensit; inv II 14.

late, weit, breit, weitläufig: latius aliquanto dicenda sunt et diffusius; Tusc III 22. causa erroris tam longe lateque diffusi; fin II 115. bellum tam late divisum; imp Pomp 31. Pythagorae doctrina cum longe lateque flueret; Tusc IV 2. tum se latius fundet orator; orat 125. tam fuse lateque imperantem rem publicam; rep V 1. latissime eorum manat industria; of II 67. omnis argumentatio latius patet, quam hic exponitur; inv I 86. (illa ars) et magna est et late patet; de or I 203. honum longe et late patentem; orat 72. eo fit, ut errem et vager latius; Ac II 66.

latebra, Schlupfwinkel, Ausflucht: I. cum in animis hominum tantae latebrae sint; Marcel 22. — II. 1. adhibuit etiam latebram obscuritatis; div II 111. videant. ne quaeratur latebra periurio; of III 106. — 2. nullam ne in tabellae quidem latebra fuisse absconditam malevolentiam; ep III 12, 1. cum illa coniuratio ex latebris erupisset; Sest 9. — III. quamvis parvis Italiae latebris contentus essem; ep II 16, 2.

latebrosus, reich an Schlupfwinkeln: illa via latebrosior Appia iam vocabatur; Sest 126.

latenter, verborgen: cum nihil sine causa fiat, hoc ipsum est fortunae † eventus obscura causa et latenter efficitur; Top 63.

lateo, verborgen, versteckt sein, sich verborgen halten: ex quibus requiram, quem ad modum latuerint aut ubi; Cael 67. inest nescio quid et latet in animo ac sensu meo; leg II 3. aspidem occulte latere aspiam; fin II 59. quoniam sub nomine pacis bellum lateret; Phil XII 17. ut omnes suas libidines, omnia flagitia latere posse arbitraretur; sen 15. istam virtutem, moderationem animi, temperantiam non latere in tenebris neque esse abditam, sed in luce Asiae esse positam; Q fr I 1, 9. quae (ars) doceret rem latentem explicare definiendo; Bru 152. communis ille sensus in aliis fortasse latuit; Planc

34. temperantia, virtus: ſ. moderatio. cum ipsum illud verum in occulto lateret; orat 237.

later, Ziegel: num hoc in latere aut in caemento, ex quibus urbs effecta est, potuit valere? div II 99.

latesco, sich verbergen: »hic Equus a capite et longa cervice latescit«; fr H IV a, 385.

latex, Wasser, Quelle: »nos circum latices gelidos divom placantes numina«; div II 63.

latibulum, Schlupfwinkel: I. volo aliquod emere latibulum et perfugium doloris mei; A XII 13, 2. — II. cum etiam ferae latibulis se tegant; Rab Post 42.

Latine, lateinisch: quae Graece ἀναλογία, Latine (audendum est enim, quoniam haec primum a nobis novantur) comparatio proportive dici potest; Tim 13. M. Aurelius Scaurus Latine in primis est eleganter locutus; Bru 135. ipsum Latine loqui est illud quidem in magna laude ponendum, sed non tam sua sponte, quam quod est a plerisque neglectum; Bru 140. pure et emendate loquentes, quod est Latine; opt gen 4. non tam praeclarum est scire Latine quam turpe nescire; Bru 140.

Latinitas, lateinische Sprache, lateinisches Bürgerrecht: I. multa illis (Siculis) Caesar neque me invito, etsi Latinitas erat non ferenda; A XIV 12, 1. — II. (Caecilius) malus auctor Latinitatis est; A VII 3, 10.

Latinus, lateinisch: Latinam linguam non modo non inopem, ut vulgo putarent, sed locupletiorem etiam esse quam Graecam; fin I 10. verti etiam multa de Graecis, ne quo ornamento in hoc genere disputationis careret Latina oratio; Tusc II 26. sermo purus erit et Latinus; orat 79. quem ad modum soriti resistas (quem, si necesse sit, Latino verbo liceat acervalem appellare); div II 11.

latio. Antrag, Vorschlag: I. meam defensionem latio legis inpediat? Muren 5. — II. mihi in animo est legum lationem exspectare; A III 26. — III. si in ipsa latione tua lapides iacti (non sunt); dom 53.

latito, versteckt sein, sich verborgen halten: I. latitare est non, ut Cicero definit, turpis occultatio sui; fr B 27. — II. extrahitur domo latitans Oppianicus a Manlio; Cluent 39. (Clodius) latitat omnino; dom 83.

latitudo, Breite, Größe: I. Fufius oris pravitatem et verborum latitudinem imitatur; de or II 91. qui latitudinem possessionum tueri non possint; agr II 68. — II. in hac immensitate latitudinum, longitudinum, altitudinum; nat I 54.

lator. Antragsteller: I. cum ipse lator nihil ab horum turpitudine abhorreret; Sest 112. ipsum latorem Semproniae legis iniussu populi poenas rei publicae dependisse; Catil IV 10. — II. ferretne civitas ulla latorem istius modi legis? nat III 90. neque suffragii latorem reperire potuisti; dom 48.

latro, bellen, eifern: hunc (Periclem) non declamator aliquis ad clepsydram latrare docuerat; de or III 138. quodsi luce quoque canes latrent; Sex Rosc 56. interrogatus (frater), quid latraret; de or II 220. latrant iam quidam oratores, non loquuntur; Bru 58.

latro, Straßenräuber, Wegelagerer, Bandit: I. hic myrmillo Asiaticus, latro Italiae, cum Aquilae primi pili umorum aureos daret, de meis bonis se dare dixit; Phil XII 20. quin etiam leges latronum esse dicuntur, quibus pareant, quas observent; of II 40. — II, 1. armatis latronibus templa tenuisti; par 30. in cella Concordiae conlocari armatos, latrones, sicarios; Phil V 18. furem, hoc est praedonem et latronem, luce occidi vetant XII tabulae; Tul 50. — 2. latroni quae potest inferri iniusta nex? Milo 10. — 3. qui in latrones inciderint; Milo 30. — III. incitatos latronum impetus retardavit; Phil V 23. leges: ſ. I. observant. erat ei vivendum latronum ritu; Phil II 62. — IV, 1. tenere: ſ. II, 1. armo. —

47*

latrocinium, ... par 45. ... ista Mysiae ... — 2. re publica Antonino ... rp XIII 25, 6. — 3. cum illam ... apertam latrocinium conie ... II 1. curiam ab intestino latrocinio ... auctores: A XIV 10, 2. ... castellum forensis latrocinii ... Z III 10) vide, quam ista tui latrocinii ... par 28. cum vis latrocinii vestri ... Piso 25. — III, 1. cum oppressam ... latrocinio rem publicam teneres: ... 2. tu quae ex fanis religiosissimis per ... et latrocinium abstulisti; Ver I 57.

latrocinor, Stäuberei treiben: I, 1. alteri ... mercandi causa, latrocinandi alteri; rp II 9, 2. ut Cretes et Aetoli latrocinari honestum putent; rp III 15. — II. ubi impune sui posteri latrocinarentur; Milo 17.

latrunculus, Straßenräuber: res in Sardinia cum matrunculis latrunculis gesta; prov 15.

latus, breit, weit: A. qui frugi homines ... appellant, id est tantum modo utiles; at illud est latius; Tusc III 16. cum (Dionysius) ... latam cubiculari lecto circumdedisset; Tusc V 57. descendi cum illa lata insignique lorica; Muren 52. rationes has latiore specie, non ad tenue ... ; Ac II 66. terra: f. latus, IV, 1. vias latae, porticus nihilo magis efficiebant, at ..; rp II 43. B. cuius (Cottae) tu illa lata non numquam imitaris; de or III 46.

latus, Seite, Brust, Länge, Kraft: I. me dies, vox, latera deficiunt; Ver II 52. tum latus ei dicenti condoluisse; de or III 6. — II, 1. divisus (Fibrenus) aequaliter in duas partes latera haec adluit; leg II 6. cuius latus ille mucro petebat? Ligar 9. ut aliquo praesidio caput et cervices et iugulum ac latera tutetur; Sest 90. — 2. valentiorum haec laterum sunt; orat 85. — 3. ut a senis latere numquam discederem; Lael 1. eum vident sedere ad latus praetoris; Ver V 107. — III. die septimo (Crassus) est lateris dolore consumptus; de or III 6. IV, 1. quae (terra) colitur a vobis, angustata ... verticibus, lateribus latior; rep VI 21. Cn. Pompeius lateribus pugnans; Bru 221. — 2. non modo a latere sed etiam a tergo magnam partem urbis relinqueret; Ver V 98.

lavatio, Bad: ante te certiorem faciam, ut lavatio parata sit; ep IX 5, 3.

laudabilis, lobenswert, löblich: A. alqd: vgl B. bonum omne laudabile: A. alqd: utriusque orationes sunt in primis ut Asiatico in genere laudabiles; Bru 325. etsi (poeta) est eo laudabilior, quod virtutes oratoris persequitur; orat 67. (ubi sint) res magnae et summe laudabiles virtute gestae; fin V 85. virtus ipsa per se laudabilis; Tusc IV 34. beata vita laudabilis; Tusc V 48. B. 1. quod est bonum, omne laudabile est; quod autem laudabile est, omne est honestum; fin III 27. nec quicquam sine virtute laudabile; Tusc V 48. II. ea honesta, ea pulchra, ea laudabilia, illa autem superiora naturalia nominantur; fin IV 58.

laudabiliter, löblich: rubenod: ad recte.

laudabiliter, postremo ad ... ... est praesidii in virtute? Tusc V 12.

laudatio, Belobung, Lobrede. ... : I. si laudationes essent ... — quod nemo negat; de or II 45. ... nos, quibus in foro utimur. ... brevitatem habent nudam atque inornatam ... ad funebrem contionem; de or II 35. (L. Flacco) senatus populique Romani ... vera laudatio; Flac 101. — II, 1. laudationem tibi misi correctam; A XIII 48, 2. laudat ... me dedisse Leptae tabellario: A XIII 2. velim M. Varronis et Ollii mittas laudationes; XIII 48, 2. f. corrigo. ex illo tempore a civitate laudationes petere coepit; Ver II 64. ... scripsit etiam laudationem mortis; Tusc I 116. habent. — 2. felicitatem ipsam deorum iudicio tribui laudationis est; de or II 341. quod nos laudationibus non ita multum uti ... ; de or II 341. f. I. habent. — 4. refertur ... tum de laudatione Verris; Ver IV 142. — III. laudationis finis (est) honestas; Top 91. tria sunt ... causarum: iudicii, deliberationis, laudationis; 91. adest princeps laudationis tuae; Ver IV 5. IV. qualis futura sit Caesaris vituperatio ... laudationem meam; A XII 40, 1. tractanda in ... tionibus etiam haec sunt naturae et fortunae ... de or II 342.

laudator, Lobredner, Belobungszeuge: I. nemo erat voluntarius laudator praeturae ...; Ver IV 143. — II, 1. Diviciacum Haeduum, ... tuum laudatoremque, cognovi; div I 90. qui ... laudatores dare non potest; Ver V 57. laudatores ad hoc iudicium summos homines ... deprecatores huius periculi missos videtis; Bab 41. — 2. hisce utitur laudatoribus Flaccus; Flac 64.

laudatrix, Lobrednerin: illa plerumque ... torum vitiorumque laudatrix, fama popularis, ... eius (gloriae) corrumpit; Tusc III 4.

laudo, loben, preisen, rühmen, ... günstiges Zeugnis geben: I, 1, a. iis legatis ... (me) non meminisse ullum tempus laudandi ... locum dari; ep III 8, 3. a principiis exorsus ... laudandi et vituperandi; part or 70. tempus ... locus. — b. in laudando iungenda sunt etiam ... genera virtutum; de or II 344. — 2. alia civitas ... nulla publico consilio laudat; Ver II 13. — b. ... quod bene cogitasti aliquando, laudo; Phil II 34. — 2. in Asia continenter vixisse laudandum ...? Muren 12. — III. cum a te est Popilia, ... vestra, laudata, cui primum mulieri hunc honorem in nostra civitate tributum puto; de or II 44. ... mertuia civitas istum publice communi consilio ... laudat; Ver IV 15. eundem Popilium postea ... tulus in ambitus iudicio pro testimonio diligentissime laudat; Cluent 132. Ap. Claudium senatui populoque Romano non Mindacensium testimonio, sed ... sponte esse laudatum; ep III 8, 3. omnium laudatarum artium procreatricem; de or I 9. nulla habendam magnum bonum, nisi quod vere laudari sua sponte posset; leg I 37. quis vituperare impros asperius, quis laudare bonos ornatius potest? de or II 35. quorum privatum de re publica consilium et factum auctoritate vestra est comprobatum atque laudatum; Phil X 23. duces eos laudavi qui ...; Phil V 3. factum: f. consilium. nec ditatem ignaviamque vituperari nec fortitudinem patientiamque laudari suo nomine; fin I 49. eos qui exacta aetate moriuntur, fortuna laudari Tusc I 93. mihi videris fratrem laudando suffragaribi; leg I 1. laudari honestatem et institiam quando ab Epicuro; fin II 51. recte etiam a Ti ... iusto est laudata hospitalitas; of II 64. institiam ... honestatem, laudantur exquisitissimis verbis ... genes; Phil IV 6. matrem; f. alqm; de or II

itiam: f. fortitudinem. si quodam in libro vere nobis philosophia laudata; Ac II 6. laudatur icia Gallia; Phil IV 9. laudata Cottae senten-ieat 74. laudat (Epicurus) saepe virtutem; III 48. cum eam ipsam voluptatem laudat plurimis; fin II 20. — IV. te audiente, quem Romanarum auctorem laudare possum reli-simum; Bru 44.

vo. haben: cur te lautum voluerit, cenatum rit occidere; Deiot 20. nostro more cum pa-ris puberes filii non lavantur; of I 129. cum s generi non lavantur; of I 129.

area, Lorbeerkranz, Lorbeerzweig: I. are-tibus laureis; rep VI 8. »cedant arma togae, dat laurea laudi«; of I 77. — II. cum tu de-im e cruentis fascibus lauream ad portam Es-iam abiecisti; Piso 74. quem ego currum quam lauream cum laudatione tua conferrem? V 6. 1. detraho: f. abicio. — III. cum arida i laureae rettulisses; Piso 97.

areatus, mit Lorbeeren geschmückt: cum ibus laureatis; div I 59. ut, quam (imaginem) atam conspexit, eandem deformatam videat? a NR. lictoribus laureatis; A VII 10.

areola (lor.), Lorbeerzweig, Lorbeerkranz: eodem Amano (Bibulus) coepit loreolam in aceo quaerere; A V 20, 4. — II. tantum i ut haberem negotii, quod esset ad laureolam s: ep II 10, 2.

areus, aus Lorbeerzweigen: quod coronam i lauream tibi decerni volneris a senatu; Piso 58.

arus, Lorbeer: incurrit haec nostra laurus solum in oculos, sed iam etiam in voculas ma-iorum; ep II 16, 2.

ims, Lob, Anerkennung, Ruhm, Verdienst, jug: I. I. aliud laus, aliud || aut || vituperatio ficere debet; inv II 12. haec forensis laus et stria latent in tutela ac praesidio bellicae virtutis; en 22. ne imminuam tuam laudem, si omnis a i consiliis profecta videatur; ep IX 14, 2. ora-m laus ita ducta ab humili venit ad summum, am senescat brevique tempore ad nihilum ventura atur: Tusc II 5. apud quos venandi et equi-li laus viget; Tusc II 62. — 2. brevitas laus interdum in aliqua parte dicendi. in universa sentia laudem non habet; Bru 50. — II. I. quod tam ad laudem adipiscendam quam ad vi-dam vituperationem valet; prov 44. non alienam i laudem appeto; Ver IV 80. bellicae tuae laudes brabuntur; Marcel 9. quarum laudum gloriam maris, quibus artibus eae laudes comparantur, in esse laborandum; ep II 4, 2. cum (Gorgias) ralarum rerum laudes vituperationesque conscrip-iet || quem . . . conscripsisse ||; Bru 47. neminem dentiae laudem et eloquentiae sine summo studio labore et doctrina consequi posse; de or II 363. guam laudem et a summo viro et ab exercitu sequebare; of II 45. quae fortuna dat aut ex-secus aut corpori, non habent in se veram laudem, se deberi virtuti uni putatur; de or II 342. duco: I. 1. senescit. si quam habeo laudem; Planc 66. deheo. I, 2. imminuo: f. I, 1. proficiscitur. con-sae meo laus impertitur; Catil III 14. laudes et aperationes non separatim placet tractari, sed in ds argumentationibus esse implicatas; inv I 97. horatorum virorum laudes in contione memorentur; : II 62. qui solidam laudem veramque quaeret; a 93. Hortalus quam ornate nostras landes in tra sustulit! A II 25, 1. tracto: f. implico. laudem -ntati tribuebas; Q Rosc 19. — 2. maximi huic -di habiti honores; Bru 51. qnia (Ti. Gracchus) olebat laudi et dignitati; fin IV 65. — 3. quod sode populari caruerunt; agr II 1. — 4. quem vetellum) ego civem meo iudicio cum deorum im-urtalium laude coniungo; Piso 20. dixi de sin-

gulorum laude verborum; de or III 199. qui quie-scunt, in magna laude ponendos puto; Phil XI 37. tantus est splendor in laude vera; Marcel 19. — III, 1. appetentes gloriae atque avidi laudis; imp Pomp 7. si laudis invidus exstitisset; Flac 2. — 2. homo dignissimus tuis laudibus; Piso 14. — 3. (virum) ratione vitae mirabili ad laudem; dom 21. — IV, 1. unde fuga turpitudinis, appe-tentia laudis et honestatis? rep I 2. gloria: f. II, 1. comparo. in animis ego vestris omnia monumenta gloriae, laudis insignia condi et conlocari volo; Catil III 26. nullum insigne honoris, nullum monu-mentum laudis postulo; Catil III 26. ita factum in superstitioso et religioso alterum vitii nomen. alterum laudis; nat II 72. quod non adversarium aut obtrectatorem laudum mearum amiseram; Bru 2. trahimur omnes studio laudis; Arch 26. nonne com-pensabit cum uno versiculo tot mea volumina lau-dum suarum? Piso 75. — 2. ex hoc cursu atque impetu animorum ad veram laudem atque honestatem pericula adeuntur; Tusc II 58. quae praedicatio de mea laude praetermissa est? dom 27. — V, 1. omni laude cumulatus orator; de or I 20. quae omnia quia Cato laudibus extulerat in caelum; A XII 21. 1. quem (Hortensium) confido omnibus istis laudibus excellentem fore; de or III 228. eos, qui in magi-stratu privatorum similes esse velint, ferunt laudibus; rep I 67. laudemus prius legem ipsam veris et propriis generis sui laudibus; leg III 2. summis ornat senatum laudibus; Cluent 140. — 2. fecerat hoc idem maxima cum laude L. Piso; Phil V 19. pudore adficeretur ex sua laude; Caecin 77. respon-dere sine mea maxima laude non possum; dom 95.

laute, anständig, prächtig, herrlich: villam lau-tius aedificatam; leg II 3. Rubrium parum laute deversari; Ver I 64. Laterensis existimatur laute fecisse, quod . .; A II 18, 2. instituta vitae et me-lius tuemur et lautius; Tusc I 2.

lautitia, Pracht, Wohlleben: I. fama ad te de mea nova lautitia veniet; ep IX 16, 8. — II. in Epicuri nos castra coiecimus, nec tamen ad hanc insolentiam, sed ad illam tuam lautitiam, veterem dico; ep IV 20, 1.

lautumiae, Steinbruch: I. lautumias Syracu-sanas omnes audistis, plerique nostis. opus est ingens, magnificum, regum ac tyrannorum; Ver V 68. — II. multos cives Romanos in lautumiis morte esse multatos; Ver I 14.

lautus, ansehnlich, prächtig, vornehm, rühm-lich: A. valde iam lautus es, qui gravere litteras dare . .; of VI 14, 1. illa (liberalitas) lautior ac splendidior; of II 52. est lautum negotium; A VI 1, 13. lautissimum oppidum fortissimorum militum sanguine implevit; Phil XIII 18. in oratoris instru-mento tam lautam supellectilem numquam videram; de or I 165. — B. bonorum, id est lautorum et lo-cupletum || locupletium ||, urbem refertam fore; A VIII 1, 3.

laxamentum, Schonung, Rücksicht: non modo causae, sed ne legi quidem quicquam per tribunum plebis laxamenti datum est; Cluent 89.

laxe, weit, geräumig: habitare laxe voluit; dom 115. quodsi laxius volent proferre diem; A XIII 13, 4 (14, 1).

laxitas, Geräumigkeit: in domo clari hominis adhibenda cura est laxitatis; of I 139.

laxo, erweitern, erleichtern, befreien: qui cor-pore laxati illum incolunt locum, quem vides; rep VI 16. nec haec ita sunt arta et astricta, ut ea, cum velimus, laxare nequeamus; orat 220. ab hac contentione disputationis animos nostros curamque || curaque || laxemus; de or III 230. ut forum la-xaremus; A IV 16, 8. quanto facilius nos non laxare modos, sed totos mutare possumus? de or I 254.

laxus, weit, ausgebehnt, locfer: diem statuo satis laxam; A VI 1, 16. quam laxissimas habenas habere amicitiae; Lael 45.

leaena, Löwin: statuerunt † gloria leaena || aeream leaenam ·|; fr F VIII 12.

lectica, Sänfte: I, 1. cum is (Lentulus) paulum lecticam aperuisset; A IX 11, 1. f. II, 1. portari. averto: f. 2. operio: f. II, 1. facere. — 2. caput in aversam lecticam inserens; Phil II 87. — II, 1. lectica operta facere iter se solere; div II 77. in hortos ad Pompeium lectica latus sum; Q fr II 5, 3. aperta lectica mima portabatur; Phil II 58. — 2. hic Vedius mihi obviam venit cum duobus essedis et lectica; A VI 1, 25.

lecticarius, Sänftenträger: mitto artes vulgares, coquos, pistores, lecticarios; Sex Rosc 134.

lecticula, Sänfte: ut mecum simul lecticula concursare possis; ep VII 1, 5. lecticula in curiam (rusticum) esse delatum; div I 55.

lectio, Lesen, Auswahl: I. lectionem sine ulla delectatione neglego; Tusc II 7. — II. scriptum dignum lectione; Bru 69. — III. expletur animus incun·lissima lectionis voluptate; ep V 12, 5. — IV, 1. quorum (iudicum) lectione duplex imprimeretur rei publicae dedecus; Phil V 16. — 2. ad quas (rationes) ego nihil adhibui praeter lectionem; ep V 20, 2.

lectito, oft lesen: I. se responsitando et lectitando et scriptitando ne impediat; rep V 5. — II. lectitavisse Platonem studiose Demosthenes dicitur; Bru 121. si quis plura lectitarit; de or I 95. quos nunc lectito auctores; A XII 18, 1. Pyrrhi te libros et Cineae video lectitasse; ep IX 25, 1.

lectiuncula, angenehme Lektüre: quin matutina tempora lectiunculis consumpseris; ep VII 1, 1.

lector, Leser, Vorleser; I, 1. qui nec delectatione aliqua adlicere lectorem (possit); Tusc I 6. cum Brutus duo || duos || lectores excitasset; de or II 223. — 2. ut, quid Crassus ageret, ex eius scriptore et lectore Diphilo suspicari liceret; de or I 136. — II. nihil est aptius ad delectationem lectoris quam temporum varietates; ep V 12, 4.

lectulus, Lagerstatt, Bett, Ruhebett: I. in qua exhedra (Crassus) posito lectulo recubuisset; de or III 17. stravit pelliculis haedinis lectulos Punicanos; Muren 75. — II. (Quintus) a ducenda uxore sic abhorret, ut libero lectulo neget esse quicquam iucundius; A XIV 13, 5. — 2. in suo lectulo mortuus (Dionysius); nat III 84.

lectus, Lagerstatt, Bett, Speisesofa: I. 1. lectus ad quietem datus; Catil IV 2. lectum illum genialem sibi ornari et sterni iubet; Cluent 14. conlocari iussit hominem in aureo lecto strato pulcherrimo textili stragulo; Tusc V 61. f. orno. — 2. conloco in: f. 1. sterno. hora fere secunda, cum etiam tum in lecto Crassus esset; de or II 12. dixit te in lecto esse, quod ex pedibus laborares; ep IX 23. — II. somniasse se ovum pendere ex fascea lecti sui cubicularis; div II 134. — III. nec praeter quattuor lectos et tectum quemquam accipere quicquam; A V 16, 3.

legatio, Sendung, Auftrag, Bericht, Gesandtschaft, Legatenstelle: I, 1. ab amicissimis civitatibus legationes cum publicis auctoritatibus convenisse; Ver pr 7. >imperia, potestates, legationes ex urbe exeunto, duella iusta iuste gerunto, sociis parcunto<; leg III 9. habent, opinor, liberae legationes definitum tempus lege Iulia, nec facile addi potest; A XV 11, 4. parcunt: f. exeunt. mihi totum genus legationum tuo nomine proficiscentium notum non erat; ep III 8, 2. — 2. illud, quod cupit Clodius, est legatio aliqua (si minus per senatum, per populum) libera aut Byzantium aut ad Brogitarum; Q fr II 7, 2. — II, 1. qui ultro ei (M. Anneio) detulerim legationem; ep XIII 55, 1. libera legatio voti causa datur; A

II 18, 3. quae (legatio) ad istum laudandum missa est; Ver IV 15. f. III. nomen. legationibus flagitiose obitis; Font 34. perfectis aut reiectis legationibus: ep I 4, 1. si ille vir legationem renuntiare potuisset: Phil IX 1. — 2. (P. Nigidius) ex legatione decedens; Tim 2. — III. qui perfidia legationis ipsius caerimoniam polluerit; Sex Rosc 113. quod genus legationis ego consul sustulissem; leg III 18. te non a°bitrabar genere isto legationum delectari; ep III 8, 3. aveo genus legationis, ut, cum velis, introire, exire liceat; A XV 11, 4. f. I, 1. proficiscuntur. cur imminuisti ius legationis? Ver I 84. nomen ipsum legationis ultro missae timoris esse signum videbitur; Ver V 47. me de isto sumptu legationum aut minuendo aut remittendo decrevisse nil, nisi quod . . ; ep III 8, 5. — IV, 1. dicat se legationibus bellicis eruditum; Balb 47. posteaquam nos pacificatoria legatione implicatos putant; Phil XII 3. C. Anicius negotiorum suorum causa legatus est in Africam legatione libera; ep XII 21. — 2. equites Romanos cum legatione ad phoc iudicium et cum gravissima laudatione miserunt; Cael 5. qui in legatione mortem obierunt; Phil XI 2.

legatorius, des Legaten: hanc † legatoriam || legatoriam || provinciam; A XV 9, 1.

legatum, Vermächtnis: I. Hortensii legata cognovi; A VII 3, 9. digito legata delevit; Cluent 41. — II. alia iura esse de mulierum legatis et hereditatibus; rep III 17.

legatus, Gesandter, Unterfeldherr, Legat: I, 1. adsunt Heraclienses legati; Arch 8. Hammonius, regis legatus, aperte pecunia nos oppugnat; ep I 1, 1. cum est legatus profectus (Q. Ligarius); Ligar 4. cum ille ad te legatus in castra venisset; Piso 84. — 2. tibi cum essem legatus; rep II 67. — II, 1. in qua civitate non modo legatus populi Romani circumsessus, sed aliqua ex parte violatus sit; Ver I 79. Crassus tres legatos decernit nec excludit Pompeium; ep I, 3. ne dici quidem se legatum Dolabellae volet; Phil XI 32. Lars Tolumnius quattuor legatos populi Romani Fidenis interemit; Phil IX 4. is, qui a Pyrrho legatus ad senatum est missus. Cineas; Tusc I 59. domum recipere legatum hostium; Phil VIII 29. cum legati populi Romani redempti sint; imp Pomp 32. violo: f. circumsedeo. — 2. cum sine cuiusquam reprehensione quaestoriis legatis quaestorem possis anteferre; ep II 18, 3. sumptus legatis nimis magnos; ep III 8, 2. quamvis severa legatis mandata dederimus; Phil V 25. — 3. actum est de decem legatis; prov 28. de tribus legatis frequentes ierunt in alia omnia; ep I 2, 1. — III. qui concursus legatorum ex Italia cuncta fuerit; Sest 72. legatorum nomen ipsum belli celeritatem morabitur; Phil V 26. exspectate legatorum reditum; Phil VII 17. ex P. Rupilii decreto, quod is de decem legatorum sententia statuit; Ver II 32. — IV. ut his de rebus a legatis Amerinorum doceri L. Sullam passus non sit; Sex Rosc 127. Macedoniam per legatos nomine ipso populi Romani tuebamur; prov 5. cum quinque cohortes sine legato, sine tribuno militum, denique etiam sine centurione ullo apud Philomelium consedissent; ep XV 4, 2.

legio, Legion: I. cum legiones scribat Cato saepe alacres in arma locum profectas, unde redituras se non arbitrarentur; Tusc I 101. cum legio Martia princeps cum hostibus conflixerit; Phil XIV 38. hanc (legionem) imitata quarta legio parem virtutis gloriam consecuta est; Phil XIV 31. quis unus amicior umquam rei publicae fuit quam legio Martia universa? Phil III 6. eiusdem furorem Martia legio fregit; Phil X 21. huius legionis (Martiae) virtutem imitata quarta legio C. Caesaris auctoritatem atque exercitum persecuta est; Phil III 7. f consequitur. proficiscuntur, redeunt: f. arbitrantur

quae (legiones) M. Antonium reliquerunt; Phil X 12. — II, 1. legiones conscripsit novas; Phil XI 27. Antonium cum legione Alaudarum ad urbem pergere, legionem sub signis ducere; A XVI 8, 2.). perduco. imitor: f. I. consequitur. laudantur exquisitissimis verbis legiones; Phil IV 6. quia legionibus nostris sub iugum missis pacem cum Samnitibus fecerant; of III 109. dum ad te legiones eae perducantur, quas audio duci; ep XII 19, 2. — 2. patefactum nostris legionibus esse Pontum; imp Pomp 21. — 3. Hirtius cum tribus Antonii legionibus conflixit; Phil XIV 27. — III. Hirtius ipse aquilam quartae legionis cum inferret; Phil XIV 27. delectos Martiae legionis centuriones trucidarit; Phil XIII 18. legionis Martiae quartaeque mirabilis consensus ad rem publicam reciperandam confirmetur; Phil III 7. honestiora esse decreta legionum quam senatus; Phil V 4. me nomen habere duarum legionum exilium? A V 15, 1. virtus: f. I. imitatur. — IV. nisi forte eum subsidio tibi venire arbitraris cum fortissimis legionibus; Phil XIII 44. f. II, 1. duco.

legitime, gefeßmäßig, rechtmäßig: is qui legitime procurator dicitur; Caecin 57. in illa adoptione legitime factum est nihil; dom 77. iuste et legitime imperanti; of I 13.

legitimus, gefeßmäßig, rechtmäßig, gebührend: reratam uni cuique tabellam dari cera legitima; div Caec 24. in theatro, qui locus non est contionis legitimae; opt gen 19. quid est turpius quam legitimarum et civilium controversiarum patrocinia suscipere, cum sis legum et civilis iuris ignarus? orat 120. ne quam horam de meis legitimis horis remittam; Ver I 25. cum iusto et legitimo hoste res gerebatur; of III 108. iam iura legitima ex legibus cognosci oportebit; inv II 68. illa oratorum propria et quasi legitima opera; Bru 82. potestatem quasi iustam et legitimam; nat III 84. si legitimum scriptum proferetur, id est, aut lex ipsa aut aliquid ex lege; inv II 125. uti L. Egnatuleio triennium ante legitimum tempus magistratus petere liceat; Phil V 52.

lego, als Gefandten fenden, zum Legaten ernennen, vermachen, hinterlaffen: C. Anicius negotiorum suorum causa legatus est in Africam legatione libera; ep XII 21. eum (Messium) Caesari legarat Appius; A IV 15, 9. huc Caerellia missa ab istis est legata ad me; A XIV 19, 4. Dolabella me sibi legavit a. d. IIII Nonas; A XV 11, 4. alqd: f. HS. usum et fructum omnium bonorum suorum Caesenniae legat; Caecin 11. ut legati ex iura ordinis auctoritate legarentur; Vatin 35. quasi ea pecunia legata non esset; leg II 51. quid reapse sit turpius quam sine procuratione senator legatus; leg III 18. Cluvium a T. Hordeonio legare et Terentiae HS 1000 cum sepulcro multisque rebus, nihil a nobis; A XIII 46, 3. usum: f. fructum.

lego, lefen, ausfuchen, wählen, fammeln, part. auslefen, vortrefflich: I, 1. a. id omne consumebatur in legendo, scribendi otium non erat; of II 4. — b erat in eo (M. Catone) aviditas legendi; un III 7. quorum studio legendi meum scribendi studium vehementius in dies incitatur; div II 5. — 2. nescio quo modo, dum lego, adsentior; Tusc I 24. — II, 1. Socratem nonne legimus quem ad modum notarit Zopyrus physiognomon? fat 10. — 2 legeram clarissimos viros se in medios hostes iniecisse; dom 64. — III. dum modo de iisdem rebus ne Graecos ipsos legendos putent; fin I 8. cum (C. Curtium) Caesar in senatum legit; ep XIII 5. 2. f. aleatores. te, lectissimum ornatissimumque adulescentem, appello; Ver IV 79. ille legit aleatores, legit exsules, legit Graecos; Phil V 12. quam (divinationem) et cernimus ipsi et audimus et legimus; div I 86. epistula prior mihi legi coepta est; A

XVI 13 (a), 1. exsules: f. aleatores. feminae lectissimae virum; Catil IV 13. cuius (Platonis) tum Athenis cum Charmada diligentius legi Gorgiam; de or I 47. obstupescent posteri certe imperia, provincias, Rhenum, incredibiles victorias, monimenta, munera, triumphos audientes et legentes tuos; Marcel 28. qui in iudicibus legendis optimum quemque elegit; Milo 105. liber tuus et lectus est et legitur a me diligenter; ep VI 5, 1. monimenta, al.: f. imperia. „tamquam nudus nuces legeret"; de or II 265. qui (poëtae) audiuntur, leguntur, ediscuntur; Tusc III 3. hoc tu idem facies censor in senatu legendo? Cluent 128. sepulcra legens; Cato 21. triumphos, al.: f. monimenta. ut (orator verba) abiecta et obsoleta fugiat, lectis atque inlustribus utatur; de or III 150. optimis sententiis verbisque lectissimis dicere; orat 227. lectissimorum virorum iudicium; Flac 2. uxorem habere lectissimam maxime vis; inv I 52.

leguleius, Gefeßkrämer: est tibi iuris consultus ipse per se nihil nisi leguleius quidam cautus et acutus; de or I 236.

legumen, Hülfenfrucht: terra feta frugibus et vario leguminum genere; nat II 156.

lemniscatus, mit Bändern gefchmückt: hanc (palmam) primam esse lemniscatam; Sex Rosc 100.

lena, Kupplerin: quam blanda conciliatrix et quasi sui sit lena natura; nat I 77.

lenio, lindern, mildern, befänftigen, befchwichtigen: earum (rerum) etiam commemoratione lenimur; ep V 13, 5. Dionysopolitas lenivi; Q fr I 2, 4. ut ego me non multa consolatione cotidie leniam; Q fr III 5, 4. me scriptio et litterae non leniunt, sed obturbant; A XII 16. id tu, si ille aliter acceperit ac debuit, lenies; A X 11, 5. in aegritudine lenienda; Tusc III 79. fore ut utriusque nostrum absentis desiderium crebris et longis epistulis leniatur; ep XV 21, 1. f. dolorem. quae (statua) magnum civium dolorem et desiderium honore monimenti minuet et leniet; Phil IX 13. ut ea (incommoda) sapientes commodorum compensatione leniant; nat I 23. eorum luctus aliorum exemplis leviuntur; Tusc III 58. vicit is, qui non fortuna inflammaret odium suum, sed bonitate leniret; Marcel 31.

lenis, fanft, mild, gelind, ruhig, gelaffen: lenis a te et facilis existimari debeo; ep V 2, 9. adhibita actione leni; de or II 184. inde austro lenissimo in Italiam pervenimus; ep XVI 9, 2. illa sunt ab his delapsa plura genera, lene asperum, contractum diffusum; de or III 216. homo natura lenissimus; Ac II 11. oratio placida, summissa, lenis; de or II 183. est etiam quiete actae aetatis placida ac lenis senectus; Cato 13. me lenissimis et amantissimis verbis utens re graviter accusas; ep V 15, 1. ut quisque maxime virtutibus his lenioribus erit ornatus; of I 46.

lenitas, Sanftmut, Milde, Gelaffenheit: I. si illam meam pristinam lenitatem perpetuam sperant futuram; Catil II 6. — II, 1. ea (iustitia) in moderatione animi advertendi lenitas nominatur; part or 78. tua gravissimi sermonis lenitas probatur; de or I 255. — 2. ea lenitate senatus est usus, ut . . ; Catil III 14 (15). — 3. ut iam oratio tua non multum a philosophorum lenitate absit; leg I 11. elaborant alii in lenitate et aequabilitate et puro quasi quodam genere dicendi; orat 53. in hominum mentibus ad lenitatem misericordiamque revocandis; de or I 53. — III. vos severitatem iudiciorum lenitate ac misericordia mitigate; Sulla 92. libertatem lenitate legum munitam esse voluerunt; Rabir 10.

leniter, fanft, mild, gelind, gelaffen, ruhig: adrisit hic Crassus leniter; de or II 145. utrum me secum severe et graviter et prisce agere malit an remisse et leniter et urbane; Cael 33. hi conlocuti inter se leniter et quiete; Tusc IV 49. qui

iam diu multo dicis remissius et lenius quam solebas; de or I 255. multa in illa oratione graviter, multa leniter dicta sunt; Bru 164. genae subiectae leniterque eminentes; nat II 143. sedens iis adsensi, qui mihi lenissime sentire visi sunt; ep V 2, 9. qui, ut quisque crudelissime oppugnatur, eum lenissime sublevatis; Cluent 202.

lenitudo, Milde: verebar, ne virorum nimia in istum lenitudine oppugnarer; Ver IV 136.

leno, Kuppler, Verführer: I. Ballionem illum improbissimum et periurissimum lenonem cum agit, agit Chaeream; Q Rosc 20. — II. in qua (domo) semper meretricum lenonumque flagitia versantur; Ver IV 83. vos pro meo capite ad pedes lenonis impurissimi proiecistis; Sest 26. — III. sequebatur raeda cum lenonibus; Phil II 58.

lenocinium, Kuppelei, Lockung: I. perspicuum est, quo corporum lenocinia processerint; nat II 146. — II. qui se vitiorum inlecebris et cupiditatium lenociniis dediderunt; Sest 138. — III. luxuriem domestico lenocinio sustentavit; sen 11.

lenocinor, zu Willen sein, locken: Alienus tibi serviet, tibi lenocinabitur; div Caec 48. nullo commodo extrinsecus posito et quasi lenocinante mercede; Ac fr 20 (8. 17).

lente, langsam, lässig, gleichgültig, bedächtig: haec videri possunt odiosiora, cum lentius disputantur; par 10. neminem adhuc offendi, qui haec tam lente, quam ego fero, ferret; A II 13, 2. nisi eum (librum) lente ac fastidiose probavissem; A II 1, 1. salsum est etiam quaerentibus lente respondere, quod nolint; de or II 287.

lentiscus, Mastixbaum: »semper viridis lentiscus ter fruges fundens tria tempora monstrat arandi«; div I 15.

lentitudo, Gleichgültigkeit: I. (non irasci) est non numquam lentitudinis; Q fr I 1, 38. — II. eam quam lenitatem nos dicimus, vitioso lentitudinis nomine appellant; Tusc IV 43.

Lentulitas, alter Adel der Lentuler: ullam Appietatem aut Lentulitatem valere apud me plus quam ornamenta virtutis existimas? ep III 7, 5.

lentulus, säumig: an existimas illum (fratrem) in isto genere lentulum aut restrictum? A X 11, 2.

lentus, langsam, lässig, gleichgültig: nimium patiens et lentus existimor; de or II 305. T. Iuventius nimis lentus in dicendo et paene frigidus; Bru 178. hosce infitiatores lentos esse arbitror; Catil II 21. Teucris illa lentum sane negotium; A I 12, 1. sunt negotia lenta; A V 18, 4.

leo, Löwe: I. praeclara aedilitas! unus leo, ducenti bestiarii; Sest 135. — II, 1. tu Antonii leones pertimescas cave; A X 13, 1. — 2. fraus quasi vulpeculae, vis leonis videtur; of I 41. — 3. Herculem iratumne censes conflixisse cum leone Nemeaeo? Tusc IV 50. in quibus (bestiis) inest aliquid simile virtutis, ut in leonibus; fin V 38.

lepide, artig, herrlich: quam lepide se furari putat! Ver III 35.

lepidus, niedlich, zierlich: hi pueri tam lepidi ac delicati etiam sicas vibrare didicerunt; Catil II 23.

lepos, Anmut, Feinheit: I. ut esset tantus in loquendo ‖ iocando ‖ lepos, ut . .; de or I 27. insit in eo (sermone) lepos; of I 134. — II. non adimo sermonis leporem; Flac 9. (Plato) leporem Socraticum cum obscuritate Pythagorae contexuit; rep I 16. in quo (orationis genere) omnes verborum, omnes sententiarum inligantur lepores; orat 96. erat cum gravitate iunctus facetiarum et urbanitatis oratorius, non scurrilis lepos; Bru 143. libandus [est] etiam ex omni genere urbanitatis facetiarum quidam lepos, quo tamquam sale perspargatur omnis oratio; de or I 159. erat in homine gratia mixtus lepos; rep II 1. — III. in utroque genere leporis

excellens; de or II 220. ut nullum veteris leporis vestigium appareat; ep IX 15, 2. — IV. cuius ratio quamquam floruit admirabili quodam lepore dicendi; Ac II 16. perspargi: f. II. libo

lepusculus, Häschen: I. in qua (insula) lepusculus vulpeculasque saepe vidisses; nat I 88. — II. illa pro lepusculis capiebantur; Ver IV 47.

lessus, Totenklage: »mulieres genas ne radunto neve lessum funeris ergo habento«; leg II 59. 64. L. Aelius „lessum" quasi lugubrem eiulationem, ut vox ipsa significat; leg II 59.

letum, Tod, Untergang: I. »bonos ‖ nos, sos ‖ leto datos divos habento«; leg II 22. — II. vide, quam turpi leto pereamus; A X 10, 5.

levamen, Linderungsmittel: quodsi esset aliquod levamen, id esset in te uno; A XII 16.

levamentum, Linderungsmittel: I. (istud) esse levamentum miseriarum; fin V 53. — II. illam rem fore levamento; A XII 43, 2 (1).

levatio, Erleichterung, Verminderung: 1. qui gemitus si levationis aliquid adferret; Tusc II 57. nec ab eo (Bruto) levationem ullam exspecto; A XII 29, 1. levationem vitiorum fieri negant; fin IV 67. quae levationem habeant aegritudinum, formidinum. cupiditatum; Tusc I 119. — 2. non dubito, quin magnae tibi levationi solitus sit esse cotidianus congressus et sermo familiarissimi hominis; ep VI 4, 5.

leviculus, ziemlich eitel: leviculus sane noster Demosthenes; Tusc V 103.

levidensis, leicht gewebt: ego hospiti veteri et amico munusculum mittere volui levidense crasso filo; ep IX 12, 2.

levipes, leichtfüßig: »subter pedes Orionis iacet levipes Lepus«; fr H IV, a, 365.

levis, glatt, abgeschliffen: asperis et levibus et hamatis uncinatisque corporibus concreta haec esse; Ac II 121. esse corpuscula quaedam levia, alia aspera; nat I 66. levem illum (mundum deus) effecit et undique aequabilem; Tim 20. quod ipsum alii aspera, tristi, horrida oratione, alii levi et structa et terminata; orat 20.

levis, leicht, sanft, geringfügig, unbedeutend, flüchtig, leichtsinnig, wankelmütig: A. nos ita leves atque inconsiderati sumus, ut . .? div II 59. quorum alterum est gravius, alterum levius; Q Rosc 16. haec fuerit nobis tamquam levis armaturae prima orationis excursio; div II 26. multo in leviore causa; Ver II 109. leve (genus argumentationis) est, quod aut post tempus dicitur aut perspicue turpem rem levi tegere vult defensione; inv I 90. rumorem, fabulam falsam, fictam, levem perhorrescimus; Milo 42. quam (fortunam) existimo levem et imbecillam ab animo firmo et levi animi „frangi" oportere; ep IX 16, 6. quae (causa) levissimi hominis animum in Flaccum incitavit; Flac 46. quos qui leviore nomine appellant; Sex Rosc 93. quoniam mihi levius quoddam onus imponitis; de or I 135. opinio est quaedam effeminata ac levis; Tusc II 52. cui et pecunia levissima et existimatio sanctissima fuit semper; Q Rosc 15. ccrte levior reprehensio est; Ac II 102. his mihi rebus levis est senectus; Cato 85. si non levem testem laeseris; de or II 302. tamquam levia quaedam vina nihil valent in aqua, sic . .? Tusc V 13. — B, a, 1. quis non odit sordidos, vanos, leves, futtiles? fin III 38. — b. vos audive vocem levissimi cuiusque; Flac 19. — b, 1. quod a gravioribus leviora natura repelluntur; Tusc I 40. — 2. ut ad leviora veniamus; div I 80.

levitas, Glätte, Ungezwungenheit: I. cum speculorum levitas altitudinem adsumpsit; Tim 49. — II. in ipso tactu esse modum et mollitudinis et levitatis; de or III 99. — III. Demosthenes nil levitate Aeschini (cedit) et splendore verborum; orat

110. omni totam figuram mundi levitate (deus) circumdedit; Tim 18.

levitas, Leichtigkeit, Flüchtigkeit, Veränderlichkeit, Unbeständigkeit, Leichtsinn: I. quae (sit) levitas propria Graecorum; Flac 57. levitates comicae jarumae semper ‖ saepe ‖ in ratione versantur? nat III 72. — II, 1. quo modo sum insectatus levitatem senum, libidinem inventutis! A I 16, 1. ut omittam levitatem temere adsentientium; Ac II 120. ex hoc genere toto perspici potest levitas orationis eurum; Ac II 53. cum coniunctionis levitatem ‖ lenitatem ‖ tenuerimus; de or III 201. — 2. quod amici genus adhibere omnino levitatis est; Lael 93. — 3. ecce alii amatoriis levitatibus dediti; fin I 61. — 4. omnem vim ingenii in populari levitate consumpsit; Phil V 49. quae dici possunt in hominum levitatem; Flac 66. — III. haec plena sunt inutilitatis ‖ futil. ‖ summaeque levitatis; nat II 70. — IV, 1. videre licet alios (philosophos) tanta levitate et iactatione, ut . .; Tusc II 12. — 2. ut ille aliquid de populari levitate deponeret; A II 1. 6. — V. haec aut pondere deorsum aut levitate ‖in‖ sublime ferri; nat II 44. iudiciorum levitate ordo alius ad res iudicandas postulatur; div Caec 8. quid est inconstantia, levitate, mobilitate turpius? Phil VII 9.

leviter, leicht, unerheblich, unbedeutend, erträglich: I. e quo (fonte Caesar) sit leviter aspersus; ep VI 6, 9. omnia levius casura; div II 25. cum ipsi, ut levissime dicam, multa deessent; ep III 10, 5. qui nunc leviter inter se dissident; A I 13. 3. levius dolerem; A XI 6, 1. id eo levius ferendum est, quod . .; ep IV 3, 2. (homines) aliquanto levius ex inscientia laborarent; inv II 5. cum leviter lippirem; A VII 14, 1. non vaste, non rustice, non hinlce (eius patrem locutum esse), sed presse et aequabiliter et leviter ‖ leniter ‖; de or III 45. alii in eadem ieiunitate florentes et leviter ornati; orat 20. aliquo leviter presso vestigio; Ver IV 53. — II. »inde Fides posita et leviter convexa videtur«; nat II 112. ille leviter saucius; inv II 154. — III. de Attica optime, quod levius ac levius; A XIII 21, a, 3 (6).

levo, glätten: f. **laevo.**

levo, erleichtern, unterstützen, mindern, abhelfen, entheben, befreien: ut sese gravissima levaret infamia; Ver III 140. leva me hoc onere; ep III 12, 3. qui tardior in te levando fuit, quam fore putaremus; ep VI 4, 2. illum neque ursi neque levavi; Q fr III 9, 1. longior tua epistala meum omnes aegritudine levavit; A IX 7, 2. qui me levavit iis incommodis, quibus idem adfecerat; A IX 13, 2. ad levandam aegritudinem; Tusc III 60. Sp. Thorius, is qui agrum publicum vitiosa lege vectigali levavit; Bru 136. tu, qui saepissime curam et angorem animi mei sermone et consilio levasti tuo; A I 18, 1. f. dolorem. ad levandam muliebris calamitatem; div Caec 57. ut levarem miseriis perditas civitates; ep III 8, 5. curam: f. angorem. »nisi ab utroque latere, tamquam remis, ita pinnis ‖ ursus avium levatur; nat II 125. angoris ad dolori tui levandi causa; ep VI 12, 3. volucres levandi laboris sui causa passim volitare; de or II 23. quae levare luctum possent; ep IV 6, 1. quasi alvitio maeror levaretur; Tusc III 62. quibus (rebus) levari possent molestiae tuae; ep IV 3, 3. »nisi (paupertatis) onus disputando levamus; Tusc III 56. qui illam suspicionem levare atque ab se removere cuperet; Ver III 136.

lex, (Gesetz, Verordnung, Gebot, Antrag, Vorschlag, Bedingung: I. abfolut: 1. ut leges omnium salutem singulorum saluti anteponunt, sic . .; fin III 64. lex ipsa naturae, quae utilitatem hominum conservat, non mutat, decernet profecto, ut . .; ut III 31. quid sit lex, discribere, ut ea videatur

in sententiis, non in verbis consistere; inv II 141. leges in consilio scriptoris et utilitate communi, non in verbis consistere; inv II 143. continet, decernit: f. conservat. ex contrariis legibus controversia nascitur, cum inter se duae videntur leges aut plures discrepare; inv II 144. ecqua ‖ ecquae ‖ de ea re aut eius rei sit lex, consuetudo, pactio, iudicium; inv I 43. nemo leges legum causa salvas esse vult, sed rei publicae; inv I 68. ut apud quosdam lex erat: ne quis Dianae vitulum immolaret; inv II 95. lex est apud Rhodios, ut, si qua rostrata in portu navis deprehensa sit, publicetur; inv II 98. legi Fabiae, quae est de numero sectatorum, restiterunt; Muren 71. salva lege Aelia et Fufia; Vatin 37. possuntne hae leges esse ratae sine interitu legum reliquarum? Phil V 8. est vera lex recta ratio naturae congruens, diffusa in omnes, constans, sempiterna; rep III 33. legem neque hominum ingeniis excogitatam nec scitum aliquod esse populorum, sed aeternum quiddam; leg II 8. f. consistit. V, 2. contra. habet etiam Campana lex exsecrationem candidatorum, si . .; A II 18, 2. in quibus legibus inerat curiata illa lex; har resp 48. utra lex iubeat, utra vetet; inv II 146. est haec non scripta, sed nata lex, quam non didicimus, accepimus, legimus, verum ex natura ipsa adripuimus, hansimus, expressimus, ad quam non docti, sed facti, non instituti. sed imbuti sumus; Milo 10. quos (fines) lex cupiditatis tuae, non quos lex generi tui pepigerat; Piso 37. sequitur lex, quae sancit eam tribunorum plebis potestatem; leg III 19. silent leges inter arma; Milo 11. quod lex Rupilia vetaret diebus xxx sortiri dicam; Ver II 37. f. iubet. videtur: f. consistit, discrepant. quae (leges) etiam inter Sullana arma vixerunt; Vatin 23. — 2. utrum haec lex est an tabula Neratianae auctionis? agr II 67. quod ita erit gestum, id lex erit? Phil I 26. quae (ratio) cum sit lex; leg I 23. ut illa divina mens summa lex est, item . .; leg II 11.

II. nach Verben: 1. vobis statuendum est legem Fufiam non esse abrogatam; prov 46. f. rogo. accipio, adripio: f. I, 1. nascitur. leges antiquastis sine tabella; leg III 38. haec lex dilatata in ordinem cunctum coangustari etiam potest; leg III 32. te memini censorias quoque leges in sartis tectis exigendis tollere et commutasse; Ver III 16. a legibus nihil convenit arbitrari, nisi quod rei publicae conducat, proficisci, quoniam eius causa sunt comparatae; inv I 68. qui sanctissimas leges, Aeliam et Fufiam dico, solus conculcaris ac pro nihilo putaris; Vatin 23. Lycurgus leges suas auctoritate Apollinis Delphici confirmavit; div I 96. legem agrariam tribunos plebis designatos conscribere; agr II 11. leges oportet contendere; inv II 145. dico: f. conculco. disco: f. coangusto. disco: f. I, 1. nascitur. nos quoniam leges damus liberis populis; leg III 4. Manilianas venalium vendendorum leges ediscere; de or I 246. cum leges omnes sint eversae; prov 46. excogito: f. I, 1. est; leg II 8. exprimo: f. I, 1. nascitur. Piso ille Frugi, qui legem de pecuniis repetundis primus tulit; Ver III 195. eam legem (C. Gracchus) pro plebe, non in plebem tulit; Cluent 151. Antonius accepta grandi pecunia fixit legem a dictatore comitiis latam, qua Siculi cives Romani; A XIV 12, 1. si legem curiatam non habet; agr II 30. haurio: f. I, 1. nascitur. ille vir bonus cur has sibi tam graves leges imposuerit; Ac II 23. incidebantur iam domi leges; Milo 87. divina eius in leges interpretandis scientia; Phil IX 10. legem populum Romanum iussisse de civitate tribuenda; Balb 38. lego: f. I, 1. nascitur. metuo: f. III, 1. metuens. neglect leges easque perrumpet; leg I 42. utile nobis esse legem de conlegiis perferri; A III 15, 4. perrumpo: f. neglego. legem separatim initio de salute mea pro-

48

mulgavit; sen 21. lege ab octo tribunis pl. promulgata; A III 23, 1. puto: f. conculco. iubet iste sibi legem recitari; Ver II 127. quodsi leges omnes ad utilitatem rei publicae referri convenit; inv I 69. repudiatum iri legem intellegebant; inv I 68. eas tn leges rogabis videlicet, quae numquam abrogentur; leg II 14. haec prima lex amicitiae sanciatur, ut ab amicis honesta petamus; Lael 44. postquam Lycurgus leges scribere instituit; rep II 18. f. I, 1. nascitur. suasit Serviliam legem Crassus; Bru 161. leges alias sine promulgatione sustulit; Phil II 109. f. commuto. — 2. Plato hoc quoque legis putavit esse, persuadere aliquid, non omnia vi ac minis cogere; leg II 14. — 3. obtemperare legibus non potestis, nisi id, quod scriptum est in lege, sequimini ‖ sequamini, al. ‖; inv I 70. ut iudex is videatur legi obtemperare, qui sententiam eius, non qui scripturam sequatur; inv II 141. vir bonus et sapiens et legibus parens; fin III 64. resisto: f. I, 1. est; Muren 71. — 4. lege carens civitas; leg II 12. cur M. Brutus referente te legibus est solutus? Phil II 31. qua quisque sit lege, condicione, foedere; leg III 41. si legibus uti liceret; sen 19. — 5. cum nihil commissum contra legem esse defendam; Muren 5. neque derogari ex hac (lege) aliquid licet; rep III 33. doceo, facio ad: f. I, 1. nascitur. facit apertissime contra legem; Sest 134. inhumane feceris contraque naturae legem; of III 30. imbuo, instituo ad: f. I, 1. nascitur. insum in: f. I, 1. inest. iudices, qui ex lege iurati indicatis; inv I 70. vos non ex lege, in quam iurati sitis, rem iudicare; inv II 131. quoniam fecisti, quod non licebat ex lege, supplicio dignus es; inv II 95. si dicent per legem id non licere; agr II 78. nascor ex: f. I, 1. discrepant. ea (spes) tota in hac lege posita est; div Caec 18. proficiscor a: f. 1. comparo. dicis te Heraclii voluntate ab lege recessisse; Ver II 44. quae res ab legibus et [ab] aequabili iure remotissima sit; inv I 102. sunt in tota lege exceptiones; leg I 10. antequam ad populares leges venias; leg II 9.

III. nach Adjectiven: 1. haec communia sunt naturae atque legis; sed propria legis et ea, quae scripta sunt, et ea, quae sine litteris aut gentium iure aut maiorum more retinentur; part or 130 si quis forte nunc adsit ignarus legum; Cael 1. (nautae) imprudentes legum; inv II 95. homines legum iudiciorumque metuentes; dom 70. proprius: f. communis. — 2. hominem in censoriis legibus tam prudentem, tam exercitatum; Ver III 17.

IV. nach Substantiven: 1. aera legum de caelo tacta; div II 47. P. Crassum et P. Scaevolam aiunt Ti. Graccho auctores legum fuisse; Ac II 13. a primo capite legis usque ad extremum; agr II 15. inter quos est communio legis, inter eos communio iuris est; leg I 23. his explicatis fons legum et iuris inveniri potest; leg I 16. huic generi legum fundos populos fieri non solere; Balb 38. interitus: f. I, 1. est; Phil V 8. nostrae legis interpretes; leg II 62. Lycurgus, ille legum optimarum inventor; rep III 16. cuius (senatus) est gravissimum iudicium de iure legum; dom 71. me et consulem et legis ambitus latorem; Muren 3. qui non ab sententia, sed ab litteris legis recesserit; inv II 141. res ab natura profectas legum metus et religio sanxit; inv II 160. nomen Hieronicae legis mutare noluerunt; Ver III 19. (Gaditanum foedus) utrum capitis consecratione an obtestatione legis sacrosanctum esse confirmas? Balb 33. saepe etiam legum iudiciorumque poenis obligantur; fin I 47. me eius causam legis praesidio defensurum; Cluent 158. scriptura: f. II, 3. obtempero. qui se sententia legis et voluntate defendet, in consilio atque in mente scriptoris, non in verbis ac litteris vim legis positam esse defendet; part or 136. f. litterae. II, 3. obtempero. — 2. aliqua in foro, iudiciis, legibus aut

ratio aut exercitatio (contemnendane tibi videtur esse)? div Caec 35. omnem orationem eius (Platonis) de legibus peroratam esse uno aestivo die; leg II 69.

V. Umstand: 1. hac lege accusatum oportuit, qua accusatur Habitus; Cluent 90. quodsi adimi civitas A. Caecinae lege potuisset; Caecin 102. quem (filium) C. Maenius Gemellus Patrensium legibus adoptavit; ep XIII 19, 2. de quibus nihil omnino actum esset legibus; leg III 45. civis: f. II, 1. figo. quod mihi lege concessum est; Ver I 25. num ea lege condemnari (Sestium) putes oportere; Vatin 41. magistratibus lege constitutis; leg III 48. qua lege (Iulia) civitas est sociis et Latinis data; Balb 21. lege ius est, quod in eo scripto continetur; inv II 162. quod iudicium lege non erat; Flac 50. nihil esse sacrosanctum, quod lege exceptum videretur; Balb 38. cum ille plebeius est lege curiata factus; prov 45. habent liberae legationes definitum tempus lege Iulia, nec facile addi potest; A XV 11, 4. inde indicium publicum rei privatae lege Plaetoria; nat III 74. rem cunctus senatus Catinensium legibus indicabat; Ver IV 100. Sp. Thorius, is qui agrum publicum vitiosa et inutili lege vectigali levarit; Bru 136. lege id sibi licuisse dicebat; Rab Post 20. lege curiata decemviros ornat; agr II 26. si id lege permittitur; div Caec 34. quamquam Timaeus eum (Lysiam) quasi Licinia et Mucia lege repetit Syracusas; Bru 63. quod ne liceret fieri ad alterius iniuriam, lege sanxerunt; Tusc IV 4. ne lege Sempronia succederetur, facile perfectum est; ep 1 7, 10. si lege Habitus teneretur; Cluent 143. quae lege Hieronica venditurum; Ver III 121. proinde quasi exitus rerum, non hominum consilia legibus vindicentur; Milo 19. soli (di, homines) ratione utentes iure ac lege vivunt; nat II 154. — 2. neque est interdictum aut a rerum natura aut a lege aliqua atque more; de or I 215. non esse ferendum a quoquam potius latoris sensum quam a lege explicari; part or 134. causa: f. I, 1. est; inv I 68. epulamur una nec minus bene non contra legem, si ulla nunc lex est, sed etiam intra legem; ep IX 26, 4. quod ex legibus omnes rem publicam optime putant administrari; inv I 68. multis in legibus multa praeterita esse; inv II 151. quae dies in lege praefinita est; Sex Rosc 130. ut Charondas in suis facit legibus; leg III 5. f. II, 3. obtempero. intra: f. contra. videt sine lege curiata nihil agi per decemviros posse; agr II 28.

libamentum, Opfer: quod ad tempus ut sacrificiorum ‖ [sacr.] ‖ libamenta serventur fetusque pecorum, quae dicta in lege sunt; leg II 29. dona magnifica quasi libamenta praedarum Delphos ad Apollinem misit; rep II 44. servo: f. dico.

libatio, Trankopfer: tui sacerdotii sunt libationes epulaeque ludorum; har resp 21.

libella, Aß: HS 1000 ad libellam sibi deberi. Q Rosc 11. (Curius) fecit palam te ex libella. me ex terruncio ‖ terruncio ‖; A VII 2, 3.

libellus, Schriftstück, Heft, Journal, Verzeichnis Bekanntmachung, Anschlag, Schreiben, Buch: 1. libelli nominum vestrorum consiliique huius in manibus erant omnium; Ver pr 17. est non magnus, verum aureolus et ad verbum ediscendus libellus; Ac II 135. qui (libellus) me imprudente et invito excidit et pervenit in manus hominum; de or I 94. bibliothecas mehercule omnium philosophorum unus mihi videtur XII tabularum libellus et auctoritatis pondere et utilitatis ubertate superare; de or I 195. — II, 1. Atticus libellum composuit. eum mihi dedit. ut darem Caesari; A XVI 16, 4. libellos deiecit Sex. Alfenus; Quinct 61. mandatorum mihi libellum (Brutus) dedit; A VI 1, 3. f. compono. edisco: f. I. est. inveni duos solos libellos a L. Canuleio

missos sociis ex portu Syracusis; Ver II 182. qui ea (chirographa) tamquam gladiatorum libellos palam venditent; Phil II 97. — 2. cui servire ipsi non potuimus, eius libellis paremus; A XIV 14, 2. — 3. cum haec paucorum mensium ratio in his libellis sit: Ver II 184. — III. non est paucorum libellorum hoc munus; de or III 121. — IV. excitavit recitatores cum singulis libellis; Cluent 144.

libens, gern, willig: quae aequa (L. Custidiu) postulabit, ut libente te impetret; ep XIII 58. ut libentissimis Graecis nutu, quod velis, consequare; ep XIII 65, 1. me libente eripies mihi hunc errorem; A X 4, 6. cum Musis nos delectabimus animo aequo, immo vero etiam gaudenti ac libenti; A II 4, 2. quibuscum (oratoribus) exercebar ipsis libentibus; Bru 315.

libenter, gern, bereitwillig, mit Vergnügen: etsi de optimi viri laudibus libenter audio; Bru 251. quem (Gallonium) libenter cenasse nemo negat; fin II 25. quae (carmina) tu libentissime commemoras; Rabir 13. ut eo libentius iis commodes operamque des: ep XIII 54. senatus non libenter duriorem fortunae communi condicionem te auctore constituit; Muren 47. do: f. commodo. alterum facio libenter; ep I 7, 1. quodsi istis ipsis voluptatibus bona aetas fruitur libentius; Cato 48. populum Romanum hominibus novis industriis libenter honores mandare; Ver IV 81. fortes etiam libenter oppetiverunt (mortem); Catil IV 7. quem nuper summo cum imperio libentissime viderit; Muren 89. illo loco libentissime soleo uti; leg II 1.

liber, frei, unbeschränkt, unbehindert, selbständig, freimütig, zügellos: A. mihi liber esse non videtur, qui non aliquando nihil agit; de or II 24. idem cum virtute tum etiam ipso orationis genere liber; Bru 129. si neque censu nec vindicta nec testamento liber factus est, non est liber; Top 10. liberi ad causas solutique veniebant; Ver II 192. f. mater. quid aut quantum praeterea est, quod aut libertum possit habere ille arator ac dominus in potestate suorum fructuum aut in ipsis fructibus solutum? Ver III 227. ita sine cura consules sunt, ut paene liberum sit senatori non adesse; Phil I 12. ea a fati necessitate esse libera; fat 38. robustus animus et excelsus omni liber cura et angore; fin I 49. cum (bestiae) copiosius alantur, quam si essent liberae; nn V 56. negotiaris in libera civitate; Flac 70. tibi uni multorum civium neces, tibi vexatio direptioque sociorum impunita fuit ac libera; Catil I 18. quod hominum stultitias iracundias respuebat ingenuo liberoque fastidio; Bru 236. ludimur ab homine non iam faceto quam ad scribendi licentiam libero; nat I 123. ut (Quintus) libero lectulo neget esse quicquam iucundius; A XIV 13, 5. qui legationes liberas obeunt; agr II 45. loca ab arbitris libera; A XV 16, a. ut iure civili, qui est matre libera, liber est; nat III 45. mens soluta quaedam et libera; Tusc I 66. neces: f. direptio. est finitimus oratori poeta. numeris astrictior paulo, verborum autem licentia liberior; de or I 70. quodsi liber populus deliget, quibus se committat; rep I 51. ut daretur indici libera potestas ad credendum; Ver II 178. libera (praedia) meliore iure sunt quam serva; agr III 9. solum (sapientem) praeterea formosum, solum liberum; fin V 74. quae (verba inusitata) sunt poetarum licentiae liberiora quam nostrae; de or III 153. vexatio: f. direptio. — B. I. qua (aequabilitate) carere diutius vix possunt liberi; rep I 69. nullo ferente suffragium libero; Piso 57. — II, 1. haec servis et servorum similimis liberis esse grata; of II 57. — 2. est quaedam (luxuries) ingenuo ac libero dignior; Piso 67. — III. eius facinoris damnatos servos, quod ad omnium liberorum caput et sanguinem pertineret; Ver V 13.

liber, Bast, Buch, Schrift, Abhandlung, Verzeichnis: I. quoniam hic liber non parum continet litterarum; ep IV 178. evolve diligenter eius (Platonis) eum librum, qui est de animo; Tusc I 24. libri ita exierunt, ut in tali genere ne apud Graecos quidem simile quicquam; A XIII 13, 1. si liber Antiochi nostri vera loquitur; nat I 16. nos tamquam hospites tui libri quasi domum reduxerunt; Ac I 9. — II, 1. his libris adnumerandi sunt sex de re publica; div II 3. libros compone; ep XVI 20. se ab eo ipso illos duo libros descripsisse; Ac II 11. in illis tribus libris, quos tu dilaudas, nihil reperio; A IV 17, 5 (16, 8). Hirtii librum divulga; A XII 48, 1 (47, 3). Paetus omnes libros, quos frater suus reliquisset, mihi donavit; A II 1, 12. quos (libros) de divinatione edidi; fat 1. evolvo: f. I. est. quos (libros) in manibus habeo; A IV 14, 1. Antisthenes in eo libro, qui physicus inscribitur, tollit vim et naturam deorum; nat I 32. cohortati sumus ad philosophiae studium eo libro, qui est inscriptus Hortensius; div II 1. legimus librum Clitomachi, quem ille eversa Karthagine misit consolandi causa ad captivos cives suos; Tusc III 54. ego interea admonitu tuo perfeci sane argutulos libros ad Varronem; A XIII 18. librum meum nondum, ut volui, perpolivi; A XIV 17, 6. quoniam meos pervolutas libros; A V 12, 2. quos (rhetoricos libros) tu agrestes putas; de or II 10. relinquo: f. dono. scripsi Aristotelio more tres libros „de oratore"; ep I 9, 23. scripsi etiam versibus tres libros „de temporibus meis"; ep I 9, 23. pertinent ad eum librum, quem de luctu minuendo scripsimus; A XII 20, 2. volvendi sunt libri cum aliorum tum in primis Catonis; Bru 298. — 2. adnumero: f. 1. adnumero. — 3. cum vellem e bibliotheca pueri Luculli quibusdam libris uti; fin III 7. — 4. delectabatur (Lucullus) mirifice lectione librorum, de quibus audiebat; Ac II 4. si ab isto libro verbo uno discesseris; div Caec 47. haec Graeci in singulas scholas et in singulos libros dispertiunt; Tusc III 81. quas (litteras) ego Syracusis apud Carpinatium in litterarum adlatarum libris, Romae in litterarum missarum apud magistrum L. Tullium inveni; Ver III 167. pertineo ad: f. 1. scribo; A XII 20, 2. reperio in: f. 1. dilaudo. litterae lituraeque omnes de tabulis in libros transferuntur; Ver II 189. — III, 1. qui in horum librorum disputatione versantur; rep III 5. lectio: f. II, 4. audio de. — 2. me redisse cum veteribus amicis, id est cum libris nostris, in gratiam; ep IX 1, 2. — IV, 1. cohortari: f. II, 1. inscribo. quamquam philosophiae vituperatoribus satis responsum est eo libro, quo a nobis philosophia defensa et conlandata est; fin I 2. de quibus (officiis) est nobis his libris explicandum; of I 7. obducuntur libro aut cortice trunci; nat II 120. responderi: f. conlaudari. de divinatione ingressi sumus his libris scribere; div II 2. satis accurate in Academicis quattuor libris explicata arbitramur; Tusc II 4. ut in extremo tertio (libro) scribis; div I 9. f. II, 1. inscribo.

liberalis, anständig, edel, freigebig: Cyrenis (Plancium) liberalem in publicanos, iustum in socios fuisse; Planc 63. qui opera, id est virtute ac industria, benefici et liberales erunt; of II 53. quid tam regium, tam liberale, tam munificum quam opem ferre supplicibus? de or I 32. quos habuerit artium liberalium magistros; A I 35. domi teneamus eam (eloquentiam) saeptam liberali custodia; Bru 330. liberales doctrinae atque ingenuae; de or III 127. nos hanc eruditionem liberalem et doctrinam putamus; Tusc II 27. me Pompei minus liberali responso perterritum; A III 15, 4. quae pertinent ad liberalem speciem et dignitatem; of I 141. urbe liberalissimis studiis adfluenti; Arch 4. quae (virtus) est una maxime munifica et liberalis; rep III 12.

48*

liberalitas, edle Denkart, Wohlwollen, Güte, Freigebigkeit: I. huc accessit commemoranda quaedam et divina Caesaris in me fratremque meum liberalitas; ep I 9, 18. cuius (magnitudinis animi) est liberalitas in usu pecuniae; part or 77. f. II, 1. probo. nisi C. Caesaris summa in omnes incredibilis in hunc eadem liberalitas exstitisset; Rab Post 41. quae (libertalitas) prosit amicis, noceat nemini; of I 43. liberalitas tua latius in provincia patuit; ep III 8, 8. prodest: f. nocet. — II, 1. cui (iustitiae) sunt adiunctae pietas, bonitas, liberalitas, benignitas, comitas; fin V 65. quam (beneficentiam) eandem vel benignitatem vel liberalitatem appellari licet; of I 20. commemoro: f. I. accedit. ea liberalitas est probanda, quae sine periculo existimationis est; Ver II 28. — 2. opes vel fortunae vel ingenii liberalitati magis conveniunt; fin I 52. — 3. ut ea liberalitate utamur; of I 43. — 4. ut ad eam liberalitatem quam maximus cumulus accedat; ep XII 26, 2. — III. magna (est) commendatio liberalitatis (tuae); ep I 7, 9. vehementer amor multitudinis commovetur ipsa fama et opinione liberalitatis, beneficentiae; of II 32. cum duo genera liberalitatis sint, unum dandi beneficii, alterum reddendi; of I 48. vide, quanta lux liberalitatis et sapientiae tuae mihi apud te dicenti oboriatur; Ligar 6. opinio: f. fama. — IV, 1. virum tibi tua praestanti in eum liberalitate devinctum; ep I 7, 3. homo non liberalitate, ut alii, sed ipsa tristitia et severitate popularis; Bru 97. qui se amicorum liberalitate sustentant; prov 12. — 2. ex liberalitate magistratuum consuetudo aestimationis introducta est; Ver III 189.

liberaliter, anständig, gütig, freundlich, reichlich: id quod est homine ingenuo liberaliterque educato dignum; de or I 137. sit modo is institutus liberaliter educatione doctrinaque puerili; de or III 125. ut me a te liberalissime atque honorificentissime tractatum existimem; A XIV 13, B, 3. ei praemia liberaliter tribuit; Ver I 38. in qua una (voluptate) vacui negotiis honeste ac liberaliter possimus vivere; fin IV 12.

liberatio, Befreiung, Lossprechung: cum a te non liberationem culpae, sed errati veniam impetravissent; Ligar 1. quid ego acerbissimas damnationes, libidinosissimas liberationes proferam? Piso 87. possunt spectare liberationem molestiae; Q fr I 1, 35.

liberator, Befreier: I, 1. patriae liberatores urbe carebant ea, cuius a cervicibus iugum servile deiecerant; Phil I 6. — 2. confiteor eos, nisi liberatores populi Romani sint, plus quam sicarios esse; Phil II 31. — II. ut populus Romanus desiderium liberatoris sui perpetuo plausu leniret; Phil I 36.

libere, frei, ungebunden, unbehindert, freimütig, furchtlos: si egero liberius, quam qui ante me dixerunt; Sest 4. quo minus honeste hanc causam et libere possem defendere; Cluent 142. me, quod sentiam, libere dicere; ep X 5, 3. id muto tum faciemus liberius; Tusc I 44. (oratio) ita libere fluebat, ut nusquam adhaeresceret; Bru 274. ex quo fit, ut etiam servi se liberius gerant; rep I 67. ut ingredi libere, non ut licenter videatur errare; orat 77. quibus libere liceant iudicare; de or I 159. esse meum libere loqui; ep IX 16, 3. ut respirare libere non possit; Sex Rosc 22. Poenus libere respondisse fertur; de or II 75. si vidua libere viveret; Cael 38.

liberi, Kinder: I. senatui placere circum eam statuam locum ludis gladiatoribusque liberos posterosque eius (Ser. Sulpicii) quoque versus pedes quinque habere; Phil IX 16. id parentes suos liberi orabant; Ver V 119. bonum liberi, misera orbitas; fin V 84. — II, 1. amissis liberis; Cluent 22. his (hominibus) liberos rectissime committi arbitramur; of II 33. ut coniuges liberosque vestros; ex

acerbissima vexatione eriperem; Catil IV 2. P. Quinctii consobrinam habet in matrimonio Naevius et ex ea liberos; Quinct 16. f. IV, 1. alqd. qui neque procreare iam liberos possit; dom 34. cum beatissimi sint, qui liberos non susceperunt; ep V 16, 3. qui ex Fadia sustulerit liberos; Phil XIII 23. — 2. neque me tui neque tuorum liberum misereri potest; Ver I 77. — 3. vestris liberis consulere debetis; dom 45. quorum (beneficiorum) memoria liberis posterisque prodatur; of II 63. liberis nostris satis amplum patrimonium paterni nominis relinquemus; dom 146 (147). — 4. si ad iucundissimos liberos redire properaret; prov 35. prima societas in ipso coniugio est, proxima in liberis; of I 54. — III. cum „cupidos liberum“ aut „in liberum loco“ dicimus; orat 155. — IV. 1 pater familias cum liberorum haberet nihil; inv II 122. locus: f. III. depugnarem potius cum summo periculo vestro liberorumque vestrorum? Sest 46. quid procreatio liberorum, quid propagatio nominis (significat), nisi . .? Tusc I 31. — 2. quorum in liberos summum imperium potestatemque haberet: Ver III 45. — V. adoptat annos viginti natus, etiam minor, senatorem. liberorumne causa? dom 34. cum tantum in consulatu meo pro vobis ac liberis vestris ausus essem; Milo 82.

libero, befreien, lösen, aufheben, lossprechen, freisprechen: I, 1. superstitione facile est liberari: nat I 117. — 2. (philosophia) cupiditatibus liberat; Tusc II 11. — II. eorum, qui a Venere se liberaverunt; div Caec 55. hisce omnibus suppliciis sunt liberati; Ver V 14. qui ad D. Brutum obsidione liberandum profectus sit; Phil V 51. reditu in castra liberatum se esse iure iurando interpretabatur: of III 113. prorsus eum libero omni suspicione cupiditatis; ep I 2, 3. petebas, ut eos ad facultatem aedificandi liberarem; ep III 7, 2. non magno . . sed rege liberati videmur; ep XII 1, 1. cum (Dolabella) se maximo aere alieno Faberii manu liberarit; A XIV 18, 1. cum (animus) omni admixtione corporis liberatus purus et integer esse coepisset; Cato 80. quod urbem incendiis, caede cives, Italiam bello liberassem; Catil III 15. multas civitates acerbissimi tributis et gravissimis usuris et falso aere alieno liberavi; ep XV 4, 2. domum meam iudicio pontificum religione liberatam videri; har resp 13. ipse (Hermippus) Fufiis satis facit absentibus et fidem suam liberat; Flac 47. Italiam: f. cives. ego librarios tuos culpa libero; A XIII 22, 3. quondam (temporibus) L. Brutus patriam liberavit; Tusc IV 2. populum Romanum foedissima servitute liberatum; Phil XIV 37. ut plusculum sibi iuris populus ascisceret liberatus a regibus; rep II 57. re publica metu liberata; prov 32. ut antea rege, sic hoc tempore regno te rem publicam liberaturum; ep XI 8, 1. ut (sapiens) dolore omni liberetur; fin V 93. ut virum optimum his aliquando calamitatibus liberetis; Cluent 202. urbem: f. cives.

liberta, Freigelassene: Agonis quaedam est Lilybaetana, liberta Veneris; div Caec 55.

libertas, Freiheit, Erlaubnis, Unabhängigkeit, Ungebundenheit, Ausschweifung, Freimütigkeit, Unerschrockenheit: I, 1. vos, quorum gratia in suffragiis consistit, libertas in legibus; agr II 102. ubi illa antiqua libertas, quae malis oppressa civilibus extollere iam caput et aliquando recreata se erigere debebat? Planc 33. summa libertas in oratione; Bru 173. quid tam populare quam libertas? quam non solum ab hominibus, verum etiam a bestiis expeti atque omnibus rebus anteponi videtis; agr II 9. — 2. pax est tranquilla libertas; Phil II 113. — II, 1. quod ei dicendi libertatem ademisses; dom 22. antepono: f. I, 1. agr II 9. est hoc populi, in eo potissimum abuti libertate, per quem eam consecutus sit; ep XI 12, 2. ut libertatem Graeciae

classe defenderent; of III 48. si Scaevae libertas data est; Rabir 31. cum (Dionysius) omnia moliendo eriperit civibus suis libertatem; rep I 28. expeto: f. I, 1. agr II 9. quorum (virorum) partim nimia libertas in adulescentia, partim profusa luxuries, libidines nominarentur; Cael 43. opprimo: f. I, 1. debet. libertatem non in pertinacia, sed in quadam moderatione positam putabo; Planc 94. recreo: f. I. 1. debet. Italia tota ad libertatem recuperandam excitata; Phil III 32. de libertate retinenda, qua certe nihil est dulcius, tibi adsentior; A XV 13, 3. quae (legiones) libertatem populi Romani secutae sunt; Phil III 8. quae (virtus) suum ius atque omnium rerum impunitam libertatem tenere debeat; de or I 226. — 2. haec tua, quae te delectant, huius libertatis mansuetudinisque non sunt; Rabir 13. — 3. Gallia, quae semper praesidet atque praesedit huic imperio libertatique communi; Phil V 37. — 4. abutor: f. 1. consequor. utamur libertate, qua nobis solis in philosophia licet uti; Tusc V 83. — 5. quod C. Caesar milites veteranos ad libertatem populi Romani cohortatus sit; Phil V 46. de imperio ac libertate decernite; Catil IV 24. cum L. Flaccus landem patriae in libertatem vindicandae praetor adamarit; Flac 25. — III, 1. libertatis avida legio; Phil XIV 26. — 2. cum libertate dignus esset; Tusc V 63. — IV. 1. cum cupiditate libertatis Italia arderet; Phil X 14. quem libertatis custodem esse voluerunt; agr II 15. probat legum et libertatis interitum; of III 83. integrum ius libertatis defendo servari oportere; Rabir 11. retinete istam possessionem libertatis; agr II 71. in hoc spes libertatis posita est; Phil V 49. — 2. si decemviri sacramentum in libertatem iniustam iudicassent; dom 78. — V. 1. omnia dicta sunt libertate animoque maximo; ep I 9, 7. Graecorum libertate gaudes; Flac 71. si quae [non] nupta mulier ita sese geret non libertate sermonis, sed etiam complexu; Cael 49. abl. comp.: f. II, 1. retineo. — 2. fecisse se libertatis omnium causa; Milo 80. qui pro communi libertate arma capiant; Phil X 18.

libertinus, freigelaffen: A. operae pretium est libertinorum hominum studia cognoscere; Catil IV 16. — B, a. L sunt etiam libertini optimates; Sest 97. is (Gracchus) libertinos in urbanas tribus transtulit; de or I 38. — III. quod erat libertini filius; Cluent 132. — b. qui libertinam duxit uxorem; Sest 110.

libertus, Freigelaffener (vgl. **liberta**): I. is erat libertus Fabriciorum Scamander; Cluent 49. — II. commendo tibi maxime C. Avianium Hammonium, libertum eius; ep XIII 21, 2. facit heredem ex duabus sextulis M. Fulcinium, libertum superioris viri; Caecin 17. — III, 1. venio nunc ad epistulam Timarchidi, liberti istius; Ver II 154. species ipsa tam gratiosi liberti aut servi dignitatem habere nullam potest; Q fr I 2, 3. — 2. qui cum servis, cum libertis, cum clientibus societates recordetur; par 26. res per Bellum, Fausti libertum, administrata est; Sulla 55.

libet (lubet), belieben, wollen: I. adde etiam, si libet. pernicitatem et velocitatem; Tusc V 45. Ebens compone: indicem, cum Metrodoro lubebit; ep XVI 20. — II. si tibi libitum esset ita defendere; Tul 32. de quo genere libitum mihi est paulo plura dicere; de or II 348. quam vellem tibi dicere liberet! Bru 248. graviore verbo uti non libet; ep I 7. 7. — III. nobis senibus ex lusionibus multis talus relinquant et tesseras, id ipsum utrum lubebit; Cato 58. id quod mihi maxime libet; ep I 8. 3. mihi id, quod rogaret, ne licere quidem, non modo non libere; A XIV 19, 4.

libidinose. (lub.), willfürlich, ausschweifend: ne quid (natura ratioque) lubidinose aut faciat aut

cogitet; of I 14. nihil iniuste, nihil libidinose, nihil incontinenter esse faciendum; of III 37. libidinose omni imperio et acerbe et avare populo praefuerunt; rep II 63. non simulacrum Mercurii sustulisti? quam audacter, quam libidinose, quam impudenter! Ver IV 84.

libidinosus (lub.), ausschweifend, wollüftig, zügellos: A. quis est, qui non oderit libidinosam, protervam adulescentiam? fin V 62. horum omnium libidinosos esse amores, videmus; Tusc IV 71. hominem libidinosissimum nequissimumque defendit; Ver II 192. ad arbitrium libidinosissimae mulieris; Ver III 77. libidinosas eius (Epicuri) fuisse sententias? Tusc III 46. — B, a. libidinosi, avari, facinerosi verae laudis gustatum non habent; Phil II 115. — b. si libidinosa meretricio more viveret; Cael 38.

libido (lub.), Luft, Verlangen, Begierde, Trieb, Wolluft, Sinnlichkeit, Ausschweifung, Willkür, Belieben: I, 1. quos (indices) hominum libido delegerit; Piso 94. ut sit laetitia praesentium bonorum, libido futurorum; Tusc IV 11. lubido (est) opinio venturi boni; Tusc IV 14. nullum malum facinus esse, ad quod suscipiendum non libido voluptatis impelleret; Cato 40. lapsa est lubido in muliere ignota; par 20. quae libido non se proripiet ac proiciet? fin II 73. hinc continentia, illinc libido (pugnat); Catil II 25. laetitia et libido in bonorum opinione versantur; Tusc IV 12. — 2. est ira ulciscendi libido; Tusc IV 44. — 3. o libidinem refrenandam! agr II 55. — II, 1. ad quaestoris libidinem coërcendam; div Caec 57. appetitione nimia, quam tum cupiditatem. tum libidinem dicimus; Tusc IV 34. ut effusas in omni intemperantia libidines (deorum videremus); nat I 42. cum libidines suas viderent expleri non posse; Quir 13. cum sit hoc natura commune animantium, ut habeant lubidinem procreandi; of I 54. quo modo sum insectatus levitatem senum, libidinem iuventutis; A I 16, 1. libidinem laudare cuius est libidinis? Tusc IV 55. proicio, proripio: f. I. 1. proicit. refrenet libidines; par 33. f. I, 3. vultis istorum audaciae ac libidines aliqua ex parte resecare? Ver III 208. video: f. effundo. — 2. quos (homines) libidinis suae neque pudeat neque taedeat; Ver pr 35. sum: f. 1. laudo. — 3. non recusamus, quin illorum libidini Sex Roscii vita dedatur; Sex Rosc 8. ut animus corpori dicitur imperare, dicitur etiam libidini; rep III 37. — 4. vacat (is amor) omni libidine; Tusc IV 72. — 5. quem temperantia a libidine avocet; Tusc V 42. quod pensum est in alterius voluptate, ne dicam libidine; ep IX 16, 3 ex ea ratione, quae in mentem ant in libidinem venerit; inv II 132. — III, 1. quod supplicium dignum libidine eius invenias? Ver II 40. — 2. ut pudicitiam liberorum servare ab eorum libidine tutam non licet; Ver I 68. — IV. magnum hoc Lampsacenum est crimen libidinis; Ver I 86. genus est omnium nimirum libidinum cupiditas: eius autem generis sine dubio pars est avaritia; inv I 32. ut eorum veteres inbatasque divitias in profundissimum libidinum suarum gurgitem profundat; Sest 93. homini omnium scelerum libidinumque maculis notatissimo; dom 23. quamquam ipsa iracundia libidinis est pars; Tusc III 11. tamquam ad aliquam libidinis scopulum sic tuam mentem ad philosophiam appulisti; de or II 154. ne quod in vita vestigium libidinis appareat; Ver III 4. — V, 1. omnia corrupta libidine, iracundia reperiuntur; Flac 36. quem libidinibus inflammatum et furentem videmus; Tusc V 16. turpissima libidine incensus; prov 24. inflammari: f. furere. — 2. ipsa declinatio ad libidinem fingitur; fin I 19. cui nihil umquam nefas fuit nec in facinore nec in libidine; Milo 73. cum sunt propter unius libidinem omnia nexa civium liberata; rep II 59.

libo. entnehmen, entlehnen, opfern: ex variis ' ingeniis excellentissima quaeque libavimus; inv II 4. ut sit boni oratoris multa legendo percucurrisse, neque ea ut sua possedisse, sed ut aliena libasse; de or I 218. a qua (natura deorum) haustos animos et libatos habemus; div I 110. »certas fruges certasque bacas sacerdotes publice libanto«; leg II 19. libandus [est] etiam ex omni genere urbanitatis facetiarum quidam lepos; de or I 159.

libra, Wage; I. quam vim habeat libra illa Critolai; Tusc V 51. — II. virtutis amplitudinem quasi in altera librae lance ponere (audebo); fin V 91. — III. nexum, quod per libram agitur; de or III 159. ut per aes et libram heredem testamenti solvant; leg II 53. tamquam in procinctu testamentum faceret sine libra atque tabulis; de or I 228.

libramentum, Horizontalebene: extremitatem et quasi libramentum (esse), in quo nulla omnino crassitudo sit: Ac II 116.

librariolus, Bücherabschreiber, Schreiber, Stribler: I. velim mihi mittas de tuis librariolis duos aliquos; A IV 4, a, 1. — II. Servius pacificator cum librariolo suo videtur obisse legationem; A XV 7. nec id (argutiarum) ex illa erudita Graecorum copia, sed ex librariolis Latinis; leg I 7.

librarium, Bücherbehälter: exhibe librarium illud legum vestrarum; Milo 33.

librarius, für Bücher: nisi se ille in scalas tabernae librariae coniecisset; Phil II 21.

librarius, Abschreiber, Schreiber: I. commodum discesserat Hilarus librarius IV Kal., cui dederam litteras ad te. cum . .; A XIII 19, 1. tu istic, si quid librarii mea manu non intellegent, monstrabis; ep XVI 22, 1. cum ad me Decius librarius venisset; ep V 6, 1. — II, 1. do: §. I. discedit. — 2. leges a librariis peti; leg III 48. scripsi ad librarios, ut fieret tuis, si tu velles, describendi potestas; A XIII 21, a, 1 (4). — III. cum a me litteras librarii manu acceperis; Q fr II 15, 1. librariorum notis interpunctas clausulas; de or III 173.

libro, im Gleichgewicht erhalten: inde est indagatio nata, unde (esset) terra et quibus librata ponderibus: Tusc V 69.

licens, frei, ungebunden: inde ille licentior et divitior fluxit dithyrambus; de or III 185.

licenter, frei, willkürlich, zügellos: ut ingredi libere, non ut licenter videatur errare; orat 77. quos intellegebat licentius cum domina vivere; Cael 57. hoc ornamento liberius paulo quam ceteris utetur hic summissus, nec tam licenter tamen, quam si . .; orat 82. at quam licenter! nat I 109.

licentia, Freiheit, Erlaubnis, Ungebundenheit, Willkür, Zügellosigkeit, Ausschweifung: I, 1. magna gladiorum est licentia; ep IV 9, 4. — 2. si populus plurimum potest, dicitur illa libertas, est vero licentia; rep III 23. — II, 1. videte, quam infinitam istis hominibus licentiam pecuniarum eripiendarum daturi sitis; Ver III 220. obtinere se non posse licentiam cupiditatum suarum; A X 4, 1. hac licentia permissa; Ver III 29, — 2. quorum (philosophorum) licentiae nisi Carneades restitisset; div II 150. — III, 1. quodsi ea ficta credimus licentia fabularum; nat II 7. nimis redundantes nos et supra fluentes iuvenili quadam dicendi impunitate et licentia; Bru 316. — 2. ut propter armorum habendorum licentiam metueretur; Phil I 34.

liceo, im Preise stehen, versteigert werden: de Drusi hortis, quanti licuisse tu scribis, id ego quoque audieram; A XII 23, 3.

liceor, bieten, versteigern: I. Herbitenses liciti sunt usque adeo, quoad se efficere posse arbitrabantur; Ver III 77. non qui contra se liceatur, emptor apponet; of III 61. — II. heredes Scapulae si istos hortos liceri cogitant: A XII 38, 4.

licet, es ist erlaubt, es steht frei, man kann,

darf, obgleich: I. se praedonum duces, usque dum per me licuerit, retinuisse; Ver I 12. quod quidem erit, si per te licebit. sempiternum; Phil II 51. ut orandae litis tempus, quoad per leges liceat, accommodet; of III 43. — II, 1. licet iste dicat emisse; Ver IV 133. licet concurrant omnes plebeii philosophi; Tusc I 55. — 2. nemini licitum est contra dicere; Cluent 130. licet ex orationibus indicare. Bru 131. ut non liceat sui commodi causa nocere alteri; of III 23. quod nihilo magis ei liciturum esset plebeio rem publicam perdere, quam similibus eius me consule patriciis esset licitum; A II 1, 5. — 3. ut iis ingratis esse non liceat; of II 63. quo in genere mihi neglegenti esse non licet; A I 17. 6. — 4. cur his esse liberos non licet? Flac 71. quodsi civi Romano licet esse Gaditanum; Balb 29. — 5. si liceat eorum cives virtutis causa in nostram civitatem venire; Balb 44. neque derogari ex hac (lege) aliquid licet; rep III 33. — III. quoniam feci(s)ti. quod non licebat ex lege, || licebat. ex lege || supplicio dignus es; inv II 95. sin tibi id minus licebit: de or II 16. quod per senatum si licuisset; Planc 35. quod mihi quoque licebat; Ac II 62.

licitatio, Gebot, Versteigerung: I. licitationibus factis; Ver II 133. — II. cum ea pars. quae videtur esse minor, licitatione expleri posset. A XI 15, 4.

licitator, Bieter: emit domum licitatoribus defatigatis prope dimidio carius, quam aestimabatur: dom 115.

lictor, Lictor: I. sit lictor non suae sacvitiae, sed tuae lenitatis apparitor; Q fr I 1, 13. ne qui conspectus fieret aut sermo, lictoribus praesertim laureatis; A VII 10. apud quem (C. Octavium) primus lictor quievit; Q fr I 1, 21. — II, 1. te tuis etiam legatis lictores ademisse; ep XII 30, 7. quos (lictores) ego nunc paulisper cum bacillis in turbam conieci; A XI 6, 2. quod ipse in provincia facere sum solitus non rogatus, ut omnibus senatoribus lictores darem; ep XII 21. si hos tanti molestissimos non haberem; A VIII, 1, 3. — 2. Porcia lex libertatem civium lictori eripuit; Rabir 12. — 3. dominus funeris (ut) utatur accenso atque lictoribus; leg II 61. — III. togulae lictoribus ad portam praesto fuerunt; Piso 55. — IV. qua veneris cum laureatis tuis lictoribus, quis scit? Piso 53. illis (comitiis) per XXX lictores auspiciorum causa adumbratis; agr II 31.

ligneolus, hölzern: hanc scripsi ante lucem ad lychnuchum ligneolum; Q fr III 7, 2.

ligneus, hölzern: A.(signum) pervetus ligneum: Ver IV 7. ei statim ligneae soleae in pedes inditae 'inductae || sunt; inv II 149. — B. dico: §. lignum. ||

lignum, Holz: I. ignem ex lignis viridibus fieri iussit; Ver I 45. — II. ligneum uno e ligno dicato; leg II 45.

ligurio, lüstern sein: cum quidam de conlegii nostri agrariam curationem ligurrirent; ep X 21, 5. non reperietis hominem timide nec leviter haec improbissima lucra ligurrientem; Ver III 17

ligurritio, Leckerhaftigkeit: aegrotationi sui iecta sunt pervicacia, ligurritio; Tusc IV 26.

limatulus, wohl gefeilt, fein: opus est hi limatulo et polito tuo iudicio; ep VII 33, 2.

limen, Schwelle: I, 1. ne limen intrare Phil II 45. — 2. simul ac pedem limine extuleras Cael 34. ut sororem non modo vestibulo privares sed omni aditu et limine; Milo 75. — II. nec ivi beata) resistet extra fores limenque carceris; Tusc V 80.

limes, Weg, Straße: siquidem bene meritis patria quasi limes ad caeli aditum patet; rep VI 1

limo, feilen, abschleifen, verfeinern, abnehmen genau untersuchen: I. alteri adfinxit, de altero mavit; de or III 36. — II. ut ars aliquos lim

non possit; de or I 115. subtili quadam et pressa oratione limati; orat 20. cum (Lysias) se ipse consulte ad minutarum causarum genera limaverit; opt gen 9. quo fieri possit aliquid limatius; Bru 35. etsi de tua prolixa beneficaque natura limavit aliquid posterior annus; ep III 8, 8. quod (genus acuminis M. Piso) etiam arte limaverat; Bru 236. homo oratione maxime limatus atque subtilis; de or I 180. cum veritas ipsa limatur in disputatione; of II 35.

limus, Schlamm, Schmuß: luta et limum adgerebant; fr E VII 6.

linea, Schnur, Lot, Linie, Grenzlinie: I, 1. unde quo quamque lineam scriberent; Tusc V 113. siquidem est peccare tamquam transire lineas; par 20. — 2. aliquando perpendiculo et linea (Diphilus) discet uti; Q fr III 1, 2. — II, 1. si gravitate ferantur ad perpendiculum corpora individua rectis lineis; fat 22. — 2. censet (Epicurus) illa corpora ferri deorsum suo pondere ad lineam; fin I 18.

lineus. leinen: Clodii vestibulum vacuum sane mihi nuntiabatur, paucis pannosis linea lanterna; A IV 3, 5.

lingua, Zunge, Rede, Sprache, Mundart: I. quod prudentia hominibus grata est, lingua suspecta; orat 145. Latinam linguam non modo non inopem, sed locupletiorem etiam esse quam Graecam; fin I 10. huic novo pontifici non linguam obmutuisse; dom 135. — II, 1. non solum acuenda nobis neque prondenda lingua est; de or III 121. tibi esse diligentissime linguam continendam; Q fr I 1, 38. pictum Gallum eiecta lingua, buccis fluentibus; de or II 266. illum (Crassum) Graece sic loqui, nullam ut posse aliam linguam videretur; de or II 2. prooelo: f. acuo. — 2. (Catuli) optime uti lingua Latina putabantur; of I 133. — 3. quod verbum omnino nullum in lingua Latina est; Phil XIII 43. in lingua etiam explanatam vocum impressionem (esse); Ac I 19. — III. L. Cotta gaudere mihi videtur gravitate linguae sonoque vocis agresti; de or III 42. non quaeritur mobilitas linguae; de or I 127. cum aspera arteria ostium habeat adiunctum linguae radicibus; nat II 136. qui eiusdem linguae societate coniunctus est; de or III 223. quid de illis dicam, quae certe cum ipso homine nascuntur, linguae solutio, vocis sonus? de or I 114. in candidato non linguae volubilitas requiri solet; Planc 62. — IV. 1. qui una lingua etiam sororem tuam a te abalienavit; dom 25. rebus divinis, quae publice nerent, ut „FAVERENT LINGUIS" imperabatur; div I 102. sunt quidam ita lingua haesitantes; de or I 115. — 2. quod fieri nec sine lingua nec sine palato potest; Tusc I 37.

liniamentum, Linie, Umriß, Grundriß, äußere Gestalt: I. quod eum multo magis figura et liniamenta hospitae delectabant; Ver II 89. animi liniamenta sunt pulchriora quam corporis; fin III 75. — II, 1. (numerus) quasi quandam palaestram et extrema liniamenta orationi attulit; orat 186. omnia fere, quae sunt conclusa nunc artibus, dispersa et dissipata quondam fuerunt; ut in geometria liniamenta, formae; de or I 187. eorum formas et liniamenta laudamus; Bru 70. — 2. intelleges nihil illius (Catonis) liniamentis nisi eorum pigmentorum, quae inventa nondum erant, florem et colorem defuisse; Bru 298. — III. quae conformatio liniamentorum humana potest esse pulchrior? nat I 47.

linquo, zurücklassen, lassen, verlassen: ut is (Philoctetes) in insula Lemno linqueretur; fat 36. huiusmodi haec; de or III 38. gravitatis suae liquit illum tristem et plenum dignitatis sonum; rep VI 2. ut (Lacedaemonii) urbem et tecta linquerent; div I 112.

linter (lunter), Kahn, Nachen: I. quis loqueretur e luntre || lintre ||; Bru 116. — II. qui lintribus in eam insulam materiem convexit; Milo 74.

lintriculus (luntr.), kleiner Kahn: ego vero vel luntriculo || lintr., al. ||, si navis non erit, eripiam me ex istorum parricidio; A X 10; 5.

linteum, Leinwand: chartis et linteis et vitro delatis; Rab Post 40.

linum, Faden, Schnur: I. linum (tabellarum) incidimus; Catil III 10. — II. reticulum tenuissimo lino; Ver V 27.

lippio, entzündete Augen haben: cum leviter lippirem; A VII 14, 1.

lippitudo, Augenentzündung: I. lippitudo saepius odiosa est propter vigilias; A X 14, 1. crebro refricat || refricatur || lippitudo, non illa quidem periodosa, sed tamen quae impediat scriptionem meam; A X 17, 2. — II. lippitudinis meae signum sit tibi librarii manus; A VIII 13, 1. — III, 1. parvula lippitudine adductus sum, ut dictarem hanc epistulam; Q fr II 2, 1. — 2. dictavi propter lippitudinem; A VII 13, 7.

liquefacio, schmelzen, entnerven: quos nullae futtiles laetitiae exsultantes languidis liquefaciunt voluptatibus; Tusc V 16. esse legum aera liquefacta; Catil III 19. (aqua) admixto calore liquefacta et dilapsa; nat II 26.

liqueo, flar, einleuchtend sein: I. qui sibi non liquere dixerunt; Cluent 106. — II, 1. de quo Panaetio non liquet; div I 6. — 2. simili modo liquet alteram quoque approbationem separatam esse ab adsumptione; inv I 64. — III. qui (Protagoras) sese negat omnino de deis habere quod liqueat, sint, non sint qualesve sint; nat I 29.

liquesco, weichlich werden: qua (voluptate) cum liquescimus fluimusque mollitia; Tusc II 52.

liquide, flar, unbedenklich: quod eo liquidius faciet, si ...; fin II 38. tuis litteris lectis liquidius de toto sensu tuo iudicavi; ep X 10, 1.

liquido, flar, deutlich, bestimmt: audisse se liquido; Ver III 136. confirmare hoc liquido possum; Ver IV 124. te libenter amicitiae dedisse, quod liquido veritati dares; ep XV 6, 1. quae liquido negare soleam; ep XI 27, 7.

liquidus. flar, rein, lauter: A. genus sermonis non liquidum; de or II 159. partem liquidae voluptatis et liberae; fin I 58. — B. ut purum et liquidumque haurire sentias; Caecin 78.

liquo, schmelzen: »e quo (corpore) liquatae solis ardore excidunt guttae; Tusc II 25.

liquor, schmelzen, fließen: 1. quae vim habeant concrescendi, liquendi; Tim 50. — 2. cuius (Demetrii) oratio sedate placideque liquitur || labitur, al. ||; orat 92.

liquor, Flüssigkeit: I. aquae etiam admixtum esse calorem ipse liquor aquae declarat; nat II 126. — II. adde huc liquores perlucidos amnium; nat II 98.

lis (stlis), Streit, Prozeß, Streitsache, Streitobject: I. si lis in iudicio sit; of I 59. — II, 1. ad quas (formulas) privata lis accommodatur; Q Rosc 24. quibus damnatis de pecuniis repetundis lites maiestatis essent aestimatae; Cluent 116. iste cum eo litem contestatam habebat; Q Rosc 35. benivolorum concertatio, non lis inimicorum, iurgium dicitur; rep IV 8. singulae familiae litem tibi intenderent; de or I 42. „decem virorum stlitibus iudicandis" dico numquam; orat 156. in lite oranda; de or II 43. litem adversarium perditurum; de or I 167. Roscium suas, non societatis lites redemisse; Q Rosc 39. — 2. inrare in litem non dubitet; Q Rosc 4. — III, 1. aestimationem litium non esse iudicium; Cluent 116. nec quisquam privatus erat disceptator aut arbiter litis; rep V 3. in quibus (causis) plusculum negotii est, indiciorum atque litium; de or II 99. disceptator. f. arbiter. ut se periculo litium liberarent; Ver I 97. feriarum ratio requietem litium habet et iurgiorum; leg II 29. —

2. nisi te in suam litem dedisset cognitorem; Q Rosc 54. — IV. quae in lite dicuntur, obiurgatio, cohortatio, consolatio; de or II 50.

liticen, Zinkenbläser: liticinibus, cornicinibus, proletariis*; rep II 40.

litigator, Prozeßführender: praeter litigatores nemo ad te meas litteras? ep XII 30, 1.

litigiosus, zänkisch, Streit erregend, streitig: A. habent (haec) satis litigiosam disputationem; fin V 76. si (tua domus) a litigiosis hominibus non colatur; de or I 255. potius ignoratio iuris litigiosa est quam scientia; leg I 18. in parvo et eo litigioso praediolo; de or III 108. — B, I. quae non litigiosorum, non acerborum sunt; de or II 182. — 2. si in mea familiaritate locus esset nemini nisi litigioso; Planc 82.

litigo, streiten, hadern: I. non tam iustitiae quam litigandi tradunt vias; leg I 18. — II. Hirtium cum Quinto acerrime pro me litigasse; A XIII 37, 2. inrgare lex putat inter se ‖ vetat ‖ vicinos, non litigare; rep IV 8.

lito, unter günstigen Vorzeichen opfern: 1. proxima hostia litatur saepe pulcherrime; div II 36. cum pluribus deis immolatur, qui tandem evenit, ut litetur aliis, aliis non litetur? div II 38. — 2. litemus igitur Lentulo, parentemus Cethego; Flac. 96.

littera, Buchstabe, Handschrift, pl. Schreiben, Brief, Schrift, Sprache, Urkunde, Verfügung, Vertrag, Wissenschaften, Gelehrsamkeit, Studium, Literatur: A. **Singular** (f. B, I. concurrunt. II, 1. adsimulo, appello. IV, 1. formae, notae): I. nec Graecam litteram adhibebant, nunc autem etiam duas; orat 160. quod ea littera de accusatore soleat dari indici; part or 126. quo modo vester „Axilla" Ala factus est nisi fuga litterae vastioris? quam litteram etiam e „maxillis" et „taxillis" et „paxillo" et „vexillo" consuetudo elegans Latini sermonis evellit; orat 153. sus rostro si humi A litteram impresserit; div I 23. in quibus tabellis de furto nulla littera invenitur; Cluent 184. ad me litteram numquam misit; ep II 17, 6. cum ipse litteram Socrates nullam reliquisset; de or III 60. ut Iota litteram tollas et E plenissimum dicas; de or III 46. — II. fuga: f. I. evello. — III. qui te verbo litteraque defendas; Caecin 66. proximus (versus) inquinatus insuavissima littera: „finis frugifera et efferta arva Asiae tenet"; orat 163.

B. **Plural:** I. **Subiect:** ut meae vigiliae meaeque litterae et inventuti utilitatis et nomini Romano landis aliquid adferrent; Phil II 20. quia si ita diceretur („cum nobis"), obscenius concurrerent litterae; orat 154. illae scilicet litterae conticuerunt forenses et senatoriae; of II 3. dum Latinae loquentur litterae; leg I 1 (2). maximis rebus forensibus nostris [et externis] inclusae et domesticae litterae respondebunt; orat 148. erant in eo (L. Torquato) plurimae litterae nec eae vulgares, sed interiores quaedam et reconditae; Bru 265. fuerint incorruptae litterae domi; Flac 21. illa vincula quanta sunt, studiorum similitudo, sermonis societas, litterae interiores! ep III 10, 9. tuae litterae mihi gratae iucundaeque sunt; A VII 17, 1. patri gratissimae bellae tuae litterae fuerunt; A XV 1, 4.

II. **nach Verben:** 1. binas a te accepi litteras; ep IV 14, 1. quod (Lyso), cum a me litteras accepisset, mihi nullas remisit; ep XVI 4, 2. f. 4. venio ad. unas litteras Marionem adferre posse, me autem crebras exspectare; ep XVI 5, 1. Capua litterae sunt adlatae hoc exemplo; A IX 6, 3. f. IV, 1. libri. litterae lituraeque omnes adsimulatae et expressae de tabulis in libros transferuntur; Ver II 189. de sono vocis et suavitate appellandarum litterarum noli exspectare quid dicam; Bru 133. qui sero ac leviter Graecas litteras attigissem; de or I 82. cognoscite Agyrinensium publicas litteras;

Ver III 74. quoniam hic liber non parum continet litterarum; inv II 178. Sacerdote praetore Stheniam litteras publicas corrupisse; Ver II 93. num musicam, num litteras tam discerpta ‖ discerptas ‖ fuisse, ut nemo genus universum complecteretur? de or III 132. neque unde nec quo die datae essent (litterae), significabant; ep II 19, 1. quibus tibi videbitur, velim des litteras meo nomine; A XI 2, 4. f. perferu. 4. rescribo ad. IV, 1. alqd. excita ex somno tuas litteras; ep XVI 14, 2.' nolo exprimi litteras putidius, nolo obscurari neglegentius; de or III 41. f. adsimulo. hic propter magnitudinem furti sunt, ut opinor, litterae factae; Ver IV 35. exspecto: f. adfero. nihil me adhuc his de rebus habere tuarum litterarum; ep II 12, 1. ne litterae quidem meae impediuntur; ep VI 18. 5. per binos tabellarios misi Romam litteras publice; A VI 1, 9. f. IV, 1. libri. obscuro: f. exprimo. in hoc quoque iudicii desinite litteras legis perscrutari; inv I 69. multi erunt, quibus recte litteras dare possis, qui ad me libenter perferant; ep XVI 5, 2. privatae litterae nullae proferuntur; Flac 23. Pompei litteris recitatis; prov 27. recondo: f. 1. sunt; Bru 265. abs te meas mihi scito litteras redditas esse; A I 5, 4. me sibi nullas litteras remittere; A XI 16, 4. f. accipio (litterae) decreto decumanorum remotae sunt; Ver III 166. invitus tuas litteras scinderem; fr E XI 4. ex tuis litteris intellexi et iis, quas communiter cum aliis scripsisti, et iis, quas tuo nomine; A XI 5, 1. Bruti litterae scriptae et prudenter et amice; A XII 13, 1. transfero: f. adsimulo. nos hic vocamus litteras; A IV 11, 2. — 2. eas (res tuas Apollonius) litteris Graecis mandare cupiebat; ep XIII 16, 4. ego tuis proximis (litteris) nihil habeo quod rescribam; A XI 11, 1. faciendum mihi putavi, ut tuis litteris brevi responderem; ep III 8, 1. nostri minus dubdent litteris quam Latini; de or III 43. — 3. multum etiam Graecis litteris utor; Cato 38. — 4. mihi iudicatum est me totum in litteras abdere; ep VII 33, 2. intellego ex: f. 1. scribo. non ut ab iis (litteris) medicinam perpetuam, sed ut exiguam oblivionem doloris petam; ep V 15, 4. recita sationes ex litteris publicis; Ver III 102. si mihi ad eas litteras, quas proxime ad te dedi, rescripseris; A XI 10, 2. venio nunc ad tuas litteras, quas pluribus epistulis accepi; Q fr III 1, 8. ex tuis litteris cum formam rei publicae viderim; ep II 8, 1. me posse ‖ possem ‖ vivere, nisi in litteris viverem; ep IX 26, 1.

III. **nach Adiectiven:** 1. Graecarum litterarum rudes; of I 1. — 2. quas (res) nullas habeo litteris dignas; A XI 4, 1.

IV. **nach Substantiven:** 1. cum hoc ad te litterarum dedi; ep II 8, 3. f. II, 1. contineo, habeo. neque earum auctorem litterarum neque obsignatorem neque testem ullum nominabis? Cluent 186. utemur hoc litterarum; ep XV 14, 3. quae (praecepta) subtilior cognitio ac ratio litterarum alit; de or III 48. Caesar ipse ad suos misit exemplum Paciaeci litterarum; ep VI 18, 2. innumerabiles unius et viginti formae litterarum; nat II 93. litterarum radices amaras, fructus dulces; fr I 18. doctrina Graeciae nos et omni litterarum genere superabat; Tusc I 3. quas (litteras) Syracusis apud Carpinatium in litterarum adlatarum libris, Romae in litterarum missarum apud magistrum L. Tullium inveni; Ver III 167. nisi litterarum lumen accederet; Arch 14. ut illa (litteratura) constat ex notis litterarum et ex eo, in quo imprimuntur ipsa notae; part or 26. obsignator: f. auctor. prudentia litterarum tuarum valde mihi est grata; ep III 11, 4. radices: f. fructus. ratio: f. cognitio. studio litterarum se subito dedidit; Sest 110. testis: f. auctor. — 2. cognoscite renuntiationem ex litteris publicis; Ver III 89.

V. Umftanb: 1. varie sum adfectus tuis litteris, valde priore pagina perturbatus, paulum altera recreatus; ep XVI 4, 1. quae (iudicia de illo) publicis populi Romani litteris monimentisque consignata sunt; Deiot 37. ut ea custodirem litteris; de or II 7. quem (Cn. Minucium) tu quibusdam litteris ad caelum laudibus extulisti; ep XII 25, 7. cur poëtas Latinos Graecis litteris eruditi legant; Ac I 10. hoc (studium sapientiae) mihi Latinis litteris inlustrandum putavi; Tusc I 1. monumentum senatus cruentis inustum litteris esse; ep I 9, 15. cogitare debebis nullam artem litteris sine interprete percipi posse; ep VII 19. is (M. Fadius) repente percussus est atrocissimis litteris, in quibus scriptum erat . .; ep IX 25, 3. Brutus sic philosophiam Latinis litteris persequitur, ut . .; Ac I 12. in Sibyllinis ex primo versu cuiusque sententiae primis litteris illius sententiae carmen omne praetexitur; div II 12. quod est proditum memoria ac litteris; Ver I 47. litteris sustentor et recreor; A IV 10, 1. publicis litteris testata sunt omnia; Muren 20. — 2. cui publicani ex Carpinatii litteris gratias egerunt; Ver III 165. quam (epistulam) ego tum ex tuis litteris misi ad Appium; ep II 15, 2. quo studio Aristophanem putamus aetatem in litteris duxisse? fin V 50. f. 1. percuti. non dubitavi id a te per litteras petere; ep II 6, 2. nummus nullus sine litteris multis commotus est; Font 4.

litterate, buchſtäblich, wörtlich, deutlich, gelehrt: I. (ambigua) magis ut belle, ut litterate dicta laudantur; de or II 253. L. Furius Philus perbene Latine loqui putabatur litteratiusque quam ceteri; Bru 108. (rationes) ita sunt perscriptae scite et litterate, ut . .; Piso 61. litterate respondissem; har resp. 17. — II. fuit is antiquitatis nostrae et in inventis rebus et in actis scriptorumque veterum litterate peritus; Bru 205.

litteratura, Buchſtabenſchrift: quae (memoria) est gemina litteraturae quodam modo. nam ut illa constat ex notis litterarum et ex eo, in quo imprimuntur illae notae, sic . .; part or 26.

litteratus, gelehrt, wiſſenſchaftlich gebildet: litteratissimum togatorum omnium, Q. Valerium Soranum: de or III 43. quem (Servium) litteratissimum fuisse iudico; ep IX 16, 4. ex Licinio, litterato homine; de or III 225. quid est dulcius otio litterato? Tusc V 105. Triarii plena litteratae senectutis oratio; Bru 265.

litterula, Buchſtabe, Briefchen, Studien, Schriftſtellerei: I. litterulae meae sive nostrae tui desiderio oblanguerunt, hac tamen epistula oculos paulum sustulerunt; ep XVI 10, 2. sunt: f. III. σύγκρισις. accepi tuam epistulam vacillantibus litterulis: ep XVI 15, 2. — II, 1. hoc litterularum exaravi egrediens e villa ante lucem; A XII 1, 1. ne patiamur intermitti litterulas; A XIV 4, 2. — 2. utor eodem perfugio, quo tibi utendum censeo, litterulis nostris; ep V 21, 2. — III. nescio quid ab eo (Q. Fufio) litterularum; A XV 4, 1. admiratus sum σύγχυσιν litterularum, quia solent tuae compositissimae et clarissimae esse; A VI 9, 1.

litura, Ausſtreichung, Änderung, Korrektur: I. quod mendum ista litura correxit? Ver II 104. — II, 1. his in tabulis nullam lituram in nomine A. Licinii videtis; Arch 9. — 2. videtisne hoc totum nomen esse in litura? Ver II 104. — III. f. cum manifesta res flagitiosa litura tabularum teneretur; Ver II 187. — 2. in codicis extrema cera nomen infimum in flagitiosa litura fecit; Ver I 92.

litus, Ufer, Strand, Geſtade: I. quorum (hominum) operibus agri, insulae litoraque conlucent distincta tectis et urbibus; nat II 99. solebat Aquilius, cum de litoribus ageretur, quae omnia publica esse vultis, quaerentibus iis, quid esset litus, ita

definire, qua fluctus eluderet; Top 32. — II, 1. distinguo: f. I. conlucent. — 2. ago de: f. I. sunt. sinus ab litore ad urbem inflectitur; Ver V 30. — III. quae amoenitates orarum ac litorum! nat II 100. — IV. ubi illud contubernium muliebris militiae in illo delicatissimo litore? Ver V 104. cuius (L. Opimii) sepulchrum desertissimum in litore Dyrrachino relictum est; Sest 140.

lituus, Krummſtab, Augurnſtab, Zinke: I. Quintum fratrem „lituum" meae profectionis fuisse (ita enim scripsit); A XI 12, 1. f. II. — II. lituus iste vester, quod clarissimum est insigne auguratus, unde vobis est traditus? nempe eo Romulus regiones direxit tum, cum urbem condidit. qui Romuli lituus, id est incurvum et leviter a summo inflexum bacillum, quod ab eius litui, quo canitur, similitudine nomen invenit || (id . . . invenit| ||, inventus est integer; div I 30.

lividus, mißgünſtig: et invidi et malivoli [et lividi]; Tusc IV 28.

locatio, Verdingung, Verpachtung: I. operis locatio mea fuerat; ep I 9, 15. quod locatio ipsa pretiosa; fr E III 8. — II, 1. censoria locatio constituta est; Ver III 12. cum locatio fieret; Ver III 18. ut induceretur locatio, postulaverunt; A I 17, 9. — 2. ex locatione illa columnarum istum esse praedatum; Ver III 51. — III. porticus Catuli, quae ex senatus consulto consulum locatione reficiebatur; A IV 3, 2.

locator, Verpächter: se nec dominum eius esse fundi nec locatorem; Ver III 55.

loco, ſtellen, hinſtellen, aufſtellen, verbingen, vermieten, verpachten: I. loca incepit non proscripta neque edicta die alienissimo tempore; Ver I 141. — II. is ager a censoribus locari solet; Ver III 13. »omnia caute armamenta locans«; fr H IV, a, 441. ut eam basim statuamque faciendam et in rostris statuendam locent, quantique locaverint . .; Phil IX 16. castra ad Cybistra locavi; ep XV 2, 2. qui maiore pecunia quattuor columnas dealbandas quam ille omnes aedificandas locaverit; Ver I 154. reliquae partes quasi membra suo quoque loco locata suam vim tenent; Bru 209. mentem omnem in Milonis consulatu fixi et locavi; ep II 3, partes: f. membra. prudentia est locata in dilectu bonorum et malorum; of III 71. de re certis in personis ac temporibus locata; de or I 138. statuam: f. basim. terra locata in media sede mundi; nat II 98. censoribus vectigalia locare nisi in conspectu populi Romani non licet; agr 1 7. 5.

loculus, Fach, pl. Käſtchen, Behälter: cum miserrimis in locis et (| miserrimus in loculis ante || inanissimis tantum nummorum positum videret; Cluent 70.

locuples, wohlhabend, bemittelt, reich, zuverläſſig, glaubwürdig: A. delegavi amico locupletiori; dom 16. locuples auctor Thucydides; Bru 47. quamquam orationis faciendae et ornandae auctores locupletissimi summi ipsi oratores esse debebant; orat 172. qua (tabula) civitates locupletissimae Cretensium vectigalibus liberantur; Phil II 97. tamquam in aliquam locupletem ac refertam domum venerim; de or I 161. Catinensium, locupletissimorum hominum; Ver III 103. in provincia tam locuplete ac referta; Ver III 48. quaero lucupletem tabellarium; Q fr III 9, 6. eos esse cuiusque rei locupletissimos testes, qui . .; part or 117. villa tota locuples est; Cato 56. urbes iam locupletes et copiosae requirantur; imp Pomp 65. — B, I. cum lex assiduo vindicem assiduum esse iubeat, locupletem iubet locupleti; is est enim assiduus, ut ait Aelius, appellatus ab „aere dando"; Top 10. — II, 1. qui cum locupletes assiduos appellasset ab asse dando; rep II 40. f. I. — 2. sum: f. I. — III. bonorum, id est lautorum et locupletium || locupletium ||, urbem refertam fore; A VIII 1, 3. — IV. quos

ex familiis locupletium servos delegerat; Tusc V 58. omnium locupletium fortunas devorasses; dom 60.

locupleto, wohlhabend machen, bereichern: verborum eam (artem) dote locupletasti et ornasti; de or I 234. qui eloquentiam locupletavisses graviorum artium instrumento; Brս 331. ut homines postremi pecuniis alienis locupletarentur; Sex Rosc 137. sapientem locupletat ipsa natura; fin II 90. Crotoniatae templum Iunonis egregiis picturis locupletare voluerunt; inv II 1.

locus, Ort, Platz, Gegend, Grundstück, Stelle. Rang, Stand, Gelegenheit, Lage, Umstände, Zustand, Gegenstand, Punkt, Satz, Gedanke, Mittel, Verfahren, Beweismittel: I. **Subject:** locum delegit et fontibus abundantem et in regione pestilenti salubrem; rep II 11. quo me plus hic locus fortasse delectet; leg II 3. qui locus ingenium patroni requirit aut oratoris eloquentiam magno opere desiderat? Sex Rosc 34. primus locus sumitur ab auctoritate. secundus locus est, per quem illa res ad quos pertineat, cum amplificatione per indignationem ostenditur. tertius locus est, per quem quaerimus, quidnam sit eventurum, si idem ceteri faciant. quartus locus est, per quem demonstramus multos alacres exspectare, quid statuatur; inv I 101. 102. certus locus est accusatoris, per quem auget facti atrocitatem; inv II 51. certos esse locos, quibus in indiciis uteremur; de or I 141. qui locus est talis, ut plus habeat adiumenti quam incommodi, hunc iudico esse dicendum; de or II 102. locus erat omnino in maximis causis praeter eos nemini; Bru 207. est quod sentias dicendi libere || liber || locus; Bru 256. licet definire locum esse argumenti sedem; Top 8. sit apud vos modestiae locus; Muren 87. nec iustitiae ullus esset nec bonitati locus; fin III 66. locus iis etiam naturis, quae sine animis sunt, suus est cuique proprius; nat I 103. magnus sane locus est et a vestris, Cotta, vexatus; nat II 78. qui locus superbiam et crudelitatem genuisse dicitur; agr I 18. habet: f. est; de or II 102. II. 1. considero, nomino. ex his locis, in quibus argumenta inclusa sunt, alii in eo ipso, de quo agitur, haerent, alii adsumuntur extrinsecus; Top 8. certi, qui in omnes incidant, loci praescribi non possunt; inv II 76. ii loci ei demum oratori prodesse possunt, qui .. ; de or II 131. requirit: f. desidero. restat locus huic disputationi vel maxime necessarius de amicitia; fin I 65.

II. **nach Verben:** 1. quis tot loca adire potuit? imp Pomp 34. adsumo: f. I. haerent. castris locum capere; Rab Post 42. Telamo uno versu locum totum conficit, cur di homines neglegant; nat III 79. locum consideratur, in quo res gesta sit, ex oportunitate, quam videatur habuisse ad negotium administrandum; inv I 38. ab isdem iudicibus locus ei primus est constitutus; Cluent 59. his locis in mente et cogitatione defixis et in omni re ad dicendum posita excitatis; de or II 175. deligo: f. I. abundat. dico: f. I. est; de or II 102. deinceps in deliberativum genus et demonstrativum argumentandi locos et praecepta dabimus; inv II 155. ubi primum prudentiae locus dabitur; of III 117. excito: f. defigo. quos locos multa commentatione [atque meditatione] partos atque expeditos habere debetis; de or II 118. habetis explicatum omnem religionum locum; leg II 69. habet in Ostiensi Cotta celeberrimo loco (hortos), sed pusillum loci; A XII 23, 3. f. expedio, explico, I. occurrunt. in his locis, quae nos incolimus, post solstitium Canicula exoritur; div II 93. locus inducetur ille, per quem hortandi iudices erunt, ut .. ; inv II 34. ille (Antonius) mihi locum belli gerendi mutasse (videtur); ep XI 12, 2. locus hic nobis in

dicendo minime neglegendus videtur; inv I 57. qui (loci) communes a veteribus nominati sunt; quorum partim habent vitiorum et peccatorum acrem quandam cum amplificatione incusationem aut querelam; de or III 106. noverit orator argumentorum et rationum locos; orat 44. locos nosse debemus; sic enim appellatae ab Aristotele sunt eae quasi sedes. e quibus argumenta promuntur; Top 7. locum publicum non potuisse privata religione obligari; leg II 58. sidera aetherium locum obtinent; nat II 42. paro: f. expedio. hic locus de vita·et moribus totus est oratori perdiscendus; de or I 69. praescribo: f. I. incidunt. hic locus a Panaetio est praetermissus; of I 161. (Pompeius) nec precibus nostris nec admonitionibus relinquit locum; ep I 1, 2. qui locus sumetur ex sortibus, ex oraculis, vatibus, ostentis, prodigiis, responsis; inv I 101. hi et ceteri loci omnes communes ex iisdem praeceptis sumuntur. quibus ceterae argumentationes; inv II 51. f. I. est; inv I 101. tenuit cum hoc locum quendam etiam Ser. Fulvius; Bru 81. miles, qui locum non tenuit; Cluent 128. cum (Theophrastus) tractat locos ab Aristotele ante tractatos; fin I 6. vexo: f. I. est; nat II 73. idem (Aristoteles) locos — sic enim appellat — quasi argumentorum notas tradidit; orat 46. ante, quam Pythagorae ipsum illum locum sedemque viderim; fin V 4. — 2. is (Demetrius) ei loco praeerat; Ver IV 92. non hoc („in") ut oppido praeposui, sed ut loco; A VII 3, 10. ne cui loco non videatur esse responsum; fir II 85. — 3. qui te incautum fortasse nunc tuo loco demovere potuerunt; Planc 53. pavorem metum mentem loco moventem (definiunt); Tusc IV 19. quod et ampla erant (cubicula) et loco posita; Q fr III 1, 2. pater fuit equestri loco; Muren 16. exsulem esse (me) non incommodiore loco, quam si Rhodum me contulissem. ep VII 3, 5. illo loco libentissime soleo uti; leg II 1. f. I. est; de or I 141. — 4. per quos in altiorem locum ascenderat; Cluent 110. in hoc loco diutius commoratus; inv II 138. ut in eo loco milites collocent; Sex Rosc 151. cum eodem in loco consedissemus; Tusc V 11. neque (Demosthenes) consistens in loco, sed inambulans; de or I 261. ut aequitatem in hoc loco consistere et confirmari patiamini; Quinct 10. quando me in hunc locum deduxit oratio; nat III 43. deiectus est, ai non ex eo loco, quem in locum venire voluit, at ex eo certe, unde fugit; Caecin 80. quo cum in loco castra haberem; ep XV 2, 3. includo in: f. I. haerent. ut in eo loco Apollinem natum esse arbitrentur; Ver I 46. ne id in mercedis potius quam beneficii loco numerare videatur: ep II 6, 1. quae non ego in beneficii loco pono, sed in veri testimonii atque iudicii; ep XV 4, 12. nihil in locis communibus (reliquit); Ver IV 2. quibus ex locis ea, quae dicenda sunt in causis, reperiantur de or II 127. qui (sodalis) mihi in liberum locum || loco || more maiorum esse deberet; de or II 200. qui in eo loco sint; inv II 149. in hoc loco mihi caput illud videtur esse, ut quaeramus .. ; inv II 175. ego eram in iis locis, in quibus maxime tuto me esse arbitrabar; ep XI 5, 1. hoc signum istius servi ex illo religiosissimo atque antiquissimo loco sustulerunt; Ver IV 99. populare est neminem in summum locum nisi per populum venire; leg III 27. f. deicio ex. narrat, quo in loco videri Quinctium; Quinct 24.

III. **nach Adjectiven und Adverbien:** 1. res eode est loci, quo reliquisti; A I 13, 5. quo illa (radicula) loci nasceretur; div II 135. — 2. adulescens dignu illo loco ac nomine; Ver III 159. — 3. hominem i illis locis clarum ac nobilem; har resp 35.

IV. **nach Substantiven:** 1. cum ad id loci venere Cael 18. f. II, 1. habeo. amoenitas eum locorm retinet; prov 29. cum celebritas loci suspicione desidiae tollat; Scaur 19. iis claustra loci committend

non existimavit; Ver V 84. locorum communium quoniam duo genera sunt; inv II 68. loci mutatione tamquam aegroti non convalescentes saepe curandus est: Tusc IV 74. nimia longinquitate locorum commovebatur; imp Pomp 23. quae (urbs) loci natura terra ac mari clauderetur; Ver II 4. partim: f. II, 1. nomino. ita (Cato) habuit alteram loci patriam, alteram iuris; leg II 5. propinquitas locorum ad utram partem hoc loco profertur? Ver V 6. tanta vis est et loci et temporis; of I 144. — 2. summo loco adulescens; Muren 73. quid aliae faciant isto loco feminae; ep XIV 18, 2. — in eum ipsum locum aditus erat nemini; Ver V 30.

V. **Umſtand:** 1. id locis communibus efficere oportebit, per quos fortunae vis in omnes et hominum infirmitas ostenditur; inv I 106. locus carens civitate estne ob id ipsum habenda nullo loco? leg II 12. -i quis ignobili loco natus ita vivit, ut ..; Cluent 111. summo loco nati; Catil IV 16. ibi natus est loco nobili; Arch 4. quem equestri ortum loco consulem videt; agr I 27. quam (sedem) cum locis manuque saepsissent; rep I 41. hoc loco tenere se Triarius non potuit; fin II 21. zum Saß: decimo loco testis exspectatus dixit; Caecin 28. ego, quantum ei debeam, alio loco; Balb 1. de quibus singulis dicam suo loco; div II 16. quamvis multis locis dicat Epicurus satis fortiter de dolore; of III 117. etsi posuisti loco versus Accianos; ep IX 16, 4. epistulae offendunt non loco redditae; ep XI 16, 1. f. II. 1. habeo. — 2. definitae quaestiones a suis quoque locis quasi propriis instituuntur; Top 92. haec agebantur in conventu palam de sella ac de loco superiore; Ver IV 86 (85). hoc causae genus et suis locis tractare || tractari || oportebit; inv II 74. sive ex inferiore loco sive ex aequo sive ex superiore (loquitur); de or III 23. meos et ex superiore et ex aequo loco sermones habitos; ep III 8, 2. cogitarisne augur fieri in Q. Metelli locum; Vatin 19. aliquo se in loco magno iis usui futurum; inv II 106. quae (mater) in concubinae loco || locum || duceretur; de or I 183. id desideratur omnibus iis in locis, quos ..; de or III 104. augurum instituta in parentis eum (Hortensium) loco colere debebam; Bru 1. in locis illa naturalia (spectantur), maritimi an remoti a mari, plani an montuosi, leves an asperi, salubres an pestilentes, opaci an aprici; part or 36. f. II. 1. considero, incolo. per: f. 1. efficere. I. est; inv I 101. II 51. quae ab hoc pro facultate hominis, pro loco facta sunt; Balb 59.

locutio, Sprechen, Reden: I. quamquam omnis oratio oratio est, tamen unius oratoris locutio hoc proprio signata nomine est; orat 64. — II, 1. solum et quasi fundamentum oratoris vides, locutionem emendatam et Latinam; Bru 258. Platonis locutionem potius poëma putandam quam comicorum putarum; orat 67 signo: f. I. — 2. ex locutione, ex reticentia iudicabimus; of I 146.

logus, Scherz, Wortspiel: ego te certo scio omnes logos, qui Indis dicti sunt, animadvertisse; fr A VI 5.

lolligo, Blackfiſch, Tintenfiſch: gubernatores cum exsultantes lolligines viderunt, tempestatem significari putant; div II 145.

longe, weit, fern, lange, bei weitem, weitläufig: 1. longe ab ista suspicione abhorrere debet; Cael 10. cum longissime absim; ep XIII 58. tu ubi longe gentium; A VI 3, 1. quae (aedes) longe ceteris antecellant; Ver IV 118. hanc consuetudinem dignitatis largitioni munerum longe antepono; of I 43. haec dixi brevius, quam si hac de re una disputarem, longius autem, quam instituta ratio postulabat; orat 162. vim suam (di immortales) longe lateque diffundunt; div I 79. qui adventu suo, quam longissime potuerit, discesserit; A V 17,

6. quae absunt longeque disiuncta sunt; Top 8. nec (verbum) ullam longius ductum; Bru 274. quam (aquam) ii ducebant non longe a villa; Q fr III 1, 1. in quibus (facetiis) tu longe aliis excellis; de or II 216. quin labebar longius, nisi me retinuissem; leg I 52. hunc locum longe et late patentem; orat 72. Hortensius suos inter aequales longe praestitit; Bru 230. C. Caesari obviam longissime processisti; Phil II 78. quamquam Varro vitam Naevii producit longius; Bru 60. ne longius oratio progressa videatur; inv II 10. C. Fimbria longius aetate provectus; Bru 129. ab eo oppido non longe in promunturio fanum est; Ver IV 103. ut vera videamus, quam longe videmus? Ac II 80. — II. longe aliter est; Sex Rosc 138. ut (Tullia) longe alia in fortuna esset, atque eius pietas postulabat; ep XIV 11. quae venientia longe ante videris; Tusc III 29. longe omnium exstitit et suavitate et gravitate princeps Plato; orat 62. quod longe secus est; Lael 29. non nasci homini longe optimum esse; Tusc I 114. homo longe eloquentissimus; Caecin 53. quod (Ti. Coruncanius) ex pontificum commentariis longe plurimum ingenio valuisse videatur; Bru 55. plurimum se et longe longeque plurimum tribuere honestati; fin II 68. — III. non longe a gradibus Aureliis haec causa dicitur; Flac 66. — IV. quid indicant sensus? dulce amarum, prope longe; fin II 36.

longinquitas, Länge, Abgelegenheit, lange Dauer, Langwierigkeit: I. quam (medicinam) adfert longinquitas et dies; Tusc III 35. — II. ea oportunitas quaeritur ex longinquitate, propinquitate ipsius loci; inv I 38. alter nondum ex longinquitate gravissimi morbi recreatus; Phil X 16. — III, 1. nimia longinquitate locorum commovebatur; imp Pomp 23. eandem artem etiam Aegyptii longinquitate temporum innumerabilibus paene saeculis consecuti putantur; div I 2. — 2. quod dolor in longinquitate levis, in gravitate brevis soleat esse; fin I 40. quo propter longinquitatem tardissime omnia perferuntur; ep II 9, 1.

longinquus, weit, entfernt, fremd, lange dauernd, langwierig: A. nos quidem longinqui et a te ipso missi in ultimas gentes; ep XV 9, 1. non longinquum inter nos digressum et discessum fore; Cato 84. quod magnum dolorem brevem, longinquum levem esse dicitis; fin II 94. ex locis tam longinquis; imp Pom 46. adfert vetustas omnibus in rebus longinqua observatione incredibilem scientiam; div I 109. ad longinquum et immensum paene tempus; nat II 85. tu tuum consilium etsi non in longinquum tempus differs; A X 1, 2. qui iam non procul ab externo hoste atque longinquo urbis tecta defendunt; Catil II 29. — B, a. etsi aequabiliter in longinquos, in propinquos irruebat; Milo 76. — b. quid ego longinqua commemoro? imp Pomp 32.

longitudo, Länge, lange Dauer: I. noctis longitudo stupris continebatur; Ver V 26. — II. in hac immensitate latitudinum, longitudinum, altitudinum; nat I 54. omnium longitudinum et brevitatum in sonis iudicium ipsa natura in auribus nostris conlocavit; orat 173. — III. saepe res parum est intellecta longitudine magis quam obscuritate narrationis; inv I 29.

longiusculus, ziemlich lang: quod epigramma in eum fecisset alternis versibus longinsculis; Arch 25.

longulus, ziemlich weit: longulum sane iter; A XVI 13 (a) 2.

longus, lang, weit, ausgedehnt, langwierig, weitläufig, langweilig, schwer abzuwarten: hic fit rerum multitudine longus; inv I 28. longus an brevis, formosus an deformis sit; inv I 35. in his

litteris longior fui, quam vellem; Q fr I 1, 36. ipse in scribendo sum saepe longior; Q fr I 1, 45. longum est, quod pluribus verbis aut sententiis ultra quam satis est producitur; inv I 26. ut aut contractione brevius fieret aut productione longius; de or III 196. nihil ei longius videbatur, quam dum illud videret argentum; Ver IV 39. nec mihi longius quicquam est quam videre hominum vultus; Rab Post 35. nihil sibi longius fuisse, quam ut me videret; ep XI 27, 1. dum erit, ad quem des. quod longum non erit; A XI 25, 1. confer nostram longissimam aetatem cum aeternitate; Tusc I 94. cuius (lunae) tenuissimum lumen facit proximus accessus ad solem, digressus autem longissimus quisque plenissimum; nat II 50. quam longum tuum discessum futurum putes; ep VII 10, 3. Latonam ex longo errore confugisse Delum; Ver I 48. Cephaloeditani fecerunt || decrerunt || intercalarium xxxv dies longum; Ver II 130. intervallorum longorum et brevium varietate; orat 187. quoniam longo intervallo loqui nobis de re publica licet; Phil III 6. „indoctus“ dicimus brevi prima littera, „insanus“ producta, „inhumanus“ brevi, „infelix“ longa; orat 159. si paulo longior opinio mortis Sestii fuisset; Sest 82. explicat orationem sane longam; agr II 13. breve tempus aetatis satis longum est ad bene honesteque vivendum; Cato 70. si (versus) fuit una syllaba aut brevior aut longior; orat 173. tamquam longam aliquam viam confeceris; Cato 6. quibus paulo longior vita contigit; Bru 229.

loquacitas, Geſchwätzigkeit: I. facit non loquacitas mea, sed benivolentia longiores epistulas; ep VI 4, 4. — II, 1. si rudis et impolita putanda est illa sine intervallis loquacitas perennis et profluens; de or III 185. qui non Graeci (alicuius) cotidianam loquacitatem sine usu requirunt; de or I 105. — 2. quae causa me nunc ad hanc insolitam mihi loquacitatem impulerit; de or II 361.

loquaciter, geſchwätzig: quid huic tam loquaciter litigioso responderet ille; Muren 26.

loquax, geſchwätzig, redſelig: non optimus quisque nec gravissimus, sed impudentissimus loquacissimusque deligitur; Flac 11. adulescentibus paulo loquacioribus est serviendum; par 40. homo ineptus et loquax; Flac 42. senectus est natura loquacior; Cato 55.

loquor, ſprechen, reden, ſagen, nennen, im Munde führen: I, 1. a. omnis loquendi elegantia, quamquam expolitur scientia litterarum, tamen augetur legendis oratoribus et poëtis; de or III 39. erat Latine loquendi accurata et sine molestia diligens elegantia; Bru 143. (Antonius) diligenter loquendi laude caruit; Bru 140. bene loquendi de Catulis opinio non minor; ut I 133. qui (Caesar) etiam in maximis occupationibus ad te ipsum de ratione Latine loquendi accuratissime scripserit; Bru 253. quod haec ratio dicendi latior sit, illa loquendi contractior; orat 114. omnem vim loquendi in duas tributam esse partes; fin II 17. — b. ille familiaris mens recte loqui putabat esse inusitate loqui; Bru 260. nec idem loqui esse quod dicere; orat 113. quoniam libere loqui non licet; imp Pomp 13. apud alios loqui videlicet (Demosthenes) didicerat, non multum ipse secum; Tusc V 103. — 2. praecipitur primum, ut pure et Latine loquamur, deinde ut plane et dilucide, tum ut ornate, post ad rerum dignitatem apte et quasi decore; de or I 144. neque conamur docere nos dicere, qui loqui nesciat; de or III 38. sunt illi veteres omnes prope praeclare locuti; de or III 39. hic Scipio mihi sane bene et loqui videtur et dicere; Bru 212. pure et emendate loquentes, quod est Latine; opt gen 4. cum coram tecum loqui non possim; ep XII 30, 1. ut (eloquentia) loqui paene dedisceret; Bru 51. ut muta quaedam loquentia

inducat; orat 138. quae (patria) tecum quodam modo tacita loquitur; Catil I 18. nisi pro me apud te res ipsa loqueretur; A III 1. non faciet rem publicam loquentem; orat 85. hoc ne statuam quidem dicturam pater aiebat, si loqui posset; fin I 39. — II, 1. loquetur eorum voce Virtus ipsa tecum: „tune ..?“ Tusc II 45. — 2. de quibus nulla monumenta loquuntur; Bru 181. quod ea gessissem, quae de me etiam me tacente ipsa loquerentur; Bru 330. de reliquo malo te ipsum tecum loqui quam nostra dicta cognoscere; ep XII 3, 2. ſ. III. alqd. — 3. quis veterum scriptorum non loquitur, quae sit facta discriptio? div I 31. — 4. Q. Fabium Labeonem cum utrisque separatim locutum, ne cupide quid agerent, atque ut regredi quam progredi mallent; of I 33. — 5. me animo nimis fracto esse loquebantur; dom 97. — III. ne semper Curius et Luscinos loquamur; par 50. Epicurus alia sentit. alia loquitur; fin II 21. quae fueramus ego et tu inter nos de sorore in Tusculano locuti; ep V 1, 3. Dolabella merum bellum loquitur; A IX 13, 8. Postumus Curtius nihil nisi classes loquens et exercitus; A IX 2, a, 3. tragoedias loqui videor et fabulas; div I 68. hic mera scelera loquuntur; A IX 13, 1. tragoedias: ſ. fabulas. ut verum loquamur; fin II 21.

lorica, Panzer: I. descendi cum illa lata insignique lorica, non quae me tegeret, verum ..; Muren 52. — II. in hoc fano loricas galeasque caelatas opere Corinthio posuerat; Ver IV 97. — III. cum: ſ. I.

lorum, Riemen, Zügel: I. si (puer) lorum omisit; har resp 23. — II. cum eum servi publici loris ceciderunt; Phil VIII 24.

lotus, Lotusbaum: illo (domus) habet lotum. a quo etiam advenae teneri solent; ep VII 20, 1.

lubricus, ſchlüpfrig, unſicher, gefährlich: A. adsensus lubricos sustinere; Ac II 108. lubricum genus orationis; Piso 68. iter ad finitimum quoddam malum praeceps ac lubricum; rep I 44. hic loentam lubricus; de or II 125. lubricos oculos (naturai fecit et mobiles; nat II 142. — B. minime in lubrico versabitur; orat 98.

lucanica, Wurſt: solebam antea debilitari oleis et lucanicis tuis; ep IX 16, 8.

lucellum, kleiner Gewinn: 1. lucelli aliquid iussi sunt dare; Ver III 72. — 2. qua ex ratione naturae convenire potest fissum iecoris cum lucello meo? div II 34.

luceo, hell, klar ſein, leuchten, ſtrahlen: 1. a. cum Luna a lucendo nominata sit; eadem est enim Lucina; nat II 68. b. si iudicatum erit meridie non lucere; A I 1, 1. nondum legere poterimus; nam et lumina dimiseramus nec satis lucebat. cum autem luceret .. ; A XVI 13 (a), 1. — 2. aequitas lucet ipsa per se; of I 30. quorum (contrariorum) dissolutio in brevitate non lucebit; part or 60. quod ingenii quaedam forma lucebat; Bru 327. mea officia et studia, quae parum antea luxerunt; A III 15, 4. quae (stella) luce lucebat aliena; rep VI 16. studia: ſ. officia. quae (virtus) lucet in tenebris; Sest 60.

lucerna, Leuchte, Lampe: I. nisi me lucernas desereret; A VII 7, 7. — II. duas ex lucernis flammulas esse visas; Ac II 80. ut obscuratur et offunditur luce solis lumen lucernae, sic ..; fin III 45. — III. cum eadem lucerna hanc epistulam scripsissem, qua inflammaram tuam; A VIII 2, 4.

luci, am Tage: luci eum (Pompeium) conveniri non potueram; Q fr II 5, 3.

lucifugus, lichtſcheu: ecce alii lucifugi, maledici; fin I 61.

lucisco, Tag werden: cum luceret; ep XV 4, 8.

lucrativus, Gewinn bringend: unam tecum

apricationem in illo lucrativo ‖ Lucretilino, al. ‖ tuo
sole malim quam . . ; A VII 11, 1.

lucror. erſparen, gewinnen, ʒu gute haben:
ut locupletes suum perdant, debitores lucrentur
alienum; of II 84. lucretur indicia veteris infamiae;
Ver I 33. cum lucrari impune posset auri pondo
decem; par 21.

lucrum, Gewinn, Vorteil: I. quid lucri est
emori! Tusc I 97. quia de lucro prope iam quadriennium vivimus, si aut hoc lucrum est aut haec vita;
ep IX 17, 1. — II. 1. qua re putabas emptori lucrum
addi oportere? Ver III 71. quae publice decumanis
lucra data sint; Ver III 100. immensum atque infinitum lucrum esse factum; Ver III 149. ſ. III.
modii. hominem leviter haec improbissima lucra li-
currientem: Ver III 177. — 2. id ego in lucris
pono; ep VII 24, 1. vivo de: ſ. I. — III. alqd:
ſ. I. quid, si ostendo in hac una emptione lucri
fieri tritici mod. c (milia)? Ver III 111. tanto numero frumenti lucri nomine imperato; Ver III 73.
ut alii emendi aut vendendi quaestu et lucro ducerentur; Tusc V 9.

luctatio, Ringen, Kampf: I. in qua (causa)
tibi cum Diodoro magna luctatio est; fat 12. —
II. † sint corporum certationes cursu et pugillatu
pugillatione ‖ et luctatione; leg II 38.

luctificus, traurig, kläglich: »haec luctifica clades nostro infixa est corpori«; Tusc II 25.

luctor, ringen, kämpfen: 1. alios viribus ad
luctandum valere; of I 107. — 2. non luctabor
tecum amplius; de or I 74.

luctuosus, traurig, kläglich, jammervoll: civile
bellum tantum et tam luctuosum; Marcel 18. o
diem illum rei publicae luctuosum! Sest 27. cum
exercitus luctuosissimum exitium patriae comparasset;
Sulla 33. in hac fortuna miserrima ac luctuosissima;
Sulla 90. adflicta et prostrata virtus maxime luctuosa est; de or II 211.

luctus, Trauer: luctus (est) aegritudo ex eius,
qui carus fuerit, interitu acerbo; Tusc IV 18. —
II. 1. cui luctum mors patris attulit; Sex Rosc 13.
qui edicto suo non luctum patribus conscriptis, sed
indicia luctus ademerint; Planc 87. funebria, quibus
luctus augetur; leg II 60. quia meum casum luctumque doluerunt; Sest 145. eorum luctus aliorum
exemplis leniuntur; Tusc III 58. cuius luctus nullo
solacio levari potest; Phil IX 12. quem (librum) de
luctu minuendo scripsimus; A XII 20, 2. ut aegritudini (subiciuntur) angor, luctus, maeror, aerumna;
Tusc IV 16. hic luctus, hae sordes susceptae sunt
propter unum me; Sest 145. saepe (diuturnitas)
maximos luctus vetustate tollit; ep V 16, 5. — 2. in
maximos luctus incidit; of I 32. scio te semper
mecum in luctu fuisse, cum videremus . . ; ep IX
6. 3. — III. indicia: ſ. II, 1. adimo. — IV, 1.
cum me adflictum et confectum luctu audies; A
III 8. 4. quin mihi Telamo iratus furere luctu filii
videretur; de or II 193. cum videres maerere rem
publicam amplissimi ordinis luctu; Piso 17. —
2. querebantur cum luctu aratores; Ver III 132.
in illo tristi et acerbo luctu; Planc 73.

lucubratio, Nachtarbeit: I. perire lucubratio-
nem meam nolui; ep IX 2, 1. — II. et lucubrationes
detraxi et meridiationes addidi; div II 142.

lucubro, bei Nacht arbeiten: accipies hoc par-
rum opusculum lucubratum his iam contractioribus
noctibus; par 5.

luculente, tüchtig, treffend: quod apud Platonem est luculente dictum; rep I 65. (Dolabella)
rescripsit ad eos (litteras) luculente; A XIV
21. 1. »scripsere«, inquit, „alii rem versibus" — et
luculente quidem scripserunt; Bru 76. hoc quidem
sane luculente ut ab homine perito definiendi; of
III 60.

luculenter, tüchtig, gut: cum Graece, ut
videor, luculenter sciam; fin II 15.

luculentus, tüchtig, ansehnlich, bedeutend,
gewichtig: ut est luculentus auctor! A X 12, 2.
camino luculento utendum censeo; ep VII 10, 2.
Massiliensium factum luculentum est; A X 12, 6.
sunt navigia luculenta Sestii; A XVI 4, 4. lucu-
lentam ipse plagam accepit; Phil VII 17. L. Caelius
Antipater scriptor fuit ut temporibus illis luculentus;
Bru 102. quia verbis luculentioribus et pluribus
rem eandem comprehenderat; A XII 21, 1.

lucus, Hain: I, 1. eandem rationem luci habent
in agris; leg II 27. — 2. qui fuit lucus religiosissi-
mus, nunc erit locus desertissimus; fr B 4. — II, 1.
caesis prostratisque sanctissimis lucis; Milo 85.
cuius (Aesculapii) in Arcadia non longe a Lusio
flumine sepulcrum et lucus ostenditur; nat III 57. —
2. exaudita vox est a luco Vestae; div I 101.

ludibrium, Gespött, Kurzweil, Spielwerk:
I, 1. ille (Bias) haec ludibria fortunae ne sua quidem putavit, quae nos appellamus etiam bona;
par 9. — 2. ludibrio esse urbis gloriam piratico
myoparoni; Ver V 100. — II. Libertatis signum
posuisti magis ad ludibrium impudentiae quam ad
simulationem religionis; dom 131.

ludibundus, spielend, unvermerkt: multos
multa ludibundos effecisse videt; Ver III 156. in
Italiam ad Hydruntem ludibundi pervenimus; ep
XVI 9, 2.

ludicer, kurzweilig, spaßhaft, schauspielerisch:
A. ars ipsa ludicra armorum et gladiatori et militi
prodest aliquid; de or II 84. cum artem ludicram
scaenamque totam in probro ducerent; ep IV 10.
qui ea, quae agenda sunt in foro tamquam in acie,
possunt etiam nunc exercitationes quasi ludicra praediscere ac meditari; de or I 147. quasi vero
clarorum virorum ludicros sermones (esse oportet)!
Ac II 6. — B. si canes, si equos, si ludicra ex-
ercendi aut venandi consuetudine adamare solemus;
fin I 69.

ludificatio, Täuschung: cum omni mora, ludificatione, calumnia senatus auctoritas impediretur;
Sest 75.

ludifico. täuschen, hintergehen: si diutius ludi-
ficare videatur (Quinctius); Quinct 54.

ludificor, täuschen, verspotten, lächerlich
machen: I. aperte ludificari non videatur; Sex Rosc
55. — II. qui (Carneades) saepe optimas causas
ingenii calumnia ludificari solet; rep III 9.

ludius, Schauspieler: ipse ille maxime ludius
nec tuos ludos aspexit; Sest 116. si ludius constitit; har resp 23.

ludo, spielen, scherzen, tändeln, verspotten,
täuschen: I, 1. suppeditant et campus noster et
studia nimiand honesta exempla ludendi; of I 104.
— 2. qui pila ludunt; de or I 73. cum toto genere
orationis severe ludas; de or II 269. in me quidem
lusit ille; de or III 171. qui non dubitaret in foro
alea ludere; Phil II 56. si quando iis (parvis)
ludentes minamur praecipitaturos alicunde; div V 31.
quam multa (haruspicum responsa) luserunt! div II
53. — II. (Domitius) in senatu lusit Appium conlegam propterea isse ad Caesarem, ut . . ; Q fr II
13 (15a), 3. — III. ludimur ab homine ad scribendi
licentiam libero; nat I 123. ea facillime induntur,
quae neque odio magno neque misericordia maxima
digna sunt; de or II 238. ut causam illam disputa-
tionemque lusit, sic . . ; de or II 222. haec oratio
necesse est omnium inrisione ludatur; de or I 50.
sophistas lusos videmus a Socrate; fin II 2.

ludus (loedus ſ. IV, 1. leg II 22.), Spiel, Scherz,
Neckerei, Schule: I, 1. aliud pugna et acies, aliud
ludus campusque noster desiderat; de or II 84.
cui certo scio ludum numquam defuisse; div II 30.
cum impudentiae ludus esset; de or III 94. qui

(ludi) ne id quidem leporis habuerunt, quod solent mediocres ludi; ep VII 1, 2. tui sacerdotii sunt tensae, curricula, praecentio, ludi, libationes epulaeque ludorum; har resp 21. — 2. omnium ceterarum rerum oratio, mihi crede, ludus est homini non hebeti ueque inexercitato; de or II 72. ut forum sibi ludum putaret esse ad discendum; de or II 89. — II, 1. ludos (Milo) a p p a r a t, stulte bis terque; Q fr III 8, 6. quo die ludi committebantur; Q fr III 4, 6. ludis intermissis instaurativi constituti sunt; div I 55. non te puto Graecos aut Oscos ludos desiderasse; ep VII 1, 3. hoc praetore ludos Apollini faciente; Bru 78. quod amisso regno forensi ludum quasi habere coeperim; ep IX 18, 1. intermitto; f. constituo. apud quos eorum ludorum, qui gymnici nominantur, magnus honos sit; Tusc II 62. quo minus castissimos ludos omni flagitio pollueres; har resp 27. cum Oscos ludos vel in senatu vestro spectare possis; ep VII 1, 3. Druso ludus est suggerendus; A XII 44, 2. Livium docuisse fabulam ludis Iuventatis, quos Salinator Senensi proelio voverat; Bru 73. — 2. ut exercitatione ludoque campestri tunicati u t e - r e m u r; Cael 11. — 3. ut senes ad ludum adulescentium d e s c e n d a n t; rep I 67. ducens mecum Ciceronem meum in ludum discendi, non lusionis; Q fr III 4, 6. cuius (Isocratis) e ludo tamquam ex equo Troiano meri principes exierunt; de or II 94. non umquam turpior in ludo talario consessus fuit; A I 16, 3. — III. simul ac ludorum a p p a r a t u m iis, qui curaturi essent, tradidisset; A XV 12, 1. his ludorum diebus interpositis; Ver I 20. epulae: f. I, 1. sunt. honos: f. II, 1. nomiho. mentes ludorum instauratione placantur; har resp 23. omnia sollemnia ac iusta ludorum summa cum caerimonia esse servata; har resp 21. — IV, 1. locare incipit ludis ipsis Romanis; Ver I 141. ludis Circensibus cum essent triclinia strata; Ver IV 33. ›loediis publicis popularem laetitiam moderato‹; leg II 22. ut ludis Caesaris nostri animo aequissimo viderem T. Plancum; ep XII 18, 2. f. II, 1. voveo. — 2. decem dies sunt a n t e ludos votivos; Ver pr 31. hoc in ludo non praecipitur; faciles enim causae ad pueros deferuntur; de or II 100. ›dignitatem docere non habet‹. certe, si quasi in ludo; orat 144.

lues, Peſt: ut eos ludos haec lues impura polluerit; har resp 24.

lugeo, trauern, betrauern, Trauerkleider tragen: I, 1, a. illa varia et detestabilia g e n e r a lugendi; Tusc III 62. — b. aegritudinis e s t angi, lugere, maerere; Tusc III 83. — 2. omittamus lugere; Bru 266. cum omnes boni maererent, templa gemerent, tecta ipsa urbis lugerent; Piso 21. — II. quam (urbem) e suis faucibus ereptam esse luget; Catil II. 2. — III. qui lugebant s u o s; de or II 199. ut ager ipse lugere dominum videretur; Ver III 47. fortunam rei publicae lugeo; A VIII 11, D, 5. ut eorum, qui occiderunt, miserias lugeas; A V 16, 4. illa hostium mortem lugebat; inv II 79. fuit meum quidem iam pridem rem publicam lugere; A XII 28, 2. et rei p. vicem lugeo; fr K 24.

lugubris, trauernd, trauervoll: praeclarum carmen! est enim et rebus et verbis et modis lugubre; Tusc III 46. illa lugubris lamentatio fletusque maerens ex eo est, quod . . ; Tusc I 30. cuius sordes lugubres vobis erant iucundae; dom 59. prope lugubri verbo calamitatem significat; Ver III 126.

lumbus, Lende: I. ›infera lumborum numquam convestiet umbra‹; fr H IV, a, 692. — II. ›Cepheus conditur alte lumborum t e n u s a palma depulsus ad umbras‹; fr H IV, a, 324.

lumen, Licht, Leuchte, Fenſter, Ausblick, Augenlicht, Tag, Klarheit, Vorbild, Zierde, Schmuck: I. in idem genus orationis verborum c a d u n t lumina omnia, multa etiam sententiarum; orat 95. cum

aedes (M. Buculeius) L. Fufio venderet, in mancipio lumina, uti tum essent, ita recepit; de or I 179. communia simplicium coniunctorumque haec sunt quinque quasi lumina: dilucidum, breve, probabile. inlustre, suave; part or 19. f. II, 1. adsumo, voco. — II, 1. illa sententiarum lumina a d s u m e t. quae non erunt vehementer inlustria; orat 85. quae (concinnitas) verborum conlocationem inluminat iis luminibus, quae Graeci quasi aliquos gestus orationis σχήματα appellant; orat 83. et singulorum verborum et conlocatorum lumina attigimus; orat 134. et lumina dimiseramus nec satis lucebat; A XVI 13 (a) 1. lumina civitatis exstincta sunt; Catil III 24. cum rerum natura duo lumina ab animo ad oculos perforata nos habere voluisset; nat III 9. quod mutari lumina putabat; de or I 179. ut obscuratur et offunditur luce solis lumen lucernae; fin III 45. perforo: f. habeo. reddite nobis Brutum, lumen et decus civitatis; Phil XI 24. quid, quod ratio omnis tollitur quasi quaedam lux lumenque vitae? Ac II 26. erant et verborum et sententiarum illa lumina, quae vocant Graeci σχήματα; Bru 275. — 2. Catonis luminibus obstruxit haec posteriorum quasi exaggerata altius oratio; Bru 66. — 3. quod (Platonis locutio) clarissimis verborum luminibus u t a t u r; orat 67. — 4. videtur tamquam tabulas bene pictas c o n l o c a r e in bono lumine; Bru 261. — III. an tibi luminis obesset caecitas plus quam libidinis? har resp 38. supina etiam ora cernuntur depulsione luminum; Tim 49. in quibus (causis centumviralibus) parietum, luminum, stillicidiorum iura versantur; de or I 173. — IV. ›ast autem tenui quae c a n d e t lumine Phatne‹; fr H IV, b, 160. est quasi luminibus distinguenda et frequentanda omnis oratio sententiarum atque verborum; de or III 201. ut certis dicendi luminibus ornentur; de or II 119. quid erat quod concupisceret deus mundum signis et luminibus tamquam aedilis ornare? nat I 22.

luminar, Fenſterladen: octavam partem † tul: luminarum medium ‖ tolli luminarium aedium, al. i A XV 26, 4.

luminosus, lichtvoll, hervorſtechend: sunt maxime luminosae et quasi actuosae partes duae: orat 125.

luna, Mond: I. ut luna accessu et recessu [suo] solis lumen a c c i p i a t; de or III 178. luna, quae est, ut ostendunt mathematici, maior quam dimidia pars terrae, isdem spatiis vagatur, quibus sol, sed tum congrediens cum sole, tum digrediens et eam lucem, quam a sole accipit, mittit in terras et varias ipsa lucis mutationes habet. atque etiam tum subiecta atque opposita soli radios eius et lumen obscurat, tum ipsa incidens in umbram terrae, cum est e regione solis, interpositu interiectuque terrae repente deficit; nat II 103. quod serena nocte subito candens et plena luna defecisset; rep I 23. congreditur, al.: f. accipit. cernerent lunae luminum varietatem tum crescentis, tum senescentis; nat II 95. deficit: f. candet. in iugo cum esset luna; div II 98. senescit: f. crescit. — II, 1. a l i solem. lunam aquis; nat III 37. oppono, subicio: f. l. accipit. — 2. h a b i t a r i ait Xenophanes in luna: Ac II 123. — III. circumitus solis et lunae reliquorumque siderum spectaculum hominibus praebent: nat II 155. in lunae quoque cursu est et brumae quaedam et solstitii similitudo; nat II 50. solis defectiones itemque lunae praedicuntur; div II 17. lumina: f. I. crescit. qui solis et lunae reliquorumque siderum ortus, obitus motusque cognorunt; div I 128. — IV. non a n t e lunam novam; A X 5, 1. supra lunam sunt aeterna omnia; rep VI 17.

lunaris, des Mondes: gravissimo sono hic lunaris atque infimus (cursus movetur); rep VI 18

luo, büßen, abbüßen, wieder gut machen: quo modo h o c lues? A XII 6, 2. mei peccati luo poenas;

A III 9, 1. sanguis istius supplicio luendus est;
Ver I 8. quae per vim oblatum stuprum voluntaria
morte lueret; fin V 64.

lupa, Buhlerin: illo, qui semper secum scorta,
semper exoletos, semper lupas duceret; Milo 55.

lupinus, der Wölfin: Romulus, quem lactantem
uberibus lupinis inhiantem fuisse meministis; Catil
III 19.

lupus, Wolf: I, 1. de Varrone loquebamur:
lupus in fabula venit enim ad me; A XIII 33, a, 1
(4). — 2. o praeclarum custodem ovium, ut aiunt,
lupum! Phil III 27. — II. canes, lupos in deorum
numerum reponemus; nat III 47.

luscus, einäugig: A. huic lusco familiari
meo C. Sextio; de or II 246. — B. quod in omnes
luscos conveniret; de or II 246.

lusio, Spiel: I. nobis senibus ex lusionibus
multis talos relinquant et tesseras; Cato 58. —
II. ducens mecum Ciceronem meum in ludum
discendi, non lusionis; Q fr III 4, 6. – III. ut, qui
pila ludunt, non utuntur in ipsa lusione artificio
proprio palaestrae; de or I 73.

lustratio, Wanderung, Durchwanderung: I.
quae fuit eius peragratio itinerum, lustratio municipiorum; Phil II 57. — II. huius (solis) hanc
lustrationem menstruo spatio luna complet; nat I
87. bestiae non montivagos atque silvestres cursus
lustrationesque patiuntur? Tusc V 79.

lustro, erleuchten, betrachten, erwägen, mustern,
reisen, bereisen, durchwandern, durchmachen:
-multa alia victrix nostra lustravit manus; Tusc
II 22. cum omnia ratione animoque lustraris; of I
57. in lustranda colonia; div I 102. »Delphinus
haud nimio lustratus nitore«; fr H IV, a, 333.
exercitum lustravi apud Iconium; A V 20, 2. quae
(stella) anno fere vertente signiferum lustrat orbem;
nat II 53. ultimas terras lustrasse Pythagoran;
Tusc IV 44.

lustrum, Vorbell: I. hominem emersum subito
ex diuturnis tenebris lustrorum; Sest 20. — II.
in lustris, popinis tempus aetatis omne consumpsisses;
Phil XIII 24. quae in lustris et in vino commentatio potuit esse? ep XII 2, 1.

lustrum, Sühnopfer, fünf Jahre: I. is lustrum
condidit et taurum immolavit; de or II 268.
Asello obicienti lustrum illud infelix; de or II 268. —
II. quoniam publicanis etiam superioris lustri reliqua sine ulla querela conservaram; ep II 13, 4.

luteus, wertlos, nichtswürdig: in hoc homo
luteus etiam callidus esse vult; Ver III 35. luteum
negotium esse; Ver IV 32.

lutulentus, schmutzig, besudelt: humus erat
lutulenta vino; fr A VI 1. persona illa lutulenta:
Q Rosc 20. ista tua lutulenta vitia; Piso 1.

lutum, Schmutz, Kot: I. o tenebrae, lutum,
sordes! Piso 62. — II, 1. luta et limum adgerebant; fr E VII 5. — 2. quem in luto volutatum
invenimus; Ver IV 53.

lux (masc. f. V, 2), Licht, Tageslicht, Tag,
Sonnenlicht, Lebenslicht, Leben, Heil, Glanzpunkt:
l. cum lux appropinquaret; Tul 21. videor
mihi videre hanc urbem, lucem orbis terrarum, uno
incendio concidentem; Catil IV 11. ut mulierum
famam multorum oculis lux clara custodiat; leg II
37. lux longe alia est solis ac lychnorum; Cael 67.
ut lux venisse quaedam et spes salutis videretur;
Phil X 12. — II, 1. lucem adferre rei publicae

potuit; imp Pomp 33. me tamquam ad aspiciendam
lucem esse revocatum; Bru 12. historia, lux veritatis, qua voce alia nisi oratoris immortalitati commendatur? de or II 36. qui lucem eripere conetur; Ac
II 30. est animi lucem splendoremque fugientis
iustam gloriam repudiare; Piso 57. quin (sapiens)
discessu a suis atque ipsa relinquenda luce moveatur;
fin V 32. — 2. quamquam (Isocrates) forensi luce
caruit; Bru 32. — 3. simul atque editi in lucem
et suscepti sumus; Tusc III 2. istam virtutem in
luce Asiae esse positam; Q fr I 1, 9. illa commentatio inclusa in veritatis lucem proferenda est; de
or I 157. iu tenebris quam in luce causam versari
maluisti; Planc 42. — III. illum filium Solis nonne
patris ipsius luce indignum putas? Tusc III 26. —
IV. fore aliquando finem huius lucis; Tusc III 10. —
V, 1. sol omnia clarissima luce conlustrans; nat
II 92. quae (stella) luce lucebat aliena; rep VI
66. ut obscuratur et offunditur luce solis lumen
lucernae, sic . .; fin III 45. cum prima luce consulem salutatum veniret; Sulla 52. — 2. quo (die)
haec ante lucem scribebam; A VI 1, 2. (filius) cum
primo luci || prima luce || Pomponii domum venisse
dicitur; of III 112.

luxuria, luxuries. Geilheit, Üppigkeit,
Schwelgerei, Brunstsucht: I. „luxuriem esse in
herbis“ etiam rustici dicunt; de or III 155. luxuriam
non reprendit, modo sit vacua infinita cupiditate et
timore; fin II 30. in qua (oratione) nunc interdum,
ut in herbis rustici solent dicere in summa ubertate,
inest luxuries quaedam, quae stilo depascenda est;
de or II 96. — II, 1. si luxuries (cavenda est);
agr I 20. depasco: f. I. inest. odit populus privatam luxuriam; Muren 76. reprehendit: f. I. est.
avaritiam si tollere velis, mater eius est tollenda
luxuries; de or II 171. — 2. possitne se contra
luxuriem ac licentiam parsimonia defendere;
Quinct 92. ex luxuria exsistat avaritia necesse est;
Sex Rosc 75. de luxurie || luxuria || purgavit Erucius;
Sex Rosc 39. homines a Graecorum luxuria remo-
tissimi; Flac 71. — III, 1. sibi quaestorem obtigisse
hominem singulari luxuria atque inertia; Ver I
34. — 2. multa etiam ad luxuriam invitamenta
perniciosa civitatibus suppeditantur mari; rep II 8. —
IV. quam sit turpe diffluere luxuria; of I 106.

luxuriose, schwelgerisch: cum libidinosis luxuriose vivere; Cael 13.

luxuriosus, üppig, schwelgerisch: A. est
eorum (rusticorum) „luxuriosa (esse) frumenta“;
orat 81. in hominis luxuriosi disciplina; Ver III
161. in sedibus luxuriosis conlocati; agr II 97. —
B, 1. non esse reprendendos luxuriosos, si sapientes sint; fin II 21. — 2. quae sunt luxuriosis efficientia voluptatum; fin II 21.

luxus, Schlemmerei: eum in vino atque lustris
luxu, lucro || non risisse; Ver III 62.

lychnuchus, Leuchter: hanc (epistulam) scripsi
ante lucem ad lychnuchum ligneolum, qui mihi erat
periucundus, quod . .; Q fr III 7, 2.

lychnus, Lampe: lux longe alia est solis ac
lychnorum; Cael 67.

Lynceus, scharf sehend: quis est tam Lynceus
|| lynceus ||, qui in tantis tenebris nihil offendat,
nusquam incurrat? ep IX 2, 2.

lyra, Laute: Themistocles cum in epulis recusaret lyram, est habitus indoctior; Tusc I 4.

... laus,
. — II. ipse
corrogat;
...rem fore;

... et macrum
agr II 67.
...: Helico ne-
...horto, nulla

...rüger, Trabant: ... Q fr II 8, 2. ...: Vorkehrung, List: ... qui ministri tanti ... quid? isti doli, ...aciae praestrigiaeque ... esse potuerunt? nat ...china apposita de- ... quem (M. Regulum) ... palpebris inligatum in ...erunt; Piso 43. — III. is... ...hetaetari; dom 27. cum ...entis oppugnuare; Sest 133. ...animus, Kunstgriff: I. da... ...tus) etiam machinatio quae... ... nat II 123. — II. (is) tamquam ...tum ad severitatem tum ad re... ...est contorquendus; de or II 72. ...quadam moveri aliquid videmus; ...nat II 97.

machinator, Anstifter: I. omnium architectum ...rem unum esse Chrysogonum; Sex ... II. horum omnium scelerum improbis... ...chinatorem ad me vocavi; Catil III 6.

machinor, ersinnen, erdenken, bewerkstelligen: ... ...ud, nisi uti ne quid per vim agi posset, ...are; dom 54. — II. alqd: f. cantum. ... musici, qui erant quondam eidem poetae, ... ad voluptatem sunt, versum atque cantum; ... III 174. mihi omnes est insidias sceleratissime ...natus; Sest 133. ad usum orationis incredi... ...est quanta opera machinata natura sit; nat II ... versum: f. cantum.

macies, Magerkeit: I. Crassi libertum tibi de ... sollicitudine macieque narrasse; A III 15, 1. II. quem hominem „vegrandi ‖ ut grandi ‖ macie torridum" videbamus; agr II 93.

macrocollum, Pergament in großem Format: I. idem σύνταγμα ad te et quidem ἀρχέτυπον ipsum. hunc tu tralatum in macrocollum lege arcano convivis tuis; A XVI 3, 1. — II. quoniam impensam fecimus in macrocolla: A XIII 25, 3.

macte, Glück auf! macte virtute! ego enim ipse cum eodem isto (Platone) non invitus erraverim; Tusc I 40. macte virtute! mihi quidem gratum; A XII 6, a, 1 (6, 3). agripetas eiectos a Buthrotiis. macte! A XV 29, 3.

macto, verherrlichen, versöhnen, opfern, bestrafen, töten: eum (Sp. Cassium) morte mactavit; rep II 60. cum puerorum extis deos manes mactare soleas; Vatin 14. ius civitatis illo supplicio esse mactatum; Ver IV 26. eos privatos ferunt laudibus et mactant honoribus; rep I 67. quam potestis P. Lentulo mactare victimam gratiorem? Flac 95.

macula, Fleck, Entstellung, Schmach, Masche: I. est corporis macula naevus; nat I 79. — II. delenda est vobis illa macula Mithridatico bello superiore concepta; imp Pomp 7. — III. reticulum ad nares sibi admovebat minutis maculis; Ver V 27. — IV. 1. hunc tu vitae splendorem maculis aspergis iatis? Planc 30. ne is macula turpissimaque ignominia notetur; Quinct 99. — 2. in ipsis quasi maculis, ubi habitatur, vastas solitudines interiectas; rep VI 20.

maculo, besudeln, entweihen: cuius (Iovis) ille lacus, nemora finesque saepe omni nefario stupro et scelere maculat; Milo 85. rex ille optimi regis caede maculatus; rep II 45· eo negotio M. Catonis splendorem maculare voluerunt; Sest 60.

maculosus, befleckt, von schlechtem Ruf: non enim umquam turpior in ludo talario consessus fuit maculosi senatores, nudi equites; A I 16. 3. vestis Pompei non multa eaque maculosa; Phil II 73.

madefacio, benetzen, tränken: imbuti gladii sunt vel madefacti potius Caesaris proelio; Phil XIV 6. madefactum iri Graeciam sanguine; div I 68.

madeo, naß fein, triefen: erant madentes cincinnorum fimbriae; Piso 25. natabant pavimenta vino, madebant parietes; Phil II 105.

madidus, durchnäßt: fasciculum illum epistularum totum sibi aqua madidum redditum esse; Q fr II 10 (12), 4.

maena, kleiner Seefisch: iis licet dicere & acupenserem maenae non anteponere; fin II 91.

maereo, trauern, betrauern: I, 1. a nihil profici maerendo; Tusc III 64. — b. Piliam angi veta. satis est maerere pro omnibus; A XII 14, 4. — 2. cum in immolanda Iphigenia tristis Calchas esset, tristior Ulixes, maereret Menelaus; orat 74. si tuarum rerum cogitatione maeres; ep V 16, 4 aegritudo erit sublata illa maerens; Tusc III 83. omnes bonos interitu suorum quam gravissime maerere oportere; Tusc III 63. — II. qui (patriam) nimium tarde concidere maererent; Sest 25. — III. maereo casum eius modi, ut ..; ep XIV 2 2 ut nemo umquam unici filii mortem magis doluerit. quam ille maeret patris; Phil IX 12.

maeror, Trauer, Betrübnis: I. maeror (est) aegritudo flebilis; Tusc IV 18. ita illum in persequendi studio maeror, hos laetitia tardavit; imp Pomp 22. — II, 1. quis maerorem levare mitius consolando (potest)? de or II 35. maerorem minui dolorem nec potui nec, si possem, vellem; A XII 28. 2. maerorem relinquis, maeroris aufers insignia; Piso 18. ut aegritudini (subiciuntur) angor, luctus, maeror, aerumna; Tusc IV 16. — 2. iacet in maerore meus frater; A X 4, 6. — III. omnia plena luctus et maeroris fuerunt; Sest 128. — IV. intellegi necesse est non rem ipsam causam atque ‖[causam atque] ‖ fontem esse maeroris; Tusc III 67. insignia f. II, 1. relinquo. — V, 1. si quem tuorum adflictum maerore videris; Tusc III 43. summam esse stultitiam frustra confici maerore; Tusc III 77. idem lacrimis ac maerore perditus; Muren 86. — 2 nec loqui prae maerore potuit; Planc 99.

maestitia, Traurigkeit, Wehmut, Schwermut: I, 1. sapientia est una, quae maestitiam pellat ex animis; fin I 43. aliqui orationis quasi maestitiam sequuntur; orat 53. — 2. ut non me maestitiae. cui resisto, potius quam litteris dederem; orat 148. — II. quod domum Antonii adflictam maestitia audiebam; Phil XII 2.

maestus, traurig, betrübt: ut tum me a re publica maestam domus excipiebat, quae levaret; ep IV 6, 2. te inquirere videbant, tristem ipsum. maestos amicos; Muren 49. cuius desiderio forum maestum; Vatin 8. exili maestam fugam meditabar; Tusc III 29. cum excitavi maestum ac sordidatum senem; de or II 195.

magis, mehr, **maxime,** am meisten. sehr besonders, namentlich: I. tam sum amicus rei publicae quam qui maxime; ep V 2, 6. ipse ille maxime ludius nec tuos ludos aspexit nec ullos alios; Sest 116. fuit hic vir civis e re publica maxime. leg II 66. — II. ut utrique eorum et carus maxime et iucundus esset; Sest 6. ut nihil magis officii possit esse contrarium; of I 43. loca inter se maxime diversa; Ver III 192. quo etiam magis sum non dicam miser, sed certe exercitus; Planc 78. versibus

propositis quam maxime gravibus; de or I 154. iucundus: f. carus. maxime necessariam partem philosophiae; Ac I 34. id quod est praestantissimum maximeque optabile; Sest 98. qni unus maxime popularis fuit; dom 24. quod maxime proprium est optimae naturae; nat I 121. decoloratio quaedam maxime potest sanguini similis esse; div II 58. — III. ut dicatis quam maxime ad veritatem accommodate; de or I 149. quae (consensio) magis honeste quam vere sodalitas nominaretur; Planc 37. quod subtiliter magis quam dilucide dicitur; Tusc I 41. — IV. id quod multo magis est admirandum; Catil I 7. de Graecia cotidie magis et magis cogito; A XIV 18, 4. f. placeo. cognoscat etiam rerum gestarum ordinem, maxime scilicet nostrae civitatis; orat 120. se quam maxime excruciari luctuque confici; Tusc III 80. quem populo Romano maxime consulturum putent; agr II 17. magis adeo id facilitate quam alia ulla culpa mea contigit; de or II 15. quanto ille plura miscebat, tanto hic magis in dies convalescebat; Milo 25. ego illa extuli semper et eo quidem magis, ne . .; A IX 13, 3. excrucio: f. conficio. si maxime exploratum sit eum nobis amicum fore; A VIII 3, 2. exspecto tuas litteras de multis rebus, te ipsum multo magis; ep XVI 19. es repugnante fiebat (consul), immo vero eo fiebat magis; Milo 34. quam (rationem) ut maxime inveneris, eum non sine causa falsnm testimonium dicere ostenderis; Ac II 81. quod eo magis iudico verum esse, quia . .; leg II 59. quae si maxime meminissem, tamen . .; A IX 13, 3. sed mihi magis magisque cotidie de rationibus tuis cogitanti placet illud menm consilium; ep II 18, 2. verbis aliis, quam maxime possem, lectis; de or I 154. cohortati sumus, ut maxime potuimus, ad philosophiae studium; div II 1. neque solum corporis, sed multo etiam magis animi motus probandi; of I 100. ubi videt eum nihilo magis minis quam precibus removeri; Ver IV 96. quo magis (mentem ab oculis) sevoco, eo minus id, quod tu vis, possum mente comprehendere; nat III 21. ut quam maxime significem; Tusc II 46. nihil esse animal praeter ignem. qui magis quam praeter animam? nat III 36. id eo mihi magis est cordi, quod . .; Lael 15. etsi magis est, quod gratuler tibi, quam quod te rogem; A XVI 5, 2. furum id magis factum quam deorum videtur; div II 68. — V. illud ad me ac multo etiam magis ad vos; de or II 140. neque hoc in Sardis magis quam in Gallis; Scaur 40. argenti maximeque vini foeda direptio; Phil II 67.

magister, Leiter, Anführer, Lehrer, Verwalter: I. 1. has rerum formas appellat ίδέας ille non intellegendi solum, sed etiam dicendi gravissimus auctor et magister Plato; orat 10. magister hic Samnitium summa iam senecnte est et cotidie commentatur; de or III 86. hos novos magistros nihil intellegebam posse docere, nisi ut auderent; de or III 94. enm (Dionem) idem ille non linguae solum, verum etiam animi ac virtutis magister ad liberandam patriam impulit; de or III 139. — 2. unus erit communis quasi magister et imperator omnium deus; rep III 33. ut cum putabant magistrum fore, si bona venirent, L. Pontius; A I 1, 3. stilus optimus et praestantissimus dicendi effector ac magister; de or I 150. — II, 1. in nostris libris vides eam (dictatorem) magistrum populi appellari; rep I 63. Gracchus semper habuit exquisitos e Graecia magistros; Bru 104. — 2. te uti in hac re magistro volo; Caecin 32. — 3. a magistris cum contenderem de proferendo die; ep XII 30, 5. ad quos (magistros) liberos nostros mittimus; de or I 133. in scriptura Siciliae pro magistro est quidam L. Carpinatius; Ver II 169. ad magistros virtutis philosophos veniamus; Tusc IV 70. — III. possumus P. Servilii et C. Antistii magistrorum litteris,

primorum hominum, quod dicimus, obtinere; Ver III 168. — IV. in hoc genere pueri apud magistros exercentur omnes; de or I 244. qui (P. Terentius Hispo) operas in scriptura pro magistro dat; ep XIII 65, 1.

magisterium, Aufsicht: I. me magisteria delectant a maioribus instituta; Cato 46. — II. instituo: f. I. illud morum severissimum magisterium non esse nefariis legibus de civitate sublatum; prov 46.

magistra, Leiterin, Lehrerin: I. mihi quasi magistra fuit illa oratio; Bru 164. vetus illa doctrina eadem videtur et recte faciendi et bene dicendi magistra; de or III 57. magistra ac duce natura; fin I 71. — II. vetus illa magistra pudoris censura sublata est; Piso 9.

magistratus, Amt, Beamter: placeretne unum in civitate esse magistratum, cui reliqui parerent; leg III 15. reliqui magistratns paene omnes fuerunt defensores salutis meae; Quir 15. ut id ab aratore magistratus Siculus exigeret; Ver III 34. parent: f. est. videtis magistratus hanc esse vim, ut praesit praescribatque recta et utilia et coniuncta cum legibus. ut enim magistratibus leges, ita populo praesunt magistratus; leg III 2. de me cnm omnes magistratus promulgassent; Piso 35. Agyrinenses magistratus et quinque primi acta et imperia tua domum renuntiaverunt; Ver III 73. — 2. ille est magistratus apud Siculos, qui diligentissime mandatur a populo; Ver II 131. — II, 1. qui conlegae magistratum per seditionem abrogavit; Milo 72. te adipiscendi magistratus levissimi et divulgatissimi praepropera festinatio abducet a tantis laudibus? ep X 26, 2. video curules magistratus eum (C. Tuditanum) legitimis annis perfacile cepisse; A XIII 32, 3. nec solum ut obtemperent oboediantque magistratibus, sed etiam ut eos colant diligantque, praescribimus; leg III 5. quia commissi sunt iis magistratus, in quibus re bene geata triumpharent; Planc 61. is magistratus in nostro municipio nec alius ullus creari solet; ep XIII 11. 3. diligo: f. colo. evocat ad se Centuripinorum magistratus; Ver II 162. qui amplissimum magistratum gerunt; Cato 20. ante, quam ille ineat magistratum; A II 22, 5. nulla libertas populi in mandandis magistratibus; Planc 15. f. I, 2. ferro pulsis magistratibus; par 27. quemcumque magistratum petet; Phil V 46. maiores nostri Capua magistratus, senatum sustulerunt; agr I 19. — 2. aeque peccare se, si privatis ac si magistratibus manus adferant; par 23. deinceps omnibus magistratibus auspicia et iudicia dantur; leg III 27. oboedio, obtempero: f. I. colo. pareo: f. I, I. est. praesum: f. I, 1. praeest. ne cruciatus sociorum magistratibus nostris quaestui possit esse; Ver V 130. — 3. P. Lentulus magistratu se abdicavit; Catil III 15. abeuntem magistratu contionis habendae potestate privavit; ep V 2, 7. — 4. a magistratu Siculo quaestor praetorem appellat; Ver IV 146. ut potestatis satis in magistratibus sit; rep II 57. reliqui in magistratibus erant; Bru 305. — III, 1. hominem summo magistratu praeditum; Ver IV 86. — 2. tam nuda res publica a magistratibus (erat) dom 58. — IV, 1. ut comites omnes magistratuum lege hac tenerentur; Rab Post 13. quo magistratu munitae leges sunt, eius magistratus corpus legibus vallatum esse voluerunt; Tul 49. quam brevi in conspectu posita est a te omnium magistratuum discriptio || descr. ||! leg III 12. sic magistratuum, sic populorum imperia civibus sociisque praesunt ut corporibus animus; rep III 37. est proprium munus magistratus intellegere se gerere personam civitatis; of I 124. in eius magistratus tutela reges semper fuerunt; Sest 64. vis: f. I, 1. praeest. — 2. possum multa dicere de provinciali in eo magistratu abstinentia; Sest 7.

— V, 1. magistratibus contineri rem publicam; leg III 12. muniri: f. IV. 1. corpus. — 2. cum viderem me a magistratibus partim oppugnatum, partim proditnm. partim derelictum; sen 33. esset occisus sanctissimo in magistratu; Sest 83. qui in magistratu privatorum similes esse velint; rep I 67. ille, qua iniuria nemo umquam in infimo magistratu improbissimus civis adfectus est, ea me consulem adfecit; ep V 2, 7. qui in magistratibus iniuriose decreverant, eodem ipsis privatis erat iure parendum; Q fr I 1, 21. f. II, I. committo.

magmentarius, für den Opferzusatz: ad me pertinere magmentarium { acm., al. || Telluris aperire; hac resp 31. qui illud magmentarium {, acm., al. || sustulit; har resp 31.

magnanimitas, Hochherzigkeit: quarum (partium) tertia (sit) magnanimitatis; of I 152.

magnanimus, hochherzig, mutig: fortes et magnanimi sunt habendi, non qui faciunt, sed qui propulsant iniuriam; of I 65. fortem, iustum, magnanimum (hominem dici): hae sunt regiae laudes; Deiot 26. qui id magnanimi et fortis viri esse censebunt; of I 88.

magnes, Magnet: si magnetem lapidem esse dicam, qui ferrum ad se adliciat et attrahat {, trahat {; div I 86.

magnifice, prächtig, großartig, wortreich, übermütig: dicuntur ista magnifice; fin III 11. exornat ample magnificeque triclinium; Ver IV 62. quae fiunt magnificentius quam docentur; orat 147. qui consulatum magnificentissime atque optime gesseris; ep IV 7, 2. qui antea solitus esset iactare se magnificentissime; A II 21, 3. amice hercule et magnifice te laudatum puto; Bru 254. vives magnifice atque praeclare; fin IV 69.

magnificentia, Hoheit, Hochherzigkeit, Pracht, Prunt: I. magnificentia est rerum magnarum et excelsarum cum animi ampla quadam et splendida propositione cogitatio || agitatio || atque administratio; inv II 163. si populo ludorum magnificentia voluptati est; Muren 38. saepe virtus et magnificentia plus proficit ad misericordiam commovendam quam humilitas et obsecratio; inv I 109. — II, 1. odit populus Romanus privatam luxuriam, publicam magnificentiam diligit; Muren 76. Poeni mercibus suis avaritiam et magnificentiam importaverunt; rep III fr 3. — 2 qua re de magnificentia aut de honestate quiddam derogetur; inv II 175. in epularum apparatu a magnificentia recedens; orat 83. — III. ne extra modum sumptu et magnificentia prodeas; of I 140.

magnificus, großartig, hochherzig, erhaben, rühmlich, prächtig: neque eos quicquam excelsum magnificumque delectat; opt gen 12. L. Crassus magnifentissima aedilitate functus est; of I 57. delectant etiam magnifici apparatus; of I 25. magnifica et praeclara eius defensio; Ver V 1. in illud genus eum Crassi magnificum atque praeclarum natura ipsa ducebat; de or II 89. ludos apparat magnificentissimos; Q fr III 8, 6. quia munus magnificum dederat; Q fr III 8, 6. stragulo magnificis operibus picto; Tusc V 61. splendidam quandam rationem dicendi tenet, voce, motu, forma etiam magnificam et generosam quodam modo; Bru 261. lauta supellex et magnifica; Phil II 66. vasa magnifica et pretiose caelata; inv II 116. illa magnifica populi Romani vectigalia; agr II 80. inter ista tam magnifica verba tamque praeclara; fin II 77.

magniloquentia, Erhabenheit: 1. quod ille dactylicus numerus hexametrorum magniloquentiae sit accommodatior; orat 191. — 2. ab Homeri magniloquentia confero me ad vera praecepta Εὐριπίδου; ep XIII 15, 2.

magnitudo, Größe, Bedeutung, Erhabenheit:

I. complectitur: f. II, 1. dico. cui totius mundi nota sit magnitudo; Tusc IV 37. f. mavult. excitabat eos magnitudo, varietas multitudoque in omni genere causarum; de or I 15. si eum magnitudo contentionis aliquo impulisset; Vatin 15. animi magnitudo principem se esse mavult quam videri; of I 65. quod eos iniuriae magnitudo movebat; Ver I 67. rei magnitudo me breviter perstringere atrocitatem criminis non sinit; Ver IV 105. — II, 1. qui vestram magnitudinem multitudinemque beneficiorum non modo augere aut ornare oratione, sed enumerare aut consequi possit; Quir 5. cum nubium magnitudinem cognovissent; nat II 95. consequor. al.: f. augeo. contemno magnitudinem doloris; Tusc II 44. quae haec uno genere complectitur, magnitudo animi dicitur; part or 77. tantam vim et magnitudinem maris atque terrarum si tuum ac non deorum immortalium domicilium putes; nat II 17. si immensam et interminatam in omnes partes magnitudinem regionum videretis; nat I 54. — 2 studuit animus occurrere magnitudini criminis; Sulla 69. — 3. quid ego de singulari magnitudine animi eius dicam? Sest 62. totam vim bene vivendi in animi robore ac magnitudine ponamus; Tusc I 95. — III. C. Caesius, pari magnitudine animi praeditus; Phil XI 28. — IV, 1. magnitudinis animi, patientiae, fortitudinis fomentis dolor mitigari solet; fin II 95. — 2. reliqua sidera magnitudinibus immensis; nat II 92. — V, 1. fateor me magnitudine ostenti vehementer esse commotum; har resp 18. maxime ipse populus Romanus animi magnitudine excellit; of I 61. quid, si magnitudine pecuniae persuasum est? Ver IV 11. — 2. temporibus hibernis ad magnitudinem frigorum praeclarum hoc sibi remedium comparat; Ver V 26. vos pro magnitudine periculi obtestor, ut . . ; Muren 86. sicut ea gens propter magnitudinem sonitus sensu audiendi caret; rep VI 19. relinquendae sit honestas propter utilitatis magnitudinem; of III 40. iam diu propter hiemis magnitudinem nihil ad nervi novi adferebatur; ep II 14.

magnopere: f. magnus, A. opere.

magnus, groß, hoch, hochherzig, edel, angesehen, bedeutend, schwierig, teuer, laut, alt: A. bei Examtiven: (Q. Pompeius) biennio quam nos fortasse maior; Bru 240. moriens Cyrus maior haec dicit: Cato 79. haec in bello plura et maiora videntur timentibus; div II 58. eius nos magnum fuit, excludere facile est; ep XIV 3, 2. cum (Dolabella: se maximo aere alieno Faberii manu liberarit; A XIV 18, 1. f. possessiones. fortis animus et magnus duabus rebus maxime cernitur; of I 66. maximo est argumento, quod . . ; div I 119. quodsi minus instructus erit magnarum artium disciplinis; orat 4. f. stadium. nullius apud me auctoritas maior est quam M. Lepidi; Phil XIII 7. qui bellum maximum conflare voluissent; ep V 2, 8. magnum beneficium; Phil II 59. sine magna iustaque causa; ep XIII 29, 2. post acceptam illam maximam cladem; div I 101. nonne magno illud clamore approbaverunt? Arch 24. magna est hominum opinio de te, magna commendatio liberalitatis, magna memoria consulatus tui; ep I 7, 9. numquam maior consensus vester in ulla causa fuit; Phil IV 12. animi magna, vocis parva contentio (erat); Bru 233. magnas copias hostium fudit; Muren 20. duorum maximorum criminum auctores; Scaur 13. accedit magnus cumulus commendationis tuae; A XVI 3, 3. maior quaedam cura adhibenda est; of I 47. erit inter eos magna dissensio; Marcel 29. quae res municipibus multo maiori dolori fuit; dom 81. maximo et fortissimo exercitu; Muren 32. capio magnum fructum; Bru 13. cum ille maxima laude et gratulatione omnium vestrum pollicitus est . . ; Phil IX 9. est inter magnos homines summa dissensio; Ac II 117.

f. B. **b,** II, 2. aestimo. ingeniis magnis praediti; fin IV 10. maiora praeferant fasces illi ac secures dignitatis insignia quam potestatis; Q fr I 1, 13. eam (rem) re ipsa et iudicio maximo ‖ maxime ‖ commutare; inv II 133. in templo Iovis optimi maximi; prov 22. multis meis et magnis laboribus et periculis; Sulla 5. laus: f. gratulatio. dolor in maximis malis ducitur; leg I 31. memoria: f. commendatio. peto a te in maiorem modum, ut . .; ep XIII 2. concursabat urbe tota maxima multitudo; Ver V 93. quod munus rei publicae adferre maius meliusve possumus? div II 4. quorum cum satis magnus numerus esset; Cluent 43. venis ‖ venies ‖ in maximarum quasi concursum occupationum; ep VII 33, 2. magna eius officia in me; Deiot 39. ergo illum exercitum magno opere contemno; Catil II 5. cur pecuniam magnopere desideret? Tusc V 81. a te maximo opere peto, ut . .; ep III 2, 1. magnoque opere abs te peto, cures, ut . .; ep XIII 34. quorum de iustitia magna esset opinio multitudinis; of II 42. f. commendatio. de homine paulo maioribus opibus praedito indicare; Cluent 153. habeo opus magnum in manibus; Ac I 2. quamquam vestrae domus multo maxima ex parte sunt liberae religione; har resp 11. metu magna ex parte liberati sumus; Tusc IV 64. cepi pecunias maximas; Ver III 225. laurea illa magnis periculis parta; prov 23. f. labores. qua peste quae potest esse maior? of II 73. illa plaga est iniecta maxima; Muren 48. qui (Ennius) magno plausu loquitur adsentiente populo: div II 104. nimis magna poena constituta est: Piso 72. post annales pontificum maximorum; leg I 6. qui magno in aere alieno maiores etiam possessiones habent; Catil II 17. indices maximis praemiis adfecit; Catil II 10. in primis naturalibus voluptas insit necne, magna quaestio est; fin II 34. te maximis de rebus a fratre esse celatum; ep V 2, 9. fingi sceleris maximi crimen; Cael 56. sol multis partibus maior atque amplior quam terra universa; nat II 92. in spem maximam sumus adducti; Milo 78. qui in aliquo maiore studio et arte versantur; Tusc I 59. subito tempestates coortae sunt maximae; Ver I 46. Cn. Octavii, clari viri et magni, statuam videmus in rostris; Phil IX 4. consuetudinis magna vis est; Tusc II 40. negat infinito tempore aetatis voluptatem fieri maiorem quam finito; fin II 88. voces ut chordae sunt intentae, acuta gravis, cita tarda, magna parva; de or III 216. omnia magna voce dicens; Bru 233. quamquam utilitates multae et magnae consecutae sunt; Lael 30.
B. **aficiu: a. masc.:** I. id maiores nostri ne in rege quidem ferre potuerunt; Phil III 9. hanc (virtutem) retinete, quaeso, quam vobis tamquam hereditatem maiores vestri reliquerunt; Phil IV 13. accensus sit eo numero, quo eum maiores nostri esse voluerunt; Q fr I 1, 13. — II, 1. maiorem sibi Insuber ille avus adoptavit; Piso fr 12. habeo auctores ac magistros religionum colendarum maiores nostros; har resp 18. — 2. cum sis clarissimus ipse maioribus; rep I 71. — 3. praeclarum a maioribus accepimus morem rogandi iudicis, of III 44. — III. nosse exempla maiorum; leg III 41. si mecum agreretur more institutoque maiorum; dom 56. nos nostrorum maiorum inventa nosse debere; de or I 247. ut monumenta maiorum ita suorum quisque defendat; Ver IV 79. acta est causa more maiorum; Cluent 104. f. institutum. — IV. quae a maioribus prodita est religio Larum; leg II 27. tulit apud maiores nostros legem C. Furius; Balb 21.
b. neutr.: I. quae sunt tandem ita maiora? Tusc I 16. — II, 1. nec contra officium est maius anteponi minori; of I 32. maius et minus et aeque magnum ex vi et ex numero et ex figura negotii, sicut ex statura corporis, consideratur; inv I 41.

qui volunt exclamare maius; Tusc II 56. nobis scribuntur saepe maiora; A V 8, 3. ii magna spectare et ad ea rectis studiis debent contendere; of II 45. — 2. illud est hominis magni, maximi aestimare conscientiam mentis suae; Cluent 159. eius libertum Apollonium et magni faciebam et probabam; ep XIII 16, 1. ut magni mea interesse putarem res eas tibi notas esse; ep XV 4, 1. eius ordinis auctoritatem semper apud te magni fuisse; ep XIII 72, 2. magni erunt mihi tuae litterae; ep XV 15, 4. — 3. ut conferamus parva magnis; Bru 213. — 4. contendo ad: f. II, 1. specto. si ad maiora pervenero; rep I 62. — III. ne ista gloriosa sapientia non magno aestimanda est; Tusc III 8. conduxit in Palatio non magno domum; Cael 18. si Faberianum explicas, emamus vel magno; si minus, ne parvo quidem possumus; A XIII 29, 2 (3). audes dicere te magno decumas vendidisse? Ver III 119.
magus, Magier: I. in Persis augurantur et divinant magi, qui congregantur in fano commentandi causa atque inter se conloquendi; div I 90. — II. cur ipse Pythagoras Persarum magos adiit? fin V 87. congreto: f. I. — III. nec quisquam rex Persarum potest esse, qui non ante magorum disciplinam scientiamque perceperit; div I 91.
maialis, Schwein, Borg: quem (consulem) in hoc maiali invenire non possem; Piso 19.
maiestas, Würde, Erhabenheit, Größe, Hoheit, Hoheitsverletzung: I. si maiestas est amplitudo ac dignitas civitatis, is eam minuit, qui exercitum hostibus populi Romani tradidit; de or II 164. maiestas est in imperii atque in nominis populi Romani dignitate, quam minuit is, qui per vim multitudinis rem ad seditionem vocavit; part or 105. si maiestas populi Romani revixisset; Sex 83. — II, 1. ut maiestatem populi Romani communiter conservent; Balb 37. contemni maiestatem populi Romani patiemini? agr II 79. maiestatem minuere est de dignitate aut amplitudine aut potestate populi aut eorum, quibus populus potestatem dedit, aliquid derogare; inv II 53. maiestatem minuere est aliquid de re publica, cum potestatem non habeas, administrare; inv II 55. minueritne maiestatem, qui voluntate populi Romani rem gratam et aequam per vim egerit; part or 105. f. I. sed. cum omne retinendae maiestatis Rabirii causa continebatur; orat 102. — 2. maiestatis absoluti sunt permulti; Cluent 116. (imperator) accusatur maiestatis; inv II 72. (pater) arcessitur maiestatis; inv II 5?. qui maiestatis damnatus sit; Phil I 23. — 3. qui de maiestate damnatus est; Ver pr 39. — III. obscura somnia minime consentanea maiestati deorum; div II 135. — IV, 1. cum (T. Torquatus) ipsi naturae patrioque amori ius maiestatis atque imperii praetulerit; fin I 23. — 2. Cn. Pompeium causam lege Varia de maiestate dixisse; fr A VII 53.
maiores f. magnus, B, a.
Maius, bes Mai: a. d. III K. Maias cum essem in Cumano; ep IV 2, 1. o praeclaram illam legationem tuam mense Aprili atque Maio! Phil II 100.
maiusculus, etwas größer: in aliqua maiuscula cura negotiove; ep IX 10, 3.
male, schlecht, schlimm, übel: I. intelleget secum esse actum pessime; Ver III 119. non quo libenter male audiam; de or II 305. si quis mihi male dicat; de or II 305. ad male dicendum non soleo descendere; Tul 5. non de me is peius quam de te existimat; ep III 8, 7. dei isti Segulio male faciant! ep XI 21, 1. o factum male de Alexione! A XV 1, 1. male se res habet; de or II 313. male eum (Tironem) credo intellexisse, si quisquam male intellegit? A XVI 15, 5. quia (Curio) Latine non pessime loquebatur; Bru 210. cum de Siculis male

mereretur; Ver III 59. scriptores illos male mulcatos exisse cum Galba; Bru 88. oderam multo peius hunc quam illum ipsum Clodium; ep VII 2, 3. in male olentem; de or II 249. tu, si ego de re publica optime sentiam, ut me vincas, ipse pessime senties? Phil XIV 18. male sonabat „isdem"; orat 157. cum hominibus quindecim male vestitis; Piso 61. qui male vivat; Tusc V 12. — II. male Latine videtur, sed praeclare Accius; Tusc III 20. — III. cum in agendo multa populariter, tum illud male; of II 73. male etiam Curio; of III 88.

maledice, verleumberifch: cum studiose de absentibus maledice contumelioseque dicitur; of I 134.

maledictio, Schmähung: maledictio nihil habet propositi praeter contumeliam; Cael 6.

maledictum, Schmähung, Schimpfwort (f. maledicus): I. quae sunt urbanarum maledicta litium; Phil XIV 7. — II, 1. haec nec ulla alia sunt coniecta maledicta in eius vitam; Planc 31. cum omnia maledicta, versus denique obscenissimi in Clodium et Clodiam dicerentur; Q fr II 3, 2. ex quibus (inimicitiis) iurgia, maledicta, contumeliae gignuntur; Lael 78. — 2. maledicto nihil in hisce rebus loci est; Muren 12. — III. maledictorum clamorem omnes profuderunt; Sest 117. — IV. quod vocibus maledictisque celebratum est; Cael 6. ut convicio et maledictis impediretur; Q fr II 3, 2. ultro me maledictis lacessisti; Phil II 1. qui (Graeci) maledictis insectantur eos, a quibus de veritate dissentiunt; fin II 80.

maledicus, fchmähend, fchmähfüchtig: ecce alii maledici; fin I 61. qui in maledicentissima civitate maledictum omne effugit; Flac 7. in tam suspiciosa ac maledica civitate; Flac 68. maledictum est, si vere obicitur, vehementis accusatoris, sin falso, maledici conviciatoris; Muren 13.

malefactum, Übeltat: adversarius malefacta angebit; inv II 108.

maleficium, Übeltat, Verbrechen: I. leviora beneficia quam maleficia (esse); inv II 108. dubiumne est, ad quem maleficium pertineat? Sex Rosc 152. — II, 1. multa antea commissa maleficia; Sex Rosc 12. comparare oportebit cum beneficio maleficium; inv II 75. non vulgare neque factitatum esse ne ab audacissimis quidem hominibus id maleficium; inv I 103. non perficiendi, non occultandi maleficii spes reperietur; Cael 53. summam tibi facultatem fuisse maleficii suscipiendi; Sex Rosc 94. — 2. voluntario maleficio veniam dari non oportere; inv I 102. — 3. si manifesto in maleficio teneretur; Ver II 99. — III. age, si nocentes, cuius maleficii? Cluent 62. — IV. te conscientiae stimulant maleficiorum tuorum; par 18. sin autem certo nomine maleficii vocabitur in iudicium; inv II 74. in quos huius maleficii suspicio cadat; har resp 37. — V. eo maleficio erant implicati; Cael 71.

maleficus, ruchlos: eundem (Dionysium fuisse) maleficum natura et iniustum; Tusc V 57. in externorum hominum maleficorum sceleratorumque custodias; Ver V 144.

malevolentia (maliv.), Übelwollen, Mißgunft, Haß: I. ut malivolentia sit voluptas ex malo alterius sine emolumento suo; Tusc IV 20. — II, 1. deprecandae malivolentiae causa; Balb 18. — 2. illorum erit verius iudicium obtrectatione et malevolentia liberatum; Q fr I 1, 43. — III. vicinitas non infuscata malivolentia; Planc 22.

malevolus, (maliv.), mißgünftig, neidifch: A. quod quemquam malevolentissimum iure possit offendere; ep I 9, 17. qui (Cato) quidem in me turpiter fuit malevolus; A VII 2, 7. malevolentissimis obtrectationibus; ep I 7, 7. — B. ut omnium malivolorum, iniquorum, invidorum animos frangeremus; Balb 56. (Cato) auditus est magno silentio malevolorum; Q fr II 3, 3.

malitia, Schlechtigfeit, Bosheit: I. est malitia versuta et fallax ratio nocendi; nat III 75. prudentiam malitia imitatur; part or 81. — II, 1. sin κακίαν malitiam dixisses; fin III 40. — 2. ut malitiae illorum consilio nostro occurramus; Ver pr 55. — 3. si homines rationem in fraudem malitiamque convertunt; nat III 78. tamen a malitia non discedis; ep IX 19, 1. — III. inde everriculum malitiarum omnium, iudicium de dolo malo; nat III 74. — IV. a quo HS c̄ per calumniam malitiamque petita sunt; Ver II 66.

malitiose, boshaft, arglistig: etsi in legendo fecit malitiose; orat 190. si qui rem mandatam malitiosis gessisset; Sex Rosc 111. Clodium nihil arbitror malitiose; A XV 13, 3.

malitiosus, boshaft, arglistig: omnes aliud agentes, aliud simulantes perfidi, improbi, malitiosi; of III 60. si sunt (hereditates) malitiosis blanditiis quaesitae; of III 74. — B. non viri boni (hoc genus est), versuti potius, fallacis, malitiosi, callidi; of III 57.

malleolus, Setzling, Brandpfeil: I. malleoli, plantae, sarmenta nonne efficiunt, ut quemvis delectent? Cato 52. — II. desinant malleolos et faces ad inflammandam urbem comparare; Catil I 32.

malo, lieber wollen, vorziehen: I, 1. „malle" pro „magis velle" dicimus; orat 154. — 2. qui sit frugi vel, si mavis, moderatus; Tusc III 18. — II, 1. hos mallem secum milites eduxisset; Catil II 5. malo non roges; Tusc I 17. — 2. utrum colunis vestris et credere et consulere malitis an iis, quibus . . ; Font 15. absens iudicio bonorum defensus esse maluit quam praesens manu; Phil X 7. otiosus esse mavult; Phil VIII 27. domi manere multo malo; A XV 18, 2. ut mori mallet quam de his rebus Sullam doceri; Sex Rosc 26. meo iudicio multo stare malo quam omnium reliquorum; A XII 21, 5. malle me cum Pompeio vinci quam cum istis vincere; A VIII 7, 2. — 3. quem (annum) ego mihi quam patriae malueram esse fatalem; sen 4. nisi Quintus aliud quid nos agere mavult; leg I 13. — III. me nihil maluisse quam pacem; ep II 16, 3. haec tecum coram malueram; ep VII 3, 6. utrum illudne (aurum) an tuum malis? inv I 51. acerbissimum . eius supremum diem malim quam L. Cinnae dominatum; Phil I 34. tuumne equum malis an illius? inv I 52. pacem: f. alqd. nemo est, quin pecuniam quam sapientiam malit; inv I 80. — IV. utrius te malles similiorem; Bru 148. utrum malles te semel ut Laelium consulem an ut Cinnam quater? Tusc V 54.

malva, Malve: a beta et a malva deceptus sum; ep VII 26, 2.

malum, Apfel: I. semina malorum, quae in iis mediis inclusa sint, in contrarias partes se vertere; div II 33. — II. semina: f. I. — III. me a te ut scurram velitem malis oneratum esse non moleste tuli; ep IX 20, 1.

malus, fchlecht, untauglich, fchlimm, übel, böfe, fchädlich: A. qui minime sunt in disserendo mali; rep III 26. si in ceteris rebus esset quicquam, quod aliud alio melius esset aut peius; fin IV 54. tibi peius quicquam videri dedecore, flagitio, turpitudine; Tusc II 14. cum idem supplicium minatur optimis civibus, quod ego de sceleratissimis ac pessimis sumpserim; Phil III 18. mala et impia consuetudo est contra deos disputandi; nat II 168. quin tu abis in malam pestem malumque cruciatum? Phil XIII 48. mala definitio est, cum aut communia discribit ‖ descr. ‖ aut falsum quiddam dicit; inv I 91. dolus malus in simulatione, ut ait Aquilius, continetur; of III 61. turpis fuga mortis omni est morte peior; Phil VIII 29. quidam malo genere natus; de or II 286. a pessimo histrione bonum

comoedum fieri posse; Q Rosc 30. ex hoc vectigali numquam malus nuntius auditus est; agr II 83. videte, quam versa et mutata in peiorem partem sint omnia; Sex Rosc 103. pestis: f. cruciatus. qui sedulitatem mali poëtae duxerit aliquo tamen praemio dignam; Arch 25. ut de bonis rebus et malis quaereret; Ac I 15. utrum a bonis rebus an a malis (Pompeius) discessisset? certe a miseris; Tusc I 86. qui non notam apponas ad malum versum: Piso 73. longulum sane iter et via mala inaequa, al. ||; A XVI 13 (a), 2. — B, a, I. his vitiis adfectos et talibus malos *aut* audaces appellare consuetado solet; Phil XIV 7. — II. si in ea (mundi moderatione) d i s c r i m e n nullum est bonorum et malorum; nat III 85. — b, I, 1. e s s e quaedam et corporis et fortunae mala; Ac II 134. quod videt malum nullum esse nisi culpam; Tusc III 34. si aliquod aeternum et infinitum impendere malum nobis opinemur; fin I 55. cum serperet in urbem infinitum malum; Phil I 5. — 2. ut doceam non modo malum non e s s e, sed bonum etiam esse mortem; Tusc I 16. si turpitudo peius est quam dolor; Tusc II 31. cum respondisti maius tibi videri malum dedecus quam dolorem; Tusc II 28. malum illud quidem, sed alia peiora; Tusc II 15. — 3. quae, malum, est ista tanta audacia atque amentia? Ver I 54. — II, 1. quam sit bellum c a v e r e malum; de or I 247. culpa contractum malum; Tusc III 52. dicis deformitatem, morbum, debilitatem mala; fin V 80. f. III. extremum. quae mala putantur; Tusc V 80. nihil mali timuit; Cluent 18. — 2. si quis malo c a r e a t, in summo eum bono esse; fin V 22. — 3. quantis in malis i a c e a m; A III 18, 2. — III. a l q d: f. II, 1. timeo. ut prudentia in dilectu bonorum et malorum (cernatur); fin V 67. qui solum hoc malum dicit et malorum omnium extremum; Tusc II 17. tanta malorum impendet *Ilias*; A VIII 11, 3. aegritudinem esse opinionem mali praesentis; Tusc III 74. exstinguetur atque delebitur stirps ac semen malorum omnium; Catil I 30. — IV, 1. Polycrates multis malis a d f e c t u s; fin V 92. (res publica) temporibus et malis coacta domesticis; Ver III 81. — 2. quod illi unum in malis erat perfugium calamitatis; Cluent 171. quod in malis omnibus acerbius est videre quam audire; ep VI 4, 3. melius quidem in pessimis nihil fuit discidio; A XI 23, 3. ut propter mala is angatur; Tusc IV 61.

malus, Maſtbaum: I. quid tam in navigio necessarium quam antennae, quam mali? de or III 180. — II. Cleomenes in quadriremi Centuripina malum e r i g i imperavit; Ver V 87. cum alii malos scandant, alii per foros cursent; Cato 17.

mamma, Bruſt, Bitze: I. ea, quae paulo ante nata sunt, sine magistro duce natura mammas a p p e - t u n t earumque ubertate saturantur; nat II 128. ut cauda (donata) pavoni, viris mammae atque barba; fin III 18. — II. iis (bestiis) mammarum data est multitudo; nat II 128. ubertas: f. I.

manceps, Unternehmer, Käufer, Aufläufer, Pächter: I. cum ex isdem agris eiusdem anni fru- mentum ex decumis Romam mancipes a d v e x i s s e t; Ver III 172. — II, 1. manceps f i t Chrysogonus; Sex Rosc 21. vestri habent Vettium mancipem; A VI 1, 15. — 2. quam pecuniam populis dare debui, mancipibus d e d i; Ver III 175. — III, 1. erat curata nobis pecunia Valerii mancipis n o m i n e; ep V 20, 3. — 2. nomen illud, quod a Caesare, tres habet condiciones, aut emptionem ab hasta aut d e l e g a - t i o n e m a mancipe annua die aut Vettieni condicione emissem; A XII 3, 2.

mancipium, Kauf, Kaufvertrag, Beſiß, Sklave: I, 1. attribuo: f. II, 2. multa mancipia pretiosa Verri data esse; Ver II 47. quae (vitia) nisi dixeris, redhibeatur mancipium iure civili; of III 91. — 2.

quae (res) mancipi e s t; Top 28. — II, 1. in quibus (causis) nexorum, mancipiorum, parietum i u r a ver- sentur; de or I 173. cum neque servire quandam earum aedium partem in mancipii lege dixisset; de or I 178. in mancipiorum venditione venditoris fraus omnis ex- cluditur; of III 71. — 2. velim ei (Lentulo) de man- cipiis, q u a e tibi videbitur, attribuas; A XII 28, 3. — III, 1. quas (res) eum dolo malo mancipio a c c e p i s s e de Vario diceret; A I 1, 3. Vestorius ad me scrip- sit, ut iuberem mancipio dari servo suo pro mea parte Hetereio cuidam fundum Brinnianum, ut ipse ei Puteolis recte mancipio dare posset; A XIII 50, 2. cuius (Attici) quoniam proprium te esse scribis mancipio et nexo; ep VII 30, 2. — 2. cum aedes I. Fufio venderet. in mancipio lumina, uti tum essent, ita recepit; de or I 179. sunt aliquot satisdationes secundum mancipium veluti Mennianorum praedio- rum; A V 1, 2.

mancipo, zu eigen geben: si (senectus) nemini emancipata || mancipata || est; Cato 38.

mancus, gebrechlich, unvollſtändig: Q. S c a e - v o l a mancus et membris omnibus captus ac debilis; Rabir 21. cognitio contemplatioque || rerum || naturae manca quodam modo atque inchoata sit; of I 153. mancam ac debilem praeturam futuram suam; Milo 25. mancam fore sine aliqua accessione virtutem; fin III 30.

mandatum, Auftrag, Beſtellung: I. neque ulla omnino a senatu mandata a c c e p i m u s; Phil XII 28. facies scilicet, ut mea mandata digeras, persequare, conficias; Q fr II 12, 3. cui (Hortensio) deposcenti mea mandata cetera universe mandavi; A V 2, 1. digero: f. conficio. omnibus ci de rebus, quas curari a me voles, mandata des velim; ep III 1, 2. D. Tullius, cui mandata ad me dedisti; ep III 11, 5. Lupus tua mihi mandata diligentissime ex- posuit; ep XI 6, 1. a Dolabella mandata habebo, quae mihi videbuntur, id est nihil; A XV 19, 2. persequor: f. conficio. — II, 1. inde tot i u d i c i a de fide mala, tutelae, mandati; nat III 74. negle- gentia mandati in crimen vocatur; Sex Rosc 113. — gratissima est mihi tua c u r a de illo meo primo et maximo mandato; A V 4, 1. — III. L. Caesarem vidi Menturnis c u m absurdissimis mandatis; A VII 13, a, 2 (6).

mandatus, Auftrag: id mandatu Sullae Q. Me- tellus praetor se loqui dixit; Sulla 65.

mando, auftragen, übergeben, anvertrauen: I. neque mandat q u i s q u a m fere nisi amico; Sex Rosc 112. — II, 1. te L. Clodio mandasse, quae illum mecum loqui velles; ep III 4, 1. — 2. ego mandavi, u t rogarent; ep IX 8, 1. — III. non dubitat P. Lentulum aeternis tenebris vinculisque mandare; Catil IV 10. tibi nihil mando nominatim; A III 20, 2. te accuratissime mostrorum temporum con- silia atque eventus litteris mandaturum; ep V 12, 9. illum honorem nomini mandabant tuo; Piso 2. prima (lex tabellaria) de magistratibus mandandis; leg III 35. nulla eius (Africani) ingenii monumenta man- data litteris; of III 4. Athenae tuae, qua in urbe primum etiam monumentis et litteris oratio est coepta mandari; Bru 26. typos tibi mando et putealia si- gillata duo; A I 10, 3. res omnes singulorum an- norum mandabat litteris pontifex maximus; de or II 52. si qui rem mandatam malitiosius gessisset; Sex Rosc 111. nominatim tibi signa mihi nota man- dassem; ep VII 23, 2. typos: f. putealia. — IV. si mandandum a l i q u i d procuratori de agri cultura sit; de or I 249. qui non censeret eius viri esse de artificio dicendi litteris tam multa mandare; orat 140.

mando, kauen, zerfreſſen: I. alia (a n i m a l i a) vorant, alia mandunt; nat II 122. — II. qui o m n i a minima mansa ut nutrices infantibus pueris in os inserant; de or II 162. dentibus manditur atque

extenuatur et molitur cibus; nat II 134. quibus (canibus) istum videtis rostra ipsa mandentem; har resp 59.

mane, früh, morgens: qui frequentes ad me mane convenerant; Catil III 7. inde mane postridie Arpinum proficiscens A XV 1, a (b), 1. haec Idibus mane scripsi; ep I 1, 3. Lentulus Spinther cras mane vadit; A XIV 11, 2. quid tu tam mane, Tubero? rep I 14. cum ad me bene mane Dionysius † fuit; A X 16, 1.

maneo, bleiben, fortbauern, fortbestehen, warten: I, 1. et manendi in vita et migrandi ratio omnis iis rebus metienda; fin III 61. — 2. id si est, in Italia fortasse manebitur; A VIII 3, 7. — II. maneat ergo, quod turpe sit, id numquam esse utile; of III 49. — III. quod maneam in vita; ep IV 13, 2. haec ego suspicans adhuc Romae maneo; ep IX 2, 3. quin mansurus sis in eadem ista liberalitate; ep XIII 41, 2. gaudere ais te mansisse me et scribis in sententia te manere; A IX 2, 1. quia nihil semper suo statu maneat; nat I 29. vitia adfectiones sunt manentes, perturbationes autem moventes; Tusc IV 30. per me ut unum ius, aequitas, leges, libertas, pudor, pudicitia in civitate maneret; Milo 77. Stoici diu mansuros aiunt animos, semper negant; Tusc I 77. ut ea mihi condicio maneat; ep II 7, 4. mihi cum illo nulla contentio iam maneret; A XIV 13, B, 4. manent ingenia senibus, modo permaneat studium; Cato 22. ius, al.: s. aequitas. vobis statuendum est legem Aeliam manere; prov 46. hoc nec manens nec mutata ratio feret; ep VI 6, 11. quae societas inter nos semper manebit; ep XII 28, 2. — IV. ut nihil possit in patriis institutis manere integrum; rep II 7. incolumis numerus manebat dominorum; Ver III 125. tabulae incorruptae atque integrae manent; Font 3.

manes, Seelen der Verstorbenen, Unterwelt: 1. quibus (poenis) coniuratorum manes mortuorum expiaretis; Piso 16. cum puerorum extis deos manes mactare soleas; Vatin 14. — 2. ab dis manibus innocentium Poenas esse venturas; Ver V 113.

manica, Ärmel: solet ipse accipere manicas; Phil XI 26.

manicatus, mit Ärmeln: manicatis et talaribus tunicis; Catil II 22.

manifeste, klar: hac re comperta manifestoque || manifesteque || deprehensa; Cluent 48.

manifesto, handgreiflich, klar, offenbar: cum indicia mortis se comperisse manifesto et manu tenere diceret; Bru 277. haec tanta in re publica coniuratio manifesto inventa atque deprehensa est; Catil III 17. aviam tuam Dinaeam pater tuus non manifesto necavit? Cluent 40. eum ante celasse, nunc manifesto teneri; inv II 34.

manifestus, augenscheinlich, klar, offenbar: si vis manifestae audaciae me de hac animi lenitate deduxerit; Catil II 28. qui illud crimen tantum ac tam manifestum esse arbitrarer; Cluent 50. manifesta veneni deprehensione; Cluent 50. cum in manifestissimo furto teneare; Ver II 143. ad se indicia manifestarum insidiarum esse delata; ep XV 2, 6. huius si causa non manifestissimis rebus teneretur; Sulla 71. propter vim sceleris manifesti; Catil III 11.

manipularis, zum Manipel gehörig, Gemeiner: I. quod non Pompeium tamquam unus manipularis secutus sim; A IX 10, 2. — II. addo indices manipulares ex legione Alaudarum; Phil I 20.

mano, fließen, strömen, triefen, entspringen, sich ausbreiten: unde omnia manent, videre; de or II 117. ea, quae natura fluerent atque manarent, ut et aquam et terram et aëra, (Chrysippus deos dicit esse); nat I 39. vgl. partes. hinc haec recentior Academia manavit; de or III 68. aër, aqua: s. alqd.

cum tristis a Mutina fama manaret; Phil XIV 15. manabat illud malum urbanum; ep XII 1, 1. fidei bonae nomen existimabat manare latissime; of III 70. ab Aristippo Cyrenaica philosophia manavit; de or III 62. partes sunt, quae generibus iis, ex quibus manant, subiciuntur; de or I 189. latius manabit haec ratio: Tusc II 66. cum Herculis simulacrum multo sudore manavit; div I 74. terra: s. alqd.

mansio, Bleiben, Aufenthalt: I. cautior certe est mansio, honestior existimatur traiectio; A VIII 15, 2. — II, 1. et excessum e vita et in vita mansionem (ad media referri); fin III 60. — 2. is (Servius) mecum saepe de tua mansione aut decessione communicat; ep IV 4, 5. — III. quod tibi mea permissio mansionis tuae grata est; Q fr III 1, 9.

mansuefacio, milbern, gesitteter machen: a quibus mansuefacti et exculti a necessariis artificiis ad elegantiora defluximus; Tusc I 62.

mansuete, milb: cum aliquid clementer, mansuete, iuste, moderate, sapienter factum audimus; Marcel 9.

mansuetudo, Milde, Gelassenheit, Sanftmut: I, 1. aequitatem et mansuetudinem una mater oppugnat; Cluent 199. ita probanda est mansuetudo atque clementia, ut adhibeatur severitas; of I 88. — 2. in vestra mansuetudine atque humanitate causam totam repono; Sulla 92. ad humanitatem atque mansuetudinem revocavit animos hominum; rep II 27. — II. si alienissima (sunt) a mansuetudine et misericordia vestra; Muren 90. — III. liberalitatis, mansuetudinis, pietatis signa proferre perutile est; de or II 182. — IV. ut mansuetudine et misericordia nostra falsam a nobis crudelitatis famam repellamus; Sulla 93.

mansuetus, milb, gelassen, friedlich: quaero, cur tam mansuetus in senatu fuerit; Phil III 23. nulla gens est neque tam mansueta neque tam fera, quae non . .; leg I 24. animum refero ad mansuetiores Musas; ep I 9, 23.

manubiae, Beute, unrechtmäßiger Erwerb, Raub: I. non illae manubiae meae, sed operis locatio mea fuerat; ep I 9, 15. — II, 1. nonne perspicuum est has manubias Rosciis Chrysogonum concessisse? Sex Rosc 108. non dubitavit Martis manubias Musis consecrare; Arch 27. qui manubias sibi tantas ex L. Metelli manubiis fecerit; Ver I 154. — 2. porticum Q. Catulus de manubiis Cimbricis fecit; dom 102. ex: s. 1. facio. quo (amiculo) Iovem ornarat e manubiis Karthaginiensium tyrannus Gelo; nat III 83. — III. quae (Rostra Antonius) censor imperatoriis manubiis ornarat; de or III 10.

manubrium, Griff, Stiel: erat etiam vas vinarium, ex una gemma pergrandi trulla excavata manubrio aureo; Ver IV 62.

manumissio, Freilassung: scire cupio, quid habeat argumenti ista manumissio; Cael 68.

manumitto, freilassen, die Freiheit schenken: cum (Dionysius) a se manumissum esse diceret; ep XIII 77, 3. ut si (libertus) a me manumissus esset; ep XIII 21, 2.

manupretium, Lohn, Arbeitslohn: I. cum provincia tibi ista manupretium fuerit perditae civitatis; Piso 57. II. tantum operis in ista locatione fuit, quantum pancae operae fabrorum mercedis tulerunt et manupretii machina; Ver I 147.

manus, Hand, Handarbeit, Handschrift, Faust, Tapferkeit, Handgemenge, bewaffnete Mannschaft, Schar, Rotte, Gehülfe: I, 1. quae nec haberemus, nisi manus et ars accessisset, nec . .; of II 12. Alexidis manum amabam, quod tam prope accedebat ad similitudinem tuae, litteras non amabam; A VI 2, 3. cum Licinium mulieraria manus ista de manibus amiserit; Cael 66. quanta manus est coniuratorum; Catil IV 20. num manus adfecta recte est. cum in tumore est? Tusc III 19. manus minus

arguta, digitis subsequens verba, non exprimens; de or III 220. ex cohorte praetoria manum fugitivorum instructam armatamque venisse; Ver IV 94. — 2. comites illi delecti manus erant tuae; Ver II 27. — II, 1. manus a tutela, manus a pupillo, manus a sodalis filio abstinere non potuisti? Ver I 93. aeque peccare se, si privatis ac si magistratibus manus adferant; par 23. adficio: f. I, 1. est. amo: f. I, 1. accedit. armo: f. I, 1. venit. servorum instructa et comparata manu; Ver V 186. qui te ex iure manum consertum vocarent; de or I 41. populum Romanum manus suas non in defendenda re publica, sed in plaudendo consumere; A XVI 2, 3. qui (callidus et occultus) ad extremum det manus vincique se patiatur; Lael 99. cum manum dilataverat (Zeno), palmae illius similem eloquentiam esse dicebat; orat 113. habet sceleratam impiorum manum; Phil XI 16. ipsa mihi veritas manum inicit et paulisper consistere et commorari cogit; Qu Rosc 48. instruo: f. comparo. I, 1. venit. manibus passis gratias agentes; Sest 117. nec manum porrigebat in mensam; Tusc V 62. si signum requirent aut manum, dices me propter custodias ea vitasse; A XI 2, 4. manum manu, vim vi esse superandam; sen 19. vobis supplex manus tendit patria communis; Catil IV 18. — 2. quoniam vita C. Rabirii vestris manibus suffragiisque permittitur; Rabir 5. — 3. sunt servi illi de cognatorum sententia esse missi; Cael 68. (parvi) manibus utuntur; fin V 42. — 4. praeda de manibus amissa; Ver IV 44. f. I, 1. amittit. si ea (Fabia) ‖ viri ‖ in manum non convenerat; Top 14. pecunia obsignata in manibus Scamandri deprehenditur; Cluent 47. quod nolebam illum nostrum familiarem sermonem in alienas manus devenire; A I 9, 1. si haec elapsa de manibus nostris in eum annum redundarint; Muren 85. quod C. Marium ex impiis manibus eripuerunt; Planc 26. qui P. Lentulo ferrum et flammam de manibus extorsimus; Flac 97. quem servum sibi ille habuit ad manum; de or III 225. inimicum meum sic amplexabantur, sic in manibus habebant, sic fovebant, ut . .; ep I 9, 10. quos (libros) in manibus habeo; A IV 14, 1. non (Pompeius) exercitu amisso nudus in servorum ferrum et manus incidisset; Tusc I 86. quos libros non sine causa noster ille Africanus de manibus ponere non solebat; Q fr I 1, 23. haec non sunt in nostra manu; ep XIV 2, 3. res est in manibus; A VI 3, 1. qui haec in manus sument; de or III 15. cum Licinius pyxidem teneret in manu; Cael 63. totum hominem tibi ita trado, „de manu", ut aiunt, „in manum" tuam; ep VII 5, 3. ut (haec) etiam in aliorum manus sint ventura; Top 72. res ad pugnam atque ad manus vocabatur; Ver V 28. — III. 1. seasio accubitio, vultus oculi manuum motus teneat ‖ teneant ‖ illud decorum; of I 128. similitudo: f. I, 1. accedit. quo manuum nostrarum tela pervenerint; Arch 23. — 2. in praesidio contra vim et manum comparando; Sest 92. — IV, 1. agere: f. II, 1. pando. quoniam (res) vi manuque confecta est; of I 76. manu cum foede confligere immane quiddam est; of I 81. non suis manibus in curru conlocat Automedontem illum? Sex Rosc 98. cum vobis immortale monimentum suis paene manibus senatus populusque Romanus exstruxerit; Phil XIV 33. ut homines effigiem Cereris non humana manu factam, sed de caelo lapsam arbitrarentur; Ver V 187. cum sua manu sororem esse interfectam fatetur; Milo 7. cum (Dolabella) se maximo aere alieno Faberii manu liberarit; A XIV 18, 1. quos (nummos arator) non aratro ac manu quaerit; Ver III 199. mea manu scriptas litteras misi; ep III 6, 2. cum scripsissem haec infima, quae sunt mea manu; Q fr III 1, 19. superare: f. II, 1. supero. si postem tremibunda manu tetigit; dom 134. quam (pateram Mercurius) dextera manu teneret; div I 46. ut ocu-

lis ea cernere videatur aut tractare plane manu; rep I 15. haec ad te mea manu; A XII 32, 1 (31, 3). — 2. egredere cum importuna sceleratorum manu; Catil I 23. ut C. Iulius per manus hanc provinciam tradat ei, cui . .; prov 39. eas (utilitates) nos nullo modo sine hominum manu atque opera capere potuisse; of II 14.

mare, Meer: I. ut mare, quod sua natura tranquillum sit, ventorum vi agitari atque turbari, sic . .; Cluent 138. quod mare refertum fore praedonum putaret; Rab Post 20. huic (deo) oboediunt maria terraeque; leg III 3. quid tam planum videtur quam mare? e quo etiam aequor illud poëtae vocant; Ac fr 3. — II, 1. agito: f. I. est. Dymaeos mare infestum habere; A XVI 1, 3. nostri duces mare ingredientes immolare hostiam fluctibus consuerunt; nat III 51. qua (necessitate, natura) caelum, maria, terrae regantur; nat II 77. cum mare vastissimum hieme transibas; Piso 57. turbo: f. I. est. — 2. aër mari continuatus et iunctus est; nat II 117. — 3. hoc mari uti non possumus hoc tempore anni; A VIII 16, 1. — 4. quod (Polycrates) anulum, quo delectabatur, in mari ‖ mare ‖ abiecerat; fin V 92. adsentio ‖ adsentior ‖ tibi de supero mari; A IX 9, 1. ut philosophi tamquam in superum mare Ionium defluerent Graecum quoddam et portuosum, oratores autem in inferum hoc Tuscum et barbarum scopulosum atque infestum laberentur, in quo etiam ipse Ulixes errasset; de or III 69. Neptunum esse dicis animum cum intellegentia per mare pertinentem; nat III 64. insula Delos, tam procul a nobis in Aegaeo mari posita; imp Pomp 55. tamquam in rate in mari immenso nostra vehitur ratio; Tusc I 73. — III, 1. mari finitimus aër die et nocte distinguitur; nat II 101. — 2. mulierem usque a mari supero Romam proficisci; Cluent 192. — IV. tantam vim et magnitudinem maris atque terrarum si tuum ac non deorum immortalium domicilium putes; nat II 17. missis in oram Illyrici maris navibus; imp Pomp 35. maris subita tempestas quam ante provisa terret navigantes vehementius; Tusc III 52. ut maris tranquillitas intellegitur nulla ne minima quidem aura fluctus commovente, sic . .; Tusc V 16. vis: f. magnitudo. — V, 1. omnibus hostium copiis terra marique superatis; Catil II 29. alterius res et terra et mari calamitosae; Muren 33. qua aut terra aut mari persequar eum, qui sibi, nescio? A VII 22, 2. — 2. qui naufragia fecerunt in marique perierunt; nat III 89. f. II, 4. defluo in. „Neptunum" pro mari; de or III 167. quae (legiones) iter secundum mare superum faciunt; A XVI 8, 2.

margarita, Perle: I. gemmas alii et margaritas (proferebant); Ver V 146. — II. removebitur omnis insignis ornatus quasi margaritarum; orat 78.

marinus, zum Meere gehörig, des Meeres: quid de marinis aestibus plura dicam? div II 34. ali alia (astra aquis) dulcibus, alia marinis; nat III 37. ranae marinae dicuntur obruere sese harena solere et moveri prope aquam; nat II 125.

maritimus, zum Meere gehörig, an, auf dem Meere: A. enumerari non possunt aestus maritimi [multum] accedentes et recedentes, salinae ab ora maritima remotissimae; nat II 132. cum illi bellum maritimum gerendum datum esset; Flac 30. cernes incredibili cursus maritimos celeritate; nat II 161. ora: f. aestus. sine regionum terrestrium aut maritimarum scientia; de or I 60. qui permultum classe ac maritimis rebus valuerint; imp Pomp 54. propter ea vitia maritimarum urbium; rep II 9. — B. quod in maritimis facillime sum; ep II 16, 2.

maritus, Gatte: I. cariorem huic sororis maritum quam sororis filium fuisse; Rabir 8. — II. vigilare insidiantem somno maritorum; Catil I 26.

marmor, Marmor: I. quasi non in omni marmore necesse sit inesse vel Praxitelia capita! div II 48. — II, 1. adde infinitam vim marmoris; nat II 98. — 2. ut ex marmore Iacchum (amittant); Ver IV 135. vidistis simulacrum Cereris e marmore; Ver IV 109.

marmoreus, aus Marmor: pavimenta marmorea contemno; leg II 2. (signum) Cupidinis marmoreum Praxiteli; Ver IV 4. qui marmoreis tectis ebore et auro fulgentibus abundant; par 13.

Martius, des März: ne qua tabula post Idus Martias figeretur; Phil I 3. de quibus (auspiciis) Idibus Martiis fuit in senatu Caesar acturus; Phil II 88. ut, quo die verbi causa esse oporteret Idus Ianuarias, in eum diem Kalendas Martias proscribi iuberet; Ver II 129.

mas, männlich, Männchen, Mann: I. aliae (bestiae) mares, aliae feminae sunt; nat II 128. — II. si marem (anguem) emisisset, uxori brevi tempore esse moriendum, si feminam, ipsi; div I 36. — III. ut a prima congressione maris et feminae ordiar; rep I 38.

mastruca, Pelz, Wildschur: quem purpura regalis non commovit, eum Sardorum mastruca mutavit? Scaur 45, d.

mastrucatus, mit einer Wildschur bekleidet: res in Sardinia cum mastrucatis latrunculis a propraetore una cohorte auxiliaria gesta; prov 15.

matellio, Nachtgeschirr: aliquem matellionem Corinthium cupidissime tractantem; par 38.

mater, Mutter: I, 1. cum lacrimans in carcere mater noctes diesque adsideret; Ver V 112. quae penitus in omni sensu implicata insidet, imitatrix boni, voluptas, malorum autem mater omnium; leg I 47. lacrimat: f. adsidet. hanc Matrem magnam, cuius ludi violati sunt, accepimus agros et nemora cum quodam strepitu fremituque peragrare; har resp 24. quae terra fruges ferre et ut mater cibos suppeditare possit; leg II 67. — 2. iustitiae non natura voluntas, sed imbecillitas mater est; rep III 23. — 3. te, sanctissima mater Idaea, (imploro et appello); Ver V 186. — II, 1. appello: f. I, 3. siquidem istius regis matrem habemus, ignoramus patrem; rep II 33. implico: f. I, 1. insidet. imploro: f. I, 3. qui patris ulciscendi causa matrem necavisset; Milo 8. avaritiam si tollere vultis, mater eius est tollenda luxuries; de or II 171. mitto matres familias violatas; Ver IV 116. — 2. matri partem maiorem bonorum legavit; Caecin 12. — 3 hi dei sunt habendi mortalibus nati matribus? nat III 45. ut iure civili, qui est matre libera, liber est, item iure naturae, qui dea matre est, deus sit necesse est; nat III 45. si matre uteretur; Cluent 16. — 4. ubi cum de matre familias Tarquiniensi duo filios procreavisset; rep II 34. scorta inter matres familias versabantur; Phil II 105. — III, 1. in iis animantibus, quae lacte aluntur, omnis fere cibus matrum lactescere incipit; nat II 128. mitto cupiditate matris expulsam ex matrimonio filiam; Cluent 188. genus est uxor; eius duae formae: una matrum familias, altera earum, quae tantum modo uxores habentur; Top 14. ut sinus et gremium quasi matris mortuo tribueretur; leg II 63. ludi: f. I, 1. peragrat. ut vocabulo ipso et appetitu religio externa et Matris magnae nomine suscepta declaretur; har resp 24. sinus: f. gremium. — 2. quid dicam de pietate in matrem? Lael 11. — IV. e quibus (anitum ovis) pulli orti primo aluntur ab iis (gallinis) ut a matribus; nat II 124.

matercula, Mütterchen: materculae suae festivus filius purgat se per epistulam; Flac 91.

materia, materies, Stoff, Holz, Bauholz, Gegenstand, Aufgabe, Gelegenheit, Ursache: I. ut nulla materies tam facilis ad exardescendum est, quae nisi admoto igni ignem concipere possit,

sic . .; de or II 190. materies illa fuit physici, de qua dixit; de or I 49. materies omnis ridiculorum est in iis vitiis; de or II 238. est etiam deformitatis et corporis vitiorum satis bella materies ad iocandum; de or II 239. f. concipit. Plato ex materia in se omnia recipiente mundum factum esse censet a deo sempiternum; Ac II 118. si nihil valet materies; de or II 88. — II, 1. colo: f. 2. quin omnem illarum artium paene infinitam vim et materiem scientia et cognitione comprehenderit; de or I 10. materiam artis eam dicimus, in qua omnis ars et ea facultas, quae conficitur ex arte, versatur. ut (si) medicinae materiam dicamus morbos ac vulnera, quod in his omnis medicina versetur ||versatur. item, quibus in rebus versatur ars et facultas oratoria, eas res materiam artis rhetoricae nominamus; inv I 7. non incommodum videtur quandam silvam atque materiam universam exponere omnium argumentationum; inv I 34. materiam rei non ignoras; Q fr II 1, 1. si (semen) nanctum sit materiam. qua ali augerique possit; nat II 81. probabilem materiem nacti sermonis; ep III 6, 4. nomino: f. dico. quid odisset Clodium Milo, segetem ac materiem gloriae suae? Milo 35. — 2. omni materia et culta et silvestri partim ad mitigandum cibum utimur, partim ad aedificandum; nat II 151. — 3. dico de: f. I. est; de or I 49. facio ex: f. I. recipit. versor in: f. I. dico. — III. extra quem (mundum) nulla materiae pars || pars mat. || sit nullumque cor_us; Ac I 28. — III. ali, augeri: f. II, 1. nanciscor.

materio, aus Holz bauen: male materiatae sint (aedes), ruinosae; of III 54.

maternus, mütterlich: materni corporis custodiae; Cluent 31. maxime noster ille Brutus cum sua excellentissima virtute rei publicae natus, tum fato quodam paterni maternique generis et nominis; Phil X 14. poenam hanc maternae temeritatis tulit; dom 134.

matertera, der Mutter Schwester, Tante: I. Aculeo, quocum erat nostra matertera; de or II 2. — II. puellam defatigatam petisse a matertera. ut ..; div I 104.

mathematicus, Mathematiker: I, 1. quis ignorat, ii, qui mathematici vocantur, quanta in obscuritate rerum ct quam recondita in arte et multiplici subtilique versentur? de or I 10. — 2. qui (Polyaenus) magnus mathematicus fuisse dicitur; Ac II 106. — II. voco: f. I, 1. — III. Pythagorei ex numeris et mathematicorum initiis proficisci volunt omnia; Ac II 118. ut multa non modo probabili argumentatione, sed etiam necessaria mathematicorum ratione concluderent; fin V 9.

matricida, Muttermörder: I. de Blauden? Zeuxide, quem scribis certissimun matricidam tibi a me intime commendari; Q fr I 2, 4. — non sunt illi eiulatus Philoctetae tam miseri quam se nium || insania || matricidarum; har resp 39.

matricidium, Muttermord: Orestes si accusetur matricidii; inv I 18.

matrimonium, Ehe: 1. firmiter maiores nostri stabilita et matrimonia esse voluerunt; rep VI 2. — 2. qui (Curio) te a meretricio quaestu abduxit et tamquam stolam dedisset, in matrimonio stabili et certo conlocavit; Phil II 44. Sassiam in matrimonium ducere concupivit; Cluent 26. is habuit in matrimonio Caesenniam; Caecin 10.

matrimus, mit lebender Mutter: puer ille patrimus et matrimus si tensam non tenuit; har resp 23.

matrona, Frau, Hausfrau: I. omnes Segestanae matronas et virgines convenisse; Ver IV 77 matronis ipsis, quae raptae erant, orantibus; rep II 13. — II. rapio: f. I. orant. — III. inventae sunt quinque imagunculae matronarum; A VI 1, 25. quae quia partus matronarum tueatur, a nascentibus

Natio nominata est; nat III 47. si matrem familias secus, quam matronarum sanctitas postulat, nominamus; Cael 32.

mature, zeitig, früh: qui omnium maturrime ad publicas causas accesserim; de or III 74. hunc fructum mature fortuna ademit; Caecin 12. aedituni custodesque mature sentiunt; Ver IV 96. quoniam (comitia) mature futura sunt; ep X 25, 2. quo etiam maturius venimus; Ac II 9. ut quaeque res est turpissima, sic maxime et maturissime vindicanda est; Caecin 7.

maturesco, reifen: Caelianum illud maturescit; A X 15, 2. quod ii (partus) maturescunt novem lunae cursibus; nat II 69.

maturitas, Reife, Zeitigung, Entwickelung, Vollendung, Regelmäßigkeit: I. etsi abest maturitas aetatis; ep VI 18, 4. eius rei maturitas nequedum venit et tamen iam appropinquat; Q fr III 8, 1. audaciae maturitas in nostri consulatus tempus erupit; Catil I 31. dicendi Latine prima maturitas in qua aetate exstitisset; Bru 161. venit: f. appropinquat. — II. cur (haec arbor) arandi maturitatem ad signum floris accommodet; div I 16. eorum (siderum) cursus dimetati maturitates temporum et varietates mutationesque cognovimus; nat II 155. ut res ipsa maturitatem tibi animadvertendi omnium concessu daret; ep IX 14, 7. iam videbatur illud in me habere maturitatem quandam suam; Bru 318. — III. cum videmus commutationes temporum ad maturitatem frugum aptas; Tusc I 68. — IV. necesse fuit esse aliquid maturitate tempestiva quasi vietum et caducum; Cato 5.

maturo, reifen, zeitigen, eilen, beschleunigen: I. successor tuus non potest ita maturare, ut ..; ep II 17, 1. — II. oro, ut matures venire; A IV 1, 8. — III. huic mortem maturabat inimicus? Cluent 171. quae (uva) maturata dulcescit; Cato 53.

maturus, reif, rechtzeitig, früh: ipse Thucydides si posterius fuisset, multo maturior fuisset et mitior; Brm 288. mihi ad Nonas bene maturum videtur fore; ep IX 5, 1. tibi ego spem maturae decessionis adferebam; Q fr I 1, 1. otio ac facultate discendi maiore ac maturiore; de or I 95. ut ea (vox) illis supplicium maturius ferret; Ver V 147. satietas vitae tempus maturum mortis adfert; Cato 76.

matutinus, am frühen Morgen: hodie tuas litteras exspectabamus matutinas; A XII 53. tum vespertinis temporibus, tum matutinis; nat II 52. cum bene completa domus est tempore matutino; A I 18, 1. »matutinis acredula vocibus instat«; div I 14.

maxilla, Kinnlade: quam litteram etiam e »maxilla« et „taxillis" consuetudo elegans Latini sermonis evellit; orat 153.

medeor, heilen, abhelfen, zu Hülfe kommen: I. non causa aegritudinis reperta medendi facultatem reperiemus; Tusc III 23. — II. quae (Consolatio) mihi ipsi sane aliquantum medetur; div II 3. sunt permulta, quibus erit medendum; ep XII 10, 4. ut aegris medeatur; de or I 159. (philosophia) medetur animis; Tusc II 11. cum capiti Sex Roscii mederi debeam; Sex Rosc 128. cogitatio diuturna nihil esse in re mali dolori medetur, non ipsa diuturnitas? Tusc III 74. ut medeare incommodis hominum; Q fr I 1, 31. ut medici toto corpore curando minimae etiam parti, si condoluit, medentur, sic ..; Tusc III 82. qui suis vulneribus mederentur; Sex Rosc 91.

mediamus, mittlere: (coniunctionem) citimam a mediana linea direxit ad laevam (partem); Tim 25.

medicamen, Heilmittel: quod diceres vinulentis te quibusdam medicaminibus solere curari; Piso 13.

medicamentum, Arznei, Heilmittel, Mittel: I. ut vulneri praesto medicamentum sit; inv I 30. —

II. iam doloris medicamenta illa Epicurea tamquam de nartheciu proment; fin II 22. fucati medicamenta candoris et ruboris omnia repellentur; orat 79. — III. quod partum sibi ipsa medicamentis abegisset; Cluent 32. qui (Cn. Octavius) multis medicamentis propter dolorem artuum delibutus (erat); Bru 217. cum omnes eius (L. Metelli) comites iste sibi suo illo panchresto medicamento amicos reddidisset; Ver III 152. ut ii, qui combibi purpuram volunt, sufficiunt prius lanam medicamentis quibusdam, sic ..; fr F V 23.

medicina, Heilkunst, Heilmittel, Arzenei: I, 1. est profecto animi medicina, philosophia; Tusc III 6. non minus esset probanda medicina, quae sanaret vitiosas partes rei publicae, quam quae exsecaret; A II 1, 7. ut [si] medicinae materiam dicimus morbos ac vulnera, quod in his omnis medicina versetur || versatur ||; inv I 7. — 2. erit in consolationibus prima medicina docere nullum malum esse; Tusc III 77. — II, 1. singulis medicinam consilii atque orationis meae adferam; Catil II 17. desperatis etiam Hippocrates vetat adhibere medicinam; A XVI 15, 5. ut mihi deus aliquis medicinam fecisse videatur; ep XIV 7, 1. ut ex medicina nihil oportet putare proficisci, nisi quod ad corporis utilitatem spectet, quoniam eius causa est instituta, sic ..; inv I 68. his quattuor causis totidem medicinae opponuntur; de er II 339. doloris medicinam a philosophia peto; Ac I 11. probo: f. I, 1. exsecat. — 2. nec eguissem medicina consulari; sen 9. — 3. statui ad nullam medicinam rei publicae sine magno praesidio accedere; Q fr II 15, 2. proficiscor ex: f. 1 instituo. — III. ut magnitudini medicinae doloris magnitudo concederet; Tusc IV 63. materia: f. I, 1. versatur. — IV. || in || quibus artibus utilitas quaeritur, ut medicina, ut architectura; of I 151.

medicus, Arzt: I. sicut medico diligenti, priusquam conetur aegro adhibere medicinam, non solum morbus eius, sed etiam consuetudo valentis cognoscenda est; de or II 186. ut medici, quamquam intellegunt saepe, tamen numquam aegris dicunt illo morbo eos esse morituros; div II 54. ita graviter aegrum Eudemum fuisse, ut omnes medici diffiderent; div I 53. medico ipsi puto aliquid dandum esse, quo sit studiosior; ep XVI 4, 2. f. medentur. intellegunt: f. dicunt. an tu existimas, cum esset Hippocrates ille Cous, fuisse tum alios medicos, qui morbis, alios, qui vulneribus, alios, qui oculis mederentur? de or III 132. poscit: f. II, 2. promitto. quod medici nihil praeter artificium praestare debent; Cluent 57. medicus morbum ingravescentem ratione providet; div II 16. — II, 1. sive adhibueris medicum sive non adhibueris, convalesces; fat 29. medici quoque saepe falluntur; nat III 15. quod in morbis corporis, ut quisque est difficillimus, ita medicus nobilissimus atque optimus quaeritur; Cluent 57. ille exercitatus et vetus medicum modo requirens, a quo obligetur; Tusc II 38. — 2. do: f. I. est. Curio misi, ut medico honos haberetur; ep IX, 3. medico, mercedis quantum poscet, promitti iubeto; ep XVI 14, 1. — 3. qui medicis suis non ad salutem, sed ad necem utatur; har resp 35. — 4. ad quem te medicum conferes? A XV 1, 1. — III. cationes eius (medici) non probo; ep XVI 4, 1. ut medicorum scientiam non ipsius artis, sed bonae valetudinis causa probamus, sic ..; fin I 42. — IV. a: f. II, 1. requiro.

medietas, Mitte: bina media (vix enim audeo dicere „medietates", quas Graeci μεσότητας appellant); Tim 23.

medimnum, griechischer Scheffel: I. accipis HS xv pro medimno; tanti enim est illo tempore medimnum; Ver III 174. — II, 1. quodsi fieri non poterat, ut plus quam decem medimna ex iugero

exararent, medimnum autem ex iugero decumano
dari oportebat; Ver III 113. — 2. accipio pro:
§. I. in medimna singula video ex litteris publicis
tibi Halaesinos HS quinos denos dedisse; Ver III
173. ex hisce ternis medimnis quid lucri fiat, cognoscite; Ver III 115. — III. haec sunt ad tritici
medimnum x̄c̄, id est mod. ᴅxxxx; Ver III 116. —
IV. emit agri Liparensis miseri atque ieiuni decumas
tritici medimnis ᴅᴄ; Ver III 84.

mediocris, mäßig, mittelmäßig, unbedeutend,
gering: A. neque ego nunc de vulgari amicitia
aut de mediocri, sed de vera et perfecta loquor;
Lael 22. si hoc mediocre argumentum videri potest;
Ver III 61. permultos excellentes in quoque genere
videbis non mediocrium artium, sed prope maximarum;
de or I 6. illam pugnam navalem mediocri certamine
et parva dimicatione commissam arbitraris? Muren
33. ut non mediocrem curam adhibeant et diligentiam; Ac II 42. mediocrine tandem dolore eos ad-
fectos esse arbitramini? Ver IV 132. quis mediocris
gladiator ingemuit umquam? Tusc II 41. in mediocrium oratorum numero; Bru 137. iste mediocri
praeda contentus non erat; Quinct 21. prudentiae
est paene mediocris, quid dicendum sit, videre; de
or II 120. de omnibus minimis, maximis, mediocribus rebus; ep V 8, 5. testem non mediocrem, sed
haud scio an gravissimum; of III 105. prorsus, ut
non multum differat inter summos et mediocres viros;
of II 30. capiebam animo non mediocrem voluptatem;
Planc 1. — B. cum mediocribus multis gratuito civitatem in Graecia homines impertiebant; Arch 10.

mediocritas, Mittelmäßigkeit, Maßhalten,
Mittelstraße: 1, 1. C. Coelio magno honori fuisse
illam ipsam in dicendo mediocritatem; de or I 117.
quae (mediocritas) placet Peripateticis, et recte
placet; of I 89. — 2. cum omnis virtus sit, ut
vestra vetus Academia dixit, mediocritas; Bru 149. —
II, 1. Lentulus ceterarum virtutum dicendi mediocritatem actione occultavit; Bru 235. Peripatetici mediocritates vel perturbationum vel morborum
animi mihi non sane probant; Tusc III 22. numquam,
iratus qui accedet ad poenam, mediocritatem illam
tenebit; of I 89. — 2. hoc (orationis genus) in ea
mediocritate consedit; orat 96. — III. in hiis ipsis
mediocritatis regula optima est; of II 59. — IV, 1.
ego vero hac mediocritate delector; Q fr III 4, 3. —
2. non video, in hac mea mediocritate ingenii quid
despicere possit Antonius; Phil II 2.

mediocriter, mäßig, in geringem Grade,
wenig: I. illa mediocriter adversata tibi esse
existimas? Muren 47. numquam iste cuiquam est
mediocriter minatus; Ver V 110. non mediocriter
moveor auctoritate tua, Balbe; nat II 5. id vero
non mediocriter pertimesco; Quinct 2. — II. ut corpus, etiamsi mediocriter aegrum est, sanum non
est, sic . .; Tusc III 22. neminem scriptorem artis
ne mediocriter quidem disertum fuisse; de or I 91.
quod quidem nemo mediocriter doctus mirabitur;
fin III 3.

meditatio. Nachdenken, Gedanke, Überlegung,
Vorbereitung, Übung: I. nihil est, quod tam obtundat aegritudinem quam meditatio condicionis
humanae; Tusc III 34. — II. noctes et dies in
omnium doctrinarum meditatione versabar; Bru
308. — III. erat nulla meditationis suspicio; Bru
139. — IV, 1. multi etiam naturae vitium meditatione
atque exercitatione sustulerunt; div II 96. — 2.
in ipsa cura ac meditatione obeundi sui muneris
excessit e vita; Phil IX, 2.

mediterraneus, mitten im Lande, binnen-
ländisch: A. Henna mediterranea est maxime;
Ver III 192. hominem amendat ad Centuripinos, homines maxime mediterraneos; Ver V 70. — B. ita fit,
ut mediterranei mare esse non credant; nat I 88.

meditor, überlegen, sich vorbereiten, üben,

Bedacht nehmen, denken, bedenken: I. nullum pati-
batur esse diem, quin aut in foro diceret aut medi-
taretur extra forum; Bru 302. ne ad ea meditere.
imparatum te offendam; ep II 3, 1. — II, 1. ut iam
de tua quoque ratione meditere; ep I 8, 4. — 2.
ego te disputante, quid contra dicerem, meditabar;
nat III 1. — 3. ut: §. III. alqd; Cato 74. — 4.
multos annos regnare meditatus; Phil II 116. —
III. qui ea, quae agenda sunt in foro tamquam in
acie, possunt etiam nunc exercitatione quasi ludicra
praedicere ac meditari; de or I 147. ea quia meditata putantur esse; de or II 246. hoc meditatum ab
adulescentia debet esse, mortem ut neglegamus;
Cato 74. quam (actionem de pace) ego meditabar:
A IX 9, 2. accuratae ac meditatae commentationes;
de or I 257. ne semper forum, subsellia, rostra
curiamque meditere; de or I 32. tu ut ullam fugam
meditere? Catil I 22. sint semper omnia homini
humana meditata; Tusc III 30. rostra, subsellia: §.
curiam. attuleras domo meditatum et cogitatum
scelus; Phil II 85.

meditullium, Mitte: in „legitumo“. „meli-
tumo“ non plus inesse „tumum“, quam in „meditullio“
„tullium“; Top 36.

medius, mitten, mittlere, in der Mitte: A
possum esse medius. ut Calliphontem sequar; Ac II
139. tum graves sumus, tum subtiles, tum medium
quiddam tenemus; de or III 177. num ea (studia)
constans iam requirit aetas, quae media dicitur?
Cato 76. inter media argumenta; orat 127. medium
quoddam tuum consilium fuit; ep IV 7, 3. nisi me
e medio cursu clara voce patria revocasset; of III
121. equestres sunt medio in foro Marcellorum statuae; Ver IV 86. in medio iure civili versari; de
or I 180. quae in medium locum mundi feruntur
nat II 84. habetis consulem ex media morte ad
salutem vestram reservatum; Catil IV 18. haec
officia media Stoici appellant; of III 14. versus
prima et media et extrema pars; de or III 192.
alteri sunt e mediis C. Caesaris partibus; Phil V 32.
cum inter media hostium tela versaretur; Phil XIV
36. — B, a. summi, medii, infimi (te) oderunt:
Phil XIII 45. — b, I. respondent extrema primis.
media utrisque, omnia omnibus; fin V 83. — II, 1.
mihi videtur Chrysippus tamquam arbiter honorarius
medium ferire voluisse; fat 39. — 2. quae a medio
in superum feruntur; nat II 84. dicendi omnis
ratio in medio posita; de or I 12. illi ipsi in medium
coacervati || conservati || loci procedent; inv II 46.
se eam rem numquam in medium protulisse; ep XV
2, 6. ut nihil relinqueretur in mediis; fin III 53
clamabo litteras remotas esse de medio; Ver II 177.
tabulae sunt in medio; nat IV 104. prima veniat
in medium Epicuri ratio; fin I 13. rem in medium
vocare coeperunt; Cluent 77. — III, 1. cum solida
omnia uno medio numquam, duobus semper copulan-
tur; Tim 15. — 2. deus illum (mundum) effecit a
medio ad summum parem; Tim 20.

medius fidius §. fidius.

medulla, Mark, Innerstes: I. ut huius (dente)
hic medullam nostrum oratorem fuisse dixerit:
Bru 59. — II. qui omne bonum in visceribus me-
dullisque condideris; Tusc V 27. qui mihi haeres
in medullis; ep XV 16, 2. — III. quae mihi sunt
inclusa medullis; A XV 4, 3.

mehercule, mehercules §. hercule.

mel, Honig: I. in eo loco, ubi Fortunae nunc
est aedes, mel ex olea fluxisse dicunt; div II 80.
— II. 1. si Xerxes mel se auferre ex Hymetto
voluisse diceret; fin II 112. — 2. villa abundat
lacte, caseo, melle; Cato 56. — III. non quaero,
unde ᴄᴄᴄᴄ amphoras mellis habueris; Ver II 183.
— IV. cuius (Xenophontis) sermo est melle dulcior; orat 32.

melancholicus, schwermütig: qui valetudinis vitio furerent et melancholici dicerentur; div I 81. Aristoteles ait omnes ingeniosos melancholicos esse; Tusc I 80.

melicus, lyrisch: poëmatis tragici, comici, epici. melici etiam ac dithyrambici suum cuiusque (genus) est; opt gen 1.

meliusculе, etwas besser: cum meliuscule tibi esset; ep XVI 5, 1. meliuscule Lentulo esse; A IV 6, 2.

mellitus, süß, lieblich: ut tantum requietis habeam, quantum cum uxore et filiola et mellito Cicerone consumitur; A I 18, 1.

membrana. Haut: quae (natura) oculos membranis tenuissimis vestivit et saepsit, quas perlucidas fecit, ut . . ; nat II 142.

membranula. Pergament: ut sumant membranulam, ex qua indices fiant; A IV 4, a, 1.

membratim, stückweise, einzeln, in kleinen Sätzen: I. quo pacto deceat incise membratimve dici; orat 212. sin membratim volumus dicere. insistimus; orat 222. membratim oportebit partes rei gestae dispergere in causam; inv I 30. quae incisim aut membratim efferuntur; orat 223. incisim et membratim tractata oratio; orat 225. — II. membratim adhuc; deinde caesim: „diximus“, rursus membratim: „testes dare volumus“; orat 225. narratio accusatoris erit quasi membratim gesti negotii suspiciosa explicatio; part or 121.

membrum, Glied, Teil, Satzglied, Gemach: I. I. ut in membris alia sunt tamquam sibi nata, ut oculi, ut aures, alia etiam ceterorum membrorum usum adiuvant, ut crura, ut manus; fin III 63. nam aliud quodpiam membrum tumidum ac turgidum non vitiose se habet? Tusc III 19. in corpore si quid eius modi est, quod reliquo corpori noceat, id uri secarique patimur, ut membrum aliquod potius quam totum corpus intereat; Phil VIII 15. nascuntur: I. adiuvant. — 2. arma membris alia esse dicunt; Tusc II 37. — II, 1. si animal omne membra, quocumque vult, flectit, contorquet, porrigit, contrahit; div I 20. membra, quae debilitavit lapidibus, restituere non potest; Flac 73. constat ille ambitus et plena comprehensio e quattuor fere partibus, quae membra dicimus; orat 221. ut eorum generum quasi quaedam membra dispertiat; de or I 190. flecto, porrigo: f. contorqueo. nec habere poterat adiuncta cubicula et eius modi membra; Q fr III 1, 2. restituo: f. debilito. cum ipsum mundum, cum eius membra, caelum, terras, maria vidissent; nat I 100. : epe carpenda membris minutioribus oratio est, quae tamen ipsa membra sunt numeris vincienda; de or III 190. in membra quaedam, quae κῶλα Graeci vocant, dispertiebat orationem libentius; Bru 162. tertium κῶλον illi (Graeci), nos „membrum“; orat 223. — 2. quem ad modum membris utimur prius, quam didicimus, sic . . ; fin III 66. — 3. dispertio in: f. 1. voco. — III. deos membris humanis esse praeditos, sed eorum membrorum usum nullum habere; nat III 3. — IV. nec figuram sitamque membrorum talem effici potuisse fortuna; nat II 153. usus: f. I, 1. adiuvant. — V, 1. carpi: f. II, 1. vincio. ut (oratio) membris distinguatur; de or III 190. ut (milites) abiectis oneribus expeditis armis ut membris pugnare possint; Tusc II 37. — 2. (spondius) habet stabilem quendam gradum, in incisionibus vero multo magis et in membris; orat 216.

memini, sich erinnern, gedenken, eingedenk sein, wissen: I. cui placet, obliviscitur, cui dolet, meminit; Muren 42. quid est illud, quo meminimus? Tusc I 59. „causa igitur non bona est?“ immo optima, sed agetur, memento, foedissime; A IX 7, 4. equidem est deus, qui viget, qui sentit, qui meminit; rep VI 26. — II, 1. et de Herode et Mettio meminero et de omnibus, quae . . ; A XV 27, 3. —

2. memini, cum mihi desipere videbare; ep VII 28, 1. — 3. meministis, quam popularis lex de sacerdotiis C. Licinii Crassi videbatur! Lael 96. — 4. ut ne in scripto qnidem meminisset, quid paulo ante posuisset; Bru 219. ut meminerim semper, quae gesserim; Catil III 29. — 5. dici mihi memini . . ; de or I 24. memini mihi narrare Mucium; de or I 167. se debere en fidei suae commissa meminisse; of I 124. f. III, 2. alqd. — III, 1. ut sui iuris dignitatisque meminisset; Ver II 73. caveant intemperantiam, meminerint verecundiae; of I 122. veteris proverbii admonitu vivorum memini; fin V 3. — 2. Rupilius, quem ego memini; of I 114. hoc mementote, me loqui . . ; de or II 298. ut (Hortensius) sua et || et sua || commentata et scripta et nullo referente omnia adversariorum dicta meminisset; Bru 301. meministis illum diem, cum venit in templum; Sest 62. dum homines perditi hastam illam cruentam et meminerint et sperabunt; of II 29. non est mei temporis iniurias meminisse. quas ego oblivisci mallem; sen 23. memini omnino tuas litteras, sed et tempus illud; A XI 23, 3. mala meminisse non oportere; fin II 104. scripta: f. commentata. cuius (Postumi) statuam in Isthmo meminisse te dicis; A XIII 32, 3. tempus: f litteras.

memor, eingedenk, mit gutem Gedächtnis: memor an obliviosus (sit); inv I 35. memor, quae essent dicta contra; Brn 302. ut non tam memores essent virtutis tuae quam laudis inimici; ep I 7, 2. habetis ducem memorem vestri; Catil IV 19. quem (Herculem) hominum fama beneficiorum memor in concilio caelestium conlocavit; of III 25. qui meritam dis immortalibus gratiam memori mente persolvret; Planc 80. diligentes et memores et sobrii oratores; de or II 140.

memorabilis, denkwürdig: multa iam memorabilia et in domesticis et in bellicis rebus effecerat; Bru 49. maxime memorabilem C. Laelii et P. Scipionis familiaritatem fuisse; Lael 4. cuius memorabilis ac divina virtus lucem adfert rei publicae; Phil XIII 44.

memoria, Gedächtnis, Andenken, Erinnerung, Ereignis, Zeit, Geschichte: I. absolut: 1. nec memoriam sine adsensione posse constare non videtur; Ac II 38. nisi memoria forte defecerit; fin II 44. memoria est firma animi rerum ac verborum ad inventionem perceptio; inv I 9. memoria est, per quam animus repetit illa, quae fuerunt; inv II 160. verborum memoria, quae minus est nobis necessaria, maiore imaginum varietate distinguitur; de or II 359. rerum memoria propria est oratoris; eam singulis personis bene positis notare possimus, ut sententias imaginibus, ordinem locis comprehendamus; de or II 359. quae (memoria) communis est multarum artium; orat 54. quae (memoria) est geminа litteraturae quodam modo; part or 26. multo acriorem improborum interdum memoriam esse sentio quam bonorum; Flac 103. grata mihi vehementer est memoria nostri tua; ep XII 17, 1. f. latet. II, 1. cognosco. hac exercitatione non ernenda memoria est, si est nulla naturalis, sed certe, si latet, evocanda est; de or II 360. ne suavissimi hominis memoria moreretur; Piso 93. quarum rerum recordatio et memoria si una cum illo (Scipione) occidisset; Lael 104. quia valet apud nos clarorum hominum memoria; Sest 21. quorum vivit immortalis memoria; Balb 40. — 2. o miram memoriam, Pomponi, tuam! leg II 45.

II. nach Verben: 1. memoria tanta, quantam in nullo cognovisse me arbitror; Bru 301. memoriam vestri beneficii colam; Quir 24. nosmet ipsi ad rerum nostrarum || naturalium. al. || memoriam comprendendam impulsi sumus; Bru 19. qui (Atticus) annorum septingentorum memoriam uno libro conligavit; orat 120. si huius aeterni beneficii im-

mortalem memoriam delevisses; par 29. distinguo:
f. I, 1. est; de or II 359. eruo, evoco: f. I, 1. latet.
est ridiculum de hominum memoria tacere, litterarum
memoriam flagitare; Arch 8. noto: f. I, 1. est; de
or II 359. opprimi memoriam imaginum pondere;
de or II 660. nec vereor, ne memoriam perdam;
Cato 21. quorum (beneficiorum) memoria liberis
posterisque prodatur; of II 63. auditoris memoria
et de confirmatione et de reprehensione redintegrabitur; inv I 99. relinque, quaeso, quam iucundissi-
mam memoriam tui; Q fr I 2, 8. Deciorum per
hunc praeclarum virum memoria renovata est; Phil
XIII 27. qui antiquitatis memoriam virtute superavit; imp Pomp 27. nemo (erat), qui memoriam
rerum Romanarum teneret; Bru 322. memoriam
regni esse tollendam; of III 40. — 2. eius disputationis sententias memoriae mandavi; Lael 3. sermonem L. Crassi memoriae prodamus; de or III 14.
quem ego inustum verissimis maledictorum notis
tradam hominum memoriae sempiternae; Phil XIII
40. — 3. neque tam acri memoria fere quisquam
est, ut . . ; de or II 357. — 4. quid dicam de
thesauro rerum omnium, memoria? de or I 18.
Opimii calamitas utinam ex hominum memoria posset
evelli! Planc 70. quod haerebant in memoria, quaecumque audierat et viderat; Ac II 2. nihil, quod
non in memoria mea penitus insederit; de or II 122.
vita mortuorum in memoria est posita vivorum;
Phil IX 10. his ipsis (sepulcris) legendis in memoriam redeo mortuorum; Cato 21. reducere in memoriam, quibus rationibus unam quamque partem
confirmaris; inv I 98. revocarem animos vestros ad
Mithridatici belli memoriam; Flac 60. taceo de:
f. 1. flagito.

III. **nach Adjectiv und Adverb**: 1. memoria dignos
viros; fin V 2. — 2. gentem Corneliam usque ad
memoriam nostram hac sepultura scimus esse usam;
leg II 56.

IV. **nach Substantiven**: dicitur ei (Themistocli)
artem memoriae, quae tum primum proferebatur,
pollicitus esse se traditurum; de or II 299. quem
(Simonidem Cium) primum ferunt artem memoriae
protulisse; de or II 351. confectio memoriae tamquam cera locis utitur et in his imagines ut litteras
conlocat; part or 26. qui sit oratori memoriae
fructus; de or II 355. omnis memoriae clarissimum
lumen exstinguere; Deiot 15. cognoscat (orator)
memoriae veteris ordinem; orat 120. a Cratippo,
principe huius memoriae philosophorum, haec te
audire; of III 5. M. ille Lepidus non solum memoriae testimonio, sed etiam annalium litteris laudatus
est; prov 20. his in naturis nihil inest, quod vim
memoriae, mentis, cogitationis habeat; Tusc I 66.
historia, vita memoriae; de or II 36. — 2. Caesar,
adulescens summa pietate et memoria parentis
sui; Phil XIII 47. — 3. cum exemplis uterer
multis ex omni memoria antiquitatis; Caecin 80.

V. **Umfang**: 1. (Socratis) ingenii magnitudo
Platonis memoria et litteris consecrata; Tusc V
11. Nicias tua sui memoriae delectatur; A XIII 1, 3.
hoc memoria multorum firmabo ac docebo; har resp
30. senatus sapientis est, grata eorum virtutem
memoria prosequi; Phil XIV 30. haec memoria
repetita in ipsa navigatione conscripsi; Top 5. haec
L. Philippum saepe in senatu confirmasse memoria
teneo; agr II 42. qui memoria vigent; de or II 355.
quod sacrificium ante P. Clodium nemo omni memoria
violavit; har resp 37. memoria nostra templum
Iunonis Sospitae L. Iulius refecit; div I 4. — 2. ut
id ipsum tabulis publicis mandaretur ad memoriam
posteri temporis sempiternam; Sest 129. ex memoria
vobis, quid senatus censuerit, exponam; Catil III 13.
quod in omni memoria est omnino inauditum; Vatin
33. per: f. I, 1. est; inv II 100. si hoc post hominum memoriam contigit nemini; Catil I 16. cum

dictatoris nomen propter perpetuae dictaturae recentem memoriam funditus ex re publica sustulisset:
Phil I 4.

memoriola, Gedächtnis: quod acribis „igniculum matutinum γεροντικόν", γεροντικώτερον est memoriola vacillare; A XII 1, 2.

memoriter, aus dem Gedächtnis, auswendig:
rem complectebatur memoriter; Bru 303. enu-
merasti memoriter et copiose philosophorum sententias; nat I 91. quae (oratio) est habita memoriter.
accurate, copiose; Ac II 63. memoriter multa et
orationibus Demostheni praeclare scripta pronun-
tians; de or I 88. memoriter respondeto ad ea:
Vatin 10.

memoro, erwähnen, erzählen, sprechen: I. 1.
Heraclitus „cognomento qui σκοτεινός perhibetur.
quia de natura nimis obscure memoravit"; fin II 15.
— 2. ubi ea, quae dico, gesta esse memorantur;
Ver IV 107. — 3. ut Oceanum Salaciamque Caeli
satu Terraeque conceptu generatos memoremus;
Tim 39. — II. honoratorum virorum laudes in contione memorentur; leg II 62.

mendacium, Unwahrheit, Vorspiegelung.
Lüge: I. falsum est, in quo perspicue mendacium
est; inv I 90. opinionis esse mendacium, non veri-
lorum; Ac II 80. — II, 1. unde hoc totum ductum
et conflatum mendacium est? Q Rosc 48.
tollendum est ex rebus contrahendis omne mendacium;
of III 61. — 2. non ex fraude, fallaciis, mendacii
constare totus videtur? Q Rosc 20. quibus in
controversiis cum saepe a mendacio contra verum
stare homines consuescerent; inv I 4. — III. ut tot
viros primarios velim esse temeritati et mendacio
meo conscios; Ver IV 124. — IV. improbi homini
est mendacio fallere; Muren 62. te quibus mendaciis homines levissimi onerarunt! ep III 10, 7.

mendaciunculum, kleine Unwahrheit: sive
habeas, [vere] quod narrare possis, quod tamen est
mendaciunculis aspergendum, sive fingas; de or II 241.

mendax, unwahr, betrügerisch, lügenhaft: A
satis est non esse mendacem; de or II 51. cum
mendaci homini ne verum quidem dicenti credere
soleamus; div II 146. mentes mortalium falsis et
mendacibus visis concitare; div II 127. — B. haec
eadem (poena) mendaci constituta est; Q Rosc 46.

mendicitas, Dürftigkeit, Bettelarmut: I. huic
mendicitas aviditate coniuncta in fortunas nostras
imminebat; inv I 90. — II, 1. istam paupertatem
vel potius egestatem ac mendicitatem tuam numquam
obscure tulisti; par 45. — 2. hunc in summa
mendicitate esse; Sex Rosc 86. — III. qui vexarct
urbes ad praesentem pastum mendicitatis suae;
Phil XI 4.

mendicus, arm, armselig, Bettler: A. si
mendicissimi (sint), divites (esse); Muren 61. instrumentum hoc forense exiguum saneque mendicum
est; de or III 92. — B. paupertas si malum est,
mendicus esse beatus nemo potest, quamvis sit
sapiens; fin V 84.

mendose, fehlerhaft: neque eo, quod istud
(Hermagorae) || non quo || ars, quam edidit, mihi
mendosissime scripta videatur; inv I 8. ita mendose (Latina) et scribuntur et veneunt; Q fr III 5,
6. „a. d. III Non. Decembr." mendose fuisse animad-
verteram; A I 13, 5. veneo: f. scribo.

mendosus, fehlerhaft, Fehler machend: et
deesse aliquam partem et superare mendosum est;
de or II 83. his laudationibus historia rerum nostrarum est facta mendosior; Bru 62. cur servus in
Verrucii nomine certo ex loco mendosus esset;
Ver II 188.

mendum, Fehler: (Idus Martiae) magnum
mendum continent; A XIV 22, 2. quod mendum
ista litura correxit? Ver II 104. libri ad Varronem

sunt detexti; tantum librariorum menda tolluntur; A XIII 23, 2.

mens, Verstand. Sinn, Gesinnung, Geist, Charakter, Überlegung, Gedanken, Ansicht, Meinung, Absicht: I. **absolut:** 1. his rebus imbutae mentes haud sane a b h o r r e b u n t ab utili aut a vera sententia; leg II 16. ut ipsa se mens agnoscat coniunctamque cum divina mente se sentiat; Tusc V 70. quorum mentes angustae, humiles, pravae, oppletae tenebris ac sordibus nomen ipsum consulatus nec sustinere nec capere potuerunt; sen 10. quas (res) esse futuras aut concitata mens aut soluta somno cernit; div I 128. mens sana cum amentia confligit; Catil II 25. quantam vim rerum optimarum mens humana contineat; leg I 16. ante circumscribitur mente sententia confestimque verba concurrunt, quae mens eadem, qua nihil est celerius, statim dimittit; orat 200. quod scribis te audire me etiam mentis errore ex dolore alfici, mihi vero mens integra est. atque utinam tam in periculo fuisset! A III 13, 2. ut ita fastidiosae mollesque mentes evadant civium, ut . .; rep I 67. cum alii (dicerent) tum maxime mentes sapientium ac fortium virorum, cum ex corpore excessissent, sentire ac vigere; Sest 47. hunc mundum habere mentem, quae et se et ipsum fabricata sit; Ac II 119. mens ipsa naturalem vim habet, quam intendit ad ea, quibus movetur; Ac II 30. in nobismet insunt ipsia, ut mens, ut spes, ut fides; nat III 61. intendit: f. habet. ipsa mens ea, quae futura videt, praeterita meminit; rep IV 1. quae (mens) omnia moderetur, moveat, regat; Ac II 119. sentit: f. agnoscit. excedunt. sustinent: f. capiunt. quorum moribunda mens videt ante multo, quae sint futura; div II 114. f. meminit. vigent: f. excedunt. — 2. sit (illa lex) ratio mensque sapientis ad iubendum et ad deterrendum idonea; leg II 8.

II. **nach Verben:** 1. multa e corpore exsistunt, quae a c u a n t mentem, multa, quae obtundant; Tusc I 80. agnosco: f. I, 1. agnoscit. hominis mens discendo alitur et cogitando; of I 105. concito: f. I, 1. cernit. coniungo: f. I, 1. agnoscit. maiorum institutis mens, fides, virtus, concordia consecratae et publice dedicatae sunt; nat II 79. quo vos ipsa causa cogit animos mentesque convertere; Sulla 69. dedico: f. consecro. explicanda est saepe verbis mens nostra de quaque re; orat 116. fabrico, habeo: f. I, 1. fabricatur. imbuo: f. I, 1. abhorret. impedita et oppressa mens; Piso 43. in hominum mentibus vel ad iram vel || aut || ad odium aut || ad || dolorem excitandis vel ab hisce iisdem permotionibus ad lenitatem misericordiamque revocandis; de or I 53. f. reprimo. ut eorum mentes, qui audiant, ad suum arbitrium movere possit; de or II 70. f. I, 1. habet. obtundo: f. acuo. fatalis quaedam calamitas videtur improvidas hominum mentes occupavisse; Ligar 17. oppleo: f. I, 1. capiunt. opprimo: f. impedio. animum ipsum mentemque hominis divina cura perfecta esse; nat II 147. pietate et religione et iustis precibus deorum mentes posse placari; Cluent 194. quibus (rationibus) hominum mentes et incitarentur et reprimerentur; de or I 165. revoco: f. incito. ne absens quidem luctu meo mentes eorum satiare potui; dom 58. magni est ingenii sevocare mentem a sensibus; Tusc I 38. solvo: f. I, 1. cernit. ad omnem malitiam et fraudem versare suam mentem coepit; Cluent 70. — 2. ut, id qui neget, vix eum sanae mentis existimem; nat II 44. Plato cum indicium veritatis veritatemque ipsam cogitationis ipsius et mentis esse voluit; Ac II 142. — 3. ea penitus animis vestris mentibusque m a n d a t e; Catil I 27. facilius eorum facta occurrent mentibus vestris; Sest 17. parent huic caelesti discriptioni || descr. || mentique divinae et praepotenti deo; leg I 23. (Aristoteles) menti tribuit omnem divinitatem; nat I 33. — 4. si sana mente esset; Phil II 51. eum

hac tum mente fuisse, ut . .; de or I 180. quid, quod ne mente quidem recte uti possumus multo cibo et potione completi? Tusc V 100. — 5. coniungo cum: f. I, 1. agnoscit. si quod esset animal, quod totum ex mente constaret; fin IV 28. ut (Metellus) de illa mente desisteret; ep V 2, 8. subire iniuriam malui quam a vestris sanctissimis mentibus dissidere; prov 41. nisi haereret in eorum mentibus mortem esse migrationem; Tusc I 27. gravissime me in hanc mentem impulit Pompei fides; ep I 9, 12. si in urbe et in eadem mente permanent; Catil II 11. quorum (Eretriacorum) omne bonum in mente positum et mentis acie; Ac II 129. quid tibi in mentem venit ita respondere? de or I 240. mihi solet in mentem venire illius temporis; ep VII 3, 1.

III. **nach Adiectiven:** 1. si tuae mentis compos fuisses; Piso 48. is ipse mentis expers habendus est; nat II 56. cum dormientibus ea pars animi, quae mentis et rationis sit particeps, sopita langueat; div I 60. quorum utramque mentis esset proprium et ingenii; Ac I 20. — 2. nihil est tam cognatum mentibus nostris quam numeri atque voces; de or III 197. — 3. homo divina quadam mente praeditus; Milo 21. cum omnia completa et referta sint aeterno sensu et mente divina; div I 110. — 4. huic (parti animi) omnia visa obiciuntur a mente ac ratione v a c u a; div I 60.

IV. **nach Substantiven:** 1. a c i e s: f. II, 5. pono in. quia nomen insaniae significat mentis aegrotationem et morbum; Tusc III 8. illud naturale (genus divinandi) concitatione mentis edi et quasi fundi videbatur; div II 27. haec mentis et ipsius divinitate et coniunctione cum externis mentibus cerni, quae sint futura; div II 119. est hominis magni maximi aestimare conscientiam mentis suae; Cluent 159. divinitas: f. coniunctio. error: f. I, 1. est. (Cassandram divinantem) mentis incitatione et permotione divina; div I 89. interpres mentis oratio verbis discrepat sententiis congruens; leg I 30. morbus: f. aegrotatio. esse aliquod numen praestantissimae mentis, quo haec regantur; nat II 4. facilius ad ea, quae visa, quam ad illa, quae audita sunt, mentis oculi feruntur || feruntur || ; de or III 163. an quisquam potest sine perturbatione mentis irasci? Tusc IV 54. senatum ipsum, principem salutis mentisque publicae, vi, caede pervertit; har resp 58. qui sit hoc tempore mentis meae sensus; A IV 3, 1. nec ingenii mentisque vim talem effici potuisse fortuna; nat II 153. — 2. coniunctio cum: f. 1. coniunctio. intemperantiam, quae est a tota mente defectio; Tusc IV 22.

V. **Umstand:** 1. mente consilioque divino omnia in hoc mundo administrari; nat II 132. aguntur (ista) leniter et mente tranquilla; Tusc IV 55. circumscribi: f. I, 1. dimittit. illud circumspicite vestris mentibus; agr II 45. quod cogitatione tantum et mente complectimur; orat 8. compleri: f. III, 3. refertus. omnes cives de rei publicae salute una et mente et voce consentiunt; Phil I 21. ut numquam liceat quieta mente consistere; div II 149. quo aut oppressus iaceas aut, ne opprimare, mente vix constes; Tusc IV 39. mihi videmini optima mente potestatem nobis de tota re publica fecisse dicendi; Phil III 13. ut tota mente omnique animi impetu in rem publicam incumbas; ep X 5, 2. (sapiens) movetur mente, movetur sensibus; Ac II 101. ut deos mente domestica et civili precarentur; Balb 55. eorum (deorum) mente mundum regi; leg II 32. versabat se in utramque partem non solum mente, sed etiam corpore; Ver II 74. abl. comp.: f. I, 1. dimittit. — 2. me ita dolere, ut a mente non deserar; A III 15, 2. plerique ut fusi sine mente iacerent; Ver V 28.

mensa, Tisch, Tafel, Platte, Wechselbank, Opfertisch: I. si praetor dedit, a quaestore n u m e r a v i t, quaestor a mensa publica, mensa aut ex vecti-

gali aut ex tributo; Flac 44. — II, 1. haec ad te
scripsi apposita secunda mensa; A XIV 6, 2. quod
mensas Delphicas abstulit Syracusis; Ver IV 131.
mensae conquisitissimis epulis exstruebantur; Tusc
V 62. super terrae tumulum noluit quicquam statui
nisi columellam aut mensam aut labellum; leg II
66. mensam tolli iubet; Piso 68. — 2. discubuimus
omnes praeter illam (Pomponiam), cui tamen Quintus de mensa misit; A V 1, 4. numero a: f. I. —
III. vita plena Italicarum Syracusiarumque mensa-
rum; Tusc V 100.

mensarius, Geldwechsler: in qua (civitate)
nummus commoveri nullus potest sine quattuor
mensariis; Flac 44.

mensio, Messung: aures ipsae vel animus
aurium nuntio naturalem quandam in se continet
vocum omnium mensionem; orat 177.

mensis, (gen. mensum, mensuum f. III), Monat:
I. horae cedunt et dies et menses et anni; Cato
(8). quod suos dies mensesque congruere volunt cum
solis lunaeque ratione; Ver II 129. — II, 1. ibi cum
lunium mensem consumpsissem; A VI 2, 6.
aestivos menses reliquos rei militari dare, hibernos
iuris dictioni; A V 14, 2. eximi iubet non diem ex
mense, sed ex anno unum dimidiatumque mensem;
Ver II 129. non numquam uno die longiorem mensem faciunt aut biduo; Ver II 129. mensem, credo,
extremum anni, ut veteres Februarium, sic hic De-
cembrem sequebatur; leg II 54. — 2. eximo ex:
f. 1. eximo. — III. primorum mensum ‖ mensium ‖
litteris tuis vehementer commovebar; ep VII 17, 1.
ex annua provincia prope iam undecim mensum
‖ mensum, mensium ‖ provinciam factam esse gaudebam; ep III 6, 5. me hoc perspicere ex consulum
mensiumque ratione; Ver II 188. versuram scribis
esse faciendam mensum quinque; A XV 20, 4. —
IV, 1. Tib. Gracchus regnum occupare conatus est,
vel regnavit is quidem paucos menses; Lael 41. —
2. multis ante mensibus in senatu dixit . .; Phil
II 81. intellegetis illa tempora cum societatis tabulis non solum consulibus, verum etiam mensibus
convenire; Ver II 186. vidimus paucis post mensibus
consulem spoliatum; Ver III 177. paucis postea
mensibus alia vehemens erat in iudiciis invidia versata; Cluent 130. haec quinto mense post viri
mortem ipsi Oppianico nupsit; Cluent 35. — 3. si
filius natus esset in decem mensibus; Top 44. quae
(indicia) per hos menses in homines audacissimos
facta sunt; Sulla 92. aliquot post menses homo
occisus est; Sex Rosc 128.

menstruus, monatlich, einen Monat dauernd:
una civitas prope menstrua cibaria donare Apronio
cogitur; Ver III 72. textile ne operosius (dicato)
quam mulieris opus menstruum; leg II 45. cum
omnes menstruas panae rationes in tabulas trans-
ferant; Q Rosc 8. cum alicuius annui, menstrui,
diurni nocturnive spatii certa significatione; inv
I 39. ei si aeque vita iucunda menstrua addatur;
fin IV 30.

mensura, Maß, Messung: I, 1. ego me quasi
malis architectis mensurae vestrae nego credere;
Ac II 126. — 2. cumulatiore mensura uteretur;
Ver III 118. — 3. quod sub aurium mensuram aliquam cadit ‖ cadat ‖, numerus vocatur; orat 67. —
II. quos (sesquimodios) tu cum ad mensurae tam
exiguam rationem populo Romano in capita di-
scripsisses; Ver III 215. — III. quod (Hesiodus)
eadem mensura reddere iubet, qua acceperis, aut
etiam cumulatiore, si possis; Bru 15.

menta, Krauseminze: „ruta" et „menta" recte
utrumque; volo mentam pusillam ita appellare ut
„rutulam"; non licet; ep IX 22, 3.

mentio, Erwähnung, Vorschlag, Anregung:
I. versatam esse in iudicio mentionem pecuniae
sentiebant; Cluent 78. nulla triumphi mentio; Piso

97. — II, 1. quoniam Stoicorum est facta mentio;
Bru 117. de te a Magnetibus ab Sipylo mentio est
honorifica facta; Q fr II 9 (11), 2. quod te amat
nec tui mentionem intermitti sinit; A V 9, 3. —
2. casu in eorum mentionem incidi; div Caec 50.

mentior, lügen, sein Wort nicht halten, erdichten, täuschen, part. Trugschluß: I, 1. mentiri
nefas habeatur; leg II 63. — 2. nec in eo ipso
mentitur; A XII 21, 4. mentiri nauarchos, mentiri
tot tam gravea civitates, mentiri etiam Siciliam
totam; Ver V 135. frous, oculi, vultus persaepe
mentiuntur, oratio vero saepissime; Q fr I 1. 15
quo modo mentientem, quem ψευδόμενον vocant, di-
solvas; div II 11. — II. cum plurimis de rebus
divini isti mentiantur; nat III 14. f. III. — III. de
hoc (C. Mario) nihil mentiuntur; Ac II 13. in
quibus (ordinibus) nihil umquam immensa vetusta-
mentita sit; nat II 15.

mentum, Kinn: 1. cum in gremiis mimarum
mentum mentemque ‖ mentem mentumque ‖ deponeres; Phil XIII 24. Tito Pinario mentum in dicendo intorquenti; de or II 266. — 2. altero ad
mentum depresso supercilio; Piso 14.

meo, ziehen, wandeln: „cum luna means Hyperionis officit orbi"; fr H IV, b, 132.

meracus, rein, unvermischt: cum ille (populus)
non modice temperatam, sed nimis meracam libertatem sitiens hausit; rep I 66. eum (aegrotum)
meracius (vinum) sumpturum statimque periturum;
nat III 78.

mercator, Kaufmann, Aufkäufer, Händler:
I. ut mihi respondeat, qui sit iste Verrucius, mercator an negotiator; Ver II 188. — II, 1. cum neque
res publica consules haberet, sed mercatores provinciarum; ep I 9, 13. quoniam in Achaiam, Asiam
legationis nomine mercator signorum tabularumque
pictarum missus est; Ver I 60. — 2. parumne multa
mercatoribus sunt necessario pericula subeunda
fortunae? Ver V 157. — 3. sordidi etiam putandi,
qui mercantur a mercatoribus, quod statim vendant; of I 150. — III. mercatorum navigatio
conquiescit; imp Pomp 15.

mercatura, Handel, Einkauf: I, 1. mercatura,
si tenuis est, sordida putanda est; sin magna et
copiosa, multa undique apportans multisque sine
vanitate impertiens, non est admodum vituperanda;
of I 151. — 2. non erit ista amicitia, sed mercatura
quaedam utilitatum suarum; nat I 122. — II, 1. qui
honeste rem quaerunt mercaturis faciendis; par
46. puto, vitupero: f. I, 1. — 2. ad quos (Athen.
Cratippum) cum tamquam ad mercaturam bonarum
artium sis profectus; of III 6.

mercatus, Verkauf, Markt: I. similem sibi
videri vitam hominum et mercatum eum, qui
haberetur maximo ludorum apparatu totius Graeciae
celebritate; Tusc V 9. — II, 1. habeo: f. I. qui
earum rerum omnium domesticum mercatum instituerit; Phil III 30. — 2. proficiscentem ad
mercatum quendam; inv II 14. — III. nos quasi in
mercatus quandam celebritatem ex urbe aliqua
sic profectos; Tusc V 9. — IV. cum domi tua
turpissimo mercatu omnia essent venalia; Phil II 6.

mercedula, geringer Lohn, Einkünfte: I. ut
constituerentur mercedulae praediorum; A XIII 11
1. — II. ut apud Graecos infimi homines mercedula
adducti ministros se praebent in iudiciis oratorihus.
ii qui apud illos πραγματικοί vocantur, sic . .; de
or I 198.

mercennarius, bezahlt, gedungen: Mietling
Söldner, Tagelöhner: A. audite decretum mercennarii praetoris; Ver V 53. si tuus servus
nullus fuerit et omnes alieni et mercennarii; Caecin
58. de mercennariis testibus a suis civitatibus po-
tandis; ep III 11, 3. — B. I. potestis mercennarios
gratuitis anteferre? Font 32. — II. inliberales et

sordidi quaestus mercennariorum omnium, quorum operae, non quorum artes emuntur; of I 150.

merces, Lohn, Belohnung, Preis, Lehrgeld, Künfte: I, 1. velim ab Erote quaeras, ubi sit merces insularum; A XV 17, 1. — 2. tamenetsi ea (gloria) non sit iniqua merces periculi; de or II 210. — II, 1. quam (mercedem) illa (virtus) accipit facile, exigit non acerbe; rep III 40. magna nobis a te proposita merces est, quam certe nostra culpa nunquam minus adsequemur; Q fr III 3, 4. data merces est erroris mei magna; dom 29. exigo: f. accipio. propono: f. adsequor. — 2. ut (Cicero) sumptus huius peregrinationis accommodet ad mercedes Argileti et Aventini; A XII 32, 2. reliqua diligentius ex hoc ipso exquiram, in his de mercedibus dotalium praediorum; A XV 20, 4. — III. amicitiam non spe mercedis adducti expetendam putamus; Lael 31. — IV, 1. te gaudeo eam fidem cognosse hominum non ita magna mercede; ep I 9, 3. qui mercede conducuntur; dom 89. qui (Apollonius) cum mercede doceret; de or I 126. — 2. istuc nihil dolere non sine magna mercede contingit inmanitatis in animo, stuporis in corpore; Tusc III 12.

mercor, Handel treiben, kaufen, erkaufen: I. alteri (erant maritimi) mercandi causa, latrocinandi alteri; rep II 9. — II. sordidi etiam putandi, qui mercantur a mercatoribus, quod statim vendant; of I 150. si ea mercanda esses, quae ego desiderabam: ep VII 23, 1. fundum Cumaeum Romae mercatus est de pupillo Meculonio; Flac 46. ego vero haec officia mercanda vita puto; A IX 5, 3.

mereo, mereor, verdienen, dienen, Kriegsdienste tun, erwerben, gewinnen, sich verdient machen: I. qui si adulescens patre suo imperatore non meruisset; Muren 11. quae memoria est in iis (pueris) bene merentium! fin V 61. Ciceronem, et ut rogas, amo, et ut meretur et debeo; Q fr III 9, 3. — II, 1. quem dixerit bene meritum de populi Romani nomine et dignitate; Brn 254. praeclare vir de re publica meritus, L. Opimius; Sest 140. ita meruisse illum de me puto, ut . .; A IX 7, 4. — 2. (Socrates) respondit sese meruisse, ut amplissimis honoribus decoraretur; de or I 232. — III. fustuarium meruerunt legiones; Phil III 14. meritas dis gratias ago; leg II 43. neque eam (iracundiam) iniustam, sed meritam ac debitam fuisse; de or I 39. quas (poenas) proxime meruisset; Ver III 178. omnes se provincias stipendia merentem peragrasse; de or II 258.

meretricius, buhlerisch, einer Buhlerin: qui meretriciis amoribus interdictum iuventuti putet; Cael 48. si libidinosa meretricio more viveret; Cael 30. qui te a meretricio quaestu abduxit; Phil II 44.

meretricula, Buhlerin: I. meretricula Leontium contra Theophrastum scribere ausa est; nat I 93. — II. iura omnia praetoris urbani nutu atque arbitrio Chelidonis meretriculae gubernari; Ver V 34.

meretrix, Buhlerin: I. quid necesse est, tamquam meretricem in matronarum coetum, sic voluptatem in virtutum concilium adducere? fin II 12. — II. in qua (domo) semper meretricum lenonumque flagitia versantur; Ver IV 83. (simulacrum) ereptum ex meretricis sepulcro; har resp 33.

mergo, tauchen, untertauchen: quae (aves) se in mari mergerent; nat II 124. mergi eos (pullos) in aquam iussit; nat II 7.

meridianus, des Mittags: omne illud tempus meridianum Crassum in attentissima cogitatione posuisse; de or III 17.

meridiatio, Mittagsruhe: nunc propter intermissionem forensis operae et lucubrationes detraxi et meridiationes addidi, quibus uti antea non solebam; div II 142.

meridies Mittag, Süden: I. ipsum „meridiem", cur non „medidiem?" credo, quod erat insuavius

|| una f; orat 157. — II. inflectens sol cursum tum ad septentriones, tum ad meridiem aestates et hiemes efficit; nat II 49. (Attus Navius) ad meridiem spectans; div I 31. — III. Milo permansit ad meridiem; A IV 3, 4. cum ante meridiem dictioni operam dedissemus, post meridiem in Academiam descendimus; Tusc II 9.

merito, verdienen: qui sestertia dena meritasset; Ver III 119.

merito f. meritum, V, 1.

meritorius, bezahlt, unzüchtig: ingenui pueri cum meritoriis, scorta inter matres familias versabantur; Phil II 105.

meritum, Verdienst: I. quamquam sunt in me praecipua merita multorum; sen 30. video neminem, cuius non exstet in me summum meritum; Planc 2. — II, 1. omnis erit aetas mihi ad eorum erga me merita praedicanda atque recolenda; sen 30. — 2. supplicatio dis immortalibus pro singulari eorum merito meo nomine decreta est; Catil III 15. unde de suis meritis in rem publicam (Demosthenes) aggressus est dicere; orat 133. qui honos pro amplissimis meritis redditur; Phil V 41. — III. nemo erit tam immemor non dicam meorum in bonos meritorum, sed bonorum in me, qui . .; Planc 102. — IV. meritorum tuorum in rem publicam eximia quadam magnitudine; ep X 12, 1. quod nullam partem tuorum meritorum ne cogitanda quidem gratia consequi possum; ep I 8, 6. — V, 1. qui a me nullo meo merito alienus esse debebat; Sest 39. quem (Scaevolam) omnes amare meritissimo pro eius eximia suavitate debemus; de or I 234. quod ei merito atque optimo iure contigit; Marcel 4. Gallia merito vereque laudetur; Phil V 37. Pisonem nostrum merito odio amo plurimum; ep XIV 2, 2. — 2. ut crimen hoc nobis propter multa praeclara in rem publicam merita condonetis; Milo 6.

merula, Amsel: evolare merulas; fin V 42.

merus, rein, lauter, nur: meras proscriptiones, meros Sullas; A IX 11, 3. Dolabella merum bellum loquitur; A IX 13, 8. mera monstra nuntiarat; A IV 7. 1. amicos habet meras nugas, Matinium, Scaptium; A VI 3, 5. proscriptiones: f. Sullae.

merx, Ware: I. ille, cuius merces erant; inv II 154. — II. auditae visaeque merces fallaces quidem et fucosae; Rab Post 40. importantur non merces solum adventiciae, sed etiam mores; rep II 7. qui abs te navem suam mercesque repetat; Ver V 154. video: f. audio.

messis, Ernte: I. ut, quid sit sementis ac messis, nesciat; de or I 249. — II. messe annua fructus annuus interibat; Ver III 125. qui caedes f clades fl municipiorum, qui illam Sullani temporis messem recordatur; par 46.

messor, Schnitter: Cotta non mihi oratores antiquos, sed messores videtur imitari; de or III 46.

messorius, zur Ernte: messoria se corbe contexit; Sest 82.

meta, Kegel, Wendepunkt: I. quae (umbra terrae) est meta noctis; div II 17. ex quo inciderat luna tum in eam metam, quae esset umbra terrae; rep I 22. — II. fama adulescentis paulum haesit ad metas notitia nova mulieris; Cael 75. incido in: f. I.

metator, Abmesser: accedit Saxa nescio quis, castrorum antea metator, nunc, ut sperat, urbis; Phil XI 12. quam (urbem) iam peritus metator et callidus decempeda sua Saxa diviserat; Phil XIV 10.

metior, messen, abmessen, beurteilen: ut omnia te metiri dignitate malim quam ambitione; ep X 25, 3. quam (aeternitatem) nulla circumscriptio temporum metiebatur; nat I 21. Veientem agrum et Capenatem metiuntur; ep IX 17, 2. quarum (rerum) fructum utilitate metimur; de or II 335. malunt errare vagae per nubila caeli atque suos

vario motu metirier orbes«; fr H IV, a, 475. sese
mensum pedibus aiebat passuum 111C1Ɔ; Q fr III 1,
3. syllabis metiendos pedes, non intervallis existimat; orat 194. et manendi in vita et migrandi ratio
omnis iis rebus metienda; fin III 61. si clarorum
hominum scientiam ‖ excellentiam ‖ rerum gestarum
vel utilitate vel magnitudine metiri velit; de or I 7.
quae (sonantia) metiri auribus possumus; orat 227.
ut nos studia nostra nostrae naturae regula metiamur;
of I 110. vim eloquentiae sua facultate, non rei
natura metiuntur; opt gen 10.

meto, ernten, abmähen: I. „ut sementem
feceris, ita metes", inquit; de or II 261. — II. »vita
omnibus metenda, ut fruges«; Tusc III 59.

metuo, fürchten, in Furcht sein, besorgt sein,
befürchten: I, 1. cum plus in metuendo mali sit
quam in ipso illo, quod timetur; ep VI 4, 4. — 2.
nisi (luxuriosi) plane fatui sint, id est nisi aut
cupiant aut metuant; fin II 70. — II, 1. neque (frater)
tam de sua vita quam de mea metuit; A X 4, 6. —
2. metuit, ne laceratis membris minus bene utatur,
ne combustis, non extimescit; Tusc I 6. — 3. Chrysippus metuit, ne non teneat omnia fato fieri; fat
21. — 4. metuit, ut eam (calamitatem) ipse posset
opibus suis sustinere; Planc 96. — III, 1. homines
legum iudiciorumque metuentes; dom 70. — 2.
ab eone aliquid metuis? Sex Rosc 145. illi, etiamsi
hunc non timeret, tamen accessum ad urbem nocturnum fuisse metuendum; Milo 52. cum servorum
bellum metueretur; Ver V 18. homini nimium communem Martem belli casumque metuenti; Sest 12.
si crimen hoc metuebas; Ver V 75. dolor, id est
summum malum, metuetur semper; fin II 92. a me
insidias metuunt; ep V 6, 2. malum: f. dolorem.
Martem: f. casum. cum (praetor) ab omnibus propter
crudelitatem metueretur; Ver III 130. quae (supplicia)
a vobis pro maleficiis suis metuere atque horrere
debent; Sex Rosc 8.

metus, Furcht, Besorgnis: I. in quem cadit
aegritudo, in eundem metum cadere necesse est;
Tusc V 52. concutit: f. II, 1. definio. metus est
diffidentia exspectati et impendentis mali; Tusc IV
80. excutit, al.: f. II, 1. definio. aliud (vocis genus
sibi sumat) metus, demissum et haesitans et abiectum;
de or III 218. in re publica nunc quidem maxime
Gallici belli versatur ‖ Gallici versantur ‖ metus;
A I 19, 2. — II, 1. volo abstergere animi tui
metum; ep IX 16, 9. hoc metu adiecto; A III 8, 2.
est hominis magni metum cupiditatemque omnes amovere; Cluent 159. quae subiecta sunt sub metum, ea
sic definiunt: pigritiam metum consequentis laboris,
*terrorem metum concutientem, timorem metum mali
appropinquantis, pavorem metum mentem loco moventem, exanimationem metum subsequentem et quasi
comitem pavoris, conturbationem metum excutientem
cogitata, formidinem metum permanentem; Tusc IV
18. 19. hoc iniecto metu iudicibus; Ver II 67.
diffugiunt, qui sunt, metu oblato; ep XV 1, 5.
(Antonius) solet nec diutius obsidionis metum sustinere; Phil XI 26. quaenam sollicitudo vexaret impios sublato suppliciorum metu? leg I 40. — 2. qui
metu crudelissimorum suppliciorum carere non
possumus; Milo 5. si liberari mortis metu possumus;
Tusc I 23. — 3. qui paulum respirare a metu
coepit; Cluent 200 cum ex illo metu mortis ac
tenebris revixisset; Ver V 160. subicio sub: f. 1.
definio. mihi etiam unum de malis in metu est,
fratris miseri negotium; A III 9, 3. quem fortitudo
ab aegritudine et a metu vindicet; Tusc V 42. —
III, 1. cum vita sine amicis insidiarum et metus
plena sit; fin I 66. — 2. non ut parvo metu praeditus sit, sed ut nullo; Tusc V 41. vacui metu esse
debemus; Phil I 25. — 3. animi adfectio procul
ab omni metu; Tusc V 41. — IV, 1. quamquam de
ipsius metus inconstantia, imbecillitate, levitate

dicendum est; Tusc IV 64. cum ceteri sunt in
aliqua perturbatione aut metus aut laetitiae aut
cupiditatis; Tusc IV 82. — 2. e physicis sumitur
constantia contra metum religionis; fin I 64. —
V, 1. hoc metu adductus tantum decumanis dedit;
Ver III 55. iam si pudor, si modestia, si pudicitia,
si uno verbo temperantia poenae aut infamiae metu
coërcebuntur; fin II 73. aratores vi et metu coactos
dedisse; Ver III 153. nationes multae et magna-
novo quodam terrore ac metu concitabantur; imp
Pomp 23. ut exercitum in gravissimo bello animadversionis metu contineret; fin I 35. simul ac me
fractum ac debilitatum metu viderit; de or I 121.
non est consentaneum, qui metu non frangatur, eum
frangi cupiditate; of I 68. metu perterritis nostris
advocatis; Caecin 44. non mediocri ab eo ceteri
proscriptionis et mortis metu tenebantur; Cluent
25. — 2. intolerabile est servire impuro, numquam
ne in metu quidem sobrio; Phil III 12. hunc homini
alienissimo a civitatibus laudationes per vim et metum comparare; Ver IV 147. qui propter metum
praesidium reliquit; Tusc III 17. ut sine cura
metuque vivamus; fin I 49.

meus, mein: A, I. hic aliquando fuit meus
Phil XI 10. sollicitat me tua, mi Tiro, valetudo;
ep XVI 20. ducens mecum Ciceronem meum in ludum
discendi, non lusionis; Q fr III 4, 6. adventus meus
atque introitus in urbem qui fuit? dom 75. ine-t
nescio quid et latet in animo ac sensu meo; leg
II 3. quasi vero me tuo arbitratu et non meo
gratum esse oporteat; Planc 71. cum aliquo insigni
indicio meae erga te benivolentiae; ep VII 6, 1.
meis consiliis, meis laboribus, mei capitis periculis
interitu rem publicam liberavi; Sulla 33. quod aut
mea causa potius est constitutum quam tua aut nihilo tua potius quam mea; Ver I 26. an ego non
provideam meis civibus? Phil VI 17. consilium :
f. caput, providentia. reliqua a me meae perpetuae
consuetudini naturaeque debentur; Sulla 87. omnes
societates de meo consulatu ac de meis rebus gestis
amplissima decreta fecerunt; dom 74. cuius (Catonis
mei) a me corpus est crematum, quod contra decuit.
ab illo meum; Cato 84. non quo aut aetas nostra
ab illius aetate quicquam debeat periculi suspicari,
aut dignitas mea ullam contentionem extimescat;
A XIV 13, B, 5. f. salus. L. Torquatus, meus familiaris ac necessarius; Sulla 2. possum nominare et
agro Sabino rusticos Romanos, vicinos et familiares
meos; Cato 24. accipio, mea filia, omen; div I 103
frater: f. vita. cum ipsi et cum meo et cum suo
inimico in gratiam non dubitarint redire; prov 47.
Scaevolae, homines meo quidem iudicio acutissimi
leg II 52. mei satietatem magno meae liberavi
superavi; Muren 21. f. caput. natura: f. consuetudo
necessarius: f. familiaris. cui nomen meum absentis
honori fuisset, ei meas praesentes preces non putas
profuisse? Planc 26. num igitur in hoc officio,
quod fuit praecipue meum, sententia mea reprehenditur? dom 18. quae potestas si mihi saepius sine
meo vestroque periculo fiet; Phil I 38. preces :
f. nomen. quod virtute, consilio, providentia mea
res publica maximis periculis sit liberata; Catil III
14. ais: „habe meam rationem". habe tu nostram
‖ nostrum ‖; A VII 9, 4. eos vitae meae pepercisse
quod de reditu meo nihil timerent; Planc 71. re-
gestae: f. consulatus. qui cum omnem vim su
tribunatus in mea salute consumpserit; Sest 31. qu
amici fuerint saluti et dignitati meae; Balb 2
sensus: f. animus. hoc interest inter meam sententia
et tuam; Phil VIII 15. f. officium. ut omne studium
meum in Cn. Plancii honore consumerem; Planc 73
vicini: f. familiares. virtus: f. providentia. iace-
in maerore meus frater neque tam de sua vita quae
de mea metuit; A X 4, 6. f. reditus. — II, 1. me
fuit semper haec in hac re voluntas et sententia

div Caec 16. eadem nunc mea adversum te oratio est; fin V 80. si illud meum turbulentissimum tempus tuo tranquillissimo praestat; Piso 33. una mea domus iudiciis omnibus liberata in hac urbe sola est; har resp 11. si uno meo facto et tu et omnes mei corruistis; Q fr I 4, 1. — 2. solius meum peccatum corrigi non potest; A XI 15, 2. — B, a. corruunt: f. A, II, 1. unus. mihi, meis, rei publicae restitutus; Quir 18. ego cum meis etiam in meis esse malui; ep VII 3, 3. etsi eram perterritus non tam mortis metu quam insidiarum a meis; rep VI 1. — b. ego mea video quid intersit; Catil IV 9. magni mea interest hoc tuos omnes scire; ep VI 10, 3. non quo mea interesset || quae esset, al. || loci natura; A XIII 19, 1. nihil mea iam refert, utrum tu conscientia oppressus scelerum tuorum nihil ausus sis scribere, an . .; Piso 39. — c. ipse mea legens sic adficior interdum, ut . .; Lael 4. nihil magnopere meorum miror; Ac I 8. omnia mecum porto mea; par 8. vendo meum non pluris quam ceteri; of III 51. sum in: f. a. ep VII 3, 3.

mico, juden, funkeln, strahlen, schimmern, Fingerspiel spielen: I. quasi sorte aut micando victus; of III 90. — 2. dignum esse dicunt „quicum in tenebris mices"; of III 77. venae et arteriae micare non desinunt quasi quodam igneo motu; nat II 24. »Equus ille iubam quatiens fulgore micanti«; nat II 111. »stella micans tali specie talique nitore«; tr H IV, a, 81. Venae: f. arteriae.

migratio, Auszug, Wanderung: 1. hanc Palatinam Medeam migrationemque huic adulescenti causam sermonum fuisse; Cael 18. — 2. migrationem esse mortem in eas oras, quas, qui e vita excesserunt, incolunt; Tusc I 98.

migro, ziehen, ausziehen, auswandern, übertreten, überschreiten: I. video te alte spectare et velle in caelum migrare; Tusc I 82. eam negare »e audere, cum vir abesset, migrare; ep VII 23, 4. ut migrare tanto opere festines; ep VII 23, 4. non solum inquilini, sed mures etiam migraverunt; A XIV 9. 1. (sapiens) non dubitat, si ita melius sit, migrare de vita; fin I 62. — II. ea migrare interdum et non servare fit iustum; of I 31. qui id (ius) conservaret, eum iustum, qui migraret, iniustum fore; fin II 67.

miles, Soldat: I, 1. id etiam gregarii milites faciunt inviti, ut coronam dent civicam; Planc 72. ut sit in proelio, ut ignavus miles ac timidus, simul ac viderit hostem, fugiat ob eamque causam pereat, sic . .; Tusc II 54. miles ad Capuam profectus sum; Cato 10. quid tirones milites, flos Italiae, quid cuncta Italia de vestra gravitate sentiat; Phil XI 39. videt: f. fugit. videtur: f. II, 1. adduco. — 2. erat Hortensius in bello primo anno miles, altero tribunus militum; Bru 304. qui extrema pueritia miles in exercitu fuit; imp Pomp 28. — 3. vos appello, centuriones, vosque, milites; Milo 101. — II, 1. adduc pari animo inexercitatum militem, mulier videbitur; Tusc II 37. appello: f. I, 3. viderat armatis militibus refertum forum; Deiot 33. quod C. Caesar milites veteranos ad liberandam populi Romani cohortatus sit; Phil V 46. permultos a te milites esse dimissos; ep III 3, 2. mihi palam factus non est; Caecin 21. deforme est cum irrisione audientium imitari militem gloriosum; of I 137. — 2. uti C. Pansa A. Hirtius consules, alter ambove, si eis videratur, rationem agri haberent || habeant || iisque militibus ita darent, adsignarent, ut ..; Phil V 53. ut is (ager) militibus veteranis divideretur; Phil V 53. de: i. adsigno. quae praemia militibus promisimus; Phil XIV 35. — III. refertus: f. II, 1. armo. — IV. saepe clamore ipso militum magnas copias pulsas esse vidimus; Caecin 43. noster hic Magnus nomine Theophanem Mytilenaeum in contione militum

civitate donavit? Arch 24. firmissimum exercitum ex invicto genere veteranorum militum comparavit; Phil III 3. arma membra militis esse dicunt; Tusc II 37. integrum militum numerum fuisse; ep III 3, 2. cum tribunus militum Flaccus esset; Flac 77. f. I, 2. nisi tanta militum virtus exstitisset; Phil XIV 35. — V, 1. cum totam Italiam militibus suis occuparint; agr II 17. — 2. te provinciam Macedoniam sine ullo milite reliquisse; Piso 47.

miliarium, Meilenstein: cum plebes prope ripam Anionis || Aneonis, Anienis || ad tertium miliarium consedisset; Bru 54. audivi a tertio miliario eam esse; A VIII 5, 1.

miliens (milliens, milies), tausendmal, vielmal, hundert Millionen: I. cur P. Crassi filia posset habere aeris milliens salva lege, mea triciens non posset? rep III 17. sestertium bis miliens et quadringentiens ne magno opere contemneret; Rab Post 21. illud septiens miliens, quod adulescenti spopondistis, ita discribetur, ut ..; Phil XIII 12. — II. mori miliens praestitit quam haec pati; A XIV 9, 2. (genera Iuris) milliens mutata demonstrem; rep III 17. Aiax milies oppetere mortem quam illa perpeti maluisset; of I 113. miliens revocatum est; Sest 123.

militaris, soldatisch, kriegerisch, militärisch: sunt domesticae fortitudines non inferiores militaribus; of I 78. quoniam de militari eius gloria dico; Ver V 25. quoniam auctoritas in imperio militari valet; imp Pomp 43. quae (Asia) ab hoc in militari labore peragrata (est); Muren 24. quod in militari laude antecellunt; Muren 24. quod statuas videmus ornata fere militari; of I 61. num tu me aut hunc Cottam ius civile aut rem militarem iubes discere? de or I 131. nesciebam te tam peritum esse rei militaris; ep IX 25, 1. studiis militaribus apud iuventutem obsoletis; Font 42. si hanc urbanam suffragationem militari anteponis; Muren 38. qui tribuni militares fuerunt; Phil VII 16. quae (via) per Macedoniam est usque ad Hellespontum militaris; prov 4.

militia, Kriegsdienst, Felddienst, Dienst: I. quam levis epheborum illa militia! rep IV 4. — II, 1. te istam militiam iam firmo animo ferre; ep VII 18, 1. Servius hic nobiscum hanc urbanam militiam respondendi, scribendi, cavendi plenam sollicitudinis ac stomachi secutus est; Muren 19. eum (Ulixem) simulatione insaniae militiam subterfugere voluisse; of III 97. forti animo istam tolera militiam; ep VII 18, 1. — 2. Xenophon in ea militia, qua cum Cyro minore perfunctus est, sua scribit somnia; div I 52. — 3. ad militiam euntibus dari solitos esse custodes, a quibus primo anno regantur; rep IV 3. — III. ubi illud contubernium muliebris militiae? Ver V 104. — IV, 1. eidem et domi et militiae consilium suum fidemque praestabant; de or III 134. quorum (hominum) virtus fuerat domi militiaeque cognita; Tusc V 55. — 2. in: f. II, 2.

milito, Kriegsdienst tun: [in cuius (Popilii) exercitu Catonis filius tiro militabat]; of I 36.

mille, tausend: A. qui non plus mille quingentos aeris in suum censum attulissent; rep II 40. tria milia annorum magnum annum tenere; nat fr 5. in Leontino iugerum subscriptio ac professio non est plus xxx; decumae xxxvi medimnum venierunt; Ver III 113. cum decumae venissent agri Hennensis med. vIIIcc, Apronio coacti sunt dare tritici modium xvIII et HS III milia; Ver III 100. f. iugerum. ad Staienum sescenta quadraginta milia nummum esse delata; Cluent 87. sese mensum pedibus aiebat passuum IIICID; Q fr III 1, 3. (saepta) cingemus excelsa porticu, ut mille passuum conficiatur; A IV 17, 7 (16, 14). scutorum in ludo ccio fuerunt; A VII 14, 2. HS IIII lis aestimata est; Ver IV 22. f. medimnum. ille nescio qui, mille et octingenta stadia quod abesset, videbat; A II 81. — B, a. tot milia latrocinantur morte proposita;

nat I 86. — **b.** addidit centum milia; of III 62.
ut mihi ultra quadringenta milia liceret esse; A III 4.
millesimus (millens.), taufenbfte: quamquam
id millensimo ante anno Apollinis oraculo editum
esset; fat 13. millesimam partem vix intellego;
A II 4, 1.

milvinus, beğ Ğeterğ: „Licinium plagiarium
cum suo pullo milvino tributa exigere"; Q fr I 2, 6.
miluus, Weiße: miluo est quoddam bellum
quasi naturale cum corvo; nat II 125.

mima, Ğdjaufpielerin, Mimenfpielerin: I.
mimos dico et mimas in agro Campano conlocatos;
Phil II 101. cuius (Antonii) inter lictores lectica
mima portatur; A X 16, 5. — II. quos centuriones
inter mimorum et mimarum greges conlocavit;
Phil VIII 26.

mimicus, mimifch: genus hoc levius et mimi-
cum; de or II 274. ne aut scurrilis iocus sit aut
mimicus; de or II 239. non noto illo et mimico
nomine, sed Volumniam consalutabant; Phil II 58.

mimula, Mimenfpielerin: venisti Brundisium,
in sinum quidem et in complexum tuae mimulae;
Phil II 61.

mimus, Mimus, Mimenfpieler: I 1. ex quo
uno genere totus est Tutor, mimus vetus oppido
ridiculus; de or II 259. — 2. videsne conicularum
illum nostrum, quem Curio antea ἀποθέωσιν vocabat,
si hic factus erit, fabam mimum futurum? A I 16,
13. — II. quoniam tu secundum Oenomaum Accii, non,
ut olim solebat, Atellanam, sed, ut nunc fit, mimum
introduxisti; ep IX 16, 7. cum illi spectarent
communes mimos semisomni; ep VII 1, 1. — III, 1.
mulieres nuptae nobiles praeter unam mimi Isidori
filiam; Ver V 81. grex: f. **mima.** II. ut vitanda
est et mimorum et ethologorum similitudo; de or II
244. — 2. exsultabat gaudio persona de mimo;
Phil II 65.

mina, Mine: 1. si emere aquae sextarium
cogerentur || cogantur || mina; of II 56. — 2. a quo
(viro) funerum sumptus praefinitur ex censibus a
minis quinque usque ad minam; leg I 68.

minaciter, broßenb: num putatis dixisse
eum minacius quam facturum fuisse? Phil V 21.
ut adversarios minaciter terrere possemus; de or I 90.

minae, Droßungen: I. quos nec minae nec
tela a mea salute depeilerent; sen 7. minae Clodii
contentionesque, quae mihi proponuntur, modice me
tangunt; A II 19, 1. ut plus apud vos preces virginis Vestalis quam minae Gallorum valuisse videantur; Font 49. quae minae municipiis, quae nominatim viris bonis; A IX 10, 2. — II. Sex. Roscium
fugientem latronum tela et minas recepit domum;
Sex Rosc 27. neve cuiusquam vim aut minas pertimescas; imp Pomp 69. propono: f. I. tangunt. —
III. cum vi, ferro, metu, minis obsessi teneremini;
sen 3. eum tu hominem terreto istis mortis aut
exsilii minis: par 17. equidem putabam virtutem
hominibus instituendo et persuadendo, non minis et
vi ac metu tradi; de or I 247.

minatio, Droßung: conligentur a Graecis alia
non nulla, exsecrationes, admirationes, minationes;
de or II 288.

minax, broßenb: qui Indutiomaro isti minaci
atque adroganti par in bello gerendo esse possit;
Font 36. Caesar minaces ad senatum et acerbas
litteras miserat; ep XVI 11, 2.

miniatulus, rot: cerulas tuas miniatulas
| miniatas || illas extimescebam; A XVI 11, 1.

miniatus, rot gefärbt, rot: quae (συντάξεις)
vereor ne miniata cerula tua pluribus locis notandae sint; A XV 14, 4. volo videre animum, qui
mihi audeat ista apponere aut etiam polypum
miniati Iovis similem; ep IX 16, 8.

minister, Diener, Ğeßülfe, Beförberer: I, 1.
cur ego absum vel socius vel minister consiliorum

(tuorum)? ep II 7, 2. — 2. sit anulus tuus non
minister alienae voluntatis, sed testis tuae; Q fr I
1, 13. qui (sensus) tibi non comites solum virtutum,
sed ministri etiam videbuntur; fin II 113. legum
ministri magistratus; Cluent 146. — II, 1. Martiales
quidam Larini appellabantur, ministri publici
Martis; Cluent 43. illi disertissimi homines ministros
habent in causis iuris peritos, ei qui „pragmatici"
vocantur; de or I 253. qui primum certos instituerit
ministros cupiditatum suarum; Ver III 21. ut apud Graecos
infimi homines mercedula adducti ministros se praebent in iudiciis oratoribus, ii qui apud illos
πραγματικοί vocantur, sic ..; de or I 198. ut in
hac custodia provinciae non te unum, sed omne-
ministros imperii tui sociis praestare videare; Q fr
I 1, 10. — 2. malis usus ille (populus) ministris;
rep I 66. — 3. in eius socios facinorum et ministros
sum semper invectus; Phil XII 17.

ministerium, Dienftleiftung, Ğeßülfe: quibus utitur ministeriis deus, cum optimi speciem efficit; Tim 50.

ministra, Dienerin: I. quas (virtutes) tu
voluptatum satellites et ministras esse voluisti; fin
II 37. — II. quam multarum artium ministras manu-
natura homini dedit! nat II 150.

ministrator, Diener, Aufwärter, Beiftand:
nec pulchros illos ministratores aspiciebat; Tusc
V 62. quod ministratorem peteres, non adversarium;
de or II 305.

ministratrix, Ğeßülfin: ut omnes (artes)
comites ac ministratrices oratoris esse diceres; de
or I 75.

ministro, bienen, bebienen, aufwarten, bar-
reichen: I, 1. cum maximis poculis ministrarelur;
Ver III 105. Acastum retine, quo commodius tibi
ministretur; ep XVI 14, 2. — 2. adsint etiam for-
mosi pueri, qui ministrent; fin II 23. — II. ut
(Ganymedes) Iovi bibere ministraret; Tusc I 65. —
III. ardentes faces furiis Clodianis paene ipse consul ministrabas; Piso 26. Iuventate pocula mini-
strante; Tusc I 65.

minitor, broßen, anbroßen: I. cui (patriae)
igni ferroque minitatur; Phil XIII 48. tibi paene
minitanti nobis per litteras; ep V 2, 10. noster
Publius mihi minitatur; A II 19, 4. — II. se instructum ad urbem venturum esse minitatur.
Phil III 1. — III. cum Catoni iudicium minitanti
ac denuntianti respondisset; Muren 51. ut equitibus
Romanis mortem proscriptionemque minitarentur:
dom 55.

minor, broßen, anbroßen: I. ut neque minanti
cederet neque cuiquam minaretur; Muren 53. Minerva, quia minuit aut quia minatur; nat III 62.
ille urbi minari; A IV 3, 3. — II. universis se funditus eversurum esse illam civitatem minabatur:
Ver IV 76. — III. cui (Theodoro) cum Lysimachus
rex crucem minaretur; Tusc I 102. nobis (Pulchellus) tum vim, tum iudicium minatur; A II 22, 1.
cum idem conspiratio minatur optimis civibus; Phil
III 18. vim: f. iudicium.

minuo, verminbern, verfleinern, verringern,
fdjmälern, beeinträdjtigen: I, 1. quae (natura)
causas gignendi, augendi, minuendi habeat, sed
careat omni sensu et figura; nat I 35. — 2. Minerva
quia minuit aut quia minatur; nat III 62. — II. ut
potentia senatus atque auctoritas minueretur;
rep II 59. minuisti auxilia populi Romani, minuisti
copias maiorum; Ver V 50. quae (statua) magnum
civium dolorem et desiderium honore monimenti
minuet; Phil IX 13. f. maerorem. facultates augere:
non minuere oportere; inv II 115. minuis gloriam
Pompei; Flac 28. vereor, ne, dum minuere velim
laborem, augeam; leg I 12. quo lamentatio minueretur; leg II 65. nihil de maerore minuendo scriptum

ab ullo est; A XII 14, 3. maerorem minui, dolorem nec potui, nec, si possem, vellem; A XII 28, 2. intentio est: „maiestatem minuisti, quod tribunum plebis de templo deduxisti"; inv II 52. indicatio est. minuatne is maiestatem, qui . . ; inv II 52. ab illo maiestatem minutam negabam; de or II 107. quae tanta ex improbis factis ad minuendas vitae molestias accessio potest fieri, quanta ad augendas? fin I 51. ut haec opinio minuatur; de or II 210. potentiam: f. auctoritatem. quod per tribunum plebis tribunicia potestas minuitur; agr II 30. ut sumptus egentissimarum civitatum minuerem; ep III 8, 2. eam (terram) ne quis nobis minuat; leg II 67.

minusculus, flein, fleiner: audi nunc de minuscula (epistula); Q fr III 1, 11. me minusculam villam [utique] Quinto traditurum; A XIV 13, 5.

minutatim, ftüdweife, nad und nad: cum aliquid minutatim et gradatim additur aut demitur; Ac II 79. minutatim interrogati; A II 92.

minute. flein, fleinlid: haec universa considunt etiam minutius; Ac II 42. nec grandia minute (dicet); orat 123. res graves non ita tractantur, ut debent, sed aliquanto minutius; fin IV 7.

minutus, flein, unbedeutend, winzig: A. ecce alii minuti et angusti; fin I 61. quorum satis arguta multa, sed ut modo primumque nascentia minuta quaedam; orat 39. cum „minutum animum" pro parvo dicimus; de or III 169. genus sermonis concisum atque minutum; de or II 159. multo magnus orator praestat minutis imperatoribus; Bru 256. cuius in femore litteris minutis argenteis nomen Myronis erat inscriptum; Ver IV 93. reti- culum ad nares sibi admovebat minutis maculis, plenum rosae; Ver V 27. cum concisus et Trasymachus minutis numeris videretur; orat 40. sin mortuus, ut quidam minuti philosophi censent, nihil sentiam; Cato 85. — B. quid minuta conligimus, hereditates, mercaturas? of III 83.

mirabilis, wunderbar, fonberbar, außererbentlid, bewunbernswert: A. quo magis sunt Herodotus Thucydidesque mirabiles; orat 39. ne hoc forte magnum ac mirabile esse videatur; de or II 191. mirabile est, quam non multum differat ..; de or III 197. quae (stellae) circulos suos orbesque conficiunt celeritate mirabili; rep VI 15. mirabilem copiam dicendi; Top 67. iste statim illa mirabilia facinora effecit; Phil II 109. candelabrum e gemmis clarissimis opere mirabili perfectum; Ver IV 64. cum in uno mundo ornatus hic tam sit mirabilis; Ac II 125. — B, I. sunt Socratica pleraque mira- bilia Stoicorum, quae παράδοξα nominantur; Ac II 136. — II. cum casus in omnibus plura mirabilia quam in somniorum visis effecerit; div II 147.

mirabiliter, wunderbar, fonberbar, außererbentlid, herrlid: te a me mirabiliter amari; ep IX 10, 1. qui id (factum) mirabiliter approbasti; A XVI 7, 3. in alvo multa sunt mirabiliter effecta; nat II 136. alter me mirabiliter excruciat; A X 4, 5. mirabiliter laetor; ep XI 14, 1. mirabiliter de te et loquuntur et sentiunt; ep IV 13, 5. ut cum eorum (philosophorum) vita mirabiliter pugnet oratio; Tusc II 12. libros Platonis mirabiliter scriptos; de or III 15. sentio: f. loquor.

miraculum, Wunder: (audite non) portenta et miracula non disserentium philosophorum, sed somniantium; nat I 18.

miratio, Berwunderung: causarum ignoratio in re nova mirationem || admirationem || facit; div II 49.

mire. wunderbar, erftaunlid: I. puero municipia mire favent; A XVI 11, 6. — II. cuius (filii) orbitas et fletus mire miserabilis fuit; Bru 90. — III. capella quaedam est, ea quidem mire scite facta et venuste; Ver II 87.

mirifice, wunderbar, erftaunlid, auffallend, außererbentlid: (Lentulus) mirifice gratias agens Caesari; A IX 11, 1. sensus mirifice ad usus necessarios et facti et conlocati sunt; nat II 140. mirifice conturbatum vidi puerum; A VI 3, 8. somnium mirifice ad verbum cum re convenisse; div I 99. tuam benivolentiam mirifice diligo; A XII 34, 2. tuas mirifice litteras exspecto; Q fr II 4, 7. facio: f. conloco. quibus (lacrimis) ego tum vos mirifice moveri sentiebam; Milo 34. mirifice torqueor; A XV 23.

mirificus, wunderbar, fonberbar, außererbentlid, bewundernswert: o mirificum Dolabellam meum! A XIV 15, 1. mirificus generis ac nominis vestri fuit erga me semper animus; ep XV 10, 1. casus mirificus quidam intervenit; ep VII 5, 2. mirificum me tibi comitem praebuissem; ep I 9, 2. mirifice sunt custodiae; A X 12, a, 2 (5). mirificam exspectationem esse mei; A VII 7, 5. quae (artes) mirificos efferunt fructus; Cato 9. mirificas tibi apud me gratias egit; ep XIII 42, 1. cum homine mirifico, Dionysio; A IV 11, 2. te mirificam in latebram coniecisti; div II 46. aditus insulae esse munitos mirificis molibus; A IV 17, 6 (16, 13). filius mirifico odio (scripsit); A XI 15, 2. me mirificae tranquillitates adhuc tenuerunt; A X 18, 1. cuius (Tulliae) virtus mirifica; A X 8, 9.

miror, fid wundern, bewundern: I. mirabar: nec enim umquam ante videram; Ac II 11. — II, 1. quo minus mirere, si invitus descendo; A VIII 1, 3. — 2. sin cesseris, non magnopere mirabor; Ac II 63. — 3. quod nisi esset factum, magis mirandum videretur; Muren 68. — 4. Servius quod desperanter tecum locutus est, minime miror; A XIV 18, 3. — 5. mirabuntur, quid haec pertineant ad ea, quae quaerimus; orat 11. — 6. hic miramur hunc hominem tantum excellere ceteris; imp Pomp 39. — III. Cyrenaeum Theodorum, philosophum non ignobilem, nemo miramur? Tusc I 102. id admiraris illud iam mirari desino, quod multo magis ante mirabar; de or II 59. quae scribis ad me, minime mihi miranda et maxime iucunda acciderunt; ep. III 10, 4. totum (opus) est e saxo in mirandam altitudinem depresso; Ver V 68. cum puerorum formas et corpora magno hic (Zeuxis) opere miraretur; inv II 1. primo mirantur omnes improbitatem calumniae; Ver II 37. ut mirari satis istorum inconstantiam non possim; fin IV 39. soleo saepe mirari non nullorum insolentiam philosophorum; Tusc I 48. mirandum in modum gaudeo; ep XV 8. philosophum: f. alqm. iste unum quodque vas in manus sumere, laudare, mirari; Ver II 63.

mirus, wunderbar, fonberbar, erftaunlid, außererbentlid, bewundernswert: non esse mirum, si nunc primum deliquerit; inv II 34. nec mirum, si eius utebatur auxilio; Quinct 18. quid mirum est in hoc felicitatis famam sermonemque valuisse? Muren 38. ut oblivisci aliorum non sit mirum; Rab Post 41. ne illam quidem praetermisisti reprehensionem Antiochi (nec mirum); Ac II 111. ut mihi mirum videatur, quo modo isti non uni (somnio) fidem derogent; div II 146. maiores suos multa mira atque praeclara gloriae cupiditate fecisse; rep V 9. mirum quam inimicus ibat; A XIII 40, 2. (Quintus filius) mirus civis; A XV 29, 2. mirum me desiderium tenet urbis, incredibile meorum; ep II 11, 1. mirum quendam dolorem accipere eos; Ver IV 135. o impudentiam miram! har resp 30. mirum est ingenium; A X 10, 6. Tarquinio exacto mira quadam exsultasse populum insolentia libertatis; rep I 62. o miram memoriam, Pomponi, tuam! leg II 45. earum (litterarum) accuratissima diligentia sum mirum in modum delectatus; A VII 3, 1. de pantheris agitur; sed mira paucitas est; ep II 11, 2. mira hominem querela est sine magistratibus urbem

esse; A VII 11, 4. mira quaedam religio est Cereris
Hennensis; Ver IV 107. de altera parte dicendi
mirum silentium est; de or II 78.

misceo, mifchen, vereinigen, vermengen, verwirren, erregen: ut tu illa omnia odio, invidia,
misericordia miscuisti! de or II 203. nihil est in
animis mixtum atque concretum; Tusc I 66. omnia
infima summis paria fecit, turbavit, miscuit; leg
III 19. deinde (exsistere) voluptate et molestia
mixtum amorem; Tim 44. ut cum matre corpus
miscere videatur; div I 60. cernitis crudelitate
mixtas libidines; Scaur 13. cum ceteros animorum
motus aut iudicibus aut populo dicendo miscere atque agitare vellet; de or I 220. qui alteri misceat
mulsum ipse non sitiens; fin II 17. quos numeros
cum quibus tamquam purpuram misceri oporteat;
orat 196.

misellus, gar unglücklich: illius (Tulliolae)
misellae et matrimonio et famae serviendum est; ep
XIV 4, 3. Ciceronem meum, cui nihil misello relinquo praeter invidiam; A III 23, 5.

miser, elend, unglücklich, kläglich, bejammerns-
wert: A. o miserum te, si haec intellegis, miseriorem, si non intellegis! Phil II 54. heu me miserum! cur senatum cogor reprehendere? Phil VII 14.
o miser cum re tum hoc ipso, quod ..! Phil XIII
34. omnes, quicumque nati sunt eruntve, non solum
miseri, sed etiam semper miseri; Tusc I 9. miserum
est deturbari fortunis omnibus, miserius iniuria;
Quinct 95. si mori etiam mortuis miserum esset;
Tusc I 15. nihil fieri potest miserius, nihil perditius,
nihil foedius; A VIII 11, 4. o condiciones miseras
administrandarum provinciarum; Flac 87. matris,
lectissimae miserrimaeque feminae; Font 36. homines sceleribus inquinatos nihilo miseriores esse quam
eos, qui ..; fin IV 63. bonum valetudo, miser
morbus; fin V 84. proscriptionis miserrimum nomen
illud; dom 43. o multis acerbam, o miseram atque
indignam praeturam tuam! Ver I 137. utrum a
bonis rebus an a malis (Pompeius) discessisset?
certe a miseris; Tusc I 86. quattuor reperio causas,
cur senectus misera videatur; Cato 15. sordes: f.
squalor. per quem consul turpissimo miserrinoque
spectaculo ad necem duceretur; Vatin 21. video P.
Lentulum in hoc misero squalore et sordibus; Sest
144. ut foedissimam vitam ac miserrimam degeret;
Sulla 75. quae (perturbationes animorum) vitam
insipientium miseram acerbamque reddunt; fin III
35. — B, a, I. quis tyrannus miseros lugere
vetuit? Sest 32. — II. iis (palmis) miseri perditi-
que alebantur; Ver V 87. — 2. ipse me existimarem crudelem, si misero defuissem; Muren 10.
— 3. posteaquam nihil ulla vi a miseris extorquere potuit; prov 5. — III. plenae miserorum
provinciae sunt; Tusc V 106. — IV. constitute ante
oculos huius miseri senectutem; Cael 79. — b, I.
mihi ad pedes misera iacuit; Ver V 129. — II.
cui miserae quod praesidium reliquum est? Font
47. — c, I. est miserum (mors), quoniam malum;
Tusc I 9. — II. nihil omnino iam expecto nisi
miserum; A XI 18, 2.

miserabilis, beflagenswert, traurig, flagend:
(isti Attici) non modo a corona, quod est ipsum
miserabile, sed etiam ab advocatis relinquuntur; Brn
289. auctionis miserabilis aspectus; Phil II 73.
qui (casus) nobis miserabilis videtur audientibus.
illi perpetienti erat voluptarius; fin II 65. velim
inanem meam diligentiam miserabilem potius quam
ineptam putes; A III 23, 1. ut miserabiles epilogos
possem dicere; Planc 93. cuius (filii) orbitas et
fletus mire miserabilis; Bru 90. non modo non
miserabilis, sed etiam inridenda fuisset oratio mea;
de or II 196. orbitas: f. fletus. num horum senectus miserabilis fuit, qui se agri cultione oblectabant?
Cato 56. inflexa ad miserabilem sonum voce; de or

II 193. si te vox miserabilis non inhibebat; Ver
V 163.

miserabiliter, beflagenswert, Mitleid erregend, flagend: non miserabiliter vir clarus emoritur; Tusc I 96. ille (Caesar) laudatus miserabiliter; A XIV 10, 1. epistulam scriptam miserabiliter; A X 9, 2.

miseratio, Mitleid, Bedauern, Mitleid er-
regender Vortrag, ergreifende Schilderung: I. non
fuit haec sine meis lacrimis, non sine dolore magna
miseratio; de or II 196. quo ex genere sunt
miserationes flebiles; Top 86. ex iis miseratio
nascitur; part or 56. aliud (vocis genus sibi sumat)
miseratio ac maeror, flexibile, plenum, interruptum,
flebili voce; de or III 217. — II, 1. multa miseratione
adhibita; Bru 88. huic generi subiectae sunt
miserationes; de or III 118. — 2. ut miserationibus,
ut communibus locis uteretur; Bru 82. f. 3. —
3. quid ego de miserationibus loquar? quibus et
cum usus pluribus, quod ..; orat 130. — III, 1. ne
miseratione solum mens iudicum permovenda est;
orat 131. — 2. quem nostrum ille moriens apud
Mantineam Epaminondas non cum quadam miseratione delectat? ep V 12, 5.

misere, unglücklich, leidenschaftlich: cum misere fretum transire cuperet; fr A XIII 15. quem
(Q. fratrem) ego miserum misere perdidi; A III 23,
5. quae nihil valerent ad beate misereve vivendum;
fin III 50.

misereor, Mitleid fühlen, sich erbarmen: I. 1
viri boni esse misereri; Muren 63. et invidere aegritudinis est et misereri et angi; Tusc III 83. — 2.
nec eam (patriam) diligere minus debes, quod deformior est, sed misereri potius; ep IV 9, 3. — II. eorum
misereri oportere, qui propter fortunam. non propter
malitiam in miseriis sint; inv II 109. qui etiam
tum, cum miseri ut debent, non desinunt invidere.
A IV 5, 2. per quem (locum accusator) negat malorum misereri oportere; inv II 51. aliquando miseri-
mini sociorum; Ver I 80.

miseret, miseretur, es jammert: neque
me tui neque tuorum liberum misereri potest; Ver
I 77. cave te fratrum misereat; Ligar 14. me
miseret parietum ipsorum atque tectorum; Phil II
69. ut maioribus natu adsurgatur, ut supplicum
misereatur; inv I 48. tectorum: f. parietum.

miseria, Elend, Unglück, Leiden, Ängstlichkeit:
I, 1. illum videtur felicitas ipsius ab eis miseriis-
que consecutae sunt, morte vindicavisse; Bru
329. te miseriae, te aerumnae premunt omnes, qui
te beatum putas; par 18. — 2. nulla videri miseria
debeat, quae non sentiatur; ep V 16, 4. — II. 1. M
Antonius hac una re miseriam suam consolatur;
Tusc 28. quam fortiter ferres communes miserias
ep IV 15, 1. sentio: f. I, 2. si ne futurum quidem
(malum) sit, frustra suscipi miseriam voluntariam;
Tusc III 32. — 2. mihi cogitanti de communibus
miseriis, in quibus tot annos versamur; ep VII 3, 1
hoc animo totiens apud patronos de suis miseriis
deplorarunt; Ver II 10. versor in: f. cogito de
vindico a: f. 1, 1. — III. ita sunt omnia omnium
miserarum plenissima; A II 24, 4. — IV. 1. in
ea (aegritudine) est fons miseriarum et caput; Tusc
IV 83 defetigati miseriarum aegritudines cum
faciat leniores; Tusc III 67. fons: f. caput. — 2
misericordia est aegritudo ex miseria alterius
iniuria laborantis; Tusc IV 18. — V, 1. nunc eiusdem miseriis ac periculis commovetur; Font 46
ut ego mirarer eas (lacrimas) tam diuturna miseria
non exaruisse; A X 14, 1. — 2. ne (Stoici) omni
cum superstitiosa sollicitudine et miseria crederent
div II 86.

misericordia, Mitleid, Barmherzigkeit: I
ceteris ipsa misericordia est iucunda; ep V 12, 4.

spero tibi aliquid etiam misericordiam nostri praesidii laturam; Q fr I 3, 5. — II, 1. adhibeatis in
hominis fortunis misericordiam; Rabir 5. conquestio
est ratio auditorum misericordiam captans; inv I 106.
non prius sum conatus misericordiam aliis commovere,
quam misericordia sum ipse captus; de or II 195.
gaudio suam erga me benivolentiam ac misericordiam
declararunt; Sest 117. rogavit hunc, videreturne
misericordiam movisse: „ac magnam quidem“, inquit;
„hominem enim nullum puto esse tam durum, cui
non oratio tua misericordia digna visa sit“; de or
II 278. ut aegritudini (subiciuntur) aemulatio, obtrectatio, misericordia; Tusc IV 16. — 2. idem tu
clementia ac misericordia singulari fuisti; sen 17. —
3 C. Marium ad infimorum hominum Minturnensium
misericordiam confugisse; Sest 50. in hominum
mentibus ab hisce iisdem permotionibus ad lenitatem
misericordiamque revocandis; de or I 53. — III. qui
(discessus) misericordia dignior quam contumelia
putaretur; Piso 32. f. II, 1. moveo. — IV. primus
locus est misericordiae, per quem, quibus in bonis
fuerint et nunc quibus in malis sint, ostenditur; inv
I 107. te in tali miseria multorum perfugium misericordiae tollere! Ligar 14. — V, 1. misericordia
civium adducti tum fuimus tam vehementes, quam
necesse fuit; Sulla 87. capi: f. II, 1. commoveo. ut
mansuetudine et misericordia nostra falsam a nobis
crudelitatis famam repellamus; Sulla 93. — 2. cum
multa etiam ad placandum atque ad misericordiam
reis concessa sint; dom 45.

misericors, mitleidig, barmherzig: A. te
semper misericordem fuisse; sen 17. animum nostrum
in alios misericordem esse; inv I 109. nec misericordem indicem esse oportere? fin IV 22. si misericordi
mendacio saluti civi calamitoso esse vellemus; Ligar
16. — B. et timidi et misericordes, quia proclives
ad eas perturbationes, non quia semper, feruntur
s. f. ||; Tusc IV 28.

miseror, bemitleiden, beflagen: I. alia est
lugenti, alia miseranti aut invidenti adhibenda medicina; Tusc IV 59. — II. ut aliis miserandus, aliis
inridendus esse videatur; de or I 169. ut non quam
satis neque communem omnium nostrum condicionem
neque huius everum fortunamque miserari; Muren
55. miserandum in modum milites dissipati sunt;
prov 5.

missio, Entlassung, Freilassung, Absendung,
Schluß: I. 1. vos censetis legatorum missionem populo Romano vos probavisse? Phil VII 14. — 2.
de litterarum missione sine causa abs te accusor;
A I 5, 3. dicit is pro testimonio de missione nautarum; Ver V 122. qui (Silenus) cum a Mida captus
esset, hoc ei muneris pro missione dedisse scribitur; Tusc I 114. — II. ab omnibus tu mercedem
missionis acceperas; Ver V 110. — III. cum ipsi
(praecones) ante ludorum missionem corona donentur; ep V 12, 8.

missor, Schütze: »hic missore vacans fulgens
iacet una Sagitta«; fr H IV, a, 325.

missus, Sendung: cum rei frumentariae Cn.
Pompei missu praefuisset; Scaur 39. Balbus minor
id me venit occulta via currens ad Lentulum con-
»alem missu Caesaris cum litteris; A VIII 9, 4.

mitesco, reifen: cum adfecta iam prope aestate
uvas a sole mitescere tempus est; fr F I 17.

mitifico, verbauen: in omne corpus diviso et
mitificato cibo; div II 57.

mitigo, mildern, lodern, reifen, weich machen,
versöhnen, besänftigen, friedlich machen: I. quae
(dira) procedens ita mitigat, ut leniatur aegritudo;
Tusc III 53. — II. ne longinquitas temporis mitigavit; ep VI 4, 3. facile haec mitigabuntur; A I
17, 4. haec tu perge mitigare; A XI 7, 4. semper
Caecilius legis acerbitatem mitigandam putavit;
Sulla 64. Indus aqua agros laetificat et mitigat;

nat II 130. magna signa dedit animi erga te mitigati; ep VI 1, 2. materia ad calficiendum corpus
igni adhibito et ad mitigandum cibum utimur; nat
II 151. quam (invidiam) dies mitigavit; Cluent 81.
vel inflaminando iudice vel mitigando; de or II 332.
quoniam summi labores nostri magna compensati
gloria mitigantur; de or III 14. ut odium statim
defensio mitiget; inv I 30. patruum in ea mitigato;
A XI 9, 3. lenitate verbi rei tristitiam mitigatam;
of I 37.

mitis, mild, gelind, sanft: A. ipse Thucydides si posterius fuisset, multo maturior fuisset et
mitior; Bru 288. nihil tam vidi mite, nihil tam
placatum; A V 1, 3. animum auditoris mitem et
misericordem conficere oportet; inv I 106. haec
cogitatio ipsum dolorem nescio quo pacto mitiorem
facit; Tusc II 53. mihi Quintus frater meus mitissi-
mam tuam orationem perscripsit; ep V 4, 2. quod
atrociter in senatu dixisti, mitiorem in partem inter-
pretarere; Muren 64. — B. duriorum accusatio suppeditabit exempla, mitiorum defensiones meae;
orat 131.

mitra, Kopfbinde, Turban: I. qui manicatam
tunicam et mitram habere non possumus; fr A
XIII 22. — II. P. Clodius a crocota, a mitra est
factus repente popularis: har resp 44.

mitto, schiden, abschiden, entlassen, entsenden,
von sich ausgehen lassen, melden, sagen lassen, übergehen, unterlassen: I, 1. simile vero est mitti ad socios
liberandos an ad opprimendos! agr II 46. — 2.
testibus editis ita mittam in consilium, ut isti turpe
sibi existiment non primo iudicare; Ver I 26. — II, 1.
mitto de amissa maxima parte exercitus; Piso 47. —
2. cum in Aequimaelium misimus, qui adferat agnum,
quem immolemus; div II 39. — 3. me praetereo,
quid tum sit actum; Ver V 38. — 4. ad nostrum
civem mittimus, ne imperatorem oppugnet; Phil V
27. — 5. mitto, quod eas (provincias) ita partas
habent ii, ut ; prov 3. — 6. Curio misi, ut medico
honos haberetur, et tibi daret, quod opus esset; ep
XVI 9, 3. — 7. mittit rogatum vasa ea; Ver IV
63. — 8. mitto iam de rege quaerere; Sulla 22. —
8. mitto adhibitam vim ingenuis, matres familias
violatas; mitto, inquam, haec omnia; Ver IV 116. —
III. bene mihi evenire, quod mittar ad mortem;
Tusc I 97. mittam illa, fugam ab urbe turpissimam,
timidissimas in oppidis contiones, ignorationem suarum copiarum; A VII 21, 1. f. II, 9. quoniam acta
omnia mitti ad te arbitrabar; ep X 1, 2. tu me
hoc tibi mandasse existimas, ut mihi gladiatorum
compositiones, ut vadimonia dilata et Chresti compilationem mitteres? ep II 8, 1. contiones: f. alqd.
sic vox, sic cursus, sic plaga hoc gravior, quo est
missa contentius; Tusc II 57. quam (epistulam)
ego ad Cn. Pompeium de meis rebus gestis misi;
Sulla 67. ad me epistularum illius (Q. fratris) exempla misisti; A I 17, 1. fabros se missurum esse
dixit; Phil V 19. formam mihi totius rei publicae
velim mittas; A VI 3, 4. uum ex Aegypto aut
Syria frumentum Romam missurus es? Ver III 172.
fugam: f. alqd. »fandum Vetto vocat, quem possit
mittere funda«; fr H XIV 1. si in hominibus eli-
gendis nos spes amicitiae fefellerit, ut vindicemus,
missos faciamus; Ver II 28. ignorationem: f. alqd.
illam naturam, quae imagines fundat ac mittat:
nat I 29. laudationem Porciae tibi misi correctam;
A XIII 48, 2. ad emendum frumentum Ephesum
pecuniam et legatos mittere; Ver III 191. legionibus nostris sub ingum missis; of III 109. remotis
sive omnino missis lictoribus; A IX 1, 3. etiamne
id magnum fuit, Panhormum litteras mittere? Ver
V 168. Cato iucundissimas litteras misit; A VII 1,
7. luna eam lucem, quam a sole accepit, mittit in
terras; nat II 103. qui navem vel usque ad Oceanum
mittere debuerunt; Ver V 50. eo mihi nuntium

miseruut se a praetore retineri; Ver II 65. quodsi iam misso officio periculi ratio habenda est; A X 8, 5. pecuniam: f. legatos. plagam: f. cursum. in iaciendo mittendoque ridiculo; orat 87. cum (Applus) ἐξ ἀφαιρέσεως provinciam curarit, sanguinem miserit; A VI 1, 2. ne tum quidem tabellas cum laurea Romam mittere audebas? „misi", inquit; Piso 39. vadimonia: f. compilationem. an aliquam vocem putatis ipsam pro se causam et veritatem posse mittere? Cael 55. f. cursum. — IV, 1. ad eum legatos de pace mittemus? Phil XII 11. vgl. 3. Bru 55. III. epistulam. — 2. symphoniacos homines sex cuidam amico suo muneri misit; Ver V 64. — 3. laudatores ad hoc iudicium summos homines deprecatores huius periculi missos videtis; Balb 41. dona magnifica quasi libamenta praedarum Delphos ad Apollinem misit; rep II 44. quia (C. Fabricius) sit ad Pyrrhum de captivis recuperandis missus orator; Bru 55.

mobilis, beweglich, schwankend, wankelmütig: nec in te, ut scribis, „animo fui mobili", sed ita stabili, ut . .; ep V 2, 10. caduca semper et mobilia haec esse duxi fortunae et temporum munera; dom 146. lubricos oculos (natura) fecit et mobiles; nat II 142. quod ita mobiles et concitatae (res essent), ut . .; Ac I 31.

mobilitas, Beweglichkeit, Wankelmut: I, 1. non quaeritur mobilitas linguae; de or I 127. — 2. necesse est id (animal) mobilitate celerrima esse; nat II 42. — II. quid est inconstantia, levitate, mobilitate turpius? Phil VII 9.

mobiliter, schnell, heftig: mobiliter animus agitatus; div II 129. cum cor animantis alicuius evulsum ita mobiliter palpitaret, ut . .; nat II 24.

moderate, gemäßigt, mit Mäßigung, Gelassenheit: agam moderate; Sest 14. cum aliquid iuste, moderate, sapienter factum audimus; Marcel 9. si amiserit (res eas), moderate tulisse; de or II 46. in hac iuncta moderateque permixta conformatione rei publicae; rep I 69. quas (festivitates) Isocrates moderatius temperavit; orat 176. qua (auctoritate) ego moderate utar; Sulla 10.

moderatio, Maßhalten, Mäßigung, Milde, Selbstbeherrschung, Leitung, Herrschaft, Messung, Modulation: I, 1. ut in eo moderatio et temperantia appareat cum specie quadam liberali; of I 96. dicacitatis moderatio et temperantia et raritas dictorum distinguent oratorem a scurra; de or II 247. oculorum est quaedam magna moderatio; orat 60. oboedit: f. 2. — 2. quae (temperantia) est moderatio cupiditatum rationi oboediens; fin II 60. — II, 1. haec adhibenda est in iocando moderatio; de or II 238. eam virtutem σωφροσύνην vocant, quam soleo equidem tum „temperantiam", tum „moderationem" appellare, non numquam etiam „modestiam"; Tusc III 16. si meam moderationem modestiamque cognostis; Phil II 10. vocis dico moderationem et verborum conclusionem; de or III 174. novi temperantiam et moderationem naturae tuae; ep I 9, 22. omitto oportunitates habilitatesque reliqui corporis, moderationem vocis; leg I 27. — 2. quod ipsa virtus in earum rerum usu ac moderatione maxime cernitur; de or II 342. cum omnes in oris et vocis et motus moderatione laborent || elaborent ||; de or I 18. libertatem in quadam moderatione positam putabo; Planc 94. — III. nobis cum a natura constantiae, moderationis, temperantiae, verecundiae partes datae sint; of I 98. — IV. ille (Roscius) astrictus certa quadam numerorum moderatione et pedum; de or I 254. qui moderatione et constantia quietus animo est sibique ipse placatus; Tusc IV 37. ut eos ille moderatione, non inventione vicerit; orat 176.

moderator, Lenker, Leiter: I, 1. summae facultatis esse debebit moderator ille et quasi temperator huius tripertitae varietatis; orat 70. ubi erant tum illi contionum moderatores? Sect 125. in quibus (animi partibus) inest moderator cupiditatis pudor; fin II 113. nobis opus est eorum venturum. quos proposui, moderator quidam et quasi gubernator: ep II 6, 4. — 2. ut (eloquens) sit temporum personarumque moderator; orat 123. aut auscultator modo est, qui audit, aut disceptator, id est rei sententiaeque moderator; part or 10. tu eris omnium moderator consiliorum meorum; ep I 9, 22. — II, 1. cum videmus eorum omnium (temporum) moderatorem et ducem solem; Tusc I 68. — 2. huic moderatori rei publicae beata civium vita proposita est; rep V 8.

moderatrix, Lenkerin, Beherrscherin: 1. si moderatrix omnium rerum praesto est sapientia. inv I 5. cum speculatur atque obsidet rostra vindex temeritatis et moderatrix officii cura; Flac 57. — 2. semper oratorum eloquentiae moderatrix fuit auditorum prudentia; orat 24. eius (materiae) universae fictricem et moderatricem divinam esse providentiam; nat III 92.

moderatus, mäßig, gemäßigt, besonnen, charakterfest: A. adfectiones: f. habitus. per quem consul moderatissimus et constantissimus ad necem duceretur; Vatin 21. nemo fere saltat sobrius in convivio moderato atque honesto; Mur 13. excursio moderata eaque rara; orat 59. moderati aequabilisque habitus, adfectiones ususque corporis apti esse ad naturam videntur; fin V 36. permagni hominis est et ipsa natura moderati; Q fr I 1, 22. cum tam moderata iudicia populi sint a maioribus constituta; dom 45. (Sex. Aufidius) est ita temperatis moderatisque moribus, ut . .; ep XII 27. in portum confugere otii moderati atque honesti; Bru 8. populus est moderatior, quod sentit et sapit; rep I 65. ut possit ex temperatione iuris teneri ille moderatus et concors civitatis status; leg III 28. ego ista studia non improbo, moderata modo sint; de or II 156. usus: f. habitus. — B. potestis cupidos moderatis anteferre? Font 32.

moderor, modero, in Schranken halten, zügeln, beherrschen, lenken, leiten, regieren, richten bestimmen, einrichten: I. nulla moderante natura. nulla ratione; nat I 67. — II. tu ex meis litteris, quo modo respondeas, moderabere; A XVI 1. 6. — III, 1. cui (Quinto) moderabor diligentius; A V 20, 9. moderari et animo et orationi, cum sis iratus: Q fr I 1, 38. quibus (causis) totis orator oratio: orat 51. orationi: f. animo. sit censor, qui viros doceat moderari uxoribus; rep IV 6. — 2. cum is omni ratione ad tempus, ad causam oratione moderandus (est); de or II 72. trunco magis toto se ipse moderans: orat 59. quae (actio) vocis conformatione ac varietate moderanda est; de or I 18. neque esse inconstantis puto sententiam tamquam aliquod navigium atque cursum ex rei publicae tempestate moderari: Balb 61 tuus dolor humanus is quidem, sed magno opere moderandus; A XII 10. quod (genus rei publicae) est ex his moderatum et permixtum tribus; rep I 45. >loedis publicis popularem laetitiam moderantes: leg II 22. linguam: f. sonum. navigium: f. cursum cum ortus nascentium luna moderetur; div II 91 cui (senatu) populus moderandi et regendi sui potestatem tradidisset; de or I 226. sententiam: f. cursum. etiam lingua et spiritus et vocis sonus reti ipse moderandus; de or III 40. tempus dicendi prudentia et gravitate moderabimur; de or II 247.

modeste, bescheiden, fügsam, besonnen: ut modeste tibi agere liceret; dom 54. qui modeste paret, videtur, qui aliquando imperet, dignus esse: leg III 5. nihil eum iam nisi modeste postulare Phil VII 3.

modestia, Bescheidenheit, Mäßigung. Milde Sittsamkeit, Anstand, Zeitgemäßheit: I. modestia (est), per quam pudor honesti curam et stabilem comparat auctoritatem; inv II 164. sic fit, ut modestia

sit scientia sit oportunitatis idoneorum ad agendum temporum; of I 142. — II, 1. appello, cognosco: moderatio, II, 1. Tusc III 16. Phil II 10. non sine ἀναξίαν), quam interpretamur „modestiam", in quo verbo „modus" inest; of I 142. — 2. sit apud vos modestiae locus; Muren 87. — 3. prima commendatio proficiscitur a modestia cum pietate in parentes, in suos benivolentia; of II 46. — III. hunc clarissimum virum singulari bonitate et modestia praeditum; dom 110. — IV. vetus la magistra pudoris et modestiae censura sublata est; Piso 9. — V, 1. si fuit in oratione mixta modestia gravitas; of II 48. — 2. per: f. L

modestus, befcheiden, mäßig, befonnen, ehr... A. incidimus in Talnam ‖ Thalnam . ille N... de ingenio nihil nimis, modestum et frugi; Att XII 24, 4 (29, 1). quem vos modestissimum ...ventem (cognovistis); Flac 8. Metellus, homo ... modestissimusque omnium; Arch 9. non ... idem modestum, sed tamen est non infacetum ... ; Cael 69. nisi eius modestissimos mores ... Planc 3. deinde boni mores et modestiores; of V 51. — B. sin autem inopem, probum tamen ... rum (defenderis); of II 70.

modice, mäßig, nicht fehr, mit Mäßigung, be ... ... (res publica) ex tribus generibus ... mixtus; rep II 41. quamquam a me ... ... ; Sulla 80. epulabar cum ... modice. sed erat quidam fervor ... ad ... modici malum; modice feramus; ... taciam aut etiam intra modum; ... (genere) breviter modiceque lau... ...modice me tangant; ... L

modicus, mäßig, unbedeutend gemäßigt, be ... ...

modifera ...

modius ...

modo ...

[lower-left and much of lower text illegible]

verba modo mutantem; fin IV 21. — 6. dum modo inter me atque te murus intersit; Catil I 10. celeriter ad comitia veniendum censeo, dum modo ne [quid] haec ambitiosa festinatio aliquid imminuat eius gloriae, quam consecuti sumus; ep X 25, 2. nocentem aliquando, modo ne nefarium impunumque, defendere; of II 51. natura ipsa, si modo est, excitabitur; de or III 125. tute scis, si modo meministi, me tibi tum dixisse . .; A XII 18, a, 2. f. 3. tantum modo in praesidiis eratis; Ligar 28. non me deus ista scire, sed his tantum modo uti voluit; div I 35. concede, ut impune emerit, modo ut bona ratione emerit; Ver IV 10. — 7. putant, qui horride inculteque dicat, modo id eleganter enucleateque faciat, eum solum Attice dicere; orat 28. manent ingenia senibus, modo permaneat studium; Cato 22.

II. correspondiereab: 1. cur eum beatum modo et non beatissimum etiam dixerim? Tusc V 76. o Academiam volaticam et sui similem! modo huc, modo illuc; A XIII 25, 3. qui partim nostra memoria bella cum populo Romano gesserunt, partim modo ab nostris imperatoribus subacti, modo bello domiti, modo triumphis ac monumentis notati, modo ab senato agris urbibusque multati sunt, partim qui ..; Font 12. quae (litterae) secundis rebus delectationem modo habere videbantur, nunc vero etiam saintem; ep VI 12, 5. (sol) modo accedens, tum autem recedens binas reversiones facit; nat II 102. vidimus eos, quicquid agerent, modo timentes, vicissim contemnentes religiones; leg I 43. — 2. caveat, ne id modo consideret, quam illa res honesta sit, sed etiam ut habeat efficiendi facultatem; of I 73. nec modo fani, sincetur, sed etiam serviet; Tusc V 52. neque auxilium modo defensioni meae, verum etiam silentium pollicentur; Mur 3 qu s clientes nemo habere velit, non modo illorum cliens esse; Plu II 107. in qua (gente) non modo tot, sed in eos tam crudelos hostes patriae sit inventus ... 76. tuturius defendentes ... in modi partim ... fortunas, sed etiam bona ... ... Ver I 142. ut (gratiae) non iocunda modo, sed etiam exhornatur; Tusc II 25. ego ... ... praeterita ... ... sed de ... quies; ep XII 24, 1. ...

[remaining lower text illegible]

modulate ...

modulor ...

modus ...

in verbo modus hic, sed in oratione, id est, in continuatione verborum; de or III 167. gravis est modus in ornatu orationis et saepe sumendus; de or III 167. non sunt in ea (oratione) tamquam tibicinii percussionum modi, sed universa comprehensio orationis clausa est; orat 198. Cleanthes quattuor modis formatas in animis hominum putat deorum esse notiones. unus is modus est, qui est susceptus ex praesensione rerum futurarum, alter . .; nat III 16. ſ. adfert. haec cum pressis et flebilibus modis, qui totis theatris maestitiam inferant, concinnantur; Tusc I 106. ita factos eos pedes esse, ut in eis singulis modus insit aut sesquiplex aut duplex aut par; orat 193. tertius ille modus transferendi verbi late patet, quem necessitas genuit inopia coacta et angustiis, post autem iucunditas delectatioque celebravit; de or III 155. hanc diligentiam subsequitur modus etiam et forma verborum; de or III 173. — 2. modus est optimus decus ipsum tenere nec progredi longius; of I 141.

II. **naḍ Bcrben**: 1. adhibent modum quendam, quem ultra progredi non oporteat; Tusc IV 38. ſ. refero. celebro: ſ. I, 1. patet. voluisti magnum agri modum censeri; Flac 80. qui rebus infinitis modum constituant; fin I 2. quae (mulier) non aliquando lugendi modum fecerit; ep V 16, 6. modum faciam; ep X 3, 4. gigno: ſ. I, 1. patet. quanto facilius nos non laxare modos, sed tollere possumus? de or I 254. premo: ſ. I, 1. inferunt. quaeramus modum aegritudinis; Tusc IV 40. modus adhibeatur, isque referatur ad facultates; of II 55. intelleges honestius te inimicitiarum modum statuere potuisse quam me humanitatis; Sulla 48. sumo, suscipio: ſ. I, 1. est; de or III 67. nat III 16. quorum (oculorum) et hilaritatis et vicissim tristitiae modum res ipsae, de quibus agitur, temperabunt; orat 80. natura ipsa terminabit modum; Tusc III 74. ii (appetitus) sine dubio finem et modum transeunt; of I 102. — 2. quod tu eius modi evasisti; Ver III 161. ut intellegatis, cuius modi istius de cohorte recuperatores existimati sint; Ver III 29. cuicuimodi ‖ cuiuscemodi, al. ‖ (lex) sit; inv II 134. cum (Zeno) pugnum fecerat, dialecticam aiebat eius modi esse; orat 113. cuiuscumque modi sit mater; Cluent 17. quod cuius modi sit, iam videro; Cluent 146. cuiusnam modi est Superbi Tarquinii somnium? div I 43. — 3. quod (genus) erit aequatum et temperatum ex tribus optimis rerum publicarum modis; rep I 69. progredior ultra: ſ. 1. adhibeo.

III. **naḍ Ubjectiv**: divitiae, nomen, opes vacuae consilio et vivendi atque aliis imperandi modo; rep I 51.

IV. **naḍ Subſtantiven**: multa istius modi dicuntur in scholis; div II 31. Clodium praesentem fregi altercatione huius ‖ eius ‖ modi; A I 16, 8. quotus quisque est, qui teneat artem numerorum ac modorum? de or III 196. maereo casum eius modi, ut . .; ep XIV 2, 2. ne pretio quidem corrumpi index in eius modi causa potest; Caecin 72. te in huiusce modi crimine maxime meius pudet? Ver V 136. docet me eius modi rem et factum; Quinct 79. quia pauci eiusdem modi exsistere falsum aliquod, cuius modi hoc verum; Ac II 101. se vitam remotam a procellis huiusce modi iudiciorum sequi maluisse; Cluent 153. partes: ſ. I, 1. est; inv I 41. huiusce modi res commissa nemini est; agr II 64. ſ. factum. verum: ſ. falsum.

V. **Umſtand**: 1. si omnia fato fierent eius modi, ut nihil fieret nisi praegressione causae; fat 44. vgl. IV. falsum. — 2. qui in sua provincia iudicarit absolvi se nullo modo posse; Ver III 138. qui (tribunatus) quodam modo absorbet orationem meam; Sest 13. accusare, quoquo modo posset, quam illo modo emori maluit; Cluent 42. omni modo egi cum rege; A VI 2, 7. concini: ſ. I, 1. inferunt.

quicquid eodem modo concluditur, probabitis; Ac II 96. quo modo ego illam labem conquerar? Ver pr 40. ut nullo modo, nisi ut exposui, constitui possit finis bonorum; fin IV 28. idem alio modo dicentibus Stoicis; Tusc IV 6. emori: ſ. accusare. quo modo iucunda vita potest esse, a qua absit prudentia? Tusc V 101. etsi hoc ab eius amicis more et modo factum est; Muren 72. esset timendum, quonam modo id ferret civitas; Milo 77. formari: ſ. I, 1. est; nat III 16. quo modo nunc se istorum artes habent, pertimescenda est multitudo causarum; de or II 140. ut eius orbis una quaeque pars alia alio modo moveat immutetque caelum; div II 89. in hac arte nullum est praeceptum, quo modo verum inveniatur, sed tantum est, quo modo iudicetur; de or II 157. vides, quo modo loquantur; fin IV 7. movere: ſ. immutare. poterit, quocumque modo postulabit causa, dicere; orat 70. reliqui omnes (philosophi) divinationem probaverunt, sed non uno modo; div I 5. at stulte, qui dissuaserit. quo modo stulte? of III 101. quae ita videantur, ut etiam alia eodem modo videri possint; Ac II 40. de quibus non omnes uno modo; of III 113. vgl. stulte. — 3. videamus, rationes quem ad modum rettulerit; Ver pr 36. est ambulantibus ad hunc modum sermo ille nobis institutus; Tusc II 10. ut, quem ad modum in oratione constanti, sic in vita omnia sint apta inter se et convenientia; of I 144. volo etiam exquiras, quem ad modum nunc se gerant; A VIII 12, 6. ſ. I, 1. est; inv I 41. vox quasi extra modum absona atque absurda; de or III 41. a te maiorem in modum peto atque contendo, ut . .; ep XIII 7, 5. erit id mihi maiorem in modum gratum; ep XIII 35, 2. solliciti eramus de tua valetudine mirum in modum; ep XVI 7. (amicus) mirandum in modum est animo abalienato; A I 3, 3. incredibilem in modum concursus fiunt ex agris; A V 16, 3. in modo: ſ. I, 1. est; inv I 41. modice hoc faciam aut etiam intra modum; ep IV 4, 4. cum lacus Albanus praeter modum crevisset; div I 100. prope modum aequa et iusta dicebas; Phil II 72.

moenia, Mauern: I. nihil esse pulchrius quam Syracusarum moenia; Ver V 95. — II, 1. ne sua moenia portusque defenderent; Ver V 50. — 2. tectis ac moenibus subiectos prope iam ignes circumdatosque restinximus; Catil III 2 . 3. armatum ad patriae moenia accedere; A VIII 3, 6. idem Sabinos cum a moenibus urbis reppulisset; rep II 36. quod intra moenia nefarius hostis versatus est; sen 11. — III. diligentius urbem religione quam ipsis moenibus cingitis; nat III 94. quod isdem moenibus contineremur; Catil I 19. sapientis animus virtutibus omnibus ut moenibus saeptus; par 27.

mola, Mühle, geſalzenes Schrotmehl: 1. iam abscedet (caput iecoris, cor), simul ac molam et vinum insperseris; div II 37. — 2. (Favonius) dixit ita, ut Rhodi videretur molis potius quam Moloni operam dedisse; A II 1, 9.

moles, Maſſe, Grundbau, Damm, Laſt, Macht: I. in eo (loco) maxime molestiarum et turbulentissimae tempestates exstiterunt; de or I 2. »hos non Terra edita moles Gigantum ictus corpori inflixit meo«; Tusc II 20. — II, 1. adde moles oppositas fluctibus, portus manu factos; of II 14. non facile hanc tantam molem mali a cervicibus vestris depulissem; Catil III 17. edo: ſ. I. infligit. oppono: ſ. addo. — 2. »te patria in media virtutum mole locavit«; div I 22. — III. nisi (fons) munitione ac mole lapidum diiunctus esset a mari; Ver IV 118. aditus insulae esse munitos mirificis molibus; A IV 17, 6 (16, 13).

moleste, läſtig, ungern: moleste se ferre‹ quod eum non posset audire; Tusc II 61. te de

praedio Oviae exerceri moleste fero; A XIII 22, 4. quod quaeso ne moleste patiamini; Cluent 11.

molestia. Beſchwerde, Unannehmlichkeit, Unbehagen, Pein, Ärger, Verdruß: I. quod (metus) esset quasi dux consequentis molestiae; Tusc IV 64. molestia (est) aegritudo permanens; Tusc IV 18. aliud (vocis genus sibi sumat) molestia, sine commiseratione grave quoddam et uno pressu ac sono obductum; de or III 219. — II, 1. mihi perturbatio animi tui molestiam attulit; ep VII 13, 1. quae tanta ex improbis factis ad minuendas vitae molestias accessio potest fieri, quanta ad angendas? fin I 51. delevit mihi omnem molestiam recentior epistula; Q fr III 8, 1. omnes molestias et sollicitudines deposui et eieci; ep XIV 7, 1. iam exhibere mihi molestiam destiterunt; A II 1, 2. ego expertus et petendi et defendendi molestiam; Muren 46. in hoc ipso habent idem fasces molestiam; A VIII 3, 6. haec tibi ad levandas molestias magna esse debent; ep IV 3, 2. meam molestiam minui posse; A XI 10, 2. f. augeo. pro omnibus gentibus iuvandis maximos labores molestiasque suscipere; of III 25. — 2. numquam ista te molestia et cura liberabo; Q Rosc 34. ceteris nulla perfunctis propria molestia; ep V 12, 5. qui summum bonum dicant id esse, si vacemus omni molestia; Ac II 138. — 3. quibus (rationibus) te a molestiis coner abducere; ep IV 13, 4. te in istis molestiis, in quibus es hoc tempore, non diutius futurum; ep IV 13, 4. — III. cum ab omni molestia vacuus esses; ep XI 16, 1. — IV. adsiduitate molestiarum sensum omnem humanitatis ex animis amittimus; Sex Rosc 154. dux: f. 1. consequitur. quoniam ipsa liberatione et vacuitate omnis molestiae gaudemus; fin I 37. — V, 1. cum Caesar per litteras maxima se molestia ex illa contentione adfectum ostenderet; ep I 9, 20. quod (turbulentam) vel exsultat voluptate vel molestia frangitur; rep III fr 1. ut tabescat molestiis nec frangatur timore; Tusc IV 37. — 2. etsi cum magna molestia tuos tuaque desideras; ep VI 1, 1. ergo propter incredibilem et animi et corporis molestiam conficere plures litteras non potui; A XI 5, 3. quod sine molestia tua facere possis; ep XIII 35, 2.

molestus, beſchwerlich, läſtig, unangenehm: me verentem, ne molesti vobis interveniremus; de or II 14. fuit accusator vehemens et molestus; Bru 130. numquam (amicitia) intempestiva, numquam molesta est; Lael 22. ut molesto aut difficili argumento aut loco non numquam omnino nihil respondeam; de or II 294. si non sit molestus dominus; Phil VIII 12. civilis dissensionis non erat iste molestus exitus; dom 152. locus: f. argumentum. ne ille (deus) est implicatus molestis negotiis et operosis! nat I 52. tu illam Ostiensem (provinciam habuisti), non tam gratiosam quam negotiosam et molestam; Muren 18. a Piraeo ad Zostera vento molesto; A V 12, 1. molesta veritas, siquidem ex ea nascitur odium; Lael 89. minus aliis gravis aut molesta vita est otiosorum; of I 70.

molior. in Bewegung ſetzen, erregen, erwecken, betreiben, beabſichtigen, vorhaben, ſich abmühen: I. cum etiam tum ceterae naves uno in loco moliebantur; Ver V 88. — II, 1. Sp. „Cassium de occupando regno molientem; rep II 60. — 2. nunc id speramus idque molimur, ut rex proficiscatur ad te; ep I 5, b, 2. — 3. de quo (oratore) molimur aliquid exquisitius dicere; orat 37. vos redire molientem (Antonium) reppulistis; Phil XIV 33. — III. quoniam haec fere maxime in iudicum animis oratione molienda, amor, odium, iracundia, invidia, misericordia, spes, laetitia, timor, molestia; de or II 206. f. II, 2. amorem, al.: f. alqd. moliri statim nefaria mulier coepit insidias filio; Cluent 176. (Octavianus) magna molitur; A XVI 8, 1. ut nulla vis tantos queat motus mutationemque moliri; Ac II 119. nulla

opera (deus) molitur; nat I 51. L. Catilinam pestem patriae nefarie molientem eiecinus; Catil II 1.

molitio, Zurüſtung: I. quae molitio, quae ferramenta, qui vectes fuerunt? nat I 19. — II. propter paucos tanta est facta rerum molitio; nat I 23.

molitor, Erbauer: hanc habuit rationem effector mundi et molitor deus, ut unum opus absolveret; Tim 17.

mollio. weich machen, erweichen, auflockern. verweichlichen, mildern, bändigen: hic (Q. Maximus) Hannibalem inveniliter exsultantem patientia sua molliebat; Cato 10. aetas domesticarum me rerum delectatione mollivit; A IX 10, 3. lacrimae meorum me interdum molliunt; A X 9, 2. mollitos et oblimatos agros ad serendum (Nilus) relinquit; nat II 130. (poëtae) molliunt animos nostros; Tusc II 27. Martia legio hoc nuntio languescet et mollietur; Phil XII 8. usu mollienda nobis verba sunt; nat I 95.

mollipes, ſchleppfüßig: »mollipedes boves spectantes lumina caeli«; div I 15.

mollis, weich, zart, ſanft, mild, ſchwach, weichlich: tu (me) et esse et fore oricula infima scito molliorem; Q fr II 13 (15, a), 4. nihil tam facile in animos teneros atque molles influere quam varios canendi sonos; leg II 38. (ea) sicut mollissimam ceram formamus; de or III 177. quae (familiae) ceteris in urbibus mollissimo cultu „parietum umbris occuluntur"; Tusc II 36. alia quaedam dicendi molliora ac remissiora genera; de or II 95. hic primus inflexit orationem et eam mollem teneramque reddidit; Bru 38. quae (oratio Caesaris) sane mollis et liberalis fuit; ep VI 14, 2. quis hoc philosophus tam mollis, tam languidus, tam enervatus probare posset? de or I 226. palpebrae mollissimae tactu, ne laederent aciem; nat II 142. qui spem Catilinae mollibus sententiis aluerunt; Catil I 30. ne tarditatibus utamur in ingressu mollioribus; of I 131. aspernari Epicureos molles et delicatas voluptates; nat I 113.

molliter, weich, gelaſſen, weichlich: quod (vietum et caducum) ferendum est molliter sapienti; Cato 5. eos (nidos) quam possunt mollissime substernunt; nat II 129. quam sit turpe delicate ac molliter vivere; of I 106.

mollitia, Weichheit, Sanftmut, Weichlichkeit, Schwäche: I. lenitatem mollitia animi (imitatur); part or 81. in primo ortu inest teneritas ac mollitia quaedam; in V 58. nulla mollitia cervicum, nullae argutiae digitorum; orat 59. — II. qua mollitia sum animi ac lenitate; Sulla 18. — III. qui officia deserunt mollitia animi, id est laborum et dolorum fuga; fin I 33. qua (voluptate) cum liquescimus fluimusque mollitiis; Tusc II 52.

mollitudo, Weichheit, Geſchmeidigkeit, Weichlichkeit: I. in pulmonibus inest raritas quaedam et adsimilis spongiis mollitudo ad hauriendam spiritum aptissima; nat II 136. — II, 1. et „mollitudo" humanitatis et „murmur" maris sunt ducta a ceteris sensibus; de or III 161. — 2. videamus, ne haec oratio sit hominum adsentantium nostrae imbecillitati et indulgentiam mollitudini; Tusc III 13. — III. in ipso tactu esse modum et mollitudinis et levitatis; de or III 99.

momentum, Bewegung, Beweggrund, Bedeutung, Entſcheidung, Einfluß. Gewicht, Wert: I. non semper nec in omnibus causis ex isdem argumentorum momenta sunt; orat 47. — II, 1. quas (quattuor corpora) partita habeant inter se ac divisa momenta; Tusc I 40. cum ad beatam vitam nullum momentum cetera haberent; fin IV 47. f. III. omnia momenta observabimus neque ullum praetermittemus tui iuvandi locum; ep VI 10, 5. partior: f. divido. non tam auctores in disputando quam

rationis momenta quaerenda sunt; nat I 10. — 2. id
est maximi momenti et ponderis; Vatin 9. — 3. ut
(hic locus) magno ad persuadendum momento f u t u-
r u s sit; inv II 77. — 4. cum sis post vitam s i n e
momento f u t u r u s; fr I 21. — III. cave q u i c q u a m
habeat momenti gratia; Muren 62. — IV. inventa
non solum ordine, sed etiam momento quodam atque
iudicio dispensare atque c o m p o n e r e; de or I 142.
ut omnia verborum momentis, non rerum ponderibus
examinet; rep III 12. an ignoratis cetera illa magnifica populi Romani vectigalia perlevi saepe momento fortunae inclinatione temporis pendere? agr
II 80. nec ullo minimo momento plus ei vitae
tribuo quam Stoici; fin V 88.

monedula, Dohle: cum non plus aurum tibi
quam monedulae committebant; Flac 76.

moneo, erinnern, ermahnen, zurechtweisen,
warnen, auffordern, raten: I. moneo et praedico.
integra re causaque denuntio; Rab Post 15. qui et
curare (deos) arbitror et monere etiam ac multa
praedicere; div I 132. — II. 1. cum di immortales
monent d e optimatium discordia; har resp 53.
monebas de Q. Cicerone puero, ut eum quidem
neutiquam relinquerem; A VI 9, 3. — 2. audita vox
est monentis, ut providerent, ne a Gallis Roma
caperetur; div II 69. f. 1. — 3. improbe feceris, nisi
monueris, ne adsidat; fin II 59. — 4. pietatem, quae
erga patriam aut parentes officium c o n s e r v a r e
moneat; inv II 66. ratio ipsa monet amicitias comparare; fin I 66. — 5. moneo praedicoque id, quod
intellego, t e m p u s hoc vobis divinitus d a t u m
esse, ut . . ; Ver pr 43. — III. cur deus dormientes
n o s moneat, vigilantes neglegat? div I 85. videamus, quid idem haruspices iam a dis immortalibus
dicant moneri; har resp 40. ut etiam bestiae fame
monitae plerumque ad eum locum revertantur;
Cluent 67. ab aqua aut ab igni pericula (haruspices)
monent; div II 32. — IV. 1. a qua (Moneta) praeterquam de sue plena quid umquam moniti sumus?
div II 69. — 2. monitum ab eo Crassum, c a v e r e t
ne iret; div II 84. — 3. videtis, ut moneat Apronium, quibus rebus se i n s i n u e t in familiaritatem
Metelli; Ver III 157. nec (Iuppiter) fulminibus
homines, quid faciendum esset, moneret; div II 44.
— 4. Glaucia solebat populum monere, u t primum
versum attenderet; Rab Post 14. quae tu me mones
ut caveam; ep II 16, 4. illud erat amoris mei,
monere te atque hortari, ut in rem publicam incumberes; ep X 1, 2. — 5. (rusticum) esse monitum,
n e vim suam experiri vellet; div I 55. — 6. ut eum
suae libidines flagitiosae f a c e r e monebant || ad-
monebant, al. ||; Ver I 63. Philippus hasne in ca-
pulo quadrigulas vitare monebatur? fat 5. — 7. mo-
nete eum m o d u m quendam e s s e religionis; dom
105. — 8. ea monet alienum hominem, quae domi
didicit ipse; Ver III 157. ea me ex tuis mandatis
monuit, quae . . ; ep III 3, 1. f. 1.

monetalis, Münzmeister: I. Vettium accusat
(tricatur scilicet ut monetalis); A XV 13, 5. —
II. „MONETALI" adscripsi, quod ille ad me „PRO
COS."; A X 11, 5.

monile, Halsband: cum (Eriphyla) vidisset
monile ex auro et gemmis; Ver IV 39.

monitio, Ermahnung, Warnung: habenda
ratio est, ut monitio acerbitate careat; Lael 89.

monitor, Erinnerer, Mahner: I. quem (librum)
monitor tuus hic tenet; div quam, solj est
(praeceptum) magis monitoris non fatui; de or II
99. — III. sin p e r monitorem appellandi sunt;
Muren 77.

monitum, Ermahnung, Erinnerung, Andeutung: I, 1. ut doctissimis hominibus usus nostri
quasi quaedam monita t r a d a m u s; de or II 175. —
2. amore magis impulsus, quam quo te arbitrarer
monitis et praeceptis e g e r e; ep X 3, 4. — II. ad

quem metum si deorum monitis non d u c e r e m u r;
har resp 54.

monitus, Wille, Wink: eo conditas sortes, quae
hodie Fortunae monitu tolluntur; div II 86.

monogrammus, aus Umrissen bestehend,
skizziert: Epicurus monogrammos deos et nihil agentes
commentus est; nat II 59.

mons, Berg, Gebirge: I. accedit eo mon-
Gaurus; agr II 36. ad Amanum, qui mons mihi
cum Bibulo communis est divisus aquarum divertiis.
ep II 10, 2. — II, 1. idem Aventinum et Caelium
montem adiunxit urbi; rep II 33. qui (mons)
Sacer appellatus est; Bru 54. divido: f. I. est. —
2. nos campis, nos montibus f r u i m u r; nat II 152
— 3. vectigal te nobis in monte Antilibano constituisse, agri Campani abstulisse? A II 16, 2.
genus hominum in montibus ac silvis dissipatum;
de or I 36. in Eryco monte monumentum tuorum
flagitiorum posuisti; Ver II 115. — III. eam (lunam)
esse terram multarum urbium et montium; Ac II
123. cernes vestitus densissimos montium; nat II
161. — IV, 1. tractus ductusque muri difinitus
ex omni parte arduis praeruptisque montibus; rep
II 11. — 2. Antiochum Magnum illum maiores
nostri i n t r a montem Taurum regnare insserunt;
Sest 58.

monstro, zeigen, andeuten, lehren: I. qui
ostendunt, portendunt, monstrant, praedicunt pro-
dicunt ||, „ostenta, portenta, monstra, prodigia" di-
cuntur; div I 93. tu istic, si quid librarii mea
manu non intellegent, monstrabis; ep XVI 22, 1. —
II. qui, quod aliquo in loco viderunt, alio in loco,
nisi monstratum est, nequeunt cognoscere: inv I 53.
quod Homericus Ulixes Deli se proceram palmam
vidisse dixit, hodie monstrant eandem: leg I 2. ut
res tantas quisquam nisi monstratas possit videre:
de or III 124. quid est aliud erranti viam non
monstrare? of III 55 (54).

monstrum, Ungeheuer, Scheusal, Schreck-
lichkeit, Unglaubliches, Wahrzeichen, Wunder: I. 1.
quodnam illud esset tale monstrum: div I 49.
monstra narrant; quae falsa esse possunt; A IX 11, 4.
versabatur in Sicilia quoddam novum monstrum;
Ver V 145. — 2. tunc, foedissimum monstrum,
ausus es meum discessum in maledicti loco ponere?
Piso 31. — II. monstrum ex contrariis cupiditatibus
c o n f l a t u m; Cael 12. hominibus ea ostendi, monstrari, portendi, praedici; ex quo illa „ostenta, monstra, portenta, prodigia" dicuntur; nat II 7. cum
magna vis videretur esse monstris interpretandis ac
procurandis in haruspicum disciplina; div I 3. nos
quae monstra cotidie legamus; A IX 13, 7. narro:
f. I, 1. est. Chaerippus mera || mihi || monstra nun-
tiarat; A IV 7, 1. procuro: f. interpretor. qui de
Caesare monstra promulgarunt; Q fr II 4, 5. quaenam illa in re publica monstra, quae scelera vidistis?
Sest 53. — III. eadem (Etruria) interpretatur, quid
quibusque ostendatur monstris atque portentis;
div I 92.

monstruose, widernatürlich: nihil tam monstruose cogitari potest, quod non possimus somniare
div II 146.

monstruosus, seltsam, sonderbar: quid mirum
mirum quam illam monstruosissimam bestiam urnam
evertisse? div II 69.

montanus, Bergbewohner: I. nullum est a
hac urbe conlegium, nulli pagani aut montani. qu
non . . ; Sest 74. — Dolopes finitimique montan
oppidis atque agris e x t e r m i n a t i; Piso 96.

montivagus, Berge durchschweifend: bestia
non montivagos atque silvestres cursus lustratione
que patiuntur? Tusc V 79.

montuosus, gebirgig: in l o c i s, plani
montuosi; part or 36. cum locis ipsis delectemu

montuosis etiam et silvestribus; Lael 68. tota nostra
illa aspera et montuosa regio; Planc 22.

monumentum (monimentum), Denfmal, Er-
innerungszeichen, Andenken, Urkunde: I, 1. monumenta rerum gestarum et vetustatis exempla oratori
nota esse debere; de or I 201. quia eorum monumenta certa in litteris exstent; inv I 39. ut annales
populi Romani et monumenta vetustatis loquuntur;
dom 86. spectat: f. IV. ratio. — 2. ut hoc magis
monimentum grati senatus quam clari viri futurum
sit: Phil IX 11. — II, 1. obstupescent posteri incredibiles victorias, monimenta, munera, triumphos
audientes et legentes tuos; Marcel 28. in animis
ego vestris omnes triumphos meos, monumenta
gloriae condi et conlocari volo; Catil III 26. omnia
antiquitatis monumenta conligo; Cato 38. conloco:
f. condo. cum mos a maioribus traditus sit, ut monumenta maiorum i:n suorum quisque defendat, ut
ea ne ornari quidem nomine aliorum sinat; Ver IV
79. ut monumentum quam amplissimum locandum
faciendumque curent; Phil XIV 38. cum idem
monumentum et domesticae crudelitatis et nostrae
mansuetudinis haberent; Ver IV 73. lego: f. audio.
lavo: f. facio. nulla eius (Africani) ingenii monumenta mandata litteris; of III 4. orno: f. defendo.
in Eryco monte monumentum tuorum flagitiorum
posuisti; Ver II 115. qui sine ullis ornamentis
monumenta solum temporum, hominum, locorum.
gestarum [que] rerum reliquerunt; de or II 53. ut
in ipsae auctoritatem et monumentorum aliquod decreti
aut litterarum tuarum relinquas; Q fr I 2, 11.
ipsae familiae sua quasi ornamenta ac monumenta
servabant; Bru 62. aeternum inimicitiarum monumentum Graios de Graiis statnere non oportet; inv
II 70. quae vetustas tollet operum circum Mutinam
taetra monimenta? Phil XII 12. — ut cuperem
quam celerrime res nostras monimentis commendari tuis; ep V 12, 1. nota res est et a te ipso
mandata monumentis; div I 33. — 3. cum iste
omnes verborum acerbitates non ex memoria vestra.
sed ex annalium monumentis conquisierit; Rabir
15. quae (opinio) constat ex antiquissimis Graecorum
litteris ac monumentis; Ver IV 106. cum ad templum monumentumque nostrum civitates pecunias de-
crevissent; Q fr I 1, 26. quam (generis antiquitatem)
in monumentis rerum gestarum incisam ac notatam
videmus; Font 41. quos (senariolos) in eius monumento esse inscriptos acceperam; Tusc V 64. quo
plus insumptum in monimentum esset quam nescio
quid, quod lege conceditur, tantundem populo dandum
esse; A XII 35. noto in: f. incido in. quantum ex
monumentis suspicari licet; Bru 52. — III. desine
simulare te gloriae studiosum ac monumentorum
fuisse; Ver II 144. — IV. non elogia monimentorum id significant; fin II 116. quoniam gloriae
munus optimis civibus monumenti honore persolvitur; Phil XIV 34. ego, quae monumenti ratio sit,
nomine ipso admoneor: ad memoriam magis spectare
debet posteritatis quam ad praesentis temporis
gratiam; fr E III 7. — V. 1. clarissima monumenta
restara consignataque antiquitas; div I 87. P.
Africanus Siculorum urbes signis monumentisque
pulcherrimis exornavit; Ver II 3. testari: f. con-
signari. quae (studia et artes) sint nobis Graeciae
monumentis disciplinisque tradita; Q fr I 1, 28. —
2. quod (senatus consultum) in monimento Marii
factum est; Planc 78.

mora. Verzögerung, Aufenthalt, Raft, Verzug,
Auffchub, Pause: I. alios morae respirationesque
lelectant; orat 53. — II, 1. certe ista legatio
moram et tarditatem afferet bello; Phil V 25. de
'ublilio, quod perscribi oportet, moram non puto
esse faciendam; A XVI 2, 1. ex lege utrum statim
i ri necesse sit, utrum habeat aliquam moram et

sustentationem; inv II 146. ne moram atque impedimentum reliquis praeceptis intulisse videamur; inv
I 12. nullam moram interponendam putavimus,
quin . .; Ac I 1. — 2. cum ad iudicii moram familiaris funeris excusatio quaereretur; Rabir 8. —
III, 1. cum omni mora, ludificatione, calumnia
senatus auctoritas impediretur; Sest 75. —
2. propter tarditatem sententiarum moramque
rerum; ep X 22, 2. velim videas, ut (HS x̄x̄x̄) sine
mora curentur; A XI 11, 2.

moralis. die Sitten betreffend: decet augentem
linguam Latinam nominare (eam partem philosophiae)
„moralem“; fat 1.

morator. Verzögerer: quem forte ex illo
grege moratorum (sit habiturus), qui subscriptionem
sibi postularunt; div Caec 49.

moratus. geartet, gesittet, charaktervoll, angemessen: ut probi, ut bene morati, ut boni viri
esse videantur; de or II 184. sine quibus civitates
aut esse aut bene moratae esse non possent; de or
I 85. bene moratae et bene constitutae civitatis;
Bru 7. genus hominum optime moratum; agr II 84.
narrationes ut credibiles, ut moratae (sint); Top 97.
o poëma tenerum et moratum atque molle! div I 66.

morbus, Krankheit: I, 1. medici ex quibusdam
rebus et advenientes et crescentes morbos intellegunt; div II 142. quod in morbis corporis, ut quisque est difficillimus, ita medicus nobilissimus quaeritur; Cluent 57. hic morbus, qui est in re publica,
relevatus istius poena vehementius reliquis vivis
ingravescet; Catil I 31. quo modo in corpore est
morbus, est aegrotatio, est vitium, sic in animo;
Tusc IV 28 (29). tum exsistit et morbus et aegrotatio et offensiones eae, quae sunt eis morbis aegro-
tationibusque contrariae; Tusc IV 24. ingravescit:
f. est; Catil I 31. cum hominem temperantem,
summum medicum tantus improviso morbus oppresserit; A XV 1, 1. visa est mihi iam senescentis
morbi remissio profuisse; ep VII 26, 1. — 2. animi
morbi sunt cupiditates immensae divitiarum, gloriae;
fin I 59. — II, 1. morbos hos perturbatos motus
philosophi appellant; Tusc III 10. non solum
morbus eius (aegri), sed etiam consuetudo valentis
cognoscenda est; de or II 186. eidem (Graeci) morbos
toleranter atque humane ferunt; Tusc II 65. intellego: f. 1, 1. advenit. ego omnes morbos reformido;
ep VII 26, 1. relevo: f. I, 1. est; Catil 31. quoniam
quartana cares et novum morbum removisti; A X
16, 6. quia (morbi) non tam celeriter sanantur,
quam illa (vitia) tolluntur; Tusc IV 32. in animo
tantum modo cogitatione possumus morbum ab aegrotatione seiungere; Tusc IV 29. (Graeci vocant,
πάθος, id est morbum, quicumque est motus in
animo turbidus. nos melius; Tusc III 23. — 2.
nec in omnem morbum ac perturbationem animus
ingeniosi cadit; Tusc IV 32. ille in morbum continuo incidit, ex quo non convaluit; ep XIII 29, 4.
qui e gravi morbo recreati sunt; Quir 4. — III, 1.
contrarius: f. I, 1. exsistit. — 2. ut sunt alii ad
alios morbos procliviores, sic . .; Tusc IV 27. —
IV, 1. cum Ser. Sulpicius gravi periculosoque morbo
adfectus contra vim gravitatemque morbi con-
tenderit; Phil IX 15. ut nihil ad eorum (morborum)
magnitudinem posset accedere; fin II 96. remissio:
f. I, 1. senescit. nec graviora sunt carnificum cruciamenta quam interdum tormenta morborum; Phil XI
8. in quo vis morbi tanta non appareat; fat 17. f.
gravitas. — 2. haec aliorum ad alios morbos proclivitas late patet; Tusc IV 27 (28). — V, 1.
adfici: f. IV, 1. gravitas. hominis cum corporis
morbo tum animi dolore confecti; Muren 86. quem
(Themistoclem) Thucydides tantum morbo mortuum
scripsit; Bru 43. nec (Dionysium) Aesculapius misero
diuturnoque morbo tabescentem interemit; nat III
84. — 2. in: f. I, 1. est; Cluent 57.

53*

mordax, biffig: „lacerat lacertum Largi mordax Memmius"; de or II 240.

mordeo, beißen, verwunden, schmerzen, kränken: I. alii vestrum canes (sunt), qui et latrare et mordere possunt; Sex Roscᵛ57. si paupertas momordit; Tusc III 82. — II. morderi te interdum, quod non simul sis; A VI 2, 8. si qua sint in tuis litteris, quae me mordeant; A XI 7, 8. valde me momorderunt epistulae tuae de Attica nostra; A XIII 12, 1. sed, ut mones, „frenum momordi"; ep XI 24, 1.

mordicus, mit Beißen, mit den Zähnen, hartnäckig, durchaus: auriculam fortasse mordicus abstulisset; Q fr III 4, 2. usque eo (plataleam) premere earum (avium) capita mordicus; fkt II 124. re (Stoici) eadem defendunt, quae Peripatetici, verba tenent mordicus; fin IV 78.

moribundus, dem Tode nahe: tribunum plebis plus viginti vulneribus acceptis iacentem moribundumque vidistis; Sest 85.

morigeror, sich richten, sich anpassen: voluptati aurium morigerari debet oratio; orat 159.

morior, sterben, vergehen, erlöschen, aufhören: I, 1. Cato sic abiit e vita, ut causam moriendi nactum se esse gauderet; Tusc I 74. honeste moriendi facultatem petit; Rabir 37. — 2. ita vivere miserrimum est; mori autem nemo sapiens miserum duxit ne beato quidem; ep VI 3, 3. vgl. II. homo. — II. si causam ageres militis, patrem eius, ut soles, dicendo a mortuis excitasses; de or I 245. quem (Themistoclem) Thucydides tantum morbo mortuum scripsit; Bru 43. moreretur prius acerbissima morte miliens C. Gracchus; Rabir 16. aequo animo paratoque mare; Catil IV 3. eorum, qui exacta aetate moriuntur, fortuna laudatur; Tusc I 93. si marem anguem emisisset, uxori brevi tempore esse moriendum, si feminam, ipsi; div I 36. si naturalis est causa, cur in mari Fabius non moriatur, in mari Fabius mori non potest; fat 14. moriar, si praeter te quemquam reliquum habeo, in quo . .; ep IX 15, 2. quod (res publica) ei mortuo paret, quem vivum ferre non poterat; ep XII 1, 2. non vidisses fratrem tuum, sed quandam effigiem spirantis mortui; Q fr I 3, 1. potius mori miliens (malim) quam semel istius modi quicquam cogitare; A VII 11, 1. quorum corpora viva cum mortuis quam aptissime coligabantur; fr F V 95. ut medici numquam aegris dicunt illo morbo eos esse morituros; div II 54. ex quo fit, ut illae (angues) nec morsu vivae noceant nec odore mortuae; nat I 101. ut cygni cum cantu et voluptate moriantur, sic . .; Tusc I 73. (Silenum) docuisse regem non nasci homini longe optimum esse, proximum autem quam primum mori; Tusc I 114. qui (Milo Crotoniates) aspexisse lacertos suos dicitur inlacrimansque dixisse: „at hi quidem mortui iam sunt"; Cato 27. antiquae sunt istae leges et. mortuae; Ver V 45. in quo ipso (levissimo quoque) una cum satietate memoria quoque moriatur voluptatis; of II 56. Caesar cum venisset mortuo plausu; A II 19, 3. ut iste interpositus sermo deliciarum desidiaeque moreretur; Cael 76. facില iniuriam fortissimo viro mortuo; Piso 8. et „vivere" vitem et „mori" dicimus; fin V 39. alqs; div I 36.

moror, verziehen, verweilen, zögern, ausbleiben, verzögern, hindern, aufhalten: I. in Italia te moratarum, dum tibi litterae meae veniant; ep XI 24, 2. tu quod adhuc Brundisii moratus es, valde probo; ep XV 17, 4. cum morarentur iumenta; Tusc I 113. — II. cui bellum moremur inferre; Phil V 33. — III. nisi quod me etesiae morabuntur; ep II 15, 5. si me navigatio non morabitur; ep XV 11, 2. legatorum nomen ipsum et animos hominum et belli celeritatem morabitur; Phil V 26.

morose, grämlich, mürrisch: is (M. Piso) hominum ineptias ac stultitias iracundius respuebat sive morose sive ingenuo liberoque fastidio; Bru 236.

morositas, mürrisches Wesen, Grämlichkeit: I. morositas et ea vitia, quae dixi, habent aliquid excusationis; Cato 65. — II. ne in morositatem inutilem et odiosam incidamus; of I 88.

morosus, mürrisch, launisch, eigensinnig: usque eo difficiles ac morosi sumus, ut . .; orat 104. quam sint morosi, qui amant; ep VII 15, 1. genus hoc morosum, superstitiosum, suspiciosum; de or II 251. defendendo moroso homini cumulatissime satis fecimus; Q fr II 4, 1. sunt morosi et anxii et iracundi et difficiles senes; Cato 65.

mors, Tod: I. sbfslst: 1. aderat carnifex praetoris, mors terrorque sociorum et civium Romanorum, lictor Sextius; Ver V 118. cui luctum mortis patris attulit; Sex Rosc 13. appropinquante morte; div I 63. quod mors sensu caret; fin I 40. quae (mors) aut plane neglegenda est, si omnino extinguit animum, aut etiam optanda, si aliquo eum deducit, ubi sit futurus aeternus; Cato 66. huic non sanguis, qui est in morte profusus, sed ipsa mors ob rem publicam obita honori fuit; Phil IX 5. ut doceam non modo malum non esse, sed bonum etiam esse mortem; Tusc I 16. mortem non interitum esse omnia tollentem atque delentem, sed quandam quasi migrationem commutationemque vitae; Tusc I 27. cum omnium rerum mors sit extremum; ep VI 21, 1. mors cum exstinxisset invidiam; Balb 16. f. deducit mortem omnibus horis impendentem timens; Cato 74. mors ob oculos saepe versata est; Rab Post 39. — 2. ei sibilum mortem videri necesse est; Sest 115. — 3. o fortunata mors, quae naturae debita pro patria est potissimum reddita! Phil XIV 31.

II. nach Verben: 1. si Ser. Sulpicio casus mortem attulisset; Phil IX 5. consciscenda (fuit) mors voluntaria; ep VII 3, 3. alter intellegit mortem ab dis immortalibus non esse supplicii causa constitutam; Catil IV 7. ut mortem non modo contemnere debeamus, sed etiam optare; ep V 21, 4. debeo: f. I. 3. ut mihi non erepta L. Crasso a dis immortalibus vita, sed donata mors esse videatur; de or III 8. secum ille mortem extulit; Phil IX 5. ut ne mors quidem sit in repetenda libertate fugienda; Phil X 20. quis bonus non luget mortem Trebonii? Phil XII 25. neglego: f. I, 1. deducit. quo cuilibet taeterrimam mortem obiret; Milo 86. pro qua (patria) quis bonus dubitet mortem oppetere, si sit profuturus? of I 57. opto: f. contemno. I, 1. deducit. quamquam mortem natura omnibus proposuit; Phil IV 13. reddo: f. I, 3. timeo: f. I, 1. impendet. cuius mortem senatus ulcisci cupit; Phil XI 9. — 2. qui pro te totiens morti me obtuli; Milo 94. — 3. quod (senectus) haud procul absit a morte; Cato 15. lacrimae meorum me ad mortem ire prohibuerunt; Q fr I 4, 4. quem vos inscii ad mortem misistis; Phil IX 10. dum de patris morte quaereretur; Sex Rosc 119. si est aliqui sensus in morte praeclarorum virorum; Sest 131. qui me a morte ad vitam vocavit; sen 24.

III. nach Adjectiven: 1. videtis nihil esse morti tam simile quam somnum; Cato 80. — 2. nec quo omnes, quibus iratus esset, eosdem [etiam] exsilio aut morte dignos indicaret; Marcel 31. — 3. erat (L. Thorius) ita non timidus ad mortem, ut . .; fin II 63.

IV. nach Substantiven: 1. cum angantur appropinquatione mortis confecti homines senectute; fin V 32. aliam causam mortis voluntariae nulla profecto iustam reperietis; Scaur 4, 5. in qua (fortitudine) mors doloris que contemptio; rep V 9. crudelitatem mortis et dedecus virtus propulsare solet; Phil IV 13. idem sibi domicilium et vitae et mortis deposceret; sen 37. est gladiatorio genere mortis addictus; Phil XI 16. quo de genere mortis difficile dictu est; Lael 12. cum ille ex metu mortis ac tenebris revixisset; Ver V 160. eum tu hominem

terreto istis mortis aut exsilii minis; par 17. cui
periculum mortis sit iniectum; Caecin 83. qui
mortis poenam removet; Catil IV 7. mortis paternae
de servis paternis quaestionem habere filio non licet;
Sex Rosc 78. se, cum tempus mortis venisset, totos
esse perituros; Tusc I 49. illos mortis timor terret;
nat I 86. — 2. deorum immortalium indicia solent in
scholis proferre de morte; Tusc I 113. cum Platonis
graviter scriptum librum de morte legisset; Scaur
3. 4. institutam esse quaestionem de morte Oppianici; Cluent 181.
    V. **Umſtand:** 1. cum cives Romanos morte adfe-
cerit; Ver I 9. cum hominis natura morte dissolvitur; Cato 80. etiamsi quis morte poenas sceleris
effugerit; nat III 90. quae per vim oblatum stuprum
voluntaria morte lueret; fin V 64. ut in alium quendam locum ex his locis morte migretur; Tusc I 97.
qui censet eos morte esse multandos; Catil IV 7.
ut alii dicerent animos hominum sensusque morte
restingui; Sest 47. ad quem morte eius divitiae
venerint; Sex Rosc 88. alter (Carbo) morte voluntaria se a severitate iudicum vindicavit; Bru 103. —
2. qui (Scipio) perpaucis ante mortem diebus triduum
disseruit de re publica; Lael 14. lacrimas in morte
misera atque indigna nauarchorum non tenebamus;
Ver V 172. ſ. I, 1. est; Phil IX 5. quae post mortem futura sint; Tusc I 31.

morsus. Biß, Schmerz, Angriff: I. dolor corporis, cuius est morsus acerrimus; Tusc III 61. —
II. 1. ut aegritudo quasi morsum aliquem doloris
efficiat; Tusc IV 15. *formidans acrem morsum
Lepus*; fr H IV, a, 402. — 2. (viriditas) fundit
frugem et contra avium minorum morsus munitur
vallo aristarum; Cato 51. quid aristolochia ad
morsus serpentium possit, video: div I 16. — III. ne
cicatrices populus Romanus aspiciat ex mulierum
morsu; Ver V 32. — IV. ut se defendant morsu
leones; nat II 127. quae (recordationes) quasi morsu
quodam dolorem efficiunt; A XII 18, 1. nondum
ulcerato serpentis morsu Philocteta; fat 36.

mortalis, ſterblich, irdiſch, vergänglich, Menſch:
A. qui mortalis natus condicionum postules immortalium; Tusc III 36. omne animal confitendum est
esse mortale; nat III 32. pro mortali condicione
vitae immortalitatem estis consecuti; Phil XIV 33.
ita efficitur, ut omne corpus mortale sit; nat III 30.
hominem esse natum quasi mortalem deum; fin II
40. neque me vero paenitet mortales inimicitias,
sempiternas amicitias habere; Rab Post 32. sin
(Pronoea) alia est, cur mortalem fecerit mundum,
non sempiternum; nat I 20. ex hac terrena mortalique natura et caduca; Tusc I 62. ais, quoniam sit
natura mortalis, immortalem etiam esse oportere;
nat I 109. — B, a, I. eam sapientiam interpretantur,
quam adhuc mortalis nemo est consecutus; Lael
18. mortali immortalitatem non arbitror esse contemnendam; Phil II 114. quem omnes mortales
oderint; Ver II 166. — II. omnes mortales implorare posses; Caecin 62. ut mortales ex immortali
procreatos (videremus); nat I 42. — III. quo
beatius esse mortali nihil potest; par 16. — IV.
doleo eam (rem publicam) in unius mortalis anima
consistere; Marcel 22. nec ab iudicio omnium
mortalium dissentire possunt; Phil IV 9. mentes
mortalium falsis visis concitare; div II 127. — b.
infra iam nihil est nisi mortale et caducum praeter
animos; rep VI 17.

mortalitas, Sterblichkeit, Vergänglichkeit:
quasi non omne, quod ortum sit, mortalitas consequatur; nat I 26.

mortifer, tobbringend, töblich: A. qui sunt
morbo gravi et mortifero adfecti; div I 63. si ad
cetera vulnera hanc quoque mortiferam plagam inflixisses auguratus tui: Vatin 20. Socrates tum
paene in manu iam mortiferum illud tenens poculum;

Tusc I 71. accepit P. Sulla vulnus vehemens et
mortiferum; Sulla 73. — B. si quae inscii imperiti-
que pro salutaribus mortifera conscripserunt;
leg II 13.

morturio, gern ſterben wollen: *dictum est a
Cicerone de philosophis* „morturiunt", *mori desiderant;*
fr K 22.

mos, ſ. Sitte, Gewohnheit, Willen, Weſen,
Charakter, Benehmen, Brauch, Art und Weiſe:
I. **abſolut:** 1. mos ipse patrius praestantes viros adhibebat; rep V 1. mos iam de manibus elabitur;
Flac 15. hic mos erat patrius Academiae, adversari
semper omnibus in disputando; de or I 84. est mos
hominum, ut nolint eundem pluribus rebus excellere;
Bru 84. quam (memoriam) ut conserves, quia mos
est ita rogandi, rogo; ep XII 17, 1. sicut mos
maiorum ferebat; Ver I 40. perferunt: ſ. II, 1. exprimo. ut maiorum iura moresque praescribunt;
Font 46. erunt (leges) fere in more maiorum, qui
tum ut lex valebat; leg II 23. vigebat in illa domo
patrius mos et disciplina; Cato 37. — 2. o tempora,
o mores! Catil I 2. o morem praeclarum! Flac 15.
    II. **nach Verben:** 1. quos (antiquos mores) ita
oblivione obsoletos videmus, ut non modo non co-
lantur, sed iam ignorentur; rep V 2. pauci honore
et gloria amplificati vel corrumpere mores civitatis
vel corrigere possunt; leg III 32. quis non videt
et formas et mores effingere a parentibus liberos?
div II 94. horum exprimere mores oratione iustos,
integros, religiosos, timidos, perferentes iniuriarum
mirum quiddam valet; de or II 184. amico se morem
gessisse; inv I 85. gerendus est tibi mos adulescentibus, Crasse; de or I 105. quae his temporibus
scripsi, Ἀριστοτέλειον morem habent; A XIII 19, 4.
ignoro: ſ. colo. ut nec morem maiorum nec necessitudinem sortis laederet; Ver I 37. nobilium vita
victuque mutato mores mutari civitatum puto; leg
III 32. nisi eius modestissimos mores ostendero;
Planc 3. qui pristinam morem iudiciorum requirunt;
Milo 1. veterem morem ac maiorum instituta
retinebant excellentes viri; rep V 1. se in beneficiis
conlocandis mores hominum, non fortunam sequi; of
II 69. cum mos a maioribus traditus sit, ut..;
Ver IV 79. video: ſ. colo. vitupero: ſ. IV, 1.
dissimilitudines. — 2. negavit moris esse Graecorum,
in convivio virorum accumberent mulieres; Ver
I 66. — 3. veteri legi morique parendum est;
Tim 38. — 4. fruere natura et moribus tuis;
Marcel 19. qui antea commodis fuerint moribus;
Lael 54. — 5. hoc ipsum genus orationis ab huius
loci more abhorreret; Piso 71. ut nunc de vita
hominis ac de moribus dicam; Sulla 69. si quid
Socrates aut Aristippus contra morem consuetudinemque civilem fecerint locutive sint; of I 148. omnia
contra leges moremque maiorum esse gesta; dom 68.
loquor contra: ſ. facio contra. *quia pertinet ad
mores, quod ἦθος illi vocant, nos eam partem philosophiae „de moribus" appellare solemus; fat 1. quae
(pars philosophiae) posita est in virtute et moribus;
Ac I 34. Socrates tantum de vita et de moribus
solitum esse quaerere; rep I 16. rediit ad se atque
ad mores suos; div Caec 57. ius in natura sit an
in more; part or 62. ſ. I, 1. valet. veterem illam
excellentemque prudentiam Graecorum ad nostrum
usum moremque transferri; de or III 95.
    III. **nach Adjectiven:** 1. peritus nostri moris ac
iuris nemo umquam in aliam se civitatem dicavit;
Balb 30. — 2. in suis moribus simillimas figuras
pecudum et ferarum transferetur; Tim 45. — 3. quod
hominem dignissimum tuis moribus omni argento
antepones; Ver IV 37.
    IV. **nach Subſtantiven:** 1. cuius acerbitas morum
immanitasque naturae ne vino quidem permixta
temperari solet; Phil XII 26. est maritimis urbibus
etiam quaedam corruptela ac demutatio morum; rep

II 7. innumerabiles aliae dissimilitudines sunt naturae morumque, minime tamen vituperandorum; of I 109. quae (virtutes) pertinent ad mansuetudinem morum ac facilitatem; of II 32. illud morum severissimum magisterium non esse nefariis legibus de civitate sublatum; prov 46. tu magistra morum et disciplinae fuisti; Tusc V 5. mansuetudo: f. facilitas. cum severitas eorum (morum) ob alia vitia cecidisset; leg II 38. accedat huc suavitas quaedam oportet sermonum atque morum; Lael 66. morum ac temporum vitio; par 50. — 2. quam diu hic erit noster hic praefectus moribus; ep IX 15, 5. — 3. quid manet ex antiquis moribus? rep V 2. pars de: f. II, 5. pertineo ad. haec omnis, quae est de vita et de moribus, philosophia; Tusc III 8.
V. **Umftand**: 1. quae more agentur institutisque civilibus; of I 148. cum inclinata ululantique voce more Asiatico canere coepisset; orat 27. cur tot supplicia sint in improbos more maiorum constituta; Ver V 22. haec nostro more nos diximus, Epicurii dicunt suo; Tusc III 33. Q. Catulus non antiquo illo more, sed hoc nostro eruditus; Bru 132. cum antiquo more parva esset villa; leg II 3. ut vis ac deductio moribus fieret; Caecin 32. quem ad modum nostro more male rem gerentibus patribus bonis interdici solet, sic ..; Cato 22. nos id more maiorum ad salutem interpretamur; Scaur 30. quae (philosophia) communi more in foro loquitur, in libellis suo; fin IV 22. cum eius in nuptiis more Lariuatium multitudo hominum pranderet; Cluent 166. etsi more magis hoc quidem scribo, quam quo te admonendum putem; ep XI 29, 3. quod supplicium more maiorum sumpseris; Ver V 133. qui Sullano more exemploque vincet; A X 7, 1. qui (Lacedaemonii) soli toto orbe terrarum septingentos iam annos amplius unis moribus et numquam mutatis legibus vivunt; Flac 63. cum (Diodotus) fidibus Pythagoreorum more uteretur; Tusc V 113. — 2. Aristoteles adulescentes non ad philosophorum morem tenuitate disserendi, sed ad copiam rhetorum in utramque partem exercuit; orat 46. contra: vgl. II, 5. facio, gero contra. quid domus illa viderat nisi ex optimo more et sanctissima disciplina? Phil II 69. in rusticis moribus istius modi maleficia gigni non solere; Sex Rosc 75.
motio. Bewegung, Erregung: I. 1. ipsum animum ἐνδελέχειαν (Aristoteles) appellat novo nomine quasi quandam continuatam motionem et perennem; Tusc I 22. — 2. (sidera) ex alterius naturae motione transversa in eiusdem naturae motum incurrentia; Tim 30. — II. quarum (stellarum) ex disparibus motionibus magnam annum mathematici nominaverunt; nat II 51.
motus, Bewegung, Erregung, Regung, Antrieb, Wirksamkeit, Leidenschaft, Unruhe, Aufstand: I. **abfolut**: 1. iste motus servitiorum tibi diligentiam attulit? Ver V 15. important (animorum motus) aegritudines anxias atque acerbas animosque adfligunt et debilitant metu; Tusc IV 34. simul atque aliqui motus novus bellicum canere coëgit || coepit ||; Muren 30. debent: f. est. debilitant: f. adfligunt. cum motus omnis animi tamquam ventus hominem defecerat; Bru 93. qui motus cogitationis celeriter agitatus per se ipse delectat; orat 134. animi atque ingenii celeres quidam motus esse debent, qui et ad excogitandum acuti et ad explicandum ornandumque sint uberes et ad memoriam firmi atque diuturni; de or I 113. qui (philosophi) partim omnino motus negant in animis ullos esse debere; of II 20. quoniam motus (est) animi incitatio aut ad voluptatem aut ad molestiam aut ad cupiditatem aut ad metum; part or 9. maxime sunt admirabiles motus earum quinque stellarum; nat II 51. post exsistere iram et metum et reliquos motus animi; Tim 44. omnis motus animi suum quendam a natura habet vultum

et sonum et gestum; de or III 216. important: f. adfligunt. in quo (sphaerae genere) solis et lunae motus inessent et earum quinque stellarum, quae ..; rep I 22. ut aut spes aut metus impulisse videatur aut aliquis || alius || repentinus animi motus; part or 113. cum terrae saepe fremitus, saepe mugitus, saepe motus multa nostrae rei publicae gravia et vera praedixerint; div I 35. qui (motus) quam diu remanet in nobis, tam diu sensus et vita remanet: nat II 23. — 2. est (voluptas) iucundus motus in sensu; fin II 75. dolor (est) motus asper in corpore alienus a sensibus; Tusc II 35.
II. **nach Verben**: 1. cum ceteros animorum motus aut indicibus ant populo dicendo miscere atque agitare vellet; de or I 220. f. I, 1. delectat. actio. quae prae se motum animi fert, omnes movet; isdem enim omnium animi motibus concitantur et eos isdem notis et in aliis agnoscunt et in se ipsi indicant; de or III 223. ea, quae motum aliquem animi ciet || miscet ||, oratio; part or 22. cum is motus II 24. sol duabus unius orbis ultimis partibus definiens motum; nat I 87. bestiis sensum et motum (natura) dedit; nat II 34. qui, quemcumque in animis hominum motum res et causa postulet, eum dicendo vel excitare possit vel sedare; de or I 202. si quis motus populi factus esset; de or II 199. quod eodem tempore factus in agro Piceno Potentiae nuntiatur terrae motus horribilis; har resp 62. fero. indico: f. agnosco. eum motum atomorum nullo a principio, sed ex aeterno tempore intellegi convenire: fin I 17. motus animi. sollicitudines aegritudinesque oblivione leniuntur; Tusc V 110. misceo: f. agito. postulo: f. excito. omnes eius motus conatusque prohibebit; Catil II 26. ut tarditate et celeritate dissimillimos motus una regeret conversio; Tusc I 63. sedo: f. excito. quid interest motu animi sublato inter hominem et truncum? Lael 48. quorum (astrorum) conversiones omnesque motus qui animo ||[animus]|| vidit; Tusc I 62. omnes iucundum motum, quo sensus hilaretur, Graece ἡδονήν, Latine voluptatem vocant; fin II 8. — 2. est (poëma) magis artis et diligentiae quam incitationis et motus; div II 111. — 3. quae (mens) omni turbido motu semper vacet; Tusc I 80. qui celeri motu et difficili utantur; Bru 116. — 4. quoniam decorum in corporis motu et statu cernitur; of I 126. neque quiddam. quod vigeat et sentiat, non inest in hoc tanto naturae tam praeclaro motu; Milo 84. cum vescamur iis rebus, tum esse in motu voluptatem; fin II 10. vident ex constantissimo motu lunae, quando illa incurrat in umbram terrae; div II 17.
III. **nach Adjectiven**: quinque reliquis motibus orbum eum (mundum) voluit esse et expertem: Tim 36. nec deus ipse alio modo intellegi potest nisi mens praedita motu sempiterno; Tusc I 66.
IV. **nach Subftantiven**: 1. ne finem quidem (animum) habituram esse motus; Cato 78. ita fit. ut motus principium ex eo sit, quod ipsum a se movetur; Tusc I 54. — 2. quarum (stellarum) tantus est concentus ex dissimillimis motibus, ut ..; nat II 119. (Epicurus) appellat hanc dulcem (voluptatem): .in motu", illam nihil dolentis "in stabilitate"; fin II 16.
V. **Umftand**: 1. omne, quod est calidum et igneum, cietur et agitur motu suo; nat II 23. ille corporis motu tantum amorem sibi conciliarat a nobis omnibus; Arch 17. concitari: f. II, 1. agnosco. quinque stellae ferri disparibus inter se motibus; Tusc I 68. hilarari: f. II, 1. voco. venae et arteriae micare non desinunt quasi quodam igneo motu; nat II 24 qui animi vigeant vigilantes suo motu incredibili quadam celeritate; div II 139. cum tu fortasse motu aliquo communium temporum fortissimi viri magnitudinem animi desideres; Milo 69. — 2. huic

simile vitium in gestu motuque caveatur; of I 130.
quae (scientia) potest esse etiam sine motu atque
impulsu deorum; div I 109.

moveo, bewegen, vorrücken, aufbrechen, abgehen, verrücken, entfernen, vertreiben, ausstoßen,
hervorbringen, erregen, Eindruck machen: I, 1, a.
ceteris, quae moventur, hic fons, hoc principium
est movendi; Tusc I 53. aër et ignis movendi vim
habent et efficiendi; Ac I 26. — b. ut alter (censor)
tribu moveri iubeat; Cluent 122. huic (Aristoni)
summum bonum est in his rebus neutram in partem
moveri; Ac II 130. — 2. xliii die post, quam ille
(Gnaeus) Cannsio moverat; A IX 1, 1. vitia adfectiones sunt manentes, perturbationes autem moventes;
Tusc IV 30. ut alter (censor) de senatu movere
velit; Cluent 122. — II. his lacrimis non movetur
Milo; Milo 101. illa me ratio movit, ut . . ; ep I
7, 9. ut istinc te ne moveas tam infirma valetudine;
ep V 21, 5. (Calvus) acute movebatur; ep XV 21,
4. ego me de Cumano movi ante diem v Kal.
Maias; A IV 9, 2. multa me movent in discessu,
in primis mercule || mehercule || quod diiungor a te.
movet etiam navigationis labor; A XVI 3, 4. quod
(Aristoteles) omnia, quae moventur, aut natura moveri censuit aut vi aut voluntate; nat II 44. cum
machinatione quādam moveri aliquid videmus, ut
sphaeram, ut horas, ut alia permulta; nat II 97. f.
I, 1, a. fons. qui (eloquens) non approbationes solum,
sed admirationes, clamores, plausus, si liceat, movere
debet: orat 236. quae (nomina) prima specie admirationem, re explicata risum moverent; fin IV 61.
etiamsi vel mala sint illa, quae metum aegritudinemve,
vel bona, quae cupiditatem laetitiamve moveant;
Tusc IV 61. si aut furore divino incitatus animus
aut somno relaxatus solute moveatur ac libere; div
II 100. dicunt appetitionem animi moveri, cum aliquid ei secundum naturam esse videatur; fin IV 58.
approbationes: f. admirationem. de ipsa atomo dici
potest, cum per inane moveatur gravitate et pondere,
sine causa moveri; fat 24. cum Africanus censor
tribu movebat eum centurionem; de or II 272. clamores: f. admirationem. utilitatis coniectura movetur, si . . ; part or 111. reliquae partes totumve
corpus statu cum esse motum; Tusc III 15. cupiditatem: f. aegritudinem. movebatur singulari pietate
filius; Phil IX 9. qui patris memoria fletum populo
moveret; de or I 228. inertissimos homines videmus
et corpore et animo moveri semper; fin V 56. horas:
f. alqd. laetitiam: f. aegritudinem. moveri solem
et lunam et sidera omnia; nat II 44. quid tam divinum quam adflatus e terra mentem ita movens,
ut . . ? div II 117. metum: f. aegritudinem. vide-
r^eturne misericordiam movisse; de or II 278. nec
(natura) vim ullam nanciscatur, qua a primo impulsu
moveatur; rep VI 27. partes: f. corpus. plausus:
f. admirationem. magnae mihi res iam moveri videbantur; Q fr II 3, 4. in quo ille (Brutus) mihi risum
magis quam stomachum movere solet; A VI 3, 7. f.
admirationem. (sapiens) movetur mente, movetur
sensibus; Ac II 101 ea, quae movent sensus, itidem
movent omnium; leg I 30. coeptum esse in Sicilia
moveri aliquot locis servitium suspicor; Ver V 9.
sidera, solem: f. lunam. sphaeram: f. alqd. si mihi,
homini vehementer occupato, stomachum moveritis;
Muren 28. f. risum. quae vel maxime suspicionem
movent; part or 114. tellus neque movetur et infima
est; rep VI 17. Parmenides ignem (dixit esse), qui
moveat terram; Ac II 118. cum ita moveatur illa
via, quam qualitatem esse diximus; Ac I 38. moveri
sedibus huic urbi melius est; Phil XIII 49.

mox, bald, nächstens: quam mox indicium fiat,
exspectare; inv II 85. mox referam me ad ordinem;
Ac II 66. de summo bono mox videbimus; fin V 60.
exspecto, quam mox Chaerea hac oratione utatur;
Q Rosc 1. qui sit finis bonorum, mox, hoc loco

tantum dico . . ; fin IV 15. sed ita mox; nunc
audiamus Philum; rep I 20.

mucro, Spitze, Schneide, Schwert, Dolch: I, 1.
nisi mucrones etiam nostrorum militum tremere
vultis; Phil XIV 6. — 2. hic est mucro defensionis
tuae; Caecin 84. — II. gladios in rem publicam
destrictos rettudimus mucronesque eorum a iugulis
vestris deiecimus; Catil III 2. nisi mucronem
aliquem exacuisset in nos; leg III 21. cuius (cen-
sorii stili) mucronem multis remediis maiores nostri
rettuderunt; Cluent 123.

muginor, zaudern: dum tu muginaris nec
mihi quicquam rescribis; A XVI 12.

mugio, brüllen: inclusorum hominum gemitu
mugiebat taurus; rep III 42.

mugitus, Brüllen, Dröhnen: f. motus, 1, 1.
praedicunt.

mula, Maulefelin: I. utrum cum concepit
mula an cum peperit, ostentum est? div II 49. — II.
mulae partus prolatus est a te; div II 49.

mulceo, streicheln, bewegen: I. mulce-
rum mulcens tremebundis aethera pinnis<; fr H IV,
a, 329.

mulco, übel zurichten, mißhandeln: C. Vibie-
nus senator, vir optimus, ita est mulcatus, ut vitam
amiserit; Milo 37. scriptores illos male mulcatos
exisse cum Galba; Bru 88.

muliebris, weiblich, des Weibes, weibisch: ut
muliebres amores omittam; Tusc IV 71. muliebri
in corpore pingendo; inv II 1. Arinia uxorem arsisse
dolore muliebri; Scaur 9. quid est fletu muliebri
viro turpius? Tusc II 57. excellentem muliebris
formae pulchritudinem; inv II 1. muliebrum genus
in sexu consideratur, virile an muliebre sit; inv I
35. ne patiamini illum absolutum muliebri gratia,
M. Caelium libidini muliebri condonatum; Cael 78.
cum illum ambustum religiosissimis ignibus cognovi
muliebri ornatu; har resp 4. illa furia muliebrium
religionum: ep I 9, 15. sumpsisti virilem, quam
statim muliebrem togam reddidisti; Phil II 44.
venustatem muliebrem ducere debemus, dignitatem
virilem; of I 130. tu, qui indutus muliebri veste
fueris, virilem vocem audes emittere? fr A XIII 23.
venisse eo muliebri vestitu virum; A I 13, 3.

muliebriter, weibisch: si se (illa pars animi)
lamentis muliebriter lacrimisque dedet; Tusc II 48.
ne quid ignave, ne quid serviliter muliebriterve
faciamus; Tusc II 55.

mulier, Frau, Weib: I, 1. carent temeto omnes
mulieres; rep IV 6. cum mulier viro in manum
convenit, omnia, quae mulieris fuerunt, viri fiunt
dotis nomine; Top 23. postridie sacerdotes Cereris,
probatae ac nobiles mulieres, rem ad magistratus
suos deferunt; Ver IV 99. ut mulieres esse dicuntur
non nullae inornatae, quas id ipsum decet, sic haec
subtilis oratio etiam incompta delectat; orat 78. te
putasse tuas mulieres in Apulia esse; A IV 19, 1.
Annaea de multorum propinquorum sententia, pecuniosa mulier, quod censa non erat, testamento fecit
heredem filiam; Ver I 111. ut putarunt || putarent||
omnes mulieres, quae coëmptionem facerent, "Gaias"
vocari; Muren 27. >mulieres genas ne radunto neve
lessum funeris ergo habento<; leg II 59. vita illam
mulierem spoliari quam pudicitia maluisse; Scaur
4, 5. moliri statim nefaria mulier coepit insidias
filio; Cluent 176. indica, quod mulier sine tutore
auctore promiserit, deberi; Caecin 72. radunt: f.
habent. qua (patera) mulieres ad res divinas uterentur;
Ver IV 46. — 2. qui inter viros saepe mulier et inter
mulieres vir fuisset; dom 139. — 3. o immoderata
mulier! Cael 53. — II. 1. ne decumana mulier damno
adfici posset; Ver III 77. censeo: f. I, 1. facit.
decet: f. I, 1. est. mulierem cum emisset a sectoribus;
Cluent 162. omnes bonos abesse Roma et eos mulieres
suas secum habere; ep XIV 18, 1. ut initientur

(mulieres) eo ritu Cereri, quo Romae initiantur; leg II 37. probo: ſ. I, 1. deferunt. spolio: ſ. I, 1. mavult. voco: ſ. I, 1. facit. — 2. sum: ſ. I, 1. convenit. — 3. ut mulieri citius avarissimae paruerit quam senatui; Phil VI 4. haec civitas mulieri in redimiculum praebeat, haec in crines; Ver III 76. — 4. in qua muliere vestigia antiqui officii remanent; Sex Rosc 27. de qua muliere versus plurimi supra tribunal scribebantur; Ver III 77. ei hereditas venerat a muliere quadam propinqua; Ver II 53. inter eius modi viros et mulieres adulta aetate filius versabatur; Ver V 30. — III. magnus honos viri iucundus mulieri fuisset; Caecin 12. — IV, 1. quae sacra per summam castimoniam virorum ac mulierum fiant; Ver IV 102. qui in coetum mulierum pro psaltria adducitur; Sest 116. Syracusani festos dies anniversarios agunt celeberrimo virorum mulierumque conventu; Ver IV 107. ut mulierum famam multorum oculis lux clara custodiat; leg II 37. alia iura esse de mulierum legatis et hereditatibus; rep III 17. repente est exorta mulieris importunae nefaria libido; Cluent 12. fama adulescentis paulum haesit ad metas notitia nova mulieris; Cael 75. »nocturna mulierum sacrificia ne sunto praeter olla, quae pro populo rite fient«; leg II 21. — 2. versus de: ſ. II, 4. scribo de. — V, 1. Apronius ipsum Metellum non pretio, non muliere posset corrumpere; Ver III 158. — 2. inter: ſ. I, 2. sacra per mulieres ac virgines confici solent; Ver IV 99.

mulierarius, von einem Weibe gebungen: cum Licinium mulieraria manus ista de malitiae amiserit; Cael 66.

muliercula, Weib, Weiblein: I. ex eo fieri, ut mulierculae magis amicitiarum praesidia quaerant quam viri; Lael 46. — II. mulierculae publicanae noluit ex decumis nimium lucri dare; Ver III 78. — III. haec pueris et mulierculis et servis esse grata; of II 57. — IV. veniunt Herbitam muliercularum deterrimarum improbissimi cognitores; Ver III 78. — V. praetore tot dies cum mulierculis perpotante; Ver V 100.

mulierositas, Weiberſucht: I. similiter mulierositas (nascitur), ut ita appellem eam, quae Graece φιλογυνία dicitur; Tusc IV 25. — II. aegrotationi talia quaedam subiecta sunt: avaritia, ambitio, mulierositas; Tusc IV 26.

mulierosus, weiberſüchtig: hunc (Stilponem) scribunt ipsius familiares et ebriosum et mulierosum fuisse; fat 10.

mulio, Maultiertreiber: quam ob rem scriba deducat, et non potius mulio? Ver III 183.

mulionius, dem Maultiertreiber gehörig: mulioniam paenulam adripuit; Sest 82.

mullus, Meerbarbe: I. si mulli barbati in piscinis sint, qui ad manum accedant; A II 1, 7. — II. videat (M'. Curius) aliquem summis populi beneficiis usum barbatulos mullos exceptantem de piscina et pertractantem; par 38.

mulsum, Met: I. ut mulsum frigidum biberet; de or II 282. — II. huic calix mulsi impingendus est? Tusc III 44. — III. id (venenum) cum daretur in mulso; Cluent 166.

multa, Strafe, Buße, Geldstrafe: I. ut multa tam gravis Valerianis praedibus ipsique T. Mario depelleretur; ep V 20, 4. mihi praesenti si multa inrogetur; dom 58. cum (L. Caesulenus) ab L. Sabellio multam lege Aquilia [de iustitia] petivisset; Bru 131. quam multam populus Romanus remisit; Phil XI 18. — II. »per populum multae poenae certatio esto«; leg III 6. quod est in eadem multae inrogatione praescriptum ‖ perscriptum ‖; Rabir 8. — III, 1. ut vis capite, avaritia multa, honoris cupiditas ignominia sanciatur; leg III 46. — 2. levis aestimatio pecudum in multa lege C. Iulii P. Papirii consulum constituta est; rep II 60.

multatio, Beſtrafung: misera (est) multatio bonorum; Rabir 16.

multifariam, an vielen Stellen: quod (aurum) esset multifariam defossum; de or II 174. quae (iudicia) quondam nusquam erant, hodie multifariam nulla sunt; leg I 40.

multiformis, vielgeſtaltig: ex iis (principibus qualitatibus) variae ortae sunt et quasi multiformes: Ac I 26.

multiiugis, zahlreich: quas (litteras) multiiuge accepi uno tempore a Vestorii liberto; A XIV 9, 1.

multimodis, vielfach: hoc etsi multimodis ‖ multis modis ‖ reprendi potest, tamen accipio, quod dant; fin II 82.

multiplex, vielfach, mannigfaltig, vielſeitig, verſchiedenartig, unbeſtändig: animal hoc providum, sagax, multiplex, acutum, quem vocamus hominem; leg I 22. si ne in uno quidem quoque unus animi erit idemque semper, sed varius, commutabilis, multiplex; Lael 92. ut (sit) corona multiplex; Bru 200. quarum rerum fateor magnam multiplicemque esse disciplinam; de or I 222. vagum illud orationis et fusum et multiplex genus; Bru 119. est magnum illud quidem, verum tamen multiplex pueri ingenium; A VI 2, 2. hac ille tam varia multiplicique natura omnes homines improbos conlegerat; Cael 14. ieiunus huius multiplicis et aequabiliter in omnia genera fusae orationis aures civitatis accepimus; orat 106. quibus (Lacedaemoniis) cum a cuncto consessu plausu esset multiplex datus; Cato 64. illa sunt curricula multiplicium variorumque sermonum; orat 12. est varius et multiplex usus amicitiae; Lael 88.

multiplicabilis, vielfältig: »haec (dextra) interemit tortu multiplicabili draconem«? Tusc II 22.

multiplico, vergrößern, erweitern: hic in domum multiplicatam non repulsam solum rettulit. sed ignominiam etiam; of I 138. ut multiplicata gloria discedamus; Q fr I 2, 16.

multitudo, Menge, Anzahl, Boll, Pöbel Haufe: I. eo cum accessit rerum innumerabilium multitudo; Tusc III 3. diligentiam multitudo litterarum et testium declaravit; Ver I 16. quod multitudo hominum haec erat maxima; Ver V 94. in quibus (bibliothecis Graecis) multitudo infinita librorum propter eorum est multitudinem, qui scripserunt; Tusc II 6. excitabat eos magnitudo varietas multitudoque in omni genere causarum. ut . .; de or I 15. sequitur stellarum inerrantium maxima multitudo; nat II 104. — II, 1. ut imperita aut concitatae multitudini iucundi esse voluerunt; Sest 140. muneribus multitudinem imperitam delenierat; Phil II 116. iis (bestiis) mammarum data est multitudo; nat II 128. qui cum insitivus Gracchum contra vim multitudinis incitatae censu prohibuisset; Sest 101. tanta multitudine hostium interfecta; Phil XIV 12. infinitam multitudinem iniuriarum praetermitto; Ver III 58. ut non solum ingorum, sed etiam ipsorum multitudine quaereremus; Ver III 47. — 2. si ille aditus Gallorum immanitati multitudinique patuisset; prov 34. — 3. eadem bonitas etiam ad multitudinem pertinet; Lael 50. error et temeritas populorum (rem) a multitudine ad paucos transtulit; rep I 52. — III nemo umquam multitudini fuit carior; of III 80 iucundus; ſ. II, 1. concito. — IV, 1. multitudinem arbitrio res maximas agi; Lael 41. nulla re conciliare facilius benivolentiam multitudinis possunt quam abstinentia; of II 77. populus est coetus multitudinis iuris consensu sociatus; rep I 39 potuit illa concitata multitudinis sine summo periculo rei publicae repudiari? Cluent 136. qui errore imperitae multitudinis pendet; of I Atheniensium populi potestatem omnium rerum furorem multitudinis licentiamque conversam; A I 44. orationes, quas nos multitudinis iudi

probari volebamus; Tusc II 3. principum munus esse ducebat resistere levitati multitudinis; Milo 22. licentia: f. furor. non multitudinis temeritate, sed optimatium consilio bellum ab istis civitatibus cum populo Romano esse susceptum; Flac 58. non gravissimum est testimonium multitudinis; fin II, 81. vis: f. II, 1. incito. — 2. est alius quoque quidam aditus ad multitudinem; of II 31. — V, 1. viae multitudine legatorum undique missorum celebrabantur. ad urbem accessus incredibili hominum multitudine et gratulatione florebat; Sest 131. urbem obsessam esse ab ipso rege maxima multitudine; imp Pomp 20. cum aquae multitudine flammae vis opprimitur; Cato 71. quae (nationes) numero hominum ac multitudine ipsa poterant in provincias nostras redundare; prov 31. — 2. appellabantur a multitudine mulieres nominatim; Ver V 94. solem prae iaculorum multitudine et sagittarum non videbitis; Tusc I 101. qui honorum ornamenta propter periculorum multitudinem praetermisissent; Cluent 154. f. I. 1. est.

multo, bestrafen, mit Strafe, Buße belegen: ceteri partim ex veteribus bellis agro multati; Font 26. posteaquam (Deiotarus rex) a Caesare tetrarchia et regno pecuniaque multatus est; div I 27. multos cives Romanos in lautumiis istius imperio per vim morte esse multatos; Ver I 14. cum ab ipsa Fortuna crudelissime videat huius consilia esse multata; Rab Post 2. multantur bonis exsules; Tusc V 107. cum vitia hominum atque fraudes damnis, ignominiis, vinclis, verberibus, exsiliis, morte multantur; de or I 194. nulla in lege nostra reperietur, ut apud ceteras civitates, maleficium ullum exsilio esse multatum; Caecin 100. vitia: f. fraudes.

multus (ploeres, ploera: f. A. magistratus), viel, bedeutend, häufig, zahlreich, reichlich, breit, lästig, spät: A. bei Substantiven: qui in aliquo genere aut inconcinnus aut multus est; de or II 17. ae in re nota et pervulgata multus et insolens sim; de or II 358. ex multis Clodiis nemo nomen dedit; dom 116. ne ipsos quidem Graecos est cur tam multos legant, quam legendi sunt; fin I 6. solus (App. Claudius augur) multorum annorum memoria divinandi tenuit disciplinam; div I 105. quam multarum artium ministras manus natura homini dedit! nat II 150. cum tam multa ex illo mari bella emerserint, tam multa porro in Pontum invecta sint; Ver IV 130. patris tui pluribus beneficiis defensus; ep XV 7. f. dona. quoniam corrumpendi iudicii causas ille multas et graves habuit; Cluent 82. multi reges, multae liberae civitates, multi privati opulenti habent in animo Capitolium sic ornare, ut . . ; Ver IV 68. multa multorum facete dicta; of I 104. multus sermo ad multum diem; A XIII 9, 1. donis beneficiisque multis devinciebatur; Ver V 82. plurima est antiquitatis effigies; de or I 193. haec ipsa nimis mihi videor in multa genera discripsisse; de or II 288. quod (hominum natura) pluribus generibus fruitur voluptatum; nat I 112. quia plures ineuntur gratiae, si . . ; Bru 209. qua via) novi homines plurimi sunt eodem honore consecuti; Planc 67. non a suis, quos nullos habet, sed a suorum, qui et multi et potentes sunt, irguetur inimicis; Balb 59. multa proponi pericula, multas inferri iniurias; Sest 138. quam multas aestimatis insulas esse desertas, quam multas a praedonibus captas urbes esse sociorum? imp Pomp 32. haec diu multumque et multo labore quaesita una eripuit hora; Sulla 73. quorum dicuntur esse latini sane multi libri; Tusc II 7. uno die locis Juribus res publica est conservata; Phil XIV 28. minores magistratus partiti iuris ploeres || plures || u ploera sunto«; leg III 6. accedunt eodem multa rivata magna eius in me merita, mea quaedam

officia in illum; Phil XIII 7. multa sunt monumenta clementiae tuae; Deiot 40. unusne mundus sit an plures; div II 11. quid attinet, cum una (deorum) facies sit, plura esse nomina? nat I 84. multa nocte veni ad Pompeium; Q fr II 7 (9), 2. multa mea in se proferebat officia; Sulla 18. dum operam suam multam existimari volunt; de or II 101. quam (perturbationem) consequi nisi multa et varia et copiosa oratione nemo potest; de or II 214. qui (M. Calidius) non fuit orator unus e multis, potius inter multos prope singularis fuit; Bru 274. ceteros multis partibus maior quam terra universa; nat II 92. pericula: f. iniuriae. D, a, I. eunt. cum tanto plures abducti essent (praedones) quam relicti; Ver V 71. privati: f. civitates. plurima et maxima proelia commemorare possem; Muren 33. homo (n. Pompei iudicio plurimis maximisque in rebus probatissimus; Ver II 102. cur id non ant ex omnium earum (rerum) aut ex plurimarum et maximarum appetitione concluditur? fin IV 34. reges: f. civitates. multis iam ante saeculis; rep II 20. suum (sanguinem) in illa gladiatoria pugna multum profuderat; Phil V 20. scripta: f. C. sermo: f. dies. habetis hominem in utraque fortuna cognitum multis signis et virtutis et humanitatis; Caecin 104. multa sunt a te ex historiis prolata somnia; div II 136. cum tam multi testes dixissent; Ver IV 33. quamquam tralatio est apud eum (Phalerea) multa; orat 94. petit ab eo pro sua fide ac diligentia pluribus verbis, ne . .; Ver I 135. cum tu tam multis verbis ad me scripsisses; ep III 8, 1. andi viros bonos, quibus multis uteris; Phil X 6. cum ponebas cumulatam aliquem plurimis et maximis voluptatibus; fin II 63. urbes: f. insulae.

B. mit Genetiv: ut constet numquam in illo ordine plus virtutis, plus amoris in rem publicam, plus gravitatis fuisse; Sulla 82. cum sapientem semper boni plus habere vultis; fin II 57. f. mali. L. Crassum non plus attigisse doctrinae quam quantum . . ; de or II 1. dolorum: f. voluptatum. quod iis plus frumenti imperabatur; Ver III 57. quod qui faciunt, plurimum gratiae consequuntur; of II 67. exordium sententiarum et gravitatis plurimum debet habere; inv I 25. f. amoris. in qua (contione) rebus fictis loci plurimum est; Lael 97. ut multo plus illa laudatio mali quam boni posset adferre; Ver IV 141. in agendo plus quam in scribendo operae poneremus; of II 3. ut non multum imperatori sub ipsis pellibus otii relinquatur; Ac II 4. quo plus poenarum habeo quam petivi; leg II 44. plus falsam epistulam habituram ponderis quam ipsius praesentis fictam vocem; Flac 93. in qua (virtute) plurimum est praesidii; Lael 51. sententiarum: f. gravitatis. multum temporis in ista una disputatione consumpsimus; Ac II 12. virtutis: f. amoris. neque ullum est tempus quo (sapiens) non plus voluptatum habeat quam dolorum; fin I 62.

C. mit Adjectiven, Pronomina, Participien: multa sunt alia, quae inter locum et locum plurimum differant; fat 7. ceteros profecto multos ex his incommodis pecunia se liberasse; Ver V 23. dicta: f. A. quod multa falsa probabilia sint; Ac II 103. quae (magnitudo) illa tam multa possit effingere; Tusc I 61. si ant ingrati universi aut invidi multi suis virtutum praemiis spoliant; rep III 40. id quod ex multis iratis audistis; Ver V 27. multa commemorarem nefaria in socios; of II 28. intellego multo et plura et a pluribus peritissimis esse dicta; Balb 56. non modo plura, sed etiam pauciora divine praesensa et praedicta reperiri; div I 124. quorum (maiorum natu) ego multorum cognovi senectutem sine querela; Cato 7. multa me consule a me ipso scripta recitasti; div II 54. educ etiam omnes tuos; si minus, quam plurimos; Catil I 10.

D. **allein: a. masc.:** I. minus multi iam te advocato causa cadent; ep VII 14, 1. in Hortensii sententiam multis partibus plures ituros; ep I 2, 2. ferunt pudore alii, multi metu; Tusc II 46. statuite, quanti hoc putetis et quam multos redemisse; Ver V 23. multi sunt, qui statim convolent; Tusc III 50. — II, 1. virgis quam multos ceciderit; Ver V 140. multi in civitatem recepti sunt; Balb 52. — 2. multa multis de suo iure cedentem; of II 64. (res familiaris) quam plurimis, modo dignis, se utilem praebeat; of I 92. — III. quoniam (ratio) pestifera. est multis, admodum paucis salutaris; nat III 69. — IV. quae ista sunt exempla multorum? Ver III 209. saepe multorum improbitate depressa veritas emergit; Cluent 183. id C. Rabirius multorum testimoniis falsum esse docuit; Rabir 18. — V. ut a multis in lautumiis verus ille dux quaereretur; Ver V 69.

b. neutr.: I, 1. ut neque hoc neque multa huius modi accidere possent; Phil XIII 21. ut in quoque oratore plurimum esset; de or I 123. cum plus uno verum esse non possit; de or II 30. multa erunt, quae nobis bona dicenda sint; Tusc V 46. me multa perturbant; Deiot 1. quorum de honore utinam mihi plura in mentem venirent! Phil XIV 31. — 2. cum (Chrysippus) gradatim interrogetur verbi causa, tria pauca sint anne multa; Ac II 93. — II. senescere me in dies addiscentem; Cato 50. ego omnes dico plus ac multo plus quam decumam abstulisse; Ver III 29. cedo: f. **a,** II, 2. de Silio nilo ∥ nihilo ∥ plura cognovi quam . .; A XII 28, 1. de qua (agri cultura) quoniam satis multa diximus; of I 151. f. C. periti. multum mecum municipales homines loquuntur, multum rusticani; A VIII 13, 2. Apronio semper plus etiam multo abs te permissum est, quam quod edixeras; Ver III 150. natura in omni verbo posuit acutam vocem nec una plus; orat 58. possum: f. **c,** I. possum. multum in posterum providerunt; agr II 91. caput est quam plurimum scribere; de or I 150. nisi ab iis hoc petivisset, ut scererent quam plurimum; Ver III 121. plurimum se et longe longeque plurimum tribuere honestati; fin II 68. valeo: f. **c,** I. valeo. ne multa, Diogenes emitur; Cluent 47. sed de hoc loco plura in aliis, nunc hactenus; div II 76. sed de nostris rebus satis vel etiam nimium multa; ep IV 14, 3. — III. in ploera: f. A. magistratus.

c. adverbielle Formen: I. multum: me a te multum amari; A XVI 16, 10. de Capua multum est et diu consultum; agr II 88. cum etiam plus contenderimus quam possumus; ep I 8, 7. ut te plurimum diligam; ep I 7, 1. quem ·(Pompeium) mehercule plus plusque in dies diligo; A VI 2, 10. differo: f. C. alia. diu multumque dubitavi; orat 1. id te multum fefellit; Sulla 41. cuius plurimum intererat esse in optimo statu civitatis; rep II 40. quid ratius Iuppiter plus nocere potuisset, quam nocuit sibi ipse Romulus? of III 102. quo in genere plurimum posset; inv II 1. qui opibus plurimum poterant; Planc 86. eum (Zeuxin) muliebri in corpore pingendo plurimum aliis praestare; inv II 1. si Asicio causa plus profuit quam nocuit invidia; Cael 23. quaero: f. A. labor. multum est in his locis: „hicine est ille, qui urbem?" ep II 10, 2. qui Athenis solet esse multum; Q fr I 2, 14. (libri) diu multumque in manibus fuerunt; A IV 13, 2. valebant in senatu multum, apud bonos viros plurimum: Sest 105. apud me argumenta plus quam testes valent; rep I 59. quia huius parente semper plurimum essem usus; Planc 25. solem plus quam duodeviginti partibus maiorem esse quam terram; Ac II 128. ut desiderium ne plus sit annuum; A V 1, 1. vgl. D, **b,** I. est; de or II 30. II. pono. — II. pluris: multo cam (concordiam) pluris aestimavit quam omnia illa; fin III 21. quoniam nulla vis auri et argenti pluris quam virtus aestimanda est; par

48. P. Fabius nuper emit agrum sane magno. dimidio fere pluris, quam . .; Tul 14. ut neuter quemquam omnium pluris facere quam me videretur; A VII 1, 3. sit sane adrogantis pluris se putare quam mundum; nat III 26. mea mihi conscientia pluris est quam omnium sermo; A XII 28, 2. vendidisse alios magno decumas et pluris etiam quam te vendidisse; Ver III 147. — III. multo: 1. an silentio suum (frumentum sit) quam plurimo venditurus; of III 50. ut decumae quam plurimo venire possint; Ver III 147. plure venit; fr K 5. — 2. multo acriorem improborum memoriam esse sentio quam bonorum; Flac 103. cum in isto genere multo etiam ambitiosius facere soleam, quam . .; A III 7, 4. multo ante, quam est lata lex de me; dom 85. Theopompio genere aut etiam asperiore multo; A II 6, 2. nonne melius multo fuisset otiosam aetatem traducere? Cato 82. egit multo gravioribus verbis meam causam; Sest 120. „batuit", inquit, impudenter, „depsit" multo impudentius; ep IX 22, 4. quamquam mihi semper frequens conspectus vester multo iucundissimus est visus; imp Pomp 1. id admirans illud iam mirari desino, quod multo magis ante mirabar; de or II 59. vir sapiens, multo arte maiore praeditus; Tusc V 104. in civitate totius Siciliae multo maxima; Ver IV 50. mihi videntur plerique initio multo hoc maluisse: Muren 29. plus: f. II. aestimo. **b,** II. aufero, permitto. C. periti. profectio certe animum tuum non debet offendere. num igitur remansio? multo minus; Ligar 4. nec ita multo post edictum Bruti adfertur; Phil I 8. multo mihi, multo, inquam, praestat in eandem illam recidere fortunam quam . .; Sest 146. ut Peripatetici nec multo veteres Academici secus; Tusc V 85.

mulus, Maulefel, Maultier: I. potes nulo isto, quem tibi reliquum dicis esse, quoniam cantherium comedisti, Romam pervehi; ep IX 18, 4. quid delectationis habent sescenti muli in „Clytaemnestra" Clytaemnestra ∥? ep VII 1, 2. postliminio redeunt haec: homo, navis, mulus clitellarius . .; Top 36. — II. petii ab eo de mulis vecturae; A XV 18, 1. — III. longum ei mulorum persequi utilitates et asinorum; nat II 159. — IV. pervehi: f. I. est.

mundanus, Weltbürger: Socrates cum rogaretur, cuiatem se esse diceret, „mundanum" inquit: Tusc V 108.

munditia, Sauberkeit, Zierlichkeit: I. adhibenda praeterea munditia est non odiosa neque exquisita nimis, tantum quae fugiat agrestem neglegentiam; of I 130. elegantia modo et munditia remanebit: orat 79. — II. adhibeo, al.: f. I. fugit. — III. qua munditia homines, qua elegantia! ep IX 20, 2.

mundus, Puder, ordentlich, fein: A. tuam (domum) in Carinis mundi habitatores Lamiae conduxerunt; Q fr II 3, 7. — B. mundos, elegantes. optimis vocis vitantes cruditatem; fin II 23.

mundus, Welt, Weltall, Weltkörper: I, 1. ita apte (mundus) cohaeret, ut dissolvi nullo modo queat nisi ab eodem, a quo est conligatus; Tim 15. mundus quoniam omnia complexus est; nat II 38. natura constare administrarique mundum; nat II 82. cum ipse mundus, cum maria atque terrae motu quodam novo contremiscunt et invisitato aliquid sono praedicunt; har resp 63. ais Democritum dicere innumerabiles esse mundos; Ac II 55. ita efficitur animantem, sensus, mentis, rationis mundum esse compotem; nat II 47. innumerabiles (mundos) in omni puncto temporis alios nasci, alios interire; nat II 94. praedicit: f. contremisco. ratione mundus utitur; nat II 21. — 2. eos (deos) innumerabiles esse mundos; nat I 25. — II, 1. qui (philosophi) deorum mente atque ratione omnem mundum administrari et regi censeant; nat I 4. f. I, 1. constat. ille, qui in Timaeo mundum aedificavit; Platonis deus; Tusc I 63. animorum consentientium

multitudine completum esse mundum; div II 119. conligo, dissolvo: f. I, 1. cohaeret. casune ipse (mundus) sit effectus aut necessitate aliqua an ratione ac mente divina; nat II 88. levem illum (mundum deus effecit et undique aequabilem; Tim 20. f. IV. partes. mundum deorum domum existimare debemus; nat III 26. ut iam I est igitur || universus hic mundus una civitas sit communis deorum atque hominum existimanda; leg I 23. Plato ex materia in se omnia recipiente mundum factum esse censet a deo sempiternum; Ac II 118. ita a principio inchoatum esse mundum, ut certis rebus certa signa praecurrerent; div I 118. mundum censet regi numine divino; fin III 64. f. administro. qui (mundus) integro et libero et puro ardore teneatur; II 31. una conversione atque eadem ipse circum se (mundus) torquetur et vertitur; Tim 19. cum ipsum mundum, cum eius membra, caelum, terras, maria, vidissent; nat I 100. — 2. exta sunt coniuncta mundo; div II 33. haec (mens, ratio) mundo deesse non possunt; nat II 38. — 3. animum ut in medio (mundo deus) conlocavit, ita per totum tetendit; Tim 20. ut tu paulo ante de Platonis mundo disputabas; nat I 68. sive in ipso mundo deus inest aliquis, qui regat, qui gubernet; nat I 52. nihil est in omni mundo, quod non pars universi sit; nat II 30. f. IV. partes. tendo per: f. conloco in. torqueo, verto circum: f. 1. torqueo. — III. terram in medio mundo sitam puncti instar obtinere; Tusc I 40. — IV. nihil est praeclarius mundi administratione; nat II 76. audite non opificem aedificatoremque mundi, Platonis de Timaeo deum; nat I 18. tatear ea (saecla) sine mundi conversione effici non potuisse: nat I 21. hac mundi divinitate perspecta; nat II 39. quod (caelum) extremum atque ultimum mundi est; div II 91. terra complexa medium mundi locum: rep VI 18. membra: f. II. 1. video. natura mundi omnes motus habet voluntarios conatusque et appetitiones; nat II 58. opifex: f. aedificator. ex quo efficeretur mundus omnesque partes mundi, quaeque in eo essent: fin I 19. a quo (igne) rursum animante ac deo renovatio mundi fieret; nat II 118. videmus hunc statum esse huius totius mundi atque naturae, rutundum ut caelum terraque ut medium sit: de or III 178. ultimum: f. extremum. ex utraque re et mundi volubilitas et mundi rotundi ambitus cognoscuntur; nat II 49. — V, 1. nihil est mundo melius in rerum natura; nat III 21. — 2. neque praeter terram rem ullam in mundo moveri; Ac II 123. praeter mundum cetera omnia aliorum causa esse generata; nat II 37.

muneror, schenken, beschenken: I. hereditatis ipse adsectatur, adsidet, muneratur; par 39. — II. Alexio me opipare muneratus est; A VII 2, 3. natura) aliud alii commodi aliquo adiuncto incommodo muneratur; inv II 3.

munia, Pflichten: I. omnia haec sunt munia candidatorum; Muren 73. — II. sui cervicibus anta munia sustinent; Sest 138.

municeps, Municipalbürger, Mitbürger, Landsmann: I, 1. M. Pontidius, municeps noster, multas rivatas causas actitavit; Bru 246. coloni omnes municipesque vestri facile urbes suas defendent; Atl II 26. municipes Regini complures ad me venerunt; Phil I 8. — 2. illum P. Gavium civem Romanum et municipem Consanum fuisse; Ver V 164. Custidius est tribulis et municeps et familiaris meus; ep XIII 58. — II, 1. qui municipes suos prohibendos occidendosque curaverit; Cluent 125. — omnibus municipibus duas esse censeo patrias; f. II 5. — 3. num quando vides Tusculanum aliquem de Ti. Coruncanio municipe suo gloriari? Planc 20. — III. ego meo Ciceroni Arpini potissimum oram puram dedi, idque municipibus nostris fuit ratum; A IX 19, 1. — IV. lautissimum oppidum

nunc municipum honestissimorum, quondam colonorum, Suessam, fortissimorum militum sanguine implevit; Phil XII 18.

municipalis, aus einer Freistadt, kleinstädtisch: est ipse a materno genere municipalis; Sulla 25. sunt municipales rusticique Romani; Sest 97. multum mecum municipales homines loquuntur, multum rusticani; A VIII 13, 2. utinam isto animo in summa re publica nobiscum versari quam in municipali maluisses! leg III 36.

municipium, Freistadt: I, 1. quod (M. Orfius) est ex municipio Atellano, quod scis esse in fide nostra; Q fr II 12 (14), 3. puero municipia mire favent; A XVI 11, 6. — 2. ut, Circeiis qui habitat, totum hunc mundum suum municipium esse existimet; fin IV 7. — II, 1. Calenum municipium complebunt; agr II 86. quin tam grave, tam firmum, tam honestum municipium tibi tuo summo beneficio in perpetuum obligari velis; ep XIII 4, 2. — 2. populus Romanus L. Sulla dictatore ferente comitiis centuriatis municipiis civitatem ademit; dom 79. date hoc Lanuvio, municipio honestissimo; Muren 90. Antonium pecunias municipiis imperare; A XVI 8, 2. — 3. erat (L. Manlius) ascriptus in id municipium (Neapolim) ante civitatem sociis et Latinis datam; ep XIII 30, 1. qui ex municipiis convenerant; Sest 129. (Antonius) evocavit litteris e municipiis decem primos et IIII viros; A X 13, 1. quibus ex municipiis vix iam, qui carnem Latinis petant, reperiuntur; Planc 23. C. et L. Fabricii fratres gemini fuerunt ex municipio Aletrinati; Cluent 46. f. I, 1. est. — III, 1. homo non solum municipii Larinatis, sed etiam regionis illius nobilitate facile princeps; Cluent 11. — 2. quorum aliquis defenderet equitem Romanum, in municipio suo nobilem; Cluent 109. — IV, 1. tantus est consensus municipiorum; Phil III 13. municipii fortunas omnes in vetrigali consistere; ep XIII 7, 2. quae fuit eius lustratio municipiorum! Phil II 57. cum exercitum summo studio municipiorum coloniarumque provinciae Galliae conscripserit; Phil V 36. qui tabulas municipii manu sua corrupisse indicatus sit; Cluent 125. urbes coloniarum ac municipiorum respondebunt Catilinae tumulis silvestribus; Catil II 24. — 2. quae minae municipiis! A IX 10, 2. — 3. homines illius ordinis ex municipiis rusticanis; 'Sex Rosc 43. quo ore iste homines rusticanos ex municipiis solitus sit appellare; Ver I 127. — V. eos, qui aliquando praeconium fecissent, in municipiis decuriones esse non licere; ep VI 18, 1.

munifice, mildtätig, freigebig: an melius fuerit motum cogitationis non dari omnino quam tam munifice et tam large dari; nat III 69. animi adfectio hanc societatem coniunctionis humanae munifice et aeque tuens; fin V 65.

munificus, mildtätig, freigebig: semper liberalissimus munificentissimusque fuit; Q Rosc 22. quid tam regium, tam liberale, tam munificum quam opem ferre supplicibus? de or I 32. quae (virtus) est una maxime munifica et liberalis; rep III 12.

munio, befestigen, sichern, schützen, bahnen, gangbar machen: novarum ne necessitudinum fidelitate contra veterum perfidiam muniendum putavi; ep IV 14, 3. munio me ad haec tempora; ep IX 18, 2. optimorum civium imperiis muniti erimus et copiis; ep XII 5, 1. se muniturum ad custodiendam vitam suam fore, quam Africanum fuisset; Q fr II 3, 3. nos firmissima benivolentia hominum muniti sumus; A II 25, 2. nec est quicquam Cilicia contra Syriam munitius; ep XV 4, 4. constat aditus insulae esse munitos mirificis molibus; A IV 17, 6 (16, 13). ut Thessalonicenses arcem munire cogantur; prov 4. castella munita improviso adventu capta; ep II 10, 3. hoc tu iure munitam civitatem et libertatem nostram putas esse oportere

54*

dom 80. domum meam maioribus praesidiis munivi; Catil I 10. Alpibus Italiam munierat antea natura; prov 34. ius legatorum cum hominum praesidio munitam sit; har resp 34. libertatem: f. civitatem. portus munitissimi piratis (patefacti); Ver pr 13. oppugnabam oppidum munitissimum, Pindenissum; ep II 10, 3. res publica tantis munita praesidiis; agr II 101. qnam tibi primum munisti ad te audiendum viam! de or II 202. (viriditas) fundit frugem et contra avium minorum morsus munitur vallo aristarum; Cato 51. quae (urbs) manu munitissima esset; Ver II 4.

munitio, Befeftigung, Gangbarmachung, Wegbahnung: I, 1. omne principium habere debebit aditum ad causam et munitionem || communitionem ||; de or II 320. opus ostendebat munitionemque legatis; Phil VIII 20. — 2. quaestum M. Fonteium ex viarum munitione fecisse; Font 17. — III. hanc rationem munitionis ab iis esse tractatam; Font 19. — IV. quam (urbem) cum operibus munitionibusque saepsisset; Phil XIII 30.

munito, bahnen: quam viam (dominatio) munitet et quo iter adfectet, videtis; Sex Rosc 140.

munus, Geſchäft, Pflicht, Dienſt. Amt, Wirkungsfreis, Werf, Leiſtung, Gefälligfeit, Geſchenf, Spende, Schauſpiel: I, 1. caduca semper et mobilia haec esse duxi, non virtutis atque ingenii, sed fortunae et temporum munera; dom 146. tuum est hoc munus, tuae partes; ep XI 5, 3. f. II, 1. habeo. si sine oculis non potest exstare officium et munus oculorum; div I 71. — 2. munus animi est ratione bene uti; Tusc III 15. — 3. o praeclarum munus deorum! nat III 73. — II, 1. accipio: f. habeo. isto exposito munus promissi omne confecero; part ar 132. cum et Corcyrae et Sybotis muneribus tuis, quae et Arana et meus amicus Eutychides opipare et φιλοπροσηγόταια nobis congesserant, epulati essemus Saliarem in modum; A V 9, 1. quia munus magnificum dederat; Q fr III 8, 6. multos modios salis simul edendos esse, ut amicitiae munus expletum sit; Lael 67. conturbatus animus non est aptus ad exsequendum munus suum; Tusc III 15. etsi munus flagitare, quamvis quis ostenderit, ne populus quidem solet nisi concitatus; ep IX 8, 1. ipse fugi adhuc omne munus; A XI 4, 1. nos in omni munere candidatorio fungendo summam adhibebimus diligentiam; A I 1, 2. habes a patre munus mea quidem sententia magnum, sed perinde erit, ut acceperis; of III 121. imperabitur aliquid muneris; agr II 46. multa sunt imposita huic ordini munera; Ver III 98. mereo: f. refero. mittit homini munera satis large; Ver IV 62. ostendo: f. flagito. quoniam gloriae munus optimis civibus monumenti honore proposuit; Phil XIV 34. hoc munus aedilitatis meae populo Romano amplissimum pulcherrimumque polliceor; Ver pr 36. munus hoc meritum huic refero; Balb 59. qui (praetor urbanus), quod consules aberant, consulare munus sustinebat more maiorum; ep X 12, 3. f. 3. vaco. ut summa modestia et summa abstinentia munus hoc extraordinarium traducamus; A V 9, 1. nec nomen illud poterat nec munus tueri; Rab Post 28. — 2. videamus, quid ei negotii demus cuique eum muneri velimus esse praepositum; de or II 41. qui ei muneri praefuerunt; leg I 14. — 3. omnibus divinis muneribus careremus; Quir 5. quoniam functus (est) omni civium munere; Bru 63. vicissitudines habebant, quibus mensibus populari munere fungerentur, quibus senatorio; rep III 48. vacat aetas nostra muneribus iis, quae non possunt sine viribus sustineri; Cato 34. — 4. ut (senectus) adulescentes ad omne officii munus instruat; Cato 29. me ad meum munus pensumque revocabo; de or III 119. cetera ab oratoris proprio officio atque munere seiuncta esse arbitror; de or I 262. tantum huic studio relinquendum (est), quantum vacabit a publico officio et munere; div II 7. —

III, 1. huic divino muneri ac dono nihil tam esse inimicum quam voluptatem; Cato 40. — 2. vacui, expertes, soluti ac liberi fuerunt ab omni sumptu, molestia, munere; Ver IV 23. — IV. alqd: f. II, 1. impero. inesse moderatorem et tamquam architectum tanti operis tantique muneris; nat II 90. labor est functio quaedam vel animi vel corporis gravioris operis et muneris; Tusc II 35. ut non ministros muneris provincialis senatus more maiorum deligere posset? Vatin 35. moderator: f. architectus. caput est in omni procuratione negotii et muneris publici, ut . .; of II 75. cogitarat omnes superiores muneris splendore superare; dom 111. — V, 1. quod (genus humanum) sparsum in terras divino auctum sit animorum munere; leg I 24. eos esse contectos publicis operibus et muneribus; Phil XIV 34. est quasi deorum immortalium beneficio et munere datum rei publicae Brutorum genus et nomen; Phil V 7. epulari: f. II, 1. congero. cum plebem muneribus placavit; Milo 95. ut possem te remunerari quam simillimo munere; ep IX 8, 1. — 2. in munere servili obtulit se ad ferramenta prospicienda; Sulla 55 senator legatus sine mandatis, sine ullo rei publicae munere; leg III 18.

munusculum, fleines Geſchenf: I. tuum esse hoc munusculum putabo; A II 1, 12. — II. Tulliola tuum munusculum flagitat; A I 8, 3. amico munusculum mittere volui levidense crasso filo; ep IX 12, 2. alieni facinoris munusculum non repudiaverunt; of III 73. — III. quod Erotem non sine munusculo expectare te dicis; A XVI 3, 1.

muraena, Muräne: I. qui me ostreis et murenis || muraenis || facile abstinebam; ep VII 26, 2. — II. videat (M'. Curius) aliquem murenarum copia gloriantem; par 38.

murmur, Gemurmel, Rauſchen, Brauſen: I. nec metuunt canos minitanti murmure fluctus; fr H IV, a, 305. — II. et „murmur" maris et „dulcitudo" orationis sunt ducta a ceteris sensibus; de or III 161.

murmuro, murmeln, rauſchen: vidi hesterno die quendam murmurantem, quem aiebant . .; har resp 17. nec fremitum murmurantis maris (audiunt); Tusc V 116.

murus, Mauer, Scheidewand, Schuß: I. est certamen pro urbis muris, quos vos, pontifices, sanctos esse dicitis; nat III 94. — II, 1. lex Aelia et Fufia eversa est, propugnacula murique tranquillitatis atque otii; Piso 9. nasus ita locatus est, ut quasi murus oculis interiectus esse videatur; nat II 143. quamvis murum aries percusserit; of I 35. — 2. lex peregrinum vetat in murum escendere || asc. ||; de or II 100. — III, 1. cuius (urbis) is est tractus ductusque muri definitus ex omni parte arduis montibus; rep II 11. — 2. certamen pro: f. I. — IV, 1. ut eius furorem ne Alpium quidem muro cohibere possemus; Phil V 37. — 2. insula Delos sine muro nihil timebat; imp Pomp 55.

mus, Maus: I. non solum inquilini, sed mures etiam migraverunt; A XIV 9, 1. — II. si domus pulchra sit, intellegamus eam dominis aedificatam esse, non muribus; nat III 26. — III. Lanuvii clipeos a muribus esse derosos; div I 99. neque homines murum ant formicarum causa frumentum condunt, sed coniugum . .; nat II 157.

musa, Muſe, Geſang: >variis avido satiatus pectore musis || Musis ||; fin V 49.

musca, Fliege: I. hodie te istic muscae comedissent; Bru 217. — II. „puer, abige muscas": de or II 247.

muscosus, bemoost: ἀποδυτηρίῳ nihil alsius, nihil muscosius; Q fr III 1, 5.

musculus, Mäuschen: I. se de terra tamquam hos ex arvis musculos exstitisse; rep III 25. — II. musculorum iecuscula bruma dicuntur augeri; div II 33.

musica, Mufif: I. censeres in platanis inesse musicam; nat II 22. — II. num musicam Damone aut Aristoxeno tractante (tam discerptam fuisse existimas), ut . . ? de or III 132.

musicus, muſifalifҩ, Muſiſer, n. Mufif: A. hic non tam concinnus helluo nec tam musicus iacebat in suorum Graecorum foetore et caeno; Piso 22. negat mutari posse musicas leges sine mutatione legum publicarum; leg III 39. — B, a, I. in Graecia musici floruerunt; Tusc I 4. haec duo musici, qui erant quondam eidem poëtae, machinati ad voluptatem sunt, versum atque cantum, ut [et] verborum numero et vocum modo delectatione vincerent aurium satietatem; de or III 174. — II. si absurde canat is, qui se haberi velit musicum; Tusc II 12. — III. ut in fidibus musicorum aures vel minima sentiunt, sic . . ; of I 146. — b, I. quis musicis penitus se dedit, quin . . ? de or I 10. - II. 1. litteris aut musicis eruditos; A IV 17, 6 (16, 13). — 2. omnia fere, quae sunt conclusa nunc artibus, dispersa et dissipata quondam fuerunt; ut in musicis numeri et voces et modi; de or I 187.

mustaceum, Lorbeerfuchen: in eodem Amano (Bibulus) coepit loreolam in mustaceo quaerere; A V 20, 4.

mustela. Bieſel: ut muribus illam (domum) et mustelis aedificatam putes; nat II 17.

mustum, Moſf: ego istis censuerim novam istam quasi de musto ac lacu fervidam orationem fugiendam; Bru 288.

mutabilis, veränderliҩ, wandelbar: omne corpus mutabile est; nat III 30. quae (sidera) vaga et mutabili erratione labuntur; Tim 36. ea forma civitatis mutabilis maxime est; rep II 43.

mutabilitas, Veränderliɷfeit: haec inconstantia mutabilitasque mentis quem non ipsa pravitate deterreat? Tusc IV 76.

mutatio, Veränderung, Wechſel, Austauſch: I. optimus est portus paenitenti mutatio consilii; Phil XII 7. — II. cum temporum maturitates, mutationes vicissitudinesque cognovissent; nat I 100. facienda morum institutorumque mutatio est; of I 120. cum in flectendis promunturiis ventorum mutationes maximas saepe sentiunt; div II 94. — III. multi mutationis rerum cupidi; A VIII 3, 4. — IV. studeo cursus istos mutationum non magis in nostra quam in omni re publica noscere; rep I 64. — V. 1. communes utilitates in medium afferre (debemus) mutatione officiorum; of I 22. loci mutatione tamquam aegroti non convalescentes saepe curandus est; Tusc IV 74. laborantem mutatione vestis defendistis; sen 31. ante, quam hoc solum civitatis mutatione vertissent; Balb 28. — 2. in maximis motibus mutationibusque caeli; div II 94.

mutilo, verminbern: in Galliam mutilatum ducit exercitum; Phil III 31.

mutilus, verſfümmelt: cum mutila quaedam et hiantia locuti sunt, germanos se putant esse Thucydidas; orat 32. (animus) mutila sentit quaedam et quasi decurtata; orat 178.

muto, entfernen, änbern, veränbern, wechſeln, vertauſҩen: L ille princeps variabit et mutabit; orat 59. — II. quibus ex civitatibus nec coacti essent civitate mutari, si qui noluissent, nec . . ; Balb 31. cum alii mutati voluntate sint; ep V 21, 1. qui (Plato) musicorum cantibus ait mutatis mutari civitatum status; leg III 32. hic totus locus orationis meae pertinet ad commune ius mutandarum civitatum; Balb 30. consilium totius itineris fortasse mutassem; A XV 27, 2. ſ. praetorem, rationem. ut consuetudinem dicendi mutarem; Bru 314. id (orationis genus) ad omnem aurium voluptatem et animorum motum mutatur et vertitur; de or III 177. visne locum mutemus? leg II 1. ille (Antonius) mihi locum belli gerendi mutasse (videtur); ep XI

12, 2. ſ. sedem. posteaquam rebus gestis mentes vestras voluntatesque mutastis; prov 25. nec senectus mores mutaverat; Cato 10. ſ. victum. illi (Stoici) nomina tamquam rerum notas mutaverunt; fin V 74. ut in causa praetor nobis consiliumque mutetur; Ver pr 53. rationem illi defendendi totam esse mutandam; div Caec 25. saepe iam scribendi totum consilium rationemque mutavi; Q fr III 5, 1. sedem ac locum mutant; Caecin 100. sin autem sententiam mutasti; ep VII 23, 3. Silium mutasse sententiam Sicca mirabatur; A XII 31, 1. status: ſ. cantus. squalebat civitas publico consilio veste mutata; Sest 32. ut in hodiernum diem vestitus mutetur; Phil XIV 2. nobilium vita victuque mutato mores mutari civitatum puto; leg III 32. vocabulis rerum mutatis; fin V 88. me voluntate esse mutata; Quir 18. ſ. mentes.

mutuatio, Anleihe: I. hae tralationes quasi mutuationes sunt, cum, quod non habeas, aliunde sumas; de or III 156. — II. quam (poenam) sine mutatione et sine versura possem dissolvere; Tusc I 100.

mutue, wechſelſeitig, angemeſſen: satisne videatur his omnibus rebus tuus adventus mutue respondisse; ep V 2, 4. quibus (officiis) si quando non mutue respondetur; ep V 7, 2.

mutuo, entlehnt: in alienis (verbis) aut translatum aut factum aliunde ut mutuo aut factum ab ipso; orat 80.

mutuor, leihen, entlehnen: I. ne mutuetur a Platone; de or I 224. cum abundare debeam, cogor mutuari; A XV 15, 3. — II. neque quicquam ex alterius parte tetigerunt, nisi quod illi ab his aut ab illis hi mutuarentur; de or II 72. tu quicquam ab alio mutuaris? Q fr III 6, 7. L. Crassus non aliunde mutuatus est, sed ex ipse peperit maximam laudem; of II 47. quoniam a viris virtus nomen est mutuata; Tusc II 43. subtilitatem (orator) ab Academia mutuatur; fat 3. ut necessitas cogat aut novum facere verbum aut a simili mutuari; orat 211.

mutus, ſfumm, ſfill: A. alqd : ſ B. quae (ars) in excogitandis argumentis muta nimium est, in iudicandis nimium loquax; de or II 160. si infantes pueri, mutae etiam bestiae paene loquuntur; fin I 71. mutum forum, elinguem curiam, tacitam et fractam civitatem videbatis; sen 6. vere dici potest magistratum legem esse loquentem, legem autem mutum magistratum; leg III 2. qui multa pecudibus praesit; Q fr I 1, 24. cum neque muta solitudo indicasset ueque caeca nox ostendisset Milonem; Milo 50. nullum fuisse tempus, quod magis debuerit mutum esse a litteris; A VIII 14, 1. — B, I. ut muta etiam loquantur; Top 45. ſ. II. induco. — II. omnia muta atque inanima tanta rerum acerbitate commoverentur; Ver V 171. ut muta quaedam loquentia inducat; orat 138.

mutuus, geliehen, gegenſeitig, wechſelſeitig: quid tu existimes esse in amicitia mutuum, nescio, equidem hoc arbitror, cum par voluntas accipitur et redditur; ep V 2, 3. (HS DCC) tibi mutuum sumendum censeo; ep XII 28, 2. quem (amorem) inter nos mutuum esse intellegam; ep XII 17, 3. pro mutuo inter nos animo; ep V 2, 1. cum Appio Claudio summa mihi necessitudo est multis eius officiis et meis mutuis constituta; ep XI 22, 1. ſ. studia. pecuniam sumpsit mutuam a Sex. Stloga; Flac. 46. et studiis et officiis nostris mutuis; ep XV 4, 13. tua voluntas erga me meaque erga te par atque mutua; A XVI 16, 3.

myoparo, Raperſҩiff: I. quod in portu Syracusano piraticus myoparo navigavit; Ver III 86. — II. illi myoparonem egregium de sua classe ornatum atque armatum dederunt; Ver I 86. — III, 1, cum quaereretur ex eo, quo scelere impulsus mare haberet infestum uno myoparone; rep III 24. —

2. quae (navis) urbis instar habere inter illos piraticos myoparones videretur; Ver V 89.

myrmillo, Gladiator, Fechter: I. quia Mylasis
myrmillo Thraecem iugulavit; Phil VI 13. — II.
ille ex myrmillone dux, ex gladiatore imperator
quas effecit strages! Phil III 31.

myrothecium, Salbenbehälter: mens liber
totum Isocrati myrothecium consumpsit; A II, 1, 1.

mystagogus, Cicerone: ii, qui hospites ad ea,
quae visenda sunt, solent ducere, quos illi mystago-
gos vocant; Ver IV 132.

mysteria, Geheimlehren, Geheimkultus, My-
sterien: I. iu quem diem Romana incidant
mysteria; A VI 1, 26. quo die mysteria futura sint;

A V 21, 14. quo die olim piaculum, mysteria scilicet; A XV 25. — II. ne rhetorum aperiamus
mysteria; Tusc IV 25. videntur Athenae in vitam
hominum attulisse nihil melius illis mysteriis, quibus
ex agresti immanique vita exculti ad humanitatem
et mitigati sumus, initiaque ut appellantur, ita re
vera principia vitae cognovimus; leg II 36. ut illa
dicendi mysteria enuntiet; de or I 206. habeo: f. III.
eos admoneamus, ut illud tacitum tamquam mysterium teneant; de or III 64. — III. quae (epistulae)
tantum habent mysteriorum, ut .., A IV 17, 1.
eo ex te quaesieram mysteriorum diem; A XV 25. —
IV. excoli; al.: f. II. appello. reminiscere, quoniam
es initiatus, quae tradantur mysteriis; Tusc I 29.

Naevus, Mal, Muttermal: I. ecquos (deos)
naevum habere (arbitramur)? nat I 80. — II.
quoniam totum me non naevo aliquo aut crepundiis,
sed corpore omni videris velle cognoscere;
Bru 313.

nam, denn, nämlich, freilich: I. in Haupt-
sätzen: 1. nam nec vir bonus haberi debet, qui..;
fin II 71. nam saepe res parum est intellecta longitudine narrationis; inv I 29. nam ex hac quoque
re non numquam animus auditoris offenditur; inv
I 23. nam eum, quem docilem velis facere, simul
attentum facias oportet. nam is est maxime docilis,
qui attentissime est paratus audire; inv I 23. nam
neque ab eo divelli possunt et pereant sane; Catil
II 22. nam et tu, mulier, optimum virum vis habere
et tu, Xenophon, uxorem, habere lectissimam maxime
vis; inv I 52. nam praeclare Ennius: »bene facta«..;
of II 62. nam isto quidem modo vel consulatus
vituperari potest; leg III 23. — 2. nam hace quis
est, qui diligenter iudicata arbitretur? Cluent 127.
— 3. nam quanti verba illa: UTI NE ..! of III
70. — 4. nam sic habetote; leg I 16. — II. vor
Nebensätzen: nam bonum ex quo appellatum sit,
nescio; fin IV 73. nam cum agueretur togata
„Simulans", caterva tota contionata est; Sest 118.
nam, dum haruspicinam veram esse vultis, physiologiam totam pervertitis; div II 37. nam etsi a vobis
sic audior, tamen vocat me alio vestra exspectatio;
Cluent 63. nam ne forte sis nescius et existimes ..;
Font 2. nam ni ita esset, beati quoque opinione
essent; leg I 46. nam, nisi Ilias illa exstitisset,
idem tumulus nomen etiam obruisset; Arch 24. nam
posteaquam illinc M'. Aquilius decessit, edicta praetorum fuerunt eius modi, ut ..; Ver V 7. nam qui
Isocraten maxime mirantur, hoc in eius summis
laudibus ferunt, quod ..; orat 174. nam, quod vos
omnia pati vidit, usus est ipse incredibili patientia;
Phil X 9. nam quod (Regulus) rediit, nobis unne
mirabile videtur; of III 111. nam quoniam quaeritur ..; orat 45. nam si quando id primum invenire volui, nullum mihi occurrit nisi ..; de or
II 315. nam simul atque ei navi egressus est, dedit
(litteras); Ver II 19. nam ut haec ex iure civili
proferunt, sic adferant velim, quibus ..; Caecin 100.
nam, ut sint illa vendibiliora, haec uberiora certe
sunt; fin I 12.

namque, nämlich, denn, ja auch, freilich:
I. namque aut senes ad eas (artes) accesserunt
aut ..; de or III 89. namque hoc praestat amicitia
propinquitati, quod ..; Lael 19. — II. namque ut
C. Flaminium relinquam, quid iuris bonis viris Ti.
Gracchi tribunatus reliquit? leg III 20.

nanciscor, erlangen, gewinnen, erreichen,
finden, antreffen: I. alqd: f. firmitatem. vehementem accusatorem nacti sumus; Flac 13. immanes

et feras beluas nanciscimur venando; nat II 161.
cuius rei non nullam consuetudinem nactus sum; Q
fr II 12, 2. nactus est consules eos, quorum ..;
Arch 5. si quid firmitatis nactus sit Antonius; ep
XI 12, 1. imperium ille si nactus esset; Milo 76.
si (semen) nanctum sit materiam, qua ali augerique
possit; nat II 81. iste amplam occasionem calumniae
nactus; Ver II 61. maiorem spem impetrandi nactus
sum; ep XIII 7, 4. quoniam hoc primum tempus
discendi nactus es; div Caec 27. — II. quoniam
nacti te sumus aliquando otiosum; fin I 14.

nares, Nase: I. nares, quae semper propter necessarias utilitates patent, contractiores habent
introitus, ne quid in eas, quod noceat, possit
pervadere; nat II 145. — II, 1. quod (os) adinnctis
naribus spiritu augetur; nat II 134. — 2. reticulum
ad nares sibi admovebat tenuissimo lino, plenum
rosae; Ver V 27. pervado in: f. I. — III. canum
tam incredibilis ad investigandum sagacitas
narium quid significat? nat II 158.

narratio, Erzählung: I. nunc de narratione
ea, quae causae continet expositionem, dicendum
videtur: inv I 28. narratio est rerum gestarum aut
ut gestarum expositio; inv I 27. iubent rem narrare
ita, ut veri similis narratio sit, ut aperta, ut brevis;
de or II 80. apertam narrationem tam esse oportet
quam cetera; de or II 329. erit perspicua narratio,
si verbis usitatis, si ordine temporum conservato
|| servato || si non interrupte narrabitur; de or II
329. quod omnis orationis reliquae fons est narratio;
de or II 330. est narratio aut praeteritarum rerum
aut praesentium; part or 13. quoniam narratio est
rerum explicatio et quaedam quasi sedes et fundamentum constituendae fidei; part or 31. suavis
narratio est, quae habet admirationes, exspectationes,
exitus inopinatos; part or 32. f. habet, spectant. IV.
virtus. oportet eam (narrationem) tres habere res:
ut brevis, ut aperta, ut probabilis sit; inv I 28.
festivitatem habet narratio distincta personis et
interpuncta sermonibus; de or II 328. f. est; part or
32. (narratio) obest tum, cum ipsius rei gestae expositio magnam excipit offensionem; inv I 30. quia
narratio obscura totam occaecat orationem; de or II
329. narrationes ut ad suos finis spectent, id est,
ut planae sint, ut breves, ut evidentes, ut credibiles, ut moratae, ut cum dignitate; Top 97. —
II, 1. accommodo: f. IV. distinguo, al.: f. I. habet.
narrationes credibiles nec historico, sed prope cotidiano
sermone explicatae dilucide; orat 124. — 2. dico
de: f. I. continet. — III. quod est proprium
narrationis; de or II 264. — IV. narrationum
genera tria sunt; inv I 27. quod (brevitas) eam
virtutem, quae narrationis est maxima, ut iucunda
et ad persuadendum accommodata || accurata, al.
sit, tollit; de or II 326. — V. quae (brevitas)

saepissime in narratione laudatur; part or 32. in multis nominibus in Trophoniana Chaeronia narratione Graecos in eo reprehendit, quod . . ; A VI 2, 3.

narrator, Erzähler: I. ceteri non exornatores rerum, sed tantum modo narratores fuerunt; de or II 54. — II. natura fingit homines et creat imitatores et narratores facetos; de or II 219.

narro, erzählen, Nachricht geben, mitteilen, reden, sagen: I, 1. quae magis sunt propria narrandi; Top 97. — 2. ut dilucide probabiliterque narremus, necessarium est; part or 31. male hercule narras; Tusc I 10. — II, 1. mores eius, de quo narres: de or II 241. Crassi libertum tibi de mea sollicitudine maeique narrasse; A III 15, 1. — 2. narro tibi: antea subirascebar brevitati tuarum litterarum; ep XI 24, 1. narra mihi, reges Armenii patricios resalutare § salutare ‖ non solent? A II 7, 2. narro tibi: Q pater exsultat laetitia; A XV 21, 1. — 3. narrat Naevio, quo in loco viderit Quinctium; Quinct 24. — 4 narrat omnibus emisse se; Ver IV 46. — III. quem tu mihi Staseam, quem Peripateticum narras? de or I 105. f. tempora. memini te mihi Phameae cenam narrare; ep IX 16, 8. Antonii consilia narras turbulenta; A XV 4, 1. narrare rem quod breviter iubent; de or II 326. saepe tibi meum (somnium) narravi; div I 58. Catulum mihi narras et illa tempora; ep IX 15, 3.

narthecium, Salbenkästchen: iam doloris medicamenta illa Epicurea tamquam de narthecio promet; fin II 22.

narus, fundig: „noti" erant et „navi" et „nari"; orat 158.

nascor, geboren, erzeugt werden, entstammen, entstehen, erstehen, entspringen, herrühren, beginnen, part. geschaffen, geschickt, geeignet, alt: I, 1. quod salutis certa laetitia est. nascendi incerta conditio; Catil II 2. nihil ad agendam vitam nascendi tempus pertinere; div II 95. — 2. (Silenum) docuisse regem non nasci homini longe optimum esse; Tusc I 114. — II. cum te unum ex omnibus ad dicendum maxime natum aptumque cognossem; de or I 99. illi (Graeci) nati in litteris; de or III 131. parente P. Sestius natus est homine et sapiente et sancto et severo; Sest 6. C. Cassius, in ea familia natus; Phil II 26. in miseriam nascimur sempiternam; Tusc I 9. cum (Dionysius) quinque et viginti natus annos dominatum occupavisset; Tusc V 57. quae quia partus matronarum tueatur, a nascentibus Natio nominata est; nat III 47. equestri loco natus; rep I 10. natus ad agendum semper aliquid dignum viro; ep IV 13, 3. quod ea condicione nati sumus, ut nihilp quod homini accidere possit, recusare debeamus; A XV 1, 1. cetera nasci occidere, fluere labi; orat 10. cum ab ipso (genero) nascetur; A XI 23, 3. quem ad modum in corpore morbi aegrotationesque nascuntur, sic . . ; Tusc IV 23. haec aestimatio nata est initio non ex praetorum aut consulum, sed ex aratorum et civitatum commodo; Ver III 189. simul atque natum sit animal; fin III 16. qui non nascentibus Athenis, sed iam adultis fuerunt; Bru 27. quamquam aves quasdam rerum augurandarum causa esse natas putamus; nat II 160. unde causa controversiae nasceretur; fin IV 45. hinc cum hostibus clandestina conloquia nasci; Cato 40. nec in impeditia ex regum dominatione devinctis nasci cupiditas dicendi solet; Bru 45. di semper fuerunt, nati numquam sunt, siquidem aeterni sunt futuri; nat I 90. cui (foro) nata eloquentia est; Bru 283. nt frumenta nata sunt, ita decumae veneunt; Ver III 147. genus hominum ad honestatem natum; part or 91. longe post natos homines improbissima C. Servilius Glaucia; Bru 224. omnes leges omniaque iudicia ex improborum iniquitate et iniuria nata sunt; Tul 8. omnia (membra) ita nata atque ita locata sunt, nt . . ; nat

II 121. morbi: f. aegrotationes. innumerabiles (mundos) in omni puncto temporis alios nasci, alios interire; nat II 94. oratio quaedam ex ipso fine et ex genere causae nascitur; inv II 13. nulla tam detestabilis pestis est, quae non homini ab homine nascatur; of II 16. ipsum (principium) nulla ex re alia nasci potest; Tusc I 54. posse pro re nata te non incommode ad me in Albanum venire; A VII 8, 2. ut in iis (praediis mulieres) pro re nata non incommode possint esse; A VII 14, 3. si vera (somnia) a deo mittuntur, falsa unde nascuntur? div II 127. hinc illa Verria nata sunt; Ver IV 24. virum ex isdem quibus nos radicibus natum ad salutem huius imperii, C. Marium; Sest 50. uxor Aeschrionis, honesto loco nata; Ver V 31. — III. utrum putes melius fuisse me civem in hac civitate nasci an te; Vatin 10. hominem ad duas res, ut ait Aristoteles, ad intellegendum et ‖ et ad ‖ agendum, esse natum quasi mortalem deum; fin II 40. »o fortunatam natam me consule Romam«; fr II X, b, 9.

nassa, Reuse, Schlinge: ex hac nassa exire constitui; A XV 20, 2.

nasturcium. Kresse: sit voluptas non minor in nasturcio illo, quo vesci Persas esse solitos scribit Xenophon, quam in Syracusanis mensis; fin II 92.

nasus, Nase: nasus ita locatus est, ut quasi murus oculis interiectus esse videatur; nat I 143.

natalicia, (Geburtstagsschmaus: dat natalicium in hortis; Phil II 15.

natalicius, zur Geburt, Geburtsstunde gehörig: qui haec Chaldaeorum natalicia praedicta defendunt; div II 89. cum ea notent sidera natalicia Chaldaei, quaecumque lunae iuncta videantur; div II 91.

natalis, der Geburt: nullus est cuiusquam dies natalis; fin II 102. qui (dies) casu idem natalis erat et Brundisinae coloniae et tuae vicinae Salutis; A IV 1, 4. haec ad te die natali meo scripsi; A XI 9, 3.

natatio, Schwimmübung: sibi (habeant) clavam et pilam, sibi natationes atque cursus; Cato 58.

natio, Geburt, Abstammung, Geschlecht, Volksstamm, Volk, Gattung, Klasse, Schar, Kaste: I, 1. cum multas acceperint socii atque exterae nationes calamitates et iniurias; Ver IV 132. „deteriores" cavete; quorum quidem est magna natio; har resp 57. fore uti nationes exterae legatos ad populum Romanum mitterent; Ver pr 41. publicanos tradidit in servitutem Iudaeis et Syris, nationibus natis servituti; prov 10. Cilices et Arabum natio avium significationibus plurimum obtemperant; div I 92. si illa officiosissima tota natio candidatorum obviam venit; Muren 69. — 2. habes, qui essent obviam. non est „natio", ut dixisti; Sest 132. — II, 1. ceteras (nationes) contorruit, compulit, domuit, imperio populi Romani parere adsuefecit; prov 33. ii, quam tu „nationem" appellasti; Sest 97. compello, al: f. adsuefacio. qui hanc „nationem" deleri et concidi concupivit; Sest 132. hoc vitio concinata est eruditissima illa Graecorum natio; de or II 18. deleo: f. concido. vexatis ac perditis exteris nationibus; of II 28. nationes ea ita esse partim recisas, partim repressas, ut . . ; prov 31. vexo: f. perdo. — 2. me accusante exteris nationibus commendavit; Piso 34. civem optimum dedi inimicissimis atque immanissimis nationibus; Font 41. civitas data non solum singulis, sed nationibus et provinciis universis; Phil I 24. trado: f. I, 1. nascuntur. — 3. quae (sacra) maiores nostri ab exteris nationibus ascita atque arcessita coluerunt; Ver IV 115. cum acerrimis nationibus et maximis Germanorum et Helvetiorum decertavit; prov 33. — III, 1. omnium nationum exterarum princeps Sicilia; Ver II 2. — 2. quae (auctoritas) nisi gravis erit apud

socios et exteras nationes; Ver IV 25. — IV. sustinere iam populus Romanus omnium nationum non vim, non arma, non bellum, sed luctus, lacrimas, querimonias non potest; Ver II 207. ne nationis magis quam generis uti cognomine videretur; Cluent 72. audire coutionem concitatam levissimae nationis; Flac 19. hoc ius nationum exterarum est; div Caec 18. lacrimae, al: ſ. arma. regum, populorum, nationum portus erat et refugium senatus; of II 26. — V, 1. neque tam barbari lingua et natione illi quam tu natura et moribus; Ver IV 112. natione (consideratur), Graius an barbarus (sit); inv I 35. — 2. cuius legis non modo a populo Romano, sed etiam ab ultimis nationibus iam pridem severi custodes requiruntur; div Caec 18.

nativus, geboren, angeboren, natürlich, urſprünglich: nativos esse deos; nat I 25. urbis ipsius nativa praesidia; rep II 10. hoc ipso huius gentis ac terrae domestico nativoque sensu; har resp 19. beluarum ad saxa nativis testis inhaerentium; nat II 100. nativa (verba) ea, quae significata sunt sensu; part or 16.

mato, ſchwimmen, ſchwanken, überfl ießen: I. qui neque in Oceano natare volueris studiosissimus homo natandi; ep VII 10, 2. — II. in quo magis tu mihi natare visus es quam ipse Neptunus; nat III 62. erit nobis honestius videri venisse in illa loca ploratum potius quam natatum; ep IX 2, 5. ſ. I. quae (insulae) fluctibus cinctae natant paene ipsae; rep II 8. natabant pavimenta vino; Phil II 105.

matrix, Waſſerſchlange: cur deus tantam vim natricum viperarumque fecerit; Ac II 120.

natura, Geburt, Geburtsorgan, Natur, natürliche Beſchaffenheit, Naturell, Charakter, Anlage, Weſen, Naturkraft, Element, Subſtanz, Ding, Welt: I. abſolut: 1. de forma (deorum) partim natura nos admonet, partim ratio docet; nat I 46. reliquas naturas nihil aliud agere, nisi ut id conservent, quod in quaque optimum sit; fin IV 34. quas (naturas) et nasci et extingui perspicuum est et sensu omni carere; nat I 29. exiguum nobis vitae curriculum natura circumscripsit; Rabir 30. una integra mente opus ipsa suum eadem, quae coagmentavit, natura dissolvit; Cato 72. quas (res) primas homini natura conciliet; Ac II 131. conservant: ſ. agunt. non posse eam naturam, quae res eas contineat, esse mortalem; Cato 78. haec (natura) Curionem, haec Hortensii filium, non patrum culpa corrupit; A X 4, 6. quas (res) et creat natura et tuetur; div V 38. quas (res) mihi aut natura aut fortuna dederat; Sest 47. docentes, quam parva et quam pauca sint, quae natura desideret; Tusc III 56. ſ. II, 3. obsequor. dissolvit: ſ. coagmentat. quae natura agit tantum modo efficere possit, ut mortuorum corpora sine detrimento vivorum recipiat, ea potissimum ut compleatur; leg II 67. natura nulla est, quae non habeat in suo genere res complures dissimiles inter se, quae tamen consimili laude dignentur; de or III 25. natura quaedam aut voluntas ita dicendi fuit; Bru 285. quam blanda conciliatrix et quasi ani sit lena natura; nat I 77. tibi, cuius natura talis est, ut . . ; Q fr I 1, 7. ſ. continet. quod nihil simplici in genere omnibus ex partibus perfectum natura expolivit; inv II 3. ut in plerisque rebus incredibiliter hoc natura est ipsa fabricata; de or III 178. quanto quasi artificio natura fabricata esset primum animal omne, deinde hominem maxime; Ac II 30. quo sua quemque natura maxime ferre videatur; de or III 35. ut aurum et argentum, aes, ferrum frustra natura divina genuisset, nisi . . ; div I 116. natura partes habet duas, tribuitionem sui cuique ‖ tuitionem sui ‖ et ulciscendi ius; Top 90. natura mundi omnes motus habet voluntarios conatusque et appetitiones; nat II 58. ſ. est; de or III 25. cui summam

copiam facultatemque dicendi natura largita est: Quinct 8. Alpibus Italiam munierat antea natura; prov 34. nec (natura) vim ullam nanciscatur, qua a primo impulsa moveatur; rep VI 27. nascuntur: ſ. carent. quod rerum natura non patitur; Ac II 54. ipsa natura profundit adulescentiae cupiditates; Cael 28. recipit: ſ. efficit. omnes res subiectas esse naturae sentienti; nat II 75. vis et natura quaedam significans aliquid per se ipsa satis certa, cognitioni autem hominum obscurior; div I 15. tuetur: ſ. creat. plus rectam naturam quam rationem pravam valere; fin II 58. quoniam natura suis omnibus expleri partibus vult; fin V 47. — 2. si est animus quinta illa non nominata magis quam non intellecta natura; Tusc I 41. eos, qui di appellantur, rerum naturas esse, non figuras deorum; nat III 63. ſ. II, 1. perduco.

II. **uud Verben:** 1. cum animus naturam sui similem contigit et agnovit; Tusc I 43. omnium rerum natura cognita levamur superstitione; fin I 63. compleo: ſ. I, 1. efficit. ut una ex duabus naturis conflata videatur; nat II 100. qui (mundus) reliquas naturas omnes earumque semina contineat; nat II 86. contingo: ſ. agnosco. naturam ipsam definire difficile est: inv I 34. quae (doctrina) vel vitiosissimam naturam excolere possit; Q fr I 1, 7. expleo: ſ. I, 1. vult. exstinguo: ſ. I, 1. carent. versare suam naturam et regere ad tempus atque huc et illuc torquere ac flectere; Cael 13. hic (C. Curio) parum a magistris institutus naturam habuit admirabilem ad dicendum; Bru 280. ſ. obsigno. impello. moveo: ſ. I, 1. nanciscitur. intellego, nomino: ſ. I, 2. matrona visa est in quiete obsignatam habere naturam; div II 145. ut omittam vim et naturam deorum; nat I 122. est virtus nihil aliud nisi perfecta et ad summum perducta natura; leg I 25. ſ. 3. obsisto. perscrutamini penitus naturam rationemque criminum; Flac 19. si quis naturam mundi perspexisset; Lael 88. rego, al.: ſ. flecto. in hoc sumus sapientes, quod naturam optimam ducem tamquam deum sequimur eique paremus; Cato 5. veri et falsi non modo cognitio, sed etiam natura tolletur; Ac II 58. qua (acie mentis) rerum omnium vim naturamque viderat; de or II 160. — 2. illum (orbem deus) eiusdem naturae, hunc alterius notavit; Tim 25. videsne opinionis esse, non naturae malum? Tusc II 53. — 3. quod naturae est accommodatum; fin V 24. est vera lex recta ratio naturae congruens; rep III 33. o fortunata mors, quae naturae debita pro patria est potissimum reddita! Phil XIV 31. tuetur obsequatur (homo) naturae, cum sine magistro senserit, quid natura desideret; fr F V 82. ceteris naturis multa externa, quo minus perficiantur, possunt obsistere; nat II 35. pareo: ſ. 1. sequor. omnia subiecta esse naturae; nat II 81. ſ. I, 1. sentit. — 4. fruere natura et moribus tuis; Marcel 19. si eos arbitramur, quia natura optima sint. cernere naturam vim maxime; Tusc I 35. oculi vera cernentes utuntur natura atque sensu; div II 108. — 5. qui (animi motus) item ad naturam accommodati sunt; of I 100. lex, quam ex natura ipsa adripuimus, hausimus, expressimus; Milo 10. conflo ex: ſ. 1. conflo. ea ab iis in naturam et ‖ in ‖ mores dividebantur; Ac I 20. exprimo ex. haurio ex: ſ. adripio ex. restant duo divinandi genera, quae habere dicimur a natura, non ab arte. vaticinandi et somniandi; div II 100. videtur ex natura ortum esse ius; leg I 35. philosophandi ratio triplex, una de vita et moribus, altera de natura et rebus occultis, tertia de disserendo; Ac I 19. quae cupiditates a natura proficiscuntur; fin I 53. quae (res) contra naturam sint; fin III 31. qui (status corporis) est maxime e natura; fin V 47. in: ſ. I, 1. agunt. finis bonorum exsistit secundum naturam vivere sic adfectum, ut optime adfici possit ad naturamque accommodatissime; fin V 24.

III. **nach Adjectiven und Adverbien:** 1. quae naturae sunt propria certe neque ullam artem desiderant; de or II 216. — 2. ignoratio rerum aliena naturae deorum est; nat II 77. quae (communitas) maxime est apta naturae; of I 159. ut id decorum velint esse. quod ita naturae consentaneum sit, ut ..; of I 96. cum hoc sit extremum, congruenter naturae convenienterque, vivere; fin III 26. cum eum (ignem) similem universi naturae efficere vellet; Tim 35. — 3. alienum mea natura videbatur quicquam de existimatione P. Fabii dicere; Tul 5. — 4. accommodate ad: f. II, 5. vivo secundum. qui (Strato) omnem vim divinam in natura sitam esse censet; nat I 35.

IV. **nach Substantiven:** 1. ad summum imperium etiam acerbitatem naturae adiungere; Q fr I 1, 37. naturae auctoritas in virtute est maxima inest maxime ||; Top 73. sequitur cognitio naturae; fin IV 8. f. conspectus. ut ea (ratio) duceretur omnis a prima commendatione naturae; fin V 46. quae est continuatio coniunctioque naturae, quam vocant συμπάθειαν? div II 142. in hoc conspectu et cognitione naturae; leg I 61. continuatio: f. coniunctio. appellet haec desideria naturae; fin II 27. sunt prima elementa naturae, quibus auctis virtutis quasi germen efficitur; fin V 43. inest in eadem explicatione naturae insatiabilis quaedam e cognoscendis rebus voluptas; fin V 12. si erit perspecta omnis humanae naturae figura atque perfectio; nat II 133. mortem naturae finem esse, non poenam; Milo 101. quibus (litteris) infinitatem rerum atque naturae cognoscimus; Tusc V 105. cum illa proficiscentur ab initiis naturae; fin III 22. inest in eadem ipsa quaeruntur ad hanc controversiam; inv II 67. violare alterum naturae lege prohibemur; of III 27. novi temperantiam et moderationem naturae tuae; ep I 9, 22. perfectio: f. figura. quae (res) erant congruentes cum praescriptione naturae; Ac I 23. ut omnia illa prima naturae huius (rationis) tutelae subiciantur; fin IV 38. cum et bonum et malum natura iudicetur et ea sint principia naturae; leg I 46. quantam vim habeat studiorum ac naturae similitudo; Cluent 46. quia fetus exstitit in sterilitate naturae; div I 46. temperantia: f. moderatio. eum terrorem naturae ratione depellit; div II 60. cum in omni genere tum in hoc ipso magna quaedam est vis incredibilis-que naturae; de or III 195. f. II, 4. sum. quo modo conservabitur, ut simile sit omnium naturarum illud ultimum? fin IV 33. hac exaudita quasi voce naturae; fin I 21. — 2. hac ille tam varia multiplicique natura; Cael 14. — 3. quod in iis libris dictum est, qui sunt de natura deorum; div II 148. est locus hic late patens de natura usuque verborum; orat 162. quae (causa) terreret animos praeter naturam hominum peculdumque portentis; nat II 14. ab iis alii, quae prima secundum naturam nominant, proficiscuntur; fin V 18. enumerasti memoriter et copiose usque a Thale Milesio de deorum natura philosophorum sententias; nat I 91. vis in: f. V. 1. ins.

V. **Umstand:** 1. qui (Diogenes) bonum definierit id, quod esset natura absolutum; fin III 33. sequitur natura mundum administrari; nat II 85. qui natura rites sunt; Phil VIII 13. natura (hominem) et condelescere et concupiscere et extimescere et efferri laetitia; Ac I 38. esse inter homines natura coniunctam societatem; of III 53. natura se communi et senectute; rep I 4. efferri, extimescere: f. concupiscere. quod natura non esset ita factus; Bru 276. nimium ea vehemens feroxque natura; Vatin 4. si est tuus natura filius; Ver III 162. cupellimur natura, ut prodesse velimus; fin III 65. iudicari: f. IV, 1. principia. natura ius est, quod quaedam in natura || innata || vis insevit; inv II 161.

quod (Aristoteles) omnia, quae moventur, aut natura moveri censuit aut vi aut voluntate; nat II 44. agros habent et natura perbonos et diligentia meliores; Flac 71. quasdam virtutes natura aut more perfectas esse; Ac I 38. si terra natura tenetur et viget; nat II 83. poëtam natura ipsa valere; Arch 18. vehemens: f. ferox. vigere: f. teneri. — 2. ut nihil censeamus esse malum, quod sit a natura datum omnibus; Tusc I 100. si plus postulem, quam homini a rerum natura tribui potest; ep XI 21, 3. qui prope contra naturam vigilias suscipere solemus; fin V 54. in omni natura necesse est absolvi aliquid ac perfici; nat II 35. praeter: vgl. IV, 2. portenta praeter. ipsos ut quam honorificentissime pro tua natura tractes; ep XIII 11, 2. necesse est secundum eandem naturam omnium utilitatem esse communem; of III 27.

naturalis, natürlich, von Natur, naturgemäß, naturnotwendig, die Natur betreffend: A. alqd: f. B. nullum potest esse animal, in quo non et appetitio sit et declinatio naturalis; nat III 33. in Scauri oratione gravitas summa et naturalis quaedam inerat auctoritas; Bru 111. naturale quoddam stirpis bonum degeneravisse vitio depravatae voluntatis; Bru 130. si naturalis est causa, cur in mari Fabius non moriatur; fat 14. duo genera cupiditatum, naturales et inanes, naturalium duo, necessariae et non necessariae; fin II 26. declinatio: f. appetitio. duo genera divinandi esse dicebas, unum artificiosum, alterum naturale; div II 26. neque naturali neque civili iure descripto; Sest 91. opus est ea valere et vigere et naturales motus ususque habere; fin V 35. in qua (aetate) naturalis inesset, non fucatus nitor; Bru 36. cum eas perturbationes antiqui naturales esse dicerent et rationis expertes; Ac I 39. omnium causarum unum est naturale principium; Bru 209. in obscuris naturalibusque quaestionibus; part or 64. quodam quasi naturali sensu iudicatur; de or III 151. de vi loci agitur, neque solum naturali, sed etiam divina; div II 117. usus: f. motus. — B, I. est naturale || naturabile, natura, natura fere, al. || in animis tenerum quiddam atque molle; Tusc III 12. — II, 1. si quid naturale forte non habeant; de or I 177. nec (perturbationes) habere quicquam aut naturale aut necessarium; Tusc IV 60. — 2. in primis naturalibus voluptas insit necne, magna quaestio est; fin II 34.

naturaliter, natürlich, naturgemäß: nec unquam animus hominis naturaliter divinat, nisi cum solutus est; div I 113.

natus, Sohn: I. »accede, nate, adsiste, miserandum aspice evisceratum corpus laceratum patris«! Tusc II 21. — II, 1. quod || quo || a procreatoribus nati diliguntur; fin V 65. — 2. quae (caritas) est inter natos et parentes; Lael 27.

natus, Geburt, Alter: cum hoc Catone grandiores natu fuerunt C. Flaminius, C. Varro; Bru 77. faciebant hoc itidem grandes natu matres miserorum; Ver V 129. saepe hoc maiores natu dicere audivi; Muren 58. est adulescentis maiores natu vereri; of I 122. qui minor est natu; Lael 32. minimus natu horum omnium Timaeus; de or II 58.

navalis, zu Schiffe, zur See, die Flotte betreffend, n. Werft: A. navalis apparatus ei (Pompeio) semper antiquissima cura fuit; A X 8, 4. civile, Africanum, servile, navale bellum; imp Pomp 28. incredibilis apud Tenedum pugna illa navalis; Arch 21. uti triumphus tibi navalis decerneretur; Ver V 67. post navalem illam victoriam Lysandri; div I 75. — B, I. illae inpensae meliores, muri, navalia, portus; of II 60. — II. si huic M. Antonio pro Hermodoro fuisset de navalium opere dicendum; de or I 62.

nauarchus, Schiffsführer, Schiffskapitän: I. metum virgarum nauarchus nobilissimae civitatis

pretio redemit; Ver V 117. — II, 1. nauarchos omnes vita esse privandos; Ver V 103. — 2. se statuisse animadvertere in omnes nauarchos; Ver V 105. ego culpam non in nauarchis, sed in te fuisse demonstro; Ver V 133. — III. se ob sepulturam Heraclii nauarchi pecuniam Timarchidi numerasse; Ver V 120.

nauci, gering, einen Heller wert: non habeo nauci Marsum augurem, non vicanos haruspices; div I 132.

naufragium, Schiffbruch: I. in malis (esse) naufragia fortunae; Tusc V 25. — II, 1. interea, qui cupide profecti sunt, multi naufragia fecerunt; ep XVI 9, 1. cupio istorum naufragia ex terra intueri; A II, 7, 4. — 2. qui ea possideat, quae secum, ut aiunt, vel e naufragio possit efferre; rep I 28. versor in eorum (amicorum) naufragiis et bonorum direptionibus; ep IV 13, 2. — III, 1. M. Marcellum illum naufragio esse periturum; div II 14. — 2. propter rei familiaris naufragia; ep I 9, 5.

naufragus, schiffbrüchig: I. ut aliquis patrimonii naufragus aliter indicata haec esse diceret; Sulla 41. natat, al.: f. II — II. naufragum quendam natantem et manus ad se tendentem animum adverterunt; inv II 153. — III. contra illam naufragorum manum florem totius Italiae educite; Catil II 24.

navicula, Boot, Kahn: I. qui duorum scalmorum naviculam in portu everterit; de or I 174. habeo: f. II. — II. (cogito) navicularum habere aliquid in ora maritima; ep IX 25, 1. — III. parva navicula traiectus in Africam; Quir 20. ad epulas Vestorii navicula; A XIV 20, 5.

navicularia, Frachtschifferei, Reederei: navicularam (te) esse facturum; Ver V 46.

navicularius, Frachtschiffer, Reeder: I. quod audita naviculariis hominis liberalitas esset; A IX 3, 2. — II. cuius (hominis) auctoritate navicularius moveatur; ep XVI 9, 4. naviculariis nostris iniuriosius tractatis; imp Pomp 11.

navigatio, Schiffahrt, Seefahrt: I. mercatorum navigatio conquiescit; imp Pomp 15. navigatio perdifficilis fuit; A III 8, 2. est hiberna navigatio odiosa; A XV 25. — II. cum totum iter et navigationem consumpsisset in percontando; Ac II 2. tu primam navigationem ne omiseris; Q fr II 5, 3. — III. ex quibus (litteris) cognovi cursus navigationum tuarum; ep XIII 68, 1. praeter navigationis longae et hiemalis et minime portuosae periculum; ep VI 20, 1. — IV. abeamus inde qualibet navigatione; A IX 7, 5.

navigium, Fahrzeug, Schiff, Kahn: I. opinor, minuta navigia; A XVI 1, 3. — II. prorsus dissolutum offendi navigium vel potius dissipatum; A XV 11, 3. magnos usus (materia) adfert ad navigia facienda; nat II 152. offendo; f. dissolvo. praesidii et vecturae causa sumptu publico navigia praebentur; Ver V 45. — III, 1. hoc illi navigio ad omnes hostes navigaverunt; Ver I 87. — 2. quid tam in navigio necessarium quam latera, quam cavernae, quam prora, quam puppis, quam antennae, [quam vela,] quam mali? de or III 180.

navigo, schiffen, fahren, segeln, abfahren, eine Seefahrt machen, durchfahren: I, 1, a. propter navigandi difficultatem; de or I 82. quia (gubernatoris ars) bene navigandi rationem habet; fin I 42. — b. negotium magnum est navigare atque id mense Quinctili; A V 12, 1. arbitror esse commodius tarde navigare quam omnino non navigare; A XVI 4, 4. — 2. hac classe M. Crassus ab Aeno in Asiam, his navibus Flaccus ex Asia in Macedoniam navigavit; Flac 32. quoad perventum est eo, quo sumpta navis est, non domini est navis, sed navigantium; of III 89. infero mari nobis incerto cursu

hieme maxima navigandum est; A VIII 3, 5. ego adhuc magis commode quam strenue navigavi; A XVI 6, 1. ut classis in Italia navigaret: Flac 30. navem, quae contra praedones, non quae cum praeda navigaret; Ver V 59. — II. cum (Xerxes) tantis classibus tantisque copiis maria || mari || ambularisset. terram || terra || navigasset; fin II 112.

navis, Schiff: una navis est iam bonorum omnium, quam quidem nos damus operam ut rectam teneamus, utinam prospero cursu! ep XII 25, 5. aurum paleamne (navis) portet, nihil interesse: fin IV 76. ut retinet ipsa navis motum et cursum. suum intermisso impetu pulsuque remorum: de or I 153. cum videam navem cursum tenentem suum; Planc 94. cuius generis onus navis vehat: fin IV 76. — II, 1. aedificarint ne navem onevariam maximam publice; Ver IV 150. cum ad villam nostram navis appelleretur; A XIII 21, 3. misericordia commoti navem ad eum (naufragum) applicarunt; inv II 153. ita prima Haluntinorum navis capitur; Ver V 90. vis ventorum invitis nautis in Rhodiorum portum navem coëgit; Ver II 38. cum haec navis invitis nautis vi tempestatis in portum coniecta sit; inv II 98. naves subito perterriti metu conscendistis; div I 69. rostrata navis in portu deprehensa est; inv II 98. navem cybaeam maximam tibi datam donatamque esse dico; Ver V 44. si in ipsa gubernatione neglegentia est navis eversa; fin IV 76. navem tibi operis publicis Mamertinorum esse factam; Ver V 47. citius hercule is in Euxino ponto Argonautarum navim gubernarit. de or I 174. Mamertinis navem imperare ausus es. Ver V 59. navis et in Caieta est parata nobis et Brundisii; A VIII 3, 6. ut etiam navem perfodet: Scaur 45. cum omnium domos, apothecas, naves furacissime scrutarere; Vatin 12. teneo: f. I. est navem tu de classe populi Romani ausus es venderer: Ver I 87. video: f. I. tenet. quaestor navem populi vocat; inv II 98. — 2. qui a suis civitatibus illis navibus praepositi fuerant; Ver V 101. — 3. nisi (Pompeius) in navim se contulerit; A VII 22, 1. in navi tuta et fideli collocatus; Planc 97. cum id Aiacis navim "crispisulcans ignem fulmen" iniectum est; Top 61. si mihi in aliqua nave navigandum hoc accidisset; Sest 45. — III. portum Caietae plenissimum navium esse direptum; imp Pomp 33. — IV. dominus navis eripietne suum? of II 89. in tanta inopia navium; Ver V 59. navium praefectos sine ulla causa ad mortem cruciatumque rapuisti; Ver V 138. an Achivorum exercitus et tu navium rectores non ita profecti sunt ab Ilio, ut .. div I 24. — V, 1. cum aut ratibus aut navibus conarentur accedere; Ver V 5. — 2. pedibusne Regium an hinc statim in navem; A X 4, 1. licet lascivire, dum nihil metuas, ut in navi; rep I 6.

navita f. **nauta.**

navitas, Tätigkeit, Regsamkeit: istam operam tuam, navitatem celeritati praeturae anteponendam censeo; ep X, 25, 1.

naviter, geflissentlich: qui semel verecundiae fines transierit, eum bene et naviter oportet esse impudentem; ep V 12, 3.

navo, eifrig erweisen, betätigen, leisten: istic nostram in te benivolentiam navare possmus; ep III 10, 3. iam mihi videor navasse operam quod huc venerim; de or II 26. utinam potuissem tibi operam meam studiumque navare! ep XV 12. utinam aliquod πολιτικόν opus efficere et navare mihi liceat! A IX 11, 2. quam vellem Bruto studii tuum navare potuisses! A XV 4, a (5). f. operam.

nausea, Seekrankheit, Übelkeit, Erbrechen: nausea iamne plane abiit? A XIV 10, 2. — II. nauseae molestiam suscipias aeger; ep XVI 1. — III. navigavimus sine nausea; A V 13, 1.

nauseo, bie Seefrankheit haben, Efel empfin-
den, sich erbrechen: ista effutientem nauseare; nat
I 84. vidit me nauseantem; ep VII 26, 2. quem
(Antonium) ego ructantem et nauseantem conieci in
Caesaris Octaviani plagas; ep XII 25, 4.

nauseola, fleine Übelfeit: nauseolam tibi
tuam causam otii dedisse facile patiebar; A XIV 8, 2.

nauta (navita), Schiffer. Seemann, Matrose:
I. navem ut horrisono freto noctem paventes timidi
adnectunt navitae«; Tusc II 23. nautae quidam
cum adversa tempestate in alto iactarentur, voverunt,
si eo portu, quem conspiciebant, potiti essent, ei deo,
qui ibi esset, se vitulum immolaturos; inv II 95.
silent nautae festinare quaestus sui causa; ep XVI
9, 4. immolant, al.: f. conspiciunt. — II. remiges
nautasque dimissos (esse); Ver V 131. iacto: f.
I. conspiciunt. pretio certo missos facere nautas;
Ver V 61. — III. non Charybdim tam infestam
neque Scyllam nautis quam istum in eodem freto fuisse
arbitror; Ver V 146. — IV. ut naves civitatibus
certusque numerus nautarum militumque impera-
retur; Ver V 43.

nauticus, seemännisch, ber Schiffer, von ben
Schiffen: audito nantico cantu; nat II 89. eum
(locum) exuviis nauticis et classium spoliis ornatum;
imp Pomp 55. propter nauticarum rerum scientiam;
nat II 152. „inhibere" est verbum totum nauticum;
A XIII 21, 3.

navus f. **gnavus.**

ne, ja, fürwahr, wahrlich: ne ista gloriosa sapientia non magno aestimanda est; Tusc III 8.
si urbs ab armis sine Milonis clade numquam esset
conquietura, ne iste haud dubitans cessisset patria;
Milo 68. medius fidius ne tu emisti ludum praeclarum: A IV 4, a, 2. ne tu haud paulo plus delectationis habuisti; ep VII 1, 3. ne tu in multos Autro-
nios incurreres; Bru 251. ne nos et liberati ab
egregiis viris nec liberi sumus; A XIV 14, 5. ne
ille haud sane, quem ad modum verba struat, requi-
ret: de or III 125. ne ego essem hic libenter atque
id cotidie magis; A XII 9. ne ego multa timeo;
A VII 4, 3. ne ego istas litteras in contione
maxime; Bru 249. ne ego istas litteras in contione
recitari velim; A VIII 9, 2. ne tu videris providisse;
ep VII 30, 1. ne tu, inquam, Cato, verbis industri-
bus! fin III 40.

ne, nicht, baß nicht, baß, bamit nicht, gesetzt
baß nicht: **I. allein:** 1. final: a. numquam vehementius actum est quam me consule, ne solveretur;
of II 84. ego id semper egi, ne interessem; ep IV
1, 2. si cavebimus, ne in perturbationes incidamus;
of I 131. ut caveremus, ne exciperemur a Caesare
A VIII 11. D, 3. in quo ipso considerandum est,
ne temere desperet; of I 73. pro suo iure contendat,
se patiamini talem imperatorem populo Romano
eripi; Ver V 2. crucio: f. b. curavit, ne plurimum
valeant plurimi; rep II 39. quod est decretum, ne
quis de caelo servaret, ne quis moram ullam adferret;
Sest 129. deterrere te, ne popularis esses, non
poteramus; Phil VIII 19. eos privatos, qui efficiant,
ne quid inter privatum et magistratum differat,
erunt laudibus; rep I 67. quorum in foederibus
scriptum est, ne quis eorum a nobis civis recipia-
ur; Balb 32. non extimesco, ne Cn. Plancio custodia
urae salutis apud eos obsit, al.; Planc 2. di
immortales faxint, ne sit alter! Ver III 81. fugiendum illud etiam, ne offeramus nos periculis sine
ansa; of I 83. plura ne dicam, tuae me etiam
lacrimae impediunt; Planc 104. ex quo etiam Pytha-
goriis [Pythagoricis] interdictum putatur, ne faba
ederentur; div I 62. sponsio illa ne fieret, labo-
asti; Ver III 132. orator metuo ne languescat
amectute; Cato 28. te moneo, hunc tantum tuum
apparatum ne ad nihilum recidere patiare; Phil VII
1. me orare atque obsecrare coepit, ne se lege

defenderem; Cluent 144. ne accederes. obstiti;
Caecin 24. opto, ne se illa gens moveat hoc tempore; ep XII 19, 2. rogare et orare, ne illos supplices
aspernarer, quos . .; div Caec 3. f. obsecro. per
quem est perfectum, ne ceteris civibus deesset; Sest
3. ne quid peccasset, pertimescebat; Sest 105. qui
peterent, ne ad Sullam adirent; Sex Rosc 25. postulat, ne dicendo tempus absumam; Quinct 34. tum
ei (Hannibali) ducem illum praecepisse, ne respiceret;
div I 49. quem in locum prohibui ne venires;
Caecin 66. ut providerent, ne a Gallia Roma caperetur; div II 69. ut pugnes, ne intercaletur; A V
9, 2. solebat me pungere, ne Sampsicerami merita
maiora viderentur quam nostra; A II 17, 2. quod
quaeso ne moleste patiamini; Cluent 11. omnes
iudices, ne is iuraret, reclamasse; Balb 12. amici
recusare, ne quod iudicium constitueretur; Ver II
60. quae fletu reprimor ne scribam; A XI 15, 3.
ne a re publica rei publicae pestis removeretur,
restiterunt; har resp 50. quae ne spes eum fallat,
vehementer te rogo; ep I 3, 2. f. oro. id ne fieret,
lege sanctum est; leg II 60. statuitur, ne sit Creta
provincia; Phil II 97. me sustinebam, ne ad te
prius ipse quid scriberem, quam . .; ep IX 8, 1.
se texit, ne interiret· fin I 35. ne discipulum abducam, times; fin V 86. vereor, ne eum miserum
esse nefas sit dicere; ep VI 1, 3. cum a tribuno
plebis vetaretur, cum praeclarum caput recitaretur,
ne quis ad vos referret, ne quis decerneret, ne disputaret, ne . .; Quir 8. decrevit quondam senatus,
ut L. Opimius consul videret, ne quid res publica
detrimenti caperet; Catil I 4. vide, ne fortitudo
minime sit rabiosa; Tusc IV 50. hoc vitandum est,
ne ponas . .; inv I 33. nobis videtur illud vitium
(esse) vitandum, ne inferamus . .; inv I 72. tu
velim ne intermittas scribere; A XI 12, 4. — b.
quae (mater) cruciatur et sollicita est, ne eundem
spoliatum omni dignitate conspiciat; Muren 88. —
c. quod (operculum) ob eam causam datum est, ne
spiritus impediretur; nat II 136. alter locus erat
cantionis, ne benignitas maior esset quam facultates;
of I 44. tibi novum novi generis edicta proponunt,
ne reus adsit, ne citetur, ne quaeratur, ne mentionem
omnino facere liceat; Sest 89. lata lex est, ne auspicia
valerent, ne quis obnuntiaret, ne quis legi intercederet; Sest 33. metu, ne vi parere cogantur; of II
22. danda opera est, ne qua amicorum discidia
fiant; Lael 78. est periculum, ne impia fraude obligemur; div I 7. etiam hoc praeceptum officii diligenter tenendum est, ne quem innocentem accessas;
of II 51. ille semper impendebit timor, ne rex exsistat iniustus; rep II 50. — d. inferiorem esse se
patitur dumtaxat usque eo, ne Sex. Naevii crudelitati dedatur; Quinct 59. ne autem nimium multi
poenam capitis subirent, idcirco illa sortitio comparata est; Cluent 128. — e. misericordia commotus
ne sis; Muren 65. decerneret: vgl. a. veto. crudelem,
ne dicam sceleratum et impium; Deiot 2. ne deverticula peccatis darentur; part or 136. hoc facito,
hoc ne feceris diceret; div II 127. quae (disputatio)
ne frustra haberetur; rep I 12. eam (terram) ne
quis nobis minuat neve vivos neve mortuos ‖ vivus
. . mortuus ‖ ; leg II 67. ne hoc posses dicere; Ver V
120. quare ne in re nota multus et insolens sim;
de or II 358. iudicium de pecuniis repetundis ne
sit hoc tempore; Ver IV 82. ne diutius teneam;
Sex Rosc 20. »hoc plus ne facito. rogum nascea
ne polito«; leg II 59. »rei suae ergo ne quis legatus esto«; leg III 9. — f. ne multa, perquiritur a
coactoribus, invenitur . .; Cluent 180. — 2. concef-
fiv: noceret: f. II. et; fin II 64. ne sit sane
(tanta similitudo); videri certe potest; Ac II 84.
ne sit sane summum malum dolor, malum certe est:
Tusc II 14. ne sit igitur sol, ne luna, ne stellae
nat I 88.

II. **Verbindungen**: ut exercitum citra flumen Rubiconem educeret, **dum** ne proprius urbem Romam ducenta milia admoveret; Phil VI 5. dum modo ne [quid] festinatio imminuat gloriae; ep X 25, 2. et ne hoc in causis accidere miremur; de or II 192. utebantur vino et ad voluptatem et ne noceret; fin II 64. ni vererer, ne forte plura vos audisse diceretis; Ver IV 55. ne forte mea sedulitas impudens videretur; agr II 12. qua tu porta introieris, modo ne triumphali; Piso 55. f. dum. vide. ne neminem tamen divinum reperire possimus; div II 131. ut verear, ne homini nihil sit non malum aliud, certe sit nihil bonum aliud potius; Tusc I 76. quod (Epicurus) veritus est, ne nihil liberum nobis esset; fat 23. non vereor, ne hoc officium meum P. Servilio iudici non probem; Ver IV 82. haud sane periculum est, ne non mortem aut optandam aut certe non timendam putet; Tusc V 118. (vereor,) ne, cum veneris, non habeas iam, quod cures; ep II 5, 2. tibi ad me venire vide ne non sit facile; A XII 18, 4. verendum est, ne (natura deorum) nulla sit omnino; nat I 94. sed acta ne agamus; A IX 6, 7. ut iis scienter utantur et ut ne dedeceat; de or I 132. (peto,) ut ne quid novi decernatur; ep II 7, 4. tu ita fac cupidus mei videndi sis, ut istinc te ne moveas; ep V 21, 5. perfice, ut ne minus res publica tibi quam tu rei publicae debeas; ep X 12, 5. in illam curam incumbe, ut ne quae scintilla taeterrimi belli relinquatur; ep X 14, 2. caput est hoc, ut ne auctoritatem senatus exspectes; ep XI 7, 2. ita velim, ut ne quid properes; ep XVI 9, 3. Attalus mecum egit, ut se ne impedires . . ; Q fr I 2, 14. opera datur ut iudicia ne fiant; Q fr II 2, 3. ut prorsus ne quid ignorem; A III 10, 3. ea causa est, ut ne quis a me dies intermittatur, quin . .; A VIII 12, 1. cuius utinam filii ne degenerassent a gravitate patria! prov 18. illud utinam ne vere scriberem! ep V 17, 3.

ne—quidem, nicht einmal, auch nicht, keineswegs, durchaus nicht: I. **ohne unmittelbaren Gegensatz**: 1, a. ne T. quidem Postumius contemnendus in dicendo; Bru 269. hunc ne in convivio quidem ullo fere interfuisse; Sex Rosc 39. ne natura quidem rationis expers est habenda; nat II 87. ut nihil sit ne spiritu quidem minimo brevius aut longius quam necesse est; de or III 184. — b. ne haec quidem reprehendo; de or II 81. ne illa quidem divinantis esse dicebas; div II 14. ego ne illud quidem contemnam; ep II 16, 4. ea (futura) ne ipsi quidem di significare possunt; div I 82. cui ne ista quidem ipsa calamitas iniuria potuit accidere; dom 126. — c. si est, quod desit, ne beatus quidem est; Tusc V 23. ex quo illud efficitur, ne iustos quidem esse natura; rep III 18. ne minimam quidem moram interposuisti; Phil X, 1. — d. ne tam diu quidem dominus erit in suos, dum . . ? Sex Rosc 78. quod ne nunc quidem despero; ep III 6, 5. si ne postea quidem pulli pascerentur; div I 77. — e. ne quinque quidem (iudicibus) reiectis; Planc 40. ut ne unam quidem horam interesse paterere; sen 17. — f. ne optandum quidem est in amicitia, ut . . ; Tusc III 73. haud sciam an ne opus sit quidem nihil unquam deesse amicis; Lael 51. ne profectum quidem illim ‖ illic ‖ quemquam; A XI 17, a, 3. cui ne quaerendi quidem de morte patris potestas permittitur; Sex Rosc 78. — g. huic ne ubi consisteret quidem contra te locum reliquisti; Quinct 73. ne cum appellasset quidem Antronium; Sulla 38. ne ut sedeamus quidem aut ambulemus voluntatis esse; fat 9. — 2. ac ne illud quidem vobis neglegendum est; imp Pomp 17. at hoc ab accusatore ne dici quidem audistis; Sex Rosc 39. atqui ne ex hoc quidem tempore id egit Sestius, ut . . ; Sest 79. tu contra, ne quae ille quidem fecit, obicies; div Caec 35. nos enim ne nunc quidem oculis cernimus

ea, quae videmus; Tusc I 46. ergo ne iste (Romulus) quidem pervetus? rep I 51. ne hercule Icadii quidem praedonis video fatum ullum; fat 5. hunc diem iam ne numerant quidem; Ver pr 31. igitur ne Clodius quidem de insidiis cogitavit; Milo 48. itaque ne loqui quidem sum te passus de gratia; Phil II 49. profecto ne conatus quidem esset dicere; Cluent 160. sed tamen ne id quidem est scriptum. ut exirem; dom 51. tametsi ne vectura quidem est opus; Ver III 192. mihi vero ne haec quidem notiora carere vi divina videntur; Tusc I 64. ut ne par quidem sit; Quinct 59.

II. **mit unmittelbarem Gegensatz**: ut longius a verbo recedamus, ab aequitate ne tantulum quidem; Caecin 58. reges si scientes praetermittunt, magna culpa est; at deo ne excusatio quidem est inscientiae; nat III 90. ne isdem de causis alii plectantur, alii ne appellentur quidem; of I 89. ut, cum alii ne conviviis quidem isdem quibus Apronius, hic isdem etiam poculis uteretur; Ver III 23. nec domus ulla nec urbs stare poterit, ne agri quidem cultus permanebit; Lael 23. nihil est mundo melius in rerum natura. ne in terris quidem urbe nostra; nat III 21. ne insignibus quidem regiis Tullus nisi iussu populi est ausus uti; rep II 31. etsi ne discessissem f dec. quidem a conspectu tuo, nisi me plane nihil ulla res adiuvaret; A XII 16. qui omnino non essent, eos ne miseros quidem esse posse; Tusc I 14. qui mihi non modo praemiorum, sed ne sermonum quidem umquam fructum ullum rettulerunt; A II 16, 2. quod mihi non modo irasci, sed ne dolere quidem impune licet; A XI 24, 1. nullum est fatum ita ne divinatio quidem; div II 21. quod (principium) si numquam oritur, ne occidit quidem umquam; Tusc I 54. qui verbo quidem superabis me ipso iudice, re autem ne consistes quidem ullo iudice; Caecin 36. qui ne morti quidem fortunas nostras destinavit, sed libidini cuiusque nos ita addixit, ut . . ; Phil V 53. tu porro ne pios quidem, sed „piissimos" quaeris. Phil XIII 43.

me, doch nicht, nicht, etwa, ob, ob etwa, oder: A. **Aussage**: Hortensius me quoque, iocansne an ita sentiens (non enim satis intellegebam) coepit hortari. ut sententia desisterem; Ac II 63.

B. **Frage**: I. direct: 1, a. laboremne (Pronoea) fugiebat? nat I 22. lucisne hanc usuram eripere vis? Sulla 90. egone ut eam causam? A XV 4, 3. tune id veritus es ne . .? Q fr I 3, 1. ego memini T. Tincam cum familiari nostro Q. Granio certare. eon, inquit Brutus, de quo multa Lucilius? Bru 172. nihilne: f. II, 2. par 24. similemne putas C. Laelii unum consulatum fuisse? Tusc V 54. tantaene tuae libidines erunt, ut . .? Ver I 78. adeone me ferreum putatis, ut . .? Phil XII 19. idcircone sagra sumpsimus, ut . .? Phil XII 16. numquamne: f. II, 2. Phil 30. parumne erunt multi? Phil VII 18. demittamne me penitus in causam? A VII 12, 3. possesne severis iudicibus salvus esse? Ver III 121. — b. possumusne ergo in vita summum bonum dicere? fin II 26. tune etiam mentionem facis consulatus? Piso 23. ut (imagines) accurrant? etiamne earum rerum, quae nullae sunt; div II 138. nihiln igitur prodest oratori iuris civilis scientia? de or 250. videsne igitur opinionis esse, non natura malum? Tusc II 53. viden igitur nihil esse nisi ineptias? ep IX 22, 3. quid? tum mortemne fugiebam Sest 47. ain tandem? etiam a Stoicis ista tractat sunt? leg III 14. itane vero? recuperatores, hoc v audietis? Caecin 34. — 2. quid? tuumne (ornatun an illius malis? inv I 51. uter nostrum tanden Labiene, popularis erat? tune, qui . ., an ego, qui Rabir 11. o stultitiamne dicam an impudentia singularem! Cael 71. quid tandem erat causae. c in senatum cogerer? solusne aberam? an non sa minus frequentes fuistis? an ea res agebatur, ut . .

Phil I 11. utrum igitur tandem perspicuisne dubia aperiuntur, an dubiis perspicua tolluntur? fin IV 67. quid? liberalitas gratuitane est an mercennaria? leg I 48. quid sumus aut quid esse possumus? domin an foris? A XIII 10, 1. — II. in birect: 1. animadverte, rectene hanc sententiam interpreter; fin II 20. id possetne fieri, consuluit; div I 32. ne de Persarum quidem rege magno potes dicere, beatusne sit? Tusc V 35. doceas tu me oportebit, in meane potestate sit spectrum tuum; ep XV 16, 2. cum incertum sit, velintne ei sese nominari; Sex Rosc 47. non illud iam in iudicium venit, occisusne sit; Milo 31. hoc ex te, quid sentias, quaerimus, existimesne artem aliquam esse dicendi; de or I 102. si esset quaesitum, satisne ad beate vivendum virtus posset; Tusc V 18. perturbationes ·intne eiusdem (vitiositatis) partes, quaestio est; Tusc IV 29. Panaetius requirens, Iuppiterne cornicem a laeva canere iussisset; div I 12. volo, uti mihi respondeas, feceritne ante rostra pontem; Vatin 21. rogavit, essentne fusi hostes; fin II 97. videte, fuerintne partes meae praecipuae; dom 14. elliptiſch: pacta et promissa semperne servanda sint; of III 92. — 2. cum (Chrysippus) gradatim interrogetur verbi causa, tria pauca sint anne multa; Ac II 93. nihilne igitur interest, patremne quis necet anne servum? par 24. ut iam nescias, „a"ne verum sit an „ab" an „abs"; orat 158. in quo quaesitum est, in totone circumitu illo orationis an in principiis solum an in extremis an in utraque parte numerus tenendus sit; orat 204. quaerendum (est), utrum una species et longitudo sit earum (particularum) anne plures; orat 206. quaero, potueritne Roscius ex societate suam partem petere necne; Q Rosc 52. quaeritur in ea quaestione, sintne di necne sint; nat I 61. possimne propius accedere, an etiam longius discedendum putes, crebro ad me velim scribas; A XVI 13. a (b). 1. numquamne intelleges statuendum tibi esse, utrum illi, qui istam rem gesserunt, homicidae ´ne || sint an vindices libertatis? Phil II 30. utrum esset (Agrigentinis) utilius, suisne servire anne populo Romano obtemperare; Ver IV 73.

nebulo. Taugenichts, Schurke: I, 1. nebulonem illum ex istis locis amove; A I 12, 2. ecquem tu illo certiorem nebulonem? A XV 21, 1. -- 2. haec ego ex P. Vedio, magno nebulone, audivi; A VI 1. 25. — II. huius nebulonis oratione si Brutus moveri potest; A VI 3, 7. — III. ab isto nebulone eludimur; Sex Rosc 128.

nebulosus, nebelig, dunſtig: hoc nebuloso et caliginoso caelo; Tusc I 60.

nec. neque, nicht, und nicht, auch nicht, und auch nicht, und zwar nicht, aber nicht, doch nicht, gar nicht, einerſeits nicht, weder – noch: A. abſolut und elliptiſch: »militiae ab eo, qui imperabit, provocatio necesto«: leg III 6. nam neque omnis aegritudo una ratione sedatur; Tusc IV 59. nec vero perturbationes animorum, quae ..; fin III 35. vgl. nec opinans.

B. **verciſcab**: I. einmal: I. allein: a. neque est hoc satis; Cluent 31. nec enm fortasse delectabit noster adventus; A VIII 1, 4. neque enim idcirco quo hic | hoc ¦, quod quaerimus, omittemus; de or I 118. nec tamen id est poëtae maximum; orat 67. ueque vero illa popularia sunt existimanda; agr II 10. nec ullum animal est sine sensu; nat III 34. — b. maxime iustitia mirifica quaedam multitudini videtur, nec iniuria; of II 38. remanebat idem nec decebat idem; Bru 327. itaque visis cedo neque ᵖᵒᵗᵘᵘm resistere; Ac I 66. fac, ut quam primum venias neque in Apuliam tuam accedas; ep I 10. petre scribere, nec meas litteras exspectaris, tui cum ..; A X 18, 2. nec, si plures sunt ii, idcirco plus etiam valent; of II 79. veniam, neque ita multo post, ad hunc locum; Sex Rosc 78. conscendi

nec ita multum provectus ..; Phil I 7. excellit regium nomen, neque potest eius modi res publica non regnum et esse et vocari; rep II 43. philosophi nominantur, nec quicquam aliud est philosophia praeter studium sapientiae; of II 5. congemuit senatus frequens neque tamen satis severe decrevit; Muren 51. istuc quidem considerabo, nec vero sine te; Ac I 13. ut ea (visa) vel falsa esse possent, neque ea posset ulla notio discernere; Ac II 27. memini neque umquam obliviscar; Planc 101. si Seriphi natus esses nec umquam egressus ex insula; nat I 88. — 2. nach und vor andern Negationen: ne seges quidem nec mercatura quaestuosa, si ..; fin V 91. neminem ulla de re posse contendere nec adseverare sine aliqua nota; Ac II 35. nihil erroris erit in causa nec obscuritatis; Sulla 78. non offendebantur homines neque moleste ferebant abesse a foro magistratum; Ver V 31. non audio nec enm, quod sentiat, dicere existimo; fin II 90. non (adfectio est) distorta nec prava; Tusc IV 29. nullae enim lites neque controversiae sunt, quae ..; de or I 118. ut nullum umquam pudicum neque sobrium convivium viderit; Ver III 160. quem numquam vidisset neque audisset; Caecin 29. nec vero sum nescius esse utilitatem in historia, non modo voluptatem; fin V 51. ſ. 3. — 3. vor Adverſativpartikeln: nec vero scientia iuris maioribus suis Q. Aelius Tubero defuit, doctrina etiam superfuit; fr F III 2. habet plura praeterea praedia neque tamen ullum nisi praeclarum et propinquum; Sex Rosc 133. nec vero potest quisquam de bonis et malis vere iudicare nisi cognita ratione; fin III 73. quae (vis) nulla sit nec sit quicquam nisi corpus unum et simplex; Tusc I 21. neque enim haec ita dico, ut ars aliquos limare non possit (neque enim ignoro ..), sed sunt quidam ..; de or I 115. neque repugnabo, quo minus omnia legant; sed mehercule non ita multum spatii mihi habere videntur; de or I 256. nec vero utetur imprudenter hac copia, sed omnia expendet; orat 47. neque enim ille servitutem vestram, sed iam iratus sanguinem concupiscit; Phil IV 11. videmus omnia, neque per nos solum, sed admonemur a nostris; Phil XII 5. nec vero scaena solum referta est his sceleribus, sed multo vita communis paene maioribus; nat III 69. nec in hac dissensione suscepi populi causam, sed bonorum; rep IV 8. his mihi rebus levis est senectus, nec solum non molesta, sed etiam iucunda; Cato 85. non enim eloquentem quaero neque quicquam mortale et caducum, sed illud ipsum ..; orat 101. quae (natura) non solitaria sit neque simplex, sed cum alio iuncta atque conexa; nat II 29. M. Caecilium non modo non adesse neque tecum tuas iniurias persequi, sed esse cum Verre; div Caec 29. negat esse corpus deorum, sed tamquam corpus, nec sanguinem, sed tamquam sanguinem: nat I 71. una mens, non expressa dolore, sed simulata, neque huius iniuriis, sed promissis aliorum et praemiis excitata; Scaur 41. — 4. mit andern Copulativpartikeln: premit (dolor) atque instat, nec resisti potest; Tusc III 71. cum virgo staret et Caecilia in sella sederet neque din ulla vox extitisset; div I 104. accipio (visa) iisque interdum etiam adsentior nec percipio tamen; Ac II 66. ostendit primum ortum unum fore omnibus, eumque moderatum atque constantem nec ab ullo imminutum; Tim 43. — II. zweimal: exsultabat insolentia neque suos mores regere poterat neque suorum iniurias; rep II 45. non est inhumana virtus neque immunis neque superba; Lael 50. Cn. Octavium confeci diu, nec vero semel nec ad breve tempus, sed et saepe et plane diu; fin II 93. — III. breimal: atque in his omnibus senatoribus cooptandis suffragia nulla fuisse, sed ne genera quidem spectata esse, neque census neque aetates neque cetera Siculorum iura valuisse; Ver II 120. mollis est oratio philosophorum

et umbratilis nec sententiis nec verbis instructa popularibus nec vincta numeris, sed soluta liberius; orat 64. — IV. viermal: pares esse virtutes, nec bono viro meliorem nec temperante temperantiorem nec forti fortiorem nec sapiente ‖ sapienti ‖ sapientiorem posse fieri perfecte potest perspici; par 21.

C. correspondierend: a. mit neque: I, 1. allein: ut neque superioribus consulibus neque nobis (signum) conlocaretur; Catil III 20. cum in Albucio nec Pisonis libidines nec audacia Gabinii fuerit ac tamen conciderit; prov 16. firmitatem animi nec mortem nec dolorem timentis; fin I 40. fortis actor et vehemens et verbis nec inops nec abiectus; Bru 221. ea nec acutissime nec abscondite disseruntur; fin III 2. ut (sapiens) neque neget aliquid neque aiat; Ac II 104. qui nec laetetur nec angatur; fin II 14. quod nec destiti facere nec desistam et iam ..; ep X 29. illud nec faciendum est nec fieri potest; Q fr I 3, 6. neque enim pauci neque leves sunt, qui ..; rep I 15. indicavit neque illis adimi nec iis non satis fieri, quorum illa fuerant, oportere; of II 81. cur neque deformem adulescentem quisquam amat neque formosum senem? Tusc IV 70. sed neque tu haec habes neque eis confidis; Planc 55. cuius de laude neque hic locus est ut multa dicantur neque plura tamen dici possunt, quam ..; Sex Rosc 33. secundum genus cupiditatum nec ad potiendum difficile esse censet nec vero ad carendum; Tusc V 93. animi labes nec diuturnitate evanescere nec amnibus ullis elui potest; leg II 24. hanc tu neque privatus neque consul legem esse umquam putasti; dom 70. — 2. mit Negation: hoc negas te posse nec approbare nec improbare; Ac II 96. si nemini odio nec domi nec militiae fuit; Muren 87. nihil est illo (Pomponio Attico) nihil nec carius nec iucundius; ep XIII 1, 5. nihil adsignabis nec patruo nec patri; A X 4, 6. in dialectica nullam esse nec ad melius vivendum nec ad commodius disserendum vim; fin I 63. numquam enim hic neque suo neque amicorum iudicio revincetur; Arch 11. — 3. vor Adversativpartikeln: et nec sententia ulla est nisi apte exposita nec verborum lumen apparet nisi diligenter coulocatorum, et horum utrumque numerus inlustrat; orat 227. historia nec institui potest nisi praeparato otio nec exiguo tempore absolvi; leg I 9. ut cetera nec expetenda nec fugienda, sed eligenda modo aut reicienda sint; fin II 38. nec tamen ea species corpus est, sed quasi corpus, nec habet sanguinem, sed quasi sanguinem; nat I 49. — II. nec enim (avus) excursione nec saltu nec eminus hastis aut comminus gladiis uteretur, sed consilio, ratione, sententia; Cato 19. — III. non est certe (illa vis) nec cordis nec sanguinis nec cerebri nec atomorum; Tusc I 60. — IV. nam nec semper nec apud omnes nec contra omnes nec pro omnibus nec cum omnibus eodem modo dicendum arbitror; orat 123. — V. nam nec latius sine philosophia potest quisquam dicere; nec vero sine philosophorum disciplina speciem cuiusque rei cernere neque eam definiendo explicare nec tribuere in partes possumus nec iudicare, quae vera, quae falsa sint, neque cernere consequentia; orat 14, 16. nulla vitae pars neque publicis neque privatis neque forensibus neque domesticis in rebus, neque si tecum agas quid, neque si cum altero contrahas, vacare officio potest; of I 4. — VI. quos neque terror nec vis, nec spes nec metus, nec promissa nec minae, nec tela nec faces a vestra auctoritate depellerent; sen 7. — VII. si neque tota (Asia deposcit) neque optima neque incorrupta neque sua sponte nec iure nec more nec vere nec religiose nec integre; Flac 5 (B. 35).

b. mit et: neque illud desperandum est et magna sunt ea. quae ..; orat 6. nec deprehendetur manifesto, quid a nobis de industria fiat, et occurretur

satietati; orat 219. ego vero neque veni et domi me tenui; dom 6. neque enim ipse Caesar est alienus a nobis et omnes fere familliarissimi eius me observant; ep VI 10, 2. requisivi equidem proprias ad me unum litteras, sed neque vehementer et amanter; ep XII 30, 3. nec Lacedaemonios dubitare arbitror. quin ..; et ego, qui te optime novissem, non dubitavi, quin ..; ep XIII 28. a, 1. is me nec proficiscentem Apameam prosecutus est nec. num quid vellem, rogavit et fuit aperte mihi nescio quare non amicus; A VI 3. 6. qui nec in senatum pervenire potuit et furti et pro socio damnatus est: Flac 43. cum et tuum de illius ingenio notissimum iudicium esset nec illius de tuo obscurum; Bru 251. et iste hoc concedit neque potest aliter dicere: Ver II 141. f. e.

c. mit atque, que: nec enim divinationem ullam esse arbitror fatumque illud contemno; Ac II 126. ut neque divinum numen horreat nec praeteritas voluptates effluere patiatur earumque adsidua recordatione laetetur; fin I 41. Socrates nec patronum quaesivit nec iudicibus supplex fuit adhibuitque liberam contumaciam et multa disseruit et (educi) noluit et tum locutus ita est, ut ..; Tusc I 71. ut appetitus eam (rationem) neque praecurrant nec propter pigritiam aut ignaviam deserant sintque tranquilli atque omni animi perturbatione careant; of I 102.

necdum, nequedum. und noch nicht, noch nicht: I. Cassius ineptas litteras misit, necdum Bibuli erant adlatae; A VI 1, 14. neque mihi accidit ut ..; nequedum te Athenis esse audiebamus: A I 5, 3. philosophi summi nequedum tamen sapientiam consecuti; Tusc III 68. ille quid agat. si scis nequedum Roma es profectus; A XIV 10. 4. sed eius rei maturitas nequedum venit et tamen iam appropinquat; Q fr III 8, 1. — II. quoniam sol paululum a meridie iam devexus videtur nequedum satis hic locus opacatur; leg fr 4.

necessarie, notgedrungen: argumentatio videtur esse inventum aliquo ex genere rem aliquam aut probabiliter ostendens aut necessarie demonstrans. necessarie demonstrantur ea, quae aliter ac dicuntur nec fieri nec probari possunt, hoc modo: „si peperit. cum viro concubuit"; inv I 44. cuius (exempli) omnes partes exprimendae nobis necessarie ‖ necessario ‖ viderentur; inv II 4.

necessario, notgebrungen, notwendigerweise: quod (consilium) egomet mihi necessario capiendum intellego; Ver pr 32. in qua (enumeratione) una reliqua res necessario confirmatur; inv I 45. quoniam ea poena damnationem necessario consequatur; inv II 59. id (causa est), quod cum accessit, id, cuius est causa, efficit necessario; fat 36. quod se nisi necessario facturum negat; orat 230. multa mihi necessario praetermittenda sunt; Ver II 1. quibuscum vivo necessario; ep V 21, 1. altero usus necessario est; Sest 92.

necessarius, nötig, notwendig, unentbehrlich, unvermeidlich, bringend, befreundet, aus Freundschaft, Freund, Verwandter: A. id, quod imperatur, necessarium, illud, quod permittitur, voluntarium est; inv II 145. ea si forte imitabuntur modo necessariam argumentationem; inv I 83. non sine necessariis ac maximis causis de matre dixisse; Cluent 188. necessaria conclusio non sequitur; Top 60. simplex conclusio ex necessaria consecutione conficitur; inv I 45. quae (cupiditates) essent et naturales et necessariae; fin I 45. neque huius M. Messallae, hominis necessarii, preces sustinere potui; Sulla 20 huius iter necessarium, illius etiam potius alienum; Milo 52. restat locus huic disputationi vel maxime necessarius de amicitia; fin I 65. ratio talium largitionum genere vitiosa est, temporibus necessaria; of II 60. res ad vivendum necessariae; of III 31.

valent apud Caesarem non tam ambitiosae rogationes quam necessariae; ep VI 12, 2. sensus mirifice ad usus necessarios facti sunt; nat II 140. tempus est necessarium; A V 18, 3. victus vestitusque necessarius sub praeconem subiectus est; Quinct 49. genus causarum, quod habet vim efficiendi necessariam; Top 60. quae (nares) semper propter necessarias utilitates patent; nat II 145. — B, a, I. hoc cum ipse tum eius amici necessariique omnes cognorunt; Cluent 161. — II, 1. in iis necessariis, qui tibi a patre relicti sint, me tibi esse vel coniunctissimum; ep XIII 29, 1. quod Deiotarum, necessarium nostrum, ex itinere aquila revocavit; div II 20. — 2. Hortensio, propinquis necessariisque eius verbum nullum facit; Ver pr 19. — III, 1. omnia haec sunt officia necessariorum; Muren 73. privignus et M. Caesii, mei maxime et familiaris et necessarii; ep XIII 12, 1. — 2. Sulla maximis opibus, cognatis, adfinibus, necessariis, clientibus plurimis; Cluent 94. — IV. in: f. II, 1. relinquo. an ego non venirem contra alienum pro familiari et necessario? Phil II 3. — b. Caerelliae, necessariae meae, rem; ep XIII 72, 1.

necesse. nötig, notwendig, unvermeidlich: A. est: I. armis utatur, si ita necesse est, ut dicit, sut defendendi causa; Phil I 27. — II, 1. haec oratio aut nulla sit necesse est aut omnium irrisione ludatur; de or I 50. cornuat iste (Caesar) necesse est aut per adversarios aut ipse per se; A X 8, 8. — 2. ita necesse fuisse, cum Demosthenes dicturus esset, ut concursus audiendi causa ex tota Graecia fierent; Bru 289. f. III. de or II 129. — 3. erit confiteri necesse: „si verum non est" ..; fat 28. declinare: f. III. fat 48. nihil sane est necesse mittere; A XIII 26. 2. de homine dicitur, cui necesse est mori; fat 17. necesse esse Miloni proficisci Lanuvium; Milo 45. — 4. qui bene exordiri causam volet, eum necesse est genus suae causae diligenter ante cognoscere; inv I 20. hunc librum divulgari necesse est: orat 112. legem curiatam consuli ferri opus esse, necesse non esse; ep I 9, 25. — II. id quod necesse fuit hominibus expertibus veritatis; de or II 81. hoc necesse est, ut is, qui nobis causam adiudicaturus sit, aut inclinatione voluntatis propendeat in nos aut ..; de or II 129. vide, ne hoc ipsum non sit necesse; Phil XIII 15. quod omnibus necesse est, idne miserum esse uni potest? Tusc I 19. illud quoque necesse est, declinare. quibusdam atomis vel omnibus naturaliter; fat 48. — B. arbitror. habeo. puto: plura me scribere non ita necesse arbitrabar; ep X 25, 3. non verbum pro verbo necesse habui reddere; opt gen 14. eo minus habeo necesse scribere aut etiam cogitare, quid sim facturus; A X 1. 4. nisi quid necesse erit, necesse ne habeas scribere; A XII 39, 1. si tibi necesse putas respondere; Muren 9. (dicere) non necesse putat Diogenes: of III 91.

necessitas. Notwendigkeit, Verhängnis, Schicksal. Nötigung. Zwang. Bedürfnis, Notdurft, Verbindlichkeit: I. cum cogeret eum (hominem) necessitas nulla: rep I 1. ut is (causa) non sit efficiendi necessitas; Top 60. hinc vobis exstitit illa fatalis necessitas, quam εἱμαρμένην dicitis; nat I 55. facit etiam necessitas fidem, quae tum a corporibus, tum ab animis nascitur; Top 74. cum tempus necessitasque postulat (of I 81. nulla necessitate premente: rep I 11. si quae vos necessitas ad rem publicam defendendam vocabit: Sest 51. — I. eandem legis vim) fatalem necessitatem appellat: nat I 41. et necessitatem et fatum confirmari (Epicurus) putat: fat 21. dico: f. I. exsistit. nullum est eorum (animalium), quod effugiat accipiendi aliquid extrinsecus necessitatem: nat III 20. ego mihi necessitatem vellui imponere huius novae coniunctionis; A IV 5, 2. magnam vim, magnam necessitatem. magnam possidet religionem paternus

maternusque sanguis; Sex Rosc 66. — 2. vita, quae necessitati deberetur; Sest 47. tempori cedere, id est necessitati parere, semper sapientis est habitum; ep IV 9, 2. qui serviendum necessitati putet; orat 230. — 3. qui (philosophi) necessitate motus animorum liberatos volunt; fat 39. — 4. quod in tam crudelem necessitatem incidissemus; Tusc III 60. qui honos ad necessitatem rerum gerendarum, non solum ad dignitatem valet; Phil V 45. III. ea non esse nexa causis aeternis et a fati necessitate esse libera; fat 38. — IV. nobis in scribendo atque in dicendo necessitatis excusatio non probatur; orat 230. ut ceteris in rebus necessitatis inventa antiquiora sunt quam voluptatis; orat 185. — V, 1. ut, etiamsi natura tales non sint, necessitate esse cogantur; ep IV 9, 3. ii mentem hominis voluntate libera spoliatam necessitate fati devinciunt; fat 20. boni ipsa denique necessitate excitantur; Sest 100. cum (cogitatio) rerum causas alias ex aliis aptas et necessitate nexas videt; Tusc V 70. humana consilia divina necessitate esse superata; Ligar 17. — 2. propter necessitatem vitae initam esse cum hominibus communitatem et societatem; of I 158.

necessitudo. Notwendigkeit, Nötigung, Verbindung, Verhältnis, Verwandtschaft, Freundschaft: I. puto esse hanc necessitudinem, cui nulla vi resisti potest, [quo ea secius id, quod facere potest, perficiat], quae neque mutari neque leniri potest; inv II 170. esse quasdam cum adiunctione necessitudines, quasdam simplices et absolutas; inv II 171. summa necessitudo videtur esse honestatis; huic proxima, incolumitatis; tertia ac levissima, commoditatis; inv II 173. quocum (municipio Caleno) mihi magna necessitudo est; ep IX 13, 3. facit, al.: f. est; inv II 170. huius modi necessitudines cum in dicendo rationes incident, recte necessitudines appellabuntur; inv II 170. veteres mihi necessitudines cum his omnibus intercedunt; ep VI 12, 2. ut contubernii necessitudo postulabat; Planc 27. — II, 1. appello: f. I. incidunt. nt [ad honestatem] hoc modo exponenda necessitudo sit: „necesse est, si honeste volumus vivere"; inv II 173. numerus non habebat aliquam necessitudinem aut cognationem cum oratione; orat 186. in quibus magnas necessitudines habet Plancius; Planc 39. necessitudo infertur, cum vi quadam reus id, quod fecerit, fecisse defenditur; inv II 98. lenio, muto: f. I. est; inv II 170. necessitudo, in qua necesse fuerit id aut fieri aut ita fieri, quaeritur; inv II 43. si nostram in accusatione sua necessitudinem familiaritatemque violasset; Sulla 2. — 2. resisto: f. I. est; inv II 170. satis est factum Siculis, satis officio ac necessitudini; Ver V 139. — 3. Capitonem ad tuam necessitudinem tuo summo beneficio adiunxeris; ep XIII 29, 8. — III. proximus: f. I. est; inv II 173. — IV. satis iustam mihi causam necessitudinis esse; Rabir 1. quid haec perficere potest necessitudinis distributio? prope dicam, plurimum, cum locus necessitudinis videbitur incurrere; inv II 171. novarum me necessitudinum fidelitate contra veterum perfidiam muniendam putavi: ep IV 14, 3. locus: f. distributio. — V, 1. qui (cives) non summa necessitudine attingunt. Q fr I 1, 6. L. Mescinius ea mecum necessitudine coniunctus est, quod mihi quaestor fuit; ep XIII 26, 1. — annuae commutationes quadam ex necessitudine semper eodem modo fiunt; inv I 59. in: f. II, 1. quaero. se pro communi necessitudine id primum petere; Quinct 66. propter eius provinciae mecum et cum meo fratre necessitudinem; Planc 100.

necne, oder nicht: I. sunt haec tua verba necne? Tusc III 41. — II, 1. consultant. ad opus condueat id necne: of I 9. potuerit intercedi necne, nihil ad se pertinere: A II 16, 2. quoniam, id sit necne sit, quaeritur: part or 33. Bibulus de caelo tum servasset necne, sibi quaerendum non fuisse;

A II 16, 2. — 2. quaero cnim, potueritne Roscius ex societate suam partem petere necne; Q Rosc 52. di utrum sint necne sint, quaeritur; nat III 17.

neco, töten, umbringen: nautae militesque Siculorum, socii nostri atque amici, fame necati; Ver pr 13. (lex,) ne quis magistratus civem Romaadversus provocationem necaret neve verberaret; rep II 53. si tempus est ullum iure hominis nocandi; Milo 9. milites, al.: f. amicos. nihilne interest, patrem quis necet anne servum? par 24. qui plebem fame necaret; Q fr II 3, 2. ne ab iis ipsa (res publica) necaretur; Sulla 32. servum: f. patrem.

nec opinans, nicht vermutend, ahnungslos: quos ad iudicandum nec opinantes vocatis; Phil I 20. te ei nec opinanti voluntatem tuam tantam per litteras detulisse; ep XIII 18, 1. homines magni pretii servos M. Tullii nec opinantes adoriuntur; Tul 21.

necopinato, unvermutet, unerwartet: cui ille necopinato casus evenerit; Tusc III 59. necopinato cum te ostendisses; Phil II 77. quod cum accidisset, ut alter alterum necopinato videremus; fin III 8.

necopinatus, unvermutet, unerwartet: A. hostium adventu necopinato; Ver IV 94. Cyrenaici non omni malo aegritudinem effici censent, sed insperato et necopinato malo; Tusc III 28. carissimam annonam necopinata vilitas consecuta est; dom 14. — B, I. sentit (poëta) omnia repentina et necopinata esse graviora; Tusc III 45. — II. cum diligenter necopinatorum naturam consideres; Tusc III 52.

nectar, Nektar: non ambrosia deos aut nectare laetari arbitror; Tusc I 65.

necto, anknüpfen, verbinden, verpflichten, verpfänden: I. cum sunt propter unius libidinem omnia nexa civium liberata nectierque postea desitum; rep II 59. — II. haec nisi conlocata et quasi structa et nexa verbis ad eam laudem aspirare non possunt; orat 140. f. I. cum causae causa nexa rem ex se gignat; div I 125. ex hoc genere cansarum ex aeternitate pendentium fatum a Stoicis nectitur; Top 59. omnes inter se nexae (virtutes) et iugatae sunt; Tusc III 17.

nedum, geschweige, viel weniger: optimis temporibus nec P. Popilius nec Q. Metellus vim tribuniciam sustinere potuerunt, nedum his temporibus sine vestra sapientia salvi esse possimus; Cluent 95. ego vero ne immortalitatem quidem accipiendam putarem, nedum emori cum pernicie rei publicae vellem; Planc 90. erat multo domicilium huius urbis aptius humanitati tuae quam tota Peloponnesus, nedum Patrae; ep VII 28, 1.

nefandus, ruchlos: o nefanda et perniciosa labes civitatis! dom 133. ex re (sententiam duci licebit), si crudelia, si nefanda; de or II 322. in hoc scelere immani ac nefando; Catil IV 13.

nefarie, ruchlos, frevelhaft: si hunc de tua vita nefarie aut nunc cogitare aut molitum aliquando aliquid putas; Milo 67. quae in nos impie ac nefarie fecerit; Phil II 50. molior: f. cogito. qui per simulationem amicitiae nefarie me prodiderunt; Quir 21. quod Sthenium tam crudeliter, scelerate nefarieque tractasses; Ver II 117.

nefarius, ruchlos, frevelhaft: A. sceleratus et nefarius fueris, si ..; Muren 62. cum (Brennus) fano Apollinis Delphici nefarium bellum intulisset; div I 81. sceleratis ac nefariis civibus; dom 101. dandae cervices crudelitati nefariae; Phil V 42. nefarium est facinus ignoscere; Muren 62. refertam esse Graeciam sceleratissimorum hominum ac nefariorum; Planc 98. istius scelerato nefarioque latrocinio; Ver I 152. mentes hominum audacissimorum sceleratae ac nefariae; Catil III 27. subito exorta est nefaria Catonis promulgatio; ep I, 5, a. 2. post nefarium scelus consulum superiorum; dom 82. ab

eodem homine in stupris inauditis nefariisque versato; Piso 9. verbo illo nefario temptatas aures nostras; har resp 55. cuius praesentis nefarium et consceleratum vultum intuebantur; Cluent 29. — B. nocentem aliquando, modo ne nefarium impiumque, defendere; of II 51.

nefas, Frevel, Sünde: I. aut inutile aut turpe aut nefas esse tali in re non diligentissime legi obtemperare; inv II 135. Iove fulgente cum populo agi nefas esse; Vatin 20. quae cum tibi liceat, mihi nefas sit oblivisci; ep XV 21, 5. quia profecto videtis nefas esse dictu miseram fuisse talem senectutem; Cato 13. cui nihil umquam nefas fuit; Milo 73. — II. id ab iis nefas esse decretum; Ac I 13, 3. mentiri nefas habebatur; leg II 63. quae deseri a me nefas iudico; nat III 94.

nefastus, »quae augur iniusta nefasta, vitiosa dira defixerit | deixerit ||, inrita infectaque sunto«; leg II 21.

negans, Verneinung: addunt (dialectici) coniunctionum negantiam sic: „non et hoc et illud; hoc autem; non igitur illud". Top 57.

negatio, Verneinung, Leugnung: I. primus ille status rationem habet iniqui criminis ipsam negationem infitiationemque facti; part or 102. si Chaldaei ita loquantur, ut negationes infinitarum coniunctionum potius quam infinita conexa ponant; fat 15. — II. disparatum est id, quod ab aliqua re praepositione || per oppositionem || negationis separatur; inv I 42.

negito, leugnen: quam (veri et falsi notam) multos annos esse negitavisset; Ac II 69.

neglectio, Vernachlässigung: sin autem amicorum neglectio improbitatem coarguit; Muren 9.

neglegens, nachlässig, unachtsam: in iis sacris neglegentes ac dissoluti si cupiamus esse, qui possumus? Ver IV 115. me in se neglegentem putabit; ep XIII 1, 5. ad manendum improvidi et neglegentes duces (hortantur); A VII 20, 2. M'. Glabrionem socors ipsius natura neglegensque tardaverat; Bru 239. quoniam pater tam neglegens ac dissolutus est; Ver III 162.

neglegenter, nachlässig, sorglos, achtlos: haec et alia Scipio non neglegenter abiecerat; Ver II 87. cum id ei per viatores consulto neglegentius agi videretur; Cluent 74. ut ne quid temere ac fortuito, inconsiderate neglegenterque agamus; of I 103. quid est, quod neglegenter scribamus adversaria? Q Rosc 7. multa apud alterum neglegentius; or 36.

neglegentia, Nachlässigkeit, Unachtsamkeit: I. quaedam etiam neglegentia est || erit || diligens; orat 78. in quibus (provinciis) diligentia plena simultatum est, neglegentia vituperationum; Flac 87. — II, 1. operae pretium erat neglegentiam eius in accusando considerare; Sex Rosc 59. quae (munditia) fugiat agrestem et inhumanam neglegentiam; of I 130. — 2. si imprudentes (laedunt), neglegentiae est, si scientes, temeritatis; of II 68. — 3. omnis actio vacare debet temeritate et neglegentia; of I 101. III. non dubito, quin offensionem neglegentiae effugere non possim; Ver IV, 1. quarum rerum neglegentia plerasque causas videmus amitti; de or II 100. si in ipsa gubernatione neglegentia est navis eversa; fin IV 76. — 2. ad quos (honores) vos per ludum et per neglegentiam pervenistis; Ver V 181.

neglego, nicht beachten, übersehen, versäumen, vernachlässigen, gering achten: I. Flaminius re nuntiata suo more neglexit; div I 77. — II, 1. de Theopompo neglexinus; Phil XIII 33. — 2. cum eadem natura doceat non neglegere, quem ad modum nos adversus homines geramus; of I 98. — 3. verba etiam verbis quasi coagmentare (orator) neglegat; orat 77. diem edicti obire neglexit; Phil III 20. —

4. id a suis [servis] temptatum esse neglegeret? Cael 54. — III. cur deus dormientes nos moneat, vigilantes neglegat? div I 85. quoniam auctoritatem tuam neglegere fas mihi non esse puto; de or I 107. nos animorum incredibiles motus celeritatemque ingeniorum neglegemus? Arch 17. ut sua commoda populus neglegi a principibus putet; rep I 52. traditur ab Epicuro ratio neglegendi doloris; fin II 93. sociorum nominisque Latini iura neglexit ac foedera; rep III 41. Segestanorum iniuriae neglegantur; Ver IV 82. iura: f. foedera. lectionem sine ulla delectatione neglego; Tusc II 7. num Aeliam, num Fufiam legem neglexerit; Vatin 5. ut eorum (mediorum) alia eligenda sint; alia reicienda, alia omnino neglegenda; fin IV 71. minas neglegere coepimus; Quinct 92. neglegenda mors est; Tusc IV 51. motus: f. celeritatem. in eo (officio) et colendo sita vitae est honestas omnis et neglegendo turpitudo; of I 4. alicuius mediocris officii causa se maximam pecuniam neglexisse; inv I 80. sacra et religiones neglegi; har resp 8. quod (institia) eas res spernit et neglegit; of II 38. sacra: f. religiones. nec somnia graviora a summo consilio neglecta sunt; div I 4. studia haec hic Romae non neglegebantur; Arch 5.

nego, nein sagen, sagen baß nicht, verneinen, leugnen, beſtreiten, verſagen, abſchlagen: I, 1, a. non modo negando, sed etiam inridendo amplissimum quemque illius ordinis insequebantur; Sest 25. — b. difficile est negare; nat I 61. — 2. qui a Naevio vel sumpsisti multa, si fateris, vel, si negas, surripuisti; Bru 76. numquam reo cuiquam tam humili tam praecise negavi, quam hic mihi plane praecidit; A VIII 4, 2. sunt etiam illa valde contraria, quae appellantur negantia; ea ἀποφατικά Graece, contraria aientibus: „si hoc est, illud non est"; Top 49. — II, 1. si hi fratres sunt in numero deorum, num de patre eorum Saturno negari potest? nat III 44. se senatui roganti de Marcello ne ominis || hominis || quidem causa negaturum; ep IV 4, 3. — 2. negas sine deo posse quicquam; Ac II 121. ut alarüs Transpadanis uti negarem; ep II 17, 7. — 3. cum scisse aliquid is negatur; inv II 95. ibi vis facta negabitur; Caecin 44. — 4. qui veri esse aliquid non negamus, percipi posse negamus; Ac II 73. hoc negas te posse nec approbare nec improbare; Ac II 96. ne cives Romani ius sibi dictum negarent; A V 21, 6. f. III. divinationem. — III. quasi ego id curem. quid ille (Epicurus) aiat aut neget; fin II 70. nimis praefracte videbatur omnia publicanis negare, multa sociis; of III 88. difficultatem annonae summamque inopiam rei frumentariae nemo negat; dom 12. quasi ego artem aliquam istorum esse negem! divinationem nego; div II 45. hoc tantum facinus non modo negare interrogati, sed ne producti quidem reticere poterunt; Ver I 90. inopiam: f. difficultatem. potestis principia negare, cum extrema concederetis? Caecin 44. — IV. ille (Zeno) Metelli vitam negat beatiorem quam Reguli, praeponendam tamen; fin V 88.

negotialis, die Sache betreffend: haec constitutio, quam generalem nominamus, partes videtur nobis duas habere, iuridicialem et negotialem. negotialis (est), in qua, quid iuris ex civili more et aequitate sit, consideratur; inv I 14. huius (constitutionis generalis) primas esse partes duas nobis videri diximus, negotialem et iuridicialem. negotialis est, quae in ipso negotio iuris civilis habet implicatam controversiam; inv II 62.

negotiatio, Handel, Geldgeſchäft: ut ad reliquias Asiaticae negotiationis proficiscare; ep VI 8. 2. in reliquis veteris negotiationis conligendis; ep XIII 66, 2.

negotiator, Großhändler, Bankier: I, 1. cum omnes negotiatores eius provinciae M. Fonteium

incolumem esse cupiant; Font 32. — 2. qui sit is Verrucius, mercator an negotiator an arator an pecuarius; Ver II 188. — II, 1. cum nihil tam coniunctum sit quam negotiatores nostri cum Siculis; Ver V 8. — 2. sub lustrum censeri germani negotiatoris est; A I 18, 8. — 3. si (Brutus) praefecturam negotiatori denegatam queretur; A VI 1, 6. — III. referta Gallia negotiatorum est; Font 11.

negotiolum, Geſchäftchen, Angelegenheit: I. tua negotiola Ephesi curae mihi fuerunt; A V 13, 2. f. III. — II. me dc Torquati negotiolo sciturum puto; A XVI 11, 8. — III. erit nescio quid negotioli; Q fr III 4, 6.

negotior, handeln, Geſchäfte machen: 1. cum (C. Canius) se Syracusas otiandi, ut ipse dicere solebat, non negotiandi causa contulisset; of III 58. — II. qui (T. Manlius) negotiatur Thespiis; ep XIII 22, 1. cives Romani, pauci qui illic negotiantur; A V 21, 6. qui (equites Romani) in Asia negotiati sunt; Deiot 26.

negotiosus, voller Geſchäfte, mühevoll: tu illam Ostiensem (provinciam habes), non tam gratiosam et inlustrem quam negotiosam et molestam; Muren 18.

negotium, Beſchäftigung, Geſchäft, Auftrag, Aufgabe, Angelegenheit, Schwierigkeit, Sache, Ding, Weſen: I, 1. quorum negotium est; de or I 250. cum homine audacissimo paratissimoque negotium esse; A VII 3, 5. huic nihil suspicabamur cum hoc mari negotii fore; A X 12, 1. — 2. quid negotii est haec poëtarum et pictorum portenta convincere? Tusc I 11. memento consilii me hoc esse negotium magis aliquanto quam fortunae putare; Q fr I 1, 7. Callisthenes quidem vulgare et notum negotium, quem ad modum aliquot Graeci locuti sunt; Q fr II 11, 4. — II, 1. ut per te quam commodissime negotium municipii administretur quam primumque conficiatur; ep XIII 11, 2. cur non meum quoque agam negotium? Milo 47. ad hoc negotium conficiendum; Flac 14. f. administro. negotiis quae sunt attributa, partim sunt continentia cum ipso negotio, partim in gestione negotii considerantur, partim adiuncta negotio sunt, partim gestum negotium consequuntur; inv I 37. ut Camillus nostrum negotium curet; ep XIV 5, 2. ei negotium dedit, ut omne (argentum) deportaretur; Ver IV 51. qui (philosophi) deum nihil habere ipsum negotii dicunt. nihil exhibere alteri; of III 102. ut eius (L. Mescinii) negotia explices et expedias; ep XIII 26, 2. f. habeo. cum audissent ei negotium facessitum; Ver IV 142. qui suum negotium gerunt otiosi; Lael 86. f. consequor. ut, quod habet in tua provincia negotii, expedias; ep XIII 63, 2. f. exhibeo. perscribe mihi totum negotium; A XV 29, 3. ut negotia mulieris susciperet; Caecin 13. volueras me illa negotia tueri; A I 17, 6 B, 2. — 2. adiungo: f. 1. consequor. apta inter se esse intellegemus haec, quae negotiis, et illa, quae personis sunt attributa; inv II 44. f. 1. consequor, 4. duco ex. cum maximis negotiis praesis; Balb 14. — 3. magnum opus est, et cura vacare et negotio; leg I 8. — 4. ut otium suum ad nostrum negotium contulisse videantur; of I 156. ex negotio (suspiciones) duci poterunt. si eas res, quae negotiis attributae sunt, diligentes considerabimus; inv II 38. ut in negotiis versaretur; Cael 74. — III, 1. qui omnis negotii publici expertes sint || sunt ||; rep I 3. — 2. cum sumus necessariis negotiis curisque vacui; of I 13. — 3. continens cum: f. II, 1. consequor — IV. alqd: f. I. II, 1. exhibeo, habeo. ut eos (reges) nulla privati negotii cura a populorum rebus abduceret; rep V 3. ipsius est negotii gestio pertractanda; inv II 39. f. II, 1. consequor. caput est in omni procuratione negotii et muneris publici, ut ..; of II 75 reddebant eorum negotiorum rationem in senatu

Ver II 47. ut habeam rationem non modo negotii, verum etiam otii tui; A V 20, 9. — V, 1. iurabat (Curio) ad summam, quod nullo negotio facere *solet*; A X 4. 11. cum maioribus rei publicae negotiis M. Fonteius impediretur; Font 18. cum pater huiusce Sex. Roscius nullo negotio sit occisus; Sex Rosc 20. — 2. omne tempus, quod mihi ab amicorum negotiis datur; div Caec 41. quaeremus res aut maiore aut minore aut pari in negotio similes; inv II 55. socium fallere, qui se in negotio coniunxit; Qu. Rosc 16. in omnibus negotiis, prius quam adgrediare, adhibenda est praeparatio diligens; of I 73.

nemo, niemanb, feiner, fein: A. quod nisi mulieri et decumano patebat alii nemini; Ver III 56. ut civis Romanus libertatem nemo possit invitus amittere; dom 77. neminem deo nec deum nec hominem carum, neminem ab eo amari, neminem diligi vultis; nat I 121. nemo doctus umquam mutationem consilii inconstantiam dixit esse; A XVI 7, 3. quo hominem neminem potuisti mihi amiciorem mittere; ep III 5, 1. ut homiuem neminem pluris faciam; ep XIII 55, 1. f. deus. opto, ut in hoc iudicio nemo improbus praeter eum reperiatur; Ver pr 50. si nemo umquam praedo tam barbarus fuit, qui ..; dom 140. nemo umquam sapiens prodItori credendum putavit; Ver I 38. nemo de nobis unus excellat; Tusc V 105. — B, I. neminem ne minimum quidem maleficium sine causa admittere; Sex Rosc 73. ac neminem conveniet arbitrari nos ab iudiciali genere exemplorum recedere; inv II 110. quos (libros) nemo [oratorum] || rhetorum || istorum umquam attigit; de or III 81. quas (legea) praeter te nemo umquam est facere conatus; Vatin 18. cum ex nostro iure duarum civitatum nemo esse possit; Caecin 100. quo (Polybio) nemo fuit in acquirendis temporibus diligentior; rep II 27. amicum ex consularibus neminem tibi esse; ep I 5 b, 2. facit: f. conatur. ii, quorum nemo duo menses potuit patrimonium suum gubernare; A X 8, 6. neminem omnium tot et tanta habuisse ornamenta dicendi; de or II 122. quem clientem habere nemo velit; Phil VI 12. ut nemo illo invito nec bona nec patriam nec vitam retinere posset; Ver III 81. f. gubernat. te nemo tuorum videre vult; Sest 111. f. habet. — II, 1. disertos cognosse me non nullos, eloquentem adhuc neminem; de or I 94. excepi de antiquis praeter Xenophanem neminem; div I 87. eloquentia quidem nescio an (C. Gracchus) habuisset parem neminem; Bru 126. ego habeo, cui plus quam tibi debeam, neminem; ep VI 1, 7. nemo ex tot hospitibus inventus est, qui ..; Cluent 193. quorum nemo propter indignitatem repudiatus est; div Caec 63. — 2. quod accidere nemini potest nisi nocenti; Piso 43. quos (agros) Sulla nemini dedit; agr III 12. quae res nemini umquam fraudi fuit; Cluent 91. — 3. Caesar se ad neminem adinnxit; Phil V 44. — III. res ut nemini dubia esse posset; Ver V 158. — C, a, I. quas leges ausus est non nemo improbus, potuit quidem nemo convellere; Piso 10. — II, 1. de istis abesse non neminem; Catil IV 10. quod non nemo vestrum audierit; Ver II 15. — 2. conveni ex isto genere consultorum non neminem; Caecin 79. — b, I. quod sacrificium nemo vir aspicere non horruit; har resp 37. — II. aperte adulantem nemo non videt, nisi qni admodum est excors; Lael 99.

nempe, allerbings, freiliĉ, wirfliĉ, natürliĉ, doĉ woýl: nempe negas ad bente vivendum satis posse virtutem? prorsus nego; Tusc V 12. quos ego orno? nempe eos, qni ..; Phil XI 36. scimus nempe; haeremus nihilo minus; A IX 15, 3. nempe ea sequentur, quae ad faciendam fidem pertinent; part or 33. nempe haec est quaestio de interitu P. Clodii; Milo 79. postulaturus eras. quando?

post dies xxx. nempe si te nihil impediret; Quinct 82.

nemus, Walb, Ýain: I. multos nemora silvaeque commovent; div I 114. — II. raptam esse Liberam ex Hennensium nemore; Ver IV 106.

menia, Totengefang: eas (laudes) etiam cantus ad tibicinem prosequatur, cui nomen neuiae. quo vocabulo etiam *apud* Graecos cantus lugubres nominantur; leg II 62.

nepa, Scorpion: cornibus uti boves videmus, nepas aculeis; fin V 42.

nepos, 'Enfel, Verſĉwenber, Sĉwelger: I, 1. qui nepos avum in capitis discrimen adduxerit; Deiot 2. non cum Latinis decertans pater Decius. cum Etruscis filius, cum Pyrrho nepos se hostium telis obiecissent; Tusc I 89. quis tam perditus ac profusus nepos sic dissolutus fuisset. ut .. ? Quinct 40. C. Sicinius, Q. Pompei illius ex filia nepos. quaestorius mortuus est; Bru 263. obicit: f. decertat. — 2. ut sit non minus in populi Romani patrimonio nepos quam in suo; agr I 2. — II. nostros Gracchos, Ti. Gracchi summi viri filios, Africani nepotes, nonne agrariae contentiones perdiderunt? of II 80. — III. nummulis corrogatis de nepotum donis; Ver III 184.

neptis, Enfelin: I. Metellum multi filii filiae. nepotes neptes in rogum imposuerunt; Tusc I 85. — II. vidimus filias eius Mucias ambas et neptes Licinias; Bru 211.

nequam, niĉtsnuẑig, lieberliĉ, leiĉtfertig: quid est nequius aut turpius effeminato viro? Tusc III 36. iste solus cum sua cohorte nequissima relinquitur; Ver II 71. loquamur potius de nequissimo genere levitatis; Phil II 63. homo multo nequior quam ille ipse, quem tu nequissimum occisum esse dixisti; ep XII 2, 1. cum accusator tamquam censor bonus homines nequissimos reiceret; A I 16, 3. homo nequam, qui tuum commodum non exspectarit; A XII 38, 1. „ins" tam nequam esse „verrinum": Ver I 121. cum praetoris inertissimi nequissimique oculos praedonum remi respergerent; Ver V 100.

nequaquam, feineŝwegŝ, burĉauŝ niĉt: I. ut nequaquam fuerit illius commodi magnitudo cum eo incommodo comparanda; inv II 26. nequaquam se esse satiatum; Ver IV 65. — II. in taberna eius nummi, nequaquam omnes, reperiuntur; Cluent 180. ut multi nequaquam paribus rebus honores summos a senatu consecuti sint; ep XV 4, 14. — III. nequaquam similiter oratio mea exire poterit; Sex Rosc 3.

neque f. **nec. nequedum** f. **necdum.**

nequeo, niĉt fönnen: I. „nequire" pro „non quire" dicimus; orat 154. — II. »vinclis constrictus Iovis arcere nequeo diram volucrem a pectore·; Tusc II 24. ut ab amico verum audire nequeat; Lael 90. cum (Demosthenes) RHO dicere nequiret; div II 96. ut salvi esse nequeamus; ep XVI 12, 1. quam (orationem) si ipse exsequi nequeas, possis tamen Scipioni praecipere; Cato 28. quas (res) si exsequi nequirem, tamen ..; Cato 38. »quornm nequeunt radices findere terrae«; fr H IV, a, 360. sicut intueri solem adversum nequitis; rep VI 19. ut ea laxare nequeamus; orat 220. cum ea, quae sanare nequeunt, exulcerant; de or II 303. sine quibus (partibus) victima illa vivere nequisset; div I 119.

nequiquam (nequicquam), vergebliĉ, umſonſt: pudet (diem) dicere; intellego; verum et sero et nequiquam [pudet; Quinct 79. nequitia ab eo, quod „nequicquam" est in tali homine, ex quo idem „nihili" dicitur; Tusc III 18.

nequiter, niĉtŝwürbig, auŝĉweifenb: ille (Gallonius) prave, nequiter, turpiter cenabat; fin II 25. quae (temperantia) te turpiter et nequiter facere nihil patietur; Tusc III 36.

nequitia, Niĉtŝwürbigfeit, Lieberliĉfeit: I, 1. fore ut aperte victrix nequitia ac libido poenas

ab optimo quoque peteret sui doloris; A I 16, 7. — 2. o istius nequitiam ac turpitudinem singularem! Ver V 92. — II, 1. cui (frugalitati) contrarium vitium nequitia dicitur; Tusc III 17. — 2. fuit Avillius quidam perdita nequitia; Cluent 36. — 3. nihil de singulari nequitia ac turpitudine (loquor); Ver III 106. — III. quos in summa nequitia non solum libido et voluptas, verum etiam ipsius nequitiae fama delectat; Ver II 115. id unum in terris egestatis, aeris alieni, nequitiae perfugium esse ducebas; Phil II 50. — IV, 1. quem Verres nequitia, luxuria, audacia sui simillimum iudicavit; Ver III 22. — 2. in: f. III fama.

nervose, kräftig, nachdrücklich: dicetur non Peripateticorum more, sed aliquanto nervosius; orat 127. nervosius qui ista disserunt; of III 106.

nervosus, kraftvoll: quis Aristotele nervosior? Bru 121.

nervulus, Nerv, Kraft: si tu nervulos tuos adhibueris; A XVI 16, 13.

nervus, Nerv, Sehne, Saite, Kraft: I, 1. qui (nervi) sicut venae et arteriae a corde tracti et profecti in corpus omne ducuntur; nat II 139. omnes voces, ut nervi in fidibus, ita sonant, ut ..; de or III 216. sunt: f. III, 1. alqd. — 2. si vectigalia nervos esse rei publicae semper duximus; imp Pomp 17. — II, 1. qui si attulerint nervos et industriam; Sulla 24. ut omnes tuos nervos in eo contendas, ne quid mihi temporis prorogetur; ep XV 14, 5. duco: f, I, 1. proficiscuntur. experietur senatus nervos atque vires; Phil V 32. horum oratio neque nervos neque aculeos oratorios ac forenses habet: orat 62. legionum nostrarum nervos nonne his consiliis incidimus? Phil XII 8. traho: f. I, 1. proficiscuntur. — 2. tu ut possis, est tuorum nervorum; Q fr III 9, 2. — 3. civitas sine lege suis partibus, ut nervis et sanguine et membris, uti non potest; Cluent 146. — 4. quoquo modo ego de illius (Bruti) nervis existimo; A XV 4, 1. qui (loci) quamquam proprii causarum et inhaerentes in earum nervis esse debent; de or III 106. — III, 1. quantum in cuiusque animo roboris est atque nervorum; ep VI 1, 3. summam eruditionem Graeci sitam censebant in nervorum vocumque cantibus; Tusc I 4. — 2. ex quibus (orationibus) lenitas eius (C. Iulii) non _eius_ || sine nervis perspici potest; Bru 177. — IV, 1. si nulla earum (fidium) ita contenta nervis sit, ut concentum servare possit; fin IV 75. tore nervis, opibus, sapientia tua, ut ..; ep III 10, 1. — 2. nares cornibus iis (similes nostri solent dicere), qui ad nervos resonant in cantibus; nat II 149. neque sine forensibus nervis satis vehemens et gravis esse orator potest; de or III 80.

nescio, nicht wissen, nicht verstehen, nicht kennen: A, I, 1. „non scire" quidem barbarum iam videtur, „nescire" dulcius; orat 157. ne id ipsum quidem, -nescire aut scire, scire nos; Ac II 73. — 2. nescire me fateor; de or I 23. — II, 1. qui Graece nesciunt; Flac 10. nostri Graece fere nesciunt nec Graeci Latine; Tusc V 116. f. III. litteras. — 2. qui, quibus verbis herctum cieri oporteat, nesciat; de or I 237. haec ipsa nescio rectene sint litteris commissa; ep II 5, 2. utrum consistere velit an mare transire, nescitur; A VII 12, 2. — 3. cum nulla necessitate premente rem publicam regere nesciant; rep I 11. — 4. nesciebam vitae brevem esse cursum, gloriae sempiternam? Sest 47. — III dum mihi liceat fateri nescire, quod nesciam; de or I 101. si eas artes forte nesciunt || nesciverit ||; Planc 62. de Oropo, opinor, sed certum nescio; A XII 23, 2. utram tandem linguam nescio? fin II 12. (T. Flamininus) existimabatur bene Latine, sed litteras nesciebat; Bru 259. — B. hoc diiudicari nescio an numquam, sed hoc sermone certe non potest; leg I 56. quod in templum ipse nescio qua ascendit;

Phil III 20. Endymion ut nescio quando in Latino obdormivit; Tusc I 92. alter est designatus Insteius nescio qui; Phil XIII 26. iste nescio qui Caecilius Bassus; ep XII 18, 1. me Paconii nescio cuius querelis moveri; Q fr I 1, 19. bellum nescio quod habet susceptum; agr I 14. casu nescio quo in ea tempora nostra aetas incidit, ut ..; ep V 15, 3. causam nescio quam defendebat; Cluent 74. homini plus tribui quam nescio cui necessitati; prov 28. alii nescio quo pacto obduruerunt; ep V 15, 2. o pastores nescio quos cupidos litterarum! Flac 39. excogitavit nescio quid; Ver V 116. nescio quid conturbatus esse videris; Phil II 36. sententiae nescio unde ex abdito erutae; orat 79.

nescius, nicht wissend, unkundig: ne forte sis nescius; Font 2. neque eram nescius, quantis oneribus premerere; ep V 12, 2. non sum nescius ista inter Graecos dici et disceptari solere; de or I 45.

neve, und daß nicht, oder daß nicht, weder — noch: I. 1. »sanctique (tribuni) sunto neve plebem orbam tribunis relinquonto«; leg III 9. — 2. ne sit Aeschines neve Demostenes Atticus; orat 29. quae lex melior, quam ne praetoriae provinciae plus quam annum neve plus quam biennium consulares obtinerentur? Phil I 19. ut vetera exempla relinquam neve eorum aliquem, qui vivunt, nominem; Sest 101. ut (Lamia) ad ludos omnia pararet neve committeret, ut ..; A XIII 45, 1. ut ne nimis cito diligere incipiant neve non dignos; Lael 78. f. II, 2. hoc animo esse debes, ut nihil huc reicias neve putes ..; ep X 16, 2. — II, 1. struere verba sic, ut neve asper eorum concursus neve hiulcus sit; de or III 171. si (verba) ita iungentur, ut neve aspere concurrant neve vastius diducantur; de or III 172. peto a te, ut id a me neve in hoc reo neve in aliis requiras; ep I 9, 19. — 2. »donum ne capiunto neve danto neve petenda neve gerenda neve gesta potestate«; leg III 11.

neuter, keiner von beiden, sächlichen Geschlechts: A. si neuter anguis emissus esset, quid esset futurum; div II 62. huic (Aristoni) summum bonum est in his rebus neutram in partem moveri; Ac II 130. quarum (sententiarum) neutram probo; Phil XI 16. — B, a, I. ut aut uterque aut neuter satis daret; Quinct 30. quorum neuter summi oratoris habuit laudem, et est uterque in multis causis versatus; Bru 110. — II, 1. eorum adhibere neutrum voluit; Bru 115. — 2. neutri σκοπός est ille, ut nos beati simus; uterque regnare vult; A VIII 11, 2. — III. effeci, ut neutri illorum quisquam esset me carior; A VII 1, 2. — IV. in quo neutrorum omnino contemnenda sententia est; of I 70. — b, I. ut essent eorum alia aestimabilia, alia contra, alia neutra; fin III 50. — II. horum neutrum ante Zenonem magnopere defensum est; Ac II 113. neutra in mediis relinquebat; A I 36. — III. quae non sane sunt in omnibus neutris usitata; orat 155.

neutiquam, keineswegs, durchaus nicht: indissolubiles (vos esse) non potestis, neutiquam tamen dissolvemini; Tim 40. mihi vero et Flacco neutiquam probari potuit tam flagitiosa libido; Cato 42. ut eum (Q. Ciceronem puerum) neutiquam || ne umquam || relinquerem; A VI 9, 3.

nex, Tod, Hinrichtung, Ermordung: I, 1. Iunius necem sibi ipse conscivit; nat II 7. ut clarissimorum hominum crudelissimam poeniretur necem; Phil VIII 7. — 2. quae (denicales) a nece appellatae sunt, quia residentur mortuis || mortui ||; leg II 55. alii ad palum atque ad necem rapiebantur; Ver V 72. — II, 1. ut vitae necisque potestatem haberet; dom 77. quod P. Africani necis socius fuisti; de or II 170. — 2. non provocatione ad populum contra necem et verbera relicta; rep II 62. de eius nece lata quaestio est; Milo 79.

56*

nexum, Eigentumsanspruch, Schuldhörigkeit:
I. si res suum nomen et vocabulum proprium non
habet, ut „nexum", quod per libram agitur; de
or III 159. — II. ago: f. I. cum sunt propter
unius libidinem omnia nexa civium liberata nectierque postea desitum; rep II 59. — III. nexorum,
mancipiorum iura; de or I 173. multae sunt domus
in hac urbe iure mancipi, iure nexi; har resp 14. —
IV. quae (mancipia) sunt dominorum facta nexo
aut aliquo iure civili; par 35. cuius (Attici) quoniam
proprium te esse scribis mancipio et nexo, meum
autem usu et fructu; ep VII 30, 2.

nexus, Schuldverpflichtung: qui se nexu obligavit; Muren 3. abalienatio est eius rei, quae
mancipi est, aut traditio alteri nexu ‖ nexo ‖ aut in
iure cessio; Top 28.

ni, nicht, wenn nicht, wofern nicht: I, 1. moriar,
ni puto ..; ep VII 13, 1. quod ni ita tenebimus;
Tusc V 46. — 2. quod ni ita sit; nat I 122. quod
ni ita putarem; ep XII 23, 2. ni esset ea causa;
A XII 9. dicerem, ni vererer, ne ..; ep VI 6, 4.
sponsione me, ni Esquilina introisset, lacessivit; Piso
55. — II. quidni possim? Tusc V 12.

nidor, Dunft: paulisper stetimus in illo ganearum tuarum nidore atque fumo; Piso 13.

nidulus, Neftchen: Ithacam illam in asperrimis
saxulis tamquam nidulum adfixam; de or I 196.

nidus, Neft: volucres effingere et construere
‖ constituere ‖ nidos; de or II 23. gallinae avesque
reliquae cubilia sibi nidosque construunt; nat II 129.

niger, schwarz, buntelfarbig: videtis illum
subcrispo capillo, nigrum? Ver II 108. cum possit
accidere, ut id, quod nigrum sit, album esse videatur;
Ac II 34. negavit (Dionysius) se iure illo nigro,
quod cenae caput erat, delectatum; Tusc V 98.

nihil, nil (f. E.), nichts: A. quibus nihil est
aliud propositum nisi rectum atque honestum; fin
IV 46. nihil potest illo (Curio) fieri humanius, nihil
nostri amantius; ep XVI 5, 2. quibus natura nihil
tribuit amplius, quam ut ..; nat II 33. nihil iratum
habet (oratio philosophorum), nihil invidum, nihil
atrox, nihil miserabile, nihil astutum; orat 64. quo
nihil captiosius neque indignius potest dici; Q
Rosc 52. in vita nihil quisquam egregium adsequatur; de or I 134. humanius: f. amantius. quando
‖ qui ‖ quidem nihil incolume domum praeter os
illud tuum pristinum rettulisti; Piso 53. indignius:
f. captiosius. invidum al.: f. astutum. reo, cui
parvum ac mediocre obici nihil oporteat; Ver I 103.
nihil me mutum potest delectare, nihil tacitum, nihil
denique eius modi, quod ..; Catil III 26. parvum:
f. mediocre. ut in omni natura nihil eo (deo) sit
praestantius; nat II 45. tacitum: f. mutum. atqui
tertium certe nihil inveniri potest; Cato 66. nihil
est unum uni tam simile, tam par, quam omnes
inter nosmet ipsos sumus; leg I 29. — B. nihil te
eorum audisse; Ver III 132. in tabellis nihil est
auctoritatis; Cluent 186. nihil belli reliqui ‖ reliquum ‖ fore videbatur; ep XII 5, 2. exitum facilem
esse et incommodi nihil inesse; inv II 118. nihil
mihi novi, nihil integri reliquit; Balb 17. pater
familias cum liberorum haberet nihil; inv II 122.
dictare hanc epistulam malui quam nihil ad te
litterarum dare; A VIII 12, 1. eius modi: f. A.
mutum. novi: f. integri. an vero periculi nihil
fuit? dom 58. nihil rationis adfers; Caecin 96.
reliqui: f. belli. si nihil tui cogitant sceleris;
Marcel 21. — C, I, 1. ad virtutis summam accedere
nihil potest; fin IV 67. cum ex terra nihil emineret,
quod ..; div I 93. quia nihil decet invita Minerva,
ut aiunt; of I 110. in explicanda aequitate nihil
erat Crasso copiosius; Bru 144. qua (mente) nihil
est celerius; orat 200. nihil est tam molle, tam
tenerum, tam aut fragile aut flexibile quam ..;
Milo 42. nihil est lege gravius; Phil II 109. nihil

esse bonum nisi virtutem; Ac II 130. cum nihil
intererat istius; Ver II 34. quia nihil semper suo
statu maneat; nat I 29. cui nihil oberat praeter
conversionem status; dom 46. nihil ad tuas aures
de infamia tua pervenisse; Ver III 132. potest: f.
accedit. II, 1. cognosco. nihil oportere inopinatum
videri; Tusc III 55. — 2. nullus erat senatus,
nihil reliqui magistratus; Sest 34. quodsi is esset
nihil nisi animus; fin IV 27. — II, 1. qui (veteres)
nihil cognosci, nihil percipi, nihil sciri posse
dixerunt; Ac I 44. quod antea nihil in istum dixi;
Tul 4. nihil sane vafre nec malitiose facere conatus
est; Ver II 132. f. I, 1. potest. scis hunc nihil
habere; Sex Rosc 147. Brutum nihil mentiri puto;
Bru 18. percipio: f. cognosco. pecuniam, quae
apud me contra fidem meam nihil potuisset, apud
se contra honorem meum nihil posse debere; Ver
I 19. nihil eum iam nisi modeste postulare; Phil
VII 3. praeter calamitatem nihil reliquerunt; Sex
Rosc 13. nihil vos civibus, nihil sociis, nihil regibus
respondistis; sen 6. scio: f. cognosco. ut nihil nisi
sempiternum spectare videatur; Rabir 29. nihil
suspicantibus nobis; Sulla 92. nihilne id valebit?
nihil invito consule designato; Ver pr 20. — 2. sunt
omnia dicendo excitata nihil adiuvante natura;
de or II 187. ut iudicium de ea re fieri nihil
attinuerit; inv II 84. nihil commutantur animo et
iidem abeunt, qui venerant; fin IV 7. nihilne te
nocturnum praesidium Palatii, nihil urbis vigiliae.
nihil timor populi, nihil concursus bonorum omnium.
nihil hic locus, nihil horum ora vultusque moverant?
Catil I 1. Dolabellam antea tantum modo diligebam.
obligatus ei nihil eram; ep VI 11, 1. an in eo
auctoritas nihil obest? mihi quidem videtur vel
plurimum; Ac II 60. nihil opus est exemplis hoc
facere longius; fin V 16. quae sciunt nihil ad se
omnino pertinere; Cato 24. cui memoria nihil
profuit; Cael 74. nihilne tibi venit in mentem existimationi tuae consulere? nihil denique capiti ac
fortunis tuis providere? Ver III 131. — III. quem
cognovimus virum bonum, sed nihil ad Persium; de
or II 25. sed hoc nihil ad me; de or II 139.
quando id faciat, nihil ad hoc tempus; orat 117. —
D. litterarum admodum nihil (Curio) sciebat; Bru
210. dum: f. nihildum. non nihil etiam tuam.
sed multo magis patris tui prudentiam desidero;
Ligar 10. Antonius nihil non ad rationem dirigebat;
Bru 140. — E. me de isto sumptu legationum aut
minuendo aut remittendo decrevisse nil, nisi quod ..;
ep III 8, 5. in oculis tale nil fit; Tusc V 111. cum
est intellectum nil profici; Tusc III 66.

nihildum, noch nichts: Brundisio nihildum
erat adlatum; A IX 2. quamquam nihildum
audieramus; ep XII 7, 2. a te nihildum certi exquiro; A VII 12, 4. Cimbrum Gabinium statim ad
me nihildum suspicantem vocavi; Catil III 6. miror
te nihildum cum Tigellio; A XIII 50, 3. nihildum
a Balbo; A XV 4, a (5).

nihilum, nilum, nichts: A, I, 1. eum (dolorem) nihili facit; fin II 88. ut auspicia nihili
putaret; Sest 114. parvi pretii est, qui tam nihili
ait ‖ iam nihili est ‖; Q fr I 2, 14. — 2. tu ausus
es pro nihilo tot res sanctissimas ducere? Ver
II 40. ex quo exsistet, ut de nihilo quippiam fiat;
fat 18. (acta) pro nihilo habebuntur? Phil I 16.
erit aliquid. quod aut ex nihilo oriatur aut in nihilum
subito occidat; div II 37. quod gloriam contemnant
et pro nihilo putent; of I 71. ut ad nihilum omnia
recidant; orat 228. omnis voluptas praeterita pro
nihilo est; Marcel 27. tua illa praeclara in rem
publicam merita ad nihilum esse ventura; ep XI
12, 1. quae quod Aristoni et Pyrrhoni omnino visa
sunt pro nihilo; fin II 43. — II, 1, a. consequatur
summas voluptates non modo parvo, sed per me nihilo, si potest; fin II 92. necessarias (cupiditates)

satiari posse paene nihilo; Tusc V 93. — b. nihilo tamen **a p t i u s** explet sententias; orat 230. nihilo beatiorem esse Metellum quam Regulum; fin V 83. nihilo magis vera illa esse quam falsa; Ac II 43. nihilo te nunc maiore in discrimine esse quam . . ; ep VI 3, 4. quae nihilo minus, ut ego absim, conßci poterunt; ep X 2, 2. cum ille nihilo plus iis tribuat quam tu; fin IV 23. qui nihilo segnius rem publicam defendit; Milo 82. — 2. quam mihi ista **p r o** nihilo! A XIV 9, 1. — B. nec quia bonum sit valere, sed quia sit **n o n** nihilo aestimandum; fin IV 62. — C. benivolentior tibi, quam fui, nilo nihilo || sum factus, diligentior ad declarandam benivolentiam multo; ep III 12, 4. de Silio nilo nihilo || plura cognovi ex praesente Sicca quam ex litteris eius; A XII 28, 1.

nil f. **nihil.** E. **nilum** f. **nihilum,** C.

nimbus, Regenguß, Sturmwolfe: I. hunc nimbum cito **t r a n s i s s e** laetor; A XV 9, 2. imbres, nimbi, procellae, turbines dei putandi; nat III 51. quae (causa) terreret animos fulminibus, tempestatibus, nimbis; nat II 14.

nimirum, allerdings, freilich, ohne Zweifel: nimirum recte veneficam **a p p e l l a s;** Phil XIII 25. nimirum, ut hic nomen suum comprobavit, sic ille cognomen; Ver IV 57. nimirum igitur confecta res est; Tusc V 18. vestibula nimirum honesta aditusque ad causam faciet inlustres; orat 50. nimirum illi non ingenio solum his patronis, sed fortuna etiam praestiterunt; Ver II 191. nam genus est omnium nimirum libidinum cupiditas; inv I 32. itaque nimirum hoc illud est, quod Caesar scribit; A IX 9, 3. nimirum id fuit; A XIII 10, 3. at nimirum is princeps ex Latinis illa aratorum propria opera tractavit; Bru 82. virtutem nemo unquam acceptam deo rettulit. nimirum recte; nat III 87.

nimis, zu sehr, zu viel, allzu: I, 1. etsi nihil nimis oportet **c o n f i d e r e;** Tusc I 78. scilicet nimis hic (Hippias) quidem est progressus; de or III 128. — 2. ut est hominum genus nimis **a c u t u m** et suspiciosum; div Caec 28. sin cuipiam nimis infinitum videtur; de or I 65. nimis magna procuratione; Deiot 36. nimis multa videor de me, ipse praesertim; Bru 318. suspiciosus: f. acutus. — 3. quem Verri nimis **a t r o c i t e r** minitantem ab se retractum esse; Ver V 160. ut ne nimis cito diligere incipiant; Lael 78. nimis saepe secus aliquanto videmus evadere; leg II 43. ne nimis sero ad extrema veniamus; Phil II 47. — II. Philotimi litterae me quidem non nimis, sed eos admodum delectarunt; A VII 24. non nimis longa continuatione verborum; de or III 49.

nimium, zu sehr, zu viel, sehr viel (vgl. **nimius,** B, C): I, 1. nimium forsitan haec illi mirentur atque **e f f e r a n t;** Ver IV 124. verbis effervescentibus et paulo nimium redundantibus; de or II 88. qui (sales) in dicendo nimium quantum valent; orat 87. — 2. quae (ars) in excogitandis argumentis muta nimium est, in indicandis nimium **l o q u a x;** de or II 160. ne nimium multi poenam capitis subirent; Cluent 128. mutus: f. loquax. quod eos in iudicando nimium sui iuris sententiaeque cognosset; Ver I 18. — 3. nimium diu teximus, quid sentiremus; Phil III 36. illud mihi a te nimium festinanter dictum videtur; fin V 77. non ita saepe, sed nimium tamen saepe gladios (vidimus); Sest 77. — II. equidem illud ipsum **n o n** nimium probo; fin II 27.

nimius, übermäßig, maßlos, zu groß, zu viel: A. in hoc genere nimium **q u o d** est offendit vehementius quam id, quod videtur parum; orat 178. de qua (magnitudine) vel audire satis esset, nimium videre plus quam semel; Ver IV 125. fugiendas esse nimias amicitias; Lael 45. nimiae vestrae benignitati pareremus; Caecin 9. esse mihi nimiam diligentiam pertimescendam; Catil III 7. tum illa

laetitia gestiens vel nimia dici potest; Tusc IV 13. hic ornatus, haec opera Graecos homines nimio opere delectant; Ver IV 132. ne (vitia) silvescat sarmentis et in omnes partes nimia fundatur; Cato 52. qui voluptate nimia gestiunt; of I 102. — B. mulierculae publicanae noluit ex decumis nimium **l u c r i** dare; Ver III 78. cuius (belli) altera pars sceleris nimium habuit, altera felicitatis parum; of II 45. — C, 1 (vgl. A. alqd). etsi suus cuique modus est, tamen magis **o f f e n d i t** nimium quam parum; orat 73. sunt: f. II, 1. — II, 1. omnia nimia, cum vel in tempestate vel in agris vel in corporibus laetiora fuerunt, in contraria fere **c o n v e r t u n t u r;** rep I 68. — 2. quae (mediocritas) **e s t i n t e r** nimium et parum; of I 89.

nisi, wenn nicht, wofern nicht, außer, als: A. im **vollständigen Satz:** I, 1. quod tu, nisi eum furiosissimum **i u d i c a s,** suspicari profecto non potes; Deiot 15. nisi quid de Epaminonda, docto homine, suspicari libet; Bru 50. nisi Quintus aliud quid nos agere mavult, suscipiam; leg I 13. de re nihil possum iudicare, nisi illud mihi persuadeo, te nihil temere fecisse; ep XIII 73, 2. ut in pecude, nisi quae vis obstitit, videmus naturam ad ultimum pervenire; nat II 35. haec te, nisi ita facias, custos dignitatis relinquet; Tusc II 33. — 2. nisi cruor **a p p a r e a t,** vim non esse factam; Caecin 76. magorum mos non est humare corpora suorum, nisi a feris sint ante laniata; Tusc I 108. ut ne religionem quidem colere possint, nisi eam ipsam prius scelere violarint; Font 31. numquam isti tam amens fuisset, nisi omnis ea praeda servi nomine ad istum ipsum perveniret; Ver III 89. non posse iucunde vivi, nisi honeste viveretur; fin II 51. futurum esse, nisi provisum esset, ut Roma caperetur; div I 101. praeclare viceramus, nisi spoliatum Lepidus recepisset Antonium; ep XII 10, 3. — II. nisi **f o r t e** magis erit parricida, si qui consularem patrem quam si quis humilem necarit; Milo 17. quod: f. **quodnisi.** nisi vero loqui solem cum luna putamus; nat III 27. cum, dum, ne, qui, quod, si, ut: f. B. B. im **verkürzten Satz (adverbiell):** I, 1. quod inter omnes constat, nisi inter eos, qui . . ; Sex Rosc 33. quod inter omnes nisi admodum impios convenit; nat III 7. tincta absint nisi a bellicis insignibus; leg II 45. — 2. inest velle in carendo, nisi **c u m** sic tamquam in febri dicitur; Tusc I 88. nos, nisi dum a populo auspicia accepta habemus, quam multum iis utimur? div II 76. te omnia probare, nisi quod verbis aliter utamur; fin IV 80. adiunctio nisi si tu aliter censes, et hinc abero et illim; A X 1, 2. — II, 1. numquam tu non modo otium, sed ne bellum quidem nisi nefarium concupisti; Catil I 25. negas deici, nisi qui possideat; Caecin 91. qui neminem nisi suum laudari volunt; leg III 1. ut neque quisquam nisi bonus vir et omnes boni beati sint; fin III 76. »neve quem initianto nisi Cereri Graeco sacro«; leg II 21. ita ut nihil aliud nisi de bonae ac de laude cogitet; imp Pomp 64. ferri de singulis nisi centuriatis comitiis noluerunt; leg III 44. quae nisi vigilantes homines, nisi sobrii, nisi industrii consequi non possunt; Cael 74. nullam aliam nobis de deo cogitantibus speciem nisi hominis occurrere; nat I 81. num quid igitur oportet nisi tres sortes conici, unam educi? Ver II 127. numquam ex urbe afuit nisi sorte, lege, necessitate; Planc 67. nos deum nisi sempiternum intellegere qui possumus? nat I 25. quae est alia fortitudo nisi animi adfectio patiens? Tusc V 41. quis P. Sullam nisi maerentem, demissum adflictumque vidit? Sulla 74. quid est se ipsum coligere nisi dissipatas animi partes rursum in suum locum cogere? Tusc IV 78. ad te quisquam veniat nisi Ventidii similis? Phil XIII 48. homo privatus nisi magna sapientia praeditus vix

regionibus officii magnis in fortunis continetur ‖ sese
continet ‖ ; agr II 97. unde haec in terram nisi ab
superis defluere potuerunt? nat II 79. — 2. leges
significant, quam noluerint maiores nostri, nisi cum
pernecesse esset, hominem occidi; Tul 49. nihil
sane, nisi ne nimis diligenter inquiras in ea; leg
I 4. complures in perturbatione rei publicae consules ‖ consulares ‖ dicti, quorum nemo consularis
habitus, nisi qui animo exstitit in rem publicam
consulari; ep X 6, 3. nihil esse bonum, nisi quod
esset honestum; Tusc II 61. quid interest, nisi quod
ego res notas notis verbis appello, illi . . ? fin V 89.
nunc, nisi si quid ex praetereunte viatore exceptum
est, scire nihil possumus; A II 11, 1. noli putare
me ad quemquam longiores epistulas scribere, nisi
si quis ad me plura scripsit; ep XIV 2, 1. si nihil
aliud quaereremus, nisi ut deos pie coleremus; nat
I 45. nihil aliud egerunt, nisi me ut opprimerent;
ep IX 24, 1. sin aliud agitur nihil, nisi ut iis ne
quid desit; Sex Rosc 8.

nisus, Bewegung, Umſchwung: quae (astra) se
nisu suo conglobata continent; nat II 117.

nitedula, Haſelmaus: ut illa ex vepreculis extracta nitedula rem publicam conaretur adrodere;
Sest 72.

niteo, glänzen, prangen: qui nitent unguentis;
Catil II 5. non valde nitens, non plane horrida
oratio; Bru 238. quod (vectigal) in pace niteat;
agr I 21.

nitesco, glänzend erſcheinen: »Aquarius, exiguo
qui stellarum candore nitescit«; fr H IV, a, 418.

nitidus, glänzend, prangend, glatt: quos ego
campos antea collesque nitidissimos viridissimosque
vidissem; Ver III 47. nitidum quoddam genus et
verborum et laetum; de or I 81. si eadem hora
aliae pecudis iecur nitidum atque plenum est, aliae
horridum et exile; div II 30. ita de horridis rebus
nitida est oratio tua; de or III 51. pro isto asso
sole a te nitidum solem unctumque repetemus; A
XII 6, 2.

nitor (nito: ſ. I. alqa), ſich ſtemmen, ſich ſtützen,
ſich verlaſſen, beruhen, ſich eifrig bemühen, ſtreben,
zu beweiſen ſuchen: I. ut Tullius in dialogis de re
publica nitito; rep fr 2. eximia pietate, virtute,
gratia tui Crassi meis consiliis, monitis, studiis
actionibusque nituntur; ep V 8, 2. ut ita munita
arx circumiectu arduo et quasi circumciso saxo
niteretur; rep II 11. cum hac spe tota defensio
Sopatri niteretur; Ver II 71. defensor ad ea, quae
proposuit, aequitate nitatur; part or 127. in qua
(coniectura) nititur divinatio; div II 55. contra
cuius honorem inimici atque invidi niterentur; A
IX 11, A, 2. operam dare, ut sua lex ipso scripto
videatur niti; inv II 147. quae (res) mendacio nixa
sit; de or II 30. cuius in vita nitebatur salus
civitatis; Milo 19. in qua (frequentia) oratorum
studia niti solent; Deiot 5. quae (viriditas) nixa
fibris stirpium sensim adulescit; Cato 51. virtutem
nixam hoc honesto nullam requirere voluptatem; fin
I 61. — II, 1. nos cum maxime consilio, studio,
labore, gratia de causa regia niteremur; ep I 5, a,
2. — 2. nitamur nihil posse percipi; Ac II 68.

nitor, Glanz, Schmuck: I. quae habent nitorem
orationis nostrum, si modo is est aliquis in nobis;
A XIII 19, 5. in qua (aetate) naturalis inesset,
non fucatus nitor; Bru 36. — II. quia sua sponte
squalidiora sunt, adhibendus erit in his explicandis
quidam orationis nitor; orat 115. fuco, habeo: ſ. I.
— III, 1. »huic supera duplices umeros adfixa
videtur stella micans tali specie talique nitore«;
fr H IV, a, 80. — 2. habuit vires agrestes ille
(Antipater) atque horridas sine nitore ac palaestra;
leg I 6.

nivalis, ſchneeig: »cum tumulos Albano in
monte nivales lustrati«; div I 18.

nive, oder wenn nicht: tum illud, quod dicitur,
„SIVE NIVE", inrident; Caecin 65.

niveus, ſchneeweiß: »saxa cana salis niveo
spumata liquore«; div I 13.

nix, Schnee: I. Anaxagoras nivem nigram dixit
esse; Ac II 72.— II, 1. risi „nivem atram"; Q fr II
11, 1. — 2. cum e pruina Appennini atque e nivibus
illis emersisset; Sest 12. — III, 1. factum, ut
nive Gallorum obrueretur exercitus; div I 81. —
2. Taurus propter nives ante mensem Iunium
transiri non potest; A V 21, 14.

no, ſchwimmen: I. Neptunus a nando paulum
primis litteris immutatis; nat II 66. — II. nare
anaticulas videmus; fin V 42. alias bestias nantes aquarum incolas esse (natura) voluit; Tusc V 38.

nobilis, bekannt, berühmt, edel, vornehm, an-
geſehen, berüchtigt: A. multi erant clari in philosophia et nobiles; de or I 46. cum praesertim
(Thucydides) fuisset honoratus et nobilis; orat 32.
peperit maximam laudem ex illa accusatione nobili
et gloriosa; of II 47. qui adesse nobilissimos
adulescentes iusserit; Sest 27. quin nobilissimum civem
vindicetis; Flac 40. nauarchus nobilissimae civitatis;
Ver V 117. Alabandenses sanctius Alabandum
colunt quam quemquam nobilium deorum; nat III
50. Megaricorum fuit nobilis disciplina; Ac II 129.
accipite nunc aliud eius facinus nobile; Ver II 82.
hominem nobilissima familia natum; Flac 81. apud
Scopam, fortunatum hominem et nobilem; de or II
352. homines ex tota provincia nobilissimi primique
publice privatimque venerunt; Ver II 11. Philinus
Herbitensis, homo domi nobilis; Ver III 80. mulieres
nuptae nobiles praeter unam mimi Isidori filiam;
Ver V 81. ex tam industri nobilique municipio;
Ver V 40. pro Ser. Fulvio de incestu nobilis oratio;
Bru 122. a me gladiatorum par nobilissimum inducitur;
opt gen 17. Xenocratem ferunt, nobilem in primis
philosophum, respondisse . . ; rep I 3. magnus et
nobilis rhetor Isocrates; inv II 7. quae (Artemisia)
nobile illud Halicarnasi fecit sepulcrum; Tusc III
75. novi silvam nobilem; A XII 31, 2. aliquo
excellente ac nobile viro; fr F III 3. — B, I. quod
multi nobiles saepe fecerunt; Planc 50. ex decem
nobilissimis novem revertisse; of III 113. — II. optimum quemque et nobilissimum ad se arcessebant;
Ver IV 76. ut ei nobiles restituerentur in civitatem;
Sex Rosc 149. — III. cum omnium nobilium dignitas et salus in discrimen veniret; Sex Rosc 16.
sin autem victoria nobilium ornamento rei publicae
debet esse; Sex Rosc 142. nobilium vita victuque
mutato mores mutari civitatum; leg III 32.

nobilitas, Berühmtheit, Vortrefflichkeit, Adel,
vornehme Geburt, vornehmer Rang, Aristokratie:
I. ut, quid sit εὐγένεια, quid sit nobilitas, intellegas;
ep III 7, 5. cum nobilitas nihil aliud sit quam
cognita virtus, quis in eo, quem inveterascentem
videat ad gloriam, generis antiquitatem desiderat?
fr E VII 3. quantam vim naturae bonitas haberet
et vera nobilitas; Sen 25. his (Deciis) levabat
omnem vulnerum metum nobilitas mortis et gloria;
Tusc II 59. — II, 1. qui ingenio ac virtute nobilitatem potestis consequi; Sest 136. habetis nobilitatem generis gloriosam; Phil III 16. ipsae familiae
sua quasi ornamenta ac monumenta servabant ad
inlustrandam nobilitatem suam; Bru 62. — 2. qui
me antetuleritis nobilitati; agr II 6. qui favent
nobilitati; Planc 18. — III, 1. semper studiosus
nobilitatis fuit; Ac II 125. — 2. Appium Claudium
pari nobilitate praeditum; Phil XIII 29. — IV, 1.
laedetur causa nobilitatis; Sex Rosc 138. virtutem
persaepe nobilitatis inertiae praetulerunt; Balb 51.
neglegentia nobilitatis augurii disciplina omissa;
nat II 9. — 2. Posides Macro Soluntinus, homo
summa nobilitate; Ver II 10 . — V, 1. Aristoteles

cum **florere** Isocratem nobilitate discipulorum videret; de or III 141. genere et nobilitate et pecunia primus; Sex Rosc 15. homo cum virtute et nobilitate domi suae, tum etiam pecunia princeps; Ver III 56. — 2. quo plus **propter** virtutem nobilitatemque possunt; Quinct 9.

nobilito, berühmt, bekannt, berüchtigt machen: neque ex te umquam es nobilitatus, sed ex lateribus et lacertis tuis; Cato 27. testis est Phalaris, cuius est praeter ceteros nobilitata crudelitas; of II 26. cum venissemus in Academiae non sine causa nobilitata spatia; fin V 1. civitatis spectata ac nobilitata virtus; Flac 63.

nocens, schuldig, strafbar, Übeltäter: A. possitne senatoribus indicantibus homo nocentissimus pecuniosissimusque damnari; Ver pr 47. quamvis reus sit nocens; Ver I 25. — B, I, 1. nocentem aliquando, modo ne nefarium impiumque, defendere; of II 51. homines turpissimum nocentissimumque laudarunt; har resp 38. — 2. ut inimicus neque **deesse** nocenti possit neque obesse innocenti; Ver III 162. — II. qui scelus **fraudemque** nocentis possit dicendo subicere odio civium; de or I 202.

noceo, schaben: I, 1. qui (inermes) vim armatorum haberent ad nocendum; Caecin 63. — 2, a. sunt (astra) rotunda, quibus formis minime noceri potest; nat II 117. — b. nocuimus fortasse, quod veteres orationes legi sunt desitae; Bru 123. quae prosunt aut quae nocent; fin III 69. est innocentia adfectio talis animi, quae noceat nemini; Tusc III 16. numquam nec irasci deum nec nocere; of III 102. cui non modo aperta inimicorum oppugnatio, sed ne occultae quidem matris insidiae nocere potuissent; Cluent 178. cui misero nocuit opinio maleficii cognitati; Cael 74. oppugnatio: f. insidiae. quia (vinum aegrotis) prodest raro, nocet saepissime; nat III 69. — II. ne quid L. Murenae dignitas illius, ne quid exspectatio tribunatus, ne quid totius vitae splendor et gravitas noceat; Muren 58. cui alterius commoda nihil noceant; Tusc IV 17. de quo nihil nocuerit si aliquid cum Balbo eris locutus; A XI 47, 1. Tironem ad Dolabellam cum litteris miseram. quid nocet? A XV 12, 1.

noctu, bei Nacht, nachts: noctu **ambulabat** in publico Themistocles; Tusc IV 44. Diana dicta, quia noctu quasi diem efficeret; nat II 69. ut furem noctu liceat occidere; Tul 47. noctu ad oppidum respicientes flagrantes (naves) onerarias videbatis; div I 69. quo ille noctu venturus esset; Milo 52.

noctua, Käuzchen, Eule: tibi versus, quos rogas, hoc est „Athenas noctuam" mittam; Q fr II 15 (16), 4.

noctuabundus, die Nacht hindurch reisend: noctuabundus ad me venit cum epistula tua tabellarius; A XII 1, 2.

nocturnus, nächtlich, bei Nacht: A. forum corporibus constratum caede nocturna; Sest 85. ut nocturnis conviviis tota virtutis personet; Sex Rosc 134. noctem et nocturnam deprecationem **intercessisse**; A II 24, 3. cum videmus nocturnam caeli formam undique sideribus ornatam; Tusc I 68. nocturnum furem interfici impune; Milo 9. decem boris nocturnis sex et quinquaginta milia passuum isiis pervolavit; Sex Rosc 19. ponite ante oculos nocturnum impetum in urbem Asiae clarissimam; Phil XI 7. liberatos se dicunt diurno nocturnoque metu: Tusc I 48. cum alienius anni, menstrui, liurni nocturnive spatii certa significatione; inv I 39. nocturnorum spatiorum eadem est aequabilitas, quae diurnorum; nat II 49. visas nocturno tempore aves: Catil III 18. diurnae nocturnaeque vicissitudines nulli naturae || nec ulla in re || umquam untatae quicquam nocuerunt; inv I 59. nocturnis vigiliis institium illud concoctum atque meditatum st: har resp 55. — B. omnia nocturna in media

Graecia Diagondas Thebanus lege perpetua **sustulit**; leg II 37.

nodus, Knoten, Verbindung, Band: I, 1. his singulis versibus quasi nodi **apparent** continuationis, quos in ambitu coniungimus; orat 222. — 2. septem, qui numerus rerum omnium fere nodus est; rep VI 18. — II. **coniungo**: f. I, 1. dum hic nodus expediatur; A V 21, 3. mihi videntur, qui utilitatum causa fingunt amicitias, amabilissimum nodum amicitiae tollere; Lael 51. — III. »orbes vinctos inter se et nodis caelestibus **aptos**«; fr H IV, a, 487.

nolo, nicht wollen, nicht günstig sein: I, 1. „nolle" pro „non velle" dicimus; orat 154. — 2. cum is se non nolle dixisset; de or II 75. ut mihi, velim, nolim, sit certa quaedam tuenda sententia; nat I 17. — II, 1. nolo accusator in iudicium potentiam **adferat**; Muren 59. — 2. noli **agere** confuse; nat III 19. nolitote || nolite || dubitare vobis traditam libertatem defendere; agr II 16. illum hic excipere nolo; A XIII 40, 2. quare nolite existimare . .; de or II 194. interpellare nolui; Bru 292. quibus obsequi nollent; Lael 35. noli putare quemquam pleniorem fuisse; Bru 125. nolite usque quaque idem quaerere; Ver V 10. nolo in stellarum ratione multus vobis videri; nat II 119. — 3. noluerunt ii, qui indicabant, hanc **patere** inimicitiis viam; har resp 35. secures suas cruentari scelere noluit; har resp 35. nolumus hoc bellum videri; Phil VIII 4. super terrae tumulum noluit quicquam statui nisi columellam; leg II 66. — 4. cui (Pompeio) qui nolunt, idem tibi non sunt amici; ep I, 3. — III. sapienti plus semper adesse, quod velit, quam quod nolit; fin V 93. ut eorum (mediorum) alia velis, alia nolis, alia non cures; fin IV 71. nec ego pacem nolo, sed pacis nomine bellum involutum reformido; Phil VII 19.

nomen, Name, Benennung, Bezeichnung, Wort, Nomen, Ruf, Titel, Posten, Schuldposten: I. **absolut**: 1. dum aegritudinis nomen **absit** grave, taetrum, funestum; Tusc III 83. haec praeclara nomina artificum Verris aestimatione sic concidisse; Ver IV 12. neque Atti Navii nomen memoria floreret tam diu; leg II 33. nomen illud, quod a Caesare, tres habet condiciones; A XII 3, 2. f. 2. de or I 189. cur tam diu iacet hoc nomen in adversariis? Q Rosc 8. sublata benivolentia amicitiae nomen tollitur, propinquitatis manet; Lael 19. legatorum nomen ipsum belli celeritatem morabitur; Phil V 26. nomen populi Romani occidisset; Phil XIV 35. cuius (populi) Romani) usque ad nostram memoriam nomen invictum in navalibus pugnis permanserit; imp Pomp 54. delet (simulatio) veritatem, sine qua nomen amicitiae valere non potest; Lael 92. — 2. nomen est, quod uni cuique personae datur, quo suo quaeque proprio et certo vocabulo appellatur; inv I 34. omnia, quae sunt vel generum vel partium nomina, definitionibus, quam vim habeant, est exprimendum; de or I 189. quid est enim exsul? ipsum per se nomen calamitatis, non turpitudinis; dom 72. — 3. o nomen dulce libertatis! Ver V 163.

II. **nach Verben**: 1. cum venefici cuiusdam nomen esset delatum et extra ordinem esset acceptum; inv II 58. quo modo hoc nomen ad rationes magistratus adlatum est? Ver III 181. hunc nomen honoris adeptum, non honorem puto; Bru 281. ut fati nomen ne adiungas; fat 29. qui (optimates) non populi concessu, sed suis comitiis hoc sibi nomen adrogaverunt; rep I 50. bona et senatorium nomen amisit; Flac 43. non est ausus suum nomen emptioni illi ascribere; dom 116. Adramytenus homo nobilis, cuius est fere nobis omnibus nomen auditum; Flac 31. qui voluptatis nomen audire non possent; fin II 67. ut hic nomen suum comprobavit, sic ille cognomen; Ver IV 57. concitatis sociis et nomine

Latino; rep I 31. singula nomina aratorum persequi et conficere necesse est; Ver III 112. defero: f.
accipio. utrum cetera nomina in codicem digesta
habes an non? Q Rosc 9. omnes summo cum studio
nomina dant; Phil VIII 13. ut maior timor oriatur.
unde etiam nomen ductum est tumultus; Phil VIII
3. qui (milites) sua nomina edidissent; Phil V 53.
ego meis rebus gestis hoc sum adsecutus, ut bonum
nomen existimer; ep V 6, 2. quamquam in utroque
Faberianum nomen explorandum est; A XII 47, 1.
populi Romani nomen exstinguere; Catil IV 7. cum
(Zeno) uteretur in lingua copiosa factis tamen nominibus ac novis; fin III 51. nomina se facturum,
cum venisset, qua ego vellem die; ep VII 23, 1.
quodsi fingenda nomina; leg II 28. si res suum
nomen et vocabulum proprium non habet, ut „pes"
in navi; de or III 159. qui omnino nomen habuerint, non ita multos fuisse; Bru 244. quod propter
rerum ignorationem ipsarum nullum habuerit ante
nomen; orat 211. f. digero. V, 1. ratio. qui tribunicium nomen horrebant; agr II 68. huic praedae ac
direptioni cellae nomen imponis? Ver III 197. in
qua (basi) grandibus litteris P. Africani nomen erat
incisum; Ver IV 74. qui libri populi Romani nomen
inlustrant; Arch 21. nostri philosophi nonne in iis
libris ipsis, quos scribunt de contemnenda gloria,
sua nomina inscribunt? Tusc I 34. ex qua (laude)
eloquentia nomen suum invenit; de or II 366.
Dolabellam video Liviae testamento cum duobus
coheredibus esse in triente, sed inberi mutare nomen;
A VII 8, 3. quae (prudentia) ipsum nomen hoc
nacta est ex providendo; rep VI 1. pueri annorum
senum septenumque denum senatorium nomen nundinati
sunt; Ver II 122. optimis causis nomen veteranorum opponere; Phil X 18. persequor: f. conficio.
neque ullius beneficii certum nomen peto; ep VII
5, 3. sunt rebus novis nova ponenda nomina; nat
I 44. hoc populare legis agrariae nomen esse quaesitum; agr II 63. ut statuerent, ne absentium nomina reciperentur; agr II 103. nominibus in tabulas relatis; Sest 72. nomen illius urbis non reliquissent; agr II 89. si Valerius interpres ad me nomina
gratiosorum scripserit; A XVI 11, 7. quem Caesar
meo beneficio in Novocomenses rettulit; nomen autem
Avianii secutus est, quod . .; ep XIII 35, 1. Salaminios adduxi, ut totum nomen Scaptio vellent solvere; A VI 2, 7. haec tot et alia plura nonne
inutile est vitiorum subire nomina? of III 57. posse
imperii gravitatem ac nomen sustinere; agr II 87.
nomen illi principes optimatium mordicus tenent,
re autem carent [eo nomine]; rep I 51. quod
quoniam nomen minus est adhuc tritum sermone
nostro; rep II 51. nomen dictatoris funditus sustulisti;
Phil I 32. f. I, 1. manet. legio Martia, quae mihi videtur
divinitus ab eo deo traxisse nomen; Phil IV 5. hanc
μετωνυμίαν grammatici vocant, quod nomina traferuntur; orat 93. ad Volusium traferri nomen a Valerio
non potuisse; ep V 20, 3. ut perniciosis etiam rebus
non modo nomen deorum tribueretur, sed etiam sacra
constituerentur; nat III 63. nomen tantum virtutis
usurpas, quid ipsa valeat, ignoras; par 17. — 2. ut
nomini Romano laudis aliquid adferrent; Phil II
20. quid? si hoc crimen optimis nominibus delegare
possumus? Font 18. illum honorem nomini mandabant tuo; Piso 2. — 3. quod vestro, non suo nomine
abutuntur; agr II 45. quousque is nomine hostis
carebit? Phil XIV 6. f. 1. teneo. et est et fuit tota
Graecia summo propter ingenium honore et nomine;
Ver II 87. utor: f. 1. facio. — 4. ne contaudent
cum praetorio nomine equester locus; Planc 15.
de Aufidiano nomine nihil te hortor; ep XVI 19.
quoniam sub nomine pacis bellum lateret; Phil XII
17. quam (urbem) e suo nomine Romam iussit nominari; rep II 12. (Attus Navius) erat in magno
nomine et gloria; div I 31.

III. **nach Abjectiven:** 1. ut libertatem propriam
Romani et generis et nominis recuperemus; Phil III
29. — 2. potestis inimicissimos huic imperio ac
nomini bonis ac fidelibus et sociis et civibus anteferre? Font 32. — 3. quam pauci digni nomine
evaderent; Bru 299.

IV. **nach Subftantiven:** 1. eiusdem stirpis et nominis
P. Crassum se ipsum interemisse; Scaur 3, 1.
senatus odit te, adflictorem ac perditorem ordinis ac
nominis sui; Piso 64. cum eiusdem nominis causa
saepius commutantur; orat 135. nominis est controversia, cum de facto convenit et quaeritur, id, quod
factum est, quo nomine appelletur; inv I 11. cum
est nominis controversia, constitutio definitiva dicitur; inv II 52. ad sempiternam dedecus sui generis
et nominis; Piso 92. gemini nominis errore servatus
est; Sest 82. quoniam omnibus in terris habitabit
nominis mei gloria; Milo 98. si rerum naturam.
non ignominiam nominis quaerimus; Tusc V 107.
nominis prope Romani memoriam esse deletam; Flac
60. in omni arte multam novitatem nominum esse;
fin III 3. in tam amplo rei familiaris quam paterni
nominis patrimonio; Scaur 45. perditor: f. adflictor.
splendore nominis capti; fin I 42. cum sit ea vetustate equestris nominis, ut . .; Planc 32. ex nominis
vi nascitur controversia; inv II 154. — 2. cum imperator exercitum, censor populum lustraret, boni
nominibus, qui hostias ducerent, eligebantur; div
I 102. insula est Melita, in qua est eodem nomine
oppidum; Ver IV 103. omni virtuti vitium contrario nomine opponitur; fin III 40. — 3. cum omnis
controversia aut de re soleat aut de nomine
esse; inv IV 57. unam orationem de sociis et nomine
Latino contra Gracchum reliquit; Bru 99.

V. **Ilagtand:** 1. accusati sunt uno nomine consulares; Sulla 81. litem eo nomine esse aestimatam;
Cluent 115. Lentulo nostro egi per litteras tuo nomine gratias diligenter; ep I 10. quod factum est,
quo id nomine appellari conveniat; inv I 43. cur
res tam dissimiles eodem nomine appellas? fin I 9.
f. I, 2. inv I 34. IV, 1. controversia. tu a civitatibus pecunias classis nomine coëgisti; Ver V 139.
suo nomine communem hominum infirmitatem posse
damnari; inv II 101. eam pecuniam datam statuarum
nomine; Ver I 143. cum omnes aratorum fortunas
decumarum nomine eriperes; Ver III 48. ex omni
pecunia certis nominibus deductiones fieri solebant;
Ver III 181. quid exornamus philosophiam aut quis
eius nomine gloriosi sumus? Tusc II 33. quae se
paratim suo nomine notanda censeo; Phil V 21
liberis dare operam re honestam est, nomine obscenum
of I 128. amplius eo nomine neminem, cuius petitio
sit, petiturum; Bru 18. apros legationum tuo nomine proficiscentium; ep III 8, 2. quod promul-
gasses misericordiae nomine; Vatin 28. hinc rati
cum Q. et Cn. Postumis Curtiis multis nominibus
quorum in tabulis iste habet nullum; Ver I 100
ego eo nomine sum Dyrrhachii hoc tempore, ut
quam celerrime, quid agatur, audiam; ep XIV 3.
me nomine neglegentiae suspectum tibi esse;
II 1, 1. rem publicam annonae nomine in id discrimen
non esse venturam; dom 17. (tyranni) se Ior
optimi nomine malunt reges vocari; rep III 23.
2. de quo nomine ad arbitrum adisti; Q Rosc 1
cur servus societatis semper in Verrucii nomine
certo ex loco mendosus esset; Ver II 188. obsecra
per nomen propinquitatis; Quinct 97. ad Satrium
nihil praeter nomen pervenire; of III 74. qui apr
barbaros propter togae nomen in honore aliqu
fuissent; Ver V 157.

nomenclator, Namennenner: I. quam (er
stulam) ipse scripsisse Sulla nomenclator dicit
est; Q fr I 2, 9. — II. ut nemo ullius ordinis hor
nomenclatori notus fuerit, qui mihi obviam v
venerit; A IV 1, 5.

nominatim, namentlich, mit Namen, ausdrücklich, besonders, einzeln: in qua (oratione) cum perpaucis nominatim egissem gratias; Planc 74. appellabantur a multitudine mulieres nominatim; Ver V 94. Postumius, de quo nominatim senatus decrevit, ut statim in Siciliam iret; A VII 15, 2. tu provincias consulares nominatim dedisti rei publicae pestibus; dom 24. ille edixit ita, ut me exciperet et Laelium nominatim; A XI 7, 2. Ciceronem nominatim exclamavit; Phil II 28. ut non nominatim, sed generatim proscriptio esset informata; A XI 6, 2. nominatim tibi signa mihi nota mandassem, si probassem; ep VII 23, 2. tibi nihil mando nominatim, totum me tuo amori fideique commendo; A III 20, 2. ego vero nominatim (tribunatum) petivi Curtio, et mihi ipse Caesar nominatim Curtio paratum esse rescripsit; Q fr III 1, 10. sed || sunt || duo, quae te nominatim rogo; ep XIII 28, 2. nominatim vocabar; dom 15.

nominatio, Ernennung: paternum auguratus locani, in quem ego eum mea nominatione cooptabo; Phil XIII 12.

nomino, benennen, bezeichnen, nennen, ernennen, namhaft machen, erwähnen, rühmen: I, 1. Graeci in conviviis solent nominare, cui poculum tradituri sint; Tusc I 96. — 2. nominat etiam Panaetius Anchialum et Cassandrum hoc praedictionis genere non usos; div II 88. — II. quem (nullam) honoris causa nomino; Sex Rosc 6. ecquosnam alios posset nominare; Vatin 26. ex quo (amore) amicitia nominata est; Lael 26. neque earum auctorem litterarum neque obsignatorem neque testem ullum nominabis? Cluent 186. hostium spolia, monumenta imperatorum, decora atque ornamenta fanorum posthac in instrumento atque in supellectile Verris nominabuntur; Ver IV 97. his vocabulis esse deos facimus, quibus a nobis nominantur? nat I 83. quem (librum) modo nominavi; fin II 100 monumenta, ornamenta: f. decora. obsignatorem: f. auctorem. quod ab aliis eidem pedes aliis vocabulis nominantur; orat 212. praeturam, quam L. Domitius ab se nominari vix sibi honestum esse arbitrabatur; Ver I 140. spolia: f. decora. cur non nominas (tabulas)? Qu. Rosc 25. Tenem, cuius ex nomine Tenedus nominatur; Ver I 49. testem: f. auctorem. vide, ne ab ea (virtute), quae una ceteris excellebat, omnes nominatae sint; Tusc II 43. —. III, 1. quo facto fanum illud Indicis Herculis nominatum est; div I 54. — 2. multi alii, qui sunt nominati sophistae; orat 37. qui latrones igitur, siquidem vos consules, qui praedones, qui hostes, qui proditores, qui tyranni nominabuntur? Piso 24. quo tempore me augurem a toto conlegio expetitum Cn. Pompeius et Q. Hortensius nominaverunt; Phil II 4. hanc (sapientiam) qui expetunt, philosophi nominantur; of II 5. quae quia partus matronarum tuentur, a nascentibus Natio nominata est; nat III 47. illa a veteribus superior cavillatio, haec altera dicacitas nominata est; de or II 218. quos illi exhaeresimos dies nominant; Ver II 129. qui eadem illa praeposita nominas; fin IV 23. ea honesta, ea pulchra, ea laudabilia, illa autem superiora naturalia nominantur; fin IV 58. (Cleanthes) ardorem, qui aether nominetur, certissimum deum iudicat; nat I 37. centuria, quae Populiana nominatur; Tul 16. quae dea ad res omnes veniret, Venerem nostri nominaverunt; nat II 69. bene nostri, cum omnia essent in moribus vita, iracundos solos morosos nominaverunt; Tusc IV 54. quae (ratio) cum perfecta est, nominatur rite sapientia; leg I 22. quae (stellae) errantes et quasi vagae nominarentur; rep I 22. quam (urbem) e suo nomine Romam iussit nominari; rep I 12.

Nomio, Hymnus auf Apollo: ante, quam totiens, quotiens praescribitur, Paeanem aut Nomionem munionem, al || citarimus; de or I 251.

non, nicht, nein, keineswegs: A. ohne unmittelbaren Gegensatz: I. allein: 1. einmal: a. qui mihi non idem tribuerit, quod . . .; dom 85. quem (Platonem) non iniuria Dicaearchus accusat; Tusc IV 71. leges non iure rogatas tollere; agr II 31. quod non nemo vestrum audierit; Ver II 15. hoc posthac nemo nisi stultissimus non faciet; Ver III 219. non nihil egisti; Planc 83. nihil admirari, cum acciderit, nihil, ante quam evenerit, non evenire posse arbitrari; Tusc III 30. — b. Libonem non infantem video fuisse; Bru 90. discedit a Melino Cluentia ut in tantis iniuriis non invita, ut a viro non libenter; Cluent 15. ab homine non inurbano; de or II 217. conduxit in Palatio non magno domum; Cael 18. quod adhuc vos ignorare non mirum est; Sex Rosc 5. si tua nihil aut non multum intersit; ep XIII 2. quarum (tabularum) non nulla pars usque ad nostram memoriam remansit; inv II 1. „disertos“ cognosse non nullos, „eloquentem“ adhuc neminem; de or I 94. quod itinerum meorum ratio te non nullam in dubitationem videtur adducere; ep III 5, 3. hoc quale est, a non sapiente explicari sapientiam? Ac II 115. si de non vivo quaeretur; inv I 35. — c. libenter: f. b. invitus. ex quo loco fundus is non longe abest; Caecin 20. fabula etiam non numquam homines commovet; part or 40. quaedam pestes te non numquam a me alienarunt; ep V 8, 2. quod et ipse cupierat et ego non minus; Q fr III 1, 7. non saepe (dolor relaxat); fin II 95. — d. hoc non sine causa memoriae prodiderunt; Milo 8. id non sine divina bonitate erga homines fieri arbitrabantur; nat II 60. — e. ego me dignitate superatum non arbitrabor; div Caec 73. sunt omnes Siculi non contemnendi; Ver III 67. consilio, cura, labore non desum; ep XII 28, 3. non intellegebat se nihil praeter vocem praestare debere; Font 29. domo carere sine meo dedecore ac dolore non possum; dom 146. non queo plura scribere; A III 12, 3. mirari satis hominis neglegentiam non queo; A X 5, 3. egone non intellego, quid sit ἡδονή Graece, Latine voluptas? fin II 12. non semper otio studui? Phil VIII 11. victum te esse non vides? div II 144. sequetur Rufio Vestorianus, ceteri, quis non? A XIV 14, 2. quam hoc non curo! Tusc II 17. in sermone communi vicissitudinem non iniquam putet! of I 134. malo non roges; Tusc I 17. — 2. wiederholt: quis tum non gemuit? quis non arsit dolore? Milo 16. non in campo, non in foro, non in curia, non denique inter domesticos parietes pertimescemus; Catil II 1. non agitanda res erit, non in medium proferenda, non populi Romani fides imploranda, non omnes in discrimen aut iudicium vocandi? Ver V 179. non causa, non locus, non facultas, non conscius, non perficiendi, non occultandi maleficii spes, non ratio ulla, non vestigium reperietur; Cael 53.

II. mit andern Partikeln und Relativ: deos ea facie novimus; at non Aegyptii nec Syri nec fere cuncta barbaria; nat I 81. atque his superstitionibus non dubitasti etiam omina adiungere; div II 83. atqui, falsum quod est, id percipi non potest; Ac II 106. quid autem non integrum est? Phil XII 5. num is est Cluentius? certe non est; Cluent 149. nisi forte ego vobis cessare nunc videor, cum bella non gero; Cato 18. cur tibi hoc non gratificer, nescio; ep I 10. quis enim non intellegit, quos dicas? Piso 75. te inquilino (non enim domino) personabant omnia vocibus ebriorum; Phil II 105. causam sibi eripi et se cetera non posse dicere; Cluent 59. quasi non potuerit id evenire casu et non necesse sit . .! div II 48. quae et saluti tuae conducere arbitrarer et non aliena esse ducerem a dignitate; ep IV 7, 1. nec Lacedaemonios dubitare arbitror . . et ego non dubitavi, quin . .; ep XIII 28, a, 1. novi te et non ignoro, quam sit . .; A II 24, 1. f. 1, 1, c. minus. nescio, cur non docendo causa aliquid

aliquando si possis meliores facere, cur nolis? orat 144. si (dolor) deponi potest, etiam non suscipi potest; Tusc III 66. etiamsi experti non sumus; Rab Post 29. non fere quemquam est invidia consecuta; Sest 51. fortasse non reciperentur; Cael 62. nobiscum versari iam diutius non potes; Catil I 10. non iam tibi sic respondebo, ut ceteris; dom 18. at enim frater iam non petit; Scaur 35. quae (amicitia) non idcirco obruetur, quod . .; Muren 8. f. non. quem ad modum igitur eum dies non fefellit? Milo 45. non igitur, quod ereptum non est, id existimandum est datum; Phil XI 20. de Silio non ita sane laboro; A XII 52, 2. itaque non extimesco; Planc 2. non mehercule umquam misericodiam dicendo excitare volui, quin . .; de or II 189. non modo ut Spartae, rapere ubi pueri discunt; rep IV 3. sed unam rem vereor ne non probes; Phil II 34. credere omnia vide ne non sit necesse; div II 31. nec vero non eadem ira deorum hanc eius satellitibus iniecit amentiam, ut . .; Milo 86. non enim idcirco ista editio per se non acerba est; Planc 41. non idcirco non optime nobis a dis esse provisum, quod . .; nat III 70. si ille obvius ei futurus omnino non erat; Milo 47. plane non habeo, quid scribam; A XV 5, 1. in qua (oratione) non vis potius quam delectatio postulatur; de or II 317. quod profecto non fecisset; Phil III 6. prorsus non mihi videor esse tutus; A XV 18, 2. proinde quasi ego non dixerim . .; Cluent 138. quae (virtutes) ingenerantur suapte natura appellanturque non voluntariae; fin V 36. nullum genus est ioci, quo non ex eodem severa et gravia sumantur; de or II 250. qui libere iudicare non audeant; Phil I 20. qui ipse sibi prodesse non quiret; of III 62. nihil est molestum, quod non consideres; Cato 47. quia non condemnavi; dom 9. neque dubium est, quin unus homo familia non sit; Caecin 55. non quo illum ipsum supplicio dignum putaret; Ver V 107. quodsi non sumus immortales futuri; Cato 85. sed quoniam non audes negare esse deos; nat I 87. cur non meum quoque agam negotium? Milo 47. non sane video, quem ad modum id fieri possit; A XI 5, 2. sed non fuit tam diligens, quam est Rullus; agr II 51. f. quoniam, tamen. si fraus capitalis non esset; de or I 232. si oblivisci non possumus; Flac 61. non sic nudos in flumen deicere, ne . .; Sex Rosc 71. non sum tam ignarus, non tam insolens, ut . .; Sest 119. f. sed. cetera sunt nova, sed tamen non novo modo postulantur; Ver II 147. quod occultum tamen non erat; Scaur 30. tametsi tu negare non potes; Ver V 47. hoc vero non videre! fin II 29. f. nec. non vero tam isti (lacerti mortui sunt) quam tu ipse, nugator! Cato 27. ut ego me tardiorem esse non moleste feram; Tusc I 80. quod ne dolere quidem possum, ut non ingratus videar; A IV 6, 2. quod, ad urbem ut non accederem, perseveravi; A IX 19, 4. sed ut non vendam, possum adsequi, quod volo; A XII 22, 3. quo (die natali) utinam susceptus non essem! A XI 9, 3.

B. mit unmittelbarem Gegensag: I. ohne formellen Unsbrud: 1. allein: uti suum animum, non eventum considerent; inv II 102. quod putares hic latrocinium, non iudicium futurum; Sex Rosc 61. ut huc incideres, non ut hic conquiesceres, illi te vivum exire passi sunt; Ver I 82. ex horum severitate te ulla vis eripiet aut ulla largitio? non eripiet; Ver III 83. non fuerunt armati, cum fustibus et cum saxis fuerunt; Caecin 64. eblandita illa, non enucleata esse suffragia; Planc 10. sed haec indicium culpa, non mea est; Phil XI 11. quod ille unus e sapientibus non sapienter Croesum monuit; fin III 76. quia non mea est, cum fuerint, eo miseros esse; Tusc I 13. qui (Protagoras) sese negat omnino de deis habere, quod liqueat, sint, non sint qualesve sint; nat I 29. haec armis restitui fortasse possunt,

auctoritate non possunt; A XIV 14, 6. — 2. mit anbern Partiteln: utrum fundi facti sint an non; Balb 22. cum plebe ius agendi aut dare aut non dare; leg II 31. ad quas (artes) esse dux pecunia potest, continere autem non potest; fin III 49. sint (haec) falsa sane, invidiosa certe non sunt; Ac II 105. si nitere testibus non dico bonis viris ac probatis, noti sint modo; Scaur 18. non enim ad Hannibalem mittimus; ad nostrum civem mittimus; Phil V 27. nonne te et prolatis et non prolatis tabulis condemnari necesse est? Ver IV 36. quod in Libera servant, in Libero non item; nat II 62. cui (Protagorae) neutrum licuerit, nec esse deos nec non esse; nat I 117. nonne bis exclamavit se videre. cum omnino non videret? Ac II 89. beatam (vitam), sed non beatissimam; Ac II 134. agrum Campanum. si dividi non oportuit, conservavi; si oportuit. melioribus auctoribus reservavi; Piso 4. si haec civitas est, civem esse me, si non, exsulem esse non incommodiore loco, quam si . .; ep VII 3, 5. sive tu adhibueris medicum sive non adhibueris; fat 30. ut verba etiam fingas, non solum crimina; Planc 30.

II. mit formellem Unsbrud: quia exit aliquando aliquid si non perfacetum, a t tamen fortasse non rusticum; Planc 35. ut in ipsis dis immortalibus non semper eosdem atque alios alios solemus venerari; sen 30. nedum isti non statim conquisituri sint aliquid sceleris, immo vero etiam hoc magis quam illi veteres Campani, quod . .; agr II 97. quoniam, quae (tranquillitas) honesta non sit, ne utilem quidem esse arbitror; of III 97. non tam ad laudem adipiscendam quam ad vitandam vituperationem: prov 44. intellegens dicendi existimator, non adsidens et attente audiens, sed uno aspectu et praeteriens de oratore saepe iudicat; Bru 200. προϋεακίζω non hariolans ut illa, cui nemo credidit, sed coniectura prospiciens; A VIII 11, 3. nullo adhibito non dicam viro, sed bono viro; Cluent 182. ut ea non dicam comprobes, sed studiose libenterque comprobes; A XVI 16, 15. non enim opibus, non invidiosa gratia. non potentia vix ferenda, sed commemoratione beneficii, sed misericordia, sed precibus aliquid attulimus etiam nos; Planc 24. civitas non iam singillatim. sed provinciis totis dabatur; Phil II 92. non quin ab eo (consilio) ipse dissentiam, sed quod ea te sapientia esse iudicem, ut . .; ep IV 7, 1. non quin confiderem diligentiae tuae, sed rei me magnitudo movebat; ep XVI 24, 1. non quo non in aliqua constitutione omnis semper causa versetur, sed quia proprii quidam loci sunt; inv II 155. arbitris non mei solum, sed patriae funeris abstulisti; Piso 21. tenebat (Appius) non modo auctoritatem, sed etiam imperium in suos; Cato 37. ut ii, qui ista finxerunt. non modo non insani, sed etiam fuisse sapientes videantur; nat III 62. iam non solum licet, sed etiam necesse est; Phil III 33. non solum ex oratione Caesaris, sed etiam ex oculis et vultu; ep VI 14, 2. ut non solum tua causa tibi consilium me dare putes, sed etiam, quod mihi opus sit, me a te petere et rogare; ep XIII 4, 3. vgl. etiam, II, 4. non adversarium, sed socium potius amiseram; Bru 2. ut ea non dicam, hoc tamen non dubitans confirmare possum; ep V 16, 4. f. at. per me vel stertas licet. inquit Carneades, non modo quiescas; Ac II 93. non eos ad rem rusticam, verum ad caedem a pugnam comparari; Tul 18. in quo (homine) mors non modo necessaria est, verum etiam optanda per saepe; rep III 34. duo pocula non magna, verum tamen cum emblemate (apposuerat); Ver IV 49.

C. Ellipfen: tu longior? non mihi quidem: Tusc I 112. ne illa quidem firmissima consolatio est: „non tibi hoc soli"; Tusc III 79.

Nonae, Nonen: I. Nonae sunt hodie Sextiles Ver pr 31. — II. nocte ea, quae consecuta est posterum diem Nonarum Novembrium; Sulla 52. —

III. Nonis Quinctilibus veni in Puteolanum; A XVI
1, 1. itane? NONIS IULIIS? di hercule istis!
A XVI 1, 1.

nonagesimus, neunzigſte: qui (Isocrates)
eum librum, qui Panathenaicus inscribitur, quarto
et nonagesimo ‖ non. quarto ‖ anno scripsisse se
dicit; Cato 13.

nonagiens, neunzigmal, neun Millionen:
HS duodetriciens in annos singulos Verri decernebatur, in alteras decumas fere ad nonagiens; Ver III 163.

nonaginta, neunzig: eques Romanus annos
prope LXXXX natus; Ver III 62. (Carneades) nonaginta vixit annos; Ac II 16. relicua multo maior
multitudo sex et nonaginta centuriarum; rep I 39.
haec sunt ad tritici medimnum x̄c̄; Ver III 116.

nondum, noch nicht: I, 1. adulescens nondum
tanta gloria praeditus; Deiot 27. quodsi nondum
satis cernitis . .; Milo 61. dies nondum decem
intercesserant; Cluent 28. quod nondum ad rem
publicam accessi; Sex Rosc 3. animum adulescentis nondum consilio ac ratione firmatum pellexit;
Cluent 13. nondum (puer) gustaverat vitae suavitatem; Tusc I 93. quorum ipsorum ad aetatem
laus eloquentiae perfecta nondum fuit; Bru 333. —
2. at nondum erat maturum, nondum res ipsa ad
eius modi praesidia viros bonos compellebat; Sest
84. qui nondum etiam omnia paterno funeri iusta
solvisset; Sex Rosc 23. — II, 1. nondum de mea
sententia dico; impudentiae primum respondebo tuae;
dom 4. finge aliquem nunc fieri sapientem, nondum
esse; Ac II 117. — 2. erat rex si nondum socius,
at non hostis; Sest 57. cum omnes urbem nondum
excisam et eversam, sed iam captam atque oppressam
videremus; Sest 35.

nongenti, neunhundert: Falcidius emerat
HS nongentis milibus; Flac 91.

nonne, nicht? nicht wahr? ob nicht: I, 1.
nonne arbitramini paucis annis fuisse consulum
nomen appetituros? agr II 93. nonne pudet physicos haec dicere? div II 33. nonne satius est mutum
esse quam, quod nemo intellegat, dicere? Phil III
22. nonne ab A. Postumio aedem Castori et Polluci
in foro dedicatam, nonne senatus consultum de
Vatinio vides? nat III 13. nonne ad te L. Lentulus,
non Q. Sanga, non L. Torquatus pater, non M. Lucullus venit? Piso 77. — 2. ergo tibi Q. Metellus
nonne beatior quam Regulus? fin V 82. nonne
verendum est igitur, ne philosophiam falsa gloria
exornes? Tusc II 12. his igitur auctoribus nonne
debes moveri? nat III 13. quid? si velim nominare
homines, qui pluris emerint, nonne possum? Ver IV
14. quid? Ser. Galbam nonne proavo tuo populus
Romanus eripuit? Muren 59. quid? canis nonne
similis lupo? nat I 97. sed nonne meministi licere
mihi ista probare? fin V 76. sed tamen nonne
reprenderes, Epicure, luxuriosos ob eam ipsam causam,
quod ita viverent, ut . .? fin II 22. — II. quaero
igitur a te, nonne oppressam rem publicam putes;
Phil II 15. quaero, nonne tibi faciendum idem
sit: fin III 13.

nonus, neunte: hora nona es adoptatus; dom
41. ea, quae est media et nona, tellus; rep VI 17.

norma, Winkelmaß, Richtschnur, Regel, Vor-
ſchrift: I, 1. haec regulam, haec regulam, haec
praescriptionem esse naturae; Ac II 140. — 2.
quae (natura) norma legis est; leg II 61. — II. si
id crederemus, non egeremus perpendiculis, non
normis, non regulis; Ac fr 8. — III, 1. neque sunt
haec rhythmicorum aut musicorum acerrima norma
dirigenda; de or III 190. plura multo homines
iudicant odio aut amore quam iuris norma aliqua;
de or II 178. — 2. numquam ego dicam C. Fabricium,
M. Curium ad istorum normam fuisse sapientes;
Lael 18.

nosco, kennen lernen, erfahren, wahrnehmen,
perf. kennen, wiſſen: I. modo, quae dicat ille
(Epicurus), bene noris; fin I 15. — II cum „nosce
te" dicit, hoc dicit: „nosce animum tuum"; Tusc I
52. nihil esse, quod nosci, percipi, comprehendi possit;
Ac II 83. novi moderationem animi tui et aequitatem;
Cato 1. animum: ſ. alqm. »quam quisque norit
artem, in hac se exerceat«; Tusc I 41. ut bona
nostra norimus; Q fr III 6, 7. studeo cursus istos
mutationum non magis in nostra quam in omni re
publica noscere; rep I 64. ut deum noris, esti eius
ignores et locum et faciem; Tusc I 70. nosse exempla
maiorum; leg III 41. novi facilitatem tuam; Phil
I 27. si recte homines novi; Ver II 175. novi
humanitatem tuam; A XVI 16, 18. novi vestram
intellegentiam; inv I 56. se omnia iura belli perdiscere ac nosse potuisse; Balb 47. moderationem:
ſ. aequitatem. novi omnes hominis petitiones rationesque dicendi; div Caec 44. philosophiae quidem
praecepta noscenda, vivendum autem esse civiliter;
fr E IX 4. rationes: ſ. petitiones. cognitio haec
est una nostri, ut vim corporis animique norimus;
fin V 44. quivis ut intellegat, quam voluptatem
norit Epicurus; Tusc III 42.

noster, unſer, der Unſrige: A, I. Allienus
noster est cum animo et benivolentia, tum vero etiam
imitatione vivendi; Q fr I 1, 10. non quo aut aetas
nostra ab illius aetate quicquam debeat periculi
suspicari, aut dignitas mea ullam contentionem
extimescat; A XIV 13, B, 5. agri: ſ. socii. divinos
animos canere esse nostros; div II 119. hunc relictis
rebus suis omnibus in nostris bellis nostris cum
imperatoribus esse versatum; Balb 6. nostra in
amicos benivolentia; Lael 56. inter nostra atque
hostium castra; agr II 53. nostrum et nostra causa
susceptum dolorem; Tusc I 111. si velim et nostrae
civitatis exempla uti et aliarum; de or I 38. in
nostris commentariis scriptum habemus . .; div II
42. hoc tempore Catilinam, competitorem nostrum,
defendere cogitamus; A I 2, 1. Hirtium et Pansam,
conlegas nostros; ep XII 25, 6. consilia: ſ. vita.
quae (via) ad corpus nostrum vitamque pervenit;
Caecin 42. cum (ignis) inest in corporibus nostris;
nat III 36. disciplina: ſ. mores. dolor: ſ. causa.
Diodotus multos annos nostrae domi vixit; Tusc V
113. natura nos noster delectat error; de or II 260.
salus urbis atque exercitatio nostrorum; Ver III 127.
L. Tarutius Firmanus, familiaris noster, urbis etiam
nostrae natalem diem repetebat ab iis Parilibus,
quibus . .; div II 98. Nearchus Tarentinus, hospes
noster; Cato 41. imperatore: ſ. bella. quae (Asia)
imperium antea nostrum terminabat; prov 31. tam
multis inter nostrum tuumque initium dicendi interpositis oratoribus; Bru 231. quod est nostri indicii;
fin II 36. num leges nostras moresve novit? Phil
V 13. qui vestri ordinis cum magistratibus nostris
fuerint his causis implicati; Rab Post 19. hunc
agrum nobis maiores nostri reliquerunt; agr II 84.
ante nostram memoriam; rep V 1. nec habet nostra
mens quicquam, ubi consistat; fin I 41. mors: ſ. C,
a. Tusc V 76. nisi nostri mores ac disciplina plus
valeret quam dolor ac simultas; Flac 11. ſ. leges.
si non prorogatur nostrum negotium; A VI 1, 14.
nostrum nomen vagari latissime; rep I 26. nullis
nostris officiis benivolentiam illorum adlicere possumus; Ver V 182. hunc agrum patres nostri acceptum
a patribus suis perdiderunt; agr II 84. noster
populus in pace et domi imperat; rep I 63. neque
tamen de nostra, sed de omni re publica disputo; of
II 74. ut sententiis nostris pro suis uteretur; fin
V 74. vectigalia nostra perturbarunt, urbes ceperunt,
vastarunt agros, socios nostros in servitutem abduxerunt; Piso 84. vitam nostram, consilia, voluntates, non verba corrigi; fin IV 52. ſ. corpus. urbs:
ſ. exercitus, familiaris, socii. — II. cogebat me M.

Marcellus hic noster, qui, nisi ludos nunc faceret, huic nostro sermoni interesset; de or I 57. in hac nostra actione secundum vocem vultus valet; de or III 223. in qua (civili prudentia) omnis haec nostra versatur oratio; rep II 45. de illis nostris incendiis ac ruinis; Sest 121. proinde quasi nostram ipsam mentem videre possimus; Milo 84. ista nostra adsiduitas quantum adferat fastidi; Muren 21. ex hoc Platonis fonte nostra omnis manabit oratio; Tusc V 37. f. hic; rep II 45. in nostro omnium fletu; Milo 92. ut ea (universa natura) conservata propriam nostram sequamur; of I 110. his recentibus nostris vestrisque domesticis periculis; Arch 31. in tanto usu nostro tantaque amicitia; Planc 5. totius nostrae defensionis quasi quaedam fundamenta; Scaur 21. sine ullo sumptu nostro; Ver II 5. — B. hic noster si ad hoc unum est natus; orat 99. nostri illi, nostri, inquam, illi a Platone et Aristotele aiunt . .; Muren 63. in qua (patria) nostra omnia ponere debemus; leg II 5. — C, a, I. quae dea ad res omnes veniret, Venerem nostri nominaverunt; nat II 69. quoniam utramque vim virtutem esse nostri putant; Ac I 5. animum alii animam, ut fere nostri; Tusc I 19. — II. barbati, ut nos de nostris solemus dicere; fin IV 62. quodsi haec studia traducta erunt ad nostros; Tusc II 6. — III, 1 contra mortem nostram atque nostrorum; Tusc V 76. — 2. si qui e nostris aliter existimant; fin I 55. — IV. quae (honestas) est a nostris laudata maxime; fin V 73. — b. si nihil interesse nostra putemus, valeamus aegrine simus; fin IV 69. — c, I, 1. si conferre volumus nostra cum externis; nat II 8. malo Graecorum quam nostra proferre; Tusc V 105. qua (lege) nostra vendamus, quanti possimus, aliena emamus, quanti possessores velint; agr II 72. — 2. ad nostra iam redeo; div I 97. — II ea maxime esse expetenda ex nostris; fin V 38.

nostras, inländisch, heimisch: mirifice capior facetiis maxime nostratibus; ep IX 15, 2. an Scythes Anacharsis potuit pro nihilo pecuniam ducere, nostrates philosophi facere non poterunt || potuerunt || ? Tusc V 90. ut mihi verba deessent, neque solum ista vestra oratoria, sed haec etiam levia nostratia; ep II 11, 1.

nota, Zeichen, Schriftzeichen, Kennzeichen, Merkmal, Marke, Sorte, Brandmal, Schandfleck: reliquis epistulis tantum faciam ut notam apponam eam, quae mihi tecum convenit; ep XIII 6, 2. hae notae sunt optimae, credo; Bru 287. quam haberet in C. Cotta agnoscendo eius modi notam, quae falsa esse non posset? Ac II 84. cum aliquae fortasse inessent in sermone nostro doctrinarum notae; orat 146. inerat in illo foedere societatis quasi quaedam nota servitutis; Ver V 51. — 2. quae (litterae) tennes et obscurae notae sint voluntatis; inv II 141. hoc Aristoteles σύμβολον appellat, quod Latine est „nota"; Top 35. — II, 1. qui non notam apponas ad malum versum, sed poëtam armis persequare; Piso 73. f. I, 1. convenit. si (sapiens) in hoc haberet cognitionis notam, eadem uteretur in ceteris; Ac II 110. f. I, 1. est. ut illa (litteratura) constat ex notis litterarum et ex eo, in quo imprimuntur ipsae notae; part or 26. vocis soni paucis notis inventis sunt omnes signati et expressi; rep III 3. ne qua generi suo nota nefariae turpitudinis inuratur; Sulla 88. si signa et notas ostenderem locorum; de or II 174. istis censuerim nec illam praeclaram Thucydidi nimis veterem tamquam Anicianam notam persequendam; Bru 288. sequitur, ut cuiusque generis nota quaeratur et formula; orat 75. quae (visa) fidem nullam habebunt sublata veri et falsi nota; Ac II 58. idem locos quasi argumentorum notas tradidit; orat 46. — 2. utor: f. 1. habeo. — 3. consto ex: f. 1. imprimo. — III, 1. barbarum et eum quidem compunctum notis Thraeciis; of II 25. perfracto saxo sortes

erupisse in robore insculptas priscarum litterarum notis; div II 85. hominem omnibus insignem notis turpitudinis; Rabir 24. librariorum notis interpunctas clausulas; de or III 173. signa domestici inusta notis veritatis; Planc 29. — 2. quam scite per notas nos certiores facit Iuppiter! div II 47.

notabilis, bemerkenswert, denkwürdig: a (casus) exitu notabili concluduntur; ep V 12, 3.

notatio, Bezeichnung, Bemerkung, Charakterisierung, Beobachtung, Rüge: I. quam facultatem dabit similium verborum conversa et immutata casibus aut traducta ex parte ad genus notatio; de or II 358. ita notatio naturae et animadversio peperit artem; orat 183. notatio, cum ex verbi vi argumentum aliquod elicitur; Top 10. — II, 1. converto, al.: f. I. dat. dilectus et notatio iudicum etiam in nostris civibus haberi solet; Phil V 13. — 2. multa etiam ex notatione sumuntur; Top 35. — III. quae notatione et laude digna sint: Bru 65. — IV, 1. delector ista quasi notatione temporum; Bru 74. multa in disputando notatione eliciuntur ex verbo; Top 36. genus id hominum tribu moveri notatione censoria voluerunt; rep IV 10. — 2. alia vehemens erat in iudiciis ex notatione tabellarum invidia versata; Cluent 130.

notio, Kenntnis, Begriff, Untersuchung, Vermerkung, Rüge: I, 1. genus est notio ad plures differentias pertinens; forma est notio, cuius differentia ad caput generis et quasi fontem referri potest. notionem appello, quod Graeci tum ἔννοιαν, tum πρόληψιν. ea est insita et animo || ante || praecepta cuiusque cognitio enodationis indigens; Top 31. id indicant notiones animadversionesque censorum: of III 111. pertinet: f. est. — 2. sum: f. 1. est. — II, 1. quam (notionem) appellant ἔννοιαν illi: fin III 21. f. I, 1. est. simul (homo) cepit intellegentiam vel notionem potius; fin III 21. insero: f. I. est. notio sic quaeritur: sitne id aequum, quod ei. qui plus potest, utile est; Top 83. ut censoria notio tolleretur; Sest 55. quarum rerum est quaedam conformatio insignita et impressa intellegentia. quam notionem voco; Top 27. — 2. scientiam nusquam esse censebant nisi in animi notionibus atque rationibus; Ac I 32. veniamus nunc ad bonorum maloramque notionem; Ac II 128. — III. differentia: f. I, 1. est. — IV. ceteri agri omnes sine populi Romani notione addicentur; agr II 57.

notitia, Wissen, Kenntnis, Bekanntschaft, Vorstellung, Begriff: I. quodsi essent falsae notitiae aut eius modi visis impressae, qualia ..; Ac II 21. — II. involuta || involutae, al. || rei notitia definienda aperienda est; orat 116. quod (animal) habeat notitiam aliquam dei; leg I 24. imprimo: f. I. ingenuit (natura) sine doctrina notitias parvas rerum maximarum; fin V 59. involvo: f. aperio. — III. fama haesit ad metas notitia nova mulieris: Cael 75. valetudo sustentatur notitia sui corporis; of II 86.

noto, kennzeichnen, bezeichnen, kenntlich machen, bemerken, beobachten, auszeichnen, tadeln, rügen: I. ita fit, ut observatione notari possit, quae consequatur; div I 126. — II. sciasne te severissimorum hominum Sabinorum iudicio notatum: Vatin 36. sin autem haec ab hominibus callidis ac peritis animadversa ac notata sunt; de or I 109. non est dubium, quin id possit notare: de or II 32. quae animo quasi notata habere videamur; de or I 129. boni cives nulla ignominia notati; ep VI 6, 11. qui errantium stellarum cursus, praegressiones. institutiones notavit; Tusc I 62. diem tuum ego quoque ex epistula quadam tua mihi notaveram; A VII 8, 2. frons calamistri notata vestigiis; sen 16. huius genus ridiculi insigni aliqua et nota re notari volo; de or II 259. hominibus ignominia notatis; Cluent 119. multorum in nos perfidiam, insidias

proditionem notabis; ep V 12, 4. institutiones: ſ. cursus. notandam putavi libidinem; Cato 42. demonstrato et notato loco; Top 7. quem (motum) C. Iulius in perpetuum notavit; Bru 216. quem (numerum) in cadentibus guttis notare possumus; de or III 186. tralatum (verbum), quod maxime tamquam stellis quibusdam notat et inluminat orationem; de or III 170. perfidiam, proditionem: ſ. insidias. praegressiones: ſ. cursus. sic fore, ut res ipsas rerum effigies notaret; de or II 354. ut discoloribus signis iuratorum hominum sententiae notarentur; Ver pr 40. quae quidem (ουντάξεις) vereor ne miniata cerula tua pluribus locis notandae sint; A XV 14, 4. de mercennariis testibus a suis civitatibus notandis; ep III 11, 3. facile est verbum aliquod ardens, ut ita dicam, notare idque inridere; orat 27. quamvis multis nominibus est hoc vitium notandum levium hominum; Lael 91. — III, 1. illum (orbem deus) eiusdem naturae, hunc alterius notavit; Tim 25. — 2. cum ea animadvertant et notent sidera natalicia Chaldaei, quaecumque lunae iuncta videantur; div II 91.

notus, beſannt, berüchtigt: A. quod minime sibi quisque notus est; de or III 33. et formae nobis deorum et aetates et vestitus ornatusque noti sunt; nat II 70. animum tibi tuum notum esse oporterc, etiamsi ignores et locum et formam; Tusc I 70. cum iam tibi Asia sic uti uni cuique sua domus nota esse debeat; Q fr I 1, 45. crimina, quae notiora sunt his quam nobis; Ver I 103. domus: ſ. Asia. monumenta rerum gestarum et vetustatis exempla oratori nota esse debere; de or I 201. formae: ſ. aetates cum noti homines interfecti (essent); Bru 85. habeat omnes philosophiae notos ac tractatos locos; orat 118. monumenta: ſ. templa. res est omnis nobis cum Clodia, muliere non solum nobili, sed etiam nota; Cael 31. Callisthenes quidem vulgare et notum negotium; Q fr II 11 (13), 4. ornatus: ſ. aetates. quae (Epicuri ratio) plerisque notissima est; fin I 13. clara res est, tota Sicilia celeberrima atque notissima; Ver III 61. nisi rem tam notam esse omnibus et tam manifestam videres; Ver III 134. nota scilicet illa res et celebrata monumentis plurimis litterarum; rep II 63. illi artifices corporis simulacra ignoti nota faciebant; rp V 12, 7. ex his ipsis cultis notisque terris; rep VI 22. libentius ignotis quam notis (testibus) utatur; Font 4. quae (verba) nota tibi profecto sunt; fin II 20. veteris: ſ. aetates. — B, I. si me non omnes noti ignotique monnissent; Ver I 31. — II. non modo notis, sed etiam ignotis probatam meam fidem esse et diligentiam; Ver I 19.

novacula, Schermeſſer: Tarquinius dixit se cogitasse cotem novacula posse praecidi. tum Attum iussisse experiri; div I 32.

novellus, jung: arborem et „novellam" et „vetulam" (dicimus); fin V 39.

novem, neun: A. ut LXXXVIII centurias habeat; rep II 39. quod a nobis IX solis diebus prima actio sui iudicii transacta sit; Ver I 156. ſ. libri. novem tibi orbibus vel potius globis conexa sunt omnia; rep VI 17. novem hominum perditissimorum poena; Catil III 14 (15). sermo in novem et dies et libros distributus; Q fr III 5, 1. orbes: ſ. globi. quos novem tribus decemviros fecerint; agr II 21. — B, I. ex decem nobilissimis novem revertisse; of III 113. — II. sin autem usque ad novem verbi gratia sine dubitatione respondes pauca esse, in decumo insistis; Ac II 94.

November, des November: qui dies futurus esset ante diem VI Kal. Novembres; Catil I 7. caedem te optimatium contulisse in ante diem V Kalendas Novembres; Catil I 7. nocte ea, quae consecuta est posterum diem Nonarum Novembrium; Sulla 52.

novendialis, neuntägig: novendialibus iis feriis, quae fuerunt Tuditano et Aquilio consulibus, sermo et a me institutus Africani; Q fr III 5, 1.

noverca, Stiefmutter: I. Aquiliam novercam non esse || se || laturum; A XIV 17, 3. — II. cum is (Hippolytus) patri suspectus esset de noverca; of III 94.

novicius, neu, Neuling: A. gladiatores tu novicios immittas? Sest 78. — B. Syrum nescio quem de grege noviciorum factum esse consulem; Piso 1.

novitas, Neuheit, Ungewöhnlichkeit, Emporkömmlingschaft: I. quem (terrorem) tibi rei novitas attulerit; div II 60. in omni arte multam novitatem nominum esse; fin III 3. — II, 1. admiratum Leontem novitatem nominis quaesivisse, quinam essent philosophi; Tusc V 8 (9). — 2. quod video non novitati esse invisum meae; ep I 7, 8. — 3. de generis novitate accusatores esse dicturos; Muren 17. — III, 1. sumendae res erunt aut magnitudine praestabiles aut novitate primae; de or II 347. — 2. inter Zenonem et Peripateticos nihil praeter verborum novitatem interesse; Tusc V 32.

novo, erneuern, erquicken, neu bilden, erfinden, Unruhen erregen: quae ab Arcesila novata sunt; Ac I 43. qui novari aliquid volebant; ep XV 4, 6. agro non semel arato, sed novato et iterato; de or II 131. animus defessus audiendo aut admiratione integratur aut risu novatur; inv I 25. hac re novata; ep III 13, 2. aut innsitatum verbum aut novatum aut tralatum; de or III 152. novantur verba, quae ab eo, qui dicit, ipso gignuntur ac fiunt; de or III 154.

novus, neu, jung, unbeſannt, ungewöhnlich, unerhört, emporgeſommen, neu geaebelt, Neubürger: A. cum ad causas simillimas inter se vel potius easdem novi veniebamus cotidie; Bru 324. ut ego ex istis novis Atticis talem cognoverim neminem; orat 89. nihil (dicam) aut inauditum vobis aut cuiquam novum; de or I 137. illa (Academia) vetus, haec nova nominetur; Ac I 46. Agathinum, novum adfinem atque hospitem, coepit hortari; Ver II 94. hanc vos tantam, tam variam, tam novam in omni genere voluntatem, impudentiam, audaciam, cupiditatem comprobabitis? dom 116. novum bellum suscepit atque confecit; Flac 5 (8. 61). quae (causa fuit) inusitata sic nova; A III 24, 2. omnes ceteros novos veteresque cives; Caecin 101. civitates aut condere novas aut conservare iam conditas; rep I 12. colonias deducere novas; agr II 34. quas (res) novi consules comparabant; Phil IV 12. cupiditas: ſ. audacia. admiscentur (maritimae urbes) novis sermonibus ac disciplinis; rep II 7. cur subito atque ex tempore nova nascebantur edicta? Ver III 51. accedant eo novo pessimoque exemplo HS XC; Ver III 116. utrum veterum facinorum sis imitator an inventor novorum; Vatin 22. ut subito rovum (frumentum) mitterent; dom 11. novum quoddam imperitorum et inauditum genus; orat 30. quod innocentem in hominem novum et singulare supplicii genus excogitavit; Ver IV 88. me hominem novum consulem fecistis; agr II 3. ut eos novis honoribus adficiat; Piso 45. hospes: ſ. adfinis. impudentia: ſ. audacia. nihil de testamento illius novi iuris constitui oporteret; Ver I 107. agros in Hispania apud Karthaginem novam (venire); agr I 5. ante lunam novam; A X 5, 1. orbem terrarum constringit novis legibus; agr II 26. novo quodam terrore ac metu concitabantur; imp Pomp 23. quoniam novum morbum removisti, seda etiam gravedinem; A X 16, 6. hoc iniecto metu iudicibus, novo more, nullo exemplo; Ver II 67. nobis, quibus etiam verba parienda sunt imponendaque nova rebus novis nomina; fin III 3. unius viri consilio ortum novum

populum; rep II 21. nova et multo crudelior proscriptio; Sex Rosc 153. ut nova quaestio constitueretur; Milo 13. te ingressum ratione ad disputandum nova; rep II 21. qui (Segulius) res novas quaerit, non quo veterem comederit (nullam enim habuit), sed hanc ipsam recentem novam devoravit; ep XI 21, 2. ut semper superius suum facinus novo scelere vincat; Ver V 116. sermones: f. disciplinae. tabulae novae proferentur; Catil II 18. an (Dolabella) in meo nomine tabulas novas fecerit; A XIV 21, 4. terror: f. metus. si qua (pecunia) ex novis vectigalibus recipiatur; agr I 13. voluntas: f. audacia. — B, a, I. ad istum emptum venerunt illum locum senatorium non solum veteres, verum etiam novi; Ver II 124. — II. quo modo pauci nobiles in hac civitate consules facti sunt, novus ante me nemo; agr II 3. — III. genera veterum ac novorum permiscuit; Ver II 125. — b, I. ut inopinatum ac novum accidisse videatur; Tusc V 81. — II. iam diu nihil ad nos novi adferebatur; ep II 14. nunc dicam de voluptate, nihil scilicet novi; fin I 28. cur in re tam vetere, tam usitata quicquam novi feceris; Ver III 16. triumviris seditiosissimis aliquid cotidie novi molientibus; rep I 31. — II. alqd: f. II.

nox, Nacht, Dunkel: I, 1. si nox non adimit vitam beatam, cur dies nocti similis adimat? Tusc V 112. noctes certarum mulierum non nullis iudicibus pro mercedis cumulo fuerunt; A I 16, 5. una nox intercesserat, cum iste Dorotheum sic diligebat, ut . .; Ver II 89. cum terras nox opacasset; nat II 95. nox interposita saepe perturbat omnia; Muren 35. versatur ante oculos luctuosa nox meis omnibus; Rab Post 47. — 2. o noctes acerbas! Planc 101. — II, 1. is (sol) oriens et occidens diem noctemque conficit; nat II 102. nox illa tota in exinanienda nave consumitur; Ver V 64. umbra terrae soli officiens noctem efficit; nat II 49. interpono: f. I, 1. perturbat. tamquam si offusa rei publicae sempiterna nox esset; Sex Rosc 91. nisi noctem sibi ad deliberandum postulasset; Quir 11. — 2. etsi doleo me in hanc rei publicae noctem incidisse; Bru 330. sermonem in multam noctem produximus; rep VI 10. — III. similis: f. I, 1. adimit. — IV. ante horam tertiam noctis de foro non discedit; Ver II 92. vitam suam noctis et fugae praesidio defendit; Sest 76. — V, 1. is in hoc uno opere, ut ita dicam, noctes et dies urgeatur; de or I 260. equidem de te dies noctesque cogitans; Marcel 22. — 2. multa nocte veni ad Pompeium; Q fr II 7 (9), 2. nihil esse, quod in campum nocte veniretur; ep IV 3, 4. credibile non est quantum scribam, quin etiam noctibus; Q XIII 26, 2. — 3. qui ad multam noctem vigilassem; rep VI 10. Milo ante mediam noctem in campum venit; A IV 3, 4. in comitium Milo de nocte venit; A IV 3, 4. si (viatores) de nocte vigilassent; Q fr II 13 (15, a), 2. multa de nocte eum (Balbum) profectum esse ad Caesarem; A VII 4, 2. in illa tempestate ac nocte rei publicae; har resp 11.

noxia, Schuld, Vergehen: I. »noxiae poena par esto«; leg III 11. — II. quod in minimis noxiis quaeritur, quae causa maleficii fuerit; Sex Rosc 62.

noxius, schuldig: »magistratus nec oboedientem et noxium ‖ innoxium ‖ civem multa, vinculis verberibusve coherceto«; leg III 6.

nubecula, Wölkchen: ut frontis tuae nubeculam pertimescerem; Piso 20.

nubes, Wolke: I, 1. in quo (caelo) nubes, imbres ventique coguntur; Tusc I 43. quodsi nubes rettuleris in deos, referendae certe erunt tempestates; nat III 51. — 2. (aër) concretus in nubes cogitur; nat II 101. — II. si nubium conflictu ardor expressus se emiserit, id esse fulmen;

div II 44. — III. in illis rei publicae tenebris caecisque nubibus et procellis; dom 24.

nubila, Wolken: »sic malunt errare vagae per nubila caeli«; fr H IV, a, 474.

nubilis, heiratsfähig: reliquit grandem et nubilem filiam; Cluent 11.

nubo, heiraten, part. verheiratet: I. quem (lectum) biennio ante filiae suae nubenti straverat: Cluent 14. — II, 1. quam (Venerem) Adonidi nupsisse proditam est; nat III 59. nubit genero socrus; Cluent 14. — 2. cum ex amplissimo genere in familam clarissimam nupsisses; Cael 34. — III. filiam Magiam nuptam Oppianico; Cluent 21. cum (mulier) fuisset nupta cum eo, quicum conubium non esset; Top 20. regis Parthorum filium, quocum esset nupta regis Armeniorum soror; ep XV 3, 1.

nucleus, Kern: Cicero pluraliter „nucleos" dixit; fr K 17.

nudius, vor: nudius tertius dedi ad te epistolam longiorem; A XIV 11, 1. de quo gravissimum iudicium nudius tertius decimus feceritis; Phil V 3.

nudo, entblößen, entkleiden, berauben: te aliquando evolutum illis integmentis dissimulationis tuae nudatumque perspicio; de or II 350. (Milo) nudavit se in sanctissimo templo; Milo 66. alia semper virent, alia hieme nudata verno tempore tepefacta frondescunt; Tusc V 37. cuius duo fana omnibus donis ornamentisque nudavit; Ver V 184. utrum amentes magistratus improborum civium praesidio nudare malitis; dom 2. etiamsi (vis ingenii) hac scientia iuris nudata sit; de or I 172. (vitam) armis suis spoliatam atque nudatam; Sulla 79.

nudus, nackt, entblößt, unbedeckt, unbeschützt, einfach, allein: A. plerique ad rem publicam gerendam nudi veniunt atque inermes; de or III 136. cum (Sopater) esset vinctus nudus in aëre; Ver IV 87. me nudum a propinquis; Quir 7. si nudus es, da iugulum; sin tectus, resiste; Tusc II 33. in ea gente ei, qui sapientes habentur, nudi aetatem agunt: Tusc V 77. hoc nudum relinquitur, possitne quis beatus esse, quam diu torqueatur; Tusc V 14 (13). nostrae landationes testimonii brevitatem habent nudam atque inornatam; de or II 341. parietes nudos ac deformatos reliquit; Ver IV 122. quod (pueri) nudi saltare didicerunt; Catil II 23. tam inops ego eram ab amicis aut tam nuda res publica a magistratibus? dom 58. huic tradita urbs est nuda praesidio, referta copiis; A VII 13, 1. — B. „tamquam nudus nuces legeret"; de or II 265.

nugae, Possen, Tändeleien, Windbeutel: I. nugarum in comitatu nihil (erat); Milo 55. — II, 1. ego nugas maximas omni mea comitate complexus sum; Q fr I 2, 4. amicos (Appius) habet meras nugas, Matinium, Scaptium; A VI 3, 5. — 2. boni nihil ab illis nugis esse expectandum: Sest 24. — III. si tragoedias agamus in nugis; de or II 205.

nugator, Schwätzer, Lor: I. non tam isti (lacerti mortui sunt) quam tu ipse, nugator; Cato 27. — II. neque in istum nugatorem tamquam in aliquem testem invehar; Flac 38.

nugatorius, läppisch, nichtig, unnütz: in mala nugatoriaque accusatione; Sex Rosc 42. nullum (exordium) mihi occurrit nisi aut exile aut nugatorium; de or II 315. tota res nugatoria est; nat I 108.

nugor, tändeln, witzeln: Democritus non inscite nugatur, ut physicus; div II 30.

nullus, kein, niemand, nichtig, nicht, durchaus nicht: A. bei Substantiven: I. Philotimus non modo nullus venit, sed ne per litteras quidem certiorem facit me, quid egerit; A XI 24, 4. quia (Sextus) certe id ageret ab armisque nullus discederet; A XV 22. sitne eius rei aliqua actio an nulla. nullam

esse dicea? Caecin 33. nullum animal est sempiternum; nat III 34. mihi dicendi aut nullam artem aut pertenuem videri; de or I 107. extra ulciscendi aut propulsandorum hostium causam bellum geri iustum nullum potest; rep III 35. nec ob eam causam eos beneficium a patribus nullum habere; nat III 70. si nulla caritas erit, quae . . ; fin II 83. Helico nequissimus H S ∞ dabat nullo aprico horto. nullo emissario, nulla maceria, nulla casa; ep XVI 18. 2. nihil esse metuendum, nullum exercitum, nullam manum, nullas colonias, nullam venditionem vectigalium, nullum imperium novum, nullum regnum decemvirale; agr I 24. nullis comitiis umquam neque multitudinem hominum tantam neque splendorem fuisse; Piso 36. nullam erat consilium publicum, nulla libertas; Phil V 42. nullum corpus esse potest non mutabile; nat III 30. cum in homine nulla culpa inveniretur; Cluent 126. nullas sibi inimicitias, nullam vim, nullos impetus, nullum vitae discrimen vitandum umquam putavit; sen 20. vide, quam temere committant, ut, si nulla sit divinatio, nulli sint di; div II 41. eloquentiam, quae admirationem non habet, nullam iudico; fr E VIII 8. emissarius: ſ. casa. etsi nullum consecuturum emolumentum vident; fin II 45. hoc iniecto metu iudicibus, novo more, nullo exemplo; Ver II 67. exercitus: ſ. coloniae. nullum facinus exstitit nisi per te. nullum flagitium sine te; Catil I 18. quae (visa) ûdem nullam habebunt sublata veri et falsi nota; Ac II 58. flagitium: ſ. facinus. nullus est reliquus rex. nulla gens, nulla natio, quam pertimescatis; Rabir 33. nullum est genus illarum rerum publicarum, quod non . . ; rep I 44. nullis hominibus quemquam tanto odio quanto istum Syracusanis et esse et fuisse; Ver II 15. quod nullo umquam de homine factum est, ut . . ; Ver III 45. hortus: ſ. casa. imperium: ſ. coloniae. impetus: ſ. discrimen. qui alterum nullis impulsi inimicitiis, nulla privatim laesi iniuria, nullo praemio adducti in iudicium vocant; Ver III 1. ſ. discrimen. nulla in iudiciis severitas, nulla religio, nulla denique iam existimantur iudicia; Ver pr 43. nulli parietes nostram salutem, nullae leges, nulla iura custodient; Deiot 30. libertas: ſ. consilium. nullo me loco rei publicae defuturum; Quir 18. maceria: ſ. casa. nullo in malo mortuos esse; Tusc I 111. manus: ſ. coloniae. ut nulla materies tam facilis ad exardescendum est, quae . . ; de or II 190. (Curio) memoria ita fuit nulla, ut . . ; Bru 217. ut nullo modo neque concedendum neque ferendum sit; agr II 43. natio: ſ. gens. cum cogeret eum (hominem) necessitas nulla; rep I 1. nummus in Gallia nullus sine civium Romanorum tabulis commovetur; Font 11. haec oratio aut nulla sit necesse est aut omnium irrisione ludatur; de or I 50. qui iniussu suo nullo pacto potest religione obligari; Balb 34. parietes: ſ. iura. qui cum rei publicae nullam umquam partem attigissent; Tusc IV 5. praemium: ſ. iniuria. regnum: ſ. coloniae. religio: ſ. iudicia. ad nullam earum rerum, quae sensu accipiuntur, divinatio adhibetur; div II 9. rem publicam, quam nunc vix tenemus, iam diu nullam haberemus; de or I 38. rex: ſ. gens. quod in urbe sensus sit nullus; nat III 21. severitas: ſ. iudicia. nullum signum domi reliquisti praeter duo; Ver I 51. quod nullo tempore iure fieri potest; Caecin 4. venditio: ſ. coloniae. cuius nullum remanet consulatus vestigium; Phil XIII 37. aut nulla virtus est aut contemnendus omnis dolor; Tusc II 31. nullam vim esse divinam effectricem somniorum; div II 124. ſ. discrimen. qua voluptate animi nulla certe potest esse maior; Cato 50. e quibus (fabulis) utilitas nulla elici potest; fin V 51. — II. nulla alia calamitate nisi istius avaritia atque iniuria pauperrimus; Ver II 35. nullam huic aliam causam fuisse; Cluent 20. alia civitas nulla publico

consilio laudat; Ver II 13. quod nulla alia in lege umquam fuit; agr II 24. nullam alteram Romam neque aliam sedem imperii nobis consulibus futuram summamque tranquillitatem pacis atque otii; agr I 24. nulla est haec amicitia; Lael 98. si tanta virtus in oratore Galba fuit, cur ea nulla in orationibus eius apparet? Bru 91. qui a me nullo meo merito alienus esse debebat; Sest 39. nullis nostris officiis benivolentiam illorum adlicere possumus; Ver V 182. hominibus opus est eruditis, qui adhuc nostri nulli fuerunt; de or III 95. ut sint auspicia, quae nulla sunt; div II 71. quas (opes et copias) nullas habemus; A XIV 4, 2. magnum Miloni fuit conficere illam pestem nulla sua invidia! Milo 40. apud Homerum talis de Ulixe nulla suspicio est; of III 97. nulla re una magis oratorem commendari quam verborum splendore et copia; Bru 216. ut, nisi C. Vergilius legatus intervenisset, unum signum Byzantii ex maximo numero nullum haberent; prov 7.

B. **bei Pronomina**: sic viguit Pythagoreorum nomen, ut nulli a l i i 'docti viderentur; Tusc I 38. ut reliqua non illa quidem nulla, sed ita parva sint, ut nulla esse videantur; fin V 72. multa posse videri esse, quae omnino nulla sint; Ac II 47. ad M. Aelium nullus tu quidem domum, sed sicubi inciderit; A XV 29, 1.

C. **adects: a,** I. noli putare nullos f u i s s e, quorum animos tuus ille fortis animus offenderet; Planc 53. palam iam cum hoste nullo impediente bellum iustum geremus; Catil II 1. facta lapidatio est. si ex dolore plebei nullo incitante, magnum malum; dom 12. quae cum agam in consilio nullis, ut arbitror, repugnantibus; Phil XII 28. mihi nulli satis eruditi videntur, quibus nostra ignota sunt; fin I 5. — II, 1. oblitus est nullos a plebe d e s i g n a r i; agr II 26. — 2. ut nullo egeat suaque omnia in se ipso posita indicet; Lael 30. — III. quorum (caelestium) contemplatione nullius expleri potest a n i m u s; nat II 105. nullius iudicio, nullius nuntio, nullius suspicione, nullius litteris rem ullam esse delatam; Sulla 85. — IV. te adhuc a nullis nisi ab Siculis potuisse cognosci; div Caec 28. tantum timorem omnium in quo meminimus? certe in nullo; Phil I 37. — b. nullo ad legendum his esse potiora; fin I 11.

D. **non nullus:** I. est etiam a d m i r a t i o non nulla in bestiis aquatilibus iis; nat II 124. sunt non nullae disciplinae, quae officium omne pervertant; of I 5. quod itinerum meorum ratio te non nullam in dubitationem videtur adducere; ep III 5, 3. quod cadere in non nullos insipientes potest; fin IV 15. ut non nullum etiam de suo ingenio iudicium fieri arbitretur; div Caec 44. quarum (tabularum) non nulla pars usque ad nostram memoriam remansit; inv II 1. exspectatio, quae rumore non nulla creverat; Muren 37. in quo est t u a culpa non nulla; Phil II 20. — II. non nulli isti faciunt imperite; leg I 4. — III, a, 1. non nulli aegritudinis partem quandam metum esse d i c e b a n t; Tusc IV 64. quam (sapientiam) non nulli in me requirebant; dom 97. — 2, a. qua in oratione non nulli aliquando digni maiorum loco r e p e r i u n t u r; agr II 1. — b. i n i b a t gratiam a non nullis; har resp 48. — 3. non nullorum in me nefarie c o m m i s s a praetereo; sen 23. levitate non nullorum emptos plausus; Sest 115. — b. non nullae ex eo numero in convivium adhibebantur palam; Ver V 28. — c, 1. quia multa Cn. Pompeium, quaedam M. Catonem, non nulla etiam te ipsum f e f e l l e r u n t; div I 24. — 2. omnia audienti, magna metuenti, multa suspicanti, non nulla credenti; Milo 61.

num, etwa? wohl? ob: I, 1. in ceteris regibus num eloquentiae vestigium a p p a r e t? de or I 37. num (existimas) geometriam, num musicam, num ipsas litteras tam discerpta ‖ discerptas ‖ fuisse, ut . . ? de or III 132. num possum magis pedem

conferre aut propius accedere? Planc 48. num quid
horum probat noster Antiochus? ille vero ne maiorum
quidem suorum; Ac II 143. num vobis in hoc
numero locum fore putatis? agr II 77. num quidnam
tibi de oratore ipso restat aliud? part or 26. num
iratum timemus Iovem? of III 102. — 2. num igitur
etiam rhetorum epilogum desideramus? an hanc iam
artem plane relinquimus? Tusc I 112. cedo, num
barbarorum Romulus rex fuit? rep I 58. num quid
ergo in his rebus est, quod provisione sentiamus?
div II 9. num quis est igitur, qui tum dicat in
campum aspirasse Sullam? Sulla 52. ſ. an. quid?
deum ipsum numne vidisti? nat I 88. quid est?
num conturbo te? Phil II 32. quid ergo? istius
vitii num nostra culpa est? Ac II 92. quid? qui
ingenio singulares, num astro quoque uno? div II
97. ſ. -ne. sed num ista societas talis est, ut nihil
suum cuiusque sit? of III 53. — II, 1. attendite,
num aberret; Phil XII 23. consuluit, num quid esse
causae videretur, quin . . ; dom 130. si deus te
interroget, num quid desideres; Ac II 80. num
quaerat, Q. Staberii fundus num quis in Pompeiano
venalis sit; A XIII 8. volo, uti mihi respondeas,
num quis sit ausus . . ; Vatin 17. me nemo adhuc
rogavit, num quid in Sardiniam vellem; Q fr II 2,
1. — 2. exsistit hoc loco quaedam quaestio subdifficilis, num quando amici novi veteribus sint ante-
ponendi; Lael 67. — 3. huius modi sunt exempla:
num quod officium aliud alio maius sit; of I 7.

numen, göttlicher Wille, Macht, Walten, Gottheit: I. numen vestrum aeque mihi grave et sanctum
est ac deorum immortalium in omni vita futurum;
Quir 18. esse aliquod numen praestantissimae
mentis, quo haec regantur; nat II 4. esse quoddam
numen et vim deorum; nat II 95. — II, 1. ut neque
divinum numen horreat nec . . ; fin I 41. divinum numen scelere violatum placare precibus; dom
140. — 2. deorum numini parere omnia; div II 85.
— 3. abuti deorum immortalium numine ad hominum metum tinoremque voluisti? dom 125. — 4.
nulla visa somniorum proficisci a numine deorum;
div II 124. — III. nec est ulla erga deos pietas sine
honesta de numine eorum ac mente opinione;
dom 107. — IV, 1. »longe a leto numine aspellor
Iovis; Tusc II 24. qui deos immortales numine
suo reditam meum dicerent comprobasse; dom 75.
qui (di) hic praesentes suo numine atque auxilio
sua templa atque urbis tecta defendunt; Catil II 29.
deorum numine omnia regi gubernarique; har resp
19. mundum censent regi numine deorum; fin III
64. ſ. I. nat II 4. — 2. Alpibus Italiam munierat
antea natura non sine aliquo divino numine; prov 34.

numero, zählen, auszahlen, rechnen, schätzen,
halten, ansehen, part. bar, neutr. bares Geld: I. si
praetor dedit, a quaestore numeravit, quaestor a
mensa publica, mensa ante ex vectigali aut ex tributo; Flac 44. — II numera, quam multa falsa sint;
Caecin 90. — III. M. Herennius in mediocribus
oratoribus numeratus est; Bru 166. siquidem Platonem ex illa vetere (Academia) numeramus; Ac I
46. ea si ex reis numeres, innumerabilia sunt, si ex
rebus, valde modica; de or II 137. cum ea in malis
numerent; Tusc V 30. numeratum si cuperem, non
erat; ep V 20, 9. mihi et res et condicio placet,
sed ita, ut numerato malim quam aestimatione; A
XII 25, 1. Cn. Pompei bella, victorias, triumphos,
consulatus admirantes numerabamus; Deiot 12. quas
(divitias) in bonis non numero; Tusc V 46. scutum,
gladium, galeam in onere nostri milites non plus
numerant quam umeros, lacertos, manus; Tusc II 37.
multos nummos domi esse numeratos; A XIII 45, 3.
idcirco etiam pars haec causarum numeranda videtur?
de or II 49. census es numeratae pecuniae CXXX;
Flac 80. Atticus pecuniam numeravit de suo; A
XVI 16, 5. scutum: ſ. galeam. qui de sua pecunia

HS DLX milia numeravit; Ver I 150. triumphos,
victorias: ſ. bella. umeros: ſ. galeam. qui (Socrates)
voluptatem nullo loco numerat; fin II 90. — IV.
cum (Crotoniatae) in Italia cum primis beati
numerarentur; inv II 1. (Thucydides) numquam est
numeratus orator; orat 31. me uterque numerat
suum; A VII 1, 3. singulas stellas numeras deos;
nat III 40.

numerose, taktmäßig, rhythmisch, harmonisch:
eam coniunctionem sicuti versum numerose cadere
et quadrare et perfici volumus; de or III 175. ut
comprehensio numerose et apte cadat; orat 149. quae
(sententia) cum aptis constricta || costructa || verbis
est, cadit etiam plerumque numerose; Bru 34. ut
arbitremur nos hanc vim numerose dicendi consequi
posse; de or III 176. quoniam circumscripte numeroseque dicendum est; orat 221. funditur numerose
et volubiliter oratio; orat 210. perficio, quadro: ſ.
cado; de or III 175. quid, si platani fidiculas ferrent
numerose sonantes? nat II 22.

numerosus, taktmäßig, rhythmisch: si numerosum est in omnibus sonis atque vocibus, quod habet
quasdam impressiones et quod metiri possumus
intervallis aequalibus; de or III 185. quod dicitur
in oratione numerosum, id utrum numero solum
efficiatur, an etiam vel compositione quadam vel
genere verborum; orat 181. id in dicendo numerosum
putatur, non quod totum constat e numeris, sed
quod ad numeros proxime accedit; orat 198. orationem numerosam esse oportere; de or III 184. omnis
nec claudicans nec quasi fluctuans et aequabiliter
|| sed aequaliter || constanterque ingrediens numerosa
habetur oratio; orat 198. qua ratione numerosa fiat
oratio; orat 205. (verba) suapte natura numerosa
sunt; orat 164.

numerus, Zahl, Anzahl, Reihe, Menge,
Mathematik, Teil, Versglied, Takt, Rhythmus,
Harmonie, Rang, Bedeutung, Geltung, Stelle: I.
absolut: 1. hic invidiosus numerus nihil adfert
aliud nisi ut sit apte verbis comprehensa sententia;
orat 170. ſ. II, 1. cognosco. cur non aeque in
oratione atque in versu numerus appareat; orat 189.
qui maxime cadant in orationem aptam numeri; orat
191. numerus in continuatione nullus est; de or III
186. nihil est tam cognatum mentibus nostris quam
numeri atque voces; de or III 197. quaeri potest,
qui sit orationis numerus et ubi sit positus et natus
ex quo; orat 179. si sit numerus in oratione, qualis
sit aut quales; orat 180. esse in oratione numerum
quendam non est difficile cognoscere; orat 183. quo
est ad inveniendum difficilior in oratione numerum
quam in versibus; orat 184. nullus est numerus
extra poëticos, propterea quod definita sunt genera
numerorum; orat 188. eosdem (numeros) esse oratorios, qui sint poëtici; orat 190. quo in numero
magnus ante te praetorem numerus ac magna multitudo Siculorum fuit; Ver III 27. ſ. IV, 1. genus.
fluit omnino numerus a primo tum incitatius brevitate
pedum, tum proceritate tardius; orat 212. numerus
non domo depromebatur neque habebat aliquam
necessitudinem aut cognationem cum oratione; orat
186. qui numerus in primo viget, iacet in extremo;
orat 215. nunc apud oratores iam ipse numerus
increbruit; orat 66. nisi inest numerus in voce; de
or III 185. nascitur: ſ. est; orat 179. duae sunt
res, quae permulceant || permulcent || aures, sonus et
numerus; orat 163. cum ita structa verba sunt, ut
numerus non quaesitus, sed ipse secutus esse videatur;
orat 219. viget: ſ. iacet. — 2. an, ut Xenocrates,
(animus sit) numerus nullo corpore? Ac II 124.

II. nach Verben: an dispares numeri cuique orationis generi accommodentur; orat 180. quibus
orationis generibus sint quique (numeri) accommoda-
tissimi; orat 196. quod (Isocrates) verbis solutis
numeros primum || primus || adiunxerit; orat 174.

ut eam (sententiam orator) numero quodam complectatur et astricto et soluto; de or III 175. cuius indicii metu magnus a multis frumenti numerus ablatus (est); Ver III 39. (numerus) serius aliquanto notatus et cognitus quasi quandam palaestram et extrema liniamenta orationi attulit; orat 186. infringendis concidendisque numeris; orat 230. haec astricta numeris, non aperte nec eodem modo semper, sed varie dissimulanterque conclusis; Bru 274. distinctio et aequalium et saepe variorum intervallorum percussio numerum conficit; de or III 186. quae recte facta dicamus, omnes numeros virtutis continent; fin III 24. depromo: ʃ. I, 1. habet. dico: ʃ. voco. ex quibus (aedibus) ille maximum sicarum numerum et gladiorum extulit; Catil III 8. cum contrariis opponuntur contraria, numerum oratorium necessitate ipsa efficiunt etiam sine industria; orat 166. quo modo is, qui fidibus utitur, explere numeros (potest)? Ac II 22. illud officium, ut idem (Stoici) dicunt, omnes numeros habet; of III 14. infringo: ʃ. concido. numeros aures ipsae metiuntur; part or 18. quos numeros cum quibus tamquam purpuram misceri oporteat, nunc dicendum est; orat 196. quem (numerum) in cadentibus guttis, quod intervallis distinguuntur, notare possumus, in amni praecipitante non possumus; de or III 186. ʃ. cognosco. sunt quidam oratori numeri observandi; orat 77. Gnaeus Pompeius aliquem numerum obtinebat; Bru 175. pono: ʃ. I, 1. est; orat 179. numerum annorum prorogavit; Phil II 109. quaero: ʃ. I, 1. sequitur. solvo: ʃ. astringo. ab antiqua philosophia usque ad Socratem numeri motusque tractabantur; Tusc V 10. quicquid est, quod sub aurium mensuram aliquam cadit ‖ cadat ‖, etiam si abest a versu, numerus vocatur, qui Graece ῥυθμὸς dicitur; orat 67. — 2. in quo (libro Isocrates) dicit sese minus iam servire numeris quam solitus esset; orat 176. — 3. omnes hostium numero habebantur; A XI 6, 6. numero eodem fuit Sex. Aelius; Bru 78. velim ibi malis esse, ubi aliquo numero sis, quam istic, ubi solus sapere videare; ep I 10. quaeritur, quo numero aut quibus potissimum sit utendum; orat 189. — 4. quo in numero conticuisti, si ad eum numerum unum addidero, multane erunt? Ac II 93. hunc ad tuum numerum libenter ascribito; Q fr I, 15. quem in numerum nemo nomen dedit nisi . . ; dom 116. socii in hostium numero sese abs te habitos queruntur; Ver II 166, in verbis inest quasi materia quaedam, in numero autem expolitio; orat 185. misceo cum: ʃ. 1. misceo. histrio si paulum se movit extra numerum; par 26. in iis (numeris ac modis) si paulum modo offensum est, theatra tota reclamant; de or III 196. qui (Democritus) imagines earumque circumitus in deorum numero refert; nat I 29. quia nec numerosa esse, ut poëma, neque extra numerum, ut sermo vulgi, esse ‖ est, ‖ debet oratio; orat 195. quoniam esse aliquo in numero vobis videmur; de or III 33. sine hac (actione) summus orator esse in numero nullo potest; de or III 213. quos aliquo video in numero oratorum fuisse; Bru 94. ʃ. I, 1. est; Ver II 27.

III. **nach Adjectiven:** 1. multum interest, utrum numerosa (oratio) sit, id est similis numerorum, an . . ; orat 220. — 1. cum ex eo numero multi mortui sint; agr II 37. quorum (sophistarum) e numero primus est ausus Leontinus Gorgias in conventu poscere quaestionem; fin II 1. quem ex tanto hominum numero testem in hac causa producere potestis? Font 16. qui duo de consularium numero reliqui sunt; Phil II 13.

IV. **nach Substantiven:** 1. quotus quisque est, qui teneat artem numerorum ac modorum? de or III 196. recte genus hoc numerorum, dum modo ne continni ‖ int ‖ continuum sit ‖, in orationis laude ponetur; de or III 185. ʃ. I, 1. est; orat 188. omnino duo sunt, quae condiant orationem, verborum

numerorumque iucunditas; orat 185. ille astrictus certa quadam numerorum moderatione et pedum; de or I 254. ut animantes numerorum naturam vimque cognoscerent; Tim 31. (Isocrates) se ipse relaxarat ‖ relaxabat ‖ a nimia necessitate numerorum; orat 176. vis: ʃ. natura. — 2. Bambalio quidam homo nullo numero; Phil III 16. — 3. alqs ex: ʃ. III, 2.

V. **Umstand:** 1. astringi: ʃ. II, 1. concludo. numero sic comparabuntur, plura bona ut paucioribus bonis anteponantur; Top 69. complecti ʃ. II, 1. astringo. ut ea (verba) numero conservemus; de or III 40. quibus (numeris et vocibus) et excitamur et incendimur et lenimur et languescimus et ad hilaritatem et ad tristitiam saepe deducimur; de or III 197. non numero haec iudicantur, sed pondere; of II 79. languescere, al.: ʃ. deduci. cum mille numero navium classem ad Delum appulissent; Ver I 48. equites numero plurimi e Gallia; Font 8. saepe numero admirari soleo tuam sapientiam; Cato 4. quae tamen ipsa membra sunt numeris vincienda; de or III 190. (aenigma) est numero Platonia obscurius; A VII 13, 5. — 2. in eorum locum et ad eorum numerum cives Romani hostilem in modum cruciati et necati; Ver V 73. extra: ʃ. I, 1. est; orat 188. in: ʃ. II, 4. addo ad.

nummarius, das Geld, die Münze betreffend, bestochen: insectandis nummariis iudicibus; A I 16, 8. ecquod iudicium Romae tam dissolutum, tamperditum, tam nummarium fore putasti? Ver III 131. (lex) Cornelia testamentaria, nummaria, ceterae complures, in quibus . . ; Ver I 108. illa de ratione nummaria non sunt eius modi, ut . . ; A X 11, 2. ut res nummaria de communi sententia constitueretur; of III 80. in hoc thecam nummariam † non retexeris; A IV 7, 2.

nummatus, mit Geld versehen, reich: bene nummatum te futurum; ep VII 16, 3. adulescens non minus bene nummatus quam bene capillatus; agr II 59.

nummulus, Geld, klingende Münze: I. triginta homines nequissimos nummulis acceptis ius ac fas omne delere; A I 16, 6. nummulis corrogatis de nepotum bonis; Ver III 184. nihil aliud cavit nisi villulas, nisi nummulos suos; A VIII 13, 2. ut illis aliquid numulorum dicis causa daret; Ver IV 53. si a Sicyoniis nummulorum aliquid expresseris; A I 19, 9. — II. alqd: ʃ. I.

nummus, Münze, Geld: I. nec putant ei nummos desse ‖ deesse ‖ posse, qui . . ; ep V 6, 2. nummus in Croesi divitiis obscuratur, pars est tamen divitiarum; fin IV 31. ad istum non modo illos nummos, qui per simulationem ab isto exierant, revertisse, sed multo etiam plures eum postea nummos abstulisse; Ver II 61. — II, 1. quaerit (Hecato), si sapiens adulterinos nummos acceperit imprudens pro bonis, soluturusne sit eos pro bonis; of III 91. aufero: ʃ. I. exeunt. nummus in Gallia nullus sine civium Romanorum tabulis commovetur; Font 11. debebat Epicrates nummum nemini; Ver II 60. nummi praeterea imperantur, dantur; Ver III 73. ʃ. pronuntio. nullum in mea provincia nummum nisi in aes alienum erogari; A VI 1, 21. proficiscentem ad mercatum quendam et secum aliquantum nummorum ferentem; Ver II 14. iactabatur temporibus illis nummus sic, ut nemo posset scire, quid haberet; of III 80. impero: ʃ. do. a Caecilio propinqui minore centesimis nummum movere non possunt; A I 12, 1. obscuro: ʃ. I. est. ut, qui nummos in tribu ‖ tribus ‖ pronuntiarit, si non dederit, impune sit; A I 16, 13. solvo: ʃ. accipio. quorum nummos suppressos esse putant; Cluent 75. — 2. accipio pro: ʃ. 1. accipio. se, quod in nummis haberet, nescire quo loci esset; A VIII 10. ut libertus Strabonis ad nummos perveniat; ep XIII 14, 2.

58

solvo pro: f. 1. accipio pro. in suis nummis versabatur; Q Rosc 22. — III. alqd: f. II, 1. fero. quid numinorum accessiones volunt? Ver III 18. Dionysius, servus meus, qui meam bibliothecen multorum nummorum tractavit; ep XIII 77, 3. unde Apronio ad illos fructus arationum hoc corollarium nummorum adderetur; Ver III 118. Romae sibi nummorum facultatem esse; Quinct 16. qui duo milia nummum aut summum tria dedisset; Ver III 201. — IV. si amplius HS nummo petisti; Q Rosc 10.

numquam, niemals: A. einmal: I, 1. quia numquam eruditum illum pulverem attigistis; nat II 48. si urbs ab armis sine Milonis clade numquam esset conquietura; Milo 68. numquam ille me opprimet consilio; div Caec 44. ecce alii audaces, protervi, numquam in sententia permanentes; fin I 61. numquam privatum esse sapientem; Tusc IV 51. videre mihi videor tantam dimicationem, quanta numquam fuit; A VII 1, 2. quem tu vidisti numquam; Phil II 40. — 2. nec est ab homine numquam sobrio postulanda prudentia; Phil II 41. — II. qui (pastor) navem numquam ante vidisset; nat II 89. Agim regem. quod numquam antea apud eos (Lacedaemonios) acciderat, necaverunt; of II 80. certe numquam aedilitatem petivissem; Ver I 145. f. III. Scaur 32. Ligar 30. numquam enim ea diligentia adhibita est; Cluent 115. ut amitteretis exercitum, numquam hercule optavi; Piso 46. nam numquam arbitror contra Academiam dictum esse subtilius; Ac II 63. numquamne intelleges statuendum tibi esse . . ? Phil II 30. quam (Sospitam) tu numquam ne in somnis quidem vides nisi cum pelle caprina; nat I 82. quam numquam vidisset neque audisset; Caecin 29. quas (nationes) numquam populus Romanus neque lacessendas bello neque temptandas putavit; imp Pomp 23. qui nisi odissent patriam, numquam inimici nobis fuissent; leg II 43. numquam meam salutem non ab iis consulibus flagitavistis; sen 3. non numquam: f. C. versuram numquam omnino fecit ullam; Cael 17. armis gesta numquam profecto in iudicium vocabuntur; Phil I 21. tamen honorum aditus numquam illi faciliores optavi quam mihi fuerunt; Planc 59. vero: f. III. Scaur 32. — III. id aut numquam diiudicari poterit aut ita diiudicabitur, ut . . ; de or II 110. quae inimicitiae dolorem fortasse aliquando, dedecus vero certe numquam attulerunt; Scaur 32. P. Clodium in iudicium bis, ad vim numquam vocavit; Milo 40. causas egi multas equidem tecum, certe numquam hoc modo; Ligar 30. quasi (causa) saepe iam dicta et numquam probata sit; Cluent 8. quoniam sibi serviassem semper, numquam mihi; Planc 92. — B. wiederholt: I. numquam (amicitia) intempestiva, numquam molesta est; Lael 22. tu tibi hoc numquam turpe, numquam criminosum, numquam invidiosum fore putasti? Ver V 46. numquam se ille (Scipio) Philo, numquam Rupilio || Rutilio ||, numquam Mummio anteposuit, numquam inferioris ordinis amicis; Lael 69. — II. tu certe numquam in hoc ordine vel potius numquam in hac urbe mansisses; Phil II 38. — C. non numquam: 1. totam opinionem parva non numquam commutat aura rumoris; Muren 35. ea (coniectura) fallit fortasse non numquam; div I 25. quia vis tribunicia non numquam libidini restitit consulari; agr II 14. — II. et: f. III. vulgo. abducendus etiam est non numquam ad alia studia; Tusc IV 74. f. III. non numquam tamen est largiendum; of II 54. — III. cum saepe lapidum, sanguinis non numquam, terrae interdum, quondam etiam lactis imber defluxit; div I 98. cum multis audacibus, improbis, non numquam etiam potentibus dimicandum (est iis); Sest 139. animi discessus a corpore fit plerumque sine sensu, non numquam etiam cum voluptate; Tusc I 82. quondam: f. interdum. quin saepe audierit, non numquam

etiam in annalibus legerit; Ver IV 115. f. interdum. quas res tum natura, tum casus adfert, non numquam etiam errorem creat similitudo; div II 55. non enim est illa defensio contra vim umquam optanda, sed non numquam est necessaria; Milo 14. illud vulgo in iudiciis et non numquam ab ingeniosis hominibus defendi; Caecin 67.

numquid, etwa: numquid tibi videtur (T. Torquatus) de voluptatibus suis cogitavisse? fin I 24. — quid? L. Mummius numquid copiosior, cum copiosissimam urbem funditus sustulisset? of II 70.

numquidnam, etwas: numquidnam manus tua sic adfecta, quem ad modum adfecta nunc est. desiderat? fin I 39. quid? solis numquidnam aut lunae aut quinque errantium siderum simile vidisti? nat I 87.

nunc, jetzt, nun, gegenwärtig, zu unserer Zeit: I. allein: istum nihil aliud egisse neque nunc agere; Quinct 90. quod nunc vos perspicite atque cognoscite; agr II 95. nunc dicis aliquid; Sex Rosc 52. ut nunc se res habet; Ligar 28. fac nunc ego intellegam tu quid sentias; nat III 6. quas (litterae) nunc legis; ep XV 21, 4. nega nunc equiti Romano credi oportere; Q Rosc 43. qui nunc Mutinam oppugnant; Phil XIII 11. perspicio: f. cognosco. hic si umquam vos eos, qui nunc estis, in re publica fore putasset; Sest 30. nunc reus erat Vettius; A II 24. 4. veniamus nunc ad bonorum malorumque notionem; Ac II 128. age, uis, nunc de ratione videamus; Tusc II 42. — II. mit andern Partikeln: at: f. III. quondam. nunc autem videat . . ; rep III 14. nunc, cum vivum nescio quem istum producis, tamen te derideri vides; Ver V 79. nunc demum intellego..; Cael 17. nunc denique incipiunt credere . .; imp Pomp 41. quo de homine nihil etiam nunc dicere nobis est necesse; Cluent 163. ac tamen pauca etiam nunc dicam ad reliquam orationem tuam; fin II 85. nunc iam aperte rem publicam universam petis; Catil I 12. praeclare iam nunc a te verba usurpantur civilis iuris; leg I 56. nunc ipsum sine te esse non possum; A XII 16. nos enim ne nunc quidem oculis cernimus ea, quae videmus; Tusc I 46. non hoc nunc primum audit privatus de inimico, reus ab accusatore; Ver III 130. et nunc quidem (pisces) sub oculis sunt; Ac II 81. nunc quidem lucubrationes detraxi; div II 142. tamen: f. cum. III. Ver pr 32. nunc vero non est ferendum; Catil I 18. convertite animos nunc vicissim ad Milonem; Milo 34. — III. im Gegensatz: quem ego hominem indicem non retinuissem; nunc tamen hoc animo sum, ut . . ; Ver pr 32. sed nunc, quod agimus. de illis, cum volemus; fin V 22. quaero. num aliter, ac nunc eveniunt, evenirent; fat 6. sed ad ista alias, nunc Lucilium audiamus; nat II 1. de amicitia alio libro dictum est, nunc dicamus de gloria; of II 31. ut, cum haec antea singula per illos habuerimus, nunc universa per vos reciperarimus. sen 2. sed haec hactenus; nunc ad ostenta veniamus; div II 53. sed ista mox; nunc andiamus Philum; rep I 20. nuper id (magmentarium) patuisse dicunt. nunc sedem maximae religionis privato dicunt vestibulo contineri; har resp 31. sed hoc posterius; nunc iuris principia videamus; leg I 18. auctore Cn. Pompeio, clarissimo viro mihique et nunc et, quoad licuit, amicissimo; Sest 39. vestrum quondam nautas contra Carthaginem Scipio duxit, at nunc navem contra praedones paene inanem Cleomenes ducit; Ver V 125. quae (res) quondam a multis claris viris, nunc ab uno summa auctoritate sustinetur; leg I 17. nisi forte haec illi tum arma dedimus, ut nunc cum bene parato pugnaremus; A VII 6, 2. qui (ager) nunc multo pluris est, quam tunc fuit; Q Rosc 33.

nuncupo, aussprechen, nennen, benennen: I, 1. neque fugerim dicere „effari" |fari aut

_nuncupari" ‖nuncupare‖.; de or III 153. — 2. ut totum illud UTI LINQUA NUNCUPASSIT non in x tabulis, sed in magistri carmine scriptum videretur; de or I 245. — II. illud, quod erat a deo natum, nomine ipsius dei nuncupabant; nat II 60. caelum sive mundus, sive quo alio vocabulo gaudet, hoc a nobis nuncupatus sit; Tim 4. votis nuncupatis; Phil V 24. — III. quem vos, ut a Graiis accepistis, orbem lacteum nuncupatis; rep VI 16.

nundinae, Markt, Markttag, Handel, Verkauf: I. 1. calebant in interiore aedium parte totius rei publicae nundinae; Phil V 11. cuius domi vectigalium flagitiosissimae nundinae (sunt); Phil II 35. — 2. illi Capuam nundinas rusticorum esse voluerunt; agr II 89. — II. haec negotia multarum nundinarum fore; A IV 17, 4. — III. erat in eo ipso loco illo die nundinarum πανήγυρις; A I 14, 1.

nundinatio, Handel, Schacher: I. quam in omnibus locis nundinationem iuris ac fortunarum fore putatis? agr I 9. — II. quin eam rem tu ad tuum quaestum nundinationemque hominum traduxeris; Ver II 120.

nundinor, erhandeln, erschachern, verkehren: I. ubi ad focum agnus nundinari solent; div II 66. — II. qui ab isto ius ad utilitatem suam nundinarentur; Ver I 119. pueri annorum senum septemumque denum senatorium nomen nundinati sunt; Ver II 122.

nundinum, Marktzeit: quod in ceteris legibus trinum nundinum esse oportet: dom 41. ubi (est) promulgato trinum nundinum? Phil V 8. se praesentem trinum nundinum petiturum; ep XVI 12, 3.

nuntia, Botin, Verkünderin: I. ex qua (quercu) olim evolavit »nuntia fulva Iovis miranda visa figurae; leg I 2. — II. historia, nuntia vetustatis, qua voce alia nisi oratoris immortalitati commendatur? de or II 36.

nuntiatio, Verkündigung, Anzeige: I. nos nuntiationem solum habemus, consules etiam spectionem; Phil II 81. — II. quem (conlegam) ipse fecit sua nuntiatione vitiosum; Phil V 9.

nuntio, verkünden, melden, anzeigen, die Nachricht bringen: I, 1. cui (Pomponio) cum esset nuntiatum; of III 112. — 2. ut Capitoni quam primum nuntiet; Sex Rosc 98. idne ego optarem, ut senatus huius unius litteris nuntiantibus non crederet? Piso 45. — II, 1. Homericus Aiax hoc modo nuntiat: »prospera Iuppiter his dextris fulgoribus edit«; div II 82. — 2. simul ac libertus de morte uxoris nuntiavit; Scaur 12. — 3. mittuntur, qui nuntient, ne oppugnet consulem designatum, ne Mutinam obsideat; Phil VI 4. — 4. C. Popilius cum verbis senatus nuntiasset, ut discederet; Phil VIII 23. — 5. oppugnata domus C. Caesaris nuntiatur; Milo 66. — 6. siquidem aranti L. Quinctio Cincinnato nuntiatum est eum dictatorem esse factum; Cato 56. quo (Q. Maximo) mortuo nuntiato sella sublata est; ep VII 30, 1. — III. quod apud tibi verbis meis nuntiarunt; Q fr I 3, 4. flamma ex ipso incendio navium et calamitatem acceptam et periculum reliquum nuntiabat; Ver V 93. nuntiata morte filii; Tusc III 30. ad quos (haruspices) aut referri nuntiata ostenta non conveniat aut ..; har resp 61. periculum: f. calamitatem. res celeriter i-ti domum nuntiatur; Ver II 48. in Tusculanum mihi nuntiabantur gladiatorii sibili; fr F VIII 11. -i ne sensus quidem vera nuntiant; Ac II 79.

nuntius, Bote, Verkünder, Meldung, Nachricht, Befehl, Chefontrakt: I. etsi non dubitabam, quin hanc epistulam multi nuntii, fama denique esset ipsa sua celeritate superatura; Q fr I 1, 1. de -uius (militis) morte cum domum falsus ab exercitu nuntius venisset; de or I 175. de Quinto fratre nuntii nobis tristes nec varii venerant; A III 17, I. — II, 1. cum optatissimum nuntium accepissem

te mihi quaestorem obtigisse; ep II 19, 1. accessit, ut duo nuntii adferrentur; A III 8, 1. (homini natura) sensus tamquam satellites attribuit ac nuntios; leg I 26. quo nuntio audito; Phil V 23. tuarum rerum domesticarum habes et scriptores et nuntios; ep II 4, 1. C. Pansa mihi hunc nuntium perferente; Liqar 7. etsi mulier nuntium remisit; Top 19. cum virtuti nuntium remisisti delenitus inlecebris voluptatis; ep XV 16, 3. uxori Caesarem nuntium remisisse; A I 13, 3. — 2. nisi legatorum nuntio paruisset; ep XII 24, 2. — III, 1. ille praetoris accessitus nuntio rem demonstrat; Ver IV 85. veniunt Syracusas parentes adulescentium hoc repentino calamitatis suae nuntio commoti; Ver V 108. sensimus hoc nuper falso nuntio; Phil XIII 45. — 2. per nuntium hoc transigere potuisti; Q Rosc 48. Philotimus ne per litteras quidem aut per nuntium certiorem facit me, quid egerit; A XI 24, 4.

nuper, neulich, vor kurzem, unlängst, vor längerer Zeit: I. oportet ab adversarii dicto exordiri et ab eo potissimum, quod ille nuperrime dixerit; inv I 25. qui nuper, cum in contione donaret eos, mea bona donare se dixit Petusio Urbinati; Phil XII 19. de quo sum nuper tecum locutus; A XIV 7, 2. quibus locis nuper legatus Flaccus praefuit; Flac 63. ea quae nuper, id est paucis ante saeculis, medicorum ingeniis reperta sunt; nat II 126. cuius nuper ferrum rettuderim flammamque restinxerim; Sulla 83. reges Syriae scitis Romae nuper fuisse, Ver IV 61. eam navem egomet vidi Veliae; Ver V 44. — II. quod cum saepe alias, tum nuper in Tusculano studiose egimus; Tusc IV 7. et apud Graecos quidem iam anni prope quadringenti sunt, cum hoc probatur; nos nuper agnovimus; orat 171. multorum odiis nullas opes posse obsistere, si antea fuit ignotum, nuper est cognitum; of II 23. quid ostenta vel Lacedaemonios olim vel nuper nostros adiuverunt? div II 55. sicut et tu ipse nuper et multi viri boni saepe fecerunt; Flac 86. f. alias.

nuptiae, Hochzeit, Vermählung, Ehe: I. quae nuptiae non diuturnae fuerunt; Cluent 35. — II, 1. nisi forte maritimae nuptiae terrenis anteponuntur; nat III 45. — 2. antepono: f. 1. cum morte superioris uxoris novis nuptiis domum vacuefecisses; Catil I 14. — III. Cornificiam, vetulam sane et multarum nuptiarum; A XIII 28, 4 (29, 1). quod etiam nunc nuptiarum angustias declarant; div I 28. — IV. tantum vini in Hippiae nuptiis exhauseras; Phil II 63.

nuptialis, hochzeitlich: quae se non nuptialibus donis, sed filiorum funeribus esse delinitam videret; Cluent 28. nonne timuisse faces illas nuptiales? Cluent 15.

nuptus f. **nubo,** III.

nurus, Schwiegertochter: mater amicam impuri filii tamquam nurum sequebatur; Phil II 58.

nusquam, nirgends, bei keiner Gelegenheit: I, 1. nusquam orationem rapidam coërces; fin II 3. quaero, num Sullam dixerit Cassius. nusquam; Sulla 36. cum ab eo (Crasso) nusquam discederem; de or I 97. populus se nusquam obligavit; Balb 35. quia nusquam erat scriptum, ut ..; leg II 10. fidem tuam, quae nusquam erat; Ver V 108. mihi certum est ab honestissima sententia digitum nusquam; A VII 3, 11. — 2. quae (nota) nusquam alibi esset; Ac II 108. hominem certe nusquam progredientem; Vatin 21. vectigalia locare nusquam licet nisi in hac urbe; agr II 55. eos (viros bonos) omittamus, qui omnino nusquam reperiuntur; Lael 21. ita fit, ut deus ille nusquam prorsus appareat; nat I 37. commoraturum me nusquam sane arbitror; ep II 17, 1. — II. nusquam nomen, nusquam vestigium fuerat

nullum crimen, nullum iudicium, nulla suspicio; Sulla 20.

nuto, ſchwanken: dico ipsum Epicurum nescire et in eo nutare; fin II 6. mihi etiam Democritus, vir magnus in primis, nutare videtur in natura deorum; nat I 120.

nutricor, nähren: omnia sicut membra et partes suas (mundus) nutricatur et continet; nat II 86.

nutricula, Amme: I. cum Gellius, nutricula seditiosorum omnium, testimonium diceret; Vatin 4. — II. ut haberent reliqnorum nutriculas praediorum; Phil XI 12.

nutrimentum, Nahrung: educata huius (generis) nutrimentis eloquentia; orat 42.

nutrix, Amme, Ernährerin: I, 1. qui omnia minima mansa ut nutrices infantibus pueris in os inserant; de or II 162. — 2. est illa quasi nutrix eius oratoris, quem informare volumus; orat 37. — II. ille M. Cato Sapiens cellam penariam rei publicae nostrae, nutricem plebis Romanae Siciliam nominabat; Ver II 5. — III. ut paene cum lacte nutricis errorem suxisse videamur; Tusc III 2.

nutus, Neigung, Schwertraft, Wink, Wille,

Befehl: I. an mihi nutus tuus non faceret fidem? A VII 8, 1. nutus tuus potest hominem summo loco natum incolumem in civitate retinere; ep XI 22, 2. — II, 1. tot civitates unius hominis nutum intuentur; Q fr I 1, 22. interfecto rege regios omnes nutus tuemur; ep XII 1, 1. — 2. totum me ad eius viri voluntatem nutumque converterem; ep III 10, 10. — III, 1. terra solida et globosa et undique ipsa in sese nutibus suis conglobata; nat II 98. nec dubitat, quin ego a te nutu hoc consequi possem. etiam si aedificaturus esses; ep XIII 1, 5. docemur auctoritate nutuque legum domitas habere libidines: de or I 194. ut nutu Iovis optimi maximi factum esse videatur; Catil III 21. sive aliae (atomi) declinabunt, aliae suo nutu recte ferentur; fin I 20. cum (populus) regeretur unius nutu ac modo; rep I 43. is non accurata quadam orationis copia, sed nutu atque verbo libertinos in urbanas tribus transtulit: de or I 38. — 2. ad eorum arbitrium et nutum totos se fingunt et accommodant; orat 24. vgl. II, 2. ut audeant dicere: „tune contra Caesaris natum?" A XIV 10, 1.

nux, Nuß: „si nucem fregisset"; de or II 266. „tamquam nudus nuces legeret"; de or II 265·

O, ach! o! I. o conservandus civis cum tam pio iustoque foedere! Phil XIII 37. — II. o Q. Catule, tantumne te fefellit, cum . .? dom 113. ferremus o Quinte frater! leg III 26. o mi Furni, quam tu tuam causam non nosti! ep X 26, 2. unde tandem appares, o Socrate? fr F II 2. o fortunate adulescens, qui tuae virtutis Homerum praeconem inveneris! Arch 24. o di immortales! Sulla 40. o vitae philosophia dux, o virtutis indagatrix expultrixque vitiorum! Tusc V 5. o nomen dulce libertatis! o ius eximium nostrae civitatis! o lex Porcia legesque Semproniae! o graviter desiderata et aliquando reddita plebi Romanae tribunicia potestas! Ver V 163. o immoderata mulier, sciens tu aurum ad facinus dedisti! Cael 53. o Nonae illae Decembres, quae me consule fuistis! Flac 102. o nox illa, quam iste est dies consecutus! Flac 103. — III. o me perditum, o adflictum! ep XIV 4, 3. ſ. medicum. o Academiam volaticam et sui similem! A XIII 25, 3. o exspectatas mihi tuas litteras! o gratum adventum! o constantiam promissi et fidem miram! o navigationem amandam! A IV 19 (17), 1. o magnam artem! Bru 204. o incredibilem audaciam! o impudentiam praedicandam! Phil II 4. o copias desperatas! A IX 18, 2. o praeclarum custodem ovium, ut aiunt, lupum! Phil III 27. o diem nobis optatum! de or I 136. o hominem nequam! A IV 13, 2. o medicum suavem meque docilem ad hanc disciplinam! ep VII 20, 3. o multas et graves offensiones! A XI 7, 3. o rem miseram et incredibilem! A VII 21, 1. o generosam, inquit, stirpem et in istam domum multorum insitam sapientiam! Bru 213. — IV. o caenum, o portentum, o scelus! dom 47. o praeclarum et commemorandum iudicium! o severum edictum! o tutum perfugium aratorum! Ver III 28. o factum male de Alexione! A XV 1, 1. o tempore, o mores! Catil I 2. o praeclarum munus deorum! nat III 73. o poëma tenerum et moratum atque molle! div I 66. o spectaculum illud non modo hominibus, sed undis ipsis et litoribus luctuosum, cedere e patria servatorem eius! Phil X 8. tempora ſ. mores.

ob, gegen nach — hin, vor, wegen, um — willen: I. qui (ignis) est ob os offusus; Tim 49. nullo posito ob oculos simulacro earum rerum; Tim 37.

mors ob oculos saepe versata est: Rab Post 39. — II. si mundus globosus est ob eamque causam omnes eius partes undique aequabiles contineutur: nat II 116. cum mulier nobilis ob illam iniuriam sese ipsa morte multavisset; rep II 46. ob earum rerum laborem et sollicitudinem fructus illos datos: Ver V 36. accepta pecunia a Dyrrachinis ob necem hospitis tui Platoris; Piso 83. illud caeleste et divinum ob eamque rem aeternum sit necesse est; Tusc I 66. ob eam rem ipsam (Nasicam) magnum et clarum fuisse; ut I 109. quam ob rem a vobis haec postulo; Cluent 6. quam ob rem celebratote illos dies; Catil III 23. hoc tu quam ob rem non fecisti? quam ob rem ita pirata iste occultatus est, quasi . .? quam ob rem supplicium non sumpsisti? Ver V 67. tu dic, quam ob rem, cum vellet accedere, non accesserit; Caecin 48. pro meis ob rem publicam susceptis laboribus; ep XV 6, 2. nos ob aliqua scelera suscepta in vita superiore poenarum luendarum causa natos esse; fr F V 85. nummum ob sepulturam datum nemini; Ver V 135. sollicitudinem: ſ. laborem. 'cum severitas eorum (morum) ob alia vitia cecidisset; leg II 38. — III. se isti pecuniam ob ius dicendum dedisse; Ver II 119. qui ob innocentem condemnandum pecuniam acceperint; Cluent 129. ita aperte cepit pecunias ob rem iudicandam, ut . .; fin II 54.

obaeratus, verschuldet: quod obaeratos pecunia sua liberavisset; rep II 38.

obdormisco, einschlafen: I. quid melius quam in mediis vitae laboribus obdormiscere? Tusc I 117. — II. Endymion ut nescio quando in Latmo obdormivit, nondum est experrectus; Tusc I 92.

obduco, vorziehen, überziehen, verhüllen, bedecken, vorschieben, zugeben, einziehen, trinken: ut mihi videatur non esse δύνατον Curium obducere; A I 1, 2. pluma alias (animantes), alias squama videmus obductas; nat II 121. ipse labor quasi callum quoddam obducit dolori; Tusc II 36. ne refricare obductam iam rei publicae cicatricem videret; agr III 3. obduxi postremo diem; A XVI 6, 1. (vocis genus) sine commiseratione grate quoddam et uno pressu ac sono obductum; de or III 219. posteaquam Arcesilas conatus est clarissimis

rebus tenebras obducere; Ac II 16. qui (Theramenes) cum venenum ut sitiens obduxisset; Tusc I 96.

obductio, Verhüllung: carnifex et obductio capitis et nomen ipsam crucis absit non modo a corpore civium Romanorum, sed etiam a cogitatione, oculis, auribus; Rabir 16.

obduresco, unempfindlich werben: equidem sic iam obdurui, ut . .; ep XII 18, 2. iam ad ista obduruimus; A XIII 2 (1). alii (amici) nescio quo pacto obduruerunt; ep V 15, 2. nisi diuturna desperatione rerum obduruisset animus ad dolorem novum; ep II 16, 1. nescio quo modo iam usu obduruerat civitatis incredibilis patientia; Milo 76.

obduro, aushalten: obduretur hoc triduum; A XII 3, 1.

obeo, untergehen, sterben, sich unterziehen, übernehmen, wahrnehmen, durchgehen, antreten, besuchen, bereisen: I. ea unde generata, quo modo obitura (sint); leg I 61. »haec (Cassiepia) obit inclinata«; fr H IV, a, 700. quis in reliquis orientis aut obeuntis solis ultimis partibus tuum nomen audiet? rep VI 22. — II. multi clarissimi viri annum petitionis suae non obierunt; ep X 25, 2. nolite exspectare, dum omnes obeam oratione mea civitates; Ver II 125. (Octavianus) cogitat reliquas colonias obire; A XVI 8, 1. obieris Quinti fratris comitia; A I 4, 1. diem edicti obire neglexit; Phil III 20. cui nostrum [non] licet fundos nostros obire? de or I 249. iudicia privata magnarum rerum obire; de or I 173. legationibus flagitiose obitis; Font 34. si (Pompeius) mortem tum obisset; Tusc I 86. quo tempore ceteri praetores obire provinciam consuerant; Ver V 80. ut nostras villas obire et mecum simul lecticula concursare possis; ep VII 1, 5. vadimonium mihi non obiit quidam socius et adfinis meus; Quinct 54.

obicio, entgegenwerfen, entgegenstellen, preisgeben, aussetzen, vorhalten, darbieten, vorwerfen: I. ut ipse accusator obiecit; Sex Rosc 39. — II. 1. de Cispio mihi igitur obicies? Planc 75. — 2. in qua (oratione Cato) obiecit ut probrum M. Nobiliori, quod is in provinciam poetas duxisset; Tusc I 3. — 3. surgit pulchellus puer, obicit mihi me ad Baias fuisse; A I 16, 10. — III. quod ad omnes casus subitorum periculorum magis obiecti sumus, quam si abessemus; ep VI 4, 3. quod a te mihi obiectum est; Phil II 32. Sex. Roscio temporis illius acerbitatem iniquitatemque obicient? Sex Rosc 81. maximo aggere obiecto; rep II 11. obiecta est Asia; Muren 11. ego meum saepe corpus et vitam obieci armis inimicorum tuorum; Milo 100. a C. Macro obiectum esse crimen id C. Rabirio; Rabir 7. ut nullum probrum, nullam facinus, nulla turpitudo ab accusatore obiceretur; Font 37. nullam tibi obicio fortunam; Ver V 131. cum mihi furta, libidines, largitiones obiciuntur; dom 93. iniquitatem: f. acerbitatem. probrum: f. facinus. II, 2. quibus ego rebus obiectis multa mecum ipse reputavi; sen 32. cum aliqua species utilitatis obiecta est, commoveri necesse est; of III 35. hoc tempus omne post congelatum obiecimus [iis] fluctibus, qui in nosmet ipsos redundarent; de or I 3. turpitudinem: f. facinus. visum est tale obiectum dormienti, ut . .; div II 143. vitam: f. corpus.

obiecto, vorrücken, vorwerfen: mihi lacrimulam Cispiani iudicii obiectas; Planc 76. quodsi probrum mihi nullum obiectas; rep IV 1.

obiectus, Entgegenstellen: eadem obiectu suo umbram noctemque efficiat; rep IV 1.

obitus, Untergang, Tod, Vernichtung: I. soli ex animantibus nos astrorum ortus, obitus cursusque cognovimus; nat II 153. signorum ortus obitusque perdiscere; fat 17. »serius haec obitus terrai visit Equi vis«; fr H IV, a, 291. — II, 1. (possent) aestus maritimi fretorumque angustiae ortu aut

obitu lunae commoveri? nat II 19. — 2. qui dies post obitum occasumque vestrum rei publicae primus inluxit; Piso 34.

obiurgatio, Tadel, Verweis: I. habenda ratio est, ut obiurgatio contumelia careat; Lael 89. etiam est obiurgatio; de or III 205. deliciarum obiurgatio fuit longa; Cael 27. meae obiurgationes fuerunt amoris plenissimae; Q fr I 2, 13. quod acerbitatis habet obiurgatio; of I 137. obiurgationes etiam non numquam incidunt necessariae; of I 136. — II. tum obiurgatio (opponitur), si est auctoritas; tum admonitio quasi lenior obiurgatio; de or II 339. nunc reprimam susceptam obiurgationem; A IV 16, 7. — III. ut potius relevares me quam ut castigatione aut obiurgatione dignum putares; A III 10, 3.

obiurgator, Tadler: I. non modo accusator, sed ne obiurgator quidem ferendus est is, qui, quod in altero vitium reprehendit, in eo ipso deprehenditur; Ver III 4. — II. ut obiurgatores suos convinceret; div I 111. deprehendo, fero: f. I. qua quidem in causa benivolos obiurgatores placare possumus; nat I 5.

obiurgatorius, scheltend: una cum illius (Bruti epistula) obiurgatoria tibi meam quoque misi; A XIII 6, 3.

obiurgo, tadeln, schelten: I. ut obiurget aliquando; orat 138. — II. in quo te obiurgem; ep III 8, 6. quod me tam saepe et tam vehementer obiurgas; A III 10, 2. me obiurgavit vetere proverbio; A VI 5, 2. vgl. III, 2. et monendi amici saepe sunt || sunt saepe, al. || et obiurgandi; Lael 88. obiurgavi senatum, ut mihi visus sum, summa cum auctoritate; A I 17, 8. — III, 1. cum te ipsum obiurgabam, quod ministratorem peteres, non adversarium; de or II 305. in quo cum obiurgarer, quod nimio gaudio paene desiperem; ep II 9, 2. — 2. qua (epistula) me obiurgas et rogas, ut sim firmior; A III 15, 1.

oblanguesco, ermatten: litterulae meae sive nostrae tui desiderio oblanguerunt, hac tamen epistula oculos paulum sustulerunt; ep XVI 10, 2.

oblectamentum, Unterhaltung: ut illi haberent haec oblectamenta et solacia servitutis; Ver IV 134. ut meae senectutis requiem || requietem || oblectamentumque noscatis; Cato 52. possum percequi permulta oblectamenta rerum rusticarum; Cato 55.

oblectatio, Genuß, Lust: I. quae ista potest esse oblectatio deo? quae ai esset, non ea tam diu carere potuisset; nat I 22. — II, 1. indagatio ipsa rerum habet oblectationem; Ac II 127. auribus oblectatio magna parta est temperata varietate sonorum; Tusc I 62. in quibus (artibus) non utilitas quaeritur necessaria, sed animi libera quaedam oblectatio; de or I 118. — 2. careo: f. I. — III. in eadem (amicitia Scipionis mihi) requies plena oblectationis fuit; Lael 103. — IV. alterius mens rationibus agitandis exquirendisque alebatur cum oblectatione sollertiae; Tusc V 66.

oblecto, unterhalten, ergötzen, erfreuen: cum iis me oblecto, qui res gestas aut orationes scripserunt suas; de or II 61. quod in communibus miseriis hac tamen oblectabar specula; ep II 16, 5. ut quam diutissime te iucunda opinione oblectarem; Q fr I 1, 1. oblecta te cum Cicerone nostro quam bellissime; Q fr II 11 (13), 4. spes quaedam me oblectabat fore ut aliquid conveniret; A IX 10, 3. enumeratio exemplorum, non ut animum malivolorum oblectet. adfertur, sed ut . .; Tusc III 60. haec studia senectutem oblectant; Arch 16. ne illa (virtus) se multis solaciis oblectat; rep III 40.

oblido, zudrücken: ut illi aniculae collum digitulis duobus oblideret; Scaur 10.

obligo, binden, hindern, belegen, belasten, verbinden, verpflichten, verpfänden: I. num is, qui

mancipio dedit, ob eam rem se ulla re obligavit? Top 45. magno beneficio eius (L. Lamiae) magnoque merito sum obligatus; ep XI 16, 2. quibuscumque ·officiis Atticum obstrinxeris, iisdem me tibi obligatum fore; ep XIII 18, 2. audebo etiam obligare fidem meam vobis; Phil V 51. quo minus castissimos ludos omni scelere obligares; har resp 27. quin tam honestam municipium tibi tuo summo beneficio in perpetuum obligari velis; ep XIII 4, 2. cum populum Romanum scelere obligasses; dom 20. qui (Aesculapius) primus vulnus dicitur obligavisse; nat III 57. — II. obligatus ei (Dolabellae) nihil eram; ep VI 11, 1.

oblimo, mit Schlamm überziehen: mollitos et oblimatos agros ad serendum (Nilus) relinquit; nat II 130.

oblino, bestreichen, besudeln, beflecken: ille unguentis oblitus inrisit squalorem vestrum; sen 12. (eloquentia) ita peregrinata tota Asia est, ut se externis oblineret moribus; Bru 51. cum eas (facetias nostrates) videam oblitas Latio; ep IX 15, 2. si Ialysum illum suum caeno oblitum videret; A II 21, 4. ut (iudices) non cera, sed caeno obliti esse videantur; Ver V 173. qua (libidine) Antoniorum oblita est vita; Phil XIV 9.

oblique, schräg: erit hoc quasi provincias atomis dare, quae recte, quae oblique ferantur; fin I 20.

obliquus, schräg, schief: (eos) partim obliquos, partim transversos, partim etiam adversos stare vobis; rep VI 20. si animal omne. ut vult, ita utitur motu sui corporis, prono, obliquo, supino; div I 120.

oblitesco, sich verbergen: quibus temporibus a nostro aspectu oblitescant (di); Tim 37.

oblittero, auslöschen: quod in illo viro maximis rebus, quas postea gessit, oblitterandum (esset); Vatin 15. qui publici mei beneficii memoria privatam offensionem oblitteraverunt; sen 21.

oblivio, Vergessen, Vergessenheit: I. ut eos iustitiae capiat oblivio; of I 26. quoniam meam tuorum erga me meritorum memoria nulla umquam delebit oblivio; ep II 1, 2. ut tuas laudes obscuratura nulla umquam sit oblivio; Marcel 30. — II. 1. an dies auget eius desiderium an magis oblivionem? prov 29. — 2. existimavit homines in oblivionem totius negotii esse venturos; Ver IV 79. ut laudem eorum iam prope senescentem ab oblivione hominum atque a silentio vindicarem; de or II 7. — III. non oblivione amicitiae nostrae ac te nullas litteras misi; ep V 17, 1. hunc vetustas oblivione obrnisset; Bru 60. ea (Cluentius), si oblivione non posset, tamen taciturnitate sua tecta esse pateretur; Cluent 18.

obliviosus, vergeßlich: memor an obliviosus (sit); inv I 35. quos ait Caecilius „comicos stultos senes", hos || hoc || significat credulos, obliviosos, dissolutos; Cato 36.

obliviscor, vergessen, nicht gedenken: I. qui respondisse dicitur oblivisci te male discere; Ac II 2. — II, 1. an obliti estis, quantos agri Campani fructibus exercitus alueritis? agr II 80. — 2. quod auspicari esset oblitus; nat II 11. me obsecras, ne obliviscar vigilare; A VI 1, 20. — 3. non possum oblivisci meam hanc esse patriam; Catil II 27. — III, 1. nisi forte (Baiae) sunt oblitae sui; ep IX 12, 1. quis est civis tam oblitus beneficii vestri, tam immemor patriae, quem ..? Phil VI 18. oblitum me putas consilii, sermonis, humanitatis tuae? ep XI 27, 3. me nunc oblitum consuetudinis et instituti mei rarius ad te scribere; A IV 17, 1. non nos quidem ut nostrae dignitatis simus obliti; ep I 7, 7. ut tuis inimicitiis suscipiendis oblivisceretur prope || patroni || omnium fortunarum ac rationum suarum; ep III 10, 5. humanitatis: f. consilii. quae natura suae primae institutionis oblita est? IV 32. instituti: f. consuetudinis. iubes me

bona cogitare, oblivisci malorum; Tusc III 35. rationum: f. fortunarum. obliti salutis meae de vobis ac de vestris liberis cogitate; Catil IV 1. sermonis: f. consilii. num potui magis oblivisci temporum meorum. meminisse actionum? ep I 9, 8. — 2. quasi aliquid esset oblitus; of III 113. quia oblivisci me scripsi ante facta et delicta nostri amici; A IX 9, 1. obliviscor iam tuas iniurias; Cael 50. an vero obliti estis inimicorum Milonis sermones et opiniones? Milo 62.

obloquor, widersprechen: I. tu vero ut me et appelles et interpelles et obloquare et conloquare. velim; Q fr II 8 (10), 1. — II. **tacita** vestra exspectatio, quae mihi obloqui videtur: „quid ergo? negasne ..? Cluent 63.

obmutesco, verstummen, schweigen, aufhören: I. Aius iste Loquens, cum eum nemo norat, et aiebat et loquebatur; posteaquam et sedem et aram et nomen invenit, obmutuit? div II 69. videsne, ut obmutuerit non sedatus corporis, sed castigatus animi dolor? Tusc II 50. subito eloquentia obmutuit; Bru 22. nisi (homines) plane obmutuerunt; A IX 19, 4. pontifici non linguam obmutuisse; dom 135. cum obmutuisset senatus, iudicia conticuissent; Piso 26. paulo ante, quam hoc studium nostrum contineri subito et obmutuit; Bru 324. — II. de me semper omnes gentes loquentur, nulla umquam obmutescet vetustas; Milo 98.

obnubilus, umwölkt: quae timeretis, „pallida Leti, obnubila tenebris loca"; Tusc I 48.

obnubo, verhüllen: CAPUT OBNUBITO, ARBORI INFELICI SUSPENDITO; Rabir 13.

obnuntiatio, Meldung böser Vorzeichen, Warnung: I. veram fuisse obnuntiationem exitus approbavit; div I 29. — II. obnuntiationibus per Scaevolam interpositis; A IV 17, 4. diraruu obnuntiatione neglecta; div I 29. — III. comitiorum cotidie singuli dies tolluntur obnuntiationibus; Q fr III 3, 2.

obnuntio, böse Vorzeichen melden, warnen: I, 1. Metellus postulat, ut sibi postero die in foro obnuntietur; A IV 3, 4. — 2. nisi Milo in campum obnuntiasset, comitia futura; A IV 3, 4. — II. augur auguri, consul consuli obnuntiasti; Phil II 83. — III. qui (P. Sestius) cum auspiciis religionique parens obnuntiaret, quod senserat; Sest 83.

oboedientia, Gehorsam: I. si servitus sit, sicut est, oboedientia fracti animi et abiecti et || abi. arbitrio carentis suo; par 35. — II. relinquunt (appetitus) et abiciunt oboedientiam nec rationi parent; of I 102.

oboedio, gehorchen, sich fügen: I. haec (ratio) ut imperet illi parti animi, quae oboedire debet; Tusc II 47. — II. ut (corpus) oboedire consilio rationique possit in exsequendis negotiis; of I 79. et hic (mundus) deo paret et huic oboediunt maria terraeque; leg III 3. natio semper oboediens huic imperio; Piso 84. ut obtemperent oboediantque magistratibus; leg III 5. rationi: f. consilio. quantum in hac urbe polleat multorum oboedire tempori; Bru 242.

oborior, aufgehen: vide, quanta lux liberalitatis et sapientiae tuae mihi apud te dicenti oboriatur; Ligar 6.

obrepo, heranschleichen, sich einschleichen, heran rücken: obrepsisti ad honores errore hominum; Piso 1. qui citius adulescentiae senectus quam pueritiae adulescentia obrepit? Cato 4. obrepsit dies: A VI 3, 1. nullae imagines obrepunt in animos dormientium extrinsecus; div II 139. senectus: f. adulescentia.

obrigesco, erstarren: ita Sopater de statua C. Marcelli, cum iam paene obriguisset, vix rivus aufertur; Ver IV 87. quod pars earum (regionum) obriguerit nive pruinaque; nat I 24.

obrogatio, Änderungsvorschlag: tertium est

de legum obrogationibus [] derogationibus, al. ||, quo de genere persaepe S. C. fiunt; fr A VII 23.

obrogo, ändern, aufheben: I. quod per legem Clodiam PROMULGARE, ABROGARE, DEROGARE, OBROGARE SINE FRAUDE SUA NON LICEAT; A III 23, 3. — II. quid, quod obrogatur legibus Caesaris? Phil I 23. huic legi nec obrogari fas est neque derogari ex hac aliquid licet neque tota abrogari potest; rep III 33.

obruo, überschütten, überladen, bedecken, vergraben, verbergen, verdunkeln, vernichten: quod nōte, quam ad discendum ingressi sumus, obruimur ambitione et foro; de or I 94. hunc vetustas oblivione obruisset; Bru 60. obruitur aratorum testimoniis; Ver II 151. obrutus vino; Phil XIII 31. te rogo, ne te obrui tamquam fluctu sic magnitudine negotii sinas; Q fr I 1, 4. Albanorum obrutae arae; Milo 85. iste parentum nomen, sacra, memoriam, gentem Fonteiano nomine obruit; har resp 57. ut id (malum) obruatur sapientia vixque appareat; Tusc III 80. memoriam, nomen: f. gentem. quod di omen obruant! har resp 42. ranae marinae dicuntur obruere sese harena solere; nat II 125. sacra: f. gentem. ut testem omnium risus obrueret; de or II 285. quo loco thesaurum obruisset; Cato 21.

obrussa, Feuerprobe: quo magis expurgandus est sermo et adhibenda tamquam obrussa ratio, quae mutari non potest; Bru 258.

obsaepio, versperren: haec omnia tibi accusandi viam muniebant, adipiscendi obsaepiebant; Muren 48.

obscene, anstößig, unsittlich: „cum" autem „nobis" non dicitur, sed „nobiscum"; quia, si ita diceretur, obscenius concurrerent litterae; orat 154. fraudare, adulterare re turpe est, sed dicitur non obscene; of I 128. cuius (Mercurii) obscenius excitata natura traditur; nat III 56. hanc culpam maiorem an illam dicam?" potuit obscenius? ep IX 22, 2.

obscenitas, Unanständigkeit, Anstößigkeit: I. nec aperta petulantia vacat orationis obscenitas; of I 127. — II, 1. ea rerum turpitudini adhibetur verborum obscenitas; of I 104. verborum turpitudine et rerum obscenitate vitanda; de or II 242. — 2. si quod sit in obscenitate flagitium, id aut in re esse aut in verbo; ep IX 22, 1. — III. quas (litteras) ego propter turpissimam obscenitatem verborum praetereundas puto; Flac 34.

obscenus, anstößig, unsittlich, unheilvoll: A. nihil esse obscenum, nihil turpe dictu; ep IX 22, 1. hic etiam miramur, si illam commenticiam pyxidem obscenissima sit [] est || fabula consecuta? Cael 69. quem ad modum iste omnibus obscenis omnia et pronuntiarit et fecerit; dom 140. iam etiam non non etiam || obscena verba pro obscenis sunt; ep IX 22, 4. cum versus obscenissimi in Clodium et Clodiam dicerentur; Q fr II 3, 2. obscenas voluptates in medio sitas esse dicunt; Tusc V 94. — B. in verbis honestis obscena ponimus; ep IX 22, 4.

obscuratio, Verdunkelung, Verfinsterung: I. licebit quaerere de istis ipsis obscurationibus, quae propter exiguitatem vix aut ne vix quidem appareant; fin IV 32. — II, 1. quibus in rebus tanta obscuratio non fit; fin IV 30. — 2. quaero de: f. I. — III. obscuratione solis; fr F V 54.

obscure, dunkel, undeutlich, unverständlich, unmerklich, geheim: cum id, quod ipsum adiuvat, obscure dicitur et neglegenter; inv I 30. semel si obscurius dixeris; de or II 329. quam argute, quam obscure etiam contra Stoicos (nobis erit) disserendum! Ac I 7. mendicitatem tuam numquam obscure tulisti; par 45. L. Catilinam caedem senatus, interitum urbis non obscure, sed palam molientem; Piso 5. huic ne perire quidem tacite obscureque conceditur; Quinct 50. si obscure scribam. tu tamen

intelleges; A II 19, 5. quibus in provinciis non obscure versatus est; Flac 5 (A. 26).

obscuritas, Dunkelheit, Unverständlichkeit, Unklarheit, Unberühmtheit: I. cum rerum obscuritas, non verborum, facit, ut non intellegatur oratio; fin II 15. quo pertinent obscuritates et aenigmata somniorum? div II 132. a libris te obscuritas reiecit; Top 3. — II, 1. ut oratio, quae lumen adhibere rebus debet, ea obscuritatem et tenebras adferat; de or III 50. quae (signa) minus habent vel obscuritatis vel erroris; ep VI 6, 7. — 2. omnia, quae in diuturna obscuritate latuerunt, sic aperiam, ut ..; Cluent 66. quoniam philosophia in tres partes est tributa, in naturae obscuritatem, in disserendi subtilitatem, in vitam atque mores; de or I 68. — alqd: f. II, 1. — IV, 1. saepe res parum est intellecta longitudine magis quam obscuritate narrationis; inv I 29. quae naturae obscuritate occultantur; fin V 51. — 2. quorum prima aetas propter humilitatem et obscuritatem in hominum ignoratione versatur; of II 45.

obscuro, verdunkeln, verbergen, bedecken, vergessen machen: si erunt mihi plura ad te scribenda, ἀλληγορίαις obscurabo; A II 20, 3. ut ab his (bonis animi) corporis et externa obscurentur; Tusc V 119. si neque nox tenebris obscurare coetus nefarios potest; Catil I 6. ut tuas laudes obscuratura nulla umquam sit oblivio; Marcel 30. (luna) subiecta atque opposita soli radios eius et lumen obscurat; nat II 103. posteaquam exstinctis usu || his || omnis eorum memoria sensim obscurata est et evanuit; de or II 95. nummus in Croesi divitiis obscuratur; fin IV 31. quia animi permotio perturbata saepe ita est, ut obscuretur ac paene obruatur; de or III 215. radios: f. lumen. cum obscurato sole tenebrae factae essent repente; rep I 25.

obscurus, dunkel, unverständlich, undeutlich, unklar, unsicher, unbekannt, unberühmt, versteckt, heimlich: A. quod difficilius est non esse obscurum in re narranda; de or II 329. Amphiaraus et Tiresias non humiles et obscuri, sed clari et praestantes viri; div I 88. quid, si equitibus non obscuris neque ignotis, sed honestis et inlustribus manus ab Apronio adferebantur? Ver III 60. obscurum (causae genus est), in quo aut tardi auditores sunt aut difficilioribus ad cognoscendum negotiis causa est implicata; inv I 20. nonne in ea causa ius applicationis, obscurum sane et ignotum, patefactum in iudicio atque inlustratum est a patrono? de or I 177. Q. Pompeius, humili atque obscuro loco natus; Ver V 181. ut in obscuro odio apertas inimicitias ostenderem; ep III 10, 6. quod erant multa (oracla) obscura, multa ambigua; div I 116. haec pars orationis obscura est; de or II 329. neque obscuris personis nec parvis in causis res agetur; ep III 5, 2. in obscuris naturalibusque quaestionibus; part or 64. quem ad modum res obscurae dicendo fierent apertiores; inv II 156. quia, quanto obscuria considero, tanto mihi res videtur obscurior; nat I 60. illae contiones ita multas habent obscuras abditasque sententias, vix ut intellegantur; orat 30. ut multas me etiam simultates partim obscuras, partim apertas intellegam suscepisse; imp Pomp 71. nolo suspensam et incertam plebem Romanam obscura spe et caeca exspectatione pendere; agr II 66. in obscura veritate et quasi caliginosa stella exstiterit; div I 130. si obscuri testes erunt aut tenues; part or 117. deosne obicere iis (mortalibus) visa quaedam tortuosa et obscura; div II 129. — B, l. dices ista ipsa obscura planius, quam dicuntur a Graecis; Tusc IV 10. — II. etiam a certis et inlustrioribus cohibes adsensum; hoc idem me in obscuris facere non sinis; Ac II 94.

obsecratio, Flehen, Bitte: I. etiam in obsecratio; de or III 205. — II, 1. eins vos obsecrationem repudiare, cuius ..; Font 48. — 2. si prece et

obsecratione humili ac supplici u t e m u r; inv I 22.
— III. quartus decimus (locus est), qui p e r obsecrationem sumitur; inv I 109.

obsecro, anflehen, bitten, beschwören: I. quod
ab eo pridie, cum multis lacrimis cum oraret atque
obsecraret, H e r a c l i u s impetrare non potuerat;
Ver II 42. obsecro, Torquate, haec dicit Epicurus?
fin II 21. — II, 1. cave te fratrum p r o fratris salute
obsecrantium misereat; Ligar 14. — 2. n o l i, obsecro,
dubitare . . ; Ligar 37. quam (facultatem) complec-
tere, obsecro; ep X 19, 2. — 3. obsecro, a b i c i a m u s
ista; A XIII 31ᵛ 3. — 4. non solum hortabor, u t
elaboret, sed etiam obsecrabo; de or II 85. obsecrans
per deos immortales, ut secum iure contenderent;
Quinct 96. — 5. qui omnes ad eum multique mortales oratum obsecratumque venerant, u t ne meas
fortunas desereret; Piso 77. — III. quid, obsecro
te, me miserum! quid futurum est? ep XIV 1, 5.
sed obsecro te, quid est quod audivi de Bruto? A
XVI 7, 8 — IV, 1. qui p r o salute mea p o p u l u m
Romanum supplex obsecrasset; sen 31. — 2. vos,
Quirites, oro atque obsecro, a d h i b e a t i s misericordiam; Rabir 5. — 3. (filius) obsecrabit patrem,
n e id faciat; of III 90. me obsecras amantissime,
ne obliviscar vigilare et ut animadvertam, quae fiant;
A VI 1, 20. f. 5. — 4. ad me obsecro te u t omnia
certa perscribas; A III 11, 2. id ut facias, te obtestor atque obsecro; A XI 1, 1. f. 3. — 5. illud
unum vos magno opere oro atque obsecro, ne
putetis . . ; Planc 56.

obsecundo, begünstigen: ut eius semper voluntatibus venti tempestatesque obsecundarint; imp
Pomp 48.

obsequium, Nachgiebigkeit: I. cui (Dionysio)
qui noster honos, quod obsequium d e f u i t? A VIII
4, 1. omne meum obsequium in illum fuit cum multa
severitate; A X 4, 6. obsequium multo molestiae,
quod peccatis indulgens praecipitem amicum ferri
sinit; Lael 89. — II. in obsequio comitas a d s i t;
Lael 89. ea non sunt ab obsequio nostro; A X 11,
3. — III. mulieres d e l e c t a r i obsequio et comitate
adulescentis; A VI 6, 1. effeci omni obsequio, ut
neutri illorum quisquam esset me carior; A VII 1, 2.
comprehendere multos amicitia, tueri obsequio; Lael 13.

obsequor, willfahren, nachgeben, folgen: I. ne,
dum h u i c obsequor, vobis molestus sim; fin V 8.
auspiciis plurimum obsecutus est Romulus; rep II 16.
consuetudini auribus indulgens libenter obsequor;
orat 157. obsequere huic errori meo; A XII 25, 2.
obsequor homini familiarissimo; ep XIII 75, 1. obsequar studiis nostris; de or I 3. cum studio tuo
sim obsecutus; orat 2. ut in navigando tempestati
obsequi artis est; ep I 9, 21. obsequar voluntati
tuae; fin II 17. — II. quam ob rem, Cluenti, de te
tibi obsequor; Cluent 149.

obsero, besäen: cum (c a m p u m Leontinum) ob-
situm vidisses; Ver III 47. frugibus (terra) obsere-
batur; leg II 63.

observans f. observo, I, 2. III, 1.

observantia, Aufmerksamkeit, Hochachtung,
Ehrerbietung: I. neque meam tibi observantiam d e-
f u i s s e; ep V 8, 3. observantia (est), per quam
homines aliqua dignitate antecedentes cultu quodam
et honore dignantur; inv II 161. — II, 1. observantiam (eam a p p e l l a n t), per quam aetate ant sapientia aut honore aut aliqua dignitate antecedentes
reveremur || veneremur, al. || colimus; inv II 66.
nulla est poena, quae possit observantiam eniorum
ab hoc vetere instituto officiorum excludere; Muren
71. — 2. qua in omnibus officiis tuendis erga te observantia et constantia f u i s s e m; ep III 9, 1. —
3. magnam ex eorum splendore et observantia c a-
p i es voluptatem; ep XII 26, 2. — III. ne magnum
o n u s observantiae Bruto nostro imponerem; ep XIII
11, 1. — IV, 1. Sex. Aufidius observantia, qua me

colit, a c c e d i t ad proximos; ep XII 27, 1. Servius
summa me observantia colit; ep IV 4, 5. f. accedere.
ego virtute atque observantia filii tui monitus nullo
loco dero; ep V 17, 5. — 2. per f. I. II, 1.

observatio, Wahrnehmung, Beobachtung:
I. quae si a natura profecta observatio atque usus
a g n o v i t; div I 131. observatio diuturna notandis
rebus fecit artem; div II 146. — II, 1. observationes
testificationes, seductiones testium a n i m a d v e r t e-
b a n t; Muren 49. — 2. artificiosum (genus divinandi)
constare partim ex coniectura, partim ex observatione diuturna; div II 26. — III. a d f e r t vetustas
omnibus in rebus longinqua observatione incredibilem
scientiam; div I 109. natura magis tam casuque,
nunquam aut ratione aliqua aut ulla observatione
fiebat; Bru 33. ut poëticae versus inventus est terminatione aurium, observatione prudentium; orat 178.
quae portentis, quae astris, praesentiuntur, haec notata sunt observatione diuturna; div I 109.

observito, beachten, beobachten: principio
Assyrii traiectiones m o t u s que stellarum observitaverunt; div I 2. neque solum deorum voces Pythagorei observitaverunt, sed etiam hominum, quae vocant omina; div I 102.

observo beobachten, lauern, darauf achten,
halten, einhalten, ehren, verehren: I, 1. quo modo
haec infinita observando notare possumus? div II
146. — 2. ut p a u c o s aeque observantes atque
amantes me habere existimem; A XVI 16, 3. — II.
1. observant, quem ad modum sese unus quisque
nostrum gerat; Ver pr 46. — 2. quod ne accidat
observari nec potest nec necesse est; orat 190. nec
(videtur vera amicitia) atque observare restricte || stricte .
ne plus reddat quam acceperit; Lael 58. — 3. cum
observetur, ut casta corpora adhibeantur; leg II 24. —
III, 1. A Fufium, observantissimum studiosissimumque
nostri; ep XIII 3. — 2 (Calvus) ipse s e s e obser-
vans; Bru 283. cum || quam || me colat et observet;
ep IV 3, 4. observor a familiarissimis Caesaris omnibus; ep VII 24, 1. cum (Patro) te quoque et tuos
omnes observabat; ep XIII 1, 2. me, quae solers
in dicendo observare, docuisti; de or 197. quae observata sunt in usu ac tractatione dicendi; de or I
109. centesimas me observaturum cum anatocismo
anniversario; A V 21, 11. cum gratias agam, quod
meas commendationes tam diligenter observes; ep
XIII 27, 1. qui (P. Sestius) ita suum consulem observavit, ut . . ; Sest 8. sum ab observando homine
perverso liber; A I 13, 2. omnes eos (patronos hospitesque) colere atque observare destiterunt; Sex
Rosc 106. omnia momenta observabimus; ep VI 10, 5.
sunt quidam oratori numeri observandi ratione quaedam; orat 77. hereditatis spes quem nutum locupletis orbi senis non observat? par 39. cum praesertim tam multi occupationem eius observent tempusque aucupentur; Sex Rosc 22. patronos: f. hospites. habeo alia signa, quae observem; ep VI 6,
7. ut inimicitia (sit) ira ulciscendi tempus observans; Tusc IV 21. ei praecepi, ut tempus obser-
varet epistulae tibi reddendae; ep XI 16, 1.

obses, Geisel, Bürge: I. tuus parvus filius pacis obses f u i t; Phil I 31. — II. ab iis Pindenisium
capto obsides a c c e p i; ep XV 4, 10. (Staienus) has
condemnationem dederat obsidem Bulbo et ceteris,
ut destitutus ab Oppianico videretur; Cluent 83.
habet a M. Caelio res publica duas accusationes obsides periculi; Cael 78. — III. quae (pax) erat facta
p e r obsidem puerum nobilem; Phil II 90.

obsessio, Einschließung, Belagerung: quoniam
non Capitolii atque arcis obsessio est; Rabir 35. —
II. hunc concedis nullius obsessionis, nullius proelii
e x p e r t e m fuisse; Balb 6. — III. ut omnes copiae
regis d i u t u r n i t a t e obsessionis consumerentur;
Muren 33.

obsessor. Belagerer: quis est Sergius? fori depopulator, obsessor curiae; dom 13.

obsideo, besetzt halten, belagern, einschließen, blockieren, in Anspruch nehmen, sich bemächtigen, abpassen: cum is, qui audit, ab oratore iam obsessus est ac tenetur; orat 210. qui consulem inclusum obsederis; Vatin 23. corporibus omnis obsidetur locus; leg III 19. nos, quoniam superum mare obsidetur, infero navigabimus; A IX 19, 3. ne Mutinam obsideat; Phil VI 4. Milonem gladiatoribus et bestiariis obsedisse rem publicam; Vatin 40. cum speculatur atque obsidet rostra moderatrix officii curia; Flac 57. quibus (turmis equitum) inclusum in curia senatum Salamine obsederat; A VI 1, 6. iacere humi ad obsidendum stuprum; Catil I 26. hominem ab isto quaesitum esse, qui meum tempus obsideret; Ver pr 6. ex illo obsesso atque adflicto tribunatu; Vatin 16. urbem Asiae clarissimam obsessam esse ab ipso rege et oppugnatam vehementissime; imp Pomp 20.

obsidio, Einschließung, Bedrängnis: I, 1. Narbonensis colonia nuper obsidione hostium liberata; Font 46. cum (C. Marius) obsidione rem publicam liberasset; Rabir 29. — 2. qui ex obsidione faeneratores exemerit; ep V 6, 2. — II. solet ipse accipere manicas nec diutius obsidionis metum sustinere; Phil XI 26. — III. urbes partim vi, partim obsidione cepit; Muren 20.

obsignator, Untersiegler: I. quod probavit Caesar nobis testibus et obsignatoribus; A XVI 16, 15. — II, 1. qui te obsignatorem adhibuerunt; A XIV 14, 5. neque earum auctorem litterarum neque obsignatorem nominabis? Cluent 186. — 2. quod scribis Terentiam de obsignatoribus mei testamenti loqui; A XII 18, a, 2.

obsigno, untersiegeln, versiegeln: I, 1. ad obsignandum tu adhibitus non sine causa videris; A XIV 3, 2. quod non advocavi ad obsignandum; A XII 18, a, 2. — obsignat signis amicorum provideus homo; Ver V 102. — II. ridiculum est illud Neronianum vetus in furace servo: „solum esse, cui domi nihil sit nec obsignatum nec occlusum"; de or III 248. quod (decretum) ego obsignavi cum multis amplissimis viris; A XVI 16, 11. obsignata iam ista epistula; A VIII 6, 1. quas ego litteras obsignandas publico signo deportandasque curavi; Ver IV 140. matrona visa est in quiete obsignatam habere naturam; div II 145. pecunia obsignata in manibus Scamandri deprehenditur; Cluent 47. tabulae obsignantur; inv II 149. testamentum simul obsignavi cum Clodio; Milo 48.

obsisto, entgegenstellen, sich entgegenstellen, widersetzen, Widerstand leisten: I, 1. causam ita popularem, ut non posset obsisti; leg III 26. — 2. frequentes armati obstiterunt; Caecin 21. nisi quae vis obstitit; nat II 35. — II, 1. ne: f. IV. — 2. quo minus: f. III. naturis. — III. ambitionem putabis mihi obstitisse; A I 1, 4. multis obsistentibus eius erga me studio atque amori; Piso 76. me agrariae legi et commodo vestro obsistere; agr III 3. quod ingenium, quae facultas dicendi, quae defensio huic uni crimini potuit obsistere? Cluent 48. ut tamquam hosti sic obsistat dolori; Tusc II 51. sceleri ac furori tuo non mentem aliquam aut timorem tuum, sed fortunam populi Romani obstitisse; Catil I 15. hosti: f. dolori. legi: f. commodo. ceteris naturis multa externa, quo minus perficiantur, possunt obsistere; nat II 35. esti maximam actionem puto obsistere opinionibus; Ac II 108. sceleri: f. furori. obstiti eius sermoni; Q fr I 2, 5. studio: f. amori. — IV armatos se obstitisse, ne in aedes accederes; Caecin 36. »idem (haruspices) fulgura ‖ fulgura ‖ atque obstita pianto«; leg II 21.

obsoleo, den Glanz verlieren: in homine

Merguet, Handlexikon zu Cicero.

turpissimo obsolefiebant dignitatis insignia; Phil II 105.

obsolesco, obsoletus, veralten, abkommen, den Wert verlieren, vergehen, part. alt, abgenutzt, alltäglich: quae propter vetustatem obsolverint; inv I 39. quae sane nunc quidem obsoleverunt; de or III 136. non vult populus Romanus obsoletis criminibus accusari Verrem; Ver V 117. si paulo obsoletior fuerit oratio; de or III 33. quibus (Cyrenaicis philosophis) obsoletis; of III 116. cuius splendor omnis his moribus obsolevit; Quinct 59. hoc (studium) a plerisque eorum desertum obsolevisse; inv I 4. studiis militaribus apud iuventutem obsoletis; Font 42. ut (orator verba) abiecta et obsoleta fugiat; de or III 150. (P. Rullus) esse meditabatur vestitu obsoletiore quam ante; agr II 13. quae (virtus) splendet per sese semper neque alienis umquam sordibus obsolescit; Sest 60.

obsolete, alt, unscheinbar: ut eum paulo obsoletius vestitum videret; Ver I 152.

obsonium, Zukost: sin autem obsonio (hoc adsecutus es); ep IX 19, 2.

obsono, Speise einkaufen: se, quo melius cenaret, obsonare ambulando famem; Tusc V 97.

obstinatio, Hartnäckigkeit: quae ego omnia obstinatione quadam sententiae repudiavi; prov 41.

obstinatus, entschlossen, hartnäckig: incredibile est, quanto mihi videatur illius voluntas obstinatior; A I 11, 1.

obstipesco (obstup.), staunen: quibus (beneficiis) illi obstupescunt; A V 21, 7. eius (Tagetis) aspectu cum obstipuisset bubulcus; div II 50. homo obstupuit hominis improbi dicto; Ver I 66.

obstipus, seitwärts geneigt: »obstipum caput tereti cervice reflexum«; nat II 107.

obsto, im Wege stehen, hinderlich sein: I, 1. nec, si non obstatur, propterea etiam permittitur; Phil XIII 14. — 2. obstabat in spe consulatus Miloni Clodius; Milo 34. si omnia removentur, quae obstant et impediunt; Ac II 19. sibi facinoris suspicionem, non facti crimen obstare; Milo 96. quoniam ei pecuniae vita Sex. Roscii obstare atque officere videatur; Sex Rosc 6. — II. quid obstat, quo minus (deus) sit beatus, si non sit bipes? nat I 95.

obstrepo, übertönen, behelligen, belästigen: I. ut quodam modo ipsi sibi in dicendo obstrepere videantur; de or III 50. ut tibi litteris obstrepere non auderem; ep V 4, 1. — II. eius modi res obstrepi clamore militum videntur et tubarum sono; Marcel 9.

obstringo, fesseln, verpflichten, verwickeln, verstricken: se legibus obstrictos in tantis molestiis esse; inv II 132. si obstricti pactione tenebamini; Piso 30. quam ob rem viderer maximis beneficii vinculis obstrictus; Planc 72. qui se eo (parricidio) obstrinxerit; of III 83. quibuscumque officiis in Epiroticis reliquisque rebus Atticum obstrinxeris, iisdem me tibi obligatum fore; ep XIII 18, 2. ego me maiore religione, quam quisquam fuit ullius voti, obstrictum puto; A XII 43, 3 (2). obstrinxisti religione populum Romanum; Phil II 83.

obstructio, Einschließung: haec obstructio nec diuturna est neque obducta ita, ut oculis perspici non possit; Sest 22.

obstruo, verbauen, hinderlich sein, versperren, verschließen: I. Catonis luminibus obstruxit haec posteriorum quasi exaggerata altius oratio; Bru 66. si (se) luminibus eius esse obstructurum minabatur; dom 115. — II. ad quos (fructus) omnis nobis aditus, qui paene solis patuit, obstructus est; Bru 16. etsi omnis cognitio multis est obstructa difficultatibus; Ac II 7. qui (Scipiones) iter Poenis vel corporibus suis obstruere voluerunt; Cato 75. obstruite perfugia improborum; Sulla 79.

obstupefacio, in Erstaunen setzen, betäuben: (*L. Catilina*) non obstupefactus ac perterritus mea diligentia esse dicetur; Catil II 14, qui (plausus) obstupefactis hominibus ipsa admiratione compressus est; Deiot 34.

obstupesco s. **obstipesco.**

obsum, hinderlich sein, schaden: non tam ut prosim causis, elaborare soleo, quam ut ne quid obsim; de or II 295. ego ei (fratri) ne quid apud te obsim, id te vehementer etiam atque etiam rogo; A XI 12, 2. an in eo auctoritas nihil obest? mihi quidem videtur vel plurimum; Ac II 60. utrique nostrum desiderium nihil obfuisset; Muren 21. quin homines plurimum hominibus et prosint et obsint; of II 17. ut inimicus neque deesse nocenti possit neque obesse innocenti; Ver III 162. huic oberit tuum maledictum; Cael 23. qui (pudor) non [modo non] obesset eius (Crassi) orationi, sed etiam probitatis commendatione prodesset; de or I 122. quae (res) noceant et obsint; of II 12. si hae tabulae nihil tibi erant offuturae; Ver III 112.

obsurdesco, taub werden: obsurdescimus nescio quo modo; Lael 88. hoc sonitu oppletae aures hominum obsurduerunt; rep VI 19.

obtego, verdecken, bedecken, schützen: quicum ego cum loquar, nihil fingam, nihil dissimulem, nihil obtegam; A I 18, 1. (frater) se servorum corporibus obtexit; Sest 76. quem ad modum os resectum || reiectam, al. || terra obtegatur; leg II 55. ut adulescentiae turpitudo obscuritate et sordibus tuis obtegatur; Vatin 11.

obtemperatio, Gehorsam: quodsi iustitia est obtemperatio scriptis legibus institutisque populorum; leg I 42.

obtempero, willfahren, nachkommen, gehorchen: I. si hic ordo placere decreverit te ire in exilium, obtemperaturum te esse dicis; Catil I 20. ita fit, ut ratio praesit, appetitus obtemperet; of I 101. — II. populus Romanus dolori suo maluit quam auctoritati vestrae obtemperare; imp Pomp 56. cum auspiciis obtemperatum esset; div II 20. dolori: s. auctoritati. legibus obtemperare debetis; inv I 70. ut obtemperent oboediantque magistratibus; leg III 5. mori satius fuisse quam eius modi necessitudini obtemperare; inv II 100. praestantissimum est obtemperare rationi; of I 141. quam ob rem scripto non potuerit aut non oportuerit obtemperari; inv II 127. cuius voluntati mihi obtemperandum est; Cluent 158.

oltendo. verhüllen: multis simulationum involucris tegitur et quasi velis quibusdam obtenditur unius cuiusque natura; Q fr I 1, 15.

obtero, zermalmen, vernichten: cum neque possent obtritos internoscere ullo modo; de or II 353. ut auriga indoctus e curru trahitur, obteritur, laniatur, eliditur; rep II 68. ita calumniam stultitiamque eius obtrivit ac contudit; Caecin 18 obterendae sunt omnes voluptates; Cael 46.

obtestatio, Beschwörung, bringende Bitte: I. quid illa tua tum obtestatio tibicinis (voluit)? dom 125. — II. Phaedri obtestationem sibi (tuendam) esse; ep XIII 1, 4. — III. utrum capitis consecratione an obtestatione legis sacrosanctum (foedus) esse confirmas? Balb 33.

obtestor. zu Zeugen anrufen, beschwören, anflehen: I. cum ego te, Flacce, caelum noctemque contestans flens hominem obtestabar; Flac 102. (L. Murena) vestram fidem obtestatur; Muren 86. — II, 1. quod ne faciatis, oro obtestorque vos; Rab Post 46. — 2. oro obtestorque te, ut Quintum fratrem ames; A III 23, 5. id ut facias, te obtestor atque obsecro; A XI 1, 1. ceteros deos deasque omnes imploro et obtestor, ut sit . .; Ver V 188.

obtineo, einnehmen, inne haben, besitzen, festhalten, behaupten, aufrecht erhalten: I. obtinebo eam (sententiam) multo leniorem fuisse; Catil IV 11. si Chrysippus non obtinuerit omne, quod enuntietur, aut verum esse aut falsum: fat 21. — II. omnia, quae voles, obtinebis; ep I 8, 5. cum eam (Academiam) Charmadas et Clitomachus obtinebant; de or I 45. malas causas semper obtinuit. in optima concidit; A VII 25. quoniam omnia commoda nostra, iura, libertatem, salutem denique legibus obtinemus; Cluent 155. obtineo dignitatem meam: ep IV 14, 1. cum nihil tibi deesse arbitrer ad tuas fortunas omnes obtinendas praeter voluntatem; ep IV 7, 3. quorum alter apud me parentis gravitatem. alter filii suavitatem obtinebat; Sulla 19. cum tu Hispaniam citeriorem cum imperio obtineres; ep I 9, 13. obtinemus ipsius Caesaris summam erga nos humanitatem; ep IV 13, 2. iura, libertatem: s. commoda. qui obtinere se non putaverunt posse licentiam cupiditatum suarum; A X 4, 1. quem locum apud ipsum Caesarem obtinuisti? Phil II 71. sidera aetherium locum obtinent; nat II 42. ut facilitate sua nos eam necessitudinem, quae est nobis cum publicanis, obtinere et conservare patiantur; Q fr I I, 35. amplissimi honoris nomen obtinebis; Phil X 6. ad actionis usum atque laudem maximam sine dubio partem vox obtinet: de or III 224. neque sese arbitrari posse diutius alienam pecuniam domino incolumi obtinere; Sex Rosc 26. Q. Hortensium pro consule provinciam Macedoniam obtinere; Phil X 26. quam (rationem) si obtinemus; div I 117. salutem: s. commoda. maxime vellem, ut P. Sulla dignitatis suae splendorem obtinere potuisset; Sulla 1. suavitatem: s. gravitatem. testamentum initum fecit. quod etiam infimis civibus semper obtentum est; Phil II 109. eam (naturalem legem) vim obtinere recta imperantem prohibentemque contraria; nat I 36.

obtingo, begegnen, widerfahren, zu teil werden: I. cum tibi sorte obtigisset, ut ius diceres; Ver V 38. — II. ex quo quod cuique obtigit, id quisque teneat; of I 21. damnatio ista obtigit P. Rutilio; Piso 95. talia cuique exta esse, qualis cuique obtigerit hostia; div II 38. cum tibi aut quam provincia sorte obtigisset; Vatin 12. — III. te mihi quaestorem obtigisse; ep II 19, 1.

obtorpesco, erstarren, gefühllos werden: »iam subactus miseriis obtorpui«; Tusc III 67. quis est, qui existimare possit huic novo pontifici non manum obtorpuisse? dom 135.

obtorqueo. umbrehen. ergreifen: ut illum collo obtorto ad subsellia reduceret; Cluent 59 quem obtorta gula in vincla abripi iussit; Ver IV 24.

obtrectatio, Verkleinerung, Mißgunst: I. obtrectatio est, ea quam intellegi ζηλοτυπίαν volo. aegritudo ex eo, quod alter quoque potiatur eo. quod ipse concupiverit; Tusc IV 17 (18). lacerat. s. II, 3. — II, 1. intellego: s. I. — 2. illorum erit verius iudicium obtrectatione et malevolentia liberatum; Q fr I I, 43. — 3. quod aequalitas vestra tantum abest ab obtrectatione et invidia. quae solet lacerare plerosque; Bru 156. — III. 1. quos invidia atque obtrectatione quadam impediri (putamus); inv I 16. — 2. ex civilibus studiis atque obtrectatione domestica; Font 26.

obtrectator, Widersacher, Neider: I. reliqua iam praecipitantis tribunatus etiam post tribunatum obtrectatores eorum atque adversarii defenderunt: har resp 50. — II. quod non obtrectatorem laudum mearum amissuram; Bru 2. — III. locum sermoni obtrectatorum non relinquit; Flac 68. — IV. a tuis invidis atque obtrectatoribus nomen inductum fictae religionis; ep I 4, 2.

obtrecto, verkleinern, Abbruch tun: I. et invidere aegritudinis est et aemulari et obtrectare. Tusc III 83. ipsum illud aemulari, obtrectare non

esse inutile; Tusc IV 46. si obtrectabitur, utar auctoritate senatus; A III 26. — II. cum sit obtrectantis angi alieno bono, quod id etiam alius habeat; Tusc IV 56. — III. Arcesilas Zenoni obtrectans; Ac II 16. qui huic obtrectant legi atque causae; imp Pomp 21.

obtundo, abftumpfen, fchwächen, beläftigen: I. non obtundam diutius; Ver IV 109. — II. tam longis t e epistulis non obtunderem; A VIII, 1, 4. quo quid dici potuit obtusius? nat I 70. ille (animus), cuius ‖ cui ‖ obtusior sit acies; Cato 83. nihil est, quod tam obtundat elevetque aegritudinem quam cogitatio . . ; Tusc III 34. ingenia obtundi nolui; de or III 93. · cum (patronus) vocem in dicendo obtudisset; de or II 282.

obturbo, betäuben, ftören: me scriptio et litterae non leniunt, sed obturbant; A XII 16. quam (solitudinem) non obturbavit Philippus; A XII 18, 1.

obturo, verftopfen: obstructas eas partes et obturatas esse; fat 10.

obtutus, Blick: I, 1. animus oculorum effugit obtutum; Tim 27. qui vultum eius (Crassi) obtutumque oculorum in cogitando probe nosset; de or III 17. — 2. ex oculorum obtutu facile iudicabimus, quid eorum apte fiat; of I 146. — II. quodam obtutu oculorum duo pro uno (videntur) lucernae lumina; div II 120.

obvallo, verfchanzen: quem (locum) nobilitas omni ratione obvallatum tenebat; agr II 3.

obvenio, widerfahren, fich zutragen, zu teil werden: ne inges ‖ iuge, al. ‖ auspicium obveniat; div II 77. qui (iudices) ei obvenerint; Cluent 148. sin quae necessitas huius muneris alicui rei publicae obvenerit; of II 74. simul atque ei sorte provincia Sicilia obvenit; Ver II 17.

obversor, vorfchweben: mihi ante oculos obversatur rei publicae dignitas; Sest 7. obversentur species honestae verae ‖ vero, al. ‖; Tusc II 52.

obverto, hinwenden: »sicut obvertunt navem nautae.; fr I IV, a, 376.

obviam, entgegen: I. cupiditati hominum ait se obviam ire; Ver I 106. cum ipsa paene insula mihi sese obviam ferre vellet; Planc 96. tu mihi obviam mitte epistulas te dignas; ep II 12, 3. ego misi Tironem Dolabellae obviam; A XII 5, c (4). huic ad urbem venienti tota obviam civitas processerat; Sest 68. tu velim obviam nobis prodeas; ep XIV 5, 1. cum in Cumanum mihi obviam venisti; ep II 16, 3. — II. de obviam itione ita faciam, ut suades; A XI 16, 1. — III. huic (Pomptino) obviam Cato et Servilius praetores aperte; A IV 18, 4.

obvius, entgegen, begegnend: non dubitaverim me gravissimis tempestatibus obvium ferre; rep I 7. Terentia mihi obvia in foro fuit; A VII 2, 2. obviae mihi velim sint tuae litterae; ep II 12, 1. velim obviae mihi litterae mittas; A VI 5, 1. tu fac, ut mihi tuae litterae volent obviae; A VI 4, 3.

obvolvo, verhüllen: si pictor ille vidit obvolvendum caput Agamemnonis esse; orat 74. os obvolutum est folliculo et praeligatum; inv II 149.

occaeco, blenden, verblenden, verfinftern, bededen: ego non stultitia occaecatus, sed verecundia deterritus; ep XV 1, 4. spes rapiendi atque praedandi occaecat animos eorum; Phil IV 9. quia narratio obscura totam occaecat orationem; de or II 329. primum id (semen terra) occaecatum cohibet, ·x quo occatio, quae hoc efficit, nominata est; Cato 51.

occallesco, unempfindlich werden: de Statio manu misso et non nullis aliis rebus angor equidem, ·ed iam prorsus occallui; A II 18, 4.

occasio, günftiger Zeitpunkt, Gelegenheit: I. occasio est pars temporis habens in se alicuius rei

idoneam faciendi aut non faciendi oportunitatem; inv I 40. si fuerit occasio,manu, si minus, locis nos defendemus; A V 18, 2. — II. multo sermone querebantur amissas occasiones; A XV 11, 2. haec (occasio) distribuitur in tria genera: publicum, commune, singulare; inv I 40. ut primum occasio data est; ep XII 24, 2. amplam occasionem calumniae nactus; Ver II 61. hanc occasionem oblatam tenete; Phil III 34. teneo, quam optabam, occasionem neque omittam; leg I 5. queror: f. amitto. teneo: f. offero, omitto. — III, 1. an occasione agendi sic sit iudicium aut actio constituta; inv II 61. qui occasione aliqua etiam invitis suis civibus nactus est imperium· Bru 281. — 2. in occasione ad spatium temporis faciendi quaedam oportunitas intellegitur adiuncta; inv I 40.

occasus, Untergang, Weften, Ende: I. (haruspices) imperii occasum appropinquare dixerunt; Catil III 19. aut qui occasus futurus sit; div II 17. — II, 1. qui adulescentiam florem aetatis, senectutem occasum vitae velit definire; Top 32. necesse est ortus occasusque siderum non fieri eodem tempore apud omnes; div II 92. — 2. quorum (siderum) alterum (genus) spatiis immutabilibus ab ortu ad occasum commeans; nat II 49. cum ad occasum interitumque rei publicae dux Lentulus esset constitutus; Sulla 33. — III. post obitum occasumque vestrum; Piso 34.

occatio, Eggen: f. occaeco semen.

occento, ein Spottlied fingen: si quis occentavisset sive carmen condidisset, quod infamiam faceret flagitiumve alteri; rep IV 12.

occidens, Weften: visas ab occidente faces ardoremque caeli; Catil III 18. qui (homines) nobiscum terras ab oriente ad occidentem colunt; nat II 164.

occidio, Niedermetzelung, Vernichtung: cum A. Hirtius eius copias occidione occiderit; Phil XIV 36. eorum equitatum ab equitum meorum turmis occidione occisum; ep XV 4, 7.

occido, untergehen, umfommen, fterben, zu Grunde gehen, dem Ende entgegengehen: proeliantem eum (Eudemum) ad Syracusas occidisse; div I 53. ut eorum, qui occiderunt, miserias lugeas; ep V 16, 4. una animum et corpus occidere; Tusc I 18. Arctoe duae numquam occidentes; nat II 105. vestra beneficia in eiusdem exitio occasura esse; Milo 100. corpus: f. animus. quarum rerum recordatio et memoria si una cum illo (Scipione) occidisset; Lael 104. ai puer parvus occidit; Tusc I 93. recordatio: f. memoria. aliquid opis occidenti rei publicae tulissemus; ep IV 1, 1. qui (occidi) solem, ut aiunt, nec occidentem umquam viderint nec orientem; fin II 23. ut mea vox in domesticis periculis potissimum occideret; Q fr I 3, 2.

occido, erfchlagen, niederhauen, töten, umbringen, ermorden: I. ipse (dictator) iubebat occidi nullo postulante; Ligar 12. — II. Q. Lollius in itinere occisus est; Ver III 63. coepit aperte dicere occidendum Milonem; Milo 25. cum A. Hirtius eius copias occidione occiderit; Phil XIV 36. L. Verginius virginem filiam sua manu occidit potius, quam . .; fin II 66. furem, hoc est praedonem et latronem, luce occidi vetant XII tabulae; Tul 50. cum de homine occiso quaeratur; Milo 8. latronem: f. furem. toti Asiae iure occisus videbatur istius ille verbo lictor. re vera minister improbissimae cupiditatis; Ver I 72. occidisse patrem Sex. Roscius arguitur; Sex Rosc 37. praedonem: f. furem. servos M. Tullii occidere iure non potuisti; Tul 53. quam sit gloriosum tyrannum occidere; Phil II 117.

occisio, Tötung, Mord: cuius gladio occisio erat facta; inv II 14. tu vim negabis factam, si caedes et occisio facta non erit? Caecin 41.

occludo, ſchließen, verſchließen: alqd: ſ. **obsigno,** II. de or II 248. quorum si quaestus occlusis tabernis minui solet; Catil IV 17. ut seditiosi tribuni solent, occludi tabernas iubes? Ac II 144.

occulo, verbergen, verheimlichen: quae (feminae) ceteris in urbibus mollissimo cultu „parietum umbris occuluntur"; Tusc II 36. interpuncta argumentorum plerumque occulas, ne qnis ea numerare possit; de or II 177. Appii vulnera non refrico, sed apparent nec occuli possunt; A V 15, 2.

occultatio, Verbergung, Verborgenhalten: I, 1. ibi occultatio nulla est; A IX 13, 5. — 2. latitare *est non, ut Cicero definit,* turpis occultatio sui; fr B 27. — II. aut occultatione proposita aut impunitate; fin II 73. — III. aliae (bestiae) fuga se, aliae occultatione tutantur; nat II 127.

occultator, Verberger: sustinuisset hoc crimen ipse ille latronum occultator et receptor locus; Milo 50.

occulte, verborgen, heimlich, dunkel, ſchwer verſtändlich: video, quid agat; neque enim agit occultissime; Ver pr 15. imperat suis, ut id (candelabrum) in praetorium involutum quam occultissime deferrent; Ver IV 65. nec consulto dicis occulte tamquam Heraclitus, sed ne tu quidem intellegis; nat I 74. ut perpauca occulte fecerit; Ver II 45. Alexandria cunctaque Aegyptus ut occulte latet! agr II 41. quae res aperte petebatur, ea nunc occulte cuniculis oppugnatur; agr I 1. aut omnia occulte referenda fuerunt aut aperte omnia; Flac 44. cum carminibus soliti illi esse dicantur praecepta quaedam occultius tradere; Tusc IV 3.

occulto, verborgen halten, verheimlichen: I. ex omni deliberatione celandi et occultandi spes opinioque removenda est; of III 37. — II. etiam hoc utile est, quorum id scelere conflatum sit, me occultare et tacere; dom 30. — III. (Lentulus) inventus est vix in hortis suis *se* occultans; A IX 11, 1. quoniam sententiae atque opinionis meae voluistis esse participes, nihil occultabo; de or I 172. dolorem iustissimum, si non potuero frangere, occultabo; Phil XII 21. maxime in pecuniis creditis occultat suum gandium; of II 79. quid accidit, cur tanto opere iste homo occultaretur? Ver V 65. ex ea (vita) quaeratur, num quae occultetur libido; Sulla 78. non occultandi maleficii spes reperietur; Cael 53. Lentulus ceterarum virtutum dicendi mediocritatem actione occultavit; Bru 235. ne quod in vestimentis telum occultaretur; of II 25. ut eo magis eluceat (tenuitas), quo magis occultatur; Sex Rosc 86.

occultus, verborgen, verſteckt, geheim, heimlich, n. Geheimniß: A. qui occultus et tectus dicitur; fin II 54. sin autem me astutum et occultum lubet fingere; ep III 10, 8. si quid erit occultius et, ut scribis, „reconditum"; ep XI 21, 5. quod factum eius modi est, ut sine occulto consilio fieri non potuerit; Tul 32. nullae sunt occultiores insidiae quam eae, quae latent in simulatione officii; Ver I 39. hoc occultum intestinum ac domesticum malum opprimit, antequam . . ; Ver I 39. omnium rerum occultarum ignoratione sublata; fin I 64. quod sacrificium est tam occultum quam id? har resp 37. multa sunt occulta rei publicae vulnera; agr I 26. — B, a. callidus ille et occultus ne se insinuet, studiose cavendum est; Lael 99. — b, I. quae (vis) investigat occulta, quae inventio atque cogitatio dicitur; Tusc I 61. honesta bonis viris, non occulta quaeruntur; of III 38. — II. multi viri boni cum ex occulto intervenissent; Cluent 47. utrum (convenit C. Rabirium) inclusum atque abditum latere in occulto? Rabir 21. — III. ex occulto auditas esse voces; div I 99.

occumbo, niederſinken, erleiden: ut esset, qui pro patria mortem non dubitaret occumbere; Tusc I 102.

occupatio, Besetzung, Besitznahme, Beſchäftigung: I. si ambitionis occupatio cursu || decursu honorum etiam aetatis flexu constitisset; de or II. in quo(bello) ita magna rei militaris esse occupatio solet, ut . . ; Ac II 4. si te impediebat ista conviviorum mulierumque occupatio; Ver V 83. - II, 1. cum praesertim tam multi occupationem eius observent; Sex Rosc 22. — 2. si te occupatione ista relaxaris; A XVI 16, 2. — 3. ad summas atque incredibiles occupationes meas accedit, quod . . ; A I 19, 1. quanto minus est ad iuris civilis perdiscendi occupationem descendendum? de or I 252. id (tempus) ereptum e summis occupationibus; A I 14, 1. quod te in tanta hereditate ab omni occupatione expedisti; A III 20, 2. — III. occupationum mearum vel hoc signum erit, quod epistula librarii manu est; A IV 16, 1. — IV, 1. cum antea distinebar maximis occupationibus; ep XII 30, 2. sunt privata nulla natura, sed aut vetere occupatione, ut qni quondam in vacua venerunt, aut victoria aut . . ; of I 21. quamquam eram maximis occupationibus impeditus; ep X 28, 3. — 2. in hac tanta occupatione urbis ac vitae; de or I 21. in tuis tantis || tantis tuis || occupationibus; de or III 82. propter molestissimas occupationes meas; ep VII 1, 5.

occupo, einnehmen, überraſchen, überfallen, ſich bemächtigen, in Beſitz, in Anſpruch nehmen, beſchäftigen, anlegen: quo in negotio, quaestu, artificio sit occupatus; inv I 35. cuius dictatoris iussu magister equitum C. Servilius Ahala Sp. Maelium regnum appetentem occupatum interemit; Cato 56. quamvis occupatus sis, otii tamen plus habes; ep XII 30, 1. fuimus amicorum multitudine occupati; A VII 3, 7. non dubito, quin occupatissimus fueris; A XII 38, 1. ut ante occupet, quod videat opponi; orat 138. ſ. agrum. aede Castoris tamquam arce aliqua a fugitivis occupata; Sest 85. qui (sueer. tantum agri in illis rei publicae tenebris occupavit. quantum concupivit; agr II 69. suspenso animo et occupato Crassum tibi respondisse video; de or I 239. cum Atheniensium animos summus timor occupavisset; rep I 25. quod ante occupatur animus ab iracundia. quam providere ratio potuit, ne occuparetur; Q fr I 1, 38. arcem: ſ. aedem. qui Capitolium, qui rostra, qui urbis portas occuparent; Phil XIV 15. occupatissima in civitate; de or III 131. locus in subsellis occupetur; Bru 290. ne odii locum risus occupet: orat 88. plebs montem sacrum prius, deinde Aventinum occupavit; rep II 58. omne officium munusque sapientiae in hominis cultu esse occupatum; fin IV 36. pecuniam adulescentulo grandi faenore occupavisti; Flac 51. portas, rostra: ſ. Capitolium. Sp Cassium de occupando regno molientem; rep II 60. ecquid ego dicam de occupatis meis temporibus? Plane 66. quod ea verbis, quae maxime cuiusque rei propria essent, occupasset Ennius; de or I 154. quae (virgo Vestalis) pro vobis in dis immortalibus placandis occupata est; Font 46. in vita occupata atque militari; Tusc II 2. nunc omnes urbes, quae circum Capuam sunt, a colonis per eosdem decemviros occupabuntur; agr I 20.

occurro, begegnen, aufſtoßen, ſich barbieten, entgegenkommen, entgegentreten, vorbeugen: I. occurretur satietati; orat 219. cui vi et armis ingredienti sit occursum; Caecin 64. — II, 1. statim occurrit animo, quae sit causa ambigendi; de or II 104. non satis occurrit, quid scribam; ep XII 9, 1. — 2. pronuntiatum (sic enim mihi in praesentia occurrit ut appellarem ἀξίωμα); Tusc I 14. — 3. occurrebat ei (P. Clodio) mancam ac debilem praeturam futuram suam; Milo 25. — III. ut occurreret possimus interrogationibus eorum; Ac II 46. multa occurrunt, quae conturbent; nat I 61. de principio studuit animus occurrere magnitudini criminis; Sulla 69. maxime mihi occurrunt et quasi lucent Athenae

tuae; Bru 26. facilius eorum facta occurrent mentibus vestris; Sest 17. ipsi (paean, herous) occurrent orationi; de or III 191. iis occurrunt plerumque imagines mortuorum; div I 63. qui (loci) ad causam explicandam statim occurrant; de or II 130. occurrere solet ipsa (misericordia tua) supplicibus et calamitosis; Deiot 40. paean: f. herous. ubicumque haec (probabilitas) aut occurrat aut deficiat; Ac II 104. nullam aliam nobis de deo cogitantibus speciem nisi hominis occurrere; nat I 81. ut varietas occurreret satietati; orat 174. — IV. quodcumque maxime probabile occurrat; of III 20. — V. nihil erat, quod non ipse obiret, occurreret, vigilaret, laboraret; Catil I 16.

occursatio, Entgegenkommen, Glückwunsch: I. futtilis || facilis || est illa occursatio et blanditia popularis; aspicitur, non attrectatur; procul apparet, non excutitur; Planc 29. — II. vestras et vestrorum ordinum occursationes, studia, sermones se secum ablaturum esse dicit; Milo 95 (96). attrecto, al.: f. I.

Oceanus, Weltmeer: I. Oceanus vix videtur tot res tam cito absorbere potuisse; Phil II 67. — II. qui navem vel usque ad Oceanum mittere debuerunt; Ver V 50. — III. quid Oceano longius inveniri potest? prov 29.

ocellus, Auge: cur ocellos Italiae, villulas meas, non video? A XVI 6, 2.

ocius, schneller: deseremur ocius a re publica quam a re familiari; A XVI 3, 1. quod ingeniosi in morbum et incidunt tardius et recreantur ocius; Tusc IV 32. quid ocius et quid serius futurum sit; inv I 39.

octaphorus, mit acht Trägern, n. Sänfte: A. (Verres) lectica octaphoro || octoph. || ferebatur; Ver V 27. — B. cum hominem portaret ad Baias Neapoli octaphoro || octoph. || Asiciano; Q fr II 8, 2.

octavus, achte: A. ut adesset senatus frequens a. d. VIII Kalendas Decembres; Phil III 19. hora octava quae (bestiola) mortua est; Tusc I 94. — B. ager efficit cum octavo, bene ut agatur, verum, ut omnes di adiuvent, cum decumo; Ver III 112.

octiens, achtmal: cum aetas tua septenos octiens solis anfractus reditusque converterit; rep VI 12.

octingentesimus, achthundertste: si octingentesimum annum agerent; Cato 4.

octingenti, achthundert: consulatus, quem magistratum iam octingenti fere consecuti sunt; Planc 60. ∞IƆƆƆ fecit equites; rep II 36. HS deciens et octingenta milia; Ver I 100. mille et octingenta stadia quod abesset; Ac II 81.

octo, acht: anni sunt octo, cum ista causa in ista meditatione versatur; Cluent 82. deos octo esse (Xenocrates) dicit; nat I 34. menses octo continuos his opus non defuit; Ver IV 54. addicitur Venuleio tritici medimnum VIII milibus; Ver III 99. octo hominum milia tenebat Hannibal; of III 114. tribunis plebis octo referentibus; Sest 70.

October, des Oktober: adesse in senatum iussit a. d. XIII Kalendas Octobres; Phil V 19.

octogesimus, achtzigste: quartum ago annum et octogesimum; Cato 32.

octogiens, achtzigmal (8000000): nonne sestertium centiens et octogiens Romae in quaestu reliquisti? Piso 86. eius (T. Pinnii) filio pecuniam Nicaeenses grandem debent, ad sestertium octogiens; ep XIII 61.

octoginta, achtzig:· cum ille (Pacuvius) octoginta, ipse (Accius) triginta annos natus esset; Bru 229. se HS LXXX nummum frustra dedisse; Ver II 56.

octonarius, Vers von acht Jamben: cum tam bonos septenarios || octonarios || fundat ad tibiam; Tusc I 107.

octoni, je acht: pro singulis modiis, quos tibi impero, tu mihi octonos HS dato; Ver III 197.

octophoros f. **octaphorus.**

octuplus, achtfach: A. sextam octuplam primae (partem deus detraxit); Tim 22. — B, 1. cupio octupli damnari Apronium; Ver III 28. — II, 1. qui in decumanos octupli iudicium se daturum edixit; Ver III 34. qui (arator) poenam octupli persequatur; Ver III 28. — 2. quid tandem postulat arator? nihil nisi ex edicto iudicium in octuplum; Ver III 28.

oculus, Auge: I. Subiect: ardebant oculi; Ver V 161. oculi vera cernentes utuntur natura atque sensu; div II 108. coniventes illos oculos abavi tui magis optandos fuisse quam hos flagrantes sororis; har resp 38. multorum te etiam oculi et aures non sentientem custodient; Catil I 6. possunt oculi (dolere); Tusc II 44. repente te tamquam serpens e latibulis oculis eminentibus intulisti; Vatin 4. quod (sacrificium) non solum curiosos oculos excludit, sed etiam errantes; har resp 37. flagrant: f. conivent. video eius filium oculis lacrimantibus me intuentem; Sest 144. ut oculi aut nihil mentiantur aut non multum mentiantur; Ac II 82. oculi tamquam speculatores altissimum locum obtinent; nat II 140. animi est omnis actio et imago animi vultus, indices oculi; de or III 221. ut imago est animi vultus, sic indices oculi; orat 60. sensi populi Romani oculos esse acres atque acutos; Planc 66. caesios oculos Minervae, caeruleos esse Neptuni; nat I 83. quia (oculi) recte aliquando viderunt; div II 108. utuntur: f. cernunt.
II. nach Verben: 1. ut eum quoque oculum, quo bene videret, amitteret; div I 48. iisne rebus manus adferre non dubitasti, a quibus etiam oculos cohibere te religionum iura cogebant? Ver IV 101. omnium oculos in me unum coniectos esse; Ver V 35. pueri Sisennae oculos de isto nusquam deicere; Ver IV 33. oculos natura nobis, ut equo aut leoni saetas, caudam, aures, ad motus animorum declarandos dedit; de or III 222. hi duo illos oculos orae maritimae effoderunt; nat III 91. nos quoque oculos eruditos habemus; par 38. excludo: f. I. errant. habeo: f. erudio. quamquam me vester honos intentis oculis omnes rei publicae partes intueri iubet; agr II 77. quibus (formis) oculi iucunde moveantur; Tusc III 46. quae (statuae) populi Romani oculos animosque maxime offendunt; Ver II 150. opto: f. I. conivent. ut in eius corpore lacerando atque vexando oculos paveri suos; Phil XI 8. erat (Roscius) perversissimis oculis; nat I 79. (voluptas) mentis, ut ita dicam, praestringit oculos; Cato 42. quae (natura) oculos membranis tenuissimis vestivit et saepsit; nat II 142. cum oculum torsisset; Ac II 80. vestio: f. saepio. — 2. vos non modo oculis imagines, sed etiam animis inculcatis; nat II 108. parcite oculis saltem meis; Phil XII 19. facilius eorum facta occurrent mentibus vestris, si oculis ipsa oculis proposueritis; Sest 17. — 3. ut idem oculis et auribus captus sit; Tusc V 117. caret oculis, odiosa caecitas; Tusc I 87. quibus in studiis (Diodotus) oculis non egebat; Tusc V 113. qui (Democritus) dicitur se oculis privasse; fin V 87. sum: f. 1. perverto. — 4. numquam ab oculis meis afuerunt; A XIII 21, a, 2 (5). quoniam nobis est hic in foro atque [in] oculis civium constituendus; de or II 41. quam (audaciam) ille praesens in mentibus vestris oculisque defixit; prov 8. Balbum in oculis fero; Q fr III 1, 9. in oculos incurrentibus iis, quos aequo animo videre non possum; A XII 21, 5. mihi ante oculos obversatur rei publicae dignitas; Sest 7. pone illum ante oculos tuos; Deiot 20. istam virtutem non latere in tenebris, sed in luce Asiae in oculis clarissimae provinciae esse positam; Q fr I 1, 9. archipiratam ab oculis

omnium removisti; Ver V 136. patrem eius dicendo a mortuis excitasses; statuisses ante oculos; de or I 245. publicanis in oculis sumus; A VI 2, 5. versatur ante oculos luctuosa nox meis omnibus; Rab Post 47. mors ob oculos saepe versata est; Rab Post 39.

III. **nach Subftantiven**: 1. hebes acies est cuipiam oculorum; fin IV 65. hic vir impediri etiam animi aciem aspectu oculorum arbitrabatur; Tusc V 114. facit vester iste in me animorum oculorumque coniectus, ut . . ; Sest 115. f. intentio. ut mater geminos internoscit consuetudine oculorum: Ac II 57. in eo (ore) ipso dominatus est omnis oculorum; de or III 221. quorum (oculorum) et hilaritatis et vicissim tristitiae modum res ipsae, de quibus agetur, temperabunt; orat 60. f. intentio. oculi sunt, quorum tum intentione, tum remissione, tum coniectu, tum hilaritate motus animorum significemus apte cum genere ipso orationis; de or III 222. oculorum est quaedam magna moderatio; orat 60. qui (Heraclius) propter gravem morbum oculorum suorum tum non navigarit; Ver V 111. ex oculorum obtutu facile iudicabimus, quid eorum apte fiat; of I 146. remissio: f. intentio. „oculorum", inquit Plato, „est in nobis sensus acerrimus"; fin II 52. (Chaldaei) oculorum fallacissimo sensu iudicant ea, quae animo videre debebant; div II 91. quae (palpebrae) sunt tegmenta oculorum; nat II 142. tristitia: f. hilaritas. quae vitatio oculorum, lucis, urbis, fori! Phil III 24. — 2. processit qua auctoritate vir! composito capillo, gravibus oculis' fluentibus buccis; sen 13.

IV. **Nußtand**: 1. omnia sic aperiam, ut ea cernere oculis videamini; Cluent 66. cur coniveres altero oculo, causa non esset; nat III 9. carere me aspectu civium quam infestis omnium oculis conspici mallem; Catil I 17. is (vultus) oculis gubernatur; de or III 223. te hilarioribus oculis, quam solitus eras, intuente; Piso 11. f. I. lacrimant. II, 1. intendo. totam licet animis tamquam oculis lustrare terram mariaque omnia; nat II 161. vitam suam pluribus, quam vellet, observari oculis arbitrabatur; Ver III 3. cum res non coniectura, sed oculis ac manibus teneretur; Cluent 19. quam (eloquentiam) nullis nisi mentis oculis videre possumus; orat 101. f. II, 1. amitto. — 2. contingebat in eo, ut aures ab oculis vincerentur; fr F VI 14. quae (res) ante oculos gestae sunt; Font 5. nec ille (Q. Maximus) in luce modo atque in oculis civium magnus; Cato 12.

odi, haffen: I, 1. aperte vel odisse magis ingenui est quam fronte occultare sententiam; Lael 65. — 2. qui agros immunes liberosque arant, cur oderunt? Ver II 166. — II. oderam multo peius hunc (Bursam) quam illum ipsum Clodium; ep VII 2, 3. nec ipsum (Appium) odimus et Brutum amamus; A VI 2, 10. qui potest cogitari esse aliquod animal, quod se oderit? fin V 28. qui auctorem odimus, acta defendimus; Phil II 96. nonne omnem exsuperantiam virtutis oderunt? Tusc V 105. quae (virtus) necesse est cum aliqua cura res sibi contrarias aspernetur atque oderit, ut bonitas malitiam, temperantia libidinem, ignaviam fortitudo; Lael 47. omnes immemorem beneficii oderunt; of II 63. quo (odio) omnes improbos odimus; Milo 35. quod oderat Habitus inimicum; Cluent 170. libidinem, malitiam: f. ignaviam. te non modo urbem odisse, sed etiam lucem; Phil II 87. cum alii rem ipsam publicam atque hunc bonorum statum otiumque odissent; Sest 46. res: f. ignaviam. rem publicam: f. otium. is et scelus odistis; Cluent 200. statum: f. otium. nemo ipsam voluptatem, quia voluptas sit, aspernatur aut odit aut fugit; fin I 32. in hac urbe se iactant, quam oderunt? Flac 61. f. lucem.

odiose, wibrig: qui nec inepte dicunt nec odiose nec putide; Bru 284. qui cum interpellaret odiose; de or II 262.

odiosus, verhaßt, wiberwärtig, anftößig läftig: odit provinciam, et hercule nihil odiosius, nihil molestius; A VI 3, 2. quod HS ccc divisoribus, ut praetor renuntiarere, dedisti, trecenta accusatori, ne tibi odiosus esset; Ver IV 45. cum omnis adrogantia odiosa est, tum illa ingenii atque eloquentiae molestissima; div Caec 36. difficultas navigandi fuit odiosa; ep III 9, 4. arguentibus asperis et odiosis doloribus; Tusc II 67. non dubito, quin tibi odiosae sint epistulae cotidianae; A VIII 14, 1. nacti sumus inimicum in omni genere odiosum ac molestum; Flac 13. (Antonius) praemisit mihi odiosas litteras: A X 8, 10. satis esse odiosum malum omne, cum venisset; Tusc III 32. adhibenda munditia est non odiosa neque exquisita nimis; of I 130. „sperniat orator" non solum odiosus in dicendo ac loquax, verum etiam „bonus"; Muren 30. ut senes ad ludum adulescentium descendant, ne sint iis odiosi et graves; rep I 67. nullum verbum insolens, nullum odiosum (orator) ponere audebat; orat 25.

odium, Haß, Abneigung, Feindfchaft, Gehäffigfeit: I, 1. cum inclusum illud odium multarum eius (Crassi) in me iniuriarum, quod ego effudisse me omne arbitrabar, residuum tamen insciente me fuisset, omne repente apparuit; ep I 9, 20. crescebat in eos odium; har resp 46. accedit, ut ne in ipsum quidem Clodium meum insigne odium fuerit umquam; A XIV, 13, B, 3. f. apparet. inest hoc tempore haud obscurum odium atque id insitum penitus et inustum animis hominum; har resp. 55. ex cupiditatibus odia nascuntur; fin I 44. ut in communi odio paene aequaliter versaretur odium meum; Milo 78. — 2. si es odium publicum populi, senatus; Vatin 39. — II. 1. non tanta studia adsequuntur eorum, quibus dederunt, quanta odia eorum, quibus ademerunt; of II 54. indignatio summum in eum odium commovere poterit; inv I 103. quae (vis) inveterata compresso odio atque tacito iam erumpebat; dom 63. ut in aliquem hominem magnum odium aut in rem gravis offensio concitetur; inv I 100. ut eius (Vatinii) ista odia non sorbeam solum, sed etiam concoquam: Q fr III 9, 5. si id factum augeas, odium creatur: de or II 208. et in alios odium struere discemus et a nobis demovere; de or II 208. Q. Metellus omnia privata odia deposuit; sen 25. effundo, includo: f. I. 1. apparet. vicit is, qui non fortuna inflammaret odium suum, sed bonitate leniret; Marcel 31. insero. inuro: f. I, 1. inest. lenio: f. inflammo. quorum summum quondam inter ipsos odium bellumque meministis; Phil XI 2. ut odium statim defensio mitiget; inv I 30. placavi odia improborum; dom 44. si L. Flacci sanguine illius nefarium in omnes odium saturaveritis; Flac 95. sorbeo: f. concoquo. struo: f. demoveo. quamquam, quid mea intersit, ut eorum odium subeam, non intellego; A XI 17, a, 2. nulla suscepto cuiusquam odio; Scaur 1, 1. — 2. multorum odiis nullas opes posse obsistere; of II 23. numquam tanto odio civitati Antonius fuit, quanto est Lepidus; ep XII 10, 3. — 3. ut odio, invidia totum ordinem liberetis; Ver pr 43. tametsi (mater) in hunc hostili odio et crudelitate est; Cluent 12. — 4. animos equitum Romanorum ad Q. Caepionis odium renovabam [atque revocabam]; de or II 199. (dominatio) tanto in odio est omnibus, ut . . ; A II 21, 1. qui perditae multitudini in odium acerbissimum venerit; A X 8, 6. versor in: f. I, 1. versatur. nomen imperii in commune odium orbis terrae vocabatur; agr I 2. — III. 1. omnia videbitis plena odiorum, plena discordiarum; Phil VII 25. — 2. fraus odio digna maiore; of I 41. — IV. neque odii causam patri neque sceleris filio fuisse; Sex Rosc 41. concedatur haec quoque acerbitas et odii magnitudo; Deiot 30. — V, 1. ita se recipiebat (Antonius) ardens odio vestri, ut . . ; Phil IV 4. quod iudicum animos odio proprio in Caepionem ad causam

nostram converteram; de or II 200. ductus odio
properavit rem deducere in iudicium; A I 16, 2.
ut (P. Sulla) amplissimo honore singulari Autronii
odio everteretur; Sulla 1. omni imbutum odio bellum;
dom 60. Sulla acerbiore odio incitatus, quam . . ;
leg II 56. odio inimicitiarum mearum inflammatus;
Milo 78. quid enim odisset Clodium Milo praeter
hoc civile odium, quo omnes improbos odimus? Milo
35. Quintus ad me acerbissime scripsit, filius vero
mirifico odio; A XI 15, 2. — 2. praeter: f. 1. odisse.
quem (L. Domitium) tu propter commune odium in
bonos oderas; Vatin 25.

odor, Geruch, Wohlgeruch, Duft, Witterung,
Ahnung: I. et „odor" urbanitatis et „mollitudo"
humanitatis sunt ducta a ceteris sensibus; de or
III 161. quod omnis odor ad supera fertur; nat II
141. ture, odoribus incensis; Ver IV 77. — II. cum
admiraretur Lysander suavitatem odorum, qui adflarentur ex floribus; Cato 59. — III, 1. qui (accusatores) eius modi hominum furta odore aut aliquo
leviter presso vestigio persequebantur; Ver IV
33. qui (Gavius) quasi luce libertatis et odore aliquo
legum recreatus revixisset; Ver V 160. qui (Cannutius) quodam odore suspicionis Staienum corruptum
esse sensisset; Cluent 73. — 2. quod idem fit in
vocibus, in odore, in sapore; Ac II 19.

odoratio, Riechen, Geruch: tales sunt (voluptates) et tactionum et odorationum et saporum; Tusc
IV 20.

odoratus, Geruch, Geruchssinn: I. (pomorum)
iucundus non gustatus solum, sed odoratus etiam;
nat II 158. — II. nihil necesse est de gustatu et
odoratu loqui; Ac II 20.

odoror, riechen, wittern, ausspüren, erforschen,
trachten: I. tu velim ex Fabio, si quam habes aditum, odorere; A IV 8, a, 4. — II. ut odorer, quam sagacissime possim, quid (iudices) sentiant; de or II
186. erit nobis coram odorandum et constituendum,
tutone Romae esse possimus; A XV 3, 1. — III. soles
tu haec festive odorari; A IV 14, 2. si quid potes,
odorare; A XII 22, 3. quos (homines) odorari hunc
decemviratum suspicamini; agr II 65. odorare Antonii διάθεσιν; A XIV 3, 2. quid? Albiana pecunia
vestigiisne nobis odoranda est? Cluent 82. hi voluptates omnes vestigant atque odorantur; sen 15.

Oeconomicus, Haushalter: qui (liber) Oeconomicus inscribitur; of II 87.

oenus f. **unus.**

offa, Bissen: I. cum offa cecidit ex ore pulli,
tum auspicanti tripudium solistimum nuntiatur; div
II 72. — II. fame enecta (avis) si in offam pultis
invadit l invasit l; div II 73.

offendo, anstoßen, verstoßen, Unglück haben,
Anstoß nehmen, antreffen, finden, verletzen, kränken,
part. anstößig, verhaßt: I, 1. in quo (homine) offenditur; inv I 24. a quibus nihil praeter voluptatem
aurium quaeritur, in iis offenditur, simul atque imminuitur aliquid de voluptate; de or I 259. in iis
(numeris, modis) si paulum modo offensum est; de
or III 196. fortasse in eo ipso offendetur, cur non
Romae potius; A IX 6, 1. — 2. quis venit, qui
offenderet? A XII 40, 2. homines id sua auctoritate comprobare an offendere in iis consuerint; inv
I 43. (homines) minus in adrogantiam [[in] adrogantia [offenderent; inv II 5. quod labor operis
maxime offendit; Ver V 29. — II. quod (Caesar)
intellegeret se apud ipsam plebem offendisse de
aerario; A X 4, 8. — III. offensus contumelia nemo;
A VI 3, 3. si me non offendes; A XI 9, 3. qui
(Hirtius) se scribit vehementer offensum esse veteranis;
A XV 8, 1. id, in quo aliquid offenderis; de or I
129. permulta sunt circumspicienda, ne quid offen-
das, ne quo inruas; de or II 301. sin quid offenderit,
sibi totum, nihil tibi offenderit; ep II 18, 3. quis
est tam Lynceus, qui in tantis tenebris nihil offendat,

nusquam incurrat? ep IX 2, 2. ne eius animum
offenderem; ep IV 1, 1. si cuius animus in te esset
offensior; A I 5, 5. f. oculos. quod (hi sermones)
tuam existimationem non offendunt; ep III 8, 7.
offensum (genus argumentationis) est, quod eorum,
qui audiunt, voluntatem laedit; inv I 92. Oppianicus cecidisse de equo dicitur et latus offendisse vehementer; Cluent 175. ut quisque istius animum
oculosque offenderat, in lautumias statim coniciebatur;
Ver V 143. ne eius ordinis rem aut voluntatem
offenderes; ep I 9, 26. non offendes eundem bonorum sensum quem reliquisti; ep I 9, 17. voluntatem:
f. rem. — IV. ita me adfectum offendes, ut
multum a te possim iuvari; ep IX 11, 1. ibi te ut
firmum offendam, effice; ep XVI 10, 1. me eum et
offendes erga te et audies, quasi . . ; A I 10, 6.
cum (Plato) offendisset populum Atheniensem prope
iam desipientem senectute; ep I 9, 18. cum rem aliter
institutam offendissem, ac mihi placuisset; ep V 17, 2.

offensa, Ungunst, Ungnade: quod negas te
dubitare, quin magna in offensa sim apud Pompeium;
A IX 2, a, 2.

offensio, Anstoß, Ärgernis, Ungunst, Widerwärtigkeit, Unfall: I. corporum offensiones sine culpa
accidere possunt, animorum non item; Tusc IV
31. in quo est illa quidem magna offensio vel neglegentiae susceptis rebus vel perfidiae recepti; de
or II 101. offensionem esse periculosam propter
interpositam auctoritatem religionemque video; ep I
7, 5. graves solent offensiones esse ex gravibus
morbis, si quae culpa commissa est; ep XVI 11, 1.
f. II, 1. fugio. - II, 1. quam mollis animus (sit in
Quinto fratre) et ad accipiendam et ad deponendam offensionem; A I 17, 2. quidnam accidisset,
quod adferret Q. fratri meo offensionem tam gravem;
A I 17, 1. ut in rem gravis offensio concitetur; inv
I 100. si causae turpitudo contrahit [contrahet ||
offensionem; inv I 24. depono: f. accipio. quoniam
effugi eius offensionem; ep IV 4, 4. cum ipsius rei
gestae expositio magnam excipit offensionem; inv I
30. excitatur aut invidiae aut odii non dissimilis
offensio; de or II 208. ita non erat ea offensio in
versibus, quam nunc fugiunt poëtae novi; orat 161.
se praestaturos nihil ex eo te offensionis habiturum;
ep VI 8, 1. cum omnes offensiones iudiciorum non
ex mea opinione, sed ex hominum rumore proferrem;
Cluent 139. — 2. mihi maiori offensioni esse quam
delectationi possessiunculas meas; A XIII 23, 3. —
III. alqd: f. II, 1 habeo. videntur offensionum et
repulsarum quasi quandam ignominiam timere et
infamiam; of I 71. — IV. principia acuta sententiis
vel ad offensionem adversarii vel ad commendationem
sui; orat 124. in illo ipso malo gravissimaque belli
offensione; imp Pomp 26. ut accipiatis sine offensione,
quod dixero; Phil VII 8.

offensiuncula, kleine Widerwärtigkeit: ista
in aedilitate offensiuncula accepta; Planc 51. si
qua offensiuncula facta est animi tui perversitate
aliquorum; ep XIII 1, 4.

offero, darbieten, anbieten, zeigen, aussetzen,
preisgeben, zufügen, antun: I. ipsi se offerent et
respondebunt non vocati; de or III 191. nihil est
praeterea, quod a domibus te offerre gestias; ep VI
20, 1. ne obtulisse nos gratulationi videamur; A
IX 5, 1. quod fors obtulerit, id acturus videtur; A
II 22, 1. multis saepe in difficillimis rebus praesens
auxilium eius (Cereris) oblatum est; Ver IV 107.
gaudeo mihi causam oblatam, in qua . . ; A XVI 15,
1. oblata mortis celeritate; rep III 34. quorum
ille telis libenter corpus obtulisset suum; Sest 76.
quae prima innocentis mihi defensio est oblata; Sulla
92. diffugiunt, qui sunt, meta oblato; ep XV 1, 5.
incredibile est mortem oblatam esse patri a filio;
Sex Rosc 40. hanc occasionem oblatam tenete; Phil III
34. quae natura obtulit illam speciem Simonidi?

div II 143. spe pacis oblata; Phil XII 8. non tempore oblato deorum beneficio utemini? Phil III 32. — II. ne me perditum illi adflictumque offerrem; A III 10, 2. ut meas miserias luctu adflictas et perditam fortunam ille (fratri) offerrem; A III 9, 1.

officina, Werkstatt: I. cuius domi quaestuosissima est falsorum commentariorum et chirographorum officina; Phil I 35. nec quicquam ingenuum habere potest officina; of I 150. — II, 1. domus eius (Isocratis) officina habita eloquentiae est; orat 40. instituit officinam Syracusis in regia maximam; Ver IV 54. armorum officinas in urbe videtis; Phil VII 13. — 2. me oratorem non ex rhetorum officinis exstitisse; orat 12. — III. ex clarissima quasi rhetoris || rhetorum || officina duo praestantes ingenio, Theopompus et Ephorus, se ad historiam contulerunt; de or II 57.

officio, versperren, verbauen, hemmen, im Wege, hinderlich sein, Eintrag tun: I. cuicumque particulae caeli officeretur; de or I 179. — II. ut horum concisis sententiis officit Theopompus elatione atque altitudine orationis suae; Bru 66. quae videbuntur officere huic partitioni; inv I 75. quod ipsi causae officit; inv I 94. ea, quorum altitudo officeret auspiciis; of III 66. »sin autem officiens signis mons obstruet altus«; fr H IV. a, 590. quoniam ei pecuniae vita Sex. Roscii obstare atque officere videatur; Sex Rosc 6. umbra terrae soli officiens noctem efficit; nat II 49.

officiose, gefällig, dienstfertig: quod officiose et amice factum queant dicere; Lael 71.

officiosus, gefällig, dienstfertig, zuvorkommend, pflichtgemäß: cuius calamitas etiam officiosiorem me facit in illum; ep XIII 60. 1. officiosam amicitiam nomine inquinas criminoso; Planc 46. quoniam mihi ab amico officiosissimo tantum oneris imponitur; ep XIII 56, 1. nulla admiscetur opinio officiosi doloris; Tusc III 70. homo in omnes suos officiosissimus; ep XIII 6, 2. propter hos officiosos labores meos non nulla apud bonos gratia; Milo 12.

officium, Dienst, Pflicht, Verpflichtung, Verbindlichkeit, Schuldigkeit, Obliegenheit, Gefälligkeit, Dienstfertigkeit, Pflichttreue: I. absolut: 1. accedunt eodem mea quaedam officia in illum; Phil XIII 7. mea in te omnia summa necessitudinis officia constabunt; ep III 4, 2. cum ei (Curioni) nec officium deesset· Bru 220. si officia (mea), si operae, si vigiliae deserviunt amicis, praesto sunt omnibus; Sulla 26. quoniam singularum virtutum sunt certa quaedam officia ac munera; de or II 345. ex quo intellegitur officium medium quiddam esse, quod neque in bonis ponatur neque in contrariis; fin III 58. medium officium id esse dicunt, quod cur factum sit, ratio probabilis reddi possit; of I 8. illud officium, quod rectum idem (Stoici) appellant, perfectum atque absolutum est; of III 14. si mea in te essent officia tanta; ep II 6, 1. officia magna et mutua nostra inter nos esse; ep XIII 45. innumerabilia tua sunt in me officia domestica, forensia, urbana, provincialia, in re privata, in publica, in studiis, in litteris nostris; ep XVI 4, 3. Torquato nostra officia grata esse facile patior eaque angere non desinam; A XIII 20, 1. f. deserviunt. summa eius (liberti) erga me officia exstiterunt; ep XIII 60, 1. si sine oculis non potest exstare officium et munus oculorum; dav I 71. multa et magna inter nos officia paria et mutua intercedunt; ep XIII 65, 1. quae (officia) oriuntur a suo cuiusque genere virtutis; fin V 69. ea (officia) quamquam pertinent ad finem bonorum, tamen minus id apparet, quia magis ad instituendam vitae communis spectare videntur; of I 7. cum omnia officia a principiis naturae proficiscantur; fin III 23. id („officium") quid dubitas quin etiam in rem publicam praeclare quadret?

nonne dicimus „consulum officium, senatus officium, imperatoris officium"? A XVI 14, 3. spectant: f. pertinent. expositis adulescentium officiis, quae valeant ad gloriam adipiscendam; of II 52. — 2. primum oratoris officium esse dicere ad persuadendum accommodate; de or I 138. non dubito, quin καθῆκον „officium" sit; A XVI 11, 4. cum id, quod facere debet, officium esse dicimus || dicemus ||, illud, cuius causa facere debet, finem appellamus || appellabimus |; inv I 6.

II. nach Verben: 1. absolvo, appello: f. I. 1. est; of III 14. non tam mihi molestum fuit accusari abs te officium meum quam iucundum requiri; ep II 1. 1. augeo: f. I, 1. est; A XIII 20, 1. perinde ac si in hanc formulam omnia officia domestica conclusa et comprehensa sint; Q Rosc 15. quae (pietas) erga patriam aut parentes officium conservare moneat; inv II 66. me tibi omnia officia pro nostra necessitudine et debuisse confiteor et praestitisse arbitror; Muren 7. ut commune officium censurae communi animo ac voluntate defenderent; prov 20. ego si abs te summa officia desiderem; ep V 5, 2. expono: f. I, 1. valent. cum (Panaetius) initio divisisset ita, tria genera exquirendi officii esse; A XVI 11, 4. facio: f. I. 1. est; of I 8. perficio: f. I, 1. est; of III 14. sin officia quaerimus, a virtute ipsius, non ab auspiciis petita sunt; div II 79. pono: f. I, 1. est; fin III 58. qui facile officium suum et praestare et probare possunt; Font 18. f. debeo. praetermitto: f. servo. quaero: f. peto. officium cumulate reddidi; ep V 8, 1 ut recte dici possit omnia officia eo referri, ut adipiscamur principia naturae; fin III 22. vereor, ne litterarum a me officium requiras; ep VI 6, 1. f. accuso. nec est dubium, quin is officium, non fructum sequatur; leg I 48. omnibus officiis amicitiae diligenter a me sancteque servatis ne hoc quidem praetermittendum esse duxi, te ut hortarer; ep V 17, 3. quoniam officia non eadem disparibus aetatibus tribuuntur; of I 122. — 2. si, quid officii sit, non occurrit animo; Ac II 25. — 3. non deero officio nec dignitati meae; A VII 17, 4. video iam, illum. quem exspectabam, virum, cui praeficias officio et muneri; rep II 69. satis est factum Siculis, satis officio ac necessitudini; Ver V 139. — 4. (me) officio esse functum viri benivolentissimi; ep V 16, 6. mens in te animus quam singulari officio fuerit; ep V 5, 2. „oportere" perfectionem declarat officii, quo et semper utendum est et omnibus; orat 74. — 5. id tantum abest ab officio, ut nihil magis officio possit esse contrarium; of I 43. quae vita maxime disiuncta a cupiditate est et cum officio coniuncta; Sex Rosc 39. ut in superiore exemplo reus ab suo officio et a potestate factum demovebat; inv II 93. inter officium et finem hoc interest, quod in officio, quid fieri, in fine, quid confici || officio || conveniat. consideratur; inv I 6. putare omnes bonos alienae gloriae defensionem ad officium suum pertinere; Ver IV 82. ut in officiis ponatur deposita reddere; fin III 59. quas quaestiones procul ab oratoris officio remotas facile omnes intellegere existimamus; inv I 8. quos natura retinere in officio non potuisset; Sex Rosc 70. cuius (veri) studio a rebus gerendis abduci contra officium est; of I 19. si erunt in officio amici; ep XIV 1, 5. ut eorum et in bellicis et in civilibus officiis vigeat industria; of I 122.

III. nach Adjectiven und Adverb: 1. homo omnium meorum in te studiorum et officiorum maxime conscius; ep V 5, 1. homini omnis officii diligentissime: Cael 73. homo et iuris et officii peritissimus; Ver II 31. haec plena sunt officii; Planc 45. — 2. contrarius: f. II, 5. absum ab. — 3. virum primarium, summo officio ac virtute praeditum; Ver I 135. — 4. desertus ab officiis tuis; ep V 2, 10. procul ab: f. II, 5. removeo ab. erat in omni vel officio vel sermone sollers; rep II 37.

IV. **naý Subftantioca**: 1. sollicitnm te habebat cogitatio cum officii tum etiam periculi mei; ep VII 3, 1. cum huius periculi propulsatione coniungam defensionem officii mei; Sulla 2. etiam alia divisio est officii; of I 8. paulo etiam longius, quam finis cotidiani officii postulat; Sulla 64. de primo officii fonte diximus; of I 19. ex singulis certa officiorum genera nascuntur; of I 15. ut ad officii inventionem aditus esset; of I 6. ius officii laedimus; Sex Rosc 116. quamquam bonum te timor faciebat, non diuturnus magister officii; Phil II 20. vindex temeritatis et moderatrix officii curia; Flac 57. ut (senectus) adulescentes ad omne officii munus instruat; Cato 29. te nullum onus officii cuiquam reliquum fecisse; ep III 13, 1. perfectio: f. II, 4. utor. quorum officiorum praecepta traduntur; of I 7. proponenda ratio videtur esse officii mei; Rabir 1. sin est in me religio privati officii; Sulla 10. cum ille omnium officiorum societatem diremisset; Sulla 6. — 2. homo summo pudore, summo officio; Ver I 137. — 3. plenus est sextus liber de officiis Hecatonis talium quaestionum; of III 89. Carpinatium saepe ad se de eius officiis litteras misisse dixerunt; Ver II 172. omnis de officio duplex est quaestio; of I 7.

V. **Umftanb**: 1. vi atque imperio adductus, non officio ac voluntate; Ver II 153. ut tacito ipso officio et studio quemvis commoveret; Quinct 78. quae (civitas) tantis officiis cum populo Romano coniuncta est: Ver II 163. dum me rei publicae cura multis officiis implicatum et constrictum tenebat; Ac I 11. ut omnes intellegant me non studio accusare, sed officio defendere; Sex Rosc 91. altera sententia est, quae definit amicitiam paribus officiis ac voluntatibus; Lael 58. quis P. Octavio Balbo fide, religione, officio diligentior aut sanctior commemorari potest? Cluent 107. implicari: f. constringi. si hoc indici praescriptum lege ant officio putatis, testibus credere; Font 22. sanctus: f. diligens. quod (P. Sestius) maximis adsiduisque officiis illius aerumnam sustentavit; Sest 7. — 2. ab: vgl. III, 3. desertus ab. inscriptio plenior „de officiis"; A XIV 11, 4. in officio plurimum interest, quo in genere peccetur; fin IV 76. f. II, 5. intersum inter. quae (opes) sine multorum amicorum officiis stare possint; Planc 81.

offirmatus, hartnädig: incredibile est, quanto mihi videatur illius voluntas obstinatior et in hac iracundia offirmatior || aff. ||; A I 11, 1.

offundo, verbreiten, bedecken, erfüllen: ut illis (piscibus) aqua, sic nobis aër crassus offunditur; Ac II 81. hic error et haec indoctorum animis offusa caligo est; Tusc V 6. ut obscuratur et offunditur luce solis lumen lucernae, sic . . ; fin III 45. tamquam si offusa rei publicae sempiterna nox esset; Sex Rosc 91. tenebris offusis; dom 137.

olea, Olive, Olbaum: I. eius fundi extremam partem oleae directo ordine definiunt; Caecin 22. — II, 1. qui Transalpinas gentes oleam et vitem serere non sinimus; rep III 16. — 2. mel ex olea fluxisse dicunt; div II 86. — III. olearum ubertatem fore; div I 112. — IV. solebam antea debilitari oleis et lucanicis tuis; ep IX 16, 8.

olearius, für bas Ol beftimmt: cellis vinariis et oleariis plenis relictis; Top 17. semper boni domini referta cella vinaria, olearia; Cato 56.

oleaster, wilber Olbaum: hominem suspendi iussit in oleastro quodam, quae est arbor Aetnae in foro; Ver III 57.

oleo, riechen, buften, verraten: I. illa ut mulieres ideo bene olere, quia nihil olebant, videbantur; A II 1, 1. — II. illud non olet unde sit; quod dicitur „cum illis", „cum" autem „nobis" non dicitur, sed „nobiscum"? orat 154. — III. alqd: f. I. (unguentum) magis laudari, quod terram || ceram || quam quod crocum olere || sapere || videatur; de or III 99.

Merguet, Handlexikon zu Cicero.

in qua (voce) nihil sonare aut olere peregrinum (possit); de or III 44. — nonne ipsum caput et supercilia olere malitiam videntur? Q Rosc 20. terram: f. crocum.

oleum, Ol: I. ne et opera et oleum philologiae nostrae perierit; A II 17, 1. — II, 1. quoniam ad amorem meum aliquantum olei || olim || discedens addidisti; ep XV 20, 2. oleum, ficos, poma non habet; fr F I 18. in quibus (athletis) ipse Pompeius confitetur se et operam et oleum perdidisse; ep VII 1, 3. — 2. palaestrae magis et olei (genus est verborum), quam huius civilis turbae ac fori; de or I 81. — 3. de eodem oleo et opera exaravi nescio quid ad te; A XIII 38, 1. — III. alqd: f. II, 1. addo. qui etiam inventorem olei deum sustulisset; Ver IV 139. — IV. iuvenes corpora oleo perunxerunt; Tusc I 113.

olfacio, riechen: quem (nummum) non architecti huiusce legis olfecerint; agr I 11. eas (res) cernimus, audimus, gustamus, olfacimus, tangimus; div II 9.

olim, ehemals, einft: I. quae (libertas) fuit olim praeconi in ridendo (concessa); Planc 33. nobis olim annus erat unus ad cohibendum brachium toga constitutus; Cael 11. quae fuse olim disputabantur ac libere; leg I 36. minimam olim istius rei fuisse cupiditatem multa exstant exempla maiorum; leg II 62. utinam coram tecum olim potius quam per epistulas! A XI 4. — II. quod vobis iste olim furunculus, nunc vero etiam rapax esse videatur | videtur ||; Piso 66.

oliva, Olbaum: I. si ex oliva modulate canentes tibiae nascerentur; nat II 22. — II. Aristaeus, qui olivae dicitur inventor, Apollinis filius; nat III 45.

olivetum, Olpflanzung: I. vineta, segestes, oliveta a dis se habere; nat III 86. — II. quod de vinearum olivetorum vespecie plura dicam? Cato 57.

olla, Topf: si neque ollam denariorum implere (potes); ep IX 18, 4.

Olympias, Olympiabe: I. centum et octo annis postquam Lycurgus leges scribere instituit, prima posita est Olympias; rep II 18. — II. si Roma condita est secundo anno Olympiadis septimae; rep II 18.

Olympionices, Sieger in ben olympifchen Spielen: I. permagnum existimans tres Olympionicas una e domo prodire; Tusc I 111. — II. quid, si etiam occisus est a piratis Adramytenus homo nobilis, Atyanas pugil Olympionices? Flac 31. — III. lex: QUI TYRANNUM OCCIDERIT, OLYMPIONICARUM PRAEMIA CAPITO; inv II 144.

omen, Anzeichen, Vorbedeutung, Wunfch: f. quodsi te omen nominis vestri forte duxit; Scaur 30. quae (omina) maiores nostri quia valere censebant; div I 102. — II, 1. Aemilia Paulo Persam perisse, quod pater omen accepit; div II 83. sin, quod di omen avertant!, omnis omnium cursus est ad vos; agr XI 6, 2. Caeciliam Metelli exisse in quoddam sacellum ominis capiendi causa; div I 104. quod di omen obruant! har resp 42. — 2. non fuisse (Crassum) perituram, si omini paruisset; div II 84. — III. ego exempla ominum nota proferam; div I 103. — IV, 1. exierunt malis ominibus atque exsecrationibus duo vulturii paludati; Sest 71. nubit genero socrus funestis ominibus omnium; Cluent 14. proficiscantur legati optimis ominibus; Phil XII 19. quam (rem) tu ipse ominibus optimis prosequeris; ep III 12, 2. — 2. nolo in eos gravius quicquam ne ominis quidem causa dicere; Sex Rosc 139.

ominor, weisfagen: I. melius, quaeso, ominare; Bru 329. — II. (Saxa) suo capiti salvis nobis ominetur; Phil XI 12. alicui rei publicae obvenerit (malo enim || enim alii || quam nostrae ominari); of II 74.

omitto, aufgeben, laffen, unterlaffen, unbe-
nußt, unerwähnt laffen, übergehen: I. qui (Heraclitus) quoniam quid diceret intellegi noluit, omittamus; nat III 35. — II, 1. de reditu Gabinii omittamus; Piso 51. — 2. omitto, quae perferant ambitiosi honoris causa; Tusc V 79. — 3. omittamus
lugere; Bru 266. ut omittatis de unius cuiusque
casu cogitando recordari; Sest 1. — 4. omitto nihil
istum versum pertinuisse ad illum; Piso 75. —
III. si me amas (omitte Atticum); A XVI 16, 10.
sed iam hoc totum omitto; Ligar 24. f. peculatus.
si bellum omittimus, pace numquam fruemur; Phil
VII 19. sed omitto epulum populi Romani, festum
diem; Vatin 31. omitto dignitatem, honestatem,
speciem ipsam virtutam; fin II 107. epulum: f. diem.
omitto nobilitatem famamque popularem stultorum
improborumque consensu excitatam; Tusc V 46. honestatem: f. dignitatem. omitto socios, exteras nationes, reges, tetrarchas; Milo 76. ut omittam vim
et naturam deorum; nat I 122. nobilitatem: f. famam.
ut omittam tuos peculatus, ut ob ius dicendum pecunias acceptas, ut eius modi cetera; Ver III 206.
si his rebus omissis causas ipsas contendere velimus;
Catil II 25. reges, al.: f. nationes. speciem: f. dignitatem. omitto innumerabiles viros, quorum singuli
saluti huic civitati fuerunt; rep I 1. vim: f. naturam.
ut voluptates omittantur maiorum voluptatum adipiscendarum causa; fin I 36.

omnino, überhaupt, überhaupt nur, im ganzen,
ganz und gar, durchaus: 1. qui (Aristo) dubitet
omnino, deus animans necne sit; nat I 37. cum
omnino iudicium improbatur; inv I 79. omnino
Caesar minaces ad senatum litteras miserat; ep XVI
11, 2. omnino res tota in mensem Ianuarium reiecta
erat; ep V 6, 1. — 2. ceteri omnino invulnerati
inviolatique vixerunt; Sest 140. M. Antonium omnino omnis eruditionis expertem atque ignarum
fuisse; de or II 1. quantum et cuius modi et omnino
quale sit, quaeritur; inv I 12. — 3. cur fiat, quaeris.
recte omnino; div I 86. ieci fundamenta rei publicae, serius omnino quam decuit, sed tamen . .; Ver
V 30. — 4. omnino duo sunt genera largorum; of
II 55. qua voce ter omnino post Romam conditam
consul usus esset; sen 24. iunctae et duplices expositiones summi boni tres omnino fuerunt; fin V 21.
— 5. tamquam omnino sine animo sint; fin V 42.
cum omnino sine comite venissent; Flac 43. — 6. ut
ne quis omnino regem reduceret; ep I 7, 4. sine
quo nec beatus nec clarus nec tutus quisquam esse
omnino potest; Phil I 35. omnino si quicquam est
decorum; of I 111. negavit sese omnino versuram
ullam fecisse Romae; Flac 48. f. 7. numquam. ne
omnino umquam essem otiosus; Planc 66. f. 7. nullus.
— 7. (philosophari) omnino haud placere; Tusc II
1. mihi impone istam vim, ut omnino mihi ne liceat
polliceri; Ver II 148. priorem (artem) hi (Stoici)
omnino ne attigerunt quidem; fin IV 10. qua lege
accusandum (P. Sestium) omnino fuisse negas; Vatin 41. qui omnino vivere expedire nemini putat;
Tusc I 84. permultis civitatibus pro frumento nihil
solvit omnino; Ver III 165. aut hoc dicis: „miser
est Crassus" aut nihil dicis omnino; Tusc I 14.
poetas omnino quasi alia quadam lingua locutos non
conor attingere; de or II 61. in Africa Ligarium
omnino non fuisse; Ligar 16. f. 8. aut. si fati omnino nullum nomen, nulla natura, nulla vis esset;
fat 6. omnino nullas umquam ad me litteras misit
Brutus; A VI 3, 7. Theopompus et Ephorus causas
omnino numquam attigerunt; de or II 57. versuram
numquam omnino fecit ullam; Cael 17. — 8. ut
(senes) nullum officii aut omnino vitae munus exsequi
possint; Cato 35. ut vix aut omnino non posset infirmari sua lex; A III 23, 2. f. 7. nihil. mihi per-
difficile esse contra tales oratores non modo tantam
causam perorare, sed omnino verbum facere conari;

Quinct 77. nec solum ius et iniuria natura diiudicatur, sed omnino omnia honesta et turpia; leg I 44.
pugnas omnino, sed cum adversario facili; Ac II 84.
novum est, non dico inusitatum, verum omnino inauditum; Caecin 36.

omnis, ganz, jeder, alle: A. bei Subftantiva.
Adjectiva, Particicipia: I. non necesse est omnes
commemorare Curtios; Sex Rosc 144. ut tota
ingenti pecunia vobis inducetur; agr II 70. ut tota
mente Crassum atque omni animo intueretur; de or
II 89. ut omnes boni beati sint; fin III 76. sapientem omne caelum totamque terram mente complexum;
fin II 112. non omnes (locos) in omnem causam
convenire; inv II 16. habetis causam omnem simultatis; Flac 49. ut (consul) beneficium populi Romani
cum vestra atque omnium civium salute tueatur;
Muren 2. omnem omnium rerum cognitionem et
scientiam cum dicendi ratione iungebant; de or III
72. omnem commoditatem prosperitatemque vitae a
dis se habere; nat III 86. conservatio: f. C, b. IV.
1. conservatio. omnes fere philosophi omnium disciplinarum eodem hoc animo esse potuerunt; Tusc
V 90. qui omnia divina et humana everterint; Sest 1.
in omni fortuna atque [in] omni honore; Sulla 61.
si omne futurum ex aeternitate verum est, ut ita
certe eveniat, quem ad modum sit futurum; fat 32.
possum de omni regione, de omni genere hostium
dicere; prov 31. honos: f. fortuna. humana: f. divina.
ut omnia supera infera, prima ultima media videremus; Tusc I 64. ut (maiores) omnia omnium non
modo tantarum rerum, sed etiam tenuissimarum iura
statuerint persecutique sint; Caecin 34. T. Torquatus, omni illi et virtute et laude par; Planc 27.
loci: f. causa. media, al.: f. infera. ubi (lex) omnes
mortales adligat; Cluent 148. quod in omni mundo
optimum sit; nat II 38. omnia, quae sunt vel generum vel partium nomina, definitionibus, quam vim
habeant, est exprimendum; de or I 189. omnia pe-
cata esse paria; Ac II 133. pecuniam omnem decemviri tenebunt; agr II 72. philosophi: f. disciplinae.
prosperitas: f. commoditas. motus turbulenti rationem omnem repellentes; Tusc V 15. regio: f. genus.
nec me ulla res magis angit ex omnibus; A XVI 3,
5. f. cognitio, iura. salus: f. C, b, IV. 1. conservatio.
hos nunc omni scelere coopertos tolerabiles censes
civitati fore? Phil XII 15. scientia: f. cognitio.
cogitarat omnes superiores muneris splendore superare; dom 111. cum omni tempore nobilitatis fautor
fuisset; Sex Rosc 16. qui cum omnem vim sui tribunatus in mea salute consumpserit; Sest 31. eius
in omni vita nihil est ad laudem inlustrius quam . . ;
dom 87. — II. quae (figura) sola omnes alias figuras complexa continet; nat II 47. omnium ceterarum
rerum oratio ludus est; de or II 72. quoniam omnis
hic sermo noster praecepta quaedam desiderat; Bru
319. hoc omni tempore Sullano circumscripto; Ver
I 43. bellum illud omne Mithridaticum cum mulierculis esse gestum; Muren 31. ut omnia illa prima
naturae huius (rationis) tutelae subiciantur; fin IV
38. hic ita quievit, ut eo tempore omni Neapoli
fuerit; Sulla 17. unde omnis iste natus error sit;
fin I 32. omnes meas curas cogitationesque in eam
(rem publicam) conferebam; of II 2. quoniam omnis
populari ratione omnis nostra versatur oratio; leg I
19. f. hic. est etiam in omnibus quattuor perturbationibus illa distinctio; Tusc IV 59. quae omnes
artes in veri investigatione versantur; of I 19. si
unus omnibus reliquis magistratibus imperabit; leg
III 15.˙ Cn. Pompeium omnem ei suam auctoritatem.
gratiam, copias, opes ad hoc negotium conficiendum
detulisse; Flac 14. cum omnibus suis partibus; Ac
I 28. omnes aditus tuos interclusi; Tusc V 27.

B. bei Pronomina und Zahlen: de tribus legati'
frequentes ierunt in alia omnia; ep I 2, 1. omnia
se cetera pati ac neglegere dicebant; Ver IV 111.

quem (virum) nos omnes secuti sumus; Deiot 12.
quae ad omnium nostrum vitam salutemque pertinent;
Catil I 14. in periculis communibus omnium nostrum;
Flac 101. nonne id agendum nobis omnibus fuit,
ut . . ? dom 11. omnium horum magister; fin II 70.
haec omnia ex eodem fonte fluxerunt; nat III 48.
eadem ista omnia et magistratuum consiliis et privatorum diligentia comprimentur; Muren 85. sensibus
eadem omnia comprehenduntur; leg I 30. ut possit
is illa omnia cernere; de or III 145. f. tres.
αὐτάρκεια est, quae parvo contenta omne id respuit,
quod abundat; fr I 16. f. septem. quasi omnium
istorum villas ornaturus esses; Ver II 183. f. idem.
omnia mecum porto mea; par 8. hic sunt, qui de
nostro omnium interitu cogitent; Catil I 9. in qua
(patria) nostra omnia ponere debemus; leg II 5.
primus: f. A, II. fin IV 38. quos omnes honoris causa
nomino; imp Pomp 58. quorum omnium causas si
a Chrysippo quaeram; div II 61. eadem erit
Carneadis causa et hercule omnium reliquorum;
Tusc V 88. eos septem, quos Graeci sapientes nominaverunt, omnes paene video in media re publica
esse versatos; rep I 12. qui in se uno sua ponit
omnia; par 17. illa tria, quae proposita sunt ad
gloriam, omnia iustitia conficit; of II 38. P. Scandilius,
eques Romanus, quem vos omnes nostis; Ver III 135.
ut omnium vestrum studio tuus consulatus satis
facere posset; ep XV 10, 1. educ tecum omnes tuos;
Catil I 10. qui ad vestram omnium caedem Romae
restiterunt; Catil IV 4. iacere vestra omnia; fin II 44.
C. afficit: a. masc.: I. omnes in hoc iudicio
conentur omnia; Ver I 15. hic omnia facere
omnes, ne armis decernatur; A VII 3, 5. Graecum
hunc versum nostis omnes; fin II 105. sicut omnes
sciunt; div Caec 41. cuius belli exitum omnes
timeremus; Phil V 39. cum utuntur omnes uno
genere nummorum; Ver III 181. — II, 1. condemnat omnes de consilii sententia; Ver V 114.
quae (virtus) omnes magis quam sepse diligit; rep
III 12. non modo tete viceris, sed omnes et omnia;
Tusc II 63. — 2. quod interest omnium recte
facere; fin II 72. — 3. cum omnibus omnia minabatur; Milo 33. hoc velim probare omnibus; prov
47. res indigna atque intoleranda videbatur omnibus;
Ver IV 78. — 4. quod inter omnes constat; Sex
Rosc 33. convenio in: f. b, I. convenirunt. ut metus
ad omnes, poena ad paucos perveniret; Cluent 128.
— III. 1. ad te minime omnium pertinebat; Sex
Rosc 96. — 2. non omnibus Sullae causa grata;
Phil V 43. nisi rem tam notam esse omnibus et
tam manifestam videretur; Ver III 134. -- 3. ut in
omnes verear ne vix possim gratus videri; Planc 78.
M. Piso maxime ex omnibus Graecis doctrinis eruditus
fuit; Bru 236. quem (Aculeum) Crassus dilexit ex
omnibus plurimum; de or II 2. si princeps ex
omnibus ausus est poscere . .; de or III 129. cum
te unum ex omnibus ad dicendum maxime natum
aptumque cognossem; de or I 99. — IV, 1. cur
omnium crudelissimus tam diu Cinna regnavit?
nat III 81. cum domus sit omnium una; div I 131.
summa omnium exspectatio, quidnam sententiae
ferrent iudices; Cluent 75. si omnium nomine,
quicumque Romae ludos facerent, erogaretur; Q fr
I 1, 26. archipiratam ab oculis omnium removisti;
Ver V 136. homo vita atque factis omnium iam
opinione damnatus; Ver pr 2. quae pro salute
omnium gessi; Sulla 26. — 2. audacissimus ego
ex omnibus? Sex Rosc 2. ad omnes eosdem patere
aditus arbitrabatur; Ver III 156. nisi C. Caesaris
summa in omnes liberalitas exstitisset; Rab Post 41.
ut inter omnes esset societas quaedam; Lael 19. —
V. si quid ab omnibus conceditur; Sulla 83. qui
cum omnibus potius quam soli perire voluerunt;
Catil IV 14. haurire me unum pro omnibus illam
indignissimam calamitatem; dom 30.

b. neutr.: I. ex quibus (generibus) omnia constare dicuntur; Tusc I 42. non in omnes arbitror
omnia convenire; Sex Rosc 122. siquidem in
voluptate sunt omnia; fin II 111. est omne, quo
vescuntur homines, penus; nat II 68. ut nobiscum
simul moritura omnia arbitremur; Arch 30. quia et
recidunt omnia in terras et oriuntur e terris; nat
II 66. — II, 1. ut omnia vastaret, diriperet,
auferret; Phil X 12. extremum omnia cingentem
atque complexum ardorem; nat I 37. omnia circum-
spexit Quinctius, omnia periclitatus est; Quinct 96.
complector: f. cingo. qui non una aliqua in re
separatim elaborarint, sed omnia, quaecumque possent,
comprehenderint; de or I 9. conor: f. a, I. conantur.
toto omni constituto; Tim 43. diripio: f. aufero.
omnia sunt ad eum frangendum expedita; Q fr II
14, 2. omnia hominum causa facta esse et parata;
nat II 154. f. a, I. faciunt. minor: f. a, II, 3.
minor. periclitor: f. circumspicio. aut omnia occulte
referenda fuerunt aut aperte omnia; Flac 44. qui
sibi persuaserint scire se solos omnia; Ac II 115.
vasto: f. aufero. vinco: f. a, II, 1. vinco. — 2. ratio
est, quae praestet omnibus; nat II 133. — 3. ab
omni, quod abhorret ab oculorum auriumque approbatione, fugiamus; of I 128. quos ad omnia
progredientes vicini reppulerunt; har resp 56. —
III, 1. primum omnium generibus ipsis distinguere
convenit, deinde..; inv I 76. — 2. si quaerimus, quid
unum excellat ex omnibus; de or III 143. — IV, 1.
quod reliquum est, non est tertium, sed postremum
omnium; Phil XIII 49. vgl. III, 1. ex qua (constantia) conservatio et salus omnium omnis oritur;
nat II 56. praesto est domina omnium et regina
ratio; Tusc II 47. quoniam omnium est natura
communis; fin V 25. regina: f. domina. salus: f.
conservatio. — 2. furorem esse mentis ad omnia
caecitatem; Tusc III 11. duo sola recentia ponam,
ex quibus coniecturam facere de omnibus possitis;
Ver V 34. — V, 1. ut quam maxime caelum omnibus
conluceret; Tim 31. — 2. cum casus in omnibus
plura mirabilia quam in somniorum visis effecerit;
div II 147. — VI. ne omnia videar contra te; Phil
II 72. in omnibus summa communis; fin V 26.

omnivagus, überall herumschweifend: quae
eadem Diana "omnivaga" dicitur, non a venando,
sed quod in septem numeratur tamquam vagantibus;
nat II 68.

onager, Waldesel: erat praeterea cynocephalus
in essedo, nec deerant onagri; A VI 1, 25.

onerarius, Fracht führend, f. Lastschiff: A.
isti navem onerariam maximam esse aedificatam;
Ver II 13. — B. flagrantes onerarias videbatis;
div I 69.

onero, beladen, beschweren, überhäufen, erfüllen: omnibus eum contumeliis onerasti; Phil
II 99. te quibus mendaciis homines levissimi onerarunt! ep III 10, 7. me a te malis oneratum esse;
ep IX 20, 1. te saepe quam plurimis posses argumentis onerare iudicem; nat III 8. onerandum
complendumque (est) pectus maximarum rerum et
plurimarum suavitate, copia, varietate; de or III 121.

onus, Ladung, Fracht, Last, Bürde, Verpflichtung, Abgabe, Schuldenlast; I, 1. ut onera
contentis corporibus facilius feruntur, remissis
opprimunt; Tusc II 54. — 2. sed hoc nihil ad te;
nostrum est onus; ep III 13, 2. magnum quoddam
est onus atque munus suscipere atque profiteri, se
esse unum audiendum; de or I 116. — II, 1. onera
atque merces in praetoriam domum deferebantur;
Ver V 145. plus oneris sustuli quam ferre me posse
intellego; Sex Rosc 10. f. I, 1. nos onera quibusdam
bestiis imponimus; nat II 151. oneris tibi imponere
nec audeo quicquam nec debeo; ep III 5, 4. ut
onus huius laboris atque officii mihi suscipiendum
putarem; div Caec 5. ut onus se Aetna gravius

dicant sustinere; Cato 4. tollo: f. fero. cuius
generis onus navis vehat; fin IV 76. — 2. leva me
hoc onere; ep III 12, 3. — III. alqd: f. II, 1. —
IV. opprimi me onere officii malo quam . .; Sex
Rosc 10. hoc municipium maximis oneribus pressum;
ep XIII 7, 2.

onustus, belaben, beſchwert, voll: onusti cibo
et vino perturbata (somnia) cernimus; div I 60.
asellus onustus auro; A I 16, 12. navis onusta
praeda Siciliensi appulsa Veliam est; Ver V 44.

opaco. beſchatten: quae (platanus) non minus
ad opacandum hunc locum patulis est diffusa ramis
quam illa, cuius . .; de or I 28. cum terras nox
opacasset; nat II 95.

opacus, ſchattig: est is (locus) maxime et
opacus et frigidus; de or III 18. in locis illa naturalia (spectantur), opaci an aprici; part or 36.
»opacam pellere nubem«; fr H IV, a, 445. in viridi
opacaque ripa inambulantes; leg I 15.

opera. Arbeit, Mühe, Dienſtleiſtung, Be-
mühung, Muße, Werk, Arbeiter, Helfershelfer: I. de
versibus, quos tibi a me scribi vis, deest mihi
quidem opera, quae non modo tempus, sed etiam
animum vacuum ab omni cura desiderat; Q fr III
4, 4. ut eius operae quam gratissimae sint sociis;
ep XIII 9, 3. quorum (virorum) opera eximia in
rebus gerendis exstitit; Sex Rosc 137. exstabit
opera peregrinationis huius; A XV 13, 6. operae
facessant, servitia sileant; Flac 97. ne et opera et
oleum philologiae nostrae perierit; A II 17, 1.
operae Clodianae clamorem sustulerunt; Q fr II 3, 2.
— II, 1. omnis opera atque quaestus frequentia
civium sustentatur, alitur otio; Catil IV 7.
publice coactis operis; Ver II 13. erat mihi contentio cum operis conductis et ad diripiendam urbem
concitatis; Sest 38. conductis operis non solum
egentium, sed etiam servorum; dom 79. f. concito.
quod quidam nimis magnum studium multamque
operam in res obscuras atque difficiles conferunt; of
I 19. operas suas Clodius confirmat; manus ad
Quirinalia paratur; Q fr II 3, 4. si quis consumit
omnem operam in exercitatione dicendi; inv I 1.
.quod in ea arte tu plus operae laborisque consumpseras; de or I 234. si dedita opera, cum causa
nulla esset, tabellarios ad te mitterem; A VIII 14, 1.
nos ipsi valetudini demus operam; de or I 265. qui
operas in scriptura pro magistro dat; ep XIII 65, 1.
P. Terentius operas in portu et scriptura Asiae pro
magistro dedit; A XI 10, 1. ut (Favonius) Rhodi
videretur molis potius quam Moloni operam dedisse;
A II 1, 9. annuae mihi operae a. d. III Kal. Sextil. emerentur; A VI 2, 6. quorum (mercennariorum)
operae, non quorum artes emuntur; of I 150. dum
operam suam multam existimari volunt; de or II
101. ut operam, curam, pecuniam impendant in eas
res, quas . .; Ver IV 68. haec ratio accusandi fuit
honestissima, pro sociis operam, studium, laborem
interponere; div Caec 41. iam mihi videor navasse
operam, quod huc venerim; de or II 26. qui (P.
Crassus) quia navarat miles operam imperatori;
Bru 282. (Apollonius) non patiebatur eos operam
apud sese perdere; de or I 126. se et operam et
oleum perdidisse; ep VII 1, 3. ad eam rem operam
suam pollicentur; Sex Rosc 20. bene erit opera
posita; Q fr II 12, 1. f. III, 1. alqd. (L. Gellius)
multam operam amicis et utilem praebuit; Bru 174.
qui erant mecum, facile operas aditu prohibuerunt;
A IV 3, 3. sustento: f. alo. si mediocris opera
tribuatur; de or III 88. — 2. adsiduitatis et operarum
harum cotidianarum putat esse consulatum; Muren
21. — 3. non parcam operae; ep XIII 27, 1. —
4. quod eorum opera forti fidelique usus essem;
Catil III 14. — 5. qui adulescentiam in forensi
opera consumpserat; Ac II 2. ne quid privatis
studiis de opera publica detrahamus; Ac II 6. qui

(Cn. Pupius) est in operis eius societatis; ep XIII
9, 3. — III, 1. ut in ea re te non multum operae
velim ponere; A XII 19, 2. f. II, 1. consumo. quibus consistere in operarum contionibus non liceat;
Sest 127. de accessione dubito, an Apronio ipsi data
sit merces operae atque impudentiae; Ver III 76.
operae pretium est legem ipsam cognoscere; Ver I
143. — 2. voluntaria amicus mulieris, magis
oportuna opera non numquam quam aliquando fideli;
Caecin 14. — 3. contentio cum: f. II, 1. concito.
— IV, 1. qui opera, id est virtute et industria,
benefici et liberales erunt; of II 53. omni ope
atque opera enitar, ut de Buthrotiis senatus consultum fiat; A XIV 14, 6. ut necessariae (cupiditates)
nec opera multa nec impensa expleantur; fin I 45.
navem tibi operis publicis Mamertinorum esse factam;
Ver V 47. liberalis: f. beneficus. nactus es (me
otiosum), sed mehercule otiosiorem opera quam
animo; rep I 14. ex quibus (agris) maxima vis
frumenti quotannis plebi Romanae illorum operis ac
laboribus quaeritur; Ver V 123. Cornelius omni
officio, lacrimis, opera omnes meos sublevavit; Balb
58. — 2. ego ab operis tuis impulsu tuo nominabar;
dom 15. eas (utilitates) nos nullo modo sine hominum
manu atque opera capere potuisse; of II 14.

operarius, Arbeiter, Tagelöhner: A. ut inter
suos pueros velit hos versari, homines paene
operarios; Sex Rosc 120. — B, I, 1. quid baioli
atque operarii senserint; par 23. — 2. hos, quos
nos oratores vocaremus, nihil esse dicebat nisi quosdam operarios lingua celeri et exercitata; de or I
83. — II. barbaros quosdam Lilybaeo scitote ad-
ductos esse operarios; Ver IV 77. quod congessisti
operarios omnes; Bru 297. operarium nobis quendam, Antoni, oratorem facis; de or I 263.

operculum, Deckel: (aspera arteria) tegitur
quodam quasi operculo; nat II 136.

operimentum, Decke: redditur terrae corpus
et ita locatum ac situm quasi operimento matris ob-
ducitur; leg II 56.

operio, verhüllen, bedecken, verſchließen: ut
capite operto sit; Cato 34. illa iudicia senatoria
operta dedecore et infamia; Cluent 61. iste operta
lectica latus per oppidum est; Phil II 106. haec
patefactio quasi rerum opertarum definitio est; fin
II 5. opertis valvis (Concordiae patres conscriptos
sententias dicere; Phil V 18.

operose, mühſam: ut fiat quasi structura
quaedam nec tamen fiat ǁ id fiet ǁ operose; orat 149.

operosus, tätig, beſchäftigt, mühſam, mühevoll: artibus ea tribuuntur operosis; of II 17. si
operosa est concursatio magis oportunorum*; Bru
333. ne ille (deus) est implicatus molestia negotiis
et operosis! nat I 52. spissum sane opus et operosum; Q fr II 12, (14), 1. res operosa est; Q fr III
5, 6. videtis, ut senectus sit operosa et semper
agens aliquid; Cato 26.

opertum, verborenes Heiligtum, Geheimnis.
Orakel: 1. quo de genere Apollinis operta prolata
sunt; div I 115. — 2. nec Marciis vatibus nec
Apollinis opertis credendum existimo; div II 113.
— 3. ut, si in opertum Bonae Deae accessisses,
exsulares; par 32.

opifex, Bildner, Künstler, Handwerker: I, 1.
auxerunt haec eadem poëtae, pictores, opifices; nat
I 77. vim, cuius sollertiam nemo opifex consequi
possit imitando; nat II 81. ne opifices quidem se
artibus suis removerunt, qui non potuerunt Coae
Veneris pulcritudinem imitari; orat 5. opifices
omnes in sordida arte versantur; of I 150. — 2. non
vocabulorum opificem, sed rerum inquisitorem decet
esse sapientem; Ac fr 19. — II. audite non opificem aedificatoremque mundi, Platonis de Timaeo
deum; nat I 18. removeo: f. I, 1. removent. —
III. qui (Demosthenes) dolere se aiebat, si quando

opificum antelucana victus esset industria; Tusc
IV 44.

opimus, fruchtbar, fett, reich, ansehnlich, überladen, schwülstig: „isdem" erat verius, nec tamen
„eisdem" ut opimius; orat 157. qua causa inflammatus Decianus ad Laelium detulerit hanc
opimam accusationem; Flac 81. ascribit auctioni
Corinthios agros opimos et fertiles; agr II 51. in
extis bovis opimi cor non fuit; div I 119. Caria et
Phrygia et Mysia asciverunt opimum quoddam et
tamquam adipatae dictionis genus; orat 25. qui non
tam habitus corporis opimos quam gracilitates consectentur; Bru 64. quibus etsi ornamenta non satis
opima dicendi, tamen apta quaedam argumenta
traduntur; Bru 271. ad illam opimam praeclaram-
que praedam; Sex Rosc 8. si paulo ante cor fuerit
in tauro opimo; div II 37.

opinabilis, auf Vermutung, Meinung, Vorstellung beruhend: similis est haruspicum responsio
omnisque opinabilis divinatio; div I 24. omnes
(animi morbos) opinabiles esse et voluntarios; Tusc
IV 83. nullam esse (perturbationem) nisi opinabilem,
nisi iudicio susceptam, nisi voluntariam; Tusc
IV 76.

opinans, opinate, opinatus s. nec-
opin —

opinatio, Vorstellung, Vermutung, Einbildung: I, 1. opinationem volunt esse imbecillam
adsensionem; Tusc IV 15. definiunt animi aegrotationem opinationem vehementem de re non expetenda,
tamquam valde expetenda sit, inhaerentem et penitus
insitam; Tusc IV 26. — 2. est avaritia opinatio
vehemens de pecunia, quasi valde expetenda sit;
Tusc IV 26. — II, 1. definio, insero: f. I, 1. —
2. sensus moventia quae sunt, eadem in opinatione
consident; Tim 5.

opinator, zu Vermutungen, Meinungen geneigt: ego magnus sum opinator (non enim sum
sapiens); Ac II 66.

opinio, Meinung, Annahme, Ansicht, Glaube,
Vermutung, Einbildung, Vorurteil, Ruf, Verdacht:
I. 1. adfert haec opinio religionem utilem civitatibus;
leg II 26. adiuvat: f. 2. cum eius (animi) iudicia
opinionesque concordant; Tusc IV 30. Anaximandri
opinio est nativos esse deos longo intervallo orientes
occidentesque; nat I 25. quorum de iustitia magna
esset opinio multitudinis; of II 42. prorsus summa
hominum est opinio tuos familiares adversarios
honori nostro fore; A I 2, 2. f. II, 1. inveuio. ex
qua (inscientia) exsisteret etiam opinio; Ac I 41.
videmus ceteras opiniones fictas atque vanas diuturnitate extabuisse; nat II 5. opinio dupliciter
fallit homines; inv II 21. quod, ut opinio mea fert,
ue incipies quidem; Planc 48. haec te opinio falsa
in istam fraudem impulit; Sex Rosc 58. non tam
stabilis opinio permaneret nec confirmaretur diuturnitate temporis; nat II 5. tibi hanc ipsam opinionem
ingenii apud illum plurimum profuturam; ep VI 5, 3.
plus apud me vera ratio valebit quam vulgi opinio;
par 8. quae (opiniones) in maxima inconstantia
veritatis ignoratione versantur; nat I 43. — 2. quid
est. quod te ista censoria, sive voluntas sive opinio
fuit, adiuvare posse videatur? Cluent 125. et
metus opinio magni mali impendentis et aegritudo
est opinio magni mali praesentis; Tusc III 25. —
II, 1. quas (opiniones) a maioribus accepimus de
dis immortalibus; nat III 5. totam opinionem parva
non numquam commutat aura rumoris; Muren 35.
si quam opinionem iam vestris mentibus comprehen-
distis, si eam ratio convellet, si oratio labefactabit,
si denique veritas extorquebit, ne repugnetis eamque
remittatis: Cluent 6. confirmo: f. 2. cedo. I, 1.
permanet. convello: f. comprehendo. (eloquentia)
novas inserit opiniones, evellit insitas; orat 97. extorqueo: f. comprehendo. non fallam opinionem

tuam; ep I 6, 2. totam de dis immortalibus opinionem fictam esse ab hominibus sapientibus; nat
I 118. f. I, 1. extabescunt. nisi de vobis malam
opinionem animo imbibisset; Ver pr 42. insero: f.
evello. illa, quae propria est huius disciplinae,
philosophorum de se ipsorum opinio, firma in hoc
viro et stabilis inventa est; Bru 114. labefacto,
remitto: f. comprehendo. pertimescerem in maxima
re periculosam opinionem temeritatis; Phil V 51.
tolle hanc opinionem, luctum sustuleris; Tusc I 30.
— 2. ut vanitati veritas et opinioni confirmatae natura ipsa cedat; Tusc III 2. indices in compluribus
iam reis suae potius religioni quam censorum
opinioni paruerunt; Cluent 121. — 3. cum ad opinionem communem omnis accommodatur oratio;
of II 35. eorum vitia constant e falsis opinionibus
rerum bonarum et malarum; Tusc IV 81. neque
est meum contra opinionem vetustatis dicere; Balb
34. in qua opinione illud insit, ut aegritudinem
suscipere oporteat; Tusc III 74. cum loquimur de
opinione populari; of II 35. nos quibus praesidiis
munitos ad tanti belli opinionem miseritis; ep XV
1, 4. probabile est id, quod in opinione positum
est; inv I 46. duae (perturbationes) sunt ex opinione
boni; Tusc III 24. in eadem opinione fui, qua reliqui omnes, te esse venturum; A VIII 11, D, 3. —
III, 1. quoniam sententiae atque opinionis meae
voluistis esse participes; de or I 172. — 2. nec
arboris nec equi virtus, quae dicitur, in opinione
sita est, sed in natura; leg I 45. — IV. ex rebus
ab opinionis arbitrio seiunctis; de or I 108. pravarum opinionum conturbatio et ipsarum inter se
repugnantia sanitate spoliat animum morbisque
perturbat; Tusc IV 23. quem (principatum) sibi
ipse opinionis errore finxerat; of I 26. in omni
continuo pravitate et in summa opinionum perversitate versamur; Tusc III 2. repugnantia: f. conturbatio. si opinionum vanitas non imbecillitatem
animorum torqueret et flecteret, quocumque coepisset;
leg I 29. nulla varietas est inter homines opinionis;
Flac 96. — V, 1. re et opinione hominum paene
damnatus; Ver IV 34. cuius ego facinora oculis
prius quam opinione deprehendi; Cael 14. hunc
optimum statum pravis hominum opinionibus eversum
esse dicunt; rep I 51. cum homines inflati opinionibus turpiter inridentur; of I 91. si opinione
universa virtus, eadem eius etiam partes probarentur;
leg I 45. opinione vulgi rapimur in errorem; leg
II 43. si uterque censor censoris opinione standum
non putavit; Cluent 132. ipse (Caesar) opinione
celerius venturus esse dicitur; ep XIV 23. est illa
postulatio opinione valentior; A VII 6, 2. — 2. quibus (civibus) bona fortunaeque nostrae sunt iam ad
cuiusque opinionem distributae; Phil V 32. qui
posset satis acute ex communi quadam opinione
hominum dicere; de or I 94. Empedocles in deorum
opinione turpissime labitur; nat I 29. quod quia
praeter opinionem mihi acciderat; ep II 9, 2.

opinor, vermuten, wähnen, meinen, glauben,
denken (f. nec **opinans**): I, 1. cur non extimescam
opinandi temeritatem? Ac II 87. — 2, a. si nec
percipere quicquam posset sapiens nec opinari sapientis esset; Ac II 77. — b. neque fugerim dicere
„non rebar" aut „opinabar"; de or III 153. loquor,
ut opinor; Bru 131. ecquis me audiat? non opinor
equidem; Tul 29. diceresne esse deiectum? opinor;
Caecin 49. licebit, ut opinor, nobis eas actiones non
infirmare, quibus . . ; dom 42. Cipius, opinor, olim:
„non omnibus dormio"; ep VII 24, 1. nec quemquam
admisit; rationes, opinor, cum Balbo; A XIII 52, 1.
adsensurum non percepto, id est opinaturum sapientem; Ac II 148. — II, 1. quod de vobis hic ordo
opinatur non secus ac de acerrimis hostibus; Piso
45. — 2. illud malum, quod opinatum sit esse
maximum; Tusc III 58. — 3. fodicantibus iis rebus,

quas malas esse opinemur; Tusc III 35. quod
opinatus sum me in provinciam exiturum; ep VII
17, 2. — III. sapiens nihil opinatur; Muren 62.
partes perturbationum volunt ex duobus opinatis
bonis nasci et ex duobus opinatis malis; Tusc IV
11. — IV. quod rectum et honestum et cum virtute
est, id solum opinor bonum; par 9.

opinosus, voller Vermutungen: Antipater et
Archidemus, † opinosissimi homines; Ac II 143.

opipare, herrlich, prächtig: (Caesar) et edit et
bibit ἀδεῶς et iucunde, opipare sane et apparate;
A XIII 52, 1. quae (munera) opipare nobis congesserant; A V 9, 1. edo: f. bibo. in Actio Corcyrae
Alexio me opipare muneratus est; A VII 2, 3.

opitulor, helfen, beistehen, abhelfen: I. qui
permultum ad dicendum opitulati sunt; inv II 7.
cum ceteri non possent aut nollent opitulari; inv II
112. — II. cui misericordia opitulari debebat; Rab
Post 46. subveni patriae, opitulare conlegae; ep X
10, 2. periculum discrimenque patriae, cui subvenire
opitularique possit; of I 154. qui antea aut obscuris
hominibus aut etiam sontibus opitulari poteram; ep
IV 13, 3. ut opitulari suis quisque necessariis coge-
retur || cogerentur ||; inv I 4. periculo: f. discrimini.
quoniam nihil iam videmur opitulari posse rei publicae;
ep IV 1, 1.

oportet, nötig, zweckmäßig, ersprießlich sein,
sich gebühren: I, I. „oportere" perfectionem declarat
officii, quo et semper utendum est et omnibus, „decere" quasi aptum esse consentaneumque tempori et
personae; orat 74. — 2. per quem (locum) ostendimus ab eo factum, a quo minime oportuerit; inv I
104. severitati tuae, ut oportet, ita respondere non
audeo; Cael 30. quam ab rem ita oporteret; Ac II
23. — II, 1. ideo, quod illa, quae prima dicuntur, ex
iis ducas oportet, quae postea dicenda sunt; inv I
19. hoc in genere omnia eluceat oportet eloquentiae
magnitudo; orat 139. ante eam diem M. Anneius
ad me redeat oportet; ep XIII 57, 1. — 2. quod
ostendere velis, id ex vi propositionis oportere adsumere; inv I 59. qui dixisset ita amare oportere,
ut si aliquando esset osurus; Lael 59. locis communibus misericordiam captare oportebit; inv II 108.
aliud de eo, quicum comparabitur, existimare oportere;
inv I 82. hoc diligenter oportebit videre; inv I 45.
— 3. hoc sequitur, ut familiam || familia || M. Tullii
concidi oportuerit? Tul 54. — 4. ex his locis fere
contra adversarios dicet oportere caussa accipi;
inv II 138. a me informari oportere, qualis esse
posset is, qui . .; de or I 264. cum ambigue multa
dicantur, quo modo quidque eorum dividi explanarique
oporteat; orat 115. quod decumanus edidisset sibi
dari oportere; Ver III 34. totam rem Lucullo integram servatam oportuit; Ac II 10. ut dialectici ne
rationem quidem reddi putent oportere; fin IV 55.
quoniam sit natura mortalis, immortalem etiam esse
oportere; nat I 109. quoniam vitiorum emendatricem
legem esse oportet; leg I 58. Diogeni (videtur) venditorem dicere vitia oportere; of III 51. hoc fieri
et oportet et opus est; A XIII 24, 2 (25, 1). — III.
tum id feci, quod oportuit; Tul 5. quae (senectus)
efficeret, ut id non liberet, quod non oporteret; Cato
42. qui, si loqnor de re publica, quod oportet. insanus, si, quod opus est, servus existimor; A IV 6, 2.

oportune, bequem, gelegen, gelegentlich: locus
oportune captus ad eam rem; Sex Rosc 68. a te
oportune facta mentio est; fin V 8. haec cum Terentia
loquere || tu || oportune; A XI 25, 3. (Trebatius)
oportune ad me ante adventum Caesaris venerit;
A IX 9, 4.

oportunitas, günstige Lage, Gelegenheit,
richtiger Zeitpunkt, Vorteil: I. omnem utilitatem
oportunitatemque provinciae Siciliae consistere
in re frumentaria maxime; Ver III 11. cognovit,

quae materia || esset, materies || et quanta ad maxi-
mas res oportunitas in animis inesset hominum; inv
I 2. in armis locorum oportunitas multum (iuvat);
Marcel 6. — II, 1. etsi oportunitatem operae tuae
omnibus locis desidero; ep XVI 11, 1. enumerari
non possunt fluminum oportunitates; nat II 132.
quem ad modum oportunitas (sic enim appellemus
εὐκαιρίαν) non sit maior productione temporis; fin III
45. occasio est pars temporis habens in se alicuius
rei idoneam faciendi aut non faciendi oportunitatem;
inv I 40. quae (ora) et oportunitatem et dignitatem
habet; A VIII 11, B, 3. ea oportunitas quaeritur
ex magnitudine, intervallo, longinquitate, propinquitate, solitudine, celebritate, natura ipsius loci et vicinitate totius regionis; inv I 38. fuga et maritima
oportunitas visa quaeri desperatione; A VIII 3, 4. —
2. oportunitatis esse beate vivere; fin III 61. — III.
sic fit, ut modestia haec scientia sit oportunitatis
idoneorum ad agendum temporum; of I 142. — IV.
quorum omne bonum convenientia atque oportunitate
finitur; fin III 46.

oportunus, bequem, günstig, geeignet, passend:
aetatem oportunissimam; ep VII 7, 2. classes
optimae atque oportunissimae amissae et perditae;
Ver pr 13. si locus oportunus ad eam rem fuisse
ostendetur; inv I 39. in maxime oportuna orationis
partibus; Bru 139. tempus actionis oportunum Graece
εὐκαιρία, Latine appellatur occasio; of I 142. quam
potuit urbem eligere oportuniorem ad res gerundas?
Phil III 6.

opperior, warten, abwarten: ibidem opperiri.
quoad scire possis, quid tibi agendum sit; ep VI 20,
1. ibidem opperiar; A III 10, 1. ego in Arcano
opperior, dum ista cognosco; A X, 3.

oppeto, entgegengehen: qui pro re publica vel
mortem oppetere cupiebat; Sest 29. etiamsi oppe-
tenda mors esset; ep IV 7, 4.

oppidanus, kleinstädtisch: oppidano quodam
et incondito genere dicendi; Bru 242. vetere
quodam in scaenicos iure maximeque oppidano;
Planc 30. senem tibi quendam oppidanum dixisse . .;
de or II 240.

oppido, sehr, gar: I. eorum definitiones paulum
oppido inter se differunt; fin III 33. — II. Tutor,
mimus vetus oppido ridiculus; de or II 259.

oppidulum, Städtchen: neque solum illud
extorsi oppidulum, quod erat positum in Euphrati
Zeugmate; Q fr II 10, 2.

oppidum, Stadt: I, 1. tantos terrae motus
factos esse, ut multa oppida corruerint; div I 78.
in qua (Melita) est eodem nomine oppidum; Ver IV
103. — 2. Segesta est oppidum pervetus in Sicilia,
quod ab Aenea conditum esse demonstrant; Ver IV
72. mundum hunc omnem oppidum esse nostrum;
fin IV 7. Nicias Cous non rebatur oppidum esse
Piraeea; A VII 3, 10. — II, 1. eius modi coniunctionem tectorum oppidum vel urbem appellaverunt delubris distinctam spatiisque communibus;
rep I 41. oppidum Himeram Karthaginienses quondam ceperant; Ver II 86. condo: f. I, 2. Ver IV
72. distinguo: f. appello. lautissimum oppidum.
Suessam, sanguine implevit; Phil XIII 18. qui
(M. Bibulus) se oppido munitissimo tam diu tenuit.
quam diu in provincia Parthi fuerunt; ep XII 19, 2.
ut Thessalonicenses relinquere oppidum cogantur:
prov 4. — 2. non hoc („εἰς") ut oppido praeposui,
sed ut loco; A VII 3, 10. — 3. Dolopes finitimique
montani oppidis atque agris exterminati; Piso
96. — 4. magnas Parthorum copias ad oppidum
Antiocheam accessisse; ep XV 4, 7. cum omnes
ex oppido exissent; Scaur 11. quod in oppidum
devium Beroeam profugisti; Piso 89. qui ne in
oppidum quidem nisi perraro veniret; Sex Rosc 52. —
III, 1. quae celebritas oppidorum! Quir 4. signa
et tabulas ceteraque ornamenta Graecorum oppidorum

sibi ille ne visenda quidem existimavit; imp Pomp 40. — 2. qui concursus ex oppidis finitimis undique? Flac 74. — IV. ante oppidum Nolam Samnitium castra cepit; div I 72. cum te in oppidis et civitatibus amicorum non legatum populi Romani, sed tyrannum praebueris; Ver I 82.

oppignero, verpfänben: libelli etiam saepe pro vino oppignerabantur; Sest 110.

oppilo, verfchließen, verrammeln: nisi ille iis (scalis) oppilatis impetum tuum compressisset; Phil II 21.

oppleo, anfüllen, erfüllen: cum tota aestate obrutam oppletamque (Aegyptum Nilus) tenuit; nat II 130. hoc sonitu oppletae aures hominum obsurduerunt; rep VI 19. (consulum) mentes oppletae tenebris ac sordibus; sen 10.

oppono, entgegenstellen, gegenüberstellen, ausfetzen, einfetzen, geltenb machen: I. his opposuit sese Socrates, qui . . ; Bru 31. quonam modo aliud adferet, quod oppositum probabilius sit quam illud, quod obstabit? orat 49. nisi tu opposuisses non minorem tuam auctoritatem; Ac II 64. non praeponitur huic urbi ista colonia, sed opponitur; agr I 20. quoniam aegritudini nulla constantia opponitur; Tusc IV 14. cum contrariis opponuntur contraria; orat 166. non omnes nostra corpora opponimus? A VII 23, 1. huic labori nostro duo genera reprehensionum opponuntur; opt gen 18. (luna) subiecta atque opposita soli radios eius et lumen obscurat; nat II 103. his quattuor causis totidem medicinae opponuntur; de or II 339. nolite mihi ista nomina civitatum nobilium opponere; Flac 58. opponemus Asiae provinciae provinciam Ciliciam; Flac 100. qui (Aquilius) illud suum regnum iudiciale opposuit; A I 1, 1. numquam quisquam armati exercitus terrorem opponet togatis; Sest 52. cui (duci) quia privato sunt oppositi timores, dantur imperia; rep I 68. tum opponitur scripto voluntas scriptoris; Top 96. quod essent urbes maritimae non solum multis periculis oppositae, sed etiam caecis; rep II 5. — II. eos, qui plurimum possent, opponi omnibus contionibus auctores ad perniciem meam; Sest 42.

opportun — f. **oportun.**

oppositus, Entgegenstellung, Vorstehen: I. omnes tibi laterum nostrorum oppositus et corporum pollicemur; Marcel 32. — II. solem lunae oppositu solere deficere; rep I 25.

oppressio, Unterdrückung, Überrumpelung: I. earum (legum, libertatis) oppressionem taetram et detestabilem gloriosam putat; of III 83. — II. hunc tu civem oppressione curiae domo et patria cedere curasti? dom 5.

opprimo, erbrücken, niederbrücken, niederwerfen, unterbrücken, bewältigen, vernichten, überfallen, überraschen: I. ut onera contentis corporibus facilius feruntur, remissis opprimunt; Tusc II 54. — II. opprimar interdum et vix resisto dolori; ep IV 6, 1. qui Antonium oppresserit, is hoc bellum confecerit; ep X 19, 2. Balbus ad me scripsit tanta se ἐπιφορᾷ oppressum, ut loqui non possit; ep XVI 23, 1. erigebat animum iam demissum et oppressum Oppianicus; Cluent 58. oppressa virtute audacia est; Milo 30. quem (tyrannum) armis oppressa pertulit civitas; of II 23. cum classis ea, cui consul populi Romani praepositus esset, a praedonibus rapta atque oppressa est; imp Pomp 33. eum (dolorem) opprimi dico patientia; Tusc II 33. cum hominem temperantem, summum medicum tantus improviso morbus oppresserit; A XV 1, 1. ne humanitatem opprimendam putetis; Balb 19. cum animus voluptatem sicut labem aliquam dedecoris oppresserit; leg I 60. libertate populi Romani oppressa; dom 130. litterae neque expressae neque

oppressae; of I 133. medicum: f. hominem. subactus oppressusque populus Romanus est; Sex Rosc 137. si res publica vi consensuque audacium armis oppressa teneretur; Sest 86. dicere opprimi reum, de quo nihil dicat accusator; Ver I 24. senatu oppresso et adflicto; sen 18. simile vero est mitti ad socios liberandos an ad opprimendos! agr II 46. cum tyrannum Nicoclem improviso oppressisset; of II 81. tantum cibi et potionis adhibendum, ut reficiantur vires, non opprimantur; Cato 36. voluptatem: f. labem. capta urbe atque oppressa; Sest 112.

opprobrium, Vorwurf, Schanbe: opprobrio fuisse adulescentibus, si amatores non haberent; rep IV 3.

oppugnatio, Beftürmung, Belagerung, Angriff, Widerspruch: I. belli Punici secundi causa fuit Sagunti oppugnatio; Phil V 27. cui (filio) non modo aperta inimicorum oppugnatio, sed ne occultae quidem matris insidiae nocere potuissent; Cluent 178. ne punctum quidem temporis oppugnatio respiravit; Phil VIII 20. — II, 1. cur oppugnationem aedium M. Lepidi contra rem publicam senatus factam esse decrevit? Milo 13. — 2. tum adiungeremus de oppidorum oppugnationibus; de or I 210. vos ad suffragia cohortandos contra oppugnationem vestrae maiestatis putavi; Rabir 35. — III. est εὐλυκρινὴς iudicium, sine oppugnatione, sine gratia nostra; Q fr II 6, 1.

oppugnator, Angreifer: I. qui meae salutis non modo non oppugnator, sed etiam defensor fuisset; Planc 76. — II. utinam possent oppugnatores rei publicae de civitate exterminari! Balb 51.

oppugno, angreifen, belagern, beftürmen, bekämpfen, anfämpfen: I. id ne impetremus, oppugnabis? Ligar 13. — II. Hammonius, regis legatus, aperte pecunia nos oppugnat; ep I 1, 1. a quo (Vatinio Sestius) palam oppugnabatur; Q fr II 4, 1. horum omnium studium, curam, diligentiam meumque una laborem vestramque simul, iudices, aequitatem et mansuetudinem una mater oppugnat; Cluent 199. ne imperatorem, ne coloniam populi Romani oppugnet; Phil V 27. qui ita sese armat eloquentia, ut non oppugnare commoda patriae, sed pro his propugnare possit; inv I 1. curam, al.: f. aequitatem. qui domos inimicorum suorum oppugnarit; Sest 95. eius existimationem oppugnare in provincia, cuius laudem domi defenderis; ep III 10, 8. imperatorem: f. coloniam. Hortensius eorum (scribarum) commoda a me labefactari atque oppugnari iura dicet? Ver III 182. qui hunc ordinem oppugnent; prov 39. cum ego eius (Vatinii) petitionem gravissima in senatu sententiis oppugnassem; ep I 9, 19. aggere, viniis ∥ vineis ∥, turribus (Pindenissum) oppugnavi; ep XV 4, 10. quid interest, utrum hanc urbem oppugnet an huius urbis propugnaculum? Phil V 17. qui (Carneades) nullam rem oppugnavit, quam non everterit; de or II 161. qui eo imperio et exercitu rem publicam oppugnat; Phil X 12. urbem: f. propugnaculum.

ops, Macht, Vermögen, Reichtum, Einfluß, Hülfe, Beiftanb: I. opes vel fortunae vel ingenii liberalitati non conveniunt; fin I 52. qua (plaga) Lacedaemoniorum opes corruerunt; of I 84. cum hostium opes animique crevissent; imp Pomp 45. cuius tenues opes, nullae facultates, exiguae amicorum copiae sunt; Quinct 2. magnae sunt in te opes; Planc 55. quibus nihil est in ipsis opis ad bene beateque vivendum; Cato 4. f. II, 1. exaggero. multorum opes praepotentium excludunt amicitias fideles; Lael 54. nisi unius amici opes subvenissent; Rab Post 48. videntur: f. II, 1. exaggero. — II, 1. unde eo plus opis auferret, quo minus attulisset gratiae; Quinct 32. ut aliorum spoliis nostras facultates, copias, opes augeamus; of III 22. honores quam opes consequi maluisset; Bru 280. exaggeratis regiis

opibus, quae videbantur sempiternae fore, quid adiungit? Tusc III 45. ego scilicet ab hoc eiecto cadavere quicquam mihi opis expetebam; Piso 19. quibus (litteris Caesar) iam „opes" meas, non, ut superioribus litteris, „opem" exspectat; A IX 16, 1. quodsi mihi tua clementia opem tuleris; ep V 4, 2. coniunctione frangi senatus opes videbam; ep VI 6, 4. cum premeretur inops multitudo ab iis, qui maiores opes habebant; of II 41. cum (Dolabella) opem ab eo (Faberio) petierit; A XIV 18, 1. nec aptius est quicquam ad opes tuendas ac tenendas; of II 23. — 2. ut quisque maxime opis indigeat, ita ei potissimum opitulari; of I 49. — 3. ne intemperantius suis opibus utatur Phil V 48. — 4. neque pugnandum arbitrarer contra tantas opes; ep I 9, 21. in iis pecuniae cupiditas spectat ad opes; of I 25. — III. in me, homine parvis opibus ac facultatibus praedito; div Caec 69. — IV, 1. alqd: f. I. est; Cato 4. II, 1. aufero, expeto. erat in eo summa in omnes cives opis, auxilii benignitas; rep II 35. hinc opum nimiarum exsistunt cupiditates; of III 36. — 2. Sulla maximis opibus, cognatis, clientibus plurimis; Cluent 94. — V, 1. cum meos liberos et uxorem tuis opibus defendisses; Planc 73. quamvis sint demersae leges alicuius opibus; of II 24. omni ope atque opera enitar, ut de Buthrotiis senatus consultum fiat; A XIV 14, 6. cum Sicilia florebat opibus et copiis; Ver IV 46. cum me firmissimis opibus contra scelus inimicorum munire possem; prov 41. qui opibus plurimum poterant; Planc 86. qui valent opibus; fin III 66. — 2. qui non pro suis opibus in illa tempestate me defenderit; dom 108. interitus exercituum, victoriae sine hominum opibus et studiis neutram in partem effici possunt; of II 20.

optabilis, wünschenswert: ea, quae vulgo expetenda atque optabilia videntur; de or I 221. optabilius Miloni fuit dare iugulum P. Clodio quam iugulari a vobis; Milo 31. quod bonum sit, id esse optabile, quod optabile, id expetendum; fin IV 50. sunt multi, quibus videmus optabiles mortes fuisse cum gloria; Tusc I 116. cui pax, praesertim civilis, in primis fuit optabilis; Phil VII 7. quae (temporum varietates fortunaeque vicissitudines) etsi nobis optabiles in experiendo non fuerunt, in legendo tamen erunt iucundae; ep V 12, 4. illi antiqui non tam acute optabiliorem illam vitam putant; fin IV 63.

optatio, Wunsch: I. optatio; de or III 205. — II. cui (Theseo) cum tres optationes Neptunus dedisset; of III 94.

optato, erwünscht: nisi quid te aliud impediet. mi || mihi || optato veneris; A XIII 28, 3.

optatum, Wunsch: I, 1. multa a dis immortalibus optata consecuti sumus; Qnir 5. quo optato impetrato Theseus in maximis fuit luctibus; of III 94. — 2. quid est causae, cur mihi non in optatis sit complecti hominem? ep II 13, 2. — II. qui (deus) numquam nobis occurrit neque in precibus neque in optatis neque in votis; nat I 36. illud accidit praeter optatum meum; Piso 46.

optimas, vornehm, aristokratisch, Patriot, Aristofrat: A. (res publica) ex tribus generibus illis, regali et populari, confusa modice; rep II 41. id mandavi Philotimo, homini forti ac nimium optimati; A IX 7, 6. me hanc viam optimatem || optimatum, al. || tenere; A I 20, 3. — B, I. quem (tyrannum) si optimates oppresserunt, quod ferme evenit; rep I 65. illud non adsentior tibi, praestare regi optimates; rep III 47. — II, 1. ipsi optimates gravissimi et clarissimi cives numerantur et principes civitatis; Sest 97. — 2. qui (senatus) constabat ex optimatibus; rep II 23. — III, 1. ~optimatibus (suffragia) nota, plebi libera sunto; leg III 38. — 2. usque adeo orba fuit ab optimatibus illa contio, ut ..; Flac 54. — IV. quis non sentit omnem auctoritatem optimatium tabellariam

legem abstulisse? leg III 34. **quae (Massilia)** sic optimatium consilio gubernatur, ut ..; Flac 63. cum di immortales monent de optimatium discordia; har resp 53. in optimatium dominatu vix particeps libertatis potest esse multitudo; rep I 43. cum contra voluntatem omnium optimatium legem agrariam ferebat; inv II 52. — V. cum Philo cum Atheniensium optimatibus domo profugisset; Bru 306.

optio, Wahl, Belieben: I. hodie, utro (stadio) frui malis, optio sit tua; fat 3. — II. eligendi cui patroni daretur optio; Bru 189. quotiens ille tibi potestatem optionemque facturus sit, ut eligas, utrum velis factum esse necne; div Caec 45. libero tempore. cum soluta nobis est eligendi optio; fin I 33.

opto, wählen, wünschen, verlangen, part. will kommen, angenehm: I, 1. cum (Theseus) ter optandi a Neptuno patre habuisset potestatem; nat III 76. — 2. insperanti mihi et Cottae, sed valde optanti utrique nostrum cecidit, ut ..; de or I 96. sic dicet ille, quem expetimus, ut optet, ut exsecretur; orat 138. — II, 1. de te ipso quid optarent rei; Bru 190. quod de Hippolyti interitu iratus optavit; of I 32. — 2. hanc condicionem misero ferunt, ut optet. utrum malit cervices T. Roscio dare an insutus in culleum per summum dedecus vitam amittere; Sex Rosc 30. — 3. ut meliore simus loco, ne optandum quidem est illo impunito; har resp 61. velim. ut (Dionysius) tibi amicus sit: hoc cum tibi opto, opto ut beatus sis; A X 16, 1. — 4. mihi optatum || optandum || illud est, in hoc reo finem accusandi facere; Ver V 183. optatissimum est vincere; Phil XIII 49. — 5. spero et opto nobis hanc coniunctionem voluptati fore; ep I 7, 11. quem te et opto esse et confido futurum; ep X 20, 3. — III. quando dubium fuisset, eligendi cui patroni daretur optio, quin aut Antonium optaret aut Crassum? Bru 189. mea suavissima et optatissima Terentia; ep XIV 5, 2. alqd: f. calamitatest, malum. II, 1. 3. 4. honorum aditus numquam illi faciliores optavi. quam mihi fuerunt; Planc 59. dulcem et optatum amorem tuum; ep II 1, 1. vocis bonitas optanda est: orat 59. ut velle atque optare aliquid calamitatis filio videretur; Cluent 178. vale, mi optime et optatissime frater; Q fr II 6 (8), 2. optandae nobis saute. ut honos, ut salus, ut victoria; nat III 61. ut numquam Hannibal huic urbi tantum mali optarit; prov 4. ut homines mortem vel optare incipiant vel certe timere desistant; Tusc I 117. optatum negotium sibi in sinum delatum esse dicebat; Ver I 131. eam optatissimum nuntium accepissem te mihi quaestorem obtigisse; ep II 19, 1. teneo, quam optabam, occasionem; leg I 5. te tua virtute frui cupimus. tibi optamus eam rem publicam, in qua ..; Bru 331. salutem: f. honorem. quam (sortem) omnes tui necessarii tibi optabamus; Muren 41. in tranquillo tempestatem adversam optare dementis est; of I 83. victoriam f. honorem.

opulentus, reich, mächtig, angesehen: A. Dionysius tyrannus fuit opulentissimae et beatissimae civitatis; nat III 81. ex pacatissimis atque opulentissimis Syriae gazis; Sest 93. multi privati opulenti ac potentes habent profecto in animo Capitolium sic ornare, ut ..; Ver IV 68. Sardanapalli, opulentissimi Syriae regis, error; Tusc V 101 quoniam studemus nostris laboribus tutiorem et opulentiorem vitam hominum reddere; rep I 3. — B, I. ut magis amicitiarum praesidia quaerant inopes quam opulenti; Lael 46. -- II. si opulentum fortunatumque defenderis; of II 70.

opus, Werk, Arbeit, Kunstwerk, Geschäft, Lat Mühe: I. an pangis aliquid Sophocleum? fac opus appareat; ep XVI 18, 3. haec opera atque artificia Graecos homines nimio opere delectant; Ver IV 132. f. V nimio. in causarum contentionibus magnum est quoddam opus atque haud sciam an de humani-

operibus longe maximum; de or II 72. ut in reliquis rebus multo maiora opera sunt animi quam corporis, sic . .; of II 46. quorum operum ego parens effectorque sum, haec sunt indissoluta me invito; Tim 40. curabo, ut huius peregrinationis aliquod tibi opus exstet; A II 4, 3. — II, 1. quoniam operi inchoato, prope tamen absoluto tamquam fastigium imponimus; of III 33. quod aliae (causae) sunt, ut sine ulla appetitione animi suum quasi opus efficiant; Top 62. opera efficio tanta, quanta fortasse tu senties; ep VII 28, 2. ſ. navo. ne graveris exaedificare id opus, quod instituisti; de or I 164. diem praestituit operi faciundo Kalendas Decembres; Ver I 148. habeo opus magnum in manibus; Ac I 2. inchoo: ſ. absolvo. instituo: ſ. exaedifico. locatur opus id, quod ex mea pecunia reficiatur; ego me refecturum dico; Ver I 142. utinam aliquod in hac miseria rei publicae πολιτικόν opus efficere et navare .mihi liceat! A IX 11, 2. pango: ſ. I. apparet. adhiberi hunc a me quasi perpoliendi quendam operis extremum laborem; Balb 17. haec Graeci in singulos libros dispertiunt; opus enim quaerunt; Tusc III 81. si pupillo opus redimitur; Ver I 142. reficio: ſ. loco. sentio: ſ. efficio. is (Galba) princeps ex Latinis illa oratorum propria et quasi legitima opera tractavit, ut . .; Bru 82. — 2. quadriennio post, quam diem operi dixerat; Ver I 142. impono: ſ. 1. absolvo. — 3. qui Corinthiis operibus abundant; par 13. volucres solutas opere volitare; de or II 23. — 4. ut deum agnoscis ex operibus eius, sic . .; Tusc I 70. de ceteris operibus ex auro et gemmis se non laborare; Ver IV 67. — III, 1. inesse moderatorem et tamquam architectum tanti operis tantique muneris; nat II 90. effector: ſ. I. est; Tim 40. ille fabricator huius tanti operis utrum sit imitatus exemplar; Tim 6. labor est functio quaedam vel animi vel corporis gravioris operis et muneris; Tusc II 35. moderator: ſ. architectus. quae vetustas tollet operum circum Mutinam taetra monimenta? Phil XII 12. parens: ſ. I. est; Tim 40. feriarum ratio in servis operum et laborum (requietem habet); quas compositio anni conferre debet ad perfectionem "perum rusticorum; leg II 29. — 2. ex aere fuit quoddam (simulacrum) modica amplitudine ac singulari opere; Ver IV 109. — IV, 1. loricas galeasque aeneas, caelatas opere Corinthio; Ver IV 97. quorum (hominum) operibus agri, insulae litoraque conluent distincta tectis et urbibus; nat II 99. neque id (sepulchrum) opere tectorio exornari licebat; leg II 65. minime miramur te tuis ut egregium artificem praeclaris operibus laetari; ep I 7, 7. candelabrum e gemmis clarissimis opere mirabili perfectum; Ver IV 64. stragulo magnificis operibus picto; Tusc V 61. quam (Mutinam) cum operibus saepsisset; Phil XIII 20. — 2. de: ſ. I. est; de or II 72. cum in suo quemque opere artificem nihil aliud cogitare videam, nisi . .; rep I 35. — V. Oppianicus in magno opere pertimuit; Cluent 73. quod ne in ipsis quidem philosophis magnopere umquam probavi; II 1. a te maximo opere quaeso et peto, ut . .; ep III 2, 1. quos Corinthia opera, quos aedificia magnifica nimio opere delectant; par 36. ſ. delectant. quanto se opere custodiant bestiae; nat II 126. quantoque opere eius municipii causa laborarem, tibi ostendi; ep XIII 7, 1. non tanto opere homines fuisse tribuniciam potestatem desideraturos; Ver pr 44. ut migrare tanto opere festines; ep VII 23, 4. cum tu tanto opere delectere; A XV 13, 3.

opus est, nötig, erforderlich sein, bedürfen: I. qui gallum gallinaceum, cum opus non fuerit, suffocaverit; Muren 61. bonum ipsum etiam quid esset, fortasse, si opus fuisset, definisses; fin II 5. — II, 1. quid opus est in hoc philosophari? Tusc I 89. quibus (equis, canibus) et dolore vacare opus

est et valere; fin IV 37. — 2. quid opus erat te gradatim istuc pervenire? nat I 89. legem curiatam consuli ferri opus esse, necesse non esse; ep I 9, 25. hoc fieri et oportet et opus est; A XIII 24, 2 (25, 1). 3. opus fuit Hirtio convento? A X 4, 11. ſ. III. de or II, 256. maiore quadam opus est vel arte vel diligentia; Ac II 45. quid opus fuit vi, quid armatis hominibus, quid caede, quid sanguine? Tul 54. in hac causa coniectura nihil opus est; Sex Rosc 107. diligentia: ſ. arte. non opus est verbis, sed fustibus; Piso 73. hominibus: ſ. caede. opus est huc limatulo et polito tuo iudicio et illis interioribus litteris [meis]; ep VII 33, 2. opus esse ad eam rem constituendam pecunia; of II 82. erat nihil, cur properato opus esset; Milo 49. quibuscumque rebus opus esse intellegam; ep IV 14, 4. sanguine, vi: ſ. caede. verbis: ſ. fustibus. — III. illud tertium, etiam si opus est, minus est tamen necessarium; de or II 43. cum quidam dixisset: „eamus deambulatum“, et ille: „qui || quid || opus fuit de?“ „immo vero“, inquit, „quid opus fuit te?“ de or II 256. nihil tibi opus est illud a Trabea; ep IX 21, 1. ego vero, qui, si loquor de re publica, quod oportet, insanus, si, quod opus est, servus existimor; A IV 6, 2. eius nobis exempla permulta opus sint; inv II 57. mihi frumentum non opus est; Ver III 196. ut bono patri familias colendi, aedificandi, ratiocinandi quidam usus opus sit; rep V 4.

opusculum, Werkchen: I. accipies hoc parvum opusculum lucubratum huius iam contractioribus noctibus; par 5. — II. Myrmecides aliqui minutorum opusculorum fabricator; Ac II 120.

ora, Ende, Grenze, Rand, Saum, Küste, Gegend, Zone: cum videmus globum terrae duabus oris distantibus habitabilem et cultum, quarum altera, quam nos incolimus, »sub axe posita ad stellas septem«, altera australis, ignota nobis, quam vocant Graeci ἀντίχθονα; Tusc I 68. qui tot habet triumphos, quot orae sunt partesque terrarum; Balb 9. ora maritima Cn. Pompeium non solum propter rei militaris gloriam, sed etiam propter animi continentiam requisivit; imp. Pomp 67. — II, 1. (Graecia) Asiae maximam oram bello superatam cinxit urbibus; Flac 64. migrationem esse mortem in eas oras, quas, qui e vita excesserunt, incolunt; Tusc I 98. ſ. I. distant. pono, voco: ſ. I. distant. supero: ſ. cingo. ut (animus) nullam oram ultimi || ultimam || videat, in qua possit insistere; nat I 54. — 2. ego adhuc orae maritimae praesum a Formiis; ep XVI 12, 5. — 3. insisto in: ſ. 1. video. C. Marium in oras Africae desertissimas pervenisse; Seat 50. qui (homines) ubique sunt quacumque in ora ac parte terrarum; nat II 164. — II, 1. quae amoenitates orarum ac litorum! nat II 100. hi duo illos oculos orae maritimae effoderunt; nat III 91. — 2. migratio in: ſ. II, 1. incolo. — IV. a prima ora Graeciae usque ad Aegyptum optimorum civium imperiis muniti erimus et copiis; ep XII 5, 1. possidere agros in ora maritima regem Hiempsalem; agr II 58.

oraculum (oraclum), Orakel, Götterspruch, Spruch, Weissagung: I. numquam illud oraclum Delphis tam celebre et tam clarum fuisset; div I 37. multis saeclis verax fuisse id oraculum; div I 38. — II, 1. oracula ex eo ipso appellata sunt, quod inest [in] his deorum oratio; Top 77. cuius generis oracla etiam habenda sunt, non ea, quae aequatis sortibus ducuntur, sed illa, quae instinctu divino adflatuque funduntur; div I 34. quo (anhelitu terrae) Pythia mente incitata oracla || oracula || ederet; div II 117. fundo, habeo: ſ. duco. iidem (Lacedaemonii) de rebus maioribus semper aut Delphis oraclum aut ab Hammone aut a Dodona petebant; div I 95. hae sunt nationes, quae ad oraculum orbis terrae vexandum ac spoliandum profectae sunt; Font

30. — 2. insum: ſ. 1. appello. — 3. cum a Zenone hoc magnifice tamquam ex oraculo editur; fin V 79. — III. nisi omnis aetas oraclorum illorum veritatem esset experta; div I 37. — IV. quae oraculis, auspiciis, extis declarentur; Ac II 47. tuis oraculis Chrysippus totum volumen implevit partim falsis, ut ego opinor, partim casu veris, partim flexiloquis et obscuris, partim ambiguis; div II 115. qui Apollinis oraculo sapientissimus est iudicatus; Lael 13.

oratio, Rebe, Rebnergabe, Rebeweiſe, Bortrag, Darſtellung, Ausbrud, Rebeſtoff, Thema, Proſa: I. **abſolut:** 1. sed redeat, unde aberravit oratio; Tusc V 66. non erat abundans, non inops tamen, non valde nitens, non plane horrida oratio; Bru 238. cuius oratio omnibus ornamentis abundavit; Balb 17. quod Graeca oratio plura ornamenta suppeditans consuetudinem similiter Latine dicendi adferebat; Bru 310. nec umquam is, qui audiret, incenderetur, nisi ardens ad eum perveniret oratio; orat 132. quo melius aut cadat aut volvatur oratio; orat 229. captat: ſ. 2. inv I 106. persipicuum est numeris astrictam orationem esse debere, carere versibus; orat 187. incitata et volubilis nec ea redundans tamen nec circumfluens oratio; Bru 203. quid est, cur claudere aut insistere orationem malint quam cum sententia pariter excurrere? orat 170. non semper fortis oratio quaeritur, sed saepe placida, summissa, lenis, quae maxime commendat reos; de or II 183. quam eius (M. Caelii) actionem multum tamen et splendida et grandis et eadem in primis faceta et perurbana commendabat oratio; Bru 273. si tota oratio nostra omnem sibi fidem sensibus confirmat; Tusc I 71. interpres mentis oratio verbis discrepat sententiis congruens; leg I 30. cum omnis ex re atque verbis constet oratio; de or III 19. multum interest, utrum numerosa sit, id est similis numerorum, an plane e numeris constet oratio; orat 220. quod vereris, ne non conveniat nostris aetatibus ista oratio, quae spectet ad hortandum; fr F V 57. quod ex his studiis haec quoque crescit oratio et facultas; Arch 13. ut tamquam in orbe inclusa currat oratio; orat 207. quia nec numerosa esse, ut poëma, neque extra numerum, ut sermo vulgi, esse i est || debet oratio; orat 195. tota oratio simplex et gravis et sententiis debet ornatior esse quam verbis; part or 97. ſ. caret, circumfluit, insistit, movet, II, 1. cogo. neque est periculum, ne te de re publica disserentem deficiat oratio; rep I 37. haec subtilis oratio etiam incompta delectat; orat 78. uti Lilybaeum, unde digressa est oratio, revertamur; Ver IV 35. discrepat: ſ. congruit. ex rerum cognitione efflorescat et redundet oportet oratio; de or I 20. Crassi magis enitebat oratio; Bru 215. ne vagari et errare cogatur oratio; de or I 209. oratio est vere soluta, non ut fugiat tamen aut erret, sed ut sine vinculis sibi ipsa moderetur; de or III 184. si in refellendo adversario firmior esse oratio quam in confirmandis nostris rebus potest; de or II 293. ornatur oratio genere primum et quasi colore quodam et suco suo. nam ut gravis, ut suavis, ut erudita sit, ut liberalis, ut admirabilis, ut polita, ut sensus, ut doloris || dolores || habeat quantum opus sit, non est singulorum articulorum. ut porro conspersa sit quasi verborum sententiarumque floribus, id ..; de or III 96. ut caveatis, ne exilis, ne inculta sit vestra oratio, ne vulgaris, ne obsoleta; de or III 97. ornatissimae sunt orationes eae, quae latissime vagantur; de or III 120. nihil est tam tenerum neque tam flexibile neque quod tam facile sequatur, quocumque ducas, quam oratio; de or III 176. qui putat orationem non astricte. sed remissius numerosam esse oportere; de or III 184. est et plena quaedam (oratio), sed tamen teres; et tenuis, non sine nervis ac viribus; et ea, quae particeps utriusque generis quadam mediocritate laudatur; de or III 199. ut et incitata et

gravis et vehemens esset oratio; Bru 93. Appii Claudii volubilis, sed paulo fervidior || erat || oratio; Bru 108. sunt eius (Rutilii) orationes ieiunae; Bru 114. ut Stoicorum astrictior est oratio aliquantoque contractior, quam aures populi requirunt, sic illorum liberior et latior, quam patitur consuetudo indiciorum et fori; Bru 120. erat oratio cum incitata et vibrans tum etiam accurata et polita; Bru 326. est oratio mollis et tenera et ita flexibilis, ut sequatur, quocumque torqueas; orat 52. mollis est oratio philosophorum et umbratilis; orat 64. multae sunt eius (Demosthenis) totae orationes subtiles, ut contra Leptinen; orat 111. quamquam aliud videtur oratio esse, aliud disputatio; orat 113. erit rebus ipsis par et aequalis oratio; orat 123. quodsi et angusta quaedam atque concisa et alia est dilatata et fusa || diffusa || oratio; orat 187. illa superior fuit oratio necessaria, haec erit voluntaria, illa ad iudicem, haec ad C. Pisonem, illa pro reo, haec pro Roscio, illa victoriae, haec bonae exiſtimationis causa comparata; Q Rosc 15. qualis homo ipse esset, talem eius esse orationem; Tusc V 47. quae (oratio Caesaris) sane mollis et liberalis fuit; ep VI 14, 2. ſ. abundat, constat, debet, II, 1. cogo. efficiendum est illud modo nobis, ne fluat oratio, ne vagetur, ne insistat interius, ne excurrat longius, ut membris distinguatur, ut conversiones habeat absolutas; de or III 190. ſ. claudet. explicat: ſ. 2. Top 26. ipsius Appii exstat oratio; Cato 16. ad singulare M. Antonii factum festinat oratio; Phil I 3. quando a Cotta et Sulpicio haec omnis fluxit oratio; Bru 201. in his tracta quaedam et fluens expetitur. non haec contorta et acris oratio; orat 66. ſ. excurrit. fugit: ſ. errat. quantam vim haberet accurata et facta quodam modo oratio; Bru 30. horum (philosophorum) oratio neque nervos neque aculeos oratorios ac forenses habet; orat 62. ſ. est; de or III 96. excurrit. insistit: ſ. claudet, excurrit. ex hoc Platonis fonte nostra omnis manabit oratio; Tusc V 36. moderatur: ſ. errat. poëma reconditum paucorum approbationem, oratio popularis adsensum vulgi debet movere; Bru 191. oratio quaedam ex ipso fine et ex genere causae nascitur; in II 13. nitet: ſ. abundat. ut horum concisis sententiis officit Theopompus elatione atque altitudine orationis suae, sic Catonis luminibus obstruxit haec posteriorum quasi exaggerata altius oratio; Bru 66. per omnes civitates, quae decumas debent, percurrit oratio mea; Ver III 100. video iam, quo pergat oratio; rep III 44. pervenit: ſ. ardet. perorandi locum, ubi plurimum pollet oratio; Bru 190. potest: ſ. est; de or II 293. quoniam huc me provexit oratio; Sest 123. ratio nostra consentit, pugnat oratio; fin III 10. redit: ſ. aberrat. redundat: ſ. circumfluit, efflorescit. quod καθημικὸν nominant, in quo uno regnat oratio; orat 128. quos (poëtas) cum cantu spoliaveris, nuda paene remanet oratio; orat 183. spectat: ſ. convenit. suppeditat: ſ. adfert. vagatur: ſ. errat, est; de or III 120. quid valet igitur illa eloquentissimi viri, L. Crassi, copiosa magis quam sapiens oratio: „eripite nos ex servitute“? par 41. ſ. II, 1. tracto. quoniam omnis haec in religione versatur oratio; leg II 34. vibrat: ſ. est; Bru 326. — 2. conquestio est oratio audii auditorum misericordiam captans; inv I 106. illa censoria contra Cn. Domitium conlegam non est oratio, sed quasi capita rerum et orationis commentarium paulo plenius; Bru 164. definitio est oratio, quae id, quod definitur, explicat quid sit; Top 26.

II. **nach Berben:** 1. orationes efflagitatas pro Scauro et pro Plancio absolvi; Q fr III 1, 11. accipite veterem orationem Archytae Tarentini; Cato 39. nostra oratio multitudinis est auribus accommodanda; de or II 159. quoniam non ad veritatem solum, sed etiam ad opiniones eorum, qui audiunt, accommodanda est oratio; part or 90. adfero: ſ. compono. adhibenda est numerosa oratio,

si laudandum est aliquid ornatius; orat 210. ad fidem et ad motum adhibenda est omnis oratio; part or 13. qui (orator) possit animis indicum admovere orationem tamquam fidibus manum; Bru 200. astringo: f. I, 1. caret, est; Bru 120. si alicui rei huius modi, legi, loco, urbi, monumento oratio attribuetur per enumerationem; inv I 100. saepe carpenda membris minutioribus oratio est; de or III 190. quae (oratio) non aut spiritu pronuntiantis aut interductu librarii, sed numero coacta debet insistere; orat 228. f. I, 1. errat. illorum (librorum) tactu orationem meam quasi colorari; de or II 60. comparo: f. I, 1. est; Q Rosc 15. (adferunt) compositam orationem et ornatam et artificio quodam et expolitione distinctam; de or I 50. concido: f. I, 1. est; orat 187. quod ipsum alii aspera, tristi, horrida oratione neque perfecta atque conclusa, alii levi et structa et terminata; orat 20. f. IV, 1. angustia. omnis oratio conficitur ex verbis; de or III 149. conspergo: f. I, 1. est; de or III 96. nunc in eo consumenda est oratio, ut . .; Tul 1. contorqueo: f. I, 1. fluit. ut aut ex verbo dilatetur aut in verbum contrahatur oratio; part or 23. f. I, 1. est; Bru 120. converti ex Atticis duorum eloquentissimorum nobilissimas orationes inter seque contrarias, Aeschini et Demostheni; opt gen 14. ut dicas de conversa oratione atque mutata; part or 23. quae recte a bono poeta dicta est „flexanima atque omnium regina rerum" oratio; de or II 187. (L. Aelius) scribebat orationes, quas alii dicerent; Bru 206. rivis est diducta oratio, non fontibus; de or III 23. nemo (erat), qui dilatare posset orationem; Bru 322. f. contraho. I, 1. est; orat 187. distinguitur oratio atque inlustratur maxime raro inducendis locis communibus; inv II 49. f. compono. I, 1. excurrit. efflagito: f. absolvo. erudio: f. I, 1. est; de or III 96. in me absentem orationem ex ore impurissimo evomuit; Phil V 20. exaggero: f. I, 1. obstruit. expeto: f. I, 1. fluit. qui in omni causa duas contrarias orationes (possit) explicare; de or III 80. facio: f. I, 1. habet. cum fertur quasi torrens oratio; fin II 3. fundo: f. I, 1. est; orat 187. III, 1. ieiunus. pleraeque scribuntur orationes habitae iam, non ut habeantur; Bru 91. et Carbonis et Gracchi habemus orationes nondum satis splendidas verbis, sed acutas prudentiaeque plenissimas; Bru 104. incito: f. I, 1. circumfluit. est; Bru 93, 326. includo: f. I, 1. currit. hic (Phalereus) primus inflexit orationem et eam mollem teneramque reddidit; Bru 38. quibus orationem ornari atque inluminari putem; de or III 25. f. noto. de inlustranda oratione ut diceres; de or III 144. inlustrant eam (orationem) quasi stellae quaedam tralata verba atque immutata; orat 92. f. distinguo. laudo: f. I, 1. est; de or III 199. lege orationes Gracchi, patronum aerarii esse dices; Tusc III 48. qui cantus moderata oratione dulcior inveniri potest? de or II 34. muto: f. converto. si tralatum (verbum sit), quod maxime tamquam stellis quibusdam notat et inluminat orationem; de or III 170. orno: f. compono, inlumino, polio, requiro. I, 1. debet, est; de or III 96. 120. cum meam (orationem) in illum pueri omnes tamquam dictata perdiscant; Q fr III 1, 11. perficio: f. concludo. ne generibus, numeris, temporibus, personis, casibus perturbetur oratio; part or 18. sapientibus sententiis gravibusque verbis ornata oratio et polita; de or I 31. f. I, 1. est; de or III 96. Bru 326. mihi egregie probata est oratio tua; Tusc IV 8. paulo longius oratio mea provecta est; Q Rosc 31. quaero: f. I, 1. commendat. reddo: f. inflecto. quid sit illud, quo mihi sit referenda omnis illa oratio; de or II 114. quae requirebant orationem ornatam et gravem; fin IV 6. iam retexo orationem meam; Phil II 32. Charisius multarum orationum, quas scribebat aliis; Bru 286. f. dico, habeo. qui (Aelius) scriptitavit

orationes multis; Bru 169. (Isocrates) primus intellexit etiam in soluta oratione, dum versum effugeres, modum tamen et numerum quendam oportere servari; Bru 32. quae, nisi cum tibicen accessit, orationis sunt solutae simillima; orat 184. f. I, 1. errat. struo: f. concludo. summitto: f. I, 1. commendat. mihi haec oratio suscepta non de te est, sed de genere toto; of II 45. termino: f. concludo. torqueo: f. I, 1. est; orat 52. incisim et membratim tractata oratio in veris causis plurimum valet; orat 225. unde omnis in utramque partem traheretur oratio; orat 46. f. I, 1. fluit. ut in eas (formas, partes) tribuatur omnis oratio; orat 116. variare orationem magno opere oportebit; inv I 76. si subitam et fortuitam orationem commentatio et cogitatio facile vincit; de or I 150. volvo: f. I, 1. cadit. — 2. quanto difficilius (est) cavere, ne quid dicas, quod non conveniat eius orationi, qui ante te dixerit? Bru 209. sentio moderandum mihi esse iam orationi meae; Ver III 103. respondebo hominis furiosi orationi, qua ille uti non potest, sed . .; dom 3. — 3. ne egere quidem videtur oratione prima pars; nat II 4. eo erant vultu, oratione, ut eos Argivos aut Sicyonios diceres; Tusc III 53. utar oratione perpetua; Ver I 24. f. 2. respondeo. — 4. quae dicta sunt de oratione dilucida, cadunt in hanc inlustrem omnia; part or 20. dico de: f. cado in. 1. converto, inlustro. cuius (dithyrambi) membra et pedes sunt in omni locupleti oratione diffusa; de or III 185. omnium I me iam, al. || ab orationibus diiungo fere; ep I 9, 23. si inest in oratione mixta modestia gravitas; of II 48. nec in hac oratione spes est posita causae; Ligar 31. multa in equites Romanos cum ex ea oratione asperius dicta recitasset; Cluent 140. quoniam, quicquid est salsum aut salubre in oratione, id proprium Atticorum est; orat 90. cuius (laudis) in nostris orationibus non sit aliqua adumbratio; orat 103. interdum cursus est in oratione incitatior; orat 201. ut in Catonis est oratione; of III 104.

III. nach **Adjectiven:** 1. sunt (ferae) rationis et orationis expertes; of I 50. ieiunas huius multiplicis et aequabiliter in omnia genera fusae orationis aures civitatis accepimus; orat 106. similis: f. II, 1. solvo. — 2. orationi facta (esse) similia, factis vitam; Tusc V 47.

IV. nach **Substantiven:** 1. alqs: f. II, 1. scribo. harum trium partium prima lenitatem orationis, secunda acumen, tertia vim desiderat; de or II 129. altitudo: f. I, 1. obstruit. angustia conclusae orationis non facile se ipsa tutatur; nat II 20. primum origo, deinde causa, post natura, tum ad extremum usus ipse explicetur orationis aptae atque numerosae; orat 174. si habitum orationis et quasi colorem aliquem requiritis; de or III 199. commentarium: f. I, 2. Bru 164. me repente horum aspectus in ipso cursu orationis repressit; Sest 144. ego ipse, quem tu per locum „divitias orationis" habere dicis; ep IV 4, 1. et „murmur" maris „dulcitudo || dulcedo ||" orationis sunt ducta a ceteris sensibus; de or III 161. elatio: f. I, 1. obstruit. huius orationis difficilius est exitum quam principium invenire; imp Pomp 3. quoniam is est exorsus orationis meae; imp Pomp 11. quos (locos) ad fidem orationis faciendam adhibueri dixit Antonius; de or III 104. ut figuram orationis plenioris et tenuioris et item illius mediocris ad id, quod agemus, accommodatam deligamus; de or III 212. veniet flumen orationis aureum fundens Aristoteles; Ac II 119. si nostrarum orationisque formis (utantur), quae vocant σχήματα; Bru 69. plurimum est in hac orationis forma suavitatis; orat 92. admiscere huic generi orationis vehementi atque atroci genus illud alterum lenitatis et mansuetudinis coepi; de or II 200. accedit quod (Stoici) orationis etiam genus habent fortasse subtile

61*

et certe acutum, sed, ut in oratore, exile, inusitatum, abhorrens ab auribus vulgi, obscurum, inane, ieiunum; de or III 66. institutam nostram sententiam sequitur orationis genus; de or III 177. vagum illud orationis et fusum et multiplex non adhibetur genus; Bru 119. genus illud tertium explicetur quale sit, numerosae et aptae orationis; orat 168. uterque nostrum cedere cogebatur orationis gravitati; Phil IX 9. habitus: f. color. quae sunt orationis lumina et quodam modo insignia; orat 135. poterisne eius orationis subire invidiam? div Caec 46. quae ad ipsius orationis laudem splendoremque pertinent; de or III 147. ex hoc genere toto perspici potest levitas orationis eorum; Ac II 53. f. acumen. lumina: f. insignia. de materia loquor orationis; orat 119. quibus orationis modis quaeque animorum partes pellerentur; orat 15. natura: f. causa. quae (Antiochia) habent nitorem orationis nostrum, si modo is est aliquis in nobis; A XIII 19, 5. origo: f. causa. audieram etiam, quae de orationis ipsius ornamentis traderentur; de or I 144. quae maxime ad ornatum orationis pertinere arbitrabar; de or III 199. eae partes (orationis) sex esse omnino nobis videntur: exordium, narratio, partitio, confirmatio, reprehensio, conclusio; inv I 19. primus liber partes orationis (continebat) et in eas omnes omnia praecepta; inv II 11. quid numerosum etiam in minimis particulis orationis esset; orat 226. principium: f. exitus. noster hic Caesar nonne novam quandam rationem attulit orationis? de or III 30. splendor: f. laus. (orator) tractationem orationis sibi adsumet; de or I 54. cui (Alcidamanti) ubertas orationis non defuit; Tusc I 116. quoniam magna vis orationis est, eaque duplex, altera contentionis, altera sermonis; of I 132. f. acumen. usus: f. causa. — 2. qualis tum patronus iustitiae fuit (Laelius) contra accuratam orationem Phili! Lael 25.

V. **Umfand:** 1. una alicuius, quem primum audierunt, oratione capti; Ac II 43. ut eam (magnitudinem) complecti oratione non possim; Quir 6. reliqua multa et varia oratione defendunt; Ac II 41. cui vos ingenium certe tribuitis, etiamsi cetera inimica oratione detrahitis; Cael 57. perpetua oratione contra disputatur; fin II 2. horum exprimere mores oratione iustos, integros; de or II 184. cum ille tota illa oratione in me esset invectus; Sulla 35. qui oratione fuit quam sententia lenior; Phil VIII 1. Lyco, oratione locuples, rebus ipsis ieiunior; fin V 13. cum id non modo oratione mea, sed etiam re ipsa refellatur; Ver III 33. quas (adsensiones) prima oratione tractavi; fat 40. — 2. qui in ipsa oratione quasi quendam numerum versumque conficiunt; de or III 53. in oratione pauci prima cernunt, postrema plerique; de or III 192. nunc, quid aptum sit, hoc est, quid maxime deceat in oratione, videamus; de or III 210. vix ut intellegantur (contiones); quod est in oratione civili vitium vel maximum; orat 30. in oratione nihil est difficilius quam, quid deceat, videre; orat 70. huius (decori) ignoratione saepissime in oratione peccatur; orat 70. f. II, 1. solvo.

oratiuncula, fleine, hübfche Rebe: I. filius eius, si corpore valuisset, in primis habitus esset disertus; indicant oratiunculae; Bru 77. — II, 1. Cottam miror Aelianas leves oratiunculas voluisse existimari suas; Bru 207. oratiunculam pro Deiotaro, quam requirebas, habebam mecum; ep IX 12, 2. ad Caesarem eam se oratiunculam misisse; A XIII 19, 2. — 2. cuius (Bruti) de oratiuncula idem te sentire video; A XV 3, 2. — III. de quibus (capedunculis) in illa aureola oratiuncula dicit Laelius; nat III 43.

orator. Redner, Sprecher: I. abfolut: 1. accusat: f. II, 1. probo. (orator) tractationem orationis sibi adsumet; de or I 54. caput (Charmadas) arbitrabatur esse oratoris, ut et ipsis || ipse eis ||, apud

quos ageret, talis, qualem se esse optaret, videretur; de or I 87. acrem oratorem, incensum et agentem et canorum concursus hominum forique strepitus desiderat; Bru 317. vero oratori, quae sunt in hominum vita, omnia quaesita, audita, lecta, disputata, tractata, agitata esse debent; de or III 54. quantum sibi illi oratores de praeclarissimis artibus appetierint, qui ne sordidiores quidem repudiarint; de or III 128. arbitratur: f. est; A XIV 20, 3. audit: f. agitat. cavenda est presso illi oratori inopia et ieiunitas, amplo autem inflatum et corruptum orationis genus; Bru 202. quod mihi nuper in Tusculano inchoavisti de oratoribus, quando esse coepissent, qui etiam et quales fuissent; Bru 20. quod orator sic inligat sententiam verbis, ut eam numero quodam complectatur et astricto et soluto; de or III 175. qui (oratores) omnia sermone conficerent paulo intentiore, numquam, ut Ser. Galba, lateribus aut clamore contenderent; de or I 255. nonne cernimus vix singulis aetatibus binos oratores laudabiles constitisse || exstitisse ||? Bru 333. contendunt: f. conficiunt. quod in omni genere sermonis, in omni parte humanitatis dixerim oratorem perfectum esse debere; de or I 71. f. delectat, praestat. defendit: f. II, 1. probo. tria videri esse, quae orator efficere deberet, ut doceret, ut delectaret, ut moveret; Bru 276. philosophi eloquentiam despexerunt, oratores sapientiam; de or III 72. C. Memmius, argutus orator verbisque dulcis, tantum sibi de facultate detraxit, quantum imminuit industriae; Bru 247. is orator erit mea sententia hoc tam gravi dignus nomine, qui, quaecumque res inciderit, quae sit dictione explicanda, prudenter et composite et ornate et memoriter dicet cum quandam actionis etiam dignitate; de or I 64. quoniam oratorum bonorum duo genera sunt, unum attenuate presseque, alterum sublate ampleque dicentium; Bru 201. quoniam tria videnda sunt oratori: quid dicat et quo quidque loco et quo modo; orat 43. disputat: f. agitat. docet: f. delectat. qualis sit orator, ex eo, quod is dicendo efficiet, poterit intellegi; Bru 184. f. delectat. oratorem nullius rei amentium expertem esse oportere; de or I 264. ut, quem ad modum tibicen sine tibiis canere, sic orator sine multitudine audiente eloquens esse non possit; de or II 338. neque sine forensibus nervis satis vehemens et gravis nec sine varietate doctrinae satis politus et sapiens esse orator potest; de or III 80. sine hac (actione) summus orator esse in numero nullo potest, mediocris hac instructus summos saepe superare; de or III 213. quod genus hoc totum de or III 214. quoniam Graecorum oratorum praestantissimi sint ei, qui fuerint Athenis, eorum autem princeps facile Demosthenes; opt gen 13. nemo umquam neque poëta neque orator fuit, qui quemquam meliorem quam se arbitraretur; A XIV 20, 3. f. agit, coeperunt, dicit; de or I 64. excellit: f. II. 4. sum in. quem (oratorem) ego dico sapientiam iunctam habere eloquentiae; de or III 142. cum hoc genere philosophiae, quod nos sequimur, magnam habet orator societatem; fat 3. imminuit: f. detrahit. inligat: f. complectitur. oratorem irasci minime decet, simulare non dedecet; Tusc IV 55. legit: f. agitat. eodem tempore M. Herennius in mediocribus oratoribus Latine et diligenter loquentibus numeratus est; Bru 166. movet: f. delectat. optat: f. agit. hic locus de vita et moribus totus est oratori perdiscendus; de or I 69. oratorem in omnis sermonis disputatione copiosissime versari posse; de or I 41. f. est; de or II 338. III 80. 213. 2. exsisto. multo magnus orator praestat minutis imperatoribus; Bru 256. quod medici nihil praeter artificium, oratores etiam auctoritatem praestare debent; Cluent 57. quaerit: f. agitat. hinc Asiatici oratores non contemnendi quidem nec celeritate nec copia, sed parum

pressi et nimis redundantes; Rhodii saniores et
Atticorum similiores; Bru 51. relinquunt: ſ. est;
de or III 214. repudiant: ſ. appetunt. simulat: ſ.
irascitur. superat: ſ. est; de or III 213. quatenus
sint ridicula tractanda oratori, perquam diligenter
videndum est; de or II 237. ſ. agitat. hic noster
vulgaris orator hac ipsa exercitatione communi istos
quidem [nostros] verberabit; de or III 79. quando
quidem in ea (hominum vita) versatur orator atque
ea est ei subiecta materies; de or III 54. ſ. potest.
est, quid deceat, oratori videndum non in sententiis
solum, sed etiam in verbis; orat 71. ſ. est; orat 43.
videtur: ſ. agit. — 2. qui ex si s tat talis orator,
qualem quaerimus, qui iure non solum disertus, sed
etiam eloquens dici possit; de or I 95. me oratorem
non ex rhetorum officinis, sed ex Academiae spatiis
exstitisse; orat 12. oratorem plenum atque perfectum
esse eum, qui de omnibus rebus possit copiose varie-
que dicere; de or I 59. oratorem, nisi qui sapiens
esset, esse neminem; de or I 83. oratorem enm puto
esse, qui et verbis ad audiendum iucundis et sententiis ad probandum accommodatis uti possit in causis
forensibus atque communibus; de or I 213. sit orator
nobis is, qui accommodate ad persuadendum possit
dicere; de or I 260. is sit ‖ erit ‖ verus, is perfectus,
is solus orator; de or III 80. (Carbonem) canorum
oratorem et volubilem et satis acrem atque eundem
et vehementem et valde dulcem et perfacetum fuisse;
Bru 105. fuit Sulpicius vel maxime omnium grandis
et, ut ita dicam, tragicus orator; Bru 203. optimus
est orator, qui dicendo animos audientium et docet
et delectat et permovet; opt gen 3. ſ. II. 1. cumulo.
fingo. IV, 2. libri de. id ipsum est summi oratoris
summum oratorem populo videri; Bru 186.

II. **nach Verben**: 1. qui (gestua) multum oratorem
a d i u v a t; de or I 252. nulla re una magis oratorem
commendari quam verborum splendore et copia;
Bru 216. „Oratorem“ meum Sabino tuo commendavi;
ep XV 20, 1. repelli oratorem a gubernaculis civitatum, excludi ab omni doctrina rerumque maiorum
scientia ac tantum in iudicia et contiunculas tamquam in aliquod pistrinum detrudi et compingi videbam; de or I 46. oratorem celeriter complexi
sumus, nec eum primo eruditum, aptum tamen ad
dicendum, post autem eruditum; Tusc I 5. quantis
ex angustiis oratorem educere ausus es et in maiorum suorum regno conlocare! de or III 126. mea
sententia nemo poterit esse omni laude cumulatus
orator, nisi erit omnium rerum magnarum atque artium scientiam consecutus; de or I 20. contemno: ſ.
I. 1. redundant. eadem, ut oratorem decet. late
expromere; part or 139. ſ. irascitur. dedecet: ſ.
irascitur. desidero: ſ. I, 1. agit. detrudo: ſ. compingo.
dico: ſ. I, 2. exsisto. temporis ratio et ipsius dicacitatis moderatio et temperantia et raritas dictorum
distinguent ‖ distinguet‖ oratorem a scurra; de or
II 247. neque est ex multis res una, quae magis
oratorem ab imperito dicendi ignaroque distinguat;
de or III 175. oratorem genere non divido; perfectum enim quaero; opt gen 3. educo: ſ. conloco. in
[illum] efficeret „oratorem verborum actoremque rerum“; de or III 57. oratorem ipsum erudire in iure
civili, non ei pragmaticum adiutorem dare; de or I
253. ſ. complector. compingo. operarium
nobis quendam, Antoni, oratorem facis: de or I 263.
haec aetas prima Athenis oratorem prope perfectum
tulit; Bru 45. ego in summo oratore fingendo talem
informabo, qualis fortasse nemo fuit; orat 7. possumus Appium Claudium suspicari disertum; possumus
(?) Fabricium, quia sit ad Pyrrhum de captivis recuperandis missus orator. sed eos oratores habitos
esse aut omnino tum ullum eloquentiae praemium
fuisse nihil sane mihi legisse videor; Bru 55. 56.
incendo: ſ. I, 1. agit. informo: ſ. fingo. eum (oratorem) esse praeterea instructum voce et actione et

lepore quodam volo; de or I 213. ſ. I, 1. est; de or
III 213. cum boni perdiu nulli, vix autem singulis
aetatibus singuli tolerabiles oratores invenirentur;
de or I 8. mitto: ſ. habeo. quod statuisti oratorem
in omni genere sermonis et humanitatis esse perfectum; de or I 35. quamvis ars non sit, tamen nihil
esse perfecto oratore praeclarius; de or II 33. ſ. divido, fero. I, 2. sum; de or I 59. III 80. IV, 1.
moderatio. polio: ſ. I, 1. est; de or III 80. premo:
ſ. I, 1. redundant. oratorem non modo accusantem,
sed ne defendentem quidem probant sine aculeis iracundiae; Tusc IV 43. „Oratorem“ meum tanto opere
a te probari vehementer gaudeo; ep VI 18, 4. quaero:
ſ. divido. I, 2. exsisto. repello: ſ. compingo. hanc
ego iudico formam summissi oratoris ‖ esse ‖, magni
tamen et germani Attici; orat 90. — 2. ornatus ipse
verborum oratoris p u t a n d u s est; de or I 49. non,
ut causarum, sic oratorum quoque multorum communes loci sunt; inv II 50. sin oratoris nihil vis
esse nisi composite, ornate, copiose loqui; de or I 48.
sit boni oratoris multa auribus accepisse, multa vidisse, multa animo et cogitatione, multa etiam legendo percucurrisse; de or I 218. „age vero“, inquit Antonius, „qualis oratoris putas esse historian
scribere?“ de or II 51. est plane oratoris movere
risum; de or II 236. disputandi ratio et loquendi
dialecticorum sit, oratorum autem dicendi et ornandi;
orat 113. ſ. I, 2. videor. — 3. (vgl. I, 1. cavet, per-
discit, tractat, videt). quem (usum forensem) solum
oratoribus c o n c e d i t i s; de or I 59. quaero, quae
(philosophia sit) oratori coniuncta maxime; de or III
64. do: ſ. 1. erudio. subicio: ſ. I, 1. versatur. oratori
minimum est de arte loqui, multo maximum ex arte
dicere; inv I 8. — 4. quoniam de oratore nobis disputandum est, d e summo oratore d i c a m necesse est;
de or III 85. quod vulgo de oratoribus ab imperitis dici solet, „bonis hic verbis“, aut „aliquis non
bonis utitur“; de or III 151. disputo de: ſ. dico de.
inchoo de: ſ. I, 1. coeperunt. numero in: ſ. I, 1. loquitur. in oratore acumen dialecticorum, sententiae
philosophorum, verba prope poëtarum, memoria iuris
consultorum, vox tragoedorum, gestus paene summorum
actorum est requirendus; de or I 128. tantum ego
in excellente ‖ excellenti ‖ oratore et eodem bono
viro pono esse ornamenti universae civitati; de or
II 85. cum duae summae sint in oratore laudes,
una subtiliter disputandi ad docendum, altera graviter
agendi ad animos audientium permovendos; Bru 89.

III. **nach Adjectiven**: 1. esse quasdam oratorum
p r o p r i a s sententias atque causas; de or I 52. hoc
est proprium oratoris: oratio gravis et ornata et
hominum sensibus ac mentibus accommodata; de or
I 54. hoc oratoris esse maxime proprium, rem augere
posse laudando vituperandoque rursus adfligere;
Bru 47. quod est oratoris proprium, apte, distincte,
ornate dicere; of I 2. vgl. IV, 1. vis. — 2. est
f i n i t i m u s oratori poëta; de or I 70. alter inusitatum nostris quidem oratoribus leporem quendam
et salem est consecutus; de or II 98. multo est
turpius oratori nocnisse videri causae quam non
profuisse; de or II 295.

IV. **nach Substantiven**: 1. oratoris omnis a c t i o
opinionibus, non scientia, continetur; de or II 30.
nunc reliquorum oratorum aetates et gradus persequamur; Bru 122. oratoris ars et facultas in hac
materia tripertita versari existimanda est; inv I 7.
quod ea non parit oratoris ars; part or 48. caput:
ſ. I, 1. agit. eo citius in oratoris aut in poëtae
cincinnis ac fuco offenditur, quod I, 1. III 100.
dignitas: ſ. moderatio. qui locus oratoris eloquentiam
magno opere desiderat? Sex Rosc 34. me non de
mea, sed de oratoris facultate dixisse; de or I 78.
cum esset omnis oratoris vis ac facultas in quinque
partes distributa; de or I 142. oratoris quid officium
et quid finem esse dicamus; inv I 6. et Graeciae

quidem oratorum partus atque fontes vides; Bru 49.
forma: ſ. II, 1. summitto. fucus: ſ. cincinni. oratorum genera esse dicuntur tamquam poëtarum. id
secus est; opt gen 1. ſ. I, 1. est; Bru 201. gradus:
ſ. aetates. in oratoris instrumento tam lautam
supellectilem numquam videram; de or I 165. ne
pertineat ad oratoris locos Opimii persona; de or
II 134. qui (Hermagoras) oratoris materiam in
causam et in quaestionem dividat; inv I 8. sic
statuo, perfecti oratoris moderatione et sapientia non
solum ipsius dignitatem, sed et privatorum plurimorum
et universae rei publicae salutem maxime contineri;
de or I 34. est munus eius (oratoris) non ingenii
solum sed laterum etiam et virium; Cato 28. oratoris
nomen apud antiquos in Graecia maiore quadam vel
copia vel gloria floruisse; de or III 130. quis non
iure miretur ex omni memoria aetatum, temporum,
civitatum tam exiguum oratorum numerum inveniri?
de or I 16. qui tantum in dicentium numero, non in
oratorum fuerunt; Bru 176. primum oratoris officium
esse dicere ad persuadendum accommodate; de or
I 138. ſ. finis. partus: ſ. fontes. quanta oratorum
sit semperque fuerit paucitas, iudicabit; de or I 8.
oratoris peccatum si quod est animum adversum, stultitiae peccatum videtur; de or I 124.
(Demosthenes) oratorum est princeps iudicatus; Bru
141. ſ. I, 1. est; opt gen 13. sapientia: ſ. moderatio. quia maxima quasi oratoris ‖ oratori ‖ scaena
videatur contionis ‖ contio esse ‖; de or II 338. in
qua (frequentia) oratorum studia niti solent; Deiot 5.
si quis universam et propriam oratoris vim definire
complectique vult; de or I 64. in quibus (contentionibus) vis oratoris plerumque ab imperitis exitu et
victoria iudicatur; de or II 72. ſ. facultas.
illa nobis abhorrere ab usu oratoris ‖ oratorio ‖ visa
sunt; inv I 77. — 2. numquam de bono oratore aut
non bono doctis hominibus cum populo dissensio
fuit; Bru 185. tres libri erunt de oratore, quartus
Brutus, quintus orator; div II 4. sunt etiam „de
oratore" nostri tres mihi vehementer probati; A
XIII 19 4.

V. Umftanb: 1. abl comp.: ſ. II, 1. perficio. —
2. quod ab oratoribus civitates et initio constitutas
et saepe conservatas esse dixisti; de or I 35. cum
is, qui audit, ab oratore iam obsessus est ac tenetur;
orat 210. haec adiuvat ‖ adinvant ‖ in oratore lenitas
vocis, vultus, verborum [comitas]; de or II 182.

oratorie, rebnerifd): nihil est aliud pulchre et
oratorie dicere nisi optimis sententiis verbisque
lectissimis dicere; orat 227. disserendi ab isdem
non dialectice solum, sed etiam oratorie praecepta
sunt tradita; fin V 10.

oratorius, rebnerifd), bes Rebners, ben
Rebner betreffenb: eam (accurationem) ut citius
veteratoriam quam oratoriam diceres; Bru 238.
horum oratio neque nervos neque aculeos oratorios
ac forenses habet; orat 62. hanc oratoriam facultatem
in eo genere ponemus ut eam civilis scientiae partem
esse dicamus; inv I 6. Demochares earum rerum
historiam non tam historico quam oratorio genere
perscripsit; Bru 286. quamquam his quidem non
omnino ingenium, sed oratorium ingenium defuit;
Bru 110. ut ad hanc similitudinem huius histrionis
oratoriam laudem dirigamus; de or I 130. quoniam
per illos ne haec quidem in civitate genera hac
oratoria laude caruerunt; Bru 116. conlocatio verborum perficitur in scribendo, non poëtico, sed
quodam oratorio numero et modo; de or I 151.
quis neget opus esse oratori in hoc oratorio motu
statuaque Roscii gestum et venustatem? de or I 251.
nervi: ſ. aculei. numerus: ſ. modus. oratorem
versari in illo iudicio et opus oratorium fieri intelleget;
Bru 200. illam orationem disertam sibi et oratoriam
videri, fortem et virilem non videri; de or I 231.
ſ oratoriis ornamentis adhibitis; par 3. sin autem

exsiccatum genus orationis probant nec illo graviere
ornatu oratorio utuntur; Bru 291. antequam de
praeceptis oratoriis dicimus; inv I 5. (tres libri „de
oratore") omnem antiquorum et Aristoteliam et
Isocrateam rationem oratoriam complectuntur; ep I
9, 23. status; ſ. motus. nec oratoria illa studia
deserui; fat 3. verecundus erit usus oratoriae quasi
supellectilis; orat 79. omnes oratoriae virtutes in
eis (orationibus) reperieutur; Bru 65. hanc oratoriam
vim inanis quaedam profluentia loquendi (imitatur);
part or 81. sunt alia quoque praecepta partitionum,
quae ad hunc usum oratorium non tanto opere
pertineant; inv I 33. nunc his praeceptionibus rhetorum
ad usum oratorium contentos nos esse oportebit;
inv I 86.

oratrix, Bermittlerin, Fürfpred)erin: quae
ex Sabinis virgines raptae postea fuerunt oratrices
pacis et foederis; rep II 14.

oratus, Bitte: an etiam scripsit (ille) oratu
tuo? Flac 92.

orbis, Kreis, Sd)eibe, Erbfreis, Rub, Abrunbung,
Periobe: I. cum illi orbes, qui caelum quasi medium
dividunt et aspectum nostrum definiunt, qui a
Graecis ὁρίζοντες nominantur, a nobis „finientes" rectissime nominari possunt, varietatem maximam
habeant aliique in aliis locis sint, necesse est ortus
occasusque siderum non fieri eodem tempore apud
omnes; div II 92. cum duae formae praestantes
sint, ex solidis globus, ex planis autem circulus aut
orbis, qui κύκλος Graece dicitur; nat II 47. »tam
magnos orbes magno cum lumine latos vinctos inter
se et nodis caelestibus aptos atque pari spatio duo
cernes esse duobus«; fr H IV, a, 486. habent, al.:
ſ. definiunt. cum eos (ambitus) permensus est idem
et semper sui similis orbis; Tim 33. — II, 1. cum
circumitum et quasi orbem verborum conficere
non possent; de or II 198. quae (stellae) circulo
suos orbesque conficiunt celeritate mirabili; rep VI
15. festive orbis hic in re publica est conversus;
A II 9, 1. sic orbem rei publicae esse conversum,
ut vix sonitum audire, vix impressam orbitam videre
possemus; A II 21, 2. ut in Thucydide orbem modo
orationis desidero, ornamenta comparent; orat 234.
vim quandam esse aiunt signifero in orbe, qui Graece
ζωδιακός dicitur, talem, ut eius orbis una quaeque
pars alia alio modo moveat immutetque caelum; div
II 89. ſ. I. est. in sphaera maximi orbes medii
inter se dividuntur; fat 15. cum (L. Sulla) orbem
terrarum gubernaret; Sex Rosc 131. »sic (quinque
stellae) malunt errare vagae per nubila caeli atque
suos vario motu metirier orbes«; fr H IV, a, 474.
nomino: ſ. I. definiunt. illum (orbem deus) eiusdem
naturae, hunc alterius notavit; Tim 25. cum suum
illum saltatorium versaret orbem; Piso 22. vincio:
ſ. I. est. quam (insulam) nos prope terrae vocamus:
nat II 165. — 2 cum tota se luna sub orbem solis
subiecisset; rep I 25. sum in: ſ. 1. dico. — III.
circumitus solis orbium v et LX et CCC conversionem conficiunt annuam; nat II 49. senatum, id
est orbis terrae consilium, delere gestit; Phil IV 14.
hodie hoc orbis terrae imperium teneremus? imp
Pomp 53. ea, quae nos pro salute patriae gessimus,
orbis terrae iudicio ac testimonio comprobari; ep V
7, 3. cum in eam ipsam partem orbis venerint, in
qua sit ortus eius, qui nascatur; div II 89. ſ. II,
1. dico. hac orbis terrarum perturbatione; ep II 16,
4. uos, principes orbis terrarum; Phil III 35.
testimonium: ſ. iudicium. ut me quaesturamque
meam quasi in aliquo terrarum orbis theatro versari
existimarem; Ver V 35. — IV, 1. novem tibi orbibus
vel potius globis conexa sunt omnia; rep VI 17.
cuius amplissimum orbi terrarum clarissimumque
monumentum est; Ver IV 82. qui locus orbi terrae
iam non erat alicui destinatus? Sest 66. cur sol
nec longius progrediatur solstitiali orbi itemque

brumali; nat III 37. — 2. quae (bella) tum in toto orbe terrarum a populo Romano gerebantur; Font 13. in infimo orbe luna radiis solis accensa convertitur; rep VI 17.

orbita, Wagengeleife, Radfpur: I. sic orbem rei publicae esse conversum, ut vix impressam orbitam videre possemus; A II 21, 2. — II. qui ex tensarum orbitis praedari sit ausus; Ver III 6.

orbitas, Berwaiftheit, Kinderlofigkeit: I. quod tibi non minorem dolorem illorum orbitas adferet quam mihi; Q fr I 3, 10. cuius (filii) orbitas et fletus mire miserabilis fuit; Bru 90. bonum liberi, misera orbitas; fin V 84. — II, 1. deploravit casum atque orbitatem senatus; de or III 3. orbitates quoque liberum praedicantur; Tusc III 58. — 2. se populum Romanum tutorem instituere illorum orbitati; de or I 228.

orbo, berauben, verwaift machen: miserum (esse) Cn. Pompeium, qui tanta gloria sit orbatus; Tusc I 12. pristinis orbati muneribus haec studia renovare coepimus; div II 7. moveor tali amico orbatus; Lael 10. cum forum populi Romani voce erudita spoliatum atque orbatum videret; Bru 6. ne (mater) orbata filio laetetur; Cluent 200. nec eam (patriam) multis claris viris orbatam privare (debes) etiam aspectu tuo; ep IV 9, 3. ut orbetur auxilio res publica; Muren 83. quibus non modo non orbari. sed etiam augeri senectus solet; Cato 17.

orbus, verwaift, kinderlos, beraubt: A. orbus iis rebus omnibus, quibus . .; ep IV 13, 3. te incolumi orbi non erant; Q fr I 3, 10. ut tam orba civitas tales tutores complecti debeat; ep III 11, 3. usque adeo orba fuit ab optimatibus illa contio, ut . .; Flac 54. quoniam post Hortensii mortem orbae eloquentiae quasi tutores relicti sumus; Bru 330. quinque reliquis motibus orbam eum (mundum) voluit esse et expertem; Tim 36. — B. Corinthios video publicis equis alendis orborum et viduarum tributis fuisse quondam diligentes; rep II 36.

ordino, ordnen: in quo (caeli complexu) igneae formae cursus ordinatos definiunt; nat II 101. tum denique ordinandae sunt ceterae partes orationis; inv I 19.

ordior, anfangen, beginnen, ausgehen: I. L. Bestia bonis initiis orsus tribunatus tristes exitus habuit consulatus; Bru 128. ego tamquam de integro ordiens; Bru 201. a principio ordiamur; Phil II 44. ut a prima congressione maris et feminae, deinde a progenie et cognatione ordiar; rep I 38. — II. Hortensius cum admodum adulescens orsus esset in foro dicere; Bru 301. de qua (eloquentia) disputare ordimur; Bru 22. — III. ab eo nobis causa ordienda est potissimum; leg I 21. alterius vitae quoddam initium ordimur; A IV 1, 8. ordiri orationem; orat 122. te reliquas res ordiri; ep V 12, 2. quoniam princeps Crassus eius sermonis ordiendi fuit; de or I 98.

ordo, Reihe, Ordnung, Stand, Rang, Klasse, Abteilung, Reihenfolge, Gebühr: I. abfolut: 1. (Simonides) invenisse rerum ordinem esse maxime, qui memoriae lumen adferret; de or II 353. invidia summus ordo caret; leg III 24. sic fore, ut ordinem rerum locorum ordo conservaret; de or II 354. si hic ordo placere decreverit te ire in exsilium; Catil I 20. proximus est huic dignitati ordo equester; dom 74. res caelestes omnesque eae, quarum est ordo sempiternus, ab homine confici non possunt; nat II 16. f. adfert, reducit. in quo (genere honesti) inest ordo et moderatio; of II 47. cum senatorius ordo iudicaret; Ver pr 40. antea cum equester ordo iudicaret; Ver III 94. quem nec vicissitudines rerum atque ordines movent; Milo 83. (me cum illo in gratiam) reducit ordo amplissimus, et ordo is, qui est et publici consilii et meorum omnium consiliorum auctor et princeps; prov 25. ordo siderum et in

omni aeternitate constantia neque naturam significat neque fortunam; nat II 43. idem volunt omnes ordines; Phil VI 18. — 2. o miserum, o invidiosum offensumque paucorum culpa atque indignitate ordinem senatorium! Ver III 145.

II. nach Berben: 1. princeps legationis, Lysania, adeptus est ordinem senatorium; Flac 43. cum admiraretur Lysander derectos || dir. || in quincuncem ordines; Cato 59. in hac causa scribarum ordinem in me concitabit Hortensius; Ver III 182. quorum (verborum) discriptus ordo alias alia terminatione concluditur; orat 200. nec οἰκονομίαν meam instituam, sed ordinem conservabo tuum; A VI 1, 1. f. 1, 1. conservat. derigo: f. admiror. equestrem ordinem beneficio legis (Glaucia) devinxerat; Bru 224. discribo: f. concludo. quae (praecepta) habent ordinem; Bru 263. verborum ordinem immuta; orat 214. institutum ordinem persequamur; Bru 158. qui illum olearum ordinem intrasset; Caecin 22. mandavi memoriae ordinem argumentorum tuorum; nat III 10. ab isto praeco, qui voluit, illum ordinem pretio mercatus est; Ver II 122. offendo: f. I, 2. persequor: f. instituo. ut in his perturbem aetatum ordinem; Bru 223. qui ordo industriae propositus est et dignitati; Ver III 184. ordinem sequens in memoriam notam necessario incurro; Bru 244. intellegebant ea lege equestrem ordinem non teneri; Cluent 154. hoc tempore eum (C. Curtium) Caesar in senatum legit; quem ordinem ille ista possessione amissa tueri vix potest; ep XIII 5, 2. — 2. haec qui defendunt, optimates sunt, cuiuscumque sunt ordinis; Sest 138. — 3. coniungo: f. III, 1. proximus. nimis equestri ordini deditus; Bru 223. si coniugam ordini sive aratorum sive pecuariorum sive mercatorum probatus sit; Ver II 17. L. Otho equestri ordini restituit non solum dignitatem, sed etiam voluptatem; Muren 40. cum universo ordini publicanorum semper libentissime tribuerim idque magnis eius ordinis erga me meritis facere debuerim; ep XIII 9, 2. — 4. quicquid erat, id (deus) ex inordinato in ordinem adduxit; Tim 9. delecti amplissimis ex ordinibus viri; Muren 83. tempus esset iam de ordine argumentorum aliquid dicere; de or II 181. auctoritas senatus, quo pro ordine illa dicuntur; Bru 164. qui iudicia manere apud ordinem senatorium volunt; div Caec 8. quoniam ab hoc ordine non fortitudo solum, verum etiam sapientia postulatur; Phil XIII 6. nisi ad equestrem ordinem iudicia referantur; Ver III 223. quo ex ordine vir praestantissimus et ornatissimus, L. Aelius, est relegatus; Piso 64. quod sedisti in quattuordecim ordinibus; Phil II 44. cum iudicia penes equestrem ordinem essent; Scaur 1, 4 (2). quartus (modus est susceptus) ex astrorum ordine caelique constantia; nat III 16. iudiciis ad senatorium ordinem translatis; Ver pr 38.

III. nach Udjectiven: 1. cum isti ordini ne honestus quidem (quaestus) possit esse ullus; par 43. senatores equites ordini senatorio dignitate proximos, concordia coniunctissimos esse cupiunt; Cluent 152. — 2. se ordine suo patrumque suorum contentos fuisse; Cluent 153. — 3. quod (status) non esset in omnes ordines civitatis aequabilis; rep II 62.

IV. nach Substantiven: 1. quis ullius ordinis in clivo Capitolino non fuit? Phil II 16. senatus odit te adflictorem ac perditorem ordinis ac nominis sui; Piso 64. non deest rei publicae auctoritas huius ordinis; Catil I 3. omnes omnium generum atque ordinum cives petendum esse auxilium arbitrabantur; Sest 25. illa est εὐταξία, in qua intellegitur ordinis conservatio; of I 142. omnes adsunt omnium ordinum homines, omnium denique aetatum; Catil IV 14. merita: f. II, 3. tribuo. perditor: f. adflictor. tu esses certe ordinis tui facile princeps; ep VI 10, 2. laudandi sunt ex huius ordinis sententia Firmani;

Phil VII 23. quis est, qui neget ordinis eius studium fuisse in honore Plancii singulare? Planc 24. si umquam locus amplissimorum ordinum delectis viris datus est, ut . .; Milo 4. — 2. ut aditus in illum summum ordinem omnium civium industriae ac virtuti pateret; Sest 137. ex ceteris ordinibus homines gnavi atque industrii in Asia negotiantur; imp Pomp 18. si hominum clarissimorum studium erga hunc ordinem repudiaro; prov 39.
V. Umſtand: 1. domestica quod ais ordine administrari; A XII 18, 3. inventa non solum ordine, sed etiam momento quodam dispensare atque componere; de or I 142. discriptus populus censu, ordinibus, aetatibus; leg III 44. dispensare: f. componere. id eum recte atque ordine fecisse et facere; Phil III 38. gravissimum est, cum superior factus sit ordine, inferiorem esse fortuna; ep XIII 5, 2. id quod temporum ordine antiquius est; fin IV 17. — 2. cum ab hoc ordine ego conservator essem, tu hostis rei publicae iudicatus; Phil II 51. ut quisque aetate et honore antecedebat, ita sententiam dixit ex ordine; Ver IV 143. quoniam ea re nomen extra ordinem sit ‖ esset ‖ acceptum; inv II 58. Ciliciam ad praetorem extra ordinem transtulisti; dom 23. in hoc ordine multa de pace dixi; Marcel 15.

orichalcum, Meſſing: si quis aurum vendens orichalcum se putet vendere; of III 92.

oricula f. **auricula.**

oriens, Oſten, Morgenland: I. idem inserunt simulacrum Iovis ad orientem convertere; Catil III 20. — II. talibus nuntiis et rumoribus patebat ad orientem via; Deiot 11. — III. qui (homines) has nobiscum terras ab oriente ad occidentem colunt; nat II 164.

origo, Urſprung, Anfang, Urgeſchichte: I, 1. principii ‖ principio ‖ nulla est origo; Tusc I 54. potest: f. II. invenio. — 2. verborum dilectam originem esse eloquentiae; Bru 253. quae propagatio et suboles origo est rerum publicarum; of I 54. — II. animorum nulla in terris origo inveniri potest; Tusc I 66. mea repetet oratio populi ‖ Romani ‖ originem; rep II 3. — III. septimus mihi liber Originum est in manibus; Cato 38.

orior, aufgehen, ſichtbar werden, entſtehen, entſpringen, abſtammen, geboren werden, anfangen: I. cum essent plures orti fere a Socrate; de or II 61. qui magna sibi proponunt obscuris orti maioribus; of I 116. quae sunt orta de causis; de or II 171. nihil (Plato) putat esse, quod oriatur et intereat; Tusc I 58. a principio oriri omnia; Tusc I 54. ex terra aqua, ex aqua oritur aër, ex aëre aether; nat II 84. oritur mihi magna de re altercatio cum Velleio; nat I 15. ut tardam aliquam pecudem ad pastum et ad procreandi voluptatem hoc divinum animal ortum esse voluerunt; fin II 40. aqua: f. aër. ne qua oreretur belli civilis causa propter se; Phil X 8. hinc in Ligarium crimen oritur; Ligar 24. Anaximandri opinio est nativos esse deos longis intervallis orientes occidentesque; nat I 25. e quo oriretur aliquis dolor; fin II 69. homo ortus est ad mundum contemplandum et imitandum; nat II 37. hoc initio suspicionis orto; Cluent 180. ex qua (natura) ratio et intellegentia oriretur; fin IV 12. ut ex nimia potentia principum oritur interitus principum, sic . .; rep I 68. videtur mihi ex natura ortum esse ius; leg I 35. neque ortum esse umquam mundum; Ac II 119. est (paean) unus aptissimus orationi vel orienti vel mediae; putant illi etiam cadenti; orat 218. pecus: f. animal. philosophiam veterem illam a Socrate ortam; Ac I 3. quod (principiunu) si numquam oritur, ne occidit quidem umquam; Tusc I 54. ratio: f. intellegentia. ex pertinacia aut constantia intercessoris oritur saepe seditio; Sest 77. si ipse (senator) orietur et nascetur ex

sese; Cael 19. (sol) oriens et occidens diem noctemque conficit; nat II 102. ut maior timor oriatur; Phil VIII 3. a qua (gemma) oriens uva se ostendit; Cato 53. — II. quando (sidera) conligatis corporibus vinculis animalibus animantia orta sunt; Tim 30.

oriundus, entſproſſen, abſtammend: qui ab ingenuis oriundi sunt; Top 29. ego antiquus sum, oriundus Scythis, quibus antiquior laetitia est quam lucrum; fr E V 27.

ornamentum, Ausrüſtung, Zierde, Schmuck, Schönheit, Vorzug, Auszeichnung, Ehre: I, 1. ut in Thucydide orbem modo orationis desidero, ornamenta comparent; orat 234. sententiarum ornamenta sunt permulta; orat 81. sese vidisse, in ea vita qualis splendor inesset, quanta ornamenta, quae dignitas; Cluent 153. — 2. quae propria oratorum putas esse adiumenta atque ornamenta dicendi; de or I 43. est hoc magnum ornamentum orationis, in quo obscuritas fugienda est; de or III 167. est ille flos Italiae, illud firmamentum imperii populi Romani, illud ornamentum dignitatis; Phil III 13. (Hermathena) est ornamentum Academiae proprium meae; A I 4, 3. — II, 1. adhibenda frequentius etiam illa ornamenta rerum ‖ sunt ‖; part or 73. amissis ornamentis iis, quae eram maximis laboribus adeptus; ep IV 6, 2. ad hanc elegantiam verborum Latinorum (Caesar) adiungit illa oratoria ornamenta dicendi; Bru 261. amitto: f. adipiscor. ornamenta ista et beneficia populi Romani non minore negotio retinentur quam comparantur; Ver V 175. omnia ornamenta elocutionis in communes locos conferuntur; inv II 49. neque ego ceteras copias, ornamenta, praesidia vestra cum illius latronis inopia atque egestate conferre debeo; Catil II 24. detrahes ornamenta non solum fortunae, sed etiam ingenuitatis? Ver I 113. vidi hunc ipsum Q. Hortensium, ornamentum rei publicae, paene interfici; Milo 37. quod intueor coram haec lumina atque ornamenta rei publicae, P. Servilium et M. Lucullum; prov 22. decora atque ornamenta fanorum posthac in instrumento atque in supellectile Verris nominabantur; Ver 97. quibus (vectigalibus) amissis et pacis ornamenta et subsidia belli requiretis; imp Pomp 6. retineo: f. comparo. cum hic illorum monumenta atque ornamenta sustulerit; Ver IV 123. maximum ornamentum amicitiae tollit, qui ex ea tollit verecundiam; Lael 82. quibus (praeceptis) etsi ornamenti non satis opima dicendi traduntur; Bru 211. qui ad se ex iis (hortis) omnia ornamenta transtulerit; Phil III 30. cum de ornamentis verborum sententiarumve praecipitur, quae vocant ‖ vocantur σχήματα; Top 34. — 2. semper ornamento te mihi fore duxi; ep XV 14, 6. — 3. cuius oratio omnibus ornamentis abundavit; Balb 17. et domesticis et forensibus solaciis ornamentisque privati; Tusc I 84. eius vitam quisquam spoliandam ornamentis esse dicet? Sest 83. ornamentis isdem uti fere licebit alias contentius, alias summissius; de or III 212. — 4. equidem mihi hoc subsidium comparavi ad decus atque ornamentum senectutis; de or I 199. si est aequum praedam ac manubias suas imperatores non in urbis ornamenta conferre; agr II 61. praecipio de: f. 1. voco. audieram etiam, quae de orationis ipsius ornamentis traderentur; de or I 144. — III. summis ornamentis honoris, fortunae, virtutis, ingenii praeditus, Q. Hortensius; imp Pomp 51. — IV, 1. tibi tantam ornamentorum omnium dignitatem datam, ut . .; Ver V 39. — 2. suscepi mihi perpetuam propugnationem pro omnibus ornamentis tuis; ep V 8, 1. — V, 1. omitto, quantis ornamentis populum istum C. Caesar adfecerit; Balb 43. quae (praeturae) et ceteris ornamentis et existimatione innocentiae maxime floruerunt; Font 41. qui forum et basilicas ornamentis amicorum

ornarent; Ver IV 6. — 2. quae ornamenti causa fuerunt, non requirit; Ver IV 18. multo magis hoc idem in sententiarum ornamentis et conformationibus; Bru 140. neque hoc solum in statuis ornamentisque publicis fecit; Ver pr 14. f. I, 2. de or III 167.

ornate, zierlich, geschmackvoll: causam Deiotari ornatissime et copiosissime a Bruto me audisse defensam; Bru 21. qui distincte, qui explicate, qui abundanter, qui inluminate et rebus et verbis dicunt: id est, quod dico, ornate; de or III 53. fuisse quosdam, qui idem ornate ac graviter, idem versute et subtiliter dicerent; orat 22. et ample et ornate et copiose (dicere) cum eadem integritate Atticorum est; opt gen 12. Erilli similia, sed, opinor, explicata uberius et ornatius; Ac II 129. quis laudare bonos ornatius potest? de or II 35. sin oratoris nihil vis esse nisi composite, ornate, copiose loqui; de or I 48. illam partem causae facile patior graviter et ornate a M. Crasso peroratam; Cael 23. cum Platonis ornate scriptum librum de morte legisset; Scaur 3, 4.

ornatus, Kleidung, Ausrüstung, Ausschmückung, Schmuck, Zierde: I. est quidam ornatus orationis, qui ex singulis verbis est; alius, qui ex continuatis [coniunctis] constat; de or III 149. quando nobis ullus orationis vel copiosae vel elegantia ornatus defuit? fin I 10. est: f. constat. — II, 1. reliqua quasi lumina magnum adferunt ornatum orationi; orat 134. illa atomorum turbulenta concursio hunc mundi ornatum efficere non poterit; fin I 20. ante Periclen littera nulla est, quae quidem ornatum aliquem habeat; Bru 27. ornatus ipse verborum oratoris putandus est; de or I 49. — 2. sin autem nec illo graviore ornatu oratorio utuntur; Bru 291. — 3. alia (membra videntur esse donata) nullam ob utilitatem quasi ad quendam ornatum; fin III 18. se ad ornatum ludorum aurum quaerere; Cael 53. — III, 1. quod statuas quoque videmus ornatu fere militari; of I 61. — 2. qoniam de ornatu omni orationis sunt omnes, si non patefacti, at certe commonstrati loci; de or III 210. — IV, 1. (eloquentia) quocumque ingreditur, eodem est instructu ornatuque comitata; de or III 23. dum novo et alieno ornatu velis ornare iuris civilis scientiam; de or I 235. cum illum cognovi muliebri ornatu emissum; hac resp 4. — 2. in ornatu urbis habuit victoriae rationem, habuit humanitatis; Ver IV 120.

orno, ausrüsten, ausstatten, versehen, schmücken, zieren, ehren, förbern, loben, preisen: tertius est ille amplus copiosus, gravis ornatus; orat 97. fuit ornandus in Manilia lege Pompeius; orat 102. quasi muneribus deorum nos esse instructos et ornatos; leg I 35. neque mehercule umquam mihi tui aut colendi aut ornandi voluntas defuit; ep V 8, 2. cum a me singularibus meis studiis ornatus esset; Q fr III 4, 2. qui (veteres) ornare nondum poterant ea, quae dicebant; de or III 39. abacos complures ornavit argento auroque caelato; Tusc V 61. ille omni et humanitate et virtute ornatus adulescens; Planc 58. cuius (Scaevolae) artem cum indotatam esse et incomptam || incomitatam || videres, verborum eam dote locupletasti et ornasti; de or I 234. in qua (oratione) auctoritas ornatur senatus; Bru 164. Caietam, si quando abundare coepero, ornabo; A I 4, 3. quod (Capitolium) privati homines de suis pecuniis ornant ornaturique sunt, id C. Verres ab regibus ornari non passus est; Ver IV 71. P. Servilius, gravissimus vir et ornatissimus civis; Quir 17. queritur gravis, locuples, ornata civitas, quod . . ; Flac 56. classem instructam atque ornatam fuisse; Ver V 135. cum maximas aedificasset ornassetque classes; imp Pomp 9. se nostra causa voluisse suam potestatem esse de consulibus ornandis; A III 24, 1. ornasti consulatum, ornasti reditum meum; ep XV

M e r g u e t, Handlexikon zu Cicero.

13, 2. ille deos deorum spoliis ornari noluit; Ver IV 123. Verres Africani monumentis domum suam ornabit? Ver IV 83. »Oenopionis avens epulas ornare nitentes«; fr H IV, a, 677. Capua oportunissimam se nobis praebuit ad exercitus ornandos; agr II 90. spectet forum ornatum; Ver IV 126. ornati homines in dicendo et graves; de or I 42. cum eum (locum) nobis maiores nostri exuviis nauticis et classium spoliis ornatum reliquissent; imp Pomp 55. hanc mortem rhetorice et tragice ornare potuerunt; Bru 43. ea est ratio instructarum ornatarumque navium, ut . . ; Ver V 133. (adferunt) compositam orationem et ornatam; de or I 50. illa, quibus orationem ornari atque inluminari putem; de or III 25. provinciam ornatam neglexi; ep XV 4, 13. vestro consensu consulum provincias ornatas esse; A III 24, 1. is tribunus pl., quem ego maximis beneficiis quaestorem consul ornaram; Quir 12. reditum: f. consulatum. qui ornavit res nostras divinis laudibus; ep II 15, 1. sapientem plurimis et gravissimis artibus atque virtutibus instructum et ornatum; fin II 112. dum novo et alieno ornatu velis ornare iuris civilis scientiam; de or I 235. qui non dubitavit seditiones ipsas ornare; de or II 124. senectuti celebrandae et ornandae quod honestius potest esse perfugium quam iuris interpretatio? de or I 199. tribunum: f. quaestorem. omnes apud hunc (Pacuvium) ornati elaboratique sunt versus; orat 36. vir omni dignitate ornatissimus; Piso 44. vir cum virtutibus tum etiam fortuna ornatus; ep XIII 13. cur (virtus) verbis tam vehementer ornanda videatur; Tusc III 37. Capuam colonia deducetur, urbem amplissimam atque ornatissimam; agr II 76.

oro, reden, vortragen, bitten, ersuchen, anrufen: I. »loco senator et modo orato«; leg III 11. — II. peto a te vel, si pateris, oro, ut homines miseros conserves; ep IX 13, 3. — III. oro atque obsecro vos, qui nostis, vitam inter se utriusque conferte; Q Rosc 20. vos omnes oro atque obtestor hortorque; Rabir 35. per dexteram istam te oro; Deiot 8. dic, oro te, clarius; A IV 8, a, 1. quo neminem umquam melius ullam oravisse capitis causam; Bru 47. cum fiens universus ordo cincinnatum consulem orabat; Sest 26. ea mihi videntur in lite oranda esse posita; de or II 43. — IV, 1. vos, Quirites, oro atque obsecro, adhibeatis misericordiam, sapientiam; Rabir 5. — te oro, des operam, ut me statim consequare; A III 1. — 2. rogat eos atque orat, ne oppugnent filium suum; Ver II 96. quod, indices, ne faciatis, oro obtestorque vos; Rab Post 46. — 3. quaeso oroque vos, patres conscripti, ut primo accipiatis sine offensione, quod dixero, neve id repudietis; Phil VII 8. — 4. orantur modo illi, qui audiunt, humili et supplici oratione, ut misserantur; inv I 109. orandus nobis erit amicus meus, M. Plaetorius, ut suos novos clientes a bello faciendo deterreat; Font 36. quid restat, nisi ut orem obtestorque vos, indices, ut eam misericordiam tribuatis fortissimo viro, quam . . ? Milo 92. te etiam atque etiam oro, ut me totum tuendum suscipias; A XI 1, 2. f. 3. V. — V. id postremum parentes suos liberi orabant, ut lictori pecunia daretur; Ver V 119. illud te ad extremum et oro et hortor, ut diligentissimus sis; Q fr I 1, 46.

orsus, Anfang, Beginnen: »Calchantis fata ratosne habeant an vanos pectoris orsus«; div II 63.

ortus, Aufgang, Anfang, Entstehung, Geburt: I. si ortus est deorum, interitus sit necesse est; nat I 68. signorum ortus et obitus definitum quendam ordinem servant; inv I 59. — II, 1. quid ego vitium ortus, satus, incrementa commemorem? Cato 52. quae ortum habere gignique diximus; Tim 5. persecutus est Aristoteles animantium omnium ortus, victus, figuras; fin V 10. visne ipsius iuris ortum a fonte repetamus? leg I 20. Ceos accepimus

ortum Caniculae diligenter quotannis solere servare; div I 130. ortum amicitiae videtis; Lael 32. — 2. in primo ortu inest teneritas ac mollitia quaedam; fin V 58. — III. cur stella Iovis aut Veneris coniuncta cum luna ad ortus puerorum salutaris sit, Saturni Martisve contraria; div I 85. — IV. a primo urbis ortu; Tusc IV 1. ut nihil pertinuit ad nos ante ortum, sic nihil post mortem pertinebit; Tusc I 91. paulo ante solis ortum; div I 121. ut (natura) alia in primo ortu perficeret, alia progrediente aetate fingeret; fin V 59.

os, Antlit, Gesicht, Maste, Dreistigteit, Munb, Rachen, Münbung, Eingang: I. quia studium dicendi, nisi accessit os, nullum potest esse; de or II 29. nihilne te horum ora vultusque moverunt? Catil I 1. tu, cuius mehercule os mihi ante oculos solet versari; A VI 2, 8. — II, 1. Gorgonis os pulcherrimum, cinctum anguibus, revellit atque abstulit; Ver IV 124. os hominis insignemque impudentiam cognoscite; Ver IV 66. video in me omnium vestrum ora atque oculos esse conversos; Catil IV 1. quo (vultu) dicuntur os ducere; orat 86. nosti profecto os illius adulescentioris Academiae; ep IX 8, 1. revello: f. aufero. vultus mutantur, ora torquentur; of I 131. — 2. necesse est offa obiecta cadere frustum ex pulli ore; div I 27. qui (Demosthenes) coniectis in os calculis summa voce versus multos uno spiritu pronuntiare consuescebat; de or I 261. in ipso aditu atque ore portus tabernacula carbaseis intenta velis conlocabat; Ver V 30. dentibus in ore constructis manditur cibus; nat II 134. populi Romani laus est urbem amicissimam Cyzicenorum eiusdem consilio ex totius belli ore ac faucibus ereptam esse atque servatam; Arch 21. in me absentem orationem ex ore impurissimo evomuit; Phil V 20. nihil non consideratum exibat ex ore; Bru 265. unde illud ut ex ore aliquo quasi imago exprimatur; orat 8. quam (consolationem) semper in ore atque in animo habere debemus; ep V 16, 2. qui omnia minima mansa ut nutrices infantibus pueris in os inserant; de or II 162. pertineo ad: f. III. servo ex: f. eripio ex. in ore sunt omnia; de or III 221. tibi valde solet in ore esse: „Granius autem"..; A VI 3, 7. — III. a pulmonibus arteria usque ad os intimum pertinet; nat II 149. — IV. ut isti oris oculorumque illa contumacia ac superbia dissimillimus esse videar; Ver III 5. oris pravitatem et verborum latitudinem (Fufius) imitatur; de or II 91. nemo est, quin Q. Valerium Soranum lenitate vocis atque ipso oris pressu et sono facile vincat; de or III 43. oris non est nimium mutanda species, ne aut ad ineptias aut ad pravitatem aliquam deferamur; de or III 222. superbia: f. contumacia. — V, 1. cum totum Pontum armatum effervescentem in Asiam atque erumpentem ore sustinerent; prov 6. ut filiorum suorum postremum spiritum ore excipere liceret; Ver V 118. visus ei (Alexandro) dicitur draco radiculam ore ferre; div II 135. cui orationi Caepionis os respondit Aelius; Bru 169. cum illo ore inimicos est meos saviatus; Sest 111. — 2. ante os oculosque legatorum tormentis Mutinam verberavit; Phil VIII 20. quem (Platonem) ex tuo ore admiror; Tusc I 39. cum spumas ageret in ore; div IV 148. nihil praeter vocem et os et audaciam; Font 29.

os, Gebein, Knochen, Gerippe: I. quae (ossa) subiecta corpori mirabiles commissuras habent; nat II 139. — II, 1. utinam imitarentur nec ossa solum, sed etiam sanguinem! Bru 68. subicio: f. I. ita moriuntur, ut eorum ossa terra non tangat; Sex Rosc 72. — 2. cur hunc dolorem cineri eius atque ossibus inussisti? Ver I 113. — 3. prius quam in os iniecta gleba est; leg II 57. — III. non (di) venis et nervis et ossibus continentur; nat II 59.

oscen, Weissagvogel: I. ut tum a dextra, tum a sinistra parte canant oscines; div I 120. — II.

aves quasdam, et alites et oscines, ut nostri augures appellant; nat II 160. — III. non e cantu sinistro oscinis tibi auguror; ep VI 6, 7.

oscitanter, schläfrig: quod ille tam solute egisset, tam leniter, tam oscitanter; Bru 277.

oscito, gähnen, part. schläfrig, lässig: quae Epicurus oscitans halucinatus est; nat I 72. adde inscitiam oscitantis ducis; Milo 56. videt oscitantem iudicem; Bru 200. me ista oscitans sapientia in libertatem vindicabit; de or II 145.

osculatio, Küssen: si quae [non] nupta mulier ita sese geret complexu, osculatione, ut ..; Cael 49.

osculor, küssen: a qua (Luna Endymion) consopitus putatur, ut eum dormientem oscularetur; Tusc I 92. ut complexus osculatusque (adulescentem) dimiserit; A XVI 5, 2. epistulam osculatus etiam ipse mihi gratulatus sum; ep III 11, 2. quoniam mihi videris istam scientiam iuris tamquam filiolam osculari tuam; Muren 23. quod in precibus et gratulationibus non solum id (simulacrum) venerari, verum etiam osculari solent; Ver IV 94.

osculum, Kuß: 1. si qua erat famosa, ei cognati osculum non ferebant; rep IV 6. — 2. utinam continuo ad osculum Atticae possim currere! A XII 1, 1.

ostendo, zeigen, sehen lassen, in Aussicht stellen, vorhalten, barlegen, erklären, beweisen: I. quae (luna) est, ut ostendunt mathematici, maior quam dimidia pars terrae; nat II 103. — II. 1. de: f. III. alqd. — 2. quod illa gens, quid de nostro imperio sentiret, ostendit armis; Flac 69. — 3. ostendito illos cum Sertorio fuisse; Ver V 154. nisi ostenderis illam in tutela Flacci non fuisse; Flac 86. cum Caesar ostendisset se Dolabellam consulem esse iussurum; Phil II 80. ut ostenderet etiam philosophum pecuniam facere posse; div I 111. — III. necopinato cum te ostendisses; Phil II 77. f. consules. id ex litteris ostendam Syracusanorum; Ver V 164. de Italia quidem nihil mihi umquam ostenderas; A VIII 11, D, 6. modo ista sis aequitate, quam ostendis; fin I 28. Cyrum ei (Lysandro) quendam consaeptum agrum diligenter consitum ostendisse; Cato 59. nullum turpe convivium, non amor, non comissatio, non libido, non sumptus ostenditur; Muren 13. qui suam erga me benivolentiam etiam corporis vulneribus ostendit; sen 30. caedes principum ostenditur; har resp 54. commissationem: f. amorem. quod fissum periculum quod commodum aliquod ostenderet; div II 28. quod (consilium) initio Aristoni nostro ostendi; ep II 18, 2. tribuni pl. designati sunt nobis amici; consules se optime ostendunt; Q fr I 2, 16. nisi eius integerrimam vitam, modestissimos mores, summam fidem continentiam, pietatem, innocentiam ostendero; Planc 3. convivium: f. amorem. fidem: f. continentiam cum Q. Scaevola animi vim et infirmitatem corporis ostenderet; Rabir 21. innocentiam: f. continentiam. libidinem: f. amorem. omnes (loci) acquirentibus nobis ostendunt se et occurrunt; de or I 151. quae (virtus) cum ostendit suum lumen; Lael 100. istae spem, tum metum ostendere; Ver IV 75. mores: f. continentiam. odium igitur acerrimum patris in illum ex hoc, opinor, ostenditur, quod ..; Sex Rosc 52. qui os tuum non modo ostenderes, sed etiam offerres; Sex Rosc 87. ostendit pedes et pectus; fin V 94. periculum: f. commodum. pietatem: f. continentiam. cuius (Iovis) in illa insula sepulcrum ostenditur; nat III 53. cum praesertim ne spes quidem ulla ostendatur for melius; A XI 11, f. metum. meum studium in rem publicam ostendi; Ver I 15. sumptum: f. amorem. tum ostendi tabellas Lentulo; Catil III 10. ait se (vasa) suis caelatoribus velle ostendere; Ver IV 63. unum a Cluentio profectae pecuniae vestigium ostende; Cluent 124. qui ultro nobis viam

salutis ostendunt; har resp 63. vim: f. infirmitatem. ritam: f. continentiam. a qua (gemma) oriens uva se ostendit; Cato 53. — IV, 1. hic mihi Africanus se ostendit ea forma, quae ..; rep VI 10. — 2. cum id, quod comparabile putant, dissimile ostenditur; inv I 79. si enumeratio falsa ostenditur; inv I 79. idem (Diagoras) ostendit eis (vectoribus) in eodem cursu multas alias naves laborantes; nat III 89. si nostram rem publicam vobis et nascentem et crescentem et adultam ostendero; rep II 3.

ostentatio, Prahlerei, Prunk, Schein, Darlegung, Erklärung: I. ubi (era t) illa magnifica et gloriosa ostentatio civitatis? Flac 52. ut in fronte ostentatio sit, intus veritas occultetur? fin II 77. videtur: f. II, 1. suscipio. — II, 1. multorum annorum ostentationes meas nunc in discrimen esse adductas; A V 13, 1. ne ostentatio memoriae suscepta videatur esse puerilis; part or 60. — 2. quod nulla mihi ostentatione videris esse usurus; de or II 31. — III. vitanda etiam ingenii ostentationis suspicio; de or II 333. — IV, 1. quodsi qui simulatione et inani ostentatione stabilem se gloriam consequi posse rentur, vehementer errant; of II 43. contra consulem veritate, non ostentatione popularem; agr I 23. — 2. illi gloriae causa atque ostentationis accusant; Ver III 3.

ostento, zeigen, barbieten, in Aussicht stellen, zur Schau tragen, rühmen: quid me ostentem? ep I 4, 3. cuius (belli) exitus ex altera parte caedem ostentet || ostentat ||, ex altera servitutem; ep IV 14, 1. ut (iudices) aperte iugula sua pro meo capite P. Clodio ostentarint; A I 16, 4. habes, ubi ostentes tuam illam praeclaram patientiam famis, frigoris; Catil I 26. ut potius amorem tibi ostenderem meum, quam ostentarem prudentiam; ep X 3, 4. servitutem: i. caedem. cum unius recuperandi filii spes esset ostentata; Cluent 22. βοώπιδος nostrae consanguineus non mediocres terrores iacit atque denuntiat et Sampsiceramo negat, ceteris prae se fert et ostentat; A II 23, 3.

ostentum, Wunderzeichen, Anzeichen: I, 1. negant historici Lacedaemoniis ullum ostentum hoc tristius accidisse! div II 69. ostenta restant, ut tota haruspicina sit pertractata; div II 49. — 2. quod ante non vidit, id si evenit, ostentum esse censet; div II 49. — II, 1. etiam a te Flaminiana ostenta conlecta sunt; div II 67. hominibus ea ostenta, monstrari, portendi, praedici; ex quo illa „ostenta, monstra, portenta, prodigia" dicuntur; nat II 7. nihil habendum esse, quod fieri posset, ostentum; div II 62. ad quos (haruspices) referri nuntiata ostenta non convenit; har resp 61. — 2. idem (Sisenna) contra ostentis nihil disputat; div I 99. cum magnorum periculorum metus ex ostentis portenderetur; Ver IV 108. qui ex fulgoribus ostentisque praedicerent; div II 26. hoc contra ostenta valeat, numquam, quod fieri non potuerit, esse factum; div II 49. — III. quae (divinatio) artificiosa dicitur, extorum, fulgorum, ostentorum significatuque caelestium; div I 127. (Etrusci) ostentorum exercitatissimi interpretes exstiterunt; div I 93. — IV, 1. quod eodem ostento Telluri postilio deberi dicitur; har resp 31. qui extis aut avibus aut ostentis futura praesentiunt; div II 16. — 2. in ostentis ratio plerumque coniecturaque adhibetur; div II 42.

ostiatim, Haus für Haus: hic hostie exspectare, dum ego haec crimina agam ostiatim; Ver IV 48. qui ostiatim totum oppidum compilaverit; Ver IV 53.

ostium, Mündung, Eingang. Tür: I, 1. cum aspera arteria ostium habeat adiunctum linguae radicibus; nat II 136. — 2. vis servorum e fornicibus ostiisque omnibus in scaenam immissa inrupit; har resp 22. Insula, quae in utriusque portus

ostium aditumque proiecta est; Ver IV 118. — III. ne in illam acerbissimam exactionem capitum atque ostiorum inducerentur sumptus minime necessarii; ep III 8, 5. — IV. cum ei a b ostio quaerenti Ennium ancilla dixisset domi non esse; de or II 276. ut vos, qui modo ante ostium Tiberinum classem hostium videbatis, ii nunc nullam intra Oceani ostium praedonum navem esse audiatis; imp Pomp 33. ut in ostio Tiberino urbem ipse conderet; rep II 5. intra: f. ante.

ostrea, Auster: I. ostreis et conchyliis omnibus contingere, ut cum luna pariter crescant pariterque decrescant; div II 33. — II, 1. sollertiam eam, quae posset vel in tegulis proseminare ostreas; fr F V 78. — 2. contingo: f. I. — 3. qui me ostreis et murenis || muraenis || facile abstinebam; ep VII 26, 2.

otior, Muße haben: cum (C. Canius) se Syracusas otiandi, ut ipse dicere solebat, non negotiandi causa contulisset; of III 58.

otiose, mit Muße, ruhig: contemplari unum quidque otiose et considerare coepit; Ver IV 33. tum licebit otiose ista quaerere; fin IV 32. Ithacae vivere otiose; of III 97.

otiosus, müßig, unbeschäftigt, friedlich, ruhig: A. (Gellius) Graeculum se atque otiosum putari voluit; Sest 110. quoniam nacti te sumus aliquando otiosum; fin I 14. numquam se minus otiosum esse, quam cum otiosus esset; of III 1. quam mihi gratum feceris, si otiosum Fadium reddideris; ep IX 25, 3. qui non cursum hunc otiosum vitae esse salvum esse velint; Catil IV 17. id perficiam his supplicationum otiosis diebus; Q fr III 8, 3. quo in studio hominum ingeniosissimorum otiosissimorumque totas aetates videmus esse contritas; de or I 219. cui fuerit ne otium quidem umquam otiosum; Planc 66. nihil est otiosa senectute iucundius; Cato 49. — B. I. quidam otiosis minabantur; Marcel 17. — II. vigilare insidiantem bonis otiosorum; Catil I 26. et facilior et tutior vita est otiosorum; of I 70.

otium, freie Zeit, Muße, Ruhe, Frieden: I. neque homines convenit ullum amplexari otium, quod abhorreat a dignitate; Sest 98. cedat forum castris, otium militiae; Muren 30. quoniam tantum habemus otii, quantum iam diu nobis non contigit; de or I 164. cum nobis propositum esse debeat cum dignitate otium; ep I 9, 21. subsidium bellissimum existimo esse senectuti otium; de or I 255. Romae summum otium est, sed ita, ut malis salubre aliquod et honestum negotium; ep XII 17, 1. — II, 1. amplexor: f. I. abhorret. sic sum complexus otium, ut ab eo divelli non queam; A II 6, 1. quantum mihi res publica tribuet otii, ad scribendum potissimum conferam; de or I 3. posteaquam diuturnitas pacis otium confirmavit; de or I 14. qui (Philistus) otium suum consumpsit in historia scribenda; de or II 57. quod (otium) nunc peroptato nobis datum est; de or II 20. otium nobis dormandum est, quod ii, qui potiuntur rerum, praestaturi videntur; ep I 8, 4. quamvis occupatus sis, otii tamen plus habes; ep XII 30, 1. f. I, 1. contingit. pario: f. 3. fruor. beatissimos esse populos necesse est vacuos omni cura aliis permisso otio suo; rep I 52. otium persequimur; of III 1. praesto: f. exopto. propono: f. I. debet. ut unius perpetua potestate regatur salus et aequabilitas et otium civium; rep II 43. alii quietem atque otium secuti; of III 56. timent otium; A XIV 22, 1. tribuo: f. confero. — 2. bellum ac tumultum paci atque otio concessurum; Piso 73. posteritatis otio consules; ep II 18, 3. — 3. Graecos homines non solum ingenio et doctrina, sed etiam otio studioque abundantes; de or I 22. hominis est intemperata abutentis et otio et litteris; Tusc I 6. doctissimi homines otio nimio adfluentes; de or III 57. illi (Graeci) ardentes his studiis, otio vero

diffluentes; de or III 131. otio fruor, non illo quidem, quo debebat is, qui quondam peperisset otium civitati; cf III 3. me metuo ne etiam in ceteris rebus honesto otio privarim; ep IV 4, 4. — 4. is fueram, cui cum liceret maiores ex otio fructus capere quam ceteris ..; rep I 7. cum (Crassus) se de turba et a subselliis in otium soliumque contulerit; de or II 143. divello ab: f. 1. complector. quod te alia ratio ad honestum otium duxit; A I 17, 5. philosophorum libros reservet sibi ad huiusce modi Tusculani requiem atque otium; de or I 224. quoniam illi arti in bello ac seditione locus est, huic in pace atque otio; Quir 20. cum in otium venerimus; A I 7. — III. quem ego vobis ita commendo, ut cupidissimum otii; Muren 90. — IV. alqd: f. I, 1. contingit. II, 1. confero, habeo. amorem eis (civibus) otii et pacis iniecit; rep II 26. neque nobis fructus otii datus est; de or I 2. hominis mihi irati, sed multo acrius otii communis et salutis inimici; Sest 15. quo tempore aetas nostra tamquam in portum confugere deberet non inertiae neque desidiae, sed otii moderati atque honesti; Bru 8. quod in meo reditu spes otii et concordiae sita videbatur; dom 15. — V, 1. qui otio delectantur; Phil XI 38. nos umbris, deliciis, otio. languore, desidia animum infecimus; Tusc V 78. quo (otio) nunc tabescimus; A II 14, 1. — 2. multa

praeclara in illo calamitoso otio scripsit; fin V 54. quae (artes) sine summo otio non facile discuntur; Balb 15.

ovis, Schaf: I. quid oves aliud adferunt, nisi ut earum villis confectis atque contextis homines vestiantur? nat II 158. — II. o praeclarum custodem ovium, ut aiunt, lupum! Phil III 27. plebem multae dictione ovium et bovum ‖ boum ‖ coërcebat; rep II 16.

ovo, eine Ovation halten, feierlich einziehen: quem ovantem in Capitolium ascendisse meminissem; de or II 195. cum propter eorum res gestas me ovantem et prope triumphantem populus Romanus in Capitolium domo tulerit; Phil XIV 12.

ovum, Ei: I. etsi pisces, ut aiunt, ova cum genuerunt, relinquunt; facile enim illa aqua et sustinentur et fetum fundunt; nat II 129. somnisse se ovum pendere ex fascea lecti sui cubicularis; div II 134. — II, 1. gigno, al.: f. I. fundunt. testudines et crocodilos dicunt obruere ova, deinde discedere; nat II 129. ut quam facillime ova serventur; nat II 129. anitum ova gallinis saepe supponimus; nat II 124. — 2. integram famem ad ovum adfero; ep IX 20, 1. — III, 1. videsne, ut in proverbio sit ovorum inter se similitudo? Ac II 57. — 2. id (vitellum) ei ex ovo videbatur aurum declarasse, reliquum argentum; div II 134.

Pabulum, Futter, Nahrung: I. est animorum ingeniorumque naturale quoddam quasi pabulum consideratio contemplatioque naturae; Ac II 127. — II. (Democritus) habitu extorum declarari censet haec dumtaxat: pabuli genus ..; div II 30. — III. hunc pabulo inimicorum corruptum; har resp 5.

pacificatio, Friedensstiftung: I. sapientius facies, si te in istam pacificationem non interpones; ep X 27, 2. se non dubitare, quin et opem et gratiam meam ille (Caesar) ad pacificationem quaereret; A IX 11, 2. — II. ecquae spes pacificationis sit; A VII 8, 4.

pacificator, Friedensstifter: I. Servius pacificator videtur obisse legationem; A XV 7. iam illum emptum pacificatorem perorasse puto; A X 1, 2. — II. emo: f. I. praepositum esse nobis pacificatorem Allobrogum; A I 13, 2.

pacificatorius, den Frieden vermittelnd: postesquam nos pacificatoria legatione implicatos putant; Phil XII 3.

pacificus, Frieden stiftend: ecquae pacifica persona desideretur; A VIII 12, 4.

paciscor, verabreden, sich ausbedingen, einen Vertrag schließen: I. ut ex area, nisi pactus esset, arator ne tolleret; Ver III 51. — II. se dimidium eius ei, quod pactus esset pro illo carmine, daturum; de or II 352. si, quae de me pacta sunt, non servantur; A II 9, 1. quam (Ciliciam) sibi pactus erat; Sest 55. cuius (Deiotari) filio pacta est Artavasdis filia; A V 21, 2. pacto iam foedere provinciarum; Sest 33. quod dierum essent pactae, non noctium induriae; cf I 33. tanta invidia sunt consules propter suspicionem pactorum a candidatis praemiorum; Q fr III 3, 2. si praedonibus pactum pro capite pretium non attuleris; cf III 107.

paco, beruhigen, part. friedlich: hinc exercitum in hiberna agri male pacati deducendum Quinto fratri dabam; A V 20, 5. pacare Amanum; ep XV 4, 8. in pacatis tranquillisque civitatibus; de or I 30. ille, cuius ne pacatam quidem nequitiam quisquam ferre posset; Phil V 24. erat rex, si nondum

socius, ad non hostis, pacatus, quietus; Sest 57. tempus hoc tranquillum atque pacatum; Cluent 94.

pactio, Verabredung, Vergleich, Vertrag: I. 1. ut pactiones cum civitatibus reliquis conficiat; ep XIII 65, 1. cum tam iniquas pactiones vi et metu expressas cognoverit; Ver III 143. haec pactio non verbis, sed nominibus et perscriptionibus multorum tabulis cum esse facta diceretur; A IV 17, 2. pactiones sine ulla iniuria factas rescidit; prov 10. qui (videt) tuas mercedum pactiones in patrociniis; par 46. — 2. an (ius profectum sit) ab aliqua quasi condicione ‖ condictione ‖ hominum et pactione; Top 82. nisi (milites) ad hanc pactionem venissent; inv II 76. — II, 1. alter consul pactionibus se suorum praemiorum obligarat; sen 32. victoria pax, non pactione parienda est; ep X 6, 1. — 2. quod iis navem contra pactionem foederis imperarint; Ver V 49.

pactor, Vermittler: en societatis pactores, religionis auctores; Ver V 55.

pactum, Vertrag, Vergleich, Art und Weise: I. quaedam genera iuris iam certa consuetudine facta sunt; quod genus pactum, par, iudicatum. pactum est, quod inter quos convenit ‖ quod ‖ ita iustum putatur, ut iure praestare dicatur; inv II 67. 68. pactum est, quod inter aliquos convenit; inv II 162. — II, 1. nescio quo pacto ab eo, quod erat a te propositum, aberravit oratio; Tusc III 80. adiutor eodem pacto esse debeo; Muren 8. ista (natura) duce errari nullo pacto potest; leg I 20. quonam pacto mortem Africani feras; Lael 7. quo pacto suae confessioni possit mederi; Ver I 12. — 2. Pomptinus ex pacto et convento (nam ea lege exierat) iam a me discesserat; A VI 3, 1.

paean, Päan, Lobgesang: I. neque vos paean ‖ paeon ‖ aut herous ille conturbet. ipsi occurrent orationi; de or III 191. probatur ab eodem illo (Aristotele) maxime paean ‖ paeon ‖, qui est duplex: nam aut a longa oritur, quam tres breves consequuntur, aut a brevibus deinceps tribus, extrema producta atque longa; de or III 183. est paean ‖ paeon ‖ hic

posterior non syllabarum numero, sed aurium mensura par fere cretico, qui est ex longa et brevi et longa; de or III 183. paean minime est aptus ad versum; orat 194. paean in amplioribus (est); orat 197. eius (cretici) aequalis paean, qui spatio par est, syllaba longior, qui commodissime putatur in solutam orationem inligari, cum sit duplex. nam ant e longa est et tribus brevibus aut e totidem brevibus et longa; orat 215. est (paean) unus aptissimus orationi vel orienti vel mediae; orat 218. quod paean habeat tres breves; orat191. occurrit: f. conturbat. — II, 1. ante condemnentur ii, quam totiens, quotiens praescribitur, Paeanem aut Nomionem ‖ munionem ‖ citarimus; de or I 251. ita fit sequiplex paean; orat 188. inligo: f. I. est; orat 215. qui paeana praetereunt, non vident mollissimum a sese numerum eundemque amplissimam praeteriri; orat 192. proho: f. I. est; de or III 183. Ephorus paeana sequitur aut dactylum; orat 191. — 2. illi philosopho ordiri placet a superiore paeane ‖ paeone ‖, posteriore finire; de or III 183. — III. finire. f. II, 2.

paedagogus, Erzieher: I. quem ad modum paedagogi loquantur; Bru 210. — II. paedagogi probitas me id suspicari vetat; A XII 33, 2.

paedor, Schmuß: ex hac opinione sunt illa genera lugendi, paedores, muliebres lacerationes genarum; Tusc III 62.

pael — f. **pel** —

paene, beinahe, faft, fo gut wie: I. quem (Brutum) non minus amo quam tu, paene dixi, quam te; A V 20, 6. cum iam paene evanuisset Hortensius; Bru 323. etsi heri id, quod quaerebatur, paene explicatum est; Ac II 10. decus illius exercitus paene praeterii; Phil XI 14. — II. cum illum necessarium et fatalem paene casum non tulerimus; Phil X 19. dum illum rideo, paene sum factus ille; ep II 9, 2. in disputationem paene intimam; de or I 96. — necessarias (cupiditates) satiari posse paene nihilo; Tusc V 93. est finitimus oratori poëta, multis vero ornandi generibus socius ac paene par; in hoc quidem certe prope idem, ut . .; de or I 70. — III. si animal omne ea ante efficit paene, quam cogitat; div I 120. — IV. Bibulum multo iustiorem (habuimus), paene etiam amicum; ep I 4, 1. qui de imperio paene certavit; Sest 59. ut paene cum lacte nutricis errorem suxisse videamur; Tusc III 3. C. Caesar adulescens, paene potius puer; Phil III 3. — V. utinam conere, ut aliquando illud „paene" tollatur! Phil II 101.

paenitet, es reut, ärgert, verdrießt, bereuen: I. 1. tanta vis fuit paenitendi; Tusc IV 79. — 2. nisi forte sic loqui paenitet; orat 164. — II. taedet ipsum Pompeium vehementerque paenitet; A II 22. 6. f. IV, 1. ep IX 5, 2. — III, 1. quae qualiacumque in me sunt (me ipsum paenitet quanta sint); orat 130. — 2. se paenitere, quod animum tuam offenderit; A XI 13, 2. — 3. efficiunt, ut me non didicisse minus paeniteat; de or II 77. — 4. ut eum tali virtute se in rem publicam fuisse paeniteat; Sest 95. — 5. nec me comitum paeniteret; A VIII 1, 3. cuius me mei facti paenituit; ep VII 3, 2. sapientem nihil opinari, nullius rei paenitere; Muren 61. voluntatis me neae numquam paenitebit, consilii paenitet; A XI 6, 2. — IV, 1. ut valde ego ipsi (Caelio), quod de sua sententia decesserit, paenitendum putem; A VII 3, 6. consilii nostri, ne si eos quidem, qui id secuti non sunt, non paeniteret, nobis paenitendum putarem; ep IX 5, 2. — 2. optimus est portus paenitenti mutatio consilii; Phil XII 7. utrum id facinus sit, quod paenitere fuerit necesse; inv II 43. sequitur, ut nihil paeniteat, nihil desit, nihil desit; Tusc V 53. quemquam paeniteat, quod fecisset per iram? Tusc IV 79.

paenula, Reifemantel, Mantel: mulioniam paenulam adripuit, cum qua venerat; Sest 82.

horum ego vix attigi paenulam. tamen remanserunt; A XIII 33, a, 1 (4). ego ita egi, ut non scinderem paenulam; A XIII 33, a, 1 (4).

paenulatus, im Reifemantel: cum hic insidiator cum uxore veheretur in raeda, paenulatus; Milo 28.

paeon f. **paean.**

paetulus, seitwärts blickend, blinzelnd: ecquos (deos), si non tam strabones, at paetulos esse arbitramur? nat I 80.

paganus, Bauer: nullum est in hac urbe conlegium, nulli pagani aut montani; dom 74.

pagella, Seite: altera iam pagella procedit; ep XI 25, 2. extrema pagella pupugit me tuo chirographo; ep II 13, 3.

pagina, Seite, Blatt: I, 1. cum hanc paginam texerem ‖ tenerem ‖; Q fr I 2, 10. — 2. quoniam respondi postremae tuae paginae prima mea, nunc ad primam revertar tuam; A VI 2, 3. — 3. revertor ad: f. 2. est quasi in extrema pagina Phaedri his ipsis verbis loquens Socrates; orat 41. — II. etsi meam in eo parsimoniam huius paginae contractio significat; A V 4, 4. — III. responderem: f. I, 2.

paginula, Seite: ut non minus longas iam in codicillorum fastis futurorum consulum paginulas habeant quam factorum; A IV 8, a, 2.

pagus, Dorf, Gau: (Sophocles) ascendit in Arium pagum; div I 54. vos de pagis omnibus conligitis bonos illos viros; fin II 12.

pala, Stein: ibi cum palam eius anuli ad palmam converterat, a nullo videbatur; of III 38.

palaestra, Ringschule, Ringplaß, Übung, Kunst: I. ut palaestra histrionem (adiuvat); orat 14. — II, 1. (numerus) quasi quandam palaestram et externa liniamenta orationi attulit; orat 186. non utuntur in ipsa lusione artificio proprio palaestrae, sed indicat ipse motus, didicerintne palaestram an nesciant; de or I 73. in quo non motus hic habeat palaestram quandam; orat 228. nescio: f. disco. — 2. palaestrae magis et olei (genus est verborum) quam huius civilis turbae ac fori; de or I 81. — 3. hominem deduxerunt in palaestram; inv II 2. quem (Mercurium) in privata aliqua palaestra posuit; Ver V 185. — III. artificium: f. II, 1. disco. magni aestimo unius aestatis fructum palaestrae Palatinae; A II 4, 7. — IV. Phalereus non tam armis instructus quam palaestra; Bru 37.

palaestricus, der Ringschule angehörig, künstig: palaestrici motus sunt saepe odiosiores; of I 130. numquam vos praetorem tam palaestricum vidistis; Ver II 54.

palaestrita, Ringer: I. Heraclio Syracusanos tuos illos palaestritas bona restituere iussit; Ver II 54. — II, 1. sani et sicci dumtaxat habeantur, sed ita, ut palaestritae; opt gen 8. — 2. eripe hereditatem propinquis, da palaestritis; Ver II 46.

palam, offen, öffentlich, unverhohlen, offenbar: palam sic egit causam tuam, ut . .; ep I 1, 2. qui in contione palam dixerint . .; Sest 60. non ex insidiis, sed aperte ac palam elaboratur, ut . .; orat 38. credo palam factum esse; A XIII 21, 3. suffragia clam an palam ferri melius esset; leg III 33. hoc cum palam decumani loquerentur; Ver III 131. L. Catilinam caedem, interitum non obscure, sed palam molientem; Piso 5. istum in re frumentaria aperte palamque esse praedatum; Ver III 146. haec commemoro, quae sunt palam; Piso 11. si palam liberaque venirent; Ver IV 13.

palatum, palatus, Gaumen: I. nec sequitur, ut, cui cor sapiat, ei non sapiat palatus; fin II 24. — II. suspicio: f. III. iudicare. — III. dum palato, quid sit optimum, (Epicurus) iudicat, „caeli palatum", ut ait Ennius, non suspexit; nat II 49. quae (voluptas) palato percipiatur, quae

auribus; fin II 29. is (stomachus) palato extremo atque intimo terminatur; nat II 136.

palea, Spreu: aurum paleamne (navis) portet, ad bene aut ad male guberuandum nihil interesse; fin IV 76.

palimpsestus, abgeschabtes Pergament: quod in palimpsesto, laudo equidem parsimoniam; ep VII 18, 2.

palla, Schauspielermantel: qui cum palla nummos populo de rostris spargere solebat; Phil III 16.

palleo, erbleichen: sudat, pallet; Phil II 84.

palliatus, im Mantel: ut denique illi palliati topiariam facere videantur et hederam vendere; Q fr III 1, 5. accipietne excusationem is Graeculi iudicia, modo palliati, modo togati? Phil V 14.

pallium, Mantel: I, 1. (Hippias) gloriatus est pallium, quo amictus esset, [se] sua manu confecisse; de or III 127. ei (Iovi) laneum pallium iniecit; nat III 83. — 2. cum esses cum tunica pulla et pallio; Ver V 40. — II, 1. amiciri: f. I, 1. conficio. amica corpus eius (Alcibiadis) texit suo pallio; div II 143. — 2. cum tunica pallioque purpureo visus es; Ver V 137.

pallor, Blässe, Erbleichen: I. ex quo fit, ut pudorem rubor, terrorem pallor et tremor consequatur; Tusc IV 19. — II. quo tremore an pallore dixit! Flac 10.

palma, flache Hand, Hand, Palme, Siegespreis, Sieg: I. multas esse infames eius palmas, hanc primam esse tamen lemniscatam; Sex Rosc 100. — II. cum palmam iam primus acceperit; Bru 173. docto oratori palma danda est; de or III 143. (Antipho) palmam tulit; A IV 15, 6. minorem Septentrionem Cepheus passis palmis a tergo subsequitur; nat II 111. — III. (Zeno) cum manum dilataverat, palmae illius similem eloquentiam esse dicebat; orat 113. — IV. alter plurimarum palmarum vetus gladiator habetur; Sex Rosc 17. radices palmarum agrestium, quarum erat multitudo, conligebant; Ver V 87.

palmaris, vorzüglich: illa palmaria, quod is eum (mundum) dixerit fore sempiternum; nat I 20. illa statua palmaris; Phil VI 15.

palpebra, Augenlid: I. palpebrae, quae sunt tegmenta oculorum, mollissimae tactu, ne laederent aciem; nat II 142. — II. munitae sunt palpebrae tamquam vallo pilorum; nat II 143. quem (Regulum) Carthaginienses resectis palpebris vigilando necaverunt; Piso 43.

palpito, zucken: cum cor animantis alicuius evulsum ita mobiliter palpitaret, ut imitaretur igneam celeritatem; nat II 24.

paludatus, im Kriegsmantel: cum te prosequerer paludatum; ep XIII 6, 1. Crassum minore dignitate aiunt profectum paludatum; A IV 13, 2. exierunt malis ominibus atque exsecrationibus duo vulturii paludati; Sest 71 (72).

palumbes, Ringeltaube: »iam mare Tyrrheuum longe penitusque palumbes relliquit«; fr H XII.

palus, Pfahl: ad palum adligantur; Ver V 10.

palus, Sumpf: I, 1. ut paludes emat; agr II 71. ille paludes siccare voluit; Phil V 7. — 2. (C. Marius) expulsus, egens, in palude demersus; pr II 105. — II. cum rex Mithridates illis paludibus defendatur; agr II 52.

pampinus, Weinlaub: (uva) vestita pampinis; Cato 53.

panchrestus, stets wirksam: cum eius comites iste sibi suo illo panchresto medicamento amicos reddidisset; Ver III 152.

pando, ausstrecken, ausbreiten: dum illa divina (bona) longe lateque se pandant; Tusc V 76. stantes ei manibus passis gratias agentes; Sest 117. quo utinam velis passis pervehi liceat! Tusc I 119.

panegyricus, Festrede: qualem Isocrates fecit Panegyricum; orat 37.

pango, festsetzen, bestimmen, verfassen, abfassen (vgl. paciscor): I. de pangendo quod me crebro adhortaris; A II 14, 2. — II. si quis pepigerit, ne illo medicamento umquam postea uteretur; of III 92. — III. an pangis aliquid Sophocleum? ep XVI 18, 3. ἀνέκδοτα, quae tibi uni legamus, Theopompio genere aut etiam asperiore multo pangentur; A II 6, 2. quos (fines) lex cupiditatis tuae, non quos lex generi tui pepigerat; Piso 37. requiri placere terminos, quos Socrates pegerit; leg I 56.

panis, Brot: I. panis et vinum a propola atque de cupa; Piso 67. — II. cui (Dario) cum peragranti Aegyptum cibarius in casa panis datus esset, nihil visum est illo pane iucundius; Tusc V 97. — III. quod (venenum) ei datum sit in pane; Cluent 169.

pannosus, zerlumpt: paucis pannosis linea lanterna; A IV 3, 5.

panthera, Panther: I. auditum est pantheras, quae in barbaria venenata carne caperentur, remedium quoddam habere, quo cum essent usae, non morerentur; nat II 126. — II. 1. capio: f. I. — 2. de pantheris per eos, qui venari solent, agitur mandatu meo diligenter; sed mira paucitas est; ep II 11, 2.

par, gleich, ebenbürtig, angemessen, gewachsen, Genosse: A. (ille) cum disserendo par esse non posset; de or I 240. par (est), quod in omnes aequabile est; inv II 68. 162. erant ei quaedam ex his paria cum Crasso, quaedam etiam superiora; Bru 215. sic par est agere cum civibus; of II 83. quod me scire par sit; A XV 17, 2. ut terrena et umida (corpora) ad pares angulos in terram et in mare ferantur; Tusc I 40. quam rationem pari virtute, fide P. Sestius secutus; sen 20. incommoda et commoda communia esse voluerunt, paria noluerunt; fin III 69. cui cum liceret non praecipuam, sed parem cum ceteris fortunae condicionem subire; rep I 7. cum pari dignitate simus; Phil XI 19. fides: f. animus. te parem mihi gratiam relaturum; ep III 9, 1. ecqnem (hominem) vere commemorare possumus parem consilio, gravitate M. Aemilio Scauro fuisse? Font 24. incommoda: f. commoda. privatum oportet aequo et pari cum civibus iure vivere; of I 124. si mundus ita sit par alteri mundo, ut inter eos ne minimum quidem intersit; Ac II 55. multa et magna inter nos officia paria et mutua intercedunt; ep XIII 65, 1. erit rebus ipsis par et aequalis oratio; orat 123. necesse est paria esse peccata; fin IV 77. »ni par maiorve potestas populusve prohibessit«; leg III 6. ut par sit ratio acceptorum et datorum; Lael 58. si par in nobis huius artis atque in illo picturae scientia fuisset; inv II 5. adsunt pari studio Pompeiani; Sulla 61. par choreo, qui habet tres breves, trochaeus, sed spatio par, non syllabis; orat 217. quae (verba) paribus paria referuntur; de or III 206. ut verba verbis quasi demensa et paria respondeant; orat 38. eas (virtutes) esse inter se aequales et pares; de or I 83. f. animus. cum par voluntas accipitur et redditur; ep V 2, 3. — B, a, I. pares vetere proverbio cum paribus facillime congregantur; Cato 7. — II. productus cum tuo illo pare; sen 17. edicere est ausus cum suo illo pari; Piso 18. — b, I. cum par, pari refertur; orat 220. paria paribus relata; orat 84. paria paribus respondimus; A VI 1, 22. — II. parium comparatio nec elationem habet nec summissionem; Top 71. — II. ex pari (argumenta ducuntur); de or II 172.

par, Paar: I. ecce tibi geminum in scelere par; Phil XI 2. — II. dicebant scyphorum paria complura Verri data esse; Ver II 47. a me gladiatorum par nobilissimum inducitur; opt gen 17. quod ex omnibus saeculis vix tria aut quattuor nomiuantur paria amicorum; Lael 15.

parabilis, leicht zu gewinnen: cuius (naturae) divitias Epicurus parabiles esse docuit; fin II 90.

parasitus, Schmaroßer: I. quod in Eunucho parasitus suaderet militi; ep I 9, 19. — II. parasitorum in comoediis adsentatio; Lael 98.

parate, schlagfertig: sumpto spatio ad cogitandum paratius atque accuratius dicere; de or I 150. dimicare (debemus) paratius de honore et gloria quam de ceteris commodis; of I 83. is ad dicendum veniebat magis audacter quam parate; Bru 241.

paratus, Zurüstung: (sapientes) nullum necessarium vitae cultum aut paratum requirentes; fin V 53.

parce, sparsam, spärlich: id feci parce et molliter; ep I 9, 23. de hoc genere toto hoc scribo parcius, quod ..; ep IV 13, 6. quam honestum (sit) parce, continenter, severe, sobrie (vivere); of I 106.

parco, schonen, sparen, berücksichtigen: te plane rogo, ut Albinio parcas; ep XIII 8, 3. quibus (aratoribus) parcere et consulere debuisti; Ver III 75. capiti vero innocentis fortunisque parcant; Cael 67. parcendum maxime [est] caritati hominum; de or II 237. an illae copiae coniuratorum corpori meo pepercissent? dom 58. (Crassus) parcebat adversarii dignitati; in quo ipse conservabat suam; de or II 221. fortunis: f. capiti. pepercit homini amico et necessario; Ver III 153. satis fiet a nobis neque parcetur labori; A II 14, 2. non parcam operae; ep XIII 27, 1. parcat iuventus pudicitae suae; Cael 42. sumptu ne parcas ulla in re; ep XVI 4, 2. quod (Trebatius) parum valetudini parceret; ep XI 27, 1. qui (imperatores) patriae consulerent, vitae non parcerent; nat III 15.

parcus, sparsam: A. cum optimus colonus, cum parcissimus esset; de or II 287. Crassus erat elegantiam parcissimus, Scaevola parcorum elegantissimus; Bru 148. in transferendis (verbis erit) verecundus et parcus; orat 81. vis illum filium familias patre parco ac tenaci habere tuis copiis devinctum; Cael 36. — B. f. A Bru 148.

parens, Bater, Mutter, Eltern: I, 1. qui (Saguntini) parentes suos liberos emori quam servos vivere maluerunt; par 24. obiurgavit M. Caelium, sicut neminem umquam parens; Cael 25. si te parentes timerent atque odissent tui; Catil I 17. vivunt: f. emoriuntur. — 2. earum (rerum) parens est educatrixque sapientia; leg I 62. — II, 1. cum parentes non alere nefarium sit; A IX 9, 2. C. Marium, quem patrem patriae, parentem, inquam, vestrae libertatis atque huiusce rei publicae possumus dicere, condemnabimus? Rabir 27. ut te parentem Asiae et dici et haberi velis; Q fr I 1, 31. omnium laudatarum artium procreatricem quandam et quasi parentem eam, quam φιλοσοφίαν Graeci vocant, ab hominibus doctissimis iudicari; de or I 9. qui parentem necasset; Sex Rosc 70. quod me ut mitissimum parentem vident; dom 94. vituperare quisquam vitae parentem audet? Tusc V 6. — 2. parentibus nos primum natura conciliat; har resp 57. cum innumerabilia parentibus debeamus; sen 2. qui mortem obtulerit parenti, pro quo mori ipsum iura divina atque humana cogebant; Sex Rosc 37. cum parentibus redditi, dein magistris traditi sumus; Tusc III 2. — 3. si parentibus nati sint humilibus; Lael 70. — 4. de patribus aut parentibus (cogitent); inv I 105. morior pro: f. 2. offero. unde ordiri rectius possumus quam a communi parente natura? Tusc V 37. esset ex inerti et improbo et impuro parente navus et probus filius; Ver III 161. — III. ipsi patriae conduci pios habere patres; de or III 90. — IV, 1. qui praescribit in parentum loco quaestoribus suis praetores esse oportere; Planc 28. multi saepe in iudicando peccata liberum parentum

misericordiae concesserunt; 'Cluent 195. — 2. quae (caritas) est inter natos et parentes; Lael 27. prima commendatio proficiscitur a modestia cum pietate in parentes; of II 46. quid est pietas nisi voluntas grata in parentes? Planc 80. — V. qui a parentibus spe nostri imperii suscepti educatique sunt; Ver V 123. natura fieri, ut liberi a parentibus amentur; fin III 62. nostro more cum parentibus puberes filii non lavantur; of I 129.

parentalia, Totenfeier, Totenopfer: cum agerent parentalia Norenses; Scaur 11.

parento, Totenopfer bringen: I. hostia maxima parentare; leg II 54. — II. parentemus Cethego; Flac 96.

pareo, erscheinen, erwiesen sein, sich ergeben: I. factumne sit? at constat. a quo? at paret; Milo 15. — II. si paret fundum Capenatem P. Servilii esse; Ver II 31.

pareo, gehorchen, nachgeben, willfahren, untertänig sein: I, 1. ratio habet quiddam ad imperandum magis quam ad parendum accommodatum; fin II 46. — 2. eos, quos misisset, non paruisse; Deiot 23. — II. cessi meis vel potius parui; A XI 9, 2. omnes parent auctoritati vestrae; Phil VII 13. cum (Iunius) auspiciis non paruisset; nat II 7. nec (res familiaris) libidini potius luxuriaeque quam liberalitati et beneficentiae pareat; of I 92. non dicam maiores nostros semper in pace consuetudini. in bello utilitati paruisse; imp Pomp 60. ut ei (consuli) reliqui magistratus omnes pareant excepto tribuno; leg III 16. timeo, tam vehemens vir ne omni animi impetu dolori et iracundiae pareat; A II 21, 4. qui consulari imperio paruerunt; Rabir 27. iracundiae: f. dolori. si (T. Albucius) in re publica quiescens Epicuri legibus paruisset; Tusc V 108. liberalitati, al.: f. beneficentiae. in quibus (numeris) quasi necessitati parere coguntur; orat 202. cum omnes naturae numini divino parerent; nat I 22. suae potius religioni quam censorum opinioni paruerunt; Cluent 121. qui senatui parere didicisset; Deiot 13. si et tempori eius et voluntati parere voluissem; Vatin 2. utilitati: f. consuetudini.

paries, Wand: I. parietem saepe feriens eum, qui cum P. Catulo fuerat ei communis; Cael 59. in qua (urbe) haec parietes ipsi loqui posse videantur; ep VI 3, 3. parietes modo urbis stant et manent; of II 29. — II, 1. omnibus est ius parietem directam ad parietem communem adiungere vel solidum vel fornicatum; Top 22. ferio: f. I. est. his tabulis interiores templi parietes vestiebantur; Ver IV 122. — 2. adiungo ad: f. 1. adiungo. omnibus in parietibus inscriptas fuisse litteras LLLMM; de or II 240. — III. in quibus (causis centumviralibus) parietum, luminum iura versentur; de or I 173. cum non legum praesidio, sed parietum vitam suam tueretur; sen 4. — IV, 1. quod deos inclusos parietibus contueri nefas esse duceret; rep III 14. — 2. cum nihil mihi intra meos parietes tutum viderem; ep IV 14, 3. cum omnia praeter tectum et parietes abstulit; Ver V 184.

parietinae, Ruinen: I. magis me moverant Corinthi subito aspectae parietinae quam ipsos Corinthios; Tusc III 53. — II. aspicio: f. I. ut nescio quid illud Epicuri parietinarum sibi concederes; ep XIII 1, 3. — III. in tantis tenebris et quasi parietinis rei publicae; ep IV 3, 2.

parilis, gleich: »consimili specie stellas parilique nitore non potuit nobis nota clarare figura«; fr H IV, a, 409.

pario, gebären, hervorbringen, erfinden, begründen, verschaffen, erwerben, erringen: I, 1. iam gallinae avesque reliquae quietum requirunt ad pariendum locum; nat II 129. — 2. is, quo modo equa pariat, ignorat; div II 49. si quintum pareret mater eius (Metelli), asinum fuisse parituram; de or

II 267. parere quaedam matrona cupiens; div II 145. qui mulam peperisse miratur; div II 49. — II. ut id ipsum, quod erat hominis proprium, non partum per nos, sed divinitus ad nos delatum videretur; de or I 202. quae tota ab oratore pariuntur; de or II 120. (ea) non esse virtute parta, deinde etiam vitiis atque peccatis; de or II 209. non ut (ars dicendi) totum aliquid pariat et procreet; de or II 356. cum haec eadem res plurimas gratias, firmissimas amicitias, maxima studia pariat; Muren 24. asinum: f. I, 2. mater. Romulus cum haec egregia duo firmamenta rei publicae peperisset, auspicia et senatum; rep II 17. ut (causa) et benivolentiam pariat et offensionem; inv I 20. ante partorum bonorum memoria; Cato 71. erit cognomen id tibi per te partum; rep VI 11. consulatus vobis pariebatur, sicuti partus est; Sulla 49. quae (philosophia) peperit dicendi copiam; par 2. cum ingenio sibi auctore dignitatem peperissent; de or I 198. sive illa (eloquentia) arte pariatur aliqua sive exercitatione quadam sive natura; Bru 25. firmamenta: f. auspicia. quem (fructum) labore peperisset; Sex Rosc 88. gratias: f. amicitias. L. Crassus non aliunde mutuatus est, sed sibi ipse peperit maximam laudem; of II 47. laurea illa magnis periculis parta; prov 29. offensionem: f. benivolentiam. quae id (ovum) gallina peperisset, dicere solebant; Ac II 57. victoria pax, non pactione parienda est; ep X 6, 1. parta sit pecunia; agr II 62. qui dialectici dicuntur spinosiora multa (praecepta) pepererunt; orat 114. quae (res familiaris) primum bene parta sit nullo neque turpi quaestu neque odioso; of I 92. senatum: f. auspicia. studia: f. amicitias. ea vi sua verba parient ‖ rapiant ‖; de or II 146. ex ea victoria, quae parta est; Phil XIV 1 cum pecunia voluptates pariantur plurimae; fin II 56.

pariter, auf gleiche Weise, ebenso, zugleich: ostreis et conchyliis omnibus contingere, ut cum luna pariter crescant pariterque decrescant; div II 33. »exsistet pariter larga cum luce Bootes«; fr H IV, a 640. illa (res publica) me secum pariter reportavit; sen 34. in amicos benivolentia illorum erga nos benivolentiae pariter aequaliterque respondeat; Lael 56. ut pariter extrema terminentur; orat 38. res urbanas vobiscum pariter tuebimur; Phil XII 24. ut ille et vixisse cum re publica pariter et cum illa simul exstinctus esse videatur; de or III 10.

paro, paratus, rüsten, ausrüsten, vorbereiten, bereiten, einrichten, erwerben, verschaffen, sich anschicken: I. quodai ita natura paratum esset, ut ea dormientes agerent, quae somniarent; div II 122. — II, 1. pro sua quisque facultate parat, a quibus (canibus lanietur; Tusc I 108. — 2. cum tibi ego frumentum in meis agris atque in mea civitate paratus sim dare; Ver III 193. publice litteras Romam mittere parabam; A V 20, 7. quod pericula subire paratissimus fueris; ep XV 4, 12. sic hominem tradicere ad optimates paro; A XIV 21, 4. — 3. »quod fore paratum est, id summum exsuperat Iovem«; div II 25. — III. Q. Scaevolam in iure paratissimum; Bru 145. ad permovendos et convertendos animos instructi et parati; orat 20. quod te optime contra fortunam paratum armatumque cognovi; ep V 13, 1. ego hunc (Caesarem) ita paratum video peditatu, equitatu, classibus, auxiliis Gallorum; A IX 13, 4. omnia et provisa et parata et constituta sunt mea summa cura; Catil IV 14. adulescens et equitatu et peditatu et pecunia paratus; ep XV 4, 6. animus paratus ad periculum; of I 63. ut operam, consilium. rem, fidem meam sibi ad omnes res paratam putent; ep VI 10, 1. nisi Caesar exercitum paravisset; Phil IV 4. fidem: f. consilium. eius filii diserti et omnibus vel naturae vel doctrinae praesidiis ad dicendum parati; de or I 38. fortitudo

satis est instructa, parata, armata per sese; Tusc IV 52. homo ad omne facinus paratissimus; Milo 25. cogito interdum trans Tiberim hortos aliquos parare; A XII 19, 1. quos locos multa commentatione [atque meditatione] paratos atque expeditos habere debetis; de or II 118. mors omnibus est parata; Catil IV 20. operam: f. consilium. portum potius paratum nobis et perfugium putemus; Tusc I 118. praesidia vestrae libertati paravit; Phil X 9. rem: f. consilium. servos tuos a te ad bonorum caedem paratos; dom 6. studia ad amplificationem nostrarum rerum prompta ac parata; of II 17. Q. Seio venenum misero parabatur; dom 129. si possit paratissimis vesci voluptatibus; fin V 57.

paro, sich vergleichen: si curiata lex non esset. se paraturum cum conlega tibique successurum: ep I 9, 25.

paro, Nachen, Schiff: »tunc se fluctigero tradit mandatque paroni«; fr H IX 3.

parochus, Lieferant: omnino eum (Ariarathem) Sestius noster, parochus publicus, occupavit; A XIII 2, 2.

parricida, Mörder, Vatermörder: I, 1. quod facinus parricida non edidit? Phil XIII 21. — 2. nisi forte magis erit parricida, si qui consularem patrem quam si quis humilem necarit; Milo 17. — II, 1. hoc parricida civium interfecto; Catil I 29. ut non modo sicarii, sed iam etiam parricidae iudicemini; ep XII 3, 1. qui parricidam patriae reliquerunt; Phil IV 5. — 2. neque solum illi hosti ac parricidae (resistebam); Sulla 19. — III, 1. posteaquam latronis et parricidae sanguine (via) imbuta est; Milo 18. nemo parricidae aut proditoris supplicio misericordia commovetur; Tusc IV 18. — 2. supplicium in parricidas singulare excogitaverunt; Sex Rosc 70.

parricidium, Mord, Verwandtenmord: 1. scelus verberare; prope parricidium necare (civem; Ver V 170. — II, 1. agitur de parricidio, quod sine multis causis suscipi non potest; Sex Rosc 73. — 2. C. Marium sceleris ac parricidii nefarii condemnabimus? Rabir 27. — 3. ago de: f. 1. cum homines nefarii de patriae parricidio confiterentur; Phil II 17. — III. quia parricidii causa subscripta esset; inv II 58. illi impii etiam ad inferos poenas parricidii luent; Phil XIV 32. — IV, 1 quicquam hoc parricidio se inquinare audeat? Tusc V 6. quem obstrictum esse patriae parricidio suspicere; Sulla 6. — 2. tametsi in ipso fraterno parricidio nullum scelus praetermissum videtur; Cluent 31.

pars, Teil, Anteil, Partei, Rolle, Amt, Pflicht Gegend: I. absolut: 1. vix pars aedium mearum decima ad Catuli porticum accessit; dom 116 si mea pars nemini cedit, fac, ut tua ceteros vincat; Q fr I 1, 43. ut illa altera pars orationis lenis atque summissa, sic haec intenta ac vehemens esse debet; de or II 211. vitium (appellant), cum partes corporis inter se dissident; Tusc IV 29. efflorescunt genera partesque virtutum; Tusc V 71. quinque partes sunt eius argumentationis, quae per ratiocinationem tractatur: propositio, approbatio, adsumptio. adsumptionis approbatio, complexio; inv I 67. an meae partes in ea causa non praecipuae fuerunt? Quir 15. quae (luna) est, ut ostendunt mathematici. maior quam dimidia pars terrae; nat II 103. ea (pars), quae in negotiorum expositione posita est tres habet partes: fabulam, historiam, argumentum inv I 27. cuius (belli) altera pars sceleris nimium habuit, altera felicitatis parum; of II 45. quod si quod in genus plures incident partes; inv I 33. partes sunt, quae generibus iis, ex quibus manant. subiciuntur; de or I 189. partes perturbationum volunt ex duobus opinatis bonis nasci et ex duobus opinatis malis; Tusc IV 11. quarum (tabularum)

non nulla pars usque ad nostram memoriam remansit; inv II 1. illi ipsi, qui remanserant, vix decuma pars aratorum, relicturi agros omnes erant; Ver III 121. genus est, quod plures partes amplectitur, ut animal. pars est, quae subest generi, ut equus. sed saepe eadem res alii genus, alii pars est. nam homo animalis pars est, Thebani aut Troiani genus; inv I 32. vincit: ſ. cedit. — 2. eadem res alii genus esse, alii pars potest, eidem genus esse et pars non potest; inv I 12. genus est omnium nimirum libidinum cupiditas: eius autem generis sine dubio pars est avaritia: inv I 32. ſ. 1. manant. subest.

II. **nach Verben**: 1. iudicialis (pars) [ipsa et] in duas tribuitur ‖ distribuitur ‖ partes, a b s o l u t a m et adsumptivam; inv I 15. quodsi mundi partes natura administrantur; nat II 86. alteram partem causae sic agemus, ut vos doceamus, alteram sic, ut oremus; Cluent 3. amplector: ſ. I, 1. subest. qui cum rei publicae nullam umquam partem attigissent; Tusc IV 5. circumspicite omnes rei publicae partes; Cluent 147. multas esse video rei publicae partes constitutas; agr II 10. cum ego partem eius (Scauri) ornatissime defendissem; A IV 17, 4. ne, dum partem aliquam tuentur, reliquas deserant; of I 85. membratim oportebit partes rei gestae dispergere in causam; inv I 50. nec interea locupletare amicos umquam suos destitit, mittere in negotium, dare partes; Rab Post 4. habeo: ſ. I, 1. habet. oneris mei partem nemini impertio, gloriae bonis omnibus; Sulla 9. quae (sidera) aetheriam partem mundi incolant; nat II 43. cum intellegi volumus aliquid aut ex parte totum, ut pro aedificiis cum „parietes" aut „tecta" dicimus; aut ex toto partem, ut cum unam turmam „equitatum populi Romani" dicimus; de or III 168. mortalium pars in hominum, pars in bestiarum genere numerantur ‖ numeratur ‖; inv I 35. filia sextam partem hereditatis ab Ligure petere coepit; Ver I 125. tu eam partem petisti, qui consiliis interesses; ep XV 15, 3. haec fuit eius partis, quam primam posui, forma atque discriptio; Ac I 23. ſ. I, 1. habet. quod omnes consulares partem istam subselliorum nudam atque inanem reliquerunt; Catil I 16. singulis perturbationibus partes eiusdem generis plures subiciuntur; Tusc IV 16. ſ. 5. duco ex. I, 1. manant. tertiam partem orbis terrarum se subegisse; Sex Rosc 103. huic generi Hermagoras partes quattuor supposuit, deliberativam, demonstrativam, iuridicialem, negotialem; inv I 12. a me pictatis potius quam defensionis, doloris quam ingenii partes esse susceptas; Sest 3. qui illam partem urbis tenerent; Ver V 98. modo (Aristoteles) alium quendam praeficit mundo eique eas partes tribuit, ut . .; nat I 33. ſ. absolvo. tneor: ſ. desero.— 2. qui (actor) est secundarum aut tertiarum partium; div Caec 48. si qui in seditione non alterius utrius partis fuisset; A X 1, 2. — 3. cur ratio (i m p e r a t) libidini ceterisque vitiosis animi partibus? rep III 36. — 4. ut corpora nostra sine mente, sic civitas sine lege suis partibus u t i non potest; Cluent 146. — 5. si in ea parte, in qua hos a n i m u m a d v e r t e r i s, me videbis; Sulla 9. quod ex omnibus partibus cogitur; inv I 59. qui de sua parte decidit; Q Rosc 35. non de partibus iis (dici), in quibus aegritudines, irae libidinesque versentur; Tusc I 80. qui ab eorum (veteranorum) partibus dissentire videantur; A XV 5, 3. exordium in duas partes dividitur; inv I 20. ad orientesne partes, in quibus annos multos legatus fuit, exercitus duxit? Muren 89. ex parte ea, quae est subiecta generi, (sic argumenta ducantur); de or II 168. quae (coniectura) in varias partes duci possit, non numquam etiam in contrarias; div II 147. quod in aliqua parte eluceat aliquando; orat 7. videmus in partibus mundi inesse sensum atque rationem; nat II 30. intellego ex: ſ. 1. intellego. huic (Aristoni) summum bonum est in his

rebus neutram in partem moveri; Ac II 130. quae (hominis natura) summum bonum non in toto homine, sed in parte hominis poneret; fin IV 33. alteri sunt e mediis C. Caesaris partibus; Phil V 32. sum in: ſ. duco ad. tribuo in: ſ. 1. absolvo. venio iam ad ipsius populi partes; Planc 12. versor in: ſ. dico de. video in: ſ. animum adverto in.

III. **nach Adjectiven**: 1. Carneades nullius philosophiae partis i g n a r u s; Ac I 46. — 2. quos suis partibus a m i c i s s i m o s esse intellegebat; Ver I 38. — 3. ut in iis rebus, inter quas nihil interest, neutram in partem propensiores sumus; fin V 30. terra sita in media parte mundi; nat II 91. si quid ab homine ad nullam partem utili detraxeris; of III 30.

IV. **nach Substantiven**: ſ. actor: vgl. II, 2. voluptates maioris partis animos a virtute detorquent; of II 37. summus artifex et mehercule semper partium in re publica tam quam in scaena optimarum; Sest 120. quodsi partium certamen esset, quarum omnino nomen exstinctum sit; Phil XIII 47. sic mundi partium coniunctio continetur; nat II 84. discriptio, forma: ſ. II, 1. pono. partium distributio saepe [est] infinitior; Top 33. nomen: ſ. certamen. cuius partis nos vel principes numerabamur; Quir 13. quae vis et totius esset naturae et partium singularum; fin V 41. — 2. perspicuum est omnium rerum in contrarias partes facultatem ex isdem suppeditari locis; de or II 215. cum viderem ex ea parte homines; Quir 13.

V. **Umstand**: 1. lacrimae pueriles magnam partem tectis ac tenebris continebantur; Quir 8. cum magnam partem noctis vigilasses; div I 59. maximam partem ad iniuriam faciendam adgrediuntur, ut . .; ep IV 3, 1. res has non omnino quidem, sed magnam partem relinquere; per IX 15, 3. — 2. si duabus partibus doceo te a m p l i u s frumenti abstulisse quam . .; Ver III 49. id continuo debet expletum esse omnibus suis partibus; fin III 32. haec partibus sunt innumerabilia, generibus pauca; de or II 289. multis partibus solem maiorem esse quam terram; Ac II 116. omnium bonorum virorum vitam omnibus partibus plus habere semper boni quam mali; fin V 93. cuius (solis) magnitudine multis partibus terra superatur; nat II 102. — 3. quod a b i s t a parte urbis navibus aditus ex alto et; Ver V 84. quae (virtutes) omnes similes artium reliquarum materia tantum ad meliorem partem et tractatione differant; fin IV 4. haec ille et aliqua ex parte habebat et maiore ex parte se habere simulabat; Cluent 67. omnis amor tuus ex omnibus partibus se ostendit in iis litteris; per V 15, 1. etsi ex parte magna tibi adsentior; A VII 3, 3. ut, quam in partem tu accipias, minus laborem; ep III 7, 6. in utramque partem de tuo officio disputari posse; ep XI 27, 8. id ego in eam partem accepi . .; A VIII 1, 1. quid in utramque partem veniat in mentem, explicabo brevi; A VIII 3, 1. ita multa veniunt in mentem in utramque partem; A XIV 13, 4. in altera (parte) diligentia vestra nobis adiungenda est, in altera fides imploranda; Cluent 3. res se praeclare habebat, et quidem in utraque parte; fin IV 8. utinam ex omni senatu pro rata parte esset! rep II 67.

VI. **partim: a. substantivisch**: 1. quorum (locorum communium) partim h a b e n t vitiorum acrem quandam incusationem; de or III 106. eorum partim in pompa, partim in acie inlustres esse voluerunt; de or II 94. eorum (argumentorum) partim ita levia sunt, ut contemnenda sint, partim sunt eius modi, ut . .; de or II 308. bonorum partim necessaria sunt, partim non necessaria; part or 86. causarum partim in indiciis versari, partim in deliberationibus; de or I 141. — 2. non necesse est fateri partim horum errore s u s c e p t u m esse,

partim superstitione, multa fallendo? div II 83. —
b. Abverb: 1. quae (sacella) maiores in urbe partim
periculi perfugia esse voluerunt; agr II 36. bestiarum terrenae sunt aliae, partim aquatiles, aliae quasi
ancipites in utraque sede viventes; nat I 103. — 2.
aedilitatem duobus in locis, partim in arca, partim in
hortis suis, conlocavit; dom 112. quae partim iam
sunt, partim timeo ne impendeant; Phil I˙13. cum
partim e nobis ita timidi sint, ut .., partim ita a
re publica aversi, ut ..; Phil VIII 32. villas signis
et tabulis refertas, partim publicis, partim etiam
sacris et religiosis; leg III 31. cum amici partim
deseruerint me, partim etiam prodiderint; Q fr I 3, 5.
— 3. qui partim inertia, partim male gerendo
negotio, partim etiam sumptibus in vetere aere alieno
vacillant; Catil II 21. — 4. cum videmus multitudinem pecudum partim ad vescendum, partim ad
cultus agrorum, partim ad vehendum, partim ad
corpora vestienda; Tusc I 69.

parsimonia, Sparsamkeit: I. optimum et in
privatis familiis et in re publica vectigal duco esse
parsimoniam; rep IV 7. — II etsi meam in eo
parsimoniam huius paginae contractio significat;
A V 4, 4. — III. sunt pleraque apta huius ipsius
oratoris parsimoniae; orat 84. — IV. vita haec
rustica parsimoniae magistra est; Sex Rosc 75.

particeps, teilnehmend, teilhaft, Teilnehmer:
I. est quidam interiectus inter hos medius utriusque particeps vel utriusque, si verum quaerimus,
potius expers; orat 21. qui huius coniurationis
participes fuissent; Catil III 14. huius consilii non
participem C. Verrem, sed principem fuisse; Ver
I 45. si ego illos meorum laborum atque incommodorum participes esse nolui; prov 44. quae pars
animi rationis atque intellegentiae sit particeps; div
I 70. laborum: f. incommodorum. quoniam sententiae atque opinionis meae voluistis esse participes;
de or I 172. qui animum in duas partes dividunt,
alteram rationis participem faciunt ||[faciunt]||,
alteram expertem; Tusc IV 10. f. intellegentiae.
quoniam particeps tu factus es in turpissimo foedere
summae religionis; inv II 92. sententiae: f. opinionis. ut (virtutes) omnes omnium participes sint nec
alia ab alia possit separari; fin V 67. feci continuo
omnes participes meae voluptatis; ep X 12, 2. —
II. qui hereditatis diripiendiae participes
fuissent; Ver IV 139.

participo, mitteilen, teilnehmen lassen: ad
participandum alium alio communicandumque inter
omnes ius nos natura esse factos; leg I 33.

particula, kleiner Teil, Stückchen: 1. qui
omnes tenuissimas particulas ut nutrices infantibus
pueris in os inserant; de or II 162. particulas
ignis et terrae et aquae et animae a mundo mutua-
bantur; Tim 47. ut ne qua particula in hoc sermone
praetermissa sit; rep I 38. — 2. cuicumque particulae caeli officeretur; de or I 179. — 3. cognoscis ex particula parva scelerum et crudelitatis
tuae genus universum; Piso 85.

partim f. pars, VI.

partio, partior, teilen, zerlegen, einteilen,
zuteilen: I, 1. spinas partiendi et definiendi praetermittunt; Tusc IV 9. — 2. qui ita partitur; inv
I 32. partiatur in animum et corpus et extrarias
res licebit; inv II 177. — II. partitur apud Terentium breviter et commode senex in Andria, quae
cognoscere libertum velit; inv I 33. cum partirentur inter se, qui Capitolium, qui urbis portas
occuparent; Phil XIV 15. — III. quae (actio) si
partienda est in gestum atque vocem; Bru 141. qui
(Hortensius) cum partiretur tecum causas; Bru 190.
idem etiam genus universum in species certas partietur ac dividet; orat 117. neque ego hoc par-
tiendae invidiae causa loquor; Sulla 9. (membra)
paulo secus a me atque ab illo partita ac tributa;

de or III 119. quasi (quattuor corpora) partita
habeant inter se ac divisa momenta; Tusc I 40.
pes, qui adhibetur ad numeros, partitur in tria;
orat 188.

partite, mit bestimmter Einteilung: qui nihil
potest partite, definite, destincte, facete dicere;
orat 99.

partitio, Teilung, Einteilung, Verteilung: I.
quae partitio rerum distributam || distributarum |
continet expositionem, haec habere debet: brevitatem, absolutionem. paucitatem; inv I 32. si qua
in re discrepavit || discrepuit || ab Antonii divisione
nostra partitio; de or III 119. recte habita in causa
partitio inlustrem et perspicuam totam efficit orationem; inv I 31. expositae tibi omnes sunt oratoriae
partitiones, quae quidem e media illa nostra Academia effloruerunt; part or 139. nobis commodior
illa partitio videtur esse, quae in quinque partes
tributa est, quam omnes ab Aristotele et Theophrasto profecti maxime secuti sunt; inv I 61. haec
fere [est] partitio consultationum; part or 67. habet:
f. continet. quae partitio, quid conveniat aut quid
non conveniat, ostendit, haec debet illud, quod convenit, inclinare ad suae causae commodum; inv I 31. —
II, 1. attulerat (Hortensius) partitiones, quibus de
rebus dicturus esset; Bru 302. partitio causarum
paulo ante in suasionis locis distributa est; part or
110. ambigui partitiones dividere; part or 139.
expono: f. I. effloruerunt. quod Graecos homines
partitionem iam quandam artium fecisse video; de
or I 22. habeo: f. I. efficit. omitto gratulationem.
epulas, partitionem aerarii; Sest 54. divisio (sic
quaeritur) et eodem pacto partitio [sic]: triane genera
bonorum sint; Top 83. partitionem horum reprehendunt; inv I 60. sequor, tribuo: f. I. est. — 2.
partitione sic utendum est, nullam ut partem relinquas; Top 33. — 3. ex qua partitione tria genera
causarum exstiterunt; part or 70. ut intellegatur.
quid velimus inter partitionem et divisionem interesse; Top 34. in partitione quasi membra sunt, ut
corporis caput, umeri; Top 30. — III. partitionum
(definitio), cum res ea, quae proposita est, quasi
in membra discerpitur; Top 28. partes eius (partitionis) sunt duae, quarum utraque magno opere ad
aperiendam causam et constituendam pertinet controversiam; inv I 31. versabatur in his rationibus
auctionis et partitionis; Caecin 13. — IV, 1. sin
pars (quaeritur), partitione (explicanda est); de
or II 165. hoc erat oratoris officium partitione tertium, genere maximum; Bru 198. — 2. hoc vitan-
dum est, ne, cuius || rei || genus posueris, eius, sicuti
aliquam diversam || rem || ac dissimilem partem po-
nas in eadem partitione; inv I 33. quas partes
exposueris in partitione; inv I 98.

parturio, gebären wollen: I. qua (securitate)
frui non possit animus, si tamquam parturiat unus
pro pluribus; Lael 45. — II. quod conceptum res
publica periculum parturit; Muren 84.

partus, Gebären, Geburt, Niederkunft, Zeugung,
Leibesfrucht, Junges: I. quod ii (partus) maturescunt ant septem non numquam aut, ut plerumque,
novem lunae cursibus; nat II 69. me Romae tenuit
omnino Tulliae meae partus; ep VI 18, 5. — II, 1.
quod partum sibi ipsa medicamentis abegisset;
Cluent 32. si ferae partus suos diligunt; de or II
168. qui inridetur, partu hic mulae nonne praedictus est ab haruspicibus incredibilis partus malorum? div I 36. Dionysius Babylonius partum Iovis
ortumque virginis ad physiologiam traducens; nat I
41. — 2. adhibetur (Diana) ad partus; nat II 69.
non (bestiae) pro suo partu ita propugnant, ut vulnera excipiant? Tusc V 79. — III. »nec tantum invexit tristis Eurystheus mali, quantum una vaecors
Oenei partu edita«; Tusc II 20.

parvitas, Kleinheit: quae (vincula) cerni non possent propter parvitatem; Tim 47.

parum, wenig, nicht genug, nicht sehr, zu wenig: A. allein: I. mihi quaerenti ex te ea, quae parum accepi; nat III 4. est id quidem in totam orationem confundendum nec minime in extremam; de or II 322. ut nihil minus curandum putem; Tusc II 10. quibus de rebus mihi pro Cluentii voluntate nimium, pro rei dignitate parum, pro vestra prudentia satis dixisse videor; Cluent 160. mihi placebat Pomponius maxime, vel dicam, minime displicebat; Bru 207. cum parum memineris, quid concesseris; inv I 88. eo minus mirari me oportere; Ver IV 139. me illorum sententiae minus movebant; A XIII 9, 3. quod qui parum perspiciunt; of II 10. ego numquam mihi minus quam hesterno die placui; de or II 15. quo praesente ego ineptum esse me minime vellem; de or I 112. — II. manus minus arguta; de or III 220. scis me minime esse blandum; A XII 5, c (4). tametsi minus sum curiosus; A II 4, 4. sunt ea quidem parum firma; A X 11, 1. si parum magnam vim censet in iis (sensibus) esse ad ea, quae sub eos subiecta sunt, indicanda; Ac II 74. si parum multi sunt, qui nobilitatem ament; Planc 18. minus multa dederant illi rei publicae pignora; A VIII 9, 3. illix, libertus tuus, autea mihi minus fuit notus; ep III 1, 2. — III. nec me minus hominem quam te putaveris; Ac II 141. ut quisque maxime ad suum commodum refert, quaecumque agit, ita minime est vir bonus; leg I 49. — IV. qui sunt ludi minus diligenter facti? har resp 21. nihil enim minus libenter de Sthenio commemoro; Ver II 110. tu istuc dixti bene Latine, parum plane; fin II 10. res confecta est, minus quidem illa severe, quam decuit; Phil VI 1. — V. senatores ne minus xxx adessent; Ver II 161. expensum est auri pondo centum paulo minus; Flac 68. videsne minus quadringentorum annorum esse hanc urbem, ut sine regibus sit? vero minus; rep I 58. — VI. amicus a patre traditus? nihil minus; Caecin 14. quid? hoc licere volebant? minime; Rab Post 16. philosophiam inchoasti, ad impellendum satis, ad edocendum parum; Ac I 9. tu fortasse in sententia permanes. minime vero; Tusc II 67. — VII. magis offendit minimum quam parum; orat 73. quae (mediocritas) est inter nimium et parum; of I 89.

B. **Verbindungen:** I. non minus inerat auctoritatis in ea (oratione) quam facultatis; Sulla 12. huius (M. Valerii Corvini) extrema aetas hoc beatior quam media, quod auctoritatis habebat plus, laboris minus; Cato 60. splendoris et festivitatis et concinnitudinis minimum (exordium debet habere); inv I 25. ut quisque minimum firmitatis haberet minimumque virium, ita amicitias appetere maxime; Lael 46. cui (iustitiae) minimum esse videtur in hac causa loci; Tusc III 36. ut parum miseriae sit, quod . .; Sex Rosc 49. splendoris: f. concinnitudinis. — II. neque poena deductus est, quo minus officium praestaret; ep XIV 4, 2. non ea res me deterruit, quo minus litteras ad te mitterem; ep VI 22, 1. quod lege excipiuntur tabulae publicanorum, quo minus Romam deportentur; Ver II 187. ne per te fiat ‖ ferat ‖, quo minus eadem (existimatio) usque ad rogum prosequatur; Quinct 99. qui nullo suo peccato impediuntur, quo minus alterius peccata demonstrare possint; div Caec 34. se quaestorem vi prohibitum esse dicebat, quo minus servum abduceret; Ver I 85. nec recusabo, quo minus omnes mea legant; fin I 7. si te infirmitas valetudinis tuae tenuit, quo minus ad ludos venires; ep VII 1, 1. si tantulum morae fuisset, quo minus ei perennia illa numeraretur; Ver II 93. nihil adiuvat procedere et progredi in virtute, quo minus miserrimus sit, ante quam ad eam pervenerit; fin IV 64. — III. non intellego, quam ob rem non, si minus illa

subtili definitione, at hac vulgari opinione ars esse videatur; de or I 109. si minus eius modi quippiam venari potuerant; Ver IV 47. ut nobis libertatem retinere liceat, si minus liceat dignitatem; Sulla 80. — IV. eam mutationem si tempora adiuvabunt, facilius faciemus; sin minus, sensim erit facienda; of I 120.

parumper, auf kurze Zeit: parumper conticuit; de or III 143. qui delectandi gratia digredi parumper a causa posset; Bru 322. dent operam parumper atque audiant eos, quorum . .; rep I 12. qui utinam posset parumper exsistere! Scaur 48.

parvulus, klein, unbedeutend, jung: A. ad illam parvulam Cynosuram; Ac II 66. neque meam mentem non domum saepe revocat parvulus filius; Catil IV 3. impulsionem parvulam quandam fuisse; inv II 25. illa fuit pecunia immanis, haec parvula; Q Rosc 23. (bona aetas) parvulis fruitur rebus; Cato 48. — B. dum parvulum [hoc] consequamur ‖ consequimur ‖; inv II 10.

parvus, klein, gering, unbedeutend, jung, schwach: A. Caesar autem annis multis minor; Phil V 44. qui minor est natu; Lael 32. docentes, quam parva et quam pauca sint, quae natura desideret; Tusc III 56. haec, quae sunt minima, tamen bona dicantur necesse est; Tusc V 46. cum „minutum" dicimus animum pro „parvo"; orat 94. nulla ne minima quidem aura fluctus commovente; Tusc V 16. non commoda quaedam sequebamur parva ac mediocria; Q fr III 8, 1. minimam dolorem capiet, qui . .; Cael 33. reliquit pupillum parvum filium; Ver I 130. fuerant (Papirii) patricii minorum gentium; ep IX 21, 2. ad minima malorum eligenda; Ver III 201. nec ullo minimo momento plus ei vitae tribuo quam Stoici; fin V 88. parva frui parte; agr II 85. cum id parva pecunia fieri posset; of III 114. cur ista provincia minimo in periculo sit; Ver V 7. hunc in minimis tenuissimisque rebus ita labi, ut . .; de or I 169. in rebus minoribus socium fallere turpissimum est; Sex Rosc 116. negat tenuissimo victu minorem voluptatem percipi; fin II 90. voces ut chordae sunt intentae, acuta gravis, cita tarda, magna parva; de or III 216. — B, a, I. quod salutaria appetant parvi aspernanturque contraria; fin III 16. parvi primo ortu sic iacent, tamquam omnino sine animo sint; fin V 42. — II. quod ea voluptas et parvos ad se adliciat et bestias; fin II 32. — III. a parvis Iovem ea facie novimus, qua . .; nat I 81. — b, I. sint similia parva magnis; Rab Post 2. — II, 1. quod omnia minima, maxima ad Caesarem mitti sciebam; Q fr III 1, 10. magna di curant, parva neglegunt; nat II 167. — 2. erat tuae virtutis in minimis tuas res ponere; ep IV 9, 3. — III. quod parvo esset natura contenta; fin II 91. — IV, 1. si ne minimum quidem de suo curriculo vitae decessero; Ver II 179. — 2. ex iis alia pluris esse aestimanda, alia minoris; Ac I 37. (ambulatiuncula) prope dimidio minoris constabit isto loco; A XIII 29, 2. quae (res) a me minimi putabantur; ep I 9, 5. parvi refert abs te ipso ius dici diligenter, nisi; Q fr I 1, 20. sunt ista parvi; A XV 3, 1. vendo meum non pluris quam ceteri, fortasse etiam minoris; of III 51. — 3. consequatur summas voluptates non modo parvo, sed per me nihilo. si potest; fin II 92. stultissimus quisque posthac minimo aestimabit; Ver III 221. parvo vendidisti; Ver III 117.

pasco, weiden, Viehzucht treiben, füttern, nähren, unterhalten: I. ut arare, ut pascere, ut negotiari libeat; Ver II 6. — II. qui maleficio et scelere pascuntur; of II 40. ego hic pascor bibliotheca Fausti; A IV 10, 1. in felicitatis lancibus et splendidissimis canistris holusculis nos soles pascere; A VI 1, 13. cum eius cruciatu atque supplicio

63*

pascere oculos vellent; Ver V 65.Ţcum (pulli) pascuntur; div II 72.

pascuus, zur Weibe bienenb, neutr. Weibe: A. agri arvi et arbusti et pascui; rep V 3. — B. utrum tandem hanc silvam in relictis possessionibus an in censorum pascuis invenisti? agr I 3.

passer, Sperling: I. quae (voluptas) passeribus nota est omnibus; fin II 75. — II. quod apud Homerum Calchantem dixisti ex passerum numero belli Troiani annos auguratum; div II 68.

passerculus, fleiner Sperling: cur de passerculis coniecturam facit, de dracone silet?;div II 65.

passim, weit unb breit, überall, nach allen Seiten: vel passim licet carpentem et conligentem undique replere iustam iuris civilis scientiam; de or I 191. mitto diplomata tota in provincia passim data; Piso 90. passim vagabantur armati; Tul 19. volucres passim ac libere solutas opere volitare; de or II 23.

passus, Schritt: I. sese mensum pedibus aiebat passuum ⅮⅭ; Q fr III 1, 3. (Brutus) erat citra Veliam milia passuum III; A XVI 7, 5. — II. qui me deduxit in Academiam perpauculis passibus; leg I 54.

pastio, Weibe: ut (Asia) magnitudine pastionis omnibus terris antecellat; imp Pomp 14.

pastor, Hirt: I, 1. cum pastores eum (Romulum) sustulissent et in agresti . cultu laboreque aluissent; rep II 4. — 2. erat (Gyges) regius pastor; of III 38. — II, 1. cui ad sollicitandos pastores Apuliam attributam esse erat indicatum; Catil III 14. — 2. neque in pastoribus illis, quibus Romulus praefuit, haec calliditas esse potuit, ut . .; div I 105. — 3. sum in: ſ. 2.

pastoralis, bei Hirten: ille Romuli auguratus pastoralis, non urbanus fuit nec fictus; div I 107.

pastoricius, hirtenmäßig, ber Hirten: et ludis et gladiatoribus mirandas ἐπισημασίας sine ulla pastoricia fistula auferebamus; A I 16, 11. fera quaedam sodalitas et plane pastoricia; Cael 26.

pastus, Fütterung, Futter, Nahrung: I. qui est unus suavissimus pastus animorum; Tusc V 66. — II, 1. ad eum pastum capessendum conficiendumque; nat II 121. — 2. alia animalia gradiendo, alia serpendo ad pastum accedunt, alia volando, alia nando; nat II 122. qui (Octavius) vexarei urbes ad praesentem pastum mendicitatis suae; Phil XI 4. — III. res rusticae laetae sunt pecudum pastu; Cato 54.

patefacio, öffnen, eröffnen, fichtbar, zugänglich, gangbar machen, entbeden, ans Licht bringen: I. ut patefactum est; Quir 12. — II, 1. omnes patefaciunt, in utramque partem quid sentiant, quid velint; Phil III 36. — 2. acc. c. inf.: ſ. III. alqd. — III. Theudas, liberto tuo, totum me patefeci; ep VI 10, 1. quibus patefactis in iudiciumque prolatis; Top 75. ista celeritas illud patefecit et inlustravit, non esse hoc iudicium iudicii causa comparatum; Scaur 30. quoniam uterque vestrum patefecit earum ipsarum rerum aditum, quas quaerimus; de or I 98. ſ. ianuam. cavendum est, ne adsentoribus patefaciamus aures; of I 91. qui investigarit coniurationem, qui patefecerit; Sulla 85. vide, quam tibi defensionem patefecerim; Ver III 193. si quae [non] nupta mulier domum suam patefecerit omnium cupiditati; Cael 49. ab hoc aditu iannaque patefacta; de or I 204. nec (Quintus)∫patefecisset odium suum in me, nisi . .; A XI 13, 2. paulo posterius patefacta re; Cluent 106.∫[ex quo (cubiculo) tibi₌Stabianum perforasti et patefecisti sinum ‖ Misenum ‖; ep VII 1, 1. veritate patefacta; Cluent 83. ne ₌varitiae viam patefaciatis inlustrem atque latam; Ver III 219.

patefactio, Enthüllung: haec patefactio quasi rerum opertarum definitio est; fin II 5.

patella, Schale, Platte, Opferschale: I. qua in domo haec non essent, patella, patera, qua mulieres ad res divinas uterentur; Ver IV 46. — II, 1. apposuit patellam, in qua sigilla erant egregia; Ver IV 48. — 2. utor: ſ. I. — 3. reperiemus asotos ita non religiosos, ut „edint de patella“; fin II 22. sum in: ſ. 1.

patenter, offen: quae (pars) non implicite et abscondite, sed patentius et expeditius recti et non recti quaestionem continet; inv II 69.

pateo, offen stehen, zugänglich, fichtbar, offenbar fein, fich erftreden, Anwendung finden: I. cum pateat aeternum id esse, quod se ipsum moveat; Tusc I 54. — II. omnia Ciceronis patere Trebiano: ep VI 10, 3. ad quos (fructus) omnis nobis aditus. qui paene solis patuit, obstructus est; Bru 16. hoc genus et omnino omnis argumentatio et eius reprehensio maiorem quandam vim continet et latius patet, quam hic exponitur; inv I 86. (ista ars) et magna est et late patet et ad multos pertinet; de or I 235. in quo vitio latissime patet avaritia; of I 24. patere aures tuas querelis omnium; Q fr I 1, 25. cum (Assyrii) caelum ex omni parte patens atque apertum intuerentur; div I 2. quodsi nobis is cursus, quem speraram, pateret; A X 12, a, 2 (5). cuius (Isocratis) domus cunctae Graeciae quasi ludus quidam patuit; Bru 32. cum tui fontes vel inimicis tuis patecant; Muren 9. genus: ſ. argumentatio. ut mihi tui libri pateant; A IV 14, 1. hunc locum longe et late patentem; orat 72. ludus: ſ. domus. hoc nomeu beati longe et late patet; Tusc V 85. pateat vero hoc perfugium dolori, pateat iustis querelis; Scaur 40. reprehensio: ſ. argumentatio. latissime patens hominibus inter ipsos, omnibus inter omnes societas haec est; of I 51. cur valvae Concordiae non patent? Phil II 112. hanc patere inimicitiis viam; Font 24.

pater, Vater, Senator, Vorfahren: I, 1. nihil adfert pater iste Stoicorum, quare . .; nat III 23. exheredare pater filium cogitabat; Sex Rosc 58. quem pater patratus dediderit; de or II 137. ferrei sunt isti patres; Cael 37. exheredat: ſ. cogitat. regem Deiotarum patrem et regem Deiotarum filium gratum esse facturos; Phil XI 31. ut pater filium metuat, filius patrem neglegat; rep I 67. cum ei pater nihil praeter libertatem reliquisset; Quinct 11. patres conscriptos iudicia male et flagitiose tueri; Ver pr 44. — 2. cuius per aetatem pater esse potuisti; dom 35. — 3. cum mihi, patres conscripti. in Antonium multa dicenda sint; Phil II 10. quaeso, inquam, pater sanctissime atque optime, quid moror in terris; rep VI 15. — II, 1. amisso patre suo propter me; Sest 146. antiquos patres maiorum gentium appellavit, a se ascitos minorum; rep II 35. conscribo: ſ. 5. defero ad. I, 1. tuentur. I, 3. vetus est „de scurra multo facilius divitem quam patrem familias fieri posse“; Quinct 55. quae (vis) patrem Decium, quae filium devota vita immisit in armatos hostium copias? par 12. neglego: ſ. I, 1. metuit. quibus (optimatibus) ipse rex tantum tribuisset, ut eos patres vellet nominari patriciosque eorum liberos; rep II 23. qui (Plato) in Timaeo patrem huius mundi nominari negat posse; nat I 30. pater occisus nefarie; Sex Rosc 30. patratus: ſ. I, 1. dedit. quoniam, qui nati sunt, patrem non sequuntur; Top 20. — 2. auspicia patrum sunto*; leg III 9. — 3. terrena vis omnis atque natura Diti patri dedicata est; nat II 66. patri familias, L. Titio. anulus de digito detractus est; Ver IV 58. gladiatores Caesaris sane commode Pompeius distribuit binos singulis patribus familiarum; A VII 14, 2. ut bono patri familias conduci, aedificandi, ratiocinandi quidam usus opus est; rep V 4. neque odii causam patri neque sceleris filio fuisse; Sex Rosc 41. — 4. qui (Romulus) patre Marte natus; rep II 4. —

5. hoc vos, equites Romani, ius a patribus acceptum amittetis? Rab Post 18. ut e patre audiebam;
nat II 11. si ad senes (pertinebit), de patribus aut
parentibus (cogitent); inv I 105. rem omnem ad
patres consriptos detuli; Catil II 12. habes a patre
munus, Marce fili, mea quidem sententia magnum;
of III 121. — III, 1. ut superioris filius Africani
propter infirmitatem valetudinis non tam potuit
patris similis esse, quam ille fuerat sui; of I 121.
— 2. qui (vir) perindulgens in patrem, idem
acerbe severus in filium; of III 112. — IV, 1. cui
(M. Antonio) vel primas eloquentiae patrum nostrorum
tribuebat aetas; orat 18. pro patris maiorumque
suorum animo; Phil XIII 50. populi comitia ne
essent rata, nisi ea patrum approbavisset auctoritas;
rep II 56. fuit primum ipsius pudore, deinde etiam
patris diligentia disciplinaque munita (aetas); Cael 9.
cui superior annus idem et virilem patris et praetextam populi iudicio togam dederit; Sest 144. quid,
quod usu memoria patrum venit, ut . . ? de or I 183.
et nostra et patrum maiorumque memoria summi
homines fuerunt; Cael 43. ne morte patris familias
sacrorum memoria occideret; leg II 48. tabulas,
qui in patris potestate est, nullas conficit; Cael 17.
ritus familiae patrumque servare id est a dis quasi
traditam religionem tueri; leg II 27. gravissima
tamen apud te voluntas patris esse debuisset; Ver
II 96. — 2. interfectus est C. Gracchus, clarissimo
patre, avo, maioribus; Catil I 4. — 3. haec (connu-
bia) ut ne plebei cum ‖ plebi et ‖ patribus essent;
rep II 63. — V, 1. quae (Medea) Aeeta patre, matre
Idyia procreata est; nat III 48. — 2. concessa
plebei ‖ plebi, al ‖ a patribus ista potestate arma
ceciderunt; leg III 24. quae studia a patribus
familias maxime laudentur; Sex Rosc 48. scimus
L. Acilium apud patres nostros appellatum esse
sapientem; Lael 6.

patera, Schale, Opferschale: I. qua in domo
haec non essent, patella, patera, qua mulieres ad
res divinas uterentur; Ver IV 46. a Numa Pompilio minusne gratas dis immortalibus fictiles urnulas fuisse quam felicatas Saliorum ‖ aliorum ‖ pateras
arbitramur? par 11. — II, 1. Mercurium e patera,
quam dextera manu teneret, sanguinem ipsum
esse fundere; div I 46. — 2.⋅utor: f. I. — 3. fundo
e: f. 1. — III. hunc excepisse sanguinem patera;
Bru 43.

paternus, väterlich: A. propter unius hominis
Aegritoma.ri, paterni amici atque hospitis, iniurias;
div Caec 67. possetne paternorum bonorum exheres
esse filius; de or I 175. meus paternus avitusque
fundus Arpinas; agr III 8. Brutus rei publicae
natus fato quodam paterni maternique generis et
nominis; Phil X 14. cum egisset lege in hereditatem
paternam testamento exheres filius; de or I 175.
hospes: f. amicus. ut recordaretur casum illum
interitus paterni; ep XV 2, 5. ille Mucius, paterni
iuris defensor; de or I 244. ut est dignum necessitudine paterna; ep XV 4, 13. eam (Dianam) saepe
Graeci Upim paterno nomine appellant; nat III 68.
f. genus. amissis sacris paternis; dom 35. — B.
UT QUAE OPTIMO IURE PRIVATA SUNT. etiamne meliore quam paterna et avita? agr III 7.

patibilis, erträglich, mit Empfindung begabt:
patibiles et dolores et labores putandi; Tusc IV
51. cum omne animal patibilem naturam habeat;
nat III 29.

patibulum, Galgen: tibi Marcelli statua pro
patibulo in clientes Marcellorum fuit? Ver IV 90.

patiens, ertragend, geduldig, ausdauernd: in
quo ego nimium patiens et lentus existimor; de or
II 305. quod meae quoque litterae te patientiorem
lenioremque fecerunt; Q fr I 1, 40. quis in laboribus
patientior? Cael 13. ne offendam tuas patientissimas
aures; Ligar 23. multi patientes pauperes comme-

morantur; Tusc III 57. virorum esse fortium et
patientium toleranter dolorem pati; Tusc II 43.

patienter, geduldig: alterum patienter accipere, non repugnanter; Lael 91. si quidam homines
patientius eorum potentiam ferre potuerint; ep I 8, 4.

patientia, Ertragung, Ausdauer, Nachsicht,
Geduld: I, 1. patientia est honestatis aut utilitatis
causa rerum arduarum ac difficilium voluntaria ac
diuturna perpessio; inv II 163. quae, quod iam
adest, tolerat et perfert, patientia nominatur; part
or 77. ut haec patientia dolorum in omni genere
se aequabilem praebeat; Tusc II 65. tolerat: f. perfert. — 2. o patientiam miram ac singularem! Ver
V 74. — II. patientiam duritia immanis (imitatur);
part or 81. nomino: f. I. perfert. habes, ubi ostentes tuam illam praeclaram patientiam famis, frigoris,
inopiae rerum omnium; Catil I 26. — III. virtutis,
magnitudinis animi, patientiae, fortitudinis fomentis
dolor mitigari solet; fin II 95. — IV, 1. hic (Q.
Maximus) Hannibalem iuveniliter exsultantem patientia sua molliebat; Cato 10. — 2. cum in eius
modi patientia turpitudinis aliena, non sua satietate
obduruisset; Ver V 34.

patina, Schüssel: nihil magis (me delectavit)
quam patina tyrotarichi; A IV 8, 1.

patior, dulden, erdulden, erleiden, zulassen,
lassen, zugeben (patiunto f. II, 2. leg III 11): I, 1, u.
res est ad patiendum tolerandumque difficilis;
Tusc II 18. — b. (fortitudo est) adfectio animi in
patiendo ac perferendo summae legi parens sine
timore; Tusc IV 53. — 2. si requietem natura non
quaereret, facile pateremur; fin V 54. dic nunc, si
potes, si res, si causa patitur, Cluvium esse mentitum! Q Rosc 48. quoad vel dignitas vel natura
patietur; Phil XII 30. cum summa esset auctoritas
in senatu populo patiente atque parente; rep II 61.
quantum illius ineuntis aetatis meae patiebatur
pudor; de or II 3. res: f. causa. — II, 1. quae
(urbs) se vellet I vel ‖ potius exscindi quam, e suo
complexu ut eriperer, facile pateretur; Planc 97.
neque natura pateretur, ut id, quod esset e terra, nisi
in terra maneret; par III 40. — 2. quae (praecepta)
habent quasdam errare in dicendo non patientes
vias; Bru 263. quin sim passus a tali amicitia
distrahi; dom 29. »rem populum docento, doceri a
magistratibus privatisque patiunto«; leg III 11. —
3. alterum (filium) ruri esse patiebatur; Sex Rosc
45. etsi periniquo patiebar animo te a me digredi;
ep XII 18, 1. id tu non obtinuisse non modo facile
patiare, sed etiam gaudeas; A XVI 16, 9. — III.
facile hoc Habitus patiebatur, facile Cannutius; Cluent
74. damnum passum esse M. Tullium; Tul 28. ille
facile dolorem corporis patiebatur; Ver V 112. qui
non turbulente humana patiantur; Tusc IV 60. ut
is in culpa sit, qui faciat, non, qui patiatur iniuriam;
Lael 78. aliae nationes servitutem pati possunt;
Phil VI 19. cum vim caloris non facile patiatur;
Tusc V 74.

patria, Vaterland, Heimat, Vaterstadt, Geburts-
ort: I, 1. sciu nostra patria delectat; of or I
196. neque haec nos patria lege genuit aut educavit.
ut nulla quasi alimenta exspectaret a nobis; rep I
8. quia est patria parens omnium nostrum; de or
I 196. nunc te patria, quae communis est parens
omnium nostrum, odit ac metuit; Catil I 17. patria
propitia sit; A II 9, 3. exspectat, gignit: f. educat.
metuit, odit: f. est; Catil I 17. non patria praestat
omnibus officiis? of III 90. — 2. de quo te, te, inquam, patria, testor; Sest 45. — II, 1. negaret esse
in malis patriam amittere? fin IV 22. f. V, 2.
causa. qui amavit unice patriam et cives suos;
Catil III 10. cuius (Biantis) cum patriam Prienam
cepisset hostis; par 8. qui non meis consiliis patriam
conservatam esse fateatur; dom 72. sapiens non
timeat, ne patria deleatur? Ac II 135. quod patriam

ipsam vel diripiendam vel inflammandam reliquimus; ep XVI 12, 1. mundus hic totus, quod domicilium quamque patriam di nobis communem secum dederunt; rep I 19. ut hanc pulcherrimam patriam omnium nostrum ex foedissima flamma eriperem; Catil IV 2. inflammo: f. diripio. Themistoclem patria, quam liberavisset, pulsum atque proterritum in barbariae sinus confugisse; rep I 5. f. 3. careo. ut nostri principes antiquissimam et sanctissimam parentem, patriam, fame necandam putent; A IX 9, 2. nec eam (patriam) multis claris viris orbatam privare etiam aspectu tuo (debes); ep IV 9, 3. relinquo: f. diripio. bis a me patriam servatam esse; dom 76. testor: f. I, 2. — 2. vim neque parenti nec patriae adferre oportere; ep I 9, 18. patriae nos primum natura conciliat; har resp 57. qui (imperatores) patriae consulerent; nat III 15. ut prima (officia) dis immortalibus, secunda patriae, tertia parentibus debeantur; of I 160. cum inferri patriae bellum viderem; Phil II 24. qui se patriae natos arbitrantur; Sest 138. susceperas liberos non solum tibi, sed etiam patriae; Ver III 161. — 3. cum careret patria, quam obsidione liberavisset; Quir 20. pello, proterreo: f. 1. libero. non tu eum patria privare, sed vita vis; Ligar 11. — 4. cedere e patria servatorem eius, manere in patria perditores! Phil X 8. licet nemini contra patriam ducere exercitum; Phil XIII 14. maneo in: f. cedo e. qui sunt boni cives, qui belli, qui domi de patria bene merentes, nisi qui patriae beneficia meminerunt? Planc 80. mori pro patria; fin II 76. fortes viri sanguinem pro patria profundunt; fin II 60. ut redirem in patriam dignitate cum recuperata; Sest 129. si essem in patriam restitutus; Planc 101. me in patriam ter Italia cuncta revocavit; Quir 10. qui ad pericula pro patria subeunda adhortantur; sen 14. — III, 1. parens eius, homo amantissimus patriae; Sulla 34. duo consules, amicissimos patriae; Phil XIII 29. — 2. quem (annum) ego mihi quam patriae malueram esse fatalem; sen 4. — 3. ne crudeles in patriam fuisse videamur || videamini ||; Catil IV 13. — IV, 1. ardeo incredibili quodam amore patriae; prov 23. beneficia: f. II, 4. mereor de. quia tanta caritas patriae est, ut eam non sensu nostro, sed salute ipsius metiamur; Tusc I 90. maximam pietatem conservatione patriae contineri; Phil XIII 46. quem hic ordo conservatorem patriae iudicarat; Piso 23. cui patriae salus dulcior quam conspectus fuit; Balb 11. ne reges quidem (appellabant eos), sed patriae custodes; rep I 64. ne extinctor patriae, ne proditor, ne hostis appelletur; Sulla 88. qui pugnantes pro patriae libertate ceciderunt; nat III 49. siquidem est atrocius patriae parentem quam suum occidere; Phil II 31. quem obstrictum esse patriae parricidio suspicere; Sulla 6. perditores: f. II, 4. cedo e. proditor: f. extinctor. quod et vestrae litterae illum laudant patriae rectorem; rep V 8. salus: f. caritas, conspectus. servator: f. II, 4. cedo e. — 2. summi in patriam amoris mei signum; Sest 49. cuius de patria discessus molestus omnibus visus est; sen 25. an reditus in patriam habet aliquam offensionem? prov 29. — V, 1. natione (concideratur), Graius an barbarus (sit); patria, Atheniensis an Lacedaemonius; inv I 35. — 2. patriae causa patriam ipsam amittere; dom 98. ne in nostra patria peregrini atque advenae esse videamur; de or I 249. in patria cadendum est; Phil XII 15. quam (mortem) Erechthei filiae pro patria contempsisse dicuntur; Sest 48.

patricida, Batermörber: de me quod tulisse te dicis, patricida, fratricida, sororicida; dom 26.

patricius, patricijch, Patricier: A. tam magnificum apparatum non privatum aut plebeium, sed patricium esse; Sest 77. quasi in familiam patriciam

venerit, (Fibrenus) amittit nomen obscurius; leg II 6. ut spem imperii sibi a patriciis hominibus oblatam neglegerent; Catil III 22. si magistratus patricii creati non sint; dom 38. — B. I. 1. qui (M'. Tullius) patricius cum Servio Sulpicio consul fuit Bru 62. — 2. (Papirii) fuerunt patricii minorum gentium; ep IX 21, 2. — II, 1. adoptatum patricium a plebeio; A VII 7, 6. — 2. cur, si cuiquam novo civi potuerit adimi civitas, non omnibus patriciis possit; Caecin 101.

patrimonium, väterliches Erbgut, Vermögen: I, 1. qui (asoti) consumptis patrimoniis egeant; fin II 23. lege Sempronia patrimonium publicum dissipari; Tusc III 48. patrimonium suum effudit; Phil III 3. patrimonium domestici praedones vi ereptum possident; Sex Rosc 15. patrimonia sua profuderunt; Catil II 10. filio meo satis amplum patrimonium relinquam in memoria | memoriam nominis mei; ep II 16, 5. — 2. patrimoniis multos male uti; nat III 70. — II. gurges ac vorago patrimonii; Sest 111. ille Mucius, paterni iuris defensor et quasi patrimonii propugnator sui; de or I 244. vorago: f. gurges. — III, 1. ut (plebem) tribus suis patrimoniis deleniret; Milo 95. — 2. ut sit non minus in populi Romani patrimonio nepos quam in suo; agr I 2.

patrimus, mit lebendem Vater: puer ille patrimus et matrimus si tensam non tenuit, si lorum omisit; har resp 23.

patritus, väterlich: haec pulchritudo etiam in terris „patritam" illam „et avitam", ut ait Theophrastus, philosophiam excitavit; Tusc I 45.

patrius, väterlich, vaterländisch, heimisch: bonis patriis fortunisque omnibus spoliatus; Ver I 152. deos patrios, quos a maioribus acceperunt, colendos sibi diligenter esse; Ver IV 132. fortunas patrias recuperare; Phil XIII 12. f. bona. te neque absque pater de indulgentia patria commonebat? Ver V 109. ut nihil possit in patriis institutis manere integrum; rep II 7. ut sensum iam percipere possit ex maerore patrio; Flac 106. hic mos erat patrius Academiae, adversari semper omnibus in disputando; de or I 84. qui patria potestate tribuniciam potestatem infirmat; inv II 52. regem spoliatum regno patrio atque avito; imp Pomp 21. se sedes patrias relicturum; Phil XII 14. cui de tanto patrimonio ne iter quidem ad sepulchrum patrium reliquisset; Sex Rosc 24. cur in gravissimis rebus non delectet eos sermo patrius; fin I 4. patria virtute praeditus filius; Sest 48.

patro, vollbringen, pater patratus, Bundespriester: »eas (ferias) in famulis operibus patria habento«; leg II 19. cum (C. Mancinum) eum pater patratus ex S. C. Numantinis dedidisset; de or I 181. Τεθηρος promissa patravit; A I 14, 7.

patrocinium, Vertretung, Verteidigung, Schutz: I. hominis multorum causas defendentis beneficia et patrocinia late patent; of I 66. — II, 1. non adripuisti patrocinium aequitatis; de or I 242. cum patrocinium pacis exclusum est aut errore hominum aut timore; Bru 7. suscipiunt pacis patrocinium; Phil VII 3. — 2. patrocinio se usos aut clientes appellari mortis instar putant; of II 69. — 3. ut intellegat illa civitas sibi in Neronis patrocinio summum esse praesidium; ep XIII 64. 1. — III, 1. ut non ulla (causa) esset, quae non digna nostro patrocinio videretur; Bru 312. — 2. hoc dicendi genus ad patrocinia mediocriter aptum videbatur; Bru 112. — IV, 1. quae (voluptas) plurimorum patrociniis defenditur; par 15. — 2. in patrocinia Siciliensi maxime in certamen veni designatus aedilis cum designato consule Hortensio; Bru 319.

patrona, Beschützerin, Vertreterin, Gebieterin: I. cum lex ipsa de pecuniis repetundis sociorum atque amicorum populi Romani patrona sit; div

Caec 65. — II. neque provocationem, patronam illam civitatis ac vindicem libertatis, populo Romano dari sine nobilium dissensione potuisse; de or II 199. qui patronam suffocabat; Scaur 11.

patronus, Schutzherr, Patron, Vertreter, Vertheidiger: I, 1. (iuris consulti) patronis diligentibus ad eorum prudentiam confugientibus hastas ministrant; Top 65. ne quis illi causae patronum defuisse arbitraretur; Cluent 51. cum Cn. Lentulus, Temnitarum patronus, litteras misisset; Flac 45. — 2. populi Romani igitur est patronus L. Antonius; Phil VI 12. lege orationes Gracchi, patronum aerarii esse dices; Tusc III 48. — 3. hanc tu igitur, patrone foederum, condicionem statuis Gaditanis? Balb 25. — II, 1. qui patronum adhibet; de or III 49. qui me unum patronum adoptavit; Sest 9. cui (Siculo) praetor Scipio patronum causae dabat hospitem suum; de or II 280. cum multos veteres a maioribus Roscii patronos hospitesque haberent; Sex Rosc 106. — 2. non defuit illis patronis eloquentia neque dicendi ratio aut copia, sed iuris civilis scientia; de or I 167. ministro: f. I, 1. confugiunt. — 3. tu quam causam ad patronos tuos adferes? Vatin 5. si se ad aliquem quasi patronum applicavisset; de or I 177. clientelam auferre a certissimis antiquissimisque patronis; Ver IV 90. Siculos auxilium a patronis, ab consulibus, ab senatu petivisse; Ver III 72. — III. erat Romae summa copia patronorum; Cluent 109. — IV. ab his sex patronis causae inlustres agebantur; Brn 207. apud patronos de suis miseriis deplorarunt; Ver II 10.

patruelis, von des Vaters Bruder abstammend: Lucius Cicero, frater noster cognatione patruelis, amore germanus; fin V 1.

patruus, Bruder des Vaters, Oheim: I. qui sunt tales, qualis pater tuus, qualis Q. Metellus, patruus matris tuae; Sest 101. (teste) L. Cicerone patruo; de or II 2. — II, 1. quae (Caecilia) cum patrem clarissimum, amplissimos patruos, ornatissimum fratrem haberet; Sex Rosc 147. patruum in ea ‖ eam ‖ , quantum poteris, mitigato; A XI 9, 3. — 2. qui se solet anteferre patruo sororis tnae filii; A VI 8, 3. — 3. qui cum sororis tuae filii patruo certarit ‖ certarat, al. ‖ ; A V 19, 3. — III. nunc de clarissimi patrui tui morte dicemus; Rabir 18. hunc de patris et patrui parricidio cogitasse; Phil III 18.

patulus, offen, offen stehend, breit: quae in concha patula pina dicitur; fin III 63. pina duabus grandibus patula conchis; nat II 123. quae (platanus) patulis est diffusa ranis; de or I 28.

paucitas, geringe Anzahl, Beschränkung: I, 1. paucitas in partitione servatur, si genera ipsa rerum ponuntur neque permixte cum partibus implicantur; inv I 32. — 2. qua de paucitate aratorum alio loco dicam; Ver III 80. illud quoque pertinet ad paucitatem, ne plura, quam satis est, demonstraturus nos dicamus; inv I 33. — II. mihi in hac paucitate militum animus certe non deerit; ep XV 1, 6.

pauculus, sehr wenig: ut (Q. Volusius) ibi pauculos dies esset; A V 21, 6. pauculis mensibus furta praetoris exportata sunt; Ver II 185.

paucus, wenig, wenige, einige, Oligarchen: A. regis causa si qui sunt qui velint, qui pauci sunt; 'p I 1, 1. tria pauca sint anne multa; Ac II 93. paucis annis ante; Phil II 102. ‖ in ‖ his paucis diebus; de or I 168. paucis interpositis diebus iterum Laelium dixisse; Bru 86. varia iudicum genera: nummarii pauci, sed omnes irati; Cluent 75. vidimus paucis post mensibus consulem spoliatum; Ver III 177. paucis notis inventis; rep III 3. non modo plura, sed etiam pauciora divine praesensa et praedicta reperiri; div I 124. ut rem perspicuam quam paucissimis verbis agam; Tul 55. — B, a, I. pauci

ista tua lutulenta vitia noramus, pauci tarditatem ingenii; Piso 1. — II, 1. paucos ex multis ad ignominiam sortiere? Cluent 129. — 2. dolor ad pauciores pertinet, quam si . .; par 20. quae (virtus) cum in paucis est, tum a paucis iudicatur et cernitur; rep I 51. — III. illi Massiliensium paucorum et principum administrationi civitatis finitimus est, qui fuit consensus . .; rep I 44. omitto laetitiam paucorum in luctu omnium; Sest 54. non est passus rem publicam everti scelere paucorum; Sest 67. — IV. neque hoc agitur ab omnibus, sed a paucis; Cluent 152. f. II, 2. sum in. cum paucissimis alicubi occultabor; A X 10, 3. — b, I. pauca ipsa multum saepe prosunt; Tusc II 2. — II. pro me ipso pauca dicam; Muren 2. non pauca suis adiutoribus donabat; Sex Rosc 23. ut in libero populo pauca per populum gererentur; rep II 56. — III. hoc fateris, neque ultimum te paucorum neque primum multorum respondere posse; Ac II 93. — IV. quae paucis demonstrari potuerint; Cluent 160. (philosophari) non paucis; Tusc II 1. — V. sed prius pauca cum Antiocho; Ac II 69.

paveo, beben: »noctem paventes navitae«; Tusc II 23.

pavimentatus, mit einem Estrich versehen: quod summam dignitatem pavimentata porticus habebat; Q fr III 1, 1.

pavimentum, Estrich: I. natabant pavimenta vino; Phil II 105. — II. pavimenta marmorea contemno; leg II 2.

pavio, schlagen: quia, cum (pulli) pascuntur, necesse est aliquid ex ore cadere et terram pavire (terripavium dictum est); div II 72.

paulatim, allmählich: si paulatim haec consuetudo serpere ac prodire coeperit; div Caec 68.

paulisper, kurze Zeit, ein wenig: I. commoratus essem paulisper; A XI 1, 2. quae paulisper in te desideravi; ep VII 18, 1. ab omni societate rei publicae paulisper facessant rogemus; leg I 39. intuemini paulisper animis iuventutem; dom 47. — II. nec minus laetabor, cum te semper sordidum, quam si paulisper sordidatum viderem; Piso 99.

paululum, ein wenig: I. ait (Epicurus) atomum declinare paululum; nat I 69. cum (Scipio) paululum inambulavisset in porticu; rep I 18. paululum a mea causa recesserunt; sen 7. — II. ut paululum tu compendii facias; Q Rosc 49.

paulum, wenig, ein wenig, etwas: A, I, 1. huic paulumne ad beatam vitam deesse dicemus? Tusc V 23. — 2. paulum huc aliquid poterit addere; de or I 95. paulum ante dicendum est; Ac II 128. — II. si (mercatura) in maximis lucris paulum aliquid damni contraxerit; fin V 91. ut paulum loci mihi dares; fin IV 62. dixisti paulum tibi esse etiam nunc morae; Catil I 9. si paulum adsumpserint vetustatis ac roboris; agr II 97. — B. aetate paulum his antecedens Ser. Galba; Bru 82. eorum definitiones paulum oppido inter se differunt; fin III 33. haec tantam habent vim, paulum ut immutata cohaerere non possint; de or III 179. quod, si Pompeius paulum modo ostenderit sibi placere, faciet; ep I 5, b, 2. cum (animal) processit paulum; fin V 24. — C, I. verbis effervescentibus et paulo nimium redundantibus; de or II 88. — II. repetam paulo altius; Cluent 66. de quibus (hominibus) paulo ante dixisti; de or I 81. quem (Apollinem) paulo antea e Vulcano natum esse dixi; nat III 57. est finitimus oratori paulo, numeris astrictior paulo; de or I 70. nemo est paulo ad facinus audacior, qui . .; Catil II 9. quaedam etiam paulo hilariora; orat 108. hoc ornamento liberius paulo quam ceteris utetur hic summissus; orat 82. paulo liberiores litteras; A I 13, 1. videtur libenter verbis etiam uti paulo magis priscis Laelius; Bru 83. ne ego haud paulo

hunc animum malim quam eorum omnium fortunas, qui . .; Tusc I 99. una in re paulo minus consideratus; Quinct 11. quod pluris est ‖ sit ‖ haud paulo; fin V 60. de quibus (partibus) paulo post pauca dicemus; de or II 310. (membra) paulo secus a me atque ab illo partita ac tributa; de or III 119. ostium adiunctum paulo supra, quam ad linguam stomachus adnectitur; nat II 136.

pavo, Pfau: I, 1. plures iam pavones confeci quam tu pullos columbinos; ep IX 18, 3. — 2. membrorum alia videntur a natura esse donata ad quendam ornatum, ut cauda pavoni; fin III 18. — II. etiam Hirtio cenam dedi, sine pavone tamen; ep IX 20, 2.

pavor, Angst, Entsetzen: I. in quem metus (cadit), in eundem formido, timiditas, pavor, ignavia; Tusc V 52. — II. pavorem metum mentem loco moventem (definiunt); Tusc IV 19. sub metum subiecta sunt timor, pavor, exanimatio . .; Tusc IV 16.

pauper, arm, unbemittelt: A. si quis aegre ferat se pauperem esse; Tusc IV 59. homo nunc istius avaritia pauperrimus; Ver II 35. utrum bono viro pauperi an minus probato diviti filiam conlocaret; of II 71. — B, I, 1. multi patientes pauperes commemorantur; Tusc III 57. — 2. sisne ex pauperrimo dives factus; Vatin 29. — II. qui pauperum sanguinem concupiscat; Phil V 22.

paupertas, Armut: I. paupertatem malum non esse; Tusc IV 59. — II, 1. (Ennius) ita ferebat duo, quae maxima putantur, onera, paupertatem et senectutem, ut eis paene delectari videretur; Cato 14. qui paupertatem, qui ignominiam timerent; Tusc IV 46. — 2. sunt certa, quae de paupertate dici soleant; Tusc III 81. — III. quodam modo etiam paupertatis malum tollitur; Tusc IV 59. cum haberet haec res publica homines patientia paupertatis ornatos; agr II 64. — IV. delectari: f. II, 1. fero. te „orationis paupertate" (sic enim appellas) isdem verbis epistulas saepius mittere; ep IV 4, 1.

pax, Frieden, Ruhe, Vergleich, Gunst, Gnade: I, 1. quantam (vilitatem) vix diuturna pax efficere potuisset; imp Pomp 44. cum hoc quae pax potest esse? Phil XIII 5. quae (pax) vel iniusta utilior est quam iustissimum bellum cum civibus; A VII 14, 2. pacem esse non in armis positis, sed in abiecto armorum metu; ep X 6, 3. — 2. cum iis facta pax non erit pax, sed pactio servitutis; Phil XII 14. — II, 1. cum vel iniquissimam pacem iustissimo bello anteferrem; ep VI 6, 5. pacis inter cives conciliandae te cupidum esse laetor; ep X 27, 1. pacem maritimam confecit; Flac 29. cum pacis constituendae rationem solus habeat; Sex Rosc 22. in qua (epistula) pacem non desperas; A VIII 15, 3. tibi data est summa pax, summa tranquillitas; Q fr I 1, 5. non modo non expetere pacem istam, sed etiam timere (Pompeius) visus est; A XII 8, 5. cum sententia senatus inclinaret ad pacem cum Pyrrho foedusque faciendum; Cato 16. f. I, 2. si pacem stabilem nobis habere licuisset; Phil XIII 2. victoria pax, non pactione parienda; ep X 6, 1. ab Iove optimo maximo pacem ac veniam peto; Rabir 5. qui positis armis pacem petere debeant; ep X 6, 1. ut pax Samnitium repudiaretur; of III 109. cum his pacem servabit Antonius? Phil VII 21. virum fortem audiens πολιτικῶς de pacis simulatae periculis disserentem; A VII 8, 4. timeo: f. expeto. pacem vult M. Antonius; Phil V 3. — 2. ut otio, ut paci consulatis; Muren 86. — 3. quorum gratia in suffragiis consistit, res familiaris in pace; agr II 102. equidem ad pacem hortari non desino; A VII 14, 3. inter pacem et servitutem plurimum interest; Phil II 113. quoniam huic (arti locus est) in pace atque otio; Quir 20. ut in perpetua pace esse possitis; Catil III 29. — III, 1. pacis isti scilicet amatores;

A XIV 10, 2. amorem eis (civibus) otii et pacis iniecit; rep'II 26. pacis auctor eras; ep X 6, 1. pacis est comes otiique socia eloquentia; Bru 45. quamvis iniqua condicione pacis; Phil II 37. in universo belli iure atque pacis; Balb 15. nomen pacis'dulce est; Phil II 113. et pacis ornamenta et subsidia belli requiretis; imp Pomp 6. pericula: f. II. 1. nos perpetuae pacis habere oportere rationem; prov 30. tu, procella patriae, turbo ac tempestas pacis atque otii; dom 137. — 2. dispersu ‖ discessu ‖ illorum actio de pace sublata est; A IX 9, 2. — IV, 1. hoc pace dicam tua; Marcel 4. vix ut se possit (Macedonia) diuturna pace recreare; prov 5. — 2. quem (regem) L. Sulla cum pace dimisit; Muren 32. nos illud cum pace agemus; Tusc V 83. nostri sensus ut in pace semper, sic tum etiam in bello congruebant: Marcel 16. „togam" pro pace; de or III 167.

paxillus, Pfahl, Pflock: quam litteram etiam e „paxillo" et „vexillo" consuetudo elegans Latini sermonis evellit; orat 153.

peccatum, Versehen, Fehler, Irrtum, Vergehen, Sünde: I, 1. omnia peccata esse paria; Muren 61. in quo peccatum videbatur esse fratris tui et Tullii: ep V 20, 8. quod alia peccata plures, alia pauciores quasi numeros officii praeterirent; fin IV 56. oratoris peccatum si quod est animadversum, stultitiae peccatum videtur; de or I 124. — 2. ut peccatum erat patriam prodere, parentes violare: fin III 32. videor: f. 1. videtur. — II, 1. animadverto: f. I, 1. videtur. concesso peccato; inv II 104. explicare omnia vitia atque peccata filii; Sex Rosc 53. nec peccata rerum eventis, sed vitiis hominum metienda sunt; par 20. quod in alterum peccatum reus transferat; inv II 80. ut peccata homines peccatis et iniurias iniuriis ulciscantur; inv II 81. — 2. eos qui secus, quam decuit, vixerunt, peccatorum suorum tum maxime paenitet; div I 63. — III. illum in iure metu conscientiaque peccati mutum relinquo; Ver II 189. vitiorum peccatorumque nostrorum omnis a philosophia petenda correctio est; Tusc V 5. omnia sunt faciliora quam peccati dolor, qui et maximus est et aeternus; A XI 25, 2. nulla est excusatio peccati, si amici causa peccaveris: Lael 37. supplicium est poena peccati; Piso 43. qui peccatorum vindex esse debet; inv II 104. — IV. id quantis nostris peccatis vitiisque evenerit. non possum sine molestia cogitare; A VIII 13, 2. plus exemplo quam peccato (vitiosi principes) nocent: leg III 32. ulcisci: f. II, 1. ulciscor.

peccatus, Vergehen: nemo ita in manifesto peccato ‖ peccatu ‖ tenebatur, ut . .; Ver II 191.

pecco, fehlen, fündigen, versehen, sich vergehen: I, 1. a. ipsum illud peccare, quoquo verteris, unum est; par 20. — b. cum permagna praemia sunt, est causa peccandi; of III 79. o consuetudo peccandi, quantam habes iucunditatem improbis et audacibus! Ver III 176. quis ignorat maximam inlecebram esse peccandi impunitatis spem? Milo 42. — 2, a. impetratum erat a consuetudine, ut peccare suavitatis causa liceret; orat 157. huius (decori) ignoratione non modo in vita, sed saepissime et in poëmatis et in oratione peccatur; orat 70. in quibus si peccetur distortione et depravatione quadam ac motu statuve deformi; fin V 35. — b. qui semel in gesta peccavit; de or I 125. peccare mihi pro coniunctione nostra vel peccare apud te in scribendo licet: ep XIII 18, 2. nec mihi fore necesse peccare in re publica aliquando; A VII 1, 3. non deorum natura, sed hominum coniectura peccavit; nat II 12. ut gubernator aeque peccat, si palearum navem evertit et si auri, item aeque peccat, qui parentem et qui servum iniuria verberat; fin IV 76. natura: f. coniectura. ut diceret opinaturum, id est peccaturum, esse sapientem; Ac II 59. — II. Empedocles multa alia peccans; nat I 29. quo in genere etiam

in re publica multa peccantur; of I 33. ut ipsum, quod maneam in vita, peccare me existimem, ep IV 13, 2. si quid in te peccavi ac potius quoniam peccavi, ignosce; in me enim ipsum peccavi vehementius; A III 15, 4.

pecto, fämmen: quos pexo capillo videtis; Catil II 22.

pectus, Bruſt, Herʒ. Sinn: I, 1. in qua (amicitia) nisi, ut dicitur, apertum pectus videas tuumque ostendas; Lael 97. onerandum complendumque (est) pectus maximarum rerum et plurimarum suavitate, copia, varietate; de or III 121. ostendo, video: ſ. aperio. — 2. depulso de pectore et in omne corpus diviso cibo; div II 57. (Plato) iram in pectore locavit; Tusc I 20. — II. illa genera lugendi, pectoris, feminum percusiones; Tusc III 62. — III. 1. ubi illa sancta amicitia, si non ipse amicus per se amatur toto pectore, ut dicitur? leg I 49. de Scalpulanis hortis toto pectore cogitemus; A XIII 12, 4. incumbe toto pectore ad laudem; ep X 10, 2. Hectorem toto pectore trementem; Tusc IV 49. — 2. ne denudetur a pectore; Ver V 32.

pecuaria, Viehʒucht: pecuaria relinquitur pecua relinquuntur, al. ||, agri cultura deseritur; imp Pomp 15.

pecuarius, das Vieh betreffend, Viehʒüchter: A. erat ei pecuaria res ampla; Quint 12. — B, I. omnes illius provinciae pecuarii M. Fonteium defendunt; Font 46. — II. ut diligentissimus agricola et pecuarius haberetur; Deiot 27.

peculator, Staſſendieb: neque de furibus, peculatoribus hoc loco disserendum est; of III 73.

peculatus, Unterſchleif: I. hinc furta, peculatus (nascuntur); of III 36. — II, 1. testatur litteris tuam impudentissimum furtum certissimumque peculatum; Ver III 168. — 2. de sicariis, de veneficiis, de peculatu infitiari necesse est; de or II 105. — III. non intellegis haec ad peculatus iudicium pertinere? Ver III 83. quaestio peculatus; Muren 42.

peculiaris, eigenartig, verſchieden, außerordentlich: hoc mihi peculiare fuerit, hic etiam isto frui; Q fr II 8 (10), 3. exoritur peculiare edictum repentinum; Ver III 36. venio ad Lysanium, peculiarem tuum testem; Flac 51.

peculium, Vermögen: I. peculia omnium vicariique retinentur; Ver I 93. — II. qui cupiditate peculii nullam condicionem recusant durissimae servitutis; par 39.

pecunia, Geld, Geldſumme, Vermögen: I. abſolut: 1. ut non sit pecunia populo Romano de futura; Phil V 12. illa fuit pecunia immanis, haec parvula, illa honesta, haec sordida, illa iucunda, haec acerba, illa propria, haec in causa et in iudicio conlocata; Q Rosc 23. ubi pecunias exterarum nationum esse arbitramini? Ver V 127. pecunia omnium dignitatem exaequat; A IV 15, 7. quo modo tibi tanta pecunia extraordinaria iacet? Q Rosc 4. quidam, quos parva (pecunia) movere non potuit, cognoscuntur in magna; Lael 63. versatam esse in iudicio pecuniam constat: ea quaeritur unde profecta sit; Cluent 81. me omnem pecuniam, quae ad me salvis legibus pervenisset, Ephesi apud publicanos deposuisse; ep V 20, 9. hinc illae extraordinariae pecuniae, quas investigamus, redundarunt; Ver I 100. numerata pecunia nomen argenti retinet; Top 13. versatur: ſ. proficiscitur. — 2. non esse cupidum pecunia est, non esse emacem vectigal est; par 51.

II. nach Verben: 1. accepisse pecuniam indices, ut innocentem reum condemnarent; Cluent 77. cogit quaestorem suum pecuniam, quam ex Agonidis bonis redegisset, eam mulieri omnem adnumerare et reddere; div Caec 56. utrum tandem pluris aestimemus pecuniam Pyrrhi, quam Fabricio dabat, an continentiam Fabricii, qui illam pecuniam repudiabat?

par 48. omnem te hanc pecuniam domum tuam avertisse; Ver III 164. pecunia ablata; Cluent 181. non exactas pecunias, non captas, non imperatas (commemoro); Piso 38. ita aperte cepit pecunias ob rem indicandam, ut . .; fin II 54. utrum tibi pecuniae coactae conciliatae videntur adversus leges? Ver III 194. ut equites Scaptio ad pecuniam cogendam darem; A VI 2, 8. concilio: ſ. cogo. qui pecunias creditas debitoribus condonandas putant; of II 78. qui tibi ad statuas pecunias contulerunt; Ver III 180. ut illi pecuniam conficere possent; Sest 94. de quaerenda, de conlocanda pecunia disputatur; of II 87. ſ. I, 1. est. minuetur eius pecuniae invidia; consumetur enim in agrorum emptionibus; agr I 14. ad innumerabilem pecuniam corripiendam; Ver II 30. ne pecunias creditas solverent; Piso 86. ſ. condono. erat curata nobis pecunia Valerii mancipis nomine; ep V 20, 3. ante petitam esse pecuniam, quam esset coepta deberi; de or I 168. ut ea pecunia ex stipulatione debeatur; leg II 53. invita solverat Castricio pecuniam iam diu debitam; Flac 54. decerno: ſ. faeneror. qui apud te pecuniam deposuerit; of III 95. ſ. I, 1. pervenit. pecuniae maximae discribuntur; ep XII 1, 1. cum innumerabilem Magio praefecto pecuniam dixisset datam; de or II 265. cui magnam dedimus pecuniam mutuam; A XI 3, 3. ſ. aestimo, posco, 5. audio de. ut pecunia omnis a Staieno extorta atque erepta sit; Cluent 78. nemo est, a quo pecunia cellae nomine non sit exacta; Ver III 224. ſ. capio. in quibus (tabulis) sibi expensa pecunia lata sit; Caecin 17. extorqueo: ſ. eripio. innumerabilem pecuniam facere cum posset; Ver III 211. si te tuam pecuniam faeneratum docerem, tamen effugere non posses; sed publicam, sed ob frumentum decretam; Ver III 169. fero: ſ. expendo. si propter inopiam in egestate estis, pecuniam non habetis; inv I 88. pecuniam Domitio satis grandem, quam is Corfinii habuerit, non esse redditam; A VIII 14, 3. impero: ſ. capio. investigo: ſ. I, 1. redundant. numero: ſ. I, 1. retinet. se (Bibulus) ait curasse, ut cum quaestu populi pecunia permutaretur; ep II 17, 7. si ista omnis pecunia reddita est, si petita, si redacta; Flac 89. ſ. debeo. quantam pecuniam militibus pollicitus sit; Phil V 53. si sibi pecuniam, quantam poposcerat, non dedisset; Milo 75. quorum uterque in pecunia maxima tractanda procurandaque versatus est; Font 5. quaero: ſ. conloco. reddo, redigo: ſ. adnumero, habeo, peto. L. Piso tribunus plebis legem primus de pecuniis repetundis Censorino et Manilio consulibus tulit; Bru 106. repudio: ſ. aestimo. unum nummum illam (M. Fonteium) ex ea pecunia, quae pro aerario solveretur, detraxisse; Font 3. ut quam plurimum pecuniae ſ prinum pecunia || Pinnio solvatur Nicaeensium nomine; ep XIII 61. pro eo (libro) tibi praesentem pecuniam solvi imperavi; A II 4, 1. ſ. credo, debeo. IV, 2. deductio ex. omnis pecunia ita tractatur, ut praeda a praefectis; ep II 17, 4. ſ. procuro. — 2. pecuniae publicae est condemnatus; Flac 43. — 3. terruncium adicere Croesi pecuniae; fin IV 29. qui illi pecuniae spe iam atque animo incubaret; Cluent 72. frustra se aut pecuniae studuisse aut imperiis; fin I 60. — 4. opus esse ad eam rem constituendam pecunia; of II 82. pecunia mea utitur P. Quinctius; Quinct 42. — 5. qui profecto de tanta pecunia, si esset data, nihil audisse non possent; Flac 93. detraho ex: ſ. 1. solvo. haec ratio pecuniarum implicata est cum illis pecuniis Asiaticis; imp Pomp 19. qui omnia in pecunia posuisset; Vatin 38. paucis annis te ad maximas pecunias esse venturum; de or II 269.

III. nach Adjectiven: 1. quod ceteri pecuniae cupidiores esse solent; Cluent 28. — 2. (animus) satiatus est aut contentus etiam pecunia; par 43. primus annus erat provinciae iam refertus pecunia

Ver IV 41. — 3. non fuisse insolentem in pecunia; de or II 342.

IV. **nach Substantiven**: 1. alqd: f. II, 1. solvo. quod incredibiles angustiae pecuniae publicae; ep XII 30, 4. cum extraordinariae pecuniae crimen subterfugere velles; Ver I 102. pecuniae fugienda cupiditas; of I 68. dissimilis est pecuniae debitio et gratiae; Planc 68. diem pecuniae Idus Novembr. esse; A X 5, 3. vocabula tantum pecuniarum et genera mutabas; Piso 90. possintne eiusdem pecuniae plures dissimilibus generibus heredes esse? inv II 64. invidia: f. II, 1. consumo. magnitudinem pecuniae plus habuisse momenti; Ver pr 52. si pecuniae modus statuendus fuit feminis; rep III 17. huius pecuniae permutatione fidem nostram facile tuebere; A XI 1, 2. ratio: f. II, 5. implico cum. quod et omnes vias pecuniae norunt et omnia pecuniae causa faciunt; Q fr I 1, 15. vocabula: f. genera. — 2. quid ita de hac pecunia compromissum feceris; Q Rosc 12. ex omni pecunia, quam aratoribus solvere debuisti, certis nominibus deductiones fieri solebant; Ver III 181.

V. **Umstand**: 1. mihi pecunia publica aedificandam domum censuerunt; Piso 52. quos pecunia corrupisses; of II 53. hac pecunia iubet agros emi; agr II 63. tu civem sceleratum pecunia instrues? Phil V 6. posteaquam (Deiotarus rex) a Caesare tetrarchia et regno pecuniaque multatus est; div I 27. cetera parare, quae parantur pecunia, equos, famulos; Lael 55. adulescens et equitatu et peditatu et pecunia paratus; ep XV 4, 6. satiari: f. III, 2. contentus. quis tum posset arguere ab Oppianico temptatum esse iudicium pecunia? Cluent 80. — 2. causa: f. IV, 1. viae. cum innumerabili pecunia vagari; agr II 54. quidam saepe in parva pecunia perspiciuntur quam sint leves; Lael 63. f. I, 1. movet. ille propter pecuniam liberos amittere iucundum esse duxit; Cluent 28.

pecuniarius, Geld betreffend: propter utriusque difficultatem pecuniariam; A X 14, 1. facultates considerantur, cum aliquod pecuniarium || pecuniarum || praemium postulatur; inv II 115. cum esset de re pecuniaria controversia; Tul 5.

pecuniosus, bemittelt, reich: pecuniosus (sit) an tenuis; inv I 35. ex quo pecuniosi et locupletes vocabantur; rep II 16. hominem pecuniosissimum electum ad iam incredibile crimen; Ver V 24. praesto est mulier audax, pecuniosa; Cluent 18.

pecus (pecoris), Vieh: I, 1. pecus abegerunt; Piso 84. — 2. quod tum erat res in pecore et locorum possessionibus; rep II 16. — II. voluptatem illam Epicuri solis inter se pecoribus esse communem; A fr 20 (g. 18). — III. caedit greges armentorum reliquique pecoris; Phil III 31. — IV, 1. fortunas eius ita constitutas fuisse familia, pecore; Ver V 20. — 2. qui a pecore eius (Luculli) depasci agros publicos dicerent; de or II 284.

pecus (pecudis, pecuda: f. II, 2), Vieh, Tier: I. quod (pecus) erat ad vescendum hominibus apta; nat II 160. quae (pecudes) dispulsae sui generis sequuntur greges; A VII 7, 7. II, 1. si cum honestate voluptatem tamquam cum homine pecudem copulavissent; of III 119. dispello: f. I. sequuntur. — 2. cum adhibent in pecuda pastores; rep IV 1. — III. nec summum pecudis bonum et hominis idem mihi videri postest; fin II 111. idem casus illum istius impurissimae atque intemperantissimae pecudis caeno et sordibus inquinavit; Piso 72. pecudum greges diliguntur isto modo; nat II 122. cernes pecudum pastus; nat II 161. stuporem hominis vel dicam pecudis attendite; Phil II 30. sordes: f. caenum.

pedalis, einen Fuß breit: quantulus (sol) nobis videtur! mihi quidem quasi pedalis; Ac II 82.

pedarius, Senator zweiten Ranges: I. raptim in eam sententiam pedarii cucurrerunt; A I 20, 4. — II. est illud senatus consultum summa pedariorum voluntate factum; A I 19, 9.

pedes, Fußsoldat: ut eo tueri magna equitum ac peditum auxilia possis; par 45. cum equitum peditumque discriptio divinitus esset constituta; Tusc IV 1.

pedester, zu Fuß, zu Lande: tantis equestribus et pedestribus copiis; fin II 112. ut pedestres navalesve pugnas recordentur; Cato 13. pedestrem ex aere statuam decerno; Phil IX 13.

pedetemptim, allmählich, bedächtig: I. sensim erit pedetemtimque (mutatio) facienda; A I 120. ingredi pedetemptim in defensionem; inv I 24. — II. ita pedetemptim et gradatim tum accessus a te ad causam facti, tum recessus, ut . .; ep IX 14, 7. — III. quod me mones, ut pedetemptim. adsentior; A XVI 14, 2.

pedisequa, Dienerin: istam iuris scientiam eloquentiae tamquam ancillulam pedisequamque adiunxisti; de or I 236.

pedisequus, Diener: I. quae (vicensima) mihi videtur una continencla clamore pedisequorum nostrorum esse peritura; A II 16, 1. — II. cum hunc clarissimum virum a pedisequis conculeari iuberes; dom 110.

peditatus, Fußvolk: quid delectationis habent sescenti muli in „Clytaemestra" aut armatura varia peditatus et equitatus in aliqua pugna? ep VII 1, 2. peditatus amplissimae copiae e Gallia; Font 8.

pegma, Bücherfach: nihil venustius quam illa tua pegmata; A IV 8, 2.

peiero, (periuro), einen Meineid schwören: quem ego, ut mentiatur, inducere possum, ut peieret. exorare facile potero; Q Rosc 46. illum verbis conceptis peierasse; Cluent 134. non falsum iurare periurare est, sed quod EX ANIMI TUI SENTENTIA iuraris, sicut verbis concipitur more nostro, id non facere periurium est; of III 108.

pelagus, Meer: »supero navi pelagoque vacatumense, Sagittipotens Solis cum sustinet orbem«; fr H IV, a, 310.

pelex, Kebsweib, Nebenbuhlerin, etiam nomina necessitudinum mutavit: uxor generi, noverca filii. filiae pelex; Cluent 199.

pelicatus, Konkubinat: ab ea (coniuge Alexander Pheraeus) est propter pelicatus || pael. || suspicionem interfectus; of II 25.

pellectio, Durchlesung: nisi eam (epistulam) pellectione relevarit; A I 13, 1.

pellego f. **perlego**.

pellicio, anlocken, für sich einnehmen, auf seine Seite bringen: multo maiorem partem sententiarum sale tuo et lepore et politissimis facetiis pellexisti; de or I 243. huius socrum pellexit Decianus ad sese; Flac 72.

pellicula, kleines Fell: stravit pelliculis haedinis lectulos Punicanos; Muren 75.

pellis, Fell, Löwenhaut, Zelt: I. videto, ne in istis duobus generibus hydra tibi sit et pellis; de or II 71. — II. cum omni pecore compulso pellium nomine omnem quaestum illum renovasti; Piso 87. ut non multum imperatori sub ipsis pellibus otii relinquatur; Ac II 4.

pellitus, mit Fellen bekleidet: postulabis, ut M. Aemilius vanissimae genti ac prope dicam pellitis testibus cognetur? Scaur 45.

pello, stoßen, schlagen, treffen, berühren, Eindruck machen, erregen, verdrängen, vertreiben, abbringen, abwenden: cum (Thucydides) in exsilium pulsus esset; de or II 56. pulsus e rostris in comitio iacuit; Sest 76. ego pulsus deis | diis, diis || penatibus; Sest 145. te patria vi pulsum

esse; div I 59. quamquam nulla me ipsum privatim pepulit insignis iniuria; ep IV 13, 2. f. tyrannum. species utilitatis animum pepulit eius (regis); of III 41. f. aures. non atomus ab atomo pulsa declinat; fat 22. quod cum animos hominum auresque pepulisset; orat 177. si vitiosum est dicere ornate, pellatur omnino e civitate eloquentia; orat 142. ego exercitus maximos saepe pulsos et fugatos esse dico terrore ipso impetuque hostium; Caecin 41. hoc deliberantium genus pellatur e medio; of III 37. longi sermonis initium pepulisti; Bru 297. quo illi (patres) a se invidiam interitus Romuli pellerent; rep II 0. sapientia est una, quae maestitiam pellat ex animis; fin I 43. ut ex nervorum sono in fidibus, quam scienter ei pulsi sint, intellegi solet; Bru 199. cum (Dionysius tyrannus) Syracusis pulsus esset; ep IX 18, 1. quibus (tectis) frigorum vis pelleretur; of II 13. omnes voces, ut nervi in fidibus, ita sonant, ut [a] motu animi quoque sunt pulsae; de or III 216.

pelluceo f. **perluceo.**

penarius, für Vorräte bestimmt: ille M. Cato Sapiens cellam penariam rei publicae nostrae Siciliam nominabat; Ver II 5. boni domini referta cella penaria est; Cato 56.

penates, Hausgötter: I. nec longe absunt ab hac vi di Penates sive a penu ducto nomine sive ab eo. quod penitus insident; ex quo etiam „penetrales" a poëtis vocantur; nat II 68. — II. 1. cum domum ac deos penates suos defenderet; Milo 38. — 2. ego pulsus deis || dis, diis || penatibus; Sest 145. — 3. si ad deos penates redire properaret; prov 35. — III. non dubitavit illud insigne penatium hospitaliumque deorum tollere; Ver IV 48.

pendeo, hangen, schweben, ungewiß, unentschlossen sein, beruhen, abhängen: I. laudem sapientiae esse maximam non aliunde pendere; ep V 13, 1. — II. qui (tui) de || ex || te pendent; ep VI 22, 2. quoniam ex iis (comitiis) pendes; ep X 26, 3. promissis iis non valde pendeo; Q fr III 5, 3. ne diutius pendeas; A IV 15, 6. quam animi pendeam, cum a te absim, et de te et de me; A XVI 12. tam diu pependit in arbore socius amicusque populi Romani; Ver III 57. ex quo verbo lege Appuleia tota illa causa pendebat; de or II 107. non ex iis (personis), sed ex genere quaestionis pendere causas; de or II 139. ex hoc genere causarum ex aeternitate pendentium fatum a Stoicis nectitur; Top 59. quia genus eius modi fuit criminum, quod non totum penderet ex teste; Scaur 14. somniasse se ovum pendere ex fascea lecti sui cubicularis; div II 134. qui rem publicam putem pendere Bruto; A XIV 20, 3. Quae (salus) spe exigua extremaque pendet; Flac 4. neque (sapiens) pendet ex futuris, sed exspectat illa; fin I 62. socius: f. amicus.

pendo, abwägen, beurteilen, schätzen, zahlen, erleiden: qui te non ex fortuna, sed ex virtute tua pendimus semperque pendemus; ep V 17, 5. huius domi inter quasilla pendebatur aurum; Phil III 10. maximas poenas pendo temeritatis meae; A XI 8, 1. poenas illum (Myrtilum) pependisse aiunt; A XV 13. 6. pro qua (familia Vedius) HS centenos pendat ucesse est; A VI 1, 25. nobis ut potius vectigal quam Rhodiis penderent; Q fr I 1, 33. ubi res spectatur, non verba penduntur; orat 51. reliquae pecuniae vel usuram Silio pendemus; A XII 25, 1.

penes, bei, im Besitz: quod omnis frumenti copia penes istum esset redacta; Ver III 171. locutionem emendatam et Latinam, cuius penes quos laus adhuc fuit ..; Bru 258. penes quos (eloquentia) est; orat 142. quos penes (γέροντας) summam consilii voluit esse; rep II 50. penes quem est potestas; ep IV 7, 3. quem penes est omnis potestas; ep IX 16, 3.

penetralis, innere: di: f. **penates,** I. abditos ac penetrales focos pervertit; har resp 57.

penetro, eindringen, durchziehen, durchbringen: uter definiendo describendoque verbo magis ad sensum iudicis opinionemque penetrarit; part or 123. necesse est (animus) ita feratur, ut penetret et dividat omne caelum hoc; Tusc I 43. cum (animus) ad sui simile penetravit; Tusc I 43. (astra) per caelum penetrantia; Tim 34. eodem gloriam famamque penetrare; Arch 23. nulla res magis penetrat in animos; Bru 142.

penicillus, Pinsel: I. est: f. **penis,** I. quoniam summam illum luctum penecillo (pictor) non posset imitari; orat 74. quam (Britanniam) pingam coloribus tuis, penicillo meo; Q fr II 13, 2.

penis, Schwanz, Glied: I. caudam antiqui „penem" vocabant, ex quo est propter similitudinem „penicillus"; at hodie „penis" est in obscenis; ep IX 22, 2. quod tu in epistula appellas suo nomine, ille tectius „penem"; ep IX 22, 2. voco: f. I.

penitus, tief, gänzlich, völlig, ganz und gar: res occultas et penitus abditas; nat I 49. ut eas (res) penitus acri vir ingenio cernat, si modo aspexerit; de or III 124. qui haberem a Furnio nostro tua penitus consilia cognita; ep X 12, 1. eum (L. Genucilium) tibi penitus commendo atque trado; ep XIII 53, 1. eos (Etruscos) penitus contempserat; Milo 74. rationes a te conlectae vetabant me rei publicae penitus diffidere; ep V 13, 3. eas (res) penitus ex ea causa, quaecumque agitur, effloruisse; de or II 319. (haec) evelli penitus nec posse nec ..; Tusc IV 46. cum penitus ignoretur Cato; Bru 68. amorem illum penitus insitum; Sex Rosc 53. explicari mihi tuum consilium plane volo, ut penitus intellegam; A VIII 12, 1. hunc si acerbe et penitus oderat; Cluent 171. omnes animorum motus penitus pernoscendi sunt; de or I 17. perscrutamini penitus naturam criminum; Flac 19. ex rebus penitus perspectis planeque cognitis; de or I 108. hoc velim tibi penitus persuadeas; A XIV 13, B, 5. penitus, quid ea (rerum natura) postulet, pervidendum (est); fin V 44. trado: f. commendo. ut penitus in eam ipsam disputationem paene intimam veniretis; de or I 96. si penitus rerum naturam videas; fin V 21.

penna, Feder (vgl. **pinna**): pennarum contexta corpori tegumenta (Philoctetes) faciebat; fin V 32.

pensio, Zahlung, Rate: I. nihil debetur ei (Hortensio) nisi ex tertia pensione, quae est Kal. Sext.; A XVI 2, 1. — II. 1. tua coniux nimium diu debet tertiam pensionem; Phil II 113. dum a Dolabellae procuratoribus exigam primam pensionem; ep VI 18, 5. ut expedita sit pensio K. Ian.; ep XVI 24, 1. (gener) petet fortasse tertiam pensionem; A XI 23, 3. cum altera pensio solvenda esset; Q Rosc 57. — 2. de pensione altera considera quid faciendum sit; A XI 4, 2. — III. ex: f. I.

pensito, zahlen, bezahlen: I. immunia (praedia) commodiore || meliore || condicione sunt quam illa, quae pensitant; agr III 8. — II. qui vectigalia nobis pensitant; imp Pomp 16.

pensum, Aufgabe: 1. meae diligentiae pensum magis in Leontino deesse existendum; Ver III 109. — 2. me ad meum munus pensumque revocabo; de or III 119.

penuria, Mangel: I. utrum copiane sit agri, vectigalium, pecuniae, an penuria; inv II 115. scribit Metellus aratorum esse „penuriam"; Ver III 127. quod tanta penuria est in omni vel honoris vel aetatis gradu; ep III 11, 3. magna sapientium civium bonorumque penuria; Bru 2. — II. imperatorum penuriam commemorabit; Ver V 2. — III. mores ipsi interierunt virorum penuria; rep V 2.

penus, Mundvorrat: est omne, quo vescuntur homines, penus; nat II 68.

per, durch, hindurch, über, über — hin, umher, während, mit, unter, vermittelst, wegen, aus, bei: I. nach Verben: per quas (vias) cadit cibus a iecore dilapsus; nat II 137. ut per eas (membranas) cerni posset; nat II 142. greges ducebant per forum; Phil V 18. quae (natura) per omnem mundum omnia mente et ratione conficiens funditur; nat II 115. iurarem per Iovem deosque penates me ardere studio veri reperiendi; Ac II 65. cum id per leges non liceret; de or II 134. per me vel stertas licet; Ac II 93. si mihi per eiusdem amicitiam licebit; ep I 8, 3. cum (atomus) per inane moveatur gravitate; fat 24. obsecravit per fratis sui mortui cinerem, per nomen propinquitatis, per ipsius coniugem et liberos, ut . .; Quinct 97. sucus permanat ad iecur per quasdam vias; nat II 137. in oratione Crassi divitias atque ornamenta eius ingenii per quaedam involucra atque integimenta perspexi; de or I 161. Neptunum esse dicis animum cum intellegentia per mare pertinentem; nat III 64. per omnes partes provinciae te pervasisse; Ver I 96. ut homines fusi per agros ac dispersi vagarentur; Sest 91. ipse vero quem ad modum passim per forum volitet, videtis; Sex Rosc 135.

II. nach Substantiven: (Dionysius) per agrum Leontinum iter faciens; div I 73. quae (via) per Macedoniam est usque ad Hellespontum militaris; prov 4.

III. zum ganzen Satz gehörige Bestimmungen: 1. ut nemo per tuum latus, quod soles dicere, saucietur; Vatin 13. revocarem animos vestros ad illam universorum civium Romanorum per tot urbes uno puncto temporis miseram caedem; Flac 60. — 2. quod nullam partem per aetatem sanae et salvae rei publicae gustare potuisti; ep XII 23, 3. tenuisti provinciam per annos decem non tibi a senatu, sed a te ipso per vim et per factionem datos; A VII 9, 4. per quos dies Iunium accusavit; Cluent 108. ne te tam longae navigationi per hiemem committas; ep XVI 8, 1. quibus epistulae per haec tempora molestae sunt; ep V 20, 8. innumerabilem frumenti numerum per triennium aversum ab re publica esse; Ver III 163. — 3. fit, ut multi per me tibi velint commendari; ep XIII 70. ego cum doctior per te tum etiam audacior factus ad iocandum; de or II 290. illud memento curare per te et per omnes nostros; A V 9, 2. si per alium hoc agere possem; A XV 15, 4. impulsio est, quae sine cogitatione per quandam adfectionem animi facere aliquid hortatur; inv II 17. ut is per aes et libram heredes testamenti solvat; leg II 51. ceterae fere artes se ipsae per se tuentur singulae; de or II 5. quos quia servare per compositionem volebat; Sex Rosc 33. admirationem (esse) per contentionem, qui fieri possit, ut . .; inv II 150. ab eis non modo per iniuriam, sed etiam per contumeliam tantum exprimi frumenti, quantum Apronius imperasset; Ver III 105. videt sine lege curiata nihil agi per decemviros posse; agr II 28. dolorem ipsum per se esse fugiendum; fin I 31. per exta inventa praesensio; Top 77. factionem: f. 2. annos. qui saepenumero nos per fidem fefellerunt; inv I 71. plura proferre possim detrimenta publicis rebus quam adiumenta per homines eloquentissimos importata; de or I 38. multos homines per se ipsos et moderatos et graves exstitisse; Arch 15. f. ordines. Roscium per imprudentiam deceptum esse; Q Rosc 21. f. neglegentiam. cupiditas rapiendi et auferendi per iniuriam; of I 44. f. contumeliam. Cotta depulsus per invidiam tribunatu; de or III 11. paucos homines Q. Opimium per ludum et iocum fortunis omnibus evertisse; Ver I 155. id vix mihi videris per legem Iuliam facere posse; ep I 17, 2. nexum, quod per libram agitur;

de or III 159. f. aes. feci, ut ipse me per litteras consolarer; A XII 14, 3. invito eum per litteras. ut apud me deversetur; A XIII 2, a, 2. primus locus est misericordiae, per quem ostenditur . .; inv I 107. ludum: f. iocum. tu saepe dare tabellariis publicanorum poteris per magistros scripturae et portus nostrarum dioecesium; A V 15, 3. si per imprudentiam vestram, neglegentiam meam legem incognitam acceperitis; agr II 25. per quos homines ordinesque steterim; ep XIII 29, 7. cum omnia per populum geruntur quamvis iustum; rep I 43. (Dionysium) ferunt haec per praeconem vendidisse; nat III 84. cum studiose de absentibus detrahendi causa aut per ridiculum dicitur; of I 134. mors inlata per scelus, Milo 17. neminem posse omnes res per scripturam amplecti; inv II 152. duobus tribunis plebis per seditionem creatis; rep II 39. biduo per unum servum confecit totum negotium; A I 16, 5. translata (verba) dico, quae per similitudinem ab alia re transferuntur; orat 92. tempus: f. valetudinem. his (hostium ducibus) per triumphum ductis; Ver V 77. cum commode et per valetudinem et per anni tempus navigare poteris; ep XVI 7. cum unus in legem per vim latam iurare noluerat; Sest 37. timet, ne per vim perferatur; Q fr III 8, 6. f. 2. annos. — 4. nolite, iudices, per vos, per fortunas, per liberos vestros inimicis meis dare laetitiam; Planc 103. utrum tandem, per deos atque homines! magis veri simile est . .? div II 114. per fortunas miseras nostras, vide, ne . .; ep XIV 1, 5. ad quae recuperanda, per fortunas! incumbe; A III 20, 1. f. alqm. homines: f. deos. liberos: f. alqm.

perabsurdus, sehr abgeschmackt, ungereimt: haec quia videntur perabsurda; part or 54. sunt perabsurdi (philosophi); fin III 31.

peraccommodatus, sehr bequem: per fore accommodatum tibi, si . .; ep III 5, 3.

peracer, sehr scharf: orator ingenio peracri: de or III 230. Caesar habet peracre iudicium; ep IX 16, 4.

peracerbus, sehr herb: quae (uva) primo est peracerba gustatu; Cato 53.

peractio, Schlußakt: senectus aetatis est peractio tamquam fabulae; Cato 85.

peracute, sehr scharfsinnig: simul peracute querebare, quod . .; ep III 7, 2.

peracutus, sehr scharf, hell, scharfsinnig: qui (Cn. Lentulus) cum esset nec peracutus; Bru 234. fingenda mihi fuit videlicet causa peracuta; Planc 72. quas (sententiolas) videtur ille peracutas putare; Phil III 21. erat P. Autronius voce peracuta atque magna; Bru 241.

peradulescens, ganz jung: quid tam praeter consuetudinem quam homini peradulescenti exercitum dari? imp Pomp 61.

peraeque, ebenso, völlig gleich: peraeque (floruerunt) perpauci in omnibus (generibus); orat 20. peraeque narrabat incensam esse iuventutem; A II 8, 1. hoc peraeque in omni agro decumano reperietis; Ver III 121.

perago, durchführen, beenden: Gracchus cum comitia nihilo minus peregisset; nat II 10. ita est a me consulatus peractus; Piso 7. neque histrioni. ut placeat, peragenda fabula est; Cato 70.

peragratio, Durchwanderung, Wandern: quae fuit eius peragratio itinerum! Phil II 57. — II. partim (bestiae) cursu et peragratione laetantur; fin II 109.

peragro, durchreisen, durchwandern, durch ziehen, durchbringen: I. (orator) ita peragrat per animos, ut . .; de I 222. — II. (Dario) cum peragranti Aegyptii cibarius in casa panis datus esset, nihil visum est illo pane iucundius; Tusc V 97. hanc Matrem magnam agros et nemora peragrare; har resp 24. post a me Asia tota peragrata

est; Bru 315. cuius res gestae omnes gentes cum clarissima victoria terra marique peragrassent; Balb 16. (eloquentia) omnes peragravit insulas; Bru 51. possum omnes latebras suspicionum peragrare dicendo; Cael 53. sapientem non, ut illum (Xerxem), maria pedibus peragrantem, classibus montes; fin II 112. nemora: f. agros. ubi sol suum totum confecit et peragravit orbem; Tim 32. cum Asellus omnes se provincias stipendia merentem peragrasse gloriaretur; de or II 258.

peramans, fehr liebevoll: homo peramans semper nostri fuit; A IV 8, a, 3.

peramanter, fehr liebevoll: qui (victores) me quidem perofficiose et peramanter observant; ep IX 20, 3.

peramice, fehr freundfchaftlich: nobiscum ille perhonorifice et peramice || amice || Octavius; A XIV 12, 2.

peramplus, fehr groß: sunt ea (simulacra) perampla; Ver IV 109.

perangusto, fehr eng: quae (Crassus) coartavit et peranguste refersit in oratione sua; de or I 163.

perangustus, fehr fchmal: ut perangusto fretu divisa servitutis ac libertatis iura cognosceret; Ver V 169.

perantiquus, fehr alt: Themistocles, ut apud nos, perantiquus, ut apud Athenienses, non ita sane vetus; Bru 41. signum fuit Cereris perantiquum; Ver IV 99. utor neque perantiquis neque inhumanis testibus; rep I 58.

perappositus, fehr paffend: illa non modo solum || mimis perapposita, sed etiam quodam modo nobis; de or II 274.

perarduus, fehr fchwierig: mihi hoc perarduum est demonstrare; Ver III 166.

perargutus, fehr geiftreich: L. Afranius poeta, homo perargutus; Bru 167.

perattente, fehr aufmerffam: animadverti audiri a vobis meum familiarem, L. Herennium, perattente; Cael 25.

perattentus, fehr aufmerffam: perattentos vestros animos habuimus; Ver III 10.

perbacchor, durchfchwärmen: quam multos dies in ea villa turpissime es perbacchatus! Phil II 104.

perbeatus, fehr glücklich: mihi perbeati fuisse illi videri solent, qui . . ; de or I 1.

perbelle, fehr gut, fehr fein: perbelle feceris, si . . ; A IV 4, a, 1. quod aut facis aut perbelle simulas; ep XVI 18, 1.

perbene, fehr gut: perbene || † per me, al. || existimare coepi; ep XIII 16, 1. L. Furius Philus perbene Latine loqui putabatur; Bru 108.

perbenigne, fehr gütig: per mihi benigne respondit; Q fr II 7, 2.

perbenivolus, fehr wohlwollend: Pescennius est perbenivolus nobis; ep XIV 4, 6.

perblandus, fehr einnehmend: † huic || aliqui ¶ perblandus reperiendus fuit; Rab Post 21. successorem habes perblaudum; Q fr I 2, 8.

perbonus, fehr gut: perbono loco res erat; A VI 1, 3. habere eum perbona toreumata; Ver IV 38.

perbrevis, fehr furz: A. idem (Crassus) et perornatus et perbrevis; Bru 158. altera pars per mihi brevis fore videtur; Cluent 2. perbrevi tempore ad primos pervenit comoedos; Q Rosc 30. — B. fore ut perbrevi (Eudemus) convalesceret; div I 53.

perbreviter, fehr furz: quae ego nunc perbreviter attingo; dom 40. de omni isto genere quid sentiam , perbreviter exponam; de or I 53.

percallesco, unempfindlich, tüchtig werden: si modo usu rerum percallueris; de or II 147. iam usu obduruerat et percalluerat civitatis incredibili patientia; Milo 76.

percarus, fehr teuer: qui eis vicissim percarus et incundus fuit; Scaur 39.

percautus, fehr vorfichtig: delectus || dil. || in familiaritatibus percautus et diligens; Q fr I 1, 18.

percelebro, oft im Munde führen: audita et percelebrata sermonibus res est; Cael 69.

perceler, fehr fchnell: cuius perceleri interitu esse ab hoc comprobatum venenum; Cael 58.

perceleriter, fehr fchnell: perceleriter se ablaturum diploma; ep IV 12, 3. haec perceleriter confecit; rep II 12.

percello, erfchüttern, niederwerfen, ftürzen, erfchrecken: quem (C. Carbonem) tu adulescentulus perculisti; de or I 40. »qui quondam Hectoreo perculsus concidit ense«; fr H I, a, 3. ita perculsa et prostrata foedissimo bello iacent omnia, ut . . ; ep IV 4, 2. ne adulescentiam plenam spei maximae perculisse atque adflixisse videamini; Cael 80. sum animo perculso et abiecto; A III 2. quae (Graecia) iam diu suis consiliis perculsa et adflicta est; Flac 16. bonorum animos recreatos Romae, improbos quasi perculsos (esse); A VII 23, 1.

percenseo, berechnen, durchgehen: quo in genere percensere poterit plerosque inveniendi locos; part or 127. quod (potest exsistere) genus orationis. quo quisquam possit vestra in nos universa promerita percensere numerando? sen 1.

perceptio, Einfammeln, Erfaffen, Begreifen, Erfenntnis, Begriff: I. nulla est apud deos cognitio, nulla perceptio; nat I 80. — II, 1. quas (rerum cognitiones) vel comprehensiones vel perceptiones appellemus licet; fin III 17. quorum patrocinio maxime cultus agrorum perceptioque frugum defenditur; rep II 26. — 2. cognitioni et perceptioni adsensionem approbationemque praecurrere; Ac I 45.

percio, erregen: sive illud animo irato ac percito fecisset; Milo 63.

percipio, einfammeln, empfangen, vernehmen, empfinden, wahrnehmen, auffaffen, erfaffen, begreifen: I. ut ei (sapienti) vera multa videantur, neque tamen habere insignem illam et propriam percipiendi notam; Ac II 101. percipiendi signum nullum habemus; Ac II 111. — II, 1. percipe diligenter, quae dicam; Catil I 27. — 2. sapiens num comprehensum animo habet atque perceptum se ex sententia navigaturum? Ac II 100. — III. id posse percipere animo et memoria custodire; de or I 127. quod neque oculis neque auribus neque ullo sensu percipi potest; orat 8. cum idem illud auribus percipias; ep IV 9, 1. nullam artem litteris sine interprete et sine aliqua exercitatione percipi posse; ep VII 19. nec quisquam rex Persarum potest esse, qui non ante magorum disciplinam scientiamque perceperit; div I 91. (Cicero) acerbissimos dolores miseriasque percepit; ep XIV 1, 1. qui (fructus) ex perpetua oratione percipi potuit; Ver pr 33. reliqua tempora demetendis fructibus et percipiendis accommodata sunt; Cato 70. in virtute atque humanitate percipienda; Q fr I 1, 29. miserias: f. dolores. quamvis artis praecepta perceperint; of I 60. si memoria perceptarum comprensarumque rerum est; Ac II 106. scientiam: f. disciplinam. ut sensum iam perceptum plane ex maerore patrio; Flac 106. ut eius (adversarii) non solum sententias, sed etiam verba omnia percipiamus || excip. ||; de or I 148. speciem dei percipi cogitatione, non sensu; nat I 105. verba: f. sententias. virtutem: f. humanitatem. alia visa esse, quae percipi possint, alia, quae percipi non possint; Ac II 99. cum (di) voluptates corpore percipere non possint; fin II 115. per quam (artem) illa utilitas percipi possit; div I 116.

percomis, fehr freundlich: qui (Q. Scaevola) percomis est habitus; Bru 212.

percommode, fehr gelegen, paffend: percommode accidit, quod . . ; Caecin 77. quod mihi nihil relinquis, percommode facis; de or II 350.

percontatio, Frage, Erkundigung: I. rogatio atque huic finitima quasi percontatio expositioque sententiae suae; de or III 203. — II. primum tempus salutationis in percontatione consumpsimus; Tim 2. ille sermo ductus est ‖ ducitur ‖ e percontatione filii, quid in senatu esset actum; Bru 218.
percontor, fragen, sich erkundigen, forschen: I, 1, a. is (Socrates) percontando atque interrogando elicere solebat eorum opiniones, quibuscum disserebat; fin II 2. — b. (Crassum) doctoribus nostris ea ponere in percontando, ut . .; de or II 2. — cum interrogamus nosmet ipsos aut percontamur; part or 47. quod negent te percontantibus respondere; ep VII 16, 3. — II. cum (Theophrastus) percontaretur ex anicula quadam, quanti aliquid venderet; Bru 172. — III. numquam mihi percontanti aut quaerenti aliquid defuisti; de or I 97. nisi omnia, quae percontati erimus, explicaris; de or I 100. solebat ex me Deiotarus percontari nostri augurii disciplinam; div II 76. — IV, 1. ille me de nostra re publica percontatus est; rep VI 9. — 2. percontare ipse te, perpetuisne malis voluptatibus perfruens degere . .; fin II 118.
percoquo, erhitzen: nullo modo facilius arbitror posse terram ab sole peroqui; fr F I 12
percrebresco, sich verbreiten: I. cum hoc percrebrescit, plurimos nostros amicos inveniri; A I 1, 1. — II. alqd: f. I. quae (fama) de tua voluntate percrebruit; ep X 10, 1. si eius hoc tantum scelus percrebruisset; A XI 9, 2. cum illius nefarii gladiatoris voces percrebuissent ‖ percrebruissent ‖ ; Muren 50.
percrepo, laut ertönen: locum illum litoris percrepare totum mulierum vocibus cantuque symphoniae; Ver V 31.
percupidus, sehr geneigt: cognovi Hortensium percupidum tui; ep I 7, 2.
percuriosus, sehr neugierig: Nicostratus quidam percuriosus et minime mendax; Cluent 175.
percurro, eilen, durchlaufen, anführen: I. per omnes civitates percurrit oratio mea; Ver III 100. — II. quae valde breviter a te de ipsa arte percursa sunt; de or I 205. ut sit boni oratoris multa animo et cogitatione, multa etiam legendo percucurrisse; de or I 218. haec ut properans percurro; de or II 178. faciet his noster, ut percurrat omnes (locos); orat 47. quas (partes) modo percurri; de or III 52. eas (quaestiones) percursas animo et prope dicam decantatas habere; de or II 140.
percursatio, Durchreise: Italiae rursus percursatio eadem comite mina; Phil II 62.
percursio, Durcheilen: I. huic (commorationi) contraria saepe percursio est; de or III 202. — II. propter animi multarum rerum brevi tempore percursionem; Tusc IV 31.
percussio, Schlagen, Takt: I. sunt insignes percussiones eorum numerorum et minuti pedes; de or III 182. ex hac opinione sunt illa genera lugendi, pectoris, feminum, capitis percussiones; Tusc III 62. — II. non sunt in ea (oratione) tamquam tibicini percussionum modi; orat 198. — III. ut (M. Crassus) digitorum percussione heres posset scriptus esse; of III 75.
percussor, Mörder: Caesaris percussor ab isto missus; Phil II 74. quos qui leviore nomine appellant, percussores vocant; Sex Rosc 93.
percutio, stoßen, schlagen, treffen, töten, ergreifen, erschrecken: M. Aemilium lapide percussum esse constabat; de or II 197. cum Cato percussus esset ab eo, qui arcam ferebat; de or II 279. me cupidissimum audiendi primus dolor percussit; Bru 305. (M. Fadius) repente percussus est atrocissimis litteris; ep IX 25, 3. percussisti me de oratione prolata; A III 12, 2. percussus vehementer nec magis, quam debui; A VI 9, 1. civem Romanum

securi esse percussum; Ver V 74. „frons non percussa, non femur"; Bru 278. homines percussi Sullani temporis calamitate; Muren 49. quamvis murum aries percusserit; of I 35. complures in Capitolio res de caelo esse percussas; Catil III 19. cum pede terram percussisset; Tusc II 60.
perdifficilis, sehr schwierig: quae perdifficilia sunt; part or 84. quod eorum (signorum) demolitio atque asportatio perdifficilis videbatur; Ver IV 110. perdifficilis et perobscura quaestio est de natura deorum; nat I 1.
perdifficiliter, sehr schwer: quae (visa) perdifficiliter, internoscantur tamen; Ac II 47.
perdignus, sehr würdig: hominem perdignum esse tua amicitia; ep XIII 6, 4.
perdiligens, sehr sorgfältig: res est hominis perdiligentis; Q fr III 5, 6.
perdiligenter, sehr sorgfältig: quo (libro) iste omnem rerum memoriam perdiligenter complexus est; Bru 14.
perdisco, gründlich erlernen, auswendig lernen, genau verstehen: I, 1. praemiis ad perdiscendum amplioribus commoveri; de or I 13. — 2. ut voluntatem discendi simul cum spe perdiscendi abiceremus; de or II 142. — II. qui hominum ‖ hominis unius ‖ speciem pingere perdidicerit; de or II 69. — III. ut, nisi quod quisque cito potuerit, numquam omnino possit perdiscere; de or III 89. me desperare ista posse perdiscere; de or III 147. perdiscendum ius civile; de or I 159. si tu maluisses benivolentiae quam litium iura perdiscere; ep VII 14, 2. num Magonis Carthaginiensis sunt libri perdiscendi? de or I 249. hic locus de vita et moribus totus est oratori perdiscendus; de or I 69. contortas res et saepe difficiles necessario perdiscimus; de or I 250.
perdiserte, sehr beredt: Philonem perdiserte populo rationem reddidisse; de or I 62.
perdite, maßlos, schlecht: qui hic (Caesar) potest se gerere non perdite? A IX 2, a, 2.
perditor, Verderber: si ego te perditorem et vexatorem rei publicae fero; Vatin 7. senatus odit te adflictorem ac perditorem non modo dignitatis et auctoritatis, sed omnino ordinis ac nominis sui; Piso 64.
perdiu, sehr lange: quod perdiu nihil eram auditurus; A III 22, 4. cum boni perdiu nulli oratores invenirentur; de or I 8.
perdives, sehr reich: amici regis duo tresve perdivites sunt; A VI 1, 3. mulier est Segestana perdives et nobilis; Ver IV 59.
perdiuturnus, sehr lange dauernd: quae (coniunctio) aut sempiterna sit necesse est hoc eodem ornatu aut certe perdiuturna; nat II 85.
perdo, verderben, vernichten, zu Grunde richten, vergeuden, verlieren, part. verworfen, ruchlos (perduint: f. II. alqm): I. mavult commemorari se, cum posset perdere, pepercisse quam, cum parcere potuerit, perdidisse; Quinct 51. — II. reliquias egestate et fame perditis; Ver V 100. me perditum nihil adflictumque offerrem; A III 10, 2. quem di mortuum perduint! A XV 4, 3. quae ego si non profundere ac perdere videbor; ep V 5, 3. nihil est perditius his hominibus; Q fr III 9, 1. hoc perditius fieri nihil potest; A XI 18, 2. nihil perditius; A XIV 1, 1. dixit de adulescente perdito ac dissoluto; Ver IV 55. neque ego umquam bona perdidisse dicam, ui quis pecus aut supellectilem amiserit; par 8. cum tam aequo animo bona perdas; ep IX 16, 7. ex nefaria spe perditissimorum civium; Phil V 32. ut levarem miseriis perditas civitates et perditas maxime per magistratus suos; ep III 8, 5. ut P. Claudius eiusque conlega L. Iunius classes maximas perdiderunt; div I 29. novi perdita consilia amicorum; Ver V 29. quamquam haec perditissima defensio est; Ver II 101. qui (M. Cato)

summa virtute filium perdidit; ep IV 6, 1. existimabam omnes me et industriae meae fructus et fortunae perdidisse; ep IV 6, 2. illos impetus perditorum hominum et ex maxima parte servorum; Phil II 91. f. virum. usque eo senatoria indicia perdita profligataque esse arbitratur, ut . . ; Ver pr 8. minus miseri, qui his temporibus (liberos) amiserunt, quam ei eosdem bona re publica perdidissent; ep V 16, 3. tam flagitiosa et tam perdita libido; Cato 42. litem adversarium perditurum; de or I 167. vexatis ac perditis exteris nationibus; of II 28. non patiebatur eos operam apud sese perdere; de or I 126. quin quassata res publica multa perderet et ornamenta dignitatis et praesidia stabilitatis suae; Marcel 24. provincias universas perdidistis; Phil II 92. pudorem cum pudicitia perdidisti; Phil II 15. ride, ne puerum perditum perdamus; ep XIV 1, 5. o rem perditam! A IX 18, 2. „numquam (Tarentum) recepissem, nisi tu perdidisses"; de or II 273. si non potuerim, tempus non perdere; de or III 146. haec perturbatio temporum perditorum; ep V 16, 3. aderit perdita valetudo; Tusc V 29. te vectigalia perdidisse; Ver III 128. (amor tuus) gratus et optatus (dicerem „iucundus", nisi id verbum in omne tempus perdidissem); ep V 15, 1. vide, ne tu veteranos tamen eos, qui erant perditi, perdideris; Phil XIII 31. virum bonum et magnum hominem perdidimus; A IV 6, 1. vita hominis perditissima ostendatur necesse est; Sex Rosc 62.

perdoceo, ausführlich lehren: rem quaeris nec mihi difficilem ad perdocendum; Sest 96.

perdoctus, sehr unterrichtet: cum me praesertim rerum varietate atque usu ipso iam perdoctum riderent; Balb 60.

perdomo, völlig unterjochen: perditi cives redomiti || perdomiti || atque victi; Sulla 1.

perduco, hinführen, hinleiten, bringen, fortziehen, bewegen: (Scaptius) rogat, ut eos ad ducenda (talenta) perducam; A V 21, 12. confieri atque ad exitum perduci potest; inv II 169. illam Campanam adrogantiam || adrogantem || atque intolerandam ferociam ad otium perduxerunt; agr II 91. cum (natura fruges) ad spicam perduxerit ab herba; fin IV 37. dum ad te legiones eae perducantur, quas audio duci; ep XII 19, 2. usque ad assum vitulinum opera perducitur; ep IX 20, 1. res ad centena perducitur; A XIV 11, 2. quae (res publica) si ad tuum tempus perducitur; ep X 1, 2. (Octavianus) veteranos perduxit ad suam sententiam; A XVI 8, 1. nec absolvi beata vita sapientis neque ad exitum perduci poterit, si . . ; fin II 105.

perductor, Kuppler: perductorum nulla mentio fiat; Ver I 33.

perduellio, Hochverrat: de perduellionis indicio meum crimen est; Rabir 10. ego in C. Rabirio perduellionis reo interpositam senatus auctoritatem sustinui; Piso 4.

perduellis, Feind: I. quod, qui proprio nomine perduellis esset, is hostis vocaretur; of I 37. — II. pirata non est ex perduellium numero definitus [def.] ||, sed communis hostis omnium; of III 107.

peregre, im Auslande: Lucius frater eius, utpote qui peregre depugnarit, familiam ducit; Phil V 30.

peregrinatio, Reise, Aufenthalt im Auslande: I. quam nobilis est tua illa peregrinatio! Phil II 101. omnis peregrinatio obscura et sordida est iis, quorum industria Romae potest inlustris esse; ep II 12, 2. — II. quod temporis in praediolis nostris consumi potuit, in peregrinatione consumimus; A XVI 3, 4. exsilium quantum tandem a perpetua peregrinatione differt? Tusc V 107.

peregrinator, Freund des Reisens: et mehercule non tam sum peregrinator iam, quam solebam; ep VI 18, 5.

peregrinitas, ausländische Sitte: cum in urbem nostram est infusa peregrinitas; ep IX 15, 2.

peregrinor, in der Fremde wandern, hinauswandern, sich als Fremder aufhalten: nos in nostra urbe peregrinantes errantesque tui libri reduxerunt; Ac I 9. animus ita late longeque peregrinatur, ut . . ; nat I 54. an vero vestrae peregrinantur aures? Milo 33. eloquentia ita peregrinata tota Asia est, ut . . ; Bru 51. quae (philosophia) adhuc peregrinari Romae videbatur; fin III 40.

peregrinus, ausländisch, fremd, in der Fremde: A. qui peregrinam manum facinerosorum concitavit; Sest 95. excipit bellicam peregrinamque mortem; leg II 60. ut deos immortales scientia peregrina et externa, mente domestica et civili precaretur; Balb 55. — B, I, 1. lex peregrinum vetat in murum escendere || asc. ||; de or II 100. — 2. nec (oratorem) peregrinum atque hospitem in agendo esse debere; de or I 218. — II. hostis apud maiores nostros is dicebatur, quem nunc peregrinum dicimus; of I 37. qua (lege) peregrini Roma eiciuntur; agr I 13. usu urbis prohibere peregrinos sane inhumanum est; of III 47. — III. peregrini atque incolae officium est nihil praeter suum negotium agere; of I 125. ne peregrinorum suffragiis obruare; Sulla 24.

perelegans, sehr fein, geschmackvoll: genus est perelegans et cum gravitate salsum; de or II 270. quoniam tua fuit perelegans et subtilis oratio; Planc 58.

pereleganter, sehr geschmackvoll: quae cum satis ornate et pereleganter diceret; Bru 197.

pereloquens, sehr beredt: Cn. Lentulus Marcellinus pereloquens visus est; Bru 247.

peremnis, bei einem Flußübergange: nulla (auspicia) peremnia servantur; nat II 9.

peremo s. **perimo.**

perendie, übermorgen: scies fortasse cras, summum perendie; A XII 44, 3. ego hinc perendie mane cogito; ep XVI 17, 2.

perendinus, übermorgend: utrum „diem tertium" an „perendinum" dici oporteret; Muren 27.

perennis, dauernd, beständig: quo in summo (loco) est aequata agri planities et aquae perennes; Ver IV 107. earum (stellarum) perennes cursus atque perpetui; nat II 55. ille perennis inimicus amicorum suorum; ep I 9, 2. illa sine intervallis loquacitas perennis et profluens; de or III 185. tu contine te in tuis perennibus studiis; Bru 332.

perennitas, Beständigkeit, Unversiegbarkeit: adde huc fontium gelidas perennitates; nat II 98.

pereo, umkommen, verloren gehen, abkommen, aufhören, zu Grunde gehen, sterben: I. non milieus perire est melius quam . . ? Phil II 112. — II. quo illi crimine peccatoque perierunt? Cael 71. ut naufragio pereat Atreus; Tusc I 107. si Daphitae fatum fuit ex equo cadere atque ita perire; fat 5. Scipio, Afranius foede perierunt; ep IX 18, 2. iam pridem perieramus; A XIV 10, 1. eum aegrotum statim periturum; nat III 78. Siculi causam suam perisse querentur; Ver V 173. ne et opera et oleum philologiae nostae perierit; A II 17, 1. tantam pecuniam perire potuisse; Phil V 11. praeda perierit; dom 65. nec res perisset; A XI 23, 8. dolebam rem publicam brevi tempore esse perituram; Phil II 37. subsiciva quaedam tempora incurrunt, quae ego perire non patior; leg I 9. ex quo in procinctu testamenta perierant; nat II 9. non dubitat, quin brevi sit Troia peritura; Cato 31.

pereruditus, sehr gebildet: homo pereruditus, ut aiunt, Pituanius; A IV 15, 2. bonos illos quidem viros, sed certe non pereruditos; fin II 12.

perexcelsus, sehr emporragend: Henna est loco perexcelso; Ver IV 107.

perexigue, ſehr kärglich: Xenonem perexigue et γλίσχρως praebere; A XVI 1, 5.

perexiguus, ſehr klein, ſehr gering, ſehr kurz: ut omnia praeterea, quae bona corporis et fortunae putantur, perexigua et minuta videantur; Tusc II 30. illa eorum perexigua oratio est; Tusc IV 9. quamquam (semen) sit perexiguum; nat II 81. uno atque eo perexiguo tempore; Ver pr 24.

perexpeditus, ganz unbehindert: haec est perfacilis et perexpedita defensio; fin III 36.

perfacete, ſehr witzig: neque perfacete dicta sunt; Ver I 121.

perfacetus, ſehr witzig, geiſtreich: quia exit aliquando a l i q u i d si non perfacetum, at tamen . . ; Planc 35. hunc (Carbonem L. Gellius) oratorem valde dulcem et perfacetum fuisse dicebat; Bru 105.

perfacile, ſehr leicht: nos nostram (causam) perfacile cuivis p r o b a t u r o s statuebamus; Quinct 92. perfacile hunc hominem de medio tolli posse; Sex Rosc 20.

perfacilis, ſehr leicht: me sibi perfacilem in audiendo esse visum; de or I 93. sacrorum ipsorum diligentiam difficilem, apparatum perfacilem esse voluit; rep II 27. res in perfacili cognitione versantur ‖ ars . . versatur‖; orat 122. perfacilis mihi reliquus cursus ostenditur; Cael 51. perfacile iudicium est; of III 32.

perfamiliaris, Vertrauter: I. doctus Graecis litteris propinquus noster M. Gratidius, M. Antonii perfamiliaris; Bru 168. — II, 1. P. Messienum, meum perfamiliarem, tibi c o m m e n d o; ep XIII 51. — 2. Eupolemo, Lucullorum hospiti ac perfamiliari, non idem f e c i t? Ver IV 49.

perfecte, vollkommen, völlig: I. omnia honestas perfecte a b s o l u t a est; fin IV 18. erat perfecte planeque eruditus; Bru 282. videtisne, quam nihil ab eo nisi perfecte, nihil nisi cum summa venustate fiat? de or I 130. — II. his (perturbationibus) vacuus animus perfecte atque absolute b e a t o s efficit; Tusc IV 38. (mundos) undique perfecte et absolute ita ‖[ita]‖ pares, ut . . ; Ac II 55.

perfectio, Vervollkommnung, Vollendung, Vollkommenheit: I. quam in omnibus rebus difficilis optimi perfectio dicendi esse absoluto (fuerit); Bru 137. quibus tantum praestat mentis excellens perfectio, ut . . ; fin V 60. — II, 1. „oportere“ perfectionem d e c l a r a t officii, „decere“ quasi aptum esse consentaneumque tempori et personae; orat 74. hanc ego absolutionem perfectionemque in oratore desideraus; de or I 130. si erit perspecta omnis humanae naturae figura atque perfectio; nat II 133. — 2. tantum a b e s a perfectione maximorum operum, ut . . ; Marcel 25. — III. perfici beatam vitam perfectione virtutis; fin II 88.

perfector, Vollender: quem (stilum) tu vere dixisti perfectorem dicendi esse ac magistrum; de or I 257. huius operis maximi inter homines illum (moderatorem) esse perfectorem volo; rep V 8.

perfero, hintragen, übergeben, überbringen, verkünden, durchſetzen, ertragen, erdulden: I, 1. si (sapiens) f o r t i s est in perferendo, officio satis est; Tusc II 18. — 2. si quae te forte res aliquando offenderit, cum ille tardior tibi erit visus, perferto et ultima exspectato; ep VII 17, 2. perfer, si me amas; A V 21, 7. — II. et litteris multorum et sermone omnium perfertur ad me incredibilem tuam v i r t u t e m e s s e; ep XIV 1, 1. — III, 1. horum exprimere mores oratione timidos, perferentes i n i n j u r i a r u m mirum quiddam valet; de or II 184. — 2. facile omnes perpetior et perfero; de or II 77. ut omnes acerbitates. omnes dolores cruciatusque perferrem; Catil IV 1. pertuli crudelitatem inimicorum; Sest 145. curas, sollicitudines, vigilias perferunt;

fin V 57. perfer hunc dolorem commemorationis necessariae; Cluent 168. ſ. acerbitates. frigore et fame et siti et vigiliis perferendis fortis ab istis praedicabatur; Catil II 9. ut etiam iniurias nostrorum hominum perferendas putareut; Ver II 8. laus tua. quae ad nos clarissima et una omnium voce perfertur; ep II 5, 1. Pompeius ad voluntatem perferendae legis incubuerat: A I 19, 4. cum has quam primum ad te perferri litteras magnopere vellemus; ep II 6, 1. perfer istam militiam; ep VII 11, 2. Caucasi nives hiemalemque vim perferunt sine dolore; Tusc V 77. nolite hunc illi nuntium velle perferri; Balb 64. gladiatores quas plagas perferunt! Tusc II 41. omnes acerbissimas impiorum poenas pertulerunt; agr II 92. regno, quod pertuleramus, sublato; Phil I 4. quorum iniqui sermones cum ad me per homines honestissimos perferrentur; ep I 9, 20. sitim: ſ. famem. sollicitudines: ſ. curas. quem (tyrannum) armis oppressa pertulit civitas; of II 23. vigilias: ſ. curas, famem. vim: ſ. nives.

perficio, ausführen, vollenben, durchſetzen, erlangen, erreichen, bewirken, part. vollkommen: I. pertinere putavit ad perficiendi f a c u l t a t e m animum Caesaris a causa non abhorrere; Sest 71. — II, 1. ne ignobilitas obiceretur, meo labore esse perfectum; Muren 17. — 2. in Gallia ut nostri homines desperatas iam pecunias exigerent, aequitate diligentiaque perfecit; Muren 42. callide perfecit, ut, quodcumque accidisset, praedictum videretur; div II 110. — 3. perfecto et concluso neque virtutibus neque amicitiis usquam l o c u m e s s e, si . . ; fin II 85. — III. (R u t i l i u s) prope perfectus in Stoicis; Bru 114. C. Memmius perfectus litteris, sed Graecis; Bru 247. quod nihil simplici in genere omnibus ex partibus perfectum natura expolivit; inv II 3. quis ad ista summa atque in omni genere perfecta potest pervenire? de or I 131. nihil est simul et inventum et perfectum; Bru 71. manus extrema non accessit operibus eius (C. Gracchi); praeclare inchoata multa. perfecta non plane; Bru 126. illud, quo nihil addi possit, quod ego summum et perfectissimum iudicem; orat 3. vides profecto illum (Demosthenem) multa perficere, nos multa conari; orat 105. unum est genus perfici; opt gen 3. eo die nihil perfectum est; Q fr II 3, 3. meae (aurea) perfecto completoque verborum ambitu gaudent; orat 168. animum ipsum mentemque hominis, rationem, consilium, prudentiam qui non divina cura perfecta esse perspicit: nat II 147. absoluto perfectoque numero temporis absolutum annum perfectumque tum compleri denique, cum . . ; Tim 33. quae libido, quae avaritia. quod facinus sine animi motu et cogitatione, id est ratione. perficitur? nat III 71. Verresne habebit domi suae candelabrum Iovis e gemmis auroque perfectum? Ver IV 71. si omnia perfectis et principalibus causis fieri diceremus; fat 41. ut ibi cogitata perficeret; Deiot 21. Latinum (commentarium) si perfecero, ad te mittam; A I 19, 10. consilium: ſ. animum. exactis regibus, tametsi ipsam exactionem mente, non lingua perfectam L. Bruti esse cernimus; de or I 37. facinus: ſ. avaritiam. nullam partem corporis sine aliqua necessitate adfectam |adfictam‖ totamque formam quasi perfectam reperictis arte, non casu; de or III 179. quia videbam Italici belli et civilis historiam iam a te paene esse perfectam; ep V 12, 2. si instituta perfecero; div II 6. quorum ad aetatem lana eloquentiae perfecta nondum fuit: Bru 333. ego interea admonitu tuo perfeci sane argutulos libros ad Varronem; A XIII 18, 2. libidinem: ſ. avaritiam. mentem: ſ. animum. est virtus nihil aliud nisi perfecta et ad summum perducta natura; leg I 25. numerum: ſ. annum. illud officium, quod rectum idem (Stoici) appellant, perfectum atque absolutum est; of III 14. perfectum sibi opus esse, si . . ; de or I 204. spero paucis

mensibus opus Diphili perfectum fore; Q fr III 1, 2. ogl. alqd; Bru 126. oratorem plenum atque perfectum esse eum, qui ..; de or I 59. prudentiam, rationem: f. animum. in quo erit perfecta sapientia; Tusc II 51. neque (deorum mentes) ad scelus perficiendum caecis hostiis posse placari; Cluent 194. valvas ex auro atque ebore perfectiores nullas fuisse; Ver IV 124. in perfecto et spectato viro; Lael 9. Athenas, in quibus summa dicendi vis et inventa est et perfecta; de or I 13. quae coniuncta cum honestis vitam beatam perficiunt et absolvunt; fin IV 58.

perfidelis, ganz zuverlässig: si perfidelem habebo, cui dem, scribam plane omnia; A II 19, 5.

perfidia, Wortbrüchigkeit, Treulosigkeit, Unredlichkeit: I. nullum (esse) ius tam sanctum, quod non eius (Capitonis) scelus atque perfidia violarit et imminuerit; Sex Rosc 109. — II, 1. non nostram is perfidiam coarguit, sed indicat suam; ep III 8, 7. cum illius (Pompei) in me perfidiam increparet; Q fr II 3, 3. indicat: f. coarguit. multorum in nos perfidiam, insidias, proditionem notabis; ep V 12, 4. — 2. quod est aut perfidiae aut neglegentiae; Cluent 51. — 3. quanta fuerit uterque vestrum perfidia in Dolabellam; Phil II 79. — III. perfidiae suspicionem fugiens; A VIII 12, 2. — IV, 1. fides huius cognita ne perfidia Sex. Naevii derogetur, laborant; Quinct 75. — 2. is per summam fraudem et malitiam et perfidiam HS IↃↃↃ appetiit? Q Rosc 23.

perfidiose, treulos, unredlich: ubi multa perfidiose facta videbitis; Sex Rosc 118.

perfidiosus, wortbrüchig, treulos, unredlich: omnium perfidiosissimus, C. Marius; nat III 80. aeque perfidiosum est fidem frangere; Q Rosc 16. nihil in me perfidiosum debes agnoscere; ep III 10, 7. ad quam spem tam perfidiosum, tam importunum animal reservetis? Ver I 42. illud improbi esse hominis et perfidiosi; de or II 297.

perfidus, treulos: omnes aliud agentes, aliud simulantes perfidi, improbi, malitiosi; of III 60. perfidos amicos (ulciscar) nihil credendo; Quir 21.

perflabilis, durchwehbar: deos iocandi causa induxit Epicurus perlucidos et perflabiles; div II 40.

perflagitiosus, sehr lasterhaft: cum hac (muliere) aliquid adulescentem hominem habuisse rationis num tibi perturpe aut perflagitiosum esse videatur? Cael 50.

perflo, durchwehen: colles sunt, qui cum perflantur ipsi, tum adferunt umbram vallibus; rep II 11.

perfodio, durchgraben: Hellesponto iuncto, Athone perfosso; fin II 112.

perforo, durchlöchern, durchbrechen: ut etiam navem perforet, in qua ipse naviget; Scaur 45. ex quo (cubiculo) tibi Stabianum perforasti et patefecisti sinum ‖ Misenum ‖; ep VII 1, 1. viae quasi quaedam sunt ad oculos, ad aures, ad nares a sede animi perforatae; Tusc I 46.

perfrico, reiben, kratzen, das Schamgefühl ablegen: caput sinistra manu perfricans; Piso 61. quam (voluptatem) tu idem, cum os perfricuisti, soles dicere; Tusc III 41.

perfrigidus, sehr kalt: erat hiems summa, tempestas perfrigida; Ver IV 86.

perfringo, zerbrechen, zerschmettern, ergreifen, durchbrechen, verletzen: ut des operam, ut uno impetu perfringantur ‖ perfringatur ‖; A III 23, 5. qua (suavitate) perfunderet animos, non qua perfringeret; Bru 38. qui potest leges ac iudicia perfringere; Sest 134. ut omnia repagula pudoris officiique perfringeres; Ver V 39. perfracto saxo sortes erupisse; div II 85.

perfruor, vollständig genießen, sich erquicken: I. expetuntur divitiae ad perfruendas voluptates; of I 25. — II. amoenitate summa perfructus est;

fr F V 77. quibus cum auctoritate rerumque gestarum gloria tum etiam sapientiae laude perfrui licuit; Bru 9. ut vel auctoritate testimonii tui vel indicio benivolentiae vel suavitate ingenii vivi perfruamur; ep V 12, 1. patiantur virorum fortium labore se otio suo perfrui; Sest 138. regno paterno atque avito regali otio perfruebatur; Sest 57. suavitate: f. auctoritate. perfrui maximis et animi et corporis voluptatibus; fin I 57.

perfuga, Überläufer: 1. perfuga ab eo (rege) venit in castra Fabricii eique est pollicitus se eum veneno necaturum; of III 86. — 2. qui initio proditor fuit, deinde perfuga; Sex Rosc 117.

perfugio, übergehen, seine Zuflucht nehmen: alter in tribunatus portum perfugerat; Sest 18. qui ad otium perfugerint; of I 69. qui hostes ad nostros imperatores perfugissent; Balb 24.

perfugium, Zuflucht, Zufluchtsort, Ausflucht: I, 1. senectuti celebrandae et ornandae quod honestius potest esse perfugium quam iuris interpretatio? de or I 199. quod esse poterat mihi perfugium? ep V 15, 3. — 2. exsilium non supplicium est, sed perfugium portusque supplicii; Caecin 100. — II, 1. illa perfugia, quae sumunt sibi ad excusationem, quo facilius otio perfruantur, certe minime sunt audienda; rep I 9. in primis oportunum videtur habere perfugium eorum urbem, quibus carus sis; ep VII 20, 2. obstruite perfugia improborum; Sulla 79. cum paratum sit illud ex hesterna disputatione perfugium; Tusc II 66. omne perfugium bonorum in te et Bruto esse positum; ep XII 6, 2. sumo: f. audio. quanto hoc durius, te perfugium misericordiae tollere! Ligar 14. — 2. ad omnia confugi remedia ac perfugia causarum; Cluent 51.

perfunctio, Verrichtung, Verwaltung: I. neque laborum perfunctio per se ipsa adlicit; fin I 49. — II. annus primus ab honorum perfunctione; de or III 7.

perfundo, überschütten, begießen, überströmen, erfüllen: nos iudicio perfundere; Sex Rosc 80. aqua ferventi Philodamus perfunditur; Ver I 67. di immortales, qui me horror perfudit! A VIII 6, 3. qua (suavitate) perfunderet animos, non qua perfringeret; Bru 38. ut eos (deos) perfundas voluptatibus; nat I 112. multitudo quasi voluptate quadam perfunditur; Bru 188. quam (voluptatem) sensus accipiens movetur et iucunditate quadam perfunditur; fin II 6.

perfungor, völlig verrichten, fertig werden, durchmachen, überstehen: I. quod s e perfunctos iam esse arbitrantur, cum de rato iudicarunt; Cluent 116. — II, 1. ut mihi tam multa pro se perpesso atque perfuncto concederet, ut ..; ep I 9, 10. recito memoriam perfuncti periculi; Sest 10. — 2. perfuncta res publica est hoc misero fatalique bello; Marcel 31. cum et bonoribus amplissimis et laboribus maximis perfuncti essemus; ep I 8, 3. honoribus et rei publicae muneribus perfunctam seuem; de or I 199. ceteris nulla perfunctis propria molestia; ep V 12, 5. iucundam nobis perfunctis muneribus humanis occasum fore; fr F V 97. f. honoribus. aetas nostra perfuncta rebus amplissimis; Bru 8.

pergaudeo, sich sehr freuen: Trebonium a te amari pergaudeo; Q fr III 1, 9.

pergo, aufbrechen, fortfahren, vorbringen, sich begeben, eilen, fortsetzen: I. pergamus ad reliqua; Bru 158. Italiam percensuisti; perge in Siciliam; agr II 48. sed perge, ut coeperas; leg III 1. te hortor et rogo, ut Romam protinus pergas et properes; Q fr I 3, 4. nunc pergam ad cetera; A IV 16, 2. Antonium cum legione Alaudarum ad urbem pergere; A XVI 8, 2. pergite, ut facitis, adulescentes; de or I 34. video iam, quo pergat oratio; rep III 44. ut ad eas (virtutes) cursim perrectura beata vita videatur; Tusc III 15. — II, 1.

sed perge, Pomponi, de Caesare; Bru 258. — 2. ut iter reliquum conficere pergas; de or II 290. perge ordine quattuor mihi istas partes explicare; part or 28. — III. perge reliqua; A IV 11, 1. pergit in me ‖ in mea ‖ maledicta; Phil XIII 40.

pergrandis, ſehr groß: ex una gemma pergrandi trulla excavata; Ver IV 62. ea erat pergrandis pecunia; Ver II 19. iubet decemviros pergrande vectigal imponere; agr I 10.

pergratus, ſehr angenehm: A. per mihi gratum est; A I 4, 3. XIV 11, 2. per mihi gratum erit, si . . ; A V 10, 4. quod ei pergratum erat; A V 11, 6. cum Scipioni eorum adventus periucundus et pergratus fuisset; rep I 18. pergrata mihi ‖ mihi fuit ‖ oratio tua; fin V 96. omnes artes pergratam utilitatem debent habere; Muren 23. — B. pergratum mihi feceris, si . . ; ep XIII 60, 2. per mihi, per, inquam, gratum feceris, si . . ; A I 20, 7.

pergravis, ſehr gewichtig: non dubito, quin sint pergraves (testes); Cael 63.

pergraviter, ſehr heftig, ſehr empfindlich: id M. Fadius pergraviter tulit; ep IX 25, 3. pergraviter illum esse offensum; A I 10, 2. Servium Galbam pergraviter reprehendere solebat; de or I 227.

perhibeo, angeben, ſagen, nennen, anführen: I. qui (Tyndaridae fratres) nuntii (victoriae) fuisse perhibentur; Tusc I 28. — II. nec minus est Spartiates Agesilaus ille perhibendus; ep V 12, 7. quem Caecilius suo nomine perhiberet; A I 1, 4. — III. »hunc (aethera) perhibeto Iovem«; nat II 65. »bene qui coniciet, vatem hunc perhibebo optumum«; div II 12.

perhonorifice, auf ſehr ehrenvolle Art: nobiscum hic perhonorifice et peramice ‖ amice ‖ Octavius; A XIV 12, 2.

perhonorificus, ſehr ehrenvoll, ſehr ehrerbietig: quod ei perhonorificum videbatur . . ; ep XV 2, 5. consalutatio forensis perhonorifica; A II 18, 1. eius (consulis) conlega in me perhonorificus; A I 13, 2.

perhorresco, ſchaudern, erbeben, zittern, ſich entſetzen: I. toto corpore perhorresco; div Caec 41. — II. is, ne quod accipiat famae vulnus, perhorrescit ‖ † perhorrescit ‖; Rabir 36. — III. quid est tandem, quod perhorrescas? A XIII 25, 3. rumorem, fabulam falsam, fictam, levem perhorrescimus; Milo 42. tum lamentationes matrum familias, tum fugam virginum ac vexationem virginum Vestalium perhorresco; Catil IV 12. genus belli crudelissimi perhorrui; A IX 10, 2. lamentationes, al.: ſ. fugam: nomen exsulis non perhorrescis? par 32. rumorem: ſ. fabulam.

perhumaniter, ſehr freundlich: scripsit ad me Caesar perhumaniter; ep VII 8, 1.

perhumanus, ſehr freundlich: quia (Oppii epistula) perhumana erat; A XVI 12. M. Aemilius Avianius, vir cum bonus tum perhumanus; ep XIII 21, 1.

periclitatio, Verſuch: quarum (stirpium, herbarum) utilitates longinqui temporis usu et periclitatione percepimus; nat II 161.

periclitor, wagen, gefährden, verſuchen, erproben: I. ut mihi non sit difficile periclitari; de or III 146. — II. homines in proeliis belli fortunam periclitari solent; Ver V 132. periclitatis moribus amicorum; Lael 63. in periclitandis experiendisque pueris; div II 97. non est saepius in uno homine summa salus periclitanda rei publicae; Catil I 11. periclitandae (sunt) vires ingenii; de or I 157.

periculose, mit Gefahr, gefährlich: hominis periculose aegrotantis; A VIII 2, 3. periculose dico; Phil VII 8. ne periculose hieme naviges; ep

XVI 11, 1. cum tempestate pugnem periculose potiu‹ quam . . ? Planc 94.

periculosus, gefährlich. Gefahr bringend: fuissemus in nosmet ipsos, si illum (Caesarem) offensuri fuimus, paene periculosi; A XIII 27, 1. quibu‹ periculosa et calida consilia quietis et cogitatis splendidiora videantur; of I 82. si me huic itineri tam infesto tamque periculoso commisero; Phil XII 25. paucis additis (ea ars) venit ad soritas, lubricum sane et periculosum locum; Ac II 92. gravi periculosoque morbo adfectus; Phil IX 15. offensionem esse periculosam propter interpositam auctoritatem religionemque video; ep I 7, 5. quae (simulatio desiderii) inveterata verebar ne periculosa nostris tyrannoctonis esset; A XIV 15, 1 (2). illis ipsis rei publicae periculosissimis temporibus; Quir 15. duobus periculosis vulneribus acceptis; Phil XIV 26.

periculum, Verſuch, Gefahr, Prozeß, Anklage. Protokoll: I. Subject: si impendens patriae periculum me necessario de hac animi lenitate deduxerit; Catil II 28. nullum est periculum, ne quid tu eloquare nisi ita prudenter, ut . . ; de or I 208. cuia res, cuium periculum sit ‖ periculum ‖; Ver I 142. nullum externum periculum est; agr I 26. sive vos existimationis illius periculum sive iuri‹ dubitatio tardiores fecit adhuc ad iudicandum: Caecin 9. impendet: ſ. deducit. periculum residebit et erit inclusum penitus in visceribus rei publicae: Catil I 31.

II. nach Verben: 1. magnum periculum non adibit; orat 98. adiunguntur pericula vitae; rep I 4. quod eorum hominum fidei tabulae publicae periculaque magistratuum committuntur; Ver III 183. quod hic sua pericula cum meis coniunxit; Flac 101. si mihi periculum crearetur ab eo, quem ipse armasset: A II 22, 2. in hominum periculis defendendis: Cluent 157. Clodius adhuc mihi denuntiat periculum; A II 20, 1. multa etiam pericula depulsa sunt; nat II 163. ne innocenti periculum facesseris: div Caec 45. eos velle meae fidei diligentiaeque periculum facere, qui innocentiae abstinentiaeque fecissent; Ver pr 34. includo: ſ. I. residet. quod optimis civibus periculum inferre conantur; Sest 2. ab aqua ant ab igni pericula (haruspices) monent: div II 32. qui (Flaccus) periculum fortunarum et capitis sui prae mea salute neglexit; ep XIV 4, 2. cui non hoc periculum paratum esse videatis; Cluent 157. huic hominum generi fateor multa proponi pericula; Sest 138. ſ. vito. omnes ad pericula propulsanda concurrimus; Muren 45. qui ad pericula pro patria subeunda adhortantur; sen 14. uti propositum vitae periculum vitaret; Cluent 20. — 2. rem maximum fuisse summique periculi; dom 18. — 3. quis navigavit, qui non se aut mortis ant servitutis periculo committeret? imp Pomp 31. quae (oratio et facultas) numquam amicorum periculis defuit; Arch 13. ille corpus suum periculo obiecit; Deiot 14. quod essent urbes maritimae non solum multis periculis oppositae, sed etiam caecis; rep II 6. — 4. liberatus periculo caedis senatus; Phil I 5. ne quo periculo te proprio existimares esse. in magno omnes, sed tamen in communi sumus; ep IV 15, 2. — 5. qui habitus et quae figura non procul abesse putatur a vitae periculo; Bru 313. dubia spe impulsum certum in periculum se committere: inv II 27. coniungo cum: ſ. 1. coniungo. cum a gravissimis periculis populus Romanus defensus sit: Phil III 38. qui ex summis periculis eripuerim urbem; Sulla 27. quod ille gemitus provinciae ad tui capitis periculum pertinebat; Ver III 129. a quo periculo prohibete rem publicam; imp Pomp 19. si extra periculum esset; inv II 134. cuius extra periculum huius belli fortuna sit; A XI 24, 2. in: ſ. 4. sum. (ea) pro periculo potius quam contra salutem valere debere; part or 120. Platonem in

maximis periculis insidiisque esse versatum accepimus; Rab Post 23. quis tam esset amens, qui semper in laboribus et periculis viveret? Tusc I 33.
III. **nach Adjectiven:** te omnium periculorum video expertem fore; ep IV 14, 4. vita insidiarum periculorumque plenissima; of III 84. — 2. cui non haec sedes honoris [sella curulis] umquam vacua mortis periculo atque insidiis fuit; Catil IV 2. — 3. procul a: f. II, 5. absum a. provinciam Siciliam a belli periculis tutam esse servatam; Ver V 1. omnia alia esse nobis vacua ab omni periculo; prov 30.
IV. **nach Substantiven:** 1. deprecatores huius periculi missos videtis; Balb 41. quid periculi magnitudo postulet; Sest 119. ut animi communis periculi metu concitarentur; Ver V 163. qui neque periculi neque pietatis rationem habuisset; Ver II 97. T. Agusius et comes meus fuit illo miserrimo tempore et omnium periculorum meorum socius; ep XIII 71. cum alii me suspicione periculi sui non defenderent; Sest 46. — 2. te patris lacrimae de inn centis filii periculo non movebant; Ver V 109.
V. **Umfang:** 1. huius repentino periculo commoti huic adsident; Planc 28. qui suo labore et periculo nostram rem publicam defendunt; Balb 51. + quid quidem tibi nummi? meo periculo sint; A IV 7, 2. meo semper periculo peccet Antonius; Phil XII 16. quamvis ea (res publica) prematur periculis; rep I 10. non sum nescius, quanto periculo vivam; Sulla 28. — 2. quod suam, quod amicorum pecuniam regi crediderit cum tanto fortunarum suarum periculo; Rab Post 25. ne hoc in amicorum periculis accidere miremur; de or II 192. propter ignis periculum; leg II 58. ut inermes sine periculo possent esse; Tul 49.

perimbecillus, sehr schwach: quod est natum, perimbecillum est; A X 18, 1.

perimo, vernichten, zerstören, töten, vereiteln, hintertreiben: I. sin autem (supremus dies) perimit ‖ peremit ‖ ac delet omnino; Tusc I 117. — II. nisi aliqui casus aut occupatio eius (Panaetii) consilium peremisset; of III 33. sin aut vitam mihi fors ademisset aut vis aliqua maior reditum peremisset; Planc 101. nec potest esse miser quisquam sensu perempto; Tusc I 89.

perincommode, sehr ungelegen: accidit perincommode, quod eum (Quintum fratrem) nusquam vidisti; A I 17, 2.

perinde, ebenso, auf gleiche Weise: I. an ille vivendi artem tantam tamque operosam et perinde fructuosam relinqueret? fin I 72. — II. quod ego perinde tuebar, ac si unus essem; A XIII 49, 1. vereor, ut hoc perinde intellegi possit auditum, atque ipse cogitans sentio; Marcel 12. sed perinde valebit, quasi armatissimi fuerint; Caecin 61. perinde stultissimum regem in luctu capillum sibi evellere, quasi calvitio maeror levaretur; Tusc III 62. me haec perinde, ut dicam discenda esse, didicisse; de or III 74. haec perinde accidunt, ut eorum mentes tractantur; Bru 188. non perinde, ut est reapse, ex litteris perspicere potuisti; ep IX 15, 1.

perindulgens, sehr nachsichtig: qui (vir) perindulgens in patrem, idem acerbe severus in filium; of III 112.

perinfirmus, sehr schwach: sunt levia et perinfirma. quae dicebantur a te; fin II 53.

peringeniosus, sehr scharfsinnig: quod peringeniosis hominibus neque satis doctis plerumque contingit; Bru 92.

periniquus, sehr unbillig, unruhig: videant, ne sit periniquum et non ferendum; imp Pomp 63. etsi periniquo patiebar animo te a me digredi; ep XII 18, 1.

perinlustris, sehr geehrt: ibi morati biduum perinlustres fuimus; A V 20, 1.

perinsignis, sehr auffallend: si (corporis pravitates) erunt perinsignes; leg I 51.

perinvisus, sehr verhaßt: hominem dis ac nobilitati perinvisum, Cn. Pompeium; fr A VII 53.

perinvitus, sehr ungern: (litteras) legi perinvitus; ep III 9, 1.

peripetasma, Teppich: ut sibi mitteret Agrigentum periptasma; Ver IV 27.

periratus, sehr zornig: erant nobis perirati; ep IX 6, 3.

peristroma, Decke, Teppich: conchyliatis Cn. Pompei peristromatis servorum in cellis lectos stratos videres; Phil II 67.

peristylum, Säulengang: porticum concupierat, amplissimum peristylum; dom 116.

perite, kunstgemäß, mit Einsicht, verständig: bene dicere, quod est scienter et perite et ornate dicere; de or II 5. nihil peritius de foederibus (dici); Balb 2. (haec) sunt concinne distributa; sed tamen non perite; de or II 81. scripsit perite et diligenter; leg III 49. istius litteras peritissime venditabat; Ver II 135. neque in iis ipsis rebus satis callide versari et perite potest; de or I 48.

peritus, erfahren, kundig, sachkundig: A. (Cato) nonne fuit iuris civilis omnium peritissimus? de or I 171. qui legum et consuetudinis eius et ad respondendum et ad agendum et ad cavendum peritus esset; de or I 212. Ser. Fabius Pictor et iuris et litterarum et antiquitatis bene peritus; Bru 81. fuit is (L. Aelius) antiquitatis nostrae et in inventis rebus et in actis scriptorumque veterum litterate peritus; Bru 205. duobus Graecis vel peritissimis rerum civilium; rep I 34. te tam peritum esse rei militaris; ep IX 25, 1. hominem prudentissimum et peritissimum in iis ipsis rebus; de or I 66. ut inter homines peritos constare video; de or I 104. haec ab hominibus callidis ac peritis animadversa sunt; de or I 109. ab homine perito definiendi; of III 60. quam (urbem) iam peritus metator diviserat; Phil XIV 10. quid tulit legum scriptor peritus? dom 47. — B, I. hic apud maiores nostros adhibebatur peritus, nunc quilibet. peritum autem esse necesse est eum, qui, silentium quid sit, intellegat; div II 71. — II, 1. adhibeo: f. I. — 2. sin peritis non putas esse obtemperandum; Caecin 70. — III. a peritissimis sunt istis de rebus et responsa et scripta multa; leg II 46. quod (ius) ambigitur inter peritissimos; de or I 242.

periucunde, mit Behagen, in guter Stimmung: (hospes) fuit periucunde; A XIII 52, 1. qui in hac suavitate humanitatis versari periucunde soleret; Cael 25.

periucundus, sehr angenehm: nobis ista sunt pergrata perque iucunda; de or I 205. fuit ea (gratiarum actio) mihi periucunda; ep X 19, 1. cum Scipioni eorum adventus periucundus et pergratus fuisset; rep I 18. quamquam ista mihi tua fuit periucunda a proposita oratione digressio; Bru 292. quae (dissimulatio) est periucunda; de or III 203. cui (Pompeio) litterae tuae periucundae fuerunt; ep I 7, 3.

periurium, Meineid: I. quod EX ANIMI TUI SENTENTIA iuraris, id non facere periurium est; of III 108. — II, 1. non agam cum expresso et coacto sollicitatoque periurio subtiliter; Scaur 20. — 2. ago cum: f. 1. de tuorum iudicum manifesto periurio dici; hac resp 36. — III. »periurii poena divina exitium, humana dedecus; leg II 22. — IV. omnia corrupta libidine, pretio, periurio reperiuntur; Flac 26. videant, ne quaeratur latebra periurio; of III 106.

periuro f. **peiero.**

periurus, meineidig: A. si (Regulus) domi periurus consularis remansisset; of III 100. Ballionem illum periurissimum lenonem cum agit;

Q Rosc 20. — B. quid interest inter periurum et mendacem? Q Rosc 46.

perlabor, burchbringen, gelangen: inde perlapsus ad nos et usque ad Oceanum Hercules; Tusc I 28. per eam (venam) ad cor confectus (cibus) perlabitur; nat II 137.

perlate, sehr weit: id in sermonis nostri consuetudine perlate patet; de or II 17.

perlego, (pellego), burchlesen: I. quando (Varro) pelleget ‖ perleget ‖? Λ XIII 44, 2. — II. perlegi tuum paulo ante tertium de natura deorum; div I 8. perlegi omnes tuas (litteras); Λ IX 10, 10.

perlevis, sehr gering: an ignoratis vetera vectigalia perlevi saepe momento fortunae pendere? agr II 80.

perleviter, sehr leicht, sehr wenig: quod (Quintus) perleviter commotus fuerat; Q fr II 5, 2 (6, 1). ut eos perleviter pungat animi dolor; Tusc III 61.

perlibens (perlubens), sehr gern sehend: in quibus (inimicis) me perlubente Sevius adlisus est; Q fr II 4, 6 (6, 6).

perlibenter, sehr gern: illud perlibenter audivi; ep VII 14, 2. tecum perlibenter loquor; Λ VIII 14, 2.

perliberaliter, sehr gütig: ut perliberaliter ageretur; Sex Rosc 108. hoc loco multa perliberaliter; Λ X 4, 10.

perlongus, sehr lang: perlongo intervallo prope memoriae temporumque nostrorum; agr II 3. eas (litteras) Philogenes curavit perlonga via perferendas; Λ V 20, 8.

perluceo (pelluceo), hervorleuchten, burchsichtig sein: illud ipsum, quod honestum decorumque dicimus, quia maxime quasi perlucet ex iis virtutibus; of II 32. tenuis ac perlucens aether; nat II 54. mollis et pellucens oratio; Bru 274.

perlucidus, burchsichtig, hell: ut deum fingeret exilem quendam atque perlucidum; nat I 123. adde huc liquores perlucidos amnium; nat II 98. tota (sidera) sunt calida atque perlucida; nat II 39.

perluctuosus, sehr traurig: Serrani Domestici filii funus perluctuosum; Q fr III 8, 5.

perlustro, überschauen: perlustrandae animo partes erunt omnes; part or 38.

permagnus, sehr groß: A. haec est non verborum parva, sed rerum permagna dissensio; nat I 16. cum permagno equitatu Parthico; ep XV 1, 2. permagnam initis a nobis gratiam; Caecin 79. tenuit permagnam Sextilius hereditatem; fin II 55. permagnam pecuniam poposcit; Cluent 69. — B. I. per enim magni aestimo tibi factum nostrum probari; Λ X 1, 1. permagni interest, quo tibi haec tempore epistula reddita sit; ep XI 16, 1. permagni eius (Caesaris) interest rem ad interregnum non venire; Λ IX 9, 3. — II. tu ista permagno aestimas? Ver IV 13. permagno decumas eius agri vendidisti; Ver III 90.

permaneo, fortbauern, fortbestehen, verbleiben, verharren, ausbauern: I. ut mundus quam aptissimus sit ad permanendum; nat II 58. — II. in omnibus meis sententiis de re publica pristinis permanebam; ep I 9, 6. ut mea erga te voluntate etiam desertus ab officiis tuis permanerem; ep V 2, 10. molestia (est) aegritudo permanens; Tusc IV 18. permanere animos; Tusc I 36. multa monumenta vestri in me beneficii permanebunt; Quir 24. in eo magistra vitae philosophia tot saecula permanet; Tusc II 16. tam permanet (beata vita) quam ipsa illa effectrix beatae vitae sapientia; fin II 87. vox permanens, verum subrauca natura; Bru 141. — III. qui (animus) si permanet incorruptus suique similis; Tusc I 43. ut (arx) etiam

in illa tempestate horribili Gallici adventus incolumis atque intacta permanserit; rep II 11. cuius nomen invictum in navalibus pugnis permanserit; imp Pomp 54.

permano, burchströmen, sich ergießen, hinbringen, einbringen: Pythagorae doctrina permanavisse mihi videtur in hanc civitatem; Tusc IV 2. permanat in venas et inhaeret in visceribus illud malum; Tusc IV 24. ut aliqui sermones etiam ad vestras aures permanarent; Balb 56. ex intestinis secretus a reliquo cibo sucus is, quo alimur, permanat ad iecur; nat II 137.

permansio, Verbleiben, Verharren: I. perseverantia est in ratione bene considerata stabilis et perpetua permansio; inv II 164. — II. numquam laudata est in una sententia perpetua permansio; ep I 9, 21. — III. quodvis supplicium levius est hac permansione; Λ XI 18, 1.

permediocris, sehr mäßig: permediocres ac potius leves motus debere esse; de or I 220.

permetior, burchmessen, ausmessen: cum eos (ambitus) permensus est idem orbis; Tim 33. solis magnitudinem quasi decempeda permensi; Ac II 126.

permirus, sehr wunderbar: per mihi mirum visum est; de or I 214. ut mihi permirum saepe videatur; de or III 49. illud mihi permirum accidit; ep III 10, 5.

permisceo, vermischen, vermengen, verwirren: cuius acerbitas morum immanitasque naturae ne vino quidem permixta temperari solet; Phil XII 26. permixti cum corpore animi; div I 129. ut illa excellens opinione fortuna cum laboribus et miseriis permixta [esse] videatur; de or II 210. quod (genus rei publicae) est ex his, quae prima dixi, moderatum et permixtum tribus; rep I 45. numquam permiscere Graeciam dictus esset; orat 29. immanitatem: s. acerbitatem. sit (oratio) permixta et temperata numeris; orat 196. sentio omnes in oratione esse quasi permixtos et confusos pedes; orat 195. eius pecuniae rationem cum damnatione Dolabellae permiscuit; Ver III 177.

permissio, Anheimgeben, Erlaubnis: est etiam permissio; de or III 207. quod tibi mea permissio mansionis tuae grata est; Q fr III 1, 9.

permissus, Erlaubnis: omne servitium permissu magistratus liberatum; har resp 25. intellexistis, quot res et quantas decemviri legis permissu vendituri sint; agr II 47.

permitto, überlassen, zulassen, einräumen, erlauben: I. neque (T. Agusius) hoc tempore discessisset a me, nisi ego ei permissisem; ep XIII 71. — II, 1. ipsi (Ciceroni) permittam de tempore; Λ XII 27, 2. — 2. tibi permitto, respondere mihi malis an audire; nat III 4. — 3. quis Antonio permisit. ut partes faceret? de or II 366. cum tibi permissurus essem, ut faceres, quod velles; Q fr II 14 (15, b), 2. quibus (consulibus) et lege et senatus consulto permissum erat, ut de Caesaris actis cognoscerent; Λ XVI 16, B, 8. — 4. ut iam ipsis iudicibus coniecturam facere permittam; Ver V 22. — III. utra lex iubeat aliquid, utra permittat; inv II 145. quoniam, quid tibi permittatur, cognosti; ep VI 8, 1. hoc vel maxime tuae curae benivolentiaeque permitto et illius consilio et voluntati; Λ XI 3, 1. primum quaero, num tu senatui causam tuam permittas; Vatin 15. ut (homo) commissus sit fidei. permissus potestati; Font 40. eas (inimicitias) se patribus conscriptis dixit et temporibus rei publicae permissurum; Sest 72. qui eandem licentiam scribendi sibi permitti volunt; Tusc I 6. totum ei negotium permisi; Q fr II 7 (9), 2. ne censoribus in posterum potestatem regiam permittatis; Cluent 123. quam (potestatem) tu ad dignitatem permisisses; Q fr I 1, 11. ut Sex. Roscii vita sententiis iudicum permitteretur; Sex Rosc 149.

permixte, vermifcht: si genera ipsa rerum ponuntur neque permixte cum partibus implicantur; inv I 32.

permixtim, vermifcht: in praesentia tantum modo numeros et modos et partes argumentandi confuse et permixtim dispersimus; inv I 49.

permixtio, Vermifchung: superioris permixtionis reliquias fundens aequabat eodem modo ferme; Tim 42.

permodestus, fehr befcheiben, fchüchtern: (Fabius Luscus) satis acutus et permodestus ac bonae frugi; A IV 8, a, 3. homo permodestus vocem consulis ferre non potuit; Catil II 12.

permoleste, mit großem Verbruß: vos non satis moveri permoleste fero; Phil I 36.

permolestus, fehr läftig: hi non sunt permolesti, sed tamen insident et urgent; A I 18, 2. permolestum est, nisi fit; rep I 32.

permotio, Erregung, Aufregung, Begeifterung: I. quia animi permotio perturbata saepe ita est, ut obscuretur ac paene obruatur; de or III 215. — II, I. quod provisione aut permotione mentis magis quam natura ipsa sentiamus; div II 9. — 2. quae aut conciliationis causa leniter aut permotionis vehementer aguntur; de or II 216.

permoveo, bewegen, erregen, aufregen, beunruhigen: quin ipse in commovendis iudicibus his ipsis sensibus, ad quos illos adducere vellem, permoverer; de or II 189. haec sive iracundia sive dolore sive metu permotus gravius scripsi; A X 4, 6. f. equites. optimus est orator, qui dicendo animos audientium et docet et delectat et permovet; opt gen 3. equites Romanos proscriptionis, municipia vastitatis, omnes caedis metu esse permotos; sen 33. rita mora, divitiae paupertas omnes homines vehementissime permovent; of II 37. nec miseratione solum mens iudicum permovenda est; orat 131. municipia: f. equites.

permulceo, umfächeln, fchmeicheln, berußigen: quae (commendatio) eum, qui audit, permulcere atque adlicere debet; de or II 315. »quam (Aram) flatu permulcet spiritus Austri«; nat II 114. qui (status) permulcet sensum voluptate; fin II 32. permulsa atque recreata est; fr A XII 2.

permultus, fehr viel: A. permultis annis ante Homerum fuisse quam Romulum; rep II 19. permultis civitatibus pro frumento nihil solvit omnino; Ver III 165. permultorum exemplorum est plena res publica; leg II 33. permulti locupletes homines; Ver III 120. qualia (signa) permulta historia tradidit; div I 121. ceteras urbes Ponti et Cappadociae permultas esse captas; imp Pomp 21. — B, a. maiestatis absoluti sunt permulti; Cluent 116. — b. sunt permulta, quibus erit medendum; ep XII 10, 4. veniunt in mentem mihi permulta; (aecin 55. — c, I. permultum interest, utrum . .; of I 27. qui permultum classe valuerunt; imp Pomp 54. — II. permulto clariora et certiora esse, quae . .; div II 126.

permutatio, Veränderung, Taufch, Umfaß: I. magna rerum permutatione impendente; Sest 73. — II. rationem Philogeni permutationis eius, quam tecum feci, edidi; A V 13, 2. — III. ratio: f. II. — IV. quae (pecunia) mihi ex publica permutatione debetur; ep III 5, 4.

permuto, verändern, umfeßen, auf Wechfel nehmen: quaero, quod illi (Ciceroni) opus erit, Athenis permutarine possit; A XII 24, 1. nummorum quantum opus erit, ut permutetur, tu videbis; A XII 27, 2. ut permutetur Athenas, quod sit in annuum sumptum ei (Ciceroni); A XV 15, 4. ut cum quaesta populi pecunia permutaretur; ep II 17, 7. scripseras, ut HS XII permutarem; A XI 24, 3. C. Gracchi || tribunatus || nonne omnem rei publicae statum permutavit? leg III 20.

pernecessarius, fehr bringend, eng verbunben, innig befreunbet: A. te pro homine pernecessario, quaestore tuo, (dicere)! de or II 202. pro homine mihi pernecessario; ep XIII 69, 1. te non esse Romae meo tempore pernecessario; A V 21, 1. — B, I. C. Subernius Calenus est Leptae pernecessarius; ep IX 13, 1. (C. Flavius) fuit generi mei pernecessarius; ep XIII 31, 1. — II, I. sciebam Corfidium pernecessarium Ligariorum; A XIII 44, 3. — 2. Cn. Pompeium contendisse a D. Laelio, paterno amico ac pernecessario; Flac 14.

pernecesse, burchaus notwenbig: quam noluerint maiores nostri, nisi cum pernecesse esset, hominem occidi; Tul 49.

pernego, hartnäctig leugnen: I. saepe appellati pernegaverunt; Ver I 106. — II. a se illam pyxidem traditam pernegaret; Cael 65.

pernicies, Verberben, Untergang: I. clamitasse magos pestem ac perniciem Asiae proxima nocte natam; div I 47. — II, I. cum a patria perniciem depuli; dom 93. eorum castrorum imperatorem videmus intestinam aliquam perniciem rei publicae molientem; Catil I 5. — 2. ut nihil nisi de pernicie populi Romani cogitaret; Phil IV 4. spe dubiae salutis in apertam perniciem incurrere; nat III 69. si ad perniciem patriae res spectabit; of III 90. eadem facultate et fraus hominum ad perniciem et integritas ad salutem vocatur; de or II 35. — III. nisi intra parietes meos de mea pernicie consilia inirentur; A III 10, 2. — IV. eructurum illud malum ad perniciem civitatis; har resp 4. nedum emori cum pernicie rei publicae vellem; Planc 90. in hac pernice rei publicae; of II 79.

perniciose, verberblich, gefährlich, unheilvoll: I. quo perniciosius de re publica merentur vitiosi principes; leg III 32. quid, quod multa perniciose, multa pestifere sciscuntur in populis? leg II 13. — II. sapientis civis fuit causam perniciose populari civi non relinquere; leg III 26.

perniciosus, verberblich, gefährlich, unheilvoll: sine civili perniciosissimo bello; A VIII 11, D, 6. leves hos semper nostri homines et audaces et malos et perniciosos cives putaverunt; Sest 139. exitum iudicii foedum et perniciosum levissime tuli; Q fr II 9, 1. in aliqua perniciosissima flamma; Cluent 4. morbi perniciosiores pluresque sunt animi quam corporis; Tusc III 5. inveteravit iam opinio perniciosa rei publicae; Ver pr 1. (rei publicae genus) inclinatum et quasi pronum ad perniciosissimum statum; rep II 47. intonuit vox perniciosa designati tribuni; Muren 81.

pernicitas, Behenbigkeit: adde etiam pernicitatem et velocitatem; Tusc V 45.

pernobilis, fehr befannt: epigramma Graecum pernobile incisum est in basi; Ver IV 127.

pernocto, bie Nacht zubringen, übernachten: sapientis animum cum his habitantem pernoctantemque curis; Tusc V 69. matres miserae pernoctabant ad ostium carceris; Ver V 118. haec studia pernoctant nobiscum; Arch 16.

pernosco, erfennen: qui (Zopyrus physiognomon) se profitebatur hominum mores naturasque ex corpore, oculis, vultu, fronte pernoscere; fat 10. omnes amicorum motus penitus pernoscendi; de or I 17. »aeternum volens mundi perniscere motum«; fr H IV, a, 468. naturas: f. mores.

perobscurus, fehr bunfel: quae (natura deorum) cum mihi videretur perobscura; nat I 17. perdifficilis et perobscura quaestio est de natura deorum; nat I 1.

perodiosus, fehr wiberlich, ärgerlich: de Bruto nostro perodiosum; A XIII 22, 4. crebro refricat lippitudo non illa quidem perodiosa, sed tamen . .; A X 17, 2.

perofficiose, feɦr gefällig: qui (victores) me quidem perofficiose et peramanter observant; ep IX 20, 3.

peroportune, feɦr gelegen: hoc cecidit mihi peroportune; de or II 15. peroportune venis; nat I 15.

peroportunus, feɦr gelegen, willkommen: requiescam in Caesaris sermone quasi in aliquo peroportuno deversorio; de or II 234. peroportunam et rebus domesticis et cupiditatibus suis illius belli victoriam fore; ep VI 6, 6.

peroptato, feɦr erwünfcɦt: quod (otium) nunc peroptato nobis datum est; de or II 20.

peroptatus, feɦr erwünfcɦt: qui hic inluxit dies mihi quidem peroptatus, ut . . ! Piso fr 1.

peroratio. Scɦlußrebe, Scɦluß: I. post omnia perorationem inflammantem restinguentemve concludere; orat 122. omnium causarum unum est naturale principium, una peroratio; Bru 209. exstat eius (Galbae) peroratio, qui epilogus dicitur; Bru 127. peroratio habet amplificationem; Top 98. inflammat, restinguit: f. concludit. — II. perorationes ad misericordiam conferendae; part or 15. tum alii conclusionem oratiouis et quasi perorationem conlocant; de or II 80. (peroratio) est divisa in duas partes, amplificationem et enumerationem; part or 52. quod perorationem mihi omnes relinquebant; orat 130. — III. is (motus animi) est initiis et perorationibus concitandus; part or 27.

perornatus, feɦr fcɦön: idem (Crassus) et perornatus et perbrevis; Bru 158.

peroro, vortragen, beenbigen, fcɦließen: I, 1, a. nunc quoniam ad perorandum spectare videtur sermo tuus; Bru 292. — b. perorandi locum, ubi plurimum pollet oratio, semper tibi relinquebat; Bru 190. — 2, a. alii iubent, antequam peroretur, ornandi aut augendi causa digredi, ante concludere ac perorare; de or II 80. quibus dictis intellegat fore peroratum; inv I 31. — b. ut puerum infantem in manibus perorantes tenuerimus; orat 131. cum ad arbitrium tuum perorasset; Vatin 26. odio et strepitu senatus coactus est aliquando perorare; A IV 2, 4. — II. restat, ut doceam atque aliquando perorem omnia hominum causa facta esse; nat II 154. — III. haec tum laudemus, cum erunt perorata; A V 10, 2. causa sero perorata; Q fr II 1, 1. omnem orationem eius (Platonis) de legibus peroratam esse uno aestivo die; leg II 69. res illo die non perorator; Ver II 70.

perparvulus, feɦr flein: duo sigilla perparvula tollunt; Ver IV 95.

perparvus, feɦr flein, unbebeutenb: A. perparvam amicitae culpam relinquebas; Deiot 10. — B. perparvum ex illis magnis lucris ad se pervenire; Ver III 130.

perpauculus, feɦr wenig: qui me deduxit in Academiam perpauculis passibus; leg I 54.

perpaucus, feɦr wenig: A. perpaucis ante diebus; ep IV 9, 1. duodecim tabulae cum perpaucas res capite sanxissent; rep IV 12. condemnatur perpaucis sententiis Philodamus; Ver I 75. — B, a. qua (callidítate) perpauci bene utuntur, innumerabiles autem improbe utuntur; nat III 75. — b. cum essent perpanca inter se conlocuti; rep I 18. de Aetnensibus perpauca dicam; Ver III 105.

perpaulum, feɦr wenig: A, I. simul ac perpaulum gustaris; de or II 234. — II. perpaulum perpaululum i loci reliquum est; de or II 150. — B. declinare dixit atomum perpaulum, quo nihil posset fieri minus; fin I 19.

perpauper, feɦr arm: erat rex perpauper; A VI 3, 5.

perpendiculum, Bleilot: I. aliquando perpendiculo et linea (Diphilus) discet uti; Q fr III 1, 2. — II. ad perpendiculum columnas exigere;

Ver I 133. si gravitate feruntur ad perpendiculum corpora individua rectis lineis; fat 22.

perpendo, abwägen, unterfucɦen, erwägen: non arte aliqua perpenditur; de or III 151. aequitas aratorum commodo et voluntate perpenditur; Ver III 214. quae (amicitia) tota veritate perpenditur; Lael 97.

perperam, unricɦtig, falfcɦ: res perperam constitutas; inv I 102. seu recte seu perperam facere coeperunt; Quinct 31. cum sciens perperam iudicarit; Caecin 71.

perpessio, Erbulben: 1. fortitudo est considerata periculorum susceptio et laborum perpessio; inv II 163. — II. consuetudo laborum perpessionem dolorum efficit faciliorem; Tusc II 35.

perpetior, stanbɦaft, erbulben, zulaffen, zugeben: I. si eum (dolorem) asperum et difficilem perpessu dixero; fin IV 72. — II. haec tu numquam perpeterere; non, inquam, perpeterere, ut homines iniuriae tuae remedium morte quaererent; Ver III 129. — III. facile omnes perpetior et perfero; de or II 77. quidvis me potius perpessurum quam ..; ep II 16, 3. f. II. sicut in foro non bonos oratores, item in theatro actores malos perpeti; de or I 118. Sicilia, tot hominum antea furta, rapinas, iniquitates ignominiasque perpessa; Ver III 64. in perpetiendis laboribus; in II 113. oratores: f. actores. rapinas: f. furta. multorum stultitiam perpessus est; Muren 19.

perpetuitas, Fortbauer, Dauer, Stetigfeit, Fortgang, Zufammenɦang: I. cui (nocti) si similis futura est perpetuitas omnis consequentis temporis. quis me beatior? Tusc I 97. — II, 1. magis eius voluntatis perpetuitatem quam promissorum exitum exspecto; Q fr III 5, 3. — 2. neque semper utendum est perpetuitate et quasi conversione verborum; de or III 190. — 3. quod in perpetuitate dicendi non saepe eluceat; orat 7. non ex singulis vocibus philosophi spectandi sunt, sed ex perpetuitate atque constantia; Tusc V 31. quod (genus leporis) in perpetuitate sermonis est; de or II 220. — III. ut constare in perpetuitate vitae possimus nobismet ipsis; of I 119.

perpetuo, beftänbig, ununterbrocɦen: I. ut abesse perpetuo malles; ep IV 7, 4. facies perpetuo, quae fecisti; Q fr I 1, 45. (ea sidera) suis sedibus inhaerent et perpetuo manent; Tim 36. — II. praefuisse classi populi Romani Siculum, perpetuo sociis atque amicis Syracusanum; Ver V 131.

perpetuo, ununterbrocɦen fortbauern laffen, fortfeɦen: indicum potestatem perpetuandam putavit; Sulla 64. ut eum perpetuare verba nolimus; de or III 181.

perpetuus, beftänbig, ununterbrocɦen, bauernb, ewig, allgemein gültig: A. nec solum perpetuae actiones, sed etiam partes orationis isdem locis adiuvantur; Top 97. cum eam (gravitatem Cato) ipse perpetua constantia roboravisset; of I 112. reliqua meae perpetuae consuetudini naturaeque debentur; Sulla 87. quorum adsidua et perpetua cura salutis tuae; ep VI 13, 2. C. Caesari, dictatori perpetuo, M. Antonium regnum detulisse; Phil II 87. ut centesimae perpetuo faenore ducerentur; A V 21, 13. cum illo in genere perpetuae festivitatis ars non desideretur; de or II 219. in quibus (scriptis) perpetuam rerum gestarum historiam complecteris; ep V 12, 6. perpetuum hostem ex eo monte tollere; ep XV 4, 8. quae (immortalitas) poterat esse perpetua; rep III 41. perpetui iuris et universi generis quaestio; de or II 141. ut uniuperpetua potestate est et iustitia omnique sapientia regatur salus civium; rep II 43. uti oratione perpetua malo quam interrogare aut interrogari; fin I 29. cum res publica (non) solum parentibus perpetuis, verum etiam tutoribus annuis esset orbata; sen 4. perseverantia est in ratione bene considerata

stabilis et perpetua permansio; inv II 164. potestas: f. iustitia. quaestiones perpetuae constitutae sunt; Bru 106. quamquam tempus est nos de illa perpetua iam, non de hac exigua vita cogitare; A X 8, 8. ut testem rei publicae relinquerem meae perpetuae erga se voluntatis; Phil I 10. perpetuas et contextas voluptates in sapiente fore semper; Tusc V 96. — B. ut nemo in perpetuum esse posset expers mali; Tusc III 59.

perplaceo, ſeḥr gefallen: ea (lex) mihi perplacet; A III 23, 4.

perpolio, glätten, vervollkommnen, verfeinern: qui non sit omnibus iis artibus perpolitus; de or I 72. Latine ea tradi ac perpoliri; de or III 95. ea, quae habes instituta, perpolies; ep V 12, 10. librum meum nondum, ut volui, perpolivi; A XIV 17, 6. neque (Coelius) verborum conlocatione et tractu orationis leni et aequabili perpolivit illud opus; de or II 54. quae (partes orationis) minime praeceptis artium sunt perpolitae; de or II 201. inter hanc vitam perpolitam humanitate et illam immanem nihil interest; Sest 92.

perpotatio, Trinkgelage: quid intemperantissimas perpotationes praedicem? Piso 22.

perpoto, fortzechen: praetore tot dies perpotante; Ver 100.

perpropinquus, naher Verwandter: A. Aurius, M. illius Aurii perpropinquus; Cluent 23.

perpugnax, ſeḥr ſtreitſüchtig: te perpugnacem in disputando esse visum; de or I 93.

perpurgo, reinigen, ins reine bringen, widerlegen: I. de dote tanto magis perpurga; A XII 12, 1. — II. cervae paulo ante partum perpurgant se quadam herbula, quae seselis dicitur; nat II 127. non perpurgata sunt (crimina), non refutata? Scaur 14. perpurgatus est is locus a nobis quinque libris; div II 2.

perpusillus, ſeḥr klein, ſeḥr wenig: hic ille (Philippus): „perpusillum rogabo"; de or II 245.

perquam, gar ſeḥr: I. Carneadi vis dicendi perquam esset optanda nobis; de or II 161. — II. per quam (conquestionem) || perquam || miserum facinus esse et indignum demonstrabitur; inv II 36. quod mihi quidem perquam puerile videri solet; de or II 108. — III. perquam breviter perstrinxi atque attigi; de or II 201. perquam diligenter videndum est; de or II 237.

perquiro, ſich genau erkundigen, durchforſchen: I. perquiritur a coactoribus; Cluent 180. — II. non perquiris, cui dixerit Apronius ..? Ver III 133. III. ipsa cognitio rei scientiaque perquiritur; de or III 112. nosti diligentiam Capitonis in rebus novis perquirendis; A XIII 33, a, 1 (4). scientiam: f. cognitionem. ut ea vasa perquirat; Ver IV 39.

perquisite, vielſeitig: ea nos perquisitus et diligentius conscripsisse pollicemur; inv I 77.

perraro, ſeḥr ſelten: id quod perraro evenit; Ver III 113. si quando id efficit, quod perraro potest; rep II 67. quia perraro grati homines reperiantur; Planc 4.

perreconditus, ſeḥr verſteckt: exponam vobis non quandam perreconditam rationem consuetudinis meae; de or I 135.

perridicule, ſeḥr lächerlich: cum ex nomine istius, quid iste in provincia facturus esset, perridicule homines augurabantur; Ver II 18.

perridiculus, ſeḥr lächerlich: est eorum doctrina perridicula; de or II 77.

perrogatio, Durchſetzung, Beſchluß: perrogationem legis Maniliae (flagitasti): Muren 47.

perrumpo, durchbrechen, überwinden, durchbohren, unwirkſam machen: necesse est ab iis (duobus generibus) perrumpatur et dividatur crassus hic aër; Tusc I 42. perrupi Appenninum; Phil XII

26. »hos ille (Mulciber) cuneos fabrica crudeli inserens perrupit artus«; Tusc II 23. negleget leges easque perrumpet; leg I 42. cum opinione perrumpendi periculi; part or 112. quam (poenam legum) saepe perrumpunt; of III 36.

persaepe, ſeḥr oft: I. quod memineram persaepe te cum Panaetio disserere solitum; rep I 34. persaepe etiam privati cives morte multaverunt; Catil I 28. lapidationes persaepe vidimus; Sest 77. — II. ubi (iudicia) sunt, tamen persaepe falsa sunt; leg I 40.

persalse, ſeḥr witzig: persalse et humaniter etiam gratias mihi agit; Q fr II 13, 3.

persalsus, ſeḥr witzig: persalsum illud est apud Novium; de or II 279.

persalutatio, Umhergrüßen: non placet mihi denuntiatio || declamatio || potius quam persalutatio; Muren 44.

persaluto, allſeitig begrüßen: ut omnes vos nosque cotidie persalutet; Flac 42.

persapiens, ſeḥr weiſe: si hoc magni cuiusdam hominis et persapientis videtur; prov 44.

persapienter, ſeḥr weiſe: etsi persapienter dat ipsa lex potestatem defendendi; Milo 11.

perscienter, ſeḥr klug: (Cotta) perscienter contentionem omnem remiserat; Bru 202.

perscitus, ſeḥr fein, treffend: per mihi scitum videtur, C. Publicium solitum esse dicere ..; de or II 271.

perscribo, niederſchreiben, aufzeichnen, eintragen, anweiſen: I. ut perscripsi ad te antea; ep I 7, 2. — II, I. perscribe, quae causa sit Myrtilo; A XV 13, 6. — 2. quis ad me non perscripsit te nullum onus officii cuiquam reliquum fecisse? ep III 13, 1. — III. ut ad me omnia quam diligentissime perscribas; ep II 10, 4. quibus (litteris) accurate perscripsisti omnia; A XI 7, 1. acta ad te omnia arbitror perscribi ab aliis; ep XII 22, 1. ut artem dicendi perscriberemus; inv II 4. senatus auctoritas est perscripta; ep I 2, 4. ad te tota comitia perscribam; A IV 15, 8. in quo (libello) istius furta Syracusana perscripta erant; Ver III 149. omnium rerum publicarum rectionis genera, status, mutationes, leges etiam et instituta ac mores civitatum perscripsimus; fin IV 61. Demochares historiam perscripsit; Bru 286. instituta, al.: f. genera. perscribe mihi totum negotium; A XV 29, 3. mihi Quintus frater tuam orationem perscripsit; ep V 4, 1. multas pecunias isti erogatas in operum locationes falsas atque inanes esse perscriptas; Ver V 48. ut nemini sit triumphus honorificentius quam mihi salus restitutioque perscripta; Piso 35. status: f. genera. viri boni usuras perscribunt; A IX 12, 3.

perscriptio, Niederſchreibung, Protokollierung, Eintragung, Anweiſung: I. perscriptioni tibi placere; A XII 51, 3. — II. illud senatus consultum ea perscriptione est, ut ..; ep V 2, 4. — III. si de tabulis et perscriptionibus controversia est; de or I 250. — IV. per quam (dissipationem) sestertium septiens miliens falsis perscriptionibus donationibusque avertit; Phil V 11. haec pactio non verbis, sed omnino et perscriptionibus multorum tabulis cum esse facta diceretur; A IV 17 (18), 2.

perscriptor, Eintrager: scribam tuum dicit huius perscriptorem faenerationis fuisse; Ver III 168.

perscrutor, durchſuchen, erforſchen, ergründen: desinite litteras legis perscrutari; inv I 60. perscrutamini penitus naturam rationemque criminum; Flac 19. qui sententiam scriptoris domesticis suspicionibus perscrutetur; inv II 128.

perseco, durchſchneiden, zerſchneiden: I. da te in sermonem et perseca et confice; A XIII 23, 3. — II. ecquid nos eodem modo rerum naturas persecare, aperire, dividere possumus? Ac II 122.

persecutio, Verfolgung: cum in altera (iuris scientia) persecutionum || praescriptionum || cautionumque praeceptio (esset); orat 141.

persequor, nachfolgen nachgehen auffuchen, erreichen, anhangen, verfolgen, rächen, durchgehen, durchforschen, behandeln, fortfetzen, durchführen, einziehen: I. aliud tempus est petendi, aliud persequendi; Muren 44. — II. non persequeris, non perseveras, non perquiris, cui dixerit Apronius . . ? Ver III 133. quos (viros) sciebam memoria, scientia, celeritate scribendi facillime, quae dicerentur, persequi posse; Sulla 42. — III. cum senatus P. Dolabellam bello persequendum censuerit; Phil XI 29. eo discessisti, quo ego te ne persequi quidem possem triginta diebus; ep III 6, 3. quem (Pompeium) persequi Caesar dicitur; A VII 23, 1. ut ea, quae sentitis de omni genere dicendi, subtiliter persequamini; de or I 98. vgl. II. qui (Atticus) me inflammavit studio inlustrium hominum aetates et tempora persequendi; Bru 74. (L. Cotta) persequebatur atque imitabatur antiquitatem; Bru 137. utramque (artem) persequi cogitamus; Top 6. quarta legio C. Caesaris auctoritatem atque exercitum persecuta est; Phil III 7. persecutus est Aristoteles animantium omnium ortus, victus, figuras, Theophrastus autem stirpium naturas omniumque fere rerum, quae e terra gignerentur, causas atque rationes; fin V 10. temperata oratione ornandi copiam persecuti sumus; orat 102. quem ad modum inimicorum iniurias crudelitatemque persequar; Quir 22. exercitum: f. auctoritatem. figuras: f. causas. qui eius modi hominum furta odore persequebantur; Ver IV 53. verborum ratio et genus orationis fusum atque tractum persequendum est; de or II 64. qui legatione hereditates aut syngraphas suas persequuntur; leg III 18. quibus persuasum sit foedissimum hostem iustissimo bello persequi; Phil XIII 35. qui iniurias suas persequi volunt; div Caec 64. f. crudelitatem. horum nos hominum sectam atque instituta persequimur; Ver V 181. ut omnes suum ius persequantur; Caecin 97. ut mea mandata digeras, persequare, conficias; Q fr II 12 (14), 3. consilium hoc est illorum, ut mortem Caesaris persequantur; ep XII 3, 2. naturas, ortus: f. causas. quod accusator rerum ordinem persequitur; part or 14. cum tribunus plebis poenas a seditioso civi per bonos virus iudicio persequi vellet; ep 1 9, 15. qui non notam apponas, sed poētam armis persequare; Piso 73. rationem: f. causas, genus. est ars in iis, qui novas res coniectura persequuntur; div I 34. sectam: f. instituta. illud etiam notandum mihi videtur ad studium persequendae suavitatis in vocibus; orat 58. syngraphas: f. hereditates. tempora: f. aetates. victus: f. causas. ut vitam inopem et vagam persequamur; Phil XII 15. quod (luxuriosi) ita viverent, ut persequerentur cuiusque modi voluptates; fin II 22.

perseverantia, Beharrlichkeit, Ausdauer: I. perseverantia est in ratione bene considerata stabilis et perpetua permansio; inv II 164. eius (fortitudinis) partes magnificentia, fidentia, patientia, perseverantia; inv II 163. aliud an idem sit, ut pertinacia [et] perseverantia; part or 65. — II. cum perseverantiam sententiae suae, non salutem rei publicae retinuisset; Planc 89.

persevero, verharren, beharren, fortfetzen: I. in quo perseveravi; A VI 3, 5. (homines) non tanto opere in vitiis perseverarent; inv II 5. — II, 1. quod, ad urbem ut non accederem, perseveravi; A IX 19, 4. — 2. iniuriam facere fortissime perseverat; Quinct 31. quodsi perseveras me ad matris tuae cenam revocare; ep IX 16, 8. — 3. cum Orestes Orestem se esse perseveraret; Lael 24. — III. neque te ipsum id, quod turpissime suscepisses, perseverare et transigere potuisse; Quinct 76.

persimilis, fehr ähnlich: quae (memoria) est in dissimili genere persimilis; part or 26. illi statuam istius persimilem deturbant; Piso 93.

persolvo, bezahlen, abzahlen, erweisen, einlösen, büßen: I. persolvi primae epistulae, venio ad secundam; A XIV 20, 2. — II. idem ego ille persolvi patriae, quod debui; Sulla 87. velim, reliquum quod est promissi ac muneris tui, mihi persolvas; ep III 9, 3. cum ab eo merces tui beneficii pretiumque provinciae meo sanguine tibi esset persolutum; dom 23. gloriae munus monumenti honore persolvitur; Phil XIV 34. f. alqd. ab omnibus esse ei poenas persolutas; orat 214. his praemia sunt promissa, illis persoluta; Phil XI 39. promissum: f. alqd. stipendium eis (militibus) persolutum; A V 14, 1. votum patris Capitolii aedificatione persolvit; rep II 44. si hoc mihi ζήτημα persolveris, magna me molestia liberaris; A VII 3, 10.

persona, Maske, Rolle, Stellung, Rang, Charakter, Person: I. parumne foeda persona est ipsius senectutis? A XV 1, 4. neque obscuris personis res agetur; ep III 5, 2. exsultabat gaudio persona de mimo; Phil II 65. ut mea persona semper ad improborum civium impetus aliquid videretur habere populare; A VIII 11, D, 7. ne pertineat || nihil pertinet || ad oratoris locos Opimii persona: de or II 134. — II, 1. illam gravitatis severitatisque personam non appetivi, sed ab re publica mihi impositam sustinui; Muren 6. Medea modo et Atreus commemorabantur a nobis, heroicae personae: nat III 71. mihi iudicatum est deponere illam iam personam, in qua me saepe illi ipsi (Caesari) probavi; ep VII 33, 2. ecquae pacifica persona desideretur; A VIII 12, 4. imponatur honestae civitati turpissima persona calumniae? Ver II 43. f. appeto. ponit (vir bonus) personam amici, cum induit iudicis; of III 43. qui supposita persona falsum testamentum obsignandum curaverit; Cluent 125. qui hanc personam susceperit, ut amicorum controversias caussasque tueatur; de or I 169. tres personas unus sustineo summa animi aequitate, meam, adversarii, iudicis; de or II 102. f. appeto. L. Paulus, Africani pater, personam principis civis facile dicendo tuebatur; Bru 80. — 2. personis has res attributas putamus: nomen, naturam, victum, fortunam, habitum, adfectionem, studia, consilia, facta, casus, orationes; inv I 34. f. 3. capio ex. — 3. neque oratio abhorrens a persona hominis gravissimi; rep I 24. ex persona coniectura capietur. si eae res, quae personam attribuntae sunt, diligenter considerabuntur; inv II 28. ex tua persona enumerare possis; inv I 99. quae ad personam pertinent: inv II 22. qui (histriones) in dissimillimis personis satis faciebant, cum tamen in suis versarentur; orat 109. — III, 1. cum id, quod quaque persona dignum est, et fit et dicitur; of I 97. — 2. non in hominum innumerabilibus personis, sed in generum causis atque naturis omnia sita esse; de or II 145. — IV. qui neque actor sum || sim || alienae personae, sed auctor meae; de or II 194. qui idem ita moderantur, ut rerum, ut personarum dignitates ferunt; de or III 53. poētae in magna varietate personarum, quid deceat, videbunt; of I 98. — V. ut ex persona mihi ardere oculi hominis histrionis viderentur; de or II 193. in eius (Pompei) persona multa fecit asperius; ep VI 6, 10. f. II, 1. depono. 3. versor in.

personatus, maskiert: qui (senes) personatum ne Roscium quidem magnopere laudabant; de or III 221. »quid est, cur ego personatus ambulem?« || quid . . ambulem?« || A XV 1, 4.

persono, erschallen, ertönen, erschallen laffen, (aut rufen: I. personare aures eius (Leptae) huius modi vocibus non est inutile; ep VI 18, 4. ut cotidiano cantu tota vicinitas personet; Sex Rosc 134.

— II. furialis illa vox secum et illos et consules facere acerbissime personabat; Planc 86. — III. quas (res) isti in angulis personant; rep I 2.

perspargo, beſtreuen: quo (lepore) tamquam sale perspargatur omnis oratio; de or I 159.

perspicax, einſichtsvoll: sequemur id, quod acutum et perspicax natura est; of I 100.

perspicientia, Einſicht, Erkenntnis: (honestum) in perspicientia veri sollertiaque versatur; of I 15.

perspicio, deutlich ſehen, durchſchauen, beſchauen, muſtern, erkennen, wahrnehmen: I. cum satis iam perspexisse videretur; Ver IV 65. — II, 1. qui illorum prudentiam non dicam adsequi, sed, quanta fuerit, perspicere possint; har resp 18. nollem accidisset tempus, in quo perspicere posses, quanti te facerem; ep III 10, 2. — 2. quae (res) in esse in homine perspiciantur ab iis, qui se ipsi velint nosse; leg I 62. — 3. erit ei perspectum nihil ambigi posse, in quo . .; orat 121. — III. si te ipse et tuas cogitationes et studia perspexeris; fin II 69. si ex iis, quae scripsimus tanta, etiam a me non scripta perspicis; A I 18, 8. fac, ut omnia ad me perspecta et explorata perscribas; A III 15, 8. cuius animum egregium ex Bruti litteris perspicere potuistis; Phil X 13. postea, quam M. Antonii non solum audaciam et scelus, sed etiam insolentiam superbiamque perspeximus; Phil VIII 21. in tua erga me mihi perspectissima benivolentia; A XI 1, 1. tota causa pertemptata atque perspecta; de or II 318. cogitationes: ſ. alqm. cum (sapientis animus) totius mundi motus conversionesque perspexerit; Tusc V 69. ut nostrum cursum perspicere possis; Bru 307. cuius virtutem hostes, misericordiam victi, fidem ceteri perspexerunt; Ver II 4. et furto et scelere perspecto; Ver I 43. ut perspicerent rerum humanarum imbecillitatem varietatemque fortunae; of I 90. insolentiam: ſ. audaciam. tibi perspectum esse iudicium de te meum laetor; A I 20, 1. vidi penitusque perspexi in meis variis temporibus et sollicitudines et laetitias tuas; A I 17, 6. populi Romani perspiciunt eandem mentem et voluntatem; Flac 96. misericordiam: ſ. fidem. qui rerum omnium naturam, mores hominum atque rationes penitus perspexerit; de or I 219. motus: ſ. conversiones. ea scientia et verborum vis et natura orationis et consequentium repugnantiumve ratio potest perspici; fin I 63. qui (Zopyrus) se naturam cuiusque ex forma perspicere profitebatur; Tusc IV 80. ſ. mores. quam (observantiam) penitus perspexi; ep XIII 50, 1. rationem: ſ. mores. naturam. ut (animus) rem perspicere cum consilio et cura non potuerit; inv II 17. si ars ita definitur, ex rebus penitus perspectis planeque cognitis; de or I 108. scelus: ſ. audaciam, furtum. ex his sententia scriptoris maxime perspicitur; inv II 121. sollicitudines: ſ. laetitias. studia: ſ. alqm. superbiam: ſ. audaciam. varietatem: ſ. imbecillitatem. virtutem: ſ. fidem. vim: ſ. naturam. perspecta vestra voluntate; sen 25. ſ. mentem.

perspicue, offenbar, deutlich: I. quod ad exsilium attinet, perspicue intellegi potest, quale sit; Caecin 102. divinatio perspicue tollitur; div II 41. — II. in perspicue falsis; part or 44. aperte iam et perpicue nulla esse iudicia; Ver pr 20. hoc quia perspicue verum est; inv I 63. — III. falsum est, in quo perspicue mendacium est; inv I 90.

perspicuitas, Augenſcheinlichkeit, Deutlichkeit: I. perspicuitas ipsa quam diximus, satis magnam habet vim, ut ipsa per sese ea, quae sint, nobis, ita ut sint, indicet; Ac II 45. — II, 1. dico: ſ. I. quod nihil esset clarius ἐναργείᾳ, ut Graeci, perspicuitatem aut evidentiam nos, si placet, nominemus; Ac II 17. — 2. sapientis esse opinionem a perspicuitate seiungere; Ac II 45.

perspicuus, augenſcheinlich, deutlich, offenbar: A. ex hisce omnibus illud perspicuum est, approbationem tum adiungi, tum non adiungi; inv I 66. perspicua sunt haec quidem et in vulgari prudentia sita; de or II 132. argumenti ratione conclusi caput esse faciunt ea, quae perspicua dicunt; fin IV 8. perspicuum est iam, quid mihi videatur; of III 92. hic et propositio et adsumptio perspicua est; inv I 66. ut omnibus istius furta, illius flagitium, utriusque audacia perspicua esset posset; Ver I 189. perspicua sua consilia omnibus fecit; Ver pr 5. flagitia, furta: ſ. audacia. perspicuum (genus argumentationis) est, de quo non est controversia; inv I 92. sunt etiam clariosa vel plane perspicua minimeque dubitanda indicia naturae; fin V 55. clarissimos viros se in medios hostes ad ad perspicuam mortem iniecisse; dom 64. propositio: ſ. adsumptio. permultas ita atroces et perspicuas res esse, ut . .; inv II 85. — B, I. cum convicio veritatis coacti perspica a perceptis volunt distinguere; Ac II 34. vos cum perspicuis dubia debeatis inlustrare, dubiis perspicua conamini tollere; fin IV 67. — II. inlustrare: ſ. I. tollo.

persto, beharren, verharren: I. perstat in sententia Saturius; Q Rosc 56. tamenne in ista pravitate perstabitis? Ac II 26. — II. si perstiteris ad corpus ea, quae dixi, referre; fin II 107.

perstringo, ſtreifen, durchpflügen, unangenehm berühren, tadeln: qui consulatus meus) illum (Hortensium) primo leviter perstrinxerat; Bru 323. quod esse in arte positum videbatur, perquam breviter perstrinxi atque attigi; de or II 201. vomere portam paene perstrinxisti; Phil II 102. quod solum tam exile est, quod aratro perstringi non possit? agr II 67. ille M. Antonii voluntatem asperioribus facetiis saepe perstrinxit impune; Planc 33.

perstudiose, ſehr eifrig: cum eum (Aelium) audire perstudiose solerem; Bru 207.

perstudiosus, eifrig treibend, ſehr ergeben: quarum (litterarum Graecarum) constat eum (M. Catonem) perstudiosum fuisse in senectute; Cato 3. (Thermum) intellexi esse perstudiosum tui; A V 20, 10.

persuadeo, überreden, überzeugen, beſtimmen: I, 1. quae (rationes) nullam adhibent persuadendi necessitatem; Ac II 116. — 2, a. si tibi persuasum est; nat III 7. — b. geometrae provideant, qui se profitentur non persuadere, sed cogere; Ac II 116. — II, 1. si forte de paupertate non persuaseris; Tusc V 59. — 2. si iam persuasum erat Cluvio, ut mentiretur; Q Rosc 51. si tibi, ut id lubenter facias, ante persuaseris; ep XIII 1, 2. — 3. quibus persuasum sit foedissimum hostem iustissimo bello persequi; Phil XIII 35. — 4. persuade tibi me petere praeturam; ep XI 16, 3. tibi persuade maximam rei publicae spem in te esse; ep XII 9, 2. nisi illud mihi persuadeo, te nihil temere fecisse; ep XIII 73, 2. illud erat persuasum, Pompeium iter fecisse; A X 9, 1. — III. nisi homines ea, quae ratione invenissent, eloquentia persuadere potuissent; inv I 3. si ab iis, qui ante dixerunt, iam quiddam auditori persuasum videtur; inv I 23. quod ipse tibi suaseris, idem mihi persuasum putato; A XIII 38, 2. hoc cum (Quintus) mihi non modo confirmasset, sed etiam persuasisset; A XVI 5, 2. ſ. II, 4. illa opinio mali, quo viso atque persuaso aegritudo insequitur necessario; Tusc III 72.

persuasio, Überredung, Überzeugung: I. officium eius facultatis videtur esse dicere apposite ad persuasionem; inv I 6. — II. quae clam, palam, vi, persuasione fecerit; inv I 41.

persuasus, Überredung: utrum velitis casu illo itinere Varenum usum esse an huius persuasu et inductu; fr A II 14.

persubtilis, ſehr fein: quoniam tua fuit perelegans et persubtilis oratio; Planc 58.

pertaesum est. Ekel empfinden: quidam „pertisum“ etiam volunt, quod eadem consuetudo non probavit; orat 159. pertaesum est levitatis. adsentationis, animorum non officiis, sed temporibus servientium; Q fr I 2, 4.

pertempto, prüfen, erforschen: I. his ex partibus iuris elicere pertemptando unam quamque iuris partem oportebit; inv II 68. — II. si totius administratio negotii ex omnibus partibus pertemptabitur; inv II 38. tota causa pertemptata atque perspecta; de or II 218. scripturam totam omnibus ex partibus pertemptare; inv II 117.

pertenuis, sehr gering, sehr schwach: quae res pertenui nobis argumento indicioque patefacta est; Ver pr 17. mihi dicendi aut nullam artem aut pertenuem videri; de or I 107. indicium: f. argumentum. spes salutis pertenuis ostenditur; ep XIV 3, 2.

perterebro, durchbohren: Hannibalem Coelius scribit (columnam auream) perterebravisse; div I 48.

perterreo, erschrecken, einschüchtern: metu perterriti repente diffugimus; Phil II 108. eum perterritum somnio surrexisse; div I 57. me contremuisse timore perterritum; div I 58. metu perterritis nostris advocatis; Caecin 44. cuius animus sit perterritus; Caecin 42. illum (bubulcum) perterritum fugisse; div I 57. his ille clamat omnium mortalium mentes esse perterritas; nat I 86.

pertexo, ausführen, vollenden: pertexe modo, quod exorsus es; de or II 145. totum hunc locum (Crassus) valde graviter pertexuit; A I 14, 3.

pertimesco, in Furcht geraten, fürchten: I, 1. vehementius arbitror pertimescendum, quod . .; prov 39. — 2. testimoniis Fufiorum recitatis homo audacissimus pertimuit; Flac 48. — II, 1. de re publica debui pertimescere; div II 59. — 2. tanta legum contemptio nonne quem habitura sit exitum pertimescit? Sest 134. — 3. pertimuit (Epicurus), ne alterutrum fieret necessarium; nat I 70. — III. Siculi Siculos non tam pertimescebant; Ver III 78. cuius conscientiam nihil est quod quisquam timeat, si non pertimescat suam; Rab Post 11. quid est cur nos crimen hoc pertimescamus? Cael 50. neque est, quod illam exceptionem in interdicto pertimescas: „QUOD TU PRIOR VI HOMINIBUS ARMATIS NON VENERIS“; ep VII 13, 2. non putavi famam inconstantiae mihi pertimescendam; ep I 9, 11. cum scelera consiliorum vestrorum fraudemque legis et insidias pertimescam; agr I 25. non rex, non gens ulla, non natio pertimescenda est; agr I 26. qui hostium impetum vimque pertimuit; Cluent 128. insidias: f. fraudem. te hortor, ut maneas in sententia neve cuiusquam vim aut minas pertimescas; imp Pomp 69. pertimescenda est multitudo causarum; de or II 140. nationem: f. gentem. ut legum poenas pertimescas; Catil I 22. cum secundas etiam res nostras, non modo adversas pertimescebam; ep IV 14, 2. regem: f. gentem. ne tum quidem fortunae rotam pertimescebat; Piso 22. scelera: f. fraudem. vim: f. impetum, minas. — IV. quos hustos haec familia contempsit, numquam eosdem testes pertimescet; Flac 58.

pertinacia, Beharrlichkeit, Hartnäckigkeit: I. pertinacia, quae perseverantiae finitima est; inv II 165. — II, 1. si in minimis rebus pertinacia reprehenditur; Ac II 65. — 2. nec cum iracundia aut pertinacia recte disputari potest; fin I 28. ex pertinacia aut constantia oritur saepe seditio; Sest 77. — III. sua pertinacia vitam amiserunt; Marcel 21.

pertinax, beharrlich, hartnäckig: A. aut pertinacissimus fueris aut . .; fin II 107. etsi (Arcesilas) fuit in disserendo pertinacior; fin V 94. contentiones concertationesque in disputando pertinaces; fin I 27. sit hic sermo lenis minimeque pertinax; of I 134. — B. ea omnia, quae proborum,

demissorum, non acrium, non pertinacium sunt; de or II 182.

pertineo, sich ausdehnen, sich erstrecken, sich beziehen, angehen, betreffen, Einfluß haben: I, 1. beziehen, angehen, betreffen, Einfluß haben: I, 1. quid fieret, non cur fieret, ad rem pertinere; div II 46. — 2. quod plures a me nominati sunt. eo pertinuit, quod intellegi volui . .; Bru 299. eodem pertinet, quod causam eius probo; A VIII 9, 1. — 3. quod ut demonstretur, neque ad hoc nostrum institutum pertinet et . .; inv II 164. ad famam Ser. Sulpicii filii arbitror pertinere, ut videatur honorem debitum patri praestitisse; Phil IX 12. — 4. rectum esse et aequum et ad officium pertinere aegre ferre, quod sapiens non sis; Tusc III 68. — 5. cum ad rem publicam pertineret viam Domitiam muniri; Font 18. ad fidem bonam statuit pertinere notum esse emptori vitium; of III 67. — II. quae pertinere ad dicendum putamus; inv I 77. quae ad faciendam fidem pertinent; part or 33. quod ad vestram famam pertinet; Ver I 22. id ad multa pertinuit; A III 6. (ista ars) ad multos pertinet; de or I 235. a pulmonibus arteria usque ad os intimum pertinet; nat II 149. quae (beneficia) ad universos quaeque ad rem publicam pertinent; of II 72. quae potest contagio ex infinito paene intervallo pertinere ad lunam vel potius ad terram? div II 92. ad plures homines, ad plures provincias crimen hoc pertinere; Ver III 217. quod (decorum) ad omnem honestatem pertinet; of I 98. etiamne urbis natalis dies ad vim stellarum et lunae pertinebat? div II 99. omnes animi et voluptates et dolores ad corporis voluptates ac dolores pertinere; fin II 107. unum genus est, quod pertinet ad finem bonorum; of I 7. iustitia quid pertinet ad deos? nat III 38. si ad hunc maleficium istud pertinet: Sex Rosc 79. ea (officia) quamquam pertinent ad finem bonorum; of I 7. quorsum igitur haec oratio pertinet? dom 116. rationem quandam per omnem naturam rerum pertinentem vi divina esse adfectam; nat I 36. regnum Aegypti ad se et ad Selenen. matrem suam, pertinere; Ver IV 61. quae (res) ad dicendum pertinerent; de or I 94. quae (res) ad tantam prudentiam pertinerent; de or II 6. cum testimonia creditorum existimentur ad rem maxime pertinere; Quinct 88. quae (viae) pertinent ad iecur eique adhaerent; nat II 137. quae (vis) ad caput ac vitam pertinert; Caecin 63. voluptates et dolores.

pertractatio, Behandlung, Beschäftigung: I. omnia dispersa et dissipata quondam fuerunt in grammaticis poetarum pertractatio: de or I 187. — II. sine multa pertractatione omnium. rerum publicarum; de or I 48.

pertracto, betasten, befühlen, behandeln, durchdenken, untersuchen: qui cursum rerum diuturnitate pertractata notaverunt; div I 128. (orator) ita sensus hominum mentesque pertractat. ut . .; de or I 222. aliquem barbatulos mullos exceptantem de piscina et pertractantem; par 38. si (animus) gesti aliquid est suam et adversarii narrationem saepe et diligenter pertractabit; inv I 45. si me ad totam philosophiam pertractandam dedissem; nat I 9. sensus: f. mentes.

pertristis, sehr traurig: »saepe etiam pertriste canit carmen acredula«; div I 14. fuit (L. Herennius) in hac causa pertristis quidam patruus, censor. magister; Cael 25.

pertumultuose, sehr beunruhigend: legati pertumultuose Parthos in Syriam transisse nuntiaverunt; ep XV 4, 3.

perturbate, verworren: ne quid perturbate dicatur; inv I 29.

perturbatio, Verwirrung, Unordnung, Störung, Umwälzung, Aufruhr, Unruhe, Leidenschaft. Erregung, Gemütserregung: I, 1. cadunt etiam

in ignorationem atque **|** in **||** imprudentiam pertur-
bationes animi; Top 64. cum perturbationes animi
miseriam, sedationes autem vitam efficiant beatam;
Tusc V 43. omnes eae (perturbationes) sunt genere
quattuor, partibus plures, aegritudo, formido, libido,
quamque Stoici ἡδονήν appellant, ego malo laetitiam
appellare; fin III 35. sic quattuor perturbationes
sunt. tres constantiae, quoniam aegritudini nulla
constantia opponitur; Tusc IV 14. si doceas ipsas
perturbationes per se esse vitiosas; Tusc IV 60.
quorum (animorum) omnes morbi et perturbationes
ex aspernatione rationis eveniunt; Tusc IV 31.
quibus (sanctitate, religione) sublatis perturbatio
vitae sequitur et magna confusio; nat I 3. videtur:
f. II, 1. declaro. hac perturbatione animorum atque
rerum; agr I 24. — 2. aegritudo perturbatio est
animi; Tusc III 15. — II, 1. quoniam,· quae Graeci
πάθη vocant. nobis perturbationes appellari magis
placet quam morbos; Tusc IV 10. quae (perturbatio)
nomine ipso vitiosa declarari videtur; fin III 35.
utamur in his perturbationibus discribendis Stoicorum
definitionibus et partitionibus; Tusc IV 11. neque
vero illa popularia sunt existimanda, iudiciorum
perturbationes . . ; agr II 10. et aegritudines et
metus et reliquae perturbationes omnes gignuntur ex
ea (intemperantia); Tusc IV 22. remove perturbationes maximeque iracundiam; Tusc IV 54. —
2 hominem nulli neque perturbationi animi nec
fortunae succumbere (oportere); of I 66. — 3.
vacare omni animi perturbatione sapientem; Tusc
V 17. — 4. ab hac perturbatione religionum ad-
volas; Phil II 103. illa duo, morbus et aegrotatio,
ex totius valetudinis corporis conquassatione et perturbatione gignuntur; Tusc IV 29. — III, 1. illum
(sapientem) putas omni perturbatione esse liberum,
te vis; Tusc IV 58. — 2. ut sit alius ad alios motus
perturbationesque proclivior; Tusc IV 81. — IV.
cognita iam causa perturbationum; Tusc IV 82.
varum perturbationum variae sunt curationes; Tusc
IV 59. omnium perturbationum fontem esse dicunt
intemperantiam; Tusc IV 22. partes perturbationum
volunt ex duobus opinatis bonis nasci et ex duobus
opinatis malis; Tusc IV 11. — V, 1. miraris me
tanta perturbatione valetudinis tuae tam graviter
exanimatum fuisse? ep IX 15, 2. utrum perturbatione aliqua animi an consulto et cogitata fiat
iniuria; of I 27. ut impetu quodam animi et perturbatione magis quam iudicio aut consilio regatur;
de or II 178. — 2. in tanta perturbatione rei
publicae; Phil XIII 33. an quisquam potest sine
perturbatione mentis irasci; Tusc IV 54.

perturbatrix, Verwirrerin: perturbatricem
harum omnium rerum Academiam exoremus, ut
sileat; leg I 39.

perturbo, verwirren, stören, beunruhigen,
aufregen, bestürzt machen: quod me magno animi
motu perturbatum putas; A VIII 11, 1. alterum,
quo perturbantur animi et concitantur; orat 128.
qua fieri potest, ut tu ea perturbatione animo cogites;
ep VI 5, 2. quid est, quod tantam gravitatem constantiamque perturbet? Tusc IV 57. nostras contiones
plerumque perturbant; Flac 17. perturbari exercitum
nostrum religione et metu; rep I 23. gravitatem:
f. constantiam. numquam vidi hominem pertur-
batiorem metu; A X 14, 1. morbos hos perturbatos
motus philosophi appellant; Tusc III 10. ut in his
perturbatam aetatum ordinem; Bru 223. qui (Ti.
Gracchus) otium perturbaret; Ac II 15. num perturbare rem publicam seditionibus velles; dom 35.
onusti cibo et vino perturbata et confusa (somnia)
cernimus; div I 60. vectigalia nostra perturbarunt;
Piso 84. quae (somniantium visa) multo etiam
perturbatiora sunt; div II 122.

perturpis, sehr unanständig: cum hac (muliere)
aliquid adulescentem hominem habuisse rationis num

tibi perturpe aut perflagitiosum esse videatur?
Cael 50.

pervado, durchbringen, hinbringen, erreichen,
gelangen: I. per omnes partes provinciae te pervasisse; Ver I 96. ne quid in eas (nares), quod
noceat, possit pervadere; nat II 145. quo non illius
diei fama pervaserit; imp Pomp 44. quantum incendium non solum per agros, sed etiam per reliquas fortunas aratorum pervaserit; Ver III 66. —
II. quae (opinio) animos gentium barbararum per-
vaserat; imp Pomp 23.

pervagor, sich ausdehnen, sich verbreiten,
durchziehen, part. allgemein, sehr bekannt: I. si de
istis communibus et pervagatis vix huic aetati
audiendum putas; de or I 165. quae sunt et re
faciliora et praeceptis pervagata; de or II 127. ut
longe et late pervagata (bona anteponantur) angustis; Top 69. quae (causa) apud Graecos est pervagata; inv I 55. hic praedonum naviculae per-
vagatae sunt; Ver V 98. pars (argumentorum) est
pervagatior; inv II 47. pervulgatissimus || pervaga-
tissimus || ille versus; orat 147. — II. de quo in
exteris nationibus usque ad ultimas terras pervagatum est; Ver IV 64. — III. molestiae laetitiae,
cupiditates timores similiter omnium mentes pervagantur; leg I 32.

pervarie, sehr mannigfaltig: reliqua pervarie
incundeque narrantur; de or II 327.

pervehor, hinfahren, hinkommen: cum prospero flatu eius (fortunae) utimur, ad exitus per-
vehimur optatos; of II 19. navis in portum per-
vehitur; inv II 154.

pervello, rütteln, erfassen, scharf mitnehmen:
si te forte dolor aliquis pervellerit; Tusc II 46.
quod ius nostrum civile pervellit; de or I 265.

pervenio, ankommen, hinkommen, gelangen,
erreichen: I, 1. studia nihil prosunt perveniendi
aliquo; de or I 135. — 2. ad quem (Catonem) propter
diei brevitatem perventum non est; A I 17, 9. —
II. efferri hoc foras et ad populi Romani aures pervenire, ei neminem adsensum; Phil X 6. —
III. Cotta alia quasi inculta et silvestri via ad
eandem laudem pervenerat; Bru 259. si quidem
potuissemus, quo contendimus, pervenire in ea urbe,
in qua . . ; orat 105. illum studeo quam facillime
ad summ pervenire; ep XIII 26, 4. nihil ad tuas
aures de infamia tua pervenisse; Ver III 132. f. II.
quodsi posset ager iste ad vos pervenire; agr II 80.
tum (animus) ad notionem boni pervenit; fin III 33.
sine ad alios potestatem, ad te gratiam beneficii tui
pervenire; agr II 22. a quo ad alios pervenisse
putetur humanitas; Q fr I 1, 27. nullus umquam
de Sulla nuntius ad me, nullum indicium. nullae
litterae pervenerunt, nulla suspicio; Sulla 14. ut
libertus Strabonis negotium conficiat ad nummosque
perveniat; ep XIII 14, 2. litterae: f. indicium.
prudentiam quoque ad mentem a deis ad homines
pervenisse; nat II 79. ut in vite, ut in pecude
videmus naturam suo quodam itinere ad ultimum
pervenire, sic . . ; nat II 35. nuntius: f. indicium.
ad quos ea pecunia pervenerit; Rab Post 8. potestate: f. gratia. nisi omnis ea praeda ad istum
ipsum pervenerit; Ver III 89. prudentia: f. mens.
qui (pupillus) in tutelam pervenit; Q Rosc 16.
eadem ratio perfecta his gradibus ad sapientiam
pervenit; Ac II 30. summum esse periculum, ne
culpa senatus his decretis res ad tabulas novas perveniat; A V 21, 13. invenitur ae serrula ad Stratonem pervenisse; Cluent 180. suspicio: f. indicium.

perverse, verkehrt, falsch: perverse dicere
homines perverse dicendo facillime consequi; de or
I 150. quam (comprehensionem) perverse fugiens
Hegesias; orat 226. fuit stulta calliditas perverse
imitata prudentiam; of III 113. quae (providentia)

rationem dederit iis, quos scierit ea perverse et improbe usuros; nat III 78.

perversitas, Verkehrtheit: I. cum te alicuius improbitas perversitasque commoverit; Q fr I, 1, 38. quae est in hominibus tanta perversitas, ut inventis frugibus glande vescantur? orat 31. quamquam est incredibilis hominum perversitas; ep I 7, 7. — II, 1. nisi illius (Sestii) perversitatem quibusdam in rebus quam humanissime ferremus; Q fr II 4, 1. — 2. in omni continuo pravitate et in summa opinionum perversitate versamur; Tusc III 2. — III. si qua offensiuncula facta est animi tui perversitate aliquorum; ep XIII 1, 4.

· **perversus,** verkehrt, unrecht, schielend: quod est ita perversum, ut ridiculum sit; agr II 28. quis ista tam aperte perspicueque et perversa et falsa secutus esset, nisi . .? Ac II 60. quo nihil potest esse perversius; fin IV 40. erat (Roscius) perversissimis oculis; nat I 79. quis perversam atque impiam religionem recordatur, qui . .? Sulla 70. graviter tulit populus Romanus hanc perversam sapientiam; Muren 75.

perverto, umstoßen, umstürzen, vernichten, verderben: hic cecidit, posteaquam eos imitari coepit, quos ipse perverterat; Bru 273. visam beluam omnia arbusta, virgulta, tecta || tesca || pervertere; div I 49. deorum ignes, solia, mensas, focos, sacra inexpiabili scelere pervertit; har resp 57. nisi omnem historiam perverterimus; div I 38. ignes, al.: f. focos. umquam ausus esset ius libertatemque pervertere? Sest 30. tecta, virgulta: f. arbusta. (rex) hostium vim se perversurum putavit, pervertit autem suam; div II 115.

pervesperi, spät abends: cum (Caninius) ad me pervesperi venisset; ep IX 2, 1.

pervestigatio, Forschung: qui omnia scientiae pervestigatione comprehenderint; de or I 9.

pervestigo, ausspüren, erforschen: I. misi Puteolos pueros, qui pervestigarent; A IX 11, 1. — II. qui (homo) sagaciter pervestiget, quid sui cives cogitent; de or I 223. — III. ita odorabantur omnia et pervestigabant, ut . .; Ver IV 31. cum pervestigare argumentum aliquod volumus; Top 7. natura omnium rerum pervestiganda; rep I 56.

pervetus, sehr alt. uralt: A. eum (Catonem) nos ut perveterem habemus; Bru 61. amicitia pervetus mihi cum eo est; ep XIII 17, 1. Segesta est oppidum pervetus in Sicilia; Ver IV 72. ille furor ductus ex non nullis perveterum temporum exemplis; dom 193. — B. me saepe nova videri dicere intellego, cum pervetera dicam; orat 12.

pervetustus, sehr alt: ut raro (utamur verbis) pervetustis; de or III 201.

pervicacia, Eigensinn: aegrotationi talia quaedam subiecta sunt: pervicacia, ligurritio; Tusc IV 26.

pervideo, genau betrachten, erkennen: I. penitus, quid ea (rerum natura) postulet, pervidendum (est); fin V 44. — II. oportere pervideri iam animi mei firmitatem; A XII 38, a, 1 (3).

pervigilatio, Nachtfeier: in his (deis) colendis nocturnas pervigilationes sic Aristophanes vexat, ut . .; leg II 37.

pervigilo, durchwachen: non orat, ut eam noctem pervigilet? Sex Rosc 98.

pervinco, den völligen Sieg davontragen: restitit et pervicit Cato; A II 1, 8.

pervius, offen: ex quo transitiones pervius „iani" nominantur; nat II 67.

perula, kleiner Ranzen: aliae in perula solent ferre? fr G, b, 11.

perungo, salben: iuvenes ii corpora oleo perunxerunt; Tusc I 113.

pervolo, durchfliegen, hinfliegen: I. animus velocius in hanc sedem et domum suam pervolabit;

rep VI 29. — II. sex et quinquaginta milia passuum cisiis pervolavit; Sex Rosc 19.

pervolo, gern wollen: 1. Othonem convenias pervelim; A XII 37, 2. tu mihi pervelim scribas . .; A XIII 13, 1. — 2. scire pervelim: A XIII 13, 1. ibi te quam primum per videre || perdere || velim; A XV 4, 2.

pervolvo, einführen: ut in iis locis revolvatur || pervolvatur || animus; de or II 149.

pervoluto, genau studieren: omnium bonarum artium doctores atque scriptores eligendi || legendi et pervolutandi; de or I 158.

perurbanus, sehr fein, fein gebildet, überhöflich: A. L. Torquatus toto genere perurbanus; Bru 239. homo et doctus et perurbanus; de or I 72. — B. cum rusticis potius quam cum his perurbanis; A II 15, 3.

peruro, entzünden: hominem perustum etiamnum gloria volunt incendere; ep XIII 15, 2.

perutilis, sehr nützlich: grati animi signa proferre perutile est; de or II 182. perutilis eius (Tironis) et opera et fidelitas esset; A IX 17, 2. multas ad res perutiles Xenophontis libri sunt; Cato 59. opera: f. fidelitas.

pervulgo, bekannt machen, verbreiten, preis geben, part. gewöhnlich: tu vero pervulga Hirtium; A XII 45, 2 (3). est consolatio pervulgata quidem illa maxime; ep V 16, 2. epistulam meam quod pervulgatam scribis esse, non fero moleste; A VIII 9, 1. ne is honos nimium pervulgetur; inv II 113. quorum ad populares industresque laudes has etiam minus notas minusque pervulgatas adiungimus; Ac II 6. quae (mulier) se omnibus pervulgaret; Cael 38. minus homines virtutis cupidos fore virtutis praemio pervulgato; inv II 114. pervulgatissimus || pervagatissimus || ille versus; orat 147.

pes, Fuß, Versfuß, Versglied, Schifftau: I. „altae sunt geminae, quibus" — hi tres [heroi] pedes in principia continuandorum verborum satis decore cadunt; de or II 182. idem hi tres pedes male concludunt, si quis eorum in extremo locatus est: orat 217. nihil dolet nisi pes; Tusc II 44. ne illi sunt pedes faceti ac delicatius ingredienti molles; fr E XVIII 2. is res suum nomen et vocabulum non habet, ut pes in navi; de or III 159. si primi et postremi [illi] pedes sunt hac ratione servati, medii possunt latere; de or III 191. — II, 1. Anticlea Ulixi pedes abluens; Tusc V 46. pes, qui adhibetur ad numeros, partitur in tria, ut necesse sit partem pedis aut aequalem esse alteri parti aut altero tanto aut sesqui esse maiorem; orat 188. inde ille licentior et divitior fluxit dithyrambus, cuius membra et pedes sunt in omni loculpeti oratione diffusa; de or III 185. qui pedem porta non extulerit; A VII 2, 6. brevitas facit ipsa liberiores pedes; orat 224. iam paean, quod plures habeat syllabas quam tres. numerus a quibusdam, non pes habetur; orat 218. loco: f. I. concludunt. syllabis metiendos pedes, non intervallis (Ephorus) existimat; orat 194. nec multitudo pedes novit nec ullos numeros tenet; orat 173. duo aut tres fere sunt extremi servandi et notandi pedes; de or III 193. partior: f. adhibeo. pedem ubi ponat in suo, (Ariarathes) non habet; A XIII 2, a, 2. servo: f. noto, I. latent. pedem nemo in illo iudicio supplosit; de or I 230. — 2. signum illud sex pedum esse; Ac II 128. — 3. cui tali in re libenter me ad pedes abiecissem; A VIII 9, 1. ante pedes Pythii pisces abiciebantur; of III 38. quorum ad pedes iacuit stratus; Quinct 96. cum alii saepe, quod ante pedes esset, non viderent; Tusc V 114. — III. (calcei Sicyonii) quamvis essent habiles atque apti ad pedem; de or I 231. — IV. 1. (Balbus) tantis pedum doloribus adficitur. ut se conveniri nolit; ep VI 19, 2. pedis offensio nobis et sternumenta erunt observanda; div II 84. pars:

f. II, 1. adhibeo. (spondeus) paucitatem pedum gravitate compensat; orat 216. supplosio pedis in contentionibus aut incipiendis aut finiendis; de or III 220. — 2. Pollicem servum a pedibus meum Romam misi; A VIII 5, 1. — V, 1. pedem e villa adhuc egressi non sumus; A XIII 16, 1. in quo impune progredi licet duo dumtaxat pedes aut paulo plus, ne plane in versum incidamus; de or III 182. a Chrysippo pedem numquam; Ac II 143. — 2. Actio maluimus iter facere pedibus, qui incommodissime navigassemus; A V 9, 1. cum pede terram percussisset; Tusc II 60. per me isti pedibus trahantur; A IV 18, 2 (16, 10). utrumque (sinum) pedibus aequis tramisimus; A XVI 6, 1. — 3. eos ante pedes suos uxorisque suae iugulari coëgit; Phil V 22. nec adhibetur ulla sine anapaestis pedibus hortatio; Tusc II 37.

pessum do, zu Grunde richten: hoc miror, hoc queror, quemquam hominem ita pessum dare alterum velle, ut etiam navem perforet, in qua ipse naviget; fr B 13.

pestifer, unheilvoll, verderblich: cum (Pompeius) tam pestiferum bellum pararet; A IX 13, 3. qui ab illo pestifero ac perdito civi rei publicae sanguine saginantur; Sest 78. aegritudo ceteraeque perturbationes, amplificatae certe, pestiferae sunt; Tusc IV 42. capitalem et pestiferum reditum timeremus; Phil IV 3. nisi ad alias res pestiferas aditus sibi comparent; A II 17, 1. qui trium pestiferorum vitiorum magister fuit; fin III 75. — B. ut altero (sensu beluae) secernerent pestifera a salutaribus; nat II 122.

pestifere, unheilvoll: quid, quod multa perniciose, multa pestifere sciscuntur in populis? leg II 13.

pestilens, der Gesundheit schädlich, ungesund, verderblich: (aedes) pestilentes sint et habeantur salubres; of III 54. hoc gravissimo et pestilentissimo anno; ep V 16, 4. non ferre hominem pestilentiorem patria sua; ep VII 24, 1. sunt partes agrorum aliae pestilentes, aliae salubres; div I 79.

pestilentia, anstecdende Krankheit, Pest, ungesunde Luft, Gegend: I. iam abiit pestilentia, sed, quam diu fuit, me non attigit; ep XIV 1, 3. — II. salubritatem etiam aut pestilentiam extis significari putat; div II 30. — III. ut locupletatis aut invidiae aut pestilentiae possessoribus agri tamen emantur; agr I 15. — IV. exercitus nostri interitus frigore, pestilentia; Piso 40.

pestis, Pest, Verderben, Unheil, Untergang, Unhold, Geißel: I, 1. quaedam pestes hominum laude aliena dolentium et te non numquam a me alienarunt et me aliquando immutarunt tibi; ep V 8, 2. nulla tam detestabilis pestis est, quae non homini ab homine nascatur; of II 16. immutant: f. alienant. nascitur: f. est. cum tu ceteraeque rei publicae pestes armorum causam quaereretis; Vatin 6. — 2. hunc tu etiam, portentosa pestis, exsulem appellare ausus es? dom 72. — 3. o scelus, o pestis, o labes! Piso 56. — II, 1. avertunt (labes) pestem ab Aegypto; nat I 101. ad illam pestem comprimendam, extinguendam, funditus delendam natus esse videtur; har resp 6. exstinguetur atque delebitur haec tam adulta rei publicae pestis; Catil I 30. quod (urbs) tantam pestem evomuerit; Catil I 2. tibi pestem exoptant, te exsecrantur; Piso 96. exstinguo: f. comprimo, deleo. pestem suam ac patris sui se dicet videre; Sest 146. malam quidem illi pestem! Phil VI 12. — 2. qua peste rem publicam Caesar liberavit; Phil III 5. — 3. eloquentiam ad bonorum pestem perniciemque convertere; of II 51. qui (fluctus) per nos a communi peste depulsi in nosmet ipsos redundarent; de or I 3. tyranni interitus declarat, quantum odium hominum valeat ad pestem; of II 23. — III. post abitum huius

importunissimae pestis; Ver III 125. tune ausus es cum A. Gabinio consociare consilia pestis meae? sen 16. — IV. producti in contionem ab illa furia ac peste patriae; Sest 33.

petasatus, mit dem Reisehut: (tabellarii) petasati veniunt; ep XV 17, 1.

petesso, erstreben, durchbringen: »mente divina (Iuppiter) caelum terrasque petessit«; div I 17. qui hanc (laudem) petessunt; Tusc II 62. terras: f. caelum.

petitio, Angriff, Anspruch, Bewerbung: I. orationis ipsius tamquam armorum est vel ad usum comminatio et quasi petitio vel ..; de or III 206. nisi prius a te cavero amplius eo nomine neminem, cuius petitio sit, petiturum; Bru 18. orator || oratio || nec plagam gravem facit, nisi petitio fuit apta; orat 228. — II, 1. quot ego tuas petitiones ita coniectas, ut vitari posse non viderentur, effugi! Catil I 15. novi omnes hominis petitiones rationesque dicendi; div Caec 44. vito: f. conicio. — 2. ad consulatus petitionem adgredi; Muren 15. — III. ad cenam petitionis causa si quis vocat, condemnetur; Muren 74. tu a me auctus in petitione quaesturae; Phil II 49. si omnibus tuis opibus, omni studio Lamiam in petitione iuveris; ep XI 17, 2. fuit et mihi et Quinto fratri magno usui in nostris petitionibus; A I 1, 3.

petitor, Bewerber, Kläger: I, 1. petitor rursus cum peteret (pecuniam); de or I 168. — 2. cum in his rebus omnibus publicanus petitor ac pignerator soleat esse; Ver III 27. — II. ecquo modo petitorem condemnare possent; Ver III 31. petitorem ego, praesertim consulatus, magna spe in campum deduci volo; Muren 44. — III. petitorum haec est adhuc informata cogitatio; A I 1, 2. his levioribus comitiis diligentia et gratia petitorum honos paritur; Planc 7. — IV. accusatorem pro omni actore et petitore appello; part or 110.

petiturio, sich bewerben wollen: video hominem valde petiturire; A I 14, 7.

peto, angreifen, bedrohen, hineilen, auffuchen, bitten, verlangen, herholen, entnehmen, Anspruch machen, klagen, sich bewerben, trachten, streben: I, 1. a. aliud tempus est petendi, aliud persequendi; Muren 44. — b. ut athletas videmus nihil nec vitando facere caute nec petendo vehementer, in quo non ..; quo usque petes? A XV 18, 1. — 2. tribunicii candidati compromiserunt petere eius (Catonis) arbitratu; Q fr II 14, 4. utrum est aequius decumanum petere an aratorem repetere? Ver III 27. ut heres sibi soli, non coheredibus petit, sic socius sibi soli, non sociis petit; Q Rosc 55. — II, 1. petii ab eo (Dolabella) de mulis vecturae; A XV 18, 1. — 2. magnoque opere abs te peto, cures, ut ..; ep XIII 34. id cum tua tum mea causa facias, a te peto; ep XVI 14, 2. — 3. qui peterent, ne ad Sullam adirent; Sex Rosc 25. — 4. ab Habito petiverunt, ut eam causam susciperet; Cluent 43. a te maximo opere pro nostra summa coniunctione tuaque singulari humanitate etiam atque etiam quaeso et peto, ut consulas rationibus meis; ep III 2, 1. a te maiorem in modum peto, ut recipias ..; ep XIII 49. -- 5. tantum peto, ut si qua est invidia communis, ne huic aliena peccata noceant; Cael 30. — III. cum omnes scelerati me unum petunt; Phil XII 24. ab eo (Talna) nuper petitam Cornificiam, Q. filiam; A XIII 28, 4 (29, 1). remotam est, quod ultra, quam satis est, petitur; inv I 91. quod a te petii litteris iis; ep III 3, 1. cum te ipsum obiurgabam, quod ministratorem peteres, non adversarium; de or II 305. qui Romae tribunatum pl. peteret, cum in Sicilia aedilitatem se petere dictitasset; A II 1, 5. nec argumentum hoc Epicurus a parvis petivit aut etiam a bestiis; fin II 32. petita est auctoritas vestra, gravitas amplissimorum ordinum,

consensio bonorum omnium, totus denique civitatis status; har resp 45. de reliquo tempore auxilium petii; ep V 4, 1. consensionem: f. auctoritatem. C. Marius cum neque petiturus umquam consulatum videretur; of III 79. Crotonem petemus aut Thurios; A IX 19, 3. unde pudoris pudicitiaeque exempla peterentur; Deiot 28. filiam: f. alqm. ut illic alii corporibus exercitatis gloriam et nobilitatem coronae peterent, alii ..; Tusc V 9. gravitatem: f. auctoritatem. ut item palaestritae Bidini peterent ab Epicrate hereditatem; Ver II 54. si sua studia ad honores peten os conferre voluissent; Cluent 153. cum per aetatem magistratus petere posset; Cael 18. sic litteris utor, non ut ab iis medicinam perpetuam, sed ut exiguam oblivionem doloris petam; ep V 15, 4. ministratorem: f. adversarium. cum ab L. Sabellio multam lege Aquilia [de iustitia] petivisset; Bru 131. nobilitatem: f. gloriam. oblivionem: f. medicinam. unde omnes opem petere solebant; ep XIV 2, 2. ultimas Hadriani maris oras petivit; Piso 92 (93). ut pecuniam non ex tuis tabulis, sed ex adversariis petas; Q Rosc 5. f. sanguinem. cum ipse praeturam petisset; Ver pr 23. qui eloquentiae principatum petet; orat 56. a te rationem totius haruspicinae peto; div II 46. se non pecuniam, sed vitam et sanguinem petere; Quinct 46. si summo opere sapientia petenda est, summo opere stultitia vitanda est; inv I 66. statum: f. auctoritatem. Thurios: f. Crotonem. tribunatum: f. aedilitatem. qui hanc a Laelio veniam petit; orat 230. quae (verba) docti a Graecis petere malent; Ac I 5. vitam: f. sanguinem.

petulans, leichtfertig, ausgelassen, frech: A. ex quo illud adsequor, ut, si quis mihi male dicat, petulans, ut plane insanus esse videatur; de or II 305. ut eius nullum petulans dictum proferatur; Muren 14. fervido quodam et petulanti et furioso genere dicendi; Bru 241. homo petulans et audax valde perturbatus discessit; Q fr II 4, 1. si (libido) petulans fuisset in aliqua nobili virgine; par 20. ex petulanti atque improbo scurra; Cluent 39. — B. libidinosis, petulantibus servire, ea summa miseria est; Phil III 35.

petulanter, leichtfertig, frech: cum (ea) petulantissime fiant; A IX 19, 1. quae (contumelia) si petulantius iactatur; Cael 6. Diphilus tragoedus in nostrum Pompeium petulanter invectus est; A II 19, 3. si vidua libere, proterva petulanter viveret; Cael 38.

petulantia, Leichtfertigkeit, Ausgelassenheit, Frechheit: I. tarditate modorum illorum (adulescentium) furentem petulantiam consedisse || resedisse ||; fr F X 3. ex hac parte pudor pugnat, illinc petulantia; Catil II 25. — II. 1. qui abiecti hominis ac semivivi furorem petulantiamque fregistis; Piso 31. a petendo petulantia nominata est; rep IV 6. — 2. quibus liberos ab istius petulantia conservare non licitum est; Ver pr 14.

phalerae, Pferdeschmuck: I. phaleras pulcherrime factas, quae regis Hieronis fuisse dicuntur, utrum tandem abstulisti an emisti? Ver IV 29. — II. aufero, al. f. I. — III, 1. Q. Rubrium corona et phaleris et torque donasti; Ver III 185. — 2. Plancum se vidisse demissum, sine phaleris; A XV 29, 3.

pharmacopola, Arzneihändler: L. Clodium, pharmacopolam circumforaneum .. [circ.]||, aggreditur; Cluent 40.

phaselus, Boot: conscendens ab hortis Cluvianis in phaselum epicopum has dedi litteras; A XIV 16, 1. quam (epistulam) de phaselo dedisti; A I 13, 1.

philitia, gemeinsame Mahlzeiten: victum Lacedaemoniorum in philitiis nonne videmus? Tusc V 98.

philologia, wissenschaftliches Streben: ne et opera et oleum philologiae nostrae perierit; A II 17, 1.

philologus, wissenschaftlich, gelehrt: A. nos ita philologi sumus, ut vel cum fabris habitare possimus; Q fr II 8, 3. homines, nobiles illi quidem, sed nullo modo philologi; A XIII 12, 3. — B. cum quasi alias res quaererem de philologis e Nicia; A XIII 28, 4 (29, 1).

philosophe, philosophisch: † philosophie || philosophe, philosophice || scribere volumus; Ac I 8.

philosophia, Philosophie, philosophisches System: I, 1. quae (philosophia) me non modo ab sollicitudine abducit, sed etiam contra omnes fortunae impetus armat; ep XII 23, 4. ea philosophia, quae suscepit patrocinium voluptatis, procul abest ab eo viro, quem quaerimus; de or III 63. armat: f. abducit. eadem (philosophia) ab animo tamquam ab oculis caliginem dispulit; Tusc I 64. tum philosophia non illa de natura, quae fuerat antiquior, sed haec, in qua de bonis rebus et malis deque hominum vita et moribus disputatur, inventa dicitur; Bru 31. a quo (Socrate) haec omnia, quae est de vita et de moribus, philosophia manavit; Tusc III 8. philosophiam veram illam et antiquam. quae quibusdam otii esse ac desidiae videtur, in forum atque in rem publicam atque in ipsam aciem paene deduximus; ep XV 4, 16. philosophia iacuit usque ad hanc aetatem nec ullum habuit lumen litterarum Latinarum; Tusc I 5. ab Aristippo Cyrenaica philosophia manavit; de or III 62. f. est; Tusc III 8. quod multi nihil prodesse philosophiam, plerique etiam obesse arbitrantur; inv I 65. in eo magistra vitae philosophia tot saecula permanet; Tusc II 16. prodest: f. obest. talem medicinam philosophia profitetur; Tusc II 43. suscipit: f. abest. videtur: f. est; ep XV 4, 16. — 2. o vitae philosophia dux! o virtutum indagatrix expultrixque vitiorum! Tusc V 5. — II, 1. de universa philosophia. quanto opere et expetenda esset et colenda, satis dictum est in Hortensio; Tusc III 6. nemo (erat), qui philosophiam complexus esset, matrem omnium bene factorum beneque dictorum; Bru 322. deduco: f. I, 1. est; ep XV 4, 16. haec pulchritudo etiam in terris „patritam" illam „et avitam", ut ait Theophrastus, philosophiam cognitionis cupiditate incensam excitavit; Tusc I 45. expeto: f. colo. cum tantis laudibus philosophiam extuleris; Ac I 61. invenio: f. I, 1. est; Bru 31. quod omnis rerum optimarum cognitio atque in iis exercitatio „philosophia" nominaretur; de or III 60. quam (philosophiam) qui profitetur; Piso 71. quoniam philosophia in tres partes est tributa, in naturae obscuritatem, in disserendi subtilitatem, in vitam atque mores; de or I 68. — 2. miror, cur philosophiae. sicut Zethus ille Pacuvianus, prope bellum indixeris; de or II 155. ego philosophiae semper vaco; div I 11. — 3. cum rem non magnopere philosophia egere videamus; Tusc I 89. quibus (verbis) instituto veterum utimur pro Latinis, ut ipsa philosophia, ut rhetorica; fin III 5. — 4. admirabili quodam ad philosophiam studio concitatus; Bru 306. me omnem meam curam atque operam ad philosophiam contulisse; ep IV 3, 4. dico de: f. 1. colo. penitus ex intima philosophia hauriendam iuris disciplinam putas; leg I 17. haec, quae sunt in philosophia, ingeniis eruuntur acutis; de or III 79. duo esse haec maxima in philosophia, iudicium veri et finem bonorum; Ac II 29. — III. 1. nos cum te, M. Cato, studiosissimum philosophiae, audiremus; fin IV 61. — 2. quod non modo philosophia dignum esset, sed mediocri prudentia; nat I 61. — 3. (Aristotelem) meo iudicio in philosophia prope singularem; Ac II 132. — IV. 1. ita facta est, quod minime Socrates probabat, ars

quaedam philosophiae; Ac I 17. si quisquam ullam disciplinam philosophiae probaret praeter eam, quam ipse sequeretur; Ac II 7. habeat omnes philosophiae notos ac tractatos locos; orat 118. interdum vereor, ne quibusdam bonis viris philosophiae nomen sit invisum; of II 2. qui (Socrates) parens philosophiae iure dici potest; fin II 1. Carneades nullius philosophiae partis ignarus; Ac I 46. si omnia philosophiae praecepta referuntur ad vitam; nat I 7. philosophiae quidem praecepta noscenda, vivendum autem esse civiliter; fr E IX 4. sic princeps ille philosophiae disserebat; Tusc V 47. cohortati sumus ad philosophiae studium eo libro, qui est inscriptus Hortensius; div II 1. quoniam omnis summa philosophiae ad beate vivendum refertur; fin II 86. nos universae philosophiae vituperatoribus respondimus in Hortensio; Tusc II 4. — 2. ut hos de philosophia libros studiose legas; of I 3. ut dignum est tua erga me et philosophiam voluntate ab adulescentulo suscepta; fin II 96. — V, 1. quoniam philosophia vir bonus efficitur et fortis; div II 3. — 2. aliis quoque rationibus tractari argumentationes in philosophia multis et obscuris; inv I 77. cum multa sint in philosophia et gravia et utilia accurate copioseque a philosophis disputata; of I 4. ſ. I, 1. est; Bru 31. nec latius atque copiosius de magnis variisque rebus sine philosophia potest quisquam dicere; orat 14.

philosophice ſ. **philosophe.**

philosophor. philoſophieren: 1. quod genus philosophandi minime adrogans maximeque et constans et elegans arbitraremur, quattuor Academicis libris ostendimus; div II 1. — 2. sic decrevi philosophari potius, ut Neoptolemus apud Ennium „paucis: nam omnino haud placet"; de or II 156. sophistes. sic enim appellabantur ii, qui ostentationis aut quaestus causa philosophabantur; Ac II 72. qui una secum philosophati sint; fin II 101. qui quavis lingua philosophari possint; fin III 40.

philosophus, philoſophiſch, Philoſoph: A. ea villa tamquam philosopha videtur esse; Q fr III 1, 5. — B, I, 1. eos (philosophos) ne ad rem publicam quidem accessuros putat nisi coactos; of I 2l. hoc ne philosophi quidem ipsi, qui omnia sicut propria sua esse atque a se possideri volunt, dicere audent, geometriam aut musicam philosophi esse; de or I 217. sin mortuus, ut quidam minuti philosophi censent, nihil sentiam; Cato 85. licet concurrant omnes plebeii philosophi (sic enim ii, qui a Platone et Socrate et ab ea familia dissident, appellandi videntur); Tusc I 55. philosophii exoneratam desaperunt, oratores sapientiam; de or III 72. e quibus (philosophis) Colophonius Xenophanes unus, qui deos esse diceret, divinationem funditus sustulit; div I 5. ſ. audent. qui (philosophus) sit ita moratus, ita animo ac vita constitutus, ut ratio postulat; Tusc II 11. an Scythes Anacharsis potuit pro nihilo pecuniam ducere, nostrates philosophi facere non potuerunt I potuerunt I? Tusc V 90. ante, quam in iis (gymnasiis) philosophi garrire coeperunt; de or II 2l. philosophi quamcumque rem habent in manibus; Tusc V 18. aliter homines, aliter philosophos loqui putas oportere? div V 89. ab Aristippo Cyrenaici atque Annicerii philosophi nominati omne bonum in voluptate posuerunt; of III 116. reliqui omnes (philosophi) divinationem probaverunt, sed non uno modo; div I 5. qui (philosophus) de sua vi ac sapientia unus omnia paene profitetur; de or I 212. nisi somniorum patrociniam philosophi suscepissent, nec ii quidem contemptissimi, sed in primis acuti; div II 150. tollit: ſ. dicit. quosdam perfectos philosophos turpiter vivere; Tusc II 12. volunt: ſ. audent. — 2. nos philosophi esse volumus, rerum auctores, non fabularum; nat III 77. — II, 1. appello: ſ. I, 1. concurrunt. cogo: ſ. I, 1. accedunt.

constituo: ſ. I, 1. est. contemno: ſ. I, 1. suscipiunt. in philosophos vestros si quando incidi, verbum prorsus nullum intellego; ita sunt angustis et concisis disputationibus inligati; de or II 61. quod ita iudico, (Antiochum) politissimum et acutissimum omnium nostrae memoriae philosophorum; Ac II 113. hanc (sapientiam) qui expetunt, philosophi nominantur; of II 5. qui (Pythagorei) essent Italici philosophi quondam nominati; Cato 78. ſ. I, 1. ponunt. perficio: ſ. I, 1. vivunt. polio: ſ. iudico. — 2. est tanti philosophi tamque nobilis audacter sua decreta defendere; fin II 28. ſ. I, 1. audent. — 3. philosopho cum operam daret; de or III 87. — 4. quod quoniam fere constat inter omnes non philosophos solum, sed etiam indoctos; nat I 44. ut, quid a quoque, et quid contra quemque philosophum diceretur, intellegi posset; div II 2. — III, 1. haec quaestio communis est omnium philosophorum; of I 5. totus hic locus philosophorum proprius videtur; de or I 54. — 2. omnia philosopho digna, sed cum voluptate pugnantia; Tusc III 49. 3. unus ex: ſ. I, 1. dicit. — IV, 1. philosophorum exquisita quaedam argumenta, cur esset vera divinatio, conlecta sunt; div I 5. nec sine philosophorum disciplina genus et speciem cuiusque rei cernere neque eam definiendo explicare nec tribuere in partes possumus; orat 16. ut iam oratio tua non multum a philosophorum lenitate absit; leg II 16. nam summi philosophi Platonis graviter et ornate scriptum librum de morte legisset; Scaur 3, 4. vexatur idem Theophractus et libris et scholis omnium philosophorum; Tusc V 25. oratio: ſ. vita. disces tu quidem a principe huius aetatis philosophorum; of I 2. e philosophorum scholis tales fere evadunt; orat 95. fuisti saepe, credo, in scholis philosophorum; Tusc II 26. ſ. liber. quod orationes declarant refertae philosophorum sententiis; nat I 6. ut cum eorum (philosophorum) vita mirabiliter pugnet oratio; Tusc II 12. — 2. cum quibus (philosophis) omnis fere nobis disceptatio contentioque est; div II 150. de eo est inter philosophos omnis dissensio; fin V 17. — V. admissarius iste simul atque andivit voluptatem a philosopho tanto opere laudari; Piso 69. ſ. II, 4. dico contra. apud ceteros philosophos, qui quaesivit aliquid, tacet; fin II 2. quod ne in ipsis quidem philosophis magnopere umquam probavi; fin II 1.

phreneticus, geiſteskrank: haud scio an nec cardiacis hoc tribuendum sit nec phreneticis; div I 81.

phylarchus, Fürſt, Emir: ab Iamblicho, phylarcho Arabum, litterae mihi redditae sunt; ep XV 1, 1.

physica, Phyſif, Naturlehre: 1. ad eas virtutes dialecticam etiam adiungunt et physicam, easque ambas virtutum nomine appellant; fin III 72. — 2. physicae quoque non sine causa tributus idem est honos; fin III 73.

physice, nach Art der Naturforſchung: ut fatum sit non id, quod superstitiose, sed id, quod physice dicitur; div I 126.

physicus, phyſiſch, phyſikaliſch, Phyſifer, Naturkundiger, Naturphiloſoph: A. physica ratio non inelegans inclusa est in impias fabulas; nat II 64. physica disputandi subtilitate; div I 110. — B, a, I. si ornate locutus est physicus ille Democritus; de or I 49. agerent tecum lege Democriti ceterique in iure sua physici vindicarent; de or I 42. — II, 1. confugis ad physicos eos, qui maxime in Academia inridentur; Ac II 55. Antisthenes in eo libro, qui physicus inscribitur, tollit vim et naturam deorum; nat I 32. non pudet physicum, id est speculatorem venatoremque naturae, ab animis consuetudine imbutis petere testimonium veritatis? nat I 83. — 2. materies illa fuit physici, de qua dixit; de or I 49. — 3. quibus (physicis) inane esse nihil placet; fat 24. — 4. confugio ad: ſ. 1. inrideo.

— III. quo nihil turpius physico, quam fieri quicquam sine causa dicere; fin I 19. — IV. physicorum est ista prudentia; div II 11. — V. quod dilucide docetur a politioribus physicis; Ac II 56. — b, I. quae vos videlicet, si physica non didicissetis, timeretis; Tusc I 48. — II, 1. quem (oratorem) ne physicorum quidem ignarum esse volo; orat 119. — 2. in physicis, quibus (Epicurus) maxime gloriatur, primum totus est alienus; fin I 17. — III, 1. gloriari: f. II, 2. — 2. quid est in physicis Epicuri non a Democrito? nat I 73.

physiognomon, Physiognom: Socraten nonne legimus quem ad modum notarit Zopyrus physiognomon? nat 10.

physiologia, Naturkunde, Naturphilosophie: hunc censes primis, ut dicitur, labris gustasse physiologiam, id est naturae rationem? nat I 20. dum haruspicinam veram esse vultis, physiologiam totam pervertitis; div II 37.

piaculum, Sühnopfer: porco femina piaculum † pati l faciundum ‖; si in mari mortuus esset, eadem praeter piaculum et ferias; leg II 57.

picaria, Pechhütte: familia societatis eius, quae picarias de P. Cornelio L. Mummio censoribus redemisset; Bru 85.

pictor, Maler: I. pictoris cuiusdam summi ratione et modo formarum varietate locos distinguentis, de or II 358. quam multa vident pictores in umbris et in eminentia! Ac II 20. a parvis deos ea facie novimus, qua pictores fictoresque voluerunt; nat I 81. — II. qui (Zeuxis) tum longe ceteris excellere pictoribus existimabatur; inv II 1. — III. quae (imagines) non solum pictorum artificio delectabant; Ver IV 123.

pictura, Malerei, Gemälde, Bild, Stickerei: I. si antiquissima illa pictura paucorum colorum magis quam haec iam perfecta delectat; orat 169. nego ullam picturam neque in tabula neque in textili (fuisse), quin conquisierit; Ver IV 1. f. evanescit. nostra aetas cum rem publicam sicut picturam accepisset egregiam, sed iam evanescentem vetustate, non modo eam coloribus eisdem, quibus fuerat, renovare neglexit, sed . .; rep V 2. — II, 1. accipio, al. f. I. evanescit. conquiro: f. I. est. perficio: f. I. delectat. — 2. similis in pictura ratio est; Bru 70. — III, 1. delectari: f. 2. orat 36. quae (domicilia) essent ornata signis atque picturis; nat II 95. — 2. ut in pictura, qui hominum speciem pingere perdidicerit, posse eum cuiusvis vel formae vel aetatis pingere; de or II 69. quanto colorum pulcritudine et varietate floridiora sunt in picturis novis pleraque quam in veteribus! de or III 98. in picturis alius horrida, inculta, abdita et opaca, contra alius nitida, laeta, conlustrata delectatur ‖ alios . . delectant ‖; orat 36.

pie, fromm, pflichtmäßig, liebevoll; pie sancteque colimus naturam excellentem; nat I 56. me, quod faciam, et grate et pie facere; Planc 98. cum Q. Metellum tam pie lugere videatis; de orI I 167. Quintus filius pie sane currentem animum patris sui sorori tuae reconciliavit; A VI 7, 1.

pietas, Frömmigkeit, Liebe, Dankbarkeit, Anhänglichkeit, Pflichtgefühl: I. pietas (est), per quam sanguine coniunctis patriaeque benivolum officium et diligens tribuitur cultus; inv II 161. meo iudicio pietas fundamentum est omnium virtutum; Planc 29. pietatem (eam appellant), quae erga patriam aut parentes aut alios sanguine coniunctos officium conservare moneat; inv II 66. — II, 1. appello: f. I. monet. ut augerent pietatem in deos; leg II 26. maximam pietatem conservatione patriae contineri; Phil XIII 46. ea (iustitia) erga parentes pietas nominatur; part or 78. omisit hic (rex) et pietatem et humanitatem; of III 41. utinam (C. Gracchus) non tam fratri pietatem quam patriae praestare vo-

luisset! Bru 126. — 2. si pietati summa tribuenda laus est; de or II 167. — 3. qua sanctissimi homines pietate erga deos immortales esse soleant; Quir 18. — 4. etiam de sanctitate, de pietate adversus deos libros scripsit Epicurus; nat I 115. — III. est pietatis plena defensio; Phil II 44. — IV, 1. gravissimum et sanctissimum nomen pietatis; ep I 9, 1. quod tibi nullum pietatis officium defuit: Milo 100. — 2. singulari pietate adulescens; Phil XIII 46. — V, 1. qua pietate colat religiones; leg II 15. tui omnes summa pietate te desiderant et diligunt et colunt; ep VI 20, 3. qui in me pietate filius inventus est; sen 37. ego omni officio ac potius pietate erga te ceteris satis facio omnibus; ep I 1, 1. — 2. cum qua (pietate) simul sanctitatem et religionem tolli necesse est; nat I 3.

piger, träge: quod mihi interdum piger videbare; ep VII 17, 1.

piget, es verdrießt: I. (audiens multitudo) ad misericordiam inducitur, ad pudendum, ad pigendum; Bru 188. — II. cuius (Caesaris) in cupiditatem te auctore incubui, nec me piget; A V 13, 3. — III. ut me pigeat stultitiae meae; dom 29.

pigmentarius, Farbenhändler: Attius pigmentarius valde (gaudebat) se adversarium perdidisse; ep XV 17, 2.

pigmentum, Farbe, Schminke: I. aspersa temere pigmenta in tabula oris liniamenta efficere possunt; div I 23. — II, 1. aspergo: f. I. meus liber non nihil etiam Aristotelia pigmenta consumpsit; A II 1, 1. intelleges nihil illius (Catonis) liniamentis nisi eorum pigmentorum, quae inventa nondum erant, florem et colorem defuisse; Bru 298. — 2. tam sine pigmentis fucoque puerili (sententiae sunt); de or II 188. — III. color, flos: f. II. 1. invenio.

pignerator, Pfandnehmer: cum in his rebus omnibus publicanus petitor ac pignerator soleat esse; Ver III 27.

pigneror, beanspruchen, sich aneignen: Marips ex acie fortissimum quemque pignerari solet; Phil XIV 32. ut (patria) plurimas nostri animi partes ipsa sibi ad utilitatem suam pigneraretur; rep I 8.

pignus, Pfand, Unterpfand: I. ut quam primum illud pignus libertatis aspicere possim; Phil XII 22. pigneribus ablatis Crassum instituit coërcere: de or III 4. minus multa dederant illi rei publicae pignora; A VIII 9, 3. ut nos duo quasi pignora rei publicae retineri videremur; A I 19, 3. — II. 1. coërcere: f. I. aufero. magnis et multis pignoribus M. Lepidum res publica inligatum tenet; Phil XIII 8. — 2. quid est ultra pignus aut multam? Phil I 12.

pigritia, Trägheit, Bequemlichkeit: I. pigritiam metum consequentis laboris (definiunt); Tusc IV 18 (19). — II. noli putare pigritia me facere, quod non mea manu scribam, sed mehercule pigritia; A XVI 15, 1.

pigror, säumen: tu, quaeso, quicquid nori, scribere ne pigrere; A XIV 1, 2.

pila, Ball, Ballspiel: I. tamquam pilam rapiunt inter se rei publicae statum tyranni ab regibus, rep I 68. iste „claudus“, quem ad modum aiunt, „pilam“ ‖ retinere ‖; Piso 69. — II. si qui ineunte aetate venandi aut pilae studiosi fuerunt; Lael 74. — III. Titius pila (delectatur); de or I 217. pila bene et duodecim scriptis ludere; de or I 217.

pilosus, behaart: non nos pilosae genae deceperunt; Piso 1.

pilum, Wurfspieß: I. id (caput) adfixum gestari iussit in pilo; Phil XI 5. — II. pilorum multitudo deprehendi posse indicabatur; Milo 64.

pilus, Manipel der Triarier: cum Aquilae primi pili nummos aureos daret; Phil XII 20. ille

(Bibulus) cohortem primam totam perdidit centurionemque primi pili; A V 20, 4.

pilus, ҫaar: I. ne ullum pilum viri boni h a b e r e dicatur; Q Rosc 20. e Cappadocia ne pilum quidem; A V 20, 6. — II. munitae sunt palpebrae tamquam vallo pilorum; nat II 143. — III. ego ne pilo quidem m i n u s me || te || amabo; Q fr II 15, 5.

pina, ҫtedmuſdel: I. pina (sic enim Graece dicitur) duabus grandibus patula conchis cum parva squilla quasi societatem c o i t comparandi cibi; nat II 123. — II. qui, quod eam (pinam) c u s t o d i t, pinoteres vocatur; fin III 63. dico: f. I.

a pingo, malen, auҫmalen, ſdilbern, ſtiden, ſdmiden: I, 1. a d pingendum, ad fingendum a p t a manus est; nat II 150. — 2. cum p a u c i pingere egregie possint aut fingere; Bru 257. — II. A l e x a n d e r ab Apelle potissimum pingi volebat; ep V 12. 7. quo (Lysia) nihil potest esse pictius; Bru 293. bibliothecam mihi tui pinxerunt constructione et sittybis l constrictione et sittybis ||; A IV 5, 3. quam (Britanniam) pingam coloribus tuis, penicillo meo; Q fr II 13 (15, a), 2. muliebri in corpore pingendo; inv II 1. orationis pictum et expolitum genus; orat 96. quem (locum) ego varie meis orationibus soleo pingere; A I 14, 3. qui numquam philosophum pictam, ut dicitur, viderunt; fin V 80. pugna erat equestris in tabulis picta; Ver IV 122. is (Zeuxis) et ceteras complures tabulas pinxit et Helenae se pingere simulacrum velle dixit; inv II 1. stragulo magnificis operibus picto; Tusc V 61. signa, tabulae pictae Graecos homines nimio opere delectant; Ver IV 132. f. simulacrum. ea (σχήματα) non tam in verbis pingendis habent pondus quam in inluminandis sententiis; Bru 141.

pinguis, fett. biđ, plump, ſdwülſtig: pingues T h e b a n i et valentes; fat 7. poëtis pingue quiddam sonantibus; Arch 26. pingue et concretum esse caelum; div I 130. agamus pingui, et aiunt, Minerva; Lael 19.

pinna, ҫeber, ҫittiđ (vgl. penna): I. illi, qui mihi pinnas inciderant, nolunt easdem r e n a s c i; A IV 2, 5. — II. incido: f. I. — III. cui (Minervae) pinnarum t a l a r i a adfigunt; nat III 59. — IV. ut (pullos) pinnis foveant; nat II 129. sensim ab utroque latere, tamquam remis, ita pinnis cursus avium levatur; nat II 125.

pinnatus, beſiebert, gefIügeIt: quae (Diana) pinnatum C u p i d i n e m genuisse dicitur; nat III 58. ›Iovis pinnata satelles‹; div I 106.

pinniger, gefIügeIt: alterum (animantium genus) pinnigerum et aërium; Tim 35.

pinnula, ҫederđen: cum pulli pinnulis uti possunt; nat II 129.

pinoteres, ҫinnenhüter: is, qui enat e concha, qui, quod eam custodit, pinoteres vocatur; fin III 63.

pio, ſühnen: si q u i d tibi piandum fuisset; dom 132. ›(haruspices) fulgora || fulgura || atque obstita pianto‹; leg II 21.

pirata, ҫeeräuber: I. a s c i v e r u n t sibi illud oppidum piratae; Ver IV 21. pirata non est ex perduellium numero definitus || [definitus] ||, sed communis hostis omnium; of III 107. in urbis intimam partem venisse piratas; Ver V 96. — IV, 1. si ille semel verus pirata securi p e r c u s s u s esset; Ver V 79. — piratam vivum tenuisti; Ver V 75. — 2. haec civitas isti praedoni ac piratae Siciliensi Phaselis f u i t; Ver IV 23. — III. piratarum melior f i d e s quam senatus; of III 87. ad homines a piratarum metu et suspicione alienissimos; Ver V 70. — IV. quae (classis) c o n t r a piratas aedificata est; Ver I 90.

piratica, ҫeeräuberei: piraticam ipse fecisset; sen 11.

piraticus, mit ҫeeräubern, ben ҫeeräubern gehörig: nisi rogationem de piratico b e l l o tulisset; sen 11. inter illos piraticos myoparones; Ver V 89.

piscator, ҫiſđer: I. Pythius piscatores ad se convocavit et ab iis petivit, ut ante suos hortulos postridie p i s c a r e n t u r; of III 58. — II. convoco: f. I. — III. quaerit, num f e r i a e quaedam piscatorum essent; of III 59.

piscatus, ҫiſđfang: piscatu, aucupio, venatione vitantes cruditatem; fin II 23.

pisciculus, ҫiſđđen: cum pisciculi parvi in concham hiantem innataverunt; nat II 123.

piscina, ҫiſđteiđ: I. ut amissa re publica piscinas suas f o r e salvas sperare videantur; A I 18, 6. — II, 1. piscina et salientibus a d d i t i s; Q fr III 1, 3. — 2. duos conservos occidit i n piscinamque deiecit; Cluent 179. si mulli barbati in piscinis sint, qui ad manum accedant; A II 1, 7. — III. magna vis aquae u s q u e a d piscinam publicam; Q fr III 7, 1. — IV. non modo de Cynico consulari, sed ne de istis quidem piscinarum Tritonibus poterit se inctare; A II 9, 1.

piscinarius, ҫiſđteidbeſiҫer: I. mihi ut i n v i d e a n t piscinarii nostri; A I 20, 3. — II. hos piscinarios d i c o amicos tuos; A I 19, 6.

piscis, ҫiſđ: I, 1. etsi pisces, ut aiunt, ova cum g e n u e r u n t, relinquunt; nat II 129. — 2. qui (acupenser) e s t piscis, ut ferunt, in primis nobilis; fat fr 5. — II. quod ea (voluptate) videlicet homines c a p i a n t u r ut pisces; Cato 44. piscem Syri venerantur; nat III 39. — III. fons plenissimus piscium; Ver IV 118. — IV. quid m u l t i t u d i n e m suavitatemque piscium dicam? nat II 160. cum is ipse anulus in praecordiis piscis inventus est; fin V 92. suavitas: f. multitudo.

piscor, ҫiſđen: ab iis (piscatoribus) petivit, ut ante suos hortulos postridie piscarentur; of III 58.

pistor, ҫäđer: I. pistor omni nullus, nulla cella; Piso 67. — I. optimis cocis, pistoribus v i t a n t e s cruditatem; fin II 23.

pistrinum, ҫtampfmühle: a quibus oratorem in iudicia et contiunculas tamquam i n aliquod pistrinum detrudi et c o m p i n g i videbam; de or I 46. in publicam (custodiam hominem tradiderit) an in pistrinum; Q fr I 2, 14. tibi mecum in eodem est pistrino, Crasse, vivendum; de or II 144.

Pistrix, ҫalfiſđ: ›Andromedam e x p l o r a n s fera quaerere Pistrix pergit‹; fr H IV, a, 384. ›fera Pistrix labitur horribiles epulas funesta requirens‹; fr H IV, a, 661.

pituita, ҫđleim: bilem, pituitam, ossa videor posse dicere, unde c o n c r e t a et quo modo facta sint; Tusc I 56. cum pituita redundat aut bilis; Tusc IV 23.

pituitosus, verſđleimt: in aliis (locis) esse pituitosos et quasi redundantes, in aliis exsiccatos atque aridos; fat 7.

pius, fromm, Iiebevoll, gewiſſenhaft, pflidt. getreu: A. patriae conducit pios habere c i v e s in parentes; of III 90. quae (religio) deorum cultu pio continetur; nat I 117. si iusto, si pio dolore me esse adfectum viderent; de or II 201. conservandus civis cum tam pio iustoque foedere! Phil XIII 37. ut ›PIA ET AETERNA PAX‹ sit; Balb 35. — B, I. ubi dixerat ipse Cicero piissimus; fr E XVIII 3. — II. tu porro ne pios quidem, sed „piissimus“ quaeris et, quod verbum omnino nullum in lingua Latina est, id inducis; Phil XIII 43. — III. piorum et impiorum (deos) habere r a t i o n e m; leg II 15.

pix, ҫeđ: ut M. Tullius „picem“ dicere non turpe duxit; fr K 4.

placabilis, verſöhnliđ: cui (Dionysio) placabilem m e praebuissem; A X 16, 1. qui omnis habuisset placabiliora quam animum praetoris; Ver II 95.

placabilitas, ҫerſöhnliđteit: nihil magno et

praeclaro viro dignius placabilitate atque clementia; of I 88.

placate, ruђig, gelaffen: omnia humana placate et moderate feramus; ep VI 1, 4. hoc ipsum intellegimus eum cotidie remissius et placatius ferre; ep VI 13, 3.

placatio, Berſöђnung, Beruђigung: I. quae tam subito facta est deorum tanta placatio? div II 36. — II. perturbatio animi placatione abluatur; Tusc IV 60.

placeo, gefallen, belieben, ber Meinung ſein, beſфließen, verorbnen: I. venio ad comitia, sive magistratuum placet sive legum; Sest 109. sed, si placet, in hunc diem hactenus; rep II 70. — II. 1. mihi placuit, ut summorum oratorum Graecas orationes explicarem; de or I 155. placuit nobis, ut statim ad Cornutum, praetorem urbanum, litteras deferremus; ep X 12, 3. — 2. placuit Caecinae de amicorum sententia constituere; Caecin 20. placet ante definire, quid sit officium; of I 7. — 3. placeat oportet demonstrationem et deliberationem non esse constitutionem nec partem constitutionis; inv I 13. quoniam tuis placuit te habere meas litteras; ep VI 8, 3. — III. ego numquam mihi minus quam hesterno die placui; de or II 15. velim tibi eum (Marcellum) placere quam maxime; Bru 249. (Longilius) fidem mihi faciebat se velle nobis placere; Q fr II 5, 3 (6, 2). nego in Sicilia tota ullum argenteum vas fuisse, signum ullum, nego ullam picturam, quin conquisierit, quod placitum sit, abstulerit; Ver IV 1. meum mihi placebat, illi suum; A XIV 20, 3. sibi illud, quod mihi placeret, non probari; A XIV 20, 3. mihi caligae eius (Epicratis) et fasciae cretatae non placebant; A II 3, 1. omen magis patribus conscriptis quam causa placuit; Ver I 99 semper mihi et doctrina et eruditi homines et tua ista studia placuerunt; rep I 29. fasciae: f. caligae. homines: f. doctrina. non placet mihi inquisitio candidati; Muren 44. omen: f. causa. illa mihi placebat oratio de convenientia consensusque naturae; nat III 28. studia: f. doctrina. cum ea (vita) non placeat; fin I 49. — exspecto, quid istis placeat de epistula ad Caesarem; A XIII 1, 3.

placide, ſanft, ruђig, frieblid, ſtill: leniter atque placide fides, non vi et impetu, concuti debere*; rep fr 9. hospitis (iniurias) placide ferendas arbitrabatur; Ver II 84. cuius (Demetrii) oratio sedate placideque liquitur || loquitur, al. ||; orat 92. cum ratione animus movetur placide atque constanter; Tusc IV 13.

placidus, ſanft, ruђig, frieblid: ius ut in placidum mollemque reddidi, ut ..; Caecin 28. tranquillitatem, id est placidam quietamque constantiam; Tusc IV 10. dicendi placidum et sanum genus; Bru 276. non semper fortis oratio quaeritur, sed saepe placida, summissa, lenis; de or II 183. semper in animo eius (sapientis) esse placidissimam pacem; Tusc V 48.

placo, beruђigen, beſänftigen, verſöђnen: consequeris, ut eos ipsos, quos contra statuas, aequos placatosque dimittas; orat 34. uti te sibi placarem; ep XIII 1, 3. nihil tam vidi mite, nihil tam placatum, quam tum meus frater erat in sororem tuam; A V 1, 3. tibi de nostro amico placando aut etiam plane restituendo polliceor; A I 10, 2. Peripatetici ad placandos animos multa adferunt; Tusc IV 9. deos placandos esse; Font 31. nostrae nobis sunt inter nos irae discordiaeque placandae; har resp 63. fratrem: f. alqd. iras: f. discordias. cum plebem muneribus placarit; Milo 95. qui (somnus) non numquam placatissimam quietem adfert; Tusc I 97. de rebus placatis ac minime turbulentis; orat 63. ut omnes bene sanos in viam placatae, tranquillae, quietae, beatae vitae deduceret; fin I 71. nostrum est populi voluntates placare turbatas; Planc 11.

plaga, Sфlag, Hieb, Stoß, Bunbe: I. haec levior est plaga ab amico quam a debitore; ep IX 16, 7. — II. accipienda plaga est; A VII 15, 3. quam (impulsionem) plagam ille (Democritus) appellat; fat 46. orator nec plagam gravem facit. nisi petitio fuit apta; orat 228. si ad cetera vulnera hanc quoque mortiferam plagam inflixisses auguratus tui; Vatin 20. illa plaga est iniecta petitioni tuae maxima; Muren 48. gladiatores quas plagas perferunt! Tusc II 41. — III, 1. Phrygem plagis fieri solere meliorem; Flac 65. — 2. tertius quidam motus oritur extra pondus et plagam; fat 22.

plaga, Neђ, Sфlinge, Gegenb, Gebiet: 1. hanc plagam effugi; A VII 1, 5. sic tu aedes proscribas, tabulam tamquam plagam ponas, in eam aliquis incurrat imprudens? of III 68. suntne insidiae tendere plagas? of III 68. quas plagas ipsi contra se Stoici texuerunt; Ac II 147. — 2. »haec (dextra) e Tartarea tenebrica abstractum plaga tricipitem eduxit canem? ||; || « Tusc II 22. quem ego ructantem et nauseantem conieci in Caesaris Octaviani plagas; ep XII 25, 4. in illas tibi maiores plagas incidendum est; Ver V 151. incurro in: f. 1. pono.

plagiarius, Dieb, Räuber: „Licinium plagiarium cum suo pullo milvino tributa exigere"; Q fr I 2, 6.

plane, beutlid, flar, ausbrüdlid, gerabezu, völlig: I. qu planius accipiatur (forma generis): Top 14. plane adsentior; de or II 50. ex rebus penitus perspectis planeque cognitis; de or I 108. Asclapo medicus plane confirmat ..; ep XVI 9, 2. itaque cuiquam bono oratori rem ullam ex illis quinque partibus plane atque omnino defuisse; Bru 215. ut planius dicam; de or II 303. plane iracundia elatum Caesarem; A X 4, 8. erat perfecte planeque eruditus; Bru 282. in perditam et plane eversam provinciam; A V 16, 2. ut plane et disiuncte (loquamur); de or I 144. antequam me plane salutavit; ep IX 14, 3. de Ocella parum ad me plane scripseras; ep II 15, 5. ut quam planissime ad me scribas; A III 21. cui (Pompeio) plane suscensui: A IX 5, 2. plane valere Atticam; A XII 27, 2. causam armorum quaeri plane video; A XIV 20, 4. explicari mihi tuum consilium plane volo, ut penitus intellegam; A VIII 12, 1. — II. homines plane frugi ac sobrii; Ver III 67. tu vis (geminos) eosdem plane esse, non similes; Ac II 55 (54). bene plane magnus mihi quidem videtur (Philoctetae dolor), sed tamen non summus; Tusc II 44. satius: f. frugi. — III. modo plane annis cxi. ante me consulem; Bru 60. — IV. primo respondisti plane ferociter; Phil II 72. non dicis igitur: „miser est M. Crassus", sed tantum „miser M. Crassus"? ita plane; Tusc I 13. illud plane moleste tuli, quod ..; ep III 10, 1. — V. is si non plane artem, at quasi artem quandam invenerit; de or II 32. eum plane eversorem rei publicae fore; Sest 139. vidi Mytilenis nuper virum atque, ut dixi, vidi plane virum; Bru 250. Trebatius erat mecum, vir plane et civis bonus; A X 11, 4. — VI. at (cives) plane sine ullo domino sint; rep I 67. — VII. ut plane nihil intersit; Ac II 48. plane illuc te ire nolo; A XIII 27, 2. aenigma [Opiorum ex Velia] plane non intellexi; A VII 13, 5. quas (res) sustinere vix possum vel plane nullo modo possum; A XI 9, 3.

plango, ſфlagen: qui multis inspectantibus caput feriebas, femina plangebas; fr A XIV 8.

plangor, Weђflagen: 1. ut plangore et lamentatione complerimus forum; orat 131. — 2. tu diadema imponebas cum plangore populi; Phil II 85.

planities, planities, Ebene, Fläфe: I. quo in summo (loco) est aequata agri planities; Ver IV 107. — II. propter planitiam magnitudinemque regionum, quas (Assyrii) incolebant; div I 2.

planta, Setzling, Fußsohle: I. malleoli, plantae nonne efficiunt, ut quemvis delectent? Cato 52. — II. »(Nixus) laevum genus atque inlustrem linquit in alto plantam«; H IV, a, 621. — III. »Orionis sub laeva planta«; fr H IV, a, 393.

planus, eben, flar, deutlich: si de pecunia testibus planum facere non possem; Ver II 81. si planum fit hoc ita esse factum; Ver II 178. quid tam planum videtur quam mare? Ac fr 2. cum duae formae praestantes sint, ex solidis globus, ex planis autem circulus aut orbis; nat II 47. planissimo in loco; agr II 96. mere: f. alqd. ut (narrationes) planae sint, ut breves, ut evidentes; Top 97. brevior est altera (considerandi via), eadem etiam planior; orat 180.

planus, Abenteurer, Ränfemacher: hic ille planus improbissimus contrahit frontem; Cluent 72.

platalea, Belifan: legi etiam scriptum esse avem quandam, quae platalea nominaretur; eam sibi cibum quaerere advolantem ad eas aves, quae se in mari mergerent; quae cum emersissent piscemque cepissent, usque eo premere earum capita mordicus, dum illae captum amitterent, in quod ipsa invaderet; nat II 124.

platanus, Platane, morgenländischer Ahorn: me haec tua platanus admonuit, quae patulis est difusa ramis; de or I 28. quid, si platani ádiculas ferrent numerose sonantes? idem ‖ item ‖ scilicet censeres in platanis inesse musicam; nat II 22.

plaudo (plodo), Beifall flatschen: 1. huic (Curioni) ita plausum est, ut salva re publica Pompeio plaudi solebat; A II 19, 3. quod ne Victoriae quidem ploditur; A XIII 44, 1. — 2. Vatinium arbitratu nostro concidimus d i s hominibusque plaudentibus; Q fr II 4, 1. qui (equites) Curioni stantes plauserant; A II 19, 3.

plausibilis, des Beifalls würdig: quod asperius ante populo videri solebat, id iam populare et plausibile factum est; div Caec 8. quoniam haec plausibilia non sunt; Tusc III 51.

plaustrum, Lastwagen: I. se interfectum in plaustrum esse coniectum; div I 57. quid esset in plaustro; div I 57. — II. omnia (signa) plaustris evecta exportataque esse; Ver I 53.

plausus, Klatschen, Lärm, Beifall: I. Caesar cum venisset mortuo plausu; A II 19, 3. tantis plausibus, tanta approbatione infimorum; A XIV 16, 2. plausus L. Cassio datus etiam facetus mihi quidem visus est; A XIV 2, 1. — II. inania sunt ista. captare plausus, vehi per urbem; Piso 60. is nam, qui istos plausus semper contempserim; Phil I 37. cum populus more hoc insulso et novo plau-sum meo nomine recitando dedisset ‖ dedissent ‖; A IV 1, 6. f. I. videtur. levitate non nullorum emptos plausus exiles et raros excitare; Sest 115. huic plausus maximi a bonis impertiuntur; A II 18, 1. alterum plausus in foedissima causa quaerere, alterum offensiones in optima; A VIII 9, 3. — III. cum populus Romanus maximo clamore et plausu Bruti memoriam prosequebatur; Phil X 81. a qua (plebe) plausu maximo cum esset mihi gratulatio significata; A IV 1, 5.

plebecula, Pöbel: I. quod misera ac ieiuna plebecula putat ..; A I 16, 11. — II. (Octavianus) videtur plebeculam urbanam secum habiturus; A XVI 8, 2.

plebeius, bürgerlich, niebrig, gemein: A. qui sive patricius sive plebeius esset; Scaur 34. de plebeia faece sellulariorum; fr K 11. sin autem sunt amplae et honestae familiae plebeiae; Muren 15. cum his (ludis) plebeios esse coniunctos; Ver pr 31. licet concurrant omnes plebeii philosophi; Tusc I 55. nonne (videor) plebeio sermone agere tecum? ep IX 21, 1. — B. cum ille, qui id egerat, plebeius est lege curiata factus; prov 45.

plebicola, Volksfreund: I. ut plebicola videretur, libertinam duxit uxorem; Sest 110. — II. quod genus hominum ab hoc plebicola tribuno plebis funditus eicitur; agr II 84.

plebiscitum f. plebs, IV, 1.

plebs, plebes, Bürgerstand, Plebejer, Volt, Menge: 1. cum plebes prope ripam Anionis ad tertium miliarium consedisset; Bru 54. cum plebes publica calamitate impendiis debilitata deficeret; rep II 59. haec nisi plebes iussisset; dom 128. — II, 1. Gracchos plebem in agris publicis constituisse; agr II 10. exturbari et expelli plebem ex agris, non constitui et conlocari; agr II 84. debilito: f. I. deficit. cum plebem muneribus placarit; Milo 95. »quod ii (tribuni) plebem rogassint, ratum esto«; leg III 9. iis (legibus) nec populum nec plebem teneri; Phil XII 12. — 2. haecine plebi Romanae est constituta condicio? Ver V 157. — 3. te cum plebe iure agere potuisse; dom 42. fero ad: f. IV, 1. tribunus. eam legem pro plebe, non in plebem tulit; Cluent 151. is (C. Herennius) ad plebem P. Clodium traducit; A I 18, 4. — III. frumentariam legem C. Gracchus ferebat; iucunda res plebei; Sest 103. »optimatibus (suffragia) nota, plebi libera sunto«; leg III 38. — IV, 1. plebis libertatem et commoda tueri voluerunt; Sest 137. ille M. Cato Sapiens nutricem plebis Romanae Siciliam nominabat; Ver II 5. neque plebis scitu totiens consularem potestatem minui potuisse; de or II 199. hoc plebei scitum est? dom 44. nec nostras duodecim tabulas nec plebiscita desidero; leg I 57. tum secessiones plebei; rep I 62. ut anno proximo P. Scaevola tribunus plebis ferret ad plebem, vellentne ..; fin II 54. — 2. ad plebem transitiones (scriptae sunt); Bru 62. — V. totus ager Campanus colitur et possidetur a plebe, et a plebe optima et modestissima; agr II 84.

plecto, flechten: »Scorpios posteriore trahens plexum ‖ flexum ‖ vi corporis arcum«; nat II 113.

plecto, strafen: »quid ergo?« inquit Scaurus. »Aemilius fecit, plectitur Rutilius"; de or II 280. ut in suo vitio quisque plectatur; leg III 46. ut sine invidia culpa plectatur; Cluent 5.

plectrum, Kiel, Schlagstäbchen: plectri similem linguam nostri solent dicere, chordarum dentes; nat II 149.

plene, völlig, vollständig: plene et perfecte sic dici existimato; nat II 74. si hoc plene vitare non potes; Q fr I 1, 38.

plenus, voll, trächtig, reichlich versehen, reich, vollzählig, vollständig, stark, träftig, volltönend: A. qui Antonium ieiuniorem aut Crassum pleniorem putet; de or III 16. noli putare quemquam pleniorem aut uberiorem ad dicendum fuisse; Bru 125. pleni enectique simus; div II 142. tu tibi desse noli; serius potius ad nos, dum plenior; ep VII 9, 2. ex tuis litteris plenus sum exspectatione de Pompeio; A III 14, 1. omnia nonne plena consiliorum, inania verborum videmus? de or I 37. »sient" plenum est, »sint" imminutum; orat 157. plena timoris et erroris omnia; A VII 12, 2. plenum est forum, plena templa circum forum, pleni omnes aditus huius templi ac loci; Catil IV 14. ut haberet ad praeturam gerendam plenum annum atque integrum; Milo 24. divitiae, nomen, opes vacuae consilio dedecoris plenae sunt et insolentis superbiae; rep I 51. plena omnia optimae gravitati atque optimi; Ver II 35. cuius (Cottae) tu illa lata, Sulpici, non numquam imitaris, ut Iota litteram tollas et E plenissimum dicas; de or II 46. tres accepi epistulas, unam brevem, duas pleniores; ep XI 12, 1. bonorum virorum plenum forum; de or II 198. f. aditus. (vocis genus) flexibile, plenum, interruptum; de or III 217. peracutum et artis plenum orationis genus; Bru 114. plena exemplorum est historia, tum referta

vita communis; div I 50. homo plenus officii; ep
XI 27, 1. si eadem hora aliae pecudis iecur nitidum
atque plenum est, aliae horridum et exile; div II 30.
hilaritatis plenum iudicium ac laetitiae fuit; de or
I 243. plenus est sextus liber de officiis Hecatonis
talium quaestionum; of III 89. litteras plenas et
amoris et officii; ep III 1, 2. erat ea navis plena
iuventutis formosissimae, plena argenti facti atque
signati; Ver V 63. nomen: f. divitiae. habui noctem
plenam timoris ac miseriae; ep XVI 14, 1. vultus
erat ipsius plenus furoris, oculi sceleris, sermo adrogantiae; Muren 49. opes: f. divitiae. in laudibus
ea nescio quo modo quasi pleniore ore laudamus; of
I 61. simplex causa, constans ratio, plena consensionis omnium, plena concordiae; Sest 87. plena exemplorum est nostra res publica; of III 47. reticulum ad nares sibi admovebat plenum rosae; Ver V
27. sermo: f. oculi. cum solitudo et vita sine
amicis insidiarum et metus plena sit; fin I 66. ut
sue plena procuratio fieret; div I 101. templa: f.
aditus. medicamentorum salutarium plenissimae
terrae; nat II 132. quod illa tropaea plena dedecoris et risus te commentatum esse declarant; Piso
97. vita: f. solitudo. subsellia grandiorem et pleniorem vocem desiderant; Bru 289. vultus: f. oculi.
— B, I. Leucippus plenum et inane (dixit esse);
Ac II 118. — II. „quibus vinum defusum e pleno
sit"; fin II 23.

plerumque, gewöhnlich, meiftenteils: I. quae
(sententia) cum aptis constricta verbis est, cadit
etiam plerumque numerose; Bru 34. ut quaeram
omnia, dubitans plerumque et mihi ipse diffidens;
div II 8. animi discessus a corpore fit plerumque
sine sensu, non numquam etiam cum voluptate;
Tusc I 82. in tabernaculo manere plerumque; A V
16, 8. non comitiis iudicat semper populus, sed
movetur plerumque gratia; Planc 9. interpuncta
argumentorum plerumque occulas; de or II 177. —
II. quae (perturbatio animi) plerumque brevis est
et ad tempus; of I 27. — III. illa inconsiderata et
plerumque peccatorum vitiorumque laudatrix,
fama popularis; Tusc III 4.

plerusque, ein großer Teil, fehr viele, die
meiften: A. est magni laboris, quem plerique fugimus; de or I 150. plerisque aratoribus nihil omnino
superfuisse; Ver III 103. percensere poterit plerosque inveniendi locos; part or 127. officia media
omnia aut pleraque servantem vivere; fin IV 15.
convenire videntur genera earum (rerum) omnia,
partes generum pleraeque; inv II 38. quae (promissa) pleraque iure praetorio liberantur, non nulla
legibus; of I 32. ex maiore parte plerasque res
nominari; Tusc V 22. cum forum armatis hominibus
ac servis plerisque occupavissent; Sest 75. — B.
haec pleraque sunt prudenter disserentium; Tusc
IV 48. pleraque illa Solonis sunt; leg II 64. —
C, a, I. ut non nulli patriam, plerique autem se
ipsos penitus perdiderunt; fin I 49. plerosque
in magistratibus ignorantia iuris tantum sapere,
quantum apparitores velint; leg III 48. sicuti plerique vestrum sciunt; Cluent 11. — II. quod plerisque contingeret; nat I 27. — III. quod mihi
cum plerisque eorum magnum usum esse sciebat;
Cluent 49. — IV. ut (philosophia) a plerisque neglecta a multis etiam vituperetur; Tusc V 6. cum
plerisque eorum, quibuscum vivo necessario; ep V
21, 1. — b, I. sunt pleraque apta huius oratoris
parsimoniae; orat 84. — II, 1. si forte temere casu
aut pleraque fierent aut omnia; fat 6. — 2. Theophrastum adhibeamus ad pleraque; fin V 12. —
III. cum in plerisque essent iudicia contraria; of
III 70.

plodo f. **plaudo.**

ploratus, Wehflagen: audivimus civitatum
gemitus, ploratus; A V 16, 2. rudem illum (vide-

mus) quamvis levi ictu ploratus turpissimos edere;
Tusc II 38.

ploro, laut weinen, wehflagen: I. plorando
fessus sum; A XV 9, 1. — II. cum concursum
plorantium ferre non posses; Piso 89. nec verbis
solum, sed etiam verberibus (pueros) plorare cogunt;
Tusc III 64.

pluma, Flaumfeder, Flaum: I. ut plumae versicolores (donatae) columbis; fin III 18. — II.
pluma alias (animantes), alias squama videmus obductas; nat II 121. nec me consules movent, qui
ipsi pluma aut folio facilius moventur; A VIII 15. 2.

plumatus, befiedert: »plumato corpore Corvus«; nat II 114.

plumbeus, bleiern, ftumpffinnig: nisi plane
in physicis plumbei sumus; Tusc I 71. cum illum
plumbeo gladio iugulatum iri diceret; A I 16, 2.

plumbum, Blei: statuas plumbo inhaerentes;
rep VI 8.

plumeus, aus Flaumfedern: conlocemus (hunc)
in culcita plumea; Tusc III 46.

pluo, regnen: 1. quia coniugata || iugata || verba
essent „pluvia" et „pluendo"; Top 38. quae (aqua)
pluendo crevisset; To 38. — 2. sanguine pluisse
senatui nuntiatum est;div II 58.

plusculus, etwas mehr: I. ut plusculum sibi
iuris populus ascisceret; rep II 57. in quibus
(causis) plusculum negotii est, iudiciorum atque
litium; de or II 99. — II. ut amori nostro plusculum
etiam, quam concedet veritas, largiare; ep V 12, 3.

pluvia, Regen (f. pluo): equidem etiam pluvias
metuo, si Prognostica nostra vera sunt; A XV 16, a.

pluvius, des Regens: si aquam pluviam eam
modo intellegeremus, quam imbri conlectam videremus; Top 38. aqua pluvia ultimo genere ea est,
quae de caelo veniens crescit imbri; Top 39.

poculum, Becher, Giftbecher: I, 1. poëtae comparant aut Iuventatem aut Ganymedem pocula mi-
nistrantem; nat I 112. quae (pocula) Thericula
nominantur; Ver IV 38. Socrates paene in manu
iam mortiferum illud tenens poculum; Tusc I 71. —
2. reliquum (venenum Theramenes) sic e poculo
eiecit, ut id resonaret; Tusc I 96. cuius (Epicuri)
imaginem nostri familiares in poculis et in anulis
habent; fin V 3. — II. iste unus totam Asiam
magnitudine poculorum superavit; Flac 92. —
III, 1. cum maximis poculis ministraretur; Ver
III 105. — 2. si inter cenam in ipsis tuis immanibus illis poculis hoc tibi accidisset; Phil II 63.

podagra, Fußgicht: I. si quod constitutum
cum podagra habes, fac, ut in alium diem differas;
ep VII 4. — II. is (Arcesilas) cum arderet podagrae
doloribus; fin V 94.

poëma, Gedicht: I, 1. poëma reconditum paucorum approbationem, oratio popularis adsensum
vulgi debet movere; Bru 191. — 2. o poëma tenerum
et moratum atque molle! div I 66. — II, 1. ut
audirem Laberii et Publii poëmata; ep XII 18, 2.
Lucullus quoniam (Archias) Graecum poëma condidit;
A I 16, 15. varium poëma dici solet; fin II 10.
quoniam Empedocles physicus egregium poëma fecerit; de or I 217. poëma ad Caesarem, quod † com-
posueram || institueram ||, incidi; Q fr III 1. 11. quod
me institutum ad illum (Caesarem) poëma iubes
perficere; Q fr III 8, 3. poëma ab eo nostrum probari; Q fr III 13 (15, a), 2. recondo: f. I, 1. — 2.
opus est ad poëma quadam animi alacritate; Q fr
III 5, 4. — III. poëmatis tragici, comici, epici, melici etiam ac dithyrambici suum cuiusque (genus)
est; opt gen 1.

poena, Strafe, Bestrafung, Buße, Rache.
Rachegöttin: poenam iam diu improbitati debitam
aut instare iam plane aut certe appropinquare;
Catil II 11. quoniam ea poena damnationem necessario consequatur; inv II 59. non fuit in me poena

ulla peccati; dom 77. ut, qui non discessissent, ea poena, quae est de vi, tenerentur; Q fr II 3, 5. clamant inexpiabiles poenas impendere iis, a quibus violatum sit animal; rep III 19. instat: f. appropinquat. ab dis manibus innocentium Poenas scelerumque Furias in tuum iudicium esse venturas; Ver V 113. — 2. supplicium est poena peccati; Piso 43. >periurii poena divina exitium, humana dedecus<; leg II 22. — 3. Aetoliam, o Poena et Furia sociorum! decedens miseram perdidisti; Piso 91. — II, 1. tot viri fortes poenam octupli sine ulla dubitatione commissam non persequebantur? Ver III 30. a iuris consultis etiam reticentiae poena est constituta; of III 65. debeo: f. I, 1. appropinquat. qui me ea poena multaverit, quam sine mutatione possem dissolvere; Tusc I· 100. nisi in facinore manifesto deprehensus poenas legibus et iudicio dedisset; Bru 241. ut expetantur eae poenae a liberis; nat III 90. qui poenam hanc maternae temeritatis tulit; dom 134. cum ei ante iniusta poena luenda sit quam iusta repetenda; Milo 10 (11). maximas poenas pendo temeritatis meae; A XI 8, 1. persequor: f. committo. (C. Blossius) poenas rei publicae graves iustasque persolvit; Lael 37. ut ab ea (matre) poenas liberi sui potissimum petere debuerint; inv I 19. se clivi Capitolini poenas ab equitibus Romanis repetiturum; sen 32. f. luo. summi amoris in patriam vicissim nos poenas sufferamus; Flac 96. qui nec de damnata quidem poenas sumere ipse potuisset, de ea supplicium sumpsisse, quae ne adducta quidem sit in iudicium; inv II 82. quorum lege perfectum est, ne ego indemnatus damnatorum poenam sustinerem; dom 9. — 2. his poenis, egestate, exsilio, vinculis, verberibus, elabuntur saepe privati; rep III 34. ingenii praesidio innocentium iudiciorum poena liberare; de or I 202. — 3. ut scelus imperatoris i n poenam exercitus e x p i a t u m esse videatur; prov 5. restat nunc, ut de praemio et de poena explicemus; inv II 110. vincula sempiterna ad singularem poenam nefarii sceleris inventa sunt; Catil IV 7. est illa mors non in poena putanda; Piso 44. ut videretur ad hanc insignem poenam reservatus; Milo 86. quae (mors) videtur a poena singulos vindicare; rep III 34. — III. unam ob hoc factum dignum illum omni poena putarem; Phil XIII 17. — IV. erat Athenis reo damnato, si fraus capitalis non esset, quasi poenam a e s t i m a t i o; de or I 232. defensor poenae commutationem ex translativo genere inducendo totam infirmabit accusationem; inv II 59. praesentis poenae metu religio confirmari videtur; leg II 25. est verendum, ne remissione poenae crudeles in patriam fuisse videamur; Catil IV 13. — V, 1. ea poena si a d f i c i ‖ adficere ‖ reum non oportuit; inv II 59. num poena videatur esse adficiendus, qui ..; de or II 134. multare: f. II, 1. dissolvo. saepe etiam legum iudiciorumque poenis obligantur; fin I 47. teneri: f. I, 1. est. — 2. illum a fratris, a liberum Poenis actum esse praecipitem in sceleratorum sedem; Cluent 171. Carbonem propter recentem poenam Tib. Gracchi sustinuimus; Lael 41.

poenio, poenior f. **punio.**

poenitio, Bestrafung: quod in beneficio gratia, in iniuria poenitio ‖ punitio ‖ nominatur; part or 130.

poenitor, Rächer: fuit ultor iniuriae, poenitor doloris sui; Milo 35.

poësis, Dichtung: I. Anacreontis tota poësis est amatoria; Tusc IV 71. — II. quamvis claris sit coloribus picta vel poësis vel oratio; de or III 100.

poëta, Dichter: I, 1. quidnam esset illud, quo ipsi (poëtae) d i f f e r r e n t ab oratoribus; orat 66. est finitimus oratori poëta, numeris astrictior paulo, verborum autem licentia liberior, multis vero ornandi generibus socius ac paene par; de or I 70. nec dubitari debet quin fuerint ante Homerum poëtae; Bru 71. etsi (poëta) est eo laudabilior, quod virtutes

oratoris persequitur, cum versu sit astrictior; orat 67. poëtam bonum neminem sine inflammatione animorum exsistere posse et sine quodam adflatu quasi furoris; de or II 194. qui (poëtae) cum magnam speciem doctrinae sapientiaeque prae se tulerunt, audiuntur, leguntur, ediscuntur et inhaerescunt penitus in mentibus; Tusc III 3. dedecere: quod si poëta fugit ut maximum vitium; orat 74. quos (poëtas) necessitas cogit et ipsi numeri ac modi sic verba versu includere, ut ..; de or III 184. inhaerescunt: f. ferunt. poëtas omnino quasi alia quadam lingua locutos non conor attingere; de or II 61. ut etiam Cordubae natis poëtis aures suas dederet; Arch 26. persequitur: f. est; orat 67. ut poëtae tragici prodiderunt; of III 97. qui (poëtae) res Romanas scribunt; imp Pomp 25. poëtae in magna varietate personarum, quid deceat, videbunt; of I 98. — 2. musici, qui e r a n t quondam eidem poëtae; de or III 174. negat sine furore Democritus quemquam poëtam magnum esse posse; div I 80. exsisto: vgl. 1. exsistit. — 3. o· poëtam egregium! quamquam ab his cantoribus Euphorionis contemnitur; Tusc III 45. — II, 1. suo iure noster ille Ennius sanctos a p p e l l a t poëtas; Arch 18. astringo: f. I, 1. est. attingo: f. I, 1. loquuntur. audio: f. I. 1. ferunt. cogo: f. I, 1. includunt. contemno: f. I, 3. edisco: f. I, 1. ferunt. recte a Platone (poëtae) eiciuntur ex ea civitate, quam finxit ille; Tusc II 27. lego: f. I, 1. ferunt. qui (poëtae) λυρικοί a Graecis nominantur; orat 183. — 2. dedo: f. I, 1. nascuntur. quibus (poëtis) est proxima cognatio cum oratoribus; de or III 27. quo minus honoris erat poëtis, eo minora studia fuerunt; Tusc I 3. — 3. studiose equidem utor nostris poëtis; Tusc II 26. — 4. i n quibus (poëtis) nulla solida utilitas omnisque puerilis est delectatio; fin I 72. — III. 1. cum iam p l e n a Graecia poëtarum et musicorum esset; rep II 18. — 2. r u d e m esse omnino i n nostris poëtis aut inertissimae segnitiae est aut fastidii delicatissimi; fin I 5. — IV. ex omnibus iis minimam copiam poëtarum egregiorum exstitisse; de or I 11. num te ad fabulas revoco vel nostrorum vel Graecorum poëtarum? div I 40. quae (verba) sunt poëtarum licentiae liberiora quam nostrae; de or III 153. Platonis et Democriti locutionem potius poëma putandum quam comicorum poëtarum; orat 67. ut Homerus propter excellentiam commune poëtarum nomen effecit apud Graecos suum; Top 55. sit sanctum apud vos hoc poëtae nomen; Arch 19. qui sedulitatem mali poëtae duxerit aliquo praemio dignam; Arch 25. nullius agricolae cultu stirps tam diuturna quam poëtae versu seminari potest; leg I 1. etiamsi quorundam grandis et ornata vox est poëtarum; orat 68. — V. a qua (natura) non veri simile est extremum actum tamquam a b inerti poëta esse neglectum; Cato 5.

poëtica, Dichtkunst: I, 1. serius poëticam nos a c c e p i m u s; Tusc I 3. — 2. haec duo, vocis dico moderationem et verborum conclusionem, a poëtica ad eloquentiam t r a d u c e n d a duxerunt; de or III 174. — II. studium est animi adsidua occupatio, ut philosophiae, poëticae; inv I 36. ut poëticae versus inventus est terminatione aurium, observatione prudentium, sic ..; orat 178.

poëtice, dichterisch: ut poëtice loquar ‖ [ut p. 1.] ‖; fin V 9.

poëticus, dichterisch: cursu corrigam tarditatem cum e q u i s tum vero quadrigis poëticis; Q fr II 13 (15, a), 2. de rebus rusticis Nicandrum poëtica quadam facultate, non rustica scripsisse praeclare; de or I 69. conlocatio verborum perficitur in scribendo, non poëtico, sed quodam oratorio numero et modo; de or I 151. e poëticisne numeris (sit) an ..; orat 180. quadrigae: f. equi. raro habet etiam in oratione poëticum aliquod verbum dignitatem; de or III 153.

poëtria, Dichterin: haec tota fabella veteris et plurimarum fabularum poëtriae quam est sine argumento! Cael 64.

pollo, glätten, bilden, verfeinern: Phalereus ille Demetrius omnium istorum mea sententia politissimus; de or II 95. non tulit ullos haec civitas humanitate politiores P. Africano, C. Laelio; de or II 154. est (Pomponius Atticus) omni liberali doctrina politissimus; ep XIII 1, 5. vis aliquid isdem de rebus politius a nobis perfectiusque proferri; de or I 5. ut Apelles Veneris caput politissima arte perfecit; ep I 9, 15. Theodectes, politus scriptor atque artifex; orat 172. posteaquam columnae politae sunt; Q fr III 1, 1. »quas sideribus claris natura polivit formas«; fr H IV, a, 405. oratorem politum esse hominem; de or II 236. homini nec communium litterarum et politioris humanitatis experti; de or II 72. opus est huc limatulo et polito tuo iudicio; ep VII 33, 2. verbis ornata oratio et polita; de or I 31. si ignarus sit faciendae ac poliendae orationis; de or I 63. »rogum ascea ne polito«; leg II 59. scriptor: f. artifex. scripta sane et multa et polita; fin V 13.

polite, fein, geschmackvoll: ut id polite eloqui non possit; Tusc I 6. quae limantur a me politius; Ac I 2. luculente scripserunt, etiamsi minus quam tu polite; Bru 76.

Politia, Staatsverfassung: quod Platonis Politiam nuper apud me mures corroserunt; div II 59.

politicus, staatswissenschaftlich, politisch: qui olim propter eximiam rerum maximarum scientiam a Graecis politici philosophi appellati universarum rerum publicarum nomine vocabantur; de or III 109.

polleo, stark, mächtig, wirksam sein, vermögen: I. sapientia iubet pollere, regnare, dominari; ep III 24. — II. quantum in hac urbe polleat multorum oboedire tempori; Bru 242. — III. ad fidem faciendam iustitia plus pollet; of II 34. quam (laudem) plurimum pollere diximus; Bru 276.· perorandi locum, ubi plurimum pollet oratio; Bru 190. quae sapientia appellatur, haec scientia pollet una; part or 76.

pollex, Daumen: I. Pollex praesto fuit, sed plane pollex, non index; A XIII 46, 1. — II. ut Aeginetis pollices praeciderentur; of III 46.

polliceor, versprechen, verheißen, zusagen: I. nihil cumulatius fieri potest, quam polliceris; ep XIII 18, 1. tametsi (Thermus) liberalissime erat pollicitus tuis omnibus; A V 13, 2. possitne nobis hoc ratio philosophorum dare. pollicetur certe; fin V 87. — II, 1. neque mehercule minus ei prolixe de tua voluntate promisi, quam eram solitus de mea polliceri; ep VII 5, 1. quoniam de aestate polliceris vel potius recipis; A XIII 1, 2. f. 3. — 2. est nobis ille hoc pollicitus ius civile in certa genera coacturum; de or II 142. — 3. pollicenti cuidam se artem ei memoriae traditurum; Ac II 2. de Alexandrina re causaque regia tantum habeo polliceri, me tibi satis facturum; ep I 5, a, 3. — III. exspectabo ea, quae polliceris; Bru 17. te statim procuratoribus suis pollicitum esse omnia, multo vero plura et maiora fecisse; ep XIII 28, a, 1. neque auxilium modo defensioni meae, verum etiam silentium pollicentur; Milo 3. ut tibi omnia mea officia, studia, curas, cogitationes pollicear; ep XI 5, 3. nos libertatem nostris militibus, leges, iura, iudicia, imperium orbis terrae, dignitatem, pacem, otium pollicemur; Phil VIII 10. me ei (regi) praesidium meum et fidem et diligentiam polliceri (debero); ep XV 2, 4. velle Siculos senatui polliceri frumentum in cellam gratis; Ver III 200. imperium, al.: f. dignitatem. officia, studia: f. cogitationes. praesidium: f. diligentiam. scientiam pollicentur; fin V 49. silentium: f. auxilium. — IV. Q. filius mihi pollicetur se Catonem; A XVI 1, 6.

polluo, besudeln, verletzen, entweihen: qui perfidia legationis ipsius caerimoniam polluerit; Sex Rosc 113. cum omnia divina atque humana iura scelere nefario polluisset; Sex Rosc 65. Indom esse pollutos significastis; har resp 25. polluerat stupro sanctissimas religiones; Milo 87.

polus, Pol: »extremus adeo duplici de cardine vertex dicitur esse polus«; nat II 105.

polypus, Polyp: volo videre animum, qui mihi audeat apponere polypum miniati Iovis similem; ep IX 16, 8.

pomarium, Obstgarten: res rusticae laetae sunt hortis etiam et pomariis; Cato 54.

pomerium, Stadtgrenze: I. quod (Ti. Gracchus) inauspicato pomerium transgressus esset; div I 33. — II. quid scire Etrusci haruspices de pomerii iure potuerunt? div II 75.

pompa, feierlicher Aufzug, Festzug, Prunk. Gepränge: I. accedit etiam molesta haec pompa lictorum meorum; ep II 16, 2. — II, 1. adhibere quandam in dicendo speciem atque pompam; de or II 294. — 2. tu P. Clodii cruentum cadaver spoliatum imaginibus, exsequiis, pompa canibus dilaniandum reliquisti; Milo 33. — III. (epidicticum genus) pompae quam pugnae aptius; orat 42. — IV, 1. haec ludorum atque pompae; nos autem iam in aciem dimicationemque veniamus; orat 42. — 2. hunc de pompa Quirini contubernalem; A XIII 28, 3. — V. eorum partim in pompa, partim in acie industres esse voluerunt; de or II 94. in pompa cum magna vis auri argenteae ferretur; Tusc V 91.

pomum, Baumfrucht, Obst: I. quasi poma ex arboribus, cruda si sunt, vix evelluntur || avell. [. si matura et cocta, decidunt, sic ..; Cato 71. — II. evello: f. I. — III. tanta ubertas et varietas pomorum; nat II 158.

pondero, wägen, abwägen, erwägen, beurteilen: I. non quantum quisque prosit, sed quanti quisque sit, ponderandum est; Bru 257. — II. et in verbis et in actione causa erit ponderanda; part or 54. is (dilectus verborum) aurium quodam iudicio ponderandus est; de or III 150. non esse ex fortuna fidem ponderandam; part or 117. factis cuiusque fortunam ponderari; Piso 98. morte aut dolore corporis aut luctu animi aut offensione iudicii hominum miserias ponderamus; leg II 43. — III. si mea in te essent officia solum tanta, quanta magis a te ipso praedicari quam a me ponderari solent; ep II 6, 1.

ponderosus, gewichtig, schwer: puero da ponderosam aliquam epistulam; A II 11, 1.

pondo, Pfund: expensum est auri pondo centum; Flac 68. cum lucrari impune posset auri pondo decem; par 21.

pondus, Gewicht, Schwere, Schwerkraft, Bedeutung, Eindruck, Nachdruck, Ansehen: I. magnum pondus accessit ad tollendam dubitationem iudicium et consilium tuum; ep XI 29, 1. est pondus apud rusticos in patris memoria; A IV 16, 6 (17. 2). illum motum naturalem omnium ponderum e regione inferiorem locum petentium; fin I 19. — II, 1. mihi dubitanti, quid me facere par sit, permagnum pondus adfert benivolentia erga illum; A IX 9, 2. adulescentes ut senum sibi pondus adsumant; rep I 67. in hoc diligenter examinante verborum pondera; orat 26. in eam (tellurem) feruntur omnia nutu suo pondera; rep VI 17. persona non, qualiscumque est, testimonii pondus habet; Top 73. cum sententiae nostrae magnum in senatu pondus haberent; ep I 9, 12. ceteris, qui pondus habeant. factum nostrum probari; A XI 6, 1. alterum haurire cotidie ex opulentissimis Syriae gazis innumerabile pondus auri; Sest 93. in libram || libra || ponderibus impositis; Ac II 38. — 2. tuae litterae de tua praesertim dignitate et de nostra coniunctione

maximi sunt apud me ponderis; ep II 19, 2. —
3. eius filius eodem est apud me pondere, quo fuit
ille; A X 1, 1. omnium sententiarum gravitate,
omnium verborum ponderibus est utendum; de or
II 73. — III. accepi tuas (litteras) et magni quidem ponderis; A XIV 14, 1. motus: f. I. petunt.
animus intentione sua depellit pressum omnem ponderum; Tusc II 54. — IV. si atomi ferrentur in
locum inferiorem suopte pondere; nat I 69. ipsius
individui hanc esse naturam, ut pondere et gravitate moveatur; fat 25. eam (rem) suo, non nominis
pondere penditote; Ver IV 1.

    pone, hifter, hinten: I. eorum ‖ eos ‖ (deorum)
qui prope copulentur contrariaque regione et pone
quos aut ante labantur; Tim 37. — II. et ante et
pone; Tim 48.

    pono, legen, feßen, ftellen, hinlegen, aufftellen,
feftftellen, beftimmen, behaupten, anrechnen, weihen,
errichten, verwenden, zubringen, ablegen, niederlegen, pass. beruhen, part. gelegen (posiverunt: f.
III. fines): I. de omni animi, ut ego posui, perturbatione, morbo, ut Graeci volunt, explicabo; Tusc
III 13. — II, 1. ponere iubebam, de quo quis audire
vellet; Tusc I 7. — 2. in te positum est, ut
nostrae sollicitud'nis finem quam primum facere
possimus; A XVI 16, B, 8. — 3. etsi non fuit in
oratorum numero, tamen pono satis in eo fuisse
orationis; Bru 165. — III. hic et sese ipsum nobis
et eos, qui ante fuerunt, in medio posuit; inv II 7.
cum in eiusdem anni custodia te atque L. Murenam
fortuna posuisset; Muren 64. hortuli ipsum (Platonem) videntur in conspectu meo ponere; fin V 2.
cum in mentem venit, ponor ad scribendum; ep IX
15, 4. te apud eum (Caelium) quanta in gratia
posui! A VI 6, 4. ut certum quiddam et breve
exempli causa ponamus; inv I 66. id si est difficile
nobis, sit tamen in re positum atque natura; de or
I 94. omnia sunt posita ante oculos, conlocata in
usu cotidiano; de or I 192. non id C. Norbano in
nefario crimine atque in fraude capitali esse ponendum; de or II 199. tantam vim esse virtutis, ut
omnia, si ex altera parte ponantur, ne appareant
quidem; fin V 90. in quo omnia mea posita esse
decrevi; ep II 6, 3. ut te apud eos praeclare posi-
turam confirmo; ep XIII 41, 2. plura ponuntur in
spe, quam petimus; Q fr III 8, 1. omnia posita
putamus in Planci tui liberalitate; A XVi 16, F, 18.
ipsum Latine loqui est illud quidem in magna laude
ponendum; Bru 140. quod negavit in ea (virtute)
sola positum esse beate vivere; Ac I 33. ponendus
est ille ambitus, non abiciendus; orat 190. mens et
animus et consilium et sententia civitatis posita est
in legibus; Cluent 146. f. cogitationem. sicut argumentum, simul atque positum est, adripitur; de or
II 214. scriberem, quam id beneficium bene apud
Mescinium positurus esses; ep XIII 26, 4. qui
bonum omne in virtute ponit; fin II 88. ut in
Capitolio ponerent (candelabrum); Ver IV 64. quod
maximas centumvirales causas in iure positas protulisti; de or I 238. totum ut animum, curam cogitationemque tuam ponas in omnium laude undique
colligenda; Q fr I 1, 41. consilium: f. animum.
erat (Corinthus) posita in angustiis atque in faucibus
Graeciae sic, ut . . ; agr II 87. se coronam habuisse
honoris Caesaris causa, posuisse luctus gratia; A
XIV 19, 3. quod (cubicula) et ampla erant et loco
posita; Q fr III 1, 2. curam: f. cogitationem. quem
totum (diem) Galbam in consideranda causa com-
ponendaque posuisse; Bru 87. unum tecum diem
libentius posuerim quam hoc omne tempus cum
plerisque eorum, quibuscum vivo necessario; ep V
21, 1. quod est, quod plus valeat ad ponendum dolorem, quam cum est intellectum . . ? Tusc III 66.
qui ponunt in orationis celeritate eloquentiam; orat
53. grandi vitio praeditum posuimus exemplum;

inv I 88. si Stoici fines bonorum recte posiverunt;
Tusc V 83. firmamenta ad fidem posita; part or 15.
his fundamentis positis consulatus tui; Piso 9.
quarum causarum genus est positum in iure civili;
part or 100. ratione utentium duo genera ponunt,
deorum unum, alterum hominum; of II 11. Hermathena tua posita ita belle est, ut . . ; A I 1, 5.
quos (homines) in eodem genere praedatorum pono;
Catil II 20. animi magnitudo honestum illud in
factis positum, non in gloria iudicat; of I 65. non
oîyεται industria tua, sed praeclare ponitur; A VI
1, 1. inlicitatorem potius ponam; ep VII 2, 1. eius
vitae a me insidias apud me domi positas esse
dixerunt; Sest 41. quod (ius) est in legibus publicis
positum; Balb 27. cum posui librum; Tusc I 24.
malitia mala bonis ponit ante; of III 71. mentem:
f. animum. sunt rebus novis nova ponenda nomina;
nat I 44. apud optimum virum quam bene positurus sis studium tuum atque officium; ep XIII 55, 2.
centum et octo annis postquam Lycurgus leges
scribere instituit, prima posita est Olympias; rep II
18. operam in Faberio ponamus; A XIII 27, 2. si
in fundo pedem posuisses; Caecin 31. cum aut
voluptatem aut vacuitatem doloris aut prima naturae
in summis bonis ponerent; fin III 30. harum causarum principia suspiciosa ad acerbitatem ab accusatore ponentur; part or 121. mihi vos nunc quaestiunculam, de qua loquar, ponitis? de or I 102.
dicendi omnis ratio in medio posita; de or I 12.
erat tuae virtutis in minimis tuas res ponere; ep
IV 9, 3. Romam in montibus positam contemnent;
agr II 96. sententiam: f. animum. Libertatis
signum posuisti; dom 131. ut in uno C. Mario spes
imperii poneretur; imp Pomp 60. quae (statuae)
Romae ponerentur; Ver II 145. stellae aureae Delphis positae deciderunt; div I 75. studium: f. officium. ut non arbitrer subsidium senectutis in eorum,
qui consultum veniant, multitudine esse ponendum;
de or I 255. omne illud tempus meridianum Crassum
in acerrima cogitatione posuisse; de or III 17. f.
diem. vacuitatem: f. prima. ne quod minus moderate positum verbum esse videatur; Font 28. virtus
in usu sui tota posita est; rep I 2. quorum in alterius manu vita posita est; Quinct 6. in una virtute
esse positam beatam vitam; Ac I 22. multa hic
hodie vitia ponemus; de or III 46. voluptatem: f.
prima. — IV. quod extremum posui; fin III 33.
ut illud in curia positum monumentum scelerum
videretur; Ver IV 139. virtutibus rectissime mihi
videris vitia posuisse contraria; fin III 40.

    pons, Brücke, Steg: 1. pontes etiam lex Maria
fecit angustos; leg III 38. ut pontem interscindi
iuberet; leg II 10. — 2. illi occulte ad pontem
Mulvium pervenerunt; Catil III 5. cum venissem
diluculo ad pontem Tirenum, qui est Menturnis; A
XVI 13 (a) 1.

    ponticulus, kleine Brücke, Steg: I. ab eo
ponticulo, qui est ad Furinae, Satricum versus; Q
fr III 1, 4. — II, 1. cum (Dionysius) eius fossae
transitum ponticulo ligneo coniunxisset; Tusc V
59. — 2. ab: f. I.

    pontifex, Priester, Oberpriefter: I, 1. non te
pudet, cum apud pontifices res agatur, pontificem
dicere et non conlegium pontificum adfuisse? dom
117. quos (urbis muros) vos, pontifices, sanctos esse
dicitis; nat III 94. effert: f. mandat. religionis
iudices pontifices fuisse, legis esse senatum; A IV
2, 4. f. II. adhibeo. ut pontifices veteres propter
sacrificiorum multitudinem tres viros epulones esse
voluerunt, cum essent ipsi a Numa, ut etiam illud
ludorum epulare sacrificium facerent, instituti; de or
III 73. res omnes singulorum annorum mandabat
litteris pontifex maximus efferebatque ‖ referebatque ‖
in album et proponebat tabulam domi; de or II 52.
censorem simulacrum Concordiae dedicare pontifices

in templo inaugurato prohibuerunt; dom 137. proponit: ſ. mandat. si postem tenuerit pontifex; dom 123. volunt: ſ. faciunt. — 2. qui bis consul et pontifex maximus fuit; prov 20. — 3. ſ. 1. dicunt. II. obtestor. — II. adhibentur omnes pontifices, qui erant senatores; A IV 2, 4. qui (P. Scipio) his paucis diebus pontifex maximus factus est; Cato 50. instituo: ſ. I, 1. faciunt. quaeso obtestorque vos, pontifices; dom 147. — III. senatus consecratam iam aram tollendam ex auctoritate pontificum censuit; dom 137. conlegium: ſ. I, 1. adest. illud ex institutis pontificum et haruspicum non mutandum est; leg II 29. domum meam iudicio pontificum religione liberatam videri; har resp 13. plurima est in pontificum libris antiquitatis effigies; de or I 193. quam simpuvia || simpula, al. || pontificum dis immortalibus grata sint; rep VI 2. — IV. religionis explanatio vel ab uno pontifice perito recte fieri potest; har resp 18. cum domum eius per pontificem aliquem dedicasses; dom 122.

pontificalis, oberprieſterlich: pontificalis maneret auctoritas; leg II 52. eum morem ius pontificale confirmat; leg II 57.

pontificatus, Oberprieſtertum: I. quod illum in pontificatus petitione meminerat fuisse patricium; Scaur 34. — II. qui status sollemnesque caerimonias pontificatu contineri putaverunt; har resp 18.

pontificius, oberprieſterlich: A. fore testem senatorem, qui se pontificiis comitiis pulsatum a Caelio diceret; Cael 19. (ius) pontificium nemo discit; de or III 136. cum ex eo (Servio) ius nostrum pontificium, qua ex parte cum iure civili coniunctum esset, vellem cognoscere; Bru 156. provocationem etiam a regibus fuisse declarant pontificii libri; rep II 54. — B. nominum non magnus numerus ne in pontificiis quidem nostris; nat I 84.

pontus, Meer: I. »cana fulix itidem fugiens e gurgite ponti«; div I 14. »hoc motu radiantis etesiae in vada ponti«; orat 152. — II. citius is in Euxino ponto Argonautarum navim gubernarit; de or I 174.

popa, Opferdiener: etiam fuit audiendus popa Licinius nescio qui; Milo 65.

popina, Garküche, Speiſen aus der Garküche: I. huius in aedibus pro conclavibus popinae sunt; Phil II 69. — II, 1. cum isto ore foetido taeterrimam nobis popinam inhalasses; Piso 13. si illae epulae potius quam popinae nominandae sunt; Phil III 20. — 2. tu, ex tenebricosa popina consul extractus; Piso 18.

poples, Kniekehle: tuus deus abundat poplitibus, manibus; nat I 99.

popularis, landsmänniſch, einheimiſch, volkstümlich, gemeinverſtändlich, beim Volke beliebt, volksfreundlich, Landsmann, Gefährte, Volksmann: A. qui ea, quae faciebant quaeque dicebant, multitudini iucunda volebant esse, populares habebantur; Sest 96. facti iam in re salutari populares sumus; ep XIV 4, 1. populare nunc nihil tam est quam odium popularium; A II 20, 4. quae (rhetorum artes) sunt totae forenses atque populares; fin III 4. Sulpicium longiva, quam voluit, popularis aura provexit; har resp 43. futtilis || facilis, al. || est illa occursatio et blanditia popularis; Planc 29. quid intersit inter popularem, id est adsentatorem et levem civem, et inter constantem, severum || et severum, al. || et gravem; Lael 95. popularem esse clementiam; A X 4, 8. popularem me futurum esse consulem; agr II 6. huic facinori tanto tua domus popularis ministra esse non debuit; Cael 52. illa temeraria et plerumque peccatorum laudatrix, fama popularis; Tusc III 4. Sp. Thorius satis valuit in populari genere dicendi; Bru 136. nec gloriam popularem ipsam per sese expetendam; Tusc V 104.

quod ille (Pericles) contra populares homines diceret; de or III 138. homo non liberalitate, sed ipsa tristitia et severitate popularis; Bru 97. neque erant illae lacrimae populares magis quam nostrae; Ver I 153. cum sint populares multi variique lapsus; de or II 339. qui leges populares de provocationibus tulerint; Ac II 13. num popularis offensio sapientem beatum esse prohibebit? Tusc V 103. qui ita se in populari ratione iactarat; Sest 114. ad vulgarem popularemque sensum accommodata genera huius forensis dictionis; de or I 108. oratio nec sententiis nec verbis instructa popularibus; orat 64. ut summa severitas animadversionis non modo non invidiosa, sed etiam popularis esset; ep IX 14, 7. quae (insidiae) ipsi populo Romano a popularibus tribunis plebei fiant; agr I 25. verba: ſ. sententiae. volebam uti populari vita; A IX 6, 7. — B, I. ex te quaero, ecquistorum popularium tuos ludos aspexerit; Sest 116. — II, 1. cum (animus) sese non popularem alicuius definiti loci, sed civem totius mundi agnoverit; leg I 61. — 2. hoc Anaximandro, huic populari et sodali suo, non persuasit; Ac II 118. — Solonis, popularis tui, legem neglegam; A X 1, 2. odium: ſ. A. alqd.

populariter, volkstümlich, gemeinverſtändlich, volksfreundlich, aufrühreriſch: me populariter agere; Ver I 151. praeter contiones populariter concitatas; Cluent 93. contra quorum potentiam populariter tum dicendum fuit; Bru 164. homines populariter annum tantum modo solis reditu metiuntur; rep VI 24. unum (genus librorum) populariter scriptum, quod ἐξωτερικόν appellabant, alterum limatius; fin V 12.

populor, verwüſten, plündern: qui (Siculi) nunc populati atque vexati cuncti ad me publice saepe venerunt, ut . . ; div Caec 2. qui noctu populabatur agros; of I 33. populatae, vexatae. funditus eversae provinciae solacium exitii quaerunt; div Caec 7.

populus, Volk, Gemeinde, Staat, Völkerſchaft: Volkspartei, Demokratie: I. abſolut: 1. ut pusculum sibi iuris populus ascisceret liberatus a regibus; rep II 57. quod (foedus) populus Romanus sententiis suis comprobat; Balb 35. mortuo rege Pompilio Tullum Hostilium populus regem interrege rogantcomitiis curiatis creavit; rep II 31. populus Romanus consuli Crasso bellum gerendum dedit; Phil XI 18. omnes honores populus Romanus mihi ipsi detulit; Piso 2. videtis populum ipsum iam non esse popularem; Sest 114. nolo eundem populum imperatorem et portitorem esse terrarum; rep IV 7. ne cum quaestorem in primis, aedilem priorem, praetorem primum cunctis suffragiis populus Romanus faciebat; Piso 2. de quo foedere populus Romanus sententiam non tulit; Balb 34. a nobis multos obsides habet populus Romanus; div Caec 72. quamquam populus curiatis eum comitiis regem esse iusserat; rep II 25. populus Romanus iudicabit de eo homine; Ver V 178. quod populus sacerdotia mandare non poterat; agr II 18. si populus plurimum potest, dicitur illa libertas est vero licentia; rep III 23. quem liberi populi, quem stipendiarii omni cruciatu dignissimum putent; Piso 98. sacrosanctum esse nihil potest, nisi quod populus plebesve sanxit; Balb 33. ut aequo animo populus Romanus visurus sit nostri honoris insignia; Phil VIII 33. ut populus Romanus suam maiestatem esse salvam velit; Balb 37. — 2. populum Romanum esse putas illum? dom 89. cum nec (esset consensus ac societas coetus, quod est populus; rep III 43. — 3. o nationes, urbes, populi testes Cn Pompei religionis in pace! Balb 13.

II. nach Verben: 1. appellavi populum tributim; Planc 24. qui nulla iam largitione populum Romanum concitare possunt; Sest 104. cum ille servorum eludentium multitudini populum Romanum vinctum

ipso consessu et constrictum spectaculis atqne impeditum turba et angustiis tradidisset; har resp 22. Tarquinio sepulto populum de se ipse consuluit; rep II 38. ut fundi populi beneficio nostro, non suo iure fiant; Balb 21. quem tu populum nisi tabernis clausis frequentare non poteras, cui populo duces Lentidios, Sergios praefeceras; dom 89. impedio: ſ. constringo. libero: ſ. I. 1. asciscit. qui (rex) exercitu populi Romani populum ipsum Romanum oppressisset; of III 84. tum vero isto bello non recreatus neque restitutus, sed subactus oppressusque populus Romanus est; Sex Rosc 137. ut lege eadem is populus teneretur; Balb 20. trado; ſ. constringo. quae (virtus) etiam populos universos tueri eisque optime consulere soleat; Lael 50. vincio ſ. constringo. — 2. regnum illud populi Romani esse factum; agr I 1. populi grati est praemiis adficere bene meritos de re publica cives; Milo 82. quaestor navem populi vocat; inv II 98. — 3. neque se populo solum, sed etiam senatui commisit; Milo 61. consulo: ſ. 1. tueor. in quo populo potestas honeste bonis gratificandi datur; leg III 39. nullus (est) rex, qui bellum populo Romano facere possit; Catil II 11. si senatui, si populo Romano non licebit propositis praemiis elicere ex civitatibus sociorum atque amicorum fortissimum atque optimum quemque ad subeunda pro salute nostra pericula; Balb 22. si qui agros populo Romano pollicentur; agr II 10. praeficio: ſ. 1. frequento. ut magistratibus leges, ita populo praesunt magistratus; leg III 2. illud, quod populo non probatur, ne intellegenti quidem auditori probari potest; Bru 199. probatum illum esse populo Romano; Phil I 37. quae (legio) praesidio consulibus, senatui populoque Romano reique publicae esset; Phil V 52. Q. Metellum Pium populo Romano supplicasse; Planc 69. — 4. cum adiutore populo, quo utebamur antea, nunc minime nos uti posse videamus; Tusc II 4 (3). — 5. iudicabit Alexandriam regis esse, a populo Romano abiudicabit; agr II 43. quod a populo Romano accepisset; Ver III 171. apud populum haec et per populum agi convenire; inv II 134. Iove fulgente cum populo agi nefas esse; Vatin 20. nihil omnino umquam de isto foedere ad populum, nihil ad plebem latum esse dico; Balb 33. videmus universi repente examina tanta servorum immissa in populum Romanum saeptum atque inclusum; har resp 25. omnes potestates, imperia, curationes ab universo populo Romano proficisci convenit; agr II 17. ut et potestatis satis in magistratibus et auctoritatis in principum consilio et libertatis in populo sit; rep II 57.
III. **nach Adjectiven:** 1. populi Romani est propria libertas; Phil VI 19. — 2. obicitur contra istorum impetus Macedonia, fidelis et amica populo Romano provincia; Font 44. optimorum civium salutem populo Romano caram esse universo; Sest 125. grata erat (lex) populo; Sest 103. qui pro me patres conscriptos populo supplices esse vetarent; dom 113. — 3. qui hoc dignum populo Romano arbitraretur; Ver II 86. — 4. hoc triplex genus populo Romano videtur mihi commune nobis cum illis populis fuisse; rep II 42.
IV. **nach Substantiven:** 1. (Deiotarus) fidem secutus amicitiamque populi Romani; div II 78. a praetore populi Romani eiectum socium populi Romani atque amicum; Ver IV 68. omnes, in Gallia qui sunt socii populi Romani atque amici; Font 32. populi Romani auctoritatem improbari; imp Pomp 63. qui beneficio populi Romani fasces et secures haberet; Ver V 163. nec in hac dissensione suscepi populi causam, sed bonorum; rep IV 8. praefuisse classi populi Romani Siculum; Ver V 131. qui ante sequi populi consensum solebant; Phil I 37. cui (classi) consul populi Romani praepositus esset; imp Pomp 33. dignitas populi Romani violabatur; agr I 2.

omitto epulum populi Romani; Vatin 31. error et temeritas populorum (rem) a multitudine ad paucos transtulit; rep I 52. quae est spes, qui imperatorem populi Romani exercitumque oppugnant, iis pacem cum populo Romano esse posse? Phil VII 22. ſ. II, 1. opprimo. cum virgo Vestalis populi Romani fidem imploret; Font 46. ſ. amicitia. qui sanguinem pro vita, libertate, fortunis populi Romani profudissent; Phil XIV 38. est fragilis ea fortuna populi; rep II 50. honoribus populi Romani mihi tributis; har resp 61. populi Romani hostis privati hominis custodiis adservabitur? Ver V 77. imperator: ſ. exercitus. qua fines imperii populi Romani sunt; Milo 98. Servius Tullius primus iniussu populi regnavisse traditur; rep II 37. si universi populi iudicium verum et incorruptum expressero; Sest 119. iure alter (consul) populi iudicio damnatus est; div II 71. quod (ius) ipsi pontifices semper ad populi iussa accommodaverunt; dom 136. qui legatum populi Romani omni supplicio excruciatum necavit; imp Pomp 11. quod C. Caesar milites veteranos ad libertatem populi Romani cohortatus sit; Phil V 46. ſ. fortuna. in nostris libris vides eum (dictatorem) magistrum populi appellari; rep I 63. ut maiestatem populi Romani communiter conservent; Balb 37. quae (macula) nimis inveteravit in populi Romani nomine; imp Pomp 7. cum per populum agi dicuntur et esse in populi potestate omnia; rep III 45. praetor: ſ. amicus. ut saluti populi Romani provideret; Phil VIII 1. cum loquar apud senatores populi Romani; Ver V 171. socius: ſ. amicus. sex popularis suffragiis populi repudiata est; Lael 96. equitum magno numero ex omni populi summa separato; rep II 39. temeritas: ſ. error. admovent manus vectigalibus populi Romani; agr I 11. vita: ſ. fortuna. ut ipsi inimici nostri voluntatem universi populi viderent; Sest 124. — 2. ut is hoc iudicio probatus cum populo Romano et in laude est in gratia esse possit; Ver pr 51. pax cum: ſ. 1. exercitus. qui soli in populos perpetuam potestatem haberent; rep II 49. non provocatione ad populum contra necem et verbera relicta; rep II 62.
V. **Umfang:** 1. Puteolos novo populo atque adventiciis copiis occupabunt; agr II 86. — 2. qui (praetores) apud illos a populo creantur; Flac 44. benigne sibi a populo Romano esse factum; Deiot 3d. quaecumque mutatio morum in principibus exstiterit, eandem in populo secutam; leg III 31. quae ne per populum quidem sine seditione se adsequi arbitrabantur; ep I 7, 10. ſ. II, 5. ago apud. IV, 1. potestas.
populus, Pappel: nos inter has procerissimas populos in viridi ripa inambulantes; leg I 15.
porca, Schwein, Sau: quae in porca contracta iura sint; leg II 55.
porcus, Schwein: I, 1. nec tamen eorum ante sepulcrum est, quam iusta facta et porcus caesus est ‖ leg II 57. in eo foedere quidam adulescens nobilis porcum ‖ porcam ‖ sustinuit iussu imperatoris; inv II 91. eum, qui porcum ‖ porcam ‖ tenuerit, dedi oportere; inv II 91. — 2. boni domini villa abundat porco, haedo; Cato 56. — II. porco femina piaculum + pati ‖ faciundum ‖; leg II 57.
porrectio, Ausstrecken: digitorum contractio facilis facilisque porrectio nullo in motu laborat; nat II 150.
porricio, hinlegen, opfern: ne quid inter caesa et porrecta, ut aiunt, oneris mihi addatur aut temporis; A V 18, 1.
porrigo (porgo), ausstrecken, darreichen, barbieten, gewähren: »hic (Centaurus) dextram porgens«; nat II 114. qui mihi primus adficto et iacenti consularem fidem dextramque porrexit; sen 24. detracta utilitate ne digitum quidem eius (bonae famae) causa porrigendum esse dicebant; fin III 57. fidem

ſ. dextram. praesidium clientibus atque opem amicis et prope cunctis civibus lucem ingenii et consilii sui porrigentem atque tendentem; de or I 184. hucine an illuc manum porrexerit; orat 27. opem, praesidium: ſ. lucem.

porro, ferner, ſobann, nun aber, anbrerſeitš: I. est porro quiddam ex horum partibus iunctum, quod . .; inv II 157, non est porro tuum uno sensu solum oculorum moveri, cum . .; ep IV 9, 1. — II, 1. quid est tam admirabile . .? quid tam porro regium? de or I 32. — 2. quid sit porro ipse animus, magna dissensio est; Tusc I 18. — III. quam turpe porro legiones ad senatum legatos mittere! Phil VII 14. — IV. sed perge porro; de or II 39. age porro, Iovem et Neptunum deum numeras; nat III 43.

porta, Xor, Eingang: I. quasi vero ad rem pertineat, qua tu porta introieris, modo ne triumphali, quae porta Macedonicis semper consulibus ante te patuit; Piso 56. — II, 1. cum lex aperiri portas noctu vetaret; inv II 123. cum L. Flacco consuli portas tota Asia claudebat; Flac 61. qui urbis portas occuparent; Phil XIV 15. — 2. qui (Socrates), cum xxx tyranni essent, pedem porta non extulit; A VIII 2, 4. — 3. reliqua ad easdem portas iecoris confluunt, ad quas omnes eius viae pertinent; nat II 137. Hannibal erat ad portas; Phil I 11. eat ad portas Agragentinas ‖ Aragianas, al. ‖ magna frequentia sepulcrorum; Tusc V 65. — III, 1. introire: ſ. I. — 2. petasati veniunt, comites ad portam exspectare dicunt; ep XV 17, 1.

portendo, zeigen, anfünbigen, propheζeien: I. quia ostendunt, portendunt, monstrant, praedicunt ‖ prodicunt ‖, ostenta, portenta, monstra, prodigia dicuntur; div I 93. — II. ex triplici appetitione solis triginta annos Cyrum regnaturum esse portendi; div I 46. — III. monstrari, portendi, praedici; ex quo illa „ostenta, monstra, portenta, prodigia“ dicuntur; nat II 7. cum magnorum periculorum metus ex ostentis portenderetur; Ver IV 108. ex quo periculum portenditur; har resp 26. quae (signa) a dis hominibus portendantur; div II 130.

portentosus, unnatürlich: A. tu, portentosa pestis; dom 72. — B. si quando aliqua portentosa nata dicuntur; div II 60.

portentum, Vorzeichen, Wunderzeichen, Wunber, Ungeheuer, Scheuſal, Abenteuerlichkeit: I, 1. quos optimos viros interemit propudium illud et portentum, L. Antonius; Phil XIV 4. — 2. monstra quaedam ista et portenta sunt [prodigia] rei publicae; Phil XIII 49. quod clipeos Lanuvii mures rosissent, maximum id portentum haruspices esse dixerunt; div II 59. — II. quae quondam credebantur apud inferos portenta; nat II 5. dico: ſ. **portendo.** Gabinium et Pisonem, duo rei publicae portenta, verborum gravitate esse notandos putavit; prov 2. — III. cui portenti simile esse visum est posse aliquem inveniri oratorem, qui . .; de or II 298. — IV. huic (Dionysii matri) interpretes portentorum, qui Galeotae tum in Sicilia nominabantur, responderunt eum clarissimum fore; div I 39. — V. sive prodigiis atque portentis di immortales nobis futura praedicunt; Phil IV 10. quae portentis, quae astris praesentiuntur; div I 109.

porticula, kleine Halle: exhedria quaedam mihi nova sunt instituta in porticula Tusculani; ep VII 23, 3.

porticus, Säulengang, Halle: I. porticus haec ipsa, ubi nunc ambulamus, disputationum memoriam (commovet); de or II 20. in qua (urbe) pulcherrimae porticus (sunt); Ver IV 119. quod summam dignitatem pavimentata porticus habebat; Q fr III, 1, 1. quae (porticus) Palatio responderet; har resp 49. —

II, 1. in qua (domo) porticum Q. Catulus de manubiis Cimbricis fecit; dom 102. qui (Chrysippus) fulcire putatur porticum Stoicorum; Ac II 75. cum consules ex senatus consulto porticum Catuli restituendam locassent; A IV 2, 3. — 2. ut in porticu Pompei potius quam in campo ambulemus; fat 8. — III. I. (saepta) cingemus excelsa porticu. ut mille passuum conficiatur; A IV 17, 7 (16,14). — 2. quod in porticu Minucia fecit; Phil II 84.

portio, Anteil, Verhältnis: oportet causis principia pro portione rerum praeponere; de or II 320.

portitor, Zolleinnehmer: I. nolo eundem populum imperatorem et portitorem esse terrarum; rep IV 7. — II. hos decemviros portitores omnium pecuniis constitui; agr II 61. — III. qui (cives) de non nullis iniuriis portitorum querebantur; Q fr I 1, 33. qui (quaestus) in odia hominum incurrunt, ut portitorum, ut faeneratorum; of I 150.

porto, fortſchaffen, bringen, tragen, fahren: I. instituerunt in difficillima ad portandum loca frumentum imperare; Ver III 190. — omnia mecum porto mea; par 8. aurum paleamne (uavis) portet; fin IV 76. Romae domum ad Antonium frumentum omne portari; A XIV 3, 1. cum hominem portaret ad Baias Neapoli octaphoro Asiciano; Q fr II 8 (10), 2. inter quos (lictores) aperta lectica mima portabatur; Phil II 58. paleam: ſ. aurum. ad hostem scilicet portari (viaticum); ep XII 3, 2.

portorium, Zoll, Abgabe: I, 1. si Rhodiis turpe non est portorium locare, ne Hermocreonti quidem turpe est conducere; inv I 47. — portoriis Italiae sublatis; A II 16, 1. ſ. 2. quorum de. — 2. qui (cives) nuper in portoriis Italiae tollendis non tam de portorio quam de non nullis iniuriis portitorum querebantur; Q fr I 1, 33. — II. Titurium Tolosae quaternos denarios in singulas vini amphoras portorii nomine exegisse; Font 19. — III. illud, quod scribis ‖ scribit ‖, animadvertas velim de portorio circumvectionis; A II 16, 4.

portuosus, reich an Häfen: in superum mare Graecum quoddam et portuosum; de or III 69. navigationis minime portuosae periculum; ep VI 20, 1.

portus, Hafen, Zuflucht: I, 1. qui (portus) cum diversos inter se aditus habeant; Ver IV 117. portum Syracusanorum Cilicum myoparoni praedonibusque patuisse; Ver IV 116. — 2. regum, populorum, nationum portus erat et refugium senatus: of II 26. quoniam (A. Caecina) tutissimum sibi portum provinciam istam duxit esse; ep XIII 66, 2. — II, 1. ignoratis portum Caietae a praedonibus esse direptum? imp Pomp 33. portus habet (urbs) prope in aedificatione aspectuque urbis inclusos; Ver IV 117. portum potius paratam nobis et perfugium putemus: Tusc I 118. etiamsi portum tenere non queas; ep I 9, 21. — 2. nos oris Italiae maritimis ac portubus nostris carebamus; imp Pomp 55. — 3. vis ventorum invitis nautis in Rhodiorum portum navem coëgit; inv II 98. nisi me in philosophiae portum contulissem; ep VII 30, 2. quo tempore aetas nostra tamquam in portum confugere deberet non inertiae neque desidiae, sed otii moderati atque honesti; Bru II. in eundem portum, ex quo eramus egressi, magna iactati tempestate confugimus; Tusc V 5. qui in maximis fluctibus rei publicae navem gubernassem salvamque in portu conlocassem; Piso 20. rostrata navis in portu deprehensa est; inv II 98. nos quasi e portu egredientes paululum remigare; Tusc IV 9. ſ. confugio in. quas (familias habent) in portubus atque custodiis; imp Pomp 16. quam multi votis in portum salvi pervenerint; nat III 89. nomen productum, ut Portunus a portu. sic . .; nat II 66. nostra classis erat in portu Pachyni; Ver V 87. — III. quod est litus propter ipsum introitum atque ostium portus; Ver V 80.

per magistros scripturae et portus; A V 15, 3.
ostium: f. introitus. — IV. in hoc portu Atheniensium nobilitatis naufragium factum existimatur; Ver V 98.

posco, fich ausbitten, verlangen, forbern, vor Gericht forbern: I. poscunt maioribus poculis; Ver I 66. ut ipsius dignitas poscit; Quinct 28. — II. accusant ii, quos populus poscit; Sex Rosc 13. quorum poscebatur argentum; Ver IV 31. alterum et tertium (argumentum) poscitur; de or II 214. si sibi pecuniam, quantam poposcerat, non dedisset; Milo 75. quam (tribuniciam potestatem populus Romanus) cum poscebat, verbo illam poscere videbatur, ut vera iudicia poscebat; Ver pr 44. Crassum pulvinos poposcisse; de or I 29. primus est ausus Leontinus Gorgias in conventu poscere quaestionem, id est iubere dicere, qua de re quis vellet audire; fin II 1. — III. quos nunc populus iudices poscit; Ver II 174. — IV. Milesios navem poposcit; Ver I 86. C. Iulius hominem nobilem, L. Sestium, vades poposcit; rep II 61.

posmeridianus f. **postm.**

possessio, Besitz, Besitztum, Gut, Grundstück, Besitzergreifung: L nostra est omnis ista prudentiae doctrinaeque possessio, in quam homines quasi caducam atque vacuam abundantes otio involaverunt; de or III 122. amicitiarum sua cuique permanet stabilis et certa possessio; Lael 55. — II, 1. quoniam nulla possessio pluris quam virtus aestimanda est; par 48. non ut iure aut iudicio, vi denique recuperare amissam possessionem, sed ut [iure civili] surculo defringendo usurpare videantur; de or III 110. a me Sullanas possessiones defendi; agr III 10. ut secundum servorum tabulas possessio videatur ex edicto dari; Top 18. is (C. Curtius) habet in Volaterrano possessionem; ep XIII 5, 2. voluptarias possessiones nolet Silius; A XII 25, 1. possessiones notabat et urbanas et rusticas; Phil V 20. recupero: f. amitto. retinete istam possessionem gratiae; agr II 71. si me audies, has paternas possessiones tenebis: ep VII 20, 1. vendit Italiae possessiones ex ordine omnes; agr I 4 usurpo: f. amitto. — 2. neque solum spe, sed certa re iam et possessione deturbatus est meo iustissimo convicio; ep XIII 25, 2. cum locupletes possessionibus diuturnis moverentur; Sest 103. — 3. in possessionem iudicii ac defensionis meae constitisse; de or II 200. qui Appium fratrem absentem de possessione fundi deiecit: Milo 75. quoniam de nostra possessione depulsi in parvo praediolo relicti sumus; de or III 108. non de hereditatum possessionibus (esse aliter edicendum); Ver I 118. dicebat iste in possessionem se ire iussurum; Ver I 125. quod in alienas possessiones tam temere inruisses; de or I 41. iste in possessionem bonorum mulieris intrat; div Caec 56. involo in: f. l. est. Sex. Naevium diebus compluribus ante in possessionem misisse, quam postularet, uti ei liceret bona possidere; Quinct 88. sin ista pax perditam hominem in possessionem impotentissimi dominatus restituturus est; ep X 27, 1. in possessione bonorum cum esset; Caecin 19. quod tum erat res in pecore et locorum possessionibus; rep II 16. me vi conari in possessionem venire; A IV 2, 3. — III, 1. cuius praetura urbana fuit possessionum contra omnium instituta addictio et condonatio; Ver pr 12. quae diligentissime descripta a maioribus iura finium, possessionum, aquarum itinerumque sunt; Caecin 74. — 2. de quorum urbis possessione inter deos certamen fuisse proditum est; Flac 62.

possessiuncula, fleine Besitzung: mihi maiori offensioni esse quam delectationi possessiunculas meas; A XIII 23, 3.

possessor, Besitzer, Grundbesitzer: I, 1. iste homo acerrimus, bonorum possessor, nihil petit; Quinct 30. — 2. Memmius, „vide", inquit, „Scaure,

mortuus rapitur, si potes esse possessor"; de or II 283. — II, 1. locupletatis aut invidiae aut pestilentiae possessoribus; agr I 15. — 2. ut agros a Sullanis possessoribus emptos, quanti velletis, populo Romano induceretis; agr II 98.

possideo, besitzen, im Besitz haben, inne haben: I. in quo constitit Naevium ex edicto non possedisse; Quinct 89. dubium est, quin, si Caesennia tum possidebat, cum erat colonus in fundo, post eius mortem heres eodem iure possederit? Caecin 94. — II. qui (philosophi) omnia sicut propria sua esse atque a se possideri volunt; de or I 217. neque (sit boni oratoris) ea ut sua possedisse, sed ut aliena libasse; de or I 218. qui agros publicos possident; agr II 68. ex edicto praetoris bona P. Quinctii possideri nullo modo potuisse; Quinct 60. tres nobilissimos fundos eum video possidere; Sex Rosc 99. qui ullam agri glebam possiderent; Ver III 28. unum globum possidet illa (stella), quam in terris Saturnam nominant; rep VI 17. Ligus hereditatem adiit; possedit Sacerdote praetore sine ulla controversia; Ver I 125. magnam vim, magnam necessitatem, magnam possidet religionem paternus maternusque sanguis; Sex Rosc 66. qui (sapiens) vere omnia ista nomina possideat; fin III 75. alterum tria huiusce praedia possidere audio; Sex Rosc 17. religionem, vim: f. necessitatem.

possido, in Besitz nehmen, Besitz ergreifen, fich bemächtigen: agrum multis annis aut etiam saeculis ante possessum; of II 79. quod bona sine testamento possederat; de or II 283. uti ei liceret bona possidere; Quinct 88. non est ausus meam domum possidere; dom 107. medium optimates possederunt locum; rep I 52. mitto, quod (praedia) possessa per vim; Flac 79. regno possesso; Muren 34.

possum, fönnen, möglich fein, vermögen, im stande fein, ausrichten, bewirken (possiet: f. II tornare. potesse: f. II. cognoscere. vgl. **potis**): I, 1. cuperem equidem utrumque, si posset; Tusc I 23. dignitatem nostram, ut potest in tanta hominum perfidia. retinebimus; ep I 2, 4. sin nec continuo poterit; ep V 19, 2. ut, si ullo modo poterit, ne tu quidem (dolorem sentias); A XII 23, 1. ne doleam? qui potest? A XII 40, 2. — 2. etiam temperantiam inducunt non facillime illi quidem, sed tamen quoquo modo possunt; off III 118. ut, quibuscumque rebus poteris (poteris autem plurimis), prospicias et consulas rationibus meis; ep II 2, 1. quam potui maximis itineribus ad Amanum exercitum duxi; ep XV 4, 7. quid faciemus, si aliter non possumus? A II 1, 8. iam Scrofa vellem haberet, ubi posset; A VI 1, 13. quoniam id non posset; Cluent 154. poterat utrumque praeclare; ep I 7, 7. Pisonis amor tantus est, ut nihil supra possit; ep XIV 1, 4. non possunt omnia simul; A XIV 15, 2 (3). gallinae avesque reliquae eos (nidos) quam possunt mollissime substernunt; nat II 129. frequentissimus senatus dignitatem meam, quibus potuit, verbis amplissimis ornavit; Quir 15. — II. cui ne ista quidem ipsa calamitas iniuria potuit accidere; dom 126. ut nihil possint ex iis (litteris) ad communem adferre fructum; Arch 12. qui (lictores) mihi incolumi adimi non possunt; A XI 6, 2. coram me tecum agere posse; ep III 5, 4. cum ante illud facete dictum emissum haerere debeat, quam cogitari potuisse videatur; de or II 219. »vetera se cognoscere signa potesse; fr H IV, a, 347. (hic) profecto non potest eodem facto et communibus fortunis consuluisse et legibus non obtemperasse; inv I 69. se convinci non posse; inv II 101. esse, cui dare litteras possem; A I 5, 3. ita fit, ut Demosthenes certe possit summisse dicere, elate Lysias fortasse non possit; opt gen 10. dissimulare non potero mihi, quae adhuc acta sint, displicere; A

VIII 1, 4. hoc non posse in delectatione esse diuturna; de or III 100. omni in re posse, quod deceat, facere artis et naturae est; de or III 212. si eam (provinciam), quod eius facere potueris, quam expeditissimam mihi tradideris; ep III 2, 2. ut, quod eius fieri possit, praesentiae tuae desiderium meo labore minuatur; ep V 8, 5. tu velim ne intermittas, quod eius facere poteris, scribere ad me; A XI 12, 4. quibus (rebus) levari possent molestiae tuae; ep IV 3, 3. tota res Brundisina quo modo habeat se, diutius nescire non possum; A IX 3, 2. obtemperare: f. consulere. illud ipsum qui obtineri potest? fin II 107. te illa potuisse perdiscere; de or III 82. posse id populo nostro probari; leg I 12. si Appium Clandium res publica tenere potuisset; Phil XIII 29. »ut nemo tam tornare cate cortortos possiet orbes«; fr H IV, a, 550. — III. hoc amplius si quid poteris; de or I 44. res tantum potest in dicendo, ut ad vincendum nulla plus possit; de or II 180. vis illa summi imperii tantum potuit apud perpaucos homines, non civitates; ut . .; Ver II 14. qui exercitu, qui armis, qui opibus plurimum poterant; Planc 86. ne memoria maneat domestici doloris, quae plus apud eum possit quam salus civitatis; Phil V 51. ego debeo profecto, quantumcumque possum, in eo quoque elaborare, ut . .; fin I 10. cum (Dionysius) omnia se posse censebat; Tusc V 57. non modo, quod non possumus, sed ne quantum possumus quidem cogimur; Cato 34. cum hac exceptione, quantum valeam quantumque possim; ep VI 5, 1. cura, quod potes, ut valeas; ep XIV 4, 6. cum ego ne curem quidem multum posse, res publica certe nihil possit, unus ille omnia possit; Q fr III 4, 2. multum posse ad salutem alterius honori multis, parum potuisse ad exitium probro nemini umquam fuit; fr A III 5. alterum nihil posse unum contra multos; fr A VII 47. ego voluntatem tibi profecto emetiar, sed rem ipsam nondum posse videor; Bru 16.

post, hinter, hinten, nach, nachher, seit (nachgestellt: f. A, II, 2: Tusc II 15), postquam, nachdem: A. **Präposition:** I. cum Mamertini crucem fixissent post urbem in via Pompeia; Ver V 169. quod est litus in Insula Syracusis post Arethusae fontem; Ver V 80. — II, I. ille rex post Alexandrum maximus; Ac II 3. — 2. qui post se rogati essent; Phil XI 15. hunc (Epicurum) post Rhodius Hieronymus dolore vacare summum bonum dixit; Tusc II 15. post omnia perorationem concludere; orat 122. — 3. hi tres post civitatem a L. Bruto liberatam plus potuerunt quam universa res publica; Phil V 17. cum post condiciones pacis adlatas cavi, ne . .; A VIII 12, 2. post diem tertium gesta res est, quam dixerat; Milo 44. quibus Apollo se id daturum ostendit post eius diei diem tertium; Tusc I 114. cum paucis annis post hanc civitatis donationem acerrima quaestio venisset; Balb 48. homini post homines natos turpissimo; dom 23. post h. viii in balneum; A XIII 52, 1. ut numquam post Kalendas Ianuarias idem senseris; Phil X 3. bellum post hominum memoriam crudelissimum; Catil II 28. ego eodem die post meridiem Vatinium eram dehensurus; Q fr II 15 (16), 3. sermonem habitum paucis diebus post mortem Africani; Lael 3. numquam post populi Romani nomen ab Siculis auditum et cognitum Agyrinenses dixisse . .; Ver III 74. quem locum apud ipsum Caesarem post eius ex Africa reditum obtinuisti? Phil II 71. me unum post urbem conditam diligentissime senatui paruisse; dom 50. B. **Adverb:** I. post Lepus subsequitur; nat II 114. caedere incipiunt eius servos, qui post erant; Milo 29. — II, 1, a. in senatu post ea causa non agitur; Ver II 97. homines tibi arma alii in me, alii post in illum invictum civem dederunt; har resp 38. post e provincia litteras ad conlegium

misit; nat II 11. sequuntur fratrum coniunctiones. post consobrinorum; of I 54. cum fidem ac religionem tuam iam alteri addictam habueris, post eandem adversario tradideris; Ver II 78. quod quantae fuerit utilitati, post videro; rep II 16. — b. (caritas) serpit foras, cognationibus primum, tum adfinitatibus. deinde amicitiis, post vicinitatibus, tum civibus, deinde . .; fin V 65. quo consilio redierim, initio audistis, post estis experti; Phil X 8. ut initio mea sponte. post autem invitatu tuo (Trebatium) mittendum duxerim; ep VII 5, 2. conlega eius primo non adversante, post etiam adiuvante; Quir 15. primum est de honesto, tum pari ratione de utili, post de comparatione eorum disserendum; of I 10. quorum princeps Aristippus, post Epicurus; Ac II 131. — c. quae (ratio) neque Solonem fugerat neque post aliquanto nostrum senatum; rep II 59. quas (res) Caesar anno post et deinceps reliquis annis administravisset; Bru 218. si aliquot annis post idem ille liber captivis missus esset; Tusc III 54. repente paucis post diebus venit ad me Caninius mane; ep IX 2, 1. vidimus mensibus post paucis pancis post mensibus || exercitum spoliatum; Ver III 177. Eudemum || [Eudemum] || quinquennio post domum esse rediturum; div I 53. qui (iudices) multis post saeculis de te iudicabunt; Marcel 29. ab eodum scelere illae triennio post habitae quaestiones; Cluent 191. — 2, a. postquam, qui tibi erant amici, non poterant vincere; Quinct 70. hoc postquam ceteri comprobarunt; Cluent 177. centum et octo annis postquam Lycurgus leges scribere instituit; rep II 18. Habonio opus in acceptum rettulit quadriennio postquam diem operi dixerat; Ver I 149. paucis post diebus, quam Luca discesserat; ep I 9, 9. undecimo die, postquam a te discesseram; A XII 1, 1. xiiii die post, quam ille (Pompeius) Canusio moverat; A IX 1, 1. — b. etsi nihil habebam novi, quod post accidisset, quam dedissem litteras; A VI 3, 1. ut L. Flamininum e senatu eicerem septem annis post, quam consul fuisset; Cato 42.

postea, nachher, später, posteaquam, nachdem: I, 1. caruit post postea Pompeius; Milo 18. censorem esse ipsum postea factum; Cluent 119. quod et ipse (Epicurus) et multi postea defensores eius sententiae fuerunt; fin II 44. non dolere istud quam vim habeat, postea videro; fin II 9. quid postea? agr II 29. — 2. nulla lex antea cum fuisset. at vero postea tot leges, ut . .; of II 75. ut primum Marcelli ad Nolam proelio populus se Romanus erexit posteaque prosperae res deinceps multae consecutae sunt, sic . .; Bru 12. dicam postea de ipso genere accusationis, postea de Sardis, tum etiam pauca de Scauro; Scaur 22. ego incolumitati civium primum, ut postea dignitati possemus, ille praesenti dignitati potius consulebat; Phil II 38. cum in iis (urbibus) primum ipsius Pythagorae, deinde postea Pythagoreorum tantum nomen esset; Tusc IV 2. — 3. postea aliquanto ipsos quoque tempestas vehementius iactare coepit; inv II 154. annis postea xx levis aestimatio pecudum constituta est; rep II 60. paucis postea mensibus alia vehemens erat in iudiciis invidia versata; Cluent 130. — II, 1. posteaquam in Formiano sum; A II 11, 1. quem posteaquam videt non adesse; Ver II 92. sed, posteaquam Pompei commoratio diuturnior erat, quam putaram; ep VII 5, 1. posteaquam modica temperatio accessit; leg III 17. qui (Epaminondas) tum denique sibi evelli iubet spiculum, posteaquam ei dictum est clipeum esse salvum; ep V 12, 5. posteaquam defensor eius consul est factus; Ver pr 20. postea vero quam profectus es, velim recordere . .; ep V 2, 4. posteaquam bis consul et censor fuerat; div Caec 69. — 2. se praedonum duces domi suae, posteaquam Romam redierit, retinuisse; Ver I 12. posteaquam Tyrum venissent, tum (eos) adflictari coepisse; Tusc III 66.

posteritas, Zukunft, Nachwelt: I. quo minus (sapiens) posteritatem ipsam, cuius sensus habiturus non sit, ad se putet pertinere; Tusc I 91. — II. ins imaginis ad memoriam posteritatemque prodendae; Ver V 36. — III. neque quisquam nostrum in rei publicae periculis cum laude versatur, quin spe posteritatis fructu que ducatur; Rabir 29. ut exstet ad memoriam posteritatis sempiternam militum divina virtus; Phil XIV 38. sermo ille oblivione posteritatis exstinguitur; rep VI 25. posteritatis otio consules; ep II 18, 3. spes: f. fructus. — IV. video, quanta tempestas invidiae nobis, si minus in praesens tempus, at in posteritatem impendeat; Catil I 22. in omni mutatione dominorum, quae innumerabiles fieri possunt in infinita posteritate; A XII 19, 1.

posterus, nachfolgend, später, letzte, gering, Nachkomme, nachgeboren (postumus: f. A. liberi. B. a, I. nascitur): A. qui (Thucydides) paulo aetate posterior (erat); Bru 43. de firmissimis alia prima ponet, alia postrema; orat 50. in hoc posteriore posteriori || vincerem sponsionem; Tul 30. in annum posterum decemviros alios subrogaverunt; rep II 61. ut eadem a principibus civitatis postero die dicerentur; sen 26. quorum utrique semper patriae salus et dignitas posterior sua dominatione et domesticis commodis fuit; A X 4, 4. ea pertinere ad superiorem divisionem, contra posteriorem nihil dici oportere; Ac II 99. ut homines postremi pecuniis alienis locupletarentur; Sex Rosc 137. etiamsi (liberi) postumi futuri sint; fin III 57. ut, qui pro capite diceret, is posteriore loco diceret; Quinct 33. postremam quamque navem piratae primam adoriebantur; Ver V 90. illi philosopho ordiri placet a superiore quaeque, posteriore finire. est autem paean hic posterior aurium mensura par fere cretico; de or III 183. respondebo primum postremae tuae paginae; A VI 2, 1. quod institutum perite a Numa posteriorum pontificum neglegentia dissolutum est; leg II 29. etiam postera saecula ad se pertinere; Tusc I 31. aut in provisione posteri temporis aut in praeteriti disceptatione; part or 69. — B, **a,** I. obstupescent posteri certe imperia (tua) audientes et legentes; Marcel 28. horum posteri ita degenerant, ut ..; fin V 13. qui esset secundum postumum et natum et mortuum heres institutus; de or I 180. — II, 1. dicendi genus quod fuerit in utroque, orationes utriusque etiam posteris nostris indicabunt; Bru 324. quid gloriosius meis posteris potui relinquere hoc? sen 25. — 2. ut expetantur eae poenae a liberis, a nepotibus, a posteris; nat III 90. esse apud vos posterosque vestros in honore debebitis; Catil III 2. — III. qui mos cum a posterioribus non esset retentus; fin II 2. secundum: f. I. nascitur. — **b,** I. aut paria esse debent posteriora superioribus et extrema primis aut longiora; de or III 186. — II, I. ita priori posterius, posteriori superius non iungitur; Ac II 44. — 2. res dilata est in posterum; ep X 12, 3. ab homine longe in posterum prospiciente; ep II 8, 1. ut haec non in posteris et in consequentibus, sed in primis continuo peccata sunt, sic ..; fin III 32. — C, I. ne ipse posterius occideretur; Tul 56. ipse Thucydides si posterius fuisset; Bru 288. sed hoc posterius; nunc iuris principia videamus; leg I 18. — II. postremo Cn. Magius est mortuus; Cluent 21. omnes urbes, agri, regna denique, postremo etiam vectigalia vestra venierint; agr II 62. postremo quid simile habet passer annis? div II 65. primum nescio, deinde timeo, postremo non committam, ut ..; agr I 16. quod Atheniensium (rem publicam) tum Theseus constituisset legibus), tum Draco, tum Solo, tum Clisthenes, tum multi alii, postremo exsanguem iam doctus vir Phalereus sustentasset Demetrius; rep II 2. deinde postremo attendendum est, num ..; inv

I 43. — III. ut vestigium illud ipsum, in quo [ipse] postremum institisset, contueremur; de or III 6. quo (die) postremum Asuvius visus erat; Cluent 38.

posthabeo, hintansetzen: quod hoc honore ex novis hominibus primum me multis post annis || posthabitis || adfecistis; agr II 4. omnibus rebus posthabitis; Tusc V 2.

posthac, künftig, später, von nun an: in hoc genere non accusabimur posthac, neque hercule antea neglegentes fuimus; A VII 3, 7. ne posthac tantas pecunias magistratibus nostris decerneremus; Ver III 200. utrum posthac amicitias clarorum virorum calamitati hominibus an ornamento esse malitis; Balb 65. nec erit alia lex Romae, alia Athenis, alia nunc, alia posthac; rep III 33. ut nihil posthac auctoritas senatus valeret; Rabir 2. posthac quam plurima, si videtur; ep IX 8, 2.

postilio, Forderung: quod Telluri postilio deberi dicitur; har resp 31.

postis, Pfosten, Türpfosten: 1. postem teneri in dedicatione oportere videor audisse templi; dom 121. — 2. qui columnis ac postibus meis hostificum quoddam bellum intulistis; dom 60. — 3. quoddam caput legis Clodium in curiae poste fixisse; A III 15, 6.

postliminium, Recht der Rückkehr: A. Servius nihil putat esse notandum, nisi „post", et „liminium" illud productionem esse verbi vult; Top 36. Scaevola iunctum putat esse verbum, ut sit in eo et „post" et „limen"; ut, quae a nobis alienata, hinc cum ad hostem pervenerint, ex suo tamquam limine exierint, ea cum redierint post ad idem limen, postliminio redisse videantur; Top 37. — B, 1. quem pater suus aut populus vendidisset aut pater patratus dedidisset, in nullum esse postliminium; de or I 181. videaturne ei, quem pater patratus dediderit, si is non sit receptus, postliminium esse; de or II 137. cum quaeritur, „postliminium" quid sit; Top 36. — II. num is ad suos postliminio redisset; de or I 182. f. A.

postmeridianus (posm., pom.), nachmittägig: ut ambulationem postmeridianam conficeremus in Academia; fin V 1. erunt fortasse alterae (litterae) posmeridianae || post., pom. ||; A XII 53. „posmeridianas quadrigas" quam „postmeridianas quadriugas" lubentius dixerim; orat 157. non est hoc munus huius ambulationis antemeridianae aut nostrae posmeridianae sessionis; de or III 121. inclinato iam in posmeridianum || postm. || tempus die; de or III 17.

postquam f. post, B, II.

postridie, am folgenden Tage: tres epistulas tuas accepi postridie Idus; A IX 9, 1. iste postridie mane iudices citari iubet; Ver II 41. Lupus noster cum Romam sexto die Mutina venisset, postridie me mane convenit; ep XI 6, 1. postridie iens ad Brutum; A XVI 1, 1. invitat Canius postridie familiares suos; of III 59. postridie Idus Lanuvii constitui manere; A XII 41, 1. quem pridie hora tertia animum efflantem reliquisset, eum mortuum postridie hora decima denique ei nuntiabatur? Milo 48. Pythius piscatores ad se convocavit et ab iis petivit, ut ante suos hortulos postridie piscarentur; of III 58. inde postridie mane proficiscens; A XVI 13 (a) 2. haec scripsi postridie eius diei, cum ..; ep III 8, 10. quae (venatio) postridie ludos Apollinares futura est; A XVI 4, 1. postridie, quam tu es profectus, multa nocte veni ad Pompeium; Q fr II 7 (9), 2. postridie Idus Paulum Caietae vidi; A XIV 7, 1. exin senatus postridie Idus; A IV 3, 3. ego hinc postridie Idus Lanuvii || Lanuvium ||; A XII 44, 3.

postulatio, Forderung, Verlangen, Gesuch, Anliegen, Einreichung der Klage: I. non ulla umquam intercessit postulatio, mitto aequa, verum

ante hoc tempus ne fando quidem audita; Quinct 71. ex tua praetura primum haec est nata postulatio; Ver II 148. magis in hoc ignoscendi quam cognoscendi postulatio valuit; inv II 105. — II, 1. audio: f. I. intercedit. deprecatio est, in qua ignoscendi postulatio continetur; inv II 104. aequa postulatio pretio superabatur; Ver I 125. — 2. cum te unum dicerent postulationi L. Sestii Pansae restitisse; Q fr II 9 (11), 2.—III. quae (crimina) omnia novas iniurias habent, sed postulationum formulas usitatas; Ver II 147. — IV. ut quaeque res ad consilium primis postulationibus referebatur; A I 16, 4.

postulatum, Forberung: I. hoc postulatum de statuis ridiculum esse videatur ei, qui rem non perspiciat; Ver II 148. — II. reliquum est, ut et accipiantur et remittantur postulata per litteras; Phil XII 28. hoc commoti dolore postulata consulibus ediderunt; Ver II 10. postulata haec ab eo interposita esse, quo minus . .; A VII 15, 3. (legati) ultro ab illo (Antonio) ad nos intolerabilia postulata rettulerunt; ep XII 4, 1. remitto: f. accipio. — III. huiusce novi postulati genus atque principium tua praetura attulit; Ver II 146.

postulo, forbern, verlangen, beanfpruchen, aufforbern, erfuchen, vor Gericht forbern: I. neque quisquam divinare poterat te postulaturum; Quinct 60. ut nos ita tueare, ut amicitia nostra et tua fides postulabit; ep II 16, 7. haec gravius scripsi, quam aut tuus in illum amor aut meus postulabat; A X 4, 6. fides: f. amicitia. supplicatio postulantibus nostris imperatoribus deneganda est; Phil XIV 24. cum tempus necessitasque postulat, decertandum manu est; of I 81. ne in huius modi rebus diutius, quam ratio praecipiendi postulat, commoremur; inv I 61. non loco (narratio) dicitur, cum non in ea parte orationis conlocatur, in qua res postulat; inv I 30. tempus: f. necessitas. — II, 1. qui primo de vi postulavit; sen 19. Gaditani M. Lepido Q. Catulo consulibus a senatu de foedere postulaverunt; Balb 34. — 2. a te potius postularent, ne amplius quam singulas, quam ab Apronio, ut ne plus quam ternas decumas darent; Ver III 115. ratio hoc postulat, ne quid insidiose, ne quid simulate, ne quid fallaciter; of III 68. — 3. postulatum est, ut Bibuli sententia divideretur; ep I 2, 1. ut plane (me occupationibus) exsolvam, non postulo; ep VII 1, 5. nec iam recusat, sed quodam modo postulat, ut appelletur tyrannus; A X 4, 2. — 4. ut ne: f. 2. — 5. ut ratio postulet agere aliquid et facere eorum; fin III 58. — 6. ostendi, quam multa ante fieri convenerit, quam hominis propinqui bona possideri postularentur; Quinct 86. — 7. nam ex quo postulabimus nobis illud, quod dubium est, concedi, dubium esse id ipsum non oportebit; inv I 53. qui postulet ibi de tua existimatione iudicium fieri; Ver III 139. — III. Gabinium tres adhuc factiones postulant; Q fr III 1, 15. quod haec causa maxime postulat; Flac 36. qui quidvis ab amico auderent postulare; Lael 35. me de isto sumptu decrevisse nil, nisi quod principes civitatum a me postulassent; ep III 8, 5. f. II, 2 of III 68. nomine heredis arbitrum familiae herciscundae postulat; Caecin 19. postulat contionem; Flac 18. deliberandi sibi unum diem postulavit; nat I 60. ut omnes boni omnem a nobis diligentiam virtutemque et postulent et exspectent; Q fr I 1, 41. postulat is, quicum agitur, a praetore exceptionem: EXTRA QUAM IN REUM CAPITIS PRAEIUDICIUM FIAT; inv II 59. (Vettius) statim fidem publicam postulavit; A II 24, 2. nec debes tu aut praecipuam aliquam fortunam postulare aut communem recusare; ep VI 1, 1. impudentem esse, qui pro beneficio non gratiam, verum mercedem postulet; inv II 115. in eum iudicium de professione iugerum postulabatur; Ver

III 39. intellego equidem a me istum laborem iam diu postulari; leg I 8. memoriam: f. monumentum. mercedem: f. gratiam. a vobis nullum monumentum laudis postulo praeterquam huius diei memoriam sempiternam; Catil III 26. si nullum aliud mihi praemium ab senatu populoque Romano nisi honestum otium postularem; Sulla 26. servum illum Nicostratum ab hoc adulescente Oppianico in quaestionem postulavit; Cluent 176. cum ab eo tabulas postularemus; Ver I 60. triumphum ab senatu postulat: inv II 111. a non nullis veritas a te postulatur: leg I 4. virtutem: f. diligentiam. — IV, 1. qui (Lentulus Gabinium) iam de maiestate postulavit: Q fr III 1, 15. (Gabinius) adhuc de pecuniis repetundis non erat postulatus; Q fr III 1, 15. — 2. haec cum praetorem postulabas; Tul 39.

potatio, Trinfgelage: videbar mihi videre alios hesterna ex potatione oscitantes; fr A VI 1.

pote f. **potis.**

potens, mächtig, einflußreich: A. si propter partium studium potens erat Alfenus, potentissimus Naevius; Quinct 70. qui potentissimorum hominum contumaciam numquam tulerim, ferrem huius adseculae? A VI 3, 6. omnes potentissimorum populorum res gestas; Marcel 5. cuius currum rex potentissimus quondam honestavit; Catil IV 21. qui potentes viros tradunt post mortem ad deos pervenisse; nat I 119. cum floreret in Italia Graecia potentissimis et maximis urbibus; Tusc IV 2. — B, 1, 1. suffragandi nimia libido in non bonis causis eripienda fuit potentibus; leg III 34. — 2. ne quid temere dicam aut faciam contra potentes: ep IX 16, 5 — II, 1. ego inimicitias potentium pro te appetivi; Milo 160. — 2. quasi pactio sit inter populum et potentes; rep III 23.

potentatus, Macht, Herrschaft: cum ad eum (Romulum) dominatus || potentatus || omnis reccidisset; rep II 14.

potentia, Macht, Übermacht, Gewalt, Einfluß, Ansehen: potentia est ad sua conservanda et alterius attinenda || acquirenda, al. || idonearum rerum facultas; inv II 169. nimiam gratiam potentiamque Chrysogoni dicimus et nobis obstare et perferri nullo modo posse a vobis, quoniam potestas data est, non modo infirmari, verum etiam vindicari oportere; Sex Rosc 122. ut potentia senatus atque auctoritas minueretur; quae tamen gravis et magna remanebat; rep II 59. — II, 1. credo vos non populo Romano minime ferendam potentiam concupivisse; Phil I 29. dum modo potentiam consequantur; of III 82. hominum eius modi principiosam atque intolerandam potentiam exstinguere atque opprimere debetis; Sex Rosc 36. si quidam homines patientius eorum potentiam ferre potuerint; ep I 8, 4. f. concupisco. infirmo, al.: f. I. obstat. minuo: f. I. remanet. opprimo: f. exstinguo. hanc rerum tantam potentiam non ferme facilius ulla in parte Italiae posita urbs tenere potuisset; rep II 10. — 2. de sua potentia dimicant homines hoc tempore periculo civitatis; A VII 3, 4. — III. Caesar Vopiscus ille summo ingenio, summa potentia solvatur legibus; Phil XI 11. — IV, 1. populus oppressus dominatu ac potentia principum; leg III 34. — 2. ut contra periculosas hominum potentias condicioni omnium civium providisse videamini; Cael 22.

potestas, Macht, Gewalt, Herrschaft, Befugnis. Amt, Beamter, Behörde, Erlaubnis, Gelegenheit, Möglichteit: I, 1. sin fuisse aliis quoque causa faciendi videbitur, aut potestas defuisse aliis demonstranda est aut facultas aut voluntas. potestas, si aut nescisse aut non adfuisse aut conficere aliquid non potuisse dicentur. facultas, si . .; inv II 24. quod potestas humana efficere non possit; nat II 16. de quo ut potestas esset saepe optarint, in eum ob potestatem ||potestate|| non uti summam esse stultitiam;

inv II 109. cui eligendi potestas esset; Bru 189. quotiens mihi certorum hominum potestas erit; ep I 7, 1. quocumque tempore mihi potestas praesentis tui fuerit; ep I 9, 22. »imperia, potestates, legationes, quom senatus creverit populusve iusserit, ex urbe exeunto, duella iusta iuste gerunto, sociis parcunto«; leg III 9. ista potestate nata gravitas optimatium occidit; leg III 17. parcunt: ſ. exeunt. omnes potestates, imperia, curationes ab universo populo Romano proficisci convenit; agr II 17. — 2. quid est libertas? potestas vivendi, ut velis; par 34. — II, 1. qui (Sulla) tribunis plebis sua lege iniuriae faciendae potestatem ademerit, auxilii ferendi reliquerit; leg III 22. qui eandem potestatem adepti sunt; Cluent 122. qui non modo rerum, verum etiam verborum potestatem sibi adrogare conetur, cum et faciat, quod velit, et id, quod fecerit, quo velit nomine appellet; inv II 55. ut primum potestas data est augendae dignitatis tuae; ep X 13, 1. quod Iunio defendendi sui potestas erepta sit; Cluent 93. cum neque praetores diebus aliquot adiri possent vel potestatem sui facerent; Q fr I 2, 15. scripsi ad librarios, ut fieret tuis describendi potestas; A XIII 21, a, 1 (21, 4). ut is in ea (provincia) summam potestatem haberet, cui . .; Q fr I 1, 29. prudentissimi viri, quibus senatus legum dicendarum in locandis vectigalibus omnem potestatem permiserat populusque iusserat; Ver III 19. permittitur infinita potestas innumerabilis pecuniae conficiendae; agr II 33. esse etiam fortunae potestatem in nos prorogatam; Q fr I 1, 4. relinquo: ſ. adimo. ostendit se tribuniciam potestatem restituturum; Ver pr 45. quae (lex) sancit eam tribunorum plebis potestatem; leg III 19. earum rerum omnium potestatem ad decemviros esse translatam; agr II 54 — 2. quod fortunas suas potestati regiae commiserit; Rab Post 1. si isdem imperiis et potestatibus parent; leg I 23. confirmationem auctoritatis suae vestrae potestati permissam esse sentit; Flac 4. — 3 me abeuntem magistratu contionis habendae potestate privavit; ep V 2, 7. in qua re publica est unus aliquis perpetua potestate, praesertim regia; rep II 43. si quis ea potestate temere est usus; agr II 30. — 4 cadendum est in unius potestatem; A VIII 3, 2. ut in superiore exemplo reus ab suo officio et a potestate factum demovebat; inv II. 93. quod ei dicendi in posterum de extraordinariis potestatibus libertatem ademisses; dom 22. cum „exisse ex potestate" dicimus eos, qui effrenati feruntur aut libidine aut iracundia; Tusc III 11. ut oppidum in sua potestate posset habere; Sulla 60. cum duodecim secures in praedonum potestatem pervenirent; imp Pomp 32. ut in potestatem meam pervenirent; ep XV 4, 10. frugi hominem videtis positum in vestra fide ac potestate; Font 40. quo elicto omnia iudicia redegerat in suam potestatem; Ver II 33. privatus (sit) an cum potestate; inv I 35. ut summum bonum in eo genere ponant, quod sit extra nostram potestatem; fin IV 36. quod in eorum potestatem portum futurum intellegebant; Ver V 98. nihil tam tenerum quam illius comprehensio verborum, ut nullius oratoris neque in potestate fuerit; Bru 274. eum (Lentulum) totum esse in illius (Pompei) potestate; A III 22, 2. tenere in sua potestate motum animi et dolorem; Q fr I 1, 38. — III, 1. cum conlegas tuos, summa potestate praeditos, negares liberos esse; dom 110. — 2. sitne ea (beata vita) tota sita in potestate sapientis; fin V 12. — IV, 1 videte, quam diligenter retineat ius tribuniciae potestatis; agr II 30. — 2. ut xviri maxima potestate sine provocatione crearentur; rep II 61. — V, 1. is qui multos in istum testes imperio et potestate deterruit; Ver III 122. potestate regia tum melius gubernari et regi civitates, si . .; rep II 15. — 2. vir sapiens tamquam a magistratu aut ab aliqua potestate ligitima emissus; Tusc I 74.

qui de re publica cum aliqua statuendi potestate audiant; de or II 70. erit tum consul Hortensius cum summo imperio et potestate; Ver pr 37. ob: ſ. I, 1. est; inv II 109. cum iste ab sese hydriam per potestatem abstulisset; Ver IV 32.

potio, Trinfen, Tranf, Gifttranf: I, 1. negat tenuissimo victu, id est contemptissimis escis et potionibus, minorem voluptatem percipi; fin II 90. — 2. nec (di) iis escis aut potionibus vescuntur, ut . .; nat II 59. — II. cibi condimentum esse famem, potionis sitim; fin II 90.—III. percipi: ſ. I, 1. cum tribus modis animantium vita teneatur, cibo, potione, spiritu; nat II 134. prima potione mulierem sustulit; Cluent 40.

potior, mächtig werden, ſich bemächtigen, erlangen, erreichen: I, 1. secundum genus cupiditatum nec ad potiendum difficile esse censet nec vero ad carendum; Tusc V 93. — 2. qui bello potiti sunt; of I 21. si essent nostri potiti; ep IX 6, 3. an iis me dem, qui tenent, qui potiuntur? A VII 12, 3. — II. in iis potiendis, quae acerrime concupivisset; fin V 70. in potiendis voluptatibus; par 15. — III. quorum (castrorum) erant potiti Poeni; of III 113. si exploratum tibi sit posse te illius regni potiri; ep I 7, 5. otium nobis exoptandum est, quod ii, qui potiuntur rerum, praestaturi videntur; ep I 8, 4. quarum (voluptatum) potiendi spe inflammati; fin I 60. — IV. si eo portu, quem conspiciebant, potiti essent; inv II 95. qui potiatur corporis expetitis voluptatibus; fin II 14. qui (Aratus) clandestino introitu urbe est potitus; of II 81.

potis, (potior), mächtig, vermögend, möglich, bevorzugt, würbig, vorzüglich, lieb: I. qui tibi vetustate necessitudinis potior possit esse; ep X 3, 2. quod videtur esse honos, nemo igitur potior; A VI 3, 1. ex comparatione, in qua per contentionem, utrum potius [aut quid potissimum sit], quaeritur; inv I 17. illa te semper etiam potiora duxisse, quae ad sapientiam spectarent; de or III 82. cum anicula addidisset „hospes, non pote minoris"; Bru 172. scribas ad me, quantum pote; A IV 13, 1. ne quid tibi sit fama mea potius; A XVI 2, 2. inveniendi artem, quae τοπική dicitur, quae ad usum potior erat; Top 6. cives potiores quam peregrini, propinqui quam alieni; Lael 19. quae (mors) civibus Romanis semper fuit servitute potior; Phil X 19. propinqui: ſ. cives. — II. »superas potis est demergere partes; fr H IV, a, 691. »nec (nox) potis est caput atque umeros obducere latos«; fr H IV, a, 730.

potius, vielmehr, lieber: I, 1. ut addubitet, ecquid ‖ quid ‖ potius aut quo modo dicat; orat 137. nimis multa de verbo: rem potius videamus; Phil VIII 4. sumpturam sapientem eam vitam potius; fin IV 30. portum potius paratum nobis et perfugium putemus; Tusc I 118. — 2. quis ita aspexit (eum) ut perditam civem ac non potius ut importunissimum hostem? Catil II 12. erravit aut potius insanivit Apronius? Ver III 113. quam ob rem scriba deducat, et non potius mulio? Ver III 183. nulla est societas nobis cum tyrannis, et potius summa distractio est; of III 32. non: ſ. ac, et. non adversarium, sed socium potius amiseram; Bru 2. nec ea minuunt, sed augent potius illam facultatem; fat 3. o dementiam populi Romani seu potius patientiam miram! Ver V 74. magnum mehercule hominem vel potius summum; Bru 293. Brundisium veni vel potius ad moenia accessi; Planc 97. ex hoc populo indomito vel potius immani; rep I 68. — II. in qua (oratione) non vis potius quam delectatio postulatur; de or II 317. quia deciderat ex astris, lapsus quam progressus potius videbatur; A II 21, 4. „depugna", inquis, „potius quam servias"; A VII 7, 7.

potissimum, hauptsächlich, vornehmlich, gerade: oportet ab adversarii dicto exordiri et ab eo potissimum, quod ille nuperrime dixerit; inv I 25.

unde potissimum ordiar? Sex Rosc 29. de hoc loco sacro potissimum videntur haruspices dicere? har resp 14. miror, cur huic potissimum irascare; Planc 17. qui abs te taciti requirunt, cur se potissimum delegeris; Planc 46. ut utar potissimum te auctore; div I 106. ut si nautae certarent, quis eorum potissimum gubernaret; of I 87. ex me potissimum putavi te scire oportere; ep I 7, 6. quid ad te potissimum scriberem; ep IV 13, 1.

poto, trinfen, zechen: I, 1. totos dies potabatur atque id locis pluribus; Phil II 67. — 2. num, qui hoc sentiat, si i s potare velit, de dolio sibi hauriendum putet? Bru 288. etsi domum bene potus redieram; ep VII 22. adde inscitiam poti ducis; Milo 56. — II. Stoicorum i s t a magis gustata quam potata delectant; Tusc V 13. hunc eo (sanguine) poto mortuum concidisse; Bru 43.

potulentus, trinfbar, ©etränf: in ea parte oris, qua esculentis et potulentis iter natura patefecit; nat II 141.

potus, ≥ranf: illa (pars animi) cum sit immoderato obstupefacta potu atque pastu; div I 60.

prae, vor, gegen, im Vergleich mit, wegen: I. illa praeclara, in quibus publicae utilitatis species prae honestate c o n t e m n i t u r; of III 47. tu ansus es pro nihilo prae tua praeda tot res sanctissimas ducere? Ver II 40. beata vita glorianda et praedicanda et prae se ferenda est; Tusc V 50. Sampsiceramo negat, ceteris prae se fert et ostentat; A II 23, 3. qui periculum prae mea salute neglexit; ep XIV 4, 2. »prae se Scorpios infestus praeportans flebile acumen«; fr H IV, a, 682. — II. is (Hegesias) se ita putat Atticum, ut veros illos prae se paene agrestes putet; Bru 286. nobis non tu quidem vacuus molestiis, sed prae nobis beatus (rideris); ep IV 4, 2. — III. nec iocari prae c u r a poteram; A VI 5, 4. non possum prae fletu et dolore diutius in hoc loco commorari; A XI 7, 6. neque prae lacrimis iam loqui possum; Milo 105. ut eum locum, ubi (edicta) proponuntur, prae multitudine eorum, qui legunt, transire nequeamus; A II 21, 4.

praebeo, barbieten, geben, reichen, zeigen, beweifen, erweifen: I. X e n o n e m perexigue et γλίσχρως praebere; A XVI 1, 5. haec civitas mulieri in redimiculum praebeat, haec in crines; Ver III 76. — III. qui (C. Cosconius) eam verborum c o p i a m praebebat populo; Bru 242. hanc urbem sedem aliquando et domum summo esse imperio praebituram; rep II 10. ibi tu indicem Vettium linguam et vocem suam sceleri et menti tuae praebere voluisti; Vatin 24. ut mutam in delicto personam nomenque praeberet; dom 134. sedem: f. domum. hoc iucundissimum spectaculum omnibus praebebat; Ver V 66. (aër) vitalem et salutarem spiritum praebet animantibus; nat II 117. a. d. VIII Idus Apriles sponsalia Crassipedi praebui; Q fr II 5, 2 (6, 1). praebete mihi ex istis virginibus formosissimas; inv II 2. vocem: f. linguam. — III. qui t e sanctum bonisque omnibus a u c t o r e m, principem, ducem praebeas; ep X 6, 3. dissimilem me in utroque praebui; Sulla 17. ducem, principem: f. auctorem. in litteris mittendis nimium te exorabilem praebuisti; Q fr I 2, 8. te conligas virumque praebeas; ep V 18, 1. ut apud Graecos infimi homines mercedula adducti ministros se praebeant in indiciis oratoribus; de or I 198. ut illa tertia pars se vegetam ad somniandum acremque praebeat; div I 61. quae (sapientia) certissimam se nobis ducem praebeat ad voluptatem; fin I 43.

praebibo, zutrinfen: cui (Theramenes) venenum praebiberat; Tusc I 96.

praebitor, @eber, Lieferant: an tu id agis ut Macedones non te regem suum, sed ministrum et praebitorem sperent fore? of II 53.

praecaveo, Vorfidjtsmaßregeln treffen, vorbeugen: I. hac ratione provideri potuisse, si hoc

aut illud fecisset, ni sic fecisset. praecaveri; inv II 99. — II. quod a me ita praecautum atque provisum est, ut . . ; A II 1, 6. ita mihi res tota provisa atque praecauta est, ut . . ; Ver IV 91.

praecellens, hervorragend, ausgezeichnet: Scipio, v i r omnibus rebus praecellentissimus; Ver IV 97. privatus vir et animo et virtute praecellens: Balb 25.

praecentio, Spiel, Mufif beim Opfer: tui sacerdotii sunt tensae, curricula, praecentio; har resp 21.

praecento, vorfingen, vortragen: huic Epicurus praecentet, si potest; fin II 94.

praeceps, abfdjüffig, jäh, fdjnell, eilig. übereilt, fopfüber, unbefonnen, rafenb: qui (sol) ipsiam praecipitans m e quoque haec praecipitem paene evolvere coëgit; de or III 209. agunt eum praecipitem poenae civium Romanorum; Ver I 7. praeceps amentia ferebare; Ver V 121. C. Mevulanum. tribunum militum Antonii, Capua praecipitem eiecit: Sest 9. propter tot, tantos tam praecipitesque casus clarissimorum hominum; de or III 13. quid stultius quam cupiditatem dominandi praecipitem anteferre verae gloriae? Phil V 50. iter ad finitimum quoddam malum praeceps ac lubricum; rep I 44. si locus is, quo ferentur equi, praeceps erit; Ac II 94. quae tu quoniam mente nescio qua effrenata atque praecipiti in forum deferri voluisti; Cael 35. progressum praecipitem, inconstantem reditum videt; A II 21, 3. illam viam vitae, quam ante praecipitem et lubricam esse ducebat; Flac 105.

praeceptio, Unterweifung, Vorfdjrift. Anweifung: I. cum in altera (iuris scientia) praescriptionum cautionumque praeceptio (esset); orat 141. ars est praeceptionum exercitatarum constructio ad unum exitum utilem vitae pertinentium; fr I 26. — 2. quae (lex) est recti praeceptio pravique depulsio: nat II 79. — II, 1. e x e r c i t o: f. I, 1. pertinent. uter ad eandem, quam eius verbi praeceptionem || eam praeceptionem, quam || inchoatam habebunt in animis ii, qui audient, propius accesserit; part or 123. — 2. accedo ad: f. I. quarum (partium) indigemus ad hanc praeceptionem; inv I 34. — III. c o n s t r u c t i o: f. I, 1. pertinent. ab ultimo principio huius praeceptionis usque ad hoc tempus; inv II 5.

praeceptor, Lehrer: I. idem e r a n t vivendi praeceptores atque dicendi; de or III 57. — II. quae h a b u e r i t artium liberalium magistros, quos vivendi praeceptores; inv I 35. hoc etiam fortiorem me puto quam te ipsum, praeceptorem fortitudinis; ep V 13, 3.

praeceptrix, Lehrerin: qua (sapientia) praeceptrice in tranquillitate vivi potest; fin I 43.

praeceptum, Vorfdjrift, Regel, Lehre, Vefehl: I. quorum generum fines et exitus diversi sunt. eorum praecepta eadem esse non possunt; inv II 13. fortitudinis quaedam praecepta sunt ac paene leges: fin II 94. hoc praeceptum, cuiuscumque est, ad tollendam amicitiam valet; Lael 60. — II, 1. a quo eodem ille et agendi acciperet praecepta et eloquendi; de or III 141. non negabo me ista omnium communia et contrita praecepta didicisse; de or I 137. Hannibali Graecum hominem praecepta de re militari dare; de or II 76. disco: f. contero. locis communibus misericordiam captare oportebit ex iis praeceptis, quae in primo libro sunt exposita; inv II 108. quamvis artis praecepta perceperint; of I 60. nulla praecepta ponemus; orat 43. qui (usus) omnium magistrorum praecepta superaret; de or I 15. ut philosophi nulla tradant praecepta dicendi; de or II 152. neque ulla officii praecepta firma, stabilia. coniuncta naturae tradi possunt; of I 6. f. 3. sum contra. — 2. nos praeceptis dialecticorum et oratorum etiam sic p a r e n t e s, ut legibus; Ac I 5. — 3. ex locis iis, quos i n confirmationis praeceptis

confirmandi praeceptione ‖ posuimus; inv I 100. contra praecepta est, quod nihil eorum efficit, quorum causa de exordiis praecepta traduntur; inv I 26. — III. quamquam a d praecepta aetas non est grandis ‖ gravis ‖; Planc 59. — IV, 1. quamquam tuis monitis praeceptisque omnis est abiciendus dolor; ep V 13, 3. qui se rhetorum praeceptis omnem oratorum ‖ oratoriam ‖ vim complexos esse arbitrantur; de or III 54. ceterarum rerum studia ex doctrina et praeceptis et arte constare; Arch 18. ut me sic audiatis, ut unum usu et domesticis praeceptis multo magis eruditum quam litteris; rep I 36. quae sunt et re faciliora et praeceptis pervagata; de or II 127. — 2. ex: f. II, 1. expono. in his utilitatum praeceptis duo praeterita esse a Panaetio; of II 86.

praecerpo, vorwegnehmen: non praecerpo fructum officii tui; Ver IV 80.

praecido. zerschneiden, abschneiden, benehmen, abschlagen, abbrechen, kurz fassen: I. brevi praecidam; Cato 57. numquam reo cuiquam tam praecise negavi, quam hic mihi plane *sine* ulla exceptione praecidit; A VIII 4, 2. — II. quod quia (Dionysius) plane praeciderat; A X 16, 1. amicitias magis decere sensim diluere quam repente praecidere; of I 120. praecidi ancoras imperavit; Ver V 88. praecisa mihi quidem est dubitatio; de or II 28. Tenediorum libertas securi Tenedia praecisa est; Q fr II 9 (11), 2. gladio manum praecidit; inv II 59. ut reo spem indicii corrumpendi praeciderem; Ver I 20.

praecinctura, Umgürtung: praecinctura me decepit; fr G, b, 2.

praecingo, umgürten: cum strophio accurate praecingerere; fr A XIII 24.

praecino, vorspielen, weissagen: I. quod et deorum pulvinaribus et epulis magistratuum fides praecinunt; Tusc IV 4. — II. hoc tam novo motu magnum aliquid deos populo Romano praecinere; har resp 20.

praecipio, voraus nehmen, vorausgenießen, vorher wissen, sich vorstellen, vorschreiben, verordnen, befehlen: I, 1. diutius, quam ratio praecipiendi postulat; inv I 61. — 2. ego, ut tute mihi praecepisti, me ad eius rationes adiungo; ep I 8, 2. nos erimus etiam in omnium desperatione fortes, ut tu idem et hortaris et praecipis; ep V 13, 4. — II, 1. bene illo Graecorum proverbio praecipitur: ›quam quisque norit artem, in hac se exerceat‹; Tusc I 41. — 2. qui de arte dicendi praecipiunt; de or II 76. — 3. mulier ingeniosa praecepit suis, omnia Caelio pollicerentur; Cael 62. — 4 est stultum me praecipere, quid agatis; A III 15, 6. — 5. ipse Caesar praecepit vobis, n e sibi adsentiremini; Phil VIII 2. — 6. una ex re satis praecipit, u t id tribuatur vel ignoto; of I 51. — 7. iustitia praecipit parcere omnibus; rep III 24. — 8. an ratio parum praecipit nec bonum illud esse nec porro malum? Tusc IV 39. — III. q u a e in consilio capiendo futuri temporis praecipiebantur; part or 111. ut ne multi illud (candelabrum) ante praeciperent oculis quam populus Romanus; Ver IV 64. ingenii magni est praecipere cogitatione futura; of I 81. quam (gravitatem) mihi praecipis; A X 1, 4. quas ipse mihi partes sumperam, eas praecepit oratio tua; Phil X 2.

praecipito, stürzen, herabstürzen, zu Ende gehen: I, 1. praecipitare istuc quidem est, non descendere; nat I 89. — 2. ne (adsensio) praecipitet, si temere processerit; Ac II 68. in amni praecipitante, de or III 186. ›praecipitante nocte‹; fr H IV, a, 316. qui praecipitanti patriae non subvenirent; Sest 25. qui ipse (sol) iam praecipitans; de or III 209. tuo praecipitante iam et debilitato tribunatu; dom 40. — II. qui s e e Leucata praecipitaverit; Tusc IV 41. unius vitio praecipitata (res publica); rep II 43.

praecipue, vornehmlich, vorzugsweise: I, 1. haec (diligentia) praecipue colenda est nobis; de or II 148. in aliquo genere virtutis praecipue colendo aut parentibus, amicis, hospitibus praecipue atque insigniter diligendis; part or 80. nos isti hominum ‖ generi praecipue debere videmur; Q fr I 1, 28. diligo: f. colo. nihil esse praecipue cuiquam dolendum in eo, quod accidat universis; ep VI 2, 2. haec una res in omni libero populo praecipue semper floruit; de or I 30. — 2. color albus praecipue decorus deo est; leg II 45. — 3. est aliqua mea pars virilis, praecipue quod in his rebus pro mea parte versor; Ver IV 81. — II. quod cum omnibus bonis utile esset, tum praecipue mihi; Phil VIII 11.

praecipuus, besondere, hauptsächlich, vorzüglich, außerordentlich: A cui cum liceret non praecipuam, sed parem cum ceteris fortunae condicionem subire; rep I 7. maioribus nostris praecipuam laudem gratiamque debemus; agr II 9. quod negas praecipuum mihi ullum *in communibus* incommodis ‖ incommodum ‖ impendere; A XI 3, 2. laus: f. gratia. me cum communibus tum praecipuis malis oppressum; A XI 14, 1. quamquam sunt in me praecipua merita multorum; sen 30. — B. eadem Stoici „praecipua“ vel „producta“ dicunt, quae „bona“ isti; Tusc V 47. ut bestiis alind alii praecipui a natura datum est, sic . .; Tusc V 38. quod praepositum vel praecipuum nominamus; fin III 53.

praecise, abgekürzt, kurz: id praecise dicitur; nat II 73. numquam reo cuiquam tam praecise negavi, quam hic mihi plane *sine* ulla exceptione praecidit; A VIII 4, 2.

praeclare, sehr deutlich, glänzend, vortrefflich, herrlich: ut praeclare cum iis a g a m u s; Sest 51. ex iis nec nihil optime nec omnia praeclarissime quisquam dicere nobis videbatur; de or I 4. virum excellentem praeclare; Bru 59. signum Paeanis praeclare factum; Ver IV 127. rem praeclare esse gestam; div II 65. praeclare se res habebat; Ver pr 17. tibi negotium datum esse a C. Caesare, non iudicium, praeclare intellego; ep XIII 7, 1. ego eum te esse praeclare memini; ep IV 7, 2. praeclarissime scripti libri; of II 8, 5. de qua (ambitione) praeclare apud eundem est Platonem; of I 87. ut alia, sic hoc praeclare; Phil IX 3. qua difficilius, hoc praeclarius; of I 64.

praeclarus, herrlich, glänzend, vorzüglich, ausgezeichnet, angesehen: cum alia praeclara q u a e d a m et magnifica didicisset; orat 15. nihil est praeclarius mundi administratione; nat II 76. illa praeclara, in quibus publicae utilitatis species prae honestate contemnitur; of III 47. in quibus (Sullanis) omnia genere ipso praeclarissima fuerunt; A XI 21, 3. o praeclarum interpretem iuris, auctorem antiquitatis, correctorem atque emendatorem nostrae civitatis! Balb 20. praeclaram causam ad me defertis; rep III 8. praeclarum recitari consilium audistis; Ver V 54. corrector, alt.: f. auctor. o praeclarum custodem ovium, ut aiunt, lupum! Phil III 27. edictum audite praeclarum; Ver III 25. in illud genus eum Crassi magnificum atque praeclarum natura ipsa ducebat; de or II 89. in vobis egregiam quandam ac praeclaram indolem ad dicendum esse; de or I 131. huius praeclari imperatoris ita erat severa domi disciplina; Ver V 93. leges praeclarissimae de duodecim tabulis translatae ‖ tral. ‖ duae; leg III 44. minime miramur te tuis ut egregium artificem praeclaris operibus laetari; ep I 7, 7. o praeclaram illam percursationem tuam! Phil II 100. praeclara est recuperatio libertatis; Phil X 20. unum id addis ad praeclarissimas res consulatus tui, ut . .; ep XV 9, 2. tum in optimam segetem praeclara essent sparsa semina; rep V 11. ut acta tui praeclari tribunatus hominis dignitate cohonestes; dom 81. si est aliqui sensus in morte praeclarorum virorum;

Sest 131. cum tam praeclaram urbem vi cepisset; Ver IV 120.

praecludo, verſchließen: iam omnes provincias, iam omnia regna, iam omnes liberas civitates, iam omnem orbem terrarum civibus Romanis ista defensione praecluseris; Ver V 168. maritimos cursus praecludebat hiemis magnitudo; Planc 96. orbem, al.: ſ. civitates.

praeco, Herold, Ausrufer, Verkündiger, Lobredner: I, 1. verecundiores esse praecones ludorum gymnicorum, qui, cum ipsi corona donentur, alium praeconem adhibeant; ep V 12, 8. citat praeco legatos Acmonenses; Flac 34. si praeco decumas pronuntiavit; Ver III 40. sunt: ſ. adhibent. — 2. est tibi iuris consultus ipse per se nihil nisi praeco actionum, cantor formularum, auceps syllabarum; de or I 236. — II, 1. hic tu medicum et praeconem tuum recuperatores dabis? Ver III 137. dono: ſ. I, 1. adhibent. o fortunate adulescens, qui tuae virtutis Homerum praeconem inveneris! Arch 24. — 2. cuius victus vestitusque necessarius sub praeconem cum dedecore subiectus est; Quinct 49. — III. bona Cn. Pompei Magni voci acerbissimae subiecta praeconis; Phil II 64. — IV. quae (hostiae) ad praeconem et ad tibicinem immolabantur; agr II 93. (Dionysium) ferunt haec per praeconem vendidisse; nat III 84.

praecolo, vorher bearbeiten: sunt alii quidam [ficti] ‖ perfecti ‖ animi habitus ‖ et ‖ ad virtutem quasi praeculti et praeparati rectis studiis et artibus; part or 80.

praeconium, Heroldsamt, Heroldsruf, Bekanntmachung, Verherrlichung: I, 1. posthac, quicquid scripsero, tibi praeconium deferam; A XIII 12, 2. eos, qui facerent praeconium, vetari esse in decurionibus; ep VI 18, 1. ut mihi non solum praeconium, sed etiam grave testimonium impertitum clari hominis videatur; ep V 12, 7. quod (praeconium) Alexander ab Homero Achilli tributum esse dixit; ep V 12, 7. — 2. eum (Tigellium) addictum iam † tum puto esse Calvi Licinii Hipponacteo praeconio; ep VII 24, 1. — II. hominis est stultitiae suae quam plurimos testes domestico praeconio conligentis; de or II 86.

praeconius, des Ausrufers: cuius vox in praeconio quaestu prostitit; Quinct 95.

praecordia, Zwerchfell, Magen, Herz, Brust: I. cum is ipse anulus in praecordiis piscis inventus est; fin V 92. (Plato) cupiditatem subter praecordia locavit; Tusc I 20. — II. cum (vir egregius) iam praecordiis conceptam mortem contineret; Tusc I 96.

praecurro, vorangehen, zuvorkommen: I. vobis illum tanto minorem praecurrere vix honestum est; de or III 230. ex consentaneis et ex praecurrentibus et ex repugnantibus (argumenta ducuntur); de or II 170. primordia rerum et quasi praecurrentia; part or 7. ut certis rebus certa signa praecurrerent; div I 118. — II. horum uterque Isocraten aetate praecurrit; orat 176. auditione et cogitatione, quae studio et diligentia praecucurrit ‖ praecurrit ‖ aetatem; de or II 131. ita praecurrit amicitia iudicium; Lael 62.

praecursio, Vorangehen, Vorbereitung: I. alia praecursionem quandam adhibent ad efficiendum; Top 59. — II. non fieri adsensiones sine praecursione visorum; fat 44.

praecursor, Vorläufer: quem iste in omni calumnia praecursorem habere solebat et emissarium; Ver V 108.

praeda, Beute, Raub, Gewinn: I, 1. ex quo facile apparet, quae praetoris praeda esse videatur; Ver III 99. quod praeda ex illis bonis ad multos Syracusanos venerat; Ver II 50. — 2. pupillos certissimam praedam esse praetoribus; Ver I 131. — II, 1. quibus (militibus) exceptis mancipiis ‖ equis

exceptis ‖ reliquam praedam concessimus; A V 20, 5. quae (navis) praedam ex Sicilia deportaret; Ver V 46. ut omnium bona praedam tuam duceres; Ver V 39. quantum habeat praedae; agr II 59. dubitabitis etiam, cui ista tanta praeda quaesita sit? Ver III 111. est ausus (Sulla) dicere „praedam se suam vendere"; of II 27. — 2. etiamne haec tam parva civitas in hoc quoque frumentario genere praedae tibi et quaestui fuit? Ver III 85. — 3. non avaritia ab instituto cursu ad raedam aliquam devocavit (Pompeium); imp Pomp 40. cum tuos amicos in provinciam quasi in praedam invitabas; Ver II 29. qui omni tempore in praeda et in sanguine versabantur; Sex Rosc 81. — III. quod iste mediocri praeda contentus non erat; Quinct 21. se non opimum praeda discedere; Ver I 132. — IV, 1. quae te nisi praedae ac rapinarum cupiditas tam caeca rapiebat? Piso 57. fuisse Messanam omnium istius furtorum ac praedarum receptricem negare non potuerunt; Ver IV 150. cuius praedae sectio non venierit; inv I 85. ne in praedae quidem societate mancipem reperire potuisti; dom 48. — 2. ut ad hanc suam praedam tam nefariam adiutores vos profiteamini; Sex Rosc 6. — V, 1. aliquos sibi instituunt amicos, praeda quos augeant; Ver IV 21. vidi conlucere omnia furtis tuis, praeda provinciarum, spoliis sociorum atque amicorum; Ver I 58. maxima auri argentoque praeda locupletatus; rep II 44. opimus: ſ. III. — 2. fieri non posse, ut sine praeda ipse discederet; Ver II 37.

praedator, Beutemacher, Räuber: perpetuos defensores Macedoniae vexatores ac praedatores effecisti; Piso 84.

praediator, Güteraufkäufer: I. etsi Appuleius praediator liberalis (est); A XII 17. — II, 1. Appuleium praediatorem videbis; A XII 14,2. — 2. Q Scaevola consultores suos non numquam ad Furium et Cascellium praediatores reiciebat; Balb 45.

praediatorius, die Pfändung der Güter betreffend: cum de iure praediatorio consuleretur; Balb 45.

praedicabilis, rühmenswert: est in aliqua vita praedicabile aliquid et gloriandum; Tusc V 49.

praedicatio, Bekanntmachung, Auslage, Rühmen, Lobpreiſung: I. haec praedicatio tua mihi valde grata est; ep VII 11, 2. — II. quae (ab illo) praedicatio de mea laude praetermissa est? dom 27. — III. quodsi in mediocri statu sermonis ac praedicationis nostrae res essent Q fr I 1, 41. — IV. 1. omnium praedicatione magnam mihi videbatur gloriam consecutus; Phil I 10. — mea praedicatione factum esse, ut . . ; A IX 13, 3. — 2. cogit Scandilium Apronio ob praedicationem nefariae societatis HS v mercedis dare; III 140.

praedicator, Verkünder, Lobredner: quoniam me non ingenii praedicatorem esse vis, sed laboris mei; Bru 233. te ipso praedicatore ac teste; ep I 9, 6.

praedico, bekannt machen, ausrufen, verkünden, erklären, rühmen, preiſen: I. cum iste foro abduci, non ut ipse praedicat, perduci solebat; Ver V 33. — II, 1. si domini iussu ita praeco praedicet: „domum pestilentem vendo"; of III 55. — 2. semper is fui, qui de te oratore sic praedicarem. unum te in dicendo mihi videri tectissimum esse; de or II 296 ſ. III alqd. — 3. non sum praedicaturus, quantas ille res domi militiae gesserit; imp Pomp 48. ut talerit quisque, praedicatur est; Tusc III 79. — 4. M. Crassus ab eadem illa peste infestissimus esse meis fortunis praedicabatur; Sest 39. — 5. ita praedicaretur, EUM DONARI . . ; opt gen 19. ne (praecones) sua voce se ipsi victores esse praedicent; ep V 12, 8. praedicat se superiorem fore? A IX 9, 2. ſ. 2. — III. erant multi, qui libenter id quod dixi, de illis oratoribus praedicarent; de or II 1. ignosces mihi de me ipso aliquid praedicanti; ep

V 13, 5. hoc loco C. Aesernii damnatio praedicatur; Cael 71. quid ego illorum dierum epulas, quid laetitiam et gratulationem tuam, quid intemperantissimas perpotationes praedicem? Piso 22. omnis erat aetas mihi ad eorum erga me merita praedicanda; sen 30. perpotationes: ſ. epulas. a quo sua virtus optime praedicaretur; Arch 20. beata vita glorianda et praedicanda et prae se ferenda est; Tusc V 50. — IV. idem fortis ab istis praedicabatur; Catil II 9.

praedico, vorherſagen, vorher verkündigen, weiſſagen: I, 1. Scylax totum hoc Chaldaicum Chaldaeicum ‖ praedicendi genus repudiavit; div II 88. — 2. quia ostendunt, portendunt, monstrant, praedicant ‖ prodicunt ‖, ostenta, portenta, monstra, prodigia dicuntur; div I 93. — II, 1. di immortales de civium dissensione praedicunt; har resp 53. — 2. ut praedici posset, quid cuique eventurum esset; div I 2. ſ. III. defectiones. — 3. ei (Hannibali) secundum quietem visam esse Iunonem praedicere, ne id faceret; div I 48. — 4. ante praedico nihil M. Antonium eorum facturum, Phil VI 5. — III. deos multa praedicere; div I 132. quod is, qui divinat, praedicit, id vero futurum est; div II 20. quae esset tua in hoc pestifero bello cavendo et praedicendo sententia; ep IV 3, 1. defectiones solis et lunae cognitae praedictaeque in omne posterum tempus, quae, quantae, quando futurae sint; nat II 153. sive prodigiis atque portentis di immortales nobis futura praedicunt; Phil IV 10. — IV. partus hic mulae nonne praedictus est ab haruspicibus incredibilis partus malorum? div I 36.

praedictio, Vorherverkündigung, Weissagung: I, 1. debebit habere fidem nostra praedictio; div VI 6, 7. — 2. quae (divinatio) est earum rerum, quae fortuitae putantur, praedictio atque praesensio, div I 9. — II, 1. qui (maiores nostri) fatorum veteres praedictiones Apollinis vatum libris contineri putaverunt; har resp 18. nonne in Sibyllae libris eaedem repertae praedictiones sunt? div I 98. — 2. quis rex umquam fuit, quis populus, qui non uteretur praedictione divina? div I 95. — III. 1. quae (gens, civitas) non aut augurum aut sortium aut somniorum vaticinationum praedictione moveatur? div I 12. — 2. Chaldaeis in praedictione et in notatione cuiusque vitae ex natali die minime esse credendum; div II 87.

praedictum, Weissagung: 1. qui haec Chaldaeorum natalicia praedicta defendunt; div II 89. ad interpretanda praedicta vatium; leg II 30. qui (Panaetius) unus e Stoicis astrologorum praedicta reiecit; div II 88. — 2. quoniam ego augur publicus ex meis superioribus praedictis constitui . .; ep VI 6, 7.

praediolum, Landgütchen: I. mea praediola tibi nota sunt; ep II 16, 2. — II, 1. quod temporis in praediolis nostris et belle aedificatis et satis amoenis consumi potuit; A XVI 3, 4. opus est constitui a nobis illa praediola; A XIII 9, 2. — 2. quoniam de nostra possessione depulsi in parvo et eo litigioso praediolo relicti sumus; de or III 108. cur non sim in eis meis praediolis; A XII 40, 3. — III. in: ſ. II, 1. aedifico.

praedisco, vorher lernen: qui ea, quae agenda sunt in foro tamquam in acie, possunt etiam nunc exercitatione quasi ludicra praediscere ac meditari; de or I 147.

praeditus, versehen, begabt, behaftet: quosdam neque eo nomine neque numero praeditos, ut . .; inv II 111. eos studio optimo, iudicio minus firmo praeditos; orat 24. quos ingenio, quos doctrina, quos studio praeditos vident; Top 78. ea spe istum fuisse praeditum; Ver pr 10. nisi me unum vis existimari singulari immanitate et crudelitate praeditum; Sulla 7. magno animo praeditis; rep I 9. te sapientia

praeditum prope singulari; ep IV 3, 1. cum sacerdotio sit amplissimo praeditus; A VIII 3, 2. (Dionysius) quibus opibus praeditam servitute oppressam tenuit civitatem! Tusc V 57. ex corpusculis non calore, non qualitate aliqua, non sensu praeditis; nat II 94. deos membris humanis esse praeditos; nat III 3. summa pietate praeditum fratrem; ep XV 2, 6. Sopatrum, hominem summo magistratu praeditum, divaricari iubet; Ver IV 86. quem hominem et non solum qua eloquentia, verum etiam quo lepore et quibus facetiis praeditum lacessisset; Cluent 141. imagines divinitate praeditas inesse in universitate rerum; nat I 120. indices certa aetate praeditos; inv II 139. pueros magna praeditos dignitate; inv II 2. Dianae simulacrum summa praeditum religione; Ver IV 72. non posse uti sociis excellenti virtute praeditis; Balb 24. ille vir illa humanitate praeditus, illis studiis, illis artibus atque doctrina; Cael 54. cum C. Marcelli, viri commemorabili pietate praediti, lacrimas viderem; Marcel 10.

praedium, Besitzung, Grundstück, Gut: I. illud quaero, sintne ista praedia censui censendo, habeant ius civile, sint necne sint mancipi, subsignari apud aerarium aut apud censorem possint; Flac 80. — II, 1. a M. Laberio C. Albinius praedia in aestimationem accepit, quae praedia Laberius emerat a Caesare de bonis Plotianis; ep XIII 8, 2. in qua tribu ista praedia censuisti? Flac 80. hunc non modo colendis praediis praefuisse; Sex Rosc 44. si ea praedia dividentur, quae ipse Caesar vendidit; ep XIII 8, 2. emo: ſ. accipio. habet rus amoenum et suburbanum, plura praeterea praedia, neque tamen ullum nisi praeclarum et propinquum; Sex Rosc 133. praedia mea tu possides; Sex Rosc 145. subsigno: ſ. I. de iure praediorum sanctum apud nos est iure civili, ut in iis vendendis vitia dicerentur, quae nota essent venditori; off III 65. ſ. divido. — 2. quae (lex) ius melius Sullanis praediis constituat quam paternis; agr III 10. — 3. expulsus atque eiectus e praedio Quinctius; Quinct 28. non debetis hoc cogitare: habet idem in nummis, habet in urbanis praediis; Ver III 199. quod ex multis praediis unam fundi regionem formamque perficeret; agr III 14. cum hic filius adsiduus in praediis esset; Sex Rosc 18. — III, 1. in quos sumptus abeunt fructus praediorum? A. XI 2, 2. ius: ſ. II, 1. vendo. cum ex lege praedii quaeritur, quae sint ruta caesa; part or 107. (exquiram) de mercedibus dotalium praediorum; A XIV 20, 4. in possessione praediorum eius familiam suam conlocavit; Flac 72. — 2. Sittius numquam sibi cognationem cum praediis esse existimavit suis; Sulla 59. — IV. praedibus et praediis populo cautum est; Ver I 142. quem ad modum vos propinquis vestris praediis maxime delectamini; Ver II 7.

praedo, Plünderer, Räuber: I. omitto, quid ille tribunus omnium rerum divinarum humanarumque praedo fecerit; Sest 27. quod (templum) neque praedo violarit antea neque umquam hostis attigerit; Ver IV 104. — II, 1. qui (Harpalus) temporibus illis praedo felix habebatur; nat III 83. furem, hoc est, praedonem et latronem, luce occidi vetant XII tabulae; Tul 50. — 2. maximae tutissimaeque urbes piratis praedonibusque patefactae; Ver pr 13. — 3. qui suis facultatibus captos a praedonibus redimunt; of II 56 (55). — III, 1. referto praedonum mari; imp Pomp 31. — 2. quam provinciam tenuisti a praedonibus liberam? imp Pomp 32. — IV, 1. quam (provinciam) et praedonum et regum bello liberavit; Flac 14. in praedonum custodiis tu tantum numerum civium Romanorum includere ausus es? Ver V 144. praedonum dux Heracleo classem pulcherrimam populi Romani incendi iussit; Ver V 91. impetum praedonum in tuas fortunas fieri nolo; ep IV 7, 5. cum duodecim secures in praedonum potestatem

pervenerint; imp Pomp 32. — 2. qui cum praedonibus bellum gesserat; imp Pomp 33. — V. cuius ordinis a consule tamquam ab aliquo nefario praedone diriperetur patrimonium dignitatis; de or III 3. vgl. II, 3.

praedor, Beute machen, rauben, plündern: I, 1. cum tibi exposita esset omnis ad praedandum Pamphylia; Ver I 93. — 2. cognoscite novam praedandi rationem; Ver V 60. — II. neminem id agere, ut ex alterius praedetur inscitia; of III 72. tuus a aritor de aratorum bonis praedabitur? Ver III 182pp

praeeo, vorangehen, vorsagen, vorsprechen: I, 1. »ii a praeeundo praetores appellamino«; leg III 8. — 2. id non tulissem multisque praeissem, qui . .; de or I 41. instituit primus, ut singulis consulibus alternis mensibus lictores praeirent; rep II 55. ad quorum cognitionem natura ipsa praeeunte deducimur; fin V 58. — II. ut vobis voce praeirent, quid iudicaretis; Milo 3.

praefatio, Einleitung, Formel: quae tua praefatio donationis fuit? Ver III 187.

praefectura, Befehlshaberstelle, Verwaltungsbezirk, Kreisstadt: I, 1. ego, quas per te Bruto promiseram praefecturas, M. Scaptio, L. Gavio detuli; A VI 1, 4. horum flagitiorum iste vestigiis omnia municipia, praefecturas impressit; Phil II 58. praefecturam petivit; A V 21, 10. promitto: f. defero. nos sic agere, ut, quot vellet praefecturas, sumeret, dum ne negotiatori; A VI 1, 4. — 2. ex praefectura Reatina complures delectos adulescentes cum gladiis miseram; Catil III 5. — II. ut maiores eius summum in praefectura florentissima gradum tenuerint; Planc 32.

praefectus, Vorsteher, Aufseher, Befehlshaber: I, 1. quaestores, legatos, praefectos, tribunos suos multi missos fecerunt de provincia decedere iusserunt; Ver III 134. quam diu hic erit noster hic praefectus moribus; ep IX 15, 5. reliqui praefecti navium Cleomenem persecuti sunt; Ver V 91. — 2. qui M. Aemilio legati et praefecti fuerunt; Cluent 99. — II, 1. adduxerat etiam praefectos et tribunos militares suos; Ver I 73. nec mulieribus praefectus praeponatur, qui apud Graecos creari solet; rep IV 6. cum ab eo (Africano) vetus adsectator non impetraret, uti se praefectum in Africam duceret; Ver II 29. Q. Leptam, praefectum fabrum meum, tibi obviam misi; ep III 7, 4. f. I, 1. decedunt. praepono: f. creo. — 2. his utitur quasi praefectis libidinum suarum; sen 15. — III. inopes relicti a b duce praefectoque classis eundem necessario cursum tenere coeperunt; Ver V 89.

praefero, vorantragen, vorhalten, vorziehen, zeigen: est summa laus non a e praetulisse aliis propter abundantiam fortunae; de or II 342. nemo dubitat Academicum praelatum iri; Ac fr 20 (8. 34). avaritiam praefers; Sex Rosc 87. cui tu adulescentulo non aut ad audaciam ferrum aut ad libidinem facem praetulisti? Catil I 13. cum ille Q. Scaevolam sibi minorem natu generum praetulisset; Bru 101. maiora praeferant fasces illi ac secures dignitatis insignia quam potestatis; Q fr I 1, 13. legem: f. vitam. qui praeferret mortem servituti; Phil XII 2. qui pecuniam praeferre amicitiae sordidum existiment; Lael 63. quas (taedas) sibi cum ipsa (Ceres) praeferret; Ver IV 106. hominum ignobilium virtutem persaepe nobilitatis inertiae praetulerunt; Balb 51. cum is, qui imperat aliis, suam vitam ut legem praeferat suis civibus; rep I 52.

praeficio, vorsetzen, die Aufsicht, Führung übertragen: I. bello gerendo M. Catonem praefecisti; dom 20. (Caesar) Brutum Galliae praefecit; ep VI 6, 10. in ipsa Italia quem cuique regioni aut negotio (Caesar) praefecisset; A X 3. quantam (multitudinem) iterum in eodem homine praeficiendo

videmus; imp Pomp 69. cum ei (bello) imperatorem praeficere possitis; imp Pomp 49. huic procurationi certum magistratum praefecerat; leg II 66. — II. cui populo duces Lentidios praefeceras; dom 89.

praesidens, zu sehr vertrauend: homines secundis rebus effrenatos sibique praesidentes; of I 90.

praefinio, vorschreiben, festsetzen, beschränken: I. quod praefinisti, quo ne pluris emerem; ep VII 2, 1. — II. praefinit successori diem; prov 36. Kalendas Ianuarias tibi praefinitas esse; ep VI 8, 1. a quo (viro) item funerum sumptus praefinitur ex censibus a minis quinque usque ad minam; leg II 68.

praefor, vorher sagen, vorausschicken: I. de: f. — II. quae de deorum, qui cernuntur quique sunt orti, natura praefati sumus; Tim 37. (maiores nostri) omnibus rebus agendis „QUOD BONUM, FAUSTUM, FELIX FORTUNATUMQUE ESSET" praefabantur, div I 102. quae si appelles, honos praefandus sit; fin II 29. si dicimus „ille patrem strangulavit", honorem non praefamur; ep IX 22, 4.

praefracte, rücksichtslos: nimis nihil praefracte videbatur aerarium defendere; of III 98.

praefractus, schroff, rücksichtslos: cum Thucydides praefractior (videretur); orat 40.

praefulcio, unterstützen: illud praefulci atque praemuni, ut simus annui; A V 13, 3.

praegestio, sich freuen: praegestit animus iam videre lautos iuvenes; Cael 67.

praegnans, schwanger: matrona dubitans, essetne praegnans | praegnas ||; div II 145. cum (pater familias) uxorem praegnantem in provincia reliquisset; de or I 183.

praegredior, vorangehen: vobis ponite ante oculos latera tegentes alios, alios praegredientes amicos; Phil XIII 4.

praegressio, Vorhergehen, Vorrücken: I. qui errantium stellarum cursus, praegressiones, institiones notavit; Tusc I 62. — II. ut nihil fieret nisi praegressione causae; fat 44.

praegressus, Vorhergehen: per quam (rationem homo) earum (rerum) praegressus et quasi antecessiones non ignorat; of I 11.

praegustator, Vorkoster: praegustatori libidinum tuarum, Sex Clodio, omne frumentum tradidisti; dom 25.

praeiudicium, Vorentscheidung: I. de isto praeiudicium futurum; Ver III 153. — II. non oportet in || oportet || recuperatorio iudicio eius maleficii, de quo inter sicarios quaeritur, praeiudicium fieri; inv II 60. ut de se praeiudicium factum esse videatur; inv II 113. — III. cum his duobus praeiudiciis iam damnatus esset; Cluent 59.

praeiudico, voraus entscheiden: I. quare de aliquo maiore maleficio praeiudicetur; inv II 60. — II. tantum opinio praeiudicata poterat, ut ..; nat I 10. re semel atque iterum praeiudicata; Cluent 49.

praelabor, sich vorausbewegen: »Pisces, quorum alter praelabitur ante«; nat II 111.

praeligo, verbinden: os obvolutum est folliculo et praeligatum; inv II 149.

praeluceo, voranleuchten: quod (amicitia) bonam spem praelucet in posterum; Lael 23.

praemandata, Steckbrief: idem postea praemandatis requisitus; Planc 31.

praemeditatio, Vorherbedenken: I. haec praemeditatio futurorum malorum lenit eorum adventum, quae ..; Tusc III 29. — II. male reprehendunt (Epicurii) praemeditationem rerum futurarum; Tusc III 34.

praemeditor, vorher bedenken: I, 1. ex qua (forma rei publicae) me fingere possim et praemeditari, quo animo accedam ad urbem; A VI 3, 4. — 2. est sapientis, quicquid homini accidere possit, id praemeditari ferendum modice esse, si evenerit;

Phil XI 7. — II. nec (mala) fieri praemeditata leviora; Tusc III 32.

praemitto, vorausſchicken: I. praemittebat de stipatoribus suis; of II 25. — II. esse praemissos, qui tibi praestolarentur armati; Catil I 24. a quo aquilam illam argenteam sciam esse praemissam; Catil I 24.

praemium, Preis, Lohn, Belohnung, Auszeichnung: I, 1. praemia virtutis et officii sancta et casta esse oportere; inv II 114. si in ea (domo, re publica) nec recte factis praemia exstent ulla nec supplicia peccatis; nat III 85. — 2. ex omnibus praemiis virtutis amplissimum esse praemium gloriam; Milo 97. — II, 1. quae praemia senatus militibus ante constituit; Phil XIV 38. praemia legatis Allobrogum dedistis amplissima; Catil IV 5. esse illis meritum praemium persolutum; Milo 58. hos omnia tibi illorum laborum praemia pro me persoluturos; Planc 101. virtutis praemio pervulgato; inv II 114. si nullum aliud mihi praemium postularem; Sulla 26. amplissimis eloquentiae propositis praemiis; de or I 16. quia legibus et praemia proposita sint virtutibus et supplicia vitiis; de or I 247. ei praemia liberaliter tribuit; Ver I 38. — 2. si inimici potentes suis virtutem praemiis spoliant; rep III 40. — 3. nec in praemiis humanis spem posueris rerum tuarum; rep VI 25. decrevistis. ut de praemiis militum primo quoque tempore referretur; Phil V 4. — III. omnibus praemiis dignissimos fuisse, qui domini caput defendissent; Milo 58. — IV. nunc ad praemii quaestionem appositos locos exponemus. ratio igitur praemii quattuor est in partes distributa: in beneficia, in hominem, in praemii genus, in facultates; inv II 112. qui spe amplissimorum praemiorum ad rem publicam adducti; Milo 5. — V, 1. qui erant adfecti praemiis nominatim; Piso 90. plures praemiis ad perdiscendum amplioribus commoveri; de or I 13. cum vera || quoniam || virtus atque honestus labor honoribus, praemiis, splendore decoratur; de or I 194. hunc Tarentini civitate ceterisque praemiis donarunt; Arch 5. qui me praemiis nefariae pactionis oppressum exstinctumque voluerunt; har resp 3. qui virtutem praemio metiuntur; leg I 49. opprimi: f. exstingui. — 2. ex: f. I, 2. hunc abs te sine praemio discedere noluisti; Ver III 141.

praemolestia, Vorbetrübnis: alii metum praemolestiam appellabant; Tusc IV 64.

praemoneo, vorher verkünden, warnen: I, 1. nos de istius scelere ac furore ac de impendentibus periculis maximis prope iam voce Iovis optimi maximi praemoneri || promoneri ||; har resp 10. — 2. me. ut magno opere caverem, praemonebat; Ver pr 23. — II. »qui agent rem duelli quique popularem pro populo rem ||, (augures) auspicium praemonento«; leg II 21.

praemonstro, vorher anzeigen: hoc motu magnum aliquid deos populo Romano praemonstrare; har resp 20. »ventos praemonstrat saepe futuros inflatum mare«; div I 13.

praemunio, vorbauen: I. ut ante praemuniri; orat 137. — II. illud praefulci atque praemuni, ut simus annui; A V 13, 3. — III. quae praemuniuntur omnia reliquo sermoni disputationibus nostrae; leg I 34. f. II.

praemunitio, Verwahrung: I. praemunitio etiam est ad id, quod adgrediare; de or III 204. — II. si in homines caros sine ulla praemunitione orationis acerbius invehare; de or II 304.

praenomen, Vorname: 1. qui (Eutychides) vetere praenomine, novo nomine T. erit Caecilius; A IV 15, 1. — 2. quod sine praenomine familiariter, ut debebas, ad me epistulam misisti; ep VII 32, 1.

praenosco, vorauserkennen: I. officium esse eius (divinationis) praenoscere, dei erga homines

mente qua sint; div II 130. — II. neque non (di) possunt futura praenoscere; div I 82. »hoc signum veniens poterunt praenoscere nautae«; fr H IV, a, 315.

praenotio, Vorbegriff: hanc nos habere sive anticipationem sive praenotionem deorum; nat I 44.

praenuntia, Vorherverkünderin: »non sese vestris Aurora querellis ocius ostendet, clari praenuntia solis«; fr H IV, a, 300. non placet mihi inquisitio candidati, praenuntia repulsae; Muren 44.

praenuntio, vorher verkündigen: est vis et natura quaedam, quae futura praenuntiat; div I 12.

praepando, verbreiten: »(signum) hiberni praepandens temporis ortus«; fr H IV, a, 274.

praeparatio, Vorbereitung: I. quoniam multum potest provisio animi et praeparatio ad minuendum dolorem; Tusc III 30. — II. in omnibus negotiis, prius quam adgrediare, adhibenda est praeparatio diligens; of I 73.

praeparo, vorbereiten: Pythagoras et Plato praeparatos (nos) quodam cultu atque victu proficisci ad dormiendum iubent; div II 119. animi habitus ad virtutem quasi praeculti et praeparati rectis studiis et artibus; part or 80. (philosophia) praeparat animos ad satus accipiendos; Tusc II 13. si is non praeparatis auribus inflammare rem coepit, furere videtur; orat 99. historia nec institui potest nisi praeparato otio; leg I 9. impiis apud inferos poenas esse praeparatas; inv I 46.

praepes, bedeutſam, glücklich: »hanc (Iovis satellitem) ubi praepetibus pinnis lapsuque volantem conspexit Marius«; div I 106.

praepondero, überwiegen: qui neque ea volunt praeponderari honestate; of III 18.

praepono, vorſetzen, die Aufſicht, Führung übertragen, voranſtellen, vorziehen: ut videamus, cui eum muneri velimus esse praepositum; de or II 41. quem bello praedonum praeponeretis; imp Pomp 63. f. quaestorem. quae appellemus vel promota et remota vel praeposita vel praecipua; fin III 52. ut amicitiam patriae praeponeret; Rabir 23. ut consilium senatus rei publicae praeponerent sempiternum; Sest 137. divitias alii praeponunt, bonam alii valetudinem, alii potentiam, alii honores, multi etiam voluptates; Lael 20. cui (exercitui) praepositus est sapiens et callidus imperator; inv I 58. qui libertatem populi Romani unius amicitiae praeposuit; Phil II 27. potentiam: f. divitias. oportet causis principia pro portione rerum praeponere; de or II 320. quaestorem Coelium praeposui provinciae; ep II 15, 4. ea, quae praeposita erat oraclo, sacerdos; div I 76. ille (Zeno) Metelli vitam negat beatiorem quam Reguli, praeponendam tamen; fin V 88. valetudinem, voluptates: f. divitias.

praeporto, vorantragen: »prae se Scorpios infestus praeportans flebile acumen«; fr H IV, a, 430. »partem praeportans ipse virilem«; fr H IV, a, 453.

praepositio, Voranſtellung, Vorwort, Vorzug: I. una praepositio est „af“ || ab ||, quae nunc tantum in accepti tabulis manet, in reliquo sermone mutata est; nam „amovit“ dicimus et „abegit“ et „abstulit“; orat 158. ut neque tamen illa praepositio tali ad eum, quem dixi, finem pertinebit, sic ..; fin III 54. — II. adiuncti verbi prima littera praepositionem || primam litteram praepositio || commutata; vit, ut „subegit, summovit || summutavit ||, sustulit“; orat 158. muto: f. I. est. — III. disparatum est id, quod ab aliqua re praepositione negationis separatur, hoc modo: sapere et non sapere; inv I 42.

praepostere, verkehrt: ut praepostere tecum agam; Ac II 66. omnes arbitror mihi tuas litteras redditas esse, sed primas praepostere, reliquas ordine, quo sunt missae; A VII 16, 1.

praeposterus, verkehrt: ut erat semper praeposterus atque perversus; Cluent 71. ut ne quid

perturbatum ac discrepans aut praeposterum sit; de or III 40. praeposteris utimnr consiliis; Lael 85. o praeposteram gratulationem! Sulla 91. praeposteros habes tabellarios; ep XV 17, 1. non praeposteris temporibus; de or III 49.

praepotens, ſehr mächtig; A. illum praesentem ac praepotentem deum (invocant); nat II 4. praepotens terra marique Karthago; Balb 34. sive quem praepotens ista et gloriosa philosophia delectat; de or I 193. — B. multorum opes praepotentium excludunt amicitias fideles; Lael 54.

praeproperus, haſtig, übereilt: ex tuis litteris cognovi praeproperam quandam festinationem tuam; ep VII 8, 1. te adipiscendi magistratus levissimi praepropera festinatio abducet a tantis laudibus; ep X 26, 2. non aliena rationi nostrae fuit illius haec praepropera prensatio; A I 1, 1.

praeripio, entreißen, vorwegnehmen, zuvorkommen, vorgreifen: I. alterum mihi est certius, nec praeripiam tamen; A X 1, 2. — II. ne deorum immortalium beneficium festinatione praeripuisse videamur; Phil XIV 5. ut mihi causam praeripere conemini; div Caec 50. insidiari, praeripere hostium consilia; of I 108. praeripere conlegis popularem gratiam; of III 81.

praerogativus, zuerſt ſtimmend: A. una centuria praerogativa tantum habet auctoritatis? Planc 49. — B, I. praerogativam etiam maiores omen iustorum comitiorum esse voluerunt; div I 103. — II. ecce Dolabellae comitiorum dies! sortitio praerogativae; quiescit; Phil II 82. — III. vel HS centiens constituunt in praerogativa pronuntiare; Q fr II 14, 4.

praeruptus, abſchüſſig, ſchroff. vermegen: nisi praerupta ‖ prorupta ‖ audacia (proferatur); Sex Rosc 68. arduis praeruptisque montibus; rep II 11. qui praerupta saxa tenuisse dicuntur; Ver V 145.

praes, Bürge, Bermögen des Bürgen: I. quod (Montanus) praes pro Flaminio sit; A XII 52, 1. — II. Laodiceae me praedes acceptarum arbitror omnis pecuniae publicae; ep II 17, 4. si praedes dedisset Gabinius; Rab Post 37. praedes Valerianos teneri; ep V 20, 3. ne L. Plancus praedes tuos venderet; Phil II 78. — III. praedibus et praediis populo cautum est; Ver I 142.

praesaepe ſ. **praesepe.**

praesagio, ahnen, weiſſagen: is, qui ante sagit, quam oblata res est, dicitur praesagire, id est futura ante sentire ‖ [is ... sentire] ‖; div I 65. habere aliquid in animis praesagiens atque divinum; div I 81.

praesagitio, Ahnung: I. inest in animis praesagitio extrinsecus iniecta atque inclusa divinitus; div I 66. — II, 1. includo, al.: ſ. I. — 2. cum uterer praesagitione divina; div I 123.

praescribo, vorſchreiben, verordnen, erinnern: I. dum modo ea moderata sint, ut lege praescribitur; leg II 38. — II, 1. omnis in quaerendo oratio praescribere debet, ut quibusdam in formulis EA RES AGETUR; fin II 3. — 2. senatui, quae (bella) sint gerenda, praescribo; Cato 18. — 3. tibi iam inde praescribo, ne tuas sordes cum clarissimorum virorum splendore permisceas; Vatin 13. — 4. ut eos (magistratus) colant diligantque, praescribimus; leg III 5. — 5. qui (mos) praescribit in parentum loco quaestoribus suis praetores esse oportere; Planc 28. — III. a quibus iura civibus praescribebantur; Cato 27. simus ea mente, quam ratio et veritas praescribit; ep VI 1, 4. quae (poena) ne in ipsa quidem rogatione praescripta est; dom 83.

praescriptio, überſchrift, Borſchrift, Beſtimmung, Beſchränkung: I, 1. haec ideo diligentius inducitur praescriptio, ut ..; inv I 32. — 2. quae (res) erant congruentes cum praescriptione naturae; Ac I 23. — II. a quibus ei locus primus

in indice et in praescriptione legis concessus est; agr II 22. quamquam in hac praescriptione semihorae patroni mihi partes reliquisti; Rabir 6.

praescriptum, Borſchrift: I. cuius rei certum quoddam praescriptum videtur in perpetuum dari posse; inv II 174. quo praescriptum aliquod exprimas; orat 36. — II, 1. plura multo homines iudicant odio aut amore quam veritate aut praescripto; de or II 178. — 2. si non ex communi praescripto civitatis uram quamque rem administrarit; inv II 132.

praesens, gegenwärtig, anweſend, perſönlich, augenblicklich, bar, wirkſam, kräftig, entſchloſſen: A. proinde, ac si ipse interfuerit ac praesens viderit; inv I 104. eorum virorum et praesentium memoria teste; de or II 9. nostram fidem omnes, amorem tui absentia praesentes tui cognoscent; ep I 1, 4. eos (fructus) uberiores et praesentiores praesens capere potuisses; ep I 9, 2. ego Metello, fratri tuo, praesenti restiti; ep V 2, 8. et me absentem et meos praesentes a te cultos esse memini; ep XI 29, 2. ut tibi, quod feci per litteras, possem praesens gratulari; ep XV 14, 2. etsi (Quintus) multa praesens in praesentem acerbe dixerat et fecerat; A XI 12, 1. animus acer et praesens et acutus; de or II 84. ut sit laetitia praesentium bonorum, libido futurorum; Tusc IV 11. erat et praesens caritas et futura fames; dom 12. propter metum praesentis exitii; Deiot 16. frater: ſ. alqs; ep V 2, 8. fructus: ſ. alqs; ep I 9, 2. quo (homine) praesente ego ineptum esse me minime vellem; de or I 112. est metus, ut aegritudo praesentis, sic ille futuri mali; Tusc IV 64. pro eo tibi praesentem pecuniam solvi imperavi; A II 4, 1. ut intellegatis ab isto prae lucro praedaque praesenti nec vectigalium nec posteritatis habitam esse rationem; Ver III 128. cum in rem praesentem [non] venimus; de or I 250. cetera praesentis sermoni reserventur; Q fr II 6, 1. quanta tempestas invidiae nobis, si minus in praesens tempus, at in posteritatem impendeat; Catil I 22. adest praesens vir singulari virtute praeditus, M. Bibulus; dom 39. blanditiis praesentium voluptatum deleniti; fin I 33. — B, 1. etsi vereor laudare praesentem; nat I 58. — 2. dico in: ſ. A. alqs; A XI 12, 1. ut nec cogat ante horam decimam de absente secundum praesentem iudicare; Ver II 41. — b, 1. (animus) meminit praeteritorum, praesentia cernit, futura providet; div I 63. — 2. (sapiens) fruitur praesentibus; fin I 62. — 3. quae (ratio) cum praesentibus futura copulet; fin II 45. — II. haec ad te in praesenti scripsi; ep II 10, 4.

praesensio, Borempfindung, Ahnung: I, 1. animadverti te divinationem ita definire: divinationem esse earum rerum praedictionem et praesensionem, quae essent fortuitae. primum eodem revolveris, nam et medici et gubernatoris et imperatoris praesensio est rerum fortuitarum; div II 13. — 2. suo: ſ. 1. — II. definio: ſ. I, 1. etiam per exta inventa praesensio; Top 77. — III. quid, si etiam ratio exstat artificiosae praesensionis facilis, divinae autem paulo obscurior? div I 109. — IV. his rerum praesensionibus Prognostica tua referta sunt; div I 13.

praesentia, Gegenwart: I. deorum saepe praesentiae declarant ab iis hominibus consilia; nat II 166. — II. videbant sapientissimi homines praesentiam animi; Milo 62. — III, 1. quarum rerum praesentia sumus in aegritudine, easdem impendentes et venientes timemus; Tusc III 14. — 2. haec in praesentia nota esse debebunt; fin V 21. recte in praesentia domi esse potestis; ep XIV 14, 1.

praesentio, vorher empfinden, ahnen: I. est profecto quiddam etiam in barbaris gentibus praesentiens atque divinans; div I 47. quod optimi cuiusque animus ita praesentit in posterum, ut ..; Rabir 29. — II. quas (res) esse futuras aut ratio aut coniectura praesentit; div I 128. — III. natura

futura praesentiunt, ut aquarum eluviones et deflagrationem futuram aliquando caeli atque terrarum; div I 111.

praesepe, verrufenes Haus: audis (voluptarios Graecos) in praesepibus, audis in stupris; Piso 42.

praesertim, zumal, besonders: I. tantamne fuisse oblivionem, inquit, in scripto praesertim? Bru 219. se non opimum praeda, praesertim a pupillo, discedere; Ver I 132. habet senectus honorata praesertim tantam auctoritatem, ut . .; Cato 61. ego tibi a vi, hac praesertim imbecillitate magistratuum, praestare nihil possum; ep I 4, 3. sensum in re publica, praesertim rectum et confirmatum, deponere; ep I 8, 2. in quo praesertim sit compendium populi; A V 4, 2. non esse faciles nobis ex Italia exitus, hieme praesertim; A IX 3, 1. — II. quis huius potentiam poterit sustinere, praesertim cum eosdem in agros etiam deduxerit? Phil VII 17. quasi aër sine ulla forma deus esse possit, cum praesertim deum pulcherrima specie deceat esse; nat I 26. non impedio, praesertim quoniam feriati sumus; rep I 20. sera gratulatio reprehendi non solet, praesertim si nulla neglegentia praetermissa est; ep I 7, 1.

praeses, Beschützer: I. quem (Mercurium) P. Africanus iuventutis illorum praesidem voluit esse; Ver V 185. — II. senatum rei publicae custodem, praesidem, propugnatorem conlocaverunt; Sest 137.

praesideo, schützen, beschützen: qui (di) huic urbi praesident; Catil IV 3. quae (Gallia) semper praesidet atque praesedit huic imperio; Phil V 37. patrii penates familiaresque, qui huic urbi et rei publicae praesidetis; dom 144.

praesidium, Schutz, Hülfe, Hülfsmittel, Bedeckung, Besatzung, Wache, Posten: I, 1. vobis populi Romani praesidia non desunt; Catil IV 18. si praesidii ad beate vivendum in virtute satis est; Tusc V 2. nihilne te nocturnum praesidium Palatii (movit)? Catil I 1. — 2. haec mea sedes est, hoc praesidium stativum; Phil XII 24. — II, 1. ipse princeps exercitus faciendi et praesidii comparandi fuit; Phil V 44. mihi in arce legis praesidia constituere defensionis meae non licet; Cluent 156. necessaria praesidia vitae debentur iis maxime, quos ante dixi; of I 58. domus ut propugnacula et praesidium habeat, Philotimo dicetis; ep XIV 18, 2. nihil esse, quod praesidium consulum implorarem; Piso 12. si est boni consulis munire praesidia; Rabir 3. si ulla in Sicilia praesidia ad illorum adventum opposita putarentur; Ver V 5. ut mulierculae magis amicitiarum praesidia quaerant quam viri; Lael 46. video Milonem, praesidium curiae, sordidatum et reum; Sest 144. — 2. me regi ex auctoritate vestra praesidio futurum; ep XV 2, 7. — 3. qui mea pericula suo praesidio nudarunt; sen 31. ut me praesidio spoliarent senatus; dom 55. ut servorum praesidio uteretur; Catil III 8. — 4. Q. etiam Catulum in praesidiis rei publicae conlocemus; Bru 222. me consistere in meo praesidio sic, ut . .; de or II 294. omnia haec nostra studia latent in praesidio bellicae virtutis; Muren 22. — III. alqd: f. I. 1. rest. quod illis publicorum praesidiorum copiis circumfusus sedet; Milo 71. — IV, 1. vitam suam noctis et fugae praesidio defendit; Sest 76. qui se praesidio munierit; Sest 78. quorum fide atque praesidio Siculi maxime nituntur; div Caec 13. eius filii omnibus vel naturae vel doctrinae praesidiis ad dicendum parati; de or I 38. multis et firmis praesidiis isti barbariae resistemus; Font 44. quod nullis praesidiis saepti multis adficientur iniuriis; of II 39. cum ea (Italia) tota armis praesidiisque teneatur; A IX 3, 1. cum privati parietam se praesidio tuerentur; Quir 14. — 2. si praesidii causa classem habuit; Flac 28. consul se cum praesidio descensurum esse dixit; Phil VIII 6.

publicam causam sine publico || populi || praesidio suscipere nolui; dom 91.

praesignifico, vorher anzeigen: (di) aut, quid eventurum sit, ignorant aut non censent esse suae maiestatis praesignificare hominibus, quae sunt || sint || futura; div I 82.

praestabilis, vorzüglich, vortrefflich: nihil omnium rerum melius est mundo, nihil praestabilius, nihil pulchrius; nat II 18. quanto praestabilior est animus corpore; rep IV 1. sumendae res erunt magnitudine praestabiles; de or II 347. nihil ut a patris avique Africani praestabili insignique virtute deflexisset; har resp 41.

praestans, vorzüglich, vortrefflich, ausgezeichnet, außerordentlich: ad unum aliquem confugiebant virtute praestantem; of II 41. si ius suum populi teneant, negant quicquam esse praestantius, liberius, beatius; rep I 48. D. Bruti, praestantissimi civis, edicto adlato; Phil V 28. praestantissima omnium feminarum, uxor tua; ep V 8, 2. hoc deberi huius excellentis viri praestantissimae gloriae; Balb 5. qui (homines) praestantibus ingeniis divina studia coluerunt; rep VI 18. totum hominem tibi ita trado, "de manu", ut aiunt, "in manum" tuam istam et victoria et fide praestantem; ep VII 5, 3. quod maxime proprium est optimae praestantissimaeque naturae; nat I 121. intellegis pro tua praestanti prudentia cum hac (Clodia) sola rem esse nobis; Cael 32. in praestantibus rebus magna sunt ea, quae sunt optimis proxima; orat 6. nulla (species est) pulchrior ad et rationem sollertiamque praestantior; nat II 155. attendistis, paulo ante praestantissimi viri quae esset oratio; Phil XII 5. mos ipse patrius praestantes viros adhibebat; rep V 1. de cuius praestanti virtute cum vere diceres; Muren 66. illi antiqui non tam acute optabiliorem illam vitam putant, praestantiorem, beatiorem; fin IV 63.

praestanter, vortrefflich: senatus auctoritas, cui vosmet ipsi praestantissime || praestantissimi, al. || semper in mea causa praefuistis; dom 142.

praestantia, Vortrefflichkeit, Vorzüglichkeit, Vorzug: I. quarum (virtutum) est excellens in animorum laude praestantia; fin V 36. — II, 1. ut (animus) habeat praestantiam mentis; fin V 34. — 2. cum (Zeno) summum bonum posuisset in ingenii praestantia, quam virtutem vocamus; fin IV 54. — III. corporis voluptatem non satis esse dignam hominis praestantia; of I 106. — IV, 1. si aequabilitatem communis iuris praestantia dignitatis aut fortunae suae transeunt; de or II 209. ut immortalitate vincamur ab ea natura, sic animi praestantia vinci, atque ut animi, item corporis; I 96. — 2. propter virtutis caelestem quandam et divinam tantamque praestantiam, ut . .; fin V 95.

praestigiae (praestrigiae), Blendwerk: I. quid? fallaciae praestrigiaeque || praestig. || num sine ratione esse potuerunt? nat III 73. illim omnes praestigiae (natae sunt); Rab Post 35. — II. ex eisdem verborum praestigiis regna nata vobis sunt; fin IV 74. — III. ne ab iis, quae clara sint ipsa per sese, quasi praestigiis quibusdam et captionibus depellamur; Ac II 45.

praestituo, vorherbestimmen, vorschreiben: I. cum ies, quibus diebus in legationem proficisceretur is, praestituerat; inv II 124. — II. scis dies illorum iudiciorum praestitutos fuisse; A XIII 49, 1. ut nobis tempus, quam diu diceremus, praestitueres; Quinct 34.

praesto (sum), gegenwärtig, zugegen, zu Diensten, zur Verfügung, bereit: quibus causis tu etiam praesto fuisti; Bru 324. me opera et consilio, studio quidem certe, rei, famae, saluti tuae praesto futurum; ep IV 14, 4. Macroni vix videor praesto esse posse; A IV 12. domina: f. ratio. hostiae,

quas debuisti ad sacrificium, praesto non fuerunt; inv II 97. praesto esse insidias; Ver V 181. si ille labor meus pristinus, si sollicitudo, si officia, si operae, si vigiliae deserviunt amicis, praesto sunt omnibus; Sulla 26. portus praesto est; Tusc V 117. praesto est domina omnium et regina ratio; Tusc II 47. sollicitudo, vigiliae: f. labor.

praesto, voranſtehen, ben Borzug haben, beſſer ſein, leiſten, gewähren, erweiſen, beweiſen, zeigen, Gewähr leiſten, einſtehen, haften, ver- bürgen: I, 1. accipere quam facere praestat iniuriam; Tusc V 56. mori miliens praestitit quam haec pati; A XIV 9, 2. — 2. (Aristoteles) tantum inventoribus ipsis suavitate et brevitate dicendi praestitit, ut ..; inv II 6. quos constat dicendi gloria praestitisse; de or I 58. nemo his viris gloria praestitisset; Bru 103. (Hortensius) suos inter aequales longe praestitit; Bru 230. de quibus (legatis) honore et dignitate et aetate praestat Tubero; Q fr I 1, 10. iam vides et digressum meum et absentiam et reditum ita longe tuo praestitisse, ut ..; Piso 63. longe omnibus studiis contempla- tionem rerum cognitionemque praestare; Tusc V 9. digressus: f. absentia. mihi videntur homines hac re maxime bestiis praestare, quod loqui possunt; inv I 5. quantum praestiterint nostri maiores pruden- tia ceteris gentibus; de or I 197. cum longe multumque praestet mens atque ratio; fin V 40. non patria praestat omnibus officiis? of III 90. ratio: f. mens. reditus: f. absentia. rei militaris virtus praestat ceteris omnibus; Muren 22. — II, 1. cetera, quid quisque me dixisse dicat aut quo modo ille accipiat, praestare non possum; ep IX 16, 5. — 2. se praestaturos nihil ex eo te offensionis habiturum; ep VI 8, 1. praestabo nec Bibulum nec Acidinum maiores sumptus facturos; A XII 32, 2. — III. ut in hac custodia provinciae non te unum, sed omnes ministros imperii tui sociis et civibus et rei publicae praestare videare; Q fr I 1, 10. eos dumtaxat finibus iis praestabis, quos ante praescripsi; Q fr I 1, 11. nec satis est in eius modi re se quemque praestare; A VI 2, 2. quem (Ario- barzanem) ego praestare non poteram; A VI 3, 5. satis id est magnum, quod praestare; de or I 44. culpam nullam esse, cum id, quod ab homine non potuerit praestari, evenerit; Tusc III 34. ego tibi a vi praestare nihil possum; ep I 4, 3. ut nihil in vita nobis praestandum praeter culpam putemus; ep VI 1, 4. f. munus, vitium. ut officium meum memoremque in bene meritos animum fidem- que fratris mei praestarem; ep I 9, 10. quam (benivolentiam) si his temporibus miseris et extremis praestiteris; A XI 1, 1. eidem et domi et militiae consilium suum fidemque praestabant; de or III 134. ut rei publicae constantiam praestem; A I 19, 8. horum non modo facta, sed etiam dicta omnia praestanda nobis sunt; Q fr I 1, 12. pudet me uxori meae optimae, suavissimis liberis virtutem et diligentiam non praestitisse; ep XIV 3, 2. facta: f. dicta. fidem: f. animum, consilium. quos (impe- tus) praestare nemo posset; de or II 124. quis in- columitatem praestat? A XV 10. ministros: f. alqm; Q fr I 1, 10. quantum (muneris) praestare potui- ses; ep VI 22, 2. officium: f. animum. otium nobis exoptandum est, quod ii, qui potiuntur rerum, prae- staturi videntur; ep I 8, 4. quibus (pueris) inter- dum videmur praestare etiam rem publicam debuisse; A X 4, 5. virtutem: f. diligentiam. quod vitii venditor non dixisset sciens, id oportere praestari; of III 67. neque eam voluntatem, quam exspectaram, praestiterunt; ep I 9, 5. — IV. qui invictum se a labore praestiterit; of I 68. qui mare tutum praestiterunt; Flac 31. qui omnes socios auctoritate nostri imperii salvos praestare poteramus; imp Pomp 55.

praestoler, warten, erwarten: ut in Formiano tibi praestoler usque ad III Nonas Maias; A II 15, 3. huic spei et exspectationi volui praestolari apud te in Epiro; A III 20, 1.

praestrigiae f. **praestigiae.**

praestringo, hemmen, abſtumpfen, blenden: vos aciem animorum nostrorum virtutis splendore praestringitis; fin IV 37. L. Domitium, cuius dignitas et splendor praestringebat, credo, oculos tu s; Vatin 25.

praesul, Bortänzer: praesulem sibi non placu- isse ludis; div I 55.

praesum, vorſtehen, leiten, führen, beauffich- tigen, befehligen, an ber Spitze ſtehen: I. qui prae- esse agro colendo flagitium putes; Sex Rosc 50. melioris civis putabam quovis supplicio adfici quam illi crudelitati non solum praeesse, verum etiam interesse; A IX 6, 7. — II. auspicia, quibus ego et tu praeumus; de or I 39. qui huic scientiae prae- fuerunt; de or I 186. ipsa (cognitio iuris) per sese quantum adferat iis, qui ei praesunt, honoris; de or I 198. hi omnes praeter Milesium Thalem civitati- bus suis praefuerunt; de or III 137. tu classi et navibus Syracusanum praeesse voluisti; Ver V 85. libidinose omni imperio et acerbe et avare populo praefuerunt; rep II 63. qui rei publicae praefuturi sunt; of I 85. qui (Pollio) omnibus negotiis non interfuit solum, sed praefuit; ep I 6, 1. a te relin- qui posse, qui provinciae praesit; ep I 9, 25. quid est negotii continere eos, quibus praesis? Q fr I 1, 7. cur sacris pontifices, cur auspiciis augures praesunt? nat I 122. clarissimi cives ei studio etiam hodie praesunt; de or I 235. possumusne dubitare, quin iis praesit aliquis vel effector vel moderator tanti operis et muneris? Tusc I 70. qui (ordines) prae- sunt iudiciis; Sulla 64. pontifices: f. augures. quoad ei (rei publicae) regalis potestas praefuit; leg III 4. ei (navi) faciendae senatorem Mamertinum praefuisse; Ver V 47. — III. cum huic eidem quae- stioni iudex praeesses; Sex Rosc 11. eum (Diony- sum) regem Asiae praefuisse dicunt; nat III 58.

praetendo, vorſchützen: qui soles hominis doc- tissimi nomen tuis immanibus moribus praetendere; Vatin 14.

praeter, vorbei, vorüber, vor, außer, ausge- nommen, barüber hinaus, gegen, wider: A, 1. servi praeter oculos Lollii haec omnia ferebant; Ver III 62. fluvius Eurotas, is qui praeter Lacedaemonem fluit; inv II 96. — II, 1. quibus (vulneribus) praeter te nemo mederi potest; Marcel 24. quoniam uni praeter se inusta sit (haec ignominia); prov 16. multi sunt, in quos huius maleficii suspicio cadat. quis praeter hunc unum? har resp 37. praeter eos (Gracchos) quamvis enumeres multos licet; leg III 24. quod mihi consuli praecipuum fuit praeter alios; Sulla 9. in eo genere praeter ceteros Attici excel- lunt; de or II 217. quod mulieres nostrae praeter ceteras Romae remanserunt; A VII 14, 3. videbat praetores locupletari pecunia publica praeter paucos; imp Pomp 67. de Antonio nihil dico praeter unum; Sest 8. — 2. amicum ex consularibus neminem tibi esse video praeter Hortensium et Lucullum; ep I 5, b, 2. Peripateticorum explicata causa est praeter Theophrastum; Tusc V 85. ita se vendidisse, ut omnes praeter Verrem; Ver III 123. excepi de antiquis praeter Xenophanem neminem; div I 87. — 3. quia tum in causa nihil erat praeter invidiam, errorem, suspicionem, contiones concitatas; Cluent 93. nihil magis ridetur, quam quod est praeter ex- spectationem; de or II 284. praeter communem fidem, quae omnibus debetur, praeterea nos isti hominum generi praecipue debere videmur, ut ..; Q fr I 1, 28. f. ingenium. qui nihil se arbitrabantur ad iudicia causasque amicorum praeter fidem et ingenium ad- ferre oportere; div Caec 25. num quid aliud in illis

indiciis versatum est praeter hasce insidias? Cluent
62. invidiam: f. contiones. in ea cena cocus meus
praeter ius fervens nihil *non* potuit imitari; ep IX
20. 2. quod gratum praeter modum dicat esse;
Planc 82. mundum praeter hunc umquamne vidisti?
nat I 96. quod quia praeter opiniorem mihi acciderat; ep II 9, 2. quod nihil tam praeter opinionem
meam accidere potuit; ep III 10, 1. praetores: f. 1.
paucos. praeter spem milites conservavit; inv II 72.
suspicionem: f. contiones. neque praeter terram rem
ullam in mundo moveri; Ac II 123. — B. nullas
(litteras) adhuc acceperam, praeter quae mihi binae
simul in Trebulano redditae sunt; A V 3, 2.

praeterea, außerdem, überdies, ferner: nihilne
vobis in mentem venit, quod praeterea ab Crasso
requiratis? de or I 160. eundem hunc unum ab
hostibus metui, praeterea neminem; imp Pomp 5.
non pro meo reditu adulescentes filii et multi praeterea cognati deprecati sunt; Quir 6. Chrysippus
mundum deum dicit esse, tum fatalem vim, ignem
praeterea et aethera; nat I 39. primum Latine
Apollo numquam locutus est; deinde ista sors inaudita Graecis est; praeterea Pyrrhi temporibus iam
Apollo versus facere desierat; postremo intellegere
potuisset . .; div II 116. praeterea in fragili corpore odiosa omnis offensio est; Cato 65. in omni
genere prudentiam mihi tuam exposuit et praeterea
mihi non ignotam suavitatem tuam; ep X 3, 1. ipsum praeterea summo officio tibi devinxeris; ep XIII
3. praeter communem fidem praeterea nos isti ho-
mium generi praecipue debere videmur, ut . .; Q
fr I 1, 28. in quo multa molesta, discessus noster,
belli periculum, sescenta praeterea; A VI 4, 1.
Saran, praeterquam quod nefarium hominem, cognovi
praeterea iu me contumacem; A XV 15, 2.

praetereo, vorübergehen, vergehen, übergehen, auslassen, unerwähnt lassen, entgehen: I.
ea si praeteriens aspexerit; Bru 200. non fuisse
armatos eos, qui praetereuntes ramum defringerent
arboris; Caecin 60. in hoc (tempore), quae prae-
terierint, considerantur; inv I 39. biennium praeteriit,
cum . .; A XIII 12, 3. maximae res tacitae praeterierunt, de divinatione, de fato; nat III 19. si
tempus sationis praeterisset; Ver III 44. praeteriit
tempus non legis, sed libidinis tuae; A VII 9, 4. —
II, 1. de Apollonio praeteriri potest? Ver V 16. —
2. praetereo, quid tum sit actum; Ver V 38. — 3.
praetereo, quod eam sibi domum delegit; Cluent
188. — III. nec vero M. Caelium praetereundum
arbitror; Bru 273. si id praeteribitur; inv I 28.
quoniam id est || sit || inductum, quod praeteritum
est || sit || in enumeratione; inv I 85. multis in
legibus multa praeterita esse; inv II 151. quoniam
praeterita mutare non possumus; Piso 59. et, quod
paene praeterii, Bruti tui causa feci omnia; A VI
3, 5. adsumptionis approbatione praeterita; inv I
71. aliquod commodum praeteritur; inv II 18. nullum
genus eum crudelitatis praeteriturum fuisse; Phil
III 4. quid, si etiam iucunda memoria est praeteritorum malorum? fin II 105. ut nulla fere pars
orationis silentio praeteriretur; Bru 88. nec praeteritum tempus umquam revertitur; Cato 69. ut praetereat omnes voluptates; fin I 24. et praeteritarum
(voluptatum) memoria et spe consequentium; Tusc
III 33. — IV. te non praeterit, quam sit difficile
sensum in re publica deponere; ep I 8, 2.

praeterfluo, vorüberfließen: nec (animum)
praeteritam (voluptatem) praeterfluere sinere; Tusc
V 96.

praetergredior, vorbeiziehen: te iam castra
praetergressum esse; ep III 7, 4.

praeterlabor, vorbeifliegen: (definitio) ante
praeterlabitur, quam percepta est; de or II 109.

praetermissio, Auslassung, Weglassung: I.
Mamerco praetermissio aedilitatis consulatus repulsam

attulit; of II 58. — II. formae sunt eae, in quas
genus sine ullius praetermissione dividitur; Top 31.

praetermitto, vorübergehen lassen, auslassen, unterlassen, übergehen, übersehen: I. reges
si scientes praetermittunt, magna culpa est; nat III
90. — II, 1. de via nihil praetermisi quadam
epistula quin enucleate ad te perscriberem; Q fr
III 3, 1. — 2. ne hoc quidem praetermittendum esse
duxi, te ut hortarer, ut . .; ep V 17, 3. — 3. de
contumeliis in magistratum Milesium dicere praetermittam; Ver I 86. — III. nec vero Extitius,
Philadelphi frater, quaestor, praetermittendus est;
Phil XIII 28. si quid ab Antonio aut praetermissum
aut relictum sit; de or II 126. f. II, 1. 2. est iniqua
praetermissis bonis malorum enumeratio; leg III 23.
hoc tantum crimen praetermittes? div Caec 30. ego
nullum diem praetermitto; A IX 14, 2. neque eius
rei facultatem, si quae erit, praetermittam; A VIII
11, D, 6. fratrem: f. alqm. cum nullum genus
acerbitatis praetermitteret; Planc 36. qui neque
eum locum a Panaetio praetermissum, sed consulto
relictum, nec omnino scribendum fuisse; of III 9.
neque ullum officium erga te hominis amantissimi
praetermisit; ep I 8, 1. quaestorem: f. alqm. neque
res ulla, quae ad placandos deos pertineret, prae-
termissa est; Catil III 20. belli || bellum || gerendi
tempus si praetermisisset; Phil VIII 5. ut temperantia in praetermittendis voluptatibus (cernatur);
fin V 67.

praeterquam, außer: I. num quo crimine is
esset accusatus praeterquam veneni eius; Cluent 105.
a qua (Moneta) praeterquam de sue plena quid
umquam moniti sumus? div II 69. nullas iis praeterquam ad te et ad Brutum dedi litteras; ep III
7, 1. ut servirent, praeterquam oppido pauci; ep
XIV 4, 4. in sermonem se post Idus Martias praeterquam Lepido venisse nemini; A XIV 1, 1. — II.
praeterquam quod rei publicae consulere debemus,
tamen tuae dignitati ita favemus, ut . .; ep X 1, 3.
ego me in Cumano, praeterquam quod sine te, ceterum
satis commode oblectabam; Q fr II 12 (14), 1. praeterquam quod te moveri arbitror oportere iniuria,
quae mihi a quoquam facta sit, praeterea te ipsum
quodam modo hic (Dionysius) violavit; A IX 15, 5.
Saran, praeterquam quod nefarium hominem, cognovi
praeterea in me contumacem; A XV 15, 2.

praetervectio, Vorbeifahren: monumentum
sceleris audaciaeque suae voluit esse in conspectu
Italiae, vestibulo Siciliae, praetervectione omnium;
Ver V 170.

praetervehor, vorbeifahren, übergehen: I.
qui praetervehebantur; fin V 49. — II. quae (oratio)
non praetervecta sit aures vestras; Balb 4. Insulam
totam praetervectus est; Ver V 98. quoniam
periculosissimum locum silentio sum praetervectus;
Phil VII 8.

praetervolo, vorbeifliegen, hinweggehen,
entschwinden: I. praetervolavit oratio; fin V 77. —
II. fugit eos et praetervolat numerus; orat 197.
haec duo proposita non praetervolant, sed ita dilatant, ut . .; Ac II 42. sententiae saepe acutae non
acutorum hominum sensus praetervolant; de or III 223.

praetexo, verbrämen, verfehen, als Vorwand
gebrauchen: omnia, quae fiunt quaeque aguntur
acerrime, lenioribus principiis natura ipsa praetexuit;
de or II 317. in Sibyllinis ex primo versu cuiusque
sententiae primis litteris illius sententiae carmen
omne praetexitur; div II 112. neque quisquam
potest exercitum cupere, ut non praetexat cupiditatem
triumphi; Piso 56. togam sum eius praetextam
cavillatus; Q fr II 10 (12), 2.

praetextatus, mit der verbrämten Toga
bekleidet: A. praetextatum t e decoxisse; Phil II 44.
accubante praetextato praetoris filio; Ver III 23.
vester iste puer praetextatus in provincia quem ad

modum fuisset; Ver III 159. — P. *ques* „discipulos"
et „grandis praetextatos" *vocabat*; fr I 14.

praetor, Prätor, Statthalter, Anführer, Feldherr: I, 1. Macedonum legatis accusantibus, quod
pecunias praetorem in provincia *cepisse* arguerent;
fin I 24. quo tempore ceteri praetores obire provinciam et concursare consuerunt aut etiam ipsi navigare; Ver V 80. nihil levius, quam praetorem
urbanum hoc iuris in suo magistratu constituere;
Ver I 127. praetores ius dicunt; A IX 12, 3. vel
ut consules roget praetor vel *ut* dictatorem dicat;
quorum neutrum ius est; A IX 15, 2. quae praetores edicere consuerunt; inv II 67. qui addiderunt,
ut praetores ita crearentur, ut dies sexaginta privati
essent; Q fr II 7, 3. cum neque praetores diebus
aliquot adiri possent vel potestatem sui facerent; Q
fr I 2, 15. ut praetores annuas provincias habeant;
prov 17. cum praetor interdixerit, ut eo restituaris;
Caecin 89. cum te praetor iussisset ex edicto possidere; Quinct 83. navigant, obeunt: f. concursant.
qui (Varus) praetor Africam obtinuerat; Ligar 3.
cum praetor iudicio eius praefuisset; Ver I 157.
rogat: f. dicit. qui (Cornutus, praetor urbanus), quod
consules aberant, consulare munus sustinebat more
maiorum; ep X 12, 3. quid? detrusum dicesne? nam
eo verbo antea praetores in hoc interdicto uti solebant; Caecin 49. — 2. qui cum praetor urbis esset;
Phil X 7. ecquem nautam, ecquem militem te praetore per triennium Mamertini dederunt? Ver V 51.
cum apud Delium male pugnatum esset Lachete
praetore; div I 123. — II. 1, adeo: f. I, 1. faciunt.
ut senatus consultum, ut consules adhiberent tribunos plebis et praetores, quos eis videretur; Rabir
20. o rem ridiculam! a magistratu Sic ulo, ne senatus
consultum Siculi homines facere possent, quaestor
populi Romani praetorem appellat! Ver IV 146. cum
ceteris in coloniis duumviri appellentur, hi se praetores appellari volebant; agr II 93. »ii a praeeundo
praetores appellamino«; leg III 8. an consules in
praetore coërcendo fortes fuissent? Milo 89. creo:
f. I, 1. est. praetor primus sum factus; Bru 321.
(L. Lucullus) absens factus aedilis, continuo praetor
(licebat enim celerius legis praemio); Ac II 1. C.
Glaucia praetor est interfectus; Phil VIII 15. quem
(L. Flaccum) vos iustissimum praetorem iudicavistis;
Flac 8. cum ter praetor primus centuriis cunctis
renuntiatus sum; imp Pomp 2. — 2. anteibant
lictores non cum bacillis, sed, ut hic praetoribus
[urbanis] anteeunt, cum fascibus duobus; agr II 93.
accusatores eius habere in animo pecuniam praetori
dare; Ver II 69. cui (praetori) nemo intercedere
possit; Ver II 30. quaeret, quam ob rem fasces
praetoribus praeferantur; Ver V 22. pupillos certissimam praedam esse praetoribus; Ver I 131. — 3. is
ab inimicis suis apud C. Sacerdotem praetorem rei
capitalis cum accusatus esset; Ver II 68. cuius
procurator a praetore tribunos appellare ausus sit;
Quinct 64. ut apud M. Metellum praetorem causa
diceretur; Ver pr 26. a Cn. Dolabella praetore
postulat, ut sibi Quinctium iudicandum solvi satis det;
Quinct 30. — III. splendidi homines et aliis praetoribus gratiosi; Ver III 37. — IV, 1. Siculone
homini legati, quaestoris, praetoris denique potestatem, honorem, auctoritatem dari? Ver V 83.
quam iucunda tandem praetoris comitas in Asia
potest esse! Q fr I 1, 22. gladiatores ex praetoris
comitatu comprehensi; Ver V 35. negamus te bona
P. Quinctii possedisse ex edicto praetoris; Quinct 36.
praetoris exceptionibus multae excluduntur actiones;
inv II 57. honos: f. auctoritas. una civitas menstrua
cibaria praetoris imperio donare Apronio cogitur;
Ver III 72. iura omnia praetoris urbani nutu atque
arbitrio Chelidonis meretriculae gubernari; Ver V
34. (illum) iussu praetoris in crucem esse sublatum;
Ver V 7. videtis condemnari alios a medico et prae-

cone praetoris; Ver III 66. potestas: f. auctoritas.
praeco: f. medicus. singulis censoribus denarii trecenti ad statuam praetoris imperati sunt; Ver II 137.
— 2. cum commemorare quaestoris cum praetore
necessitudinem constitutam more maiorum (coeperit); div Caec 46. — V. apparitores a praetore
adsignatos habuisse decumanum; Ver III 61. cum
(Polycrates) ab Oroete, praetore Darei, in crucem
actus est; fin V 92. hoc iure ante Verrem praetorem Siculi semper usi sunt; Ver III 15. bellum
contra te duo consules gerunt cumque iis pro praetore Caesar; Phil XIII 39.

praetorius, des Prätors, Statthalters, prä-
torisch, gewesener Prätor, n. Amtswohnung des
Statthalters, Hauptquartier: A. ex cohorte praetoria manum fugitivorum armatam venisse; Ver IV
94. cum conlegium praetorium tribuni plebi adhibuissent; of III 80. flagrabat tota domus praetoria studio hominum et cupiditate; Ver II 133.
cum (C. Coponius) praetorio imperio classi Rhodiae
praeesset; div I 68. posteaquam ius praetorium
constitutum est; Ver I 114. qui (Caesar) tum praetorio loco dixerit; A XII 21, 1. ne puaetoriae provinciae plus quam annum obtinerentur; Phil I 19.
— B, a. I. omnes praetorios eadem dicere; Quir
17. — II. a Bruto et Cassio litteras missas ad
consulares et praetorios; A XVI 7, 1. — b, I. cur-
ritur ad praetorium; Ver V 92. — II. nihil interesse.
utrum haec Messanae an apud istum in praetorio
loqueretur; Ver V 160.

praetura, Prätur, Statthalterschaft, Heer-
führung: I cuius praetura urbana aedium sacrarum
fuit depopulatio; Ver pr 12. — II, 1. praetura item
maioribus delata est tuis; Piso 2. sic C. Verrem
praeturam in Sicilia gessisse constat, ut . .; Ver II
154. qui tum praeturam petebat; Sulla 42. — 2.
cum se praetura abdicasset; Catil III 14. homo
integerrimus praetura deiectus est; Muren 76. — III.
1. istam navitatem (tuam) celeritati praeturae
anteponendam censeo; ep X 25, 1. praeturae iuris
dictio, res varia et multiplex ad suspiciones et
simultates, non attingitur, Flac 6. nemo erat voluntarius laudator praeturae tuae? Ver IV 143. in
praeturae petitione prior renuntiatus est Servius;
Muren 35. cedo mihi unum ex triennio praeturae
tuae, qui octupi damnatus sit; Ver III 29. — 2. cum
(Pericles) haberet conlegam in praetura Sophoclem
poëtam; of I 144. — IV. P. Clodius cum statuisset
omni scelere in praetura vexare rem publicam; Milo 24.

praevaricatio, Pflichtverletzung, Verletzung
der Amtstreue: I. si praevaricationem accusator
esse definiat omnem iudicii corruptelam ab reo.
defensor autem non omnem, sed tantum modo accusatoris corruptelam ab reo; part or 124. — II. Drusus erat de praevaricatione a tribunis aerariis absolutus; Q fr II 15.

praevaricator, Scheinanwalt, ungetreuer
Sachwalter: I. utrum te perfidiosum an praevaricatorem existimari mavis? div Caec 58. — II. cui
(accusatori) contrarium est nomen praevaricatoris.
quod significat eum, qui in contrariis causis quasi
varie || vare || positus esse videatur; part or 126.

praevaricor, die Pflicht verletzen, es mit der
Gegenpartei halten: a Catilina pecuniam accepit,
ut turpissime praevaricaretur; har resp 42. quem
(Lentulum) fremunt omnes praevaricatum; A IV 18, 1.

praevarus, ganz verkehrt: quid enim tam prae-
varum? fr K 34.

praeverto, vorziehen, voranstellen: quod huic
sermoni praevertendum putes; div I 10. quod
(tempus) iis rebus praevertendum est; Phil II 88.

praevideo voraussehen: quam (rem publicam)
praevideo in summis periculis; A VI 9, 5.

praevius, vorausgehend: »praevius Aurorae
solis noctisque satelles«; fr H V.

praevolo, voranfliegen: eae (grues) in tergo praevolantium colla et capita reponunt; nat II 125.

pragmaticus, erfahren, geschäftskundig, inter-essant: tu, si quid pragmaticum habebis, scribes habes. scribe ||; A XIV 3, 2. oratorem ipsum erudire in iure civili, non ei pragmaticum adiutorem dare; de or I 253. quia pragmatici homines cavere iubent; A II 20, 1.

prandeo, frühstücken: Caninio consule scito neminem prandisse; ep VII 30, 1. prandimus in Arcano; A V 1, 3. adde inscitiam pransi, poti, oscitantis ducis; Milo 56.

prandium, Frühstück, Mahlzeit: I. ut Oresti nuper prandia in semitis decumae nomine magno honori fuerunt; of II 58. — II, 1. prandia si vulgo essent data; Muren 67. ut (Statius) prandium nobis videret; A V 1, 3. — 2. num ad prandium invitare (senatus crimen putat)? Muren 73.

pratulum, kleine Wiese: I. in pratulo propter Platonis statuam consedimus; Bru 24. — II. ut in aprico maxime pratuli loco considerent; rep 1 18. — III. quo (asso sole) tu abusus es in nostro pratulo; A XII 6, 2.

pratum, Wiese: I, 1. prata et arva diliguntur isto modo, quod fructus ex iis capiuntur; nat I 122. »naves rostro Neptunia prata secantes«; fr H IV, a, 373. — 2. capio ex: s. 1 diligo. — II. iugera L prati Caesius inrigaturum facile te arbitrabatur; Q fr III 1, 3. quid de pratorum viriditate plura dicam? Cato 57.

prave, unrichtig, verkehrt: (Gallonius) prave cenabat; fin II 25. recte facta sola in bonis actionibus ponens, prave, id est peccata, in malis; Ac I 37.

pravitas, Krümmung, Gebrechen, Unregelmäßigkeit, Verkehrtheit, Verzerrung: I. quae te tanta pravitas mentis tenuerit; Vatin 14. — II, 1. si pravitatem imminutionemque corporis propter se fugiendam putamus; fin V 47. Fufius oris pravitatem imitatur; de or II 91. — 2. quo facilius animos imperitorum ad deorum cultum a vitae pravitate converterunt; nat I 77. ne mala consuetudine ad aliquam deformitatem pravitatemque veniamus; de or I 156. — III. plane inficimur opinionum pravitate; Tusc III 3.

pravus, krumm, mißgestaltet, unrichtig, verkehrt: A. ut ea aut recta esse confidamus aut prava intellegamus; de or II 232. omnes tacito quodam sensu, quae sint in artibus ac rationibus recta ac prava, diiudicant; de or III 195. quid in dicendo rectum sit aut pravum; Bru 184. non (adfectio est) distorta nec prava; Tusc IV 29. quamvis (bestiae) depravatae non sint, pravae tamen esse possunt; fin II 33. (consulum) mentes angustae, humiles, pravae; sen 10. hunc optimum statum pravis hominum opinionibus eversum esse; rep I 51. — B. quale sit, recti pravique partibus (quaeritur); orat 45.

precario, bittweise, wilkürlich: nec vis ab se possedisse vel clam vel precario; Tul 45. si precario essent rogandi; Ver V 59. ut (tralatio) precario, non vi venisse videatur; de or III 165.

precatio, Bitte, Gebet: I. si illa sollemnis comitiorum precatio consularibus auspiciis consecrata tantam habet in se vim; Muren 1. — II, 1. consecro: s. I. — 2. in augurum precatione Tiberinum, Spinonem videmus; nat III 52.

preces s. **prex.**

precor, beten, anrufen, bitten, wünschen, verwünschen: I, 1. precari ab indigno, supplicare; Lael 57. — 2. nt omnes exacrarentur, male precarentur; Piso 33. — II, 1. quo minus ambo una necaremini, non deprecarere || precarere ||? fin II 79. — 2. haec utinam ne experiare! quod precarer deos, nisi meas preces audire desissent. verum tamen precor, u t his infinitis nostris malis contenti sint; Q fr I 3, 9. —

III. a quibus bona precaremur; nat III 84. neque vero ego, si umquam vobis mala precarer, morbum aut mortem aut cruciatum precarer; Piso 43. ut deos immortales scientia peregrina et externa, mente domestica et civili precaretur; Balb 55. ut omnes sui cives salutem, incolumitatem, reditum precentur; Piso 33. mala, al.: s. cruciatum. reditum, al.: s. incolumitatem. — IV. deos alqd: s. II, 2.

prehendo (prendo), fassen, ergreifen, sich be-mächtigen: ipsum Crassum manu prehendit et „heus tu", inquit ..; de or I 240. cum (animus) ipsum ea regentem paene prenderit; leg I 61. prende C. Septimium; A XII 13, 2. prehendi hominem iussit; Deiot 31. ipsius Sex. Naevii manum prehendit; Quinct 97. cum otiosus stilum prehenderat; Bru 93. cum tabulas prehendisset Oppianicus; Cluent 41.

premo, drücken, einbrücken, brängen, bebrängen, zusetzen, festhalten, zusammenfassen, part. knapp, genau, gemäßigt: I. et ea, quae premant, et ea, quae impendeant, me facile laturum; ep IX 1, 2. nulla necessitate premente; rep I 11. si quae || qua :|| premat res vehementius; de or II 294. — II. cum et invidia et odio populi tum Galba premeretur; de or I 228. Thucydides ita verbis est aptus et pressus, ut ..; de or II 56. premor luctu, desiderio cum omnium rerum tum meorum; A III 22, 3. haec, quae dilatantur a nobis, Zeno sic premebat; nat II 26. hoc premendum etiam atque etiam est argumentum; Tusc I 88. (plataleam) premere earum (avium) capita mordicus; nat II 124. quae valde cansam meam premerent; de or II 308. etsi cursum ingenii tui premit haec importuna clades civitatis; Bru 332. Timarchides premit fauces defensionis tuae; Ver III 176. pressis et flebilibus modis; Tusc I 106. multo eius (Sulpicii) oratio esset pressior; de or II 96. Asiatici oratores parum pressi et nimium redundantus; Bru 51. qui eius modi hominum furta aliquo leviter presso vestigio persequebantur; Ver IV 53. pressa voce et temulenta dixit ..; sen 13.

prensatio, Bewerbung: non aliena rationi nostrae fuit illius haec praepropera prensatio; A I 1, 1.

prenso, sich um ein Amt bewerben: 1, a. nos initium prensandi facere cogitaramus eo ipso tempore, quo ..; A I 1, 1. — b. solebam in prensando dimittere a me Scaevolam, cum ita ei dicerem, me velle esse ineptum; de or I 112. — 2. prensat unus P. Galba; A I 1, 1.

presse, gebrängt, knapp, kurz, bestimmt, genau: mihi placet agi subtilius et pressius; fin IV 24. quae omnia cum perite et scienter, tum [ita] breviter et presse et satis ornate et pereleganter diceret; Bru 197. unum (genus) attenuate pressesque, alterum sublate ampleque dicentium; Bru 201. ut definire rem possit nec id faciat tam presse et anguste, quam ..; orat 117. presse et aequabiliter et leviter || leniter || (locutum esse); de or III 45.

pressus, Druck, Wohllaut: I. similile animus intentione sua depellit pressum omnem ponderum; Tusc II 54. — II. (vocis genus) sine commiseratione grave quoddam et uno pressu ac sono obductum; de or II 219. ex istis nemo est quin Q. Valerium Soranum lenitate vocis atque ipso oris pressu et sono facile vincat; de or III 43.

pretiose, kostbar, prächtig: vasa magnifica et pretiose caelata; inv II 116.

pretiosus, kostbar, wertvoll: ars erat pretiosa; Q Rosc 28. non minor voluptas percipitur ex vilissimis rebus quam ex pretiosissimis; fin II 91. parare vasa pretiosa; Lael 55. pretiosam vestem stragulam (Verri datam esse); Ver II 47.

pretium, Wert, Preis, Geld, Lohn: I, 1. in quibus (provinciis) unum pretium frumento esse non solet; Ver III 192. — 2. operae pretium est

libertinorum hominum studia cognoscere; Catil IV 16.
— II, 1. quae Romae magna cum infamia, pretio
accepto, edixeras; Ver I 118. quaeris a me, quod
summum pretium constituam; A XII 31, 2. ob vacationem pretium datum; Font 17. qui pretia diligentissime exquisisti; Ver III 71. me minusculam
villam Quinto traditurum vel impenso pretio, quo
introducatur dotata Aquilia; A XIV 13, 5. quoniam
tuum pretium novi; ep VII 2, 1. qui parentes pretium pro sepultura liberum posceret; Ver I 7. nos
pretium servare posse; Q fr III 1, 3. — 2. noli
spectare, quanti homo sit; parvi enim pretii est,
qui tam nihili sit; Q fr I 2, 14. — 3. apud eum
(servi) sunt in honore et in pretio; Sex Rosc 77. —
III. homines magni pretii servos M. Tullii neco-
pinantes adoriuntur; Tul 21. si vestem aut ceterum
ornatum muliebrem pretii maioris habeat, quam tu
habes; inv I 51. — IV. qui pretio iudicem corrumpit; rep V 11. pretio ac mercede ducuntur;
of II 21. quantos (fines) pretio mei capitis emerat;
Piso 49. ab isto praeco, qui voluit, illum ordinem
pretio mercatus est; Ver II 122. non vitam liberum,
sed mortis celeritatem pretio redimere cogebantur
parentes; Ver V 119. quod duobus pretiis unum
et idem frumentum vendidisti; Ver III 179.

prex, preces, Bitte, Fürbitte, Gebet: I. quantum misericordiae nobis tuae preces et tua salus
adlatura sit; Q fr I 3, 8. video apud te causas
valere plus quam preces; Ligar 31. — II, 1. quid
est quod ullos deis immortalibus cultus, honores,
preces adhibeamus? nat I 3. meas preces si di
aspernarentur; Font 48. quod precarer deos, nisi
meas preces audire desissent; Q fr I 3, 9. totius
Italiae precibus repudiatis; dom 26. — 2. si prece
et obsecratione humili ac supplici utemur; inv I
22. — III, 1. non hortatione neque praeceptis, sed
precibus tecum fraternis ago; Q fr I 1, 41. ut
vester honos non diuturnis precibus efflagitatus esse
videatur; agr II 3. odium precibus mitigari potest;
Quir 23. a te peto vel potius omnibus te precibus
oro et obtestor, ut . .; A IX 11, A, 3. — 2. Quintus
non modo non cum magna prece ad me, sed acerbissime scripsit; A XI 15, 2.

pridem, längst, vor langer Zeit: I. quod ad
me pridem scripseras velle te bene evenire, quod . .;
ep V 6, 2. — II. rem publicam verbo retinemus, re
ipsa vero iam pridem amisimus; rep V 2. quam
pridem hoc nomen in adversaria rettulisti? Q Rosc 8.

pridie, Tags zuvor: I. ut ad te pridie scripseram; A XV 28. venisse eum Roma pridie vesperi; A I 1. — II. tu pridie Compitalia memento;
A II 3, 4. Philotimum Rhodum pridie eum diem
venisse; A XI 23, 2. deicitur de saltu pridie Kalend.
intercalares; Quinct 79. fuit pridie Quinquatrus
egregia tempestas; A IX 13, 2. — III. qui (Memmius)
pridie, quam ego Athenas veni, Mytilenas profectus
erat; A V 11, 6.

primarius, vornehm, angesehen: Calatinum
primarium fuisse populi || pop. fuisse ||; fin II 117.
quod mihi feminam primariam, Pompeiam, uxorem
tuam, commendas; ep V 11, 2. multis viris prima-
riis testibus; Ver II 20.

primo f. **prior, C, II.**

primordia, Anfang: I. „a Iove Musarum
primordia", sicut in Aratio carmine suo summus;
leg II 7. — II, 1. quia nunc item a dis immortalibus sunt nobis agendi capienda primordia; leg II
7. „quod (signum) aestatis primordia clarat; fr H
IV. a, 273. quae [iura] infixa sunt rebus ipsis, ut
primordia rerum et quasi praecurrentia, in quibus
inest aliquid argumenti; part or 7. — 2. insum in:
f. 1. infigo.

primoris, vorn: quae isti rhetores ne primoribus quidem labris attigissent; de or I 87. qui primoribus labris gustassent genus hoc vitae; Cael 28.

qui illud nescio quid, quod in primoribus habent, ut
aiunt, labris; fr F V 93.

primum, primus f. **prior.**

princeps, erste, angesehenste, vornehmste,
Führer, Haupt, Urheber, Anstifter: A. i. princeps
ex Latinis illa oratorum propria opera tractavit;
Bru 82. ille legatos quindecim cum postularet, me
principem nominavit; A IV 1, 7. L. Paulus personam principis civis facile dicendo tuebatur; Bru 80.
propter quam (rem) ipsa est civitas omnium principeps;
Muren 30. qualem hominis honorati et principis
domum placeat esse; of I 138. cum essem in principibus patronis quinquennium fere versatus; Bru 319.
est haec condicio liberorum populorum praecipueque
huius principis populi; Planc 11. earum qualitatum
sunt aliae principes, aliae ex iis ortae. principes
sunt unius modi et simplices; Ac I 26. quae (vox)
debet esse in re publica princeps; Catil IV 19. —
B, 1, 1. dixit Heius, princeps istius legationes; Ver
V 47. quae princeps Stoicorum Panaetius dixerit;
div II 97. quales in re publica principes essent,
tales reliquos solere esse cives; ep I 9, 12. iudica-
bitis principes eius ordinis quinquaginta, quid cum
omnibus senseritis; Flac 4. neminem neque ducem
bello || belli || nec principem domi magnas res sine
hominum studiis gerere potuisse; of II 16. ille
princeps ingenii et doctrinae, Plato, putavit . .: Q
fr I 1, 29. cum nostri principes digito se caelum
putent attingere, si mulli barbati in piscinis sint,
qui ad manum accedant; A II 1, 7. cum venisset
eodem Cratippus, Peripateticorum omnium meo
indicio facile princeps; Tim 2. — 2. si Pericles
plurimos annos princeps consilii publici fuit; de or
I 216. confiteor huius boni naturam esse principem;
de of II 356. fortasse maluit longe omnium in iure
civili esse princeps; Bru 151. P. Lentulus, is qui
princeps senatus fuit; div Caec 69. ut princeps
principem esset Maeandrius; Flac 54. quo auctore
et principe concitata civitas; rep II 46. — II, 1. ii
ipsam principem sceleris absolverent? Cluent 60.
princeps legationis peculatus damnatus est; Flac 43.
te fortunarum rerum optimarum ac principem imitabuntur omnes; Ver III 41. hi tum in Asia rhetorum principes numerabantur; Bru 316. quem
(Themistoclem) facile Graeciae principem ponimus;
Ac II 2. ut ad illam parvam manum exstinguendam
ducem te principemque praeberes; Ver V 40. me
principem senatui populoque Romano professus sum;
ep XII 24, 2. hanc ipsam Cererem, principem omnium sacrorum, a C. Verre ex suis templis esse sublatam; Ver IV 109. — 2. neque adsentiebar harum
disputationum inventori et principi longe omnium
eloquentissimo Platoni; de or I 47. qui pareant
principibus; rep I 67. — 3. ne me cum his principibus civitatis conferam; Vatin 10. nisi in quibusdam principibus temporibus illis fuissent studia
doctrinae; Tusc IV 5. — III. relinquitur sola haec
disciplina (digna principibus, digna regibus; fr V
74. — IV. ut (plebes) auctoritati principum cederet; leg III 25. cum vehementius inveheretur in
causam principum consul Philippus; de or I 24.
quam (legem) populus oppressus dominatu ac potentia principum flagitavit; leg III 34. quod principum
munus esse ducebat resistere levitati multitudinis;
Milo 22. potentia: f. dominatus. princeps: f. I, 2.
Flac 54. principum sententiae perscribi solent; Ver
IV 143. — V. omnia summa cum auctoritate a
principibus cedente populo tenebantur; rep II 56.
C. Curionem cum filio principe iuventutis delere
voluisti; Vatin 24.

principalis, erste, ursprünglich: „causarum".
inquit (Chrysippus), „aliae sunt perfectae et principales, aliae adiuvantes et proximae"; fat 41. cum
id visum proximam causam habeat, non principalem;
fat 42.

principatus. erſte Stelle, Vorzug, erſter Rang, höchſte Stellung, Befehlshaberſtelle, Grundkraft, leitendes Prinzip, Urſprung, Anfang: I. in qua (parte) mundi inest principatus; nat II 30. — II, 1. neque delendum summorum civium principatum; ep I 9, 21. principatum id dico, quod Graeci ἡγεμονικόν vocant; nat II 29. Cassio sententia mea dominatum et principatum dari; Phil XI 36. huic (eloquentiae) a maioribus nostris est in toga dignitatis principatus datus; of II 66. ille huius belli feret principatum; Phil XIII 44. qui eloquentiae principatum petet; orat 56. qui (sol) astrorum tenet principatum; nat II 49. — 2. quorum ordo proxime accedit, ut secundus sit, ad regium principatum; fin III 52. semperne (mundus) fuerit nullo generatus ortu, an ortus sit ab aliquo temporis principatu; Tim 5. — III. si quis de contentione principatus laborat; Phil XIV 18.

principium, Anfang, Urſprung, Grund, Grundlage, Grundſtoff: I, 1. in utroque genere dicendi et principia tarda [sunt] et exitus tamen spissi et producti esse debent; de or II 213. principia dicendi semper cum accurata et acuta et instructa sententiis, apta verbis, tum vero causarum propria esse debent; de or II 315. principia in sententiis dicendis brevia esse debebunt ‖ debent ‖; part or 97. f. habet. principium est oratio perspicue perspicua ‖ et protinus perficiens ‖ conficiens ‖ auditorem benivolum aut docilem aut attentum; inv I 20. conexum ita sit principium consequenti orationi, ut cohaerens cum omni corpore membrum esse videatur; de or II 325. omnium causarum unum est naturale principium, una peroratio; Bru 209. principia mentis, quae sint in eodem universo, deos esse dicit; nat I 120. f. debent. omne principium aut rei totius, quae agetur, significationem habere debebit aut aditum ad causam et munitionem communitionem ‖ aut quoddam ornamentum et dignitatem; de or II 320. vobis unde officii, unde agendi principium nascatur, non reperietis; Cael II 46. exspectare te arbitror, haec tam longe repetita principia quo spectent; ep XIII 29. f. videtur: f. est; de or II 325. principia verecunda, nondum non ‖ elatis incensa verbis, sed acuta sententiis vel ad offensionem adversarii vel ad commendationem sui; orat 124. — 2. cum et bonum et malum natura iudicetur et ea sint principia naturae; leg I 46. id est principium urbis et quasi seminarium rei publicae; of I 54. — II, 1. cognoscite hominis principium magistratuum gerendorum; Ver I 34. initia ut appellantur (mysteria), ita re vera principia vitae cognovimus; leg II 36. conecto: f. I, 1. est; de or II 325. principium ductum esse a se diligendo; fin III 16. incendo: f. I, 1. orat 124. instruo: f. I, 1. debent; de or II 315. cuius (criminis) neque principium invenire neque evolvere exitum possum; Cael 56. ut ex ea (natura) petant agendi principium, id est officii; fin IV 48. oportet, ut aedibus ac templis vestibula et aditus, sic causis principia pro portione rerum praeponere; de or II 320. repeto: f. I, 1. spectant. — 2. quae praecepta principiorum et narrationum esse voluerunt; de or II 81. — 3. a principio ordiamur; Phil II 44. siquidem necesse est a principio oriri omnia; Tusc I 54. in principiis naturalibus plerique Stoici non putant voluptatem esse ponendam; fin III 17. prima est quasi cognitio et commendatio orationis in principio; de or II 315. quanta differentia est in principiis naturalibus; fin V 19. — III. Aristoteles cum quattuor nota illa genera principiorum esset complexus; Tusc I 22. praecepta: f. II, 2. — IV, 1. constituendum putarem principio, quis esset imperator; de or I 210. [et] attentum monent Graeci ut principio faciamus iudicem et docilem; de or 323. — 2. sequitur ab animantibus principiis ea esse generata; nat II 75. ad hunc

exitum tamen a principio ferri debet verborum illa comprehensio; orat 199. a principio coniurationis usque ad reditum nostrum; ep V 12, 4. de principio studuit animus occurrere magnitudini criminis; Sulla 69. ut exalbescam in principiis dicendi; de or I 121. inlustriora sunt. quae in principiis quam quae in mediis causis dicuntur aut arguendo aut refellendo; de or II 323.

prior, primus, eher, früher, vordere, erſte, angeſehenſte, vorzüglichſte, zuerſt, vorn: A. bei Subſtantiven: (Servius) videtur mihi in secunda arte primus esse maluisse quam in prima secundus; Bru 151. in praeturae petitione prior renuntiatus est Servius; Muren 35. qui primus omnibus rebus imposuit nomina; Tusc I 62. alqd: f. B, b. dicta sunt priore actione testimonia; Ver II 120. primus aditus et postulatio Tuberonis haec fuit; Ligar 17. de or II 323. — CCL oratores habuit (Agyrinensis ager) primo anno praeturae tuae; Ver III 120. voluptatis alii primum appetitum putant et primam depulsionem doloris; fin V 17. ars: f. alqs: Bru 151. quae tamen, etiamsi primo aspectu nos ceperunt, diutius non delectant; de or III 98. prima commendatio proficiscitur a modestia; of II 46. me universa civitas non prius tabella quam voce priorem consulem declaravit; Piso 3. depulsio: f. appetitus. uti C. Pansa A. Hirtius consules de eius honore praemiove primo quoque die ad senatum referant; Phil VIII 33. duas a te accepi epistulas. respondebo igitur priori prius; A XV 13, 1. epistula prior mihi legi coepta est; A XVI 13, (a) 1. haec in primo libro de natura deorum; nat I 41. horribile est causam capitis dicere, horribilius priore loco dicere; Quinct 95. ut prima (officia) dis immortalibus, secunda patriae, tertia parentibus, deinceps gradatim reliquis debeantur; of I 160. si Alienus sibi primas in dicendo partes concesserit; div Caec 49. vgl. elliptiſch. postulatio: f. aditus. te in prima provincia velle esse; ep III 6, 2. cum primus in eam insulam quaestor veneris; ep XIII 48. eius modi sunt iudicia, ut de iis indignum sit non primo quoque tempore iudicari; inv II 60. elliptiſch: non possum equidem non ingenio primas concedere; de or II 147. ingenii, litterarum, eloquentiae, sapientiae denique etsi utrique primas, priores tamen libenter deferunt Laelio; Bru 84. Cotta et Sulpicius facile primas tulerunt; Bru 183. primas in causis agebat Hortensius; Bru 308. cui (M. Antonio) vel primas eloquentiae patrum nostrorum tribuebat aetas; orat 18. B. allein: a, I. decurionum decretum fit, ut decem primi proficiscantur ad L. Sullam; Sex Rosc 25. — II. Agyrio magistratus et quinque primi accitu istius evocantur; Ver III 68. — III. cum chirographum sex primorum imitatus est; nat III 74. — b, I. quae sunt prima naturae; fin III 21. — II, 1. me tibi primum quidque concedente; Ac II 49. quae constituta sunt prima naturae; fin V 45. in hoc genere illud primum intellegi volumus; inv I 100. ad prima ista secundum naturam obtinenda; fin V 19. prima sequentem honestam est in secundis tertiisque consistere; orat 4. — 2. ita priori posteriori, posteriori superius non iungitur; Ac II 44. — 3. causa et ratio efficiens magnos viros in priore (est); of I 67. — III. tuas nunc epistulas a primo lego; A IX 6, 5. in illo priore necesse erat te dolo malo meo vi deiectum iudicari; Tul 30. cum primis, in primis: f. C, IV, V.

C. adverbielle Formen: I. prius: plebs montem sacrum prius, deinde Aventinum occupavit; rep II 58. quod ut antea atque adeo prius scripsi (sic enim mavis); A XV 13, 3. f. A. epistula. priusquam (medicus) conetur aegro adhibere medicinam; de or II 186. non prius sum conatus misericordiam aliis commovere, quam misericordia sum ipse captus; de or II 195. sed priusquam illa conor attingere, proponam breviter . .; de or III 25. P. Lentulus

nihil humanarum rerum sibi prius quam de me
agendum iudicavit; Quir 11. non prius hanc civitatem
amittebant, quam erant in eam recepti; dom 78.
cui priusquam de ceteris rebus respondeo; Phil II 3.
cum miser ille prius, latronum gladios videret, quam,
quae res esset, audisset; Phil XI 7. placet Chrysippo
aliquanto prius, quam ad multa perveniat, quiescere;
Ac II 93. quid potius faciam, priusquam me dormitum conferam, non reperio; ep IX 26, 1. ne de
bonis, quae Octavii fuissent, demiuui paterentur,
priusquam Fundanio debitum solutum esset; Q fr
I 2, 10. ſ. A. consul. — II. primo: tantum impelli
iudicem primo leviter; de or II 324. Isocratem
primo artem dicendi esse negavisse; Bru 48. nunc
haec primo cupio cognoscere; ep XV 20, 3. Lysiam
primo profiteri solitum artem esse dicendi; deinde
orationes eum scribere aliis coepisse; Bru 48. caeco
quodam timore primo salutis, post etiam studii sui
quaerebant aliquem ducem; Ligar 3. — III. primum: primum omnium generibus ipsis distinguere
convenit; inv I 76. necesse esse eum, qui velit peccare, aliquando primum delinquere; inv II 34. primum ad heroum (Aristoteles) nos invitat; de or III
182. quorum satis arguta multa, sed ut modo primumque nascentia minuta quaedam; orat 39. quasi
hoc tempore haec causa primum dicatur; Cluent 8.
primum multis verbis iracundiam laudant; Tusc IV
43. cum haec duo nobis quaerenda sint in causis,
primum quid, deinde quo modo dicamus; de or II
120. primum (nostri) docent esse deos, deinde quales
sint, tum mundum ab iis administrari, postremo consulere eos rebus humanis; nat II 3. ut primum
Italici belli funesta illa principia, post Sullani temporis extremum paene discrimen, tum hanc coniurationem nobis praedixerint; har resp 18. dicam primum de ipso genere accusationis, postea de Sardis,
tum etiam pauca de Scauro; Scaur 22. cum primum aquam quasi naturalem domum videre potuerunt; nat II 124. qui haec nunc primum tractare
conamur; Ac I 25. ut quam primum res indicaretur;
Tul 11. simul ac potestas primum data est; Ver I
138. Cn. Pompei liberi tum primum patriam repetebant; Phil II 75. ut primum potestas data est
augendae dignitatis tuae; ep X 13, 1. — IV. c u m
p r i m i s: cum (Crotoniatae) in Italia cum primis
beati numerarentur; inv II 1. improbissimus C. Servilius Glaucia, sed peracutus et callidus cum primisque ridiculus; Bru 224. — V. i n p r i m i s: ex quibus
in primis numeranda est civitas Halaesina; Ver III
170. T. Sergii Galli, in primis honesti et ornati
adulescentis; Milo 86. superiores definitiones erant
Sphaeri, hominis in primis bene definientis; Tusc IV
53. nonne cum multa alia mirabilia, tum illud in
primis? div I 16. quo in genere est in primis senectus; Cato 4.

prisce, nach alter Sitte: ex ipsa quaeram,
utrum me secum severe et graviter et prisce agere
malit an remisse et leniter et urbane; Cael 33.

priscus, nach alter Art, altertümlich, alt:
illud, quod (L. Cotta) loquitur, priscum visum iri
putat, si plane fuerit rusticanum; de or III 42.
Ioves plures in priscis Graecorum litteris invenimus;
nat III 42. cuius priscam illam severitatem [sacri-
ficii] mirifice tua soror existimatur imitata; har resp
27. videtur libenter verbis etiam uti paulo magis
priscis Laelius; Bru 83. ille tenuis orator parcus
in priscis (verbis erit); orat 81. quod verborum
vetustas prisca cognoscitur; de or I 193. credendum
nimirum est veteribus et priscis, ut aiunt, viris;
Tim 38. cum sumuntur vocabula aut nova aut prisca; part or 17.

pristinus, vorig, ehemalig, früher, alt: A.
quae (urbs) renovat pristina b e l l a; rep VI 11.
(libri) revocant in consuetudinem pristinam; ep IX
1, 2. ut tuam pristinam dignitatem et gloriam con-

sequare; ep I 5, b, 1. censeo Magnam Pompeium
pro sua pristina virtute, industria, voluntate fecisse;
Phil XIII 50. quibuscum me pugnantem more meo
pristino non videbitis; Planc 56. si pro meis pristinis opibus facultatem mihi res hoc tempore daret;
ep XIII 4, 4. religionem pristinam conservabat;
Ver IV 72. in senectute conservare aliquid pristini
roboris; Cato 34. quae (chartae) illam pristinam
severitatem continebant; Cael 40. virtus, voluntas:
ſ. industria. mihi meae pristinae vitae consuetudinem interclusam aperuisti; Marcel 2. — B. non necesse est illa pristina m a n e r e, ut tuenda sint?
fin V 40.

privatim, in Privatverhältnissen, für seine
Person, für sich, in seinem Namen: I. Naevio neque
ex societatis ratione neque privatim quicquam de-
b u i t Quinctius; Quinct 37. aut privatim aliquid
gerere malunt aut capessunt rem publicam; fin V
57. cum omnes iurati privatim et publice laudent
(M. Fonteium); Font 32. quamquam nulla me ipsum
privatim pepulit insignis iniuria; ep IV 13, 2. nemini video dubium esse, quin C. Verres in Sicilia
sacra profanaque omnia et privatim et publice spoliarit; Ver V 1. mira quaedam tota Sicilia privatim
ac publice religio est Cereris Hennensis; Ver IV
107. — II. utrum tibi Siculos publice privatimque
amicos an inimicos existimari velis; Ver II 155. —
III. aurum et argentum in urbibus et privatim et
in fanis invidiosa res est; leg II 45.

privatio, Befreiung: I. quia dolori non voluptas contraria e s t, sed doloris privatio; fin II 28. —
II. doloris omnis privatio recte n o m i n a t a est voluptas; fin I 37.

privatus, dem einzelnen angehörig, persönlich,
besondere, eigentümlich, Privatperson, Privatmann,
ohne Amt: A. alqs: ſ. B, a. uti privatos agros
pecunia publica coëmeret; agr II 82. qui non neglegentia privatum aliquod commodum laeserit; Sex
Rosc 113. qui (Caesar) tantam causam publicam
privato consilio susceperit; ep XI 7, 2. multae sunt
domus in hac urbe iure privato; har resp 14.
optimum et in privatis familiis et in re publica
vectigal duco esse parsimoniam; rep IV 7. non
oportere mitti hominem privatum pro consule; imp
Pomp 62. nuper, cum ego C. Sergii Auratae contra
Antonium iudicio privato causam defenderem; de or
I 178. tibi apud eosdem (Mamertinos) privata navis
oneraria maxima publice est aedificata; Ver V 136.
in privatis et privatum ad negotium exierunt;
agr I 8. qui privatum otium negotiis publicis antetulerunt; Tusc III 57. Habiti vilici domini privatam
possessionem defenderunt; Cluent 161. ut in rerum
privatarum causis atque iudiciis depromenda saepe
oratio est ex iure civili; de or I 201. si re publica
non possis frui, stultum est nolle privata; ep IV
9, 4. innumerabilia tua sunt in me officia in re
privata, in publica; ep XVI 4, 3. servos privatos
Quinctii omnes eiectos non esse; Quinct 90. ne quid
privatis studiis de opera publica detrahamus; Ac II
6. qui clarissimo viro privato imperium extra
ordinem non dedi; Phil XI 25. — B, a, I, 1. quae
(arma) privatus P. Scipio ceperat; Planc 88. contenderem contra tribunum plebis privatus armis?
Sest 43. exeunt: ſ. A. negotium. quod ius privati
petere solebant a regibus; rep V 3. hanc tu neque
privatus neque consul legem esse umquam putasti;
dom 70. privatum oportet aequo et pari cum civibus
iure vivere; of I 124. — 2. privatus (sit) an cum
potestate; inv I 35. privatus an in potestate sit
aut fuerit aut futurus sit; inv II 30. teneam memoria ea fundamenta iacta idemque memineram
nobis privatis unum fere sensum fuisse bonorum
omnium; ep I 9, 12. — II, 1. qui me magis quam
privatum aliquem mittat? A VII 7, 4. — 2. nullus
aditus e r a t privato; Phil V 20. — 3. negavit s

privato pecuniam in provincia praetorem **petere**
oportere; Flac 86. — III. ut suum quisque teneat
neque de **bonis** privatorum publice deminutio fiat;
of II 73. qui (ager) sine iniuria privatorum dividi
posset; Phil V 53. — IV. quod nos vitium in privatis saepe tulimus, id maiores nostri ne in rege
quidem ferre potuerunt; Phil III 9. — **b.** L. **sunt**
privata nulla natura, sed aut vetere occupatione
aut . .; of I 21. — II, 1. »iuris disceptator, qui
privata **iudicet** iudicarive iubeat, praetor esto«;
leg III 8. nihil istum neque privati neque publici
tota in Sicilia reliquisse; Ver IV 2. — 2. ut communibus pro communibus **utatur**, privatis ut suis;
of I 20. — III. **alqd**: ſ. II, 1.

privigna, Stieftochter: ad Ligarianam de uxore Tuberonis et privigna neque possum iam addere
(est enim pervulgata) neque . .; A XIII 20, 2.

privignus, Stiefſohn: I. (Q. Fufidius) privignus
est M. Caesii; ep XIII 12, 1. — II. in privignorum
funus nupsit; Cluent 188.

privilegium, Ausnahmegeſetz, Vorrecht: I.
vetant leges sacratae, vetant XII tabulae leges
privatis hominibus inrogari; id est enim „privilegium“;
dom 43. — II, 1. an de peste civis indemnati licuit
tibi ferre non legem, sed nefarium privilegium? dom
26. familiarissimus tuus de te privilegium tulit,
ut . .; par 32. »privilegia ne inrogando«; leg III 11.
privilegium pertinui; dom 58. — 2. quod te cum
Culleone scribis de privilegio locutum; A III 15, 5.
— III. L. Libone rogationem in Galbam privilegii
similem ferente; Bru 89.

privo, berauben, befreien: I. sunt alia contraria,
quae privantia licet appellemus Latine, Graeci
appellant στερητικά; Top 48. quae (philosophia)
privat approbatione omni, orbat sensibus; Ac II 61.
— II. qui ab isto homine crudelissimo patre privatus
est; Ver II 80. quam facile ferro Cn. Pompeium
foro curiaque privarit; dom 67. sic me et liberalitatis fructu privas et diligentiae; ep V 20, 4. non
te iudices retinere in civitate, sed exsilio privare
voluerunt; A I 16, 9. omni illum (deum Aristotelen)
sensu privat, etiam prudentia; nat I 33. quid erit
profectum, nisi ut huius mors sepulcro patris privata
esse videatur? Cluent 201. patrem vita privare si
per se scelus est; par 24. nec eam (patriam) multis
claris viris orbatam privare (debes) etiam aspectu
tuo; ep IV 9, 4. ut populus Romanus suffragio
privaretur; agr II 17. praeposito „in“ privatur
verbum ea vi, quam haberet, si „in“ praepositum
non fuisset, „dignitas, indignitas“; Top 48. eas
(urbes) C. Verres viris nobilissimis privavit; Ver V 124.

prius, priusquam ſ. prior, C, I.

Pro, o! ach! I. pro di immortales, quae fuit illa,
quanta vis! de or II 225. quae res umquam, pro
sancte Iuppiter! est gesta maior? Phil II 32. —
II. pro deum hominumque fidem! Q Rosc 50. quid
igitur, pro deum immortalium! primum eam docebas,
quaeso? fr F I 8.

pro, vor, für, als, an Stelle, wie, nach, nach
Beſchaffenheit, im Verhältnis zu, vermöge, gemäß:
I. **nach Verben:** hic sermone aliquo adrepto pro
mandatis abusus est; A VII 13, a, 2 (13, 6). accipis HS XV pro medimno; Ver III 174. qui in
coetum mulierum pro psaltria adducitur; Sest 116.
haec agimus magis pro dignitate quam pro periculo
tuo; ep III 10, 11. pro „deum atque hominum fidem“
— „deorum“ aiunt; orat 155. Liberum appellare pro
vino, Neptunum pro mari, curiam pro senatu; de or III
167. pro tritico nummos abstulit; Ver III 170. pro
patria cadentes Scipiones; Tusc I 89. cum omnes,
qui tum erant consulares, pro salute communi arma
cepissent; Rabir 21. cum ambiguum aliquid pro
certo concesseris; inv I 88. pro suo iure contendet;
Ver V 2. quam (pecuniam) pro domo, pro hortis,
pro sectione debebas; Phil II 71. me pro meo sodali

et pro mea omni fama prope fortunisque decernere;
de or II 200. omnia me semper pro amicorum periculis, nullam umquam pro me ipso deprecatum; de or
II 201. quo pro ordine illa dicuntur; Bru 164.
quid dicatis pro testimonio; Font 28. quae pro illa
causa dici possent; Ac II 64. illum Simonidi dixisse
se dimidium eius ei, quod pactus esset, pro illo
carmine daturum; de or II 352. tu ausus es pro
nihilo prae tua praeda tot res sanctissimas ducere?
Ver II 40. pro Pompeio emori possum; ep II 15, 3.
cum a civitatibus pro frumento pecuniam exigebas;
Ver III 179. quae pro salute mea fecerit; Planc 98.
bella aut pro sociis aut de imperio gerebantur; of
II 26. id, quod iudicatum non sit, pro infecto habere
oportere; inv II 80. sin minus, (ut) pro eo tamen
id habeamus, quoniam a te data sit opera, ut
impetraremus; ep XIII 7, 5. hoc vix ab Apronio
in summo beneficio pro iis, qui etiam tum incolumes
erant, impetratum est; Ver III 115. cum pro eo
Italiae fidem imploraret; Piso 80. qui pro hoc
laborant; Planc 28. si causae ipsae pro se loqui
possent; Cluent 139. pro liberis manere nihil oportet;
Top 19. vocem pro me ac pro re publica neminem
mittere; Sest 42. omnia pericula pro re publica,
mori pro patria, haec cum loqueris; ſin II 76. servorum armis meos cives pro me obici nolui; Milo 36.
nemo se pro patria offerret ad mortem; Tusc I 32.
pro certis ad te ea, quae essent certa, perscribi; ep
VI 12, 3. me hoc ipsum etiam posuisse pro argumento, quod . .; Bru 277. ille numquam quicquam sibi,
quod nos pro illo postularemus, aequum dixit videre;
Phil II 95. pro veris probare falsa turpissimum est;
Ac II 66. quam (pecuniam) pro reo pronuntiasset;
Cluent 78. qui contra vos pro huius salute pugna-
bant; Sulla 49. ne quid, quia a me praetermissum
sit, pro concesso putetur; Tul 37. quod gloriam
contemnant et pro nihilo putent; of I 71. ut haec
tu adulescens pro re publica queri existimarere; de
or II 198. in quibus (orationibus) non verbum pro
verbo necesse habui reddere; opt gen 14. ut pro
Attico etiam respondeam; Ac I 33. permultis civitatibus pro frumento nihil solvit omnino; Ver III
165. quando dicar spopondisse et pro patre anne
pro filio; A XII 14, 2. pro qua (civitate) pericula
ac tela subierunt; Balb 51. immutata ‖ mutata ‖
(ea verba dico), in quibus pro verbo [proprio] subicitur
aliud; orat 92. sudandum est iis pro communibus
commodis; Sest 139. extrema oratione ea, quae pro
nobis essent, amplificanda et augenda, quaeque
essent pro adversariis, infirmanda atque frangenda;
de or I 143. hoc non modo pro me, sed contra
me est potius; de or III 75. cui pro quaestore
fuerat; Ver I 41. qui (Cato) mihi talis esset pro
centum milibus; A II 5, 1. quia quasi summutantur
verba pro verbis; orat 93. quod pro signo sumetur;
inv I 81. ut ii senatui pro me supplicarent; Sest
130. ut pro mea salute laborem periculumque
suscipias; Maren 76. pro omnibus gentibus conservandis aut iuvandis maximos labores molestiasque
suscipere; of III 25. sic nos summi oratoris vel
sanitate vel vitio pro argumento usi sumus; Bru 278.

II. **nach Adjectiven:** ne necesse sit unam solici-
tum esse pro pluribus; Lael 45. ego me pluribus
pro te supplicem abieci; Milo 100.

III. **nach Substantiven:** est mihi tecum pro aris
et focis certamen; nat III 94. ut tibi pro tuo
summo beneficio gratias agamus; A XVI 16, 16.
pericula: ſ. I. morior. reprehendis meas pro Plancio
preces; Planc 69. cum facilis suffragatio pro salute
(sit); dom 45.

IV. **zum Satz:** 1. pro tribunali cum aliquid ageretur; ep III 8, 2. — pro eo, ac si concessum sit,
concludere oportebit argumentationem; inv I 54.
mihi pro cetera eius audacia atque amentia ne hoc
quidem mirandum videtur; Ver I 6. vobismet ipsis

et vestris liberis ceterisque civibus pro vestra auctoritate et sapientia consulere debetis; dom 45. audacia: ſ. amentia. quam (rationem) tibi facile me probaturum pro tuo in me beneficio arbitrabar; A VIII 11, D, 7. oro obtestorque te pro vetere nostra coniunctione ac necessitudine proque summa mea in te benivolentia, te ut nobis conserves; ep VI 22, 2. a te pro nostra summa coniunctione proque tua in me perpetua et maxima benivolentia peto, ut . .; ep XIII 7, 5. quae quamquam ex multis pro tna claritate audiam; ep XIII 68, 1. nisi (rationes) tecum pro coniunctione nostrae necessitudinis contulissem; ep V 20, 1. ſ. benivolentia. cum ex litteris Q. Caepionis Bruti pro consule intellectum sit Q. Hortensii opera rem publicam adiutam; Phil X 26. ut pro dignitate cuique tribuatur; of I 42. qui a me pro eximia sua virtute summisque honoribus honoris causa nominatur; Cluent 118. qui (P. Terentius Hippo) operas in scriptura pro magistro dat; ep XIII 65, 1. vos pro magnitudine periculi obtestor; Muren 86. si pro singulis malis aegritudines accederent; Tusc IV 40. vellem meae quoque auctoritatis pro plurimis nostris necessitudinibus praeceptum ad te aliquod pervenire; ep X 6, 2. ſ. benivolentia, observantia. cum pro nostra necessitudine tuaque summa in me observantia ad me domum venisses; ep XIII 7, 1. quod Roscius pro sua parte exegit; Q Rosc 54. haec qui pro virili parte defendunt, optimates sunt; Sest 138. fuisse aliquando apud Siculos peraeque pro portione cetera; Ver IV 46. sit pro praetore eo iure, quo qui optimo; Phil V 45. qui ad Caesarem pro praetore adierint; Phil VIII 33. reliqua tu pro tna prudentia considerabis; ep IV 10, 2. sapientia: ſ. auctoritate. virtute: ſ. honoribus. cum haec res pro voluntate populi Romani esset indicata; Ver I 5.

proagorus, Ortsvorstand: I. Dionysiarchum ad se proagorum, hoc est summum magistratum, vocari iubet; Ver IV 50. — II. proagori Sopatri iussu; Ver IV 92.

proavus, Urgroßvater, Ahnherr, Vorfahr: I, 1. Tuditanum istum, proavum Hortensii, plane non noram; A XIII 6, a (4). — 2. de proavo multum cogitato tuo; ep III 11, 5. et de duobus avis iam diximus et de tribus proavis; Bru 212. — II. qno in bello virtus enitait M. Catonis, proavi tui; Muren 32.

probabilis, beifallswürdig, tüchtig, annehmbar, glaublich, wahrscheinlich: A. alqd: ſ. B. causam probabilem tu quidem adfers; Ac I 10. Galbae disputationem sibi probabilem et prope veram videri; de or I 240. quod multa falsa probabilia sint; Ac II 103. probabile genus est orationis, si non nimis est comptum atque expolitum; part or 19. probabilis erit narratio, si in ea videbuntur inesse ea, quae solent apparere in veritate; inv I 29. Antonius probabiliorem hoc populo orationem fore censebat suam, si . .; de or II 4. probabilis orator, iam vero etiam probatus; Bru 263. ut eius facti probabilis ratio reddi possit; fin III 58. alia visa esse probabilia, alia non probabilia; Ac II 99. — B, I, 1. probabile est id, quod fere solet fieri aut quod in opinione positum est aut quod habet in se ad haec quandam similitudinem, sive id falsum est sive verum. in eo genere, quod fere fieri solet, probabile huius modi est: „si mater est, diligit filium". in eo autem, quod in opinione positum est, huius modi sunt probabilia: impiis apud inferos poenas esse praeparatas || paratas ||; inv I 46. omne probabile, quod sumitur ad argumentationem, aut signum est aut credibile aut indicatum aut comparabile; inv I 47. — 2. sum: ſ. I. — II, 1. sic inducto et constituto probabili; A II 105. qui probabilia sequitur; Ac II 108. sumo: ſ. I, 1. inv I 47. — 2. (sapiens) utitur probabilibus; Ac II 110.

probabilitas, Wahrscheinlichkeit: I. (sapiens)

sequens probabilitatem, ubicumque haec ant occurrat ant deficiat; Ac II 104. — II. sequor: ſ. I. — III. ne cui falso adsentiamur neve umquam captiosa probabilitate fallamur; fin III 72.

probabiliter, beifallswert, glaublich, mit Wahrscheinlichkeit: probabiliter concludi putant non omnia fato fieri; fat 40. quas (sententias) putat probabiliter posse defendi; Ac II 138. rem breviter exponere et probabiliter et aperte; orat 122.

probatio, Musterung, Billigung, Genehmigung, Abnahme, Schein der Wahrheit: I. tale visum nullum esse, ut perceptio consequeretur || consequatur ||, ut autem probatio, multa; Ac II 99. probatio futura est tua; Ver I 142. — II. hoc idem Sophocles si in athletarum probatione dixisset; of I 144. pretium datum ob probationem; Font 17.

probator, Billiger, Abnehmer: I. huius rationis non modo [non] inventorem, sed ne probatorem quidem esse me; Caecin 85. — II. quid interest inter suasorem facti et probatorem? Phil II 29.

probe, gut, richtig: de aquae ductu probe fecisti; A XIII 6, 1. hoc probe stabilito et fixo; Tusc I 88. quem (Antipatrum) tu probe meministi: de or III 194. Thucydides res gestas et bella narrat et proelia, graviter sane et probe; orat 30. eius aequitatem animi probe novi; agr I 14. exercitum adduxi satis probe ornatum auxiliis; ep II 10, 2. stabilio: ſ. figo. nos probe tenere aliis quoque rationibus tractari argumentationes; inv I 77.

probitas, Biederkeit, Rechtschaffenheit: I. innatam esse homini probitatem gratuitam, non invitatam voluptatibus nec praemiorum mercedibus evocatam; fin II 99. paedagogi probitas me id suspicari vetat; A XII 33, 2. — II, 1. quodsi tanta vis probitatis est, ut eam in hoste etiam diligamus; Lael 29. evoco, invito: ſ. I. innascitur. virtus, probitas, integritas in candidato requiri solet; Planc 62. — 2. cum separatim de probitate eius et moribus dicturus fuissem; ep XIII 10, 3. — II. qui (pudor) probitatis commendatione prodesset; de or I 122. effigiem et humanitatis et probitatis suae filium; fin II 58. quod (hic) spem magnam mihi adferebat summae probitatis; ep VI 9, 1. vis: ſ. II, 1. diligo. — III, 1. quae quo maior est vis, hoc est magis probitate iungenda; de or III 55. quis est illo probitate praestantior? Marcel 4. — 2. cum propter virtutem et probitatem etiam eos, quos numquam vidimus, quodam modo diligamus; Lael 28.

probo, prüfen, erproben, bewähren, anerkennen, billigen, genehmigen, gelten lassen, annehmbar, glaublich machen, beweisen, erweisen: I, 1. a. ad probandum duplex est oratori subiecta materies: de or II 116. — b. probandi species est, percipiendi signum nullum habemus; Ac II 111. — 2. nec dico temporis causa, sed ita plane probo; Ac II 113. — II, 1. de te, Catilina, cum quiescunt, probant; Catl I 21. — 2. qui probari potest, ut tibi mederi animus non possit? Tusc III 5. — 3. nihil factum esse cuiquam probatur, nisi aliquid, quare factum sit, ostenditur; inv II 19. cum graviter ex intestinis laborarem neque ut iis me probarem non valere; ep VII 26, 1. (magistri) probaverunt mihi sese, quo minus id facerent, impediri; ep XII 30, 5. — III. qua in legatione et civibus et sociis ita se provarit, ut . .; Ligar 2. Pompeium quod una ista in re non ita valde probas; leg III 26. ut, quod in universo sit probatum, id in parte sit probari necesse; orat 45. si dignitas est bonis viris probare, quod sentias; ep IV 14, 1. sic ei probatum est, quod ad te scribo, ut ipse crediderit; A XVI 5, 2. qui ita vivunt, ut eorum probetur fides, integritas, aequitas, liberalitas; Lael 19. aut iustitiam aut amicitiam propter utilitates ascisci ant probari; fin III 70. qui (auctores) a te probantur; A VIII 14, 2. probabit fidem et auctoritatem et religionem suam L. Snetius; Ver I

14. si modo te posses docere emisse, facile, cui velles, tuam causam et factum probares; Ver IV 28. vide, hanc conclusionem probaturusne sis; Ac II 96. ut sua consilia optimo cuique probarent; Sest 96. subgrande cubiculum et hibernum alterum ‖ altum ‖ valde probavi; Q fr III 1, 2. putabam non solum notis, sed etiam ignotis probatam meam fidem esse et diligentiam; Ver I 19. cum sint, qui omnino nullam divinationem probent; div I 113. factum: f. causam. fidem: f. aequitatem, auctoritatem, diligentiam. cum videatis egentem, probatum suis filium; Sex Rosc 152. mihi monstrum videbatur civitatum frumentum improbare, suum probare; Ver III 171. si ullum probarem simplex rei publicae genus; rep II 43. quicquid de homine probando aut improbando dicitur; inv II 110. ceterarum homines artium spectati et probati; de or I 124. hominem probo; A X 17, 1. integritatem: f. aequitatem. illud unum derectum iter ad laudem cum labore qui probaverunt; Cael 41. institiam: f. amicitiam. liberalitatem: f. aequitatem. quos (libros) tibi valde probabo; A IV 14, 1. cur animi medicina nec tam multis grata et probata (sit); Tusc III 1. illius fani antistitae, probatae ac nobiles mulieres; Ver IV 99. qui facile officium suum et praestare et probare possunt; Font 18. probabilis orator, iam vero etiam probatus; Bru 263. tamquam ad picturam probandam adhibentur etiam inscii faciendi; opt gen 11. quorum ratio mihi probatur; fin II 16. religionem: f. auctoritatem. qui (Carneades) nullam umquam rem defendit, quam non probarit; de or II 161. qui poterat salus sua cuiquam non probari? Milo 81. quarum (sententiarum) nullam probo; Lael 56. haec sententia sic et illi et nobis probabatur, ut . .; ep I 7, 5. ut vel severissimis disceptatoribus M. Caelii vitam me probaturum esse confidam; Cael 35. — IV. etunne testem improbabit, quem iudicem probabit? Q Rosc 45.

probrosus, ſdjimpflidj: de quo vos homine ne ab inimicis quidem ullum fictum probrosum non modo crimen, sed ne maledictum quidem audistis; Font 37.

probrum, Sdjimpf, Sdjmadj, Borwurf: I, 1. multis probris·obiectis; de or II 285. — 2. si illis iniuria inimicorum probro non fuit; dom 87. — 3. cum artem ludicram scaenamque totam in probro ducerent; rep IV 10. — II. epistulas mihi legerunt plenas omnium in me probrorum; A XI 9, 2. — III. in falsam atque iniquam probrorum insimulationem vocabatur; Font 33. — IV, 1. Hermippum probris omnibus maledictisque vexat; Flac 48. — 2. nisi sumptus effusi cum propro (proferantur); Sex Rosc 68.

probus, tüdjtig, gut, brav, redjtſdjaffen, ſittſam, beſdjeiben: A. facere probus adulescens periculose quam perpeti turpiter maluit; Milo 9. in ipso loco aliquod probi ingenii lumen eluceat; of I 103. si (sapiens) proficiscatur probo navigio; Ac II 100. qui (poëta) peccat etiam, cum probam orationem adfingit improbo; orat 74. sin probae res; orat 170. pulsus est modestior rex et probior et integrior; A X 7, 1. ut probi, ut bene morati, ut boni viri esse videantur; de or II 184. — B, a, I. considera, quis quem fraudasse dicatur: probus improbum; Q. Rosc. 21. — II, 1. quae (lex) neque probos frustra iubet aut vetat; rep III 33. — 2. ea omnia, quae proborum, demissorum sunt; de or II 182. — 3. ut (ista) et ‖ etiam ‖ improbi habeant et absint probis; par 7. — b. quod insit in iis aliquid probi, quod capiat ignaros; of III 15.

procacitas, Begehrlidjfeit, Gubringlidjfeit: a procando, id est poscendo, procacitas nominata est; rep. IV 6.

procax, fredj, breift, gubringlidj: scio te non esse procacem in lacessendo; ep VII 13, 2. mihi

procax Academia videbitur si . .; nat I 13. temeraria, procax, irata mulier; Cael 55.

procedo, gehen, vortreten, auftreten, erfdjeinen, vorrüden, fortfdjreiten, Fortfdjritte madjen, von ſtatten gehen, glüden: I. si non longius, quam I quoad ‖ opus est, in narrando procedetur; inv. I 28. — II. is processisset honoribus longius, nisi . .; Bru 180. L. Cotta dicendi non ita multum laude processerat; Bru 137. quantum (Isocrates) aetate procedebat; orat 176. in portum Corcyraeorum ad Cassiopen stadia cxx processimus; ep XVI 9, 1. ut omnia prospere procedant; ep XII 9, 2. quid agam nunc, cui nihil procedit? A X 12, 1. (Phalereus adulescens) processerat in solem et pulverem ut e Theophrasti umbraculis; Bru 37. huic ad urbem venienti tota obviam civitas processerat; Sest 68. non numquam summis oratoribus non satis ex sententia eventum dicendi procedere; de or I 123. haec tibi laudatio procedat in numerum; Ver IV 20. illi ipsi in medium coacervati ‖ conservati ‖ loci procedent; inv II 46. quoniam huius voluminis magnitudo longius processit; inv I 109. pergit in me maledicta, quasi vero ei pulcherrime priora processerint; Phil XIII 14. ut ratione et via procedat oratio; fin I 29. non imitor λακωνισμόν tuum; altera iam pagella procedit; ep XI 25, 2. aut non respondendo aut male respondendo longius rogationem procedere non sinit; inv I 54. — III. biennium praeteriit, cum ille Καλλικράτης adsiduo cursu cubitum nullum processerat ‖ processerit ‖; A XIII 12, 3. etsi aliquantum iam viae processero; A VI 5, 1.

procella, Sturm: I. multo ante prospexi, quanta impenderet procella, rei publicae; har resp 4. *fulix nuntiat horribiles clamans instare procellas*; div I 14. — II. ut procellam temporis devitaret; Ver pr 8. procellae, turbines dei putandi; nat III 51. — III em ‖ en ‖ causam, cur lex tam egregia maximo imbri, tempestate, ventis, procellis, turbinibus ferretur; Phil V 15.

procer, Bornehmſter, Ariſtofrat: andiebam nostros proceres clamitantes . .; ep XIII 15, 1.

procere, ausgeſtredt: brachium procerius proiectum; de or III 220.

proceritas, hoher Budjs, Länge: I. candor huius et et proceritas pepulerunt; Cael 36. — II. cum admiraretur Lysander proceritates arborum; Cato 59. — III. fluit omnino numerus a primo tum incitatius brevitate pedum, tum proceritate tardius; orat 212.

procerus, hodj, fdjlanf, lang: erat eo tempore procerum et tenue collum; Bru 313. anapaestus, procerior quidam numerus; de or III. 185. inter has proceris simas populos; ep I 15. cum (des) atque excelsae, corneo proceroque rostro; nat I 101. *procera Vincla videbis*; nat II 114.

processio, Borrüden: ut ex iis locis a militibus nostris reditus magis maturus quam processio longior quaereretur; imp Pomp 24.

processus, Fortfdjritt, Fortgang: quod gradus tuos et quasi processus dicendi studeo cognoscere; Bru 232. (C. Piso) tantos processus efficiebat, ut evolare, non excurrere videretur; Bru 272. iam favet processusque vult; orat 210.

procinctus, Rampfbereitſdjaft: I. ex quo in procinctu testamenta perierunt; nat II 9. — II. tamquam in procinctu testamentum faceret sine libra atque tabulis; de or I 228.

proclamo, laut rufen: parentes propinquique miserorum adulescentium adsunt, defendunt, proclamant; Ver V 108.

proclivi, abwärts, leidjt: proclivi currit oratio; inv V 84. brevitate et celeritate syllabarum labi putat verba proclivius; orat 191.

proclivis, abſdjüſſig, abwärts, geneigt, bereitwillig, leidjt: A. ut sit alius ad alios motus per-

turbationesque proclivior; Tusc IV 81. dictu est proclive; of II 69. adulescentiam procliviorem esse ad libidinem; part or 34. amicitia remissior esse debet et ad omnem comitatem facilitatemque proclivior; Lael 66. illud alterum litterarum genus codidie mihi fiet proclivius; ep VI 10, 6. — B. ut anteponantur proclivia laboriosis; Top. 69.

proclivitas, Geneigtheit: I. haec aliorum ad alios morbos proclivitas late patet; Tusc IV 27. — II. haec proclivitas ad suum quodque genus a similitudine corporis aegrotatio dicatur; Tusc IV 28.

proco, verlangen: a procando, id est poscendo procacitas nominata est; rep IV 6.

proconsul, Proconsul: I. quam multi anni sunt, cum bella a proconsulibus a propraetoribus administrantur, qui auspicia non habent! div II 76. cum proconsul in Ciliciam proficiscens venissem Athenas; de or I 82. — II. in Africam profectus est (M. Caelius). P. Pompeio proconsuli contubernalis; Cael 73. — III a: f. I. habent.

procrastinatio, Vertagung, Aufschub: plerisque in rebus gerendis tarditas et procrastinatio odiosa est; Phil VI 7.

procrastino, vertagen, aufschieben: I. iste non procrastinat; Ver I 141. — II. rem procrastinare isti coeperunt; Sex Rosc 26.

procreatio, Hervorbringung, Zeugung: I. quae procreatio vitis aut arboris tantam naturae sollertiam significat, quantam ipse mundus? nat II 85. — II. dissimilitudo locorum nonne dissimiles hominum procreationes habet? div II 96. — 3. quem ad modum volucres videmus procreationis atque utilitatis suae causa construere nidos; de or II 23.

procreator, Erzeuger, Urheber: I. animum cum ille procreator mundi deus ex sua mente genuisset; Tim 26. — II. ut ii, qui procreati essent, a procreatoribus amarentur; fin IV 17.

procreatrix, Erzeugerin: omnium laudatarum artium procreatricem quandam et quasi parentem eam, quam φιλοσοφίαν Graeci vocant, ab hominibus doctissimis iudicari; de or I 9.

procreo, hervorbringen, erzeugen, erschaffen, zeugen, gebären: I, 1, a. quae (seminum vis) ad gignendum procreandumque plurimum valeat; div II 94. — b. cum sit hoc natura commune animantium, ut habeant libidinem procreandi; of I 54. — 2. violatur is, qui procreavit, is, qui aluit, is, qui erudivit; par 25. — II. quodsi non ex ea (Cornelia Ti. Gracchus) duos Gracchos procreasset; inv I 91. quae (heredi tate) procreaverunt; nat II 129. sic deus ille aeternus hunc perfecte beatum deum procreavit; Tim 21. quae multiplices fetus procreant, ut sues, ut canes; nat II 128. ubi cum de matre familias Tarquiniensi duo filios procreavisset; rep II 34. hominum societas et communitas iustitiam procreavit; nat III 38. qui neque procreare iam liberos possit; dom 34. quae (terra) ex stirpium minutissimis seminibus tantos truncos ramosque procreet; Cato 52. — III. idcirco singularem deus hunc mundum atque unigenam procreavit; Tim 12.

procudo, schmieden, bilden: non solum acuenda nobis neque procudenda lingua est, sed . .; de or III 121.

procul, fern, weit, in, aus der Ferne: I. ut non procul abhorreat ab insania; Sex Rosc 68. te quasi quidam aestus ingenii tui procul a terra abripuit; de or III 145. procul aberam ab re ipsa et a locis; ep III 5, 4. si palam audire eos non auderes, procul, quid narrarent, attendere; de or II 153. procul a terris id evenit; Tusc I 42. quam procul a suspicione fugit! agr III 6. cuicumque particulae caeli officeretur, quamvis esset procul, mutari lumina; de or I 179. non procul a suis finibus exercitum populi Romani esse; ep XV 2, 2. qui haec procul

videat; Bru 290. — II. quae est alia fortitudo nisi animi adfectio procul ab omni metu? Tusc V 41.

procuratio, Besorgung, Verwaltung, Sühnung: I. dum me rei publicae non solum cura. sed quaedam etiam procuratio tenebat; Ac I 11. — II, 1. mihi sacrarum aedium procurationem esse commissam; Ver V 36. ut sue plena procuratio fieret; div I 101. nullam habere rerum humanarum procurationem deos; nat I 3. mearum reliquarum rerum maximeque existimationis meae procurationem susceptam velim habeas; ep XV 13, 3. — 2. huic procurationi certum magistratum praefecerat; leg I 66. — 3. quod in annonae caritate quaestorem a sua frumentaria procuratione senatus amovit; har resp 43. philosophiam nobis pro rei publicae procuratione substitutam putabamus; div II 7. cum ad eius (annonae) procurationem Pompeius vocaretur; A IV 1, 6. — III. si est idem in procuratione civitatis egregius; de or I 215. — IV. quaestoriae tuae procurationis illa sunt nomina; Ver I 99.

procurator, Verwalter, Geschäftsführer, Anwalt, Stellvertreter: I, 1. non alia ratio iuris (est). utrum me tuus procurator deiecerit, is qui legitime procurator dicitur omnium rerum eius, qui in Italia non sit, hoc est alieni iuris vicarius, an tuus colonus aut vicinus; Caecin 57. et si † fortasse ego a te huius voluntarius procurator petam, quod . .; Bru 17. procuratores postulant, ut ex lege Rupilia dicam scribi iubeat; Ver II 59. interea T. Roscius, procurator Chrysogoni, Ameriam venit; Sex Rosc 23 — 2. non quo omnes sint aut appellentur procuratores, qui negotii nostri aliquid gerant; Caecin 57 (56). — 1. appello: f. I, 2. commendo tibi eius (Trebonii) procuratores; ep I 3, 2. dico: f. I, 1. deicit. sit oppositus bonus et sapiens quasi tutor et procurator rei publicae; rep II 51. — 2. si mandandum (sit) aliquid procuratori de agri cultura; de or I 249. — 3. dum a Dolabellae procuratoribus exigam primam pensionem; ep VI 18, 5. — III. summe constat procuratoris diligentis officium: Quinct 61.

procuratrix, Pflegerin: cum sapientiam totius hominis custodem et procuratricem esse vellent; fin IV 17.

procuro, besorgen, verwalten, sühnen: I. „quibus divis (haruspices) creverint, procuranto«; leg II 21. — II. in quo (rei publicae statu) etiamsi nihil procuro, tamen nihil curare vix possum: Q fr III 9, 3. procura, quantulacumque est, Precianam hereditatem; A VI 9, 2. monstris interpretandis ac procurandis; div I 3. is (T. Pinarius) procurat rationes negotiaque Dionysii nostri; ep XII 24, 3. quae (negotia) procurant liberti; ep XIII 33. in pecunia maxima procuranda; Font 5. rationes: f. negotia. omnia levius casura rebus divinis procuratis; div II 25.

procus, Freier, Bewerber: I. „centuriam fabrum« et „procum«, ut censoriae tabulae loquuntur, andeo dicere, non „fabrorum« aut „procorum«; orat 156. — II. hos ignotos atque impudentes procos repudiemus; Bru 330. — III. quae in procorum epulis canuntur; Bru 71.

prodeo, hervorgehen, hinausgehen, auftreten. sich zeigen: I. prodeundi tibi in publicum potestatem factam negas; Ver I 80. — II. esse nuntiatum Simonidi, ut prodiret; de or II 353. ne extra modum sumptu et magnificentia prodeas; of I 140. an ego tibi obviam non prodirem? ep III 7, 4. scio equidem te in publicum non prodire; A VIII 11, 7. videsne, quam ea (eloquentia) sero prodierit in lucem? Bru 39. permagnum existimans tres Olympionicas una e domo prodire; Tusc I 111. quae (oratio) non sit foras proditura nisi re publica recuperata; A XV 13, 7. quae (res) non prodeunt

in aciem; ep VI 1, 5. — III. si testis prodierit
(Capito); Sex Rosc 84.

prodico, festsetzen, verschieben: I. f. **prodigium**,
II. dico. — II. prodicta dies est in VIII Idus Febr.;
Q fr II 3, 1. Clodius in Quirinalia prodixit diem;
Q fr II 3, 2.

prodige, verschwenderisch: non possunt non
prodige vivere; Phil XI 13.

prodigium, Wunder, Wunderzeichen, Unge-
heuerlichkeit, Ungeheuer: I, 1. multa saepe prodigia
vim eius (Cereris) numenque declararunt; Ver
IV 107. — 2. mihi prodigium videbatur civitatum
frumentum improbare, suum probare; Ver III 171. —
II. hominibus ea ostendi, monstrari, portendi, praedici; ex quo illa „ostenta, monstra, portenta, prodigia"
dicuntur; nat II 7. quia ostendunt, portendunt,
monstrant, praedicunt || prodicunt ||, ostenta, porten-
ta, monstra, prodigia dicuntur; div I 93. habebam
inimicum non C. Marium, sed duo importuna prodigia;
Sest 38. quod prodigium in provinciam misimus?
Ver IV 47. — III. quod (maleficium) ita raro exstitit, ut prodigii simile numeretur; Sex Rosc 38. —
IV. sive prodigiis atque portentis di immortales nobis
futura praedicunt; Phil IV 10.

prodigus, verschwenderisch: quorum (largorum)
alteri prodigi, alteri liberales, prodigi, qui epulis et
viscerationibus pecunias profundunt; of II 55.

proditio, Verrat: I. hinc patriae proditiones
nasci; Cato 40. — II. multorum in nos perfidiam,
insidias, proditionem notabis; ep V 12, 4. — III.
quid egit nisi uti falsam proditionis a se suspicionem
depelleret? Phil XII 6. ut capta res publica consulum proditione teneretur; dom 129.

prodo, aufstellen, ernennen, übergeben, über
liefern, preisgeben, verraten: I. ut poetae tragici prodiderunt; of III 97. — II, 1. quid cuique
significaretur, (Assyrii) memoriae prodiderunt;
div I 2. — 2. quia memoria || memoriae || sic esset pro-
ditum, ei nullum esse postliminium; de or I
181. si memoriae proditum est poetas nobiles poetarum aequalium morte doluisse; Bru 3. — 3. quem
exstet et de quo sit memoriae proditum eloquentem
fuisse; Bru 57. — III. cum amici partim deseruerint me, partim etiam prodiderint; Q fr I 3, 5. si
me a meis consiliariis proditum et proiectum vides;
A III 19, 3. ne meos omnes tam temere proderem;
A X 9, 2. qui (maiores) sacra, qui caerimonias,
qui auspicia et ipsi sanctissime coluerunt et nobis
suis posteris prodiderunt; Milo 83. in verborum
errore versari, rem et causam et utilitatem communem non relinquere solum, sed etiam prodere; Caecin
50. quod classem praedonibus prodidisses; Ver V
106. qui quaestor consulem suum prodere ausus sit;
Ver III 6. scelus dicebas esse dogma prodere; Ac
II 133. in virorum fortium factis memoriae prodendis; ep VI 12, 5. illo ipso die Lanuvii a dictatore Milone prodi flaminem necesse esse; Milo 46.
ea (gloria) est prodenda liberis nostris; Q fr I 1, 44.
cuius (Lacedaemonii) ne nomen quidem proditum
est; Tusc I 100. ut peccatum aet patriam prodere;
fin III 32. rem: f. causam. sacra f. auspicia. sermonem P. Crassi memoriae prodamus; de or III 14.
urbem philosophiae proditis, dum castella defenditis;
div II 37. utilitatem: f. causam.

prodromus, Bote, Kurier, Nordwind: mihi
Pompeiani prodromi nuntiant aperte Pompeium
acturum ..; A I 12, 1. magis commode quam
strenue navigavi; remis enim magnam partem, prodromi nulli; A XVI 6, 1.

produco, vorführen, einführen, auftreten
lassen, üben lassen, hinhalten, vorziehen, auszeichnen,
verlängern, ausdehnen: I. condicionibus hunc, quoad
potest, produceret; Quinct 30. qui capitibus involutis
in piratarum captivorum numero producebantur, ut
securi ferirentur; Ver V 156. a quibus producti
sunt, exsistunt eorum ipsorum tyranni; rep I 68.
cuius rei non nullam consuetudinem nactus sum in
hoc horum dierum otio Cicerone nostro minore pro-
ducendo; Q fr II 12, 2. longum est, quod pluribus
verbis aut sententiis ultra quam satis est producitur;
inv I 26. productiora aliqua (sentit) et quasi immoderatius excurrentia; orat 178. ista dicam Graece
προηγμένα. Latine autem „producta"; fin IV 72.
eadem Stoici „praecipua" vel producta" dicunt, quae
„bona" isti; Tusc V 47. tu in iudicium archipiratam
domo producere ausus es; Ver V 136. harum rerum
omnium auctores testesque produco; Ver V 131.
cives Romanos ad necem producere instituit; Ver V
157. quod (convivium) ad multam noctem vario
sermone producimus; Cato 46. „indoctus" dicimus
brevi prima littera, „insanus" producta; orat 159.
nomen productum, ut Portunus a portu, sic Neptunus
a nando paulum primis litteris immutatis; nat II 66.
regem ipsum quasi productum esse ad dignitatem
(id est enim προηγμένον); fin II 52. hunc ipsum
sermonem produxi longius; Bru 251. extrema (syllaba) producta atque longa; de or III 183. testes:
f. auctores. quamquam Varro vitam Naevii producit
longius; Bru 60. — II. cum ego P. Granium
testem produxero; Ver V 154.

producte, gedehnt: „indoctus" dicimus brevi
prima littera, „insanus" producta, „inhumanus" brevi,
„infelix" longa. et, ne multis, quibus in verbis eae
primae litterae sunt, quae in „sapiente" atque
„felice", producte dicitur, in ceteris omnibus breviter; orat 159.

productio, Verlängerung, Dehnung: I. in
quo („postliminio") Servius nihil putat esse notandum
nisi „post", et „liminium" illud productionem esse
verbi vult; Top 36. — II. ut aut contractione brevius
fieret aut productione longius; de or III 196. quem
ad modum oportunitas non fit maior productione
temporis; fin III 45.

proegmena, vorzuziehende Dinge: ne hoc
„ephippus" et „acratophoris" potius quam „proeg-
menis" et „apoproegmenis" concedatur; fin III 15.

proelior, kämpfen, ein Treffen liefern: I.
quamquam paratissimos milites ad proeliandum
videant; Phil IV 11. — II. sic acriter et vehementer
proeliatus sum, ut ..; A I 16, 1.

proelium, Kampf, Treffen, Gefecht: I, 1. pullarius diem proelii committendi differebat; div I
77. cum (Salinator) multa ex ea (arce) proelia
praeclara fecisset; de or II 273. ut caveat, ne proelium ineat; of I 37. Thucydides res gestas et bella
narrat et proelia; orat 30. quod scribis proelia te
mea causa sustinere; ep IX 11, 2. — 2. hunc acerrimis illis proeliis et maximis, Sucronensi et Turiensi,
interfuisse; Balb 5. — 2. ut alius inter manus
e convivio tamquam e proelio auferretur; Ver V
28. — II. cum proelii certamen varium atque
anceps fuisset; rep II 13. vidimus tuam victoriam
proeliorum exitu terminatam; Marcel 17. semper
incerti exitus proeliorum sunt; ep VI 4, 1. — III, 1.
cum acerrimis nationibus proeliis felicissime decertavit; prov 33. magnas hostium copias multis
proeliis esse deletas; imp Pomp 21. cum A. Postumius proelio dimicaret; nat II 6. a quo Caudino
proelio consules superati sunt; Cato 41. — 2. Cimbri
et Celtiberi in proeliis exsultant; Tusc II 65.

profanus, ungeweiht: cum omnia victoria
illa sua profana fecisset; Ver IV 122. ex quo fores

in liminibus profanarum aedium „ianuae" nominantur; nat II 67. sacer an profanus locus sit; inv I 38. cum (L. Mummius) Thespiadas ceteraque profana ex illo oppido signa tolleret; Ver IV 4.

profectio, Reife, Abreife, Abzug, Herkunft: I. profectio voluntatem habuit non turpem, remansio necessitatem etiam honestam; Ligar 4. — II. profectio ipsius pecuniae requiratur; Cluent 82. sin illam miseram profectionem vestrae salutis gratia suscepissem; Quir 1. — III. invenitur dies profectionis pridie Kal. Februarias; Quinct 57. — IV. inter profectionem reditumque L. Sullae; Bru 227. eius modi tempora post tuam profectionem consecuta esse, ut . .; ep I 5, a, 1.

profecto, fürwahr, wahrlich, sicherlich, in der Tat: I. profecto hinc natum est: malo emere quam rogare; Ver IV 12. profecto satis erit non surdum iudicem huic muneri praeesse; Font 25. erit profecto inter horum laudes aliquid loci nostrae gloriae; Catil IV 21. non temere creati sumus, sed profecto fuit quaedam vis, quae . .; Tusc I 118. nosti enim profecto os illius adulescentioris Academiae; ep IX 8, 1. — II. profecto ne conatus quidem esset dicere; Cluent 160. nec profecto nobis delectatio deerit; leg I 14. quis audiret? nemo profecto; Balb 16. hi sunt di et homines, quibus profecto nihil est melius; nat II 133. quod ego profecto non crederem; Font 33. omnibus enim ex animi perturbationibus est profecto nulla vehementior; Tusc IV 75. profecto numquam iste tam amens fuisset; Ver III 89.

profero, herbeibringen, hervorbringen, vorrücken, ausdehnen, verschieben, vertagen, vorbringen, erwähnen, bekannt machen: I. ne quid sentiam quidem profero; agr II 41. — II. quin in dicendo excellentes vix paucos proferre possimus; de or I 7. vis aliquid isdem de rebus politius a nobis perfectiusque proferri; de or I 5. quae (ars memoriae) tum primum proferebatur; de or II 299. paulum proferant auctionem; A XIII 12, 4. quae causa inimicitiarum proferatur; div Caec 55. an in commentariolis et chirographis se uno auctore prolatis, ne prolatis quidem, sed tantum modo dictis acta Caesaris firma erunt? Phil I 16. illa commentatio inclusa in veritatis lucem proferenda est; de or I 157. quodsi laxius volent proferre diem, poterunt vel biduum vel triduum; A XIII 13, 4 (14, 1). recens exemplum fortissimi viri profero; Ver I 56. (Vidius) profert expensum Niciae; ep IX 10, 1. inventum proferent, non expolitionem; inv I 75. nec fabellas aniles proferas; nat III 12. quod turpissimum illud facinus in medium protulit; Ver pr 29. quid (Cn. Flavius) profecit, quod protulit fastos? A VI 1, 8. qui agri fines armis proferre mallet quam iure defendere; Tul 14. illi ad deprecandum periculum proferebant alii purpuram Tyriam, tus alii atque odores vestemque linteam, gemmas alii et margaritas; Ver V 146. si eorum (adversariorum) inertia, neglegentia, ignavia, desidiosum studium et luxuriosum otium proferetur; inv I 22. inventum: f. expolitionem. quam multa ioca solent esse in epistulis, quae prolata si sint, inepta videantur! Phil II 7. deorum immortalium iudicia solent in scholis proferre de morte; Tusc I 113. leges Semproniae proferuntur; Phil I 18. tuas litteras non proferam; Phil II 9. margaritas: f. gemmas. neglegentiam, otium: f. ignaviam. odores: f. gemmas. orationem tibi misi. eius custodiendae et proferendae arbitrium tuum; A XV 13, 1. purpuram: f. gemmas. se ante id tempus eam rem numquam in medium protulisse; ep XV 2, 6. res prolatae; ad interregnum comitia adducta; Q fr III 8, 4. qui legari noluerim ante res prolatas; A XIV 5, 2. multa etiam sunt a te ex historiis prolata somnia; div II 136. studium: f. ignaviam. et prolatis et non prolatis tabulis; Ver

IV 43. tus, vestem: f. gemmas. quid furiosam vinulentiam tuam proferam? Phil II 101. — III. quoniam quidem tu Fabricios mihi auctores protulisti; de or II 290.

professio, Bekenntnis, Angabe, Vermögensangabe, Anmeldung, Geschäft, Beruf: I. quamquam professio ipsa bene dicendi hoc suscipere ac polliceri videtur, ut . .; de or I 21. — II, 1. tu vero confice professionem, si potes; etsi haec pecunia ex eo genere est, ut professione non egeat; ep XVI 23, 1. recita professiones sationum; Ver III 102. semelne putas mihi dixisse Balbum et Faberium professionem relatam? A XIII 33, 1. — 2. egeo: f. 1. conficio. — III. in eum iudicium de professione iugerum postulabatur; Ver III 39.

proficio, bewirken, ausrichten, nützen: I. quamquam profecerunt litterae tuae, tamen . .; ep XV 14, 1. — II. quid erit profectum, nisi ut huius mors sepulcro patris privata esse videatur? Cluent 201. — III. in quo gravitas et auctoritas est, plus proficit ad misericordiam commovendam quam humilitas et obsecratio; inv I 109. nulla res tantum ad dicendum proficit, quantum scriptio; Bru 92. ubi (ea) plurimum proficere et valere possent; Bru 139. si quid agere aut proficere vis; div Caec 39. contentio tam diu sapiens est. quam diu aut proficit aliquid aut, si non proficit, non obest civitati; Balb 60. non nihil ut in tantis malis est profectum; ep XII 2, 2. quid (Cn. Flavius) profecit. quod protulit fastos? A VI 1, 8. multum profeci. sed quantum, non plane, quia longe absum, scio; A VI 2, 7. qui, ut aliud nihil, hoc tamen profecit. dedit illi dolorem; A VII 13, 1.

proficiscor, aufbrechen, abgehen, abreisen, abfahren, ausziehen, reisen, fortfahren, übergehen, ausgehen, herrühren: I. doctissimis viris profectdci placuit a lege; leg I 18. — II. ipsi gerere quam personam velimus, a nostra voluntate proficiscitur; of I 115. — III. qnam (partitionem) omnes ab Aristotele et Theophrasto profecti maxime secuti sunt; inv I 61. profcisci ordine ad reliqua pergimus; inv I 77. a philosophia profectus princeps Xenophon; de or II 58. quod C. Caesar Galliae provinciae cum exercitu subsidio profectus sit; Phil V 46. neque tum (Regulus) ignorabat se ad crudelissimum hostem et ad exquisita supplicia proficisci; of III 100. te iam ex Asia Romam versus profectum esse; ep II 6, 1. se de nocte proficisci; A V 13, 1. etsi poteram remanere, tamen proficiscar hinc, ne relictus videar; A XIII 26, 2. ille quid agat, si scis nequedum Roma es profectus; A XIV 10, 4. ut ex medicina nihil oportet putare proficisci, nisi quod ad corporis utilitatem spectet; inv I 68. quae proficisci ab ostentatione magis quam a voluntate videantur; of I 44. iis (animis ad illos (deos), a quibus essent profecti, redituz. facilem patere; Tusc I 72. cum ad idem, unde semel profecta sunt, cuncta astra redierint; rep VI 24. ad P. Lentuli auctoritatem a senatu profectam Roma contenderat; Rab Post 21. cum classis Syracusis proficiscebatur; Ver V 111. ut consules, alter ambove, ad bellum proficiscerentur; Phil VII 11. quae est ista a deis profecta significatio et quasi denuntiatio calamitatum? div II 54. an Achivorum exercitus et tot navium rectores non ita profecti sunt ab Ilio, ut . .? div I 24. omnis institutio debet a definitione proficisci; of I 7. mathematici, poëtae, musici, medici denique ex hac tamquam omnium artificum || artium || officina profecti sunt; fin V 7. ea (pecunia) quaeritur unde profecta sit, ab accusatore an ab reo; Cluent 81. poëtae: f. mathematici omnes potestates ab universo populo Romano proficisci convenit; agr II 17. rectores: f. exercitus. significatio: f. denuntiatio. supplicia, quae a legibus

proficiscantur; inv II 138. — IV. (L. Lucullus) in Asiam quaestor profectus; Ac II 1.

profiteor, befennen, gefteben, erflären, nennen, anbieten, antragen, zufagen, verheißen, angeben, anmelden: I. quod ex edicto professus non esset; Ver III 39. cum contra fecerint quam polliciti professique sint; leg II 11. recita, quot (aratores) anno tertio profiteantur; Ver III 120. — II, 1. de te tu videris, ego de me ipse profitebor; Phil II 118. nihil excipit, de quo non profiteatur; Ac II 73. — 2. ut apud eosdem decemviros, quantum habeat praedae, profiteatur; agr II 59. — 3. de qua (re) se non omnia profiteantur esse dicturos; de or I 103. magnum est onus suscipere atque profiteri se esse audiendum; de or I 116. quoniam hic, quod mihi deberetur ‖ debetur ‖, se exacturum professus est; Bru 19. aliqui se Thucydidios esse profitentur; orat 30. — III. ista tanta tamque multa profitenda non censeo; de or I 44. (philosophus) artem vitae professus; Tusc II 12. ut aratores iugera sationum suarum profiterentur; Ver III 38. talem medicinam philosophia profitetur; Tusc II 43. ut ad ea (signa) tollenda operam suam profiteretur; Ver II 85. cum tantas res Graeci susciperent, profiterentur, agerent; de or II 153. huic studio litterarum, quod profitentur ei, qui grammatici vocantur; de or I 10. ego tibi profiteor atque polliceor eximium et singulare meum studium in omni genere officii; ep V 8, 4. — IV. qui profitentur se dicendi magistros; de or III 92. tibi me profiteor in re publica socium; ep III 13, 2.

profligo, niederwerfen, vernichten, part. ruch- loß: quanto tandem illum maerore esse adflictum et profligatum putatis? Catil II 2. expugnare urbes, aciem hostium profligare, sunt ea quidem magna; Rab Post 42. qui profligato bello ac paene sublato renovatum bellum gerere conamur; ep XII 30, 2. numquam me in hos profligatorum hominum cotidianos impetus obiecissem; Arch 14. ita de me illum amentissimum et profligatissimum hostem pudoris scripsisse, ut . .; Sest 73. profligata iam haec et paene ad exitum adducta quaestio est; Tusc V 15. cum suis consiliis rem publicam profligasset; de or III 3.

profluens, Fluß: dum culleus, in quem coniec- tus in profluentem deferretur, comparetur; inv II 149.

profluenter, fließend: omnia profluenter, ab- solute, prospere, igitur beate; Tusc V 53.

profluentia, Hervorftrömen, Fluß: hanc oratoriam vim inanis quaedam profluentia loquendi (imitatur); part or 81.

profluo, fließen, herausfließen, entfpringen: ab his fontibus profluxi ad hominum famam; Cael 6. profluens quiddam habuit Carbo et canorum; de or III 28. permultis locis aquam profluentem (vidi), et eam uberem; Q fr III 1, 3. propter ex- peditam ac profluentem quodam modo celeritatem; Bru 220. genus orationis cum lenitate quadam aequabiliter ‖ aequabili ‖ profluens; de or II 64. genus sermonis non fusum ac profluens; de or II 159. si lacus emissus lapsu et cursu suo ad mare proflu- xisset; div I 100. illa sine intervallis loquacitas perennis et profluens; de or III 185.

profugio, entfliehen, fich flüchten: cum Philo cum Atheniensium optimatibus domo profugisset; nat III 56. si domo tua profugisset (prae- donum dux); Ver V 77. scripsit filius se idcirco profugere ad Brutum voluisse, quod . .; A XV 21, 1. cum ex agris tres fratres consortes profugissent; Ver III 57. cum multi principes civitatis Roma profugerunt; Catil I 7.

profundo, vergießen, hervorftrömen laffen, barbringen, äußern, preißgeben, part. verfchwende- rifch, unmäßig: I. dare, profundere oportere, si

velis vincere; Ver III 155. — II. si totum se ille in me profudisset; A VII 3, 3. facilius sicut in vitibus revocantur ea, quae sese nimium profuderunt; de or II 88. nihil est in natura rerum omnium, quod se universum profundat et quod totum repente evolvat; de or II 317. quae ego si non profundere ac perdere videbor; ep V 5, 3. voces et palmarum intentus et maledictorum clamorem omnes profunde- runt; Sest 117. genus iocandi non profusum nec immodestum, sed ingenuum et facetum esse debet; of I 103. intentus: f. clamorem. lacrimae se subito profuderunt; A XI 7, 6. quis tam perditus ac pro- fusus nepos sic dissolutus fuisset, ut fuit Sex. Naevius? Quinct 40. omne odium in me profudistis; Piso 16. qui non modo pecuniam, sed etiam vitam profundere pro patria parati essent; of I 84. qui sanguinem pro fortunis populi Romani profudissent; Phil XIV 38. quam profusis sumptibus (vixerint), longum est dicere mihi; Cluent 36. omnes profudi vires animi atque ingenii mei; A I 18, 2. si vitam pro tua dignitate profundam; ep I 4, 3. f. pecuniam. voces: f. clamorem. qui (umores) a renibus profunduntur; nat II 137.

profundus, tief, unergründlich, bodenloß, n. Tiefe, Meerestiefe, Abgrund: A. cum partim eius praedae profundae libidines devorassent; Piso 48. ut mare profundum (effervescit); Planc 15. — B. in profundo veritatem esse demersam; Ac I 44. iecissem ipse me in profundum; Sest 45. qui sint in profundo; fin IV 64.

progenies, Nachfommenfchaft, Nachfommen: I. qui (viri) se progeniem deorum esse dicebant; Tim 38. — II, 1. quae (statua) multos per annos progeniem eius honestaret; Phil IX 5. virtutem et sapientiam regalem, non progeniem quaeri opor- tere; rep II 24. — 2. Priamum tanta progenie orbatum; Tusc I 85. — 3. quae (antiquitas) quo propius aberat ab ortu et divina progenie; Tusc I 26.

progigno, hervorbringen, erzeugen: qui illud lumen progenuit; of III 66. quae (res) ex iis (seminibus) progignuntur; div I 128.

prognostica, Wetterzeichen: I. equidem etiam pluvias metuo, si Prognostica nostra vera sunt; A XV 16, a. — II. Prognostica mea propedtim ex- specta; A II 1, 11. his rerum praesensionibus Pro- gnostica tua referta sunt; div I 13. — III. progno- sticorum causas persecuti sunt et Boëthus Stoicus et noster etiam Posidonius; div II 47.

progredior, fortfchreiten, vorgehen, vorrüden: I. nihil adiuvat procedere et progredi in virtute, quo minus miserrimus sit; fin IV 64. — II. quid efficere aut quo progredi possent; orat 5. in quo tamen longius saepe progredimur; orat 112. neque ullius horum in ulciscendo acerbitas progressa ultra mortem est; Phil XI 1. progredientibus aetatibus quasi nosmet ipsos cognoscimus; fin V 41. quatenus amor in amicitia progredi debeat; Lael 36. estne aliquid ultra, quo crudelitas progredi possit? Ver V 119. sensim et pedetemptim progrediens extenuatur dolor; Tusc III 54. sic et nata et progressa longius eloquentia videtur; inv I 3. fratrem suum longius inimicorum suorum eo progressum esse; ep IX 25, 3. iudices longius, quam potestatem habeant, progressu- ros; inv II 81. ipsam per se naturam longius pro- gredi; leg I 27. quae (ratio) conixa per se et pro- gressa longius fit perfecta virtus; Tusc II 47. cum mihi ipsa Roma ad complectendum conservatorem suum progredi visa est; Piso 52. cum usus pro- grediens familiaritatem effecerit; fin I 69. — III. actor hic defensorque causae meae nihil progreditur; Sest 75.

progressio, Fortfchritt, Zunahme, Wachstum: I. quod iter sit naturae quaeque progressio; fin IV 37. progressio (habet interdum vim); de or III 206.

— II. in qua (philosophia) quod inchoatum est neque absolutum, progressio quaedam ad virtutem appellatur; Ac I 20. si qua ‖ quae ‖ ad virtutem est facta progressio; of III 17. omnium virtutum et originem et progressionem persecuti sunt; fin IV 17.

progressus, Vorrücken, Fortschreiten, Fortschritt: I. quod in omni aeternitate conservat progressus et regressus reliquosque motus constantes et ratos; nat II 51. C. Caesar docuit ab excellenti virtute progressum aetatis exspectari non oportere; Phil V 47. progressum praecipitem, inconstantem reditum videt; A II 21, 3. — II. quae (ars) primo progressu festive tradit elementa loquendi; Ac II 92.

prohibeo, abhalten, zurückhalten, abwehren, verhindern, verwehren, verbieten, bewahren, schützen, sichern: I, 1. quae lex est recta ratio imperandi atque prohibendi; leg I 42. — 2. quam legem se augur dicit tulisse non modo tonante Iove, sed prope caelesti clamore prohibente; Phil V 8. — II, 1. di prohibeant, ne ‖ ut ‖ hoc praesidium sectorum existimetur! Sex Rosc 151. quem in locum prohibui ne venires; Caecin 66. — 2. necessitas ferendae condicionis humanae quasi cum deo pugnare prohibet; Tusc III 60. — 3. nihil prohibet quaedam esse cum bestiis homini communia; fin V 25. »censores caelibes esse prohibento«; leg III 7. hiemps ‖ hiems ‖ adhuc rem geri prohibuerat; ep XII 5, 2. — III. qui cum a praetore prohiberentur; Ver II 156. te non posse prohiberi re publica dintius; ep VI 6, 9. prohibete aditum matris a filii sanguine; Cluent 200. Q. Metellus aut opprimet hominem aut eius omnes motus conatusque prohibebit; Catil II 26. tueamur (eloquentiam) ut adultam virginem caste et ab amatorum impetu prohibeamus; Bru 330. prohibenda maxime est ira in puniendo; of I 89. magistratus templis pellebantur, alii omnino aditu ac foro prohibebantur; Sest 85. motus: ſ. conatus. qui erant mecum, facile operas aditu prohibuerunt; A IV 3, 3. a quo periculo prohibete rem publicam; imp Pomp 19. sapientes nulla re impediri, nulla prohiberi; fin III 26. virginem: ſ. eloquentiam. — IV, 1. quod is Ephesi se quaestorem vi prohibitum esse dicebat, quo minus e fano Dianae servum suum abduceret; Ver I 85. — 2. qui Bibulum exire domo prohibuissent; ep I 9, 7. plura scribere fletu prohibeor; A XI 9, 3. de legatis a me prohibitis proficisci; ep III 9, 1. attuli sponsiones ab ipso prohibitas iudicari; Ver III 144.

prohibitio, Verhinderung. Verbot: 1. prohibitio tollendi vim adhibebat pactioni, non voluntatem; Ver III 37. — 2. quamquam illa non poena, sed prohibitio sceleris fuit; fr B 2.

proicio, werfen, hinwerfen, wegwerfen, preisgeben, hervortreten lassen, ausstrecken, part. hervorragend, übermäßig, geneigt: (Verres) ad audendum proiectus; Ver I 2. vos ad pedes lenonis impurissimi proiecistis; Sest 26. si me a meis consiliariis proditum et proiectum vides; A III 19, 3. quorum eminet audacia atque proiecta est; Cluent 183. brachium procerius proiectum quasi quoddam telum orationis; de or III 220. videte hominis intolerabilem audaciam cum proiecta quadam et effrenata cupiditate; dom 115. iustitia foras spectat et proiecta tota est atque eminet; rep III 11. neque ego meam (libertatem) proiecissem; Rab Post 33. qui (Simonides) cum ignotum quendam proiectum mortuum vidisset; div I 56. quod parietis communis tegendi causa tectum proiceretur; Top 24. utram suam numquam in periculum sine custodia proiciebat; Milo 56. quae (urbs) in utrinsque portus ostium aditumque proiecta est; Ver IV 118.

proiectio, Ausstrecken: se ipse moderans brachii proiectione in contentionibus, contractione in remissis; orat 59.

proinde, daher, ebenso: I. proinde ordire; fat 4. proinde fac animum tantum habeas, quanto opus

est .. ; ep XII 6, 2. proinde isti licet faciant, quos volent, consules; A II 9, 2. — II. ut (philosophia) proinde, ac de hominum est vita merita, laudetur; Tusc V 6. proinde quasi exitus rerum, non hominum consilia legibus vindicentur; Milo 19. ut proinde, uti quaeque res erit, elaboremus ‖ laboremus ‖; inv II 175.

prolabor, hingeraten, hingeriffen werden, entfallen, sinken: se cupiditate prolapsos nimium magno conduxisse; A I 17, 9. quibus (temporibus iuventus) ita prolapsa est, ut omnium opibus refrenanda sit; div II 4. huc unius mulieris libidinem esse prolapsam; Cael 47. ne quod ab aliqua cupiditate prolapsum verbum esse videatur; Font 28.

prolapsio, Ausgleiten: quibus (viis) illa (adulescentia) iusistere aut ingredi sine casu aliquo aut prolapsione vix posset; Cael 41.

prolatio, Erwähnung, Aufschub: I. exemplorum prolatio auctoritatem orationi adfert; orat 120. — II. ut alteri ad prolationem iudicii biduum quaereretur; Rabir 8.

prolato, aufschieben: id (malum) opprimi sustentando ac prolatando nullo modo potest; Catil IV 6.

prolecto, locken: homines egentes et leves spe legationis et viatico publico prolectat; Flac 18.

proles, Nachkommenschaft: I. si cupiat proles illa futurorum hominum deinceps laudes prodere; rep VI 23. — II. neque fugerim dicere „prolem“ aut „subolem“; de or III 153. ſ. proletarius.

proletarius, Bürger der untersten Klasse. Proletarier: eos, qui aut non plus mille quingentos aeris aut omnino nihil in suum ‖ suum in ‖ censum praeter caput attulissent, proletarios nominavit. ut ex iis quasi proles, id est quasi progenies civitatis, exspectari videretur; rep II 40.

prolixe, reichlich bereitwillig: ut hoc honoris nostri causa libenter, prolixe, celeriter facias; A XVI 16, 6. neque minus ei (Trebatio) prolixe de tua voluntate promisi; ep VII 5, 1. parum prolixe respondent Campani coloni; A VII 14, 2.

prolixus, reichlich, bereitwillig, gefällig, glücklich, günstig: Ariobarzanes non in Pompeium prolixior per ipsum quam per me in Brutum; A VI 3, 5. cetera spero prolixa esse; A I 1, 2. in hoc officio sermonis nihil potuit esse prolixius; A VII 4, 2. interest nostra Plancum hoc animo libenti prolixoque facere; A XVI 16, 13. etsi de tua prolixa beneficaque natura limavit aliquid posterior annus; ep III 8, 8.

proludo, ein Vorspiel, eine Vorübung machen: ut ipsis sententiis, quibus proluserint, vel pugnare possint; de or II 325.

prolusio, Vorspiel: I. eius modi illa prolusio debet esse; de or II 325. — II. sin mecum in hac prolusione nihil fueris; div Caec 47.

proluvies, Überschwemmung: Romae et maxime † et Appia ad Martis mira † luvies ‖ prolusies : Q fr III 7, 1.

promereor, sich verdient machen: I. homines tenues unum habent in nostrum ordinem promerendi locum; Muren 70. — II, 1. paratiores erunt et tamquam exercitatiores ad bene de multis promerendum; of II 53. — 2. si in promerendo, ut tibi tanti honores haberentur, fuisti omnium diligentissimus: Q fr I 1, 30.

promeritum, Verdienst, Schuld: I. levius se punitum, quam sit illius promeritum ‖ ille promeritus ‖; inv II 83. hoc maius est vestrum in nos promeritum, quod .. ; Quir 8. — II vestra in nos universa promerita percensere numerando; sen 1.

promiscue, (promisce), ohne Unterschied, gemeinschaftlich: unum est aurium iudicium et promisce et communiter stultis ac sapientibus ab natura datum; Font 22. promiscue toto (campo Martio) quam

proprie **parva** frui parte malitia; agr II 85. ex quo promisce ‼ promiscue ‖ haurirent; de or III 72.

promissio, Verſprechen: I. in quo debebat esse promissio auxilii alicuius; ep IV 13, 1. promissio; de or III 205. — II. Balbus venit missu Caesaris cum promissione provinciae; A. VIII 9, 4.

promissum, Verheißung, Verſprechen: I. accedere promissum tuum, quo in litteris uteris; ep VI 17, 1. velim, reliquum quod est promissi ac muneris tui, mihi persolvas; ep III 9, 3. omnia promissa confirmata, certa et rata sunt; ep VI 12, 1. — II, 1. confirmo: ſ. I. est. promissum potius non faciendum quam tam taetrum facinus admittendum fuit; of III 95. Τυῦκρις promissa patravit; A I 14, 7. persolvo: ſ. I. est. pacta et promissa semperne servanda sint; of III 92. ut optime meritis militibus promissa solvantur; ep XII 30, 4. — 2. cum eius promissis legiones fortissimae reclamassent; Phil V 22. satis est factum promisso nostro; Ver V 139. 3. utor ſ. accedit. — III. alqd: ſ. I est. isto exposito munus promissi omne confecero; part or 132. sponsor promissorum eius (reginae) Ammonius; A XV 15, 2. — IV, 1. promissis suis eum excitavit; Cluent 68. illis promissis standum non esse, quae coactus quis metu promiserit; of I 32. quasi voto quodam et promisso me teneri puto; A XII 18, 1. — 2. iter eius (Balbi) erat ad Lentulum consulem cum litteris Caesaris praemiorumque promissis; A VIII 11, 5.

promitto, verſprechen, zuſagen, zuſichern, verheißen, geloben: I, 1. ille, cui promissum sit; of I 32. — 2. cum ille dubitaret, quod ad fratrem promiserat; de or II 27. hic sine mea sententia tam facile promisit; de or II 28. quae inconstantia deorum est, ut primis minentur extis, bene promittant secundis? div II 38. — II, 1. si mihi alterum utrum de exitu atque exitu rerum promittendum esset; ep VI 1, 5. neque minus ei prolixe de tua voluntate promisi, quam eram solitus de mea polliceri; ep VII 5, 1. — 2. quibus M. Antonius urbem se divisurum esse promisit; Phil IV 10. tum illud tibi expertus promitto et spondeo, te socios Bithyniae memores esse cogniturum; ep XIII 9, 3. — III, 1. qui in pariete communi demoliendo damni infecti promiserit; Top 22. — 2. ne videar ipse a me aliquid promisisse; de or I 111. di faxint, ut faciat ea, quae promittit! A XVI 1, 6. ſ. II. donum regale tibi dicatum atque promissum; Ver V 184. pecuniam argentario promittit Aebutius; Caecin 16. his praemia sunt promissa; Phil XI 39. illis promissis standum non esse, quae coactus quis metu promiserit; of I 32. decem milia talentum Gabinio esse promissa; Rab Post 21. ne quis extra suum forum vadimonium promittere cogatur; Ver III 38.

promo, holen, herausnehmen, vorbringen, geben: est aliquid, quod ex obscuriore aliqua scientia sit promendum atque sumendum; de or I 59. cetera, quae tibi a multis prompta esse certo scio, a me sunt paratissima; ep IV 13, 6. ex quibus (locis) argumenta promuntur; de or II 131. (loci) sunt eae quasi sedes, e quibus argumenta promuntur; Top 7. promenda tibi sunt consilia; A IX 18, 2. ut quosdam hinc libros promerem; fin III 8. cum tibi senatus ex aerario pecuniam prompsisset; Ver III 195.

promoneo ſ. **praemoneo**.

promoveo, vorrücken, vorziehen: quae appellemus vel „promota" et „remota" vel „praeposita"; fin III 52. in balneariis assa in alterum apodyterii angulum promovi; Q fr III 1, 2.

prompte, freimütig: dicam paulo promptius; Ver II 176.

promptus, ſichtbar, ſchnell, bereit, geneigt, entſchloſſen: A. sunt ea, quae sunt eminentia et prompta, sumenda; de or III 215. te hilari animo esse et prompto ad iocandum; Q fr II 11 (13), 1.

Galli promptam et paratam in agendo et in respondendo celeritatem subtilitate superavit; Bru 154. cuius sit ita prompta fides; Caecin 78. sponsione me homo promptus lacessivit; Piso 55· alacri:'et prompto ore atque vultu; de or I 184. — B. altera (admonitione) prompta et aperta iudicari ‖ indicari ‼; fin I 30.

promptus, Sichtbarkeit, Bereitſchaft: hoc fere tum habemus in promptu, nihil oportere inopinatum videri; Tusc III 55. ut non recondita quadam ratione (decorum) cernatur, sed sit in promptu; of I 95.

promulgatio, Bekanntmachung: I. subito exorta est nefaria Catonis promulgatio, quae nostra studia impediret; ep I 5, a, 2. ubi promulgatio trinum nundinum? Phil V 8. — II. leges alias sine promulgatione sustulit; Phil II 109.

promulgo, anſchlagen, veröffentlichen, bekannt machen: I. promulgantibus omnibus *magistratibus* ‖ octo tribunis ‖, te ferente consule; ep I 9, 16. — II, 1. de meo reditu octo tribuni promulgaverunt; Sest 69. ſ. III. — 2. hoc tribunus plebis promulgare ausus est, ut, quod quisque possidet, id eo iure teneret, quo . . ? agr III 11. — III. alqd: ſ. II, 2. cum tribuni plebi legem iniquissimam de eorum agris promulgavissent; ep XIII 4, 2. C. Cato legem promulgavit de imperio Lentulo abrogando; Q fr II 3, 1. qui de Caesare monstra promulgarunt; Q fr II 4, 5 (6, 3). promulgarisne quaestionem de tot amplissimis viris; Vatin 26. ex senatus consulto consules rogationem promulgasse; A I 13, 3.

promulsis, Vorgericht: I. neque est, quod in promulside spei ponas aliquid; ep IX 16, 8. — II. quem (virum) tu es solitus promulside conficere; ep IX 20, 1.

promunturium, Vorgebirge: I. ad Leucopetram, quod est promunturium agri Regini; Phil I 7. — II, 1. in flectendis promunturiis; div II 94. — 2. in promunturio fanum est Iunonis antiquum; Ver IV 103.

pronepos, Urenkel: 1. avi tui pronepos scribit ad patris mei nepotem; A XVI 14, 4. — 2. es M. Lepidus, M. Lepidi, pontificis maximi, pronepos; Phil XIII 15. Iovis iste pronepos; Tusc III 26.

Pronoea, Vorſehung: isto spatio quaero cur Pronoea vestra cessaverit. laboremne fugiebat? nat I 22.

pronuntiatio, Ausſpruch, Satz, Richterſpruch, Vortrag: I. pronuntiatio est ex verborum et rerum dignitate vocis et corporis moderatio; inv I 9. quid est, cur non omnis pronuntiatio aut vera aut falsa sit? fat 26. — II. Oppianico lege et pronuntiatione nondum condemnato; Cluent 56.

pronuntiator, Erzähler: Thucydides rerum gestarum pronuntiator sincerus et grandis etiam fuit; Bru 287.

pronuntio, ausrufen, ausſprechen, verkünden, verſprechen, bekannt machen, angeben, entſcheiden, einen Richterſpruch fällen: I. (P. Clodium) pronuntiare solitam esse et non dare; A I 16, 13. — II, 1. quarum adeo omnium (virtutum) sententia (ratio) pronuntiabit primum de voluptate, nihil esse ei loci; fin II 37. — 2. pronuntiat, quid sibi imperatum esset; Ver IV 51. — 3. ut ea non esse facta, sed ut „videri" pronuntiarentur; Ac II 146. — 4. pronuntias Netinos frumentum dare non debere; Ver V 56. ſ. 1. — III. cum consules re audita AMPLIUS de consilii sententia pronuntiavissent; Bru 86. eo loco et Prognostica nostra pronuntiabas et genera herbarum, scammoniam aristolochiamque radicem; div II 47. si praeco decumas pronuntiavit; Ver III 40. illa res pronuntiata (futura); Phil IV 10. genera, al.: ſ. aristolochiam. qui (praecones) cum eorum (victorum) nomina magna voce pronuntiarint; ep V 12, 8. ut

(Chaldaei, divini) ita sua percepta pronuntient: „si quis" . . ; fat 15. quam (pecuniam) pro reo pronuntiasset; Cluent 78. ut eam rem ipsam, quam legissem, verbis aliis quam maxime possem lectis pronuntiarem; de or I 154. qui (Demosthenes) summa voce versus multos uno spiritu pronuntiare consuescebat; de or I 261. — IV. qui (Servilius) cum gratia effecisset, ut sua sententia prima pronuntiaretur; ep X 12, 3.

pronus, geneigt, ſchräg: A. quarta anxitudo prona ad luctum et maerens; rep II 68. si animal omne, ut vult, ita utitur motu sui corporis, prono, obliquo, supino; div I 120. — B. nihil habent haec duo genera proni et supera semper petunt; Tusc I 42.

prooemium, Eingang, Vorrede, Vorſpiel: I, 1. „de gloria" librum ad te misi; at in eo prooemium idem est, quod in Academico tertio. id evenit ob eam rem, quod habeo volumen prooemiorum. ex eo eligere soleo, cum aliquod σύγγραμμα institui; A XVI 6, 4. — 2. conexum ita sit principium consequenti orationi, ut non tamquam citharoedi prooemium adfectum aliquod, sed cohaerens cum omni corpore membrum esse videatur; de or II 325. — II, 1. adficio: ſ. I, 2. statim novum prooemium exaravi et tibi misi. tu illud desecabis, hoc adglutinabis; A XVI 6, 4. — 2. quoniam in singulis libris utor prooemiis; A IV 16, 2. — III. volumen: ſ. I, 1. — IV, 1. cum abs te caput illud mercennario prooemio esset ornatum; Ver I 111. — 2. cur de prooemiis et de epilogis et de huius modi nugis referti essent eorum libri; de or I 86. in his antiquitatum prooemiis; Ac I 8. de qua (gratia) suavissime quodam in prooemio scripsisti; ep V 12, 3.

propagatio, Verlängerung, Erweiterung, Fortpflanzung: I. religatio et propagatio vitium (me delectat); Cato 53. in qua (vita) nihil init nisi propagatio miserrimi temporis; ep V 15, 3. eum finium imperii propagatio retinet; prov 29. quid propagatio nominis (significat), nisi . . ? Tusc I 31. II. is (Pompeius) propagatione vitae quot hausit calamitates! Tusc I 86.

propagator, Verlängerer: ille (Pompeius) provinciae propagator; A VIII 3, 3.

propago, erweitern, ausdehnen, verlängern, hinzufügen, fortpflanzen: quid est aliud non solum propagare bellum, sed concedere etiam victoriam? Phil XII 13. ex quibus plura bona propaguntur; Top 69. ille exercitatus est in propagandis finibus, tu in regendis; Muren 22. vera gloria radices agit atque etiam propagatur; of II 43. ut religio propaganda etiam est, sic . . ; div II 149. quos si meus consulatus sustulerit, non breve nescio quod tempus, sed multa saecula propagarit rei publicae; Catil II 11. qui stirpem iam prope in quingentesimum annum propagavit; Phil I 13. propaganda suboles (tibi est): Marcel 23. tempus: ſ. saecula. cum homines sibi victu fero vitam propagabant; inv I 2.

propago, Ableger: viviradices, propagines nonne || ea || efficiunt, ut quemvis cum admiratione delectent? Cato 52.

propalam, öffentlich: neque tabulis et signis propalam conlocatis; de or I 161.

propatulus, frei, offen: in aperto ac propatulo loco signa duo sunt; Ver IV 110.

prope, nahe, nahe bei, nahe an, nächſtens, kürzlich, faſt, beinahe: A. **Präpoſition:** I. utinam propius te accessissem! A XI 13, 2. cum plebes prope ripam Anionis || Anienis || ad tertium miliarium consedisset; Bru 54. quod prope muros hostes castra haberent; inv II 123. exercitum habere quam proxime hostem; A VI 5, 3. ut non modo prope me, sed plane mecum habitare posses; ep VII 23, 4. quare nihil esset necesse quam proxime Italiam esse; A III 14, 2. cum proxime Romam venisti; ep V 2, 4. — II. ſ. propediem, prope modum. video huic noctem prope urbem exspectandam (fuise); Milo 52.

B. **Adverb:** I. quoniam propius abes; A I 1, 2. quod ad numeros proxime accedit; orat 198. in qua (re) propius ad deorum numen virtus accedat humana; rep I 12. ei proxime adiunctus C. Drusus frater fuit; Bru 109. ut terram lunae cursus proxime ambiret; Tim 29. propius a terra Iovis stella fertur; nat II 52. apud socrum tuam prope a meis aedibus sedebas; Piso 26. volebam prope alicubi esse; ep IX 7, 1. quo propius (Brutus) est; ep XII 4, 2. — II. quae paulo arte praecepta dedimus ambigui quaeque proxime sententiae et scripti; part or 137. qui censores proxime fuerunt; Cluent 117. interitus exercituum, ut proxime trium, saepe multorum; of II 20. quo (tempore) proxime fuimus una; ep VII 3, 1. quas (litteras) proxime ad te dedi; A XI 10, 2. — III. quid haec perficere potest necessitudinis distributio? prope dicam, plurimum; inv II 171. ut veniret Lampsacum cum magna calamitate et prope pernicie civitatis; Ver I 63. prope annum domi tuae piratae fuerunt; Ver V 76. me uti prope novo quodam et inusitato genere dicendi: Arch 3. qui (Demosthenes) abhinc annos prope trecentos fuit; div II 118. ad quem prope iam delatum existimatur; ep I 5, a, 3. non possum ego non aut proxime atque ille aut etiam aeque laborare: ep IX 13, 2. propius nihil est factum, quam ut (Cato) occideretur; Q fr I 2, 15. propius factum esse nihil: A X 4, 8. (ambulatiuncula) prope dimidio minoris constabit; A XIII 29, 2. — IV. quid indicant sensus? dulce amarum, leve asperum, prope longe; fin II 36.

propediem, nächſtens: de te propediem impetrabit; ep IV 13, 5. harum litterarum vis quanta fuerit, propediem iudicabo; ep XIII 6, 5. propediem te videbo; ep II 12, 3. verum haec propediem et multa alia coram; ep XII 1, 2.

propello, treiben, forttreiben: si paulo etiam longius L. Caecilium pietas propulisset; Sulla 64. an eam (orationem) paululum dialecticorum remis propellerem; Tusc IV 9.

prope modum, beinahe, faſt: I. ut iam prope modum appareat multitudo deorum; nat II 39. de verbis componendis et de syllabis prope modum dinumerandis et dimetiendis loquemur; orat 147. — II. aequales prope modum fuerunt; Bru 182. quaestura utriusque prope modum pari momento sortis fuit; Muren 18.

propendeo, hinneigen, das Übergewicht haben: ut is inclinatione voluntatis propendeat in nos; de or II 129.' si multo maiore et graviore ex parte bona propendent; Tusc V 86. si (indices) se dant et sua sponte, quo impellimus, inclinant atque propendent; de or II 187.

propensio, Neigung, Gewicht: nulla in re nisi in virtute aut vitio || aut v.] | propensionem ne minimi quidem momenti ad summum bonum adipiscendum esse; fin IV 47.

propensus, geneigt, ſich hinneigend, ſich nähernd, überwiegend: A. ne propensior ad turpem causam videar; A VII 26, 2. quae (causa) quoniam utro accessit, id fit propensius; par 24. coram et quidem propenso animo ad probandum; A XIII 21, a. 4 (7). propensior benignitas esse debebit in calamitosos; of II 62. cuius (Lucilii) disputatio tibi ipsi ad veritatem esse visa propensior; div I 9. tua voluntas fuit ad lenitatem propensior; Phil VIII 1. — B. ut a propensis in hanc partem vehementer et colamur et amemur; Q fr II 15 (16), 1.

properatio, Eilfertigkeit: ad properationem meam quiddam interest non te exspectare, dum . . ; ep V 12, 2.

propero, eilen: I, 1. erat nihil, cur properato opus esset; Milo 49. — 2. cum in campum properaret (Scaevola); de or I 166. inde ventis, remis in patriam omni festinatione properavi; ep XII 25, 3.

ut Romam protinus pergas et properes; Q fr I 3, 4. haec properantes scripsimus; A IV 4. magna haec, sed ad maiora properat oratio; Phil V 38. — II, 1 quod propero audire de te; Bru 232. (Hortensius) properavit rem deducere in iudicium; A I 16, 2. Varroni quae scripsi ita propero mittere, ut . .; A XIII 21, a, 1 (21. 4). quamquam rationes deferre referre ‖ properarim; ep V 20, 2. — 2. hunc ut sequnerer, properavi; Phil I 10.

propino, zutrinfen: adridens (Theramenes) „propino“, inquit, „hoc pulchro Critiae“; Tusc I 96.

propinquitas, Nähe, Verwandtſchaft: I, 1. si pietate propinquitas colitur; Quinct 26. propinquitas locorum ad utram partem profertur? Ver V 6. — 2. hoc praestat amicitia propinquitati, quod ex propinquitate benivolentia tolli potest, ex amicitia non potest; Lael 19. — 3. ea oportunitas (loci) quaeritur ex longinquitate, propinquitate; inv I 38. tollo ex: ſ. 2. — II, 1. qui Aricinum tanto opere despicit propinquitate paene finitimum municipium; Phil III 15. — 2. nimis imminebat propter propinquitatem Aegina Piraeo; of III 46.

propinquus, nahe, benachbart, nahe bevorstehend, verwandt: A. exauditus in agro propinquo est strepitus armorum; har resp 20. cuius ego industriae faveo propter propinquam cognationem; Ligar 8. videtur mihi res in propinquum adducta discrimen; ep V 21, 3. in augurum precatione Tiberinum, Spinonem, alia propinquorum fluminum nomina videmus; nat III 52. eadem te hora consilium cepisse hominis propinqui fortunas funditus evertere; Quinct 53. qui (Hector) moriens propinquam Achilli mortem denuntiat; div I 65. quem ad modum vos propinquis vestris praediis maxime delectamini; Ver II 7. erat spes propinqui reditus; A IX 15, 3. abutimur verbis propinquis; orat 94. Albae constiterunt, in urbe propinqua; Phil IV 6. — B, a, I. pudicitiam cum eriperet militi tribunus militaris in exercitu C. Marii, propinquus eius imperatoris; Milo 9. cari sunt parentes, cari liberi, propinqui, familiares; of I 57. veniunt Syracusas parentes propinquique miserorum adulescentium; Ver V 105. — II, 1. sine summo scelere P. Quinctium, propinquum tuum, iugulare non potes; Quinct 44. — 2. graves dolores inventi parentibus et propinquis; Ver V 119. — 3. cum filio hereditas a propinquo permagna venisset; Ver I 27. — III. magis fugiendam censet amissionem etiam liberorum, propinquorum, amicorum quam facere cuiquam iniuriam; of III 26. ipsius Sex. Naevii manum prehendit in propinquorum bonis proscribendis exercitatam; Quinct 97. pro me non propinquorum multitudo populum Romanum est deprecata; sen 37. Annaea de multorum propinquorum sententia, pecuniosa mulier, fecit heredem filiam; Ver I 111. artior conligatio est societatis propinquorum; of I 53. — IV. cum (Regulus) retineretur a propinquis et ab amicis; of I 39. — b. si virgo Vestalis, huius propinqua, locum suum gladiatorium concessit huic; Muren 73. — c. audacia non contrarium, sed appositum est ac propinquum; inv II 165.

propior, proximus, nahe, ähnlich, verwandt, vorige, folgende: A. duobus summis, Crasso et Antonio, L. Philippus proximus accedebat, sed longo intervallo tamen proximus; Bru 173. cum Hortensio mihi magis arbitrabar rem esse, quod et dicendi ardore eram propior et aetate coniunctior; Bru 317. proximus Pompeium sedebam; A I 14, 3. quod proximum fuit, (Epicurus) non vidit; fin II 4. sese in annum proximum transtulit; Milo 24. quae tandem esse potest propior certiorve cognatio? leg I 25. cum proximis comitiis consularibus me interficere voluisti; Catil I 11. si (dactylus) est proximus a postremo; orat 217. quem (Gabinium) proximis superioribus diebus acerrime oppugnasset; ep I·9, 20.

sum ex proximo vicini fundo deiectus; Caecin 82. proxima hostia litatur saepe pulcherrime; div II 36. quantam laudem consecutus sis; mihi crede, proximam Planco; ep X 25' 1. priusquam tuas legi has proximas litteras; ep VII 23, 4. conclave proxima nocte corruit; div I 26. nos alium portum propiorem huic aetati videbamus; A XIV 19, 1. hunc (Pisistratum) proximo saeculo Themistocles insecutus est; Bru 41. propior (societas) eorum, qui eiusdem civitatis (sint); of III 69. et ultimi temporis recordatione et proximi memoria; prov 43. — B, a, I. intimus, proximus, familiarissimus quisque sibi pertimuit; Q fr I 4, 1. — II, 1. consolemur eorum proximos; Phil XIV 34. — 2. quos (honores) cum proximis communicavit; Piso 70. fructus ingenii tum maximus capitur, cum in proximum quemque confertur; Lael 70. — b. 1. propiora videamus; nat III 80. — 2. ut ad haec propiora veniam; Sest 13.

propitius, geneigt, günstig, gnädig: A. ita mihi omnes deos propitios velim; Ver V 37. quid dicam „(deus) propitius sit“? esse enim propitius potest nemini; nat I 124. patria propitia sit; A II 9, 3. iratum, propitium (oculi cognoscunt); nat II 145.

propola, Höfer: panis et vinum a propola atque de cupa; Piso 67.

propono, hinstellen, aufstellen, anſchlagen, angeben, barstellen, zeigen, barlegen, ankündigen, in Ausſicht ſtellen, ſich vornehmen, beabſichtigen, beſtimmen: I. dicam deinceps, ut proposui, de periculo; Phil VII 16. — II, 1. proponi oportet, quid adferas, et quare ita sit, ostendere; de or II 177. priusquam illa conor attingere, proponam breviter, quid sentiam de universo genere dicendi; de or III 25. sic est propositum, de quo disputaremus; Tusc V 11. — 2. his idem propositum fuit, quod regibus, ut ne qua re egerent, ne cui parerent; of I 70. — 3 omni huic sermoni propositum est, ut laborem et industriam (meam perspicias); Bru 318. ſ. 2. — 4. est propositum conligere eos, qui . .; Bru 137. cum sit his propositum non perturbare animos, sed placare potius; orat 65. — 5. illud, quod mihi in hac omni est oratione propositum, omnibus malis illo anno rem publicam esse confectam; Sest 58. — III. non potuisset accidere, ut unum genus esset omnium, nisi aliquem sibi proponeret ad imitandum; de or II 93. degredi ab eo, quod proposueris atque agas; de or II 311. C. Censorinus, quod proposuerat, explicans expedite; Bru 237. ſ. salutem. II, 2. 5. vgl. **propositum.** cum huius vobis adulescentiam proposueritis; Cael 79. neque proposito argento; de or I 161. quo facilius id, quod propositum est, summum bonum consequamur; fin I 57. magnam ei causam, magnam spem in Milonis morte propositam, magnas utilitates fuisse; Milo 67. spes commodi propositi multitudinem concitabat; Sest 105. cum esset haec ei proposita condicio, ut . .; Cluent 42. cum (Cato) semper in proposito susceptoque consilio permansisset; of I 112. minae Clodii contentionesque, quae mihi proponuntur, modice me tangunt; A II 19, 1. ut gubernatori cursus secundus, medico salus, imperatori victoria, sic huic moderatori rei publicae beata civium vita proposita est; rep V 8. edicto adlato atque proposito; Phil V 28. ubi (edicta) proponuntur; A II 21, 4. si quidem ille ispe in publico proposuit epistulam illam; A VIII 9, 2. est illud quidem exemplum tibi propositum domi; Muren 66. qui sibi alios proposuerunt fines bonorum; fin V 57. quis umquam eius rei fraudem aut periculum proposuit edicto, quae . .? Ver I 107. quibus laus, merces, gratia, gratulatio proposita est omnis in impudenti mendacio; Flac 12. duobus propositis honestis utrum honestius sit; of I 161. qui impunitate et ignoratione omnium proposita

abstinere possit iniuria; of III 72. quae (iniuriae) propositae sunt a Catone; ep I 5, b, 2. propositi ex negotiatoribus iudices nulli; Ver II 34. laudem: f. gratiam. quoniam || cum || de religione leges proposueras; leg III 48. tanta mihi abs te mercede proposita; Q fr III 7, 1. f. gratiam. minas: f. contentiones. ut vitam miserrimam turpissima morte proposita degeret; Sulla 75. si eius (Gracchi) orationem mihi forte proposuissem; de or I 154. cum omnibus nobis in administranda re publica propositum esse debeat cum dignitate otium; ep I 9, 21. res erat in praesenti atque ante oculos proposito periculo; dom 11. f. fraudem. amplissimis eloquentiae propositis praemiis; de or I 16. quia legibus et praemia proposita sint virtutibus et supplicia vitiis; de or I 247. haec una ratio a rege proposita Postumo est servandae pecuniae; Rab Post 28. qui de omni re proposita in utramque partem solent copiosissime dicere; de or I 263. ut (maiores) in legibus scribendis nihil sibi aliud nisi salutem atque utilitatem rei publicae proponerent; inv I 68. f. cursum. ex interitu eius (rei publicae) nullam spem scilicet mihi proponebam, ex reliquiis magnam; ep XV 15, 1. f. causam. supplicia: f. praemia. nobis opus est eorum ventorum, quos proposui, moderator; ep II 6, 4. versibus propositis quam maxime gravibus; de or I 154. victoriam, vitam: f. cursum. utilitatem: f. causam, salutem.

proportio, Ebenmaß, Verhältnis: I. id optime adsequitur, quae Graece ἀναλογία, Latine comparatio proportiove dici potest; Tim 13. — II. ut deus ea inter se compararet et proportione coniungeret; Tim 15.

propositio, Vorstellung, Angabe, Satz, Thema, Vordersatz: I, 1. quae propositio in se quiddam continet perspicuum; inv I 62. quas illi duas partes numerent, propositionem et approbationem, sibi unam partem videri, propositionem; quae si approbata non sit, propositio non sit argumentationis; inv I 60. est quaedam argumentatio, in qua propositio non indiget approbationis, et quaedam, in qua nihil valet sine approbatione; inv I 62. huiusne vitae propositio et cogitatio aut Thyestem levare poterit aut Aeetam? Tusc III 39. neque propositionem absolutam neque adsumptionem sibi perfectam videri, quae approbatione confirmata non sit; inv I 60. propositio, quid sis dicturus; de or III 203. — 2. videor: f. 1. est. — II, 1. absolvo, confirmo: f. I, 1. videtur. approbo, numero: f. I, 1. est. cum propositio ex se intellegitur; inv I 70. si qui aut adsumptionem aliquando tolli posse putent || putet || aut propositionem; inv I 75. — 2. separatum est quiddam || separata est || a propositione approbatio; inv I 62. — III. propositionis approbatione praeterita; inv I 70. quod ostendere velis, id ex vi propositionis oportere adsumere; inv I 59. — IV. magnificentia est rerum magnarum cum animi ampla quadam et splendida propositione cogitatio atque administratio; inv II 163.

propositum, Vorsatz, Satz, Thema, Hauptsache: I. [est] propositum quasi pars causae: part or 61. propositum pars est causae; Top 80. — II, 1. quo propositum adsequatur; fin III 22. propositum in aliquo eorum (cernitur) aut in pluribus; Top 80. haec habet proposita; Phil X 23. infinitum (genus est), quod θέσιν illi (Graeci) appellant, nos propositum possumus nominare; Top 79. alterum (quaestionum genus) infinitum nullis neque personis neque temporibus notatum propositum voco: part or 61. — 2. aberramus a proposito; fin V 85. prius de proposito dicamus: cuius genera sunt duo, cognitionis alterum. alterum actionis; part or 62. ut egrederetur a proposito ornandi causa; Bru 82. ad propositum revertamur; of II 35. — III, 1. genera: f. II, 2. dico de. — 2. declinatio brevis

a proposito; de or III 205. reditus ad propositum: de or III 203. — IV. est in proposito finis fides: part or 9.

propraetor, Proprätor: I. quam multi anni sunt, cum bella a proconsulibus et a propraetoribus administrantur, qui auspicia non habent! div II 76. — II. quae (litterae) sunt a consulibus et a propraetore missae; Phil XIV 6. f. I.

proprie, eigentlich, besonders, ausschließlich, ausdrücklich, persönlich, eigentümlich: quae (crimina) in hunc proprie conferuntur; Cael 30. quam scienter, quam proprie de uno quoque (historico) dixit! de or II 59. proprie in rebus invenire. in verbis eloqui dicitur; part or 3. promiscue toto (campo Martio) quam proprie parva · frui parte malitis; agr II 85. (nomen hostis) a peregrino recessit et proprie in eo, qui arma contra ferret. remansit; of I 37. id est proprie tuum; ep IX 15, 1. meam causam omnes boni proprie susceperant: Sest 38. quae (persona) proprie singulis est tributa; of I 107.

proprietas, Eigentümlichkeit: I. singularum rerum singulas proprietates esse; Ac II 56. — II. notio explicanda est et proprietas; Top 83. proprietas sic (quaeritur): in hominemne solum cadat an etiam in beluas aegritudo; Top 83. — III. quin definitio genere declaretur et proprietate quadam: part or 41.

proprius, eigen, angehörig, eigentümlich, eigenartig, persönlich: A. Panurgum tu proprium Fanii dicis fuisse; Q Rosc 28. quod huius imperii disciplinaeque maiorum proprium est; Catil I 1. id est cuiusque proprium, quo quisque fruitur atque utitur; ep VII 30, 2. vgl. B. propriis et suis argumentis et admonitionibus tractanda quaeque res est: Tusc V 19. ut cum Gigantibus, (di) sua propria bella gesserunt; nat II 70. eum adsumpto aliunde uti bono, non proprio nec suo; de or II 39. A. Caecinam, maxime proprium clientem familiae vestrae: ep XIII 66, 1. quod crimen erat proprium illius quaestionis; Cluent 97. id mihi videbitur Crassus sua quadam propria, non communi oratorum facultate posse; de or I 44. non debes aut propriam fortunam et praecipuam postulare aut communem recusare: ep IV 15, 2. viri propria maxime est fortitudo; Tusc II 43. quae sit propria laus Atticorum; orat 24. populi Romani est propria libertas; Phil VI 19. requisivi equidem proprias ad me unum || a te litteras; ep XII 30, 3. locus iis etiam naturis, quae sine animis sunt, suus est cuique proprius: [nat I 103. cetera ab oratoris proprio officio atque munere seiuncta esse arbitror; de or I 262. quod, qui proprio nomine perduellis esset, is hostis vocaretur: of I 37. propria veri, non communi veri et falsi nota: Ac II 33. officium: f. munus. illa oratorum propria et quasi legitima opera; Bru 82. esse eius rei signum proprium, qua de agitur, ut cruorem caedis; inv I 81. ornandi causa proprium rerum commutatio (est verbum); de or III 167. — B, I. qui (philosophi) omnia sicut propria sua esse atque a se possideri volunt; de or I 217. quod est epistulae proprium, ut is certior fiat; Q fr I 1, 37. vgl. A. alqd. — II. nullum erit iudicium, quia proprium communi signo notari non potest; Ac II 34.

propter, neben, daneben, nahe bei, nahe, wegen, aus, durch: A. **Präposition:** I, 1. in pratulo propter Platonis statuam consedimus; Bru 24. bacillum propter me ponitote; Tusc I 104. quod est litus propter ipsum introitum atque ostium portus; Ver V 80. — 2. quartus (Vulcanus) Memalio natus, qui tenuit insulas propter Siciliam; nat III 55. — 3. quem propter (Arietem) »Pisces«; nat II 111. haec (Corona) a tergo, propter caput antem Anguitenens; nat II 108. -- II, 1. hae sordes susceptae sunt propter unum me; Sest 145. incendere

illa coniuratorum manus voluit urbem, vos eius domum, quem propter urbs incensa non est; Piso 15. quos propter omnia amisimus; A X 4, 1. — 2. propter tuum in me amorem nostramque uecessitudinem vehementer confidit . .; ep I 3, 1. fieri omnia illa propter argentum; Verp IV 40. eam suspicionem propter hanc causam credo fuisse, quod . .; Bru 100. ut frangerer animo propter vitae cupiditatem; Phil II 37. cuius propter fidem et religionem iudicis testes compararit ‖ comparabat ‖; Q Rosc 45. quem (Tironem) propter humanitatem et modestiam malo salvum quam propter usum meum; A VII 5, 2. ut homines propter iniurias licentiamque decumanorum mortem sibi ipsi consciverint; Ver III 129. a quo erant ipsi (equites) propter iudicia abalienati; de or II 199. licentiam: f. iniurias. quod propter eius ingenii magnitudinem vellem; de or I 233. iam diu propter hiemis magnitudinem nihil ad nos novi adferebatur; ep II 14. modestiam: f. humanitatem. necessitudinem: f. amorem. non vos tam ₚₒₜter iuris obscuram dubiamque rationem bis iam de eadem causa dubitasse quam . .; Caecin 6. religionem: f. fidem. si propter alias res virtus expetitur; leg I 52. qui (conventus Capuae) propter salutem illius urbis consulatu conservatam meo me unum patronum adoptavit; Sest 9. regiones omni cultu propter vim frigoris aut caloris vacantes; Tusc I 45. usum: f. humanitatem. B. **Adverb:** I. gladium propter appositum e vagina eduxit; nat II 14. cum duo filii propter cubantes ne sensisse quidem se dicerent; Sex Rosc 64. si (caules) propter sati sint; nat II 120. qui tum consulto propter in occulto stetissent; Cluent 78. — II. »propter Aquarius obscurum dextra rigat amnem«; fr H IV, a, 417.

propterea, beșwegen, beșhalb: I. neque, quod quisque potest, id ei licet, nec, si non obstaret, propterea etiam permittitur; Phil XIII 14. cum homines bestiaeque hoc calore teneantur et propterea moveantur ac sentiant; nat II 31. — II. diligi iucundum est propterea, quia tutiorem vitam efficit; fin I 53. quodsi is esset Panaetius, qui virtutem propterea colendam diceret, quod ea efficiens utilitatis esset; of III 12. cum essem otiosus in Tusculano, propterea quod discipulos obviam miseram; ep IX 18, 1. haec propterea de me dixi, ut mihi Tubero ignosceret; Ligar 8.

propudium, Schandbube: quos optimos viros interemit propudium illud et portentum, L. Antonius; Phil XIV 8.

propugnaculum, Schutzwehr, Schutz, Bollwerk: I. duo propugnacula belli Punici, Cn. et P. Scipiones, cogitatesne videntur . .? par 12. — II, 1. lex Aelia et Fufia eversa est, propugnacula tranquillitatis atque otii; Piso 9. domus ut propugnacula et praesidium habeat, Philotimo dicetis; ep XIV 18, 2. — 2. ut propugnaculo ceteris posset (illa navis) esse; Ver V 89.

propugnatio, Verteidigung: I. ne mea propugnatio ei potissimum defecisse videatur; Sest 3. — II. suscepi mihi perpetuam propugnationem pro omnibus ornamentis tuis; ep V 8, 1. — I. propter tuam propugnationem salutis meae; ep I 9, 2.

propugnator, Kämpfer, Verfechter, Verteidiger: I. 1. Mucius, quasi patrimonii propugnator, quid attulit, quod . .? de or I 244. — 2. alter fuit propugnator mearum fortunarum, C. Piso; sen 38. — II, 1. senatum rei publicae propugnatorem conlocaverunt; Sest 137. de Cn. Pompeio, propugnatore et custode imperii, interficiendo consilia inibantur; dom 129. — 2. spoliari rem publicam propugnatoribus arbitrantur; Sest 103. — III. classis inops propter dimissionem propugnatorum; Ver V 86.

propugno, kämpfen, streiten: ut non oppugnare commoda patriae, sed pro his propugnare possit; inv I 1. cum pro mea salute acerrime propugnaret; ep XI 16, 2. non (bestiae) pro suo partu ita propugnant, ut vulnera excipiant? Tusc V 79. eam (fortitudinem) virtutem esse propupnantem pro aequitate; of I 62.

propulso, abwenden, abwehren: quo usque tantum bellum privatis consiliis propulsabitur? Phil III 3. per quam (vindicationem) vim et contumeliam defendendo aut ulciscendo propulsamus a nobis; inv II 66. frigus, famem propulsare possimus necne possimus; fin IV 69. extra propulsandorum hostium causam; rep III 35. ut inimicorum impetus propulsare possim; Muren 2. cum a sociis et a se iniuriam propulsaret; Planc 34. omnes ad pericula propulsanda concurrimus; Muren 45. qui ad servitutem propulsandam ingenuo dolore excitetur; Phil X 18. vim: f. contumeliam.

propylaea, Vorhof: quod (Pericles) tantam pecuniam in praeclara illa propylaea coniecerit; of II 60.

prora, Schiffsvorderteil: 1. quid tam in navigio necessarium quam latera, quam prora, quam puppis? de or III 180. — 2. mihi „prora et puppis“, ut Graecorum proverbio est, fuit a me tui dimittendi, ut rationes nostras explicares; ep XVI 24, 1.

proripio, fortreißen, hervorstürzen: quod adulterium, quod stuprum, quae libido non se proripiet ac proiciet? fin II 73. cum repente hominem proripi iubet; Ver V 161. libidinem, al.: f. adulterium.

prorogatio, Aufschub: ego vero utar prorogatione diei; A XIII 43.

prorogo, verlängern, verschieben, aufschieben: ipse adsum, nisi quid tu prorogas; A XIII 34. f. tempus. paucis tibi ad solvendum prorogatis diebus; Phil II 74. quodsi tibi prorogatum imperium viderem; Q fr I 1, 4. esse etiam fortunae potestatem in nos prorogatam; Q fr I 1, 4. ne provincia nobis prorogetur; A V 11, 1. ne patiare quicquam mihi ad hanc provincialem molestiam temporis prorogari; ep II 7, 4. ne mihi tempus prorogetur; ep XV 13, 3.

prorsus, prorsum (prosus, prosum), gerabezu, ganz und gar, burchaus: verbum prorsus nullum intellego; de or II 61. gladiatores emptos esse ad caedem. ita prorsus; Sulla 54. ita prosus existimo; fin I 23. his prorsus adsentior; div II 100. prorsus ‖ prosus ‖ adsentior; leg II 17. immo prorsus ‖ prosus ‖ ita censeo; leg II 23. sic prorsus ‖ prosum ‖ censeo; leg II 49. prorsus eum libero omni suspicione cupiditatis; ep I 2, 3. venies expectatus, neque solum nobis, sed prorsus omnibus; ep IV 10. iam prorsus occallui; A II 18, 4. prorsus non videbatur esse dubium, quin . .; A XIII 45, 1. de summa agi prorsus vehementer et severe volo; A XVI 15, 2.

prorumpo, hervorbrechen: prorupit (hic archipirata) subito Brundisium; Phil XIII 18. eo prorumpere hominum cupiditatem et scelus et audaciam; Sex Rosc 12.

prosapia, Geschlecht, Familie: reliquos (deos ex his generatos editosque) et eorum, ut utamur vetere verbo, prosapiam; Tim 39.

proscribo, bekannt machen, ankündigen, ausbieten, einziehen, ächten: I. eum non ita commode posse eo tempore, quo proscripsisset, vendere; Quinct 16. — II. proscripsit (Milo) ‖ Sestius ‖ se per omnes dies comitiales de caelo servaturum; A IV 3, 3. senatum Kalendis velle se frequentem adesse etiam Formiis proscribi iussit; A IX 17, 1. — III. occisum in proscriptorum numerum rettulistis; Sex Rosc 32. ut proscribere possit (tribunus), quos velit; dom 44. ut quid? si victus eris, proscribare? A VII 7, 7. Claudium aedes postea proscripsisse, quam

esset ab anguribus demoliri iussus; of III 66. de
auctione proscribenda equidem locuta sum cum
Balbo; A XIII 37, 4. cuius (Domitii) modo bona
proscripta vidi; Phil XI 13. non proscripta neque
edicta die; Ver I 141. fundum proscripsit; Tul 16.
cum proscriberentur homines; Sex Rosc 16. horti
quam in diem proscripti sint; A XII 49, 3 (2).
quo nomine proscriptam (legem) videtis; Ver V 177.
Bacilius tabulam proscripsit se familiam Catonianam
venditurum; Q fr II 4, 5, Tusculanum proscripsi;
A IV 2, 7. ut venationem eam proscriberent *in* III
IDUS QUINCTILES; A XVI 4, 1.

proscriptio, Bekanntmachung, Ausbietung,
Einziehung, Ächtung: I. dissolvit, II. dissolvo:
f. scribo. qui nec multitudinem creditorum nec
bonorum proscriptionem effugere potuisset; sen 11.
quam ad diem proscriptionis venditionesque fiant;
Sex Rosc 128. ut non nominatim, sed generatim
proscriptio esset informata; A XI 6, 2. ne nova
per vos proscriptio instaurata esse videatur; Sex
Rosc 153. quid, si iis verbis scripta est ista proscriptio, ut se ipsa dissolvat? dom 50. — III. cum
caput meae proscriptionis recitaretur; sen 4.
equites Romanos proscriptionis metu esse permotos;
sen 33. illud tempus Sullanarum proscriptionum
praetermittam; Ver I 43. — IV. in ista postulatione
et proscriptione bonorum improbissimus reperiebare;
Quinct 56.

proscripturio, in die Ächt erklären wollen:
ita sullaturit animus eius (Gnaei) et proscripturit
iam diu; A IX 10, 6.

prosemino, aussäen, fortpflanzen: cum essent
plures orti fere a Socrate, proseminatae sunt quasi
familiae dissentientes inter se; de or III 61.
sollertiam eam, *quae* posset vel in tegulis proseminare ostreas; fr F V 78.

prosequor, begleiten, geleiten, verfolgen: I.
in primis finibus tibi se praesto fuisse dicit, usque
ad ultimos prosecutum; Deiot 42. — II. te quibus
studiis prosequemur! Marcel 10. cum te Puteolis
prosequerer; ep III 10, 8. cum te prosequerer
paludatum; ep XIII 6, 1. domus tua tota me semper
omnibus summis officiis prosecuta est; ep XV 10, 2.
mirabilis eum (Pansam) virorum bonorum benivolentia
prosecuta est; ep XV 17, 3. quod eum (Domitium
publicani) essent cum equis prosecuti; Q fr II 11
(13), 2. is me nec proficiscentem Apameam prosecutus est nec ..; A VI 3, 6. qui eius indomitos
furores plausu etiam suo prosequebantur; har resp
52. eas (laudes) etiam cantus ad tibicinem prosequatur, cui nomen neniae; leg II 62. tantus eos
(mortuos) honos, memoria, desiderium prosequitur
amicorum; Lael 23. quod gratissimis animis prose-
quimini nomen clarissimi adulescentis; Phil IV 3.
illius mortis oportunitatem benivolentia potius quam
misericordia prosequamur; Bru 4. reliquum est,
ǁ *ut* ǁ tuam profectionem amore prosequar, reditum
spe exspectem; ep XV 21, 5. volatus eorum (pullorum)
matres prosequuntur; nat II 129.

prosilio, hervorspringen: quos quam ob rem
„temere prosiluisse" dicas, non reperio; Cael 64.
„dein temere prosiluerunt (testes)"; Cael 63.

prospecto. hinschauen, sich umsehen, erwarten:
I. prospectat Cominius, quid agatur; fr A VII 3. —
II. quae (navis) omnibus prospectare iam exsilium
domini videbatur; Ver V 44. dies et noctes mare
prospecto; A IX 10, 2.

prospectus, Aussicht: I, 1. in Palatio, pulcherrimo prospectu, porticum concupierat; dom
116. — 2. o praeclarum prospectum! Ac II 80. —
II. cetera noli putare amabiliora fieri posse villa,
litore, prospectu maris; A XII 9.

prosper, prosperus, günstig, glücklich: A.
ut prosperos exitus consequar; A IX 7, 1. cum
prospero flatu eius (fortunae) utimur; of II 19. etsi

nihil est homini magis optandum quam prospera,
aequabilis perpetuaque fortuna; Quir 2. est hominum
generi prosperus et salutaris ille fulgor, qui dicitur
Iovis; rep VI 17. in rebus prosperis et ad volan-
tatem nostram fluentibus; of I 90. — B. »prospera
Iuppiter his dextris fulgoribus edit«; div II 82.

prospere, glücklich: ego vero velim mihi
Tulliaeque meae prospere evenire ea, quae ..:
ep III 12, 2. quicquid prospere gestum est; Marcel
6. ut omnia prospere procedant; ep XII 9, 2. omnia
profluenter, absolute, prospere, igitur beate; Tusc V 53.

prosperitas, Gedeihen, Glück: I. improborum
prosperitates secundaeque res redarguunt vim
omnem deorum; nat III 88. — II. omnem commoditatem prosperitatemque vitae a dis se habere:
nat III 86.

prospicientia, Vorsorge: uti vacuum metu
populum Romanum nostra vigilia et prospicientia
redderemus; Phil VII 19.

prospicio, achtgeben, vorsehen, sorgen, erblicken, voraussehen, beschaffen: I. προθεσπίζω non
hariolans, sed coniectura prospiciens; A VIII 11. 3.
nec praeterita nec praesentia abs te. sed ut ab
homine longe in posterum prospiciente futura exspecto:
ep II 8, 1. — II, 1. prospicite animis, quid futurum
sit; Ver III 218. — 2. prospexistis, ne quae popularis in nos aliquando invidia redundaret; dom 69. —
3. vivi prospicere debemus, ut illorum solitudo munita
sit; Ver I 153. — 4. a te peto, ut prospicias et
consulas rationibus meis; ep III 2, 1. melius
Caecilius de sene alteri saeculo prospiciente; Cato
25. saluti prospexit civium; fin I 35. — III. ut ille
domum suam prospicere posset; Ver V 169. in
munere servili obtulit se ad ferramenta prospicienda;
Sulla 55. quos futura prospicere credimus; of II 33.
ipse ex equo nudatam ab se provinciam prospicit:
Ver II 154. multo ante tamquam ex aliqua specula
prospexi tempestatem futuram; ep IV 3, 1. quam
(tempestatem) ego XIIII annis ante prospexerim; A
X 4, 5. alii orientem tyrannidem multo ante prospiciunt; div I 111.

prosterno, niederwerfen, niederschlagen, zu
Grunde richten, vernichten: filius se ad pedes
meos prosternens te mihi commendabat; Phil II 45.
Hirtius . hostes nefarios prostravit; Phil XIV 27.
caesis prostratisque sanctissimis lucis; Milo 85.
quorum scelere religiones tum prostratae adflictaeque
sunt; leg II 42. adeo prostrata res publica (tibi
visa est)? Vatin 35.

prostituo, preisgeben: o te ǁ tu ǁ , scelerate, qui
subactus et prostitutus es! fr B 16.

prosto, feilstehen: cuius vox in praeconio
quaestu prostitit; Quinct 95.

prosum, nützen, förderlich sein: I. quia maius
est prodesse omnibus quam opes magnas habere:
nat II 64. — II, 1. prosit (L. Flacco), quod hic sua
pericula cum meis coniunxit; Flac 101. — 2. multum
prodest ea, quae metuuntur, ipsa contemnere;
Tusc IV 64. — 3. hoc facere illum mihi quam
prosit, nescio; rei publicae certe prodest; A II 1, 6.
— III. non tam ut prosim causis, elaborare soleo.
quam ut ne quid obsim; de or II 295. quanam re
possem prodesse quam plurimis; div II 1. quod prodesset (ὠφέλημα enim sic appellemus); fin III 33.
metuo, ne artificium tuum tibi parum prosit; ep
VII 13, 2. non intellego, quod bonum cuiquam sit
apud tales viros profuturum; Balb 63. celeritas: f.
dictum. quamquam (illa consolatio) saepe prodest:
„non tibi hoc soli"; Tusc III 79. et amici cultus
et parentis ei, qui officio fungitur, in eo ipso prodest, quod .. ; fin V 69. nullo loco plus facetiae
prosunt et celeritas ac breve aliquod dictum; de or
II 340. quin homines plurimum hominibus et prosint et obsint; of II 17. sin autem a me est alie-
nior, nihil tibi meae litterae proderunt; ep II 17, 7.

cui misero praeclari in rem publicam beneficii memoria nihil profuit; Cael 74. qui (pudor) non [uodo non] obesset eius orationi, sed etiam probitatis commendatione prodesset; de or I 122. ea res haud scio an plus mihi profuerit; Planc 66. quo plus in negotiis gerendis res quam verba prosunt; Ac II 2. quo in loco nobis vita ante acta proderit; Sulla 77.

protego, becfen, fcfjütsen, ein $Borbacf) anlegen: l. ex quo tecto in eius aedes, qui protexisset, aqua deflueret; Top 24. — II. ego iacentem et spoliatum defendo et protego; Sulla 50.

protero, treten, oeracfjten: sin istum semper illi ipsi domi proterendum et conculcandum putaverunt; Flac 53. »quia, quae (stellae) faciunt vestigia cursu, non eodem semper spatio protrita teruntur«; fr H IV, a, 472.

proterreo, fortfcfjeucfjen, oerjagen: cum te viri verbis gravissimis proterruissent; dom 183. Themistoclem patria pulsum atque proterritum; rep I 5.

protervo, breift, frecfj: dux consectans protervo bene saepe de re publica meritos; rep I 68.

protervitas, $frecfjfjeit: de adulteriis, de protervitate, de sumptibus immensa oratio est; Cael 29.

protervus, breift, frecfj: quis est, qui non oderit libidinosam, protervam adulescentiam? fin V 62. non audet cuiquam aut dicto protervo aut facto nocere; fin II 47. si (mulier) proterva petulanter viveret; Cael 38.

protinus, fogleicf), fofort, ununterbrocfjen: si protinus aliis aeque magnas (pecunias) aut solverunt aut dederunt, ut. .; Font 3. ut Laodiceam protinus irem; ep III 6, 2. eo protinus iturum Caesarem Patris; A XI 20, 2. ut is ad te protinus mittat; Q fr III 8, 2. principium est oratio perspicue et protinus perficiens auditorem benivolum; inv I 20. te rogo, ut Romam protinus pergas; Q fr I 3, 4. qui protinus ab hac sunt disciplina profecti; inv II 8. solvo: f. do.

protraho, fjinfcfjleppen: quod in convivium Sex. Cominium protrahi iussit; Ver IV 24. ut ipse ad operas mercennarias statim protrahatur; Phil I 22.

protrudo, fortftofjen, fjineinfcfjieben: comitia, quantum facere possumus, in Ianuarium mensem protrudimus; ep X 26, 3. ut qui protrusit cylindrum, dedit ei principium motionis; sic . .; fat 43.

proveho, füfjren, fafjren, oorrücfen, fjinreifjen: C. Fimbria temporibus isdem fere, sed longius aetate pervectus; Bru 129. studio rusticarum rerum provectus sum; Cato 55. ex his (bestiolis) hora octava quae mortua est, provecta aetate mortua est; Tusc I 94. posteasquam paulum provecta classis est; Ver V 87. vestra in me attente audiendo benignitas provexit orationem meam; dom 32.

proverbium, Spricfjwort: I. mihi „prora et puppis", ut Graecorum proverbium est, fuit a me tui dimittendi, ut rationes nostras explicarem; ep XVI 24, 1. a quibus (rusticis) natum proverbium est, quod iam contritum est vetustate, proverbium; of III 77. — II, 1. contero: f. I. nascitur. — 2. ut in proverbio est, scopas mihi videntur dissolvere; orat 235. istius nequitiam in communibus proverbiis esse versatam; Ver I 121. — III. veteris proverbii admonitu vivorum memini; fin V 3. — IV. pares vetere proverbio cum paribus facillime congregantur; Cato 7. culpa illa „bis ad eundem" vulgari reprehensa proverbio est; ep X 20, 2.

providens f. **provideo.**

providenter, oorficfjtig: quae (ratio) de providentia deorum ab illis (Stoicis) sanctissime et providentissime constituta est; nat III 94.

providentia, $Borausficfjt, $ürforge, $Borfefjung: I. providentia (est), per quam futurum aliquid videtur, ante quam factum sit; inv II 160. eius (materiae) universae fictricem et moderatricem divinam esse providentiam; nat II 92. — III, 1. mens mundi cum ob eam causam vel prudentia vel providentia appellari recte possit (Graece enim πρόνοια dicitur); nat II 58. — 2. cum disputabimus de providentia deorum, de qua plurima a te dicta sunt; nat II 17. — III. hoc vir excellenti providentia sensit ac vidit; rep II 5. — IV, 1. necesse est ergo eum (mundum) deorum consilio et providentia administrari nat II 80. hunc mundum animal esse divina providentia constitutum; Tim 10. quod providentia mea res publica maximis periculis sit liberata; Catil III 14. — 2. magna adhibita cura est a providentia deorum, ut . .; nat II 127. per: f. I.

provideo, oorausfefjen, oorfefjen, $Borficfjts* mafjregeln treffen, part. oorficfjtig: I, 1. quae virtus ex providendo est appellata prudentia; leg I 60. — 2, a. futurum esse, nisi provisum esset, ut Roma caperetur; div I 101. — b. id mihi et ad brevitatem est aptius et ad reliquas res providentius; ep III 1, 1. consilium hominis iam tum longe providentis secutus est; rep II 12. in posterum providet (sapientia); Phil XIII 6. — II, 1. qua de re magno opere vobis providendum est; Ver II 28. — 2. provideo ‖ praevideo ‖, quid sit defensurus Hortensius; Ver V 22. non provideo satis, quem exitum futurum putem; A II 22, 6. — 3. quo studio (Cn. Pompeius) providit, ne quae me illius temporis invidia attingeret? ep III 10, 10. ne provincia nobis prorogetur, dum ades, quicquid provideri poterit, provide; A V 11, 1. in primis id, quod scribis, omnibus rebus cura et provide, ne quid ei desit; A XI 3, 3. — 4. ut quam rectissime agatur, omni mea cura, opera, diligentia, gratia providebo; ep I 2, 4. — 5. satis mi provisum est, ut ne quid agere possent; ep I 4, 2. — 6. non praebuerant eas ipsas sibi causas esse periculi; Ver V 146. — 7. ut condicioni omnium civium providisse videamini; Cael 22. a dis inmortalibus hominibus esse provisum; nat II 133. si rationibus meis provisum a te esse intellexero; ep III 2, 2. me ipsum providere rei publicae; Catil II 19. ut consulas omnibus, ut medeare incommodis hominum, provideas saluti; Q fr I 1, 31. ab isdem (dis) hominum vitae consuli et provideri; nat I 4. — III, 1. concedimus etiam providentes (esse deos), et rerum quidem maximarum; nat II 77. — 2. homo valde est acutus et multum providens; ep VI 6, 9. quod adhuc consulto ac providenti possit; A I 1, 1. cetera, quae quidem consilio provideri poterant, cavebuntur; A X 16, 2. f. II, 3. cuius (rei) exitus provideri possit; ep VI 4, 1. tum (animus) meminit praeteritorum, praesentia cernit, futura providet; div I 63. medicus morbum ingravescentem ratione providet, insidias imperator, tempestates gubernator; div II 16. cum me veteres multo ante provisi labores cum viro fortissimo coniunxissent; dom 29. morbum: f. insidias. ita mihi res tota provisa atque praecauta est, ut . .; Ver IV 91. tempestates: f. insidias. cui vivendi via considerata atque provisa est; par 34. — IV. qui (Hortensius) ea non vidit cum fierent, quae providit ‖ praevidit ‖ futura; Bru 329. etiam quae futura providebis, scribas velim; A X 16, 2.

providus, oorfjerfefjenb, oorficfjtig, oorforgenb: possumne satis videri cautus, satis providus? Phil XII 25. illi homines parum putantur cauti providique fuisse; Sex Rosc 117. ut eam (mentem adflatus e terra) providam rerum futurarum efficiat; div II 117. opera providae sollertisque naturae; nat II 128. auditoris aures moderantur oratori prudenti et provido; part or 15.

provincia, @efcfjäftsfreis, $Birfungsfreis, $Auf* trag, $Amt, $Prooins: I. abfolut: 1. ut eas (libidines) capere ac sustinere non provinciae populi Romani, non nationes exterae possint; Ver I 78. cum in

aratoribus provincia Sicilia consistat; Ver III 48. frumentum provinciae frumentariae partim non habebant, partim in alias terras miserant, partim custodiis suis clausum continebant; dom 11. omnes in consulis inre et imperio debent esse provinciae; Phil IV 9. quam (provinciam) senatus annuam esse voluit; ep XV 14, 5. quae tam depravatis moribus, tam corruptrice provincia divina videantur necesse est; Q fr I 1, 19. quem (Q. Arrium) provincia tum maxime exspectabat; Ver II 37. habent, mittunt: f. continent. Kalendis ei Martiis nascetur repente provincia; prov 37. populatae, vexatae, funditus eversae provinciae iam non salutis spem, sed solacium exitii quaerunt; div Caec 7. sustinent: f. capiunt. — 2. mihi solitudo et recessus provincia est; A XII 26, 2.

II. **nach Verben:** 1. Ligarius provinciam accepit invitus; Ligar 2. adiungo: f. IV, 1. oportunitas. o condiciones miseras administrandarum provinciarum! Flac 87. (Sicilia) prima omnium provincia est appellata; Ver II 2. tu provincias consulares, quas C. Gracchus non modo non abstulit a senatu, sed etiam, ut necesse esset quotannis constitui per senatum decretas, lege sanxit, eas lege Sempronia per senatum decretas rescidisti, extra ordinem sine sorte nominatim dedisti non consulibus, sed rei publicae pestibus; dom 24. te sine ulla mora provinciam successori concedere; ep I 9, 25. (laus) non erat minor ex contemnenda quam est ex conservata provincia; ep II 12, 3. constituo: f. aufero. contemno: f. conservo. cui fuerit, ante quam designatus est, decreta provincia; prov 37. f. aufero. uti Brutus provinciam Macedoniam defendat; Phil X 26. ad diripiendas provincias; imp Pomp 57. erit hoc quasi provincias atomis dare, quae recte, quae oblique ferantur; fin I 20. f. aufero. cum proficiscebamini paludati in provincias vel emptas vel ereptas; Piso 31. everto: f. I, 1. quaerunt. illo (Appio) imperante exhaustam esse sumptibus et iacturis provinciam, nobis eam obtinentibus nummum nullum esse erogatum nec privatim nec publice; A VI 1, 2. quodsi provinciae consulibus expetendae videntur; Phil XI 24. qui mallet eam (provinciam) quam maxime mihi aptam explicatamque tradere; ep II 2, 1. ex annua provincia prope iam undecim mensuum || mensum || provinciam factam esse gaudebam; ep III 6, 5. Marco Marcello consuli finienti provincias Gallias Kalendarum Martiarum die restitit (Pompeius); A VIII 3, 3. vides se senatus consulto provinciam esse habendam; ep III 2, 2. quod (praetores) tunc putant obeundam esse maxime provinciam; Ver V 29. nullum terruncium || teruncium || me obtinente provinciam sumptus factum esse; A V 21, 5. f. exhaurio, retineo. consulum provincias ornatas esse; A III 24, 1. neque umquam arbitror ornatas esse provincias designatorum; A III 24, 2. quam (provinciam) iste ita vexavit ac perdidit, ut . .; Ver pr 12. populatam vastatamque provinciam (esse dico); Ver III 122. f. I, 1. quaerunt. fecit, ut exercitum, provinciam, bellum relinqueret et in Asiam in alienam provinciam proficisceretur; Ver I 73. rescindo: f. aufero. senatus mihi est adsensus de provinciis ab iis, qui obtinerent, retinendis neque cuiquam tradendis, nisi qui ex senatus consulto successisset; ep XII 22, 3. sese, ut licitum esset legem curiatam ferre, sortiturum esse cum conlega provinciam || provincias ||; ep I 9, 25. provincias praetores nondum sortiti sunt; A I 13. 5. qui illam provinciam ante te tenuerunt; Ver III 16. quae successori amicissimo commodare potest is, qui provinciam tradit; ep III 3, 1. f. explico, retineo. vasto: f. populor. vexo: f. perdo. I, 1. quaerunt. — 2. inter Siciliam ceterasque provincias in agrorum vectigalium ratione hoc interest, quod ceteris impositum vectigal est certum aut censoria locatio constituta est; Ver

III 12, si decedas, a te relinqui posse, qui provinciae praesit; ep I 9, 25. quid, quod senatus eos voluit praeesse provinciis, qui non praefuissent? A VI, 6, 3. numerum annorum provinciis prorogavit; Phil II 109. — 3. Diodorus prope triennium provincia domoque caruit; Ver IV 41. ad omnes res sic illa provincia semper usi sumus, ut . .; Ver II 5. — 4. commodissimum putavit esse de provincia clam abire; Ver II 55. cum Verres iam de provincia decessisset; Ver III 154. exercitum eduxit ex Syria. qui licuit extra provinciam? Piso 49. cum aurum Iudaeorum nomine quotannis ex Italia et ex omnibus nostris provinciis Hierosolymam || Hierosolyma || exportari soleret || liceret ||; Flac 67. facio ex: f. 1. facio. intersum inter: f. 2. constituo. mercatorem in provinciam cum imperio misimus; Ver IV 8. ut mihi cum inperio in provinciam proficisci necesse esset; ep III 2, 1. f. 1. emo, relinquo. referebatur de provinciis quaestorum; Q fr II 3, 1. si quis est forte ex ea provincia; Ver III 180. ne diutus anno in provincia essem; A VII 3, 1. ex qua provincia innumerabiles alii triumpharunt; Piso 61. homines ex tota provincia nobilissimi venerunt; Ver II 11. cum bis in ea provincia magnae fugitivorum copiae versatae sunt; Ver III 125.

III. **nach Adjectiven:** I. qui mihi cupidiores provinciae viderentur; Piso 56. — 2. constituitur in foro Laodiceae spectaculum acerbum et miserum et grave toti Asiae provinciae; Ver I 76.

IV. **nach Substantiven:** omnes illius provinciae publicani, agricolae, pecuarii, ceteri negotiatores uno animo M. Fonteium defendunt; Font 46. ut calamitatem provinciae cognoscatis; Ver II 134. mihi provinciae causam in provincia discendam putavi; Scaur 24. ut conarere clientelam tam industri provinciae traducere ad te; Ver IV 90. tantus est consensus municipiorum coloniarumque provinciae Galliae, ut . .; Phil III 13. propter cupiditatem provinciae; imp Pomp 37. antequam de incommodis Siciliae dico, pauca mihi videntur esse de provinciae dignitate, vetustate, utilitate dicenda; Ver II 2. foedera feriebantur provinciarum; dom 129. cum una mehercule ambulatiuncula atque uno sermone nostro omnes fructus provinciae non confero; ep II 12, 2. fuerunt ii consules mercatores provinciarum; sen 10. municipia: f. coloniae. negotiatores: f. agricolae. omnem utilitatem oportunitatemque provinciae Siciliae, quae ad commoda populi Romani adiuncta sit, consistere in re frumentaria maxime; Ver III 11. cum consules provinciarum pactione libertatem omnem perdidissent: Sest 69. pecuarii, publicani: f. agricolae. istam apud populos provinciae totius invidiam; Ver II 137. venisse tempus aiebant, ut vitam salutemque totius provinciae defenderem; div Caec 3. sortem nactus est urbanae provinciae; Ver I 104. populo Romano iucunda suburbanitas est huiusce provinciae; Ver II 7. vetustas, utilitas: f. dignitas, oportunitas. vita: f. salus. — 2. cum ex omnibus provinciis commeatu prohibebamur; imp Pomp 53. quid est hoc? populi Romani iudicia in socios fideles, provinciam suburbanam? Ver III 66. promulgantur rogationes ab eodem tribuno de provinciis consulum nominatim; Sest 25. stipendiarios ex Africa, Sicilia, Sardinia, ceteris provinciis multos civitate donatos videmus; Balb 24.

V. **Umstand:** 1. ut Asia tribus novis provinciis ipsa cingatur; prov 31. conquiri Diodorum tota provincia iubet; Ver IV 40. — 2. cum efflagitatus a provincia praepositus Africae est; Ligar 4. sic obtinui quaesturam in Sicilia provincia; Ver V 35. Pompei auctoritas excellit in ista provincia; Flac 14. habet is (Cn. Otacilius Naso) in provincia tua negotia; ep XIII 33. f. IV, 1. causa.

provincialis, die Provinz betreffend, zur

Proving gehörig, in, aus der Proving: A. quoniam mihi casus urbanam in magistratibus administrationem rei publicae, tibi provincialem dedit; Q fr I 1, 43. quod olim solebant, qui Romae erant, ad provinciales amicos de re publica scribere; ep XV 20. 2. pro clientelis provincialibus nihil a vobis nisi huius temporis memoriam postulo; Catil IV 23. omnibus provincialibus ornamentis commodisque depositis; sen 35. quamquam non est omittenda singularis illa integritas provincialis; Sest 13. ne patiare quicquam mihi ad hanc provincialem molestiam temporis prorogari; ep II 7, 4. etsi meo iudicio nihil ad tuum provinciale officium addi potest; ep V 19, 1. ornamenta: f. commoda. in qua (iuris dictione) scientiae praesertim provincialis ratio ipsa expedita est; Q fr I 1, 20. — B. non quin possint multi esse provinciales viri boni, sed hoc sperare licet; Q fr I 1, 15.

provisio, Vorhersehen, Vorsorge: I. omnium horum vitiorum atque incommodorum una cautio est atque una provisio, ut ne . .; Lael 78. quoniam multum potest provisio animi et praeparatio ad minuendum dolorem; Tusc III 30. — II. vitiosum genus et longa animi provisione fugiendum; orat 189.

provocatio, Berufung: I. provocationem etiam a regibus fuisse; rep II 54. — II, 1. neque provocationem, patronam illam civitatis ac vindicem libertatis, populo Romano dari sine nobilium dissensione potuisse; de or II 199. — 2. reliquos sine provocatione magistratus non fuisse; rep II 54. — III. ut xviri maxima potestate sine provocatione crearentur; rep II 61. lege illa de provocatione perlata; rep II 55. ne qui magistratus sine provocatione crearetur; rep II 54. — IV. poena sine provocatione (datur); agr II 33.

provocator, Herausforderer: cum alios Samnites, alios provocatores fecerit; Sest 134.

provoco, auffordern, veranlassen, herausfordern, reizen, berufen, Berufung einlegen: I, 1. ab omni iudicio poenaque provocari licere indicant xii tabulae compluribus legibus; rep II 54. — 2. quibus (armis) possis vel provocare integer vel te ulcisci lacessitus; de or I 32. ego respondere facilius possum quam provocare; ep XII 20. quam id rectum sit, tu iudicabis; ne ad Catonem quidem provocabo; A VI 1, 7. — II. quidnam beneficio provocati facere debemus? of I 48. te semper amavi primum tuo studio, post etiam beneficio provocatus; A XIV 13, B, 1. quo provocati a me (tribuni plebis) venire noluerunt, revocati saltem revertantur; agr III 1.

prout, sowie, je nachdem: argenti bene facti, prout Thermitani hominis facultates ferebant, satis (compararat); Ver II 83. tuas litteras, prout res postulat, exspecto; A XI 6, 7.

prudens, umsichtig, einsichtsvoll, verständig, klug: A. ut omnes fere Stoici prudentissimi in disserendo sint; Bru 118. ego prudens et sciens sum profectus; ep VI 6. elephanto beluarum nulla prudentior; nat I 97. consilium istud tunc esset prudens, si . .; A X 8, 2. stultissimos (homines) prudentissimis (insidiari); Catil II 10. oratio tua prudens multum levaret; ep IX 11, 1. auditoris aures moderantur oratori prudenti et provido; part or 15. vir natura peracutus et prudens; orat 18. — B, I. est prudentis sustinere ut cursum, sic impetum benivolentiae; Lael 63. — II. quae (laus) prudentium iudicio expenditur; Rab Post 43. ea (lex est) mens ratioque prudentis; leg I 19.

prudenter, umsichtig, einsichtsvoll, klug: quod (ii philosophi) videntur acutissime sententias suas prudentissimeque defendere; div II 150. prudentissime dicis; leg I 57. disputavit multa prudenter; Sest 73. haec pleraque sunt prudenter acuteque disserentium; Tusc IV 48. facit Lucius noster pruden-

ter; Tusc V 15. ut (eas res) in causa prudenter possit intexere; de or II 68. melius et prudentius viveretur; Cato 67. ratione uti atque oratione prudenter decet; of I 94.

prudentia, Wissenschaft, Kenntnis, Verständnis, Einsicht, Umsicht, Absicht, Klugheit: I, 1. quae (prudentia) constat ex scientia rerum bonarum et malarum et nec bonarum nec malarum; nat II 38. quid est, ubi elucere possit prudentia? Font 22. eius (modi) partes sunt prudentia et imprudentia. prudentiae [autem] ratio quaeritur ex iis, quae clam, palam, vi, persuasione fecerit; inv I 41. prudentia est rerum bonarum et malarum neutrarumque scientia. partes eius: memoria, intellegentia, providentia; inv II 160. semper oratorum eloquentiae moderatrix fuit auditorum prudentia; orat 24. prudentiam et mentem a deis ad homines pervenisse; nat II 79. prudentia sine iustitia nihil valet ad faciendam fidem; of II 34. — 2. quae (malitia) vult videri se esse prudentiam; of III 71. — II, 1. quod consuetudo exercitatioque intellegendi prudentiam acueret; de or I 90. illa prudentia in suis rebus domestica, in publicis civilis appellari solet; part or 76. historiam dico et prudentiam iuris publici; de or I 256. prudentiam, quam Graeci φρόνησιν dicunt‖φρόνησιν‖, aliam quandam intellegimus; of I 153. quae (coniecturae) haberent artem atque prudentiam; div II 13. fuit stulta calliditas perverse imitata prudentiam; of III 113. si neque prudentiam eius impedias confusione partium nec memoriam multitudine; part or 29. intellego: f. dico. malim equidem indisertam prudentiam quam stultitiam loquacem; de or III 142. rationem, consilium, prudentiam qui non divina cura perfecta esse perspicit; nat II 147. adeon ego non perspexeram prudentiam litterarum tuarum? A VI 9, 3. nec est ab homine numquam sobrio postulanda prudentia; Phil II 81. temptarem etiam summi regis et Ulixi Sisyphique prudentiam; Tusc 98. — 2. nullam esse actionem dicere in re tam insigni neque prudentiae neque auctoritatis tuae est; Caecin 37. — 3. qui eloquentiae verae dat operam, dat prudentiae, qua ne maximis quidem in bellis aequo animo carere quisquam potest; Bru 23. — 4. careo: f. 3. ne prudentiam quidem egeremus nullo delectu proposito bonorum et malorum; fr F V 59. omni illum (deum Aristoteles) sensu privat, etiam prudentia; nat I 33. cum attendo, quae prudentia sit Hortensius; Quinct 63. — 5. hanc omnem scientiam et copiam rerum in tua prudentia sciebam inesse; de or I 256. id est caput civilis prudentiae, in qua omnis haec nostra versatur oratio, videre itinera flexusque rerum publicarum; rep II 45. — III, 1. inanissima prudentiae reperta sunt (ea); Muren 26. — 2. hominibus tali prudentia praeditis certe probavissem (causam); Cluent 131. — IV, I. caput: f. II, 5. versor in. partes, ratio: f. I, 1. est. — 2. ad ea praesidia iam accedent consules summa prudentia; Phil III 36. — V, 1. ineuntis aetatis inscitia senum constituenda et regenda prudentia est; of I 122. ut nos cura tua et prudentia iuves; A IX 15, 4. — M. Crassus, homo prudentia praestans; Balb 50. efficitur omnia regi divina mente atque prudentia; nat II 80. f. constitui. — 2. intellegis pro tua praestanti prudentia . .; Cael 32. sine quorum (magistratuum) prudentia ac diligentia esse civitas non potest; leg II 5.

pruina, Reif: I. cum e pruina Appennini emersisset; Sest 12. — II. quae (aqua) neque nive pruinaque concresceret; nat II 26. quod pars earum (regionum) obriguerit nive pruinaque longinquo solis abscessu; nat I 24.

prytanium, Stadthaus: in qua (urbe) ornatissimum prytanium est; Ver IV 119.

psaltria, Zitherspielerin: qui in coetum mulierum pro psaltria adducitur; Sest 116.

psephisma, Volksbeschluß: I. porrexerunt

manus; psephisma **natum** est; Flac 17. — II. sic
sunt **expressa** ista praeclara psephismata; Flac 15.
ut possem recitare psephisma Smyrnaeorum; Flac 75.

pseudomenos, Trugſchluß: 1. pseudomenon
et soritam aut inludis aut **increpas;** fr F V 55. —
2. potius de dissensionibus **disseramus** quam de
sorite aut pseudomeno; Ac II 147.

pseudothyrum, geheime Tür, Hintertür: non
ianua receptis, sed pseudothyro intromissis voluptatibus; sen 14.

psychomantium, Totenorakel: 1. me ne
psychomantia quidem, quibus Appius uti solebat,
agnoscere; div I 132. — 2. **utor:** ſ. l. — 3. Ely-
sium **venisse in** psychomantium quaerentem . .;
Tusc I 115.

pubertas, Mannbarkeit: si qui dentes et puber-
tatem natura dicat existere; nat II 86.

pubes, erwachſen: **qui** pubes tum fuerit; Rabir
31. nostro more cum parentibus puberes filii non
lavantur; of I 129. (populum) adultum iam et paene
puberem; rep II 21.

pubes, Mannſchaft: cui senatus omnem Italiae
pubem commisserat; Milo 61.

pubesco, heranwachſen, reiſen: cum primum
(Hercules) pubesceret; of I 118. cum is (sol) efficiat, ut omnia floreant et in suo quaeque genere
pubescant; nat II 41. vaginis iam quasi pubescens
viriditas includitur; Cato 51.

publicanus, die Staatseinkünfte pachtend,
Steuerpächter, Generalpächter: A. mulierculae
publicanae noluit ex decumis nimium lucri dare;
Ver III 78. — B, I. huic tuae voluntati ac diligentiae
difficultatem magnam **adferunt** publicani; Q fr I
I, 32. cum publicani familias maximas magno periculo se habere arbitrentur; imp Pomp 16. omnes
illius provinciae publicani uno animo M. Fonteium
defendunt; Font 46. — II, 1. videtis crudelitatem
Gabinii paene **adflictos** iam atque eversos publicanos; prov 11. ut publicanos cum Graecis gratia
atque auctoritate coniungas; Q fr I 1, 35. everto:
ſ. adfigo. cum senatus urura publicanos saepe iuvisset; Ver III 168. — 2. improbi magistratus in
provinciis **inserviebant** publicanis; Ver III 94. —
3. causam pro publicanis **dixisse** Laelium; Bru
86. — III. quod **apud** publicanos **gratiosus** fuisti;
Ver II 169. — IV, 1 illa **causa** publicanorum quantam acerbitatem adferat sociis, intelleximus ex civibus; Q fr I 1, 33. ad quos tu decumanum Dio-
gnetum misisti, novum genus publicani; Ver III 86.
quodsi genus ipsum et nomen publicani non iniquo
animo sustinebunt; Q fr I 1, 35. nomen publicani
neque ii debent horrere, qui semper vectigales fuerunt;
Q fr I 1, 33 ſ. genus. cum universo ordini publicanorum semper libentissime tribuerim; ep XIII 9,
2. mihi adferebantur confectae pactiones publicanorum; A V 14, 1. quod (M. Terentius) amicus se
contulit in societates publicanorum; ep XIII 10, 2.
— 2. quae (**necessitudo**) est nobis **cum publica-**
nis; Q fr I 1, 35.

publicatio, Einziehung: I. patronusne causae
negaret **esse** malum publicationem bonorum? fin
IV 22. — II. **adiungit** publicationem bonorum;
Catil IV 10. cui cum publicatio bonorum propone-
retur; Planc 97.

publice, öffentlich, von Staats wegen, im
Namen, im Auftrage des Staates, durch, für den
Staat, im Staate: I. publice tibi navem **aedifi-**
catam (esse); Ver V 58. publice coactis operis;
Ver II 13. nullo tumultu publice concitato; Catil I 11.
si patronus huic causae publice constitueretur; Muren 4.
earum (Nympharum) templa sunt publice vota et
dedicata; nat III 43. dicta sunt et privatim et
publice testimonia; Ver II 120. quod optimo iure
publice sepulcrum datum esset; Phil IX 17. qui te
publice laudat; Ver IV 17. quas (litteras) publice misisti;

ep V 7, 1. eius (Hippiae) bona publice possidentur alieno
nomine contra leges Calactinorum; ep XIII 37. qui
sacris publice praesint; leg II 30. ne, cum ad consulem scripsissem, publice viderer scripsisse; ep XV
9, 3. mihi non necesse esse publice scribere ea: ep
XV 1, 1. neque se privatim publice susceptae causae defuturum esse dicebat; Sest 41. privatim
(peregrinus) an publice venerit; of I 149. voveo:
ſ. dedico. — II. a Syracusanis nihil adiumenti neque
publice neque privatim exspectabam; Ver IV 137.
qui publice socii atque amici sunt; fin V 65.

publico, einziehen, in Beſchlag nehmen, ver
kaufen, zum Staatseigentum machen: eum lege
nefaria Ptolomaeum, regem Cypri, fratrem regis
Alexandrini publicasses; dom 20. sunt multi agri
lege Cornelia publicati; agr III 12. bona publicari
iubet; Catil IV 8. fratrem, regem: ſ. alqm. posse.
quibuscumque locis velint, privata publicare; agr II
57. silvas maritimas omnes publicavit; rep II 33.

publicus, öffentlich, allgemein, ſtaatlich, dem
Staate gehörig, im Namen, im Auftrage, auf
Kosten des Staates, neutr. Staatsgut, Staatskaſſe,
Staatspacht, Öffentlichkeit, öffentlicher Ort: A. qui
publicos agros arant; Ver V 53. annalium publicorum auctoritate; rep II 28. cur non quam primum
publica accedit auctoritas? Phil III 3. Trallianus
Maeandrio causam publicam commisisse; Flac 52. si
senatus dominus sit publici consilii; leg III 28. publicum (genus) est, quod civitas universa alicua de
causa frequentat, ut ludi, dies festus, bellum; inv I
40. misera est ignominia indiciorum publicorum;
Rabir 16. ut neque disceptatione vinci se nec ullo
publico ac legitimo iure patiantur; of I 64. quod
(ius) est in legibus publicis positum; Balb 27. haec
ita gesta esse cognoscite ex litteris publicis; Ver III
175. quae (litora) omnia publica esse vultis; Top
32. locis publicis uti (eum) vetuit; Ver II 66. scribae, qui nobiscum in rationibus monumentisque publicis versantur; dom 74. alios ad negotium publicum ire cum cupimus; Phil X 11. qui privatum
otium negotiis publicis antetulerunt; Tusc III 57.
publicis operis publice coactis; Ver III 17. nos publicam prope opinionem secuti sumus; A VI 1. 18.
quorum pars publica potest esse; agr XIII 29, 4.
pecunia publica ex aerario erogata fueritne tibi
quaestui; Ver III 165. ſ. B, I, 3. incurro in. vir
et suis et publicis rationibus utilissimus; inv I 1.
ſ. monumenta. quod publica religione sanciri potuit.
id abest; Balb 35. detrimenta publicis rebus importata; de or I 38. sine multa pertractatione rerum
publicarum; de or I 48. nos et publicis et privatis
in rebus ea praestitisse, quae . .; nat I 7. eum semper
te et privatis in rebus et publicis praestitisti, ut . . :
ep V 16, 5. si re publica non possis frui, stultum
est nolle privata; ep IV 9, 4. mihi sermonis communicatio maxime deest — quid dicam? in publicane
re, in forensi labore? A I 17, 6. qui mihi in
publica re socius et in privatis omnibus rebus esse
soles; A I 18, 1. publicus sacerdos imprudentiam
consilio expiatam metu liberet; leg II 37. de sacris
publicis id semper populo Romano satis religiosum
esse visum est; har resp 12. nec de mortui laude
nisi in publicis sepulturis dici licebat; leg II 65. cum
eum servi publici loris cecidurunt; Phil VIII 24.
quae (res) confectae publicis privatisque tabulis sunt:
Font 5. id quod ex Acestensium publico testimonio
cognoscite; Ver III 83. dialecticorum verba sua
sunt publica, suis utuntur; Ac I 25. — B, I, 1. ut
publicanis satis facias, praesertim publicis male re-
emptis; Q fr I 1, 33. nihil istum neque privati
neque publici tota in Sicilia reliquisse; Ver IV 2. —
2. Pompeius **caruit** publico; Milo 18. — 3. quod
L. Papirius P. Pinarius censores multis dicendis vim
armentorum a privatis in publicum **averterant**
rep II 60. ut privatos agros, qui in publicum (am-

panum incurrebant, pecunia publica cóēmeret; agr
II 82. signa in publico posita; Ver II 85. scio
equidem te in publicum non prodire; A VIII 11, 7. —
II. alqd: f. I, 1. cum esset magister scripturae et
sex publicorum; Ver III 167. omnes omnium publicorum societates de meo consulatu decreta fecerunt;
dom 74.

pudens, zartfühlend, ehrbar, sittsam bescheiden:
A. quo pudentior esset; Ver III 160. ille ita contempsit hanc pudentissimam civitatem, ut . .; sen
15. qui hominem pudentissimum pecunia oppressum
esse arbitrarentur; Cluent 77. mulier pudens et nobilis; rep II 46. Hermippum, pudentissimum atque
optimum virum, vexat; Flac 48. — B. I. pudens
impudentem (fraudasse dicitur); Q Rosc 21. —
II. nec facit, quod pudentem decet; Phil II 81.

pudenter. sittsam, bescheiden: quem ego paulo
sciebam vel pudentius vel invitius ad hoc genus sermonis accedere; de or II 364. pudentissime hoc
Cicero petierat ut fide sua; A XVI 15, 5. omnia ea
me prudenter vivendo consecutum esse; Vatin 6.

pudet, sich schämen: I. (multitudo) ad pudendum (inducitur), ad pigendum; Bru 188. — II, 1.
pudet huius legionis; Phil XII 8. — 2. ne id non
pudeat sentire, quod pudeat dicere; fin II 77. —
3. nonne esset puditum Trallianum omnino dici
Maeandrium? Flac 52. ut iam pudendum sit
honestiora decreta esse legionum quam senatus; Phil
V 4. — III, 1. quem non pudet, hunc poena dignum
puto; de or I 121. 2. non pudebat magistratus
populi Romani in hunc ipsum locum escendere;
imp Pomp 55. nonne pudet physicos haec dicere?
div II 33. — IV. haec aetas vestra, quod interdum
pudeat, iuris ignara est; de or I 40. qui (Epicurei),
cum id pudet, illud tamen dicunt, quod est impudentius; fat 37.

pudicitia, Sittsamkeit, Keuschheit (vgl. pudor):
I. 1. quod pudicitiam liberorum defenderat; Ver
I 76. pudicitiam cum eriperet militi tribunus militaris; Milo 9. qui pudicitiam violasset; prov. 24.
— 2. parcat iuventus pudicitiae suae; Cael 42.
ut pudicitiae sororis succurreret; Ver I 67. — 3. vita
illam mulierem spoliari quam pudicitia maluisse;
Scaur 4, 5. — II. eam (mulierem) summa integritate pudicitiaque existimari; Ver I 64.

pudicus, ehrbar, sittsam, keusch: qui (amores)
ut sint pudici; Tusc IV 70. ut nullum unquam
pudicum neque sobrium convivium viderit; Ver III
160. probri insimulasti pudicissimam feminam; Phil
II 99. cum vinulenti adulescentes mulieris pudicae
fores frangerent; fr F X 3.

pudor, Scham, Ehrgefühl, Scheu, Schüchternheit, Verlegenheit: I. fuit mirificus quidam in
Crasso pudor; de or I 122. quoniam ad dicendum
impedimento est pudor; Sex Rosc 149. quantum
illius ineuntis aetatis meae patiebatur pudor; de or
II 3. qui (pudor) in magistratuum conviviis versari
solet; Ver V 28. — II, 1. pudorem ac pudicitiam qui
colit; Ver III 6. ex quo fit, ut pudorem rubor
consequatur; Tusc IV 19. quis in illa aetate pudorem non diligat? fin V 62. non dimittam pudorem
in rogando meum; ep V 19, 2. adeone pudorem
cum pudicitia perdidisti? Phil II 15. sub metum
subiecta sunt pigritia, pudor, terror . .; Tusc IV
16. vicit pudorem libido; Cluent 15. — 2. date
hoc ipsius pudori; Muren 90. — 3. quid de pudore
pudicitiaque dicemus? leg I 50. cum tu a Ti.
Graccho pudore longissime remotus sis; agr II 31. —
III. quod hoc solum animal natum est pudoris ac
verecundiae particeps; fin IV 18. — IV. neque in
alterius impudentia sui pudoris existimationem
amitterem; Ver II 192. quot praesidia pudoris et
pudicitiae vi et audacia ceperit, quid me attinet dicere? Ver V 34. — V. quoniam ipse pudore quodam
adficeretur ex sua laude; Caecin 77. aetas M.

Caelii fuit ipsius pudore munita; Cael 9. pudore a
dicendo et timiditate ingenua quadam refugisti; de
or II 10.

puella, Mädchen: I. in qua (tutela legitima)
dicitur esse puella; A I 5, 6. si puella nata biceps'
esset, seditionem in populo fore; div I 121. — II. (L.
Paulus) artius puellam complexus; div I 103.

puer, Kind, Knabe, Bursch, Diener, Sklave:
I, 1. multa iam mihi dare signa puerum et pudoris
et ingenii; fin III 9. puer festivus anagnostes
noster Sositheus decesserat; A I 12, 4. pueri Sisennae
oculos de isto nusquam deicere; Ver IV 33. summum
bonum et malum vagiens puer utra voluptate
diudicabit? fin II 31. hi pueri tam lepidi ac delicati
non solum amare et amari neque saltare et cantare,
sed etiam sicas vibrare et spargere venena didicerunt; Catil II 23. Epicurus quasi pueri delicati nihil
cessatione melius existimat; nat I 102. si infantes
pueri, mutae etiam bestiae paene loquuntur; fin I
71. in periclitandis experiendisque pueris, quicumque
essent nati; div II 97. qui (Attus Navius) cum
propter paupertatem sues puer pasceret; div I 31.
eunti mihi Antium venit obviam tuus puer. is mihi
litteras abs te reddidit; A II 1, 1. puer ille patrimus et matrimus si tensam non tenuit; har resp 23.
vagit: f. diiudicat. venit: f. reddit. ingenui pueri
cum meritoriis versabantur; Phil II 105. — 2. nescire,
quid, ante quam natus sis, acciderit, id est semper
esse puerum; orat 120. magna nobis pueris opinio
fuit . .; de or II 1. — II, 1. Spartae pueri ad aram
sic verberibus accipiuntur, »ut sanguis exeat«;
Tusc II 34. videmusne, ut pueri ne verberibus
quidem a contemplandis rebus perquirendaque
deterreantur? fin V 48. quae eversum a te puerum
patriis bonis esse dixerunt; Ver I 93. Etrusci
habent exaratum puerum auctorem disciplinae suae;
div II 80. experior, periclitor: f. I, 1. nascuntur.
unus puer Sex. Roscio relictus non est; Sex Rosc 77.
videmusne, ut (pueri) pompa, ludis atque eius modi
spectaculis teneantur? fin V 48. — 2. cum puerorum
infantium veniebat in mentem; Sulla 19. — 3. si
gladium parvo puero dederis; Sest 24. — 4. non
latuit scintilla ingenii, quae iam tum elucebat in
puero; rep II 37. ut primum ex pueris excessit
Archias; Arch 4. in viro (esse meliora) quam in
puero; nat II 38. — III. haec pueris et mulierculis
et servis esse grata; Ver I 57. — IV. facile est
hoc cernere in primis puerorum aetatulis; fin V
55. inania sunt ista delectamenta paene puerorum,
captare plausus, vehi per urbem; Piso 60. quae
(proscriptio) ad infantium puerorum incunabula pertinet; Sex Rosc 153. ut (istae artes) paulum acuant
ingenia puerorum; rep I 30. est magnum illud
quidem, verum tamen multiplex pueri ingenium; A
VI 2, 2. is est hodie locus saeptus religiose propter
Iovis pueri; div II 85. — V. 1. puero ut uno esset
comitatior; Tusc V 113. — 2. quibus (artibus) a
pueris dediti fuimus; de or I 2. vir doctus a puero;
Bru 125. quem (Diodotum) a puero audivi; Ac II
115. sed haec in pueris; fin V 62. quae (pax) erat
facta per obsidem puerum nobilem; Phil II 90.

puerilis, kindlich, für Knaben, kindisch: acta
illa res est animo virili, consilio puerili; A XIV
21, 3. disciplinam puerilem ingenuis nullam certam
esse voluerunt; rep IV 3. (definitio) genere ipso
doctrinam redolet exercitationemque paene puerilem;
de or II 109. Ponticus Heraclides puerilibus fabulis
refersit libros; nat I 34. L. Crassum non plus attigisse doctrinae quam quantum prima illa puerili
institutione potuisset; de or II 1. filii parvi lacrimae
pueriles tectis ac tenebris continebantur; Quir 8.
haec de incesta laudata oratio pueriles est locis
multis; Bru 124. Tages puerili specie dicitur visus,
sed senili fuisse prudentia; div II 50.

pueriliter, kindlich, läppisch: faciunt pueri-

liter; Ac II 33. quae cum res tota ficta sit pueriliter, tum ..; fin I 19.

pueritia, Knabenalter, Kindheit: I. si eius
pueritia pertulerat libidines eorum; Phil XIII
17. — II, 1. quis est, qui tueri possit liberorum
nostrorum pueritiam? Ver I 153. - 2. qui citius
adulescentiae senectus quam pueritiae adulescentia
obrepit? Cato 4. — III. qui e pueritiae disciplinis
ad patris exercitum profectus est; imp Pomp 28.
nihil a me de pueritiae suae flagitiis audiet; Ver I
32. ea recidere in memoriam pueritiae suae; Phil
XIII 19. — IV. cui (doctrinae) me a pueritia dedi;
ep III 10, 7. tua summa erga me benivolentia,
quae mihi iam a pueritia tua cognita est; ep IV 7,
1. si in pueritia non iis artibus ac disciplinis institutus eras; Ver I 47.

puerulus, Bürschchen: ut inter suos omnium
deliciarum atque omnium artium puerulos ex tot
elegantissimis familiis lectos velit hos versari; Sex
Rosc 120.

pugil, Faustkämpfer: I. cum (pugiles) feriunt
adversarium; Tusc II 56. ut pugiles inexercitati,
etiam si pugnos et plagas Olympiorum cupidi ferre
possunt, solem tamen saepe ferre non possunt; Bru
243. pugiles caestibus contusi ne ingemescant
quidem; Tusc II 40. — II. contundo: f. I. ingemescunt. — III. Carneades προβολὴν pugilis similem facit ἐποχῇ; A XIII 21, 3.

pugillatus, Faustkampf: † sint corporum
certationes cursu et pugillatu || pugillatione ||;
leg II 38.

pugio, Dolch: I, 1. qui stillantem prae se
pugionem tulit; Phil II 30. — 2. o plumbeum pugionem! fin IV 48. — II. C. Septimium, scribam Bibuli,
pugionem sibi a Bibulo attulisse; A II 14, 2.
fero: f. I, 1.

pugiunculus, kleiner Dolch: I. quibus ut
pugiunculis uti oportet; orat 224. — II. qui posteaquam illo, quo conati erant, Hispaniensi pugiunculo
nervos incidere civium Romanorum non potuerunt;
fr A IX 27.

pugna, Kampf, Gefecht, Treffen: I. aliud pugna
et acies, aliud ludus campusque noster desiderat;
de or II 84. te pugna Cannensis accusatorem sat
bonum fecit; Sex Rosc 89. — II, 1. illam pugnam
navalem ad Tenedum parva dimicatione commissam
arbitraris? Muren 33. f. sedo. pugna erat equestris
Agathocli regis in tabulis picta; Ver IV 122. ut
pedestres navalesve pugnas recordentur; Cato 13.
interventu Pomptini atque Flacci pugna, quae erat
commissa, sedatur; Catil III 6. — 2. qua ex pugna
cum se ille eripuisset; Muren 34. ut ipsum
Hectorem provocasse ad pugnam paeniteret; Tusc
IV 49. — III. adde incertos exitus pugnarum;
Milo 56. prius Boeotia Leuctra tollentur quam
pugnae Leuctricae gloria; Tusc I 110. Pharsaliae
pugnae ne triumphum quidem egit; Phil XIV 23. —
IV, 1. qui Cannensi pugna ceciderint; div II 97. —
2. stellae aureae Delphis positae paulo ante Leuctricam pugnam deciderunt; div I 75. si in gladiatoriis pugnis timidos etiam odisse solemus; Milo 92.

pugnaciter, kampflustig, hartnäckig: certare
cum aliis pugnaciter; Ac II 65. eam sententiam
pugnacissime defendere (malunt); Ac II 9.

pugnax, streitbar, kriegerisch, kampflustig:
quin exordium dicendi vehemens et pugnax non
saepe esse debeat; de or II 317. L. Sulla, pugnax
et acer imperator Muren 32. huius (Demosthenis)
oratio in philosophiam tractata pugnacior, ut ita dicam,
videtur || videatur ||; Bru 121.

pugno, kämpfen, streiten, sich widersprechen,
streben, sich bemühen: I, 1. qui nos non pugnando,
sed tacendo superare potuerint; Catil III 22. —
2. a. cum male pugnatum apud Caudium esset; of
III 109. — b. ego ne cum ista quidem arte pugno;

de or I 234. pacem accipere malui quam viribus
cum valentiore pugnare; ep V 21, 2. nisi forte haec illi
tum arma dedimus, ut nunc cum bene parato pugnaremus; A VII 6, 2. ut crebro conferantur pugnantia;
orat 138. (animus) pugnantibus et contrariis studiis
consiliisque semper utens; fin I 58. ea elatio animi
si pugnat pro suis commodis, in vitio est; of I 62.
ratio nostra consentit, pugnat oratio; fin III 10.
ex hac parte pudor pugnat, illinc petulantia; hinc
pudicitia, illinc stuprum; Catil II 25. studia: f.
consilia. quia numquam posset utilitas cum honestate
pugnare; of III 9. — II, 1. non pugnem cum homine.
cur tantum aberret || habeat, al. || in natura boni:
fin V 80. — 2. ne: f. III. alqd. — 3. ego tecum
in eo non pugnabo. quo minus, utrum velis, eligas:
div Caec 58. — 4. omni contentione pugnatum est.
uti lis haec capitis aestimaretur; Cluent 116. f. III.
alqd. — III. illud video pugnare te, species ut
quaedam sit deorum, quae ..; nat I 75. illud
pugna atque emitere, ne quid nobis temporis prorogetur; ep III 10, 3. quae (pugna) est summa
contentione pugnata; Muren 34.

pugnus, Faust: I. cum (Zeno) compresserat
digitos pugnumque fecerat, dialecticam aiebat eiu-
modi esse; orat 113. etiam si (pugiles) pugnos et
plagas Olympiorum cupidi ferre possunt; Bru 243. —
II. rhetoricam palmae, dialecticam pugni similem
esse (Zeno) dicebat; fin II 17. — III. ibi cum pugnis
et calcibus concisus esset; Ver III 56. quoniam
verbis inter nos contendimus, non pugnis; par 23.

pulchellus, hübsch: (Bacchae) pulchellae
sunt; ep VII 23, 2. „audiamus", inquit, „pulchellum
puerum", Clausus; de or II 262. surgit pulchellus
puer; A I 16, 10.

pulcher (pulcer), schön, vortrefflich, herrlich,
rühmlich, glücklich: A. propino hoc pulchro Critiae:
Tusc I 96. nihil esse in ullo genere tam pulcrum.
quo non pulcrius id sit, unde illud exprimatur:
orat 8. pulcherrima illa carent amicitia; Lael 80.
classe populum Romani pulcherrima amissa; Ver V
67. qui illud eximium ac pulcherrimum donum in
Capitolium adferrent; Ver IV 64. etsi satis in ipsa
conscientia pulcherrimi facti fructus erat; Phil II
114. quod ea forma neget ullam esse pulchriorem
Plato; nat I 24. loquor de tuo clarissimo pulcherrimo-
que monumento; Ver IV 69. tot praedia, tam pulchra,
tam fructuosa Sex. Roscius filio suo relegationis
gratia colenda tradiderat? Sex Rosc 43. praetor ne
pulchrum se ac beatum putaret; Muren 26. signum
(est) Apollinis pulcherrimum et maximum; Ver IV
119. cum praesertim deum pulcherrima specie dece-
bat esse; nat I 26. quos si titulus hic delectat
insignis et pulcher; Tusc V 30. quam urbem pulcherrimam florentissimamque esse voluerunt; Catil
II 29. — B. fas nec est nec umquam fuit nisi pulcherrimum facere ei, qui esset optimus; Tim 10.
ea honesta, ea pulchra, ea laudabilia, illa autem
superiora naturalia nominantur; fin IV 58.

pulchre, schön, vortrefflich, herrlich: nihil est
aliud pulchre et oratorie dicere nisi optimis
sententiis verbisque lectissimis dicere; orat 227.
simulacrum Iovis Imperatoris pulcherrime factum
nonne abstulisti? Ver IV 128. re publica pulcherrime gesta; Phil XIV 24. proxima hostia litatur
saepe pulcherrime; div II 36. pergit in me maledicta, quasi vero ei pulcherrime priora processerint;
Phil XIII 40. deum nihil aliud nisi „mihi pulchre
est" et „ego beatus sum" cogitantem; nat I 114.

pulchritudo (pulcritudo), Schönheit, Trefflich-
keit, Herrlichkeit, Pracht: I. quanta maris est pulchritudo! nat II 100. — II, 1. si illam praeclaram et
eximiam speciem orationis perfecti et pulcritudinem
adamastis; de or III 71. cum valetudinem, pulchritudinem commodas res appellet, non bonas; leg I 55.
numquam illam, quam expetet, pulchritudinem con-

sequetur; Tim 4. ut excellentem muliebris formae
pulcritudinem imago contineret; inv II 1. fama
popularis simulatione honestatis formam eius (gloriae)
pulchritudinemque corrumpit; Tusc III 4. expeto:
| consequor. haec tantam (habent) pulchritudinem,
ut nulla species ne cogitar :quidem possit ornatior;
de or III 179. in quibus (primis naturae) numerant
pulchritudinem; fin V 18. — 2. ex omni pulchritudine virtutis vim divinam mentis agnoscito; Tusc
I 70. — III, 1. cum pulchritudinis duo genera
sint; of I 130. qui pulcritudinis || pulchr. || habere
verissimum iudicium debuisset; inv II 3. — 2. eius
esse filiam mulierem eximia pulchritudine; Ver I
64. — IV, 1. quanto colorum pulcritudine et varietate floridiora sunt in picturis novis pleraque
quam in veteribus! de or III 98. ut (illud) sua
pulchritudine esset specieque laudabile; fin II 49. —
2. de quorum urbis possessione propter pulchritudinem etiam inter deos certamen fuisse proditum
est; Flac 62.

puleium, Polei: I. puleium aridum florescere
brumali ipso die; div II 33. — II. ad cuius (Leptae)
rutam puleio mihi tui sermonis utendum est;
ep XVI 23, 2.

pullarius, Hühnerwärter: I. pullarius diem
proelii committendi differebat; div I 77. — II.
iubet decemviros habere pullarios; agr II 31.
attulit in cavea pullos is, qui ex eo ipso nominatur
pullarius; div II 72. — III. oblata religio Cornuto
est pullariorum admonitu; ep X 12, 3.

pullus, Junges, junges Tier, Huhn: I. praeclara
auspicia, si esurientibus pullis res geri poterit,
saturis nihil geretur! div I 77. etiamsi tripudium
solistimum pulli fecissent; div II 20. — II. plures
iam pavones confeci quam tu pullos columbinos;
ep IX 18, 3. Coracem patiamur pullos suos excludere
in nido; de or III 81. cum cavea liberati pulli non
pascerentur; nat II 7. — III. cum offa cecidit ex
ore pulli, tum auspicanti tripudium solistimum
nuntiatur; div II 72.

pullus, dunkelfarbig: quis (umquam) in funere
familiari cenavit cum toga pulla? Vatin 31. cum
esses cum tunica pulla; Ver V 40.

palmo, Lunge: I. qui (pulmones) tam se con-
trahunt aspirantes, tum in respiritu || intrante
spiritu || dilatant; nat II 136. quid habet haruspex,
cur pulmo incisus etiam in bonis extis dirimat tempus et proferat diem? div I 85. — II, 1. contraho,
incido: |. I. — 2. quae spiritu in pulmones anima
ducitur; nat II 138. a pulmonibus arteria usque
ad os intimum pertinet; nat II 149.

pulpamentum. Zukost: mihi est pulpamentum fames; Tusc V 90.

puls, Brei: (avis) fame enecta si in offam pultis
invadit || invasit I : div II 73.

pulsatio, Schlagen: illam partem causae a
M. Crasso peroratam de Alexandrinorum pulsatione
Puteolana; Cael 23.

pulso, stoßen, schlagen, treffen, erregen, Eindruck machen: »validis aequor pulsabit viribus
Auster«; fr H IV, a, 301. fac imagines esse, quibus
pulsentur animi; nat I 107. cum (dens) sine ulla
intermissione pulsetur agiteturque atomorum incursione sempiterna; nat I 114. lictores ad pulsandos
verberandosque homines exercitatissimi; Ver V 142.
qui tribunum pl. pulsaverit; Tul 47.

pulsus, Stoß, Schlag, Anregung, Eindruck: I.
sive externus et adventicius pulsus animos dormientium commovet; div I 126. — II. intermisso
impetu pulsuque remorum; de or I 153. — III. quod
pulsu agitetur alieno; nat II 32. ut (animi) vigeant
vigilantes nullo adventicio pulsu, sed suo motu;
div II 139.

pulverulentus, staubig, bestäubt: »(Perseus) pulverulentus uti de terra elapsus repente«;

fr H IV, a, 259. iter conficiebamus aestuosa et
pulverulenta via; A V 14, 1.

pulvinar, Polster, Götterpolster: I. quaeris,
placeatne mihi pulvinar esse; Phil II 111. — II, 1.
cum Licinia, virgo Vestalis, aram et aediculam et
pulvinar sub Saxo dedicasset; dom 136. — 2. qui
pulvinaribus Bonae deae stuprum intulerit; har
resp 8. quod et deorum pulvinaribus et epulis
magistratuum fides praecinunt; Tusc IV 4. — III.
quoniam ad omnia pulvinaria supplicatio decreta
est; Catil III 23.

pulvinus, Kissen, Polster: I. in qua (lectica)
pulvinus erat perlucidus Melitensis; Ver V 27.
sella tibi erit in ludo tamquam hypodidascalo proxima;
eam pulvinus sequetur; ep IX 18, 4. — II. (Crassum)
pulvinos poposcisse; de or I 29.

pulvis, Staub, Ringplatz, Kampfplatz: I. si
multus erat in calceis pulvis, ex itinere eum venire
oportebat; inv I 47. — II, 1. eo loco pulvis, non
glarea iniecta est; Q fr III 1, 4. — 2. qui (Archimedes) dum in pulvere quaedam describit attentius; fin V 50. educenda dictio est ex hac domestica
exercitatione et umbratili medium in agmen, in
pulverem; de or I 157. humilem homunculum a
pulvere et radio excitabo, Archimedem; Tusc V 64.
(Phalereus) processerat in solem et pulverem; Bru
37. — III. habes epistulam plenam festinationis
et pulveris; A V 14, 3.

punctum, Punkt, Wahlstimme, Augenblick:
I. punctum esse, quod magnitudinem nullam habeat;
Ac II 116. — II. detraho: f. III. alqd. quot in
ea tribu puncta tuleris; Planc 54· nullo puncto
temporis intermisso; nat I 52. — III. recordor,
quantum hae conquestiones punctorum nobis detraxerint; Muren 72. terram ad universi caeli complexum
quasi puncti instar obtinere, quod κέντρον illi (mathematici) vocant; Tusc IV 4. — IV, 1. ne punctum
quidem temporis in ista fortuna fuisses, nisi . . ; ep
VI 5, 3. — 2. qui haec olim punctis singulis conligebant; Tusc II 62. uno et eodem temporis
puncto nati; div II 95. — 3. (hoc) fit ad punctum
temporis; Tusc I 82.

pungo, stechen, quälen, kränken, verletzen: I.
pungit dolor, vel fodiat sane; Tusc II 33. — II.
extrema pagella pupugit me tuo chirographo; ep II
13, 3. (epistula) primo ita me pupugit, ut somnum
mihi ademerit; ep II 16, 1. solebat me pungere,
ne Sampsicerami merita maiora viderentur quam
nostra; A II 17, 2. intellexi, quid eum pupugisset
|' pepugisset ||; fr K 9. quod (vulnus) acu punctum
videretur; Milo 65.

punio, punior (poenio, poenior), strafen,
rächen: I, 1. est ulciscendi et puniendi modus;
of I 33 (34). — 2. prohibenda maxime est ira in
puniendo; of I 89. — II. quid esset iracundia, fervorne mentis an cupiditas poeniendi doloris; de or
I 220. potuit sine tuo scelere illius factum puniri;
inv I 18. quod velit Graeciae fana poenire; rep
III 15. cuius inimicissimum multo crudelius etiam
poenitus es, quam erat humanitatis meae postulare;
Milo 33. cum multi inimicos etiam mortuos poeniun-
tur; Tusc I 107. ut clarissimorum hominum crude-
lissimam poeniretur necem; Phil VIII 7. per quam
(vindicationem) peccata punimur || punimus ||; inv
II 66. id est magni viri, rebus agitatis punire
sontes; of I 82.

punitor, punitio f. **poen —**
pupilla, Unmündige, Mündel, Waise: I.
pupillos et pupillas certissimam praedam esse praetoribus; Ver I 131. — II. quod pupillo aut pupillae
debeas; Top 46. eripies pupillae togam praetextam,
detrahes ornamenta non solum fortunae, sed etiam
ingenuitatis? Ver I 113. magno praesidio fuit Anniae
pupillae mater; Ver I 153.

pupillus, verwaist, unmündig, Mündel (f.

73*

pupilla): I, 1. quidam pupillum heredem fecit; pupillus autem ante mortuus est, quam in suam tutelam venit. de hereditate ea, quae pupillo venit, inter eos, qui patris pupilli heredes secundi sunt, et inter agnatos pupilli controversia est; inv II 62. pupillum Iunium praetextatum venisse in vestrum conspectum et stetisse cum patruo; Ver I 151. — 2. audit pupillum esse filium; Ver I 131. — II, 1. facio: f. I, 1. moritur. si olim, M. Catone mortuo, „pupillum" senatum quis relictum diceret, paulo durius; sin, „ut ita dicam, pupillum", aliquanto mitius; de or III 165. reliquit pupillum parvum filium; Ver I 130. — 2. cum pupillis Drepanitanis bona patria erepta cum illo partitus es; Ver IV 37. venio: f. I, 1. moritur. — 3. fundum Cymaeum Romae mercatus est de pupillo Meculonio; Flac 46. — III. agnati, pater: f. I, 1. moritur. a quo M. Marcelli tutoris in causa pupilli Iunii oratio repudiata est; Ver I 153. cum pupilli Malleoli tutor esset; Ver I 90.

puppis, Hinterteil des Schiffes, Schiff: I. mihi „prora et puppis", ut Graecorum proverbium est, fuit a me tui dimittendi, ut . .; ep XVI 24, 1. — II, 1. »quin puppim flectis, Ulixes!« fin V 49. »post ipse (Canis) trahit claro cum lumine puppim«; fr H IV, a, 635. -- 2. motum remigationis navem convertentis ad puppim; A XIII 21, 3. sedebamus in puppi et clavum tenebamus; ep IX 15, 3. — III. basis trianguli, quam efficiunt grues, ea tamquam a puppi ventis adiuvatur; nat II 125. conscende nobiscum, et quidem ad puppim; ep XII 25, 5.

pupula, Pupille, Augenstern: palpebrae aptissime factae et ad claudendas pupulas et ad aperiendas; nat II 142. acies ipsa, qua cernimus, quae pupula vocatur, ita parva est, ut . .; nat II 142.

pure, rein, unbefleckt, rechtschaffen: pure et quiete actae aetatis; Cato 13. dixit causam pure et dilucide; de or I 229. ut pure et Latine loquamur; de or I 144. pure et emendate loquentes; opt gen 4. haec omnia pure atque caste tribuenda deorum numini sunt; nat I 3.

purgatio, Reinigung, Entschuldigung, Rechtfertigung: I. purgatio est, cum factum conceditur, culpa removetur. haec partes habet tres, imprudentiam, casum, necessitatem; inv I 15. purgatio est, per quam eius, qui accusatur, non factum ipsum, sed voluntas defenditur. ea habet partes tres, imprudentiam, casum, necessitudinem; inv II 94. — II, 1. qui (Aesculapius) primus purgationem alvi invenit; nat III 57. — 2. imprudentia in purgationem confertur; inv I 41. — III, 1. inedia et purgationibus et vi ipsius morbi consumptus es; ep XVI 10, 1. — 2. per: f. I.

purgo, reinigen, abführen, aufräumen, entschuldigen, rechtfertigen: I. de luxurie purgavit Eracius; Sex Rosc 39. — II. libenter tibi me et facile purgassem; ep VII 27, 2. quid ego me tibi purgo? ep XV 17, 1. ceteros quod purgas, debent mihi probati || purgati || esse, tibi si sunt; A III 15, 2. f. mores. purgantes || purgare || alvos ibes Aegyptiae; nat II 126. quantum defensor purgandis criminibus consequi potuerit; Cluent 3. immissi cum falcibus multi || famuli, al. || purgarunt et aperuerunt locum; Tusc V 65. te ac mores tuos mihi purgatos ac probatos esse volnisti; A I 17, 7. purga urbem; Catil I 10. — III. quod te mihi de Sempronio purgas, accipio excusationem; ep XII 25, 3. de quo etsi pro tua facilitate et humanitate purgatum se tibi scribit esse; ep XIII 24, 2. de altero ei (Balbo) me purgavi; A X 18, 2.

purpura, Purpur, Purpurkleid: I. qui combibi purpuram volunt; fr F V 23. facite, ut eius illam ad talos demissam purpuram recordemini; Cluent 111. quos numeros cum quibus tamquam purpuram

misceri oporteat; orat 196. recordor: f. demitto. — II, 1. vestitus aspere nostra hac purpura plebe ac paene fusca; Sest 19. — 2. ut sedens cum purpura praeconi subiceretur; Sest 57.

purpurasco, sich röten: eius (maris) unda cum est pulsa remis, purpurascit; Ac fr 7.

purpuratus, Hofbeamter: istis ista horribilia minitare purpuratis tuis; Tusc I 102.

purpureus, rot, purpurn: P. Clodius a purpureis fasceolis est factus repente popularis; har resp 44. quod (mare) nunc favonio nascente purpureum videtur; Ac II 105. stetit soleatus praetor populi Romani cum pallio purpureo; Ver V 86. conlega tuus amictus toga purpurea; Phil II 85. quo (die Caesar) cum purpurea veste processit; div I 119.

purus, rein, fleckenlos, unentweiht, lauter, glatt, einfach, unverziert, bloß: A. alqs: f. argentum. qui ne animam quidem puram conservare potuisset; Ver II 134. castus animus purusque vigilantis est paratior; div I 121. argentum ille ceterum purum apposuerat, ne purus ipse relinqueretur; Ver IV 49. nihil est in historia pura et inlustri brevitate dulcius; Bru 262. mundi ille fervor purior est multo; nat II 30. elaborant alii in puro quasi quodam et candido genere dicendi; orat 53. iudicium purum postulat; inv II 60. ut eos (deos) semper pura, integra, incorrupta et mente et voce veneremur; nat II 71. rationem non arbitror exspectari a me puri dilucidique sermonis; de or III 38. Ciceroni meo togam puram cum dare Arpini vellem; A IX 6, 1. falsum crimen in purissimam vitam coniatum; Q Rosc 17. vox: f. mens. — B, a. qui (Clodius) tantum abest a principibus quantum a puris. quantum ab religiosis; har resp. 53. — b. ut, quicquid inde haurias, purum te liquidumque haurire sentias; Caecin 78.

pusillus, klein, gering, winzig, kleinlich: A. Siculus ille paene pusillus Thucydides; Q fr II 11, 4. illud vero pusilli animi, quod . .; ep II 17, 7. ecce alia pusilla epistula; A VI 1, 23. volo mentam pusillam ita appellare, ut „rutulam"; non licet; ep IX 22, 3. habuimus in Cumano quasi pusillam Romam; A V 2, 2. pusillus testis processit; de or II 245. quam contumeliam villa pusilla iniquo animo feret; ep XII 20. villula sordida et valde pusilla; A XII 21. — B. habet in Ostiensi Cotta celeberrimo loco, sed pusillum loci; A XII 23, 3.

pusio, Knäbchen: pusionem quendam Socrates interrogat quaedam geometrica de dimensione quadrati; Tusc I 57.

putamen, Schale: institut (Dionysius). ut candentibus iuglandium putaminibus barbam sibi et capillum (filiae) adureret; Tusc V 58.

putatio, Beschneiden: quid (sit) arborum putatio ac vitium; de or I 249.

puteal, Brunneneinfassung, Puteal: I. supra impositum puteal accepimus; div I 33. putealia sigillata duo (tibi mando); A I 10, 3. — II. alter puteali inflatus; Sest 18.

puteo, übel riechen, puter, faul: quibus etiam alabaster plenus unguenti putere || puter esse || videatur; Ac fr 11.

putesco (putisco) verwesen, modrig werden: Theodori nihil interest, humine an sublime putescat; Tusc I 102. muros movetur ventis, ne putescat: fr I 22. animum illi pecudi datum pro sale, ne putisceret; fin V 38. cui (sui), ne putesceret, animam ipsam pro sale datam dicit esse Chrysippus; nat II 160.

puteus, Brunnen: quod constat nobilissimas virgines se in puteos abiecisse; prov 6. cum vidisset haustam aquam de iugi puteo; div I 112. ex puteis iugibus aquam calidam trahi; nat II 25.

putide, gesucht, geziert: qui nec inepte dicunt

nec odiose nec putide; Bru 284. nolo exprimi litteras putidius. nolo obscurari neglegentius; de or III 41.
putidiusculus, etwas zubringlicher: simus putidiusculi, *quam*quam per te vix licet; ep VII 5, 3.
putidus, faul, zubringlich, gesucht, geziert: cum etiam Demosthenes exagitetur ut putidus; orat 27. haec vobis molesta et putida videri; de or III 51. vereor, ne putidum sit scribere ad te, quam sim occupatus; A I 14, 1. ego istius putidae carnis consilio scilicet volebam niti; Piso 19.
puto, rechnen, berechnen, veranschlagen, ansehen, achten, halten, vermuten, meinen, glauben: I, 1. Arcesilas Zenoni, ut putatur, obtrectans; Ac II 16. — 2. si sunt di, ut vos etiam putatis; fin II 115. quae est ei (animo) natura? propria, puto, et sua; Tusc I 70. — II, 1. non ut causam, sed ut testimonium dicere putares, cum (Scaurus) pro reo diceret; Bru 111. Xenocraten audire potuit; et sunt qui putent audisse; nat I 72. -- 2. a quibus nos defendi putabamur; har resp 46. eandem artem etiam Aegyptii consecuti putantur; div I 2. — 3. haec fere putavi esse dicenda; Tusc II 67. quod Pompeio se gratificari putant; ep I 1, 4. quod te putem scire curare; ep IX 10, 1. vos consulo, quid mihi faciendum putetis; Ver pr 32. facultatem mihi oblatam putavi; Catil III 4. in quo ipsam luxuriam reperire non potes, in eo te umbram luxuriae repertarum putas? Muren 13. quod mihi tuo nomine gratias agendas non putas; ep XII 28, 2. — 4. amendat hominem — quo? quo putatis? Ver V 70. cur ipse non adfuit? num putatis aliqua re tristi ac severa? Phil III 20. putaram te aliquid novi. quod eius modi fuerat initium litterarum, "quamvis non curarem, quid in Hispania fieret, tamen te scripturum"; A XII 23, 1. — III. si hoc semper ita putatum est; div I 84. id ipsum est deos non putare; div I 104. quis coëgit eos falsum putare? Cato 4. inventus est ordo in iis stellis, qui non putabatur; div II 146. tibi ego ullam salutem, ullam perfugium putem? Ver V 150. ut rationes cum publicanis putarent; A IV 11, 1. salutem: s. perfugium. etiamsi cetera supplicia, quae putantur, effugerit; rep III 33. — IV, 1. in fortuna quadam est illa mors putanda; Piso 44. iste patrem, si non in parentis,

at in hominum numero putabat; Ver IV 41. — 2. quod gloriam contemnant et pro nihilo putent; of I 71. qua (sapientia) omnes res humanae tenues ac pro nihilo putantur; de or II 344. — 3. quae (ratio recta) supra hominem putanda est; nat II 34. 4. cum unum te pluris quam omnes illos putem; A XII 21, 5. contendere de re publica fortium virorum et magnorum hominum semper putavi; Balb 60. quaecumque sunt in omni mundo, deorum atque hominum putanda sunt; nat II 154. ut consulem, conlegas, bonorum iudicium nihili putaret; Sest 114. bestiarum nullum iudicium puto; fin II 33. non ignoro, quanti eius (prudentiae) nomen putetis; nat III 78. cuius testimonium nullius momenti putaretur; Vatin 1. — 5. quis divitiorem quemquam putet aut potentiorem aut beatiorem aut firmiore fortuna? rep I 28. si denariis cccc Cupidinem illum putasset; Ver IV 13. — 6. et te consularem aut senatorem, denique civem putes? Phil VII 5. illo se loco copiosos et disertos putant; rep I 4. s. 5. id in dicendo numerosum putatur; orat 198. vulnus illud rei publicae, turpitudo populi Romani, non indicium putandum est; Planc 70. qui fideliorem barbarum putaret; of II 25. ut horribilem illum diem aliis, nobis faustum putemus; Tusc I 118. velim hanc inanem meam diligentiam miserabilem potius quam ineptam putes; A III 23, 1. plerique rem idoneam, de qua quaeratur, et homines dignos, quibuscum disseratur, putant; Ac II 18. an medicina ars non putanda est? div I 24. hanc turpissimam mercaturam alienam dignitate populi Romani semper putavi; agr II 65. rem: s. hominem. 2.
putridus, morsch: non nos dentes putridi deceperunt; Piso 1.
putus, rein, glänzend: quam bonam meis putissimis orationibus gratiam rettulerit; A II 9, 1.
pylae, Engpaß: iter in Ciliciam feci per Tauri pylas; A V 20, 2.
pyramis, Pyramide: mihi vel cylindri vel quadrati vel coni vel pyramidis (forma) videtur esse formosior; nat I 24. s. conus.
pyxis, Büchse: cum Licinius pyxidem teneret in manu; Cael 63. cum iam manum ad tradendam pyxidem porrexisset; Cael 63.

Qua, wo, wohin, inwieweit, teils — teils: I. in eo loco, qua naves accedere possent; Ver V 85. ad omnes introitus, qua adiri poterat; Caecin 21. qua (mare) a sole conlucet; Ac II 105. qui (di) eatenus nobis declarantur, qua ipsi volunt; Tim 40. multis in urbibus, iter qua faciebat; Phil IX 6. — II, 1. illuc qua veniam? A VIII 16, 1. — 2. quo facilius scire possim, qua quandove ituri sint; A IX 1, 2. neque est quicquam, quo et qua; A X 2, 1. tum reliqua videbimus, id est et quo et qua et quando; A IX 6, 1. victor hic qua se referret et quo; A VIII 16, 2. — III. in templum ipse nescio qua per Gallorum cuniculum ascendit; Phil III 20. — IV. ita omnia convestivit hedera, qua basim villae, qua intercolumnia ambulationis, ut . . ; Q fr III 1, 5. gladiatoribus qua dominus qua advocati sibilis conscissi; A II 19, 3. quam evigilata (tua consilia) tuis cogitationibus qua itineris, qua navigationis, qua congressus sermonisque cum Caesare! A IX 12, 1. quoniam intellego te distentissimum esse qua de Buthrotiis, qua de Bruto; A XV 18, 2.
quacumque, überall wo: I. quacumque nos commovimus; A XIV 17, 6. quacumque ingredimur; fin V 5. — II. quacumque illa (mulier) iter fecisset; Cluent 193.

quadrageni, je vierzig: quadragena milia nummum in singulos iudices distributa; Cluent 74. uti ambo HS quadragena consulibus darent, si essent ipsi consules facti; A IV 17 (18), 2.
quadragesimus, vierzigste: anno fere centesimo et quadragesimo post mortem Numae; rep II 29. ut quadragesimo post die responderes; Ver I 30.
quadragiens, vierzigmal, vier Millionen: nonne nos hic in mare superum et inferum sestertium ter et quadragiens erogabimus? Flac 30.
quadraginta, vierzig: A. (Cyrus) quadraginta natus annos; div II 46. ad Staienum sescenta quadraginta milia nummum esse delata; Cluent 87. quod erat vix HS quadraginta milium; Ver I 140. tenentur uno in loco HS IↃCXL; Cluent 82. — B. quam (proportionem comparationemque) habent ducenta quinquaginta sex cum ducentis quadraginta tribus; Tim 24.
quadrantarius, auf ein Viertel ermäßigt, ein Viertelaß kostend: nisi forte mulier potens quadrantaria illa permutatione familiaris facta erat balneatori; Cael 62. in tabulis dodrantariis et quadrantariis; Font 2.
quadratus, viereckig, Viereck: A. quid iudicant sensus? stare movere, quadratum rotundum; fin II

36. agmine quadrato in aedem venit; Phil V 20. —
B, I. ea triangula illi et quadrata nominant; div
II 89. — II. mihi vel cylindri vel quadrati (forma)
videtur esse formosior; nat I 24.

quadriduum, vier Tage: I. quadridui sermonem misimus; Tusc V 11. — II, 1. Apameae quadriduum (fui); ep XV 4, 2. ipsum (regem) triduum
quadriduumve mecum habui; A VI 2, 7. — 2. respondit triduo illum aut summum quadriduo esse
periturum; Milo 26. — 3. (signa) ablata ex urbibus
sociorum quadridui causa per simulationem aedilitatis; Ver IV 6.

quadriennium, vier Jahre: 1. quia de lucro
prope iam quadriennium vivimus; ep IX 17, 1. —
2. hanc multam Aeschines a Ctesiphonte petivit quadriennio ante Philippi Macedonis mortem; opt gen
22. quadriennio minor est; de or II 364. quaestor
quadriennio post factus sum; Cato 10.

quadrigae, Viergespann: I. „posmeridianas
quadrigas" quam „postmeridianas quadriugas" libentius dixerim; orat 157. — II. in quadrigarum curriculum incurrere; Muren 57. quam (Minervam)
Arcades quadrigarum inventricem ferunt; nat III
59. — III, 1. cursu corrigam tarditatem cum equis
tum vero quadrigis poëticis; Q fr II 13 (15, a), 2.
cuius in adulescentiam per medias laudes quasi quadrigis vehentem; Bru 331. — 2. nec in quadrigis
eum secundum numeraverim aut tertium, qui vix e
carceribus exierit; Bru 173.

quadrigarius, Wagenlenker: ut istum omittam
in victoria quadrigarium; fr A IX 14.

quadrigulae, kleines Viergespann: Philippus
hasne in capulo quadrigulas vitare monebatur? fat 5.

quadrilugae, f. **quadrigae,** I.

quadrimus, vierjährig: una interpositio difficilior est, de quadrimo Catone; ep XVI 22, 1.

quadringenarius, von je vierhundert Mann:
(Deiotarus) habet cohortes quadringenarias nostra
armatura xxx; A VI 1, 14.

quadringenti, vierhundert: videsne minus
quadringentorum annorum esse hanc urbem, ut sine
regibus sit? rep I 58. HS cccc extorquenda curavit;
Ver II 66. qui cccc mod. lucri faciunt; Ver III
111. ut mihi ultra quadringenta milia liceret esse;
A III 4. si quadringentos talos feceris; div I 33.

quadringentiens, vierhundertmal, vierzig
Millionen: HS quadringentiens cepisse te arguo
contra leges; Ver II 26. tu quadringentiens sestertium quonam modo debere desisti? Phil II 93.

quadripertitus (quadrup.), vierteilig: secunda (argumentatio) est quadripertita; tertia
tripertita; inv I 67. adsumptionis approbatione praeterita quadripertita sic fiet argumentatio; inv I 71.
commutationes temporum quadrupertitas; Tusc I 68.
quadripertita fuit divisio tua; nat III 6.

quadripes, vierfüßiges Tier: I. ut nihil inter
te atque inter quadripedem aliquam putes interesse; par 14. — II. hoc ministro omnium non bipedum solum, sed etiam quadripedum impurissimo;
dom 48.

quadriremis, Vierruderer: I. quadriremem
fluctuantem in salo reliquerat; Ver V 91. —
II. in quadriremi Centuripina malum erigi imperavit; Ver V 88.

quadro, zurichten, abschließen, passen: I. quoniam tibi ita quadrat, omnia fuisse Themistocli
paria et Coriolano, Bru 43. — II. nisi omnia in istam
(mulierem) quadrare apte viderentur; Cael 69. visum
est hoc mihi ad multa quadrare; A IV 19, 2. nam
coniunctionem sicuti versum numerose cadere et
quadrare et perfici volumus; de or III 175. id („officium") quid dubitas quin etiam in rem publicam
praeclare quadret || caderet ||? A XVI 14, 3. —
III. sic minime animadvertetur quadrandae orationis industria; orat 197.

quadrum, richtige Form: quin redigeret
omnes fere in quadrum numerumque sententias: orat
208. si eam (sententiam) ordini verborum paululum
commutato in quadrum redigas; orat 233.

quadruplator, Denunziant, eigennütziger Ankläger: I. homo omnium ex illo conventu quadruplatorum deterrimus; Ver II 22. — II. putant fore,
ut non (per)illius modi quadruplatores leges iudicia-
que administrentur; div Caec 68.

quadruplex, vierfach, vier: »praeter quadru-
plices stellas in fronte locatas«; fr H IV, a, 334.

quadruplus, vierfach: I. iudicium datum est
in quadruplum; Tul 7. — II. ab adseculis tuis quadruplo condemnari; Ver III 34.

quaero, suchen, erstreben, verlangen, fragen,
forschen, untersuchen: I. absolut: 1, a. quaerendi
initium ratio attulit; Ac II 26. — b. ea se uti
regula in quaerendo ac disserendo; Ac II 32. —
2, a. cum quaeritur, quale quid sit, aut simpliciter
quaeritur aut comparate; Top 84. satis videri esse
quaesitum; Cluent 177. — b. sine ulla affirmatione
simul quaerentes dubitanter unum quidque dicemus;
inv II 10. nolite quaerere; Phil II 69. ea res. si
quaeris, ei (Mario) magno honori fuit; of III 80.
acerrimo iudice quaerente; Sex Rosc 85.

II. mit Ergänzung: 1. definitio est, cum in scripto
verbum aliquod est positum, cuius de vi quaeritur; inv II 153. cum in dominos de servis quaeri
noluissent; »art or 118. sin hominibus remotis de
causa quaeritis; Caecin 104. — 2. abs te, Torquate,
quaero: cur tacuisti, passus es? Sulla 44. quaeret
quispiam: „quid? illi viri istane doctrina eruditi fuerunt?" Arch 15. quaero, si duo sint, quis tandem
erit tam demens, qui . . ? rep III 27. — 3. quantum
et cuius modi et omnino quale sit, quaeritur. hoc
modo: iustum an iniustum; inv I 12. quaero abs
te, quid ita de hac pecunia compromissum feceris;
Q Rosc 12. non erat quaerendum, cuius manu (pecuniae) numerarentur; Ver II 26. quaesivi, misi-
setne || an misisset || (peripetasmata); Ver IV 27. quae-
runt a me, ubi sit pecunia; Cluent 72. secundum ea
quaero, servarisne in eo fidem; Vatin 15. quaero.
num tu senatui causam tuam permittas; Vatin
15. quas rea gesserit, quaero; Piso 38. quaero a
me, quid pro fratre meo facere possim; Planc 69.
quaerebat, cur ego ex i.so cursu tam subito revertissem; Phil I 76. si quaesitum ex eo (sapiente)
sit, stellarum numerus par an impar sit; Ac II 110.
quaeratur, utrum panderem vela orationis statim
an eam ante paulum dialecticorum remis propellerem;
Tusc IV 9. cum quaesitum esset ex eo (Socrate).
quare id faceret; Tusc V 97. hac tu de re quaero
quid sentias; leg II 32. quaeris, quid cogitem de
obviam itione A XIII 50, 4. quod quaeris, quando.
qua, quo, nihil adhuc scimus; ep IX 7, 2. f. I, 2. a.
III. alqd.

III. mit einfachem Object: cum quaererent alii
Numerium, alii Quinctium; Sest 82. quam (Proserpinam) frugum semen esse volunt absconditam-
que quaeri a matre dignum; nat II 66. certum (genus quaestionum), in quo quid in personis et in constituta re et definita quaereretur; de or II 42. vitabit etiam quaesita; orat 89. ne quid ex meis commentariis quaereretur; Sulla 43. multo labore qua-
situm ad ea eripuit hora; Sulla 73. quaero illud etiam
ex te, conatusne sis . .; Vatin 19. illud quaero, cur
tam mansuetus in senatu fuerit; Phil III 23. agri
multa efferunt manu quaesita; nat II 151. si vitae
modum actionemque quaerimus; Tusc V 66. non
aetas eius, qui adoptabat, est quaesita; dom 35.
»navibus absumptis fluitantia quaerere a lustra«;
fr H IV, c, 2. ut, ubi hostis non erat, ibi triumphi
causam aliquam quaereret; Piso 62. sic dissimili-
mis bestiolis communiter cibus quaeritur; nat II 123.
ex ea (epistula) crimen in P. Sullam quaeris;

Sulla 67. dominatio quaesita ab utroque est; A VIII
11. 2. studii sui quaerebant aliquem ducem; Ligar
3. quae quaerimus exempla maiora? nat II 11. ne
et vetera et externa quaeram; Tusc I 33. qui gloriam quaeritis; Sest 102. si musicus, si grammaticus, si poëta quaeratur; de or I 212. quibus ex rebus conflatur et efficitur id, quod quaerimus, honestum; of I 14. si tum illi caedis a me initium quaerenti respondere voluissem; Phil III 33. vires, lacertos, sanguinem quaerunt, quandam etiam suavitatem
coloris; opt gen 8. quaeritur in re domestica continentiae laus; Flac 28. in eodem Amano (Bibulus)
coepit loreolam in mustaceo quaerere; A V 20, 4.
qui nec plausum nec lucrum quaererent; Tusc V 9.
id iniustissimum ipsum est, iustitiae mercedem
quaerere; leg I 49. modum: f. actionem. musicum:
f. grammaticum. rerum ipsarum vim naturamque
quaeramus; Scaur 15. quod illi (Stoici) nomina nova
quaerunt, quibus idem dicant; fin V 89. pecuniam
nescio quo modo quaesitam; Tul 15. plausum: f. lucrum. poëtam: f. grammaticum. homines spe custodiae rerum suarum urbium praesidia quaerebant;
of II 73. virtutem et sapientiam regalem, non progeniem quaeri oportere; rep II 24. non quaero rationes eas, quae ex coniectura pendent; Ac II 16.
versabor in re difficili ac multum et saepe quaesita;
leg III 33. sanguinem: f. lacertos. sapientiam f.
progeniem. populatae provinciae solacium exitii
quaerunt; div Caec 7. discessus solitudo ei, qui patronam suffocabat, fuit quaerenda; Scaur 11. suavitatem: f. lacertos. venenum quaesitum dicitur; Cael
30. spem omnem in D. Bruto et Planco habemus,
si verum quaeris, in te et in M. Bruto; ep XII 8, 1.
vetera: f. externa: fugae tutam viam quaesiverunt;
Caecin 44. vis verbi quasi in definitiva constitutione, in quo posita sit, (videtur) quaeri; inv I 17.
f. lacertos, naturam. virtutem: f. progeniem. —
IV. cur provincia defensorem suae salutis eum
quaesiverit, cuius . .; Ver III 64.

quaesitor, Unterſuchungßrichter: I. videt (iudicem) quaesitorem, ut dimittat, rogantem; Bru
200. quaesivit ab hoc C. Iunius quaesitor ex lege
illa Cornelia, clam an palam de se sententiam ferri
vellet; Cluent 55. quaesitor gravis et firmus Alfius;
Q fr III 3, 3. — II. si quaesitor huic edendus
fuisset; Planc 43. hunc quaesitorem ac indicem fugiebant atque horrebant ii, quibus periculum crea-
batur; Sex Rosc 85. rogo: f. I. dimittit.

quaeso, ſuchen, bitten: I. »Andromedae laevo
ex umero, si quaesere perges, apposita poteris
supera cognoscere Piscem«; fr H IV, a, 252. quod,
quaeso, a me est tributum Hirtio ornamentum?
Phil XIII 41. solane meis data vita, quaeso, relinquitur?
Tusc V 13. — II, 1. mihi, quaeso, ignoscite, si
appello talem virum saepius; agr II 49. adgredere,
quaesumus; leg I 6. mitte mihi, quaeso, obviam
litteras; A VI 7, 2. tu incumbe, quaeso, in eam
curam; A XV 25. — 2. de mulieribus nostris quaeso
videas, ut . .; A VII 14, 3. — 3. quod quaeso,
iudices, ne moleste patiamini; Cluent 11. — 4. abs
te peto quaesoque, ut tuos mecum serves potius
quam . .; ep V 4, 2. quaeso, ut scribas quam saepissime; A VII 12, 1.

quaesticulus, ſteiner Gewinn: I. qua ex
coniunctione naturae convenire potest meus quaesticulus cum caelo, terra rerumque natura? div II 34.
— II. quaesticulis || quaesticulus || te faciebat at-
tentiorem; ep IX 16, 7.

quaestio, Frage, Erforſchung, Unterſuchung,
Stoff, Gegenſtand, allgemeine Streitfrage, Unter-
ſuchungßakte, Bernehmung, Folterung, Kriminal-
gericht: I. abſolut: 1. adiuvant: f. II, 1. habeo.
f. perpetui iuris et universi generis quaestio non
hominum nomina, [sed] rationem dicendi et argumentorum fontes desiderat; de or II 141. hoc (pec-

catum), quo de quaestio est; inv I 104. ex quibus
constitutio est, id est quaestio, eadem in coniecturali, quae iudicatio: occideritne? inv II 15. de ipso
universo genere infinita quaestio est; de or II 134.
in genere erat universo rei negotiique, non in tempore ac nominibus, omnis quaestio; de or II 141.
quaestiones perpetuae hoc (Carbone) adulescente constitutae sunt, quae antea nullae fuerunt; Bru 106.
omnis quaestio earum aliqua de re est, quibus causae
continentur; Top 80. cognitionis quaestiones tripertitae sunt; aut sitne aut quid sit aut quale sit
quaeritur; Top 82. habet: f. II, 1. appello; inv I 8.
ut eius (facinoris) quaestio ad populum pertinet;
Ver I 108. pleraeque quaestiones, quae ad vitam
moresque pertinent, a virtutis fonte ducuntur; Tusc
IV 34. quaestiones urgent Milonem; Milo 59. —
2. quaestio est ea, quae ex conflictione causarum
gignitur controversia, hoc modo: „non iure fecisti“.
„iure feci“; inv I 18. quaestio est: maiestatemne
minuerit? inv II 52.

II. nach Berben: 1. absolvi nescio quam bene,
sed ita accurate, ut nihil posset supra, Academicam
omnem quaestionem libris quattuor; A XIII 19, 3.
poëtae quaestionem attulerunt, quidnam . .; orat 66.
is quaestione adhibita confessus est pateramque rettulit; div I 54. qui (Hermagoras) quaestionem eam
appellet || appellat ||, quae habeat in se controversiam
in dicendo positam sine certarum personarum interpositione, ad hunc modum: „ecquid sit bonum praeter
honestatem“? inv I 8. eam quaestionem, ex qua
causa nascitur, constitutionem appellamus; inv I 10.
quaestionem (appellant) rem positam in infinita dubitatione; de or II 78. haec quaestio a propriis personis et temporibus ad universi generis orationem
|| rationem || traducta appellatur θέσις; orat 46. quam
(universi generis quaestionem) Graeci appellant θέσιν;
orat 125. videtis illam nefariam mulierem hanc
fictam quaestionem conscripsisse. atque istam ipsam
quaestionem dicite qui obsignarit unum aliquem
nominatim; Cluent 185. constituo: f. I, 1. est; Bru
106. omnis res, quae habet in se controversiam,
aut facti aut nominis aut generis aut actionis continet quaestionem; inv I 10. quae (pars) non implicite et abscondite, sed patentius et expeditius
recti et non recti quaestionem continet; inv II 69.
definio: f. instituo. ex ea (causarum conflictione)
nascitur controversia, quam quaestionem dicimus,
haec: „iurene fecerit“? inv I 18. prima adversariorum
contentio diffusam habet quaestionem; part or 104.
duco: f. I, 1. pertinet. si is potuisset quaestionem
de morte P. Clodii ferre; Milo 79. fingo: f. conscribo.
si quid habet quaestionis; orat 68. sin quaestiones
habitae aut postulatio, ut habeantur, causam adiuvabunt; part or 117. f. diffundo. qua (disputatione)
solent uti ad infirmandas quaestiones; part or 118.
definitae quaestiones a suis quoque || quaeque || locis
quasi propriis instituuntur || instruuntur ||; Top 92.
obsigno: f. conscribo. quaestiones omnium perrumpat; Ver I 13. non persequor quaestiones infinitas;
Ac II 117. salutares leges quaestionesque tolluntur;
Phil I 22. quaestionibus credi cportere et
non oportere; inv II 50. C. Iunius, qui ei quaestioni praefuerat; Cluent 89. saepe etiam quaestionibus resistendum est; part or 50. — 3. socios omnibus approbantibus illa die quaestione liberatos
esse; Bru 88. — 4. coniuncta (causa est) ex
pluribus quaestionibus, in qua plura quaeruntur;
inv I 17. esse suum de generum infinitis quaestionibus dicere; de or II 66. quae (philosophia) de
maximis quaestionibus copiose posset dicere; Tusc I
7. qui (Hermagoras) oratoris materiam in causam
et in quaestionem dividat; inv I 8. mecas ex: f. II,
1. appello; inv I 10. duos servos paternos in quaestionem ab adversariis Sex. Roscius postulavit; Sex
Rosc 77.

III. **nach Adjectiven**: 1. quae (oratio) est propria
vestrae quaestionis; Milo 7. — 2. quibusdam quaestionibus alios, quibusdam alios esse aptiores
locos; Top 79.
IV. **nach Substantiven**: alqd: f. II, 1. habeo. dicta
quaestionis argumentis et coniectura ponderanda;
part or 118. quod fundamentum huius quaestionis
est; nat I 44. duo prima genera quaestionum esse,
in quibus eloquentia versaretur, unum infinitum, alterum certum; de or II 41. nou ex iis (temporibus,
personis), sed ex genere quaestionis pendere causas;
de or II 139. quaestionum „quacumque de re“ sunt
duo genera ‖ sunt ‖: unum cognitionis, alterum actionis; Top 81. quarum (actionis quaestionum) duo
genera: unum ad officium, alterum ad motum animi
vel gignendum vel sedandum; Top 86. cum (C. Visellius Varro) post curulem aedilitatem index quaestionis esset; Bru 264. tabellae quaestionis plures
proferuntur; Cluent 184.
V. **Umstand**: 1. veneni iam suspicio superiore
quaestione sublata (est); Cluent 184. — 2. in quaestionibus et iudiciis non hoc quaerendum arbitror;
Sulla 39.

quaestiuncula, Frage, Untersuchung: I. his
propositis quaestiunculae multae nascuntur; leg
II 51. — II, 1. mihi quaestiunculam, de qua meo
arbitratu loquar, ponitia? de or I 102. — 2. loquor de: f. 1.

quaestor, Quästor, Schatzmeister: I, 1. aversa
pecunia publica quaestor consulem exercitum, sortem
provinciamque deseruit; Ver I 34. aversa duo quae
L. Egnatuleio quaestore C. Caesaris auctoritatem persecuta est; Phil III 7. si praetor dedit, ut est scriptum, a quaestore numeravit, quaestor a mensa publica,
mensa aut ex vectigali aut ex tributo; Flac 44. qui
(T. Antistius) cum sorte quaestor Macedoniam obtineret; ep XIII 29, 3. mihi quaestor optatior obtin-
gere nemo potuit; ep II 19, 2. quaestor ex senatus
consulto provinciam sortitus es; Ver I 34. cum
primus in eam insulam quaestor veneris; ep XIII 48.
quaestor navem populi vocat; inv II 98. — 2. cum
quaestor in Sicilia fuissem; div Caec 2. — I, 1.
quem temperantissimum legatum quaestoremque
cognoverunt; Flac 8. quaestorem habes non tuo
iudicio delectum, sed eum, quem sors dedit; Q fr I
1, 11. quaestor quadriennio post factus sum; Cato
10. habeo: f. deligo. cum quaestor ad exercitum
missus sis, custos non solum pecuniae, sed etiam
consulis; Ver I 40. ego de provincia decedens quaestorem Coelium praeposui provinciae; ep II 15, 4. —
2. vidimus pecuniam numerari quaestori; Ver III
177. accepimus praetorem quaestori suo parentis
loco esse oportere; div Caec 61. — 3. quem pro
quaestore habuit; Ver I 41. numero a: f, I, 1.
numerat. cum Alexandriae pro quaestore essem; Ac
II 11. — III. quid primum querar? Siculone homini legati, quaestoris, praetoris denique potestatem,
honorem, auctoritatem dari? Ver V 83. referebatur de provinciis quaestorum; Q fr II 3, 1. — IV.
senatui placere Q. Hortensium pro consule cum
quaestore prove quaestore et legatis suis provinciam
Macedoniam obtinere; Phil X 26. in qua civitate
nummus commoveri nullus potest sine quinque praetoribus, tribus quaestoribus, quattuor mensariis;
Flac 44.

quaestorius, quästorisch, mit dem Range
eines Quästors, ehemaliger Quästor, n. Quästor-
wohnung: A. C. Sicinius quaestorius mortuus est;
Bru 263. (Scipio) salutavit generos Laelii, doctos
adulescentes, iam aetate quaestorios; rep I 18. comitiis quaestoriis institutis; ep VII 30, 1. cum sine
cuiusquam reprehensione quaestoriis legatis quaestorem possis anteferre; ep II 18, 3. quod ego officio quaestorio te adductum reticere de praetore
tuo non moleste ferebam; ep II 17, 6. ex ea faece

legationis quaestoriaeque tuae procurationis; Ver I
99. — B, a. qui aedilicii, qui tribunicii, qui quaestorii! Phil XIII 30. — b. Thessalonicam me in
quaestoriumque duxit; Planc 99.

quaestuosus, vorteilhaft, einträglich, gewinn
süchtig: A. ut hoc damnum quaestuosum sit: A
XIV 9, 1. illud edictum repente uberrimum quaestuosissimumque nascitur; Ver III 36. ut quaestuosa mercatura dicitur; Tusc V 86. cuius domi quaestuosissima est falsorum commentariorum et chirographorum officina; Phil II 35. — B. relinquo istum
quaestuosum; par 49.

quaestura, Quästur. Amt, Kasse des Quästors:
I. quaestura utriusque prope modum pari momento
sortis fuit; Muren 18. exorta est illa rei publicae
funesta quaestura; har resp 43. — II, 1. obtinui
quaesturam in Sicilia provincia; Ver V 35. quaesturam petisti cum P. Sestio; Vatin 11. — 2. existimabam nihil homines nisi de quaestura mea loqui; Planc 64. — III. qui (mos maiorum) hanc
quaesturae coniunctionem liberorum necessitudini
proximam voluit esse; ep XIII 10, 1. huius ipsius
in illum ordinem summa officia quaesturae tribuna-
tusque constabant; Planc 24. tu a me auctus in
petitione quaesturae; Phil II 49. Verres, ille vetus
proditor consulis, translator quaesturae, aversor pecuniae publicae; Ver V 152. — IV. consedit utriusque nomen in quaestura; Muren 18.

quaestus, Erwerb, Gewinn, Vorteil: I. ut
etiam is quaestus huic cederet; Ver V 170. ut
nullum quaestum esse turpem arbitrarentur; Cluent
46. totus quaestus hic aestimationis ex annona
natus est varietate; Ver III 192. — II, 1. quaestus
duplex unius missionis fiebat; Ver V 62. M. Fadium quod mihi amicum tua commendatione das,
nullum in eo facio quaestum; ep XV 14, 1. qui
(quaestus) liberales habendi, qui sordidi sint; of I
150. improbantur ii quaestus, qui in odia hominum
incurrunt, ut portitorum, ut faeneratorum; of I 150.
qui ab adulescente quaestum sibi instituisset sine
impendio; Quinct 12. quaestum illum maxime fecundum uberemque campestrem totum ad se ita redegit, ut ..; har resp 42. — 2. quid est aliud iudicio ac legibus abuti ad quaestum? Sex Rosc 54.
tota res est inventa fallaciis aut ad quaestum aut
ad superstitionem; div II 85. haec pecunia tota ab
honoribus translata est in quaestum et faenerationem; Flac 56. — III. ut cum hoc cumulo
quaestus decederent; Ver III 100. quin propter
magnitudinem quaestus improbus esse volueris; Ver
V 111. viam quaestus invenerunt; Ver III 190. —
IV, 1. ille planus improbissimus quaestu iudiciario
pastus; Cluent 72. videras repleri quaestu vestram
domum; Piso 87. — 2. qui gallinas alere permulta-
quaestus causa solerent; Ac II 57. iste nihil umquam fecit sine aliquo quaestu; Ver V 11.

qualis, wie beschaffen, welcherlei, was für einer.
wie, irgendwie beschaffen: I. cum esset talis, qualem
te esse video; Muren 32. promitto C. Caesarem
talem semper fore civem, qualis hodie sit qualem-
que eum maxime velle esse et optare debemus;
Phil V 51. non inesse in iis (sensibus) quicquam
tale, quale non falsum nihil ab eo differre
esse possit; Ac II 99. flexi fractique motus, quale
protervarum hominum aut mollium esse solent; fin
V 35. (oratorem) talem informabo, qualis fortasse
nemo fuit; orat 7. ut (res) non tales, quales ante
habitae sint, habendae videantur esse; inv II 176.
signa eius generis, qualia permulta historia tradidit.
quale scriptum illud videmus; div I 121. tempus
habes tale, quale nemo habuit umquam; Phil VII
27. — II, 1. qualis erit tua ista accusatio? div
Caec 31. quali fide, quali pietate existimatis esse
eos? Font 31. ista bellatrix iracundia qualis est
cum uxore? Tusc IV 54. qualis ista philosophia

est? fin II 27. pietas: f. fides. qui tum inde reditus ant qualis? Phil II 48. — 2. ut coniecturam faceretis, qualem in iis rebus in me L. Metellum fuisse putaretis; Ver II 164. omnia, in quibus, quale sit id, quod factum est, quaeritur; inv I 12. ostendis, qualis tu fueris illo tempore consul futurus; Piso 14. contraria quoque, quae et qualia sint, intellegentur; inv II 177. primum docent esse deos, deinde quales sint; nat II 3. ipsius rei natura qualis et quanta sit, quaerimus; Tusc III 56. cum, qualis quisque orator fuisset, exponeres; Bru 292. hi fuerunt certe oratores; quanti autem et quales, tu videris; Bru 297. quae (res) quales sint, non facile est scribere; ep I 8, 1. — III. qualis ille vel consul vel civis fuit! fin II 62. quales et quot et quotiens legati ad eos *exierunt!* Font 16. — IV. illa effici (putant), quae appellant „qualia"; e quibus unum effectum esse mundum; Ac I 28.

qualiscumque, wie immer beſchaffen: I. qualescumque summi civitatis viri fuerint, talem civitatem fuisse; leg III 31. — II. quae qualiacumque in me sunt; orat 130. quod, qualecumque erit, continuo scies; A X 12, a, 3 (6). hoc, qualecumque esset, te scire volui; A XV 6, 4. qui (Lycurgus) regem duxit habendum, qualiscumque is foret; rep II 24.

qualislibet, wie immer beſchaffen: formae litterarum vel aureae vel qualeslibet; nat II 93.

qualisnam, wie beſchaffen: si est divinatio, qualibusnam a perceptis artis proficiscitur? fat 11.

qualitas, Beſchaffenheit, Eigenſchaft: I. earum qualitatum sunt aliae principes, aliae ex iis ortae; Ac I 26. — 2. cum ita moveatur illa vis, quam qualitatem esse diximus; Ac I 24. — II, 1. qualitates appellavi, quas ποιότητας Graeci appellant ‖ vocant ‖; Ac I 25. — 2. subiectam putant omnibus carentem omni illa qualitate materiam quandam; Ac I 27.

quam. wie, alſ, in welchem Grabe, wie ſehr, möglichſt, recht ſehr: I. Vergleich: 1. quam volumus licet ipsi nos amemus; har resp 19. hic quam volet Epicurus iocetur; nat II 46. possitne quis beatus esse, quam diu torqueatur; Tusc V 14. — 2, a. vixit tam diu, quam licuit in civitate bene beateque vivere; Bru 4. nihil esse in civitate tam diligenter quam ius civile retinendum; Caecin 70. quamquam non tam dicendi ratio mihi habenda fuit quam audiendi; nat I 56. quid est tam inhumanum quam eloquentiam ad bonorum pestem convertere? ep II 51. tam sum amicus rei publicae quam qui maxime; ep V 2, 6. ego etsi tam diu requiesco, quam diu ad te scribo, tamen . . ; A IX 4, 1. nec tam animum me quam ‖ vix ‖ stomachum habere arbitrantur; A XV 15, 2. quid est in vita tantopere quaerendum quam id, quod . . ? fin I 11. neque tanta fortunis omnium pernicies potest accidere, quam opinione populi Romani rationem veritatis, integritatis ab hoc ordine abiudicari; Ver I 4. — b. si longe aliter possedit, quam praetor edixit; Quinct 84. hominem natum ad nihil aliud esse quam ‖ nad ‖ honestatem; A fr 20 (B. 14). (definitio) ante praeterlabitur, quam percepta est; de or II 109. te antea, quam tibi successum esset, decessurum fuisse; ep III 6, 2. id miror, te hoc in hac re alieno tempore et contra, quam ista causa postulasset, defendisse; Caecin 67. quod negant sapientem suscepturum ullam rei publicae partem, extra quam si eum tempus coëgerit; rep I 10. (stomachi) partes eae, quae sunt infra quam id, quod devoratur; nat II 135. ignotis te indicibus uti malle quam notis indicavisti; Planc 42 post diem tertium gesta res est, quam dixerat; Milo 44. Clandium aedes postea proscripsisse, quam esset ab auguribus demoliri iussus; of III 66. Andricus postridie ad me venit, quam exspectaram; ep XVI 14. 1. quos laudare quam lugere praestabit; Phil

XIV 34. tacere praestaret philosophis ‖ philosophos quam iis, qui se audissent, nocere; nat III 77. praeter quam quod comitia ‖ omnia ‖ illa essent armis gesta servilibus: leg III 45. haec (epistula) est pridie data quam illa; A III 8, 2. pridie, quam has litteras dedi; A VII 15, 2. ea, quae dixi, non secus dixi, quam si eius frater essem; Scaur 37. qui secus, quam decuit, vixerunt; div I 33. sexiens tanto, quam quantum satum sit, ablatum esse ab aratoribus; Ver III 102. saepe supra feret, quam fieri possit; orat 139. ostium adiunctum paulo supra, quam ad linguam stomachus adnectitur; nat II 136. ultra quo progrediar, quam ut veri similia videam, non habeo; Tusc I 17. ut alius acutiorem se quam ornatiorem velit; opt gen 6. altius, quam ut id suspicere possimus; de or III 22. a te potius postularent, ne amplius quam singulas, quam ab Apronio. ut ne plus quam ternas decumas darent; Ver III 115. vulnus corporis magis istam vim quam terror animi declarabit? Caecin 43. quos multo magis quam Rullum timetis; agr I 22. etiamne meliore (iure) quam paterna et avita? agr III 7. quae est aetas decem annis minor quam consularis; Phil V 48. oderam multo peius hunc quam illum ipsum Clodium; ep VII 2, 3. ut omnino paucas res dicant et non plures, quam necesse sit; inv I 28. f. amplius. ut ex iis (intimis) aliquis potius effluat, quam novo sit aditus; ep VI 19, 2. f. amplius. in omnibus negotiis, prius quam adgrediare, adhibenda est praeparatio diligens; of I 73. simus putidiusculi, quam per te vix licet; ep VII 5, 3.

II. Steigerung: imperat Centuripinis, ut is victu ceterisque rebus quam liberalissime commodissimeque adhiberetur; Ver V 70. ut quam commodissima condicione libertus Strabonis negotium conficiat; ep XIII 14, 2. velim eum (Q. Fuſidium) quam liberalissime complectare; ep XIII 12, 2. f. commodissime. id augebit, quam maxime poterit; inv II 20. versibus propositis quam maxime gravibus; de or I 154. vult quam maximam laudem consequi; ep XIII 12, 2. civitatem, quam minimam potuit, effecit; rep II 52. ut cogitatione ea quam optimas utimur; of I 132. interest adesse quam plurimos; har resp 13. quanam te possem prodesse quam plurimis; div II 1. ut ad urbem quam primum cum exercitu accederet; Catil III 8. ea (consuetudine) quam saepissime utemur; div II 150.

III. Frage: 1. qui de nobis ‖ vobis ‖ loquuntur, quam tangoret diu? rep VI 22. quam diuturna ista (observatio) fuit? div II 28. quam longe est hinc in saltum vestrum Gallicanum? Quinct 79. quam multas existimatis insulas esse desertas, quam multas relictas? imp Pomp 32. qualem illam feminam fuisse putatis? quam pudicam? quam religiosam? Ver IV 102. — 2, a. indicat tot hominum fletus, quam sis carus tuis; Rab Post 48 si hoc nunc vociferari velim, quam miserum indignumque sit . . ; Ver II 52. ut omnes intellegant, quam paucis verbis haec causa perorari potuerit, et quam multa a me dicta sint; Cluent 164. videtisne, quam nihil praetermittatur, quod vitam adiuvet? fin I 57. pauca: f. multa. ut intellegatur, non modo quam vitiosae (perturbationes), sed etiam quam in nostra sint potestate; Tusc IV 14. — b. in bonis Q. Opinii vendendis quas iste praedas quam aperte, quam improbe fecerit, longum est dicere; Ver I 156. quam vero facile falsas rationes inferre soleant, cognoscite; Flac 20. improbe: f. aperte. illa quam longe serpant non vides? nat III 51. exspecto, quam mox Chaerea hac oratione utatur; Q Rosc 1. ex eo ipso, quam valde illi iaceant, intellegere possumus; Catil II 25. — c. maestitia declaravit, quam populum liberum cuperet, quam illa, quae tulerat, temporum magis necessitate quam iudicio tulisset; Phil V 38. quam exstiteris consul in me ornando,

cognovi; ep XV 11, 1. fero: f. cupio. ex quibus (litteris) perspexisse mihi videbar, quam festinares decedere; ep III 6, 2. illorum vides quam niteat oratio; fin IV 5. vide, quam me tui verbi paeniteat; Planc 76.

IV. **Unðcaf:** 1. illud quam callida ratione! nat III 66. quid? illa caedes Asuvii Larinatis quam clara tum recenti re fuit, quam omnium sermone celebrata! Cluent 36.' quam hoc non credibile in hoc, quam idem in Clodio non dubitandum! Milo 43. mirum quam inimicus ibat; A XIII 40, 2. quam multa illi de re publica scripserunt, quam multa de legibus! quam multa exempla reliquerunt! fin IV 5. quam multa quam paucis! ep XI 24, 1. quam praetermittis in consilio dando; quam nihil tamen, quod tibi ipsi placeat, explicas! A IX 2, a, 1. pauca: f. multa. quam suave est, quam hoc non curo! Tusc II 17. — 2. simulacrum Mercurii sustulisti? at quam audacter, quam libidinose, quam impudenter! Ver IV 84. at quam festive crimen contexitur! Deiot 19. impudenter, al.: f. audacter. quam tu longe iuris principia repetis! leg I 28. quam tibi illos competitores tuos peregrinos videri necesse erit! Sulla 24. — 3. quam se iactare, quam ostentare, quam nemini studio concedere (solebat)! Deiot 28. curo: f. 1. suavis. mire quam illius loci cogitatio delectat; A I 11, 3. iacto, al.: f. concedo. quod Caninius agit, quam quam refrixit; Q fr II 4, 5. quam vellem tibi dicere liberet! Bru 248. quam vellem Romae mansisses! A II 22, 1. quam vim Bruto persuadeas, ut Asturae sit! A XIV 15, 3 (4).

quamquam, obgleidj, mietwohl, obſchon, gleidj- woßl, inbeſſen, jebodj: I. 1. quamquam, quoniam multa ad oratoris similitudinem ab uno artifice sumimus, solet idem Roscius dicere ..; de or I 254. qua de re quamquam adsentior iis, tamen concedo ..; fin V 33. quamquam, quo me coniectura ducat, habeo, sed exspecto tamen; ep IX 2, 4. quamquam egregios consules habemus, sed turpissimos consulares; ep XII 4, 1. quamquam vereor, ne nihil coniectura aberrem; A XIV 22, 1. sed quamquam satis iis dictum videbatur, tamen sentiebam ..; de or I 160. quamquam animus mihi quidem numquam defuit: tempora defuerunt; Phil IV 1. mihi quidem Scipio, quamquam est subito ereptus, vivit tamen; Lael 102. quamquam tua illa horridula mihi visa sunt, sed tamen erant ornata hoc ipso, quod ornamenta neglexerant; A II 1, 1. quamquam nihildum audiveramus, ubi esses, tamen statuebam ..; ep XII 7, 2. nam et similibus utetur et contrariis et consequentibus quamquam uterque, tamen reus frequentius; part or 127. — 2. (virtus) sit se ipsa contenta, quamquam in memoria gratorum civium tamquam in luce posita laetetur; Phil V 35. quamquam (ii) sint in quibusdam malis, tamen hoc nomen beati longe et late patet; Tusc V 85. levius dixi; quamquam id ipsum esset et novum et non ferendum; Vatin 33. quamquam, si plane sic verterem Platonem, male mererer de meis civibus; fin I 7. quamquam ne id quidem suspicionem coitionis habuerit; Planc 53. quamquam sensus abierit, tamen suis bonis mortui non carent; Tusc I 109. quamquam in consuetudine cotidiana perspexisses, sicuti perspicies; ep III 10, 2. — 3. quia quamquam paratus in imparatos [Clodius], tamen mulier inciderat in viros; Milo 55. si iacens vobiscum aliquid ageret, audirem fortasse; sed hoc malo dicere: „audirem"; Phil XII 4. quamquam hoc quidem minime; Tusc I 40. Clodium nihil arbitror malitiose: quamquam — sed quod egerit; A XV 13, 3. — II. quamquam te quidem quid hoc doceam? de or II 197. quamquam qui poterat salus sua cuiquam non probari? Milo 81. quamquam, quid facturi fueritis, dubitem, cum videam, quid feceritis? Ligar 24. in integro res nobis erit. quamquam quicum loquor?

ep XV 16, 3. quamquam quid ego de lictoribus? A XI 7, 2. — III. quamquam quam multa ex terra arboribusque gignuntur! Tusc V 99.

quamvis, mie fehr audj, menn audj nodj fo. beliebig, obgleidj, obſchon: I. quamvis mihi res non placeat, tamen contra hominum auctoritatem pugnare non potero; Ver II 209. quamvis patrem suum numquam viderit ‖ viderat ‖, tamen in paternae vitae similitudinem deductus esset ‖ est ‖; Rab Post 4. nec ulli bonarum artium magistri non beati putandi, quamvis consenuerint vires atque defecerint; Cato 29. quamvis sint demersae leges alicuius opibus, quamvis timefacta libertas, emergunt tamen haec aliquando; of II 24. etsi, quamvis non fueris suasor profectionis meae, approbator certe fuisti: A XVI 7, 2. — II. si tu mihi quamvis eruditum hominem adduxeris, quamvis acrem et acutum in cogitando, quamvis ad pronuntiandum expeditum; de or II 131. quamvis sis, ut es, vinulentus et furens; Phil II 68. indignus: f. IV. puer. cum cupiebam quamvis iniqua condicione pacem; ep VI 4, 4. quasi vero mihi difficile sit quamvis multos nominatim proferre; Sex Rsc 47. sed tamen ea (voluptas), quamvis parva sit, pars est eius vitae; fin IV 31. vinulentus: f. furens. — III. de cuius (sapientis) excellentia multa dici quamvis fuse lateque possunt, sed brevissime illo modo; Tusc IV 57. sed quamvis ingrate et impie necessitudinis nomen repudiaretis, tamen inimicitias hominum more gerere poteratis; Deiot 30. late: f. fuse. de quo disputent quamvis subito; Lael 17. — IV. quicumque senator voluerit fieri quamvis puer, quamvis indignus, quamvis ex eo loco, ex quo non liceret. si is pretio apud istum idoneos vinceret, factum esse semper; Ver II 121. nec dubitat agricola, quamvis sit senex, respondere ..; Cato 25.

quando, mann, ba, meil, mann? je, einmal, einmal: I. quando enim me in hunc locum deduxit oratio; nat III 43. quando igitur inest in omni virtute cura quaedam; fin V 67. tum, quando legatos Tyrum misimus; agr II 41. quando, ut aliis locis de virtute diximus, quando igitur virtus sed affectio animi constans; Tusc IV 34. — II, 1. quand) illius sica conquievit? Milo 37. quando enim me ista curasse arbitramini? de or I 102. at recuperabit rem publicam. quando? A VIII 3, 4. quando autem dubium fuisset apud patres nostros, eligendi cui patroni daretur optio, quin aut Antonium optaret aut Crassum? Bru 189. — 2. me nescio quando venisse questus est; Phil II 3. in his studiis viventi non intellegitur quando obrepat senectus; Cato 38. — III. ne quando intermitterem consulere rei publicae: div II 1. ne quando quid emanet; A X 12, 3. num quando vides Tusculanum aliquem de M. Catone gloriari? Planc 20. si quando ea, quae videtur utilitas, honestati repugnat; of III 120.

quandoque, mann einmal, irgenb einmal: I. quandoque ab eadem parte sol iterum defecerit. tum ..; rep IV 24. — II. ego me Asturae diutius arbitror commoraturum, quoad ille quandoque veniat: ep VI 19, 2.

quando quidem (quandoquidem), ba eben. ba ja: quando quidem tu istos oratores tanto opere laudas, vellem ..; Bru 163. quando quidem tertium nihil potest esse; Phil II 31. ab hoc parumper abeamus, quando quidem de genere, non de homine quaerimus; orat 112. deterrebit, quando quidem virtute superavit aetatem; Phil XIV 28. quae sunt in hominum vita, quando quidem in ea versatur ordo: de or III 54. quandoquidem haec esse in deo propter pulchritudinem vultis; nat I 92.

quantopere (quanto opere), mie fehr, in mie hohem Grabe: I. neque enim tantopere hanc a Crasso disputationem desiderabam, quantopere eius in causis oratione delector; de or I 164. — II.

dici non potest, quanto opere gaudeant; A XIV
6. 2. quantoque opere eius municipii causa laborarem,
tibi ostendi; ep XIII 7, 1. cum his communices,
quanto opere et quare velim hortos; A XII 29, 2.
quantulus, wie flein, wie viel, wie wenig:
I. mulieri reddidit, quantulum visum est; div Caec
57. ut ne plus nos adsequamur, quam quantulum
tu in dicendo adsecutus es; de or I 133. — II.
quantulum interest, utrum . . ? agr II 66. — III.
quantulus (sol) nobis videtur! Ac II 82.
quantuluscumque, wie groß, wie flein
auch immer, wie wenig auch nur: A. quantulum
id cumque est; de or II 97. quoniam de hac mea,
quantulacumque est, facultate, quaeritis; de or I
135. — B. quantulumcumque dicebamus; orat 106.
quantus, wie groß, wie viel: A. **relativ:** I.
quem Euripum tot motus, tantas, tam varias habere
putatis agitationes fluctuum, quantas perturbationes
et quantos aestus habet ratio comitiorum? Muren
35. sit sane (ars) tanta, quantam tu illam esse vis;
de or I 235. quod tanta est inter eos (bonos et
improbos), quanta maxima potest esse, morum studiorumque distantia; Lael 74. si mea in te essent
officia solum tanta, quanta a te praedicari solent;
ep II 6, 1. neminem omnium tot et tanta, quanta
sint in Crasso, habuisse ornamenta dicendi; de or
II 122. esse pollicitum (istum), quantam vellent
pecuniam; Ver pr 23. perturbationes: s. aestus.
qui tot et tantas res tacitus auderet optare, quot et
quantas di immortales ad Cn. Pompeium detulerunt;
imp Pomp 48. — II. C. Memmius, argutus orator
verbisque dulcis, tantum sibi de facultate detraxit,
quantum imminuit industriae; Bru 247. ea pro
eo. quantum in quoque sit ponderis, esse aestimanda;
fin IV 58. tribues iis (voluminibus) temporis quantum poteris, poteris autem, quantum voles; of III
121. — III, 1. tantum detraxit, quantum commodum fuit; Ver III 165. abdimus nos, quantum licet;
of III 3. si plus edidisset, quam quantum natum
esset; Ver III 70. tantum huic studio relinquendum
(est), quantum vacabit a publico officio; div II 7.
quantum coniti animo potes, quantum labore contendere, tantum fac ut efficias; of III 6. huic homini
tantum debeo, quantum hominem homini debere vix
fas est; Quir 17. quantum potero, minuam contentiones; fin II 39. Furnium nostrum tanti a te fieri,
quantum ipsius humanitas et dignitas postulat; ep
X 1. 4. — 2. quae mihi tanti aestimanda sunt,
quanti vitam aestimo et salutem meam; ep XV
21. 2. voluntatem decurionum tantidem quanti
fidem suam fecit; Sex Rosc 115. cum pluris senatus
aestimasset, quam quanti esset annona; Ver III 195.
vendet eos (agros) mea lege, quanti volet; agr III
14. transirem ad Drusum vel tanti, quanti Egnatius
illum velle tibi dixit; A XII 31, 2. — 3. quia quanto
diutius considero, tanto mihi res videtur obscurior;
nat I 60. quanto ille plura miscebat, tanto hic magis
in dies convalescebat; Milo 25.
B. **fragend: a,** I. id ipsum quantae divinationis
est scire? Cluent 131. qualis oratoris et quanti
hominis in dicendo putas esse historiam scribere?
de or II 51. quanto illum maerore esse adflictum
putatis? Catil II 2. — II, 1. exsilium quantum
tandem a perpetua peregrinatione differt? Tusc V
107. — 2. quanti rem aestimas? A XII 47, 2. hoc
quanti putas esse ad famam hominum? Muren 38. —
3. quanto id nobis magis est concedendum? fin III
5. — **b,** I. ut, celeritas eius (solis) quanta sit,
ne cogitari quidem possit; Ac II 82. quae quanto
consilio gerantur, nullo consilio adsequi possumus;
nat I 97. quantum facinus ad vos delatum sit,
videtis; Catil IV 6. (genus) quantum et cuius modi
et omnino quale sit, quaeritur; inv I 12. quanti
honores populi Romani, quanti senatus, quanti tui
(fuerint), quis ignorat? Deiot 12. attendite, quantus

numerus frumenti cogatur; Ver III 100. ex eo conligere poteris, quanta occupatione distinear; A II
23, 1. declaratae est, quantum odium aratorum,
quantum omnium Siculorum fuerit; Ver II 163.
cognovit, quanta ad maximas res oportunitas in
animis inesset hominum; inv I 2. videte, quanta
sit vis huius Papiriae legis; dom 130. — II. venit
in mentem, quantum auctoritatis, quantum momenti oratio habuisse existimata sit; Ver V 3.
intellegis, quantum mali de humana condicione
deieceris? Tusc I 15. ni te videre scirem, quantum
officii sustinerem; ep II 6, 5. — III, 1. audistis,
quantum Clodii interfuerit occidi Milonem; Milo
34. quid deceat vos, non quantum liceat, spectare
debetis; Rab Post 11. ut, quantum tibi omnes boni
debeant, quo minus tantundem ego unus debeam,
non recusem; ep XV 11, 2. ut, quantum sit emen-
tita opinio, appareat; Tusc III 58. non ignoro,
quantum ex desiderio labores; ep XVI 11, 1. non
quantum quisque prosit, sed quanti quisque sit,
ponderandum est; Bru 257. nescit, quantum auctoritate valeat; dom 29. — 2. quem (Platonem) tu
quanti facias, scio; Tusc I 39. Balbum quanti
faciam quamque ei me totum dicaverim, ex ipso
scies; fr E III 2. vide, quanti apud me sis; ep VII
19. s. 1. prosum. cognoscite, quanti se vendidisse
rettulerit; Ver III 83. — 3. satis docuisse videor,
hominis natura quanto omnes anteiret animantes;
nat II 153. videte nunc, eos quanto maioribus
ornamentis adficiat; agr II 31. (Diogenes) disputare
solebat, quanto regem Persarum vita fortunaque
superaret; Tusc V 92.
C. **Ausruf:** I. quanta barbaria est! Phil II 108.
quanta studia decertantium sunt! quanta ipsa certamina! fin V 61. haec quantis ab illo clamoribus
agebantur! Sest 121. quantum adiit periculum! fin
II 56. studia: s. certamina. — II. eloquentiae
quantum tibi ex monumentis nostris addidisses! fin
IV 61. quantum terroris iniecit! Ver V 14. — III, 1.
quanta conantur l conatur l l! fin IV 7. quantum
differebat! div II 76. — 2. quanti libertas ipsa
aestimanda est! Ac II 120. — 3. quanto iam levior
est acclamatio! Rabir 18. quanto est Oppianicus in
eadem iniuria maiore supplicio dignus! Cluent 32.
quanto est miserius in hominis figura animo esse
efferato! rep IV 1.
quantuscumque, wie groß, wie viel immer:
ego is qui sum, quantuscumque sum ad indicandum;
de or II 122. quicquid habuit, quantumcumque
fuit; Bru 268. non desistebamus nostrum illud quod
erat augere, quantumcumque erat; Bru 321. quorum
bona quantacumque erant, statim suis comitibus
discripati; Phil V 22.
quantusquantus, wie viel immer: de Drusi
hortis, quanti licuisse tu scribis, id ego heri ad te
scripseram; sed quantiquanti, bene emitur, quod
necesse est; A XII 23, 3.
quantusvis, beliebig groß, gleichgültig: ne
illud quidem non quantivis, subito te istim posse
proficisci; ep VI 20, 1.
quapropter, weswegen, daher: quapropter
si tibi indicium postulas dari, quod tecum una
fecerit, concedo; div Caec 34. quapropter si ea
sole clariora sunt, nonne ei maximam gratiam habere
debemus, qui . . ? fin I 71. quapropter exspectate
legatorum reditum; Phil VI 17. quapropter in
adeundis periculis consuetudo imitanda medicorum
est; of I 83. quapropter eo animo simus inter nos,
quo semper fuimus; ep IV 15, 2.
quaque, wo nur, überall: aut undique religionem tolle aut usque quaque conserva; Phil II
110. an hoc usque quaque, aliter in vita? fin V 91.
quare, wodurch, warum, weswegen, daher:
I, 1. quare sic tibi eum commendo ut unum de
meis domesticis; ep XIII 71. quare modum faciam;

ep X 3, 4. quare ita placere; Ac II 99. quare in tranquillo tempestatem adversam optare dementis est; of I 83. — 2, a. quare p u t a b a s emptori lucrum addi oportere? Ver III 71. quare quid est mirum, si . .? dom 141. — b. unum mihi esse solacium, quare facilius p o s s i m pati te esse sine nobis; ep VII 10, 4. quare victus sis, non debere iudicem quaerere; Planc 14. sin autem sic agetis, ut arguatis aliquem patrem occidisse neque dicere possitis, aut quare aut quo modo; Sex Rosc 57. — 3. quare i n c u m b a- m u s ad illa praeclara studia; A II 16, 3. quare noli me ad contentionem vestrum vocare; Planc 16. quare perge, ut instituisti; rep II 22. — II. quare c u m bellum sit ita necessarium, dubitatis . .? imp Pomp 49. quare, etsi satis docui . ., tamen de illo ipso separatim cognoscite; Cluent 64. quare ne sit sane summum malum dolor, malum certe est; Tusc II 14. quare, quamquam a Cratippo haec te adsidue audire confido, tamen conducere arbitror . .; of III 5. quare, quoniam ego constitui apud te auctoritatem divinationis meae, debebit habere fidem nostra praedictio; ep VI 6, 7. quare, quoniam in eam rationem vitae nos fortuna deduxit, caveamus, ut ne . .; Q fr I 1, 38. quare si neque L. Gellii iudicio stetit Lentulus, quid est . .? Cluent 132.

quartanus, viertägig, fem. viertägiges Fieber: A. vide, ne tertianas quoque f e b r e s et quartanas divinas esse dicendum sit; nat III 24. — B, I. alteram quartanam d e c e s s i s s e et alteram leviorem accedere; A VII 2, 2. audivi quartanam a te discessisse; A VIII 6, 4. quartanam leviorem esse gaudeo; A X 9, 3. — II. quoniam in quartanam c o n v e r s a vis est morbi; ep XVI 11, 1. te a quartana liberatum gaudeo; A X 15, 4.

quartus, vierte: A. quartus (Mercurius) Nilo patre; nat III 56. anno post Romam conditam quartodecimo et quingentesimo; Bru 72. quarto circiter et quinquagesimo anno post primos consules; rep II 60. in ante diem quartum Kalendas Decembres distulit; Phil III 20. quartum (genus honesti) sequitur aptum ex illis tribus; fin II 47. divinas legiones, Martiam et quartam, comprobastis; Phil V 28. restat quarta pars; of III 116. quarta (urbs) est, quae Neapolis nominatur; Ver IV 119. — B. tertium et quartum, quia maiora sunt, puto esse in aliud tempus d i f f e r e n d a; nat II 3. — C. cum eo (Q. Maximo) quartum c o n s u l e; Cato 10.

quasi, als ob, als wenn, gleichsam: I, 1. earum rerum, quae quasi in arte traduntur, inscientia; de or I 99. M. Cato invisus quasi per beneficium Cyprum relegatur; dom 65. in deo quid sit „quasi corpus" aut „quasi sanguis", intellegere non possum; nat I 71. est actio quasi corporis quaedam eloquentia; orat 55. proseminatae sunt quasi familiae dissentientes inter se; de or III 61. cum Speusippum Plato philosophiae quasi heredem reliquisset; Ac I 17. videmus ex eodem quasi ludo summorum artificum exisse discipulos dissimiles inter se; de or III 35. quod quasi mancipio dare debuimus; Top 100. (aspera arteria) tegitur quodam quasi operculo; nat II 136. cum ipsa quasi re publica conlocutus sum; ep I 9. 10. sanguis; f. corpus. uno tempore quasi signo dato tota Italia convenit; Piso 34. non sunt contenti quasi bona valetudine; opt gen 8. populus Romanus deligit magistratus quasi rei publicae vilicos; Planc 62. — 2. si obscurior et quasi c a l i g i n o s a stella exstiterit; div J 130. (litteras) quodam modo quasi commendaticias sumpsimus; ep XIII 26, 3. Cotta alia quidem quasi inculta et silvestri via ad eandem laudem pervenerat; Bru 259. quasi in familiam patriciam venerit, (Fibrenus) amittit nomen obscurius; leg II 6. occurrit nomen quasi patrium regis; rep I 54. silvestris: f. incultus. — 3. si quidem nos non quasi Graece loquentem audiamus; nat II 91. primo quasi temere de re

publica locutus (P. Vatinius) in carcerem coniectu, est; nat II 6. — 4. qui vocem sedentes ab acutissimo sono usque ad gravissimum sonum recipiunt et quasi quodam modo c o n l i g u n t; de or I 251. qui. quae complecti tota nequeunt, haec facilius divulsa et quasi discerpta contrectant; de or III 24. Catonis luminibus obstruxit haec posteriorum quasi exaggerata altius oratio; Bru 66. omnibus innatum est et in animo quasi insculptum esse deos; nat II 12. quasi praeteriens satis faciam universis; div Caec 50. — 5. quasi nihil esset actum, nihil iudicatum. ab Hermippo ibidem mancipia petere coepit; Flac 49. hoc nescio quo modo dicitur, quasi duo simus: Tusc II 47. quasi ego de fundo Formiano P. Rutilii sim questus, non de amissa salute; nat III 86. quae quasi longo intervallo interiecto videmus; of I 30. vgl. 1. signum. — II. ut e o d e m loco res sit, quasi ea pecunia legata non esset; leg II 53. ita pirata iste occultatus est, quasi eum aspici nefas esset: Ver V 67. ita iocaris, quasi ego dicam eos miseros. qui . .; Tusc I 13. atque haec perinde loquor. quasi ipso illo tempore potueris P. Quinctium de possessione deturbare; Quinct 83. proinde quasi bonis et fortibus ulla sit ad rem publicam adeundi causa iustior; rep I 9. sic eas (disputationes) exponam, quasi agatur res, non quasi narretur; Tusc I 8. est quasi rudentis explicatio sic traductio temporis; div I 127. sic vidi, quasi ea, quae oculis cernuntur, me a te amari; ep X 19, 1. quasi vero ignotus nobis fuerit splendidus eques Romanus Trebonii pater; Phil XIII 23. quasi vero quicquam intersit, mures scuta an cribra corroserint! div II 59. quasi vero ad cognoscendum ego ad illos, non illi ad me venire debuerint; ep III 7, 3.

quasillum, Spinnkörbchen: huius domi inter quasilla pendebatur aurum; Phil III 10.

quasso, erschüttern, zerrütten: fuisse flammam quassatae rei publicae; Sest 73.

quatenus, wie weit, wie lange, inwiefern: I. quatenus de religione dicebat, Bibulo adsensum est: ep I 2, 1. quatenus vulgus intellegit, nihil putat praetermissum; of III 15. — II, 1. quibus auspiciis istos fasces augur acciperem, quatenus haberem? Phil XIV 14. — 2 soli, qui memoria vigent, sciunt, quid et quatenus et quo modo d i c t u r i sint; de or II 355. quatenus autem sint ridicula tractanda oratori, perquam diligenter videndum est; de or II 237. de risu quinque sunt quae quaeruntur: tertium, sitne oratoris [velle] risum movere; quartum, quatenus; de or II 235. in omnibus rebus videndum est, quatenus; orat 73.

quater, viermal: utrum malles te semel ut Laelium consulem an ut Cinnam quater? Tusc V 54. hinc HS quater deciens P. Tadio numeratum Athenis; Ver I 100.

quaterni, je vier, fem. vier Prozent: A. Titurium Tolosae quaternos d e n a r i o s in singulas vini amphoras portorii nomine exegisse; Font 19. cum a multis quaterna (medimna), etiam quina exigerentur; Ver III 114. cum id frumentum senatus ita aestimasset: HS quaternis tritici modium. binis hordei; Ver III 188. — B, I. ille ex syngrapha p o s t u l a b a t quaternas; A V 21, 11. — II. iis Bruti familiares d a r e volebant quaternis, si sibi senatus consulto caveretur; A V 21, 12.

quatio, schütteln, erschüttern, treiben: »magnus Leo tremulam quatiens e corpore f l a m m a m «; nat II 110. quod (tenerum, molle) aegritudine quassi tempestate quatiatur; Tusc III 12.

quattuor, vier: A. Cleanthes quattuor de c a u s i s dixit in animis hominum informatas deorum esse notiones; nat II 13. Q. Metellus, is cuius quattuor filii consulares fuerunt; Bru 81. cum quattuor genera sint corporum; nat II 84. quod genus philosophandi minime adrogans arbitraremur, quattuor

Academicis libris ostendimus; div II 1. quod HS
ɪɪɪ ∽ tu ex arca proferebas; Q Rosc 29. cum in
quattuor partes vineam divisisset; div I 31. qui
quattuor in una provincia quaestores habuerit; Ver
II 12. ex quattuor temporum mutationibus omnium
initia ducuntur; nat II 49. — B, a. an non intellegis quattuor ante te cucurrisse? div II 144.
neque plus quam tres aut quattuor reliqui sunt;
Phil II 98. — b. quae quattuor quamquam inter se
conligata sunt; of I 15.

quattuordecim, vierȝeȠn: quaestor fuisti
abhinc annos quattuordecim; Ver I 34 sedisti in
quattuordecim ordinibus; Phil II 44.

quattuorviri, Ȝiermänner: (Antonius) evocavit litteris e municipiis decem primos et ɪɪɪɪ viros;
A X 13, 1. quattuorviros, quos municipes fecerant,
sustulit; Cluent 25.

que, unb, aud), fowoȠl — alȘ aud): A. an-
reiȠenb: I. am ȨnfanȘ beȘ ȘateȘ: a. augurque
cum esset; Cato 11. legesque cum magis iudiciis
quam verbis sanciendae sint; leg III 46. lunaque
suo lumine au solis utatur; div II 10. quantamque
pecuniam militibus pollicitus sit; Phil V 53. tantaque est vis talibus in studiis, ut . .; fin V 57.
teque oro et obtestor; Planc 104. idemque postea
preces repudiavit; sen 12. idemque mittit signa
nobis; div I 121. idque cum faciebat; Ver II 33.
eique agro pergrande vectigal imponitur; agr II 56.
eaque res illum desciscere coëgit; har resp 43. idque testamento cavebit; fin II 102. credoque, id
quoque ne fieret, lege sanctum est; leg II 60. vetat-
que Pythagoras iniussu imperatoris de statione vitae
decedere; Cato 73. itaque fecimus; fin III 9. itemque alii de vita, alii de gloria in discrimen vocantur;
of I 83. simulque mihi respondeto tu; Vatin 23.
cumque nullum genus acerbitatis praetermitteret;
Planc 36. cumque duae formae praestantes sint;
nat II 47. quodque nemo in summa solitudine vitam
agere velit; fin III 65. quoniamque a malis natura
declinamus; Tusc IV 13. — b, 1. nariumque item
et gustandi † et parte ‖ arte ‖ tangendi magna
indicia sunt; nat II 146. — 2. omninoque ante videri
aliquid, quam agamus, necesse est, eique, quod
visum sit, adsentiatur; Ac II 39. idemque (animus)
cum caelum perspexerit, eaque unde generata (sint),
viderit ipsumque ea regentem paene prenderit sese-
que civem totius mundi agnoverit; leg I 61. — 3.
eundemque ferunt haec protulisse et vendidisse
exacta que pecunia edixisse, ut . .; nat III 84.
II. im ȘaȜ: a. oȠne anbere Șopulatiopar-
tifel: 1. einmal: a. in Achaia, Asia Pamphylia-
que; div Caec 38. Atheniensium Lacedaemoniorum-
que causa; nat II 154. per Iovem deosque penates;
A II 65. mihi tibique; rep I 13. abs te, M. Fanni,
a vobisque, iudices; Sex Rosc 12. vobis vestrique
similibus; Caecin 103. haec aliaque eius modi; nat III
(2). tuae contumaciae, adrogantia e vitaeque universae; Q Rosc 44. adsensionem approbationemque; Ac
I 45. ancillulam pedisequamque; de or I 236. omni
apparatu ornatuque; Vatin 31. argento auroque;
Tusc V 61. ars ratioque; de or III 26. articulis
membrisque; de or III 186. ad arcem urbemque retinendam; div II 69. auctoritatem huius ordinis
dignitatemque; Marcel 3. in auribus animisque aratorum; Ver III 131. bellis proeliisque; nat II 70.
belli domique; rep I 38. bona fortunasque aratorum;
Ver II 31. cantu fidibusque; Tusc IV 3. capitis
vitaeque discrimen; Ver V 157. celeritates tardita-
tesque; Tim 31. circulos orbesque; rep VI 15. in
coetu consilioque; fin II 77. concilia coetusque;
rep VI 13. consideratio contemplatioque; Ac II 127.
consideratio cognitioque; fin V 58. in consiliis fac-
tisque; of I 14. contra consilium auctoritatemque
meam; A VIII 3, 3. officio, fide, misericordia, multorum bonorum exemplo, vetere consuetudine insti-

tutoque maiorum; div Caec 5. de corpore animoque;
fin V 36. ad decus honestatemque; of II 9. dis
hominibusque invitis; Vatin 38. diem noctemque;
agr II 68. domi militiaeque; Tusc V 55. equitum
peditumque; leg III 7. in exercitationibus commen-
tationibusque; Bru 105. expilatio direptioque; of
II 75. ad vim, facinus caedemque; agr II 77. familiaritas consuetudoque; ep XIII 65, 1. formam speciemque; orat 10. in foro turbaque; rep I 28. frequentia contioque tanta; Phil IV 1. frigora caloresque; nat II 151. gentium generumque; nat I 62.
ad gloriam splendoremque; Flac 29. honestum decorumque; of I 107. ab hospitibus clientibusque
suis; div Caec 66. summa probitate, humanitate
observantiaque; ep XIII 23, 2. imitatio, simulatio-
que; Ac II 140. inconstantia mutabilitasque; Tusc
IV 76. instructu ornatuque; de or III 23. intellegentiae sapientiaeque; Tim 51. ironia dissimulantiaque; de or II 270. iudicia opinionesque; Tusc
IV 30. contra omnia iura contraque legem Rupi-
liam; Ver III 92. laborum dolorumque; Ac I 23.
lacertis viribusque; de or I 242. leporem humanitatemque; de or II 271. liberis posterisque;
of II 63. ludus campusque noster; de or II 84. ad
luxuriam libidinesque suas; Ver V 80. maria terraeque; leg III 3. mentem sensusque; Marcel 10. cum
mentum mentemque deponeres; Phil XIII 24. mini-
strae comitesque; part or 78. iuris, morum consue-
tudinumque; rep III 17. in motu statuque; de or I
251. motus conversionesque; Tusc V 69. ad meum
munus pensumque; de or III 119. natura ratioque;
of I 14. nive pruinaque; nat I 24. nodum vincu-
lumque; Tim 13. in verborum, numerorum vocumque iudicio; de or III 195. ad occasum interitumque rei publicae; Sulla 33. officiis benivolentiaque;
Planc 28. operam curamque; nat I 6. opinionum
iudiciorumque; Tusc IV 31. ad ordinem conlocatio-
nemque; de or II 307. horum ora vultusque; Catil
I 1. a parentibus maioribusque; rep I 35. peccatis
vitiisque; A VIII 13, 2. ad pestem perniciemque;
of II 51. in bonis, praedibus praediisque vendundis;
Ver I 142. princeps latronum duxque; Phil XIV
27. tuis probris flagitiisque; Ver I 78. prudentiam
intellegentiamque; of I 156. nulla ratione nullaque
doctrina; Tusc I 30. prae rectis honestisque; fin
IV 73. religionem caerimoniamque; leg II 55. rerum sententiarumque; leg I 52. sacris caerimoniis-
que retinendis; div II 148. succurrere saluti fortunisque communibus; Rabir 3. sapientiam temperantiamque; agr II 64. senatui populoque Romano;
Planc 26. senatui reique publicae; Marcel 3. sententia tabellaque; ep I 9, 17. similitudinem aequalitatemque verborum; part or 21, socium comitemque; ep I 9, 22. tutelae, sodalitatis familiaritatisque;
Ver I 94. solstitiis brumisque; nat II 19. species cogitatioque; A XIV 22, 2. stomacho iracundiaque; Tusc
IV 76. studium curamque; of III 4. res gestae terra marique; imp Pomp 58. scriptor, testis arbiterque; Q
Rosc 38. timiditatem ignaviamque; fin I 49. varietas dissimilitudoque; div II 96. veri falsique; Ac
II 29. cum urbem vi copiisque cepisset; Ver IV
120. nostrae vitae sanguinique; Phil XIV 27. vitae
necisque; rep III 23. vitae consuetudinisque nostrae;
ep I 9, 23. umbram noctemque; rep IV 1. ad nostrum usum moremque; de or III 95. — b. item Es-
quilinum Quirinalemque montem; rep II 11. quicquid aequum iustumque esset; fin III 71. homines
amplissimi nobilissimique; Cluent 197. bonis firmisque populis; leg II 35. castus animus purusque;
div I 129. certis destinatisque sententiis; Tusc II 5.
adfectio animi constans conveniensque; Tusc IV
34. in dubium incertumque revocabuntur; Caecin
76. quis se tam durum agrestemque praeberet? orat
148. quiquam excelsum magnificumque; opt gen 12.
ad causas forenses popularesque; Bru 44. se grande

ornatumque contemnere; opt gen 12. litterae gratae iucundaeque sunt; A VII 17, 1. gravi diuturnaque iam flagramus infamia; Ver pr 5. ab hostilibus externisque bellis; ep V 12, 2. ex eadem alteraque natura; Tim 27. impuri impudicique versantur; Catil II 23. integer quietusque iudex; de or II 187. si Volaterranos integros incolumesque esse volueris; ep XIII 4, 3. ex locis tam longinquis tamque diversis; imp Pomp 46. etsi omnes maestos adflictosque vidi; A IX 19, 1. maximis plurimisque criminibus; Ver II 142. a minutis angustisque concertationibus; de or III 121. quo fuerim moderatior temperatiorque; ep XIII 29, 7. nocentem nefarium impiumque; of II 51. nostra patrumque memoria; Ver III 125. omnes noti ignotique; Ver I 31. novos veteresque cives; Caecin 101. qui tibi purior, prudentior, humanior, officiosior liberaliorque videatur; Q Rosc 18. placidam quietamque constantiam; Tusc IV 10. privatis publicisque litteris; Ver pr 83. urbem pulcherrimam florentissimamque; Catil II 29. quanta sint ea quamque iucunda; fin I 62. qui qualesque sint; nat II 71. a reconditis abstrusisque rebus; Bru 44. in hoc orbis terrae sanctissimo gravissimoque consilio; Catil I 9. (animus) simplex unusque; Ac II 124. ratione stabili firmaque; of I 67. tanti philosophi tamque nobilis; fin II 28. temperatissimi sanctissimique viri monumentum; Ver IV 83. tot tantaque ornamenta; Ver V 83. tot tantosque viros; Tusc I 32. in tuis amicorumque tuorum tectis; Ver pr 57. tam variae tamque discrepantes sententiae; nat I 8. cum ita vehemens acerque venisset; Caecin 28. auxilio vestro ceterorumque ordinum; sen 10. usus vulgaris communisque; fin III 3. — c. ut aut iuste pieque accusaret aut acerbe indigneque moreretur; Cluent 42. qui tam acute arguteque coniecerit; Bru 53. tam aperte palamque dixisset; Ver pr 18. si apte numeroseque dixerunt; orat 219. unum (genus) attenuate presseque, alterum sublate ampleque dicentium; Bru 201. diu multumque quaesita; Sulla 73. satis diu multumque defleta sunt; Phil XIII 10. modo id eleganter enucleateque faciat; orat 28. ut feliciter prospereque eveniret; Muren 1. ei mihi videntur fortunate beateque vixisse; Bru 9. graviter erit vehementerque dicendum; part or 135. magnifice, graviter animoseque vivere; of I 92. honeste beateque viverent; leg II 11. qui horride inculteque dicat; orat 28. impie scelerateque commiserunt; Sex Rosc 67. inhumane feceris contraque naturae legem; of III 30. iuste: f. acerbe. late longeque diffusa laus; Balb 13. doctrina cum longe lateque flueret; Tusc IV 2. ut omnia ornate copioseque dicat; de or III 76. ornate politeque dixisti; Cael 8. cur id tam parce tamque restricte faciant; fin II 42. ut pariter aequaliterque respondeat; Lael 56. quae pedetemptim cauteque dicentur; Ver pr 18. erat perfecte planeque eruditus; Bru 282. quaecumque accidant publice privatimque incommoda; Ver IV 113. ut recte sit honesteque vivendum; Ver III 2. te recte vereque sensisse; ep VI 21, 2. nisi idem honeste, sapienter iusteque vivat; Tusc V 26. se satis superque habere; Q Rosc 11. quod quamquam scienter eleganterque tractabat; Bru 283. studiose diligenterque curabo; ep X 3, 4. quae subabsurde salseque dicuntur; de or II 275. sublate: f. attenuate. summatim breviterque descripsimus; orat 50. numeris varie dissimulanterque conclusis; Bru 274. vere vehementerque pugnavit; Piso 27. — d. a primis inchoatisque naturis; nat II 33. quod semel ille iterumque neglexit; div I 54. pueri annorum senum septenumque denum; Ver II 122. uno eodemque tempore; sen 18. unus animus idemque; Lael 92. — e. addendo deducendoque; of I 59. amavi dilexique; ep XV 7. ablata ereptaque essent; Ver I 59. colant diligantque; leg III 5. conciliatura coniunc-

turaque sit; ep V 7, 2. deficere sol extinguique visus est; rep VI 24. nomen delendum tollendumque curasse; Ver IV 80. deletum extinctumque esse; ep V 13, 3. homo diruptus dirutusque; Phil XIII 26. disseminato dispersoque sermoni; Planc 56. dandis recipiendisque meritis; Lael 26. ad animos excitandos inflammandosque; har resp 41. excubabo vigilaboque; Phil VI 18. quae faciebant quaeque dicebant; Sest 96. ferri tolerarique; Tusc II 30. fictos simulatosque vultus; Cluenl 72. in pictis, fictis, caelatisque formis; nat II 145. fractum abiectumque; Tusc IV 64. imperandi prohibendique sapientia; leg II 8. laudo vehementissimeque comprobo; imp Pomp 69. legendo quaerendoque; Sest 47. metiendi ratiocinandique utilitate; Tusc I 5. obsecrare obtestarique; ep II 1, 2. obtemperent oboediantque; leg III 5. onerandum complendumque pectus; de or III 121. oro obtestorque te; ep VI 22, 2. ad patiendum tolerandumque; Tusc II 18. qui pulsus fugatusque sit; Caecin 64. percipi comprehendique; Ac II 105. peto quaesoque; ep V 4, 2. praebeam praestemque; ep IV 8, 1. sit praedictum praesensumque; div I 125. potestatem probandi improbandique; Ver III 175. quaeso oroque vos; Phil VII 8. redargui refellique; Tusc II 5. rogandi orandique sunt; Tusc IV 78. spoliavit nudavitque; Ver pr 14. tenere tuerique; fin III 72. ad vivendum crescendumque; fin V 26. — f. quas (res) egit agitque; prov 24. multa detrahunt detrahique patiuntur; Lael 57. quae dico dicturusque sum; Phil II 57. te iam iamque visurum me; A XII 5, 4. plurimum et longe longeque plurimum; fin II 68. cum cotidie magis magisque minitarentur; Phil I 5. provinciae Galliae optime de re publica meritae merentisque; Phil V 36. litteras misit mittendasque curavit; Ver V 15. plus plusque diligo; A VI 2, 10. summo ingenio summaque prudentia; Phil II 13. tanto consensu tantoque clamore; Phil IV 2. locum tenet semperque tenuit; Flac 64. Scipio vivit semperque vivet; Lael 102. — g. cur id nomen infimum in lituraque sit; Ver I 92. inviti raroque decedunt; Ver III 96. venisti omnibus inscientibus noctuque; Piso 89. audisti multa eaque saepissime; Phil I 34. nobis penitus totosque tradimus; Tusc V 5. maior etiam (lepos erat) magisque de industria; of I 108. quae quia sunt admirabilia contraque opinionem omnium; par 4. facis amice mihique gratissimum; A VIII 2, 2. — h. senatus decrevit populusque iussit; Ver II 161. cum L. Flacci res agatur, cumque non modo non degenerarit L. Flaccus, sed . . ; Flac 25. cum omnes essent sordidati, cumque hoc satis esset signi; Sest 27. si sint ea genera divinandi vera, esse deos, vicissimque, si di sint, esse qui divinent; div I 9. posteaquam honoribus inservire coepi meque totum rei publicae tradidi; of II 4. — i. desunt omnino ei populo multa in primisque libertas; rep II 43. magno vir ingenio in primisque clarus; of II 59. confugit in huius domum itaque ad primos pervenit comoedos; Q Rosc 30. ut mihi semper Scipionis fore videantur itaque dicantur; Ver II 87. naturalem appetitionem itemque officium; fin IV 39. de prudentia itemque de iustitia disputatum est; of III 96. rem unam praeclarissimam omnium maximeque laudandam; fin V 69. remove perturbationes maximeque iracundiam; Tusc IV 54. ne incognita pro cognitis habeamus iisque temere adsentiamur; of I 18. cui nihil procedit caduntque ea taeterrime; A X 12, 1. non ferebat iracundiusque respuebat; Bru 236. nemo fuit, qui non surrexerit telumque adripuerit; Ver IV 95. pertinax facis indocto adsentiar; fin I 28. nulla vox est audita consulum, constitutumque est . . ; Sest 65. numquam illa dicet facta fortuito naturalemque rationem omnium reddet; div II 61. te facturum esse.

teque nihil fecisse . .; fin II 74. quoniam dant aliquid idque non parvum; div I 113. cum reliquae virtutes rapiantur ad tortorem nullumque recusent nec supplicium nec dolorem; Tusc V 13. danda opera est, ne tributum sit conferendum, idque ne eveniat, erit providendum; of II 74. quodsi nihil est tam contra naturam quam turpitudo nihilque tam secundum naturam quam utilitas; of III 35. de virtutibus et vitiis omninoque de bonis rebus et malis; Ac I 15. — 2. wiederholt: suas segetes fructusque omnes arationesque vacuas; Ver III 69. ornatissimum prytanium, amplissima curia templumque egregium Iovis Olympii ceteraeque urbis partes; Ver IV 119. noster (est) equitatus, maximeque noster est Brutus semperque noster; Phil X 14. nihil minus, contraque illa hereditate dives ob eamque rem laetus; fin II 55. animo magno elatoque humanasque res despiciente; of I 61. tam claram tamque testatam rem tamque iustam; A XIV 12, 1. principia ponentur denuntiabiturque periculum excitabunturque animi; part or 121. praemia spopondistis; eodemque die D. Bruti factum conlaudastis, quodque ille bellum susceperat, id comprobastis; Phil V 28. cum a populo Romano pestiferi cives desciverint, cumque id bellum geramus, cumque harum rerum decertatio consulibus optimis comnissa sit; Phil XI 21. Magnum Pompeium pro sua pristina virtute fecisse, eamque rem gratam acceptamque esse, eique honori dignitatique eam rem fore; Phil XIII 50. vicissitudines dierum commutationesque temporum eorumque omnium moderatorem solem lunamque significantem dies; Tusc I 68. cum C. Pansa initium cum hostibus configiendi fecerit ipseque vulnera acceperit, cumque A. Hirtus exercitum castris eduxerit impetumque in M. Antonium exercitumque hostium fecerit eiusque copias occidione occiderit, cumque C. Caesar sua castra feliciter defenderit copiasque hostium occiderit; Phil XIV 36.
b. mit andern Copulativpartifeln: 1. affirmativ: pacem ac veniam peto precorque ab iis, ut . .; Rabir 5. occupavi te atque cepi omnesque aditus tuos interclusi; Tusc V 27. caelum totum ornatum lunaeque luminum varietatem eorumque omnium ortus atque immutabiles cursus; nat II 95. male de se mereri sibique inimicus esse atque hostis, vitam denique fugere; fin V 29. id eum recte et ordine exque re publica fecisse; Phil V 36. quid tam compositum tamque compactum et coagmentatum inveniri potest? fin III 74. ex hac terrena mortalique natura et caduca; Tusc I 62. canum tam fida custodia tamque amans dominorum adulatio tantumque odium in externos et tam incredibilis sagacitas narium; nat II 158. Socrates omnesque Socratici Zenoque et ii, qui ab eo essent profecti; div I 5. cum a M. Lepido res publica bene gesta sit populusque Romanus intellexerit id dominatum regium maxime displicere, cumque eius opera bellum civile sit restinctum, Sextusque Pompeius ab armis desciverit et a M. Lepido civitati restitutus sit; Phil V 40. cum videmus speciem primum caeli, dein conversionis celeritatem, tum vicissitudines dierum, tum quinque stellas ferri, tum globum terrae, tum multitudinem pecudum, hominemque ipsam atque hominis utilitati agros omnes et maria parentia; Tusc I 68, 69. — 2. negativ: non exaggerantes neque excludentes potiusque amicis impertientes; of I 92. ut eorum probetur fides, nec sit in eis ulla cupiditas, sintque magna constantia; Lael 19. nec illa exstincta sunt aluuturque potius memoria mea et adfert aetas solacium; Lael 104.
B. correspondierend: 1. quibus (sollicitudinibus) eorum animi „noctesque diesque" exeduntur; fin I 51. a poëtis „pater divomque ‖ divumque ‖ hominumque" dicitur; nat II 64. »quorum pietasque fidesque praestitit«; div I 21. — 2. et ii cernunt

illa, multisque rebus inflammantur tales animi; div I 114. ut et vescamur iis (beluis) et exerceamur in venando et utamur domitis multaque remedia eligamus; nat II 161. — 3. se nec paupertate terreri, omniaque sibi in sese esse posita, nec esse quicquam . .; Tusc V 30. nec acerbitatem sententiarum nec disserendi spinas probavit fuitque inlustrior semperque habuit in ore Platonem; fin IV 79.
quem ad modum f. modus, V, 3.
queo, können: I, 1. „nequire" pro „non quire"; orat 154. — 2. nitor non ad animum, sed ad vultum ipsum, si queam, reficiendum; A XII 5, f. 1. — II. quod adsequi non queas; of I 110. nihil agentem deum non queunt cogitare; nat I 101. ne ea non queamus cognoscere; de or I 250. nisi id queas dicere; Bru 110. hoc non queo differre; Q fr II 6. 1. ferre non queo; A XIV 11, 1. cum ipsi auxilium ferre, si cupiunt, non queant; rep I 9. mirari satis non queo; de or I 165. ut non queam satis huius eventum fortunamque miserari; Muren 55. non queo reliqua scribere; ep XIV 1, 5. etiamsi portum tenere non queas; ep I 9, 21. ut ibi beate queant vivere; Tusc V 108.
quercus, Giche: I. dum Latinae loquentur litterae, quercus huic loco non deerit, quae Mariana dicatur ‖ dicetur ‖; leg I 1. „glandifera" illa quercus, ex qua olim evolavit »nuntia fulva Iovis«, nunc sit haec; leg I 2. — II, 1. dico: f. I. — 2. evolo ex: f. I. nescio quid e quercu exsculpseram, quod videretur simile simulacri; A XIII 28, 2. — III. ibi quorcum rami ad terram iacent; fr F XII. — IV. praeter quercum Dodonaeum nihil desideramus, quo minus Epirum ipsam possidere videamur; A II 4, 5.
querela, Klage, Beschwerde: I. providendum est, ne quae iusta querela esse possit; ep XI 12, 2. in qua (Antonii contione) erat querela de damnatis; A VII 8, 5. mira hominum querela est sine magistratibus urbem esse; A VII 11, 4. — II, 1. civitatis pudentis instum dolorem querelasque cognoscite; Flac 55. acceptae iniuriae querelam ad quem detulistis? Ligar 25. ut vestrum illud divinum in rem publicam beneficium non nullam habeat querelam; ep X 28, 1. f. 2. querelas senatus pertulerunt; Quir 11. querelam praeteritorum dierum sustulit oratio consulum; Phil V 1. — 2. (Statius) intervenit non nullorum querelis, quae apud me de illo ipso habebantur; Q fr I 2, 2. — 3. de horum querelis cotidie aliquid tecum simul audiebam; Planc 101. — III. quae (epistula) plena stomachi et querelarum est; Q fr III 8, 1. — IV. abiit huius tempus querelae; Cael 74. — V, 1. eorum querela inveterata non modo familiaritates exstingui solere, sed odia etiam ‖ e. o. ‖ gigni sempiterna; Lael 35. — 2. quid in illis (litteris) fuit praeter querelam temporum? ep II 16, 1.
queribundus, flagenh: qui cum de carcere magna et queribunda voce dicebat; Sulla 30.
querimonia, Klage, Beschwerde: I. liberae querimoniae de aliorum iniuriis esse dicuntur; imp Pomp 41. — II. cum totius Siciliae cotidie gemitus querimoniasque audires; Ver III 52. ad me hanc querimoniam praeter ceteras Sicilia detulit; Ver V 130. Romae querimoniae de tuis iniuriis habebantur; Ver III 132. — III. ne novo querimoniae genere uti possit; Ver I 24. — IV, 1. eo metu iniecto repente magna querimonia omnium discessimus; Q fr II 1, 3. — 2. cur cogis sodalis filium hanc vocem cum dolore et querimonia emittere? Ver I 94. praeter: f. II. de fero.
queror, flagen, beflagen, fich beschweren: I, 1. si (puer occidit) in cunis, ne querendum quidem (putant); Tusc I 93. — 2. queruntur Siculi universi; div Caec 11. quererer tecum atque expostularem, ni . .; ep III 10, 7. — II, 1. ut maxime de religione

quererentur; Ver IV 113. an de interitu rei publicae queri non debui? Phil II 6. quid de aliorum iniuriis querar? ep I 4, 3. queri de Milone per vim expulso; A IX 14, 2. f. III. alqd. — 2. neque tam quererer cum deo, quod parum longe, quam quod falsum viderem; Ac II 81. te secum esse questum, quod tibi obviam non prodissem; Q fr III 7, 4. — 3. ne quis se non satis laudatum queri posset; Bru 251. queri coepit se in vincla esse coniectum; Ver V 160. Dionysius noster queritur et tamen iure a discipulis abesse se tam diu; A XIII 2, b (3). — III. accedebat, ut haec tu adulescens pro re publica queri summa cum dignitate existimarere; de or II 198. ibi cum Drusus multa de Philippo questus esset; de or III 2. non omnia, quae dolemus, eadem queri iure possemus; Flac 57. pauca querar de hesterna Antonii iniuria; Phil I 11. quorum plerique aut queruntur semper aliquid aut etiam exprobrant; Lael 71. quid ego Ostiense incommodum atque illam labem atque ignominiam rei publicae querar? imp Pomp 33. Roma acceperam litteras Milonem meum queri per litteras iniuriam meam; A V 8, 2. labem: f. ignominiam. quae si queri velim praeterita; Q fr I 3, 6.

questio, Klage: habebat (Antonius) flebile quiddam [in questionibus] || in questionibus, in conquestionibus ||; Bru 142.

questus, Klage, Wehklage: qui questus, qui maeror dignus inveniri [in] calamitate tanta potest? Quinct 94.

qui, welcher, der: A. bei Substantiven: I. attributiv: 1. ohne Zusatz: quae est aetas decem annis minor quam consularis; Phil V 48. quo quidem animo antea fuit; Deiot 38. quo aspectu exterrita (nutrix); div I 79. quo actore et principe concitata civitas; rep II 46. cuius belli exitum omnes timeremus; Phil V 39. quibus bestiis erat is cibus, ut . .; nat II 123. in quibus causis, quid aequius sit, quaeritur, quas ad causas facultas petitur argumentationum . .; part or 98. in qua civitate nihil valeret senatus; Quir 14. quo consule referente est supplicatio decreta; prov 27. quod crimen erat proprium illius quaestionis; Cluent 97. quae autem dea ad res omnes veniret, Venerem nostri nominaverunt; nat II 69. quem ego diem salutarem appellare possum; Flac 102. quibus me nunc exemplis uti videtis; Cato 26. de quo foedere populus Romanus sententiam non tulit; Balb 34. cuius generis est magna penuria; Lael 62. quibus in hominibus erat summa virtus; inv I 5. in quo homine tantum animi fuit, ut . .; Ver V 112. qui honos apud Graecos maximus habetur; de or I 232. cuius tu imperatoris quaestor fueras; Phil II 71. quas inimicitias si cavere potuisset; Sex Rosc 17. per quem locum in superbiam odium incitatur; inv I 105. cuius magistratus officia tibi diligentius cogitanda esse censeo; ep III 10, 11. quo modo nunc se istorum artes habent, pertimescenda est multitudo causarum; de or II 140. quo pro ordine illa dicuntur; Bru 164. quae partitio, quid conveniat aut quid non conveniat, ostendit, haec debet . .; inv I 31. quem tu tamen populum nisi tabernis clausis frequentare non poteras, cui populo duces Lentidios, Lollios praefeceras; dom 89. quam rem verbo mutare non possint, eam re ipsa commutare; inv II 133. qua de re quamquam adsentior iis; fin V 33. quam severitatem quis potest non laudare? Phil XI 15. quibus ille studiis se imbuerat; Deiot 28. aut iis talus erit iactus, ut . .; fin III 54. quo in templo ieci fundamentum pacis; Phil I 1. modestiam, quo in verbo modus inest; of I 142. quam virtus fortitudo vocatur; rep V 9. quam urbem pulcherrimam esse voluerunt; Catil II 29. — 2. mit Zusatz: quorum amborum generum una ratio est; div I 70. quae rem antiquissimam cum videamus; Tusc V 7. quae laus eadem in A. Albino bene loquendi fuit; Bru

135. quae sordidissima est illa quidem ratio; of II 21. quae quidem ipsa lex in mulieres plena est iniuriae; rep III 17. ex qua mea disputatione forsitan occurrat illud; de or III 34. quae quidem mea cohortatio ne tibi inanis videatur; ep I 7, 9. qui omnes loci similiter in incommodi quoque vitatione tractabuntur; inv II 26. quibus in oppidis omnibus commoratus sum; ep III 8, 5. qui tantus error fuit. ut . .; nat III 63. quam tu totam insulam cuidam condonaras; Ver III 85. cuius tui beneficii sum ego testis; ep III 10, 3. ex qua re una vita omnis apta est; Ac II 31. — II. attributiv und zurückbezogen: argumenta certa nascentur, quorum argumentorum pars probabili, pars necessario in genere versabitur; inv II 46. oppressus est bello repentino, quod bellum confirmatum est . .; ep IX 13, 1. id consilium semper ad eam causam referendum est, quae causa genuit civitatem; rep I 41. is causam habet, quam causam ad te deferet; ep XIII 58. diem esse nullum, quo die non dicam pro reo; Q fr III 3, 1. dies nullus erat, quo die non melius scirem . .; A II 11, 1. fundum Herculanensem a Q. Fadio fratre proscriptum esse, qui fundus cum funus, cui funeri ego quoque operam dedi; A XV 1. a, 1. ut legem, qua lege fecerit, proferat; inv II 82. initium mihi diligentiae fuisse litteras tuas, quibus litteris congruentes fuerunt aliae postea multorum; ep IX 24, 1. laudes et vituperationes ex iis locis sumentur, qui loci personis sunt attributi; inv II 177. (illam rem) eo modo et ab eo vindicari, quo modo et ab quo sit vindicata; inv II 84. nullo modo animus audientis aut incitari aut leniri potest. qui modus a me non temptatus sit; orat 132. omnem hanc partem iuris ignorare, quae pars sine dubio multo maxima est; de or I 241. C. Albinius praedia in aestimationem accepit, quae praedia Laberius emerat; ep XIII 8, 2. si locus oportunus ad eam rem, qua de re narrabitur, fuisse ostendetur; inv I 29. cum in ea re contra legem redemptor fecerit, qua in re studio eius subita fluminis obstiterit magnitudo; inv II 97. senatu misso, quem senatum Caesar consul habuisset; Bru 218. me amicum esse huic Bithynicae societati, quae societas pars est maxima civitatis; ep XIII 9, 2. cum obsignes tabellas clientis tui, quibus in tabellis id sit scriptum; de or I 174. — III. prädicativ: in voluptate, quod summum bonum esse vult; fin I 29. formam, quod χαρακτήρ Graece dicitur, exponere optimi; orat 36. quod is, qui audit, alio ducitur cogitatione neque tamen aberrat, quae maxima est delectatio; de or III 160. eandem esse mentem sapientiamque perfectam, quem deum appellant; A I 29. mundus hic totus, quod domicilium quamque patriam di nobis communem secum dederunt; rep I 19. illum bonorum finem, quod appellamus extremum, quod ultimum; fin III 48. in Academia, quod est alterum gymnasium; Ac I 17. animal, quem vocamus hominem; leg I 22. lituus. quod clarissimum est insigne auguratus; div I 30. verba ipsa non illa quidem elegantissimo sermone. sed illa, quae proprie laus oratoris est in verbis; Bru 140. est, ut ii sint, quam tu „nationem" appellasti. qui et integri sunt et sani; Sest 97. patria: f. domicilium. quoniam hominem, quod principium religi quarum rerum esse voluit, generavit deus; leg I 27. is qui legitime procurator dicitur; Caecin 57. cordis parte quadam, quem ventriculum cordis appellant; nat II 138. quod verbum omnino nullum in lingua Latina est, id . .; Phil XIII 43. quae vis in bello appellatur, ea in otio non appellabitur? Caecin 43. inconstantia, quod est vitium; leg I 45. ultimum: f. extremum. Pheras, quae erat urbs in Thessalia tum admodum nobilis; div I 53. — IV. zurückbezogen: 1. ohne Zusatz: me, adfinem tuum.

quem custodem praefeceras, quem tertio loco sententiam rogaras; sen 17. veterem Academiam, a qua absum iam diu; Ac I 14. Aeneas, cui senatus dederat causam, qui nos ea doceret; Ver III 170. Antiochus, qui animo puerili esset; Ver IV 65. L. Crassum et M. Antonium, qui arbitrabantur . . ; div Caec 25. Apronius ille, qui immensa aliqua vorago est et gurges vitiorum turpitudinumque omnium; Ver III 23. Iuppiter optimus maximus, cuius nutu et arbitrio caelum, terra mariaque reguntur; Sex Rosc 131. quem (Lentulum) fremunt omnes praevaricatum; A IV 18, 1 (16, 9). Phaselis illa, quam cepit; Ver IV 21. quid ego de muliercula Scantia, quid de adulescente P. Apinio dicam? quorum utrique mortem est minitatus; Milo 75. Stoicis. quibuscum bellum gerebat; fin II 42. vgl. C. in qua (actione Lentulus) excellens fuit; Bru 235. eum, quem ante dixi, aethera; nat I 39. ita factus est anapaestus is, qui Aristophaneus nominatur; orat 190. quem ad modum armatum civem, qui lapidibus, qui ferro alios fugaret, alios domi contineret, qui urbem totam, qui curiam, qui forum, qui templa omnia caede incendiisque terreret, non modo vinci, verum etiam vinciri oporteret; har resp 6. illam, quam Themistocles spreverat, disciplinam; Ac II 2. domus, quae regis Hieronis fuit; Ver IV 118. ea, quam commemorabas, eversio; Ac II 99. genus est, quod partes aliquas amplectitar, ut cupiditas; pars est, quae subest generi, ut amor, avaritia; inv I 42. definitum (genus) est, quod ὑπόθεσιν Graeci, nos causam; Top 79. ut inimicus meus ea, qua neme umquam, ignominia notaretur; Piso 44. nullum indicium, quod non perspicere possitis; Ver III 5. a suorum, qui et multi et potentes sunt, urguetur inimicis; Balb 59. latebunt, quae vocantur, iura; leg I 17. quam (legem) Clodius a se inventam gloriatur; Milo 33. recita litteras L. Metelli, quas ad consules, quas ad praetorem, quas ad quaestores urbis misit; Ver III 123. ei (mundo) nec manus adfixit nec pedes aut alia membra, quibus ingressum corporis sustineret; Tim 19. quam optabam, occasionem; leg I 5. pars: f. genus. eum praeter Marcellos patronum, quem suo iure adire aut appellare posset, habere neminem; Ver III 36. hoc (peccatum), quo de quaestio est; inv I 104. recuperatores, quorum civis Romanus nemo erat; Ver III 69 copia earum rerum, quibus sine omnino confici non potest; inv II 40. earum rerum obliti, propter quas fueraut tibi offensi; Phil I 30. testes dare oportebat ex eo numero, qui haec dicerent; Quinct 75. eam, quam dico, tranquillitatem; of I 69. illa via, qua spectatum ille veniebat; Sest 126. multas vias adulescentiae lubricas ostendit, quibus illa insistere aut ingredi vix posset; Cael 41. quibuscum (viris) si frequentes sunt; of II 46. — 2. mit Zusatz: quae (somnia) si alia falsa, alia vera; div II 128. quos (libros) complures edidimus; nat I 6. quas (epistulas) accepi duas; A IV 11, 1 nisi ea vita beata est, quae est eadem honesta; Tusc V 50. qui (caeli complexus) idem aether vocatur; nat II 101. qui ipsi (consules) pluma aut folio facilius moventur; A VIII 15, 2. fluvius Eurotas, is qui praeter Lacedaemonem fluit; inv II 96. res hae, ex quibus omnibus unum in locum coactis . .; inv II 32. quas (res) primas homini natura conciliet; Ac II 131. aut (C. Duellius) Poenos classe primus devicerat; Cato 44. epistulas tuas, quas ego sescentas uno tempore accepi; A VII 2. 3. tria sunt omnino genera dicendi, quibus in singulis quidam floruerunt; orat 20. quem (usum forensem) solum oratoribus conceditis; de or I 59. ex bonis, quae sola honesta sunt; Tusc V 45. quid tandem in causis existimandum est, quibus totus moderatur oratio? orat 51. quem (Epicurum) ego arbitror unum vidisse verum; fin I 14. cui (patri) semper uni plurimum tribui; A X 1, 1.

Merguet, Handlexikon zu Cicero.

B. mit **Adjectiven**, **Pronomina**, **Zahlangaben** und **Genetiv**: I. **Adjectiva**, **Pronomina**, **Zahlen**: si in ceteris rebus esset quicquam, quod aliud alio melius esset aut peius; fin IV 54. qui ambo mei conlegae fuerunt; div II 75. quos ambo unice diligo; ep V 8, 4. quae duo plerique simul faciunt; de or II 103. quae duo maxime expetenda sunt; fin V 58. quod idem fecit L. Philippus; Phil III 25. quod vides idem significare Pomponium; Ac I 35. quod idem contingit insanis, ut . .; Ac II 52. qui iidem gloriae iacturam ne minimam quidem facere vellent; of I 84. huius, cuius iniurati nutu prope terrarum orbis regebatur; Font 24. qui ipsi sermoni non interfuissemus; de or III 16. quod est ipsum miserabile; Bru 289. quod ipsum non mehercule accidit; ep III 8, 7. Q. Metellus, is cuius quattuor filii consulares fuerunt; Bru 81. id quod levissimum est; Ver I 101. id quod facile factu fuit, et quod fieri debuit; Sest 39. quem tu nequissimum occisum esse dixisti; ep XII 2, 1. qui omnes provincias habuerunt; Ver III 209. quae ego omnia repudiavi; prov 41. contra quos omnes dicendum breviter existimo; fin I 1. quae tolluntur omnia; fat 11. quae quattuor quamquam inter se conligata sunt, tamen ..; of I 15. quae singula si adepti sunt; de or I 128. qui scit uti solus omnibus; fin III 75. quae scripsimus tanta; A I 18, 8. qui a te totus diversus est; Ac II 101. quod totum est voluntarium; Tusc III 83. nihil est in natura rerum omnium, quod se universum profundat et quod totum repente evolvat; de or II 317. qui me universi revocavistis; sen 3. quo uno homines maxime bestiis praestent; de or I 33. quod unum in oratore dominatur; de or I 60. quem unum habemus fidelissimum; har resp 29. apud quem unum nos valere plurimum possemus; ep XIII 4, 4. — II. **Genetiv**: quod eius facere poteris; ep III 2, 2. quod eius facere poteris; A XI 12, 4. aetatis quod reliquum est meae; Cael 37. argenti vestisque stragulae domi quod fuerit; Ver II 20. quod auri, quod argenti, quod ornamentorum in meis urbibus fuit; div Caec 19. ut, quod in tempore mali fuit, nihil obsit, quod in causa boni fuit, prosit; Cluent 80. quem vellet civium; leg I 42. quod in rebus honestis operae curaeque ponetur; of I 19. quod iuris habui; div Caec 19. mali: f. boni. quod est molestiae; ep XIII 1, 1. (mittit homini) olei, vini quod visum est, etiam tritici quod satis esset, de suis decumis; Ver IV 62. operae: f. curae. ornamentorum: f. auri. quod quisque imperator habeat pecuniae; agr I 13. quod datum est temporis nobis; Tusc II 9. quem voles eorum testium, quos produxero; Ver II 152. tritici, vini: f. olei. vestis; f. argenti. quod vitii venditor non dixisset sciens; of 67. quod esse potuit voluptatis; ep XIII 1, 1.

C. **allein**: a. **masc.** (vgl. A, IV, 1. alqs): I. **Singular**: is, qui te adoptavit; dom 36. ego idem, qui illas omnes res egi silentio; prov 29. alter, qui se continuerat; Sest 114. ille, qui servitutem depulit civitati; sen 19. ut existimares me tam improvidum, qui descisceren; ep II 16, 1. fore aliquem, qui comitia in adventum Caesaris detrudat; A IV 16, 2 (12). quod non conveniat eius orationi, qui ante te dixerit; Bru 209. quoquo modo ea res huic (Q. Mucio) quidem cecidit, qui tamen ita dicere solebat . .; A VIII 3, 6. ego feci, qui litteras Graecas senex didici; Cato 26. unus, qui esset eorum similis; Marcel 34. illa furia muliebrium religionum, qui non pluris fecerat Bonam deam quam tres sorores, impunitatem est adsecutus; ep I 9, 15. qui te ita gesseris, ut . .; Piso 82. tu, qui civibus Romanis carnificem, qui vincula adhiberi putas oportere; Rabir 11. talem te esse oportet, qui te ab impiorum civium societate seiungas; ep X 6, 3. nemo rem ullam attigit, qui non sceleratissimus haberetur:

dom 108. eius, qui Apollinis oraculo sapientissimus
est iudicatus; Lael 13. tu neque Fonteius es, qui
esse debebas, neque patris heres; dom 35. — in eum,
quem constet verum dixisse; Ver IV 19. omnia se
credere ei, quem iudicent fuisse sapientem; Ac II 9.
quid ego dicam „te" (amari), quem quis non amat?
ep VII 20, 1. ut ei, quem defendebat, causa cadere
liceret; de or I 166. eum, quem conscium tanti
sceleris haberet; Deiot 21. quem nunc interficere
nefarie cupis, eum ..; Quinct 39. te, quem numquam
viderat; Phil II 41. — inventus est nemo, cuius non
haec et sententia esset et oratio; Ver I 68. apud
te, cuius id eum facere interfuit; Ligar 23. tu, cuius
accusatio rebus iudicatis nitebatur; Cluent 114. cuius
caput oppugnet, eius auribus pepercisse; Quinct 40.
cuius de laudibus omnium esset fama consentiens:
Cato 61. — eius, cui senatus totam rem publicam
commiserat; Milo 61. eum, cui iam nulla lex erat;
Milo 74. me, cui inimicus quam amicus esse maluit;
Phil V 3. quis est, cui non perspicua sint illa,
quae ..? of II 16. quis est iste, cui id exploratum
possit esse? Tusc II 17. cui vivendi via considerata
atque provisa est; par 34. hunc, cui video maximas
rei publicae tempestates esse subeundas; Muren 4. —
tune es ille, quo senatus carere non potuit? dom 4.
eum, a quo desertus est; dom 29. quocum me si
ante Cn. Pompei auctoritas in gratiam non reduxisset;
Rab Post 19. cum eo bellum gerere, quocum
familiariter vixeris; Lael 77. de eo, de quo iurati
sententias ferre debebant; Cluent 29. illi, in quo id
inesse videtur; of I 55. illius, pro quo laboraret;
Ligar 31. — bona eius, quicum familiaritas fuerat;
Quinct 25. ab eo, quicum contraxisset; Quinct 38.
quicum optime convenisset; Ver IV 147. illius, quicum agitur; Tul 26. eum, quicum bellum geras;
of I 37. dignum esse, „quicum in tenebris mices";
of III 77. nihil mihi tam deesse scito, quam quicum
haec familiariter rideam; ep XII 18, 2. — II.
Plural: vos, qui me antetuleritis nobilitati; agr
II 6. qui aliquam partem illius deductionis attigerunt;
agr II 92. qui domini caput defendissent; Milo 58.
ceteri, qui defugiunt; Planc 31. deducendi sunt ad
eos, qui haec docent; de or II 84. dirumpuntur ii,
qui me aliquid posse doluerunt; A IV 18, 2. quamquam sunt, qui propter utilitatem modo petendam
putant ‖ putent‖ amicitiam; sunt, qui propter se
solum; sunt, qui propter se et utilitatem; inv II 167.
vobis, qui vim et numen tenetis; Quir 25. qui
mihi cum illo coniati quintae classis videntur; Ac
II 73. qui contra adfecti sint, hos insanos appellari
necesse est; Tusc III 11. iidem abeunt, qui venerant;
fin IV 7. — de ceteris, quos adesse huic vides; Sulla
5. iis, quos neque sentire neque adsentiri volunt;
Ac II 38. quos ego existimo functos esse aliquo rei
publicae munere; rep I 12. quibusdam, quos audio
sapientes habitos in Graecia; Lael 45. quos nos et
quales esse velimus; of I 117. eos septem, quos
Graeci sapientes nominaverunt; rep I 12. quos si
sequamur; Ac II 61. senatus, quos ad soleret,
referendum censuit; nat II 10. apud quos Verria
illa flagitiosa sublata sunt; Ver IV 151. eos, apud
quos dicit; Phil II 18. socii putandi sunt, quos
inter res communicata est; Ver II 50. — omnes,
quorum intererat; Phil III 10. iis, quorum illa
fuerant; of II 81. quorum alter laetitia gestit,
alter dolore crucietur; fin II 14. dicam de ceteris,
quorum nemo erat, qui videretur exquisitius studuisse
litteris; Bru 322. ii rem publicam regent, quorum
nemo duo menses potuit patrimonium suum gubernare?
A X 8, 6. nos, e quorum fontibus id haustum est;
Tusc III 31. eos, quorum mens motu quasi morbo
perturbata nullo sit; Tusc III 11. vos idoneos
habitos, per quorum sententias id adsequantur; Sex
Rosc 8. mors terribilis iis, quorum cum vita omnia
exstinguuntur; par 18. eorum, quorum causa lex

sit constituta; div Caec 19. — et ii, quibus evenit
iam, ut morerentur, et ii, quibus eventurum est,
miseri; Tusc I 9. iis esse haec acerba, quibus non
fuerint cogitata; Tusc III 30. quibus vellem satis
cognita esset nostra sententia; of II 7. vos, quibus
est iudicandum; Ver I 29. — eos, quibus orbati
sumus; Tusc I 111. ab iis, a quibus civitatibus
iura discripta sunt; rep I 2. apud eos, quibuscum
omnia scelera communicavit; Ver IV 24. seiunge
te ab iis, cum quibus te temporum vincla coniunxerunt:
ep X 6, 2. isdem vobis adsentior, cum quibus antea
sentiebam; prov 25. homo iis dignissimus, quibuscum
vivit; Sest 133. si cum isdem me in hac causa
vides adesse, cum quibus in ceteris intellegis afuisse:
Sulla 7. illos, de quibus audivi et legi et ipse conscripsi; Cato 83. in quibus eadem studia sunt, in
iis fit ut ..; of I 56. — b. femin.: eius obsecrationem,
quae vestris sacris praesit; Font 49. quae per vim
oblatum stuprum voluntaria morte lueret, inventa
est; fin V 64. cum ea, quam omnes semper amicam
omnium putaverunt; Cael 32. eius obsecrationem,
cuius preces si di aspernarentur, haec salva esse non
possent; Font 48. illam, cuius virum A. Aurium
occiderat; Cluent 26. — c. neutr.: I. Singular:
quod in multis saepe accidit; sen 15. nihil aliud
esse, quod dubitationem adferret ei; ep IV 7, 3. quod
ad me attinet; Sex Rosc 90. quicquam, quod ad
meum commodum attineat; Q fr III 9, 4. quod me
maxime delectat; div II 8. id, quod maius et quod
minus et quod aeque magnum et quod simile erit
ei negotio, quo de agitur, et quod contrarium et
quod disparatum; inv I 41. id, quod grave est:
Sulla 85. nihil, quod non rectum honestumque sit:
fin III 13. cum neque esset consensus ac societas
coetus, quod sit populus; rep III 43. tantum negotii,
quod esset satis; ep II 10, 2. id, quod maxime facit
auctoritatem; imp Pomp 43. sed id alias, nunc,
quod instat; Tusc III 10. tu ad me, quod licebit:
A XII 49, 1 (48). de quo (fato) alias; nunc quod
necesse est; div II 19. est aliquid, quod non oporteat,
etiamsi licet; Balb 8. hoc, quod ad salutem rei
publicae pertinet; Planc 93. quod mihi videretur:
Muren 48. inest quiddam, quod vigeat; Milo 84.
quod adimi nullo pacto potest; agr II 19. ad id,
quod agitur; Ac II 85. hoc, quod auditum est:
Catil IV 17. nihil esse, quod comprehendi et percipi
possit; Ac II 148. id, quod mihi crimini dabatur;
dom 95. quod eligitur; fin V 90. quod non fieret,
nisi ..; fin III 16. id (esse) malum, quod fugere:
fin III 50. sed nihil, quod crudele, utile; of III 46.
ut omnes insipientes sint miseri, quod profecto sunt:
fin IV 66. idem prope modum (sors est), quod micare.
quod talos iacere, quod tesseras; div II 85. — quod
tarditate hominum arbitror contigisse; nat I 11.
consentire naturae, quod esse volunt e virtute vivere:
fin II 34. aliquid, quod scias non licere; Balb 14.
si ab eius natura recesseris, quod aut laudandum aut
vituperandum putes; leg I 51. haec (diligentia)
nihil est quod non adsequatur; de or II 148. id,
quod ais; Ver III 41. notionem appello, quod Graeci
tum ἔννοιαν, tum πρόληψιν; Top 31. istud, quod
honestum appellas; fin III 14. quod iste ubi audivit; Ver IV 38. quiddam, quod vobis debemus; sen 2.
quod ne nunc quidem despero; ep III 6, 5. illud.
quod non nulli quasi quiddam incredibile dicere putabantur; Balb 3. quod cum efficere vultis; nat I
68. quod multi fortasse fecerunt; Ver III 190. quod
de me tulisses; dom 42. quod ubi intellexit; Ver I
67. quod simulant sese mirari; div Caec 69. quod
a senatu petebat; prov 15. velim, quod ‖ quoad
poteris, consideres ..; A XI 13, 4. qui quod illi
praecipiant velint intellegere; inv II 6. qui quod
sibi probare non possit, id persuadere alteri conetur:
Q Rosc 4. illud. quod quaeris; Tusc V 67. nihil.
quod referre ad voluptatem corporis possis; Piso 69.

id, quod mediocres homines, quod nullo usu, nullo studio praediti militari, quod librarioli denique se scire profiteantur; Balb 14. quod ni ita tenebimus; Tusc V 46. se, quod vellet, esse facturos; Ver V 102. ad quod dilectus adhibetur; fin V 90. illud, in quod invadi solere audio; of I 77. — cuius ignoratio tinxit inferos; Tusc I 36. quid est, cuius principium aliquod sit, nihil sit extremum? nat I 20. id, cuius causa haec finxerat; fin I 19. — neque est quicquam aliud praeter mundum, c u i nihil absit; nat II 37. si omne beatum est, cui nihil deest; Tusc V 39. — quo cognito; fin V 37. quo effecto; leg II 6. cum id bonum solum sit, quo qui potiatur ..; fin V 83. ex eo, quo avaritia contenta sit; Ver III 103. omne id, quo gandemus, voluptas est; fin I 37. quid est illud, quo meminimus? Tusc I 59. vgl. quo, B. quo quid potest dici immanius? leg I 49. quo nihil indignius potest dici; Q Rosc 52. quo esse nihil potest stultius; of I 83. illud, a quo abesse velis; fin IV 65. interesse, utrum eius modi quid sit, sine quo effici aliquid non possit, an eius modi, cum quo effici aliquid necesse sit; fat 36. ut id, quo de agitur || quod obicitur || factum neges; part or 101. alii (loci) in eo ipso, de quo agitur, haerent, alii adsumuntur extrinsecus; Top 8. illud, de quo dixi; Sex Rosc 116. quale sit illud, de quo disputabitur; rep I 38. et ex quo fit navis et qui faciunt; Ver V 47. ex quo intellegitur ..; div I 70. illud, ex quo illa nata sunt omnia; Cluent 109. quicquam, e quo oriretur aliquis dolor; fin II 69. in eo, ex quo periculum portenditur; har resp 26. aliquid, in quo media officia compareant; of III 15. quid est dignius, in quo omnis nostra diligentia consumatur? Ver I 112. in quo vehemens fui vobiscum; Sulla 87. sine: f. cum. — in reprehendendo conveniet simile id negare esse, quod conferetur, ei, q u i cum conferetur; inv I 82. — II. Plural: ea, quae acciderunt; Phil II 37. ea, quae voluptatis nomen habent; Muren 13. omnia, quae obstant et impediunt; Ac II 19. duo, quae maxime occurrunt; Phil XIV 31. multa, quae ad nostros aures saepe permanant; dom 121. contra haec, quae statum civitatis permovent; rep VI 1. ea omnia, quae proborum demissorum sunt; de or II 182. quae cum ita sint; Sex Rosc 120. cetera, quae sunt cum conlega communia; Sest 29. omnia, quae fiunt quaeque futura sunt; div II 19. multa, quae ad vivendum crescendumque valeant; fin V 26. haec, quae nobis levia videntur; Ver IV 134. omnia, quae istim adferebantur; ep X 20, 1. in omnibus quae aguntur; of I 119. mihi, quae adhuc acta sint, displicere; A XIII 1, 4. omnia quae erant cogitata; Catil III 21. fiunt: f. futura sunt. ceteris, quae moventur; Tusc I 53. quae praecepta de brevitate sunt; inv I 29. ea, quae timerentur; Planc 99. quae perdifficiliter, internoscantur tamen; Ac II 47. certiora esse quam illa, quae apud Sagram; nat III 13. — in eis, q u a e sciunt nihil ad se omnino pertinere; Cato 24. illa, quae nobis in mentem venire certo scio; Q Rosc 24. omnia, quae dixi ablata esse; Ver IV 140. omnia, quae putant homines expetenda; Lael 84. quae si per alios agerent;. Flac 96. quae si appellare audent impii; leg I 40. ea, quae cavere nequeamus; div II 54. illa, quae nemo est quin conqueri possit; agr I 21. quae cum pereleganter diceret; Bru 197. quae cum dixisset ille; Ac II 62. ea, quae pro salute omnium gessi; Sulla 26. ea, quae non possimus intellegere; div II 54. illa, quae de dolore sensiset; Tusc II 60. ea, quae vident; Catil I 30. ipsis scriptis non ea, quae nunc, sed actiones nostras mandaremus; of III 3. nunc redeo, ad quae mihi mandas; A V 11, 6. ea, ad quae nati sumus; fin V 41. in quae tu invaseras; Phil II 75. haec, per quae nunc paucis percurrit oratio mea; Cluent 166. — cetera, quorum similia sunt ..; fin V 18. quorum alterum

optabile est, alterum effugere nemo potest; Phil VIII 29. quorum neutrum astris contingeret; nat II 44. quorum si utrumvis persuasissem; Phil II 24. quae omnia „honesta" dicimus; ad quorum et cognitionem et usum deducimur; fin V 58. ea, quorum recordatione te gaudere dicis; fin II 98. illa, quorum haec causa praeparantur; leg I 28. — ea, q u i b u s natura tacita adsentiatur; fin III 40. ea, quibus non interfuistis; Phil VI 1. corporis ea, quae diximus, quibus tantum praestat mentis excellens perfectio; fin V 60. haec aliaque, quibus intellegis resistendum esse; nat III 60. — q u i b u s cognitis; rep I 33. quibus explicatis ad rationemque revocatis; nat I 119. ea, quibus abundat; Ver IV 62. ea, quibus aequo animo carerem; dom 97. magna, quibus frui coeperat; Tusc I 93. eorum, quibus vescimur, genera; nat II 141. alia, quibus cohaererent homines; leg I 24. quibus mediocres homines non ita valde moventur, his ..; nat I 86. ea, a quibus cum summo dolore divellitur; dom 98. cum quibus coniungi vitam beatam nullo modo posse putavit; fin V 77. de quibus satis est negare; Sex Rosc 82. omnia, de quibus vendendis senatus consulta facta sunt; agr II 35. ea, de quibus maiores nostri vos solos scire voluerunt; dom 33. innumerabilia sunt, ex quibus effici cogique possit nihil esse, quod ..; nat III 34. in quibus causa nititur; Cael 25. illa, sine quibus causa sustineri nullo modo potest; div Caec 35.

D. a'tt formen: qui appellatur vultus, quoius vim Graeci norunt, nomen omnino non habent; leg I 27. ad finem bonorum, quoius apiscendi causa sunt facienda omnia.; leg I 52. nec vero, quoius virtus moresque laudandi sunt, eius non laudanda vita est; par 19. in eo, quoius causa id attigimus; Tim 30. eum, q u o i referunt gratiam; leg I 49. in eo, quoi tanta possessio sit, ut ..; par 42 »exin squamigeri Pisces«, quis comes est Aries« fr H IV, a, 575. disputabant contra diserti homines Athenienses, in q u i s erat etiam is, qui nuper Romae fuit, Menedemus, hospes meus; de or I 85. quoniam equitum centurias tenes, in quis regnas; ep XI 16, 3. ea, quae sunt his ipsis malis, in quis sumus, miseriora; A X 11, 3. »quantos radios iacimus de lumine nostro, quis hunc convexum caeli contingimus orbem«; H IV, a, 560.

qui, welcher? qun, irgendein: f. quis.
qui, wodurch, wie benn, wie: I. quae qui convenit penes deos esse negare? nat II 79. qui id defendet Hortensius? Ver II 177. qui tolerabilius feret incommodum, qui . . ? Tusc III 55. qui poterat in gratiam redire cum Oppianico Cluentius? qui cum matre? Cluent 86. qui potest igitur habitare in beata vita summi mali metus? fin II 92. deus falli qui potuit? nat III 76. qui minus autem ego istic recte esse possim quam est Marcellus? A XVI 15, 6. qui enim aegris subveniretur? of II 15. qui ei venit in mentem praedia concupiscere? Sex Rosc 105. tu indignor, Verres, quam Calidius? qui? Ver IV 45. qui tandem? inquit ille; nat III 3. — II. sed qui ista intellecta sint, a philosophis debeo discere; nat III 14. quaero, qui possis eos testimonio diiungere; Vatin 41. nihil ut esset, qui distingueretur tremor iste et pallor; Ac II 48.

quia, weil: I. an, quia non condemnavi duo consules, sum reprehendendus? dom 9. — II. est iste conventus hoc etiam taetrior, quia nihil ista immanius belua est; rep III 45. dolorem ob id ipsum, quia dolor sit, semper esse fugiendum; Tusc V 95. dictator quidem ab eo appellatus, quia dicitur; rep I 63. vgl. III. eo. — III. cur non fit? quia dolori non voluptas contraria, sed doloris privatio; fin II 28. quia non sint, cum fuerint, eo miseros esse; Tusc I 13. idcirco, quia aequum est, postulo; Tul 6. sin autem idcirco possunt provideri, quia certa sunt et fatalia div II 25. partim ideo

fortes in decernendo non erant, quia nihil timebant, partim, quia timebant nimium; Muren 51. diligi incundum est propterea, quia tutiorem vitam efficit; fin I 53. quorsum haec? quia sine sociis nemo quicquam tale conatur; Lael 42. quia non est obscura tua in me benivolentia, sic fit, ut . .; ep XIII 70. — IV. quae quia di x i t; Ver IV 18. Diana dicta, quia noctu quasi diem efficeret; nat II 69. quia non, quibus verbis quidque dicatur, quaeritur, sed quae res agatur; Caecin 58. ergo, quia possessor est, non moves possessione; Ver I 116. quia, nisi quod honestum est, nullum est aliud bonum; fin V 79. Mavors, quia magna vertit; nat III 62.

quicumque, jeber welcher, wer, welcher nur immer (qui — cumque ſ. A, I. genus, pars, res, B, b. videtur): A, I quicquid erit quacumque ex arte, quocumque de genere; de or I 51. ut in iudiciis ea causa, quamcumque tu dicis, melior esse videatur; de or I 44. illa ipsa facultate, quamcumque habuit; de or I 117. quaecumque mihi uni proponetur fortuna, subeatur; Catil IV 2. quod ad cumque legis genus me disputatio nostra deduxerit; leg II 46. ſ. ars. quoscumque locos attingam, unde ridicula ducantur, ex isdem locis fere etiam graves sententiae posse duci; de or II 248. C. Coelio magno honori fuisse illam ipsam, quamcumque adsequi potuerit, in dicendo mediocritatem; de or I 117. poterit, quocumque modo postulabit causa, dicere; orat 70. ut animos eorum ad quemcumque causa postulabit motum vocemus; de or II 115. quibuscumque officiis Atticum obstrinxeris; ep XIII 18, 2. me oratorem, si modo sim aut etiam quicumque sim, ex Academiae spatiis exstitisse; orat 12. quam se cumque in partem dedisset; de or III 60. quoscumque de te queri audivi, quacumque potui ratione, placavi; Q fr I 2, 4. ut prodessemus civibus nostris, qua re cumque possemus; div II 7. — II. in quacumque enim una (parte) plane clauderet, orator esse non posset; Bru 214. — B. a. sic appelletur, quicumque erit rector et gubernator civitatis; rep II 51. quemcumque rogaveris, hoc respondebit; Cluent 90. hoc praeceptum, cuiuscumque est, ad tollendam amicitiam valet; Lael 60. cuicumque vos delationem dedissetis; div Caec 49. cum, de quocumque vult, supplicium sumit multitudo; rep III 45. viro uni omnium fortissimo, quicumque nati sunt; har resp 49. omnes omnium ortus, quicumque gignantur in omni terra; div II 92, eorum, ad quoscumque illius morte venissent; Ver II 87. ſ. A, I. ratio. — b. ut, quodcumque accidisset, praedictum videretur; div II 110. ia erit eloquens, qui ad id, quodcumque decebit, poterit accommodare orationem; orat 123. quod erit cumque visum, ages; fin IV 69. cum, quodcumque tibi peteres, huic peteres, quodcumque tibi exigeres, id in societatem recideret; Q Rosc 54. ut, quodcumque rettulisset, id ratum haberet; Q Rosc 3. omnia, qnaecumque in hominum disputationem cadere possunt, bene sunt ei dicenda, qui . .; de or II 5. quaecumque sint, docet omnia effecta esse natura; Ac II 121. efficitur fato fieri, quaecumque fiant; fat 21.

quidam, ein gewiffer, gleichfam, gewiffermaßen: A. bei Subſtantiven: 1 ⸗quod (venenum) ei datum sit per M. A s e l l i u m quendam; Cluent 169. hoc Orphicum carmen Pythagorei ferunt cuiusdam fuisse Cercopis; nat I 107. quam (controversiam) habet cum quodam Colophonio; ep XIII 60. 2. deducitur iste ad Ianitorem quendam hospitem; Ver I 63. erat Pipa quaedam, uxor Aeschrionis; Ver V 81. ardeo incredibili quodam amore patriae; prov 23. si quaedam in argumentatione satis est uti propositione, quaedam autem in argumentatione infirma est propositio; inv I 62. haec et quaedam eiusdem modi argumenta ducuntur a fato; div I 128. orationem artificio quodam et expolitione distinctam; de or I

50. in Scauri oratione naturalis quaedam inerat auctoritas; Bru 111. immanes quaedam bestiae sibi solum natae sunt; fin III 63. bona quaedam proscriptorum diripienda concessit; Ver I 38. bovem quendam putari deum; rep III 14. omnis res publica consilio quodam regenda est; rep I 41. correctione quadam adhibita; of III 7. ut deum fingerent exilem quendam atque perlucidum; nat I 123. cum (Lupus) Romae quosdam dies commoraretur; ep XI 5, 1. in quibus si peccetur distortione et depravatione quadam; fin V 35. caupo cum quibusdam diversoribus illum, qui ante exierat, consequitur in itinere; inv II 15. expolitio: ſ. artificium. cuius (caeli) omnem ornatum poëtica quadam facultate versibus Aratum extulisse; rep I 22. foedus esse quoddam sapientium; fin I 70. quasi fundamenta quaedam scientiae; leg I 26. ſ. solum. cum funus quoddam duceretur; de or II 283. meum crimen avaritiae te nimiae coarguit, tua defensio furoris cuiusdam et immanitatis; Ver V 153. C. L. Caepasii fratres fuerunt, oppidano quodam et incondito genere dicendi; Bru 242. sunt etiam, qui in quoddam genus abiectum incidant versiculorum simillimum; orat 230. si hoc magni cuiusdam hominis et persapientis videtur; prov 44. immanitas: ſ. furor. quod quaedam animalia intellegentia per omnia ea permanet; Ac II 119. iis (animis) devium quoddam iter esse; Tusc I 72. qua cupiditate per hosce annos in quibusdam iudiciis usus es; Ver pr 35. Herculi quendam laborem exanclatum a Carneade; Ac II 108. libido: ſ. temeritas. cuncta Graecia parvum quendam locum Europae tenet; Flac 64. cum machinatione quadam moveri aliquid videmus; nat II 97. divina quadam mente praeditus; Milo 21. modestiam quandam cognitio rerum caelestium adfert iis; fin IV 11. congregatione aliae (bestiae) coetum quodam modo civitatis imitantur; fin II 109. nobis quoque licet in hoc quodam modo gloriari; of II 59. singularis est quaedam natura atque vis animi; Tusc I 66. annuae commutationes quadam ex necessitudine semper eodem modo fiunt; inv I 59. adhibendus erit in his explicandis quidam orationis nitor; orat 115. et medium quoddam officium dicitur et perfectum; of I 8. hominem suspendi iussit in oleastro quodam; Ver III 57. quod Democritus quodam pacto negat; nat II 76. animos hominum quadam ex parte extrinsecus esse tractos; div I 70. corporis bona facilem quandam rationem habere censebant; fin IV 17. nisi illius perversitatem quibusdam in rebus quam humanissime ferremus; Q fr II 4, 1. qui certis quibusdam destinataque sententiis quasi addicti sunt; Tusc II 5. in quibus ordo apparet et artis quaedam similitudo; nat II 82. hoc quasi solum quoddam atque fundamentum est; de or III 151. qui sono quodam vocum incitantur; div I 114. multos fortes viros et bonos specie quadam virtutis adsimulatae tenebat; Cael 14. quid igitur fuit nisi quaedam temeritas ac libido? Cael 34. quia (hae stellae) ad quoddam tempus insistunt; nat II 51. tamquam tormenta quaedam adhibemus; of III 39. viae qua‹i quaedam sunt ad oculos perforatae; Tusc I 46. a viris fortissimis et de me optime meritis quibusdam peto, ut . .; prov 44. divina vis quaedam consulens nobis; div II 124. ſ. natura. — 2. te aliquid de a l i i s quibusdam quaestoribus reminiscentem recordari; Ligar 35. dum modo sit haec quaedam res minime quidem contemnenda, ratio civilis; rep III 4. multa meo quodam dolore in vestro timore sanavi; Catil IV 2. quintum genus singulare Aristoteles quoddam esse rebatur; Ac I 26. unius cuiusdam „operis“, ut ait Caecilius „remigem“; de or II 40. est eloquentia una quaedam de summis virtutibus; de or III 55.

B. **mit Genetiv:** per quendam eorum, qui interfuerant, fit Epicrates certior; Ver II 55. quae (lit-

terae) mihi quiddam quasi animulae iustillarunt
⸗ stillarunt ‖ ; A IX 7, 1. mihi Homerus huius modi
quiddam vidisse videtur in iis; fin V 49. Pythagoras
cum in geometria quiddam novi invenisset; nat III
88. quam (insulam) cuidam tuorum sodalium condonaras; Ver III 85.

C. **mit Adjectiven und Participien:** legem nec scitum
aliquod esse populorum, sed aeternum quiddam;
leg II 8. cum interea aliud quiddam iam diu ma-
chinetur; Ver pr 15. (Aristoteles) alium quendam
praeficit mundo; nat I 33. in quibus (animis) inesse
quiddam caeleste et divinum; fin II 114. certum
quiddam destinatur auditori, in quo animum debeat
habere occupatum; inv I 31. est quibusdam inimicus
clarissimis; Phil V 50. putare debetis esse quiddam
nobis inter nos commune atque coniunctum; Ver III
38. generale quoddam decorum intellegimus; of I
96. demissus: f. mollis. dialecticus: f. geometricus.
inesse in animis hominum divina quaedam; Tusc I
36. f. caelestis. enervatus: f. mollis. si velim ge-
ometricum quiddam aut physicum aut dialecticum
explicare; div II 122. ut philosophi tamquam in
superum mare Ionium defluerent Graecum quoddam
et portuosum; de or III 69. humilis: f. mollis.
ut hic primo aspectu inanimum quiddam sensuque
vacuum se putat cernere; nat II 90. quiddam incredibile dicere putabantur; Balb 3. languidus: f.
mollis. maius est hoc quiddam quam homines opinantur; de or I 16. quibusdam placuisse opinor
mirabilia quaedam; Lael 45. est in animis omnium
tere natura molle quiddam, demissum, humile, enervatum quodam modo et languidum; Tusc II 47.
physicus: f. geometricus. portuosus: f. Graecus. raros esse quosdam, qui rerum naturam studiose intuerentur; Tusc V 9. cuidam rustico Romano dormienti visus est venire, qui . .; div I 55 sunt
quaedam omnino in te singularia, quaedam tibi cum
multis communia; Ver III 206. tale quiddam esse
animum, ut . .; nat III 36. vacuus: f. inanimus.
redimet hortos, aedes, urbana quaedam, quae possidet Antonius; Phil XIII 11. — 2. nostra quaedam
Aratea memoriter a te pronuntiata sunt; div II 14.
haec officia quasi secunda quaedam honesta esse dicunt; of III 15.

D. **adiein: a.** cum quidam testimonium publice
dixisset; Balb 12. cum audisset pastorem cuiusdam
fuisse; Ver V 7. ut quidam falso putant; Marcel
30. sunt quidam e nostris, qui . .; fin I 31. quae
pertinacia quibusdam videri potest; Marcel 31. quibusdam totum hoc displicet, philosophari; fin I 1.
quod dicitur a quibusdam; of I 158. melius de quibusdam acerbos inimicos mereri; Lael 90. — **b.** est
quiddam in hac causa, quod Cluentius ad se, est
aliquid, quod ego ad me putem pertinere; Cluent
149. quiddam commemorandum videtur; Balb 18.
est quiddam advenientem non esse peregrinum; A
VI 3, 4. cogitare se quiddam; div I 32. quia multa
Cn. Pompeium, quaedam M. Catonem, non nulla
etiam te ipsum fefellerunt; div I 24. ita taetra
sunt quaedam, ut . .; Tusc I 108. tribuenda quaedam esse populo; rep II 31. eorum in aliis satis
esse causae, quam ob rem quibusdam anteponeren-
tur: fin III 51. ut libido sit earum rerum, quae
dicuntur de quodam aut quibusdam, quae κατηγορή-
ματα dialectici appellant; Tusc IV 21.

quidem, zwar, freilich, gewiß, wenigstens: A,
I. Cyrus quidem haec moriens; Cato 81 (82).
Pyrrhi quidem de captivis reddendis illa praeclara;
of I 38. in Sicilia quidem cum essem; Ver IV 29.
rura quidem vobis nemo suffringet, sed . .; Sex
Rosc 57. in me unum, re quidem vera in universam
rem publicam; Sest 15. pauca ab hoc (Democrito)
de virtute quidem dicta; fin V 88. — II. non sine
magno quidem rei publicae detrimento; Ver IV
20. equidem etiam Epicurum, in physicis quidem,

Democriteum puto; fin IV 13. venales quidem se
hortos non habere, sed licere . . ; of III 58. — III.
is nequaquam me quidem, sed vos decepit; sen 15.
qui (error) mihi quidem iam sublatus videtur; Tusc
I 37. aderamus nos quidem adulescentes, sed multi
amplissimi viri; fin II 55. es tu quidem impudentia
singulari, sed tamen . . ; dom 133. verum haec quidem hactenus; Tusc III 84. esti hi quidem homunculi, sed tamen ridiculi; nat III 76. philosophi
qnidam, minime mali illi quidem, sed non satis acuti
dicunt . . ; of III 39. miseros ob id ipsum quidem
(esse), quia nulli sint; Tusc I 11. sunt ea quidem
magna; quis negat? sed . . ; Rab Post 42. nihil id
quidem ad rem; ego tamen . . ; Phil II 56. est id
quidem rectius; sed post requires, si quid fuerit obscurius; Tusc IV 10. quam ob rem in ista quidem
re vehementer Sullam probo; leg III 22. quas quidem (labes stragesque) nos persecuti sumus; Piso
83. quos quidem video esse multos, sed imperitos;
fin I 55. quae quidem omnia qui fecerint; fin V
64. natura adfert dolorem, cui quidem Crantor cedendum putat; Tusc III 71. quod quidem quale sit,
iam videbimus; nat III 27. quarum quidem rerum
eventa magis arbitror quam causas quaeri oportere;
div I 12. quam quidem laudem sapientiae statuo
esse maximam; ep V 13, 1. — IV. agi quidem usitato iure potuit; Tul 54. ratio est communis, doctrina differens, discendi quidem facultate par; leg
I 30. est quidem vera lex recta ratio naturae congruens; rep III 33. vellem quidem liceret; Sex Rosc
138. — V. nunc quidem profecto Romae es; A VI
5, 1. nuper quidem dicitur mortem fratri esse minitatus; Phil VI 10. quo quidem etiam maturius
venimus; Ac II 9. visne locum mutemus? sane
quidem; leg II 1. vere id quidem; of III 62. —
VI. cum quidem ii in hostium equitatum inciderunt;
div I 123. quando quidem. quoniam quidem tu Fabricios mihi auctores protulisti; de or
II 290. quoniam quidem in Achaiam sumptu publico
mercator signorum missus est; Ver I 60. si: f.
siquidem. ut quidem nunc se causa habet; Ac II
10. „quid ergo? haec in te sunt omnia?“ utinam
quidem essent! div Caec 40. — B. ac tum quidem
Tralliani a Flacco tamen omnia impetraverunt; Flac
59. senatus propugnator atque illis quidem temporibus paene patronus; Milo 16. atque haec quidem
de rerum nominibus; fin III 5. ac mihi quidem explicandae philosophiae causam attulit casus gravis
civitatis; div II 6. id estne numerandum in bonis?
ac maximis quidem; leg II 12. de Hercule, Aescu-
lapio dubitabis? at hi quidem coluntur aeque atque
illi; nat III 45. spero tibi me causam probasse, cupio quidem certe; A I 1, 4. dictum quidem mihi
certe nihil est; A XII 12. et primo quidem adiutoribus consulibus; dom 66. et aspexit me illis
quidem oculis, quibus tum solebat, cum . . ; Milo 33.
nam nunc quidem quid tandem illi mali mors attulit? Cluent 171. nam interitus quidem nulla vis
bonus non esset auctor? Phil III 19. nam corpus
quidem quasi vas est aut aliquod animi receptaculum;
Tusc I 52. ne: f. ne—quidem.

quidni, warum nicht? laudat Africanum Panaetius, quod fuerit abstinens. quidni laudet? of
II 76. quidni iste neget? Ver II 80. potes igitur
eum negare beate vivere? quidni possim? Tusc V
12. „erat illarum partium.“ quidni? qui apud te
esset eductus; Quinct 69.

quies, Ruhe, Erholung: I, 1. qui (somnus)
non numquam etiam sine visis somniorum placatissimam quietem adfert; Tusc I 97. omnem tranquillitatem et quietem senectutis acceptam refert
clementiae tuae; Deiot 58. — 2. lectus ad quietem
datus; Catil IV 2. — II. qui locus quietis et tranquillitatis plenissimus fore videbatur; de or I 2.
— III. quia vera quietis oracla ducebant; div I

96. ego excubo animo nec partem ullam capio quietis; A IX 11, 4. — IV, 1. (gallos) cantus edere quiete satiatos; div II 57. — 2. quae se in quiete per visum ex Africano audisse (Scipio) dicebat; Lael 14. cum quid visum secundum quietem sit; div II 124.

quiesco, ruђen, ausruђen, Фuђe ђalten: I. diei noctisque vicissitudo conservat animantes tribuena aliud agendi tempus, aliud quiescendi; nat II 132. — II. videmur quieturi fuisse, nisi essemus lacessiti; de or II 230. si viginti quiessem dies; Planc 90. qui quiescunt, ut septima, ut octava legio; Phil XI 37. reprehendit, quia non semper quierim; A II 16, 3. si per tribunos pl. non patiatur et tamen quiescat, rem adduci ad interregnum; A VII 9, 2. gratissimum sibi esse, quod quierim; A VIII 11, 5. Peducaeo probari, quod quierim; A IX 10, 10. legio: f. alqs; Phil XI 37. (philosophia) in hortulis quiescet suis, ubi vult, ubi etiam recubans molliter et delicate nos avocat a rostris; de or III 63. praetor quiescebat; Ver IV 32. quae (urbs) renovat pristina bella nec potest quiescere; rep VI 11.

quiete, ruђig: hi conlocuti inter se leniter et quiete; Tusc IV 49. quod aptissimum est ad quiete vivendum; fin I 52.

quietus, ruђig, friebliф: I. numquam per M. Antonium quietus fui; ep X 1, 1. ut animo quieto satiaret desideria naturae; fin II 25. homines maxime sedati et quieti; Ver I 63. quieta re publica; Catil II 19. est decorus senis sermo quietus et remissus; Cato 28. ut se in studium aliquod traderent quietum; inv I 4. ut omnes bene sanos in viam placatae, tranquillae, quietae, beatae vitae deduceret; fin I 71. — B, **a.** aut boni sunt aut quieti; Phil XI 37. — **b.** (animus) contrariis studiis semper utens nihil quieti videre, nihil tranquilli potest; fin I 58.

quilibet, jeber beliebiђe: A. abeamus inde qualibet navigatione; A IX 7, 5. si quaelibet vel minima res reperietur; Sex Rosc 8. num illa definitio possit in aliam rem transferri quamlubet; Ac II 43. — B. quorum si unum quodlibet probare indici potuerit; Tul 45. — C, **a.** quemlibet (sequere), modo aliquem; Ac II 132. — **b.** fiat in Hispania quidlibet; A X 6, 1. statue aliquando quidlibet; Ac II 133.

quin, baß, fo baß oђne baß, oђne zu, alš ob niфt, warum niфt? I, 1 nisi ‖ ni ‖ forte tanta ubertas dubitationem adfert, quin hominibus solis ea natura donaverit; nat II 158. dubitabitis etiam diutius, quin illud verissimum sit? Font 17. an vero dubium est, quin fratres et insulas amicis anteponamus? fin II 83. ecquis fuit, quin lacrimaret, quin ubivis quam ibi, ubi est, esse mallet; ep VI 1, 1. de aqua, de via nihil praetermisi quaquam epistula quin enucleate ad te perscriberem; Q fr III 3, 1. prorsus nihil abest, quin sim miserrimus; A XI 15, 3. de musicis rebus non poterit quin dicat hoc onere suscepto recusare; de or II 66. non recusamus, quin illorum libidini Sex. Roscii vita dedatur; Sex Rosc 8. qui reus temperare non potuerit, quin L. Sisennae argentum tractaret; Ver IV 34. de me quidem non dubitaret (dixit), quin omnia de meo consilio fecissetis; ep IX 3. 2. non dubitabat Xeno, quin ab Ariopagitis invito Memmio inpetrari non posset; A VII, 6. mihi dubium non erat, quin ille iam iamque foret in Apulia; A VII 21, 2. aberit non longe, quin (Caesar) hoc a me decerni velit; A IX 9, 3. facere

se non posse, quin iis litteris pareret; A XI 7, 2. teneri non potui, quin tibi apertius illud idem his litteris declararem; A XV 14, 2. quin ad diem decedam, nulla causa est; ep II 17, 1. dies fere nullus est, quin hic Satyrus domum meam ventitet; A I 1, 3. num quid causae est, quin omnes agros vendituri sint? agr II 40. illud num dubitas, quin specimen naturae capi deceat ex optima quaque natura? Tusc I 32. Pythagoreos numquam dubitasse, quin ex universa menta divina delibatos animos haberemus; Cato 78. quis ignorat, qui scire curavit, quin tria Graecorum genera sint vere? Flac 64. ego vix teneor, quin accurram; ep XVI 24, 2. — 2. **a.** quin hoc tempore ipso omni sermone celebramur; Milo 98. quin te decessurum fuisse; ep III 6, 2. quin labebar longius, nisi me retinuissem; leg I 52. quin nunc ipsum minime offendisses eius (Caesaris) causam, si . .; A X 4, 10. nec tamen nihil proficis. quin hoc ipso minuis dolorem meum; A XI 7, 3. — **b.** quin tu aspicis ad te venientem Paulum patrem? rep VI 14. quin igitur ad illa spatia nostra sedesque pergimus? leg 1 14. quin tu urges istam occasionem et facultatem, qua melior numquam reperietur? ep VII 8, 2. quin tu abis in malam pestem! Phil XIII 48. quin sic attendite, iudices: Milo 79. — II. horum ego sermone non movebar, quin etiam levari putabam molestia; ep III 6, 5. delectatio nulla exstitit; quin etiam misericordia quaedam consecuta est; ep VII 1, 3. quin ne bestiae quidem facile patiuntur sese contineri: fin V 56. nemini Archytas censebat fore dubium: quin nihil cogitatione consequi posset; Cato 41. non quin idem sint numeri, sed ordo pedum facit, ut . .; orat 227. non quin ab eo dissentiam, sed quod ea te sapientia esse iudicem, ut . .; ep IV 7, 1. non quin in re publica rectum idem sit utrique nostrum, sed ea non agitur; A X 7, 1.

quinam f. **quisnam.**

Quinctilis, Jufi: si ego, ut volo, mense Quinctili in Graeciam; A XIV 7, 2.

quincunx, Фreuђftellung: cum admiraretur Lysander et proceritates arborum et derectos ‖ dir. in quincuncem ordines; Cato 59.

quindeciens. fünfzeђnmal, 1,500000: accessit antiqua HS quindeciens pecunia; Ver II 61.

quindecim, fünfzeђn: hi ludi dies quindecim auferent; Ver pr 31. rogasti, ut Fannio daret HS ccⅠכⅠככ; Q Rosc 38. adhibuit sibi in consilium quindecim principes; of II 82.

quingeni, je fünfђunbert: A. (Octavianus) quingenos denarios dat; A XVI 8, 1. — B. ad hunc numerum quingenos sibi singuli sumunt , sunent ‖ ; agr II 76.

quingentesimus, fünfђuntertfte: prope quingentesimo anno; Flac 1.

quingenti, fünfђunbert: si Pompeius abhinc annos quingentos fuisset; Balb 16. huic hereditas HS quingentorum milium venerat; Ver IV 53. si HS vi d tibi constarent ea, quae . .; Ver IV 28.

quini. je fünf: sit se Pompeius quinos praefectos delaturum novos; A V 7. video tibi Halaesinos HS quinos denos dedisse; Ver III 173.

quinquageni. je fünfzig: in singulos HS quinquagenis milibus damnari mavultis? Ver III 69.

quinquagesimus, fünfzigfte, fem. Фünfziђftel: A. quarto circiter et quinquagesimo anno post primos consules; ep II 60. septimo ‖ et ‖ quinquagesimo die rem confeci; ep XV 4, 10. — B nec cogebatur arator ternas quinquagesimas frumenti addere; Ver III 117. scribae nomine de tota pecunia binae quinquagesimae detraherentur; Ver III 181.

quinquaginta, fünfzig: A. cum (Quinctius) annos ad quinquaginta natus esset; Cluent 110. decerno quinquaginta dierum supplicationes; Phil XIV 29. Metellus ille honoratis quattuor filiis, at

.naginta Priamus; Tusc I 85· HS 1.ɔɔ Q.
· ·ius frandavit Fannium; Q Rosc 22. ut lucri
· ·iano HS LII darentur; Ver III 90. talenta
·.quaginta se Flacco dicit dedisse; Flac 90. — B.
·ui proportionem comparationemque) habent ducen-
·· quinquaginta *sex* cum ducentis quadraginta tribus;
·iu 24.

Quinquatrus, Feſt ber Minerva: I. ita
tumultuosae contiones, ita molestae Quinquartus a d-
·erebantur; ep II 12, 1. — II. Quinquatribus
·ausam tuam egi; ep XII 25, 1. venit etiam ad
me Matius Quinquatribus; A IX 11, 2.

quinque, fünf: A. ut d i e s xxxv inter binos
ludos tollerentur; Ver II 129. dierum quinque
scholas in totidem libros contuli; Tusc I 8. unde
ortae illae quinque formae? nat I 19. cum ex cxxv
iudicibus quinque et LXX reus reiceret; Planc 41.
ad Brutum hos libros alteros quinque mittemus;
Tusc V 121. facta est sponsio HS v; Ver III 135·
quae numquam quinque nuntiis animus cognosceret.
nisi . .; Tusc I 46. quinque primi accitu istius
evocantur; Ver III 68. quem (motum habeant)
quinque stellae, quae errare dicuntur; div II 10.
credent omnes v et xxx tribus homini gravissimo;
Ver I 14. — B. Spartae sunt quinque, quos illi
ephoros appellant, constituti; rep II 58.

quinquennalis, in jebem fünften Jahr:
Hippias cum Olympiam venisset maxima illa quinquennali celebritate ludorum; de or III 127.

quinquennium, fünf Jahre: I. cum quinquennium prorogabamus; A VII 6, 2. — II. bella
est huius iuris quinquennii licentia; A XV 11,
4. — III, 1. cum essem in plurimis causis quinquennium fere versatus; Bru 319. — 2. id actum est
quinquennio ante quam consul sum factus; Lael
96. — 3. quae (pecunia) ex novis vectigalibus per
quinquennium reciperetur; A I 19. 4.

quinquepertitus, fünfteilig: quinquepert-
titam hoc pacto putant esse argumentationem;
inv I 59. quinquepertita argumentatio est huius
modi; inv I 68.

quinqueremis, Fünfruberer: I. in minoribus navigiis rudem esse [se] confiteri, quinqueremes
antem ant etiam maiores gubernare didicisse; de
or I 174. — II. remigem quendam e quinqueremi
Rhodiorum vaticinatum; div I 68.

quinquevir, Mitglieb bes Fünfmännerkolle-
giums: I. neminem consulem, praetorem, imperatorem, nescio an ne quinquevirum quidem quemquam
nisi sapientem? Ac II 136. — II. totiens legibus
agrariis curatores constituti sunt triumviri, quinqueviri, decemviri; agr II 17.

quinqueviratus, Fünfmännerant: me ille,
ut quinqueviratum acciperem, rogavit; prov 41.

quinquiens, fünfmal, 500000: M. Marcellus
ille quinquiens consul; div II 77. cum ad HS
viciens quinquiens redegisse constaret; Ver I 92.
reperietis quinquiens tanto amplius istum civitatibus
imperasse; Ver III 225.

quintus, fünfte: quintus (Mercurius), quem
colunt Pheneatae; nat III 56. quo minus de moribus nostris quinto quoque anno iudicaretur; Piso 10.
cum ad te quinta fere hora cum C. Pisone venissem;
Piso 13. ita tres (libri) erunt de oratore, quartus
Brutus, quintus orator; div II 4. si est animus
quinta illa non nominata magis quam non intellecta
natura; Tusc I 41. ut remissis senis et trientibus
quinta prope pars vectigalium tolleretur; Sest 55.

quippe, nämlich, freilich, allerbings: I. leve
nomen habet utraque res! quippe; leve enim est
totum hoc risum movere; de or II 218. non puto
existimare te ambitione me labi, quippe de mortuis;
Brn 244. ergo, ad cenam petitionis causa si quis
vocat, condemnetur? „quippe“, inquit; Muren 74.
quem hunc appellas, Zeno? beatum. inquit. etiam

beatissimum? quippe, inquiet; fin V 84. non quo
me aliquid iuvare posses. quippe; res enim est in
manibus, tu autem abes longe gentium; A VI 3,
1. — II. quippe cum (Cato) ita sit vetus, ut . . ;
Bru 69. quippe cum ea (institia) sine prudentia satis
habeat auctoritatis; of II 34 quod nihil attineat
eam (causam) ex lege considerare, quippe quae in
lege scripta non sit; inv II 131. quippe qui omnium
maturrime ad publicas causas accesserim; de or III 74.

Quirinalia. Feſt bes Quirinus: I. comitiali-
bus diebus, qui Quirinalia sequuntur; Q fr II 11
(13) 3. — II. Clodius in Quirinalia prodixit diem;
Q fr II 3, 2.

quis, qui, wer? was? was für ein? wieviel?
warum? wie? ferner (abl. quis: f. B, I, 1. milia):
A. birecte Frage: I, 1. cui tu adulescentulo non
ad libidinem facem praetulisti? Catil I 13. quod
adulterium, quod stuprum, quae libido non se proti-
piet? fin II 73. quo animo hoc tyrannum illum
tulisse creditis? Milo 35. nunc vero (litterae) quam
auctoritatem ant quam fidem habere possunt? Flac
21. quae compositio membrorum, quae conformatio
liniamentorum, quae figura, quae species humana
potest esse pulchrior? nat I 47. quorum quod simile
factum, quod initum delendae rei publicae consilium?
Catil IV 13. quam consumpseris in ista ratione tota
totum in ista ratione consumpseris? Muren 46.
factum: f. consilium. fides: f. auctoritas. figura: f.
compositio. quos putatis fletus mulierum, quas
lamentationes fieri solitas esse? Ver IV 47. quis
mediocris gladiator ingemuit, quis vultum mutavit
umquam? quis decubuit turpiter? quis collum contraxit? Tusc II 41. cohors ista quorum nominum
est? Ver III 28. quo is iure amittit civitatem?
Caecin 98. lamentationes: f. fletus. libido: f. adulterium. quo in loco nobis vita ante acta proderit,
quod ad tempus existimationis partae fructus reservabitur? Sulla 77. qui locus orbi terrae iam non erat
alicui destinatus? Sest 66. quo modo primum obtinebit (sapientia) nomen sapientiae? deinde quo
modo suscipere aliquam rem ant agere fidenter
audebit? Ac II 24. quem ad modum autem obuodire
et parere voluntati architecti aër, ignis, aqua, terra
potuerunt? nat I 19. quod nomen umquam clarius
fuit, cuius res gestae pares? imp Pomp 43. quis
umquam orator magnus et gravis haecsitavit ob eam
causam, quod . .? de or I 220. quis hoc philosophum
tam mollis probare posset? de or I 226. quis rex
umquam fuit, quis populus, qui non . .? div II 95.
quibus rebus id adsecutus es? Ver III 41. quam
ob rem supplicium non sumpsisti? Ver V 67. a
rebus gerendis senectus abstrahit. quibus? Cato 15.
in qua urbe vivimus? quam rem publicam habemus?
Catil I 9. rex: f. populus. species: f. compositio.
stuprum: f. adulterium. quod mihi tempus vacuum
ostenditur? Q fr II 13 (15, a), 2. f. locus. eo magis,
quod portoriis Italiae sublatis quod vectigal superest
domesticum praeter vicensimam? A II 16, 1. hoc
quam habet vim nisi illam? of III 77. urbs: f. res
publica. — 2. quae est igitur alia (poena) praeter
mortem? Ligar 13. quae est alia causa erroris tanti?
fin II 115. hic quis est, qui complet antes meas
tantus et tam dulcis sonus? rep VI 18. illa vis
quae tandem est? Tusc I 61. quae tandem ea est
disciplina? Ac II 114. quae est ista tanta audacia
atque amentia? Ver I 54. quis est iste amor amicitiae? Tusc IV 70. quae ista sunt exempla multorum? Ver III 209. quis est iste ordo? Phil VI 14.
quae tandem ista ratio est? fin II 98. quis porro
noster itus, reditus, vultus, incessus inter istos?
A XV 5, 3. — II. quis nostrum tam impudens
est, qui se scire postulet? de or I 101. quis enim
vestrum hoc ignorat? agr II 41. quem eorum ad-
futurum putas? div Caec 22. quis meorum amicorum
testamentum discessu meo fecit? dom 85· quid

praeterea caelati argenti, quid stragulae vestis, quid pictarum tabularum, quid signorum, quid marmoris apud illum putatis esse? Sex Rosc 133. quid tandem erat caussae, cur ..? Phil I 11. vos mihi quid consilii datis? Ac II 138. hi tot equites Romani quid roboris, quid dignitatis huius petitioni attulerunt? Planc 21. quid tandem illi mali mors attulit? Cluent 171. ſ. terroris. marmoris: ſ. argenti. quid negotii fuit? Phil VI 8. roboris: ſ. dignitatis.signorum, al.: ſ. argenti. quid putatis impendere terroris et mali? agr I 9. obtrectare alteri quid habet utilitatis? Tusc IV 56. — III, 1. quid foedius avaritia, quid immanius libidine, quid contemptius timiditate. quid a b i e c t i u s tarditate et stultitia dici potest? leg I 51. quo quid potest dici absurdius? div II 98. quid agis aliud? Ligar 11. quis umquam audacior, quis nocentior, quis apertior in iudicium adductus est? Cluent 48. quis bonus non luget mortem Trebonii? Phil XII 25. pro qua (patria) quis bonus dubitet mortem oppetere? of I 57. contemptus, al.: ſ. abiectus. quid magnificentius, quid praeclarius mihi accidere potuit, quam quod ..? sen 24. quid est magnum de corpusculorum concursione fortuita loqui? Ac I 6. quid neglegentius aut quid stultius maioribus nostris dici potest? Caecin 40. nocens: ſ. apertus. quid cogitari potest turpius? of III 117. — 2. quod est i s t u c vestrum probabile? Ac II 35. quae sunt tandem ista maiora? Tusc I 16. — IV, a. q u i s L. Philippum a M. Herennio superari posse arbitratus est? quis Q. Catulum a Cn. Mallio? quis M. Scaurum a Q. Maximo? Muren 36. quis est, qui fraudationis caussa latuisse dicat, quis, qui absentem defensum neget esse Quinctium? Quinct 74. quis acerbior, quis insidiosior, quis crudelior umquam fuit? Ver II 192. quis umquam tam audax, tam nobis inimicus fuisset, ut ..? leg III 21. quis tantam turpitudinem iudiciorum, quis tantam inconstantiam rerum iudicatarum, quis tantam libidinem iudicum ferre potuisset? Cluent 61. quis hoc non perspicit? Ver I 9. quis enim te aditu, quis ullo honore, quis denique communi salutatione dignum putat? Piso 96. sed quis ego sum? Lael 17. quem tam amentem fore putatis, qui non arbitretur ..? Flac 105. responde tu mihi, quem esse hunc Verrucium putes? Ver II 190. ad cuius igitur fidem confugiet? Sex Rosc 116. ſ. A, I, 1. nomen. dat nataliciam in hortis. cui? Phil II 15. qui sunt boni cives, qui belli, qui domi de patria bene merentes, nisi qui patriae beneficia meminerunt? Planc 80. quos ego orno? nempe eos, qui ..; Phil XI 36. omnium in me incidere imagines. quorum imagines? nat I 107. — b, 1. q u i d est, quod quisquam ex vobis audire desideret? Sex Rosc 104. quid est dignius, in quo omnis nostra diligentia consumatur? Ver I 112. quid est mirum, si ..? dom 118. quid est temeritate turpius? aut quid tam temerarium quam ..? nat I 21. quid esse potest mundo valentius? nat II 31. quid ergo interest, proferantur (tabulae) necne? Ver I 117. quid deinde sequitur? Ver V 14. quid hoc indignius aut quid minus ferendum videri potest? Ver IV 71. quid hoc indignius, quid [hoc] iniquius? Ver III 200. quid est „dignus“? quid est porro „facere contumeliam“? Phil III 22. quid est enim civitas nisi iuris societas? rep I 49. quid Chalcidico Euripo in motu identidem reciprocando putas fieri posse constantius? quid freto Siciliensi? nat III 24. quid ergo addit amplius? Tul 24. quid agimus? Rab Post 9. quid? coloni Narbonenses quid volunt, quid existimant? Font 14. quid? parvus filius quid fecerat? dom 59. quid tandem habet iste currus, quid vincti ante currum duces, quid simulacra oppidorum, quid aurum, quid argentum, quid legati in equis et tribuni, quid clamor militum, quid tota illa pompa? Piso 60. quid ille respondit? Q Rosc 49.

volo: ſ. existimo. ex quo igitur crimen atque accusatio nascitur? Ver II 162. in quo potes me dicere ingratum? Phil II 6. at in quo fuit controversia? Phil VIII 2. in quo melius hunc consumam diem? leg I 13. quae sequuntur igitur? fin IV 55. mihi quae dicere ausus es? Piso 12. quorum igitur causa quis dixerit effectum esse mundum? nat II 133. — 2. q u i d? hoc inveniri qui potest? Quinct 58. quid? illa cuius modi sunt? Ver III 36. quid? hoc Aetnenses soli dicunt? Ver III 108. quid ad haec Quinctius? Tul 35. quid mihi opus est sapiente iudice. quid aequo quaesitore, quid oratore non stulto? Font 21. quid? tu nescis hunc quaestorem Syracusis fuisse? Planc 65. dices: quid in pace, quid domi. quid in lectulo? Tusc II 60. quid? tu in eo sitam vitam beatam putas? Tusc V 35. quid? Lacedaemoniis quae significatio facta est! div I 74. quid? cum fluvius Atratus sanguine fluxit? quid? cum saepe lapidum imber defluxit? quid? cum in Capitolio ictus Centaurus e caelo est? div I 98. quid deinde? nat III 48. quid enim nunc sim ineptus? de or III 84. quid enim? conscendens navem sapiens num comprehensum animo habet ..? Ac II 100. quid ergo? negasne illud iudicium esse corruptum? Cluent 63. quid ergo? ad haec mediocri opus est prudentia an ingenio praestanti? div II 130. quid igitur mihi ferarum laniatus oberit nihil sentienti? Tusc I 104. quid ita Flavio sibi cavere non venit in mentem? Q Rosc 35. et condemnastis C. Fabricium. quid ita? Cluent 61. quid? de reliquis rei publicae malis licetne dicere? Phil I 14. quid? ex aede Liberi simulacrum Aristaei non tuo imperio palam ablatum est? Ver IV 128. quid? alii quaestores nonne fecerunt? Planc 63. quid, quod eadem illa attollit ad extremum superiora? Ac II 95. quid, quod eodem tempore desidero filiam? Q fr I 3, 3. sed quid ego illa commemoro? Milo 18. sed quid poeta irascimur? Tusc II 28. quid, si reviviscant Platoni illi? fin IV 61. quid tandem? dom 24. quid tum? parumne multa de toleranda paupertate dicuntur? Tusc V 107. quid vero? hominum ratio non in caelum usque penetravit? nat II 153.

B. indirecte ſrage: I, 1. qualem fuisse Athenis Timonem nescio quem accepimus; Lael 87. possum perquirere, qui ei fuerit aditus; si per se, qua temeritate; si per alium, per quem; Cael 53. at a testibus laeditur. antequam dico, a quibus qua spe. qua vi, qua re concitatis, qua levitate, qua egestate. qua perfidia, qua audacia praeditis, dicam de genere universo; Flac 6. defectiones solis et lunae praedictae, quae, quantae, quando futurae sint; nat II 153. egestas: ſ. audacia. ut intellegere posset Brutus. quem hominem et non solum qua eloquentia, verum etiam quo lepore et quibus facetiis praeditum lacessisset; Cluent 141. quaeris, quod eloquentiae genus probem maxime: orat 3. cum vidisset, qui homines in hisce subselliis sederent; Sex Rosc 59. ſ. eloquentia. quod iudicium constitutum sit, cognostis; Tul 13. nec saeculorum reliquorum iudicium quod de ipsis futurum sit, pertimescere; div I 36. lepos: ſ. eloquentia. levitas: ſ. audacia. quid cuiusquam intererat, quo loco daret? Ver III 192. vir sapiens cognovit, quae materia || esset, materies || et quanta ad maximas res oportunitas in animis inesset hominum; inv I 2. praenoscere, dei erga homines mentis qua sint; div II 130. de nescio quis HS x̄x̄ se urgeri; a X 11, 2. in hac arte nullum est praeceptum. quo modo verum inveniatur, sed tantum est, quo modo iudicetur; de or II 157. ista damnatio tameu cuius modi fuerit, audite; Ver I 72. quasi non possim, quem ad modum ea dicantur, ostendere! nn II 7. serpit nescio quo modo per omnium vitas amicitia; Lael 87. quo modo est conlatum || conlata quae pars inimica, quae pars familiaris esset; div II 28. perfidia: ſ. audacia. quod admodum mirabar

abs te quam ob rem diceretur; Caecin 65. res, al.: f. audacia. declaravi, quis esset status; A IV, 2, 1. nonne aspicis, quae in templa veneris? rep VI 17. — 2. nec hercule invenio, quo nomine alio (amor) possit appellari; Tusc IV 68. quae sit illa vis, intellegendum puto; Tusc I 60. dubitat pastor primo, quae sit ea natura; nat II 89. quis iste dies inluxerit, quaero; Ac II 69. qui istam nescio quam indolentiam magno opere laudant; Tusc III 12. — II. quaererem ex eo (Panaetio), cuius suorum similis fuisset Africani fratris nepos; Tusc I 81. tu celabis homines, quid iis adsit commoditatis et copiae? of III 52. quid abs te iuris constituatur, vide; Cluent 148. propter litterularum nescio quid; A VII 2, 8. videsne, poëtae quid mali adferant? Tusc II 27. tu, quid ego privatim negotii geram, interpretabere? Ver IV 25. omni in re quid sit veri videre decet; of I 94. — III. disputat, quod cuiusque generis animantium statui deceat extremum; fin IV 28. hoc nescio quid exaravi; A XIV 22, 1. Platoni ipsi nescio quem illum anteponebas? fin IV 61. cum praesertim ipse animus non inane nescio quid sit; fin IV 36. me quaerere, quid ipsum a se dissentiat; fin V 79. Rhodium quendam dixisse, qui primus eorum (aequalium), qui secundus, qui deinde ‖ [deinde] ‖ deinceps moriturus esset; div I 64. illud nescio quid tenue dicere ad puerorum ortus pertinere; div II 94. sin quaerimus, quid unum excellat ex omnibus; de or III 143. — IV, a. considera, quis quem fraudasse dicatur; Q Rosc 21. hoc te praeterit, non id solum spectari solere, qui debeat, sed etiam illud, qui possit ulcisci; div Caec 53. statuere, qui sit sapiens; Ac II 9. fingas, quem me esse decet; A VIII 12, 4. videamus, quem probet; Ac II 117. si dissimulare omnes cuperent se scire, ad quem maleficium pertineret; Sex Rosc 102. cum ex eo quaereretur, cuius vocem libentissime audiret; Arch 20. cui parent, nesciunt, nec cuius causa laborent; Lael 55. quaerebat, cui probatus esset ipse patronus; Cluent 52. video, cui committam; Tusc V 55. ut constituerent, a quo iudicium corruptum videretur; Cluent 75. quod quoniam in quo sit magna dissensio est; fin V 16, video, quicum loquar; fin II 107. tribuni plebis permagni interest qui sint; Planc 13. ut ostendamus, qui simus; Ac II 98. consideranti, ad quos ista non translata sint, sed nescio quo pacto devenerint; Bru 157. ut possis, quorum studio (tribus) tuleris, explicare; Planc 48. cum homines viderent, quibus percepissent; Ver IV 4. didicit populus Romanus, quibus se committeret, a quibus caveret; Phil II 117. si comparatio fiat, quibus plurimum tribuendum sit officii; of I 58. quibus ortus sis, non quibuscum vivas, considera; Phil II 118. — b, 1. quid cuique accidisset, quid cuique opus esset, indagare et odorari solebat; Ver II 135. monuit Crassum, qui eventurum esset, nisi cavisset; div I 30. si, quid maxime consentaneam sit, quaerimus; Tusc II 45. video, quid inter annonam interesse soleat; Ver III 191. est tuum videre, quid agatur; Muren 83. ut scire posset, quid cuique deberetur; Cluent 75. quod sit, definitionibus (quaeritur); orat 45. tenemusne, quid sit animus, ubi sit? Ac II 124. aut Epicurus, quid sit voluptas, (nescit), aut . .; fin II 6. sentire, quid simus; fin V 41. quod unum hoc animal sentit, quid sit ordo, quid sit, quod deceat; of I 14. quid fieri placeret, ostendi; Catil III 5. non satis intellego, quid summum dicas esse, quid breve; Tusc II 44. quid ageret, nesciebat; Ver II 74. cupiebam, quid cogitarent, cognoscere; agr II 11. ex me audies, quid in oratione tua desiderem; rep II 64. suspicor, quid dicturi sint; Phil V 5. quia (Timocrates) nescio quid in philosophia dissentiret; nat I 93. quid de me populus Romanus existimaret, laboravi; Sulla 92. ut sciam, quid (Attica) garriat; A XII 1, 1. sed omnino ignorare, quid pos-

sideat; de or I 161. scio, quid gravitas vestra, quid haec advocatio, quid ille conventus, quid dignitas P. Sestii, quid periculi magnitudo, quid aetas, quid honos meus postulet; Sest 119. intellego, quid respondeas; Vatin 35. cum, quid mihi sentire necesse sit, cogitarit; prov 1. quid vos sequi conveniat, intellegetis; Sex Rosc 34. quid (fulmen) significet, nulla ratio docet; div II 45. considerandum est, quid velis; Ver II 155. bonum ex quo appellatum sit, nescio; fin IV 73. in quo causa consistat, non videt; fat 9. Athenienses scire, quae recta essent; Cato 64. est tibi edicendum, quae sis observaturus in iure dicendo; fin II 74. initium, quae vellem quaeque sentirem, dicendi; Marcel 1. cum, e quibus haec efficiantur, ignorant; fin I 55. — 2. quaeramus a nobis, quid historia delectet; fin V 51. quaerere ex te, quid tristis esses; div I 59. C. **Auaruf:** I. qui clamores vulgi excitantur in theatris! fin V 63. ad respondendum surrexi, qua cura, di immortales! qua sollicitudine animi, quo timore! Cluent 51. decisionis arbiter C. Caecilius fuit, quo splendore vir, qua fide, qua religione! Flac 89. qua munditia homines, qua elegantia! ep IX 20, 2. Caesar iis litteris quo modo exsultat Catonis in me ingratissimi iniuria! A VII 2, 7. munditia: f. elegantia. quod erat odium, di immortales, quanta superbia! Cluent 109. gladiatores quas plagas perferunt! Tusc II 41. religio, al.: f. cura, fides, odium. — II. di boni, quid lucri est emori! Tusc I 97. — quid mali datis! nat I 122. — III. quae in illa vita antea, dicebantur, quae cogitabantur, quae litteris mandabantur! Phil II 105. fortis vir quae de iuvenum amore scribit Alcaeus! Tusc IV 71.

quis, qui, irgenb ein, irgenb wer, jemanb, irgenb etwaß: ohne Anschluß: quid (faciet is homo) in deserto quo loco nactus imbecillum? leg I 41. non magis est contra naturam morbus aut egestas aut quid eius modi; of III 30. non igitur faciat, dixerit quis, quod utile est? of III 76. quid est deformius quam aegritudine quis adflictus, debilitatus, iacens? Tusc IV 35 cum quaeritur, quale quid sit; Top 84. contraria ea dico, quorum alterum ait quid, alterum negat; fat 37. quod (actionis genus) refertur ad faciendum ‖ efficiendum ‖ quid; part or 62. — aut vero alia quae natura mentis et rationis expers haec efficere potuit? nat II 115. cum ei (Themistocli) Simonides an quis alius artem memoriae polliceretur; fin II 104. f. nisi; Tusc III 7. num; Ver IV 27. si; of I 144. fr A VII 29. sive; de or II 357. — cum interea quis vestrum hoc non audivit; prov ñ. cum tua causa cui commodes; fin II 117. cum quid evenerit; of I 81. — dirae non causas adferunt, cur quid eveniat; div I 29. — etiamsi qui ipsi rem publicam non gesserint; rep I 12. etiamsi quis morte poenas sceleris effugerit; nat III 90. — haud facile quis dixerit hoc exemplo laudabilius; of III 110. — ne qua calumnia, ne qua fraus, ne qui dolus adhibeatur; dom 36. danda opera est, ne qua amicorum discidia fiant; Lael 78. dolus, fraus: f. calumnia. ne quod perniciosum exemplum prodatur; Flac 25. ne qui magistratus sine provocatione crearetur; rep II 54. testimonium ne quod dicerent; Ver IV 113. ne quis vir clarus huic ordini iure irasci posse videatur; prov 39. vereor, ne cui vestrum videatur . .; par 6. ne quid a me dedecoris esset admissum; A IX 10, 9. ne quid invidiae (Epicurus) subeat aut criminis; nat III 3. quod habeat rationem, ne cui falso adsentiamur; fin III 72. ne qui minor xxx annis natus ‖ natu ‖ legeretur; Ver II 122. vereor, ne qui sit, qui nequitiam nondum cernat; Piso 12. ne quis inspiciat tabellam, ne rapiat, ne appellet; leg III 38. ne quem civem reciperemus; Balb 33. ne quos offendant; of II 68. ne quid excidat, aut ne quid in terram defluat; Lael 58. ne quando quid emanet; A X 12, 3.

ne quid praeposterum sit; de or III 40. excidit:
ſ. defluit. ne quid de bonis deminuerent; Q fr I 2,
10. ne ad te prius ipse quid scriberem, quam aliquid accepissem; ep IX 8, 1. illud deprecabor, ne
quid L. Murenae dignitas illius, ne quid exspectatio
tribunatus, ne quid totius vitae spendor noceat;
Muren 58. — ea causa est, ut ne quis a me dies
intermittatur, quin ..; A VIII 12, 1. quid aliud
intellegetur, nisi uti ne quae pars naturae neglegatur? fin IV 41. ut ne quis te de vera possit sententia demovere; Ver pr 52. ut ne cui quis noceat
nisi lacessitus iniuria; of I 20. ut ne quid impediat,
quo minus ..; fin V 36. ut ita adoptet, ut ne quid
de dignitate generum minuatur; dom 36. ut
ne quid de libertate deperderet; Ver II 73.
ſ. talia. — possitne quis beatus esse, quam diu
torqueatur; Tusc V 14 (13). — ut nec absit
quid eorum nec aegrum debilitatumve sit; fin V 35.
— ›neve quem initianto nisi Cereri Graeco sacro‹;
leg II 21. ut iis nota sint omnia, neve || neque ||
quid fingi novi possit; Rab Post 36. — nisi qui
deus vel casus aliquis ﬁ aliqui || subvenerit; ep XVI
12, 1. nisi quid aliud tibi videtur; Tusc III 7. nisi
quem forte dedicatio deterret; dom 103. nisi quid
necesse erit; A XII 39, 1. nisi quid tu efficis; A
XI 2, 3. nisi quid existimas in ea re violari existimationem tuam; ep XIII 73, 2. — non et natus
est quis oriente Canicula, et is in mari morietur;
fat 15. non facile quem dixerim plus studii adhi-
buisse; Bru 151. quid: ſ. quo; A XII 14, 3. —
num qua igitur is bona Lentuli religione obligavit?
dom 124. num quae trepidatio, num qui tumultus,
num quid nisi modeste? Deiot 20. num quid horum probat
noster Antiochus? Ac II 143. cum quaesissem, num quid
aliud de bonis eius pervenisset ad Verrem; Ver IV
27. num quis, quod bonus vir esset, gratias de
egit umquam? nat III 87. quid: ſ. trepidatio. —
quamvis quis (munus) ostenderit; ep IX 8, 1. —
cui quid horum acciderit; nat II 167. ii, qui boni
quid volunt adferre; Phil I 8. — quo quisque animo
quid faceret, spectari oportere; Cluent 76. — quo
quis versutior et callidior, hoc invisior est; of II 34.
non quo proficiam quid; A XII 14, 3. — quodsi
quis est, qui illud iudicium fuisse arbitretur; Cluent
96. quodsi quem etiam ista delectant; Cato 46. —
quibus si qua calamitas accidisset; Ver III 127.
quam facultatem si quis casus eripuerit; of III 5, 4.
si qua culpa commissa est; ep XVI 10, 1. si qua
cura te attingit; A IX 11, A, 2. de ea, si quam
nunc habemus, facultate; Bru 298. neque eius rei
facultatem, si quae erit, praetermittam; A VIII 11,
D, 6. si qua enim sunt privata iudicia summae
existimationis; Q Rosc 16. itaque, si quam habeo
laudem, parta Romae est; Planc 66. si quae vos
aliquando necessitas vocabit; Sest 51. si qua (ratio)
poterit inveniri; part or 135. si qua res maior esset;
Ver III 137. si quibus rebus possis; ep I 9, 26.
si qua spes erit; A III 23, 5. si quo de || quod ||
illorum forte dubitabitur; Sex Rosc 118. si quem
tuorum adflictum maerore videris; Tusc III 43. si
quid auctoritatis in me est; imp Pomp 2. si quid
forte ferri habuisti; Sex Rosc 97. si quid importetur nobis incommodi; of II 18. si quid aliud attentius cogitet; of I 144. si qua sunt alia huius generis; fr V II 29. si simile veri quid invenerim;
Ac II 66. si qui in foro cantet; of I 145, si qui,
cum ambitus accusabitur, inertem forte esse de-
fendet; inv I 94. si quis || qui || forte sit tardior; de
or I 127. si quis eam (materiam) posset elicere;
inv I 2. si qui parem laudet omnino; inv I 95.
si quis quem levet; fin IV 31. si quis quem oculis
privaverit; Ac II 83. quae si quos inter societas
est; Lael 83. huic homini si cuius domus patet;
Ver III 8. (sapiens) si cui debeat; of III 91. si
cui quid ille promisit; Phil I 17. si qua erat fa-

mosa; rep IV 6. si quid cui simile esse possit;
Ac II 50. si quid deliquero; agr II 100. si quis
quid in vestris libris invenerit; dom 33. si quid in
te peccavi; A III 15, 4. si quae in membris prava
aut debilitata aut imminuta sint; fin V 46. si quae
diligentius erunt cognoscenda; Tusc IV 33. si qua
sint in tuis litteris, quae me mordeant; A XI 7, 8
si qua erunt, doce me; A VIII 2, 2. si qua dici
poterunt; inv I 107. exponamus, si quae forte possumus; fin V 8. si qua corrigere voluit; fin I 26.
— sin quae necessitas huius muneris alicui rei
publicae obvenerit; of II 74. sin distributius tractare qui volet; inv II 177. — cum homini sive natura sive quis deus nihil mente praestabilius dedisset; Cato 40. vidit hoc prudenter sive Simonides
sive alius quis invenit; de or II 357. sensus adsit.
sive secetur quid sive avellatur a corpore; Tusc III
12. — quod tale quid efficiat, ut ..; fin III 20.
ut ipse ne quid tale posthac; of I 33. — ut nihil
intersit, utrum ita cui videatur ut insano, an ut
sano; Ac II 54.

quisnam, quinam, wer, was benn? welcher?
A, I. quonam me animo in eos esse oportet? prov
2. somnia observari possunt? quonam modo? div
II 146. „praeteritis", inquit, „gaudebam". quibusnam
praeteritis? fin II 98. quaenam sollicitudo vexaret
impios sublato suppliciorum metu? leg I 40. —
II. sed quisnam est iste tam demens? Marcel 21.
— III, a. cuinam mirum videretur? Ver III 40.
— b. quidnam id est? leg II 18. vgl. numquidnam.
— B, I. Zeuxis quaesivit ab iis, quasnam virgines
formosas haberent; inv II 2. — II. dum exspectat,
quidnam sibi certi adferatur; Ver II 92. ut perspiciamus, quidnam a Zenone novi sit adlatum; fin
IV 14. summa exspectatio, quidnam sententiae
ferrent nummarii iudices; Cluent 75. — III quaerere
incipimus de Carpinatio, quisnam is esset Verrucius:
Ver II 187. — IV, a. admiratum Leontem novitatem
nominis quaesivisse, quinam essent philosophi;
Tusc V 8 (9). — b. haud sane intellego, quidnam
sit, quod laudandum putet; of II 5. quod mirifice
sum sollicitus, quidnam de provinciis decernatur:
ep II 11, 1.

quispiam, irgenb ein, irgenb jemanb, etwas:
I. ut ea (vis, sententia) non homini cuipiam, sed
Delphico deo tribueretur; leg I 58. num aliud quodpiam membrum tumidum non vitiose se habet? Tusc
III 19. qui simul atque in oppidum quoppiam || quod-
piam || venerat; Ver IV 47. quamquam tum quidem
vel aliae quaepiam rationes honestas nobis curas
darent; ep IX 8, 2. ille etiamsi alia quaepiam vi
expelleretur; Sest 63. — II. ne gravius quippiam
dicam; Phil I 27. — III, a. iniquum me esse quispiam dicet, qui ..? Ver III 111. quis te adhibuisset, dixerit quispiam, si ista non essent? nat III
76. si tribunus pl. bona cuiuspiam consecrarit; dom
123. si segetibus aut vinetis cuiuspiam tempestas
nocuerit; nat II 167. pecuniam si cuipiam fortuna
ademit; Quinct 49. — b. sive dees tnaturae quippiam
sive abundat; div I 61. quorum etiamsi imprudentes
(Aegyptii) quippiam fecerint; Tusc V 78. si ostendi
simila natum factumve quippiam; div II 149. simul
obiecta species est cuiuspiam, quod bonum videatur;
Tusc IV 12.

quisquam, irgenb ein, jemanb, etwas: I.
num in viilitate nummum arator quisquam dedit?
Ver III 216. si cuiquam novo civi potuerit adimi
civitas; Caecin 101. potest, quod inutile rei publicae
sit, id cuiquam civi utile esse? of III   cave
putes quemquam hominem in Italia turpem esse,
qui hinc abist; A IX 19, 1. non reperies quemquam
indicem aut recuperatorem, qui ..; Caecin 61. nec
quemquam senem audivi oblitum, quo loco thesaurum
obruisset; Cato 21. recuperator: ſ. iudex. qui ne
novi quidem quemquam sicarium; Sex Rosc 94.

cum in tanto numero tuorum neque audies virum bonum quemquam neque videbis; Catil I 26. — II. **a.** natura orationis oratorem ipsum magis etiam quam quemquam eorum, qui audiunt, permovet; de or II 191. estne quisquam omnium mortalium, de quo melius existimes tu? Q Rosc 18. quasi vero quisquam nostrum istum potius quam Capitolinum Iovem appellet; nat III 11. neque stultorum quisquam beatus neque sapientium || sapientum || non beatus: fin I 61. — **b.** si praeter eam praedam quicquam aliud causae inveneritis; Sex Rosc 8. cum idem negares quicquam certi posse reperiri; Ac II 63. cum nec ei quicquam fiat iniuriae; of III 92. qui poterat quicquam eius modi dicere? Ver IV 16. cave quicquam habeat momenti gratia; Muren 62. si mihi ne ad ea quidem cogitanda quicquam relinquitur temporis; Sulla 26. — III. neque eos quicquam aliud adsequi (videbat) classium nomine, nisi ut . . ; imp Pomp 67. ſ. II, **b.** causse. nec me benivolentiori cuiquam succedere; ep III 3, 1. quis tibi quemquam bonum putaret umquam honorem ullum denegaturum? Flac 102. certe ne bono quidem melius quicquam inveniri potest; par 22. nec quisquam privatus erat disceptator aut arbiter litis; rep V 3. quo (simulacro) non facile dixerim quicquam me vidisse pulchrius; Ver IV 94. quando Socrates quicquam tale fecit? fin II 1. — IV, **a.** quam (geometriam) quibusnam quisquam (poterit) enuntiare verbis? Ac I 6. ut neque quisquam nisi bonus vir et omnes boni beati sint; fin III 76. latius patet contagio, quam quisquam putat; Muren 78. estne quisquam tanto inflatus errore, ut . . ? Ac II 116. neque quemquam diutius patiar errare; Planc 91. quod negabas quemquam deici posse nisi inde, ubi esset; Caecin 90. negat Epicurus quemquam, qui non honeste vivat, iucunde posse vivere; fin II 70. quorum alter neque me neque quemquam fefellit; sen 10. quid cuiusquam intererat, quo loco daret? Ver III 192. sapientis nullo modo (esse) putare ullum esse cuiusquam diem natalem; fin II 102. non est aditus ad huiusce modi res neque potentiae cuiusquam neque gratiae; Caecin 92. magnitudinem animi tui ne umquam inflectas cuiusquam iniuria; ep I 7, 9. ut ea vix cuiusquam mens capere possit; Muren 6. potentia: ſ. gratia. quid est, quod cuiquam inauditum possit adferre? imp Pomp 29. dico omnino nummum nullum cuiquam esse deductum; Ver III 182. qui nec facere cuiquam videantur iniuriam; of I 29. quis tanta a quoquam contumelia adfectus est? Ver II 139. — **b.** non quo illa Laelii (oratione) quicquam sit dulcius; Bru 83. potest illo quicquam esse certius? Ver III 178. qui enim potest quidquam comprehendi, quod . . ? Ac II 18. an mihi potest quicquam esse molestum, quod . . ? fat 4. quia nec honesto quicquam honestius nec turpi turpius; fin IV 75. neque hoc quidquam esse turpius quam . . ; Ac I 45. hunc censes primis labris gustasse physiologiam, qui quicquam, quod ortum sit, putet aeternum esse posse? nat I 20. ut libero lectulo neget esse quicquam iucundius; A XIV 12, 5. qui vetant quicquam agere, quod . . ; of I 30. nec quicquam nisi pulcherrimum facere; Tim 10. nec (meus) quicquam nisi de dignatione || dignitate || laborat; A X 9, 2. negabat (Carneades) genus hoc orationis quicquam omnino ad levandam aegritudinem pertinere; Tusc III 60.

quisque, jeber: I, 1. quae (vocabula) in quaque arte versentur; fin III 3. quae res quamque causam plerumque consequatur; div I 126. quid quoque die dixerim; Cato 38. discripte || descr. || et electe in genus quodque causae, quid cuique conveniat, digeremus; inv I 49. unde quo quamque lineam scriberent; Tusc V 113. quid quibusque ostendatur monstris atque portentis; div I 92. quid quaeque navis remis facere posset; Ver V 88. qui-

bus orationis generibus sint quique (numeri) accommodatissimi; orat 196. portenta: ſ. monstra. ut ostendatur, quibus quaeque rationibus res confici possit; inv I 21. deus pertinens per naturam cuiusque rei; nat II 71. quicquid aget quaeque virtus; fin V 66. — 2. dum modo haec tabella optimo cuique et gravissimo civi ostendatur; leg III 39. tua longissima quaque epistula maxime delector; Q fr I 1, 45. tuas mihi litteras longissimas quasque gratissimas fore; ep VII 33, 2. ut primo quoque tempore referretur; Phil IV 4. de eius honore primo quoque die ad senatum referant; Phil VIII 33. quota enim quaeque res evenit praedicta ab istis (haruspicibus)? div II 52. tanta in suo cuiusque genere laus (fuit); orat 5. poëmatis tragici, comici, epici, melici suum cuiusque (genus) est, diversum a reliquis; opt gen 1. quaestiones a suis quaeque || quoque || locis instituuntur || instruuntur ||; Top 92. tertio quoque verbo orationis suae me appellabat; ep V 2, 9. ei sic nunc solvitur, tricensimo quoque die talenta Attica xxxIII et hoc ex tributis; A VI 1, 3. veterrima quaeque (amicitia) esse debet suavissima; Lael 67. quibus ex quinque rebus (eloquentia) constare dicitur, earum una quaeque est ars ipsa magna per sese; Bru 25. una quaque de re dicam; Cluent 6. ut proinde, uti quaeque res erit, elaboremus; inv II 175. — II, 1. quo quidque tempore eorum futurum sit; div I 128. non plus incommodi est, quam quanti quaeque earum rerum est; fin V 15. — 2. quotus quisque philosophorum invenitur, qui sit . . ? Tusc II 11. quarum (naturarum) suum quaeque locum habeat; nat III 34. voluisti in suo genere unum quemque nostrum quasi quendam esse Roscium; de or I 258. quae (causa) ad unius cuiusque nostrum vitam pertinet; Ver V 139. quid est sanctius quam domus unius cuiusque civium? dom 109. ut in quoque eorum (patronorum) minimum putant esse, ita eum primum volunt dicere; de or II 313. — III. quodsi a multis eligere homines commodissimum quidque vellent; inv II 5. intimus, proximus, familiarissimus quisque aut sibi pertinuit aut mihi invidit; Q fr I 4, 1. locupletissimi cuiusque censum extenuarant; Ver II 138. quod sapientissimus quisque aequissimo animo moritur, stultissimus iniquissimo; Cato 83. quotus est quisque, qui somniis pareat? div II 125. Metelli sperat sibi quisque fortunam; Tusc I 86. suo quisque in genere princeps; de or III 28. contemplari unum quidque coepit; Ver IV 33. ut quisque optime dicit, ita maxime dicendi difficultatem pertimescit; de or I 120. si, ut quidque ex illo loco dicetur, ex oraculo aliquo dici arbitrabitur; Font 25. ut quisque sordidissimus videbitur, ita libentissime . .; Phil I 20. ut ita cuique eveniat, ut de re publica quisque mereatur; Phil I 119. ut quisque optime natus institutusque est, esse omnino nolit in vita, si . .; Ver V 57. si, ut quisque erit coniunctissimus, ita in eum benignitatis plurimum conferetur; of I 50. colendum esse ita quemque maxime, ut quisque maxime erit ornatus; of I 76. — IV, **a.** quid quisque concedat, quid abnuat; fin II 3. quo quisque est sollertior et ingeniosior, hoc docet iracundius; Q Rosc 31. tantum, quantum potest quisque, nitatur; Cato 33. permittite, ut liceat, quanti quisque velit, tanti aestimare; Ver III 221. quid quemque quoque praestare oporteret; of III 70. ſ. III. ut; of I 76. quid a me cuiusque tempus poscat; Planc 79. quod cuique concedatur; Tusc V 55. posse suffragiis vel dare vel detrahere, quod velit cuique; Planc 11. ſ. III. ut; Phil II 119. quem ad modum mihi cum quoque sit configendum; Scaur 18. iacent ea (studia) semper. quae apud quosque improbantur; Tusc I 4. e locis ipsis, qui a quibusque incolebantur; div I 93. — **b.** ut, ubi quidque esset, aliqua ratione invenirent; Ver IV 31. quatenus esset quidque

curandum; Tusc I 7. unde quidque aut quanti emeris; Ver IV 35. quae cuiusque vis et natura sit; fin V 60. quod cuique antecedat; fat 34. quantum in quoque sit ponderis; fin IV 58. ex quo quaeque gignantur; of II 18.

quisquiliae, Ausschuß, Auswurf: I. id Talnam ‖ Thalnam ‖ et Plautum et Spongiam et ceteras huius modi quisquilias s t a t u e r e numquam esse factum; A I 16, 6. — II. omitto iam Numerium, Serranum, Aelium, quisquilias seditionis Clodianae; Sest 94.

quisquis, wer, welcher es sei, was, was immer: I. ago gratias, quoquo a n i m o facis; Phil II 33. Gabinius illud, quoquo consilio fecit, fecit certe suo; Rab Post 21. quoquo modo commoveat auditorem necesse est; inv I 75. ut quoquo modo liberarem te ista cura; ep IX 16, 1. quoquo modo res se habet, non est facillima; Q fr II 2, 1. pridie, quoquo modo potueram, scripseram ipse eas litteras; A VIII 12, 1. quisquis erat eductus senator Syracusanus ab Heraclio; Ver II 63. confido adventum nostrum illi, quoquo tempore fuerit, ἀσμενιστόν fore; A IX 2, a, 2. — II. a c c u s a t o r u m et quadruplatorum quicquid erat; Ver II 135. ut, quicquid caelati argenti fuit in illis bonis, ad istum deferatur, quicquid Corinthiorum vasorum, stragulae vestis; Ver II 46. hoc loco est, Syracusis quicquid est piscium; of III 59. quadruplatorum: f. accusatorum. quicquid est in me studii; imp Pomp 69. vasorum, vestis: f. argenti. quicquid habuit virium; Phil X 16. — III. quicquid accidit specie p r o b a b i l e; Ac II 99. — IV, a. inepte, q u i s q u i s Minervam docet; Ac I 18. de liberis quisquis erat, procuratoris nomine appelletur; Caecin 56. quisquis est ille, si modo est aliquis; Bru 255. — b- q u i c q u i d erit quacumque ex arte, quocumque de genere; de or I 51. bonum appello, quicquid secundum naturam est; fin V 89. in utraque re quicquid in controversiam veniat, in eo quaeri solere . .; de or I 139. quicquid est illud, quod sentit; Tusc I 66. quicquid esset sine his actum, omnes probarent; Ver I 75. quicquid ita concluditur, plerumque fit ut numerose cadat; orat 220. quicquid aget quaeque virtus, id a communitate non abhorrebit; fin V 66. quicquid ei commodaveris, erit id mihi gratum; ep XIII 16, 4. quicquid (illa provincia) ex sese posset efferre; Ver II 5. quicquid belli fortuna reliquum rei publicae fecerit; Marcel 10. vel concedere amicis, quidquid velint, vel impetrare ab iis, quidquid velimus; Lael 38. rescribes, quicquid voles, dum modo *aliquid*; A XIII 7, 1.

quivis, jeder, wer, was es auch sei: I. ex iis rebus, quae personis aut quae negotiis sunt attributae, quaevis a m p l i f i c a t i o n e s et indignationes nasci possunt; inv I 100. quamvis excipere fortunam malui; prov 41. cuiusvis hominis est errare; Phil XII 5. indignationes: f. amplificationes. ut ea (praecepta) quivis vitiossimus orator explicare possit; de or III 103. si qui unum aliquem fundum quavis ratione possideat; Quinct 85. — II. quae quemvis n o s t r u m delectare possent; Ver IV 4. horum trium generum quodvis non perfectum illud quidem *est*; ep I 42. quid interest inter hominem et saxum aut quidvis generis eiusdem? Lael 48. — III. ut Plato, tantus ille vir, nihilq melius quam quivis i m p r o b i s s i m u s vixerit; fin IV 21. quantum non quivis unus ex populo, sed existimator doctus posset cognoscere; Bru 320. — IV, a. q u i v i s liber debet esse; Ver II 58. quivis omni in causa omnes videbit constitutiones; inv II 53. quivis licet, dum modo aliquis; A X 15, 3. docet (Socrates) quemvis bene interroganti respondentem declarare . .; Tusc I 57. item (sunt) alii, qui quidvis perpetiantur, cuivis deserviant; of I 109. ibi esse, quo cuivis pretio licet pervenire; Ver III 184. ut perspicuum

cuivis esse posset . .; Ver pr 6. — b. etsi q u i d v i s praestitit; A XI 23, 3. scio quidvis homini accidere posse; Phil XII 24. ut licere quidvis rhetori intellegas; Tusc III 63. si ista minus confici possunt, effice quidvis; A XII 43, 3 (2). quidvis facere in eius modi rebus quamvis callide; Ver II 134. quidvis me perpessurum; ep II 16, 3. f. a. cuivis; of I 109.

quo, A. wo, wohin, wozu, weshalb: I, 1. quo, quaeso, a c c e s s i s t i, quo non attuleris istum tecum diem? Ver II 52. quo confugient socii? Ver V 126. quo haec erumpit moles? Tusc IV 77. proficiscetur paludatus. quo? prov 37. vivum tu archipiratam servabas — quo? Ver V 67. quo igitur haec spectat oratio? A VIII 2, 4. quo me vocas? leg I 14. Martis vero signum quo mihi pacis auctori? ep VII 23, 2. — 2. cuius generis error ita manat, ut non videam, quo non possit a c c e d e r e; Ac II 93. videte. quo descendam; Font 12. video iam, quo pergat oratio; rep III 44. ut, earum (ferarum) motus et impetus quo pertineant, non intellegamus; fin I 34. nos ne argumentemur, quo ista pecunia pervenerit; Ver I 150. perspicuum est, quo compositiones unguentorum, quo ciborum conditiones, quo corporum lenocinia processerint; nat II 146. nec quo progredi velles, exploratum satis habebat; ep X 12, 1. non erit dubium, quo haec sint referenda; leg I 20. quo se verteret, nesciebat; Ver II 74. — II. inde, quo prohibitus es a c c e d e r e; Caecin 66. oportuno loco, quo saepe adeundum sit navibus; Ver IV 21. adfero: f. I, 1. accedo. venio nunc eo, quo me non cupiditas ducit, sed fides; Sex Rosc 83. ante quam illuc proficiscare, quo te dicis intendere; de or II 179. se hortulos aliquos emere velle, quo invitare amicos posset; of III 58. quo utinam velis passis pervehi liceat! Tusc I 119. estne aliquid, ultra quo crudelitas progredi possit? Ver V 119. ultra quo progrediar, quam ut veri similia videam, non habeo: Tusc I 17. summum bonum, quo omnia referrentur; Ac I 19. quo revertantur, non habebunt; Flac 22. quo quidem etiam maturius venimus; Ac II 9. quo cum venissem; fin III 7. — III. ipse, ne quo i n c i d e r e m, reverti Formias; A VIII 3, 7. ne quo inruas; de or II 301. si quo publice proficisceris; Ver V 45.

B. je, damit dadurch, damit besto, als ob: I, 1. ut omnia faciat, quo propositum a d s e q u a t u r; fin III 22. quo inimicum suum innocentem, Statium Albium, condemnaret; Cluent 9. quo animi illorum iudicium in Crassum incenderentur; Cluent 140. — 2. quo omnes a c r i u s graviusque incumberent ad ulciscendas rei publicae iniurias; Phil VI 2. plaga hoc gravior, quo est missa contentius; Tusc II 57. quo facilius, quae volunt, explicent; of III 33. quo facilius responderre tristius possit, hoc est adhuc tardior ad te molestia liberandum; ep IV 13, 5. gravius: f. acrius. quod fit acrius, quo illa in utroque genere maiora ponuntur; part or 111. quo minus sibi adrogent minusque vos despiciant, cum videant . .; Ver IV 26. quo minus familiaris sum. hoc sum ad investigandum curiosior; ep IV 13, 5. si eo beatior quisque sit, quo sit corporis bonis plenior; fin III 43. quo pluribus profuerint, eo plures ad benigne faciendum adiutores habebunt; of II 53. quod quo studiosius absconditur, eo magis eminet; Sex Rosc 121. — II. neque ego haec eo profero, quo conferenda sint cum hisce; Sex Rosc 51. me hoc neque rogatu facere cuiusquam, neque quo Cn. Pompei gratiam mihi conciliari putem, neque quo mihi adiumenta honoribus quaeram; imp Pomp 70. non quo libenter male audiam, sed quia causam non libenter relinquo; de or II 305. non quo dubia res esset, sed ut . .; har resp 12. non quo aut ingenia deficiant aut doctrina puerilis; Cael 46. non quo umquam de tua voluntate dubitasset, sed, nec quantum facere posses nec quo progredi velles, ex-

ploratum satis habebat; ep X 12, 1. mallem ad illum scripsisses mihi illum satis facere, non quo faceret, sed ut faceret; A II 25, 1. quod scribis, non quo aliunde audieris, sed te ipsum putare me attractum iri, si . .; A X 1, 3.

quoad, fo weit als, fo lange als, bis: I. conficio: f. vivo. cum omnia cogitando, quoad facere potui, persecutus (sum); de or II 29.. domum nostram, quoad poteris, invisas; A IV 6, 4. „quousque?" inquies. quoad erit integrum; erit autem, usque dum ad navem; A XV 23. ut operam des, quoad tibi aequum et rectum videbitur, ut . .; ep XIII 14, 2. quas (tabulas) diligentissime legi, patris, quoad vixit, tuas, quoad ais te confecisse; Ver I 60. — II. quoad certus rex declaratus esset, nec sine rege civitas nec diuturno rege esset uno; rep II 23. ut, quoad eius fieri possit, idonea quam maxime causa ad peccandum hortata videatur; inv II 20. ut id, quoad posset, quoad fas esset, quoad liceret, populi ad partes daret; agr II 19. ego hic cogito commorari, quoad me reficiam; ep VII 26, 2. — III. fui Capuae, quoad consules; A VIII 11, B, 2.

quocirca, baher, beshalb: I, 1. quocirca eodem modo sapiens erit adfectus erga amicum, quo in se ipsum; fin I 68. quocirca nihil esse tam detestabile tamque pestiferum quam voluptatem; Cato 41. quocirca velim existimes . .; Deiot 43. — 2. quocirca ne quis iterum idem consecrato; leg II 45. — II. quocirca si reditum in hunc locum desperaveris, quanti tandem est ista hominum gloria? rep VI 25.

quocumque, wohin nur: quocumque aspexisti, ut furiae sic tuae tibi occurrunt iniuriae; par 18. si animal omne membra, quocumque vult, flectit, contorquet, porrigit, contrahit; div I 20. comites Graeculi, quocumque ibat; Milo 55. idem (ignis), quocumque invasit, cuncta disturbat ac dissipat; nat II 41. qui mirifico artificio, quocumque venerat, haec investigare omnia solebat; Ver I 64.

quod, fofern, hinfichtlich, alfo, nun, baß, weshalb, weil: A. **Adverb:** quod nescio an ne in uno quidem versu possit tantum valere fortuna; nat II 93. quod cum perspicuum sit, benivolentiae vim esse magnam; of II 29. tantum quod ex Arpinati veneram, cum mihi a te litterae redditae sunt; ep VII 23, 1. quod ubi sensi me in possessionem iudicii ac defensionis meae constitisse; de or II 200. f. quodetsi — quodutinam.
B. **Conjunction:** I. huc accedit, quod paulo tectior vestra ista cupiditas esset; Sex Rosc 104. sin me accusas, non quod tuis rationibus non adsentiar, sed quod nullis; Ac II 125. quod haerere in eo (equo) senex posset, admirari solebamus; Deiot 28. quod prima disputatio Tusculana te confirmat, sane gaudeo; A XV 2, 4. tibi, quod abes, gratulor; ep II 5, 1. ut sibi, quod eae res abessent, ignosceretur; Ver IV 140. nec inter nos et eos quisquam interest, nisi quod illi non dubitant, quin . .; Ac II 8. laudatus est, quod cum L. Fulvio rediit in gratiam; prov 20 (21). non tibi obicio, quod hominem spoliasti; Ver IV 37. quod regi amico cavet, non reprehendo; agr II 58. — II. ad officium pertinere aegre ferre, quod sapiens non sis; Tusc III 68. bene facis, quod me adiuvas; fin III 16. optimum vero, quod dictaturae nomen sustulisti; Phil II 91. gratum, quod mihi epistulas; A XV 7. quod ego salutem civium cum honore Cn. Pompei coniunxerim, mihi esse iratos; dom 3. cur moleste feramus, quod M. Bruti accessit exercitus? Phil X 23. est in hoc genere molestum, quod exsistunt cupiditates; of I 26. recte eum (Deiotarum) facere, quod populi Romani libertatem defendere pararet; div II 78. — III. mihi satis est argumenti esse deos, quod esse clara et perspicua divinationis genera iudico; div I 10. quod in conlegio non adfuisses, valetudinem respondeo causam, non maestitiam fuisse; Lael 8. nisi etiam,

quod omnino (praedia) coluit, crimini fuerit; Sex Rosc 49. quod non indicasti, gratias ago; Phil II 34. an Ti. Gracchus tantam laudem est adeptus, quod L. Scipioni auxilio fuit? prov 18. sequitur tertia vituperatio senectutis, quod eam carere dicunt voluptatibus; Cato 39. non parva adficior voluptate, vel quod hoc maxime rei publicae conducit, vel quod habeo auctorem P. Servilium; prov. 1. — IV. aliud molestius, quod (M. Crassus) male audiebat; Tusc V 116. alterum est, quod quidam desciscunt a veritate: Ac II 46. in hoc omnis est error, quod existimant . .; de or II 83. odium ex hoc ostenditur quod hunc ruri esse patiebatur; Sex Rosc 52. inter Siciliam ceterasque provincias hoc interest, quod ceteris impositum vectigal est certum; Ver III 12. haec est illa pernicies, quod alios bonos, alios sapientes existimant; of III 62. neque illud me commovet, quod sibi in Lupercis sodalem esse Caelium dixit; Cael 26. illud vitiosum, Athenis quod fecerunt Contumeliae fanum; leg II 28. f. V hinc. cum Hannibal pro eo, quod eius nomen erat magna apud omnes gloria, invitatus esset, ut . .; de or II 75. an, quod diligenter defenditur, id tibi indignum facinus videtur? Sex Rosc 148. quem qui reprehendit, in eo reprehendit, quod gratum praeter modum dicat esse; Planc 82. alia ob eam rem praeposita dicentur, quod ex se aliquid efficiant; fin III 56. sive a penu ducto nomine sive ab eo, quod (Penates) penitus insident; nat II 68. pecudum greges diliguntur isto modo, quod fructus ex iis capiuntur; nat I 122. ut iam ne istius quidem rei culpam sustineam, quod minus diu fuerim in provincia, quam fortasse fuerit utile; A III 3, 1. nihil est, quod ex tanto comitatu me unum abstraham; Sulla 9. ut non plus habeat sapiens, quod gaudeat, quam quod angatur; fin I 62. quid est, quod de eius civitate dubitetis? Arch 10. quid, quod obrogatur legibus Caesaris? Phil I 23. — V. quem hostem quam vehementer foris esse timendum putem, licet hinc intellegatis, quod etiam illud moleste fero, quod ex urbe parum comitatus exierit; Catil II 4. quas (res) idcirco praetereo, quod ne unum quidem sine fletu commemorare possum; dom 97. quid sit, quod idcirco fugiendum non sit, quod omnino turpe non sit; of III 33. ideo quod illa, quae prima dicuntur, ex iis ducas oportet, quae post dicenda sunt; inv I 19. id, praeterquam quod fieri non potuit, ne fingi quidem potest; div II 28. si quattuor exercitus! ii propterea laudantur, quod pro populi Romani libertate arma ceperunt; Phil X 15. qui potuit divinius utilitates complecti maritimas Romulus quam quod urbem perennis amnis posuit in ripa? rep II 10. quo perniciosius de re publica merentur vitiosi principes, quod vitia infundunt in civitatem; leg III 32. id ita esse sic probant, quod salutaria appetant parvi; fin III 16. — VI. **zum Satz:** 1. **Beziehung:** quod me admones, ut scribam ad Antonium; A XI 12, 4. quod autem magnum dolorem brevem esse dicitis, id non intellego quale sit; fin II 94. quod existimas meam causam coniunctam esse cum tua, certe similis in utroque nostrum error fuit; ep IV 2, 3. quod meum consilium exquiris, id est tale, ut . .; ep IV 2, 2. quod autem mihi gratularis, te ita velle certo scio; ep IV 14, 3. quod me magno animi motu perturbatum putas, sum equidem; A VIII 11, 1. quod quaeris, quid Caesar ad me scripserit, quod saepe; A VIII 11, 5. quod de „reconciliata *gratia*" nostra", non intellego, cur reconciliatam esse dicas; ep V 2, 5. — 2. **Grund:** quis est, qui neget ordinis eius studium fuisse in honore Plancii singulare? neque iniuria, vel quod erat pater is, qui est princeps iam diu publicanorum, vel quod is ab sociis unice diligebatur vel quod diligentissime rogabat vel quis pro filio supplicabat, vel quod huius ipsius in illum ordinem summa officia constabant, vel quod

illi arbitrabantur . .; Planc 24. si tu melius quid-
piam speras, quod et plura audis et interes consiliis;
A XIV 22, 2. tu vero facis ut omnia. quod Servi-
liae non des ‖ dees ‖, id est Bruto; A XV 17, 2.
ex iis quod senatus efficitur; leg III 27. quod auspicari esset oblitus; nat II 11. facile omnes patimur
esse quam plurimos accusatores, quod innocens, si
accusatus sit, absolvi potest; Sex Rosc 56.

quodam modo f. modus, V, 2.

quodetsi, obgleid) nun: quodetsi ingeniis
magnis praediti quidam dicendi copiam sine ratione
consequuntur, ars tamen est dux certior; fin IV 10.

quodnisi, wenn nun nidt: quodnisi tanta res
eius (M. Annei) ageretur, nec ipse adduci potuisset, ut . .; ep XIII 57, 1. quodnisi acta omnia ad
te perferri arbitrarer, ipse perscriberem; ep X 28, 3.
quodnisi (Quintus) fidem mihi fecisset, non fecissem
id, quod dicturus sum; A XVI 5, 2. quodnisi me
Torquati causa teneret, satis erat dierum, ut . .;
A XIII 45, 2.

quodquia, weil nun: quodquia nullo modo
sine amicitia firmam iucunditatem vitae tenere possumus, idcirco . .; fin I 67.

quodquoniam, ba nun: quodquoniam (sapiens)
numquam fallitur in indicando; fin III 59. quodquoniam illud negatis; div II 127.

quodsi, wenn nun: I. quodsi legibus obtemperare debetis et id facere non potestis; inv I 70.
quodsi inest in hominum genere mens, fides, virtus,
concordia; nat II 79. quodsi ab iis inventa et perfecta virtus est; Tusc V 2. quodsi cetera magis
nos saepe et leviora moverunt; har resp 62.
quodsi tibi umquam sum visus in re publica
fortis, certe me in illa causa admiratus esses;
A I 16, 1. quodsi non relinques amicum, tamen, ut
moriatur, optabis; fin II 79. quodsi ex tanto latrocinio iste unus tolletur; Catil I 31. per se igitur
ius est expetendum et colendum; quodsi ius, etiam
iustitia; leg I 48. — II. quodsi concedatur nihil
posse evenire nisi causa antecedente, quid proficiatur,
si . .? fat 34. quodsi solus in discrimen aliquod ad-
ducerer; agr II 6. quodsi me Caesar audisset; ep
XI 10, 4. quodsi hoc Habito facere licuisset; Cluent
134. quodsi Romae fuisses; ep XIII 64.

quodutinam, baß bod): quodutinam minus
vitae cupidi fuissemus! ep XIV 4, 1.

quo minus, baß, baß nidt, ju (f. **parum**,
B, II): I. nullis ut terminis circumscribat ius
suum, quo minus ei liceat vagari, qua velit; de or
I 70. praeter quercum Dodonaeam nihil desideramus, quo minus Epirum ipsam possidere videamur;
A II 4, 5. non ea res me deterruit, quo minus litteras ad te mitterem; ep VI 22, 1. quod lege excipiuntur tabulae publicanorum, quo minus Romam
deportentur; Ver II 187. nemo est, qui nesciat, quo
minus discessio fieret, per adversarios tuos esse
factum; ep I 4, 2. si nihil de me tulisti, quo minus
essem non modo in civium numero, sed etiam in eo
loco, in quo . .; dom 82. quae (formido) tales viros
impediat, quo minus causam velint dicere; Sex Rosc
5. ceteris naturis multa externa, quo minus perficiantur, possunt obsistere; nat II 35. illud non per-
ficies, quo minus tua causa velim; ep III 7, 6. nihil
te curulis aedilitas permovit, quo minus castissimos
ludos omni flagitio pollueres? har resp 27. audebis
ita accusare alterum, ut, quo minus tute condemnere,
recusare non possis? div Caec 31. neque repugnabo,
quo minus omnia legant; de or I 256. — II. (bona)
vendidisset, si tantulum morae fuisset, quo minus
ei pecunia illa numeraretur; Ver II 93. vacationem
augures, quo minus iudiciis operam darent, non
habere; Bru 117.

quomodocumque. wie nur: quoquo modo
"quomodocunque, al. ‖ dicitur, intellegi tamen, quid
dicatur, potest; fin V 30.

quomodonam, wie benn? quomodonam de
nostris versibus Caesar? Q fr II 15, 5.

quonam, wohin benn? I. quonam suas mentes
conferent? Sest 95. — II. summa exspectatio, quonam esset eius cupiditas eruptura; Ver II 74.

quondam, einmal, zuweilen, einstmals, ehemals: I. si te, ut Curionem quondam, contio reliquisset; Bru 192. qua (consuetudine) quondam
solitus sum uti; de or I 135. quod etiam idem vos
quondam facere Nonis solebatis; div I 90. is qui
nos sibi quondam ad pedes stratos ne sublevabat
quidem; A X 4, 3. fuit, fuit ista quondam in hac
re publica virtus, ut . .; Catil I 3. ea, quae quondam accepi in nostrorum hominum eloquentissimorum
disputatione esse versata; de or I 23. Crotoniatae
quondam, cum florerent omnibus copiis, templum
Iunonis egregiis picturis locupletare voluerunt; inv
II 1. — II. Antiochiae, celebri quondam urbe et
copiosa; Arch 4. nobilissima Graeciae civitas, quondam vero etiam doctissima; Tusc V 66. qui (senatus) quondam florens orbi terrarum praesidebat; Phil
II 15. — III. apud quem (focum) sedens ille ‖ i. s.
Samnitium, quondam hostium, tum iam clientium
suorum, dona repudiaverat; rep III 40.

quoniam, weil ja, weil benn, ba ja, ba bod):
I. quoniam ea poena damnationem necessario consequatur; inv II 59. quoniam a te data sit opera,
ut impetraremus; ep XIII 7, 5. veniant et coram,
quoniam me in vestram contionem evocaverunt, disserant! agr III 16. fallo: f. II. quoniamque. quoniam ex senatus consulto provinciam haberet; ep I
9, 25. quoniam te nulla vincula impediunt; Tusc V
82. quoniam apud gratos homines beneficium ponis;
ep XIII 54. quoniam Neptunum a nando appellatum
putas; nat III 62. quoniam vera a falsis nullo discrimine separantur; Ac II 141. quoniam is est exorsus orationis meae; imp Pomp 11. quoniam (homo)
rationis est particeps; nat II 32. — II. atqui.
quoniam pares virtutes sunt; par 22. quoniam autem
sua cuiusque animantis natura est; fin V 25. quoniam
enim natura suis omnibus expleri partibus vult; fin V
47. et quoniam satis multa dixi; Ac II 147. etenim
quoniam detractis de homine sensibus reliqui nihil
est; fin V 16. itaque quoniam quattuor in partes
totam quaestionem divisisti; nat III 20. nam quoniam vacuitate omnis molestiae gaudemus, recte nominata est . .; fin I 37. praesertim quoniam feriati
sumus; rep I 20. quamquam, quoniam multa ad
oratoris similitudinem ab uno artifice sumimus, solet
idem Roscius dicere . .; de or I 254. quae quoniam
te fefellerunt, Eruci, quoniamque vides versa esse
omnia; Sex Rosc 61. quoniam id quidem non potest:
Font 36. quoniam quidem ea, quae nos scribimus,
te etiam delectant; A II 1, 3. sed, quoniam C. Caesar abest longissime; Balb 64. sed quoniam operi
inchoato tamquam fastigium imponimus; of III 33.

quoquam, irgenbwohin: privatim nec proficisci
quoquam potes nec . .; Ver V 45.

quoque, aud): I. 1. est autem eius generis
actio quoque quaedam; fin III 58. ut aliquid suorum studiorum philosophiae quoque impertiat: fin
V 6. ut (domus) urbi quoque esset ornamento; Ver
IV 3. — 2. quod aliis quoque multis locis reperietur; Tusc III 10. similem qui eum fuisse in ceteris
quoque vitae partibus; Cluent 41. hic et propositio
et adsumptio perspicua est; quare neutra quoque
indiget approbatione; inv I 66. ego vero propter
sermonis delectationem tempestivis quoque conviviis
delector; Cato 46. — 3. si te mecum contendere putarem, e ç o quoque in accusando operam consumerem:
Ver pr 33. nobis quoque licet in hoc quodam modo
gloriari; of II 57. te quoque aliquam partem huius
nostri sermonis attingere; rep III 32. quod nostris
quoque corporibus contingit; nat II 16. **proferet**

suas quoque (tabulas) Roscius; Q Rosc 1. hoc quoque vobis remitto; Ver III 219. si vero illud quoque accedet; Ver II 31. habere ipsos quoque aliquid; Muren 71. non erit difficile in unam quamque causam transferre, quod ex eo quoque genere conveniet; inv II 103. quoniam earum quoque artium homines ex eo (mundo) procreantur; nat III 23. istos quoque servos familiares esse sciebat; Cael 58. — 4. eum, quem re vera regem habebamus, appellandum quoque esse regem; div II 110. ea poena si adfici ‚ adficere ‖ reum non oporteat, damnari quoque non oportere; inv II 59. — 5. animi e n i m quoque dolores ‖ dol. q. ‖ (sapiens) percipiet maiores quam corporis; fin II 108. tum quoque homini plus tribui quam nescio cui necessitati; prov 28. — II. atque alii quoque alio ex fonte praeceptores dicendi emanaverunt; inv II 7. ac diligenter illud quoque attendere oportebit; inv II 119. nec vero id satis est, sed illud quoque intellegendum est, neminem esse . . ; fin V 30. ut sentire quoque aliud, non solum dicere videretur; fin IV 57.

quoquo, wohin nur: quoquo te verteris, (amicitia) praesto est; Lael 22.

quoquo versus, nach allen Seiten: circum eam statuam locum ludis liberos eius (Ser. Sulpicii) quoquo versus pedes quinque habere; Phil IX 16.

quorsum, quorsus. wohin? wozu? I. quorsum igitur haec disputo? quorsum? ut intellegere possitis . . ; Quir 5. quorsum haec spectat oratio? de or III 91. quorsus, inquam, istuc? Bru 293. quorsum haec? quia sine sociis nemo quicquam tale conatur; Lael 42. — II. etsi verebar, quorsum id casurum esset; A III 24, 1. ut, quorsum (dominatio) eruptura sit, horreamus; A II 21, 1.

quot, wie viele, so viele als, alle: I. qui tot annos, quot habet, designatus consul fuerit; A IV 8, a, 2. quot orationum genera esse diximus, totidem oratorum reperiuntur; orat 53. quot homines, tot causae; de or II 140. qui ab dis immortalibus tot et tantas res tacitus auderet optare, quot et quantas dis immortales ad Cn. Pompeium detulerunt; imp Pomp 48. peream, si te omnes. quot sunt, conantem loqui ferre poterint ‖ poterunt ‖ ; ep XI 23, 2. ut, quot essent renuntiati, tot in hydriam sortes conicerentur; Ver II 127. — II, 1. quotiens et quot nominibus a Syracusanis statuas auferes? Ver II 145. — 2. ut non auderet iterum dicere. quot m i l i a fundus suus ederet ab urbe; Caecin 28. quot et quam manifestis in rebus teneare, non vides? Ver III 149. dicebant, quot ex sua quisque nave missos sciret esse; Ver V 101. si, bis bina quot essent, didicisset Epicurus; nat II 49. — II. quot genera quamque disparia beluarum! nat II 100. quot ego tuas petitiones effugi! Catil I 15. quot et quanti poëtae exstiterunt! Tusc IV 5. — IV. in quam

(Mesopotamiam Euphrates) quot a n n o s quasi novos agros invehit; nat II 130.

quotannis. jährlich: ut ei sacra fierent quotannis; Ver IV 151. Ceos accepimus ortum Caniculae diligenter quotannis solere servare; div I 130.

quotcumque, wie viele nur: »huic (praetori) potestate pari, quotcumque senatus creverit populusve iusserit, tot sunto«; leg III 8.

quoteni. je wie viele: partes fecit in ripa nescio quotenorum iugerum; A XII 33, 1.

quotidianus, quotidie s. cot —

quotiens, wie oft, wievielmal, so oft wie: I. non me totiens accipere tuas litteras, quotiens a Quinto mihi fratre adferantur ‖ adferuntur ‖ ; ep VII 7, 1. ante quam totiens, quotiens praescribitur, Paeanem aut Nomionem citarimus; de or I 251. quotiens coniugem, quotiens domum, quotiens patriam videret, totiens se beneficium meum videre; A I 14, 3. — II, 1. quotiens et quot nominibus a Syracusanis statuas auferes? Ver II 145. — 2. videre iam videor, quotiens tibi potestatem optionemqne facturus sit, ut . . ; div Caec 45. — III. quotiens tu me designatum, quotiens consulem interficere c o n a t u s e s! Catil I 15. quotiens te pater eius domu sua eiecit, quotiens custodes posuit, ne limen intrares! Phil II 45. frater meus quotiens est ex vestro ferro ac manibus elapsus! dom 59.

quotienscumque, so oft nur: numquam dubitavit, quotienscumque alicuius aut gemma aut anulo d e l e c t a t u s est; Ver IV 57. quotienscumque is, quem pater patratus dederit, receptus non erit, totiens causa nova nascetur; de or II 137. apud eum ego sic Ephesi fui, quotienscumque fui, tamquam domi meae; ep XIII 69, 1. quotienscumque filium tuum video; ep VI 5, 1. quotienscnmque (Pompeius) me videt; ep XIII 41, 1.

quotquot, wie viele nur: si duae leges aut si plures erunt, [aut] quotquot erunt; inv II 145.

quotus, der wievielste: I. sciebam te „quoto anno“ et „quantum in solo“ solere quaerere; A IX 9, 4. quotus erit iste denarius, qui non sit ferendus? Ver III 220. — II. quota enim quaeque res evenit praedicta ab istis (haruspicibus)? div II 52. quotus enim quisque est, qui teneat artem numerorum ac modorum? de or III 196. quotus quisque invenietur tanta virtute vir, qui . . ? Sest 93.

quousque (quo usque), wie lange? quo usque tandem a b u t e r e, Catilina, patientia nostra? Catil I 1. quousque humi defixa tua mens erit? rep VI 17. quousque ludemur? A XV 22. quousque enim Massiliam oppugnabis? Phil VIII 18. quo enim usque tantum bellum privatis consiliis propulsabitur? Phil II 3. ei, qui, *quod* pro uno laboravit, id ipsum non obtinuerit, dici „quo usque?“ inridentis magis est quam reprehendentis; Planc 75. „quousque?“ inquies. quoad erit integrum; A XV 23.

R: ut usque ad alterum R litterae constarent integrae; Ver II 187.

rabide, wild, ungestüm: quem videmus omnia rabide appetentem cum inexplebili cupiditate; Tusc V 16.

rabies, Wut, Wildheit: propter animi acerbitatem quandam et rabiem; Tusc III 63. qui neque eos existimet sine rabie quicquam fortiter facere posse; Tusc IV 53.

rabiose, wütend: nihil ne in ipsa quidem pugna iracunde rabioseve fecerunt; Tusc IV 49.

rabiosulus, ziemlich wütend: primas ‖ primum ‖ illas rabiosulas sat fatuas dedisti; ep VII 16, 1.

rabiosus, wütend: vide, ne fortitudo minime sit rabiosa; Tusc IV 50.

rabula, Schreier, Rabulist: coniunctus Sulpicii aetati P. Antistius fuit, rabula sane probabilis; Bru 226. non causidicum nescio quem neque clamatorem ‖ proclamatorem ‖ aut rabulam hoc sermone nostro conquirimus; de or I 202. omnium oratorum sive rabularum acutissimum iudico nostri ordinis Q. Sertorium; Bru 180. non rabulam de foro quaerimus; orat 47.

radiatus, ſtraßlend: hic radiatus (sol) me intueri videtur; Ac II 126. »haec medium ostendit
radiato stipite malum«; fr H IV, a, 638.

radicitus, mit der Wurzel, ganz: hanc excutere opinionem mihimet volui radicitus; fin II 27.
tollenda est (cupiditas) atque extrahenda radicitus;
fin II 27.

radicula, kleine Wurzel: secundum quietem
visus ei (Alexandro) dicitur draco radiculam ore ferre
et simul dicere, quo illa loci nasceretur; div II 135.

radio, ſtraßlen: A. »conspicies Austri stellas sub
pedibus stratas radiantis Aquari«; fr H IV, a, 416.
»uno mentum radianti sidere lucet«; nat II 107. —
B. »hoc motu radiantis etesiae in vada ponti«;
orat 152.

radius, Zeichenſtab, Halbmeſſer, Strahl: I, 1.
»quantos radios iacimus de lumine nostro«; fr H
IV, a, 559. — 2. ut, quem ad modum stellae in radiis solis, sic istae (accessiones) in virtutum splendore
ne cernantur quidem; fin V 71. ex eadem urbe
humilem homunculum a pulvere et radio excitabo,
Archimedem; Tusc V 64. — II. in infimo orbe luna
radiis solis accensa convertitur; rep VI 17. globosum eat fabricatus, cuius omnis extremitas paribus
a medio radiis attingitur; Tim 17.

radix, Wurzel: I. quid scammoneae radix ad
purgandum possit; div I 16. litterarum radices
amaras, fructus dulces; fr I 18. — II, 1. vera gloria
radices agit atque etiam propagatur; of II 43. (ea)
suas radices habent; quas tamen evellerem profecto,
si liceret; ep X 11, 3. radices palmarum agrestium
iactabant; Ver V 99. cum radicem ore teneret (draco);
div II 141. — 2. cum aspera arteria ostium habeat
adiunctum linguae radicibus; nat II 136. — 3. in
arborum radicibus inesse principatus putatur; nat
II 29. virum ex isdem, quibus nos, radicibus natum,
C. Marium; Sest 50. sunt omnia ista ex errorum
orta radicibus; Tusc IV 57. — III. Pompeius, eo
robore vir, iis radicibus; A VI 6, 4. — IV. virtus
est una altissimis defixa radicibus; Phil IV 13.
videmus ea, quae terra gignit, corticibus et radicibus valida servari; fin V 33.

rado, kraßen, zerkraßen, raſieren: qui capite et
superciliis semper est rasis; Q Rosc 20. »mulieres
genas ne radunto«; leg II 59. supercilia: ſ. caput.

raeda, Reiſewagen: I. sequebatur raeda cum
lenonibus; Phil II 58. — II, 1. Vedius mihi obviam
venit cum duobus essedis et raeda equis iuncta; A
VI 1, 25. — 2. hanc epistulam dictavi sedens in
raeda, cum in castra proficiscerer; A V 17, 1. cum
alter veheretur in raeda paenulatus; Milo 54.

raedarius, Kutſcher: adversi raedarium occidunt; Milo 29.

ramulus, Zweig: in agro ambulanti ramulum
adductum, ut remissus esset, in oculum suum recidisse; div I 123.

ramus, Aſt: I. in quibus (arboribus) non truncus, non rami, non folia sunt denique nisi ad suam
conservandam naturam; de or III 179. — II nos audeamus non solum ramos amputare miseriarum,
sed omnes radicum fibras evellere; Tusc III 13.

rana, Froſch, Froſchfiſch, Seeteufel: ranae marinae dicuntur obruere sese harena solere et moveri
prope squam; nat II 125. ranae enim ὀητορεύουσιν;
A XV 16, a.

ranunculus, kleiner Froſch: Ulubris honoris
mei causa vim maximam ranunculorum se commosse
constabat; ep VII 18, 3.

rapacitas, Raubſucht: quis in rapacitate ava-
rior? Cael 13.

rapax, an ſich reißend, raubgierig: reliqui
in ipso bello rapaces; ep VII 3, 2. nihil est appetentius similium sui nec rapacius quam natura; Lael
50. improbi et rapaces magistratus in provinciis
inserviebant publicanis; Ver III 94.

rapide, reißend ſchnell: rapide dilapsus (Fibrenus); leg II 6. quod cum rapide fertur, sustineri
nullo pacto potest; orat 128.

rapidus, reißend, reißend ſchnell: »rapido cum
gurgite flumen«; nat II 106. nusquam orationem
rapidam coërceas; fin II 3.

rapina, Raub, Plünderung: I. si quae rapinae
fieri coeperint; ep XIV 18, 1. videtis rapinas in
iudicium venire; Tul 42. — II, 1. rapinas scribis ad
Opis fieri; A XIV 14, 5. ſ. I coeperunt. qui op-
tent cotidie caedem, incendia, rapinas: dom 89. —
2. ad rapinas se cum exercitu suo contulit: Sest
88. — III. socii praedae ac rapinarum clamare coeperunt, ut . .; Ver II 47. — IV, 1. ibi te cum tuis
rapinis explevisses; Phil II 50. — 2. quantum e
multis familiis in turba et rapinis coacervari una in
domo potuit; Sex Rosc 133.

rapio, raffen, reißen, hinreißen, fortreißen,
plündern, rauben (rapsit: ſ. II alqd.): I. semper eo
tractus est, quo libido rapuit, quo levitas, quo furor.
quo vinulentia; Phil VI 4. ut Spartae, rapere ubi
pueri et clepere discunt; rep IV 3. vinulentia: ſ.
furor. cum utilitas ad se rapere videtur; of I 9.
— II. qui ob facinus ad supplicium rapiendi videntur; de or II 238. ego iratus temporibus in Graeciam
desperata libertate rapiebar; ep XII 25, 3. cum
Caesar amentia quadam raperetur; ep XVI 12, 2.
»sacrum sacrove commendatum qui clepsit rapsit«e.
parricida esto«; leg I 22. (semen) rapit omnem
fere cibum ad sese eoque saeptum fingit animal:
nat II 128. quae (classis) ducibus Sertorianis ad
Italiam studio atque odio inflammata raperetur; imp
Pomp 21. quae (causa) homines audaces in fraudem
rapere soleat; inv II 36. „mortuus rapitur“; de or
II 283. sacrum: ſ. alqd. cum alii deligatum omnibus membris (signum) rapere ad se funibus (conarentur); Ver IV 95. sibine uterque rapiat (tabulam)
an alter cedat alteri? of III 90. ipsae res verba
rapiunt; fin III 19. cum Sabinas virgines rapi iussit; rep II 12.

raptim, eilig, haſtig: cum iste impius hostis
omnium religionum ageret illam rem ita raptim et
turbulente, uti . .; dom 139. haec scripsi raptim: A
II 9, 1.

rapto, fortreißen, fortſchleppen: raptata coniunx (est); Sest 145. quid vos uxor mea misera
violarat, quam vexavistis, raptavistis, omni crudelitate lacerastis? dom 59.

raptus, Raub: 1. ut ipse (locus) raptum illum
virginis declarare videatur; Ver IV 107. — 2
quis de Ganymedi raptu dubitat? Tusc IV 71.

raritas, Lockerheit, Poroſität, Seltenheit: dicacitatis moderatio et temperantia et raritas dictorum
distinguent || distinguet || oratorem a scurra; de
or II 247. in pulmonibus inest raritas quaedam et
adsimilis spongiis mollitudo; nat II 136.

raro, ſelten: inviti (negotiatores) Romam raroque decedunt; Ver III 96. evenire (id) vulgo soleat an insolenter et raro; inv I 43. si, quod raro
fit, id portentum putandum est; div II 61. alterum
a paucis et raro, alterum et saepe et a plurimis:
nat III 69.

rarus, ſelten, einzeln, zerſtreut: raros esse
quosdam, qui rerum naturam studiose intuerentur:
Tusc V 9. hunc ex maxime raro genere hominum
indicare debemus et paene divino; Lael 64. oportet
animadvertere, ne, cum aliter sint multa iudicata.
solitarium aliquid aut rarum indicatum adferatur:
inv I 83. vides habitari in terra raris et angustis
locis; rep VI 20. plausus exiles et raros excitare:
Sest 115.

ratio, Rechnung, Liſte, Verzeichnis, Rechenſchaft.
Rückſicht, Verhältnis, Beziehung, Plan, Syſtem.
Theorie, Lehre, Methode, Regel, Grundſaß, Weiſe.
Zuſtand, Einſicht, Vernunft, Vernunfttätigkeit, Ver-

nunftſchluß. Folgerung, Beweggrund: I. **abſolut:**
1. cum ad naturam eximiam atque inlustrem accesserit ratio quaedam confirmatioque doctrinae; Arch
15. sequitur tertia, quae per omnes partes sapientiae
manat et funditur, quae rem definit, genera dispertit,
sequentia adiungit, perfecta concludit, vera et falsa
diiudicat, disserendi ratio et scientia; Tusc V 72.
quid loquar, quanta ratio in bestiis ad perpetuam
conservationem earum generis appareat? nat II 128.
fieri omnia fato ratio cogit fateri; div I 125. ecquid te ratio iuris commovet? Caecin 93. concludit:
ſ. adiungit. civilis quaedam ratio est, quae multis
et magnis ex rebus constat; inv I 6. ex accusatione
et ex defensione (iudiciorum ratio) constat; of II 49.
quod vitae ratio cum ratione vitae decerneret; Quinct
92. cui (Alcidamanti) rationes eae defuerunt, ubertas
orationis non defuit; Tusc I 116. definit, diiudicat,
dispertit: ſ. adiungit. neque in eo quicquam a
meis rationibus discrepabunt tuae; ep V 20, 6. qui
(sensus) si omnes veri erunt, ut Epicuri ratio docet;
fin I 64. efficiet ratio, ut mors malum non sit;
Tusc I 23. disputandi ratio et loquendi dialecticorum sit, oratorum autem dicendi et ornandi; orat
113. sequitur, ut eadem sit in iis (dis), quae
humano in genere, ratio; nat II 79. neque mihi
par ratio cum Lucilio est ac tecum fuit; nat III 3.
ut incipiendi ratio fuerit, ita sit desinendi modus;
of I 135. faciam, ut tibi nota sit omnis ratio
dierum atque itinerum meorum; ep III 5, 4. ſ. constat. cuius ratio quamquam floruit cum acumine ingenii, tum admirabili quodam lepore dicendi; Ac
II 16. si eandem vim habet aequitatis ratio; Caecin
58. nec nos impediet illa ignava ratio, quae dicitur;
fat 28. quae ratio poëtas impulit, ut . .; nat II
166. ea ratio sic illi parti imperabit inferiori, ut
iustus parens probis filiis; Tusc II 51. impetret
ratio, quod dies impetratura est; A XII 10. in eo
inerat ratio et bonis artibus instituta et cura et
vigiliis elaborata; Cael 45. tu sumebas nisi in
hominis figura rationem inesse non posse; nat I 98.
qui neget in his ullam inesse rationem eaque casu
fieri dicat; nat II 97. latius manabit haec ratio;
Tusc II 66. ſ. adiungit. omnis ratio dicendi tribus
ad persuadendum rebus est nixa; de or II 115. ex
qua (natura) ratio et intellegentia oriretur; fin IV
12. hanc rationem ad perturbationem iudiciorum
omnium pertinere; inv II 61. denuntiasti apertius,
quam vel ambitionis vel aetatis tuae ratio postulabat;
Planc 52. ex ea (virtute) proficiscuntur honestae
voluntates omnisque recta ratio; Tusc IV 34. ſ. viget.
ratio cum ratione pugnabit; Cael 22. quod ratio
quaedam sanat illos, hos ipsa natura; Tusc III 58.
sequitur: ſ. adiungit. valet ista ratio aestimationis
in Asia; Ver III 192. prima veniat in medium
Epicuri ratio; fin I 13. haec mihi videtur delicatior,
ut ita dicam, molliorque ratio, quam virtutis vis
gravitasque postulat; fin V 12. ratio profecta a
Socrate, repetita ab Arcesila, confirmata a Carneade
usque ad nostram viguit aetatem; nat I 11. —
2. **ratio est**, cum omnis quaestio non in scriptione,
sed in aliqua argumentatione consistit; inv I 18.
ratio est ea, quae continet causam, quae si sublata
sit, nihil in causa controversiae relinquatur; inv I
18. eius causae ratio est, quod illa Agamemnonem
occiderit; inv I 18. sed lex nihil aliud nisi recta et
a numine deorum tracta ratio; Phil XI 28. omnis
opinio ratio est, et quidem bona ratio, si vera, mala
autem, si falsa est opinio; nat III 71. — 3. o perturbatam rationem! agr II 55.

II. **nach Berben:** 1. maiores nostros semper ad
novos casus temporum novorum consiliorum rationes
accommodasse; imp Pomp 60. discripsit pecuniam ad Pompei rationem, quae fuit accommodata
L. Sullae discriptioni; Flac 32. si rationem, cur id
fiat, adferre nequeam; div I 86. distinguendi gratia

M e r g u e t , Handlexikon zu Cicero.

rationem appellemus eam, quae adfertur a reo ad
recusandum depellendi criminis causa; part or 108.
cedo rationem carceris, quae diligentissime conficitur;
Ver V 147. quam rationem vos diligenter cogitare
et penitus perspicere debetis; Cluent 95. cognoscite
novam praedandi rationem ab hoc primum excogitatam; Ver V 60. commutata tota ratio est senatus,
iudiciorum, rei totius publicae; ep I 8, 4. ex quo
beate vivendi ratio inveniri et comparari potest;
fin V 16. idem (Zeno) similitudine, ut saepe solet,
rationem conclusit hoc modo; nat II 22. nisi
(rationes) tecum contulissem confecissemque; ep
V 20, 1. ut apud duas civitates rationes confectas
conlatas deponeremus; ep V 20, 2. ut confectas
rationes lege Iulia apud duas civitates possem
relinquere; A VI 7, 2. ſ. cedo, confero. confirmo:
ſ. I, 1. viget. perseverantia est in ratione bene
considerata stabilis et perpetua permansio; inv II
164. omnis ratio vitae definitione summi boni continetur; Ac II 132. quod iam depositis rationibus ex
provincia decessimus ‖ decessissemus ‖; ep V 20, 8.
quem ad modum esset ei ratio totius belli descripta,
edocui; Catil II 13. quamquam ipsa virtus brevissime recta ratio dici potest; Tusc IV 34. ſ. I, 1.
impedit. si rationem hominibus di dederunt, malitiam dederunt; nat III 75. duxi meam rationem;
A VIII 11, D, 7. elaboro: ſ. I, 1. inest; Cael 45.
utrum videatur diligenter ratio faciendi esse habita
et excogitata, an . .; inv II 44. ſ. cognosco. nec is
ipse habet explicatam aut exploratam rationem
salutis suae; ep VI 1, 2. exponam vobis non quandam aut perreconditam aut valde difficilem aut
magnificam aut gravem rationem consuetudinis meae,
qua quondam solitus sum uti; de or I 135. fundo:
ſ. I, 1. adiungit. ut me rationem habere velis et
salutis et dignitatis meae; ep X 2, 2. cum omnibus Musis rationem habere cogito; A II 5, 2. ais
„habe meam ‖ mei ‖ rationem“. habe tu nostram
„nostram ‖; A VII 9, 4. ſ. excogito, explico. neglecta (ratio) multis implicatur erroribus; Tusc IV 58.
inita ratio est, ut se abdicarent; rep II 61. nec
nostra quaedam est instituenda nova et a nobis inventa ratio; rep I 13. ſ. I, 1. inest; Cael 45.
invenio: ſ. comparo, instituo. et manendi in vita
et migrandi ratio omnis iis rebus metienda; fin III
61. rationem illi defendendi totam esse mutandam;
div Caec 25. neglego: ſ. implico. rationes ita sunt
perscriptae scite et litterate, ut . .; Piso 61. mei
rationem iam officii confido esse omnibus iniquissimis
meis persolutam; Ver V 177. perspicio: ſ. cogito.
perturbo: ſ. I, 3. nec illa infinita ratio superstitionis probabitur; nat III 52. haec una ratio a rege
proposita Postumo est servandae pecuniae; Rab
Post 28. ut rationes cum publicanis putarent; A
IV 11, 1. iuridicialis (pars constitutionis) est, in
qua aequi et recti natura aut praemii aut poenae
ratio quaeritur; inv I 14. quaere rationem, cur ita
videatur; Ac II 81. ecquando te rationem factorum
tuorum redditurum putasti? Ver II 43. nullis ab
illo (Demosthene) rationibus relatis; opt gen 19.
si rationum referendarum ius vetus et mos antiquus
maneret; ep V 20, 1. quoniam lege Iulia relinquere
rationes in provincia necesse erat easdemque totidem
verbis referre ad aerarium; ep V 20, 2. ſ. conficio.
mea ratio in extrinsica nostra constans et gravis
reperietur; ep III 8, 6. qua lege in eo genere a
senatore ratio repeti solet; Cluent 104. ſ. I, 1.
viget. mihi videris ante tempus a me rationem
ordinis et disponendarum rerum requisisse; de or
II 180. qui hanc sectam rationemque vitae secuti
sumus; Cael 40. subducta utilitatis ratione; fin II 78.
non modo disputandi, sed etiam vivendi ratione
sublata; of II 7. ſ. I, 2. inv I 18. cum tradunt
rationem neglegendae mortis, perpetiendi doloris;
of III 118. vicit rationem amentia; Cluent 15.

77

humano generi motum istum celerem cogitationis, acumen, sollertiam, quam rationem vocamus, non dari; nat III 69. — 2. ut oblivisceretur prope || patroni || omnium fortunarum ac rationum suarum; ep III 10, 5. meae totius in dicendo rationis tres sunt res || rationes || ; de or II 128. horum sunt auguria non divini impetus, sed rationis humanae; div I 111. — 3. efficiendum est, ut appetitus rationi oboediant; of I 102. necesse est istius modi rationi aliquo consilio obsistere; Ver pr 33. praestantissimum est appetitum obtemperare rationi; of I 141. duas partes ei (rationi Plato) parere voluit, iram et cupiditatem; Tusc I 20. — 4. num censes subtiliore ratione opus esse ad haec refellenda? nat III 61. adulescentes bonos comitiorum ratione privavi; Piso 4. utile est uti motu animi, qui uti ratione non potest; Tusc IV 55. §. 1. expono. — 5. quorum mens abhorret a ratione; Tusc IV 35. (animus) concitatus et abstractus ab integra certaque ratione; Tusc IV 38. quod suos dies mensesque congruere volunt cum solis lunaeque ratione; Ver II 129. decerno cum: §. 1, 1. decernit. qui ab antiquorum ratione desciscis; Ac I 43. si qui tantulum de recta ratione deflexerit; Ver V 176. discrepo a: §. I, 1. discrepant. praetorem aliquem esse factum, qui a suis rationibus dissensisset; Vatin 38. cum idem in || idem || usu dicendi sequerentur, paululum in praecipiendi ratione dissenserunt; Ver I 57. qui spem salutis in alia ratione non habuerit; Cluent 64. vehementius invectus es in eam Stoicorum rationem; nat III 94. ut iam de tua quoque ratione, meditere; ep I 8, 4. una pars in appetitu posita est, altera in ratione; of I 101. reperiemus id ex honestissimis causis natum atque ab || [natum] atque || optimis rationibus profectum; inv I 2. pugno cum: §. I, 1. pugnat. ut illa de urbis situ revoces ad rationem; rep II 22. qui ad te ipsum de ratione Latine loquendi accuratissime scripserit; Bru 253. in hac tam dispari ratione belli miserrimum illud est; Phil VIII 9. neque esse mens divina sine ratione potest; leg II 10. Aebutius versabatur in his rationibus auctionis et partitionis; Caecin 13. tota vita in eius modi ratione versata aperiebatur; Cluent 101.

III. **nach Adjectiven und Adverb:** 1. nec solum animantes (esse deos), sed etiam rationis compotes; nat II 78. sunt (ferae) rationis et orationis expertes; of I 50. quoniam (homo) rationis est particeps; nat II 32. — 2. non est alienum meis rationibus istum mihi ad illud populi Romani iudicium reservari; Ver V 179. huic rationi quod erat consentaneum; Ac I 45. motus contrarios inimicosque rationi; Tusc IV 10. quid (Epicurus) convenienter possit rationi et sententiae suae dicere; fin II 84. — 3. animorum motus, aversi a ratione; Tusc IV 34. huic (parti animi) omnia visa obicinatur a mente ac ratione vacua; div I 60.

IV. **nach Substantiven:** 1. neminem umquam alterius rationis ac partis offendit; Balb 58. perturbationem, quae est aspernatio rationis aut appetitus vehementior; Tusc IV 59. quod efficitur hac etiam conclusione rationis; fin III 59. cum philosophia ex rationum conlatione constet; Tusc IV 84. huius rationis non modo non inventorem, sed ne probatorem quidem esse me; Caecin 85. ita sunt in plerisque contrariarum rationum paria momenta; Ac II 124. M. Catoni vitam ad certam rationis normam dirigenti || dir. || respondebo; Muren 3. tum eveniet, ut illa tertia pars rationis et mentis eluceat; div I 61. rationis perfectio est virtus; fin IV 35. probator: §. inventor. est prima homini cum deo rationis societas; leg I 23. in qua (mente) sit mirabilis quaedam vis rationis et cognitionis et scientiae; fin V 34. — 2. leguntur eadem ratione ad senatum Allobrogum populumque litterae; Catil III 10. —

3. quia esset inter eos de omni vivendi ratione dissensio; leg I 55. cuius (Antiochi) libri sunt de ratione loquendi multi et multum probati; Ac II 143. nocenti reo magnitudinem pecuniae plus habuisse momenti ad suspicionem criminis quam ad rationem salutis; Ver pr 52. ad hanc rationem quoniam maximam vim natura habet, fortuna proximam; of I 120.

V. **Umstand:** 1. qui rem bonis et honestis rationibus auxisset; Rab Post 38. pecuniam permagnam ratione ista cogi potuisse confiteor; Font 20. quam (amicitiam) nec usu nec ratione habent cognitam; Lael 52. quorum alterum intellegentia et ratione comprehenditur; Tim 3. ut argumentum ratione concludat; orat 137. quae (natura) per omnem mundum omnia mente et ratione conficiens funditur; nat II 115. qui iam cum isto re ac ratione coniunctus esset; Ver II 172. utinam posset aliqua ratione hoc crimen defendere! Ver III 224. possunt haec quadam ratione dici; fin I 62. haec coniunctio confusioque virtutum tamen a philosophis ratione quadam distinguitur; fin V 67. quae (caedes) tum factae sunt ista eadem ratione; Sex Rosc 94. animo ac ratione intellegi posse voluptatem esse expetendam; fin I 31. quae consilio aliquo aut ratione inveniri potuerunt; Ver II 181. cum ratione animus movetur placide atque constanter, tum illud gaudium dicitur; Tusc IV 13. si certorum hominum mentes nulla ratione placare possumus; Balb 62. ea ne accidere possunt, consilio meo ac ratione provisa sunt; agr II 102. neque omnis aegritudo una ratione sedatur; Tusc IV 59. est omni ratione tectior; Phil XIII 6. si ratione et sapientia nihil est melius; nat II 18. consentaneum est his. quae dicta sunt, illorum ratione, qui illum bonorum finem crescere putent posse . . ; fin III 48. hac quidem ratione omnis natura artificiosa est; nat II 57. — 2. qui appetitus non satis a ratione retinentur; of I 102. cum (Cato) ita sit ad nostrorum temporum rationem vetus, ut . . ; Bru 69. §. II, 1. accommodo. voluntas est, quae quid cum ratione desiderat; Tusc IV 12. si ex senatus aestimatione, non ex annonae ratione solvisses; Ver III 195. in hac ipsa ratione dicendi excogitare, ornare, disponere, meminisse, agere ignota videbantur; de or I 187. qui per fiduciae rationem fraudavit quempiam; Caecin 7. ei propter rationem Gallici belli provinciam extra ordinem decernebant; prov 19. naturam esse censent vim quandam sine ratione cientem motus in corporibus necessarios; nat II 81.

ratiocinatio, Überlegung, Bernunftschluß, Schlußfolgerung: I. ratiocinatio est oratio ex ipsa re probabile aliquid eliciens, quod expositum et per se cognitum sua se vi et ratione confirmet; inv I 57. ratiocinatio est diligens et considerata faciendi aliquid aut non faciendi excogitatio. ea dicitur interfuisse tum, cum aliquid certa de causa vitasse aut secutus esse animus videtur, ut, si amicitiae quid causa factum dicitur, si inimici ulciscendi, si metus, si gloriae, si pecuniae, si denique . . ; inv II 18. — II, 1. nobis videtur omnis ratiocinatio concludenda esse; inv I 72. — 2. ex ratiocinatione nascitur controversia, cum ex eo, quod uspiam est, ad id, quod nusquam scriptum est, venitur; inv II 148. — III. ex scripto non scriptum aliquid inducere per ratiocinationem; inv II 142. ex ceteris legibus per ratiocinationem veniendum est ad eius modi rationem, ut . . ; inv II 149.

ratiocinativus, folgernd: quartum (genus) ratiocinativum, quintum definitivum nominamus; inv I 17.

ratiocinator, Rechnungsführer, Berechner: I. ut boni ratiocinatores officiorum esse possimus; of I 59. — II. Hilarum dico, ratiocinatorem et clientem tuum; A I 12, 2.

ratiocinor, rechnen, berechnen, überlegen, schließen: I, 1. ut bono patri familias colendi, aedificandi, ratiocinandi quidam usus opus est; rep V 4. — 2. si recte ratiocinabimur; Phil II 55. parumne ratiocinari videtur? nat III 66. — II, 1. de pecunia ratiocinari sordidum esse, cum de gratia referenda deliberetur; inv II 115. — 2. ratiocinari (oportebit), quid in similibus rebus fieri soleat; inv II 61. ratiocinando, quid cuiusque iuris, officii, potestatis sit, quaeri oportebit; inv II 94.

ratis, Floß, Fahrzeug: I, 1. ne ratibus coniunctis freto fugitivi ad Messanam transire possent; Ver V 5. — 2. tamquam in rate in mari immenso nostra vehitur ratio; Tusc I 73. — II. ratibus exitus portus teneri; A IX 12, 1. transire: f. I, 1.

ratiuncula, Grund, Schluß: I. leves ratiunculas eorum (esse), qui ita cogitarent; Tusc IV 43. — II. concludunt ratiunculas Stoici, cur (dolor) non sit malum; Tusc II 29.

ratus, fest. gültig, bestimmt, bestätigt, rechtskräftig: ut Faustae, cui cautum ille esse voluisset, ratum esset; A V 8, 2. rata auctoritas harum rerum omnium ab iure civili sumitur; Caecin 74. populi comitia ne essent rata, nisi ea patrum, approbavisset auctoritas; rep II 56. quae conclusiones idcirco ratae sunt, quod . . ; Top 56. cum cernerent eorum (astrorum) in omni aeternitate ratos immutabilesque cursus; nat II 95. ne ratum haberetur ∥ ratum habere ∥ iudicium, si totum corruptum [sit]; part or 125. possuntne hae leges esse ratae sine interitu legum reliquarum? Phil V 8. cum tam certos caeli motus, tam ratos astrorum ordines viderit; nat II 97. (sonus) intervallis disiunctus imparibus, sed tamen pro rata parte ratione distinctis; rep VI 18. quod nullo rato tempore videmus effici; div II 44. testamentorum ruptorum aut ratorum iura; de or I 173. cuius tribunatus si ratus est, nihil est, quod inritum ex actis Caesaris possit esse; prov 45.

raucus, heiser, dumpf: nos raucos saepe attentissime audiri video; de or I 259. nisi ipse rumor iam raucus erit factus; ep IX 2, 5.

raudusculum, kleiner Betrag, kleine Schuld: I. nec mehercule me raudusculum movet; A XIV 14, 5. — II. de raudusculo quod scribis; A IV 8, 1. — III. de raudusculo Puteolano gratum; A VI 8, 5. de raudusculo Numeriano multum te amo; A VII 2, 7.

ravus, grau: quia (mare) nobismet ipsis modo caeruleum videbatur, mane ravum; Ac II 105.

rea, Angeklagte: tota denique rea citaretur Etruria; Milo 50. ut socrus adulescentis rea ne fiat; ep XIII 54.

reapse, in der Tat, wirklich: obiciuntur etiam saepe formae, quae reapse nullae sunt, speciem autem offerunt; div I 81. quaero, quid reapse sit turpius quam sine procuratione senator legatus; leg III 18. perinde, ut est reapse; ep IX 15, 1.

rebellio, Kriegserneuerung: Poeni multis Karthaginiensium rebellionibus nihil se degenerasse docuerunt; Scaur 42.

recalesco, warm werden: cum (nostra corpora) motu atque exercitatione recalescunt; nat II 16.

recedo. zurücktreten, sich zurückziehen, sich entfernen, abweichen, verlassen: I. sin a consuetudine recedatur; Caecin 2. — II. qui non ab sententia, sed ab litteris legis recesserit; inv II 141. si a sententiis eius dictis, si ab omni voluntate consiliisque recedam; A XII 4, 2. campus: f. undae. temporis iniquitas atque invidia recessit; Cluent 80. ne animi motus a natura recedant; of I 131. cum res ab eo, quicum contraxisset, recessisset; Quinct 38. quia (hae stellae) tum adeunt, tum recedunt; nat II 51. si campus atque illae undae comitiorum sic

effervescunt quodam quasi aestu, ut ad alios accedant, ab aliis autem recedant; Planc 15.

recens, frisch, neu, unmittelbar, soeben, jung, kräftig: A. Ovius enim recens; A XVI 1, 5. Regini quidam, Roma sane recentes; A XVI 7, 1. exspecto recens aliquid; A XIII 17. hinc recentior Academia manavit; de or III 68. recenti adventu meo nulla re saluti tuae defui; ep V 17, 2. qui tibi erat magis obstrictus beneficio recenti; dom 118. in altera (epistula), quae mihi recentior videbatur, dies non erat; ep III 11, 1. recentissima tua est epistula Kal. data; A VIII 15, 3. recens exemplum fortissimi viri profero; Ver I 56. lege hac recenti ac nova certus erat inquisitioni comitum numerus constitutus; Flac 13. cum praeteriti doloris memoria recens est; fin II 95. cum tanta multitudo civium tam recenti officio suo me ad referendam gratiam nominatim vocaret; dom 7. est aegritudo opinio recens mali praesentis; Tusc IV 14. sin illa res prima valuit, num inveterata quam recens debuit esse gravior? Sulla 81. Segulium neglegamus, qui res novas quaerit, non quo veterem comederit, sed hanc ipsam recentem novam devoravit; ep XI 21, 2. quae (vestigia) tu in tabulis publicis expressa ac recentia reliquisti; Ver II 105. — B, a. attulisti aliud humanius horum recentiorum; fin II 82. — b. cur aut vetera aut aliena proferam potius quam et nostra et recentia? leg III 20.

recensio, Musterung: ut memoriam publicam recensionis tabulis publicis impressam exstingueret; Milo 73.

receptaculum, Stapelplatz, Sammelplatz, Zufluchtsort: I. illi Capuam receptaculum aratorum esse voluerunt; agr II 89. cui templum illud fuit receptaculum veterum Catilinae militum; Piso 11. corpus quasi vas est aut aliquod animi receptaculum; Tusc I 52. — II. ille classis praedonum receptacula sustulit; Flac 29.

receptor, Hehler: sustinuisset hoc crimen primum ipse ille latronum occultator et receptor locus; Milo 50.

receptrix, Hehlerin: 1. te Messana circumvenit, tuorum adiutrix scelerum, praedarum ac furtorum receptrix; Ver IV 17. — 2. fuisse Messanam omnium istius furtorum ac praedarum receptricem; Ver IV 150.

receptus, Rückzug: I. neque ea signa audiamus, quae receptui canunt; rep I 3. — II. receptui signum audire non possumus; Phil XIII 15.

recessus, Zurückgehen, Zurückweichen, Entfernung, Zurückgezogenheit, Ruhepunkt, Schlupfwinkel: I. cum in animis hominum tantae latebrae sint et tanti recessus; Marcel 22. mihi solitudo et recessus provincia est; A XII 26, 2. — II. ut metus recessum quendam animi et fugam (efficiat); Tusc IV 15. eorum (aestuum) certis temporibus vel accessus vel recessus sine deo fieri non possunt? nat IV 24. habeat illa in dicen'o admiratio umbram aliquam et recessum; de or III 101. me recessum et solitudinem quaerere; A X 4, 10. cum conversiones commutationesque tantae fiant accessu stellarum et recessu; div II 89.

recido, zurückfallen, zurückschnellen, zurückkommen, herabsinken, geraten, kommen: nemo est, qui, si in nostrum annum recIderit, firmior candidatus fore videatur; A I 1, 2. videsne, ut ordine verborum paululum commutato ad nihilum omnia recidant? orat 233. quia et recidunt omnia in terras et oriuntur e terris; nat II 66. id ego puto ad nihil recasurum; A IV 18, 4 (16, 12). cum ad eum (Romulum) dominatus ∥ potentatus ∥ omnis reccidisset; rep I 14. huius amentiae poena in ipsam familiamque eius recidat! Phil IV 10. in agro ambulanti ramulum adductum, ut remissus esset, in oculum suum recidisse; div I 123. ut

omnem suspicionem in vosmet ipsos recidere intellegas; Sex Rosc 79.

recido, vermindern, einſchränken: nationes eas ita ab eodem esse recisas, ut . .; prov 31.

recipio, annehmen, wieder einnehmen, aufnehmen, empfangen, zulaſſen, übernehmen, ſich verpflichten, verſprechen, zurückziehen, herabſtimmen: I. tecto recipiet nemo; Ver II 26. A. Fufium velim ita tractes, ut mihi coram recepisti; ep XIII 3. ut ego ei (Philotimo) coram dixeram, mihique ille receperat; A V 8, 3. — II, 1. quoniam de aestate polliceris vel potius recipis; A XIII 1, 2. ſ. III. alqd; ep I 9, 9. — 2. meminero me recepisse, quos defenderem; Ver II 179. — 3. promitto in meque recipio fore eum tibi voluptati; ep XIII 10, 3. tu mihi omnia te facturum liberalissime recepisti; ep XIII 72, 1. quibus ille (Appuleius) receperat se molestum non futurum; A XII 13, 2. ſ. III. alqd; ep XIII 50, 2. — III. videaturne ei, quem pater patratus dediderit, si is non sit receptus, postliminium esse; de or II 137. recipe te ad nos; ep VII 11, 2. non recipi Antonium a Lepido; ep XI 14, 3. quem in fidem atque amicitiam meam reciperem; ep XIII 16, 2. ut Lysonem in fidem necessitudinemque tuam recipias; ep XIII 19, 2. quid sibi is (frater) de me recepisset; ep I 9, 9. omnes hoc tibi tui pro me recipient, maximum te fructum esse capturum; ep XIII 50, 2. ut memineris te omnia mihi cumulate recepisse; ep XIII 72, 2. mihi Laenas totum receperat; A XII 14, 1. cum eius (Phameae) causam recepissem; A XIII 49, 1. quae natura agri tantum modo efficere possit, ut mortuorum corpora sine detrimento vivorum recipiat; leg II 67. num ferrum non recepit? Sest 80. quoniam avidum hominem ad has discendi epulas recepi; Top 25. Romulus docuit etiam hostibus recipiendis angeri hanc civitatem oportere; Balb 31. oratori populi aures tamquam tibiae suut; eae si inflatum non recipiunt . .; Bru 192. sexagesimo anno post libertatem receptam; fin II 66. ne absentis nomen recipiatur; Ver II 147. si qua pecunia post nos consules ex novis vectigalibus recipiatur; agr II 62. in quo est illa quidem magna offensio vel neglegentiae susceptis rebus vel perfidiae receptis; de or II 101. numquam (Tarentum) recepissem, nisi tu perdidisses; de or II 273. qui vocem cubantes sensim excitant eandemque sedentes ab acutissimo sono usque ad gravissimum sonum recipiunt; de or I 251. — IV. ne quis eorum a nobis civis recipiatur; Balb 32. quamquam hi tibi tres libri inter Cratippi commentarios tamquam hospites erunt recipiendi; of III 121.

reciproco, umkehren, zurückwenden: siquidem ista sic reciprocantur, ut . .; div I 10. quid Chalcidico Euripo in motu identidem reciprocando putas fieri posse constantius? nat III 24.

recitatio, Vorleſen: consilium tuum de Catonis honore illarum litterarum recitatione patefactum est; dom 22.

recitator, Vorleſer: I. neque vos scripti sui recitatores, sed voluntatis interpretes fore putavit; inv II 139. — II. duobus recitatoribus constitutis; Cluent 140.

recito, vortragen, vorleſen, verleſen, herſagen: I. recita ex tabulis; Ver IV 12. — II, 1. recitemus, quid sequatur; har resp 36. — 2. repente recitatur uno nomine HS CCC data esse; Ver II 47. — III. scribam, quicquid voluisset, cum id mihi ne recitavisset quidem, rettulisse; ep V 20, 4. cum praeclarum caput recitaretur; sen 8. recita et decretum de tributis et publicum testimonium; Ver II 100. hic tu epistulam meam saepe recitas; Sulla 67. quae tuae recitatae litterae sunt in senatu; ep X 6, 1. ne ego istas litteras in contione recitari velim; A VIII 9, 2. lex recitata est; leg

III 11. responsum haruspicum hoc recens de fremitu in contione recitavit; har resp 9. qui scriptum suum recitarent; inv II 139. cum tamquam senatum philosophorum recitares; nat I 94. recitatae sunt tabellae in eandem fere sententiam; Catil III 10. testimonium: ſ. decretum. — IV. testamento si recitatus heres esset pupillus Cornelius; Caecin 54. me L. Cotta dixit se meo loco senatorem recitaturum fuisse; dom 84.

recitatio, Zuruf: reclamatione vestra factum pulcherrimum Martialium comprobavistis; Phil IV 5.

reclamito, widerſprechen: reclamitat istiusmodi suspicionibus ipsa natura; Sex Rosc 63.

reclamo, zurufen, widerſprechen: I, 1. eius (Lupi) orationi vehementer ab omnibus reclamatum est; ep I 2, 2. — 2. cum ego sensissem de iis, qui exercitus haberent, sententiam ferri oportere, idem illi, qui solent, reclamarunt; ep XI 21, 2. cum eius promissis legiones fortissimae reclamassent; Phil V 22. in iis si paulum modo offensum est, theatra tota reclamant; de or III 196. — II. una voce omnes indices, ne is iuraret, reclamasse; Balb 12.

reclino, zurückbeugen: »Cepheus caput atque umeros palmasque reclinat«; fr H IV, a, 665.

recogito, erwägen: tu mihi videris in Sardinia de nominibus Pomponianis in otio recogitasse; Q fr II 2, 1.

recognosco, wiedererkennen, ſich erinnern. durchſehen, kennen lernen: I. quae (adulescentia) qualis fuerit, ex eo, quem sui simillimum produxit, recognoscere potestis; Ver I 32. — II. cum te penitus recognovi; Deiot 4. se non tum illa discere, sed reminiscendo recognoscere; Tusc I 57. tacitus facta mecum sua recognoscit; Ver IV 104. quoniam non recognoscimus nunc leges populi Romani, sed aut repetimus ereptas aut novas scribimus; leg III 37. recognosce mecum noctem illam superiorem; Catil I 8. vitam ab initio usque ad hoc tempus explicatam cum crimine recognoscite; Sulla 74.

recolo, erneuern, überdenken: quae si tecum ipse recolueris; Phil XIII 45. ad eas artes, quibus a pueris dediti fuimus, celebrandas iter nostrum recolendas; de or I 2. (dignitatem meam esse) eo magis recolendam, quod . .; fr E XII. ad eorum erga me merita praedicanda atque recolenda; sen 30.

reconciliatio, Wiederherſtellung, Verſöhnung: reconciliationem esse gratiae factam; har resp 51. inridebatur haec illius reconciliatio; Cluent 101. cum reconciliationes ‖ reconciliatione, al. ‖ gratiarum sanguine meo sancirentur; Quir 13.

reconcinno, verſöhnen, wiedergewinnen, wieder herſtellen: Q. filius animum patris sui sorori tuae reconciliavit; A VI 7, 1. ut caverem, ne cui suspicionem ficte reconciliatae gratiae darem; ep III 12, 4. inimici in gratiam reconciliabantur; dom 129. tibi sum auctor, ut, si quibus rebus possis, eum tibi ordinem aut reconcilies aut mitiges; ep I 9, 26. videbatur reconciliata nobis voluntas esse senatus; ep I 2, 1.

reconcinno, ausbeſſern: tribus locis aedifico, reliqua reconcinno; Q fr II 4, 3.

recondo, wieder einſtecken, verwahren, verbergen, verſtecken: si quid erit occultius et, ut scribis „reconditum"; ep XI 21, 5. angulum mihi aliquem eligas provinciae reconditum ac derelictum? Ver III 193. quae (studia) reconditis in artibus versentur; de or I 8. gladium cruentum in vaginam recondidit; inv II 14. qui interiores scrutantur et reconditas litteras; nat III 42. natura tristi ac recondita fuit; Quinct 59. neque tabulis et signis propalam conlocatis, sed iis omnibus multis magnificisque rebus constructis ac reconditis; de or I 161. exercitationem mentis a reconditis abstrusisque rebus ad causas forenses popularesque facile traduxerat;

Bru 44. alia (visa mens) quasi recondit, e quibus memoria oritur; Ac II 30.

reconligo, wieber verföhnen: etiamsi cuius animus in te esset offensior, a me reconligi oportere; A I 5, 5.

recoquo, durch Rochen verjüngen: quo me proficiscentem haud sane quis facile retraxerit nec tamquam Peliam recoxerit; Cato 83.

recordatio, Erinnerung: I. dum recordationes fugio, quae quasi morsu quodam dolorem efficiunt; A XII 18, 1. quorum memoria et recordatio iucunda sane fuit, cum in eam nuper incidissemus; Bru 9. et praeteritorum recordatio est acerba et acerbior exspectatio reliquorum; Bru 266. incundiorem faciet libertatem servitutis recordatio; Phil III 36. habet praeteriti doloris secura recordatio delectationem; ep V 12, 4. acerba sane recordatio veterem animi curam renovavit; de or III 1. — II, 1. das mihi iucundas recordationes conscientiae nostrae rerumque earum, quas . .; ep V 13, 4. mihi repetenda est veteris cuiusdam memoriae non sane satis explicata recordatio; de or I 4. fugio: f. I. efficiunt. repeto: f. explico. — 2. recordatione nostrae amicitiae sic fruor, ut beate vixisse videar; Lael 15. — 3. habet profecto quiddam Sardinia appositum ad recordationem praeteritae memoriae; Q fr II 2, 1. incido in: f. I. est. — III. ut (C. Marius) tropaeorum recordatione levaret dolorem suum; fin II 105. qui patris clarissimi recordatione et memoria fletum populo moveret; de or I 228. ne recordatione mei casus a consiliis fortibus refugiatis; Sest 51.

recordor, sich erinnern, eingedenf sein: I, 1. ita nihil est aliud discere nisi recordari; Tusc I 58. — 2. ut recordor, tibi meam (epistulam) misi; A XIII 6, 3. — II, 1. recordare de ceteris, quos adesse huic vides; Sulla 5. — 2. in ipso Cn. Pompeio quam multa sint nova constituta, recordamini; imp Pomp 61. cum, illa unde habeant, recordantur; Tusc V 102. — 3. recordor longe omnibus unum anteferre Demosthenem; orat 23. — 4. fuisse hunc tum hominum sermonem recordari potestis; Cluent 85. — III, 1. cum aliquo dolore flagitiorum suorum recordabitur; Piso 12. — 2. recordare consensum illum theatri; Phil I 30. ego, qui omnia officio metior, recordor tamen tua consilia; A VIII 12, 4. cum (Pulchellus) opes eorum et || et vim || exercitus recordatur; A II 22, 1. ut urbium expugnationes, ut pedestres navalesve pugnas recordentur; Cato 13. cum omnes gradus aetatis recordor tuae; de or III 82. cum tuam virtutem animique magnitudinem diligentius essem mecum recordatus; ep V 17, 1. numquam illos aspicio, quin huius meritum in me recorder; Planc 69. opes: f. exercitus. pugnas: f expugnationes. recordare tempus illud, cum Pater Curio maerens iacebat in lecto; Phil II 45. virtutem: f. magnitudinem.

recreo, erquicfen, fräftigen, wiederherftellen: qui meis institutis se recreatos putant; ep XV 4, 15. quod me ab hoc maerore recreari vis; A XII 14, 3. ego recreavi adflictos animos bonorum; A I 16, 8. cansa ea est, ut iam simul cum re publica necessario revivescat atque recreetur; ep VI 10, 5. quos (tyrannos) si boni oppresserunt, ut saepe fit, recreatur civitas; rep I 68. ubi illa antiqua libertas, quae aliquando recreata se erigere debebat? Planc 33. vester conspectus et consessus iste reficit et recreat mentem meam; Planc 2. quibus (consiliis) illam tu provinciam adflictam et perditam recreasti; Ver III 212. urbes complures dirutas ac paene desertas per te esse recreatas; Q fr I 1, 25.

recrudesco, wieder aufbrechen: hoc tam gravi vulnere etiam illa, quae consanuisse videbantur, recrudescunt; ep IV 6, 2.

recta, geradesweg8: I. recta perge in exsilium; Catil I 23. erat mihi in animo recta proficisci ad

exercitum; A V 14, 2. (Balbus) recta a porta domum meam † venisse || venit|; ep IX, 19, 1. — II. sibi recta iter esse Romam; Vec V 160. — III. Marius ab subselliis in rostra recta; of III 80. iam te videbo et quidem, ut spero, de via recta ad me; A XII 2, 2. statueram recta Appia Romam; A XVI 10, 1.

recte, gerade, lotrecht, recht, richtig, folgerichtig, ficher: recte admones; Ver IV 5. quae quidem recte lex appellari possit; leg II 11. aures recte in altis corporum partibus conlocatae sunt; nat II 141. quem (Aristotelem) excepto Platone haud scio an recte dixerim principem philosophorum; fin V 7. una erit virtus, quae malitia rectissime dicetur; leg I 49. illo addito „iuste" fit recte factum; fin III 59. hominem frugi omnia recte facere; Tusc IV 36. sive aliae (atomi) declinabunt, aliae suo nutu recte ferentur, primum erit hoc quasi provincias atomis dare, quae recte, quae oblique ferantur; fin I 20, rectene interpretor sententiam tuam? Tusc III 37. si recte et ordine iudicaris; Sex Rosc 138. de quo recte et verissime loquitur Atreus; nat III 68. doloris omnis privatio recte nominata est voluptas; fin I 37. virtutibus rectissime mihi videris vitia posuisse contraria; fin III 40. binas centesimas ab sese ablatas ferendum non putant, et recte non putant; Ver III 168. cur fiat quidque, quaeris. recte omnino; div I 86. litteras Bruti recte et ordine scriptas videri; Phil X 5. nares recte sursum sunt; nat II 141. apud Herum recte erat; Q fr III 1, 1. te recte valere; ep XI 24, 1. etiam in tormentis recte, honeste, laudabiliter vivi potest; Tusc V 12. recte tu quidem, Scaevola, et vere; Lael 8.

rectio, Regierung, Leitung: I. ea quoque (pars) est ab isdem non solum ad privatae vitae rationem, sed etiam ad rerum publicarum rectionem relata; fin V 11 — II. omnium rerum publicarum rectionis genera, status, mutationes perscripsimus; fin IV 61.

rector, Lenfer, Leiter: I, 1 an Achivorum exercitus et tot navium rectores non ita profecti sunt ab Ilio, ut . .? div I 24. — 2. sic appelletur, quicumque erit rector et gubernator civitatis; rep II 51. — II. qui, quibus rebus utilitas rei publicae pareretur augeretur que, teneret iisque uteretur, hunc rei publicae rectorem et consilii publici auctorem esse habendum; de or I 211. ubi est, quod et vestrae litterae illum laudant patriae rectorem? rep V 8. — III. cum cognitum habeas, quod sit summi rectoris ac domini numen, quod consilium, quae voluntas; fin IV 11.

rectus, gerade, geradfinnig, recht, richtig, fittlich gut, rechtlich, pflichtgemäß: A. unus L. Caesar firmus est et rectus; ep XII 5, 2. ut ea aut recta esse confidamus aut prava intellegamus; de or II 232. proelium rectum est hoc fieri; Tusc IV 43. cum „Phrygum" et „Phrygibus" dicendum esset, absurdum erat aut etiam in barbaris casibus Graecam litteram adhibere aut recto casu solum Graece loqui; orat 160. recta effectio (κατόρθωσιν autem illa appello, quoniam rectum factum κατόρθωμα), recta igitur effectio crescendi accessionem nullam habet; fin III 45. qui iudicaverunt hastem Dolabellam ob rectissimum facinus; Phil XIII 36. factum: f. effectio. si gravitate feruntur ad perpendiculum corpora individua rectis lineis; fat 22. ut rectis oculis hanc urbem sibi intueri liceat; Ral Post 48. perfectum officium rectum, opinor, vocemus, quoniam Graeci κατόρθωμα; of I 8. se paratum esse omni recta atque honesta ratione defendere, quod petat, non deberi; Quinct 66. est vera lex recta ratio naturae congruens; rep III 33. neque quod tuo studio rectissimo atque optimo non obsequi vellem; de or I 99. qui ita talus erit iactus, ut cadat rectus; fin III 54. ut eam laudis viam rectissimam esse duceret, quam . .; Bru 281. est ista

recta docendi via; leg II 8. — B, I, 1. qui omnia recta atque honesta per se expetenda duxerunt; leg I 37. etiamsi quid antea recti aut venusti habere visi essent; Quinct 77. quibus nihil est aliud propositum nisi rectum atque honestum; fin IV 46. — 2. interesse oportet, ut inter rectum et pravum, sic inter verum et falsum; Ac II 33. — II. alqd: f. I, 1. habeo. quale sit, recti pravique partibus (quaeritur); orat 45. ex eo exsistet recti etiam ratio atque honesti; fin V 19.

recubo, (liegen: (philosophia) in hortulis quiescet suis, ubi vult, ubi etiam recubans molliter et delicate nos avocat a rostris; de or III 63.

recula, geringe Habe: posteaquam rem paternam ab idiotarum divitiis ad philosophorum reculam [, regulam] perduxit; Sest 110.

recumbo, (fid) nieberlegen: cum ceteris se in campo exercentibus ipse (M. Lepidus) in herba recubuisset; de or II 287. in qua (exhedra) Crassus posito lectulo recubuisset; de or III 17. cum in cubiculo recubuisses; Deiot 42.

recuperatio, Wiebererlangung: ita praeclara est recuperatio libertatis; Phil X 20.

recuperator, Erfaßridter, Eigentumsridter: I, 1. recuperatores contra istum rem minime dubiam prima actione iudicaverunt; Flac 48. — 2. dubitari hoc potest, recuperatores? Tul 55. — II, 1. necesse putavit esse recuperatores dare; Tul 10. coepit Scandilius recuperatores aut iudicem postulare; Ver III 135. si faceres potestatem aratori non modo reiciendi, sed etiam sumendi recuperatores; Ver III 32. — 2. ut de eo tibi apud recuperatores dicere liceret; Tul 39. — III a recuperatoribus causa cognoscitur; Flac 47.

recuperatorius, von Erfaßridtern: non oportet in [oportet] recuperatorio iudicio eius maleficii, de quo inter sicarios quaeritur, praeiudicium fieri; inv II 60.

recupero (recipero), wiebererlangen, wiebergewinnen: per quos me recuperavistis; Sest 147. haec (est) restitutio in domo, in sedibus, in aris, in focis, in dis penatibus recipiendis; dom 143. suam auctoritatem simul cum salute mea recuperassent; ep I 9, 14. deos, domum: f. aras. cum ipse eius opera et dignitatem et salutem recuperarim; har resp 6. quod tardius reciperas fortunam et dignitatem tuam; ep VI 10, 1. focos: f. aras. fortunam: f. dignitatem. cum omne ius rei publicae recuperavisset; Phil X 7. nihil esset negotii libertatem et rem publicam reciperare; ep XII 2, 1. ipse ornatum ac vestitum pristinum recuperabit; Sulla 88. haec pecunia recuperata est multis post annis; Flac 57. id populus egit, ut rem suam recuperaret; rep III 44. recuperata res publica; Bru 311. si quando Pompeius rem publicam recuperarit; A VIII 3, 2. f. libertatem. salutem: f. dignitatem. sedes: f. aras. vestitum: f. ornatum.

recurro, zurüdlaufen, zurüdtehren: I. (lunae) forma mutatur tum crescendo, tum defectibus in initia recurrendo; nat II 50. — II. illi recurrere ad raedam incipiunt; Milo 29. equidem Kal. in Tusculanum recurram; A XIII 47, 2 (3).

recusatio, Weigerung, Einwenbung, Ableh-nung: I. aliud accusatio aut recusatio conficere debet; inv II 12. haec ipsa recusatio disputationis disputatio quaedam fuit mihi quidem periucunda; de or II 26. — II. poena violatae religionis iustam recusationem non habet; leg II 41. — III illi sine recusatione negotium susceperunt; Catil III 15.

recuso, zurüdweifen, ableßnen, Einfprud) tun, (fid) weigern: I. Sertorianum bellum a senatu privato datum est, quia consules recusabant; Phil XI 18. — II, 1. sin absolvit, desinemus nos de iudiciis transferendis recusare; Ver I 6. — 2. sententiam ne diceret, (Regulus) recusavit; of III 100. — 3. cum

non recusarent, quin vel pro me vel mecum perirent; Quir 13. — 4. quo minus mihi inimicissimus sit, non recusabo; Phil I 27. — 5. quod ille (procurator) recusaret [recusarit, al.] satis dare amplius abs te non peti; A I 8, 1. te recusantem bellum suscipere; Piso 57. — III. nihil tibi a me postulanti recusabo; de or II 128. quod ea condicione nati sumus, ut nihil, quod homini accidere possit, recusare debeamus; A XV 1, 1. nec ullam acerbitatem recuso; A IX 7, 1. cum reliquae virtutes nullum recusent nec supplicium nec dolorem; Tusc V 13. quas vigilias, quas sollicitudines, quos labores liberandi populi Romani causa recusare debemus? Phil VIII 32. quem (laborem) non recusarem; leg I 8. Themistocles cum in epulis recusaret lyram, est habitus indoctior; Tusc I 4. tum id munus denique (sapientem) non recusare: rep I 11. dicendi periculum non recuso; Phil I 14. sollicitudines, vigilias: f. laborem. supplicium: f. dolorem. — IV. populum Romanum disceptatorem non modo non recuso, sed etiam deposco: Flac 97.

redamo, Gegenliebe empfinden: qui (animans) vel amare vel, ut ita dicam, redamare possit; Lael 49.

redarguo, zurüdweifen, wiberlegen: I. quis non dixit Εἴπολιν ab Alcibiade deiectum esse in mare? redarguit Eratosthenes; A VI 1, 18. — II. cum innumerabilem Magio praefecto pecuniam dixisset datam idque Scaurus tenuitate Magii redargueret; de or II 265. si nostra probari facilius quam illa redargui possunt; de or II 293. in confirmando nostra probare volumus, in reprehendendo redarguere contraria; part or 33. neque in hoc solum inconstantiam redarguo tuam, sed etiam in ipso Catone; dom 21. improborum prosperitates secundaeque res redarguunt vim omnem deorum ac potestatem; nat III 88.

reddo, zurüdgeben, wiebergeben, überfeßen, ausstoßen, ßingeben, abgeben, zustellen, ablegen, angeben, erweifen, gewäßren, machen: I. per se hoc ipsum reddere in officio ponitur; fin III 59. — II. reddes nobis, de magistratibus ut disputes [ut disputes] , quibus de causis maxime placeat ista discriptio; leg III 13. — III. ego cum te patriae reddidissem; Milo 94. cum ea, quae legeram Graece, Latine redderem; de or I 155. perge. Pomponi, de Caesare et redde, quae restant; Bru 258. ut (Hortensius), quae secum commentatus esset, ea sine scripto verbis eisdem redderet, quibus cogitavisset; Bru 301. cum eandem (animam aspera arteria) a pulmonibus respiret et reddat; nat II 136. qui vestro singulari studio atque consensu parentum beneficia, deorum immortalium munera, populi Romani honores, vestra de me multa iudicia nobis uno tempore omnia reddidistis; sen 2 reddi captivos negavit esse utile; of III 100. reddite rei publicae consulem; Muren 90. reddere deposita: of III 95. diligenter mihi fasciculum reddidit Balbi tabellarius; A XI 22, 1. honores: f. beneficia. quibus imperium ita datum est, ut redderent; Q fr I 1, 23. iudicia: f. beneficia. ut civibus libertatem et iura redderet; Tusc V 62. litteras a te mihi stator tuus reddidit Tarsi; ep II 17, 1. redditae mihi litterae sunt a Pompeio; A VIII 1, 1. o fortunata mors, quae naturae debita pro patria est potissimum reddita! Phil XIV 31. munera: f. beneficia. pecuniam Domitio satis grandem non esse redditam; A VIII 14, 3. salutem tibi idem dare possunt, qui mihi reddiderunt; Planc 102. si mihi Q. Axius in hac mea fuga HS xiii non reddit, quae dedi eius filio mutua; A X 11, 2. sive paribus paria (verba) redduntur sive opponuntur contraria; orat 164. memoria bene redditae vitae sempiterna: Phil IX 32. ut possint eam vitam, quae tamen esset reddenda naturae, pro patria potissimum

reddere; rep I 4. — IV. ille (Clodius) omnes Catilinas Acidinos postea reddidit; A IV 3, 3. ne hoc quidem cernunt, omnia se reddere incerta; Ac II 54. ex feris et immanibus mites (homines) reddidit et mansuetos; inv I 2. ut, cum etiam nunc vivam illorum memoriam teneremus, hanc immortalem redderem, si possem; de or II 8. hic (Phalereus) primus inflexit orationem et eam mollem teneramque reddidit; Bru 38.

redemptio, Erkaufung, Bestechung, Pachtung: 1. redemptio est huius iudicii facta grandi pecunia; Ver pr 16. quid ego reorum pactiones, redemptiones proferam? Piso 87. — II. Apronius tritici VII milia medimnum non redemptionis aliquo iure tollit; Ver III 54. videtis non temeritate redemptionis, sed crudelitate Gabinii paene adflictos iam atque eversos publicanos; prov 11.

redemptor, Unternehmer, Pächter: I, 1. cum Lacedaemoniis lex esset, ut, hostias nisi ad sacrificium quoddam redemptor praebuisset, capital esset; inv II 96. — 2. ipsum praetorem redemptorem decumarum fuisse; Ver III 71. — II, 1. Longilium redemptorem cohortatus sum; Q fr II 5, 3. — 2. redemptori tuo dimidium pecuniae curavi; Q fr II 4, 2. — III. ipse in tuo redemptore nullam certam diem observares; Ver III 16.

redeo, zurückgehen, zurückkehren, kommen, gelangen, eingehen: I, 1. quod in redeundo auspicari esset oblitus; nat II 11. — 2. redeundum est ad propositum; of II 29. — II. nunc, antequam ad sententiam redeo, de me pauca dicam; Catil IV 20. redi cum re publica in gratiam; Phil II 118. quasi divinans se rediturum; Phil III 26. redeo ad illud, quod initio scripsi; ep I 7, 5. nunc redeo, ad quae mihi mandas; A V 11, 6. haec de rebus forensibus; redeamus domum; A VII 1, 9. tum, ad quos dies rediturus sim, scribam ad te; A XIII 9, 2. ita in memoriam redibit auditor; inv I 98. haec bona in tabulas publicas nulla redierunt; Sex Rosc 128. unde (legiones) se redituras numquam arbitrarentur; Cato 75. sed redeat, unde aberravit oratio; Tusc V 66. ut ad illam diem, res cum redissent, rogarentur, ut pari studio convenirent; sen 27.

redhibeo, zurückgeben: quae (vitia) nisi dixeris, redhibeatur mancipium iure civili; of III 91.

redigo, zurückbringen, eintreiben, bringen, hineinbringen, verkleinern: I. quid sibi is de me recepisset, in memoriam redegit; ep I 9, 9. — II. nihil est, quod ad artem redigi possit, nisi . .; de or I 186. quicquid est, de quo ratione et via disputetur, id est ad ultimam sui generis formam speciemque redigendum; orat 10. 5. nummos. quod omnis frumenti copia decumarum nomine penes istum esset redacta; Ver III 171. nobilissimam familiam iam ad paucos redactam paene ab interitu vindicasti; Marcel 10. maiores vestri potentissimos reges, bellicosissimas gentes in dicionem huius imperii redegerunt; Phil IV 13. quo indicio omnia iudicia redegerat in suam potestatem; Ver II 33. est pollicitus ius civile ad artem facilem redacturum; de or II 142. scripsi me, quicquid possem nummorum, ad apparatum sperati triumphi ad te redacturum; A VII 1, 9. cuius nomine ea pecunia redigeretur; Rab Post 31. reges: 5. gentes. nemo scripsit orationem generis eius, quin redigeret omnes fere in quadrum numerumque sententias; orat 208.

redimiculum, Stirnband: haec civitas mulieri in redimiculum praebeat; Ver III 76.

redimio, bekränzen, umwinden: qui sertis redimiti eructant sermonibus suis caedem bonorum; Catil II 10. cernis terram quasi quibusdam redimitam et circumdatam cingulis; rep VI 21.

redimo, zurückkaufen, loskaufen, befreien, kaufen, pachten, übernehmen, abwenden: I. ne liceat pupillo redimere; Ver I 142. — II. quam

(acerbitatem) ego a re publica meis privatis et domesticis incommodis libentissime redemissem; ep II 16, 4. redimi e servitute captos; of II 63. pretio abs te ius foederis et imperii condicionem rede merunt; Ver V 50. de fundo Frusinati redimendo iam pridem intellexisti voluntatem meam; A XI 13, 4. ius: 5. condicionem. metum virgarum nauarchus nobilissimae civitatis pretio reduit; Ver V 117. qui se uno quaestu decumarum omnia sua pericula redempturum esse dicebat; Ver III 49. quae (societas) picarias de P. Cornelio L. Mummio censoribus redemisset; Bru 85. publicis male redemptis; Q fr I 1, 33. quod omnes illi fautores illius flagitii rem manifestam illam redemptam esse a iudicibus confitentur; A I 16, 11. qui cum ei fuissent auctores redimendae salutis; Ver II 69. vitam omnium civium, statum orbis terrae, urbem hanc denique quinque hominum amentium poena redemi; Sulla 33. vectigalibus non fruuntur, qui redemerunt; har resp 60. vitam, urbem: 5. statum.

redintegro, erneuern, auffrischen: ita per brevem comparationem auditoris memoria et de confirmatione et de reprehensione redintegrabitur; inv I 99.

reditio, Rückkehr: industriam meam celeritas reditionis declaravit; Ver I 16.

reditus, Rückkehr, Heimkehr: I. reditus ad rem aptus et concinnus esse debebit; de or III 203. reditus intercesserat in gratiam per Pompeium; ep I 9, 19. iis (animis) reditum in caelum patere; Lael 13. reditus ad propositum; de or III 203. reditus inlustris in gratiam; ep III 10, 9. quis porro noster itus, reditus, vultus, incessus inter istos? A XV 5, 3. — II, 1. quoniam tibi virtus et dignitas tua reditum ad tuos aperuit; ep VI 11, 2. multi dantur ad studia reditus; of I 19. flumine sanguinis meum reditum intercludendum putaverunt; Quir 14. cum eius a Brundisio crudelis et pestifer reditus timeretur; Phil III 3. — 2. L. Brutus arcens reditu tyrannum; Tusc I 89. — 3. homines de meo reditu laborasse; Vatin 7. impetum conligavit, progressu arcuit, a reditu refrenavit; Phil XI 4. — III. ut dolorem profectionis meae reditus dignitate consoler; sen 23. sive hunc di immortales fructum mei reditus populo Romano tribuunt; dom 17. — IV, 1. C. Marius reditu suo senatum cunctum paene delevit; sen 38. — 2. quibus (temporibus) inter profectionem reditumque L. Sullae sine iure fuit res publica; Bru 227. quae locum apud ipsum Caesarem post eius ex Africa reditum obtinuisti? Phil II 71.

redivivus, aufgefrischt, gebraucht: A. unam columnam efficere ab integro novam nullo lapide redivivo; Ver I 147. — B. quasi quicquam redivivi ex opere illo tolleretur ac non totum opus ex redivivis constitueretur; Ver I 148.

redoleo, (Geruch) verbreiten, riechen: I. mihi quidem ex illius (Demetrii) orationibus redolere ipsae Athenae videntur; Bru 285. — II. exiliores orationes sunt et redolentes magis antiquitatem; Bru 82. (definitio) genere ipso doctrinam redolet exercitationemque paene puerilem; de or II 109. frustis esculentis vinum redolentibus; Phil II 63.

redomitus, wieder bewältigt: perditi cives redomiti ‖ perdomiti ‖ atque victi; Sulla 1.

reduco, zurückführen, zurückbringen, zurückgeleiten, zurückziehen: I. reducere in memoriam, quibus rationibus unam quamque partem confirmaris; inv I 98. — II. Crassum consulem ex senatu domum reduxi; Q fr II 7, 2. ut indicia, leges, concordia populi, senatus auctoritas mecum simul reducta videantur; dom 17. tibi concedo, ut in XII scriptis solemus, ut calculum reducas, si te alicuius dati paenitet; fr F V 60. concordiam: 5. auctoritatem. consulem: 5. alqm. ut exsules

Byzantium reducerentur; dom 52. iudicia, leges:
f. auctoritatem. ab illo patriae proditores de exsilio
reductos esse; A IX 14, 2. ut tres legati regem
reducerent; ep I 2, 1.

reductio, Zurückführung: quoniam senatus
consultum nullum exstat, quo reductio regis
Alexandrini tibi adempta sit; ep I 7, 4.

redundantia, Überfülle: illa iuvenilis redundantia multa habet attenuata; orat 108.

redundo, überströmen, austreten, sich ergießen, übergehen, überschwemmen, Überfluß
haben, triefen: I. in quibus (definitionibus) neque
abesse quicquam decet neque redundare; de or
II 83. cum sanguis corruptus est aut pituita
redundat aut bilis; Tusc IV 23. quod quidem
bonum mihi nunc denique redundat; Q fr III 9, 1.
omnes in me meosque redundant ex fonte illo
dolores; Milo 103. qui (fluctus) per nos a communi
peste depulsi in nosmet ipsos redundarent; de or
I 3. Veios capi non posse, dum lacus is redundaret;
div I 100. mare conglobatur undique aequabiliter
neque redundat umquam neque effunditur; nat II
116. quae (nationes) numero hominum ac multitudine ipsa poterant in provincias nostras redundare;
prov 30. ex rerum cognitione efflorescat et redundet
oportet oratio; de or I 20. Asiatici oratores parum
pressi et nimis redundantes; Bru 51. ut neque in
Antonio deesset hic ornatus orationis neque in
Crasso redundaret; de or III 16. pituita: f. bilis.
genus universum in species certas, ut nulla neque
praetermittatur neque redundet, partietur; orat 117.
verbis effervescentibus et paulo nimium redundantibus; de or II 88. si brevitas appellanda est,
cum verbum nullum redundat; de or II 326. –
II. omnis hic locus acervis corporum et civium
sanguine redundavit; Catil III 25. tuus deus non
digito uno redundat, sed capite, collo, cervicibus,
lateribus ..; nat I 99. haec perpetua contra Scaevolam Curiana defensio tota redundavit hilaritate
quadam et ioco; de or II 221. is dedit operam, ut
nimis redundantes nos et supra fluentes iuvenili
quadam dicendi impunitate et licentia reprimeret;
Bru 316. lateribus: f. capite. acerbissimo luctu
redundaret ista victoria; Ligar 15. cum tu omnibus
vel ornamentis vel praesidiis redundares; ep III
10, 5. sanguine: f. acervis.

reduvia, Niednagel: qui, cum capiti Sex.
Roscii mederi debeam, reduviam curem; Sex Rosc 128.

redux, wiederkehrend: quid me reducem esse
voluistis? Milo 103. quae (vita) in claris viris et
feminis dux ‖ redux ‖ in caelum soleret esse;
Tusc I 27.

refello, widerlegen: I, 1. quod esset in causa
aut ad confirmandum aut ad refellendum; Bru 303.
– 2. non fuisse causam. finget fuisse. qui refellemus; Scaur 19. — II. in quo liceat mihi fingere,
si quid velim, nullius memoria iam me refellente;
de or II 9. tu me γεωμετρικῶς refelleras; A XII
5, b (3). ea Menedemus exemplis magis quam argumentis conabatur refellere; de or I 88. signis luce
omni clarioribus crimina refellemus; Cael 22. ne
quo pacto genus hoc refelli possit; inv I 45. ita
vivunt quidam, ut eorum vita refellatur oratio; fin
II 81. hunc testem meum refelli volo; Ver V 155.

refercio, anfüllen, anhäufen: perfice, ut
Crassus haec, quae coartavit et peranguste refersit
in oratione sua, dilatet nobis atque explicet; de or
I 163. Postumi nomen aures retersit istis sermonibus; Rab Post 40. meministis tum corporibus
civium Tiberim compleri, cloacas referciri; Sest 77.
qui (di) hominum vitam superstitione omni referserunt; nat II 63.

refero, zurückbringen, zurückführen, wieder
aufnehmen, wiederholen, zuweisen, einreihen,
wiedergeben, bezahlen, wiedererstatten, darbringen,
wenden, richten, beziehen, erwidern, anführen, berichten, erzählen, melden, anzeigen, beantragen.
eintragen: I, 1. referendum ad sacerdotes publicos
non putasti? dom 132. senatus, quos ad soleret,
referendum non censuit; nat II 10. — 2. ut (Hortensius) nullo referente omnia adversariorum dicta
meminisset; Bru 301. pater Roscii ad haruspices
rettulit; div I 79. — II, 1. quaesivit, qua de re
ad Crassum rettulisset; de or I 239. ut ad eos de
omni aut officio aut negotio referretur; de or III 133.
ex Kalendis Ianuariis de me rettulisti; dom 70.
abiecit consilium referendi ad senatum de Caesare;
Phil XIII 19. — 2. ad vos nunc refero, quem
sequar; Ac II 132. — 3. quod: f. III. ostentum.
4. iussisti ipsum in tabulas referre haec omnia
signa vendita esse. rettulit; Ver IV 12. ego
nunc tibi refero artem sine scientia esse non posse:
Ac II 146. — III. eodem Q. Caepionem referrem.
nisi ..; Bru 223. auster adversus maximo flatu me
ad tribules tuos Regium rettulit; ep XII 25, 3.
me referunt pedes in Tusculanum; A XV 16, a. ad
commonendum oratorem, quo quidque referat; de or
I 145. philosophus tam omnia ad voluptatem
corporis doloremque referens; de or I 226. paria
paribus referunt, adversa contrariis; orat 65. omnes
et metus et aegritudines ad dolorem referuntur; fin
I 41. mihi quoque initium requiescendi atque
animum ad utrinsque nostrum praeclara studia
referendi fore iustum; de or I 1. referte nunc
animum ad hominum vel etiam ceterarum animantium formam et figuram; de or III 179. quo
sint omnia bene vivendi recteque faciendi consilia
referenda; fin I 11. cum longo intervallo veterem
consuetudinem rettuli; Ver I 15. senatus etiam
consulta pecunia accepta falsa referebat; Phil V 12.
victus cultusque corporis ad valetudinem referatur
et ad vires, non ad voluptatem; of I 106. quae
(cura doloris tui) ad te ipsum proprie referam; ep
V 16, 5. tuas quoque epistulas vis referri in
volumina; ep XVI 17, 1. ei, si nequaquam parem
illius ingenio, at pro nostro tamen studio meritam
gratiam debitamque referamus; de or III 14. an
honesta et turpia non ad naturam referri necesse
erit? leg I 46. cum scirem ista esse indicium
relatum in tabulas publicas; Sulla 42. metus:
f. aegritudines. nisi Atheniensibus, quod mysteria
non referrent, ad quae biduo serius veneram.
succensuissem; de or III 75. quod nomen referre
in tabulas timent; Q Rosc 4. quodsi nubes rettuleris
in deos, referendae certe erunt tempestates; nat III
51. primo negabat se opus in acceptum referre
posse; Ver I 149. quam orationem (M. Cato) in
Origines suas rettulit; Bru 89. qui ad eum (coniectorem, interpretem) rettulisset quasi ostentum, quod
anguis domi vectem circumiectus fuisset; div II 62.
paria: f. adversa. ut pecunias in aerarium referrent:
Ver III 81. ex meis rationibus relatis; ep V 20, 6.
triginta diebus deferri necesse esse, quibus rationes
rettulissem; ep V 20, 7. refert ad istum rem
Habonius; Ver I 140. perspicuum est omnes rectas
res atque laudabiles eo referri, ut cum voluptate
vivatur; fin I 42. referes ei plurimam (salutem):
A XVI 3, 6. refertur eius sermo ad Apronium:
Ver III 61. eam causam Cleanthes adfert. cur se
sol referat; nat III 37. ut pariter extrema terminentur eundemque referant in cadendo sonum; orat
38. quoniam omnis summa philosophiae ad beate
vivendum refertur; fin II 86. tempestates: f. nubes.
turpia: f. honesta. ornant in primis orationem verba
relata contrarie; de or II 263. victum: f. cultum.
— IV. expensa Chrysogono servo HS sescenta milia
accepta pupillo Malleolo rettulit; Ver I 92. in
quibus (tabulis) sibi expensa pecunia lata sit
acceptaque relata; Caecin 17. virtutem nemo umquam acceptam deo rettulit; nat III 86. unam

(navem) ex decem hac horribili tempestate sociorum amissam in litteras publicas rettulerunt; Ver I 89. cum illam pecuniam nominatim Flacco datam referant; Flac 44. in iis, quae (Xenophon) a Socrate dicta rettulit; nat I 31. hoc in genere solo rem indicatam referri ‖ referre ‖ posse voluerunt; dom 78.

refert, es nüßt, liegt baran, kommt barauf an: I, 1. refert etiam, qui audiant, senatus an populus an iudices; de or III 211. quid refert, utrum volnerim fieri an gaudeam factum? Phil II 29. quae (aves) pascantur necne, quid refert? div II 72. — 2. neque refert videre, quid dicendum sit, nisi ..; Bru 110. — 3. cuius consiliis magni referebat te interesse; ep XIII 68, 2. parvi refert abs te ipso ius dici aequabiliter et diligenter, nisi ..; Q fr I 1, 20. — II. ut omnes suas fortunas alienis servis committeret? at quibus servis? (refert enim magno opere id ipsum); Cael 57. non ascripsi id, quod tua nihil referebat; ep V 20, 5.

refertus, angefüllt, voll: A. semper boni adsidnique domini referta cella vinaria, olearia, etiam penaria est; Cato 56. cum doctissimis hominibus referta domus esset; orat 146. videtisne refertum forum? Phil III 32. referta Gallia negotiatorum est; Font 10. referta quondam Italia Pythagoreorum fuit; de or II 154. quod orationes declarant refertae philosophorum sententiis; nat I 6. in provincia tam locuplete ac referta; Ver III 48. plena exemplorum est historia, tum referta vita communis; div I 50. bonorum, id est lautorum et locupletium ‖ locupletium ‖ urbem refertam fore, municipiis vero his relictis refertissimam; A VIII 1, 3. urbem iam refertam esse optimatium ‖ optimatum ‖ audio; A IX 1, 2. — B. confer refertos epulis tamquam opimos boves; Tusc V 100.

referveo, aufwallen: refervens falsum crimen statim concidit et exstinguitur; Q Rosc 17.

refervesco, aufwallen: qui (sanguis) cum terram attigisset, refervescere videretur sic, ut domus redundaret; div I 46.

reficio, wiederherstellen, ausbessern, erfrischen, kräftigen, einnehmen: ego hic cogito commorari, quoad me reficiam; ep VII 26, 2. Tironis reficiendi spes est in M'. Curio; A VII 3, 12. his propositis numquam eris dives ante, quam tibi ex tuis possessionibus tantum reficietur, ut ..; par 45. si aedes eae corruerunt vitiumve faciunt, heres restituere non debet nec reficere; Top 15. nitor non ad animum, sed ad vultum ipsum reficiendum; A XII 14, 3. Demosthenes curator muris reficiendis fuit eosque refecit pecunia sua; opt gen 19. in reficienda salute communi; Sest 15. tantum cibi et potionis adhibendum, ut reficiantur vires, non opprimantur; Cato 36. vultum: f. animum.

refigo, abreißen, aufheben: cuius aera refigere debebamus, eius etiam chirographa defendimus? ep XII 1, 2. num figentur rursus eae tabulae, quas vos decretis vestris refixistis? Phil XII 12.

reflatus, Gegenwind: L naves delatas Uticam reflatu hoc; A XII 2, 1.

reflecto, zurückwenden, wenden: non numquam animum incitatum ad ulciscendam orationem tuam revoco ipse et reflecto; Sulla 46. obstipum caput tereti cervice reflexum; < nat II 107. quibus (causis) mentes aut incitantur aut reflectuntur; de or I 53.

reflo, entgegenwehen: inde quam primum Athenas (volo), etsi etesiae valde reflant; A VI 7, 2. cum (fortuna) reflavit, adfligimur; of II 19. sin reflantibus ventis reiciemur; Tusc I 119.

reformidatio, Furcht: (sibi proponit orator) in suasione aut spem aut reformidationem deliberantis; part or 11.

reformido, fürchten, scheuen: I. vide, quam non reformidem; Ligar 6. — II, 1. nec, quid tibi de alio audienti de se ipso occurrat, reformidat;

Ligar 6. — 2. animus ea dicere reformidat; Phil XIV 9. — III. ita taetra sunt quaedam, ut ea fugiat et reformidet oratio; Tusc I 108. pacis nomine bellum involutum reformido; Phil VII 19. quorum ille (Lucilius) iudicium reformidans; fin I 7. omnes morbos reformido; ep VII 26, 1. diligentia speculatorem reformidat; div Caec 51.

refractariolus, ungelent, polternd: quod (Demosthenes) se ab hoc refractariolo iudiciali dicendi genere abiunxerat; A II I, 3.

refragor, widerstreben: ne refragari homini amicissimo videar; Phil XI 20. tota lex petitioni refragata est; Muren 46.

refreno, zügeln, hemmen, zurückhalten: semper magno ingenio adulescentes refrenandi potius a gloria quam incitandi fuerunt; Cael 76. cum eius animum conscientia sceleris avaritiaeque suae refrenaret; Ver III 130. ut omnium opibus (inventus) refrenanda atque coercenda sit; div II 4. refrenet libidines; par 33.

refrico, aufreißen, wieder erregen, erneuern, wieder ausbrechen: I. nec haec, quae refricant, hic me magis angunt; A XII 45, 1 (2). crebro refricat ‖ refricatur ‖ lippitudo; A X 17, 2. — II. vereor, ne refricem meis litteris desiderium ac dolorem tuum; ep V 17, 4. eorum dolorem oratione refricabam; de or II 199. f. desiderium. Appii vulnera non refrico; A V 15, 2. quae res forsitan sit refricatura vulnus meum; A XII 18, 1.

refrigeratio, Abkühlung: me (delectat) refrigeratio aestate; Cato 46.

refrigero, abfühlen: I, 1. quae vim habeant refrigerandi, calfaciendi; Tim 50. — 2. cum summa (stella) Saturni refrigeret, media Martis incendat; nat II 119. — II. ubi potest illa aetas umbris aquisve refrigerari salubrius? Cato 57. ut ignis in aquam coniectus continuo restinguitur et refrigeratur; Q Rosc 17. refrigerato iam levissimo sermone hominum provincialium; ep III 8, 1.

refrigesco, erfalten, erlahmen, bedeutungslos werden: Scaurus refrixerat; Q fr III 2, 3. Memmius plane refrixerat; A IV 17, 3. quod de Pompeio Caninius agit, sane quam refrixit; Q fr II 4 (6), 5. cum Romae a iudiciis forum refrixerit; A I 1, 2. (Caesarem) verentem, ne hasta refrixisset; ep XV 17, 2. (agraria lex) sane iam videtur refrixisse; A II 1, 6. tota res refrigescit; Q fr III 8, 4. haec tota res interpellata bello refrixerat; A I 19, 4.

refringo, erbrechen: si carcerem refregisset; Rabir 35. cum ego tanto intervallo claustra ista nobilitatis refregissem; Muren 17.

refugio, zurückweichen, fliehen, meiden: I. me [fateor semper] a genere hoc toto sermonis refugisse; de or I 99. prorsus ab instituta nostra paucorum dierum consuetudine longe refugit; A I 4. refugio ad te admonendum; A XII 18, 1. refugit animus eaque dicere reformidat; Phil XIV 9. — II. quod (animal) refugit, id contra naturam est; nat III 33. impetum armati Antiochi ceterorumque tela atque incursum refugit; Caecin 22.

refugium, Zuflucht: regum, populorum, nationum portus erat et refugium senatus; of II 26.

refulgeo, glänzen: »fervidus ille Canis stellarum luce refulget«; nat II 114. »prior illa (Helice) magis stellis distincta refulget«; nat II 106.

refundo, zurückergießen: stellae atque omnis aether refundunt eadem et rursum trahunt indidem; nat II 118.

refutatio, Widerlegung: refutatio accusationis, in qua est depulsio criminis, quoniam Graece στάσις dicitur, appelletur Latine status; Top 93.

refuto, widerlegen, zurückweisen: quos tum ut pueri refutare domesticis testibus solebamus; de or II 2. hoc lepore atque his facetiis non minus

refutatum esse Brutum quam illis tragoediis; de or II 225. refutetur ac reiciatur Philocteteus ille clamor; Tusc II 55. nostra confirmare argumentis ac rationibus, deinde contraria refutare; de or II 80. cum sine suspicione tuae cupiditatis non possis illius cupiditatem refutare; ep I 9, 25. in refutandis maledictis hominum improborum; har resp 17. quorum testimonia non refellendo, sed ad eundem impetum populi confugiendo refutasti; de or II 203. plus ego in hac causa laboris consumo in poscendis testibus quam ceteri defensores in refutandis; Font 10. vi vim oblatam ut frangeret et refutaret; Sest 88.

regalis, königlich: cuius iste donum regale de manibus regiis extorsit; Ver V 184. quoniam regale civitatis genus non tam regni quam regis vitiis repudiatum est; leg III 15. ut e civitate regalis nominis memoriam tolleret; Bru 53. habuit regalem potestatem; har resp 54. virtutem et sapientiam regalem, non progeniem quaeri oportere; rep II 24. cum de ipsa regali re publica quaerimus; rep III 47. sapientia. virtus: f. progenies.

regia, Königsburg: instituit officinam Syracusis in regia maximam; Ver IV 54. visum te aiunt in regia; A X 3, a, 1.

regie, königlich, despotisch: crudeliter et regie factum esse; Catil I 30. quae regie seu potius tyrannice statuit in aratores Apronius; Ver III 115.

regina, Königin: I, 1. praesto est domina omnium et regina ratio; Tusc II 47. superbiam ipsius reginae, cum esset trans Tiberim in hortis, commemorare sine magno dolore non possum; A XV 15, 2. — 2. Vocativ: f. II, 1. precor. — II, 1. quae recte a bono poëta dicta est „flexanima atque omnium regina rerum" oratio; de or II 187. reginam odi; A XV 15, 2. te, Iuno Regina, precor atque quaeso; dom 144. — 2. (Gyges) reginae stuprum intulit; of III 38. — III. superbia: f. I 1.

regio, Richtung, gerade Linie, Grenze, Landstrich, Gegend, Gebiet, Bezirk: I, 1. tota nostra illa aspera et montuosa et fidelis et simplex et fautrix suorum regio se huius honore ornari arbitrabatur; Planc 22. haec eadem est nostrae rationis regio et via; Ver V 181. haec regio nostrorum est cum oppidorum, tum etiam praediorum; ep XIV 18, 1. — 2. vos, mutae regiones, imploro; Balb 13. — II, 1. qui tripertitas orbis terrarum oras atque regiones tribus triumphis adiunctas huic imperio notavit; Sest 129. locus et regio quasi ridiculi turpitudine et deformitate quadam continetur; de or II 236. quae (iuris scientia) ea (eloquentia) repugnante vix suas regiones finesque defenderet; orat 141. bene dicere non habet definitam aliquam regionem, cuius terminis saepta teneatur; de or II 5. eo (lituo) Romulus regiones direxit tum, cum urbem condidit; div I 30. habeo: f. definio. imploro: f. I, 2. propter plurimam magnitudinemque regionum, quas (Assyrii) incolebant; div I 2. noto: f. adiungo. nosse regiones, intra quas venere et pervestiges, quod quaeras; de or II 147. quo (lituo Attus Navius) ad investigandum suem regiones vineae terminavit; nat II 9. — 2. quod (homines) in terra, hoc est in crassissima regione mundi, conlocati sint; nat II 17. — III. quae sit ab Atto Navio per lituum regionum facta discriptio; div I 31. quarum (regionum) nulla esset ora, nulla extremitas; fin II 102. magnitudo: f. II, 1. incolo. propter regionis naturam et fluminis; Deiot 24. ora: f. extremitas. termini: f. II, 1. definio. — IV, 1. ut (ea pars) sit circumscripta modicis regionibus; de or II 67. singularia homo prutura vix facile esse regionibus officii magnis in fortunis continet; agr II 97. qui regionibus exclusi intra arma aliena venissent; A VIII 11, D, 4. quorum

alter fines vestri imperii non terrae, sed caeli regionibus terminaret; Catil III 26. — 2. cum (luna) est e regione solis; nat II 103. locum delegit in regione pestilenti salubrem; rep II 11. intra: f. II, 1. novi.

regius, königlich, der Könige, unter Königen, despotisch, tyrannisch: adiungit agros Bithyniae regios; agr II 50. eum, qui regnum teneat hoc tempore, neque genere neque animo regio esse; agr II 42. regiis annis dinumeratis; rep II 29. qui ab auro gazaque regia manus cohibere possit; imp Pomp 66. qui ad bellum Asiaticum regiumque mittatur; imp Pomp 67. ut, quem ad modum Tarquinius, totum genus hoc regiae civitatis everterit; rep II 51. si curationem et quasi dispensationem regiam suscepisset; Rab Post 28. tulit haec civitas regiam istam vestram dominationem in iudiciis et in omni re publica; Ver V 175. gaza: f. aurum. cum esset habendus rex, quicumque genere regio natus esset; rep I 50. f. animus. insigne regium. quod ille de suo capite abiecerat, reposuit; Sest 58. omnia conficiebantur iudiciis regiis; rep V 3. ut mos est regius; Ver IV 62. excellit atque eminet vis, potestas nomenque regium; rep II 50. interfecto rege regios omnes nutus tuemur; ep XII 1, 1. uti consules potestatem haberent tempore dumtaxat annuam, genere ipso ac iure regiam; rep II 56. f. nomen. praefectum regium dentes eburneos e fano sustulisse; Ver IV 103. hunc Capuae Campano supercilio ac regio spiritu cum videremus; agr II 93. ita regiae virgines ut tonstriculae tondebant barbam et capillum patris; Tusc V 58. vis: f. nomen.

regno, königliche Gewalt haben, König sein, herrschen, regieren: I. regnandi contentio est: A X 7, 1. hinc in liberis civitatibus regnandi exsistunt cupiditates; of III 36. — II, 1. sapientia iubet pollere, regnare, dominari; rep II 24. — 2. Antiochum Magnum illum maiores nostri intra montem Taurum regnare iusserunt; Sest 58. modo Caesarem regnantem videramus; Phil II 108. Romulus cum septem et triginta regnavisset annos; rep II 17. in quis (equitum centuriis) regnas: ep XI 16, 3. neutri σκοπός est ille, ut nos beati simus; uterque regnare vult; A VIII 11, 2. alterum (est), quod idem (Graeci) παθητικόν nominant, quo perturbantur animi et concitantur, in quo uno regnat oratio; orat 128. illum (regem) cohortatus sum, ut in sua vita conservanda primum regnare disceret; ep XV 2, 7.

regnum, Königtum, Königsgewalt, Herrschaft, Despotie, Königreich, Gebiet: I, 1. quoniam haec te omnis dominatio regnumque iudiciorum tanto opere delectat; Ver pr 35. ad quem regnum huius urbis pervenire esset necesse; Catil III 9. — 2. hoc vero regnum est et ferri nullo pacto potest: A II 12, 1. — II, 1. Sp. Maelii regnum appetentis domus est complanata; dom 101. f. III. datum est Neptuno maritimum omne regnum; nat II 66. (Ariarathes) vult, opinor, regnum aliquod emere a Caesare; A XIII 2, a, 2. regis Alexandri testamento regnum illud populi Romani esse factum; agr I 1. quo in magistratu non institutum est videlicet a me regnum, sed repressum; Sulla 21. sin quaeris, qui sint Romae regnum occupare conati; Sulla 27. lux quaedam videbatur oblata non modo regno, quod pertuleramus, sed etiam regni timore sublato; Phil I 4. reprimo: f. instituo. qui regnum illud teneat; agr II 42. tollo: f. perfero. video regnum non modo Romano homini, sed ne Persae quidem cuiquam tolerabile; A X 8, 2 — 2. posse te illius regni potiri; ep I 7, 5. — 3. abuteris ad omnia atomorum regno et licentia; nat I 65. regno est expulsus Ariobarzanes rex; imp Pomp 12. non regno, sed rege liberati videmur; ep XII 1, 1. — 4. neque omnino in voluptatis

regno virtutem posse con s i s t e r e ; Cato 41. nudus
atque egens fugit e regno; Rab Post 39. ex suo
regno sic Mithridates profugit, ut . . ; imp Pomp 22.
† perpaucis diebus in Pompeianum, post in haec
Puteolana et Cumana regna renavigare; A XIV
16, 1. is (Tarquinius) cum restitui in regnum nec
Veientium nec Latinorum armis potuisset; Tusc III
27. nisi hic in tuo regno essemus; de or I 41.
nisi eos timere putas, ne sub regno sint, qui id
numquam recusarunt; A VII 7, 5. quod in eius
regnum ac manus veneratis; Ver IV 62. — III. non
oportere populum Romanum omnium regnorum
appetentem videri; agr II 42. — IV. ut haberet
omnia commoda, beneficia, iura regni venalia;
Phil III 10. Olympias secunda et sexagesima eadem
Superbi regni initium et Pythagorae declarat adventum; rep II 28. iura: f. beneficia. ad munien-
das opes regni ac populi sui; rep II 12. mirandum
in modum Gnaeus noster Sullani regni similitudinem
concupivit; A IX 7, 3. timor: f. II, 1. perfero. —
V. 1. hic Mithridatem pulsum Ponto opibus suis
regnoque defendit; Sest 58. — 2. ne in regnis
quidem reges omnia minima curant; nat III 86.
qui venerant non propter Syriae regnum; Ver IV 61.

rego, lenfen, leiten, beherrfchen: I. sive in
ipso mundo deus inest aliquis, qui regat, qui
gubernet; nat I 52. — II. qui (Tarquinius) nec s e
nec suos regere potuit; fin III 75. si nosmet ipsos
regere possumus; ep IV 14, 1. omnia regi divina
mente atque prudentia; nat II 80. quae sunt in
fortuna, temporibus regentur et consiliis nostris
providebuntur; ep VI 10, 6. omnia nostra, quoad
eris Romae, ita gerito, regito, gubernato, ut nihil
a me exspectes; A XVI 2, 2. qua (necessitate,
natura) caelum, maria, terrae regantur; nat II 77.
si consiliis principum vestrae civitates reguntur;
Flac 58. opinor totum hoc iudicium quasi mente
quadam regi legis et administrari; Cluent 147.
vellem suscepisses iuvenem regendum; A X 6, 2.
neque suos mores regere poterat neque suorum
libidines; rep II 45. maria: f. caelum. ut tarditate
et celeritate dissimillimos motus una regeret conversio; Tusc I 63. eorum (deorum) mente mundum
regi; leg II 32. qua (oratione animus) regat
populos; leg I 62. in qua (civitate) et reges
augures et postea privati rem publicam religionum
auctoritate rexerunt; div I 89. quos (servos) cum
omnibus in locis tum praecipue in provinciis regere
debemus; Q fr I 1, 17. recte isti studia vestra suis
consiliis regere conantur; imp Pomp 64. terras:
f. caelum. ut vitam eius (animantis) quam
pulcherrime regerent et gubernarent; Tim 46.

regredior, jurüdgehen: qui se totius belli
fluctibus circumiri quam illum aut regredi aut
progredi maluit; Phil XIII 20. similiter superiora
repetentem regredi infinite licet; fat 35.

regressus, Müdgang: quod in omni aeternitate conservat progressus et regressus reliquosque
motus constantes et ratos; nat II 51.

regula, Mictfheit, Lineal, Mictfchnur, Megel,
(Grundfa§: I. quae (regula) quasi delapsa de
caelo est ad cognitionem omnium; fin I 63. quorum
ego orationes si ita expressero, erit regula, ad
quam eorum dirigantur orationes, qui Attice volent
dicere; opt gen 23 — II, 1. habere regulam, qua
vera et falsa iudicarentur; Bru 152. — 2. si id
crederemus, non egeremus perpendiculis, non
normis, non regulis; Ac fr 8. nec utendum (est)
pravissima consuetudinis regula; Bru 258. — 3. etsi
(Hierocles et Menecles) a forma veritatis et ab
Atticorum regula absunt, tamen . . ; orat 231.
dirigo ad: f. I. est. — III. ex illo caelesti Epicuri
de regula et indicio volumine; nat I 43. —
IV. iudicari: f. II, 1.

regusto, wieber foften, genießen: num Vestorio

dandi sunt dies et ille Latinus ἀττικισμός ex
intervallo regustandus? A IV 19, 1. illam (laudationem) legi, volo tamen regustare; A XIII 48, 2.
crebro regusto tuas litteras; A XIII 13, 3.

reicio, jurüdwerfen, verfchlagen, jurüdweifen,
verwerfen, abftoßen, verweifen, verfchieben: I. a
libris te obscuritas reiecit; Top 3. ad ipsam te
epistulam reicio; A IX 13, 8. reiectus sum austro
vehementi ad eandem Leucopetram; A XVI 7, 1.
cum aliquid a te ipso reicias; de or III 203. ut
ea, quae secundum naturam sunt, ipsa propter se
sumenda sint, contrariaque item reicienda; fin III
20. hoc animo esse debes, ut nihil huc reicias; ep
X 16, 2. quorum ego ferrum et audaciam reieci in
campo; Muren 79. cum a me Capuam reiciebam;
A VIII 11, D, 5. ferrum: f. audaciam. cum accusator tamquam censor bonus homines nequissimos
reiceret; A I 16, 3. cum ex CXXV iudicibus V et
LXX reus reiceret; Planc 41. a Kal. Febr. legationes in Idus Febr. reiciebantur; Q fr II 3, 1. legationes reiectum iri puto; A I 18. 7. tota Hieronica
lege reiecta et repudiata; Ver III 24. cum hic de
raeda reiecta paenula desiluisset; Milo 20. ex qua
copia recuperatores reici oporteret; Ver III 136.
qui est in asperis reiciendisque rebus; fin V 78. ea
res a Volcatio, qui Romae ius dicit, reiecta in
Galliam est; ep XIII 14, 1. ut non modo non abiecto, sed ne reiecto quidem scuto fugere videar;
de or II 294. eam (corporis voluptatem) contemni
et reici oportere; of I 106. — II. qui primus ab
isto index reiectus est; Ver V 114.

reiectaneus, verwerflich, ju verwerfen: illa,
morbum, egestatem, dolorem, non appello „mala“,
sed, si libet, „reiectanea“; fin IV 72.

reiectio, Jurüdweifung, Berwerfung: I. ut
reiectio facta est clamoribus maximis, cum accusator tamquam censor bonus homines nequissimos
reiceret; A I 16, 3. vos reiectione interposita
repentini in nos iudices consedistis; Sulla 92. —
II, 1. quodsi civi Romano licet esse Gaditanum
sive exsilio sive postliminio sive reiectione huius
civitatis; Balb 29. — 2. quod populus Romanus in
reiectione iudicum iudicavit; Ver pr 10.

relanguesco, nachlaffen, fich beruhigen: quod
(Quintus) relanguisse se dicit; A XIII 41, 1.

relatio, Jurüdfchieben, Ablehnung, Wiederholung, Berichterftattung: I, 1. est etiam relatio;
de or III 207. relatio illa salutaris et diligens
fuerat consulis; Piso 14. — 2. relatio criminis est,
cum ideo iure factum dicitur, quod aliquis ante iniuria lacessierit; inv I 15. relatio criminis est,
cum reus id, quod arguitur, confessus alterius se
inductum peccato iure fecisse demonstrat; inv II 78.
II, 1. defensor ipsam relationem comprobabit;
inv II 83. — 2. in relationem criminis delabere-
mur, de qua post loquemur; inv II 70.

relaxatio, Erholung: otii fructus est animi
non contentio, sed relaxatio; de or II 22. „dat
(dolor) intervalla et relaxat.“ quae est ista relaxatio?
fin II 95.

relaxo, abfpannen, nachlaffen, erleichtern, fich
erholen: I. dolor: f. relaxatio. — II. (Isocrates)
se ipse relaxarat a nimia necessitate numerorum;
orat 176. quibus (occupationibus) si me relaxaro
(nam, ut plane exsolvam, non postulo); ep VII 1, 5.
si te occupatione ista relaxaris; A XVI 16, 2.
pater minis indulgens, quicquid ego astrinxi, relaxat;
A X 6, 2. ut ex pristino sermone relaxarentur
animi omnium; de or I 29. relaxa modo paulum
animum; Bru 21. constructio verborum tum coniunctionibus copuletur, tum dissolutionibus quasi
relaxetur; part or 21. quem ad modum reliquiae
cibi depellantur tum astringentibus se intestinis, tum
relaxantibus; nat II 138. quod (hilaritas) tristitiam
ac severitatem mitigat ac relaxat; de or II 236.

78*

relegatio, Verbannung: haec vita a te ‖ a te vita et, al. ‖ rusticana relegatio atque amandatio appellabitur? Sex Rosc 44.

relego, entfernen, verbannen: (L. Lamia) a Gabinio consule relegatus est, quod ante id tempus civi Romano Romae contigit nemini; ep XI 16, 2. narro tibi, plane relegatus mihi videor, postesquam in Formiano sum; A II 11, 1. ut equites Romani a consule relegentur; Sest 52. quod (L. Manlius) Titum filium ab hominibus relegasset et ruri habitare iussisset; of III 112.

relego, wieder lesen, durchgehen: qui omnia, quae ad cultum deorum pertinerent, diligenter retractarent et tamquam relegerent, sunt dicti religiosi ex relegendo; nat II 72.

relevo, erleichtern, mildern, befreien, sich erholen: videbimur fortasse ad breve quoddam tempus cura et metu esse relevati; Catil I 31. haec eo scripsi, ut potius relevares me, quod facis, quam ut obiurgatione dignum putares; A III 10, 3. quotus quisque est, qui epistulam paulo graviorem ferre possit, nisi eam pellectione relevarit? A I 13, 1. ut cibi satietas et fastidium aut subamara aliqua re relevatur aut dulci mitigatur, sic . . ; inv I 25. hic morbus relevatus istius poena vehementius reliquis vivis ingravescet; Catil I 31.

relictio, Verlassen, im Stich lassen: I. quibus illam relictionem proditionemque consulis sui gratam sperat fore; Ver I 35. — II. (vituperationem) desperationis ac relictionis rei publicae; A XVI 7, 5.

religatio, Anbinden: religatio et propagatio vitium (me delectat); Cato 53.

religio, Gottesverehrung, Gottesfurcht, Bedenken, Scheu, Gewissenszwang, religiöse Schuld, Fluch, Verpflichtung, Gewissenhaftigkeit, Heiligtum, Heiligkeit: I. absolut: metum deorum et hominum sanctitates omnes et religiones afuerunt; sen 34. religio est, quae deorum cuiusdam naturae, quam divinam vocant, curam caerimoniamque adfert; inv II 101. religionem eam, quae in metu et caerimonia deorum sit, appellant; inv II 66. vir sapientissimus peccatum suum confiteri maluit quam haerere in re publica religionem; nat II 11. unde humanitas, doctrina, religio, leges ortae atque in omnes terras distributae putantur; Flac 62. qui in meis aedibus aliquam religionem residere diceret; dom 69. tum maxime et pietatem et religionem versari in animis, cum rebus divinis operam daremus; leg II 26. — 2. sum: f. 1. adfert.

II. nach Verben: 1. sin adseveramus, vide ne religio nobis tam adhibenda sit quam si testimonium diceremus; Bru 293. sum admiratus fidem tuam et in consilio dando religionem; ep XI 29, 1. quae (Diana) Karthaginiensium victoria loco mutato religionem tamen non amisit, P. Africani virtute religionem simul cum loco recuperavit; Ver IV 78. appello: f. I, 1. est. qua (quisque) mente, qua pietate colat religiones; leg II 15. f. III, 1 colens. utrum hic (Euhemerus) confirmasse videtur religionem an penitus totam sustulisse? nat I 119. aut undique religionem tolle aut usque quaque conserva! Phil II 110. quo (sacerdotio) est haec tota religio constituta; har resp. 27. harum ego religionem nullam umquam contemnendam putavi; nat III 5. distribuo: f. I, 1. oritur. expiabo religionem aedium mearum; har resp 11. sapienter aiebant ad opinionem imperitorum esse fictas religiones; div I 105. si nullam religionem sors habebit; Ver I 38. religionem superstitio (imitatur); part or 81. quae (religio) est iuncta cum cognitione naturae; div II 149. P. Clodius sacra et religiones neglegi, violari, pollui questus est; har resp 8. ea (iustitia) erga deos religio, erga parentes pietas nominatur; part or 78. polluo: f. neglego. magnam possidet religionem paternus sanguis; Sex Rosc 66. recupero:

f. amitto. qui religiones deorum immortalium retinere vult; Ver III 6. religionibus susceptis impeditur; Piso 58. cum animus cultum deorum et puram religionem susceperit; leg I 60. tollo: f. confirmo, conservo. poena violatae religionis iustam recusationem non habet; leg II 41. f. neglego. — 2. haec oratio omnis fuit non auctoritatis meae, sed publicae religionis; har resp 61. — 3. medemini religioni sociorum; Ver IV 114. parendum religioni fuit; div II 71. eorum religioni cum serviret orator. nullum verbum insolens ponere audebat; orat 25. quod tribuendum est officio, fidei, religioni; Mure 10. — 4. meam domum omni religione una mente omnes liberaverunt; har resp 12. ut religione civitas solvatur; Caecin 98. sacrarium Cereris est apud Catinenses eadem religione, qua Romae; Ver IV 99. — 5. quod (ius) cum religione coniunctum est; leg II 47. id erat de Clodiana religione ab senatu constitutum; A I 14, 1. si qua in re ipse ab religione officii declinarit; Ver III 2. cum iussu imperatoris in foedere et in tanta religione interfuerit; inv II 92. ut ne quid aut de dignitate generum aut de sacrorum religione minuatur; dom 36. quod a vestra religione et a sapientia remotissimum est; inv I 56.

III. nach Adjectiven: 1. qui sancti, qui religionum colentes (sunt)? Planc 80. nonne expertes sunt religionum omnium? nat I 119. hominem plenum religionis; Font 40. hic totus locus disputationis nihil habet, quod sit proprium religionis ac foederum; Balb 30. — 2. quae sceleri propiora sunt quam religioni; Ver IV 112. — 3. Dianae simulacrum summa atque antiquissima praeditum religione: Ver IV 72. — 4. habemus hominem unum praeter ceteros in publicis religionibus foederum sanctum ac diligentem; Ver V 49.

IV. nach Substantiven: 1. in qua (civitate) et reges augures et postea privati rem publicam religionum auctoritate rexerunt; div I 89. illa furia muliebrium religionum, quae non pluris fecerat Bonam deam quam tres sorores, impunitatem est adsecutus; ep I 9, 15. hostem sacrorum religionumque in vestrum iudicium adduximus; Ver I 9. qui (Plato) iusta funerum reicit ad interpretes religionum; leg II 67. religionis iudices pontifices fuisse, legis esse ‖ legis senatum; A IV 2, 4. mitto eam legem, quae omnia iura religionum una rogatione delevit; Sest 56. sicut de religionum lege fecisti; leg III 2. ut pellatur mortis et religionis metus; fin IV 11. valebit in iniuria nomen sanctissimum religionis; dom 123.poena: f. II, 1.violo. nondum divinae religionis, non humani officii ratio colebatur; inv I 2. se testem ipsum Iovem suae voluntatis ac religionis adhibere; Ver IV 67. apud maiores tanta religionis vis fuit, ut . . ; nat II 10. — 2. adest vir summa auctoritate et religione; Arch 8. — 3. Syracusis lex est de religione; Ver II 126.

V. Umstand: 1. eius oratio nimia religione attenuata; Bru 283. qui (Mercurius) sacris anniversariis apud eos ac summa religione coleretur; Ver IV 84. is (Chrysas amnis) apud illos habetur deus et religione maxima colitur; Ver IV 96. hostis honorem hominis deorum religione consecratum violare noluit; Ver II 51. vetera iam ista et religione omnium consecrata; Tusc I 32. paratos (habemus), qui rem publicam religione defendant; Phil I 25. impedior non nullius officii religione; Sest 8. f. II, 1. suscipio. qui (populus Romanus) iniussu suo nullo pacto potest religione obligari; Balb 34. ego me maiore religione, quam quisquam fuit ullius voti, obstrictum puto; A XII 43, 3 (2). hac ego religione non sum ab hoc conatu repulsus; orat 36. quod (ius) per se iustissime inventum sanxit fetiali religione; rep II 31. sese summa religione teneri; Ver IV 75. quo tempore

incipiat sepulchrum esse et religione teneatur; leg
II 55· quod (fanum) cum Deiotarus religione sua
castissime tueretur; har resp. 29. — 2. qui iurati
statuere maiore cum religione et diligentia debuerunt; Cluent 121. negant id Syracusani per religiones sacrorum ullo modo fieri posse; Ver II 127.
propter fani religionem; inv II 1. cui plus legatum
sit, quam sine religione capere liceat; leg II 51.

religiose. gewiſſenhaft, fromm, religiös:
templum Iunonis, quod religiosissime colebant;
inv II 1. qui religiose et sine ambitione commen-
dant; ep XIII 17, 3. an gravis vir religiose testimonium dixisse videatur; Cael 55. de quo si vos
vere ac religiose iudicaveritis; Ver pr 3. is est hodie
locus saeptus religiose propter Iovis pueri; div II 85.

religiosus. gewiſſenhaft, bedächtig, fromm,
gottesfürchtig, heilig, ehrwürdig, unheilvoll: A.
alqs: ſ. relego. religiosum est, quod iurati legibus iudicarunt; inv I 48. est ius iurandum adfirmatio religiosa; of III 104. quem rerum Romanarum
auctorem laudare possum religiosissimum; Bru 44.
ad Atticorum aures teretes et religiosas qui se accommodant; orat 28. dies erant duo, qui post Latinas habentur religiosi; Q fr II 4, 2. alter religiosus etiam nunc dies; A IX 5, 2. ex Aesculapii religiosissimo fano; Ver IV 93. tu, scilicet homo religiosus et sanctus, foedus frangere noluisti; Piso 28.
qui (maiores) mortuis tam religiosa iura tribuerunt;
Lael 13. sequitur de locis sacris, religiosis; har
resp 30. horum exprimere mores oratione iustos,
integros, religiosos mirum quiddam valet; de or II
184. domum meam, a religiosissimo sacerdote, P.
Clodio, consecratam; har resp. 9. navis onusta signis religiosis; Ver I 46. duobus in clarissimis et
religiosissimis templis; Ver V 184. — B, a. potestis
impios religiosis anteferre? Font 32. — b. quid
habet mea domus religiosi? har resp 33. vgl. A.
alqd.

religo, binden, anbinden, umwinden: trahit
Hectorem ad currum religatum Achilles; Tusc I
105. »eius (Anguis) ipse (Anguitenens) manet religatus corpore torto«; nat II 109. quae (virtus) si
extrinsecus religata pendeat et non oriatur a se;
Tusc III 37.

relinquo (relliquit: ſ. III mare), zurücklaſſen,
hinterlaſſen, beſtehen laſſen, übrig laſſen, übergeben, hingeben, laſſen, vernachläſſigen, verlaſſen,
aufgeben, auslaſſen, übergehen: I. tu repente relinquas, deseras, ad adversarios transeas? Ver I 40.
quamquam fortasse id quoque; sed relinquamus;
Tusc I 67. — II, 1. de: ſ. III. alqd; leg III 49. —
2. in quo ego quid efficere possim, malo in aliorum
spe relinquere quam in oratione mea ponere; div
Caec 26. ſ. IV, 1. — 3. relinquitur, ut ab hoc non
sit occisus; inv I 45. — 4. acc. c. inf.: ſ. III. alqd;
fin I 26. — III haec te, nisi ita facies, cum dignitatis relinquet et deseret; Tusc II 33. quem
(Quintum fratrem) si reliquissem, dicerent iniqui non
me plane post annum de provincia decessisse, quoniam alterum me reliquissem; ep IV 15, 4. Tironem
nostrum ab altera relictum audio; A VIII 6, 4. 5.
ea, quae a me desiderari arbitror, non relinquam;
Cluent 149. quid ei (Epicuro) reliquisti, nisi te,
quoquo modo loquereturi, intellegere, quid diceret?
fin I 26. ut nihil relinqueretur in mediis; fin III
53. dicere debemus, de iure populi Romani quae
relicta sunt et tradita; leg III 49. ſ. fratrem. inv.
tantum ut memoriam concinnitatis suae, non cum
delectatione aculeos etiam relinqueret in animis eorum, a quibus erat audita; Bru 38. nullum aedificium, nullos agros reliquit; agr I 4. dico agros
relictos arationesque desertas esse; Ver III 127. quodsi
non relinques amicum, tamen, ut moriatur, optabis;
fin II 79. deserendas arationes relinquendasque curasti;
Ver III 34. ſ. agros. si posterioribus exemplum

atque auctoritatem reliquisti; Ver III 41. relique-
ras civitatem tuam; Balb 32. quae (legiones) consulem reliquerunt; Phil III 14. cum corporibus relictis cupiditatum erimus expertes; Tusc I 44. pertimescit, ne dedecus aeternum miseris (suis) atque
ignominiam relinquat; Font 48. ut singularum causarum defensiones relinquamus, aperiamus autem
capita ea. unde . .; de or II 130. quod vir egregius
et auctoritatis et prudentiae suae triste nobis desiderium reliquerat; Bru 2. Epicurus re tollit, oratione
relinquit deos; nat I 123. sibi relinquendas domos
ac sedes suas: Ver II 157. exemplum: ſ. auctoritatem. exercitum atque hostem relinquebas; Ver I
77. videaturne aut pietatis esse meae fratrem relinquere aut diligentiae nugarum aliquid relinquere?
A VI 3, 2. ſ. alqm; ep II 15, 4. quibus incommodo
morbi etiam ceteri vitae fructus relinquendi (sunt);
Muren 47. gloriam in morte debent ii, qui in re
publica versantur, non culpae reprehensionem et
stultitiae vituperationem relinquere; Phil XII 25.
qui (homines) relicti in castris fuissent; of III 114.
relinquendane sit honestas propter utilitatis magnitudinem; of III 40. hostem: ſ. exercitum. ignominiam:
ſ. dedecus. de meo consilio relinquendi Italiam;
A X 4, 6. sapiens eat consilium multisque aliis dicendi relinquendus locus; de or III 333. plane nec
precibus nostris nec admonitionibus relinquit locum;
ep I 1, 2. »mare Tyrrhenum palumbes relliquit«;
fr H XII. memoriam: ſ. aculeos. cuius monumentum celeberrimum in foro, sepulchrum desertissimum
in litore Dyrrachino relictum est; Sest 140. quaesita
virtus est, non quae relinqueret naturam, sed quae
tueretur; fin IV 41. profecto nomen illius urbis non
reliquissent; agr II 89. nugas: ſ. fratrem. ut non
multum imperatori sub ipsis pellibus otii relinquatur;
Ac II 4. quamquam patroni mihi partes reliquisti,
consulis ademisti; Rabir 6. filio meo satis amplum
patrimonium relinquam in memoria ǁ memoriam ǁ nominis mei; ep II 16, 5. pecunias non repetunt, relinquunt; Ver V 32. Scaptius rogat, ut rem sic
relinquam; A V 21, 12. reprehensionem: ſ. gloriam.
ut quisquam, dum saluti suorum consulat, communem relinquat; Sulla 63. sedes. ſ. domos. sepulchrum: ſ. monumentum. nullum te Aspendi signum
reliquisse; Ver I 53. neque nos studium exquirendi
defatigati relinquemus; Ac II 7. numquid cuiquam
iniquissimo disceptatori haec suspicio relinquenda
est? Font fr 5. ut in ea (Asia) neque avaritiae
neque luxuriae vestigium reliquerit; Muren 20. solane beata vita relinquitur extra ostium limenque
carceris? Tusc V 13. vituperationem: ſ. gloriam.
urbem sine legibus relictam direptioni et incendiis;
ep IV 1, 2. usucapio fundi non a patre relinquitur,
sed a legibus; Caecin 74. — IV, 1. certe testatum
apud animum tuum relinquam, quid senserim; ep
II 3, 1. — 2. cum Speusippum, sororis filium,
Plato philosophiae quasi heredem reliquisset; Ac
I 17. tu spoliatum imaginibus (cadaver) nocturnis
canibus dilaniandum reliquisti; Milo 33. ecce alia
pusilla epistula, quam non relinquam ἀναντιφώνητον;
A VI 1, 23. equidem sperabam ita notata me reliquisse genera dictorum meorum, ut cognosci sua
sponte possent; ep VII 32, 1. iste homo testis relinquetur? Ver V 105. quam etiam orationem scriptam reliquit; Bru 80. qui (pictor) in Coa Venere
eam partem, quam Apelles inchoatam reliquisset, absolveret; of III 10. quadrirerem fluctuantem in salo
reliquerat; Ver V 91.

reliquiae, Reſt, Überreſte, Trümmer: I. incidit
(animus) in visa varia et incerta ex reliquiis, ut ait
Aristoteles, inhaerentibus earum rerum, quas
vigilans gesserit; div II 128. sunt: ſ. III. — II, 1.
qui ambustas fortunarum mearum reliquias suas domos comportari iuberent; dom 113. ut eum (A.
Caecinam) in reliquiis veteris negotiationis conligen-

dis iuves; ep XIII 66, 2. C. Marli sitas reliquias apud Anienem dissipari iussit Sulla victor; leg II 56. quae lex fumantes reliquias coniurationis exstinxit; Cael 70. nec tamen eas cenas quaero, ut magnae reliquiae fiant; ep IX 16, 8. — 2. quod eandem illam manum ex intermortuis Catilinae reliquiis concitastis; Piso 16. — III. ut reliquiarum sit potius aliquid quam te hinc patiar non satiatum discedere; Top 25. — IV. ex: f. I.

reliquus (relicuus: f. A. multitudo. populus), übrig, rückständig, ausstehend, fünftig, später: A. neque plus quam tres aut quattuor reliqui sunt; Phil II 98. a tuis reliquis non adhibemur; ep IV 7, 6. moriar, si praeter te quemquam reliquum habeo, in quo . .; ep IX 15, 2. quid igitur est reliquum, nisi uti fateare . .? Ver III 176. reliquum est, ut et accipantur et remittantur postulata per litteras; Phil XII 28. reliquum est, ut te id ipsum excruciet; ep VI 1, 3. quod reliquum est, multo etiam erit gratius, si ad me scribes . .; ep XIII 68, 1. reliquum est, tuam profectionem amore prosequar, reditum spe exspectem; ep XV 21, 5. cum tanta reliqua sint, ne Terentiae quidem adhuc quod solvam expeditum est; A XVI 15, 5. haec ad illum cum reliquis actis perferuntur; ep IX 16, 4. in quo natura eius (hominis) a reliquis animantibus differat; of I 96. si reliqua auctoritas senatus empta intercessione sublata est; Milo 14. reliquum est igitur crimen de veneno; Cael 56. ne reliquas fortunas omnes amitteret; Ver III 121. Cratippus isdem rebus fidem tribuit, reliqua divinationis genera reiecit; div I 5. reliquos sine provocatione magistratus non fuisse; rep II 54. si qui ex tanto exercitu reliqui milites exstant; Piso 96. relicua multo maior multitudo neque excluderetur suffragiis; rep II 39. te nullum onus officii cuiquam reliquum fecisse; ep III 13, 1. pauca etiam nunc dicam ad reliquam orationem tuam; fin II 85. reliqua pars accusationis duplex fuit; Deiot 22. relicuum populum distribuit in quinque classes; rep II 39. res capitales et reliquas omnes iudicabant iidem; rep III 48. reliqui temporis spatium in contentionem vocatur; Muren 18. cui (pietati) coniuncta iustitia est reliquaeque virtutes; nat II 153. exiguum reliquae vitae tempus; sen 24. — B, a, I. quales (fuerunt) reliqui, quos in Consolatione conlegimus; Tusc III 70. — II, 1. omitto reliquos; par 11. — 2. quid iam de Saturnino, Sulpicio, reliquis dicam? leg III 20. de quo ferre, cum de reliquis ferres, noluisti; Phil II 98. — III. genus infinitum immanitatemque ipsi cernitis reliquorum; Phil XIII 2. — b, I. quid est huic reliqui, quod eum in hac vita teneat? Sulla 89. quoniam detractis de homine sensibus reliqui nihil est; fin I 30. nihil belli reliqui ‖ reliquum ‖ fore videbatur; ep XII 5, 2. — II. quoniam publicani etiam superioris lustri reliqua conservaram; ep II 13, 4. quibus nihil non modo de fructu, sed ne de bonis quidem suis reliqui fecit; Ver III 115. plura ponuntur in spe, quam petimus ‖ in pecuniis ‖; reliqua ad iacturam reservantur ‖ struentur ‖; Q fr III 8, 1. — III. alqd: f. I. II. facio. — IV. de reliquo iam nostra culpa erit, si te dimiserimus; de or I 100.

reluceo, glänzen: »stellis longe densis (tertia pars) praeclara relucet«; fr H IV, a, 243. »huic (Draconi) non una modo caput ornans stella relucet«; nat II 107.

remaneo, zurückbleiben, übrig bleiben, bleiben: I. qui in urbe remanserunt; Catil I 27. si in vita remaneas; of III 30. nonne eum (agrum) in patrimonio vestro remanere malletis? agr II 80. animos remanere post mortem; Tusc I 26. qui (motus) quam diu remanet in nobis, tam diu sensus et vita remanet; nat II 23. quarum (tabularum) non nulla pars usque ad nostram memoriam remansit; inv II 1.

sensus, vita: f. motus. in qua muliere quasi exempli causa vestigia antiqui officii remanent; Sex Rosc 27. — II. si (Regulus) domi senex captivus, periurus consularis remansisset; of III 100. quos (poëtas) cum cantu spoliaveris, nuda paene remanet oratio: orat 183.

remansio, Zurückbleiben: I. profectio voluntatem habuit non turpem, remansio necessitatem etiam honestam; Ligar 4. — II. tuam remansionem etiam atque etiam probo; Q fr III 1, 17.

remedium, Heilmittel, Arznei, Mittel, Hülfsmittel, Schutz: I. quod, illius tanti vulneris quae remedia esse debebant, ea nulla sunt; ep V 15, 1. — II, 1. quod vetat Chrysippus, ad recentes quasi tumores animi remedium adhibere; Tusc IV 63. illa poteris uti civilium commutationum scientia vel in explicandis causis rerum novarum vel in remediis incommodorum; ep V 12, 4. auditum est pantheras remedium quoddam habere, quo cum essent usae. non morerentur; nat II 126. ut homines iniuriae tuae remedium morte quaererent; Ver III 129. — 2. utor: f. 1. habeo. — 3. sic ad omnia confugi remedia ac perfugia causarum, ut . .; Cluent 51. — III, 1. cuius mucronem multis remediis maiores nostri rettuderunt; Cluent 123. — 2. nedum his temporibus sine iudiciorum remediis salvi esse possimus; Cluent 95.

remeo, zurückkommen: cum umore consumpto neque terra ali posset nec remearet aër; nat II 118.

remex, Ruderer, Ruderknecht: I. concitato navigio cum remiges inhibuerunt; de or I 153. arbitrabar sustineri remos, cum inhibere essent remiges iussi; A XIII, 21 3. remex ille de classe Coponii nonne ea praedixit, quae facta sunt? div II 114. — II. te pretio remiges militesque dimisisse arguo; Ver I 133. — III. classis infirma propter dimissionem propugnatorum atque remigum; Ver V 86. ut hoc sumptu remigum civitates levaret: Flac 33.

remigatio, Rudern: inhibitio remigum motum habet et vehementiorem quidem remigationis navem convertentis ad puppim; A XIII 21, 3.

remigium, Ruderwerk, Rudern: quae acies, quod remigium (non ita expictum est, ut . .)? Tusc V 114.

remigo, rudern: statimne nos vela facere an quasi e portu egredientes paululum remigare? Tusc IV 9. non (remiges) sustinent, sed alio modo remigant; A XIII 21, 3.

remigro, zurückkehren, ausziehen: Antiocho id magis licuerit, remigrare in domum veterem e nova quam nobis in novam e vetere? Ac I 13. ei (Dionysio) ne integrum quidem erat, ut ad iustitiam remigraret; Tusc V 62. Romam tibi remigrandum est; ep IX 18, 4 subitum est ei (Evandro) remigrare K. Quintilibus; ep XIII 2.

reminiscor, sich erinnern: I, 1. spero te aliquid de huius illo quaestorio officio etiam de aliis quibusdam quaestoribus reminiscentem recordari: Ligar 35. — 2. reminiscere, quae tradantur mysteriis; Tusc I 29. — II. ut eas (res pueri) non tum primum accipere videantur, sed reminisci et recordari; Cato 78.

remisse, sanft, gelind, gelassen: utrum me secum severe et graviter agere malim an remisse et leniter; Cael 33. qui iam diu multo dicis remissius et lenius, quam solebas; de or I 255. quis umquam res praeter hunc tristes remisse tractavit? de or III 30. (Hortensius) in omnium rerum abundantia voluit beatius, ut ipse putabat, remissius certe vivere: Bru 320. quam leniter, quam remisse, quam non actuose! de or III 102.

remissio, Herablassung, Nachlassen, Erlaß, Abspannung, Erholung: I. visa est mihi ipsa fortasse iam senescentis morbi remissio profuisse; ep VII

26. 1. — II, 1. si humanitas appellanda est in acerbissima iniuria remissio animi ac dissolutio; ep V 2, 9. ut una continuatione verborum binae ei contentiones vocis et remissiones continerentur; de or I 261. in qua (oratione) asperitas contentionis oratoris ipsius humanitate conditur, remissio autem lenitatis quadam gravitate et contentione firmatur; de or II 212. hanc animi remissionem ‖ adversionem ‖ humanissimam iudicaretis; Arch 16. — 2. eos consuesse ad omnem animi remissionem ludumque descendere; de or II 22. ex superciliorum aut remissione aut contractione iudicabimus . .; of I 146. — III, 1. tales amicitiae sunt remissione usus eluendae; Lael 76. est verendum, ne remissione poenae crudeles in patriam fuisse videamur ‖ videamini ‖; Catil IV 13. — 2. quod omnia sine remissione, vi summa vocis dicebam; Bru 313.

remitto, remissus, zurückschicken, abspannen, nachlassen, überlassen, zugestehen, schenken, part. schlaff, milb, gelassen: I, 1. abs te solo remissum est; Ver IV 20. — 2. omnes sonorum tum intendens, tum remittens persequetur gradus; orat 59. cum remiserant dolores pedum; Bru 130. — II, 1. illum viris fortissimis remittere de summa non potuisse; Ver III 82. te rogo, ut procuratoribus Flavii remittas de deminuendo; Q fr I 2, 11. f. III. alqd; Phil XIII 2. — 2. te mihi remittere atque concedere, ut omne studium meum in Cn. Plancii honore consumerem; Planc 73. — III. qui in ulciscendo remissior fuit; Quir 23. cum tristibus severe, cum remissis iucunde vivere; Cael 13. cui (Dionysio) ego non modo placabilem me praebuissem, sed totum remisissem, si . .; A X 16, 1. se ipse moderans brachii proiectione in contentionibus, contractione in remissis; orat 59. si aliquid de summa gravitate Pompeius, multum de cupiditate Caesar remisisset; Phil XIII 2. secum Titinium et Servium questos esse, quia non idem sibi quod mihi remisisset; A X 3, a, 2. quid Pacuvium putatis in scribendo leni animo ac remisso fuisse? de or II 193. (vis sonorum) tum remittit animos, tum contrahit; leg II 38. qua (ratione) regerentur animi appetitus, aut remitterentur, tum continerentur; nat II 34. solet Roscius dicere se. quo plus sibi aetatis accederet, eo tardiores tibicinis modos et cantus remissiores esse facturum; de or I 254. ut ad infirmitatem laterum peracienter contentionem omnem remiserat, sic . .; Bru 202. ut onera contentis corporibus facilius feruntur, remissis opprimunt; Tusc II 54. alia quaedam dicendi molliora ac remissiora genera viguerunt; de or II 95. (vocis genus) hilaratum ac remissum; de or III 219. quas (habenas) vel adducas vel remittas; Lael 45. Demetrii librum de concordia tibi remisi; A IX 9, 2. quas (mulieres) Romam remittebam; A VII 23, 2. Mamertinis, ex foedere quam deberent, navem per triennium remisisti; Ver V 136. non remisso nuntio superiori (uxori); de or I 238. placet mihi et item tibi nuntium remitti; A XI 23, 3. Antonium, remissis provinciis Galliis, ad auctoritatem senatus esse rediturum; Phil I 8. in agro mediante ramulum adductum, ut remissus esset, in oculum suum recidisse; div I 123. (Hortensius) summum illud suum studium remisit; Bru 320. in quo tibi remittunt omnes istam voluptatem et ea se carere patiuntur; de or I 246.

remoror, aufhalten, hinhalten, warten lassen: eae res, quae ceteros remorari solent, (illum) non retardarunt; imp Pomp 40. num unum diem postea L. Saturninum tribunum pl. et C. Servilium praetorem mors ac ‖ [mors ac] ‖ rei publicae poena remorata est? Catil I 4. et i scio te me iis epistulis potius et meas spes solitum esse remorari; A III 14, 1.

remote, entfernt: quinque stellae eundem orbem tenentes, aliae propius a terris, aliae remotius; nat I 87.

remotio, Entfernung, Ablehnung: I. remotio criminis est, cum id crimen, quod infertur, ab se et

ab sua culpa [vi et otestate] in alium reus removere conatur; inv I 15? remotio criminis est, cum eius intentio facti, quod ab adversario infertur, in alium aut in aliud demovetur; inv II 86. — II. ipsius rei fit remotio, cum id, quod datur crimini, negat neque ad se neque ad officium suum reus pertinuisse; inv II 91.

removeo, wegschaffen, beseitigen, abwenben, entfernen, zurückziehen: remove te a suspicione alicuius tui commodi! agr II 22. hos ab hoc sermone removeamus; Lael 32. f. opifices. quod a vestra religione et sapientia remotissimum est; inv I 56. ea secerni arbitror oportere atque ex oratione removeri; de or II 309. quod ut demonstretur, neque ad nostrum institutum pertinet et a brevitate praecipiendi remotum est; inv II 164. quae vel ita appellemus vel promota et remota vel praeposita vel praecipua; fin III 52. archipiratam ab oculis omnium removisti; Ver V 136. quae (argumenta) sine arte putantur, ea remota appello, ut testimonia; part or 6. remotam (esse) a fama et a fortunis et ab otio locupletium calumniam; Q fr I 1, 25. tum causa, tum res ipsa removetur; inv II 86. qui classem ab Arginusis removendam putabant; of I 84. quod remoto foro, contione, iudiciis, senatu statuisti oratorem in omni genere sermonis esse perfectum; de or I 35. ferrum ac lapides removeantur; Flac 97. forum: f. contionem. in ipso (genere argumentationis) vitium erit, si omnino totum falsum erit, si remotum; inv I 89. remotum (genus argumentationis) est, quod ultra, quam satis est, petitur; inv I 91. apud Vestorium. hominem remotum a dialecticis; A XIV 12, 3. remoto ioco tibi hoc praecipio, ut . .; ep VII 11, 3. remove perturbationes maxumeque iracundiam; Tusc IV 54. iudicium: f. causam. lapides: f. ferrum. litteras communes de medio removere potuerunt; Ver V 175. amoeno sane et ab arbitris remoto loco; Ver V 80. quoniam novum morbum removisti, seda etiam gravedinem; A X 16, 6. ne opifices quidem se artibus suis removerunt; orat 5. perturbationes: f. iracundiam qui mortis poenam removet; Catil IV 7. rem: f. causam. senatum: f. contionem. cuius (Xenophontis) sermo est a forensi strepitu remotissimus; orat 32. temeritate remota gratissima est liberalitas; of II 63. cum quidam id verbum removendum arbitrarentur; Phil VIII 1. quorum vita remota ab hominibus populari est; dom 46.

remuneratio, Vergeltung, Erwiberung: I. quae (ab illo) remuneratio benivolentiae praetermissa est? dom 27. — II, 1. nihil est remuneratione benivolentiae iucundius; Lael 49. — 2. gratiam (quae appellant), quae in memoria et remuneratione officiorum et honoris et amicitiarum observantiam teneat; inv II 66.

remuneror, vergelten, beschenken: I, 1. ut mihi ad remunerandum illud suppetat praeter voluntatem; ep XV 13, 2. — 2. gratia est, in qua remunerandi voluntas continetur; inv II 161. — II. quonam te remunerer potissimum genere; ep III 9, 3. ut possem te remunerari quam simillimo munere; ep IX 8, 1. quibus officiis T. Annii beneficia remunerabor? sen 30.

remus, Ruber: I, 1. dum de remo inflexo respondeam; Ac II 19. nullum vacuum tractum esse remum; Ver V 135. — 2. respondeo de: f. 1. inflecto. — II. intermisso impetu pulsuque remorum; de or I 153. — III. (aegitudo res est) omni contentione, velis, ut ita dicam, remisque fugienda; Tusc III 25. an eam (orationem) ante paululum dialecticorum remis propellerem; Tusc IV 9. inde ventis, remis in patriam omni festinatione properavi; ep XII 25, 3.

renascor, wieber geboren werben, wieber erstehen, wieber wachsen: bellum istuc renatum mirantur homines; ep XI 14, 3. illi, qui mihi pinnas

inciderant, nolunt easdem renasci. sed, ut spero, iam renascuntur; A IV 2, 5. multo taetrior et foedior (puer) renatus est; leg III 19.

renavigo, zurückschiffen: post in haec Puteolana et Cumana regna renavigare; A XIV 16, 1.

renes, Nieren: cum (Heracleotes Dionysius) ex renibus laboraret; Tusc II 60. qui (umores) e renibus profunduntur; nat II 137.

renovatio, Erneuerung. Einszuschlag: I. renovatio timoris magnam molestiam adferebat; ep XI 18, 3. — II. a quo (igne) renovatio mundi fieret; nat II 118. — III. confeceram, ut solverent centesimis sexennii ductis cum renovatione singulorum annorum; A VI 1, 5.

renovo, erneuern, hinzurechnen, auffrischen, wiederherstellen, kräftigen: haec, ne obsolescerent, renovabam legendo; Ac I 11. quibus (vaporibus) altae renovataeque stellae atque omnis aether; nat II 118. animos equitum Romanorum ad Q. Caepionis odium renovabam; de or II 199. renovare bellum conati sunt; ep IV 7, 3. honos, dignitas, locus, ordo, beneficia vestra ea nunc renovata inlustriora videntur; Quir 4. ego renovabo commendationem; ep VII 18, 1. acerba sane recordatio veterem animi curam molestiamque renovavit; de or III 1. qui suo fletu desiderium mei memoriamque renovaret; Quir 8. dignitatem: s. beneficia. Scaptius centesimis renovato in singulos annos faenore contentus non fuit; A VI 3, 5. quod vult renovari honores eosdem; Q fr II 10 (12), 3. s. beneficia. locum: s. beneficia. ut memoria, non oratio renovare videatur; inv I 100. s. desiderium. molestiam: s. curam. orationem: s. memoriam. ordinem: s. beneficia. nolo eam rem commemorando renovare; Quinct 70. vos renovare rem publicam potestis; Sest 147. quod societatem rei publicae conservandae tibi mecum a patre acceptam renovas, gratum est; ep XII 28, 2. stellas: s. aethera. studium philosophiae numquam intermissum hoc doctore renovavi; Bru 315. vides Virtutis templum, vides Honoris a M. Marcello renovatum; nat II 61.

renuntiatio, Verkündigung, Anzeige, Bericht: I. non eundem esse ordinem dignitatis et renuntiationis, propterea quod renuntiatio gradus habeat || habet ||, dignitas autem sit || est || persaepe eadem omnium; Muren 18. — II. cognoscite renuntiationem ex litteris publicis; Ver III 88. quia tum Cn. Dolabella renuntiationem eius, quae erat in publicas litteras relata illorum legibus, tolli iusserat; Ver I 88. — III. ordo: s. I.

renuntio, berichten, melden, verkündigen, auffündigen, absagen: I, 1. pedem nemo in illo iudicio supplosit, credo, ne Stoicis renuntiaretur; de or I 230. — 2. quid impudentius publicanis renuntiantibus? A II 1, 8. nunc imperant pullaro; ille renuntiat; div II 74. — II. interfectum esse M. Aurium renuntiant; Cluent 24. — III. ratum sit, quod dictor uni illi, a quo missus erit. renuntiaverit; agr II 34. prima classis vocatur, renuntiatur; Phil II 82. renuntiat Habonius illam decisionem tutoribus; Ver I 141. iste hospitium ei renuntiat; Ver II 89. qua in re et amorem eius in suscipiendo negotio perspexi et in conficiendo ac renuntiando fidem; ep XIII 10, 3. — IV. cum (Scipio) ex centuria sua renuntiaret C. Aidinum consulem; de or II 260. ut nemo umquam prior eam (centuriam praerogativam) tulerit, quin renuntiatus sit aut iis ipsis comitiis consul aut certe in illum annum; Planc 49. cum ter praetor primus centuriis cunctis renuntiatus sum; imp Pomp 2. eo modo sacerdos Climachias renuntiatus est; Ver II 129.

renuo, ablehnen, widersprechen: I. quibus superciliis renuentes huic decem milium crimini! Rab Post 36. — II. qui nullum convivium renuerit; Cael 27.

reor, meinen, glauben: I. neque fugerim dicere „non rebar" aut „opinabar"; de or III 153. nam, reor, nullis, si vita longior daretur, posset esse iucun-

dior; Tusc I 94. — II. quem quidem antea natura rebar ita dicere, ut . .; de or III 82. rentur eos esse, quales se ipsi velint; Top 78. Nicias Cous non rebatur oppidum esse Piraeea; A VII 3, 10. tu me iam rebare in actis esse nostris; A XIV 8, 1.

repagula, Riegel: I. convulsis repagulis effractisque valvis; Ver IV 94. ut omnia repagula pudoris officiique perfringeres; Ver V 39. — II. valvae clausae repagulis; div I 74.

repandus, aufwärts gebogen: quam (Sospitam) tu vides cum calceolis repandis; nat I 82.

reparo, wiederherstellen: quod alio praetore eodem ex agro reparare posset; Ver III 199.

repastinatio, Umgraben, Behacken: quid ego fossiones agri repastinationesque proferam, quibus fit multo terra fecundior? Cato 53.

repello, zurücktreiben, zurückwerfen, vertreiben, abhalten, abwehren, zurückhalten, zurückweisen: I. quo primum natura moveatur vel ad appetendum vel ad repellendum; fin V 18. — II haec ego religione non sum ab hoc conatu repulsus; orat 36. ubi adest armatus adversarius, qui sit et feriendus et repellendus; de or II 72. ab aliquo adlatas criminationes repellere; Lael 65. eos (sapientes) id agere, ut a se dolores, morbos, debilitates repellant; fin IV 20. quo magis est istius furor ab auribus vestris repellendus; dom 109. cum omnes Mithridaticos impetus totumque Pontum armatum repulsum sustinerent; prov 6. qui non modo non repellit, sed etiam adiuvat iniuriam; of III 74. morbos: s. debilitates. a quibus omnibus una paene voce repelli oratorem a gubernaculis civitatum videbam; de or I 46. ab illo belli pericula repelluntur; Muren 30. (ea philosophia) non repelletur inde, quo aggredi cupiet; de or III 63. Pontum: s. impetus. superiora superciliis obducta sudorem a capite et fronte defluentem repellunt; nat II 143. consuetudinem illius perpetuam in vi inferenda, huius tantum in repellenda; Milo 52.

rependo, abwägen, zählen: cui (Septumuleio) pro C. Gracchi capite erat aurum repensum; de or II 269.

repens, plötzlich, unerwartet: hostium repens adventus magis aliquanto conturbat quam exspectatus; Tusc III 52. »ut ne me imparatum cura laceraret repens«; Tusc II 29.

repente, plötzlich, unvermutet: I. quo ille nuntio audito repente concidit; Phil V 23. quod iuris utilitas ad quamque causam quamvis repente vel a peritis vel de libris depromi potest; de or I 252. Lacedaemonios iniuste imperantes nonne repente omnes fere socii deseruerunt? of II 26. repente praeter spem dixit . .; ep IV 4, 3. tum repente evolasse pistos praeclaros testes sine nomine; Cael 63. Tages quidam dicitur in agro Tarquiniensi exstitisse repente; div II 50. pater conscriptus repente factus est; Phil XIII 28. repente te oculis eminentibus intulisti; Vatin 4. consilio repente mutato; Planc 96. is repente percussus est atrocissimis litteris; ep IX 25, 3. cum repente terram et maria caelumque vidissent; nat II 95. — II. tum praedonum dux Heracleo repente praeter spem victor classem incendi iussit; Ver V 91.

repentino, plötzlich: moritur in Gallia Quinctius, cum adesset Naevius, et moritur repentino; Quinct 14.

repentinus, plötzlich, unvermutet, plötzlich bekannt geworden: A. idcirco aliquem Caldum vocari, quod temerario et repentino consilio sit: inv II 28. repentinam eius defensionem Gabinii tulissem; ep I 9, 20. qui (Caepasii fratres) multa opera, ignoti homines et repentini, quaestores celeriter facti sunt; Bru 242. cum tibi ad pristinas clades accessio fuisset Aetoliae repentinus interitus; Piso 91. ut impulisse videatur aliquis || alius || repentinus animi motus; part or 113. conlectis ceteris causis eluvionis, pestilentiae, vastitatis,

belnarum etiam repentinae multitudinis; of II 16. qui se in insperatis ac repentinis pecuniis sumptuosius iactarunt; Catil II 20. quam tu salutem rei publicae attulisti! quam repentinam! Phil III 27. cum me non repentinum aliquod meum tempus, sed veteres multo ante suscepti labores cum viro fortissimo coniunxissent; dom 29. quae fuit illa, quanta vis! quam inexspectata! quam repentina! de or II 225. non me repentina aliqua voluntate aut fortuito ad tuam amplitudinem meis officiis amplectandam incidisse, sed . .; ep V 8, 3. — B. quid est, quod tantam gravitatem perturbet? an improvisum aliquid aut repentinum? Tusc IV 57. videntur omnia repentina graviora; Tusc III 28.

reperio, auffinben, antreffen, finben, ausfinbig machen, erfennen, entbecfen, erfinnen: I. Oppianicus, ut erat, sicuti ex multis rebus reperietis, singulari scelere et audacia; Cluent 23. — II, 1. nequaquam satis esse reperire, quid dicas, nisi id inventum tractare possis; de or II 176. quem ad modum certam pecuniam petere possit, non reperio; Q Rosc 13. — 2. si reperientur ita parati fuisse, ut . .; Caecin 61. — 3. quem (L. Vibium) reperiebam magistrum fuisse eo ipso anno; Ver II 182. quem (Platonem) Tarentum venisse L. Camillo, Ap. Claudio consulibus, reperio; Cato 41. — III. ut aliquem reperiret, quem illud fecisse insimularet; Ver IV 100. quotus enim quisque reperietur, qui impunitate proposita abstinere possit iniuria? of III 72. negat se reperire in asotorum vita, quod reprendat; fin II 70. nullum argumentum in re, nulla suspicio in causa, nullus exitus criminis reperietur; Cael 66. artes innumerabiles repertae sunt docente natura; leg I 26. causas reperiemus verissimas duas; Bru 325. causam calumniae se repertarum; Ver II 21. reperti sunt duo equites Romani, qui te ista cura liberarent; Catil I 9. ita male instituta ratio exitum reperire non potest; nat I 104. f. argumentum. fruges in ea terra primum repertas esse arbitrantur; Ver IV 106. quod genus imperii aut quae provincia, quae ratio aut flandae aut conflandae pecuniae non reperiebatur? Sest 66. sine hoc iustitutionem omnino amicitiae non posse reperiri; fin I 70. repperit novum maerorem; Sulla 91. quae (aristolochia) nomen ex inventore repperit, rem ipsam inventor ex somnio; div I 16. in quibus (fabulis) tria vix amicorum paria reperiuntur; fin I 65. provinciam, rationem: f. genus. rem: f. nomen. neque salus ulla rei publicae maior reperiri potest; Ver I 4. cur in pari causa non paria signa criminis reperiuntur? Sulla 52. suspicionem: f. argumentum. simplicia verba partim nativa sunt, partim reperta. nativa, quae significata sunt sensu; reperta, quae ex iis facta sunt et novata; part or 16. me ardere studio veri reperiendi; Ac II 65. mihimet ineunda ratio et via reperienda est, qua . .; Ver III 110. certe istum virum bonum non facile reperiemus; of III 64. omnes oratoriae virtutes in eis orationibus reperientur; Bru 65. — IV, 1. qui in foro populi Romani pirata nefarius reperiatur; Ver I 154. — 2. inferiores: f. pares. ut idem (Stoici) traducti a disputando ad dicendum inopes reperiantur; Bru 118. non reperietis hominem timide haec improbissima lucra ligurrientem; Ver III 177. ab huius scelere omnium malorum principium natum reperietis; Phil II 50. ceteris rebus aut pares aut etiam inferiores reperiemur; nat II 8. — 3. vir is, quem quaerimus, non multo facilius tali animo reperietur quam civitas universa? Tusc V 42.

repetitio, Wieberholung: eiusdem verbi crebra a primo repetitio (habet interdum vim); de or III 206.

repeto, wieber auffuchen, erftreben, zurücfrufen, wieber aufnehmen, wieberholen, zurücforbern, auf Erfaş flagen, zurücfgeben, ableiten, nachholen: I. quid essent lege Papia de M. Cassio Mamertinis repetentibus iudicaturi; Balb 52. arator repetere

---

poterat; Ver III 70. repetunt (rhetores) ab Erechtheo; Tusc I 116. — II, 1. quae principia sint, repetendum videtur altius; of I 50. — 2. recte hoc repetitur a vobis, ut virum optimum calamitatibus liberetis; Cluent 202. — III. quod me non ut crudelem tyrannum, sed ut mitissimum parentem omnium civium studiis desideratum, repetitum, arcessitum vident; dom 94. transilire ante pedes positum et alia longe repetita sumere; de or III 160. quoniam ex alto repetita sint; ep III 5, 1. f. II, 2. repetebant praeterea deos patrios, aras, focos, larem suum familiarem; Phil II 75. (conquestio) longius repetita est, quam res postulabat; inv I 91. deos: f. aras. in quibus (fabulis) tam multis tamque variis ab ultima antiquitate repetitis; fin I 65. focos: f. aras. video hanc primam ingressionem meam non ex oratoriis disputationibus ductam, sed e media philosophia repetitam; orat 11. larem: f. aras. ut ne mors quidem sit in repetenda libertate fugienda; Phil X 20. repeto abs te monumentum P. Africani; Ver IV 82. natura iuris explicanda nobis est eaque ab hominis repetenda natura; leg I 17. eam orationem ex omni rei publicae nostrae temporum varietate repetivi; de or II 199. quorsum haec spectat tam longa et tam alte repetita oratio? de or III 91. repetam non ab incunabulis nostrae veteris doctrinae quendam ordinem praeceptorum, sed . .; de or I 23. parentem: f. alqm. L. Piso tribunus plebis legem primus de pecuniis repetundis Censorino et Manilio consulibus tulit; Bru 106. in hac quaestione de pecuniis repetundis; Ver II 15. haec tacita lex est humanitatis, ut ab homine consilii, non fortunae poena repetatur; Tul 51. si omnium mearum praecepta litterarum repetes, intelleges . .; Q fr I 2, 7. ratio profecta a Socrate, repetita ab Arcesila usque ad nostram viguit aetatem; nat I 11. mihi repetenda est veteris cuiusdam memoriae recordatio; de or I 4. cum res ex litterarum monumentis repetere instituo; inv I 1. cum res privatae longo intervallo iudiciis repeterentur; Bru 46. ut (res) non sine causa alte repetita videatur; orat 11. veteres scriptores artis usque a principe illo atque inventore Tisia repetitos; inv II 6. abs te sestertium miliens ex lege repeto; div Caec 19. repetenda (est) vetus illa severitas; Phil VII 14. cum somno repetito simul cum sole experrectus essem; A XIII 38, 1. tyrannum: f. alqm. cogitanti mihi et memoria vetera repetenti; de or I 1. si (natura vitam) repetit, cum vult; Tusc I 93.

repleo, anfüllen, ergänzen: ut exhaustas domos replere possent; prov 4. vel passim licet carpentem et conligentem undique replere iustam iuris civilis scientiam; de or I 191.

replicatio, Rücfbewegung, Kreisbewegung: ut replicatione quadam mundi modum regat atque tueatur; nat I 33.

replico, entfalten, aufrollen: est traductio temporis nihil novi efficientis et primum quidque replicantis; div I 127. si velis replicare memoriam temporum; leg III 31.

repono, wieber hinftellen, aufftellen, zurücflegen, legen, aufbewahren, Erfaş geben, einfeşen, feşen, verfeşen, rechnen: I. Catulo et Lucullo alibi reponemus; A XIII 12, 3. — II. Isocratem hunc in numerum non repono; opt gen 17. si „Aristophanem" reposueris pro „Eupoli": A XII 6, a, 1 (6, 3). quae iam in fabularum numerum || numero || reponantur; inv I 39. ne tibi ego idem reponam; ep I 9, 19. multas beluas in deorum numerum reponemus: nat III 47. eae (grues) in tergo praevolantium colla et capita reponunt; nat II 125. utrum existimatis minus operis esse unam columnam efficere ab integro novam an quattuor illas reponere? Ver I 147. si placuerit, vos meam defensionem in aliquo artis loco reponetis; de or II 198. regem certos homines misisse, qui eos dentes reponerent; Ver IV 103.

quem (deum) in animi notione tamquam in vestigio volumus reponere; nat I 37. praeclarum diem illis reposuisti; Ver II 52. non puto te meas epistulas delere, ut reponas tuas; ep VII 18, 2. neque condendi ac reponendi (fructus) ulla pecudum scientia est; nat II 156. cum suo quemque loco lapidem reponerent; Ver I 146. quod omnes in mea vita partem aliquam tuae vitae repositam esse dicebant; Q fr I 3, 2. intellegere debes in te repositam esse rem publicam; ep IX 14, 8. senatum populumque Romanum magnam spem in eius virtute reponere otii; Phil V 41. quas (stellas) tu innumerabiles in deorum numero reponebas; nat III 23.

reporto, zurückbringen: cum m e Italia cuncta paene suis umeris reportarit; sen 39. nihil praeter laudem bonis atque innocentibus neque ex hostibus neque a sociis reportandum; leg III 18. statuerunt id (candelabrum) secum in Syriam reportare; Ver IV 64. nulla praeda, imperata tamen pecunia exercitum ex Britannia reportabant; A IV 18, 5 (17, 3). ut ab illo iusignia victoriae, non victoriam reportarent; imp Pomp 8.

reposco, zurückfordern, fordern: I. qui ab altero rationem vitae reposcunt; Ver III 1. — II. quorum alter m e Catilinam, amatorem suum, alter Cethegum consobrinum reposcebat; sen 10.

repraesentatio, Barzahlung: I. de repraesentatione videbis; ep XVI 24, 1. — II. quod Dolabellae nomen tam expeditum videtur, ut etiam repraesentatione confidam; A XIII 29, 3. — III. si Faberianum venderem, explicare vel repraesentatione non dubitarem de Silianis (hortis); A XII 31, 2.

repraesento, vergegenwärtigen, verwirklichen, barstellen, ausbrüchen, beschleunigen, bar bezahlen: I, 1. si qua etiam iactura facienda sit i n repraesentando; A XII 29, 2. magno etiam adiumento nobis Hermogenes potest esse in repraesentando; A XII 31, 2. — 2. reliquae pecuniae vel usuram Silio pendemus, dum a Faberio, vel cum aliquo, qui Faberio debet, repraesentabimus; A XII 25, 1. — II. dies promissorum adest, quem etiam repraesentabo, si adveneris; ep XVI 14, 2. mihi videntur istorum animi incendi etiam ad repraesentandam improbitatem suam; A XVI 2, 3. si repraesentari morte mea libertas civitatis potest; Phil II 118. neque exspectare temporis medicinam (debemus), quam repraesentare ratione possimus; ep V 16, 6. quod ipsum templum repraesentabat memoriam consulatus mei; Sest 26.

reprehendo (reprendo), faffen, zurückhalten, zurückweisen, anfechten, zurechtweisen, tabeln, rügen: I, 1, a. e x p o n e nunc d e reprehendendo; part or 44. — b. quae omnia perfacilem rationem habent reprehendendi; Cael 62. — c. in confirmando hoc est probare volumus, i n reprehendendo redarguere contraria; part or 33. — 2, a. alterius partis infirmatione hoc modo reprehenditur ‖ reprehendetur ‖; inv I 84. — b. virum te aiunt in regia, nec reprehendo; A X 3, a, 1. revocat virtus vel potius reprendit manu; Ac II 139. — II, 1. de: f. III. alqm; nat I 28. — 2. neque nunc reprehendo, quod ad voluptatem omnia referantur; nat I 113. — III. confitentur se id fecisse ipsum, in quo reprehenduntur; part or 129. in quo me reprehendit; Piso 55. Xenophanes de ipsa mente item reprehenditur, ut ceteri, de infinitate autem vehementius; nat I 28. in hoc ipso diligenter examinare verborum omnium pondera reprehendit Aeschines quaedam et exagitat; orat 26. illud in Syracusanis merito reprehenderetur; Ver IV 151. cum reprehendes ea, quae vituperanda ducas; ep V 12, 4. omnis argumentatio reprehenditur, si . . ; inv I 79. qui avari avaros, gloriae cupidos gloriosi reprehendunt; Tusc III 73. simplex conclusio reprehenditur ‖ reprehendetur ‖, si . . ; inv I 86. Flacci consilium in remigibus imperandis reprehendetur? Flac

31. cupidos: f. avaros. ne dictum quidem aliquod reprehenderunt; Font 40. qnis esset, qui meum factum posset reprehendere? div Caec 6. nemo iudicium reprehendit, cum de poena queritur, sed legem; Sulla 63. cuius mores erant a censoribus reprehensi: Cluent 119. si in minimis rebus pertinacia reprehenditur, calumnia etiam coërcetur; Ac II 65. L. Cotta rebus iis gestis, quas tu reprehendis, supplicationem decrevit; Phil II 13. quoniam in hoc officio studium meae defensionis ab accusatoribus atque etiam ipsa susceptio causae reprehensa est; Muren 2. neque in ulla (lege) praeteritum tempus reprehenditur; Ver I 108. ipse (Epicurus) negat luxuriosorum vitam reprendendam; fin II 70.

reprehensio (reprensio), Anstoß, Innehalten, Tabel, Widerlegung: I, 1. est etiam reprehensio: de or III 207. sequitur ‖ sequetur ‖ adversariorum definitionis reprehensio; inv II 56. reprehensio est. per quam argumentando adversariorum confirmatio diluitur [aut infirmatur] aut elevatur. haec fonte inventionis eodem utetur, quo utitur confirmatio; inv I 78. — 2. sum: f. 1. utitur. — II, 1. ut eorum reprehensionem vos vestrae prudentiae adsumere, meae modestiae remittere debeatis; Planc 56. cum ipse istam reprehensionem non fugerim; A X 3, a, 1. exitus illius minuit eius officii praetermissi reprehensionem; A XI 7, 3. ea (oratio) et confirmationem et reprehensionem quaerit; de or II 331. ne reprensionem quidem vulgi inanem reformidans: fin III 7. remitto: f. adsumo. qui veretur reprehensionem doctorum atque prudentium; orat 1. — 2. fore ut hic noster labor i n varias reprehensiones i n c u r reret; fin I 1. — III. 1. si locus habet reprehensionis ansam aliquam; Planc 84. huic labori nostro duo genera reprehensionum ‖ reprehensorum ‖ opponuntur; opt gen 18. exponemus modos reprehensionis; inv I 78. quartus modus erit reprehensionis, per quem contra firmam argumentationem aeque firma aut firmior ponitur; inv I 96. — 2. quoniam primus annus habuit de hac reprehensione plurimum sermonis; Q fr. I 1, 40. — IV. 1. castigationibus, reprehensionibus, ignominiis a d f i c i se; Tusc IV 45. — 2. in qua (oratione) ex oratoribus possumus iudicare concinnam, distinctam, sine intermissione, sine reprehensione non posse in delectatione esse diuturna; de or III 100.

reprehensor (reprensor), Tabler: I. ut reprehensores essent comitiorum; Planc 8. — II. restat unum genus reprehensorum, quibus Academiae ratio non probatur; Ac II 7. — III. orationis fumine reprensoris convicia diluuntur; nat II 20. genus: f. II.

repressor, Unterbrücker: video Milonem, repressorem caedis cotidianae, sordidatum et reum; Sest 144.

reprimo, zurückbrängen, zurückhalten, ein schränken, aufhalten, hemmen, unterbrücken: I. caedes multis locis repressas (esse); Q fr I, 1, 25. qui horum impetus et conatus represserunt; Sest 139. omnis fetus reprimitur ‖ est ‖; Bru 16. fuga, quae parabatur, repressa est; A VII 26, 1. quae leges saepe numero tribunicios furores debilitarunt et represserunt; Vatin 18 impetus: f. conatus. putavi mihi reprimendam esse P. Clodii impudicam impudentiam; har resp 1. dubitabat nostrum nemo, quin Caesar itinera repressisset; A X 9, 1. si (lacus Albanus) repressus esset; div II 69. cum a praesenti supplicio tuo continuit populus Romanus se et repressit; Ver V 74. hos ego sermones lacessivi numquam, sed non valde repressi; ep III 8, 7. an vero tibi Romulus finitimorum vim repressisse eloquentia videtur, non consilio et sapientia singulari? de or I 37. — II. quae fletu reprimor n e scribam; A XI 15 3.

repromissio, Gegenversprechen: I. initium repromissionis spectare debemus; Q Rosc 39. — II.

si sine cautione et repromissione nihilo minus id Fannius societati debebat; Q Rosc 56.

repromitto, Gegenverſprechen geben, dagegen verſprechen: I. repromittis tu abhinc triennium Roscio; Q Rosc 37. — II. acc. c. inf.: ſ. III. alqd. — III. non tibi repromittere istuc quidem ausim; Bru 18. hoc vobis repromitto. mihi neque diligentiam neque fidem defuturam; Quir 24. repromisisse Fannium Roscio eius partem dimidiam; Q Rosc 39.

repudiatio, Zurückweiſung: sin autem repudiatio supplicum superbiam coarguit; Muren 9.

repudio. verſchmähen, ablehnen, zurückweiſen, verwerfen: I. oriens incendium qui restinguerent, summos viros misimus; repudiasti; Phil XIII 48. — II. ab iis, quos repudias, exigis tantum pecuniae; Ver III 173. tu continentiam, tu industriam, tu animum in rem publicam, tu virtutem, tu innocentiam, tu fidem, tu labores tuos fractos esse et abiectos et repudiatos putas? Planc 9. a quo M. Marcelli tutoris in causa pupilli Iunii et oratio et voluntas et auctoritas repudiata est; Ver II 153. ut res ipsa illum censum repudiaret; Ver II 138. neque esse mirandum, si consilium senatus a re publica repudiaret; de or III 3. continentiam: ſ. animum. cur barbarorum deos repudiemus? nat III 47. eloquentia haec forensis spreta a philosophis et repudiata; orat 13. fidem: ſ. animum. quod (adipatae dictionis genus) Athenienses funditus repudiaverunt; orat 25. quoniam regale civitatis genus probatum quondam postea repudiatum est; leg III 15. industriam, al.: ſ. animum. quo vultu cincinnatus ganeo non solum civium lacrimas, verum etiam patriae preces repudiavit! sen 12. totam quaestionem illam et legem repudiavit; Cluent 137, parendum religioni fuit nec patrius mos tam contumaciter repudiandus; div II 71. orationem: ſ. auctoritatem. ut pax Samnitium repudiaretur; of III 109. qui tantas pecunias repudiarit; Q Rosc 24. preces: ſ. lacrimas. quaestionem: ſ. legem. hunc ego reditum repudiarem, qui ita florens fuit? Sest 128. quibus rebus omnium mortalium non voluntate, sed convicio repudiatis; Vatin 26. si studium erga hunc ordinem repudiaro; prov 39. virtus, quam sequitur caritas, minime repudianda est; Lael 61. ſ. animum. voluntatem: ſ. auctoritatem.

repuerasco, wieder zum Kinde, kindlich werden: nos incredibiliter repuerascere esse solitos; de or II 22. si quis deus mihi largiatur, ut ex hac aetate repuerascam; Cato 83.

repugnanter, widerſtrebend: alterum patienter accipere, non repugnanter; Lael 91.

repugnantia, Widerſpruch: qui ‖ quia ‖ tantam rerum repugnantiam non videas ‖ vides ‖, nihil profecto sapis; Phil II 19.

repugno, Widerſtand leiſten, widerſtehen, widerſtreben, widerſprechen, entgegenſtehen: I. (Saturius) resistere et repugnare contra veritatem non audet; Q Rosc 51. missi legati repugnante me; Phil XII 11. non modo non repugnantibus, verum etiam approbantibus nobis; fin I 62. ex repugnantibus (sic argumenta ducuntur); de or II 170. ab antecedentibus et consequentibus et repugnantibus hoc modo (argumenta ducuntur); Top 19. a repugnantibus (argumentum ducitur); Top 21. repugnat recte accipere et invitum reddere; Top 21. ea (utilitas) nulla erat repugnante honestate; of III 48. si se ad dicendum quoque non repugnante natura dedissent; de or III 140. ut res maxime inter se repugnantes dicendi facultate coniungeret; Cael 41. — II. de vita beata nihil repugno; nat I 67. — III. non ego „oppugnavi" fratrem tuum, sed fratri tuo repugnavi; ep V 2, 10. cum repugnare utilitas honestati videatur; of III 50. amicissimi vestri honori vestro repugnabant; Sulla 49. eius iracundiae religio non numquam repugnabat; Flac 11. quid est aliud Gigantum modo bellare cum dis nisi naturae

repugnare? Cato 5. ego eius opinioni non repugno; Rab Post 2. si (voluptas) virtuti diutius repugnet; fin III 1.

repulsa, Zurückweiſung, Zurückſetzung: I. qui (C. Marius) duabus aedilitatis acceptis repulsis septiens consul est factus; Planc 51. cum ille (Rutilius) repulsam tulisset; de or II 280. qui repulsam tulerat; Bru 113. — II. videntur offensionum et repulsarum quasi quandam ignominiam timere et infamiam; of I 71. — III. qui sine repulsa consules facti sunt; agr II 3.

repungo, wiederſtechen, Stiche vergelten: in quo (Publio) possem illorum animos mediocriter lacessitus leviter repungere; ep I 9, 19.

reputo, berechnen, erwägen: I, 1. non reputans, quid ille vellet; ep I 9, 6. — 2. cum tibi nihil merito accidisse reputabis; ep V 17, 5. — II. multa mecum ipse reputavi; sen 32. ut ex hoc die superiores ‖ superioris ‖ solis defectiones reputatae sint usque ad illam, quae . . ; rep I 25.

requies, Ruhe, Erholung: I. in eadem (amicitia Scipionis mihi) requies plena oblectationis fuit; Lael 103. — II, 1. nisi (somnus) requietem corporibus et medicinam quandam laboris adferret; fin V 54. feriarum festorumque dierum ratio in liberis requietem litium habet et iurgiorum; leg II 29. ſ. III. alqd. — 2. quodsi aliquid ad requiem senectutis excogitat; de or I 254. philosophorum libros reservet sibi ad huiusce modi Tusculani requiem atque otium; de or I 224. — III. ut tantum requietis habeam, quantum cum uxore et filiola consumitur; A I 18, 1. parvos (dolores) multa habere intervalla requietis; fin I 49.

requiesco, ruhen, ausruhen, raſten, ſich erholen: I. mihi quoque initium requiescendi fore iustum; de or I 1. — II. requiescam in Caesaris sermone quasi in aliquo peropportuno deversorio; de or II 234. ut satis diu te putes requiesse; de or II 290. requiesco paulum in his miseriis, cum quasi tecum loquor; A VIII 14, 1. hi nullius amantis consilio aut sermone requiescunt; A I 18, 2. videbare requiesse paulisper; A XIV 8, 2. requiescere in sepulcro putat mortuum; Tusc I 107. veteranos cupientes iam requiescere armavit; Phil V 44.

requiro, ſuchen, fragen, forſchen, verlangen, bedürfen, vermiſſen: I. ex te ipsa requiro: si quae mulier . . ; Cael 50. post requieras, si quid fuerit obscurius; Tusc IV 10. — II. de te tantum requiro, utrum putes odium in me mediocre inimicorum fuisse an . . ; Planc 71. sin est aliqua via in istis verbis, ea quae sit, augur a conlega requiro; Phil II 84. qui requirunt, quid quaque de re ipsi sentiamus; nat I 10. — III. cum gregales eum (Titium), cum in campum non venisset, requirerent; de or II 253. ne alios requiramus; rep I 44. quae ornamenti causa fuerunt, non requirit; Ver IV 18. sin quid requiritis, id explicemus prius; leg I 32. L. Metellum memini ita bonis esse viribus, ut adulescentiam non requireret; Cato 30. cum experrecta tandem virtus clarissimi viri celeriter et verum amicum et optime meritum civem et suum pristinum morem requisivit; Piso 27. aliae caerimoniae nobis erunt, alii antistites deorum immortalium, alii interpretes religionum requirendi; dom 2. artem et praecepta dumtaxat hactenus requirunt, ut . . ; de or II 119. virtus, probitas, integritas in candidato, non linguae volubilitas, non ars, non scientia requiri solet; Planc 62. omnes cives Romani vestrum auxilium requirunt; Ver V 172. caerimonias: ſ. antistites. nec a deo causam requirimus, cum culpae paene vorem audiamus; nat III 91. civem: ſ. amicum. congressus nostros, consuetudinem victus, doctissimos sermones requirens tuos; orat 33. in quibus (orationibus) forsitan magis requiratur constantia; Cluent 141. consuetudinem: ſ. congressus.   cursum conten-

79*

tiones magis requirunt, expositiones rerum tarditatem; orat 212. an pudor, an integritas, an religio in eo, an diligentia umquam requisita est? Balb 9. integritatem: f. artem, diligentiam. interpretes: f. antistites. quodsi litterae non exstarent, magno opere eas requireremus; inv I 70. si signum requirent aut manum, dices me propter custodias ea vitasse; A XI 2, 4. morem: f. amicum. (bestiae) motus solutos et vagos a natura sibi tributos requirunt; fin V 56. praecepta, probitatem: f. artem. pudorem, religionem: f. diligentiam. mihi videris ante tempus a me rationem ordinis et disponendarum rerum requisisse; de or II 180. rem a me saepe deliberatam requiris; Ac I 4. scientiam: f. artem. a me librorum eorum sententiam requisisti; Top 1. sermones: f. congressus. signum: f. manum. si neque amici in foro requirunt studium meum neque res publica in curia; Sulla 26. tarditatem: f. cursum. requiri placere terminos, quos Socrates pegerit; leg I 56. virtutem, volubilitatem: f. artem. urbes locupletes et copiosae requiruntur; imp Pomp 65.

res, Sache, Gegenstand, Wesen, Ding, Begebenheit, Angelegenheit, Umstand, Handlung, Lage, Tat, Verhältnis, Wirklichkeit, Wahrheit, Mittel, Interesse, Nutzen, Vermögen, Ursache, Grund, Geschäft, Ausgang, Verlauf: I. **absolut:** 1. ne res abiret ab Apronio; Ver III 148. habemus etiam rationem rei familiaris tuae, quam dissipari nolumus. nam etsi nullam potest accipere iniuriam, quae futura perpetua sit, tamen ..; ep IV 7, 5. si tuae res gestae ceterorum laudibus obscuritatem attulerunt; Deiot 12. quaecumque res eum (sapientem) sic attinget, ut sit visum illud probabile; Ac II 101. quoquo modo ea res huic (Q. Mucio) quidem cecidit; A VIII 3, 6. cum verba nos eo ducunt, tum res ipsa hoc sentire atque intellegere cogit; Caecin 89. quod omen res consecuta est; div I 104. is non videt, quae quamque rem res consequatur; fat 9. memoria vestra res nostrae alentur, sermonibus crescent, litterarum monumentis inveterascent et corroborabuntur; Catil III 26. si facultatem mihi res hoc tempore daret, ut ..; quod ipsa res declaravit; Ver IV 63. duas sibi res, quo minus in vulgus et in foro diceret, confidentiam et vocem, defuisse*; rep III 42. proximus est locus rerum efficientium, quae causae appellantur; deinde rerum effectarum ab efficientibus causis; Top 58. cum (voluptas) percipitur e multis dissimilibus rebus dissimiles efficientibus voluptates; fin II 10. idem modi omnis res iudiciaria fuit; Ver II 31. cum civitate mihi res est acerrima; Flac 44. cum peritissimo homine mihi res est; Phil XI 20. an tu negabis eam rem habere, quae cognosci, comprendi, percipi possit? Ac II 62. qui sibi eam rem fructuosam putabit fore; leg I 42. eae res, quas ingenio ac ratione persequimur, gratiores sunt quam illae, quas viribus; of II 46. cum res in summa expectatione esset; A VIII 11, D, 3. res sunt inexplicabiles; A X 2, 2. f. accipit. IV, 1. genus. V, 2. ab. recenti re de Mustio auditum est; Ver I 139. multae res exstiterunt urbanae maiores clarioresque quam bellicae; of I 74. erit ei perspectum nihil ambigi posse, in quo non aut res controversiam faciat aut verba: res aut de vero aut de recto aut de nomine, verba aut de ambiguo aut de contrario; orat 121. neque vero ea res fefellit homines; agr II 90. quae res si rei iudicatae pondus habuisset; Cluent 116. Catoni, quoquo modo se res habet, profecto resistemus; ep I 5, a, 2. prorsus ibat res; A XIV 20, 4. nulla res obiecta impedit, quo minus (animus) percipiat, quale quidque sit; Tusc I 47. inveterascunt: f. crescunt. omnes urbanae res latent in tutela ac praesidio bellicae virtutis; Muren 22. etsi res ipsa loquebatur, cognovi tamen ex meorum omnium litteris; ep XV 11, 1. dum res maneant, verba fingant

(docti) arbitratu suo; fin V 89. Antonii conloquium cum heroibus nostris pro re nata non incommodum: A XIV 6, 1. earum rerum, quae noceant et obsint, eadem divisio est; of II 12. dic nunc, si potes, si res, si causa patitur, Cluvium esse mentitum! Q Rosc 48. neque res ulla, quae ad placandos deos pertineret, praetermissa est; Catil III 20. ut doctissimi homines de rebus non pervagatis inusitatis verbis uterentur; fin III 5. tuas litteras, prout res postulat, exspecto; A XI 6, 7. si quae || qua || premat res vehementius; de or II 294. duae res vehementer in praetura desideratae sunt, quae ambae in consulatu Murenae profuerunt; Muren 37. haec tota res interpellata bello refrixerat; A I 19, 4. etiamsi res forte non suppetit; of II 31. libidines, audacias tot egentissimorum hominum nec privatas posse res nec rem publicam sustinere; A IX 7, 5. in istis omnibus rebus opinio plus valet saepe quam res ipsa; Scaur 36. omnium fore perturbationem, si non ita res agantur et in iudicium veniant, quo pacto oporteat: inv II 61. ut necesse sit omnium rerum, quae natura vigeant, similem esse finem, non eundem; fin V 26. — 2. id, quod mihi crimini dabatur, non modo peccatum non erat, sed **erat** res post natos homines pulcherrima; dom 95. est gloria solida quaedam res et expressa, non adumbrata; Tusc III 3. — 3. discessit ab eo; luctuosa res! div II 79. o di immortales, rem miseram et calamitosam! Sex Rosc 77. o rem difficilem planeque perditam! A IX 2, a, 1.

II. **nach Verben:** 1. qui dicat appetitionem rerum ad vivendum **accommodataram** a natura profectam; fin IV 78. vilissimas res addunt; fin II 42. rem adduci ad interregnum; A VII 9, 2. cum tu rem te ad eos non ab aliis tibi adlatam, sed a te ipsa compertam deferre diceres; Cael 68. ducuntur etiam argumenta ex iis rebus, quae sunt quodam modo adfectae ad id, de quo quaeritur; Top 11. quod senatus populusque Romanus rebus adflictis tam excelso animo fuisset; of III 114. rem navalem ita dico esse administratam, uti ..; Ver V 43. adumbro: f. I, 2. rem a me saepe deliberatam et multum agitatam requiris; Ac I 4. vir antiquitatis nostrae et in inventis rebus et in actis scriptorumque veterum litterate peritus; Bru 205. ne palam res agatur; Sex Rosc 110. cum iste impurus hostis ageret illam rem ita raptim et turbulente, uti ..; dom 139. quoniam apud Graecos iudices res agetur; Tusc I 10. calamo et atramento temperato, Q fr II 14, 1. f. I, 1. veniunt. alo: f. I, 1. crescunt. cum in Asia res magnas permulti amiserant; imp Pomp 19. cum res occultissimas aperueris in lucemque protuleris; Ac II 62. hanc unam rite rem publicam, id est rem populi, appellari putant; rep I 48. f. I, 1. efficiunt. apparatu nobis opus est et rebus exquisitis, undique conlectis, arcessitis, comportatis; de or III 92. quas res nos in consulatu nostro gessimus, attigit hic versibus atque inchoavit; Arch 28. audita et percelebrata sermonibus res est; Cael 69. eas (res) cernimus, audimus, gustamus, olfacimus, tangimus; div II 9. qui rem bonis et honestis rationibus auxisset; Rab Post 38. celebro: f. 5. versor in. cerno: f. audio. cum rem penitus causamque cognovi; de or II 104. f. I, 1. est; Ac II 62. enumeratio est, per quam res disperse et diffuse dictae unum in locum coguntur et reminiscendi causa unum sub aspectum subiciuntur; inv I 98. quanta res sit commissa vobis; Cael 70. multis nefariis rebus ante commissis; Phil VI 2. et secundas res splendidiores facit amicitia et adversas partiens communicansque leviores; Lael 22. hoc esse indignius, quam rem verbo mutare non possint, eam re ipsa et iudicio maximo commutare; inv II 133. sive rebus non commutatis immutaverunt vocabula; leg I 38. comperio: f. adfero.

comporto: ſ. arcesso. comprehendo: ſ. I, 1. est; Ac II 62. honeste vivere fruentem rebus iis, quas primas homini natura conciliet; Ac II 131. quae (res) confectae publicis privatisque tabulis sunt; Font 5. enumeratio est, in qua pluribus rebus expositis et ceteris infirmatis una reliqua necessario confirmatur; inv I 45. coniugo: ſ. arcesso. consequor: ſ. I, 1. consequitur. non ad spem constituendae rei familiaris; Phil XI 4. res tam graves tamque praeclaras Latinis etiam litteris contineri; nat I 7. corroboro: ſ. I, 1. crescunt. res tam scelesta credi non potest; Sex Rosc 63. properavit rem deducere in iudicium; A I 16, 2. Habiti vilici rem domini et privatam possessionem defenderunt; Cluent 161. (rusticum) rem ad amicos detulisse; div I 55. ſ. ad-fero. accusatio crimen desiderat, rem ut definiat; Cael 6. delibero: ſ. agito. eo rem demittit Epicurus, nulli (sensui) esse credendum; Ac II 79. argumentatio videtur esse inventum aliquo ex genere rem aliquam aut probabiliter ostendens aut necessarie demonstrans; inv I 44. rem demonstrat; Ver I 126. desidero: ſ. I, 1. prosunt. re iam desperata; A III 23, 4. despicere nemo potest eas res, propter quas aegritudine adfici potest; Tusc III 15. dico: ſ. cogo, gero. rem differre cotidie ac procrastinare isti coeperunt; Sex Rosc 26. dissipo: ſ. I, 1. accipit. maxime inimici hanc rem sermonibus divulgari voluerunt; Font 20. ut res minime dubitanda in contentione ponatur; Cael 55. ne res duceretur, fecimus, ut . . ; fr E V, 7. etsi sine re nulla vis verbi est, tamen eadem res saepe aut probatur aut reicitur alio atque alio elata verbo; orat 72.' causis efficientibus quamque rem confirmat; fat 33. ſ. I, 1. efficiunt. vgl. III, 1. efficiens. videretis, quibus hominibus omnium rerum et vendendarum et emendarum potestatem permitteretis; agr II 63. in rebus ab ipso rege clam exulceratis, deinde palam a consularibus exagitatis; ep I 1, 4. rerum expetendarum tria genera sunt; par autem numerus vitandarum; inv II 157. qui res expetendas vel voluptate vel indolentia metiuntur; of III 12. quibus rebus explicatis; Scaur 22. ut rem exponamus; de or II 307. ſ. confirmo. exprimo: ſ. I, 2. exquiro: ſ. arcesso. exulcero: ſ. exagito. facio: ſ. communico. iam misericordia movetur, si is, qui audit, adduci potest, ut illa, quae de altero deplorentur, ad suas res revocet, quas aut tulerit acerbas aut timeat; de or II 211. quo studio incendimur, non modo in gestis rebus, sed etiam in fictis; Marcel 9. quae omnes aegrotationes animi ex quodam metu nascuntur earum rerum, quas fugiunt et oderunt; Tusc IV 25. post diem tertium gesta res est, quam dixerat; Milo 44. ob praeclarissimam res a me gestas; par 30. ſ. attingo, fingo. 4. sum. I, 1. adferunt. IV, 1. auctores, expositio, gloria. IV, 2. V, 1. comprobare. accedit ad earum rerum, quas terra gignit, conservationem et salutem hominum etiam sollertia et diligentia; nat II 130. gusto: ſ. audio. cum habeam rem non dubiam; Cluent 64. decrevistis, ne quis ulla ratione rem impediret; sen 27. inchoo: ſ. attingo. personam aut rem aliquam inducere et enumerationem ei totam attribuere (possis); inv I 99. res inducetur, si alicui rei huius modi, legi, loco, urbi, monumento oratio attribuetur per enumerationem; inv I 100. infirmo: ſ. confirmo. intellego: ſ. IV, 1. genus. interpello: ſ. I, 1. refrigescit. invenio: ſ. ago; Bru 205. quae (res) coniectura investigari videntur; div II 55. cui nostrum [non] licet res rusticas vel fructus causa vel delectationis invisere? de or I 249. ut res iudicatae rescindantur; Ver V 12. illos ob rem indicandam pecuniam accepisse; Cluent 98. ſ. I, 1. habet. si quid ex iis rebus, quas tibi fortuna largita est, non nullorum hominum perfidia detraxerit; ep I 5, a, 4. honestatem absolutam, rem unam

praeclarissimam omnium maximeque laudandam; fin V 69. si hanc ei rem privatim Sex. Roscius mandavisset; Sex Rosc 114. metior: ſ. expeto. muto: ſ. commuto. necto: ſ. IV, 1. causa. fore, ut res ipsas rerum effigies notaret; de or II 354. tu mihi de iis rebus, quae novantur, omnia certa, clara; A XVI 13, b (c), 2. nova res nuntiatur statim C. Mustio; Ver I 135. quantum ceteris ad suas res obeundas conceditur temporum; Arch 13. obiecta terribili re extrinsecus; Ac II 48. ſ. I, 1. impedit. odi: ſ. fugio. olfacio: ſ. audio. ut omittam avi tui res prosperas; Phil I 34. neminem umquam tam impudentem fuisse, qui ab dis immortalibus tot et tantas res tacitus auderet optare; imp Pomp 48. ostendo: ſ. demonstro. quae (res) pariuntur iniuria; fin I 53. partior: ſ. communico. ut res patefacta et in forum prolata sit; Cluent 78. percelebro: ſ. audio. praesto est, qui neget rem ullam percipi posse sensibus; Ac II 101. quod Carneades quaerere solebat, quarumnam rerum divinatio esset, earumne, quae sensibus perciperentur; div II 9. ſ. I, 1. efficiunt. est; Ac II, 62. ut perditis rebus omnibus tamen ipsa virtus se sustentare posse videatur; ep VI 1, 4. ſ. I, 3. rem a Staieno perfectam esse arbitrabatur; Cluent 73. persequor: ſ. I, 1. est; of II 46. quo facilius res perspici posset; fin III 54. pono: ſ. dubito. ego voluntatem tibi profecto emetiar, sed rem ipsam nondum posse video; Bru 16. praetermitto: ſ. I, 1. pertinet. probo: ſ. effero. procrastino: ſ. differo. iterum eodem modo a consulibus rem esse prolatam; Bru 86. ſ. aperio, patefacio. quam (rem) omnes praeter eum Stoici certissimam putant; Ac II 107. res manifestas quaeris; Ver III 146. reicio: ſ. effero. hunc relictis rebus suis omnibus in nostris bellis esse versatum; Balb 6. cum res privatae longo intervallo iudiciis repeterentur; Bru 46. quod (bellum) rebus repetitis geratur; of I 36. rescindo: ſ. iudico. res revocatur ad sortem; Ver II 127. (Stoici) nominibus aliis easdem res secuti sunt; div V 22. omnes res subiectas esse naturae sentienti; nat II 65. ſ. cogo. si rem frumentariam sibi ex provinciis suppeditari vellet; A VIII 1, 2. quoniam res tota a tribuno plebi suscepta (est) contra rem publicam; Rabir 35. tango: ſ. audio. quae cum res iam manibus teneretur; Sest 69. timeo: ſ. fero. ne in iis quidem rebus, quae arte tractantur, divinatione opus est; div II 9. si in plures translata res sit; rep I 60. rem cum Oppianico transigit; Cluent 39. nos urbem et res urbanas vobiscum pariter tuebimur; Phil XII 24. vendo: ſ. emo. multa verba fecisti te, cum res videres, rationem causamque non quaerere; div II 46. ſ. IV, 1. causa. vito: ſ. expeto. non numquam etiam res ad pugnam atque ad manus vocabatur; Ver V 28. — 2. illarum ipsarum rerum iudiciis absoluti atque rerum capitalium condemnati; dom 78. qui rerum potiri volunt; Catil II 19. eam (divinationem) tu fortuitarum rerum esse dicebas; div II 25. ſ. II, 1. percipio. — 3. nulli rei adsensurum esse sapientem; Ac II 78. virtutem omnibus rebus multo anteponentes; fin IV 51. attribuo: ſ. I. induco. ei rei se providere ac consulere velle; Ver pr 45. provinciae se ac rei militari dedit; har rep 42. plura proferre possim detrimenta publicis rebus quam adiumenta per homines eloquentissimos importata; de or I 38. qui non solum interfuit iis rebus, sed etiam praefuit; ep I 8, 1. hic vir extra ordinem rei frumentariae praeficiendus non fuit; dom 25. praesum: ſ. intersum. provideo: ſ. consulo. quo modo, quid cuique rei consentaneum esset, quid repugnaret, videremus? Ac II 22. cum (Clisthenes) rebus timeret suis; leg II 41. quibus rebus eandem vim tribueret, alia nomina inponentem; fin IV 21. — 4. quibus (rebus) abundant ii, qui beati

putantur; nat II 95. quibus rebus hic ordo caruit nimium diu; Phil VII 14. quibus (rebus) senectus etiamsi non abunde potitur, non omnino caret; Cato 48. etsi egeo rebus omnibus; A XI 3, 3. plurimis maritimis rebus fruimur atque utimur; nat II 152. si re publica non possis frui, stultum est nolle privata; ep IV 9, 4. ſ. 1. concilio. opus est: ſ. 1. arcesso. potior: ſ. careo. qui aut re aut spe denique sunt bona; dom 142. quis umquam tantis rebus gestis fuit? Phil VI 9. utor: ſ. fruor. — 5. ut eos (reges) nulla privati negotii cura a populorum rebus abduceret; rep V 3. unum si addis ad praeclarissimas res consulatus tui; ep XV 9, 2. ut de his rebus in senatu agere possemus; Muren 51. ut in rem gravis offensio concitetur; inv I 100. si nihil de patris fortunis amplissimis in suam rem convertit; Sex Rosc 144. detraho ex: ſ. 1. largior. me de invidiosis rebus dicentem attendite; Sulla 33. cum de re stabili et immutabili disputat oratio; Tim 8. quid est tam adrogans quam de religione, de rebus divinis pontificum conlegium docere conari? dom 33. duxo ex: ſ. 1. adficio. quod facete dicatur, id alias in re habere, alias in verbo facetias; de or II 248. hoc inerat in rebus futuris; div II 143. quibus ego in rebus interfui; Ver I 103. quid de tota re et causa iudicarit; Catil IV 10. nimium multa de re minime dubia loquor; Cael 15. si locus oportunus ad eam rem, qua de re narrabitur, fuisse ostendetur; inv I 29. percipio e: ſ. I, 1. efficiunt. cum ea consuetudo non solum ad res privatorum, sed ad summam rem publicam pertinere videretur; Tul 8. quod gravitas honestis in rebus severisque ‖ et severis ‖ ponitur; de or II 248. Socrates coëgit de vita et moribus rebusque bonis et malis quaerere; Tusc V 10. revoco ad: ſ. 1. fero. in meis rebus nihil est sane novi; ep II 4, 1. manifestis in rebus hominem iam teneri videbitis; Ver II 181. cum in rem praesentem [non] venimus; de or I 250. scio me in rebus celebratissimis omnium sermone versari; Phil II 57.

III. naß **Wbjectiüen**: 1. cum causas rerum efficientes sustuleris; Ac I 6. sicut vulgo ignari rerum loquebantur; Sest 15. sapiens homo ac multarum rerum peritus; Font 25. illa (epistula) fuit gravis et plena rerum; A IV 16, 1. — 2. (animus) cetera diiudicat, quid cuique rei sit maxime aptum; Tim 27. consentaneus: ſ. II, 3. repugno. — 3. accedere ad rem publicam plerumque homines nulla re bona dignos; rep I 9. orbus iis rebus omnibus, quibus et natura me et voluntas et consuetudo adsuefecerat; ep IV 13, 3. — 4. si sunt ad rem militarem apti; of I 74. ex qua re una vita omnis apta est; Ac I 31. qui in re adventicia atque hereditaria tam diligens, tam attentus esset; Ver I 126. Karthaginienses, homines in maritimis rebus exercitatissimos paratissimosque; imp Pomp 55. oportunus ad: ſ. II, 5. narro de. paratus in: ſ. exercitatus in. quod vehemens in re militari putatur; Caecin 43.

IV. naß **Guoftantiüen**: 1. qui velit in omnium rerum abundantia vivere; Lael 52. quaero, sitne eius rei aliqua actio an nulla; Caecin 33. appetitio: ſ. II, 1. accommodo. quae singularum rerum artifices singula si mediocriter adepti sunt, probantur; de or I 128. rerum mearum gestarum auctores, testes, laudatores fuerunt; Quir 16. qui rerum novarum causam aliquam quaererent; agr II 91. cum (cogitatio) rerum causas alias ex aliis aptas et necessitate nexas videt; Tusc V 70. ex rerum cognitione efflorescat et redundet oportet oratio; de or I 20. quae quasi expletam rerum comprehensionem amplectuntur; Ac II 21. compressione rerum breves (erant); Bru 29. conservatio: ſ. II, 1 gigno. qui in rerum contemplatione studia ponebant; Tusc V 8. rerum copia verborum copiam gignit; de or III 125. si dilectum rerum utilium et inutilium non habebit; leg fr 3. qua-

rum rerum magnam multiplicemque esse disciplinam; de or I 222. iudicio tuo, non casu in ipsam discrimen rerum contulisti tribunatum tuum: ep II 7, 2. divinatio: ſ. II, 1. percipio. 2 sum. divisio: ſ. I, 1. nocent. illa ipsa rerum humanarum domina, Fortuna; Marcel 7. illum et Iovem et dominatorem rerum (invocant); nat II 4. effigies: ſ. II, 1. noto. ut, quo modo initium nobis rerum omnium ortus noster adferat, sic exitum mors; Tusc I 91. cum ipsius rei gestae expositio magnam excipit offensionem; inv I 30. finis: ſ. I, 1. viget. rerum bonarum et malarum tria genera sunt; part or 38. definitionum duo genera prima: unum earum rerum, quae sunt, alterum earum, quae intelleguntur; Top 26. cum agatur gloria rerum gestarum singularis; Sulla 85. ignoratio rerum aliena naturae deorum est; nat II 77. initium: ſ. exitus. summam inopiam rei frumentariae nemo negat dom 12. ex interitu rerum et publicarum et suarum; ep VI 1, 1. laudatores: ſ. auctores. locus: ſ. I, 1. efficiunt. rei magnitudo me breviter perstringere atrocitatem criminis non sinit; Ver IV 105. in quibus (animi partibus) inest memoria rerum innumerabilium; fin II 113. metus: ſ. II, 1. fugio. ex veterum rerum monumentis vel maximum bellum populum Romanum cum Antiocho gessisse vides; Muren 31. nihil est in natura rerum omnium, quod se universum profundat; de or II 317. nullis in rerum natura causis praepositis, cur ab eo (Oedipode) patrem interfici necesse esset; fat 33. ut vix quisquam arte ulla ordinem rerum ac necessitudinem persequi possit; har resp 19. haec quidem de rerum nominibus; fin III 5. involuta ‖ involutae ‖ nisi notitia definiendo aperienda est; orat 116. quo e genere nobis notitiae rerum imprimuntur; Ac II 21. ordo: ſ. necessitudo. pondus: ſ. I, 1. habet. cuius (populi Romani) est summa potestas omnium rerum; har resp 11. quam (divinationem) Graeci μαντικήν appellant, id est praesensionem et scientiam rerum futurarum; div I 1. omnium rerum principia parva sunt; fin V 58. rerum ratio ordinem temporum desiderat; de or II 63. ſ. 1. accipit. ipsius rei fit remotio, cum . . ; inv II 91. salus: ſ. II, 1. gigno. scientia: ſ. praesensio. quam multos scriptores rerum suarum magnus ille Alexander secum habuisse dicitur! Arch 24. signa ostenduntur a dis rerum futurarum; nat II 12. qui et sermonis et iuris et multarum rerum societate iuncti sunt; Ver V 167. cum penes unum est omnium summa rerum, regem illum unum vocamus; rep II 43. testes: ſ. auctores. tractatio rerum efficit admirabilem orationem; orat 122. quod (municipium) tam commoda vacatione omnium rerum sit usum; Ver V 58. quarum omnium rerum quia vis erat tanta, ut sine deo regi non posset; nat II 61. vocabulis rerum mutatis incommutatiae crimen ille (Zeno) effugit; fin V 88. homines traduci ab usu rerum rusticarum ad insolitam litem; Ver III 27. — 2. neque se e legatum id aetatis iisque rebus gestis defuturum; Phil XI 17. — 3. quem ad modum misericordia aegritudo est ex alterius rebus adversis, sic invidentia aegritudo est ex alterius rebus secundis; Tusc III 21. cum esset de re pecuniaria controversia; Tul 5. ab re digressio: de or III 203. qua de re cum sit inter doctissimos summa dissensio; fin I 11. hominem sine re. sine fide; Cael 78. cognovit, quanta ad maximas res oportunitas in animis inesset hominum; inv I 2. non putasti me tuis familiarissimis in hanc rem testimonia denuntiaturum; Ver I 51.

V. **llmftanß**: 1. adsuefacere: ſ. III. 3. orbus. quibus rebus rem publicam auxerunt; Sex Rosc 50. ut omnibus rebus, quod sine molestia tua facere possis, ei commodes; ep XIII 35, 2. auctoritatem nostri decreti rebus gestis suis comprobavit; Phil XIV 28. commutare: ſ. II, 1. commuto. qui (Academici et Peripatetici) rebus congruentes nominibus differebant; Ac I 17. (Atticus orator) summissus est et humilis,

consuetudinem imitans, ab indisertis re plus quam opinione differens; orat 76. has sententias eorum philosophorum re inter se magis quam verbis dissidere; fin III 41. patrem eius re doctus intellexi mihi fuisse semper amicissimum; ep XIII 15, 1. ut is, qui audit, re quoque ipsa, quasi adsit, non verbis solum ad misericordiam ducatur; inv I 107. quae (visa) nulla re impedirentur; Ac II 104. tn omnium facile omnibus rebus infimus; Vatin 17. multis rebus inflammantur tales animi, qui corporibus non inhaerent; div I 114. sunt omnia sic ut adulescentis non tam re et maturitate quam spe et exspectatione laudati; orat 107. ut in omnibus factis re, non teste moveamur; fin II 52. obligare: ſ. 2. ob. innocens et bonus vir et omnibus rebus ornatus absolutus est; Flac 98. qui (Aristo) cum Zenonis fuisset auditor, re probavit ea, quae ille verbis; Ac II 130. nullum esse pilum omnibus rebus talem, qualis sit pilus alius; Ac II 85. istud, quod scribis, non mihi videtur tam re esse triste quam verbo; A X 1. 4. qui (Carthaginienses) permultum classe ac maritimis rebus valuerunt; imp Pomp 54. zum Gaß: quod erat terrestre praesidium non re, sed nomine; Ver V 87. sint sane illa magna, quae re vera magna sunt; Rab Post 44. Epicurus re tollit, oratione relinquit deos; nat I 123. qui nunc populi nomine, re autem vera sceleratissimo tribunorum latrocinio si quae conabuntur agere; ep I 4, 2. hoc cum re vera ita sit; A III 23, 3. — 2. neque ab ulla re, quae non sit in bonis, id, quod sit in bonis, contineri potest; fin III 49. quid ad rem? Phil II 72. sed haec nihil sane ad rem; fin II 82. sed hoc minus ad rem; div I 66. ut aliquid ante rem dicamus; de or II 307. cum respondisses te rei tuae causa venisse; Phil II 78. sed ante quam de re, pauca de me: nat III 5. ſ. I, 1. pervagantur. II, 1. novo. ut oratio et re et ex causa habita videretur; Cluent 141. ex re et ex tempore consilium capiemus; A IX 2, a, 3. cum in ea re contra legem redemptor [aliquid] fecerit, qua in re studio eius subita fluminis obstiterit magnitudo, supplicio dignusne sit? inv II 97. cum in rebus magnis memoria digna consilia exspectentur; de or II 63. ne in re nota multus et insolens sim; de or III 358. quin mihi nunc te absente sermonis communicatio maxime deest — quid dicam? in publicane an..? A I 17, 6. ſ. I, 1. valet. II, 1. ago; Bru 205. exagito, fingo, tracto. num is ob eam rem se ulla re obligavit? Top 45. quam ob rem sic agamus, ut nos ipsa ducet oratio; nat III 5. ſ. II, 1. gero. si per alias res eadem facta vis est; Caecin 63. pro re certa spem falsam domum rettulerunt; Sex Rosc 110. ſ. I, 1. nascitur. ut magis propter reum quam propter rem ipsam credibile videatur; Ver V 13. ſ. II, 1 despicio. sine: ſ. II, 1. effero.

resaluto, wiedergrüßen, ben Gruß erwibern: inter omnes constabat neminem esse resalutatum; Phil II 106. reges Armenii patricios resalutare non solent? A II 7, 2.

rescindo, zerreißen, vernichten, aufheben, auflösen, ungültig machen: quod quaedam a se constituta rescinderem; A VI 1, 2. acta M. Antonii rescidistis; Phil XIII 5. posse concilia vel instituta dimittere vel habita rescindere; leg II 31. ne tuum iudicium videar rescindere; Ver V 20. pactiones sine ulla iniuria factas rescidit; prov 10. eas (provincias consulares) lege Sempronia per senatum decretas rescidisti; dom 24. solus tu iniurias es, cui non satis fuerit corrigere testamenta vivorum, nisi etiam rescinderes mortuorum; Ver I 111.

rescisco, bemerfen: cum (sapiens) id rescierit; of III 91.

rescribo, zurückschreiben, antworten: I, 1. quibus epistulis sum equidem abs te lacessitus ad rescribendum; A I 13, 1. — 2, a. ad eam ipsam (epistulam) rescribendum putavi; A IX 2. — b. re-

scribam tibi ad ea, quae quaeris; ep I 9, 2. rescripsi tibi subIratus; ep III 9, 1. rescripsi epistulae maximae; Q fr III 1, 11. ad eam (epistulam) rescribam et hoc quidem primum; A IV 16, 1. quibus (litteris) ad eas rescripsi, quas acceperam a Bruti tabellario; A VI 2, 1. uni tuae disertissimae epistulae non rescripsi; A VII 2, 8. — II, 1. de qua (causa) tibi rescribi voluisti; A XI 3, 1. — 2. quid acturus sis, rescribas mihi velim; ep V 12, 10. cui (Caesari) ego rescripsi, quam mihi gratum esset futurum, si . . ; ep VII 8, 1. — 3. te ad me rescripsisse eam rem summae tibi voluptati esse; A II 25, 1. — III. si nihil rescripsissem; A XII 32, 2 (1). uti ullum ad illam furiam verbum rescriberet; Q fr III 1, 11.

reseco, abſchneiden, ablöſen, hemmen, entfernen: de vivo aliquid erat resecandum; Ver III 118. quod aiunt nimia resecari oportere, naturalia relinqui; Tusc IV 57. vultis istorum audacias ac libidines aliqua ex parte resecare? Ver III 208. ego nactus locum resecandae libidinis et coërcendae iuventutis vehemens fui; A I 18, 2. ut, quorum linguae sic inhaererent, ut loqui non possent, eae scalpello resectae liberarentur; div II 96. quem Karthaginienses resectis palpebris vigilando necaverunt; Piso 43.

resero, öffnen: I. cum dicturus non sim „nos ausi reserare"; orat 171. — II. ut reserare nos exteris gentibus Italiam iuberet; Phil VII 2. nec ita claudenda res est familiaris, ut eam benignitas aperire non possit, nec ita reseranda, ut pateat omnibus; of II 55.

reservo, bewahren, aufbewahren, verſparen, vorbehalten: I. mihi ut invideant piscinarii nostri, aut scribam ad te alias aut in congressum nostrum reservabo; A I 20, 3. — II. Minucio me et Salvio et Labieno reservabam; Q fr III 1, 21. non te iudices ulla, sed carceri reservarunt; A I 16, 9. cetera, ut scribis, praesenti sermoni reserventur; Q fr II 6 (8), 1. quod ad tempus existimationis partae fructus reservabitur? Sulla 77. philosophorum libros reservet sibi ad huiusce modi Tusculani requiem atque otium; de or I 224. esse mortis poenas indicio et posteritati reservavi; sen 33. usum loquendi populo concessi, scientiam mihi reservavi; orat 160. vita mea patriae reservetur; Phil XII 30. — III, 1. ut integrum mihi de causa Campana ad suum reditum reservarem; ep I 9, 10. — 2. quae malo integra reservare; Ver IV 19. causam illam integram ad suum consulatum reservari; Sest 70.

resideo, ſitzen, zurückbleiben, bleiben, feiern: I. alqd: ſ. amor, officium. si quid in te resideat amoris erga me; ep V 5, 3. ut ne quas inimicitias residere in familiis nostris arbitretur; A XIV 13, B, 4. apud me plus officii residere facillime patior; ep V 7, 2. ex qua (morte) si resideat sensus; ep V 16, 4. etiam nunc residet spes in virtute tua; ep XII 3, 2. in quibus (rebus gestis) non potest residere inertiae aut levitatis ulla suspicio; Q fr I 1, 28. — II. quae (denicales) a nece appellatae sunt, quia residentur mortuis || mortui ||; leg II 55.

resido, ſich ſetzen, ſich niederlaſſen, nachlaſſen: residamus, si placet; fin III 9. in oppido aliquo mallem resedisse, quoad accerserer; A XI 6, 2. »(Dea) Iovis in regno caeligue in parte resedit; fr H IV, a, 138. si ea live in populo aliquo tamquam in fundo resedisset; Balb 20. si ad Aeschrionem pretium resedisset; Ver III 77. inveterato malo, cum tumor animi resedisset; Tusc III 26.

residuus, übrig, rückſtänbig: A. locus ab iudicibus Fausto Sullae de pecuniis residuis non est constitutus; Cluent 94. — B. quid potest esse in calamitate residui, quod . . ? Ver III 226.

resigno, entſiegeln, vernichten: quod (epistulae) resignatae sunt, habet, opinor, eius signum

Pomponia; A XI 9, 2. cum Gabinii levitas omnem fidem resignasset; Arch 9.

resilio, abprallen: ut ab hoc crimen resilire videas; Sex Rosc 79.

resipio, schmecken: Epicurus, homo minime resipiens patriam; nat II 46.

resipisco, zu sich, zur Einsicht kommen: cum esset ablatus primumque resipisset; Sest 80. vix aliquando te auctore resipui; A IV 5, 1.

resisto, stehen bleiben, bleiben, sich widersetzen, Widerstand leisten, widerstehen: I, 1. his ille rebus ita convaluit, ut nunc in uno civi spes ad resistendum sit; qui mallem tantas ei vires non dedisset quam nunc tam valenti resisteret; A VII 3, 4. — 2, a. resistente Cn. Pompeio, omnium gentium victore; Piso 16. restitit et pervicit Cato; A II 1, 8. victor: f. Piso 16. nec (vita beata) resistet extra fores limenque carceris; Tusc V 80. — b. ita incolumis in patria Regulus restitisset; of III 110. — II, 1. ne a re publica rei publicae pestis removeretur, restiterunt; har resp 50. — 2. M. Druso aperte equites Romani restiterunt; Rab Post 16. sero resistimus ei, quem per annos decem aluimus contra nos; A VII 5, 5. imbecillo resistendum fuit, et id erat facile; A VII 7, 6. f. I, 1. quibus (angoribus) essem confectus, nisi iis restitissem; of II 2. resistam consiliis hominum; agr II 50. ut Graecorum cupiditati Graecorum auxilio resistamus; Flac 64. ut dolori fortiter ac fortunae resisteres; ep V 17, 3. ceteris iniuriis, quae propositae sunt a Catone, facile, ut spero, resistemus; ep I 5, b, 2. quod principum munus esse ducebat resistere et levitati multitudinis et perditorum temeritati; Milo 22. resistendum senectuti est; Cato 35. temeritati: f. levitati. quibus (consiliis) illi tribuno plebis pro re publica restitissem; de or II 48.

resono, widerhallen, ertönen, klingen: I. in fidibus testudine resonatur aut cornu; nat II 144. — II. qui (cornus) ad nervos resonant in cantibus; nat II 149. ea (gloria) virtuti resonat tamquam imago; Tusc III 3. (theatrum totius Asiae) natura ita resonans, ut usque Romam significationes vocesque referantur; Q fr I 1, 42. reliquum (venenum Theramenes) sic e poculo eiecit, ut id resonaret; Tusc I 96.

respecto, zurückblicken: I. haec ita praetereamus, ut tamen intuentes et respectantes relinquamus; Sest 13. animus non me deserens, sed respectans in ea profecto loca discessit, quo ...; Cato 84. — II. ne par ab iis munus exspectant || respectent ||; Planc 45.

respectus, Rückblick: fugientibus miserabilem respectum incendiorum fore; div I 68.

respergo, bespritzen: cum praetoris inertissimi oculos praedonum remi respergerent; Ver V 100. neque conlegae sui sanguine simulacrum Vestae respersum esse vidit; de or III 10.

respersio, Bespritzen, Besprengen: habes respersionem pigmentorum; div II 48.

respicio, zurückblicken, sich umsehen, berücksichtigen, bedacht sein: I. cum hoc „respicite" ornandae orationis causa saepe dixisset, respexit ipse; Cluent 58. quod tam longe retro respicere non possunt; Tusc V 6. noctu ad oppidum respiciens flagrantes onerarias videbatis; div I 69. — II. nec respexit illum ipsum patronum libidinis suae apud Baias esse; fr A XIII 21. — III. ne tum quidem te repicies? fin II 79. quod rogas, ut respiciam generum meum, adulescentem optimum; ep II 16, 5. populi Romani commoda respicite; Ver III 127. generum: f. adulescentem. nisi idem deus respexerit rem publicam; A VII 1, 2. quoad longissime potest mens mea respicere spatium praeteriti temporis; Arch 1.

respiratio, Atmen, Atemholen, Ausdünstung: I. alios morae respirationesque delectant; orat 53. — II. ipse (aër) oritur ex respiratione aquarum; nat II 27.

respiratus, (Einatmen): qui (pulmones) tum se contrahunt aspirantes, tum in respiratu || intrante spiritu || dilatant; nat II 136.

respiro, atmen, ausatmen, aufatmen, sich erholen, nachlassen: I, 1. Romae respirandi non est locus; Q fr III 1, 7. — 2. posteaquam respirare vox a metu caedis vidit; har resp 48. nec ille respirat, ante quam emersit; fin IV 65. respiraro, si te videro; A II 24, 5. si armis positis civitas respiraverit; ep VI 2, 2. ne punctam quidem temporis oppugnatio respiravit; Phil VIII 20. — II. cum eandem (animam aspera arteria) a pulmonibus respiret et reddat; nat II 136.

respondeo, antworten, erwidern, beantworten, sich melden, sich verantworten, Bescheid geben, entsprechen, passen: I, 1, a. tum ad respondendum surrexi; Cluent 51. cum (sapiens) se a respondendo sustineat; Ac II 104. accedat eodem oportet celeritas et brevitas et respondendi et lacessendi; de or I 17. Galli promptam et paratam in agendo et in respondendo celeritatem subtilitate superavit; Bru 154. — b. quam brevia responsu (ea sunt)! Cluent 164. — 2, a. respondi maximis criminibus; nunc etiam reliquis respondendum est; Phil II 36. — b. respondemus iis, quos non audivimus; Bru 208. ut tuis litteris brevi responderem; ep III 8, 1. iis, quibus non satis facio, facile respondeo; A VIII 11, D, 8. f. a. respondent extrema primis, media utrisque, omnia omnibus; fin V 83. ut nostra in amicos benivolentia illorum erga nos benivolentiae pariter aequaliterque respondeat; Lael 56. nisi omnia tua facta atque dicta nostris rebus istinc respondeant; Q fr I 1, 43. quod in omnibus tuis rebus meis optatis fortuna respondit; ep II 1, 2. quae memoria. quae vis ingenii, quae magnitudo observantiae tot tantisque beneficiis respondere poterit? sen 24. citat reum: non respondet; Ver II 98. cum tamen brevioribus diebus cotidie respondebant tempori tabellarii; A XII 39, 2. vis: f. magnitudo. urbes coloniarum respondebunt Catilinae tumulis silvestribus: Catil II 24. — II, 1. M. Catoni de officio meo respondebo; Muren 3. — 2. quos (Pythagoreos) ferunt respondere solitos: „ipse dixit"; nat I 10. — 3. volo, uti mihi respondeas, fecerisne ante rostra pontem continuatis tribunalibus; Vatin 21. — 4. leges multas responderet se et praeclaras tulisse; Phil I 18. haruspices introducti responderunt non fuisse iustum comitiorum rogatorem; nat II 10. — III. salsum est etiam quaerentibus et quasi percontantibus lente respondere, quod nolint; de or II 287. videte, quam pauca respondeam; Cael 17. ut possim tibi aliquid in eo genere respondere; A IV 10, 2. perfecerunt. ut in respondendo iure auctoritate plus etiam quam ipso ingenio valerent; de or I 198. si te ad ius respondendum dedisses; leg I 12. suadebit tibi, ut hinc discedas neque mihi verbum ullum respondeas: div Caec 52. si veram respondero velles; fin IV 62. ea (visa relinqui), quae interrogati in utramque partem respondere possimus; Ac II 104.

responsio, Antwort, Entgegnung: I. humanitatis est responsio; de or II 230. est etiam sibi ipsi responsio; de or III 207. similis est haruspicum responsio; div I 24. — II. si tacebitur, elicienda responsio est; inv I 54. — III. in quo erat accusatoris interpretatio indigna responsione; Balb 36.

responsito, ein Gutachten abgeben: I. se responsitando ne impediat; rep V 5. — II. qui (viri) id (ius civile) interpretari populo et responsitare soliti sint; leg I 14.

responsum, Antwort, Bescheid, Gutachten. Ausspruch, Orakelspruch: I. in his omnibus responsa haruspicum cum Sibyllae versibus congruebant; div I 97. vides omnia fere (haruspicum responsa) contra, ac dicta sint, evenisse; div II 53. quid ego

haruspicum responsa commemorem, quae aut nullos habuerint exitus aut contrarios? div II 52. — II. qui cum responsum ab eo (Crasso) verum magis quam ad suam rem accommodatum abstulisset; de or I 239. si leges nobis aut si hcminum peritorum responsa cognoscenda sunt; de or I 250. commemoro: f. I. habent. dico: f. I. eveniunt. senatus Sopatro responsum nullum dat; Ver IV 85. multa eius (Catonis) vel acta constanter vel responsa acute ferebantur; Lael 6. responsum haruspicum hoc recens de fremitu recitavit; har resp 9. — III. fateor me gravitate responsi vehementer esse commotum; har resp 18. — IV. reperietis ex hoc toto prodigio atque responso nos de istius scelere promoneri; har resp 10.

res publica, Gemeinwesen, Staatswesen, Staat, Staatsform, Verfassung, Staatsgewalt: I. absolut: 1. ne quid res publica detrimenti accipiat; Phil V 34. ut curaremus, ne quid res publica detrimenti caperet; ep XVI 11, 2. quod res publica uos coniunxit cum bonis; Milo 21. si nostram rem publicam vobis et nascentem et crescentem et adultam et iam firmam atque robustam ostendero; rep II 3. cum res publica immortalis esse debeat; Marcel 22. habes formam rei publicae, si in castris potest esse res publica; ep XII 23, 3. Plato tum denique fore beatas res publicas putavit, si aut docti et sapientes homines eas regere coepissent, aut . . ; Q fr I 1, 29. „non est" inquit „in parietibus res publica". at in aris et focis; A VII 11, 3. aut nulla (res publica) erit aut ab isto (Bruto) istisve servabitur; A XIV 20, 3. cum omnes meo discessu exsulasse rem publicam putent; par 30. habet statum res publica de tribus secundarium; rep I 65. quod exsanguem iam et iacentem (rem publicam) doctus vir Phalereus sustentasset Demetrius; rep II 2 postea-quam orba res publica consulis fidem imploravit; Quir 11. nascitur: f. crescit. in perpetuum res publica civile praesidium salutis suae perdidisset; Planc 90. perfuncta res publica est hoc misero fatalique bello; Marcel 31. si neque amici in foro requirunt studium meum neque res publica in curia; Sulla 26. ut speciem aliquam viderer videre quasi reviviscentis rei publicae; ep IV 4, 3. nemo est, quin intellegat ruere illam rem publicam; Ver V 12. si non me ipsa res publica ad gravitatem animi et constantiam sua dignitate revocaret; Sulla 83. qui rem publicam sistere negat posse, nisi . . ; Ver III 223. plura brevi tempore eversa quam multis annis stante re publica scripsimus; of III 4. tenet res publica Macedoniam, tenet Illyricum, tuetur Graeciam; Phil X 14. nonne ad servos videtis rem publicam venturam fuisse? Sest 47. — 2. cur illa sit res publica resque populi; rep III 46. — 3. o rem publicam fortunatam! Catil II 10.

II. nach Verben: 1. si ipsi prius tribuno plebis adflictam et constrictam rem publicam tradidissent; Sest 24. video Milonem, subsidium adflictae rei publicae, sordidatum et reum; Sest 144. eius perpetuam in re publica adiuvanda voluntatem; Phil VIII 30. o condicionem miseram non modo administrandae, verum etiam conservandae rei publicae! Catil II 14. consentaneum est huic naturae, ut sapiens velit regere et administrare rem publicam; fin III 68. hanc ille causam sibi ait non attingendae rei publicae fuisse, quod . . ; ep I, 9, 18. qui hanc tantam rem publicam suis consiliis aut auxerint aut servarint; Sest 143. capesseremne rem publicam; ep I 9, 18. scribam alias ad te de meis consiliis capessendae rei publicae plura; A I 17, 10. cui senatus totam rem publicam commiserat; Milo 61. cum rem publicam a facinerosissimis sicariis et a servis oppressam atque conculcatam videretis; Sest 81. rem publicam quibus moribus aut legibus constituere vel conservare possimus; rep II 64. f. administro. constringo: f. adfligo.

eis legibus rem publicam contineri putabat; Phil I 24. nobis imperatoribus rem publicam defendendam datam; Deiot 11. defendi rem publicam adulescens, non deseram senex; Phil II 118. cum alter stabilire rem publicam studuerit, alter evertere; fin IV 65. f. I, 1. stat. gero: f. administro. consilio ac sapientia qui regere ac gubernare rem publicam possent; de or I 8. totam rem publicam vos in hac causa tenetis, vos gubernatis; Muren 83. rem publicam scelere Antonii nullam haberemus; Phil III 3. perspectum animum in re publica liberanda; Phil XI 26. dominatu regio re publica liberata; Tusc IV 1. opprimo: f. conculco. qui (cives) rem publicam oppugnarint; Cael 1. ostendo: f. I, 1. crescit. (Pompeius) recuperabit rem publicam; A VIII 3, 4. rego: f. guberno. I, 1. est; Q fr I 1, 29. ut mihi re publica aliquando restituta liceret frui; dom 145. vos docuit meis consiliis rem publicam esse servatam; Quir 16. f. augeo. I, 1. est; A XIV 20, 3. stabilio: f. everto. sustento: f. I, 1. iacet. totam rem publicam sustinuit; rep II 46. teneo: f. guberno. trado: f. adfligo. qui suo iudicio tueri rem publicam velint; of I 87. Clodius cum statuisset omni scelere in praetura vexare rem publicam; Milo 24. — 2. ut intersit rei publicae quicquam illorum facere sapientem; of I 159. quod vehementer interfuit rei publicae, nullam videri dissensionem esse; Q fr II 4, 1. omnes legiones, omnes copiae rei publicae sunt; Phil X 12. — 3. non intermittebas quasi donum aliquod cotidie adferre rei publicae; Phil I 32. qui incolumis est rei publicae conservatus; Flac 98. quem rei publicae consulere oporteret; prov 30. nullo me loco rei publicae defuturum; Quir 18. quam spem rei publicae datis? Sest 93. minus multa dederant illi rei publicae pignora; A VIII 9, 3. quanta impenderet procella rei publicae; har resp 4. rei publicae minabatur; Muren 49. oppugnat D. Brutum, civem non sibi, sed nobis et rei publicae natum; Phil V 24. si interest, id quod homines arbitrantur, rei publicae te navare operam; ep X 25, 1. qui togati rei publicae praesunt; of I 79. id [ut] in re publica nostra maxime valuit, quoad ei regalis potestas praefuit; leg III 4. volui etiam ante Kalendas Ianuarias prodesse rei publicae; Phil II 76. si me mihi, si meis, si vobis, si rei publicae reddidisset; sen 8. cum aut morte aut victoria se satis facturum rei publicae spopondisset; Phil XIV 26. quodsi hic saluti rei publicae fuit ‖ profuit ‖; inv I 69. tradet (fortis civis) se totum rei publicae; of I 86. — 4. si mihi bona re publica frui non licuerit, at carebo mala; Milo 93. f. 1. restituo. ita mihi salva re publica vobiscum perfrui liceat; Catil IV 11. — 5. accedere ad rem publicam plerumque homines nulla re bona dignos; rep I 9. audite consulem totos dies atque noctes de re publica cogitantem! Muren 78. quam (dignitatem) ex re publica consequebantur; ep IV 6, 1. id inbet Plato, tantum contendere in re publica, quantum probare tuis civibus possis; ep I 9, 18. de qua (re publica), desperavi; A VIII 11, D, 6. qui (P. Decius) se pro re publica devoverat; Cato 43. irasci vos mihi pro re publica dicenti non oportebit; Phil I 27. illum contra rem publicam facturum; sen 27. bene de re publica sentientes ac bene meritos aut merentes; of I 149. quibus (rebus perturbati sumus) nos in media re publica nati semperque versati; Deiot 10. senatum ad summam rem publicam pertinere arbitrari . . ; Phil III 38. cum de ipsa regali re publica quaerimus; rep III 47. cum de optima re publica quaereretur; leg III 13. quam (acerbitatem) ego a re publica meis privatis et domesticis incommodis libentissime redemissem; ep II 16, 4. L. Ninnius qui per hos dies in senatu de re publica sensi; dom 3. si libere, quae sentiam de re publica, dixero; Phil I 27. f. mereor de. quandoquidem eos (censo-

res) in re publica semper volumus esse; leg III 47.
ut patres conscripti ex re publica funditus tollerentur;
Vatin 35. hinc ad rem publicam plurima commoda
veniunt; inv I 5. nos hic in re publica infirma,
misera commutabilique versamur; A I 17, 8. f. nascor in.

III. **nach Adjectiven:** 1. L. Caesar, vir amantissimus rei publicae; Catil IV 13. — 2. quis amicior
umquam rei publicae fuit quam legio Martia universa?
Phil III 6. cum rei publicae perniciosa arma ipse
ceperis; Phil II 19. sustulit duas leges, Aeliam et
Fufiam, maxime rei publicae salutares; har resp 58.
haec benignitas etiam rei publicae est utilis; of II
63. — 3. dixit re publica dignam sententiam; Phil
XI 15. — 4. L. Flaccum, hominem semper in re
publica diligentissimum; Rabir 27. mediocriter doctos magnos in re publica viros multos commemorare possumus; leg III 14. rudis in re publica (sum)? Phil VI 17.

IV. **nach Substantiven:** 1. in sententiis senatoriis et
in omni actione atque administratione rei publicae
floruissemus; ep I 9, 2. quamquam videbam perniciem meam cum magna calamitate rei publicae esse
coniunctam; Catil I 11. quocum me uno rei publicae
causa sociarat; Planc 95. si conservator rei publicae
Brutus, hostis Antonius; Phil IV 8. naturales esse
quasdam conversiones rerum publicarum; div II 6.
ut peccare sine summo rei publicae detrimento ac
periculo non possit; Ver I 22. forma: f. I, 1. est;
ep XII 23, 3. hic ad evertenda rei publicae fundamenta Gallos arcessit; Catil IV 13. hoc triplex rerum publicarum genus videtur mihi commune nobis
cum illis populis fuisse; rep II 42. cum ad gubernacula rei publicae temerarii atque audaces homines
accesserant; inv I 4. qui rei publicae sit hostis;
Phil II 64. f. conservator. circumspice omnia membra rei publicae; ep V 13, 3. ille Africanus requie-
scens a rei publicae pulcherrimis muneribus; of III
2. ego te dico esse odio civitati non tam tuo quam
rei publicae nomine; Vatin 9. qui tum magnam
partem rei publicae tenebat; Rabir 20. quod negant
sapientem suscepturum ullum rei publicae partem;
rep 10. multa de summis rei publicae periculis audivi;
Sulla 14. f. detrimentum. complures in perturbatione rei
publicae consules ||consulares||dicti, quorum nemo consu-
laris habitus || est ||, nisi qui animo exstitit in rei publi-
cam consulari; ep X 6, 3. ut nos duo quasi pignora rei publicae retineri videremur; A I 19, 3. hac
una lege Caelii adulescentia non ad rei publicae
poenas deposcitur; Cael 70. cum ad rei publicae
praesidium vocaretur; Phil VIII 5. propugnatores
rei publicae qui esse voluerunt; Sest 101. ut tutela,
sic procuratio rei publicae gerenda est; of I 85. non
rei publicae procuratione impediebantur cogitationes
meae; ep IV 6, 2. qui, quibus rebus utilitas rei
publicae pareretur angereturque, teneret iisque uteretur, hunc rei publicae rectorem et consilii publici
auctorem esse habendum; de or I 211. incumbite
ad salutem rei publicae! Catil IV 4. species: f. I,
1. reviviscit. tamquam rapiunt inter se rei
publicae statum tyranni ab regibus; rep I 68. subsidium: f. II, 1. adfligo. quid rei publicae tempora
poscerent, cogitaverunt; Flac 98. utilitas: f. rector.
audite et cognoscite rei publicae vulnera! Phil II
43. — 2. ob amorem in rem publicam incredibilem; de or III 13. quem (amorem) habetis in rem
publicam; dom 103. quod hoc animo in rem publicam est; Phil XIII 7. f. 1. perturbatio. P. Valerio
pro maximis in rem publicam beneficiis data domus
est in Velia publice; har resp 16. civis e re publica Carbonum nemo fuit; ep IX 21, 3. hanc ego, de
re publica quam institui, disputationem in Africani
personam et Phili et Laelii et Manilii contuli; A
IV 16, 2. quem (dolorem) de || e || re publica capio;
ep IV 6, 2. ut nos in VI „de re publica" libris

fecimus; A XIII 19, 4. M. Lepido pro eius egregiis
in rem puplicam meritis decernendos honores quam
amplissimos censeo; Phil V 38. qui tanto studio
in rem publicam fuit; sen 24.

V. **Umstand:** quod te ab ipsa re publica defensum
scribis; ep III 11, 3. quo libentius rei publicae
causa periculum adiret optimus quisque; nat III 50.
si vitae cupiditas contra rem publicam est turpis;
Planc 90. tantum esse in homine sceleris, quantum
ipse cum re publica sensi, numquam putavi; Sest 22.
etiamsi e re publica (arma) oppressa sunt; Milo 14.
quoniam hanc is in re publica viam, quae popularis
habetur, secutus est; Catil IV 9. f. II, 3. praesum.
qui ob rem publicam mortem obierunt; Phil IX 4.
fatum meum est sine re publica nec vinci posse nec
vincere; Phil XIII 30.

respuo, ausspeien, auswerfen, verwerfen,
zurückweisen, mißbilligen, verschmähen: qui (populus) ita vehementer eos, qui populares habentur,
respuat; Sest 114. gustatus quam cito id, quod
valde dulce est, aspernatur ac respuit! de or III 99.
eae (aures) quod respuunt, immutandum est; part
or 15. αὐτάρκεια est, quae parvo contenta omne id
respuit, quod abundat; fr I 16. quod hominum
ineptias iracundius respuebat sive morose ..; Bru 236.
Caesaris interdicta respuuntur; A VII 26, 1. cuius
(cibi) etiam in reliquiis inest calor iis, quas natura
respuerit; nat II 24. ut respueret omnes voluptates;
Cael 39.

resticula, Schnur: ut collum resticula cingeret;
Scaur 10.

restinctio, Löschen: restincta sitis stabilitatem
voluptatis habet, illa autem voluptas ipsius restinc-
tionis in motu est; fin II 9.

restinguo, löschen, dämpfen, hemmen, vernichten: animos hominum sensusque morte restingui;
Sest 47. hac (eloquenti vi) cupiditates iracundiasque restinguimus; nat II 148. ut ignis in aquam
coniectus continuo restinguitur et refrigeratur; Q
Rosc 17. restinctis iam animorum incendiis; orat 27.
non duo Scipiones oriens incendium belli Punici
secundi sanguine suo restinxissent; rep I 1. iracundias: f. cupiditates. neminem posse eorum mentes
qui audirent, aut inflammare dicendo aut inflammatas restinguere; de or I 219. sensus: f.
animos. sermunculum omnem aut restinxerit aut
sedarit; A XIII 10, 3. nec ipse Aristoteles admirabili, quadam scientia et copia ceterorum studia
restinxit; orat 5.

restipulatio, Gegenverpflichtung, Gegenversprechen: I. recita istam restipulationem clarius;
Q Rosc 37. — II. quis est huius restipulationis
scriptor, testis arbiterque? Q Rosc 38.

restipulor, ein Gegenversprechen fordern:
I, 1. qui (Roscius) restipularetur a Fannio diligenter.
ut dimidiam partem sibi dissolveret; Q Rosc 56. —
2. cur decidit et non restipulatur neminem amplius
petiturum? Q Rosc 38. — II. quid hoc restipulatur?
Q Rosc 38.

restituo, wiederherstellen, wiedergeben, wieder
einsetzen, wieder geneigt machen: I. tam restitues.
si tuus me libertus deiecerit, quam si procurator
deiecerit; Caecin 76. — II. iusta causa restituendi
mei; Milo 36. nisi per te sit restitutus, desertum
se atque abiectum fore; ep I 5, b, 2. patriam,
liberos, salutem, dignitatem, memet ipsum mihi per
illum (Cn. Pompeium) restitutum puto; ep III, 10, 10.
uti me sibi restituerem; A XV 4, 1. nihil restituitur
praeter civitatem et ordinem; A III 23, 2. tibi de
nostro amico placando aut etiam plane restituendo
polliceor; A I 10, 2. sua cuique procuratio auctoritasque sit restituta; Sex Rosc 139. Heraclio Syracusanos tuos illos palaestritas bona restituere iussit;
Ver II 140. senatus decrevit, ut Minerva nostra,
custos urbis, quam turbo deiecerat, restitueretur; ep

XII 25, 1. illi di penates ac familiares mei per
vos in meam domum mecum erunt restituti; dom
143. dignitatem, al.: f. alqm; ep III 10, 10. ut
sibi religionem, generi tuo laudem gloriamque
restituas; Ver IV 80. Minervam: f. custodem.
ostendit se tribuniciam potestatem restituturum;
Ver pr 45. (praedia) a nostris magistratibus in
integrum restituta; Flac 79. procurationem: f.
auctoritatem. religionem: f. gloriam. cuius reditu
restitutam rem publicam fore putastis; dom 146.
maximas res publicas ab adulescentibus labefactatas,
a senibus sustentatas et restitutas reperietis; Cato 20.
quo die populo Romano tribuni plebi restituti sunt;
Ver V 175. cuius vitam si putetis per vos restitui
posse; Milo 79.
restitutio, Wiederherstellung. Wiederein-
setzung: I. haec (est) restitutio in domo, in sedibus,
in aris, in focis, in dis penatibus reciperandis; dom
143. — II. damnatis de vi restitutio compara-
batur; Sest 66. — III. hac restitutione fortunae
me ipse non satis dignum iudicabo; A IV 1, 2. —
IV. nemo mea restitutione laetatus est; Planc 25.
restitutor, Wiederhersteller: clarissimus et
fortissimus consul, restitutor salutis meae; Milo 39.
resto, bleiben, übrig bleiben, bevorstehen:
I. 1. nunc de sacris perpetuis et de Manium iure
restat; leg II 45. — 2. restat nunc, ut de praemio
et de poena explicemus; inv II 110. f. II. alqd; A
VIII 7, 1. — II. redeamus ad eum, qui iam unus
restat, Hortensium; Bru 279. quid etiam nobis ex
eo genere restet et quare restet, admonendum
videtur; inv II 109. nihil ei restabat praeter balnearia et ambulationem et aviarium; Q fr III 1, 1.
unum etiam restat amico nostro ad omne dedecus,
ut Domitio non subveniat; A VIII 7, 1. qui
(aequales) pauci admodum restant; Cato 46. quae
gens una restat, quae bellum populo Romano facere
posse videatur; Catil III 22. restant duo divinandi
genera, quae . .; div II 100. institia restat, ut de
omni virtute sit dictum; fin I 50. quae (studia) ei
sola in malis restiterunt; Sulla 74.
restricte, knapp, genau, streng: cur id tam
parce tamque restricte faciant; fin II 42. ego
cetera non tam restricte praefinio; leg II 45.
quoniam id nomen illi tam restricte tenent; rep III 7.
restrictus, karg, sparsam: in iis, qui se adiuvari volent, restricti omnino esse nullo modo
debemus; of II 62. cum natura semper ad largien-
dum ex alieno fuerim restrictior; ep III 8, 8. an
existimas illum in isto genere lentulum aut restrictum? nemo est minus; A X 11, 2.
retardatio, Verzögerung: unde est adhuc
bellum tractum nisi ex retardatione et mora? Phil
V 30.
retardo, verzögern, aufhalten, hemmen: I. ad
quem (agrum) fruendum non modo non retardat,
verum etiam invitat atque adiectat senectus;
Cato 57. — II. quod posteriora (tempora) m e a
scribendo tuis incommodis retardarunt; ep V 17, 1.
Ocellam et ceteros credo retardatos; A X 13, 3. ut
istius animos atque impetus retardaret; div Caec
33. quam (celeritatem) nisi in via caducae hereditates retardassent; Phil X 11. impetus: f. animos.
animi vires corporis infirmitas non retardavit; Phil
VII 12.
rete, Netz: ut in araneolis aliae quasi rete
texunt; nat II 123.
retego, öffnen: in hoc thecam nummariam †
non retexeris, in aliis eris cautior; A IV 7, 2.
retentio, Zurückhalten, Zurückhaltung, Zurück-
behalten, Abzug: I. ex his illa necessario nata est
ἐποχή, id est adsensionis retentio; Ac II 59. —
II, 1. semper Carneades προβολήν pugilis et retentionem aurigae similem facit ἐποχῇ; A XIII 21, 3.
— 2. quamquam ista retentione omnes ait uti

Trebatius; A XIII 23, 3. — 3. de retentione rescripsi ad tuas litteras; A XIII 24, 2 (25, 1).
retento, halten, bewahren: >omnes memori
portentum mente retentant<; div II 63. >quae
(mens divina) penitus sensus hominum vitasque
retentat<; div I 17.
retexo, auflösen, ungültig machen, zurück-
nehmen, widerrufen: quibus ante exorsa et potius
detexta prope retexantur; de or II 158. hi novi
timores retexunt superiora; ep XI 14, 3. iam retexo
orationem meam; Phil II 32. illa ars quasi Penelope
telam retexens; Ac II 95.
reticentia, Schweigen, Verschweigen: I. reticentia (est); de or III 205. — II. a iuris consultis
etiam reticentiae poena est constituta; of III 65.
— III. quod vestra virtus nec reticentia posterorum
sepulta esse poterit; Phil XIV 33.
reticeo, schweigen, verschweigen: I, 1. nihil me
nec subterfugere voluisse reticendo nec obscurare
dicendo; Cluent 1. — 2. hic cum Sulpicius reti-
cuisset; de or II 232. nunc inopia reticere intelleguntur, tum iudicio viderentur; de or III 110. —
II. de Chelidone reticuit, quoad potuit; Ver I 139.
— III. ut aliquid reticere se dicat; orat 188. ut
ea, quae statuisses dicenda, reticeres; ep V 2, 1.
neque occultavit causam iracundiae suae neque reti-
cendam putavit; Flac 87. non possum utriusque
vestrum errorem reticere; Phil I 29. intellego reticere
homines parentum iniurias; Cluent 17.
reticulum, Netz: reticulum ad nares sibi admovebat tenuissimo lino, minutis maculis, plenum
rosae; Ver V 27.
retineo, zurückhalten, halten, anhalten, aufhalten, festhalten, fesseln, behaupten, bewahren,
behalten: I. ut, cum sciatis, quo quaeque res inclinet, retinere aut ante possitis occurrere; rep II
45. ut alter (censor) de senatu movere velit, alter
retineat; Cluent 122. — II, 1. quo minus: f. III,
2. civitates. — 2. ut: f. III, 2. alqd. — III, 1. homo
sui iuris dignitatisque retinens; Q fr I 2, 11.
multis pater, optimus vir, nimium retinens equestris
iuris et libertatis videtur; Planc 55. — 2. etsi rerum
ipsarum varietas et magnitudo summa m e delectatione retinebat; Bru 306. qui nos, quo favendo in
communi causa retinere potuerunt, invidendo abalienarunt; ep I 7, 7. ordo ipse annalium mediocriter
nos retinet quasi enumeratione fastorum; ep V 12,
5. (Varro) venit id temporis, ut retinendus esset;
A XIII 33, a, 1 (33, 4). iste >claudus", quod ad
modum aiunt, >pilam"; retinere ‖ pilam retinere ‖,
quod acceperat, testificari; Piso 69. retinendum hoc
esse, deus ut beatus immortalisque sit; nat I 95.
qui appetitus non satis a ratione retinentur; of I
102. cum Tarento amisso arcem tamen ille eius
‖ Livius ‖ retinuisset; de or II 273. et domi
dignitas et foris auctoritas retineretur; Sex Rosc 136.
ut nemo illo invito nec bona nec patriam nec vitam
retinere posset; Ver III 81. ut metus absit, caritas
retineatur; of II 24. cum videretis (civitates) nulla
vi retineri, nullo periculo prohiberi potuisse, quo
minus experirentur, ecquid . .; Verr II 14. dignitatem: f. auctoritatem. ut et utilitas in amicitia
et fides retineatur; Lael 88. fundum audio te hunc
Bovillanum velle retinere; Q fr III 1, 3. credo
Platonem vix putasse satis consonum fore, si hominem id aetatis in tam longo sermone diutius retinuisset; A IV 16, 3. veterem morem ac maiorum
instituta retinebant excellentes viri; rep V 1. videte,
quam diligenter retineat ius tribuniciae potestatis;
agr II 30. si semel civitas adimi potest, retineri
libertas non potest; Caecin 96. morem: f. instituta.
cuius ille ordinis nomen retinet; Sest 110. quos de
publico nummos acceperat, retinuit omnes; Ver III
170. patriam: f. bona. pilam: f. alqd. retinete
istam possessionem gratiae, libertatis; agr II 71.

fac, ut provinciam retineas in potestate rei publicae; ep XII 22, 4. qui religiones deorum immortalium retinere vult; Ver III 6. plura suscepi veritus, ne movere hominum studia viderer, retinere non posse; fin I 2. si veritatem volent retinere; Quinct 75. in omni calamitate retinetur aliquod vestigium libertatis; Rabir 16. aut sua pertinacia vitam amiserunt aut tua misericordia retinuerunt; Marcel 21. ſ. bona. utilitatem: ſ. fidem. — IV. quem ad modum spectatissimum hominem civem retinere possemus; Caecin 102. quem ego hominem iudicem non retinuissem; Var pr 31.

retimio, wieberſſingen: quod in vocibus nostrorum oratorum retinnit quiddam et resonat urbanius; Bru 171.

retorqueo, zurüdwenben: retorquet oculos profecto saepe ad hanc urbem; Catil II 2.

retractatio, (retract.), Weigerung: ut sine retractatione libere dicare auderent sapientes esse semper beatissimos; Tusc V 82. conficies igitur et quidem sine ulla dubitatione aut retractatione; A XIII 24, 2 (25, 1).

retracto, wieber vornehmen, verbeſſern, ſich ſträuben: I, 1. augemus dolorem retractando; A VIII 9, 3. — 2. veniet tempus, sive retractabis sive properabis; Tusc I 76. — II. qui omnia diligenter retractarent; nat II 72. idem σύνταγμα misi ad te retractatim; A XVI 3, 1.

retraho, zurüdziehen, zurüdhalten, hinziehen: si (Scipio) Hannibalem in Africam retraxisset; fin II 56. cum duo consules a re publica provinciarum foedere retraxisset; Sest 34. Licinium, cum iam manum ad tradendam pyxidem porrexisset, retraxisse; Cael 63.

retribuo, zurüdgeben: cum illis exactae aetatis fructum retribuam; Q Rosc 44.

retro, rüdwärts, zurüd: I. ut invertatur ordo et idem quasi sursum versus retroque dicatur; part or 24. si ingrediatur quis non ante, sed retro; fin V 35. quod tam longe retro respicere non possunt; Tusc V 6. vide rursus retro; fin V 83. — II. quid retro atque a tergo fieret, ne (Hannibal) laboraret; div I 49.

retrorsum, umgeſehrt: deinde retrorsum vicissim ex aethere aër (oritur), inde aqua; nat II 84.

retrudo, verbergen, verſteden: haec esse penitus in media philosophia retrusa atque abdita; de or I 87. quae (simulacra) iacent in tenebris ab isto retrusa; Ver I 7.

retundo, abſtumpfen, unwirſſam machen: cuius nuper ferrum rettuderim; Sulla 83. sunt partes agrorum aliae, quae acuta ingenia gignant, aliae, quae retunsa ǁ retusa ǁ; div I 79. cuius mucronem multis remediis maiores nostri rettuderunt; Cluent 123. quae (tela) ego quondam rettuderam; dom 63.

reveho, zurüdbringen: illa medium Diana Segestam Karthagine revecta; Ver IV 77.

revello, abreißen, aufreißen, tilgen: revelli claustra; Ver IV 52. cum id templum sublato aditu revulsis gradibus a coniuratorum reliquiis armis teneretur; Piso 23. honorificis verbis omnes iniurias revellimus superiores; A V 20, 1. qua (ianua) effracta et revulsa tota pateret provincia; Muren 33. cum tabulam, in qua nomina civitate donatorum incisa essent, revelli iussisset; ep XIII 36, 1, is vincula revellit iudiciorum; Caecin 70.

revenio, zurüdfehren: cum Mancinus domum revenisset; de or I 181. cum miles domum revenisset; de or I 170.

reverentia, Achtung: adhibenda est quaedam reverentia adversus homines ǁ [adv. hom.] ǁ et optimi cuiusque et reliquorum; of I 99.

revereor, fürchten, hochachten: per quam (ob-

servantiam) aetate aut sapientia antecedentes reveremur ǁ veneremur ǁ et colimus; in II 66. multa adversa reverens nostra vehitur ratio; Tusc I 73. dicam non reverens adsentandi suspicionem; de or II 122.

reversio, Umfehr, Rüdfehr, Wieberfehr: I. exposui profectionis consilium; nunc reversionis, quae plus admirationis habet, breviter exponam; Phil I 7. — II. (sol) binas in singulis annis reversiones ab extremo contrarias facit; nat II 102. — III. exponam vobis breviter consilium et profectionis et reversionis meae; Phil I 1. ſ. I. — IV. quam valde ille (Brutus) reditu vel potius reversione mea laetatus! A XVI 7, 5. quarum (febrium) reversione et motu quid potest esse constantius? nat III 24.

revertor, zurüdfehren, zurüdfommen, umfehren, ſich wenden: I, 1. Ser. Sulpicius cum aliqua perveniendi ad M. Antonium spe profectus est, nulla revertendi; Phil IX 2. — 2. ad eundem fontem revertendum est, aegritudinem omnem procul abesse a sapiente; Tusc III 82. — II. (Plancus) ita maestus rediit, ut retractus, non reversus videretur; Phil VI 10. nisi ad superiorem consuetudinem revertisses; ep IX 24, 2. ad illum animum meum reverti pristinum; ep X 28, 1. ipse, ne quo inciderem. reverti Formias; A VIII 3, 7. ſ. cives. ut, cum animus Eudemi e corpore excesserit, tum domum revertisse videatur; div I 53. ut in eam civitatem boni viri et boni cives nulla ignominia notati non revertantur, in quam tot nefariorum scelerum condemnati reverterunt; ep VI 6, 11. ut dignitas iam in patriam revertisset; sen 5. ut reliqui menses in suam rationem reverterentur; Ver II 130. cum omnes perspicerent ad istum illos nummos revertisse; Ver II 61. utilitas aut in corpore posita est aut in extrariis rebus; quarum tamen rerum multo maxima pars ad corporis commodum revertitur; inv II 168. nec praeteritum tempus umquam revertitur; Cato 69. viri: ſ. cives. — III. cum (Lucullus) victor a Mithridatico bello revertisset; Ac II 3.

revinco, wiberlegen: numquam hic neque suo neque amicorum iudicio revincetur; Arch 11.

reviresco, wieder erſtarfen: impolitae res ad renovandum bellum revirescent; prov 34. qui senatum dolent ad auctoritatis pristinae spem revirescere; Phil VII 1.

reviso, beſichtigen, beſuchen: revise nos aliquando; A I 18, 8. rogo nos revisas; A IV 14, 2. cum poteris, revises nos; A XII 50. hic (Quinctius) cum rem Gallicanam cuperet revisere; Quinct 23.

revivisco (revivesco), wieder aufleben, auferſtehen, ſich erholen: revivescat M'. Curio aut eorum aliquis; par 38. adventu nostro reviviscunt; A V 16, 3. ut (causa) iam simul cum re publica necessario revivescat atque recreetur; ep VI 10, 5. omnes (civitates) suis legibus et iudiciis usae αὐτονομίαν adeptae revixerunt; A VI 2, 4. postaquam revivescere memoriam ac desiderium mei vidit; har resp 48. si maiestas populi Romani revixisset; Sest 83. memoria: ſ. desiderium. ut speciem aliquam viderer videre quasi reviviscentis rei publicae; ep IV 4, 3.

revocatio, Abrufen, Zurüdrufen: I. 1. receptui signum aut revocationem a bello audire non possumus; Phil XIII 15. — 2. levationem aegritudinis (Epicurus) in duabus rebus ponit, avocatione a cogitanda molestia et revocatione ad contemplandas voluptates; Tusc III 33. — II. quae (astra) solstitiali se et brumali revocatione converterent; Tim 34.

revoco, zurüdrufen, vorrufen, wieder vorladen, abrufen, zurüdbringen, widerrufen, erneuern, zurüdführen, verweiſen, beziehen: I, 1. revocari oportere a maerore ad cogitationem bonorum

conveniret mihi cum Epicuro; Tusc III 46. — 2. qua (oratione animus) hortari ad decus, revocare a '| ab || flagitio possit; leg I 62. quid revocante et receptui canente senatu properet dimicare? Phil XII 8. revocat virtus vel potius reprendit manu; Ac II 139. — II. me ad pristina studia revocavi; Bru 11. (Hortensius) revocare se ad industriam coepit; Bru 323. ut se ipse revocet; orat 137. non te eius lacrimae, non senectus, non hospitii ius atque nomen a scelere aliquam ad partem humanitatis revocare potuit? Ver V 108. quoniam me ad xii tabulas revocas; Tul 51. quotiens (ego hunc vidi) revocatum eandem rem dicere commutatis verbis atque sententiis! Arch 18. revocabantur ab universis; Sest 120. nisi me e medio cursu clara voce patria revocasset; of III 121. nec velim quasi decurso spatio ad carceres a calce revocari; Cato 83. sed me ipse revoco; A XIII 1, 2. non omnia, quaecumque loquimur, mihi videntur ad artem et ad praecepta esse revocanda; de or II 44. qui (Parmenides) bellum, qui discordiam, qui cupiditatem ceteraque generis eiusdem ad deum revocet; nat I 28. revocate iam animos vestros ab hac subtili nostra disputatione ad universam rem publicam; dom 142. bellum, al.: ʃ. alqd. quas (litteras) iracundius scripseram et revocare cupiebam; Q fr I 2, 12. neque meam mentem non domum saepe revocat exanimata uxor; Catil IV 3. ut ad haec revocetur oratio; of I 135. cum sperarem aliquando ad vestrum consilium auctoritatemque rem publicam esse revocatam; Phil I 1. in reo pecunia absoluto rursusque revocato; part or 124. quae (studia) longo intervallo intermissa revocavi; Tusc I 1. nullum umquam verbum, quod revocare vellet, emisit; fr I 11.

revolo, zurückfliegen: (dux) revolat, ut ipse quoque quiescat; nat II 125.

revolvo, zurückbringen, wälzen: nec ad eius causae seposita argumenta revolvi nos oportet; de or II 130. ad patris revolvor sententiam; Ac II 148. revolvor identidem in Tusculanum; A XIII 26, 1. quae pro reo dicentur, omnia necessario a tempore atque homine ad communes rerum et generum summas revolventur; de or II 135. ut in iis locis revolvatur || pervolvatur || animus; de or II 149. »Draco serpit subter superaque revolvens sese«; nat II 106.

reus, Angeklagter, verklagt (vgl. rea): I, 1. cum reus sine patrono atque advocatis fuisset; Ver II 74. si aliam ob causam, ac dicet se reus fecisse, demonstrabitur esse factum; inv II 74. quod (peccatum) sponte sua reus punitus sit; inv II 80. — 2. reus Milonis lege Plotia fuit Clodius, quoad vixit; Milo 35. nunc reus erat apud Crassum Divitem Vettius de vi; A II 24, 4. — II, 1. qui ipse solus reum absolutum condemnet; Ver II 79. qui reum suum adduceret; Ver pr 6. reos appello non eos modo, qui arguuntur, sed omnes, quorum de re disceptatur; sic enim olim loqnebantur; de or II 183. reos appello, quorum res est; de or II 321. citatur reus; causa agitur Syracusis; Ver II 68. ut innocentem reum condemnarent; Cluent 77. ʃ. absolvo. M. Laternium, hominem studiosissimum et dignitatis et salutis meae, reum sibi hunc potissimum delegisse; Planc 2. homo in urbem ab illis deducitur ac reus fit; inv II 15. ne absentes homines in provinciis rei fierent rerum capitalium; Ver II 95. propter caelati argenti cupiditatem reos fieri rerum capitalium; Ver IV 41. Gabinium de ambitu reum fecit P. Sulla subscribente privigno Memmio, fratre Caecilio, Sulla filio; Q fr III 3, 2. criminibus illis pro rege se supponit reum; Deiot 42. reus est maximis criminibus in iudicium vocatus; Ver II 142. ut reo custodiam decrevit; Catil IV 10. quin etiam parens tuus consul reo de pecuniis repetundis Catilinae fuit advocatus; Sulla 81. — 2. dicendi ab reo potestas (non) erat;

Cluent 93. quod si in alium reum diceretur, incredibile videretur; Ver I 44. patronus pro reo dicens; fin IV 22. qui Stheninm absentem in reos rettulerit; Ver V 109. — III. nemo fere est, qui sui periculi index non sibi se aequiorem quam reo praebeat; Deiot 4. — IV, 1. quod copiose reorum causas defendere solerent; Ver II 191. — 2. ut praevaricationem accusator esse definiat omnem indicii corruptelam ab reo; part or 124. si existimabit iudicium accusatoris in reum pro aliquo praeiudicio valere oportere; Muren 60. — V. quam ob rem mihi optatum || optandum || illud est, in hoc reo finem accusandi facere; Ver V 183.

rex, König, Herrscher, Königssohn: I, 1. nostri consules regem inimicissimum moenibus iam appropinquantem monuerunt, a veneno ut caveret; fin V 64. omnia illa, quae reges omnes, qui Europam Asiamque tenuerunt, semper summa religione coluerunt, perverteris; har resp 28. rex Ptolomaeus, qui si nondum erat ipse a senatu socius appellatus, erat tamen frater eius regis, qui cum esset in eadem causa, iam erat a senatu illum honorem consecutus; Sest 57. ut rex putaretur unus esse in caelo; rep I 56. quod neque reges nostri fecerunt neque ii, qui regibus exactis regnum occupare voluerunt; Phil V 17. simul atque se inflexit hic rex in dominatum iniustiorem; rep II 48. meam domum L. Claudius, rex sacrorum, pontifices minores omni religione una mente liberaverunt; har resp 12. cum reges popularesve homines largitiones aliquas proponunt; of II 21. reges si statuerunt id (candelabrum) secum in Syriam reportare; Ver IV 64. tenent: ʃ. colunt. omnes reges, populi, nationes utuntur auspiciis; div II 81. — 2. sic repente anuli beneficio (Gyges) rex exortus est Lydiae; of III 38. regem illum volunt esse, qui consulit ut parens populo; rep II 47. — II, 1. alter est rex indicio senatus per nos, pecunia Brogitarus per te appellatus; har resp 29. ʃ. I, 1. consequitur. uti decem reges aerarii, vectigalium domini constituerentur legis agrariae simulatione atque nomine; agr II 15. ut Masinissam convenirem regem; rep VI 9. nos post reges exactos servitutis oblivio ceperat; Phil III 9. ʃ.I, faciunt. cum esset habendus rex, quicumque genere regio natus esset; rep I 50. non regno, sed rege liberati videmur; interfecto enim rege regios omnes nutus tuemur; ep XII 1, 1. moneo: ʃ. I, 1. appropinquat. quorum maiores Antiochum regem classe Persemque superarunt; imp Pomp 55. cum penes unum est omnium summa rerum, regem illum unum vocamus; rep I 42. — 2. quae (domus) Hieronis regis fuit; Ver IV 118. — 3. qui non abstulit a rege, sed qui maximam regi pecuniam credidit; Rab Post 38. his idem propositum fuit, quod regibus, ut ne qua re egerent, ne cui parerent; of I 70. auctoritatem senatus regi Aegyptio vendidit; Piso 48. — 4. ut tum (populus Romanus) carere rege, sic pulso Tarquinio nomen regis audire non poterat; rep II 52. libero: ʃ. I. interficio. quo modo adsequi poterat Lacedaemo, ut bonis uteretur iustisque regibus? reg I 50. — 5. aufero a: ʃ. 3. credo. ut plusculum sibi iuris populus ascisceret liberatus a regibus; rep II 57. omnes in illo anno regiae virtutes; Deiot 26. videsne minus quadringentorum annorum esse hanc urbem, ut sine regibus sit? rep I 58. — III. iratum te regi Deiotaro fuisse non erant nescii; Deiot 8. — IV, 1. cum regis eius aequitatem et sapientiam a maioribus suis accepissent; Tusc IV 3. dico pro capite fortunisque regis; Deiot 1. et a regum et a patrum dominatione solere in libertatem rem populi vindicari; rep I 48. stuprata per vim Lucretia a regis filio; fin II 66. fortunae: ʃ. caput. frater: ʃ. I, 1. consequitur. sic regum, sic imperatorum imperia civibus sociisque praesunt ut corporibus animus; rep III 37. alterius res vehementer et opes regis et nomen

anxerunt; **Muren** 33. tyranni; nam hoc nomem Graeci regis iniusti esse voluerunt; rep II 49. f. II, 4. careo. opes: f. nomen. qui cum regum potestatem non tulissent; Sest 137. sapientia: f. aequitas. regis Alexandri testamento regnum illud populi Romani esse factum; agr I 1. Artemisia illa, **Mausoli**, Cariae regis, uxor; Tusc III 75. — 2. qui **bellum** illud superbius **cum** Mithridate rege gesserunt; Ver II 159. cum T. Tatio, rege Sabinorum, foedus icit; rep II 13. — V. id (Capitolium) *C.* Verres ab regibus ornari non passus est; Ver IV 71. frugi hominem dici non multum habet laudis in rege; Deiot 26. post: f. II, 1. exigo.

rhetor, Lehrer der Beredsamkeit, Rhetor: I. quoniam quidem concessum est rhetoribus ementiri in historiis, ut aliquid d i c e r e possint argutius; Bru 42. unum putasti satis esse non modo in una familia rhetorem. sed paene in tota civitate; de or II 10. hanc ὑπαλλαγὴν rhetores, μετωνυμίαν grammatici vocant; orat 93. — II, 1. eos, qui rhetores n o m i n a r e n t u r et qui dicendi praecepta traderent, nihil plane tenere; de or I 84. — 2. quasi vero perpetua oratio rhetorum solum, non etiam philosophorum sit; fin II 17. — 3. duo milia iugerum campi Leontini Sex. Clodio rhetori a d s i g n a s t i; Phil II 43. concedo: f. I. dicunt. — III. quasi non illa sint p r o p r i a rhetorum; de or III 122. — IV. qui eam (civilem scientiam) putant omnem rhetoris vi et artificio contineri; inv I 6. hinc rhetorum campus de Marathone, Salamine; of I 61. ne rhetorum aperiamus mysteria; Tusc IV 55. Aristoteles tribus in generibus rerum versari rhetoris officium putavit, demonstrativo, deliberativo, iudiciali; inv I 7. nunc his praeceptionibus rhetorum ad usum oratorium contentos nos esse oportebit; inv I 86. Cicero tuus summo studio est Paeonii sui rhetoris; Q fr III 3, 4. vis: f. artificium.

rhetorica f. **rethoricus,** B, b.

rhetorice, rednerisch, wortreich: potest id rhetorice et a u g e r i et ornari; fin III 26. rhetorice nos mavis quam dialectice disputare? fin II 17. hanc mortem rhetorice et tragice ornare potuerunt; Bru 43.

rhetoricus, rednerisch, rhetorisch, fem. Redekunst: A. quibus in rebus versatur ars et facultas oratoria, eas res materiam artis rhetoricae nominamus; inv I 7. materia nobis rhetoricae videtur artis, quam Aristoteli visam esse diximus; partes autem eae, quas plerique dixerunt, inventio, dispositio, elocutio, memoria, pronuntiatio; inv I 9. qui artem rhetoricam scribat; inv I 9. altera (familia) non nullam rhetoricae quoque artis sibi curam adsumebat; inv II 8. qui artes rhetoricas exponunt; de or III 75. Aristoteles principio artis rhetoricae dicit . . ; orat 114. quodsi tantam vim rerum maximarum arte sua rhetorici illi doctores complecterentur; de or I 86. de qua (vitae dignitate) nihil rhetorici isti doctores in praeceptis suis reliquissent; de or I 87. ceteros libros artis suae nomine, hos rhetoricos et inscribunt et appellant; de or I 55. nec te rhetoricis nunc quibusdam libris, quos tu agrestes putas, insequor ut erudiam; de or II 10. nostro more aliquando, non rhetorico, loquamur; de or I 133. — B, **a.** magistri, qui rhetorici vocantur; de or I 52. — **b,** I. eius (rationis) quaedam magna et ampla pars est artificiosa eloquentia, quam rhetoricam v o c a n t; inv I 6. — II. de inventione, prima ac maxima p a r t e rhetoricae, satis dictum videtur; inv II 178.

rho, Laut R: ut Demosthenem scribit Phalereus, cum RHO dicere nequiret, exercitatione fecisse || effecisse ||, ut planissime diceret; div II 96.

rhythmicus, Lehrer des Rhythmus. Rhythmifer: nec sunt haec rhythmicorum aut musicorum acerrima norma dirigenda; de or III 190.

ricinium, Kopftuch: 1. e x t e n u a t o sumptu tribus riciniis; leg II 59. — 2. d e tribus riciniis || reciniis || et pleraque illa Solonis sunt; leg II 64.

rictum, Mund: ut rictum eius ac mentum paulo sit attritius; Ver IV 94.

rideo, lachen, lächeln, auslachen, verlachen: I, 1. ut, si ridere c o n c e s s u m s i t, vituperetur tamen cachinnatio; Tusc IV 66. — 2. tum ille (Hortensius) ridens: tollendum; Ac II 148. cum mihi erit exploratum te libenter esse risurum; ep IX 10, 3. quid aliud fuit, in quo contio rideret, nisi illa vultus et vocis imitatio? de or II 242. mirabile videtur, quod non rideat haruspex, cum haruspicem viderit; nat I 71. — II. acc. c. inf.: f. III. hominem. — III. cum derideantur; nam si riderentur, esset id ipsum Atticorum; opt gen 11. dum illum rideo; ep II 9, 2. haec ridentur vel sola vel maxime, quae notant et signant || designant || turpitudinem aliquam non turpiter; de or II 236. nihil magis ridetur, quam quod est praeter exspectationem; de or II 284. nihil mihi tam deesse scito, quam quicum haec familiariter docteque rideam; ep XII 18, 2. rideamus γέλωτα σαρδάνιον; ep VII 25, 1. sua contio risit hominem, hominemque eum in contione de religionibus neglectis conqueri; har resp 8. nec insignis improbitas nec rursus miseria insignis agitata ridetur; de or II 237. ioca tua plena facetiarum de haeresi Vestoriana risisse me satis; A XIV 14, 1. miseriam: f. improbitatem. tum eius non sal, sed natura ridetur; de or II 279. risi „nivem atram“; Q fr II 11, 1. salem: f. naturam.

ridicule, scherzhaft, witzig, lächerlich: I. cum multa c o n l i g e r e s ridicule ac facete; de or I 243. haec ridicule et facete explicans; Bru 198. — II. homo ridicule i n s a n u s; Ver IV 148. — III. nos ridicule, si dicimus: „ille patrem strangulavit“; ep IX 22, 4.

ridiculus, scherzhaft, witzig, lächerlich, komisch: A. G l a u c i a cum primis ridiculus; Bru 224. in re est item ridiculum, quod ex quadam depravata imitatione sumi solet; de or II 242. in dicto ridiculum est id, quod verbi aut sententiae quodam acumine movetur; de or II 244. ne tu accusator esses ridiculus; Sex Rosc 50. consul cavillator genere illo moroso, facie magis quam facetiis ridiculus; A I 13, 2. Cn. Sicinius homo impurus, sed admodum ridiculus; Bru 216. Tutor, mimus vetus oppido ridiculus; de or II 259. o rem ridiculam! Ver IV 146. — B, I. non e s s e omnia ridicula faceta; de or II 251. ridiculo sic usurum oratorem, ut nec nimis frequenti, ne scurrile sit, nec subobosceno, ne mimicum; orat 88. me etiam illa valde movent stomachosa et quasi submorosa ridicula; de or II 279. — II, 1. in i a c i e n d o mittendoque ridiculo; orat 87. inveni ridicula et salsa multa Graecorum; de or II 217. sed ridicula missa; ep IX 7, 2. f. iacio. — 2. u t o r: f. I. est. — 3. quae sunt a me in secundo libro „de oratore“ disputata de ridiculis; ep VII 32, 2. — III. quae sint, quod ridiculi p r o p r i u m est, subturpia; de or II 264. — IV. quae sint g e n e r a ridiculi; de or II 235. cum ad ipsa ridiculorum genera venerimus; de or II 239. esse notissimum ridiculi genus, cum aliud exspectamus, aliud dicitur; de or II 255. huius genus ridiculi insigni aliqua et nota re notari volo; de or II 259. huic generi quasi contrarium est ridiculi genus patientis ac lenis || lenti ||; de or II 279. locus et regio quasi ridiculi turpitudine et deformitate quadam continetur; de or II 236. — V. cum studiose de absentibus detrahendi causa aut per rediculum aut severe || severe, | maledice dicitur; of I 134.

rigeo, starren: quod (ceterae partes) aut frigore rigeant aut urantur calore; Tusc I 69.

rigidus, starr, steif, hart: cum (ibes) sint aves excelsae, cruribus rigidis; nat I 101. Caucasi

signa rigidiora esse quam ut imitentur veritatem;
Bru 70.

rigo, tränfen: »Romani nominis altrix, Martia,
quae parvos Mavortis semine natos uberibus gravidis
vitali rore rigabat«; div I 20.

rima, Spalte, Riß: reliquae (tabernae) rimas
agunt; A XIV 9, 1.

rimor, durchforschen: id quoque rimatur, quantum potest, Posidonius; div I 130.

ripa, Ufer: I. cum plebes prope ripam Anionis
|| Anienis || ad tertium miliarium consedisset; Bru 54.
ut nos quasi extra ripas diffluentes coërceret; Bru
316. nos in viridi opacaque ripa inambulantes; leg
I 15. quod urbem perennis amnis posuit in ripa;
rep II 10. — II. adde huc riparum vestitus viridissimos; nat II 98.

ripula, kleines Ufer: haec φωτογραφία ripulae
videtur habitura celerem satietatem; A XV 16, a.

risus, Lachen, Heiterkeit, Spott: I. qui risus
classe devicta multas ipsi lacrimas attulit; nat II
7. mediocris quidam est risus consecutus; ep V 2, 2.
erumpit: f. est. de risu quinque sunt quae quaerantur: unum, quid sit; alterum, unde sit; tertium,
sitne oratoris [velle] risum movere; quartum, quatenus; quintum, quae sint genera ridiculi. atque
illud primum, quid sit ipse risus, quo pacto concitetur, ubi sit, quo modo exsistat atque ita repente
erumpat, ut eum cupientes tenere nequeamus, et
quo modo simul latera, os, venas, oculos, vultum
occupet, viderit Democritus; de or II 235. exsistit,
occupat: f. est. ut testem omnium risus obrueret;
de or II 285. — II, 1. concito: f. I. est. quam
ego risum nostrum desidero! ep II 13, 3. in rebus
tristissimis quantos excitat risus! Phil III 21. leve
est totum hoc risum movere; de or II 218. exponamus genera ipsa summatim, quae risum maxime
moveant; de or II 248. f. L est. risum vix tenebam;
Bru 293. f. I. est. — 2. quaero de: f. I. est. gemitum in risus maximos transfero; ep IX 26, 2. —
III. populus cum risu acclamavit; Caecin 28. etsi
ista iam ad risum; A XIV 11, 1.

rite, nach Vorschrift, gesetzlich, mit Recht, gewöhnlich: quae (scientia) potest appellari rite sapientia; fin II 37. hinc deum rite beatum dixerimus;
nat I 52. ludi sunt non rite facti; har resp 23.
quid aut laudari rite aut vituperari potest? leg I 51.

ritualis, die religiösen Gebräuche betreffend:
quod Etruscorum declarant et haruspicini et fulgurales et rituales libri; div I 72.

ritus, religiöser Gebrauch, Gewohnheit: I. »ritus familiae patrumque servanto«; leg II 19. —
II. quibusnam verbis aut quo ritu civis domum
consecrares; dom 132. quae (tempestates) populi
Romani ritibus consecratae sunt; nat III 51. ut
initientur (mulieres) eo ritu Cereri, quo Romae initiantur; leg II 37. erat ei vivendum latronum ritu;
Phil II 62.

rivalis, Nebenbuhler: Hirrus quam ineptus,
quam se ipse amans sine rivali! Q fr III 8, 4.

rivalitas, Nebenbuhlerschaft, Eifersucht: quae
(aemulatio) rivalitati similis est; Tusc IV 56.

rivulus, Bächlein, Kanal: I. influxit non
tenuis quidam e Graecia rivulus in hanc urbem, sed
abundantissimus amnis illarum disciplinarum et artium; rep II 34. — II. tardi ingenii est rivulos
consectari, fontes rerum non videre; de or II 117.

rivus, Bach: I. partium distributio saepe [est]
infinitior, tamquam rivorum a fonte diductio;
Top 33. — II. quid magnum naufragum illum in
rivo esse lapsum? fat 5.

rixa, Streit: I. etsi Academiae nostrae cum eo
(Zenone) magna rixa est; ep IX 22, 1. — II. in
quorum rixam si Academicus incurrerit; Ac fr
20 (8. 25).

rixor, streiten: cum esset cum eo de amicula
rixatus; de or II 240,

roboro, kräftigen: quod educata huius nutrimentis eloquentia et ipsa se postea colorat et
roborat; orat 42. cum eam (gravitatem Cato) ipse
perpetua constantia roboravisset; of I 112.

robur, Eichenholz, Festigkeit, Stärke, Kern:
I, 1. cum paulum iam roboris accessisset aetati;
Cael 73. quantum in cuiusque animo roboris est
atque nervorum; ep VI 1, 3. — 2. quod est firmamentum ac robur totius accusationis; Muren 58.
haec (auxilia) sunt nostra robora; A VI 5, 3. — II,
1. quis robur illud cecidit, dolavit, inscripsit? div
II 86. — 2. non est (sapiens) e saxo sculptus aut e
robore dolatus; Ac II 101. sortes erupisse in
robore insculptas priscarum litterarum notis; div II
85. sunt aliae virtutes, quae in ingenii aliqua facultate aut animi magnitudine ac robore (videntur
positae; de or II 343. cum versaris in optimorum
civium vel flore vel robore; orat 34. — III. alqd:
f. I, 1. — IV, 1. usu armorum et militum robore
inferiores eramus; ep VI 1, 5. — 2. cum iam a
firmissimo robore copiarum suarum relictus esset;
dom 67.

robustus, stark, kräftig: quanto est ipse
(Caesar) robustior; A IX 2, a, 1. robustus animus
et excelsus omni est liber cura et angore; fin I 49.
est Q. Caecilii Bassi robustus et victor exercitus;
Phil XI 32. tum est robusta illa et stabilis fortitudo;
Tusc IV 51. omne malum nascens facile opprimitur,
inveteratum fit plerumque robustius; Phil V 31. si
nostram rem publicam nobis et nascentem et crescentem et adultam et iam firmam atque robustam
ostendero; rep II 3.

rodo, benagen, verkleinern: quod clipeos Lanuvii mures rosissent; div II 59. Caesaris munera
rosit; Phil XIII 27.

rogatio, Gesetzesvorschlag, Antrag, Bitte: I, 1.
aut non respondendo aut male respondendo longius
rogationem procedere non sinit; inv I 54. valent
apud Caesarem non tam ambitiosae rogationes quam
necessariae; ep VI 12, 2. rogatio atque huic finitima quasi percontatio expositioque sententiae suae;
de or III 203. — 2. haec lex, haec rogatio est?
dom 44. — II. ut consules populum cohortarentur
ad rogationem accipiendam; A I 14, 5. adlata
est nobis rogatio de pernicie mea; A III 4. qui
(C. Mancinus), ut Numantinis dederetur, rogationem
suasit eam, quam L. Furius, Sex. Atilius ex senatus
consulto ferebant; of III 109. cum dies venisset
rogationi ex senatus consulto ferendae; A I 14, 5.
promulgatur uno eodemque tempore rogationes ab
eodem tribuno de mea pernicie et de provinciis consulum nominatim; Sest 25. suadeo: f. fero. — III.
finitimus: f. I, 1. de or II 203. — IV. causa
rogationis fuit gratiosa; Planc 25. statim iter
Brundisium versus contuli. ante diem rogationis;
A III 4. ratione rogationis imprudens ab eo, quod
concessit, ad id, quod non vult concedere, deducen-
dus est; inv I 54. — V, 1. hac rogatione non indicum sententia, sed legis vitium corrigebatur;
Sulla 63. Cn Pompeius rogatione sua et de re et
de causa indicavit; Milo 15. — 2. quae (poena) ne
in ipsa quidem rogatione praescripta est; dom 83.

rogatiuncula, Frage, Antrag: ea te ex una
rogatiuncula fecisse; dom 51. quae manus significet
illum (Chrysippum) in hac esse rogatiuncula delectatum; fin I 39.

rogator, Antragsteller, Stimmensammler: I.
haruspices introducti responderunt non fuisse iustum
comitiorum rogatorem; nat II 10. — II, 1. quando
illa dignitate rogatores, diribitores custodesque
vidistis? sen 28. — 2. quamquam haec epistula
non suasoris est, sed rogatoris; A XVI 16, 9.

rogatus, Bitte, Ersuchen: cogor non num-

quam homines non optime de me meritos rogatu
eorum, qui bene meriti sunt, defendere; ep VII 1, 4.
cum rogatu sociorum nomen hominis audacissimi
detuli; Ver I 15. ei (Demetrio Megae) Dolabella
rogatu meo civitatem a Caesare impetravit; ep
XIII 36, 1. ; feci non invitus, ut prodessem multis
rogatu tuo; Lael 4. cum hanc causam Siculorum
rogatu recepissem; Ver pr 34. Thyillus te rogat
et ego eius rogatu Εὐμολπιδῶν πάτρια; A I 9, 2.

rogito, fragen: regum sunt haec imperia:
„animadverte et dicto pare" et „praeter rogitatum
† si pie" ‖ si quid, al. ‖; Rab Post 29.

rogo, befragen, fragen, beantragen, zur Wahl
vorschlagen, ersuchen, bitten: I, 1, a. hocine a
maioribus accepimus ius rogandi? Phil I 26. — b.
quae posteaquam iste omnia abstulit alia rogando,
alia poscendo, alia sumeudo; Ver II 84. — 2, a. etiamsi iure esset rogatum; Sest 73. — b. profecto hinc
natum est: „malo emere quam rogare"; Ver IV 12.
ego non iustus, qui et consul rogavi et augur et
auspicato? nat II 11. mortuo rege Pompilio Tullum
Hostilium populus regem interrege rogante comitiis
curiatis creavit; rep II 31. si, tribuno plebis rogante,
„VELITIS IUBEATISNE", Fidulii centum se velle
et iubere dixerint; dom 80. — II, 1. Caesar dixit se
senatui roganti de Marcello ne omnia ‖ hominis ‖
quidem causa negaturum; ep IV 4, 3. estne aut
tui pudoris aut nostri primum rogare de die, deinde
plus annua postulare? ep VII 23, 1. — 2. rogavit,
essetne fusi hostes; fin II 97. — 3. ab omni societate rei publicae paulisper facessant rogemus;
leg I 39. cum (Patro), idem ad te scriberem, rogasset;
ep XIII 1, 3. maxime rogo, nos quam primum revisas; A IV 14, 2. quod rogas, curem, ut scias,
quid Pompeius agat; A VII 12, 1. — 4. rogare et
orare, ne illos supplices aspernarer; div Caec 3.
— 5. hortatur et rogat, ut arent, ut serant; Ver IV
44. — 6. si ruere vellem, boni viri me, ut id ne
facerem, rogarent; Planc 91. — III. Servilius
rogatus rem distulit; ep X 16, 1. numquam nobis
ad rogatum respondent, semper accusatori plus quam
ad rogatum; Flac 10. hoc per legatos rogandum
est? Phil V 27. (Ti. Gracchus) comitia consulibus rogandis habuit; div I 33. cum consulatus petebatur,
non rogabatur; Phil II 76. Iulias leges et ceteras
illo consule rogatas iure latas negant; prov 45. ut
(senator) loco dicat, id est rogatus; leg III 40. causa
sero perorata sententias se rogaturum negavit; Q
fr II 1, 1. mittit rogatum vasa ea; Ver IV 63. —
IV, 1. alqm—de: f. 5. Vatin 10. — 2. cum (Demosthenes) rogaretur, quid in dicendo esset primum; de or III 213. — 3. te rogo, ne intermittas
scribere ad me; A XI 10, 2. quod Attica nostra
rogat te, ne tristis sis; A XIII 19, 1. f. 5. ep XIII
1, 2. — 4. te in maiorem modum rogo, ut C. Curtii
rem meam putes esse; ep XIII 5, 3. te rogo, ut
me hinc expedias; A XI 18, 1. quod ut facias, te
vehementer etiam atque etiam rogo; A XVI 16, 18.
eum (regem) pluribus verbis rogat, ut id ad se mittat; Ver IV 64. — 5. hoc te vehementer etiam atque
etiam rogo; ep XIII 5, 3. hoc te ita rogo, ut maiore studio rogare non possim; Q fr I 2, 11. quae
te de te ipso rogaro; Vatin 10. tunc te illud primum
rogabo, ne quid invitus mea causa facias; ep XIII
1, 2. Racilius de privatis me primum sententiam rogavit; Q fr II 1, 3. Marcellinus sententiam primus
rogatus; A IV 2, 4.

rogus, Scheiterhaufen: I. cum (Callanus) inscenderet in rogum ardentem; div I 47. — II, 1.
quod (lex) »rogum bustumve novum« vetat »propius
sexaginta pedes adigi ‖ adici ‖ aedes alienas invito
domino«; leg II 61. beatam vitam usque ad illum
a Cyro exstructum rogum pertulisset; fin III 76.
»rogum ascea ne polito«; leg II 59. — 2. Metellum
multi filii filiae, nepotes neptes in rogum imposu-

erunt; Tusc I 85. inscendo in: f. I. — III. usque ad:
f. II, 1. exstruo.

roro, träufeln: me delectant pocula minuta atque rorantia; Cato 46.

ros, Tau, Naß: I. »cum primum gelidos rores
aurora remittit«; div I 14. — II. »quae (Martia)
parvos uberibus gravidis vitali rore rigabat«; div
I 20.

rosa, Rose, Rosenkranz: I. reticulum ad nares
sibi admovebat plenum rosae; Ver V 27. — II, 1.
sertis redimiri iubebis et rosa? Tusc III 43. —
2. an tu me in viola putabas aut in rosa dicere?
Tusc V 73.

rostratus, mit einem Schnabel: intentio est:
„rostrata navis in portu deprehensa est"; inv II 98.

rostrum, Schnabel, Rüffel, Schnauze, Schiffs-
schnabel, pl. Rednerbühne: I. non curia vires meas
desiderat, non rostra; Cato 32. — II, 1. iam
M. Antonii in eis ipsis rostris, in quibus ille rem
publicam constantissime consul defenderat quaeque
censor imperatoriis manubiis ornarat, positum
caput fuit; de or III 10. — 2. rem a subselliis ad
rostra detulit; Cluent 111. hi habitabant in rostris; Bru 305. pono in: f. 1. sedebat in rostris conlega tuus; Phil II 85. cui si statuam in rostris
decreto vestro statueritis; Phil IX 10. — III. cibum
(animalia) partim ungulum tenacitate adripiunt,
partim aduncitate rostrorum; nat II 122. — IV,
1. sus rostro si humi A litteram impresserit;
div I 23. — 2. ut semper in rostris curiam defenderim; Piso 7. f. II, 1.

rota, Rad: I. »hunc tangit rota fervida solis«;
H IV, a, 527. — 1, 1. ne tum quidem fortunae rotam pertimescebat; Piso 22. — 2. (philosophus)
putatur dicere in rotam beatam vitam non escendere; Tusc V 24.

rotunde, abgerundet: ista ipsa, regem, dictatorem, divitem solum esse sapientem, a te quidem
apte ac rotunde; fin IV 7.

rotundo, abrunden: (ignem) ad volubilitatem
rotundavit; Tim 35.

rotundus (rut), runb, abgerundet: A. cum
ei (Isocrati) Theodorus praefractior nec satis, ut ita
dicam, rotundus (videretur); orat 40. rotundum ut
caelum terraeque ut media sit; de or III 178. erat
verborum apta et quasi rotunda constructio; Bru
272. quae conversione rotunda circum medium feruntur; nat II 84. qualis sit volubilis et rotundus
deus; nat II 46. quae (stellae) globosae et rotundae
circulos suos conficiunt; rep VI 15. — B. qui (locus)
est idem infimus in rotundo; Tusc V 69.

rubeo, erröten: rubeo, mihi crede; A XV 4, 3.
haerere homo, versari, rubere; Ver II 187.

ruber, rot: ea genera beluarum, quae in rubro
mari Indiave gignantur; nat I 97. cum ad Saxa
rubra venisset, Phil II 77.

rubeta, Frosch: inest in ‖ † in revis et, in ru-
betis et ‖ ranunculis vis et natura quaedam; div I 15

rubor, Röte, Schamröte, Schamhaftigkeit: I.
ex quo fit, ut pudorem rubor consequatur; Tusc
IV 19. — II. fucati medicamenta candoris et
ruboris omnia repellentur; orat 79. praestet idem
(orator) ingenuitatem et ruborem suum verborum
turpitudine et rerum obscenitate vitanda; de or II
242. — III. medicamenta: f. II fuco.

ructo, aufstoßen: I. unde tu nos turpissime
ructando eiecisti; Piso 13. — II. magister equitum,
cui ructare turpe esset; Phil II 63. confer sudantes,
ructantes; Tusc V 100.

ructus, Aufstoßen: illi (Stoici) etiam crepitus
aiunt aeque liberos ac ructus esse oportere; ep IX
22, 5.

rudens, Seil, Schiffstau: I. non sane optabilis
ista rudentibus apta fortuna; Tusc V 40. — II est

quasi rudentis explicatio sic traductio temporis;
div I 127.

rudis, rolj, unausgebilbet, unfertig, ljalbfertig,
unerfaljren, unfunbig: A. in minoribus navigiis rudem esse [s e] confiteri, quinqueremes autem gubernare didicisse; de or I 174. aliud est in communi
vita et vulgari hominum consuetudine nec hebetem
nec rudem (esse); de or I 248. idem nec rudis in
iure civili; Bru 129. qui omnium rerum rudis esse
videatur; Tusc I 57. (animos) teneros et rudes cum
acceperunt; leg I 47. significant formam quandam
ingenii, sed admodum impolitam et plane rudem;
Bru 294. imperiti homines, rerum omnium rudes;
Flac 16. L. Sulla, non rudis imperator; Muren 32.
si rudis et impolita putanda est illa sine intervallis
loquacitas perennis et profluens; de or III 185. fateor callidum quendam hunc (oratorem) et nulla in
re tironem ac rudem esse debere; de or I 218. quid
esse potest in otio iucundius quam sermo facetus ac
nulla in re rudis? de or I 32. hominem infirmum
in villam apertam ac ne rudem quidem etiam nunc
invitare nolui; Q fr II 8 (10) 2. — B. si id ipsum
rudes et indocti iudicare potuissent; Ac II 9.

rudis, Siapier: tam bonus gladiator rudem tam
cito? Phil II 74.

ruga, Salte, Siunjel: I. non cani nec rugae repente auctoritatem adripere possunt; Cato 62. —
2. isne quemquam rugis supercilioque decepit?
sen 15.

ruina, Ginfturj, Umfturj, Jrümmer, Untergang,
Jerftörung: I. ut extra ruinam sint eam, quae impendet; A XI 24, 2. — II, 1. deflevi subitas
fundatissimae familiae ruinas; dom 96. si (Academia) invaserit in haec, nimias ‖ miseras ‖ edet ruinas;
leg I 39. invitus facio, ut recorder ruinas rei publicae; Vatin 21. — 2. quod priora tempora in ruinis rei publicae nostrisque iacuerunt; ep V 17,
1. sum extra: f. I. — III. Pomponiam et puerum
versari in timore ruinae; A II 4, 7. — IV, 1. conclave illud, ubi epularetur Scopas, concidisse; ea ruina ipsum cum cognatis oppressum suis interisse;
de or II 353. — 2. quod post has ruinas mihi non acciderat; A X, 1, 1.

ruinosus, baufällig: male materiatae *sint*
(aedes), ruinosae; of III 54.

ruminatio, Bieberljolung: vidi ex tuis litteris, quid ageretur, de ruminatione cotidiana; A II
12, 2.

rumor, Gerücljt, Gerebe, Bolfsftimme, Beifall,
Siuf: I. rumoris nescio quid adflaverat commissione Graecorum frequentiam non fuisse; A XVI
5, 1. de Cn. Minucio rumores duriores erant; ep
XII 25, 7. Puteolis magnus est rumor Ptolomaeum
esse in regno; A IV 10, 1. illum (Caesarem) discessisse Alexandrea rumor est non firmus ortus ex
Sulpicii litteris; A XI 25, 2. scribant alii, multi
nuntiabunt, perferet multa etiam ipse rumor; ep II
8, 1. serpit hic rumor; Muren 45. rumor dictatoris
iniucundus bonis; Q fr III 8, 4. — II, 1. levitatis
est inanem aucupari rumorem; Piso 57. ut rumorem bonum colligant, erubescunt; leg I 50. rumoribus improbissimis dissipatis; Phil XIV 10. de
regina rumor exstinguetur; A XV 1, 5. te nolo,
nisi ipse rumor iam raucus erit factus, ad Baias
venire; ep IX 2, 5. — 2. rumoribus credi oportere
et non oportere; inv II 50. — III. alqd: f. I. totam
opinionem parva non numquam commutat aura rumoris; Muren 35. — IV. quae (res) rumore non
nullo creverat; Muren 37. qui rumore et favore
populi tenetur et ducitur; Sest 115. quod multitudinis rumore laudetur; fin II 49. teneri: f. duci.

rumpo, jerreifjen, jerbreccen, fprengen, breccen,
verfeljen, aufljeben: ut his malis rei publicae lice-
tiasque audacium, qua antea rumpebar, nunc ne mo-
vear quidem; Q fr III 9, 1. hunc quisquam foedera

Merguet, Handlexikon zu Cicero.

scientem neglexisse, violasse, rupisse dicere audebit?
Balb 13. iactare se in causis centumviralibus, in
quibus testamentorum ruptorum aut ratorum iura
versentur; de or I 173. quia constat agnascendo
rumpi testamentum; de or I 241. inflatas rumpi
vesiculas; div II 33. si quis eorum vincula ruperit;
Catil IV 8.

rumusculus, Gerebe, Gefcljwätj: imperitorum
hominum rumusculos aucupati; Cluent 105. quas
(historias) ego multo magis vereor quam eorum
hominum, qui hodie vivunt, rumusculos; A II 5, 1.

ruo, ftürjen, finfen, eilen, ftürmen, ficlj über-
ftürjen, einftürjen. ausgraben: I. ille demens ruere; A IV 3, 2. illum ruere nuntiant et iam iamque
adesse; A VII 20, 1. illud recte times, ne (Caesar)
ruat. si desperarit, certe ruet; A X 12, a, 3 (12, 6).
multa ruunt et maxime communitas cum hominum
genere, caritas, amicitia, iustitia, reliquae virtutes;
Ac II 140. nemo est, quin intellegat ruere illam
rem publicam; Ver V 12. ego bonos viros sequar,
etiamsi ruent; A VII 7, 7. virtutes: f. alqd. — II.
cum ex lege quaeritur, quae sint ruta caesa; part
or 107. cum aedes fundumve vendiderint rutis caesis receptis; Top 100. .

rursus, rursum, rücfwärts, jurücf, umge-
feljrt, bagegen, anbrerfeits, wieber, von neuem:
rem augere posse laudando vituperandoque rursus
adfligere; Bru 47. quia (stellae) tum occultantur,
tam rursus aperiuntur; nat II 51. cum contueri
licebit eius (terrae) et habitabiles regiones et rursum cultu vacantes; Tusc I 45. quam diu tu voles,
vitiosus consul Dolabella; rursus, cum voles, salvis
auspiciis creatus; Phil II 84. quae cum dixisset,
sic rursus exorsus est; Ac II 13. a quo (igne) rursum animante ac deo renovatio mundi fieret; nat II
118. cum cupio tibi parcere, rursus immuto voluntatem meam; Sex Rosc 95. alii rursum isdem a
principiis omne officium referent; fin V 19. quod
neque ita amplecteretur artem, ut ii solerent, neque
rursus eam totam repudiaret; de or I 110. rursus
eodem revertamur; Sex Rosc 41. refundunt eadem
et rursum trahunt indidem; nat II 118. videamus
rursus vim naturamque legis; leg II 8. Italiae rursus percursatio eandem comite mima; Phil II 62.

rus, Selb, Sanbgut, Sanb: I, 1. habet animi
causa rus amoenum; Sex Rosc 133. urbe relicta
rura peragrantis saepe soli sumus; of III 1. — 2.
cum in sua rura venerunt; Tusc V 102. — II, 1. qui
ruri semper habitarit; Sex Rosc. 39. quam (Atticam) ruri esse arbitror; A XIII 49, 1. — 2. cum
Tullius rure redierit, mittam eum ad te; ep V
20, 9.

rusticanus, länblicl, vom Sanbe, auf bem
Sanbe, bäuerifcl: A. ut L. Cotta illud, quod loquitur, priscum visum iri putat, si plane fuerit rusticanum; de or III 42. quo ore homines rusticanos
ex municipiis solitus sit appellare; Ver I 127.
homines illius ordinis ex municipiis rusticanis; Sex
Rosc 43. rusticana illa atque inculta parsimonia;
Quinct 92. C. Marius, rusticanus vir, sed plane vir;
Tusc II 53. vitam hanc rusticanam suavissimam
esse arbitrantur; Sex Rosc 48. — B. accessisse
ad Crassum consulendi causa quendam rusticanum;
de or I 239.

rusticatio, Aufentljalt auf bem Sanbe: pere-
grinationes rusticationesque communes (erant);
Lael 103.

rustice, bäuerifcl: (Brutus) nihil tam videtur
potuisse facere rustice; A XII 36, 2. eius patrem
non vaste, non rustice, non hiulce (locutum esse),
sed presse et aequabiliter et leviter; de or III 45.

rusticor, ficl auf bem Sanbe aufljalten:
I. liceat modo rusticari! ep XVI 23, 1. — II. socerum suum Laelium semper fere cum Scipione
solitum rusticari; de or II 22. ut sciam, quid

(Attica) garriat, sin rusticatur, quid scribat ad te; A XII 1, 1.

rusticulus, Landmann: sensit rusticulus non incautus suum sanguinem quaeri; Sest 82.

rusticus, ländlich, vom Lande, bäuerisch, plump, ben Landbau betreffend, Landmann: A. rusticum Marium! Piso 58. ne quid durum aut rusticum sit; of I 129. neque solum rusticam asperitatem, sed etiam peregrinam insolentiam fugere discamus; de or III 44. de rebus rusticis hominem ab agro remotissimum, Nicandrum Colophonium, poëtica quadam facultate, non rustica, scripsisse praeclare; do or I 69. in rusticis moribus istius modi maleficia gigni non solere; Sex Rosc 75. possessiones notabat et urbanas et rusticas; Phil V 20. cui nostrum [non] licet res rusticas vel fructus causa vel delectationis invisere? de or I 249. f. facultas. ut vectigalia urbana rusticis (anteponantur); of II 88. — B. I. cuidam rustico Romano dormi-

enti visus est venire, qui diceret..; div I 55. sunt municipales rusticique Romani optimates; Sest 97. — II, 1. ante rusticis detur ager, qui habent, quam urbanis? agr II 79. — 2. do: f. 1. videor: f. I. dormit. — III. illi Capuam nundinas rusticorum esse voluerunt; agr II 89. qua (tralatione) frequetissime sermo omnis utitur non modo urbanorum, sed etiam rusticorum; orat 81.

ruta, Raute, Bitterkeit: L „ruta" et „menta" recte utramque; volo mentam pusillam ita appellare ut „rutulam"; non licet; ep IX 22, 3. — II. ad cuius (Leptae) rutam puleio mihi tui sermonis utendum est; ep. XVI 23, 2.

rutilus, rötlich: »quem (Leonem) rutilo sequitur conlucens corpore Virgo«; fr H IV, a, 568. (est fulgor) rutilus horribilisque terris, quem Martium dicitis; rep VI 17. „rutilo cum lumine claret Canis«; fr H IV, a, 348.

rutula, Raute: f. **ruta.**

Sacco, Sädler, Einsädler: Oppios de Velia saccones || succones || dicis; A VII 13, 5.

saccus, Sad: cum iste civitatibus frumentum, saccos imperaret; Ver I 95.

sacellum, Heiligtum, Kapelle: I. sunt loca publica urbis, sunt sacella, quae post restitutam tribuniciam potestatem nemo attigit, quae maiores in urbe partim periculi perfugia esse voluerunt; agr II 36. — II. attingo: f. I. L. Pisonem quis nescit maximum et sanctissimum Dianae sacellum in Caeliculo sustulisse? har resp 32.

sacer, heilig, geheiligt, geweiht, subst. Heiligtum, Feier, Opfer: A. ut sacris vigilias agerent ad aedes sacras; Ver IV 93. quibus (facultatibus) et sacra conficere et sarta tecta aedium sacrarum tueri possint; ep XIII 11, 1. sacer an profanus locus sit; inv I 38. plebs montem sacrum occupavit; rep II 58. de religionibus sacris et caerimoniis est contionatus Clodius; har resp 8. terra ut focus domiciliorum sacra deorum omnium est; har II 45. qui est in summa sacra via; Planc 17. — B. I. quid huic sacris umquam fore aut quid religiosi fuisse putatis? Ver IV 71. »sacra privata perpetua manento«; leg II 22. — II, 1. qui sacris acceperit; Bru 79. audite etiam singularem eius cupiditatem, in iis praesertim sacris polluendis, quae non modo manibus attingi, sed ne cogitatione quidem violari fas fuit; Ver IV 99. qui (maiores tui) sacra privata coluerunt; dom 105. ut anniversaria sacra Iuventatis non committerentur; A I 18, 3. conficio: f. A. aedes. quae sacra per summam castimoniam virorum ac mulierum fiant; Ver IV 102. polluo, violo: f. attingo. siquidem sacra nocturna tollimus; leg II 35. — 2. cur sacris pontifices, cur auspiciis augures praesunt? nat I 122. — 3. cum omnis populi Romani religio in sacra et in auspicia divisa sit; nat III 5. — III. quibus verbis sacrorum alienatio fiat; orat 144. si de sacrorum alienatione dicendum putasti; leg III 48. qui estis antistites caerimoniarum et sacrorum; dom 104. religiones caerimoniaeque omnium sacrorum fanorumque violatae; Ver I 7. tu sacrorum iura, tu sacerdotum aperuisti; Ac I 9. ut ne quid de sacrorum religione minuatur; dom 36. f. caerimoniae. meam domum L. Claudius, rex sacrorum, omni religione (liberavit); har resp 12. — IV. eos, qui tantundem caperent, quantum omnes heredes, sacris adligari, leg II 52. qui astringantur sacris; leg II 48. qui (Mercurius) sacris anniversariis coleretur; Ver IV 84. quae (sica) quidem quibus abs te initiata sacris ac devota sit, nescio; Catil I

16. M. Luculli uxorem Memmius suis sacris initiavit; A I 18, 3.

sacerdos, Priester, Priesterin: I. praesto mihi sacerdotes Cereris cum infulis ac verbenis fuerunt: Ver IV 110. cum sacerdotes deorum vacationem habeant; Ac II 121. ita sacerdos advecta in fanum precata a dea dicitur, ut..; Tusc I 113. — II, 1. adveho: f. I. precatur. ne cooptari quidem sacerdotem licebat, qui cuiquam ex conlegio esset inimicus; ep III 10, 9. avunculus tuus populo Romano dedit et potentissimorum hominum conlegiis eripuit cooptandorum sacerdotum potestatem? fr A VIII 6. eo modo sacerdos Climachias renuntiatus est; Ver II 129. — 2. ut (Plato) a sacerdotibus barbaris numeros et caelestia acciperet; fin V 87. referendum ad sacerdotes publicos non putasti? dom 132. — III. hic, qui in conlegio sacerdotum esset, primus est condemnatus; Bru 127. discriptio | descr. || sacerdotum nullum iustae religionis genus praetermittit; leg II 30. (alter dux) responsa sacerdotum regi Aegyptio vendidit; Piso 48. — IV. quae (sacra Cereris) per Graecas curata sunt semper sacerdotes: Balb 55.

sacerdotium, Priestertum, Priesteramt: I. summa nobilitas est, amplissimum sacerdotium; Phil XIII 8. — II, 1. amplissimum, cum non difficillime consequi possem, non appetivi; ep XV 4, 13. post sacerdotium initum; dom 135. — 2. tui sacerdotii sunt tensae, curricula, praecentio ..; har resp 21. — III. virgo Vestalis, sanctissimo sacerdotio praedita; dom 136. — IV, 1. amplissimi sacerdotii conlegium; ep III 10, 9. quod te sacerdotii iure facere posse dixisti; Phil II 81. — 2. de sacerdotio tuo quantam curam adhibuerim, cognosces ex iis litteris; ep II 7, 3. quam popularis lex de sacerdotiis C. Licinii Crassi videbatur! Lael 96.

sacramentum, Straffumme, Wette, Eib: I. cum Cotta decemviris religionem iniecisset non posse nostrum sacramentum iustum iudicari; Caecin 97. si decemviri sacramentum in libertatem iniustum iudicassent; dom 78. — II. gratam illam legem || rem || de multa et sacramento tulerunt; rep II 60. — III. quibuscum tibi iusto sacramento contendere non liceret; de or I 42. ut sacramento contendas mea non esse; ep VII 32, 2.

sacrarium, Kapelle, Tempel: I. sacrarium Cereris est apud Catinenses eadem religione, qua Romae; Ver IV 99. — II. haec omnia signa ab Heio e sacrario Verres abstulit; Ver IV 7. qui (C. Avianus Evander) habitat in tuo sacrario; ep

XIII 2. in eo sacrario intimo **signum** fuit Cereris perantiquum; Ver IV 99. — III. ante ipsum sacrarium Bonae deae; Milo 86.

sacrificatio, Opfer: in ea dea omnis et precatio et sacrificatio extrema est; nat II 67.

sacrificium, Opfer: I, 1. ut illud ludorum epulare sacrificium facerent; de or III 73. cum (M. Popilius) sacrificium publicum cum laena faceret; Bru 56. cum sacrificium Bonae deae fieret; dom 105. neglectis sacrificiis sollemnibus; Phil III 11. sisto: f. 2. vehor ad. — 2. intentio est: „hostiae, quas debuisti ad sacrificium, praesto non fuerunt"; inv II 97. quid de sacrificiis sollemnibus existimandum sit; nat I 14. cum illam (sacerdotem) ad sollemne et statum sacrificium curru vehi ius esset; Tusc I 113. — ille Paean sacrificiis anniversariis apud illos colebatur; Ver IV 128. »certas fruges sacerdotes publice libanto certis sacrificiis«; leg II 19.

sacrifico, opfern: principem in sacrificando Ianum esse voluerunt; nat II 67.

sacrilegus, tempelräuberisch, Tempelräuber: A. quorum templis iste bellum sacrilegum semper habuit indictum; Ver V 188. illine tu templo manus impias ac sacrilegas adferre conatus es? Ver I 47. — B, I. si quaeratur, fur sit an sacrilegus, qui vasa ex privato sacra surripuerit; inv II 55. — II, 1. si qui ‖ quis ‖ sacrum ex privato surripuerit, utrum fur an sacrilegus sit iudicandus; inv I 11. — 2 sacrilego poena est, neque ei soli, qui sacrum abstulerit, sed etiam ei, qui sacro commendatum; leg II 40. — III. Vatinii latronis ac sacrilegi vox audietur? Vatin 15.

sacro, heiligen, weihen, widmen: »auri, argenti, eboris sacrandi modus esto«; leg II 22. cum (Sestius) se contra vim et ferrum legibus sacratis esse armatum putaret; Sest 79. sanctiones sacrandae sunt aut genere ipso atque obtestatione legis aut poena; Balb 33.

sacrosanctus, hochheilig, unverletzlich: sacrosanctum nihil potest esse, nisi quod per populum plebemve sanctum est; Balb 35. utrum (foedus) capitis consecratione an obtestatione legis sacrosanctum esse confirmas? Balb 33. in vastatione omnium tuas possessiones sacrosanctas futuras putas? Catil II 18.

sacrum, f. sacer. B.

saeculum, (saeclum), Jahrhundert, Zeitalter: I non, si mundus nullus erat, saecla non erant; nat I 24. — II, 1. ut Atheniensium saecla numerantur; Bru 39. non breve tempus, sed multa saecula propagarit rei publicae; Catil II 11. — 2. in id saeculum Romuli cecidit aetas, cum ..; rep II 18. — III. huius rei ne posteritatem quidem omnium saeculorum umquam immemorem fore; Phil II 54. — IV, 1. cur mundi aedificatores innumerabilia saecla dormierint; nat I 21. — 2. saeculis multis ante gymnasia inventa sunt, quam in iis philosophi garrire coeperunt; de or II 21. multis saeclis ante suam aetatem; Bru 75. multis saeclis verax fuisse id oraculum; div I 38. — 3. quod ex omnibus saeculis vix tria aut quattuor nominantur paria amicorum; Lael 15.

saepe, oft: I. quod cum saepe alias, tum nuper in Tusculano studiose egimus; Tusc IV 7. saepe et multum hoc mecum cogitavi; inv I 1. quid? cum saepe lapidum, sanguinis non numquam, terrae interdum, quondam etiam lactis imber defluxit? div I 98. quamquam in ipsum iudicium saepe delabuntur, dilabantur, al. ‖; post or 100. id quod et dicitur a multis et saepe dictum est; agr I 1. quod vos interdum vel potius nimium saepe dicitis; in II 41. id velim ne gravere quam saepissime facere; A XI 7. 3. multi saepe honores dis immortalibus iusti habiti sunt; Catil III 23. quae (cupiditates) totam etiam labefactant saepe rem publicam; fin I 43.

me tibi cupienti saepissime negasse; de or I 99. ipsum sapientem saepe aliquid opinari, quod nesciat; Muren 53. id ut re experiatur, iterum et saepius te rogo; ep XIII 42, 2. idemne potest esse dies saepius, qui semel fuit? fin II 102. quod diutissime saepissimeque Siciliam vexatam a Karthaginiensibus esse cognorat; Ver IV 73. — II. interitus exercituum, ut proxime trium, saepe multorum, invidiae praeterea multitudinis atque ob eas bene meritorum saepe civium expulsiones, calamitates, fugae sine hominum opibus effici (non) possunt; of II 20. imber: f. I. defluo. manus illa Clodiana, in caede civium saepe iam victrix; Sest 79. — III. testis et iterum et saepius Italia; imp Pomp 30. alterum et a paucis et raro, alterum et saepe et a plurimis; nat III 69.

saepenumero, oftmals: saepenumero admirari soleo tuam sapientiam; Cato 4. cogitanti mihi saepenumero et memoria vetera repetenti; de or I 1. populi Romani suffragiis saepenumero censorias subscriptiones esse sublatas; Cluent 121. de ipsis rebus saepenumero vereor ne reprehendar; fin III 6.

saepes (saeps), Zaun, Gehege: I. cur Cicero „saeps"? fr K 7. — II. » densus stridor cum adaugescit scopulorum saepe repulsus«; div I 13.

saepimentum, Umzäunung, Wall: haec omnia quasi saepimento aliquo (animus) vallabit disserendi ratione; leg I 62.

saepio, umzäunen, umgeben, verschließen, einschließen, verschanzen, schützen: neo videt, quibus praesidiis philosophiae saeptus sim; ep XVI 23, 2. populi Romani exercitus Cn. Pompeium circumsedet, fossa et vallo saeptum tenet; A IX 12, 3. ea post memoria saepire; de or I 142. omnes fori aditus ita saepti, ut ..; Phil V 9. sapientis animus virtutibus omnibus ut moenibus saeptus vincetur? par 27. genus hominum se oppidis moenibusque saepsisse; de or I 36. ne saeptum sit iis (Gaditanis) iter in perpetuum ‖ perpetuo ‖ ad hoc amplissimum praemium civitatis; Balb 43. ubi eum locum omnem cogitatione saeperis; de or II 147. is est hodie locus saeptus religiose propter Iovis pueri; div II 85. (oppidum) sex castellis castrisque maximis saepsi; ep XV 4, 10. saeptum undique et vestitum vepribus et dumetis sepulcrum; Tusc V 64. ut nullius vita saepta contra tuam cupiditatem et audaciam posset esse; Ver V 39.

saeps f. **saepes.**

saeptum, Gehege, Schranken: I, 1. in campo Martio saepta tributis comitiis marmorea sumus et tecta facturi eaque cingemus excelsa porticu; A IV 17, 7 (16, 8. 14). — 2. cum ille in saepta ruisset; Milo 41. — II. quibus saeptis tam immanes beluas continebimus? Phil XIII 5.

saeta, Borste, Haar: I. ut (natura) leoni saetas (dedit); de or III 222. — II. gladium e lacunari saeta equina aptum demitti iussit; Tusc V 62.

saevitia, Strenge, Härte: iis, qui vi oppressos imperio coercent, sit sane adhibenda saevitia; of II 24. in iudicio aut saevitiam aut clementiam iudicis (sibi proponit orator); part or 11.

saevus, heftig, wütend, schrecklich: quae (virtus) in tempestate saeva quieta est; Sest 60. inde Gyarum saevo vento, non adverso; A V 12, 1. vis populi multo saevior multoque vehementior (est); leg III 23.

saga, Wahrsagerin: sagarum superstitione ista interpretari; div II 129. f. **sagio,** 1.

sagacitas, Spürkraft, Scharfsinn: I. canum tam incredibilis ad investigandum sagacitas narium quid significat? nat II 158. — II. qua est ipse sagacitate in his rebus; Ver I 105.

sagaciter, scharf, genau: ut odorer, quam sagacissime possim, quid (iudices) sentiant; de or II 186. illud praeterea μυστικώτερον ad te scribam,

tu sagacius odorabere; A VI 4, 3. qui (homo) sagaciter pervestiget, quid sui cives cogitent; de or
I 223.

sagatus, im Mantel, Soldatenmantel: sic
existimatis eos hic sagatos bracatosque versari?
Font 33. descendi ad forum togatus || sagatus ||, cum
reliqui consulares sagati I togati || vellent descendere;
fr E V 16.

sagax, spürend, scharfsinnig: quem (M. Marcellum) tu ad suspicandum sagacissimum fore puta-
sti; Catil I 19. sagaces dicti canes || [s. d. c.] ||;
div I 65. quid est in homine sagaci ac bona mente
melius? Tusc V 67.

sagina, Fütterung: qui multitudinem illam
non auctoritate sua, sed sagina tenebat; Flac 17.

sagino, mästen: qui ab illo pestifero civi iam
pridem rei publicae sanguine saginantur; Sest 78.

sagio, ahnen, spüren: 1. sagire sentire acute
est; ex quo sagae anus || [sagire .. anus] ||; div I
65. — 2. qui ante sagit, quam oblata res est, dici-
tur praesagire || [qui .. praesagire] ||; div I 65.

sagitta, Pfeil: I. nihil hunc virum sagittae,
quas ab Hercule acceperat, tum consolantur,
cum ..; Tusc II 19. »hic missore vacans fulgens
iacet una Sagitta«; fr H IV, a, 325. sagittae
pendebant ab umero; Ver IV 74.—II. accipio: f. I
consolantur. si cui propositum sit conliniare hastam
aliquo aut sagittam; fin III 22. cum (caprae) essent
confixae venenatis sagittis; nat II 126. — III con-
figi: f. II veneno.

sagittarius, Bogenschütze: certum agminis
locum tenebant barbari sagittarii; Phil V 18.
magna tormentorum copia, multis sagittariis; A V
20, 5.

Sagittipotens, Schütze: »Sagittipotens Solis
cum sustinet orbem«; fr H IV, a, 311.

sagulum, Reisemantel, Kriegsmantel: quibus
(togulis) illi acceptis sagula reiecerunt; Piso 55.

sagum, Reisemantel, Kriegsmantel: 1. saga
sumi dixi placere; Phil VI 2. — 2. qui sagis non
abundares; ep VII 10, 2. — 3. propter unius civis
periculum populum Romanum ad saga isse; Phil
XIV 3.

sal, Salz, Witz, Feinheit, Meerwasser, Meer:
I. accedunt non Attici, sed salsiores quam illi
Atticorum Romani veteres atque urbani sales; ep
IX 15, 2. si apud te plus auctoritas mea quam tua
sive natura sive dicendi sal facetiaeque valuissent;
Q fr 1 2, 7. f. II, 1. — II, 1. huic generi orationis aspergentur etiam sales, qui in dicendo nimium quantum valent; quorum duo genera sunt, unum facetiarum,
alterum dicacitatis; orat 87. — 2. animum illi pecudi
datum pro sale, ne putisceret; fin V 38. — II.
si adsentior Antonio dicenti nullam esse artem
salis; de or II 231. genera: f. II, 1. »saxa cana
salis niveo spumata liquore«; div I 13. multos
modios salis simul edendos esse, ut amicitiae munus
expletum sit; Lael 67. cum tantam vim et utilitatem salis et urbanitatis esse fateatur; de or II 231.
— IV. quo (lepore) tamquam sale perspargatur
omnis oratio; de or I 159. (epistulae) humanitatis
sparsae sale; A I 13, 1.

salaco, Prahler: cognosti istius salaconis iniquitatem; ep VII 24, 2.

salebra, Unebenheit, Anstoß, Untiefe, Schwierigkeit: I. (oratio) haeret in salebra; fin V 84.
numquam in tantas salebras incidisset; fin II 30. —
II. alter (Herodotus) sine ullis salebris quasi sedatus
amnis fluit; orat 39.

Saliaris, der Salier: quem epulati essemus
Saliarem in modum; A V 9, 1.

saliatus, Salieramt: quod illum in saliatu
meminerat fuisse patricium; Scaur 34.

salictum, Weidengebüsch: accedent || accedunt ||
salicta ad Minturnas; agr II 36.

salientes, Springbrunnen: piscina et salientibus additis; Q fr III 1, 3.

salinae, Salzlager, Salzgruben: I. enumerari non possunt salinae ab ora maritima remotissimae; nat II 132. — II. quod parum diligenter
possessio salinarum mearum a te procuratore
defenditur; ep VII 32, 1.

salsamentum, Fischlake: de vino aut sals-
mento putes loqui, quae evanescunt vetustate; div
II 117.

salse, witzig, launig: ea, quae occurrant, cum
salsissime dici possunt, tenere; de or II 221.
saepe etiam salse, quae fieri non possunt, optantur;
de or II 287.

salsus, witzig, launig: salsum hunc possum
dicere; de or II 251. inveni ridicula et salsa multa
Graecorum; de or II 217. salsa sunt etiam, quae
habent suspicionem ridiculi absconditam; de or II
278. salsum est etiam quaerentibus et quasi percontantibus lente respondere, quod nolint; de or II
287. genus est perelegans et cum gravitate salsum;
de or II 270. salsa narratio; de or II 240. est
etiam stultitiae salsa reprehensio; de or II 280.
accedunt non Attici, sed salsiores quam illi Atticorum Romani veteres atque urbani sales; ep IX 15, 2.

saltatio, Tanz: multarum deliciarum comes
est extrema saltatio; Muren 13. ut saltatio quaedam nasceretur, cui saltationi Titius nomen esset;
Bru 225.

saltator, Tänzer: I, 1. saltatorem appellat
L. Murenam Cato; Muren 13. non debes temere
consulem populi Romani saltatorem vocare; Muren
13. — 2. ut saltatori motus non quivis, sed certus
quidam est datus, sic ..; fin III 24. — II. cur in
lustris huius calamistrati saltatoris tam eximia virtus tam diu cessavit? sen 13.

saltatorius, zum Tanz gehörig: cum (conlega
tuus) suum illum saltatorium versaret orbem; Piso 22.

saltatrix, Tänzerin: tu cum illa saltatrice tonsa
senatum populi Romani occasum lugere vetuisti;
Piso 18.

saltem, wenigstens: I. eripe mihi hunc dolorem
aut minue saltem aut consolatione aut consilio; A
IX 6, 5. ac de his tamen legibus saltem queri possumus; de iis ne illud quidem licet; Phil I 25. —
II. aliquo, si non bono, at saltem certo statu civitatis; ep IX 8, 2. si in nobis essent saltem mediocria; Quinct 2. — III. quare nunc saltem ad illos
calculos revertamur; A VIII 12, 5. — IV. ut id
ipsum saltem perceptum a sapiente diceretis, nihil
posse percipi; Ac II 28. — V. quibus aratrum saltem aliquod satelles istius Apronius reliquum fecit; Ver III 128. parcite oculis saltem meis;
Phil XII 19.

salto, tanzen, hüpfen: 1. ut vel saltare, cum
patriae consulturus sit, turpe non sit; of III 93. —
2. negarem posse eum satis facere in gestu, nisi palaestram, nisi saltare didicisset; de or III 83. Hegesias saltat incidens particulas; orat 226. nemo fere
saltat sobrius; Muren 13. qui (pueri) nudi in conviviis saltare didicerunt; Catil II 23.

saltus, Springen, Sprung: nec (avus) excursione nec saltu uteretur, sed consilio; Cato 19.

saltus, Waldgebirge, Schlucht, Trift: I ad ducit iste interea in saltum homines electos; Tul 18.
de saltu agroque communi detruditur; Quinct 28.
quas (familias) in saltibus habent; imp Pomp 16. —
II. quam longe est hinc in saltum vestrum Gallicanum? Quinct 79.

saluber (salubris), gesund, heilsam, tauglich,
gut: quoniam, quicquid est salsum aut salubre in
oratione, id proprium Atticorum est; orat 90. salu-
brisne an pestilens annus futurus sit; div I 130.
gratulor Baiis nostris, siquidem salubres repente
factae sunt; ep IX 12, 1. ut non solum gloriosis

consiliis utamur, sed etiam paulo salubrioribus; A VIII 12, 5. qui salubri et moderato cultu atque victu quieti se tradiderit; div I 61. tamquam in Pomptinum deverteris, neque amoenum neque salubrem locum; de or II 290. sunt partes agrorum aliae pestilentes, aliae salubres; div I 79. ut spectaculum re et tempore salubre ac necessarium videremus; fr A VII 41. victus: f. cultus.

salubritas, Gefunbheit, Zuträglichfeit, Kraft: I. ut (eloquentia) omnem illam salubritatem Atticae dictionis et quasi sanitatem perderet; Bru 51. salubritatem etiam aut pestilentiam extis significari putat; div II 30. — II. quorum (extorum) ex habitu tum salubritatis, tum pestilentiae signa percipi; div I 131. — III. Campani semper superbi urbis salubritate; agr II 95.

salveo, fich wohl befinden, gegrüßt fein: vale, mi Tiro, vale, vale et salve; ep XVI 4, 4. Dionysium iube salvere; a meo Cicerone; A VI 2, 10. quem salvere velim iubeas plurimum; A X 1, 1.

salum, Meer: quadriremem fluctuantem in salo reliquerat; Ver V 91. ut, a quo loco depulsus esset, in eum se fortuna restitueret, non in salum, sed in ipsam urbem; Caecin 88.

salus, Gefunbheit, Wohlfahrt, Heil, Glück, Rettung, Gruß: I. absolut: 1. rerum fortunarumque suarum salutem in istius damnatione consistere; Ver II 16. salutem hominum in eius (Iovis) esse tutela; fin III 66. quorum utrique semper patriae salus et dignitas posterior sua dominatione et domesticis commodis fuit; A X 4, 4. cuius in vita nitebatur salus civitatis; Milo 19. si plus apud populum Romanum auctoritas tua quam ipsius populi Romani salus valuisset; imp Pomp 53. ita mi dulcis salus visa est per te missa ab illa (Attica). referes igitur ei plurimam itemque Piliae dicas velim; A XVI 3. 6. — 2. confectio huius belli est D. Bruti salus; Phil XIV, 1.

II. nach Berben: 1. multo citius meam salutem pro te abiecero quam Cn. Plancii salutem tradidero contentioni tuae; Planc 79. quibus reddere salutem, a quo acceperant, non liceret; Sest 122. cui (Carboni) ne reditus quidem ad bonos salutem a bonis potuit adferre; leg III 35. patriae salutem (filius) anteponet saluti patris; of III 90. Terentia salutem tibi plurimam ascribit; A I 5, 8. Alexis quod mihi totiens salutem ascribit, est gratum; A V 20, 9. cum tuae fidei salutem urbis et civium commendabam; Flac 102. civitatis salutem cum unius mea salute esse coniunctam; Vatin 8. salutem populi Romani conservatam per me esse; sen 29. cuius misericordia salus mea custodita sit; Planc 3. ad communem salutem defendendam; rep I 1. cum ad fratris salutem a populo Romano deprecandum venisset; Sest 76. Tulliolae et Ciceroni salutem dic; ep XIV 1, 6. ego vero multam salutem et foro dicam et curiae; ep VII 33, 2. Lepta tibi salutem dicit; ep XVI 4, 4. f. I, 1. videtur. quid tam regium quam excitare adflictos, dare salutem, liberare periculis? de or I 32. cum opem indigentibus salutemque ferres; fin II 118. Terentia impertit tibi multam salutem; A II 12, 4. mitto: f. I, 1. videtur. an tibi salus provinciae in posteritatem fuit neglegenda? Ver III 43. (Chrysippus Vettius) salutem verbis tuis mihi nuntiarat; ep VII 14, 1. (Pompeius) misit ad me statim, qui salutem nuntiaret; A IV 10, 2. T. Ligarius nunc a te supplex fratris salutem petit; Ligar 36. in optimorum consiliis posita est civitatium salus; rep I 51. cum probetas caput et salutem meam mercede provinciae; Piso 56. ut in legibus scribendis nihil sibi aliud nisi salutem atque utilitatem rei publicae proponerent; inv I 68. reddo: f. accipio. refero: f. I, 1 videtur. trado: f. abicio. cuius (Cn. Plancii) ego salutem non secus ac meam tueri debeo;

Planc 3. — 2. ostendam, quantum salutis communis intersit duos consules Kalendis Ianuariis esse; Muren 4. — 3. antepono: f. 1. antepono. quae saluti tuae conducere arbitrarer; ep IV 7, 1. vobis et vestrae saluti consulendum et prospiciendum vident; har resp 54. dices fortasse: „saluti, si me amas, consule"; A II 19, 1. ut causae communi salutique ne deessent; Ver IV 140. prospicio: f. consulo. ut provideas saluti (hominum); Q fr I 1, 31. esset humanitatis tuae eorum (Gallorum) utilitati salutique servire, Q fr I 1, 27. cui calamitas saluti fuit; Ver V 122. — 4. voluntatem Caesaris a salute mea non abhorrere; prov 43. an ego non dies noctesque de rei publicae salute cogitem? Phil VI 17. coniungo cum: f. 1. coniungo. vos me ab omnibus ceteris cogitationibus ad unam salutem rei publicae convertistis; Sulla 40. de summa salute vestra populique Romani, de salute Italiae decernite diligenter! Catil IV 24. pro salute patriae cotidie dimicare erat omnino molestum; har resp 41. illum contra rem publicam salutemque bonorum facturum; sen 27. se suffragium de salute mea tulisse; Sest 109. quas res nos pro salute huiusce imperii gessimus; Arch 28. non dicam in me ita de sua salute merito; dom 58. quae lex ad salutem omnium pertinet; Cael 70. ut (tribuni) de salute mea et promulgarent et referrent; sen 29. ut pro mea salute laborem periculumque suscipias; Muren 76. valeant haec omnia ad salutem innocentium; Muren 59. eadem facultate et fraus hominum ad perniciem et integritas ad salutem vocatur; de or II 35. qui etiam medicis suis non ad salutem, sed ad necem utatur; har resp 35.

III. nach Abjectiven: 1. M. Laterensem, hominem studiosissimum salutis meae; Planc 2. — 2. qui amici fuerint saluti et dignitati meae; Balb 2. — 3. faciam id, quod est ad severitatem lenius et ad communem salutem utilius; Catil I 12.

IV. nach Subftantiven: 1. video P. Sestium, meae salutis, vestrae auctoritatis, publicae causae defensorem, propugnatorem, actorem reum; Sest 144. ut erga duces ipsos et principes atque auctores salutis meae satis gratus indicarer; sen 24. quasi parenti et custodi salutis meae; Planc 25. reliqui magistratus paene omnes fuerunt defensores salutis meae; Quir 15. f. actor. communis utilitatis aut salutis desertor; fin III 64. duces: f. auctores. ut omnia vitae salutisque communia iura violantur; Deiot 30. principes: f. auctores. propugnator: f. actor. ut omnem rationem salutis in pecunia constitueret; Ver pr 10. Cum M. Antonius summam spem salutis bonis omnibus attulisset; Milo 40. — 2. virum clarissimum et erga meam salutem fide ac benivolentia singulari; prov 1. tantus vester consensus de salute mea fuit, ut . .; sen 5. fides erga: f. benivolentia erga. non ut tu uno ||sitam|| in eo (Pompeio) iudico spem de salute rei publicae; A VIII 2, 4.

V. Umſtanb: 1. quia tanta caritas patriae est, ut eam non sensu nostro, sed salute ipsius metiamur; Tusc I 90. nisi belli civilis incendium salute patriae restinxeris; Marcel 29. — 2. quod salutis omnium causa statueritis; Catil IV 8. qui non salute mea municipia coloniasque adisset; sen 31. propter eiusdem salutem redeundum ad pristinum vestitum censerem; Phil XIV 1.

salutaris, heilſam, zuträglich, nützlich: A qui se ab senatu senserit civem carum haberi salutaremque rei publicae; Phil V 49. homines in consulatu rei publicae salutares; ep XII 25, 6. ille (ignis) corporeus vitalis et salutaris omnia conservat; nat II 41. duae maxime salutares leges quaestionesque tolluntur; Phil I 22. salutares te mihi litteras misisse; A IX 7, 2. quo in capite sunt quaedam nova salutaria civitatibus; ep III 8, 4. quaestiones: f. le-

ges. magnifica quaedam res et salutaris; div I 1. ipsa mihi tractatio litterarum salutaris fuit; Bru 15. — B, 1. quod salutaria appetant parvi aspernenturque contraria; fin III 16. — 2. ut altero (sensu beluae) secernerent pestifera a salutaribus; nat II 122.

salutariter, heilſam, vorteilhaft: quibus (armis) illi ipsi, qui didicerant eis uti gloriose, quem ad modum salutariter uterentur, non reperiebant; Bru 8.

salutatio, Begrüßung, Beſuch: I. an mihi potuit esse gratior ulla salutatio quam illius libri? Bru 13. — II. cum salutationi nos dedimus amicorum, quae fit hoc etiam frequentius, quam solebat, quod . .; ep VII 28, 2. — III. quis (te) communi salutatione dignum putet? Piso 96. — IV. tempus salutationis in percontatione consumpsimus*; Tim 2.

saluto, grüßen, begrüßen, nennen, anreden: I, 1. Hortensius ad Terentiam salutatum deverterat; A X 16, 5. Curionem adulescentem venisse ad me salutatum; A II 8, 1. — 2. cum ad me in Cumanum salutandi causa uterque venisset; fin I 14. — II. qui (Dionysius) te omnesque vos salutat; A IV 11, 2. eram continuo Piliam salutaturus; A XIV 20, 5. cum deos salutatum aliqui venerint; Sex Rosc 56. mane salutamus domi bonos viros multos; ep IX 20, 3. — III num censetis eum (Themistoclem), cum aetate processisset, qui Aristides esset, Lysimachum salutare solitum? Cato 21. quem (Octavium) sui Caesarem salutabant; A XIV 12, 2.

salvus, geſund, wohl, unverletzt, unbeſchädigt, gerettet, geſichert: ne sim salvus, si aliter scribo ac sentio; A XVI 13, (a), 1. ut (omne animal) se salvum in suo genere incolumeque vellet; fin IV 19. cum ego legem de ambitu tulerim salvis auspiciis, tulerim salva lege Aelia et Fufia; Vatin 37. si id praetermittere suo salvo capite potuisset; Cluent 42. ut salvae et incolumes sint civitates; inv II 169. clipeum esse salvum; ep V 12, 5. cum cupio tibi, quod salva fide possim, parcere; Sex Rosc 95. lex: ſ. auspicia. ut utrumvis salvo officio facere se posse arbitrarentur; Sex Rosc 4. quae (patria) salva per te est: leg I 5. (Acilius) bis est a me iudicio capitis rebus salvis defensus; ep VII 30, 3. quod nullam partem per aetatem sanae et salvae rei publicae gustare potuisti; ep XII 23, 3. quibus si qua calamitas propter istum salvis vectigalibus nostris accidisset; Ver III 127.

Samnis, Gladiator mit ſamnitiſchen Waffen: cum sortito alios Samnites, alios provocatores fecerit; Sest 134.

sanabilis, heilbar: ei sunt constituti quasi mala valetudine animi, sanabiles tamen; Tusc IV 80. si pereundum fuisset ac non accipienda plaga mihi sanabilis, illi mortifera; Sest 44.

sanatio, Heilung: I. et aegritudinis et reliquorum animi morborum una sanatio est; Tusc IV 83. — II. cum ad corporum sanationem multum ipsa corpora et natura valeat; Tusc III 5.

sancio, heiligen, unverletzlich machen, feſtſetzen, beſtätigen, anerkennen, verordnen, verbieten: I. qui (Solon) capite sanxit, si qui in seditione non alterius utrius partis fuisset; A X 1, 2. — II, 1. de iure praediorum sanctum apud nos est iure civili, ut vitia dicerentur; of III 65. — 2. qui (Voconius) sanxit in posterum, ne quis heredem virginem neve mulierem faceret; Ver I 107. — 3. in quo (bello) suscipiendo ius ut plurimum valeret et fides, lege sanximus; leg II 34.ǀ ſ. §1. — 4. cum et sacratis legibus et xii tabulis sanctum esset, ut ne cui privilegium inrogari liceret neve de capite nisi comitiis centuriatis rogari; Sest 65. — III. illum (Antonium) circumire veteranos, ut acta Caesaris sancirent; A XIV 21, 2. ut vis capite, avaritia multa, honoris cupiditas ig-

nominia sanciatur; leg III 46. quae (lex) diligentissime sancta est; inv II 146. quas (leges) senatus de ambitu sanciri voluerit; Planc 44. nec ratio divina non hanc vim in rectis pravisque sanciendis habet; leg II 10. postea res ab natura profectas et ab consuetudine probatas legum metus et religio sanxit; inv II 160. vim: ſ. avaritiam. — IV. utrum augurem Iovis nos, utrum populus Romanus libentius sanciet, Pompeiumne an Antonium? Phil XIII 12.

sancte, heilig, gewiſſenhaft, rein: qui (maiores) sacra sanctissime coluerunt; Milo 83. belli aequitas sanctissime fetiali populi Romani iure perscripta est; of I 36. quos (deos) auguste omnes santeque veneramur; nat III 53. qui sancte graviterque vixiset; Balb 12.

sanctimonia, Heiligkeit, Unſchuld: 1. se non habere domum clausam pudori et sanctimoniae; Quinct 93. — 2. fortissimorum civium mentes, quae mihi videntur ex hominum vita ad deorum religionem et sanctimoniam demigrasse; Rabir 30.

sanctio, Strafbeſtimmung, Vorbehalt: numquam esse observatas sanctiones earum legum, quae abrogarentur; A III 23, 2. nisi legis sanctionem poenamque recitassem; Ver IV 149. sanctiones sacrandae sunt aut genere ipso atque obtestatione et consecratione legis aut poena; Balb 33.

sanctitas, Heiligkeit, Unverletzlichkeit, Frömmigkeit, Rechtſchaffenheit: I. quasi lumen aliquod exstinctis ceteris eluceere sanctitatem et prudentiam et dignitatem tuam; ep IV 3, 2. sepulcrorum sanctitas in ipso solo est; Phil IX 14. deorum cultus religionumque sanctitates exsistunt in dies maiores atque meliores; nat II 5. — II. (Sestius) fretus sanctitate tribunatus venit in templum Castoris; Sest 79. — III. etiam liber est Epicuri de sanctitate; nat I 122.

sanctitudo, Unverletzlichkeit: pontificio iure sanctitudo sepulturae; Ver IV 8.

sanctus, heilig, ehrwürdig, unverletzlich, gewiſſenhaft, fromm, unſchuldig, rein: cum illo nemo neque integrior esset in civitate neque sanctior; de or I 229. nunc P. Nigidio, uni omnium doctissimo et sanctissimo, ne benigne quidem polliceri possum; ep IV 13, 3. me id multo magis movet, quod mihi sanctius est et antiquius; A XII 19, 4. ut (consules) pecuniam de sanctiore aerario auferrent; A VII 21, 2. sanctissimas amicitias intellego eloquentia comparatas; inv I 1. qui sanctum campum defendo servari oportere; Rabir 11. tribuni plebis sanctissimum corpus; sen 7. qui (Tenes) apud Tenedios sanctissimus deus habetur; Ver I 49. Pergae fanum antiquissimum et sanctissimum Dianae scimus esse; Ver I 54. fidem sanctissimam in vita qui putat; Ver III 6. homines sunt tota Asia sanctissimi; Flac 71. sanctiore erunt, credo, iure legati quam duo consules; Phil XIII 47. simulacra deorum de locis sanctissimis ablata videmus a nostris; nat I 82. sit sanctum apud vos hoc poëtae nomen; Arch 19. praemia virtutis et officii sancta et casta esse oportere; inv II 114. polluerat stupro sanctissimas religiones; Milo 87. quod duas res sanctissimas violat, amicitiam et fidem; Sex Rosc 112. cuius (Iovis) sanctissimum et pulcherrimum simulacrum Syracusis sustulit; Ver V 184. quam sancta sit societas civium inter ipsos; leg II 16. nullam illi nostri, sapientissimi et sanctissimi viri, vim contionis esse voluerunt; Flac 15

sane, fürwahr, in der Tat, durchaus, immerhin: I, 1. augeamus sane suspicionem tuam; Marcel 22. de Parthici belli suspicione quod scribis, sane me commovit; ep XII 19, 2. sed frustra sane hoc solacio; prov 16. sane gaudeo, quod te interpellavi; leg III 1. quod de agraria lege quaeris, sane iam videtur refrixisse; A II 1, 6. sit sane Fors domina campi; Piso 3. — 2. perfeci sane argutulos libros

ad Varronem; A XIII 18. cum is frigidas sane et inconstantes recitasset litteras Lepidi; ep X 16, 1. quorum memoria iucunda sane fuit; Bru 9. leviculus sane noster Demosthenes; Tusc V 103. obviam ei processit magna sane multitudo; Phil II 106. Herculis templum sane sanctum apud illos et religiosum; Ver IV 94. — 3. erat ei pecunaria res ampla et rustica sane bene culta et fructuosa; Quinct 12. (Caesar) et edit et bibit ἀδεῶς et iucunde, opipare sane et apparate; A XIII 52, 1. — 4. haec habemus in xII sane secundum naturam; leg II 61. — 5. ex me audias, quid in oratione tua desiderem. sane, inquit Scipio, et libenter quidem; rep II 64. visne locum mutemus? sane quidem; leg II 1. — II. haud sane intellego, quidnam sit, quod laudandum putet; of II 5. ne sit sane summum malum dolor, malum certe est; Tusc II 14. neque sane iam causa videtur esse cur . .; de or II 333. nimia vetustas nec habet eam, quam quaerimus, suavitatem nec est iam sane tolerabilis; Bru 287. quid ad haec Quinctius? sane nihil certum; Tul 35. quod sane nollem; A XI 7, 2. Themistocles, ut apud Athenienses, non ita sane vetus; Bru 41. non sane mirabile hoc quidem! div II 67. commoraturum me nusquam sane arbitror; ep II 17, 1.

sanguinarius, blutdürftig: haec sanguinaria iuventus inimicissima est; A II 7, 3.

sanguineus, aus Blut bestehend: te nec lapideus aut sanguineus imber (terrebit); div II 60.

sanguis, Blut, Blutsverwandtschaft, Lebensfrische, Kraft, Blutvergießen: I, 1. sucus ille et sanguis incorruptus usque ad hanc aetatem oratorum fuit; Bru 36. in quem (ventriculum cordis) sanguis a iecore per venam illam cavam influit; nat II 138. magnam vim, magnam necessitatem, magnam possidet religionem paternus maternusque sanguis; Sex Rosc 66. — 2. Empedocles animum esse censet cordi suffusum sanguinem; Tusc I 19. — II, 1. cuius sanguinem (eum) non bibere censetis? Phil XI 10. cum sanguis corruptus est; Tusc IV 23. hunc (Themistoclem) isti aiunt, cum taurum immolavisset, excepisse sanguinem patera et eo poto mortuum concidisse; Bru 43. ne iudicio iniquo exsorbeatur sanguis tuus; de or I 225. gustaras civilem sanguinem vel potius exsorbueras; Phil II 71. reliquae duae (res), sicuti sanguis in corporibus, sic illae in perpetuis orationibus fusae esse debebunt; de or II 310. gusto: f. exsorbeo. missus est sanguis invidiae sine dolore; A I 16, 11. poto: f. excipio. fortes viri sanguinem pro patria profundunt; fin II 60. suffundo: f. I, 2. — 2. etsi (orationis subtilitas) non plurimi sanguinis est; orat 76. — 3. quid opus fuit vi? quid sanguine? Tul 54. — 4. reliqua se in sanguinem vertunt; nat II 137. — III. ut (aegrotus) sumat »terrigenam, herbigradam, domiportam, sanguine cassam«; div II 133. — IV. multum valet communio sanguinis; Sex Rosc 63. nec illam divinam gravitatem diutius homo eiusdem sanguinis potuit sustinere; Sest 130. etsi uterque nostrum odio civilis sanguinis abesse a belli pertinacia voluit; ep XV 15, 1. C. Gracchum mors fraterna ad expetendas domestici sanguinis poenas excitavit; A har resp 43. — VI, 1. erga eosdem aut alios sanguine coniunctos; inv II 66. cruentus sanguine civium Romanorum; Phil IV 4. Atratum etiam fluvium fluxisse sanguine; div II 58. Suessam fortissimorum militum sanguine implevit; Phil XIII 18. id (forum) adventu Verris Siculorum innocentium sanguine redundasse; Ver IV 116. morientium sanguine os uxoris respersum esse; Phil III 4. cui (Herculi) cum Deianira sanguine Centauri tinctam tunicam induisset; Tusc II 20. — 2. quid nunc in nostro sanguine tandem facere debemus? Tusc V 172. sin autem vim sine sanguine nullam intellegetis; Caecin 47.

sanitas, Gesundheit, Besinnung, Besonnenheit, Vernunft: I, 1. est quaedam animi sanitas, quae in insipientem etiam cadat; Tusc IV 30. — 2. ita fit, ut sapientia sanitas sit animi, insipientia autem quasi insanitas quaedam; Tusc III 10. — II, 1. ut corporis temperatio „sanitas", sic animi dicitur, cum eius iudicia concordant; Tusc IV 30. ut (eloquentia) omnem illam salubritatem Atticae dictionis et quasi sanitatem perderet; Bru 51. sanitatem et integritatem quasi religionem et verecundiam oratoris probat; Bru 284. — 2. qui incorrupta sanitate sunt, quod est proprium Atticorum; opt gen 8. sic nos summi oratoris vel sanitate vel vitio pro argumento ad diluendum crimen usi sumus; Bru 278. — 3. ne tum quidem te potuit si non pietatis, at salutis tuae ratio ad officium sanitatemque reducere? Ver II 98. quibus ad sanitatem redeundi ante K. Sept. potestas facta est; ep XII 10, 1.

sannio, Harlekin, Spaßmacher: quid potest esse tam ridiculum quam sannio est? de or II 251. salis satis est, sannionum parum; ep IX 16, 10.

sano, gesund machen, heilen, zur Vernunft bringen: valde me momorderunt epistulae tuae de Attica nostra; eaedem tamen sanaverunt; A XIII 12, 1. cum ea, quae sanare nequeunt, exulcerant; de or II 303. nisi sanatus animus sit; Tusc III 13. cuius (Tusceni) causa sanari non potest; Q fr I 2, 6. quae (consolatio) levare dolorem tuum posset, si minus sanare potuisset; ep V 16, 1. huic (malo) pro se quisque nostrum mederi atque hoc omnes sanare velle debemus; agr I 26. ea lenitate senatus est usus, ut reliquorum mentes sanari posse arbitraretur; Catil III 14 (15). citius repentinus oculorum tumor sanatur quam diuturna lippitudo depellitur || [dep.] ||; Tusc IV 81. satis habeo negotii in sanandis vulneribus, quae sunt imposita provinciae; A V 17, 6.

sanus, gesund, besonnen, bei gesundem Verstande: A. qui eatenus valuerunt, sani et sicci dum taxat habeantur; opt gen 8. saniores (fuimus), quam qui amissis opibus domum non reverterunt; ep IX 5, 2. qui est animus in aliquo morbo, non magis est sanus quam id corpus, quod in morbo est; Tusc III 10. accedebat totum dicendi placidum et sanum genus; Bru 276. rem publicam capessere hominem bene sanum non oportere; Sest 23. Caesaris (litteras) sana mente scriptas quo modo in tanta insania; A IX 7, 3. Asiatici oratores nimis redundantes; Rhodii saniores et Atticorum similiores; Bru 51. quod nullam partem per aetatem sanae et salvae rei publicae gustare potuisti; ep XII 23, 3. sanis modo et integris sensibus; Ac II 80. — B, a, I. furiosorum visa imbecilliora esse dicebas quam sanorum; Ac II 88. — II. furere apud sanos videtur; orat 99. — b. nihil erat in eius oratione nisi sincerum, nihil nisi siccum atque sanum; Bru 202.

sapiens, weise, einsichtsvoll, verständig, klug: A. bei Substantiven: septem fuisse dicuntur uno tempore, qui sapientes et haberentur et vocarentur; de or III 137. illos septem, qui a Graecis σοφοί, sapientes a nostris et habebantur et nominabantur; Tusc V 7. quae Socrates disseruisset, is qui esset omnium sapientissimus oraculo Apollinis || Ap. or. || iudicatus; Cato 78. te sapientem et appellant et existimant; Lael 6. te non solum natura et moribus, verum etiam studio et doctrina esse sapientem; Lael 6 (7). posteriores cogitationes, ut aiunt, sapientiores solent esse; Phil XII 5. eum sapientissimae deae sententia liberatum; Milo 8. nihil praetermissum est, quod non habeat sapientem excusationem, non modo probabilem; A VIII 12, 2. M. Buculeius, homo neque meo iudicio stultus et suo valde sapiens; de or I 179. semper graves et sapientes iudices, quid rei publicae tempora poscerent, cogitaverunt; Flac 98. dabo sanctissimum et sapientissimum iudicium etiam senatus; Balb 52. sapientem esse

mundum necesse est; nat II 30. quam (rerum naturam) tu sapientem esse vis; nat III 9. quid valet illa L. Crassi copiosa magis quam sapiens oratio? par 41. ut Ithacam sapientissimus vir immortalitati anteponeret; de or I 196. sese ipse versans (animus) divinum sempiternae sapientiaeque vitae induxit exordium; Tim 26. illam tuam sapientissimam vocem invitus audivi; Marcel 25.

B. **affcis**: I. sapientem nihil opinari, id est numquam **adsentiri** rei vel falsae vel incognitae; Ac II 59. hic omnibus his quasi morbis voluit carere sapientem; Ac I 38. effectum illud erit, sapientem adsensus omnes cohibiturum; Ac II 68. quae omnes docti atque sapientes summa bona esse dixerunt; Deiot 37. quem (sapientem), cum summis doloribus conficiatur, ait dicturum: „quam suave est!“ fin V 80. suum peritissimum voluptatum aucupem sapientem esse; Ac fr 20 (8. 12). sapientes omnes summe beatos (esse); fin IV 55. si sapiens aliquis miser esse possit; fin III 11. non sine causa Epicurus ausus est dicere semper in pluribus bonis esse sapientem; Tusc V 110. in iis non deerit sapienti, nec quid faciat nec quid respondeat; Ac II 110. ut ea ne conservandae quidem patriae causa sapiens facturus sit; of I 159. f. II, 2. of III 63. cum sapientem semper boni plus habere vultis; fin II 57. f. II, 2. of III 63. si nec percipere quicquam posset sapiens nec opinari sapientis esset; Ac II 77. f. adsentitur. respondet: f. facit. (sapiens) de dis immortalibus sine ullo metu vera sentit; fin I 62. quos labores (sapiens) propter suam voluptatem suscipiet, eosdem suscipiet propter amici voluptatem; fin I 68. dicere aiunt Ennium „flammam a sapiente facilius ore in ardente opprimi, quam bona dicta teneat"; de or II 222. superioribus disputationibus effectum est vacare omni animi perturbatione sapientem; Tusc V 17. solum (sapientem) praeterea formosum, solum liberum, solum civem; fin IV 74. — II, 1. ut (error) sapientes ne **attingat** quidem omnino; Tusc IV 39. conficio f. I. dicit. illi umquam dicerent sapientes solos reges, solos divites, solos formosos? Ac II 136. non est (sapiens) e saxo sculptus aut e robore dolatus; Ac II 101. dum efficere vultis beatum sapientem; fin II 108. sapientem locupletat ipsa natura; fin II 90. sculpo: f. dolo. — 2. est sapientis id praemeditari ferendum modice esse; Phil XI 7. sapientis esse nihil contra mores, leges, instituta facientem habere rationem rei familiaris; of III 63. nihil esse sapientis praestare nisi culpam; ep IX 16, 5. f. I. percipit. — 3. **desum**: f. I. facit. horum aliquid vestro sapienti certum videtur; Ac II 124. — 4. non **cadit** invidere in sapientem; ergo ne misereri quidem; Tusc III 21. non de me, sed de sapiente quaeritur; Ac II 66. (virtutem) in solo esse sapiente; Tusc IV 30. — III, 1. sapientis est **proprium** nihil, quod paenitere possit, facere, nihil invitum; Tusc V 81. — 2. quid non integrum sed sapienti, quod restitui potest? Phil XII 5. — 3. visa est Arcesilae sententia **digna** sapiente; Ac II 77. — 4. **alienum** esse a sapiente iniuriam cui facere; fin III 71. — IV, 1. sapientis **animus** ita semper adfectus est, ut ratione optime utatur; Tusc III 15. quin decretum nullum falsum possit esse sapientis; Ac II 27. saepe officium est sapientis desciscere a vita; rep III 61. veteres philosophi in beatorum insulis fingunt qualis futura sit vita sapientium; fin V 53. — 2. **de** sapiente haec omnis **oratio** est; Tusc V 107. — V. ut id ipsum saltem perceptum a sapiente diceretis, nihil posse percipi; Ac II 28. multae aliae naturae deorum a Graeciae sapientissimis constitutae nominataeque sunt; nat II 60. f. I. tenet.

sapienter, weife, verftänbig, flug: I. qui se auctorem vitae graviter et sapienter **agendae** profiteretur; fin IV 21. id (est) optimum iudicandum,

quod est sapientissime constitutum; Phil XIII 6. cum aliquid sapienter factum audimus aut legimus; Marcel 9. non posse iucunde vivi, nisi honeste et sapienter et iuste viveretur; fin II 51. sapienter id quidem; nat I 85. — II. qui (maiores) non ficte et fallaciter **populares**, sed vere et sapienter fuerunt; dom 77.

sapientia, Weisheit, Einsicht, Klugheit: I, 1. quod (initium) sapientia, cum quid **agere** incipiat, sequatur; Ac II 24. de hac dico sapientia, quae videtur in hominem cadere posse; Lael 100. sapientia, quae ars vivendi putanda est, non expeteretur, si nihil efficeret; nunc expetitur, quod est tamquam artifex conquirendae et comparandae voluptatis; fin I 42. est eloquentiae sicut reliquarum rerum fundamentum sapientia; orat 70. ipsa sapientia si se ignorabit, sapientia sit necne; Ac II 24. ita fit, ut sapientia sanitas sit animi; Tusc III 10. f. efficit. ignorat: f. est; Ac II 24. incipit: f. **agit.** quea (sapientia) omnes monstret vias, quae ad quietem et tranquillitatem ferant; fin I 46. cum (Numa) illam sapientiam constituendae civitatis duobus prope saeculis ante cognovit, quam eam Graeci natam esse senserunt; de or II 154. tam permanet (beata vita) quam ipsa illa effectrix beatae vitae sapientia; fin II 87. pollet: f. II, 1. appello. sapientiam sine eloquentia parum prodesse civitatibus, eloquentiam vero sine sapientia nimium obesse plerumque, prodesse numquam; inv I 1. cum certi nihil erit, quod sapientia sequatur; Ac II 24. f. **agit.** quae (sapientia) nos exhorrescere metu non sinat; fin I 43. — 2. **sum**: f. 1. est; Ac II 24. — 3. o singularem sapientiam, iudices! Sex Rosc 71. — II, 1. qui eam (sapientiam) **adepti** sunt; inv I 5. quae prudentia, quae calliditas quaeque gravissimo nomine sapientia appellatur, haec scientia pollet una; part or 76. ne ego Sapientiam istam, quamvis sit erudita, non audiam; Phil XIII 6. cognosco: f. I. 1. nascitur. qui nondum perfectam illam sapientiam essent consecuti; fin IV 63. erudio: f. audio. sapientiam propter voluptates expetendam esse; fin IV 46. f. I, 1. efficit. non paranda nobis solum ea (sapientia), sed fruenda etiam est; fin I 3. quem (oratorem) ego dico sapientiam iunctam habere eloquentiae; de or III 142. iguoro: f. I, 1. est; Ac II 24. iungo: f. habeo. hanc cogitandi pronuntiandique rationem vimque dicendi veteres Graeci sapientiam nominabant; de or III 56. paro: f. fruor. perficio: f. **consequor.** quoniam ab hoc ordine sapientia postulatur; Phil XIII 6. puto: f. I, 1. efficit. fortunam a deo petendam, a se ipso sumendam esse sapientiam; nat III 88. — 2. vestrae sapientiae est non abduci ab reo: Cael 29. quodnam sapientiae Pythagorae visum est; Tusc I 62. — 3. quid efficitur, si sapientiae **pareas**? rep III 24. — 4. quot praetorum innocentia sapientiaque **opus** est? Ver III 128. — 5. qui ad sapientiam proxime **accedunt**; Lael 38. dico de: f. I, 1. cadit. quae (temeritas) a sapientia dissidet plurimum; of II 8. nunc intellego illa te semper etiam potiora duxisse, quae ad sapientiam spectarent; de or III 82. — III, 1. res illa **plena** (erat) iustitiae, sapientiae, ipsius sapientiae studiosos (id est enim philosophos); Tusc V 9. — 2. tum maxime (exsistit) ingenua delectatio et **digna** sapientia; Tusc V 72. Appium Claudium illa sapientia praeditum; Scaur 33. — IV. a cuius (sapientiae) a**more** Graeco verbo philosophia nomen invenit; leg I 58. vide, quanta lux sapientiae tuae mihi apud te dicenti oboriatur; **igar** 6. omne officium munusque sapientiae in hominis cultu esse occupatum; fin IV 36. istius (Scipionis) **genus** est ex ipsius sapientiae stirpe generatum; Bru 212. sapientiae studium vis id quidem in nostris; Tusc IV 5. — V, 1. minuisti copias maiorum virtute ac sapientia **comparatas**; Ver V 50. quod ratione sapientiaque comprehenditur; Tim 7. sua **sapientia**

et virtute (deus) gaudet; nat I 51. re iniquum est, sed tua sapientia ut aequissimum; Deiot 4. quoniam priore actione nova quadam sapientia testem nullum interrogasti; Ver V 155. ut unius omni sa_ientia regatur salus et aequabilitas et otium civium; rep II 43. — 2. vobismet ipsis pro vestra sapientia consulere debetis; dom 45. sine: f. I, 1. prodest.

sapio, Geschmack haben, weise sein, Verstand, Einsicht haben, verstehen: I, 1. si et sapere expetendum sit et valere; fin III 44. — 2. qui moneret eos, si saperent, ut transigerent; Ver III 69. qui (Cicero) cum primum sapere coepit; ep XIV 1, 1., si hoc, quo sentimus et sapimus, mortale est; fr F V 97. nec sequitur, ut, cui cor sapiat, ei non sapiat palatus; fin II 24. (populus) est moderatior, quod sentit et sapit; rep I 65. — II. qui aliquid sapiat; ep VII 28, 1. Quintus pater quartum vel potius millesimum nihil sapit; A XII 5, 1. si recta saperet Antonius; A XIV 5, 1.

sapor, Geschmack, Redeweise: I. quid, quod eadem mente res dissimillimas comprendimus, ut colorem, saporem, calorem, odorem, sonum? Tusc I 46. — II, 1. ut mel suo proprio genere saporis dulce esse sentitur; fin III 34. — 2. (hominem) sine sensu, sine sapore, elinguem, tardum, inhumanum negotium diceres; sen 14. — III. qui non odore ullo, non sapore capiatur; Cael 42. Tincam Granius obruebat nescio quo sapore vernaculo; Bru 172. detrahens eas voluptates, quae sapore percipiuntur; Tusc II 41.

sarcio, ausbessern, wieder gut machen, wieder einbringen: I. impudentia prosequor, sed idem sarciam; ep XIII 62. — ut M'. Curium „sartum et tectum", ut aiunt, conserves; ep XIII 50, 2. cum locavissent neque potuissent omnia sarta tecta exigere; Ver I 130. in meis damnis ex auctoritate senatus sarciendis; ep I 9, 5. nulla dubitatio relinquetur, quin honore mortui, quam vivo iniuriam fecimus, sarciamus; Phil IX 8. perficiam, ut longi temporis usuram, qua caruimus intermissa nostra consuetudine, et gratia et crebritate et magnitudine officiorum meorum sarciam; ep III 1, 1.

sarmentum, Schößling, Reis, Setzreis: I. ligna et sarmenta circumdare coeperunt; Ver I 69. facilius quam nova sarmenta cultura excitantur; de or II 88. — II. sarmentorum ea, quam dixi, aliorum amputatio, aliorum immissio (me delectat); Cato 53. tamquam ad articulos sarmentorum; Cato 53.

sat, genug, hinlänglich: I. sat segete te frustra scribis; A XV 19, 1. tantum sat est intellegi..; div II 104. cruciaris, cui nec sat est, quod est; par 18. — II. si iam ne vultis esse oratorem, si etiam sat bonum, si bonum denique; de or III 84. qui sciret se nepotem bellum tibicinem habere et sat bonum unctorem; ep VII 24, 2.

satelles, Trabant, Begleiter, Helfershelfer: I, 1. in senatu fore in armis certo die C. Manlium, audaciae satellitem atque administrum tuae; Catil I 7. »praevius Aurorae solis noctisque satelles«; fr H V. — 2. quos putavit fore diligentissimos satellites scelerum, ministros cupiditatum suarum; prov 5. quas (virtutes) tu voluptatum satellites et ministras esse voluisti; fin II 37. — II, 1. qui certos institueris nomine decumanos, re vera ministros ac satellites cupiditatum suarum; Ver III 21. vides tyranni satellites in imperiis; A XIV 5, 2. — 2. temeraria dominatrix animi cupiditas ad se explendam viribus corporis abutebatur, perniciosissimis satellitibus; inv·I 2.

satietas, Sättigung, Überfluß, Übersättigung, Überdruß: I. studiorum || rerum || omnium satietas vitae facit satietatem; Cato 76. mirum me desiderium tenet urbis, satietas autem proviciae; ep II 11. 1. — II, 1. facio: f. facit. haec ῥωχογραφία ripulae videtur habitura celerem satietatem; A XV 16, a.

ut cibi satietas et fastidium aut subamara aliqua re relevatur aut dulci mitigatur; inv I 25. ego mei satietatem magno meo labore superavi; Muren 21. ut [et] verborum numero et vocum modo delectatione vincerent aurium satietatem; de or III 173. — 2. ut varietas occurreret satietati; orat 174. — 3. cupio ab hominum satietate nostri discedere et cum aliquo desiderio reverti; A II 5, 1. iucunditatem victus esse in desiderio, non in satietate; Tusc V 100 (99). — III. omnibus in rebus similitudo est satietatis mater; inv I 76. — IV, 1. ne, qui audiat, defetigetur similitudinis satietate; de or II 177. neque quisquam est, quin satietate iam defessus sit; ep II 3, 1. cum naturam ipsam expleveris satietate vivendi; Marcel 27. — 2. quod (genus dicendi) sine satietate delectet; de or III 97.

satio, sättigen, befriedigen: I. primum numerus agnoscitur, deinde satiat; orat 215. — II. ut neque ei satientur, qui audient, fastidio similitudinis; de or III 193. potius quam te hinc patiar non satiatum discedere; Top 25. quorum animos ne supplicio quidem suo satiare posset; Sulla 1. veniebat (Laelius) ad cenam, ut animo quieto satiaret desideria naturae; fin II 25. etiam Cilicum libidines satiavit; har resp 42. quae (sententiae) ad odium satiandum pertinebunt; part or 96. non satiaris unum (populum) libertate, sed incenderis cupiditate libertatis; rep II 50. neque umquam expletur nec satiatur cupiditatis sitis; par 6.

satis (vgl. sat), genug, hinlänglich, hinreichend, Sicherheit, comp. besser: I. quaerebam, qua de causa Flavius neque satis acciperet a Roscio neque iudicio absolveretur a Fannio; Q Rosc 40. his satis cognitis, quae iam explicata sunt; Ac II 37. contra Epicurum satis superque dictum est; nat II 2. sed satis. iam disputatum est de magistratibus; leg III 47. satis mihi dedisti, cum respondisti..; Tusc II 28. ut, si quid satis dandum erit „AMPLIUS EO NOMINE NON PETI", cures, ut satis detur fide mea: ep XIII 28, 2. quod ille recusaret satis dare amplius abs te non peti; A I 8, 1. de satis dando te rogo, quoad eris Romae, tu ut satis des; A V 1, 2. quod satisdato debeo; A XVI, 6, 3. quod (Dolabella) satisdato debeat; A XVI 15, 2. quibus satis faciet res ipsa cognita; orat 11. quod et antea in re et hoc tempore in salute tua (Dolabella) cumulatissime mihi satis fecit; ep VI 11, 1. me illi (Caesari) nullo modo satis fecisse, quod in senatum non venerim; A X 8, 3. Quintus mihi per litteras satis facit multo asperioribus verbis, quam cum gravissime accusabat; A XI 13, 2. f. facio, III. satis. num iam satis pro eo, quod fecerit, honos habitus sit; inv II 113. satine tibi videtur a senatu indicatum ..? dom 50. qui neque usu satis et ingenio parum possum; Quinct 2. satis est ad hoc responsum; fin II 82. quidvis perpeti, mori denique satius fuisse, quam eius modi necessitudini obtemperare; inv II 100. animo istuc satis est, auribus non satis; orat 215. si (sapiens) fortis est in perferendo, officio satis est; Tusc I 18. satin est id ad illam abundantem bonis vitam beatissimam? nat I 114. ut satius fuerit nullam omnino nobis a dis immortalibus datam esse rationem quam tanta cum pernicie datam; nat III 69. ipso (amore) tibi confido futurum satis; ep XV 21, 3. non satis mihi videtur vidisse hoc Cleanthes; Tusc III 77. ut satis superque vixisse videamur; Tusc I 109. — I. quid minus

... ... ulquum **beatum** nec satis
... ... neque tamen quemquam
... ... cum *inbitare*, quid facturus
... ... quem vix putasse satis
... ... diutius retinuisset;
... ... praesidium provincia
... ... ? ... pecuniam Domitio satis
... ... habuerit, non esse
... ... satis iustam excusationem
... ... insula est Melita satis lato a
... ... : Ver IV 103. quorum cum
... ... numerus esset; Cluent 43. sed iam
... ... ie causa; Milo 92. omnes mihi Epicuri
... ... satis notae sunt; fin I 16. ornamenta
... ... optima dicendi; Bru 271. Theodorus prae-
... ... nec satis, ut ita dicam, rotundus; orat 40.
... ... nec improbum notari ac vituperari sine vitio-
... cognitione satis insignite atque aspere posse;
de or II 349. satis bene pascere; of II 89. ego me
in Cumano satis commode oblectabam; Q fr II 12
(14). 1. satisne constanter facere videamur; of II 7.
satis copiose defenderetur; Sex Rosc 148. numquam
dique satis laudari || l. s. d. || philosophia poterit;
Cato 2. sed haec satis diu multumque defleta sunt;
Phil XIII 10. insignite: f. aspere. multum: f. diu.
quae satis scite nobis instructa et composita videntur;
leg I 39. — IV. qui neque animi neque consilii
satis haberet; Caecin 18. satis argumenti est ab
interitu naturam abhorrere; fin V 31. ut et
potestatis satis in magistratibus et auctoritatis in
principum consilio et libertatis in populo sit; rep II
57. mihi videtur hoc satis esse causae, ut .. ;
Balb 5. consilii: f. animi. libertatis, potestatis: f.
auctoritatis. pertuli poenarum satis; Seat 145. ut
urbi satis esset praesidii; Catil II 26. satis superque esse sibi suarum cuique rerum; Lael 45. proinde
quasi non satis signi esse debuerit ab omnibus eum
fuisse desertum, qui .. ; Cluent 109. ut ad dicendum temporis satis habere possim; Ver II 2. —
V. ad impellendum satis, ad edocendum parum;
Ac I 9.

satisdatio, Bürgſchaft: I. sunt aliquot satisdationes secundum mancipium; A V 1, 2. II. cuius
satisdationes semper dicuntur induci; fr A XIII 18.

satis do, satis facio f. satis, I. do, facio.

satisfactio, Genugtuung, Entſchuldigung.
Abbitte: I. ne βαθύτης mea in scribendo sit occultior
et aliquid satisfactio levitatis habere videatur;
A IV 6, 3. — II. nec satisfactionem meam accipis?
ep VII. 13, 1.

sator, Pflanzer, Erzeuger: 1. omnium rerum
seminator et sator est mundus; nat II 86. — 2. ▸tu,
caelestum sator, iace vim fulminis◂; Tusc II 21.

satur, ſatt, geſättigt, reichhaltig: bis in die
saturum fieri; Tusc V 100. praeclara auspicia, si
esurientibus pullis res geri poterit, saturis nihil
geretur! div I 77. nec satura ieiune nec grandia
minute (dicet); orat 123.

saturitas, Sättigung, Ueberfluß: haud scio
an nulla (senectus) beatior possit esse saturitate
copiaque rerum omnium; Cato 56.

saturo, ſättigen, befriedigen: ut aliquando ex-
pleti atque saturati decederent; Ver III 100. Saturnus, quia se saturat annis; nat III 62. cum crudelitatem vestram odiumque diuturnum satur.re
cuperetis; Vatin 6. saturavi perfidiam et scelus
proditorum; dom 44.

satus, Saat, Zeugung, Ursprung, Geſchlecht
(ſ. conceptus): I. haec (philosophia) praeparat
animos ad satus accipiendos; Tusc II 13. quid ego
vitium ortus, satus, incrementa commemorem? Cato
52. — II. herbam asperam || subito || credo avium
congestu, non humano satu (exstitisse); div II
68. qui deorum satu orti estis; Tim 40.

sauciatio, Verwundung: sauciatio quaeretur,
cum fugam factam esse constabit? Caecin 43.

saucio, verwunden, töblich treffen: ipse Rubrius in turba sauciatur; Ver I 67. quem Brutus
noster sauciavit; A XIV 22, 1.

saucius, verwundet: A. gladiatori illi confecto et sancio; Catil II 24. saucii saepe homines
animo non cedunt; Caecin 42. — B, I. integrorum
promissis saucios et miseros credere non oportere;
Muren 50. — II. videmus ex acie efferri saepe
saucios; Tusc II 38.

savior (suavior), küſſen: Atticam nostram
cupio suaviari; A XVI 3, 6. qui (L. Brutus) de
matre savianda ex oraculo Apollinis tam acute arguteque coniecerit; Bru 53.

savium (suavium), Kuß: Atticae meis verbis
suavium des volo; A XVI 11, 8.

saxetum, felſige Gegend: quod est tam asperum saxetum, in quo agricolarum cultus non
elaboret? agr II 67.

saxulum, kleiner Fels: Ithacam illam in
asperrimis saxulis tamquam nidulum adfixam; de
or I 196.

saxum, Fels, Klippe, Felsblock, Stein: I. ▸cum
saxa cana salis niveo spumata liquore tristificas
certant Neptuno reddere voces◂; div I 13. non
ipsa saxa magis sensu omni vacabunt quam ille
„latere pendens"; Tusc I 107. — 2. I. illo non
saxum, non materies [ulla] advecta est; Ver I 147.
ut ita munita arx circumiectu arduo et quasi circumciso saxo niteretur; rep II 11. qui saxa iacerent.
quae de terra ipsi tollerent; Caecin 60. perfracto
saxo sortes erupisse; div II 85. spumo: f. I. certant.
tollo: f. iacio. — 2. non est (sapiens) e saxo
sculptus aut e robore dolatus; Ac II 101. cum
ad Saxa rubra venisset; Phil II 77. — III. adde huc
saxorum asperitates; nat II 98. — IV, 1. niti:
f. II, 1 circumcido. — 2. magnam ἀναϑεώρησιν res
habet, de saxo. in crucem! A XIV 15, 1 (2). cum
Licinia, virgo Vestalis, aram et aediculam et pulvinar sub Saxo dedicasset; dom 136.

scabies, Reiz: quia dulcedine hac et scabie
carent; leg I 47.

scabillum, Holzſohle: scabilla concrepant.
aulaeum tollitur; Cael 65.

scaena, Bühne, Theater, Schauplatz: I. quia
maxima quasi oratoris || oratori || scaena videatur
contionis || videtur contio esse ||; de or II 338. —
II, 1. cum artem ludicram scaenamque totam in
probro ducerent; rep IV 10. — 2. quamvis
sphaeram in scaenam, ut dicitur, attulerit Ennius;
de or III 162. honoris causa in scaenam redierant
ii, quos ego honoris causa de scaena decessisse
arbitrabar; ep VII 1, 2. vis innumerabilis servorum e fornicibus ostiisque omnibus in scaenam
signo dato immissa inrupit; har resp 22. redeo in:
f. decedo de. in scaena esse Roscium; Bru 290. —
III. noli ludorum huius elegantiam et scaenae
magnificentiam valde contemnere; Muren 38. —
IV. laterum inflexione forti ac virili, non ab scaena
et histrionibus, sed ab armis; de or III 220. cuius
personam praeclare Roscius in scaena tractare consuevit; Q Rosc 20.

scaenicus, zur Bühne gehörig, theatraliſch.
Schauſpieler: A. quod scaenicis artificibus largiri solebant; Arch 10. gestus, non hic verba exprimens scaenicus, sed .. ; de or III 220. ut
Romam rediit extremo ludorum scaenicorum die; de
or III 2. quis umquam res praeter hunc forenses
scaenica prope venustate tractavit? de or III 30. —
B, I. ne scaenici plus quam nos videantur habere
prudentiae. illi enim non optimas, sed sibi accommo-
datissimas fabulas eligunt; of I 114. — 2. Valerius
cotidie cantabat: erat enim scaenicus; de or III 86.

— II. nummulis corrogatis de scaenicorum corollariis; Ver III 184.

scalae, Leiter, Treppe: I. nisi se ille in scales tabernae librariae coniecisset; Phil II 21. correpsit in scalas; fr A VII 12. — II. aperuit forem scalarum; fr A VII 11. cum se ille fugiens in scalarum tenebris abdidisset; Milo 40.

scalmus, Ruderholz, Dolle: I. ab adulescente delicato, qui in litore ambulans scalmum repperisset; Bru 197. scalmum nullum videt; of III 59. — II. qui duorum scalmorum naviculam in portu everterit; de or I 174.

scalpellum, Lanzette: I. cum sanae parti corporis scalpellum adhibetnr; Sest 135. — II. ut eae (linguae) scalpello resectae liberarentur; div II 96.

scalpo, schnitzen: ad fingendum, ad scalpendum apta manus est; nat II 150.

scammonia, (-ea) Purgierkraut: I. pronuntiabas scammoniam aristolochiamque radicem; div II 47. — II. quid scammoneae radix ad purgandum possit; div I 16.

scando, besteigen: cum alii malos scandant, alii per foros cursent; Cato 17.

scapha, Boot, Nachen: ut dominus navis in scapham confugeret; inv II 154.

scaphium, Trinkgeschirr, Trinkschale: 1. a pupillo Heio scaphia cum emblematis Lilybaei utrum empta esse dicis an confiteris erepta? Ver IV 37. — 2. illa ita apte in scaphiis aureis includebat concludebat ||, ut . . ; Ver IV 54.

scelerate, freventlich, frevelhaft: qui aliquid impie scelerateque commiserint; Sex Rosc 67. qua re peccavi scelerateque feci; Q fr I 3, 2. eam (Terentiam) scelerate quaedam facere; A XI 16, 5. qui tam scelerate imperavit; Tusc V 56. di immortales suorum templorum custodem ac praesidem sceleratissime pulsum cum viderent; dom 141. quod amicum atque hospitem meum Sthenium tam crudeliter, scelerate nefarieque tractasses; Ver II 117.

sceleratus, frevelhaft, verrucht, Frevler: A. ego illum nunc etiam impurum et sceleratum puto; A IX 15, 5. M. Antonii scelerata arma vitavi; Phil III 33. si sceleratos cives interfici nefas esset; Milo 8. idem (P. Sulla) sexto tricensimo anno post a sceleratiore hasta non recessit; of II 29. hominis sceleratissimi corroboratam iam vetustate audaciam; Milo 32. hic istius scelerato nefarioque latrocinio bonis patriis spoliatus; Ver I 152. si (Cato) isti Cypriae rogationi sceleratissimae non paruisset; Sest 62. — B, I, 1. viceasimus annus est, cum omnes scelerati me unum petunt; Phil XII 24. — 2. quem (populum) illo clarissimo die, scelerate, vidisti; dom 90. — II. fugientes conspectum sceleratorum. quibus omnia redundant; of III 3. egredere cum importuna sceleratorum manu; Catil I 23. fani religionem istius sceleratissimi atque audacissimi supplicio expiari volebant; Ver IV 111. — III. redundare: f. II. conspectus.

sceleste, frevelhaft: quis est, qui huno non casu existimet recte fecisse, nequitia sceleste? Phil VI 11.

scelestus, frevelhaft, verrucht: si scelestum est amare patriam; Sest 145. scelestum ac nefarium facinus; Sex Rosc 37. res tam scelesta, tam atrox, tam nefaria credi non potest; Sex Rosc 62.

scelus, Frevel, Freveltat, Verbrechen, Schurke: f. 1. scelus absit, in quo non potest esse gloria; of III 87. infinita sunt scelera, quae ab illo in patriam sunt edita; har resp 58. ut exstet ad memoriam posteritatis sempiternum scelus crudelissimorum hostium; Phil XIV 38. eo prorumpere hominum cupiditatem et scelus; Sex Rosc 12. — 2. facinus est vincire civem Romanum, scelus verberare; Ver V 170. quod potest maius esse scelus quam non

modo hominem, sed etiam familiarem hominem occidere? of III 19. — 3. o caenum, o portentum, o scelus! dom 47. o scelus, o pestis, o labea! Piso 56. — II, 1. (diadema) attuleras domo meditatum et cogitatum scelus; Phil II 85. qua in re ipsa sentio quid sceleris admiserim; Q fr I 3, 7. si contentus sit iis sceleribus, quae commisit; har resp 7. hoc nefario scelere concepto; Ver IV 72. edo: f. I, 1. sunt. ut id (scelus) nulla re possit nisi ipsius supplicio expiari; har resp 35. qui eos (motus) in iudicum mentibus concitent, scelus eos nefarium facere; de or I 220. Medea et Atreus nefaria scelera meditantes; nat III 71. f. cogito. ad scelus perficiendum caesis hostiis; Cluent 194. primi magistratus et furto et scelere perspecto; Ver I 43. quae (erat ista) tot scelerum suscipiendorum causa? Ver V 145. ob aliqua scelera suscepta in vita superiore; fr F V 95. ut illa etiam scelera eius in Carbonem et in Dolabellam vindicarentur; Ver III 178. si istius nefarium scelus Lampsaceni ulti vi manuque essent; Ver I 68. — 2. non intellegis, quales viros summi sceleris arguas? Rabir 26. C. Marium sceleris ac parricidii nefarii mortuum condemnabimus? Rabir 27. servorum sceleris coniurationisque damnatorum vita; Ver V 14. — 3. ceteros docuit ante istius avaritiae scelerique occurrere; Ver V 24. nullo labore tuo impio sceleri restitissem; dom 91. — 4. quod te abstinueris nefario scelere; Phil II 5. Oppianicus, ut erat singulari scelere et audacia; Cluent 23. — 5. ut hanc (urbem) a perditissimorum civium nefario scelere defendant; Catil II 29. nos de istius scelere ac furore praemoneri | promoneri ||; har resp 10. de tuo isto nefario scelere nihil queror; Ver II 111. Lucii eum sanctitas a scelere revocabit; Phil XIII 4. sum in: f. I, 1. abest. — III, 1. consilium ceperunt plenum sceleris et audaciae; Sex Rosc 28. — 2 contentus: f, II, 1. committo. horribiles custodias circumdat et dignas scelere hominum perditorum; Catil IV 8. — 3. hora nulla vacua a furto, scelere reperietur; Ver I 34. — IV, 1. alqd: f. II, 1. admitto. Messana, tuorum adintrix scelerum; Ver V 17. quae propter conscientiam scelerum desperato vitae! Phil II 88. fingi sceleris maximi crimen; Cael 56. qui fons est fraudium, maleficiorum, scelerum omnium; of III 75. tu indicium sceleris in iudicium adferas? Cluent 186. quae tum propter magnitudinem scelerum non nullis incredibilia videbantur; Catil III 21. quae te tanta poena tuorum scelerum flagitiorumque vexet, ut . . ; dom 3. qui consules sceleris sui socios exercitu armavit; har resp 58. ut litterae suae testes manifesti sceleris deprehenderentur; Catil III 17. vos tanti sceleris ultorem ad supplicium rapi patiemini? Milo 80. — 2. quorum alter optimus vir, singulari fide, alter insigni scelere et audacia; rep III 27. — 3. gravia iudicia pro rei publicae dignitate multa de coniuratorum scelere fecistis; Flac 94. — V, 1. tanto scelere astrictis hominibus; Sulla 82. quorum id scelere conflatum sit; dom 30. homini sceleribus flagitiisque contaminatissimo; prov 14. vitiis et sceleribus contaminatos; fr F IX 12. quo scelere damnatus; Phil XIII 27. procedit iste repente e praetorio inflamatus scelere, furore, crudelitate; Ver V 106. homines sceleribus et parricidiis inquinatos; fin IV 63. qui tanto se scelere obstrinxerunt; Ver V 179. qui omnia iura novo, inaudito, inexpiabili scelere polluerit; Phil XI 29. qui duas res sanctissimas, religionem et pudicitiam, uno scelere violasset; prov 24. — 2. qui in tot tantisque sceleribus conivebant; har resp 52. domo per scelus erepta carere non possum; dom 146. in quo (odio tui) etsi omnes propter tuum in me scelus superare debeo; Vatin 1. id sine scelere fieri nullo pacto potest; of II 51.

sceptrum, Scepter: I. »Iuppiter excelsa cla-

82*

rabat sceptra columna«; div I 21. — II. ut (rex Ptolomaeus) sedens cum purpura et sceptro praeconi publico subiceretur; Sest 57.

schola, Lehrvortrag, Vortrag, Unterſuchung, Schule: I. clamabunt, credo, omnia gymnasia atque omnes philosophorum scholae sua esse haec omnia propria; de or I 56. separatim certae scholae sunt de exsilio, de interitu patriae, de servitute; Tusc III 81. — II, 1. dierum quinque scholas, ut Graeci appellant, in totidem libros contuli; Tusc I 8. ut iam etiam scholas Graecorum more habere auderemus; Tusc I 7. — 2. qui cum in schola adsedissent, dicere iuberent ..; de or I 102. haec Graeci in singulas scholas et in singulos libros dispertiunt; Tusc III 81. e philosophorum scholis tales fere evadunt; orat 95. — III. qui neque ex scholis cantilenam requirunt; de or I 105. ut es homo politus ex schola; Piso 59. — IV, 1. vexatur idem Theophrastus et libris et scholis omnium philosophorum; Tusc V 25. — 2. te tamquam in schola prope ad Graecorum consuetudinem disputasse; de or II 13.

scida, Streifen, Blatt: I. ut scida ne qua depereat; A I 20, 7. — II. quem ‖ cum ‖ haec tertia iam epistula ante oppressit ‖ te oppresserit ‖, quam tu scidam aut litteram; ep XV 16, 1.

sciens, wiſſentlich, mit Wiſſen, kundig: A. quae (navis) scientissimo gubernatore utitur; inv I 58. reges ut scientes praetermittunt, magna culpa est; nat III 90. quis ante te sacra illa vir sciens viderat? har resp 38. — B. ut in fidibus aut tibiis, quamvis paulum discrepent, tamen id a sciente animadverti solet, sic ..; of I 145.

scienter, geſchickt, klug: Etruria de caelo tacta scientissime animadvertit; div I 92. bene dicere, quod est scienter et perite et ornate dicere, non habet definitam aliquam regionem; de or II 5. quod (genus) quamquam scienter eleganterque tractabat; Bru 283. neminem in eo genere scientius versatum Isocrate confitendum est; orat 175. ut iis, quae habent, modice et scienter utantur; de or I 132.

scientia, Wiſſen, Kenntnis, Wiſſenſchaft, Verſtehen, Vertrautheit, Geſchicklichkeit: I, 1. (Socrates) sapienter sentiendi et ornate dicendi scientiam, re cohaerentes, disputationibus suis separavit; de or III 60. ego ne utilem quidem arbitror esse nobis futurarum rerum scientiam; div II 22. excellit: f. II, 3. quodsi eos docuisset aliquis, quam vim habere diceretur scientia; Ac II 146. qui civilem scientiam eloquentia non putant indigere; inv I 6. in summo imperatore quattuor has res inesse oportere, scientiam rei militaris, virtutem, auctoritatem, felicitatem; imp Pomp 28. sequitur tertia, quae per omnes partes sapientiae manat et funditur, discerendi ratio et scientia; Tusc V 72. — 2. sic fit, ut modestia haec scientia sit oportunitatis idoneorum ad agendum temporum; of I 142. — II, 1. adhibita divinarum humanarumque rerum scientia; fin II 37. istam iuris scientiam eloquentiae tamquam ancillulam pedisequamque adiunxisti; de or I 236. vicinam eius (facultatis dicendi) ac finitimam dialecticorum scientiam adsumere; orat 113. haec vis, quae scientiam complexa rerum sensa mentis sic verbis explicat, ut ..; de or III 55. est scientia comprehenda rerum plurimarum; de or I 17. philosophandi scientiam concedens multis; of I 2. nisi erit omnium rerum magnarum atque artium scientiam consecutus; de or I 20. quae (res) huius viri scientiam fugere possit; imp Pomp 28. fundo: f. I, 1. manat. veteres illi omnem omnium rerum cognitionem et scientiam cum dicendi ratione iungebant; de or III 72. saepe ab Aristotele mirabiliter est laudata per se ipsa rerum scientia; fin V 73. dum novo et alieno ornatu velis ornare iuris civilis scientiam; de or I 235. ipsa cognitio rei scientiaque perquiritur; de or III 112.

separo: f. I, 1. cohaerent. si stabilem scientiam rerum tenebimus; fin I 63. — 2. ut constantia scientiae, sic perturbatio erroris est; Tusc IV 80. — 3. tuae scientiae excellenti ac singulari non multo plus quam nostrae relictum est loci; ep IV 3, 4. — 4. quae (artes) ipsae fatentur coniectura se plus uti quam scientia; Ac II 107. — 5. inter scientiam et inscientiam comprehensionem illam conlocabat; Ac I 42. cuius adulescentia ad scientiam rei militaris triumphis est erudita; imp Pomp 28. qui (Erillus) in cognitione et scientia summum bonum ponit; Ac II 129. quod non ex usu forensi, sed ex obscuriore aliqua scientia sit promendum atque sumendum; de or I 59. artem sine scientia esse non posse; Ac II 146. sumo ex: f. promo ex. — III, 1. ipse sua scientia ad ignominiam alterius contentus non fuit; Cluent 134. — 2. ad rerum scientiam vitaeque constantiam aptissima cum sit mens hominis; Ac II 31. — IV, 1. omnes ducimur ad cognitionis et scientiae cupiditatem; of I 18. cum intellexero te hoc scientiae genere gaudere; of III 21. quod natura (comprehensionem) quasi normam scientiae dedisset; Ac I 42. studiis officiisque scientiae praeponenda esse officia iustitiae; of I 155. — 2. non, si (di futura) significant, nullas vias dant nobis ad significationis scientiam; div I 83. — V, 1. ex rebus ab opinionis arbitrio seiunctis scientiaque comprehensis; de or I 108. quae ab adulescentia memoria et scientia comprehendisti; ep VI 22, 2. quod (officium) cognitione et scientia continetur; of I 158. quae prudentia, quae calliditas quaeque gravissimo nomine sapientia appellatur, haec scientia pollet una; part or 76. ut deos immortales scientia peregrina et externa, mente domestica et civili precaretur; Balb 55. haec (animus) vallabit veri et falsi iudicandi scientia; leg I 62. — 2. quae si omnia e Ti. Coruncanii scientia acta esse constaret; dom 139. si (Erillus) ita sensit, nihil esse bonum praeter scientiam; fin V 23. cum duobus modis animi sine ratione et scientia incitarentur; div I 4.

scilicet, natürlich, freilich: I. scilicet verba dedimus, decepimus; Phil XIII 33. scilicet defendam Decianum; Flac 81. nos, docti scilicet a Graecia; Tusc II 27. cur eos (servos) manu misit? metuebat scilicet, ne indicaretur; Milo 57. ridet scilicet nostram amentiam; Quinct 55. — II. scilicet aspera mea natura, difficilis aditus, gravis vultus. superba responsa, insolens vita; Vatin 8. „facilius, quam bona dicta teneat"; haec scilicet bona dicta, quae salsa sint; de or II 222. haec scilicet inexplicabilia esse dicitis; Ac II 95. insolens: f. asper. scilicet id agitur, utrum ..; ep X 26, 2. quid tu in eo potes? nihil scilicet; A XI 7, 3. cognoscat etiam memoriae veteris ordinem, maxime scilicet nostrae civitatis; orat 120. superbus: f. asper. peto a te tanto scilicet studio, quanto intellegis debere me petere ..; ep XIII 26, 2. quamquam te ipsum scilicet maxime, tamen etiam litteras tuas ante exspecto; Q fr II 4, 7. unus scilicet animi fructus, qui in te videndo est, percipi litteris non potest, alter ..; ep XV 14, 3. — III. rogare coepit blande et concinne scilicet; Q Rosc 49. me Oedipodis species commovit, inaniter scilicet, sed commovit tamen; fin V 3. — IV. quis hoc dicit? Stoici scilicet. minime; fin V 93. esse aliquam vim, cum prudentia et consilio scilicet; Ac II 82.

scindo, zerreißen, zerteilen, trennen: etiam illa sunt ab his delapsa plura genera, lene asperum. fractum scissum; de or III 216. ego ita egi, ut non scinderem paenulam; A XIII 33, a, 1 (4).

scintilla, Funke: I. non latuit scintilla ingenii. quae iam tum elucebat in puero; rep II 37. — II. ut ne qua scintilla taeterrimi belli relinquatur; ep X 14, 2.

scio, wiſſen, kennen, erfahren, verſtehen, können:

I (vgl. **sciens**). nnm Latine scit? Phil V 13. velut in Gorgia Socrates „haud scio", inquit; Tusc V 35. fecerunt id servi Milonis nec imperante nec sciente nec praesente domino; Milo 29. ut et ipsi praedones scirent et tota Sicilia testis esset; Ver V 62. — II, 1. qui d e omnibus scierit, de Sulla se scire negarit; Sulla 39. qui scire debuit de sanitate, de fuga, de furtis, praestat edicto aedilium; of III 71. de Natta ex tuis primum scivi litteris; A IV 8, a, 3. — 2. scire, quid quandoque deceat, prudentiae (est); de or III 212. cuius ego civitatis disciplinam atque gravitatem non solum Graeciae, sed haud scio an cunctis gentibus anteponendam dicam; Flac 63. velit, nolit, scire difficile est; Q fr III 8, 4. quid actum sit, aveo scire; A V 20, 8. hoc velim scire, quando auctio; A XII 51, 2. — 3. ille nec d e l i g e r e scivit, cuius potissimum similis esset; de or II 91. recte eius omnia dicentur, qui scit uti solus omnibus; fin III 75. — 4, a. barbaros quosdam Lilybaeo. scitote a d d u c t o s esse operarios; Ver IV 77. ea, iudices, a vobis spero esse in bonam partem accepta, ab eo, qui iudicium exercet, certo scio; Arch 32. quod illi, quae nesciant, scire se putent. ipse, se nihil scire, id unum sciat; Ac I 16. quibus (tuis) me cumulatissime satis fecisse certo scio; ep X 29. — b. quaero ab illo, ecquid sciat Theodosium sica p e r c u s s u m ; har resp 34. — III. qui i s t a nec didicissent nec omnino scisse ‖ scire ‖ curassent; de or I 91. illud scire ex te cupio; Vatin 30. nec scit, quod augurem, nec facit, quod pudentem decet; Phil II 81. quod ex eo sciri potest, quia corpora concalescunt; Tusc I 42. nihildum (Munatius) sciebat; ep X 12, 2. haec habebam fere, quae te scire vellem; A I 6, 2. f. II, 2. A XII 51, 2. II, 4, a. Ac I 16. illum (Pythagoram) artem quidem se scire nullam, sed esse philosophum; Tusc V 8. id (consilium) sciri non opus esse; of III 49. si unam litteram Graecam scisset; Ver IV 127. ars earum rerum est, quae sciuntur, oratoris autem omnis actio opinionibus, non scientia, continetur; de or II 30. si verum scire vis; ep V 20, 4. si venditor (vitium) sciret; of III 65. — IV. sciebam Corfidium perneces- sarium Ligariorum; A XIII 44, 3.

sciscitor, sich erfundigen, forschen: I, 1. (Spartiatae) d e victoria sciscitantes; div I 76. de Domitio sciscitare, ubi sit; A IX 15, 4. — 2. in qua (re) sciscitarere quid vellem; Q fr II 14, 2. f. 1. II. alqd. — II. non te id sciscitari, qualem ego in inveniendo summum oratorem esse vellem; orat 52. qui, cuius vestigia persequi cupiunt, eius sententiam sciscitantur; de or I 105.

scisco, verordnen, stimmen: I, 1. si Gaditani sciverint nominatim d e aliquo cive Romano, ut sit is civis Gaditanus; Balb 27. — 2. durius etiam Athenienses, qui sciverunt, u t Aeginetis pollices praeciderentur; of III 46. f. 1. — II. quod primus scivit l e g e m de publicanis; Planc 35. maiorem rem nullam sciscam aliter; leg II 24.

scite, fein, geschickt, geschmackvoll: quae satis scite nobis instructa et c o m p o s i t a videntur; leg I 39. (capella) scite facta et venuste; Ver II 87. instruo: f. compono. satis scite me nostri sermonis principium esse voluisti; fin V 8. scite enim Euripides: »iuravi lingua« . . ; of III 108.

scitum, Beschluß, Verordnung: I. hoc plebei scitum e s t? dom 44. — II. cum (populus Gaditanus) scita ac iussa nostra sua sententia c o m p r o b a t ; Balb 42. cum esset lex Athenis, NE QUIS POPULI SCITUM FACERET, UT . . ; opt gen 19. de hoc (Demosthene) Ctesiphon scitum fecit, ut corona aurea donaretur; opt gen 19. qui primum eius modi scita sanxerint; leg II 11. -- III. si Athenienses quibusdam temporibus sublato Areopago nihil nisi populi scitis ac decretis a g e b a n t ; rep I 43. qui novam

largitionem quaerunt aliquo plebei scito reddendorum equorum; rep IV 2.

scitus, geschmackvoll, witzig: scitum est, quod Carneades dicere solebat; orat 51. scitum est illud Catonis; Lael 90. scito illa (meretricula scripsit) sermone et Attico; nat I 93.

scopae, Besen: ut in proverbio est, scopas [ut ita dicam] mihi videntur d i s s o l v e r e ; orat 235. L. Caesarem vidi Menturnis, non hominem, sed scopas solutas; A VII 13, a, 2 (13. 6).

scopulosus, felsig, voller Klippen: intellego, quam scopuloso difficilique in loco verser; div Caec 36. in (mare) infernm hoc, Tuscum et barbarum, scopulosum atque infestum; de or III 69.

scopulus, Fels, Klippe: I, 1. „Syrtim patrimonii" scopulum libentius d i x e r i m ; de or III 163. quoniam scopulos praetervecta videtur oratio mea; Cael 51. — 2. valde timide taniquam a d aliquem libidinis scopulum sic tuam mentem ad philosophiam appulisti; de or II 154. non nasci longe optimum est nec in hos scopulos incidere vitae; fr F IX 9. — II. si a d saxa et scopulos haec conqueri ac deplorare vellem; Ver V 171.

scortum, Dirne: I. scorta inter matres familias v e r s a b a n t u r ; Phil II 105. — II. qui semper secum scorta d u c e r e t ; Milo 55. — III. cum hanc sit habiturus Catilina scortorum c o h o r t e m praetoriam; Catil II 24. — IV. ille (L. Flamininus) exoratus in convivio a scorto est, ut securi feriret aliquem eorum, qui . . ; Cato 42.

scriba, Schreiber, Sekretär: I, 1. si M. Tullius, scriba meus, a d e s s e t ; ep V 20, 1. ut tantam pecuniam scriba tuus auferret; Ver III 181. ut gratiosi scribae sint in dando et cedendo loco; Bru 290. quantum reliqui scribae fecerant; Ver III 198. da, quaeso, scribae: recitet ex codice professionem; Ver III 26. — 2. qui in illa dictature scriba f u e r a t ; of II 29. — II, 1. nuper scribam aedilicium, D. Matrinium, cum d e f e n d i s s e m ; Cluent 126. saepe nostri imperatores superatis hostibus scribas suos anulis aureis in contione donarunt; Ver III 185. Potamonem scribam et familiarem tuum retentum esse a Verre in provincia; div Caec 29. — 6. do: f. I, 1. recitat. hoc uni scribae meo intellexi non nimium placere; ep V 20, 4. — III. scribarum o r d i n e m in me concitabit Fortensius? Ver III 182. — IV. (potestatem) o r n a t apparitoribus, scribis, librariis; agr II 32.

scribo, schreiben, aufschreiben, eintragen, be- schreiben, verfassen, verlangen, ernennen, aufheben: I, 1, a. eundem scribendo a d f u i s s e ; de or III 5. quod scribendo adfuisti; ep XV 6, 2. — b. in agendo plus quam in scribendo operae p o n e r e m u s ; of II 3. qui (Lamia) omnino consulibus illis numquam fuit ad scribendum; ep XII 29, 2. quod me esse ad scribendum vides; A I 19, 9. — c. in scribendo multo essem crebrior quam tu; A I 19, 1. — d. scribendi otium non erat; of II 4. — e. ego hic scribendo dies totos nihil equidem levor, sed tamen a b e r r o ; A XI 38, 1. — 2, a. non esse ambigue scriptum; inv II 116. si scriptum sit obscure; inv II 126. cum scriptum aperte sit; inv II 127. quid intersit, utro modo scriptum sit, ipsa lex non docet; Cluent 148. ut scriptum apud Philistum est; div I 39. — b. ut ad te quam accuratissime scriberem; ep XIII 22, 1. quia ‖ qui ‖, cum ad te scribo, tecum loqui videor; ep I 1. 45. scribas ad me, quantum pote; A IV 13, 1. cum instituissem ad te scribere; A VI 8, 1. Quintus non modo non cum magna prece ad me, sed acerbissime scripsit, filius vero mirifico odio; A XI 15, 2. quia διὰ σημείων scripseram; A XIII 32, 3. sine, quaeso, sibi quemque scribere; A XIV 20, 3. meretricula Leontium contra Theophrastum scribere ausa est; nat I 93. — II, 1. qui ad te ipsum d e ratione Latine loquendi

accuratissime scripserit; Bru 253. qua de re cum
ad me ita suaviter, diligenter, officiose, humaniter
scripseris, ut . .; A I 20, 1. de Dionysio fugit me
ad te antea scribere; A VII 18, 3. f. 9. III. alqd,
librum. — 2. hac super re scribam ad te Regio;
A XVI 6, 1. — 3. in qua (epistula) scriptum est
his fere verbis: „quo cum venissem" . .; Tusc V
100. — 4. eo minus habeo necesse scribere, quid
sim facturus; A X 1, 4. — 5. quibus (mulieribus)
scripseram, ut Romae manerent; A VII 17, 5.
scripseras, ut HS $\overline{xii}$ permutarem; A XI 24, 3. ad
Avium scripsi, ut ea Pisoni demonstraret; A XII 5,
2. — 6. scribam ad illos, u t, si qui forte quaerent
sitne verum, ne cui negent; Phil II 32. — 7. eadem
haec avis scribitur conchis se solere complere;
nat II 124. — 8. hoc se audisse scribit Coelius;
div I 56. scriptum ad se dicunt esse ab illo tantam
pecuniam Flacco datam; Flac 90. — 9. quod de Quinti
fratris negotio scribis, te conficere non potuisse;
ep I 9, 24. de Antonio iam antea tibi scripsi non
esse eum a me conventum; A XV 1, 2. — III. qui
ne utitur quidem illis (tabulis), in quibus est scriptus;
Arch 10. alteram illam, quam tu scribis, puto,
nosti; A XII 11. si quantum in dicendo scriptum
attulerit aliquid; de or I 152. si est scriptum aliquid ambigue; de or II 110. alio se eadem de re
contrarie scripto defendere; part or 108. multa
homines doctos sapientesque et dixisse et scripta
de deorum numine reliquisse; har resp 19. quae de
iuvenum amore scribit Alcaeus! Tusc IV 71. quae
ad me de tuis rebus domesticis scribis; ep I 9, 24.
ego hic cesso, quia ipse nihil scribo; ep XVI 22, 1.
haec scripsi ante lucem; Q fr II 3, 7. posthac
quicquid scripsero, tibi praeconium deferam; A XIII
12, 2. haec scripsi seu dictavi apposita secunda
mensa apud Vestorium; A XIV 21, 4. quod ad te
antea atque adeo prius scripsi (sic enim mavis); A
XV 13, 3. quid est, quod neglegenter scribamus
adversaria? Q Rosc 7. cum (Simonides) cecinisset
id carmen, quod in eum (Scopam) scripsisset; de or
II 352. idcirco codicem scribere instituimus; Q Rosc
6. si in testamento deducta || deductio || scripta
non sit; leg II 50. ne totum edictum ad Chelidonis
arbitrium scriptum videretur; Ver I 106. quia
(epistula) commode scripta erat; A XIII 3, 2. quam
(fabulam senex) proxime scripserat; Cato 22. qui
(Fannius) scripsit historiam; A XII 5, 3. cum
(Tubero) scribat historiam; Q fr I 1, 10. qui
(xviri) leges scriberent; rep II 61. tres libri
scripti de vita ipsius acta || lectu || sane utiles;
Bru 112. cum Platonis graviter et ornate scriptum
librum de morte legisset; Scaur 3, 4. pertinent ad
eum librum, quem de luctu minuendo scripsimus; A
XII 20, 2. unde quo quamque lineam scriberent;
Tusc V 113. litteras Bruti recte et ordine scriptas
videri; Phil X 5. poëma, orationem cum aut
scribis aut legis; fin II 107. ut haec φιλοσοφούμενα
scriberem, tu me impulisti; ep XI 27, 5. poëma:
f. orationem. scriptam attulerat consularis quidam
sententiam; Phil III 20. Xenophon sua scribit somnia; div I 52. censebant omnes fere, ut in Italia
supplementum meis et Bibuli legionibus scriberetur;
ep III 3, 1. quod verbum tibi non excidit fortuito:
scriptum, meditatum, cogitatum attulisti; Phil X 6.
— IV. nemo illum tutorem umquam liberis suis
scripsit; Cluent 41. illum (Clodium) heredem et me
scripserat; Milo 48.

scriptio, Schreiben, Schrift, Ausarbeitung, Abfassung, schriftlicher Ausdruck: I. eas (leges) ex utilitate communi, non ex scriptione, quae in litteris
est, interpretari (oportet); inv I 68. me scriptio et
litterae non leniunt, sed obturbant; A XII 16. nulla
res tantum ad dicendum proficit, quantum scriptio;
Bru 92. — II, 1. quae (lippitudo) impediat scrip-
tionem meam; A X 17, 2. illud est huius institutae

scriptionis ac temporis; de or II 5. — 2. sum: f. 1.
instituo. — 3. interpretor ex: f. I est. — III.
causam inopem nec scriptione magno opere dignam;
ep IX 12, 2. — IV. scripti controversia est ea, quae
ex scriptionis genere nascitur. eius autem genera
quae separata sunt a constitutionibus, quinque sunt;
inv I 17. quam genus hoc scriptionis nondum sit
satis Latinis litteris inlustratum; Bru 228.

scriptito, fortdauernd schreiben, berichten, abfassen, verfassen: I. Graeci sic initio scriptitarunt.
ut noster Cato, ut Pictor, ut Piso; de or II 51. —
II. nisi diu multumque scriptitarit; de or I 152.
ne te quidem, Antoni, multum scriptitasse arbitror;
de or II 97. haec ad me scribas velim vel potius
scriptites; A VII 12, 6. Graeci laudationes scriptitaverunt; de or II 341. qui (Aelius) scriptitavit orationes multas; Bru 169.

scriptor, Schreiber, Berichterstatter, Verfasser,
Schriftsteller: I, 1. quae isti scriptores artis docent; de or III 70. scriptores illos male mulcatos
exisse cum Galba; Bru 88. quid tulit legum scriptor peritus et callidus? dom 47. — 2. cum (Pompeius)
scriptor luculentus esset; A VII 17, 2. — II, 1.
quam multos scriptores rerum suarum magnus ille
Alexander secum habuisse dicitur! Arch 24.
mulco: f. 1. exeunt. — 2. stulti scriptoris esse
non posse omnibus de rebus cavere, quibus velit;
inv II 153. 3. ut, quid Crassus ageret, mihi ex
eius scriptore et lectore Diphilo suspicari liceret;
de or I 136. — III. fuit is (L. Aelius) scriptorum
veterum litterate peritus; Bru 205. — IV. scripto
videlicet legis omisso scriptoris sententiam considerare debebat; inv I 69. quodsi litteris corrigi neque ab illo neque a vobis scriptoris voluntas potest;
inv I 56. ut ex iis (litteris) scriptoris voluntas cognosceretur; inv I 70. — V. nec haec a sapientissimis legum scriptoribus neglecta sunt; leg II 63.

scriptum, Schrift, Aufsatz, Konzept, Fassung,
Wortlaut, Verordnung, Linie: I. antiquissimi fere
sunt, quorum quidem scripta constent, Pericles
atque Alcibiades; de or II 93. cum scripta deficiunt;
de or I 153. scriptorum privatum aliud est, publicum aliud; part or 130. ut indicant scripta Pole-
monis; de or II 131. scriptum plurimum valere oportere; de or I 244. — II, 1. cum (accusator) scriptum
legis contra sententiam defendet; inv I 55. qui
scriptum defendet; inv II 125. quam ob rem leges
servari oporteti, ad eam causam scripta omnia interpretari convenit; inv I 28. si quando eorum ipsorum
(virorum) aut facta audiamus aut scriptum aliquod
legamus; fin V 2. scripto videlicet legis omisso
scriptoris sententiam considerare debebat; inv I 69.
interpretatione disertorum scripta simplicium hominum pervertere; Bru 196. — 2. ex contrariis
scriptis si quid ambigitur; de or II 110. ex scripto
et sententia controversia consistit, cum alter verbis
ipsis, quae scripta sunt, utitur, alter ad id, quod
scriptorem sensisse dicet, omnem adiungit dictionem;
inv II 121. qui a scripto dicet; inv II 143. quae
(oratio) propter rei magnitudinem dicta de scripto
est; Planc 74. ut a me de scripto dicta sententia
est; ep X 13, 1. in scripto versatur controversia,
cum ex scriptionis ratione aliquid dubii nascitur.
id fit ex ambiguo, ex scripto et sententia, ex contrariis legibus, ex ratiocinatione, ex definitione; inv
II 116. — III. ut illa, quae dicantur, similia scriptorum esse videantur; de or I 152. IV, 1. disceptatio ex scripti contentione exsistit; part or 108.
scripti controversia est ea, quae ex scriptionis genere
nascitur; inv I 17. si aut in his aut in aliis exemplis scripti quoque controversiam adiunctam videbit;
inv II 102. exsistit etiam ex scripti interpretatione
saepe contentio; de or II 110. sententiam scripti
perspicuam fuisse; de or II 110. iudicem ad vim
scripti vocet; part or 134. — 2. his rationibus

ostenditur **causam extra** scriptum accipi non oportere; inv II 134. — V, 1. hic omnes scripto ad causam accedant; inv II 154. laudavit pater scripto meo; Q fr III 8, 5. pila bene et duodecim scriptis ludere proprium esse iuris civilis; de or I 217. ut sua lex ipso scripto videatur niti; inv II 147. quoniam quidem (senatus) scripto illo istius sententiam dicere vetabatur; dom 69. — 2. tibi concedo, quod in XII scriptis solemus, ut calculum reducas, si te alicuius dati paenitet; fr F V 60.

scriptura, Schreiben, Schrift, Buchstabe, Wortlaut, schriftliche Darlegung, Triftgeld, Weidegeld: I. ut a sententia scriptura dissentiat; de or I 140. hanc ipsam (commentationem) profecto adsidua ac diligens scriptura superabit; de or I 150. — II. ex superiore et ex inferiore scriptura docendum id fieri perspicuum; inv II 117. — III, 1. cum esset magister scripturae et rex publicorum; Ver III 167. tu saepe dare tabellariis publicanorum poteris per magistros scripturae et portus nostrarum dioecesium; A V 15, 3. cum sociis scripturae mihi summa necessitudo est; ep XIII 65, 2. — 2. neque ex scriptura vectigal conservari potest; imp Pomp 15. — IV, 1. quae scriptura persecutus es; ep XV 21, 3. — 2. ut minime conveniat quicquam in tam diligenti scriptura praeteritum arbitrari; inv II 135. qui (P. Terentius Hispo) operas in scriptura pro magistro dat; ep XIII 65, 1. neminem posse omnes res per scripturam amplecti; inv II 152.

scripulus f. **scrupulus.**

scrobis, Grube: „scrobes" masculini sint generis; nam et Cicero in Oeconomico s c dicit; fr F I 16.

scruplosus, schroff: ex quibus quoniam tamquam ex scruplosis cotibus enavigavit oratio; Tusc IV 33.

scrupulus (scripulus), Bedenken, Besorgnis, Zweifel: I. nummi potius reddantur, quam ullus sit scrupulus; A II 4, 1. neque argenti scripulum esse ullum in illa insula; A IV 17, 8 (16, 7. 16, 13). sin scrupulus tenuissimus residere aliquis videbitur; har resp 11. odiosus scrupulus de filii militia Brundisina; A X 14, 3. — II. exhauri mea mandata maximeque, si quid potest de illo domestico scrupulo, quem non ignoras; A V 13, 3. hic tum iniectus est hominibus scrupulus; Cluent 76. domesticarum sollicitudinum aculeos omnes et scrupulos occultabo; A I 18, 2. — III. de: f. II. ignoro.

scrupus, Stein, Unruhe: quid improbis semper aliqui scrupus in animis haereat; rep III 26.

scrutor, untersuchen, durchsuchen, durchforschen: non excutio te, si quid forte ferri habuisti, non scrutor; Sex Rosc 97. cum omnium domos, apothecas, naves furacissime scrutarere; Vatin 12. qui interiores scrutantur et reconditas litteras; nat III 42. scrutari locos, ex quibus argumenta eruamus; de or II 146. naves: f. apothecas. neque mihi placet scrutari te omnes sordes, excutere unum quemque eorum; Q fr I 1, 11.

sculpo, meißeln: non est (sapiens) e saxo sculptus; Ac II 101.

scurra, Possenreißer, Witzbold: I. Zeno Socraten scurram Atticum fuisse dicebat; nat I 93. — II, 1. me a te ut scurram velitem malis oneratum esse non moleste tuli; ep IX 20, 1. — 2. dicacitas moderatio et temperantia et raritas dictorum distinguent || distinguet || oratorem a scurra; de or II 247. vetus est de scurra multo facilius divitem quam patrem familias fieri posse; Quinct 55. — III. qui primam illam aetatulam suam ad scurrarum locupletium libidines detulit; har resp 42.

scurrilis, possenhaft: scurrilis oratori dicacitas magnopere fugienda est; de or II 244. ne aut scurrilis iocus sit aut mimicus; de or II 239.

scutella, Schale: hedychri incendamus scutellam; Tusc III 46.

scutulum, kleiner Schild: quam (Sospitam) tu vides cum hasta, cum scutulo; nat I 82.

scutum, Schild: I. ut non modo non abiecto, sed ne reiecto quidem scuto fugere videar; de or II 294. Sextum scutum abicere nolebam; A XV 29, 1. scuta si quando conquiruntur a privatis in bello ac tumultu; Ver V 52. ea scuta, quae fuerant sublime fixa, sunt humi inventa; div II 67. reicio: f. abicio. — II. scutorum lecticas portari videmus; Phil II 108. — III, 1. qui sentis teliaque parati ornatique sunt; Caecin 60. — 2. si tu solus aut quivis unus cum scuto et gladio impetum in me fecisset; Caecin 62. demonstravi digito pictum Gallum in Mariano scuto Cimbrico; de or II 266.

scyphus, Becher: I. putasse se alicuius pretii scyphos esse Pamphili; Ver IV 32. — II. dicunt scyphorum paria complura Verri data esse; Ver IV 47. — III. inluseras heri inter scyphos, quod dixeram . .; ep VII 22.

se, ohne: »se fraude esto«; leg II 60.

secedo, sich entfernen: secedant improbi, secernant se a bonis; Catil I 32.

secerno, absondern, ausscheiden, trennen: similitudine quadam conturbatus non satis acute, quae secernenda sunt, distinguit; Top 31. neque secrevit in iudicibus legendis amicos meos; Milo 21. ab eo cibo cum est secreta bilis eique umores, qui a renibus profunduntur; nat II 137. ab hoc genere non difficile est hanc eloquentiam, de qua nunc agitur, secernere; orat 63. nec illud tertium laudationum genus est difficile, quod ego initio quasi a praeceptis nostris secreveram; de or II 341. secretis malis omnibus; Tusc V 29 (28). umorem: f. bilem. graviter et severe voluptatem secernit a bono; fin II 24.

secessio, Entfernung, Trennung, Spaltung: I. tum secessionis plebei; rep I 62. — II. secessionem subscriptorum animadvertebant; Muren 49. secessionem tu illam existimavisti initio, non bellum: Ligar 19.

secius f. **setius.**

seclude absperren, abschließen: ubi non seclusa aliqua acula teneatur, sed unde universum flumen erumpat; de or II 162. iter seclusum a concilio deorum; Tusc I 72. supplicium a communi luce seclusum; Ver V 23.

neco, schneiden, zerschneiden, teilen, abschneiden, operieren, amputieren: C. Marius, rusticanus vir, sed plane vir, cum secaretur, principio vetuit se adligari, nec quisquam ante Marium solutus dicitur esse sectus; Tusc II 53. sensus adsit, sive secatur quid sive avellatur a corpore; Tusc III 12. »(Ales avis) serpens geminis secat aëra pinnis«; fr H IV, a, 282. si omne animal secari ac dividi potest; nat III 29. cum caussa in plura genera secuerunt; de or II 117. »quartus circus a medio (orbe) media de parte secatur«; fr H IV, a, 546. cum inspectante populo collum secuit hominis maxime popularis; fr A IX 9. cum varices secabantur C. Mario; Tusc II 35. virum: f. alqm.

secretio, Trennung: est interitus quasi discessus et secretio ac diremptus earum partium, quae . .; Tusc I 71.

secreto, heimlich, ohne Zeugen: secreto hoc audi, tecum habeto; ep VII 25, 2. ab hora octava ad vesperum secreto conlocuti sumus; A VII 8, 4.

secretum, Geheimnis: qui (Er Pamphylus) rogo impositus revixisset multaque de inferis secreta narrasset; rep VI 3.

secta, Verfahren, Richtung, Schule, Partei: I. quod (natura) habet quasi viam quandam et sectam, quam sequatur; nat II 57. horum nos hominum sectam atque instituta persequimur; Ver V 181. qui eorum philosophorum sectam secutus es; Bru 120. cuius sectam atque imperium secutus es; ep XIII 4, 2. f. habeo: — II. Academico sapienti ab omnibus

ceterarum sectarum secundas partes dari; Ac fr 20
(8. 1).

sectator, Begleiter, Anhänger: haec omnia
sectatorum, spectaculorum crimina conlecta sunt;
Muren 73. quae (lex Fabia) est de numero sectatorum; Muren 71.

sectio, Beutemasse: I. cuius praedae sectio
non venierit; inv I 85. — II. appellatus es de
pecunia, quam pro sectione debebas; Phil II 71.

sector, begleiten, nachlaufen: I. si conducti
sectarentur; Muren 67. — II. is cum praetorem
circa omnia fora sectaretur; Ver II 169.

sector, Abschneider, Aufkäufer: I, 1. quos sectores ac sicarii iugulare non potuissent; Sex Rosc
151.—2. nescimus per ista tempora eosdem fere sectores
fuisse collorum et bonorum? Sex Rosc 80. cum sector
sis isto loco natus, deinde cum Pompei sector; Phil
II 65. — II. mulierem cum emisset a sectoribus;
Cluent 162. — III. Sex. Roscii vita erepta de manibus sectorum; Sex Rosc 149.

secundarius, zweite: caput illud erit accusatori, si . .; secundarium, si . .; inv II 24. habet
statum res publica de tribus secundarium; rep I 65.

secundum, nächst, zunächst, nach, gemäß, zu
Gunsten: I. quae consules decreverunt secundum
Caesaris decreta; A XVI 16, 15. cum testimonium
secundum fidem et religionem gravissime dixissem;
Q fr III 4, 3. multa secundum causam nostram
disputavit; A IV 2, 4. quod (decretum consules)
secundum Buthrotios fecerunt; A XVI 16, 14. ut
nulla dubitatio sit, quin secundum nos iudicetis;
Caecin 90. est ea (honesta actio) secundum naturam;
fin III 22. cum superiores secundum naturam vivere
summum bonum esse dixissent; fin IV 14. — II.
quae (legiones) iter secundum mare Superam faciunt;
A XVI 8, 2. sunt aliquot satisdationes secundum
mancipium veluti Mennianorum praediorum; A V
1, 2. — III. secundum te nihil est mihi amicius
solitudine; A XII 15. spem ostendis secundum
comitia; A III 12, 1. tu nobis expones ea; sed,
opinor, secundum hunc diem. satis enim multa a
nobis hodie dicta sunt; de or I 264. quoniam tu
secundum Oenomaum Accii mimum introduxisti;
ep IX 16, 7. si statuissemus ex edicto secundum
eas tabulas possessionem dari; Top 50. quo minus
secundum eas (tabulas) lis detur, non recusamus;
Q Rosc 3. in nostra actione secundum vocem vultus
valet; de or III 223.

secundus, folgende, nächste, zweite, günstig.
glücklich: A. secundus (Aesculapius) secundi
Mercurii frater; nat III 57. ea, quae invenerit, qua
diligentia conlocabit? quoniam id secundum erat de
tribus; orat 50. (P. Clodium) tamquam reum accusavi multis et secundis admurmurationibus cuncti
senatus; Q fr II 1, 3. si Roma condita est secundo
anno Olympiadis septimae; rep II 18. aves eventus
significant aut adversos aut secundos; div II 79.
utrique horum secunda fortuna regnum est largita,
adversa mortem; har resp 54. qui patris pupilli
heredes secundi sunt; inv II 62. an heredes secundi
ipsius patris familias, non filii ipsius eius pupilli
heredes sint? inv II 62. secundus (liber est) de tolerando dolore; div II 2. maxime fuit optandum
Caecinae, ut controversiae nihil haberet, secundo
loco, ut ne cum tam improbo homine haberet; Caecin 23. equidem primum, ut honore dignus essem,
maxime semper laboravi, secundo *loco*, ut existimarer; Planc 50. haec ad te scripsi apposita
secunda mensa; A XIV 6, 2. cum scribebam secunda
mensa apposita; A XV 13, 5. qui est secundarum aut
tertiarum partium; div Caec 48. prioribus equitum
partibus secundis additis; rep II 36. ille litteras
ad te mittat de sua spe rerum secundarum; Phil
VII 5. quod te omnibus secundissimis rebus dignissimum iudico; ep XV 8. quod secundos ventos

habuisset; ep XV 3, 2. secunda contionis voluntate;
A I 19, 4. — B, a. in poëtis non Homero soli locus
est aut Pindaro, sed horum vel secundis vel etiam
infra secundos; orat 4. — b. qui (Q. Arrius) fuit
M. Crassi quasi secundarum; Bru 242. — c, 1. ut
secunda iucunde ac suaviter meminerimus; fin I
57. ut secunda sperare debeas; ep VI 13, 5. — 2.
quo concesso nihil opus est secundo; fin IV 48. —
3. prima sequentem honestum est in secundis tertiisque consistere; orat 4.

securis, Beil, Axt, Hieb, Wunde: I. non imperium, non secures ad iniuriam faciendam Flacci
animum impulerunt; Flac 85. — II. Publicola
lege illa de provocatione perlata statim secures de
fascibus demi iussit; rep II 55. quam te securim
putas iniecisse petitioni tuae, cum . . ? Muren 48.
maiora praeferant fasces illi ac secures dignitatis
insignia quam potestatis; Q fr I 1, 13. — III, 1. alii
securi feriebantur; Ver V 72. cum erant securi
percussi ac necati; Ver V 119. civibus Romanis
securi statim percussis; Ver V 75. f. neco. Tenediorum libertas securi Tenedia praecisa est; Q fr
II 9, 2. — 2. mercatorem in provinciam cum imperio
ac securibus misimus; Ver IV 8.

securitas, Sorglosigkeit, Gemütsruhe: I. ut
tranquillitas animi et securitas adsit, quae adfert
cum constantiam, tum etiam dignitatem; of I 69.—
II, 1. securitatem nunc appello vacuitatem aegritudinis; Tusc V 42. miram securitatem videbis;
cuius plurimae mehercule partes sunt in tuo reditu;
A IV 18, 2 (16, 10). — 2. nos beatam vitam in
animi securitate ponimus; nat I 53. — III. partes;
f. II, 1. video.

securus, sorglos, ruhig: securus Hermippus
Temnum proficiscitur; Flac 46. de lingua Latina
securi es animi; A XII 52, 3.

secus, anders: I, 1. de tuo in me animo iniquis
secus existimandi videris non nihil loci dedisse;
ep III 6, 6. secus esse scimus; rep I 32. nunc
tantum videmur intellegere, non dinturnam bellum:
etsi id ipsum non nullis videmur ‖ videtur ‖ secus:
ep VI 4, 1. nobis aliter videtur; recte secunus.
postea; fin III 44. — 2. nimis saepe secus aliquanto videmus evadere; leg II 43. omnia longe
secus; part or 15. quod non multo secus fieret, si..:
ep IV 9, 2. — II. illud ego non dixi secus ac sentiebam; de or II 24. paulo secus a me atque ab
illo partita ac tributa (sunt); de or III 119. mea in
te omnia officia constabunt non secus, ac is te vidissem; ep III 5, 4. quamquam ea, quae dixi, non
secus dixi, quam si eius frater essem; Scaur 37.
qui secus quam decuit, vixerunt; div I 63.

sed, aber, allein, jedoch, sondern: A. abec ser.
mellen Gegensatz: I. allein: 1. sed a beo a sensibus; Ac II 90. horribilis oratio: sed eam usus, vita.
civitas ipsa respuit; Muren 74. sed erat tunc excusatio oppressis, misera illa quidem, sed tamen
iusta; Phil VII 14. sed nimis multa de nugis; ad
maiora veniamus; Phil II 78. hic ex Antonii amicis.
sed amicioribus libertatis, contra Antonium confecit
exercitum; Phil V 44. dicam rhetorice, sed hac
rhethorica philosophorum, non nostra illa forensi; fin
II 17. — 2. sed potestne rerum maior esse dissensio?
fin III 44. ius postulabas, sed quid ad rem? Phil
II 72. — 3. sed ille (tribunus) quas strages edidit!
leg III 22. sed miserum me! quanto hoc dixi cum
dolore! Rab Post 45. — 4. sed reliquum vitae cursum videte; Phil II 47. sed omittamus oracula: div
I 39. sed ad maiora redeamus; nat II 92. — 5. sed
fuerint illa veteribus, si vultis, incognita; Ac II 16.
sed sint falsa quaedam (somnia); contra vera quid
dicimus? div I 60. — II. Verbindungen: sed
antequam de accusatione ipsa dico, de accusatorum
spe pauca dicam; Deiot 7. sed certe ita res se habet, ut ex natura vivere summum bonum sit; leg I

56. sed, cum illum abesse putem, commendo tibi domum eius; ep XIII 21, 2. sed dum dialecticam contemnit Epicurus; fin II 18. ego me debere bonis omnibus fateor. sed etiam ii boni viri aliquid se Plancio debere dicebant; Planc 68. eadem, sed fortasse serius decernetis; Phil V 34. sed haud facile dixerim ..; rep I 6. sed haudquaquam boni est ratione vinctum velle dissolvere; Tim 40. sed iam haruspicum reliqua responsa videamus; har resp 34. sed ita sentio et saepe disserui; fin I 10. sed hercules extra iocum; ep VII 32, 3. sed mehercules in ea (re publica) conservanda iam defetigatus non multo plus patriae faveo quam tuae gloriae; ep X 19, 2. perutile esse consilium, sed minime honestum; of III 49. sed ne cui vestrum mirum esse videatur ..; Arch 3. sed ne tum quidem populus Romanus ad privatum detulit bellum; Phil XI 18. sed neque propter hoc Themistocli responsum memoriae nobis opera danda non est neque ..; de or II 300. sed nescio quo modo verum est, quod ..; Lael 89. sed nihil est magnum somnianti; div II 141. sed nimirum libidinosi verae laudis gustatum non habent; Phil II 115. sed, nisi quid necesse erit, malo non roges; Tusc I 17. sed ego non de praestanti quadam et eximia, sed prope de vulgari et communi vi nunc disputo; de or II 299. ſ. nimirum. sed nullam eorum divinationem voco; div I 112. sed profecto mors tum aequissimo animo oppetitur, cum ..; Tusc I 109. sed quamquam sapientibus conscientia ipsa factorum egregiorum amplissimum virtutis est praemium, tamen ..; rep VI 8. sed quod tum non licuit, id hoc tempore necesse est; Phil XIV 21. sed una consecrabantur aedes ..; dom 128. sed haec quidem liberius ab eo (Epicuro) dicuntur et saepius; fin II 28. sed quoniam emersisse iam e vadis videtur oratio mea; Cael 51. sed haec sane sint paria omnia; Muren 41. quid habet vita commodi? sed habeat sane, habet certe tamen aut satietatem aut modum; Cato 84. sed si videtur, considamus hic in umbra; leg II 7. sed vae est ars sive artis quaedam similitudo, non est ea quidem neglegenda; de or I 109. Crasso et Antonio L. Philippus proximus accedebat, sed longo intervallo tamen proximus; Bru 173. tertium genus est aetate iam adfectum, sed tamen exercitatione robustum; Catil II 20. sed tamen ne me cum his principibus civitatis, sed ut tecum conferam; Vatin 10. quid in levioribus studiis, sed tamen acutis? Cato 50. velim ita sit; sed tamen —; ep II 16, 6. sed, tamen etsi antea scripsi, quae existimavi scribi oportere, tamen commonendum putavi, ne ..; ep IV 15, 2. sed tum inopes relicti ab duce praefectoque classis eundem necessario cursum tenere coeperunt; Ver V 89. sed vero sic agitur, ut ..; Cluent 18. sed ut ad propositum redeat oratio; Tusc IV 5.

B. nach Negationen und Concessivpartikeln: pacis equidem semper auctor fui, sed tum sero; Ligar 28. etsi erit hoc fortasse durius, sed temptemus; Tusc III 18. civitatem praeclaram fortasse, sed a vita hominum abhorrentem; rep II 21. haud sane difficile dictu est, sed tamen praetereundum est; nat II 138. philosophi quidam, minime mali illi quidem, sed non satis acuti; of III 39. ne: ſ. A, II. tamen; Vatin 10. cum ne de venalibus quidem homines electos, sed ex ergastulis emptos nominibus gladiatoriis ornarit; Sest 134. quae quidem ego neque mea prudentia neque humanis consiliis fretus polliceor vobis, sed multis deorum immortalium significationibus; Catil II 29. neque tantum ipse es improbus, sed etiam alios docere voluisti; Vatin 36. illa non dico me expetere, sed legere, nec optare, sed sumere; fin IV 72. duo praeterea testes nihil de vi, ſed de re ipsa dixerunt; Caecin 27. videretur falsum quiddam constituisse et non quid ars, sed quid ipse posset, exposuisse; inv I 8. ut non nati,

sed ab aliquo deo dati esse videantur; de or I 115. causa non solum exponenda, sed etiam graviter copioseque agenda est; div Caec 39. an vero obliti estis non modo inimicorum Milonis sermones et opiniones, sed non nullorum etiam imperitorum? Milo 62. vehemens fui non odio adductus alicuius, sed spe corrigendae et sanandae civitatis; A I 18, 2. ſ. nec; fin IV 72. Zeno nullo modo is erat, qui nervos virtutis incideret, sed contra, qui omnia in una virtute poneret; Ac I 35. hoc diiudicari nescio an numquam, sed hoc sermone certe non potest; leg I 56. quamquam (Catuli) erant litterati, sed et alii; of I 133. quamquam tua illa horridula mihi visa sunt, sed tamen erant ornata hoc ipso, quod ..; A II 1, 1. in quo illi omnes quidem, nec Torquatus praeter ceteros furebat contumacia responsai tui; Piso 78. ſ. minime. nec; Catil II 29. A, I, 1. sum. me Oedipodis species commovit, inaniter scilicet, sed commovit tamen; fin V 3. tametsi ille una sententia est absolutus, sed illam unam nemo suam dici vellet; Cluent 105.

sedate, gelaſſen, ruhig: ad ferendum dolorem placide atque sedate; Tusc II 58. cuius (Demetrii) oratio sedate placideque liquitur ‖ labitur, al. ‖: orat 92.

sedatio, Beruhigung: I. cum perturbationes animi miseriam, sedationes autem vitam efficiant beatam; Tusc V 43. — II. adiunximus sedationem aegritudinis; Tusc IV 82. continet omnem sedationem animi humana in conspectu posita natura; Tusc IV 62.

sedecim. ſechzehn: sedecim dico iudices corrumpendos fuisse; Cluent 87. agri Leontini decumae tertio anno venierunt tritici mod. cc et xvi milibus; Ver III 110. caelum in sedecim partes diviserunt Etrusci; div II 42.

sedecula, kleiner Seſſel: malo in illa tua sedecula, quam habes sub imagine Aristotelis, sedere quam in istorum sella curuli; A IV 10, 1.

sedeo, ſitzen, baſitzen, zu Gericht ſitzen, verweilen: ad quos olim et ita ambulantes et in solio sedentes domi sic adibatur, ut ..; de or III 133. sedens iis adsensi, qui mihi lenissime sentire visi sunt; ep V 2, 9, qui (venti) si essent, nos Corcyrae non sederemus; ep XVI 7. recepissem te, nisi anguste sederem; fr G, b, 3. ſ. **sedecula.** qui (boni) maesti inter sui dissimiles sedebant; A I 16, 3. isdem consulibus sedentibus atque inspectantibus lata lex est, ne ..; Sest 33. Graecorum totae res publicae sedentis contionis temeritate administrantur; Flac 16. cum ille (gubernator) clavum tenens quietus sedeat in puppi; Cato 17. quarum (societatum) ex numero multi sedent indices; Muren 69. (testes) una sedent, ex accusatorum subselliis surgunt; Flac 22. cum alter veheretur in raeda paenulatus, una sederet uxor; Milo 54.

sedes, Sitz, Stuhl, Wohnſitz, Aufenthalt, Stätte, Platz, Boden: I. (Crassum) pulvinos poposcisse et omnes in sedibus, quae erant sub platano, consedisse; de or I 29. nullum est fundamentum horum criminum, nulla sedes; Cael 30. quae est domestica sede iucundior? ep IV 8, 2. — II, 1. eorum ego verba sedem habere possunt, si rem subtraxeris; de or III 19. numquam haec urbs summo imperio domicilium ac sedem praebuisset; prov 34. ut (voluptas) sola ponatur in summi boni sede, quam quaerimus; fin II 37. sibi relinquendas domus ac sedes suas esse; Ver II 157. — 2. cum mihi ipsa Roma prope convulsa sedibus suis ad complectendum conservatorem suum progredi visa est; Piso 52. multos sedibus ac fortunis eiecerat; Milo 87. moveri sedibus huic urbi melius est; Phil XIII 49. — 3. ista

tua pulchra Libertas familiares meos lares expulit, ut se ipsa tamquam in captivis sedibus conlocaret? dom 108. consido in: ſ. I de or I 29. ex omnibus oris ac notis sedibus hoste pulso; Muren 34. pono in: ſ. 1. quaero. ut simulacrum Cereris Henna ex sua sede ac domo sustulerit; Ver V 187. bestiarum terrenae sunt aliae, partim aquatiles, aliae quasi ancipites in utraque sede viventes; nat 1 103. — III, 1. quam (Karthaginem) P. Africanus non propter religionem sedum illarum consecravit; agr II 51. — 2. quem vos seditionis ducem vidistis, hominem sine spe, sine sede; Cael 78. — IV, 1. terra nona immobilis manens una sede semper haeret; rep VI 18. ad exercitus tectis ac sedibus suis recipiendos; agr II 90. abl. comp.: ſ. I. ep IV 8, 2. — 2. omni in sede ac loco ferrum flammamque metuemus; Muren 85.

seditio, Zwietracht, Zwist, Aufstand, Empörung: I. etsi omnes molestae semper seditiones fuissent, iustas tamen fuisse non nullas et prope necessarias; de or II 199. si illae seditiones saluti huic civitati fuissent; de or II 199. multae in hac re publica seditiones domesticae, quas praetermitto; agr II 90. — II, 1. illam Norbani seditionem ex luctu civium et ex Caepionis odio neque reprimi potuisse et iure esse conflatam; de or II 124. ut maior facultas tribunis plebis detur depulso adversario seditionis ac discordiae concitandae; Muren 83. Archytas iracundiam videlicet dissidentem a ratione seditionem quandam animi vere ducebat; rep I 60. multas etiam e re publica seditiones saepe esse factas; de or II 124. invito eo, qui cum populo ageret, seditionem non posse fieri; leg III 42. non dubitavit seditiones ipsas ornare; de or II 124. praetermitto: ſ. I. agr II 90. reprimo; ſ. conflo. seditionem cum auctoritate tum oratione sedavit; Bru 56. — 2. quae (potestas) in seditione et ad seditionem nata sit; leg III 19. (homines) ad vim prompti, ad seditionem parati; agr II 82. — III. quem vos per biennium aut ministrum seditionis aut ducem vidistis; Cael 78. omnium seditionum genera, vitia, pericula collegi; de or II 199. ministrum: ſ. ducem. interfectus est propter quasdam seditionum suspiciones C. Gracchus; Catil I 4. vitia: ſ. genera. — IV, 1. quia tum in causa nihil erat praeter contiones cotidianas seditione ac populariter concitatas; Cluent 93. — 2. neque civitas in seditione beata esse potest nec in discordia dominorum dormus; fin I 58.

seditiose, aufrührerisch: contionibus seditiose concitatis; Cluent 2. multa cum seditiosissime (Caesar) diceret; A II 21, 5.

seditiosus, aufrührerisch, unruhig: A. in Sex. Titium, seditiosum civem et turbulentum; de or II 48. cum hominem seditiosum furiosumque defenderet; de or II 124. illa omnia Quinctiana seditiosa iudicia fuerunt; Cluent 113. ut seditiosi tribuni solent, occludi tabernas iussit; Ac II 144. triumviris seditiosissimis aliquid cotidie novi molientibus; rep I 31. ut homines ingeniosissimi ex seditiosa ac tumultuosa vita se in studium aliquod traderent quietum; inv I 4. — B, I. qui (pater tuus) seditiosis omnibus restitit; Sest 101. — II. (consulatus) obicitur contionibus seditiosorum; Muren 87.

sedo, beruhigen, beschwichtigen, hemmen, befeitigen, unterdrücken, part. ruhig: est (Isocrates), ut in transferendis faciendisque verbis tranquillior, sic in ipsis numeris sedatior; orat 176. neque omnis aegritudo una ratione sedatur; Tusc IV 59. alter sine ullis salebris quasi sedatus amnis fluit, alter incitatior fertur; orat 39. haec scripsi sedatiore animo, quam proxime scripseram; A VIII 3, 7. ut maximae sunt minimo motu, pericula summa nullo tumultu, bellum intestinum maximum me uno togato imperatore sedatur; Catil II 28. (Cato) clamorem hominum

auctoritate, impetum improborum virtute sedavit: Sest 62. M. Valerium dictatorem dicendo sedavisse discordias; Bru 54. cave putes mare ullum aut flammam esse tantam, quam non facilius sit sedare quam effrenatam insolentia multitudinem; rep I 65. sedatis fluctibus; inv II 154. impetum: ſ. clamorem. in eorum, qui audiunt, mentibus aut sedandis aut excitandis; de or I 77. qui, quemcumque in animi> hominum motum res et causa postulet, eum dicendo vel excitare possit vel sedare; de or I 202. multitudinem: ſ. flammam. odium potest vetustate sedari; Quir 23. pericula, res: ſ. bellum. seditio militum sedata ab Appio; A V 14, 1. sermunculum omnem aut restinxerit aut sedavit; A XIII 10, 3. quae (studia) vel optimarum rerum sedata tamen et tranquilla esse debent; Tusc IV 55. paulo sedatiore tempore: Cluent 103.

seduco, beiſeite führen, trennen: qui cum Crassum seduxisset; de or I 239. quod te a debita tibi peste seduxit; Phil XIII 22. cum inimicum meum saepe in senatu modo severe seducerem. modo familiariter atque hilare amplexarentur; ep I 9, 19. legatum hostium in cubiculum admittere. etiam seducere; Phil VIII 29.

seductio, Beiſeiteführung: seductiones testium animadvertebant; Muren 49.

sedulitas, Emſigkeit, Fleiß, Geſchäftigkeit: I. qui sedulitatem mali poëtae duxerit aliquo tamen praemio dignam; Arch 25. voluntarius amicus mulieris, ficto officio simulataque sedulitate coniunctus; Caecin 14. — II, 1. coniungi: ſ. I. simulo. quae (exceptiones) si non essent sedulitate effectae et benivolentia Vatinii ‖ tua ‖; A XI 9, 1. sedulitate mihimet ipse satis facere possum; ep I 8, 6. — 2. cum mihi nihil sane praeter sedulitatem probarent; fin I 16.

sedulo, emſig, eifrig: tu sedulo argumentaris; A III 12, 1. sedulo faciam; fin III 16.

sedulus, emſig, geſchäftig: eloquentes videbare. non sedulos velle conquirere; Bru 176.

seges, Saat, Saatfeld, Feld, Boden: I. ut segetes fecundae et uberes non solum fruges, verum herbas etiam effundunt inimicissimas frugibus sic . .; orat 48. siquidem est eorum (rusticorum) „sitire agros, laetas esse segetes"; orat 81. — II, 1. quid odisset Clodium Milo, segetem ac materiem suae gloriae? Milo 35. ut segetes agricolae subigunt multo ante, quam serant; fr F V 24. — 2. si segetibus aut vinetis cuiusquam tempestas nocuerit: nat II 167. — in optimam segetem praeclara essent sparsa semina; rep V 11.

segnis, träg, ſäumig, läſſig: ut M. Fonteio oppresso segniores posthac ad imperandum ceteri sint; Font 17. si cui adhuc videor segnior fuisse: A VIII 11, B, 3. terrae cultum segniorem suspicor fore; leg II 45. in quo tua me provocavit oratio. mea consecuta est segnis; fr E V 18.

segnitas, Trägheit, Läſſigkeit: castigemus etiam segnitatem ‖ segnitiem ‖ hominum atque inertiam; de or I 185.

segniter, ſäumig: proposita invidia, morte. poena qui nihilo segnius rem publicam defendit: Milo 82.

segnitia, Trägheit, Schlaffheit: I. rudem esse omnino in nostris poëtis inertissimae segnitiae est: fin I 5. — II. (P. Crassus) sine adrogantia gravis esse videbatur et sine segnitia verecundus; Bru 282.

segrego, abſondern, trennen, entfernen: quod tu illam (eloquentiam) ab elegantia doctrinae segregandam putes et in quodam ingenii atque exercitationis genere ponendam; de or I 5. a beata immortalique natura et iram et gratiam segregavi: nat I 45. iambum et trochaeum frequentem segregat ab oratore Aristoteles; de .or I 182. iram: ſ gratiam. tuis ludis non voce, sed manu liberos a

se segregabant; har resp 26. trochaeum: f. iambum. qui omnino virtutem a bonorum fine segregaverunt; fin IV 49.

seiugo, trennen: humani animi eam partem, quae sensum habeat, non esse ab actione corporis seiugatam; div I 70.

seiunctio, Trennung: ab eo, quod est dictum, seiunctio; de or III 203.

seiungo, absondern, scheiden, trennen: seiunge te aliquando ab iis, cum quibus te non tuum iudicium, sed temporum vincla coniunxerunt; ep X 6, 2. quod (bonum) non possit ab honestate seiungi; Ac I 7. hanc causam ab illa debet seiungere; Cluent 96. a verbo et ab scripto ius et aequi bonique rationem esse seiunctam; Caecin 80. seiunctus orator a philosophorum eloquentia, a sophistarum; orat 68. rationem: f. ius. qui primus utilitatem a iure seiunxisset; leg 33.

selectio, Auswahl: I. si selectio nulla sit ab iis rebus, quae contra naturam sint, earum rerum, quae sint secundum naturam; fin III 31. qua inventa selectione et item reiectione sequitur deinceps cum officio selectio, deinde ea perpetua, tum ad extremum constans consentaneaque naturae; fin III 20. — II, 1. invenio: f. I. sequitur. — 2. quorum (initiorum) ex selectione virtus possit exsistere; fin IV 46. non in selectione virtus ponenda erat; fin IV 46.

seligo, auswählen: nec utetur imprudenter hac copia, sed omnia expendet et seliget; orat 47. quae exempla selegissem, nisi ipsi possent legere, qui quaererent; orat 103. selecti e conventu iudices nulli; Ver II 34. in illis selectis eius (Epicuri) brevibusque sententiis; nat I 85.

sella, Stuhl, Sessel, Werkstuhl, Lehrstuhl: I. delectat sella curulis; Rab Post 16. sella tibi erit in ludo tamquam hypodidascalo proxima; eam pulvinus sequetur; ep IX 18, 4. — II, 1. hominem in foro iubet sellam ponere; Ver IV 56. sequor: f. I. est. — 2. palam de sella ac tribunali pronuntiat; Ver II 94. sedebat in rostris conlega tuus in sella aurea; Phil II 85. de sella surrexit atque abiit; Ver IV 147. — III. nulli sunt inventi tam perditi, qui non illum ipsum sellae atque operis et quaestus cotidiani locum salvum esse velint; Catil IV 17. — IV, 1. si tuus parens advocationem hominis improbissimi sella curuli atque ornamentis consulatus honestavit; Sulla 81. — 2. de sella Caesaris bene tribuni; A XV 3, 2.

sellularius, im Sitzen arbeitender Handwerker: de plebeia faece sellulariorum; fr K 11.

semel, einmal, auf einmal, ein für allemal, mit einem Worte: I. qua lege multi semel accusati, semel dicta causa, semel auditis testibus condemnati sunt; Ver I 26. equites, frumentum, pecuniam semel atque iterum ac saepius dare coacti sunt; Font 26. ergo, si semel tristior effectus est, hilera vita amissa est? fin V 92. ut semel e Piraeo eloquentia evecta est; Bru 51. semel exorari soles; Deiot 9. quibus (viris) semel ignotum a te esse oportet; Deiot 39. cum semel gladium scelere imbuisset; Phil V 20. quod mihi cum fide semel impositum est; Sex Rosc 10. cum postulasset, ut sibi fundus, cuius emptor erat, semel indicaretur; of III 62. ego vero semel perire maluissem quam bis vincere; Sest 45. illud semel profuit, hoc semper proderit civitati; of I 75. unus bis rem publicam servavi, semel gloria, iterum aerumna mea; Sest 49. ut semel vidisse satis esset; Ver IV 125. — II. utrum malles te semel ut Laelium consulem an ut Cinnam quater? Tusc V 54.

semen, Same, Geschlecht, Ursprung, Veranlassung, Grundlage: I, 1. sunt ingeniis nostris semina innata virtutum, quae si adulescere liceret ..; Tusc III 2. seminane deorum decidisse de caelo putamus in terras? nat I 91. innascuntur: f. adulescunt. ne semen urbanitatis una cum re publica intereat; ep VII 31, 2. — 2. ut in seminibus est causa arborum et stirpium, sic huius luctuosissimi belli semen tu fuisti; Phil II 55. iniustitiae intemperantiae, timiditatis quae semina essent? nat III 71. — II, 1. censes ante coronam herbae exstitisse, quam conceptum esse semen? div II 68. exstinguetur atque delebitur stirps ac semen malorum omnium; Catil I 30. in optimam segetem praeclara essent sparsa semina; rep V 11. — 2. sum in: f. I, 2. — III. quae (virtus) propria est Romani generis ac seminis; Phil IV 13. — IV. non ingenerantur hominibus mores a stirpe generis ac seminis; agr II 95. quae omnia eam vim seminis habent in se, ut ex uno plura generentur; nat II 127. — V. ut ceterae naturae suis seminibus quaeque gignuntur, augescunt, continentur, sic ..; nat II 83. quae (terra) gravidata seminibus omnia pariat et fundat ex sese; nat II 83. gigni: f. augescere.

sementis, Aussaat: I. nemo tam sine oculis vivit, ut, quid sit sementis ac messis, omnino nesciat; de or I 249. — II. „ut sementem feceris, ita metes", inquit; de or II 261. moleste fero in agro Sabino sementem fieri proscriptionis; A IX 8, 1. sementi prohibita aut messe amissa; Ver III 125.

semestris, halbjährig: id regnum vix semestre esse posse; A X 8, 7.

semianimus, halbtot: »feris transfigens unguibus anguem semianimum:« div I 106.

semidoctus, halbgelehrt: haec ut et properans et || haec et pr. ut || apud doctos et semidoctus ipse percurro; de or II 178.

semifer, halbtierisch, halbwild: »corpore semifero magno Capricornus in orbe;« nat II 112.

semigro, wegziehen: reprehendistis, a patre quod (Caelius) semigrarit; Cael 18.

semihora, halbe Stunde: I. suspicor eo mihi semihoram ab Labieno praestitutam esse, ut ne plura de pudicitia dicerem. ergo ad haec crimina intellegis mihi semihoram istam minimam longam fuisse; Rabir 9. — II. praestituo: f. I. — III. in hac praescriptione semihorae; Rabir 6.

semiliber, halbfrei: semiliberi saltem simus; A XIII 31, 3. moror in Tusculano meo semiliber; fr E XI 6.

seminarium, Pflanzschule: I, 1. huc accedunt Alaudae ceterique veterani, seminarium iudicum decuriae tertiae; Phil XIII 3. — 2. id est principium urbis et quasi seminarium rei publicae; of I 54. — II. ex illo fonte et seminario triumphorum cum arida folia laureae rettulisses; Piso 97.

seminator, Säer, Urheber: omnium rerum seminator et sator est mundus; nat II 86.

semino, säen, hervorbringen: nullius agricolae cultu stirps tam diuturna quam poëtae versu seminari potest; leg I 1.

semiplenus, halbvoll: cum decem navibus suis semiplenis navigarent; Ver V 63.

semis, Hälfte, halber Sestertius, halbes Aß, sechs Prozent: I. multi HS singulos semis accessionis cogebantur dare; Ver III 116. nomen illud tres habet condiciones, aut emptionem ab hasta aut delegationem a mancipe annua die aut Vettieni condicione semissem; A XII 3, 2. — I, 1. † omni | omnino | semissibus magna copia est; ep V 6, 2. dixit eo die Brutum † his || H. IS || profectum; A XV 24. — 2. de Tulliano semisse M. Axianum adhibebis; A XV 29, 1.

semisomnus, schlaftrunken: cum illi spectarent communes mimos semisomni; ep VII 1, 1.

semita, Fußweg, Pfad: I. semitam tantum Galliae tenebamus antea; prov 33. — II, 1. Ro-

mam, non optimis viis, augustissimis semitis; agr
II 96. — 2. ut Oresti nuper prandia in semitis
decumae nomine magno honori fuerunt; of II 58. —
III. hanc pecuniam, quae via modo visa est exire
ab isto, eam semita revertisse; Ver II 57.

semivivus, ḥalbtot: qui (Parthi) repente
Bibulum semivivum reliquerunt; A VII 2, 8. ibi
populi Romani socium atque amicum fumo excruciatum semivivum reliquit; Ver I 45. cum erat
reclamatum semivivis mercennariorum vocibus;
Sest 126.

semoveo, abſondern, trennen, ausſchließen:
qui antea voce praeconis a liberis semovebantur;
har resp 26. ceterorum sententiis semotis; fin II
44. neque res lumen (habere possunt), si verba semo-
veris; de or III 19. voluptatem semovendam esse;
fin V 21.

semper, immer, beſtändig, von jeher: I. hic
mos erat patrius Academiae, adversari semper
omnibus in disputando; de or I 84. ego semper
illum appellavi hostem, cum alii adversarium, semper
hoc bellum, cum alii tumultum; Phil XII 17. cohibere semper et ab omni lapsu continere temeritatem; Ac I 45. qui (sapiens) semper animo sic
excubat, ut ..; Tusc IV 37. quem (amorem)
habetis in rem publicam et semper habuistis; dom
103. semper equidem magno cum metu incipio
dicere; Cluent 51. aut semper aut plerumque, non
numquam certe, quid futurum sit, intellegunt; div
I 128. quae (vitae lex) non hoc adfert, ut semper
maereamus, sed ut numquam; Tusc III 34. hanc
mercaturam alienam dignitate populi Romani semper
putavi; agr II 65. reprehendit, quia non semper
quierim; A II 16, 3. qui si semper tecum una
fuisset; Ver II 49. — II. cum ipse mihi semper
amicissimus fuisset; sen 29. ſ. bonus. semper
sapiens talis; semper igitur beatus; Tusc V 48.
eum et civem optimum semper et mihi amicum
fuisse; Planc 99. L. Visidio, civi semper egregio;
Phil VII 24. quia semper sit honestum virum
bonum esse, semper est utile; of III 64. hic est
ille vultus semper idem; Tusc III 31. alter semper
magnus, alter saepe turpissimus; of I 90. ut, si
saepius decertandum sit, ut erit, semper novus
veniam; Phil II 43. cum natura semper ad largien-
dum ex alieno fuerim restrictior; ep III 8, 8. talis:
ſ. beatus. utilis: ſ. honestus. — III. necessario
sequitur omnes sapientes semper feliciter, absolute,
fortunate vivere; fin II 86. semper illud extra est,
quod arte comprehenditur; fin V 16. his Fabriciis
semper est usus Oppianicus familiarissime; Cluent
46. feliciter, fortunate: ſ. absolute. vixit semper
inculte atque horride; Quinct 59. cuius est in rem
publicam semper merito laudata constantia; Phil XIII
29. una: ſ. I. sum. — IV. ego ille pacis semper
laudator, semper auctor, parcam cum M. Antonio
esse nolo; Phil VII 8. ego semper civis, et tum
maxime, cum ..; ep 29. sibi ait vitam omnino
semper horridam atque aridam cordi fuisse; Quinct
93. laudator: ſ. auctor.

sempiternus, immerwährend, ewig: A. fragile
corpus animus sempiternus movet; rep VI 26. ut
nostri illi non heroes, sed di futuri quidem in gloria
sempiterna sint; A XIV 11, 1. qui mons erat
hostium plenus sempiternorum; A V 20, 3. (patria)
vobis illum ignem Vestae sempiternum commendat;
Catil IV 18. mortem censes esse sempiternum
malum; Tusc I 10. omnia, quae gerebam, spargere
me ac disseminare arbitrabar in orbis terrae memoriam sempiternam; Arch 30. mundum factum
esse a deo sempiternum; Ac II 118. quae (natura)
sit eadem sempiterna; A I 29. quarum (rerum) est
ordo sempiternus; nat II 16. nostra consilia sempiternum tempus spectare debent; de or II 169. huius
viri laudem ad sempiterni momoriam temporis

calamitas propagavit; dom 87. vincula, et ea sempiterna, certe ad singularem poenam nefarii sceleris
inventa sunt; Catil IV 7. — B. despicientem omnia
humana nihil umquam nisi sempiternum et divinum
animo volutare; rep I 28.

semuncia, ḥalbe Unʒe, Vierundʒwanʒigſtel:
I. facit heredem ex deunce et semuncia Caecinam;
Caecin 17. — II. ille in auri semuncia totam
Hispaniam scire voluit, unde praetori anulus fieret:
Ver IV 57.

semustilatus, ḥalbverbrannt: quibus (facibus) semustulatus ille est; Phil II 91. cruentum
cadaver infelicissimis lignis semustilatum; Milo 33.

senariolus, Senar: tenebam quosdam senariolos, quos in eius (Archimedes) monumento esse inscriptos acceperam; Tusc V 64.

senarius, ſechsgliedriger Vers, Senar: comicorum senarii propter similitudinem sermonis sic
saepe sunt abiecti, ut ..; orat 184. senarios
effugere vix possumus; orat 189. se fudisse senarium;
orat 222.

senator, Senator: I, 1. »senatori, qui non
aderit, aut causa aut culpa esto«; leg III 11. quo
quis salutavit, quis denique ita aspexit ut ..? Catil
II 12. decimo loco dixit senator populi Romani.
splendor ordinis; Caecin 28. neque vero ille consilii publici auctor ac senator bonus ob eam ipsam
causam orator est; de or I 215. cum primum senatores cum equitibus Romanis lege Plotia iudicarent;
fr A VII 53. salutat: ſ. appellat. cum venissem
senator ad socios populi Romani; Ver I 16. maculosi senatores, nudi equites; A I 16, 3. — 2. qui
Caesaris beneficio senator sit; ep XIII 5, 2. — II, 1.
adoptat annos viginti natus, etiam minor, senatorem; dom 34. neminem ulla in civitate senatorem
factum esse gratis; Ver II 120. tu cum principem
senatorem tam propinquum habeas; Phil II 15. —
2. dico senatoris esse boni semper in senatum
venire; dom 8. — 3. ne quaeram, qui licuerit
aedificare navem senatori; Ver V 45. sum: ſ. I. 1.
adest. — 4. qua lege a senatore ratio repeti solet:
Cluent 104. — III. ut paene liberum sit senatori
non adesse; Phil I 12. est senatori necessarium
nosse rem publicam; leg III 41. — IV, 1. talis
senatorum et dignitas et multitudo fuit, ut ..;
Phil XIII 30. brevitas non modo senatoris, sed
etiam oratoris magna laus est in sententia ['in
sent.]‖; leg III 40. multitudo: ſ. dignitas. — 2. si
eos, quoniam cum senatore res est, Romam reie-
ceris; ep XIII 26, 3. — V. quod per senatores et
per equites Romanos harum rerum auctores civitate
expelli posse arbitrantur; Flac 96.

senatorius, der Senatoren, ſenatoriſch: rem
publicam senatorio consilio maxime posse defendi;
Ver I 4. penes quem (censorem) maiores nostri
indicium senatoriae dignitatis ‖ senatorum de dignitate ‖ esse voluerunt; dom 130. usque eo senatoria
iudicia perdita profligataque esse arbitratur; Ver pr
8. litterae conticuerunt forenses et senatoriae: of
II 3. ad istum emptum venerunt illum locum senatorium; Ver II 124. cum senatoriis muneribus essem
aliquando liberatus; Tusc I 1. pueri annorum senum
septenumque denum senatorium nomen nundinati
sunt; Ver II 122. cum invidia flagraret ordo senatorius; Cluent 136. hoc dicendi genus ad patrocinia
mediocriter aptum videbatur, ad senatoriam vero
sententiam vel maxime; Bru 112. quod passus esset
tum primum a populari consessu senatoria subsellia
separari; fr A VII 25.

senatus, Senat (gen. senati: ſ. IV, 1. consultum, potestas): I abſolut: 1. senatum Kalendis
velle se frequentem adesse etiam Formiis (Caesar)
proscribi iussit; A IX 17, 1. quibus (nationibus) me
senatus commendavit, quibus de me gratias egit;

Sest 146. an eum imperatorem appellaret senatus?
Phil XIV 12. approbante senatu; leg III 18. cum
senatus luctum ac dolorem suum vestis mutatione
declarandum censuisset; Piso 17. »quom senatus
creverit populusve iusserit«; leg III 9. commendat:
f. agit. quod tibi senatus cellae nomine concesserat;
Ver III 195. senatus est continuo convocatus frequensque convenit; ep X 12, 3. senatus Sopatro
responsum nullum dat, sed commotus perturbatusque
discedit; Ver IV 85. senatus decrevit, ut Minerva
nostra, custos urbis, quam turbo deiecerat, restitueretur; ep XII 25, 1. senatum nihil decernere, antequam de nobis actum esset; A III 24, 2. de quo
(Postumio) nominatim senatus decrevit, ut statim
in Siciliam iret Furfanioque succederet; A VII 15,
2. frequens eum (Servilium) senatus reliquit et in
alia omnia discessit; ep X 12, 3. f. dat. erat in
luctu senatus; Sest 32. adhibui diligentiam,
quotienscumque senatus fuit, ut adessem; ep V 6, 1.
senatus fuit frequentior, quam putabamus esse posse
mense Decembri sub dies festos; Q fr II 1, 1. reli-
gionis iudices pontifices fuisse, legis esse || legis ||
senatum; A IV 2, 4. senatum existimare D. Brutum
optime de re publica mereri; Phil III 37. si quis
aliter fecisset, id senatum gravissime laturum; Sest
129. ut senatus saga sumi iuberet; Phil VI 16.
caedem senatum iudicasse contra rem publicam esse
factam; Milo 12. quo senatus eum sorsque miserat;
Ligar 23. quantis in rebus quamque saepe (senatus)
responsis haruspicum paruit! div I 97. senatus
permisit, ut vini et olei decumas Romae venderent;
Ver III 18. cui senatus pro me gratias agendas
putavit; Planc 78. relinquit: f. discedit. quam
(sententiam) senatus frequens secutus est; de or III
5. quam (sententiam) senatus frequens secutus est
summo studio magnoque consensu; ep X 13, 1. ut
senatum in tanta infamia versari velis; Rab Post 7.
quas (leges) senatus de ambitu sanciri voluerit;
Planc 44. qui (C. Flaminius) legem agrariam
tribunus plebis tulerit invito senatu; A II 13. vgl.
V, 1. — 2. et Brutus et Cassius multis iam in rebus
ipse sibi senatus fuit; Phil VI 27.

II. **nach Verben:** 1. totiens apud maiores nostros
Siculi senatum adierunt; Ver II 146. cum senatus
oppresso et adflicto duobus impiis imperia donabantur; sen 18. quam cito senatum illo die facta sortitione coëgerim; ep V 2, 3. commoveo: f. I, 1. dat.
senatum rei publicae custodem, praesidem, propugnatorem conlocaverunt; Sest 137. si consultus senatus
esset; ep X 22, 2. convoco: f. I. 1. convenit. cum
haberent inter se controversias de senatu cooptando;
Ver II 122. senatum consules, credo, vocassent,
quem totum de civitate delerant; Sest 44. senatum,
id est orbis terrae consilium, delere gestit; Phil IV
14. hoc fretus senatu Pompeianum senatum despicit;
Phil XIII 28. Milo cum in senatu fuisset eo die,
quoad senatus est dimissus; Milo 28. Tyriis est senatus datus frequens; Q fr II 11, 2. senatu misso,
quem senatum Caesar consul habuisset; Bru 218.
consecuti sunt duos comitiales, per quos senatus haberi non poterat; Q fr II 2, 3. f. includo. quia
(Appius Claudius) senatum iamiam inclinatum a
Pyrrhi pace revocaverit; Bru 55. quibus (turmis
equitum Scaptius) inclusum in curia senatum Salamine obsederat, ut fame senatores quinque morreren-
tur; A VI 1, 6. inclusum in curia senatum habuerunt Salaminium ita multos dies, ut interierint non
nulli fame; A VI 2, 8. voluit ille senatum interficere, vos sustulistis; Piso 15. mitto: f. habeo. quos
senes ille appellavit, (nostri) nominaverunt senatum;
rep II 50. si Antonius militibus obsessurus est senatum; A XV 4, 4. f. includo. opprimo: f. adfligo.
perturbo: f. I, 1. dat. cum tamquam senatum philosophorum recitares; nat I 94. revoco: f. inclino. ille
(Lupus) se senatum negavit tenere; Q fr II 1, 1.

tollo: f. interficio. voco: f. deleo. — 2. non meminit
illum exercitum senatus populique Romani esse;
Phil XIII 14. — 3. cum absenti senatui plausus est
ab universia datus; Sest 117. eripueras senatui
provinciae decernendae potestatem; Vatin 36. Ap.
Claudium senatui populoque Romano non Midaeensium testimonio, sed sua sponte esse laudatum; ep
III 8, 3. cum senatui non solum iuvare rem publicam, sed ne lugere quidem liceret; Piso 23. sanguine pluisse senatui nuntiatum est; div II 58. in
qua civitate omnes ante vos consules senatui paruerunt; sen 17. senatui placere Q. Hortensium provinciam Macedoniam obtinere; Phil X 26. senatui
magnae curae esse ac fore, ut . .; Phil III 39. —
4. caruit foro postea Pompeius, caruit senatu, caruit publico; Milo 18. iste, qui senatu non egeret;
Phil II 109. — 5. in senatum se Caesare consule
non accedere; Bru 219. cum me rogaret, ut adessem in senatu; ep IV 1, 1. sequitur, quibus ius sit
cum populo agendi aut cum senatu; leg III 40. qui
alienati a senatu putabantur; Phil XII 10. cogimur
in senatum; Phil II 79. rem defert ad senatum;
Milo 65. delata etiam ad senatum labe agri Privernatis; div I 97. qui ex civitate in senatum
propter dignitatem, ex senatu in hoc consilium delecti estis propter severitatem; Sex Rosc 8. (lex)
ferri coepta numquam, deposita est in senatu; Sulla
65. nisi (Q. Caepio) a senatu dissedisset; Bru 223.
introducta in senatum indicibus; Sulla 41. quibus
hominibus per senatum in re publica versari liceret;
Ver V 152. quis umquam provinciam cum exercitu
obtinuit, qui nullas ad senatum litteras miserit?
Piso 38. Halaesini leges ab senatu nostro petiverunt;
Ver II 122. nisi a senatu praesidium postulassent;
har resp 36. sapientes homines, Gaditani, a senatu
de foedere postulaverunt; Balb 34. de quo legando
consules spero ad senatum relaturos; imp Pomp 58.
cum potestas in populo, auctoritas in senatu sit;
leg III 28. f. 1. dimitto. te frustra in senatum sive
potius in conventum senatorum esse venturum; ep
IV 1, 1. si aut tuto in senatum aut honeste venire
potuissem; ep X 2, 1.

III. **nach Adjectiven:** 1. illud maxime proprium
senatus sapientis est, grata eorum virtutem memoria prosequi, qui . .; Phil XIV 30. — 2. o diem
funestum senatui bonisque omnibus! Sest 27. si
senatui gratum et iucundum meum reditum intellegitis esse; dom 147. — 3. fretus: f. II, 1. despicio.
— 4. quo in bello si fuit error, communis ei fuit
cum senatu; Phil XI 34.

IV. **nach Substantiven:** 1. o divina senatus frequentis in aede Bellonae admurmuratio! Ver V 41.
cum (D. Brutus) senatus auctoritatem defendat; Phil
III 37. in meis damnis ex auctoritate senatus sarciendis; ep I 9, 5. cum senatus beneficia in regem
Deiotarum recordarer; Deiot 6. clamore senatus
prope contionali; Q fr II 5, 1. ut nihil sine consilio senatus
egerim; Piso 7. quos (colonos) T. Manlius praetor
ex senatus consulto de oppidis Siculorum deduxit
Agrigentum; Ver II 123. hominem ducentis confixum senati consultis; har resp 8. quae (domus)
contra vim gladiatoris tot senati consultis munita
atque saepta est; har resp 15. ut et senati consultum et leges defendas; ep II 7, 4. in ipsum discessum senatus incidisse credo meas litteras; ep III
9, 4. quae tum frequentia senatus fuerit; Sest 72.
qui iniussu populi ac senatus proficiscerentur; Ver
II 14. quem post nefarium scelus consulum superiorum tot vitae indiciis senatus honestatum; dom
82. odio et strepitu senatus (Clodius) coactus est
aliquando perorare; A IV 2, 4. ut eae provinciae
atque exercitus in senati populique Romani potestate
sint; Phil III 38. cum armatus M. Aemilius, princeps senatus, in comitio constitisset; Rabir 21. cum
sententia senatus inclinaret ad pacem cum Pyrrho

foedusque faciendum; Cato 16. suffragia largitione devincta severitatem senatus excitarent; Planc 45. strepitus: f. odium. equitatus, in quo suffragia sunt etiam senatus; rep IV 2. voluntate perspecta senatus; Quir 12. — 2. huic aditus in senatum fuit; Phil VIII 28. leguntur eadem ratione ad senatum Allobrogum populumque litterae; Catil III 11.

V. Umftand: 1. illo senatu se rem publicam ge-rere non posse; de or III 2. — 2. deinceps laudatur provincia Gallia meritoque ornatur verbis amplissimis ab senatu, quod ..; Phil IV 9. somnio comprobato a senatu; div I 55. id erat de Clodiana religione ab senatu constitutum; A I 14, 1. augures rem ad senatum; nat II 11. ne quid ad senatum „consule!" aut „numera!" A V 4, 2. an reditus (Caesaris) in patriam habet aliquam offensionem? utrum apud populum an apud senatum? prov 29. quae (sententia) erat superioribus diebus agitata in senatu; dom 9. quae Kalendis Sextilibus in senatu fuisset L. Pisonis oratio; Phil I 10. quas (litteras) in senatu recitari voluisti; ep III 3, 2. omnia per senatum consecuti sunt; ep I 7, 10. ex quo genere haec sunt, „Neptunum" pro mari, „curiam" pro senatu; de or III 167.

senectus, Alter, Greifenalter: I. quattuor reperio causas, cur senectus misera videatur, unam, quod avocet a rebus gerendis, alteram, quod corpus faciat infirmius, tertiam, quod privet fere omnibus voluptatibus, quartam. quod haud procul absit a morte; Cato 15. habeo senectuti magnam gratiam, quae mihi sermonis aviditatem auxit, potionis et cibi sustulit; Cato 46. avocat: f. abest. quamquam immoderatis epulis caret senectus, modicis tamen conviviis delectari potest; Cato 44. illorum severissima senectus desiderat meam laudem; Q Rosc 44. quod numquam tibi senectutem gravem esse senserim, quae plerisque senibus sic odiosa est, ut onus se Aetna gravius dicant sustinere; Cato 4. facit: f. abest. quando obrepat senectus; Cato 38. privat: f. abest. tollit: f. auget. videtur: f. abest. — II, 1. in omni oratione mementote eam me senectutem laudare, quae fundamentis adulescentiae constituta sit: Cato 62. quasi qui senectutem occasum vitae velit definire; Top 32. delecto: f. I. caret. cum ipsa oratio iam nostra canesceret haberetque suam quandam maturitatem et quasi senectutem; Bru 8. laudo: f. constituo. quid est incundius senectute stipata studiis inventutis? Cato 28. cuius senectutem tueri et tegere debebat; Deiot 2. senectutem a solitudine vindicari iuris civilis scientia; de or I 254. — 2. habeo gratiam: f. I. auget. subsidium bellissimum existimo esse senectuti otium; de or I 255. — 3. ne postulantur quidem vires a senectute; Cato 34. qui (Cato Maior) est scriptus ad te de senectute; Lael 4. — III, 1. me admodum delectabat Triarii in illa aetate plena litteratae senectutis oratio; Bru 265. — 2. luxuria cum omni aetati turpis, tum senectuti foedissima est; of I 123. — IV. apex est senectutis auctoritas; Cato 60. ut et gravitas iam constantis aetatis et senectutis maturitas naturale quiddam habeat, quod ..; Cato 33. omnem tranquillitatem et quietem senectutis acceptam refert clementiae tuae; Deiot 38. ut non arbitrer subsidium senectutis in eorum, qui consultum veniant, multitudine esse ponendum; de or I 255. tranquillitas: f. quies. quae vitia sunt senectutis, sed inertis, ignavae, somniculosae senectutis; Cato 36. — V, 1. quem (Pleuratum) necasti verberibus summa senectute confectum; Piso 84. natura se consumi et senectute; rep I 4. — 2. T. Aufidius, qui vixit ad summam senectutem; Bru 179. Sophocles ad summam senectutem tragoedias fecit; Cato 22. Graecas litteras M Catonem in senectute didicisse; Ac II 5.

senesco, altern, abnehmen, hinschwinden: ut honestum illud Solonis sit, senescere se multa in dies addiscentem; Cato 50. ita sensim sine sensu aetas ꝑerescit; Cato 38. arborem et „vigere" et „senescere" (dicimus); fin V 39. prope senescente iam Graecia; rep I 58. alterum (tempus) hiemi senescenti adiunctum est; nat II 49. laudem eorum iam prope senescentem; de or II 7. cernerent lunae luminum varietatem tum crescentis, tum senescentis; nat II 95. senescentis morbi remissio; ep VII 26, 1.

senex, alt, bejahrt, Greis: A. et Pisistratum et paulo seniorem etiam Solonem multum valuisse dicendo; Bru 27. defendi rem publicam adulescens, non deseram senex; Phil II 118. qui (Solon) se cotidie aliquid addiscentem dicit senem fieri; Cato 26. cum iam honores et illa senior auctoritas gravius quiddam requireret; Bru 327. qui non dubitavit indicibus cicatrices adversas senis imperatoris ostendere; de or II 124. exstat in eam legem senior, ut ita dicam, quam illa aetas ferebat, oratio; Bru 160. servi sordidati ministrant, non nulli etiam senes: Piso 67. quae vis non modo senior est quam aetas populorum et civitatium || civitatum ||, sed aequalis dei; leg II 9. — B, I. moderati et nec difficiles nec inhumani senes tolerabilem senectutem agunt; Cato 7. huic ioculatorem senem illum interesse sane nolui; A IV 16, 3. sperat adulescens diu se victurum, quod sperare idem senex non potest; Cato 68. — II, 1. cur neque deformem adulescentem quisquam amat neque formosum senem? Tusc IV 70. senem, in quo est aliquid adulescentis, probo; Cato 38. — 2. huic tristi ac derecto seni responderet Caelius ..; Cael 38. quid est tam secundum naturam quam senibus emori? Cato 71. — 3. sum in: f. 1. probo. cum in Piraeum Socrates venisset ad Cephalum, locupletem et festivum senem; A IV 16, 3. cum senibus graviter, cum inventute comiter vivere; Cael 13. — III. qui se totiens seniorum iuniorumque centuriis illo honore adfici pronuntiavit; Ver V 38. hereditatis spes quem nutum locupletis orbi senis non observat? par 39. haec etiam in fabulis stultissima persona est improvidorum et credulorum senum; Lael 100. est decorus senis sermo quietus et remissus; Cato 28. — IV. maximas res publicas ab adulescentibus labefactatas, a senibus sustentatas et restitutas reperietis; Cato 20.

seni, je sechs: pueri annorum senum septenumque denum; Ver II 122. senos denarios exegissent; Font 19. remissis senis et trientibus; Sest 55.

senilis, greisenhaft, im Greisenalter: C. Marium senile corpus paludibus occultasse demersum; Sest 50. postquam adamavi hanc quasi senilem declamationem; Tusc II 26. Tages puerili specie dicitur visus, sed senili fuisse prudentia; div II 50. ista senilis stultitia senum levium est, non omnium; Cato 36.

senium. Alterssschwäche, Entkräfigung. Leid: I. non sunt illi eiulatus Philoctetae tam miseri, quam senium matricidarum; har resp 39. — II. quod (opus) omni morbo et senio vacaret; Tim 17. — III. se ipse (mundus) consumptione et senio alebat sui; Tim 18. tota civitas confecta senio et; Milo 20.

senius, Greis: saepe vel sine coniunctione verba novantur, ut ille „senius desertus", ut „di genitales": de or III 154.

sensim, allmählich: ut (sol) accedat ad brumale signum et inde sensim ascendat; de or III 178. ille sensim dicebat, quod causae prodesset; tu cursim dicis aliena; Phil II 42. posteaquam exstinctis eis omnis eorum memoria sensim obscurata est et evanuit; de or II 95. qui (Graeci) cotidie, ante quam pronuntient, vocem cubantes sersim excitant; de or I 251. sensim erit pedetemtimque (mutatio) facienda; of I 120. post sensim incendens

iudices in reliquis exsultavit audacius; orat 26. obscuro: f. evanesco. sensim sine sensu aetas senescit; Cato 38.

sensus, Gefühl, Sinn, Empfindung, Eindruck, Wahrnehmung, Bewußtsein, Gesinnung, Sinnesart: I, 1. omnis sensus hominum multo antecellit sensibus bestiarum; nat II 145. nemo est mihi tam consentientibus sensibus; A IV 18, 2 (16, 10). acerrimum ex omnibus nostris sensibus esse sensum videndi; de or II 357. quod omnia tralatio ad sensus ipsos admovetur, maxime oculorum, qui est sensus acerrimus; de or III 160. „oculorum", inquit Plato, „est in nobis sensus acerrimus"; fin II 52. videmus in partibus mundi inesse sensum atque rationem; nat II 30. communis ille sensus in aliis fortasse latuit; Planc 34. si ne sensus quidem vera nuntiant; Ac II 79. qui (motus) quam diu remanet in nobis, tam diu sensus et vita remanet; nat II 23. — 2. quae (mens) sensuum fons est atque etiam ipsa sensus est; Ac II 30. — II, 1. non offendes eundem bonorum sensum, quem reliquisti, qui confirmatus consulatu nostro, *non* numquam postea interruptus, adflictus ante te consulem, recreatus abs te totus est nunc ab iis, a quibus tuendus fuerat, derelictus; ep I 9, 17. hoc tempore (Priamus) sensum amisit malorum; Tusc I 85. (genus hoc orationis) aufert humanum sensum auditoris _ actoris ||; orat 209. aufert (somnus) sensus; fin V 54. si (animal) voluptatis sensum capit, doloris etiam capit; nat III 32. confirmo, derelinquo: f. adfligo. dedit eadem natura beluis et sensum et appetitum; nat II 122. si intimos sensus civitatis expressero; Sest 119. cum dissolutione, id est morte, sensus omnis exstinguatur; fin II 101. natura gigni sensum diligendi; Lael 32. quodsi nullum haberes sensum nisi oculorum; ep IV 10, 2. quae (voluptas) maxime dulcedine sensum moveret; fin II 39. reliquos sensus voluptates oblectant dispares; de or III 25. offendo: f. adfligo. perspexi omnem eius (Hirtii) sensum; A XV 1, 3. recreo: f. adfligo. animos hominum sensusque morte restingui; Sest 47. nisi sensus quasi titillarentur voluptate; Tusc III 47. tueor: f. adfligo. — 2. quae (res) dulcem motum adferant sensibus; fin II 10. antecello: f. I, 1. antecellit. quae (res) subiectae sunt sensibus; fin V 36. qui sensibus alia vera dicas esse, alia falsa; Ac II 80. — 3. quorum alterum fugiendum non esse, carere sensu, alterum etiam optandum. meliore esse sensu; Sest 47. f. I, 1. consentiunt. oculi vera cernentes utantur natura atque sensu; div II 108. — 4. haec oratio longe ab nostris sensibus abhorrebat; de or I 83. quin ipse in commovendis iudicibus his ipsis sensibus, ad quos illos adducere vellem, permoverer; de or II 189. cum in hunc sensum et adliciar beneficiis hominum et compellar iniuriis; ep I 9, 21. admoveo ad: f. I, 1. est; de or III 160. quod (res) ita essent parvae, ut sub sensum cadere non possent; Ac I 31. compello in: f. adlicio in. neque nos contra sensus aliter dicimus ac Stoici; Ac II 101. dividunt in sensus, deinde in ea, quae ducuntur a sensibus; Ac II 42. quod in communibus hominum sensibus positum atque infixum est; Cluent 17. (definitio) et in sensum et in mentem iudicia intrare non potest; de or II 109. quicquid animo cernimus, id atque oritur a sensibus; fin I 64. iudicia rerum (Epicurus) in sensibus ponit; fin I 22. f. infigo in. nec ullum animal est sine sensu; nat III 34. — III, 1. nec tam sum vestri sensus ignarus atque expers, ut ..; Milo 72. — 2. ex corpusculis non sensu praeditis, sed concurrentibus temere; nat II 94. animo per somnum sensibus et curis vacuo; div II 27. — IV, 1. ut neque sensuum fidem sine ratione nec rationis *sine* sensibus exquiramus; fin IV 9. fons: f. I, 2. nullo modo poterimus sensuum iudicia

defendere; fin I 64. ut quidam morbo aliquo et sensus stupore suavitatem cibi non sentiunt; Phil II 115. sunt falsa sensus visa; Ac II 101. — 2. est (voluptas) iucundus motus in sensu; fin II 75. — V, 1. sensibus eadem omnia comprehenduntur; leg I 30. aures ipsae tacito eum (modum) sensu sine arte definiunt; orat 203. omnes tacito quodam sensu sine ulla arte aut ratione, quae sint in artibus ac rationibus recta ac prava, diiudicant; de or III 195. tantum efficitur sensu quodam ac ratione dicendi, ut ..; de or II 184. huic omnia sensu, non ratione sunt iudicanda; fin II 91. non est tuum uno sensu solum oculorum moveri; ep IV 9, 1. praesto est, qui neget rem ullam percipi posse sensibus; Ac II 101. permoveri: f. II 4. adduco ad. nec hoc ipso huius gentis ac terrae domestico nativoque sensu Italos ipsos ac Latinos superavimus; har resp 19. — 2. vidi forum adornatum ad speciem magnifico ornatu, ad sensum cogitationemque acerbo et lugubri; Ver I 58. si est suaviter et cum sensu tractatum; de or II 184. ex: f. I, 1. est; de or II 357. cum in eam rationem pro suo quisque sensu ac dolore loqueretur; Ver I 69. ita sensim sine sensu aetas senescit; Cato 38. f. IV, 1. fides.

sententia, Sinn, Gesinnung, Gedanke, Begriff, Inhalt, Satz, Beweisführung, Meinung, Wissen, Stimme, Urteil, Spruch: I. **Subject:** mali quid adfert ista sententia? Tusc I 82. cadere tantum numerose oportere terminarique sententiam; orat 199. Hortensii et mea et Luculli sententia cedit religioni de exercitu; ep I 1, 3. ut vestrae mentes atque sententiae cum populi Romani voluntatibus suffragiisque consentiant; Muren 1. cum scriptum ambiguum est, ut duae sententiae differentes accipi possint; Top 96. neque esse ullam sententiam inlustrem sine luce verborum; de or III 24. nec sententia ulla est. quae fructum oratori ferat, nisi apte exposita atque absolute; orat 227. sententiarum totidem genera sunt, quot dixi esse laudum. sunt enim docendi acutae, delectandi quasi argutae, commovendi graves; opt gen 5. quorum (philosophorum) si vera sententia sat; nat I 3. rem et sententiam interdicti necum facere fatebatur; Caecin 79. fert: f. est; orat 227. sententiae suam compositionem habent, ad probandam rem accommodatum ordinem; opt gen 5. idem meminerant nobis privatis, cum sententiae nostrae magnum in senatu pondus haberent, unum fere sensum fuisse bonorum omnium; ep I 9, 12. cum sententia senatus inclinaret ad pacem cum Pyrrho foedusque faciendum; Cato 16. his fere luminibus inlustrant orationem sententiae; de or III 205. ad commovendos animos maxime proficient eius modi sententiae, quae aut ad explendas cupiditates aut ad odium satiandum aut ad ulciscendas iniurias pertinebunt; part or 96. horum sententiae omnium non modo superstitionem tollunt, sed etiam religionem; nat I 117. haec sententia sic per triduum valuit. ut ..; Phil VI 3. quae mea sententia in senatu facile valuisset; ep XII 7, 1. sed quot homines, tot sententiae; fin I 15.

II. **nach Verben:** 1. ipsae illae contiones ita multas habent obscuras abditasque sententias, vix ut intellegantur; orat 30. accipio: f. I. differunt. quae (sententia) erat superioribus diebus agitata in senatu; dom 9. ut horum concisis sententiis, interdum etiam non satis apertis cum brevitate tum nimio acumine, officit Theopompus elatione atque altitudine orationis suae, sic ..; Bru 66. ante circumscribitur mente sententia; orat 200. in hac re cognita sententia interdicti verba subtiliter exquiri omnia noluerunt: Caecin 57. facile et libenter senteniam commutabimus; inv II 9. ipsa natura circumscriptione quadam verborum comprehendit concluditque sententiam; Bru 34. istam tuam sententiam laudo vehementissimeque comprobo; imp Pomp 69. ut nec minutos

numeros sequens concidat delumbetque sententias; orat 231. f. aperio. concludo: f. comprehendo. quae lex hanc sententiam continet, ut omnes leges tollat; leg III 38. in eodem excipiendo sententiam meam corrigebant; Phil VIII 32. non semper easdem sententias ab eisdem, sed, quascumque rei publicae status postularet, esse defensas; Planc 94. delumbo: f. concido. postridie placuit ut breviter sententias diceremus; ep I 2, 1. proposita Marcellini sententia, quam ille de scripto ita dixerat, ut ..; ep IV 3, 2. postulatum est, ut Bibuli sententia divideretur; ep I 2, 1. sententia cum iudicibus daretur; de or I 232. si Oppianicum iudici ad emendas sententias dedisse pecuniam iudicatum est; Cluent 102. (antiqui) et verba eligebant et sententias graves et suaves reperiebant, sed eas aut vinciebant aut explebant parum; orat 168. ipsius Catonis sermo explicabit nostram omnem de senectute sententiam; Cato 3. vere exposita illa sententia est ab Epicuro; nat I 45. f. l. est; orat 227. ille quoque damnatus est, neque solum primis sententiis, quibus tantum statuebant iudices, damnarent an absolverent, sed etiam illis, quas iterum legibus ferre debebant; de or I 231. maiores de singulis magistratibus bis vos sententiam ferre voluerunt; agr II 26. habeo: f. abdo. IV, 1. alqd. cum voluntas et consilium et sententia interdicti intellegatur; Caecin 58. ut is nobis sententiam legis interpretaretur; inv I 70. rectene interpretor sententiam tuam? Tusc III 37. in quo (libro) disputatio Cottae quamquam labefactavit sententiam meam, non funditus tamen sustulit; div I 8. neque esse inconstantis puto sententiam tamquam aliquod navigium ex rei publicae tempestate moderari; Balb 61. totiensne sententiam mutas? A VIII 14, 2. quam (sententiam) vis obtinere; Tusc I 26. sententiam meam tu facillime perspicere potuisti; ep II 16, 3. acutae crebraeque sententiae ponentur; orat 79. postulo: f. defendo. illae sententiae virorum clarissimorum minime probandae sunt; prov 36. meae sententiae, quae secunda pronuntiata erat, cum frequenter adsentiretur senatus; ep X 12, 3. propono: f. dico. reperio: f. expleo. a me librorum eorum sententiam requisisti; Top 1. primum me non esse rogatum sententiam; A I 13, 2. qui, cuius vestigia persequi cupiunt, eius sententiam sciscitantur; de or I 105. quam (sententiam) senatus frequens secutus est; de or III 5. cuius sententiam ita frequentissimus senatus secutus est, ut ..; Sest 129. hanc ego cum teneam sententiam; fin I 34. termino: f. I. cadit. tollo: f. labefacto. ut mihi, velim nolim, sit certa quaedam tuenda sententia; nat I 17. vincio: f. expleo. — 2. illi alteri sententiae vehementer adsentior; Ac II 148. f. 1. pronuntio. quae superiori sententiae conveniunt; in IV 78. animadverto quosdam huic favere sententiae; Phil XIV 3. officio: f. 1. aperio. huic incredibili sententiae ratiunculas suggerit; nat III 73. — 3. eloquentiam sine munere quadam vi fluere abundantem sonantibus verbis uberiusque sententiis; Tusc I 64. Hortensius me quoque coepit hortari, ut sententia desisterem; Ac II 63. ut sententiis nostris pro suis uterentur; fin V 74. — 4. si a d interdicti sententiam confugis; Caecin 83. ex scripto et sententia controversia consistit, cum alter verbis ipsis, quae scripta sunt, utitur, alter a d id, quod scriptorem sensisse dicet, omnem adiungit dictionem; inv II 121. quoniam eloquentia constat ‖ et ‖ ex verbis et ex sententiis; opt gen 4. ut ne quis te de vera et certa possit sententia demovere; Ver pr 52. aetas eius certe ab hac sententia neminem deterrebit; Phil XIV 28. factum tuum a sententia legis doceo discrepare; Planc 42. eiusdem (Epicuri) testamentum ab ipsius sententia iudico discrepare; fin II 100. saepe animi in contrarias sententias distrahuntur; of I 9. me ratio ipsa in hanc potissimum sententiam ducit, ut ..;

inv I 1. in Hortensii sententiam multis partibus plures ituros; ep I 2, 2. ibatur in eam sententiam; Q fr II 1, 3. velim maneat Damasippus in sententia; ep VII 23, 2. maneasne in sententia, ut mittam ad eum (Varronem), quae scripsi; A XIII 18. cum te neque frequens senatus agendo de sententia movere potuit; Phil II 52. quoniam tribus rebus homines ‖ omnes ‖ ad nostram sententiam perducimus. aut docendo aut conciliando aut permovendo; de or II 310. in omnibus meis sententiis de re publica pristinis permanebam; ep I 9, 6. cum continenter unum verbum non in ‖ non ‖ eadem sententia ponitur; orat 135. qui a sententia stabit; inv II 129. qua in sententia scriptor fuerit; inv II 117. si quando aliud in sententia videtur esse, aliud in verbis; orat 121. est vitiosum in sententia, si quid absurdum aut alienum aut non acutum aut subinsulsum est; opt gen 7. si tu in eadem es sententia; ep XVI 1. 1. omnia sua iura in vestris sententiis versari arbitrantur; Ver V 172. utor pro: f. 3. utor.

III. nach Abjectiven und Adverb: 1. quoniam sententiae atque opinionis meae voluistis esse participes; de or I 172. — 2. quid (Epicurus) convenienter possit rationi et sententiae suae dicere; fin II 84. — 3. grandes erant verbis, crebri sententiis; Bru 29. quod orationes declarant refertae philosophorum sententiis; nat I 6. — 4. hoc dicendi genus ad patrocinia mediocriter aptum videbatur. a d senatoriam vero sententiam, cuius erat ille princeps, vel maxime; Bru 112.

IV. nach Substantiven: 1. exordium sententiarum et gravitatis plurimum debet habere; inv I 25. floret Epicurus, eiusdem fere adiutor auctorque sententiae; of III 116. cum ad eam dictionem sententiarum quoque ratio accommodetur ‖ accommodatur ‖, id non, si per sententiae dictionem agitur. deliberativum est; inv II 110. ut in disiunctione sententiae coniuncti tamen amicitia maneremus; prov 40. genera: f. I. est; opt gen 5. huius sententiae gravitas a Platonis auctoritate repetatur; Tusc V 34. in Sibyllinis ex primo versu cuiusque sententiae primis litteris illius sententiae carmen omne praetexitur; div II 112. disceptator (est, qui audit), id est, rei sententiaeque moderator; part or 10. sententiarum ornamenta maiora sunt; orat 136. hic in senatu princeps sententiae fuit; dom 30. f. III. 4. versus: f. litterae. — 2. unum (genus Asiaticae dictionis) sententiosum et argutum, sententiis non tam gravibus et severis quam concinnis et venustis; Bru 325. — 3. in eius (Catonis) sententiam est facta discessio; A XII 21, 1. numquam laudata est in una sententia perpetua permansio; ep I 9, 1.

V. Umstand: 1. quod se mea sententia reges appellaverim; ep IX 15, 4. condemnatus est Polemocrates sententiis omnibus; Flac 74. iudicatum (est), de quo alicuius aut aliquorum iam sententiis constitutum est; inv II 162. cum (is philosophus) impiis sententiis damnatus esset; div I 124. f. II, 1. fero. M. Calidius sententia sua, quam esset cara sibi mea salus, declaravit; sen 22. qui cunctis senatus sententiis hostis est iudicatus; Phil XI 9. ut suum praefectum fabrum vestris oppressum sententiis audiat; Balb 64. statuere: f. II, 1. fero. homo mea sententia prudentissimus; Caecin 22. Cato, perfectus mea sententia Stoicus; par 2. — 2. cum ad verbum, non a d sententiam rem accipere videare; de or II 259. de amicorum cognatorumque sententia Romam'confugit; Sex Rosc 27. condemnat omnes de consilii sententia; Ver V 114. templumIunonis Sospitae L. Iulius de senatus sententia refecit ex Caeciliae somnio; div I 4. me de illius ad te sententia atque auctoritate scribere; ep I 7, 4. confecta res ex sententia mea est; ep II 15, 1. si haec ex sententia confecta essent; ep XII 10, 2. si (opus) ex sententia successerit; Q fr II 12, 1. quod

omnes sic uti solent eo verbo in eam sententiam, in quam is accipiendum esse demonstrabit; ino II 116. neque haec in eam sententiam disputo, ut . . ; de or I 117. in hanc sententiam scriberem plura; ep II 4, 2. factum est senatus consultum in meam sententiam; A IV 1, 6. cum fieret senatus consultum in sententiam Marcellini; A IV 2, 4. vgl. IV, 3. discessio in. si quibusdam in sententiis paulum me immutassem; ep I 9, 11. eos sine consilii sententia omni supplicio liberavit; Ver V 18.

sententiola, Sprüchlein, Redensart: sententiolas edicti cuiusdam memoriae mandavi, quas videtur ille peracutas putare; Phil III 21.

sententiose, gedankenreich, durch witzige Gedanken: saepe etiam sententiose ridicula dicuntur; de or II 286. composite et apte sine sententiis dicere insania est, sententiose autem sine verborum et ordine et modo infantia; orat 236. qua oratione habita graviter et sententiose; inv I 106.

sententiosus, gedankenreich: genera Asiaticae dictionis duo sunt: unum sententiosum et argutum, sententiis non tam gravibus et severis quam concinnis et venustis; Bru 325.

sentina, Bodenwasser, unterster Schiffsraum, Hefe, Auswurf: 1. o fortunatam rem publicam, si quidem hanc sentinam urbis eiecerit! Catil II 7. cum alii malos scandant, alii sentinam exhauriant; Cato 17. . qua (emptione) constituta diligenter sentinam urbis exhauriri posse arbitrabar; A I 19, 4. — 2. sedebamus in puppi et clavum tenebamus; nunc vix est in sentina locus; ep IX 15, 3.

sentio, empfinden, fühlen, merken, wahrnehmen, einsehen, verstehen, denken, meinen, urteilen, stimmen: I, 1. non ut dictum est, in eo genere intellegitur, sed ut sensum est; de or III 168. nisi forte regium tibi videtur in senatu sentire libere; Sulla 25. — 2. neque cum iis sentimus, qui civilem scientiam eloquentia non putant indigere; inv I 6. ut, quem ad modum sentio ‖ sentiam ‖, loquar; de or I 15. (Aristoteles) paeana probat eoque ait uti omnes, sed ipsos non sentire, cum utantur; orat 193. ego me a C. Caesare in re publica dissensisse fateor et sensisse vobiscum; sed nunc isdem vobis adsentior, cum quibus antea sentiebam; prov 25. qui recte et fortiter sentient; Phil VIII 22. male olere omne caenum. at non semper. commove, senties; Tusc IV 54. te recte vereque sensisse; ep VI 21, 2. volunt nos ita putare; nescio, cur non animo quoque sentiam; A XIV 3, 2. ut boui minus bene sentirent; har resp 41. qui homines corruant, sed ita, ut non modo civitas, sed ne vicini quidem proximi sentiant; Catil II 21. ut (corpus) temperatione naturae vigeat et sentiat; Tusc I 21. omnes res subiectas esse naturae sentienti; nat II 75. (populus) est moderatior, quoad sentit et sapit; rep I 65. vicini: f. civitas. ad hostiam deligendam ducem esse vim quandam sentientem atque divinam; div II 35. — II, 1. de hoc toto iocandi genere quid sentias; de or II 233. aveo audire, de divinatione quid sentias; div I 11. — 2. sentio ‖ censeo ‖, quod commodo tuo facere poteris, venias ad id tempus, quod scribis; A I 4, 1 — 3. qui, quid amor fraternus valeat, paene praeter ceteros sentiam; Scaur 35. cum dispicere coepimus et sentire, quid simus; fin V 41. ut deorum animi sine oculis, sine auribus, sine lingua sentiunt inter se, quid quisque sentiat; div I 129. — 4. versatam esse in iudicio mentionem pecuniae sentiebant; Cluent 78. nihil sibi deesse sentiunt; par 52. sentiam omnia facienda, ne armis decertetur; A VII 6, 2. — III. quod exprimere dicendo sensa possumus; de or I 32. quae (via) sensa mentis et consilia sic verbis explicat. ut . . ; de or III 55. ut brevissime dicam, quod sentio; orat 236. cum aliud sensisse scriptor videtur et aliud scripsisse; part or 133. quae de nihil sen-

tiendo paulo ante dicta sunt; Tusc I 102. qui cum illa sentirent in re publica, quae ego agebam; ep I 9, 10. quid tu igitur sensurus es? A VII 6, 2. hac in contentione neutrum tibi palam sentiendum est; A X 7, 1. f. mutila. II, 1. 3. div I 129. sentit (animal) et calida et frigida et dulcia et amara; nat III 32. eorum ipsorum nullum aliud animal pulchritudinem, venustatem, convenientiam partium sentit; of I 14. meae (aures) et curta sentiunt nec amant redundantia; orat 168. quod Centuripini etiam ceterarum civitatum damna ac detrimenta senserunt; Ver III 108. id necesse est sentiat et voluptatem et dolorem; nat III 36. dulcia, frigida : f. amara. ad eam, quam sentiam, eloquentiam; orat 23. cum in flectendis promunturiis ventorum mutationes maximas saepe sentiunt; div II 94. mutila sentit (animus) quaedam et quasi decurtata; orat 178. pulchritudinem, venustatem : f. convenientiam. ut quidam morbo aliquo suavitatem cibi non sentiunt; Phil II 115. voluptatem : f. dolorem. — IV. puerum appellat, quem non modo virum, sed etiam fortissimum virum sensit et sentiet; Phil XIII 24. talem solemus et sentire bonum civem et dicere; of I 124. coeptat (animal) ea, quae naturae sentit apta, appetere; fin V 24.

seorsum, getrennt: ea dissensio civium, quod seorsum eunt alii ad alios, seditio dicitur; rep VI 1.

separabilis, trennbar: nec (vim eam) separabilem a corpore esse; Tusc I 21.

separate, besonders: quaedam argumentationes separatius ad finem adiunguntur; inv II 156.

separatim, abgesondert, besonders : nihil accidet ei separatim a reliquis civibus; ep II 16, 5. de agro Campano separatim cognoscerent; Phil V 53. qui (viri) non una aliqua in re separatim elaborarint, sed omnia comprehenderint; de or I 9. ipsum Pompeium separatim ad concordiam hortabor; A VII 3, 5. Q. Fabium Labeonem cum utrisque separatim locutum; of I 33. ac separatim quidem, quae de principio et de insinuatione dicenda vidabantur, haec fere sunt; inv I 25. cum communiter quaedam de omnibus praecipi possint, separatim quoque aliae sunt cuiusque generis diversae praeceptiones; inv II 12.

separo, absondern trennen: subito abrepti in quaestionem tamen separantur a ceteris; Milo 60. separatum (est), quod non ex ipsa causa ductum est nec sicut aliquod membrum adnexum orationi; inv I 26. separatum quiddam extra adsumptionem est approbatio; inv I 64. separata est a propositione approbatio; inv I 62. separata est ab adsumptione approbatio; inv I 65. qui omnes a perpetuis suis historiis ea, quae dixi, bella separaverunt; ep V 12, 2. quod ille (Epicurus) a virtute summum bonum separavit; Tusc III 47. patimini me delicta vulgi a publica causa separare; Flac 58. equitum magno numero ex omni populi summa separato; rep II 39. maiores nostri superstitionem a religione separaverunt; nat II 71. ista aliud quoddam separatum volumen expectant; A XIV 17, 6. virtus ipsa per se sua sponte separata etiam utilitate laudabilis; Tusc IV 34.

sepelio, bestatten, begraben, zu Grabe tragen, unterdrücken, vernichten: I. redimant pretio sepeliendi potestatem; Ver V 119. — II. Simonides dicitur demonstrator unius cuiusque sepeliendi fuisse; de or II 353. haec sunt, o carnifex, in gremio sepulta consulatus tui; Piso 10. amittenda fortitudo est aut sepeliendus dolor; Tusc II 32. cerno animo sepulta in patria miseros atque insepultos acervos civium; Catil IV 11. quid, qui post XII in urbe sepulti sunt clari viri? leg II 58. quod vestra vistus neque oblivione eorum, qui nunc sunt, nec reticentia posterorum sepulta esse poterit; Phil XIV 33.

Tim 22. ut ad cumulum
... decima accedat:

Siebenhunderste: post
...ugentesimo sexagesimo

...hundert : qui (Attica-
... memoriam uno libro co-
... ingeribus quinqua-
...nae imperarentur: Ver II.
... vi esse decora

...re: ad septuagesimum
... I 46.

... annos septuaginta
... tota c XX arato-
... epistularum nulla
... instar septuaginta:
...uaginta milia ann...
...tem, dum de te quin-
...buntur? Piso 96.

... Grab, Gruft, Grab
...ulchrum ipsius (Ser.
... ne eius esset. uti
...ulchrum datum esset:
— II. 1. maiore-
... reverant, sepulchra paucis:
... sepulchra sanctiora
... non esse ius in loco
... II 56. nec sepulcra
... memoriam perdam:
... sepulcrum osten-
... aetatem longe a
A XVI 7. 7. ut ad Pericli
II V 5. — III. 1. ea non tam
... iam ad ius sepulchrorum.
... magnificentiam esse minu-
... religio est sepulchrorum.
... inferri fas negent esse.
... tempestate, vi, vetu-
... sanctitas in ipso solo est:
... iter quidem ad sepulchrum
... Sex E ... 24. duae sunt prae-
... leg II 61.

sepultura, ... Begräbnis: I. 1. qui
... sepulturam effecerant; Phil I 5
— 2. ... et ... exequiarum caruerunt:
... — II. mihi antiquissimum sepulturae
...us ... fuisse videtur. quo apud Xenophontem
...is ...: leg II 56. cur decernit honorem
... Phil IX 14. — III. 1. eos nec inhumatos
... ...persis bustis humili sepultura crematos:
... XIV 34. — 2. nec de mortui laude nisi in
... sepulturis dici licebat; leg II 65.

sequester, vermittelnd, Vermittler, Unter-
händler: A. quid opus erat ad eam rem iudice
sequestre? Cluent 87. — B, I. qui aut sequestros
aut interpretes corrumpendi iudicii solent esse:
Ver pr 36. — II. quo (Sex. Vibio) sequestre in illo
indice corrumpendo dicebatur esse usus; Cluent 25.
— III. tu doce, per quem sequestrem (tribus) corrupta sit; Planc 48.

sequor, folgen, nachfolgen, begleiten, beitreten,
beipflichten, sich anschließen, nachgehen, aufsuchen,
trachten, streben, annehmen: I, 1. necesse est omnino officium aut fugiendi aut sequendi ad eorum
aliquid referri; fin V 18. — 2, a, α sequitur de
locis sacris religiosis; har resp 30. sequitur de
captis pecuniis et de ambitu; fin III 46. — β. deinde
sequitur, quibus ius sit cum populo agendi aut
cum senatu; leg III 40. — γ. sequitur, ut de frumento empto vos doceam; Ver III 163. sequitur,
ut ea (vita beata) exsistat ex honestate; Tusc V
67. — δ. quo constituto sequitur ab animantibus

... qui Mariu... septien...
... F... 51. ne septiens miliens
... P... VIII 26. ...tertium septiens
... Antonium pecuniae publicae indi-
...: F XII 11.

septimum, zum siebenten Male: cur Marius
... iter septimum consul domi suae senex est
...? nat III 81.

... **septimus**, siebente: septimo die post filiae
mortem: Tusc III 63. qui (veterani) quiescunt, ut
...ptima, ut octava legio: Phil XI 37. septimus mihi liber
Originum est in manibus; Cato 38. postremo septimam

principiis ea esse generata; nat II 75. sequitur
porro. nihil deos ignorare; div II 105. — b. ne, si
taciti (peccatum) praeterierimus, sine causa non
-ecuti putemur; inv I 12. secutus est C. Gracchus;
har resp 41. quid sequatur, quid repugnet, vident;
fin V 83. tnm. quae sequuntur; nat II 110. sequuntur conubia et adfinitates; of I 54. secutum est
bellum Africanum; Deiot 25. conubia: f. adfinitates.
sequitur omnis vitae ea, quam tu commemorabas,
eversio; Ac II 99. secuti sunt avariores magistratus;
Ver III 190. non quaesitum esse numerum, sed
secutum; orat 165. est oratio mollis et tenera et
ita flexibilis, ut sequatur, quocumque torqueas;
orat 52. sequebatur raeda cum lenonibus; Phil II
58. sequitur tertia disserendi ratio et scientia;
Tusc V 72. ne multa turpia sequuntur; fin III 17.
manebit ergo amicitia tam diu, quam piu sequetur
utilitas; fin II 78. — II. te, nomen, imperium,
vocem, aspectum, impetum tuum stans senatus
equitesque Romani et omnes boni sequebantur; har
resp 22. Epicurus, in quibus sequitur Democritum,
non fere labitur; fin I 18. nisi id, quod scriptum
est in lege, sequimini || sequamini '; inv I 70. ista
sequamur asperitatemque fugiamus; orat 164. si
ego, quid tu sis secutus, non perspicio; A VIII 11,
l). 5. f. Cyzicum. quod (Deiotarus) fidem secutus
amicitiamque populi Romani functus sit officio; div
II 78. et amoenitatem || hanc || et salubritatem hanc
-equor; leg II 3. aspectum: f. alqm. qui (milites
veterani) illius auctoritatem, imperium, nomen secuti
pro re publica arma ceperant; Phil XI 20. meminisse debes eos, qui auctoritatem et consilium tuum
non sint secuti, sua stultitia occidisse; ep IV 3, 2.
nec tam est enitendum, ut bona sequamur, quam ut
vitia fugiamus; of I 114. non commoda quaedam
-equebamur parva ac mediocria; Q fr III 8, 1. qui
-uo iudicio essent illam condicionem vitae secuti;
Rab Post 16. reliqna videtur esse deliberatio, quod
-onsilium in discessu, quae loca sequamur; ep IV
2, 4. f. auctoritatem. milites cum gladiis sequuntur
consulem; Phil VII 13. sermo sequatur etiam convivia; of I 132. si spes erit, Epirum, si minus,
Cyzicum aut aliud aliquid sequemur; A III 16. qui
ips rum disciplinam sequor; Ac II 98. ecce aliqui
duritatem et severitatem quandam in verbis et orationis quasi maestitiam sequuntur; orat 53. Epirum:
f. Cyzicum. dubitabitis condemnare illorum illorum
sequi? Ver II 109. quam (fidem) quoniam secuti
sunt; Phil XIV 30. f. amicitiam. cum flumina et
solitudinem sequeremur; A XIII 16, 1. eam (fugam)
si nunc sequor; A VIII 3, 5. cum hoc genere
philosophiae, quod nos sequimur, magnam habet
orator societatem; fat 3. imperium: f. alqm, auctoritatem. impetum: f. alqm. vos nunc utrum illorum iudicium an voluntatam sequi malitis, considerate; Ver II 175. sequuntur largitionem rapinae;
of II 54. maestitiam: f. duritatem. naturam sequi
et eius quasi lege vivere; leg I 56. (Philoxenus)
nomen Avianii secutus est; ep XIII 35, 1. f. alqm,
auctoritatem. e quibus appareat non voluptatem
vos, sed officium sequi; fin II 58. qui sequimur
probabilia; Tusc II 5. qui hanc sectam rationemque
vitae re magis quam verbis secuti sumus; Cael 40.
si verba, non rem sequeremur; de or I 243. salubritatem: f. amoenitatem. sectam: f. rationem. eam
(sellam) pulvinus sequetur; ep IX 18, 4. quam
(sententiam) senatus frequens secutus est; dom 9.
severitatem: f. duritatem. solitudinem sequor; A
XII 23, 1. f. flumina. verba: f. rem. sequor eas
vias, quas didici ab Antiocho; Ac II 98. se vitam
illam tranquillam et quietam sequi maluisse; Cluent
151. cuius (platani) umbram secutus est Socrates;
de or I 28. vocem: f. alqm. voluntatem: f. iudicium. voluptatem: f. officium. sequor utilitatem;
fin II 78. — III. an L. Tillius Cimber me est auc-

torem secutus? Phil II 27. quem (Platonem) ego
vehementer auctorem sequor; ep I 9, 18. quia
sequantur, quantum homines possunt, naturam optimam bene vivendi ducem; Lael 19.

serenitas, Heiterkeit: haec cum sit tum serenitas, tum perturbatio caeli; div II 94.

sereno, aufheitern, heiter sein: » cum terribili
perculsus || percussus || fulmine civis luce serenanti
vitalia lumina liquit «; div I 18.

serenus, heiter, hell, klar: inde caelo sereno
in Italiam pervenimus; ep XVI 9, 2. (frons erat)
transquilla et serena; Tusc III 31. quod serena
nocte subito plena luna defecisset; rep I 23.

series, Reihe, Reihenfolge, Kette: I. tanta
series artis est, ut . . ; part or 137. est admirabilis quaedam continuatio seriesque rerum; nat I 9,
— II. quoniam habet seriem quandam et ordinem
contracti negotii confectio ipsa tabularum; Scaur 18.
qui introducunt causarum seriem sempiternam; fat
20. — III. (ut loquatur) sine ulla serie disputationum; de or II 68.

serius, ernsthaft: A. cum gravibus seriisque
rebus satis fecerimus; of I 103. — B. I. quam
multa seria (solent esse in epistulis)! Phil II 7. —
II. quicum ioca seria, ut dicitur, quicum arcana?
fin II 85.

) **sermo,** Rede, Unterredung, Gespräch, Gerede,
Gericht, Ausdrucksweise, Sprache: I. adjekt: 1.
sermo familiaris et cotidianus non cohaerebit, si
verba inter nos aucupabimur; Caecin 52. numquam
de vobis eorum gratissimus sermo conticescet; Phil
XIV 33. quem ad modum, coram cum sumus, sermo
nobis deesse non solet; Q fr II 9, 1. me (delectat)
is sermo, qui more maiorum a summo adhibetur in
poculo; Cato 46. non me is ducit, sed sermo hominum; A VIII 16, 1. quid esse potest in otio aut
iucundius aut magis proprium humanitatis quam
sermo facetus ac nulla in re rudis? de or I 32.
illius aetatis qui sermo fuerit, ex Naevianis scriptis
intellegi potest; Bru 60. in huius (M. Crassi) oratione sermo Latinus erat; Bru 233. si, cito te
rettuleris, sermo nullus erit; ep VII 11, 2. iucundus
est mihi sermo litterarum tuarum; ep VII 32, 3.
totus est sermo verbis tectus, re impudentior; ep
IX 22, 1. quae (remissio animorum) maxime sermone
efficitur familiari, qui est in conviviis dulcissimus;
ep IX 24, 3. ut sempiternus sermo hominum de
nobis futurus sit; Q fr I 1, 38. quorum sermo imperitus increbruit; orat 23. ab his sermo oritur,
respondet Laelius; Lael 5. sermo in circulis, disputationibus, congressionibus familiarium versetur,
sequatur etiam convivia; of I 132. quid mirum est
in hoc felicitatis famam sermonemque valuisse?
Muren 38. versatur: f. sequitur. qua (tralatione)
frequentissime sermo omnis utitur; orat 81. — 2.
qui (vultus) sermo quidam tacitus mentis est; Piso
1. — 3. qui sermo, quae praecepta! Cato 12.
II. nach Verben: 1. adde istuc sermones hominum,
adde suspiciones, adde invidiam; Phil XI 23. his
fictus ad ipsorum voluntatem sermo cum adhibetur;
Lael 98. f. I, 1. delectat. cum hoc in via sermonem contulit; inv II 14. ludus, iocus, convivium,
sermo paene est familiarium deserendus; Cael 46.
(oratio philosophorum) sermo potius quam oratio
dicitur; orat 64. num sermonem vestrum aliquem
diremit noster interventus? rep I 17. dabimus sermonem iis, qui . . ; ep IX 3, 1. hinc ductus est
sermo; Bru 21. Scaevola exposuit sermonem Laelii
de amicitia habitum ab illo secum; Lael 3. fit
sermo inter eos et invitatio; Ver I 66. fingo: f.
adhibeo. habeo: f. expono. Aspasia sermonem cum
ipso Xenophonte instituit; inv I 52. instituenti
mihi eum sermonem referre et mandare huic tertio
libro; de or III 1. quorum iniqui sermones cum ad
me per homines honestissimos perferrentur; ep I 9,

20. Atticus ad me sermonem tuum pertulit; ep XI
29, 1. refero: f. mando. inertissimos homines sermonem aliquem requirere; fin V 56. tego: f. I, 1.
est; ep IX 22, 1. ab isto initio tractum esse sermonem; Bru 21. sermonem alio transferamus; de
or I 133. eosdem illos sermones ad Catonem Bru-
tumque transtuli; A XIII 16, 1. sermonis et vituperationis vitandae causa; Q fr I 1, 17. — 2. sed
haec coram; nam multi sermonis sunt; A VII 3,
12. — 3. quem ad modum ille (Antonius) se doc-
tissimorum hominum sermonibus dedidisset ∥ dedisset ∥; de or II 3. qui (M. Seius) nostro sermoni
interfuit; ep XI 7, 1. cui sermoni nos intervenimus?
rep I 19. locum sermoni obtrectatorum non reliquit; Flac 68. — 4. carere sermone omnino familiari; Tusc V 63. cuius (Q. Maximi) sermone ita
tum cupide fruebar, quasi . .; Cato 12. — 5. quod
(genus dicendi) a forensi sermone abhorreat;
Arch 3. ut hae feriae nobis ad utilissimos rei publicae sermones potissimum conferantur; rep I 33.
valde optanti utrique nostrum cecidit, ut in istum
sermonem delaberemini; de or I 96. cuius in sermone et suavitate omnes curas doloresque deponerem; ep IV 6, 2. da te in sermonem; A XIII 23,
3. quae (memoria) in omnium gentium sermonibus
ac mentibus semper haerebit; Catil IV 22. ut
neminem nostrum paeniteat ad hunc te sermonem
impulisse; de or I 209. quae te causa in sermonem
impulisset; de or II 363. in sermonem incidemus;
ep IX 3, 1. erat in sermone res, magnam pecuniam
Heraclio relictam; Ver II 35. veni in eum sermonem, ut dicerem . .; ep II 5, 3. quoniam in sermonem
iam venisti; A XI 24, 2. qui cum Pompeio complures dies nullis in aliis nisi de re publica sermonibus versatus sum; ep II 8, 2.

III. nach Adjectiven: 1. scis me illorum expertem
temporum et sermonum fuisse; Sulla 11. — 2. sedes
huic nostro non importuna sermoni; de or III 18.
— 3. nemo illum sermone dignum iudicavit;
Cluent 41. — 4. erat in omni vel officio vel sermone
sollers; rep II 37.

IV. nach Substantiven: 1. quae (senectus) mihi
sermonis aviditatem auxit, potionis et cibi
abstulit; Cato 46. haec non maiora forensium actionum quam omnium sermonum condimenta sunt; de
II 27 1. id in sermonis nostri consuetudine perlate
patet; de or II 17. illud est frequentissimum in
omni consuetudine vel sermonis vel scripti; de or
II 111. quae (praecepta) isti consuetudo sermonis
cotidiani ac domestici; de or III 48. f. mens.
Sisenna quasi emendator sermonis usitati cum esse
vellet; Bru 259. sermonis errore labimur; Tusc V
55. (Stoicus) genus sermonis adfert non liquidum,
non fusum ac profluens, sed exile, aridum, concisum
ac minutum; de or II 159. quem (librum) con-
scriptum molli et Xenophontio genere sermonis; Bru
132. ut non numquam etiam ad cotidianum genus
sermonis accederent; orat 109. genus sermonis inducis in amicitiam minime liberale; ep III 8, 5.
iter huius sermonis quod sit, vides; leg I 37. non
adimo (illis) sermonis leporem; Flac 9. etiamsi
propius accedat ad consuetudinem mentemque sermonis defensoris definitio; part or 124. hoc modo
sermonis plurimum Socrates usus est; inv I 53.
rationem non arbitror expectari a me puri dilucidique sermonis; de or III 38. ego neque in causis
argumentari soleo nec idem facerem in hac subtilitate sermonis; nat III 9. non sunt alia sermonis,
alia contentionis verba; de or III 177. — 2. ex
illius (Clodii) sermone ad te scribam plura; ep III
4, 2. quorum impunitas fuit non modo a iudicio,
sed etiam a sermone; Rab Post 27.

V. Umstand: 1. Curionis patrio fuisse instituto
puro sermone adsuefactam domum; Bru 213.
celebratur omnium sermone laetitiaque convivium;

Ver I 66. qui (oratores) omnia sermone conficerent
paulo intentiore; de or I 255. qui nulla arte adhibita
de rebus ante oculos positis vulgari sermone disputant; Ac I 5. effici: f. I, 1. est; ep IX 24, 3.
quae (opinio) apud exteras nationes omnium sermone
percrebruit; Ver pr 1. quod quoniam nomen minus
est adhuc tritum sermone nostro; rep II 51. — 2.
ex his adsiduis eius cotidianisque sermonibus statuebam sic; Nest 24. non quo aliter hoc in sermone
atque in dicendo sit utendum; inv I 55. huic (Matio)
ego in multo sermone epistulam ad me Caesaris
ostendi; A IX 11, 2. qui (Pythagoras) cum post
hunc Phliasium sermonem in Italiam venisset;
Tusc V 10.

sermocinor, sich unterreden, plaudern: I.
quibus in rebus homines in consuetudine scribendi aut sermocinandi eo verbo uti soleant; inv
II 54. — II. ait se cum isto diligenter sermocina-
turam; Ver I 138.

sermunculus, Gerede, Geschwätz: 1. sermunculum omnem (Brutus) ant restinxerit aut sedarit;
A XIII 10, 3. — 2. ex urbanis malivolorum sermunculis haec ab istis esse conlecta; Deiot 33.

sero, zusammenfügen: nisi ex aeternitate causa
causam serens hoc erit effectura; fat 27.

sero, säen, pflanzen, erzeugen, ins Leben rufen,
besäen, bepflanzen: Tertullae nollem abortum. tam
enim Cassii sunt iam quam Bruti serendi; A XIV
20, 2. seremus aliquid tamquam in inculto et derelicto solo; Bru 16. satis et quasi sparsis animi-
Tim 43. nos fruges serimus, nos arbores; nat II 152.
neque serendi neque colendi fructus pecudum scientia
est; nat II 156. fruges: f. arbores. vir magnus
leges, instituta, rem publicam non seret? Tusc I 31.
ut pluribus aliquanto medimnis decumae emerint
quam iugera erant sata; Ver III 113. leges: f. instituta. in iugero Leontini agri medimnum fere tritici seritur aequabili satione; Ver III 112. qui
Transalpinas gentes oleam et vitem serere non sinimus; rep III 16. rem publicam: f. instituta. *da
mihi ex ea arbore, quos seram, surculos*; de or II
278. vitem: f. oleam.

sero, spät, zu spät: I. virtutis beataeque vitae
serius lumen apparet, multo etiam serius. ut plane
qualia sint intellegantur; fin V 58. longe absum.
audio sero; ep II 7, 1. eadem, sed fortasse serius
decernetis; Phil V 34. erit verendum mihi, ne non
hoc potius omnes boni serius a me quam quisquam
crudelius factum esse dicat; Catil I 5. videsne, quam
ea (eloquentia) sero prodierit in lucem? Bru 39. sero
resistimus ei, quem per annos decem aluimus contra
nos; A VII 5, 5. „sero sapiunt". tu tamen, mi vetule,
non sero; ep VII 16, 1. quid ocius et quid serius
futurum sit; inv I 39. sero veneram; ep IV 1, 1. —
II siquidem non tam semper stulti quam sero sapientis est . .; Rab Post 24.

serpens, Schlange: I. iam ista serpens, quae
tum hic delitiscit, tum se emergit et fertur illuc,
compressa atque inlisa morietur; har resp 55. repente
te tamquam serpens e latibulis intulisti; Vatin 4. —
II. comprimo, al.: f. I. — III. quid aristolochia
ad morsus serpentium possit, video; div I 16. —
IV. visam beluam circumplicatam serpentibus;
div I 49.

serperastra, Stützen: de serperastris cohortis
meae nihil est quod doleas; A VII 3, 8.

serpo, friechen, schleichen, sich fortbewegen um
sich greifen: ecce autem serpere occulte coepisti;
de or II 203. esse censoris, ne longius id serperet,
providere; de or III 94. vereor, ne hoc, quod infectum
est, serpat longius; A I 13, 3. serpit nescio quo
modo per omnium vitas amicitia; Lael 87. serpere
anguiculos; fin V 42. *horum (Piscium) e candis
duplices velut aere catenae serpunt*; fr H IV, a,
248. ut (homo) profectus a caritate domesticorum

ac suorum serpat longius; fin II 45. cum serperet in urbem infinitum malum; Phil I 5. serpit hic rumor . ; Muren 45. sustulisse mihi videtur simulationem desiderii, quae serpebat in dies; A XIV 15, 1 (2). (vitem) serpentem multiplici lapsu et erratico; l'ato 52.

serra, Säge: ne stridorem quidem serrae (audiunt), tum cum acnitur; Tusc II 116.

serracum, Laſtwagen: cum tibi tota cognatio serraco advehatur; Piso fr 15.

serrula, kleine Säge: aduncam ex omni parte dentatam et tortuosam venire serrulam, qua illud potuisse ita circumsecari videretur; Cluent 180.

sertum, Blumengewinde: accubantes in conviviis sertis redimiti; Catil II 10. sertis redimiri inebris et rosa? Tusc III 43.

serva ſ. servus, B, b.

servator, Erhalter, Erretter: I. committerem, ut idem perditor rei publicae nominarer, qui servator fuissem? Planc 89. — II. me senatus exteris nationibus civem servatorem[que] rei publicae commendavit; Piso 34. qui a me mei servatorem capitis divellat ac distrahat; Planc 102.

servatrix, Erhalterin: ut liceat dicere omnem naturam esse servatricem sui; fin V 26.

servilis, ſklaviſch, der Sklaven: quod comitia omnia ‖ illa essent armis gesta servilibus; leg III 45. cum (Italia) servili bello premeretur; imp Pomp 30. cuius (urbis) a cervicibus iugum servile deiecerant; Phil I 6. quam longa est narratio! mores adulescentis ipsius et servilis percontatio; de or II 327. veste servili navem conscendit; Piso 93. servilis unctura tollitur; leg II 60.

serviliter, ſklaviſch: ne quid ignave, ne quid serviliter muliebriterve faciamus; Tusc II 55.

servio, dienen, dienſtbar, Sklave, belaſtet, gefällig, bedacht ſein, ſorgen, ſeine Aufmerkſamkeit widmen, ſich richten, anbequemen, unterordnen: I, 1, a. attulerat iam liberae civitati partim metu, partim patientia consuetudinem serviendi; Phil II 116. — b. hereditatis spes quid iniquitatis in serviendo non suscipit? par 39. — 2. in qua (urbe) non modo florui cum summa, verum etiam servivi cum aliqua dignitate; A XV 5, 3. eae (aedes) serviebant, sed hoc in mancipio Marius non dixerat; of III 67. servientibus animis gemitus tamen populi Romani liber fuit; Phil II 64. servire diutius non potest civitas; Phil X 19. cum servientibus suis civitatibus fuerint ipsi (sapientissimi viri) quodam modo liberi; ep IX 16, 6. cum neque servire quandam earum aedium partem in mancipii lege dixisset; de or I 178. imperantem patriam Lacedaemoniis (Epaminondas) relinquebat, quam acceperat servientem; Tusc II 59. populum Romanum servire fas non est; Phil VI 19. — II. iis servire debeo, qui . .; fin I 10. vgl. I, 2. patria. adulescentibus paulo loquacioribus est serviendum; par 40. malo ut valetudini tuae servire quam meis oculis et auribus; ep XVI 22, 1. ut non brevitati servitum sit, sed magis venustati; de or II 327. quo setius suis rebus et commodis servire possint; inv II 132. est eius, qui praesit, eorum, quibus praesit, commodis utilitatique servire; Q fr I 1, 24. te et consolationi servire et veritati; A III 16. cum homines benivolentia coniuncti cupiditatibus iis, quibus ceteri serviunt, imperabunt; Lael 82. ut dignitati et gloriae servias; ep IX 14, 6. huius rationi tempori serviam quam dolori meo; Sest 14. gloriae: ſ. dignitati. quibus (hominibus) ego semper servivi; ep XIV 4, 1. quantum in hac urbe polleat multorum oboedire tempori multorumque vel honori vel periculo servire; Bru 242. o virum sapientem, qui serviendum necessitati putet! orat 230. oculis: ſ. auribus. periculo: ſ. honori. nos illi (principi) servimus, ipse temporibus; ep IX 17, 3. rebus: ſ. commodis. tu cum hominibus consulere

debeas et servire humanae societati; of III 52. ut et illius voluntati et meis studiis serviam; ep IV 4, 4. tempori: ſ. dolori, principi. velim valetudini tuae et tranquillitati animi servias; ep V 21, 5. servi valetudini; ep XIV 2, 3. ſ. auribus. vectigalibus serviamus; de or II 171. venustati: ſ. brevitati. veritati: ſ. consolationi. voluntati: studiis. me auctore nemo dicendi studiosus Graecorum more [et] tragoedorum voci serviet; de or I 251. utilitati: ſ. commodis. — III. quorum maiorum nemo servitutem servivit; Top 29. solos sapientes esse, si servitutem serviant, reges; Muren 61.

servitium, Sklavenſchaft, Sklaven: I, 1. servitia concitat; Catil IV 13. omne servitium permissu magistratus liberatum in alteram scaenam immissum, altera praepositum; har resp 25. — 2. Lycurgus agros locupletium plebi ut servitio colendos dedit; rep III 16. — 3. ut a servitio caveremus; har resp 25. — II. quod tum magnitudo servitii perspicitur; Ver V 29. iste motus servitiorum; Ver V 15. — III. ut civis is servitio atque armis pelleretur; Piso 23.

servitus, Sklaverei, Sklavenbienſt, Dienſtbarkeit, Knechtſchaft: I, 1. an eorum servitus dubia est, qui cupiditate peculii nullam condicionem recusant durissimae servitutis? par 39. — 2. servitus est non dicere, in quem velis; Sulla 48. si servitus sit, sicut est, oboedientia fracti animi et abiecti et arbitrio carentis suo; par 35. — II, 1. quae (victoria) aut interitum adlatura esset, si victus esses, aut, si vicisses, servitutem; ep VI 21, 1. ex hac maxima libertate tyrannus gignitur et illa iniustissima et durissima servitus; rep I 68. me paucos pedes ‖ specus ‖ in extremo fundo et eos quidem subterraneos servitutis putasse aliquid habituros; A XV 26, 4. servitute fundo illi imposita; Q fr III 1, 3. nemo est vir, qui ad servitutem propulsandam ingenuo dolore exciteur; Phil X 18. servio: ſ. servio, III. — 2. servitutis oblita civitas ingemuit; Phil II 64. — 3. ut mortem servituti anteponamus; Phil III 29. — 4. qui (Themistocles) cum servitute Graeciam liberavisset; Lael 42. — 5. socios nostros in servitutem abduxerunt; Piso 84. qui in servitute iusta fuerunt; Caecin 99. — III. al qd: ſ. II, 1. habeo. condicio: ſ. I, 1. depulit a civibus suis iniustum illud durae servitutis iugum; rep II 46. ut ille moriens perangusto fretu divisa servitutis ac libertatis iura cognosceret; Ver V 169. qui (Marius) bis Italiam obsidione et metu servitutis liberavit; Catil IV 21. dum modo (Gallia) repellat periculum servitutis; Phil XII 9. libertate ille in acerbissimo servitio miserrimae servitutis abusus est; Ver V 114. nos conantes servitutis vincla rumpere; Phil X 18. — IV, 1. hunc nimis liberum populum libertas ipsa servitute adficit; rep I 68. sic sunt permulti diuturna servitute ad nimiam adsentationem eruditi; Q fr I 1, 16. tu cum servitute oppressam civitatem teneres; dom 131. — 2. fit in servitute dominatus; Deiot 30.

servo, retten, erretten, erhalten, aufbewahren, bewahren, aufrecht erhalten, beobachten, hüten: I. cum de caelo servatum sit, cum populo agi non posse; dom 40. cum de caelo servare non ipsos censes solitos, qui auspicabantur? div II 74. — II. eum (Clodium) per manus servulae servatum et eductum: A I 12, 3. paucis diebus habebam certos homines, quibus darem litteras. itaque eos me servavi; A V 17, 1. ubi permulti observandi multaque servanda sunt; Sex Rosc 90. difficile est servare aequitatem; of I 64. qui (Miltiades) illam civitatem servarat; Sest 141. communem totius generis hominum conciliationem et consociationem colere, tueri, servare debemus; of I 149. adversantem libidini moderatam in omni re servare constantiam; Tusc III 17. si ea decreta consulum, quae de Caesaris actis inter-

posita sunt, non serventur; A XVI 16, 8. quaero,
servarisue in eo fidem; Vatin 15. qui (di) hoc imperium,
qui hanc libertatem, qui populum Romanum, qui haec
tecta atque templa vestro numine auxilioque servastis;
Sulla 86. quam (legem Iuliam) Bibulus certa quadam
ratione non servat, tibi magnopere servandam censeo;
ep II 17, 2. augurales libros ad commune utriusque
nostrum otium serva; ep III 11, 4. libertatem: ſ.
imperium. officia media omnia aut pleraque servantem
vivere; fin IV 15 (14). omnibus officiis amicitiae
diligenter a me sancteque servatis; ep V 17, 3. meis
consiliis, periculis, laboribus patriam esse servatam;
dom 93. populum: ſ. imperium. ne illa quidem promissa servanda sunt: of III 94. cuius consilio cum
universam rem publicam, tum illam ipsam urbem
meminerant esse servatam; Piso 25. tecta, templa:
ſ. imperium. ego servo et servabo Platonis verecundiam; ep IX 22, 5. evolvi volumen epistularum
tuarum, quod ego *sub* signo habeo servoque diligentissime; A IX 10, 4. urbem: ſ. rem publicam. — III.
qui (animi) se integros castosque servavissent;
Tusc I 72. vivum tu archipiratam servabas; Ver
V 67. urbem et cives integros incolumesque servavi;
Catil III 25. ut pudicitiam liberorum servare ab
eorum libidine tutam non liceret; Ver I 68. id
(signum) usque ad hanc diem integrum inviolatum-
que servatum est; Ver IV 130. urbem: ſ. cives.

serus, ſpät: sera gratulatio reprehendi non
solet; ep II 7, 1. vobis illae, vobis vestro in conspectu serae, sed iustae tamen poenae solutae sunt;
Milo 85. »haec portenta dedit tarda et sera nimis«;
div II 64.

servula, junge Sklavin: eum (Clodium) per
manus servulae servatum et eductum; A I 12, 3.

servulus, junger Sklave: I. servulos dicere
eum (Plancum) et agripetas eiectos a Buthrotiis; A
XV 29, 3. ut ad libidinem suam liberti servulique
nobilium bona vexare possent; Sex Rosc 141. — II.
i n uno servulo familiae nomen non valere; Caecin
55. — III. quaerit, equine pretiosi potius iacturam
faciat an servuli vilis; of III 89.

servus, dienſtbar, belaſtet, Sklave, Sklavin:
A. posse homines servos iure arma capere et manum cogere; Tul 43. homines permultos liberos atque servos coëgisse et armasse Aebutium; Caecin
20. libera (praedia) meliore iure sunt quam serva;
agr III 9. — B, a, I. simul servis suis Rubrius,
ut ianuam clauderent et ipsi ad fores adsisterent,
imperat; Ver I 66. cum eum servi publici loris ceciderunt; Phil VIII 24. clandunt: ſ. adsistunt. nonne
(servus) se a te corruptum, tuis promissis in fraudem
impulsum esse confessus est? Deiot 32. cur servus
societatis semper in Verrucii nomine certo ex loco
mendosus esset; Ver II 188. ceterorum servorum
ea causa est, ut, si res a nobis abisset, liberti nostri
essent, si obtinere potuissent; ep XIV 4, 4. si quis
est ex servis egregie fidelis, sit in domesticis rebus
et privatis; Q fr I 1, 17. hos ludos servi fecerant,
servi spectaverunt; har resp 24. obtinent: ſ. est; ep
XIV 4, 4. omnes te liberi, servi oderunt; Phil XIII
45. spectant: ſ. faciunt. ad illud aedificium servi
P. Fabii frequentes armatique veniunt; Tul 21. —
2. non ita dicunt eos (improbos) esse servos, ut
mancipia, sed quis neget omnes leves, omnes cupidos, omnes denique improbos esse servos? par 35. —
II. 1. qui avi servum corruptum praemiis ad accusandum dominum impulerit, a legatorum pedibus
abduxerit; Deiot 2. clivum Capitolinum me consule plenum servorum armatorum fuisse; Phil II 16.
ſ. I, 1. veniunt. vitiosas animi partes ut servos superiore imperio coërceri; rep III 37. corrumpo: ſ. abduco. I, 1. confitetur. lege nova servos nostros libertos suos fecisset; Milo 89. cum neque res publica
consules haberet, sed mercatores provinciarum et
seditionum servos ac ministros; ep I 9, 13. servi et

egentes in tecta nostra cum facibus immissi; A XIV
10, 1. impello: ſ. abduco. I, 1 confitetur. nec ullam
ob aliam causam Pollicem servum a pedibus meis
|| meum || Romam misi; A VIII 5, 1. nihilne inter-
est, patrem quis necet anne servum? par 24. duos
servos paternos in quaestionem ab adservariis Sex.
Roscius postulavit; Sex Rosc 77. quo me animo in servis
esse censes? quos quidem cum omnibus in locis tum praecipue in provinciis regere debemus; Q fr I 1, 17. — 2. ut
alter consessus potestati a ervorum obiceretur, alter servorum totus esset; har resp 25. — 3. id tibi et medico callido et servo fideli non credidit; Deiot 18.
impero: ſ. I, 1. adsistunt. hominem iubet Lilybaeum
vadimonium Venerio servo promittere; Ver V 141.
ut ex agro populi Romani plus frumenti servo Venerio quam populo Romano tribui pateretur; Ver III
89. — 4. in dominos quaeri de servis iniquum est;
Sex Rosc 120. nonne ad servos videtis rem publicam venturam fuisse? Sest 47. III, 1. plenus:
ſ. II, 1. armo. — 2. vectigalem provinciam servis
tuis [publicanis] a te factam esse meministi? Piso
87. — IV, 1. cum servorum bellum metueretur;
Ver V 18. causa: ſ. I, 1. est; ep XIV 4, 4. quo
matrona nulla adit propter vim consessumque ser-
vorum; har resp 24. servorum dilectus || del. || habe-
bantur pro tribunali Aurelio; Sest 34. non (Pompeius) exercitu amisso nudus in servorum ferrum et
manus incidisset; Tusc I 86. vidi Q. Hortensium
paene interfici servorum manu; Milo 37. ſ. ferrum.
ut aratores in servorum numero essent; Ver III
87. potestas: ſ. II, 2. quaestiones nobis servorum
accusator ac tormenta minitatur; Sulla 78. vis: ſ.
consessus. — 2. alqs ex: ſ. I, 1. est; Q fr I 1, 17.
animus in: ſ. II, 1. rego. mortis paternae de servis
paternis quaestionem habere filio non licet! Sex Rosc
78. — V. a servis communibus vi detruditur; Quinct
28. cum perditi homines cum sui similibus servis
tectis urbis minarentur; Phil I 5. haec iste omnia
per servos Venerios tollenda atque asportanda curavit; Ver IV 104. — b. quem (Servium Tullium)
ferunt ex serva Tarquiniense || Tarquiniensi || natum;
rep II 37.

seseni, je sechshundert: certum pretium, ses-
cenos nummos, nautarum missionis constituere! Ver
V 62. capit ille ex suis praediis sescena sestertia,
ego centena ex meis; par 49.

sescentesimus, sechshundertste: qui (Romulus) ab hoc tempore anno sescentesimo rex erat; rep
I 58.

sescenti, sechshundert. ſehr viele, unzählige:
A, iam quos nemo propter ignobilitatem nominat.
sescenti sunt; Sex Rosc 90. quid vero historiae de
nobis ad annos DC praedicarint? A II 5, 1. ne Sampsicerami merita in patriam ad annos sescentos maiora viderentur quam nostra; A II 17, 2. possum
sescenta decreta proferre, in quibus . . ; Ver I 125.
venio ad epistulas tuas; quas ego sescentas uno
tempore accepi; A VII 2, 3. emit agri Liparensis
decumas tritici medimnis DC; Ver III 84. HS sescenta
milia cum accepta rettulissent; Ver I 93. quid delectationis habent sescenti muli in "Clytaemnestra"
Clytaemnestra ||? ep VII 1, 2. quae (pericula) mihi
ipsi intenduntur et sescenta sunt; A II 19. 1. quid,
quod populari illi sacerdoti sescentos ad bestias socios
stipendiariosque misisti? Piso 89. — B, I. in quo
multa molesta, discessus noster, belli periculum, militum improbitas, sescenta praeterea; A VI 4, 1. —
II. sescenta licet eiusdem modi proferri, ut . . ;
div II 34.

sescenties, sechshundertmal: in singulas tegulas impositis sescentis sescenties confici posse; fr
E V, 5.

seselis, Sesel: cervae paulo ante partum perpurgant se quadam herbula, quae seselis dicitur;
nat II 127.

sesqui, ḣalbmal, um bie Ḣälfte: ut necesse sit partem pedis aut aequalem esse alteri parti aut altero tanto aut sesqui esse maiorem; orat 188.

sesquialter, anbertḣalb: sesquialteris intervallis et sesquitertiis et sesquioctavis sumptis ex his conligationibus in primis intervallis sesquioctavo intervallo. sesquitertia omnia explebat, cum particulam singulorum relinqueret; Tim 23. quae (pars) esset secundae sesquialtera, primae tripla; Tim 22.

sesquimodius, anbertḣalb Sḋeffel: numquam tam grati hi sesquimodii fuissent; Ver III 205.

sesquioctavus, neun Aḋtel: f. sesquialter.

sesquiplex, anbertḣalbfaḋ: ita factos eos pedes esse, ut in eis singulis modus insit aut sesquiplex aut duplex aut par; orat 193. ita fit aequalis dactylus, duplex iambus, sesquiplex paean; orat 188.

sesquitertius, vier Drittel: f. sesquialter.

sessio, Siḟen, Siḟung, Siḟ, Siḟplaḟ: I. in quo (loco) tot locis sessiones gymnasiorum et Graecorum disputationum memoriam quodam modo commovent; de or II 20. illam sessionem Capitolinam mihi non placuisse tu testis es; A XIV 14, 2. etiam sessiones quaedam et flexi fractique motus contra naturam sunt; fin V 35. — II. neque (est hoc munus) nostrae posmeridianae sessionis; de or III 121.

sessito, immer siḟen: quam deam in Pericli labris scripsit Eupolis sessitavisse; Bru 59.

sessiuncula, Siḟung, Kränƶḋen: inertissimos homines circulos aliquos et sessiunculas consectari; fin V 56.

sestertius, Sesterƶ: I. leve et tenue hoc nomen ? HS cccɔɔɔ sunt; Q Rosc 4. quae essent HS ∞ c̄c̄: Ver II 185. — II, 1. expensa Chrysogono servo HS sescenta milia accepta pupillo Malleolo rettulit; Ver I 92. HS ĪX a domino accepisti; Ver V 15. sestertium septiens miliens avertisse Antonium pecuniae publicae iudicavistis; Phil XII 12. C. Verrem HS quadringentiens contra leges abstulisse; Ver I 27. capit ille ex suis praediis sescena sestertia, ego centena ex meis; par 49. iam antea HS ɔɔɔ dissolverat; Q Rosc 51. L. Flaccum sibi dare cupisse, ut a fide se abduceret, sestertium viciens; Flac 83. queritur Sicilia tota C. Verrem pro frumento in modios singulos duodenos sestertios exegisse; div Caec 30. expendo: f. accipio. statim cogitur Heraclius legatus numerare HS xxii; Ver III 88. recte: f. accipio. cum HS xxx scripta essent pro HS c̄c̄c̄; Cluent 162. HS quinquaginta milia soluta non sunt; Ver I 93. — 2. minoris HS triciens praetorium hominem honeste non posse damnari; Ver pr 38. quae (hereditas) erat HS triciens; Ver II 45. — 3. video (frumentum) esse binis HS; Ver III 196. — III. huic hereditas HS quingentorum milium venerat a muliere quadam proqinqua; Ver II 53. — IV, 1. ecquis est, qui bona C. Rabirii Postumi nummo sestertio sibi addici velit? Rab Post 45. fructus isti Trallianorum Globulo praetore venierant; Falcidius emerat HS nongentis milibus; Flac 91. cum HS ternis tristici modium vendere non posset; Ver III 191. — 2. eius (T. Pinnii) filio pecuniam Nicaeenses grandem debent, ad sestertium octogiens; ep XIII 61. pro: f. II, 1. scribo. — V. „sestertium, nummum", non „sestertiorum, nummorum", quod in his consuetudine varia non est; orat 156.

setius, weniger: cur rei publicae munere impediantur, quo setius suis rebus et commodis servire possint; inv II 132.

seu, ober, entweber — ober: I, 1. Q. Fabium Labeonem seu quem alium arbitrum datum; of I 33. — 2. tum illam incredibilem celeritatem seu potius audaciam protuli; Quinct 88. — II. seu recte seu perperam facere coeperunt; Quinct 31. seu amentiae seu fati seu calamitatis non est iste molestus exitus; Ver V 152.

severe, ernftliḋ, ftreng, fḋarf: qui potest agi severius? Milo 59. qui voluptatem severissime contemnant; of I 71. quae cum omnia graviter severeque dixerit; Ver V 22. fieri non posse, ut de isto non severissime iudicetur; Ver III 144. cum toto genere orationis severe ludas, cum aliter sentias ac loquere; de or II 269. haec impulsus benivolentia scripsi paulo severius; ep X 6, 3. ita graviter et severe voluptatem secernit a bono; fin II 24. quoniam eum (inimicum) in senatu modo severe seducerent. modo familiariter atque hilare amplexarentur; ep I 9, 19. cum tristibus severe, cum remissis iucunde vivere; Cael 13.

severitas, Ernft, Strenge: cum severitas eorum (morum) ob alia vitia cecidisset; leg II 38. sit summa in iure dicendo severitas, dum modo ea ne varietur gratia, sed conservetur aequabilis; Q fr I 1, 20. haec illius severitas acerba videretur. nisi multis condimentis humanitatis mitigaretur; ep I 1, 21. — II, 1. ut adhibeatur rei publicae causa severitas; of I 88. conservo: f. I. est. chartae, quae illam pristinam severitatem continebant; Cael 40. iudiciorum severitatem desiderant; div Caec 8. Crassus in summa comitate habebat etiam severitatis satis; Bru 148. ut summa severitas summa cum humanitate iungatur; ep XII 27. quam severitatem quis potest non laudare? Phil XI 15. quod (hilaritas) tristitiam ac severitatem mitigat et relaxat: de or II 236. f. I. videtur. severitatem in senectute probo, sed eam, sicut alia, modicam, acerbitatem nullo modo; Cato 65. relaxo: f. mitigo. quod severitatem indicis ac vim requirit; Caecin 6. ecce aliqui duritatem et severitatem quandam in verbis sequuntur; orat 53. mihi auctoritatem patriam severitatemque suscipio; Cael 37. vario: f. I. est. — 2. negas esse eiusdem severitatis Catilinam urbe expulisse et nunc pro Murena dicere; Muren 6. — 3. si illius comitatem et facilitatem tuae gravitati severitatique asperseris; Muren 66. — 4. qua severitate (pater tuus) fuit; obon 84. — 5. quam (spem) habent in legis et in iudicii severitate positam; div Caec 21. qui iudicum animos a severitate paulisper ad hilaritatem risumque traduceret; Bru 322. — III. alqd: f. II, 1. habeo. opinio ipsa et fama nostrae severitatis obruet sceleratis gladiatoris amentiam; Phil V 32. illam gravitatis severitatisque personam non appetivi; Muren 6. — IV, 1. cum te imploranti severitate iudicum esse videam; Ver V 150. homo non liberalitate, ut alii, sed ipsa tristitia et severitate popularis; Bru 97. — 2. dicet rem publicam administrari sine metu ac severitate non posse; Ver V 22.

severus, ernft, ftreng: cum omnium sit venustissimus et urbanissimus, omnium gravissimum et severissimum et esse et videri; de or II 228. Q. Aelius Tubero fuit illo tempore, vita severus et congruens cum ea disciplina, quam colebat; Bru 117. tam severam diligentemque accusationem neque vobis placuisse; div Caec 73. una nostra vel severa vel iocosa congressio pluris erit quam ..; ep VII 10, 4. alter (consul) ille horridus et severus consulto se domi continebat; Sest 26. decreto iusto et severo perpauci (offensi); A VI 3, 3. si verum tuc severissima fronte dixerunt; Rab Post 35. eam tribum profecto, severissimorum praesertim hominum et gravissimorum, edere debuisti; Planc 38. imperia severiora nulla esse putant sine aliqua acerbitate iracundiae; Tusc IV 43. possesne severis iudicibus salvus esse? Ver III 121. de quo severissimum indicium feceritis; Phil V 3. quamvis severa legati mandata dederimus; Phil V 25. quod solum bonum severus et gravis philosophus novit; fin II 29. in rebus tam severis non est iocandi locus; div II 25. magis, quam illorum severissima senectus desiderat meam laudem; Q Rosc 44. sententiis non tam

gravibus et severis quam concinnis et venustis; Bru
325. qui (vultus) quo severior est et tristior, hoc ..;
de or II 289.

sevoco. abrufen, abziehen, trennen: te a Trebonio vidimus sevocari; Phil II 34. cum a voluptate,
id est a corpore, cum a re familiari, cum a re
publica, cum a negotio omni sevocamus animum;
Tusc I 75. ab his non multo secus quam a poëtis
haec eloquentia, quam quaerimus, sevocanda est;
orat 66. non quod difficile sit mentem ab oculis
sevocare; nat III 21. facis, ut rursus plebes in
Aventinum sevocanda esse videatur; Muren 15.

sex, sechs: qui (Livius) cum sex annis ante,
quam ego natus sum, fabulam docuisset; Cato 50.
illarum sex et nonaginta centuriarum; rep II 40.
his libris adnumerandi sunt sex de re publica; div
II 3. annum et sex menses nihil petit; Quinct 30.
decumae xxxvi medimnum venierunt; Ver III 113.
cum chirographum sex primorum imitatus est; nat
III 74.

sexageni, je sechzig: quibus sexagena milia
modium imperata erant; Ver III 171.

sexagesimus, sechzigste: nisi forte Accio sexagesimo post anno palmam dari putabatis; Phil I
36. Ephesum venimus a. d. xi Kal. Sextiles sexagesimo et quingentesimo post pugnam Bovillanam;
A V 13, 1. Olympias secunda et sexagesima Superbi
regni initium declarat; rep I 28.

sexagiens, sechzigmal, sechs Millionen: quae
(bona) sunt sexagiens; Sex Rosc 6. si sestertium
sexagiens peteret; Phil II 45.

sexaginta, sechzig: cum sexaginta (annos) confecerit; Tusc I 92. qui de sua pecunia HS DLX
milia numeravit; Ver I 150. circumitus solis orbium
v et Lx et ccc conversionem conficiunt annuam;
nat II 49.

sexe — f. sesc

sexennium, sechs Jahre: I. confeceram, ut
solverent centesimis sexennii ductis cum renovatione singulorum annorum; A VI 1, 5. — II. cum
in spem libertatis sexennio post simus ingressi;
Phil VIII 32.

sexiens, sechsmal: intellegetis sexiens tanto
tantum ||, quam quantum satum sit, ablatum esse
ab aratoribus; Ver III 102.

sextans, Sechstel, Sechstel eines Aß: 1. ut tuus
amicus Granius "non esse sextantis"; de or II 254.
— 2. in sextante (heredes) sunt ii, quorum ..;
ep XIII 29, 4.

sextarius, Schoppen, Krug: si emere aquae
sextarium cogerentur || cogantur || mina; of II 56.

Sextiles, August, des August: A. Ephesum
venimus a. d. xi Kal. Sextiles; A. V 13, I. ipsis
Nonis Sextilibus; Sest 131. — B. wi in Sextilem
comitia; ep X 26, 1.

sextula, Zweiundsiebzigstel: facit heredem
ex duabus sextulis M. Fulcinium, Aebutio sextulam
aspergit; Caecin 17.

sextum, zum sechsten Male: qui C. illi Mario,
consuli et sextum consuli, cedendum esse duxit; Piso 20.

sextus, sechste: sexto decimo fere anno; rep
II 57. anno xvi post reges exactos; fr A VII 48.
a. d. xvi K. Sextiles; ep II 17, 1. plenus est sextus
liber de officiis Hecatonis talium quaestionum; of
III 89. hic quinquiens absolutus est; sexta palma
urbana etiam in gladiatore difficilis; Phil XI 11.
Sulpicii patroni filia sextam partem hereditatis ab
Ligure petere coepit; Ver I 125.

sexus, Geschlecht: hominum genus in sexu consideratur, virile an muliebre sit; inv I 35.

si, wenn, wofern, ob, ob etwa: A. Bedingung:
I. officii: 1. Indicatio: si omnibus hominibus deos consulere censemus; nat II 164. ita senectus honesta est,
si se ipsa defendit; Cato 38. dic nunc, si potes, si res,
si causa patitur, Cluvium esse mentitum! Q Rosc

48. si deliberatio et demonstratio genera sunt causarum; inv I 12. quod ius si Cn. Pompeius ignoravit,
si M. Crassus, si Q. Metellus, si Cn. Pompeius pater.
si L. Sulla, si P. Crassus, si C. Marius, si senatus,
si populus Romanus, si, qui de re simili iudicarunt,
si foederati populi, si socii, si illi antiqui Latini,
videte, ne ..; Balb 64. si vis erat, si fraus, si metus,
si circumscriptio; Flac 89. tu autem, si tibi illa probabantur, cur non propriis verbis illa tenebas? fin IV
61. id neque, si fatum fuerat, effugisset nec, si non
fuerat, in eum casum incidisset; div II 20. si quaesi-
veram, quae inimicitiae Scamandro cum Habito. fatebatur nullas fuisse; Cluent 52. ea (discriptio) infirmabitur, si falsa demonstrabitur; inv II 54. tu vero,
inquam, (discipulum) ducas licet, si sequetur; erit
enim mecum, si tecum erit; fin V 86. si diligenter
attenderis; nat II 149. ne aut, si taciti praeterierimus, sine causa non secuti putemur, aut, si diutiu-
in hoc constiterimus, moram intulisse videamur; inv
I 12. si hortos inspexeris, et si de epistula certiorem
me feceris, dederis mihi, quod ad te scribam; A
XIII 1, 3. si condemnato Apronio coniunctam cum
eo Verris causam omnes erant existimaturi, Metellus
hoc indicabat ..; Ver III 153. cur, si pecuniae
modus statuendus fuit feminis, P. Crassi filia posset
habere ..? rep III 17. — 2. Conjunctiv: si id
ascribat ad legem et addat hanc exceptionem, patimini? inv I 56. an quicquam tam puerile dici potest.
quam si ea genera beluarum nulla esse dicamus? nat
I 9. sunt etiam nova (auxilia), si fieri possit, comparanda; Muren 84. proinde quasi, si quid a nobis
dictum aut actum sit, id nisi litteris mandarimus,
hominum memoria non comprehendatur; Cluent 140.
cum gaudeam, si simile veri quid invenerim; Ac II
66. si aut scriptum sit obscure aut ..; inv II 120.
si vos Acmonensium decretis, si ceterorum Phrygum
litteris commoveri putarem, vociferarer; Flac 38.
moriar, si magis gauderem, si id mihi accidisset;
A VIII 6, 4. si essent Graecis doctrinis eruditi.
Graeca potius quam nostra lectaros; Ac I 4. quam
(voluptatem) si explicavisset, non tam haesitaret:
fin II 18. nunquam, si denariis cccc Cupidinem
illum putasset, commisisset, ut ..; Ver IV 13. quoniam ille demens, si ea vituperasset, aliquem se aditum ad aures vestras esse habiturum putavit; dom
3. consilium istud tunc esset prudens, si nostra-
rationes ad Hispaniensem casum accommodaturi es-
mus; A X 8, 2. quorum (doctorum) ego auctoritati
non uterer, si mihi apud aliquos agrestes haec habenda
esset oratio; par 33. — 3. Particip: si ostenti
simile natum factumve quippiam; div II 149.

II. Verbindungen: 1. affirmative: ac: s. atque.
aut si aliquis. quem constet esse avarum, dicat alicuius mediocris officii causa se maximam pecuniam
neglexisse; inv I 80. si ex lege subsortitus non erat
Iunius aut si in aliquam legem aliquando non iuraverat, idcirco ..? Cluent 92. si aliquid firmitatis nactus
sit Antonius; ep XI 12, 1. pro eo, ac si concessum
sit, concludere oportebit argumentationem; inv I 54.
ac si tum P. Sestius animam edidisset, non dubito.
quin statua huic statueretur; Sest 83. catuli aeque
caeci, prius quam dispexerunt, ac si ita futuri semper
essent; fin IV 65. atque si in virtute satis est praesidii ad bene vivendum, satis est etiam ad beate
Tusc V 53. atqui si est quaedam appetitio naturalis;
fin IV 32. aut: s. aliquis. haec si censueritis, libertatem recuperabitis. si autem lenius agetis, tamen
eadem decernetis; Phil V 34. si enim est in exsilio.
sicuti est, quid amplius postulatis? Ligar 13. si
ergo apud inferos miseri non sunt, ne sunt quidem
apud inferos ulli; Tusc I 11. etenim, si me
tua familiaritas ab hac causa removisset, et si hoc
idem Q. Hortensio, si item ceteris accidisset, consul
designatus defensorem non haberet; Muren 10. dicit
absurde similiter et si dicat non reprendendos parri-

cidas: fin II 21. etenim: ſ. et; Muren 10. nec, si
forte a me desciveris, idcirco patientur . .; Sulla 35.
quodsi essent falsae notitiae, si igitur essent eae
falsae, quo tandem iis modo uteremur? Ac II 22. ſ.
2. non; of I 121. itaque si Cyrus ille Perses iustissimus fuit rex, tamen . .; rep I 43. item si nihil
haberet animus hominis, nisi ut . .; Tusc I 56. ſ. et.
quod neque pecunia debebatur et, si maxime deberetur, commissum nihil esset, quare . .; Quinct 60.
qui antem, si maxime hoc placeat, moderatius tamen
id volunt fieri; fin I 2. si modo eas (res) cognovit;
de or II 37. si modo esset in re publica
senatus, si maiestas populi Romani revixisset;
Sest 83. Varro includetur in aliquem locum, ut modo
erit locus; A IV 16, 2. nam, si ille aditus patuisset,
numquam haec urbs sedem praebuisset; prov 34.
non est is Quinctius; nisi si latitant, qui ad negotium
suum relicto procuratore proficiscuntur; Quinct 60.
nunc, nisi si quid ex praetereunte viatore exceptum est, scire nihil possumus; A II 11, 1. haud
scio an fieri possit, praesertim si custodes amicorum
eum sectabuntur; Ver III 162. si quando incidunt,
eius modi sunt, ut . .; inv II 58. si quando in
dicendo scriptum attulerit aliquid; de or I 152. quapropter si ea sole ipso clariora sunt; fin I 71. quare
si turpitudo peius est quam dolor; Tusc II 31. quid?
si mandata sint exponenda ab imperatore, num idcirco videtur . .? de or II 49. quid si amplius
triennium est? Q Rosc 8. quidem: ſ. siquidem.
quae (artes) si quis sit unus complexus omnes idemque
si ad eas facultatem istam ornatissimae orationis
adiunxerit, non possum dicere . .; sed is, si quis
esset aut si etiam umquam fuisset aut vero si esse
posset, tu esses unus profecto; de or I 76. si quis
testamento se heredem esse arbitraretur; Ver I 115.
quam facultatem si quis casus eripuerit; ep III 5,
4. ſ. ut; Top 62. hoc intellectu si qui negabit . .;
inv II 22. si qui est sensus in morte; Phil IX 13.
si quae ǁ qua ǁ premat res vehementius; de or II
294. si qua aд vos causa eius modi delata sit;
Cluent 158. si quae [non] nupta mulier domum
suam patefecerit omnium cupiditati; Cael 49. si
quid extra iudicium est; Caecin 104. si quid in te
peccavi ac potius quoniam peccavi, ignosce; A III
15, 4. Brutus si quid egerit, curabis, ut sciam; A
XIII 10, 3. eas (litteras) si quo ille misit, in publico
proponat velim; A VIII 2, 1. quocirca si reditum
in hunc locum desperaveris, quanti tandem est ista
hominum gloria, quae . .? rep VI 25. quod: ſ.
quodsi. sed si videtur, considamus hic in umbra;
leg II 7. tamquam si vos causa te agatur; ep II 16, 7.
si vero aut numerus quidam est animus aut quinta
illa natura; Tusc I 41. ſ. quis; de or I 76. verum
si tibi ipsi nihil deest, quod . .; de or I 77. ut si
velit Orestes dicere . .; inv I 19. ut si quis eventum horum temporum timeat; Top 62. minime
mihi ita fideliter benivoleque praesto fuit, ut si a
me manumissus esset; ep XIII 21, 2. — negative:
si mihi veniam dederit, utar illius condicione; si
minus, impetrabo aliquid a me ipso; A IX 15, 1.
postea demonstrabitur, ne si iudicio quidem illa damnata esset, potuisse hunc . .; inv II 82. in quem,
ne si insidiis quidem ille interfectus'esset, caderet
ulla suspicio; A XIII 10, 3. si ne id quidem (vides);
Tusc I 60. si neque praetorem neque praetoris
aemulum appellari licebit; Ver V 110. si nec percipere quicquam posset sapiens nec opinari sapientis
esset; Ac II 77. si negas esse fortunam; div II 19.
si nemo (te) aspicit, quin ingemiscat; Vatin 39.
quorum si neutrum est; fin IV 57. si nihil habuisset
umquam; Rab Post 38. ſ. 1. item. qui refellemus?
potuisse non dare, si noluisset? Scaur 19. minime
mirum, si'ista res inlustrata non est;ſde or II 55.
si, cum hostes revixissent, ego non revertissem; sen
4. si non optimam, at aliquam rem publicam habe-

remus; of I 35. si igitur non poterit sive causas
defensitare sive . .; of I 121. ſ. 1. quidem. si nondum scelera vulneraque vultis recordari; Sest 17.
si nulla reperietur alia medicina; of I 136. quod
(principium) si numquam oritur; Tusc I 54.
III. **Ellipſe:** restituebat multos calamitosos. in
iis patrui nulla mentio. si severus, cur non in omnes?
si misericors, cur non in suos? Phil II 56. si omnia
fato, quid mihi divinatio prodest? div II 20. non
reperio, quid, et simul „αἰδέομαι Τρῶας" neque, si
aliquid, potero μέμψιν effugere; A XIII 13, 2. cur
tam obscura fuerunt? si enim, ut intellegeremus,
quid esset eventurum; div II 55. si vero aliquid de
Decimo gravius; A XV 10.
B. **Frage:** caput illud erit accusatori, si demonstrare poterit alii nemini causam fuisse faciendi;
secundarium, si tam idoneam nemini; inv II 24. de
expetendo et fugiendo huius modi (quaeritur): si
expetendae divitiae, si fugienda paupertas; Top 84.
omnia mihi fore explicata, si te videro; sed totum
est in eo, si ante, quam ille ineat magistratum; A
II 22, 5. reliquum est, si Faberius nobis nomen illud
explicat; A XIII 29, 1 (2). vide, si forte in Tusculano recte esse possum; A XVI 14, 2,
sibilo, ʒiſchen, ausʒiſchen: populares isti iam
etiam modestos homines sibilare docuerunt; A II 19, 2.
sibilus, ʒiſchen, Ausʒiſchen: I. ei, qui favore
populi tenetur et ducitur, plausum immortalitatem,
sibilum mortem videri necesse est; Sest 115. — II.
sibilum metuis? Piso 65. in Tusculanum melo
nuntiabantur gladiatorii sibili; fr F VIII 11. — III.
gladiatoribus qua dominus qua advocati sibilis conscissi; A II 19, 3. Fufium clamoribus et conviciis
et sibilis consectantur; A II 18, 1. non modo gladiatores, sed equi ipsi gladiatorum repentinis sibilis
extimescebant; Sest 126.
sic, auf dieſe Weiſe, folgendermaßen, ſo beſchaffen, ſo ſehr, in dem Grabe, doch ſo, nur ſo:
I. **ohne Vergleich:** 1. etsi hoc fortasse non poterit
sic abire; in V 7. sic accepimus, nullum in Sicilia
fugitivorum bellum fuisse; Ver V 5. quae sic egit,
ut fletum aut inimicis excitaret; Sest 121. sic in-
ducto et constituto probabili; Ac II 105. sic igitur
dicet ille, quem expetimus, ut una in re haereat;
orat 137. ut sit explicata definitio sic: hereditas
est pecunia, quae . .; Top 29. verborum ordinem
immuta, fac sic: „comprobavit" . .; orat 214. sicine
eos (Torquatos) censes in armatum hostem impetum
fecisse, nihil ut de utilitatibus suis cogitarent? fin
I 34. quia non est obscura tua in me benivolentia,
sic fit, ut . .; ep XIII 70. hodie omnes sic habent,
istum clam a piratis ob hunc archipiratam pecuniam
accepisse; Ver V 64. induco: ſ. constituo. coloni
ipsi sic intellegant, non Pompeianos a Sulla magis
quam sese esse defensos; Sulla 60. ortum videamus
haruspicinae; sic facillime, quid habeat auctoritatis,
indicabimus; div II 50. visne igitur te inspiciamus
a puero? sic opinor; a principio ordiamur; Phil II
44. ego me ad omnia confirmavi et sic paravi, ut
docerem . .; Cluent 88. sic igitur veteres praecipiunt;
Top 29. dic, quid ei respondeam, qui me sic roget;
nat III 43. statuebam sic, boni nihil ab illis nugis
esse expectandum; Sest 24. sic vita hominum est,
ut ad maleficium nemo conetur sine emolumento
accedere; Sex Rosc 84. sic est vulgus; ex veritate
pauca, ex opinione multa aestimat; Q Rosc 29. remissione (animus) sic urgetur, ut se nequeat extollere;
Tusc II 54. — 2. campus Leontinus sic erat deformis atque horridus, ut in uberrima Siciliae parte
Siciliam quaereremus; Ver III 47. cum iste repente
ex alacri atque laeto sic erat humilis atque demissus,
ut condemnatus videretur; Ver pr 17. horridus: ſ.
deformis. humilis: ſ. demissus. non sic nudos in
flumen deicere, ne . .; Sex Rosc 71. ut in hoc nostro
mundo aliquid alicui sic sit par, ut nihil differat;

Ac II 55. sic erat in omni vel officio vel sermone sollers; rep II 37. praetoremque totam sic studiosam (habuit), ut facile appareret ..; Ver II 12. — 3. gallos gallinaceos in eo loco sic adsidue canere coepisse, ut nihil intermitterent; div I 74. hoc a Cyrenaico Hegesia sic copiose disputatur, ut is prohibitus esse dicatur ..; Tusc I 83. qui haec exaudita quasi voce naturae sic eam firme graviterque comprehenderit, ut omnes bene sanos in viam beatae vitae deduceret; fin I 71. haec homo amentissimus sic palam faciebat, ut ipsi praedones scirent; Ver V 62. — 4. omnis pars orationis esse debet laudabilis, sic ut verbum nullum nisi aut grave aut elegans excidat; orat 125. vultus ipsius erat plenus furoris, oculi sceleris, sic ut ei iam exploratus consulatus videretur; Muren 49. sic in vita sibi quemque petere, quod pertineat ad usum, non iniquum est; of III 42. II. Vergleich: in corpore si quid eius modi est, quod reliquo corpori noceat, id uri secarique patimur: sic in rei publicae corpore, quicquid est pestiferum, amputetur; Phil VIII 15. sic ut me audiatis, quasi hoc tempore haec causa primum dicatur; Cluent 8. ut Capitolium, quem ad modum magnificentius est restitutum, sic copiosius ornatum sit quam fuit; Ver IV 69. ut, quo modo initium nobis rerum omnium ortus noster adferat, sic exitum mors; Tusc I 91. nemo, sicut ex improbo patre probum filium nasci, sic a pessimo histrione bonum comoedum fieri posse existimaret; Q Rosc 30. vites sic claviculis adminicula tamquam manibus apprehendunt; nat II 120. sunt omnia sic ut adulescentis non tam re quam spe laudati; orat 107. ut clipei causa involucrum, sic praeter mundum cetera omnia aliorum causa esse generata; nat II 37. sic ei te commendavi et·tradidi, ut gravissime diligentissimeque potui; ep VII 17, 2. quam (oratiunculam) velim sic legas ut causam tenuem et inopem; ep IX 12, 2. sic moneo ut filium, sic faveo ut mihi, sic hortor ut et pro patria et amicissimum; ep X 5, 3. ut errare potuisti, sic decipi te non potuisse quis non videt? ep X 20, 2. quidvis est melius quam sic esse, ut sumus; ep XVI 12, 4.

sica, Dolch, Meuchelmord: I. quando illius sica illa conquievit? Milo 37. hinc sicae, hinc venena, hinc falsa testamenta nascuntur; of III 36. — II. tum est illa in templo Castoris scelerata sica deprehensa; har resp 49. hi pueri sicas vibrare didicerunt; Catil II 23. — III. repete haec cotidiana, sicae, veneni quaestiones; nat III 74. — IV. Theodosium sica percussum; har resp 34.

sicarius, Meuchelmörder, Bandit: I, 1. quos sectores ac sicarii iugulare non potuissent; Sex Rosc 151. — 2. testimonium dicturus est is, qui et sector est et sicarius; Sex Rosc 103. — II, 1. in cella Concordiae conlocari sicarios; Phil V 18. — 2. lex erat lata vasto ac relicto foro et sicariis servisque tradito; Sest 53. — 3. qui inter sicarios damnatus est; Cluent 21. si ostenderis, quod nobis sic eos inter sicarios defensurus; Phil II 8. de sicariis, de veneficiis, de peculatu infitiari necesse est; de or II 105. de quo (maleficio) inter sicarios quaeritur; inv II 60. — III, 1. erat tum multitudo sicariorum; Sex Rosc 93. — 2. qui (L. Tubulus) cum praetor quaestionem inter sicarios exercuisset; fin II 54.

sicce, trocken, schlicht, gediegen: id desinant dicere, qui subtiliter dicant, eos solos Attice dicere, id est quasi sicce et integre; opt gen 12.

siccitas, Trockenheit, Dürre, Gesundheit: I. adde siccitatem, quae consequitur hanc continentiam in victu; Tusc V 99. si orationis est siccitas; nat II 1. summam esse in eo (Masinissa) siccitatem corporis ‖ c. s. ‖; Cato 34. aquam belle saue fluentem vidi, praesertim maxima siccitate; Q fr III 1, 1. — II, 1. addo: ſ. I. consequitur. sin autem ieiunitatem et siccitatem in Attico genere ponit; Bru 285. —

2. nisi forte mavultis in Sipontina siccitate conlocari; agr II 71.

sicco, austrocknen, trocken legen: ille paludes siccare voluit; Phil V 7. ex quo est illa siccata et umida tamen modice Rosia; A IV 15, 5.

siccus, trocken, nüchtern, kräftig: A. qui eatenus valuerunt, sani et sicci dumtaxat habeantur; opt gen 8. — B, a. haec utrum esse vobis consilia siccorum an vinulentorum videntur? agr I 1. — b. nihil erat in eius (Cottae) oratione nisi sincerum, nihil nisi siccum atque sanum; Bru 202.

sicine, ſ. sic, I, 1. facio; fin I 34.

sicubi. wenn irgendwo: sicubi aderit Gellius: Sest 110. haec sicubi facta sunt; Ver V 13. ad M. Aelium nullus tu quidem domum, sed sicubi inciderit; A XV 2¹, 1. si me adsequi potueris aut sicubi nanctus eris; Tusc I 103. Pisonem sicubi de auro; A XIII 2, a, 1.

sicunde. wenn irgendwoher: mi, sicunde potes, erues ‖ erue ‖, qui decem legati Mummio fuerint; A XIII 30, 2 (3).

sicut, sicuti, sowie, gleichwie, wie, wie wirklich, wie zum Beispiel, gleichsam: I, 1. horum ego faces eripere de manibus potui, sicuti feci; Sulla 28. „a Iove Musarum primordia", sicut in Aratio carmine orsi sumus; leg II 7. quamquam in consuetudine cotidiana perspexisses, sicuti perspicies; ep III 10, 2. quamvis scelerati illi fuissent, sicuti fuerunt pestiferi civus supplicioque digni; de or I 230. sit ista res magna, sicut est; leg I 17. — 2. facete is (Lucilius) quidem, sicut alia; fin I 7. quos singulos sicut operarios barbarosque contemnas: Tusc V 104. quibus in causis omnibus, sicut in ipsa M'. Curii, fuit inter peritissimos homines summa de iure dissensio; de or I 238. ex his duabus diversis sicuti familiis unum quoddam est conflatum genus a posterioribus; inv II 8. hic locus sicut aliquod fundamentum est huius constitutionis; inv II 19. ingenium in se suum sicut simulacrum aliquod dicatum putabit; leg I 59. — II. haec, sicuti exposui, ita gesta sunt; Milo 30. nullae controversiae sunt, quae cogant homines, sicut in foro non bonos oratores, item in theatro actores malos perpeti; de or I 118. sic: ſ. sic, II. Q. Rosc 30.

sido, sich setzen: sessum it praetor; nat III 74. consurrexisse omnes illi (Lacedaemonii) dicuntur et senem sessum recepisse; Cato 63.

sidus, Gestirn, Sternbild: I. cum (sapientis animus) sidera viderit innumerabilia caelo inhaerentia cum eius ipsius motu congruere certis infixa sedibus; Tusc V 69. solis numquidnam aut lunae aut quinque errantium siderum simile vidisti? nat I 87. inhaerent: ſ. congruunt. sidera aetherium locum obtinent; nat II 42. tota (sidera) sunt calida atque perlucida; nat II 39. — II, 1. si ad rem pertinet. quo modo caelo adfecto compositisque sideribus quodque animal oriatur; div II 98. infigo, video: ſ. I. congruunt. moveri solem et lunam et sidera omnia; nat II 44. — 2. tribuenda est sideribus eadem divinitas; nat II 39. — 3. probabile est praestantem intellegentiam in sideribus esse; nat II 43. — III. similis: ſ. l. errant. — IV. Aegyptii et Babylonii omnem curam in siderum cognitione posuerunt; div I 93. studiose ab iis siderum magnitudines, intervalla, cursus anquirebantur et cuncta caelestia; Tusc V 10. qui solis et lunae reliquorumque siderum ortus, obitus motusque cognorunt; div I 128. — V, 1 cum videmus nocturnam caeli formam undique sideribus ornatam; Tusc I 68. — 2. quae luna ceterisque sideribus caeli temperatio fiat: div II 94.

sigillatus, mit Figuren verziert: typos tibi mando et putealia sigillata duo; A I 10, 3. „iubet me scyphos sigillatos ad praetorem statim adferre"; Ver IV 32.

sigillum, Figur. Bild, Siegel: I. sigillis a v u l s i s reliquum argentum sine ulla avaritia reddidit; Ver IV 48. quid, si in eiusdem modi cera centum sigilla hoc anulo impressero? Ac II 86. novi ego Epicureos omnia sigilla venerantes; nat I 85. — II. patella grandis c u m sigillis ac simulacris deorum; Ver IV 46.

signifer, geftirnt, Bannerträger: A. vim quandam esse aiunt signifero in o r b e , qui Graece ,ωδιακός dicitur; div II 89. »quod supera terras prima de nocte relictum signifero ex orbe est«; fr H IV, a, 585. — B, 1. quo tempore cum signifer primi hastati || astati | signum non posset m o v e r e loco: div I 77. — 2. qui nostrae causae duces et quasi signiferi f u i s s e n t ; Planc 74. quem (equitatum) ego in clivo Capitolino te signifero ac principe conlocaram; A॑ II 1, 7.

significanter, deutlich, anschaulich: hac mihi adfinitate nuntiata non maiore equidem studio, sed acrius, apertius, significantius dignitatem tuam defendissem; ep III 12, 3.

significatio, Bezeichnung, Zeichen, Andeutung, Kundgebung, Beifall, Nachdruck, Sinn: I. quibus locis in ambiguo defendimus eam significationem, quae nos a d i u v a t; part or 138. in quo aliqua significatio virtutis appareat; of I 46. quoniam significatio vestra satis declarat, quid hac de re sentiatis; Phil XIV 6. arguta etiam significatio est, cum parva re et saepe verbo res obscura et latens inlustratur; de or II 268. contraria est plus ad intellegendum, quam dixeris, significatio; de or III 202. significatio saepe erit maior quam oratio: orat 139. uterque eam significationem, qua nitetur ipse, dignam scriptoris prudentia esse defendet; part or 132. — II. d e f e n d o : f. I. adiuvat. qui (orator) primum quam minimam artificii alicuius, deinde nullam Graecarum rerum significationem, daret; de or II 153. haec est una pars corporis, quae, quot animi motus sunt, tot significationes (et commutationes) possit efficere; de or III 221. Lacedaemoniis paulo ante Leuctricam calamitatem quae significatio facta est! div I 74. quamquam (litterae) exiguam significationem tuae erga me voluntatis habebant; ep V 7, 2. quod intellegitur etiam significationibus rerum futurarum, quae tum dormientibus, tum vigilantibus portenduntur; nat II 166. nullius in tabulis ulla huius furti significatio reperietur; Font 3. ut liceat ei, qui contra dicat, eo trahere significationem scripti, quo expediat ac velit; part or 108. — III. f r e t u s multis et non dubiis deorum immortalium significationibus; Catil II 29. — IV, 1. temporibus illis qui populares erant, populi indiciis atque omni significatione florebant; Sest 105. intellegi: f. II. portendo. niti: f. I. est; part or 132. 2. tempus est pars quaedam aeternitatis c u m alicuius anni, menstrui, diurni nocturnive spatii certa significatione; inv I 39.

significo, bezeichnen, andeuten, hindeuten, zu erkennen geben, verkünden, bedeuten: I. hac omnes adsensi significare inter sese et conloqui coeperunt; de or I 122. quem (librum) tu Corcyrae, ut mihi aliis litteris significas, strictim attigisti; A II 1, 1. ut (canes) significent, si fures venerint; Sex Rosc 56. L. Aelius „lessum" quasi lugubrem eiulationem, ut vox ipsa significat; leg II 59. — II, 1. nec quo die datae e s s e n t (litterae), aut quo tempore te exspectarem, significabant; ep II 19, 1. — 2. (lex) significat p r o b i t a t e m gratam esse deo; leg II 25. quod impeditum te negotiis esse significas; A II 1, 4. — III. non credo significari isto loco Hera clidam; Flac 45. significata monstris, prodigiis [et], oraclis; part or 73. hoc saepius dicendum tibique non significandum solum, sed etiam declarandum arbitror; ep V 13, 2. non praedonum adventum significabat ignis e specula sublatus; Ver V 93.

quia nomen insaniae significat mentis aegrotationem et morbum; Tusc III 8. (litterae) breves, sed benivolentiam significantes; A VIII 2, 1. tanta vis animi, tantus impetus, tantus dolor oculis, vultu, gestu, digito denique isto tuo significari solet; de or II 188. significatur in tuis litteris suspicio quaedam et dubitatio tua; ep III 10, 6. adhibita etiam actione leni facilitatemque significanti; de or II 184. profecto hominibus a dis futura significari necesse est; div I 117. a qua (plebe) plausu maximo cum esset mihi gratulatio significata; A IV 1, 5. impetum: f. dolorem. significabas memoriam tuam nostrae necessitudinis; ep XIII 68, 1. nec eae stellae non significant eandem mentem atque prudentiam; nat II 54. morbum: f. aegrotationem. prudentiam: f. mentem. quae (arulae) cuivis religionem sacrarii significare possent; Ver IV 5. cum, quid senserit scriptor, obscurum est, quod scriptum duas pluresve res significat; inv II 116. hanc sententiam significare videtur Laconis illa vox; Tusc I 111. ut, cum surgat is, qui dicturus sit, significetur a corona silentium; Bru 290. suspicionem: f. dubitationem. vim: f. dolorem. parumne haec significant incredibiliter consentientem populi Romani universi voluntatem? Phil I 36. — IV. quos ait Caecilius „comicos stultos senes", h o s || hoc | significat c r e d u l o s, obliviosos, dissolutos; Cato 36.

signipotens, gestirnt, sternhell: »signipotens nox cauda Centaurum retinens ad se rapit ipsa«; fr H IV, a, 728.

signo, zeichnen, bezeichnen, versiegeln, prägen, einprägen, bestimmen: »aes, argentum, aurumve publice signato«; leg III 6. erat ea navis plena argenti facti atque signati; Ver V 63. cum signaretur argentum Apolloniae; ep XIII 29, 4. aurum: f. aes. signata iam epistula Formiani aiebant ..; A XV 29, 3. accepi a te signatum libellum; A XI 1, 1. quamquam omnis locutio oratio est, tamen unius oratoris locutio hoc proprio signata nomine est; orat 64. est pecunia signata argentum; Top 53. an putamus esse memoriam signatarum rerum in mente vestigia? Tusc I 61. »astrorum custos signavit caelestia nomine vero«; fr H IV, a, 407. a simili etiam mente vocis soni paucis notis inventis sunt omnes signati et expressi; rep III 3. visum obiectum imprimet et quasi signabit in animo suam speciem; fat 43.

signum, Zeichen, Kennzeichen, Merkmal, Spur, Vorzeichen, Feldzeichen, Signal, Bild, Figur, Bildsäule, Siegel, Sternbild: I, 1. neque ea signa andiamus, quae recepturi canunt, ut eos etiam revocent, qui iam processerint; rep I 3. quod (signum) de caelo delapsum Vestae custodiis continetur; Phil XI 24. Actionis tabula te stupidum detinet aut signum aliquod Polycleti; par 37. in signo primum verum esse ostendi oportet; deinde esse eius rei signum proprium, qua de agitur, ut cruorem caedis; inv I 81. Canachi signa rigidiora esse, quam ut imitentur veritatem; Calamidis dura illa quidem, sed tamen molliora quam Canachi; nondum Myronis satis ad veritatem adducta, iam tamen, quae non dubites pulcra dicere; pulcriora etiam Polycliti et iam plane perfecta; Bru 70. ea signa ego emere soleo, quae ad similitudinem gymnasiorum exornent mihi in palaestra locum; ep VII 23, 2. imitantur: f. est; Bru 70. videmus haec signa numquam fere mentientia; div I 15. ita a principio inchoatum esse mundum, ut certis rebus certa signa praecurrerent, alia in extis, alia in avibus, alia in fulgoribus, alia in ostentis, alia in stellis, alia in somniantium visis, alia in furentium vocibus; div I 118. revocant: f. canunt. Martis vero signum quo mihi pacis auctori? ep VII 23, 2.— 2. signum e s t, quod sub sensum aliquem cadit et quiddam significat, quod ex ipso profectum videtur,quod aut

ante fuerit aut in ipso negotio aut post sit consecutum, et tamen indiget testimonii et gravioris
confirmationis, ut cruor, fuga, pallor, pulvis; inv
I 48. f. 1. est; inv I 81.—II, 1. adduco: f. I,I. est;
Bru 70. audio: f. I, 1. canunt. haec omnia signa
ab Heio e sacrario Verres abstulit; Ver IV 7. qui
etsi causas ipsas non cernunt, signa tamen causarum
et notas cernunt; div I 127. quod signa componenda
suscepisses; A IV 9, 1. signa tirone et conlecticio
exercitu cum legionibus robustissimis contulit; ep
VII 3, 2. neque tabulis et signis propalam conlocatis;
de or I 161. contineo: f. I, 1. delabitur. te signum
dedicasse; dom 51. plurima signa pulcherrima deportasse te; Ver I 61. dico: f. I, 1. est; Bru 70. quo
tempore quidem signi satis dedit se tacere non posse;
Ver I 71. signum bucina datur; Ver IV 96. maximum signum illo die dedit iudicii sui; Phil V 38.
emo: f. I. 1. exornant. qui Catilinam signa patriae
inferentem interemit; Flac 5 (β. 1). bello Punico
secundo nonne C. Flaminius consul iterum neglexit
signa rerum futurarum? div I 77. notantur mihi
ad divinandum signa duplici quadam via; ep VI 6,
8. obnuntiatio Atei signo obiecto monuit Crassum,
quid . . ; div I 30. ea (signa) quibus bene percepta
sunt, ii non saepe falluntur; div I 118. perficio:
f. I, 1. est; Bru 70. facilitatis, liberalitatis, mansuetudinis, pietatis, grati animi, non appetentis, non
avidi signa proferre perutile est; de or II 182. hoc
signum noctu clam istius servi sustulerunt; Ver IV
99. nulla umquam civitas tota Asia et Graecia
signum ullum sua voluntate cuiquam vendidit; Ver
IV 133. video: f. I, 1. mentiuntur. — 2. eae res
sunt signo attributae; inv I 81. horum unum
quidque in reprehensione aut non esse signo aut
parum magno esse; inv I 81. — 3. qui signis, qui
tabulis abundant; par 13. qui signis aut ominibus
uterentur; div II 24. — 4. hoc (simulacrum) iste
e signo Cereris avellendum curavit; Ver IV 110.
volumen epistularum tuarum, quod ego sub signo
habeo; A IX 10, 4. quod pro signo sumetur, id ex
isdem locis, quibus confirmatur, infirmabitur; inv I
81. — III, 1. oppidum plenissimum signorum
optimorum; Ver I 53. — 2. cum videret eorum villas
signis et tabulis refertas, partim publicis, partim
etiam sacris et religiosis; leg III 31. — IV. alqd:
f. II, 1. do; Ver I 71. si saepe instructione aspectuque signorum magnas copias pulsas esse audivimus;
Caecin 43. tum adiungeremus de agminibus, de
signorum conlationibus; de or I 210. instructio: f.
aspectus. quem nec caeli signorumque motus (movet);
Milo 83. signorum ortus et obitus definitum quendam ordinem servant; inv I 59. caeli signorum admirabilem ordinem insatiabilemque pulchritudinem
magis spectat; fr F V 53. — V, 1. (Amphiaraus et
Tiresias) avibus et signis admoniti futura dicebant; div I 88. id signis confirmandum (est) huius
modi: ex cetera diligentia, ex ante factis aut dictis;
inv II 90. cum res ipsa tot tam claris argumentis
signisque luceat; Milo 61. monere: f. II, 1. obicio.
ut discoloribus signis iuratorum hominum sententiae
notarentur; Ver pr 40. quas ego litteras obsignandas
publico signo deportandasque curavi; Ver V 140.
quae (domicilia) essent ornata signis atque picturis;
nat II 95. sitne, signis (quaeritur); orat 45. signis
luce omni clarioribus crimina refellemus; Cael 22.
— 2. si luna paulo ante solis ortum defecisset in
signo Leonis; div I 121. f. I, 1. est; inv I 81.
Antonium legionem sub signis ducere; A XVI 8, 2.

silentium, Stille, Ruhe, Stillschweigen, Un-
gestörtheit: I. haec cum Crassus dixisset, silentium
est consecutum; de or I 160. de Partho silentium
est; A V 16, 4. erat mirum silentium; A IX 1, 1.
— II, 1. id „silentium" dicimus in auspiciis, quod
omni vitio caret; div II 71. tu silentium perpetuum
iudiciorum ac fori in maledicti loco pones? Piso 32.

ut, cum surgat is, qui dicturus sit, significetur a
corona silentium; Bru 290. — 2. diuturni silentii,
quo eram his temporibus usus, finem hodiernus dies
attulit; Marcel 1. — 3. in·eo silentio duas horas
fere esse consumptas; de or III 17. in eodem
silentio multa alia oratorum officia iacuerunt; de
or II 64. ut laudem eorum iam prope senescentem
ab oblivione hominum atque a silentio vindicarem;
de or II 7.—III. finis: f. II, ·2. — IV, 1. (Lupus)
auditus est magno silentio; Q fr II 1, 1. Caesaris
mors facillime defenditur oblivione et silentio; Phil
XIII 39. tanta vi dixisse Galbam, ut nulla fere pars
orationis silentio praeteriretur; Bru 88. equidem
malueram, quod erat susceptum ab illis, silentio
transiri; A II 19, 3. — 2. Nioba fingitur lapidea
propter aeternum, credo, in luctu silentium ; Tusc
III 63.

sileo, still sein, schweigen, verschweigen, ruhen,
untätig sein: I. 1. Romae quod scribis sileri, ita
putabam; at hercule in agris non siletur; A II 13.
2. — 2. se esse omnibus silentibus unam audiendum; de or I 116. quamquam is (C. Curio) silebat;
Bru 305. silere non possum; A XV 10. quia galli
victi silere solerent, canere victores; div II 56.
silent leges inter arma; Milo 11. silent diutius
Musae Varronis quam solebant; Ac I 2. — II. dixeram
de re publica ut sileremus; Bru 157. de me silebo,
de re loquar; par 47. ut de tuis divinis in rem
publicam meritis sileretur; ep XI 6, 2. — III. tu
hoc silebis; A II 18, 3. quae nullo modo possem
silere; A IX 18, 1. nec siletur illud potentissimi
regis anapaestum; Tusc III 57. quae (merita) silere
nullo modo possum; sen 30. nec silebitur eius in
legibus interpretandis scientia; Phil IX 10. quae
(via) cruentata ante caede innocentis viri silebatur,
eadem nunc crebro usurpatur; Milo 18.

silex, Kieselstein: I. non silice nati sumus:
Tusc III 12. — II. illud in silice tamquam vestigium ungulae; nat III 11.

sillybus, Büchertitel: postquam mi sillybis
‖ mihi sittybis ‖ libros inlustrarunt; A IV 8, 2.
bibliothecam mihi tui pinxerunt constructione et
sillybis ‖ constrictione et sittybis ‖; A IV 5, 3.

silva, Wald, Forst, Menge, Fülle, Vorrat: I. in
hoc genere illa quoque est infinita silva, quod oratori plerique duo genera ad dicendum dederunt; de
or I 65. rerum est silva magna; de or III 93. —
II, 1. silva rerum comparanda est; de or III 103.
omnis ubertas et quasi silva dicendi ducta ab illis
(philosophis) est; orat 12. non incommodum videtur
quandam silvam atque materiam universam ante
permixtim et confuse ‖[permixtam et confusam]
exponere omnium argumentationum; inv I 34. silvam
Scantiam vendis; populus Romanus ‖ res publica
possidet; agr III 15. cui loco omnis virtutum et
vitiorum est silva subiecta; de or III 118. vendo: f.
possideo. — 2. cum mane me in silvam abstrusi
densam et asperam; A XII 15. genus hominum in
montibus ac silvis dissipatum; de or I 36. — III.
quinam igitur, inquit ille, locus? an in media silva
placet? de or III 18. cum in silva Sila facta caedes
esset; Bru 85. cum (M. Caeparius) mihi in silva
Gallinaria obviam venisset; ep IX 23.

silvesco, verwildern: ne (vitis) silvescat sarmentis; Cato 52.

silvester, bewaldet, in, aus dem Walde:
cum (Romulus) esset silvestris beluae sustentatus
uberibus; rep II 4. quorum (germanorum Lupercorum) coitio illa silvestris ante est instituta quam
humanitas atque leges; Cael 26. mendo vestiti
atque silvestres: nat II 182. in cupressetis Gnosiorum et spatiis silvestribus; leg I 15. Cotta alia
quidem quasi inculta et silvestri via ad eandem
laudem pervenerat; Bru 259.

silus, pſattnaſig: ecquos (deos arbitramur) silos, flaccos? nat I 80.

simia, Affe: I. maximum illud portentum isdem Spartiatis fuit, quod simia, quam rex Molossorum in deliciis habebat, sortes disturbavit: div I 76. — II. simiae Dodoneae improbitatem historiis Graecis mandatam esse demiror; div II 69.

similis, ähnlich: A. multi alii naturis differunt, voluntate autem similes sunt et inter sese et magistri; de or II 94. Rhodii saniores et Atticorum similiores; Bru 51. nactus sum etiam, qui Xenophontis similem esse se cuperet; orat 32. vel me tui similem esse vel te mei; ep XV 9, 1. quamvis sit simile, tamen est in utroque deformis cogitatio similitudinis; de or III 164. quae sunt inter se similia; de or III 206. aut simile est illi, unde transferas, aut . .; orat 82. appellemus docendi gratia veri simile, quod plerumque ita fiat, ut . .; part or 34. quem scirem nulla in re quicquam simile hominis habere; Ver IV 33. corpus illud non est, sed simile corporis; nat I 75. quid habet illius carminis simile haec oratio? rep I 56. nihil est unum uni tam simile, tam par, quam omnes inter nosmet ipsos sumus; leg I 29. quid simile habet epistula aut iudicio aut contioni? ep IX 21, 1. Cratippo auctore iis simillimo, qui ista praeclara pepererunt; of II 8. canis nonne similis lupo? nat I 97. si habuissent vestri similem consulem; Piso 15. an tu mei similem putas esse aut tui deum? nat I 84. orationi facta (esse) similia, factis vitam; Tusc V 47. geminorum formas esse similes, vitam atque fortunam plerumque disparem; div II 90. simili in genere, inferiore ordine; de or I 182. qui simili impulsu aliquid commiserint; inv II 19. ut ceteris formidines similium incommodorum proponeret; Ver V 23. metus non est morbi admodum similis; Tusc III 23. eius similem mundum esse dicamus; Tim 11. hanc rem par illud simile, Piso et Gabinius, vidit; dom 70. ex ea (materia) particulas, similes inter se; Ac II 118. non est philosophia similis artium reliquarum; de or III 79. qui mihi audeat apponere polypum miniati Iovis similem; ep IX 16, 8. semper Carneades προβολήν pugilis et retentionem aurigae similem facit ἐποχῇ; A XIII 21, 3. simillimam in re dissimili tui temporis nunc et nostri quondam fuisse rationem; ep I 7, 2. retentio: ſ. προβολή. quae (sententia sit) veri simillima, magna quaestio est; Tusc I 23. de moderatione et temperantia et harum similibus virtutibus quaerimus; of I 143. nec (sapiens) similem habeat vultum et si ampullam perdidisset; fin IV 31. — B, a, I. qui vobis, qui vestri similibus placere cupiat; Flac 104. me eius causam vel his iudicibus vel horum similibus facillime probaturum; Cluent 158. — II. me aliquando cum similibus nostri rem publicam defensuros; ep XIV 7, 2. — **b.** (vgl. A. alqd) I, 1. quod in singulis verbis res ac totum simile conficitur; de or III 160. unde hoc simile ducat; de or II 316. unde simile duci potest, potest autem ex omnibus; de or III 161. videndum est, ne longe simile sit ductum; de or III 163. simile ex specie comparabili aut ex conferenda atque adsimilanda ‖ adsimulanda ‖ natura iudicatur; inv I 42. si haec et horum similia (dialectica) indicat; Ac II 91. ultra quo progrediar, quam ut veri similia videam, non habeo; Tusc I 17. — 2. abundas similibus; div II 48. utuntur (Stoici) simili; fin III 46. — II. nihil est appetentius similium sui nec rapacius quam natura; Lael 50. — III. quam (conversionem) habebat in se ipse eiusdem et similis innatam; Tim 45.

similiter. ähnlich, auf ähnliche Art: I. illa, quae similiter desinunt aut quae cadunt similiter; de or III 206. paria paribus relata et similiter conclusa eodemque pacto cadentia; orat 84. desino: ſ. cado. omnia fere ut similiter atque uno modo dice-

rentur; Bru 233. similiter effici potest sapientem esse mundum, similiter beatum, similiter aeternum; nat II 21. nequaquam tamen similiter oratio mea exire atque in vulgus emanare poterit; Sex Rosc 3. quae in animis imprimuntur inchoatae intellegentiae. similiter in omnibus imprimuntur; leg I 30. similiter nunc petes a Crasso, ut . .; de or I 162. · II. neque vero illum similiter, atque ipse eram, commotum esse vidi; Phil I 9. dicit absurde similiter et si dicat non reprendendos parricidas; fin II 21. ut in pictura, similiter arbitror . .; de or II 69. ut Crassus exorsus est, similiter Scaevolam effecisse . .; Bru 197.

similitudo, Ähnlichkeit, Gleichnis, Nachbilbung, Einförmigkeit: I. iam similitudo magis apparet in bestiis; Tusc I 80. omnibus in rebus similitudo est satietatis mater; inv I 76. sive est ars sive artis quaedam similitudo; de or I 109. sunt similitudines. quae ex pluribus conlationibus perveniunt, quo volunt; Top 42. est etiam ex similitudine, quae aut conlationem habet aut tamquam imaginem; de or II 265. tantam habet morum similitudo coniunctionem atque concordiam; Ver III 23. in sphaera fornicis similitudo non potest inesse; de or III 162. duo illa, quae maxime movent, similitudo et exemplum; de or III 205. similitudo sequitur, quae late patet, sed oratoribus et philosophis magis quam vobis; Top 41. perveniunt, volunt: ſ. est; Top 42. sequitur: ſ. patet. fugienda est omnis turpitudo earum rerum, ad quas eorum animos, qui audient, trahet similitudo; de or III 163. — II, 1. Galba multas similitudines adferre; de or I 240. ut comparet similitudines; orat 138. similitudines aut geminorum aut signorum anulis conparandae pueriliter consectantur; Ac II 54. nec ille artifex contemplabatur aliquem, e quo similitudinem duceret; orat 9. quae (coniunctio) habeat similitudinem aequalitatemque verborum; part or 21. cum (sapiens) possit sine adsensione ipsam veri similitudinem non impeditam sequi; Ac II 107. et exempla et similitudines erunt proferendae; inv II 25. sequor: ſ. impedio. similitudo in contrariis, ex ‖ et ‖ paribus, in iis rebus, quae sub eandem rationem cadunt, maxime spectatur; inv I 46. ut duorum Epicureorum similitudinem in re militari imperioque videatis; Piso 92. — 2. cetera innumerabilia exercitationi et similitudini reliquisti; de or II 71. — 3. haec proclivitas ad suum quodque genus a similitudine corporis aegrotatio dicatur; Tusc IV 28. a similitudine (argumentum ducitur), hoc modo; Top 15. ex similitudine (argumenta ducuntur); de or II 168. cetera (visa mens) similitudinibus construit, ex quibus efficiuntur notitiae rerum; Ac II 30. qui quod multitudinem desuefactam iam a contionibus ad veteris consuetudinis similitudinem revocarat; Cluent 110. ab hac similitudine Coruncanii nostri, Fabricii fuerunt; de or I 254. quoniam multa ad oratoris similitudinem ab uno artifice sumimus; de or I 254. — III. ut mihi Balbi (disputatio) ad veritatis similitudinem videretur esse propensior; nat III 95. — IV, 1. similitudinis est ad verbum unum contracta brevitas, quod verbum in alieno loco tamquam in suo positum, si agnoscitur, delectat; de or III 157. hic similitudinum conlatione curandum est, ut non mirum videatur, si . .; inv II 19. ficta etiam exempla similitudinis habent vim; Top 45. — 2. ii (sumus), qui omnibus veris falsa quaedam adiuncta esse dicamus tanta similitudine, ut . .; nat I 12. — V, 1. ut (species dei) similitudine et transitione cernatur; nat I 105. construere: ſ. I, 3. efficio ex. — 2. maximam fidem facit ad similitudinem veri primum exemplum, deinde introducta rei similitudo; part or 40. ut illud, quod inducemus per similitudinem, eius modi sit, ut sit necesse concedere ‖ concedi ‖; inv I 53. quod per similitudinem adferetur; inv I 82. propter honestatis et gloriae

similitudinem beati, qui honorati sunt, videntur; leg.;
I 32. caudam antiqui „penem" vocabant, ex quo
est propter similitudinem „penicillus"; ep IX 22, 2.
simiolus, Äffchen: hic simiolus animi causa
me, in quem inveheretur, delegerat; ep VII 2, 3.
simplex, einfach, einzeln, schlicht, aufrichtig,
bieber: A. nihil simplex, nihil sincerum; A X 6, 2.
qui id appellaret honestum, quod esset simplex
quoddam et solum et unum bonum; Ac I 35. utrum
causa sit simplex an iuncta. simplex est, quae absolutam in se continet unam quaestionem, hoc modo:
„Corinthiis bellum indicamus an non?" inv I 17.
interpretatione disertorum scripta simplicium hominum pervertere; Bru 196. tota vis erit simplicis
honestatis consideranda; inv II 159. cum simplex
animi esset natura; Cato 78. esse quasdam cum
adiunctione necessitudines, quasdam simplices et
absolutas; inv II 171. simplex officium atque una
bonorum est omnium causa; Sulla 9. ne ornatius
quidem aut liberius causam dici suam (voluit), quam
simplex ratio veritatis ferebat; de or I 229. sex hae
sunt simplices de summa bonorum malorumque sententiae; fin V 21. ornatus verborum duplex: unus
simplicium, alter conlocatorum; orat 80. o virum
simplicem, qui nos nihil celet! orat 230. non
simplex voluntas scriptoris ostenditur; inv II 123. —
B, a. simplicem et communem eligi par est; Lael
65. — b, I. omnia vera diligimus, id est fidelia,
simplicia, constantia; fin II 46. simplex probatur
in propriis usitatisque verbis; orat 80. — II. simplicium tria genera sunt: de expetendo fugiendoque,
de aequo et iniquo, de honesto et turpi; Top 84.
simpliciter, einfach, offen: cum simplici homine simpliciter agerem; A II 112. quod quaedam
genera causarum simpliciter ex sua vi considerantur;
inv II 102. si simpliciter dictum sit; de or II 158.
hic tantum ipsa inventa unam quamque in rem exponentur simpliciter sine ulla exornatione; inv II 11.
cum quaeritur, quale quid sit, aut simpliciter quaeritur aut comparate; simpliciter: expetendae sit
gloria; Top 84. quorum (verborum) primum nobis
ratio simpliciter videnda est, deinde coniuncte; de
or III 149.
simplus, einfach: quae cum aliquo conferuntur,
ut duplum simplum, multa pauca; Top 49.
simpulum, Schöpflöffel: excitabat fluctus in
simpulo, ut dicitur, Gratidius; leg III 36.
simpuvium, Opferschale: si sedilis verbo aut
simpuvio aberravit; har resp 23. f. **capudo.**
simul, zugleich, zusammen, sobald als: I, 1.
in simul aegrotantibus fratribus; fat 5. simul
illorum calamitatem commemorando augere nolo;
Ver pr 14. Alexandrum uxor sua, cum simul cubaret, occidit; inv II 144. decedit ex Gallia Romam
simul Naevius; Quinct 16. multos modios salis simul edendos esse, ut amicitiae munus expletum sit;
Lael 67. dum modo simul simus; ep IX 1, 2.
propter vicinitatem totos dies simul eramus; A V
10, 5. morderi te interdum, quod simul non sis; A
VI 2, 8. cum simul P. Rutilius venisset; rep I 17.
— 2. simul aliquid audiero, scribam ad te; A VIII
11, 7. simul inflavit tibicen, a perito carmen agnoscitur; Ac II 86. omne animal, simul est ortum
!, et ortum est ‖, se diligit; fin II 33. — II. ut, simul ac posita causa sit, habeant, quo se referant;
de or II 117. me ista oscitans sapientia, simul atque
ad eam confugero, in libertatem vindicabit; de or
II 145. ut in ea (narratione) simul cum rebus ipsis
personarum animi perspici possint; inv I 27. ut
voluntatem discendi simul cum spe perdiscendi abi-
iceremus; de or II 142. et simul adulescentes in
disciplinam ei tradite; Ver I 115. et simul ei non
nullam spem societatis ostendit; Ver I 134. (appetitus animi) et oderit se et simul diliget; fin V 28.
non reperio, quid, et simul „αἰδέομαι Τρῶας"; A XIII

13, 2. et simul, ne intercluderer, metuebam; A XVI
12. Q. Hortensii ingenium ut Phidiae signum simul
aspectum et probatum est; Bru 228. perditissimi
est hominis simul et amicitiam dissolvere et fallere
eum, qui laesus non esset, nisi credidisset; Sex
Rosc 112. quod confido equidem consules designatos,
simul ut magistratum inierint, esse facturos; Phil
III 2. simul ut experrecti sumus, visa illa contem-
nimus; Ac II 51.
simulacrum, Bild, Bildnis, Abbild, Götter-
bild, Trugbild, Schatten: I, 1. fuit apud Segesta-
nos ex aere Dianae simulacrum; Ver IV 72. in eo
(fano) Chrysae simulacrum est, praeclare factum e
marmore; Ver IV 96. in qua (re publica) nec leges
ullae sunt nec omnino simulacrum aliquod ac vestigium civitatis; ep X 1, 1. insistebat in manu Cereris dextra grande simulacrum pulcherrime factum Victoriae; Ver IV 110. — 2, haec, quibus utimur, sive
tripudio sive de caelo, simulacra sunt auspiciorum.
auspicia nullo modo; div II 71. — II, 1. ex aede
Iovis religiosissimum simulacrum Iovis Imperatoris
pulcherrime factum nonne abstulisti? Ver IV 128.
cogito: f. IV, 1. Libertatis simulacrum in ea domo
conlocabas, quae . . ? dom 110. quae (simulacra deorum) ipsa domi consecravisset; div I 46. cum audissent simulacrum Iovis optimi maximi dedicatum;
Ver IV 64. quid? a Tyndaritanis non eiusdem Scipionis beneficio positum simulacrum Mercurii pulcherrime factum sustulisti? Ver IV 84. illi artifices corporis simulacra ignoti nota faciebant; ep V 12, 7.
f. aufero. I, 1. est; Ver IV 96. insistit. ut ad errorem multitudinis religionis simulacra fingerent;
div I 105. quod et Democritus simulacra et Epicurus imagines inducens quadam pacto negat; nat II
76. (Zeuxis) Helenae se pingere simulacrum velle
dixit; inv II 1. pono: f. facio. cuius (Iovis) sanctissimum et pulcherrimum simulacrum Syracusis
sustulit; Ver V 184. f. facio. cum eorum (deorum)
augusta et sancta simulacra veneremur; nat II 79.
ne vestigium quidem eius (fratris vidisses) nec simulacrum, quod quandam effigiem spirantis mortui:
Q fr I 3, 1. — 2. sic fore, ut locis pro cera, simulacris pro litteris uteremur; de or II 354. — 3.
fore ut (Caesar) ante ipsius Pompei simulacrum
trucidatus iaceret; div II 23. cum in eius (mortis) simulacro videas esse nullum sensum; Tusc I
92. — III. cum nec usquam eius simulacr i caput
inveniretur; div II 16. quae (Victoriolae, paterae, corona)
simulacrorum porrectis manibus sustinebantur; nat III
84. — IV, 1. Phidiae simulacris, quibus nihil in
illo genere perfectius videmus, cogitare tamen possumus pulcriora; orat 8. — 2. nihil huic eripi potest
praeter hoc simulacrum pristinae dignitatis; Rab
Post 41.
simulate, zum Schein: sive ex animo id fit
sive simulate; nat II 168. non in quas (aures) ficte
et simulate quaestus causa insusurretur; Q fr I 1,
13. cum ille contra suum Clodium primum simulate,
deinde non simulate, at extremum tamen pro Clodio vere vehementerque pugnavit; Piso 27.
simulatio, Vorwand, Vorspiegelung, Verstellung, Täuschung, Heuchelei: L cum omnium rerum simulatio vitiosa est (tollit enim iudicium veri
idque adulterat), tum amicitiae repugnat maxime;
delet enim veritatem; Lael 92. quam non est facilis virtus! quam vero difficilis eius diuturna simulatio! A VII 1, 6. sustulisse mihi videtur (Dolabella)
simulationem desiderii, adhuc quae serpebat in dies
et inveterata verebar ne periculosa nostris tyrannoctonis esset; A XIV 15, 1 (2). f. adulterat. — II. 1.
ut ne simulatio quidem aequitatis ulla ad h i beatur:
Ver II 43. qui (Caesar) duarum rerum simulationem tam cito amiserit, mansuetudinis in Metello,
divitiarum in aerario; A X 8, 6. invetero: f. I est.
fronte atque vultu, quibus simulatio facillime suti-

netur; ep I 9, 17. ex omni vita simulatio dissimulatioque tollenda est; of III 61. f. I. est.' — 2. nihil
ut opus sit simulatione et fallaciis; de or II 191.
— 3. quae (insidiae) latent in simulatione officii;
Ver I 39. — III. laudanda est vicinitas non erudita
artificio simulationis vel suburbano vel etiam urbano; Planc 22. — IV, 1. Arinem cum illa sua *amica*
metus et fugae simulatione Romam se contulisse;
Scaur 9. uti decem reges constituerentur legis agrariae simulatione ac nomine; agr II 15. si sunt
(hereditates) officiorum non veritate, sed simulatione
quaesitae; of III 74. qui summam prudentiam simulatione stultitiae texerit; Bru 53. me summa simulatione amoris insidiosissime tractavit; Q fr I 3, 8.
— 2. nemo est inventus tam ab omni non modo
honestate, sed etiam simulatione honestatis relictus,
qui ..; Rabir 23. qui per simulationem amicitiae
nefarie me prodiderunt; Quir 21.

simulator, fid verftellend, Heudler: in omni
oratione simulatorem, quem *εἴρωνα* Graeci nomina-
runt, Socratem accepimus; of I 108. Pompeium
etiam simulatorem puto; Q fr I 3, 9.

simulo, nachahmen, nachbilden, fid den Un-
fchein geben, vorgeben, heucheln: I. oratorem irasci
minime decet, simulare non dedecet; Tusc IV 55.
— II. simulat se eorum praesidio confidere; Ver
pr 15. — III. si in eius modi genere orationis nihil
esset nisi falsum atque imitatione simulatum; de or
II 189. quae (iracundia) etiamsi non adsit, tamen
verbis atque motu simulandam arbitrantur; Tusc IV
43. hic ego vellem habere Homeri illam Minervam
simulatam Mentori; A IX 8, 2. cur meis commodis
officio simulato officiis et obstas? Sex Rosc 112.
pacem cum Scipione Sulla sive faciebat sive simulabat; Phil XIII 2. cum eum praeter simulatam versutamque tristitiam nulla res commendaret; sen 13.
recordamini illos eius fictos simulatosque vultus;
Cluent 72.

simultas, Feindfchaft, Spannung: I. sin autem
iam iam suberat simultas; Cael 61. nisi nostri
mores ac disciplina plus valeret quam dolor ac simultas; Flac 11. — II. ut simultatem deposuimus;
ep II 13, 2. ex quibus (rebus) non nullas simultates cum magna mea laetitia susceptas habemus; Q
fr I 1, 19. — III. in quibus (provinciis) diligentia
plena simultatum est; Flac 87. — IV. initium
quod huic cum matre fuerit simultatis, audistis;
Cluent 17. — V. quod iniquo et gravi vectigali aedilicio cum magnis nostris simultatibus Asiam liberasti; Q fr I I, 26.

sin, wenn aber, wofern aber: I, 1. si hoc putas
esse regium, me regem esse confiteor; sin te potentia
mea, si dominatio, si denique aliquod dictum superbum movet ..; Sulla 25. quam (cupiditatem) si
nemo alius habuit in consulatu petendo ..; sin etiam
in aliis non nullis fuit iste consulatus amor ..; Sulla
73. si te dolor aliqui corporis tenuit, fortunae tribuo;
sin haec contemnenda duxisti laetor; ep VII 1, 1.
si tibi illa probabantur ..; sin te auctoritas commovebat ..; fin IV 61. si videbatur ..; sin eius
temporis recentem invidiam pertimuerant ..; Rab
Post 10. quae si dices, tenebere; sin alia dices, ea,
quae a me dicta sunt, non refutabis; Ver V 135.
malim te ab hoc dissentire; sin cesseris, non magnopere mirabor; Ac II 63. si Caesar hostis ..; sin
ille a senatu notandus non fuit ..; Phil III 21. —
2. nostrum est, honores si magni non putemus, non
servire populo; sin eos expetamus, non defetigari
supplicando; Planc 11. numquam, quod fieri non
potuerit, esse factum; sin potuerit, non esse mirandum; div II 49. si essent in vestibulo balnearum,
non laterent; sin se in intimam conicere vellent ..;
Cael 62. si essem restitutus ..; sin vitam mihi
fors ademisset; Planc 101. — 3. si dicimus:
„ille patrem strangulavit", honorem non prae-

famur; sin de Aurelia aliquid ant Lollia, honos
praefandus est; ep IX 22, 4. — II. ut eam (opinionem), si, quae dixero, vobis probaro, perpetuo re-
tineatis; sin aliter, abiectam relinquatis; agr III
2. si (gaudes praeteritis) ad corpus pertinentibus ..;
sin autem ad animum ..; fin II 98. qui (dolores)
primum per se ipsi plerumque conficiunt hominem;
sin forte longinquitate producti vehementius tamen
torquent, quam ut ..; Tusc V 117. in quibus (magistratibus) si qua praeterea est ars, facile (populus)
patitur; sin minus, virtute eorum contentus est;
Planc 62. si potes, laudabile est; sin plane non potes ..; ep XV 14, 4. si pulcher est hic mundus ..,
sin secus ..; Tim 6.

sincere, aufrichtig: Crassi libertum nihil puto
sincere locutum; A III 15, 3.

sincerus, echt, rein, unverborben, unverfehrt,
aufrichtig: A. hoc mihi da, ut M'. Curium ab omni incommodo, detrimento, molestia sincerum inte-
grumque conserves; ep XIII 50, 2. nihil est iam
sanctum atque sincerum in civitate; Quinct 5. quorum (Atheniensium) semper fuit prudens sincerumque
iudicium; orat 25. ad illud sincerum ac subtile iudicium; ep XV 6, 1. Thucydides rerum gestarum
pronuntiator sincerus et grandis etiam fuit; Bru 287.
— B, I. nihil erat in eius (Cottae) oratione nisi
sincerum; Bru 202. — II. secerni blandus amicus
a vero tam potest quam omnia fucata et simulata a
sinceris atque veris; Lael 95.

sine, ohne: in facultate copia et potestas earum
rerum, propter quas aliquid facilius fit aut quibus
sine omnino confici non potest, consideranda est;
inv II 40. — I. quod sine sensu nascimur; Catil
III 2. sunt omnes sine macula; Planc 15. parvi
primo ortu sic iacent, tamquam omnino sine animo
sint; fin V 42. qui (amor) si quis est in rerum natura sine sollicitudine, sine desiderio, sine cura, sine
suspirio; Tusc IV 72. si di possunt esse sine sensu
et mente; nat I 25. ut sine cura essent; A XVI 16,
5. cum sis post vitam sine momento futurus; fr I
21. — II. nemo tam sine oculis, tam sine mente vivit,
ut ..; de or I 249. vgl. I. nascor. desperatio (est)
aegritudo sine ulla rerum exspectatione meliorum;
Tusc IV 18. qui negant animum sine corpore se intellegere posse; Tusc I 51. crimen sine accusatore,
sententia sine consilio, damnatio sine defensione;
Ver V 23. quam (laetitiam) ita definiunt: sine ratione animi elationem; Tusc IV 13. quem vos seditionis ducem vidistis, hominem sine re, sine fide,
sine spe, sine sede, sine fortunis; Cael 78. ex quibus (orationibus) lenitas eius non ‖ eius ‖ sine nervis
perspici potest; Bru 177. quam ignavus ac sine animo miles! A I 18, 5. utrum iudicium mihi fuit pertimescendum an sine iudicio privilegium? dom 57.
seutentia: f. crimen. vir temperatus, constans, sine
metu, sine aegritudine, sine alacritate ulla, sine ‖ nulla ‖
libidine nonne beatus? Tusc V 48. — III. 1. ut (res
publica) sine eo salva esse non posset; Phil XI 20.
infero mari nobis hieme maxima navigandum est.
age iam, cum fratre an sine eo cum filio? A VIII
3, 5. — 2. ut ageret eam rem sine Verre et sine
Dolabella; Ver I 75. — 3. (P. Crassus) sine adrogantia gravis esse videbatur et sine segnitia
verecundus; Bru 282. religiones violatae consistere
eius animum sine furore atque amentia non sinunt;
Ver I 7. quaecumque sine hoc auctore est dicta dos,
nulla est; Flac 86. ut non sine causa ex iis (locis)
memoriae ducta sit disciplina; fin V 2. quo modo
occulte, sine teste, sine ullo conscio fallat; fin II 53.
ut nihil sine consilio senatus egerim; Piso 7. (ista
ars) sine controversia et magna est et late patet;
de or I 235. ita que forum neque curiam sine summa
virtute ac maximis opibus et copiis ab intestino latrocinio posse defendi; sen 19. veni sine ullis copiis
ac manu; dom 6. ut peccare sine summo rei pu-

blicae detrimento ac periculo non possitis; Ver I 22. sine dubio perdidimus hominem; Catil II 1. quod in tanto otio etiam sine hac forensi exercitatione efficere potuerunt; de or II 139. qui sine ferro ne nunc quidem tecum est; dom 13. furore: ſ. amentia. ut sumptus egentissimarum civitatum minuerem sine ulla imminutione dignitatis tuae; ep III 8, 2. qui potest fieri, ut sine imperio teneatur exercitus? Phil XI 20. quae (scientia) potest esse etiam sine motu atque impulsu deorum; div I 109. modo id facere possit sine iniuria; of I 48. quae (res) habeat controversiam in dicendo positam sine certarum personarum interpositione; inv I 8. mulierem sine iudicio reddidit Ceio; Cluent 162. sine summa iustitia rem publicam geri nullo modo posse; rep II 70. in quo (consulatu) exsules sine lege restituit; Phil VII 15. manu: ſ. copiis. (sapiens) de dis immortalibus sine ullo metu vera sentit; fin I 62. quae si erunt sine mora matureque decreta; Phil V 53. motu: ſ. impulsu. neque sine forensibus nervis satis vehemens et gravis esse orator potest; de or III 80. opibus: ſ. copiis. iudicium sine magno multorum periculo posse corrumpi; div Caec 25. ſ. detrimento. si in homines caros sine ulla praemunitione orationis acerbius invehare; de or II 304. cum tuto haberi senatum sine praesidio non posse iudicavistis; Phil III 13. neque vero sine ratione certa causa Milonis semper a senatu probata est; Milo 62. contrarium sine ulla religione decernebat; Ver I 119. de qua (statua), si meliora tempora essent, non possem sine risu dicere; Phil VI 15. neque umquam Catilina sine multo sanguine ac sine totius Italiae vastitate miserrima concidisset; Sest 12. quod ne pii quidem sine scelere esse potuerunt; Sex Rosc 66. segnitia: ſ. adrogantia. potest igitur stare res publica sine magno subsidio iuventutis? Phil X 18. rex sine ulla suspicione libentissime dedit; Ver IV 63. teste: ſ. conscio. vastitate: ſ. sanguine. nec sine virtute amicitia esse ullo pacto potest; Lael 20. ſ. copiis.

singillatim. einzeln: ad pedes omnium singillatim accidente Clodio; A I 14, 5. singillatim in secundo libro de uno quoque genere dicemus; inv I 49. quos Cn. Pompeius de consilii sententia singillatim donaverit; Balb 19. eae (voluptates) singillatim extenuantur; Tusc V 94. quid ego de ceteris civium Romanorum suppliciis singillatim potius quam generatim atque universe loquar? Ver V 143. ut ad ea singillatim uni cuique respondeam; div Caec 50.

singularie, einzeln: „singularie" pro „singulariter" quasi „unice" Cicero; fr K 12.

singularis, einzeln, einzig, allein, besondere, außerordentlich, ausgezeichnet, vorzüglich: A. qui ingenio atque animo singulares, num astro quoque uno? div II 97. quorum (fratrum) et virtute et pietate et amore in te singulari tantum proficitur, ut ..; ep VI 13, 2. homo singulari cupiditate, audacia, scelere praeditus; div Caec 6. quem (animum) antea tantum modo communi officio civium, non aliquo erga me singulari beneficio debitum praestitissem; ep I 9, 4. cum incredibilis Italiae totius, singularis omnium bonorum consensus in me tuendo exstitisset; ep I 9, 13. quamquam illa fuit ad calumniam singulari consilio reperta ratio; Ver III 38. cupiditas: ſ. audacia. ab iis (Stoicis) providentiam fingi quasi quandam deam singularem; nat II 73. praeclari imperatoris egregia ac singularis diligentia; Ver V 28. propter egregiam et singularem Cn. Plancii in mea salute custodienda fidem; Planc 1. singulare (genus) est, quod aliqua de causa privatim alicui solet accidere, ut nuptiae, sacrificium, funus, convivium, somnus; inv I 40. cum C. Caesari honores singulares et immortales decrevistis; Phil VII 10. o stultitiamne dicam an impudentiam singularem! Cael 71. singulari vir ingenio Aristoteles et paene

divino; div I 53. qua re dignus vestro summo honore sim singularique iudicio; agr II 2. singularis est quaedam natura atque vis animi seiuncta ab his usitatis notisque naturis; Tusc I 66. o istius nequitiam ac turpitudinem singularem! Ver V 92. qui (M. Calidius) non fuit orator unus e multis, potius inter multos prope singularis fuit; Bru 274. pietas: ſ. amor. scelus: ſ. audacia. tuae scientiae excellenti ac singulari non multo plus quam nostrae relictum est loci; ep IV 3, 4. quoniam tibi omnia in te ipsum summa ac singularia studia deberem: ep I 9, 4. quod cum incredibili eius audacia singularis stultitia coniuncta est; Ver pr 5. ſ. impudentia. turpitudo: ſ. nequitia. cum avunculo tuo. divino ac singulari viro; fin III 6. propter eius (Bruti) singularem incredibilemque virtutem; A XIV 15, 2 (3). ſ. amor. vis: ſ. natura. quod alterum communi hominum infirmitati, alterum singulari | unius § cuiusque vitio est attributum; inv II 9.— B. nihil dicam nisi singulare; Ver I 44.

singulariter, außerordentlich: quem ego in quaestura mea singulariter dilexissem; Ver II 117.

singuli, einzeln, je einer: A. refert etiam, qui audiant, frequentes an pauci an singuli; de or III 211. quae singularum rerum artifices singula si mediocriter adepti sunt; de or I 128. de quibus singulis dicam suo loco; nunc de universis; div II 16. quae (lex) in annos singulos Iovis sacerdotem sortito capi iubeat; Ver II 126. confeceram, ut solveret centesimis sexennii ductis cum renovatione singulorum annorum; A VI 1, 5. eorum (beneficiorum) partim eius modi sunt, ut ad universos cives pertineant, partim, singulos ut attingant; of II 72. discribebat || descr. || censores binos in singulas civitates Timarchides; Ver II 133. quae (carmina) in epulis esse cantitata a singulis convivis; Bru 75. num quid praeter singulas decumas ex lege Hieronica debent? Ver V 53. plures deorum omnium, singuli singulorum sacerdotes; leg II 29. cotidie vel potius in dies singulos breviores litteras ad te mitto; A V 7. cum universi in te impetum fecissent, tum singulae familiae litem tibi intenderent; de or I 42. tria sunt omnino genera dicendi, quibus in singulis quidam floruerunt; orat 20. quae genera (rerum publicarum) sunt in iis singula vitiis; rep I 44. duodena discribit in singulos homines iugera; agr II 85. ut in ingera singula ternis medimnis decidere liceret; Ver III 114. haec Graeci, in singulas scholae et in singulos libros dispertiunt; Tusc III 8L tum ex singulis (locis), tum ex coniunctis argumenta certa nascentur; inv II 46. ut pro singulis modiis ternos denarios dare liceret; Ver III 191. etiam singulas eius (summi boni) partes esse per se expetendas; fin V 44. quod (decorum) pertinet ad singulas partes honestatis; of I 96. saepe singulis (pedibus) utendum est, plerumque binis, et utrisque addi pedis pars potest, non fere ternis amplius; orat 224. cum ex iis rebus universis eloquentia constet, in quibus singuli elaborare permagnum est; de or I 19. quod de singulis rebus propositis ductum refertur ad singula; de or III 207. ſ. alqd. sacerdotes: ſ. di. scholae: ſ. libri. qui singulis vitiis excellunt aut etiam pluribus; leg I 51. — B, a, L hoc non idem fit in vocibus, ut a multitudine non modo catervae, sed etiam ipsi sibi singuli discrepantes eiciantur? de or III 196. singuli de maximis rebus iudicent; agr II 34. si quid singuli temporibus adducti hosti promiserunt; of I 39. — II, 1. adduco: ſ. I. promittunt. eicio: ſ. I. discrepant. — 2 nec universo generi hominum solum, sed etiam singulis a dis immortalibus consuli et provideri solet; nat II 164. civitas data non solum singulis, sed nationibus universis a mortuo; Phil I 24. provideo: ſ. consulo. — 3. ferri de singulis nisi centuriatis comitiis noluerunt; leg III 44. — III singulorum facultates

et copiae divitiae sunt civitatis; of III 63. longum est de singulorum virtute dicere; Cluent 107. — **b.** ne agam de singulis; of I 149. refeco ad: ſ. A. res. vel ad singula, quae requires, statim respondebo vel, cum peroraris, ad omnia; nat III 4.

singultus, Schluchzen: multas lacrimas et fletum cum singultu videre potuisti; Planc 76.

sinister, linkš, ungünſtig, unheilvoll, glücklich, günſtig: A. ita nobis sinistra videntur, Graecis et barbaris dextra meliora. quamquam haud ignoro, quae bona sint, sinistra nos dicere, etiamsi dextra sint; div II 82. »is ave sinistra dictus populi magister‹ esto ‹; leg III 9. quia tribunus plebis sinistrum fulmen nuntiabat; Phil II 99. ut tum a dextra, tum a sinistra parte canant oscines; div I 120. — B, **a,** I. quid ad dextram, quid ad sinistram sit; Phil XII 26. — II. quid (habet) augur, cur a dextra corvus, a sinistra cornix faciat ratum? div I 85. — **b.** videntur: ſ. A. alqd.

sino. laſſen, geſchehen laſſen, dulben, geſtatten: I. nobiscum versari iam dintius non potes; non feram, non patiar, non sinam; Catil I 10. pater dat filiae. prohibes. leges sinunt, tamen te interponis; Ver I 114. — II, 1. non deieci, non enim sivi accedere; Caecin 64. qui (oculi) ea intueri cogunt nec avertere a miseriis cogitationem sinunt; ep VI 1, 1. (eae res) lacerant, respirare non sinunt; Tusc III 35. — 2. hic accusare eum moderate, a quo ipse nefarie accusator, per senatus auctoritatem non est situs; Sest 95. — 3. sine ad alios potestatem, ad te gratiam beneficii tui pervenire; agr II 22. qui ne vestitu quidem defendi rem publicam sissent; Sest 44. qui soli in hac urbe senatum senatui parere non sierint; Planc 87. C. Cato contionatus est comitia haberi non siturum; Q fr II 4 (6., 26. ob haec beneficia nullos honores mihi nisi verborum decerni sino; A V 21, 7.

sinum, Gefäß: sinum *est vas vinarium*; fr K 14.

sinus, Krümmung, Buſen, Schoß, Inneres, Meerbuſen, Bucht: I. duo sinus fuerunt, quos tramitti oporteret, Paestanus et Vibonensis; A XVI 6, 1. — II, 1. omnes sinus claustris imperii nostri contineri; Flac 30. qui sinus quosdam obsedisse maritimos dicuntur; Ver V 145. transmitto: ſ. I. ut sinus et gremium quasi matris mortuo tribueretur; leg II 63. — 2. ex sinu patriae nobilissimus adulescens ereptus; Ver V 125. ut ipse influat in urbis sinum portus; Ver V 96. iste (Cicero) sit in sinu semper et complexu meo; ep XIV 4, 3. mihi crede, in sinu est (Caesar), neque ego discingor; Q fr II 11 (13), 1. venisti Brundisium, in sinum quidem et in complexum tuae mimulae; Phil II 61. — III ut in sinu gaudeant, gloriose loqui desinant; Tusc III 51.

siparium, Vorhang: quibuscum (Graecis suis) iam in exostra helluatur, antea post siparium solebat; prov 14.

siquidem (si quidem), wenn, ſofern, weil ja: si quidem nos non quasi Graece loquentem audimus; nat II 91. o pastores nescio quos cupidos litterarum, siquidem nihil istis praeter litteras abstulerunt! Flac 39. debebant illi quidem (di) omnes bonos efficere, siquidem hominum generi consulebant; nat III 79. gratulor Baiis nostris, siquidem, ut scribis, salubres repente factae sunt; ep IX 12, 1. si quidem Theophrastus divinitate loquendi nomen invenit; orat 62. se nihil in vita nisi praeclarissime fecisse, siquidem nihil sit praestabilius viro quam periculis patriam liberare; Milo 96 (97). abducet Patricoles, credo. siquidem homo esset; sed nihil vidi minus; Tusc II 39.

sis, wenn du willſt, doch: libenter etiam copulando verba iungebant, ut „sis" pro „si vis"; orat 154. adde sis Caelium; A VI 1, 23. „age sis", inquit, „[quid?] si virum illa meliorem habeat, quam

tu habes, utrumne tuum malis an illius?" inv I 51. age sis, nunc de ratione videamus; Tusc II 42. age nunc, refer animum sis ad veritatem; Sex Rosc 48.

sisto, ſtellen, feſtſetzen, ſich ſtellen, ſtehen bleiben, beſtehen, part. beſtimmt, feſt: I. qui rem publicam sistere negat posse, nisi . . .; Ver III 223. — II. ut vas factus sit alter eius sistendi; of III 45. des operam, ut te ante Kalendas Ianuarias, ubicumque erimus, sistas; A III 25. status sollemnesque caerimonias pontificatu contineri; har resp 18. illo ipso in sacello, stato loco; har resp 32. cum illam (sacerdotem) ad sollemne et statum sacrificium curru vehi ius esset; Tusc I 113. vadimonium sistit; Quinct 29. — III. si te nobis incolumem steteris || stiteris || ; ep XVI 9, 4. tu seda etiam gravedinem teque vegetum nobis in Graecia siste; A X 16, 6.

sitienter, burſtig, gierig: ut nec sitienter quid expetens ardeat desiderio; Tusc IV 37.

sitio, dürſten, begierig ſein: I. ut ad cenam et sitiens et esuriens veniret; fin II 64. „sitire agros"; orat 81. proinde ita fac venias qu ısı ad sitientes aures; A II 14, 1. qnoniam ipsi fontes iam sitiunt; Q fr III 1, 11. — II, 1. paulum sitiens istarum artium gustavi; de or III 75. sitientem me virtutis tuae deseruisti; Planc 13. — 2. nec sitio honores nec desidero gloriam; Q fr III 5, 3. sanguinem nostrum sitiebat; Phil V 20.

sitis, Durſt, Begierde: I. cibi condimentum esse famem, potionis sitim; fin II 90. — II. frigus, sitim, famem ferre poterat; Catil III 16. de me declamitavit sitim quaerens; Phil V 19. neque umquam expletur nec satiatur cupiditatis sitis; par 6. — III. cum inexplebiles populi fauces exaruerunt libertatis siti; rep I 66.

sittybos ſ. **sillybus.**

situla, Krug: [»extractam puteo situlam qui ponit in horto‹; fr H XIV 2.]

situs, gelegen, beſtattet, befindlich, beruhend: I, 1. iam, si pugnandum est, quo tempore, in casa, quo consilio, in temporibus situm est; A VII 9, 4. — 2. est situm in nobis, ut adversa oblivione obruamus; fin I 57. — 3. in voluptate corporis situm vivere beate; fin II 89. — II. siti dicuntur ii, qui conditi sunt; leg II 57. quae (adsensio) est in nostra potestate sita; AcII 37. obscenas facultates in medio sitas esse dicunt; Tusc V 94. quod excelso et inlustri loco sita est laus tua in plurimorum et sociorum et civium conspectu; ep II 5, 1. in ore sita lingua est finita dentibus; nat II 149. quod in media est insula situs (locus); Ver IV 106. (praecepta) sita sunt ante oculos; de or II 32. quod in meo reditu spes otii et concordiae sita videbatur, in discessu autem cotidianus seditionis timor; dom 15. terra sita in media parte mundi; nat II 91. timor: ſ. spes.

situs, Lage, Stellung, Gegend: I. membrorum situs et figura corporis vacans animo quam possit harmoniam efficere, non video; Tusc I 41. plus terrarum situs quam lunae tactus ad nascendum valere; div II 97. — II, 1. quos tu situs, quas naturas rerum et locorum habes! Q fr II 15 (16), 4. situ est (urbs) cum munito tum ex omni aditu praeclaro ad aspectum; Ver IV 117. — 2. sum: ſ. I. munio. III. ut illa de urbis situ revoces ad rationem; rep II 22.

sive (seu: ſ. S. 671), oder, oder wenn, ſei es — oder, entweder — oder: I, 1. a. eiecto sive emisso iam ex urbe Catilina; Sulla 17. — b. omne caelum sive mundus, sive quo alio vocabulo gaudet; Tim 4. — 2. huius improbissimi furti sive adeo nefariae praedae; Ver I 87. ista flagiitis. Democriti sive etiam ante Leucippi; nat I 66. quid perturbatius

hoc ab urbe discessu sive potius turpissima fuga? A VIII 3, 3. — II, 1. sive enim Zenonem sequare ..; si vero Academiam veterem persequamur ..; de or I 7. si quid de Hispaniis sive quid aliud; A X 18, 2. sive sensus exstinguitur ..; sin vera sunt ..; Tusc I 97. — 2, a. sum (deiectus) certe alicunde, sive de privato sive de publico; Caecin 82. sive ex fundo sive a fundo deiectus essem; Caecin 87. sive hoc statueritis sive Silani sententiam sequi malueritis; Catil IV 11. veniet tempus, sive retractabis sive properabis; Tusc I 76. sive casu accidit sive consilio; Tusc IV 64. sive ex animo id fit sive simulate; nat II 168. ego secutus aliud sum sive hoc recte sive non recte; A XV 1, a, 2. — b. sive iracundia sive dolore sive metu permotus; A X 4, 6. quinque omnino fuerunt, qui Oppianicum sive imprudentia sive misericordia sive aliqua suspicione sive ambitione adducti absolverunt; Cluent 76. nam sive de caeli natura loquitur sive de terrae sive de divina vi sive de humana sive ex inferiore loco sive ex aequo sive ex superiore sive ut impellat homines sive ut doceat sive ut deterreat sive ut concitet sive ut reflectat sive ut incendat sive ut leniat sive ad paucos sive ad multos sive inter alienos sive cum suis sive secum; de or III 23.

sobrie. nüchtern, mäßig: quam honestam (sit) parce, continenter, severe, sobrie (vivere); of I 106.

sobrinus, Vetter: sequuntur fratrum coniunctiones, post consobrinorum sobrinorumque; of I 54.

sobrius, nüchtern, mäßig, verständig, besonnen: A. ne sobrius in violentiam vinulentorum incidat; Tusc V 118. ut nullum umquam pudicum neque sobrium convivium viderit; Ver III 160. nec est ab homine numquam sobrio postulanda prudentia; Phil II 81. — B, I. ebriosos sobriis (insidiari); Catil II 10. — II. furere apud sanos et quasi inter sobrios bacchari vinulentus videtur; orat 99.

soccus, Schuh: I. soccos, quibus indutus esset, [se] sua manu confecisse; de or III 127. B. Rutilius soccos habuit et pallium; Rab Post 27. — II. indui: f. I. conficio.

socer, Schwiegervater: I. valebis apud generum socer; Piso 59. — II. ego, dum Appium orno, subito sum factus accusatoris eius socer; A VI 6, 1. Piso ille, gener meus, a propinquo suo socerum suum flagitabat; Sest 68. — III. ademit Albino soceri nomen mors filiae; Sest 6. — IV. cum soceris generi non lavantur; of I 129.

socia f. **socius,** A.

socialis, die Bundesgenossen betreffend: cuius sanguine totum illud sociale bellum macula sceleris imbutum est; Font 41. haec lex socialis est; div Caec 18.

societas. Gemeinschaft, Gemeinsamkeit, Teilnahme, Vereinigung, Gesellschaft, Verbindung, Bündnis: I, 1. curasse, ne quid sibi societas deberet; Quinct 23. cum veteres dicendi et intellegendi mirificam societatem esse voluissent; de or III 73. permulta esse crimina, quorum tibi societas cum Verre eius modi est, ut ea in accusando attingere non audeas; div Caec 30. prima societas in ipso coniugio est, proxima in liberis; of I 54. me in primis amicum esse huic Bithyniae societati, quae societas ordine ipso et hominum genere pars est maxima civitatis; ep XIII 9, 2. quod ea societas universa in mea fide est; ep XIII 65, 2. quanto tibi adfinitas, societas (intercedebat; Quinct 48. a quo initio profectam communem humani generis societatem persequimur; fin III 62. cum insimularetur familia, partim etiam liberi societatis eius, quae picarias de P. Cornelio L. Mummio censoribus redemisset; Bru 85. cesseram, si vis suberat, armis; si societas magistratuum, pactioni; Sest 64.—2. quid est civitas nisi iuris societas? rep I 49. — II, 1. pina cum parva squilla quasi societatem coit

comparandi cibi; nat II 123. ita societatem mihi coniunctiorem feceris; ep XIII 65, 2. qua (ratione) societas hominum inter ipsos et vitae quasi communitas continetur; of I 20. deserunt vitae societatem; of I 29. cum ille tanto scelere commisso omnium officiorum societatem diremisset; Sulla 6. qui societatem cum Sex. Naevio fecerit; Quinct 11. f. coniungo. propter necessitatem vitae initam esse cum hominibus communitatem et societatem; of I 158. persequor: f. I, 1. proficiscitur. ut societas hominum coniunctioque servetur; of I 17. tollit convictum humanum et societatem; of III 21. quod (officium) ad coniunctionem hominum et ad societatem tuendam valet; of I 158. — 2. sibi soli, societati nihil Roscium petisse; Q Rosc 51. — 3. quae (virtutes) in communitate cernuntur et in societate generis humani; of III 118. tu dissipatos homines in societatem vitae convocasti; Tusc V 5. quem ad modum socius in societate habet partem; Q Rosc 55. nos natos esse ad societatem communitatemque generis humani; fin IV 4. cum est somno sevocatus animus a societate et a contagione corporis; div I 63. qui (P. Rupilius) est magister in ea societate; of XIII 9, 2. cuius auctoritatem secuti in societatem belli veneratis; Ligar 25. — III, 1. amicus: f. I, 1. est; ep XIII 9, 2. — 2. quod (ius hominum) si tum est in generis humani societate; Tusc I 64. — IV, 1. ut (Plancius fuerit) maximarum societatum auctor, plurimarum magister; Planc 32. familia, liberi: f. I, 1. redimit. cum ius amicitae, societatis. adfinitatis ageretur; Quinct 53. magister: f. auctor. cum (Cuspius) maximis societatis negotiis praeesset; ep XIII 6, 2. quae naturae principia sint communitatis et societatis humanae; of I 50. cur servus societatis semper in Verrucii nomine certo ex loco mendosus esset; Ver II 88. inspiciebamus Syracusis a Carpinatio confectas tabulas societatis; Ver II 186. eius (societatis) vinculum est ratio et oratio; of I 50.— 2. hoc non esse Romae natum de societate decumarum; Ver III 141. sponsiones ipso praesente factas de decumarum societate; Ver III 144. — V, 1. missos facio mathematicos, grammaticos, musicos, quorum artibus vestra ista dicendi vis ne minima quidem societate coniungitur; de or I 44. vir coniunctissimus mecum consiliorum omnium societate; Bru 2. omnes inter se societate iuris contineri; leg I 35. quos spero brevi tempore societate victoriae tecum copulatos fore; ep XI 8, 2. — 2. quaero. potueritne Roscius ex societate suam partem petere necne; Q Rosc 52. propter flagitiorum ac turpidinum societatem; Ver V 107.

socio, vereinigen, verbinden: quocum (C. Vergilio) me uno amicitia sociarat; Planc 95. concilia coetusque hominum iure sociati; rep VI 13. cum tu tantam vim rerum cognitionemque comprenderis eamque omnem cum eius scientia atque exercitatione sociaris; de or III 131. concilia: f. coetus. regnum suum cum illorum rege sociavit; rep II 13. si cui tristium studium cum accusatore sociatum est; Flac 21. vim: f. cognitionem.

socius. in Verbindung stehend, teilnehmend. verbündet, Genosse, Gefährte, Geschäftsgenosse, Gesellschafter, Bundesgenosse: A. (vgl. B, I, 2). Milo 85. praeclaras duas artes constituere atque inter se pares et eiusdem socias dignitatis; de or I 236. semper mea consilia pacis et togae socia, non belli atque armorum fuerunt; Marcel 14. cum (meus dolor) socium sibi adiungit dolorem tuum; A XI 6, 1. pacis est comes otique socia et iam bene constitutae civitatis quasi alumna quaedam eloquentia; Bru 45. cum tu nocte socia per tegulas demittere; Phil II 45. cum regum sociorum auxilia voluntaria comparavissem; ep XV 4, 3. vitae socia virtus fuisset; Font 49. — B, I, 1. quo confugient socii? quem

'26. modo ille meorum laborum, '
' socius, C. Pomptinus, bellum
· prov 32. quem ad modum
'artem; Q Rosc 55. im-
·ii. te Latini intuebun-
oli, non sociis petit;
,empore dato modeste
з populi Romani questus
c₊t finitimus oratori poëta,
.ous socius ac paene par; de or
.u his bonis esse socium; Sex Rosc
.uelissimus socius ad (rem) comparan-
.om 30. P. Sulla hoc importunissimo cum
tum etiam calamitatis socio atque comite
.udas fortunas amittere coactus est; Sulla 66. –
.., 1. quod socium et consortem gloriosi laboris
amiseram: Bru 2. quod vulgo hominum opinio
socium me ascribat tuis laudibus; A XIV 17, a, 1.
quamquam tibi praesens commendavi socios Bithyniae;
ep XIII 9. 1. T. Roscius non unum rei pecuniariae
socium fefellit, verum novem homines honestissimos,
eiusdem muneris, legationis, officii mandatorumque
socios, induxit, decepit, destituit, adversariis tradidit,
omni fraude et perfidia fefellit; Sex Rosc 117. regno
est expulsus Ariobarzanes rex, socius populi Romani
atque amicus; imp Pomp 12. fallo: f. decipio. ceterae
feminae habere domi fortunarum omnium socium
participemque possunt; Font 47. me quidem certe
tuarum actionum, sententiarum, voluntatum, rerum
denique omnium socium comitemque habebis; ep I
9. 22. induco: f. decipio. socii putandi sunt, quos
inter res communicata est; Ver III 50. trado: f.
decipio. – 2. u'rum amicissimis atque antiquissimis
sociis et credere et c o n s u l e re malitis an iis, quibus . . ;
Font 15. tam iniquo iure sociis atque amicis imperari;
Ver II 164. peto: f. I, 1. petit. – 3. eis (Denseletis)
cum fidelissimis sociis u t i posses, hostibus uti acerrimis maluisti; Piso 84. quod plerisque sociis utor
familiarissime; ep XIII 65, 2. — 4. tantam a sociis
pecuniam a u f e r r i; Ver II 141. quodsi hoc iure
legati populi Romani in socios nationesque exteras
uterentur; Ver I 68. — III, 1. ut et civibus et sociis
g r a t i s s i m a esset eius (Ligarii) integritas ac fides;
Ligar 2. — 2. desitum est videri quicquam in socios
i n i q u u m; of II 27. Cyrenis (Laterensem) liberalem
in publicanos, iustum in socios fuissa; Planc 63. —
IV, 1. hic portus, haec arx. haec a r a sociorum; Ver
V 126. noverunt sociorum vulneri, vident eorum
calamitates, querimonias audiunt; imp Pomp 66.
ita civitas una sociorum atque amicorum duabus
deterrimis mulierculis Verre praetore vectigalis fuit;
Ver III 79. sustulisti ius imperii, condicionem sociorum, memoriam foederis; Ver V 50, alter advolarat
subito ad direptionem pestemque sociorum; Phil X
12. tanta expilatio direptioque sociorum, ut . . ; of
II 75. constat ea provincia ex eo genere sociorum,
quod est ex hominum omni genere humanissimum;
Q fr I 1, 6. aguntur iniuriae sociorum; Ver IV 113.
pestis: f. direptio. portus: f. ara. ecquid apud vos
querimoniae valerent antiquissimorum fidelissimorum-
que sociorum; Ver II 14. f. calamitates. agitur
salus sociorum; imp Pomp 6. nunc ad sociorum
tabulas accepti et expensi revertemur; Ver II 186.
ut plures hic sociorum urbes quam illi hostium
spoliasse videatur; Ver III 9. vulnera: f. calamitates. — 2. c u m sociis scripturae mihi summa
n e c e s s i t u d o est; ep XIII 65, 2. ut officii potius
in socios quam ambitionis in cives rationem duxerit;
Ver II 154. — V. quod is a b sociis diligebatur; Planc
24. legem se sociorum causa iussisse; Ver V 126.
qui pro sociis transigit, satis dat neminem eorum
postea petiturum; Q Rosc 35.

socors träge, gleichgültig: ut excitaret h o -
m i n e s non socordes ad veri investigandi cupiditatem;
nat I 4. M'. Glabrionem bene institutum avi Scae-

volae diligentia socors ipsius natura neglegensque
tardaverat; Bru 239.

socrus, Schwiegermutter: I. id velim mihi
ignoscas quod invita socru tua fecerim; ep XII 7, 1.
nubit genero socrus; Cluent 14. — II, 1. ut socrus
adulescentis rea ne fi a t; ep XIII 54. — 2. litterae
L. Metello Capuam adlatae sunt a Clodia socru; A
IX 6, 3. — III. quae mulier ne d o m u m quidem
nullam nisi socrus suae nosse debuit; Cluent 35.

sodalicium, geheime Gesellschaft, Geheimbund:
haesitantem te in hoc sodaliciorum tribuario crimine
ad communem ambitus causam contulisti; Planc 47.

sodalis, Genosse, Gefährte, Kamerad: I, 1.
me pro meo sodali, qui mihi in liberum locum more
maiorum e s s e deberet, decernere; de or II 200. — 2.
ille quoque sodalis istius e r a t in hoc morbo; Ver I
91. — II, 1. h a b u i semper sodales; Cato 45. — 2.
hoc Anaximandro, populari et sodali suo, non p e r s u a-
sit; Ac II 118. — 3. d e c e r n o pro: f. I, 1. — III.
cur sodalis uxorem, sodalis socrum, d o m u m denique
totam sodalis mortui contra te testimonium dicere
(cogis)? Ver I 94. redde bona sodalis filio! Ver I 94.

sodalitas, Genossenschaft, Verbrüderung: I.
senatus consultum factum est, ut sodalitates decuriatique d i s c e d e r e n t; Q fr II 3, 5. fera quaedam
sodalitas et plane pastoricia atque agrestis germanorum Lupercorum; Cael 26. — II. sodalitates me
quaestore c o n s t i t u t a e sunt sacris Idaeis Magnae
Matris acceptis; Cato 45. quae (consensio) magis
honeste quam vere sodalitas nominaretur; Planc 37. —
III. qui summa nobilitate h o m i n e m, cognatione,
sodalitate, contagio superavit; Bru 166.

sodes, gefälligst, doch: libenter etiam copulando
verba iungebant, ut „sodes" pro „si audes", „sis"
pro „si vis"; orat 154. iube sodes nummos curari;
A VII 3, 11.

sol, Sonne, Sonnenschein, Sonnengott: I. sol
ut eam (terram) circum feratur ut circumferatur ||,
ut a c c e d a t ad brumale signum et inde sensim ascendat in diversam partem; de or III 178. his de rebus
sol me ille admonuit, ut brevior essem, qui ipse iam
praecipitans me quoque haec paene evolvere coëgit;
de or III 209. cum Sol dictus sit, vel quia solus ex
omnibus sideribus est tantus vel quia, cum est exortus, obscuratis omnibus solus apparet; nat II 68.
ascendit: f. accedit. cogit: f. admonet. is (sol)
oriens et occidens diem noctemque conficit; nat II
102. erat tum haec nova et ignota ratio, solem
lunae opposito solere deficere; rep I 25. inflectans
sol cursum tum ad septentriones, tum ad meridiem
calidum, his temibus effic̀it; nat II 49. quid potest
esse sole maius? quem mathematici amplius duodeviginti partibus confirmant maiorem esse quam terram;
Ac II 82. f. apparet. sol excidisse mihi e mundo
videtur; A IX 10, 3. exoritur: f. apparet. quare
et sol et luna et stellae sensum ac mentem haberent;
nat III 18. inflectit: f. efficit. occidit, oritur: f. conficit. praecipitat: f. admonet. cum ille sol, qui tanta
incitatione fertur, ut, celeritas eius quanta sit, ne
cogitari quidem possit, tamen nobis stare videatur;
Ac II 82. — II, 1. al i solem, lunam, reliqua astra
aquis; nat III 37. eundem (Socratem) et solem et
animum deum dicere; nat I 31. f. I. apparet. quo
quidem anno P. Africanus sol alter extinctus est;
rep I 14. fero: f. I. accedit, stat. quae (causa)
terret animos sole geminato, quod Tuditano et Aquilio
consulibus evenerat; nat II 14. sicut intueri solem
adversum nequitis, eiusque radiis acies vestra sensuque vincitur; rep VI 19. pro isto asso sole, quo tu
abusus es in nostro pratulo, a te nitidum solem
unctumque repetemus; A XII 6, 2. solem prae
iaculorum multitudine et sagittarum non videbitis;
Tusc I 101. ungo: f. repeto. — 2. c e d a t umbra
soli; Muren 30. (luna) opposita soli radios eius et
lumen obscurat; nat II 103. fiebat, ut soli luna

totidem conversionibus in aere illo, quot diebus in
ipso caelo, succederet; rep I 22. — 3. abutor: f.
1. repeto. — 4. luna eam lucem, quam a sole accepit, mittit in terras; nat II 103. cum in sole ambulem; de or II 60. de isto altero sole quod nuntiatum est in senatu; rep I 15. (Phalereus) processerat
in solem et pulverem ut e Theophrasti umbraculis;
Bru 37. repeto pro: f. 1. repeto. — III. cum somno
repetito simul cum sole experrectus essem; A XIII
38, 1. — IV. solis tum accessus modici, tum
recessus et frigoris et caloris modum temperant; nat
II 49. medium (cingulum) solis ardore torreri; rep
VI 21. celeritas: f. I. stat. circumitus solis orbium
v et lx et ccc conversionem conficiunt annuam;
nat II 49. cuius (Pompei) res gestae atque virtutes
isdem quibus solis cursus regionibus continentur;
Catil IV 21. idem (Thales) primus defectionem solis,
quae Astyage regnante facta est, praedixisse fertur;
div I 112. lux longe alia est solis ac lychnorum;
Cael 67. cum id reliquis eiusdem disciplinae solis
luce videatur clarius; div I 6. tibi magnitudinem
solis probabo; fin I 28. cum Archimedes lunae,
solis, quinque erantium motus in sphaeram inligavit;
Tusc I 63. radii: f. II, 1. intueor. 2. oppono.
recessus: f. accessus. cum ea vi solis efficiantur,
quae videmus; div II 89. — V, 1. terrere: f. II,
1. gemino. si ea, quae dixi, sole ipso inlustriora et
clariora sunt; fin I 71. f. I. est. — 2. Diogenes
liberius, ut Cynicus, Alexandro „nunc quidem paululum", inquit, „a sole"; Tusc V 92. unam tecum
apricationem in illo lucrativo || Lucretilino, al. || tuo
sole malim quam omnia istius modi regna; A VII 11, 1.

solacium, Troſt, Hülfsmittel, Zuflucht: I, 1.
quod ea me solacia deficiunt, quae ceteris non
defuerunt; ep IV 6, 1. unumne fundum pulcherrimum,
horreum legionum, solacium annonae disperire patiemini? agr II 80. — 2. quod (divortium) solacium
malorum omnium fore videbatur; Cluent 14. vacare
culpa magnum est solacium; ep VII 3, 4. — II, 1.
vos absenti magna solacia dedistis; Bru 11. ut
illi haberent haec oblectamenta et solacia servitutis;
Ver IV 134. haec studia adversis (rebus) perfugium
ac solacium praebent; Arch 16. — 2. qui (adventus
tuus) mihi utinam solacio sit! ep IX 1, 1. — 3.
fruatur sane hoc solacio; prov 16. et domesticis
et forensibus solaciis ornamentisque privati; Tusc
I 84. — III. nos malo solacio, sed non nullo tamen,
consolamur; A IV 6, 1.

solarium, Sonnenuhr, Uhr: 1. cum solarium
vel discriptum vel ‖ aut ‖ ex aqua contemplere;
nat II 87. — 2. non ad solarium versatus est;
Quinct 59.

solea, Sandale, Zwangsschuh: I. si statim
ligneae soleae in pedes inditae ‖ inductae ‖ sunt;
inv II 149. — II. P. Clodius a muliebribus soleis
est factus repente popularis; har resp 44.

soleatus, mit Sandalen: meministine nescio
quo e gurgustio te prodire involuto capite,
soleatum? Piso 13. stetit soleatus praetor populi
Romani cum pallio purpureo in litore; Ver V 86.

soleo, pflegen, gewohnt ſein: I, 1. cum quaedam in callibus, ut solet, controversia pastorum esset
orta; Cluent 161. senatus, quos ad solendum, referendum censuit; nat II 10. quodam liberiore, quam
solebat, die; fat 2. quoniam tu secundum Oenomaum
Accii non, ut olim solebat, Atellanam, sed, ut nunc
fit, mimum introduxisti; ep IX 16, 7. vgl. 2. somnus. —
2. inrisit ille quidem, ut solebat, philosophiam atque
contempsit; de or I 75. eum vident ad aurem familiariter, ut solitus erat, insusurrare; Ver V 107. fortasse,
ut soleo, commovebar; Cael 19. spero te, ut soles,
bene paratum venire; nat III 2. si me audies, quem
soles; ep VII 20, 1. contingebat in eo, quod plerisque
contra solet, ut ..; fr F VI 14. sinite, sicut poëtae
solent, praeterire me nostram calamitatem; imp Pomp

25. me artior quam solebat somnus complexus est;
rep VI 10. sic mihi adfecta (Sicilia) visa est, ut
eae terrae solent, in quibus bellum versatum est;
Ver III 47. cum senatus ea virtus fuisset, quae
solet; Phil VIII 1. — II. id quod optimo cuique
Atheniis accidere solitum est; de or II 56. qui
adesse nobis frequenter in hac causa solet; Caecin
77. condi iam tum solitum esse carmen; Tusc IV 4.
plectri similem linguam nostri solent dicere; nat II
149. qui civitatum adflictarum extremi exitiorum
solent esse exitus; agr II 10. probabile est id, quod
fere solet fieri; inv I 46. cum multo ambitiosius
facere soleam, quam ..; ep III 7, 4. quodsi Antipater ille Sidonius solitus est versus hexametros
fundere ex tempore; de or III 194. quae (obtrectatio
et invidia) solet lacerare plerosque; Bru 156. e qua
(Gallia) nos tum petere consulatum solebamus; Phil
II 76. quanta (mea officia) magis a te ipso praedicari
quam a me ponderari solent; ep II 6, 1. ut in
actionibus praescribi solet; fin V 88. qua lege a
senatore ratio repeti solet; Cluent 104. ut in cretionibus scribi solet; de or I 101. exponam vobis
rationem consuetudinis meae, qua quondam solitus sum uti; de or I 135. — III. volunt ‖ ut
velint ‖ isti aut quiescere, id quod victi ac subacti
solent, aut ..? Font 36. si invitaverit, id quod solet:
Cluent 163. mihi videmini facere idem, quod seditiosi
cives solent; Ac II 13. deinde prima illa, quae in
congressu solemus; fin III 8.

soliditas, Dichtheit, Feſtigkeit: I. nec esse
in ea (specie dei) ullam soliditatem; nat I 105. —
II. si tantum modo ad cogitationem (di) valent nec
habent ullam soliditatem nec eminentiam; nat I 105.
terrenam ipsam viscerum soliditatem unde habeamus;
nat II 18. atomos quas (Democritus) appellat,
id est corpora individua propter soliditatem; fin I 17.

solidus, dicht, maſſiv, feſt, dauerhaft, gediegen,
gehaltvoll, ganz, neutr. feſter Boden, feſter Körper,
ganze Summe: A. solidum nihil, quod terrae sit
expers; Tim 13. utrum ea (columna) solida esset
an extrinsecus inaurata; div I 48. nos veri iuris
solidam et expressam effigiem nullam tenemus; of
III 69. solidam et robustam et adsiduam frequentiam
praebuerunt; Planc 21. omnibus est ius parietem
directum ad parietem communem adiungere vel solidum vel fornicatum; Top 22. eat gloria solida quaedam res est expressa, non adumbrata; Tusc III 3.
ut (orator) suavitatem habeat austeram et solidam.
non dulcem atque decoctam; de or III 103. — B, 1.
cum solida omnia uno medio numquam, duobus semper
copulentur; Tim 15. ut solidum suum cuique
solvatur; Rab Post 46. — 2. nec tangi (potest), quod
careat solido; Tim 13. — 3. tripudium fieri, si ex
ea quid in solidum ceciderit; div I 28.

solipuga. giftige Ameiſe: est formicarum genus
venenatum; „solipugas" Cicero ap. Nat; fr I 12.

solistimus, günſtig: cum offa cecidit ex ore
pulli, tum auspicanti tripudium solistimum nuntiatur; div II 72. nec ex tripudiis solistimis aut soniviis
tibi auguror; ep VI 6, 7.

solitarius, einzeln, vereinzelt, eluſam: natura
solitarium nihil amat; Lael 88. etiam solitario
homini opinio iustitiae necessaria est; of II 39. ne.
cum aliter sint multa iudicata, solitarium aliquod
aut rarum iudicatum adferatur; inv I 83.

solitudo, Einſamkeit, Einöde, Verlaſſenheit:
I. quod erat a oratoribus quaedam in foro solitudo:
Bru 227. mihi solitudo et recessus provincia est:
A XII 26, 2. nec eam solitudinem languere patior.
quam mihi adfert necessitas, non voluntas; of III 3
me haec solitudo minus stimulat quam ista celebritas:
A XII 13, 1. — II, 1. langueat. f. I. langueo.
aetatem et solitudinem defendere praetor debuit:
Ver I 146. vides in ipsis quasi maculis, ubi habitatur,
vastas solitudines interiectas (esse); rep VI 20. ut

ea (mulier) solitudinem ac tenebras non quaerat; Cael 47. — 2. iudex nullo praesidio fuisse videbere solitudini atque inopiae; Quinct 5. — 3. in easdem solitudines tu ipse venies, in quibus nos consedisse audies; ep II 16, 6. Herculem exisse in solitudinem; of I 118. ea oportunitas quaeritur ex solitudine. celebritate ipsius loci; inv I 38. venio in: f. consido in. ut ista ab solitudine domum meam vindicarem; de or I 199. — III, 1. qni iam diu Caesenniae viduitate ac solitudine aleretur; Caecin 13. — 2. illum in solitudine secum loqui solitum; of III 1.

solivagus, einzeln umherſchweifend, einſam, vereinzelt: earum ipsarum (bestiarum) partim solivagas, partim congregatas; Tusc V 38. eum (mundum deus) caelo solivago et volubili complexus est; Tim 20. solivaga cognitio et ieiuna videatur; of I 157.

solium, Seſſel, Thron: 1. deorum ignes, solia, mensas inexpiabili scelere pervertit; har resp 57. — 2. cum (Crassus) se de turba et a subselliis in otium, ut cogitat, soliumque ‖ solitudinemqne ‖ contulerit; de or II 143. virtutem in illo divino solio conlocare; rep III 12. ad quos olim et ita ambulantes et in solio sedentes domi sic adibatur, ut . . ; de or III 133.

sollemnis, feſtlich, feierlich: nostrum illud sollemne servemus, ut ne . . ; A VII 6, 1. status sollemnesque caerimonias pontificatu contineri; har resp 18. ut epularum sollemnium fides ac tibiae iudicant; de or III 197. qui (ludi) sunt more institutisque maxime casti, sollemnes, religiosi; har resp 24. simul ac de sollemni religione rettulit; Quir 11. qui (sacerdotes) sacris praesint sollemnibus; leg II 30. ad sollemne et statum sacrificium; Tusc I 113. excepto sollemni sacrificio ac publico; leg II 35. si omnia sollemnibus verbis acta esse dicerem; dom 122.

sollers, geſchickt, kunſtfertig, einſichtig: quo quisque est sollertior et ingeniosior, hoc docet iracundius et laboriosius; Q Rosc 31. quod (genus acuminis) erat in reprehendendis verbis versutum et sollers; Bru 236. haec omnia esse opera providae sollertisque naturae; nat II 128. ad hanc providentiam naturae tam diligentem tamque sollertem adiungi multa possunt; nat II 140.

sollerter, geſchickt, einſichtig: quam (naturam) imitata ratio res ad vitam necessarias sollerter consecuta est; leg I 26. cum multis partibus sint illa perfecta quam haec simulata sollertius; nat II 88. tu operum liniamenta sollertissime perspicis; Ver IV 98.

sollertia, Geſchicklichkeit, Kunſtfertigkeit, Einſicht: 1. ut in tantis discriptionibus divina sollertia appareat; nat II 110. hac in re tanta inest ratio atque sollertia, ut . . ; rep I 25. — II. data est quibusdam (bestiis) etiam machinatio quaedam atque sollertia; nat II 123. in omni est re fugienda talis sollertia; of I 33. nulla ars imitari sollertiam naturae potest; nat I 92. mirari se non modo diligentiam, sed etiam sollertiam eius, a qno . .; Cato 59. — III. tamquam ad picturam probandam adhibentur etiam inscii faciendi cum aliqua sollertia iudicandi; opt gen 11. — IV. eae (aves) ne caperentur quidem nisi hominum ratione atque sollertia; nat II 160.

sollicitatio, Aufwiegelung: I. hinc illae sollicitationes servorum et minis et promissis; Cluent 191. — II. qui semper erat in hac Allobrogum sollicitatione versatus; Catil III 14.

sollicito, beunruhigen, aufregen, aufreizen, aufwiegeln: I. appellare, temptare, sollicitare poterat, audebat; Catil III 16. quae (res) sua natura aut sollicitare possit aut angere; fin I 41. — II. quod me sollicitare summe solet; de or II 295 res publica me valde sollicitat; ep II 15, 3. an dubitas.

quin ea me cura vehementissime sollicitet? ep II 16, 5. me patria sollicitat; ep X 1, 1. multa sunt, quae me sollicitant anguntque; A I 18, 1. pretio sollicitari posse animos egentium atque imperitorum; Catil IV 17. si (Asia) sollicitata, si concitata nomen suum misit in hoc iudicium; Flac fr 5 (8. 37). legionem esse ab eo sollicitatam in Illyrico; Cluent 97. non agam cum expresso et coacto sollicitatoque periurio subtiliter; Scaur 20. — III, 1. de posteris nostris et de illa immortalitate rei publicae sollicitor; rep III 41. — 2. se sollicitatum esse, ut regnare vellet; ep XV 2, 6.

sollicitudo, Unruhe, Bekümmernis, Kummer, Sorge: I. ex te duplex nos adficit sollicitudo; Bru 332. si ille labor meus pristinus, si sollicitudo, si officia, si operae, si vigiliae deserviunt amicis, praesto sunt omnibus; Sulla 26. sollicitudo (est) aegritudo cum cogitatione; Tusc IV 18. — II, 1. nec tibi sollicitudinem ex dubitatione mea nec spem ex adfirmatione adferre volui; ep IX 17, 3. quod aliqua ex parte sollicitudines adlevaret meas; Bru 12. nequaquam capis tantum voluptatis, quantum et sollicitudinis et laboris; Ver V 37. omnes molestias et sollicitudines deposui etfeieci; ep XIV 7. 1. praeclare nostri molestiam, sollicitudinem, angorem propter similitudinem corporum aegrorum aegritudinem nominaverunt; Tusc III 22. dices me ipsum mihi sollicitudinem struere; A V 21, 3. — 2. magna cura et sollicitudine me liberaris, si . .; A XV 14, 3. nec minore nunc sunt (equites Romani) sollicitudine quam tum erant studio; Planc 22. — 3. repente a Lepido tuo in summam sollicitudinem sumus adducti; ep XII 9. 2. — III. hanc urbanam militiam. plenam sollicitudinis ac stomacho; Muren 19. — IV. alqd: f. II. 1. capio. perfugium videtur omnium laborum et sollicitudinum esse somnus; div II 150. te habere consiliorum anctorem, sollicitudinum socium cupio; A II 24 5. — V, 1. hic ego tum ad respondendum surrexi, qua cura, qua sollicitudine animi, quo timore! Cluent 51. sollicitudine provinciae vel maxime urgebamur; A VI 5, 3. — 2. ne (Stoici) omnia cum superstitiosa sollicitudine et miseria crederent; div II 86. ut ad istum sine ulla sollicitudine summa pecuniae referretur; Ver II 133.

sollicitus, aufgeregt, unruhig, bekümmert, beſorgt: I. (Caesar) diutius velle videtur eos habere sollicitos; ep VI 13, 3. ante sollicitus eram et angebar. cum consilio explicare nihili possem; A IX 6, 4. non ignoro, quam sit amor omnis sollicitus atque auxius; A II 24, 1. intellexi, quam suspenso animo et sollicito scire averes, quid esset novi; A II 18, 1. suspensa ac sollicita tota civititate; dom 96. est metus futurae aegritudinis sollicita expectatio; Tusc V 52. sollicitam et periculosam iustitiam non esse sapientis; rep III 39. senatus sollicitus; Sest 25. — II, 1. solliciti eramus de tua valetudine mirum in modum; ep XVI 7. quae (epistula) me sollicitum de Quinto nostro valde levavit; A IV 7, 1. sollicitum esse te cum de tuis communibusque fortunis tum maxime de me ac de dolore meo sentio; A XI 6, 1. — 2. quod mirifice sum sollicitus, quidnam de provincia decernatur; ep II 11, 1.

soloecum, Sprachfehler: se barbara quaedam et soloeca dispersisse; A I 19, 10.

solstitialis, der Sommerſonnenwende: si etiam solstitiali die (bestiola mortua est); Tusc I 94. cur sol nec longius progrediatur solstitiali orbi itemque brumali; nat III 37.

solstitium, Sonnenwende, (Sommerſonnenwende: 1. possetne solis accessus discessusque solstitiis brumisque cognosci? nat II 19. — 2. in his locis post solstitium Canicula exoritur; div II 93.

solum f. **solus**, B.

solum, Grund, Grundlage, Boden, Fußboden, Fußfohle: I, 1. quoniam P. Scaevola id solum esse ambitus aedium dixerit, quod parietis communis tegendi causa tectum proiceretur; Top 24. quod solum tam exile et ‖ aut ‖ macrum est, quod aratro perstringi non possit? agr II 67. — 2. hoc quasi solum quoddam atque fundamentum est, verborum usus et copia bonorum; de or III 151. — II, 1. seremus aliquid tamquam in inculto et derelicto solo; Bru 16. solum frugibus expiatum ut vivis redderetur; leg II 63 etiamsi solum non mutarunt; par 31. perstringo: f. I, 1. reddo: f. expio. quod neque exsilii causa solum vertisse diceretur; Quinct 86. — 2. sero in: f. 1. derelinquo. hinc, quodcumque in solum venit, ut dicitur, effingis atque efficis; nat I 65. — III. mihi est calciamentum solorum callum; Tusc V 90. — IV. ibi loquor, quod in solum, ut dicitur; ep IX 26, 2. sciebam te „quoto anno" et „quantum in solo" solere quaerere; A I X 9, 4.

solvo, solutus, löfen, losbinden, öffnen, die Anker lichten, abfegeln, befreien, entfeffeln, abtragen, bezahlen, part. frei, ungebunden, zügellos, nachgiebig, kraftlos: I, 1, a. cum solvendo civitates non essent; ep III 8, 2. (Magius) solvendo non erat; A XIII 10, 3. — b. quamquam reliqua satis apta sunt a d solvendum; A XVI 2, 2. — 2, a. numquam vehementius actum est quam me consule, ne solveretur; of II 84. — b. nos eo die cenati solvimus; ep XVI 9, 2. se a me solvere; A V 21, 11. — II. (Philippus solutus in explicandis sententiis; Bru 173. solutissimum in dicendo et acutissimum iudico nostri ordinis Q. Sertorium; Bru 180. quos Sex. Titius consecutus, tam solutus et mollis in gestu, ut . .; Bru 225. vacui, expertes, soluti ac liberi fuerunt ab omni sumptu; Ver IV 23. ego somno solutus sum; rep VI 29. sum ad dignitatem in re publica retinendam contra illius voluntatem solutus; A I 13, 2. solutum quiddam sit nec vagum tamen; orat 77. si quos magis delectant soluta, sequantur ea sane; orat 234. si solveres Siculis tantum, quantum populus Romanus iusserat; Ver III 174. ne Terentiae quidem adhuc quod solvam expeditum est; ep XVI 15, 5. hoc ut expedias et solutum relinquas; A XVI 6, 3. quam (epistulam) ancora soluta de phaselo dedisti; A I 13, 1. quae soluto animo familiariter scribi solent; A IX 4, 1. omnes sequentur auctoritatem consulis soluti a cupiditatibus, liberi a delictis; agr I 27. hanc epistulam si illius (Antonii) tabellario dedissem, veritus sum, ne solveret; A XV 4, 4. delatus est ad me fasciculus. solvi, si quid ad me esset litterarum; A XI 9, 2. ut per aes et libram heredem testamenti solvant; leg II 53. ut sibi Quinctius iudicatum solvi satis det; Quinct 30. apud quos (Eleos, Thebanos) in amore ingenuorum libido etiam permissam habet et solutam licentiam; rep IV 4. nec deus ipse alio modo intellegi potest nisi mens soluta quaedam et libera; Tusc I 66. (bestiae) motus solutos et vagos a natura sibi tributos requirunt; fin V 56. soluturusne sit (sapiens) eos (adulterinos nummos) pro bonis; of III 91. versus in hac soluta oratione nobis esse adhibendos; de or III 173. quae orationis sunt solutae simillima; orat 184. paean, qui commodissime putatur in solutam orationem infligari; orat 215. pro eo tibi praesentem pecuniam solvi imperavi; A II 4, 1. ut pecuniam reliquam Buthrotii ad diem solverent; A XVI 4, 4. cum altera pensio solvenda esset; Q Rosc 51. quamvis soluti effrenatique (populi) sint; rep I 53. solutam P. Clodii praeturam; Milo 34. quo mea ratio facilior et solutior esse posset; ep III 5, 1. in solutis etiam verbis inesse numeros; orat 190. vincula soluta sunt et servitia concitata ‖ incitata ‖; leg III 25. quod

nervis omnibus urbis exsectis urbem ipsam solutam ac debilitatam reliquerunt; agr II 91.

solus, allein, einzig, verlassen, einsam. öde, nur: A. Adjectis: I. utrum iudices in eos solos essent severi, quos . .; Cluent 56. cui ius imperatorium soli eripitur; agr II 60. quae ipsi (Servio) soli saepe dixi; Muren 43. scire se solos omnia; Ac II 115. nec ego solus (bonum appello), sed tu etiam, Chrysippe; fin V 89. solius meum peccatum corrigi non potest; A XI 15, 2. si ad hoc unum est natus aut in hoc solo se exercuit; orat 99. an hoc solum argumentum est? Ver II 58. quae sola divina sunt; Tusc I 66. quae (actio) sola per se ipsa quanta sit, histrionum levis ars declarat; de or I 18. nec ignoras iis istud honestum non summum modo, sed etiam solum bonum videri; fin III 12. cum ego mihi c et x dies solos in Siciliam postulassem; Ver I 30. recte facta sola in bonis actionibus ponens; Ac I 37. quod, cum plures fundos haberet, ex illo solo fundo numquam malum nuntium audisset; agr II 82. quae si hominibus solis nota sunt; nat II 155. qui locus solus ex privatis locis omnibus hoc praecipue iuris habet, ut . .; har resp 14. cum iter per agros et loca sola faceret cum Pompuleno; fr A II 5. qui vel summum vel solum malum dolorem esse dicat; Tusc V 31. qui (Scaevola) solos novem menses Asiae praefuit; A V 17, 5. furta praetoris, quae essent HS ∞ cc, ex uno oppido solo exportata sunt; Ver II 185. in hisce solis rebus indomitas cupiditates habebat; Ver I 62. cui (regi) cum visum esset utilius solum quam cum altero regnare; of III 41. regem, dictatorem, divitem solum esse sapientem; fin IV 7. sapientia efficit sapientes sola per se; Top 59. cum tu Solem, quia solus esset, appellatum esse dicas: nat III 54. an tuis solis tabulis te causam dicturum existimasti? Ver I 102. in virtute sola cum sit bonum positum; fin V 83. quae est sola vita nominanda; Cato 77. ut (voluptas) sola ponatur in summi boni sede; fin II 37. — II. quid (faciet is homo) in deserto quo loco nactus imbecillam atque solum? leg I 41. B. Adverb: I. absurdum erat recto casu solum Graece loqui; orat 160. quo quidem genere orationis non uterer hoc tempore, si mea solum interesset; Sulla 2. si dixisset haec solum, omni supplicio esset dignus; Sest 28. ut sapiens solum naturae finibus contentus sine aegritudine possit vivere; fin I 44. quia de re una solum dissident, de ceteris mirifice congruunt; leg I 53. — II. neque iste mihi videtur se ad damnationem solum offerre neque . .; Ver I 8. nec vero de bellatoribus solum disputant; Tusc IV 43. nec vero scaena solum referat ea his sceleribus, sed multo vita communis paene maioribus; nat III 69. his mihi rebus levis est senectus, nec solum non molesta, sed etiam iucunda; Cato 85. neque solum. quid istum audire, verum etiam, quid me deceat dicere, considerabo; Ver I 32. ut genere etiam putarentur, non solum ingenio esse divino; rep II 4. non solum Graeciae, sed cunctis gentibus; Flac 63. qui in accusando sodali meo tantum incendium non oratione solum, sed etiam multo magis vi et dolore et ardore animi concitaras; de or II 197. (malum) manavit non solum per Italiam, verum etiam transcendit Alpes; Catil IV 6.

solute, ungehindert, frei, nachlässig: quod ille tam solute egisset, tam leniter, tam oscitanter; Bru 277. nisi id queas solute et suaviter dicere; Bru 110. si animus somno relaxatus solute movetur ac libere; div II 100. alter ita facile soluteque verbis volvebat sententias, ut . .; Bru 280.

solutio, Lösung, Auflösung, Erschlaffung. Zahlung, Abzahlung: I. nisi erit necessaria solutio rerum creditarum; of II 84. quae certe cum ipso homine nascuntur, linguae solutio, vocis sonus; de or I 114. — II. ex quo ipsam aegritudinem λύπην Chrysippus quasi solutionem totius hominis appellatam putat;

Tusc III 61. nisi explicata solutione non sum discessurus; A XV 20, 4. scimus Romae solutione impedita fidem concidisse; imp Pomp 19. sustinenda solutio est nominis Caerelliani, dum et de Metone et de Faberio sciamus; A XII 51, 3 — III. temporibus illis difficillimis solutionis; Caecin 11.

somniculosus, ſchläfrig: quae vitia sunt non senectutis, sed inertis, ignavae, somniculosae senectutis; Cato 36.

somnio, träumen, meinen: I, 1, a. animi si quando vel vaticinando vel somniando vera viderunt; div II 108. — b. qui praeerant Lacedaemoniis, non contenti vigilantibus curis in Pasiphaae fano somniandi causa excubabant; div I 96. — 2. videri possunt multa somniantibus falsa pro veris; div II 120. quodsi insanorum visis fides non est habenda, cur credatur somniantium visis, non intellego; div II 122. tribus modis (Posidonius) censet deorum appulsu homines somniare; div I 64. (nec audite) miracula non disserentium philosophorum, sed somniantium; nat I 18. — II. Dionysii mater somniavit se peperisse Satyriscum ∥ Satur. ∥ div I 39. — III. — si modo id somniavit; Ac II 88. nemone umquam alius ovum somniavit? div II 134. de Lanuvino Phameae erravi; Troianum somniaveram; A IX 13, 6.

somnium, Traum, Einbildung, Wahn: I, 1. declarant: ſ. II, 1. coligo. si vera (somnia) a deo mittuntur, falsa unde nascuntur? div II 127. quis dicere audeat vera omnia esse somnia? div II 127. obscura somnia minime consentanea maiestati deorum; div II 135. — 2. haec metuo equidem ne sint somnia; A VII 23, 1. haec utrum esse vobis consilia siccorum an vinulentorum somnia videntur? agr I 1. — II, 1. ita res somnium comprobavit; div I 50. Chrysippus multis et minutis somniis colligendis facit idem, quod Antipater ea conquirens, quae Antiphontis interpretatione explicata declarant illa quidem acumen interpretis, sed . . ; div I 39. quo modo distingui possunt vera somnia a falsis? div II 146. explico: ſ. coligo. si pleraque somnia aut ignorantur aut negleguntur, aut nescit hoc deus aut frustra somniorum significatione utitur; div II 125. mitto: ſ. I, 1. nascuntur. cum Alexander experrectus narrasset amicis somnium; div II 135. neglego: ſ. ignoro. pervulgatum iam illud de praesule C. Gracchi etiam et recens Caeciliae, Baliarici filiae, somnium; div II 136. multa etiam sunt a te ex historiis prolata somnia, matris Phalaridis, Cyri superioris; div II 136. — 2. quodsi eius modi visis credendum non est, cur somniis credatur, nescio; div II 120. — 3. distinguo a: ſ. 1. distinguo. veniamus nunc ad somnia philosophorum; div I 52. III. qui convenit aegros a coniectore somniorum potius quam a medico petere medicinam? div II 123. si iam fieri possit vera coniectura somniorum; div II 129. ista duo (divinandi genera), furoris et somnii, quae a libera mente fluere viderentur; div II 101. omnium somniorum una ratio est; div II 136. significatio: ſ. II. 1. ignoro. multa visa somniorum proficisci a numine deorum; div II 124. — IV, 1. multa oraclis ∥ oraculis ∥ declarantur, multa vaticinationibus, multa somniis; nat II 163. quid est, cur his hominibus consulens deus somniis moneat eos, qui . . ? div II 125. nihil illo Atinati somnio fieri posse divinius; div I 59. — 2. cum esset spes' ex illo somnio in Cyprum illum (Eudemum) ex Sicilia esse rediturum; div I 53.

somnus, Schlaf: I. somnum nobis, nisi requietem corporibus et medicinam quandam laboris adferret, contra naturam putaremus datum; aufert enim sensus actionemque tollit omnem; fin V 54. me artior quam solebat somnus complexus est; rep VI 10. tollit: ſ. adfert. somnus urgebat; A XII 9. — II. 1. ego si somnum capere possem; A VIII

1,4. do: ſ. I. adfert. habes somnum imaginem mortis eamque cotidie induis; Tusc I 92. cum somno repetito simul cum sole experrectus essem; A XIII 38,1.—somnum isto loco vix tenebamus; Brn 278. (Caninius) fuit mirifica vigilantia, qui suo toto consulatu somnum non viderit; ep VII 30, 1. — 2. te ex somno saepe excitabunt; Sulla 24. — III. est ille plenus vini, stupri, somni; har resp 55. quam (mortem) qui leviorem faciunt, somni simillimam volunt esse; Tusc I 92. — IV, 1. somno coniventibus (oculis); nat II 143. quid melius quam ita coniventem somno consopiri sempiterno? Tusc I 117. illum somno impeditum non respondere existimavit; inv II 15. vino aut somno oppressos; Ac II 53. cum (animi hominum) somno soluti vacant corpore; div I 129. — 2. Hannibalem visum esse in somnis a Iove in deorum concilium vocari; div I 49. quo in somnis certiora videamus; div II 119. naturale (genus divinandi) videbatur animo per somnum sensibus et curis vacuo provideri; div II 27.

sonipes, mit dem Fuß tönend: aut a brevibus deinceps tribus (oritur), extrema producta atque longa, sicut illa sunt, „domuerant, sonupedes“; de or III 183.

sonitus, Klang, Wohllaut, Schall, Geräusch, Getöse, Brausen: I. quid est tam furiosum quam verborum sonitus inanis nulla subiecta sententia? de or I 51. — II. sic orbem rei publicae esse conversum, ut vix sonitum audire possemus; A II 21, 2. sonitum Aeschines habuit; de or III 28. nosti iam in hac materia sonitus nostros; A I 14, 4. cogitate genus sonitus eius, quem Latinienses nuntiarunt; har resp 62. quo sonitu reddito; Tusc I 96. — III. genus: ſ. II. nuntio. sicut ea gens propter magnitudinem sonitus sensu audiendi caret; rep VI 19. — IV. terra continens adventus hostium quasi fragore quodam et sonitu ipso ante denuntiat; rep II 6. quae (eloquentia) cursu magno sonituque ferretur; orat 97.

sonivius, tönend, hörbar: nec ex tripudiis solistimis aut soniviis tibi auguror; ep VI 6, 7.

sono, klingen, tönen, hören laſſen, bedeuten: I. in quibus (verbis) plenum quiddam et sonans inesse videatur; de or III 150. male sonabat „isdem“; orat 157. non quin idem sint numeri non modo oratorum et poëtarum, verum omnino loquentium, denique etiam sonantium omnium, quae metiri auribus possumus; orat 227. Lacedaemoniis in Herculis fano arma sonuerunt; div II 67. natura fert, ut extrema ex altera parte graviter, ex altera autem acute sonent; rep VI 18. quid, si platani fidiculas ferrent numerose sonantes? nat II 22. verba legenda sunt potissimum bene sonantia; orat 163. — II. in qua (voce Romani generis) nihil animadverti possit, nihil sonare aut olere peregrinum; de or III 44. qui (Cotta) sonabat contrarium Catulo, subagreste quiddam planeque subrusticum; Brn 259. Cordubae natis poëtis. pingue quiddam sonantibus atque peregrinum; Arch 26. ut haec duo verbo inter se discrepare, re unum sonare videantur; of III 83.

sons, straffällig, Übeltäter: A. qui antea aut obscuris hominibus aut etiam sontibus opitulari poteram; ep IV 13, 3. — B. I. cum sontes ferro depugnabant; Tusc II 41. II. punire sontes; of I 82. — III. comprehensio sontium mea, animadversio senatus fuit; Phil II 18.

sonus, Ton, Schall, Klang, Redeweise: I. hic quis est, qui complet aures meas tantus et tam dulcis sonus? rep VI 18. me tuus sonus et subtilitas ista delectat; de or III 42. unus sonus est totius orationis et idem stilus; Brn 100. in nostris est quidam sonus urbanorum, sicut illic Atticorum sonus; Brn 172. duae sunt res, quae permulceant aures, sonus et numerus; orat 163. suus est cuique (poëmati) certus sonus; opt gen 1. ſ. complet. permulcet: ſ.

sonus 688 sors

est; orat 163. — II, 1. quod his naturis relatus a m-
plificatur sonus; nat II 144. omnia fere dispersa
quondam fuerunt; ut in gramaticis verborum interpretatio, pronuntiandi quidam sonus; de or I 187.
ea (lingua) sonos vocis distinctos et pressos efficit;
nat II 149. summus ille caeli stellifer cursus acuto
et excitato movetur sono, gravissimo autem hic lunaris; rep VI 18. (genus) flexo sono extenuatum,
inflatum; de or III 216. cuius (vocis) e tribus omnino sonis, inflexo, acuto, gravi, tanta sit varietas perfecta in cantibus; orat 57. qui inflaret celeriter eum
sonum, quo . .; de or III 225. gravitatis suae liquit illum tristem et plenum dignitatis sonum; rep
\1 2. premo: f. distinguo. si tibiae inflatae non referant sonum; Bru 192. ut pariter extrema terminentur eandemque referant in cadendo sonum; orat
38. f. amplifico. — 2. (Laelia) sono ipso vocis ita
recto et simplici est, ut nihil ostentationis aut imi-
tationis adferre videatur; de or III 45. — 3. perficio e: f. 1. inflecto. — III, 1. quorum (sonorum)
varia compositio etiam harmonias efficit plures;
Tusc I 41. est quiddam in remissione gravissimum
quoque tamquam sonorum gradibus descenditur; de
or III 227. omnes sonorum tum intendens tum remittens persequetur gradus; orat 59. inventa et
temperata varietate et natura sonorum; Tusc I 62.
— 2. omnium longitudinum et brevitatum in sonis iudicium ipsa natura in auribus nostris conlocavit; orat 173. hic per omnes sonos vocis cursus actioni adferet suavitatem; de or III 227. longitudines
in: f. brevitates in. — IV, 1. extenuari: f. II, 1.
flecto. ut L. Cotta gaudere mihi videtur gravitate
linguae sonoque vocis agresti; de or III 42. moveri:
f. II, 1. excito. eius modi res obstrepi clamore militum videntur et tubarum sono; Marcel 9. ex istis
urbanis nemo est, quin Q. Valerium Soranum ipso
oris pressu et sono facile vincat; de or III 43. — 2.
qui (Graeci tragoedi vocem) sedentes ab acutissimo
sono usque ad gravissimum sonum recipiunt; de or
I 251.

sophisma, Trugschluß: quorum sunt contorta
et aculeata quaedam sophismata; sic enim appellantur fallaces conclusiunculae; Ac II 75.

sophista, Philosoph, Sophist: I, 1. sophistarum,
de quibus supra dixi, magis distinguenda similitudo
videtur, qui omnes eosdem volunt flores, quos adhibet orator in causis, persequi. sed hoc differunt,
quod concinnas magis sententias exquirunt quam
probabiles; orat 65. — 2. num sophistes (est Anaxagoras)? sic enim appellabantur ii, qui ostentationis
aut quaestus causa philosophabantur; Ac II 72. —
II, 1. sophistas lusos videmus a Socrate; fin II 2.
qui sunt nominati sophistae; orat 37. — 2. dico de:
f. I, 1. — III. quod (epidicticum genus) diximus
proprium sophistarum; orat 42. — IV. hoc totum
(orationis genus) e sophistarum fontibus defluxit
in forum; orat 96. similitudo: f. I, 1.

sopio, einschläfern: ut sopito corpore ipse
(animus) vigilet; div I 115. quibus (blandimentis)
sopita virtus coniveret interdum; Cael 41.

sorbeo, verschlucken, verschlingen: quid eum
non sorbere animo, quid non haurire cogitatione censetis? Phil XI 10. ut eius (Vatinii) ista odia non
sorbeam solum, sed etiam concoquam; Q fr III 9, 5.

sordes, Unreinigkeit, Schmutz, Flecken, Trauer,
Unglück, Erniedrigung, Niedrigkeit, Verächtlichkeit,
Pöbel: I, 1. cuius (filiae) fletus adsiduus ordesque
lugubres vobis erant iucundae; dom 59. accusatorum incredibilis infamia, iudicum sordes; A IV
18, 1 (16, 9). — 2. o tenebrae, o lutum, o sordes, o
paterni generis oblite, materni vix memor! Piso 62.
— II, 1. has a nostro Q. Titinio sordes accepimus;
A V 21, 5. nulla nota, nullus color, nullae sordes
videbantur his sententiis adlini posse; Ver pr 17.
ne tuas sordes cum clarissimorum virorum splendore

permisceas; Vatin 13. nullam (huius) in re familiari
sordem posse proferri; Flac 7. scrutari te omnes
sordes; Q fr I 1, 11. — 2. ne tum quidem emer-
sisti ex miserrimis naturae tuae sordibus; Piso 27.
te nunc sic iacere in lacrimis et sordibus! ep XIV
2, 2. ut in sordibus aurium tamquam in visco
(bestiola) inhaeresceret; nat II 144. satius esse
illum in infamia relinqui ac sordibus quam infirmo
iudicio committi; A I 16, 2. video P. Lentulum in
hoc misero squalore et sordibus; Sest 144. — III. ne
forte mater hoc sibi optatissimum spectaculum
huius sordium atque luctus et tanti squaloris
amitteret; Cluent 192. — IV, 1. nunc idem squalore
et sordibus confectus vester est supplex; Muren
86. — 2. apud bonos iidem sumus, quos reliquisti.
apud sordem urbis et faecem multo melius nunc.
quam reliquisti; Q fr I 1, 11. is (Glaucia) ex summis
et fortunae et vitae sordibus in praetura consul
factus esset, si . .; Bru 224. propter hominis sordes
minus me magnam illam laetitiam putare; ep VII 2, 2.

sordidatus, in schmutziger Kleidung, in Trauerkleidung: video Milonem sordidatum et reum; Sest
144. cum innumerabilis multitudo bonorum de Capitolio supplex ad eum sordidata venisset; sen 12.
cum excitavi maestum ac sordidatum senem; de or
II 195. servi sordidati ministrant; Piso 67.

sordide, schmutzig, geizig: L. Antonium con-
tionatum esse sordide; A XV 2, 2. si sordide
dictum esse aliquid videtur; de or II 339. nimis
illum sordide Simonidi dixisse se dimidium daturum;
de or II 352.

sordidus, schmutzig, unsauber, niedrig, gering,
verächtlich, schimpflich: A. quorum ai quis forte
esset sordidior; Q fr I 1, 11. iste omnium turpissimus et sordidissimus est idem, qui . .; A IX 9.
3. de pecunia ratiocinari sordidum esse, cum de
gratia referenda deliberetur; inv II 115. opifices
omnes in sordida arte versantur; of I 150. quid te
de Hispaniensibus flagitiis tuis sordidissimisque
furtis interrogem? Vatin 13. ut M. Aemilius sordi-
dissimae genti condonetur; Scaur 45. nisi forte me
querelis moveri putas Tuscenii, hominis furiosi ac
sordidi; Q fr I 1, 19. inliberales et sordidi quaestus
mercennariorum omnium, quorum operae, non quorum
artes emuntur; of I 150. quae sordidissima est illa
quidem ratio et inquinatissima; of II 21. villa sordida et valde pusilla; A XII 27, 1. Cn. Manlius,
non solum ignobilem, verum vita etiam contempta
ac sordida; Planc 12. — B. quis non odit sordidos.
vanos, leves, futtiles? fin III 38.

sorites, Haufenschluß, Kettenschluß: I. soritas
hoc vocant, quia acervum efficiunt uno addito
grano; Ac II 49. vitiosi sunt soritae; Ac II 93. —
II, 1. quem ad modum soriti resistas (quem. si
necesse sit, Latino verbo liceat „acervalem" appellare); div II 11. voce: f. I. — 2. resisto: f. 1.

soror, Schwester: I. quod Minervam sororem
Iovis esse existimo; dom 92. quae (Iuno) est soror
et coniunx Iovis; nat II 66. — II, 1. quocum (regis
filio) esset nupta regis Armeniorum soror; ep XV
3, 1. — 2. quod ab eo sorori tuae stuprum esse
oblatum comperisses; Phil II 99. — III. quo unde
sororis embolia novit; Sest 116. cum Spensippum.
sororis filium, Plato philosophiae quasi heredem
reliquisset; A I 17. ut et vivae patris et pudicitiae
sororis succurreret; Ver I 67. cum (L. Caesar)
sororis suae virum praesentem vita privandum esse
dixit; Catil IV 13.

sororicida, Schwestermörder: de me quod
tulisse te dicis, patricida, fratricida, sororicida
dom 26.

sororius, schwesterlich: caverat sibi ille sororius
adulter, ut . .; Piso 28.

sors, Los, Zufall, Schickung, Schicksal, Geschick,
Amt, Orakelspruch, Weissagung, Kapital: I. quos

mihi divina quaedam sors dedit iudices; Milo 44. quaestorem habes non tuo indicio delectum, sed eum, quem sors dedit; Q fr I 1, 11. perfracto saxo sortes erupisse in robore insculptas priscarum litterarum notis; div II 85. eo iucundiorem mihi eam sortem sperabam fore, quo diutius in provincia mecum fuisses; ep II 19, 1. cum de consularibus mea prima sors exisset; A I 19, 3. quodsi te sors Afris aut Hispanis aut Gallis praefecisset; Q fr I 1, 27. auspicia restant et sortes eae, quae ducuntur, non illae, quae vaticinatione funduntur, quae oracla verius dicimus; div II 70. quam (necessitudinem) nobis sors tribuisset; ep II 19, 1. — II, 1. dico: f. I. restant. quid minus mirum quam illam monstruosissimam bestiam urnam evertisse, sortes dissipavisse? div II 69. quae (sortes) Fortunae monitu pueri manu miscentur atque ducuntur; div II 86. f. I. restant. cum illa sors edita est esset opulentissimo regi Asiae: »Croesus«..; div II 115. fundo: f. I. restant. insculpo: f. I. erumpunt. misceo: f. duco. sortem nactus est urbanae provinciae; Ver I 104. — 2. (Pompeius) sorte caret, usura, nec ea solida, contentus est; A VI 1, 3. quis magistratus aut quis vir inlustrior utitur sortibus? div II 87. — 3. res revocatur ad sortem; Ver II 127. qui locus sumetur ex sortibus, ex oraculis; inv I 101. — III. haud scio an plus iudicium voluntatis valere quam sortis debeat; Ver I 41. cuius quaestura quid aliud habet in se nisi sortis necessitudinem religionemque violatam? Ver pr 11. quae eat gens, quae non aut sortium aut somniorum praedictione moveatur? div I 12. religio: f. necessitudo. — IV, 1. (Plancius) nunquam ex urbe afuit nisi sorte, lege, necessitate; Planc 67. cum tibi sorte obtigisset, ut ius diceres; Ver V 38. simul atque ei sorte provincia Sicilia obvenit; Ver II 17. — 2. quid in hac sorte metuendum mihi esset, intellegebam; Ver pr 22. sine sorte ad Caesarem cucurristi; Phil II 50.

sortilegus, Wahrſager: I. eadem (conclusione) uti posse et augures et sortilegos et Chaldaeos; div II 109. — II. non me sortilegos agnoscere; div I 132.

sortior, loſen, erloſen, loſen laſſen, ausloſen, durch das Los beſtimmen: I, 1. homo primo vetat sortiri, iubet extra sortem Theomnastum renuntiari; Ver II 127. — 2. eum docet Heraclius non posse eo die sortiri; Ver II 37. cum praetores designati sortirentur; Ver pr 21. — II. num sortiuntur (atomi) inter se, quae declinet, quae non? fat 46. — III. ut hanc Heraclii dicam sortiri post dies xxx ex lege posset; Ver II 38. senatus decrevit, ut consules duas Gallias sortirentur; A I 19, 2. negare non potes te ex lege Rupilia sortiri indices debuisse; Ver II 44. Appius dixit sese sortiturum esse cum conlega provinciam; ep I 9, 25.

sortitio, Loſen: I. ex lege Rupilia sortitio nulla; Ver II 34. — II. neque maiores nostri sortitionem constituissent aediliciam. nisi ..; Planc 53. iudicum sortitione facta; Q fr II 1, 2. — III. quibus (suspicionibus) ego mederi cum cuperem antea saepe et vehementius etiam post sortitionem provinciae; A I 17, 1.

sortito, durch das Los: quae (lex) in annos singulos Iovis sacerdotem sortito capi iubeat; Ver II 126. sin aliquando tacent omnes, tum sortito coguntur dicere; Ver IV 142.

sortitor, Verloſer: quid? si etiam pluribus de rebus uno sortitore tulisti || sortitu retulisti, al. ||? dom 50.

sortitus, Loſen: consul sortitu ad bellum profectus A. Hirtius; Phil XIV 4.

Sospita, Erretterin: nolite a sacris patriis Iunonis Sospitae consulem avellere; Muren 90.

soter, Erretter: ne is est nimirum SOTER, qui salutem dedit; Ver II 154.

sparge, ſtreuen, ausſtreuen, beſtreuen, ſäen, ſprengen, ſpritzen: I. qui (servi) serunt, qui spargunt; par 87. — II. satis et quasi sparsis animis; Tim 43. quae (epistulae) fuerunt omnes humanitatis sparsae sale; A I 13, 1. qui nummos populo de rostris spargere solebat; Phil III 16. quem sua manu spargentem semen convenerunt; Sex Rosc 50. hi pueri spargere venena didicerunt; Catil II 23.

spatior, umhergehen, luſtwandeln: I. spatiari in xysto ut liceat; opt gen 8. — II. ut resideret, deinde spatiaretur; Sex Rosc 59.

spatium, Raum, Länge, Platz, Bahn, Gang, Spaziergang, Zeitraum, Zeit, Friſt: I, 1. erat spatium dierum fere triginta; Ver II 96. mihi si spatium fuerit in Tusculanum ante Nonas veniendi; ep IX 5, 3. — 2. Χρόνος (deus) dicitur, qui est idem χρόνος, id est spatium temporis; nat II 64. — II, 1. confectis omnium (stellarum) spatiis; nat II 51, quorum (siderum) vagi motus rata tamen et certa sui cursus spatia definiunt; Tusc V 69. quantum in hac acie cotidiani muneris spatii nobis datur; de or I 252. cum in ambulationem ventum esset, tum Scaevolam duobus spatiis tribus ve factis dixisse ..; de or I 28. (invidia) spatio interposito consenescat; Cluent 5. spatium sumamus ad cogitandum; fin IV 1. — 2. qui (trochaeus) est eodem spatio, quo choreus; orat 193. — 3. in cupressetis Gnosiorum et spatiis silvestribus (Plato) crebro insistens, interdum acquiescens; leg I 15. fateor me oratorem non ex rhetorum officinis, sed ex Academiae spatiis exstitisse; orat 12. insisto in: f. acquiesco in. quin ad illa spatia nostra sedesque pergimus? leg I 14. — III. cum usque ad extremum spatium nulluu tranquillum atque otiosum spiritum duxerimus; Arch 30. — IV. alqd: f. II, 1. do. tempus est pars quaedam aeternitatis cum alicuius annui, menstrui, diurni, nocturnive spatii certa significatione; inv I 39. — V, 1. hoc interim spatio conclave illud concidisse; de or II 353. huius (solis) hanc lustrationem menstruo spatio luna complet; nat I 87. si quis est eorum, qui tibi biennii spatio numquam in suspicionem avaritiae venerit; Q fr I 1, 14.—2. quem ad modum simus in spatio Q. Hortensium ipsius vestigiis persecuti; Bru 307. in hoc ipso vitae spatio amicitiae praesidium esse firmissimum; fin I 68.

species, Anblick, Erſcheinung, Geſtalt, Beſchaffenheit, Bild, Urbild, Begriff, Idee, Schein, Schönheit, Pracht, Glanz (specierum, speciebus: f. II, 1. appello; Top 30): II, 1. me ad altiorem memoriam Oedipodis huc venientis species quaedam commovit; fin V 3. est species alia magis alia formosa atque industris; de or III 55. quae sit optima species et quasi figura dicendi; orat 2. quorum in adulescentia species fuit liberalis; Cael 6. aliquid videbimus, in quo sit species; ep VI 19, 2. quarum (rerum) perturbatione mirabiles interdum exsistunt species somniorum; div II 128. ipsius (artificia) in mente insidebat species pulcritudinis eximia quaedam; orat 9. insidebat in eius (M. Antonii) mente species eloquentiae, quam cernebat animo, re ipsa non videbat; orat 18. haec me species cogitatioque perturbat; A XIV 22, 2. — 2. o speciem dignitatemque populi Romani! dom 89. — II, 1. excellentis eloquentiae speciem et formam adumbrabimus; orat 43. amisimus omuem non modo sucum ac sanguinem, sed etiam colorem et speciem pristinam civitatis; A IV 18, 2 (16, 10). Aristoteles primus species, quas paulo ante dixi, labefactavit, quas mirifice Plato erat amplexatus, ut in iis quiddam divinum esse diceret; Ac I 33. in divisione formae, quas Graeci εἴδη vocant, nostri, si qui haec forte tractant, species appellant, non pessime id quidem, sed inutiliter ad mutandos casus in dicendo. nolim enim, ne is Latine quidem possit dici, „specierum" et „speciebus" dicere; et saepe his

casibus utendum est; at „formis" et „formarum" velim; Top 30. hanc illi ἰδέαν appellant, nos recte speciem possumus dicere; Ac I 30. || quam || ἰδέαν appellat ille (Plato), nos speciem; Tusc I 58. cerno: ſ. I, 1. insidet. illa praeclara, in quibus publicae utilitatis species prae honestate contemnitur; of III 47. dico: ſ. amplexor. iam illius perfecti oratoris et summae eloquentiae species exprimenda est; orat 61. nisi speciem prae te boni viri feras; of II 39. a natura habemus omnes omnium gentium speciem nullam aliam nisi humanam deorum; nat I 46. quae (causae) speciem habeant magnae coniunctionis; ep XIII 29, 1. (mundi artifex) speciem aeternitatis imitari maluit; Tim 6. visum obiectum imprimet illud quidem et quasi signabit in animo suam speciem; fat 43. labefacto: ſ. amplexor. cum aliqua species utilitatis obiecta est; of III 35. quae natura obtulit illam speciem Simonidi, a qua vetaretur navigare? div II 143. speciem dei percipi cogitatione, non sensu, nec esse in ea ullam soliditatem; nat I 105. ponite ante oculos miseram illam quidem et flebilem speciem, sed necessariam; Phil XI 7. si quaeratur avari species, seditiosi, gloriosi; de or III 115. signo: ſ. imprimo. ut speciem aliquam viderer videre quasi reviviscentis rei publicae; ep IV 4, 3. ſ. I, 1. insidet. — 2. hominis esse specie deos confitendum est; nat I 48. is Tages puerili specie dicitur visus, sed senili fuisse prudentia; div II 50. — 3. non hoc loco de ingeniis nostris, sed de specie figuraque quaeritur; nat I 78. sum in: ſ. I. amplexor, percipio. ante congressum multa fiunt, quae non ad vulnus. sed ad speciem valere videantur; de or II 317. — III, 1. (teneo) rationes has latiore specie, non ad tenue elimatas; Ac II 66. quanta religione fuerit eadem specie ac forma signum illud; Ver IV 129. — 2. subiectam putant omnibus sine ulla specie atque carentem omni illa qualitate materiam quandam; Ac I 27. — IV, 1. magis specie et motu atque ipso amictu capiebat homines quam dicendi copia; Bru 224. specie comparantur, ut anteponantur quae propter se expetenda sunt iis, quae propter aliud; Top 69. quae (virtutes) specie dispares prudentia coniunguntur; orat 33. (milites) praesidio sunt specie consuli, re et veritate nobis; Phil VII 13. quae (nomina) prima specie admirationem, re explicata risum moverent; fin IV 61. agro bene culto nihil potest esse nec usu uberius noc specie ornatius; Cato 57. — 2. a: ſ. II, 1. offero. vidi forum comitiumque adornatum ad speciem magnifico ornatu, ad sensum cogitationemque acerbo et lugubri; Ver I 58.

specillum, Sonde: I. qui (Aesculapius) specillum invenisse dicitur; nat III 57. — II. L. Crassus specillis prope scrutatus est Alpes, ut triumphi causam aliquam quaereret; Piso 62.

specimen, Kennzeichen, Probe, Beispiel, Muster: I, 1. C. Caesaris, in quo mihi videtur specimen fuisse humanitatis, salis, suavitatis, leporis; Tusc V 55. — 2. quod ingenii specimen est quiddam transilire ante pedes positum; de or III 160. hoc specimen est popularis iudicii; Bru 188. — II. illud num dubitas, quin specimen naturae capi deceat ex optima quaque natura? Tusc I 32. damnatio obtigit P. Rutilio, quod specimen habuit haec civitas || hic civis ‘| innocentiae; Piso 95. cur temperantiae prudentiaeque specimen pontifex maximus est Q. Scaevola trucidatus? nat III 80.

speciosus, wohlgestaltet, schön klingend: splendore vocis et dignitate motus fit speciosum et inlustre, quod (Marcellus) dicit || dicitur ||; Bru 250. familiam gladiatoriam nactus est speciosam; Sest 134.

spectaculum, Anblick, Schauspiel, Schauplatz, Tribüne: I, 1. crudele gladiatorum spectaculum et inhumanum non nullis videri solet, et haud scio an ita sit, ut nunc fit; Tusc II 41. — 2. o spectaculum

miserum atque acerbum! Ver V 100. — II, 1. apparo: ſ. III, 2. spectacula sunt tributim data; Muren 72. facio: ſ. I, 1. quam multa, quam varia, quanta spectacula animus in locis caelestibus esset habiturus; Tusc I 47. utinam P. Clodius viveret potius quam hoc spectaculum viderem! Milo 104. — 2. homini non amico nostra incommoda spectaculo esse nollem ‖| nolim |‖; A X 2, 2. — 3. tantus est ex omnibus spectaculis usque a Capitolio plausus excitatus, ut ..; Sest 124. — III, 1. populi sensus maxime theatro et spectaculis perspectus est; A II 19, 3. videmusne, ut (pueri) pompa, ludis atque eius modi spectaculis teneantur? fin V 48. — 2. ut in illo apparatissimo spectaculo studium populus Romanus tribuerit absenti; Phil I 36.

spectatio, Schauen, Anblick, Besichtigung, Prüfung: I. apparatus spectatio tollebat omnem hilaritatem; ep VII 1, 2. — II, 1. animum levari cum spectatione tum etiam religionis opinione et fama; A XIII 44, 2. — 2. deductiones fieri solebant, primum pro spectatione et collybo; Ver III 181.

spectator, Zuschauer, Beobachter: I. cur ego absum ‖ non adsum ‖ vel spectator laudum tuarum vel particeps vel socius vel minister consiliorum? ep II 7, 2. quod illi ne auditores quidem suae gloriae. ego etiam spectator meae laudis esse potuissem; dom 64. sunt homines quasi spectatores superarum rerum atque caelestium; nat II 140. — II. quem nunc mearum ineptiarum testem et spectatorem fortuna constituit; de or I 112. omnes socii spectatores se otiosos praebuerunt Leuctricae calamitatis? of II 26.

spectio, Beobachtungsrecht: nos nuntiationem solum habemus, consules et reliqui magistratus etiam spectionem; Phil II 81.

specto, spectatus, schauen, ansehauen, zuschauen, betrachten, prüfen, erproben, trachten, streben, zielen, berücksichtigen, sich beziehen. part. bewährt: I, 1. senatoribus singulis spectatum e senatu redeuntibus; Sest 117. — 2. spectantibus omnibus; Ver I 53. illa te semper etiam potiora duxisse, quae ad sapientiam spectarent; de or III 82. quae argumenta ad id, quod in iudicium venit. spectantia debent adferri; de or II 132. omnia utriusque consilia ad concordiam spectaverunt; ep IV 2, 3. quando inest in omni virtute cura quaedam quasi foras spectans; fin V 67. qui hanc gratulationem ad iudicium corrumpendum spectare videbant: Ver IV 46. quorsum igitur haec spectat tam longa oratio? de or III 91. quo igitur haec spectat oratio? A VIII 2, 4. quae (ars) in unum exitum spectantibus rebus contineretur; de or I 92. quae res ad caedem maximam spectat; A XIV 13, 2. si (ista studia) ad imitandos summos viros spectant; fin V 6. — II, 1. nos in vita, non quae cuique peccato poena sit, sed quantum cuique liceat, spectare debemus; par 25. noli spectare, quanti homo sit; Q fr I 2, 14. — 2. quo spectat illud, nisi ut opifices concitentur? Ac II 144. haec eo spectant, ut et horter et suadeam; ep III 4, 3. plane hoc spectat. ut se duce bellum geratur cum Antonio; A XVI 8. 1. — 3. unum illud spectavi, neminem isti patronum futurum; Sex Rosc 58. hoc spectant leges, hoc volunt. incolumem esse civium coniunctionem; of III 23. — III. nemo illum ex trunco corporis spectabat; Q Rosc 28. quod si solum spectaretur; inv I 75. non idem semper dicere, sed idem semper spectare debemus; ep I 9, 21. ſ. II, 2. A XVI 8, 1. 3. non ex eventu cogitationem spectari oportere; inv II 23. possunt in pactionibus faciendis non legem spectare censorum, sed potius commoditatem conficiendi negotii et liberationem molestiae; Q fr I 1, 35. qui dignitatem, qui rem publicam, qui gloriam spectatis; Sest 51. hoc in genere spectatur locus, tempus, occasio, facultas; inv II 40.

Siculi ad meam fidem, quam habent spectatam iam et cognitam, confugiunt; div Caec II. expones, quae spectet, florida et varia? Tusc III 43. cum in hominibus iuvandis aut mores spectari aut fortuna soleat; of II 69. non modo suffragia nulla fuisse, sed ne genera quidem spectata esse; Ver II 120. gloriam: f. dignitatem. ceterarum homines artium spectati et probati; de or I 124. duo sunt tempora, quibus nostrorum civium spectentur iudicia de nobis, unum honoris, alterum salutis; Vatin 10. legem, liberationem: f. commoditatem. locum: f. facultatem. hos ludos servi fecerunt, servi spectaverunt; har resp 24. mores: f. fortunam. occasionem: f. facultatem. quod bonorum possessio spectetur non in aliqua parte, sed in universia, quae teneri et possideri possint; Quinct 89. ubi res spectatur, non verba penduntur; orat 51. rem publicam: f. dignitatem. qui sententiam scriptoris non ex ipsius scripto spectet; inv II 128. si barbarorum est in diem vivere, nostra consilia sempiternum tempus spectare debent; de or II 169. f. facultatem. varia: f. florida. honestissimi et spectatissimi viri; Sest 6. in perfecto et spectato viro; Lael 9. in omnibus rebus voluntatem spectari oportere; inv II 101. — IV. invenitur, quid sit, quod natura spectet extremum in bonis; Tusc V 71.

spectrum, Bild, Vorstellung: I. in meane potestate sit spectrum tuum; ep XV 16, 2. — II. Catius Insuber, Epicurius, quae ille Gargettius et iam ante Democritus εἴδωλα, hic „spectra" nominat. his autem spectris etiamsi oculi possent possunt ‖ feriri, animus qui possit, ego non video; ep XV 16, 1, 2. — II. „διανοητικὰς φαντασίας" spectris Catianis excitari; ep XV 16, 1. feriri: f. II. nec tamen hoc usu venit propter „spectra Catiana"; ep XV 19, 1.

specula, Hoffnung, Hoffnungsschimmer: I. qui aliquid ex eius sermone speculae degustarant; Cluent 72. — II. quod in communibus miseriis hac tamen oblectabar specula, Dolabellam fore ab iis molestiis liberum; ep II 16, 5.

specula, Warte: 1. eat Narbo Martius specula populi Romaui ac propugnaculum istis ipsis nationibus oppositum et obiectum; Font 13. — 2. idcirco iu hac custodia et tamquam specula conlocati sumus, uti ..; Phil VII 19. multo ante tamquam ex aliqua specula prospexi tempestatem futuram; ep IV 3, 1. regem semper in speculis fuisse; Deiot 22.

speculator, Späher, Kundschafter, Forscher: I. 1. oculi tamquam speculatores altissimum locum obtinent; nat II 140. non pudet physicum, id est speculatorem venatoremque naturae, ab animis petere testimonium veritatis? nat I 83. — 2. illum P. Gavium non speculatorem fugitivorum fuisse; Ver V 164. — II. pudet: f. I, 1. petit. fides mea custodem repudiat, diligentia speculatorem reformidat; div Caec 51.

speculatrix, Ausspäherin: Furiae deae sunt, speculatrices, credo, et vindices facinorum et sceleris; nat III 46.

speculor, spähen, beobachten, überwachen: I. quod nec insidiando nec speculando adsequi potui, ut liceret ..; de or I 136. — II. multorum te oculi et aures speculabuntur atque custodient; Catil I 6. cum speculatur atque obsidet rostra vindex temeritatis curia; Flac 57.

speculum, Spiegel: I. a parvis ant a bestiis, quae putat esse specula naturae; fin II 32. — II. 1. ut sese splendore animi et vitae suae sicut speculum praebeat civibus; rep II 69. — 2. in quibus (versibus) possit istius tamquam in speculo vitam intueri; Piso 71.

specus, Grotte: me paucos pedes ‖ specus ‖ in extremo fundo, et eos quidem subterraneos servitutis putasse aliquid habituros; A XV 26, 4.

spelunca, Höhle, Grotte: I. prope est spelunca quaedam; Ver IV 107. — II. iam decimum annum (Philoctetes) in spelunca iacet; fin II 94. — III. adde huc speluncarum concavas altitudines ‖ amplitudines ‖; nat II 98.

sperno, verschmähen, verwerfen, verachten: neque eos (legatos) solum praesentes, sed multo magis nos sprevit; Phil XIII 2‖ quorum animi spretis corporibus evolant; div I 114. eloquentia haec forensis spreta a philosophis et repudiata; orat 13. volumus humana omnia spernentem illum esse; Tusc IV 61. legatos: f. alqm. ut spernant discipuli magistros; rep I 67. spreta et contempta voluptate; Cato 53.

spero, hoffen, erwarten, vermuten: I, 1. proinde ‖ perinde ‖ quasi sperare sit prudentius quam timere; Tusc I 86. — 2. me, quem boni constantem, ut spero, semper existimassent; Sulla 20. ex eo (P. Crasso) cum ab ineunte eius aetate bene speravissem; ep XIII 16, 1. a qua (Clodia) ipsa ob eam causam sperare videor, quod ..; A XIII 29, 2 (3). ut neque accusator timere neque reus sperare debuerit; Cluent 20. — II, 1. tametsi de absolutione istius neque ipse iam sperat nec populus Romanus metuit; Ver I 6. f. III. alqd; Sulla 34. — 2. quibus illam relictionem consulis uti gratam sperat fore; Ver I 35. spero multa vos in re publica bona esse visuros; Milo 78. me biduo duarum rerum, quas maxime timebam, spero liberatum metu; Tusc II 67. sperat adulescens diu se victurum, quod sperare idem senex non potest. insipienter sperat; Cato 68. spero tibi me causam probasse, cupio quidem certe; A I 1, 4. — III. ne qui forte incipiat improbus aliquid sperare de te; Sulla 34. sperabis omnia optime; ep IV 13, 7. si mihi quicquam esset ahs te speratum; Q fr I 1, 43. quod sperem, non dispicio; Q fr I 3, 5. hoc spero melius; A V 16, 1. etsi (Trebatius) nihil bene sperat; A IX 9, 4. f. II, 2. Cato 68. nullo nec accepto ab iis (dis) nec sperato bono; nat I 116. Metelli sperat sibi quisque fortunam; Tusc I 86. etiam gloriam sperabit a latronum gregibus et praemia; Phil XII 26. nos non de reliqua et sperata gloria iam laborare, sed de parta dimicare; Q fr I 1, 43. qui uno tempore fratris uxorem speratosque liberos interfecerit; Cluent 125. praemia: f. gloriam. alter ab isdem (operis) se etiam invito senatu provinciam sperare dicebat; Sest 18. is (Pennus) omnia summa sperans aedilicius est mortuus; Brn 109. nulla nec aditurus nec sperata voluptate; fin II 63.

spes, Hoffnung, Erwartung, Aussicht: I, 1. omnes (Catilinae) spes atque opes concidisse; Catil III 16. bona spes cum omnium rerum desperatione confligit; Catil II 25. in te et in conlega omnis spes est; ep X 22, 1. extenuari spem nostram et evanescere; A III 13, 1. hereditatis spes quid iniquitatis in serviendo non suscipit? quem nutum locupletis orbi senis non observat? par 39. spes rapiendi atque praedandi occaecat animos omnium; Phil IV 9. suscipit: f. observat. magna me spes tenet bene mihi evenire; Tusc I 97. — 2. o falsam spem! Sulla 91. — II, 1. superioribus litteris, cum iam ab aliis desperata res esset, tamen tibi spem maturae decessionis adferebam; Q fr I 1, 1. idem Cretensium spem deditionis non ademit; imp Pomp 35. meam de tua erga me benivolentia spem confirmaveris; ep XIII 29, 8. tanta in eo rei publicae bene gerendae spes constituebatur, ut ..; imp Pomp 62. quoniam et me quodam modo invitas et tui spem das; rep I 15. quis esset, qui in defendenda re publica nostra spem praemiorum eripi vellet? Balb 49. pacis spem a publico consilio esse exclusam; Bru 329. spe pacis exclusa; ep VI 21, 1. extenuo: f. I, 1. evanescit. quodsi meam spem vis improborum fefellerit atque superaverit; Catil IV 23. sive habes aliquam spem de re publica sive desperas; ep II 5, 2. si ullam in

87*

amicitia mea spem habes; ep XIII 50, 2. non ut tu ‖ uitam ‖ uno in eo (Pompeio) indico spem de salute rei publicae; A VIII 2, 4. spe pacis oblata; Phil XII 18. ut militibus spes ostendatur praemiorum; Phil III 14. omnis in tua posita est humanitate mihi spes huius levandae molestiae; A I 17, 4. dolor corporis perfertur spe proposita boni; Tusc III 61. perspicis profecto, ecquaenam nobis spes salutis relinquatur; Q fr J 4, 2. supero: f. fallo. fraudandi spe sublata solvendi necessitas consecuta est; of II 84. — 2. video nos privari spe beatioris vitae; Tusc I 82. tuis sententiis omni est spe salutis spoliatus Antonius; Phil XII 5. — 3. C. Marius cum a spe consulatus longe abesset; of III 79. vos repentini in nos iudices consedistis, ab accusatoribus delecti ad spem acerbitatis; Sulla 92. quod nulla equidem habeo in spe; A XI 19, 1. qui etiam non nullos agrestes in eandem illam spem rapinarum veterum impulerunt; Catil II 20. quae te ratio in istam spem induxit, ut putares ..? of II 53. quoniam ingressi in spem rei publicae recuperandae sumus; Phil V 11. id in optima spe pono; A XIII 22, 5. nisi suam vitam ad spem mei reditus reservasset; Sest 76. veteres ad spem caedis Catilinae copias esse revocatas; Quir 13. si est aliquid in spe; A III 23, 4. quoniam in spe firmiore sumus; A VIII 11, B, 1. dum in spe pax fuit; A VIII 11, D, 8. tum eramus in maxima spe, nunc ego quidem in nulla; A IX 19, 2. — III, 1. adulescentiam plenam spei maximae; Cael 80. — 2. redimeret adulescentem summa spe et animi et ingenii praeditum; Phil II 46. — IV, 1. spei fructum rei convenit et evento reservari; Phil XIV 5. nec habere ne spei quidem extremum et tamen commune solacium; nat III 14. — 2. homines nulla spe rerum gerendarum; fin V 52. — 3. hominem sine spe, sine sede; Cael 78. fieri quaedam ad meliorem spem inclinatio visa est; Sest 67. — V, 1. qui spe amplissimorum praemiorum ad rem publicam adducti metu crudelissimorum suppliciorum carere non possumus; Milo 5. iuani et tenui spe te consolaris; Q Rosc 43. qui iam spe atque opinione praedam illam devorasset; Ver I 135. ducuntur (homines) spe sibi id utile futurum· of II 22. qui nunc primum spe vestrae aequitatis ·erigere animum et paulum respirare a metu coepit; Cluent 200. cum tibi vana quaedam falsa spe inductus pollicebar; Planc 101. quarum (voluptatum) potiendi se inflammati multos labores susceperant; fin I 60. cum hostium classis Italiam spe atque animis inflata peteret; Muren 33. quae (salus) spe exigua extremaque pendet; Flac 4. respirare: f. erigere. cum essent animi servorum et spe et metu temptati; Cluent 176. terrore ac metu multos, plures etiam spe et promissis tenebat; Sest 34. — 2. quod cum spe magna sis ingressus; Rab Post 5. per quem (locum) praeter spem in miseriis demonstratur esse; inv I 108. (honos) non solum datur propter spem temporum reliquorum, sed ..; Phil IV 41. nemo umquam sine magna spe immortalitatis se pro patria offerret ad mortem; Tusc I 32.

sphaera, Kugel, Weltkugel, Kreisbahn: I conum tibi ais et cylindrum et pyramidem pulchriorem quam sphaeram videri; nat II 47. — II, 1. quamvis sphaeram in scaenam, ut dicitur, attulerit Ennius, tamen in sphaera fornicis similitudo inesse non potest; de or III 162. quam (sphaeram) ab eodem Archimede factam posnerat in templo Virtutis Marcellus idem; rep I 21. habent suam sphaeram stellae inerrantes ab aetheria coniunctione secretam et liberam; nat II 55. cum machinatione quadam moveri aliquid videmus, ut sphaeram, ut horas; nat II 97. pono: f. facio. secerno: f. habeo. dicebat Gallus sphaerae illius alterius solidae atque plenae vetus esse inventum, et eam a Thalete Milesio primum esse tornatam; rep I 22. — 3. cum Archi-

medes lunae, solis, quinque errantium motus in sphaeram inligavit; Tusc I 63. insum in: f. 1. adfero. — III. hoc sphaerae genus, in quo solis et lunae motus inessent et earum quinque stellarum, quae errantes nominarentur. in illa sphaera solida non potuisse fiuiri; rep 1 22. inventum: f. II, 1. torno. — IV. in sphaera maximi orbes medii inter se dividuntur; fat 15. f. III.

Sphinx, Sphinx: cum Sphingem domi habeas; fr G, b, 38.

spica, Ähre: I. cum (natura fruges) ad spicam perduxerit ab herba; fin IV 37. — II. ne seges quidem igitur spicis uberibus et crebris, si avenam uspiam videris; fin V 91.

spiculum, Spitze, Lanze: I. qui (Epaminondas) tum denique sibi evelli iubet spiculum, posteaquam ..; ep V 12, 5. — II. ut Lacedaemonii suos omnes agros esse dictitarint, quos spiculo possent attingere; rep III 15.

spicum, Ähre: I. »spicum inlustre tenens splendenti corpore Virgo«; nat II 110. — II. ex ,.e quibus (vaginis viriditas) cum emersit, fundit frugem spici ordine structam; Cato 51.

spina, Dorn, Stachel, Gräte, Spitzfindigkeit: I. Panaetius nec acerbitatem sententiarum nec disserendi spinas probavit; fin IV 79. — II. »illa (Pistrix) usque ad spinam mergens se caerula condit·; fr H IV, a, 664. — III. humus erat spinis cooperta piscium; fr A VI 1. quarum (animantium sunt) aliae spinis hirsutae; nat II 121.

spiniger, stachlig: »(lumen) spinigeram subter caudam Pistricis adhaesit«; fr H IV, a, 422.

spinosus, spitzfindig: A. Stoicorum non ignoras quam sit subtile, vel spinosum potius, disserendi genus; fin III 3. haec erat spinosa quaedam et exilis oratio; de or I 83. — B. postea, qui dialectici dicuntur, spinosiora multa pepererunt; orat 114.

spirabilis (spiritabilis), luftförmig: sive illi (animi) sint animales, id est spirabiles, sive ignei; Tusc I 40. fac (animi naturam) igneam, fac spirabilem; Tusc I 70. [Cicero spiritabile dixit in libris de deorum natura]; nat fr. 6.

spiritus, Hauch, Luft, Atem, Leben, Stolz, Hochmut, Begeisterung: I. cum spiritus eius (Demosthenis) esset angustior; de or I 261. illos eius spiritus Sicilienses quos fuisse putetis, recordamini; Ver III 22. vobis et populo Romano vilis meus spiritus esse non debet; Phil XII 21. — II, 1. res gestae, credo. in senatu eos spiritus attulerunt; Sulla 27. ut conlegae tui contaminatum spiritum pertimescerem; Piso 20. spiritus per arterias (in omne corpus diffunditur); nat II 138. si cui sit infinitus spiritus datus; de or III 181. cum nullum tranquillum spiritum duxerimus; Arch 30. ut possimus ad id tempus rei publicae spiritum ducere; ep X 1, 1. in pulmonibus inest mollitudo ad hauriendum spiritum aptissima; nat II 136. in isdem causis perpetuum et eundem spiritum sine ulla commutatione obtinebis? orat 110. pertimesco: f. contamino. — 2. etsi carent libri spiritu illo, propter quem maiora eadem illa cum aguntur quam cum leguntur videri solent; orat 130. alter eos punctum temporis frui vita et hoc communi spiritu non putat oportere; Catil IV 7. — 3. non in spiritu vita est; Phil X 20. — III. si (senectus) usque ad ultimum spiritum dominatur in suos; Cato 38. — IV, 1. clausulas atque interpuncta verborum animae interclusio atque angustiae spiritus attulerunt; de or III 181. — 2. venit ad me etiam Q. Fufius quo vultu, quo spiritu! A IX 5, 1. — V, 1. eodem tempore et suscipimur in lucem et hoc caelesti spiritu augemur: har resp 57. sic verba versu includere, ut nihil sit ne spiritu quidem minimo brevius aut longius quam necesse est; de or III 184. quod id, quod dicit, spiritu, non arte determinat; de or III 175. (Demo-

sthenes) summa voce versus multos uno spiritu pronuntiare consuescebat; de or I 261. cum tribus rebus animantium vita teneatur, cibo, potione, spiritu; uat II 134. spiritu quasi necessitate aliqua verborum comprehensio terminatur; Bru 34. oppressi, si non spiritu, at virtutis laude vivemus; Phil XIII 7. lusit vir egregius extremo spiritu; Tusc I 96. — 2. num quis horum miser hodie? ne tum quidem post spiritum extremum; Tusc I 89. propter: f. II, 2. careo.

spiro, atmen, ausḫauḋen, leben: I. ut in vivi etiam et spirantis capite bustum suis manibus imponeret; dom 134. videtur Laelii mens spirare etiam in scriptis; Bru 94. quandam effigiem spirantis mortui (vidisses); Q fr I 3, 1. spirante etiam re publica; Sest 54. — II. fortibus sane oculis Cassius (Martem spirare diceres) se in Siciliam non iturum; A XV 11, 1.

spisse, langfam: cum spisse atque vix ad Antonium Crassumque pervenimus; Bru 138.

spissus, zögernd, langfam, ḋwierig: etiamsi est aliquando spissius; de or III 145. sin id erit spissius; ep II 10, 4. ita omnia tarda adhuc et spissa; A X 18, 2. exitus spissi et producti esse debent; de or II 213. spissum sane opus et operosum; Q fr II 12, 1.

splendeo, glänzen, ſtraḫlen: »splendenti corpore Virgo«; nat II 110. quae (virtus) splendet per sese semper; Sest 60.

splendesco, glänzend werden, auffleuḋten: nihil (est) tam horridum, quod non splendescat oratione; par 3. canorum illud in voce splendescit etiam nescio quo pacto in senectute; Cato 28.

splendide, glänzend, ḫerrliḋ: acta aetas honeste ac splendide; Tusc III 61. quae splendide dicta sint; fin I 6. Demosthenem ornate splendideque facere potuisse; of I 4. se non ornare magnifice splendideque convivium (posse); Quinct 93.

splendidus, glänzend, präḋtig, anſehnliḋ, bedeutend, ausgezeiḋnet: A. erat is splendidissimo candore inter flammas circus elucens; rep VI 16. causa splendidior fiet; Sex Rosc 142. testis splendissima civitas Lilybaetana; Ver V 10. mernisse (se) cum L. Raecio, splendidissimo equite Romano; Ver V 161. Q. Sosius, splendidus eques Romanus ex agro Piceno; nat III 74. e multis splendidisque familiis; Sex Rosc 133. etsi id (oratorum genus) melius est, quod splendidius et magnificentius; Bru 201. in M. Annii, hominis splendidissimi, testimonio; Ver V 73. optimo quisque et splendidissimo ingenio; of III 25. locorum splendidis nominibus inluminata est versus; orat 163. orationes nondum satis splendidas verbis; Bru 104. video splendidiorem petitionem tuam; ep X 25, 2. in provincia tam splendida; Ver V 137. splendidam quandam rationem dicendi tenet; Bru 261. — B. veniamus ad splendidiora; Phil II 63.

splendor, Glanz, Praḋt, Anſehen, Ḋmuḋ, Zierde: I. (candelabrum) erat eo splendore, qui ex clarissimis gemmis esse debebat; Ver IV 65. cum ei (Curioni) splendor non defuisset; Bru 124. est: f. debet. nec illius animi aciem praestringit splendor sui nominis; Rab Post 43. — II, 1. ut viri boni et splendorem et nomen amittas; of III 82. hunc tu vitae splendorem maculis aspergis istis? Planc 30. actio eius (Pompei) habebat in voce magnum splendorem; Bru 239. eo negotio M. Catonis splendorem maculare voluerunt; Sest 60. qui (M. Seius) ne equestrem quidem splendorem incolumem a calamitate iudicii retinere potuisset; Planc 12. — 2. num: f. I. debet. — 3. istorum religio sacrorum a splendore huius imperii abhorrebat; Flac 69. — III, 1. cupidi splendoris et gloriae; of I 43. — 2. te splendore et vetustate familiae fretum; Planc 12. honesti homines et summo splendore praediti; Cluent 198. — 3. erat (Hortensius) in verborum splendore elegans; Bru 303. — IV. quo splendore vir, qua

fide! Flac 89. — V. splendore nominis capti; fin I 42. quod (vestibulum Q. Mucii) cotidie frequentia civium ac summorum hominum splendore celebratur; de or I 200. ut sese splendore animi et vitae suae sicut speculum praebeat civibus; rep II 69. cogitarat omnes superiores muneris splendore superare; dom 111.

spoliatio. Plünderung, Beraubung: I. misericordiam spoliatio consulatus magnam habere debet; Muren 87. — II. cum in legatione oppidorum fanorumque spoliationes cogitaret; Ver II 18. — III. an erat mihi in tanta spoliatione omnium rerum vita retinenda? Sest 47.

spoliator, Plünderer: si tu eorum [etiam] spoliatorem vexatoremque defendis; Ver IV 80.

spoliatrix, Berauberin: tune Venerem illam tuam spoliare (ansa es) ornamentis, spoliatricem ceterorum? Cael 52.

spolio, berauben, plündern: I, 1. eat gravius spoliari fortunis quam non angeri dignitate; Planc 22. — 2. qui (Mars) saepe spoliantem iam et exsultantem evertit et perculit ab abiecto; Milo 56. — II. quem multo auro spoliare possit; leg I 41. mihi spoliato et domesticis et forensibus ornamentis atque solaciis; ep V 15, 3. quod istam miseram patrimonio, fortuna omni spoliatam relinquam; A XI 9, 3. nihil illo regno spoliatius; A VI 1, 4. aratores spoliati ac vexati querebantur; Ver II 29. quae (civitas) si voce L. Crassi carebit, ornamento quodam se spoliatam putabit; de or II 144. vidimus mensibus post pancis et exercitum et consulem spoliatum; Ver III 177. haec oratio deos spoliat motu et actione divina; nat I 102. exercitum: f. consulem. qui fana spoliarit omnia; Ver III 6. cum forum voce erudita spoliatum atque orbatum videret; Bru 6. amicissimum hominem in honestate spoliatum audierit; Rab Post 44. hospitium spoliatum ac proditum; Ver IV 60. ad oraculum orbis terrae vexandum ac spoliandum; Font 30. parcat iuventus pudicitiae suae, ne spoliet alienam; Cael 42. si eam (adultam mulierem) nullis spoliatam ornamentis dedisset; Ligar 7. vide, ne, dum novo ornatu velis ornare iuris civilis scientiam, suo quoque eam concesso et tradito spolies atque denudes; de or I 235. spoliavit virtutem suo decore; Ac I 33. eius vitam quisquam spoliandam ornamentis esse dicet, cuius . . ? Sest 83. ut urbs tota spoliaretur; Ver II 50.

spolium, Beute, Raub: I, 1. spirante etiam re publica (consules) ad eius spolia detrahenda advolaverunt; Sest 54. tolli ex urbe monumenta maiorum, spolia hostium; Ver II 88. — 2. qui abiectum hoc cadaver consularibus spoliis nudare non nolint; Piso 82. — 3. ne ornamentis eius omnibus Sex. Naevius pro spoliis abutatur; Quinct 99. si ex eius (Galli) spoliis sibi et torquem et cognomen induit; fin II 73. istorum villae sociorum plurimis et pulcherrimis spoliis ornatae refertaeque sunt; Ver V 127. — II. ut aliorum spoliis nostras facultates, copias, opes augeamus; of III 22. eum (locum) exuviis nauticis et classium spoliis ornatum; imp Pomp 55. — f. II.

spondaulium, Opfergeſang: hominis histrionis † spondalli || spondaulia, spondalia || illa dicentis; de or II 193.

spondeo, geloben, feierliḋ verſpreḋen, ſiḋ verbürgen: I. scire velim, quando dicar spopondisse et pro patre anne pro filio; A XII 14, 2. nulli populo Romano pro me maiores mei spoponderunt; mihi creditum est; agr II 100. — II, 1. quod ego non modo de me tibi spondere possum, sed de te etiam mihi; ep XV 21, 1. — 2. spondebo tibi vel potius te vitae splendorem spoliatam putabit; spondent, confirmant; 3. tibi ut sponderem se dignum et te et nobis futurum; A XVI 5, 2. — III. ex sponso egit; Quinct 32. ea spondent, confirmant;

A XI 6, 3. f. II, 1. cum fortissimis legionibus vacationes, pecunias, agros spopondistis; Phil VII 10. quibus (legionibus) honores et praemia spopondistis; Phil V 28. vacationes: f. agros.

spondeus (spondius), Spondeus, Lieb aus Spondeen: I. ne spondius quidem funditus est repudiandus, etsi, quod est e longis duabus, hebetior videtur et tardior; habet tamen stabilem quendam et non expertem dignitatis gradum; orat 216. — II. 1. ut (tibicina) spondeum caneret; fr F X 3. Ephorus fugit spondeum et trochaeum: orat 191. repudio: f. I. — 2. comprehensio in spondios cadit; orat 223.

spongia, Schwamm: I. in pulmonibus inest ad- similis spongiis mollitudo; nat II 136. — II. e foro spongiis effingi sanguinem; Sest 77.

sponsalia, Verlobung, Verlobungsfeier: qui (homines) Romam venerunt factis sponsalibus; A VI 6. 1. sponsalia Crassipedi praebui; Q fr II 5, 2.

sponsio, Versprechen, Verpflichtung, Gelübde, Abmachung, gerichtliche Wette: I. Scandilium cogis — quid? sponsionem acceptam facere? Ver III 189. sponsio facta est cum cognitore tuo Apronio de fortunis tuis omnibus; Ver III 137. cum is (Lutatius) sponsionem fecisset, NI VIR BONUS ESSET; of III 77. f. accipio. ostendo eum, qui fateatur se deiecisse, vincere sponsionem, si ostendat eum non possedisse; Caecin 91. — II. verba ipsa sponsionis facere mecum; Caecin 80. — III. tu sponsione condemnari necesse est; Tul 53. cum palam Syracusis te audiente maximo conventu L. Rubrius Q. Apronium sponsione lacessivit; Ver III 132. † diligentiam ‖ de diligentia ‖ votorum satis in lege dictum est ac votis ‖ † ac voti ‖ sponsio, qua obligamur deo; leg II 41. numquid est causae. quid iste ex edicto non possederit, ego sponsione vicerim? Quinct 84.

sponsor, Bürge: I, 1. cotidie sponsores et creditores L. Trebellii convenire; Phil VI 11. casus mirificus quidam intervenit quasi sponsor humanitatis tuae; ep VII 5, 2. — 2. quod sponsor es pro Pompeio; ep VI 18, 3. — II. Tulliola tuum munusculum flagitat et me ut sponsorem appellat; A I 8, 3. possumus, ut sponsores appellemus. procuratores ‖ procuratores ‖ introducere: neque enim illi litem contestabuntur. quo facto non sum nescius sponsores liberari; A XVI 15, 2.

sponsus, Bräutigam: is animadvertit sororem suam sponsi nomen appellantem identidem Curiatii; inv II 78.

sponsus, Bürgschaft: de sponsu si quid perspexeris, velim scire; A XII 19, 2.

sponte, aus eignem Antrieb, Entschluß, von selbst, für sich: I. cum illa civitas cum Poenis suo nomine ac sua sponte bellaret; Ver IV 72. quae sua sponte cadunt plerumque numerose; orat 175. gaudeo id te mihi suadere, quod ego mea sponte pridie feceram; A XV 27, 1. Ap. Claudium senatui populoque Romano non Midaeensium testimonio, sed sua sponte esse laudatum; ep III 8, 3. ut in his rebus summe nostra sponte moveamur; fin V 46. sua sponte homines in amicorum periculis vestitum mutare non solent? Sest 33. sin ipse tua sponte processeris; Ac II 49. quod (peccatum) sponte sua rens punitus sit; inv II 80. — II. quod (tempus aetatis) ipsum sua sponte infirmum est; Cael 10. quod sit ipsum per se, sua vi, sua sponte, sua natura laudabile; fin II 50.

sportella, Speisekörbchen, kalte Küche: dedicendae tibi sunt sportellae et artolagani tui; ep IX 20, 2.

spuma, Schaum: I. cum spumas ageret in ore; Ver IV 148. — II. altera (Venus) spuma procreata; nat III 59.

spumo, mit Schaum bedecken: »saxa cana salis niveo spumata liquore«; div I 13.

spurce, unsauber, unflätig: qui in illam miseram tam spurce, tam impie dixeris; Phil II 99. si quod eorum(adversariorum)spurce, superbe, malitiose factum proferetur; inv I 22. (Quintus) perscribit spurcissime, quas ob causas fecerit; A XI 13, 2.

spurco, besudeln: tu forum spurces? Sest 78. scilicet tu helluoni spurcatissimo, Sex. Clodio, omne frumentum tradidisti; dom 25

spurcus, unsauber, unflätig, schlecht: capita taeterrima et spurcissima, Dolabella et Antonius; Phil XI 1. homo avarissime et spurcissime, redde bona sodalis filio! Ver I 94. hanc tibi legem Clodius scripsit spurciorem lingua sua; dom 47. cum iter facerem tempestate spurcissima; fr E V 13.

sputatilicus, anspeienswert, **sputum**. Auswurf: Sisenna dixit quaedam eius „sputatilica" esse crimina; tum C. Rusius: „sputatilica, quid est hoc? sputa quid sit scio, tilica nescio"; Bru 260.

squaleo, trauern: squalebat civitas publico consilio veste mutata; Sest 32. squalent municipia; Milo 20.

squalide, rauh: illa dixerunt tum definientes, tum partientes, ut vestri etiam, sed vos squalidius; fin IV 5.

squalidus, rauh: quia (haec) sua sponte squalidiora sunt; orat 115.

squalor, Schmutz, Elend, Trauerkleidung, Trauer: I. quid parentes sentiant, matris maeror, squalor patris declarat; Cael 4. mi ante oculos dies noctesque versatur squalor vester et maeror; ep XIV 3, 2. — II. 1. ne illius luctum squaloremque aspicerem; A III 10, 2. ille inrisit squalorem vestrum; sen 12. hic tot et talium civium squalor, hic luctus, hae sordes susceptae sunt propter unum me; Sest 145. — 2. video P. Lentulum in hoc misero squalore et sordibus; Sest 144. — III. surrexisset Apronius non ut decumanus squaloris plenus ac pulveris; Ver III 31. — IV. ne forte mater hoc sibi optatissimum spectaculum huius sordium atque luctus et tanti squaloris amitteret; Cluent 192. — V. is in te non squalore et lacrimis Siciliae concitetur? Ver III 6. squalore huius et sordibus laetatur; Cluent 18.

squama, Schuppe: pluma alias (animantes), alias squama videmus obductas; nat II 121.

squamiger, schuppig: »exin squamigeri † serpentes ludere Pisces«; fr H IV, a. 574.

squamosus, schuppig: »hanc (Pistricem) Aries tegit et squamoso corpore Pisces«; nat II 114.

squilla, Pinnenwächter: 1. admonita squillae morsu pina ‖ a squilla [pina] morsu ‖ comprimit conchas; nat II 123. — 2. pina cum parva squilla quasi societatem coit comparandi cibi; nat II 123.

st, stille! leniter adridens Scipio: st! quaeso. inquit, ne me e somno excitetis; rep VI 12. sed st! 'si, al. ‖ litteras tuas exapecto; ep XVI 24, 2.

stabilio, befestigen, stärken: qua (oratione animus) stabiliat leges; leg I 62. qui hanc rem publicam stabiliverunt; Sest 143. ad stabiliendas urbes nostra pergit oratio; leg I 37.

stabilis, feststehend, fest, bauerhaft, sicher: A. nihil est tam ad diuturnitatem memoriae stabile. quam id, in quo aliquid offenderis; de or I 129. animus sine fide stabilis amicis non potest esse; inv I 47. nisi stabili et fixo et permanente bono beatus esse nemo potest; Tusc V 40. ut nostram stabilem conscientiam contemnamus; fin II 71. in qua (tyrannorum vita) nulla stabilis benivolentiae potest esse fiducia; Lael 52. (spondius) habet stabilem quendam et non expertem dignitatis gradum; orat 216. qui te in matrimonio stabili et certo conlocavit: Phil II 44. oratio quoniam tum stabilis est, tum volubilis; orat 187. pacem stabilem nobis habere licuisset; Phil XIII 2. perseverantia est in ratione bene considerata stabilis et perpetua permansio; inv

maque contemnere; of
entiae quae sint
tatem) stabilem
et stabiles et

I. in ea
as, in
., quam
confir-
stabilitatis
.ia quaerimus,
in: f. II. qunero.
.. res pubica multa
..e; Marcel 24. — IV.
confidere?Tusc V 40.
., huius in aedibns pro
Phil II 69. — II. cnm
tabula praedari coepisset;

.ennbaḩn, Stabium, 185 Meter:
.in currit, eniti debet, ut vincat; of
qui ingrediuntur in stadium; de or
II. is locus est citra Leucadem stadia
ρ XVI 2.

agnum, See, Teiḩ: »cum absurdo sono
..tes et stagna cietis«; div I 15. num quid causae
est, quin omnes agros, urbes, stagna decemviri vendituri sint? agr II 40.

statarius, ſteḩenb, ruḩig: quos statarios
appellant, quorum sit illa simplex in agendo veritas,
non molesta; Bru 116. C. Piso statarius et sermonis
plenus orator; Brn 239.

statera, Wage, Golbwage: quae non aurificis
statera, sed populari quadam trutina examinantur;
de or II 159.

statim, ſogleiḩ, ſofort, augenblicklicḩ, unmittelbar: I. quid eadem lex statim adiungit? Cluent
148. hoc snm aggressus statim Catone absoluto;
orat 36. bona eins statim coepit vendere; Ver II
93. litteras misi, ut equites ex insula statim decederent; A VI 1, 6. cum Calibus tuas litteras accepissem, has statim dedi; A VII 16, 2. utrum mavis?
statimne nos vela facere an remigare? Tusc IV 9.
statim Messana litteras Halaesam mittit; Ver II 19.
statim ad te perscribam omnia; A IX 17, 1. cui
(epistulae) ego statim rescripseram; A IX 9, 3.
respondisti statim: Nonis Februariis; Quinct 57. me
consilio inva, pedibusne Regium an hinc statim in
navem; A X 4, 12. — II. male se res habet, quae
non statim, ut dici coepta est, melior fieri videtur;
de or II 313. de Vatinio reditus intercesserat in
gratiam per Pompeium, statim ut ille praetor est
factns; ep I 9, 19. me ab eo (Appio) diligi statim
coeptum esse, ut simultatem deposuimus, sensi; ep
II 13, 2. ut heri (Philippus) me salutavit, statim
Romam profectus est; A XII 18, 1. vgl. I. aggredior, do.

statio, Aufenthalt, Voſten: I. in arce Athenis
statio mea nunc placet; A VI 9, 5. — II. vetat
Pythagoras iniussu imperatoris, id est dei, de praesidio et statione vitae decedere; Cato 73.

stativus, ſteḩenb: stativa sibi castra faciebat; Ver V 29. haec mea sedes est, hoc praesidium
stativum; Phil XII 24.

Stator, Erhalter: magna habenda est huic ipsi
Iovi Statori gratia, quod ..; Catil I 11. senatum
in aedem Iovis Statoris convocavi; Catil II 12.

stator, Orbonnanz: I. litteras a te mihi stator
tuus reddidit Tarsi; ep II 17, 1. — II. ut ad te
statores meos et lictores cnm litteris mitterem;
ep II 19, 2.

statua, Bilbſäule, Stanbbilb: I. erat Stesi-
chori poëtae statua senilis, summo artificio facta;
Ver II 87. equestres sunt medio in foro Marcellorum
statuae; Ver IV 86. nihil habuit aliud inscriptum
nisi COS. ea statua, quae ad Opis † per te posita

in excelso est; A VI 1, 17. illa divina virtus nou
statuas plumbo inhaerentes desiderat; rep VI 8.
statuae intereunt tempestate, vi, vetustate; Phil IX
14. in Lysandri statua, quae Delphis stabat, in
capite corona subito exstitit ex asperis herbis; div
I 75. — II, 1. pedestrem ex aere statuam decerno;
Phil IX 13. cum statuae sunt istius deiectae et
eversae; Ver II 160. civitatem tam gravem statuas
iudicasse C. Verris demoliendas; Ver II 164. desidero: f. I. inhaerent. neque illam statuam esse ex
pecunia publica neque publice datam; Ver IV 139.
everto: f. deicio. facio: f. I. est. soli (Gorgiae) ut
ex omnibus Delphis non inaurata statua, sed aurea
statueretur; de or III 129. ei statuam equestrem
inauratam in rostris statui placere; Phil V 41. f.
IV. pono: f. I. habet. statuo: f. inauro. — 2. aperte
ostendunt, sese ad statuarum tuas pecuniam invitissi-
mos contulisse; Ver II 148. in quibus statuis
ista tanta pecunia consumpta est? Ver II 142. exsisto in: f. I. stat. quam (barbam) in statuis antiquis atque imaginibus videmus; Cael 33. — III, 1.
quod me de statuarum coronis certiorem fecisti,
valde gratum; A XV 27, 3. eorum nominibus in
statuarum inscriptione oppositis; Ver II 168. con-
fiteare necesse est te in provincia pecunias statuarum
nomine per vim ac metum coëgisse; Ver II 150. —
2. Pompei statuae plausus infiniti; Phil I 36. —
3. decreta Centuripinorum, quae de statuis erant
facta, non tolluntur; Ver II 162. — IV, 1. me inaurata
statua donarant; Piso 25. — 2. circum eam statuam locum ludis gladiatoribusque liberos posterosque
eius quoquo versus pedes quinque habere; Phil IX
16. inridebatur haec persona viri boni suscepta,
sicut in statuis inauratis; Cluent 101.

statuo, ḩinſtellen, aufſtellen, erricḩten, ſicḩ vorſtellen, glauben, feſtſeḩen, beſcḩließen, verorbnen:
I, 1, a. magna mihi res non modo ad statuendum,
sed etiam ad dicendum videtur esse; agr II 41. —
b. qui de re publica cum aliqua statuendi potestate
audiant; de or II 70. — 2. consequeris, ut eos ipsos,
quos contra statuas, aequos placatosque dimittas;
orat 34. si, ut Manilius statuebat, sic est iudicatum;
Caecin 69. — II. 1. quae (lex) de capite civis Romani
nisi comitiis centuriatis statui vetaret; rep II 61.
quibus (consulibus) permissum erat, ut de Caesaris
actis cognoscerent, statuerent, iudicarent; A XVI
16, 8. — 2. quibus (primis sententiis) tantum statuebant iudices, damnarent an absolverent; de or I
231. si habes iam statutum, quid tibi agendum
putes; ep IV 2, 4. ut statuerem, quid esset faciendum; A VII 26, 3. — 3. ut statuerent, ne absentium
nomina reciperentur; Ver II 103. — 4. statuit iste,
ut arator decumano vadimonium promitteret; Ver
III 38. — 5. quamquam statueram in animo non
venire; ep XI 6, 2. P. Clodius cum statuisset omni
scelere vexare rem publicam; Milo 24. — 6. sine ulla
dubitatione sic statuo et indico. neminem omnium
tot et tanta habuisse ornamenta dicendi; de or II
122. nominatim a me magistratibus statui gratias
esse agendas; sen 31. quam quidem laudem sapientiae
statuo esse maximam; ep V 13, 1. velim ita statutum
habeas, me tui memoriam tenere; ep VI 2, 1. — III.
statuo Lollium in illo tempestivo gladiatorum
convivio. statuitnr, ut dico, eques Romanus in
Aproni convivio; Ver III 61, 62. super terrae tumulum
noluit quicquam statui nisi columellam aut mensam
aut labellum; leg II 66. neque statuti quid in tuam
perturbatione habere potuisti; ep XII 25, 5. coln-
mellam: f. alqd. hanc tu condicionem statuis Gaditanis, ut id ne liceat ipsis? Balb 25. diem statuo
satis laxam; A VI 1, 16. equitem: f. alqm. in quo
homine [tu] statueris exemplum huius modi; Ver
II 111. ut tenuissimarum (rerum) iura statuerint;
Caecin 34. labellum: f. alqd. novam legem te in
decumis statuisse non miror; Ver III 17. mensam:

f. alqd. si pecuniae modus statuendus fuit feminis; rep III 17. in utra (lege) maior poena statuatur; inv II 145. in rebus statuendis et decernendis; Q fr I 1, 19. quas (res) Caesar statuisset, decrevisset, egisset; A XVI 16, 11. quod (sacrificium) tres pontifices statuissent; har resp 12. senatui placere Ser. Sulpicio statuam pedestrem aeneam in rostris statui; Phil IX 16. — IV, 1. quid omnino de captivo statuendum ac sentiendum sit; de or III 109. — 2. Plato Titanum e genere statuit eos, qui adversentur magistratibus; leg III 5. — 3. arbitrum me statuebat (Hirtius) totius consulatus sui; A XV 1, a, 2. quo cive neminem ego statuo in hac re publica fortiorem; Planc 51. qui (Hieronymus) summum bonum statuit non dolere; fin II 19. Anaximenes aëra deum statuit; nat I 26. voluptatem summum bonum statuens; of I 5.

statura, Größe, Gestalt: I. corporis nostri tota figura et forma et statura quam apta ad naturam sit, apparet; fin V 35. — II, 1. non id praecipit, ut membra nostra ant staturam figuramve noscamus; Tusc I 52. — 2. L. Turselius qua facie fuerit, qua statura; Phil II 41. — 3. maius et minus ex figura negotii, sicut ex statura corporis, consideratur; inv I 41.

status, Stehen, Stillstand, Stellung, Stand, Lage, Zustand, Bestand, Beschaffenheit, Verfassung, Umstände: I, 1. cum patres rerum potirentur, numquam conatitisse civitatis statum; rep I 49. quam (statuam) esse eiusdem status, amicitia, annulus, imago ipsa declarat; A VI 1, 17. rei publicae statum illum, quem tu meo consilio, ego divino confirmatum putabam, qui bonorum omnium coniunctione et auctoritate consulatus mei fixus et fundatus videbatur, elapsum scito esse de manibus uno hoc indicio; A I 16, 6. qui sit meus sensus et status; ep I 9, 2. qui meus in re publica sit pro mea parte capessenda status; ep I 9, 21. si status erit aliquis civitatis, quicumque erit, te omnium periculorum video expertem fore; ep IV 14, 4. qui nunc sit status rerum et qui meus; A I 16, 6. qui sit omnium rerum status noster, vides; A XI, 11, 2. in deliberationibus etiam et laudationibus idem exsistunt status; Top 93. primus ille status rationem habet iniqui criminis ipsam negationem inficationemque facti; part or 102. incurrunt status ant iuris ant nominis; Top 94. ob hanc causam praestare nostrae civitatis statum ceteris civitatibus, quod ..; rep II 2. — 2. id sequens illud etiam, quod prodesset, motum ant statum esse dixit e natura absoluto; fin III 33. — II, 1. refutatio accusationis, quoniam Graece στάσις dicitur, appelletur Latine status; Top 93. confirmo: f. I, 1. elabitur. intemperantia omnem animi statum inflammat, conturbat, incitat; Tusc IV 22. Ti. Gracchus convellit statum civitatis; har resp 41. plerosque status ac motus effingere a parentibus liberos; div II 94. in gestu status erectus et celsus; orat 59. ut totos se in optimo vitae statu exquirendo conlocarent; Tusc V 2. figo, fundo: f. I, 1. elabitur. incito, inflammo: f. conturbo. ut eo statu essem, quem neque fortunae temeritas neque inimicorum labefactaret iniuria; par 17. quorum omnium vultus, voces, motus statusque mutantur; of I 102. si, quo quisque loco nostrum est natus, hunc vitae statum usque ad senectutem obtinere deberet; Balb 18. ut possit ex temperatione iuris teneri ille moderatus et concors civitatis status; leg III 28. primus ille status et quasi conflictio cum adversario coniectura quadam (tractandus est), secundus ..; tertius ..; part or 102. — 2. deteriore statu ut simus; har resp 61. f. 1. labefacto. ut in causis non semper utimur eodem statu (sic enim appellamus controversiarum genera); Tusc III 79. — 3. quoniam decorum in corporis motu et statu cernitur; of I 126. ut de omni statu meo cogites; A VII 1, 2.

saepe adversarios de statu omni deiecimus; orat 129. in eum statum temporum tuum reditum incidere, ut ..; ep II 3, 1. quo in statu urbem reliquisset; A X 3. illa aequabilitas vitae non tantum habet sensum, quantum cum ex miseris et perditis rebus ad meliorem statum fortuna revocatur; fr I 43. in eo statu civitas est, ut ..; Sest 106. tenuit hoc in statu senatus rem publicam, rep II 56. — III, 1. cum omnes boni omnem spem melioris status in eorum (magistratuum) fidem convertissent; Sest 70. — 2. quae (oratio) est mihi habenda de optimo civitatis statu; rep I 70. — IV, 1. qui tum nostro illo statu optimates nominabantur; ep I 9, 17. — 2. se ut custodiat (natura) quam in optimo sui generis statu; fin V 26.

stella, Stern, Himmelskörper: I. quod eo est admirabilius in his stellis, quas dicimus, quia tum occultantur, tum rursus aperiuntur, tum adeunt, tum recedunt, tum antecedunt, tum autem subsequuntur, tum celerius moventur, tum tardius, tum ad quoddam tempus insistunt; nat II 51. ut eadem spatia quinque stellae dispari motu cursuque conficiant; de or III 178. Iovis stella eadem, quas Saturni stella, efficit in cursu varietates; nat II 52. errantibus etiam stellis divinitatem (Ponticus Heraclides) tribuit; nat I 34. infima est quinque errantium terraeque proxima stella Veneris; nat II 53. quod idem faciunt stellae superiores; nat II 53. quare stellae sensum ac mentem haberent; nat III 18. cum summa (stella) Saturni refrigeret, media Martis incendat: nat II 119. insistunt: f. adeunt. quae (stella) anno fere vertente signiferum lustrat orbem; nat II 53. »stella micans radiis, Arcturus«; nat II 110. eodem modo (stellae) oriuntur et occidunt; nat II 103. recedunt: f. adeunt. refriget: f. incendit. lunam, stellas, supera denique omnia stare censet; Ac II 123. subsequuntur: f. adeunt. — II, 1. quibus (vaporibus) altae renovataeque stellae; nat II 118. aperio: f. I. adeunt. cuius (Helicae) quidem clarissimas stellas totis noctibus cernimus; nat II 105. »prope conspicies Austri stellas sub pedibus stratas radiantis Aquari«; fr H IV, a, 414. solem dico et lunam et vagas stellas et inerrantes; nat II 80. isdem spatiis eae stellae, quas vagas dicimus, circum terram feruntur; nat II 103. f. I. adeunt. fero: f. dico. moveo: f. I. adeunt. singulas stellas numeras deos; nat III 40. occulto: f. I. adeunt. renovo: f. alo. sterno: f. conspicio. quae (causa) terreret animos stellis iis, quas Graeci cometas, nostri cincinnatas vocant; nat II 14. — 2. tribuo: f. I. errant. — 3. iuventus est ordo in iis stellis, qui non putabatur; div II 146. in his (stellis) vim et mentem esse divinam; nat II 55. — III. ostendeb. t Karthaginem de excelso et pleno stellarum loco; rep VI 11. — IV. quarum (stellarum), te cursus aequabiles aeternique delectabant; nat III 23. erant eae magnitudines omnium (stellarum), quas esse numquam suspicati sumus; rep VI 16. Assyrii traiectiones motusque stellarum observitaverunt; div I 2. te nec traiectio stellae nec faces visae terrebunt; div II 60. — V, 1. terrere: f. II, 1. voco. — 2. ut certis rebus certa signa praecurrerent, alia in stellis, alia in somniantium visis; div I 118. f. I. adeunt.

stellans, gestirnt: »cum luna subito stellanti nocte perempta est«; div I 18. »pater altitonans stellanti nixus Olympo«; div I 19.

stellifer, gestirnt: summus ille caeli stellifer cursus acuto et excitato movetur sono; rep VI 18.

stelliger, gestirnt: »quattuor orbes stelligeri portantes signa feruntur; fr H IV, a, 482.

stello, unter die Sterne versetzen: nec stellatus Cepheus traderetur; Tusc V 8.

stercoro, düngen: I. quid de utilitate loquar stercorandi? Cato 54. — II. Homerus Laërtam eulentem agrum et eum stercorantem facit; Cato 54.

stercus, Dünger, Kot: nolo „stercus curiae" dici Glauciam; de or III 164. se interfectum in plaustrum a caupone ‖ cop. ‖ esse coniectum et supra stercus iniectum; div I 57.

sterilis, unfruchtbar, unergiebig: Februarium sterilem futurum; Q fr II 10, 2.

sterilitas, Unfruchtbarkeit: I. quae sit vel sterilitas agrorum vel fertilitas futura; div I 131. — II. quia fetus exstitit in sterilitate naturae; div I 36.

sterno, niederwerfen, hinstrecken, ausbreiten, zurüsten, bedecken; si hoc videtur esse altius, quam ut id nos humi strati suspicere possimus; de or III 22. is qni nos sibi quondam ad pedes stratos ne sublevabat quidem; A X 4, 3. stratis cadaveribus parricidarum; Phil XIV 27. lectum illum genialem in eadem domo sibi ornari et sterni iubet; Cluent 14. locum illum sternendum locare: A XIV 15, 1 (2). publice sibi convivia parari, sterni triclinia et in foro sterni iubebat; Ver III 65.

sternumentum, Niesen: pedis offensio nobis et sternumenta erunt observanda; div II 84.

sterto, schnarchen: cum (di) stertentem aliquem viderint; div II 129. Marcellus candidatus ita stertebat, ut ego vicinus audirem; A IV 3, 5.

stigmatias, Gebrandmarkter: o miserum, qui fideliorem et barbarum et stigmatiam putaret quam coniugem! of II 25.

stilla, Tropfen: ut interit in magnitudine maris Aegaei stilla mellis, sic . .; fin III 45.

stillicidium, Dachtraufe I. esse ea dico, quae cerni tangique possunt, ut parietem, stillicidium; Top 27. — II. de stillicidiis cum apud unum indicem dicas; orat 72. — III. in quibus (causis) stillicidiorum iura versentur; de or I 173.

stilo, triefen, träufeln: I. qui stillantem prae se pugionem tulit; Phil II 30 — II. quae (litterae) mihi quiddam quasi animulae instillarunt ‖ stillarunt ‖; A IX 7, 1.

stilus, Gri,fel, Schreibstift, schriftliche Abfassung, Schreibart, Stil: I. hoc in oratore Latino primum mihi videtur apparuisse iam artifex, ut ita dicam, stilus; Bru 96. stilus exercitatus efficiet facile formulam ‖ hanc viam ‖ consequendi; orat 150. stilus ille tuus, quem tu vere dixisti perfectorem dicendi esse ac magistrum, multi sudoris est; de or I 257. cum exercitatione tum stilo, qui et alia et hoc maxime ornat ac limat, formanda nobis oratio est; de or III 190. stilus optimus et praestantissimus dicendi effector ac magister; neque iniuria; de or I 150. — II. exercito: f. I. efficit. ne censorium stilum aeque posthac atque illum dictatorium pertimescamus; Cluent 123. cum otiosus stilum prenderat; Bru 93. — III. verba omnia sub acumen stili subeant et succedant necesse est; de or I 151. — III, 1. quae (luxuries) stilo depascenda est; de or II 96. formari: f. I. limat. ut (orationes) paene Attico stilo scriptae esse videantur; Bru 167. — 2. nec „transversum unguem", quod aiunt, a stilo; ep VII 25, 2.

stimulo, quälen, beunruhigen antreiben: te conscientiae stimulant maleficiorum tuorum; par 18. ut vetus nostra simultas antea stimulabat me, ut caverem; ep III 12, 4. me nunc et congressus huius (Caesaris) stimulat, et primas eius actiones horreo; A IX 15, 2. ut fames stimularet homines; dom 12. (praedo) somniis stimulatus aut religione; dom 140.

stimulus, Stachel, Qual, Sporn, Antrieb: I. defendendi Vatinii fuit etiam ille stimulus, de quo dixi me facere quiddam, quod . .; ep I 9, 19. — II, 1. quos stimulos admoverit homini studioso victoriae; Sest 12. stimulos doloris contemnamus licebit; Tusc II 66. — 2. dico de: f. I. — III. num exspectas, dum te stimulis fodiamus? Phil II

86. quoniam ad hanc voluptatem ipsius naturae stimulis incitamur; rep I 3.

stinguo, auslöschen: »quem neque tempestas perimet neque longa vetustas interimet stinguens praeclara insignia caeli«; fr H IV, c, 1. »ut cum luna means Hyperionis officit orbi, stinguuntur radii caeca caligine tecti«; fr H IV, b, 132.

stipatio, gedrängte Menge: eius aspectus, concursatio, stipatio, greges hominum perditorum metum ‖ tumultum ‖ nobis seditionesque adferebant; Sulla 66.

stipator, Trabant: I, 1. qui (Alexander Pheraeus) praemittebat de stipatoribus suis, qui scrutarentur arculas muliebres; of II 25. — 2. quis est Sergius? armiger Catilinae, stipator tui corporis; dom 13. — II. Apronius stipatores Venerios secum habebat; Ver III 65.

stipendiarius, tributpflichtig: A. impositum vectigal est certum, quod stipendiarium dicitur; Ver III 12. — B, 1. stipendiarios ex Africa multos civitate donatos videmus; Balb 24. quos socios res publica habeat, quos amicos, quos stipendiarios; leg III 41. — 2. iis praemiis et iis honoribus exclusos esse fidelissimos socios, quae pateant stipendiariis; Balb 24.

stipendium, Steuer, Tribut, Lohn, Sold, Kriegsdienst, Dienst: I, 1. cum stipendium cogerem; Ver I 70. stipendium Caesari decretum est; ep I 7, 10. tamquam emeritis stipendiis libidinis, ambitionis, contentionis, inimicitiarum, cupiditatum omnium; Cato 49. cum Asellus omnes se provincias stipendia merentem peragrasse gloriaretur; de or II 258. si statim mereri stipendia coeperamus; Cael 11. — 2. magnas pecunias ad eorum (equitatuum) stipendium imperavit; Font 13. — II. multa eius damna in stipendiis proferuntur; Ver V 33. — III. cuius adulescentia ad scientiam rei militaris non stipendiis, sed triumphis est erudita; imp Pomp 28. si Hispanis agris stipendioque multatis virtute adipisci licet civitatem; Balb 41.

stipes, Stock, Pfahl: I. qui tamquam truncus atque stipes, si stetisset modo, posset sustinere tamen titulum consulatus; Piso 19. — II. cum hoc homine an cum stipite in foro constitisses, nihil crederes interesse; sen 14. — III. »haec medium ostendit radiato stipite malum«; H IV, a, 638.

stipo, vollstopfen, umbrängen, umgeben: non possum adfirmare nullis telis eos stipatos fuisse; Phil V 17. cum ad forum stipati gregibus amicorum descendimus; A I 18, 1. quid est iucundius senectute stipata studiis iuventutis? Cato 28.

stips, Geldbeitrag, Almosen: stipem sustulimus nisi eam, quam ad paucos dies propriam Idaeae Matris excepimus; implet enim superstitione animos et exhaurit domus; leg II 40.

stipulatio, Angelobung, Zusage, Kontrakt: I. etsi nondum stipulationes legeram; A XVI 11, 7. — II. ut nec Roscium stipulatione adliget neque . .; Q Rosc 36. — 2. ut ea pecunia ex stipulatione deberetur; leg II 53.

stipulatiuncula, geringfügige Abmachung: tu mihi cum in circulo decipiare adversarii stipulatiuncula; de or I 174.

stipulor, abmachen, ausbedingen: I. reliquum est, ut stipulatum se esse dicat; Q Rosc 13. — II. si is, cui legatum est, stipulatus est id ipsum, quod legatum est; leg II 53. haec pecunia necesse est aut data aut expensa lata aut stipulata sit; Q Rosc 14.

stirpitus, mit der Wurzel, gänzlich: hunc errorem quasi radicem malorum omnium stirpitus philosophia se extracturam pollicetur; Tusc IV 83.

stirps, Stamm, Stengel, Wurzel, Ursprung, Herkunft, Geschlecht, Familienverwandtschaft: I, 1. omnium magnarum artium sicut arborum altitudo

nos delectat. radices stirpesque non item; sed esse illa sine his non potest; orat 147. ita sunt altae stirpes stultitiae; Tusc III 13. — 2. o generosam stirpem! Bru 213. — II, 1. fuerit ille Brutus, qui ad similem virtutem stirpem iam prope in quingentesimum annum propagavit; Phil I 13. nullius agricolae cultu stirps tam diuturna quam poëtae versu seminari potest; leg I 1. — 2. sicut ex quibusdam stirpibus et herbis (remedia eligimus), quarum utilitates percepimus; nat II 161. istius (Scipionis) genus est ex ipsius sapientiae stirpe generatum; Bru 212. sum sine: f. I, 1. delectat. — III. ut facile cerneres naturale quoddam stirpis bonum degeneravisse vitio depravatae voluntatis; Bru 130. quae (viriditas) nixa fibris stirpium sensim adulescit; Cato 51. nonne in ea causa fuit oratoribus de toto stirpis et gentilitatis iure dicendum? de or I 176. utilitates: f. II, 2. eligo ex. — IV. te praetore Siculi milites palmarum stirpibus alebantur? Ver V 99. quod ita ortum esset e terra, ut stirpibus suis niteretur; Tusc V 37. cum Marcelli ab liberti filio stirpe, Claudii patricii eiusdem hominis hereditatem gente ad se redisse dicerent; de or I 176.

stiva, Pflugsterze: a stiva ipsa homines mecum conloquebantur; Scaur 25.

stlis f. **lis.**

sto, stehen, still stehen, stehen bleiben, fest stehen, bestehen, bleiben, verharren, beistehen, zu stehen kommen, kosten: I. re iudicata stari ostendit placere; Flac 49. stare etiam oportet in eo, quod sit ‖ est ‖ iudicatum; fin I 47. — II. nos in Asiam convertemus; neque adhuc stabat, quo potissimum; A III 14, 2. — III. se, non adversarios, a voluntate eius (scriptoris) stare; inv II 128. omnes commemoras, qui anni aliquando sunt stantes loqui; Bru 269. tuo (iudicio) stabis; orat 237. qui adversis vestigiis stent contra nostra vestigia, quos ἀντίποδας vocatis; Ac II 123. cum in senatu pulcherrime staremus; ep I 4, 1. sin autem ille (Caesar) suis condicionibus stare noluerit; ep XVI 12, 4. stamus animis et speramus etiam manu; A V 18, 2. omnes cupiebant Caesarem abductis praesidiis stare condicionibus iis, quas tulisset; A VII 15, 2. tuo potius stabam iudicio quam meo; A VIII 4, 1. quo stante et incolume; fr F VIII 10. unum quidque a se potius quam ab adversariis stare; inv I 86. modo nobis stet illud, una vivere in studiis nostris; ep IX 2, 5. adversarii: f. alqs; inv II 128. quae (aequitas) cum adversario staret; inv II 142. Hicetas Syracosius ‖ Syracusins ‖ caelum, solem, lunam, stelles, supera denique omnia stare censet; Ac II 123. quibus in controversiis cum saepe a mendacio contra verum stare homines consuescerent; inv I 4. in comitium veniant, ad stantem iudicem dicant; Bru 289. luna: f. caelum. stante non modo maiestate horum, sed etiam urbe; Vatin 21. sit argumento tibi gratis stare navem, quia, quid emeris aut quid locaris, scriptum proferre non potes; Ver V 48. videsne navem illam? stare nobis videtur; Ac II 81. parietes modo urbis stant et manent; of II 29. potest stare res publica sine magno subsidio iuventutis? Phil X 18. impetum tuum stans senatus equitesque Romani et omnes boni sequebantur; har resp 22. isdem verbis stante sententia; orat 233. sol, stellae, supera: f. caelum. in qua curia statua tua stabat; Ver IV 143. cum virgo staret et Caecilia in sella sederet; div I 104. urbs: f. maiestas. — IV. (eos) partim obliquos, partim transversos, partim etiam adversos stare vobis; rep VI 20.

Stoice, stoisch: agit mecum austere et Stoice Cato; Muren 74.

stola, Frauenkleid: erat admodum amplum et excelsum signum cum stola; Ver IV 74.

stolidus, unwirksam: huius generis causarum. sine quo non efficitur, alia sunt quieta, nihil agentia, stolida quodam modo; Top 59.

stomachor, sich ärgern, grollen: I. quae multas horas exspectavit et ridens et stomachans P. Scaevola; de or I 166. (Scipio) cum stomacharetur cum C. Metello; de or II 267. saepe videbam irascentem et stomachantem Philippum; Bru 326. iucundissimis tuis litteris stomachatus sum in extremo; ep X 26, 1. si stomachabere et moleste feres; ep XV 16, 3. an vero vir fortis, nisi stomachari coepit, non potest fortis esse? Tusc IV 48. — II. non dubito, quin mirere atque etiam stomachere. quod tecum de eadem re agam saepius; A XVI 16. 17. — III. stomachor omnia; A XIV 21, 3.

stomachose, unwillig: rescripsi ei stomachosius; A X 5. 3. [„stomachose" Cicero; fr K s'.

stomachosus, unwillig, empfindlich: (M. Piso) habuit a natura genus quoddam acuminis. quod erat saepe stomachosum; Bru 236. „stomachosiores" meas litteras quas dicas esse, non intellego; ep III 11, 5. me etiam illa valde movent stomachosa et quasi submorosa ridicula; de or II 279.

stomachus, Schlund, Magen, Geschmack, Unwille, Verdruß: I. linguam ad radices eius haerentem excipit stomachus; nat II 135. locus ille animi nostri, stomachus ubi habitabat olim, concalluit; A IV 18, 2 (16, 10). haeret: f. excipit. — II, 1. ostium adiunctum paulo supra, quam ad linguam stomachs adnectitur; nat II 136. ne (convivae) in stomachum erumpant; A XVI 3, 1. non illi quidem ut mihi stomachum facerent, quem ego funditus perdidi; ep I 9, 10. ita mihi videtur non minus stomachi nostro quam Caesari fecisse; A V 11, 2 nec tam animum me quam stomachum habere arbitrantur; A XV 15, 2. perdo: f. facio. — 2. alii natura subiecta stomacho; nat II 136. quae tum mihi maiori stomacho quam ipsi Quinto fuerunt; V 1, 4. — 3. intelleges eam (fortitudinem) stomachum non egere; Tusc IV 53. — III. hanc urbatim militiam, plenam sollicitudinis ac stomachi; Marc 19. — IV. alqd: f. II, 1. facio. nosti non a stomachi mei, sed etiam oculorum in hominum solentium indignitate fastidium; ep II 16, 2. ha apparatissimi, sed non tui stomachi; ep VII 1, 2. — V. me tamen in stomacho solere ridere; ep II 16, 7.

strabo, schielend: aequos (deos), ut sic tu strabones, at paetulos esse arbitramur? nat I s?.

strages, Niederlage, Verheerung: quas s. pugnas et quantas strages edidi! A I 16, 1. an tu parum putas investigatas esse a nobis strages provinciae; Piso 83. »iubebant stragem horribilem caedemque vereri«; div I 20.

stragulus, zum Ausbreiten, n. Decke: A, domus caelati argenti optimi multaeque stragulae vestis; Ver II 35. — B. conlocari iussit hominem in aureo lecto strato pulcherrimo textili stragmagnificis operibus picto; Tusc V 61.

strangulo, erwürgen, erdrosseln: strangulari maluit dicere; Flac 5 (8. 11). si dicis patrem strangulavit", honorem non praefatus; IX 22, 4.

stranguria, Harnzwang: quamvis identiculum se in torminibus et in stranguria sua beat; Tusc II 45.

strategema, Kriegslist: Rufio strategema hominem percussit; A V 2, 2.

strenue, eifrig, emsig: domus utriusque nostr. aedificatur strenue; Q fr II 4, 2. cum eam rem non minus strenue quam postea publicam fecisset; sen 11. magis commode quam navigavi; A XVI 6, 1. Acastus cum litteris fuit uno et vicesimo die satis strenue; ep XVI

·us, eifrig, tätig: ut cognoscerent te si m, at tamen strenuum; Phil II 78. Q. rtis ac strenuus; Phil VIII 11.

.us, Geräusch, Getöse, Lärm: I. acrem concursus hominum forique strepitus d e - . at; Bru 317. — II. exauditus in agro pro- ..uquo et suburbano est strepitus quidam reconditus et horribilis fremitus armorum; har resp 20. factus est in eo strepitus; Ver pr 45, — III, 1. non strepitu, sed maximo clamore suam populus Romanus significavit voluntatem; Ver pr 45. — 2. Matrem magnam accepimus agros et nemora cum quodam strepitu fremituque peragrare; har resp 24. heri nescio quid in strepitu videor exaudisse; A XIII 48, 1. propter hunc strepitum fluminum; leg I 21.

stricte. genau: nec observare restricte 'stricte ne . . ; Lael 98.

strictim, oberflächlich, flüchtig: quem (librum) tu Corcyrae strictim attigisti; A II 1, 1. cum ea, quae copiosissime dici possunt, breviter a me strictimque dicuntur; Cluent 29. quibus de quaestionibus tu quidem strictim, nostri autem multa solent dicere; nat III 19.

stridor, Zischen, Brausen, Knarren: I. »densus stridor cum celso e vertice montis ortus adauge- scit scopulorum saepe repulsu«.; div 1 13. — II. ne stridorem quidem serrae (audiunt), tum cum acuitur; Tusc V 116. Sullanus ager tantam habet invidiam, ut veri et fortis tribuni plebis stridorem unum perferre non possit; agr II 70. repello: f. I.

strigilis. Schabeisen: si ad illam vitam ampulla aut strigilis accedat; fin IV 30.

strigosus. mager: (Lysias) erat certe genere toto strigosior; Bru 64.

stringo, verbinden: quod (vinculum) ex se atque de iis, quae stringit, quam maxime unum efficit; Tim 13.

strophium, Binde, Mieder: 1. cum strophio accurate praecingerere; fr A XIII 24. — 2. P. Clodius a strophio est factus repente popularis; har resp 44.

structor, Bauarbeiter: I. ecce autem structores nostri ad frumentum profecti, cum inanes redissent, rumorem adferunt magnum . . ; A XIV 3, 1. — II. res agebatur multis structoribus; Q fr II 5, 3.

structura, Zusammenfügung, Bau: I. verborum est structura quaedam duas res efficiens, numerum et levitatem; opt gen 5. ante hunc (Isocratem) verborum quasi structura et quaedam ad numerum conclusio nulla erat; Bru 33. — II. ut fiat est enim || quasi structura quaedam nec tamen fiat operose; orat 149.

strues, Haufen, Menge: cui rei fugerat me rescribere, de strue laterum; A V 12, 3.

struma. Geschwulst: ei medentur rei publicae, qui exsecant pestem aliquam tamquam strumam civitatis; Sest 135. Vatinii strumam sacerdotii διβάφῳ vestiant; A II 9, 2.

struo, errichten, aufbauen, anstiften, bereiten: I. (Curio) cum tardus in cogitando, tum in struendo in instruendo || dissipatus fuit; Bru 216. — II. si compositi oratoris bene structam collocationem dissolvas permutatione verborum; orat 232. (viriditas) fundit frugem spici ordine structam; Cato 51. nullum locum praetermisit, in quo non strueret insidias aliquas; Cluent 190. his ex locis et in alios odium struere discemus et a nobis ac nostris demovere: de or II 208. levi et structa et terminata (oratione); orat 20. dices me ipsum mihi sollicitudinem struere; A V 21, 3. quem ad modum verba struat et inluminet; de or III 125. conlocationis est componere et struere verba sic, ut . . ; de or III 171.

studeo, streben, trachten, sich bemühen, sich befleißigen, obliegen, fördern, begünstigen: I. hisce ego auxiliis studentibus atque incitatis uti me potu-

isse confiteor; Planc 87. II, 1. Pompeius Scauro studet, sed, utrum fronte an mente, dubitatur; A IV 15, 7. ut (Demosthenes) eius ipsius artis, cui studeret, primam litteram non posset dicere; de or I 260. quibus (artibus) studuisti semper ipse; ep I 7, 11. quia (Ti. Gracchus) studebat laudi et dignitati; fin IV 65. nihilo minus eloquentiae studendum est; inv I 5. nemo studet eloquentiae, nisi ut . . ; de or II 55. laudi: f. dignitati. ut nemo fere studuisse ei scientiae vehementius videatur, quin, quod voluerit, consecutus sit; de or I 10.—2. noster hic rector studuerit sane iuri et legibus cognoscendis; rep V 5. — 3. qui versari in re publica atque in ea se excellentius gerere studuerunt; Sest 96. ars demonstrat tantum, ubi sit illud, quod studeas invenire; de or II 150. ego istis obsequi studeo; de or I 107. scire studeo, quid egeris; A XIII 20, 3. versari: f. gerere. — 4. ille tenuis gratum se videri studet: of II 70. illum studeo quam facillime ad suum pervenire; ep XIII 26, 4. — III. ut (M. Scaurus) retineret, id quod praecipue semper studuit, dignitatem; Scaur 1, 1. quod semper studui; ep VII 31. 1.

studiose, eifrig, sorgfältig: hunc studiose duo adulescentes audire soliti sunt; Bru 96. suos agros studiose colebant; Sex Rosc 50. ut ea non dicam comprobes, sed studiose libenterque comprobes; A XVI 16, 15. quae ad dignitatem tuam pertinere arbitrabor, studiose diligenterque curabo; ep X 3, 4. qui (Titius) cum studiose pila luderet; de or II 253. quis (est) potius, qui ea (utilia) non studiosissime persequatur? of III 101. hic (Scaevola) causas studiose recipiebat; Bru 155. studiose equidem utor nostris poëtis; Tusc II 26.

studiosus, eifrig, begierig, sich befleißigend, günstig, ergeben, zugetan: A. sive (Demosthenes) Platonis studiosus audiendi fuisset; de or I 89. me auctore nemo dicendi studiosus Graecorum more voci serviet; de or I 251. P. Murena, litterarum et studiosus et non imperitus; Bru 237. ut tui eum studiosum et bonum virum iudicares; Ligar 36. (Appius) studiosus studiorum etiam meorum (fuit); ep II 13, 2. te ab initio aetatis memoria teneo summe omnium doctrinarum studiosum fuisse; ep IV 3, 3. quod mei studiosos habeo Dyrrachinos; A III 22, 4. ille restituendi mei quam retinendi studiosior; A VIII 3, 3. qui quattuor in una provincia quaestores studiosissimos defensores propugnatoresque habuerit, praetorem vero cohortemque totam sic studiosam, ut . . ; Ver II 12. conlegam studiosum mei; ep II 13, 2. defensores, al.: f. cohors. industrios homines illi (Graeci) studiosos vel potius amantes doloris appellant; Tusc II 35. vir: vgl. alqs; Ligar 26. — B, I. nec erat unde studiosi scire possent; Ac I 8. — II. studiosos discendi erudiunt atque docent; of I 156. — III, 1. putavi mihi suscipiendum laborem utilem studiosis, mihi quidem ipsi non necessarium; opt gen 13. — 2. relinquitur sola haec disciplina digna studiosis ingenuarum artium; fin V 74.

studium, Eifer, Streben, Neigung, Interesse, Vorliebe, Parteilichkeit, wissenschaftliche Beschäftigung, Ergebenheit, Teilnahme: I. absolut: 1. haec studia adulescentiam alunt, senectutem oblectant, secundas res ornant, adversis perfugium ac solacium praebent, delectant domi, non impediunt foris, pernoctant nobiscum, peregrinantur, rusticantur; Arch 16. cuius (philosophiae) in sinum cum a primis temporibus aetatis nostra voluntas studiumque nos compulisset; Tusc V 5. paulo ante, quam perterritum armis hoc studium nostrum conticuit subito et obmutuit; Bru 324. quodsi studia Graecorum vos tanto opere delectant; rep I 30. f. alunt. mihi videntur postea cetera studia recta atque honesta per otium concelebrata ab optimis enituisse; inv I 4. studium est animi adsidua et vehementer || vehemens || ad aliquam rem applicata magna cum voluptate || voluntate || occupa-

tio, ut philosophiae, poëticae, geometricae ‖ geometriae ‖ , litterarum; inv I 36. studium quod est adsidua et vehementer ‖ vehemens ! aliquam ad rem applicata magna cum voluptate ‖ voluntate ‖ occupatio; inv II 31. quicquid est in me studii, consilii, laboris, ingenii; imp Pomp 69. studia mea erga te, quibus certe nulla maiora esse potuerunt, tibi tam grata esse laetor; ep X 20, 3. mea studia erga te et officia malo tibi ex tuorum litteris quam ex meis esse nota; ep XII 24, 1. non ille mediocris orator in vestram quasi succrescit aetatem, sed et ingenio peracri et studio flagranti; de or III 230. ut in nullo umquam flagrantius studium viderim; Bru 302. omnes incenduntur ad studia gloria, iacentque ea semper, quae apud quosque improbantur; Tucc I 4. impediunt: f. alunt. si eum (Caesarem) studium gloriae aliquo impulisset; Vatin 15. oblectant, al. : f. alunt. obmutescit: f. conticescit. (animus) pugnantibus et contrariis studiis consiliisque semper utens; fin I 58. remanere in civitate nostra studia prope omnium consensu erga fortes viros; ep III 10, 4. cuius desiderio omnia bonarum artium studia siluerunt; Vatin 8. ut stultum in nobis erudiendis patris nostri studium videretur; de or II 1. in hac ipsa civitate profecto nulla umquam vehementius quam eloquentiae studia viguerant; de or I 13. — 2. quoniam ea auctoritas tantam vim habet, ut magis iratorum hominum studium quam constantis senatus consilium esse videatur; ep I 7, 4.

II. **nach Verben**: 1. sin auditoris studium defatigatio abalienavit a causa; inv I 25. talium virorum tanta studia adsequi sola virtus potest; ep III 13, 1. ita vereor ne studia tribunorum amiserimus; A III 24, 1. studium philosophiae numquam intermissum a primaque adulescentia cultum et semper auctum hoc auctore renovavi; Bru 315. cum aut occulta non nullorum odia aut obscura in me studia cernebam; ep I 9, 5. studia haec in Latio vehementius tum colebantur; Arch 5. qui (homines) praestantibus ingeniis in vita humana divina studia coluerunt; rep VI 18. f. augeo. ut hominum studia complectamur eaque teneamus; of II 19. concelebro: f. I, 1. enitent. quod quidam nimis magnum studium multamque operam in res obscuras conferunt; of I 19. ego me in petitione tua tibi omnia studia atque officia pro nostra necessitudine et debuisse confiteor et praestitisse arbitror; Muren 7. quoniam tibi omnia in te ipsum summa ac singularia studia deberem; ep I 9, 4. studium deponat libebit; Sex Rosc 49. ut huic meae laudi tuum studium dices; ep II 6, 4. quibus (artibus) a primis temporibus aetatis studium tuum dedisti; ep IV 3, 3. de Gallorum studio nos aliquando cognoscemus, cuius id opera maxime excitatur sit; ep X 26, 1. utinam quietis temporibus haec inter nos studia exercere possemus! ep IX 8, 2. quae (studia) sero admodum expetita in hanc civitatem e Graecia transtulerunt; Tusc IV 1. pro suo studio, quod in vos semper habuit; iuv II 104. studia spero me summa habiturum omnium ordiuum; A II 21, 6. improbo: f. I, 1. iacent. incitare tuum istuc praestantissimum studium debemus; Phil XI 23. rettuli me ad ea studia, quae retenta animo, remissa temporibus, longo intervallo intermissa revocavi; Tusc I, 1. f. augeo. pro sociis studium, laborem interponere; div Caec 63. veritus, ne movere hominum studia viderer, retinere non posse; fin I 2. omissis rectissimis atque honestissimis studiis rationis et officii; inv I 1. perterreo: f. I, 1. conticescit. ego tibi profiteor atque polliceor eximium et singulare meum studium in omni genere officii; ep V 8, 4. qui in rerum contemplatione studia ponebant; Tusc V 8. praesto: f. debeo. quis huic studio litterarum, quod profitentur ei, qui grammatici vocantur, penitus se dedit, quin ..? de or I 10. f. polliceor. remitto: f. intermitto. renovo:

f. augeo. retineo: f. intermitto, moveo. revoco: f. intermitto. teneo: f. complector. ut studia cupiditatesque honorum ex hominibus civitatibusque tollerentur; Ver II 132. transfero: f. expeto. video: f. I, 1. flagrat. — 2. quas opes studiis eorum et delectationibus antepones? Tusc V 66. Hirtius. vir his studiis deditus; fat 2. ut defuerit civium studiis; Phil X 14. do: f. 1. profiteor. neque quod tuo studio rectissimo atque optimo non obsequi vellem; de or I 99. clarissimi cives ei studio etiam hodie praesunt; de or I 235. — 3. hodie, utro (studio) frui malis, optio sit tua; fat 3. qui tanto studio in rem publicam fuit, ut .. ; sen 24. utor: f. I, 1. pugnant. — 4. abducendus etiam est non numquam ad alia studia; Tusc IV 74. cognosco de: f. I. excito. in quo (studio) hoc etiam commorabar attentius, quod .. ; Bru 306. qui primi se ad philosophiae studium contulerunt; fin II 86. dicam iam confidentius de studiis eius honestis; Cael 43. quamquam libri nostri complures non modo ad legendi. sed etiam ad scribendi studium excitaverunt; of II 2. incendo ad: f. I, 1. iacent. incumbamus ad illa praeclara studia; A II 16, 3. in id studium, in quo estis, incumbite; de or I 34. spe beate vivendi tantam in eo studio curam operamque posuerunt: Tusc V 2. refero ad: f. 1. intermitto. cum is (L. Opimius) contra populi studium stetisset; Bru 128. me in eo studio partium fuisse confiteor; Sex Rosc 137. f. incumbo in. ut se in studium aliquod traderent quietum; inv I 4. qui in aliquo maiore studio et arte versantur; Tusc I 59. omnis cogitatio motusque animi in studiis scientiae cognitionisque versabitur; of I 19. propter variam suavitatem studiorum, in quibus a pueritia vixeram; rep I 7.

III. **nach Adjectiven**: 1. (Appius) studiosus studiorum etiam meorum (fuit); ep II 13, 2. — 2. oratio digna equitis Romani vel studio vel pudore; Planc 58. mediocres homines, nullo studio praediti militari; Balb 14.

IV. **nach Substantiven**: 1. alqd: f. I, 1. est; imp Pomp 69. quem ardorem studii censetis fuisse in Archimede? fin V 50. studiorum suorum Varro voluit illud, non libidinum deversorium; Phil II 104. studii sui quaerebant aliquem ducem; Ligar 3. quamquam nos ab ineunte illius aetate studiorum honestissimorum societas similitudoque devinxit; Phil VII 6. suavitas: f. II, 4. vivo in. — 2. orator: f. I, 1. flagrat. — 3. habentur sermones de artium studiis atque doctrina; of I 135.

V. **Umstand**: 1. qui alium antea studio adductus accusasset; Ver III 63. quorum studio et dignitate celebrari hoc iudicium, ornari causam, defendi huius innocentiam vides; Sulla 4. quo tandem studio colentur a bonis? leg I 40. admirabili quodam ad philosophiam studio concitatus; Bru 306. quantum studiis, veteribus nostris delectationibus, consequi poterimus; ep I 9, 23. omnia corrupta libidine, iracundia, studio, pretio, periurio reperientur; Flac 26. ego iuris civilis studio multum operae dabam Q. Scaevolae; Bru 306. consilio, studio Marcello non desumus; ep IV 7, 6. defendi: f. celebrari. tuis incredibiliter studiis erga me muneribusque delector; ep III 9, 3. suo unus quisque studio maxime ducitur; fin V 5. nemo fere laudis cupidus adulescens non sibi ad dicendum studio omni enitendum putavit; de or I 14. quasi vero id cupiditate defendendae nobilitatis aut studio partium fecerit; Ver I 35. cum (Curio) flagraret studio dicendi; Bru 220. qui ab ineunte aetate incensus essem studio utriusque vestrum; de or I 97. quo facilius nos incensos studio discendi a doctrina deterrerent; de or II 1. homines Romanos instituto Romuli bellicis studiis ut vidit incensos; rep II 25. ornari: f. celebrari. quas (insidias) partim amicorum studio officioque reppulerim; Ver pr 3. quem auctoritate, studio.

sententiis restituistis; dom 147. te non solum natura et moribus, verum etiam studio et doctrina esse sapientem; Lael 6 (7). omnes vincendi studio tenebamur; Ligar 28. — 2. instant atque urgent summo cum studio; Font 44. in omni arte vel studio optimum quidque rarissimum est; fin II 81. pro: f. II, 1. habeo. si propter partium studium potens erat Alfenus;· Quinct 70. neminem magnas res et salutares sine hominum studiis gerere potuisse; of II 16.

stulte, töricht, einfältig: I. ut vel non stultus quasi stulte cum sale dicat aliquid; de or II 274. quodsi quis de contentione principatus laborat, stultissime facit; Phil XIV 18. qui illum aut nefarie cogitasse aut stulte sperasse miretur; Sulla 70. quod stulte alteri venit in mentem; Cluent 84. — II. neminem esse oportere tam stulte adrogantem, ut . .; leg II 16. — III. adhuc certe, nisi ego insanio, stulte omnia et incaute; A VII 10.

stultitia, Torheit, Einfalt: I, 1. „stultitia est immensa gloriae cupiditas". est haec quidem stultitia, sed ex parte quadam, non ex omni genere definita; inv I 91. si stultitia consensu omnium philosophorum maius est malum, quam . .; nat III 79. stultitia excusationem non habet; de or I 125. — 2. summam esse stultitiam frustra confici maerore; Tusc III 77. f. 1. est. — II, 1. definio: f. I, 1. est. stultitiam et intemperantiam cum dicimus esse fugienda propter eas res, quae ex ipsis eveniant; fin III 39. malim equidem indisertam prudentiam quam stultitiam loquacem: de or III 142. mirari stultitiam alii, alii amentiam; Ver IV 33. — 2. ut me non solum pigeat stultitiae meae, sed etiam pudeat; dom 29. qui propter temeritatem male rem gessit. quod est stultitiae; Tusc III 17. — 3. evenio ex: f. 1. fugio. — III. ut excusatione summae stultitiae summae improbitatis odium deprecetur; Caecin 30. nos stultitiae nostrae gravissimas poenas pendere; A XI 11, 1. hominis est stultitiae suae quam plurimos testes domestico praeconio conligentis; de or II 86. — IV, 1. quod ego negotium non stultitia occaecatus, sed verecundia deterritus recusavi; ep XV 1, 4. — 2. haec ego vos concupisse pro vestra stultitia atque intemperantia non miror; agr II 100.

stultus, töricht, einfältig, unverständig, Tor, Torheit: A. ne cum maximo periculo, ut scribis, stultissimus sis; ep X 26, 2. fuit stulta calliditas perverse imitata prudentiam; of III 113. nulla est tam stulta civitas, quae non iniuste imperare malit quam servire iuste; rep III 28. o misera tempora stultasque nostras discordias! har resp 43. inertes homines fortissimis viris insidiari, stultissimos prudentissimis; Catil II 10. cum is publicanorum causam stultissimis interrogationibus impediret; har resp 1. haec etiam in fabulis stultissima persona est credulorum senum; Lael 100. — B, a, I. ut vel non stultus quasi stulte cum sale dicat aliquid; de or I 274. cum omnes stulti sint sine dubio miserrimi, maxime quod stulti sunt; nat I 23. — II, 1. stulti malorum memoria torquentur; fin I 57. — 2. qui (poëta) peccat etiam, cum probam orationem adfingit improbo stultove sapientis; orat 74. est aurium indicium promisce et communiter stultis ac sapientibus ab natura datum; Font 22. — III. cum stultorum vitam cum sua comparat (sapiens); fin I 62. — IV. quoniam haec vitia in omnibus stultis aeque magna sunt; fin IV 77. — b. stultorum plena sunt omnia; ep IX 22, 4. —

stupefacio, in Erstaunen setzen: in quo homines exhorrescunt? quem stupefacti dicentem intuentur; de or III 53.

stupeo, betäubt sein, staunen: haec cum loqueris, nos barones stupemus; fin II 76. Gnaeus quid con-

silii ceperit, nescio, adhuc in oppidis coartatus et stupens; A VII 10.

stupesco, in Erstaunen geraten: incidat, aspiciat, admiretur, stupescat; de or III 102.

stupiditas, Dummheit: in quo primum incredibilem stupiditatem hominis cognoscite; Phil II 80.

stupidus, betroffen, betäubt, dumm: Aëtionis tabula te stupidum detinet; par 37. ut hominem stupidum magis etiam infatuet mercede publica; Phil III 22.

stupor, Gefühllosigkeit, Narrheit, Stumpfheit: I. eam animi duritiam stuporem potius quam virtutem putarem; dom 97. — II. istuc nihil dolere non sine magna mercede contingit immanitatis in animo, stuporis in corpore; Tusc III 12. — III, 1. ut quidam morbo aliquo et sensus stupore suavitatem cibi non sentiunt; Phil II 115. qui propter stuporem cordis cognomen ex contumelia traxerit; Phil III 16.

stupro, schänden, entehren: I. qui religiones omnes pollueris aut ementiendo aut stuprando; dom 125. — II. stuprata per vim Lucretia a regis filio; fin II 66.

stuprum, Schändung, Entehrung, Buhlschaft: I. quod adulterium, quod stuprum, quae libido non se proripiet ac proiciet? fin II 73. — II, 1. quod nefarium stuprum non per illum (factum est)? Catil II 7. nostra in re publica, quae per vim oblatum stuprum voluntaria morte lueret, inventa est; fin V 64. — 2. qui a stupro arcentur infamiae metu; leg I 51. cum illum cognovi muliebri ornatu ex incesto stupro emissum; har resp 4. — III. processit qua auctoritate vir! vini. somni, stupri plenus; sen 13. — IV. stuprorum et scelerum exercitatione adsuefactus; Catil II 9. quae ad suspicionem stuprorum ac libidinum pertinerent; Font 38. hominem emersum subito ex diuturnis tenebris lustrorum ac stuprorum; Sest 20. — V, 1. debilitati stupris; Catil II 10. cuius ille lacus, nemora finesque saepe omni nefario stupro et scelere macularat; Milo 85. — 2. quod noctu stupri causa lectica in urbem introferri solitus est ad mulierem; Ver V 34.

suadeo, raten, anraten, empfehlen, überreden, überzeugen: I, 1. ceteri utilitatis modo finem in suadendo et in dissuadendo exponi oportere arbitrati sunt; inv II 12. in suadendo nihil est optabilius quam dignitas; de or II 334. — 2. nemo est, qui tibi sapientius suadere possit te ipso; ep II 7, 1. haec eo spectant, ut et horter et suadeam; ep XIII 4, 3. — II, 1. de Dolabella quod scripsi, suadeo videas, tamquam si tua res agatur; ep II 16, 7. — 2. suadebit tibi, ut hinc discedas; div Caec 52. — 3. cum mori suadeas; fin II 95. — 4. nisi multorum praeceptis mihi ab adulescentia suasissem nihil esse in vita magno opere expetendum, uisi . .; Arch 14. — III. suadere aliquid aut dissuadere gravissimae mihi personae videtur esse; de or II 333. tu. quod ipse tibi suaseris, idem mihi persuasum putato; A XIII 38, 2. suasit Serviliam legem Crassus; Bru 161. desperans victoriam primum coepi suadere pacem; ep VII 3, 2. in hac rogatione suadenda; Milo 47.

suasio, Empfehlung, Empfehlungsrede: I. suasio (est rerum) futurarum; part or 13. quae sunt ad Alexandrum hominum eloquentium et doctorum suasiones; A XIII 28, 2. — II, 1. facio: f. III, 1. — 2. cum constet hoc genus causarum ex suasione et dissuasione; part or 85. — III, 1. quoniam plura sunt orationum genera, laudationum et talium suasionum, qualem Isocrates fecit Panegyricum; orat 37. — 2. quae (praecepta) de suasionibus tradenda sunt aut laudationibus; de or II 333.

suasor, Ratgeber, Fürsprecher: I. huius deditionis ipse Postumius, qui dedebatur, suasor et auctor fuit; of III 109. quamvis non fueris suasor et im-

pulsor profectionis meae, approbator certe fuisti; A XVI 7, 2. — II, 1. suasori proponitur simplex ratio; part or 85. — 2. quid interest inter suasorem facti et probatorem? Phil II 29. — III. enumeratio reliqua est, laudatori numquam non numquam ||, suasori non saepe, accusatori saepius quam reo necessaria; part or 59. — IV. suasoris finis est utilitas eius, cui quisque suadet; fr E VIII 5.

suaviloquens, lieblich redend: ut Menelao Laconi quaedam fuit suaviloquens incunditas; rep V 11.

suaviloquentia, liebliche Rede: et oratorem appellat et suaviloquentiam tribuit; Bru 58.

suavis, lieblich, angenehm: si in dicendo suaves atque ornati fuerunt; de or I 49. mi suavissime Volumni; ep VII 33, 1. isti lauti herbas omnes ita condiunt, ut nihil possit esse suavius; ep VII 26, 2. quam suavis ei (Caesari) tuus adventus fuerit et recordatio veteris amoris; Q fr II 13, 1. utebatur eo cibo, qui suavissimus esset; fin II 64. color suavis; Tusc V 46. ad tuas suavissimas epistulas; A II 13, 1. gener est suavis mihi, Tulliae, Terentiae; A VII 3, 12. suave genus erit dicendi elegantia et incunditate verborum sonantium et levium; part or 21. propter quos hanc suavissimam lucem aspexerit; Sex Rosc 63. o medicum suavem! ep VII 20, 3. gravi ac suavi commotus oratione; inv I 3. fiet etiam suavis oratio, cum aliquid aut inusitatum aut inauditum aut novum dicas; part or 22. non poëta solum suavis, verum etiam ceteroqui doctus (Simonides) traditur; nat I 60. recordatio: f. adventus. vitam hanc rusticam et honestissimam et suavissimam esse arbitrantur; Sex Rosc 48. ut (vox) clara sit, ut suavis; of I 133.

suavitas, Lieblichkeit, Annehmlichkeit: I. accedat huc suavitas quaedam oportet sermonum atque morum; Lael 66. hanc dico suavitatem, quae exit ex ore; quae quidem in Latino sermone huius est urbis maxime propria; de or III 42. ut sit difficile indicium excellentis maxime suavitatis; de or III 25. exit: f. est. — II, 1. adsumemus etiam suavitatem; part or 31. dico: f. I. est. nondum (puer) gustaverat vitae suavitatem; Tusc I 93. suavitatem Isocrates habuit; de or III 28. ut (orator) suavitatem habeat austeram et solidam, non dulcem atque decoctam; de or III 103. ut mihi quoque et Catulo tuae suavitatis aliquid impertias; de or II 16. — 2. neque tu tua suavitate nos privabis; de or II 126. — 3. qui in hac suavitate humanitatis versari periucunde soleret; Cael 25. — III. accepi tuas litteras plenissimas suavitatis; ep IX 18, 1. — IV. alqd: f. II, 1. impertio. iudicium: f. I. excellit. — V. unguentis summa et acerrima suavitate conditis; de or III 99. ut delectatio (sit) voluptas suavitate auditus animum deleniens; Tusc IV 20. — 2. quem (Scaevolam) omnes amare meritissimo pro eius eximia suavitate debemus; de or I 234. propter multas suavitates ingenii, officii, humanitatis tuae; ep III 1, 1.

suaviter, lieblich, angenehm: quam suaviter voluptas sensibus nostris blandiatur; Ac II 139. eruditissimos homines Asiaticos quivis Atheniensis indoctus non tam bene quam suaviter loquendo facile superabit; de or III 43. sicut tu amicissime et suavissime optas; ep III 12, 2. tuae suavissime ad eum et humanissime scriptae litterae; ep XIII 18, 1.

suavium f. savium.

sub, unter, unterhalb, nahe, unmittelbar nach: I, 1. numquam (te) sub legum et iudiciorum potestatem casurum esse duxisti? Ver V 144. quae sub aspectum cadunt; Tim 11. legionibus nostris sub iugum missis; of III 109. quod vi sua id, quod sub eam vim subiectum est, certe efficit, ut: ignis accendit; Top 58. qui urbes Achaiae sub imperium populi Romani dicionemque subiunxit; Ver I 55. — 2. movet rerum, quasi gerantur, sub aspectum paene subiectio; de or III 202. — 3. mense Decembri

sub dies festos; Q fr II 1, 1. sub eas (litteras Lepidi) statim recitatae sunt tuae; ep X 16, 1. — II, 1. qui sub terra semper habitavissent nostris domiciliis; nat II 95. quoniam sub nomine pacis bellum lateret; Phil XII 17. sub signo claustrisque rei publicae positum vectigal; agr I 21. »conspicies Austri stellas sub pedibus stratas radiantis Aquari«; H IV, a, 416. nunc (pisces) sub oculis sunt; Ac II 81. venibit sub praecone tota Propontis; agr I fr 3. — 2. demonstravi digito pictum Gallum in Mariano scuto Cimbrico sub Novis distortum eiecta lingua; de or II 266. ut non multum imperatori sub ipsis pellibus otii relinquatur; Ac II 4.

subabsurde, etwas ungereimt: quae a prudentibus quasi subabsurde salseque dicuntur; de or II 275.

subabsurdus, etwas abgeschmackt, unpassend: A. sunt etiam illa subabsurda, sed eo ipso nomine saepe ridicula; de or II 274. movet etiam tempus discessus subabsurdum; A XVI 3, 4. — B. subabsurda dicendo risus moventur; de or II 289.

subaccuso, ein wenig tadeln: subaccusa, quaeso, Vestorium; A XIII 46, 3. me desiderari, subaccusari; A XVI 7, 1.

subactio, Durchbildung: subactio est usus, auditio, lectio, litterae; de or II 131.

subadroganter, etwas anmaßend: vereor, ne subadroganter facias; Ac II 114.

subagrestis, etwas bäuerisch: qui (Cotta) sonabat subagreste quiddam planeque subrusticum; Bru 259.

subamarus, etwas bitter: ut alios (homines) dulcia, alios subamara delectent; fat 8.

subausculto, heimlich zuhören, horchen, lauschen: I. si palam audire eos (Graecos) non auderes, subauscultando tamen excipere voces eorum; de or II 153. — 2. qui (Staienus) ea locutus est bonis viris subauscultantibus pariete interposito; Top 75. — II. omnes Κωρυκαῖοι videntur subauscultare, quae loquor; A X 18, 1.

subcontumeliose, etwas schimpflich: subcontumeliose tractatur noster Publius; A II 7, 3.

subcrispus, etwas kraus: videtis illum subcrispo capillo; Ver II 108.

subc- f. succ-

subdifficilis, etwas schwierig: exsistit hoc loco quaedam quaestio subdifficilis; Lael 67.

subdiffido, nicht recht trauen: quo die audivi illum tyrannum in contione »clarissimum virum« appellari, subdiffidere coepi; A XV 20, 2.

subditivus, untergeschoben: si hunc subditivum archipiratam in eandem custodiam dedisset; Ver V 69.

subdo, an die Stelle setzen, unterschieben, unterlegen: quae (aquae) effervescunt subditis ignibus; nat II 27. quis in meum locum iudicem subdidit? dom 85.

subdoceo, nebenbei unterrichten: Ciceronis nostros meo potius labore subdoceri quam me alium iis magistrum quaerere; A VIII 4, 1.

subdole, hinterlistig: nihil, ut ita dicam, subdole, nihil versutum (inveniri potuit), quod ille non viderit; Bru 35.

subdubito, einigen Zweifel hegen: I. antea subdubitabam; A XIV 15, 1. — II. quod || nihil significabant tuae litterae subdubitare || te ||, qua essem ergo illum voluntate; ep II 13, 2.

subduco, befestigen, entziehen, entfernen, ans Land ziehen, berechnen, erwägen: I. adsidunt, subducunt; ad nummum convenit; A V 21, 12. — II. quem (Catonem) tu non pro illius dignitate produxeras, sed pro tuo scelere subduxeras; dom 21. is (Cato) diribitis tabellis de circulo se subduxit; Q fr III 4, 1. si id, quo nititur adversariorum causa, subduxerit; inv II 143. fortes viri voluptatumne

703

calculis subductis proelium ineunt? fin II 601. subduc cibum unum diem athletae; Tusc II 40. quae
(classis) subducta esset ad Gythaeum; of II 49.
circumspectis rebus meis omnibus rationibusque subductis summam feci cogitationum mearum omnium;
ep I 9, 10. subducamus summam; A V 21, 11.

subductio, Berechnung: statim occurrit naturali
quadam prudentia, non iis subductionibus, quas isti
docent, quid faciat causam; de or II 132.

subeo, herantreten, auf sich nehmen, übernehmen, sich unterziehen, sich zuziehen, ertragen:
I. omnes sententiae verbaque omnia sub acumen
stili subeant et succedant necesse est; de or I 151.
— II. alqd: f. sermonem. corporis nostri infirmitas
multos subit casus per se; har resp 39. cui cum
liceret parem cum ceteris fortunae condicionem
subire; rep I 7. si qua subeunda dimicatio erit; Q
fr I 3, 5. si qui alterius facinus subire cogitur;
Phil XI. 9. quoniam subeunda fortuna est; ep XIV
5, 1. quamvis subire vim atque iniuriam malui
quam ..; prov 41. quod invidiam, quod pericula,
quod omnes meas tempestates subieris; ep XV 4, 12.
quo etiam gravius iudicium in dicendo subimus; de
or I 125. istos labores, quos nunc in naufragiis
nostris suscipis, non subisses; A III 15, 7. quod
(periculum) subeatur; inv II 26. pro qua (civitate)
pericula ac tela subierunt; Balb 51. f. invidiam.
quae qui infitiatus esset, dupli poenam subiret; of
III 65. togati potius potentiam quam armati victoriam subissemus; ep VI 1, 6. minus sermonis
subissem; A XI 6, 2. tela: f. periculum. subeundae
(sunt iis) saepe pro re publica tempestates; Sest 139.
f. invidiam. qui nulla condicione istam turpitudinem
subissent; Ver I 137. victoriam: f. potentiam. vim:
f. iniuriam. subeundus (est) visus || usus || omnium
et periclitandae vires ingenii; de or I 157.

subgrandis, ziemlich groß: subgrande cubiculum probavi; Q fr III 1, 2.

subhorridus, etwas rauh: quia (eum) sub-
horridum atque incultum videbant; Sest 21.

subicio, unterlegen, unterschieben, angeben,
unterbreiten, unterwerfen, unterorbnen: I. cum
mihi Maeandrius quasi ministrator aderat subiciens,
quid in suos cives dicerem; Flac 53. — II. alqd
sub eam vim subiectum est; Top 58. f. exemplum.
quae lex omnibus custodiis subiectum aratorem decumano tradidit; Ver III 20. his omnibus partibus
subiecta quaedam esse argumenta propria; de or I
140. in causis publicis iudiciorum, contionum,
senatus omnis haec et antiquitatis memoria et
publici iuris auctoritas et regendae rei publicae
ratio ac scientia tamquam aliqua materies iis oratoribus, qui versantur in re publica, subiecta esse
debet; de or I 201. huic generi subiectae sunt
cohortationes, obiurgationes, consolationes, miserationes; de or III 118. nisi quid ex civili causarum
genere exempli subiecerimus; inv I 55. formarum
certus est numerus, quae cuique generi subiciantur;
Top 33. qui scelus fraudemque nocentis possit
dicendo subicere odio civium; de or I 202. subiciunt
se homines imperio alterius et potestati de causis
pluribus; of II 22. tectis ac moenibus subiectos
prope iam ignes restinximus; Catil III 2. hic infinitam et immensam huic artificio materiam subicere
videtur; inv I 7. f. auctoritatem. memoriam: f.
auctoritatem. miserationes, obiurgationes: f. cohortationes. hanc rationem subiecimus, ut ..; inv II
70. ad propositum subiecta ratio; de or III 207.
cum est facti subiecta ratio; part or 106. f. auctoritatem. saepe etiam rem dicendo subiciet oculis;
orat 139. ut (rex Ptolomaeus) sedens cum purpura
praeconi publico subiceretur; Sest 57. scelus: f.
fraudem. nulla subiecta sententia nec scientia; de
or I 51. f. auctoritatem. quod (assa) ita erant
posita, ut eorum vaporarium esset subiectum cubi-

culis; Q fr III 1, 2. cum alii vectibus subiectis
conarentur (signum) commovere; Ver IV 95. immutata (verba), in quibus pro verbo [proprio] subicitur
aliud, quod idem significet, sumptum ex re aliqua
consequenti; orat 92. sin autem virtus subiecta sub
varios casus famula fortunae est; Tusc V 2.

subiectio, Darstellung: movet rerum, quasi
gerantur, sub aspectum paene subiectio; de or IV 202.

subiector, Unterschieber: quis testamentorum
subiector inveniri potest, qui non ..? Catil II 7.

subigo, unterwerfen, unterjochen, bearbeiten,
aufgraben, durchbilben: volunt isti quiescere, id
quod victi ac subacti solent; Font 36. cum admiraretur Lysander humum subactam atque puram; Cato
59. subacto mihi ingenio opus est; de or II 131.
qui regem Philippum et Macedoniam subegit; Ver I
55. subactus oppressusque populus Romanus est;
Sex Rosc 137. ut segetes agricolae subigunt aratris
multo ante, quam serant; fr F V 24. cum terrae
subigerentur fissione glebarum; nat II 159.

subimpudens. etwas unverschämt: quod mihi
saepe subimpudens videbare; ep VII 17, 1.

subinanis, etwas eitel: quod est subinane in
nobis; A II 17, 2.

subinsulsus, etwas abgeschmackt: si quid
subinsulsum est; opt gen 7.

subinvideo, ein wenig beneiden: subinvideo
tibi, ultro etiam accersitum ab eo; ep VII 10, 1.

subinvisus, etwas verhaßt: subinvisum apud
malivolos Postumi nomen; Rab Post 40.

subinvito, ben Wunsch anbeuten: quod me
quadam epistula subinvitaras, ut scriberem ..; ep
VII 1, 6.

subirascor, unwillig werben: 1. in Epirum
quod me non invitas, subirascor; A IX 7, 7. f. 2.
— 2. quod vivit haec pestis, interdum tibi subirascor; ep X 28, 1. subirascebar brevitati tuarum
litterarum; ep XI 24, 1.

subiratus, unwillig, verstimmt: rescripsi tibi
subiratus; ep III 9, 1. C. Lucilius, homo tibi subiratus; de or I 72.

subito, plötzlich, schnell: subito consilium cepi,
ut exirem; A VII 10. subito illo ipso die
carissimam annonam necopinata vilitas consecuta est;
dom 14. etsi utile est etiam subito saepe dicere;
de or I 150. ut iis ponatur, de quo disputent quamvis subito; Lael 17. ego, dum in provincia omnibus
rebus Appium orno, subito sum factus accusatoris
eius socer; A VI 6, 1. subito sole obscurato; rep
II 17. cur subito atque ex tempore nova nascebantur edicta? Ver III 51. cur ego ex ipso cursu
tam subito revertissem; Phil II 76.

subitus, plötzlich, unvermutet, unerwartet:
A. propter opera instituta multa multorum subitum
est ei remigrare K. Quintilibus; ep XIII 2.
etiamsi vehementissime se in his subitis dictionibus
exercuerit; de or I 152. homini levi et subito filiam
conlocavit; Piso fr 11. si subitam et fortuitam
orationem commentatio et cogitatio facile vincit; de
or I 150. quod ad omnes casus subitorum periculorum magis obiecti sumus, quam si abessemus; ep
VI 4, 3. te subita re quasi debilitatum novas rationes tuendi mei quaerere; A XI 5, 1. maris subita
tempestas quam ante provisa terret navigantes vehementius; Tusc III 52. in quo ego tam subito et
exigno et turbido tempore multa divinitus providi;
Sulla 43. — B. omnia videri subita maiora; Tusc
III 52.

subiungo, verbinben, unterorbnen, unterwerfen: Aristoteles tralationi et haec ipsa sub-
iungit et abusionem; orat 94. si iam placet omnes
artes oratori subiungere; de or I 218. ut sub
vestrum ius urbes, nationes, provincias subiungeretis;
agr II 98.

sublate, erhaben, ſtolz, hochfahrend: quoniam oratorum bonorum alterum (genus est) sublate ampleque dicentium; Bru 201. nihil umquam de me dixi sublatius; dom 95.

sublatio, Erhebung: qui (Stoici) eam (voluptatem) sic definiunt: sublationem animi sine ratione opinantis se magno bono frui; fin II 13.

sublevatio, Linderung: semper huic generi aliqua sublevatio et medicina quaesita est; rep II 59.

sublevo, aufheben, aufrichten, erleichtern, lindern, unterſtützen: non minus nos stultitia istius sublevat quam laedit improbitas; Caecin 23. qui nos sibi quondam ad pedes stratos ne sublevabat quidem; A X 4, 3. foris adsumuntur ea, quae non sua vi. sed extranea sublevantur; de or II 173. misericordiam (utilem esse) ad hominum indignorum calamitates sublevandas; Tusc IV 46. causam inimici tui sublevabis; div Caec 12. neque est integrum, ut meum laborem hominum periculis sublevandis non impertiam; Muren 8. ut senati consulto meus inimicus sublevaretur; ep V 2, 9. hic status una voce omnium gemitur neque verbo cuiusquam sublevatur; A II 18, 1.

subligaculum, Schurz: ut in scaenam sine subligaculo prodeat nemo; of I 129.

sublime, hoch, in der Höhe, in die Höhe: animos, cum e corpore excesserint, sublime ferri; Tusc I 40. Theodori nihil interest, humine an sublime putescat; Tusc I 102.

subluceo, unten hervorleuchten: »hunc retinens Aries sublucet corpore totus«; fr H IV, a, 535.

submergo, untertauchen: quot genera submersarum beluarum! nat II 100. submersus equus voraginibus non exstitit; div I 73.

subministro, darreichen, darbieten: Aristoteles, qui huic arti plurima adiumenta atque ornamenta subministravit; inv I 7. tibi pecuniam non subministrare; Deiot 25. quoniam tabellarios subministras; Q fr II 11, 4. palam in eum (M. Caelium) tela iaciuntur, clam subministrantur; Cael 20.

submiss —, submitto ſ. summ —

submoleste, ziemlich unangenehm: te non esse Romae meo tempore pernecessario submoleste fero; A V 21, 1.

submolestus, ziemlich unangenehm: illud est mihi submolestum, quod parum Brutus properare videtur; A XVI 4, 4.

submorosus, etwas mürriſch: me etiam illa valde movent stomachosa et quasi submorosa ridicula; de or II 279.

submoveo, submuto ſ. summ —

subnego, einigermaßen abſchlagen: quod praesenti tibi prope subnegaram, non tribueram certe, id absenti debere non potui; ep VII 19.

subnixus, geſtützt, vertrauend: qui eius artis adrogantia, quasi difficillima sit, ita subnixi ambulant: de or I 246. victoriis divitiisque subnixus (rex) exsultabat insolentia; rep II 45.

subobscenus, etwas zweideutig: ridiculo sic usurum oratorem, ut nec nimis frequenti nec subobsceno; orat 88.

subobscurus, etwas dunkel, unverſtändlich: grandes erant verbis, interdum subobscuri; Bru 29. video hanc primam ingressionem meam e media philosophia repetitam et eam quidem subobscuram || ea . . subobscura || reprehensionis aliquid habituram; orat 11.

subodiosus, etwas verdrießlich: cum eas (querimonias) audire, quod erat subodiosum, leve putassem; A I 5, 4.

suboffendo. ein wenig verſtoßen: apud faecem populi (Pompeius) propter Milonem suboffendit; Q fr II 4, 5.

suboles, Nachwuchs, Nachkommenſchaft: I. quae propagatio et suboles origo est rerum publicarum; of I 54. — II. neque fugerim dicere „prolem" aut „subolem"; de or III 153. omnem subolem iuventutis expulsam atque exterminatam suis sedibus; Phil II 54.

suborno, ausrüſten, zurüſten, anſtiften: I. cuius importunam libidinem ne subornandi quidem mora retardavit; fr A XIII 23. — II. intelleget, quem ad modum a natura subornatus in vitam venerit; leg I 59. a te accusatores esse instructos et subornatos; Vatin 3. — III. medicum indicem subornavit; Deiot 17.

subp — ſ. supp —

subrancidus, etwas ranzig: exstructa mensa multa carne subrancida; Piso 67.

subraucus, etwas heiſer: vox permaneus, verum subrauca natura; Bru 141.

subrepo, ſich einſchleichen: emergebat subito. cum sub tabulas subrepserat; Sest 126.

subrideo, lächeln: subridet Saturius, veterator. ut sibi videtur; Q Rosc 22.

subridicule, etwas lächerlich: in male olentem: „video me a te circumveniri," subridicule Philippus: de or II 249.

subrigo ſ. surgo.

subringor, empfindlich werden: si ii subringentur, qui villam me moleste ferunt habere: A IV 5, 2.

subripio ſ. surripio.

subrogo, an die Stelle wählen: I. in annum posterum decemviros alios subrogaverunt; rep II 61. — II. sibi conlegam Sp. Lucretium subrogavit; rep II 55.

subrusticus, etwas bäueriſch: Cotta sonabat contrarium Catulo, subagreste quiddam planeque subrusticum; Bru 259. me deterruit pudor quidam paene subrusticus; ep V 12, 1. L. Cotta ipso sono quasi subrustico imitabatur antiquitatem; Bru 137.

subscribo, unterſchreiben, vermerfen. ver zeichnen, flagen, Mitflager ſein: I, 1. in M. Aquilium me a te circumveniri subscriptum; Cluent 127. — 2. Gabinium de ambitu reum fecit P. Sulla subscribente privigno Memmio, fratre Caecilio, Sulla filio; Q fr III 3, 2. qui (C. Fannius) in P. Clodium subscripserat; A II 24, 3. — II, 1. quae de iudicio corrupto subscripserunt; Cluent 127. — 2. in P. Popilium subscripsit L. Gellius, quod is pecuniam accepisset; Cluent 131. — 3. quibus (statuis) subscripsit reges a se in gratiam esse reductos; Cluent 101. — III. quoniam id causae subscriptum sit; inv II 58. ſ. II, 1. quia parricidii causa subscripta esset; inv II 58. earum (litterarum) exemplum subscripseras; A VIII 11, D, 3.

subscriptio, Unterſchrift, Tabel, Klage, Mit anflage: I. ne subscriptio censoria non minus calamitatis civibus quam illa proscriptio possit adferre; Cluent 123. — II. qui subscriptionem sibi postularunt; div Caec 49. populi Romani suffragiis saepenumero censorias subscriptiones esse sublatas; Cluent 121. — III. in istis subscriptionibus ventum quendam populares esse quaesitum; Cluent 130.

subscriptor, Mitanflager: I. ut ad causam tantam mihi creditam quisquam subscriptor me invito aspirare posset; div Caec 51. — II. ut mihi non ex his, quos mecum adduxerim, sed de populo subscriptor addatur; div Caec 50. — III, 1. nihil accusatore Lentulo subscriptoribusque eius infantius: Q fr III 4, 1. — 2. Gabinium (postulat) Ti. Nero cum bonis subscriptoribus; Q fr III 1, 15.

subsellium, Bant, pl. Gericht: I. subsellia grandiorem et pleniorem vocem desiderant; Bru 289. — II, 1. haec subsellia ab Ituraeis occupabantur; Phil XIII 18. — 2. cum (Crassus) se de turba et a subselliis in otium, ut cogitat, soliumque || solitudi-

nemque ‖ c o n t u l e r i t; de or II 143. qui habita-ret in subselliis; de or I 264. ut' illum collo obtorto ad subsellia reduceret; Cluent 59. Macer ab Sestii subselliis surrexit; Q fr II 4, 1. etiamne ad sub-sellia cum ferro atque telis venistis? Sex Rosc 32. (M. Terentius) versatus in utrisque subselliis optima et fide et fama; ep XIII 10, 2. — III, 1. „longi sub-sellii“, ut noster Pompeius appellat, i u d i c a t i o et mora si quem tibi item unum alterumve diem abstu-lerit; ep III 9, 2. quid, quod omnes consulares, simul atque adsedisti, partem istam subselliorum nu-dam atque inanem reliquerunt? Catil I 16. — 2. ut l o c u s in subselliis occupetur; Bru 290. — IV. ac-cusabat tribunus plebis idem in contionibus, idem a d subsellia; Cluent 93.

subsequor, unmittelbar nachfolgen, folgen: I. totidem subsecuti l i b r i Tusculanarum disputati-onum; div II 2. neque (stella Mercurii) a sole longius umquam unius sign intervallo discedit tum ante-vertens, tum subsequens; nat II 53. — II. hanc d i l i g e n t i a m subsequitur modus etiam et forma ver-borum; de or III 173. mirifice ipse (Cilix) suo ser-mone subsecutus est humanitatem litterarum tuarum; ep III 1, 2. omnes hos motus subsequi debet gestus; de or III 220. (stella Veneris) cum antegreditur solem, cum subsequitur; nat II 53. manus digitis subsequens verba, non exprimens; de or III 220.

subsicivus, erübrigt, frei: quae cursim adri-pui, quae subsicivis o p e r i s, ut aiunt; de or II 364. subsiciva quaedam tempora incurrunt; leg I 9,

subsidium, Hülfe, Hülfsmittel, Hülfsquellen, Beistand, Stütze, Schutz: I, 1. omnia alia subsidia rei publicae ceciderunt; Flac 3. quoniam non numquam hoc subsidium necessarium est, quem ad modum sit utendum eo, dicemus; of II 22. nisi illud et rei frumentariae subsidium et receptaculum clas-sibus nostris pateret; Ver II 3. — 2. subsidium bel-lissimum existimo e s s e senectuti otium; de or I 255. — II, 1. equidem mihi hoc subsidium iam inde ab adulescentia c o m p a r a v i ad decus atque orna-mentum senectutis, ut . .; de or I 199. tu populo Romano subsidia belli, tu ornamenta pacis eripias? agr I 3. qui nulla sibi subsidia ad omnes vitae ѕtatus paraverunt; ep IX 6, 4. cum senserit istum omnia subsidia vectigalium vendidisse; Ver III 119. modo Balbilium incolumem videam, subsidium nostrae senectutis; A XV 13, 4. — 2. vereor, ne iste ludis factis Ἀτύπῳ subsidio currat; A XII 3, 2. quae (litterae) subsidio oblivioni esse possent; Sulla 45. nemo dubitat, quin subsidio venturus sit; A VIII 7, 1. — 3. u t o r: ſ. I, 1. est. — II, 1. cum Sestius multis in templo Castoris vulneribus acceptis sub-sidio Bestiae s e r v a t u s esset; Q fr II 3, 6. qui se etiam nunc subsidiis patrimonii sustentant; Ver 12. — 2. potest stare res publica s i n e magno subsidio iuventutis? Phil X 18.

subsido, sich niederlassen, festsetzen, auflauern: cur (Milo) neque ante occurrit nec eo in loco sub-ѕedit, quo . . .? Milo 51. in Siciliane subsidas an ut . .; ep VI 8, 2. subsedi in ipsa via; A V 16, 1.

subsigno, eintragen, verpfänden: quaero, sintne ista praedia censui censendo, subsignari apud aerarium aut apud censorem possint; Flac 80.

subsortior, [v] zum Ersatz auslosen: I. si ex lege subsortitus non erat I u n i u s; Cluent 92. — II. iam non eos Iunius subsortitus est; Cluent 113. quod e lege subsortitus iudicem ‖ [iud.] ‖ non esset; Cluent 96.

subsortitio, Nachlosen: I, 1. quod C. Verres, praetor urbanus, subsortitionem eius in eo codice non h a b e r e t; Cluent 91. — 2. de subsortitione illa Iuniana iudicum nihil d i c o; Ver I 157. — II. cum praesertim (C. Fidiculanius Falcula) paucos dies e x subsortitione sedisset; Cluent 103.

substerno, unterbreiten, unterwerfen, bedecken: eos (n i d o s) quam possunt mollissime substernunt; nat II 129. si quando populus totam rem publicam substravit libidini suae; rep I 65.

substituo, an die Stelle setzen: tum iste homo nefarius in eorum locum substituere et supponere coepit c i v e s Romanos; Ver V 72. philosophiam nobis pro rei publicae procuratione substitutam putabamus; div II 7.

substructio, Unterbau: quas (aras) ille sub-structionum insanis molibus oppresserat; Milo 86.

subsum, vorhanden, nahe, damit verbunden, untergeordnet sein, zu Grunde liegen, vorliegen, bevorstehen: aliquam subesse eius modi c a u s a m, ut . .; fin V 29. etiam si culpa nulla subesset; fr A IX 22. genus est, quod partes aliquas amplectitur, ut cupiditas. pars est, quae subest generi, ut amor, avaritia; inv I 42. cesseram, si vis suberat, armis; si societas magistratuum, pactioni; si periculum civium, rei publicae; Sest 64. quae (oratio), nisi subest res ab oratore percepta et cognita, inanem quandam habet elocutionem; de or I 20. si res non subest ab oratore percepta et cognita; de or I 50. societas: ſ. periculum. si ulla spes salutis nostrae subesset; A III 25. nullus timor, nulla suberat suspicio; Phil XII 27. vis: ſ. periculum.

subter, unterhalb, unter, unten: A, I, ₽quod (lumen) superest, spinigeram subter caudam Pistricis a d h a e s i t; fr H IV, a, 422. illa (virtus) omnia, quae cadere in hominem possunt, subter se habet; Tusc V 4. (Plato) cupiditatem subter praecordia locavit; Tusc I 20. — II. ₽aestifer est Cancer. hunc subter fulgens cedit vis torva Leonis; fr H IV, a, 567. — B. subter mediam fere regionem sol o b t i n e t; rep VI 17. omnia haec, quae supra et subter, unum esse; de or III 20.

subterfugio, entfliehen, vermeiden, entgehen, sich entziehen: quod (municipes Volaterrani) Sullani temporis a c e r b i t a t e m deorum immortalium benig-nitate subterfugerunt; ep XIII 4, 1. qui volunt aliquam poenam subterfugere aut calamitatem; Caecin 100. si qui militiam subterfugissent; Phil VII 23. quod (periculum) subterfugere mallem quam . .; ep XV 1, 4. poenam : ſ. calamitatem.

subterraneus, unterirdisch: me paucos pedes ‖ specus ‖ in extremo fundo et eos quidem sub-terraneos servitutis put*asse* aliquid habituros; A XV 26, 4.

subtilis, fein, genau, gründlich, schlicht, ein-fach: A. limatus a l t e r et subtilis; de or III 31. tum graves sumus, tum subtiles; de or III 177. quis in docendo edisserendoque subtilior? Bru 65. quis ignorat, ii, qui mathematici vocantur, quam recondita in arte et multiplici subtilique versantur; de or I 10. non intellego, quam ob rem non, si minus illa subtili definitione, at hac vulgari opinione ars esse videatur; de or I 109. quam sollers sub-tilisque (sit) discriptio partium; nat II 121. quorum alter acutissimum et subtilissimum dicendi genus est consecutus; de or II 98. subtile (genus dicendi) in probando; orat 69. ad illud sincerum ac subtile iudicium nihil potest esse laudabilius quam ea tua oratio; ep XV 6, 1. haec subtilis oratio etiam in-compta delectat; orat 78. — B, a. illam concinnitatem a d h i b e t hic subtilis, quam quidam vocant Atticum; orat 83. — b. quia multa v e n i r e n t in mentem acuta atque subtilia; nat I 60.

subtilitas, Feinheit, Genauigkeit, Gründlich-keit, Schlichtheit: I. orationis subtilitas imitabilis illa quidem videtur e s s e existimanti, sed nihil est experienti minus; orat 76. in quo inest omnis sub-tilitas disserendi; Tusc V 68. — II, 1. qui delec-tantur ea snbtilitate, quam Atticam a p p e l l a n t; Bru 67. ut aliquando subtilitatem veteris urbani-tatis et humanissimi sermonis attingerem; Q fr II

89

8, 2. subtilitatem Lysias habuit; de or III 28. — 2. facile cedo tuorum scriptorum subtilitati et elegantiae; ep IV 4, 1. est in arte tanta tamque varia etiam huic minutae subtilitati locus; Bru 291. — III. delectari: f. II, 1. appello. excellentes viri cum subtilitate, tum copia; div II 4. qui hac ipsa eius (Lysiae) subtilitate admodum gaudeant; Bru 64.

subtiliter, fein, fcharffinnig, gründlich, genau, einfach, fchlicht: nunc agendum est subtilius; fin IV 74. ut et blandiri eis subtiliter || suppliciter ||, a quibus esset petendum, et adversarios minaciter terrere possemus; de or I 90. oculi in corporum etiam motione atque gestu multa cernunt subtilius; nat II 145. fuisse quosdam, qui idem ornate ac graviter, idem versate et subtiliter dicerent; orat 22. parumne subtiliter disputat ille in Eunucho? nat III 72. negatis haec tam polite tamque subtiliter effici potuisse sine divina aliqua sollertia; Ac II 120. ita || mihi || vim oratoris exprimere subtiliter visus es; de or II 39. qui haec subtiliter iudicat; Ver IV 127. a quo haec subtilissime sunt omnia perpolita; Balb 50. ut ea, quae sentitis de omni genere dicendi, subtiliter persequamini; de or I 98. ea (membra) quam subtilissime persequamur; Top 26. haec ad te scribam alias subtilius; A I 13, 4.

subtimeo, insgeheim fürchten: numquid subtimes, ne ad te hoc crimen pertinere videatur? Phil II 36.

subtraho, entziehen, entfernen, entreißen: ut domitores equorum cibum etiam saepe subtrahunt; fr F V 85. cum haec (membra) subtracta sunt; div II 139. neque verba sedem habere possunt, si rem subtraxeris; de or III 19. nolite mihi subtrahere vicarium meae diligentiae; Muren 80.

subturpiculus, etwas fchimpflich: subturpicula mihi videbatur esse παλινῳδία; A IV 5, 1.

subturpis, etwas fchimpflich: quae sint, quod ridiculi proprium est, subturpia; de or II 264.

subvenio, zu Hülfe kommen, beiftehen, abhelfen: I. in ceteris subvenies; fin III 16. subvenire certe potuit (deus): nat III 92. nisi unius amici opes subvenissent; Rab Post 48. — II. cum non dubitarem, quin is (Pompeius) Domitio subventurus esset; A VIII 12, 3. quod C. Caesar saluti dignitatique populi Romani subvenerit; Phil V 46. cuius (Marii) virtus magnis populi Romani luctibus funeribusque subvenit; prov 32. gravedini omni ratione subveni; A XVI 14, 4. luctibus: f. funeribus. subveni patriae, opitulare conlegae; ep X 10, 2. huic quoque rei subvenim est maxime a nobis; A I 17, 9. saluti: f. dignitati. ut subvenias huic meae sollicitudini; ep II 6, 4. subvenire tempestati quavis ratione sapientis (est); of I 83. — III. his temporibus difficillimis rei publicae quicquid subveneris, id erit totum et proprium || proprie || tuum; ep X 5, 3.

subvereor, ein wenig fürchten: venit mihi in mentem subvereri interdum, ne te delectet tarda decessio; ep IV 10, 1.

subvolo, emporfliegen: ut reliquae duae partes, una ignea, altera animalis, rectis lineis in caelestem locum subvolent; Tusc I 40.

suburbanitas, Nähe bei der Stadt: populo Romano iucunda suburbanitas est huiusce provinciae; Ver II 7.

suburbanus, nahe bei der Stadt, vorftädtifch, neutr. Gut bei der Stadt: A. exauditus in agro propinquo et suburbano est strepitus quidam; har resp 20. vicinitas non erudita artificio simulationis vel suburbano vel etiam urbano; Planc 22. nemo istorum est, quin abs te manus fundi suburbani instar exspectet; Q fr III 1, 9. longe Academiae illi tuum hoc suburbanum gymnasium anteponam; de or I 98. habet animi causa rus amoenum et

suburbanum; Sex Rosc 133. — B, I. nihil in hortis posuit, nihil in suburbano; Ver I 121. quam diu in suburbano sis futurus; A XII 37, 2. malo esse in Tusculano aut uspiam in suburbano; A XVI 13. a (b), 1. — II. cras igitur in Siccae suburbano; A XII 34, 1.

suburbium, Vorftadt: qui Terminalibus nuper in suburbium ire non sum ausus; Phil XII 24.

succedo, folgen, nachfolgen, ablöfen, fich unterziehen, eintreten, von ftatten gehen, gelingen: I. etiam si quando minus succedet, ut saepe fit, magnum tamen periculum non adibit; orat 98. quod sine lege curiata tibi succedatur; ep I 9, 25. te antea, quam tibi successum esset, decessurum fuisse; ep III 6, 2. si ex sententia successerit, bene erit opera posita; Q fr II 12 (14), 1. ut putet senatus nos, antequam successum sit, oportere decedere; A V 21, 3. II. huic successit aetati C. Galba; Bru 127. aetas succedit aetati; Phil XI 39. nisi in voluptatis locum dolor forte successerit; fin I 56. nondum in Cn. Pompei locum repentinus heres successerat; Phil II 62. fiebat, ut soli luna totidem conversionibus succederet; rep I 22. omnes sententiae verbaque omnia sub acumen stili subeant et succedant necesse est; de or I 151. etiamsi voluptas ea. quae sensum moveat, nulla successerit; fin I 56. — III. qui sibi ex lege praetor successerat; inv I 55. succedam ego vicarius tuo muneri; Ver IV 81. antequam successum sit, oportere decedere; A V 21, 3.

succendo, anzünden: etiamsi (sapiens) in Phalaridis tauro inclusus succensis ignibus torreatur; Piso 42.

succenseo f. **susc.**

successio, Eintreten: in omni re doloris amotio successionem efficit voluptatis; fin I 37.

successor, Nachfolger: I. 1. cum successor aliquid immutat de institutis superiorum; Flac 33. — 2. nisi ego successor essem, quem tu cuperes videre; ep III 6, 2. — II, 1. quae successori coniunctissimo et amicissimo commodare potest is, qui provinciam tradit; ep III 3, 1. video: f. I, 2. — commodo: f. 1. — 3. de successore meo nihil audivi; ep II 17, 1.

succidia, Speckfeite: iam hortum ipsi agricolae succidiam alteram appellant; Cato 56.

succingo, umgürten, umgeben: quod multo se pluribus et immanioribus canibus succinxerat; Ver V 146. (Karthago) succincta portibus; agr II 87.

succresco, nachwachfen: non ille mediocris orator in vestram quasi successcit aetatem || vestrae .. aetati ||; de or III 230.

succumbo, erliegen, unterliegen: I. in eo genere accusationis si vincerem, succumberem ac cederem; Scaur 16. re succumbere non oportebat verbis gloriantem; Tusc II 30. (sapiens) patietur, perferet, non succumbet; Tusc II 17. — II. iam succumbam isto tuo crimini; Planc 82. hominem nulli neque homini neque perturbationi animi nec fortunae succumbere (oportere); of I 66. non quo ita sim fractus, ut fortunae succumbendum putem; ep IX 11, 1. homini, perturbationi: f. fortunae. quo (Gorgia) patrono philosopho succubuit orator; de or III 129.

succurro, einfallen, Hülfe leiften, beiftehen, abhelfen: I. ut quicque || quidque || succurrit, libet scribere; A XIV 1, 2. — II. ut laborantibus succurrat; de or I 169. cum (servi) domino succurrere prohiberentur; Milo 29. res hoc postulat, ut eorum exspectationi, qui audiunt, quam celerrime succurratur; de or II 313. ut infamiae communi succurrerem; Ver pr 2.

sucus, Saft, Kraft, Geift: I. non potest in eo sucus esse diuturnus, quod nimis celeriter est maturitate adsecutus; de or II 88. ex intestinis secretus a reliquo cibo sucus is, quo alimur, permanat ad iecur; nat II 137. — II. amisimus omnem

non modo sucum ac sanguinem, sed etiam colorem et speciem pristinam civitatis; A IV 18, 2 (16, 10). etsi non plurimi sanguinis est, habeat tamen sucum aliquem oportet; orat 76. omnes etiam tum retinebant illum Pericli sucum; de or II 93. secerno: f. I. permanat. – III. ali: f. I. permanat. ornatur oratio quasi colore quodam et suco suo; de or III 96.

sudo, ſĉwißen, ſiĉ abmüßen: cum ille diceret se sine causa sudare; de or II 223. sudandum est iis pro communibus commodis; Sest 139. initio belli Marsici deorum simulacra sudavisse; div I 99

sudor, Sĉweiß, Müße: I latus ei [dicenti con-] doluisse sudoremque multum consecutum esse audiebamus; de or III 6. superiora superciliis obducta sudorem a capite et fronte defluentem repellunt; nat II 143. – II, 1. repello: f. I. defluit. – 2. stilus ille tuus multi sudoris est; de or I 257. – III. plurimo sudore et sanguine maiorum vestrorum partam libertatem; agr II 16.

sudum, ßeitereß Wetter: horologium mittam et libros, si erit sudum; ep XVI 18, 3.

suesco, pflegen: »has Graeci stellas Hyadas vocitare suērunt«; nat II 111.

suffero, ertragen, erbulden: quam multam si sufferre voluissent, manere in civitate potuissent; Caecin 98. victoriae te atque imperii poenas ad eorum arbitrium sufferre, qui . .; Font 49. at Phalaris, at Apollodorus poenas sustulit; nat III 82.

sufficio, bearbeiten, naĉwäßlen, genügen: I. (socii) paucorum cupiditati sufficere aliquo modo poterant; Ver V 127. – II. ne sufficiatur consul, non timent; Muren 82. ut ii, qui combibi purpuram volunt, sufficiunt prius lanam medicamentis quibusdam, sic . .; fr F V 23.

suffigo, anſĉlagen: si te et Gabinium cruci suffixos viderem; Piso 42.

suffimentum, Räuĉerwerf: in iis sine illius | ullis || suffimentis expiati muren; leg I 40.

suffoco, erſtiĉen: nec minus delinquere eum, qui gallum gallinaceum, cum opus non fuerit, quam eum, qui patrem suffocaverit; Muren 61. consilium est suffocare urbem et Italiam fame; A IX 7, 4.

suffodio, untergraben: a Sex. Serrano sanctissima sacella suffossa esse nescimus? har resp 32.

suffragatio, Begünſtigung, Empfeßlung: I. cum (sit) facilis suffragatio pro salute; dom 45. – II, 1. si hanc urbanam suffragationem militari anteponis; Muren 38. habemus nostram suffragationem, si minus potentem, at probatam tamen et instam et debitam et propterea fortasse etiam gratiosam; ep II 6, 3. – 2. antepono: f. 1.

suffragator, Begünſtiger, Wäßler: I. nec me suffragatore meliore utebatur quam Clodio; Milo 34. – II. non placet mihi testium potius quam suffragatorum comparatio; Muren 44.

suffragium, Stimme, Abſtimmung, Urteil: I. ut suffragia non in multitudinis, sed in locupletium potestate essent; rep II 39. f. III, 2. – II, 1. ut omittam largitione corrupta suffragia; leg III 39. quis est, qui non profiteatur se suffragium de salute mea tulisse? Sest 109. quis est, qui se, cum contra me ferebatur, inisse suffragium confiteatur? Sest 109. omitto: f. corrumpo. uno in genere relinqui videbatur vocis suffragium, perduellionis; leg III 36. – 2. ut populus Romanus suffragio privaretur; agr II 17. – 3. vos, quorum gratia in suffragiis consistit; agr II 102. quoniam videtur in suffragiis multum posse Gallia; A I 1, 2. quas (centurias) item sine suffragio esse voluit; Phil VII 15. is valebat in suffragio plurimum, cuius . .; rep II 40. – III, 1. nulla (lex) exspectatio suffragiorum; Planc 15. retinete istam possessionem gratiae, libertatis, suffragiorum; agr II 71. – 2. sic a me recitata lex est de suffragiis: »optimatibus nota,

populo libera sunto«; leg III 38. – IV, 1. III viros illos xxxv tribuum suffragio creatos esse; agr II 31. meminit populi cunctis suffragiis se consulem declaratum; Milo 96. quin te populus Romanus cunctis suffragiis consulem facturus esset; ep XV 12, 1. eandem domum populus Romanus omnium aetatum ordinumque suffragiis eodem iure esse iussit, quo fuisset; har resp 11. si haec suffragiis aut scitis multitudinis probarentur; leg I 43. populi Romani suffragiis saepenumero censorias subscriptiones esse sublatas; Cluent 121. – 2. ut pro suffragio Theomnastus, familiaris suus, in tribus illis renuntiaretur; Ver II 127. ut, ea qui habeat sine vestris suffragiis, rex non ferendus esse videatur; agr II 32.

suffragor, begünſtigen, unterſtüßen: I, 1. suffragandi nimia libido in non bonis causis eripienda fuit potentibus; leg III 34. – 2. fortuna suffragante videris res maximas consecutus; ep X 5, 3. – II. cum Catilinae suffragaretur; Sulla 68. suffragata (domus) domino, novo homini, ad consulatum putabatur; of I 138. cui legi cum vestra dignitas vehementer adversetur, istius spes falsa suffragatur; Ver V 178. huic tu libro maxime velim ex animo, si minus, gratiae causa suffragere; ep XII 17, 2.

suffringo, zerbreĉen: iis (canibus) crura suffringantur; Sex Rosc 56.

suffundo, fließen laſſen, erfüllen: aequabili calore suffusus aether; nat II 54. novi animum nulla in ceteros malevolentia suffusum; ep I 9, 22. Empedocles animum esse censet cordi suffusum sanguinem; Tusc I 19.

suggero, unterlegen, ßinzufügen, liefern, anwenden: singulis generibus argumentorum copias || copiam | suggerunt; de or II 117. suggerenda sunt firmamenta causae coniuncte; de or II 331. Druso ludus est suggerendus; A XII 44, 2. huic incredibili sententiae ratiunculas suggerit; nat III 73. cum ea verba, quae desunt, suggesta sunt; de or II 110.

suggestum, Erßößung, Rednerbüßne: I, 1. illud suggestum, in quo causam dixerat, ascendens; div I 124. – 2. idem (Dionysius) cum in communibus suggestis consistere non auderet, contionari ex turri alta solebat; Tusc V 59. – II. in: f. I, 1.

sugo, ſaugen, einſaugen: I. alia (animalia) sugunt, alia carpunt; nat II 122. – II. ut paene cum lacte nutricis errorem suxisse videamur; Tusc II 2.

sui, ſeiner, gegen ſiĉ: A. einfaĉ: I. allein: 1. ii ferendi sunt, qui hoc queruntur, libertatem equitis Romani se ferre non posse? Planc 33. quid respondit de Sulla Cassius? se nescire certum; Sulla 38. cum ipsa natura accuratae orationis hoc profiteatur, se aliquid patefacturam, quod non appareat; Ac II 44. cum aedilitatem se petere dictasset; A II 1, 5. cum cenanti mihi nuntiavit Cestius se de nocte proficisci; A V 13, 1. quos iuratos misit Hannibal se in castra redituros; of III 113. homines hoc dicere, se a me solvere; A V 21, 11. tacere praestaret philosophiam quam iis, qui se audissent, nocere; nat III 77. qui se populo commiserunt maxime dicendo; ep IV (M. Terentius) se corroboravit; ep XIII 10, 2. Etrusci extorum cognitioni se maxime dediderunt; div I 93. qui (P. Decius) se pro re publica devoverat; Cato 43. diligo: vgl. 4. fin III 16. tu ad me velim proximis litteris, ut se initia dederint, perscribas; A III 23, 5. (animus) finem altius se || [se] || efferendi facit; Tusc I 43. cui Laelius se excusans dixit . .; Bru 101. ceteris se in campo exercentibus; de or II 287. quod idcirco (Statius) a te missus est, mihi ut se purgaret; Q fr I 2, 2. genus hominum se oppidis moenibusque saepsisse; de or I 36. Dionysiarchum ad se proagorum vocari iubet; Ver IV 50. quae

pecunia fuerit apud se, hanc a se esse ablatam
queruntur; Flac 55. sola sapientia in se tota conversa est; fin III 24. quae sunt inter se similia;
de or III 206. tam inter se amantes viros; Ac II
115. qui (magi) congregantur in fano commentandi
causa atque inter se conloquendi; div I 90. illa
membra merere per se non amplius poterant duodecim aeris; Q Rosc 28. ne temperantiam quidem
propter se expetendam esse; fin I 47. — 2. habetis
ducem memorem vestri, oblitum sui; Catil IV 19.
neque eam (sapientiam) umquam sui paenitet; Tusc
V 54. quod tum Iunio defendendi sui potestas
erepta sit; Cluent 93. cnm multi principes civitatis
Roma non tam sui conservandi quam tuorum consiliorum reprimendorum causa profugerunt; Catil I
7. venisse tempus iis, qui in timore fuissent, ulciscendi sui; Sest 28. est amans sui virtus; Lael 98.
saturavit se sanguine dissimillimorum sui civium;
Phil II 59. alterum similem sui quaerere; Lael 82.
habet certos sui studiosos; Bru 64. principia verecunda, acuta sententiis vel ad offensionem adversarii
vel ad commendationem sui; orat 124. ab defensore, in eius, quem ultus sit, audaciam sui conquestio ‖ conquestione, al. ‖; inv II 86. Quintus
misit filium non solum sui deprecatorem, sed etiam
accusatorem mei; A XI 8, 2. ille putat oportere
quandam inferri orationem, quae aut sui laudem aut
adversarii vituperationem contineat; inv I 97. cum
omnibus memoriam sui, tum etiam disciplinam
dicendi nobis reliquissent; Bru 163. si nihil eorum
ipsorum (virorum) animi efficerent, quo diutius
memoriam sui teneremus; Cato 80. Nicias tua sui
memoria delectatur; A XIII 1, 3. necesse est
huic partes quoque sui caras esse; fin V 37. —
3. illi (scaenici) non optimas, sed sui accommo-
datissimas fabulas eligunt; of I 114. me salvum
adhuc res publica conservavit sibi; Phil XII 24.
sibi habeat frumentum; Ver III 202. quam (deam)
iste idcirco Bonam dicit, quod in tanto sibi scelere
ignoverit; har resp 37. Dolabella me sibi legavit
a. d. IIII Nonas; A XV 11, 4. (virtus) aliis nata
potius quam sibi; rep III 12. orat ut sibi rescribam;
A XII 82, 2 (1). nescio quid ab eo (Q. Fufio)
litterularum, uti me sibi restituerem; A XV 4, 1.
qui sibi ex lege praetor successerat; inv I 55. quem
sibi amiciorem quam populo Romano esse cognoverant; Ver V 48. neminem umquam hominem
homini cariorem fuisse ‖ quam te sibi; Milo 68.
litteras mittunt sibi difficilem esse investigandi
rationem; Cluent 23. nihil sibi gratius ostendit
futurum; Ver IV 75. cum appetitus ille animi aliquid ad se trahere coeperit, quod sibi obsit, quia sit
sibi inimicus; fin V 28. qui nihil sibi umquam
turbae esse duxit; Piso 11. se recordatum esse vitio
sibi tabernaculum captum fuisse; nat II 11.
sentiet sibi bellum cum re publica esse susceptum;
Phil V 32. cum videat sibi causam esse dicendam;
Cluent 153. qui cum sibi viderent esse pereundum;
Catil IV 14. Oppianicus domo sibi quaerendum
remedium existimavit; Cluent 21. ἐλλιπτιϰῶϛ: contemnuntur ii, qui „nec sibi nec alteri", ut dicitur; of
II 36. — 4. quid re publica, quid se dignum esset,
diligentissime cogitabat; Sest 87. qui se praesente
civem Romanum securi percussum esse dixit; Ver I
14. adfirmabat Postumus se vivo illam domum
istius numquam futuram; dom 115.ᶜ (principium
ductum esse a se diligendo; fin III 16. mundus
hic totus, quod domicilium quamque patriam di nobis
communem secum dederunt; rep I 19. clam an
palam de se sententiam ferri vellet; Cluen 55. quod
habet lex in se molestissimum; Ver I 26. quod
praedicandum et prae se ferendum sit; Tusc V 50.
II. Verbindungen: queri coepit, se civem
Romanum in vincla ‖ esse ‖ coniectum; Ver V 160.
qni se porro pueros a senibus audisse dicebant; Cato

43. quod is Ephesi se quaestorem vi prohibitum
esse dicebat; Ver I 85. si se ipsos illi nostri liberatores e conspectu nostro abstulerunt; Phil II 114.
confirmant ipsi se; Ver V 95. quam se ipse (animus)
noscet! leg I 61. concitationibus tam ipsis inter se
dissentientibus atque distractis; Tusc V 43. quorum
ipsorum per se res et fortunae vobis curae esse debent;
imp Pomp 17. multos homines per se ipsos graves
exstitisse fateor; Arch 15. o magna vis veritatis,
quae facile se per se ipsa defendat! Cael 63. perturbatio ipsa mentis in amore foeda per se est; Tusc
IV 75. ut a populo ipsi sibi singuli discrepantes
eiciantur; de or III 196. ut non numquam mortem
sibi ipse consciscere alius debeat; of I 112. animus
a se ipse dissidens secumque discordans; div I 58.
quam (felicitatem) praestare de se ipso nemo potest;
imp Pomp 47. quid quisque nostrum de se ipse
loquatur; Vatin 9. quid summi poëtae de se ipsis
carminibus edunt? Tusc IV 71. quam (utilitatem)
si ad se quisque rapiet; of III 26. sibi quemque
natum esse et suis voluptatibus; fin II 79. sibi
quemque esse carum; fin V 29. pro se quisque
manus adfert; Ver I 67. ut heres sibi soli, non
coheredibus petit, sic socius sibi soli, non sociis petit;
Q Rosc 55. ut homo non sibi se soli natum meminerit, sed patriae, sed suis; fin II 45. se optime
sibi consulere arbitrantur; fin V 29. nisi omnia
sibi in se posita censebit; Tusc V 42. omnes se
secum libidinum voluptates abstulisse ‖ se omnes
secum abst. lib. vol. ‖; fin II 106. f. solus. ingenium
in se suum sicut simulacrum aliquod dicatum putabit; leg I 59. suum se negotium agere; of I 29.
totos se ad studia doctrinae conferunt; fin V 57.
tradet (fortis civis) se totum rei publicae; of I 86.
cuius tanti furoris fuit, omnes reges contra se unum
excitare? Deiot 15. qui in se uno sua ponit omnia;
par 17.

B. sese: I, 1. sese et compromisso et iure iurando
impediri; ep XII 30, 5. ut eandem illam rem non
malit ad sese sine facinore pervenire; fin III 36. cum
contraria inter sese de re publica capita contulisset;
de or II 223. quosdam (mundos) inter sese non
solum similes, sed ita pares, ut . .; Ac II 55. — 2.
virtutem sese contentam; Tusc III 37. quae
(terra) omnia pariat et fundat ex sese; nat II 83. —
II. quae clara sint ipsa per sese; Ac II 45. quodsi
ignis ex sese ipse animal est; nat III 36. ita diligi
a sese quemque, ut . .; fin V 30. omnia sibi in sese
esse posita; Tusc V 30.

sulcus, Furche: cum terra araretur et sulcus
altius esset impressus; div II 50.

sullaturio, ben Sulla nachahmen wollen:
ita sullaturit animus eius (Pompei) et proscripturit
iam diu; A IX 10, 6.

sum, sein, vorhanden sein, leben, stattfinden,
sich ereignen, der Fall sein, gehören, zukommen,
sich befinden, haben, betragen, dienen, gereichen
(vgl. futurus). I. absolut, mit Ortsnamen, Confecutiv-
und Relativsätzen: 1. apud te est, ut volumus; A I 8, 1.
scire sane velim, numquid necesse sit comitiis esse
Romae; A XII 8. fuit, cum mihi quoque initium
requiescendi fore iustum arbitrarer; de or I 1. est,
quod gaudeas te in ista loca venisse, nisi aliquid
sapere viderere; ep VII 10, 1. est, ut ii sint, quam
tu „nationem" appellasti; Sest 97. numquam fore
ut atomus altera alteram posset attingere; fin I 19.
fore ut brevi a Gallis Roma caperetur; div I 100.
non est igitur, ut mirandum sit . .; div I 128. — 2.
quamquam sunt, qui propter utilitatem modo petendam putant ‖ putent ‖ amicitiam; inv II 167. hunc
nemo erat quin verissime sentire diceret; Sest 74.
sunt, qui ita loquantur; Rab Post 38. sunt alii plures
fortasse, sed ʾe mea memoria dilabuntur; Phil XIII
11. quis est, qui putet . .? Tusc IV 2. huic (sermoni) qui studeant, sunt nulli; of I 132. sunt, qui

putant ‖ putent ‖ posse te non decedere; ep I 9, 25. Romaene sitis an ̣mecum in aliquo tuto loco; ep XIV 18, 1. ſ. 1. Sest 97. III. sine; A XII 6, 4. quod dicent defensores ̣futurum fuisse, nisi id factum esset; inv II 74. de risu quinque sunt quae quaerantur; de or II 235. cum ea maiora iudicem quae sunt, quam illa quae desunt; orat 169. esse ea dico, quae cerni tangive possunt, ut fundum, aedes; Top 27. nihil est, de quo aliter tu sentias atque ego; fin IV 60. futurum id fuisse ex eo, quia factum est, intellegi debet; fat 18. cupio odorari diligentius, quid futurum sit; A XIV 22, 1. ſ. locus. actio est in auctorem praesentem his verbis; Caecin 54. aedes: ſ. alqd; Top 27. quod (animal) semper sit futurum; nat III 32. cum animi hominum semper fuerint futurique sint; div I ̣131. ∗ ut omnino disputaret nullam artem esse dicendi; de or I 90. etiamsi sit bonum aliquod praeter virtutem; Tusc V 21. nec est causa, cur Epicurus fatum extimescat; fat 18. quem (Scipionem) esse natum haec civitas, dum erit, laetabitur; Lael 14. regnandi contentio est; A X 7, 1. controversia non erat, quin verum dicerent; Caecin 31. qui omnino deos esse negabant; nat I 117. ut et, si divinatio sit, di sint et, si di sint, sit divinatio; div I 10. si facultas erit; inv II 107. fundus: ſ. alqd; Top 27. sententiarum totidem genera sunt, quot dixi esse laudum; opt gen 5. epistularum genera multa esse non ignoras; ep II 4, 1. dei isti Segulio male faciant, homini nequissimo omnium, qui sunt, qui fuerunt, qui futuri sunt! ep XI 21, 1. iudiciis, qui nunc sunt, hominum; Q fr I 1, 43. cum iudicium de vi sit; Caecin 104. etiamsi lex non esset; Ver I 108. si quid fuerit loci aut temporis; leg III 29. terrae motum dixit futurum; div II 31. sunt officia, quae aliis magis quam aliis debeantur; of I 59. ut illa opinio, quae semper fuisset, tolleretur; de or II 7. cum pacem esse cupiebas; Ligar 18. periculum est, ne opprimamur; Phil XIII 16. si potestas esset; Tusc V 54. de quo omnis haec quaestio est; fin II 5. nec est ulla res, quae plus apud eum polleat; par 34. sunt aliquot satisdationes secundum mancipium; A V 1, 2. quotienscumque senatus fuit; ep V 6, 1. senatus hodie fuerat futurus; A IV 17, 4. unum virum esse, in quo summa sint omnia; imp Pomp 13. erit, erit illud profecto tempus, cum . .; Milo 69. ſ. locus. si modo est ulla virtus; Tusc V 4. qui, dum vis fuit, nihil egi, et quem, si vis non fuisset, nulla res labefactare potuisset; Sest 127.

II. mit Adverbien: quod est longe aliter; leg I 47. tune putes innumerabiles supra infra, dextra sinistra, ante post, alios dissimiles, alios eiusdem modi mundos esse? Ac II 125. quod (nomen) ante non fuerat; Ac II 145. de Attica pergratum mihi fecisti, quod curasti ante scirem recte esse quam non belle fuisse; A XIV 16, 4. ut improbo et stulto et inerti nemini bene esse potest, sic . . ; par 19. dextra, infra: ſ. ante. quae cum ita sint; fin III 29. quod si ita est; Tusc V 32. Lucretii poëmata, ut scribis, ita sunt, multis luminibus ingenii, multae tamen artis; Q fr II 9 (11), 3. numquam tam male est Siculis, quin aliquid facete dicant; Ver IV 95. Antonio, † quoniam ‖ quam ‖ est, volo peius esse ; A XV 3, 2. L. Antonio male sit! A XV 15, 1. cum meliuscule tibi esset; ep XVI 5, 1. quibus (litteris) ̣meliuscule Lentulo esse scriptum erat; A IV 6, 2. qui modo fuit, Scepsius Metrodorus; Tusc I 59. qui nunc sunt; Phil XIV 33. (hospes) fuit periucunde; A XIII 52, 1. post: ſ. ante. Thucydides si posterius fuisset; Bru 288. Acastus praesto fuit sane strenue; ep XIV 5, 1. se, quod in nummis haberet, nescire quo loci esset; A VIII 10. si forte in Tusculano recte esse possum; A XVI 14, 2. ſ. belle. satis superque esse sibi suarum cuique rerum; Lael 45. sic vita hominum est, ut ad maleficium nemo conetur sine spe atque emolumento

accedere; Sex Rosc 84. sic est vulgus; ex veritate pauca, ex opinione multa aestimat; Q Rosc 29. sinistra, supra: ſ. ante. super: ſ. satis. quid sit ipsi animus aut ubi aut unde. magna dissensio est; Tusc I 18.

III. mit Präpositionen: (Critolaus) erat ab isto Aristotele; de or II 160. ut doceret nullum tale visum esse a vero, ut non eiusdem modi etiam a falso posset esse; Ac II 77. qui sunt ab ea disciplina; Tusc II 7. quae est spes ab irato? ep VI 6, 9. quae (villa) est ad Baulos; Ac II 9. quod ante pedes esset; Tusc V 114. quae ante oculos sunt, ea potius attingam; leg II 41. postridie, quam apud Catulum fuissemus, Ac II 9. quoniam (tuum testimonium) contra te est; Quinct 76. fuit adsiduus mecum praetore me; Cael 10. qui Milonem cum telo esse diceret; Milo 66. de Attio Dionysio nihil puto esse; ep XII 30, 5. de Domitio, ut scribis, ita opinor esse, ut in Cosano sit; A IX 9, 3. caudam antiqui „penem“ vocabant, ex quo est propter similitudinem „penicillus“; ep IX 22, 2. non quo (is) sit ex istis; ep XIII 1, 5. si ea, quae extra virtutem sint, ad beate vivendum pertineant; fin IV 40. qui (sodalis) mihi in liberum locum more maiorum esse deberet; de or II 200. quod in eorum potestatem portum futurum intellegebant; Ver V 98. fuit in Catulo sermo Latinus; Bru 133. in quo (genere) fuit Aeschylus Cnidius; Bru 325. scimusne, quibus in locis nunc sit Lentonis Caesennii septemviralis auctoritas? Phil XII 23. te in istis molestiis diutius non futurum; ep VI 13, 3. in exspectatione erant omnia; ep XII 24, 2. quam diu vos eritis in spe; ep XIV 3, 2. Avius videtur in officio futurus; A XIII 4. 2. ſ. de. qui vicus inter Tolosam et Narbonem est; Font 19. nullam intra Oceani ostium praedonum navem esse; imp Pomp 33. gravioribus bellis etiam sine conlega omne imperium nostri penes singulos esse voluerunt; rep I 68. cum iam pro damnato mortuoque esset; Ver IV 33. nonne tibi nox erat pro die, solitudo pro frequentia, caupona pro oppido? Piso 53. omnis voluptas praeterita pro nihilo est; Marcel 27. ut cum suis copiis quam proxime Italiam sit; Phil X 26. quae secundum naturam sunt; fin III 20. quoniam (Attica) iam sine horrore est, spero esse, ut volumus; A III 6, a, 2. ut sine cura essem; A XVI 16, 5. cum sis post vitam sine momento futurus; fr I 21. cum (mare) supra terram sit; nat II 116. nihil est ultra illam altitudinem montium usque ad Oceanum; prov 34.

IV. mit Prädicativ: 1. in gleichem Casus: a. non alius essem atque nunc sum; ep I 9, 21. ita est tibi iuris consultus ipse per se nihil nisi leguleius quidam cautus et acutus, praeco actionum, cantor formularum, auceps syllabarum; de or I 236. ne homines quidem censetis, nisi imbecilli essent, futuros beneficos et benignos fuisse? nat I 122. cantor, al.: ſ. auceps. ostendis. qualis tu, si ita forte accidisset, fueris illo tempore consul futurus; Piso 14. tu non videbas, quam illa crudelis esset futura victoria; ep IV 9, 3. eum magis communem censemus in victoria futurum fuisse, quam incertis in rebus fuisse? ep IV 9, 2. nihil nobis expeditius fore fortunatius; Q fr II 14, 3. non dubito, quin reditus eius et vobis gratus fuerit et rei publicae salutaris futurus; Phil IX 1. imbecillus: ſ. beneficus. sed illum eum futurum esse puto, qui esse debet; A VI 3, 7. quibus ille (Appuleius) receperat se molestum non futurum; A XII 13, 2. etsi (res familiaris) nullam potest accipere iniuriam, quae futura perpetua sit; ep IV 7, 5. salutaris: ſ. gratus. — b. fuit iam accepta a Platone philosophandi ratio triplex; Ac I 19. iis esse haec acerba, quibus non fuerint cogitata; Tusc III 30. cuius prima aetas dedita disciplinae fuit; Cael 72. quae fueramus ego et tu inter nos de sorore in Tusculano locuti; A V 1, 3. brevi

tempore philosophiam plane absolutam fore; Tusc III 69. quoniam ‖ qui ‖ haec sine doctrina credituri fuerunt ‖ fuerint ‖; Tusc I 48. sin, cum auspiciis obtemperatum esset, interiturae classes non fuerunt, non interierunt fato; div II 20. etiamsi (Flaminius) obtemperasset auspiciis, idem eventurum fuisset; div II 21. puto, etiamsi Icadius tum in spelunca non fuisset, saxum tamen illud casurum fuisse; fat 6. an Cn. Pompeium censes maximarum rerum gloria laetaturum fuisse, si sciret . . ? div II 22. non fuisse (Crassum) periturum, si omni paruisset; div II 84. ne illi (C. Pontio) multa saecula exspectanda fuerunt; of II 75. non fuit Iuppiter metuendus ne iratus noceret; of III 104. in eo conclavi ei (Deiotaro) cubandum fuisset, quod proxima nocte corruit; div II 20. quem ad finem putas custodiendam illam aetatem fuisse? Cael 11. illo modo potius putat urguendum fuisse Carneadem, ut . . ; Ac II 109. — 2. Accusatiu: cum id aetatis essem; inv II 92. qui id aetatis sumus; rep III 41. — 3. Genetiu: fortunas omnes aratorum istius fuisse dico; Ver III 50. me Pompei totum esse scis; ep II 13, 2. si quicquam nunc cuiusquam est; ep VII 3, 3. ea omnia, quae proborum, demissorum, non acrium, non pertinacium, non litigiosorum, non acerborum sunt. valde benivolentiam conciliant; de or II 183. sunt facta eius immortalitatis, nomen aetatis; Phil IV 3. id solum esse ambitus aedium, quod . . ; Top 24. id certe magis est attenti animi quam furentis; div II 111. de lingua Latina securi es animi; A XII 52, 3. artis: ſ. II. ita. illa oratio potius temporis mei quam iudicii et auctoritatis fuit; Cluent 139. cum ex iure nostro duarum civitatum nemo esse possit; Caecin 100. et villa et amoenitas illa commorationis est, non devorsorii ‖ devers. ‖; ep VI 19, 1. si est boni consulis ferre opem patriae; Rabir 3. demissorum, al.: ſ. acerborum. quod sit mille denarium; of III 92. nunc dubitare quemquam prudentem, quin meus discessus desperationis sit, non legationis? A XV 20, 1. devorsorii: ſ. commorationis. qui genus hoc scribendi, etsi sit elegans, personae tamen et dignitatis esse negent; fin I 1. una pars est naturae, disserendi altera, vivendi tertia; fin V 9. hoc sentire prudentiae est, facere fortitudinis, et sentire vero et facere perfectae cumulataeque virtutis; Sest 86. si id facere voluisses aut si gravitatis esse putasses tuae; Planc 50. nec temporis unius nec hominis esse constitutionem rei publicae; rep II 37. est humanitatis vestrae magnum numerum eorum civium calamitate prohibere, sapientiae videre multorum civium calamitatem a re publica seiunctam esse non posse; imp Pomp 18. immortalitatis: ſ. aetatis. P. Murena mediocri ingenio, sed magno studio rerum veterum, multae industriae et magni laboris fuit; Bru 237. quod est praesentis insaniae quasi tempestatis repentinae; dom 106. iudicii: ſ. auctoritatis. laboris: ſ. industriae. legationis: ſ. desperationis. boni viri quid iudicent, id est maximi momenti et ponderis; Vatin 9. iudico malum illud opinionis esse, non naturae; Tusc III 31. ſ. disserendi. cetera necessitatis esse, unum hoc voluntatis; fr F V 50. opinionis: ſ. naturae. noli spectare, quanti homo sit; parvi enim pretii est, qui tam nihili sit; Q fr I 2, 14. sitne oratoris [velle] risum movere; de or II 235. cuius erat ordinis? senatorii; Cluent 104. parvi sunt foris arma, nisi est consilium domi; of I 76. personae: ſ. dignitatis. ponderis: ſ. momenti. qui (ager) nunc multo pluris est quam tunc fuit; Q Rosc 33. hoc vix est liberi populi; agr II 22. pretii: ſ. nihili. proborum, al.: ſ. acerborum. prudentiae: ſ. fortitudinis. cum constiterit inter doctos, quanti res quaeque sit; fin V 89. ſ. nihili. earum rerum est absentium metus, quarum praesentium est aegritudo; Tusc IV 8. ut omnia, quae ubique sint, sapientis esse dicatis; fin

IV 74. sapientiae: ſ. humanitatis. mihi cuiusquam salus tanti fuisset, ut meam neglegerem? Sulla 45. tempestatis: ſ. insaniae. temporis: ſ. auctoritatis, hominis. nec est viri boni errare et diligere, quod per se non sit diligendum; leg I 48. virtutis: ſ. fortitudinis. vivendi: ſ. disserendi. voluntatis: ſ. necessitatis. — 4. Ablatiu: quacumque aut aetate aut valetudine esset; sen 28. eo animo simus inter nos, quo semper fuimus; ep IV 15, 2. fac animo forti atque magno sis; ep VI 5, 4. quis est aut quis umquam fuit aut avaritia tam ardenti aut tam effrenatis cupiditatibus, ut . . ? fin III 36. Oppianicus, ut erat singulari scelere et audacia; Cluent 23. Acilius maximo meo beneficio est; ep VII 30, 3. (Sicilia) sola fuit ea fide benivolentiaque erga populum Romanum, ut . . ; Ver II 2. neque se, quo quid colore aut quo sono sit, scire; Ac II 76. optimo iure ea sunt profecto praedia, quae optima condicione sunt; agr III 9. quamquam es singulari crudelitate; Ver III 52. cupiditatibus: ſ. avaritia. ut quam amplissima dignitate sis; ep X 27, 1. ego vero quo dolore esse debeo? quo sum scilicet, hoc etiam acriore, quod . . ; A IV 6, 2. (Pompei orationem) numquam neque eloquentia neque iucunditate fuisse maiore; Sest 107. fide: ſ. benivolentia. quamquam Lamia summo splendore, summa gratia est magnificentissimo munere aedilicio; ep XI 16, 3. fuit (Pompeius) in his provinciis singulari innocentia, gravitate, virtute; imp Pomp 61. qua impudentia putatis eum in dominatione fuisse? Ver III 155. quem nostrum tam tardo ingenio fore putavit? agr III 6. ſ. 3. industriae. innocentia: ſ. gravitate. iucunditate: ſ. eloquentia. iure: ſ. condicione. iustinibus: ſ. II. ita. apud Graecos fertur incredibili quadam magnitudine consilii atque ingenii Atheniensis ille fuisse Themistocles; de or II 299. cum sis clarissimis ipse maioribus; rep I 71. qui (puer) his lacrimis, qua sit pietate, declarat; Sest 146. ea virtute et sapientia maiores nostri fuerunt, ut . . ; inv I 68. scelere: ſ. audacia. (tuae litterae) erant gravissimis verbis ac sententiis; ep X 16, 1. cum esset medimnum HS xv; Ver III 90. (Laelia) sono ipso vocis ita recto et simplici est, ut . . ; de or III 45. ſ. colore. splendore: ſ. gratia. Cicero summo studio est Paeonii sui rhetoris; Q fr III 3, 4. ſ. 3. industriae. qui (pater) cum esset infirma valetudine; leg II 3. ſ. aetate. verbis: ſ. sententiis. virtute: ſ. gravitate, sapientia.

V. mit einfachem Datiu: cum mihi summus tecum usus esset; Sulla 11. qui modus tibi fuit frumenti aestimandi? Piso 86. senatui placere ipsis liberisque eorum militiae vacationem esse; Phil V 53. fugientibus miserabilem respectum incendiorum fore; div I 68. an accusatori maiores nostri maiora praemia quam bellatori esse voluerunt? Balb 54. audio (Treviros) capitales esse; mallem „aere, argento, auro" ‖ auro, argento, aeri, al. ‖ essent; ep VII 13, 2. neque virtutibus neque amicitiis usquam locum esse; fin II 85. quae est ei (animo) natura? Tusc I 70. argento, auro: ↄ. aere. bellatori: ſ. accusatori. ut aliud equo sit e natura, aliud bovi, aliud homini; fin V 26. si tanta illis comitiis religio est, ut . . ; Muren 38. equo: ſ. bovi. ut esset locus comportandis condendisque fructibus; agr II 88. non est aditus ad huiusce modi res neque potentiae cuiusquam neque gratiae; Caecin 72. certe huic homini spes nulla salutis esset; Ver III 168. ſ. bovi. ut omnes intellegant in contionibus esse invidiae locum. in iudiciis veritati; Cluent 202. liberis: ſ. alicui: Phil V 53. cur virgini Vestali sit heres, non sit matri suae? rep III 17. miluo est quoddam bellum quasi naturale pecum corvo; nat II 125. ei morbo nomen est avaritia; Tusc IV 24. quae cuique peccato poena sit; par 25. est populo Romano victori omnium gentium omne certamen cum percussore:

Phil IV 15. potentiae: ſ. gratiae. iste ·huic rei publicae [belli] causa pestis atque exitii fuit; Phil II 55. ex quo quidem maximus est fructus iucunditasque sapienti; Marcel 19. sapientiae quid futurum est? Ac II 27. horum unum quidque in reprehensione non esse signo; inv I 81. (Magius) solvendo non erat; A XIII 10, 3. veritati: ſ. invidiae. victori: ſ. populo. virgini: ſ. matri. virtutibus: ſ. amicitiis. meae vitae nullas ab illis insidias fuisse dixisti; Planc 71. ut urbi satis esset praesidii; Catil II 26.

VI. **mit beppeltem Dativ:** huic te unum tanto adiumento esse posse, ut..; ep II 6, 3. simul una res utrique rei est argumento; Ver III 153. quem tibi aut deum aut hominem auxilio futurum putas? Ver IV 101. accusant ii, quibus occidi patrem Sex. Roscii bono fuit; Sex Rosc 13. cui (Caepioni) fortuna belli crimini, invidia populi calamitati fuit; Bru 135. id eo mihi magis est cordi, quod . .; Lael 15. crimini: ſ. calamitati. magnae curae ei (Rufo) salutem meam fuisse; ep IX 24, 1. ego omnibus meis exitio fuero, quibus ante dedecori non eram; Q fr I 4, 4. quanto solacio tibi conscientia tui facti, quantae delectationi in rebus adversis litterae esse deberent; ep VI 6, 12. mihi maiori offensioni esse quam delectationi possessiunculas meas; A XIII 23, 3. exitio: ſ. dedecori. quae res nemini umquam fraudi fuit; Cluent 91. nihil est, quod tibi maiori fructui gloriaeque esse possit; ep X 5, 2. quod (Alexander) illorum artem cum ipsis tum etiam sibi gloriae fore putabat; ep V 12, 7. ſ. fructui. qui non ad insequendum sibi tarditatem pedum, sed ad fugiendum impedimento fore putabat; Rabir 21. quod mihi maximae laetitiae fuit; ep XV 2, 5. clementiam illi (Caesari) malo fuisse; A XIV 22,1. intellegetis nullis hominibus quemquam tanto odio quanto istum Syracusanis et esse et fuisse; Ver II 15. offensioni: ſ. delectationi. quae (eloquentia) principibus maximo ornamento est; fin IV 61. amicitiam meam voluptati pluribus quam praesidio fuisse; Planc 82. tibi hominum innocentium sanguis non modo voluptati, sed etiam quaestui fuit; Ver V 138. cuius officium mihi saluti fuisset; Planc 1. ʃolacio: ſ. delectationi. homini non amico nostra incommoda, tanta praesertim, spectaculo esse nollem || nolim || ; A X 2. 2. adventus noster nemini fuit sumptui; A V 14, 2. ea res P. Africano vituperationi fuit, quod . .; Bru 97. voluptati: ſ. praesidio, quaestui. quem spero fore magno usui et amicis et rei publicae; Flac 13.

VII. eᴠᴄo: »at cui auro dentes vincti escunt || iuncti essent || «; leg II 60. »ast quando duellum gravius, discordiae civium escunt«; leg III 9.

summa, Hauptſache, Inbegriff, Geſamtheit, Geſamtzahl, Summe: I. quarum artium summae crescere possunt, earum etiam contrariorum summa poterit augeri; fin IV 67. (dialectici) iudicant, verane summa sit unius cuiusque rationis; de or II 158. summa huius epistulae haec est, ut ornes illuc pertinet, ut sciatis, ex quo genere iste sit; Ver V 25. — II, 1. qui summam rerum administrabat; Sex Rosc 91. augeo: ſ. I. crescit. cum duo ii numeri circuitu naturali summam tibi fatalem confecerint; rep VI 12. si, cuius rei satis erit summam dixisse, eius partes non dicentur; inv I 28. hic ego circumspectis rebus meis omnibus rationibusque subductis summam feci cogitationem mearum omnium; ep I 9, 10. ille perpauca locutus hanc summam habuit orationis, ut sibi ignoscerem; A X 16, 1. ut ad istum sine ulla sollicitudine summa pecuniae referretur; Ver II 133. si ad eam summam (mercatus esses), quam vulneram; ep VII 23, 1. — 2. quod ipsum non de summa frumenti detractum est; Ver IV 20. omnia inesse debent in summa

bonorum; fin IV 46. illum viris fortissimis remittere de summa non potuisse; Ver III 82. omnia necessario a tempore atque homine ad communes rerum et generum summas revolventur; de or II 135. — III. sex hae sunt simplices de summa bonorum malorumque sententiae; fin V 21. — IV, 1. ista summa ne ego multo libentius emerim deversorio Tarracinae, ne semper hospiti molestus sim; ep VII 23, 3. — 2. ad summam non posse istaec sic abire; A XIV 1, 1. ſ. II, 1. volo. Drusus erat de praevaricatione a tribunis aerariis absolutus in summa quattuor sententiis; Q fr II 15, 3. in omni summa valde me ad otium pacemque converto; Q fr III 6, 5.

summarius, Laſtiter, Packeſel: nisi forte iste summarius || nummarius || ei potest persuadere, ut, dum oratores eant, redeant, quiescat; A X 1, 3.

summatim, im ganzen, kurz: in primis duabus dicendi partibus, qualis esset, summatim breviterque descripsimus; orat 50. quod (ius civile) summatim percipi sine doctrina potest; de or I 252. subsedi in ipsa via, dum haec, quae longiorem desiderant orationem, summatim tibi perscriberem; A V 16, 1. nunc genera ipsa summatim, quae risum maxime moveant; de or II 248. a me pauca, et ea summatim; ep X 28, 3. summatim adhuc ad te; A XV 4, a (5).

summe, höchſt, im höchſten Grade, ganz beſonders: I. id summe augere debebit; inv II 20. quod tu semper summe cupisti; Quinct 60. in omni summa diffidere; ep IV 7, 2. summe in eo elaborandum esse, ut . .; de or I 33. summe haec omnia mihi videntur esse laudanda; div Caec 57. quod me sollicitare summe solet; de or II 295. — II. sapientes omnes summe beatos (esse); fin IV 55. tuum iudicium non potest mihi non summe esse iucundum; ep XIII 18, 2. inventa exornari et suavissimum est et summe necessarium; inv I 50. te summe omnium doctrinarum studiosum fuisse; ep IV 3, 3.

summisse, gelaſſen, ruhig, beſcheiden: I. is erit eloquens, qui poterit parva summisse, modica temperate, magna graviter dicere; orat 101. ita fit, ut Demosthenes certe possit summisse dicere, elate Lysias fortasse non possit; opt gen 10. ornamentis isdem uti fere licebit alias contentius, alias summissius; de or III 212. — II. hic summissius a primo, deinde pressius, post exsultavit audacius; orat 26.

summissio, Senkung, Verringerung: I, 1. parium comparatio uec elationem habet nec summissionem; Top 71. — 2. ex contentione vocis, ex summissione facile indicabimus . .; of I 146. — II. (verborum iterationes) erunt ab hac summissione orationis alienae; orat 85.

summissus, gelaſſen, ruhig, leiſe, niedrig, demütig, friechend: (quem vocant Atticum,) summissus est et humilis; orat 76. hoc ornamento liberius paulo quam ceteris utetur hic summissus; orat 82. hoc quidem humile, summissum, molle faciamus; Tusc IV 64. est (hoc genus) plenius quam hoc enucleatum, quam autem illud ornatum copiosumque summissius; orat 91. non semper fortis oratio quaeritur, sed saepe placida, summissa, lenis; de or III 183. hanc ego iudico formam summissi oratoris; orat 90. ut illa altera pars orationis lenis atque summissa esse debet; de or II 211. privatum oportet vivere neque summissum et abiectum neque se efferentem; of I 124. sic summissa voce agam, tantum ut iudices audiant; Flac 66.

summitto, nachlaſſen, ſenken, erniedrigen, heimlich ſchicken, einen Nachfolger geben: I. iste ad pupillae matrem summittebat; Ver I 105. huic vos non summittetis? prov 8. — II. summittebat iste Timarchidem, qui moneret eos ..; Ver III 69. summisi me et supplicavi; Planc 24. cum tibi aetas nostra iam cederet faʃcesque summitteret; Bru 22.

summopere, gar ſeħr: quae (vitia) summopere vitare || vitari || oportebit; inv I 26.

summoveo, (subm.), entfernen, beſeitigen: quam (Academiam) summovere non audeo; leg I 39. iubet recusantes nostros advocatos acerrime submoveri; Quinct 31.

summus, summum ſ. superus, D.

summuto, vertauſchen: hanc ὑπαλλαγήν rhetores (vocant), quia quasi summutantur verba pro verbis; orat 93.

sumo, nehmen, empfangen, kaufen, ausmählen, auflegen, annehmen, erwähnen, behaupten, ſich herausnehmen, ſich anmaßen: I. tum et a tuo vilico sumpsimus et aliunde mutnati sumus; A XI 13, 4. — II, 1. meminero me nou sumpsisse, quem accusarem; Ver II 179. — 2. iis de rebus, quas coniectura consequi possumus, non mihi sumo, ut plus ipse prospiciam, quam . .; ep VI 5, 2. sed mihi non sumo, ut meum consilium valere debuerit; A VIII 11, D, 6. ſ. III. alqd; ep XIII 50, 1. — 3. beatos esse deos sumpsisti. concedimus; nat I 89. — III. ut Epicurum et Metrodorum non fere praeter suos quisquam in manus sumit; Tusc II 8. omne, quod sumitur ad argumentandum sive pro probabili sive pro necessario, necesse est sumatur ex his locis; iuv I 79. observare diligenter oportet, [et] quid sumatur, [et] quid ex his conficiatur; inv I 89. qui a Naevio vel sumpsisti multa, si fateris, vel, si negas, surripuisti; Bru 76. videre, quae sumenda in argumentando sint; part or 139. illa non dico me expetere, sed legere, nec optare, sed sumere; fin IV 72. tantum tibi sumito pro Capitone apud Caesarem, quantum ipsum meminisse senties; ep XIII 29, 6. sumpsi hoc mihi pro tua in me obser-vantia, ut ad te familiariter scriberem; ep XIII 50, 1. aquae ductus, haustus, iter, actus a patre, sed rata auctoritas harum rerum omnium ab civili iure sumitur; Caecin 74. ad ludendumne an ad pugnan-dum arma sint sumptari; de or II 84. auctoritatem: ſ. actum. esse stultitiam ab iis porrigentibus et dantibus (bona) nolle sumere; nat III 84. quem vellet, alium diem si sumpsisset, me ei non defutu-rum; ep VII 24, 2. ut eam domum sumeres, ut plane mecum habitare posses; ep VII 23, 4. ductum: ſ. actum. ex hoc numero nobis exempla sumenda sunt; Lael 39. cum ex senatus consulto et ex legibus frumentum in cellam ei sumere liceret; Ver III 188. genus argumentandi, quod per indictionem sumitur; inv I 61. haustum: ſ. actum. homines notos sumere odiosum est; Sex Rosc 47. (narratio) brevis erit, si, unde necesse est, inde initium sume-tur; inv I 28. iter: ſ. actum. primus locus sumitur ab auctoritate; inv I 101. eam nos partem solam sumimus; inv II 53. quam (pecuniam) huius fide sumpserat; Flac 46. ut senatus saga sumi iuberet; Phil VI 16. spatium sumamus ad cogitandum; fin IV 1. quanti ego genus omnino signorum omnium non aestimo, tanti ista quattuor aut quinque sump-sisti; ep VII 23, 2. de quo iam ipsi supplicium sumpserint; iuv II 81. sume ad hanc rem tempus; leg I 6. in eas ipsas res, quas improbissime fecit, testimonia sumpsit; Caecin 23. ea omni vita illam vitam magis expetendam non esse, sed magis su-mendam; fin IV 20. — IV. Q. Naso iudex sumitur; Flac 50. pecuniam sumpsit mutuam a Sex. Stloga; Flac 46.

sumptio, Voraussetzung: demus tibi istas duas sumptiones (ea quae λήμματα appellant dialectici); div II 108.

sumptuaria, die Ausgaben, den Aufwand betreffend: lex sumptuaria, quae videtur λιτότητα attulisse, ea mihi fraudi fuit; ep VII 26, 2. in denos dies singulos sumptuariae legis dies conferam; ep IX 15, 5. sicut esset neglecta (lex) sumptuaria; A XIII 7 (1). tu velim e Pollice cognoscas rationes nostras sumptuarias; A XIII 47, (a).

sumptuose, verſchwenderiſch: qui se in in-speratis pecuniis sumptuosius insolentiusque iacta-runt; Catil II 20.

sumptuosus, koſtſpielig, verſchwenderiſch: A. quod sumptuosus; de or II 135. posteaquam || postea cum || sumptuosa fieri funera et lamentabilia coepis-sent; leg II 64. ludos apparat magnificentissimos, sic, inquam, ut nemo sumptuosiores; Q fr III 8, 6. — B. venio iam ad sumptuosos, relinquo istum quaestuosum; par 49.

sumptus, Aufwand, Kosten: (dat. sumptu: ſ. II, 2. parco): I. sane exiguus sumptus aedilitatis fuit; of II 59. — II, 1. ex annuo sumptu, qui mihi decretus esset, me C. Caelio quaestori relinquere annuum; A VII 1, 6. legatis quaestores sumptum, quem oportebat dari, non dederunt; inv II 87. ex-tenuatur magnificentia et sumptus epularum; Tusc V 97. quod nullus fit sumptus in nos neque in le-gatos neque in quaestorem neque in quemquam: A V 16, 3. quod omnino nullus in imperio meo sumptus factus est; A VI 2, 4. ſ. 3. opitulor de. ad incertam casum et eventum certus quotannis labor et certus sumptus impenditur; Ver III 227. in impe-rando sumptu; Flac 32. quod (caput) pertinet ad minuendos sumptus civitatum; ep III 8, 4. profundo: ſ. IV, 1. vivere. velim, consideres, ut sit, unde no-bis suppeditentur sumptus necessarii; A XI 13, 4. sumptus et tributa civitatum ab omnibus, qui earum civitatum fines incolant, tolerari aequaliter; Q fr I 1, 25. — 2. sumptu ne parcas ulla in re; ep XVI 4, 2. adventus noster nemini fuit sumptui; A V 14, 2. ut cotidianis sumptibus copiae suppetant: Tusc V 89. — 3. cum in sumptum habebas; ep IX 20, 1. de sumptu, quem te in rem militarem facere et fecisse dicis, nihil sane possum tibi opitu-lari; ep XII 30, 4. ad quos (servos) aliquantum etiam ex cotidianis sumptibus redundet; Cael 57. relinquo ex: ſ. 1. decerno. — III. si qua fuerat ex ratione sumptus offensio; A V 1, 3. vacatio data est ab isto sumptus; Ver IV 23. — IV, 1. navem cybaeam maximam palam aedificatam sumptu publico esse dico; Ver V 44. (homines) non sumptu exhauriri; Q fr I 1, 9. sumptu publico navigia prae-bentur; Ver V 45. ne extra modum sumptu et magnificentia prodeas; of I 140. (se) non profusis sumptibus vivere; Quinct 93. — 2. cum in privatis rebus suisque sumptibus tenuissimo cultu viverent; Flac 28.

suo, nähen: tegumenta (dico) corporum vel texta vel suta; nat II 150.

supellex, Gerät, Hausgerät, Ausstattung, Schatz: I. verecundus erit usus oratoriae quasi su-pellectilis. supellex est enim quodam modo nostra, quae est in ornamentis, alia rerum, alia verborum; orat 79, 80. — II. dico te multam Deliacam supel-lectilem Syracusis exportasse; Ver II 176. quid stultius quam amicos non parare, optimam et pul-cherrimam vitae, ut ita dicam, supellectilem? Lael 55. in oratoris instrumento tam lautam supellecti-lem numquam videram; de or I 165. — III. usus: ſ. I. — IV. hostium spolia in instrumento atque in supellectile C. Verris nominabuntur; Ver IV 97.

super, über, auf, darüber: I. velle aliquem im-prudentem super eam (aspidem) adsidere; fin II 59. super terrae tumulum noluit quicquam statui nisi columellam aut . .; leg II 66. — II, 1. quid agendum nobis sit super legatione vestra; A XIV 22, 2. hac super re scribam ad te Regio; A XVI 6, 1. — 2. sed hac super re ne nimis; A X 8, 10. — B, I. mihi satis superque abs te videtur istorum studiis esse factum; de or I 204. satis superque esse sibi suarum cuique rerum; Lael 45. — II. ut satis superque prudentes sint; har resp 18.

supera f. **supra,**

superbe, hochmütig, übermütig: I. legati quod erant appellati superbius; imp Pomp 11. cuius (Italiae) idem tu superbissime decreta et preces repudiasti; Piso 64. — II. si habes, quod liqueat, neque respondes, superbe; Ac II 94.

superbia, Hochmut, Übermut, Stolz: I. magnitudinem animi superbia in nimis extollendis honoribus imitatur; part or 81. si superbia (timenda est), nata esse ibi ex Campanorum fastidio videtur; agr I 20. — II, 1. in plebem Romanam utrum superbiam prius commemorem an crudelitatem? Ver I 122. ut superbiam eius deridendam magis arbitrarentur quam pertimescendam; Cluent 112. qui eius (Tarquinii) non tulerant superbiam; Tusc III 27. pertimesco: f. derideo. an vero ex hoc illa tua singularis significatur insolentia, superbia, contumacia? Ver IV 89. timeo: f. I. nascitur. — 2. per quem locum in superbiam et adrogantiam odium concitatur; inv I 105. — III. opes vacuae consilio dedecoris plenae sunt et insolentis superbiae; rep I 51. — IV. in qua urbe domicilium quondam superbiae fuit; sen 17. — V, I. quod ego non superbia neque inhumanitate faciebam, sed . . ; de or I 99. — 2. quis eum cum illa superbia atque intolerantia ferre potuisset? Cluent 112.

superbus, hochmütig, übermütig, stolz: A. utrum superbiorem te pecunia facit, an quod te imperator consulit? ep VII 13, 1. Dionysius superbum se praebuit in fortuna, quam putavit nostram fore; A VIII 4, 1. exercitus noster ille superbissimo dilectu conlectus; prov 5. Tarquinii, superbissimi atque crudelissimi regis; Rabir 13. tu adfinem tuam superbissimis et crudelissimis verbis reppulisti; sen 17. inimici vultum superbissimum subiit; Quinct 97. — B. quae (natio) superbos non aspernatur, non odit? leg l 32.

supercilium, Augenbraue, Dünkel, Hochmut: I. 1. altero ad frontem sublato, altero ad mentum depresso supercilio; Piso 14. qui idcirco capite et superciliis semper est rasis, ne ullum pilum viri boni habere dicatur; Q Rosc 20. tollo: f. deprimo. — 2. sum: f. 1. rado. — II, 1. ex superciliorum aut remissione aut contractione iudicabimus . . ; of I 146. — 2. hunc Capuae Campano supercilio ac regio spiritu cum videremus; agr II 93. — III. quae (libidines) fronte et supercilio contegebat; prov 8. superiora supercilia obducta sudorem repellunt; nat II 143.

superficies, Fläche, Gebäude: superficiem consules ex senatus consulto aestimabunt; A IV 1, 7. nobis superficiem aedium consules de consilii sententia aestimarunt HS viciens; A IV 2, 5.

superfluo f. **supra,** B, I. fluo.

superi — f. **supra!**

supero, reichlich vorhanden fein, übrig fein, überlegen fein, überwinden, fiegen, befiegen, übertreffen: I, 1. uter est divitior, cui deest an cui superat? par 49. — 2. superavit postea Cinna cum Mario; Catil III 24. si quid aeri meo alieno superabit et emptionibus; A XIII 46, 4. et deesse aliquam partem et superare mendosum est; de or II 83. pecunia superabat? at egebas; orat 223. non semper superet vera illa et derecta ratio; Cael 42. — II. ceteros a Crasso semper omnes, illo autem die etiam ipsum a se superatum; de or III 3. in quo etiamsi multi mecum contendent, tamen omnes facile superabo; ep V 8, 4. f. regem. quando quidem virtute superavit aetatem; Phil XIV 28. bibliothecas omnium philosophorum unus mihi videtur XII tabularum libellus et auctoritatis pondere et utilitatis ubertate superare; de or I 195. omnibus hostium copiis terra marique superati; Catil II 29. etsi non dubitabam, quin haec epistulam multi nuntii, fama denique esset ipsa sua celeritate superatura; Q fr I

1, 1. qui (pater tuus) cum suis laudibus tum vero te filio superasset omnium fortunam, si . . ; ep II 2. te hominem prudentissimum dicendi arte superabit; de or I 66. simul atque hostis superatus esset; Ver III 125. varietates iniuriasque fortunae facile veterum philosophorum praeceptis instituta vita superabat; fin IV 17. si subitam orationem commentatio et cogitatio facile vincit, hanc ipsam profecto diligens scriptura superabit; de or I 150. quorum maiores Antiochum regem classe Persemque superarunt; imp Pomp 55. quam regionem cum superavit animus; Tusc I 43. cuius (solis) magnitudine multis partibus terra superatur; nat II 102. ille Metellorum clarissimos triumphos gloria et laude superavit; Planc 89. varietates: f. iniurias.

supersedeo, überhoben fein, fich erfparen, unterlaffen: sunt, qui putant ‖ putent ‖ non numquam posse complexione ‖ n. c. oportere ‖ supersederi; inv I 72. ut supersedeas hoc labore itineris; ep IV 2, 4. non minus rerum non necessariarum, quam verborum multitudine supersedendum est; inv I 28. exemplorum multitudine supersedendum est; inv II 57. omnino narratione supersedendum est; inv I 30.

superstes, Zeuge, überlebend: A. superstitem te esse rei publicae; ep VI 2, 3. si haec vita (est), superstitem rei publicae vivere; ep IX 17, 1. utinam te non solum vitae, sed etiam dignitatis meae superstitem reliquissem! Q fr I 3, 1. qui precabantur, ut sibi sui liberi superstites essent, superstitiosi sunt appellati; nat II 72. — B. „SUIS UTRISQUE SUPERSTITIBUS PRAESENTIBUS ISTAM VIAM DICO"; Muren 26.

superstitio, abergläubifche Scheu, Aberglaube: I. accedit superstitio muliebris quaedam; Tusc III 72. superstitio, quae religioni propinqua est; inv II 165. — II, 1. quae res genuit superstitiones paene aniles; nat II 70. horum sententiae omnium non modo superstitionem tollunt, sed etiam religionem; nat I 117. — 2. huic barbarae superstitioni resistere severitatis fuit; Flac 67. — 3. omnium rerum natura cognita levamur superstitione; fin I 63. — III. anile sane et plenum superstitionis fati nomen ipsum; div II 19. — IV. nec illa infinita ratio superstitionis probabitur; nat III 52. — V. qua (divinatione) tanta imbueremur superstitione . . ; nat I 55. ne iis (auspiciis) susceptis anili superstitione obligemur; div I 7. qui (di) hominum vitam superstitione omni referserunt; nat II 63.

superstitiose, abergläubifch: neque id dicitis superstitiose atque aniliter, sed physica constantique ratione; nat III 92.

superstitiosus, abergläubifch: A. quid mirum, si in divinatione imbecilli animi superstitiosa ista concipiant? div II 81. externa auguria, quae sunt non tam artificiosa quam superstitiosa, videamus; div II 76. nisi quem forte illius castissimi sacerdotis superstitiosa dedicatio deterret; dom 103. isti philosophi superstitiosi et paene fanatici; div II 118. nimis superstitiosam de divinatione Stoicorum sententiam iudicabam; div II 100. — B. ita factum est in superstitioso et religioso alterum vitii nomen, alterum laudis; nat II 72. f. superstes; nat II 72.

supersum, übrig fein, übrig bleiben, ausreichen, im Überfluß vorhanden fein: cum heri liquae dixeris te nobis etiam superfuturum; rep III 32. ut vis eius rei, quam definias, sic exprimatur, ut neque absit quicquam neque supersit; de or II 108. sciunt, quid responderit, quid supersit; de or II 355. quod superest, abs te peto, ut . . ; ep XIII 41, 2. quod superest, scribe, quaeso, quam accuratissime, quid placeat; A IX 19, 4. ut nulli supersint de inimicis; Marcel 21. superest nobis hoc otium; Tusc III 83. hae duae partes, quae mihi supersunt, inlustrandae orationis; de or III 91. quod vectigal superest domesticum praeter vicensi-

mam? A II 16, 1. vereor, ne iam superesse mihi
verba putes, quae dixeram defutura; ep XIII 63, 2.
supervacaneus, überflüßig, überflüssig, unnütz: ut nihil eorum (membrorum) supervacaneum
sit; nat II 121. perspecta fide commemoratio officiorum supervacanea est; ep III 5, 1. vereor, ne
meas litteras supervacaneas arbitrentur; A XVI 2,
5. conditiora facit haec supervacaneis etiam operis
aucupium atque venatio; Cato 56.
superus, obere, hoch, mächtig, überlegen, vorzüglich, bejahrt, vorhergehend, frühere, letzte: A. superus:
I. ut (Scipio) ad superos videatur deos potius quam
ad inferos pervenisse; Lael 12. »Nixus iam supero
ferme depulsus lumine cedit«; fr H IV, a, 620.
»cum supera sese satiavit luce«; fr H IV, a, 610.
tres viae sunt ad Mutinam, a supero mari Flaminia,
ab infero Aurelia, media Cassia; Phil XII 22. quae
(terra) ipsa alatur vicissim a superis externisque
naturis; nat II 83. sunt homines quasi spectatores
superarum rerum atque caelestium; nat II 140. —
II, a. unde haec in terram nisi ab superis defluere
potuerunt? nat II 79. nullos a superis impendere
metus; nat I 45. — b, 1. lunam, stellas, supera
denique omnia stare censet; Ac II 123. — 2. cogitantes supera atque caelestia haec nostra contem-
nimus; Ac II 127. — 3. »exiguo superam quae
(Ara) lumina tempore tranat«; fr H IV, a, 429.
B. **superior:** I. superioris filius Africani; of I
121. ut ii, qui sunt in amicitiae necessitudine
superiores, exaequare se cum inferioribus debent,
sic . .; Lael 71. se largitione ipsa superiorem quam
hunc (Caesarem) fore; A IX 9, 2. accessisse ad
superiores aegritudines praeclaras generi actiones;
A XI 12, 4. captum erat forum anno superiore;
Sest 85. quod idem contigerat superioribus bellis
civilibus; Phil XIV 24. neque superioribus consulibus neque nobis; Catil III 20. superiorum
dierum disputationibus; Tusc V 76. qui eventus
humanos superiores quam suos animos esse ducunt;
Tusc IV 61. superioris generis huius modi sunt
exempla; of I 7. Lyceum (id enim superiori gymnasio nomen erat; div I 8. vita erepta est superiore
iudicio; Sulla 89. quae superiore libro scripta sunt;
div II 8. te omnia cum superioribus saepe litteris
tum proximis temptasse intellego; A XI 17, (1). haec
agebantur in conventu, palam, de sella ac de loco
superiore; Ver IV 86. omnia superioris noctis consilia ad me perlata esse sentiunt; Catil III 6. illa
superior fuit oratio necessaria, haec erit voluntaria;
Q Rosc 15. quorum superiore tempore vera fuerit
instantia; fat 27. nos ob aliqua scelera suscepta in
vita superiore poenarum luendarum causa natos esse;
fr F V 95. — II, a, 1. ex qua (natura) superiores
sensus et mentem effici rebantur; Ac I 39. —
2. omnes P. Lentulus me consule vicit superiores;
of II 57. — 3. quam ob rem (Zeno) a superiorum
auctoritate discederet; fin IV 44 cum successor
aliquid immutat de institutis superiorum; Flac 33.
— 4. indignum est a pari vinci aut superiore; Quinct
95. — b, 1. ea laudabilia, illa autem susperiora
naturalia nominantur; fin IV 58. cuius (Bruti)
ut superiora omittam; Phil V 35. — 2 hoc sic
expositum dissimile est superiori; fin IV 15.
C. **supremus:** animal hoc providum praeclara
quadam condicione generatum esse a supremo deo;
leg I 22. placere eum quam amplissime supremo
suo die efferri; Phil IX 16. supremo vitae die;
Tusc I 71. »ollis salus populi suprema lex esto«;
leg III 8. a suprema regione; Tim 26. »incestum
pontifices supremo supplicio sanciunto«; leg II 22.
D. **summus:** I. quem (Cratippum) ego parem
summis Peripateticis iudico; div I 5. in quo
(inani) nihil nec summum nec infimum sit; fin I 17.
non satis intellego, quid summum dicas esse. „summum, quo nihil sit superius"; Tusc II 44. summus

inter nos amor et mutuus; ep XIII 50, 1. videmus
ex eodem quasi ludo summorum in suo cuiusque
genere artificum et magistrorum exisse discipulos
dissimiles inter se; de or III 35. pocula quaedam
Mentoris manu summo artificio facta; Ver IV 38.
quae (res) nunc ab uno summa auctoritate et
scientia sustinetur; leg I 17. summa in rem publicam merita beneficiaque eorum; Phil VI 6. tua
summa erga me benivolentia; ep IV 7, 1. in quo
omnes summum consilium, summam gravitatem esse
cognovistis; imp Pomp 68. nisi eius summam fidem,
continentiam, pietatem, innocentiam ostendero; Planc
3. in summa amicorum copia; Balb 63. eum
maiores summum admisisse dedecus existimabant:
Sex Rosc 111. in quo summa est dignitas; Muren
76. summa tribunorum plebis praetorumque fide et
diligentia sublevati; sen 18. qua de re cum sit
inter doctissimos summa dissensio; fin I 11. cum
summis doloribus conficiatur; fin V 80. in summo
errore necesse est homines versari; nat I 2. pro
summa familiaritate nostra; Phil XI 23. exspectatio
summa hominum, quidnam id esset; Ver V 16.
fides: f. continentia, diligentia. quale mihi videatur
illud (eloquentiae genus), quo ‖ cui ‖ nihil addi
possit, quod ego summum et perfectissimum iudicem;
orat 3. gravitas: f. consilium. quod saepe hieme
summa navigarit; ep XIII 60, 2. mihi in summos
homines ac summis ingenii praeditos intuenti:
de or I 6. Decimus Brutus, summus vir et
imperator; Arch 27. a summis imperiis et summis
potestatibus concilia instituta; leg II 31. ingenia: f.
homines. quo genere ab sociis maxima pecunia per
summam iniuriam auferatur; Ver III 224. innocentia: f. continentia. ut illa divina mens summa
lex est; leg II 11. Licinia, virgo Vestalis, summo
loco nata; dom 136. magistri: f. artifices. summum
malum est vivere cum dolore; fin I 41. merita: f.
beneficia. summa eius erga me officia exstiterunt:
ep XIII 60, 1. quae (artes) sine summo otio non
facile discuntur; Balb 15. summum esse periculum,
ne . .; A V 21, 13. pietas: f. continentia. qui
summam potestatem haberet; Ver IV 141. f. imperia.
si homines non eruditi summam essent prudentiam
atque incredibilem eloquentiam consecuti; de or II
1. Dianae simulacrum, summa atque antiquissima
praeditum religione; Ver IV 72. uti sententiae de
summa re publica libere dici possint; Phil III 57.
cui cetera summa cum salute rei publicae commissa
sunt; imp Pomp 50. scientia: f. auctoritas. cum
(Marius) esset summa senectute; Quir 19. summo
splendore praeditus frater eius; Cael 24. summo
studio illius praeclara acta defendo; Phil I 17.
Catonem, summum et singularem virum; Bru 239.
f. imperator. erat summa voluntas senatus; Ver II
95. si non dolere voluptas sit summa; fin II 28.
summa utilitate rei publicae; of II 85. — II,
a, 1. omnes se summi, medii, infimi oderunt; Phil
XIII 45. cum par habetur honos summis et infimis,
qui sint in omni populo necesse est, ipsa aequitas
iniquissima est; rep I 53. — 2. habeo: f. 1. sunt.
— 3. is sermo, qui more maiorum a summo adhibetur in poculo; Cato 46. — b, 1. in uno Cn.
Pompeio summa esse omnia; imp Pomp 51. —
2, a. quo duce omnia summa sit adeptus; Marcel
21. me, quod τέλος Graeci dicunt, id dicere tum
extremum, tum ultimum, tum summum; fin III 26.
sese de attributione omnia summa fecisse; A XV 13,
5. — b. est virtus nihil aliud nisi perfecta et ad
summum perducta natura; leg I 25. — 3. deus
illum (mundum) effecit a medio ad summum parem;
Tim 20. — III. excepto uno aut summum altero:
ep V 21, 1. exspectabam hodie aut summum cras
ab eo tabellarios; A XIII 21, 2. scies fortasse cras,
summum perendie; A XII 44, 3. respondit triduo
illum aut summum quadriduo esse periturum; Milo

26. ex primis aut summum secundis litteris tuis constituere poterimus, quid nobis faciendum sit; ep XIV 3, 5. a te bis terve summum et eas (litteras) perbreves accepi; ep II 1, 1. cum in Sicilia HS binis tritici modius esset, summum HS ternis; Ver III 189.

supinus, nach rückwärts: si animal omne, ut vult, ita utitur motu sui corporis, prono, obliquo. supino; div I 120. supina etiam ora cernuntur depulsione luminum; Tim 49.

suppaenitet, ein wenig bereuen: et illum (Caesarem) furoris et hunc nostrum copiarum suppaenitet; A VII 14, 1.

suppar, ziemlich gleich: huic aetati suppares Alcibiades, Critias, Theramenes; Bru 29.

suppeditatio, Überfluß: quae ergo vita? suppeditatio, inquis, bonorum nullo malorum interventu; nat I 111.

suppedito, ausreichen, vorhanden sein, bereitstehen, unterstützen, darbieten, verschaffen: I. nos iuveni. ut rogas, suppeditabimus; A X 12, 7. quoniam et ingenium suppeditat et amor; A IX 7, 7. facile suppeditat omnis apparatus ornatusque dicendi; de or III 124. ne chartam quidem tibi suppeditare? ep VII 18, 2. ingenium: f. amor. innumerabilitas suppeditat atomorum; nat I 109. ornatus: f. apparatus. Carbo, cui vita suppeditavit; Bru 105. — II. quia (hic homo) suppeditat nobis, ubi animus reficiatur; Arch 12. — III. omissis his rebus, quibus nos suppeditamur; Catil II 25. Ciceroni meo suppeditabis, quantum videbitur; A XIV 17, 5. domus suppeditat mihi hortorum amoenitatem; Q fr III 1, 14. auctoritatem: f. ingenium. duriorum accusatio suppeditabit exempla. mitiorum defensiones meae; orat 131. qui (di) induti specie humana fabulas poëtis suppeditaverunt; nat II 63. quod non ingenium mihi solum suppeditatum fuerit tuum, sed etiam auctoritas clarissimi viri; ep V 12, 7. creditores regis aperte pecunias suppeditant contra Lentulum; Q fr II 2, 3. si rem frumentariam sibi ex provinciis suppeditari vellet; A VIII 1, 2. ut sit, unde nobis suppeditentur sumptus necessarii; A XI 13, 4. prudentiam introducunt scientiam suppeditantem voluptates, depellentem dolores; of III 118.

suppedo, Wind von sich geben: suppedit suppedet ', flagitium est; iam erit nudus in balneo, non reprehendes; ep IX 22, 4.

suppetior, Hülfe leisten: de Patulciano nomine, quod mihi † suspendiatus ‖ suppetiatus, al. ‖ est, gratissimum est; A XIV 18, 2.

suppeto, ausreichen, reichlich vorhanden sein: ex quibus ad augendam permulta suppetant; part or 56. ut mihi ad remunerandum nihil suppetat praeter voluntatem; ep XV 13, 2. ut cotidianis sumptibus copiae suppetant; Tusc V 89. vererer, ne mihi crimina non suppeterent; Ver I 31. cui res non suppetat, verba non desint; de or III 142. si vita suppetet; fin I 11.

supplanto, ein Bein stellen: supplantare eum, quocum certet, nullo modo debet; of III 42.

supplementum, Ergänzung: ut in Italia supplementum meis et Bibuli legionibus scriberetur; ep III 3, 1.

suppleo, ergänzen, vervollständigen: de bibliotheca tua Graeca supplenda valde velim ista confici; Q fr III 4, 5. ut referendis praeteritis verbis id scriptum suppleatur; de or II 110. te supplere illum usum provinciae (voluerunt); Ver IV 9.

supplex, bittend, flehend: A. veniebat ad me Autronius multis cum lacrimis supplex, ut se defenderem; Sulla 18. si fuit magni animi non esse supplicem victori; ep IV 9, 4. parens tuus Catilinae fuit advocatus, improbo homini, at supplici; Sulla 81. quam multitudinem videtis in squalore et luctu supplicem vobis; Planc 21. ne blanda aut suppli-

oratione fallamur; Phil VII 26. orat multis et supplicibus verbis, ut ..; A XII 32, 1 (2). — B, I, 1. levate hunc aliquando supplicem vestrum; Cluent 200. — 2. defendebant amicum, aderant supplici; Sulla 81. quid tam regium quam opem ferre supplicibus? de or I 32. — II. sin autem repudiatio supplicum superbiam coarguit; Muren 9.

supplicatio, Dankfest, Bettag: I, 1. ut C. Pansa A. Hirtius consules supplicationes per dies quinquaginta ad omnia pulvinaria (constituant); Phil XIV 37. cum supplicationem dierum decem decrevistis; prov 27. ut supplicatio nobis quam honorificentissime quam primumque decernatur; ep III 9, 4. tu idem mihi supplicationem decrevisti togato non ut multis re publica bene gesta, sed ut nemini re publica conservata; ep XV 4, 11. ille gurges atque helluo ausus est a senatu supplicationem per litteras postulare; Piso 41. — 2. gratulans mihi Caesar de supplicatione; A VII 1, 7. de supplicationibus referebatur; Phil I 12. — II, 1. his supplicationum otiosis diebus; Q fr III 8, 3. tanta multitudine hostium interfecta clarissimis ducibus supplicationum honorem tribuemus, imperatorium nomen adimemus? Phil XIV 12. — 2. senatus consultum de supplicatione per discessionem fecit; Phil III 24.

suppliciter, demütig: quas litteras cum ad omnes civitates prope suppliciter misisset Metellus; Ver III 46. cum defensor suppliciter demisseque responderat; Flac 21.

supplicium, Strafe, Bestrafung, Marter, Hinrichtung: I, 1. supplicium est poena peccati; Piso 43. — 2. exsilium non supplicium est, sed perfugium portusque supplicii; Caecin 100. — II, 1. ut numquam dubitaret supplicia, quae in convictos maleficii servos constituta sunt, ea in cives Romanos expromere; Ver V 139. qui supplicium dederit indemnatus; inv II 85. expromo: f. constituo. exquiro: f. 3. proficiscor ad. cum supplicium minatur optimis civibus, quod ego de sceleratissimis ac pessimis sumpserim; Phil III 18. qui pro meis maximis in rem publicam meritis supplicia miserrima et crudelissima pertulissem; A VIII 11, D, 7. quod supplicium satis acre reperietur in eum? Sex Rosc 37. si de indemnato supplicii sumendi potestas data sit; inv II 84. supplicium sumitur de miseris parentibus nauarchorum; Ver V 117. f. minor. — 2. hisce omnibus suppliciis sunt liberati; Ver V 14. — 3. qui in campo Martio crucem ad civium supplicium defigi et constitui iubes; Rabir 11. si tu apud Persas ad supplicium ducere; Ver V 166. neque tum (Regulus) ignorabat se ad exquisita supplicia proficisci; of III 100. qui ob facinus ad supplicium rapiendi videntur; de or II 238. aliquid de summo supplicio remittere; Ver V 168. homines ad supplicium traditi; Ver V 11. — III, 1. sitne supplicio dignus? inv II 95. quid suppliciis omnibus dignius? Phil II 86. — 2. non mitior in supplicio, sed diligentior esse coepi; Ver V 157. — IV. qui vestram libertatem non acerbitate suppliciorum infestam esse voluerunt; Rabir 10. quam multos divini supplicii metus a scelere revocarit; leg II 16. perfugium, portus: f. I, 2. in quo (homine) aliqui non famae pudor, at supplicii timor est; prov 14. — V, 1. ut summo supplicio vilicum adficiat; Ver III 119. ut viri fortes acrioribus suppliciis civem perniciosum quam acerbissimum hostem coërcerent; Catil I 3. qui scelus fraudemque nocentis possit supplicio constringere; de or I 202. vos legatum omni supplicio interfectum relinquetis? imp Pomp 11. summo cruciatu supplicioque Q. Varius periit; nat III 81. quod tu supplicio puniendum putasti; dom 76. — 2. alterum rus supplicii causa relegasse; Sex Rosc 46. agitur, victurine simus an

90*

cum supplicio perituri; Phil IV 12. quas res crudelitas in suppliciis efficere potuisset; div Caec 3.

supplico, flehen, anflehen, anrufen: I, 1. numquam erit tam oppressus senatus, ut ei ne supplicandi quidem sit potestas; Sest 52. — 2. quia (pater) pro filio supplicabat; Planc 24. — II. neque Caesari solum, sed etiam amicis eius omnibus pro te libentissime supplicabo; ep VI 14, 3. quae (res) vestris animis pro huius innocentis salute supplicent; Font 41. quibus (familiarissimis Caesaris) ego supplicare non destiti; ep VI 13, 2. nihil iam est, quod populo supplicetur; Planc 14. ut ii, qui a senatu de me rogabantur, eidem senatui pro me supplicarent; Sest 130.

supplodo, aufftampfen: pedem nemo in illo iudicio supplosit; de or I 230.

supplosio, Aufftampfen: I. supplosio pedis in contentionibus aut incipiendis aut finiendis; de or III 220. non crebra supplosio pedis; Bru 158. pedis, quod minimum est, nulla supplosio; Bru 278. — II. vereor, ne nihil sim tui nisi supplosionem pedis imitatus; de or III 47.

suppono, unterlegen, unterwerfen, anführen, unterorbnen, an bie Stelle fetzen, unterfchieben: I. ut ille suppositus facile se illum, qui non erat, esse simularet; Ver V 70. iste homo nefarius in eorum locum substituere et supponere coepit cives Romanos; Ver V 72. unius cuiusque constitutionis exemplum supponere non gravaremur; inv II 156. supposuit exemplum epistulae Domitii; A VIII 6, 3. anitum ova gallinis saepe supponimus; nat II 124. huic generi Hermagoras partes quattuor supposuit; inv I 12. qui supposita persona falsum testamentum obsignandum curaverit; Cluent 125. supponatur ab heredibus haec ratio; inv II 63. in distributis supposita ratio; de or III 207. ius esset testamenta falsa supponere; leg I 43. — II. Hieras criminibus illis pro rege se supponit reum; Deiot 42.

suppressio, Unterfchlagung: (Staienus) statuit ad eandem esse sibi praedas ac suppressiones iudiciales revertendum; Cluent 68.

supprimo, hemmen, zurückhalten, unterfchlagen: erit, ut voce, sic etiam oratione suppressior; orat 85. tollere aegritudinem aut supprimere; Tusc III 75. quorum nummos suppresses esse putant; Cluent 75. suppressam esse ab eo pecuniam; Cluent 78. qui cum suppressa voce de scelere P. Lentuli dixisset; Sulla 30.

suppudet (subp.), fich etwas fchämen: quod eorum (librorum) me subpudebat; ep IX 1, 2. puto te iam suppudere, quem . .; ep XV 16, 1.

supra (supera), oben, oberhalb, über, früher, barüber hinaus, mehr: A, I. quod os supra terram non exstaret; leg II 57. quae (ratio recta) supra hominem putanda est deoque tribuenda; nat II 34. cum (mare) supra terram sit; nat II 116. »tantum supera terras semper tenet ille curriculum; at subter terras« . .; fr H IV, a, 555. — II. deus ipse solem quasi lumen accendit ad secundum supra terram ambitum; Tim 31. — III. accubueram hora nona apud Volumnium Eutrapelum, et quidem supra me Atticus, infra Verrius; ep IX 26, 1. de qua muliere versus plurimi supra tribunal et supra praetoris caput scribebantur; Ver III 77. ecce supra caput homo levis ac sordidus, Catienus; Q fr I 2, 6. — B, I. »appositum poteris supera cognoscere Piscem«; fr H IV, a, 253. quod supra dixi; de or II 303. saepe supra feret quam fieri possit; orat 139. ut nimis redundantes nos et supra fluentes || superfluentes || invenili quadam dicendi impunitate et licentia reprimerem; Bru 316. supra impositum puteal accepimus; div I 33. Pisonis amor in omnes nos tantus est, ut nihil supra possit; ep XIV 1, 4. eos (dialogos) confeci et absolvi nescio quam bene, sed ita accurate, ut nihil posset supra; A XIII 19,3.

illa polliceor, quae supra scripsi; ep VI 10, 2. dum modo supra sit, quod sumitur, quam id, ad quod sumitur; Top 39. innumerabiles supra infra, dextra sinistra mundos esse? Ac II 125. »iam supera cernes Arcti caput esse minoris«; fr H IV, a, 320. — II. omnia haec, quae supra et subter, unam esse; de or III 20. quid supra? iustissimus (rex erat); rep I 58.

supralatio, Übertreibung, Hyperbel: augendi minuendive causa veritatis supralatio || superlatio || atque traiectio; de or III 203.

supralatus, übertrieben, hyperbolifch: verba ponenda sunt non vulgaria, supralata || superlata] in primisque tralata; part or 53.

sura, Wabe: I. »dextrum genus et decoratam lumine suram erigit ille vacans vulgato nomine Nixus«; fr H IV, a, 646. — II. »hunc (lacteum orbem) sura laeva Perseus umeroque sinistro tangit«; fr H IV, a, 501.

surculus, Reis, Setzling: ut (amissam possessionem) surculo defringendo usurpare videantur; de or III 110. da mihi ex ista arbore, quos seram, surculos; de or II 278.

surdaster, fchwerhörig: erat surdaster M. Crassus; Tusc V 116.

surditas, Taubheit: in surditate quidnam est mali? Tusc V 116.

surdus, taub: A. nos in iis linguis, quas non intellegimus, surdi profecto sumus; Tusc V 116. satis erit non surdum iudicem huic muneri praeesse; Font 35. — B. licet surdos ad oculorum (voluptatem traducere); Tusc V 117.

surgo (subrigo: f. satelles), fich erheben, auffteben, vom Schlafe auffteben, emporfteigen: multo ante lucem surrexit; inv II 14. commotus Crassus surrexit; de or II 12. cum surgat is, qui dicturus sit; Bru 290. non recordor, unde ceciderim, sed unde surrexerim; A IV 18, 2. cum ante lucem de Sinuessano surrexissem; A XVI 13 (a), 1. »hic Iovis altisoni subito pinnata satelles arboris e trunco subrigit«; div I 106. (testes) ex accusatorum subselliis surgunt; Flac 22.

surripio (subripio; surrupio: f. II. consultum), wegnehmen, entwenden, entziehen: I. si qui clam subripiat aut eripiat palam; Ver IV 134. — II. qui a Naevio vel sumpsisti multa, si fateris, vel, si negas, surripuisti; Bru 76. f. spatium. »cupivi«, inquit, „fasces ex senatus consulto surrupto || surrepto ||; A X 4, 9. qui ex eius custodia per insidias regis amici filium hostem captivum surripuisset; dom 66. orator surripiat oportet imitationem, ut is, qui audiet, cogitet plura, quam videat; de or II 242. Dionysius, servus meus, cum multos libros surripuisset, aufugit; ep XIII 77, 3. cum ex aede Herculis patera aurea gravis subrepta esset; div I 54. ne actor quidem est is, cui reus tam nocens aut occulte subripi aut impune eripi possit; Ver I 10. surripiendum aliquid putavi spatii; A V 16, 1. si quaeratur, fur sit an sacrilegus, qui vasa ex privato sacra surripuerit; inv II 55. quae (virtus) nec eripi nec subripi potest; par 51.

sursum, sursus, aufwärts, oben: naturis his || iis || sursus deorsus, ultro citro commeantibus; nat II 84. ut idem quasi sursum versus retroque dicatur; part or 24. cum gradatim sursum versus reditur; orat 135. nares recte sursum sunt; nat II 141. † sed multum ea philosophia sursum deorsum; A V 10, 5.

sus, Schwein: I. docebo sus, ut aiunt, oratorem eum; de or II 233. sus quid habet praeter escam? cui quidem, ne putesceret, animam ipsam pro sale datam dicit esse Chrysippus; nat II 160. etsi sus Minervam; ep IX 18, 3. — II, 1. quo (lituo Attus Navius) ad investigandum suem regiones vineae terminavit; nat II 9. ne stridorem quidem serrae

(audiunt) aut grunditum, cum iugulatur, suis; Tusc V 116. qui (Attus Navius) cum propter paupertatem sues puer pasceret; div I 31. — 2. do: f. l. habet. — III. grunditus: f. II, 1. iugulo. — IV. ut sue plena procuratio fieret, vocem ab aede Iunonis ex arce exstitisse; div I 101.

suscenseo (succenseo), zürnen: I. ne ii tibi suscenseant; Bru 231. cui (Marcello Caesar) maxime suscensebat; ep VI 6, 10. ex perfidia et malitia di immortales hominibus irasci et suscensere consuerunt; Q Rosc 46. — II. nisi Atheniensibus, quod mysteria non referrent, ad quae biduo serius venerant, succensuissem; de or III 75. nec ego iis habeo quod suscenseam, nisi quod mihi nocere se crediderunt; Tusc I 99.— III. ut (M. Aelius) me suscensere aliquid suspicetur; A XV 26, 4. f. II.

susceptio, übernahme: I. ex quo laborum dolorumque susceptio; Ac I 23. — II. quoniam ab accusatoribus ipsa susceptio causae reprehensa est; Muren 2. — III. ea, quae proficiscuntur a virtute, susceptione prima, non perfectione recta sunt iudicanda; fin III 32.

suscipio, aufnehmen, übernehmen, annehmen, auf sich nehmen, erdulden, sich unterziehen, anerkennen: I, 1. vos suscipite, ut illa (genera) gignatis; Tim 41. — 2. magnum quoddam est onus atque munus suscipere atque profiteri se esse omnibus silentibus unum audiendum; de or I 116. qui (Stoici), quod tota in hac causa difficillimum est, suscipiant, posse animum manere; Tusc I 78. — II. eodem tempore et suscipimur in lucem et hoc caelesti spiritu augemur; har resp 57. ut ille Cato in populi Romani civitatem susceptus est; leg II 5. ego A. Varroni diligentissime te commendavi, ut totum te susciperet ac tueretur; ep XVI 12, 6. qui (Gorgias) permagnum quiddam suscipere ac profiteri videbatur; de or I 103. vgl. I, 2. in qua opinione illud insit, ut aegritudinem suscipere oporteat; Tusc III 74. videte, quem vobis animum suscipiendum putetis; imp Pomp 11. mihi auctoritatem patriam severitatemque suscipio; Cael 37. cum mihi uni cum omnibus improbis aeternum videam esse bellum susceptum; Sulla 28. ab Habito petiverunt, ut eam causam susciperet publiceque defenderet; Cluent 43. quod vis, ut suscipiam cogitationem, quid istis agendum putem; ep XIV 20, 4. in proposito susceptoque consilio; of I 112. qui omnia pericula, summos labores, gravissimas contentiones inimicitiasque suscepit; Sest 86. ego susciperem hoc crimen, agnoscerem, confiterer; Rabir 18. cum animus cultum deorum et puram religionem susceperit; leg I 60. vidit etiam in confessione facti iuris tamen defensionem suscipi posse; Milo 15. suscipe nunc meam deliberationem, qua sollicitor; A XIV 13, 4. quodsi fictus aliqui dolor suscipiendus esset; de or II 189. ut id (facinus) tu gratis suscipere conatus sis; Ver V 11. graves te suscepturum inimicitias; ep II 18, 2. qui tuas inimicitias suscepisset; ep III 10, 5. f. contentiones, odia. si qua est invidia conservanda re publica suscepta; Catil III 29. iter Asiaticum tuum puto tibi suscipiendum fuisse; ep IV 15, 2. labores: f. contentiones. cum beatissimi sint, qui liberos non susceperunt; ep V 16, 3. sine causa maleficium susceptum non potest esse; inv I 45. peto a vobis, ut me officii potius quam dicendi studio hanc suscepisse operam ac munus putetis; Balb 17. nullum maius negotium suscipere volui; ep XVI 12, 5. obsecro te, suscipe totum negotium; A XII 19, 4. odium esse acre susceptum; inv II 108. multorum odia atque inimicitias rei publicae causa suscepimus; A I 15, 1. hoc onere suscepto; Ver II 1. operam: f. munus. quae (oratio) suscipitur ad aliorum animos permovendos; de or II 191. suscipe paulisper meas partes; ep III 12, 2. ea philosophia, quae suscepit patrocinium voluptatis;

de or III 63. quod (peccatum reus) ipse susceperit; inv II 80. pericula: f. contentiones. quod is poenam nullam suo dignam scelere suscepit; imp Pomp 7. fori iudiciique rationem M Messalla suscepit; Sex Rosc 149. in religionibus suscipiendis caput esse interpretari, quae voluntas deorum esse videatur; dom 107. f. cultum. in quo est illa quidem magna offensio vel neglegentiae susceptis rebus vel perfidiae receptis; de or II 101. totam suscipi rem publicam; A XV 11, 2. qui suscipit in se scelus; Phil XI 9. non iudicis solum severitatem in hoc crimine, sed prope inimici atque accusatoris vim suscipere debes; Ver IV 69. f. auctoritatem. cum suscepta semel est beata vita; fin II 87. — III. te oro, ut me totum tuendum suscipias; A XI 1, 2. qui laudem gloriamque P. Africani tuendam conservandamque suscepit; Ver IV 82. vellem suscepisses iuvenem regendum; A X 6, 2. laudem: f. gloriam. quod signa componenda suscepisses; A IV 9, 1.

suscito, wecken, erwecken, aufstehen heißen: I. „iubebis igitur te“, inquit, „suscitari?“ de or II 259. Miltiadis tropaeis ne e somno suscitari; Tusc IV 44. — II. te ab tuis subselliis contra te testem suscitabo; Q Rosc 37.

suspectus, verdächtig: quamquam me nomine neglegentiae suspectum tibi esse doleo; ep II 1, 1. cur animi medicina pluribus etiam suspecta et invisa (sit); Tusc III 1. veteranis suspectum nomen est M. Bruti; Phil X 15.

suspendium, Erhängen: ut illa perisse suspendio putaretur; Scaur 10. ut homines iniuriae tuae remedium morte ac suspendio quaererent; Ver III 129.

suspendo, suspensus, aufhängen, schweben lassen, erhängen, part. schwebend, ungewiß, erwartungsvoll, unruhig: si illos viderit oratione quasi suspensos teneri; Bru 200. quo (tempore) exanimati omnes et suspensi sumus; ep VI 1, 6. nisi forte (Caesar) se suspendit; A XIII 40, 1. omnia erant suspensa propter exspectationem legatorum; ep XI 8, 1. ego valde suspenso animo exspecto te; ep XVI 3, 2. quam suspenso animo et sollicito scire averes, quid esset novi; A II 18, 1. hominem corripi ac suspendi iussit in oleastro quodam; Ver III 57. quod (opus) ita aedificatum est, ut suspendi non posset ‖ possit ‖; Top 22. nec extrinsecus aut bene aut male vivendi suspensas habere rationes; ep V 13, 1. Romam cenaculis sublatam atque suspensam inridebunt; agr II 96. socios novarum rerum exspectatione suspensos (esse); ep XV 1, 3. uxorem suam suspendisse se de ficu; de or II 278.

suspicio, aufblicken, erblicken, verehren, bewundern: I. cum suspexit in caelum; har resp 19. aliquanto post (senex) suspexit ad caelum; rep VI 9. — II. cum caelum suspeximus; nat II 4. quam (eloquentiam) suspicerent omnes, quam admirarentur orat 97. eos viros suspiciunt maximisque efferunt laudibus; of II 36. si cuius virtutem suspiciunt; of II 21.

suspicio, Argwohn, Verdacht, Verdachtsgrund, Ahnung, Vermutung: I. longe abest a me regni suspicio; Sulla 26. in quem, ne si insidiis quidem ille interfectus esset, caderet ulla suspicio; A XIII 10, 3. in quo non modo culpa nulla, sed ne suspicio quidem potuit consistere; Sex Rosc 152. fuisse suspicionem (Themistoclem) veneno sibi conscivisse mortem; Bru 43. gratiam nostram exstinguit hominum suspicio; ep I 1, 4. an ad Stratonem suspicio non pertinuit? Cluent 183. suspiciones ex personis atque ex negotio proficiscentur; inv II 38. iis rebus gestis, in quibus non potest residere inertiae aut levitatis ulla suspicio; Q fr I 1, 28. nulla suberat suspicio; Phil XII 27. — II, 1. suspicionem eo mihi

maiorem tua taciturnitas a t t u l e r a t , quod . . ; A VII 8, 1. quae tenuissima suspicio conlata in Scamandrum est aut conferri potuit, ut is necare voluisse Habitum putaretur? Cluent 55. ut caverem, ne cui suspicionem ficte reconciliatae gratiae darem; ep III 12, 4. de natura licet aliquantum ducere suspicionis; inv II 29. cum ad te litteras misissem, suspicionem nullam habebam te rei publicae causa mare transiturum; A VIII 11, D, 1. haec navigatio habet quasdam suspiciones periculi; A XVI 4, 4. f. IV. offensio. ratiocinationis suspiciones infirmabit, si . . ; inv II 26. cum tam atrocis rei suspicio esset iniecta; Cluent 106. moveo non nullis suspicionem velle me navigare; ep II 16, 2. ut avaritiae pellatur etiam minima suspicio; of II 75. sustuliati hanc suspicionem; Sulla 68. ex victu multae trahuntur suspiciones; inv II 29. vitanda etiam ingenii ostentationis suspicio; de or II 333. — 2. suspicionibus credi oportere et non oportere; inv II 50. quod aetas M. Caelii dare potuit isti suspicioni locum; Cael 9. facile falsae suspicioni restitisaet; Cluent 134. — 3. si hac indigna suspicione c a r e a t ; Sex Rosc 144. cum (P. Apuleius) me liberare suspicione fascinum vellet; Phil XIV 16. — 4. is a b h o r r e t i t etiam a suspicione eius, quod versatur in re civili; opt gen 16. qui non modo a facti. verum etiam a conscientiae suspicione afuit; Cael 23. nisi animus eius, qui insimulatur, in eam suspicionem adducitur, uti . . ; inv II 32. quae poëta sunt in suspicionibus; Sex Rosc 123. si quis est eorum, qui tibi biennii spatio numquam in suspicionem avaritiae venerit; Q fr I 1, 14. Rabirius ne in tenuissimam quidem suspicionem venit aut umquam vocatus; Rabir 8. — III. omnia alia esse nobis v a c u a ab omni suspicione belli; prov 30. — IV. alqd: f. II, 1. duco. hoc initio suspicionis orto; Cluent 180. in hoc genere etiam illa est in Palameden coniecta suspicionum proditionis multitudo; Top 76. ut omnem offensionem suspicionis, quam habueras de Lysone, deponeres; ep XIII 24, 2. — V, 1. suspicione a d s e q u i non potui; A VIII 11, D, 5. haec a me suspicionibus et coniectura coarguuntur; agr I 18. qui suspicione certa non movetur; Ver V 65. suspicionibus in iudicium vocatur; Ver IV 104. — 2. in illius mei patriaeque custodis tanta suspicione; Milo 65. interfectus est propter quasdam seditionum suspiciones C. Gracchus; Catil I 4. quam (voluntatem) ille sine ulla cupiditatis suspicione prae se fert; Planc 43.

suspiciose, Argwohn erregend: multa sunt falsa, quae tamen a r g u i suspiciose possunt; Sex Rosc 76. qui suspiciosius aut criminosius diceret audivisse me neminem; Bru 131.

suspiciosus, argwöhnisch, Argwohn erregend, verdächtig: ut te in tuos aut durum esse nimium aut suspiciosum velim; Q fr I 1, 14. quae suspiciosum crimen efficiant; part or 114. ut est hominum genus nimis acutum et suspiciosum; div Caec 28. qui in suspiciosissimo negotio maledictum omne effugit; Flac 7. quod (scelus) iam tum recens suspiciosum ceteris (videbatur); Cluent 189. ipso suspiciosissimo tempore Caniniano; ep I 7, 3.

suspicor, argwöhnen, ahnen, vermuten, annehmen: I, 1. tantum modo coniectura d u c o r a d suspicandum; Bru 56. — 2. si nemo sciturus, n e m o ne suspicaturus quidem sit; of III 39. — II, 1. quaesisse, num ille aut ille defensurus esset: de me ne suspicatum quidem esse; Sex Rosc 59. f. III. alqd. — 2. his tu comparas hominem Tusculanum nondum suspicantem, quale e s s e t copiose et ornate dicere; Bru 294. quae vix coniectura qualia sint possumus suspicari; rep I 15. — 3. ut C. Iulius ei (ordini) ne libertatem quidem relinquat, adduci ad suspicandum nullo modo possum; prov 39. — 4. ex eo, quod sequitur, suspicor de tuorum iudicum mani

festo periurio d i c i ; har resp 36. quod valde suspicor fore, ut infringatur hominum improbitas; ep I 6, 1. virum suspicantem te ab se abalienatum; ep I 7, 3. — III. maius ut q u i d d a m de L. Crasso, quem quantum a nobis exprimetur, suspicentur; de or III 15. licet aliquid etiam de M. Popilii ingenio suspicari; Bru 56. si exploratum habeat id omnino neminem umquam suspicaturum; of III 75. quaeso, ut scribas quam saepissime, non modo si quid scies. sed etiam si quid suspicabere; A VII 12, 1. f. periculum. ne suspicari quidem se ullum bonum seiunctum ab illo Aristippeo genere voluptatis; fin II 20. in quo (orbe) neque figuram divinam neque sensum quisquam suspicari potest; nat I 28. in quibus (quaestionibus, tormentis) quamquam nihil periculi suspicamur; Sulla 78. sensum: f. figuram. — IV. non poteram Cn. Pompeium timidum suspicari; Milo 66.

suspiritus, Seufzen: quem (consulem) nemo praeter nos philosophos aspicere sine suspiritu | suspirio ∥ posset; A I 18, 3.

suspirium, Seufzer: si quis est (amor) sine desiderio, sine cura, sine suspirio; Tusc IV 72.

suspiro, atmen, seufzen: quae (iniuriae) te suspirare libere ∥ suspirare ∥ non sinunt; par 18. reperire neminem possumus, quocum suspirare familiariter possimus; A I 18, 1.

susque, auf: de Octavio susque deque; A XIV 6, 1.

sustentatio, Aufschub, Verzögerung: utrum habeat aliquam moram et sustentationem; inv II 146.

sustento, aufrecht erhalten, unterstützen, unterhalten, erhalten, ernähren, aufhalten, verzögern, verschieben: I. id (malum) o p p r i m i sustentando ac prolatando nullo pacto potest; Catil IV 6. — II. ea consolatione sustentor; Bru 330. tu velim te tua virtute sustentes; ep VI 4, 5. praeclara conscientia sustentor; A X 4, 5. aedificationem Arcani ad tuum adventum sustentari placebat; Q fr II 5, 4. idem (aër) sustentat animantes; nat II 101. pari fortuna adflictus ∥ abiectus ∥ aliorum opibus casus meos sustentabam; ep IV 13, 1. cum hic iuris consultis superior fuerit discessurus, qui esset non suo artificio, sed aliena scientia, sed eloquentia sustentatus; de or I 239. hoc vectigali etiam belli difficultates sustentari; agr II 83. Q. fratrem sustenta, id II 11, 2. tu modo istam imbecillitatem valetudinis tuae sustenta et tuere; ep VII 1, 5. omne instrumentum, omnis opera atque quaestus frequentia civium sustentatur, alitur otio; Catil IV 17. quae (astra) forma ipsa figuraque sua momenta sustentant; nat II 117. operam, quaestum: f. instrumentum. quae (oves) neque alii neque sustentari potuissent; nat II 158. de Pausania Alabandensi sustentes rem, dum Nero veniat; ep XIII 64, 1. maximas res publicas ab adulescentibus labefactatas, a senibus sustentatas et restitutas reperietis; Cato 20. filiae solitudinem sustentari; Sest 7. tam natura naturam hominis vitam sustentari quam vitis; Tusc I 56.

sustineo, stützen, unterstützen, aufrecht erhalten, zurückhalten, hemmen, verzögern, aushalten, sich halten, ertragen, tragen, auf sich nehmen, unterhalten, ernähren: I. B r u t u s Mutinae vix iam sustinebat; ep XII 6, 2. an, cum tu domum eius dedicasses, posset recreata res publica sustinere? dom 122. — sustinebunt tales viri s e tot senatoribus non credidisse? Ver I 10. — III. ceteris rebus adiuvamur ex illa provincia, hac vero alimur ac sustinemur; Ver III 11. sustinuero Epicureos, tot meos familiares, tam bonos, tam inter se amantes viros; Ac II 115. quod (vehemens) cum rapide fertur, sustineri nullo pacto potest; orat 128. cum hoc non possent iam diutius sustinere; Sest 69. quattuor eius (Clitomachi) libri sunt de sustinendis adsensionibus; Ac II 98. summum munus esse adsensus

suos firme sustinere; fin III 31. sustinere iam populus Romanus omnium nationum non vim, non arma, non bellum, sed luctus, lacrimas, querimonias non potest; Ver III 207. senatus auctoritatem sustinui contra invidiam atque defendi; Piso 4. bellum Cretense sustinuit; Flac 6. ſ. arma. quia non putat se sustinere causas posse multorum; ep VI 6, 9. superiorum temporum Fortuna rei publicae causam sustineat; ep IX 8, 2. est prudentis sustinere ut cursum, sic impetum benivolentiae; Lael 63. quos ille dies sustinuerit; ep II 16, 5. hunc autem [et] || aut || praeter ceteros aut cum paucis sustineret dolorem; Bru 6. ut, quam exspectationem tui concitasti, hanc sustinere ac tueri possis; ep II 1, 2. familiares: ſ. alqm. impetum: ſ. cursum. invidiam se sustinere tantam non posse arbitrabatur; Ver II 74. lacrimas, luctus: ſ. arma. fuerunt ii consules, quorum mentes nomen ipsum consulatus, splendorem illius honoris, magnitudinem tanti imperii nec intueri nec sustinere nec capere potuerunt; sen 10. quae (munera) non possunt sine viribus sustineri; Cato 34. uomen: ſ. magnitudinem. qui maiora onera in re publica sustinere et possim et soleam; ep II 11, 1. tres personas unus sustineo summa animi aequitate, meam, adversarii, iudicis; de or II 102. quas personas agitare solemus, non sustinere; de or II 251. ut totam petitionem Lamiae mihi sustinendam putem; ep XI 17, 1. potest damnati poenam sustinere indemnatus? dom 77. adulescens nobilis porcum sustinuit iussu imperatoris; inv II 91. querimonias: ſ. arma. arbitrabar sustineri remos, cum inhibere essent remiges iussi; A XIII 21, 3. nostros animos maximis in rebus et gerendis et sustinendis exercitatos; Q fr I 1, 2. totam rem publicam sustinuit; rep II 46. sapientem in furore sustinere se ab omni adsensu; Ac II 48. absens hominum sermones facilius sustinebis; ep XV 14, 4. sustinenda solutio est nominis Caerelliani; A XII 51, 3. splendorem: ſ. magnitudinem. viros: ſ. alqm. vim: ſ. arma. (aër) volatus alitum sustinet; nat II 101.

susurrus, Flüstern: qui (Demosthenes) illo susurro delectari si dicebat aquam ferentis mulierculae insusurrantisque alteri: „hic est" . . ; Tusc V 103.

sutor, Schuster: quod Mithridates se velle dixit, id sutores et zonarii conclamarunt; Flac 17.

sutorius, des Schusters, gewesener Schuster: vestri, credo, graves habent Turpionem sutorium et Vettium mancipem; A VI 1, 15. sutorio atramento absolutus putatur; ep IX 21, 3.

suus, sein, ihr, eigen, ergeben, selbständig: A. einfach: I. bei Substantiven: 1. ille alter ipse est homo doctus et a suis Graecis subtilius eruditus; prov. 14. est genus iniustae servitutis, cum ii sunt alterius, qui sui possunt esse; rep III 37. quid suum aut quid alienum sit; Caecin 70. ut summum periculum esset, ne Appio suae aedes urerentur; Q fr II 10 (12), 5. eligere ex amicorum atque hospitum suorum copia, quem cognitorem daret; Ver III 107. cuius (alterius) animum (homo) ita cum suo misceat, ut . . ; Lael 81. vixit ad aliorum arbitrium, non ad suum; Muren 19. ut civitatis nomen sua auctoritate sustineat; Flac 34. quem sua lege et suo beneficio ornatum solet gloriari; Sest 135. qui ne dicerent quidem sua summa bona esse a natura' profecta; fin IV 45. eum nihil ad utilitatem suam rettulisse ac nihil omnino fecisse causa sua; de or II 207. cum ego dicerem nihil eum fecisse sua causa omniaque rei publicae, tu contra nihil nisi sua; fin II 60. hunc uti cives e civitate eiecerant; Sest 142. alter bellum comparat suis civibus exitiabile; A X 4, 3. hi omnes civitatibus suis praefuerunt; de or III 137. qui a suis civitatibus illis navibus praepositi fuerant; Ver V 101. ut omnes et communibus commodis et suis uterentur; rep V 7. ſ. res. tantum ut memoriam coniunctatis suae

relinqueret; Bru 38. Gabinius illud, quoquo consilio fecit, fecit certe suo; Rab Post 21. Milone occiso habuisset suos consules; Milo 89. sua contio risit hominem; har resp 8. ille corpus suum periculo obiecit; Deiot 14. quia nemo laborat, ut obscura sua cupiditas esse videatur; Ver V 126. si lacus emissus lapsu et cursu suo ad mare profluxisset; div I 100. me in patriam ter suis decretis Italia cuncta revocavit; Quir 10. quibus tu dignitatem suam reddidisti; Marcel 10. multi in exsilio dolorem suum doctrinae studiis levarunt; fin V 53. Heraclius Segestanus, homo domi suae nobilissimo loco natus; Ver V 111. non meminit illum exercitum populi Romani esse, non suum; Phil XIII 14. rogabat, ut filio suo parceret; Ver II 95. bonos viros lugere malui meas fortunas quam suis desperare; sen 34. Paetus omnes libros, quos frater suus reliquisset, mihi donavit; A II 1, 12. an putas ullam esse beluam, quae non sui generis belua maxime delectetur? nat I 77. cum ille suae gloriae iam pridem satis fecerit; prov 35. qui omnes a perpetuis suis historiis ea, quae dixi, bella separaverunt; ep V 12, 2. hospites: ſ. amici. si qui meum cum inimico suo reditum in gratiam vituperabunt; prov 47. qui magnam Graeciam institutis et praeceptis suis erudierunt; Lael 13. ſ. B, 1. rep II 2. ne suum ius suis moribus, suis legibus obtinere possent; Ver IV 146. lapsus: ſ. cursus. nisi forte me Sardanapalli vicem [in suo lectulo] mori malle censueris quam exsilio Themistocleo; A X 8, 7. idem ex sua lege vendet Alexandriam; agr II 43. ſ. beneficium, ius. B, 1. rep II 2. ut ab ea (matre) poenas liberi sui potissimum petere debuerint; inv I 19. hanc tibi legem Clodius scripsit spurciorem lingua sua; dom 47. quia utile est rei publicae nobiles homines esse dignos maioribus suis; Sest 21. quod brevi tempore futura sit illa auctoritas in his maiorum suorum et suis sedibus; Marcel 10. neque suos mores regere poterat neque suorum libidines; rep II 45. illum (Dionysium) ulciscentur mores sui; A IX 12, 2. ſ. ius. si possunt aliquando oculi non ferre suum munere; div I 71. (Caesarem) sua natura mitiorem facit; ep VI 13, 2. ipse suos necessarios ab atriis Liciniis corrogat; Quinct 25. „anum" appellas alieno nomine; cur non suo potius? ep IX 22, 2. qui non fortuna inflammaret odium suum; Marcel 31. ne intemperantius suis opibus utatur; Phil V 48. cum se Brutum esse meminisset vestraeque libertati natum, non otio suo; Phil VI 9. hunc (C. Flaminium) pater suus de templo deduxit; inv II 52. qui si adulescens patre suo imperatore non meruisset; Muren 11. de eius iuvene filio indulsit illi quidem suus pater semper; A X 11, 3. ſ. pestis. eos (muros Demosthenes) refecit pecunia sua; opt gen 19. quod hic sua pericula cum meis coniunxit; Flac 101. neque hic puer pestem suam ac patris sui sicut dicet videre; Sest 146. illa individua corpora ferri deorsum suo pondere ad lineam; fin I 18. ſ. B, 2. Tusc I 40. utebatur populo sane suo; Quinct 29. rem publicam de suis possessionibus demoveri || dim. || agr III 15. quem in suam potestatem susceperat; Caecin 98. praecepta: ſ. instituta. Piso ille, gener meus, a propinquo suo socerum suum flagitabat; Sest 68. in quibus (litteris) unum alienum manus sua prudentia; A XX 26, 1. vir et suis et publicis rationibus utilissimus; inv I 105. quo setius suis rebus et commodis servire possint; inv II 132. quod omnes boni suam salutem cum mea coniungunt; Sulla 29. qui poterat salus sua; Quincam non probari? Milo 81. statuit naucharchos omnes, testes sui sceleris, vita esse privandos; Ver V 103. Cererem a C. Verre ex suis templis ac sedibus esse sublatam; Ver IV 109. ſ. maiores. ut sententiis nostris pro suis uterentur; fin V 74. nocer: ſ. propinquus. cum ceteros sua sponte nominasset;

Sulla 37. quod audaces homines ipsi etiam sponte sua contra rem publicam incitantur; Sest 100. Ap. Claudium senatui populoque Romano sua sponte esse laudatum; ep III 8, 3. quia nihil semper suo statu maneat; nat I 29. is non apertissime studium suum ipse profitetur? Phil II 56. templa: ſ. sedes. suo tempore totius huius sceleris fons aperietur; Phil XIV 15. terror: ſ. B, 1. Sex Rosc 67. confidere suis testibus; Ac II 80. antequam in suam tutelam veniret; de or I 180. tralatione utens discedebat a verbis propriis rerum ac suis; Top 32. ut Miloni uti virtute sua liberet; Milo 41. ut vitam suam posset defendere Sest 78. ut aliis parere sua voluntate consuescerent; inv I 3. utilitas: ſ. causa. Alexandrum uxor sua occidit; inv II 144. — 2. Appium intellegimus in illo suo casu nec privato nec publico muneri defuisse; Tusc V 112. edicere est ausus cum illo suo pari, ut . .; Piso 18. multa mea in se, non nulla etiam sua in me proferebat officia; Sulla 18. cum proprium sit Academiae iudicium suum nullum interponere, nulla adhibita sua auctoritate iudicium audientium relinquere integrum; div II 150. utrum tandem bono viro optabilius putas, sic exire e patria, ut omnes sui cives salutem precentur, au . .? Piso 33. ut omnes suas fortunas alienis servis committeret; Cael 57. me ut Cn. Pompeius omnibus studiis suis, laboribus, vitae periculis complexus est; Piso 80. quoniam natura suis omnibus expleri partibus vult; fin V 47. nisi vero gratius putat esse vobis sui se capitis quam vestri defensorem fuisse; Milo 81. qui precabantur, ut sibi sui liberi superstites essent; nat II 72. qui consul incipientem furere (fratrem) sua se manu interfectarum dixerit; Cael 60. qui suum se negotium agere dicant; of I 29. (animus) sentit se vi sua, non aliena moveri; Tusc I 55.

II, allein: a. quos cum humare vellent sui; de or II 353. quos non solum alieni, sed etiam sui, vicini, tribules, urbani, rustici reppulerunt; har resp 56. conserva tuis suos; Ligar 33. quibus et se possint iuvare et suos; of I 9. quae in ipsum se scelera, quae in suos edidit! har resp 59. qui fuit hostis suorum; Ver I 38. qua (oratione) gratiam beneficii vestri cum suorum laude coniungant; agr II 1. libidines: ſ. I, 1. mores. Larinum ipsa (mulier) proficiscitur cum suis; Cluent 178. — b. magni illi sua interesse arbitrabantur hunc a causa Martialium removeri; Cluent 44. quod promisisset, non plus sua referre, quam si . .; Quinct 19. — c. quid est aliud aliis sua eripere, aliis dare aliena? of II 83. ut locupletes suum perdant, debitores lucrentur alienum; of II 84. qui etiam externis hostibus victis sua saepissime reddiderunt; agr I 19. priusquam tu suum sibi venderes, ipse possedit; Phil II 96.

B. **mit quisque uud Affg:** 1. sua quemque fraus et suus terror maxime vexat, suum quemque scelus agitat amentiaque adficit, suae malae cogitationes

conscientiaeque animi terrent; Sex Rosc 67. poëmatis tragici, comici, epici suum cuiusque (genus) est; opt gen 1. cum suo cuique indicio sit utendum; nat III 1. earum quaeque (bestiarum) suum tenens munus manet in lege naturae; Tusc V 38. qui suam quisque rem publicam constituissent legibus atque institutis suis; rep II 2. in sensibus est sua cuiusque virtus; fin V 36. ut nihil suum cuiusque sit; of III 53. si habere suum cuique non licet; of II 78. natura partes habet duas, tributionem sui cuique ‖ tuitionem sui ‖ et ulciscendi ius; Top 90. — 2. P. Crassum suapte interfectum manu; de or III 10. qui suapte natura, quod velint, consequantur; de or II 98. ut terrena et umida (corpora) suopte nutu et suo pondere ferantur; Tusc I 40. si atomi ferrentur in locum inferiorem suopte pondere: nat I 69.

syllaba, Silbe: I. quia, postrema syllaba brevis sit ne in versu quidem refert; orat 217. — II. prima syllaba dempta ex primo verbo sententiae postremum ad verbum primam rursus syllabam adiunxit insequentis sententiae: orat 190. de syllabis propemodum dinumerandis et dimetiendis loquemur; orat 147. — III. (Ephorus) brevitate et celeritate syllabarum labi putat verba proclivius; orat 191.

syllabatim, silbenweise: cum tuus iste Stoicus sapiens syllabatim tibi ista dixerit; Ac II 119. ne Tironi quidem dictavi, qui totas περιογάς persequi solet, sed Spintharo syllabatim; A XIII 25, 3.

sympathia, natürlicher Zusammenhang: dicitur quidam, cum in somnis complexu Venerio iungeretur, calculos eiecisse. video sympathian ‖ sympathiam ‖; div II 143.

symphonia, Kapelle, Konzert: I. cum in eius conviviis symphonia caneret; Ver III 105. — II. symphoniam Lysonis vellem vitasses; ep XVI 9, 3. — III. locum illum litoris percrepare totum mulierum ‖ muliebribus ‖ vocibus cantuque symphoniae; Ver V 31. — IV. quo istum reduxerant mulieres cum cantu atque symphonia; Ver V 92.

symphoniacus, musikalisch, zur Kapelle gehörig: A. Milo tum casu pueros symphoniacos uxoris ducebat; Milo 55. servis symphoniacis acceptis; Piso 83. — B. symphoniaci Romam missi: Ver V 73.

syngrapha, Handschrift, Schuldbrief, Wechsel: I. tamquam syngrapham ad imperatorem, non epistulam attulisses; ep VII 17, 1. qui cum Hermarcho Chio syngraphas fecit; har resp 34. qui legatione hereditates aut syngraphas suas persequuntur; leg III 18. — II. cum iste Cibyram cum inanibus syngraphis venerat; Ver IV 30. eos ipsos, qui cum syngraphis venissent Alexandream, nummum adhuc nullum auferre potuisse; ep VII 17, 1. quod ex syngrapha ius dici lex Gabinia vetaret; A V 21, 12.

Tabella, Täfelchen, Stimmtäfelchen, Brief, Urkunde, Vertrag, Protokoll: I. ut minus multos tabella condemnet, quam solebat vox; leg III 39. multum apud illum tabellas non commendaticias, sed tributarias valuisse; Ver IV 148. — II, 1. is (Cato) diribitis tabellis de circulo se subduxit et Pompeio primus nuntiavit; Q fr III 4, 1. iudicia populi iam magis patronum desiderabant, tabella data; Bru 106. tabellae ministrabantur ita, ut nulla daretur „UTI ROGAS"; A I 14, 5. tabellae quaestionis plures proferuntur, quae recitatae vobisque

editae sunt; Cluent 184. ministro: ſ. do. cum obsignes tabellas clientis tui, quibus in tabellis id sit scriptum, quo ille capiatur; de or I 174. tu tabellis obsignatis agis mecum; Tusc V 33. profero, recito: ſ. edo. — 2. in quibus tabellis de furto littera nulla invenitur; Cluent 184. — III. vos custodes fuisse tabellarum; Piso 36. nullam ne in tabellae quidem latebra fuisse abscondita malevolentiam; ep III 12, 1. — IV, 1. me universa civitas non prius tabella quam voce priorem consulem declaravit; Piso 4. id sententia saepe

iam tabellaque docuerunt; ep I 9, 17. — 2. in: f.
II, 1. obsigno.

tabellarius, bie Abstimmung betreffend,
Briefbote: A. cuius (L. Cassii) legi tabellariae M.
Antius Briso tribunus plebis diu restitit; Bru 97.
sunt quattuor leges tabellariae; leg III 35. — B,
I. quam (epistulam) attulerat Phileros tabellarius;
ep IX 15, 1. properantibus tabellariis alienis hanc
epistulam dedi; A XI 17, 1. commodum discesserat
Hilarus librarius IV Kal., cui dederam litteras ad
te, cum venit tabellarius cum tuis litteris; A XIII
19, 1. — II, 1. velim tabellarios institutis
certos, ut cotidie aliquas a vobis litteras accipiam;
ep XIV 18, 2. eram missurus domesticos tabellarios;
ep II 7, 3. quaero locupletem tabellarium, ne
accidat quod Erigonae tuae; Q fr III 9, 6. tardius
ad te remisi tabellarium; A XI 2, 4. — 2. quas
(litteras) Romae tabellariis tuis dedi; ep III 3, 1.
f. I. properant. — III. per binos tabellarios misi
Romam publice litteras; A VI 1, 9.

taberna, Bube, Laden, Werkstätte, Bogen-
gang: I. tabernae mihi duae corruerunt reliquaeque
rimas agunt; A XIV 9, 1. — II, 1. Crassipedis
ambulatio ablata, horti, tabernae plurimae; Q fr
III 7, 1. cum edictis tuis tabernas claudi iubebas:
dom 54. qui (viri primarii) in circo totas tabernas
tribulium causa compararunt; Muren 73. instructam
ei et ornatam tabernam dedit; Cluent 178. ut
seditiosi tribuni solent, occludi tabernas iubes? Ac
II 144. orno: f. do. — 2. cum in eandem tabernam
divertissent; inv II 14. — III. nisi se ille in
scalas tabernae librariae coniecisset; Phil II 21.

tabernaculum, Hütte, Zelt, Schaubütte,
Standort: 1. qui (Ti. Gracchus) cum tabernaculum
vitio cepisset imprudens; div I 33. qui in una
philosophia quasi tabernaculum vitae suae conlocarunt; de or III 77. — 2. (nos) multis locis ne tectum
quidem (accipere), in tabernaculo manere
plerumque; A V 16, 3. (Phalereus) processerat in
solem et pulverem, non ut e militari tabernaculo,
sed ut e Theophrasti umbraculis; Bru 37.

tabernarius, Bubenbesitzer: opifices et taber-
narios quid est negotii concitare? Flac 18.

tabes, Gram: aegritudo maiora quaedam (habet),
tabem, cruciatum; Tusc III 27.

tabesco, schmelzen, schwinden, sich abhärmen:
nec (Dionysium) Aesculapius misero diuturnaque
morbo tabescentem interemit; nat III 84. quo (otio)
nunc tabescimus; A II 14, 1. (cedita) ipsi ita acerba,
ut tabescat dolore; A II 21, 4. nobis in hac calamitate tabescendum esse; A III 25. idem (umor)
tabescit calore; nat II 26.

tabificus, aufreibend: ut haec tabificae mentis
perturbationes sunt, sic ..; Tusc IV 36.

tabula, Brett, Gemälde, Tafel, Versteigerungs-
tafel, Gesetztafel, Botivtafel, Berzeichnis, Urkunde,
Rechnungsbuch: I, 1. nec tabulae nomina illorum
capere potuerunt; Phil II 16. haec me una ex
hoc naufragio tabula delectat; A IV 19, 2. Aëtionis
tabula te stupidum detinet; par 37. qui de tabulis
publicis recitat iis, quae in accusatoris potestate
fuerunt; Flac 40. quem (fletum) duodecim tabulae
in funeribus adhiberi vetuerunt; Tusc II 55. — 2.
utrum haec lex est an tabula Veratianae || Nera-
tianae || auctionis? agr II 67. — II, 1. si tabulam eorum nau-
fragio stultus adripuerit; of III 89. cum Appii tabulae
neglegentius adservatae dicerentur; Arch 9. ut omnes
tabulas pictas auferret; Ver II 50. ne tabulas
quidem conficere existimor; de or II 97. neque
tabulis et signis propalam conlocatis; de or I 161.
videtur tamquam tabulas bene pictas conlocare in
bono lumine; Bru 261. qui tabulas publicas municipii manu sua corrupisse iudicatus sit; Cluent 125.
quod lege excipiuntur tabulae publicanorum, quo
minus Romam deportentur; Ver II 187. *habeo*

tabulas omnes, quas diligentissime legi atque digessi;
Ver I 60. excipio: f. deporto. an (Dolabella) in
meo nomine tabulas novas fecerit; A XIV 21, 4.
tabulae figuntur; ep XII 1, 1. habeo, lego: f. digero.
tabulae obsignantur; inv II 149. nostri decemviri,
qui XII tabulas perscripserint; de or I 58. is
(Zeuxis) et ceteras complures tabulas pinxit, quarum
non nulla pars usque ad nostram memoriam propter
fani religionem remansit, et ..; inv II 1. viginti
et septem praeterea tabulas pulcherrime pictas ex
eadem aede sustulit; Ver IV 123. f. aufero, conloco,
4. animadverto ex. si tabulas profert suas, in
suam rem scriptas; Q Rosc 2. cum tabulam, in
qua nomina civitate donatorum incisa essent, revelli
iussisset; ep XIII 36, 1. scribo: f. profero. tollo:
f. pingo. — 2. Peloponnesias civitates omnes maritimas esse hominis probati, Dicaearchi, tabulis
credidi; A VI 2, 3. ut id ipsum tabulis publicis
mandaretur; Sest 129. — 3. tabulis suis testibus
uti conatur; Q Rosc 1. — 4. adest ad tabulam,
licetur Aebutius; Caecin 16. tu nonne animadvertis
ex tot tabulis pictis, quam multi votis vim tempestatis effugerint? nat III 89. nec ad tabulam eum
(Brutum) desideraturus eram; A XIII 25, 2. quem
ad modum a Vestae ad tabulam Valeriam ducta
esses; ep XIV 2, 2. plus Verrem accepisse, quam
iste in suis tabulis habuit; Ver I 100. haerebat in
tabulis publicis reus et accusator; Cluent 86. incido
in: f. 1. revello. multum differt, in arcane positum
sit argentum an in tabulis [debeatur]; Top 16. recito
de: f. I, 1. sunt. ait me aliter, ac dictum sit, in
tabulas publicas rettulisse; Sulla 40. plurima est
in XII tabulis antiquitatis effigies; de or I 193. —
III, 1. cum calamitas omnem tabularum fidem
resignasset; Arch 9. bibliothecas omnium philosophorum unus mihi videtur XII tabularum libellus
et auctoritatis pondere et utilitatis ubertate superare;
de or I 195. pars: f. II. 1. pingo. — 2. impetum
in eas tabulas facio, in quibus senatus consultum
perscripserant; Ver IV 148. — IV, 1. totam hanc
(scientiam) XII tabulis contineri videbit; de or
I 193. huius signis et tabulis forum ornari; Ver
III 9. quod tabulis aratorum planum factum est;
Ver III 189. — 2. in litibus nemo appellabatur nisi
ex testium dictis aut tabulis privatorum; Rab Post
9. cum idem nos in antiquis tabulis illo ipso horrido
obsoletoque tueamur; de or III 98. f. II, 2. Trebellium sine tabulis novis salvum esse non posse;
Phil VI 11.

tabularium, Archiv: quas (tabulas) incenso
tabulario interisse scimus omnes; Arch 8.

taceo, schweigen, verschweigen: I, 1. si tacebitur,
elicienda responsio est; inv I 54. — 2. quid tacetis?
Cluent 65. patiuntur, tacent; Catil I 20. hic Abdera
non tacente me; A IV 17, 3 (16, 6). neque homines
nequam tacere potuerunt; Sest 82. — II. de tribunicia potestate taceo; leg III 22. eum qui nimium
diu de rebus nostris tacuerat, Pompeium; A I 19, 7.
adhuc semper tacui et tacendum putavi; de or I
119. ego multa tacui; Catil IV 2.

tacite, stillschweigend, im stillen: etsi quodam
modo tacite dat ipsa lex potestatem defendendi;
Milo 11. hic ne perire quidem tacite obscureque
conceditur; Quinct 50.

taciturnitas, Stillschweigen, Verschwiegen-
heit: I. quoniam taciturnitas imitatur confessionem:
inv I 54. me non illius oratio, sed eorum taciturnitas (movit); Sest 40. — II. te arbitror malle ipsum
tacere quam taciturnitatem nostram experiri; Bru
231. nosti hominis tarditatem et taciturnitatem; ep
I 5, b, 2. tu curiae taciturnitatem annuam in maledicti loco pones? Piso 32. — III. me vultu, taciturnitate significasse tibi non esse amicum; ep III

8, 2. ea taciturnitate sua tecta esse pateretur; Cluent 18.

taciturnus, ſchweigſam: quia tristem semper, quis taciturnum videbant; Sest 21.

tacitus, ſchweigend, ſtillſchweigend, ſtill, geheim: A. quid exspectas auctoritatem loquentium, quorum voluntatem tacitorum perspicis? Catil I 20. quae (odia) tacitis nunc discordiis continentur; Muren 47. quaedam, quae perspicua sint, tacitis exceptionibus caveri; inv II 140. nolui deesse ne tacitae quidem flagitationi tuae; Top 5. ut tacitum iudicium fieret; A IV 17, 3. ut illud, etiam si est verissimum, tacitum tamen tamquam mysterium teneant; de or III 64. ut tacito ipso officio et studio quemvis commoveret; Quinct 78. habuit hic provinciam tacitam et quietam; Muren 18. maximae res tacitae praeterierunt, de divinatione, de fato; nat III 19. aures tacito eum (modum) sensu sine arte definiunt: orat 203. studium: ſ. officium. — B. quo minus saepe tacitorum existimatione reprehendar; prov 40.

tactio, Gefühl: tales (voluptates) sunt et oculorum et tactionum et odorationum et saporum; Tusc IV 20.

tactus, Berührung, Einfluß, Gefühl: I. is eius (solis) tactus est, non ut tepefaciat solum, sed etiam saepe comburat; nat II 40. plus terrarum situs quam lunae tactus ad nascendum valere; div II 97. — II, 1. tactus toto corpore aequabiliter fusus est; nat II 141. — 2. voces ut chordae sunt intentae, quae ad quemque tactum respondeant; de or III 216. in ipso tactu esse modum et mollitudinis et levitatis; de or III 99. — III. (sidera) esse ignea duorum sensuum testimonio confirmari Cleanthes putat, tactus et oculorum; nat II 40. — IV. quae tactu intimo sentiant; Ac II 76.

taeda, Fackel: I. eos agitari et perterreri Furiarum taedis ardentibus; Sex Rosc 67. — II. dicitur inflammasse taedas; Ver IV 106. — III. agitari: ſ. I.

taedet, überdrüſſig ſein: I. me cum antea taedebat, tum vero hoc tempore vita nulla est; ep VII 1, 4. — II. si talium civium vos taedet; Flac 105. taedet omnino eos vitae; A V 16, 3.

taeter, häßlich, garſtig, abſcheulich, ſchändlich: A. qui (Critias) in eum (Theramenem) fuerat taeterrimus; Tusc I 96. in illo taetro miseroque bello; Phil V 39. quam (aegritudinem) nos ut taetram et immanem beluam fugiendam diximus; Tusc IV 45. consules post hominum memoriam taeterrimi atque turpissimi; Planc 86. potius quam tam taetrum facinus admittendum fuit; of III 95. homo taeter et ferus; Q fr II 11, 2. quis taetrior hostis huic civitati? Cael 13. odor Apronii taeterrimus oris et corporis; Ver III 23. multo taetrior et foedior (puer) renatus est; leg III 19. tam taeter, tam crudelis tyrannus; Phil XIII 18. — B. quae profluentia necessario taetri essent aliquid habitura; nat II 141.

taetre, ſchändlich: ut multa facere impure atque taetre (videatur); div I 60. quam (religionem) tu impurissime taeterrimeque violasti; dom 104.

tagax, zugreifend, diebiſch: (quaestor) est „levis, libidinosus, tagax"; A VI 3, 1.

talaris, bis zu den Füßen reichend, neutr. Flügelſchuhe: A. cum iste cum pallio purpureo talarique tunica versaretur in conviviis muliebribus; Ver V 31. — B, I. cui (Minervae) pinnarum talaria adfigunt; nat III 59. talaria videamus. quidvis enim potius quam castra; A XIV 21, 4. — II. »pedes vinctos talaribus aptis«; fr H IV, a, 258.

talarius, mit Würfeln: adde huc totum ludum talarium; of I 150. non umquam turpior in ludo talario consessus fuit; A I 16, 3.

talentum, Talent: I. cum legati ab Alexandro quinquaginta ei (Xenocrati) talenta attulissent; Tusc V 91. civitates locupletes, ne in hiberna militares reciperent, magnas pecunias dabant, Cyprii talenta Attica ᴄᴄ; A V 21, 7. decem milia talentum Gabinio esse promissa; Rab Post 21. — II. mille talentum accessionem esse factam; Rab Post 31.

talio, Wiedervergeltung: ‖ [octo genera poenarum in legibus esse, damnum, vincula, verbera, talionem ..; leg fr 4.] ‖.

talis, ſolcher, ſo beſchaffen, ſo: A, I. num quis talis fuit? div II 95. qui natura dicuntur iracundi aut misericordes aut invidi aut tale quid; Tusc IV 80. non equidem hoc divinavi, sed aliquid tale putavi fore; A XVI 8, 2. his et talibus auctoribus rei publicae; rep I 116. si talium civium vos taedet; Flac 105. quodnam illud esset tale monstrum; div I 49. quibus et talibus rebus exquisitis; Tusc V 71. talia te cum studia videam habiturum esse innumerabilia; ep III 10, 3. illud in talem virum non audeo dicere; Sex Rosc 103. conservare (potuit deus) urbes tantas atque tales; nat III 92. — II. ille, cum esset talis, qualem te esse video; Muren 32. tali amico orbatus, qualis nemo fuit; Lael 10. C. Caesarem talem semper fore civem, qualis hodie sit: Phil V 51. ego in summo oratore fingendo talem informabo, qualis fortasse nemo fuit; orat 7. qui (populus) est talis coetus multitudinis, qualem exposui; rep I 41. ut (res) non tales, quales ante habitae sint, habendae videantur esse; inv II 176. ut talia visa vera iudicem, qualia falsa esse non possint; Ac II 58. — qualescumque summi civitatis viri fuerint, talem civitatem fuisse; leg III 31. — talem te esse oportet, qui te ab impiorum civium societate seiungas; ep X 6, 3. etsi talem persequi iniuriam, quam nulla lege satis digne persequi possent; Ver I 82. talium rerum, quae in fortuna positae sunt, praesensio diviuatio est; div II 14. — quid tale sit, ut expleat summam; fin IV 31. talis senatorum et dignitas et multitudo fuit, ut magna excusatione opus iis sit, qui ..; Phil XIII 30. si tale visum obiectum est a deo dormienti, ut probabile ait; Ac II 49. — B, a. tales innumerabiles nostra civitas tulit; Tusc I 101. — b. haec et talia circumspicienda sunt in omni officio; of I 59.

talpa, Maulwurf: talpam num desiderare lumen putas? Ac II 81.

talus, Knöchel, Würfel: I. ut, qui ita talus erit iactus, ut cadat rectus, praepositum quiddam habebit ad finem; fin III 54. quattuor tali iacti casu Venerium efficiunt; div I 23. habet: ſ. cadit. — II, 1. iacio: ſ. I. nobis senibus ex lusionibus multis talos relinquant et tesseras; Cato 58. — 2. ut homines labore adsiduo adsueti ad pilam se aut ad talos aut ad tesseras conferunt; de or III 58. — III. ut illam usque ad talos demissam purpuram recordemini; Cluent 111. — IV. alii vehementius, quam causa postulat, delectantur, ut Titius pila, Brulla talis; de or III 88. si velim ego talis optime ludere; de or III 88.

tam, ſo, ſo ſehr, in dem Grade: I, 1. tam bonos, tam inter se amantes viros; Ac II 115. depravatus: ſ. 3. concitationibus tam ipsis inter se dissentientibus atque distractis; Tusc V 43 cuius in negotiis gerendis magnitudinem animi non tam homines probassent, nisi ..; Rab Post 3. — 2. numquam reo cuiquam tam humili, tam sordido, tam nocenti, tam alieno tam praecise negavi, quam hic mihi plane etiam illa exceptione praecidit; A VIII 4, 2. ecquis umquam tam ex amplo statu, tam in bona causa, tantis facultatibus ingenii concidit? A III 10, 2. in re tam insigni tamque atroci; Caecin 37. tam bonus gladiator rudem tam cito? Phil II 74. ſ. amplus, 1. amans. in tam diligenti scriptura; inv II 135. cave in ista tam frigida, tam ieiuna calumnia deliticas; Caecin 61. mentiri tot tam graves civitates; Ver V 135. humilis: ſ. alienus. ieiunus:

f. frigidus. quis tam improbus fuit? Cluent 143. si reliquiae pristinae dignitatis non tam inlustres fuissent; Sulla 37. tam insigni accepta iniuria; Caecin 36. f. atrox. nobilis: f. II. qui; Ver IV 44. nocens: f. alienus. hoc vestro iudicio tanto tamque praeclaro excitatus; Phil VI 2. f. II. qui; Ver IV 44. in rebus tam severis non est iocandi locus; div II 25. sordidus: f. alienus. ob hasce caussas tot tamque varias; Sest 46. evellam ex animis, hominum tantam opinionem, tam penitus insitam tam, vetustam? Cluent 4. — 3. quae in tanto imperio tam depravatis moribus, tam corruptrice provincia divina videantur necesse est; Q fr I I. 19. — 4. quod tam accurate tamque diligenter caveat et sanciat, ut ..; fin II 101. qui tam diligenter et tam callide verbis controversias diiudicas; Caecin 49. cito: f.| 2. bonus. diligenter: f. accurate, callide. ego te afuisse a nobis tam diu dolui; ep II 1, 2. abs te am diu nihil litterarum! A I 2, 1. causa erroris tatati, tam longe lateque diffusi; fin II 115. penitus: f. 2. vetustus. quae tam subito facta est deo rum tanta placatio? div II 36. quid opus est de Dionysio tam valde adfirmare? A VII 8, 1. quoniam (Brutus) me tam valde amat; A XII 14, 4. quod ius civile tam vehementer amplexus es; de or I 234. — 5. utinam (mens) tam in periculo fuisset! A III 13, 2. — II. corpus gaudere tam diu, dum praesentem sentiret voluptatem; Tusc V 96. — cur prohibendo non tam deterrere videretur quam admonere; dom 127. non tam prohibere videretur quam admonere; Tul 9. tam restitnes quam si familia fecerit universa; Caecin 58. nec tam imendus est nunc exercitus L. Catilinae quam isti, qui ..; Muren 79. reperiam innumerabiles non tam criosos nec tam molestos, quam vos estis; fin II 28. te non esse tam fortem, quam ipse Torquatus fuisset; Piso 78. quae ipsa (somnia) tamen tam levia non sunt, quam est Stoicorum de natura deorum oratio; nat III 95. non tam mihi molestum fuit accusari abs te officium meum quam iucundum requiri; ep II 1, 1. f. curiosus. nemo orator tam multa ne in Graeco quidem otio scripsit, quam multa sunt nostra; orat 108. tam hercule est unum, quam quod idem tu lege una tulisti; dom 51. vixit tam diu, quam licuit in civitate bene beateque vivere; Bru 4. tenuit locum tam diu, quam ferre potuit laborem; Bru 236. ego etsi tam diu requiesco, quam diu ad te scribo, tamen ..; A IX 4, 1. praecise: f. I, 2. alienus. utinam C. Gracchus non tam fratri pietatem quam patriae praestare voluisset! Bru 126. summus artifex et mehercule semper partimn iu re publica tam quam in scaena optimarum; Sest 120. sed ea non tam ad religionem spectant quam ad ius sepulchrorum; leg II 58. — quis est civis tam oblitus beneficii vestri, tam immemor patriae, tam inimicus dignitatis suae, quem non excitet ..? Phil VI 18. quis se tam durum agrestemque praeberet, qui hanc mihi non daret veniam? orat 148. nemo inventus est tam amens, qui illud argentum tam praeclarum ac tam nobile eriperet, nemo tam audax, qui posceret, nemo tam impudens, qui postularet, ut venderet; Ver IV 44. quis erit tam cupidus vestri, tam fautor ordinis, qui de transferendis iudiciis possit recusare? Ver III 224. durus: f. agrestis. at nulla materies tam facilis ad exardescendum est, quae nisi admoto igni ignem concipere possit, sic ..; de or II 190. immemor, inimicus: f. oblitus. quae porro (potest esse) tam immensa magnitudo, quae illa tam multa possit effingere? Tusc I 61. ut existimares me tam improvidum, qui desciscerem; ep II 16, 1. quis est tam Lynceus, qui in tantis tenebris nihil offendat! ep IX 2, 2. fautor: f. cupidus. nemo est tam senex, qui se annum non putet posse vivere; Cato 24. nihil tam praepostere, tam incondite, tam monstruose cogitari potest, quod non possimus som-

niare; div II 146. neque tamen quisquam inventus est tam insignite improbus, qui violare l'. Quinctii existimationem absentis auderet; Quinct 73. — quis est tam demens, quin sentiat ius hoc Gaditanis esse retinendum? Balb 43. negat esse ullum cibum tam gravem, quin concoquatur; nat II 24. numquam tam male est Siculis, quin aliquid facete dicant; Ver IV 95. — tam diu velle debebis, quoad te, quantum proficias, non paenitebit; of I 2. — tam me ab iis esse contemptum, u t haec portenta me consule potissimum cogitarent; agr II 55. est commodum ullum tam expetendum, ut viri boni nomen amittas? of III 82. quis umquam praedo fuit tam nefarius, quis pirata tam barbarus, ut cruenta spolia detrahere mallet? Sex Rosc 146. sicine eos (Torquatos) in sanguinem suum tam crudeles fuisse, nihil ut de commodis suis cogitarent? fin I 34. an tu censes ullam anum tam deliram futuram fuisse, ut somniis crederet, nisi ..? div II 141. nefarius: f. barbarus. cur tam imperite facit, ut nec adliget neque ..? Q Rosc 36. nemo tam sine oculis, tam sine mente vivit, ut, quid sit sementis ac messis, nesciat; de or I 249.

tamen, dennoch, doch, jedoch, gleichwohl: I. allein: 1. qua (istius statua) abiecta basim tamen in foro manere voluerunt; Ver II 160. vidit igitur etiam in confessione facti iuris tamen defensionem suscipi posse; Milo 15. fieri tamen potest, ut id ipsum, quod interest, non sit magnum; fin IV 30. quibus (rebus) ab aeterno tempore fluentibus in aeternum ratio tamen mensque moderatur; Tusc V 70. ut scires me tamen in stomacho solere ridere; ep II 16, 7. tam a malitia non discedis; ep IX 19, 1. Lucretii poëmata. ut scribis, ita sunt, multis luminibus ingenii, multae tamen || etiam || artis; Q fr II 9 (11), 3. tamen iis invitissimis te offeres? tamen in aliena causa loquere? tamen eos defendes, qui ..? tamen iis operam tuam pollicebere, qui ..? div Caec 21. nonne tamen numerare pecunias coacti sunt? Ver III 88. sit hic fons; utamur tamen Stoicorum definitionibus; Tusc IV 11. — 2. cum omnia metu tenerentur, gemitus tamen populi Romani liber fuit; Phil II 64. is, etiam cum peccet, tamen existimandus sit habere vim divinandi; div II 108. cui (senatus auctoritati) cum Cato et Caninius intercessissent, tamen est perscripta; ep I 2, 4. haud equidem adsentior. tu tamen ad reliqua pergas velim; leg III 26. quae (vacuitas doloris) etiamsi malo caret, tamen non est summum bonum; fin II 42. quam (suspicionem) etsi spero falsam esse, tamen numquam extenuabo verbis; Marcel 21. ego etsi tam diu requiesco, tamen ego argumento epistularum; A IX 4, 1. licet iurideat, plus apud me tamen vera ratio valebit quam vulgi opinio; par 8. vestigia Pythagoreorum quamquam multa conligi possunt, paucis tamen utemur; Tusc IV 3. quamquam me nomine neglegentiae suspectum tibi esse doleo, tamen non tam mihi molestum fuit ..; ep II 1, 1. eum qui audiant, quamvis ipsi infantes sint, tamen illo modo confidunt se posse dicere; orat 76. quamvis sine mente sis, ut es, tamen et te et tuos nosti; Phil II 68. ut, quae numquam vidimus, ea tamen informata habeamus; div II 138. cum iam esset mihi quidem molestam, sibi tamen gloriosam victoriae consecutus; Cael 18. quodsi non sumus inmortales futuri, tamen exstingui homini suo tempore optabile est; Cato 85. nemo est tam agrestis, quem non, si ipsa honestas minus, contumelia tamen magnopere moveat; par or 92. si manere in culpa fuerit Antonius, in hominem honestissimum tam graviter animadverti non oportuisse; Ver V 20. sin reflantibus ventis reiciemus, tamen eodem paulo tardius referamur necesse est; Tusc I 119. sive hoc difficile est, tamen nec modus est ullus investigandi veri, nisi ..; fin I 3.

tamenetsi ea (gloria) non sit iniqua merces periculi, tamen ea non delectari; de or II 210. tametsi utrumque esse arbitror perspicuum, tamen de utroque dicam; div Caec 11. meum studium erga te tametsi multis iam rebus spero tibi esse cognitum, tamen in iis maxime declarabo, quibus . . ; ep III 4, 1. qui (amores) ut sint pudici, solliciti tamen et anxii sunt; Tusc IV 70.

II. **Verbindungen**: a c tamen ita disputabant; Rab Post 16. atque in tamen aliquis Ligarius non fuit; Ligar 22. Caesare dominante veniebamus in senatum, si non libere, at tamen tuto; Phil XIII 18. quid habet vita commodi? sed habeat sane, habet certe tamen aut satietatem aut modum; Cato 84. ut, qui sibi temperarit, cum tamen aliquid adsequi posset, is nunc id agat, ut . . ; Flac 41. et tamen, quantum et cuius modi et omnino quale sit, quaeritur, hoc modo: iustum an iniustum; inv I 12. non est mundus deus, et tamen nihil est eo melius; nat III 23. quod is, qui audit, alio ducitur cogitatione neque tamen aberrat; de or III 160. congemuit senatus frequens neque tamen satis severe decrevit; Muren 51. nec tamen (Cn. Octavius) miser esse videbatur; fin II 93. philosophi summi nequedum tamen sapientiam consecuti nonne intellegunt . . ? Tusc III 68. ista quidem iam diu exspectans non audeo tamen flagitare; Ac I 3. cur, etiamsi ita sit, mors tamen non sit in malis; Tusc I 77. magna cum Graecis contentio; qui tamen iacent victi; Flac 92. quod tamen fortasse non nollem, si possem ad otium; ep II 16, 2. quia tamen aliquem contra te advocare poterat; Quinct 71. quibus quidem vos tamen subveniatis necesse est; stat iam multis non potestis; prov 11. certe levior reprehensio est, quod tamen dicimus esse quaedam probabilia; Ac II 102. sed tamen non fugisset hoc Graecos homines, si . . ; de or I 253. cum prae te ferres perspectum mihi quidem, sed tamen dulcem et optatum amorem tuum; ep II 1, 1. velim ita sit; sed tamen — ; ep II 16, 6. in magno (periculo) omnes, sed tamen in communi sumus; ep IV 15, 2. quamquam tua illa horridula mihi visa sunt, sed tamen erant ornata hoc ipso, quod ornamenta neglexerant; A II 1, 1. sin forte longinquitate producti (dolores) vehementius tamen torquent, quam ut . . ; Tusc V 117. qui nihildum etiam istius modi suspicabantur, verum tamen ea providebant; Ver IV 9. etsi verum tamen de illis — nosti cetera; ep XVI 22, 2. quid enim? verum tamen — ; A XIII 2, 1. quem quidem (Brutum) ego spero tuto vagari posse. verum tamen — ; Q XIV 8, 2. etsi Latinitas erat non ferenda, verum tamen ; A XIV 12, 1. verum haec ita praetereamus, ut tamen intuentes relinquamus; Sest 13.

tamenetsi, obgleich, obschon: tamenetsi ea (gloria) non sit iniqua merces periculi, tamen ea non delectari; de or II 210. sed, tamen etsi autea scripsi, quae existimari scribi oportere, tamen hoc te tempore breviter commonendum putavi, ne . . ; ep IV 15, 2.

tametsi, obgleich, obwohl, gleichwohl, jedoch: I. nolebat in agendo discere, tametsi non provinciae rudis erat et tiro; Ver II 17. at quam ob causam, di immortales! tametsi iniuriam facio communi causae; Ver V 141. non eos ad me venturos arbitrabare? tametsi id quidem fecerunt ridicule; ep III 7, 3. tametsi minus sum curiosus; A II 4, 4. — II. tametsi mihi nihil fuit optatius, quam ut quam gratissimus esse cognoscerer, tamen adficior summo dolore . . ; ep I 5, a, 1.

tamquam, so wie, wie wenn, gleichsam: I. 1. in hoc sumus sapientes, quod naturam optimam ducem tamquam deum sequimur; Cato 5. mihi vos nunc tamquam alicui Graeculo otioso quaestiunculam ponitis? de or I 102. quam (virtutem) vobis tam-

quam hereditatem maiores vestri reliquerunt; Phil IV 13. aetatis illius ista fuit laus tamquam innocentiae sic Latine loquendi; Bru 258. oratorem in indicia et contiunculas tamquam in aliquod pistrinum detrudi et compingi videbam; de or I 46. ut non tamquam citharoedi prooemium adfectum aliquod, sed cohaerens cum omni corpore membrum esse videatur; de or II 325. oculi tamquam speculatores altissimum locum obtinent; nat II 140. — 2. serenus aliquid tamquam in inculto et derelicto solo; Bru 16. quod video tibi etiam novum accidisse tamquam mihi; A VI 1, 5. huius cum opera et fide tum domo et re uti tamquam mea; ep XIII 69, 1. ut tamquam a praesentibus coram (disputatio) haberi videretur; Lael 3. — 3. qua (securitate) frui non possit animus, si tamquam parturiat unus pro pluribus; Lael 45. siquidem est peccare tamquam transire lineas; par 20. — 4. videtur tamquam tabulas bene pictas conlocare in bono lumine; Bru 261. cuius de morte tamquam de caerimoniis violatis quaeritur; Milo 59. — II. magna illa quidem sunt et tamquam animi instar in corpore; orat 44. formam quidem ipsam et tamquam faciem honesti vides; of I 15. sensim ab utroque latere, tamquam remis, ita pinnis cursus animum levatur; nat II 125. de Dolabella quod scripsi, suadeo videas, tamquam si tua res agatur; ep II 16, 7. Plancum sic contemnit, tamquam si illi aqua et igni interdictum sit; Phil VI 10. valde hercule timide, tamquam ad aliquem libidinis scopulum, sic tuam mentem ad philosophiam appulisti; de or II 154. nonne acerrime, tamquam armato hosti, sic huic legi resistetis? agr II 85.

tandem, endlich, endlich einmal, zuletzt, doch: I. 1. ineunt tandem magistratus tribuni plebis; agr II 13. haec tandem bona sunt, quibus aegritudines gravissimae detrahantur; Tusc III 46. — 2. a. quid vos tandem? Crassus, numquidnam, inquit, novi? de or II 13. quo tandem animo eius interitum ferre debui? Bru 3. quo usque tandem abutere, Catilina, patientia nostra? Catil I 1. ut rationem conlocandi ad finem cuiusque accommodem. quonam tandem modo? part or 12. cuius tandem te rei cupiditate arsisse defendes? Piso 56. quod genus tandem est illud ostentationis et gloriae? Rab Post 38. hic Laelius: quid tandem agebatia? rep I 19. quo tandem istuc modo? leg I 53. — b. exspectabant omnes, quo tandem progressurus esset; Ver V 161. nunc videamus, quaeso, de summo bono quid tandem attulerit; fin IV 14. — 3. quid si tandem amplius triennium erat? Q Rosc 8. — 4. recognosce tandem mecum noctem illam superiorem; Catil I 8. liceat tandem mihi considerare, utram sententiam sequar; Ac II 133. — II. tandem aliquando Catilinam eiecimus; Catil II 1. profectus est aliquando tandem in Hispaniam; Phil II 75. ut iam tandem illi tamen vos plurimum vidisse fateantur; agr II 103. quo tandem igitur gaudio adfici necesse est sapientis animum! Tusc V 69. vix tandem legi litteras dignas Ap. Claudio; ep III 9, 1.

tango, berühren, betreten, anrühren, treffen: I. palpebrae mollissimae tactu, ne laederent aciem; nat II 142. — II. minae Clodii contentionesque, quae mihi proponuntur, modice m e tangunt; A II 19, 1. ea, quae sunt certarum causarum propria, tangemus; part or 109. aera legum de caelo tacta; div II 47. ut numquam animum tuum cura fortunarum tuarum tangeret? Ver III 65. quam primum tetigero bene moratam et liberam civitatem, in ea conquiescam; Milo 93. illud tertium (genus), quod a Crasso tactum est; de or II 43. ut eorum ossa terra non tangat; Sex Rosc 72. si postem tetigit; dom 135. eas (res) cernimus, audimus, gustamus, olfacimus, tangimus; div II 9. de praeda mea praeter quaestores urbanos terruncium nec attigit nec tacturus

est quisquam; ep II 17, 4. qui (fundi) Tiberim fere omnes tangunt; Sex Rosc 20.

tantisper, ſo lange, unterbeſſen: 1. tantisper hoc ipsum magni aestimo, quod (philosophia) pollicetur; Tusc V 20. totos dies scribo, non quo proficiam quid, sed tantisper impedior; A XII 14, 3. — 2. deinde est in carcerem deductus, ut ibi esset tantisper, dum culleus compararetur; inv II 149. tibi hoc censeo, latendum tantisper ibidem, dum effervescit haec gratulatio; ep IX 2, 4.

tantopere (tanto opere), ſo ſeᵗʳ: I. quid, si illa tibi non tanto opere videntur ornanda? ep V 12, 2. nec cum istis tantopere pugnare (debeo), qui Graeca legere malint; fin I 10. — II. neque tantopere hanc a Crasso disputationem desiderabam, quantopere eius in causis oratione delector; de or I 164. cum Lacedaemonius quidam mortem ſantopere contempserit, ut responderit ..; Tusc I 100.

tantulus, ſo ſlein, ſo gering: I. nec quicquam posthac non modo tantum, sed ne tantulum quidem praeterieris; A XV 27, 3. dices: „tantulane causa?" A IV 8, a, 3. quod est in terris commune tantum tantulumve consilium, quod non ..? dom 73. ut huic vix tantulae epistulae tempus habuerim; A I 14, 1. ex fici tantulo grano; Cato 52. putas solem esse tantulum? Ac II 123. — II. si tantulum morae fuisset; Ver II 93. — III. ne tantulum quidem commotus est; Ver II 124.

tantum, nur: I, 1. voce tantum attigi legum initium; har resp 7. hoc loco tantum dico, locum esse tractatum; fin IV 5. consuetudinem illius perpetuam in vi inferenda, huius tantum in repellenda; Milo 52. — 2. excepit unum tantum, scire se nihil se scire, nihil amplius; Ac II 74. 3. hoc (simulacrum) locum tantum hominesque mutarat; Ver IV 72. qui (nuptiarum auspices) re omissa nomen tantum tenent; div II 28. semitam tantum Galliae tenebamus antea; prov 33. — 4. nec ut voluptatem expetat, natura movet infantem, sed tantum ut se ipse diligat; fin II 33. — II. neque eum oratorem tantum modo, sed hominem non putant; de or III 52. quoniam census non ius civitatis confirmat ac tantum modo indicat eum, qui sit census; Arch 11. sed in animo tantum morbo cogitatione possumus morbum ab aegrotatione seiungere; Tusc IV 29. neque tantum ipse es improbus, sed etiam alios docere voluisti; Vatin 36. non enim tantum admiratus sum ego illum virum, sed etiam praecipue dilexi; Scaur 1, 4. tantum quod ex Arpinati veneram, cum mihi a te litterae redditae sunt; ep VII 23, 1.

tantus, ſo groß, ſo viel, ſo gering, ſo wenig: A. bei Subſtantiven: I. ista tanta tamque multa profitenda non censeo; de or I 44. qui haec ex minimis tanta fecerunt; Cael 39. si vis, quae scripsimus tanta, etiam a me non scripta perspicis; A I 18, 8. quid est tantum in uno aut altero die? A VII 8, 2. in tanto civili bello, tanto animorum ardore et armorum; Marcel 24. consulatum meum tot, tanta, tam ornatis iudiciis, testimoniis, auctoritatibus comprobatum; dom 76. bellum: ſ. ardor. causa sustineri, praesertim tanta, nullo modo potest; div Caec 35. ex tanta coniuratione tantaque hac multitudine domesticorum hostium; Catil III 14 (15). quid est, quod tantam gravitatem constantiamque perturbet? Tusc IV 57. quae (causa) te ad tantum facinus adduxerit; Sex Rosc 86. ut illis pulcherrimum fuit tantam vobis imperii gloriam inquire; imp Pomp 12. gravitas: ſ. constantia. quae tua sponte faceres in hominem tantum et talem calamitosum; ep XIII 66, 1. iudicia: ſ. auctoritates. ut nulla vis tantos queat motus mutationemque moliri; Ac II 119. multitudo: ſ. coniuratio. mutatio: ſ. motus. opere: ſ. tantopere. quod (Pericles) tantam pecuniam in praeclara illa propylaea coniecerit; of II 60. in tanto hominis de me optime merito periculo; Vatin 2. quae (vis) tot

res efficiat et tantas; Tusc I 65. non dubitabo rem tantam abicere? A VII 3, 2. studium: ſ. II. multitudo. testimonia: ſ. auctoritates. ne forte hominem existimetis hanc tantam vim emblematum sine causa coacervare voluisse; Ver IV 54. — II. dixi de te, quae potui, tanta contentione. quantum forum est, tanto clamore consensuque populi, ut nihil umquam simile viderim; ep XII 7, 1. videre mihi videor tantam dimicationem, quanta numquam fuit; A VII 1, 2. qua ex re molestia sum tanta adfectus, quantam mihi meus amor adferre debuit; A I 17, 1. neque huic vestro tanto studio audiendi nec vero huic tantae multitudini, quanta mea memoria numquam ullo in iudicio fuit; deero; Sest 36. si intellexero has litteras tantum, quantum scribens confidebam, apud te pondus habuisse; ep XIII 16, 3. non tantam rationem res habet, quantam utilitatem atque praedam; Ver III 197. qui tot et tantas res tacitus auderet optare, quot et quantas di immortales ad Cn. Pompeium detulerunt; imp Pomp 48. nulla umquam voluptate tanta sum adfectus, quanta adficior hac integritate; A V 20, 6. — ut nulla acies humani ingenii tanta sit, quae penetrare in caelum possit; Ac II 122. damna nulla tanta sunt, quae non viri fortes ferenda arbitrentur; Ver III 60. quis umquam tantis opibus, tantis rebus gestis fuit, qui se populi Romani patronum dicere auderet? Phil VI 12. — tantam in nobis consulibus fore diligentiam, tantam in vobis auctoritatem, tantam in equitibus Romanis virtutem, tantam in omnibus bonis consensionem, ut omnia patefacta, vindicata esse videatis; Catil I 32. si (dolores) tanti sint, ut ferendi non sint; Tusc II 67. tantam in Crasso humanitatem fuisse, ut tolleretur omnis tristitia sermonis eaque esset in homine iucunditas et tantus in loquendo lepos, ut dies inter eos curiae fuisse videretur; de or I 27. tantis me impediri occupationibus, ut ad te scribendi facultas nulla detur; ep XII 30, 1. quorum (ludorum) religio tanta est, ut ex ultimis terris arcessita in hac urbe consederit; har resp 24. ſ. quantus; ep XII 7, 1.

B. mit Genetiv: I. quae res eum nocte una tantum itineris contendere coëgit? Sex Rosc 97. tantum ego in excellente ‖ excellenti ‖ oratore pono esse ornamenti universae civitati; de or II 85. — II. ut numquam Hannibal huic urbi tantum mali optarit, quantum illi effecerint; prov 4. Fibrenus tantum complectitur, quod satis sit modicae palaestrae, loci; leg II 6. an vero illi equites Romani habuerunt tantum animi, tantum roboris, ut M. Scauro testi non crederent? Font 26. tantum cibi et potionis adhibendum, ut reficiantur vires; Cato 36.

C. allein: I. tantum: 1, a. cum tanta reliqua sint, ne Terentiae quidem adhuc quod solvam expeditum est; A XVI 15, 5. — b. multos praestantes viros tanta esse conatos; Cato 82. neque fuit Gabinii remittere tantum de suo nec regis imponere tantum [pati] nisi; Rab Post 31. Apronium tantum isto praetore potuisse? Ver III 40 (39). tantum maiores in posterum providisse; leg III 44. remitto: ſ. impono. — 2. de quo (fano) tantum, quantum me amas, velim cogites; A XII 18, 1. ut neque nihil neque tantum, quantum postulavimus, consequamur; Q Rosc 10. tantum quisque habebat possessor, quantum reliquerat divisor Antonius; Phil V 20. tantum, quantum potest quisque, nitatur; Cato 33. ut ordinis nomen non tantum ad honorem, quantum ad ignominiam valeret; Ver III 97. ut sibi ac liberis suis tantum supersit, quo ipsi ali possint; Ver III 102. iis (legatis) apposuit tantum, quod satis esset; Tusc V 91. ut tantum maioribus eorum debitum esse videatur, unde etiam, quod posteris solveretur, redundaret; agr II 1. tantum abeat, ut enervetur oratio compositione verborum, ut aliter in ea nec impetus ullus nec vis esse possit; orat 229.

quamquam mihi non sumo tantum neque adrogo, ut
Cn. Plancium impunitatem consecutum putem; Planc
3. — II. tanti: 1. tanti Tyrii Cassium faciunt;
Phil XI 35. ipsas ego Musas numquam tanti
putassem; ep VII 23, 2. iuratus tibi possum dicere
nihil esse tanti; A II 13, 2. — 2. etsi id quidem
non tanti est, quam quod non vulneribus suis inimici mentem satiavit; Milo 58. quanti ego genus
omnino signorum omnium non aestimo, tanti ista
quattuor aut quinque sumpsisti; ep VII 23, 2. si
aestimavit tanti, ut homines ferre non possent; Ver
III 225. ut quisquam tanti aestimet aequitatem, ut
nullum supplicium recuset; Ac II 23. Verresne tibi
tanti fuit, ut eius libidinem hominum innocentium
sanguine lui velles? Ver I 77. — III. tanto: 1. ut
nihil incidisset postea civitati mali, quod non
impendere illi tanto ante vidissent; de or I 26. quod
tanto plus sibi mercedis ex fundo refectum sit; Ver
III 119. — 2. quanto ille plura miscebat, tanto hic
magis in dies convalescebat; Milo 25. elatus ille
levitate nonne tanto miserior, quanto sibi videtur
beatior? Tusc V 16. tantone minoris te decumas
vendidisse, ut civitas adderet . .? Ver III 84.

tantusdem, eben so viel: I. undique ad inferos tantundem viae est; Tusc I 104. — II, 1. qui
tantundem caperent, quantum omnes heredes; leg
II 52. quantum de honestate eius, qui arguitur,
detractum est, tantundem de facultate [eius] totius
est defensionis deminutum; inv II 33. quo plus insumptum in monimentum esset quam nescio quid,
quod lege concederitur, tantundem populo dandum
esse; A XII 35 (2). — 2. voluntatem decurionum ac
municipum omnium tantidem quanti fidem suam
fecit; Sex Rosc 115.

tarde, langsam, spät: sensim tardeve potius
quasi nosmet ipsos cognoscimus; fin V 41. qua
(lege) vel cito absolvi vel tarde condemnari licebat;
Ver I 26. aut accedemus in Epirum aut tarde per
Candaviam ibimus; A III 7, 3. quia (hae stellae)
tum celerius moventur, tum tardius; nat II 51. cum
tarde et incommode navigassemus; ep XIV 5, 1.
quo et propter longinquitatem et propter latrocinia
tardissime omnia perferentur; ep II 9, 1. te Roma
profectum esse tardius, quam dixeras; A IV 14, 1.
tardissime Lentulus venit; Catil III 6.

tarditas. Langsamkeit, Verzögerung, Stumpfheit: I. non ad insequendum sibi tarditatem pedum,
sed ad fugiendum impedimento fore; Rabir 21. —
II, 1. Balbi in utraque re consideratam tarditatem (Servius) vicit expediendis conficiendisque rebus;
Bru 154. cursu corrigam tarditatem cum equis tum
vero quadrigis poëticis; Q fr II 13 (15, a), 2. cuius
(P. Lentuli) et excogitandi et loquendi tarditatem
tegebat formae dignitas; Bru 235. vinco: s. considero. — 2. hoc verens in hanc tarditatem incidi;
A X 8, 5. — III, 1. ut tarditate et celeritate dissi-
milimos motus una regeret conversio; Tusc I 63. qui
hoc ant ingenii tarditate aut laboris fuga non sunt adsecuti; orat 229. — 2. propter tarditatem sententiarum; ep X 22, 2.

tardo, säumen, zögern, verzögern, aufhalten,
hemmen: I. mitte mihi obviam litteras, numquid
putes rei publicae nomine tardandum esse nobis; A VI 7, 2. — II. M'. Glabrionem socors
ipsius natura neglegensque tardaverat; A VI 8, 4. cum
etesiae vehementissime tardarunt; A VI 8, 4. cum
frequens senatus non multorum scelus audaciamque
tardasset; Sest 129. minus tardabitur cursus animorum; Tusc I 75. vereor, ne exercitus nostri tar-
dentur animis; Phil XI 24. scelus: s. audaciam.

tardus, säumig, langsam, stumpf, bedächtig:
A. velox an tardus sit; inv I 35. (Curio) tardus in
cogitando fuit; Bru 216. ut ceteri sint ad iniuriam
tardiores; of I 83 (34). in Maniliano offendi Diphilum Diphilo tardiorem; Q fr III 1, 1. (Bibulus) in decedendo

erit, ut audio, tardior; A VII 3, 5. ut quod esset
tardissimum, id proximum fieret celerrimo; Tim 31.
omnia tarda adhuc et spissa; A X 18, 2. tardi ingenii est rivulos consectari, fontes rerum non videre;
de or II 117. se, quo plus sibi aetatis accederet, eo
tardiores tibicinis modos esse facturum; de or I 254.
sensus omnes hebetes et tardos esse arbitrabantur;
Ac I 31. voces ut chordae sunt intentae, acuta gravis, cita tarda, magna parva; de or III 216. — B.
ut et ingeniosi et tardi ita nascantur antecedentibus causis; fat 9.

taurus, Stier: I. ut se defendant cornibus
tauri; nat II 127. inclusorum hominum gemitu mugiebat taurus; rep III 42. — II, 1. cum taurum immolavisset; Bru 43. — 2. etiamsi in Phalaridis
tauro inclusus succensis ignibus torreatur; Piso
42. — III. tauri opimi iecur aut cor aut pulmo
quid habet naturale, quod declarare possit, quid futurum sit? div II 29.

taxatio, Anschlag: eius rei taxationem nos fecimus; aestimatio vestra est; Tul 7.

taxillus, feiner Klotz: quam litteram etiam e
„maxillis" et „taxillis" consuetudo elegans Latini
sermonis evellit; orat 153.

tecte, gedeckt, geschützt, versteckt: quod tu in
epistula appellas suo nomine, ille (Piso Frugi) tectius „penem"; ep IX 22, 2. nec (orator) satis tecte
declinat impetum, nisi etiam in cedendo, quid deceat,
intellegit; orat 228.

tector, Wandmaler, Stuckarbeiter: quamvis
frugi hominem si pro fabro aut pro tectore emimus;
Planc 62.

tectoriolum, Stuckarbeit: belle „tectoriola";
dic ergo etiam, „pavimenta" isto modo; non potes;
ep IX 22, 3.

tectorium, aus Stuck, neutr. Stuckarbeit, Wand-
malerei: A. neque id (sepulchrum) opere tectorio,
exornari licebat; leg II 65. — B, I. quod mihi erit
curae, tectorium ut concinnum sit; Q fr III 1, 1. —
II, 1. ex qua (columna) tantum tectorium vetus de-
lectum || deiectum, al. || sit; Ver I 145. — 2. quos
(typos) in tectorio atrioli possim includere; A I
10, 3.

tectum, Dach, Decke, Haus, Wohnung: I. qui
marmoreis tectis ebore et auro fulgentibus abundant; par 13. — II, 1. multis locis ne tectum quidem nos accipere, et in tabernaculo manere plerumque; A V 16, 3. in campo Martio saepta tributis comitiis marmorea sumus et tecta facturi eaque cingemus excelsa porticu; A IV 17, 7 (16. 14).
sua templa atque urbis tecta defendunt; Catil II 29.
tectum villamque disturbant; Tul 21. tecta, quibus
et frigorum vis pelleretur et calorum molestiae sedarentur, unde generi humano dari potuissent? of II
13. illi aurata tecta in villis facienti; par 49. s.
cingo. Atheniensium quoque plus interfuit firma
tecta in domiciliis habere quam Minervae signum
ex ebore pulcherrimum; Bru 257. tollam altius tectum; har resp 33. — 2. qui vestris domiciliis atque tectis sunt funestos ignes inferre conati; Catil III 22. cum perditi homines tectis ac templis
urbis minitarentur || minarentur || ; Phil I 5. — 3. ab
undo: s. I. equitem Romanum biduum cibo tecto-
que prohibitum; Ver III 60. — 4. qui consulem extrahere ex suis tectis conatus sis; Vatin 23. quae
(porticus Catuli) ad tectum paene pervenerat; A IV
3, 2. — III. eius modi coniunctionem tectorum
oppidum vel urbem appellaverunt; rep I 41. tecti
et aquae et ignis interdictione adigebatur; dom 78.
quem ad modum ex utraque tecti parte aqua delaberetur; de or III 180. — IV, 1. pelli, sedari: s.
II, 1. do. quod C. Marium tecto receperunt; Planc
26. — 2. ne in freto ante sua tecta et domos navigarent; Ver V 50.

tegimen (tegmen) Decke, Versteck: I. mihi amictui est Scythicum tegimen; Tusc V 90. — II. »inde est ales Avis lato sub tegmine caeli«; nat II 112. III. „qui (draco) platani in ramo foliorum tegmine saeptos corripuit pullos«; div II 63.

tegimentum (tegumentum), Decke, Bedeckung: I. quae (palpebrae) sunt tegmenta oculorum; nat II 142. — II. pennarum contextu corpori tegumenta (Philoctetes) faciebat; fin V 32. tegumenta (dico) corporum vel texta vel suta; nat II 150.

tego, decken, bedecken, verbergen, verstecken, verhüllen, schützen: te in dicendo mihi videri tectissimum esse; de or II 296. fortasse ceteri tectiores; ego semper me didicisse prae me tuli; orat 146. qui occultus et tectus dicitur; fin II 54. hoc mihi da, ut M'. Curium „sartum et tectum", ut aiunt, conserves; ep XIII 50, 2. ut eum ceteris rebus tegas atque tueare; ep XIII 66, 2. te censorias leges in sartis tectis exigendis tollere; Ver III 16. quibus (facultatibus) sarta tecta aedium sacrarum locorumque communium tueri possint; ep XIII 11, 1. triumphi nomine tegere atque celare cupiditatem suam; Piso 56. cum etiam ferae latibulis se tegant; Rab Post 42. quod (nostri) clarissimorum hominum auctoritate leges et iura tecta esse voluerunt; de or I 253. multis simulationum involucris tegitur et quasi velis quibusdam obtenditur unius cuiusque natura; Q fr I 1, 15. qui (L. Brutus) summam prudentiam simulatione stultitiae texerit; Bru 53. »ut stinguuntur radii caeca caligine tecti«; fr H IV, b, 133. quod is meam salutem atque vitam sua benivolentia praesidio custodiaque texisset; Planc 1. totus est sermo verbis tectus, re impudentior; ep IX 22, 1. quae (leges) tegunt omni ratione suffragium; leg III 38. tectis verbis ea ad te scripsi, quae apertissimis agunt Stoici; ep IX 22, 5. vitam: f. salutem.

tegula, Dachziegel: 1. promitto tibi tegulam illum in Italia nullam relicturum; A IX 7, 5. — 2. sollertiam eam, quae posset vel in tegulis proseminare ostreas; fr F V 78.

tegumentum f. tegmentum.

tela, Gewebe, Webstuhl: I. illa ars quasi Penelope telam retexens; Ac II 95. quamquam ea tela texitur [ea in civitate ratio vivendi]; de or III 226. — II. plena domo telarum; Ver IV 59.

tellus, Erde: ea, quae est media et nona, tellus, neque movetur et infima est, et in eam feruntur omnia nutu suo pondera; rep VI 17.

telum, Geschoß, Waffe: I. „si telum manu fugit". imprudentia teli missi brevius propriis verbis exponi non potuit, quam est uno significata tralato; de or III 158. non dubito, quin ea tela, quae coniecerit inimicus, quam ea, quae conlega patris emisit, leviora atque hebetiora esse videantur; har resp 2. — II, 1. ut omnia in illum (adversarium) tela conferam; de or II 293. conicio, emitto: f. I. sunt. me omnia tela excipere unum; prov 23. mitto: f. I. fugit. ne quod in vestimentis telum occultaretur; of II 25. — 2. qui se saepe telis hostium obiecerit; Balb 23. ut omnibus telis fortunae proposita sit vita nostra; ep V 16, 2. — 3. vitam ex hostium telis servatam; rep I 5. fit senatus consultum, ut Vettius, quod confessus esset se cum telo fuisse, in vincula coniceretur; A II 24, 3. qui possit nomine oratoris ornatus incolumis vel inter hostium tela versari; de or I 202. — III. imprudentia: f. I. fugit. — IV, 1. si eo telo defenderet; Milo 9. qui scutis telisque parati ornatique sunt; Caecin 60. — 2. te stetisse in comitio cum telo; Catil I 15.

temerarius, unbesonnen, verwegen: hoc consilium Aquilio tam temerarium probabitur? Quinct 81. haec homo inconsultus et temerarius non videbat; Deiot 16. illa temeraria atque inconsiderata laudatrix, fama popularis; Tusc III 4. duabus animi temerariis partibus compressis; div I 61.

temere, planlos, absichtslos, zufällig, unüberlegt, unbesonnen: quae (domus) temere et nullo consilio administratur; inv I 58. ne temere vel falsae rei vel non satis cognitae adsentiamur; div I 7. non temere nec fortuito sati et creati sumus; Tusc I 118. temere hunc pecuniam regi credidisse; Rab Post 25. ex corporibus huc et illuc casu et temere cursantibus; nat II 115. cum plerique temere ac nulla ratione caussa in foro dicant; de or II 32. quod temere fit caeco casu et volubilitate fortunae; div II 15. inani laetitia exsultans et temere gestiens; Tusc V 16. ne meos omnes tam temere proderem; A X 9, 2. temere prosiluerunt; Cael 63. non scribo hoc temere; ep IV 13, 5. sero: f. creo. de evertendis urbibus valde considerandum est ne quid temere; of I 82.

temeritas, Planlosigkeit, Unüberlegtheit, Unbesonnenheit, Verwegenheit: I, 1. ut recordemini, quae sit temeritas multitudinis; Flac 57. si omnibus in rebus temeritas ignoratioque vitiosa est; fin III 72. quem (statum) neque fortunae temeritas neque inimicorum labefactaret iniuria; par 17. — 2. o admirabilem temeritatem! Phil III 18. — II, 1. is libere reprehendere et accusare populi temeritatem solebat; Sest 122. temeritatem concitatae multitudinis auctoritate publica armare; Milo 2. non mihi esse C. Cethegi furiosam temeritatem pertimescendam; Catil III 16. reprehendo: f. accuso. — 2. si imprudentes (laedunt), neglegentiae est, si scientes, temeritatis; of II 68. — 3. non paruit ille (C. Blossius) Ti. Gracchi temeritati, sed praefuit; Lael 37. — 4. omnis actio vacare debet temeritate et neglegentia; of I 101. — 5. quam (Fortunam) nemo ab inconstantia et temeritate seiunget; nat III 61. — III. qui poenam hanc maternae temeritatis tulit; dom 134. cum obsidet rostra vindex temeritatis et moderatrix officii curia; Flac 57. — IV, 1. qui (exercitus) stultitia et temeritate [alicuius] administratur; inv I 58. temeritate imperiorum excitatus; Flac 58. multi faciunt multa temeritate quadam sine iudicio; of I 49. — 2. qui propter temeritatem male rem gessit; Tusc III 17.

temetum, Met, Wein: carent temeto omnes mulieres; rep IV 6.

temo, Deichsel: »quod (Bootes) quasi temoni adiunctam prae se quatit Arctum«; nat II 109.

temperamentum, Auskunftsmittel: inventum est temperamentum, quo tenuiores cum principibus aequare se putarent; leg III 24.

temperans, mäßig, maßvoll, enthaltsam: qui sit temperans, quem Graeci σώφρονα appellant; Tusc III 16. quem tum temperantem, alias constantem continentemque dicimus; Tusc IV 36. ille homo sanctissimus ac temperantissimus; Font 38. cum hominem temperantem tantus improviso morbus oppresserit; A XV 1, 1. nec bono viro meliorem nec temperantem temperatiorem posse fieri; par 21.

temperanter, mit Mäßigung: si hic (Caesar) temperantius egerit; A IX 2, a, 2.

temperantia, Mäßigung: I, 1. ut in eo moderatio et temperantia appareat cum specie quadam liberali; of I 96. aequitas, temperantia certant cum iniquitate, luxuria; Catil II 25. quem ad modum temperantia sedat appetitiones conservatque considerata iudicia mentis, sic huic inimica intemperantia omnem animi statum inflammat; Tusc IV 22. temperantia constat ex praetermittendis voluptatibus corporis; nat III 38. ipsius dicacitatis moderatio et temperantia et raritas dictorum distinguent oratorem a scurra; de or II 247. temperantia est rationis in libidinem atque in alios non rectos impetus animi firma et moderata dominatio.

eius partes continentia, clementia, modestia; inv II
164. summam fuisse eius (Dionysii) in victu
temperantiam; Tusc V 57. quae tua prudentia et
temperantia est; A VI 9, 1. sedat: f. conservat. —
2. quam (virtutem) alii ipsam temperantiam dicunt
esse, alii obtemperantem temperantiae praeceptis
et eam subsequentem; Tusc IV 30. — II, 1. quas
(virtutes) appellamus voluntarias, ut prudentiam,
temperantiam; fin V 36. iam si pudor, si modestia,
si pudicitia, si uno verbo temperantia poenae aut
infamiae metu coërcebuntur; fin II 73. temperantia
in suas itidem res et in communes distributa est;
part or 77. subsequor: f. I, 2. — 2. nec libidine
dominante temperantiae locum esse; Cato 41. —
3. quanta innocentia debent esse imperatores, quanta
temperantia! imp Pomp 36. — 4. ut de continentia
et temperantia dicit ille (Epicurus) multa multis
locis; of III 117. — III. istorum verborum amore,
sapientiae, fortitudinis, iustitiae, temperantiae; fin
II 51. partes: f. I, 1. est; inv II 164. praecepta: f.
I, 2. — IV. si qui sunt pudore ac temperantia
moderatiores; imp Pomp 64.

temperate, gemäßigt: ages, ut scribis, temperate; A XII 32, 2 (1).

temperatio, Mischung, Verhältnis, Milderung,
Gleichmaß, Einrichtung, ordnendes Prinzip: I.
quem mensum temperatio non gratum esse (cogit);
leg II 16. si haec non vis et natura gignentium
efficeret, sed temperatio lunae caelique moderatio;
div II 94. praesto est huius vitii temperatio; leg
III 27. mediam fere regionem sol obtinet, mens
mundi et temperatio; rep VI 17. — II. tu videlicet
illius aeris temperationem perspicis; Ver IV 98.
— III. cum videmus commutationes temporum
quadrupertitas ad temperationem corporum aptas;
Tusc I 68. — IV, 1. (animus) temperatione trium
partium proportione compactus; Tim 27. — 2.
ut possit ex temperatione iuris teneri ille moderatus
civitatis status; leg III 28.

temperator, Ordner: summae facultatis esse
debebit moderator ille et quasi temperator huius
tripertitae varietatis; orat 70.

temperi (tempori), zeitig, rechtzeitig: (cena)
temperius fiat, cetera eodem modo; ep IX 16, 8.
cum tamen brevioribus diebus cotidie respondebant
tempori tabellarii; A XII 39, 2. ad cenam tempori
‖ temperi ‖ venit Canius; of III 58.

tempero, mäßigen, unterlassen, mischen, einrichten, ordnen, bemessen, mildern, schonen, part.
mäßig, ruhig: I. cum his ‖ iis ‖ (stellis) interiecta
Iovis illustret et temperat; nat II 119. — II, 1. qui
reus temperare non potuerit, quin L. Sisennae argentum tractaret; Ver IV 34. — 2. qui ante dictum
testimonium sibi temperarit; Flac 41. ut amicis
nostrorum inimicorum temperemus; Balb 60. te putet quisquam sociis temperasse? Ver I 154. — III.
est quidam interiectus inter hos medius et quasi
temperatus; orat 21. quod fuerim moderatior temperatiorque quam in ea parte quisquam; ep XIII
29, 7. haec interdum temperanda et varianda sunt;
orat 103. quae speras Tulliae meae prudentia temperari posse; ep II 15, 2. utcumque temperatus
sit aër; div II 89. iunctis ex anima tenui et ex
ardore solis temperato ignibus; Tusc I 43. calamo
et atramento temperato res agetur; Q fr II 14, 1.
hic noster si nec suam copiam cum illis duobus generibus temperavit; orat 99. in varia et perpetua
oratione hi (iambus, paean, dactylus) sunt inter se
miscendi et temperandi; orat 197. quas (festivitates)
Isocrates moderatius temperavit; orat 176. quod
(genus) erit aequatum et temperatum ex tribus optimis rerum publicarum modis; rep I 69. hominem
multa humanitate temperatum perdidimus; A IV 6,
1. iambum: f. dactylum. quorum (oculorum) et
hilaritatis et vicissim tristitiae modum res ipsae,

de quibus agetur, temperabunt; orat 60. (Sex. Aufidius) est ita temperatus moderatisque moribus, ut..;
ep XII 27. neque est ulla temperatior oratio quam
illa, in qua .. ; de or II 212. sit (oratio) permixta
et temperata numeris; orat 196. medius ille (orator).
quem modicum et temperatum voco; orat 98. paeana:
f. dactylum. ita temperata tota ratio est, ut .. ; A
I 19, 8. qui (Lycurgus) Lacedaemoniorum rem publicam temperavit; div I 96.

tempestas, Zeitpunkt, Wetter, Sturm, Un-
wetter, Andrang, Unfall: I. quem neque periculi
tempestas neque honoris aura potuit umquam demovere; Sest 101. erat tempestas perfrigida; Ver
IV 86. qui ventus, qui imber, quae tempestas ubique sit; div II 94. ut alia Tusculi, alia Romae
eveniat saepe tempestas; div II 94. in eo (loco)
maximae moles molestiarum et turbulentissimae tempestates exstiterunt; de or I 2. ipsos tempestas vehementius iactare coepit; inv II 154. aliis impendentibus tempestatibus non cessi; Piso 21. maris
subita tempestas quam ante provisa terret navigantes vehementius; Tusc III 52. — II, 1. magnis commotis tempestatibus; inv II 96. ut tempestates
saepe certo aliquo caeli signo commoventur, saepe
improviso concitantur, sic .. ; Muren 36. tempestate iam commutata; inv II 154. concito: f. commoveo. cum tempestatem querelarum ferre non
posses; Piso 89. qui (nautae) tempestatem praetermittere noluerunt; ep XIV 4, 5. ea ipsa tempestate
eversam esse rem publicam; quam ego xIIII annis
ante prospexerim; A X 4, 5. provideo: f. I. terret.
huius invidiae falsae tempestatem subire; Catil II
15. — 2. cedo: f. I. impendent. ut in navigando
tempestati obsequi artis est; ep I 9, 21. subvenire
tempestati quavis ratione sapientis (est); of I 83. —
3. ut nullus umquam dies tam magna ac turbulenta
tempestate fuerit, quin .. ; Ver V 26. — 4. ut
homines ingeniosissimi, quasi ex aliqua turbida tempestate in portum, sic ex tumultuosa vita se in
studium aliquod traderent quietum; inv I 4. —
III. quae (virtus) nec tempestatum nec temporum
perturbatione mutatur; par 51. praediceret
tempestatum rationem; Muren 4. quam multi votis
vim tempestatis effugerint; nat III 89. — IV, 1.
everti: f. II, 1. prospicio. nautae quidam cum
adversa tempestate in alto iactarentur; inv II 95.
statuae intereunt tempestate; Phil IX 14. quae
(causa) terret animos fulminibus, tempestatibus, nimbis; nat II 14. neque illud fugerim dicere, ut Coelius: „qua tempestate Poenus in Italiam venit": de
or III 153. quod his tempestatibus es prope solus
in portu; ep IX 6, 4. tu velim quam primum bona
et certa tempestate conscendas; Q fr II 2, 4. cum
iter facerem tempestate spurcissima; fr E V 13. —
2. in illa tempestate horribili Gallici adventus; rep
II 11.

tempestive, rechtzeitig: nec tempestive demetendi percipiendique fructus pecudum scientia est:
nat II 156.

tempestivitas, rechte Zeit: sua cuique parti
aetatis tempestivitas est data; Cato 33.

tempestivus, rechtzeitig, frühzeitig, geeignet:
quas eos cenas et facere et obire scripsit ad me
Sextus, quam lautas, quam tempestivas! A IX 13, 6.
ego tempestivis conviviis delector; Cato 46. multa
in conviviis tempestivis disputari; A IX 1, 3. nec
tempestivos fructus ex iis (bestiis) capere possemus;
of II 14. nondum tempestivo ad navigandum mari:
imp Pomp 34. quam tempestivos dedit (natura) ventos Etesias! nat II 131.

templum, Raum, Bezirk, Gebiet, Tempel: I.
qua nocte templum Ephesiae Dianae deflagravit;
div I 47. plenum est forum, plena templa circum
forum; Catil IV 14. — II, 1. earum (Nympharum)
templa sunt publice vota et dedicata; nat III 43.

Mens, Pietas, Virtus, Fides; quarum omnium Romae dedicata publice templa sunt; leg II 28. qui (Trophonius et Agamedes) cum Apollini Delphis templum exaedificavissent; Tusc I 114. templum sanctitatis, amplitudinis, mentis, consilii publici inflammari, exscindi, funestari; Milo 90. is Minervae templum spoliare conatus est; Ver IV 123. voveo: ſ. dedico. — 2. qui deorum templis atque delubris sunt funestos ignes inferre conati; Catil III 22. — 3. cum L. Vettium indicem in rostris, in illo, inquam, augurato templo ac loco conlocaris; Vatin 24. quam (sphaeram) ab eodem Archimede factam posuerat in templo Virtutis Marcellus idem; rep I 21. qui sibi licere vult tuto esse in foro, in templo; Sest 90. nonne aspicis, quae in templa veneris? rep VI 17. quem (globum) in hoc templo medium vides; rep VI 15. — III. me, custodem defensoremque Capitolii templorumque omnium; dom 7. postem teneri oportere templi; dom 121. templorum et delubrorum religiones; dom 119. — IV, 1. Capitolium illud templis inlustratum; Scaur 47. qui (di) me suis templis advenientem receperunt; Sest 147. — 2. cum de mea dignitate in templo Iovis optimi maximi senatus decrevisset; dom 14. Thebis in templo Herculis valvae clausae repagulis subito se ipsae aperuerunt; div I 74. venit paratus Servilius Iovi ipsi iniquus, cuius in templo res agebatur; ep X 12, 4.

tempora, Schläfe: »huic (Draconi) tempora sunt duplici fulgore notata«; nat II 107.

temptatio, Krankheitsanfall: valetudinem tuam iam confirmatam esse et a vetere morbo et a novis temptationibus gaudeo; A X 17, 2.

tempto, berühren, prüfen, auf die Probe stellen, versuchen, beunruhigen: I. verbum ex eo numquam elicere potui de vi ac ratione dicendi, cum et per me ipsum egissem et per Drusum saepe temptassem; de or I 97. te, quem ego totiens omni ratione temptans ad disputandum elicere non potuissem; de or II 13. — II, 1. temptavi, quid in eo genere possem; Tusc I 7. ſ. III. alqm. — 2. cum ille Romuli senatus temptaret, u t ipse regeret ‖ gereret ‖ rem publicam; rep II 2. — III. tempto te, quo animo accipias; ep XV 16, 3. ea, quae quasi probabilia sumentur, ad hunc modum temptari oportebit; inv I 83. te omnia temptasse intellego; A XI 17, 1. cum essent animi servorum et spe et metu temptati; Cluent 176. quod (animi) valentes morbo temptari non possunt, ‖ ut, al. ‖ corpora possunt; Tusc IV 31. suum decretum pecunia esse temptatum; Ver II 59. ut vix pede temptare id (flumen) possim; leg II 6. nullo modo animus incitari potest, qui modus a me non temptatus sit; orat 132. quas (nationes) numquam populus Romanus temptandas putavit; imp Pomp 23. temptarem etiam summi regis prudentiam; Tusc I 98. habeo nihil temptatis rebus omnibus, in quo acquiescam; A XII 19, 1. quod summa res publica in huius periculo temptari; Sex Rosc 148. cuius (Atti Navii) cum (rex Priscus) temptaret scientiam auguratus; div I 32.

tempus, Zeit, Zeitpunkt, Gelegenheit, Umstand, Schicksal, schlimme Lage, Gefahr, Quantität, grammatisches Tempus: I. absolut: 1. nollem accidisset tempus, in quo perspicere posses, quanti te facerem; ep III 10, 2. perpetuitas omnis consequentis temporis; Tusc I 97. est quasi rudentis explicatio sic traductio temporis nihil novi efficientis et primum quidque replicantis; div I 127. tempus est pars quaedam aeternitatis cum alicuius annui, menstrui, diurni nocturnive spatii certa significatione; inv I 39. ego pro te nunc hos consulo, post tempus erit in aliena re, quoniam tu in tua re, cum tempus erat, consulere oblitus es; Quinct 54. dubitatio tua, de qua alienum tempus est mihi tecum expostulandi; ep III 10, 6. ſ. II, 1. facio. quae tempus illud tulit;

Merguet, Handlexikon zu Cicero.

Ver II 73. quae meum tempus postularet; dom 28. quae causa, quae tuum tempus postulabat; ep VI 14, 2. replicat: ſ. efficit. amissis temporibus, quae plurimum valent, praesertim in bellis civilibus; ep XV 15, 2. cum tempus mortis venisset; Tusc I 49. alienum tempus; part or 119. — 2. o tempora, o mores! Catil I 2. dom 137.

II. nach Verben: 1. reliqua tempora demetendis fructibus et percipiendis accommodata sunt; Cato 70. servire tempori et non amittere tempus, cum sit datum; A VIII 3, 6. ſ. I, 1. valent. tempus actionis oportunum Graece εὐκαιρία, Latine appellatur occasio; of I 142. me fateor neque ullum umquam habuisse sepositum tempus ad discendum ac tantum tribuisse doctrinae temporis, quantum mihi puerilis aetas, forenses feriae concesserint; de or III 85. omne reliquum tempus ad comparationem novi (belli) contulit; imp Pomp 9. quin per eos dies matutina tempora lectiunculis consumpseris; ep VII 1, 1. neque ita apta habeo devorsoria, ut tota tempora diurna in iis possim consumere; A XI 5, 2. ita disceptationes eae, quae sunt certis personis ac temporibus notatae, fiunt rursus infinitae detractis personis et temporibus; part or 106. liberum tempus nobis dabitur ad istam disceptationem; Rabir 17. facile patior datum tempus, in quo amorem experirer tuum; A XVI 16, 10. ſ. amitto. iam doctis hominibus ac temporibus ipsis eruditis; rep II 19. qui nescio quam fortunam ac tempus exspectant; har resp 55. minui tempus et, quod erat infinitum, annuum feci; leg III 18. tempus habes tale, quale nemo habuit umquam; Phil VII 27. ſ. concedo. minuo: ſ. facio. tempus eius tridui in magno officio et necessario mihi ponendum putavi; ep XV 2, 3. ut nobis tempus, quam diu diceremus, praestitueres; Quinct 33. a me nullum tempus praetermittitur de tuis rebus et agendi et cogitandi; ep I 5, a, 4. nunc nihil praetermittere videbere usitati et quasi legitimi temporis ad petendum; ep X 25, 2. ne tempus nobis provinciae prorogetur; ep II 8, 3. (tua auctoritas) adfert et reliqui temporis recuperandi rationem et praesentis tuendi; A VIII 9, 3. si mihi ne ad ea cogitanda quidem quicquam relinquitur temporis; Sulla 26. sepono; ſ. concedo. ut ita tibi multum temporis ad dicendum sumas, ut . . ; Tul 6. tempora timens inimica virtuti; orat 35. si mihi ullum tribueretur vacuum tempus et liberum; leg I 8. ſ. concedo. tueor: ſ. recupero. — 2. non est mei temporis iniurias meminisse; sen 23. — 3. tempori cedere, id est necessitati parere, semper sapientis est habitum; ep IV 9, 2. quantum in hac urbe polleat multorum oboedire tempori; Bru 242. sin temporibus te aliis reservasti; Planc 13. hac in contentione tibi tempori serviendum est; A X 7, 1. ſ. 1. amitto. tantum erat philosophiae loci, quantum superfuerat amicorum et rei publicae temporibus; of II 4. ut, quod potuit, tempori tribuatis, quod fecit, ipsi; Sulla 72. — 4. si utar meo legitimo tempore; Ver pr 32. — 5. iter ad rei publicae tempus accommodato; Ver I 63. scitum est causam conferre in tempus; de or III 228. quoniam in gravissimis temporibus civitatis P. Sestii tribunatus est a Fortuna ipsa conlocatus; Sest 5. occasio est pars temporis habens in se alicuius rei idoneam faciendi aut non faciendi oportunitatem. quare cum tempore hoc differt; inv I 40. in aliud tempus id argumentum epistulae differo; ep VI 6, 1. duco ab: ſ. III, 3. usque ab. nescio quo pacto audaciae maturitas in nostri consulatus tempus erupit; Catil I 31. quod in rei publicae tempus non incideris, sed veneris; ep II 7, 2. inclinato iam in postmeridianum tempus die; Tusc III 7. munio me ad haec tempora; ep IX 18, 2. C. Caesarem, deorum beneficio natum ad haec tempora; Phil XII 7. ex tempore quae (res) nata sit; inv I 25. (coniunctio)

92

permanens ad longinquum et immensum paene tempus; nat II 85. nonne hominem ipsum ad dubia rei publicae tempora reservandum putatis? Font 42. quae tu scelera partim parari iam et cogitari, partim ex tempore futura censes? A X 1, 2. in tempore multa sunt, quae adferant auctoritatem: ingenium, opes, aetas ..; Top 73. secundus (locus est), qui in tempora tribuitur, per quem, quibus in malis fuerint et sint et futuri sint, demonstratur; inv I 107. venio in: ſ. incido in. horum temporum, in quibus nunc versor, habeo tabulas; Ver I 61.

III. nach Adjectiven und Adverb: 1. apud Philistum, et doctum hominem et aequalem temporum illorum; div I 39. me illorum expertem temporum fuisse; Sulla 11. quia trium temporum particeps animus sit; fin II 108. — 2. decere (declarat) quasi aptum esse consentaneumque tempori et personae; orat 74. quid aptum sit personis, temporibus, aetatibus; of I 125. consentaneus: ſ. aptus. — 3. vetus opinio est iam usque ab heroicis ducta temporibus; div I 1. Habitus usque ad illius iudicii tempus nullum testamentum umquam fecerat; Cluent 45.

IV. nach Substantiven: 1. si id temporis Roma proficisceretur; Sex Rosc 97. ſ. II, 1. concedo, praetermitto, relinquo, sumo. angustiis temporis excluduntur omnes; Ver I 148. in tanta atrocitate temporis; Phil VIII 32. nec minorem voluptatem percipi in brevitate temporis, quam si illa sit sempiterna; fin II 87. cum videmus commutationes temporum quadrupertitas eorumque omnium moderatorem et ducem solem; Tusc I 68. Saturnum eum esse voluerunt, qui cursum et conversionem spatiorum ac temporum contineret; nat II 63. non est ista mea culpa, sed temporum; Catil II 3. cursus: ſ. conversio. dux: ſ. commutationes. si Q. Axius utitur excusatione temporis; A X 11, 2. C. Publicium solitum esse dicere, „P. Mummium cuiusvis temporis || cuivis tempori || hominem esse"; de or II 271. ut in me unum omnis illa inclinatio communium temporum incumberet; Balb 58. quam fortiter sapienterque ferres iniuriam temporum; ep VI 10, 4. nihil est, quod non longinquitas temporum adsequi possit; div I 12. eorum (siderum) cursus dimetati maturitates temporum et varietates mutationesque cognovimus; nat II 155. huius viri laudem ad sempiterni memoriam temporis calamitas propagavit; dom 87. moderator: ſ. commutationes. ex quattuor temporum mutationibus omnium initia causaeque ducuntur; nat II 49. ſ. maturitates. explicatis ordinibus temporum; Bru 15. usque ad temporis ortum; Tim 34. pars: ſ. II, 5. differo cum. perpetuitas: ſ. I, 1. consequitur. an (mundus) ortus sit ab aliquo temporis principatu; Tim 5. ne punctum quidem temporis oppugnatio respiravit; Phil VIII 20. cuius ego temporis rationem explicabo brevi; Planc 95. Κρόνος (deus) dicitur, qui est idem χρόνος, id est spatium temporis; nat II 64. tabulae: ſ. II, 5. versor in. traductio: ſ. I, 1. efficit. varietates: ſ. maturitates. morum ac temporum vitio; par 50. parvam exigui temporis usuram postulo; agr III 2. — 2. neque nobis cum illa tam peste certamen fuit, sed cum gravissimo rei publicae tempore; leg III 25. quae (leges) sunt de iure et de tempore legum mutandarum; Sest 56.

V. Umstand: 1. uti consules potestatem haberent tempore dumtaxat annuam, genere ipso ac iure regiam; rep II 56. cui res publica totam se traderet temporibus et malis coacta domesticis; Ver III 81. ut ea (verba) sic et casibus et temporibus et genere et numero conservemus, ut ..; de or III 40. neque aequum est tempore et die memoriam beneficii definire; Quir 23. diversum esse genere, natura, vi, magnitudine, tempore, loco, persona, opinione; inv I 82. ut istuc, quod re parvum videtur, tempore magnum videretur; Ver III 215. tota ratio talium

largitionum genere vitiosa est, temporibus necessaria; of II 60. notari: ſ. II, 1. detraho. commoditates corporis tam productae temporibus; fin IV 29. quodsi hic tali suo tempore uni delicto ut ignosceretis postularet; inv II 104. quoniam ille (Hortensius) cessit e vita suo magis quam suorum civium tempore; Bru 4. Sullam ipsius eximia virtus omni tempore purgavit; Sex Rosc 117. tantam ne unius hominis virtus tam brevi tempore lucem adferre rei publicae potuit? imp Pomp 33. quod precatus a Iove optimo maximo sum eo tempore, cum me devovi; Quir 1. ut C. Pansa A. Hirtius consules de provinciis consularibus ad hunc ordinem primo quoque tempore referant; Phil XI 31. id maxime fieri temporibus hibernis; nat II 25. multa mirabiliter efficiens (stella) tum vespertinis temporibus delitiscendo, tum matutinis rursum se aperiendo. nihil immutat sempiternis saeclorum aetatibus, quin eadem isdem temporibus efficiat; nat II 52. his ipsis temporibus dictator etiam est institutus, T. Larcius; rep II 56. tali tuo tempore; ep VI 13, 1. accepi a te aliquot epistulas uno tempore, quas tu diversis temporibus dederas; ep VII 18, 1. ego renovabo commendationem, sed tempore; ep VII 18, 1. sed tempore ipso de epistulis; Q fr I 2, 10. quam (benivolentiam) si his temporibus miseris et extremis praestiteris; A XI 1, 1. — 2. ab illo tempore annum iam tertium et vicesimum regnat; imp Pomp 7. qui (Romulus) ab hoc tempore anno sescentesimo rex erat; rep I 58. quae (bestiae) ex se natos ita accepta ad quoddam tempus et ab eis ita amantur. ut ..; Lael 27. si te ad tempus videro; A II 21, 6. hospitium multis annis ante hoc tempus cum L. Cornelio Gaditanos fecisse publice dico; Balb 41. nisi forte temporis causa nobis adsentiebare; Tusc IV 8. non cum vitae tempore esse dimittendam commemorationem nominis nostri; Arch 29. per quas (litteras) de reliquo tempore auxilium petii; ep V 4, 1. adfectio est animi aut corporis ex tempore aliqua de causa commutatio, ut laetitia, cupiditas; inv I 36. facta et casus et orationes tribus ex temporibus considerabuntur: quid fecerit ..; aut quid faciat ..; aut quid facturus sit; inv I 36. ne ex eo quidem tempore id egit Sestius; Sest 79. his de rebus ex tempore et coram; A XIV 17, 1. vgl. II. 5. sum ex. tametsi video, quanta tempestas invidiae nobis, si minus in praesens tempus, at in posteritatem impendeat; Catil I 22. potueritne aut magnitudo negotii aut multitudo rerum in eo transigi tempore; inv I 39. in tempore spatium quodam modo declaratur, quod in annis aut in anno aut in aliqua anni parte spectatur; inv I 40. in temporibus praesentia, praeterita, futura cernuntur; part or 37. ſ. I, 1. accidit. II, 1. do. nescimus per ista tempora eosdem fere sectores fuisse collorum et bonorum? Sex Rosc 80. cum commode et per valetudinem et per anni tempus navigare poteris, ad nos veni; ep XVI 7. post: ſ. I, 1. est; Quinct 54.

temulentus, einen Rausch verratend, trunken: A. pressa voce et temulenta; sen 13. — B. convocata turba temulentorum; Ac fr 20 (§. 21).

tenacitas, Festhalten: cibum (animalia) partim unguium tenacitate adripiunt, partim aduncitate rostrorum; nat II 122.

tenax, zurückhaltend, geizig: eosdem restrictos et tenaces fuisse? Planc 54. patre parco ac tenaci: Cael 36.

tendicula, Fallstrick: aucupia verborum et litterarum tendiculas in invidiam vocant; Caecin 65.

tendo, ausbreiten, ausspannen, reichen, darbieten, streben, sich wenden: I. ad reliqua alacri tendebamus animo sic parati, ut ..; div II 4. dubito, an Venusiam tendam et ibi exspectem de legionibus; A XV 5, 3. — II. animum ut in eo medio (mundo deus) conlocavit, ita per totum

tetendit; Tim 20. quae (Graecia) tendit dexteram
Italiae; Phil X 9. per quam (malitiam) insidiae
tenduntur alicui: Q Rosc 46. haec iura suae
civitatis ignorantem vagari cum magna caterva toto
foro, praesidium clientibus atque opem amicis et
prope cunctis civibus lucem ingenii et consilii sui
porrigentem atque tendentem nonne imprimis flagitiosum putandum est? de or I 184. tendit ad vos
virgo Vestalis manus supplices; Font 48. opem, praesidium: f. lucem. suntne insidiae tendere plagas?
of III 68.

tenebrae, Finsternis, Nacht, Dunkel, Schlupfwinkel: I. quid agitur? mihi enim tenebrae sunt;
A VII 11, 1. — II, 1. o nox illa, quae paene aeternas huic urbi tenebras attulisti! Flac 102. cum
obscurato sole tenebrae factae essent repente; rep I
25. offundo: f. III. — 2. cum illa coniuratio ex
tenebris erupisset; Sest 9. antea (deus) videlicet
tempore infinito in tenebris tamquam in gurgustio
habitaverat; nat I 22. si ego in tenebris laterem;
A VI 1, 21. in tenebris quam in luce causam versari maluisti; Planc 42. — III. si quid tenebrarum
offudit exsilium; Tusc III 82. — IV, 1. mentes
oppletae tenebris ac sordibus; sen 10. — 2. postea
vero quam ex superioris anni caligine et tenebris
lucem dispicere coepistis; sen 5. quae (virtus) lucet
in tenebris; Sest 60. dignum esse dicunt, „quicum
in tenebris mices"; of III 78.

tenebricosus, in Dunkel gehüllt, umnachtet:
ex tenebricosa popina consul extractus; Piso 18.
sensus non obscuros dicit, sed tenebricosos; Ac II
73. illud tenebricosissimum tempus; Vatin 11.

tenebricus, finster: »haec (dextra) e Tartarea
tenebrica abstractum plaga tricipitem eduxit canem«?
‖; ‖ Tusc II 22.

tenebrosus, finster: latet in scaliis tenebrosis
Cominius; fr A VII 13.

teneo, halten, fassen, berühren, fesseln, verpflichten, erfüllen, begreifen, inne haben, besitzen,
behalten, festhalten, aufrecht erhalten, wissen,
verstehen, erweisen, behaupten, Recht behalten,
beobachten, zurückhalten, aufhalten: I. absolut: 1.
ne diutius teneam; Sex Rosc 20. ipse Carneades
diu tenuit; nam nonaginta vixit annos; Ac II 16.
illi (ambitus) in flumen immersi neque tenebant
neque tenebantur; Tim 48. tenet res ipsa atque
causa; de or I 259.
II. mit Ergänzung: 1. tota de ratione humationis
unum tenendum est, ad corpus illam pertinere; Tusc
I 104. — 2. qui, quibus rebus utilitas rei publicae
pareretur augereturque, teneret; de or I 211.
tenemusne, quid sit animus, ubi sit? Ac II 124. —
3. esse boni viri haec duo tenere in amicitia: primum
ne quid fictum sit neve simulatum; deinde ne
ipsum quidem esse suspiciosum; Lael 65. — 4. nos
teneamus, ut sit idem (sapiens) beatissimus; Tusc
V 34. — 5. memoria tenetis complures in Capitolio
res de caelo esse percussas; Catil III 19.
tenendum est nihil curandum esse post mortem;
Tusc I 107. f. 1. 3.
III. mit einfachem Object: etsi me facile omni tuo
sermone tenuisti; Bru 232. cum is, qui audit, ab
oratore iam obsessus est ac tenetur; orat 210. etsi
aliqua culpa tenemur erroris humani; Marcel 13.
me Romae tenuit omnino Tulliae meae partus; ep
VI 18, 5. de Caesare ad Italiae praesidium tenendo
valde tibi adsentior; ep XI 14, 2. non tenebo te
pluribus; ep XI 16, 3. Tulliam adhuc mecum teneo;
ep XIV 15. me et incommoda valetudo et Pomptini
exspectatio tenebat duodecimum iam diem Brundisii;
A V 8, 1. quem diutius tenui; A XI 3, 1. qui
om nia ea non plane tenerent; de or I 92. qui
teneat causas rerum futurarum, idem necesse est
omnia teneat, quae futura sint; div I 127. f. II, 1.
3. qui agros publicos aut qui possessiones invidiosas

tenebant; agr II 68. ambitus: f. I. ambitus. tenebat (Appius) non modo auctoritatem, sed etiam
imperium in suos; Cato 37. quae (auspicia) a Cili-
cibus, Pamphyliis tenentur; div I 25. quod magno
praesidio Bononiam tenebat Antonius; ep XII 5, 2.
causas: f. alqd. quoniam equitum centurias tenes;
ep XI 16, 3. quibus (notis) et conloquia cum absentibus et indicia voluntatum et monumenta rerum
praeteritarum tenerentur; rep III 3. consuetudinem
omnium tenetis; Ver V 65. neque ullo argumento
Cluentianae pecuniae crimen tenebitur; Cluent 125.
teneat eum cursum, quem poterit; orat 4. reliquae
partes suam et vim et dignitatem tenent; Bru 209.
ego ipse tenerem opes et dignitatem meam; ep IV
9, 3. earum rerum hic tenetur a sapiente dilectus
‖ delectus ‖, ut . .; fin I 33. tenendus dolor est;
A XII 38, 2. si senator iudicio quempiam circum-
venerit, legibus eum teneri, si eques Romanus hoc
idem fecerit, non teneri; Cluent 145. sine quo
(imperio) teneri exercitus non potest; Phil V 45.
quam (facultatem) quoniam complexus es, tene; ep.
X 12, 5. quod honesto otio tenueris et statum et
famam dignitatis tuae; ep IV 9, 3. ut eris in
famulos, si aliter teneri non possunt; of II 24. non
tenuit omnino conloquium illud fidem; Phil XII 27.
totam Galliam tenebamus studiosissimam rei publicae;
ep XII 5, 2. in officiis deligendis id genus officiorum
excellere, quod tenacior hominum societate; of I 160.
si cruentam gladium tenens clamaret T. Annius;
Milo 77. cum gubernacula rei publicae tenebamus;
div II 3. veretur, ne non liceat tenere hereditatem;
A XIII 48. quod (imperium) illius opera tenebatur; Muren 58. f. auctoritatem. cum pestem
capitis sui, cum indicia mortis se comperisse manifesto et manu tenere diceret; Bru 277. f. conloquia.
tertiam ad te hanc epistulam scripsi eodem die
magis instituti mei tenendi causa; ep XVI 6, 1.
ut per interdictum meum in te teneam; Caecin 32.
centum prope annos legem Aeliam et Fufiam
tenueramus; Piso 10. in perpetua oratione, cum et
coniunctionis levitatem et numerorum rationem
tenuerimus; de or III 201. tenuit cum hoc locum
quendam etiam Ser. Fulvius; Bru 81. ut tenerent
oratorum locum; Bru 137. modo ut haec nobis loca
tenere liceat; ep XIV 14, 1. quae (civitas) satis
late quondam mare tenuisse dicitur; imp Pomp 54.
me tui memoriam cum summa benivolentia tenere;
ep VI 2, 1. posse dicendo tenere hominum [coetus]
mentes; de or I 30. dum modo illa in hoc genere
praescriptio moderatioque teneatur; Cael 42.
diligenter ea tenendem esse eius (voluptatis) fruendae
modum; of I 106. monumenta: f. conloquia. mors
inlata per scelus iisdem et poenis teneatur et legibus;
Milo 17. mihi videtur Numa noster maxime tenuisse
hunc morem veterem Graeciae regum; rep V 3.
cum ab iis, qui audiunt, ita tenetur negotium,
ut . .; inv I 30. qui (nuptiarum auspices) re
omissa nomen tantum tenent; div I 28. qui apud
me deorum immortalium vim et numen tenetis;
Quir 25. an in principiis solum an in extremis an
in utraque parte numerus tenendus sit; orat 204.
teneo, quem optabam, occasionem; leg I 5. opes:
f. dignitatem. si tenendam hanc oram putas, quae
teneri potest; A VIII 11, B, 3. quinque stellae
eundem orbem tenentes; nat I 87. intellegebant ea
lege equestrem ordinem non teneri; Cluent 154.
quam personam teneant aut quid profiteantur; de
or III 54. pestem: f. indicia. expulso Tarquinio
tantum odium populum Romanum regalis nominis
tenuit, quantum tenuerat post obitum Romuli
desiderium; rep II 52. eum, qui porcum ‖ porcam ‖
tenuerit, dedi oportere; inv II 91. possessiones: f.
agros. quoniam pontificem postem tenuisse dixisti;
dom 121. ad Volusium traferri nomen a Valerio
non potuisse, praedes Valerianos teneri; ep V 20, 3.

92*

permanens ad longinquum et immensum paene
tempus; nat II 85. nonne hominem ipsum ad dubia
rei publicae tempora reservandum putatis? Font 42.
quae tu scelera partim parari iam et cogitari, partim
ex tempore futura censes? A X 1, 2. in tempore
multa sunt, quae adferant auctoritatem: ingenium,
opes, aetas ..; Top 73. secundus (locus est), qui
in tempora tribuitur, per quem, quibus in malis
fuerint et sint et futuri sint, demonstratur; inv I
107. venio in: f. incido in. horum temporum, in
quibus nunc versor, habeo tabulas; Ver I 61.

III. **nad Ȯbjectiven uub Ȯdverb**: 1. apud Philistum,
et doctum hominem et aequalem temporum illorum;
div I 39. me illorum expertem temporum fuisse;
Sulla 11. quia trium temporum particeps animus
sit; fin II 108. — 2. decere (declarat) quasi aptum
esse consentaneumque tempori et personae; orat 74
quid aptum sit personis, temporibus, aetatibus;
I 125. consentaneus: f. aptus. — 3. vetus opinio
iam usque ab heroicis ducta temporibus; di-
Habitus usque ad illius indicii tempus nullo
mentum umquam fecerat; Cluent 45.

IV. **nad Ȯubſtantiven**: 1. si id tempori
ficisceretur; Sex Rosc 97. f. II, 1. com
mitto, relinquo, sumo. angustiis temp
omnes; Ver I 148. in tanta atr
Phil VIII 32. nec minorem vol'
brevitate temporis, quam si ill
II 87. cum videmus cor
quadrupertitas eorumque
ducem solem; Tusc I
voluerunt, qui cursum
temporum contineret
culpa, sed temporr
versio. dux: f. co
excusatione ter
solitum esse d:
|| cuivis temp
in me unur
porum inc'
terque fe
est, quo
div I '
tates
vimu
mer
mo
m'
r

largitionum genere vitiosa est
of II 60. notari: f. II, 1
corporis tam producta•
quodsi hic tali suo t•
sceretis postularet;
tensius) cessit e
civium tempore•
omni tempore
unius homini
ferre rei p•
catus a '
me de•
sules•
pri•
   Ac II 66.

   meo tenui vectigali;
 quaedam venia daretur
tenuem victum antefert
III 49. — B, a, I. et
cam, fuerunt et contra
— II. commoti animi tenu-
omnis ingenuorum adest multi-
morum; Catil IV 16. nulla est
observantiam tenuiorum excludere;
I. illud nescio quid tenue, quod
modo, intellegi autem vix potest, dicere
ortus pertinere; div II 94. — II.
as latiore specie, non ad tenue elimatas

enuitas, Dünnheit, Feinheit, Schlichtheit,
•ürftigeit, Ȯrmſeligeit: I. quos, valetudo modo
bona sit, tenuitas ipsa delectat; Bru 64. tenuitas
hominis eius modi est, ut ..; Sex Rosc 86. quid
tenuitas victus M'. Curii sequebatur? par 12. —
II, 1. ista maxime propter limatam quandam et
rerum et verborum tenuitatem; fin III 40. — 2.
pleraque ex illis conveniunt etiam huic tenuitati;
orat 86. — III, 1. cum id Scaurus tenuitate Magii
redargueret; de or II 265. cuius (caeli) tenuitate et calore temperatus (aër); nat II 117. — 2.
propter aerarii tenuitatem; of I 74. f. II, 1.

tenuiter, ſchlicht, einfach, ſchwach, dürftig:
qui umquam tenuissime in donationem histrionum
aestimavit; Ver IV 35. mihi nimium tenuiter
argumenta colligere videor; Ver II 157. non ad
philosophorum morem tenuiter disserendi, sed ad
copiam rhetorum; orat 46. illae (argumentationes)
tennius et subtilius et acutius tractantur, hi autem
(loci) gravius et ornatius; inv II 51.

tenus, bis an (vgl. **eatenus, hactenus, quatenus**): I. »Cepheus conditur alte lumborum tenus
a palma depulsus ad umbras«; fr H IV, a, 324. —
II. cum Tauro tenus regnare iussus esset; Deiot
36. veteres verbo tenus acute illi quidem, sed non
ad hunc usum disserebant; leg III 14.

tepefacio, wärmen, erwärmen: I. is eius
(solis) tactus est, non ut tepefaciat solum, sed
etiam saepe comburat; nat II 40. — II. qui (vapores) a »ole ex agris tepefactis et ex aquis excitantur; div II 118. tepefactum (semen terra) vapore
et compressu suo diffundit; Cato 51.

tepesco, warm werden: maria agitata ventis
ita tepescunt, ut ..; nat II 26.

tepor, milbe Wärme: 1. nec ille externus et
adventicius habendus est tepor, sed ex intimis maris
partibus agitatione excitatus; nat II 26. — 2.
vestita (uva) pampinis nec modico tepore caret
et nimios solis defendit ardores; Cato 53.

ter, breimal: I. a te bis terve summum et eas
(litteras) perbreves accepi; ep II 1, 1. ut ter ante
magistratus accuset; dom 45. qui ter consul fuit;
Piso 44. — nonne sestertium ter et quadragiens
erogabamus? Flac 30.

terdeciens, breizehnmal: ut (apparitor) HS
terdeciens uno nomine auferret; Ver III 184.

teres, runb, abgerundet, ſchlant, fein: ad Atticorum aures teretes et religiosas qui se accommodant; orat 28. si teretes aures habent; opt gen II.
»obstipum caput tereti cervice reflexum«; nat II
107. est plena quaedam (oratio), sed tamen teres;
de or III 199.

tergeo, wiſchen, reinigen: qui (servi) tergent,
qui unguent, qui verrunt; par 37.

tergiversatio, Ȯögerung: I. quid ergo erat?
morae et tergiversationes || tergiversationis, ..;
Milo 54. — II. tergiversationem istam probo; A
X 7, 1.

tergiversor, Ȯusflüchte ſuchen, ȯögern: I.
non est locus ad tergiversandum; A VII 1, 4 —
II. an cuncter et tergiverser? A VII 12, 3. illum

tergiversantem, sed ex-
〜〜; A XVI 5, 3. **eam**
〜ersari non sinent;

〜m) ipsa terga
〜ndum figu-
— 2. eae
capita
〜nem

〜.
〜m;
〜s ordo
〜 200. ut
〜ne aurium;

〜nten, beendigen,
〜e terminaverit, mala
(clausulas) vult longa
〜ri; de or III 183. universa
〜s orationis clausa et termi-
ut pariter extrema terminentur;
〜perio annuo terminato; ep III 12, 4.
〜 oleae terminabant; Caecin 22. mala:
〜atura ipsa terminabit modum; Tusc III 74.
〜tuo Attus Navius) ad investigandum suem
〜ones vineae terminavit; nat II 9. cadere tantum
〜umerose oportere terminarique sententiam; orat
199. **speciem**: f. comprehensionem. vidimus tuam
victoriam proeliorum exitu terminatam; Marcel 17.

terminus, Grenze, Schranke, Ende: 1. longius,
quam vitae termini postulabant; Rabir 29. — 2.
cum consilii tui eum tibi finem statuins, quem ipsa
fortuna terminum nostrarum contentionum esse
voluisset; ep VI 22, 2. — II, 1. requiri placere
terminos, quos Socrates pegerit, iisque parere; leg
I 56. — 2. pareo: f. I. — 3. quod modicis regni
terminis uteretur; Deiot 36. — III. nullis ut terminis (poëta) circumscribat aut definiat ius
suum; de or I 70. Crassus mihi visus est oratoris
facultatem non illius artis terminis, sed ingenii sui
finibus immensis paene describere; de or I 214.

terni, je brei (vgl. trini): det pro singulis
modiis tritici ternos denarios; Ver III 202. ut in
iugera singula ternis medimnis decidere liceret; Ver
III 114. bina aut terna milia nummum addebat;
Ver III 118. ternae sunt utriusque partes; orat 201.
haec item membra ternis (pedibus); orat 213. cum
(frumentum) esset HS binis aut etiam ternis; Ver
III 194. terna aut bina aut non nulli singula etiam
verba dicebant; de or III 198.

tero, zermalmen, zerreiben, hinbringen, ver-
greiben, oft betreten, oft gebrauchen, geläufig
machen, üben: dum modo neque omnem teramus in
his discendis rebus aetatem; de or III 123. nondum
tritis nostrorum hominum auribus; Bru 124. quod
(Servius) tritas aures haberet notandis generibus
poëtarum; ep IX 16, 4. et calore et terendo cibo
terendo ‖ omnia cocta atque confecta; nat II 136.
quae (nomina) nunc consuetudo diuturna trivit; fin
III 15. »caeli mediam partem terit«; fr H IV, a,
236. iam tritum sermone proverbium; of I 33. te-
retur interea tempus; Phil V 30. verba quaedam
non trita Romae; Bru 171. »quia, quae (stellae)
faciunt vestigia cursu, non eodem semper spatio protrita teruntur«; fr H IV, a, 473. quam (viam) maiores eius ei (P. Crasso) tritam reliquissent; Bru 281.

terra, Erde, Erdboden, Erdreich, Land, Land-
schaft (terrai: f. IV, 1. obitus): I. absolut: 1. quae
(terra) cum gremio mollito ac subacto sparsum semen
excepit, primum id occaecatum cohibet, ex quo
occatio, quae hoc efficit, nominata est, deinde tepefactum vapore et compressu suo diffundit et elicit
herbescentem ex eo viriditatem; Cato 51. terra nona
immobilis manens una sede semper haeret complexa

medium mundi locum; rep VI 18. cum agri atque
terrae motu quodam novo contremiscunt; har resp
63. diffundit: f. cohibet. in parte terrarum ab huiusce terrae, quam nos incolimus, continuatione di-
stantium; nat II 164. elicit: f. cohibet. rotundum
ut caelum terraque ut media sit; de or III 178.
terram ipsam violari, quae mater est omnium; Cluent
193. terra ut focus domiciliorum sacra deorum omnium est; leg II 45. terram, altricem nostram, quae
traiecto axi sustinetur, diei noctisque effectricem
eandemque custodem, antiquissimam deorum voluit
esse; Tim 37. excipit: f. cohibet. possetne uno tempore florere, dein vicissim horrere terra? nat II
19. quae (terra) gravidata seminibus omnia pariat
et fundat ex sese; nat II 83. haeret, manet: f. complectitur. horret: f. floret. persuadent mathematici
terram in medio mundo sitam ad universi caeli complexum quasi puncti instar obtinere, quod κέντρον
illi vocant; Tusc I 40. parit: f. fundit. quas (res)
terra procreet; div II 30. ut terra infimum teneat,
hanc inundet aqua; nat I 103. quod fit, cum terra
in aquam se vertit; nat III 31. — 2. eam (lunam)
esse terram multarum urbium et montium; Ac II
123.

II. **nach Verben:** 1. cui repente aquam terramque
ademerint; Sex Rosc 71. quae (terra) colitur a
vobis, angustata ‖ angusta ‖ verticibus, lateribus
latior; rep VI 21. principio terra universa cernatur,
locata in media sede mundi, solida et globosa et
undique ipsa in sese nutibus suis conglobata, vestita
floribus. herbis, arboribus, frugibus, nat II 98. colo:
f. angusto. conglobo: f. cerno. nec disiunctissimas
terras citius passibus cuiusquam potnisse peragrari,
quam . .; Marcel 5. gravido: f. I, 1. fundit. incolo:
f. I, 1. distant. inundo: f. I, 1. tenet. loco: f. cerno.
ultimas terras lustrasse Pythagoran; Tusc IV 44.
peragro: f. disiungo. quae vis aequalis (est) illius
caelum atque terras tuentis et regentis dei; leg II
9. cum terrae subigerentur fissione glebarum; nat
II 159. sustineo: f. I, 1. est; Tim 37. ut ea (terra)
sua vi nutuque teneatur, sol ut eam circum feratur
‖ circumferatur ‖; de or III 178. tueor: f. rego. verto: f. I, 1. vertit. vestio: f. cerno. violo: f. I, 1.
est; Cluent 193. — 2. noster populus terrarum iam
omnium potitus est; rep III 35. — 3. nos aquarum inductionibus terris fecunditatem damus; nat
II 152. — 4. dum volunt isti lauti terra nata in
honorem adducere; ep VII 26, 2. ut illa natura
caelestis et terra vacat et umore, sic . .; Tusc I 65.
— 5. quae (stella) a terra abest plurimum; nat
II 52. eum amandare in ultimas terras! Sulla 57.
in terram cadentibus corporibus; Tusc I 36. seminane deorum decidisse de caelo putamus in terras?
nat I 91. iam sese in terram e navi eiecerat; Ver
V 91. posse ex iis (formis litterarum) in terram
excussis annales Ennii effici; nat II 93. fero circum: f. I. teneo. quae gignuntur e terra; fin V
26. vides habitari in terra raris et angustis in locis;
rep VI 20. hostili in terra turpiter iacuit insepultus;
inv I 108. quod ita ortum esset e terra, ut stirpibus suis niteretur; Tusc V 37. quod (genus humanum) sparsum in terras atque satum; leg I 24. neque ego umquam fuisse tale monstrum in terris ullum puto; Cael 12. quid est in omni caelo atque
terra ratione divinius? leg I 22. ut deus versetur
in terris; har resp 62. sol circum eam ipsam (terram) volvitur; nat II 102.

III. **nach Adjectiv und Adverbien:** 1. ubi terrarum
sit, A XI 1, 1. qui ubicumque terrarum sunt; Phil
II 113. — qui (aër) est terrae proximus; Tusc
I 42.

IV. **nach Substantiven:** I. placet Stoicis eos anhelitus
terrae, qui frigidi sint, cum fluere coeperint. ventos
esse; div II 44. continuatio: f. I, 1. distant. Cn. Octavius est quidam, summo genere natus, terrae filius;

ep VII 9, 3. cum terrae saepe fremitus, saepe mugitus, saepe motus multa nostrae rei publicae gravia et vera praedixerint; div I 35. stellarum globi terrae magnitudinem facile vincebant; rep VI 16. cum terrae motus factus esset; div I 101. ſ. fremitus. mugitus: ſ. fremitus. »serius haec obitus terrai visit Equi vis, quam‹ . .; fr H IV, a, 291. qui tot habet triumphos, quot orae sunt partesque terrarum; Balb 9. (Cererem) orbem omnem peragrasse terrarum; Ver IV 106. cuius (populi) imperio iam orbis terrae tenetur; rep III 24. an se in contrariam partem terrarum abdet? Muren 89. ſ. orae. I, 1. distant. terrae maximas regiones inhabitabiles videmus; nat I 24. terrae, maris, aquarum vaporibus (stellae) aluntur iis; nat II 118. umbra terrae soli officiens noctem efficit; nat II 49. — 2. quid tam divinum quam adflatus e terra mentem ita movens, ut . .? div II 117.

V. Umſtand: 1. ea, quorum stirpes terra continentur; nat II 28. si homo ille Tages fuit, quonam modo potuit terra oppressus vivere? div II 51. non nullas bestias abditas terraque tectas; Tusc V 38. se homines certos in Siciliam et terra et mari esse missurum; Ver II 96. Cn. Pompeio maxima mari terraque bella extra ordinem esse ‖ sunt ‖ commissa; dom 18. iter a Vibone Brundisium terra petere contendi; Planc 96. qua aut terra aut mari persequar eum, qui ubi sit, nescio? et terra quidem qui possum? mari quo? A VII 22, 2. bellum Italiae terra marique inferamus; A IX 1, 3. — 2. non ignoro, quid sociis accidat in ultimis terris; Q fr I 1, 33. sub terra censebant reliquam vitam agi mortuorum; Tusc I 36.

terremus, aus Erde, erdig, irdiſch, auf der Erde, auf dem Lande befindlich: A vescimur bestiis et terrenis et aquatilibus et volantibus; nat II 151. terrenorum commodorum omnis est in homine dominatus; nat II 152. terrena et umida (corpora); Tusc I 40. corpora nostra terreno principiorum genere confecta; Tusc I 42. natura: ſ. vis. terrenam ipsam viscerum soliditatem unde habeamus; nat II 18. terrena vis omnis atque natura Diti patri dedicata est; nat II 66. — B. terrenum omne dividitur; nat III 31.

terreo, ſchrecken, erſchrecken: I. vi lacessere et terrere coepit; Sest 88. — II. suae (quemque) malae cogitationes conscientiaque animi terrent; Sex Rosc 67. se neque fortunae impetu nec multitudinis opinione nec dolore nec paupertate terreri; Tusc V 30. ut adversarios minaciter terrere possemus; de or I 90. quae (causa) terreret animos fulminibus, tempestatibus; nat II 14. qui urbem totam, qui curiam, qui forum, qui templa omnia caede incendiisque terreret; har resp 6. homines conscelerates terreri furialibus taedis ardentibus; Piso 46. templa, urbem: ſ. curiam.

terrester, auf der Erde, auf dem Lande befindlich: A. confectis omnibus maritimis terrestribusque bellis; prov 27. ut (animalia) cibum terrestrem rostris facile contingant; nat II 122. sine regionum terrestrium aut maritimarum scientia; de or I 60. ut a caelestibus rebus ad terrestres veniamus; nat II 120. — B. sumet alius nisi in terrestri, nisi in eo, qui natus sit, (rationem inesse non posse); nat I 98.

terribilis, ſchrecklich, furchtbar: alter quam taeter incedebat, quam terribilis aspectu! Sest 19. mors ‖ est ‖ terribilis iis, quorum . .; par 18. cuius virtute terribilior erat populus Romanus exteris gentibus; Phil I 65. obiecta terribili re extrinsecus; Ac II 48.

terrigena, Erbgeborene: ut (aegrotus) sumat ›terrigenam‹; div II 133.

terripavium, terripudium, günſtiges Vorzeichen: quia, cum (pulli) pascuntur, necesse

est aliquid ex ore cadere et terram pavire (terripavium rimo, post terripudium dictum est; hoc quidem idm tripudium dicitur); div II 72.

territorium, Gebiet: ut florentis coloniae territorium minueretur; Phil II 102.

terror, Schrecken, Schreckniß: I. est in imperio terror; agr II 46. nihil esse ei beatum, cui semper aliqui terror impendeat; Tusc V 62. cum tui nominis terror in auribus aratorum versaretur; Ver III 131. sua quemque fraus et suus terror maxime vexat; Sex Rosc 67. — II, 1. Batonius miros terrores ad me attulit Caesarianos; A VI 8, 2. duos terrores huius imperii, Karthaginem Numantiamque, deleverat; Muren 58. βοώπιδος nostrae consanguineus non mediocres terrores iacit atque denuntiat; A II 23, 3. suum terrorem falso iactari opponique; Sest 52. nescio quem istum Pharnacem Asiae terrorem inlaturum; ep XV 15, 2. oppono: ſ. iacto. sub metum subiecta sunt pigritia, pudor, terror, timor, pavor; Tusc IV 16. Athenae eiusdem (Periclis) vim dicendi terroremque timuerunt; Bru 44. — 2. liberatos se dicunt terrore sempiterno; Tusc I 48. — 3. sapientiam esse solam, quae nos a formidinum terrore vindicet; fin I 46. — III, 1. cum absentis exercitus terrore et minis oppressam civitatem teneres; dom 131. terrore mortis, ne accederes, obstiti; Caecin 24. terrore ac metu multos tenebat; Sest 34. — 2. exsanguis se ex curia repente proripuit cum illius Pisoniani temporis terroribus; har resp 2.

terruncius, Dreier, Heller, Viertel: I. terruncium sumptus in provincia nullum fore; A V 20, 6. — II. de praeda mea terruncium nec attigit nec tacturus est quisquam; ep II 17, 4. cum terruncium nego sumptus factum; A V 21, 5. quod omnino nullus in imperio meo sumptus factus est, nullus, inquam, ne terruncius quidem; A VI 2, 4. nullus terruncius insumatur in quemquam; A V 17, 2. tango: ſ. attingo. — III. ut (interit) in divitiis Croesi terruncii accessio, sic . .; fin III 45. — IV. fecit palam te ex libello, me ex terruncio; A VII 2, 3.

tertianus, am britten Tage: vide, ne tertianas quoque febres et quartanas divinas esse dicendum sit; nat III 24.

tertio, zum britten Mal: ille iterum, ille tertio auctionibus factis pecuniam dedit; Deiot 14. iterum ac tertio (Chrysogonum) nominavi; Sex Rosc 80.

tertium, zum britten Mal: nemo est, quin saepe iactans Venerium iaciat aliquando, non numquam etiam iterum ac tertium; div II 121.

tertius, britte: tertius (Mercurius) Iove tertio natus et Maia; nat III 56. alqd: ſ. B. eandem in somnis admonitionem fuisse tertiam; div I 55. tertium illum uberrimum quaestuosissimumque annum: Ver pr 40. quae (lex) promulgata est de tertia decuria; Phil I 19. ante diem XIII Kalendas Februarias; Milo 27. quibus Apollo se id daturum ostendit post eius diei diem tertium; Tusc I 114. a. d. III K. Maias; ep IV 2, 1. diem meum scis esse III Nonas Ianuarias; A XIII 42, 3. tribus generibus propositis, uno . ., altero . ., tertio; of III 7. ante horam tertiam noctis non discedit; Ver V 92. Aristoteles in tertio de philosophia libro multa turbat; nat I 33 cum plebes prope ripam Anionis ‖ Anienis ad tertium miliarium consedisset; Bru 54. is nudius tertius tertius in custodiam cives Romanos dedit; Catil IV 10. recordamini, qui dies nudius tertius decimus fuerit; Phil V 2. ut prima (officia) dis immortalibus, secunda patriae, tertia parentibus debeantur; of I 160. qui est secundarum aut tertiarum partium; div Caec 48. qui e divisione tripertita duas partes absolverit, huic necesse est restare tertiam; of III 9. ista tua coniunx nimium diu debet popu-

lo Romano tertiam pensionem; Phil II 113. tres sunt res, ut ante dixi: una conciliandorum hominum, altera docendorum, tertia concitandorum; de or II 128. mancipia venibant Saturnalibus tertiis; A V 20, 5. tertia fere vigilia exacta; Catil III 6. — B, I, 1. id (flagitium) aut in re esse aut in verbo; nihil esse tertium; ep IX 22, 1. — 2. tertium est, ut caveamus, ut ea moderata sint; of I 141. — II. omnia duo ad cohaerendum tertium aliquid anquirunt; Tim 13. ab iis secundum sumebat atque etiam tertium; Tim 42.

teruncius f. **terruncius.**

tesca, Steppen: visam beluam omnia arbusta, virgulta, tecta || tesca || pervertere; div I 49. || loca aspera saxa tesca tuor; fr L 14 ||.

tessera, Würfel, Marke, Kennzeichen: quid sors est? idem prope modum, quod talos iacere, quod tesseras; div II 85. hospitium cum L. Cornelio Gaditanos fecisse publice dico. proferam tesseram; Balb 41. nobis senibus ex lusionibus multis talos relinquant et tesseras; Cato 58.

testa, Ziegel, Scherbe, Schale: neque copiae Catilinae caementis ac testis tectorum meorum se famem suam expleturas putaverunt; dom 61. quot genera partim innantium beluarum, partim ad saxa nativis testis inhaerentium! nat II 100.

testamentarius, Testamente betreffend, Testamentsfälscher: A. (lex) Cornelia testamentaria, nummaria; Ver I 108. — B. neque de sicariis, veneficis, testamentariis hoc loco disserendum est; of III 73.

testamentum, letzter Wille, Testament: I. in publicis (rebus) nihil est lege gravius, in privatis firmissimum est testamentum; Phil II 109. hinc falsa testamenta nascuntur; of III 36. ex quo in procinctu testamenta perierunt; nat II 9. — II, 1. certa lex, quae testamenti faciendi iis, qui in eo loco sint, adimat potestatem, nulla profertur; inv II 149. quae ad testamenti faciendi potestatem pertinent; inv II 149. tamquam in procinctu testamentum facere sine libra atque tabulis; de or I 228. si ea mulier testamentum fecit, quae se capite numquam deminuit; Top 18. eum testamentum mutare cuperet; Cluent 31. Oppianicus testamentum in alias tabulas transscriptum signis adulterinis obsignavit; Cluent 41. iactare se in causis centumviralibus, in quibus testamentorum ruptorum aut ratorum iura versentur; de or I 173. quia constat agnascendo rumpi testamentum; de or I 241. ius esset testamenta falsa supponere; leg I 43. transscribo: f. obsigno. — 2. ut Terentiam moneatis de testamento; A XI 16, 5. esse in eo testamento, quo ille heres esset scriptus, ut . .; Ver II 36. — III. negare aiebat Servium tabulas testamenti esse eas, quas instituisset is, qui factionem testamenti non habuerit; ep VII 21. iura: f. II, 1. rumpo. tabulae: f. factio. — IV, 1. Liciniae filium, Crassi testamento qui fuit adoptatus; Bru 212. testamento cavere, ut (dies natalis) ageretur; fin II 103. testamento fecit heredem filiam; Ver I 111. scribi: f. II, 2. sum in. — 2. ex testamento (statuas) esse positas; Ver II 36. eo ipso die ex testamento crevi hereditatem; A XI 2, 1.

testificatio, Bezeugung, Kundgebung, Beweis: I. manebit testificatio sempiterna; Phil IX 15. — II. sese chirographa, testificationes deferre; Bru 277. si eius rei testificatio tolleretur; Ver IV 92. — III. egit causam tuam cum summa testificatione tuorum in se officiorum et amoris erga te sui; ep I 1, 2.

testificor, bezeugen, versichern: I. nos, ut testificor saepe, de sapiente quaerimus; Tusc IV 55. — II, 1. testificaris, quid dixerim aliquando aut scripserim; Tusc V 33. — 2. testificor me a te rogatum et recusantem haec scribere esse ausum;

orat 35. — III. quod eo saepius testificor, ut . .; de or III 187. in Italia non relinquenda testificabar sententiam meam; A VIII 1, 2. quod abs te aliquando ante testificata (fuit) tua voluntas omittendae provinciae; A I 17, 7.

testimonium, Zeugnis, Beweis: I, 1. ut exstaret constantiae meae testimonium; Phil I 38. argumenta rerum esse propria, testimonia autem voluntatum; part or 49. videri nostrum testimonium non valuisse; A I 16, 11. — 2. orationem illam vanam testimonium esse laudum suarum putant; Lael 98. — II, 1. audistis clarissimi viri non solum auctoritatem, sed etiam testimonium, L. Gellii; Quir 17. meministis Q. Varii testimonium C. Sacerdotis testimonio comprobari; Ver II 119. neque in toto Acmonensium testimonio, sive hic confictum est sive missum domo est, commovebor; Flac 38. vereor, ne debitum eius (filii) virtuti videar testimonium non dedisse; ep V 17, 4. testimonium nunc dicimus omne, quod ab aliqua externa re sumitur ad faciendam fidem; Top 73. cum testimonium secundum fidem et religionem gravissime dixissem; Q fr III 4, 3. cum iurare tui cives Xenocratem testimonium dicentem prohibuerunt; A I 16, 4. quae testimonium meorum de re publica consiliorum darent; Bru 330. f. debeo. habeat huius tanti facti testimonium sempiternum; Phil V 37. ut mihi non solum praeconium, sed etiam grave testimonium impertitum clari hominis videatur; ep V 12, 7. mitto: f. confingo. quod testimonium maius quaerimus? fin II 99. recita testimonium publicum Liparensium; Ver III 85. — 2. quod tamen indiget testimonii et gravioris confirmationis; inv I 48. — 3. ne Tadii quidem tabulis nec testimonio credemus? Ver I 128. qui (homines) huius innocentiae testimonio possint esse; Font 16. — 4. postea sum usus adversarii testimonio; Quinct 88. — 5. haec ex publico Tissensium testimonio cognoscite; Ver III 87. neque dixi quicquam pro testimonio, nisi quod erat ita notum atque testatum, ut . .; A I 16, 2. tanta religio in testimonio (est); Ver III 74. — III. cuius etiam sermo testimonii auctoritatem habebat; Font 24. testimoniorum religionem et fidem numquam ista natio coluit; Flac 9. testimoniorum quae genera sunt? divinum et humanum; part or 6. neque non qualiscumque eat testimonii pondus habet; Top 73. religio: f. fides. — IV, 1. ea orbis terrae iudicio ac testimonio comprobari; ep V 7, 3. f. II, 1. comprobo. magistratibus convictis virorum bonorum testimoniis; Font 34. id C. Rabirius multorum testimoniis antea falsum esse docuit; Rabir 18. Deiotarum clarissimorum imperatorum testimoniis ornatum; har resp 29. — 2. adsunt equites Romani publice cum legatione et testimonio; Planc 22. ut repente consilium in medio testimonio dimitteret; Ver V 163. f. II, 1. confingo. te die hesterno pro testimonio esse mentitum; Vatin 3. vgl. II, 5. dico pro.

testis, Zeuge: „testes" verbum honestissimum in iudicio, alio loco non nimis; ep IX 22, 1. — I, 1. testis exspectatus et ad extremum reservatus dixit senator populi Romani; Caecin 28. si obscuri testes erunt aut tenues; part or 117. qui ex Sicilia testes sunt; Ver II 152. hoc ego philosophi non esse arbitror, testibus uti, qui aut casu veri aut malitia falsi fictique esse possunt; div II 27. apud me, ut apud bonum iudicem, argumenta plus quam testes valent; rep I 59. — 2. Minerva, quae semper adiutrix consiliorum meorum, testis laborum exstitisti; dom 144. dicendum erit non eos esse cuiusque rei locupletissimos testes, qui id, quod agatur, facillime scire possint; part or 117. quae (conscientia) si optimorum consiliorum atque factorum testis in omni vita nobis erit; Cluent 159. cuius

tres triumphi testes essent; Balb 16. de consularibus
nemini possum aut studii erga te aut officii aut
amici animi esse testis; ep I 7, 3. pro his rebus
nullam mihi abs te relatam esse gratiam tu es
optimus testis; ep V 5, 2. ego quanti te faciam,
sum mihi ipse testis; ep VI 10, 1. quod contione
tota teste fecisti; dom 126. — 3. o nationes, urbes,
tyranni testes Cn. Pompei virtutis! Balb 13. — 4.
quaeso a vobis, Asiatici testes, ut . . ; Flac 65. —
II, 1. meminerit deum se a d h i b e r e testem; of III
44. quem (Apollodorum) testem audistis; Ver IV
50. testem totam Siciliam citabo; Ver II 146.
pater, quem pertenuis suspicio potuisset ex illo loco
testem in A. Cluentium constituere, is hunc suo
testimonio sublevat; Cluent 168. qui multos in
istum testes imperio deterruit; Ver III 122. quod
in illa (accusatione) tunc, cum omnia dicta sunt,
testes dantur, hic in singulas res dabuntur; Ver pr
55. ex qua (memoria), si quando opus esset, ab
inferis locupletissimos testes excitaret; Bru 322.
exspecto : f. I, 1. dicit. fingo : f. I, 1. sunt; div II
27. si illius voluntatis generum eius habeo testem;
prov 43. diis immortalibus interpositis tum iudicibus,
tum testibus; leg II 16. bene testem interrogavit;
Flac 22. hic quanti fiet mali, si iratum, si non
stultum, si non levem testem laeseris! de or II 302.
de mercennariis testibus a suis civitatibus notandis
nisi iam factum aliquid est per Flaccum, fiet a me;
ep III 11, 3. harum rerum omnium auctores testesque produco ; Ver V 131. quem ex tanto hominum
numero testem in hac causa producere potestis?
Font 16. ut huius diei vocem testem rei publicae
relinquerem meae perpetuae erga se voluntatis; Phil
I 10. reservo: f. I, 1. dicit. — 2. testibus c r e d i
oportere et non oportere; inv II 50. quantam
Asiaticis testibus fidem habere vos conveniret; Flac
60. ea omnia testibus integra reservabo; Ver I
86. — 3. gravi teste p r i v a t u s sum amoris summi
erga te mei patre tuo; ep II 2. utor neque
perantiquis neque inhumanis ac feris testibus; rep
I 58. f. I, 1. sunt; div II 27. — 4. de hoc ego
teste d e t r a h a m ? Caecin 26. si ullum firmamentum
in illo teste posuisses; Flac 92. — III. certissimis
criminibus et testibus fretus; Cluent 10. — IV, 1.
sed quid ego de d i g n i t a t e istorum testium loquor?
Cael 63. sin autem erit etiam testium facultas;
part or 117. de adversarii testium fide derogatur;
Caecin 3. de toto genere testium, quam id sit infirmum, saepe dicendum est; part or 49. si testium
studium cum accusatore sociatum est; Flac 21. —
2. non est mihi c o n t e n t i o cum teste; Flac 18. —
V, 1. nihil se testibus, nihil tabulis c o m p e r i s s e;
Cluent 126. tam multis testibus convictus; Ver I
1. (Gabinius) maxime testibus laeditur || caeditur ||;
Q fr III 3, 3. si de pecunia testibus planum facere
non possem; Ver II 81. homines, si qui in hoc
genere quaestionis accusati sunt, reprehensos videmus
primum testibus; Font 3. — 2. convincitur a
testibus; Ver IV 104. si temere nomen suum misit
in hoc iudicium per egentissimos testes; Flac 5
(§. 38). facile ut excogitet, quo modo occulte, sine
teste, sine ullo conscio fallat; fin II 53.

testis, Hode: „testes" verbum honestissimum in
iudicio, alio loco non nimis; ep IX 22, 4.

testor, bezeugen, beweifen, als Zeugen anrufen, ein Teftament machen : I, 1. indicatio: possitne
quisquam de filii papilli re testari; inv II 62. —
2. ut testatum apud animum tuum relinquam, quid
s e n s e r i m ; ep II 3, 1. — 3. id (facinus) suo consilio f a c t u m e s s e testatur; Phil XIV 8. — II. saepe
h o c testandum est; orat 227. si testata dici videbuntur; part or 32. quae testata sunt et industria;
ep XI 27, 6. neque dixi quicquam pro testimonio,
nisi quod erat ita notum atque testatum, ut . . ; A
I 16, 2. defensor testatur consuetudinem sermonis;

part or 126. Vettius testatur litteris tuum impudentissimum furtum certissimumque peculatum; Ver
III 168. ut res multorum oculis esset testatior;
Cael 64. tam claram tamque testatam rem; A XIV
12, 1. (venae, arteriae) vim quandam incredibilem
artificiosi operis divinique testantur; nat II 138. —
III, 1. quibus votis illa etiam d e o s immortales d e
suo scelere testatur; Cluent 194. — 2. testabor
semper deos hominesque, quid s e n t i a m ; Phil VII
20. nisi ista pecunia gravissimis esset certissimis-
que monimentis testata, cui data esset; ep V 20, 5.
— 3. ego omnes homines deosque testor f a c t u m
illius in iudicium v e n i r e; Caecin 83. se voluntate
Caesaris egisse ipsum meum fratrem testatus est ;
ep I 9, 9. — 4. hoc vos, iudices, testor; Sulla 35.
— IV. de quo te, te, inquam, patria testor et vos,
penates patriique dei, me caedam f u g i s s e; Sest 45.

testudo, Schildkröte, Schildkrötenschale, Gewölbe: I. testudines et crocodilos dicunt, cum in
terra partum ediderint, obruere ova, deinde d i s-
c e d e r e; nat II 129. veluti fluviatiles testudines,
simul ac primum niti possunt, aquam persequuntur;
nat II 124. — II. nunc † hoc vel honestate testu-
dinis vel valde boni aestivum l o c u m obtinebit; Q
fr III 1, 2. — III, 1. in fidibus testudine resonatur aut cornu; nat II 144. — 2. illum commentatum i n quadam testudine cum servis litteratis
fuisse; Bru 87.

teter f. **taeter.**

tetrarches, Tetrarch, Fürft, Regent: I. qui
regna quaesi praedia tetrarchis dederunt; A II 9, 1.
— II, 1. cum tetrarcharum ac regum b o n a spe
atque avaritia devorasses; dom 60. — 2. fecerisne
foedera cum regibus, c u m tetrarchis; Vatin 29.

tetrarchia, Tetrarchie, Fürftentum : I. is
(Caesar) cum ei (Deiotaro) Trocmorum || Trogmorum,
al. || tetrarchiam eripuisset et adseculae suo Perga-
meno nescio cui d e d i s s e t; div II 79. — II. negat
umquam se a te i n Deiotari tetrarchia pedem discessisse; Deiot 42.

texo, weben, zusammenfügen, anzetteln: e p i s t u-
l a s cotidianis verbis texere solemus; ep IX 21, 1.
sane texebatur opus luculente; Q fr III 5, 1. quas
(plagas) ipsi contra se Stoici texuerunt; Ac II 147.
ut in araneolis aliae quasi rete texunt; nat II 123.
quamquam ea tela texitur ac posteritati ostenditur;
de or III 226. togam praetextam texi Oppio puto
te audisse; ep II 16, 7.

textilis, gewebt, n. Gewebe: A. strato pulcherrimo textili s t r a g u l o; Tusc V 61. — B, I. nego
ullam picturam neque in tabula neque in textili
(fuisse), quin conquisierit; Ver IV 1. — II. color
albus praecipue decorus deo est i n textili; leg II 45.

textrinum, Weberei: I. quod (oppidum) isti
textrinum per triennium ad muliebrem vestem con-
ficiendam f u i t; Ver IV 103. — II. ubi iste non
textrinum i n s t i t u e r i t; Ver IV 58.

theatralis, im Theater: theatrales gladiatoriique consessus dicuntur solere plausus excitare;
Sest 115.

theatrum, Theater, Schauplatz, Wirkungs-
kreis, die Zuschauer: I, 1. in versu theatra tota
e x c l a m a n t, si fuit una syllaba aut brevior aut
longior; orat 173. in iis si paulum modo offensum
est, theatra tota reclamant; de or III 196. —
2. forum populi Romani, quod f u i s s e t quasi theatrum illius ingenii; Bru 6. — II, 1. quoniam eius
modi theatrum totius Asiae virtutibus tuis est
d a t u m || sortitus es, al. || celebritate refertissimum,
magnitudine amplissimum, iudicio eruditissimum;
Q fr I 1, 42. theatrum sane bellum habuisti; A
XIII 20, 2. — 2. qui (modi) totis theatris maestitiam i n f e r a n t; Tusc I 106. — 3. ut animo aequo
e vita, cum ea non placeat, tamquam e theatro
e x e a m u s; fin I 49. — III. recordare c o n s e n s u m

illum theatri; Phil I 30. frequens consessus theatri movetur; Tusc I 37. — IV, 1. populi sensus maxime theatro et spectaculis perspectus est; A II 19, 3. (familiaritas) magno theatro spectata est; ep XII 29, 1. — 2. in theatro et in curia res capitales et reliquas omnes iudicabant iidem; rep III 48.

theca, Hülle, Büchse, Futteral: I. in hoc thecam nummariam † non retexeris, in aliis eris cantior; A IV 7, 2. — II. efferri sine thecis vasa; Ver IV 52.

theogonia, Ursprung der Götter: cum (Zeno) Hesiodi theogoniam [id est originem deorum] interpretatur; nat I 36.

theologus, Verfasser einer Götterlehre: I. Ioves tres numerant, ii, qui theologi nominantur; nat III 53. — II. Ioles ipsi quam multi a theologis proferuntur! nat III 54.

thesaurus (thensaurus), Schatz, Vorrat, Schatzkammer: 1. respondit coniector thensaurum || thes. || defossum esse sub lecto; div II 134. qui illos locos tamquam thesauros aliquos argumentorum notatos habet; part or 109. cur hic nescio qui thensaurum solus invenit? div II 134. noto: s. habeo. quo loco thesaurum obruisset; Cato 21. — 2. e quibus locis quasi thesauris argumenta depromerentur; fin IV 10. quid dicam de thesauro rerum omnium memoria? de or I 18. excudam aliquid 'Ηρακλείδειον, quod lateat in thesauris tuis; A XV 27, 2. suppeditabat nobis Atticus noster e thesauris suis quot et quantos viros! fin II 67.

thraecidica, Waffen eines Thräx, Gladiators: cum ornasset thraecidicis comitem et familiarem suum; Phil VII 17.

tibia, Pfeife, Flöte: I. ut epularum sollemnium fides ac tibiae Saliorumque versus indicant; de or III 197. ut, si tibiae inflatae non referant sonum, abiciendas eas sibi tibicen putet, sic . . .; Bru 192. — II. abicio, inflo: s. I. referunt. ipsas tardiores fecerat tibias; leg I 11. — III. et in vocis et in tibiarum nervorumque cantibus; nat II 146. ad nervorum eliciendos sonos ac tibiarum apta manus est admotione digitorum; nat II 150. — IV. cum tam bonos septenarios || octonarios || fundat ad tibiam; fin I 107. quem ad modum tibicen sine tibiis canere (non potest); de or II 338.

tibicen, Flötenbläser: I. quem ad modum tibicen sine tibiis canere (non potest); de or II 338. quare tibicen Antigenidas dixerit discipulo sane frigenti ad populum: "mihi cane et Musis"; Bru 187. simul inflavit tibicen, a perito carmen agnoscitur; Ac II 86. — II. qui sciret se nepotem bellum tibicinem habere; ep VII 24, 2. — III. solet Roscius dicere se, quo plus sibi aetatis accederet, eo tardiores tibicinis modos et cantus remissiores esse facturum; de or I 254. transit idem iuris consultus tibicinis Latini modo; Muren 26. — IV. quae (hostiae) ad praeconem et ad tibicinem immolabantur; agr II 93. solitos esse in epulis canere convivas ad tibicinem de clarorum hominum virtutibus; Tusc I 3.

tibicina, Flötenbläserin: admonuisse tibicinam, ut spondeum caneret, Pythagoras dicitur; fr F X 3.

tibicinium, Flötenspiel: non sunt in ea (oratione) tamquam tibicinii percussionum modi; orat 198. num dubitares, quin inesset in oliva tibicinii quaedam scientia? nat II 22.

tignarius (tignuarius) faber, Zimmermann: ego me Phidiam esse mallem quam vel optimum fabrum tignarium || tignarium ||; Bru 257. quae (centuria) fabris tignariis est data; rep II 39.

timefactus, eingeschüchtert: quamvis (sit) timefacta libertas; of II 24.

timeo, fürchten, in Furcht sein, sich fürchten: I, 1. discrepat a timendo confidere; Tusc III 14. quod mihi praecipis, ut caveam, ne timendo magis timere cogar; ep XI 21, 4. — 2, a. quae est autem

vita dies et noctes timere a suis? Phil II 116. ut cavere || confidere, providere || decet, timere non decet, sic gaudere decet, laetari non decet; Tusc IV 66. o vitam miseram maiusque malum tam diu timere, quam est illud ipsum, quod timetur! A X 14, 1. s. 1. — b. ut neque accusator timere neque reus sperare debuerit; Cluent 20. (sapientem) numquam timere, numquam dolere; Ac II 135. — II 1. nobis omnibus de vita eius | talis || viri timentibus; Sest 62. de re publica valde timeo; A VII 6, 2. s. III. alqd; Sest 1. — 2. haec quo sint eruptura, timeo; A II 20, 5. quid possem, timebam; A XII 24, 1. — 3. timuit, ne quid praeteriret; agr II 38. ne discipulum abducam, times; fin V 86. cum iam angerer et timerem, ne quid a me dedecoris esset admissum; A IX 10, 9. — 4. omnes labores te excipere video; timeo, ut sustineas; ep XIV 2, 3. — 5. quod nomen referre in tabulas timeat; Q Rosc 14. — 6. quod (homines) sibi timerent; Quir 13. cum (Clisthenes) rebus timeret suis; leg II 41. — III. nec tam timendus est nunc exercitus L. Catilinae quam isti, qui . .; Muren 79. cum alius alium timet, et homo hominem et ordo ordinem; rep III 23. eos de se nihil timere; Sest 1. cum a me certe nihil timeret; Sest 41. si quid esset, quod a M. Bruto timendum videretur; Phil X 17. qui (homo) nihil timet nisi testem et indicem; leg I 41. tamen, in eius modi perturbatione rerum quamquam omnia sunt metuenda, nihil magis quam perfidiam timemus; ep I 5, a, 2. s. I, 2, a. A X 14, 1. is cum suam uxorem annum et locupletem et neenatam timeret; Scaur 8. iudiciumne timui? non servos, non arma, non vim? Milo 36. ab hoc viro quisquam bellum timet? Phil X 14. si timeret casum aliquem; prov 35. quis non timeat omnia providentem et cogitantem et animadvertentem deum? nat I 54. quae (diligentia) summa esset in eis, qui leges, qui magistratus, qui paupertatem, qui ignominiam, qui mortem, qui dolorem timerent; Tusc IV 41. nemo iustus esse potest, qui mortem, qui dolorem, qui exsilium, qui egestatem timet; of II 38. exercitum: s. alqm. cuius belli exitum omnes timeremus; Phil V 39. exsilium: s. dolorem. nonne timuisse, si minus vim deorum hominumque famam, at illam ipsam noctem facesque illas nuptiales? Cluent 15. hominem: s. alqm. ignominiam: s. dolorem. quod se invidiam atque offensionem timere dicebat; Cluent 69. iudicem: s. alqd; leg I 41. indicium: s. arma. leges, magistratus, mortem: s. dolorem. qui saepe istius ducis nomen audissent, saepe timuissent; Ver V 65. noctem: s. famam. offensionem: s. invidiam. ordinem: s. alqm. paupertatem: s. dolorem. perfidiam: s. alqd; ep I 5, a, 2. servos: s. arma. testem: s. alqd; leg I 41. ut venenum timeres; Cael 33. vim: s. arma. famam. uxorem: s. anum.

timide, furchtsam, schüchtern, behutsam: altera (pars orationis videbatur) timide et diffidenter attingere rationem veneficii criminum; Cluent 1. ipso praesente de virtute eius timidius dicerem; Caecin 77. quamquam a me timide modiceque dicetur; Sulla 80. timide fortasse signifer (signum) evellebat, quod fidenter infixerat; div II 67. ita audies, ut Romanum hominem, ut timide ingredientem ad hoc genus disputandi; fat 4.

timiditas, Furchtsamkeit, Schüchternheit, Behutsamkeit: I. in quem metus (cadit), in eundem formido, timiditas, pavor, ignavia; Tusc V 52. nec timiditatem ignaviamque vituperari suo nomine, sed illas reici, quia dolorem pariant; fin I 49. — II, 1. neque illa mea cautio et timiditas in causis propter praestantem prudentiam Crassi neglegenda est; de or II 300. reicio, vitupero: s. I. parit. — 2. quam condicionem supplicii maiores in bello timiditati militis propositam esse voluerunt; Cluent 129. — III. pudore a dicendo et timiditate ingenua quadam

refugisti; de‾or II 10. quid contemptius timiditate dici potest? leg I 51.

timidus, furchtſam, verzagt, ſchüchtern, behutſam: A. quod mihi interdum timidus in labore militari, saepe autem etiam subimpudens videbare; ep VII 17, 1. etiamsi timidi essemus, tamen omnem timorem abiceremus; ep XI 21, 4. scio, quam timida sit ambitio; Milo 42. quae timido animo, humili, demisso∫fractoque fiant; of III 115. mittam timidissimas in oppidis contiones; A VII 21, 1. homo videlicet timidus vocem consulis ferre non potuit; Catil II 12. vectores adversa tempestate timidi et perterriti; nat II 89. per legatos, viros bonos, sed timidos; Phil II 95. — B. ut alia ratione anxius, alia timidus‾(sit) corrigendus; Tusc IV 65. si timidos atque supplices odisse solemus; Milo 92.

timor, Furcht, Befürchtung, Angst, Schrecken, Scheu, Schüchternheit: I. in quem cadit aegritudo, in eundem timor; Tusc III 14. quamquam bonum te timor faciebat; Phil II 90. quia belli magni timor impendet; ep II 11, 1. cum Atheniensium animos summus timor occupavisset; rep I 25. nonne omnis seditionis timor atque opinio ex Autronii improbitate pendebat? Sulla 66. cum subest ille timor ea (utilitate) neglecta ne dignitatem quidem posse retineri; de or II 334. credo, aut illos mortis timor terret aut hos religionis; nat I 86. — II, 1. ne audaciae quidem locum ad timorem comprimendum fuisse; dom 140. quod hominibus perturbatis inanem religionem timoremque deiecerat; rep I 24. qui primus timorem huic ordini depulit; sen 19. cum animus omnem mortis dolorisque timorem effugerit; leg I 60. timor incutitar aut ex ipsorum periculis aut ex communibus; de or II 209. rumore adventus nostri et Cassio animus accessit et Parthis timor iniectus est; A V 20, 3. (philosophia) pellit timores; Tusc II 11. sub metum subiecta sunt terror, timor, pavor, exanimatio; Tusc IV 16. regni timore sublato; Phil I 4. — 2. Ti Graccho senatus severitas dolori et timori fuit; har resp 43. — 3. qui sint a te liberati timore; Deiot 39. magno timore sum, sed bene speramus; A V 14, 2. — 4. hac (eloquendi vi) deducimus perterritos a timore; nat II 148. ea (aestas), quae sequitur, magno est in timore; ep II 10, 4. non sumus omnino sine cura venientis anni, etsi sumus sine timore; Q fr III 4, 4. quae (Catonia promulgatio) animos a minore cura ad summum timorem traduceret; ep I 5, a, 2. — III. (rem publicam) plenam timoris; agr II 8. — IV. timoris et periculi fuit illa causa communis; Sulla 9. nulla timoris significatio; of III 47. — V, 1. magnitudo periculi summo timore hominem adficit; Quinct 6. improbos excruciari poenae timore; fin II 53. ut nec tabescat molestiis nec frangatur timore; Tusc IV 37. movetur eo timore, quo nostrum unus quisque? Font 27. illi alio tum timore perterriti; Sest 40. me contremuisse timore perterritum; div I 58. — 2. multa in vestro timore sanavi; Catil IV 2. dicitur (Romulus) ab Amulio ob labefactandi regni timorem ad ad Tiberim exponi iussus esse; rep II 4. ut ne non timere quidem sine aliquo timore possimus; Milo 2.

tingo, tränken, färben, ausstatten, versehen: illam (Laeliam) patris elegantia tinctam vidimus; Bru 211. quod totum arte tinctum videtur, tametsi artem requirit; de or II 120. nihil nisi conchylio tinctum; Ver IV 59. sit (orator) mihi tinctus litteris; de or II 85. cui (Herculi) cum Deianira sanguine Centauri tinctam tunicam induisset; Tusc II 20.

tinnio, klingen laſſen, zahlen wollen: exspecto, ecquid, Dolabella tinniat an in meo nomine tabulas novas fecerit; A XIV 21, 4.

tiro, Rekrut, Neuling: A. fateor callidum quendam hunc nulla in re tironem ac rudem esse debere; de or I 218. cum essem tiro in eius exercitu;

Phil XII 27. tirone et conlecticio exercitu; ep VII 3, 2. quid tirones milites de vestra gravitate (sentiant); Phil XI 39. — B. quod idem legiones tirorum fecerint; Phil XIV 36.

titillatio, Kitzel, Reiz: I. non est voluptatum tanta quasi titillatio in senibus; Cato 47. — II. quibus (voluptatibus) quasi titillatio (Epicuri enim hoc verbum est) adhibetur sensibus; nat I 113.

titillo, kitzeln, reizen: illa (benignitas est) quasi adsentatorum multitudinis levitatem voluptate quasi titillantium; of II 63. nisi sensus quasi titillarentur voluptate; Tusc III 47.

Titius, Lanzart: Sex. Titius homo tam solutus et mollis in gestu, ut saltatio quaedam nasceretur, cui saltationi Titius nomen esset; Bru 225.

titubanter, unsicher: posuistis, atque id tamen titubanter et strictim, coniurationis hunc participem fuisse; Cael 15.

titubatio, Unsicherheit, Verlegenheit: eventus quoque videndus erit, hoc est, quid ex quaque re soleat evenire, ut metus, laetitia, titubatio, audacia; inv II 41.

titubo, stammeln, stocken, schwanken, versehlen: I, 1. qui (versus) debilitatur, in quacumque est parte titubatum; de or III 192. — 2. quod mente ac lingua titubante fecisse dicatur; dom 139. — II. quod haec proprie attingunt eos ipsos, qui arguuntur, ut responsum inconstanter, ut haesitatum, ut titubatum; part or 114. sin quid forte titubatum (esset); ep XII 10, 2. qui nihil titubarunt; A II 9, 2.

titulus, Ehrenname: I. semper beatam esse sapientem. quos si titulus hic delectat insignis et pulcher, Pythagora, Socrate, Platone dignissimus . . ; Tusc V 30. — II. qui posset sustinere titulum consulatus; Piso 19.

tocullio, Wucherer: neque te in tocullionibus habebam; A II 1, 12.

toga, Toga, Mantel, Friedenskleid: I. quia pacis est insigne et otii toga; Piso 73. — II, 1. qui praetextam togam consequuntur; Balb 57. cui superior annus erat et virilem patris et praetextam populi iudicio togam dederit; Sest 144. Quinto togam puram Liberalibus cogitabam dare; A VI 1, 12. ego meo Ciceroni Arpini togam puram dedi; A IX 19, 1. sumpsisti virilem, quam statim muliebrem togam reddidisti; Phil II 44. sumpta virili toga; Lael 1. — 2. „cedant arma togae"; Phil II 20. — III. nec. (Q. Maximus) in armis praestantior quam in toga; Cato 11. in qua (contione) erat accusatio Pompei usque a toga pura, A VII 8, 5. — IV, 1. quos videtis velis amictos, non toga; Catil II 22. — 2. quis in funere familiari cenavit cum toga pulla? Vatin 31. esset hic clarus in toga et princeps; ep VI 6, 5.

togatus, mit der Toga bekleidet, im Friedenskleide, römischer Bürger: im. römisches Nationalbrama: A. in quo non minorem utilitatem adferunt, qui togati rei publicae praesunt, quam qui bellum gerunt; of I 79. descendi ad forum togatus || sagatus ||, cum reliqui consulares sagati || togati || vellent descendere; ep fr E V 16. ſ. dux. togati me uno togato duce et imperatore vicistis; Catil III 23. accipietne excusationem Graeculi iudicis, modo palliati, modo togati? Phil V 14. quem voles testium sive togatum sive Siculum; Ver II 152. — B, a, I, 1. quoscumque potuerunt, togatos interemerunt; Flac 61. — 2. qui honos togato habitus ante me est nemini; Catil IV 5. nec armati exercitus terrorem opponet togatis; Sest 52. — II. moderabor ipse quasi una et togatorum numero; de or I 111. — b. cum ageretur togata; Sest 118.

togula, kleine, hübsche Toga: I. togulae lictoribus ad portam praesto fuerunt; Piso 55. — II. Pompeius togulam illam pictam silentio tuetur suam; A I 18, 6.

tolerabilis, erträglich, leiblich: tolerabilius est sic potius dicere, ut . . ; de or I 218. ut secum aliquid qualibet, dummodo tolerabili, condicione transigeret; Quinct 97. defensiones non contemnendae saneque tolerabiles; Bru 273. dolorem omnem esse tolerabilem; Tusc II 42. Graeci solvunt tolerabili faenore; A VI 1, 16. quodsi est, qui omnia humana tolerabilia ducat; Tusc V 17. cum boni perdiu nulli, vix autem singulis aetatibus singuli tolerabiles oratores invenirentur; de or I 8. idem tolerabilis patronus; Bru 129. ut vel summa paupertas tolerabilis sit, sic . . ; Tusc V 113. moderati senes tolerabilem senectutem agunt; Cato 7. fore aliquem tolerabilem statum civitatis; Phil XIII 2.

tolerabiliter, gebuldig: quo tolerabilius feramus igniculum desiderii tui; ep XV 20, 2. si dolores eosdem tolerabilius patiuntur quam qui . . ; fin III 42.

toleranter, gebuldig: cum ipse me cogerem illa ferre toleranter; ep IV 6, 2. virorum esse fortium toleranter dolorem pati; Tusc II 43.

tolerantia, Ertragung: sapientis animus tolerantia rerum humanarum saepius vincetur? par 27.

toleratio, Ertragung: quorum (dolorum) alia toleratio est verior, qua uti vos non potestis; fin II 94.

tolero, ertragen, erdulden: I. asperum esse dolere, difficile toleratu; fin IV 52. — II. ad Hispaniense bellum tolerandum; Font 13. secundus (liber est) de tolerando dolore; div II 2. se facilius hiemem toleraturos; Catil II 23. nobis inter nos nostra sive incommoda sive vitia sive iniurias esse tolerandas; A I 17, 4. omni militari labore tolerando; of II 45. forti animo istam tolera militiam; ep VII 18, 1. sumptus et tributa civitatum ab omnibus tolerari aequaliter; Q fr I 1, 25. vitia: f. incommoda.

tollo, aufrichten, die Anker lichten, absegeln, erheben, aufnehmen, mitnehmen, aufheben, er ugen, wegnehmen, beseitigen, vernichten: I, 1. sic deportandi dies praestituta tollere cogebat ex area; prohibitio tollendi, nisi pactus esset, vim adhibebat pactioni, non voluntatem; Ver III 37. — 2, a. tibi quid tandem videtur, Hortensi? tum ille ridens: tollendum; Ac II 148. f. 1. — b. ut ex area, nisi pactus esset, arator ne tolleret; Ver III 51. — II. ille pro mortuo sublatus perbrevi postea est mortuus; Ver V 142. mea factum est insulsa verecundia, ut te proficiscens non tollerem; Q fr II 8 (10), 1. Salaminii nos in caelum decretis suis sustulerunt; A VI 2, 9. f. filium, sacerdotem. quod valet non solum ad augendum aliquid et tollendum altius dicendo, sed etiam ad extenuandum atque abiciendum; de or III 104. illa, quae quondam erant Himera sublata; Ver IV 73. ea tollenda (sunt) de libro; Tusc III 44. quae sunt humiliora neque se tollere a terra altius possunt; Tusc V 37. f. onus. cum, quod honestum sit, id solum bonum esse confirmatur, tollitur cura valetudinis, diligentia rei familiaris, administratio rei publicae, ordo gerendorum negotiorum, officia vitae, ipsum denique illud honestum deserendum est; fin IV 68. sublata aegritudine sublatus est metus; Tusc IV 8. ut studia cupiditatesque honorum atque ambitiones ex hominibus tollerentur; Ver II 132. sublatis amicitiis; Planc 80. ut illud summum auxilium maiestatis de re publica tolleretur; Rabir 2. tollitur beneficium, tollitur gratia, quae sunt vincla concordiae; fin II 117. mora est adlata bello, non causa sublata; Phil VI 1. Erillus omnem consilii capiendi causam inventionemque officii sustulit; fin V 23. ab isto civem Romanum sublatum esse in crucem; Ver I 13. clamor a vigilibus fanique custodibus tollitur; Ver IV 94. operae Clodianae clamorem sustulerunt; Q fr II 3, 2. (Zeno) tollit

omnino usitatas perceptasque cognitiones deorum; nat I 36. si magistratus, senatum, publicum ex illa urbe consilium sustulissent; agr II 88. ut publicum consilium funditus tolleretur; Sest 42. sublata controversia est; de or III 143. cupiditates: f. ambitiones. curam: f. administrationem. Epicurus re tollit, oratione relinquit deos; nat I 123. dictaturam funditus ex re publica sustulit; Phil I 3. singulis diebus sublatis; A IV 17, 4. fidem de foro. dignitatem de re publica sustulistis; agr I 23. diligentiam: f. administrationem. divinatio perspicue tollitur, deos esse retinendum est; div II 41. ex hoc primum error tollendus est; fin III 22. ut exercitum religio tollat, te auctorem senatus retineat; ep I 1, 3. cuius (causae) festinationem mihi tollis, quoniam de aestate polliceris vel potius recipis; A XIII 1, 2. fidem: f. dignitatem. in currum cum Phaëthontem filium (Sol) sustulit; nat III 76. Dicaearchus Peripateticus cetera divinationis genera sustulit, somniorum et furoris reliquit; div I 5. potes genus hoc totum orationis tollere; ep III 8, 5. gratiam: f. beneficium. navem ad eum applicarunt, hominem ad se sustulerunt; inv II 153. hunc hominem de medio tolli posse; Sex Rosc 20. non dubitavit illud insigne penatium hospitaliumque deorum ex hospitali mensa tollere; Ver IV 48. inventionem: f. causam. quaestionem, magistratus, morem maiorum, leges, iudices, reum, ponere esse sublatam; Vatin 34. ut censoria notio et gravissimum iudicium sanctissimi magistratus de re publica tolleretur; Sest 55. ut omne nostrum ius, potestas libertasque tollatur; agr II 29. sublata Mysiae latrocinia; Q fr I 1, 25. non vides veteres leges novis legibus esse sublatas? de or I 247. f. indices. qui ex Fadia sustulerit liberos; Phil XIII 23. libertatem: f. ius. tolle hanc opinionem, luctum sustuleris; Tusc I 30. magistratus: f. consilium, indices. quodam modo etiam paupertatis malum tollitur; Tusc IV 59. sustulimus manus et ego et Balbus; ep VII 5, 2. tantum librariorum menda tollitur; A XIII 23, 2. metum: f. aegritudinem. ut signa antiquissima, monumenta P. Africani, ex oppido Thermitanorum tollerentur; Ver II 85. morem: f. iudices. prima potione mulierem sustulit; Cluent 40. mihi videntur, qui utilitatum causa fingunt amicitias, amabilissimum nodum amicitiae tollere; Lael 51. da negotium Pharnaci, ut id nomen ex omnibus libris tollatur; A XIII 44, 3. notionem: f. iudicium. litterulae nostrae tui desiderio adlinguerunt, hac tamen epistula oculos paulum sustulerunt; ep XVI 10, 2. officia, ordinem: f. administrationem. quid oneris in praesentia tollant; Ver III 1. opinionem: f. luctum. poenam: f. iudices. potestatem: f. ius. quaestionem: f. indices. non modo regno, sed etiam regni timore sublato; Phil I 4. Cassius frumentariam rem aspernabatur; eam Servilia sublaturam ex senatus consulto se esse dicebat; A XV 12, 1. reum: f. iudices. L. Pisonem sanctissimum Dianae sacellum sustulisse; har resp 32. invidiosa lege C. Galbam sacerdotem Gracchani iudices sustulerunt; Bru 128. qui saxa iaceret, quae de terra ipsi tolleret; Caecin 60. senatum: f. consilium. signa: f. monumenta. simulacrum Mercurii pulcherrime factum sustulisti? Ver IV 84. studia: f. ambitiones. veneni iam suspicio superiore quaestione sublata est; Cluent 184. viginti et septem tabulas ex eadem aede sustulit; Ver IV 123. timorem: f. regnum. sublatis in Sicilia tyrannis; Bru 46. si sublata sit venditio bonorum; Sex Rosc 110. ea (verba) nos cum iacentia sustulimus e medio; de or III 177. quae nisi sunt, sublata virtus est; Tusc V 52. non continuo vita beata tollitur; fin IV 30. multi etiam naturae vitium meditatione atque exercitatione sustulerunt; div II 96. qui urbem pulcherrimam Corinthum sustulit; Ver I 55.

tondeo, ſcheren: ne tonsori collum committeret, tondere filias suas (Dionysius) docuit. ita sordido ancillarique artificio regiae virgines ut tonstriculae tondebant barbam et capillum patris; Tusc V 58. cum illa saltatrice tonsa; Piso 18.

tonitruum, Donner: I. cum (anhelitus terrae) se in nubem induerint, tum et fulgores et tonitrua exsistere; div II 44. — II. quod (homines) tonitrua iactusque fulminum extimuissent; div II 42. — III. em causam, cur lex tam egregia inter fulmina et tonitrua ferretur; Phil V 15.

tono, bonnern: I. si fulserit, si tonuerit; div II 149. — II. qui (Pericles) si tenui genere uteretur, numquam ab Aristophane poëta fulgere, tonare dictus esset; orat 29. Iove tonante cum populo agi non esse fas quis ignorat? Phil V 7.

tonsor, Barbier: ſ. **tondeo.**

tonsorius, des Barbiers: qui (Dionysius) cultros metuens tonsorios candente carbone sibi adurebat capillum; of II 25.

tonstricula, Schererin: ſ. **tondeo.**

topiaria, Kunſtgärtnerei: ut illi palliati topiariam facere videantur et hederam vendere; Q fr III 1, 5.

topiarius, Kunſtgärtner: topiarium laudavi; Q fr III 1, 5.

Topica, Sammlung von Gemeinplätzen: 1. institui Topica Aristotelea conscribere; ep VII 19, 1. incidisti in Aristotelis Topica quaedam, quae sunt ab illo pluribus libris explicata; Top 1. 2. incido in: ſ. 1. explico.

toreuma, getriebenes Kunſtwerk: I. toreuma nullum, maximi calices; Piso 67. — II. habere eum perbona toreumata; Ver IV 38.

tormentum, Folterbant, Folter, Marter, Wurfmaſchine: I. cum iam tortor atque essent tormenta ipsa defessa; Cluent 177. ut balistae lapidum et reliqua tormenta telorum eo graviores emissiones habent, quo sunt contenta et adducta vehementius, sic . .; Tusc II 57. — II. adduco, contendo: ſ. I habent. illa tormenta gubernat dolor, moderatur natura cuiusque cum animi, tum corporis, regit quaesitor, flectit libido, corrumpit spes, infirmat metus; Sulla 78. hostis taeterrimus omnibus bonis cruces ac tormenta minitatur; Phil XIII 21. flecto, al.: ſ. corrumpo. — III. nulla vis tormentorum acerrimorum praetermittitur; Cluent 177. — IV, 1. tormentis omnibus vehementissime quaeritur; Cluent 176. — 2. quod dolorem fugientes multi in tormentis ementiti persaepe sint; part or 50. propter tam varia et tam multa tormenta fortunae; Tusc V 1.

tormina, Leibſchmerz: I. tanti aderant vesicae et torminum morbi, ut . .; fin II 96. — II. in torminibus et in stranguria sua; Tusc II 45.

torminosus, an Ruhr leidend: dicimus gravedinosos quosdam, *quosdam* torminosos, non quia iam sint, sed quia saepe; Tusc IV 27.

torno, runden, brechſeln: »ut nemo tam terrae cate contortos possiet orbis«; fr H IV, a, 550. eam (sphaeram) a Thalete Milesio primum esse tornatam; rep I 22.

torpedo, Zitterroche: atramenti effusione sepiae, torpore torpedines (se tutantur); nat II 127.

torpeo, ſtarr, regungslos ſein: deum sic feriatum volumus cessatione torpere, ut . .? nat I 102.

torpor, Betäubung: ſ. **torpedo.**

torqueo, brehen, wenden, ſchleudern, foltern, quälen, beunruhigen: I. sin forte longinquitate producti (dolores) vehementius tamen torquent; Tusc V 117. cum futuri atque impendentis (doloris) torquet timor; fin II 95. — II. equidem dies noctesque torqueor; A VII 9, 4. omnia torquenda sunt ad commodum suae causae; inv I 30. quae omnia uterque torquere ad suae causae commodum debebit;

inv II 46. ut cervices oculosque pariter cum modorum flexionibus torqueant; ‖ torquent? ‖ leg II 39. apud quos (Athenienses, Rhodios) etiam liberi civesque torquentur; part or 118. a quo (auctore orator) cum amentatas hastas acceperit, ipse eas oratoris lacertis viribusque torquebit; de or I 242. verbi controversia iam diu torquet Graeculos homines contentionis cupidiores quam veritatis; de or I 47. liberos: ſ. cives. versare suam naturam atque huc et illuc torquere; Cael 13. oculos: ſ. cervices. est oratio mollis et tenera et ita flexibilis, ut sequatur, quocumque torqueas; orat 52. terra (terra) cum circum axem se summa celeritate convertat et torqueat; Ac II 123. — III. ubi est illa pax, de qua Balbus scripserat torqueri se? A IX 14, 2.

torquis, Halskette: I. torquem detraxit hosti; fin I 35. se ex eius (Galli) spoliis sibi et torquem et cognomen induit; fin II 73. — II. Q. Rubrium phaleris et torque donasti; Ver III 185.

torrens, Gießbach: cum fertur quasi torrens oratio; fin II 3.

torreo, dörren, ſengen, braten: medium illum et maximum (cingulum) solis ardore torreri; rep VI 21. si (sapiens) in Phalaridis tauro inclusus succensis ignibus torreatur; Piso 42.

torridus, mager, dürr: quem hominem „vegrandi macie torridum" Romae contemptum videbamus; agr II 93.

tortor, Folterknecht: I. cum iam tortor atque essent tormenta ipsa defessa; Cluent 177. — II. cum constantia, gravitas, fortitudo, sapientia reliquaeque virtutes rapiantur ad tortorem; Tusc V 13.

tortuosus, gewunden, verworren: nec in Torquati sermone quicquam implicatum aut tortuosum fuit; fin III 3. est (alvus) multiplex et tortuosa; nat II 136. neque fidum potest esse multiplex ingenium et tortuosum; Lael 65. aduncam et tortuosam venire serrulam; Cluent 180.

tortus, Windung: »vidimus immani specie tortuque draconem terribilem«; div II 63.

torus, Wulſt, Schleife, Muskel: I. »o terga, o lacertorum tori!« Tusc II 22. — II. is addit aliquos ut in corona toros; orat 21.

torvus, wild: »has inter (stellas) torvus Draco serpit«; nat II 106.

tosillae, Speichelbrüſen: is (stomachus) utraque ex parte tosillas attingens; nat II 135.

tot, ſo viele: I. quocum per tot annos tot proeliis tot imperatores bella gesserunt; Muren 34. consulatum meum tot, tantis, tam ornatis iudiciis, testimoniis, auctoritatibus comprobatum; dom 76. dignitas comitiis tot civitatum unam in domum revocatis; Ver II 133. ut rem tantam, tot controversiis implicatam, possem cognoscere; Quinct 3. sustinuero Epicureos, tot meos familiares, tam bonos, tam inter se amantes viros; Ac II 115. tot homines in Asia nocentes, tot in Africa, tot in Hispania. Gallia, Sardinia, tot in ipsa Sicilia fuerunt; Ver II 158. imperatores: ſ. anni. ad horum omnium iudicia tot atque tanta domesticum indicium accessit; Piso 97. ſ. auctoritates. cur (Pythagoras) tantas regiones barbarorum pedibus obiit, tot maria transmisit? fin V 87. proelia: ſ. anni. cum a tot rerum tanta varietate divelliner; dom 97. has tot sententias ut omittamus; Ac II 130. in quo (loco) tot locis sessiones disputationum memoriam commovent; de or II 20. testimonia: ſ. auctoritates. ut tot viros primario velim, qui Syracusis fuerint, esse mendacio meo conscios; Ver IV 124. — II, 1. qui tot annos. quot habet, designatus consul fuerit; A IV 8, a, 2. quot homines, tot causae; de or II 140. qui ab dis immortalibus tot et tantas res tacitus auderet optare. quot et quantas di immortales ad Cn. Pompeium detulerunt; imp Pomp 48. quot homines, tot sen-

tentiae; fin I ² 15. — 2. ›huic (praetori) potestate pari, quotcumque senatus creverit populusve inserit, tot sunto‹; leg III 8. — 3. animi et aurium causa tot homines habet, ut cotidiano cantu tota vicinitas personet; Sex Rosc 134. tot rationes (Plato) attulit, ut velle ceteris, sibi certe persuasisse videatur; Tusc I 49.

totidem, eben fo viele: I. dierum quinque scholas, ut Graeci appellant, in totidem libros contuli; Tusc I 8. istum ego locum totidem verbis a Dicaearcho transtuli; A VI 2, 3. — II. quot orationum genera esse diximus, totidem oratorum reperiuntur; orat 53. ut, quot iugera sint sata, totidem medimna decumae debeantur; Ver III 112. id declarat totidem, quot dixit, ut aiunt, scripta verbis oratio; Bru 328.

totiens, fo oft, eben fo oft: I. tot praetores in Sicilia fuerunt, totiens apud maiores nostros Siculi senatum adierunt, totiens hac memoria; Ver II 146. interim velim mihi ignoscas, quod ad te scribo tam multa totiens; A VII 12, 3. — II, 1. ante condemnentur ii, quorum caussas receperimus, quam totiens, quotiens praescribitur, Paeanem aut Nomionem citarimus; de or I 251. cum, quotiens quisque est convictus, totiens renovetur memoria; Sulla 83. — 2. quotienscumque Panhormum veneris, totiens [ad] te senatum Panhormitanum adisse supplicem; Ver V 21. quotienscumque sententiam dixit, totiens iudicavit; dom 69.

totus, gan3, völlig: A. qui se totos in salutem rei publicae contulerunt; Phil XII 7. totum me patefeci; ep VI 10, 1. ut totum te susciperet ac tueretur; ep XVI 12, 6. Octavius mihi totum se deditus; A XIV 11, 2. totum se a te abalienavit Dolabella; A XIV 18, 1. ubi plus mali quam boni reperio, id totum abiudico atque eicio; de or II 102. illud totum habuit e disciplina; Bru 268. tres totius accusationis partes fuisse; Muren 11. huic discendi delectationi toto se animo dedissent? Tusc V 115. totum illum annum querelas senatus pertulerunt; Quir 11. quae (rhetorum artes) sunt totae forenses atque populares; div III 4. multos ab isto deos tota Asia Graeciaque violatos; Ver IV 71. huius totius belli in unius viri vita positum esse discrimen; Phil XIV 3. quod is (sol) diem efficeret toto caelo luce diffusa; nat II 95. toto Capitolio tabulae figebantur; Phil II 92. quid tandem in causis existimandum est, quibus totis moderatur oratio? orat 51. quod tota in hac causa difficillimum est; Tusc I 78. tota civitas confecta senio est; Milo 20. fuerit toto in consulatu sine provincia; prov 37. tactus toto corpore aequabiliter fusus est; nat II 141. totam hanc deliberationem evolvis accuratius; A IX 10, 7. audite consulem totos dies atque noctes de re publica cogitantem! Muren 78. totam Hortensiorum domum devinctam consuetudine cum teneret; Arch 6. vides unius iniustitia concidisse genus illud totum rei publicae; rep I 64. Graecia: f. Asia. deduxisti totum hominem in duo genera quinto causarum; de or II 71. ut populo Romano totique Italiae suppeditare possent; Ver V 99. dilectum haberi (oportere) in urbe et in Italia praeter Galliam tota; Phil V 31. cum dilectus haberi tota Italia iussisti; Phil VII 13. hic totus locus disputationis pertinet ad commune ius; Balb 30. ut tota mente atque artubus omnibus contremescam [contremiscam ||; de or I 121. leve est totum hoc risum movere; de or II 218. cui aeternitas omnis totiusque mundi nota sit magnitudo; Tusc IV 37. quae (natura) tota perturbatur; fin V 47. nox ista tota in exinanienda nave consumitur; Ver V 64. cuius (Helices) clarissimas stellas totis noctibus cernimus; nat II 105. f. dies. omnem totius operis dissignationem || design. || atque apparatum (require); nat I 20. qui (Lacedaemonii) soli toto

orbe terrarum unis moribus vivunt; Flac 63. annus, ubi sol suum totum confecit et peragravit orbem; Tim 32. si non ipse amicus per se amatur toto pectore, ut dicitur; leg I 49. de Scapulanis hortis toto pectore cogitemus; A XIII 12, 4. quem in provincia tota Verres audacia sui simillimum iudicavit; Ver III 22. unus venditor tota in provincia per triennium frumenti omnis fuisti; Piso 86. de quo haec tota quaestio est; Ac II 83. nihil fallacius ratione tota comitiorum; Muren 36. totius huiusce rei quae sit vis; Flac 9. qui hanc rem publicam Capuam totam || t. C. || transferre vellent; agr II 89. vestigium statuarum istius in tota Sicilia nullum esset relictum; Ver II 160. arant tota Sicilia fere Centuripini; Ver III 108. ut tota tempora diurna in iis (devorsoriis) possim consumere; A XI 5, 2. sapientem omne caelum totamque cum universo mari terram mente complexum; fin II 112. qui (modi) totis theatris maestitiam inferant; Tusc I 106. si totum evertunt tribunatum tuum; dom 41. (rationem) totius perfectione vitae locupletatam; fin II 38. fama tota urbe percrebruit; Ver IV 94. vim in tota urbe versari; Planc 71. — B, I. totum in eo est, ut tibi imperes; Tusc II 53. — II. unam principio partem (deus) detraxit ex toto; Tim 22.

trabalis, für einen Balfen: ut hoc beneficium trabali clavo figeret; Ver V 53.

tractabilis, fühlbar, nachgiebig: corporeum et aspectabile itemque tractabile omne necesse est esse, quod natum est; Tim 13. nihil est eo (filio) tractabilius; A X 11, 3. quae (virtus) est cum multis in rebus, tum in amicitia tenera atque tractabilis; Lael 48.

tractatio, Bearbeitung, Behandlung, Gebrauch: I. tractatio varia esse debet; de or II 177. orationis est ad venustatem ipsa tractatio; de or III 206. ipsa mihi tractatio litterarum salutaris fuit; Bru 15. est in utroque et materia et tractatio: materia in verbis, tractatio in conlocatione verborum; orat 201. — II, 1. nec ab haruspicibus accipiunt earum (fidium, tibiarum) tractationem, sed a musicis; div II 9. orator tractationem orationis sibi adsumet; de or I 54. — 2. quae observata sunt in usu ac tractatione dicendi; de or I 109. qui in armorum tractatione versantur; de or III 200. — III. est haec distinctio in verbis; altera natura, tractatione altera; part or 17.

tractatus, Behandlung, Beschäftigung: qui ipsarum artium tractatu delectati nihil in vita sunt aliud acturi; de or III 86.

tracto, betasten, berühren, behandeln, sich beschäftigen, unterfuchen, lenken, verwalten, barftellen, spielen, benehmen: I. faciamus tractando usitatius hoc verbum; Ac I 27. — II. qui (Pomptinus) a te tractatus est praestanti ac singulari fide; ep III 10, 3. quo in munere ita se tractavit, ut . .; ep XIII 12, 1. velim quam honorificentissime et quam liberalissime C. Flavium tractes; ep XIII 81, 1. me (Hortensius) sceleratissime insidiosissimeque tractavit; Q fr I 3, 8. pro ratione pecuniae liberalius est Brutus tractatus quam Pompeius; A VI 3, 5. eum (Ciceronem) non modo liberaliter a nobis, sed etiam ornate cumulateque tractari; A XV 5, 4. quo modo (quidque defensorem tractare oporteat; inv II 44. quae a dialecticis aut a physicis tractantur; div II 11. huius eloquentiae est tractare animos; orat 97. non aliter tractari putant oportere argumentationem; inv I 60. nec auditor omnis eodem aut verborum genere tractandus est aut sententiarum; orat 71. qui meam bibliothecen multorum nummorum tractavit; ep XIII 77, 3. neque se ante causas amicorum tractare atque agere coepisse, quam ius civile didicisset; de or I 170. civitates tractatae quem ad modum sunt? Ver III 66. conventa: f. res. tracta definitiones fortitudinis;

Tusc IV 53. num geometriam Euclide aut Archimede, num musicam Damone aut Aristoxeno, num ipsas litteras Aristophane aut Callimacho tractante tam discerpta fuisse, ut . . ? de or III 132. quis gubernacula rei publicae tractare in maximo cursu posse arbitraretur hominem vino confectum? Sest 20. te illam (historiam) tractante; leg I 5. controversum ius nosse et tractare videare; Muren 28. litteras: f. geometriam. habeat omnes philosophiae notos ac tractatos locos; orat 116. si L. Mummius aliquem istorum videret matellionem Corinthium cupidissime tractantem; par 38. musicam: f. geometriam. pacta: f. res. qui in iis (partibus) cognoscendis atque tractandis studium suum omne posuerunt; de or I 59. pecuniam publicam tu tractabas; div Caec 32. in eius modi persona, quae propter otium ac studium minime in iudiciis periculisque tractata est; Arch 3. quae (res) non excogitantur ab oratore, sed in re positae ratione tractantur, ut tabulae, testimonia, pacta, conventa; de or II 116. cuius arbitrio sicae nunc omnes atque omnia venena tractantur; har resp 34. quem ad modum socii populi Romani a magistratibus nostris tractentur; Ver III 122. tabulas, testimonia: f. res. venena: f. sicas.

tractus, Zug, Ausdehnung, Lage, Landstrich, Gegend: I, 1. tractus ille celeberrimus, Venafranus, Allifanus, se huius honore ornari arbitrabatur; Planc 22. — 2. quae dubitatio [quanta haesitatio] tractusque verborum! de or II 202. — II. cuius (urbis) is est tractus ductusque muri definitus arduis montibus; rep II 11. orno: f. I, 1. — III. Coelius neque verborum conlocatione et tractu orationis leni et aequabili perpolivit illud opus; de or II 54.

traditio, Übergabe: 1. facilem pupillo traditionem esse; Ver I 132. — 2. abalienatio est eius rei, quae mancipi est, aut traditio alteri nexu || nexo || aut in iure cessio; Top 28.

trado, überliefern, übergeben, preisgeben, hingeben, widmen, mitteilen, berichten, vortragen, lehren: I, 1. patrimonia spe bene tradendi relinquimus; nat III 76. — 2, a. qui (Habonius) non putaret sibi expedire ita accipere, ne eodem modo tradendum esset; Ver I 134. — b. ita nobis maiores nostros tradidisse; nat III 9. — II, 1. eodem modo de utraque re traditum nobis est; Caecin 96. f. III. alqd. — 2. quae dicam, trade memoriae; par VI 10. — 3. prudentissima civitas Atheniensium fuisse traditur; Sex Rosc 70. — 4. ut Isocratem dixisse traditum est, alteri se calcaria adhibere, alteri frenos; Bru 204. — III. totum ei (Philoni) me tradidi; Bru 306. sic ei (Caesari) te commendavi et tradidi, ut gravissime diligentissimeque potui; ep VII 17, 2. quae de officiis tradita ab illis (philosophis) et praecepta sunt; of I 4. pollicenti cuidam se artem ei memoriae traditurum; Ac II 114. ut facile bellum reliquis traderet; of II 40. non modo illam hereditatem, sed bona patria fortunasque tradidit; Ver II 59. huius audaciae fidelissimos socios optimosque cives scitote traditos; Ver III 24. quod ab iis (parentibus) nobis vita, patrimonium, libertas, civitas tradita est; sen 2. consuetudinem a maioribus traditam commutare ausus est; Ver III 15. quae (ars) primo progressu festive tradit elementa loquendi et ambiguorum intellegentiam concludendique rationem; Ac II 92. fortunas, hereditatem: f. bona. ut homines ingeniosissimi, quasi ex aliqua turbida tempestate in portum, sic ex seditiosa ac tumultuosa vita se in studium aliquod traderent quietum; inv I 4. totum hominem tibi ita trado, „de manu", ut aiunt, „in manum" tuam istam; ep VII 5, 3. hominem comprehendit et in custodiam Ephesi tradidit; Q fr I 2, 14. imperium navium legato populi Romani ademisti, Syracusano tradidisti; Ver V 137. intellegentiam: f. elementa. qui (Mercurius) dicitur

Aegyptiis leges et litteras tradidisse: nat III 56. libertatem: f. civitatem. litteras: f. leges. nunc certos confirmandi et reprehendendi in singula causarum genera locos tradendos arbitramur; inv II 11. a te confirmatum (nomen) posteris etiam suis tradituros se esse; Deiot 41. quibus non scientia esset tradenda, sed exigui temporis aut falsa aut certe obscura opinio; de or I 92. pueris illud et mulieribus oppidum scitote esse traditum; Cluent 195. (populus) omnem suam de nobis potestatem tradidit vobis; Flac 4. patrimonium: f. civitatem. qui dicendi praecepta traderent; de or I 84. Philo instituit alio tempore rhetorum praecepta tradere, alio philosophorum; Tusc II 9. cum iam manum ad tradendam pyxidem porrexisset; Cluent 63. traditur ab Epicuro ratio neglegendi doloris; fin II 93. f. elementa. quae (res) quasi in arte traduntur; de or I 99. scientiam: f. opinionem. socios: f. cives. mecum, ut tibi illa (Topica) traderem, egisti; Top 2. putabam virtutem hominibus, si modo tradi ratione possit, instituendo et persuadendo, non minis et vi ac metu tradi; de or I 247. cum Alcibiades Socrati supplex esset, ut sibi virtutem traderet; Tusc III 77. vitam: f. civitatem. — IV, 1. tradamus nos ei (philosophiae) curandos; Tusc III 13. quae bona utenda ac possidenda tradiderat; Ver II 46. cui res publica traditur sustinenda; Muren 3. — 2. quaesivit, quis aedem Castoris sartam tectam deberet tradere; Ver I 131. qui senatum tribuno furenti constrictum traderent; dom 113. — 3. sollicitam mihi civitatem tradidistis; agr I 23. rem publicam incolumem magistratibus deinceps traditam; Quir 17. — 4. optima hereditas a patribus traditur liberis gloria virtutis rerumque gestarum; of I 121. senatum servire populo, cui populus ipse moderandi et regendi sui potestatem quasi quasdam habenas tradidisset; de or I 226. — 5. Aiax, quo animo traditur; of I 113. — 6. cuius illi salutem pro pignore tradiderunt; prov 2.

traduco, hinüberführen, vorbeiführen, hinführen, versetzen, zubringen, übertragen: Antonius a minutis angustisque concertationibus ad omnem vim varietatemque vos disserendi traducendos putavit; de or III 121. ut eos, qui audient, ad maiorem admirationem possit traducere; orat 192. alqd: f. vitam. o adulescentiam traductam eleganter! Planc 31. qui iudicum animos a severitate pauliper ad hilaritatem risumque traduceret; Bru 322. ut mihi viderer animum hominis ab omni sibi cogitatione ad tuam dignitatem tuendam traducere; ep I 2, 3. ut paulo ante caecos ad aurium traducebamus voluptatem, sic licet surdos ad oculorum; Tusc V 117. iussit equum traducere; Cluent 134. sic hominem traducere ad optimates paro; A XIV 21, 4. si consuetudo ac licentia imperium nostrum ad vim a iure traduxerit; rep III 41. ut summa abstinentia munus hoc extraordinarium traducamus; A V 9, 1. haec quaestio a propriis personis et temporibus ad universi generis orationem traducta appellatur θέσις; orat 46. quodsi haec studia traducta erunt ad nostros; Tusc II 6. surdos: f. caecos. qua ratione nobis traducendum sit hoc tempus; ep IV 6, 3. fluvius Eurotas ita magnus factus est, ut ea traduci victimae nullo modo possent; inv II 96. si volumus hoc, quod datum est vitae, tranquille placideque traducere; Tusc III 25.

traductio, Versetzung, Metonymie, Fortdauer: I. est quasi rudentis explicatio sic traductio temporis; div I 127. ne illa quidem traductio atque immutatio in verbo quandam fabricationem habet; de or III 167. — II. cum intentus est arcus in universam rem publicam traductione ad plebem furibundi hominis; Sest 15.

traductor, Versetzer, Überführer: ut sciat hic noster Hierosolymarius traductor ad plebem, quam

bonam meis putissimis orationibus gratiam rettulerit; A II 9, 1.

trafero f. **transfero.**

tragice, tragöbienartig : hanc mortem rhetorice et tragice ornare potuerunt; Bru 43. easdem argutias in tragoedias satis ille (C. Titius) quidem acute, sed parum tragice transtulit; Bru 167.

tragicus, im Trauerſpiel, tragiſch, Tragiſer: A. sed haec tragica atque divina; de or II 227. accedit ‖ accedet ‖ actio non tragica nec scaenae, sed . .; orat 86. Aristodemum, tragicum actorem; rep IV 13. grandis et, ut ita dicam, tragicus orator; Bru 203. poëmatis tragici, comici, epici suum cuiusque (genus) est; opt gen 1. ut tragici poëtae confugitis ad deum; nat I 53. — B. dari mihi iubes indicem tragicorum; fr F V 48.

tragoedia, Trauerſpiel, erhabene, hochtrabende Rede, Pathos, Lärm: I, 1. quattuor tragoedias sedecim diebus absolvisse cum scribas; Q fr III 6, 7. si tragoedias agamus in nugis; de or II 205. eiusdem Appiae nomen quantas tragoedias excitat! Milo 18. tragoedias loqui videor et fabulas; div I 68. — 2. neque vero istis tragoediis tuis, quibus uti philosophi maxime solent, Crasse, perturbor, quod ita dixisti . .; de or I 219. — II. hisce eum (Galbam) tragoediis liberatum ferebat; de or I 228. perturbari: f. I, 2.

tragoedus, tragiſcher Schauſpieler: I. me auctore nemo dicendi studiosus Graecorum more [et] tragoedorum voci serviet, qui et annos complures sedentes declamitant et cotidie, ante quam pronunti-ent, vocem cubantes sensim excitant eandemque, cum egerunt, sedentes ab acutissimo sono usque ad gravissimum sonum recipiunt et quasi quodam modo conligunt; de or I 251. et comoedum in tragoediis et tragoedum in comoediis admodum placere vidimus; orat 109. — II. mos: f. I. in oratore vox tragoedorum, gestus paene summorum actorum est requirendus; de or I 128.

traho, ziehen, abziehen, hinziehen, an ſich ziehen, hinreißen, ſchleppen, ableiten, annehmen, part. ſließend: L idcirco trahebam, ut quam diutissime integrum esset; A XVI 2, 4. — II. trahimur omnes studio laudis; Arch 26. non Hectora traxisti, sed corpus, quod fuerat Hectoris; Tusc I 105. stellae refundunt eadem et rursum trahunt indidem; nat II 118. f. salem. ex luris iugibus aquam calidam trahi; nat II 25. si trahitur bellum; A X 8, 2. maximam copiam principiorum ex iis locis trahemus, qui . .; de or II 324. corpus: f. alqm. a qua (praestantia) omne honestum decorumque trahitur; of I 107. genus orationis fusum atque tractum et cum lenitate quadam aequabiliter profluens; de or II 64. honestum: f. decorum. etsi nemini concedo, qui maiorem ex pernicie et peste rei publicae molestiam traxerit; ep IV 3, 1. (nervi) a corde tracti et profecti; nat II 139. legio Martia, quae mihi videtur divinitus ab eo deo traxisse nomen; Phil IV 5. ita traxit ordo aetatum orationem, ut . .; Bru 232. interponuntur contiones et hortationes, sed in his tracta quaedam et fluens expetitur, non haec contorta et acris oratio; orat 66. volo huic summo omnem, quae ad dicendum trahi possit, loquendi ratiouem esse notam; orat 114. nullum vacuum tractum esse remum; Ver V 135. aliquid salis a mima uxore trahere potuisti; Phil II 20. scio ab isto initio tractum esse sermonem; Bru 21. stirpes e terra sucum trahunt; nat II 120. ex victu multae trahuntur suspiciones; inv II 29.

traicio, überſetzen, verſetzen, hinüberwerfen, durchſtechen, übertragen: I. quacum (pecunia) traicecerat; Flac 91. — II. ex illius invidia deonerare aliquid et in te traicere; div Caec 46. quae (terra) traiecto axi sustinetur; Tim 37. si Hannibal murum

iaculo traiecisset; fin IV 22. ne verba traiciamus aperte; orat 229.

traiectio, überfahrt, übergang, Verſetzung, übertreibung, Hyperbel, Sternſchnuppe: I. augendi minuendive causa veritatis supralatio ‖ superl. ‖ atque traiectio; de or III 203. praemunitio etiam est ad id, quod adgrediare, et traiectio in alium; de or III 204 — II, 1. cautior certe est mansio, honestior existimatur traiectio; A VIII 15, 2. Assyrii traiectiones motusque stellarum observitaverunt; div I 2. — 2. hic utitur ea traiectione verborum; orat 230.

tral — f. **transl** —

trames, Seitenweg, Fußpfad: 1. egressus est non viis, sed tramitibus paludatus; Phil XIII 19. — 2. num idem in Appennini tramitibus facere potero? Phil XII 26.

tram — f. **transm** —

trano, hinüberſchwimmen: num tuum nomen illum Gangen tranatare (potuit)? rep VI 22.

trano, durchbringen: quod (genus igneum) tranat omnia; nat II 25. »cernes Aram, exiguo superum quae lumina tempore tranat«; fr H IV, a, 429.

tranquille, ruhig ſtill: qui nihil potest tranquille, nihil leniter dicere; orat 99. quod videat multos moderate et tranquille tulisse; Tusc III 60. ex Idibus Maiis in Ciliciam, ut ibi Iunius consumatur, velim tranquille a Parthis; A V 21, 9.

tranquillitas, Ruhe, Stille, Windſtille, Frieben: I. ut tranquillitas animi et securitas adsit, quae ad fert cum constantiam, tum etiam dignitatem ; of I 69. futuram summam tranquillitatem pacis atque otii; agr I 24. me mirificae tranquillitates adhuc tenuerunt atque maiori impedimento fuerunt quam custodiae; A X 18, 1. — II, 1. omnem tranquillitatem et quietem senectutis acceptam refert clementiae tuae; Deiot 38. nos longis navibus tranquillitates aucupaturi eramus; A VI 8, 4. ut maris tranquillitas intellegitur nulla aura fluctus commovente; Tusc V 16. in (parte) participe rationis ponunt tranquillitatem, id est placidam quietamque constantiam; Tusc IV 10. refero: f. accipio. — 2. quae (sapientia) omnes monstret vias, quae ad quietem et tranquillitatem ferant; fin I 46. — III. qui locus quietis et tranquillitatis plenissimus fore videbatur; de or I 2. — IV. lex Aelia et Fufia eversa est, propugnacula murique tranquillitatis atque otii; Piso 9. — V. si (sapiens) proficiscatur probo navigio, hac tranquillitate; Ac II 100.

tranquillo, beruhigen: ut ant perturberantur animi aut tranquillentur; Top 98.

tranquillus, ruhig, ſtill, friedlich: A. (Isocrates) est, ut in transferendis faciendisque verbis tranquillior, sic in ipsis numeris sedatior; orat 176. cetera videntur esse tranquilla; tranquillissimus autem animus meus; A VII 7, 4. in pacatis tranquillisque civitatibus; de or I 30. pax est tranquilla libertas; Phil II 113. tranquillae tuae litterae; A XIV 3, 1. quo tranquillo mari gubernare se negent posse; rep I 11. semper mens erit tranquilla sapientis; Tusc IV 8. tempus hoc tranquillum atque pacatum; Cluent 94. in viam placatae, tranquillae, quietae vitae; fin I 71. — B, I. (animus) nihil quieti videre, nihil tranquilli potest; fin I 58. — II. in tranquillo tempestatem adversam optare dementis est; of I 83.

trans, jenſeits: I. ego eo ipso tempore trans mare fui; inv I 45. ut, qui trans flumen essent, (hostias) videre possent; inv II 97. Naevius trans Alpes transfertur; Quinct 12. administri et satellites Sex. Naevii Roma trans Alpes in Sebaginos biduo veniunt; Quinct 80. — II. ut trans montem Taurum etiam de Matrinio sit auditum; ep II 15, 5. cogito interdum trans Tiberim hortos aliquos parare; A VII 19, 1.

transactor, Vermittler: Timarchides, qui est rerum huiusce modi omnium transactor et administer; Ver II 69.

Transalpinus, jenfeits ber Alpen: Gallia Transalpina praesidiis confirmata; imp Pomp 35.

transcendo, übersteigen: num tuum nomen Caucasum transcendere potuit? rep VI 22.

transcurro, burdeilen: qui (Cyrus et Alexander) suum cursum transcurrerant; Bru 282.

transenna, Netz, Gitter: quam (copiam ornamentorum) constructam uno in loco quasi per transennam praetereuntes strictim aspeximus; de or I 162.

transeo, hinübergehen, vorübergehen, übergehen, überschreiten, burdeilen: I, 1. alio transire (oportet); de or II 177. ut transiri alio possit; leg III 26. — 2. deinceps ad partitionem transeamus; inv I 30. ne transire in Siciliam fugitivorum copiae possent; Ver V 5. hunc nimbum cito transisse laetor; A XV 9, 2. cum duae partes transierunt || transierint || ratiocinationis, tertia in parte aiunt . .; inv I 59. — II. equidem malueram, quod erat susceptum ab illis, silentio transiri; A II 19, 3. nec amnes transeunt auspicato; div II 77. ii (appetitus) sine dubio finem et modum transeunt; of I 102. Domitii filius transiit Formias; A IX 3, 1. ut eum locum transire nequeamus; ep II 21§, 4. quod mare non transierim; A VIII 12, 3. modum: f. finem. cum idem pomerium transiret; nat II 11.

transfero (trafero), tragen, hinübertragen, versetzen, übertragen, übersetzen, wenden, anwenden: a regendis civitatibus totos se ad cognitionem rerum transtulerunt; de or III 56. Naevius trans Alpes usque transfertur; Quinct 12. in hos || eos || deos ex hominum genere in caelum translatos non re, sed opinione esse dicunt; nat III 53. ut te ad se traferret || transf. | ; ep XVI 4, 2. translatam ad, quod aliud conficit, quam causae genus postulat; inv I 26. ea traferri oportet, quae clariorem faciunt rem; de or III 157. haec, quae aut immutata esse dixi aut aliter intellegenda ac dicerentur, sunt tralata quodam modo; de or III 169. quam modo de scripto sententiaque praecepimus, eadem huc omnia transferemus; part or 133. quod publicani me rogarunt ut de tuo edicto totidem verbis transferrem in meum; ep III 8, 4. me ab omnibus molestiis abducam transferamque animum ad ea, quibus . .; ep V 13, 5. in fundum non instrumentum aut ornamenta villae, sed eiam arbores transferebantur; dom 62. eiam (ἀρχέτυπον) tu tralatam in macrocollum lege arcano convivis tuis; A XVI 3, 1. qui a te causam regiam alio traferebant; ep I 4, 1. a cuius (aquilae) altaribus saepe istam impiam dexteram ad necem civium transtulisti; Catil I 24. Homerus humana ad deos transferebat; divina mallem ad nos; Tusc I 65. si hoc exemplum ex re militari ad animadversionem censoriam transferendum est; Cluent 129. humana: f. divina. instrumentum: f. arbores. posteaquam iudicia ad senatum translata sunt; Ver pr 37. istum ego locum totidem verbis a Dicaearcho transtuli; A VI 2, 3. ad Volusium traferri nomen a Valerio non potuisse; ep V 20, 3. ornamenta: f. arbores. te possessiones hereditatum a liberis ad alienos transtulisse; Ver III 16. earum rerum omnium potestatem ad decemviros esse translatam; agr II 54. ubi res ad praetorum libidinem translata est; Ver III 220. quam similitudinem natura ratioque ab oculis ad animum transferens; of I 14. quae (studia) sero admodum expetita in hanc civitatem e Graecia transtulerunt; Tusc IV 1. modus transferendi verbi late patet, de or III 155. indidem verbum unum, quod similitudinem continet, tralatum lumen adferet orationi; de or III 161. quoniam haec vel summa laus est in verbis traferendis, ut sensum feriat id, quod tralatum sit; de or III 163. nolo esse verbum

angustius id, quod tralatum sit, quam fuisset illud proprium ac suum; de or III 164. sumpta re simili verba illius rei propria deinceps in rem aliam traferuntur; de or III 167. in transferendis (verbis erit) verecundus; orat 81. tralata (verba) dico, quae per similitudinem ab alia re aut suavitatis aut inopiae causa traferuntur; orat 92. alio transferenda mea tota vita est; sen 22.

transfigo, burdbohren: (Epaminondas) evelli iussit eam, qua erat transfixus, hastam; fin II 97.

transfuga, Überläufer: non omnia illum transfugam ausum esse senatui dicere; div I 100.

transfugio, übergehen: non ab adflicta amicitia transfugere atque ad florentem aliam devolare; Quinct 93.

transfundo, übertragen, ausbreiten: omnem se amorem abiecisse illim atque in hanc transfudisse; Phil II 77. libentius omnes meas (laudes) ad te transfuderim; ep IX 14, 4. sunt alia (studia) liberiora et transfusa || fusa || latius; rep I 30.

transfusio, Vermischung: quam valde eam (gentem putamus) tot transfusionibus coacuisse? Scaur 43.

transgredior, überschreiten: quod (Ti. Gracchus) inauspicato pomerium transgressus esset; div I 33. nisi forte postea coeperunt legare, quam ego Taurum transgressus sum; ep III 8, 5.

transgressio, Übergang, Versetzung: I. est etiam verborum concinna transgressio; de or III 207. — II. non Alpium vallum contra ascensum transgressionemque Gallorum oppono; Piso 81.

transigo, burdführen, beendigen, vermitteln, sich vergleichen, abmachen: I, 1. sin, ut ego metuo, transactum est; ep XIV 4, 3. cum privatis non poterat transigi minore pecunia; A IV 17, 7 (16, 14). — 2. bene fecit A. Silius, qui transegerit; A XII 24, 1. — II. nos hic incredibili ac singulari populi voluntate de C. Macro transegimus; A I 4, 2. — III. nos quod dicamus, facile et commode transigi posse; inv II 118. ut, cum transegerit iam aliquid, definiat; orat 137. Acutilianam controversiam transegeris; A I 4, 1. privato illo iudicio transacto; Ver II 75. potueritne aut magnitudo negotii aut multitudo rerum in eo transigi tempore; inv I 39. ut negotium transigas; ep XIII 14, 2. ut prima quaeque pars, ut exposita est in partitione, sic ordine transigatur; inv I 33. transactis iam meis partibus; de or II 15. res multis querelis de re publica interponendis nulla transacta est; Q fr II 3, 1. res interea fortasse transacta est; A XII 2, 2.

transilio, überspringen: transilire ante pedes posita; de or III 160. ne rem unam pulcherrimam transiliat oratio; Phil II 84.

transitio, Übergang, Durchgang: I. fluentium frequenter transitio fit visionum, ut e multis una videatur; nat I 109. ex quo transitiones perviae „iani" nominantur; nat II 67. (scriptae sunt) ad plebem transitiones; Bru 62. — II. imaginibus similitudine et transitione perceptis; nat I 49.

transitus, Übergang, Vorübergehen: cum (Dionysius) eius fossae transitum ponticulo ligneo coniunxisset; Tusc V 59. si homines transitum tempestatis expectare potuissent; A II 21, 2.

translaticius (tral.), gewöhnlich, hergebracht: hoc tralaticium est; ep III 8, 4. alterum caput est tralaticium de impunitate, SI QUID CONTRA ALIAS LEGES EIUS LEGIS ERGO FACTUM SIT; A III 23, 2. cum ego in edicto translaticio centesimas me observaturum scriberem; A V 21, 11.

translatio (tral.), Übertragung, Versetzung, Ablehnung, Metathesis, Metapher: I. hae tralationes quasi mutationes sunt, cum, quod non habeas, aliunde sumas; illae paulo audaciores, quae non inopiam vindicant || indicant ||, sed orationi splendoris aliquid accessunt; de or III 156. verecunda de

bet esse tralatio, ut deducta esse in alienum locum, non inrupisse atque ut precario, non vi venisse videatur; de or III 165. L. Sullae. C. Caesaris pecuniarum translatio a iustis dominis ad alienos non debet liberalis videri; of I 43. si vereare, ne paulo durior tralatio esse videatur, mollienda est praeposito saepe verbo; de or III 165. ex omni genere frequentissimae tralationes erunt, quod eae propter similitudinem transferunt animos et referunt ac movent huc et illuc; orat 134. ſ. arcessunt, debet. iam cum fluxerunt ‖ confluxerunt ‖ continuo plures tralationes, alia plane fit oratio; orat 94. fit, ut rarius incidant translationes; inv II 57. (translationes) in iure plerumque versantur. in ipsis autem indiciis rarius incidunt; inv II 58. inrumpit: ſ. debet. movent, referunt, transferunt: ſ. est. versantur: ſ. incidunt. venit: ſ. debet. videtur: ſ. debet, est. vindicant: ſ. arcessunt. — II, 1. quod omnis tralatio, quae quidem sumpta ratione est, ad sensus ipsos admovetur, maxime oculorum; de or III 160. ceteris quoque criminibus defendendis coniecturali constitutione translationem confirmabit; inv II 59. deduco: ſ. I. debet. verbi tralatio instituta est inopiae causa, frequentata delectationis; de or III 155. mollio: ſ. I est. sumo: ſ. admoveo. — 2. translativa dicitur constitutio, quia ‖ quod ‖ actio translationis et commutationis indigere videtur; inv I 10. — 3. utatur tralationibus quam mollissimis; orat 85. translatione utens discedebat a verbis propriis rerum ac suis; Top 32. — 4. adulescentem nomen suum isti ad translationem criminis commodaturum; Ver IV 91. illa videtisne esse non verbi, sed orationis, quae ex pluribus tralationibus conexa sunt? de or III 169. — III. si singula translationum genera quaeramus; inv II 57.—IV. non numquam etiam brevitas tralatione conficitur, ut illud „si telum manu fugit"; de or III 158.

translativus, übertragend, ablehnend: cum causa ex eo pendet, quia non aut is agere videtur, quem oportet, aut [non] cum eo, quicum oportet, aut .., translativa dicitur constitutio, quia quod actio translationis et commutationis indigere videtur; inv I 10. in quarta constitutione, quam translativam nominamus, eius constitutionis est controversia, cum aut quem aut quicum aut quo modo aut apud quos aut quo iure aut quo tempore agere oporteat, quaeritur; inv I 16. cum actio translationis aut commutationis indigere videtur, constitutio translativa appellatur; inv II 57. hic defensor poenae commutationem ex translativo genere inducendo totam infirmabit accusationem; inv II 59.

translator, Übertrager: Verres, ille vetus proditor consulis, translator quaesturae, tantum sibi auctoritatis suscepit, ut . . . Ver V 152.

transmarinus (tram.), jenseits des Meeres, überseeisch: non esse nos transmarinis nec importatis artibus eruditos, sed genuinis domesticisque virtutibus; rep II 29. quid M. Catoni praeter hanc politissimam doctrinam tramarinam atque adventiciam defuit? de or III 135. privatam rem transmarinam obire; imp Pomp 53. quid omnia transmarina vectigalia iuvabunt? agr II 80.

transmissio, Überfahrt: I. quod ab ea urbe transmissio in Graeciam laudabatur; Phil I 7. — II. quam (navigationem) ego valde timebam recordans superioris tuae transmissionis δέρρεις; A IV 19 (17), 1.

transmitto (tram.), übersetzen, darüber hinziehen, anvertrauen, widmen: I, 1. nunc nihil potest nisi supero (mari) tramitti; A IX 3, 1. — 2. ne (Caesar) in Africam ante brumam transmitteret; div II 52. eosdem aiebant nuntiare te prima navigatione transmissurum; Q fr II 4, 7. (Lentulum) ante puto tramissurum, quam potueril conveniri; A VIII 11,

5. inde tramittebam; A XVI 7, 1. — II. quin huic hoc tantum bellum transmittendum sit; imp. Pomp 42. grues cum loca calidiora petentes maria transmittant; nat II 125. duo sinus fuerunt, quos tramitti oporteret, Paestanus' et Vibonensis. utrumque pedibus aequis tramisimus; A XVI 6, 1. omne meum tempus amicorum temporibus transmittendum putavi; imp Pomp 1.

transporto, hinüberführen: exercitus in Graeciam transportari; A IX 18, 1. de pueris in Graeciam transportandis tum cogitabam, cum ..; A VII 17, 1.

transscribo, abschreiben: qui transscripserit tabulas publicas; nat III 74. testamentum in alias tabulas transscriptum signis adulterinis obsignavit; Cluent 41.

transvectio, (trav.), Überfahrt: num te travectio Acherontis (terret)? Tusc I 10.

transvehor, hinüberfahren: »nemo haec umquam est transvectus caerula cursu, quin astiterit«; fin V 49.

transverbero, durchbohren: »qua miser sollertia transverberatus castrum hoc Furiarum incolo«; Tusc II 23. cum praeclara bestia venabulo transverberatur; ep VII 1, 3.

transversus (trav.), quer, ſchräg, ſeitwärts, verfehrt: A. ab hac (regula) mihi non licet transversum, ut aiunt, digitum discedere; Ac II 58. cuius in adulescentiam traversa incurrit misera fortuna rei publicae; Bru 331. M'. Manilium nos etiam vidimus transverso ambulantem foro; de or III 133. venio ad transversum illum extremae epistulae tuae versiculum; A V 1, 3. (urbis partes) multis tranversis (viis) divisae; Ver IV 119. nec „transversum unguem", quod aiunt, a stilo; ep VII 25, 2. „quemque a recta conscientia traversum unguem non oportet discedere"; A XIII 20, 4. — B. ecce autem de traverso L. Caesar ut veniam ad se rogat in Nemus; A XV 4, a (5). ecce tibi e transverso Lampsacenus Strato; Ac II 121.

trapezophorum, Tiſchhalter: quod tibi destinaras trapezophorum, si te delectat, habebis; ep VII 23, 3.

trav — ſ. **transv —**

treceni, je breihundert: singulis censoribus denarii treceni ‖ trecenti ‖ ad statuam praetoris imperati sunt; Ver II 137.

trecentesimus, breihundertſte: anno trecentesimo quinquagesimo ‖ quinq. CCC, al. ‖ fere quod Romam conditam; rep I 25.

trecenti, breihundert: Leonidas trecentos eos. quos eduxerat Sparta, opposuit hostibus; fin II 97. qui (Demosthenes) abhinc annos prope trecentos fuit; div II 118. cives: ſ. viros. Q. Apronium ccc milia mod. tritici lucri nomine austulisse? Ver III 107. porticum trecentum pedum concupierat; dom 116. ad trecentos fortissimos viros civesque optimos trucidavit; Phil III 10.

tremebundus (tremib.), zitternb: si postem tremibunda manu tetigit; dom 134. »Aquila igniferum mulcens tremebundis aethera pinnis«; fr H IV, a, 329.

tremefacio, erzittern machen: »cum se gravido tremefecit corpore tellus«; div I 18.

tremo, zittern: locus iste est familiaris: „sapiens si algebis, tremes"; de or II 285. Hectorem toto pectore trementem; Tusc IV 49. quodsi tibi prorogatur imperium viderem, tremerem animo, quod..; Q fr I 1, 4. cum a me trementibus omnino labris requirebas ..; Piso 82. me trementi voce exsulem appellavit; Q fr III 2, 2.

tremor, Zittern: ex quo fit, ut tremorem pallor consequatur; Tusc IV 19. nihil ut esset, qui distingueretur tremor ille et C; Ac II 48.

tremulus, zitternd, Zittern verurſachend: » vidiati claro tremulos ardore cometas«; div I 18. » tremulo quatietur frigore corpus« ; fr H IV a, 302.

trepidatio, Unruhe: num quae trepidatio, num qui tumultus? Deiot 20.

tres. brei: A. principio Ioves tres numerant ii, qui theologi nominantur; nat III 53. sic quattuor perturbationes sunt, tres constantiae; Tusc IV 14. aestimavit denariis III; Ver III 214. interitus exercituum, ut proxime trium, saepe multorum; of III 20. si id in adoptione satis est trium esse horarum; dom 41. Crassus tres legatos decernit; ep I 1, 3. tres libri perfecti sunt de natura deorum; div II 3. cum venissent decumae medimnum iii; Ver III 90. coacti sunt dare HS III milia; Ver III 100. duo milia nummum aut summum tria dedisset; Ver III 201. eorum trium (orbium deus) fecit pares celeritates, sed quattuor dissimiles trium reliquorum; Tim 25. de tribus proavis (iam diximus); Bru 212. ut illa prudentia in earum trium rerum aliqua versetur; fin V 18. duobus spatiis tribusve factis; de or I 28. accusabat ille quidem Scamandrum verbis tribus; Cluent 50. — B, I. cum (Chrysippus) gradatim interrogetur verbi causa, tria pauca sint anne multa; Ac II 93. — II. summa gloria constat ex tribus his; of II 31. — III. quam (proportionem comparationemque) habent ducenta quinquaginta ser cum ducentis quadraginta tribus; Tim 24.

triangulum, triangulus, Dreieck: I. basis trianguli, quem efficiunt grues, ea tamquam a puppi ventis adiuvatur; nat II 125. ea triangula illi et quadrata nominant; div II 89. — II. basis: f. I.

tribuarius, die Tribus betreffend: in hac sodaliciorum tribuario crimine; Planc 47. in hac tribuaria (re); Planc 36.

tribulis, Mitglied berselben Tribus, Zunftgenosse: I. Herennium quendam, tribulem tuum, agere coepisse ..; A I 19, 5. — II, 1. Philotimo tribulibus commendatis; Q fr III 1, 1. Plancium tribules decuriavisse; Planc 47. — 2. sin (nummos) dederit, ut, quoad vivat, singulis tribulibus || tribubus || HS CIↃ CI,Ↄ CIↃ debeat; A I 16, 13. ut locus daretur amicis et tribulibus; Muren 73. — 3. auster me ad tribules tuos Regium rettulit; ep XII 25, 3. — III. qui apud tribules suos gratiosi esse vellent; Planc 44. — IV. te Paelignorum, tribulium tuorum, iudicio notatum; Vatin 36.

tribunal, Erhöhung, Tribüne, Gerichtsstätte: I. quem aeque ipsa tribunalia desideraverunt? Sest 128. — II, 1. ut compleatur tribunal; Bru 290. fecerisne ante rostra pontem continuatis tribunalibus? Vatin 21. — 2. iudices quaestionum de proximis tribunalibus esse depulsos; Vatin 34. nobis in tribunali Q. Pompei, praetoris urbani, sedentibus; de or I 168. — III. cum homines in tribunali Aurelio palam conscribi vidissem; Quir 13. pro tribunali cum aliquid ageretur; ep III 8, 2.

tribunatus, Tribunenamt, Tribunat: I. tuo praecipitante iam et debilitato tribunatu; dom 40. quid iuris bonis viris Ti. Gracchi tribunatus reliquit? leg III 20. — II, 1. cum Drusi tribunatus pro senatus auctoritate susceptus infringi iam debilitarique videretur; de or I 24. f. I. praecipitat. qui tuo arbitrio tribunatum gereret; Milo 33. infringo: f. debilito. 2. Cotta, qui [tum] tribunatum plebis petebat; de or I 25. huic ego neque tribunatum neque praefecturam peto; ep VII 5, 3. tribunatum plebei dicis te mea causa petisse; ep VII 27, 1. qui Romae tribunatum pl. peteret; A II 1, 5. suscipio: f. debilito. — 2. Cotta depulsus per invidiam tribunatu; de or III 11. — 3. propter turbulentissimum tribunatum, ad quem ex invidia foederis Numantini bonis iratus accesserat; Bru 103. possum multa dicere de tribunatu militari; Sest 7. — III, 1. cur tribunatus commoda, dempto prae-

sertim labore militiae, contempseris; ep VII 8, 1. L. Bestia bonis initiis orsus tribunatus tristes exitus habuit consulatus; Bru 128. ut iura tribunatus defenderet; Sest 95. fretus sanctitate tribunatus: Sest 79. — 2. bellum nescio quod habet susceptum consulatus cum tribunatu; agr II 14. — IV. vexaret in tribunatu senatum; Milo 87. propter: f. II, 3. accedo ad.

tribunicius, bes, ber Tribunen, gewesener Tribun: A. noratis animos eius ac spiritus tribunicios; Cluent 109. nos initium prensandi facere cogitaramus in campo comitiis tribuniciis a. d. xvi Kalend. Sextiles; A I 1, 1. fuit conlegium tribunicium: Sest 113. quae leges saepe numero tribunicios furores debilitarunt; Vatin 18. qui tribunicium nomen horrebant; agr II 68. cum tribunicia potestas (esset) constituta; de or II 124. quod per tribunum plebis tribunicia potestas minuitur; agr II 30. spiritus: f. animi. cur ego te velim incidere in terrores tribunicios; ep II 18, 3. si tribunicia vis in me populum incitasset; leg III 26. — B, 1. sequuntur alii tribunicii; Phil XIII 27. — 2. qui aedilicii, qui tribunicii, qui quaestorii! Phil XIII 30.

tribunus, Tribun: I, 1. tot tribuni aerarii quid roboris attulerunt? Planc 21. quam rem tribunus plebis in contione egit; Ver I 122. ineunt magistratum tribuni pl.; qui omnes se de me promulgaturos confirmarant; Sest 72. legem agrariam tribunos plebis designatos conscribere; agr II 11. iubet tribunum plebis, qui eam legem tulerit, creare decemviros per tribus septemdecim; agr II 16. hoc adventu P. Sestii tribunorum pl. novorum, qui res alias, quas gesseram, vexare cupiebant, impetus et conatus sunt retardati; Sest 11. cum tribunus militaris depugnavi apud Thermopylas; Cato 32. cum tribuni pl. edixissent, senatus adesset a. d. XIII K. Ian.; ep XI 6, 2. num quem ex omnibus tribunis pl., quicumque seditiosi fuerant, tam audacem audieris fuisse; Vatin 18. praeclare facitis, tribuni pl., qui de praesidio consulum senatusque referatis; Phil III 25. ut anno proximo P. Scaevola tribunus plebis ferret ad plebem, vellentne ..; fin II 54. f. creat. si forte tribunus pl. senatum impediens aut populum incitans notatus aut senatus consulto circumscriptus aut sublatus aut expulsus sit; A VII 9, 2. ineunt: f. confirmant. an aliquis tribunus pl. sinistrum fulmen nuntiabat? Phil II 99. levissimus tribunus pl. Fufius in contionem produxit Pompeium; A I 14, 1. ut ipse ille annus octo tribunos haberet, qui et promulgarent de salute mea et ad vos saepe numero referrent; sen 4. f. confirmant. etiam in contione tribunum plebis de causa Sthenii, M. Palicanum, esse questum; Ver II 100. referunt: f. promulgant. x tribunos plebis hoc statuisse; Ver II 100. statuerunt etiam tribuni militares, qui in exercitu Caesaris bis fuerant; Phil VI 14. qui et miles et tribunus et legatus et consul versatus sum in vario genere bellorum; Cato 18. vexant: f. cupiunt. tribuni non tam aerati quam, ut appellantur, aerarii; A I 16, 3. — 2. si patricius tribunus pl. fuerit, contra leges sacratas, si plebeius, contra auspicia fuisse; prov 46. cum (P. Decius) esset tribunus militum; div I 51. — 3. Vocativ: f. 1. faciunt. — II, 1. declarant huius t. mbusti tribuni pl. illae intermortuae contiones: Milo 12. appellarisne tribunos pl., ne causam diceres? Vatin 33. circumscribo: f. 1. impedit. »tribunis, quos sibi plebes creassit || rogassit ||, ius esto cum patribus agendi«; leg III 10. maiestatem minuisti. quod tribunum plebis de templo deduxisti; inv II 52. tres hi homines veteres tribuni militares sunt designati; Ver pr 30. f. 1, 1. conscribunt. expello: f. 1, 1. impedit. cum tribunus pl. primus inter homines nobilissimos factus esset; Sest 6. M. Drusus C. F., qui in tribunatu C. Gracchum conlegam iterum

tribunum fregit; Bru 109. habeo: ſ. I, 1. promulgant. noto: ſ. I, 1. impedit. quod se tribunum militum, quod quaestorem, quod legatum dignum suis maioribus praestitit; Flac 101. num quem tribunum pl. servi M Tulii pulsaverunt? Tul 48. quo die populo Romano tribuni plebi restituti sunt; Ver V 175. tollo: ſ. I, 1. impedit. — 2. qui (Sulla) tribunis plebis sua lege iniuriae faciendae potestatem ademerit, auxilii ferendi reliquerit; leg III 22. ut maior facultas tribunis plebis detur; Muren 83. relinquo: ſ. adimo. potentissimo et nobilissimo tribuno pl., M. Druso, aperte equites Romani restiterunt; Rab Post 16. sum: ſ. 1. creo. — 3. quid de tribunis aerariis (dicemus)? Rabir 27. cum auxilium a tribunis petas; Quinct 63. — III, 1. conatus: ſ. I, 1. cupiunt. me ipsum apud hoc conlegium tribunorum plebis, cum eorum omnium edicto non liceret Romae quemquam esse, qui rei capitalis condemnatus esset, egisse causam Sthenii; Ver II 100. contiones: ſ. II, 1. amburo. edictum: ſ. conlegium. impetus: ꝑ. I, 1. cupiunt. — 2. alqs ex: ſ. I, 1. est. foedus fecerunt cum tribuno pl. palam; Sest 24. — IV. cum a tribuno pl. vetaretur, ne quis ad vos referret; sen 8. ego cum dicere a tribuno pl. prohiberer; Piso 6. quod per tribunum plebis tribunicia potestas minuitur; agr II 30.

tribuo, teilen, einteilen, zuteilen, zuweisen, verleihen, gewähren, erweisen, einräumen, willfahren, berücksichtigen, Gewicht legen, zuschreiben, anrechnen: I, ut pro dignitate cuique tribuatur; of I 42. si voluit accusare, pietati tribuo, si iussus est, necessitati, si speravit aliquid, pueritiae; Cael 2. — II, 1. si atomis, ut gravitate ferantur, tributum est necessitate naturae; fat 48. — 2. hoc nostra laus erit inlustrior, quod illi (Hortensio) tribuebatur ignaviae, de nobis id existimari posse non arbitror; ep II 16, 3. — III. huic ipsi multa tribuat et concedat necesse est; de or I 48. te nobis in eo genere tribuisse tantum; de or II 227. cui mehercules hic multum tribuit; ep VI 5, 3. gratissimum mihi feceris, si huic commendationi meae tantum tribueris, quantum cui tribuisti plurimum; ep XIII 22, 2. cui (Deiotaro) non sine causa plurimum semper et meo et tuo et senatus iudicio tributum est; ep XV 4, 5. cui (patri) semper uni plurimum tribui; A X 1, 1. ſ. operam, tempora. ut nec testimonio fidem tribui convenerit nec defensioni auctoritatem; Sulla 10. legem populum Romanum iussisse de civitate tribuenda; Balb 38. facti controversia in omnia tempora potest tribui distribui ‖; inv I 11. (Cleanthes) divinitatem omnem tribuit astris; nat I 37. fidem: ſ. auctoritatem. qui (honos) a senatu tribui rebus bellicis solet; ep XV 4, 13. iis eam (humanitatem) potissimum tribuere debemus, a quibus accepimus; Q fr I 1, 27. quae mihi ipsi tribuenda laus esset; Milo 82. qui (locus) in tempora tribuitur; inv I 107. eadem sunt membra in utriusque disputatione, sed paulo secus a me atque ab illo partita ac tributa; de or III 119. qui (imperiti) non membra solum hominis deo tribuant, sed usum etiam membrorum; nat I 101. (Zeno) rebus inanimis per quandam significationem haec docet tributa nomina; nat I 36. quoniam officia non eadem disparibus aetatibus tribuuntur; of I 122. plus operae foro tribuebat, amicis, rei familiari; de or III 86. ut in eius modi re tribues nobis paulum operae; A XV 18, 2. quoniam philosophia in tres partes est tributa; de or I 68. quae praemia militibus promisimus nos tributuros; Phil XIV 35. quam (rationem) vos divino beneficio homini solum tributam dicitis; nat III 66. quae (ars) doceret rem universam tribuere in partes; Bru 152. nec sine philosophorum disciplina eam (rem) tribuere in partes possumus; orat 16. hanc (sapientiam) sibi ipsam detrahere, eis tribuere inludentem, qui

eam sibi adrogant; Bru 292. quantum (temporum) alii tribuunt tempestivis conviviis; Arch 13. veniam aliquam dolori meo tribueretis; prov 1. ego tantam vim non tribuo sapientiae contra dolorem; Tusc II 18.

tribus, Stamm, Bezirk, Tribus: I. illum quinque et triginta tribus patronum adoptarunt; Phil VI 12. quos novem tribus decemviros fecerint ab eodem Rullo eductae; agr II 21. — II, 1. dubitatis, quin eas tribus, in quibus magnas necessitudines habet Plancius, cum ille non ediderit, iudicarit officiis ab hoc observatas, non largitione corruptas? Planc 39. ut huic et suam et ab hoc observatas tribus ederes; Planc 42. ſ. corrumpo. educo: ſ. I. faciunt. tribum suam non tulit; Sest 114. basilicam habeo, non villam, frequentia Formianorum atque ambulatricem basilicae tribum Aemiliam; A II 14, 2. tribus habet Pomptinam, Velinam, Maeciam; A IV 15, 9. observo: ſ. corrumpo, edo. si vocatae tribus essent; dom 58. -- 2. hi aliquid ne novem tribuum notis hominibus debere confitebuntur, reliquis vero sex et xx nihil erit quod non putent posse suo iure se denegare; agr II 21. — 3. cum Africanus censor tribu movebat eum centurionem; de or II 272. -- 4. ex singulis tribubus singulos cooptavit augures; rep II 16. — III. cuius tu tribus venditorem et corruptorem et sequestrem Plancium fuisse clamitas; Planc 38. divisores omnium tribuum ad istum vocatos; Ver pr 22. homines: ſ. II, 2. est patronus quinque et triginta tribuum, quarum suffragiis sustulit; Phil VII 16. sequester, venditor: ſ. corruptor. suffraginm: ſ. patronus. — IV. ut, qui nummos in tribu pronuntiarit, si non dederit, impune sit; A I 16, 13. ſ. II, 1. corrumpo. inde tribunum plebis creare decemviros per tribus septemdecim; agr II 16.

tributarius, die Abgaben betreffend: multum tabellas non commendaticias, sed tributarias valuisse; Ver IV 148.

tributim, nach den Tribus, tribusweise: appellavi populum tributim; Planc 24. tributim discriptis ordinibus; Flac 15. spectacula sunt tributim data; Muren 72. Scaurus populo tributim domi suae satis fecerat; A IV 17, 4 (16, 7).

tributio, Verteilung: hanc λογομαχίαν appellat Epicurus, id est aequabilem tributionem; nat I 50. natura partes habet duas, tributionem ‖ tuitionem ‖! sui cuique et ulciscendi ius; Top 90.

tributum, Abgabe, Steuer: I, 1. qui dicerent a se intolerabilia tributa exigi; ep III 7, 3. sumptus et tributa civitatum ab omnibus tolerari aequaliter; Q fr I 1, 25. — 2. multas civitates acerbissimis tributis et gravissimis usuris liberavi; ep XV 4, 2. — 3. mensa (publica numeravit) aut ex vectigali aut ex tribut?; Flac 44. — II. ut unius imperatoris praeda finem attulerit tributorum; of II 76. ne in venditionem tributorum inducerentur sumptus minime necessarii; ep III 8, 5. — III. duae rationes conficiendae pecuniae, aut versura aut tributo; Flac 20.

tributum, nach Tribus eingerichtet: prima illa comitia tenetis, centuriata et tributa; agr II 27. neque tributa capitis comitia rata esse posse neque ulla privilegii; leg III 45.

tricae, Widerwärtigkeiten, Ränke: quo modo illa (Tullia) fert publicam cladem, quo modo domesticas tricas! A X 8, 9.

triceps, dreiköpfig: quam scite „tricipitem“, non „tricapitem“! orat 159. num te illa terrent, triceps apud inferos Cerberus, Cocyti fremitus? Tusc I 10.

tricesimus, (tricens.), dreißigste: sexto tricensimo anno post; of II 29. qui idem tricensimo trices. ‖ post die feci; ep XII 2, 1. qui (milites) de legione secunda, tricesima quinta venissent; Phil V 53.

triciens, breißigmal, brei Million en: huic hereditas ad HS facile triciens venit; Ver II 35. testis non invenitur in ducentiens et triciens sestertio; Font 4. cur P. Crassi filia posset habere aeris milliens salva lege, mea triciens non posset? rep III 17.

triclinium. Speisesofa, Speisezimmer: I. villa ita completa a militibus est, ut vix triclinium, ubi cenaturus ipse Caesar esset, vacaret; A XIII 52, 1. — II, 1. cum in triclinio, quod in foro Aetnae straverat, recubuisset; Ver III 61. — 2. de triclinio cura, ut facis; ep XVI 22, 1. recumbo in: f. 1. — III. unde quinquaginta tricliniorum lectos (habueris); Ver II 183. — IV. tribus tricliniis accepti οἱ περὶ σίτον valde copiose; A XIII 52, 2.

tricor, Schwierigfeiten machen, Ausflüchte suchen: Publilius tecum tricatus est; A XIV 19, 4. (Vettienus) tricatur ut monetalis; A XV 13, 5.

triduum, brei Tage: I. expositis tridui disputationibus; Tusc IV 7. nos in castra properabamus, quae aberant tridui || bidui ||; A V 16, 4. — II, 1. aniculae saepe inediam biduum ant triduum ferunt; Tusc II 40. ipsum (regem) triduum quadriduumve mecum habui; A VI 2, 7. — 2. cum hoc triduo vel quadriduo tristis a Mutina fama manaret; Phil XIV 15. biduo post ant non toto triduo DCC milia passuum conficiuntur; Quinct 79. — 3. haec sententia sic per triduum valuit, ut . .; Phil VI 3.

triennium, brei Jahre: I. si iam biennium aut triennium est, cum virtuti nuntium remisisti; ep XV 16, 3. — II. ita triennium illud praeturae Siciliensis distributum habere, ut . .; Ver pr 40. — III, 1. hoc nomen triennium amplius in adversariis iacere; Q Rosc 8. — 2. quam ob rem hoc nomen triennio amplius in adversariis relinquebas? Q Rosc 9. (Crassus) triennio ipse minor quam Antonius; Bru 161. triennio post mortem Oppianici de eius morte quaerebatur; Cluent 181. — 3. agros decumanos per triennium C. Verri vectigales fuisse; Ver III 103.

triens, Drittel, Drittel-Aß: I, 1. ut remissis senis et trientibus quinta prope pars vectigalium tolleretur; Sest 55. — 2. Dolabellam video Liviae testamento cum duobus coheredibus esse in triente; A VII 8, 3. cum sciemus, quantum quasi in trientis triente; A VII 8, 3. — II. triens: f. I, 2. — III. Caesar, opinor, ex uncia, etsi nihil adhuc; sed Lepta ex triente; A XIII 48, 1.

trierarchus, Trierenführer: cum esset trierarchus; Ver I 52.

trigeminus, breifach: ut in singula conclavia trigeminos || tricenos, al. || lectos optime stratos quaereret; Ver IV 58.

triginta, breißig: A. (Crassus) quattuor et triginta tum habebat annos; Bru 161. cum ipse triginta annos natus esset; Bru 229. quamquam populum in tribus tres curiasque triginta discripserat || descr. ||; rep II 14. ut dies XXXV inter binos ludos tollerentur; Ver II 130. professio est agri Leontini ad iugerum XXX; Ver III 116. Q. Minucium ad decumas agri Leontini tritici mod. non mille nec duo nec tria milia, sed ad unas unius agri decumas tritici modium triginta voluisse addere; Ver III 148. senatores ne minus XXX adessent; Ver II 161. credent omnes V et XXX tribus homini gravissimo; Ver I 14. (Theramenes) coniectus in carcerem triginta iussu tyrannorum; Tusc I 96. — B. si triginta illi Athenis leges imponere voluissent; leg I 42.

trini, je brei (vgl. terni): nulla ex trinis aestivis gratulatio; Piso 97. trinas litteras ante legeram; A IV 6, 2. Tullia mihi litteras reddidit trinas; A XI 17, 1. qui trinos ludos aediles feceram; Muren 40. se praesentem trinum nundinum petiturum; ep XVI 12, 3. ex promulgatione trinum

nundinum || trinundinum || dies ad ferendum potestasque venisset; fr A VII 27.

tripertito, in brei Teile: cum tripertito distribuatur locus hoc; Top 53. diffidat necesse est, qui bona dividit tripertito; Tusc V 40.

tripertitus (tripart.), breiteilig, breifach: oratoris ars et facultas in hac materia tripertita versari existimanda est; inv I 7. qui tripertitas orbis terrarum oras atque regiones notavit; Sest 129. cuius oratio fuit tripertita; Quir 16. ita tripartita ab iis inducitur ratio bonorum; Ac I 21. regiones: f. oras. magni iudicii esse debebit moderator ille huius tripertitae varietatis; orat 70.

triplex, breifach, pl. Schreibtafel mit brei Blättern: A. Plato triplicem finxit animum; Tusc I 20. ex quo triplex ille animi fetus exsistet; Tusc V 68. fuit iam accepta a Platone philosophandi ratio triplex; Ac I 19. — B. paulo post triplices remiseras; A XIII 8.

triplus, breifach: (deus) instituit dupla et tripla intervalla explere; Tim 23. partem (deus) detraxit deinde tertiam, quae esset secundae sesquialtera, primae tripla; Tim 22.

tripudio, tanzen, frohlocken: illum tot iam in funeribus rei publicae exsultantem ac tripudiantem; Sest 88.

tripudium, Vorzeichen durch fressende Hühner (f. terripavium): I, 1. hoc coactum tripudium solistimum dicitis; div I 28. quod decretum conlegii vetus habemus omnem avem tripudium facere posse; div II 73. — 2. nec ex tripudiis solistimis aut soniviis tibi auguror; ep VI 6, 7. — II. idem (C. Flaminius) cum tripudio auspicaretur; div I 77.

tripus, Dreifuß: quem (Herculem) concertavisse cum Apolline de tripode accepimus; nat III 42.

triremis, Dreiruderer, Galeere: navem cybaeam maximam, triremis instar, tibi datam esse dico; Ver V 44.

triste, mühsam, hart, streng: adulescentes gravius aegrotant, tristius curantur; Cato 67. quo facilius, quibus est iratior, respondere tristius possit; ep IV 13, 5.

tristiculus, traurig: L. Paulus filiolam suam Tertiam osculans animum advertit tristiculam; div I 103.

tristificus, schrecklich: »cum saxa tristificas certant Neptuno reddere voces«; div I 13.

tristis, traurig, betrübend, finster, streng, herb: si semel tristior effectus est, hilara vita amissa est? fin V 92. quod est meum „triste consilium"? ep II 16, 2. ut tuum laetissimum diem cum tristissimo meo conferam; Piso 33. in illo tristi et acerbo luctu atque discessu; Planc 73. Rutilius in quodam tristi et severo genere dicendi versatus est; Bru 113. relinquebatur triste quoddam et miserum genus litterarum; ep IV 13, 1. quos (legatos) cum tristiores vidisset; Tusc V 91. cum dedissem ad te litteras tristes; A VII 25. luctus: f. discessus. tristi et acerbo oratione; orat 20. quis umquam res praeter hunc tristes remissae tractavit? de or III 30. gravitatis suae liquit illum tristem et plenum dignitatis sonum; rep VI 2. tuorum tristissimo meo tempore meritorum erga me memoriam conservabo; ep IV 13, 7. cum omnia inflammatus ageret tristissimis verbis; Cael 27. quo severior est et tristior (vultus); de or II 289.

tristitia, Traurigfeit, Härte, Strenge: I, 1. hilaritatem illam, qua hanc tristitiam temporum condiebamus || condiebam ||, in perpetuum amisi; A XII 40, 3. quod (hilaritas) tristitiam ac severitatem mitigat ac relaxat; de or II 236. quibus si paruissem, tristitiam illorum temporum non subissem; A VIII 12, 5. ut tolleretur omnis illa superioris tristitia sermonis; de or I 27. — 2. tamquam machi-

natione aliqua tum a d tristitiam, tum ad lactitiam
est contorquendus; de or II 72. nihil tam facile
quam multitudo ab tristitia hilare dicto deducitur;
de or II 340. — II. (sol) tum quasi tristitia quadam
contrahit terram, tum vicissim laetificat; nat II
102. homo ipsa tristitia et severitate popularis;
Bru 97.

triticum. Weizen: I. huic iste in annos singulos
cum sexagena milia tritici modium imperavisset,
pro tritico nummos abstulit, quanti erat in Sicilia
triticum; Ver III 170. — II. ut probaret Apronius
hoc triticum, quod ei d a b a t u r; Ver III 73. —
III. Midae illi Phrygi. cum puer esset, dormienti
formicae in os tritici g r a n a congesserunt; div I
78. emit agri Liparensis decumas tritici medimnis
DC; Ver III 84. fit tritici mod. xxxii cccc; Ver
III 116. f. I. nunc dubitate, si potestis, utrum
tantum numerum tritici Venerius apparitor istius
sibi acceperit an huic exegerit; Ver III 86. quae
tibi plus prodessent cognita quam tritici vilitas; of
III 52. — IV. pro: f. I

tritus. Reiben: lapidum conflictu atque tritu
elici ignem videmus; nat II 25.

trivium. Scheideweg, Straße: non debes
adripere maledictum ex trivio; Muren 13. ut
ventum est in trivium; div I 123.

triumphalis. zum Triumph gehörig: neglectis ferculis triumphalibus; Piso 61. qua tu
porta introieris, modo ne triumphali; Piso 55. quae
(provincia) fuerit omnibus una maxime triumphalis;
Piso 44.

triumpho. triumphieren, frohlocken: I. vidi-
nus ex ea urbe triumphari, sine qua numquam nostri imperatores ex Transalpinis bellis triumpharunt:
of II 28. — II. cum m e ovantem et prope triumphantem
populus Romanus in Capitolium domo tulerit; Phil
XIV 12. Caesar triumphat de sententia Catonis; A
VII 1, 7. ter iam homo stultus triumphavit; Piso
58. imperatores: f. I. illa mater triumphare gaudio
coepit; Cluent 14. in quo exsultat et triumphat
oratio mea; Catil II 3.

triumphus. Siegeszug, Sieg, Triumph: I. ex
quibus (Ligurum castellis) multi sunt triumphi;
Bru 255. — II, 1. de triumpho tibi adsentior, quem
quidem totum facile et libenter a b i e c e r o; A IX 7,
5. ages victor ex inimicorum dolore triumphum
iustissimum; ep III 10, 1. cum (senatus) triumphum
Africano decerneret; fin IV 22. ut repulsam tuam
triumphum suum duxerint; Vatin 39. certissimum
et tristissimum triumphum hoc invidorum consilio
esse tibi ereptum; ep III 10, 1. nobis senatus frequens flagitavit triumphum; ep XVI 11, 3. malim
mihi L. Crassi unam pro M'. Curio dictionem quam
castellanos triumphos duo; Bru 256. ut nemini sit
triumphus honorificentius quam mihi salus restitutioque perscripta; Piso 35. me, quicquid possem
nummorum, ad apparatum sperati triumphi ad te
redacturum; A VII 1, 9. M. Luculli iustissimos
triumphos vidimus; Piso 44. — 2. adsentior de:
f. 1. abicio. de triumpho nos moliri aliquid, extra urbem esse cum iustissima causa; A VII 1, 5. — III.
ubi illa uberrima supplicationibus triumphisque
provincia? Piso 97. — IV, 1. apparatus: f. II, 1.
spero. ex illo fonte et seminario triumphorum cum
arida folia laureae rettulisses; Piso 97. „spem triumphi?" inquis. satis gloriose triumpharem; ep II
12, 3. et provinciam ornatam et spem non dubiam
triumphi neglexi; ep XV 4, 13. — 2. si ista nobis
cogitatio de triumpho iniecta non esset; A VII
3, 2. de triumpho nulla me cogitatio umquam tenuit ante Bibuli impudentissimas litteras; A VII 2,
6. — V, 1. qui (homines) triumphis ac monumentis
notati sunt; Font 22. — 2. ad exemplum amissi
imperii portari in triumpho Massiliam vidimus; of

II 28. his (hostium ducibus) per triumphum ductis;
Ver V 77.

triumvir. Mitglied des Dreimännerkollegs:
„trium virorum capitalium" dico numquam; orat 156.
— I. cum (Q. Nobilior) triumvir coloniam deduxisset; Bru 79. triumviris seditiosissimis aliquid
cotidie novi molientibus; rep I 31. — II. totiens legibus agrariis curatores c o n s t i t u t i sunt triumviri,
quinqueviri, decemviri; agr II 17.

triumviratus. Amt des Triumvirn: duorum
magistratuum, triumviratus et quaesturae, ratio sic
redditur, ut . . ; Font 5.

trochaeus. Trochäus: I. trochaeum, qui est
eodem spatio quo choreus, cordacem (Aristoteles) appellat, quia contractio et brevitas dignitatem non
habeat; orat 193. par choreo, qui habet tres breves,
trochaeus, sed spatio par, non syllabis; orat 217. —
II. appello: f. I. est. Ephorus fugit spondeum et
trochaeum; orat 191. iambum et trochaeum frequentem segregat ab oratore Aristoteles; de or III 182.

tropaeum. Siegeszeichen, Sieg, Denkmal: I.
quid hunc (Epaminondam) tam claro atque exornato tropaeo carius atque antiquius habere convenit? inv I 69. (Thebani) aëneum statuerunt tropaeum; inv II 69. — II. ante Salamina ipsam Neptunus obruet quam Salaminii tropaei memoriam;
Tusc I 140. — III. quae (Macedonia) erat antea
munita non turribus, sed tropaeis; prov 4. Themistocles respondebat Miltiadis tropaeis se e somno
suscitari; Tusc IV 44.

trucidatio. Niedermetzelung: I. nullus ei ludus videtur e s s e iucundior quam ante oculos trucidatio civium; Phil IV 11. — II. is cum graviter
d e Clodianis incendiis, trucidationibus, lapidationi-
cus quaestus esset; Q fr II 1, 2.

trucido. niedermetzeln, abschlachten: ad trecentos
fortissimos viros c i v e s q u e optimos trucidavit; Phil
III 10. corporibus civium trucidatis; Quir 14. qui
nos, qui coniuges, qui liberos nostros trucidare voluerunt; Catil IV 12. qui senatum trucidare voln-
issent; ep V 2, 8. viros: f. cives.

truculenter. wild: quod truculentius se gerebat quam ceteri; agr II 13.

truculentus. grimmig, wild: alter (consul)
quam taeter incedebat, quam truculentus, quam terribilis aspectu! Sest 19. »truculenti corpora Tauri«;
fr H IV, a, 344.

trudo. stoßen: ut (Socrates) non ad mortem
trudi, verum in caelum videretur escendere; Tusc I
71. ille omnium vocibus cum se non ad iudicium,
sed ad supplicium praesens trudi videret; A IV 3, 3.
in quorum (pecorum) societatem et hominem et sapientem trudere nefas esse; Ac fr 20 (§. 19).

trulla. Schöpfkelle: erat etiam vas vinarium,
ex una gemma pergrandi trulla excavata manubrio
aureo; Ver IV 62.

truncus. Rumpf, Stamm, Kloß: I. in quibus
(arboribus) non truncus, non rami, non folia sunt
denique nisi ad suam conservandam naturam; de or
III 179. obducuntur libro atque cortice trunci, quo
sint a frigoribus et caloribus tutiores; nat II 120.
— II. 1. obduco: f. I. — 2. nemo illum ex trunco
corporis spectabat; Q Rosc 28. qui potest esse
in eius modi trunco sapientia? nat I 84. — III.
trunco magis toto se ipse moderans et virili laterum flexione; orat 59.

trutina. Wage: ad ea probanda, quae non au-
rificiis statera, sed populari quadam trutina examinantur; de or II 159.

trux. wild, grimmig: »e trucibus o c u l i s ʃ duo
fervida lumina flagrant«; nat II 107. me aliquid
ab hoc horrido ac truce tribuno plebis fateor exspec-
tasse; agr II 65.

tu. du: A. allein: I. Singular: 1. hic Brutus:
ain tu? inquit. etiamne Quinto Scaevolae Servium

nostrum anteponis? Bru 152. tu quoque salutem
utrique ascribito; A VI 1, 22. si uno meo facto et
tu et omnes mei corruistis; Q fr I 4, 1. tu cuiusquam hominis popularis mentionem facis? Rabir 18.
quae fueramus ego et tu inter nos locuti; ep V 1,
3. neque tu legum scriptoribus isdem potuisti uti,
quibus ceteri; dom 48. auspicia, quibus ego et tu
praesumus; de or I 39. tunc eam philosophiam sequere, quae . . ? Ac II 61. si tu et Tullia valetis,
ego et Cicero valemus; ep XIV 5, 1. tu inventus
es, qui ex Macedonia non triumphares; Piso 55. sin
autem nec expetenda ego magis quam tu eligenda,
nec illa pluris aestimanda ego, qui bona, quam tu,
qui producta appellas; fin V 90. — 2. virtus, virtus, inquam, C. Fanni, et tu, Q. Muci, conciliat amicitias; Lael 100. sed heus tu, qui κανών
esse meorum scriptorum soles, unde illud . . ? ep XVI
17, 1. sed heus tu, diem meum scis esse III Nonas
Ianuarias; A XIII 42, 3. — 3. te et hos audire
oportebit; Quinct 4. eum te esse praeclare memini;
ep IV 7, 2. talem te esse oportet, qui te seiungas..;
ep X 6, 3. se praestaturos nihil ex eo te offensionis
habiturum; ep VI 8, 1. scribis in sententia te manere; A IX 2. in eo te umbram luxuriae repertu-
rum putas? Muren 13. quamquam te quidem video
minime esse deterritum; fin I 26. se in ea parte
fuisse qua te; Ligar 2. in hanc rem te, te, inquam,
testem, Naevi, citabo; Quinct 37. te, hominem
amicissimum, non dubitabo monere; Ac II 61. te
illud primum rogabo, ne quid invitus mea causa facias; ep XIII 1, 2. seiunge te aliquando ab iis; ep
X 6, 2. si te nobis incolumem steteris ǁ stiteris
ep XVI 9, 4. puto te iam suppudere; ep XV 16, 1.
velim domum ad te scribas, ut . .; A IV 14, 1.
mihi dabit argumentum ad te epistulae; A X 13,2.
quae porta Macedonicis semper consulibus ante te
patuit; Piso 55. valuit apud te plus is, qui pecuniam maiorem dedit; Ver II 78. meam erga te
benivolentiam; ep I 7, 1. meo perpetuo erga te
amore; ep VI 12, 1. amore in te incredibili quodam
C. Caesaris; Vatin 38. metuo, ne scelerate dicam
in te; Milo 103. erit cognomen id tibi per te partum; rep VI 11. totam domum tuam quis alter praeter te regit? rep I 61. — 4. neque me tui neque
tuorum liberum misereri potest; Ver I 77. pudet me non tui quidem, sed Chrysippi; div II 35.
tui aut colendi aut ornandi voluntas; ep V 8, 2.
ea facultas vel tui vel alterius consolandi in te
summa est; ep IV 13, 4. refellendi tui causa; nat
III 1. neque quemquam amantiorem tui (esse
indico) ep I 5, a, 4. quem (Pescennium) semper
spero tui fore observantem; ep XIV 4, 6. cognovi
Hortensium percupidum tui; ep I 7, 2. ne licet
quidem tibi non tui similem esse; ep IX 14, 6. Largus, homo tui studiosus; ep VI 8, 1. citius amore
tui fratrem tuum odisse desinam quam . .; ep V
2, 10. vincebatur fortuna tui caritate; ep VI 12, 1.
me impulit tui caritas ut . .; ep X 6, 2. se acerrimum tui defensorem fore; ep I 2, 2. litterulae
meae tui desiderio oblanguerunt; ep XVI 10, 2. ad
illa gravissimum accedit desiderium tui; Q fr III 5,
4. quam exspectationem tui concitasti; ep II 1, 2.
Lentulum imitatione tui fac erudias; ep I 7, 11.
me tui memoriam cum summa benivolentia tenere;
ep VI 2, 1. qui mentionem tui feceris; ep XIII
24, 2. ne me putes oblivione tui rarius ad te scribere; ep VI 2, 1. tute tui periculum fecisti? div
Caec 27. quoniam tui spem das; rep I 15. — 5. T.
Ampium Menandrum tibi commendo maiorem in
modum; ep XIII 70. supplicationem tibi libenter
decrevi; ep XIII 77, 1. nihil tibi a me defuit;
Milo 100. non facile exhauriri tibi istum dolorem
posse universum puto; ep V 16, 4. singulae familiae litem tibi intenderent; de or I 42. quibuscum
tibi iusto sacramento contendere non liceret; de or

I 42. narro tibi, haec loca venusta sunt; A XV
16, a. quod tibi ita persuaseris; Vatin 38. ni pur-
gare me tibi hoc tuo tempore mallem, ep III 10, 7.
ubi saepe is amicus adversario et inimicus tibi
est; de or II 72. quae tibi a multis prompta esse
certo scio; ep IV 13, 6. homo tibi subiratus, mihi
minus familiaris; de or I 72. ecce tibi e transverso Lampsacenus Strato; Ac II 121. ecce tibi eodem die Capua litteras accepi; A IX 14, 1. ecce
tibi et Bruti et tuae litterae! A XIV 19, 1. gerendus est tibi mos adulescentibus; de or I 105.
quos quidem tibi diligenter tractandos magnopere
censeo;fin IV 79. si iam tibi deliberatum est, quibus abroges fidem iuris iurandi, responde; Q Rosc
44. suscepta tibi causa iam bis est; ep XI 7, 3.
dat. ethicus: novem tibi orbibus vel potius globis
conexa sunt omnia; rep VI 17. hic tibi in rostra
Cato advolat; A I 14, 5. ellliptifdž: quid tibi
cum Caelio? (!ael 33. ergo tibi Q. Metellus nonne
beatior quam Regulus? fin V 82. — 6. nobis te iudice opus esse; Quinct 92. quo potius utar aut
auctore aut teste quam te? div I 17. non desinam
te uti teste; rep I 61. tibi ut sponderem se dignum et te et nobis futurum; A XVI 5, 2. sese te
actore ad iudicium non adfuturos; div Caec 28. te
consule senatui non est licitum . . ? sen 16. ut ego
et Triarius te hortatore facimus; fin I 72. senatus
te, consule designato, Lentule, sententiae principe
statuit . .; har resp 13. quis te possit esse
florentior? rep I 71. non dubitavi id a te per
litteras petere, quod . .; ep II 6, 2. de qua (providentia deorum) plurima a te, Balbe, dicta sunt; nat
III 17. is te quidem apte ac rotunde; fin IV 7.
quod abs te et a vobis quaeso ut diligenter atten-
datis; Quinct 79. quae (causa) abs te nuper est
dicta; de or I 238. tecum perlibenter loquor; A
VIII 14, 2. quicum occulta omnia? tecum optime;
fin II 95. hic ego de te plura non dicam; div Caec
28. possumus hoc quoque ex te audire? Quinct 79.
quaero ex te, Vatini, num quis tribunos pl. appel-
larit; Vatin 34. ex te duplex nos adficit sollicitudo;
Bru 332. non adhuc, quantum quidem in te est,
Balbe, intellego deos esse; nat III 15. nisi speciem
prae te boni viri feras; of II 39. neque hoc loco
pro te dico; Cluent 149.

II. Plural: 1. quorum vobis initium tradetur
a me, vos autem ad id, quod erit immortale, partem
attexitote mortalem; Tim 41. cum vos, quamquam foedere obstricti tenebamini, tamen cupere
vos diceretis; Piso 29. an vero, iudices, vos non
intellegitis nihil aliud agi, nisi ut . . ? Sex Rosc 152.
haec omnia indices detulerunt, rei confessi sunt,
vos multis iam iudiciis indicavistis; Catil IV 5.
venistis ad senatum vos, equites Romani, vosque
ad pedes lenonis impurissimi proiecistis; Sest 26.
nunc vos, equites Romani, videte; Rab Post 15.
quo vos adiuvaremini; Planc 54. hunc (L. Thorium)
vos beatum; fin II 65. — 2. obsecro, C. Aquili
vosque, qui adestis in consilio, ut . .; Quinct 22.—
3. vos rogatores, vos diribitores, vos custodes
fuisse tabellarum; Piso 36. vos plane expertes
esse deterius; nat II 47. vos hominis dignitate
esse commotos; agr II 24. si vos Acmonensium
decretis permoveri putarem; Flac 38. quorum
princeps et cohortandus vos et ad rogandos fuit
Cn. Pompeius; Quir 16. vos, Albani tumuli atque
luci, vos, inquam, imploro atque obtestor, vosque,
Albanorum obrutae arae sacrorum; Milo 85. ego
idem vos oro atque obsecro, indices, ut . .; Muren
86. f. 1. Piso 29. Sest 26. delata tum res est ad
vos, pontifices; dom 140. non possum dicere planius,
quam ipse apud vos dixit Heius; Ver IV 27. facile
contra vos incitabuntur; Ac II 144. deorum immortalium summo erga vos amore; Catil III 1. aequitas
in vos defuit; agr II 20. hoc si animo in vos

liberosque vestros fuissem; Quir 1. pro meis in
vos singularibus studiis; Catil IV 23. nihil inter
vos et Catilinam interfuisse; Piso 16. licetne per
vos nescire, quod nescio? Ac II 126. — 4. ardens
odio vestri; Phil IV 4. quis erit tam cupidus
vestri, qui ..? Ver III 224. habetis ducem
memorem vestri, oblitum sui; Catil IV 19. si
habuissent vestri similem consulem; Piso 15. quam
cupidus mei C. Cestilius, quam studiosus vestri
fuerit; sen 21. — 5. recordamini, quantus consensus
vestrum (fuerit), quanta virtus, quanta constantia;
Phil V·2· dixit in contione vestrum ..; Quir 17.
multas magnasque habui consul contiones, multis
interfui: nullam umquam vidi tantam, quanta nunc
vestrum est; Phil VI 18. hac vestrum frequentia;
agr II 55. is splendor est vestrum, ut ..; A VII
13, 3. nemo vestrum ignorat; Cluent 46. quis
est vestrum, iudices, quin intellegat ..? Ver V 57.
quasi vero id aut ego scire debuerim aut vestrum
quisquam audierit; Piso 55. quod (genus) quisque
vestrum probaret; de or III 37. non occurrit uni
cuique vestrum exemplum; Caecin 52. quoniam
uterque vestrum non respondit; inv I 52. qui ab
ineunte aetate incensus essem studio utriusque
vestrum; de or I 97. — 6. quod vobis oneris
imposuit ea lex; Cluent 164. quod, quae iustissima mihi causa ad hunc defendendum esse visa est,
eadem vobis ad absolvendum debet videri; Rabir 1.
referente viro fortissimo vobisque amicissimo;
Phil IV 16. ne, dum huic obsequor, vobis molestus
sim; fin V 8. esset vobis magnopere providendum,
ne eos pertimuisse videremini; Font 34. non sentitis,
quam multa vobis suscipienda sint; nat I 94. audita
vobis esse arbitror, Quirites, quae sint acta in
senatu; Phil VI 1. pro mea summa et vobis cognita
in re publica diligentia; Muren 86. quae partim
libera a vobis, partim etiam ignorata vobis sunt;
agr II 35. — 7. quo minus vobis fretus vestrum
ius defendam; imp Pomp 58. num de matris hunc
complexu vobis inspectantibus avellet? Font 46.
omnia mea sententia complectar vobis non invitis;
Phil III 14. quaeso a vobis, iudices, ut ..; Sex
Rosc 129. vobiscum simul considerantis oratio; rep
I 70. falsam de illis habuit opinionem, malam de
vobis; Ver III 59. quam (sententiam) prae vobis
fertis; Phil IV 11. labore excubabo vigilaboque pro
vobis; Phil VI 18.

B. **Berbindungen**: 1. quos (indices) vos Graeci
συλλύβους appellatis; A IV 4, a, 1. quem (Carbonem)
tu adulescentulus perculisti; de or I 40. hac vos
dialectici non facitis; div II 104. Laeli vosque
homines amicissimi ac prudentissimi; rep I 70.
quintus annus cum in te praetorem incidisset; Ver
II 139. — 2. (nostrum) amorem tui absentis
praesentes tui cognoscent; ep I 1, 4. a te infelicem!
rep I 59. o miserum te, si haec intellegis, miseriorem,
si non intellegis hoc litteris mandari! Phil II 54.
ad omnium vestrum studium; de or II 37. qui
me vobis omnibus orantibus reddiderunt; Sest 145.
omnium vestrum studium; ep XV 10, 1. quocumque
tempore mihi potestas praesentis tui fuerit; ep I
9, 22. neque ultimum te paucorum neque primum
multorum responderе posse; Ac II 93. etiamsi ad
vos esset singulos aliquid ex hoc agro perventurum;
agr II 85. quod ex tota societate solus tu inventus
es, qui ..; Sex Rosc 87. se a te solo esse contemptum; Ver IV 43. ultimus: f. primus. tibi uni
parcam; Ver V 105. quod est in uno te; ep VI
10, 6. — 3. tu iudem fer opem, qui spem dedisti;
Ligar 30. nunc isdem vobis adsentior, cum quibus
antea sentiebam; agr 25. quod ad neminem nisi
ad ipsum te pertineret; Piso 48. tibi ipsi pro te
erit maxima corona causa dicenda; Tusc I 10. parvi
refert abs te ipso ius dici aequabiliter et diligenter,
nisi ..; Q fr I 1, 20. cui tu te inimicum esse

dicis; div Caec 28. te dicere tibi satis te vixisse;
Marcel 25. quam (lenitatem) tu per te, per te,
inquam, obtines; Ligar 15. tuo tibi iudicio est
utendum; Tusc II 63. te tua, me delectant mea;
Tusc V 63. — 4. [ut] tute paulo ante dixisti; de
or I 99. ut tute mihi praecepisti; ep I 8, 2. quem
ad modum tute scribebas; A XIV 17, 1. tibi si
recta probanti placebis, tum non modo tete viceris,
sed omnes et omnia; Tusc II 63. — 5. tute introspice in mentem tuam ipse; fin II 118. alterius
rei causam vosmet et ipsi sustulistis; Caecin 9. quae
iam non ad multitudinem, sed ad vosmet ipsos, qui
adestis, pertinent; Ac II 144. (tabella) dabitur de
vobismet ipsis; Flac 99. vosmet vobiscum recordamini; Cael 43.

tuba, Trompete: I. veniam tibi dari, quam
|| quem || illi appellant „tubam belli civilis"; ep
VI 12, 3. ille arma misit, cornua, tubas; Sulla 17.
— II. eius modi res obstrepi clamore militum
videntur et tubarum sono; Marcel 9.

tubicen, Trompeter: concedam non modo
animantem et sapientem esse mundum, sed fidicinem
etiam et tubicinem? nat III 23.

tueor, tueo (f. III. aerarium), ſchauen, ſchützen,
behüten, ſichern, verſorgen, behaupten, bewahren,
verteidigen: I. cum ego emerim, aedificarim, tuear.
impendam; of II 83. — II. omni in re quid sit
veri videre et tueri decet; of I 94. — III. cum
singularis omnium bonorum consensus in me tuendo
exstitisset; ep I 9, 13. qui (M. Titurnius Rufus)
mihi omni diligentia atque officio est tuendus; ep
XIII 39. ut vigilanter se tueretur; ep XV 2, 5.
da operam, ut illum (Ciceronem) quam honestissime
copiosissimeque tueamur; A XIV 7, 2. f. corpus.
quo modo ea tuear, quae mihi tuenda sunt; ep III
12, 3. hic tua, ut possum, tueor apud hos; A XI
4, 1. tuenda maiore cura esse, quam parta sunt;
fr E III 4. »censores urbis tecta templa, vias aquas,
aerarium vectigalia tuento«; leg III 7. ad tuendas
amicitias et reliquas caritates quid natura valeat;
fin III 73. aquas: f. aerarium. cum (Q. Pompeius)
antea meis commendationibus et rem et gratiam et
auctoritatem suam tueri consuerit; ep XIII 49. ut
eo tueri sex legiones et magna equitum ac peditum
auxilia possis; par 45. ut esset, unde scriba tuus
hoc tuum munus ac beneficium tueretur; Ver III
187. quae vis aequalis (est) illius caelum atque
terras tuentis et regentis dei; leg II 9. caritates:
f. amicitiam. qui consilio et opera civitatem tueri
potest; rep II 51. tu unius tenuissimi Siculi
clientelam tueri potes? Ver IV 90. formae dignitas
coloris bonitate tuenda est, color exercitationibus
corporis; of I 130. ea actio in hominum commodis
tuendis maxime cernitur; of I 153. sic tueor, ut
possum, illam a me conglutinatam concordiam; A I
17, 10. ut se, vitam corpusque tueatur; of I 11.
stultitiam posse tueri mediocritatem officiorum et
vitae communem cultum; Tusc III 11. ut nobilitatis
dignitatem virtute tueri posse videatur; Cluent 111.
f. colorem. ut, quam exspectationem tui concitasti,
hanc sustinere ac tueri possis; ep II 1, 2. huius
permutatione fidem nostram facile tuebere;
A XI 1, 2. quibus (copiis) fines suos ab excursionibus
tueretur; Deiot 22. qui laudem gloriamque P.
Africani tuendam suscepit; Ver IV 82. gratiam: f.
auctoritatem. tuenda tibi ut sit gravitas; ep V
16, 5. qui hanc urbem atque imperium tuentur;
dom 143. (lex) tuetur ius sepulchrorum; leg II 61.
laudem: f. gloriam. legiones: f. auxilia. mediocritatem:
f. cultum. munus: f. beneficium. quaesita virtus est,
non quae relinqueret naturam, sed quae tueretur;
fin IV 41. volueras me illa negotia tueri; A VIII
11, B, 2. qua in omnibus officiis tuendis erga te
observantia fuissem; ep III 9, 1. ad ipsas provincias
tuendas; imp Pomp 14. quas (res) natura alit,

auget, tuetur; Tusc V 26. f. auctoritatem. illius praesentem in re publica tuenda curam; Phil IX 10. ut mihi sit certa quaedam tuenda sententia; nat I 17. (honestum) versatur in hominum societate tuenda; of I 15. tecta, templa: f. aerarium. ut essent, qui terras tuerentur; Cato 77. f. caelum. vectigalia, vias: f. aerarium. Antonii divina vis ingenii videtur posse se facile ceteris armis prudentiae tueri atque defendere; de or I 172. vitam: f. corpus. urbem: f. imperium.

tugurium, Hütte: tugurium ut iam videatur esse illa villa; Sest 93.

tuitio, Beschützung: natura partes habet duas. tributionem || tuitionem || sui cuique et ulciscendi ius; Top 90.

tum, dann, damals, da, darauf, ferner, besonders, falb: A. temporal: 1. allein: 1. tum Crotoniatae virgines unum in locum conduxerunt; inv II 3. tum princeps rogatus sententiam L. Cotta dixit; Sest 73. neque tum eos illa opinio fefellit; inv II 2. qui tum illud iudicium habebant; Ver II 71. tum Torquatus: prorsus, inquit, adsentior; fin I 28. nemo tum novitati invidebat; Phil IX 4. haec doce, haec profer; tum mirabor te iis armis uti noluisse; Planc 45. tum fuimus tam vehementes, quam necesse fuit; Sulla 87. Q. Catulus, admodum tum adulescens; Rabir 21. tum exacti in exsilium innocentes, tum bona direpta multorum, tum annui consules, tum demissi populo fasces, tum provocationes omnium rerum, tum secessiones plebei, tum prorsus ita acta resque, ut in populo essent omnia; rep I 62. tum Laelius: nos vero videmus; rep II 21. — 2. tum autem callidi sumus, non boni; leg I 41. tum denique, quam hoc late pateat, intelleges; Tusc I 29. si etiam tum essent in profundo; fin III 48. haec iam tum apud illos barbatos ridicula, credo, videbantur; Muren 26. sed ne tum quidem populus Romanus ad privatum detulit bellum; Phil XI 8. quam (filiam) ex gravissimo tum primum desiderio conspexi; Sest 131. hic tum repente Pacilius quidam accedit; Ver II 94. tum subito tempestates coortae sunt maximae; Ver I 46. tum vero ita sum perturbatus, ut ..; Cluent 51. — II. mit Gegensatz: ut tum (populus Romanus) carere rege, sic pulso Tarquinio nomen regis audire non poterat; rep II 52. prius decernere, quod aliquando voluissent, quam quod tum cogerentur; Ver IV 142. qui tum eos agros, ubi hodie est haec urbs, incolebant; rep II 4. causa tum dubia; nunc melior ea iudicanda est; Ligar 19. nisi forte haec illi tum arma dedimus, ut nunc cum bene parato pugnaremus; A VII 6, 2. ille Samnitium, quondam hostium, tum iam clientium suorum, dona repudiaverat; rep III 40. quod, ut hoc tempore nos ab Siculis, sic tum ille ab Sardis rogatus ad causam accesserat; div Caec 63. — III. mit Correlat: hoc tantum lucri coguntur dare publice tum, cum iam privatim aratores profugissent; Ver III 75. paucorum cupiditati tum, cum obsistere non poterant, tamen sufficere aliquo modo poterant; Ver V 127. tum, cum haberet haec res publica Luscinos, Calatinos, et tum, cum erant Catones, Phili, tamen huiusce modi res commissa nemini est, ut, cum summam tantae pecuniae fecisset, tam denique emeret, a quibus vellet; agr II 64. cum immolare quispiam velit, tum fieri extorum mutationem; div II 35. ut tum demum animis saluti vestrae provideretis, cum oculis maleficium videretis; Catil III 4. tum denique ager emetur, cum idem expediet emptori et venditori; agr II 67. f. agr II 64 si iam tum, cum (animus) erit inclusus in corpore, eminebit foras; rep VI 29. tum ipsum, cum immolare velis, extorum fieri mutatio potest; div I 118. et, cum minime videbamur, tum maxime philosophabamur; nat I 6. si (Polycrates) sapiens, ne tum

quidem miser, cum ab Oroete in crucem actus est; fin V 92. quae cum ille dixisset, tum ego rursus sum exorsus dicere; div II 101. posteaquam e portu piratae exierunt, tum coeperunt quaerere homines causam calamitatis; Ver V 100. qui (Epaminondas) tum denique sibi evelli iubet spiculum, posteaquam ei percontanti dictum est clipeum esse salvum; ep V 12, 5. postquam vero commoditas quaedam dicendi copiam consecuta est, tum malitia pervertere urbes adsuevit; inv I 3. quando sol iterum defecerit, tum expletum annum habeto; rep VI 24. quodsi forte (tyranni) ceciderunt, tum intellegitur ..; Lael 53. qui si omnes veri erunt, tum denique poterit aliquid cognosci et percipi; fin I 64. sed tum idem fecisse erit existimandus, si eodem consilio fecerit; Ver III 214. tum vero, si stabilem scientiam rerum tenebimus, numquam ullius oratione victi sententia desistemus; fin I 63. sin aliquando tacent omnes, tum sortito coguntur dicere; Ver IV 142. B. casualis: I. anreihend: 1. gigni terram, aquam, ignem, tum ex his omnia; A II 118. Acheron, Cocytus, Pyriphlegethon, tum Charon, tum Cerberus di putandi; nat III 43. quid tum? num ille furor tribuni pl. fraudi Metello fuit? dom 123. — 2. ut genera rerum primum exponerentur; deinde singulorum partes generum; tum verborum omnium definitiones; de or II 83. primum mihi videtur de genere belli, deinde de magnitudine, tum de imperatore deligendo esse dicendum; imp Pomp 6. plerumque improborum facta primo suspicio insequitur, dein sermo atque fama, tum accusator, tum index || iudex |; fin I 50. unam principio partem detraxit ex toto, secundam autem primae partis duplam. deinde tertiam, deinde quartam, quintam inde, tum sextam, postremo septimam; Tim 22. ut haec genera verborum epistularum primum iniquarum, deinde contrariarum, tum absurde et inusitate scriptarum, postremo in aliquem contumeliosarum; Q fr I 2, 9. quae (causa) terreret animos fulminibus, terrae motibus et saepe fremitibus lapideisque imbribus et guttis imbrium quasi cruentis, tum labibus, tum portentis, tum facibus visis caelestibus, tum stellis iis, tum sole geminato; nat II 14. solum hominem (natura) erexit et ad caeli conspectum excitavit, tum speciem ita formavit oris, ut ..; leg I 26. primum, al.: f. deinde. Cataplus ille Puteolanus vectorumque cursus atque ostentatio, tum subinvisum apud malivolos Postumi nomen aures refersit ..; Rab Post 40. — II. correspondierend: qualis ille sit, quem tum moderatum, alias modestum, tum temperantem, alias constantem continentemque dicimus; Tusc IV 36. ut eae (res publicae) tum a principibus tenerentur, tum a populis, aliquando a singulis; div II 6. aut honestumne factu sit an turpe dubitant id. tum antem aut anquirunt aut consultant, ad vitae commoditatem conducat id necne; of I 9. hoc vero cum infinitum, tum obscurum et occultum; Cluent 157. fructum cepit cum summo consensu senatus, tum iudicio tuo gravissimo et maximo; Marcel 3. quae (virtus) cum in paucis est, tum a paucis iudicatur et cernitur; rep I 51. scripsisti epistulam ad me plenam cum prudentiae, A IX 5, 1. ut animi excellentia cum in augendis opibus, tum multo magis in his ipsis despiciendis eluceat; of I 17. plena exemplorum est nostra res publica cum saepe, tum maxime bello Punico secundo; of III 47. quorum cum adventus gravis, cum fasces formidolosi, tum vero iudicium ac potestas erit non ferenda; agr I 9. quos (circumitus) cum cognosse sapientis est, tum vero prospicere impendentes divini paene est viri; rep I 45. (sol) modo accedens, tum autem recedens binas reversiones facit; nat II 102. ex hisce omnibus illud

perspicuum est, approbationem tum adiungi, tum non adiungi; inv I 66. notionem appello, quod Graeci tum ἔννοιαν, tum πρόληψιν; Top 31. f. aliquando. quem (circumitum orationis) Graeci περίοδον, nos tum ambitum, tum circumitum, tum comprehensionem aut continuationem aut circumscriptionem dicimus; orat 204. tamquam machinatione aliqua tum ad severitatem, tum ad remissionem animi, tum ad tristitiam, tum ad laetitiam est contorquendus; de or II 72. tum verba ipsa videntur cum sententia scriptoris dissidere, tum inter se duae leges aut plures discrepare, tum id, quod scriptum est, duas aut plures res significare; tum ex eo, quod scriptum est, aliud, quod non scriptum est, inveniri: tum vis verbi quasi in definitiva constitutione, in quo posita sit, quaeri; inv I 17. quia (stellae) tum occultantur, tum rursus aperiuntur, tum adeunt, tum recedunt, tum antecedunt, tum autem subsequuntur, tum celerius moventur, tum tardius, tum omnino ne moventur quidem, sed ad quoddam tempus insistunt; nat II 51.

tumeo, ſich aufblähen, aufbrauſen, gären: ſapientis animus numquam turgescit, numquam tumet; Tusc III 19. tument negotia; A XIV 4, 1.

tumesco, anſchwellen: »cum (mare) subito penitusque tumescit«; div I 13.

tumidus, geſchwollen: te tamquam serpens e latibulis inflato collo, tumidis cervicibus intulisti; Vatin 4. membrum tumidum ac turgidum; Tusc III 19.

tumor, Geſchwulſt, Wallung, Zorn, Gärung: I. inveterato malo, cum tumor animi resedisset; Tusc III 26. — II, 1. ne deserere viderer hunc rerum tumorem; A XIV 5, 2. citius repentinus oculorum tumor sanatur, quam diuturna lippitudo depellitur ‖ [dep.] ‖; Tusc IV 81. — 2. num manus adfecta recte est, cum in tumore est? Tusc III 19.

tumultuor, lärmen, in Unruhe ſein: fortis animi est nec tumultuantem de gradu deici, ut dicitur; of I 80. tota illa porticus tumultuatur; Ac fr 20 (3. 13). quid tumultuaris, soror? Cael 36.

tumultuose, geräuſchvoll: ut hominem tumultuosissime adoriamur; Ver II 37.

tumultuosus, lärmend, unruhig, aufregend: ita tumultuosae contiones, ita molestae Quinquatrus adferebantur; ep II 12, 1. ut homines ingeniosissimi ex seditiosa ac tumultuosa vita se in studium aliquod traderent quietum; inv I 4.

tumultus, Unruhe, Aufſtand, Aufruhr: I. potest esse bellum, ut tumultus non sit, tumultus esse sine bello non potest. quid est enim aliud tumultus nisi perturbatio tanta, ut maior timor oriatur? unde etiam nomen ductum est tumultus. itaque maiores nostri tumultum Italicum, quod erat domesticus, tumultum Gallicum, quod erat Italiae finitimus, praeterea nullum nominabant. gravius autem tumultum esse quam bellum hinc intellegi potest, quod bello vacationes valent, tumultu non valent. ita fit, ut bellum sine tumultu possit, tumultus sine bello esse non possit; Phil VIII 2, 3. — II. adfirmat minus diebus xx tumultum Gallicum; A XIV 1, 1. nullo tumultu publice concitato; Catil I 11. nomino: f. I. quo die Cassii litterae victrices in senatu recitatae sunt, eodem meae tumultum nuntiantes; A V 21, 2. — III. quia pacis est insigne toga, contra autem arma tumultus atque belli; Piso 73. — IV, 1. Abl.: f. I. — 2. ut urbi sine ullo tumultu satis esset praesidii; Catil II 26.

tumulus, Hügel, Grabhügel: I. vos, Albani tumuli, imploro; Milo 85. — II. (Alexander) cum in Sigeo ad Achillis tumulum astitisset; Arch 24. super terrae tumulum noluit quicquam statui nisi columellam aut mensam aut labellum; leg II 66. ignis e specula sublatus aut tumulo; Ver V 93.

tunc, dann, damals: I. quid? tu, T. Rosci, ubi

tunc eras? Sex Rosc 92. tunc illud vexillum Campanae coloniae Capuam a decemviris inferetur, tunc contra hanc Romam illa altera Roma quaeretur; agr II 86. quae nusquam etiam tunc sint; div I 117. — II. utrum ille ferat molestius me tunc tacuisse an nunc dicere; Ver I 24. cum causam iustam deus ipse dederit, ut tunc Socrati, nunc Catoni, saepe multis; Tusc I 74. — III. quo (verbo „ARBITROR" nos etiam tunc utimur, cum ea dicimus iurati, quae comperta habemus; Font 29. consilium istud tunc esset prudens, si nostras rationes ad Hispaniensem casum accommodaturi essemus; A X 8, 2.

tundo, ſchlagen, hacken: »extremam (Hydram) Corvus rostro tundit«; nat II 114. iis adsiduis uno opere eandem incudem diem noctemque tundentibus; de or II 162. converso baculo oculos misero tundere vehementissime coepit; Ver V 142.

tunica, Unterkleid, Rock: I. ut discinderem tunicam, ut cicatrices ostenderem; de or II 195. cui (Herculi) cum Deianira sanguine Centauri tinctam tunicam induisset; Tusc II 20. is (Dionysius) cum pila ludere vellet tunicamque poneret; Tusc V 60. tingo: f. induo. — II, 1. quos bene barbatos videtis, manicatis et talaribus tunicis, velis amictos; Catil II 22. -- 2. cum tunica pulla sedere solebat; Ver IV 54. stetit cum pallio purpureo tunicaque talari; Ver V 86.

tunicatus, mit der Tunica bekleidet: A. ut exercitatione ludoque campestri tunicati uteremur; Cael 11. — B. qui metus erat tunicatorum illorum! agr II 94.

tunicula, kleiner Rock: extenuato sumptu tribus riciniis et tunica ‖ † vincla ‖ purpurea ‖ [tribus ... purp.] ‖; leg II 59.

turba, Verwirrung, Gedränge, Schar, Haufe, Schwarm: I, 1. aderit malorum turba quaedam, paupertas, ignobilitas, humilitas; Tusc V 29. — 2. ecce nova turba atque rixa; Ver IV 148. — II, 1. ut te eripias ex ea, quam ego congessi in hunc sermonem, turba patronorum; Bru 332. Chrysippus magnam turbam congregat ignotorum deorum; nat I 39. teneo, qui istam turbam voluminum effecerit; Bru 123. Tertia illa maximas effecisse dicitur turbas; Ver V 31. — 2. quae (oratio) vix iam compareret in hac turba novorum voluminum; Bru 122. cum (Crassus) se de turba et a subselliis in otium soliumque ‖ solitudinemque ‖ contulerit; de or II 143. ut, si qua erunt mediocria, in mediam turbam atque in gregem coiciantur; de or II 114. eripio ex: f. 1. congero. exponerem etiam, quanta in turba quantaque in confusione rerum omnium viveremus; ep VI 6, 13. — III, 1. domus erat praetoria turba referta; Ver I 137. — 2. quod is locus ab omni turba id temporis vacuus esset; fin V 1. — IV. Rubrius in turba sauciatur; Ver I 67.

turbide, unruhig, ſtürmiſch: iactantibus se opinionibus inconstanter et turbide; Tusc IV 24. turbide, perturbanter, rapide omnia videtis esse suscepta; Scaur 37.

turbidus, ſtürmiſch, aufgeregt, unruhig, trüb, neutr. unruhige Zeit: A. Darius in fuga cum aquam turbidam bibisset; Tusc V 97. quicumque est motus in animo turbidus; Tusc III 23. ex aliqua turbida tempestate; inv I 4. in quo ego tam subito et exiguo et turbido tempore multa divinitus providi; Sulla 43. — B si turbidissima sapienter ferebas, tranquilliora laete feras; ep VI 14, 3.

turbo, Wirbelwind, Sturm, Wirbel, Kreiſel: I, 1. quam (Minervam) turbo deiecerat; ep XII 25, 1. — 2. tu, turbo ac tempestas pacis atque otii, sperasti ... ? dom 137. — II, 1. imbres, nimbi, procellae, turbines de putandi; nat III 51. — 2. revertitur (Chrysippus) ad cylindrum et ad turbinem suum; fat 42. — III. eum ferre posse

tantam vim tempestatis, imbris ac turbinum; Phil V 8. — IV. qui in maximis turbinibus ac fluctibus rei publicae navem gubernassem; Piso 20.

turbo, erregen, verwirren: I. si in Hispania turbatum esset; Sulla 57. — II. quae palam in re publica turbantur; Q fr III 9, 3. haec duo genera, voluptas gestiens et libido, bonorum opinione turbantur, ut duo reliqua, metus et aegritudo, malorum; Tusc III 25. omni auspiciorum iure turbato; Phil II 102. mare ventorum vi agitari atque turbari; Cluent 138. voluptatem; f. aegritudinem.

turbulente, turbulenter, ftürmifch, erregt: quod egit de Caepione turbulentius; part or 105. nos nihil turbulenter, nihil temere faciemus; ep II 16, 7. omnia temere, turbulente esse gesta; dom 68. cum eorum constantiam laudamus, qui non turbulente humana patiantur; Tusc IV 60.

turbulentus, unruhig, erregt, ftürmifch, aufregend: A. P. Decius, ut vita, sic oratione etiam turbulentus; Brn 108. bellum domesticum triste ac turbulentum fore; div I 105. in Sex. Titium, seditiosum civem et turbulentum; de or II 48. Antonii consilia narrax turbulenta; A XV 4, 1. contiones turbulentae Metelli, temerariae Appii, furiosissimae Publii; A IV 3, 4. quia motus turbulenti iactationesque animorum vitae beatae nullam partem relinquunt; Tusc V 15. ego negotio praesum rebus turbulento; A VII 11, 5. de rebus placatis ac minime turbulentis docendi causa loquuntur; orat 63 in illa turbulentissima tempestate rei publicae; Sulla 40. (tempora rei publicae) mihi quidem turbulenta videntur fore; ep II 18, 3. propter turbulentissimum tribunatum; Brn 103. tribuni plebis turbulenti tulerunt; Phil XI 18. — B. credunt improbis, credunt turbulentis, credunt suis; Phil XII 29.

turgesco, anfchwellen, aufwallen: sapientis animus numquam turgescit, numquam tumet; Tusc III 19.

turgidus, gefchwollen: num aliud quodpiam membrum tumidum ac turgidum non vitiose se habet? Tusc III 19.

turibulum, Räucherpfanne: I. tenuit hoc institutum in turibulis omnibus, quaecumque in Sicilia fuerunt; Ver IV 46. — II, 1. illa pro lepusculis capiebantur, patellae, paterae, turibula; Ver IV 47. — 2. ex patellis et turibulis quae evellerat; Ver IV 54. — III. in: f. I.

turma, Schar, Reiterfchar: I. nihil sibi ex ista laude cohors, nihil turma decerpit; Marcel 7. — II. Appius noster turmas aliquot equitum dederat huic Scaptio, per quas Salaminios coërceret; A V 21, 10. — III. per: f. II.

turmalis, fcharenweife: cum Scipio ille maior Corinthiis statuam pollicentibus „turmales" dixit „displicere"; de or II 262.

turpiculus, häßlich: tantum interest, quod gravitas honestis in rebus severisque, iocus in turpiculis et quasi deformibus ponitur; de or II 248.

turpificatus, entfittlicht: quanta illa depravatio et foeditas turpificati animi debet videri! of III 105.

turpis, häßlich, fchimpflich, fchmachvoll, fchändlich, ehrlos, unfittlich: A. quos amentissimus fuisset si oppugnasset, turpissimus, si reliquisset; Rabir 24. nihil mihi ad existimationem turpius, nihil ad dolorem acerbius accidere posse quam si . .; de or II 200. videte, ne, ut illis pulcherrimum fuit tantam vobis imperii gloriam tradere, sic vobis turpissimum sit id, quod accepistis, tueri et conservare non posse; imp Pomp 12. si turpe existimas illum causa cadere; Muren 9. nihil bonum, nisi quod honestum, nihil malum, nisi quod turpe; Tusc II 30. habere quaestui rem publicam non modo turpe est, sed sceleratum etiam et nefarium; of II 77. nihil me turpius apud

homines fuisset; A II 19, 4. id solum esse miserum, quod turpe sit; A VIII 8, 1. domi quidem causam amoris habuisti, foris etiam turpiorem; Phil II 78. non turpior in ludo talario consessus fuit; A I 16. 3. quam hesternus dies nobis turpis inluxit! Phil VIII 20. cum omnibus in rebus temeritas in adsentiendo errorque turpis est, tum . .; div I 7. quam misera fuga, quam foeda, quam turpis! Phil III 24. cum esset proposita aut fuga turpis aut gloriosa mors; fin II 97. turpe (genus argumentationis) est, quod aut eo loco, in quo dicitur, aut eo homine, qui dicit, indignum videtur; inv I 92. cave putes quemquam hominem in Italia turpem esse, qui hinc absit; A IX 19, 1. damnatus turpissima iudiciis domi; Flac 34. turpissima morte proposita; Sulla 75. quae (res familiaris) bene parta sit nullo neque turpi quaestu neque odioso; of I 92. o rem turpem et ea re miseram! A VIII 8, 1. temeritas: f. error. eosdem devinxit turpissimae vitae similitudo; Phil XI 2. nulla turpis voluptas erit, quae praetermittenda sit; fin II 31. -- B, a, I. quicum vivere nemo umquam nisi turpis impurusque voluisset; Ver III 65. — II. homines turpissimum nocentissimumque laudarunt; har resp 38. — b, I. sum: vgl. A. alqd. quia nec honesto quicquam honestius nec turpi turpius; fin IV 75. — II. et honesta expetenda per se et eodem modo turpia per se esse fugienda; fin III 38. certe honesta quoque et turpia simili ratione diiudicanda iudicanda et ad naturam referenda sunt; leg I 46. — III, 1. Abl: f. I. — 2. nihil esse, quod intersit aut differat aliud ab alio, praeter honesta et turpia; fin III 25.

turpiter, fchimpflich, fchmachvoll, unanftändig, unfittlich: I. qui alios ipse amabat turpissime; Catil II 8. quis (gladiator) non modo stetit, verum etiam decubuit turpiter? Tusc II 41. P. Rutilius Rufus (haec) non [modo] „parum commode", sed etiam „turpiter et flagitiose" dicta esse dicebat; de or I 227. unum illud extimescebam, ne quid turpiter facerem; A IX 6, 1. cum homines inflati opinionibus turpiter inridentur; of I 91. Empedocles in Scyrum opinione turpissime labitur; nat I 29. cum Epicurus Phaedoni Socratico turpissime male dixerit; nat I 93. quae notant et signant || design. || turpitudinem aliquam non turpiter; de or II 236. sunt alii honeste condemnati, turpiter restituti; Phil XI 12. unde tu nos turpissime ructando eiecisti; Piso 13. signo: f. noto. sto: f. decumbo. Hortensius filius fuit Laodiceae gladiatoribus flagitiose et turpiter; A VI 3, 9. quosdam perfectos philosophos turpiter vivere; Tusc II 12. — II. qui (Cato) in me turpiter fuit malevolus; A VII 2, 7.

turpitudo, Häßlichkeit, Schändlichkeit, Schimpf, Schmach, Gemeinheit, Unfittlichkeit, Unanftändigkeit: I. nisi eos (homines) per se foeditate sua turpitudo ipsa deterret; fin III 38. sin autem in ante acta vita aliquae turpitudines erunt; inv II 37. turpitudinem nec in verbo esse nec in re; ep IX 22, 3. an est ullum maius malum turpitudine? quae si in deformitate corporis habet aliquid offensionis, quanta illa depravatio et foeditas turpificati animi debet videri! of III 105. haeret illa rei publicae turpitudo; Sest 62. — II, 1. quis tantam turpitudinem iudiciorum ferre potuisset? Cluent 61. si omnia fugiendae turpitudinis adipiscendaeque honestatis causa faciemus; Tusc II 66. si in illo poena legitima turpitudinem non habuit; dom 83. quae notant et signant || design. || turpitudinem aliquam non turpiter; de or II 236. qui istam turpitudinem subissent; Ver I 137. maximam turpitudinem suscipere vitae cupiditate; Phil XIII 49. — 2. mors servituti turpitudinique anteponenda (est); of I 81. — 3. neque ab hac orationis turpitudine eruditi homines refugerunt; Cael 41. non

in eam turpitudinem venisses; Quinct 53. — III. ut nulla eius vitae pars summae turpitudinis esset expers; Ver II 191. — IV. quae (voluptas) etsi est inlecebra turpitudinis; leg I 31. cum reliquum tempus aetatis turpitudinis maculis consperseris; Flac 5 (§. 22). quae nota domesticae turpitudinis non inusta vitae tuae est? Catil I 13. propter flagitiorum ac turpitudinum societatem; Ver V 107. — V, 1. ut maiore adfici turpitudine videremur; imp Pomp 67. illa iudicia senatoria non falsa invidia, sed vera atque insigni turpitudine notata; Cluent 61. quis educatus ingenue non ipsa turpitudine offenditur? fin III 38. ¶. I. habet. — 2. quae cum turpitudine aliqua dicerentur; Cael 69. quid sit propter turpitudinem fugiendum; of III 33.

turpo, entehren, beschimpfen: cum quosdam ornare voluit, non illos honestavit, sed ornamenta ipsa turpavit; fr I 38.

turris, Turm: I. contionari (Dionysius) ex turri alta solebat; Tusc V 59. — II. quae (Macedonia) erat antea munita multorum imperatorum non turribus, sed tropaeis; prov 4.

tus, Weihrauch: I. omnibus vicis statuae, ad eas tus, cerei; of III 80. — II. virgines convenisse, cum Diana exportaretur ex oppido, ture prosecutas esse; Ver IV 77.

tutela, Fürsorge, Schutz, Obhut, Vormundschaft, Schützling, Vermögen des Mündels: I, 1. ut tutela, sic procuratio rei publicae gerenda est; of I 85. — 2. qui duos filios suos parvos tutelae populi commendasset; de or I 228. ut omnia illa prima naturae huius (rationis) tutelae subiciantur; fin IV 38. — 3. manus a tutela abstinere non potuisti? Ver I 93. de tutela legitima, in qua dicitur esse puella, nihil usu capi posse; A I 5, 6. nihil potest de tutela legitima nisi omnium tutorum auctoritate deminui; Flac 84. sum in: f. capio de. pupillus ante mortuus est, quam in suam tutelam venit [| veniret|]; inv II 62. nisi postumus et natus et, antequam in suam tutelam veniret, mortuus esset; de or I 180. — II. inde tot iudicia de fide mala, tutelae; nat III 74. tutelarum iura; de or I 173. iure Quiritium legitimo tutelarum et hereditatium relicto; dom 35. adductus est in indicium Polemocrates de fraude a Dione huius ipsius tutelae nomine; Flac 74. dum abs te officia tutelae flagitet; Ver I 94. — III. qui per tutelam fraudavit quempiam; Caecin 7.

tuto, sicher, ungefährdet: poterone Ariminum tuto accedere? Phil XII 23. tuto haberi senatum sine praesidio non posse; Phil III 13. non me quaerere, ubi tutissimo essem; A VIII 1, 2. qui mihi videntur ubivis tutius quam in senatu fore; A XIV 22, 2. tradam igitur isti me? fac posse tuto, num etiam honeste? A VII 22, 2. nec mihi tuto in senatum venire licet; ep XII 2, 1.

tutor, Beschützer, Leiter, Vormund: I, 1. ne pupillo tutores propinquique consulerent; Ver III 16. — 2. qui (consul) quasi parens bonus aut tutor fidelis esse deberet; de or III 3. tutor sum liberis; A XII 28, 3. — II, 1. tutor ascribendus fuit; Flac 74. se populum Romanum tutorem instituere illorum orbitati; de or I 228. nos tutores regibus misimus; fin V 64. sit oppositus sapiens quasi tutor et procurator rei publicae; rep II 51. nos quoniam post Hortensii mortem orbae eloquentiae quasi tutores relicti sumus; Bru 330. — 2. quem (filium) pater moriens tutorem et propinquis commendatum putavit; Ver I 151. — 3. cum tutoribus annuis esset orbata (res publica); sen 4. — III. nihil potest de tutela legitima nisi omnium tutorum auctoritate deminui; Flac 84.

tutor, schützen, sichern, behaupten: I. genae ab inferiore parte tutantur; nat II 143. — II. accuratissime te tuamque causam tutatus sum; ep V 17. 2. quod ego non copiosius possim vel tutari vel re-

fellere ex illis locis; de or III 78. aliae (bestiae) fuga se, aliae occultatione tutantur, atramenti effusione sepiae, torpore torpedines; nat II 127. ut aliquo praesidio caput et cervices et iugulum ac latera tutetur; Sest 90. cansam: f. alqm. qui rem publicam libertatemque vestram suo studio tutatus est et tutatur; Phil IV 2. sepias, al.: f. bestias.

tutus, sicher, gefahrlos, ungefährdet: A. possumusne in Antonii latrocinio aeque esse tuti? Phil XII 27. quem iste sibi locum maxime tutum esse arbitrabatur; Ver II 185. qui mare tutum praestiterunt; Flac 31. ego in navi tuta ac fideli conlocatus; Flac 97. pudicitiam liberorum servare ab eorum libidine tutam; Ver I 68. obducuntur libro aut cortice trunci, quo sint a frigoribus et caloribus tutiores; nat II 120. quod vectigal vobis tutum fuit? imp Pomp 32. et facilior et tutior vita est otiosorum; of I 70. — B. in tuto conlocant Clodium; har resp 53. si idcirco abestis, ut sitis in tuto; ep XII 2, 3.

tuus, dein: A. bei Substantiven: vigebat auditor Panaetii illius tui Mnesarchus; de or I 45. Arcesilas tuus tamen noster fuit; fin V 94. venio nunc ad illud tuum: „non deieci"; Caecin 64. totum hoc, totum est, inquam tuum; Marcel 7. mihi tuum adventum suavissimum esse; A IV 4. tua aetas incidit in id bellum; of II 45. propter amorem libidinemque tuam; Ver V 137. animum tibi tuum notum esse oportere; Tusc I 70. te, nomen, imperium, vocem, aspectum, impetum tuum omnes boni sequebantur; har resp 22. duos se habere semper amicissimos sperasse, te tuo beneficio, me suo; Milo 68. te abesse mea causa moleste fero, tua gaudeo; ep XV 18, 2. colonus: f. procurator. comites illi tui delecti manus erant tuae; Ver II 27. agrum Campanum tu comprantoribus tuis et conlusoribus dividebas; Phil II 101. tribunatum suum consiliis tuis gubernatum; Milo 68. tua quoque vide ne desideretur constantia; Tusc V 32. tuum forum, tuum erat illud curriculum; Bru 331. quae ad dignitatem tuam pertinere arbitrabor; ep X 3, 4. te tuam dignitatem summa tua virtute tenuisse; ep XII 25, 2. hoc illius munus in tua diligentia positum est; A II 1, 12. cum domi tuae omnia essent venalia; Phil II 6. uni tuae disertissimae epistulae non rescripsi; A VII 2, 8. ei dedi tuas ad Vestorium (epistulas); A XIII 29, 3 (30, 2). vgl. elliptisch. me rei, famae, saluti tuae praesto futurum; ep IV 14, 4. saepe de familiari illo tuo videor audisse; nat I 58. omnia tua furta atque flagitia latere; Ver III 151. forum: f. curriculum. te tam longe a tot tuis et hominibus et rebus carissimis abesse; A IV 15, 2. iugera professi sunt imperio atque instituto tuo; Ver III 112. f. aspectus. impetus: f. aspectus. tam multis inter nostrum tuumque initium dicendi interpositis oratoribus; Bru 231. qui summa cum tua iniuria contumeliaque rei p. provinciam absens obtinebat; ep XII 25, 2. institutum: f. imperium. iter Asiaticum tuum puto tibi suscipiendum fuisse; A IV 15. 1. opus est tuo limatulo et polito tuo iudicio; ep VII 33, 2. in Epicuri nos castra coniecimus, nec tamen ad hanc insolentiam, sed ad illam tuam lautitiam; ep IX 20, 1. in ipsa tua lege; dom 128. tuus est profecto (liber), quoniam quidem est missus ad te; A XII 6, 2. libido: f. amor. ego accepi in diversoriolo Sinuessano tuas litteras; A XIV 8, 1. incundissimus tuis litteris stomachatus sum in extremo; ep X 26, 1. cum illa tua consceleratorum manu; dom 6. f. comites. munera: f. studium. tuas esse hoc munusculum putabo; A II 1, 12. neque ista tua negotia provincialia esse putabam; A II 1, 12. nomen: f. aspectus. quamquam tua me oratio confirmavit, tamen etiam mea sponte indicabam; div II 100. ex me audies, quid in oratione me desiderem; rep II 64. producens cum tuo illo pare; sen 17.

patre tuo consule designato; Sulla 11. tuum hominis simplicis pectus vidimus; Phil II 111. sine ullo
tuo periculo; div Caec 23. nisi ea res ad quaestum
et ad praedam tuam pertineret; Ver III 129. utrum
me tuus procurator deiecerit an tuus colonus aut
vicinus; Caecin 57. quaestus: ſ. praeda. res: ſ. fama,
homines. salus: ſ. fama. complecti vis amplissimos
viros ad tuum et Gabinii scelus; Piso 75. id velim
mihi ignoscas quod invita socru tua fecerim; ep XII
7, 1. unam tecum apricationem in illo lucrativo
tuo sole malim quam ..; A VII 11, 1. sororem tuam
virginem esse non sisti; dom 92. tuis incredibiliter
studiis erga me muneribusque delector; ep III 9, 3.
quibus (artibus) studium tuum dedisti; ep IV 3, 3.
si illud meum turbulentissimum tempus tuo tran-
quillissimo praestat; Piso 33. vicinus: ſ. procurator.
virtus: ſ. dignitas. vox: ſ. aspectus. eſlíptiſch: ad
tuas omnes rescripseram pridie; A IX 10, 1.
•B. allciu: a. si nihil tui cogitant sceleris; Marcel
21. et te et tua et tuos nosti; Phil II 68. cum tua
quid interest, nulla auspicia sunt; cum tuorum, tum
iis religiosus; Phil II 99. tuis salutem dic; A XI
3, 3. ut invitatus ad tuos isse videaris; Catil I 23.
tune ille in omnes tuos liberalis? Rab Post 45. quae
causa maior esse potuit quam consilia tua tuorum-
que? dom 10. se inique a tuis iactatum graviter
querebatur; Planc 55. qua (ratione) tecum ipse et
cum tuis utare; fin II 76. — b. si quid interesse
tua putasses; Phil XI 23. ſ. a. Phil II 99. —
c.quamquam tua illa horridula mihi atque incompta
visa sunt; A II 1, 1. imitor: ſ. de or III 47. nosco:
ſ. a. Phil II 68. pete tu tuum; Q Rosc 32. accedam
ad omnia tua, Torquate; fin II 44. quod esset (aedificium) in tuo; Tul 53. ne nihil sim tui nisi supplosionem pedis imitatus; de or III 47. quod hic
in tuo aedificasset; Tul 53.
   typus, Bild: typos tibi mundo, quos in tectorio
atrioli possim includere; A I 10, 3.
   tyrannice, beſpotiſch: quae regie seu potius
tyrannice statuit in aratores Apronius; Ver III 115.
   tyrannicus, beſpotiſch: quod taetrum, crudele,
nefarium, tyrannicum factum esse dicamus; inv I
102. tyrannicis interdictis tuis; Ver V 21. si omnes Athenienses delectarentur tyrannicis legibus;
leg I 42.
   tyrannis, Zwingherrſchaft, Deſpotie: I. sublato tyranno tyrannida manere video; A XIV 14,
2. alii orientem tyrannidem multo ante prospiciunt;
div I 111. o di boni! vivit tyrannis, tyrannus occidit!

A XIV 9, 2. — II. si tyrannidem occupare conabitur pater, silebitne filius? of III 90. prospicio: ſ.
I. oritur.
   tyrannoctonus, Tyrannenmörder: I. nostri
tyrannoctoni longe gentium absunt; ep XII 22, 2.
tyrannoctonos in caelo esse, tyranni facta defendi;
A XIV 6, 2. — II. quae (simulatio desiderii) verebar ne periculosa nostris tyrannoctonis esset; A
XIV 15, 1. — III. Pontii Neapolitanum a matre
tyrannoctoni possideri! A XIV 21, 3.
   tyrannus, Tyrann, Deſpot, Zwingherr: I. 1.
fit continuo tyrannus, quo neque taetrius neque foedius nec dis hominibusque invisius animal ullum
cogitari potest; qui quamquam figura est hominis.
morum tamen immanitate vastissimas vincit beluas:
rep II 48. o di boni! vivit tyrannis, tyrannus occidit! A XIV 9, 2. sic tamquam pilam rapiunt inter
se rei publicae statum tyranni ab regibus, ab iis
autem principes aut populi, a quibus aut factiones
aut tyranni; rep I 68. vincit: ſ. est. — 2. libidines
eorum, qui erant in eum tyranni; Phil XIII 17. alter
postulat, ut, quem ad modum est, sic etiam appelletur tyrannus; A X 4, 2. — II, 1. appello: ſ. I,
2. hic rei publicae tyrannum lege constituit; agr
III 5. sin per se populus interfecit aut eiecit tyrannum; rep I 65. facio: ſ. I, 1, est. qui (Demaratus)
cum Corinthiorum tyrannum Cypselum ferre non potuisset; rep II 34. ex hac maxima libertate tyrannus gignitur; rep I 68. interficio: ſ. eicio. quam
sit re pulchrum, beneficio gratum, fama gloriosum
tyrannum occidere; Phil II 117. si Phalarim, crudelem tyrannum et immanem, vir bonus vestitu spoliare possit, nonne faciat? of III 29. — 2. hoc illud
est, quod Pisistrato tyranno a Solone responsum
est; Cato 72. — 3. face: ſ. I, 1. rapiunt. — III,
1. init consilium importuni atque amentis tyranni;
Ver V 103. formam adhuc habetis et speciem ipsam
tyrannorum; agr II 32. (Theramenes) coniectus in
carcerem triginta iussu tyrannorum; Tusc I 96.
species: ſ. forma. — 2. de nefario tyranno fieri iudicium; Ver V 117. — IV, 1. Abl: ſ. I, 1. est. —
2. qui (carcer) est a crudelissimo tyranno Dionysio
factus; Ver V 143.
   tyrotarichum, Käſe- und Heringsragout:
I. ipse eo die in Paeti nostri tyrotarichum imminebam; XIV 16, 1. tu vero ad tyrotarichum antiquum redi; ep IX 16, 9. — II. quam tyrotarichi
patinam (tu mihi narras)? ep IX 16, 7. nihil magis (me delectavit) quam patina tyrotarichi; A IV 1, 8.

Vacatio, Befreiung, Entlaſtung, Muße: I.
vacationem militiae ipsis liberisque eorum esse;
Phil V 53. quod bello vacationes valent, tumultu
non valent; Phil VIII 3. senatus decrevit, vacationes ne valerent; A I 19, 2. — II, 1. nullam tibi
a causis vacationem video dari; leg I 11. vacationem augures, quo minus iudiciis operam darent, non
habere; Bru 117. quae studia magnorum hominum
sententia vacationem habent quandam publici muneris; ep IX 6, 5. dilectus tota Italia decreti sublatis
vacationibus; Phil VIII 6. — 2. aetatis potius vaca-
tioni confidebam; leg I 10. — 3. quod (est) tam
immune municipium, quod per hosce annos tam
commoda vacatione omnium rerum sit usum quam
Mamertina civitas? Ver V 58. — III. (P. Vatinius)
et agro a senatu et vacatione donatus est; nat II 6.
   vacca, Kuh: cur non gestiret taurus equae contrectatione, equus vaccae? nat I 77.
   vacillo, wanken, ſchwanken: I. γεροντικώτερον

est memoriola vacillare; A XII 1, 2. — II. cum ex eo
in utramque partem toto corpore vacillante quaesivit ..; Bru 216. cuius (Erotis) non sine magna.
culpa (ista) vacillarunt; A XIV 18, 2. cum una
legione et ea vacillante; Phil III 31. accepi tuam
epistulam vacillantibus litterulis; ep XVI 15, 2. quo
loco videtur quibusdam stabilitas amicitiae vacillare;
fin I 66.
   vaco, frei, leer, unbeſetzt ſein, entbehren, Muße
haben, ſich widmen: I. si vacas animo; div I 10.
scribes aliquid, si vacabis; A XII 38, 2. tota domus
vacat superior; A XII 10. villa ita completa a
militibus est, ut vix triclinium, ubi cenaturus ipse
Caesar esset, vacaret; A XIII 52, 1. — II. ego
philosophiae semper vaco; div I 11. — III. non
aegritudine solum vacabit, sed etiam perturbationibus reliquis omnibus; Tusc IV 38. ſ. cupiditate
stultitiam constantia, id est sanitate, vacantem;
Tusc III 11. cum (animi hominum) somno soluti

vacant corpore; div I 129. vacare culpa magnum est solacium; ep VII 3, 4. vacandum omni est animi perturbatione, cum cupiditate et metu, tum etiam aegritudine et voluptate nimia || voluptate || et iracundia; of I 69. cum certe nihil homini possit melius esse quam vacare omni dolore et molestia; fin I 57. qui locus hoc dominatu vacat? ep IV 8, 2. iracundia: f. cupiditate. nihil honestum esse potest, quod iustitia vacat; of I 62. metu: f. cupiditate. » missore vacans Sagitta «; fr H IV, a, 325. molestia: f. dolore. eius modi motibus sermo debet vacare; of I 136. cum aures extremum semper expectent, id vacare numero non oportet; orat 199. perturbatione: f. aegritudine, cupiditate. sanitate: f. constantia. domicilium tantum in illa urbe remanet studiorum, quibus vacant cives, peregrini fruuntur; de or III 43. ut illa natura caelestis et terra vacat et umore, sic . .; Tusc I 65. voluptate: f. cupiditate. — IV. nullum tempus illi umquam vacabat aut a forensi dictione aut a commentatione domestica aut a scribendo aut a cogitando; Bru 272. sapientem ab omni concitatione animi semper vacare; Tusc V 48.

vacuefacio, leer machen: nuper cum morte superioris uxoris novis nuptiis domum vacuefecisses; Catil I 14. quod adventu tuo ista subsellia vacuefacta sunt; Catil I 16.

vacuitas, Befreiung, Freisein: I. qui vacuitatem doloris finem bonorum esse voluerunt; fin III 2. — II, 1. quo magis iis et magnitudo est animi adhibenda et vacuitas ab angoribus; of I 73. Diodorus adiungit ad honestatem vacuitatem doloris; fin V 14. securitatem nunc appello vacuitatem aegritudinis; Tusc V 42. — 2. de vacuitate doloris eadem fere dici solent, quae de voluptate; fin V 21. — III. quoniam ipsa liberatione et vacuitate omnis molestiae gaudemus; fin I 37.

vacuus, ledig, leer, herrenlos, entbehrend, frei, befreit, unbeschäftigt: A. cum te sciremus esse vacuum; Bru 20. sin eris ab isto periculo vacuus; Q fr I 3, 5. cum nihil insidiis vacuum viderem; ep IV 14, 3. si animus a talibus factis vacuus et integer esse dicetur; inv II 24. si es animo vacuo; Bru 20. ut animum vacuum ad res difficiles scribendas adferam; A XII 38, a, 1. cui non forum, non campus, non curia, non domus, non lectus, non denique haec sedes honoris umquam vacua mortis periculo atque insidiis fuit; Catil IV 2. ut ab exercitationibus oratoriis nullus dies vacuus esset; Bru 309. quorum domus signis et tabulis pictis erant vacuae; Ver I 55. f. campus. vacuo non modo a bonis, sed etiam a liberis atque inani foro; sen 18. f. campus. horam nullam vacuam voluptate esse debere; sen 14. lectus: f. campus. quod is locus ab omni turba id temporis vacuus esset; fin V 1. populus vacuos omni cura et cogitatione; rep I 52. in quam (possessionem) homines quasi caducam atque vacuam involaverunt; de or III 122. nullum vacuum tractum esse remum; Ver V 135. sedes: f. campus. cum vacui temporis nihil haberem; A II 23, 1. — B. qui quondam in vacua venerunt; of I 21.

vadimonium, Bürgschaft, Bürgschaftsleistung: I. si vadimonium omnino tibi cum P. Quinctio nullum fuit; Quinct 56. — II, 1. qui vadimonium concipere posset; Q fr II 13, 3. vadimonium mihi deseruit; Quinct 75. ut differrem cum eo (Publio) vadimonium; A II 7, 2. quo die vadimonium istuc factum esse diceres; Quinct 57. vadimonium mihi non obiit quidam socius; Quinct 54. promittunt Herbitenses vadimonium Syracusas; Ver III 78. — 2. venit ad vadimonium Quinctius; Quinct 67. — III. ita sine vadimonio disceditur; Quinct 23.

vado, gehen, abreisen: ad eum (Pompeium) postridie mane vadebam; A IV 10, 2. hinc vulgo vadunt; A IX 1, 2. Lentulus Spinther hodie apud me. cras mane vadit; A XIV 11, 2.

vador, vor Gericht fordern: I. se iam neque vadari amplius neque vadimonium promittere; Quinct 23. — II. hic hominem in praesentia non vadatur; Quinct 23.

vadum, Furt, Untiefe: quoniam emersisse iam e vadis videtur oratio mea; Cael 51. » hoc motu radiantis etesiae in vada ponti «; orat 152.

vaecors, wahnsinnig: A. cum ille furibundus incitata illa sua vaecordi mente venisset; Sest 117. — B, I. tu, o vaecors et amens; Piso 21. — II. aliis cor ipsum animus videtur, ex quo excordes, vaecordes concordesque dicuntur; Tusc I 18. — III. istius vaecordissimi mentem cura metuque terrebant; dom 141.

vaesanus (ves.), wahnsinnig, unsinnig: vesanum || vaesanum || remigem consilia deorum perspicere potnisse; div II 114. haec furiosa vis vaesani tribuni pl. facile superari potuit; dom 55.

vafer, schlau, verschmitzt: A. ut crebro mihi vafer ille Siculus insusurret Epicharmus cantilenam illam suam; A I 19, 8. de homine minime vafro male existimant; nat I 85. qui (Chrysippus) Stoicorum somniorum vaferrimus habetur interpres; nat I 39. — B. non viri boni (hoc genus est), versuti potius, veteratoris, vafri; of III 57.

vafre, verschmitzt: nihil sane vafre nec malitiose facere conatus est; Ver II 132.

vagina, Scheide, Hülle: I. gladium eius e vagina educit; inv II 15. gladium cruentum in vaginam recondidit; inv II 14. (senatus consultum) inclusum in tabulis tamquam in vagina reconditum; Catil I 4. — II. culmo erecta geniculato vaginis iam quasi pubescens (viriditas) includitur; Cato 51.

vagio, wimmern, schreien: neque (populum) ut in cunabulis vagientem relictum; rep II 21. vagiens puer; div II 31.

vagor, umherschweifen, umherirren, sich verbreiten, freuzen: haec ignorantem vagari cum magna caterva toto foro; de or I 184. vagamur egentes cum coniugibus et liberis; A VIII 2, 3. quem quidem (Brutum) ego spero tuto vagari posse; A XIV 8, 2. non sumus ii, quorum vagetur animus errore; of II 7. fuit quoddam tempus, cum in agris homines passim bestiarum modo vagabantur; inv I 2. luna isdem spatiis vagatur, quibus sol; nat II 103. vagabitur modo tuum nomen longe atque late; Marcel 29. ne vagari et errare cogatur oratio; de or I 209. utinam eum diem videam, cum ista oratio ita libere vagetur, ut etiam in Siccae domum introeat! A XVI 11, 1. qui (praedones) tum toto mari dispersi vagabantur; Flac 30. sol: f. luna. ut verba neque adligata sint quasi certa aliqua lege versus neque ita soluta, ut vagentur; de or III 176. volucres huc et illuc passim vagantes; div II 80.

vagus, umherschweifend, unstät, unbeständig, unbestimmt: vagus esse cogitabam; A VII 11, 5. (bestiae) motus solutos et vagos a natura sibi tributos requirunt; fin V 56. si illam quoque partem quaestionum oratori volumus adiungi vagam et liberam et late patentem; de or II 67. de dis immortalibus habere non errantem et vagam, sed stabilem certamque sententiam; nat II 2. eae stellae, quas vagas dicimus; nat II 103. ut vitam inopem et vagam persequamur; Phil XII 15.

valde, sehr, besonders: I. valde amo nostra atque nostros; Ac I 18. quam valde eam (gentem) putamus tot transfusionibus coacuisse? Scaur 43. mea commendatione esse valde esse commotum; ep VII 17, 2. volo Dolabellae valde desideranti; A XIII 13, 2. Trebellium valde iam diligit; Phil VI 11. est avaritia opinatio vehemens de pecunia, quasi valde expetenda sit; Tusc IV 26. valde hercules

vobis laborandum est; Phil XII 4. nec (Caerellia) valde laborare mihi visa est; A XV 1, 4. non valde nitens, non plane horrida oratio; Bru 238. Pompeium quod una ista in re non ita valde probas; leg III 26. ipse (Caesar) valde repudiavit; A X 1, 3. nec tam valde id timendum nec plane contemnendum puto; leg II 39. cui (Cluvio) satis factum esse a nobis valde volo; ep XIII 56, 3. de quo (Bruto) Caesarem solitum dicere: „quicquid volt, valde volt"; A XIV 1, 2. — II. homo valde studiosus ac diligens; Ac II 98. si ea (argumenta) valde multa sunt; de or II 309. valde Heraclitus obscurus, minime Democritus; div II 133. studiosus: f. diligens. quicquid valde utile sit, id fieri honestum; of III 103. — III. rem te valde bene gessisse; ep I 8, 7. quae valde breviter a te de ipsa arte percursa sunt; de or I 205. cum (Zeno) valde subtiliter dissereret; Ac I 35. — IV. illud etiam accidit praeter optatum meum, sed valde ex voluntate; Piso 48.

valeo, ſtarf, fräftig, geſund ſein, ſich wohl be-finden, wohl leben, dahinfahren, aufgegeben werden, wirkſam ſein, gelten, vermögen, mitwirken, Macht, Bedeutung, Einfluß haben, part. geſund, fräftig, ſtarf: I, 1. ut inter optime valere et gravissime aegrotare nihil prorsus dicerent interesse; fin II 43. — 2. commoda considerantur hoc modo: valens an imbecillus (sit): inv I 35. non solum morbus eius, sed etiam consuetudo valentis cognoscenda est: de or II 186. qui (P. Crassus) et ingenio valuit et studio; Bru 98. quae esset oblectatio valentium, qui victus aut cultus? of II 15. cura, ut valeas; ep VII 15, 2. da operam, ut valeas; ep XII 1, 2. si tu et Tullia, lux nostra, valetis, ego et suavissimus Cicero valemus; ep XIV 5, 1. vale, mi Tiro, vale, vale et salve; ep XVI 4, 4. etiam atque etiam vale; ep XVI 5, 2. quod minus valuisses. si iam melius vales, vehementer gaudeo; A IV 14, 1. ibi bene valentem videram Piliam; A XV 1, a, 1. quamquam in Lysia sunt saepe etiam lacerti, sic ut fieri nihil possit valentius; Bru 64. ita scribere plerosque et id valere et valuisse semper; Bru 197. quod in aliis causis debet valere; Tul 11. quae ad virtutis usum valerent; Ac I 21. hoc nonne videtur contra te valere? Ac II 86. ista valeant; me res familiaris movet; A XVI 15, 5. astrorum adfectio valeat, si vis, ad quasdam res, ad omnes certe non valebit; fat 8. quodsi vultus? C. Marii, si vox, si ille imperatorius ardor oculorum, si recentes triumphi, si praesens valuit aspectus, valeat auctoritas, valeant res gestae, valeat memoria, valeat fortissimi viri nomen aeternum; Balb 49. metum credo valuisse et arma; Phil II 107. aspectus, auctoritas: f. ardor. cum homo imbecillus a valentissima bestia laniatur; ep VII 1, 3. quibus in rebus temeritas et casus, non ratio nec consilium valet; div II 85. valeant recta, vera, honesta consilia; A IV 5, 1. f. casus. senatus consultum non mihi videtur esse valiturum; A IV 16, 5. quae in ipsum valeant crimina; Ver I 41. in qua (causa) tibi cum Diodoro, valente dialectico, magna luctatio est; fat 12. circumsessus circumsaeptus || lectis valentissimorum hominum viribus; Phil XII 24. iaceat utilitatis species, valeat honestas; of III 46. quae (invidia) in iudiciis valere non debet; Cluent 201. ius valeat necesse est, id est iudicia, quibus omne ius continetur; Sest 92. valebant preces et lacrimae nostrae; Milo 44 ut (membrum) posse putaret se valere, si . . ; of III 22. valebat apud vos Milonis erga me meritorum memoria; Milo 34. f. ardor. metus: f. arma. mos valet, ratio non valebit? Tusc II 34. nomen: f. ardor. preces: f. lacrimae. ratio: f. casus, mos. res: f. ardor. temeritas: f. casus. triumphi: f. ardor. reliquit quos viros, quam valentes! Catil II 4. vox, vultus: f. ardor. — II. saepe quaerimus verbum Latinum par Graeco, et quod idem valeat; fin II 13. tum

(philosophia) valet multum, cum . . ; Tusc II 11. neque auctoritate quisquam apud me plus valere te potest neque voluntate; de or I 4. opinio plus valet saepe quam res ipsa; Scaur 35. multo plus valebat periculorum impendentium timor; Milo 34. Archi-medem arbitrantur plus valuisse in imitandis sphaerae conversionibus quam naturam in efficiendis; nat II 88. plus apud me antiquorum auctoritas valet; Lael 13. quae (diligentia) cum omnibus in rebus tum in causis defendendis plurimum valet; de or II 148. cum auctoritas et dignitas Pisonis valebat plurimum; div Caec 64. haec una causa in opinione Siculorum plurimum valet, quod . . ; Ver IV 114. in optima quaque re publica plurimum auspicia et reliqua divinandi genera valuisse; div I 95. nihil putas valere in iudiciis coniecturam, nihil suspicionem, nihil ante actae vitae existimationem, nihil virorum bonorum testimonia, nihil civitatum auctoritates ac litteras; Ver III 146. nihil valent gratia ipsi; Muren 71. quorum (philosophorum) ea sententia est, ut virtus per se ipsa nihil valeat; Tusc V 119. quantum ingenio, quantum mediocri doctrina, quan-tum usu valemus; de or III 77. apud quem (Caesarem) quicquid valebo vel auctoritate vel gratia, valebo tibi; ep VI 6, 13. ad tuendas ami-citias et reliquas caritates quid natura valeat; fin III 73. ut alterum (complecterer), quia tantum valebat; A VII 1, 2.

valetudo, Geſundheitszuſtand, Befinden, Ge-ſundheit, Unwohlſein: I. aderit perdita valetudo: Tusc V 29. dabo operam, ne mea valetudo tuo labori desit; ep XIV 1, 2. valetudo (oportuna est), ut dolore careas et muneribus fungare corporis; Lael 22. si bona valetudo sit in bonis; fin III 49. me incommoda valetudo, e qua iam emerseram, tenebat Brundisii; A V 8, 1. — II, 1. quid interest. divitias. opes, valetudinem bona dicas anne praeposita? fin IV 23. qui (Stoici) valetudinem bonam expetendam negent esse, eligendam dicant; fin IV 62. quae cave ne impediant valetudinem tuam; ep XVI 12, 5. divitias alii praeponunt, bonam alii valetudinem; Lael 20. valetudo sustentatur notitia sui corporis; of II 86. — 2. ei sunt constituti quasi mala valetudine animi; Tusc IV 80. valetudine incommoda. C. Sextius Calvinus fuit; Bru 130. nisi (T. Iunius) semper infirma atque etiam aegra valetudine fuisset; Bru 180. — 3. si ad gravem valetudinem labor accessisset; Phil IX 2. emergo e: f. I. tenet. victus cultusque corporis ad valetudinem referatur: of I 106. — III, 1. quod commodo valetudinis tuae fiat; ep XIV 5, 1. neque valetudinis curatio sine hominum opera ulla esse potuisset; of II 12. nemo sibi nec valetudinis excusationem nec senectutis satis iustam [ullam] putavit; Sest 112. modo valeres; scripseram enim te quodam valetudinis genere temptari; A XI 23, 1. me rarius scribere gravitate valetudinis; ep VI 2, 1. istam imbecillitatem vale-tudinis tuae sustenta et tuere; ep VII 1, 5. ex diuturna perturbatione totius valetudinis; Bru 12. habenda ratio valetudinis; Cato 36. — 2. homo infirma valetudine; Cluent 175. — IV, 1. optima quisque valetudine adfectus; Tusc IV 81. quod (Clodius Philhetaerus) valetudine oculorum impedie-batur; ep XIV 4, 6. — 2. sin, cum per valetudinem posses, venire tamen noluisti; ep VII 1, 1.

validus, geſund, fräftig, ſtarf: si te validum videro; ep XVI 4, 3. »validas Aquilonis ad auras«: fr H IV, a, 385. Longam Albam, validam urbem et potentem; rep II 4.

vallis, Tal: 1. peragravi valles Agrigenti-norum atque colles; Scaur 25. — 2. colles sunt, qui adferunt umbram vallibus; rep II 11.

vallo, verſchanzen, umgeben, ſchützen: Catili-nam vallatum indicibus atque sicariis; Muren 49.

haec omnia (animus) quasi saepimento aliquo vallabit disserendi ratione; leg I 62. ius legatorum, cum hominum praesidio munitum sit, tum etiam divino iure esse vallatum; har resp 34.

vallum, Wall, Schutzwehr: I. cuius ego imperium, non Alpium vallum contra ascensum Gallorum obicio et oppono; Piso 81. — II. (Pindenissum) cinximus vallo et fossa; A V 20. 5. muuitae sunt palbebrae tamquam vallo pilorum; nat II 143. populi Romani exercitus Cn. Pompeium circumsedet, fossa et vallo saeptum tenet; A IX 12, 3.

vallus, Pallisade: qui labor, quantus agminis, ferre cibaria, ferre vallum; Tusc II 37.

valvae, Türflügel, Tür: I. Thebis in templo Herculis valvae clausae repagulis subito se ipsae aperuerunt; div I 74. cur valvae Concordiae non patent? Phil II 112. — II, 1. aperio: f. I. opertis valvis Concordiae patres conscriptos sententias dicere; Phil V 78. — 2. quae (signa) multos annos ante valvas Iunonis Samiae steterunt; Ver I 61. ex ebore diligentissime perfecta argumenta erant in valvis; Ver IV 124.

vanitas, Nichtigkeit, Unaufrichtigkeit, Unwahrheit: I. si opinionum vanitas non imbecillitatem animorum torqueret et flecteret, quocumque coepisset; leg I 29. nulla in caelo nec erratio nec vanitas inest; nat II 56. torquet: f. coepit. valet: f. II, 1. — II, 1. quamquam blanda ista vanitas apud eos valet, qui ipsi illam adlectant et invitant; Lael 99. — 2. ut vanitati veritas cedat; Tusc III 2. — III. id comitate fieri magis quam vanitate; part or 22.

vanus, eitel, nichtig, gehaltlos, unwahr: A. barbari vani atque fallaces; div I 37. videmus ceteras opiniones fictas atque vanas diuturnitate extabuisse; nat II 5. qui (homines) orationi vanae crediderunt; Sex Rosc 117. — B, a. quis non odit sordidos, vanos, leves, futtiles? fin III 38. — b. vana, falsa, fallentia odimus, ut fraudem, periurium; fin II 46.

vapor, Dampf, Dunst: I. terrae, maris, aquarum vaporibus (stellae) aluntur iis, qui a sole ex agris tepefactis et ex aquis excitantur; nat II 118. earum (aquarum) quasi vapor quidam aër habendus est; nat II 27. — II. ali: f. I. excito.

vaporarium, Dampfrohr: quod (assa) ita erant posita, ut eorum vaporarium esset subiectum cubiculis; Q fr III 1, 2.

vapulo, Schläge bekommen: cum (Sampsiceramus) se omnium sermonibus sentiet vapulare; A II 14, 1.

varie, mannigfaltig, verschieden: haec (verba) astricta numeris, non aperte nec eodem modo semper, sed varie dissimulanterque conclusis; Bru 274. quis est, tanta quidem de re quin varie secum ipse disputet? A VIII 14, 2. haec (enumeratio) si semper eodem modo tractabitur ..; sin varie fiet ..; inv I 98. obiectus est pater varie; Cael 3. qui (sermones) perscripti varie copioseque sunt; Ac I 16. quod (nomen praevaricatoris) significat eum, qui in contrariis causis quasi varie || vare || positus esse videatur; part or 126. quam varie, quam improbe praedatus esset; Ver II 133.

varietas, Mannigfaltigkeit, Abwechselung, Verschiedenheit, Unbeständigkeit: I. nonne ipsa varietas, quae est propria fortunae, fortunam esse causam docet? div II 109. nihil est aptius ad delectationem lectoris quam temporum varietates fortunaeque vicissitudines; ep V 12, 4. notae tibi sunt varietates meorum temporum; ep XIII 29, 2. f. docet. perturbat nos opinionum varietas hominumque dis-

sensio; leg I 47. — II, 1. maturitates temporum et varietates mutationesque cognovimus; nat II 155. ut pictores varietatem colorum (disponunt); orat 65. multarum rerum iucundissimarum varietatem dedit; Cael 41. idem (aër) annuas frigorum et calorum facit varietates; nat II 101. cum illi orbes varietatem maximam habeant; div II 92. cuius (vocis) e tribus omnino sonis, inflexo, acuto, gravi, tanta sit varietas perfecta in cantibus; orat 57. varietates iniuriasque fortunae facile veterum philosophorum praeceptis instituta vita superabat; fin IV 17. multam etiam casus nostri varietatem tibi in scribendo suppeditabunt plenam cuiusdam voluptatis; ep V 12, 4. — 2. cum in omni genere ac varietate artium Cn. Pompeius excellat; Balb 15. quaestus hic aestimationis ex annonae natus est varietate; Ver III 192. quod maiore in varietate versata est adhuc tua causa, quam ..; ep VI 2, 2. — III. siderum errores varietate admirabili praeditos; Tim 33. — IV. summae facultatis esse debebit moderator ille et quasi temperator huius tripertitae varietatis; orat 70. — V, 1. ut (Asia) varietate fructuum facile omnibus terris antecellat; imp Pomp 14. vita conferta voluptatum omnium varietate; fin II 64. quanto colorum pulcritudine et varietate floridiora sunt in picturis novis pleraque quam in veteribus! de or III 98. res rusticae laetae sunt florum omnium varietate; Cato 54. ut varietate criminum vos attentos tenerem; Ver V 159. — 2. quodsi in ea varietate fere multas a deteriore facultate magis quam genere distinguitur; de or III 34. cum fieret sine ulla varietate discessio; Sest 74.

vario, wechseln, ändern, verschiedenartig gestalten, teilen: I. hi sunt actori, ut pictori, expositi ad variandum colores; de or III 217. — II. haec aliis actionis quoque modis variare oportebit; inv I 99. quem locum multis modis variare oportebit; inv II 125. variare orationem magno opere oportebit; inv I 76. si quisquam dicitur nisi orator formare orationem eamque variare; de or II 36. variatis hominum sententiis; Milo 8. cum omnis dolor detractus esset, variari, non augeri voluptatem; fin II 10. ille princeps variabit et mutabit (vocem); orat 59.

varius, bunt, mannigfaltig, verschieden, wechselnd, unbeständig: A. qui (Plato) varius et multiplex et copiosus fuit; Ac I 17. miror, quid sit, quod pater tuus, homo constantissimus, te nobis varium reliquit; fr G, b, 7. ex qua (civitate) innumerabiles alii mortem in variis bellis oppetissent; Sest 48. respicite dubios variosque casus; Cluent 58. quem ad modum in dissimillimis motibus inaequabilis et varios cursus servaret una conversio; rep I 22. in tam varia iuris dictione; Flac 6. quod ex illius (Socratis) variis et diversis et in omnem partem diffusis disputationibus alius aliud apprehenderat; de or III 61. non videmus, quam sint varia terrarum genera? div I 79. ut posset multas istius et varias iniurias explicare; Ver II 156. luna varias ipsa lucis mutationes habet; nat II 103. et naturae variae et voluntates multum inter se distantia effecerunt genera dicendi; orat 52. multa et varia et copiosa oratione; de or II 214. quarum rerum fateor esse multas copiosas variasque rationes; de or I 222. praeterea iuris dictio. res varia et multiplex ad suspiciones et simultates, non attingitur; Flac 6. varias philosophorum fuisse sententias; fin III 30. illa sunt curricula multiplicium variorumque sermonum; orat 12. voluntates: f. naturae. — B. expones, quae spectet, florida et varia? Tusc III 43.

varix, Krampfader: cum varices secabantur C. Mario, dolebat; Tusc II 35.

vas, Bürge: quorum cum alterum vadem mortis || [mortis] || accepisset, alter, ut vadem suum libe-

raret, praesto fuisset; Tusc V 63. ut vas factus sit alter eius sistendi; of III 45. libero: f. accipio. qui (C. Iulius) hominem nobilem, L. Sestium, vades poposcit; rep II 61.

vas, Gefäß, Gerät: I, 1. nego in Sicilia tota ullum argenteum vas, ullum Corinthium aut Deliacum fuisse, quin conquisierit; Ver IV 1. — 2. corpus quasi vas est aut aliquod animi receptaculum; Tusc I 52. — II, 1. quaedam argentea vasa conlisa; Phil II 73. ille ex Sicilia iam castra commoverat et vasa conlegerat; Ver IV 40. conquiro: f. I, 1. exponit ea, quibus abundabat, plurima et pulcherrima vasa argentea; Ver IV 62. iste unum quodque vas in manus sumere, laudare, mirari; Ver IV 63. Rhosica vasa mandavi; A VI 1, 13. miror, sumo: f. laudo. si quaeratur, fur sit an sacrilegus, qui vasa ex privato sacra surripuerit; inv II 55. — 2. abundo: f. 1. expono. — 3. quo tamquam in aliquod vas ea, quae meminimus, infundantur; Tusc I 61. — III. domus referta vasis Corinthiis et Deliacis; Sex Rosc 133. — IV. pater familias vasorum argenteorum centum pondo uxori suae sic legavit; inv II 116.

vasarium, Ausstattungsgeld: quod quasi vasarii nomine in venditione mei capitis ascripseras; Piso 86.

vascularius, Metallarbeiter: palam artifices omnes, caelatores ac vascularios, convocari iubet; Ver IV 54.

vastatio, Verheerung, Verwüstung: I. videtis aedificiorum expugnationes, agri vastationes in iudicium venire; Tul 42. — II. totum iter Antoniorum quid habit nisi depopulationes, vastationes? Phil V 25.

vaste, ungebildet, plump: ut (verba) neve aspere concurrant neve vastius diducantur; de or III 172. (locutum esse eius patrem) non vaste, non rustice, non hiulce, sed presse et aequabiliter et leviter; de or III 45.

vastificus, unförmlich: »Erymanthiam haec (dextra) vastificam abiecit beluam?« Tusc II 22.

vastitas, Veröbung, Öde, Wüste, Verwüstung. Verheerung: I, 1. versabitur in agris vastitas; Muren 85. — 2. deum respondisse (monstrum) vastitatem esse Italiae; div I 49. — II, 1. te Bruti dolentem vocum quasi deflevisse indiciorum vastitatem et fori; Bru 21. cum ille saxis et ignibus et ferro vastitatem meis sedibus intulisset; har resp 15. — 2. quamquam mihi ista omnia iam addicta vastitati videntur; A IX 9, 4. — 3. volucres angues ex vastitate Libyae invectas; nat I 101. templa deorum immortalium, vitam omnium civium ad exitium ac vastitatem vocas; Catil I 12. — III. neque unquam Catilina sine totius Italiae vastitate miserrima concidisset; Sest 12.

vasto, verwüsten, verheeren: arationes et agros vectigales (istum) vastasse atque exinanisse; Ver III 119. cum belua vastabitur Italia; Catil I 29. Catilinam orbem terrae caede atque incendiis vastare cupientem; Catil I 3. per quos ostendam sic provinciam per triennium vexatam atque vastatam, ut..; Ver III 21.

vastus, öde, wüst, unermeßlich, ungeheuer, entsetzlich, plump, roh: sunt quidam ita vultu motuque corporis vasti atque agrestes, ut ..; de or I 115. qui (tyrannus) immanitate vastissimas vincit beluas; rep II 48. Q. Varium, vastum hominem atque foedum; de or I 117. quo modo vester „Axilla" „Ala" factus est nisi fuga litterae vastioris? orat 153. (loci) coaedificati an vasti; part or 36. cum mare vastissimum hieme transibas; Piso 57. in ipsis

quasi maculis, ubi habitatur, vastas solitudines interiectas; rep VI 20.

vates, Weissager, Seher, Seherin: I. similiter Marcius et Publicius vates cecinisse dicuntur; div I 115. num, quae tempestas impendeat, vates vatis melius coniciet quam gubernator? div II 12. »multa per terras vates oracla fureuti pectore fundebant«; div I 18. hac vate studente quondam sacra ista nostri maiores Romae conlocarunt; har resp 27. — II. nec Marciis vatibus nec Apollinis opertis credendum existimo; div II 113. — III. qui (maiores nostri) fatorum veteres praedictiones Apollinis vatum libris contineri putaverunt; har resp 18. vatum furibundas praedictiones audiendas putaverunt; div I 4. haec vatium ratio est, nec dissimilis sane somniorum; div I 115.

vaticinatio, Weissagung: divinum (genn) est, ut vaticinationes et responsa sacerdotum, haruspicum, coniectorum; part or 6. quarum (litterarum) vaticinationem falsam esse cupio; A VIII 12, 1. — II. somnia, vaticinationibus, oraclis explanatione adhibitae sunt interpretum; div I 116. — III, 1. expositis exemplis verarum vaticinationum et somniorum; div I 71. exoritur interpretatio oraculorum et vaticinationum; div I 116. — 2. multa ex Sibyllinis vaticinationibus commemorare possum; nat II 10. — IV. quae (sortes) vaticinatione funduntur, quae oracla verius dicimus; div II 70.

vaticinor, weissagen, schwärmen, phantasieren: I. eos vaticinari atque insanire dicebat; Sest 23. sed ego fortasse vaticinor, et haec omnia meliores habebunt exitus; ep II 16, 6. non multo secus possum vaticinari; A VIII 11, 3. — II. remigem quendam e quinqueremi Rhodiorum vaticinatum madefacturi iri Graeciam sanguine; div I 68. — III. ut vaticinari furor vera soleat; div I 67.

uber, Euter: I. quem (Romulum) lactantem (lactentem || uberibus lupinis inhiantem fuisse meministis; Catil III 19. — II. quo in loco cum (Romulus) esset silvestris beluae sustentatus uberibus; rep II 4.

uber, ergiebig, fruchtbar, reich, gehaltvoll, ausführlich: quis uberior in dicendo Platone? Bru 121. Democritus huic in hoc similis, uberior in ceteris; Ac II 118. quod (Telnesses) agros uberrimos maximeque fertiles incolunt; div I 94. tertium illum uberrimum quaestuosissimumque annum; Ver p 40. te ornatum uberrimis artibus; Bru 332. ad paternam magnitudinem animi doctrina uberior accessurat; Cato 35. quarum (vitium) uberrimi laetissimique fructus nihil omnino ad bestias pertinent; nat II 156. uberius est aliud (genus); orat 91. ea sunt ipsius Caesaris uberrimis litteris confirmata; A IV 17, 6 (16, 13). ut ad Caesarem uberiores litteras mittere instituerem; A XIII 50, 1. uberior oratio L. Crassi; of I 133. quaestum illum maxime fecundum uberemque campestrem totum ad se redegit; har resp 42. quae (res) erunt uberrimae in argumentis; de or II 319. huius (Socratis) ex uberrimis sermonibus; Bru 31.

uberius, gehaltvoller, ausführlicher, heftiger: quae dici latius uberiusque potuerunt; rep V 6. cum mulier fleret uberius; Phil II 77. locus a Platone, Aristotele tractatus uberrime; div II 3.

ubertas, Ergiebigkeit, Reichhaltigkeit, Fruchtbarkeit, Fülle: I. cui (Alcidamanti) ubertas orationis non defuit; Tusc I 116. si ubertas in percipiendis fructibus fuit; Ver III 227. olearum ubertatem fore; div I 112. — II, 1. qui discernes eorum ubertatem in dicendo et copiam ab eorum exilitate. qui ..? de or I 50. omnis ubertas et quasi silva dicendi ducta ab illis est; orat 12. ad hominum

commoditates et usus tantam rerum ubertatem natura largita est, ut . .; leg I 25. — 2. siquidem satis dictum est de ubertatibus virtutis et copiis; nat II 167. — III, 1. quae nata sunt, earum (maumarum) ubertate saturantur; nat II 128. bibliothecas mehercule omnium philosophorum unus mihi videtur XII tabularum libellus utilitatis ubertate superare; de or I 195. — 2. in qua (oratione) nunc interdum, ut in herbis rustici solent dicere in summa ubertate, inest luxuries quaedam; de or II 96. quantam (vilitatem) vix in summa ubertate agrorum diuturna pax efficere potuisset; imp Pomp 44.

ubi, wo, wann, als, sobald als: I. ut mulier imperita nihil putaret agi callide posse, ubi non adesset Aebutius; Caecin 13. locum, ubi consistat, reperire non poterit; Quinct 5. sed ego invenio in interdicto verbum unum, ubi delitiscam; Caecin 66. in insula Cereris natos, ubi primum fruges inventae esse dicuntur; Ver V 99. quid erat in terris, ubi in tuo pedem poneres? Phil II 48. in hortulis (philosophia) quiescet suis, ubi vult, ubi etiam recubans molliter nos avocat a nostris; de or III 63. ubi, cum satis erit ambulatum, requiescemus; leg I 14. ut ibi malis esse, ubi aliquo numero sis, quam istic, ubi solus sapere videare; ep I 10. est ubi id isto modo valeat; Tusc V 23. — II, 1. ubi ut eam (voluptatem) caperet aut quando? fin II 61. ubi nobis haec auctoritas tam diu tanta latuit? sen 13. ubi sunt, qui Antonium Graece negant scire? de or II 59. ubi terrarum sumus? Rab Post 37. ubi illae sunt densae || tensae || dexterae? A VII 1, 4. quae est igitur aut ubi versatur fortuitarum rerum praesensio? div II 14. ubi fides, ubi exsecrationes, ubi dexterae complexusque, ubi illud contubernium muliebris militiae in illo delicatissimo litore? Ver V 104. ubi igitur illud vestrum beatum et aeternum? nat I 68. — 2. ubi didicisset, omnes quaerebant; Q Rosc 30. ubi (animus) habitet, ne quaerendum quidem est; Tusc I 67. qui (Theopompus) ubi terrarum sit, quis scit? Phil XIII 33. me adhuc investigare non posse, ubi P. Lentulus noster sit; A IX 1, 2. — III, 1. iste ubi videt esse aliquid, quod amici nollent defendere; Ver II 61. (perturbationes) ipsae se impellunt, ubi semel a ratione discessum est; Tusc IV 42. ubi hoc quaestori (aecilio nuntiatum est, vocari ad se Agonidem iubet; div Caec 56. quod ubi sensi me in possessionem indicii constitisse, tum admiscere coepi . .; de or II 200. quos (gradus) mihi accusator concitatis hominibus compleiat, ne surgendi quidem potestas erat; Cluent 93. ut, ubi id (crimen) oratione firmavero, tum testes ad crimen accommodem; Ver pr 55. — 2. quincumque an, ubi lustrum sit conditum, liber sit? de or I 183. regem post, ubi audisset, unde (dentes) essent, statim certos homines misisse; Ver IV 103. ubi lucere coepisset, clamitasse magos . .; div I 47. — 3. ubi idem saepius, (Sophocles) ascendit in Arium pagum; div I 54.

ubicumque, wo immer: ubicumque hoc factum est, improbe factum est; Ver III 217. alter alterius ubicumque nanctus est ova frangit; nat II 125. ubicumque erit gentium, a nobis diligetur; nat I 121. etsi, ubicumque es, in eadem es navi; ep II 5, 1. si illius pietatem, ubicumque eris, tuam esse, tecum esse duces; ep V 17, 4. ubicumque terrarum et gentium violatum ius civium Romanorum sit; Ver V 143.

ubinam, wo: 1. ubinam gentium sumus? Catil I 9. — 2. in qua (celeritate) non video ubinam mens constans et vita beata possit insistere; nat I 24.

ubique, überall: quod ubique genitum || gentium || est; rep II 9. qui ubique sint nati; div II

93. omnes copiae, quae ubique sunt, rei publicae sunt; Phil X 12. ut omnia, quae ubique sint, sapientis esse dicatis; fin IV 74.

ubivis, überall: ut nemo sit, quin ubivis quam ibi, ubi est, esse malit; ep VI 1, 1.

ve, oder, oder auch: 1. parumne Epicro Carneadive respondeam? div I 109. ea, quae bona malave videantur; Tusc V 87. quod (carmen) infamiam faceret flagitiumve alteri; rep IV 12. visa ista cum acriter mentem sensumve pepulerunt; Ac II 66. sine ulla molestia sumptuve sociorum; ep XV 4, 10. sine ullis praemiis fructibusve; fin II 45. ipsum (regem) triduum quadriduumve mecum habui; A VI 2, 7. ratio voluptatis non dolendive particeps; fin II 38. — 2. uti C. Pansa A Hirtius consules, alter ambove, de provinciis ad hunc ordinem referant; Phil XI 31. post hanc habitam contionem duabus tribusve horis litterae venerunt; Phil XIV 16. qui (poëta) peccat etiam, cum probam orationem adfingit improbo stultove sapienti; orat 74. qui liberalis benignusve dicitur; leg I 48. ut ad prosperam adversamve fortunam nihil intersit; nat III 89. — 3. a te bis terve summum et eas (litteras) perbreves accepi; ep II 1, 1. ne quid plus minusve, quam sit necesse, dicat; Flac 12. qua quandove ituri sint; A IX 1, 2. sensim tardeve potius quasi nosmet ipsos cognoscimus; fin I 41. ne quid serviliter muliebriterve faciamus; Tusc II 55. — 4. quod semel audisset vidissetve; de or II 300. si quid fecerint locutive sint; of I 148. nullum (membrum rei publicae) reperies, quod non fractum debilitatumve sit; ep V 13 3. omnia perorationem inflammantem restinguentemve concludere; orat 122. in animorum aliqua permotione aut gignenda aut sedanda tollendave; de or III 118. — 5. quid faciendum non faciendumve sit; fin I 47. (res publica) aut nulla erit aut ab isto istisve servabitur; A XIV 20, 3. omnes, quicumque nati sunt eruntve; Tusc I 9. — 6. qui in Italia non sit absitve rei publicae causa; Caecin 57. unde omnia orerentur quove reciderent; Tusc V 10. si quam legem de actis Caesaris confirmandis deve dictatura in per etuum tollenda deve coloniis in agros deducendis ptulisse M. Antonius dicitur; Phil V 10.

vectigal, Abgabe, Gefälle, Zoll, Einkünfte: vectigaliorum; fr E XVI. — I, 1. quid nos || vos || omnia transmarina vectigalia iuvabunt teuuissima suspicione hostium iniecta? agr II 80. si vectigalia nervos esse rei publicae semper duximus; imp Pomp 17. quod vectigal superest domesticum praeter vicensimam || vices. ||? A II 16, 1. salvis vectigalibus nostris; Ver III 127. — 2. optimum et in privatis familiis et in re publica vectigal duco esse parsimoniam; par IV 7. — II, 1. aguntur certissima populi Romani vectigalia et maxima; imp Pomp 6. quibus (provinciis) vectigalia populi Romani continentur; ep XV 1, 5. cum vectigalia populi Romani sint deminuta; Ver III 127. qui (Graeci) pendere ipsi vectigal sine publicano non potuerint, quod iis aequaliter Sulla discripserat; Q fr I 1, 33. non esse leniora in exigendis vectigalibus Graecos quam nostros publicanos; Q fr I 1, 33. habeo: f. III. vectigal esse impositum fructibus nostris dicitur; Ver III 14. censoribus vectigalia locare nisi in conspectu populi Romani non licet; agr I 7. pendo: f. discribo. vectigalibus non fruuntur, qui redemerunt; har resp 60. immunitatibus infinitis sublata vectigalia a mortuo; Phil I 24. »censores aerarium vectigalia tuento«; leg III 7. ut decemviri vestra vectigalia vendant nominatim; agr II 47. — 2. in reliquum tempus ait se vectigalibus prospexisse; Ver III 128. — 3. nam mihi egeo vectigalibus; A XII 19, 1. fruor: f. 1. redimo. qui (Sp. Thorius) agrum publicum vitiosa et inutili lege vectigali

96

levavit; Bru 186. quod iniquo et gravi vectigali aedilicio Asiam liberasti; Q fr I 1, 26. — 4. pecunia publica ex vectigalibus populi Romani ad emendum frumentum attributa; Ver III 165. quaestor a mensa publica (numeravit), mensa aut ex vectigali aut ex tributo; Flac 44. quae (pecunia) ex novis vectigalibus per quinquennium reciperetur; A I 19, 4. cum omnem pecuniam ex aerario exhausissetis, ex vectigalibus redegissetis; agr II 98. minus esse aliquanto in Scaptii nomine quam in vectigali praetorio; A V 21, 11. — III. vectigalibus ut his possum esse contentus, quae habeo, sic vix minoribus; A XII 25, 1. — IV. tu cum maximo detrimento atque adeo exitio vectigaliun totam Hieronicam legem sustulisti? Ver III 19. quae cum de vectigalium nervis detraxisset; Ver III 83. ut intellegatis ab isto nec vectigalium nec posteritatis habitam esse rationem; Ver III 128. istum omnia subsidia vectigalium vendidisse; Ver III 119. — V, 1. hoc vectigali etiam belli difficultates sustentantur; agr II 84. — 2. in vectigalibus non solum adventus mali, sed etiam metus ipse adfert calamitatem; imp Pomp 15.

vectigalia, die Abgaben betreffend, steuerpflichtig, tributpflichtig, geliefert: A. qui semper vectigales fuerunt; Q fr I 1, 33. istum agros vectigales exinanisse; Ver III 119. locutus sum tecum de agro vectigali municipii Atellani; ep XIII 7, 1. ita civitas una duabus deterrimis mulierculis vectigalis fuit; Ver II 79. se suo iure aequos vectigales Sergio mimo tradere; Phil II 62. ex pecunia vectigali; Ver I 89. qui piratas immunes, socios vectigales habemus; of III 49. — B. vectigales multos ac stipendiarios liberavit; prov 10.

vectio, Ziehen, Reiten: efficimus etiam domitu nostro quadrupedum vectiones; nat II 151

vectis, Hebebaum, Brechstange: I. quod anguis domi vectem circumiectus fuisset; div II 62. — II. demoliri signum ac vectibus labefactare conantur; Ver IV 94.

vector, Schiffer, Passagier: I. cum ei (Diagorae) naviganti vectores adversa tempestate perterriti dicerent se non iniuria accidere; nat III 89. male vehi malo alio gubernante quam tam ingratis vectoribus bene gubernare; A II 9, 3. — II. vectores omnes in lautumias coniciebantur; Ver V 145. perterreo: f. I. dicunt. — III. summi gubernatores a vectoribus admoneri solent; Phil VII 27.

vectura, Fuhre, Anfuhr, Transport: I. misimus, qui pro vectura solveret; A I 3, 2. — II. quo genere vecturae (ista accessantur); ep VII 23, 3. petii ab eo de mulis vecturae; A XV 18, 1. ut et mihi et populo cautum sit sine vecturae periculo; ep II 17, 4. — III, 1. longa difficilique vectura columnas singulas locatas; Ver I 147. — 2. praesidii et vecturae causa sumptu publico navigia praebentur; Ver V 45.

vegetus, rege, lebhaft, rüstig: te vegetum nobis in Graecia siste; A X 16, 6. ne || nec || tam vegeta mens in Empedocleo sanguine demersa iaceat: Tusc I 41.

vegrandis, sehr groß; homines „vegrandi || ut grandi || macie torridum"; agr II 93.

vehemens (vemens), heftig, leidenschaftlich, entschieden, energisch: qui se in principem maleficii lenem, in adiutores eius et conscios vehementissimum esse respondet; Cluent 106. illum (Galbam) non in agendo solum, sed etiam in meditando vehementem atque incensum fuisse; Bru 88. perturbationem esse appetitum vehementiorem, sed vehementiorem eum volunt esse, qui longius discesserit a naturae constantia; Tusc IV 11. nisi illud grave bellum et vehemens putaretur; Muren 32. meae illae vementes contentiones; ep XI 14, 1. habetur una atque altera contio vehemens et gravis; Cluent 77. nec est du-

bium, quin exordium dicendi vehemens et pugnax non saepe esse debeat; de or II 317. admiscere huic generi orationis vehementi atque atroci genus illud alterum; de or II 200. (vocis genus) contentum, vehemens, imminens quadam incitatione gravitatis: de or III 219. ille homo vehemens et violentus; Phil V 19. multo in improbum civem vehementiores iratorum impetus esse; Tusc IV 43. in quibus (causis) minus potest inflammari animus iudicis acri et vehementi quadam incitatione; de or II 183. alia vehemens erat invidia versata; Cluent 130. inhibitio remigium motum habet et vehementiorem quidem remigationis navem convertentis ad puppim; A XIII 21, 3. definiunt animi aegrotationem opinationem vehementem de re non expetenda, tamquam valde expetenda sit; Tusc IV 26. nimium acer, nimium vehemens tribunus plebis Sullana rescidit; agr I 1 7. vis populi multo saevior multoque vehementior (est); leg III 23. »clinata est ungula vemens fortis Equi«; fr H IV, a, 287.

vehementer, heftig, leidenschaftlich, entschieden, stark, sehr, außerordentlich: I. sin (auditores) erunt vehementer abalienati; inv I 21. vehementer se adsentire | adsentiri | Crasso; de or I 110. vehementer me agere fateor, iracunde nego; Phil VIII 16. quem vehementer amarat, occiderat; Tusc V 60. primorum mensum | mensium | litteris tuis vehementer commovebar; ep VII 17, 1. cum ego vehementius contendissem civitatem adimi non potuisse; Caecin 97. qui pro isto vehementissime contra me declamasset; Ver IV 149. cum dixerat accusator acriter et vehementer; Flac 21. vehementer (Hieronymus) errat; fin II 9. ego tuas litteras vehementer exspecto; A XV 9, 2. quod et insani et ebrii multa faciunt saepe vehementius; Tusc IV 52. cum ingemuissent vehementius ceteri; rep VI 12. cuius tu rebus gestis vehementius invidebas; Vatin 24. quod vehementer eius (Posidonii) artus laborarent; Tusc II 61. vehementer laetor tibi probari sententiam meam; ep XII 2, 1. cum aspere et vehementer esset locutus; de or I 227. nostra municipia coniunctione etiam vicinitatis vehementer moventur; Planc 21. Cassius vehementer orat ac petit. ut .. ; A XV 5, 1. num est vehementius severitatis ac fortitudinis invidia pertimescenda? Catil I 29. peto: f. oro. pro Cn. Pompeio vere vehementerque pugnavit; Piso 27. cum haec duo pro congruentibus sumunt tam vehementer repugnantia; Ac II 44. Sthenius vehementissime restitit; Ver II 88. hoc te vehementer etiam atque etiam rogo; ep XIII 59. id quam saepissime facias, te vehementer rogo; A X 4, 1. an dubitas, quin ea me cura vehementissime sollicitet? ep II 16, 5. is eam rem quam vehementer vindicandam putarit; Quinct 28. — 11. ut res graves [nt] vehementer arduas; of I 66. non modo carum sibi quemque, verum etiam vehementer carum esse; fin V 31. gratae mihi vehementer tuae litterae fuerunt; ep XIII 68, 1. f. iucundus. contumelia, quae vehementer et insignis est et nova; agr II 54. legea sunt veteres vobis maioribusque vestris vehementer gratae atque iucundae; agr II 21. novus: f. insignis. erat lex omnibus vehementer utilis; Balb 60.

vehiculum, Fuhrwerf, Fahrzeug, Schiff. Wagen: I. illi tibi furtorum vehiculum comparaverunt; Ver V 59. ut procul divinum et novum vehiculum Argonautarum e monte conspexit; nat II 89. — II. qui vehiculis tensarum sollemnes coetus ludorum initis; Ver V 186.

veho, fortbewegen, fahren, tragen, bringen: I, 1. equum vehendi causa (esse generatum); nat II 37. — 2. cuius in adulescentiam per medias laudes quasi quadrigis vehentem traversa incurrit misera fortuna rei publicae; Bru 331. — II. taurus, qui vexit Europam; nat I 78. cursor visus est in

somnis curru quadrigarum vehi; div II 114. quo quisque (frumentum) vehere iussus esset; Ver III 192. cuius generis onus navis vehat; fin IV 76. tamquam in rate in mari immenso nostra vehitur ratio; Tusc I 73. vehebatur in essedo tribunus plebis; Phil II 58.

vel, ober, entmeber — ober, felbft, fogar, audj nur, fdjon: A. **Conjunction:** I. oḩne vel ṭm erften Ṭeḭl: 1. einmal: Gabinii comes vel sectator; Rab Post 21. eius modi coniunctionem tectorum oppidum vel urbem appellaverunt; rep I 41. quod praepositum vel praecipuum nominamus; fin III 53. illam iram centurio habeat aut signifer vel ceteri; Tusc V 55. ita definit, ut .., vel brevius, ut ..; Tusc IV 47. rem publicam quibus legibus constituere vel conservare possimus; rep II 64. non sentiunt viri fortes in acie vulnera, vel sentiunt, sed mori malunt; Tusc II 58. vel quod est in eodem decreto scriptum ..; Flac 45. quod sit a virtute profectum vel in ipsa virtute situm; Tusc II 46. sed stuporem hominis vel dicam pecudis attendite; Phil II 30. ut neglegentiam senatus vel etiam iniurias civium ferre posset; har resp 60. f. II, 1. etiam. sunt ista quidem magna vel potius maxima; Q fr II 13 (15, a), 1. — 2. bret=mal: in omni arte vel studio vel quavis scientia vel in ipsa virtute optimum quidque rarissimum est; fin II 81. — II. mit vel ṭm erften Ṭeḭl: 1. gmeḭmal: ut, quibuscumque rebus vel belli vel domi poterant, rem publicam augeant; of II 85. res rusticas vel fructus causa vel delectationis invisere; de or I 249. cuius opes mihi magno vel ornamento vel praesidio esse possent; ep III 10, 9. vel severa vel iocosa congressio; ep VII 10, 4. parietem vel solidum vel fornicatum; Top 22. qui vel summum vel solum malum dolorem esse dicat; Tusc V 31. an sum etiam nunc vel Graece loqui vel Latine docendus? fin II 15. cum proficiscebamini in provincias vel emptas vel ereptas; Piso 31. quod possim vel tutari vel refellere; de or III 78. quibus (officiis) aequo animo vel vincam te vel vincar abs te; ep VII 31, 1. qui a Naevio vel sumpsisti multa, si fateris, vel, si negas, surripuisti; Bru 76. quod me vel vi pulsum vel ratione cedentem receperit; Planc 26. id est vel e virtute vel naturae congruenter vivere; fin IV 26. siquidem vel di ipsi vel cum dis futuri sumus; Tusc I 76. ut homines mortem vel optare incipiant vel certe timere desistant; Tusc I 117. laudanda est vel etiam amanda vicinitas non erudita artificio simulationis vel suburbano vel etiam urbano; Planc 22. — 2. mehrmals: ut omnium vel suspicioni vel malivolentiae vel crudelitati satis fiat; Rab Post 45. quae vel morbo vel somno vel oblivione vel vetustate delentur; nat I 28. una atque altera aestas vel metu vel spe vel poena vel praemiis vel armis vel legibus potest totam Galliam sempiternis vinculis astringere; prov 34.

B. **Abverb:** 1. quam morosi sint, qui amant, vel ex hoc intellegi potest; ep VII 15, 1. duo vel principes dialecticorum, Antipater et Archidemus; Ac II 143. reliquae pecuniae vel usuram Silio pendemus; A XII 25, 1. — 2. si eiusdem modi esset visum verum, quale vel falsum; Ac II 77. extremum illud vel molestissimum; A XVI 7, 5. homo ante hunc praetorem vel pecuniosissimus Syracusanorum; Ver II 35. ut vel non stultus quasi stulte cum sale dicat aliquid; de or II 274. vel ternas (epistulas) in hora darem; ep XV 16, 1. — 3. qui illum eius peculatum vel acerrime vindicandum putent; Ver I 11. quae (voluptas) vel aliter pararetur; fin I 47. hoc uno praestamus vel maxime feris, quod ..; de or I 32. sollicitudine proviuciae vel maxime urgebamur; A VI 5, 3. — 4. aperte vel odisse magis ingenui est quam fronte occultare sententiam; Lael 65. — 5. vel si pereundum fuisset: Sest 44.

veles, Plänfler: 1. me a te ut scurram velitem malis oneratum esse uon moleste tuli; ep IX 20, 1. — 2. ut hastae velitibus amentatae (traduntur); Bru 271.

velificatio, Segeln: cum id possis mutata velificatione adsequi; ep I 9, 21.

velificor. förbern: quodsi qui vestrum spe ducitur se posse turbulenta ratione honori velificari suo; agr I 27.

vellico, fdjmähen: in conviviis rodunt, in circulis vellicant; Balb 57.

vello. abreißen: hominum nec || non || spinas vellentium, ut Stoici, nec ossa nudantium; fin IV 6.

velo, verhüllen, leidjt fleiben: accensis velatis; rep II 40. tu capite velato bona tui Gabinii consecrasti; dom 124.

velocitas, Schnelligfeit, Behenbigfeit: I. velocitas corporis celeritas appellatur; Tusc IV 31. — II. alios videmus velocitate ad cursum valere; of I 107.

velociter, fdjnell: quae (sidera) velocissime movebantur; Tim 30. animus velocius in hanc sedem pervolabit; rep VI 29.

velox, fdjnell: velox an tardus sit; inv I 35. quod nihil est animo velocius; Tusc I 43.

velum, Segel, Ṭudj: I. contraxi vela; A I 16, 2. ad id, unde aliquis flatus ostenditur, vela do; de or II 187. Cleomenes malum erigi, vela fieri imperavit; Ver V 88. quo utinam passis velis pervehi liceat! Tusc I 119. — II. quos videtis velis amictos, non togis; Catil II 22. (aegritudo res est) omni contentione, velis, ut ita dicam, remisque fugienda; Tusc III 25. tabernacula carbaseis intenta velis conlocabat; Ver V 30. cum plenissimis velis navigares; dom 24. multis simulationum involucris tegitur et quasi velis quibusdam obtenditur unius cuiusque natura; Q fr I 1, 15. pervehi: f. I. pando.

velut, veluti, gleidjmie, mie, gum Beifpiel: 1. »duplices velut aere catenae serpunt«; fr H IV, a, 248. ut ad illam praedam damnatio Sex. Roscii velut cumulus accedat; Sex Rosc 8. — 2. velut apud Socraticum Aeschinen demonstrat Socrates ..; inv I 51. veluti crocodili quaedamque serpentes ortae extra aquam aquam persequuntur; nat II 124. non elogia monimentorum id significant, velut hoc ad virtutem; fin II 116. veluti, si minus quis cepisset, ne sacris adligaretur; leg II 51.

vena, Aber, innere Beſdjaffenheit: I. venae et arteriae micare non desinunt quasi quodam igneo motu; nat II 24. — II, 1. per quas (vias) lapsus cibus in eam venam, quae cava appellatur, confunditur; nat II 137. teneat oportet venas cuiusque generis, aetatis, ordinis; de or I 223. — 2. confundo in: f. I. appello. sanguis per venas in omne corpus diffunditur; nat II 138. periculum residebit et erit inclusum penitus in venis atque in visceribus rei publicae; Catil I 31. quem ad modum ad eorum (argenti, aeris, ferri) venas perveniretur; div I 116.

venabulum, Jagbfpeer: quaesisse Domitium, qui tantam bestiam percussisset; illum respondisse, venabulo; Ver V 7. cum praeclara bestia venabulo transverberatur; div I 3.

venalicius. Sflavenhänbler: quibus (divitiis) omnes Africanos et Laelios multi venalicii mercatoresque superarunt; orat 232.

venalis, verfäuflidj, feil, beftedjlidj, Sflave: A. qui omnia venalia (recordetur), edictum dilectum || decretum, alienam suam sententiam, forum domum, vocem silentium; par 46. neque venalia sunt, quae quidem placeant; Q fr III 4, 5. ut haberet omnia commoda, beneficia, iura regni venalia; Phil III 10. decretum, al.: f. alqd. fidem cum proposuisses venalem in provincia; Ver II 78. iura: f. beneficia. qui ex Gallia pueros venales isti

adducebat; Quinct 24. — B, a. I. illi proferebant venales Asiaticos; Ver V 146. — II. Cappadocem modo abreptum de grege venalium dicere; aen 14. — b. Manilianas venalium vendendorum leges ediscere; de or I 246.

venaticus, zur Jagd: canes venaticos diceres; Ver IV 31.

venatio, Jagd, Tierhetze: I. reliquae sunt venationes binae per dies quinque, magnificae; ep VII 1, 3. ut venationem eam, quae postridie ludos Apollinares futura est, proscriberent in III IDUS QUINCTILES; A XVI 4, 1. conditiora facit haec aucupium atque venatio; Cato 56. — II. lndi magnifici et grati; venatio in aliud tempus dilata; A IV 15, 6. proscribo: f. I. est. qui ludorum venationumque apparatu pecunias profundunt; of II 55.

venator, Jäger: pernoctant venatores in nive in montibus; Tusc II 40. non pudet physicum, id est speculatorem venatoremque naturae, ab animis consuetudine imbutis petere testimonium veritatis? nat I 83.

venatus, Jagd: labor in venatu, sudor, cursus ad Eurotam (defuerunt); Tusc V 98.

vendibilis, verkäuflich, beliebt, angenehm: (C. Visellius Varro) populo non erat satis vendibilis; Bru 264. illius (Crassi) vendibilem orationem; Lael 96. L. Gellius non tam vendibilis orator, quam ut . . ; Bru 174. adiungetur etiam illa via vendibilis Herculanea; agr II 36.

venditatio, Prahlerei: I. a multis virtus venditatio quaedam atque ostentatio esse dicitur; Lael 86. — II. quae sine venditatione fiunt; Tusc II 64.

venditio, Verkauf, Versteigerung: I. inritae venditiones, inritae proscriptiones; Flac 74. — II. quid conligimus venditiones fraudulentas? of III 83. quam ad diem proscriptiones venditionesque fiant; Sex Rosc 128. si sublata sit venditio; Sex Rosc 110. — III. quis hastam istius venditionis vidit? Phil II 103. — IV. quod quasi vasarii nomine in venditione mei capitis ascripseras; Piso 86.

vendito, feil bieten, anpreisen, empfehlen: valde te venditavi; A I 16, 16. in eo me etiam Tulliae meae venditabo; A IV 16, 4. istius omnia decreta, imperia, litteras peritissime et callidissime venditabat; Ver II 135. quo modo (optimates) se venditant Caesari! A VIII 16, 1. num spem incertam certo venditet pretio; inv II 113.

venditor, Verkäufer: I, 1. quod vitii venditor non dixisset sciens, id oportere praestari; of III 67. ut ne quid omnino, quod venditor norit, emptor ignoret; of III 51. — 2. unus venditor tota in provincia per triennium frumenti omnis fuisti; Piso 86. — II. cum idem expediet emptori et venditori; agr II 67. — III. in mancipiorum venditione venditoris fraus omnis excluditur; of III 71.

vendo, verkaufen, versteigern, verpachten: I, 1. ut alii emendi aut vendendi quaestu et lucro ducerentur; Tusc V 9. — 2. iniqua lege vendebas, quo pluris venderes; Ver III 41. venditorem, quoniam vendat, velle quam optime vendere; of III 51. — II. quem pater patratus dedidit aut suus pater populusve vendidit, quo is iure amittit civitatem? Caecin 98. se ipsum, fasces suos, exercitum populi Romani, numen interdictumque deorum immortalium, responsa sacerdotum, auctoritatem senatus, inssa populi [Romani], nomen ac dignitatem imperii regi Aegyptio vendidit; Piso 48. permulta alia, quae senatus propter angustias aerarii vendenda censuit, consules propter invidiam non vendiderunt; agr II 36. si aedes vendiderit pluris multo, quam se venditurum putarit; of III 54. in omnibus his agris aedificiisque vendendis permittitur decemviris, ut vendant, quibuscumque in locis videatur; agr II 55. cum omnes urbes, agros, vectigalia, regna

vendiderit; agr II 71. f. aedificia. auctoritatem: f. alqm. an fructus integros atque adeo bona fortunasque aratorum omnes vendidisti? Ver III 40. L. Sulla cum bona indemnatorum civium funesta illa auctione sua venderet et se praedam suam diceret vendere, tamen ex hoc loco vendidit; agr II 56. est ausus (Sulla) dicere, hasta posita cum bona in foro venderet civium, "praedam se suam vendere"; of II 27. praedam, manubias, sectionem, castra denique Cn. Pompei sedente imperatore decemviri vendent; agr I, fr 4. qui Romae totum edictum atque omnia decreta vendiderit; Ver II 119. istam decumas nova lege atque adeo nulla lege vendidisse; Ver III 142. dignitatem: f. alqm. a Q. Seio contendit. ut sibi domum venderet; dom 115. edictum: f. decreta. exercitum, fasces: f. alqm. fortunas, fructus: f. bona: Ver III 40. quod non semel, sed bis, neque uno, sed duobus pretiis unum et idem frumentum vendidisti; Ver II 179. cum (populus) incensum vendit: Caecin 99. etiam instrumenta agrorum vendere coacti sunt; Ver III 226. interdictum: f. alqm. manubias: f. castra. nomen, numen: f. alqm. nulla umquam civitas tota Asia et Graecia signum ullum, tabulam pictam *ullam*, ullum denique ornamentum urbis suae voluntate cuiquam vendidit; Ver IV 133. alterum Thracibus ac Dardanis pacem maxima pecunia vendidisse; Sest 94. praedam: f. bona, castra. plurimis et pulcherrimis P. Sittii praediis vendidit; Sulla 56. regna: f. agros. responsa: f. alqm. sectionem: f. castra. signum, tabulam: f. ornamentum. te aediliciam praetextam togam vendidisse; Vatin 16. vende mihi vasa caelata; Ver IV 45. vectigalia: f. agros. qui non Teucrum Pacuvii malit quam Manilianas venalium vendendorum leges ediscere; de or I 246. qui vinum fugiens vendat sciens. debeatne dicere; of III 91. urbes: f. agros.

venefica, Giftmischerin: veneficam audes appellare eum virum? Phil XIII 25.

veneficium, Giftmischerei, Vergiftung, Zaubertrant: I. qui inter sicarios et de veneficiis accusabant; Sex Rosc 90. de sicariis, de veneficiis, de peculatu infitiari necesse est; de or II 105. — II. alterum veneficii crimen Oppianico venenum Habiti consilio paratum; Cluent 166. quae (pars) propria est legitimae veneficii quaestionis; Cluent 2. — III. id veneficiis et cantionibus Titiniae factum esse; Bru 217.

veneficus, Giftmischer: I. neque de sicariis, veneficis hoc loco disserendum est; of III 73. — II, 1. cum venefici cuiusdam nomen esset delatum et extra ordinem esset acceptum; inv II 58. — 2. mihi res erat cum venefico; Sest 39.

venenatus, giftig, vergiftet: quae (pantherae) in barbaria venenata carne caperentur; nat II 126. cum (caprae) essent confixae venenatis sagittis; nat II 126. viperam illam venenatam ac pestiferam; har resp 50

venenum, Gift, Zaubermittel: I. illud quam novum, in pane datum venenum! faciliusne potuit quam in poculo, celerius potuit comestum quam epotum in venas permanare? Cluent 173. qui (Theramenes) cum venenum ut sitiens obduxisset, reliquum sic e poculo eiecit, ut id resonaret; Tusc I 96. — II, 1. comedo: f. I. permanat. cum manifesto venenum deprehendisset; Cluent 20. venenum quaesitum, quod Clodiae daretur, dicitur; Cael 30. f. I. permanat. epoto: f. I. permanat. eicio, obduco: f. I. resonat. quaero: f. do. hi pueri tam lepidi sicas vibrare et spargere venena didicerunt; Catil II 23. cum Licinius venenum traderet; Cael 65. — 2. ita lenibus uti videbantur venenis, ut posse videremur sine dolore interire; A II 21, 1. — 3. iubet lex ea iudicem quaestionis quaerere de veneno; Cluent 184. — III, 1. sunt duo crimina, auri et veneni Cael 30. cum in manu teneret veneni pyxidem;

Cael 65. repente haec cotidiana, sicae, veneni quaestiones; nat III 74. — 2. reliquum est crimen de
veneno; Cael 56. — IV, 1. fuisse suspicionem (Themistoclem) veneno sibi conscivisse mortem; Bru
43. sibi venenis ereptam memoriam; orat 129. quod
Habitum per servum medici veneno necare voluisset;
Cluent 61. qui quodam quasi veneno perficiat, ut
veros heredes moveat; of III 76. hominem apertissime veneno sustulit; dom 115. si (Q. Varius periit).
quia Drusum ferro, Metellum veneno sustulerat; nat
III 81. — 2. se praesente Scamandrum cum veneno
pecuniaque deprehensum esse dicebat; Cluent 53.

veneo. verfauft, verfteigert, verpachtet werden:
1. negaret esse in malis capi, venire, interfici? fin
IV 22. — II. cum ei se, cui totus venierat, etiam
robis inspectantibus venditaret; har resp 1. quanti
haec ipsa, si palam libereque venirent, venire possent;
Ver IV 13. cui expediret illud venire quam plurimo; ep VII 2, 1. inlicitatorem potius ponam, quam
illud minoris veneat; ep VII 2, 1. omnes urbes,
agri, regna denique, postremo etiam vectigalia vestra
venierint; agr II 62. lege quidem bona venire non
potuisse constat; Sex Rosc 128. cuius fratris bona
publice venierunt; Flac 43. neque illud umquam
aratorie interfuit, quanti decumae venirent; Ver III
147. ex quo tempore fundus veniit; Caecin 19. sin
(horti) venibunt, quid fieri possit, videbimus; A XII
38, a, 2. mancipia venibant Saturnalibus tertiis; A
V 20, 5. praedium nullum venire potuisse; ep XIV
6. praedia non venisse; A XI 4, 1. regna: f. agri.
cuius praedae sectio non venierit; inv I 85. vectigalia, urbes: f. agri.

veneratio, Verehrung: habet venerationem
iustam, quicquid excellit; nat I 45.

venerius, geschlechtlich: cum ex eo (Sophocle)
quidam iam adfecto aetate quaereret, utererne rebus veneriis; Cato 47.

veneror, verehren, anbeten, anflehen: ut in
ipsis dis immortalibus non semper eosdem atque alias
alios solemus et venerari et precari; sen 30. non eos
(maiores nostros) in deorum immortalium numero
venerandos a nobis et colendos putatis? agr II 95.
piscem Syri venerantur; nat III 39. novi ego Epicureos omnia sigilla venerantes; nat I 85. quod in
precibus et gratulationibus non solum id (simulacrum)
venerari, verum etiam osculari solent; Ver IV 94.
quos (viros) nos colere, precari venerarique soleamus;
nat I 119.

venia, Nachsicht, Erlaubnis, Verzeihung: I. voluntario maleficio veniam dari non oportere; inv I
102. date nobis hanc veniam, ut ea subtiliter persequamini; de or I 98. datur etiam venia concinnitati sententiarum; orat 38. qui hanc a Laelio,
cui se purgat, veniam petit; orat 230. cuius errato
nulla venia proponitur; agr II 5. — II, 1. bona
venia huius optimi viri dixerim; de or I 242. bona
venia me audies; nat I 59. — 2. ut attente bonaque
cum venia verba mea audiatis; Sex Rosc 10.

venio, kommen, anrücken, sich nähern, erscheinen, sich einstellen, eintreten, zufallen, zuteil werden, treffen: I. **unpersönlich:** 1. causa fuit huc veniendi, ut quosdam hinc libros promerem; fin III 8.
potestas modo veniendi in hunc locum sit; Phil I
14. — 2. ex ratiocinatione nascitur controversia, cum
ex eo, quod uspiam est, ad id, quod nusquam scriptum est, venitur; inv II 148. in silvam venitur; de
or III 33. cum res agatur in discrimenque ventum
sit: of II 33.
II. **mit Ergänzung:** 1. venit mihi Platonis in
mentem fin V 2. — 2. tibi venire in mentem certo
scio, quae vita esset nostra; A III 20, 1. — 3. ex
eo credo quibusdam usu venire, ut abhorreant a Latinis, quod . . ; fin I 8. — 4. illud mihi ante hoc
tempus numquam in mentem venit a te requirere;
Ac I 3. — 5. saepe venit ad aures meas te idem

istud nimis crebro dicere, tibi satis te vixisse;
Marcel 25.
III. **mit einfachem Subject:** venit Romam Ligus;
Ver I 126. domum ad eum venit; Ver I 126. sed,
ut omittam communem causam, veniamus ad nostram;
Ligar 30. cum Rhodum venisset decedens ex Syria;
Tusc II 61. ut iam a fabulis ad facta veniamus;
rep II 4. qu mihi ipsi cernebat esse veniendum;
Cato 84. veni in eum sermonem, ut dicerem me libenter ad eam partem provinciae primum esse venturum, quo te maxime velle arbitrarer; ep III 5, 3.
cum in C. Matii familiaritatem venisti; ep VII 15,
2. cum in otium venerimus; A I 7. Pompeius iam
Brundisium venisse poterat; A VIII 9, 4. alii capti,
alii interclusi non veniunt in dubium de voluntate;
A XI 15, 2. Philotimus nullus venit; A XI 24, 4.
his corporibus, sicut omnibus, quae sub aspectum
veniunt, sede opus est; de or II 358. idem mihi
usu venit in causa optima; Sex Rosc 42. quod in
buccam venerit, scribito; A I 12, 4. quod in buccam in venerit, scribes; A XIV 7, 2. praeterita
verni temporis suavitate aestatem autumnumque
venisse; Cato 70. intellegebat Habito mortuo bona
eius omnia ad matrem esse ventura; Cluent 45. libido (est) opinio venturi boni; Tusc IV 14. quo
mihi veniat in dubium tua fides et constantia; Quinct
5. cum is dies, quo me adesse iusserat, venisset;
Phil V 20. cum omnium nobilium dignitas et salus
in discrimen veniret; Sex Rosc 16. ad quem dolor
veniat, ad eundem etiam interitum venire; nat III
36. eo veniebant Siculorum magistratus, veniebant
equites Romani; Ver V 27. neque emisti (equum)
neque hereditate venit; Ver I 84. videtis aedificiorum
expugnationes, agri vastationes, hominum trucidationes, incendia, rapinas, sanguinem in indicium venire; Tul 42. fides: f. constantia. Lepta cum ita
laboret, ut eius fortunae videantur in discrimen venire; ep IX 13, 2. unde fulmen venerit, quo concesserit; div II 45. audivit Dioni cuidam Siculo permagnam venisse hereditatem; Ver II 21. existimavit homines in oblivionem totius negotii esse venturos; Ver IV 79. incendia: f. expugnationes. ut stulti nec
vitare venientia (incommoda) possint nec ferre praesentia; nat I 23. interitus: f. dolor. veniunt Kalendae Ianuariae; Sest 72. quod a Cn. Pompeio ad eum legati litterae-
que venerunt; Deiot 11. tum primum (isti libri) in Antiochi manus venerant; Ac II 11. litterae: f. legati.
haec ad decumanos lucra venisse; Ver III 91. magistratus: f. equites. eius rei maturitas aequabam
venit et tamen iam appropinquat; Q fr II 8, 1.
Kal. Iuniis eunti mihi Antium venit obviam tuus
puer; A II 1, 1. rapinae: f. expugnationes. prima
veniat in medium Epicuri ratio; fin I 13. de quo
hoc primum quaero, venerit ea res in hoc iudicium
necne; Tul 38. rem illam in religionem populo venisse; nat II 10. si res in contentionem veniet; of
II 71. nonne ad servos videtis rem publicam venturam fuisse? Sest 47. salus: f. dignitas. sanguis: f.
expugnationes. cur illi servi non ad Caelium domum
venerint; Cael 61. venisse tempus ita ulciscendi sui;
Sest 28. trucidationes, vastationes: f. expugnationes.
animum et praesentem (voluptatem) percipere pariter
cum corpore et prospicererevenientem; Tusc V 96.
IV. **mit Subject und Zu'a:** 1. si constitueris cuipiam te advocatum in rem praesentem esse venturum; of I 32. ut ‖ et i, qui illuc factus institutusque venisset; A II 24, 3. quae (litterae) me erudiant de omni re publica, ne hospes plane veniam; ep
II 12, 1. liberi ad causas solutique veniebant; Ver
II 192. paratus ad praedam meditatusque venire
cupiebat; Ver II 17. videte, satisne paratus ex illo
omine urbano ad everrendam provinciam venerit;
Ver II 19. nihil commutantur animo et iidem abeunt, qui venerant; fin IV 7. cum venissem senator
ad socios populi Romani; Ver I 16. — 2. erit nobis

honestius videri venisse in illa loca ploratum potius
quam natatum; ep IX 2, 5. de tui comitis iniuria
questum ad te potius quam te oppugnatum venirent;
Ver I 80. qui eum (Scipionem) salutatum venerant;
fat fr 5. — 3. venit huic subsidio civitas; Font 45.

venor, jagen, Jagd machen: I. 1, a. ut exer-
cemur in venando ad similitudinem bellicae disciplinae; nat II 161. — b. apud quos venandi et
equitandi laus viget; Tusc II 62. canum tanta alacritas in venando quid significat aliud nisi ..?
nat II 158. — c. feras beluas nanciscimur venando; nat II 161. — 2. nosse regiones, intra quas
venere et pervestiges, quod quaeras; de or II 147.
de pantheris per eos, qui venari solent, agitur mandatu meo diligenter; ep II 11, 2. — II. si minus
eius modi quippiam venari potuerant; Ver IV 47.

venter, Bauch, Leib: I. faba Pythagorei utique
abstinere, quasi vero eo cibo mens, non venter in-
fletur; div II 119. — II. quod vitium ventris et
gurgitis non modo non minuit aetas hominibus, sed
etiam auget; Cael 44.

ventilo, anfachen: cuius lingua quasi flabello
seditionis illa tum est egentium contio ventilata;
Flac 54.

ventito, oft kommen, zu kommen pflegen: cui
tu tribuisti excepto Caesare praeter me, ut domum
ventitares? ep XI 27, 5. cum his temporibus non
sane in senatum ventitarem; ep XIII 77, 1. cum
familiarissimi eius (P. Africani) ad eum frequenter
per eos dies ventitaturos se esse dixissent; rep I 14.

ventosus, unsicher: extraordinarium imperium
populare atque ventosum est; Phil XI 17.

ventriculus, Herzkammer: ex ea (anima) pars
concipitur cordis parte quadam, quem ventriculum
cordis appellant; nat II 138.

ventus, Wind: I. 1. cum me ex Sicilia ad Leucopetram venti detulissent; Phil I 7. cum motus
omnis animi tamquam ventus hominem defecerat;
Bru 93. ventus increbrescit; ep VII 20, 3. sin
reflantibus ventis reiciemur; Tusc I 119. cum
(Caesaris) nunc venti valde sunt secundi; A II 1, 6. —
2. placet Stoicis eos anhelitus terrae, qui frigidi sint,
cum fluere coeperint, ventos esse; div II 44. —
II, 1. (aër) effluens huc et illuc ventos efficit;
nat II 101. quo facilius vento aliquo in optimum
quemque excitato posset portum aliquem invenire;
Sulla 41. — 2. cum sane adversis ventis usi essemus tardeque navigassemus; ep XIV 5, 1. — III. cum
in flectendis promunturiis ventorum mutationes
maximas saepe sentiunt; div II 94. mare ventorum
vi agitari atque turbari; Cluent 138. — IV, 1. cum
(ibes) volucres angues ex vastitate Libyae vento
Africo invectas interficiunt; nat I 101. inde
ventis, remis in patriam omni festinatione properavi;
eq XII 25, 3. reici: f. I, 1. reflant. pr. Nonas
Quinctiles a Piraeo ad Zostera vento molesto; A V
12, 1. inde Gyarum saevo vento, non adverso; A V
12, 1. — 2. ut ab omnibus ventis invidiae circumflari posse videatur; Ver III 98.

venustas, Anmut, Schönheit, Lieblreiz: I. in
formis aliis dignitatem inesse, aliis venustatem;
of I 107. — II, 1. vultus quantam admiret tum
dignitatem, tum venustatem! orat 60. ut plurimum
eadem haberent vel dignitatis vel saepe etiam venustatis; de or III 178. immutatae litterae quasi
quaesitae venustates; orat 84. — 2. ut venustati
vel maxime serviant; de or II 316. — 3. quae
quaereret ad venustatem; inv II 3. — III. quam
sint omnia in hominis figura non modo ad usum,
verum etiam ad venustatem apta; nat I 47. —
IV, 1. alqd: f. II, 1. habeo. — 2. erant aënea duo
signa, non maxima, verum eximia venustate; Ver
IV 5. — V. homo Venerius, adfluens omni lepore
ac venustate; Ver V 142. quis umquam res forenses
scaenica prope venustate tractavit? de or III 30.

venuste, schön: (capella) mire scite facta et
venuste; Ver II 87.

venustus, anmutig, schön, liebenswürdig:
ut, quicquid in his rebus fiat utiliter ad pugnam,
idem ad aspectum etiam sit venustum; orat 228.
quid (,quod desidero) filium venustissimum? Q fr
I 3, 3. gestus et motus corporis ita venustus, ut ..;
Bru 203. habebat (Hortensius) Meneclium illud
studium crebrarum venustarumque sententiarum;
Bru 326. homo facetus inducis etiam sermonem urbanum ac venustum; dom 92. erat illa (sphaera)
venustior et nobilior in vulgus; rep I 21.

veprecula, Dornbusch: illa ex vepreculis extracta nitedula; Sest 72.

vepres, Dornbusch: saeptum undique et vestitum vepribus et dumetis sepulcrum; Tusc V 64.

ver, Frühling: cum rosam viderat, tum incipere
ver arbitrabatur; Ver V 27. ineunte vere exsistit
ea, quae gemma dicitur; Cato 53. ver tamquam
adulescentiam significat ostenditque fructus futuros;
Cato 70.

verax, wahr redend, wahrhaftig: Herodotum
cur veraciorem ducam Ennio? div II 116. multis
saeclis verax fuisse id oraculum; div I 38. veraces
sanos || suos || esse sensus; Ac II 79.

verbena, Zweig: quo (die) praesto mihi sacerdotes Cereris cum infulis ac verbenis fuerunt; Ver
IV 110.

verber, Schlag, Geißelung: I. 1. cum tua ver-
hera, cum secures recordetur; Ver III 6. neque
(esse) liberi contumeliarum verbera subire; rep I 9. —
2. his poenis, vinculis, verberibus, elabuntur saepe
privati; rep III 34. — II pueri Spartiatae non ingemescunt verberum dolore laniati; Tusc V 77. —
III. »magistratus nec oboedientem civem multa, vinculis verberibusve coherceto«; leg III 6. videmusne, ut pueri ne verberibus quidem a contemplandis rebus deterreantur? fin V 48. qui legatum
populi Romani consularem vinculis ac verberibus
atque omni supplicio excruciatum necavit; imp
Pomp 11. verberibus ac tormentis quaestionem
habuit pecuniae publicae; Phil XI 5.

verbero, schlagen, geißeln, züchtigen, be-
schießen: pulsari alios et verberari; Ver III 66.
quae (lex) lata est, ne quis magistratus civem
Romanum adversus provocationem necaret neve verberaret; rep II 53. tormentis Mutinam verberavit;
Phil VIII 20. quae cum apud te diceret, virgis
oculi verberabantur; Ver V 102. os tuum ferreum
senatus convicio verberari noluisti; Piso 63.

verbero, Schurke: discrucior Sextilii fundum
a verberone Curtilio possideri; A XIV 6, 1.

verbose, wortreich, weitläufig: habes ad te
scripsi verbosius; ep VII 3, 5. „FUNDUS" inquit. „QUI EST IN AGRO, QUI SABINUS VOCA-
TUR". satis verbose; Muren 26.

verbosus, wortreich, weitläufig: habes episu-
lam verbosiorem fortasse, quam velles; ep VII 3, 6.
ut res verbosior haec fuerit, illa verior; A VIII 3, 6.
ista vestra verbosa simulatio prudentiae; Muren 30.

verbum, Wort, Ausdruck, Rede, leeres Wort.
Schein, Beispiel, Namen, Zeitwort: I. absolut:
1. hoc abhorret a virtute verbum; Planc 78. cum
similiter vel cadunt verba vel desinunt; orat 135.
quae similiter cadunt verba; orat 220. contiones
saepe exclamare vidi, cum apte verba cecidissent;
orat 168. quod verba melius in syllabas longiores
cadunt; orat 194. multa sunt verba, quae quasi
articuli conectunt membra orationis, quae formari
similitudine nulla possunt; de or II 359. hoc verbum
„UNDE" utramque declarat, et ex quo loco et a
quo loco; Caecin 87. in suorum verborum maxima
copia tamen homines aliena multo magis, si sunt
ratione tralata, delectant; de or III 159. desinunt:
f. cadunt; orat 135. putaresne umquam accidere

posse, ut mihi verba deessent, neque solum ista vestra oratoria, sed haec etiam levia nostratia ep? II 11, 1. conlocata verba habent ornatum, si aliquid concinnitatis efficiunt; orat 81. tria sunt in verbo simplici, quae orator adferat ad inlustrandam atque exornandam orationem: aut inusitatum verbum aut novatum aut tralatum; de or III 152. ita fit, ut omnis singulorum verborum virtus atque laus tribus exsistat ex rebus: si aut vetustum verbum sit, aut factum vel coniunctione vel novitate, aut tralatum; de or III 170. (Aeschines verba) dura, odiosa, intolerabilia esse dicit; orat 26. simplicia verba partim nativa sunt, partim reperta; part or 16. ut sint alia (verba) sonantiora, grandiora, leviora et quodam modo nitidiora, alia contra; part or 17. eiusdem generis verba sunt, quae orta ab uno varie commutantur, ut „sapiens, sapienter, sapientia"; Top 12. ſ. conectunt. nolo verba exiliter exanimata animata ‖ exire, nolo inflata et quasi anhelata gravius; de or III 41. ut verbum ex ore nullum nisi aut elegans aut grave exeat; orat 134. verba (controversiam faciunt) aut de ambiguo aut de contrario; orat 121. si verbum aliquod ex scripto definiendum est quam vim habeat; part or 107. ſ. efficiunt. verba reperta sunt, non quae impedirent, sed quae indicarent voluntatem; Caecin 53. videtis et „versutiloquas" et „expectorat" ex coniunctione facta esse verba, non nata; de or III 154. oriuntur: ſ. I, 1. est; Top 12. elaborantur, ut verba verbis quasi demensa et paria respondeant; orat 38. non ex verbis aptum pendere ius, sed verba servire hominum consiliis et autoritatibus; Caecin 42. verba legenda sunt potissimum bene sonantia; orat 163. ſ. est; part or 17. II, 1. facio; part or 53. omnia illa et prima et media verba spectare debent ad ultimum; orat 200. verba omnia sub acumen stili subeant et succedant necesse est; de or I 151. ut verba neque adligata sint quasi certa aliqua lege versus neque ita soluta, ut vagentur; de or III 176. hoc verbum quid valeat, non vident; of III 39. si ipsa separatim ex se verba considerentur, omnia aut pleraque ambigua visum sit; inv II 117. verba ipsa non illa quidem elegantissimo sermone; Bru 140. verba non horrida sunt; Bru 268. — 2. quae Graeci πάθη appellant; ego poteram morbos, et id verbum esset e verbo; Tusc III 7.

II. nach Verben: 1. in propriis est (verbis) illa laus oratoria, ut abiecta atque obsoleta fugiat, lectis atque inlustribus utatur; de or III 150. verbis non ille (P. Antistius) quidem ornatis utebatur, sed tamen non abiectis; Bru 227. adligo: ſ. I, 1. vagantur. anhelo: ſ. I, 1. exeunt. aucupari verba oportebit; de or II 256. audiebant verba multorum testium; Cluent 29. quid verba audiam, cum facta videam? Tusc III 48. ipsa verba compone et quasi coagmenta; Bru 68. verba etiam verbis quasi coagmentare neglegat; orat 77. translata aut facta aut iuncta verba facile sunt cognita; orat 186. nec solum componentur verba ratione, sed etiam finientur; orat 164. de verbis componendis loquemur; orat 147. ſ. coagmento. cum aut duplicantur iteranturque verba aut breviter ‖ commutata ponuntur; orat 135. ſ. I, 1. est; Top 12. non isto loco verbum istud conlocasset; inv II 121. quae (verba) transferuntur et quasi alieno in loco conlocantur; de orIII 149. ornatus verborum duplex: unus simplicium, alter conlodatorum; orat 80. nec verborum lumen apparet nisi ciligenter conlocatorum; orat 227. ſ. I, 1. efficiunt ut ea (verba) sic et casibus et temporibus et genere et numero conservemus, ut ne quid perturbatum ac discrepans aut praeposterum sit; de or III 40. considero: ſ. I, 1. videntur. illud non est in uno verbo tralato, sed ex pluribus continuatis conectitur, ut aliud dicatur, aliud intellegendum sit; de or III 166. definio: ſ. I, 1. habet. demetior: ſ. I, 1. respondent.

si res verba desideraret ac non pro se ipsa loqueretur; ep III 2, 2. in hoc genere et plenum verbum recte dici et imminutum usitate; orat 157. verba ambigua distinximus; orat 102. nec ullum (verbum) aut durum aut insolens aut humile aut longius ductum; Bru 274. duplico: ſ. commuto. verbum ex eo (Crasso) numquam elicere potui de vi ‖ via ‖ ac ratione dicendi; de or I 97. nullum umquam verbum, quod revocare vellet, emisit; fr I 11. exanimo: ſ. I, 1. exeunt. gestus verba exprimens scaenicus; de or III 220. nec tamen exprimi verbum e verbo necesse erit; fin III 15. novantur verba, quae ab eo, qui dicit, ipso gignuntur ac fiunt; de or III 154. in singulis verbis illa tria tenere, ut tralatis utamur frequenter interdumque factis, raro autem etiam pervetustis; de or III 201. ille tenuis orator nec in faciendis verbis erit audax; orat 81. verba ponenda sunt gravia, plena, sonantia, iuncta, facta, cognominata, non vulgaria ‖ vulgata ‖, supralata in primisque tralata; part or 53. cum multa de conlegii iudicio verba fecissent; har resp 13. ſ. cognosco. I, 1. est; de or III 170. (verba) sicut mollissimam ceram ad nostrum arbitrium formamus et fingimus; de or III 177. finio: ſ. compono. formo: ſ. fingo. I, 1. conectunt. fugio: ſ. abicio. gigno: ſ. facio; de or III 154. imminuo: ſ. dico. inflo: ſ. I, 1. exeunt. si haec verba minus intelleguntur; fin III 17. itero: ſ. commuto. iungo: ſ. cognosco, facio; part or 53. usitatis (verbis) ita poterit uti, lectissimis ut utatur: de or III 39. ſ. abicio. I, 1. sonant. de istis omnibus verbis a Zenone mutatis ita disputabat; fin IV 73. sine coniunctione verba novantur ut „ille senius desertus", ut „di genitales", ut „bacarum ubertate incurvescere"; de or III 154. ſ. facio; de or III 154. I, 1. est; de or III 152. orno: ſ. abicio. amor tuus gratus et optatus (dicerem „iucundus", nisi id verbum in omne tempus perdidissem); ep V 15, 1. (orator) nullum verbum insolens, nullum odiosum ponere audebat; orat 25. ſ. commuto, facio; part or 53. non verbum pro verbo necesse habui reddere; opt gen 14. reperio: ſ. I, 1. est; part or 16. impediunt. revoco: ſ. emitto. qui tamquam ab animo corpus, sic a sententiis verba seiungunt; de or III 24. solvo: ſ. I, 1. vagantur. tectis verbis ea ad te scripsi, quae apertissimis agunt Stoici; ep IX 22, 5. quod declarari vix verbo proprio potest, id tralato cum est dictum, inlustrat id, quod intellegi volumus, eius rei, quam alieno verbo posuimus, similitudo; de or III 155. omnia fere, quae essent clariora, tralatis per similitudinem verbis dicta sunt; de or III 157. persaepe mihi admirandum videtur, quid sit, quod omnes tralatis et alienis magis delectentur verbis quam propriis et suis; de or III 159. verborum (partes sunt) tralatum, novum, priscum; orat 201. cum verba aut suavitatis aut inopiae causa transferre soleamus; orat 211. ſ. cognosco, conloco; de or III 149. continuo, facio; de or III 201. part or 53. I, 1. delectant, est; de or III 152. 170. postea tuus ille Poenulus verba versare coepit; fin IV 56. qui (Trasymachus et Gorgias) primi traduntur arte quadam verba vinxisse; orat 40. Graecum etiam verbum usurpavi; Phil I 1. — 2. respondeo: ſ. I, 1. respondent. conferam tecum, quam cuique verbo rem subicias; fin IV 74. — 3. abundo: ſ. III, 1. inops. abutimur verbis propinquis, si opus est, vel quod delectat vel quod decet; orat 94. videtur libenter verbis etiam uti paulo magis priscis Laelius; Bru 83. eo verbo antea praetores in hoc interdicto uti solebant; Caecin 49. ut gravissimo verbo utar; Rab Post 2. plurimis idem novis verbis usus est; Ac I 41. lenissimis et amantissimis verbis utens; ep V 15, 1. ſ. abicio, facio; de or III 201. — 4. conecto ex: ſ. 1. continuo. cum aut ab eodem verbo ducitur saepius oratio aut in idem conicitur; orat 135. disputo de: ſ. 1. muto.

duco a: ſ. conicio in. exprimo e: ſ. 1. exprimo. in
verbis inest quasi materia quaedam, in numero
autem expolitio; orat 185. pendeo ex: ſ. I, 1. serviunt. quam (inconstantiam) tu ponis in verbis,
ego positam in re putabam; fin V 90. a verbis re-
cedis et aequitate uteris; Caeain 37. reddo pro: ſ.
1. reddo. in verbis etiam illa sunt, quae aut ex immutata oratione ducuntur aut ex unius verbi tralatione aut ex inversione verborum; de or II 261.
ſ. 1. continuo. I, 1. est; de or III 152.
III. nach Adjectiven: 1. tumultum appellare male-
bant, ignari non modo rerum, sed etiam verborum;
Phil VIII 2. o verborum inops interdum, quibus
abundare te semper putas, Graecia! Tusc II 35. —
2. fortis actor et vehemens et verbis nec inops nec
abiectus; Bru 221. totus liber refertus est et verbis
et sententiis talibus; Tusc III 42. — 3. aptus ex:
ſ. I, 1. serviunt.
IV. nach Substantiven: quae (coniunctio) habeat
similitudinem aequalitatemque verborum; part
or 21. comprehensio et ambitus ille verborum, si
sic περίοδον appellari placet, erat aqud illum (L.
Crassum) contractus et brevis; Bru 162. bonitate
potius nostrorum verborum utamur quam splendore
Graecorum; orat 164. clausulas atque interpuncta
verborum animae interclusio atque angustiae spiritus attulerunt; de or III 181. comprehensio: ſ. ambitus. ut forma ipsa concinnitasque verborum conficiat orbem suum; orat 149. dilucidum fiet ‖ fit ;
concisione verborum; part or 19. ipsa collocatio
conformatioque verborum perficitur in scribendo; de
or I 151. ipsa oratio conformanda (est) non solum
electione, sed etiam constructione verborum; de or I
17. eorum (verborum) constructio et numerus liberiore quadam fruitur licentia; orat 37. in tota continuatione verborum; orat 203. cum verborum contumeliis optimum virum incesto ore lacerasset;
Phil XI 5. qui (Curio) verborum gravitate et elegantia et copia suam quandam expressit quasi formam figuramque dicendi; de or II 98. rerum copia
verborum copiam gignit; de or III 125. ſ. I, 1.
delectant. tantus cursus verborum fuit, ut ..; de
or I 161. verbi definitionem inducere; inv II 142.
electio: ſ. constructio. elegantia: ſ. copia. explicandum etiam est, unde orta sit forma verborum; orat
206. ſ. concinnitas. in hoc verborum genere pro-
priorum delectus est habendus quidam; de or III
150. verborum genera, quae sunt faceta, dixisse me
puto; de or II 264. exornato et facete genere verborum; Bru 325. verborum magnificentia est et
gloria delectatus; orat IV 60. gravitas: ſ. copia.
quod positum esset in honore verborum; ep X
13, 1. Zenoni emendanti superiores immutata-
tione verborum; Ac II 16. interpuncta: ſ.
clausulae. inversio: ſ. II, 4. sum in. non iam
vereor huius verbi invidiam; Catil III 3. omnino duo sunt, quae condiant orationem, verborum
numerorumque iucunditas; orat 185. oris pravitatem
et verborum latitudinem (Fufius) imitatur; de or II
91. lumen: ſ. I, 1. est; de or III 170. ut. quantum
a rerum turpitudine abes, tantum te a verborum
libertate seiungas; Cael 8. lumen: ſ. II, 1. conloco;
orat 227. magnificentia: ſ. gloria. est hic locus
late patens de natura usuque verborum; orat 162.
numerus: ſ. constructio. si rerum turpitudini adhibetur verborum obscenitas; d I 104. videsne, ut
ordine verborum paululum ‖ paulum ⸗ commutato
ad nihilum omnia recidant? orat 233. quae verborum ornamenta non quaerunt; Cluent 107. neque
verborum ornatum inveniri posse non partis expres-
sisque sententiis; de or III 24. ſ. II, 1. conloco;
orat 8. partes: ſ. II, 1. transfero; orat 201. cuius
ego semper tanta esse verborum pondera putavi,
ut ..; ep XV 4, 11. quorum (verborum) primum
nobis ratio simpliciter videnda est, deinde coniuncte;

de or III 149. similitudo: ſ. aequalitas. res splendore inlustrata verborum; de or II 34. ſ. bonitas.
verborum est structura quaedam duas res efficiens,
numerum et levitatem; opt gen 5. supellex est
quodam modo nostra, quae est in ornamentis, alia
rerum, alia verborum; orat 80. translatio: ſ. II, 4.
sum in. virtus: ſ. I, 1. est; de or III 170. ex omnibus Latinis verbis huius verbi vim vel maximam
semper putavi; de or II 17. sine qua (rerum scientia) verborum volubilitas inanis atque inridenda est:
de or I 17. usus: ſ. natura. — 2. illius (Anacharsis)
epistula fertur his verbis; Tusc V 90. — 3. indicium. sponsio in: vgl. V, 2. in. inter ista tam
magnifica verba tamque praeclara non habet ullam
voluptas locum; fin II 77.
V. Umstand: 1. abiectus: ſ. III, 2. inops. accusat verbis gravissimis; Flac 57. Caninius noster me
tuis verbis admonuit; ut ..; ep IX 6, 1. egi tibi
gratias per litteras iis verbis, ut intellegeres ..:
A XV 14, 2. ſ. II, 1. tego. quod ego res notas
notis verbis appello; fin V 89. tertio quoque verbo
orationis suae (Metellus) me appellabat; ep V 2, 8.
coagmentare: ſ. II. 1. coagmento. quia verbis
luculentioribus et pluribus rem eandem comprehenderat; A XII 21, 1. id exspectant aures, ut verbis
conligentur sententiae; orat 168. quibusnam verbis
eius laudes huius ipsius temporis consequi possumus? Phil V 35. Atticae meis verbis suavium
des volo; A XVI 11, 8. declarari, delectari: ſ. II.
1. transfero; de or III 155. 159. quod nec atrocius
verbis demonstrari potest, quam re ipsa est; Tul 2.
totidem, quot dixit, ut aiunt, scripta verbis oratio:
Bru 328. ut ei (Pompeiae) meis verbis diceret.
ut ..; ep V 11, 2. tu (salutem) dices utriusque
nostrum verbis et Piliae tuae et filiae; A VI 8, 5.
ſ. II, 1. transfero; de or III 157. interpres mentis
oratio verbis discrepat sententiis congruens; leg I
30. nemo extulit eum verbis; de or III 52. grandes
erant verbis, crebri, sententiis; Bru 29. si uxori
tuae Iuniae meis verbis eris gratulatus; ep XV 8.
iis eum verbis publice laudant; Cluent 196. est his
ipsis verbis loquens Socrates; orat 41. qui consulatus verbo meus, re vester fuit; · Phil II 11. quae
sunt verbis ornatiora quam rebus; Scaur 3. orat
multis et supplicibus verbis, ut ..; A XII 32, 2 (1).
ponere: ſ. II, 1 transfero; de or III 155. quem
(philosophum) ut salutavisset honorificisque verbis
prosecutus esset; Tusc II 61. quoniam necesse erat
easdem (rationes) totidem verbis referre ad aerarium;
ep V 20, 2. pluribus verbis ad te scriberem, si ..;
ep III 2, 2. (Dionysius) multis verbis scripsit ad
me; A XIII 2, 3. cum iis verbis scripseris; A XIV
13. B, 3. dicere; Bru 328. II, 1. tego. prope
lugubri verbo calamitatem provinciae Siciliae significat; Ver III 126. quod publicani me rogarunt, ut
de tuo edicto totidem verbis transferrem in meum:
ep III 8, 4. haec quidem his verbis; Tusc III 42.
— 2. excerenda est memoria ediscendis ad ̄verbum
quam plurimis scriptis; de or I 157. cum ad verbum,
non ad sententiam rem accipere videare; de or II
259. cum (Chrysippus) gradatim interrogetur verbi
causa, tria pauca sint anne multa; Ac II 93. ex:
ſ. I, 2. IV, 1. vis. sponsio ipsa in verba facta est?
Quinct 84. ut praetor in ea verba iudicium det;
Ver II 31. ſ. II, 1. facio; de or III 201. veteres
verbo tenus acute illi quidem, sed non ad hunc
usum popularem de re publica disserebant; leg III 14.
vere, der Wahrheit gemäß, aufrichtig, in Wahrheit, in der Tat, mit Recht, richtig: I. vere tecum
agam, ut necessitudo nostra postulat; ep XII 22,
4. tum ille vere vertens annus appellari potest; rep
VI 24. si vere cogitare volumus; Q fr I 1, 32.
tamen, vere dicam, quaevis causa mallem fuisset
quam ista, quam dicis; de or II 15. (Pompeius)
vere iudicat ea mihi valde probari; A VII 1, 8.

Gallia merito vereque laudetur; Phil V 37. non ὑπερβολικῶς, sed verissime loquor; A V 21, 7. perspice rem et ad me, ut tempora nostra, non ut amor tuus fert, vere perscribe; Q fr I 4, 5. ut verissime scribit Hirtius; Phil XVI 28. multo hoc melius nos veriusque quam Stoici; fin I 61. — II. quod proprie dicitur vereque est honestum; of III 17. populi liberi plane et vere liberi; Piso 37. — III. conlacrimavit vir egregius et vere Metellus; Sest 130.

verecunde, ſchüchtern, beſcheiden, rückſichtsvoll: nimis verecunde mihi gratularis; ep VII 2, 2. verecundius hac de re iam dudum loquor; de or I 171. illum (Galbam causam) verecunde et dubitanter recepisse; Bru 87. nova templa verecundius reprehendo propter Pompeium; of II 60. verecundius ipsi de sese scribant necesse est; ep V 12, 8. ut verecunde utamur alienis (verbis); optpgen 4.

verecundia, Scheu, Schüchternheit, Rückſicht, Ehrfurcht, Achtung: I, 1. custos virtutum omnium dedecus fugiens laudemque maxime consequens verecundia est; part or 79. in externis locis minor etiam (est) ad facinus verecundia; ep IV 9, 4. malo Tironis verecundiam in culpa esse quam inliberalitatem Curii; A VIII 6, 4. — 2. o meam stultam verecundiam! A XIV 5, 2. — II. Caesar meam in rogando verecundiam obiurgavit; Q fr III 1, 10. ego servo et servabo Platonis verecundiam; ep IX 22, 5. maximum ornamentum amicitiae tollit, qui ex ea tollit verecundiam; Lael 82. — III, 1. iustitiae partes sunt non violare homines, verecundiae non offendere; of I 99. — 2. homo timidus virginali verecundia; Quinct 39. — IV. mea factum est insulsa verecundia, ut te proficiscens non tollerem; Q fr II 8 (10), 1. verecundia negandi scribendi me imprudentiam suscepisse; orat 238.

verecundor, ſich ſcheuen, ſchüchtern, blöde ſein: Lalterum cunctantem et quasi verecundantem incitabat; de or III 36. — II. Sp. Carvilio verecundanti in publicum prodire; de or II 249.

verecundus, ſchüchtern, beſcheiden, rückſichtsvoll: (P. Crassus) sine segnitia verecundus (esse videbatur); Bru 282. quibus (litteris) saepe verecundiorem me in loquendo facis; ep VII 33, 2. misi ad te quattuor admonitores non nimis verecundos; ep IX 8, 1. in causa non verecunda; A I 17, 8. queritur condiciones suas repudiatas, aequas quidem et verecundas; Phil XIII 37. habetis sermonem hominis non nimis verecundi; de or II 361. ille tenuis orator in transferendis (verbis erit) verecundus et parcus; orat 81. verecundiores esse praecones ludorum gymnicorum; ep V 12, 8. ut sit verecunda tralatio; ep XVI 17, 1. verecundius erit usus oratoriae quasi supellectilis; orat 79.

vereor, fürchten, ſich ſcheuen. Bedenken tragen, berückſichtigen, Ehrfurcht haben: I. frater es; eo vereor; div II 46. Tironem habeo citius, quam verebar; A XII 51, 1. — II, 1. de qua (Karthagine) vereri non ante desinam, quam illam excisam esse cognovero; Cato 18. — 2. mihi in mentem venit vereri, ecquodnam curriculum aliquando sit habitura tua natura; Bru 22. — 3. quod vereretur, ne tu illud beneficium omnino non putares; ep IV 7, 3. cuius tanti mali vereor ne consolatio nulla possit vera reperiri praeter illam; ep VI 1, 3. non vereor, ne adsentatiuncula quadam aucupari tuam gratiam videar; ep VIII 12, 6. ſ. III, 2. alqd. culpam. — 4. illa duo vereor ut tibi possim concedere: de or I 35. vereor, ut Dolabella ipse satis nobis prodesse possit; ep XIV 14, 1. vereor, ut satis diligenter actum in senatu sit de litteris meis; A VI 4, 2. videris vereri, ut epistulas illas acceperim; A XI 22, 1. — 5. veritus sum deesse Pompei saluti; ep VI 6, 6. quod modo verebar, tibi gratias agere, nunc plane ago; ep XIII 18, 2. — III, 1. Dionysius ne tui quidem testimonii veritus; A VIII 4, 1. —

2. magis illos vereor, qui in bello occiderunt; ep IX 5, 2. tune id veritus es, ne miserim ..? Q fr I 3, 1. ſ. II, 5. ep XIII 18, 2. amicitiam M. Antonii veriti; Phil III 25. quam (culpam) tu vereris, ne a te suscepta videatur; Planc 52. vos deos verentes memoriam nostri pie servabitis; Cato 81. tuum filium, quem meus Cicero et amabat ut fratrem et iam ut maiorem fratrem verebatur; Q fr I 3, 3. quas (historias) ego multo magis vereor quam eorum hominum, qui hodie vivunt, rumusculos; A II 5, 1. ut eam (philosophiam) accuset, quam vereri deberet? Tusc V 6. qui vereretur reprehensionem doctorum atque prudentium; orat 1. rumusculos: ſ. historias. adulescentiae temeritatem verebantur; Phil V 47. — IV. quos (Cyrenaicos) non est veritum in ea voluptate summum bonum ponere; fin II 39.

vergo, ſich neigen, gerichtet ſein: in eius (Bruti) auxilium ad Italiam vergere quam ad Asiam maluissemus; Phil XI 26. omnibus eius (terrae) partibus in medium vergentibus; nat II 116. id (tectum) nunc honeste vergit in tectum inferioris porticus; Q fr III 1, 14.

veridicus, wahrſagend: saepe in rebus turbidis veridicae voces ex occulto missae esse dicuntur; div I 101.

veriloquium, Grundbedeutung: ea (notatio) est, cum ex vi nominis argumentum elicitur; quam Graeci ἐτυμολογίαν appellant, id est, verbum ex verbo, veriloquium; Top 35.

veritas, Wahrheit, Wirklichkeit, Wahrhaftigkeit, Aufrichtigkeit, Rechtlichkeit, Unparteilichkeit, Regel: I, 1. ut vanitati veritas cedat; Tusc III 2. ea videtur veritatis ipsa dicere; Top 74. ea (veritas) si satis in actione efficeret ipsa per sese, arte profecto non egeremus; de or III 215. Plato omne iudicium veritatis veritatemque ipsam abductam ab opinionibus et a sensibus cogitationis ipsius et mentis esse voluit; Ac II 142. ista veritas, etiamsi iucunda non est, mihi tamen grata est; A III 24, 2. ea est ex omni aeternitate fluens veritas sempiterna; div I 125. in quo inest omnis veritas iudicandi; Tusc V 68. ut hodierno die primum veritas vocem contra invidiam his iudicibus freta miserit; Cluent 88. non me offendit veritas litterarum tuarum; A XI 14, 1. consule veritatem: reprehendet; refer ad aures: probabunt; orat 159. certe apud te et hos veritas valebit; Quinct 5. in omni re vincit imitationem veritas; de or III 215. — 2. veritas (est), per quam immutata ea, quae sunt [ante] aut fuerunt aut futura sunt, dicuntur; inv II 162. ſ. 1. fluit. — II, 1. abduco: ſ. I, 1. est. agitur existinatio veritasque iudiciorum; Ver IV 113. veritatem (eam appellant), per quam damus operam, ne quid aliter, quam confirmaverimus, fiat aut factum aut futurum sit; inv II 66. eandem (legis vim) fatalem necessitatem appellat, sempiternam rerum futurarum veritatem; nat I 40. omni veritate cognita; Cluent 142. consulo: ſ. I, 1. reprehendit. qui tali in re possit veritatem ignorare; inv II 27. Canachi signa rigidiora esse, quam ut imitentur veritatem; Bru 70. potest veritatem casus imitari; div II 49. a principe investigandae veritatis; nat II 57. veritate patefacta atque omni errore sublato; Cluent 83. qui plus veritatis quam disciplinae possidet in se; Q Rosc 17. veritas auspiciorum spreta est, species tantum retenta; nat II 9. — 2. sum: ſ. I, 1. est. — 3. cuius aures causae veritati sunt; Lael 90. in contionibus esse invidiae locum, in iudiciis veritati; Cluent 202. — 4. etsi a veritate longe, tamen a consuetudine criminandi non multum res abhorrebat; Deiot 17. quae solent apparere in veritate; inv I 29. qui semel a veritate deflexit; Q Rosc 46. ut, quicquid accidit, id ex aeterna veritate causarumque continuatione fluxisse dicatis; nat I 55. non quid in veritate modo, verum etiam, quid in opinione

eius fuerit; inv II 21. — III. Chrysippi (consolatio) ad veritatem firmissima est, ad tempus aegritudinis difficilis; Tusc III 79. — IV. alq d: f. II, 1. possideo. quod genus hoc totum oratores, qui sunt veritatis ipsius actores, reliquerunt, imitatores autem veritatis, histriones, occupaverunt; de or III 214. tametsi veritatis erat amicus; Sex Rosc 85. disceptationem et cognitionem veritatis fore; Flac 24. feruntur (imagines) ex optimis naturae et veritatis exemplis; of III 69, etsi a forma veritatis et ab Atticorum regula absunt; orat 231. imitatores: f. actores. illa commentatio inclusa in veritatis lucem proferenda est; de or I 157. sint veritatis et virtutis magistri; rep III 4. quod plenus aër sit immortalium animorum, in quibus tamquam insignitae notae veritatis appareant; div I 64. non pudet physicum ab animis consuetudine imbutis petere testimonium veritatis? nat I 83. haec (est) una vox veritatis; Cael 55. — V, 1. qui consul insidias rei publicae consilio investigasset, veritate aperuisset; Sulla 14. praesidio sunt specie consuli, re et veritate nobis; Phil VII 13. — 2. hoc vitium hominum ad voluntatem loquentium omnia, nihil ad veritatem; Lael 91. ex veritate pauca, ex opinione multa aestimat; Q Rosc 29. nec in veritate crimen adrogantiae pertimescerem I extim. I; orat 132. per: f. I, 2. II, 1. appello.

vernaculus, einheimisch, erdichtet: hoc non esse crimen domesticum ac vernaculum; Ver III 141. in quo possim imaginem antiquae et vernaculae festivitatis agnoscere; ep IX 15, 2. quod cotidianis et vernaculis rebus satis facere me posse huic populo non putabam; de or III 92. Tincam nou minus multa ridicule dicentem Granius obruebat nescio quo sapore vernaculo; Bru 172.

vernus, des Frühlings: »in quo autumnali atque iterum sol lumine verno exaequat spatium lucis cum tempore noctis«; fr H IV, a, 533. praeterita verni temporis suavitate; Cato 70.

vero, in Wahrheit, in der Tat, allerdings, vollends, sogar, freilich, doch, aber: I. vero enim oratori omnia quaesita, audita, lecta esse debent; de or III 54. in sententia permaneto. vero, nisi sententiam sententia alia vicerit melior; Muren 65. fuisti saepe, credo, in scholis philosophorum. vero, ac libenter quidem; Tusc II 26. — II. Chrysippum vero discedere a puero insciente me! A VII 2, 8. corpus virorum fortium esse mortale, animi vero motus et virtutis gloriam sempiternam; Sest 143. auspicia vero vestra quam constant! div I 25. mali vero quid adfert ista sententia? Tusc II 82. oratorem vero irasci minime decet; Tusc IV 55. sed tota illa lex accusationem tuam fortasse armasset; petitioni vero refragata est; Muren 46. — III. ego vero neque veni et domo me tenui; dom 6. si placet, disseramus. mihi vero, inquit, placet; div II 100. contra Brutumne me dicturum putas? tu vero, ut videtur; Tusc V 21. tu vero confice professionem, si potes; etsi haec pecunia ex eo genere est, ut professione non egeat; ep XVI 23, 1. Zenoni necessarium, tibi vero, Antioche, minime; Ac II 135. haec populi oratio est, mea vero haec; Planc 14. hunc deum rite beatum dixerimus, vestrum vero laboriosissimum; nat I 52. alterius vero partis nihil amplius dicam; Marcel 17. hoc vero ferri nullo modo potest; Flac 40. illam vero funditus eiciamus individuorum corporum concursionem fortuitam; Tusc I 42. ipsum vero quid accusas? Sest 80. haec ratione explicari facile possunt, ea vero nullo modo; div II 145. ista vero quae ex quanta barbaria est! Phil II 108. probas igitur animum ita adflectum? nihil vero, inquit, magis; rep I 60. quorum vero patres aut maiores aliqua gloria praestiterunt; of I 116. quamcumque vero sententiam probaverit; Ac II 119. quid vero? nuper nonne etiam alio incre-

dibili scelere hoc scelus cumulasti? Catil I 14. quid vero habet auctoritatis furor iste, quem divinum vocatis? div II 110. quicquid vero non licet, certe non oportet; Balb 8. — IV. clarae vero mortes pro patria oppetitae beatae videri solent; Tusc I 116. quibusdam etiam in rebus coniveo; in maximis vero rebus, id est in legibus, acta Caesaris dissolvi ferendum non puto; Phil I 18. in qua (vita) sapiens nemo efficietur umquam, moderatus vero multo minus; Tusc V 100. est finitimus oratori poëta, numeris astrictior paulo, verborum autem licentia liberior, multis vero ornandi generibus socius ac paene par; de or I 70. praeclaram vero populo Romano refers gratiam; Catil I 28. reliqua vero tria intervalla infinita; div II 91. — V. cavendum vero, ne etiam in graves inimicitias convertant se amicitiae; Lael 78. mitto de amissa maxima parte exercitus; sit hoc infelicitatis tuae; dimittendi vero exercitus quam potes adferre causam? Piso 47. obtrectare vero alteri quid habet utilitatis? Tusc IV 56. munere Servilii obtulit se ad ferramenta prospicienda, praefuit vero numquam; Sulla 55. — VI. age vero, quae erat aut qualis quaestio? Milo 60. an vero tibi Romulus ille pastores congregasse eloquentia videtur, non consilio? de or I 37. an vero vestrae peregrinantur aures? Milo 33. Democritus luminibus amissis alba scilicet discernere et nigra non poterat, at vero bona mala; Tusc V 114. at vero Piso ille Frugi queritur ..; ep IX 22, 2. quem iudicem ex illis aut tacitum testem habere aut vero etiam excitares? Planc 43. cum vero de imperio decertatur; of I 38. enim vero iste ridere; Ver II 61. verum enim vero, cum (frumentum) esset HS binis, duodenos sestertios exegisti; Ver III 194. et vero ante Maximum illum Scipionem acrem aiebat in dicendo fuisse; Bru 107. et vero fuit in hoc etiam popularis dictio excellens; Bru 165. et per se et per suos et vero etiam per alienos; Muren 45. qua voluntate te esse erga Atticum saepe praesens et illi ostendisti et vero etiam mihi; A XVI 16, 9. f. aut, iam, quondam, vel. et Philus: heia vero, inquit, geram morem vobis; rep III 8. hic vero haeream, si ..; Caecin 64. probabilis orator, iam vero etiam probatus; Bru 263. iam vero venae et arterise micare non desinunt quasi quodam igneo motu; nat II 24. hoc nos dicimus? immo vero ipse praesens; Ver IV 92. itane vero? quem per arbitrum circumvenire non posses, hunc per iudicem condemnabis? Q Rosc 25. maxime vero consulatum meum Cn. Pompeius probavit; Phil II 19. maxime vero omnium flagrasse amore Reginum Ibycum apparet ex scriptis; Tusc IV 71. minime vero, inquit ille, ratio consentit; fin III 10. nec vero haec tua vita ducenda est, quae ..; Marcel 28. neque vero id solum, sed etiam ab isdem (dis) hominum vitae consuli; nat I 4. nisi vero paucos fuisse arbitramini, qui ..; Sulla 28. non vero tam isti (lacerti motui sunt) quam tu ipse, nugator! Cato 27. tum (spes erat posita) in nostris, nunc vero in illorum testibus; Caecin 3. optime vero, frater, et fieri sic decet; leg II 8. sensim hanc consuetudinem iam antea minuebamus, post vero Sullae victoriam penitus amisimus; of II 27. postea vero quam intellexerunt isti ..; Ver IV 42. postquam vero commoditas dicendi copiam consecuta est; inv I 3. quam vero aptas manus natura homini dedit! nat II 150. quasi vero non intellegamus ab invito emere iniuriosum esse; agr I 14. quod vero dicere ausus es ..; Phil II 23. nobilissima Graeciae civitas, quondam vero etiam doctissima; Tusc V 66. si vero illud quoque accedet; Ver II 31. sic vero erant disposita praesidia, ut ..; Phil V 9. equidem te cum in dicendo semper putavi deum, tum vero tibi numquam eloquentiae maiorem tribui laudem quam humanitatis; de or I 106. quae cum omnibus est dif-

ficilis et magna ratio, tum vero mihi praeter ceteros; agr II 5. impedimentum in mediocribus vel studiis vel officiis vel vero etiam negotiis contemnendum; rep I 4. ut vero iniit magistratum; sen 8. quid? tu magistratuum dignitatis iudicem putas esse populum? fortasse non numquam est; utinam vero semper esset! Planc 7.

verres, Eber: in labores Herculis non minus hunc immanissimum verrem quam aprum Erymanthium referri oportere; Ver IV 95. cum Sacerdotem exsecrabantur, qui verrem tam nequam reliquisset; Ver I 121.

verrinus, vom Eber: negabant mirandum esse ius tam nequam esse verrinum; Ver I 121.

verro, fegen: qui (servi) ungunt, qui verrunt, qui spargunt, non honestissimum locum servitutis tenent; par 37.

versicolor, ſchillernd, bunt: ut cauda (donata) pavoni, plumae versicolores columbis; fin III 18.

versiculus, kleine Zeile, Versdhen: I, 1. scripto iam superiore versiculo; A XIII 50, 5. — 2. nunc venio ad transversum illum extremae epistulae tuae versiculum; A V 1, 3. — II. versiculorum similia quaedam; orat 39. — III. apparebat epigramma exesis posterioribus partibus versiculorum dimidiatis fere; Tusc V 66. — IV. ut singuli cives singulis versiculis e civitate tollantur; dom 44. Spurius epistulas mihi pronuntiabat versiculis facetis ad familiares missas; A XIII 6, 4.

verso, brehen, wenben, umwanbeln, hin und: huc et illuc vos versetis licet; fin II 99. ut verset saepe multis modis eadem; orat 137. fac (mentem divinam) esse distentam, caelum versantem; nat III 93. non ut in iudiciis versaret causas, sed ut in historiis bella narraret; orat 31. ad omnem malitiam et fraudem versare suam mentem coepit; Cluent 70. versare suam naturam et regere ad tempus atque huc et illuc torquere ac flectere; Cael 13. tuus ille Poenulus verba versare coepit; fin IV 56.

versor, ſich aufhalten, befinben, bewegen, beſchäftigen, verweilen, verwickelt ſein, ſtattfinben, vorſchweben: I. quidvis esse perpeti satius quam in tanta vi atque acerbitate versari; Ver I 81. — II. ut in eodem versemur; inv I 85. quis ignorat, ii, qui mathematici vocantur, quanta in obscuritate rerum et quam recondita in arte versentur? de or I 10. num destitit uterque nostrum in ea causa in auctoritatibus, in exemplis, in testamentorum formulis, hoc est in medio iure civili versari? de or I 180. omni mente in ea cogitatione curaque versor, ut odorer, quid sentiant; de or II 186. Lysias in causis forensibus non versatus; Bru 35. cum versaris in optimorum civium vel flore vel robore; orat 34. Servius tuus in omnibus ingenuis artibus ita versatur, ut excellat; ep IV 3, 4. versor in eorum naufragiis et bonorum direptionibus; ep IV 13, 2. in quibus (studiis) te semper scio esse versatum; ep VI 10, 4. (M. Terentius) versatus in utrisque subselliis; ep XIII 10, 2. versor in gemitu Italiae et in urbis miserrimis querelis; ep XV 15, 3. quod aegritudo et metus in malis opinatis, in bonorum autem errore laetitia gestiens libidoque versetur; Tusc V 43. quae omnes artes in veri investigatione versantur; of I 19. in quibus (terris) bellum acerbum diuturnumque versatum est; Ver III 47. cogitatio in vero exquirendo maxime versatur; of I 132. rei publicae naufragium, in quo conligenda et reficienda salute communi omnia reperientur P. Sestii facta, dicta, consilia versata est. Sed 15. dicta: f. consilia. numquam tibi populi Romani absentis dignitas, numquam species ipsa huiusce multitudinis in oculis animoque versata est? Ver V 144. cum disceptatio versatur in scriptis; part or 132. facta:

f. consilia. in qua (domo) lustra, libidines, luxuries, omnia denique inaudita vitia ac flagitia verseutur; Cael 57. homo impurissimus statim coepit in eius modi mente et cogitatione versari; Cluent 69. cum imperator in bello versetur; agr II 52. haec iura civilia, quae iam pridem in nostra familia sine ulla eloquentiae laude versantur; de or I 39. meus labor in privatorum periculis caste integreque versatus; imp Pom 2. laetitia, al.: f. aegritudo, flagitia. versutos eos appello, quorum celeriter mens versatur; nat III 25. metus: f. aegritudo. narratio, quae versatur in personis; inv I 27. versatur ante oculos luctuosa nox meis omnibus; Rab Post 47. ut in communi odio paene aequaliter versaretur odium meum; Milo 78. tum maxime et pietatem et religionem versari in animis, cum rebus divinis operam daremus; leg II 26. ubi versatur fortuitarum rerum praesensio, quam divinationem vocas? div II 14. religio: f. pietas. qui (scribae) nobiscum in rationibus monumentisque publicis versantur; dom 74. sermo in circulis, disputationibus, congressionibus familiarium versetur; of I 132. species: f. dignitas. cum sic (illa vis) ultro citroque versetur; Ac I 28. tota vita in eius modi ratione versata aperiebatur; Cluent 101. vitia: f. flagitia. — III. qui et miles et tribunus et legatus et consul versatus sum in vario genere bellorum; Cato 18. qui possit nomine oratoris ornatus incolumis vel inter hostium tela versari; de or I 202. invita in hoc loco versatur oratio; nat III 85.

versura, Anleihe: I. quae (dcc.) utique vel versura facta solvi volo; A V 1, 2. Salaminii cum Romae versuram facere vellent, non poterant, quod lex Gabinia vetabat; A V 21, 12. — II. duae rationes conficiendae pecuniae, aut versura aut tributo; Flac 20. ut verear, ne illud, quod tecum permutavi, versura mihi solvendum sit; A V 15, 2. non modo versura, verum etiam venditione, si ita res coget, nos vindicabis; A XVI 2, 2.

versus, nach — hin: uti locum sepulchro C. Pansa consul pedes triginta quoquo versus adsignet; Phil IX 17. cum gradatim sursum versus reditur; orat 135. ut idem quasi sursum versus retroque dicatur; part or 24. verti me a Menturnis Arpinum versus; A XVI 10, 1. cum Brundisium versus ires ad Caesarem; ep XI 27, 3. te iam ex Asia Romam versus profectum esse; ep II 6, 1. is (Crassus) primus instituit in forum versus agere cum populo; Lael 96.

versus, Zeile, Vers: I. is (Isocrates) versum in oratione vetat esse, numerum iubet; orat 172. hoc idem significat Graecus ille in eam sententiam versus; div II 25. — II, 1. versus veteres illi in hac soluta oratione prope modum, hoc est, numeros quosdam nobis esse adhibendos putaverunt; de or III 173. animadvertebas versus ab iis (philosophis) admisceri orationi; Tusc II 26. quod capiat laudem mortui incisam ne plus quattuor herois versibus, quos „longos" appellat Ennius; leg II 68. neque ipse versus ratione est constans, sed natura atque sensu; orat 183. quod versus saepe in oratione per imprudentiam dicimus; quod vehementer est vitiosum; orat 189. cum versus obscenissimi in Clodium et Clodiam dicerentur; Q fr II 3, 2. quod, versus in oratione si efficitur coniunctione verborum, vitium est; de or III 175. elegit ex multis Isocrati libris triginta fortasse versus Hieronymus, plerosque senarios, sed etiam anapaestos; orat 190. quod M. Cicero versum fecerit; Piso 72. ut versum fugimus in oratione; orat 194. Sibyllae versus observamus, quos illa furens fudisse dicitur; div II 110. locorum splendidis nominibus inluminatus est versus; orat 163. ut versus inventus est terminatione aurium, observatione prudentium; orat 178. observo: f. fundo. histrio, si versus pronuntiatus est syllaba

una brevior aut longior, exsibilatur; par 26. — 2. perspicuum est numeris astrictam orationem esse debere, carere versibus; orat 187. — 3. quicquid est, quod sub aurium mensuram aliquam cadit ‖ cadat ‖, etiam si abest a versu, numerus vocatur; orat 67. ne plane in versum aut similitudinem versuum incidamus; de or III 182. in Sibyllinis ex primo versu cuiusque sententiae primis litteris illius sententiae carmen omne praetexitur; div II 112. — III. hanc amphiboliam versus (Pyrrhus) intellegere potuisset; div II 116. furoris divinationem Sibyllinis maxime versibus contineri arbitrati eorum decem interpretes delectos e civitate esse voluerunt; div I 4. similitudo: f. II, 3. incido in. — IV, 1. cum (poëta) versu sit astrictior; orat 67. capere; f. II, 1. appello. contineri: f. III. interpretes. numero maxime videbantur antea (poëtae differre) et versu; orat 66. cuius (caeli) omnem ornatum versibus Aratum extulisse; rep I 22. ut omnes hominis libidines delicatissimis versibus expresserit; Piso 70. quos (poëtas) necessitas cogit et ipsi numeri ac modi sic verba versu includere, ut . .; de or III 184. alternis versibus intorquentur inter fratres gravissimae contumeliae; Tusc IV 77. qui erat Archilochi versu vulneratus; nat III 91. — 2. ut in versu vulgus, si est peccatum, videt, sic . .; de or III 198. cum in singulis versibus populus Romanus Bruti memoriam proseqnebatur; Phil X 8.

versute, verschlagen, schlau: fuisse quosdam, qui idem ornate ac graviter, idem versute et subtiliter dicerent; orat 22. nihil acute inveniri potuit, nihil, ut ita dicam, subdole, nihil versute, quod ille non viderit; Bru 35.

versutus, gewandt, verschlagen, schlau: A. (T. Iuventius) in capiendo adversario versutus; Bru 178. versutos eos appello, quorum celeriter mens versatur, callidos autem, quorum, tamquam manus opere, sic animus usu concalluit; nat III 25. animus acutus atque versutus invictos viros efficit; de or II 84. in primis versutum et callidum factum Solonis; of I 108. quod (genus acuminis) erat in reprehendendis verbis versutum et sollers; Bru 236. ex aequo et bono, non ex callido versutoque iure rem iudicari oportere; Caecin 65. praeter simulatam versutamque tristitiam; sen 13. — B. non viri boni (hoc genus est), versuti potius, obscuri, astuti; of III 57.

vertex, Wirbel, Strudel, Gipfel, Pol, Scheitel: I. » nunc dolorum anxiferi torquent vertices «; Tusc II 21. — II, 1. eundem caeli verticem lustrat parva Cynosura; nat II 106. — 2. qui (ignes) ex Aetnae vertice erumpunt; Ver IV 106. — III. non ab imis unguibus usque ad verticem summum ex fraude, fallaciis constare totus videtur? Q Rosc 20. — IV. terra angustata ‖ angusta ‖ verticibus, lateribus latior; rep VI 21.

verto, drehen, wenden, sich wenden, wechseln, verwandeln, umstürzen, übertragen, übersetzen, auslegen, pass. enthalten sein, sich befinden: I. illa initia et, ut e Graeco vertam, elementa dicuntur; Ac I 26. tum ille vere vertens annus appellari potest; rep VI 24. — II. ne sibi vitio illae (matronae) verterent, quod abesset a patria; ep VII 6, 1. — III. verti me a Minturnis Arpinum versus; A XVI 10, 1. verti, ut quaedam Homeri, sic istum ipsum locum; fin V 49. qui (Callicratidas) vertit ad extremum omnia; of I 84. in quo (iure) illa causa vertebatur; Bru 145. Brundisii omne certamen vertitur huius primi temporis; A VIII 14, 1. non in supplicio crimen meum vertitur; Ver V 133. id (orationis genus) ad omnem aurium voluptatem et animorum motum mutatur et vertitur; de or III 177. cum impetum caeli cum admirabili celeritate moveri vertique videamus ‖ videmus ‖; nat II 97. locum: f. alqd. se virtutis causa ne manum quidem

versuros fuisse; fin V 93. omnes orbes eorum (siderum) quasi helicae inflexione vertebat; Tim 31. cum (ratio) in illis rebus vertitur, quae . .; Tim 28. quia volunt aliquam poenam subterfugere, eo solum vertunt; Caecin 100. vertit stilum in tabulis suis; Ver II 101. quod fit, cum terra in aquam se vertit; nat III 31. virtus omnis tribus in rebus fere vertitur; of II 18.

vervex, Hammel: quod genus sacrificii Lari vervecibus ‖ [verbecibus] ‖ fiat; leg II 55.

verum. aber, doch, sondern: I, 1. verum hoc, ut dixi, nihil ad me; de or II 140. verum hominem amentem hoc fugit; Ver IV 27. verum ubi tandem aut in quibus statuis ista tanta pecunia consumpta est? Ver II 142. verum esto: gloriosus fuisti; Flac 80. verum utatur hac defensione; Sest 135. — 2. verum enim vero, cum esset (frumentum) HS binis, duodenos sestertios exegisti; Ver III 194. verum ita est, uti dicis; Caecin 37. verum ne nimium multa complectamur, hoc ipsum interdictum consideremus; Caecin 55. cur nolint, etiamsi taceant, satis dicunt; verum non tacent; div Caec 20. verum quoniam tibi instat Hortensius; Quinct 34. verum sint sane ista Democritea vera; div II 32. verum, si placet, ad reliqua pergamus; de or III 51. verum si quod erit armorum iudicium, tum ista dicito; Caecin 61. verum tamen multum in causis persaepe lepore profici vidi; de or II 219. verum tamen ipse me conformo ad eius voluntatem; ep I 8, 2. verum ut ad illud sacrarium redeam, signum erat . . ; Ver IV 5. — II. animadvertebas, etsi tum nemo erat admodum copiosus, verum tamen versus ab iis (philosophis) admisceri orationi; Tusc II 26. etsi — verum tamen de illis — nosti cetera; ep XVI 2?, 2. etsi haec pecunia ex eo genere est, ut professione non egeat. verum tamen —; ep XVI 23, 1. neque spectari oportere, in quo loco sit facta vis, verum sitne facta; Caecin 85. neque solum, quid istam audire, verum etiam, quid me deceat dicere, considerabo; Ver I 32. neque his tantum (se commisit), verum etiam eius potestati, cui . . ; Milo 61. qui nihildum etiam istius modi suspicabantur, verum tamen ea providebant; Ver IV 9. non est ea quidem neglegenda; verum intellegendum est . . ; de or I 109. si non ad homines, verum ad bestias haec conqueri vellem; Ver VI 171. cum is tuum monimentum consulibus non modo inspectantibus, verum adiuvantibus disturbaret; dom 114. quod planum facere non modo non possis, verum ne coneris quidem; Sex Rosc 54. illud ipsum non modo voluptatem esse, verum etiam summam voluptatem; fin I 38. nunc vero quam subito non solum ex urbe, verum etiam ex agris ingentem numerum perditorum hominum conlegerat! Catil II 8. sed fuge non solum callidum eum, verum etiam praepotentem; fin II 57. est istuc quidem honestum, verum hoc expedit; of III 75. quem (Brutum) quidem ego spero iam tuto vel solum tota urbe vagari posse. verum tamen —; A XIV 8, 2.

verus, wahr, aufrichtig, wirklich, begründet, vernünftig, richtig, recht, billig: A. illum Numidicum, verum et germanum Metellum; Ver IV 147. negat haec vera an falsa sunt? Ac II 95. cum plus uno verum esse non possit; Ac II 147. verius est nimirum illud; nat I 123. cum de verissimo accusatore disceptatur; part or 98. o mea frustra semper verissima auguria rerum futurarum! Phil II 80. veram causam agens; Bru 226. tametsi verissimum (crimen) esse intellegebam; Ver V 158. quodsi Aquiliana definitio vera est; of III 61. ex aeternitate vera fuit haec enuntiatio: „relinquetur in insula Philoctetes"; fat 37. nec posse verum futurum convertere in falsum; fat 20. si sint ea genera divinandi vera; div I 9. nihil est illi vera gloria dulcius; Phil V 50. qui solidam laudem veramque quaerat; Sest 93.

omnis opinio ratio est, et quidem bona ratio, si vera, mala autem, si falsa est opinio; nat III 71. cedo nunc de me eodem ad verum populum contionem! Sest 108. quae (monumenta) nomine illorum, re vera populi Romani et erant et habebantur; Ver I 11. cum hac sententia non modo verior, sed ne utilior quidem hominum vitae reperiri ulla possit; par 23. si vera (somnia) a deo mittuntur, falsa unde nascuntur? div II 127. a Rhodia classe deserti verum vatem fuisse sensistis; div I 69. habeo regulam, ut talia visa vera iudicem, quae falsa esse non possint; Ac II 58. in qua quaestione dolor elicere veram vocem possit etiam ab invito; Deiot 3. — B, I. ut (Stoici) negent quicquam posse percipi nisi tale verum, quale falsum esse non possit; fin V 76. ne in maximis quidem rebus quicquam adhuc inveni firmius, quod tenerem, quam id, quodcumque mihi quam simillimum veri videretur, cum ipsum illud verum tamen in occulto lateret; orat 237. — II, 1. verum si audire volumus; Bru 256. oculi vera cernentes utuntur natura atque sensu, animi, si quando vera viderunt, nsi sunt fortuna atque casu; div II 108. cum verum iratus dicas; Sulla 21. cogitatio in vero exquirendo maxime versatur; of I 132. cuius generis etiam illa sunt, ex quibus verum non numquam invenitur, pueritia, somnus, imprudentia, vinulentia, insania. Top 75. ut excitaret homines non socordes ad veri investigandi cupiditatem; nat I 4. verum ut loquamur; A II 7, 3. percipio: f. I. est. ad verum probandum auctoritatem adiuvare; Quinct 75. verum si quaerimus; Rab Post 22. duplex est ratio veri reperiendi non in iis solum, quae mala, sed in iis etiam, quae bona videntur; Tusc III 56. si verum scire vis; A XII 41, 3. video: f. cerno. — 2. quod et veri simile videatur et absit longissime a vero; Ac II 36. quibus in controversiis cum saepe a mendacio contra verum stare homines consuescerent; inv I 4. omne visum, quod sit a vero, tale esse, quale etiam a falso possit esse; Ac II 41. — III. in his veri similibus insunt non numquam etiam certae rerum et propriae notae part or 40. f. I, 1. latet. II, 2. absum a. — IV, 1. veri a falso distinctio traditur; fin I 64. duo esse haec maxima in philosophia, iudicium veri et finem bonorum; Ac II 29. non inesse in iis propriam veri et certi notam; Ac II 103. cuius (aequitatis vis) altera derecta ‖ directi, al. ‖ veri et iusti et, ut dicitur, aequi et boni ratione defenditur; part or 130. maximam fidem facit ad similitudinem veri primum exemplum, deinde introducta rei similitudo; part or 40. cum (sapiens) possit sine adsensione ipsam veri similitudinem non impeditam sequi; Ac II 107. — 2. res (controversiam facit) aut de vero aut de recto aut de nomine; orat 121. — V. nihil ita signari in animis nostris a vero posse, quod non eodem modo posset ‖ possit ‖ a falso; Ac II 71.

vesanus f. **vaesanus.**

vescor, essen, verzehren, genießen: I. quod (pecus) erat ad vescendum hominibus apta; nat II 160. — II. lacte, caseo, carne vescor; Tusc V 90. nec (di) iis escis aut potionibus vescuntur, ut nimis acres umores conligant; nat II 59. quae est in hominibus tanta perversitas, ut inventis frugibus glande vescantur? orat 31. lacte: f. carne. potionibus: f. escis. ut eorum (boum) visceribus vesci scelus haberetur; nat II 159. si gerendis negotiis orbatus possit paratissimis vesci voluptatibus; fin V 57.

vesica, Blase: tanti aderant vesicae et torminum morbi, ut ..; fin II 96.

vesicula, Bläschen: inflatas rumpi vesiculas; div II 33.

vesper, Abend: I. cum (Socrates) usque ad vesperum contentius ambularet; Tusc V 97. — II, 1. cum ad me in Tusculanum heri vesperi venisset

Caesar; de or II 13. cum in Pompeianum vesperi venissem; ep VII 3, 1. Lepidus ad me heri vesperi litteras misit Antio; A XIII 47, a, 1. — 2. epistulam cum a te avide exspectarem ad vesperum; A II 8, 1. ab hora octava ad vesperum secreto conlocuti sumus; A VII 8, 4. cum mane me in silvam abstrusi densam, non exeo inde ante vesperum; A XII 45.

vespera, Abend: ibi se occultans perpotavit ad vesperam; Phil II 77.

vespertinus, am Abend, abendlich: praeclara senatus consulta illo ipso die vespertina; Phil III 24. antemeridianis tuis litteris heri statim rescripsi; nunc respondeo vespertinis; A XIII 23, 1. multa mirabiliter efficiens (stella) tum vespertinis temporibus delitiscendo, tum matutinis rursum se aperiendo; nat II 52.

vester. euer: A. idem erit Epicuro vestro faciendum, quod Scipioni; fin II 56. ut vestri Attici et sui erant iidem et Attici, sic ..; leg II 5. ubi igitur illud vestrum beatum et aeternum? nat I 68. vos tamen id potestis cum animis vestris cogitare; agr II 64. cum me vestra auctoritas arcessieret; sen 39. beatum: f. aeternum. qui vestris maximis beneficiis honoribusque sunt ornati; Quir 16. qui vestro singulari studio atque consensu parentum beneficia nobis reddidistis; sen 2. utrum ea vestra an nostra culpa est? Ac II 95. venerati Iovem illum, custodem huius urbis ac vestrum; Catil III 29. cui dignitati vestrae repugno? Sulla 50. delector et familia vestra et nomine; fin II 72. ut omnis rei publicae dignitas vestrae sapientiae, fidei, potestati commissa creditaque esse (videatur); dom I. cuius luctus aut hoc honore vestro aut nullo solacio levari potest; Phil IX 12. f. beneficia. ut vestrae quoque mentes, vestra iudicia, vestrae sententiae optimo cuique infestissimae reperiantur; Flac 94. qui rem publicam libertatemque vestram tutatus est et tutatur; Phil IV 2. vos ad maiorum vestrorum imitationem excitabo; Sest 136. mentes: f. iudicia. nomen: f. familia. in quo maxime consuevit iactare vestra se oratio, tua praesertim; fin I 36. qui vestri ordinis cum magistratibus nostris fuerint his causis implicati; Rab Post 19. potestas: f. fides. quod est istuc vestrum probabile? Ac II 35. habetis consulem ex plurimis periculis et insidiis non ad vitam suam, sed ad salutem vestram reservatum; Catil IV 18. iisdem hic sapiens oculis, quibus iste vester, caelum, terram, mare intuebitur; Ac II 105. sapientia: f. fides. plus multo erunt vestris sententiis quam suis gladiis consecuti; Muren 80. f. iudicia. neque huic vestro tanto studio audiendi deero; Sest 35. f. consensus. nolite animum meum debilitare metu commutatae vestrae voluntatis erga me; Planc 103. — B, a, I. vestri enim, credo, graves habent Turpionem sutorium et Vettium mancipem; A VI 1, 15. omnia vestri, Balbe, solent ad igneam vim referre Heraclitum, ut opinor, sequentes; nat III 35. — II. nec hoc in te convenit, sed cum in reliquos vestros, tum in eum maxime; nat II 74. — b. vestra enim hoc maxime interest; Sulla 79. — c. vestra solum legitis, vestra amatis, ceteros causa incognita condemnatis; nat II 73. te, quae nos sentiamus, omnia probare, mihi autem vestrorum nihil probari; fin IV 80.

vestibulum. Vorplatz, Eingang, Vorhalle: I, 1. quod (lex) »forum«, id est vestibulum sepulchri, »bustumve usu capi« vetat; leg II 61. vestibula nimirum honesta aditusque ad causam faciet inlustres; orat 50. oportet, ut aedibus ac templis vestibula set aditus, sic causis principia pro portione rerum praeponere; de or II 320. — 2. ut sororem non modo vestibulo privaret, sed omni aditu et limine; Milo 75. — 3. tam te in aedes tuas restitui oportere, si e vestibulo, quam si ex interiore aedium

parte deiectus sis; Caecin 89. discessimus in
vestibulum Tettii Damionis; A IV 3, 3, si essent
in vestibulo balnearum; Cael 62. — II. ante ipsum
Serapim, in primo aditu vestibuloque templi; Ver
II 160.

**vestigium, Fußsohle, Spur, Merkmal, Stelle,
Standort, Überrest, Augenblick:** I. in ceteris regibus num eloquentiae vestigium apparet? de or I
37. ne quod in vita vestigium libidinis appareat;
Ver III 4. quae possunt verborum, quae rerum
ipsarum esse vestigia? Tusc I 61. ne vestigium
quidem ullum est reliquum nobis dignitatis; ep IV
14, 1. ſ. significat. exstent oportet expressa sceleris
vestigia; Sex Rosc 62. cuius nullum remanet consulatus vestigium; Phil XIII 37. in quibus (tabulis)
vestigium sit aliquod, quod significet pecuniam *M.*
Fonteio datam; Font 12. — II, 1. ut vestigium illud
- ipsum, in quo [ipse] postremum institisset, contueremur; de or III 6. exprimo: ſ. I. exstant. pedem
cum intulero atque in possessione vestigium fecero;
Caecin 39. in quibus (curriculis) Platonis primum
- sunt impressa vestigia; orat 12. quasi impressa
- facti vestigia; part or 114. quorum (siderum)
alterum (genus) nullum umquam cursus sui vestigium inflectat; nat II 49. cuius vestigia
- persequi cupiunt; de or I 105. vestigium statuarum
istius in tota Sicilia nullum esse relictum; Ver II
160. quod horum in iis locis vestigia ac prope incunabula reperiuntur deorum; Ver IV 107. ut repente nullum vestigium retineret pristinae dignitatis; Sulla 91. ut omnes mortales istius avaritiae
non iam vestigia, sed ipsa cubilia videre possint;
Ver II 190. — 2. insisto in: ſ. 1. contueor. quem
(deum) in animi notione tamquam in vestigio volumus reponere; nat I 37. qui adversis vestigiis stent
contra nostra vestigia, quos ἀντίποδας vocatis; Ac II
123. quem in maiorum suorum vestigiis stare oportebat; Sest 7. — III, 1. horum flagitiorum iste
vestigiis omnia municipia impressit; Phil II 58.
a pueritia vestigiis ingressus patris et tuis; rep VI
26. quod, quibus vestigiis primum institi; in iis
fere soleo perorare; de or III 33. Albiana pecunia
vestigiisne nobis odoranda est an ad ipsum cubile
vobis ducibus venire possumus? Cluent 82. quem ad
modum simus in spatio Q. Hortensium ipsius vestigiis persecuti; Bru 307. Cluentii nummus nullus
iudici datus ullo vestigio reperietur; Cluent 102.
stare: ſ. II, 2. sto contra. — 2. repente e vestigio
ex homine tamquam aliquo Circaeo poculo factus est
Verres; div Caec 57. in; ſ. 1. insistere.

vestigo, aufspüren: aliquid, quod cum desidiosa
delectatione vestiges; de or III 88. causas rerum
vestigabimus; de or II 166. hi voluptates omnes
vestigant atque odorantur; sen 15.

vestimentum, Kleidungsstück, Kleidung: 1.
calceos et vestimenta mutavit; Milo 28. Scipio
calceis et vestimentis sumptis e cubiculo est egressus;
rep I 18. — 2. ne quod in vestimentis telum occultaretur; ol II 25.

vestio, kleiden, bekleiden, bedecken, schmücken:
quasi vero nescias hunc et ali et vestiri a Caecilia;
Sex Rosc 147. ut (orator) deberet ea vestire atque
ornare oratione; de or I 142. quarum (animantium)
aliae coriis tectae sunt, aliae villis vestitae; nat II
121. »sin Centaurus Aram tenui caligans vestiet
umbra;« fr H IV, a, 449. cum hominibus smale vestitis; Piso 61. montes vestiti atque silvetres; nat
II 132. his tabulis interiores templi parietes vestiebantur; Ver IV 122. ita recondita exquisitasque
sententias mollis et pellucens vestiebat oratio; Bru
274. terra vestita floribus, herbis, arboribus frugibus; nat II 98. »cum Aquarius vestivit lumine
terras«; H IV, a, 726. vestita (uva) pampinis;
Cato 53.

vestis, Kleid, Kleidung, Teppich: I. respont
deat his vestis, argentum; fin II 23. — II. ut
vestis frigoris depellendi causa reperta primo, pos-
adhiberi coepta est ad ornatum etiam corporis et
dignitatem, sic . . ; de or III 155. (mulier) per triennium isti stragulam vestem confecit; Ver IV 59.
non explicata veste neque proposito argento; de or
I 161. pro uno cive bonos omnes mutasse vestem;
Sest 27. iuvenes ii veste posita corpora oleo per-
nuxerunt; Tusc I 113. proferebant alii vestem linteam; Ver V 146. reperio: ſ. adhibeo. — III. plena
domus caelati argenti optimi multaeque stragulae
vestis; Ver II 35. — IV. sive illa vestis mutatio
ad luctum ipsorum sive ad deprecandum valebat;
Sest 32. — V. qui indutus muliebri veste fueris;
fr A XIII 23. ne hunc suum dolorem veste significarent; Sest 32.

vestitus, Kleidung, Bekleidung: I, 1. ad'de
huc riparum vestitus viridissimos; nat II 98. cernes
vestitus densissimos montium; nat II 161. vestitum
filius mutavit; Q fr II, 3, 1. ipse ornatum ac vestitum pristinum recuperabit; Sulla 88. — 2. si
Phalarim vir bonus vestitu spoliare posait; ol III
29. erant aenea duo praeterea signa virginali habitu
atque vestitu; Ver IV 5. — 3. ut ad suum vestitum
senatores redirent; Sest 32. — II. crudelitatem
regis in togatos vestitus mutatione vitavit; Rab
Post 27. — III, 1. concinnitas illa crebritasque sententiarum pristina manebat, sed ea vestitu illo orationis, quo consuerat, ornata non erat; Bru 327.
omnes eo muliebri vestitu virum; A I 13, 3. — 2.
ille Cyprius miser est cum victu ac vestitu suo
publicatus; Sest 59.

veteranus, alt, erprobt, Veteran: A. si te
municipiorum non pudebat, ne veterani quidem exercitus? Phil II 61. cum C. Caesar veteranos
milites convocavit; Phil V 23. — B, I. veterani [qui
appellabantur], quibus hic ordo diligentissime caverat-
non ad conservationem earum rerum, quas habebant, sed ad spem novarum praedarum incitabat,
tur; Phil I 6. — II, 1. eos veteranos non tueri solum, sed etiam commodis angere debeo; Phil XI
37. nisi ille (Caesar) veteranos celeriter conscripsisset; ep X 28, 3. incito: ſ. I. tueor: ſ. angeo. —
2. caveo: ſ. I. — 3. (legio) constituta ex veteranis; Phil XIV 27. — III. ne veteranorum animos
offenderet; Phil XIII 13. veteranorum colonias sustulistis; Phil XIII 31. si veteranorum nutu mentes
huius ordinis gubernantur; Phil X 19.

veterator, geübt, Schlaukopf: I. ipse est veterator magnus Dionysius; Q fr II 11 (13), 4. (P.
Cethegus) in causis publicis nihil, in privatis satis
veterator videbatur; Bru 178. — II ut ille veterator
et callidus vinctus ad Hannibalem duceretur; ol III
113. tum ipse L. Cotta est veterator habitus; Bru
82. vincio: ſ. duco. — III. non viri boni (haec genus est), versuti potius, veteratoris, vafri; ol III 57.

veteratorie, schlau, listig: quodacute et veteratorie dicit; orat 99.

veteratorius, schlau, listig: nihil ab isto
vafrum, nihil veteratorium exspectaveritis; Ver I 141.
eam (accurationem) ut citius veteratoriam quam oratoriam diceres; Bru 238. splendidam quandam minimeque veteratoriam rationem dicendi (Caesar) tenet; Bru 261.

veternus, Alter, Schlafsucht: erat in eadem
epistula „veternus civitatis“; ep II 13, 3. „veternum“ generis neutri, ut Cicero: liceat faenerare veternum; fr I 24.

vetitum, Verbot: et hoc et alia iussa ac vetita populorum vim habere ad recte facta vocandi
et a peccatis avocandi; leg II 9.

veto, verbieten, untersagen, verhindern: I, 1.
quae (lex) est recta ratio in iubendo et vetando;
leg I 33. — 2, a. cum a tribuno pl. vetaretur; sen

8. — b. cum mos maiorum tamen et exempla
et gravissimae legum poenae vetarent; Piso 50. —
II, 1. qui vetant quicquam agere, quod dubites aequum sit an iniquum; of I 30. ut fugere vitam vetent; Scaur 5. — 2. sicut aperte Simonides veti-
tus est navigare; div II 134. — 3. lex peregrinum vetat in murum escendere ‖ asc. ‖; de or
II 100. rationes in ea disputatione a te conlectae
vetabant me rei publicae penitus diffidere; ep V 13,
3. — III. istud vetat lex Caesaris; Phil VIII 28.
cum cornix cecinerit, tum aliquid eam aut iubere
aut vetare; Ac II 128. Carbonis est tertia (lex) de
iubendis legibus ac vetandis; leg III 35. — IV. acta
agimus, quod vetamur vetere proverbio; Lael 85.

vetulus, ältlich, alt: A. se scire aiebat ab eo
nuper petitam Cornificiam, Q. filiam, vetulam
sane et multarum nuptiarum; A XIII 28, 4 (29, 1).
ut arborem et „novellam“ et „vetulam“ (dicimus);
fin V 39. ut equis vetulis teneros anteponere solemus; Lael 67. Alfenus cum isto gladiatore vetulo
cotidie pugnabat; Quinct 29. — B. in „Equo Troiano“ scis esse in extremo: „sero sapiunt“. tu tamen,
mi vetule, non sero; ep VII 16, 1.

vetus, alt, ehemalig, die Altvordern, alte
Schriftsteller: A. Themistocles insecutus est, ut
apud nos, perantiquus, ut apud Athenienses, non
ita sane vetus; Bru 41. „ubi est vetus illud: num
claudicat? at hic clodicat“; de or II 249. vetus est,
„ubi non sis, qui fueris, non esse, cur velis vivere“;
ep VII 3, 4. sex menses cum Antiocho, veteris Academiae nobilissimo et prudentissimo philosopho, fui;
Bru 315. illa (Academia) vetus, haec nova nominetur; Ac I 46. Peripatetici veteresque Academici;
Tusc V 75. cognoscentur omnia istius aera illa
vetera; Ver V 33. Mithridates omne reliquum tempus non ad oblivionem veteris belli, sed ad comparationem novi contulit; imp Pomp 9. colonias deducere novas, renovare veteres; agr II 34. commemorarem non solum veterum, sed horum etiam re-
centium vel ducum vel comitum tuorum gravissimos
casus; ep VI 6, 12. an veteres illae copiae coniuratorum corpori meo pepercissent? dom 58. mitto
illam veterem ab ipsis dis immortalibus Etruriae
traditam disciplinam; har rep 20. duces: f. comites.
ut illi, unde peteretur, vetus atque usitata exceptio
daretur; de or I 168. vetere exemplo atque instituto
optimi cuiusque faciebant; Sulla 49. cur tantum
interest inter novum et veterem exercitum? Tusc II
38. cum statuae veterum hominum deiectae (sunt);
Catil III 19. ut animos novarum rerum expectatione suspensos ad veteris imperii benivolentiam
traducerem; ep XV 4, 14. ceteri novis adfinitatibus
adducti veteres inimicitias saepe deponunt; Cluent
190. qui totam hanc causam vetere instituto solus
peroravi; Cluent 199. f. exemplum. video esse legem
veterem tribuniciam; dom 127. ad indicia veteris
memoriae cognoscenda; fin V 6. quicum mihi necessitudo vetus intercedit; Quinct 54. ut a veteribus
philosophis definitum est; of II 5. pares vetere proverbio cum paribus facillime congregatur; Cato 7.
cur in re tam vetere, tam usitata quicquam novi
feceris; Ver III 16. fuit is (L. Aelius) scriptorum
veterum litterate peritus; Bru 205. quis veterum
scriptorum non loquitur . .? div I 31. in tua vetere
sententia permanes; leg III 26. veterem iudiciorum
severitatem non requiro; Ver III 146. — B, a, I. eas
(adsensiones) veteres illi, quibus omnia fato fieri
videbantur, vi effici et necessitate dicebant; fat
40. quia veteres illi pervulgari artem suam noluerunt; de or I 186. haec veteres probaverunt; div I
5. — II. videor: f. I. dicunt. — III. genera veterum ac novorum numerumque permiscenti; Ver II
125. quibus (verbis) instituto veterum utimur pro
Latinis; fin III 5. illud nomen veterum litteris
usitatius; nat III 48. numerus: f. genera. — IV.

illa a veteribus superior cavillatio, haec altera dicacitas nominata est; de or II 218. quaesieras, nonne
putarem post illos veteres tot saeculis inveniri verum potuisse; Ac II 76. — b, I. sum: vgl. A. alqd.
— II. ut vetera mittam; Font 12. cur aut vetera
aut aliena proferam potius quam et nostra et recentia?
leg III 21. quid ego vetera repetam? Ver III 182.

vetustas, Alter, Altertum, lange Dauer, Länge
der Zeit, langes Bestehen, späte Nachwelt: I. me
amicitiae vetustas ad C. Rabirium defendendum est
adhortata; Rabir 2. nimia vetustas nec habet eam,
quam quaerimus, suavitatem nec est iam sane tolerabilis; Bru 287. tanta erat auctoritas et vetustas
illius religionis; Ver IV 108. hanc certe rem deteriorem vetustas fecit; Bru 258. habet: f. est. »quem
neque longa vetustas interimet stinguens praeclara
insignia caeli«; fr H IV, c, 1. in quibus (ordinibus)
nihil umquam immensa et infinita vetustas mentita
sit; nat II 15. de me nulla umquam obmutescet
vetustas; Milo 98. stinguit: f. interimit. quae vetustas tollet operum circum Mutinam taetra monimenta? Phil XII 12. — II, 1. quod verborum vetustas prisca cognoscitur; de or I 193. quae (vina)
vetustatem ferunt; Lael 67. quae mihi videntur
habitura etiam vetustatem; A XIV 9, 2. — 2. cum
sit Cn. Plancius ea vetustate equestris nominis;
Planc 32. — 3. non ex sermone hominum recenti, sed
ex annalium vetustate eruenda memoria est nobilitatis tuae; Muren 6. — III. vetustatis exempla
oratori nota esse debere; de or I 201. ut annales
populi Romani et monumenta vetustatis loquuntur;
dom 86. historia, nuntia vetustatis, qua voce alia
nisi oratoris immortalitati commendatur? de or II
36. propter religionem sedum illarum ac vetustatis;
agr II 51. quae verba iam pridem non solum tenebris vetustatis, verum etiam luce libertatis oppressa
sunt; Rabir 13. maxima est vis vetustatis et consuetudinis; Lael 68. — IV, 1. si (tecta) vetustate
cecidissent; of II 13. quin videremus hominem
nobiscum et studiis eisdem et vetustate amicitiae
coniunctum; Ac I 1. non vides veteres leges sua
vetustate consenuisse? de or I 247. id, quod iam
contritum est vetustate, proverbium; of III 77. qui
agrum Recentoricum possident, vetustate possessionis se defendunt; agr II 57. picturam egregiam,
sed iam evanescentem vetustate; Ver V 2. neque
vetustate minui mala nec fieri praemeditata leviora;
Tusc III 32. odium vel precibus mitigari potest
vel vetustate sedari; Quir 23. cum constet aegritudinem vetustate tolli; Tusc III 74. — 2. res ab nostra memoria propter vetustatem remotas; inv I 1.

vetustus, alt, altertümlich: multo vetustior et
horridior ille (Laelius) quam Scipio; Bru 83. aera
legum de caelo tacta quid habent observatum ac
vetustum? div II 47. ara vetusta in Palatio Febris;
leg II 28. cum Demetrio Mega mihi vetustum hospitium est; ep XIII 36. evellam ex animis hominum tantam opinionem, tam penitus insitam, tam
vetustam? Cluent 4.

vexatio, Plage, Mißhandlung, Erschütterung,
Qual: I. vexationem virginum Vestalium perhorresco; Catil IV 12. — II. adflictatio (est) aegritudo cum vexatione corporis; Tusc IV 18. —
III. is in te non expilatione Asiae, vexatione Pamphyliae concitetur? Ver III 6.

vexator, Heimsucher, Störer, Mißhandler:
I. an iste tam crudelis mei, tam sceleratus rei publicae vexator esse potuisset? har resp 47. —
II. adduxi vexatorem Asiae atque Pamphyliae;
Ver pr 2. alter despiciens conscios stuprorum ac
veteres vexatores aetatulae suae; Sest 18 si ego te
perditorem et vexatorem rei publicae fero; Vatin 7.
ut odisset vexatorem furoris (sui); Milo 35.

vexillum, Fahne, Standarte: 1. tunc illud
vexillum Campanae coloniae vehementer huic imperio

timendum Capuam a decemviris inferetur; agr
II 86. ut vexillum tolleres, ut aratrum circumduceres; Phil II 102. — 2. vexillo opus est; con-
volabunt; A X 15, 2. — 3. quam litteram etiam e
„paxillo“ et „vexillo“ consuetudo elegans Latini
sermonis evellit; orat 153.

vexo, plagen, quälen, mißhandeln, heimsuchen,
angreifen, schädigen: I. (ea res) lacerant, vexant;
Tusc III 35. — II. sua quemque fraus et suus terror
maxime vexat; Sex Rosc 67. ut non ante attigerint,
quam me ac meos omnes foedissime crudelissimeque
vexarint; prov 3. interea cum meis copiis omnibus
vexavi Amanienses, hostes sempiternos; ep II 10, 3.
(Clodius) furebat a Racilio se contumaciter inurbaneque vexatum; Q fr II 1, 3. aratores spoliati ac
vexati; Ver III 29. eversa domus est, fortunae
vexatae; Sest 145. hostes: f. alqm; ep II 10, 3.
quaenam sollicitudo vexaret impios sublato suppliciorum metu? leg I 40. vexatis ac perditis exteris
nationibus; of II 28. per quos ostendam sic provinciam per triennium vexatam atque vastatam, ut..;
Ver III 21. qui ante huius tribunatum rem publicam
vexarunt; Sest 31. vexarat in tribunatu senatum;
Milo 87. cum bellis Karthaginiensibus Sicilia vexata
est; Ver III 125. sociis vexatis; agr II 72. valetudinem istam infirmam noli vexare; ep XIV 2, 3.
cum ignoratione rerum bonarum et malarum maxime
hominum vita vexetur; fin I 43. qui popularetur
agros, vexaret urbes non ad spem constituendae rei
familiaris, sed . . ; Phil XI 4.

via, Weg, Straße, Reise, Gasse, Gang, Bahn,
Verfahren, Methode: sucus permanat ad iecur per
quasdam a medio intestino usque ad portas iecoris
ductas et derectas ‖ dir. ‖ vias, quae pertinent ad
iecur eique adhaerent; nat II 137. cursus est
certus aetatis et una via naturae, eaque simplex;
Cato 33. me studiosis dicendi praecepta et quasi
vias, quae ad eloquentiam ferrent, traditurum; orat
141. quae (sapientia) omnes monstret viam, quae
ad quietem ferant; fin I 46. non omnibus patere ad
se (deum) colendum viam; leg II 25. quae vitae
via facillime viros bonos ad honorem perducat; agr
I 27. pertinent: f. adhaerent. longulum sane iter
et via mala ‖ avia, al. ‖|; A XVI 13 (a), 2. —
2. ea vita via est in caelum; rep VI 16. — II, 1. e
quibus (notionibus) latiores quaedam ad rationem
inveniendam viae aperirentur; Ac I 42. ideo
viam munivi, ut eam tu alienis viris comitata celebrares? Cael 34. derigo: f. I, 1. adhaerent. haec
deserta via et inculta atque interclusa relinquatur;
Cael 42. quibus sese viam per fratris sui fundum
dedisse dixit; Caecin 26. duco: f. I, 1. adhaerent.
quae res duplicem habet docendi viam; orat 114.
reprehendent, quod inusitatas vias indagemus, tritas
relinquamus; orat 11. quam quisque viam vivendi
sit ingressurus; of I 118. interclndo: f. desero.
inventa vitae via est; fin V 15. monstro: f. I, 1.
ferunt. haec omnia tibi accusandi viam muniebant,
adipiscendi obsaepiebant; Muren 48. f. celebro. quod
omnes vias pecuniae norunt; Q fr I 1, 15. obsaepio:
f. munio. eam sibi viam ipse patefecit ad opes
suas amplificandas; Phil V 49. viae quasi quaedam
sunt ad oculos, ad aures, ad nares a sede animi perforatae; Tusc I 46. omnes vias persequar, quibus
putabo ad id, quod volumus, perveniri posse; ep
IV 13, 6. relinquo: f. desero, indago. quoniam
hanc is in re publica viam secutus est; Catil IV 9.
tero: f. indago. trado: f. I, 1. ferunt. — 2. non
dubito, quin, quoad plane valeas, te neque navigationi neque viae committas; ep XVI 4, 1. —
3. qua (via) populus uteretur; Milo 17. — 4. paulum ad dexteram de via declinavi; fin V 5. in
viam quod te des hoc tempore, nihil est; ep XIV 12.
permano per: f. I, 1. adhaerent. quae (artes) ad
rectam vivendi viam pertinerent; Tusc I 1. de via

Appia consul refert; Phil VII 1. qui est in summa
sacra via; Planc 17. — III, 1. quaestum M. Fonteium
ex viarum munitione fecisse; Font 17. obsessio
militaris viae; Piso 40. — 2. Roma non optimis
viis, angustissimis semitis; agr II 96. — 3. copo-
nem de via Latina; Cluent 163. — IV, 1. nunc
iter conficiebamus aestuosa et pulverulenta via;
A V 14, 1. antea neminem solitum via nec arte,
sed accurate tamen et discripte plerosque dicere;
Bru 46. egressus est non viis, sed tramitibus paludatus; Phil XIII 19. eas (litteras) diligentissime
Philogenes curavit perlonga et non satis tuta via
perferendas; A V 20, 8. Cotta alia quasi inculta et
silvestri via ad eandem laudem pervenerat; Bru 259.
f. II, 1. persequor. ex eo loco recta Vitularia via
profecti sumus in Fufidianum fundum; Q fr III 1, 3.
naturam esse vim participem rationis atque ordinis
tamquam via progredientem; nat II 81. — 2. iam
te videbo et quidem, ut spero, de via recta ad me:
A XII 2, 2. quae (caedes) in Appia via facta esset;
Milo 15.

viaticum, Reisegeld: I. quid viatici, quid instrumenti satis sit; A XII 32, 3 (2). video mihi
quoque opus esse viaticum; A XV 20, 4. ne viaticum quidem; A XIII 42, 1. — II. ut Q. Titinius
viaticum se neget habere; A VII 18, 4. quod
legato tuo viaticum eripuerunt; ep XII 3, 2. viaticum Crassipes praeripit; A IV 5, 3. potest quicquam esse absurdius quam, quo viae minus restet
‖ restat ‖|, eo plus viatici quaerere? Cato 66.

viator, Wanderer, Amtsbote: I. quod saepe
viatoribus, cum properant, evenit, ut si serius, quam
voluerint, forte surrexerint, properando etiam citius,
quam si de nocte vigilassent, perveniant, quo
velint, sic ego..; Q fr II 13 (15, a), 2. nisi si
quid vir praetereunte viatore exceptum est; A II
11, 1. — II, 1. a villa in senatum arcessebatur et
Curius et ceteri senes, ex quo, qui eos arcessebant,
viatores nominati sunt; Cato 56. quia non semper
viator a latrone, non numquam etiam latro a viatore
occiditur; Milo 85. — 2. evenio: f. I. — 3. quod
cum e viatore quodam esset auditum; A IX 11, 1.
excipio ex: f. I. — III. volo ego hoc esse commune
accensorum, lictorum, viatorum; Ver III 154. —
IV. a. f. II, 1. occido.

vibro, schwingen, erzittern, zucken, funkeln:
I. cuius (Demosthenis) non tam vibrarent fulmina
illa, nisi numeris contorta ferrentur; orat 234. quod
(mare) nunc, qua a sole conlucet, albescit et vibrat;
Ac II 105. oratio incitata et vibrans; Bru 326. —
II. qui (Samnites) vibrant hastas ante pugnam,
quibus in pugnando nihil utuntur; de or II 325.

vicanus, auf dem Dorfe wohnend, Dorf-
bewohner: A. non habeo nauci vicanos haruspices;
div I 132. — B. Tmolites ille vicanus vos docebit ..? Flac 8.

vicarius, stellvertretend, Stellvertreter: A.
quod, quibus in rebus ipsi interesse non possumus,
in iis operae nostrae vicaria fides amicorum suppo-
nitur; Sex Rosc 111. — B, I, 1. utrum me tuus
procurator deiecerit, hoc est, alieni iuris vicarius;
Caecin 57. — 2. cuius (regni) vicarius qui velit
esse, inveniri nemo potest; Sulla 26. — II. te do
vicarium; tu eum observabis; ep XVI 22, 2. nolite
mihi subtrahere vicarium meae diligentiae; Muren 80.

vicatim, straßenweise: ille demens vicatim
ambire, servis argentum spem libertatis ostendere;
A IV 3, 2. cum vicatim homines conscriberentur;
Sest 34.

viceni, je zwanzig: si, ternos denarios qui
coëgit, erit absolutus, denos aut vicenos coget alius;
Ver III 220.

vicesimus (vicens., viges.) zwanzigste: A. ipso
vigesimo anno hereditas petita est; Ver II 25. ibi
quintum et vicesimum iam diem aggeribus oppugna-

bam oppidum; ep II 10, 3. quas (litteras) mihi Cornificius altero vicensimo die reddidit; ep XII 25, 1. Acustus cum litteris praesto fuit uno et vicesimo die; ep XIV 5, 1. cuius anni nondum vicesimam partem scito esse conversam; rep VI 24. — B. HS LX socios perdidisse ex vicensima || vices portorii Syracusis; Ver II 185.

vicieus, zwanzigmal, zwei Millionen: A. HS viciens ex hoc uno genere captum videmus; Ver II 142. nobis superficiem aedium consules de consilii sententia aestimarunt sestertio viciens; A IV 2, 5. — B. prope centiens et viciens erogatum est; Ver III 103.

vicina, benachbart, Nachbarin: quam (Fidem) in Capitolio „vicinam Iovis optimi maximi" maiores nostri esse voluerunt; of III 104. esse perfecte eloquentis puto vicinam eius (facultatis) ac finitimam dialecticorum scientiam adsumere; orat 113.

vicinia, Nachbarschaft: in vicinia nostra Averni lacus; Tusc I 37.

vicinitas, Nachbarschaft: I. quod mihi cum Aletrinatibus vicinitatem esse sciebat; Cluent 49. ut cotidiano cantu tota vicinitas personet; Sex Rosc 134. — II, 1. laudanda est vel etiam amanda vicinitas; Planc 22. in qua (urbe) cum forum commune sit, vicinitas non requiritur; ep V 15, 2. nares non sine causa vicinitatem oris secutae sunt; nat II 141. — 2. cur te in istam vicinitatem meretriciam contulisti? Cael 37. eos invidiosum nomen voluptatis fugere, sed in vicinitate versari; Ac II 138. — III. nostra municipia coniunctione etiam vicinitatis vehementer moventur; Planc 21. Sex Roscius municeps Amerinus fuit non modo sui municipii, verum etiam eius vicinitatis facile primus; Sex Rosc 15. — IV. propter vicinitatem totos dies simul eramus; A V 10, 5.

vicinus, benachbart, Nachbar: A. vicinum adulescentulum aspexisti; Cael 36. in fundum vicini consulis arbores transferebantur; dom 62. — B, I, 1. adsunt vicini eius loci; har resp 32. Marcellus candidatus ita stertebat, ut ego vicinus audirem; A IV, 3, 5. cum ceteri deficerent finitimi ac vicini; Sulla 58. iurgare lex putat inter se || vetat || vicinos, non litigare; rep IV 8. ut non modo civitas, sed ne vicini quidem proximi sentiant; Catil II 21. — 2. C. Arrius proximus est vicinus; A II 14, 2. — II. possum nominare ex agro Sabino rusticos Romanos, vicinos et familiares meos; Cato 24. omitto clientes, vicinos, tribules, exercitum totum Luculli; Muren 69. — III. omnium vicinorum summam esse in hunc benivolentiam confirmamus; Cluent 198. age vero, vicinorum quantum studium, quanta cura est! Cluent 197. vicinorum fidem implorant; Tusc III 50. studium; f. cura.

vicis, Los, Platz, Stelle, für, wie: I, 1. te Bruti dolentem vicem; Bru 21. in quo tuam vicem saepe doleo, quod . .; ep XII 23, 3. Curionis et Pauli vicem doleo; A VI 3, 4. cuius ego vicem doleo, qui urbem reliquit; A VIII 2, 2. ut meam vicem doleres; A VIII 15, 3. et rei p. vicem lugeo; fr K 24. — 2. nulla est persona, quae ad vicem eius, qui e vita emigrarit, propius accedat; leg II 48. — II. ille inimicus nostram vicem ultus est ipse sese; ep I 9, 2. me Sardanapalli vicem [in suo lectulo] mori malle; A X 8, 7. vgl. I, 1.

vicissim, wiederum, dagegen: convertite animos nunc vicissim ad Milonem; Milo 34. possetne uno tempore florere, dein vicissim horrere terra? nat II 19. deinde retrorsum vicissim ex se here aër (oritur), inde aqua; nat II 84. ut id acciperet abcalio vicissimque redderet; Lael 26. ut uti litas tua omnunis sit utilitas vicissimque communis utilitas tua sit; of III 52. quorum (oculorum) et hilaritatis et vicissim tristitiae modum res ipsae temperabunt;

orat 60. exspecto, quid ille tecum, quid tu vicissim; A XVI 3, 3.

vicissitudo, Wechsel, Abwechselung, Wechselseitigkeit: I. nihil est aptius ad delectationem lectoris quam temporum varietates fortunaeque vicissitudines; ep V 12, 4. diurnae nocturnaeque vicissitudines nulli naturae || nulla in re || umquam mutatae quicquam nocuerunt; inv I 59. — II, 1. cum temporum maturitates, mutationes vicissitudinesque cognovissent; nat I 100. impetum caeli constantissime conficientem vicissitudinis anniversarias; nat II 97. distinguit vicissitudinem laboris ac voluptatis; Muren 76. muto: f. I. nocent. cum videmus vicissitudines dierum ac noctium; Tusc I 68. — 2. altera (vis) ad vicissitudinem referendae gratiae pertinet; part or 130. — III. miri sunt orbes et quasi circuitus in rebus publicis commutationum et vicissitudinum; rep I 45.

victima, Opfertier, Opfer: I. gratae nostrae dis immortalibus erunt victimae; Phil XIV 7. — II. tum interisse cor, cum (victima) immolaretur; div II 36. quam potestis P. Lentulo mactare victimam gratiorem, quam si . .? Flac 95. neque se tertiam victimam rei publicae praebuisset; fin II 61. ut ea traduci victimae nullo modo possent; inv II 96.

victor, Sieger, Besieger, siegreich: A. alqs: f. B. equi fortis et victoris senectuti comparat suam; Cato 14. victorem exercitum stipendio adfecit; Balb 61. quia galli victi silere solerent, canere victores; div II 56. ut Syracusani hostem armatum ac victorem viderint; Ver V 97. quantam (pecuniam) inimicus victor redegisset; Phil. XIII 10. — B, I, 1. cuius belli victor L. Scipio eandem (laudem) sibi ex Asiae nomine adsumpsit; Muren 31. multa victori eorum arbitrio, per quos vicit, etiam invito facienda sunt; ep IV 9, 3. si in Capitolium invehi victor gestiret; prov 35. C. Marii sitas reliquias apud Anienem dissipari iussit Sulla victor; leg II 56. horum uterque ita cecidit victus, ut victor idem regnaverit; har resp 54. ut neque victi neque victores rem publicam tenere possemus; Sest 44. vincit: f. facit. — 2. ea te victore non vidimus; Deiot 33. — II posse se illum externorum bellorum hostiumque victorem adfligere; har resp 49. ceteros quidem omnes victores bellorum civilium iam ante viceras; Marcel 12. — III. tibi victori praesto fuit; Deiot 24. — IV. dissensio est exstincta aequitate victoris; Marcel 32. est haec condicio huius principis populi et omnium gentium domini atque victoris; Planc 11. qui se populi Romani victoris dominique omnium gentium patronum dicere auderet; Phil VI 12.

victoria, Sieg: I. nimis iracundam futuram fuisse victoriam; Marcel 17. omnia sunt misera in bellis civilibus, sed miserius nihil quam ipsa victoria; quae, etiamsi ad meliores venit, tamen eos ipsos ferociores reddit; ep IV 9, 3. honorem, victoriam rerum vim habere videmus, non deorum; nat III 61. acerbissimo luctu redundaret ista victoria; Ligar 15. reddit, venit: f. est. — II, 1. incredibilis victorias audientes et legentes (tuas); Marcel 28. qui tot habet triumphos, tot victorias bellicas; Balb 9. lego: f. audio. parta victoria conservandi ii (sunt); of I 35. honestissimas ex gymnico certamine victorias domum rettulerunt; inv II 2. ut ab illo insignia victoriae, non victoriam reportarent; imp Pomp 8. ipsam victoriam vicisse videris; Marcel 12. — 2. victoriae || victoriam || temperare; Marcel 8. — 3. ex bellica victoria non fere quemquam est invidia civium consecuta; Sest 51. ex victoria cum multa mala tum certe tyrannus exsistet; A VII 5, 4. ut inter victorias non multum interfuturum putem; ep V 21, 3. — III. curricula equorum usque ad certam victoriam circo constitutos; leg II 38. — IV quamquam est uno loco condicio melior externae victoriae quam domesticae; Catil IV 22. eum victoriae cupiditas retinet; prov 29. cum Cimbricae victoriae

gloriam cum conlega Catulo communicavit; Tusc
V 56. insignia: f. II, 1. reporto. quae (terrae) vestrae
belli lege ac victoriae iure factae sunt; agr II 40.
eos (cives) Martis vis perculit, non ira victoriae;
Marcel 17. ut esset idem monumentum victoriae;
Ver II 4. epistulas spem victoriae declarantes; Phil
XII 9. — V, 1. qui etiam servitia virtute victoria-
que domuisset; Ses 67. ut exsultare victoria
nobilitatis videretur; Sex Rosc 16. eloquentem
neminem video factum esse victoria; Bru 24. ut
victoria nostra imperioque laetetur; prov 31. quod
partum recenti victoria maiores vobis reliquerunt;
agr II 49. totum hominem tibi ita trado, „de manu",
ut aiunt, „in manum" tuam istam et victoria et
fide praestantem; ep VII 5, 3. — quibus ex hostium
spoliis, de qua victoria haec abs te donatio constituta est? Ver III 186. cuius in victoria ceciderit
nemo nisi armatus; Deiot 34. in causa impia, victoria etiam foediore; of II 27. socios sua per nostram
victoriam recuperare; Ver II 86. post victoriam
eius belli; of III 49.

victoriatus, halber Denar: † Croduni Porcium
et Munium ternos victoriatos, Vulchalone Servaeum
binos et victoriatos M (exegisse); Font 19.

victrix. Siegerin, siegreich, ben Sieg meldend:
quarta (legio) victrix desiderat neminem; Phil
XIV 31. quo die Cassii litterae victrices in senatu
recitatae sunt; A V 21, 2. manus illa Clodiana in
caede civium saepe iam victrix; Sest 79. (mater)
victrix filiae, non libidinis; Cluent 14. quae (mulier)
est victrix; Tusc V 78.

victus, Lebensweise, Unterhalt, Nahrung,
Speise: I. quos parvo contentos tenuis victus cultusque delectat; Lael 86. — II, 1. tenuem victum
antefert (Epicurus) copioso; Tusc III 49. nunc plane
nec ego victum nec vitam illam colere possum; A XII
28, 2. ut ei victus cotidianus in Prytaneo publice
praeberetur; de or I 232. victus cultusque corporis
ad valetudinem referatur et ad vires, non ad voluptatem; of I 106. victus suppeditabatur large sine
labore; Sest 103. — 2. antefero: f. 1. antefero. --
3. quem (ignem) adhibemus ad usum atque victum; nat II 40. quae suppeditant ad cultum et ad
victum; of I 12. — III. res ad victum cultumque
maxime necessarias; rep II 10. — IV, 1. quod
consuetudines victus non possunt esse cum
multis; Milo 21. — 2. valetudo sustentatur continentia in victu omni atque cultu; of II 86. — V, 1.
Gaius Tuditanus omni vita atque victu exeultus
atque expolitus; Bru 95. cum homines sibi victu
fero vitam propagabant; inv I 2. — 2. in victu
considerare oportet, apud quem et quo more et
cuius arbitratu sit educatus; inv I 35. in rusticis
moribus, in victu arido maleficia gigni non solere;
Sex Rosc 75.

viculus, kleines Dorf: quem ad modum „urbes
magnas atque imperiosas", ut appellat Ennius, vicu-
lis et castellis praeferendas puto, sic . . ; rep I 3.

vicus, Bezirk, Gasse, Dorf, Landgut: I. nullum
in urbe vicum, nullum angiportum esse dicebant,
in quo Miloni conducta non esset domus; Milo 64.
— II, 1. quod ad me scribis te vicum vendituram;
ep XIV 1, 5. — 2. vis ex omnibus vicis conlecta
servorum; har resp 22. — III, 1. quae (Erana) fuit
non vici instar, sed urbis; ep XV 4, 9. — 2. concursus fiunt ex agris, ex vicis, ex domibus omnibus; A V 16, 3. — IV, 1. omnibus vicis statuae, ad
eas tus, cerei; of III 80. — 2. in: f. I.

videlicet, freilich, natürlich, offenbar: I. te
videlicet salvum, beatam, florentem esse cupiebant;
Phil XIII 33. quod videlicet Democritum fugerat;
nat I 69. offecerat videlicet (Alexander Diogeni)
apricanti; Tusc V 92. vim tum videlicet non para-
bas? dom 54. neque sermo ille Platonis verus est
aut, si est [victus], eloquentior videlicet fuit et di-

sertior Socrates; de or III 129. quorum tibi aucto-
licet cara; Catil I 21. verebatur enim videlicet,
ne . . ; Font 29. — II. rem videlicet difficilem et obscuram! fin II 75. ab amicis imprudentes videlicet prodimur; Cluent 143. quidam
magnus videlicet vir et sapiens; inv I 2. tuus videlicet
salutaris consulatus, perniciosus meus; Phil II 15. vgl.
I. sum. — III. ceteri videlicet gratis condemnarunt; Cluent 127. numquam videlicet (Darius) sitiens biberat; Tusc V 97. — IV. cum illum alterum,
videlicet qui nummos haberet, animum advertisset;
inv II 14. ut hoc idelicet differant inter se, quod . .;
orat 114. Platonem videlicet dicis. istum ipsum;
leg III 1. sed maeres videlicet regni desiderio, non
filiae; Tusc III 26.

video, sehen, schauen, erblicken, wahrnehmen,
erkennen, beobachten, zusehen, nachsehen, erwägen,
überlegen, vorsehen sorgen, achten: I. absint: I, a.
hominis mens videndi et audiendi delectatione
ducitur; of I 105. cupere se dicit inspicere neque
se aliis videndi potestatem esse facturum; Ver IV
64. cuius ex miseriis videndo fructum caperes
maiorem quam audiendo; Sulla 90. — b. o rem non
modo visu foedam, sed etiam auditu! Phil II 63. o
rem cum auditu crudel m tum visu nefariam! Planc
99. — 2. habebit igitur te sciente et vidente curia senatorem quemquam, qui . . ? Cluent 129. senatum
frequentem, ut vidistis, coëgi; Catil III 7. dicet
(deus) me acrius videre quam illos pisces fortasse:
Ac II 81. ut eum quoque oculum, quo bene
videret, amitteret; div I 48. sed ipse videri;
A XII 5, 1. cum ipso (Erote) videro; A XIV 18.
2. ut facile intellegi possit animum et videre et
audire, non eas partes, quae . . ; Tusc I 46. qui
(catulus) iam appropinquat ut videat; fin III 48.
nunc vos, equites Romani, videte; Rab Post 15.
quia (oculi) recte aliquando viderunt; div II 108.
pisces: f. alqs; Ac II 81. ut conloquerere populo
Romano vidente; Vatin 26.

II. mit Ergänzung: 1. alio loco de aratorum animo
et iniuriis videro; Ver II 150. age, sis, nunc de ratione videamus; Tusc II 42. — 2. erit videndum.
quod firmamentum causae sit; inv I 18. vide, quo
progrediar; Q Rosc 2. vide et perspice, qua defensione sis usurus; Ver II 149. qui acute in causis
videre soleat, quae res agatur; fin V 78. quorum
furibunda mens videt ante multo, quae sint futura;
div I 114. videmus, ut tu auctore sim utrumque
complexus? A VII 1, 2. quod videre videor, quo
modo (meam rem) agas; A XII 5, a. f. III. alqd;
rep I 38. — 3. videtis, quam nefaria vox! Lael 37.
4. vide, ne facinus facias; fin II 95. credere
omnia vide ne non sit necesse; div II 31. vide igitur, ne neminem tamen divinum reperire possimus;
div II 131. f. III. alqd; Ac II 6. — 5. quaeso videas, ut satis honestum nobis sit eas (mulieres) Romae
esse; A VII 14, 3. videndum est, ut mansio laudetur; A XVI 1, 3. — 6. quod: f. III. alqd; of II
70. — 7. quem video te praetore in Sicilia fuisse; Ver II 190. in medimna singula video ex
litteris publicis tibi Halaesinos HS quinos denos dedisse; Ver III 173. illud in primis mihi laetandum
iure esse video; imp Pomp 3. nonne ad servos videtis rem publicam venturam fuisse? Sest 47. quando
ita decerni vidisti? Phil X 6. videsne verborum
gloriam tibi cum Pyrrhone esse communem? fin III
11. eodem die video Caesarem profectum esse, id
est Feralibus; A VIII 14, 1. f. III. alqd; leg II
60. video me plane ac sentio restitutum; dom
100. quod se classe hostium circumfusos viderent;
Tusc III 66. quia plus aliquanto se quam decumas
ablaturum videbat; Ver III 150. etsi nullum consecuturum emolumentum vident; fin II 45. cum
(sapiens) sibi cum capitali adversario, dolore, depug-

nandum videret; fin IV 31. cum ea perferant, quae Philoctetam videmus in fabulis; fin V 32.
III. **mit einfachem Object**: quos iam videre non possumus; Rabir 30. Veliam devectus Brutum vidi; Phil I 9. videamus Herculem ipsum; Tusc II 20. quem (Posidonium) ipse saepe vidi; Tusc II 61. mea in te omnia officia constabunt non secus, ac si te vidissem; ep III 5, 4. te in Arpinati videbimus et hospitio agresti accipiemus; A II 16, 4. quem (Chrysippum) ego propter litterularum nescio quid libenter vidi; A VII 2, 8. sed Septimium vide et Laenatem et Statilium; A XII 14, 1. neque eo minus procuratores Cornificii et Appuleium praediatorem videbis; A XII 14, 2. quibus (Phidiae simulacris) nihil in illo genere perfectius videmus; orat 8. haec tu cum audires cotidie, cum videres; Ver III 65. haec, quae in hoc uno homine videmus; imp Pomp 62. qui aut ea, quae imminent, non videant aut ea, quae vident, dissimulent; Catil I 30. sed haec ipse (Brutus) iterum viderit; A XII 21, 1. sed haec fors viderit; A XIV 13, 3. hoc primum videamus, quid sit ipsum, quod quaerimus; rep I 38. nec quidquam aliud videndum est nobis, nisi ne quid privatis studiis de opera publica detrahamus; Ac II 6. videndum illud est, quod manet gratia; of II 70. illud videtote, aliud habitum esse sepelire et urere; leg II 60. se actiones || captiones, al. || videre et dissuadere velle; inv II 134. videte hominis amentiam; dom 40. eundem (animum) esse creditote, etiamsi nullum videbitis; Cato 79. spero multa vos liberosque vestros in re publica bona esse visuros; Milo 78. cum ipsum mundum, cum eius membra, caelum, terras, maria, cumque horum insignia, solem, lunam stellasque, vidissent; nat I 100. cum videmus speciem primum candoremque caeli, dein conversionis celeritatem tantam, quantam cogitare non possumus, tum vicissitudines dierum ac noctium commutationesque temporum quadrupertitas; Tusc I 68. vim certe, sagacitatem, memoriam, motum, celeritatem || motus cel. || (animus) videt; Tusc I 67. f. candorem. videmus in quodam volucrium genere non nulla indicia pietatis, cognitionem, memoriam, in multis etiam desideria videmus; fin II 110. commutationes: f. candorem, videte constantiam praetoris; Ver V 18. si diligenter attendet, omnes videbit constitutiones et earum partes et controversias; inv II 53. desideria: f. cognitionem. quam diem, qui istum eripiendum redemerunt, in cautione viderunt; Ver I 31. videtis hominis virtutem et diligentiam; Ver IV 73. videte diligentiam Gallorum; Sulla 36. eventus videndus erit; inv II 41. vidisse se in somnis pulchritudine eximia feminam; div I 52. ecquem hominem vidimus? Font 24. cum hostem aperte videretis; Catil II 4. indicia: f. cognitionem. insignia: f. caelum. ut semper videat sedem sibi ac locum sine molestia vivendi; Tusc IV 38. in quibus subselliis haec ornamenta ac lumina rei publicae viderem; Sulla 5. lunam, maria, membra: f. caelum. memoriam: f. celeritatem, cognitionem. proinde quasi nostram ipsam mentem videre possimus; Milo 84. motum: f. celeritatem. mundum: f. caelum. ut vix impressam orbitam videre possemus; A II 21, 2. ornamenta: f. lumina. partes: f. constitutiones. tuum hominis simplicis pectus vidimus; Phil II 111. eius (Homeri) picturam, non poësin videmus; Tusc V 114. praediatorem, procuratores: f. alqm; A XII 14, 2. quod antecesserat Statius, ut prandium nobis videret; A V 1, 3. qui acutissime et celerrime potest et videre et explicare rationem; of I 16. sese videndi res obscurissimas rationem daturos; de or II 153. (P. Antistius) rem videbat acute; Bru 227. ut omni errore sublato rem plane videre possitis; Milo 7. haruspicum reliqua responsa videamus; har resp 34. sagacitatem: f. celeritatem. sedem: f. locum. et cum duo visi soles sunt, et cum sol nocte visus

est; div I 97. qui se duo soles vidisse dicant; rep I 15. f. caelum. qui ea (somnia) vident; div II 147. speciem: f. candorem. in foro L. Antonii statuam videmus; Phil VI 13. stellas, terras: f. caelum. quem (Epicurum) ego arbitror unum vidisse verum; fin I 14. vicissitudines: f. candorem. virtutem: f. diligentiam. ut nobis optime naturae vim vidisse videantur, qui . . ; Tusc III 3. f. celeritatem.
IV. **mit Object und prädicativem Zusatz**: 1. qui (Milo Crotoniates) cum athletas se exercentes in curriculo videret; Cato 27. video hunc praetextatum eius filium oculis lacrimantibus me intuentem; Sest 144. non vidit flagrantem Italiam bello, [non] ardentem invidia senatum; de or III 8. f. 3. filium. — 2. qui me ipsi maxime salvum videre voluerunt; Planc 2. his tu tam gravibus concitationibus quem vacuum, solutum, liberum videris; Tusc V 43. mutum forum, elinguem curiam, tacitam et fractam civitatem videbatis; sen 6. quem hominem ut Romae contemptum, abiectum videbamus; agr II 93. quos (legatos) cum tristiores vidisset; Tusc V 91. videtis litteras primas integras; Ver II 191. numquam vidi solem aut mundum beatum; nat I 96. — 3, a. quem nos pueri consulem, censorem, pontificem maximum vidimus; Deiot 31. Caesarem eodem tempore hostem et hospitem (Deiotarus) vidit; div II 79. quod quasi avem albam videntur bene sentientem civem videre; ep VII 28, 2. equites Romanos, homines honestissimos, laudatores videtis; Cluent 197. cum adulescentem filium videret eiusdem socium calamitatis; Quir 20. qui (Q. Metellus) tres filios consules vidit, e quibus unum etiam et censorem et triumphantem, quartum autem praetorem; fin V 82. — b. cum viderent ea facilitate praetorem, nt. .; Ver V 14. quod statuas quoque videmus ornatu fere militari; of I 61. quos (viros) videtis veste mutata; Planc 29.

videor, scheinen, erscheinen, glauben, gelten, belieben: I. **absolut**: 1. qui aetate et, ut mihi visum est, usu rerum antecedebat; Ver IV 138. cum erant appellati, si videbatur, statim contra dicere solebant; Rab Post 18. tu, ut videtur, nos ad audiendum parati sumus; Tusc I 17. tu, si videbitur, ita censeo facias, ut . . ; ep IV 2, 4. — 2. Caesar Alexandrea se recepit, felix, ut sibi quidem videbatur; Phil II 64. quam ad rem nos, ut videmur, magnam attulimus adiumentum hominibus nostris; of I 1. non idem aliis videtur; Balb 61. ea, quae vos „percipi comprehendique", eadem nos „videri" dicimus; Ac II 105. quae ei (Aeneae) secundum quietem visa sunt; div I 43. videri possunt permulta somniantibus falsa pro veris; Ver I 34. simul ac primum ei occasio visa est; Ver I 34. quibus (consul legis) nulla videbatur in auguriis aut praesensio aut scientia veritatis futurae; div I 105. ut in magna familia sunt alii lautiores, ut sibi videntur, servi; par 37.
II. **mit Infinitiv und Nominativ mit dem Infinitiv**: ne omnia cum dolore agere videamur; Ver II 52. natura ipsius vocem videmur audire; fin III 62. videor mihi iam liberius apud vos loqui debere; Ver II 11. qui ob aliquod ornamentum suum cupidius aliquid dicere videntur; Font 27. neque egere mihi commendatione videbatur; ep XIII 16, 3. mihi videntur postea cetera studia recta atque honesta per otium concelebrata ab optimis enituisse; inv I 4. ut mihi iam verum videatur illud esse; Balb 3. si quid est, quod mihi scitum esse videatur; Planc 35. districtus mihi videris esse; ep II 15, 3. ego, si cui adhuc videor segnior fuisse, dum ne tibi videar, non laboro; A VIII 11, B, 3. haec est mea sententia, quam videbar exposuisse; de or II 156. fieri quaedam ad meliorem spem inclinatio visa est; Sest 67. si tu ipse si lente ferre videare; de or II 190. nisi mihi viderer habere bene cognitam voluptatem; fin

98*

II 6. etsi sponsores appellare videtur habere quandam δυσωπίαν; A XVI 15, 2. ut iidem versus alias in aliam rem posse accommodari viderentur; div II 111. (agraria lex) sane iam videtur refrixisse; A II 1, 6. mihi res ad caedem spectare videtur; A XV 18, 2. a qua ipsa (Clodia) ob eam causam sperare videor, quod ..; A XIII 29, 2 (3). ut paene cum lacte nutricis errorem suxisse videamur; Tusc III 2. numquam mihi videor tractasse causam difficiliorem; ep III 12, 3. ne nos ea maiora ac difficiliora videri velle videamur; de or III 188. ut mihi illa videor videre in foro; de or II 33. si nunc aut si etiam dormientes aliquid animo videre videamur; Ac II 125.

III. mit accus. c. infin.: non mihi videtur ad beate vivendum satis posse virtutem; Tusc V 12. quae (malitia) vult illa quidem videri se esse prudentiam; of III 71.

IV. mit Prädicativ: 1, a. non oportere populum Romanum omnium regnorum appetentem videri; agr II 42. quicquid est laudabile, idem et beatum et florens et expetendum videri decet; par 19. — b. satisne vobis praetori improbo circumdati cancelli videntur in sua provincia? Ver III 135. quia non satis alicui videbitur dilucide demonstratum; inv I 55. id prope divinitus datum atque oblatum vobis videtur; Ver pr 1. quae relicta iam videntur; Ac II 129. — c. haec ζωπογραφία ripulae videtur habitura celerem satietatem; A XV 16, a. tu bene etiam meriturus mihi videris de tuis civibus; Ac I 26. quod (otium) ii praestaturi videntur; ep I 8, 4. quam ob rem responsurus non videretur; Ver V 178. — d. quo loco convocandi omnes videntur; nat I 13. vereor, ne non tam virtutis fiducia nitendum nobis ad spem beate vivendi quam vota facienda videantur; Tusc V 2. mihi non praetermittenda videtur praeclari imperatoris diligentia; Ver V 28. f. a. — 2. omnibus acerbum, indignum, luctuosum denique videbatur; Ver IV 99. verba ambigua visum iri; inv II 117. cum res parum certa videbatur; Cluent 72. ne nos duriores forte videamur; leg II 37. tua illa horridula mihi visa sunt; A II 1, 1. cum id universis indignum ac nefarium videretur; Ver II 127. sol Democrito magnus videtur; fin I 20. mirabile videtur, quod non rideat haruspex, cum haruspicem viderit; nat I 71. illud mihi quidem mirum videri solet; Muren 27. illud, quod (L. Cotta) loquitur, priscum visum iri putat, si plane fuerit rusticanum; de or III 42. quodcumque mihi quam simillimum veri videretur; orat 237. ubi sit illud, quod veri simillimum videatur; Tusc IV 47. omnia praeteribo, quae mihi turpia dictu videbuntur; Ver I 32. f. 1, a. par 19. II. velle. — 3, a. ut meae calamitatis non adiutor solum, verum etiam socius videretur; sen 20. alia et bona et mala videntur Stoicis et ceteris civibus; de or III 66. nec ignoras iis istud honestum non summum modo, sed etiam solum bonum videri; fin III 12. qui (sensus) tibi, ut reliquae corporis partes, non comites solum virtutum, sed ministri etiam videbuntur; fin II 113. Zenoni Stoico animus ignis videtur; Tusc I 19. ei plausum immortalitatem, sibilum mortem videri necesse est; Sest 115. cum respondisti maius tibi videri malum dedecus quam dolorem; Tusc II 28. — b. qui mihi cum illo (Democrito) conlati quintae classis videntur; Ac II 73. duri hominis vel potius vix hominis videtur periculum capitis inferre multis; of II 50. fraus quasi vulpeculae, vis leonis videtur; of I 31. — c. Tages puerili specie dicitur visus, sed senili fuisse prudentia; div II 50. — d. quod praeceptum quia maius erat, quam ut ab homine videretur, idcirco adsignatum est deo; fin V 44. mihi summum in animo bonum videtur, illi (Epicuro) autem in corpore; Tusc III

50. quae quod Aristoni omnino visa sunt pro nihilo; fin II 43.

viduitas, Wittwenstand: Aebutius, qui iam diu Caesenniae viduitate ac solitudine aleretur; Caecin 13.

viduus, verwitwet, beraubt: A. »sic me ipse viduus pestes excipio anxias«; Tusc II 25. — B, I. si vidua libere viveret; Cael 38. — II. personam cognitoris viduarum; Caecin 14. publicis equis adsignandis et alendis orborum et viduarum tributis; rep II 36.

vietus, welt, verschrumpft: necesse fuit esse aliquid quasi vietum et caducum; Cato 5. exiguum et vietum cor fuisse; div II 37.

vigeo, lebenskräftig, in Kraft sein, in Ansehen, Blüte stehen: qui memoria vigent; de or II 355. quem (Philonem) in Academia vigere audio; de or III 110. dum illi viguerunt; Bru 186. gregalibus illis, quibus te plaudente vigebamus, amissis; ep VII 33, 1. nos animo dumtaxat vigemus; A IV 3, 6. viget animus in somnis liber ab sensibus; div I 115. arborem et „vigere" et „senescere" (dicimus); fin V 39. vigebat auditor Panaetii illius tui Mnesarchus; de or I 45. vita victusque communis, consilia, sermones, cohortationes, consolationes, interdum etiam obiurgationes in amicitiis vigent maxime; of I 58. vigebat in illa domo patrius mos || mos pat. || et disciplina; Cato 37. quibus temporibus quod dicendi genus viguerit; Bru 29. vestrae tum irae || arae ||, vestrae religiones viguerunt, vestra vis valuit; Milo 85. mos: f. disciplina. qui numerus in primo viget, iacet in extremo; orat 215. obiurgationes: f. cohortationes. nisi (philosophia) doctissimorum contentionibus dissensionibusque viguisset; Tusc II 4. religiones: f. irae. sermones: f. cohortationes. in hac ipsa civitate profecto nulla umquam vehementius quam eloquentiae studia viguerunt; de or I 13. victus: f. cohortationes. quae (vita) vigebit memoria saeculorum omnium; Marcel 28. f. cohortationes.

vigesimus: f. vicesimus.

vigil, Wächter: clamor a vigilibus fanique custodibus tollitur; Ver IV 94.

vigilanter, wachsam: quamquam decori vestro non defui, tamen enitar multo vigilantius; rep VI 26. ut vigilanter se tueretur; ep XV 2, 5. quem L. Murena vehementissime vigilantissimeque vexatum reliquit; Mureu 32.

vigilantia, Wachsamkeit: I, 1. curam, consilium vigilantiamque praestabo; Phil VII 20. — 2. (consul) fuit mirifica vigilantia, qui suo toto consulatu somnum non viderit; ep VII 30, 1. hoc τέρας horribili vigilantia, celeritate, diligentia est; A VIII 9, 4. — II. Tarentum qua vigilantia, quo consilio (Q. Maximus) recepit! Cato 11.

vigilia, Wachen, Nachtwache, Wachtposten, Wachsamkeit. Schlaflosigkeit, Eifer: I. si nullam ad rem nisi ad officium et virtutum omnes meae curae, vigiliae cogitationesque elaborarunt; Ver V 188. — II, 1. ut noctu vigilias agerent ad aedes sacras; Ver IV 93. si excubiae, si vigiliae, si delecta inventus contra Milonis impetum armata est; Milo 67. cui non sunt auditae Demosthenis vigiliae? Tusc IV 44. tertia fere vigilia exacta fit in eos impetus; Catil III 6. vigiliis perferendis fortis ab istis praedicabatur; Catil II 9. cupio iam vigiliam meam, Brute, tibi tradere; ep XI 24, 1. — 2. quae, si viginti quiessem dies, in aliorum vigiliam consulum recidissent; Planc 90. — III. quod ego meo labore et vigiliis consecutus sum; Ver pr 6. vestra tecta vigiliis custodiisque defendite; Catil II 26. quantum cura, labore, vigiliis niti atque efficere potero; Phil IV 16. surrexisset Apronius vino vigiliisque languidus; Ver III 31. niti: f. efficere. qui (Regulus) in potestate hostium vigiliis et inedia necatus est; fin V 82. ille ignis aeternus, nocturnis Fonteiae laboribus vigiliisque servatus; Font 47.

vigilo, wachen, während des Wachens, durchwachen, wachsam sein, sorgen: I. Regulus, quem
Karthaginienses inligatum in machina vigilando
necaverunt; Piso 43. — II. cur deus dormientes
nos moneat, vigilantes neglegat? div I 85. an natura
fieri, ut mobiliter animus agitatus, quod vigilans
viderit, dormiens videre videatur; div II 129. inerant
in utriusque nostrum animis vigilantium cogitationum
vestigia; div II 140. qui praeerant Lacedaemoniis,
non contenti vigilantibus curis in Pasiphaae fano
somniandi causa excubabant; div I 96. venit mihi
in mentem M. Catonis, hominis sapientissimi et
vigilantissimi; Ver V 180. praeter M. Eppium, vigilantem hominem et industrium; A VIII 11, B, 1.
exspecto, quid tribunus plebis vigilans et acutus
excogitet; agr. I 3. si (viatores) de nocte vigilassent;
Q fr. II 13 (15, a), 2. — III, 1. semper vigilavi et
providi, quem ad modum salvi esse possemus; Catil
III 3. — 2. vigila, Chrysippe, ne tuam causam
deseras; fat 12. — IV. cum magnam partem noctis
vigilasses; div I 59.

viginti, zwanzig: qui annos natus unum et
viginti nobilissimum hominem in iudicium vocarim;
de or III 74. adoptat annos viginti natus, etiam
minor, senatorem; dom 34. si viginti quiessem dies;
Planc 90. ea (stella) IIII et XX mensibus eundem
lustrat orbem; nat II 53. anno secundo Tissenses
HS XXi lucri dare coguntur inviti; Ver III 86. viginti
et septem tabulas sustulit; Ver IV 123. reliquis sex
et XX tribubus; agr II 21. ubi nemo sit praeter me,
qui quemquam ex viginti viris vivum et salvum
velit; A II 6, 2.

vigintiviratus, Amt der zwanzig Männer:
(Caesar) repudiari se totum, magis etiam quam olim
in XX viratu, putabit; A IX 2, a, 1.

vilico, Verwalter sein: ut (noster hic rector)
quasi dispensare rem publicam et in ea quodam modo
vilicare possit; rep V 5.

vilicus, Verwalter, Meier: I. Habiti vilici rem
domini et privatam possessionem defenderunt;
Cluent 161. — II, 1. populus Romanus deligit
magistratus quasi rei publicae vilicos; Planc 62.
sin autem eminus, quem vilicum imponeremus; Planc
62. Nicephorum, vilicum tuum, sane probavi; Q fr III
1, 5. — 2. te familiae valde interdicere, ut uni dicto
audiens esset. quippe vilico; rep I 61. si mandandum aliquid procuratori de agri cultura aut imperandum vilico sit; de or I 249. — III. num id
studium censes esse vilici? rep V 5.

vilis, wohlfeil, gering, wertlos, gleichgültig:
quoniam (frumentum) vilius erat; Ver III 195. etiamsi
honos noster vobis vilior fuisset; Flac 103. semper
eos (honores) putavi, si vulgares essent, viles, si
temporis causa constituerentur, leves; Q fr I 1, 31.
vilissimas res addunt; fin II 42. quamquam Velia
non est vilior quam Lupercal; ep VII 20, 1. quorum
tibi auctoritas est videlicet cara, vita vilissima;
Catil I 21.

vilitas, Wohlfeilheit: I. subito illo ipso die
carissimam annonam recopinata vilitas consecuta
est; dom 14. quae tibi plus prodessent cognita quam
tritici vilitas; of III 52. — II. petebatur a me
annonae vilitas; dom 16. — III. num aut in vilitate
nummum arator quisquam dedit aut in caritate de
aestimatione questus est? Ver III 216.

villa, Landhaus, Landgut: I. villa tota locuples
est, abundat porco, haedo, agno, gallina, lacte, caseo,
melle; Cato 56. ea villa tamquam philosopha videtur
esse, quae obiurget ceterarum villarum insaniam;¡Q
fr III 1, 5. — II, 1. adiungetur huic operi villa
etiam publica; A IV 17, 7 (16, 14). cur ille gurges
ad caelum exstruit villam in Tusculano visceribus
aerarii? dom 124. basilicam habeo, non villam, frequentia Formianorum; A II 14, 2. istorum villae sociorum
fidelissimorum plurimis et pulcherrimis spoliis ornatae

refertaeque sunt; Ver V 127. cum videret eorum
villas signis et tabulis refertas; leg III 31. me
minusculam villam Quinto traditurum; A XIV 13, 5.
cum Piliae nostrae villam ad Lucrinum, vilicos,
procuratores tradidissem; A XIV 16, 1. — 2. domus
est, quae nulli mearum villarum cedat; ep VI
18, 5. — 3. a villa in senatum arcessebatur et
Curius et ceteri senes; Cato 56. devertit in villam
Pompei; Milo 54. hominem infirmum in villam apertam
ac ne rudem quidem etiam nunc invitare nolui; Q
fr II 8 (10), 2. cum in villa quadam campi Atinatis
maneres; div I 59. multa (signa sunt) ad villas tuas
posita; Ver IV 36. ibi in proximis villis ita bipertito fuerunt, ut Tiberis interesset; Catil III 5. —
III. posita in fundi villaeque conspectu religio
Larum; leg I 27. cum esset obiecta magnificentia
villae Tusculanae; leg III 30. — IV, 1. cetera noli
putare amabiliora fieri posse villa, litore, prospectu
maris; A XII 9. — 2. illi aurata tecta in villis et
sola marmorea facienti; par 49.

villula, Landgütchen: I. Cottae est villula sordida et valde pusilla; A XII 27, 1. — II, 1. nihil
aliud curant nisi villulas, nisi nummulos suos; A
VIII 13, 2. cur ocellos Italiae, villulas meas non
video? A XVI 6, 2. — 2. volo circum villulas
nostras errare; A VIII 9, 3.

villus, zottiges Haar, Wolle: I. ut earum (ovium)
villis confectis atque contextis homines vestiantur;
nat II 158. — II. aliae (animantes) villis vestitae;
nat II 121 f. I.

vinaceus, Weinbeerfern: quae (terra) ex acini
vinaceo tantos truncos ramosque procreet; Cato 52.

vinarius, den Wein betreffend, für den Wein
bestimmt: cellis vinariis et olearis plenis relictis;
Top 17. cognoscite nunc de crimine vinario; Font
19. erat etiam vas vinarium; Ver IV 62.

vincio, fesseln, binden, sichern, verpflichten:
ut vincti solvantur; Ver V 12. ut ille veterator et
callidus vinctus ad Hannibalem duceretur; of III 113.
facinus est vincire civem Romanum; Ver V 170.
Iuppiter, cuius nomine maiores nostri vinctam testimoniorum fidem esse voluerunt; Font 30. vinctis
aspiciunt catenis liberos suos; Ver V 108. Caesarem
loca occupare, vincire praesidiis; A VII 18, 2. saepe
carpenda membris minutioribus oratio est, quae tamen
ipsa membra sunt numeris vincienda; de or III 190.
nec (oratio philosophorum est) vincta numeris, sed
soluta liberius; orat 64. L. Pisoni nonne euminutem
populos liberos vinctos et constrictos tradidisti?
dom 23. (antiqui) sententias graves et suaves reperiebant, sed eas aut vinciebant aut explebant parum;
orat 168. veteratorem: f. callidum. numquam claros
viros senatus vinctos hostibus dedidisset; of III 108.

vinclum f. **vinculum.**

vinco, siegen, gewinnen, Recht haben, überzeugen, besiegen, bewältigen, überwinden, übertreffen, überbieten: I, 1, a. omnes vincendi studio
tenebamur; Ligar 28. — b. quod sit et vincere et vinci
luctuosum rei publicae fore putavi; Quir 13. —
2. si id dicis, vicimus; fin II 72. malle quod dixerim
me cum Pompeio vinci quam cum istis vincere;
A VIII 7, 2. quod avis illa victa sibive solaret,
canere, si vicisset; div I 74. victa est nostra sententia, vicit L. Caesaris; Phil VIII 1. — II, 1. Peripatetici haec a se peti vincerent oportere; de or
I 43. vince bonum virum fuisse Oppianicum; Cluent
124. — 2. iudicium, quod prope omnium fortunarum suarum C. Mustius habuit, me uno defendente
vicit; Ver I 139. damnum datum esse M. Tullio
concedis; vici unam rem. vi hominibus armatis non
negas; vici alteram; Tul fr 1 (Tul 23). cum hoc
ipsum concessit, vincit tamen sponsionem, si planum
facit . .; Caecin 92. — III. ex istis nemo est, quin
Q. Valerium Soranum lenitate vocis atque ipso oris
pressu et sono facile vincat; de or III 43. quo uno

vincebamur a victa Graecia; Bru 254. ut eos ille (Isocrates) moderatione, non inventione vicerit; orat 176. volunt isti quiescere. id quod victi ac subacti solent; Font 36. qui aut victi armis sunt aut invitissimi paruerunt; Font 49. ut neque ipse dignitate vinci potuerit neque te dignitate superarit; Muren 15. qui (Demosthenes) dolere se aiebat. si quando opificum antelucana victus esset industria; Tusc IV 44. sale et facetiis Caesar, Catuli patris frater, vicit omnes; of I 133. uno te vicimus, quod de Marcelli salute paulo ante quam tu cognovimus; ep IV 4, 3. tu fac in augenda gloria te ipsum ‖ ipse ‖ vincas; ep XII 7, 2. facis summo amore et victus fortasse vitio meo; A XII 41, 3. si Faberius nobis nomen illud explicat, noli quaerere, quanti; Othonem vincas volo; A XIII 29, 1 (2). Othonem quod speras posse vinci; A XIII 33, 2. f. I, 2. alqs. ita tua, Sulpici, est a nobis tum accusatio victa; de or II 201. vincam animum cuique adsentiar deligam; Ac II 125. avem: f. I, 2. avis. qui tantum immanitate bestias vicerit; Sex Rosc 63. victa est causa rei publicae, et victa non auspiciis, sed vi, manu, ferro; Sest 78. quid mihi mandasti, in quo non exspectationem tuam diligentia mea vicerim? ep III 10, 8. Graeciam: f. alqm; Bru 254. tot homines sapientissimos et clarissimos prudentia consilioque vicisti? Ver III 16. vicit ergo utilitas honestatem? immo vero honestas utilitatem; of III 19. vincamus odium pacemque patiamur; Phil XIII 7. si subitam et fortuitam orationem commentatio et cogitatio facile vincit, hanc ipsam profecto adsidua ac diligens scriptura superabit; de or I 150. vicit pudorem libido, timorem audacia, rationem amentia; Cluent 15. meorum periculorum rationes utilitas rei publicae vincat; Catil IV 9. f. pudorem. sententiam: f. I, 2. sententia. ea (sidera) celeritate vinci a tardioribus videbantur; Tim 30. timorem: f. pudorem. utilitatem: f. honestatem. — IV. tu, tuas inimicitias ut rei publicae donares, te vicisti; ep V 4, 2.

vinculum (vinclum), Banb, Banbe, Feffel, Gefängnis: I, 1. me vel plurima vincla tecum summae coniunctionis optare, etsi sunt amoris artissima; A VI 2, 1. — 2. cum lex sit civilis societatis vinculum; rep I 49. maximum mihi vinculum cum eo (M'. Curio) est quasi sanctioris cuinsdam necessitudinis, quod . .; ep XIII 17, 1. — II, 1. conlegii coniunctio non mediocre vinculum mihi quidem attulisse videtur ad voluntates nostras copulandas; ep III 4, 2. omnes artes habent quoddam commune vinculum; Arch 2. opto: f. I, 1. si quis eorum vincula ruperit; Catil IV 8. vincula soluta sunt et servitia concitata ‖ incitata ‖; leg III 25. — 2. non dubitat P. Lentulum aeternis tenebris vinculisque mandare; Catil IV 10. — 3. se libidinum vinculis laxatos esse; Cato 7. nos levari vinclis arbitremur; Tusc I 118. — 4. fit maxima consultum, ut Vettius in vincula coniceretur; A II 24, 3. cum eum tu consulem in vincula duceres: Vatin 21. ex his vinclis emissi; Tusc I 75. ut animus evolet tamquam e custodia vinclisque corporis; Lael 14. eum (Atticum oratorem) tamquam e vinculis numerorum eximamus; orat 77. — III, 1. aliquo te cum hoc (Murena) rei publicae vinculo esse coniunctum; Muren 64. homines antea dissociatos iucundissimo inter se sermonis vinclo conligavit; rep III 3. etiamsi corpora capta sint armis aut constricta vinclis; de or I 226. quod cum magis fide quam aliquo publico vinculo religionis teneretur; Balb 34. — 2. in vinclis cives Romanos necatos esse arguo; Ver V 149.

vindemiola, fleine Weinlefe: ego omnes meas vindemiolas eo reservo, ut illud subsidium senectuti parem; A I 10, 4.

vindex, Schützer, Rächer, Beftrafer, Schützerin, Rächerin: I, 1. ille vindex gladiatorum et bestiari-

orum emerat de Cosconio et Pomponio bestiarios: Q fr II 4 (6), 5. cum speculatur atque obsidet rostra vindex temeritatis curia; Flac 57. Furiae deae sunt, vindices facinorum et sceleris; nat III 46 — 2. qui peccatorum vindex esse debet: inv II 104. — II. neque provocationem, patronam illam civitatis ac vindicem libertatis, populo Romano dari sine nobilium dissensione potuisse; de or II 199. habeat sane populus tabellam quasi vindicem libertatis: leg III 39. aperte vindicem coniurationis oderunt; ep V 6, 2. video Milonem, vindicem vestrae libertatis, reum; Sest 144.

vindicatio, Notwehr: I. vindicatio (est), per quam vis aut iniuria et omnino omne, quod obfuturum est, defendendo aut ulciscendo propulsatur; inv II 161. — II. vindicationem (eam appellant), per quam vim et contameliam defendendo aut ulciscendo propulsamus a nobis et ab iis ‖ a nostris ‖, qui . .; inv II 66.

vindiciae, Rechtsanspruch: I, 1. cum vindicias amisisset ipsa libertas; rep III 44. — 2. pro praede litis vindiciarum cum satis accepisset; Ver I 115. — II. qui non iniusta vindiciis ac sacramentis alienos fundos petebat; Milo 74.

vindico, in Anspruch nehmen, befreien, retten. bewahren, schützen, strafen, rächen: I, 1. quem tu ad vindicandum fortissimum fore putasti; Catil I 19. — 2. si qui rex fecisset aliquid eius modi. nonne publice vindicaremus? Ver V 149. — II. alter morte voluntaria se a severitate iudicum vindicavit: Bru 103. me istos liberos non addixisse, praesertim cum adesset nemo, a quo recte vindicarentur; A VII 2, 8. quodsi te satis innocentia tua et misericordia hominum vindicat hoc tempore a molestia; Q fr I 4, 2. ceteri in iure sua physici vindicarent: de or I 42. si audierit hanc auctoritatem gravitatis et consilii sui vindicari a te; de or I 214. proinde quasi exitus rerum, non hominum consilia legibus vindicentur; Milo 19. iste dolus malus et legibus erat vindicatus et sine lege iudiciis; of III 61. exitus: f. consilia. nobilissimam familiam paene ab interitu vindicasti; Marcel 10. qui consul insidias rei publicae magnitudine animi vindicasset; Sulla 14. ut laudem eorum ab oblivione hominum atque a silentio vindicarem; de or II 7. ceterarum rerum, quae sunt in oratore, partem aliquam sibi quisque vindicat; orat 61. per quae (iudicia) potuerit id peccatum, quod sponte sua reus punitas sit, moribus et iudicio vindicari; inv II 80. qui (P. Scipio) ex dominatu Ti. Gracchi privatas in libertatem rem publicam vindicavit; Bru 212. qui (vir) sit rem publicam in veterem dignitatem et libertatem vindicaturus; ep I 5, 2. ne ab omnibus eam (senectutem) vitiis videar vindicare; Cato 55. — III. Homerum Colophonii civem esse dicunt suum. Chii suum vindicant; Arch 19.

vindicta, Befreiung: si neque censu nec vindicta nec testamento liber factus est, non est liber: Top 10. servos nostros suppliciorum metu dominorum benignitas vindicta una liberat; Rabir 16.

vinea (vinia), Weinberg, Schupbach: I. quo pluris sint octavus oliveta nostraeque vineae; rep III 16. — II. quae (uva) maxima esset in vinea; div I 31. — III. quid de vinearum olivetorumve specie plura dicam? Cato 57. — IV. aggere. viniis ‖ vineis ‖ turribus oppugnavi; ep XV 4, 10.

vindum, Rebenpflanzung, Weinberg: 1. augures vineta virgetaque et salutem populi auguranto; leg II 21. — 2. si segetibus aut vinetis cuiuspiam tempestas nocuerit; nat II 167.

vinitor, Winzer: an (vitis) ea, quae per vinitorem antea consequebatur, per se ipsa curabit? fin I 40.

vinulentia, Trunfucht, Trunfenheit: I. impulsio est, quae sine cogitatione facere aliquid

hortatur, ut aegritudo, vinulentia ‖ vinol. ‖ ; inv
II 17. — II. quid furiosam vinulentiam ‖ vinol. ‖ tnam
proferam? Phil II 101. aegrotationi subiecta sunt
pervicacia, ligurritio, vinulentia ‖ vinol. ‖ ; Tusc
IV 26.

vinulentus. mit Wein zubereitet, trunfen:
A. is furere apud sanos et quasi inter sobrios bacchari vinulentus videtur; orat 99. ut ille (Antonius)
omnem suum vinulentum furorem in me unum effunderet; ep XII 25, 4. quod diceres vinulentis
‖ vinol. ‖ te quibusdam medicaminibus solere curari;
Piso 13. — B, I. ne vinulenti ‖ vinol. ‖ quidem,
quae faciunt, eadem approbatione faciunt, qua
sobrii; Ac II 52. — II ne sobrius in violentiam
vinulentorum incidat; Tusc V 118.

vinum, Wein: quae (vina) vetustatem ferunt;
Lael 67. qui vinum fugiens vendat sciens, debeatne
dicere; of III 91. si quis Falerno vino delectetur,
sed eo nec ita novo, ut proximis consulibus natum
velit, nec rursus ita vetere, ut Opimium aut Anicium
consulem quaerat; Bru 287. ut vinum aegrotis, quia
prodest raro, nocet saepissime, melius est non adhibere, sic . .; nat III 69. tamquam levia quaedam
vina nihil valent in aqua, sic . .; Tusc V 13. —
II. adhibeo: f. I. nocet. quamquam tu vini exhalandi causa declaras; Phil II 42. is vomens frustis
esculentis vinum redolentibus gremium suum implevit; Phil II 63. si medicus sciat eum aegrotum,
qui iussus sit vinum sumere, meracius sumpturum;
nat II 78. vendo: f. I. fugit. — III. procedit in
medium vini, somni, stupri plenus; Ver V 94. —
IV. Titurium Tolosae quaternos denarios in singulas vini amphoras portorii nomine exegisse; Font
19. maximus vini numerus fuit; Phil II 66. ut
portorium vini institueret; Font 19. — V, 1. vino
lustrisque confectus; Phil II 6. delectari; f. I.
nascitur. natabant pavimenta vino; Phil II 105.
ipse se obruit vino; Phil III 21. onusti cibo et vino:
div I 60. — 2. non numquam etiam ad vinum diserti
sint; Cael 67. quodsi in vino et alea comissationes
solum et scorta quaererent; Catil II 10. „Liberum"
appellare pro vino; de or III 167.

viola, Veilchen: an tu me in viola putabas aut
in rosa dicere? Tusc V 73.

violentia, Heftigfeit, Ungestüm, Wildheit:
1. novi hominis effrenatam violentiam; Phil XII
26. — 2. ne sobrius in violentiam vinulentorum incidat; Tusc V 118.

violentus, heftig, gewaltsam, ungestüm: quamvis sis violentus et furens; Phil II 68. vos non opes
violentas concupisse; Phil I 29. quas res violentis-
simas natura genuit; nat II 152. populum Romanum hominum seditiosorum vocibus ut violentissi-
mis tempestatibus concitari; Cluent 138.

violo, mißhandeln, verletzen, beflecken, entehren,
entweihen: I. cum eam (religionem) sibi ille non
colendi, sed violandi causa appetisset; Sest 56. —
II. quod putabit fortasse in nobis violandis aliquid
se habere populare; A VIII 5. te ipsum quodam
modo hic violavit, cum in me tam improbus fuit;
A IX 15, 5. id, in quo violatur aequitas; of III 81.
ut amicitiam populi Romani, fidem suam, iura omnia officii humanitatisque violarent; Flac 57. prius,
quam ibim aut aspidem aut faelem aut canem aut
crocodilum violent; Tusc V 78. qui illam custodem
urbis violari ab impiis passi non sumus; leg II 42.
in quo di immortales violati; Ver IV 60. dexterae
sunt perfidia et scelere violatae; Phil XI 5. superioribus capitibus dignitas populi Romani violabatur;
agr I 2. qui omnia divina et humana violarint;
Sest 1. qui meam domum violasset; har resp 15.
qui violare P. Quinctii existimationem absentis auderet; Quinct 73. faelem: f. aspidem. cum apud
exteras nationes imperii nominisque nostri famam
tuis probris flagitiisque violaris; Ver I 82. qui

nostram in accusatione sua necessitudinem familiaritatemque violasset; Sulla 2. fidem: f. amicitiam.
multis violatis fractisque foederibus; Scaur 42. iustitiae partes sunt non violare homines, verecundiae
non offendere; of I 99. de hospitio violato nihil
queror; Ver II 111. humana: f. divina. ibim: f. aspidem. iura: f. amicitiam. Matrem magnam, cuius
ludi violati, polluti sunt; har resp 24. mitto matres familias violatas; Ver IV 116. quid aliud habet
in se (quaestura) nisi sortis necessitudinem religionemque violatam? Ver pr 11. f. familiaritatem.
sacra et religiones neglegi, violari, pollui; har resp
8. f. necessitudinem. vgl. I. violata iam ab illo
(Caesare) re publica; A VII 17, 2. sacra: f. religiones. nisi violasses templum Castoris; Vatin 32.
quinta (Minerva) Pallantis, quae patrem dicitur interemisse virginitatem suam violare conantem; nat
III 59. quod in patris vita violanda multa peccantur; par 25.

vipera, Viper: I. etiamne in sinu quidam optimi viri viperam illam venenatam ac pestiferam habere potuerunt? har resp 50. — II. cur deus tantam vim natricum viperarumque fecerit; Ac II 120.

vir, Mann, Ehemann: I. absolut: 1. adest vir
summa auctoritate et religione et fide, M. Lucullus;
Arch 8. multos ex te viros primarios audisse; Ver
I 157. neque hoc cogitavit vir iustissimus; Milo
20. quid in hac re publica tot tantosque viros ob
rem publicam interfectos cogitasse arbitramur? Tusc
I 32. si sapientissimi viri (mecum faciunt), qui res
publicas constituerunt, qui urbes condiderunt; div I
84. vir bonus utilitati omnium plus quam unius
alicuius aut suae consulit; fin III 64. cum vir amplissimus consul id illi ordini per populum dedit;
Planc 35. dicit (hoc) vir clarissimus, Cn. Lentulus
censor; Ver V 15. M. Aemilius Avianus ab ineunte
adulescentia me observavit semperque dilexit, vir
cum bonus tum perhumanus et in omni genere officii diligendus; ep XIII 21, 1. non miserabiliter vir
clarus emoritur; Tusc I 96. unum virum esse, in
quo summa sint omnia; imp Pomp 13. fuit hic vir
non solum eruditissimus, sed etiam civis peritissimus;
leg II 66. nec istos excellentes viros res publica
perdidisset; Bru 266. quod id viri boni, vestri similes, in iudicando faciunt; Caecin 6. si Phalarim,
crudelem tyrannum, vir bonus vestitu spoliare possit, nonne faciat? of III 29. f. condunt. nec vero
umquam ne ingemescit quidem vir fortis ac sapiens;
Tusc I 56. idemne delecti amplissimis ex ordinibus
honestissimi atque sapientissimi viri iudicabunt, quod
ille importunissimus gladiator iudicaret? Muren 83.
lusit vir egregius extremo spiritu; Tusc I 96. hicine
vir patriae natus usquam nisi in patria morietur aut,
si forte, pro patria? Milo 104. observat: f. diligit.
quodsi principes viri hanc Latinis viam ad civitatem
patere passi sunt; Balb 54. f. II, 1. dico. hoc pueri
possunt, viri non poterunt? Tusc II 34. referente
L. Ninnio, fortissimo atque optimo viro; sen 3. o
viros fortes, equites Romanos, qui M. Druso restiterunt! Cluent 153. hoc vir excellenti providentia
sensit ac vidit; rep II 5. spoliat: f. facit. mortem
ego vir consularis tantis rebus gestis timerem? Sest
48. venientem in forum, virum optimum et constantissimum, M. Cispium, vi depellunt; Sest 76.
venit Epicurus, homo minime malus vel potius vir
optimus; Tusc II 44. virum doctissimum, Platonem,
in maximis periculis esse versatum; Rab Post 23.
videt: f. sentit. ego vestros patres, viros clarissimos
mihique amicissimos, vivere arbitror; Cato 77. —
2. quo (Catone meo) nemo vir melior natus est,
nemo pietate praestantior; Cato 84. vince deinde
bonum virum fuisse Oppianicum; Cluent 124. non
quin possint multi esse provinciales viri boni, sed . .;
Q fr I, 15. cum ea re bonum virum oportere esse
dicant, ne malum habeat, non quo id natura rectum

sit; A VII 2, 4. virum videri negant, qui irasci nesciat; Tusc IV 43. — 3. qua virtute, qua constantia vir! Planc 27. Xenophon Socraticus (qui vir et quantus!) sua scribit somnia; div I 52. vos, vos appello, fortissimi viri; Milo 101. o virum Sparta dignum! Tusc I 100. ſ. 1. resistunt.

II. nach Verben: 1. bonos viros ad tuam necessitudinem adiunxeris; ep XIII 11, 3. quos tu clarissimos viros soles appellare; Phil II 5. ſ. I, 3. Milo 101. illae virtutes bonum virum videntur potius attingere; of I 46. quid reliquos clarissimos viros commemorem? Phil XIII 30. nos ad sacra Idaea accipienda optimum virum delegimus; fin V 64. ſ. I, 1. iudicant. depello: ſ. I, 1. venit. num fortem virum, num patientem potes dicere Philoctetam? Tusc II 33. diligo: ſ. I, 1. diligit. doctissimis viris proficisci placuit a lege; leg I 18. ſ. I, 1. versatur. quid est nequius aut turpius effeminato viro? Tusc III 36. erudio: ſ. I, 1. est. quod (honestum) colitur ab iis, qui bonos se viros haberi volunt; of III 17. interficio: ſ. I, 1. cogitat. quod iis viris carebunt, quos laudare quam lugere praestabit; Phil XIV 34. sequar divinum illum virum, quem saepius fortasse laudo, quam necesse est; leg III 1. lugeo: ſ. laudo. quid ornatissimo atque optimo viro, patri tuo, respondebas? Planc 51. perdo: ſ. I, 1. excellunt. te conligas virumque praebeas; ep V 18, 1. videsne hos omnes equites Romanos, non solum notos tibi, verum etiam probatos viros? Marcel 33. cum veneris, virum te putabo, si Sallustii Empedoclea legeris, hominem non putabo; Q fr II 9 (11), 3. sequor: ſ. laudo. suppeditabit nobis Atticus noster e thesauris suis quos et quantos viros! fin II 67. vidi Mytilenis nuper virum atque, ut dixi, vidi plane virum; Bru 250. ſ. probo. — 2. viri boni esse misereri; Muren 63. — 3. quorum (amicorum) copia bonis viris et beneficis deesse non solet; Muren 70. qui paulo ante clarissimo viro privato imperium extra ordinem non dedi; Phil XI 25. non reddere (beneficia) viro bono non licet; of I 48. placeo: ſ. 1. doceo. respondeo: ſ. 1. orno. aditus in id sacrarium non est viris; Ver IV 99. — 4. careo: ſ. 1. laudo. gravi teste privatus sum amoris summi erga te mei patre tuo, clarissimo viro; ep II 2. — 5. quae ab aliis magnis viris accepisti; ep IV 13, 7. appellata est ex viro virtus; Tusc II 43. cadit in virum bonum mentiri emolumenti sui causa, criminari, praeripere, fallere? of III 81. non ego eum cum summis viris comparo; Marcel 8. qui apud tales viros tam impudenter loquare; Phil II 16. cum de viro bono quaeritur; rep II 26. tantum ego in excellente || excellenti || oratore et eodem bono viro pono esse ornamenti universae civitati; de or II 85. magnos animos esse in bonis viris; Catil II 19. in viro (esse meliora) quam in puero; nat II 38. ſ. I, 1. est.

III. nach Adjectiven: 1. viri propria maxime est fortitudo; Tusc II 43. ut in eo magistratu viri tui similis esses; Phil II 50. — 2. mulier sibi felicior quam viris; Phil V 11. siquidem nihil sit praestabilius viro quam periculis patriam liberare; Milo 96 (97). — 3. natus ad agendum semper aliquid dignum viro; ep IV 13, 3. 4. quod tibi commune cum summis viris esse videatur; Vatin 30.

IV. nach Substantiven: 1. nec clarorum virorum post mortem honores permanerent, si nihil eorum ipsorum animi efficerent, quo diutius memoriam sui teneremus; Cato 80. cognoscetis auctoritates contrarias virorum fortissimorum et clarissimorum; imp Pomp 51. quae (via) cruentata antea caede honesti atque innocentis viri silebatur; Milo 18. quasi vero clarorum virorum aut tacitos congressus esse oporteat aut ludicros sermones aut rerum conloquia leviorum! Ac II 6. coniugia virorum et uxorum natura coniuncta esse; fin IV 17. con-

loquia: ſ. congressus. haec audivimus de clarissimorum virorum consiliis et factis; Sest 139. corpus virorum fortium esse mortale; Sest 143. si viri culpa factum est divortium, etsi mulier nuntium remisit; Top 19. horum virorum talium dignitati in ludere; Sex Rosc 54. de dissensionibus tantis summorum virorum disseramus; Ac II 147. recens exemplum fortissimi viri profero; Ver I 56. facta: ſ. consilia. cum antea senatus auctoritatem suam in virorum fortium funeribus ornamentisque ostenderit; Phil IX 16. honores: ſ. animi. memoriam illius viri omnes excipient anni consequentes; Cato 19. clarissimi viri mortui monumenta delebat; dom 102. si est aliqui sensus in morte praeclarorum virorum; Sest 130. mortem filii, clari viri et consularis; Cato 12. valeat fortissimi et clarissimi viri nomen aeternum; Balb 49. ornamenta: ſ. funera. cum de honestissimorum virorum sententia constitutum esset; Cluent 182. sermones: ſ. congressus. haec ostendo testimoniis privatis primariorum virorum; Ver III 122. si minus fortissimi viri virtus civibus grata cecidisset; Milo 81. quod vacua metu, cura, sollicitudine, periculo vita bonorum virorum sit; rep III 26. — 2. quae (controversia) mihi fuit cum avunculo tuo, divino ac singulari viro; fin III 6. qua de re est inter summos viros maior dissensio? Ac II 129. intercederent mihi inimicitiae cum istius mulieris viro; Cael 32. promulgarisne quaestionem de tot amplissimis et talibus viris? Vatin 26. qui societatem cum Sex. Naevio fecerit, viro bono; Quinct 11.

V. Umstand: 1. ideo viam munivi, ut eam tu alienis viris comitata celebrares? Cael 34. quae (familia) postea viris fortissimis floruit; Phil IX 4. ut armis, equis, viris D. Bruto subveniremus; Phil VIII 21. abl. comp.: ſ. II, 1. effemino. — 2. quid oporteret a praestantibus viris in re publica fieri; Sest 86. quod (decretum) est obsignatum ab amplissimis viris; A XVI 16, 5. ut cum duobus patriciis, altero improbissimo, altero modestissimo atque optimo viro, peterem; Muren 17. adfectus animi in bono viro laudabilis; Tusc V 47. liberati per viros fortissimos videbamur; Phil I 32.

vireo. grünen: et arbores et vites et ea, quae sunt humiliora, alia semper virent, alia ..; Tusc V 37.

virga, Rute, Geißelung: I. Porcia lex virga ab omnium civium Romanorum corpore amovit; Rabir 12. — II. metum virgarum navarchus nobilissimae civitatis iente redemit; Ver V 117. ut virgarum vim deprecaretur; Ver V 162. — III. C. Servilium ad terram virgis et verberibus abiectum; Ver V 140. servus per circum, cum virgis caederetur, furcam ferens ductus est; div I 55. virgis oculi verberabantur; Ver V 112.

virgetum, Weidengebüsch: » augures vineta virgetaque et salutem populi auguranto «; leg II 21.

virginalis, jungfräulich, mädchenhaft: inerat in illa magnitudine aetas atque habitus virginalis; Ver IV 74. » heu! virginalem me ploratum edere! « Tusc II 21. homo timidus virginali verecundia; Quinct 39.

virginitas, Jungfrauschaft: quinta (Minerva) Pallantis, quae patrem dicitur interemisse virginitatem suam violare conantem; nat III 59.

virgo, Jungfrau, Mädchen, jungfräulich: A. cum Decimus quidam Verginius virginem filiam in foro sua manu interemisset; rep II 63. vgl. B, I, 2. — B, I, 1. nobilissimas virgines se in puteos abiecisse; prov 6. » virgines Vestales in urbe custodiunto ignem foci publici sempiternum «; leg II 20. cum Licinia, virgo Vestalis summo loco nata, aram dedicasset; dom 136. quas curias earum nominibus nuncupavit, quae ex Sabinis virgines raptae postea fuerant oratrices pacis et foederis; rep II 14. —

2. ego mihi sororem virginem ascisco, tu sororem tuam virginem esse non sisti; dom 92. (oratio) casta, verecunda, virgo incorrupta quodam modo; orat 64. — II, 1. abicio: f. I, I. abiciunt. ascisco: f. I, 2. ne quis heredem virginem neve mulierem faceret; Ver I 107. rapio: f. I, I. sunt. (eloquentiam) tueamur ut adultam virginem caste; Bru 330. -- 2. cur virgini Vestali sit heres, non sit matri suae? rep III 17. — III. tum fugam virginum atque puerorum ac vexationem virginum Vestalium perhorresco; Catil IV 12. ex virginum iudicio (M. Piso) magnam laudem est adeptus; Bru 236. locus ut ipse raptum illum virginis declarare videatur; Ver IV 107. vexatio: f. fuga. — IV. si (libido) petulans fuisset in aliqua generosa ac nobili virgine; par 20. sacra per mulieres ac virgines confici solent; Ver IV 99.

virgula, Rute, Stab, Zauberstab: enitar, ut cuiusque et boni publici et mali causam tamquam virgula videar attingere; rep II 52. C. Popilius virgula stantem (Antiochum regem) circumscripsit dixitque . .; Phil VIII 23. quodsi omnia nobis quasi virgula divina, ut aiunt, suppeditarentur; of I 158.

virgultum, Buschwert: I. visam beluam omnia arbusta, virgulta pervertere; div I 49. — II. via interclusa iam frondibus et virgultis; Cael 42.

viridarium, Lustgarten: viridariorum διαφάσεις latis luminibus non tam esse suaves; A II 3, 2.

viridis, grün, jung, frisch: quos ego campos antea colleaque nitidissimos viridissimosque vidissem, hos ita vastatos nunc ac desertos videbam, ut . .; Ver III 47. nec (virtus) triumphos arescentibus laureis, sed stabiliora quaedam et viridiora praemiorum genera desiderat; rep VI 8. ignem ex lignis viridibus atque humidis fieri iussit; Ver I 45. in viridi opacaque ripa inambulantes; leg I 15.

viriditas, Grün, Jugendfrische: I. elicit (terra) herbescentem ex eo (semine) viriditatem, quae nixa fibris stirpium sensim adulescit; Cato 51. — II, 1. an laurea illa amittit longo intervallo viriditatem? prov 29. senectus aufert eam viriditatem, in qua etiam nunc erat Scipio; Lael 11. elicio: f. I. ut (malum) vigeat et habeat quandam viriditatem; Tusc III 75. — 2. sum in: f. 1. aufero.

virilis, männlich, mannhaft, kräftig, mutig, dem Manne zugehörig: animis usi sumus virilibus, consiliis puerilibus; A XV 4, 2. qui ea sacra non solum aspectu virili, sed flagitio stuproque violarit; har resp 8. quia (calcei Sicyonii) non essent viriles; de or I 231. videremur aliquid doloris virilis habuisse; A XI 23, 3. nec sibi comparavit duritiam virilem; Tusc V 74. trunco magis toto se ipse moderans et virili laterum flexione; orat 59. hominum genus in sexu consideratur, virile an muliebre sit; inv I 35. illam orationem disertam sibi et oratoriam videri, fortem et virilem non videri; de or I 231. haec qui pro virili parte defendunt; Sest 138. sumpsisti virilem, quam statim muliebrem togam reddidisti; Phil II 44.

viriliter, mannhaft, standhaft: barbari quidam aegrotare viriliter non queunt; Tusc II 65. quod viriliter animoque magno fit; of I 94.

viritim, Mann für Mann, einzeln: qui legem de agro Gallico et Piceno viritim dividundo tulerit; Bru 57. agros divisit viritim civibus; rep II 26.

virtus, Tüchtigteit, Vorzug, Wert, Verdienst, Tugend, Tapferteit, Mut: I. absolut· I. si Stoicis concedis, ut virtus sola, si adsit, vitam efficiat beatam; fin V 78. cuius memorabilis ac divina virtus lucem adfert rei publicae; Phil XIII 44. omnino est amans sui virtus; Lael 98. est in eo genere omnes res una vi atque uno nomine amplexa

virtus; inv II 159. culpa omni carens (virtus) praeter se ipsam nihil censet ad se pertinere; Tusc V 4. virtus et honestas et pudor cum consulibus esse cogebat; Rabir 24. virtutem sine ratione constare non posse; nat I 89. haec ipsa virtus amicitiam et gignit et continet; Lael 20. cum ipsa virtus efficiat ita beatam vitam, ut beatior esse non possit; fin IV 20. quodsi is esset Panaetius, qui virtutem propterea colendam diceret, quod ea efficiens utilitatis esset; of III 12. f. adest. quo in bello virtus enituit egregia M. Catonis, proavi tui; Muren 32. virtus et animi habitus naturae modo atque rationi consentaneus; inv II 159. adflicta et prostrata virtus maxime luctuosa est; de or II 21. ea virtus esse videtur praestantis viri, quae est fructuosa aliis, ipsi aut || autem || laboriosa aut periculosa aut certe gratuita; de or II 346. quamquam sunt omnes virtutes aequales et pares, sed tamen est species || specie || alia magis alia formosa et inlustris; de or III 55. sunt aliae (virtutes) quasi ministrae comitesque sapientiae; part or 78. quae virtus omnis in ratione scientiaque disputandi sita est; part or 78. si una virtus est bonum; fin III 14. virtus ad beate vivendum se ipsa contenta est; fin V 79. quam non est facilis virtus! quam vero difficilis eius diuturna simulatio! A VII 1, 6. f. amat. deorum virtus natura excellit, hominum autem industria; Top 76. virtutes voluntariae, quae quidem proprie virtutes appellantur multumque excellunt, propterea quod ex ratione gignuntur; fin V 38. vide, ne ab ea (virtute), quae una ceteris excellebat, omnes nominatae sint; Tusc II 43. cum virtus legionum digna clarissimis imperatoribus exstiterit; Phil XIV 38. gignit: f. continet. ne tua divina virtus admirationis plus sit habitura quam gloriae; Marcel 26. bene laudata virtus voluptatis aditus intercludat necesse est; fin II 118. virtutem nixam hoc honesto nullam requirere voluptatem; fin I 61. saepe virtus et magnificentia plus proficit ad misericordiam commovendam quam humilitas et obsecratio; inv I 109. requirit: f. nititur. potestne virtus servire istis auctoribus? de or I 226. maxime suo decore (virtus) se ipsa sustentat; rep III 40. quia virtus altissimum locum in homine tenet; fin IV 37. — 2. animi est virtus, cuius de partibus paulo ante dictum est; corporis valetudo, pulchritudo, vires, velocitas; extrariae honos, pecunia, adfinitas, genus, amici, patria, potentia; inv II 177. est haec divina atque incredibilis virtus imperatoris; imp Pomp 36. rationis perfectio est virtus; fin IV 35. — 3. Ausruf: f. V, 1. macte.

II. nach Verben 1. adfligo: f. I, 1. est; de or II 211. cuius nos virtutem admirati non ausi sumus adversari voluntati; Phil IX 9. quanti est aestimanda virtus, quae nec eripi nec surripi potest neque amittitur nec mutatur! par 51. ita fiet, ut animi virtus corporis virtuti anteponatur; fin V 38. appellata est ex viro virtus; Tusc II 43. f. I, 1. excellit. scientia cernitur virtus aut actione; part or 76. quorum (hominum) cognita virtus, industria, felicitas in re militari sit; Font 42. colo: f. I, 1. efficit. quia coniuncta ei (vitae) virtus est; fin IV 15. virtutes, non vitia consecrare decet; leg II 28. utrum haec hostes confirmare militum animos an debilitare virtutem? Phil V 4. cumulo: f. 2. sum. ut ad eas (virtutes) cursim perrectura nec eas beata vita a se desertas passura videatur; Tusc V 13. quamquam ipsa virtus brevissime recta ratio dici potest; Tusc IV 34. cum quaeritur, natura an doctrina possit effici virtus; Top 82. eripio: f. aestimo. erit dignior locus in terris ullus, qui hanc virtutem excipiat, quam hic, qui procreavit? Milo 101. virtutes utriusque eorum per se expetendas esse dicebant; fin IV 16. et virtutes omnes et honestum illud per se esse expe-

tendum; fin V 64. facio: ſ. perficio. gigno: ſ. I, 1.
excellit; fin V 38. hae virtutes non ipsis tam, qui
eas habent, quam generi hominum fructuosae,
putantur; de or II 344. nec habere virtutem satis
est quasi artem aliquam, nisi utare; rep I 2. iam
virtutem ex consuetudine vitae sermonisque nostri
interpretemur; Lael 21. quodsi ab iis inventa et
perfecta virtus est; Tusc V 2. laudo: ſ. I, 1. inter-
cludit. ut, qui virtutem praemio metiuntur, nullam
virtutem nisi malitiam putent; leg I 49. muto: ſ.
aestimo. nomino: ſ. I, 1. excellit; Tusc II 43. quae
(ratio) conixa per se et progressa longius fit perfecta
virtus; Tusc II 47. ſ. invenio. 2. sum. hic omnes
virtutes in ratione ponebat; Ac I 38. procreo: ſ.
excipio. prosterno: ſ. I, 1. est; de or II 211. puto:
ſ. habeo, metior. non bellandi virtus solum in
summo ac perfecto imperatore quaerenda est; imp
Pomp 36. cum tuam virtutem animique magnitudinem diligentius essem mecum recordatus; ep V
17, 1. virtus, probitas, integritas in candidato
requiri solet; Planc 62. qui omnino virtutem a
bonorum fine segregaverunt; fin IV 49. alias etiam
dicendi quasi virtutes sequetur; orat 139. subripio:
ſ. aestimo. sic in viris fortibus virtus virtute
superatur; Phil XIV 18. sustento: ſ. I, 1. sustentat.
virtutem ipsam sustulerunt; fin II 43. quam
(ingenii praestantiam) virtutem vocamus; fin IV 54.
quae virtus fortitudo vocatur; rep V 9. — 2. sitientem me virtutis tuae deseruisti; Planc 13. quoniam
singularum virtutum sunt certa quaedam officia ac
munera; de or II 345. hoc sentire prudentiae est,
facere fortitudinis: et sentire vero et facere perfectae
cumulataeque virtutis; Sest 86. — 3. memoriam
amicitiae reliqui virtutibus omnibus antepono;
Rab Post 44. ſ. 1. antepono. nisi vestrae virtuti
constantiaeque confiderem; Phil V 1. quoniam sua
cuique virtuti laus propria debetur; de or II 345.
nunc omni virtuti vitium contrario nomine opponitur;
fin III 40. ut aditus ad consulatum posthac non
magis nobilitati quam virtuti pateret; Muren 17.
nullum theatrum virtuti conscientia maius est; Tusc
II 64. — 4. me quam socios tua frui virtute male-
bam; Planc 13. si qui eximia virtute fuerit; Balb
40. utor: ſ. 1. habeo. — 5. qui ad virtutem adiungunt vel voluptatem vel vacuitatem doloris;
fin II 42. ex qua una virtute viri boni appellantur;
of II 38. longum est de singulorum virtute illa
„ita ∥ dicere, quae . .; Cluent 107. cum Catone,
omnium virtutum auctore, de virtutibus disputare;
fin IV 44. M. Catoni, homini in omni virtute
excellenti, respondebo; Muren 54. quod (honestum)
ex iis (virtutibus) oritur et in illis haeret; fin V 64.
ego non de virtute nunc loquor, sed de virtutis
opinione; Lael 98. quid ageret vir ad virtutem,
dignitatem, gloriam natus? Sest 89. nomino ab: ſ.
1. excellit; Tusc II 43. orior ex: ſ. haereo in. pergo
ad: ſ. 1. desero. pertineo ad: ſ. I, 1. caret. qui in
virtute summum bonum ponunt; Lael 20. multum
in virtute (Ti. Gracchus) processerat; fin IV 65.
quod sit a virtute profectum vel in ipsa virtute
situm, sua sponte laudabile; Tusc II 46. recte facta,
quando ∥ quoniam ∥ a virtutibus proficiscuntur,
paria esse debent; par 22. in virtute multi sunt
ascensus; Planc 60. qui sine virtute sunt; fin III
61. ea sunt maxima, quae in ipso animo atque in
ipsa virtute versantur; Ac I 22.
III. nach Adjectiven: 1. omnes virtutis compotes
beati sunt; Tusc V 39. proprium sanum cuiusque
(virtutis) munus est; fin V 67. in quibus (bestiis)
inest aliquid simile virtutis; fin V 38. — 2. quae
(vitia) virtutibus sunt contraria; Tusc IV 32.
uni cuique virtuti finitimum vitium reperitur; in
II 165. — 3. nihil Maximus fecit alienum sua
virtute; Vatin 28. beatam vitam virtute esse contentam; Tusc V 18. ſ. I, 1. est; fin V 79. adest

praesens vir singulari virtute, constantia, gravitate
praeditus, M. Bibulus; dom 39. — 4. de M. Catone
illo in omni virtute principe; Planc 20. situs in:
ſ. II, 5. proficiscor a.
IV. nach Substantiven: 1. virtutum amicitia adiutrix a natura data est, non vitiorum comes; Lael
83. dolor esse videtur acerrimus virtutis adversarius; Tusc V 76. auctor: ſ. II, 5. disputo de. M.
Lepidus, vir ornatissimus omnibus et virtutis et
fortunae bonis; Phil XIII 49. hinc illa cognitio
virtutis exsistit; Tusc V 71. qui est fructus verae
virtutis honestissimus; Piso 57. meo iudicio pietas
fundamentum est omnium virtutum; Planc 29. multa
et varia facta in propria virtutum genera sunt
digerenda; part or 75. cum te constet excellere
hoc genere virtutis; ep XI 21, 4. virtutis gloriam
(esse) sempiternam; Sest 143. optima hereditas a
patribus traditur liberis gloria virtutis rerumque
gestarum; of I 121. si forte virtutis hostis exstitisset; Flac 2. o virtutis (philosophia) indagatrix
expultrixque vitiorum! Tusc V 5. maior est virtutis
victoriaeque iucunditas quam ista voluptas; Ver I
57. ad magistros virtutis philosophos veniamus;
Tusc IV 70. ea mala virtutis magnitudine obrue-
bantur; fin V 92. munera: vgl. II, 2. sum. eas
ambas (dialecticam, physicam) virtutum nomine
appellant; fin III 72. officia: vgl. II, 2. sum. opinio:
ſ. II, 5. loquor de. vir summis ornamentis virtutis,
ingenii praeditus, Q Hortensius; imp Pomp 51.
partes: ſ. I, 2. inv II 177. is potest dicere perfici
beatam vitam perfectione virtutis; fin II 88. ex
omnibus praemiis virtutis amplissimum esse praemium gloriae; Milo 97. quarum (virtutum) est excellens in animorum laude praestantia; Ver III 36.
quis non admiretur splendorem pulchritudinemque
virtutis? of II 37. parvi virtutum simulacris sine
doctrina moventur; fin V 43. simulatio: ſ. I, 1.
est; A VII 1, 6. splendor: ſ. pulchritudo. nonne
ceteros studio laudis ac virtutis inflammandos putatis? Font 42. o nationes, urbes, tyranni testes
virtutis in bello! Balb 13. diutius, quam vellem,
tanta vis virtutis atque ingenii peregrinata afuit;
Ac II 3. ſ. II, 1. cerno. usus eius (virtutis) est
maximus civitatis gubernatio; rep I 2. — 2. non
hominibus usus eius (virtutis) hostem semper
fuisse; dom 66. — 3. qui singulari virtute et gloria
civem domum compulit; Milo 73. C. Matrinium.
summa virtute hominem; Ver III 60. quotus quisque invenietur tanta virtute vir? Sest 93. — 4. Cn.
Mallium ∥ Manl. ∥, non solum ignobilem, verum
sine virtute; Planc 12. propter singulare animi
mei de tua virtute iudicium; Muren 60. ⸿ quem
(librum) ad me de virtute misisti; fin I 8. in qua
(philosophia) quod inchoatum est neque absolutum,
progressio quaedam ad virtutem appellatur; Ac I 20.
V. Umstand: 1. cuius virtute captae, misericordia conservatae sunt Syracusae; Ver V 84.⸿ virtute
admirabili Caesaris a cervicibus nostris est depulsus
Antonius; Phil III 8. cum, quod virtute effici debet,
id temptatur pecunia; of II 22. quae virtute fidem
faciunt, ea bipertita sunt; ex quibus alterum natura
valet, alterum industria; Top 76. ut ea virtute,
non casu virtute esse videantur; Catil III 29. ut
(vita) virtute honesta sit; rep V 8. quod virtute,
consilio, providentia mea res publica maximis periculis sit liberata; Catil III 14. errare malo cum
Platone quam cum istis vera sentire. macte virtute!
Tusc I 40. ille omni et humanitate et virtute ornatus adulescens; Planc 58. vir cum virtutibus tum
etiam fortuna ornatus; ep XIII 13. T. Torquatus,
omni illi et virtute et laude par; Planc 27. quod
virtute industriaque perfecisti; Muren 16. quis virtute, consilio, auctoritate praestantior? Cluent 107.
homo virtute, existimatione, nobilitate facile princeps; Cluent 11. sapientis animus virtutibus om-

nibus ut moenibus saeptus vincetur? par 27. audaciam virtute esse superandam; sen 19. ſ. II, 1.
supero. Heracleo, non sua virtute, sed istius avaritia victor; Ver V 91. quod inter haec velit virtute tamquam lege vivere; leg I 56. nihil est virtute amabilius; nat I 121. — 2. ab his praeclarissimis virtutibus tot et tanta vitia superari; Catil II
25. quae nos eorum civibus virtutis causa tribueri-
mus; Balb 26. honeste, id est cum virtute, vivere;
fin III 29. e virtute, id est honeste. vivere; fin II
34. necesse est huic ultimum esse ex virtute agere;
fin IV 35. in ipsa virtute optimum quidque rarissimum est; fin II 81. praeter virtutem nihil in bonis
esse ducendum; fin IV 51. qui a me pro eximia
sua virtute honoris causa nominatur; Cluent 118.
homo propter virtutem splendidus et gratiosus; Ver
IV 38. nec sine virtute amicitia esse ullo pacțo
potest; Lael 20.

virus, Gift: apud quem evomat virus acerbitatis suae; Lael 87.

vis, Kraft, Gewalt, Zwang, Gewalttätigkeit,
Gewalttat, Stärke, Menge, Wirkung, Einfluß,
Macht, Bedeutung, Sinn: I. absint: 1. quorum
(quadripedum) celeritas atque vis nobis ipsis adfert
vim et celeritatem; nat II 151. nisi hoc mirum est,
quod vis divina adsequi non possit, si id mens humana adepta non sit; Sex Rosc 131. alii naturam
esse censent vim quandam sine ratione cientem
motus in corporibus necessarios, alii autem vim
participem rationis atque ordinis tamquam via progredientem; nat II 81. quae nos necessitas ferre
coëgit, quae vis quaedam paene fatalis; Phil III 29.
Ululbris honoris mei causa vim maximam ranunculorum se commosse constabat; ep VII 18, 3. terrane
tibi hoc nebuloso caelo aut sata aut concreta videtur
tanta vis memoriae? Tusc I 60.˙ est in extis aliqua vis, quae declaret futura; div II 29. defendit:
ſ. 3. cum me vires deficere coepissent; de or I 199.
nt id, quod evenit, naturae vis, non opinio erroris
effecerit; div II 143. excellit atque eminet vis,
potestas nomenque regium; rep II 50. ex magnis
rei publicae morbis ista repente vis erupit, ut . .;
Sulla 76. vis et natura rei, nisi perfecta ante oculos
ponitur, qualis et quanta sit, intellegi non potest;
de or III 85. etsi sine re nulla vis verbi est; orat
72. esse vim non in caede solum, sed etiam in animo; Caecin 76. nulla est tanta vis, quae non ferro
debilitari frangique possit; Marcel 8. ſ. declarat.
excellit: ſ. eminet. ex quo iam intellegis tibi maximam vim criminum exortam; Ver V 39. terrae vis
Pythiam Delphis incitabat, naturae Sibyllam; div I
79. inest in ranunculis vis et natura quaedam significans aliquid per se ipsa satis certa, cognitioni
autem hominum obscurior; div I 15. quae vis insit
in his paucis verbis, intelleges; ep VI 2, 3. vis
innumerabilis incitata ex omnibus vicis collecta servorum inrupit; har resp 22. quos amisimus cives,
eos Martis vis perculit, non ira victoriae; Marcel 17.
eam caloris naturam vim habere in se vitalem per
omnem mundum pertinentem; nat II 24. vis eius
(Vestae) ad aras et focos pertinet; nat II 67. haec
eius (philosophiae) vis non idem potest apud omnes;
Tusc II 11. progreditur: ſ. ciet. significat: ſ. inest.
aliud (vocis genus sibi sumat) vis, contentum, vehemens, imminens quadam incitatione gravitatis; de
or III 219. in qua civitate vis et ferrum in foro
versaretur; Quir 14. in hac immensitate latitudinum infinita vis innumerabilium volitat atomorum;
nat I 54. magna vis aquae usque ad piscinam publicam; Q fr III 7, 1. — 2. an haec ipsa vis est,
non posse emori? Sest 80. ſ. 1. ciet. — 3. o magna
vis veritatis, quae contra hominum ingenia facile se
per se ipsa defendat! Cael 63. o magnam vim
ingenii causamque iustam! fin IV 21.

II. nach Verben: 1. naturam atque ingenium ad
dicendum vim adferre maximam; de or I 113.
ſ. I, 1. adfert. nulla res tanta exsistet, ut possit
vim mihi maiorem adhibere metus quam fides; Sex
Rosc 31. et vires et corpus amisi; sed, si morbum
depulero, facile, ut spero, illa revocabo; ep VII 26,
2. publicam causam infinitam vim armatam sine populi
praesidio suscipere nolui; dom 91. alterum est, in
quo oratoris vis illa divina virtusque cernitur; de
or II 120. vis in comparatione sic cernitur: efficiens causa gravior quam non efficiens; Top 70. si
quis universam et propriam oratoris vim definire
complectique vult; de or I 64. quin omnem illarum
artium paene infinitam vim et materiem scientia et
cognitione comprehenderit; de or I 10. cum tu
tantam vim rerum cognitionemque comprenderis
eamque omnem cum eius scientia atque exercitatione
sociaris; de or III 131. velut ibes maximam vim
serpentium conficiunt; nat I 101. conligo: ſ. I, 1.
inrumpit. ut arbitremur nos hanc vim numerose
dicendi consequi posse; de or III 176. omnem vim
mundi natura divina contineri (necesse est); nat II
30. debilito: ſ. I, 1. est; Marcel 8. quod praesentes
saepe di vim suam declarant; nat II 6. defendo: ſ.
I, 3. definio: ſ. complector. denuntio vim, arma;
removete! Phil I 26. cum res publica vim et severitatem desiderabat; Muren 6. non curia vires meas
desiderat, non rostra; Cato 32. cum esset omnis
oratoris vis ac facultas in quinque partes distributa;
de or I 142. dolor reique ‖ doloris, al. ‖ magnitudo
vim quandam nobis dicendi dedit; A IV 2, 2. plerique in hoc vocem modo et vires exercent suas; de
or I 149. rei, id est eloquentiae, vim et naturam
explicemus; orat 112. ut vis eius rei, quam definias, sic exprimatur, ut neque absit quicquam neque
supersit; de or II 108. in qua (causa) vis eloquentiae possit expromi; orat 125. si negassent vim
hominibus armatis esse factam; Caecin 4. neque in
vi armatorum spectari oporteret, in quo loco sit facta
vis; Caecin 85. vi vim oblatam, praesertim saepius,
ut frangeret et refutaret; Sest 88. quae (fortuna)
non potuit certe vires frangere; Tusc III 36. ſ. I,
1. est; Marcel 8. omnia, quae sunt vel generum
vel partium nomina, definitionibus, quam vim habeant, est exprimendum; de or I 189. vim Demosthenes habuit; de or III 28. eandem vim habet
aequitatis ratio; Caecin 58. si vir bonus habeat
hanc vim, ut, si digitis concrepuerit, possit in locupletium testamenta nomen eius inrepere, hac vi non
utatur; of III 75. ſ. I, 1. pertinet. IV, 1. alqd.
incito: ſ. I, 1. inrumpit. cum P. Africano domi
suae quiescenti illa nocturna vis esset inlata; Milo
16. quo facilius vis verbi intellegatur; fin III 51.
Athenas, in quibus summa dicendi vis et inventa
est et perfecta; de or I 13. offero: ſ. frango. quod
se suasque vires non tradidit, sed opposuit Antonio;
Phil V 37. tantum cibi et potionis adhibendum, ut
reficiantur vires, non opprimantur; Cato 36. Caucasi nives hiemalemque vim perferunt sine dolore;
Tusc V 77. perficio: ſ. invenio. I, 1. est; de or III
85. qui hostium impetum vimque pertimuit; Cluent
128. ait (Chrysippus) vim divinam in ratione esse
positam et in universae naturae animo atque mente;
nat I 39. ſ. I, 1. est;ʒde or III 85. cum vis et
natura et genus ipsius negotii quaeritur, constitutionem generalem appellamus; inv II 62. non sunt
contenti quasi bona valetudine, sed vires, lacertos,
sanguinem quaerunt; opt gen 8. reficio: ſ. opprimo.
refuto: ſ. frango. removeo: ſ. denuntio. an vero
tibi Romulus ille finitimorum vim repressisse eloquentia videtur, non consilio et sapientia singulari?
de or I 37. ad quod tempus me et meas vires
reservarem; Phil III 33. revoco: ſ. amitto. ut vis
capite sanciatur; ˌleg III 46. sero: ſ. I, 1. concre-
scit. socio: ſ. comprehendo. qui si in civitate legis

vim subire vellent; Caecin 100. quae vis subiecta sit vocibus; fin II 6. nec P. Popilius neque Q. Metellus vim tribuniciam sustinere potuerunt; Cluent 95. eo magis vis nobis est timenda; A II 21, 5. cum sustuleris omnem vim deorum; nat I 117. trado: f. oppono. omnem vim loquendi, ut iam ante Aristoteles, in duas tributam esse partes; fin II 17. videte vim legis agrariae; agr II 68. — 2. est munus eius (oratoris) non ingenii solum, sed laterum etiam et virium; Cato 28. — 3. si illis maximis viribus careat; orat 76. quam ad suavitatem nullis (Nestor) egebat corporis viribus; Cato 21. nemo Agrigenti viribus tam infirmis fuit, qui non..; Ver IV 95. utor: f. 1. habeo; of III 75. — 4. num quis vestrum ad vim, ad facinus, ad caedem accommodatus est? agr III 16. de vi loci agitur, neque solum naturali, sed etiam divina; div II 117. cuius etiam familiares de vi condemnati sunt; Phil II 4. cum coëgeris homines miseros ad vim, ad manus, ad arma confugere; Ver I 82. ei, qui de vi damnatus sit, aqua et igni interdici; Phil I 23. de fulgurum vi dubitare num possumus? div I 16. quid est, quod contra vim sine vi fieri possit? ep XII 3, 1. quae (domus) contra vim nefariam huius gladiatoris munita atque saepta est; har resp 15. omnia vestri solent ad igneam vim referre; nat III 35. saepio contra: f. munio contra suscipio contra: f. II, 1. armo.

III. **nach Objectiven:** 1. aliquid maiore vi praeditum quam deus; nat II 76. — 2. (homines) ad vim prompti; agr II 82.

IV. **nach Subſtantiven:** 1. quamquam ex his alius alio plus habet virium; leg I 6. ne ille non magno desiderio tenebitur virium; Cato 33. — 2. adducit homines electos maximis animis et viribus; Tul 18.—3. deos immortales huic invicto populo contra tantam vim sceleris praesentes auxilium esse laturos; Catil II 19. fuit illud interdictum apud maiores nostros de vi; Tul 44. quamquam lege de vi certe non tenebantur; Cael 71. metus omnis a vi atque ira deorum pulsus esset; nat I 45. erant quaestiones vel de caede vel de vi; Milo 13. dixerisne in eum testimonium de vi, quam negaveris reum omnino de vi fieri debuisse? Vatin 41.

V. **Umſtand:** 1. vi, malo, plagis adductus est, ut ..; Ver III 56. quot praesidia pudoris et pudicitiae vi et audacia ceperit; Ver V 34. urbes partim vi, partim obsidione cepit; Muren 20. non omnia vi ac minis cogere; leg II 14. videreturne vi hominibus coactis armatisve damnum dolo malo familiae datum; Tul 12. potui me vi armisque defendere; sen 33. unde dolo malo meo vi deiectus sit; Tul 30. cum conſteretur ex praedio vi detrusum esse Quinctium; Quinct 30. omnino illud honestum animi efficitur, non corporis viribus; of I 79. quantum manu ac viribus aut eripere aut retinere potuissent; Sest 91. id solum (honestum) vi sua et dignitate expetendum est; fin III 21. cum duobus modis, id est aut vi aut fraude, fiat iniuria; of I 41. frangere: f. II, 1. frango. quae (res) iuventute geruntur et viribus; Cato 15. quod sit ipsum per se, sua vi, sua sponte, sua natura laudabile; fin II 50. illud (animus) nunc sentit, se vi sua, non aliena moveri; Tusc I 55. eum Ser. Sulpicius vi morbi oppressus vitam amiserit; Phil IX 15. non pugnabamus consilio, auctoritate, sed lacertis et viribus, quibus pares non eramus; ep IV 7, 2. qui me vi, armis pulsum esse dixit; dom 68. si planum facit ab se illum aut vi aut clam aut precario possedisse; Caecin 92. pugnare: f. par. refutare: f. II, 1. frango. retinere: f. eripere. ut (terra) media sit eaque sua vi nutuque teneatur; de or III 178. alios (videmus) viribus ad luctandum valere; of I 107. — 2. cum insitivum Gracchum contra vim multitudinis incitatae censu prohibuisset; Sest 101. in: f. II, 1.

facio. te in provincia pecunias statuarum nomine per vim ac metum coëgisse; Ver II 150. quod per vim hostium esset actum; of III 103. f. I, 1. inest. I, 3. quos e mari propter vim tempestatis excipere non potuissent; rep IV 8. etiamsi (leges) sine vi salvis auspiciis essent rogatae; Phil V 16. f. II, 4. facio contra.

viscera, Eingeweide, Innere, Herzblut, Mark: I, 1. ut eorum (boum) visceribus vesci scelus haberetur; nat II 159. — 2. periculum erit inclusum penitus in venis atque in visceribus rei publicae; Catil I 31. inhaeret in visceribus illud malum; Tusc IV 24. cum de visceribus tuis et filii tui satis facturus sis, quibus debes; Q fr I 3, 7. haec in dicendo non extrinsecus alicunde quaerenda, sed ex ipsis visceribus causae sumenda sunt; de or II 318. — II. terrenam ipsam viscerum soliditatem unde habeamus; nat II 18. — III. cuae ille gurges exstruit villam visceribus aerarii? dom 124.

visceratio, Fleiſchvertheilung: prodigi (sunt), qui epulis et viscerationibus pecunias profundunt; of II 55.

viscum, Vogelleim: provisum etiam, ut in sordibus aurium tamquam in visco (bestiola) inhaeresceret; nat II 144.

visio, Anblick, Erſcheinung, Vorſtellung, Idee: I. cui est visio veri falsique communis; Ac II 33. eam esse eius (dei) visionem, ut similitudine et transitione cernatur; nat I 105. fluunt, videtur: f. II. — II. fluentium frequenter transitio fit visionum, ut e multis una videatur; nat I 109. — III. an (censemus dormientium animos), ut Democritus censet, externa et adventicia visione pulsari? div IV 120.

visito, beſuchen: cum visitasset hominem Charmides Epicureus (Epicuri | perfamiliaris; Ver V 94.

viso, ſehen, beſichtigen, beſuchen: I. qui visendi causa venirent; Tusc V 9. — II. quod nos visere; ep VII 1, 6. ut et viderem te et viserem; ep IX 23. nos longo intervallo viseris; A I 4, 1. quid tam aut visendum aut audiendum fuit quam summorum oratorum incensa contentio? opt gen 22. cupio Alexandream reliquamque Aegyptum visere; A II 5, 1. arx visenda; rep III 43. contentionem: f. alqd. (Diana) ab omnibus advenis visebatur; Ver IV 74. quod (signum) omnes propter pulchritudinem visere solebant; Ver IV 127. propter quem (Cupidinem) Thespiae visuntur; Ver IV 4.

visum, Erſcheinung, Bild, Traumgeſicht, Phantaſiegebilde: I, 1. quaerunt, quonam modo, falsa visa quae sint, ea deus efficere possit probabilia, quae autem plane proxime ad verum accedant, efficere non possit; Ac II 47. cum sumeretur unum, esse quaedam falsa visa, alterum, nihil ea differre a veris; Ac II 111. quae visa sunt eius modi, ut in iis nihil intersit; Ac II 40. habeo regulam, ut talia visa vera iudicem, qualia falsa esse non possint; Ac II 58. ut doceret nullum tale esse visum a vero, ut non eiusdem modi etiam a falso posset esse; Ac II 77. quodsi insanorum visis fides non est habenda, quia falsa sunt; div II 122. f. accedunt, differunt. quae (visa) propriam quandam haberent declarationem earum rerum, quae viderentur; Ac I 41. visum obiectum imprimet in animo suam speciem; fat 43. tum ei (parti animi) visa quietis occurrent tranquilla atque veracia; div I 61. — 2. quid ergo id esset? visum, credo. quale igitur visum? Ac II 77. — II, 1. cum (visum) acceptum sit et approbatum esset, comprehensionem appellabat; Ac I 41. accipio (visa) iisque interdum etiam adsentior nec percipio tamen; Ac II 66. quam (impulsionem) illi φαντασίαν, nos visum appellemus licet; Ac I 40. f. accipio. approbo: f. accipio. sin autem negabunt vera visa a falsis posse distingui; Ac II 44. illud etiam requiro, cur, si deus ista visa nobis providendi causa

dat, non vigilantibus potius det quam dormientibus; div II 126. efficio: ſ. I, 1. accedunt. iudico: ſ. I, 1. est; Ac II 58. obicio: ſ. I, 1. imprimit. percipio: ſ. accipio. tolli omnia, si visa tollantur; Ac II 108. — 2. quia iis visis, inter quae nihil interest, aequaliter omnibus a b r o g a t u r fides; Ac II 36. adsentior: ſ. 1. accipio. habeo: ſ. I, 1. est; div II 122. etsi maximam actionem puto repugnare visis; Ac II 108. — 3. d i s t i n g u o a: ſ. 1. distinguo. internum inter: ſ. 2. abrogo. quod videretur esse quaedam in visis differentia; Ac II 111. — III. eorum (visorum) et vim et g e n e r a dꝑfiniunt; Ac II 40. confitentes non fieri adsensiones sine praecursione visorum; fat 44. vis: ſ. genera. — IV. 1. quid inscitius est quam mentes mortalium falsis et mendaciis visis c o n - c i t a r e? div II 127. a dormientibus quoque multa significata visis; Top 77. — 2. in: ſ. I, 1. est; Ac II 40.

visus, Anblick, Erſcheinung, Geſtalt: quia (probabilia) visum quendam haberent insignem et inlustrem ‖ [quia . . . inlustrem] ‖; nat I 12. vgl. **video,** I, 1, b.

vita, Leben, Lebenslauf, Lebensweiſe, Lebens- wandel: I. abſolut: 1. ea vita in sapientem solum cadit; fin IV 15. nec virtutes sine beata vita cohaerere possunt nec illa sine virtutibus; Tusc V 80. erat in homine orationi vita admodum congruens; rep II 1. confidere sibi debet ac suae vitae et actae et consequenti; fin III 29. vitam beatam illi eam (appellant), quae constaret ex iis rebus aut plurimis aut gravissimis; fin IV 60. si me in ea querimonia non modo vires, verum etiam vita deficiat; Ver V 72. quibus rebus exculta hominum vita tantum distat a virtu et cultu bestiarum; of II 15. neque ante philosophiam patefactam hac de re communis vita dubitavit; div I 86. plena exemplorum est historia, tum referta vita communis; div I 50. ut vitam mihi esse acerbam putem; ep I 1, 1. quae vita maxime est ad naturam, ad eam me refero; A IV 18, 2 (16, 10). ſ. congruit. e quibus (virtutibus) vita beata exsistit par et similis deorum; nat II 153. de Bruto nostro perodiosum, sed vita fert; A XIII 22, 4. cum te et vita et fortuna tua ad dignitatem invitet; Phil X 3. cum suscepta semel est beata vita, tam permanet quam ipsa illa effectrix beatae vitae sapientia; fin II 87. cum vita suppeditavisset; Bru 124 et vita igitur laudabilis boni viri, et honesta ergo, quoniam laudabilis; Tusc V 47. — 2. ut illam, quam tum ille vivebat, vitam esse arbitraretur; Cluent 170. — 3. obsecro te, mea vita; ep XIV 2, 3. ut vitam honestam atque eius modi, ut . . ! Sex Rosc 101.

II. **nach Werben:** 1. nusquam facilius hanc miserrimam vitam vel sustentabo vel a b i e c e r o; A III 19, 1. nec appellatur omnino vita, nisi confecta atque absoluta; fin II 87. si nox non adimit vitam beatam, cur dies nocti similis adimat? Tusc V 112. ille fructum omnis ante actae vitae hodierno die maximum cepit; Marcel 3. ſ. I, 1. consequitur. omnes aut sua pertinacia vitam amiserunt aut tua misericordia retinuerunt; Marcel 21. beatam vitam eam solam (appellat), quae cum virtute degatur; fin IV 60. ſ. absolvo. I, 1. constat. illi corporis commodis compleri vitam beatam putant; fin III 43. confercio: ſ. V, 1. Sest 23. conferte nunc cum illius vita , | vitam ‖ P. Sullae vobis notissimam; Sulla 72. conficio: ſ. absolvo. ex quo efficitur honestate una vitam contineri beatam; Tusc V 44. quae (facultas dicendi) istius vitam tot vitiis flagitiisque convictam, iam pridem omnium voluntate iudicioque damnatam aliqua ex parte possit defendere; Ver pr 10. summa diligentia vitam Sex. Roscii custodiri; Sex Rosc 28. damno, defendo: ſ. convinco. dego: ſ. appello. brevis a natura nobis vita data est; at memoria bene redditae vitae sempiterna; Phil XIV 32. si vita longior

daretur; Tusc I 94. ut vita patriae potius donata quam reservata naturae videretur; Sest 47. ut Sex. Roscii vita erepta de manibus sectorum sententiis iudicum permitteretur; Sex Rosc 149. me a te habere vitam, quia non a te sit erepta; Phil II 60. ii haec ipsa eripiunt vel instrumenta vel ornamenta vitae, vel potius etiam totam vitam evertunt funditus; Ac II 31. excolo: ſ. I, 1. distat. ea omni vita illam vitam magis expetendam non esse, sed magis sumendam; fin IV 20. quae (vita) sit animi corporisque expleta virtutibus; fin V 37. cum hoc tuta, hoc honesta, hoc inlustris, hoc eodem vita iucunda fiat; inv I 5. quis tam esset ferreus, qui eam vitam ferre posset? Lael 87. ut fugere vitam vetent; Scaur 5. neque fugienda vita est, quae laudanda est; par 19. habeo: ſ. eripio. vitam eius, quem arguet, ex ante factis accusator improbare debebit; inv II 32. laudo: ſ. fugio. effectum (est), ut esset vita munitior; of II 15. quod multi etiam suam vitam neglexerint, ut . .; part or 50. qui vitam suam hostium telis obiecerint; Balb 26. in vita occupata atque militari pauca ipsa multum saepe prosunt; Tusc II 2. is potest dicere perfici beatam vitam perfectione virtutis; fin II 88. permitto: ſ. eripio. perpolio ſ. 5. intersum inter. vita mortuorum in memoria est posita vivorum; Phil IX 10. qui pro patria vitam profuderunt; Phil XIV 30. ut ipsius videremur vitam insuavem reddidisse; A X 4, 6. ſ. do. ut ab eo servorum sceleris coniurationisque damnatorum vita redimeretur; Ver V 14. qui (di) hominum vitam superstitione omni referserunt; nat II 63. ſ. I, 1 est. reservo: ſ. dono. retineo: ſ. amitto. ut sequamur eam vitam, quae . .; fin V 44. sumo: ſ. expeto. suscipio: ſ. I, 1. permanet. sustento: ſ. abicio. si isdem finibus gloriam meam, quibus vitam, essem terminaturus; Cato 82. quae ad vitam hominum tuendam pertinent; of II 11. quorum profecto vitam homines viverent; leg fr 2. ſ. I, 2. — 2. me vehementer vitae meae paeniteret; Planc 82. prorsus vitae taedet; A II 24, 4. — 3. libertatem patriae vitae amici a n t e p o n e n d a m (esse); ep XI 27, 8. cetera, quae comitantur huic vitae; Tusc V 100. confido: ſ. I, 1 consequitur. quorum ego vitae consulebam; Phil II 38. insidias vitae suae feri; Q fr II 3, 4. qui (imperatores) patriae consulerent, vitae non parcerent; nat III 15. ut et vitae patris et pudicitiae sororis succurreret; Ver I 67. — 4. mortuorum non modo vitae commodis, sed ne vita quidem ipsa quisquam c a r e t; Tusc I 87. qui vita cesserint; Tusc I 35. qui multa vita excedens providit; Phil II 12. idcirco illum vita frui noluit; Cluent 170. Q. Catulum esse coactum, ut vita se ipse privaret; de or III 9. vita illam mulierem spoliare quam pudicitia maluisse; Scaur 5. — 5. Cato sic a b i i t e vita, ut . ; Tusc I 74. quae (voluptates agricolarum) mihi ad sapientis vitam proxime videntur accedere; Cato 51. quoniam perpetua quadam felicitate usus ille (Hortensius) cessit e vita suo magis quam suorum civium tempore; Bru 4. quamquam tempus est nos de illa perpetua iam, non de hac exigua vita cogitare; A X 8, 8. quam (personam) iam ex cotidiana vita cognostis; Caecin 14. confero cum: ſ. 1. confero. quo bello de vita decernamus; Phil XI 21. et sapientis esse aliquando officium excedere e vita et stulti manere in vita; fin III 60. quo (die Socrates) excessit e vita; Tusc I 57. ut animo aequo e vita, cum ea non placeat, tamquam e theatro exeamus; fin I 49. inter hanc vitam perpolitam humanitate et illam immanem nihil tam interest quam ius atque vis; Sest 92. maneo in: ſ. excedo e. neque (frater) tam ex hac vita migrassent; leg II 55. quae (vis) ad caput ac vitam pertineret; Caecin 63. quae ad beatam vitam pertineant; nat I 113. Socratem tantum de vita et de moribus solitum esse quaerere; rep I 16.

refero ad: f. I, 1. est. quod ita multa sunt incommoda in vita, ut . .; nat I 23. ex omni vita simulatio dissimulatioque tollenda est; of III 61. qui me a morte ad vitam vocavit; sen 24. quod me ad vitam vocas; A III 7, 2.

III. **nach Abjectiven:** 1. numquam me nimis vitae cupidum fuisse; Tusc II 10. utinam te non solum vitae, sed etiam dignitatis meae superstitem reliquissem! Q fr I 3, 1. — 2. hoc, dum erimus in terris, erit illi caelesti vitae simile; Tusc I 75. — 3. nihil alienum vita superiore commisit; Quinct 98. huc homines digni vita illa conviviisque veniebant; Ver V 30. — 4. cum cetera vita fuisse hoc magis consentaneum, quam . .; inv II 90. quam (naturam) imitata ratio res ad vitam necessarias sollerter consecuta est; leg I 26.

IV. **nach Gubstantiven:** quibus (rebus) actio vitae continetur; of I 17. quam (prudentiam) artem vitae esse diximus; fin V 18. quae (mors) propter brevitatem vitae numquam potest longe abesse; Tusc I 91. omnem commoditatem prosperitatemque vitae a dis se habere; nat III 86. si quid e vitae commodis casus abstulerit; nat II 167. f. II 4. careo. qui suo indicio essent illam condicionem vitae secuti; Rab Post 16. quod virtus stabilitatem, firmitatem, constantiam totius vitae complectatur; fin III 50. a quibus magna utilitas ad vitae cultum esset inventa; nat I 38. maximam turpitudinem suscipere vitae cupiditate; Phil XIII 49. exiguam nobis vitae curriculum natura circumscripsit, immensum gloriae; Rabir 30. qui eum vitae cursum tenere potuerunt; de or I 1. hic meae vitae cursus offendit eos fortasse, qui splendorem et speciem huius vitae intuentur; ep I 9, 17. quae Socrates supremo vitae die de immortalitate animorum disseruisset; Cato 78. ne quis se in vitae discrimen inferret; Balb 25. effectrix: f. I, 1. permanet. ille dies vitae finem mihi adlaturus esset; Phil VI 2. firmitas: f. constantia. omnem fructum vitae superioris perdidissent; div II 24. f. II, 1. ago. nisi forte se intellexerit errasse in deligendo genere vitae; of I 120. ita pro mortali condicione vitae immortalitatem estis consecuti; Phil XIV 33. instrumenta: f. II, 1. everto. quae potest esse vitae incunditas sublatis amicitiis? Planc 80. memoria: f. II, 1. do. ornamenta: f. II, 1. everto. se fruiturum (voluptatibus) aut in omni aut in magna parte vitae; Tusc III 38. hos decertare pro meo capite vitae periculo velle videbam; Planc 101. prosperitas: f. commoditas. omnis ratio vitae definitione summi boni continetur; Ac II 132. ambitio nostra et vitae similitudo non est passa voluntates nostras consuetudine conglutinari; ep XI 27, 2. quibus vitae societas contineretur; of III 70. species: f. cursus. video nos. si ita sit, privari spe beatioris vitae; Tusc I 82. splendor: f. cursus. stabilitas: f. constantia. qui nulla sibi subsidia ad omnes vitae status paraverunt; ep IX 6, 4. qui in una philosophia quasi tabernaculum vitae suae conlocarunt; de or III 77. exiguam reliquae vitae tempus mihi relictum putarem; sen 24. vitae eius turpitudinem in summis eius periculis non insequebantur; Sulla 81. inventa vita vis est conformatioque omnium officiorum; fin V 15. quem (ignem) usus vitae requirit; nat II 41. — 2. praeclara est aequabilitas in omni vita; of I 90. quod maxime efficit Theophrasti de beata vita liber; fin V 12. a quo (Socrate) haec omnis, quae est de vita et de moribus, philosophia manavit; Tusc III 8.

V. **Umftanb:** 1. qui (philosophus) sit ita animo ac vita constitutus, ut ratio postulat; Tusc II 11. hic (Diogenes) disputare solebat, quanto regem Persarum vita fortunaque superaret; Tusc V 92. nihil esse praestabilius otiosa vita, plena et conferta voluptatibus; Sest 23. f. II, 1. expeto. — 2. virtutes noli vereri ne querantur a beata vita esse relic-

tas; Tusc V 14. sine quo (ardore amoris) in vita nihil quisquam ‖ quicquam ‖ egregium adsequetur; de or I 134. habet pondus in vita; de or II 302. semel ait se in vita pertimuisse; Ver pr 5. in vita sibi quemque petere, quod pertineat ad usum, non iniquum est; of III 42. f. II, 1. occupo. IV, 1. pars. sine: f. I, 1. cohaeret.

vitalis, belebenb, lebenskräftig, lebensvoll: quarta pars mundi ceteris naturis omnibus salutarem impertit et vitalem calorem; nat II 27. fissum familiare et vitale (haruspices) tractant; div II 32. »haec augens anima vitali flamine mulcet«; fr H IV, a, 359. ille (ignis) corporeus vitalis et salutaris omnia conservat; nat II 41.

vitatio, Meiben, Bermeiben: I. quae vitatio oculorum, lucis, urbis, fori! Phil III 24. — II. ne vitationem quidem doloris ipsam per se quisquam in rebus expetendis putavit, nisi . .; fin V 20.

vitellum, Gibotter: tum ille (coniector): „nihilne“, inquit, „de vitello?“ id enim ei ex ovo videbatur aurum declarasse; div II 134.

viticula, Weinftöchen: di neque agellos singulorum nec viticulas persequuntur; nat III 86.

vitio, fälfchen: ut comitia auspiciis vel impedire vel vitiare posset; Phil II 80. sane velim scire, num censum impediant tribuni diebus vitiandis; A IV 9, 1. comitiorum et contionum significationes sunt interdum verae, sunt non numquam vitiatae atque corruptae; Sest 115.

vitiose, fehlerhaft: si recte conclusi, teneo; sin vitiose, minam Diogenes mihi reddet; Ac II 98. quamvis res bonas vitiose per vimque tulerit; Phil V 10. num aliud quodpiam membrum tumidum ac turgidum non vitiose se habet? Tusc III 19.

vitiositas, Fehlerhaftigkeit, Berborbenheit, Lafterhaftigkeit: I. vitiositas est habitus aut adfectio in tota vita inconstans et a se ipsa dissentiens; Tusc IV 29. huius virtutis contraria est vitiositas (sic enim malo quam malitiam appellare eam, quam Graeci κακίαν appellant; nam malitia certi cuiusdam vitii nomen est, vitiositas omnium; Tusc IV 34. — II. morbi notitiae et aegrotationes partes sunt vitiositatis, sed perturbationes sintne eiusdem partes, quaestio est; Tusc IV 29.

vitiosus, fehlerhaft, berfehrt, unrichtig gewählt, mangelhaft, berborben, lafterhaft: A. non sunt vitiosiores quam fere plerique, qui avari avaros reprehendunt; Tusc III 73. quicquid addideris, vitiosius et deterius futurum; de or III 29. quae crescentia perniciosa sunt, eadem sunt vitiosa nascentia; Tusc IV 41. quorum vitiosa abundantia est, quales Asia multos tulit; opt gen 8. quem (conlegam) ipse ementitis auspiciis vitiosum fecerat; Phil III 9. Caesar rationem adhibens consuetudinem vitiosam et corruptam pura et incorrupta consuetudine emendat; Bru 261. enumeratio vitiosa intellegitur, si . .; inv I 84. genus argumentationis vitiosum his de causis ostendetur, si . .; inv I 89. id vitioso more effici solet; Tusc I 30. quae (doctrina) vel vitiosissimam naturam excolere possit; Q fr I 1, 7. cur ratio (imperat) libidini ceterisque vitiosis animi partibus? rep III 36. id tibi restat genus vitiosissimae rei publicae tertium; rep III 46. metuens, ne vitiosum conligeret, etiam verum sanguinem deperdebat; Bru 283. — B, a. etiam vitiosis quid conveniat et quid deceat; of I 98. — b. I. est vitiosum in sententia, si . .; in verbis, si . .; opt gen 7. — II. sinistra dum non exquirimus, in dira et in vitiosa incurrimus; div I 28.

vitis, Weinrebe, Weinstock: I. vites sic claviculis adminicula tamquam manibus apprehendunt atque ita se erigunt, ut animantes; nat II 120. „gemmare vites“; orat 81. nec (vitis) eundem finem habebit, quem cultor eius habebat; fin V 40. quam

(vitem) serpentem multiplici lapsu et erratico ferro amputans coërcet ars agricolarum, ne silvescat sarmentis et in omnes partes nimia fundatur; Cato 52. tam natura putarem hominis vitam sustentari quam vitis, quam arboris; haec enim etiam dicimus vivere; Tusc I 56. — II, 1. amputo, al.: f. I. serpit. — 2. si cultura vitium in vite insit ipsa; fin IV 38. — III. cultor: f. I. habet. cultura: f. II, 2. quid ego vitium ortus, satus, incrementa commemorem? Cato 52. quid sit arborum putatio et vitium; de or I 249. satus: f. incrementa. vita: f. I. vivit.

vitium, Fehler, Mißgriff, Formfehler, Mangel, Schaden, Gebrechen, Laster: I, 1. ut aut non appareat corporis vitium aut quam minimum appareat; fin V 46. erumpunt saepe vitia amicorum tum in ipsos amicos, tum in alienos, quorum tamen ad amicos redundet infamia; Lael 76. in ipso (genere argumentationis) vitium erit, si omnino totum falsum erit, si commune, si . . ; inv I 89. in quo vitium est, si genus ullum praetermittitur; de or II 83. si nihil est in parietibus aut in tecto vitii, cetera mihi probabuntur; ep IX 15, 5. f. patet. ne fallant ea nos vitia, quae virtutem videntur imitari; part or 81. haec ex naturalibus causis vitia nasci possunt, exstirpari autem et funditus tolli, ut is ipse, qui ad ea propensus fuerit, a tantis vitiis avocetur, non est id positum in naturalibus causis, sed in voluntate, studio, disciplina; fat 11. late patet hoc vitium et est in multis; ep III 6, 4. in qua (domo) omnia inaudita vitia ac flagitia versentur; Cael 57. — 2. comitiorum solum vitium est fulmen; div II 43. — II, 1. Molonem in notandis animadvertendisque vitiis prudentissimum; Bru 316. quod quidem vitium ventris et gurgitis non modo non minuit aetas hominibus, sed etiam auget; Cael 44. fingendus est nobis oratione nostra detractis omnibus vitiis orator atque omni laude cumulatus; de or I 118. quae genera (rerum publicarum) primum sunt in iis singula vitiis, quae ante dixi, deinde habent perniciosa alia vitia; rep I 44. siquidem pravitates animi recte vitia dicuntur; par 22. ea (vitia aut incommoda) in adversariis exprobrando; de or II 305. exstirpo: f. I, 1. nascuntur. si aedes eae corruerunt vitiumve faciunt || fecerunt ||; Top 15. habeo: f. dico. illud exceptum sit, ne vitia sint imitanda; of I 121. minuo: f. augeo. pauci ista tua lutulenta vitia noramus; Piso 1. noto: f. animadverto. virtutibus rectissime mihi videris vitia posuisse contraria; fin III 40. non aliis recte factis, non denique aliquo mediocri vitio tot tantaque eius vitia sublevata esse videbuntur; Ver pr 47. tollo: f. I, 1. nascuntur. adest fere nemo, quin acutius vitia in dicente quam recta videat; de or I 116. in hoc genere duo vitia vitanda sunt; of I 18. — 2. te intelleges summam laudem Sex. Roscio vitio et culpae dedisse; Sex Rosc 48. quia legibus et praemia proposita sint virtutibus et supplicia vitiis; de or I 247. ne sibi vitio illae verterent, quod abesset a patria; ep VII 6, 1. — 3. id „silentium“ dicimus in auspiciis, quod omni vitio caret; div II 71. sapientis animus semper vacat vitio; Tusc III 19. — 4. stultitia visa est aut a bene inventis alicuius recedere, si quo in vitio eius offenderemur, aut ad vitia eius quoque accedere, cuius aliquo bene praecepto duceremur; inv II 4. avoco a: f. I, 1. nascuntur. illud, quod Alcibiades dolebat, non ex animi malis vitiisque constabat? Tusc III 78. non numquam in hoc vitium scurrile delabitur; de or II 246. offendo in: f. accedo ad. ut in suo vitio quisque plectatur; leg III 46. quoniam „confidens“ mala consuetudine loquendi in vitio ponitur; Tusc III 14. inflatus et tumens animus in vitio est; Tusc III 19. f. 1. dico. ne ab omnibus eam (senectutem) vitiis videar vindicare; Cato 55. — III, 1. aliis adfinem vitiis esse doceas; inv II 33. — 2. perspicuo et

grandi vitio praeditum posuimus exemplum; inv I 88. — 3. propensus ad: f. I, 1. nascuntur. — IV, 1. alqd: f. I, 1. est; ep IX 15, 5. adsentatio, vitiorum adiutrix, procul amoveatur; Lael 89. quod idem facere censores in delectu dignitatis et in animadversione vitiorum qui convenit? Cluent 128. quoniam vitiorum emendatricem legem esse oportet commendatricemque virtutum; leg I 58. infamia: f. I, 1. erumpunt. si qui se vitiorum inlecebris et cupiditatium lenociniis dediderunt; Sest 138. levationem vitiorum fieri negant; fin IV 67. malitia certi cuiusdam vitii nomen est, vitiositas omnium; Tusc IV 34. — 2. is erat locus alter de vitiis senectutis; Cato 27. — V, 1. qui aliquando honorem vitio civitatis, non suo, non sunt adsecuti; har resp 56. se recordatus esse vitio sibi tabernaculum captum fuisse; nat II 11. cum augures iudicassent eos (consules) vitio creatos esse; div II 74. qui singulis vitiis excellunt aut etiam pluribus; leg I 51. cum (eorum factum) sit tot vitiis inquinatum; of III 60. quasi vero Cn. Pompeium non cum suis virtutibus, tum etiam alienis vitiis magnum esse videamus; imp Pomp 67. quoniam regale civitatis genus non tam regni quam regis vitiis repudiatum est; leg III 15. sublevari: f. II, 1. sublevo. — 2. si res ex hominis vitio vituperabitur; inv I 94. cum severitas eorum (morum) ob alia vitia cecidisset; leg II 38. vendat aedes vir bonus propter aliqua vitia; of III 54.

vito, meiden, vermeiden, ausweichen: I, 1, a. sibi vitandi aut feriendi rationem esse habendam; de or III 200. — b. ut athletas videmus nihil nec vitando facere caute nec petendo vehementer, in quo non . . ; orat 228. — 2. si in eam diem ego, cum potuissem vitare, incidissem; Ver I 31. — II. ut illi nocturnas ad urbem adventus vitandus potius quam expetendus fuit; Milo 49. diem: vgl. I, 2. nullas sibi inimicitias, nullam vim, nullos impetus, nullum vitae discrimen vitandum umquam putavit; sen 20. »neque flamina vitant«; fr H IV, a, 304. impetus: f. discrimen. vitabis inimicitias; ep II 18. 3, f. discrimen. uti propositum vitae periculum et cotidianas capitis insidias vitares; Cluent 20. odium et invidiam facile vitabis; fin II 84. ut vitemus oculos hominum, si linguas minus facile possimus; ep IX 2, 2. Epicurus declinatione atomi vitari necessitatem fati putat; fat 22. oculos: f. linguas. odium: f. invidiam. in quibus non dubito quin offensionem neglegentiae vitare atque effugere non possim; Ver I 103. periculum: f. insidias. (gladiatores) accipere plagam malunt quam turpiter vitare; Tusc II 41. (enumeratio) et hanc suspicionem et satietatem vitare poterit; inv I 98. vitanda (est) ingenii ostentationis suspicio; de or II 333. vim: f. discrimen.

vitricus, Stiefvater: I. D. Silanus, vitricus tuus, habuit acuminis satis; Bru 240. — II. vitrici te similem quam avunculi maluisti; Phil II 14. — III. cum eius adulescentia in amplissimis honoribus summi viri, L. Philippi vitrici, florere potuisset; Sest 110.

vitrum, Glas: (merces) fallaces et fucosae chartis et linteis et vitro velatae || delatae, al. ||; Rab Post 40.

vitulinus, vom Kalbe: integram famem ad ovum adfero, itaque usque ad assum vitulinum opera perducitur; ep IX 20, 1. carunculae vitulinae mavis quam imperatori veteri credere? div II 52.

vitulus, Kalb: 1. casu erat in eo portu fanum Dianae eius, cui vitulum immolare non licebat; inv II 95. — 2. ut (tauri) pro vitulis contra leones summa vi impetuque contendant; fin III 66.

vituperabilis, tadelnswert: quod vituperabile est per se ipsum; fin III 40.

vituperatio, Tadel: I, 1. aliud laus, aliud || aut || vituperatio conficere debet; inv II 12. dum

inertiae vituperationem, quae maior est, contemnunt, adsequuntur etiam illam, quam magis ipsi fugiunt, tarditatis; de or II 101. — 2. quia non modo vituperatio nulla, sed etiam summa laus senectutis est, quod ea voluptates nullas magnopere desiderat; Cato 44. — II, 1. adsequor: f. I, 1. est. haec istius vituperatio atque infamia confirmabatur eorum sermone, qui . . ; Ver V 101. cum (Gorgias) singularum rerum laudes vituperationesque conscripsisset; Bru 47. contemno, fugio: f. I, 1. est. laudes et vituperationes non separatim placet tractari, sed in ipsis argumentationibus esse implicatas; inv I 97. Hirtii epistulam si legeris, quae mihi quasi πρόπλασμα videtur eius vituperationis, quam Caesar scripsit de Catone; A XII 41, 4. se libenter vituperationem subire, quod amaret etiam mortuum Caesarem; A XIV 19, 3. accessi ad invidiam iudiciorum levandam vituperationemque tollendam; Ver I 5. tracto: f. implico. — 2. ea res P. Africano vituperationi fuit; Bru 97. eam rem laudi tibi potius quam vituperationi fore; ep XIII 78, 2. — 3 ut propter eum in sermonem hominum atque in tantam vituperationem veniret; Ver IV 13. — III. πρόπλασμα: f. II, 1. scribo. — IV. ne illa quidem communi vituperatione reprehendo; Ver V 46.

vituperator, Tabler: 1. qua in causa invidos vituperatores confutare possumus; nat I 5. — 2. nos universae philosophiae vituperatoribus respondimus in Hortensio; Tusc II 4. — 3. si quando in vituperatores meos incidisses; ep VII 3, 6.

vitupero, tabeln, ſcheiten; I. virtuperandi praecepta contrariis ex vitiis sumenda esse perspicuum est; de or II 349. a principiis exordiar et laudandi et vituperandi part or 70. — II. quid vero magis vituperandum quam id facere, quod non liceat? Phil XIII 14. utrum iudices an iuris consulti vituperandi sint; Caecin 68. cum in hac civitate oppugnatio soleat non numquam, defensio numquam vituperari; Vatin 5. nec timiditatem ignaviamque vituperari nec fortitudinem patientiamque laudari suo nomine; fin I 49. nec bonum virum proprie et copiose laudari sine virtutum nec improbum notari ac vituperari sine vitiorum cognitione satis insignite atque aspere posse; de or II 349. indices: f. consultos. quae (Syracusanae mensae) a Platone graviter vituperantur; fin II 92. oppugnationem: f. defensionem. qui illam Postumi sive inanem spem sive inconsultam rationem sive temeritatem vituperandam putet; Rab Post 2. cuius (sapientiae) studium qui vituperat; of II 5. temeritatem: f. rationem. timiditatem: f. ignaviam. — III. Dolabella valde vituperabatur ab hominibus non insulsis, quod tibi tam cito succederet; ep XII 4, 2.

viviradix, Ableger, Setling: sarmenta, viviradices, propagines nonne || ea || efficiunt, ut quemvis cum admiratione delectent? Cato 52.

vivo, leben, am Leben ſein, ſich befinben, ſich aufhalten, fortbauern, umgehen: I. absolut: 1. subſtantiviſch: a. id primum videamus, beate vivere vestrum quale sit; fin II 86. vgl. 2, a. — b. qui dicat appetitionem rerum ad vivendum accommodatarum a natura profectam; fin IV 78. quas (angustias) natura nobis ad vivendum dedit; Marcel 27. si negaret quicquam interesse ad beate vivendum, quali uteretur victu; fin II 90. si ea, quae extra virtutem sint, ad beate vivendum pertineant; fin IV 40. satis virtus ad fortiter vivendum potest; satis ergo etiam ad beate; Tusc V 53. quae nihil valerent ad beate misereve vivendum; fin III 50. — c. virtus ad beate vivendum sit ipsa contenta est; fin V 79. ad beatissime vivendum parum est, ad beate satis; fin V 81. — d. sapientia, quae ars vivendi putanda est; fin I 42. quaero causas omnes aliquando vivendi arbitratu meo; ep VII 1, 5. quo sint omnia bene vivendi recteque faciendi consilia

referenda; fin I 11. te existimo populis leges vivendi et disciplinam daturum; leg I 57. cum magnam facultatem sis habiturus nobiscum et cum omnibus tuis vivendi; ep V 18, 2. leges: f. disciplina. quos (habuerit) vivendi praeceptores; inv I 35. a quibus (officiis) constanter honestaeque vivendi praecepta ducuntur; of III 5. qui de ratione vivendi disserunt; rep III 4. quae (artes) ad rectam vivendi viam pertinerent; Tusc I 1. in iis esse ad bene vivendum momenta maxima; fin V 37. exsilia, orbitates magnam vim habere ad male misereque vivendum; Tusc V 24. — e. omnia ea me pudenter vivendo consecutum esse; Vatin 6. — 2. verbal: a. cum tristibus severe, cum remissis iucunde, cum senibus graviter, cum iuventute comiter, cum facinerosis audacter, cum libidinosis luxuriose vivere; Cael 13. non posse iucunde vivi nisi etiam honeste; fin II 49. cum hoc ait extremum, congruenter naturae convenienterque vivere; fin II 26. oportunitatis esse beate vivere, quod est convenienter naturae vivere; fin III 61. omnibus animalibus extremum esse secundum naturam vivere; fin V 26. qui omnino vivere expedire nemini putat; Tusc I 84. ut ex natura vivere summum bonum sit; leg I 56. intellegamus, quam sit turpe delicate ac molliter vivere quamque honestam parce, continenter, severe, sobrie; of I 106. vivere abundantem omnibus copiis; of III 25. "convivia", quod tum maxime simul vivitur; ep IX 24, 3. me valde paenitet vivere; A III 4. — b. si spiritum ducit, vivit; inv I 86. quicum vivere nemo umquam nisi turpis impurusque voluisset; Ver III 65. quibus (rebus) alimur et vivimus; agr III 95. qui (pater) si viveret, qua severitate fuit, tu profecto non viveres; dom 84. quo cum venerimus, tum denique vivemus; Tusc I 75. in quibus (studiis) nos a pueritia viximus; fat 2. triginta annis vixisse Panaetium, posteaquam illos libros edidisset; of III 8. quis hoc putaret praeter me? nam, ita vivam, putavi; ep II 13, 3. me posse || possem || vivere, nisi in litteris viverem? ep IX 26, 1. Graeci sic te ita viventem intuebuntur, ut de caelo divinum hominem esse in provinciam delapsum putent; Q fr I 1, 7. ego vivo miserrimus; A III 5. in omni natura rerum id vivere, id vigere, quod caleat; nat III 35. f. arbor. animum secum esse secumque, ut dicitur, vivere; Cato 49. haec (vitem, arborem) etiam dicimus vivere; Tusc I 56. ut ille archipirata non potius securi feriretur, quam tuo periculo viveret; Ver V 78. eius mihi vivit auctoritas; A X 1, 1. sine corde non potuisse bovem vivere; div II 37. si vidua libere, proterva petulanter, diues effuse, libidinosa meretricio more viveret; Cael 38. quorum quam diu mansit imitatio, tam diu genus illud dicendi studiumque vixit; de or II 94. qui (homines) hodie vivunt; ep II 5, 1. libidinosa: f. dives. pater: f. alqs; dom 84. utinam quidem illi principes viverent! Phil XIV 17. privatum oportet aequo et pari cum civibus iure vivere; of I 124. proterva: f. dives. necessario sequitur omnes sapientes semper feliciter, absolute, fortunate vivere; fin II 26. studium: f. genus. vidua: f. dives. vitis: f. arbor.

II. mit Accuſativ: qui (Lacedaemonii) soli septingentos iam annos amplius unis moribus et numquam mutatis legibus vivunt; Flac 63. ipse Carneades diu tenuit; nam nonaginta vixit annos; Ac II 16. apud Hypanim fluvium Aristoteles ait bestiolas quasdam nasci, quae unum diem vivant; Tusc I 94. quia de lucro prope iam quadriennium vivimus; ep IX 17, 1. quo tutiorem sese vitam meo praesidio victuros esse arbitrarentur; Ver II 118. deorum profecto vitam homines viverent; leg fr 2.

vivus, lebenb, lebenbig, am Leben, bei Lebzeiten, neutr. Leben, Kapital: A. vivo Catone minores natu multi uno tempore oratores floruerunt; Bru 81. huic acerbissimum vivo funus ducitur; Quinct 50.

ita Sopater de statua (´. Marcelli vix vivus aufertur; Ver IV 87. vivo Clodio periturum Milonem triduo: Milo 44. commisi, ut me vivo careres, vivo me aliis indigeres; Q fr I 3, 2. vivis eius aetatis aequalibus; Bru 220. ex quo ût, nt illae (angues) nec morsu vivae noceant nec odore mortuae; nat I 101. corpora viva cum mortuis adversa adversis accommodata; fr F V 95. qui triumphant eoque diutius vivos hostium duces reservant; Ver V 77. cum etiam nunc vivam illorum memoriam teneremus; de or II 8. videbam vivo senatu populoque Romano celerem mihi summa cum dignitate reditum; dom 64. — B, a, I. ne vivus quidem bono caret, si eo non indiget; Tusc I 88. — II, 1. aeternis suppliciis vivos mortuosque mactabis; Catil I 33. — 2. qui mihi videntur non solum vivis, sed etiam mortuis invidere; Ac II 7. — III. quid est tam commune quam spiritus vivis? Sex Rosc 72. — IV. everte leges, testamenta, voluntales mortuorum, iura vivorum; Ver II 46. — b, I. nihil detrahit de vivo; Flac 91. de vivo aliquid erat resecandum; Ver III 118. — II. neque id a d vivum reseco; Lael 18.

vix, mit Mühe, kaum, kaum noch, eben, gerade: I. licebit quaerere de istis ipsis obscurationibus, quae propter exiguitatem vix aut ne vix quidem appareant; fin IV 32. ut vix C. Marcello, praeter eum quidem cederem nemini; Marcel 34. vix feram sermones hominum, si . .; Catil I 23. multa docuit, quae vix intellegam; fin IV 2. (Lentulus) inventus est vix in hortis suis *se* occultans; A IX 11, 1. vix, sero et raro ad manus pervenitur; Sest 77. ut ea vix cuiusquam mens aut cogitatio capere possit; Marcel 6. quibus e municipiis vix iam, qui carnem Latinis petant, reperiuntur; Planc 23. vix iam videtur locus esse, qui . .; agr II 59. cuius vix sustinetis furias insepulti; Milo 91. lacrimas interdum vix tenere; Ver IV 39. vix risum tenebant; Vatin 20. — II. vix pars aedium mearum decima ad Catuli porticum accessit; dom 116. quis dubitet, quin in dicendo excellentes vix paucos proferre possimus? de or I 7. quod ex omnibus saeculis vix tria aut quattuor nominantur paria amicorum; Lael 15. eum (Saufeium) sine meis litteris ad te venire vix erat rectum; A VI 9, 4. tres: f. quattuor. ita Sopater de statua C. Marcelli vix vivus aufertur; Ver IV 87. — III. qui temporis quidem certe vix satis habui; Quinct 3. ut vix satis decorum videretur eum plures dies esse in Crassi Tusculano; A IV 16, 3. — IV. quantum hominem homini debere vix fas est; Quir 17. duri hominis vel potius vix hominis videtur periculum capitis inferre multis; of I 50. — V. nunc quid est, sine his cnr vivere velimus? mihi vero cum his ipsis vix, his autem detractis ne vix quidem; ep IX 8, 2.

vixdum, kaum noch: I. haec ego omnia, vixdum etiam coetu vestro dimisso, comperi; Catil I 10. vixdum epistulam tuam legeram, cum..; A IX 2, a, 3. — II. cum tu vixdum xxx dies in Syria fuisses; ep XII 4, 2.

ulcero, verwunden: nondum ulcerato serpentis morsu Philocteta; fat 36.

ulciscor, rächen, sich rächen, ahnden, strafen: I, 1, a. ut inimicitia (sit) ira ulciscendi tempus observans; Tusc IV 21. — b. qui in ulciscendo remissior fuit; Quir 23. — 2. non id solum spectari solere, qui debeat, sed etiam illud, qui possit ulcisci; div Caec 53. — II. quem ultus sit; inv II 86. quibus (armis) possis te ulcisci lacessitus; de or I 32. illum (Dionysium) ulciscentur mores sui; A IX 12, 2. neque ea non ulciscenda sunt, etiamsi non sunt dolenda; ep XII 23, 1. cum alii ulcisci dolorem aliquem suum vellent; Sest 46. inimici ulciscendi (causa); inv II 18. (res publica) ulta suas iniurias est per vos interitu tyranni; Phil XII 33. qui Caesaris mortem ulcisci volebant; Phil XIII 33. qui

Merguet, Handlexikon zu Cicero.

patris ulciscendi causa matrem necavisset; Milo 8. ut peccata homines peccatis et iniurias iniuriis ulciscantur; inv II 81. Cinnae victoriam imperator ultus est Sulla; Phil XIV 23.

ulcus, Geschwür, wunde Stelle: I. quicquid horum attigeris, ulcus est; nat I 104. - II. ut et fames stimularet homines et tu in hoc ulcere tamquam inguen exsisteres; dom 12.

ullus, irgend ein, irgend jemand, etwas: A, I. nec ullum animal est sine sensu; nat III 34. non mihi videtur ars oratoris esse ulla; de or I 108. neque artificium ullum esse dicendi; de or I 93. qui in rebus iis negant esse ullam causam, cur aliud alii anteponatur; fin V 23. ego sine ulla controversia consularis; Phil III 10. quae mulier ne domum quidem ullam nisi socrus suae nosse debuit; Cluent 35. qui sit unus omnium mortalium sine ulla dubitatione deterrimus; har resp 56. multa genera sunt enuntiandi nec ullum distortius quam hoc; fat 16. quae fuit igitur umquam in ullo homine tanta constantia? Ligar 26. si ullum locum aperuerimus suspicioni; Ver V 181. neque ea ratione ullo modo posse vivi; fin IV 70. sine ulla mora negotium susceperunt; Catil III 5. an vero ullam usquam esse oram tam desertam putatis, quo non . .? imp Pomp 44. si ullam partem habes sensus; Phil II 86. sine ulla praemunitione orationis; de or II 304. sine ulla religione iudicis condemnatur; Caecin 7. cum nefas sit dicere ullam rem praestare naturae omnium rerum; leg II 16. non possum negare prodesse ullam scientiam; de or I 250. suffragia: f. verbum. si mihi ullum tribueretur vacuum tempus; leg I 8. nec vero ullum aut durum (verbum) aut insolens aut humile aut longius ductum; Bru 274. verbis ullis sanciri aut suffragiis confirmari potest? dom 47. quae (virtus) numquam ne ulla labefactari potest; Phil IV 13. — II. neque ullum aliud argumentum vere vocari potest; Scaur 16. quae (domus) spectat in nos solos neque aliud ullum potest habere perfugium; of I 58. ubi sit aut quod sit ullum bonum praeter illud; fin II 7. eam (temperantiam) subsequentem (esse virtutem) nec habentem ullam speciem suam, sed . .; Tusc IV 30. — B, a, I. si apud inferos miseri non sunt, ne sunt quidem apud inferos ulli; Tusc I 11. — II. an ille quemquam plus diliceit, cum ullo consilia contulit saepius? Phil II 38. — III, 1. frequentiam gratulatam non modo dignitati ullius umquam, sed ne voluntati quidem defuisse; Muren 69. — 2. verbum in senatu factum esse numquam de ullo nostrum, qui . .; A VII 3, 1. — IV. si te aut a Plancio aut ab ullo dignitate potuisse superari dixero; Planc 6. — b. neque est ullum, quod non ita vigeat; Tusc V 37.

ulterior, jenseitig, entfernt, äußerste, letzte, größte: A. summum bonum, quod ultimum appello; fin III 30. remittere eum nobis Galliam citeriorem, illam ultimam postulare; Phil VII 2. ille Galliae ulterioris adiunctor; A VIII 3, 3. hominem deductum ex ultimis gentibus; Phil XIII 27. Sittius est ab hoc in ulteriorem Hispaniam missus; Sulla 56. quoad potest mens mea pueritiae memoriam recordari ultimam; Arch 1. ab ultimo principio huius praeceptionis usque ad hoc tempus; inv II 5 si (senectus) usque ad ultimum spiritum dominatur in suos; Cato 38. quae (stella) ultima a caelo, citima a terris luce lucebat aliena; rep VI 26. neque exspectat (beata vita) ultimum tempus aetatis; fin II 87. cum familiarissimum suum amandare in ultimas terras; Sulla 57. — B, a. ad ultimis auctoritatem repetam; div I 2. — b, I, 1. ne quis sequi existimet, ut duo sint ultima bonorum; fin III 22. — 2. homini id esse in bonis ultimum, secundum naturam vivere; fin V 26. - II, 1. qua (ratione) et principia rerum agendarum et ultima bonorum continerentur; fin IV 47. ultima exspectato; ep VII 17, 2. ut omnia

100

supera infera, prima ultima media videremus; Tusc I 64. — 2. cum ad ultimum animo contendissemus; Muren 65. licebit etiam finem pro extremo ant ultimo dicere; fin III 26. si initium non ab ultimo repetetur; inv I 28. — III. ut (animus) nullam oram ultimi ‖ ultimam ‖ videat, in qua possit insistere; nat I 54.

ultor, Räcfer, Beftrafer: I, 1. Publius ille nostrarum iniuriarum ultor, auctor salutis, quicquid habuit, illud totum habuit e disciplina; Bru 268. — 2. eius mortis sedetis ultores; Milo 79. fuit ultor iniuriae, poenitor doloris sui; Milo 35. — II. vos tanti sceleris ultorem non modo honoribus nullis adficietis, sed etiam ad supplicium rapi patiemini? Milo 80. quem sibi illa (provincia) defensorem sui iuris, ultorem iniuriarum adoptavit; div Caec 54. te diligo, ultorem non modo inimicorum, sed etiam invidorum meorum; ep II 9, 3. rapio: f. adficio.

ultra, jenfeits, barüber hinaus: A. adhibent modum quendam, quem ultra progredi non oporteat; Tusc IV 38. ut mihi ultra quadringenta milia liceret esse; A III 4. Cottae quod negas te nosae, ultra Silianam villam est villula sordida; A XII 27, 1. — B. quia ultra nihil habemus, hoc longum dicimus; Tusc I 95. remotum (genus argumentationis) est, quod ultra, quam satis est, petitur; inv II 91. estne aliquid, ultra quo crudelitas progredi possit? Ver V 119. ultra quo progrediar, quam ut veri similia videam, non habeo; Tusc I 17. ut, si probabilia dicentur, ne quid ultra requiratis: Tim 8.

ultro, hinüber, nocf bazu, fogar, von felbft, aus freien Stücfen (vgl. citro): etiamne in cellam cum cupiant gratis dare, ultro pecuniam grandem addere (debent)? Ver III 228. subinvideo tibi ultro etiam accessitum ab eo; ep VII 10, 1. cum te ultro mihi idem illud deferentem numquam sim adhortatus; Phil II 49. cum rex Pyrrhus populo Romano bellum ultro intulisset; of III 86. nomen ipsum legationis ultro missae timoris esse signum videbitur; Phil V 26. qui hominibus potentibus ultro se offerre soleant; Cael 21. quando id, quod opus esse putaret, non ultro (provincia) pollicita est? Ver II 5. si ad eum ultro veneris; ep VII 21.

ululo, heulen: cum inclinata ululantique voce more Asiatico canere coepisset; orat 27.

umbilicus, Rabel, Mitte, Meerfcfnecfe: conchas eos (viros) et umbilicos ad Caietam et ad Laurentum legere consuesse; de or II 22. qui locus, quod in media est insula situs, umbilicus Siciliae nominatur; Ver IV 106.

umbra, Scfatten, Ruhe, Scfein, Abbilb: I. cedat stilus gladio, umbra soli; Muren 30. quando illa (luna) e regione solis facta incurrat in umbram terrae, quae est meta noctis; div II 17. — I. habeat illa in dicendo admiratio ac summa laus umbram aliquam et recessum; de or III 101. illa (platanus), cuius umbram secutus est Socrates; de or I 28. qui (Antonius) umbras timet; A XV 20, 4. umbram equitis Romani et imaginem videtis; Rab Post 41. — 2. nos veri iuris solidam effigiem nullam tenemus, umbra et imaginibus utimur; of III 69. — 3. incurro in: f. I. est. quam multa vident pictores in umbris et in eminentia! Ac II 20. — III. quorum de altero etiam apud inferos Homerus ait „solum sapere, ceteros umbrarum vagari modo"; div I 88. — IV. quae nos libri docent in umbra atque otio; Dalb 15. e quibus (Lacedaemoniis) unus „in umbra igitur", inquit, „pugnabimus"; Tusc I 101.

umbraculum, fcfattiger Gang, Laube, Scfule: I. processerat in solem et pulverem, non ut e militari tabernaculo, sed ut e Theophrasti umbraculis; Bru 37. Phalereus ille Demetrius mirabiliter doctrinam ex umbraculis eruditorum otioque non modo in solem atque in pulverem, sed in ipsum discrimen aciemque produxit; leg III 14. — II. visne ea, quae

restant, in illis alnorum umbraculis persequamur? leg fr 4.

umbratilis, gemäcflicf, behaglicf, fcfulmäßig: educenda dictio est ex hac domestica exercitatione et umbratili medium in agmen, in pulverem; de or I 157. mollis est oratio philosophorum et umbratilis: orat 64. ad vitam umbratilem et delicatam cum accesserunt etiam poëtae; Tusc II 27.

umbrifer, fcfattig: »in Academia umbrifera nitidoque Lyceo«; div I 22. »sub platano umbrifera«; div II 63.

umbrosus, fcfattig: ego locum aestate umbrosiorem vidi numquam; Q fr III 1, 3.

umerus (hum.), Scfulter: L. l. »cutum, gladium. galeam in onere nostri milites non plus numerant quam umeros, lacertos, manus; Tusc II 37. — 2. quod is pupillum filium ipse paene in umeros suos extulisset; de or I 228. sagittae pendebant ab umero; Ver IV 74. — II. vires umerorum et latitudines ad aratra [ex]trahenda; nat II 159. — III. dicebas te tuis umeris me custodem urbis in urbem relaturum; dom 40. suis umeris pecunias populis rettulerunt; A VI 2, 5. cum me Italia, cuncta paene suis umeris reportavit; sen 39. quam (rem publicam) vos universam in hoc iudicio vestris umeris sustinetis; Flac 94. cum (Milo) humeris ‖ umeris sustineret bovem; Cato 33.

umidus (hum.) feucft: A. corpora: vgl. B. ex lignis viridibus atque humidis; Ver I 45. ut (natura) vel terrena sit vel ignea vel animalis vel umida; nat III 34. — B. eam naturam esse quattuor omnia gignentium corporum, ut terrena et umida suopte nutu in terram et in mare ferantur; Tusc I 40.

umifer, feucft: »boves naribus umiferum duxere ex aëre sucum«; div I 15.

umor, Feucftigfeit, Raß, Waffer: I. frigoribus astrictus ‖ adiectis ‖ durescit umor, idem vicissim mollitur tepefactus et tabescit calore; nat II 26. — II. quo modo corpora non intereant umore aut spiritu amisso; nat III 35. astringo, al.: f. I. quae (sidera) marinis terrenisque umoribus longo intervallo extenuatis alantur; nat II 43. — II. cum sol igneus sit Oceanique alatur umoribus; nat II 40. f. II. extenuo.

umquam, irgenb einmal, jemals: nihil umquam omnino (animus) aget; Ac II 25. quem umquam audisti maiorum tuorum interfuisse? dom 105. si in provincia de tua fama detrahere umquam cogitassem; ep III 8, 5. quod (gubernare) nec didicerint nec umquam scire curaverint; rep I 11. me nec rei publicae nec amicis umquam defuisse; Phil II 20. Quinctius quam causam umquam antea dixerat? Cluent 110. nemo doctus umquam mutationem consilii inconstantiam dixit esse; A XVI 7, 3. nemo quam umquam ius civile didicisse; de or I 248. nec id, quod non potuerit fieri, factum umquam esse; div II 61. cui nullus honos in sua civitate habitus est umquam; Flac 45. harum ego religionum nullam umquam contemnendam putavi; nat III 5. nemone umquam alius ovum somniavit? div II 134. nullis comitiis umquam neque multitudinem hominum tantam neque splendorem fuisse; Piso 36. ut non posset esse umquam vir bonus non beatus: Piso 42. nemo umquam multitudini fuit carior; of III 80. non umquam turpior in ludo talario consessus fuit; A I 16, 3. mundum praeter hunc umquamne vidisti? nat I 96. ne in tenuissimam quidem suspicionem verbo est umquam vocatus; Rabir 8. ne illo medicamento umquam posse uteretur; of III 92. nihil per vim umquam Clodius, omnia per vim Milo; Milo 56.

una, jufammen, jugleicf: I. eos una cenasse dixit; Cael 26. an una fieri potuerunt, si una tribus non tulissent? Planc 53. cum duo quidam Arcades

familiares iter una facerent; div I 57. fero: f. facio.
pereat Cleomenes una! Ver V 104. cum una consulatum petivissent; Bru 113. quod cum (animus)
sentit, illud una sentit, se vi sua, non aliena moveri;
Tusc I 55. dum fuimus una; Top 4. si esse una minus
poterimus quam volemus; ep V 13, 5. celeriter una futuros nos arbitror; ep IX 11, 2. quod una non
estis; A I 17, 7. fuimus una horas duas fortasse;
A VII 4, 2. magni interest mea una nos esse; A
XIII 4, 2. dedit se in consuetudinem sic, ut prorsus una viveret; Piso 68. — II. qui cum illis una
ipsum illum Carneadem diligentius audierat; de or
I 45. qui tum una cum senatu salutem rei publicae
defenderunt; Rabir 27. una eripiuntur cum consulatu omnia; Muren 87. sin una est interiturus animus cum corpore; Cato 81.

uncia, Zwölftel: mortuus Babullius. Caesar,
opinor, ex uncia, etsi nihil adhuc; sed Lepta ex
triente; A XIII 48, 1.

uncinatus, hakenförmig: hamatis uncinatisque
corporibus concreta haec esse; Ac II 121.

unctio, Salben: in media oratione philosophum
omnes unctionis causa relinquunt; de or II 21.

unctor, Salber: qui sciret se nepotem bellum tibicinem habere et sat bonum unctorem; ep
VII 24, 2.

unctura, Salben: † de uncturaque servilis
unctura tollitur; leg II 60.

unculus, ftgend ein: »earum laudum delubra
sunto, ne uncula || neve ulla || vitiorum«; leg II 19.

uncus, Haken: 1. uncus impactus est fugitivo
illi; Phil I 5. — 2. nos a verberibus, ab unco neque
res gestae vindicabunt? Rabir 16.

unda, Welle, Woge, Wasser: I. si illae undae
comitiorum ut mare profundum sic effervescunt
quodam quasi aestu, ut ad alios accedant, ab aliis
autem recedant; Planc 15. coloniarum quae est
deducta, quam unda non adluat? rep II 9. effervescunt, al.: f. accedunt. eius (maris) unda cum
est pulsa remis, purpurascit; Ac fr 7. — II, 1.
pello: f. I. purpurascit. homo demens in his undis
et tempestatibus ad summam senectutem maluit
iactari quam ..; rep I 1.

unde, von wo, woher, woraus, wovon: hoc
verbum „UNDE" utramque declarat, et ex quo loco
et a quo loco. unde deiectus est Cinna? ex urbe.
unde Telesinus? ab urbe; Caecin 87. — I, a. ut,
unde abissent, eodem statim redirent; Muren 26.
non ut ingenium et eloquentiam meam perspicias,
unde longe absum; Bru 318. ille ipse, unde (rem)
cognovit; de or I 67. quia sciret aquam nigram
esse, unde illa (nix) concreta esset; Ac II 100. iam
ad id, unde digressi sumus, revertamur; Bru 300.
unde erat exortum genus Atticorum; Tusc II 3.
ego omnibus, unde petitur, hoc consilii dederim, ut ..;
ep VII 11, 1. visum impressum effictumque ex eo,
unde esset, quale esse non posset ex eo, unde non
esset; Ac II 18. — b. unde his paucis annis
iustissimos triumphos vidimus; Piso 44. —
c. quorum princeps Aristippus, qui Socratem
audierat, unde Cyrenaici; Ac II 131. anxietas, unde
anxii; Tusc IV 27. — II, a. deicio: f. Caecin 87.
is nummum dabat? unde? de frumento? Ver III 118.
unde ergo hoc intellegi potest? Ver III 120. si
vera (somnia) a deo mittuntur, falsa unde nascuntur?
div II 127. — b. unde tibi notae sunt opiniones
nationum? nat I 62. — c. unde pietas aut a quibus
religio? unde ius? unde iustitia, fides, aequitas?
rep I 2. — 2. Graeci μανίαν unde appellent, non
facile dixerim; Tusc III 11. non recordor, unde
ceciderim, sed unde surrexerim; A IV 18. 2 (16, 10).
inde est indagatio nata initiorum et tamquam
seminum, unde essent omnia orta, generata, concreta, unde terra et quibus liberata ponderibus;
Tusc V 69. nostri exercitus unde nomen habeant,

vides; Tusc II 37. orior: f. concresco. quaesivit,
unde esset epistula; Ver IV 58. surgo: f. cado.

undecim, elf: undecim milia talentum ad
Gabinium pervenerunt; Rab Post 31.

undecimus, elfte: fit obviam Clodio ante
fundum eius hora fere undecima; Milo 29.

undemonaginta, neununbachtzig: ut
LXXXVIIII centurias habeat; rep II 39.

undequadraginta neununbbreißig: ille cum
undequadraginta annos summa in pace regnavisset;
rep II 27. quinque et sexaginta annis antiquior,
quod erat XXXVIIII ante primam Olympiadem condita;
rep II 42.

undequinquagesimus, neununbvierzigste:
undequinquagesimo die totam Ciliciam adiunxit; imp
Pomp 35.

undevicensimus, neunzehnte: anno unde-
vicensimo || undevicesimo || post eius (Ennii) mortem;
Cato 14.

undeviginti, neunzehn: undeviginti annos natus erat; Bru 229.

undique, von, auf allen Seiten, von überall
her, überall, in jeder Hinsicht: I. apparatu nobis
opus est et rebus exquisitis undique, conlectis, accersitis, comportatis; de or III 92. cum undique
(luxuriosi) complerentur voluptatibus; fin II 21.
comporto: f. arcesso. quod omnes undique perditos
conlegistis; Piso 16. f. arcesso. quod undique ad
emendas decumas solent eo convenire; Ver III 149.
quando quidem (mundus) est undique corporatus;
Tim 5. vivere ex hominis natura undique perfecta;
fin V 26. vehementer undique reclamatur; Ver IV
85. — II. levem illum (mundum deus) effecit et undique aequabilem; Tim 20. — III. qui concursus ex oppidis finitimis undique! Flac 74. — IV.
undique.ad inferos tantundem viae est; Tusc I 104.

ungo, salben, bereichern: I. qui (servi) ungunt,
non honestissimum locum servitutis tenent; par 37.
— II. ut ab illis ipse unctior abiret; Ver II 54.
(Caetar) unctus est, accubuit; A XIII 52, 1. iam
erat unctior quaedam splendidiorque consuetudo loquendi; Bru 78. matronas et virgines (Dianam)
unxisse unguenti; Ver IV 77. pro isto asso sole,
quo tu abusus es in nostro pratulo, a te nitidum
solem unctumque repetemus; A XII 6, 2.

unguentarius, Salbenhändler: I. Gabinium
si vidissent vestri illi unguentarii; Piso 25. Plotium unguentarium per suos pueros omnia tanto
ante Balbo; A XIII 46, 3. — II. adde huc unguen-
tarios, saltatores; of I 150.

unguentum, Salbe: I. aderant unguenta,
coronae; Tusc V 62. — II. unguentis minus diu nos
delectari summa et acerrima suavitate conditis
quam his moderatis; de or III 99. — III. quibus
etiam alabaster plenus unguenti putere || puter
esse || videatur; Ac fr 11. — IV. illius unguentorum
odor; sen 16. — V. delectari: f. II. qui nitent
unguentis; Catil II 5. ille unguentis oblitus; sen
12. matronas et virgines (Dianam) unxisse unguentis; Ver IV 77.

unguiculus, Nagel: I. dicis valetudinem, vires, integritatem unguiculorum omnium bona;
fin V 80. — II. praesta te eum, qui mihi „a teneris",
ut Graeci dicunt, „unguiculis" es cognitus; ep I 6, 2.

unguis, Nagel, Kralle: I. cibum (animalia) partim unguium tenacitate adripiunt; nat II 122.
II, 1. urge nec „transversum unguem", quod aiunt,
a stilo; ep VII 25, 2. „in omni vita sua quemque
a recta conscientia traversum unguem non oportet
discedere"; A XIII 20, 4. — 2. adulescentium greges
certantes calcibus, unguibus; Tusc V 77. 3. non
ab imis unguibus usque ad verticem summum ex
fraude constare totus videtur? Q Rosc 20.

ungula, Huf, Kralle: I. illud in silice, quod
hodie apparet apud Regillum tamquam vestigium

100*

ungulae, Castoris equi credis esse? nat III 11. — II. toto corpore atque omnibus ungulis, ut dicitur, contentioni vocis adserviunt; Tusc II 56.

unice, einzig, außerordentlich: qui amavit unice patriam et cives suos; Catil III 10. Precilium tibi commendo unice; ep XIII 15, 1. quem (Ser. Sulpicium) semper unice dilexisti; ep VI, 1, 6.

unicus, einzig, außerordentlich: cum ipse sis quasi unicum exemplum antiquae probitatis; rep III 8. is cum haberet unicam filiam; Ver III 101. qui hoc unico filio nititur; Cael 79. ut unica liberalitas (tibi obstiterit); Quinct 41.

unigena, einzig erschaffen: singularem deus huic mundum atque unigenam procreavit; Tim 12.

universe, im allgemeinen: quid ego de ceteris civium Romanorum suppliciis singillatim potius quam generatim atque universe loquar? Ver V 143. cui (Hortensio) cetera universe mandavi, illud proprie, ne pateretur . .; A V 2, 1.

universitas, Gesamtheit, Ganze, Weltall: I. communem rerum naturam universitatemque omnia continentem (Chrysippus deum dicit esse); nat I 39. — II. censet imagines divinitate praeditas inesse in universitate rerum; nat I 120. — III. illum quasi parentem huius universitatis invenire difficile; Tim 6.

universus, ganz, sämtlich, alle zusammen, allgemein, neutr. Weltall: A. universos ait Ephesios esse morte multandos; Tusc V 105. vgl. B, a, II. nihil est in natura rerum omnium, quod se universum profundat et quod totum repente evolvat; de or II 317. quod (summum bonum) certe universum sua sponte ipsum expeti necesse est; fin V 44. terram ad universi caeli complexum quasi puncti instar obtinere; Tusc 40. huc universa causa deducitur; Q. Rosc 34. vir is non multo facilius tali animo reperietur quam civitas universa? Tusc V 42. non facile exhauriri tibi istum dolorem posse universum puto; ep V 16, 4. brevitas laus est interdum in aliqua parte dicendi, in universa eloquentia laudem non habet; Bru 50. ubi non seclusa aliqua acula teneatur, sed unde universum flumen erumpat; de or II 162. vel separatim dicere solemus de genere universo vel definite de singulis temporibus, hominibus, causis; de or II 118. in genere erat universo rei negotiique, non in tempore ac nominibus omnis quaestio; de or II 141. cum universum totius urbis incendium versari ante oculos cooperat; Sulla 19. sapientem omne caelum totamque cum universo mari terram mente complexum; fin II 112. non incommodum videtur quandam atque materiam universam ante permixtim et confuse exponere omnium argumentationum; inv I 34. ut eius in provincia statuae per universam multitudinem deicerentur; Ver II 158. quodsi universus non est deus, ne stellae quidem; nat III 23. civitas data non solum singulis, sed nationibus et provinciis universis a mortuo; Phil I 24. universam naturam nulla res potest impedire; nat II 35. quanti (fructus) ex universa philosophia percipi possunt; Tusc II 2. multum etiam apud universum populum Romanum auctoritatis habet suffragatio militaris; Muren 38. provinciae: f. nationes. cum ex iis rebus universis eloquentia constet, in quibus singulis elaborare permagnum est; de or I 19. quae (ars) doceret rem universam tribuere in partes; Bru 152. revocate iam animos vestros ad universam rem publicam; dom 142. universum senatum mutasse vestem; Sest 27. silva: f. materia. sol multis partibus maior atque amplior quam terra universa; nat II 92. si quis universam et propriam oratoris vim definere vult; de or I 64. — B, a, I. non singulos ferre sententiam, sed universos constituere; div Caec 24. si ant ingrati universi aut invidi multi suis virtutem praemiis spoliant; rep III 40. — II. vobis singulis

et egi et agam gratias; universis egi initio, quantum potui; sen 30. cum id universis indignum ac nefarium videretur; Ver II 127. — III. ut alii populares, alii studiosi optimi cuiusque videantur, pauci universorum; of I 85. — IV. cum a b universis hoc idem fit; Phil I 37. — b, I. quid esse potest extra universa? Ac II 73. principia mentis. quae sint in eodem universo, deos esse dicit; nat I 120. — II. quodsi universi corpus planum et aequabile explicaretur; Tim 14. nihil est in omni mundo, quod non pars universi sit; nat II 30.

unus (oenus: f. C, a, I, 1. tenet), ein, einzeln, einzig, einerlei, derselbe, allein: A. bei Substantiven: I. credo celatum esse Cassium de Sulla uno; nam de ceteris certe sciebat; Sulla 39. unus dissentit Epicurus; div I 87. etsi unus ex omnibus minime sum ad te consolandum accommodatus; ep V 16, 1. Terentiam, unam omnium aerumnosissimam; A III 23, 5. nihil est, quod aequabile inter omnes atque unum omnibus esse possit; Caecin 70. ut duorum consulum munus unius adulescentis virtuti committeretur; imp Pomp 62. centum et unum oratores unus ager istius iniuria desiderat; Ver III 120. cum amicitiae vis sit in eo, ut unus quasi animus fiat ex pluribus; Lael 92. f. B. quisque; Lael 92. has causas inveniebam duas: unam, quod intellegerent ii . .; altera est haec; de or I 123. simplex officium atque una bonorum est omnium causa; Sulla 9. ita in una civitate bis improbus fuisti; Ver V 59. cum meum ius iurandum iuratus ipse (populus Romanus) una voce et consensu approbavit; Piso 7. ut tarditate et celeritate dissimillimos motus una regeret conversio; Tusc I 63. duo corpora esse rei publicae, unum debile infirmo capite, alterum firmum sine capite; Muren 51. cum Rhodius Diagoras uno die duo suos filios victores Olympiae vidisset; Tusc I 111. tot domus locupletissimas istius domus una capiet? Ver IV 7. unum putasti satis esse non modo in una familia honorem, sed paene in tota civitate; de or II 10. genera Asiaticae dictionis duo sunt: unum sententiosum et argutum . .; aliud autem genus est . .; Bru 325. definitionum duo genera prima: unum earum rerum, quae sunt, alterum earum, quae telleguntur; Top 26. tot civitates unius hominis nutum intuentur; Q fr I, 1, 22. haec diu multumque quaesita una eripuit hora; Sulla 73. dum unus hostis in Syria fuit; A VI 8, 5. duo bella maxima ab uno imperatore esse confecta; imp Pomp 60. bibliothecas mehercule omnium philosophorum unus mihi videtur XII tabularum libellus superare; de or I 195. cogitavi unas litteras Marionem adferre posse, me autem crebras exspectare; ep XVI 5, 1. superioribus litteris, non unis, sed pluribus; Q fr I 1, 1. id unis diligenter litteris datis consequere; A V 9, 2. tuis et unis et alteris litteris; A XIV 18, 1. coacto in unum locum || in unum' || exercitu; ep XV 4, 2. quod non labentem Pompeium tamquam unus manipularis secutus sim; A IX 10, 2. qui (Lacedaemonii) soli septingentos iam annos amplius uns moribus et numquam mutatis legibus vivunt; Flac '3. una pars est natura, disserendi altera, vivendi tertia; fin V 9. non est una pecunia, propterea quod altera principii an erat adventicia; inv II 64. omnium causarum unum est naturale principium, una peroratio; Bru 209. ratio una omnium est aegritudinum, plura nomina; Tusc III 83. (eloquentiam) rem unam esse omnium difficillimam; Bru 25. ut (ille) unus in re haereat; orat 137. rhetor: f. familia. in una sententia perpetua permansio; ep I 9, 21. possetne uno tempore florere, dein vicissem horrere terra? nat II 19. quantas concessiones agrorum hic noster obiurgator uno verbo facere conetur; agr III 11. de uno acerrimo et fortissimo viro; ep I 9, 16. cum uno fortissimo viro (loquor);

ep XV 16, 3. me Kalendis Ianuariis frequentissimus senatus una voce revocavit; Piso 34. f. consensus. — II. innumerabiles unius et v i g i n t i formae litterarum; nat II 93. nobis Acastus cum litteris praesto fuit uno et vicesimo die; ep XIV 5, 1. centum et unus: f. I. ager. unum a l i q u o d accesserit commodum corporis; fin V 45. ad aliud nos unum certum vitium consuetudo Latina traduceret: fin III 40. hac una spe ad iudicium venitur; Ver II 71. haec me una ex hoc naufragio tabula delectat; A IV 19, 2 (18, 3). illam unam (sententiam) nemo tum istorum suam dici vellet; Cluent 105. qui permulta ob eam unam causam faciunt, quia decet; fin II 45. multum temporis in ista una disputatione consumpsimus; Ac II 12. si uno meo facto et tu et omnes mei corruistis; Q fr I 4, 1. nulla re una magis oratorem commendari quam . . ; Bru 216. nullum ex eis (generibus) unum esse optimum; rep II 65. ex quo (iudicio) uno haec omnia nata et profecta esse concedit; Quinct 85. qui (gubernator) si ex omnibus unus optandus esset; ep II 6, 4. quo ego uno equite Romano familiarissime utor; ep XIII 43, 1. hominem eum, quocum omnia. quae me cura aliqua adficiunt, uno || una || communicem; A I 18, 1. qui (Caesar) quidem sibi est adversarius unus acerrimus; A X 8, 8. in quacumque una (parte) plane clauderet; Bru 214. Erillus unum quoddam bonum vidit; fin II 43. quem ad modum unum quodque causae genus confirmari oporteat; inv I 34. quot historicos nominavit! quam scienter, quam proprie de uno quoque dixit! de or II 59. nomen est, quod uni cuique personae datur; inv I 34. ceteris (rebus) infirmatis una reliqua necessario confirmatur; inv I 45. quarum (sententiarum) est una sola defensa; fir V 20. qui unum diem totum velit esse in genere isto voluptatis; fin II 114. uni tuae disertissimae epistulae non rescripsi; A VII 2, 8. B. b e i B r o n o m i n a : si ex iis, quae sumpta sunt, non conceditur a l i q u i d || aliquod || unum plurave; inv I 79. unum aliquem in ex barbatis illis diceres intueri; Sest 19. quae (ratio) cum aliquo uno ex tribus illis congruere possit; fin V 19. f. a l i q u ' s, C. unus. nisi forte ego unus ita me gessi in iudiciis, ut . . ; Planc 75. quis me miserior uno iam fuit? A XI 2, 3. si ad hoc unum est natus aut in hoc solo se exercuit; orat 99. si ille hoc unum agitare coeperit; Ver III 224. cum ego pro his unis petam; ep XIII 7, 4. ille unus e septem sapientibus; fin III 76. unum illud intellego, quod . . ; Ver pr 10. is excipitur unus, ne manubias referre debeat? agr II 60. id unum expetentes homines; fin II 86. ut nomine indiciorum omnium bona in istius unius essent potestate; Ver II 67, id in unius mea salute conservanda decernendum putavit; Sest 128. nemo de nobis unus excellat; Tusc V 105. nihil est unum uni tam simile, tam par, quam omnes inter nosmet ipsos sumus; leg I 29. quo uno homines maxime bestiis praestant; de or I 33. quo uno vincebamur a victa Graecia, id . . ; Bru 254. a quo uno maxime P. Sestius se oppugnari videt; Sest 132. quod unum unum nos eorum perpetui defensores plurimum valere possemus; pr XIII 4, 4. quorum si unum quodlibet probare Iudici potueris; Tul 45. quis unus fortior, quis amicior umquam rei publicae fuit quam . . ? Phil III 6. voluisti in suo genere unum quemque nostrum quasi quendam esse Roscium; de or I 258. maior hereditas uni cuique nostrum venit; Caecin 74. cum intueor et contemplor unum quemque vestrum; Planc 2. si ne in uno quidem quoque unus animus erit idemque semper; Lael 92 quantum non quivis unus ex populo, sed existimator doctus posset cognoscere; Bru 320. ita in his rebus unus est solus inventus, qui . . ; Sest 130. omnia omnium arma contra se unum excitare; Deiot 15. in te unum atque in tuum nomen se tota convertet civitas,

tu eris unus, in quo nitatur civitatis salus; rep VI 12. ex unius tua vita pendere omnium; Marcel 22. C. alicin: a, I, 1. cum unus omnia gubernet; Sex Rosc 22. »oenus ne amplius sex menses, si senatus creverit, idem iuris, quod duo consules, teneto«; leg III 9. — 2. ut unus de multis esse videatur; of I 109. — II, 1. eum (Zoilum) tibi sic c o m m e n d o ut unum ex nostra domo; ep XIII 46. — 2. si uni a t t r i b u e n d a culpa sit; Ver V 134. quod alter uni illud bellum suscipiendum vestris suffragiis detulit; imp Pomp 58. — 3. ad unum tamen omnia d e f e r r i non oportere; imp Pomp 52. quid interest inter unum et plures, si iustitia est in pluribus? rep I 61. non omnia sunt in uno vitia; Ver IV 86. — III. cum omnia sua commoda unius scelere ac l i b i d i n e perdidissent; Ver II 9. cum ut senatus omnes ad unius salutem defendendam excitaret; sen 24. scelus: f. libido. — IV. se gladio percussum esse a b uno de illis; Milo 65. de amicitia omnes ad unum idem sentiunt; Lael 86. ego eam sententiam dixi, cui sunt adsensi ad unum; ep X 16, 1. — b, I. unum etiam e s t, quod me maxime perturbat; Cluent 135. cum in natura tria sint, unum gaudere, alterum dolere, tertium nec gaudere nec dolere; Tusc III 47. — II, 1. si ad eum numerum unum a d d i d e r o, multane erunt? Ac II 93. unum debet esse omnibus propositum, ut . .; of III 26. in qua (causa) omnes sentirent unum atque idem; Catil IV 14. unum sustinere passi possunt, utrumque nemo; Muren 46. — 2. cuncta ingenia c o n l a t a in unum; rep II 2. — III. s i m i l i s : f. B. nihil. — IV, 1. cum uno verum esse non possit; Ac II 147. — 2. de Antonio nihil dico p r a e t e r unum; Sest 8.

vocabulum, Ausdruck, Bezeichnung, Benennung, Name: I. quae (verba) propria s u n t et certa quasi vocabula rerum, paene una nata cum rebus ipsis; de or III 149. — II, 1. cum aut propria sumuntur rerum vocabula aut addita ad nomen aut nova aut prisca aut ab oratore modificata et inflexa quodam modo; part or 17. vocabula tantum pecuniarum et genera mutabas; Piso 90. simili ratione (Chrysippus) persequitur vocabula reliquorum deorum; nat I 40. sumo: f. addo. — 2. nihil est in rerum natura, cuius nos non in aliis rebus possimus uti vocabulo et nomine; de or III 161. — 3. de hominis certo et proprio vocabulo a g i t u r; inv II 28. Chaldaei non ex artis, sed ex gentis vocabulo nominati; div I 2. — III. non vocabulorum o p i f i c e m, sed rerum inquisitorem decet esse sapientem; Ac fr 19. in meliorem partem vocabuli conferantur et honesta nominentur; inv II 158. quia vis vocabuli definienda verbis est; inv II 52. — IV, 1. nomen est, quod uni cuique personae datur, quo suo quaeque proprio et certo vocabulo a p p e l l a t u r; inv I 34. astra illa non re, sed vocabulo errantia; Tusc I 62. omne caelum sive mundus, sive quo alio vocabulo gaudet, hoc a nobis nuncupatus sit; Tim 4. — 2. si ex vocabulo, ut Carbo: „si consul est, qui consulit patriae . .“; de or II 165.

vocalis, klangvoll, mit guter Stimme, Selbst-lauter, Vokal: A. ne q u e m vocalem praeterisse videamur; Bru 242. — B, I. quod Latina lingua sic observat, nemo ut tam rusticus sit, quin || qui || vocales nolit c o n i u n g e r e; orat 150. — II. in ea oratione) est crebra ista vocalium || vocum || concursio, quam magna ex parte ut» vitiosam, fugit« Demosthenes; orat 151. habet ille tamquam hiatus et concursus vocalium molle quiddam; orat 77.

vocatus, Ladung: is et ille et senatus frequens vocatu Drusi in curiam venit; de or III 2.

vociferatio, Ruf, Notschrei: I. an te L. Flavii de L. Herennio vociferatio c o m m o v e b a t? Ver V

156. — II. qua vociferatioue in ceteris iudiciis accusatores uti consueverunt; Sex Rosc 12. **vociferor**, bie Stimme er‿heben, rufen: I. vociferari palam; Ver IV 39. — II, 1. his de rebus (me non) satis libere vociferari posse; Sex Rosc 9. — 2. amici cum vociferarentur et quaererent, quid ille patri suo responderet; de or II 287. — 3. tum vociferantur ex aequo et bono rem iudicari oportere; Caecin 65. — III. si hoc nunc vociferari velim; Ver II 52.

vocito, ‿u nennen pflegen, nennen: qui (Demetrius) Phalereus vocitatus est; Rab Post 23. nostri omnes reges vocitaverunt, qui ..; rep II 49. illam veterem Italiae Graeciam, quae quondam magna vocitata est; de or III 139. »has Graeci stellas Hyadas vocitare suerunt«; nat II 111.

voco, rufen, herbeirufen, aufrufen, vorladen, einladen, nennen, erflären, bringen, versetzen: I, 1. hoc (iussum) vim habere ad recte facta vocandi et a peccatis avocandi; leg II 9. — 2. fortitudo vocat ad periculum; Phil XIII 6 quae (lex, ratio) vocet ad officium iubendo, vetando a fraude deterreat; rep III 33. qui (tribunatus) ipse ad sese iam dudum vocat; Sest 13. — II. cum Galli ad bellum, Catilina ad urbem, coniurati ad ferrum et flammam vocabantur; Flac 102. si iam vocer ad exitum vitae; ep VI 4, 4. quod me ad vitam vocas; A III 7, 2. ne te in eundem luctum vocem; A III 7, 2. hunc (Hortensium filium) ego patris causa vocavi ad cenam; A VI 3, 9. quo nomine vocetur; de or I 139. quid vocetur, quaeritur, cum, quo verbo quid appellandum sit, contenditur; de or II 107. hoc tu igitur in crimen vocas? Rabir 24. hoc est nimis exigue et exiliter ad calculos vocare amicitiam; Lael 58. nec beneficium tuum in dubium vocari; Deiot 39. in iudicium caput Cornelii, factum Pompei vocatur; Balb 6. quae causae sunt eius modi, ut de earum iure dubium esse non possit, omnino in iudicium vocari non solent; de or I 241. prima classis vocatur, renuntiatur; Phil II 82. coniuratos: f. alqm; Flac 102. factum: f. caput. filium: f. alqm; A VI 3, 9. eadem facultate et frans hominum ad perniciem et integritas ad salutem vocatur; de or II 35. ad integritatem maiorum hominem vocabant; Sest 121. integritatem: f. fraudem. eodem nomine (Theuth) anni primus mensis apud eos (Aegyptios) vocatur; nat III 56. omnia ad mentes iudicum quam maxime permovendas et ad utilitatem nostram vocandas conferenda sunt; de or II 332. in partem mulieres vocatae sunt; Caecin 12. nulla fere potest res in dicendi disceptationem ant controversiam vocari, quae .. ; de or II 291. rem publicam annonae nomine in id discrimen, quo vocabatur, non esse venturam; dom 17. cum senatum a. d. XIII K. Ian. tribuni pl. vocavissent; ep X 28, 2. paucas tribus ad usurpandam libertatem vocare; agr II 17. qui fortes et claros viros in invidiam aliquam vocaverunt; Sest 139. — III, 1. quaestor navem populi vocat; inv II 98. — 2. qui adversis vestigiis stent contra nostra vestigia, quos ἀντίποδας vocatis; Ac II 123. huic studio litterarum, quod profitentur ei, qui grammatici vocantur; de or I 10. quod, qui proprio nomine perduellis esset, is hostis vocaretur; of I 37. septem fuisse dicuntur uno tempore, qui sapientes et haberentur et vocarentur; de or III 137. quos tyrannos vocas; Vatin 29. quod maiores consilium publicum vocari voluerunt; Sex Rosc 151. istas tu partes potius quam a populo Romano defectionem vocas? Phil XIII 39. principatum id dico, quod Graeci ἡγεμονικόν vocant; nat II 29. quicquid est, quod sub aurium mensuram aliquam cadit cadat I, etiam si absit a versu. numerus vocatur, qui Graece ῥυθμός dicitur; orat 67. acumen, sollertiam, quam rationem vocamus; nat III 69. animal hoc plenum rationis et consilii, quem voca-

mus hominem; leg I 22. qui (collis) nunc Quirinalis vocatur; rep II 20. comprehensio, quam κατάληψιν illi vocant; Ac II 17. is (Dicaearchus) tres libros scripsit, qui Lesbiaci vocantur; Tusc I 77. quae pars animi mens vocatur; rep II 67. quam (qualitatem) ποιότητα Graeci vocant; nat II 94. illa sapientia, quam σοφίαν Graeci vocant; of I 153. sollertiam: f. acumen. quas (stellas) Graeci cometas, nostri cincinnatas vocant; nat II 14. quem (subtilem) recte quidam vocant Atticum; orat 83.

vocula, schwache Stimme, üble Nachrede: I. quanto molliores sunt et delicatiores in cantu flexiones et falsae voculae quam certae et severae! de or III 98. — II, 1. cum recreandae voculae causa necesse esset mihi ambulare; A II 23, 1. — 2. incurrit haec nostra laurus in voculas malevolorum; ep II 16, 2.

volaticus, umherstürmend, unbeständig: o Academiam volaticam et sui similem! modo huc, modo illuc; Ac XIII 25, 3. illius furentes ac volaticos impetus in se ipsos posse converti; har resp 46.

volatus, Fliegen, Flug: I. Arabes facilius cantus avium et volatus notaverunt; div I 94. volatus eorum (pullorum) matres prosequuntur; nat II 129. idem (aër) volatus alitum sustinet; nat II 101. — 2. volatibus avium cantibusque ut certissimis signis declarari res futuras putant; div I 2.

volg — f. **vulg** —.

volito, fliegen, umherfliegen, umherflattern, schweben, sich umhertreiben: I. volitare in foro insolenter est impudentiae; de or I 173. — II. ut toto foro volitare videantur; de or II 101. ut nostri animi volitare cupiant vacui cura ac labore; de or II 23. quae (bestiae) appareant in ardentibus fornacibus saepe volitantes; nat I 103. cum illa coniuratio palam armata volitaret; Sest 9. valebis apud hominem volitantem gloriae cupiditate vir moderata volitare et vagari latissime; rep I 26. easdem (volucres) passim ac libere volitare; de or II 23.

voln — f. **vuln** —.

volo, fliegen: I. alia animalia serpendo ad pastum accedunt, alia volando; nat II 122. — II. volasse eum, non iter fecisse diceres; Phil X 11. volat aetas; Tusc I 76. eadem efficit in avibus divina mens, ut tum huc, tum illuc volent alites; div I 120. veucimur bestiis et terrenis et aquatilibus et volucribus; nat II 151. litterae Capuam ad Pompeium volare dicebantur; A II 19, 3. fac. ut mihi tuae litterae volent obviae; A VI 4, 3. neque serpit, sed volat in optimum statum instituto tuo sermone res publica; rep II 33.

volo, wollen, begehren, wünschen, verlangen, bestimmen, festsetzen, günstig, geneigt sein, bedeuten, meinen, annehmen, behaupten: I. sisivt und rstitut‿(‿): I. inest velle in carendo; Tusc I 88. — 2. cum ex alterius oratione aliud excipias atque ille vult; de or II 273. ut voles, inquit Atticus; Bru 290. quod commodum est, exspectate facinus quam vultis improbum; Ver V 11. quam volumus licet ipsi nos amemus; har resp 19. de iudicio animi mei, ut volet quisque, sentiat; Rab Post 44. dic, si vis, de quo disputari velis; Tusc II 13. (adsensio) hanc habet rationem, ut Chrysippus vult, quam dudum dixinus: fat 42. regis causa si qui sunt qui velint; ep I 1, 1. nec minus fortasse, quam vellem, versatus: ep VI 10, 5. etsi omnium causa, quos commendo, velle debeo; ep XIII 71 credo tua causa velle Lentulum: Q fr I 4, 5. qui nostra causa volunt; A XI 8, 1. f. sis. si animal omne, ut vult, ita utitur motu sui corporis membraque. quocumque vult, flectit; div I 120. quod, qua vellet, (aries) ingredi posset et, quae

vellet, attingere; Tusc V 115. quod illa (femina), quam velit sit potens, numquam impetravisset; Cael 63. mihi videntur vestri praeceptores fines officiorum paulo longius, quam natura vellet, protulisse; Muren 65. ut (oculi) aspectum, quo vellent, facile converterent; nat II 142.

II. **mit Ergänzung:** 1. volo hoc oratori contingat, ut . .; Bru 290. visne igitur te inspiciamus a puero? Phil II 44. visne ergo ipsius iuris ortum a fonte repetamus? leg I 20. illud velim sic habeas, quod intelleges . .; ep III 13, 2. facias me velim certiorem; ep XII 25, 7. id velim vobiscum consideretis; ep XIV 18, 2. Laconicum velim, quod poteris, invisas; A IV 10, 2. velim, quod poteris, consideres, ut sit, unde . .; A XI 13, 4. de Menedemo vellem verum fuisset; de regina velim verum sit; A XV 4, 4. de cetero vellem equidem ipse (Epicurus) doctrinis fuisset instructior aut ne deterruisset alios a studiis; fin I 26. vellem Idibus Martiis me ad cenam invitasses; ep XII 4, 1. maxime vellem primum semper tecum fuissem; A VIII 11, D, 5. f. velim; A XV 4, 4. — 2. ne: f. 1. fin 26. — 3. VELITIS IUBEATIS, UT M. TULLIUS IN CIVITATE NE SIT, BONAQUE EIUS UT MEA SINT; dom 44. volo, ut mihi respondeas tu; Vatin 14. „VELITIS IUBEATIS, UT, QUOD M. CICERO VERSUM FECERIT"; Piso 72. quoniam videris hoc velle, ut virtus satis habeat ad vitam beatam praesidii; Tusc V 83. de tuis velim ut eo sis animo, quo debes esse, id est ut ne quid tibi praecipue timendum putes: ep IV 14, 4. tu ut et obloquare et conloquare velim; Q fr II 8, 1. — 4. ut ne: f. 3. dom 44. ep IV, 14, 4. — 5. volo mentam pusillam ita appellare ut „rutulam"; non licet; ep IX 22, 3. num non vis audire, cur . .? Tusc I 77. si aurum cui commonstrare vellem; de or II 174. quid vis nobis dare, ut isti abs te ne auferantur? Ver IV 32. volo Ciceroni meo togam puram dare; A IX 17, 1. Nympho cum se aequo vellet iudicie defendere; Ver III 54. qui de te detrahere vellent; Q fr I 2, 3. qui Attice volunt dicere, orat 23. diiungere me ab illo volo; A VII 1, 9. quod cum efficere vultis; nat I 68. eorum partim in pompa, partim in acie inlustres esse voluerunt; de or II 94. quoniam utrique Socratici et Platonici volumus esse; of I 2. si volo is esse, quem tu me esse voluisti; ep I 7, 1. si vis homo esse; A IV 15, 2. Avillius simulat se aegrotare et testamentum facere velle; Cluent 37. quos hospites habere nemo velit; Phil V 15. hic ego vellem habere Homeri illam Minervam simulatam Mentori; A IX 8, 2. quam (prudentiam) vult imitari malitia; of III 96. verum invenire volumus; fin I 13. nihil me nec subterfugere voluisse reticendo nec obscurare dicendo; Cluent 1. (Zeuxis) Helenae se pingere simulacrum velle dixit; inv II 1. non se tectis privare voluerunt; Piso 16. si recordari volueritis de novis hominibus; agr II 3. qui religiones deorum immortalium retinere vult; Ver III 6. ille paludes siccare voluit; Phil V 7. subterfugere: f. obscurare. te videre plane velim; A XI 9, 3. qui secundum naturam volent vivere; of III 23. hoc cive uti aut volumus aut possumus? Phil V 28. — 6, a. illud volumus intellegi nos probe tenere; inv I 77. quales ipsi (oratores) se videri volunt; Bru 142. si id te senatus aut populus Romanus facere voluisset; Ver III 117. eius magistratus corpus legibus vallatum esse voluerunt; Tul 49. si interfici Caesarem voluisse crimen est; Phil II 34. Plato veritatem cogitationis ipsius et mentis esse voluit; Ac II 142. in voluptate, quod (Epicurus) summum bonum esse vult, summumque malum dolorem; fin I 29. hoc natura videlicet vult, salvam esse se; fin II 31. duas partes ei (rationi Plato) parere voluit, iram et cupiditatem; Tusc I 20. Lacedaemonii senibus augurem interesse voluerunt; div I 95. vultis evenire omnia

fato; div II 24. nisi maiores eos, qui ex hac vita migrassent, in deorum numero esse voluissent; leg II 55. qui se metui volent; of I 94. cui (Clavio) satis factum esse a nobis valde volo; ep XIII 56, 3. numquam me gravem vobis esse voluisse; ep XIII 76, 1. volueras me illa negotia tueri; A VIII 11, B, 2. volo eum (librum) divulgari; A XII 40, 1. f. 5. esse; ep I 7, 1. I, 2. alqs; Tusc II 13. — b. ut aliis eam (laudem) praereptam velim; Sex Rosc 2. nunc illos monitos etiam atque etiam volo; Catil II 27. qui rem publicam defensam velint; A VIII 3, 4. — c. tu partes eas, quas te senatus populusque Romanus voluit, an fructus integros vendidisti? Ver III 40. vultis omnia fato; nulla igitur fato est divinatio; div II 20. — 7. deinde Arpinum volebamus; A IX 1, 3. Rhodum volo puerorum causa, inde quam primum Athenas; A VI 7, 2. — 8. nunc ἀπορῶ, quo me vertam. volo Dolabellae valde desideranti; non reperio, quid; A XIII 13, 2.

III. **mit einfachem Object:** volo Varronem; A XIII 25, 3. a capite, quod velimus, arcessere; de or II 117. quid vero istae sibi quinquagesimae, quid porro nummorum accessiones volunt? Ver III 118. me omnia, quae vellent, esse facturum; Cluent 50. omnes idem volunt, idem defendunt, idem sentiunt; Phis VIII 8. quid voluit sibi, qui illa mutaverit? fin IV 57. quid sibi lex aut quid verba ista vellent; leg III 33. quantum mea causa velis; ep XI 17, 2. accedit eo, quod Varro Murena magno opere eius (T. Manlii) causa vult omnia; ep XIII 22, 1. me nemo adhuc rogavit, num quid in Sardiniam vellem, te puto saepe habere, qui, num quid Romam velis, quaerant; Q fr II 2, 1. de quo Caesarem solitum dicere: „magni refert, hic quid velit, sed, quicquid volt, valde volt"; A XIV 1, 2. f. calamitatem, delectationem, vires. II, 3. Tusc V 83. II, 6, a. fin II 31. dividebat agros, quibus et quos volebat; Phil V 20. ut velle atque optare aliquid calamitatis filio potius quam id struere et moliri videretur; Cluent 178. quae (fabulae) delectationis habeant, quantum voles; div II 113. cum fines provinciae tantos haberet, quantos voluerat; Piso 49. vult plane virtus honorem; rep III 40. qui postulat ad tantum bellum legatum, quem velit; imp Pomp 57. ut eorum (mediorum) alia velis, alia nolis, alia non cures; fin IV 71. pacem vult M. Lepidus; Phil XIII 8. quem velis eorum tuorum testium, quos produxero, rogato; Ver II 152. intellegentiae iustitia coniuncta, quantum volet, habebit ad faciendam fidem virium; of II 34.

IV. **mit doppeltem Accusativ:** qui se populares volunt; Ac II 78. ut (omne animal) se salvum in suo genere incolumeque vellet; fin IV 19. ita mihi deos propitios velim, ut . .; Ver V 37. semper ille populum Romanum liberum voluit; Phil V 38.

volt — f. **vult** —.

volubilis, sich drehend, wandelbar, geläufig, gewandt: C. Rusticelius Bononiensis, is quidem et exercitatus et natura volubilis; Bru 169. eum (mundum deus) caelo volubili et in orbem incitato complexus est; Tim 20. Epicurus dicat se non posse intellegere, qualis sit volubilis et rotundus deus; nat II 46. quam (sit) vaga volubilisque fortuna; Milo 69. cum se homo volubilis quadam praecipiti celeritate dicendi iactaret; Flac 48. incitata et volubilis oratio; Bru 203. oratio quoniam tum stabilis est, tum volubilis; orat 187. hunc L. Gellius canorum oratorem et volubilem fuisse dicebat; Bru 105.

volubilitas, Drehbarkeit, Kreisbewegung, Unbeständigkeit, Geläufigkeit: I. sine qua (rerum scientia) verborum volubilitas inanis atque inridenda est; de or I 17. ex utraque re mundi volubilitas, quae nisi in globosa forma esse non posset, (cognoscitur); nat II 49. — II. cognosco, inrideo: f. I. integritas in candidato, non linguae volubilitas

requiri solet; Planc 62. — III. quod temere fit
caeco casu et volubilitate fortunae; div II 15.

volubiliter, ſchnell bahinrollend: saepe etiam
in amplificanda re funditur numerose et volubiliter
oratio; orat 210.

volucer, geflügelt, flüchtig, ſchnell, Vogel: A.
quodsi hoc apparet in bestiis, volucribus, nanti-
bus, agrestibus; Lael 81. volucri semper ape et cogitatione rapiuntur a domo longius; rep II 7. aliud
genus est non tam sententiis frequentatum quam
verbis volucre atque incitatum; Bru 325. apes: ſ.
cogitatio. — B, I. quem ad modum volucres videmus
effingere et construere ‖ cónstituere ‖ nidos; de
or II 23. quae est natura, quae volucres huc et illuc
passim vagantes efficiat ut significent aliquid et
tum vetent agere, tum iubeant aut cantu aut volatu? div II 80. — II. videmus in quodam volucrium
genere non nulla indicia pietatis; fin II 110.

volumen, Rolle, Schrift, Band, Buch: I, 1. cum
(Caesar) volumina iam confecerit ἀποφθεγμάτων;
ep IX 16, 4. explicet suum volumen illud, quod ei
planum facere possum Erucium conscripsisse; Sex
Rosc 101. evolvi volumen epistularum tuarum, quod
ego sub signo habeo servoque diligentissime; A IX
10, 4. explico: ſ. conscribo. habeo: ſ. evolvo. tuis
oraculis Chrysippus totum volumen implevit; div II
115. cum (Antimachus) legeret eis magnum illud,
quod novistis, volumen suum; Bru 191. volumen
eius rerum gestarum maximum isti ostendit; Ver I
97. legati Appiani mihi volumen a te plenum querelae iniquissimae reddiderunt; ep III 7, 2. scribo: ſ.
evolvo. — 2. tuas quoque epistulas via referri in
volumina; ep XVI 17, 1. — II. quoniam huius voluminis magnitudo longius processit; inv I 109.
— III. (omnia) neque ita multis litteris aut voluminibus magnis continentur; de or I 192.

voluntarius, freiwillig, willkürlich, selbſtän-
dig: id, quod imperatur, necessarium, illud, quod
permittitur, voluntarium est; inv II 145. quam (adsensionem animorum) esse vult in nobis positam et
voluntariam; Ac I 40. an, cum illum necessarium
et fatalem paene casum non tulerimus, hunc feremus
voluntarium? Phil X 19. voluntario maleficio veniam
dari non oportere, imprudentiae concedi non numquam convenire; inv I 102. frustra suscipi miseriam
voluntariam; Tusc III 32. alter (Carbo) morte voluntaria se a severitate iudicum vindicavit; Bru 103.
quin hic quoque motus animi sit totus opinabilis ac
voluntarius; Tusc IV 79. quibus (philosophis)
viderentur sine ullo fato esse animorum motus vo-
luntarii; fat 39. quod eius omnes gravissimas iniurias
communis concordiae causa voluntaria quadam oblivione contrieram; ep I 9, 20. si † ‖ etsi ‖ fortasse
ego a te huius voluntarius procurator petam; Bru 17.
eos, qui pareant principibus, ab eo populo servos
voluntarios appellari; rep I 67. ut animi virtutes
non voluntarias vincant virtutes voluntariae; fin V
38. quod illud voluntarium vulnus accepit; Planc 89.

voluntas, Wille, freier Wille, Wunsch, Verlangen, Abſicht, Bereitwilligkeit, Zuneigung, Wohlwollen: I. ſbiolut: 1. si voluntas ‖ ei ‖ a faciendo
‖ faciendi ‖ demonstrabitur afuisse; inv II 35.
quam valde Bibuli voluntas a me sine causa abhorreret; ep II 17, 6. quod quoniam nobis quoque voluntatis accidit, ut artem dicendi perscriberemus;
inv II 4. ad paternas necessitudines magnam attulit accessionem tua voluntas erga me meaque erga
te par atque mutua; A XVI 16, 3. si mens vo-
luntasque divina idcirco consuluit hominibus, quod ..;
nat III 70. in quo mihi voluntas non deest; ep II
17, 6. eius modi appetitionem Stoici βούλησιν appellant, nos appellemus voluntatem. eam illi putant in
solo esse sapiente, quam sic definiunt: voluntas est.
quae quid cum ratione desiderat; Tusc IV 12. erat

summa voluntas senatus; Ver II 95. quae Caesaris
de bello voluntas fuerit; Marcel 15. ſ. desiderat.
ubi aut bene merendi de altero aut referendae
gratiae voluntas poterit existere? leg I 43. tantum
erat ablatum, quantum voluntas tulerat Apronii;
Ver III 198. omnis voluntas M. Bruti libertatem
populi Romani intuetur; Phil X 23. si voluntas eadem maneret; Quinct 82. ex ea (virtute) proficiscuntur honestae voluntates; Tusc IV 34. si voluntas et aequitas valeat; Caecin 66. praeclara voluntas atque omni laude digna; dom 131. — 2. quid
est pietas nisi voluntas grata in parentes? Planc
80. ſ. 1. desiderat.
— II. nach Verben: 1. cum par voluntas accipitur
et redditur; ep V 2, 3. ut alienos ab eis auditorum
voluntatem; inv I 24. conabantur alienare a te voluntatem meam; ep III 6, 4. appello: ſ. I, 1. desiderat. nolite animum meum debilitare metu commutatae vestrae voluntatis erga me; Planc 103. ad
eorum voluntatem mihi consiliandam maximo te mihi
usui fore video; A I 2, 2. ut ad eam voluntatem,
si quam in illum (M'. Curium) ante has meas
litteras contulisti, quam maximus post mea commendatione cumulus accedat; ep XIII 17, 2. quodsi
voluntas scriptoris conservanda sit, se, non adversarios.
a voluntate eius stare; inv II 128. ad voluntates
nostras copulandas; ep III 4, 2. in quo universus
populus voluntatem suam declaravit; Planc 49. hanc
meam voluntatem ad matrem tuam detuli; ep VI
22, 3. definio: ſ. I, 1. desiderat. signa conturbantur.
quibus voluntas a simulatione distingui posset; A
VIII 9, 2. actor moderatur et fingit non modo
mentem ac voluntates, sed paene vultus eorum; leg
III 40. quod is eandem voluntatem erga Syracusanos suscepisset, quam ego semper habuissem; Ver
IV 145. ne causam quidem elicere (potui) immutatae voluntatis; A I 11, 1. (Caesar) cedit multorum
iustis et officio incensus, non inanibus aut ambitiosis
voluntatibus; ep VI 6, 8. de Triario bene inter-
pretaris voluntatem meam; A XII 28, 3. in tam
varia iuris dictione tot hominum gratiosorum laesae
voluntates; Flac 6. moderor: ſ. fingo. me voluntate
esse mutata; Quir 19. suffragiis offendebatur saepe
eorum voluntas; Sest 105. voluntate perspecta senatus; Quir 12. reddo: ſ. accipio. voluntates con-
sceleratas ac nefarias nec sanare potui nec tollere;
Sulla 28. parumne haec significant populi Romani
universi voluntatem? Phil I 36. suscipio: ſ. habeo.
tollo: ſ. sano. eorum et voluntatem et copiam causa
vicit; rep III 13. — 2. ne ut sedeamus quidem aut
ambulemus voluntatis esse; fat 9. — 3. cedo: ſ.
1. incendo. populi magis utilitati consulere quam
voluntati; Sulla 25. cuius ego voluntati in eius
periculis nullo modo deesse possum; Balb 4. vellem
(Scaevola) potuisset obsequi voluntati tuae; ep III
5, 5. qui voluntati tuae paruit; Muren 47. ut
eorum voluntati satis fiat; inv I 55. — 4. ii mentem
hominis voluntate libera spoliatam necessitate fati
devinciunt; fat 20. quaesiverunt, essentne eadem
voluntate; Sulla 36. te auri ex hac tali voluntate,
ut ..; ep XIII 27, 2. ſ. 1. muto. — 5. si unus quisque velit verba spectare et non ad voluntatem eius,
qui ea verba habuerit, accedere; inv II 140. ſ. 1.
confero. Pompeium adduxi in eam voluntatem, ut ..:
A I 19, 7. totum me ad eius viri ita de me meriti
voluntatem nutumque converterem; ep III 10, 10.
qui contra voluntatem eius dicere auderet; Sex Rosc
60. cum aliquid contra utilitatem eius ordinis vo-
luntatemque fecissent; Ver III 94. Pompeius ad
voluntatem perferendae legis incubuerat; A I 19, 4.
maneo in voluntate et, quoad voles tu, permanebo;
ep V 2, 10. quae (virtutes) in voluntate positae
magis proprio nomine appellari solent; fin V 36.
sto a: ſ. 1. conservo. populum esse in alia voluntate;
agr I 27.

III. **naφ Cbjectiv**: Appium Claudium, pari voluntate praeditum; Phil XIII 29.
IV. **naφ Subβantiven**: 1. alqd: f. I, 1. accidit. voluntatis nostrae non esse causas externas et antecedentes; fat 23. f. II, 1. immuto. quod si est criminosum, necessitatis crimen est, non voluntatis; Ligar 5. quod (scriptum) ille suae voluntatis quasi imaginem reliquerit; inv II 128. haud scio an plus iudicium voluntatis valere quam sortis debeat; Ver I 41. metus: f. II, 1. commuto. quae (litterae) tenues et obscurae notae sint voluntatis; inv II 141. ne quae mihi pars abs te voluntatis mutuae tribueretur; ep V 2, 1. maximum signum illo die dedit voluntatis et iudicii sui; Phil V 38. quod certius legis scriptor testimonium voluntatis suae relinquere potuit? inv I 70. nulla varietas est inter homines opinionis, nulla voluntatis; Flac 96. — 3. tali illum in te voluntate iudicioque cognovi; Bru 156. — 3. si Cn. Pompeius idem mihi testis de voluntate Caesaris et sponsor est illi de mea; prov 43.
V. **Umβaub**: 1. aratores tibi ad statuam honoris tui causa voluntate sua contulisse; Ver II 151. cum hic filius se voluntate patris rei familiari dedisset; Sex Rosc 18. me universi populi Romani summa voluntate consulem factum; Vatin 6. non me repentina aliqua voluntate aut fortuito ad tuam amplitudinem meis officiis amplectendam incidisse; ep V 8, 3. quod (Aristoteles) omnia, quae moventur, aut natura moveri censuit aut vi aut voluntate; nat II 44. nulla vi coactus, indicio ac voluntate ad ea arma profectus sum; Ligar 7. si est tuus natura filius, consuetudine discipulus, voluntate similis; Ver III 162. voluntate et iudicio suscipi aegritudinem confitendum est; Tusc III 66. ut sempiternam poenam sustinerem mea voluntate susceptam; Quir 1. — 2. in rebus prosperis et ad voluntatem nostram fluentibus; of I 90. cogendi indices inviti, retinendi contra voluntatem; Muren 42. illud etiam accidit praeter optatum meum, sed valde ex voluntate; Piso 46. quibus de rebus mihi pro Cluentii voluntate nimium dixisse videor; Cluent 160.

volvo, wälzen, rollen, drehen, bewegen, vorbringen, vortragen: in aethere astra volvuntur; nat II 117. longissima est complexio verborum, quae volvi uno spiritu potest; de or III 182. suapte natura cylindrum volvi; fat 42. volvendi sunt libri cum aliorum tum in primis Catonis; Bru 298. alter ita facile soluteque verbis volvebat satis interdum acutas sententias, ut . .; Bru 280. sol circum eam ipsam (terram) volvitur; nat II 102. M. Pontidius celeriter sane verba volvens; Bru 246.

voluptarius, Vergnügen, Luft gewährend, die Luft betreffend, genußjüchtig, genüfftig: A. quae voluptaria, delicata, mollis habeatur disciplina; fin I 37. quem (Aristippum) illae magis voluptariae disputationes delectarant; de or III 62. Epicurus, homo voluptarius; Tusc II 18. a gravibus illis antiquis philosophis petenda medicina est, || est, si || non ab his voluptariis; Tusc III 40. voluptarias possessiones nolet Silius; A XII 25, 1. gustatus, qui est sensus ex omnibus maxime voluptarius; de or III 99. sic suos sensus voluptarios omnes incitavit, ut . .; Piso 69. una voluptas e multis obscuratur in illa vita voluptaria; fin IV 31. — B, a. ipsi voluptatii deverticula quaerunt || quaerant ||; fin V 74. — b. homini non recta, sed voluptaria quaerenti nonne βεβίωται? A XII 2, 2.

voluptas, Vergnügen, Luft, Wolluft, Genuß: I. **allgemein**: 1. quodsi voluptas est sola, quae nos vocet ad se et adliciat suapte natura; fin I 54. etiam voluptas, quae maxime est inimica virtuti bonique naturam fallaciter imitando adulterat, in suadendo saepe sane laudanda est; part or 90. fluit voluptas corporis et prima quaeque avolat; fin II 106. nullum inveniri verbum potest, quod magis idem decla-

ret Latine, quod Graece, quam declarat „voluptas". huic verbo omnes duas res subiciunt, laetitiam in animo, commotionem suavem iucunditatis in corpore; fin II 13. corporis voluptas si etiam praeterita delectat; fin II 108. voluptates, blandissimae dominae, maioris partis animos a virtute detorquent; of II 37. maximas virtutes iacere omnes necesse est voluptate dominante; fin II 117. iactatio est voluptas gestiens et se efferens insolentius; Tusc IV 20. quae (voluptates) cum inclusae diutius et prima aetate compressae et constrictae fuerunt, subito se non numquam profundunt atque eiciunt universae; Cael 75. sensibus ipsis iudicari voluptatem bonum esse, dolorem malum; fin II 36. nomen imponis, in motu ut sit (voluptas) et faciat aliquam varietatem; fin II 75. inter ista verba non habet ullum voluptas locum, non modo illa, quam in motu esse dicitis, sed ne haec quidem stabilis; fin II 77. qui voluptatem summum bonum esse decernit; fin II 115. cum utatur voluptate ea, qua nulla possit maior esse; fr F V 81. f. adlicit, adulterat. facit: f. est; fin II 75. fluit: f. avolat. gestit: f. effert. habet: f. est; fin II 77. in his primis naturalibus voluptas insit necne, magna quaestio est; fin II 34. etiamsi voluptas ea, quae sensum moveat, nulla successerit; fin I 56. animi voluptates et dolores nasci fatemur e corporis voluptatibus et doloribus; fin I 55. omnes animi et voluptates et dolores ad corporis voluptates ac dolores pertinere; fin II 107. profundunt: f. eiciunt. succedit: f. movet. aliud (vocis genus sibi sumat) voluptas, effusum, lene, tenerum, hilaritatum ac remissum; de or III 219. animum et praesentem (voluptatem) percipere pariter cum corpore et prospicere venientem; Tusc V 96. vocat: f. adlicit. — 2. nemo ipsam voluptatem, quia voluptas sit, aspernatur aut odit aut fugit, sed quia consequuntur magni dolores; fin I 32. si non dolere voluptas sit summa; fin II 28. f. 1. effert.
II. **naφ Verben**: 1. reliquae meae fortunae recuperatae plus mihi nunc voluptatis adferunt; Quir 3. qui ad virtutem adiungunt vel voluptatem vel vacuitatem doloris; fin II 42. hi voluptates omnes vestigant atque odorantur, idem expendunt atque aestimant voluptates; sen 15. ut postea variari voluptas distinguique possit, augeri amplificarique non possit; fin I 38. sic (Epicurus) appellat hanc dulcem (voluptatem): „in motu", illam nihil dolentis „in stabilitate"; fin II 16. (animal) gaudet voluptate et eam appetit ut bonum; fin II 31. aspernor: f. I, 2. augeo: f. amplifico. magnam ex epistula tua cepi voluptatem; Q fr III 8, 3. ut non modo nullam captet, sed etiam praetereat omnes voluptates; fin I 24. quae sunt epularum aut ludorum aut scortorum voluptates cum his voluptatibus comparandae? Cato 50. comprimo: f. I, 1. eiciunt. temperantiam (esse) expetendam, non quia voluptates fugiat, sed quia maiores consequatur; fin I 48. constringo: f. I, 1. eiciunt. cum honestas in voluptate contemnenda consistat; Ac II 139. f. sperno. quod ea (senectus) voluptates nullas magnopere desiderat; Cato 44. qui (Aristippus) voluptatem summum bonum dicit; fin II 19. distinguo: f. amplifico. nullam capitaliorem pestem quam voluptatem corporis hominibus dicebat (Archytas) a natura datam; Cato 39. effero: f. I, 1. effert. cum (voluptas) percipitur e multis dissimilibus rebus dissimilis efficientibus voluptates; fin II 10. eicio: f. I, 1. eiciunt. expendo: f. aestimo. ab iis (parvis, bestiis) duce natura hanc voluptatem expeti nihil dolendi; fin II 32. fugio: f. consequor. I, 2. amicitiae, consuetudines quid haberent voluptatis; Quir 3. includo: f. I, 1. eiciunt. laudo: f. I, 1. adulterat. non genere aut loco aut ordine, sed forma, aetate figura (voluptates) metiendas putant; Tusc V 94. odi: f. I, 2. odoror: f. aestimo. qui

dolorem eum fugiat, quo voluptas nulla pariatur; fin I 32. paro: f. 4. vescor. vobis voluptatum perceptarum recordatio vitam beatam facit, et quidem corpore perceptarum; fin II 106. f. I, 1. venit. ut (luxuriosi) persequerentur cuiusque modi voluptates; fin II 22. in principiis naturalibus plerique Stoici non putant voluptatem esse ponendam; fin III 17. praetereo: f capto. I, 1. delectat. temperantia constat ex praetermittendis voluptatibus corporis; nat III 38. profundo: f. I, 1. eiciunt. prospicio: f. I, 1. venit. aliis otium quaerere debent et voluptates, non sibi; Sest 139. ut et voluptates repudiandae sint et molestiae non recusandae; fin I 33. si quid est, quod nec voluptatem sentiat nec dolorem; nat III 33. sequor: f. I, 2. spreta et contempta voluptate; Cato 43. vario: f. amplifico. vestigo: f. aestimo. omnes iucundum motum, quo sensus hilaretur, Graece ἡδονήν, Latine voluptatem vocant; fin II 8. — 2. quarum (voluptatum) potiendi spe inflammati multos labores susceperant; fin I 60. — 3. Epicurus, is quem vos nimis voluptatibus esse deditum dicitis; fin I 57. si populo ludorum magnificentia voluptati est; Muren 38. sin sit quispiam, qui aliquid tribuat voluptati; of I 106. — 4. incredibili quadam et paene divina laetitiae voluptate caruissem; Quir 2. qui efferunt se laetitia tum, cum fruuntur Veneriis voluptatibus; Tusc IV 68. perpetuis voluptatibus perfruens; fin II 118. (T. Torquatus) privavisse se etiam videtur multis voluptatibus; fin I 23. vacandum est aegritudine et voluptate nimia ˈvoluptate ‖; of I 69. si possit paratissimis vesci voluptatibus; fin V 57. utor: f. I, 1. est; fr F 81. — 5. dicit Epicurus ne argumentandum quidem esse de voluptate; fin III 3. quas (res) sapientia comparat ad voluptatem; fin II 89. ut in amore atque in voluptatibus adulescentiam suam conlocaret: Cael 39. idcirco amicitia cum voluptate conectitur; fin I 67. rationibus conquisitis de voluptate et dolore disputandum putant; fin I 31. nascor: f. I. 1. nascuntur. pertineo ad: f. I, 1. pertinent. si ad voluptatem omnia referantur; fir II 85. qui versantur isdem in voluptatibus; Cael 57. in qua una (voluptate) vacui negotiis honeste ac liberaliter possimus vivere; fin IV 12.

III. **nach Adjectiven**: 1. quae sunt luxuriosa efficientia voluptatum; fin II 21. doceo deos vestros esse voluptatis expertes; nat I 113. ratio voluptatis non dolendive particeps; fin II 38. — 2. omnibus in rebus voluptatibus maximis fastidium finitimum est; de or III 100. — 3. nihil esse praestabilius otiosa vita, plena et conferta voluptatibus; Sest 23. horam nullam vacuam voluptate esse debere; sen 14. — 4. quis in voluptatibus inquinatior? Cael 13. si quis est paulo ad voluptates propensior; of I 105.

IV. **nach Subftantiven**: 1. alqd: f. II, 1. adfero, habeo. qui dicuntur praeter ceteros esse auctores et laudatores voluptatis; Sest 23. blanditiis praesentium voluptatum deleniti atque corrupti; fin I 33. quod (Epicurus) e duplici genere voluptatis coniunctus est; fin II 44. quod invitabantur inlecebris blandis voluptatis; Tusc IV 6. laudatores: f. auctores. qui voluptatum libidine feruntur; Tusc III 4. eos invidiosum nomen voluptatis fugere; Ac II 138. ea philosophia, quae suscepit patrocinium voluptatis; de or III 63. recordatio: f. II, 1. percipio. in omni re doloris amotio successionem efficit voluptatis; fin I 37. qui tempora voluptatis laborisque dispertiunt; Muren 74. distinguit vicissitudinem laboris ac voluptatis; Muren 76. aliam vim voluptatis esse, aliam nihil dolendi concedas necesse est; fin II 9. — 2. ut (divitiae) quasi duces sint ad voluptatem; fin III 49. si Epicuri de voluptate liber rosus esset; div II 59.

V. **Umftand:** 1. non parva adficior voluptate: prov 1. voluptate capiuntur omnes; leg I 31. confertus: f. III, 3. plenus. voluptate omnia derigentes fin II 71. gaudere: f. II, 1. appeto. quae (natura) sua voluptate laetans; nat I 116. qui nunc voluptate omnia metiuntur; de or III 62. nisi sensu quasi titillarentur voluptate; Tusc III 47. abl. comp.: f. I, 1. est; fr F 81. — 2. nec (est consentaneum), qui invictum se a labore praestiterit, vinci a voluptate; of I 68. alii voluptatis causa omnia sapientes facere dixerunt; Cael 41. animi discessus a corpore fit plerumque sine sensu, non numquam etiam cum voluptate; Tusc I 82. primos congressus copulationesque fieri propter voluptatem; fin I 69.

volutabundus, ſich wälzend: libidinoso et volutabundo in voluptatibus; rep II 68.

volutatio. Herumwälzen: quas (labes) non non vestigiis odorantes ingressus tuos, sed totivolutationibus corporis persecuti sumus; Piso 83.

voluto, herumwälzen, bewegen, beſchäftigen: erwägen, durchforſchen: qui in veteribus erit scriptis studiose et multum volutatus; de or III 39. cum omnes in omni genere et scelerum et flagitiorum volutentur; ep IX 3, 1. ad Callisthenem et ad Philistum redeo, in quibus te video volutatum: Q fr II 11, 4. eorum animi corporibus elapsi circum terram ipsam volutantur; rep VI 29. despicientem omnia humana nihil umquam nisi sempiternum et divinum animo volutantem; rep II 28. frater optimus volutatus est ad pedes inimicissimorum; Sest 145. sempiternum: f. divinum.

vomer, Pflugſchar: cuius (aratri) vomere portam Capuae paene perstrinxisti; Phil II 102.

vomica. Geſchwür: qui gladio vomicam eins (Iasonis) aperuit, quam sanare medici non potuerant: nat III 70.

vomitio. Erbrechen: quod vomitione curantur curantur ‖ curant ‖; nat II 126.

vomo, ſpeien, ſich erbrechen: I. ab hora tertia bibebatur, ludebatur, vomebatur; Phil II 104. — II. cum vomere post cenam te velle dixisses; Deiot 21. omnibus est visus vomere suo more, non dicere: eq XII 2, 1. qui (asoti) in mensam vomant; tin II 23.

vorago, Abgrund, Strudel: I, 1. qui immensa aliqua vorago est et gurges vitiorum omnium; Ver III 23. — 2. quid? tu meo periculo, gurges ac vorago patrimonii, helluabare? Sest 111. — II. „Syrtim patrimonii" scopulum libentius dixerim. „Charybdim bonorum" voraginem potius; de or III 163. — III. submersus equus voraginibus non exstitit; div I 73.

vorax. gefräßig: quae Charybdis tam vorax? Phil II 67.

voro, verſchlingen: I. alia (animalia) sugunt, alia carpunt, alia vorant, alia mandunt; nat II 122. — II. nos hic voramus litteras; A IV 11, 2.

votivus, gelobt, geweiht: votivam legationem sumpsissem prope omnium fanorum, lucorum: A IV 2, 6. honestior est votiva (legatio); A XV 8, 1. cum bello Latino ludi votivi maximi primum fierent; div I 55.

votum, Gelübde, Wunſch: I, 1. qui Veneri et Cupidini vota deberet; Ver IV 123. cum vos vota faceretis, ut ..; Milo 41. cum de illo aegroto vota faciebant; A VIII 16, 1. cum ante lucem vota ea, quae numquam solverent, nuncupavit; Phil III 11. votum patris Capitolii aedificatione persolvit; rep II 44. solvo: f. nuncupo. — 2. etiam fortunis hominum abutebatur ad nocturna vota cupiditatum suarum; Ver V 142. — II. ego me maiore religione, quam quisquam fuit ullius voti, obstrictam puto; A XII 43, 3 (2). — III. quam multis votis vim tempestatis effugerint; nat III 89. quod eum votis lacrimisque prosecuti sunt; Planc 26.

voveo, geloben: I. singuli vovent; nat II 93. — II. nautae quidam voverunt ei deo, qui ibi esset, se vitulum immolaturos; iuv II 95. eundem aedem in Capitolio Iovi vovisse faciendam; rep II 36. — III. nostri imperatores pro salute patriae sua capita voverunt; fin V 64. quos (ludos Iuventatis) Salinator Senensi proelio voverat; Brn 73. earum (Nympharum) templa sunt publice vota et dedicata; nat III 43.

vox, Stimme, Ruf, Ton, Betonung, Laut, Wort, Aussprache, Äußerung, Ausspruch, Gebot, mündliche Abstimmung. I. **absint**: 1. in omni voce est quiddam medium, sed suum cuique voci. hinc gradatim ascendere vocem utile et suave est; de or III 227. quae (vox) una maxime eloquentiam vel commendat vel sustinet; de or I 252. ut minus multos tabella condemnet, quam solebat vox; leg III 39. quae vox declarat iis esse haec acerba, quibus non fuerint cogitata; Tusc III 30. rustica vox et agrestis quosdam delectat; de or III 42. ne adiectae voces laberentur atque errarent; nat II 144. erumpet aliquando ex me vera vox; Vatin 15. (est vitium) mollis vox aut muliebris aut quasi extra modum absona atque absurda; de or III 41. cum sit quaedam certa vox Romani generis urbisque propria; de or III 44. voces sunt contumeliosae, temere ab irato accusatore emissae; Cael 30. quae umquam Plancii vox fuit contumeliae potius quam doloris? Planc 34. quae mihi vox pecudum videtur esse, non hominum; par 14. f. respondent. si te illius acerba imploratio et vox miserabilis non inhibebat; Ver V 163. labuntur: f. errant. ad actionis usum atque laudem maximam sine dubio partem vox obtinet; de or III 224. vox permanens, verum subrauca natura; Brn 141. quoniam his voluminibus ad te profecta vox est mea; of III 121. corpus totum hominis et eius omnis vultus omnesque voces, ut nervi in fidibus, ita sonant, ut [a] motu animi quoque sunt pulsae. nam voces ut chordae sunt intentae, quae ad quemque tactum respondeant, acuta gravis, cita tarda, magna parva; quas tamen inter omnes est suo quaeque in genere mediocris; de or III 216. quid sonet haec vox voluptatis, id est quae res huic voci subiciatur; fin II 6. f. respondent. sustinet: f. commendat. vox quaedam libera atque etiam effrenatio augendi causa; de or III 205. vox cum magna tum suavis et splendida; Brn 203. vox canora et suavis; Brn 303. dura vox; multo illa durior; Phil VIII 16. — 2. si illa lex est ac non vox sceleris et crudelitatis tuae; dom 128. haec nec hominis nec ad hominem vox est; Ligar 16. quodsi omnium consensus naturae vox est; Tusc I 35. haec vox omnium est; de or IX 14, 3. — 2. o vocem duram atque indignam tua probitate, Laterensis! Planc 31.

II. **nach Verben**: 1. adicio: f. I, 1. errant. nemo furialem vocem bonus audire poterat; Sest 106. tum Sapientiae vocem audire videar eius, uti deo, pareram; Phil XIII 6. qui (Graeci tragoedi vocem) ab acutissimo sono usque ad gravissimum sonum recipiunt et quasi quodam modo colligunt; de or I 251. volet ille, qui eloquentiae principatum petet, et contenta voce atrociter dicere et summissa leniter et inclinata videri gravis et inflexa miserabilis; orat 56. nobis ne si cupiamus quidem distrahere voces conceditur; orat 152. ne extremorum verborum cum insequentibus primis concursus aut hiulcas voces efficiat aut asperas; orat 150. in qua quaestione dolor elicere veram vocem possit etiam ab invito; Deiot 3. tu, qui indutus muliebri veste fueris, virilem vocem audes emittere? fr A XIII 23. f. I, 1. est; Cael 30. cum forum voce erudita et Romanis Graecisque auribus digna spoliatum atque orbatum videret; Brn 6. Faunorum voces exauditae; nat II 6. (Caesar) vocem exprimere non potuit; A

II 21, 5. ea (lingua) vocem immoderate profusam fingit et terminat atque sonos vocis distinctos et pressos efficit; nat II 149. idem illud ad firmandam est vocem salutare; de or III 227. nisi si vellent voces inanes fundere; Tusc III 42. inclino, inflecto: f. contendo. iutendo: f. I, 1. respondent. quod hominum aures || auribus || vocem natura modulantur ipsae || moderatur ipsa, al. || : de or III 185. ad vocem obtinendam nihil est utilius quam crebra mutatio, nihil perniciosius quam effusa contentio; de or III 224. pello: f. I, 1. respondent. ipsa natura in omni verbo posuit acutam vocem nec una plus nec a postrema syllaba citra tertiam; orat 58. qui ad meam perniciem vocem suam communibus hostibus praebuisset; Quir 10. processit qua auctoritate vir! pressa voce et temulenta; sen 13. profundo: f. fingo. recipio: f. conligo. vocem, aspectum, impetum tuum omnes boni sequebantur; har resp 22. summitto: f. contendo. termino: f. fingo. — 2. pareo: f. 1. audio. his ego sanctissimis rei publicae vocibus pauca respondebo; Catil I 29. quem ad modum voci serviatur; de or III 224. non bona civium voci subicere praeconis; of II 83. f. I, 1. sonat. sum: f. I, 1. ascendit. — 3. orbo, spolio: f. 1. erudio. erat P. Autronius voce peracuta atque magna; Brn 241. qua voce ter omnino post Romam conditam consul usus esset; sen 24. — 4. de voce nondum ea dico, quae sunt actionis, sed hoc, quod mihi cum sermone quasi coniunctum videtur; de or III 41. sub hanc vocem honestatis quae sit subicienda sententia; fin II 48. sum in: f. I, 1. ascendit.

III. **nach Adjectiven**: dignum quiddam philosophorum voce; Tusc V 120. qui (scaenici) voce freti sunt; of I 114.

IV. **nach Substantiven**: 1. vocis bonitas optanda est: non est enim in nobis; orat 59. summam eruditionem Graeci sitam censebant in nervorum vocumque cantibus; Tusc I 4. ut una continuatione verborum binae ei (Demostheni) contentiones vocis et remissiones continerentur; de or I 261. aliud vocis genus iracundia sibi sumat, acutum, incitatum, crebro incidens; aliud miseratio ac maeror, flexibile, plenum, interruptum, flebili voce; aliud metus . .; de or III 217. acutarum graviumque vocum iudicium ipsa natura in auribus nostris conlocavit; orat 173. cum censerem remissione et moderatione vocis me periculum vitare posse; Brn 314. modi: f. varietates. vocis mutationes totidem sunt quot animorum, qui maxime voce commoventur; orat 55. mira est quaedam natura vocis, cuius quidem e tribus omnino sonis, inflexo, acuto, gravi, tanta sit et tam suavis varietas perfecta; orat 57. remissio: f. contentiones, moderatio. (Laelia) sono ipso vocis ita recto et simplici est, ut ..; de or III 45. hic per omnes sonos vocis cursus et se tuebitur et actioni adferet suavitatem; de or III 227. utcumque se adfectum videri volet, ita certum vocis admovebit sonum; orat 55. f. natura. neque vocum suavitate (Sirenes) videntur revocare eos solitae; fin V 49. uno in genere relinqui videbatur vocis suffragium, perduellionis; leg III 36. si (ille divinus) surdus (num possit) varietates vocum aut modos noscere? div II 9. qua vi vocis dicat? Ver V 158. — 2. genus: f. 1. genus. vir: f. II, 1. premo.

V. **Umstand**: 1. ut compositio vocibus appareat; orat 181. si velim canere vel voce vel fidibus; div II 122. cum voce maxima vim me sibi adferre clamaret; Ver IV 148. historia qua voce alia nisi oratoris immortalitati commendatur? de or II 36. commoveri: f. IV, 1. mutationes. una voce universus populus Romanus consulem (me) declaravit; agr II 4. maxima voce, ut omnes exaudire possint, dico semperque dicam; Sulla 33. f. II, 1 contendo. (Cn. Lentulus) voce suavi et canora † admirando inridebat; Bru

234. quam (orationem Aeschines) cum suavissima et maxima voce legisset; de or III 213. qui (populus) si una loqui voce possit; Planc 12. cum erat reclamatum semivivis mercennariorum vocibus; Sest 126. ait eos voce inani sonare; fin II 48. tamenne eum tua voce violabis? dom 82. abl. comp.: f. II, 1. pono. — 2. locum illum a tribunicia voce desertum; Cluent 110. ut certis rebus certa signa praecurrerent, alia in stellis, alia in somniantium visis, alia in furentium vocibus; div I 118. inter: f. I, 1. respondent. vaecors repente sine voce constitit; har resp 2.

urbane, fein, wißig: sin autem urbanius me a g e r e mavis; Cael 36. ut a patre audiebam facete et urbane Stoicos inridente; fin I 39. (Clodius) furebat a Racilio se contumaciter inurbaneque vexatum; Q fr II 1, 3.

urbanitas, Stadtleben, feine Bildung, Feinheit, Wiß: 1. homo summa prudentia, addo urbanitatem, quae est virtus, ut Stoici rectissime putant; ep III 7, 5. exaruisse iam veterem urbanitatem; ep VII 31, 2. — II. addo: f. I. est. subtili venustate atque urbanitate coniuncta; de or I 17. huius orationes tantum urbanitatis habent, ut . .; Bru 167. quae (contumelia) si petulantius iactatur, convicium, si facetius, urbanitas nominatur; Cael 6. aspectus videlicet urbis tibi tuam pristinam urbanitatem reddidit; ep III 9, 1. — III. alqd: f. II. habeo. qui est iste tandem urbanitatis color? Bru 171. desideria urbis et urbanitatis depone; ep VII 6, 1. quod mihi levis in urbis urbanitatisque desiderio videbare; ep VII 17, 1. libandus [est] etiam ex omni genere urbanitatis facetiarum quidam lepos; de or I 159. et „odor" urbanitatis et „mollitudo" humanitatis sunt ducta a ceteris sensibus; de or III 161. urbanitatis possessionem quibusvis interdictis defendamus; ep VII 32, 2. ut aliquando subtilitatem veteris urbanitatis et humanissimi sermonis attingerem; Q fr II 8 (10), 2. cum tantam vim et utilitatem salis et urbanitatis esse fateatur; de or II 231. — IV. te unum nostrorum hominum urbanitate limatum; nat II 74.

urbanus, städtisch, fein, gebildet, geistreich, wißig, Städter: A. qui est in isto genere urbanissimus; Cael 36. quoniam mihi casus urbanam in magistratibus administrationem rei publicae, tibi provincialem dedit; Q fr I 1. 43. ille Romuli auguratus pastoralis, non urbanus fuit nec fictus; div I 107. id ipsum est gratum consilio urbano sine exercitu; of I 76. voluisti ex urbano edicto decernere; Ver I 112. alterum (iocandi genus) elegans, urbanum, ingeniosum, facetum; of I 104. quae sunt urbanarum maledicta litium; Phil XIV 7. manabat illud malum urbanum et ita corroborabatur cotidie, ut . .; ep XII 1, 1. sexta palma urbana etiam in gladiatore difficilis; Phil XI 11. C. Verre praetore urbano sortiente; Ver pr 39. desinant circumstare tribunal praetoris urbani; Catil I 32. hi sunt anni consumpti in praetura urbana et praetura Siciliensi; Ver I 34. ut quaestores urbanos ad eam rem pecuniam dare iubeant; Phil XIV 38. multae res exstiterunt urbanae maiores clarioresque quam bellicae; of I 74. homo facetus inducis etiam sermonem urbanum ac venustum; dom 92. — B, I. quam omnes urbani, rustici voluptatem vocant; fin II 77. — II. ut ante rusticis detur ager quam urbanis; agr II 79.

urbs, Stadt, Hauptstadt: I. absolut: 1. Antiochiae, celebri quondam urbe et copiosa atque eruditissimis hominibus liberalissimisque studiis adfluenti, celeriter (Archias) antecellere omnibus ingenii gloria coepit; Arch 4. gentilis tuus urbem auget, quam hoc biennio primum vidit, et ei parum magna visa est, quae etiam ipsum capere potuerit; A XIII 35, 1. ea tanta est urbs, ut ex quattuor urbibus maximis constare dicatur; Ver IV 118. etsi prope diem video bonorum, id est lautorum et locupletum locupletium ¦, urbem refertam fore, municipiis vero his relictis refertissimam; A VIII 1, 3. f. constat. qui salva urbe salvi esse possent; Catil III 25. urbem ipsam imperio domicilium praebere posse; agr I 19. urbes coloniarum ac municipiorum respondebunt Catilinae tumulis silvestribus; Catil II 24. ea, quae capta urbe accidunt victis, stante urbe unum perpeti; dom 98. videtur: f. capit. — 2. quae est urbs Syracusis suo nomine ac moenibus; Ver V 98. est mundus quasi communis deorum atque hominum domus aut urbs utrorumque; nat II 154.

II. nach Verben: 1. eius modi coniunctionem tectorum oppidum vel urbem appellaverunt delubris distinctam spatiisque communibus; rep I 41. casu sermo a Capitone de urbe augenda; A XIII 33, a, 1. f. I, 1. capit. urbem pulcherrimam, Syracusas. cum vi consilioque cepisset; Ver II 4. cum urbem Pisone et Gabinio ducibus cepisset. occupasset, teneret; dom 102. cum omnes urbem nondum excisam et eversam, sed iam captam atque oppressam videremus; Sest 35. f. I, 1. stat. urbem, urbem, mi Rufe. cole et in ista luce vive; ep II 12, 2. quod mihi primum post hanc urbem conditam togato contigit; Catil III 15. qui (Romulus) urbem auspicato condidit; div II 70. L. Tarutius Firmanus urbis etiam nostrae natalem diem repetebat ab iis Parilibus, quibus eam a Romulo conditam accepimus; div II 98. non esse oportunissimos situs maritimos urbibus eis, quae ad spem diuturnitatis conderentur atque imperii; rep II 5. qui urbem suis laboribus conservasset; dom 137. duas urbes potentissimas, Karthaginem atque Numantiam, ab eodem Scipione esse deletas; imp Pomp 60. si diutius in hac urbe, quam delere cuperet, maneret; har resp 12. urbes complures dirutas ac paene desertas, in quibus Samum et Halicarnassum, per te esse recreatas; Q fr I 1. 25. distinguo: f. appello. divisurum se urbem; Phil XIII 19. in latere aut in caemento, ex quibus urbs effecta est; div II 99. qui ex summis periculis eriperim urbem hanc; Sulla 27. duabus urbibus eversis inimicissimis huic imperio; Lael 11. f. capio; Sest 35. excido: f. capio; Sest 35. ut hostium urbes solemus exscindere; dom 61. incendere illa coniuratorum manus voluit urbem; Piso 15. qui (Graii) easdem illos (deos) urbes quas nos incolere voluerunt; leg II 26. attribuit urbem inflammandam Cassio; Catil IV 13. munio: f. 4. consisto in. occupo: f. capio; dom 102. oppressisse Longam Albam, validam urbem et potentem temporibus illis, fertur; rep II 4. f. capio; Sest 35. qui saepissime hanc urbem et hoc imperium oppugnarunt; Font 35. qui urbem pulcherrimam atque ornatissimam Corinthum sustulit; Ver I 55. recreo: f. desero. urbem sine fide relictam direptioni et incendiis; ep IV 1, 2. urbem relinquere Thermitanis esse honestius; Ver II 88. et urbem et cives integros incolumesque servavi; Catil III 25. cuius consilio urbem meminerant esse servatam; Piso 35. ad stabiliendas urbes nostra pergit oratio; leg I 37. teneo: f. capio; dom 102. L. Mummium numquid copiosior, cum copiosissimam urbem funditus sustulisset? of II 76. f. orno. cum bello vastabitur Italia, vexabuntur urbes; Catil I 29. video: f. I, 1. capit. — 2. quae supplicia neque hostium urbibus inferre potuerunt; har resp 3. L. Catilinam vobis atque huic urbi ferro flammaque minitantem ex urbe eiecimus; Catil II 1. qui his urbibus consilio atque auctoritate praesunt; rep I 3. domum suam ornamento urbi futuram; Ver IV 121. — 3. qui cum praetor urbis esset, urbe caruit; Phil X 7. ego cum maerentibus vobis urbe cessi; Milo 36 qui (Aratus) profectus Argis Sicyonem clandestino introitu urbe est potitus; of II 81. quo modo hostium aditus urbe prohibentur; Phil V 9. qui peregrinos

urbibus uti prohibent; of III 47. — 4. numquam ex urbe afuit nisi sorte, lege, necessitate; Planc 67. nisi ad urbem vel in urbem potius exercitum maximum adduceret; Phil V 22. ex urbe sociorum praetor illos deos auferebat; Ver IV 77. Socrates primus philosophiam devocavit e caelo et in urbibus conlocavit et in domus etiam introduxit; Tusc V 10. Albae constiterunt, in urbe oportuna, munita, propinqua; Phil IV 6. consto ex: f. I, 1. constat. homo in urbem ab illis deducitur; inv II 15. quamquam longius etiam cogitabam ab urbe discedere, cuius iam etiam nomen invitus audio; ep IV 1, 2. eiecto sive emisso iam ex urbe Catilina; Sulla 17. f. 2. minitor. exire ex urbe iubet consul hostem; Catil I 13. hunc ex hac urbe expellet? Milo 104. quo (die) primum ex urbe fugit Antonius; Phil III 2. se introiturum in urbem dixit exiturumque, cum vellet; Phil III 27. maneo in: f. 1. deleo. iam de provinciis decedatur in urbemque redeatur; leg III 18. cum Lentulus in urbe relinqueretur; Sulla 53. Capuae, in qua urbe domicilium quondam superbiae fuit; sen 17. vidimus ex ea urbe triumphari, sine qua numquam nostri imperatores ex Transalpinis bellis triumpharunt; of II 28. huic ad urbem venienti tota obviam civitas processerat; Sest 68. quem socii in urbes suas cum exercitu venisse gaudeant; imp Pomp 68. an vero vos hospites in hac urbe versamini? Milo 33.

III. **nach Adjectiven:** 1. qui me huius urbis compotem fecerunt; Sest 146. id est proprium civitatis atque urbis, ut sit libera suae rei cuiusque custodia; of II 78. — 2. oportunus: f. II, 1. condo; rep II 5.

IV. **nach Substantiven:** 1. haec quadringentorum annorum aetas ut urbis et civitatis num valde longa est? rep I 58. venerati Iovem illum, custodem huius urbis ac vestrum; Catil III 29. non dici potest, quam flagrem desiderio urbis; A V 11, 1. dies: f. 1. condo; div II 98. ut aratores cultu agrorum defessi urbis domiciliis uterentur; agr II 88. nova (conlegia) ex omni faece urbis ac servitio concitata; Piso 9. qui ad urbis incendium Romae restiterunt; Catil IV 4. quae (statua) erat apud ipsos in celeberrimo urbis loco; Ver II 159. idem Sabinos cum a moenibus urbis reppulisset; rep II 36. nomen: f. II, 4. discedo ab. Byzantii signa illa et reliqua urbis ornamenta sanctissime custodita tennerunt; prov 6. omnibus partibus urbis disturbatis aut incensis; ep XV 4, 10. urbis periculo commoverentur; Sest 54. homines spe custodiae rerum suarum urbium praesidia quaerebant; of II 73. praetor: f. II, 3. careo. cum tuae fidei salutem urbis et civium commendabam; Flac 102. qua (emptione) constituta diligenter sentinam urbis exhauriri posse arbitrabar; A I 19, 4. qui (di) sua templa atque urbis tecta defendunt; Catil II 29. quae (centuria) ad summum usum urbis fabris tignariis est data; rep II 39. — 2. illi accessum ad urbem nocturnum fuisse metuendum; Milo 52. ipsorum adventus in urbes sociorum; imp Pomp 13. nocturnus introitus Zmyrnam quasi in hostium urbem; Phil XI 5. quod ab urbe transmissio in Graeciam laudabatur; Phil I 7.

V. **Umftand:** 1. non oportui illud oppidum clauditur, sed urbe' portus ipse cingitur et continetur; Ver V 96. floreret in Italia Graecia potentissimis et maximis urbibus; Tusc IV 2. qui modo ab senatu agris urbibusque multati sunt; Font 12. concursabat urbe tota maxima multitudo; Ver V 93. f. I, 1. adfluit. — 2. quae (domus) sola in hac urbe omni religione omnibus iudiciis liberata est; har resp 11. quid, qui post XII in urbe sepulti sunt clari viri? leg II 58. revocarem animos vestros ad illam civium Romanorum per tot urbes uno puncto temporis caedem; Flac 60. cum Mamertini crucem fixissent post urbem in via Pompeia; Ver V 169. f. II, 1. condo; Catil III 15. huic, si insidiaretur,

noctem prope urbem expectandam (fuisse); Milo 52. sine: f. II, 4. triumpho ex.

uredo, Branb: si uredo aut grando quippiam cuipiam || nocuit; nat III 86.

urgeo (nrgueo), brängen, brücen, bebrängen, zuſeßen, in die Enge treiben, beharren, benußen, darauf bringen: I. Milo unus urgebat; Milo 88. urguent rustice sane; of III 39. urge, insta, perfice; A XIII 32, 1. urgebant comitia; Ver pr 24. urguentibus asperis et odiosis doloribus; Tusc II 67. urgerent philosophorum greges; de or I 42. ut magnum quoddam malum adesse et urgere videatur; Tusc III 28. instat (superstitio) et urget; div II 149. urget turba, festinat Philogenes; A VI 2, 10. — II. in hoc uno opere, ut ita dicam, noctes et dies urgeatur; de or I 260. illum neque ursi neque levavi; Q fr III 9, 1. urguebar ab eo et non habebam exemplar; A IV 5, 1. quanto maerore urgear, profecto vides; A XI 2, 3. ius Crassus urguebat, aequitatem Antonius; of III 67. remissione (animus) sic urgetur, ut se nequeat extollere; Tusc II 54. quin tu urges istam occasionem et facultatem? ep VII 8, 2. Romae cum sum et urgeo forum; ep IX 15, 4. ius: f. aequitatem. occasionem: f. facultatem. in quo (cingulo) qui insistunt, adversa vobis urgent vestigia; rep VI 21. ne urbem hanc urbe alia premere atque urgere possitis; agr I 16.

urina, Harn: quorum in aliis, ut in urina, naturae contagio valet, vis est nulla fatalis; fat 5.

urinor, tauchen: si quando nos demersimus, ut qui urinantur; Ac fr 10.

urna, Loßurne: I. senatorum urna copiose absolvit, equitum adaequavit, tribuni aerarii condemnarunt; Q fr II 4, 6. — II. educit ex urna tres; Ver II 42.

urnula, Kleine Urne: minusne gratas dis fictiles urnulas fuisse arbitramur? par 11.

uro, brennen, verbrennen, verheeren, ausbörren: I. simul illud videtote, aliud habitum esse sepelire et urere; leg II 60. — II. non qui uratur, sepeliri, sed qui humetur; leg II 58. quamquam eius modi frigus impendebat, ut summum periculum esset, ne Appio suae aedes urerentur; Q fr II 10 (12), 5. exhauritur, vastatur, uritur (Gallia); Phil XII 9. cum videmus ceteras partes incultas, quod aut frigore rigeant aut vapore calore; Tusc I 69.

usitate, gewöhnlich, auf gewöhnliche Weiſe: motus concitati animi recte, ut opinor, perturbationes dixerimus, morbos autem non satis usitate; Tusc III 7. cur non malumus usitate loqui? fin IV 72.

usitatus, gebräuchlich, üblich, gewöhnlich: ut nihil inter illam usitatam accusationem atque hanc novam intersit; Ver pr 55. (Zeno) tollit omnino usitatas perceptasque cognitiones deorum; nat I 36. ut illi vetus atque usitata exceptio daretur; de or I 168. mihi ne genus quidem litterarum usitatum veniebat in mentem; ep IV 13, 1. ne eius usitatus honos impediretur; Phil III 23. extremae leges sunt nobis non usitatae; leg III 46. illud nomen veterum litteris usitatius; nat III 48. cur in re tam vetere, tam usitata quicquam novi feceris; Ver III 16. Sisenna quasi emendator sermonis usitati cum esse vellet; Brn 259. ut verbis utamur quam usitatissimis; fin IV 57. nisi (opifices) vocabulis uterentur nobis incognitis, usitatis sibi; fin III 4.

uspiam, irgendwo: si qua uspiam navicula praedonum apparuisset; Flac 29. inde utrum consistere uspiam velit an mare transire, nescitur; A VII 12, 2. sive est illa (lex) scripta uspiam sive nusquam; leg I 42. cum ex eo, quod uspiam est, ad id, quod nusquam scriptum est, venitur; inv II 148.

usquam, irgendwo, irgendwohin: consisto: vgl. sum; Flac 50. nec vero usquam discedebam; Phil I 1. quoniam nec ratio usquam inesse nisi in

hominis figura (potest); nat I 48. quo omnia, quae recte fierent, referrentur, neque id ipaum usquam referretur; fin II 5. cui nullus esset usquam consistendi locus; Flac 50. nego usquam umquam (frnctus) fuisse maiores; Cluent 111. cum neque esset usquam consilio aut auctoritati locus; of II 2. haec, Capuae dum fni, cognovi, nihil in consulibus, nullum usquam dilectum; A VII 21, 1.

usque, bi§, §in, burdwe§, fortwä§renb: I. usque illum commentatum in quadam testudine cum servis litteratis fuisse; Bru 87. mihi quidem usque curae erit, quid agas; ep XII 19, 3. — II. usque Hennam profecti sunt; Ver IV 108. a Brundisio usque Romam; Piso 51. theatrum ita resonans, ut usque Romam significationes vocesque referantur; Q fr I 1. 42. qui hanc legationem usque Tmolo petivit; Flac 45. non erit necesse id (argumentum) usque a capite arcessere; Top 39. in qua (contione) erat accusatio Pompei usque a toga pura; A VII 8, 5. »usque a prora ad celsum malum«; fr H IV, a, 379. quorum usque ad nostram memoriam disciplina navalis et gloria remansit; imp Pomp 54. se usque ad Kalendas Maias ad urbem exercitum habiturum; Phil III 27. iam diu mare videmus ab Oceano usque ad ultimum Pontum tutum et clausum teneri; prov 31. quam (historiam) solemus persequi usque ad extremum; fin V 51. »usque ad spinam mergens se«; fr H IV, a, 664. ipsos tempestas vehementius iactare coepit, usque adeo, ut dominus navis in scapham confugeret; inv II 154. se praedonum duces domi suae, usque dum per me licuerit, retinuisse; Ver I 12. quoad erit integrum; erit autem, usque dum ad navem; A XV 23. etiam || ut || usque eo difficiles ac morosi sumus || simus , ut nobis non satis faciat ipse Demosthenes; orat 104. usque eo persequi, dum proprium efficiatur; Top 29. qui usque ex ultima Syria atque Aegypto navigarent; Ver V 157. usque in Hispaniam legatos misit; imp Pomp 9. hominum ratio non in caelum usque penetravit? nat II 153. inde usque repetens hunc video mihi principem exstitisse; Arch 1. ut ego eo brevior sim, quod eos usque istinc exanditos putem: A I 14, 4. ne aut nusquam aut usquequaque dicatur; inv I 63. cum hoc decere dicimus, illud non decere, et id usquequaque quantum sit appareat; orat 73. aut undique religionem tolle aut usque quaque conserva; Phil II 110. opinor, usquequaque, de hoc cum dicemus, sit hoc quasi „καὶ τόδε Φοκυλίδου"; A IV 9, 1. quo usque tandem abutere, Catilina, patientia nostra? Catil I 1. quo eim usque tantum bellum propulsabitur? Phil III 3. tollitur ab atriis Liciniis in Galliam Naevius et trans Alpes usque transfertur; Quinct 12.

usquequaque, immer: f. **usque**, II. quaque.

ustor, £eid)enverbrenner: qui cum tantum ausus sit ustor pro mortuo; Milo 90.

usucapio (vgl. **usus**, IV. capioʾ, ©rwerbung: I. usucapio fundi non a patre relinquitur, sed a legibus; Caecin 74. — II. in quibus (causis) usucapionum i ura versentur; de or I 173.

usura, ©ebraud), ©enu§, 3in§: I. consistere usura debuit, quae erat in edicto meo; A VI 1, 7. — II, 1. usuras eorum (publicanorum), quas pactionibus ascripserant. servavit etiam Servilius; A VI 1. 16. ut usurae Cluvio instituto tuo conserventur; ep XIII 56, 3. ea (natura) dedit usuram vitae tamquam pecuniae nulla praestituta die; Tusc I 93. ut ei usuram pendam, a quo emero, non plus annum; A XII 22, 3. viri boni usuras perscribunt; A IX 12, 3. ut longi temporis usuram, qua caruimus intermissa nostra consuetudine, magnitudine officiorum meorum sarciam; ep III 1, 1. servo: f. ascribo. — 2. careo: f. 1. sarcio. nec sum tam stultus, ut te usura falsi gaudii frui velim; ep VI 12, 1. 3. ut, cum senatus usura publicanos saepe iuvisset, magi-

stratus a publicanis pecuniam pro usura auderet auferre; Ver III 168. nec inde || id || satis efficitur in usuram menstruam; A VI 1, 3. — III iuvare: f. II, 3. aufero pro.

usurpatio, ©ebraud), 93enu§ung, ©rwä§nung : 1. ille ne moram quidem mortis mentione atque usurpatione civitatis adsequi potuit? Ver V 166. qui (Marcellus) consoletur se usurpatione et renovatione doctrinae; Bru 250. — 2. neque veris comitiis neque illis ad speciem atque ad usurpationem vetustati§ adumbratis; agr II 31.

usurpo, beanfprud)en, fid) aneignen. gettenb mad)en, anwenben, erwä§nen, nennen: I. quoniam crebro usurpas legem te tulisse; Vatin 27. — II. quod is fecerit, qui insimuletur, non eo nomine usurpandum, quo arguatur; de or III 70. usurpavi vetus illud Drusi, ut ferunt; A VII 2, 8. multis officiis illorum usurpata et comprobata cognatio; Ver V 124 quae (consolationes) sunt a sapientissimis viris usurpatae; op V 16, 3. frater rerum gestarum memoriam usurpari coëgit; sen 37. cum usurparet nomen civitatis; Ver V 162. quod (officium) semper usurpavi, cum valerem; Lael 8. praeclare iam nunc a te verba usurpantur civilis iuris; leg I 56. eadem (via) nunc crebro usurpatur; Milo 18. — III. C. Laelius, is qui Sapiens usurpatur; of II 40. quos (deos) fratres inter se agnatosque usurpari atque appellari videmus; Tim 39.

usus (oesus: f. I, 1. est; leg III 10. dat usu : f. II, 2), ©ebraud), Slu§übung, übung, ©rfa§rung, 93rariž, 9lu§en, 93ebürfniž, ©ewo§n§eit, llmgang: I. 1. quae si a natura profecta observatio atque usus agnovit; div I 131. quamquam nos ab ineunte illius aetate usus, consuetudo devinxit; Phil VII 6. aliquid uberius, quam forensis usus desiderat; leg I 15. quos usus ac natura docuisset; de or I 123. ut usum dicendi omittam, qui in omni pacata et libera civitate dominatur; de or II 33. verecundia erit usus oratoriae quasi supellectilis; orat 79. quoniam usus auctoritas || auctoritasque || fundi biennium est, sit etiam aedium; Top 23. »iidem (tribuni) ad plebem, quod oesus erit, ferunto«; leg III 10. cum M. Fadio mihi summus usus est; ep IX 25, 2. consuetudine ius est, quod maius fecit usus; inv II 162. qui cum inter se, ut ipsorum usus ferebat, amicissime consalutassent; de or II 13. te ipsum iam usus flectet, dies leniet, aetas mitigabit; Muren 65. inter nosmet ipsos vetus usus intercedit; ep XIII 23, 1. quem (ignem) usus vitae requirit; nat II 41. — 2. usus eius (virtutis) est maximus civitatis gubernatio et earum ipsarum rerum reapse, non oratione perfectio; ep I 2. — II, 1. magnos usus (materia) adfert ad navigia facienda; nat II 152. ut ad eam doctrinam adiungeretur usus frequens; de or I 15. ut Aristoteles virtutis usum cum vitae perfectae prosperitate coniunxit; fin II 19. quem (usum) ex causis, quas diximus, tot tantisque consecuti sumus; de or I 5. cuius (servi) usus fructus legatus esset; Top 15. mulier, cui vir bonorum suorum usum fructum legavit; Top 17. usus, non abusus, legatus est; Top 17. usum in republica magnum iam habere et debes et potes; Phil X 6. omitto: f. I, 1. dominatur. qui (imperiti) non membra solum hominis deo tribuant, sed usum etiam membrorum; nat I 101. — 2. (Apollonius) multis in rebus mihi magno usui fuit; ep XIII 16, 2. hanc commendationem sibi magno usu || usui || atque adiumento fuisse; ep XIII 71. — 3. usu urbis prohibere peregrinos sane inhumanum est; of III 47. — 4. sensus mirifice ad usus necessarios et facti et conlocati sunt; nat II 140. ad hominum commoditates et usus tantam rerum ubertatem natura largita est, ut . . ; leg I 25. mittit homini munera satis large haec ad usum domesticum; Ver IV 62. paratus ad: f III, 2. promptus ad. quae pertinent

ad usum civium; de or II 68. pecudes partim esse
ad usum hominum, partim ad fructum, partim ad
vescendum procreatas; leg I 25. ista tua nullum
ad usum meum, tantum cognoscendi studio adductus
requiro; de or II 74. — III, 1. tene hoc dicere, tali
prudentia, etiam usu atque exercitatione praeditum? Cluent 84. — 2. aeris, argenti, auri venas et
ad usum aptas et ad ornatum decoras; nat II 151.
cetera ad virtutis usum idonea; Ac I 22. lapides
ad usum nostrum necessarii; of II 13. quo paratior
ad usum forensem promptiorque esse possim; div
Caec 41. — IV. quoniam usus capionem duodecim tabulae intra quinque pedes esse noluerunt
| voluerint ||; leg I 55. ut doctissimis hominibus
usus nostri quasi quaedam monita tradamus; de or
II 175. tales amicitiae sunt remissione usus
eluendae; Lael 76. — V, 1. qui et auctoritate et
usu rerum antecedebat; Ver IV 138. quoniam
hereditas usu capta esset; A I 5, 6. de tutela legitima, in qua dicitur esse puella, nihil usu capi posse;
A I 5, 6. quam (amicitiam) nec usu nec ratione
habent cognitam; Lael 52. A. Licinius Aristoteles
antiquissimus est hospes meus et praeterea coniunctus magno usu familiaritatis; ep XIII 52. qui et
doctrina [mihi] liberaliter institutus et aliquo iam
imbutus usu esse videatur; de or II 162. cuius quoniam proprium te esse scribis mancipio et nexo,
meum autem usu et fructu; ep VII 30, 2. Graecum
illud quidem (nomen), sed perceptum iam tamen usu
a nostris; nat II 91. si esses usu atque aetate robustior; Sulla 47. agro bene culto nihil potest esse
nec usu uberius nec specie ornatius; Cato 57. quid?
quod usu memoria patrum venit, ut . . ? de or I
183. cum praesertim mihi usu venturum non arbitrarer, ut ego quoque a te absens defendendus essem;
ep III 8, 6. — 2. ego vero ad meam rationem usum-
que meum non aestimo; Ver IV 13. quae (res) inessent in omni mundo cum magno usu et commodi-
tate generis humani; nat II 80. cum idem in || idem
usu dicendi sequerentur, paululum in praecipiendi
ratione dissenserunt; inv I 57. Caesenniam possedisse propter usum fructum non negas; Caecin 94.
ut omnia complecterentur sine rerum usu ac vetustate; rep II 2.

ut, uti (uti: f. A, I, 1. laboro, pugno, volo. 2.
nullus, quisquam. 4. litterulae, opera), wie, als,
fobald als, feit, da, je nachdem, je mehr, fo wahr,
zum Beifpiel, daß, fo daß, in der Weife daß, damit,
gefeßt daß, wenn: I. **absich., Folge:**
1. nach Werben: tantum abest, ut scribi contra
nos nolimus, ut id etiam maxime optemus; Tusc II
4. accessit, ut Caesare ignaro magister equitum
constitueretur; Phil II 62. mihi ipsi accidit, ut cum
duobus patriciis peterem; Muren 17. additur ad
hanc definitionem a Zenone recte, ut illa opinio praesentis mali sit recens; Tusc III 75. ego hoc certe
de causa nondum adducor ut faciam; Catil I 5. per
quos illi adepti sunt, ut ceteros dies festos agitare
possent; Ver II 51. quod est definitioni adiunctum,
ut res in partes dividatur; fin IV 8. Antipater
admonere reliquos potuit, ut accuratius scriberent;
leg I 6. adsentio || adsentior . tibi, ut in Formiano
potissimum commorer; A IX 9, 1. qui oratione adsequi volunt, ut populares esse videantur; agr II 7.
si nihil aliud esset actum, nisi ut hanc causam ob-
tineremus; Cluent 145. noli putare id esse actum,
ut suffragatio, ut observantia, ut gratia tolleretur;
Planc 44. quid igitur illo die aliud egistis, nisi ut
hostem iudicaretis Antonium? Phil V 29. cum saepe
mecum agerem, ut de amicitia scriberem aliquid;
Lael 4. appellat Fabius, ut aut ipse Tullium deduceret aut ab eo deduceretur; Tul 20. qui (catulus)
iam appropinquat ut videat; fin III 48. quae in
quem cadunt, in eundem cadit ut serviat; Tusc III
14. testamento cavere, ut (dies natalis) ageretur;

fin II 103. f. 2. tertius. quae (sententiae) censerent,
ut tribuni, ut praefecti lege hac tenerentur; Rab
Post 13. auctores iniuriae clamare coeperunt, sibi
ut haberet hereditatem; Ver II 47. quid tot viros
cogitasse arbitramur? isdemne ut finibus nomen
suum, quibus vita, terminaretur? Tusc I 32. cogere
incipit eos, ut absentem Heraclium condemnent; Ver
II 41. cohortari ausus est accusator vos, ut aliquando essetis severi; Sest 135. commendo tibi eius
omnia negotia in primisque ut ea comprobes . . ; ep
I 3, 2. non committam, ut, si defugerim, tibi
causam aliquam recusandi dem; de or II 233. nolite
committere, ut in re tam inveterata quicquam novi
sentiatis; Balb 64. haec ut alius melius quam alius,
concedendum est; opt gen 4. id nos ut in reliquis
rebus faciamus, a Stoicis non concedetur? div I 6.
(Democritus) ex illa investigatione naturae consequi
volebat, bono ut esset animo; fin V 87. (parvi)
conituntur, sese ut erigant; fin V 42. quo modo
conservabitur, ut simile sit omnium naturarum illud
ultimum? fin IV 33. accusatoris causa, ut bis
ageretur, constitutum est; Ver I 26. a Q. Seio contendit, ut sibi domum venderet; dom 115. a te
etiam atque etiam pro nostra summa coniunctione
maiorem in modum peto atque contendo, ut id mihi
des; ep XIII 7, 5. cui contingit, ut iure laudetur;
fin III 28. omnibus curat rebus instructum et paratum ut sit convivium; Ver IV 62. nos isti hominum
generi praecipue debere videmur, ut apud eos ipsos,
quod ab iis didicerimus, velimus expromere; Q fr I
1, 28. senatus decrevit, ut consules duas Gallias
sortirentur; A I 19, 2. cum denuntiavit, ut adesset;
Ver V 10. dixeram a principio, de re publica ut
sileremus; Bru 157. dicam tuis, ut eum (librum)
describant; ep XII 17, 2. domus ut propugnacula
habeat, Philotimo dicetis; ep XIV 18, 2. si tibi
fortuna non dedit, ut patre certo nascerere, at
natura dedit, ut humanitatis non parum haberes;
Sex Rosc 46. edicere est ausus, ut senatus ad vestitum rediret; Piso 18. ex quo efficitur, ut quod sit
honestum, id sit solum bonum; Tusc V 45. qui, ut
suos necessarios mihi amicos redderet, elaborarit;
sen 29. omni ope atque opera enitar, ut de Buthrotiis senatus consultum fiat; A XIV 14, 6. forte
evenit, ut ruri in Privernati essemus; Cluent 141.
quod tibi proficiscenti evenit, ut omnes exsecrarentur;
Piso 33. exoravit tyrannum, ut abire liceret; Tusc
V 62. est plus aliquanto inlustre quam illud dilucidum. altero fit ut intellegamus, altero ut videre
videamur; part or 20. di faxint, ut tali genero mihi
praesenti frui liceat! ep XIV 3, 3. ut illo tu cuneas,
non video posse fieri; A II 15, 2. tulisti de me, ne
reciperer, non ut exirem; dom 51. quid ergo tulit?
nempe ut quaereretur; Milo 15. cum frequentissimus
senatus eos, ut de me referrent, cotidie flagitaret;
dom 70. te hortor, ut maneas in sententia neve
cuiusquam vim aut minas pertimescas; imp Pomp
69. impellimur natura, ut prodesse velimus; fin III
65. signum ut Messanam deportaret, imperavit;
Ver IV 84. imperavi, ut pecuniam solverent; A V
21, 11. a rege opulento vir summus facile impetravit,
ut grandi pecunia adiuvaretur; of II 82. cum inciderit, ut id apte fieri possit; fin I 7. induxerit
eum L. Saturnini familiaritas, ut amicitiam patriae
praeponeret; Rabir 23. sapienter instituisse veteres,
ut inspicerentur exta; div I 131. insto: f. urgeo. cum
praetor interdixerit, unde deiectus es, ut eo restituaris; Caecin 89. tibi in mentem non venit iubere,
ut referret . . ? Ver IV 28. VELITIS IUBEATIS,
UT M. TULLIO AQUA ET IGNI INTERDICATUR;
dom 47. qui, neque ut ante conlectam famam conservet neque uti reliqui temporis spem confirmet,
laborat; div Caec 71. Q. Fabium Labeonem locutum,
ut regredi quam progredi mallent; of I 33. metuit,
ut eam (tempestatem) ipse posset sustinere; Planc

96. neque, ut ea cognoscas, ad te mitto, sed quia . .; fin III 6. Glaucia solebat populum monere, ut primum versum attenderet; Rab Post 14. qui non ipso honesto moremur, ut boni viri simus; leg I 41. ex hoc nascitur, ut sit commendatio; fin III 63. necesse est: vgl. 3. ita; Bru 289. C. Popilius cum verbis senatus nuntiasset, ut (rex) ab Alexandrea discederet; Phil VIII 23. id ut facias, te obtestor atque obsecro; A XI 1, 1. cum observetur, ut casta corpora adhibeantur; leg II 24. obtestor: f. obsecro. cum ei (L. Paulo) bellum ut cum rege Perse gereret obtigisset; div I 103. hoc cum tibi opto, opto, ut beatus sis; A X 16, 1. Oppianicus orare hominem coepit, ut sibi rationem ostenderet indicii corrumpendi; Cluent 68. neque natura pateretur, ut id, quod esset e terra, nisi in terra maneret; rep III 40. ut civitate donaretur, perficere non potuit; Arch 25. dis iunioribus permisit, ut corpora mortalia effingerent; Tim 46. patri persuasi, ut dissolveret; Phil II 46. ad famam Sex. Sulpicii filii arbitror pertinere, ut videatur honorem debitum patri praestitisse; Phil IX 12. peto a te, ut et eos et Ἀλαβανδεῖς iubeas ecdicos Romam mittere; ep XIII 56, 1. a te peto in maiorem modum, ut in hac re etiam elabores; ep XIII 77, 3. f. contendo. placitum est, ut in aprico loco considerent; rep I 18. hunc sibi ex animo scrupulum ut evellatis, postulat; Sex Rosc 6. cum praecipitur, ut nobismet ipsis imperemus; Tusc II 47. cum Autronio, ut occuparet Etruriam, praescriberetur; Sulla 53. qui precabantur, ut sibi sui liberi superstites essent; nat II 72. cum mihi initio proposuissem, ut animos commoverem; Cluent 139. ut in perpetua pace esse possitis, providebo; Catil III 29. omni contentione pugnatum est, uti lis haec capitis aestimaretur; Cluent 116. quaeso, ut scribas quam saepissime; A VII 12, 1. relinquitur, ut summum bonum sit vivere scientiam adhibentem earum rerum; fin III 31. restat, ut omnes unum velint; Marcel 32. unum quemque senatorem rogabat, ut filio suo parceret; Ver II 95. cur non sanciunt, ut, quae mala sunt, habeantur pro bonis? leg I 44. scribit ad quosdam Melitenses, ut ea reperirent; Ver IV 39. quibus scripseram, ut Romae manerent; A VII 17, 5. sequitur, ut doceam omnia subiecta esse naturae; nat II 81. eos statuisse, ut hoc postularetur; Ver II 103. suadebit tibi, ut hinc discedas; div Caec 52. atrocitate criminis fore, ut hic nullo negotio tolleretur; Sex Rosc 28. esse in eo testamento, ut statuas in palaestra deberet ponere; Ver II 36. est, ut ii sint, quam tu „uationem" appellasti; Seat 97. futurum fuisse ut omnibus perfectis artibus omni doctrina hominum vita erudiretur; Tusc III 69. qui ex eo cogi putat, ne ut sedeamus quidem aut ambulemus voluntatis esse; fat 9. omnes labores te excipere video; timeo, ut sustineas; ep XIV 2, 3. commentarios quosdam veni ut auferrem; fin III 10. verebar, ut (litterae) redderentur; ep XII 19, 1. qui (imperator) videret, ut satis honestum foedus feriretur; inv II 92. videndum est, ut honeste vos (Romae) esse possitis; ep XIV 14, 1. volo, uti mihi respondeas, num ..; Vatin 17. huius industriam maxime equidem vellem ut imitarentur ii, quos oportebat; Phil VIII 31. f. iubeo. adest, instat, urget Dolabella, ut quam primum securi feriantur; Ver I 75. senatus, ut abdicarent consules; abdicaverunt; nat II 11.

2. nach Adjectiven, Pronomina, Zahlwörtern: alterum placere, ut (sapiens) numquam adsentiatur, alterum tenere, ut aut „etiam" aut „non" respondere possit; Ac II 104. consentaneum est huic naturae, ut sapiens velit administrare rem publicam; fin III 68. cum in voce duo sequamur, ut clara sit, ut suavis; of I 133. extremum illud est, ut philosophiam ad te adlegem; ep XV 4, 16. facilior (sapiens) erit, ut albam esse nivem probet,

quam erat Anaxagoras; Ac II 100. haec vis est istius et iuris et verbi, ut fundi populi beneficio nostro, non suo iure fiant; Balb 21. ipsius individui hanc esse naturam, ut pondere et gravitate moveatur; fat 25. hoc mihi etiam nostri illi concedunt, ut eum (Platonem) arbitratu meo diligam; leg III 1. sumpsi hoc mihi pro tua in me observantia, ut ad te familiariter scriberem; ep XIII 50, 1. quod idem contingit insanis,ut incipientes furere sentiant; Ac II 52. vetus est lex illa iustae veraeque amicitiae, ut idem amici semper velint; Planc 5. sequitur illud, ut animadvertamus, qui simus ipsi; fin IV 25. caput illud est, ut Lysonem, recipias in necessitudinem tuam; ep XIII 19, 3. ei (Dionysio) ne integrum quidem erat, ut ad iustitiam remigraret: Tusc V 62. ut si velit Orestes dicere eius modi animum matris suae fuisse in patrem suum, ut ab ea poenas liberi sui potissimum petere debuerint: inv I 19 Graecus testis cum ea voluntate processit, ut laedat; Flac 11. neque in eo solum diligens fuit. ut accusatorem filio suo compararet; Cluent 191. explicavi sententiam meam, et eo quidem consilio, tuum iudicium ut cognoscerem; fin I 72. si qui eius modi forte casus inciderit, ut id faciendum sit; fin III 63. animorum est ea vis eaque natura, ut vigeant vigilantes; div II 139. f. tantus; de or I 27. 1. ago. fuit ista severitas in iudiciis, ut istam rem accusator in magnis criminibus obiciendam putaret: Ver V 45. quae est ista designandi licentia, ut hoc dens, hoc natura fecerit potius quam . .? div II 127. excogitat — quid? nihil ingeniose, nihil, ut quisquam posset dicere: „improbe, verum callide"; Ver I 141. f. 1. ago. nullam huic aliam accusandi causam fuisse, nisi uti propositum vitae periculum vitaret; Cluent 20. omnia nos consecutos, ut tecti. ut vestiti, ut salvi esse possemus; nat II 150. quod erat optabile antea, ut populum Romanum comitem haberemus; Phil VII 22. proximum est ergo, ut, opus fuerit classe necne, quaeramus; Flac 27. quod nos facere nunc ingredimur, ut contra Academicos disseramus; Ac II 17. quod te inspectante factum est, ut anguis emergeret; div I 72. f. idem. 1. evenio. quid est aliud, quod nos patroni facere debeamus, nisi ut eos repellamus? Cael 32. quae inconstantia deorum est, ut primis minentur extis. bene promittant secundis? div II 38. f. 1. ago. neque quicquam erat reliquum, nisi uti triumphus tibi navalis decerneretur; Ver V 67. reliquum est, ut te id ipsum excruciet; ep VI 1, 3. scire esse armatos satis est, ut vim factam probes; Caecin 45· est situm in nobis, ut adversa oblivione obruamus; fin I 57. cum Alcibiades Socrati supplex esset, ut sibi virtutem traderet; Tusc III 77. talem hunc in istā rogatione fuisse, ut consulere volueris fratri; Sulla 62. quae talia sunt, ut optata magis quam inventa videantur; nat I 19. talis est ordo actionum adhibendus, ut omnia sint apta; of I 144. ut ea esset in homine iucunditas et tantus in loquendo lepos, ut dies inter eos curiaese fuis videretur, convivium Tusculani; de or I 27. tantos processus efficiebat, ut evolare, non excurrere videretur; Bru 272. quorum (ludorum) religio tanta est, ut ex ultimis terris arcessita in hac urbe consederit; har resp 24. tantae discordiae secutae sunt, ut tyranni exsisterent; of II 80. f. 4. consensus. tertium est, ut caveamus, ut ea moderata sint; of I 141. tot homines habet, ut cotidiano cantu tota vicinitas personet; Sex Rosc 134. veri simile non est, ut hunc ab se dimitteret; Sulla 57. concedetur profecto verum esse, ut bonos boni diligant; Lael 50. unum debet esse omnibus propositum, ut eadem sit utilitas . .; of III 26. una est vitatio, ut ego avolem; A XII 32, 2 (1). si utrumque (fuit), ut et res esset ea et . .; dom 12.

3. na<q> Abverbien: adeone pudorem cum pudicitia perdidisti, ut hoc in eo templo dicere ausus sis? Phil II 15. hoc eo spectabat, ut eam (Pythiam) a Philippo corruptam diceret; div II 118. nisi vero hactenus ista formula distingui potest, ut Flacco absenti aliquid civitates tribuisse dicantur; Flac 36. rem huc deduxi, ut palam pugnare possetis; Catil II 4. te idcirco illum locum eligere, ut ille ex cruce Italiam cernere posset; Ver V 169. idcirco trahebam, ut quam diutissime integrum esset; A XVI 2, 4. ideone L. Tarquinius exactus, ut rex Romae constitueretur? Phil II 87. confugit (Epicurus) illuc, ut neget accedere quicquam posse ad voluptatem nihil dolentis; fin II 28. qui locus ita communis est, ut bene tractatus in hac causa magno ad persuadendum momento futurus sit; inv II 77. non modo ita memoriae proditum esse, sed ita necesse fuisse, cum Demosthenes dicturus esset, ut concursus audiendi causa ex tota Graecia fierent; Bru 289. nec ita reseranda (res est familiaris), ut pateat omnibus; of II 55. propter tuas res ita contractas, ut, quem ad modum scribis, „nec caput nec pedes"; ep VII 31, 2. ego vero tibi istuc remitto atque ita, ut me a te honorificentissime tractatum existimem; A XIV 13, B, 3. haec propterea de me dixi, ut mihi Tubero ignosceret; Ligar 8. quo spectat illud, nisi ut opifices concitentur? Ac II 144. an amandarat hunc sic, ut esset in agro ac tantum modo aleretur ad villam, ut commodis omnibus careret? Sex Rosc 44. sic iam tecum loquar, non ut odio permotus esse videar, sed ut misericordia; Catil I 16. cum sic aliquid cecidit, sic evenit, ut vel aliter cadere atque evenire potuerit; div II 15. sic se res habebat, ut praestantius genus esset eorum, qui . .; Tim 44. unde tam felix concursus atomorum, ut repente homines nascerentur? nat I 91 (90). cum Lacedaemonius quidam mortem tantopere contempserit, ut responderit . .; Tusc I 100.

4. na<q> Substantiven (vgl. 2): quibus (peccatis) incensus parens potuerit animum inducere, ut naturam ipsam vinceret; Sex Rosc 53. tibi sum auctor, ut eum tibi ordinem ant reconcilies aut mitiges; ep I 9, 26. mihi, ut absim, vehementer auctor est; A XV 5, 2. causa fuit huc veniendi, ut quosdam hinc libros promerem; fin III 8. quae et naturam et condicionem, ut vinci possent, habebant; Marcel 8. tantus consensus senatus fuit, ut mature proficisceremur, parendum ut fuerit; ep III 3, 1. cum matre Bostaris consilium cepit, ut uterque Romam veniret; Scaur 8. est consuetudo Siculorum, ut non numquam eximant unum aliquem diem; Ver II 129. quae sit cupiditas, ut severa iudicia fiant; Sex Rosc 11. f. voluntas. pollicetur sibi magnae curae fore, ut omnia civitatibus restituerentur; Ver IV 73. decurionum decretum statim fit, ut decem primi proficiscantur ad L. Sullam; Sex Rosc 25. habenda ratio et diligentia est, ut monitio acerbitate careat; Lael 89. quae mihi facultas, ut id meo arbitratu facerem, ante hoc tempus numquam est data; fin I 72. foedus fecerunt cum tribuno plebis palam, ut ab eo provincias acciperent; Sest 24. fit sermo inter eos et invitatio, ut Graeco more biberetur; Ver I 66. quae (pars legis) congruebat cum iudicio senatus, ut ipse rex esset; har resp 29. huic (senatori) iussa tria sunt: ut adsit, ut loco dicat, ut modo; leg III 40. erat aequa lex, ut nostras inimicitias ipsi inter nos geramus; Balb 60. f. 2. ille: Planc 5. nobis nostra Academia magnam licentiam dat, ut id nostro iure liceat defendere; of III 20. acceperam iam ante Caesaris litteras, ut mihi satis fieri paterer a te; Phil II 49. nescio quid ab eo (Q. Fufio) litterularum, uti ut sibi restituerem; A XV 4, 1. quod a senatu dantur mandata legatis, ut D. Brutum adeant; Phil VI 6. mos est Syracusis, ut dicat sententiam, qui velit; Ver IV 142. natura: f. condicio. negotium datur quaestoribus,

ut noctu vigilias agerent; Ver IV 93. primum est officium, ut se conservet in naturae statu; fin III 20. uti C. Pansa A. Hirtius dent operam, uti senatus tuto haberi possit; Phil III 37. potestas erat isti data, ut sese gravissime levaret infamia; Ver III 140. inita ratio est, ut consules se abdicarent; rep II 61. f. diligentia. altera eat res, ut res geras magnas; of I 166. maneasne in sententia, ut mittam ad eum, quae scripsi; A XIII 18. sermo: f. invitatio. simul, ut se ceteri sequerentur, signum dari iussit; Ver V 88. novitates si spem adferunt, ut fructus appareat; Lael 68. studium: f. voluntas. quod non potest accidere tempus, ut intersit rei publicae . .; of I 159. ut sumptum faciat in militem, nemini vis adfertur; imp Pomp 39. de voluntate tua, ut simul simus, vel studio potius et cupiditate non dubito; A XII 26, 1. vgl. 1. sum; fat 9. cum vota faceretis, ut Miloni uti virtute sua liberet; Milo 41. exaudita vox est, ut muri reficerentur; div I 101.

5. zum ganzen Satz gehörig: itineris causa nt devorterer ‖ deverterer ‖, primum est devium; A III 7, 1. nec (Theodorus) satis, ut ita dicam, rotundus; orat 40. de me, ut iam cum utroque loquar, sic habetote; Lael 10. tua cautio nostra cautio est, ut, si in alterutro peccandum sit, malim videri nimis timidus quam parum prudens; Marcel 21. ut illa omittam, ut fulminum iactus, ut terrae motus relinquam, ut omittam cetera, hoc certe neque praetermittendum neque relinquendum est; Catil III 18. has igitur tot sententias ut omittamus, haec nunc videamus; A II 130. nam, ut illa omittam, ut haec recentia obliviscar, ut haec igitur omittam, liber iste quantam habet declarationem amoris tui! ep XV 21, 2. cum mendicitatem multi perpetiantur, ut vivant; fin V 32. „depugna", inquis, „potius quam servias." ut quid? si victus eris, proscribare, si viceris, tamen servias? A VII 7, 7. quod aiunt: „minima de malis", id est ut turpiter potius quam calamitose; of III 105.

II. Weise: qui Terminalibus nuper in suburbium, ut eodem die reverterer, ire non sum ausus; Phil XII 24. videsne minus quadringentorum annorum esse hanc urbem, ut sine regibus sit? rep I 58. doluit se, ut opprimeret C. Popilium, nocuisse rei publicae; leg III 36. nihil demi potest, ut virtutis nomen relinquatur; par 22. vgl. B. non.

III. Einräumung: ut ita ista esse concedam, quid mihi, quod dici possit, reliquisti? de or II 365. ager efficit cum octavo, bene ut agatur, verum, ut omnes di adiuvent, cum decumo; Ver III 112. ut ego adsentiar orationi, defensionem tamen non probabo; Ver III 206. sed ut concedam incertos exitus esse belli, tamen pro libertate vitae periculo decertandum est; Phil X 20. sed ut omnes istos aculeos relinquamus, Antiochea ista corruent universa; Ac II 98. ut sit apud illos ordo rerum conservatus, tamen persequi non debemus; fin IV 53. quae (res) nihilo minus, ut ego absim, confici poterunt; ep X 2, 2. vgl. B. nemo, non, nullus.

IV. Frage: 1. quamquam quid loquor? te ut ulla res frangat, tu ut unquam te corrigas, tu ut ullam fugam meditere, tu ut ullum exsilium cogites? Catil I 22. — 2. iam, ut haec omnia perscrutari solitus sit, est operae pretium cognoscere; Ver IV 30. vobis alio loco, ut se tota res habeat, demonstrabitur; Ver II 15. de divis, neque ut sint neque ut non sint, habeo dicere; nat I 63. iam cetera nota sunt omnibus, ut cum illo Oppianicus egerit de pecunia, ut ille se redditurum esse dixerit, ut . .; Cluent 78. omitto, ut sit factus uterque nostrum; Piso 3. tu ad me velim proximis litteris, ut se initia dederint, perscribas; A III 23, 5. sentit domus unius cuiusque, ut, quem ad modum ratione recte fiat, sic ratione peccetur; nat III 69. ille tenet [et scit], ut

96. neque, ut ea cognoscas, ad te mitto, sed quia ..;
fin III 6. Glaucia solebat populum monere, ut
primum versum attenderet; Rab Post 14. qui
non ipso honesto movemur, ut boni viri simus; leg
I 41. ex hoc nascitur, ut sit commendatio; fin III
63. necesse est: vgl. 3. ita; Bru 289. C. Popilius
cum verbis senatus nuntiasset, ut (rex) ab Alexandrea
discederet; Phil VIII 23. id ut facias, te obtestor
atque obsecro; A XI 1, 1. cum observetur, ut casta
corpora adhibeantur; leg II 24. obtestor: f. obsecro.
cum ei (L. Paulo) bellum ut cum rege Perse gereret
obtigisset; div I 103. hoc cum tibi opto, opto, ut
beatus sis; A X 16, 1. Oppianicus orare hominem
coepit, ut sibi rationem ostenderet iudicii corrur
pendi; Cluent 68. neque natura pateretur, ut
quod esset e terra, nisi in terra maneret; rep II
ut civitate donaretur, perficere non potuit; A
dis iunioribus permisit, ut corpora mortali
gerent; Tim 46. patri persuasi, ut dissolv
II 46. ad famam Sex. Sulpicii fil
pertinere, ut videatur honorem debitum
stitisse; Phil IX 12. peto a te, ut et
ðeiç iubeas ecdicos Romam mittere;
a te peto in maiorem modum, u'
elabores; ep XIII 77, 3. f. conte
ut in aprico loco considerent;
ex animo scrupulum ut evelle'
6. cum praecipitur, ut nob'
Tusc II 47. cum Autronic
praescriberetur; Sulla 53.
sui liberi superstites es'
initio proposuissem, u'
139. ut in perpetua
Catil III 29. omni
lis haec capitis ae'
scribas quam sae
ut summum bo'
earum rerum;
velint; Marce'
ut filio suo
ut, quae n
scribit ad
Ver IV
A VII
esse n
laretn
div (
neg'
me
Il
ß

quam erat Anaxagoras ...ntior; sin ut oratorem,
istius et iuris et v...rn 295. philosophia. rhe-
nostro, non suo i...eator, vir: f. civis. sodalis:
hanc esse nat...oribus illis luculentus; Bru 102.
tur; fat 25 ...lta faciunt indulgentur vel cum
ut eum ...nendo, in educando; fin II 109. —
l. s ...ut multa alia, sapienter; Flac 68.
ad ...firmissimum hoc adferri videtur, cur
id ...damus, quod ..; Tusc I 30. Venerem
/ ...dit ut iniquam ; Tusc IV 73. oppressus
...si ut ab eo, qui aperte hostis esset, in-
...ut ab eo, qui civis etiam tum speciem
...ri. miser; Phil XI 5. iste operta lectica latus
...ppidum est, ut mortuus; Phil II 106. ista ex-
...isti, ut tam multa, memoriter, ut tam obscura,
...lucide; fin IV 1. te oro, ut in perditis rebus si
...quid cogi, confici potest, des operam; A XI 25, 3.
...dum ut in pessimis rebus aliquid caveam; A XI
19, 2. non ille (Zeno), ut plerique, sed isto modo,
ut tu, dictincte, graviter, ornate; nat I 59. ne, ut
quidam, Graeca verba inculcantes iure optimo ridea-
mur; of I 111. — d. quid de Paulo ant Africano
loquar aut, ut iam ante. de Maximo? Cato 61. id
senatum non modo ut fideliter, sed etiam ut sapienter factum comprobaturum; ep X 16, 2. quod ii
(partus) maturescunt aut septem non numquam aut,
ut plerumque, novem lunae cursibus; nat II 69. sapienter: f. fideliter. — e, nec tamen ut Antonio
senatum habente in consilio regis versabantur barbari armati; Phil III 9. praesentes videmus deos,
ut apud Regillum Postumius, in Salaria Vatinius;
nat III 11. ntilitatis specie in re publica saepissime
peccatur, ut in Corinthi disturbatione nostri; of III
46. me tueor, ut oppressis omnibus, non demisse,
ut tantis rebus gestis, parum fortiter; A II 18, 3.

2. mit bemonstrativ: eisdem fere verbis, ut
actum disputatumque est; Tusc II 9. iste: f. c.
plerique. nunc de confirmatione deinceps, ita ut ordo ipse postulat, praecipiendum videtur; inv I 33.
ut erat laena amictus, ita venit in contionem; Bru
56. est ita, ut dicitur; Ver IV 117. de quo (casu)
mihi exploratum est ita esse, ut tu scribis; ep II
16, 6. de obviam itione ita faciam, ut suades; A
XI 16, 1. utinam, ut mihi illa videor videre, item
possem vobis exquirere ..! de or II 33. Xenophanes de ipsa mente item reprehenditur, ut cateri, de
infinitate autem vehementius; nat I 28. ut Numestio
mandavi, tecum ut ageret, item atque eo, si potest,
acrius, te rogo, ut plane ad nos advoles; A II 24,
5. habes a patre munus mea quidem sententia magnum, sed perinde erit, ut acceperis; of III 121. poteratne fieri, ut non proinde homines de quoque, ut
quisque mereretur, iudicarent? Phil XIV 19. P.
Decins, ut vita, sic oratione etiam turbulentus; Bru
108. nam ut illa (litteratura) constat ex notis litterarum et ex eo, in quo imprimuntur ipsae notae,
sic confectio memoriae tamquam cera locis utitur;
part or 26. nimirum, ut hic nomen suum comprobavit, sic ille congruens; Ver IV 57. quae sacra, ut
erant re vera, sic appellari Graeca voluerunt; Ver
IV 115. quicum omnia audeas sic loqui ut tecum;
Lael 22. ut Phidias potest a primo instituere signum idque perficere, huic similis est sapientia; fin
IV 34. ut onera contentis corporibus facilius feruntur, remissis opprimunt, simillime animus intentione
sua depellit pressum omnem ponderum; Tusc II 54.
numquam tanto opere pertimui, ut nunc in ipso iudicio; Ver pr 3.

VII. Zeit: 1. male se res habet, quae non statim.
ut dici coepta est, melior fieri videtur; de or II
313. ut (M. Terentius) se corroboravit, duae causae accesserunt, quae ..; ep XIII 10, 2. ut ab urbe
discessi, nullum adhuc intermisi diem, quin ..; A
VII 15, 1. ut praetor factus est. sortem nactus est

' ipse ut Brundisio
die totam ad im-
xit; imp Pomp
..; Bru
..m redu-
..dini C.
nunc sum
uon statim,
.ras miserim;
remissus esset,
_3.
inuo ut vidit, non
in tollere; Ver IV 48.
.it, ut cum reges popu-
.. aliquas proponunt; of II
..mori sic videntur, ut cum
..mmae vis opprimitur, senes
ua sponte nulla adhibita vi ig-
Cato 71. ut igitur et monere et
..u est verae amicitiae, sic habendum
91. enitere, ut scida ne qua depereat;
experiar equidem [illud]. ut ne Sulpicius
..in ego apud te valere videatur; de or II
.e hortor, ut ne cui quicquam iuris in tua pro-
..cia esse patiare; ep XII 22, 3. VELITIS IUBE-
.TIS, UT M. TULLIUS IN CIVITATE NE SIT;
dom 44. hoc videmur esse consecuti, ut ne quid agi
cum populo posset || possit ||; ep I 2, 4. ut ita ad-
optet, ut ne quid de sacrorum religione minuatur;
dom 36. ut ea (verba) sic conservemus, ut ne quid
praeposterum sit; de or III 40. quae perscripta est
anctoritas, ut ne quis omnino regem reduceret; ep
I 7, 4. te operam dare, ut ne quid meorum tibi
esset ignotum; ep XIII 11, 1. ut omnibus (partibus) explicatis peroratum sit [hoc modo], ut ne quid
posterius praeter conclusionem inferatur; inv I 33.
ut ne cui rei tenere adsenserimus; inv II 10. non
tam ut te impediret, quam ut ne quis propter exercitus cupiditatem Alexandriam vellet ire; ep I 4, 2.
ut hoc nostrum desiderium ne plus sit annuum; A
V 1, 1. ut ne quid praetermittam; A XII 11. f. ne,
II. ut. hoc iure sunt socii, ut is ne deplorare quidem de
suis incommodis liceat; Ver II 65. libri quidem ita
exierunt, ut in aliis rebus ne apud Graecos quidem
simile quicquam; A XIII 13. 1. videmus, ut conquiescere ne infantes quidem possint; fin V 55. nego:
f. A, I, 3. illuc. quae (elementa) ut nemo tradat.
quis est qui nesciat, quae sunt in homine laudanda?
de or II 45. ut tibi reum neminem, sed vitia pro-
ponas, res tamen ipsa accusari potest; Cael 29. ut
nemo sit alius nisi ii, qui una sunt, parumne erunt
multi? Phil VII 18. ad ea cum accedit, ut neque
divinum numen horreat nec ..; fin I 41. struere
verba sic, ut neve asper eorum concursus neve hiulcus sit; de or III 171. si [verba] extrema cum
consequentibus primis ita iungantur, ut neve aspere
concurrant neve vastius diducantur; de or III 172.
suum illud, nihil ut adfirmet, (Socrates) tenet ad
extremum; Tusc I 99. num ista societas talis est.
ut nihil suum cuiusque sit? of III 53. ego etsi coram de te cum Furfanio ita loquar, ut tibi litteris
meis ad eum nihil opus sit; ep VI 8, 3. ut, quod
in tempore mali fuit, nihil obsit, quod in causa boni
fuit, prosit; Cluent 80. non rudis imperator, ut aliud
nihil dicam; Muren 32. curandum est, ut non mirum
videatur, si ..; inv II 19. do: f. A, I, 1. do. is
pati non possit, ut non anquirat aliquem, apud
quem ..; Lael 87. qui probari potest, ut sibi mederi animus non possit? Tusc III 5. relinquitur, ut
ab hoc non sit occisus; inv I 45. neque haec ita
dico, ut ars aliquos limare non possit; de or I 115.
ut abs te non emissus ex urbe, sed immissus in urbem esse videatur; Catil I 27. ut ea non dicam,
quae saepissime et legi et audivi, nihil mali esse in
morte; ep V 16, 4. ruere illa non possunt, ut haec

non eodem labefacta motu concidant; imp Pomp 19.
si, ut ista non disserantur, liberari mortis metu possumus, id agamus; Tusc I 23. verum, ut hoc non
sit, tamen praeclarum spectaculum mihi propono; A
II 15, 2. sed ut non vendam, possum adsequi, quod
volo; A XII 22, 3. me ita dolere, ut non modo a
mente non deserar, sed id ipsum doleam..; A III 15, 2.
est, ut dicis, Antoni, ut plerique philosophi nulla
tradant praecepta dicendi; de or II 152. esse te
talem, ut tuas laudes obscuratura nulla umquam
sit oblivio; Marcel 30. tantis me impediri occupationibus, ut ad te scribendi facultas nulla detur; ep
XII 30, 1. ego, etiam ut nullum periculum sit,
tantum abest, ut Antonii suspicionem fugere nunc
curem. ut..; A XV 5, 2. numquam: f. A, I, 2. alter.
ut primum ex pueris excessit Archias; Arch 4. te
ut primum aspexit; Piso 24. ego ut primum fletu
represso loqui posse coepi; rep VI 15. nec quicquam
propius est factum, quam ut illum persequeretur;
Cluent 59. sin forte longinquitate producti (dolores)
vehementius tamen torquent, quam ut causa sit, cur
ferantur; Tusc V 117. habitu (causae efficiunt), ut
qui facile et cito irascitur || irascatur ||; Top 62. te
semper sic colam et tuebor ut quem diligentissime;
ep XIII 62. ut quisque aetate et honore antecedebat, ita sententiam dixit ex ordine; Ver IV 143.
si, ut quidque ex illo loco dicetur, ex oraculo aliquo
dici arbitrabitur; Font 25. ut quaeque res est turpissima, sic maxime et maturissime vindicanda est;
Caecin 7. de iudicio animi mei, ut volet quisque,
sentiat; Rab Post 44. si, ut quisque erit coniunctissimus, ita in eum benignitatis plurimum conferetur; of I 50. quae et apud nos et in aliis civitatibus, ut quaeque optime morata est, ita diligentissime
observantur; Cato 63. ut quicque succurrit, libet
scribere; A XIV 1, 2. translatum est, quod aliud
conficit, quam causae genus postulat: ut si qui docilem faciat auditorem, cum ..; inv I 26. causa
et ratio (quaeritur), ut si quaeratur: cur doctissimi
homines de maximis rebus dissentiant? de or III
114. Graeci tales argumentationes ἀτέχνους vocant,
id est artis expertes, ut ii ita respondeas: quoniam..;
Top 24. ut, si iuste depositum reddere in recte factis sit, in officiis ponatur depositum reddere; fin III
59. quod confido equidem consules designatos, simul
ut magistratum inierint, esse facturos; Phil III 2.
id ipsum verecunde faciam, tantum ut nunc M. Tullio (me) fidelem amicum esse cognoscat; Tul 5. can-
sas ut honorificentissimis verbis consequi potuero,
complectar ipsa sententia; Phil XIV 29. cohortati
sumus, ut maxime potuimus, ad philosophiae studium; div II 1.

utcumque, wie immer: 1. ut ad haec revocatur oratio, sed utcumque aderunt; of I 135.—
2. ille perfectus, utcumque se adfectum videri et
animum audientis moveri volet, ita certum vocis
admovebit sonum; orat 55. perinde, utcumque temperatus sit aër, ita pueros orientes animari atque
formari; div II 89.

uter, wer, welcher von beiden: A, I. utra igitur
causa popularis debet videri? Sest 109. utra igitur
est splendidior, utra inlustrior commemoratio? div
Caec 65. utro (genere) me magis deceat uti, non intellego; ep II 4, 1. comparatio, de duobus honestis
utrum honestius; of I 152. leges oportet contendere
considerando, utra lex ad maiores res pertineat; inv
II 145. utra lex iubeat, utra vetet; inv II 14C.
utram tandem linguam nescio? fin II 12. utros eius
(Philisti) habueris libros (duo enim sunt corpora)
an utrosque, nescio; Q fr II 11 (13), 4. propinquitas
locorum ad utram partem hoc loco profertur? Ver
V 6. — II, a, 1. si certares mecum, uter nostrum
illi amicior esse deberet; div Caec 59. bellum gerebatur, uter esset, non uter imperaret; of I 38. ut
nihil iam quaerere aliud debeatis, nisi uter utri in-

sidias fecerit; Milo 23. — 2. utrum de his potius (optaret), dubitasset aliquis, quin alterum, nemo; Bru 189. facio: ſ 1. facit. cum utris[ne] tandem istius factum conlaturus es? Ver III 191. — 3. ab utro (insidiae) factae sint, incertum est; Milo 31. — b. utrum horum reprehendis? Ver I 124. ut eligas, utrum velis; div Caec 45. horum utro uti nolumus, altero est utendum; Sest 92. — B, I. ut scribat utra voles lingua; orat 235. — II, a. uter magis ad sensum iudicis penetrarit et uter ad communem verbi vim magis et propius accesserit, is vincat necesse est; part 123. uter eorum perisset, lucrum fieri putabat; Piso 27. — b. potest omnino hoc esse falsum, potest verum; sed utrum est, non est mirabile; div II 141. utrum horum dixeris, in eo crimen haerebit; Ver III 106. — C. alter uter: ſ. alteruter.

utercumque, wer immer von beiden: ita magnae utrimque copiae esse dicuntur, ut, utercumque vicerit, non sit mirum futurum; ep VI 4, 1.

uterlibet, einer von beiden: utrumlibet elige; alterum incredibile est, alterum nefarium; Quinct 81.

uterque, jeber von beiden, beibe: A, 1. si uterque censor censoris opinione standum non putavit; Cluent 132. cum de facto turpi aliquo aut inutili aut utroque fateatur; inv II 77. habetis hominem singulari pudore in utraque fortuna cognitum; Caecin 104. ad fontem generis utriusque veniamus; Planc 18. qui utrisque litteris uti velint; fin I 10. qui Aristotelio de omnibus rebus in utramque partem possit dicere; de or III 80. quae (Insula) duobus portibus cincta in utriusque portus ostium proiecta est; Ver IV 118. simul una res utrique rei est argumento; Ver III 153. est utraque res sine altera debilis; Tusc II 13. binos (scyphos) habebam, iubeo promi utrosque; Ver IV 32. bestiarum terrenae sunt aliae, partim aquatiles, aliae quasi ancipites in utraque sede viventes; nat I 103. — 2. duas (partes animal) in primis amplectitur, animum et corpus, deinde utriusque partes; fin II 33. utraeque (venae, arteriae) crebrae multaeque toto corpore intextae; nat II 138. — B, a. fuit hoc in utroque eorum; de or II 4. mihi quoque initium requiescendi atque animum ad utriusque nostrum praeclara studia referendi fore; de or I 1. insperanti mihi et Cottae, sed valde optanti utrique nostrum cecidit, ut . .; de or I 96. qui hoc ab utroque nostrum fieri velis; A XIII 1, 3. quid ego de muliercula Scantia, quid de adulescente P. Apinio dicam? quorum utrique mortem est minitatus; Milo 75. nisi mihi Phaedrum mentitum aut Zenonem putas, quorum utrumque audivi; fin I 16. qui incensus essem studio utriusque vestrum; de or I 97. faciam, praesertim si utrique vestrum gratum futurum est; Cato 6. — b. sive, quod honestum est, id sit summum bonum, sive voluptas sive horum utrumque coniunctum; Tusc IV 62. quoniam utrumque eorum P. Mucins optime fecerit; de or I 217. — C, a, I. utrique Platonis ubertate completi certam quandam disciplinae formulam composuerunt; Ac I 17. utrisque cupientibus rem publicam salvam; Ligar 19. quamquam pro se ipsi dicebant oratores non illi quidem principes, L. Memmius et Q. Pompeius, sed oratores tamen teste diserto uterque Philippo; Bru 304. fuit uterque summus orator; Bru 103. id cum utrique fecissent; of I 33. sive Sulla sive Marius sive uterque civile bellum optavit; Phil XIII 1. trahunt: ſ. II, 1. audio. cum ad me in Cumanum salutandi causa uterque venisset; fin I 14. — II, 1. Academicos utrosque audiet trahentes se ad suas partes; Ac fr 20 (K. 26). compleo: ſ. 1. componunt. ut non alteros demovisse, sed utrosque constituisse videatur; Sulla 62. — 2. etsi utrique primas, priores tamen libenter deferunt Laelio; Bru 84. quam (salutem) huius admonitus officio cum utrisque his dederis;

Ligar 36. idem fons erat utrisque; Ac I 18. — 3. ut pro utroque respondeam; leg I 32. summa in utroque est honestas; Muren 21. — III. dies ex utriusque commodo sumitur; Caecin 20. utriusque filiorum manibus in navi conlocatus; Planc 97. vitam inter se utriusque conferte; Q Rosc 20. — IV. ab utroque dissimillima ratione tractatum est; Muren 19. in utroque eandem habuit fortuna potestatem, sed usa in altero est; Tusc I 85. — b, I. tametsi utrumque esse arbitror perspicuum; div Caec 11. — II. cuperem equidem utrumque, si posset; Tusc I 23. ego utrumque verum puto; Ac II 113. unum sustinere pauci possunt, utrumque nemo; Muren 46. — III. me in utroque fuisse moderatum; Phil II 40.

utervis, einer von beiden, beibe: A. mihi utrivis istorum (hortorum) tempore magis meo quam ratione aestimandi sunt; A XII 31, 2. — B, a. minus habeo virium quam vestrum utervis; Cato 33. — b. quorum utrumvis ut sit; nat II 85. quorum si utrumvis persuasissem; Phil II 24. — C. cui utrumvis licet; A IX 1, 4. nunc non utrumvis; A XIV 19, 1.

uterus, Mutterleib: quod (animal) cum ex utero elapsum excidit; nat II 128. quae te beluam ex utero, non hominem fudit; Piso fr 14.

utilis, brauchbar, tauglich, nützlich, vorteilhaft: A. num utiliorem tibi hunc Triarium putas esse posse, quam si tua sint Puteolis granaria? fin II 84. quae quamquam utilia sunt causae; Flac 13. cum pugnare videtur cum honesto id, quod videtur esse utile; of I 9. esse honestum aliquid, quod utile non esset, et utile, quod non honestum; of II 9. addunt quae, quicquid utile sit, id fieri honestum, etiamsi antea non videretur; of III 103. possunt cuiquam esse utiles angores, sollicitudines, diurni et nocturni metus? of III 84. non honestum consilium, at utile; of III 97. secundum deos homines hominibus maxime utiles esse possunt; of II 11. ignoratio futurorum malorum utilior est quam scientia; div II 23. putavi mihi suscipiendum laborem utilem studiosis mihi quidem ipsi non necessarium; opt gen 13. si lex utilis plebi Romanae mihi videretur; agr II 12. metus: ſ. angores. illa altera ratio et oratio est ea quidem utilior, sed . .; Tusc IV 60. mihi omnis pax cum civibus bello civili utilior videbatur; Phil II 37. duobus propositis utrum utilius (sit, deliberari solet); of I 10. ratio ſ. oratio. ut res geras magnas illas quidem et maxime utiles; of I 66. his rebus imbutae mentes haud sane abborrebunt ab utili aut a vera sententia; leg II 16. sollicitudines: ſ. angores. is mihi vir et suis et publicis rationibus utilissimus fore videtur; inv I 1. — B, I. ud utilia cum honestis pugnare videantur; of III 72. — II,.1. quis est, qui utilia fugiat? ant quis potius, qui ea non studiosissime persequatur? of III 101. — 2. ut anteponantur honesta iepis etiam utilibus; Top 69. — III. haec est illa, quae videtur utilium fieri cum honestis saepe dissensio; of III 56.

utilitas, Nützlichteit, Nuzen, Vorteil, Dienst: I, 1. quia persaepe evenit, ut utilitas cum honestate certet; part or 89. si utilitas constituet amicitiam, tollet eadem; fin II 78. ad qnam (partem) nos illius utilitas salusque converterit; Planc 93. nulla utilitate quaesita; quae tamen ipsa efflorescit ex amicitia, etiamsi tu eam minus secutus sis; Lael 100. in deliberativo (genere finem esse) Aristoteli placet utilitatem. nobis et honestatem et utilitatem; inv II 156. ut utilitas tua communis sit utilitas vicissimque communis utilitas tua sit; of III 52. deliberandi finis utilitas, cuius eae partes, quae modo expositae; Top 91. utilitatem ex laude nasci defendet semperque eam cum dignitate esse coniunctam; de or II 335. si quando ea, quae videtur utilitas, honestati repugnat; of III 120. tollit: ſ. constituit. utilitas

valuit propter honestatem; of III 40. meorum periculorum rationes utilitas rei publicae vincat; Catil IV 9. — 2. quae videntur esse utilitates contra iustitiam simulatione prudentiae; of III 95. f. 1. est; of III 52. videor: f. 1. repugnat. — II, 1. quid iis utilitatis, quid salutis adferrem; Ver IV 138. sic utilitates ex amicitia maximae capientur; Lael 32. qui potnit divinius utilitates complecti maritimas Romulus? rep II 10. coniungo: f. I, 1. nascitur. quae (lex naturae) utilitatem hominum conservat et continet; of III 31. quae maximam utilitatem in se continerent; de or III 178. f. conservo. nt detracta omni utilitate per se ipsum possit iure laudari; fin II 45. qui (di) utilitates quasque gignebant; nat II 62. quid habeat utilitatis vera laudatio; Ver V 57. quam ob rem tantam utilitatem per alios tractandae pecuniae neglexeris; Ver V 61. longum est mulorum persequi utilitates et asinorum, quae certe ad hominum usum paratae sunt; nat II 159. tanta putabatur utilitas percipi e bubus, ut . .; nat II 150. persequor: f. paro. utilitas ant in corpore posita est aut in extrariis rebus; inv II 168. etsi (Tiro) mirabiles utilitates mihi praebet; A VII 5, 2. in quibus (artibus) non utilitas quaeritur necessaria, sed animi libera quaedam oblectatio; de or I 118. f. I. 1. efflorescit. si et belli utilitatem et pacis dignitatem retinere vultis; imp Pomp 14. qui (senatus) numquam utilitatem a dignitate seiunxit; of III 87. ille (Cyrsilus) utilitatem sequi videbatur; of III 48. f. I, 1. efflorescit. ut utilitatem civium sic tueantur, ut . .; of I 85. — 2. vir bonus utilitati omnium plus quam unius alicuius aut suae consulit; fin III 64. maiores nostros semper in pace consuetudini, in bello utilitati paruisse; imp Pomp 60. eorum, quibus praesit, commodis utilitatique servire; Q fr I 1, 24. in quo mihi magnae utilitati esse possis; Planc 13. — 3. utilitatibus tuis possum carere; ep XVI 3, 2. — 4. de cuius (amicitiae) utilitate omnes uno ore consentiunt; Lael 86. legem, ut aequum est, ex utilitate rei publicae considerate; inv I 69. aqua Albana deducta ad utilitatem agri suburbani; div II 69. pauca mihi videntur esse de provinciae dignitate, vetustate, utilitate dicenda; Ver II 2. quae (deliberationes) omnes ad utilitatem dirigerentur eorum, quibus consilium daremus; de or I 141. cum omnia contra omnium bonorum utilitatem voluntatemque fecerit; Ver III 7. eas (leges) ex utilitate communi, non ex scriptione, quae in litteris est, interpretari (oportet); inv I 68. pertinent ea ad utilitatem; of II 87. eum nihil ad utilitatem suam rettulisse; de or II 207. (consuetudo) honestatem ab utilitate secernens; of II 9. ut bestiis homines uti ad utilitatem suam possent || possint || sine iniuria; fin III 67. — III, 1. quod ea (virtus) efficiens utilitatis esset; of III 12. peritus utilitatis dignitatisque civilis quasi tutor et procurator rei publicae; rep II 51. — 2. quid dicis melius? si aptius a d utilitates nostras, id quoque adsentior; nat III 21. qui haec subtilius disserunt, fortasse vere, sed ad communem utilitatem parum; Lael 18. — IV, 1. alqd: f. II, 1. adfero, habeo. utilitatum comparatio saepe est necessaria; of II 88. utilitatum magnitudine constituti sunt ei di; nat II 62. utilitatis duae partes videntur esse, incolumitas et potentia; inv II 169. f. I, 1. est; Top 91. quaedam ex utilitatis ratione aut perspicua nobis aut obscura in consuetudinem venisse; inv II 65. inaeat utilitatis species, valeat honestas; of III 46. ex utilitatis varietatibus, cum aliis aliud expediat, nasci discordias; rep 1 49. — 2. res a d communem utilitatem, quas publicas appellamus; Sest 91. — V, 1. si fructibus et emolumentis et utilitatibus amicitias colemus; fin II 83. quos (fines bonorum) utilitate aut voluptate derigunt; fin V 57. si utilitate omnia metienda sunt; leg I 42. — 2. qui ab isto ius ad utilitatem suam

nundinarentur; Ver I 119. ipsi Graeci magis legendi et delectationis quam utilitatis huius forensis causa laudationes scriptitaverunt; de or II 341. optimo cuique dominatum cum summa utilitate infirmorum datum; rep III 37. Aegyptii nullam beluam nisi ob aliquam utilitatem consecraverunt; nat I 101. quae (nares) semper propter necessarias utilitates patent; nat II 145. aegritudinem non sine magna utilitate a natura dicunt constitutam; Tusc IV 45.

utiliter, nützlich, vorteilhaft, mit, zum Nutzen: vides, ut Epicurus cupiditatum genera diviserit, non nimis fortasse subtiliter, utiliter tamen; Tusc V 93. illi etiam utiliter a natura dicebant permotiones istas animis nostris datas; Ac II 341. a physicis rebus bene atque utiliter inventis; nat II 70. (oculi) latent utiliter; nat II 143.

utinam, daß doch, wenn doch: I. utinam ea fortuna rei publicae sit, ut . .! ep IX 24, 1. cui quidem utinam vere fideliter + abundiente || quidem certe || auguraverim! rep IV 8. quos utinam ita andires, ut erant audiendi! Piso 42. quibus utinam ipsis evenisset ea, quae tum homines precabantur! Sest 72. utinam tui consilii certior factus essem! A VIII 11, D, 5. senatus consulta facta quaedam iam puto, utinam in Volcatii sententiam! A IX 19, 2. utinam coram tecum olim potius quam per epistulas! A XI 4, 1. quod utinam! iterum utinam! A XIII 48, 1. — II. atque utinam me mortuum prius vidisses! Q fr I 3, 1. cuius utinam filii ne degenerassent a gravitate patria! prov 18. utinam quidem aliquid velletis esse populare! Phil I 21. tu magistratuum dignitatis iudicem putas esse populum? fortasse non numquam est: utinam vero semper esset! Planc 7.

utique, durchaus, jedenfalls, gewiß: faba quidem Pythagorei utique abstinere! div II 119. antequam proficiscare, utique explicatum sit illud de || HS xx et DCCC; A V 5, 2. exspecto te, a Peducaeo utique; A XII 51, 1. illud vero utique scire cupio; A XIII 13, 1. quid censeas mihi faciendum, utique scribito; A X 1, 3. quae (DCCC) ego utique vel versura facta solvi volo; A V 1, 2. quo die venies, utique cum tuis adsis; A IV 4. utique simul simus; A XIII 4, 2. tu, si quid erit de ceteris, de Bruto utique, quicquid; A XIV 12, 3. Romam utique statim; A XVI 11, 6.

utor, gebrauchen, benutzen, anwenden, haben, genießen, umgehen: I. **absolut:** 1. fortunae et temporum munera, quorum ego non tam facultatem umquam et copiam expetendam putavi quam et in utendo rationem et in carendo patientiam; dom 146. — 2. quae (lex naturae) vetat ullam rem esse cuiusquam nisi eius, qui tractare et uti sciat; rep I 27. utentior || opulentior || sane sit, honestior vero quo modo? of II 71. si quid opus erit, utemur ex eo, de quo scribis; A XI 21, 1. in utroque eandem habuit fortuna potestatem, sed usa in altero est; Tusc I 85. —

II. **mit Accusativ:** quodsi ea, quae utenda acceperis, maiore mensura iubet reddere Hesiodus; of I 48. quae bona is huic Heraclio omnia utenda ac possidenda tradiderat; Ver II 46. si ad eam (terram) utendam ferroque subigendam superstitionis aliquid accesserit; leg II 45.

III. **mit einfachem Ablativ:** T. Pinnio familiarissime me usum esse; ep XIII 61. horum utro uti nolumus, altero est utendum; Sest 92. uterque illis ad artem suam utitur; rep V 5. f. communibus. qua (acerbitate) est usus in veteres iudices; Cluent 151. non aqua, non igni, nt ainnt, locis pluribus utimur quam amicitia; Lael 22. in victu considerare oportet, quibus amicis utatur; inv I 35. ille (Cato) optimo animo utens et summa fide; A II 1, 8. aqua: f. amicitia. quibus argumentis se ad salutem uti arbitrabantur; Ver V 146. tum arma sunt ea sumpta, quibus illi ipsi, qui didicerant eis uti gloriose,

quem ad modum salutariter uterentur, non reperiebant; Bru 8. bene ut armis, optime ut equis uteretur; Deiot 28. huius ordinis auctoritate uti magistratus volnerunt; Sest 137. omnibus fere avibus utuntur, nos admodum paucis; div II 76. omnes reges, populi, nationes utuntur auspiciis; div II 81. utrum turpi pace nobis an misero bello esset utendum; A VII 18, 1. qui (M. Crassus) solebat uti suo bono; fin II 57. cibo quo utare, interesse aliquid ad mentis aciem putant; nat II 43. locis commodisque publicis uti vetuit; Ver II 66. ut communibus pro communibus utatur, privatis ut suis; of I 20. ne eo se putaret durioribus legum condicionibus uti oportere; Cluent 150. mihi certum est illius uti confessione et testimoniis; Caecin 24. ut et coniectura et definitione utendum sit; inv II 74. non est integrum Cn. Pompeio consilio iam uti tuo; Piso 58. consuetudine usus est regia; Ver III 76. quibus (contentionibus) summis uti solebas; leg I 11. si quae non nupta mulier virorum alienissimorum conviviis uti instituerit; Cael 49. quoniam hac una defensione usurus es; Ver IV 8. erit utendum pluribus definitionibus; inv II 55. nullis partitionibus, nullis definitionibus utuntur; fin III 40. f. coniectura. cum videaris non uti deprecatione; inv II 104. huius cum opera et fide tum domo et re uti (consuevi) tamquam mea; ep XIII 69, 1. oportet dubitatione uti, quid primum dicas; inv I 25. ut tuis praeclaris edictis atque institutis uteretur; Ver III 43. equis: f. armis. cum exemplis uterer multis; Caecin 80. utendum exercitationibus modicis; Cato 36. postremum soleo cogitare, quo utar exordio; de or II 315. fide: f. animo, domo. qui fidibus ant tibiis uti volunt; div II 9. Q. Catulus frumento est usus, pecuniam non coëgit; Ver III 211. cur in hoc invitum isto genere defensionis uteris? Ver III 206. navis optime cursum conficit ea, quae scientiasimo gubernatore utitur; inv I 58. num quis haruspicem consulit, quem ad modum utendum (sit) pecunia, quem ad modum honore, quem ad modum imperio? div II 11. igni: f. amicitia. locis est utendum multis, inlustribus, imaginibus autem agentibus, acribus; de or II 358. si imaginibus potius uti quam rebus ipsis placet; Tusc V 14. imperio: f. honore. institutis: f. edictis. qua lege populus Romanus de pecuniis repetundis optimis iudiciis severissimisque iudicibus usus est; Ver pr 51. qui aequo iure uterentur; Ver I 118. qua (lege) credo omnibus in rebus disserendis utendum esse; rep I 38. usi liberalitate Antonii milites imperatorem reliquerunt; Phil XIII 35. utamur libertate, qua nobis solis in philosophia licet uti; Tusc V 83. locis: f. commodis, imaginibus. hoc mari uti non possumus hoc tempore anni; A VIII 16, 1 is (animus) cum languore corporis nec membris uti nec sensibus potest; div II 128. utar moderatione, qua potero; A XI 17, a, 2. utile est uti motu animi, qui uti ratione non potest; Tusc IV 55. utendum est his (muneribus); Tusc II 43. hoc nomine utitur, qui ea regit; Rab Post 28. si prece et obsecratione humili ac supplici utimur; inv I 22. „oportere“ perfectionem declarat officii, quo et semper utendum est et omnibus; orat 74. qui signis aut ominibus uterentur; div II 26. negat (Strato) opera deorum se uti ad fabricandum mundum; de or II 121. f. domo. morem illi geram, utar oratione perpetua; Ver I 24. ubi melius uti possumus hoc, cuicuimodi est, otio? Tusc V 121. sin uti principio placebit, benivolentiae partibus utendum est; inv I 21. partitionibus: f. definitionibus. pace: f. bello. si qui improbe credita pecunia usus est; Rab Post 7. f. honore. cum legationis perfugio uti nolnisses; Vatin 34. studiose equidem utor nostris poëtis; Tusc II 26. utebatur populo sane suo; Quinct 29. ut servorum praesidio uteretur; Catil III 8. prece: f. obsecratione. principio: f. partibus. privatis: f. communibus.

promissum tuum, quo in litteris uteris; ep VI 17, 1. quibus (psychomantiis) Appius uti solebat; div I 132. si eam (rationem) supposuissemus, qua fortasse usi sunt; inv II 70. si ipse quoque poterit ratiocinationibus uti, isdem rationibus, quibus ante dictum est, utetur; inv II 152. ut anteponantur ratione utentia rationis expertibus; Top 69. f. motu. ratiocinationibus: f. ratione; inv II 152. ureteturne rebus veneriis; Cato 47. f. domo, imaginibus. magnum aet eisdem uti sacris; of I 55. sensibus: f. membris. qua est sententia in Cresphonte usu Euripides; Tusc I 115. signis: f. ominibus. quod plerisque sociis utor familiarissime; ep XIII 65, 2. ut in causis non semper utimur eodem statu; Tusc III 79. qui sui defendendi causa telo esset usus; Milo 11. quo testimonio nunc uti optimus utitur sibi emptum esse; Caecin 16. f. confessione. ut testibus utar statim; Ver pr 55. tibiis: f. fidibus. vas, quo solitus esset uti ad festos dies; Ver IV 32. cum sane adversis ventis usi essemus; ep XIV 5, 1. audebimus novis verbis uti te auctore; Ac I 26. quali uteretur victu; fin II 90. ut Miloni uti virtute sua liberet; Milo 41. coniungeret (Epicurus) doloris vacuitatem cum voluptate et duobus ultimis uteretur; fin II 18. ea (voce) nunc uti cogor in eorum periculis depellendis; Sest 2. qui peregrinos urbibus uti prohibent; of III 47.

IV. mit **babbeltem Ablativ** (vgl III. amicis): auctore utar Simonide; nat I 60. utor te ipso duce; Tusc III 37. hisce utitur laudatoribus Flaccus, his innocentiae testibus; Flac 64. te, quo magistro brevitatis uti cogito; ep XI 15, 2. nec me suffragatore meliore utebatur quam Clodio; Milo 34. testibus: f. landatoribus. quo (aëre) Diogenes Apolloniates utitur deo; nat I 29. ne bestiis quoque immanioribus uteremur; Sex Rosc 71. ut iis (equis) facilioribus possint uti; of I 90. populo Romano disceptatore uti volo; agr I 23.

utpote, nämlich: incommoda valetudo, e qua iam emerseram, utpote cum sine febri laborassem; A V 8, 1. Lucius frater eius, utpote qui peregre depugnarit; Phil V 30. ea (iudicia) nos, utpote qui nihil contemnere soleremus, non contemnebamus, sed non pertimescebamus; A II 24, 4.

utrimque, auf beiden Seiten: ita magnae utrimque copiae esse dicuntur, ut .; ep VI 4, 1. ex his, si quid amplificationis dabitur, communibus utrimque locis uti oportebit; inv II 121.

utro, auf welche von beiden Seiten: A. quid ad haec Pansa? utro conferet se, si bellum erit? A XV 22. — B. quae (causa) quoniam utro accessit, id fit propensius; par 24.

utrobique (utrubique), auf beiden Seiten, in beiden Fällen: ut scires, hospitium tibi ubi parares, vel potius ut utrubique; ep IX 6, 2. ut eadem veritas utrobique sit eademque lex; nat II 79.

utroque, auf beiden Seiten, nach beiden Richtungen: si utroque (causa) adiuncta est. paria fiant necesse est; par 24. hinc Scyrum, inde Delum, utroque citius, quam vellemus, cursum confecimus; A V 12, 1.

utrum, ob, wohl, etwa (f. an): I. an hoc dicere andebis, utrum de te aratores, utrum denique Siculi universi bene existiment aut quo modo existiment, ad rem id non pertinere? Ver II 167. utrum igitur Asturae? A XIII 38, 2. utrum aequo animo (me) laturum putavit? fr A IX 10. — II. utrum ego tibi patrimonium eripui a n tu comedisti? Sest 111. nunc quaero, utrum vestras iniurias an rei publicae persequamini; Ligar 29. nec sane multum interest, utrum id neget an eos (deos) omni procuratione privet; nat II 44. quaerendum (est), utrum una species et longitudo sit earum (incisionum) anne plures; orat 206. di utrum sint necne sint, quaeritur; nat III 17.

uva, Traube, Weintraube: exsistit ea, quae gemma dicitur, a qua oriens uva se ostendit, quae et suco terrae et calore solis augescens primo est peracerba gustatu, deinde ‖ dein ‖ maturata dulcescit; Cato 53. cum uvas a sole mitescere tempus est; fr F I 17. — II. (Attus Navius) mirabili magnitudine uvam invenit; div I 31.

vulgaris, gewöhnlich, alltäglich, allbekannt, gemein: vulgare est, quod in plures causas potest accommodari, ut convenire videatur; inv I 26. alterum nimis (est) dissolutum, ut pervagatum ac vulgare videatur; orat 195. mitto has artes vulgares, coquos, pistores, lecticarios; Sex Rosc 134. (beneficia) singularia sint an vulgaria; inv II 112. meam commendationem non vulgarem fuisse; ep I 3, 2. in communi vita et vulgari hominum consuetudine non (esse) hebetem nec rudem; de or I 248. huius generis demonstratio est et doctrina ipsa vulgaris; usus autem gravissimus; de or III 209. vulgare (genus argumentationis) est, quod ad aliquam aliam ‖ quoque rem non probabilem, si nunc concessum sit, transferri possit; inv I 90. semper eos (honores) putavi, si vulgares essent, viles, si temporis causa constituerentur, leves; Q fr I 1, 31. quod (iura) a vulgari intellegentia remotiora sunt; inv II 67. hoc vulgari (nomine) contentus vix sum, leviore non utar; Phil XIV 10. perspicua sunt haec quidem et in vulgari prudentia sita; de or II 132. sunt varia et ad vulgarem popularemque sensum accommodata omnia genera huius forensis nostrae dictionis; de or I 108. qui nulla arte adhibita de rebus ante oculos positis vulgari sermone disputant; Ac I 5. verba ponenda sunt cognominata, non vulgaria ‖ vulgata ‖, supralata, in primisque translata; part or 53. ego non de praestanti quadam et eximia, sed prope de vulgari et communi vi nunc disputo; de or II 299. huius illa vox vulgaris, „audivi"; Planc 57.

vulgo, verbreiten, preisgeben: de tota Caria nonne hoc vestra voce vulgatum est? Flac 65. quae navis umquam in flumine publico tam vulgata omnibus quam istius aetas fuit? har resp 59. »vacans vulgato nomine Nixus«; fr H IV, a, 647.

vulgo, allgemein, allenthalben, gewöhnlich: I. quod vulgo hominum opinio socium me ascribat tuis laudibus; ep IX 14, 1. quem (Saturnum) vulgo maxime colunt ad occidentem; nat III 44. num locum ad spectandum dare aut ad prandium invitare (senatus crimen putat)? minime, sed vulgo. quid est vulgo? universos; Muren 73. evenire vulgo soleat an insolenter et raro; inv I 43. postea vulgo hoc facere coeperunt; de or I 103. vulgo eo oppidis publice gratulabantur; Tusc I 86. cum civitatum Siciliae vulgo omne frumentum improbas; Ver III 172. quae ipsi, qui scripserunt, vulgo voluerunt intellegi; de or II 60. invito: ſ. do. eodem die vulgo loquebantur Antonium mansurum esse Casilini; A XVI 10, 1. quae (domus) cum vulgo viseretur; of I 138. — II. ea difficultas induxit et vulgo imperitorum et similes philosophos imperitorum, ut ..; nat II 45. — III. haec, quae dixi, cor, cerebrum, animam, ignem vulgo; reliqua fere singuli; Tusc I 19.

vulgus, Menge, Volk, Pöbel: I. nec sicut vulgus, sed ut eruditi solent appellare sapientem; Lael 6 (7). hoc interest, quod vulgus interdum non probandum oratorem probat, sed probat sine comparatione; cum a mediocri delectatur, eo est contentus; Bru 193. vir sapiens non quid verissimum sit, sed quid velit vulgus, exquiret? Tusc V 104. — II, 1. delecto: ſ. I. est. — 2. nequaquam similiter oratio mea in vulgus emanare poterit; Muren 38. non est consilium in vulgo, non ratio; Planc 9. hoc evenit, ut in vulgus insipientium opinio valeat honestatis; Tusc II 63. — III. quod gloriosum sit in vulgus; Ac II 140. erat illa (sphaera) nobilior in

vulgus; rep I 21. — IV. qui clamores vulgi atque imperitorum excitantur in theatris! fin V 63. quis umquam ex his (oratoribus) excellere iudicatus est vulgi iudicio, qui non idem a doctis probaretur? Bru 189. plus apud me vera ratio valebit quam vulgi opinio; par 8. neque extra numerum, ut sermo vulgi, esse debet oratio; orat 195. neque te sermonibus vulgi dedideris; rep VI 25. — V, 1. nihil est incertius vulgo; Muren 36. — 2. ut pictores suum quisque opus a vulgo considerari vult. sic ..; of I 147. quo minus in vulgus et in foro diceret; rep III 42. quae non sane probantur in vulgus; par 2. ego tribuo non numquam in vulgus, sed plerumque necessariis; ep XIII 70. vgl. III.

vulneratio, Verwundung, Verletzung: I. maior haec est vitae, famae, salutis suae vulneratio; Piso 47. — II. sin autem vim sine caede, sine vulneratione nullam intellegetis; Caecin 47.

vulnero, verwunden, verletzen, kränken: qui erat Archilochi versu vulneratus; nat III 91. (L. Quinctius) vulneratus et despoliatus ‖ spol. ‖ est; A VII 9, 1. cuius corpus vulneratum sit; Caecin 47. quorum mentes sensusque vulneras; Catil I 17. quod non solum facto tuo, sed etiam exemplo rem publicam vulnerasti; Vatin 36. sensus: ſ. mentes.

vulnus, Wunde, Verletzung, Schaden, Kränkung: I. Appii vulnera non refrico, sed apparent nec occuli possunt; A V 15, 2. nunc hoc tam gravi vulnere etiam illa, quae consanuisse videbantur, recrudescunt; ep IV 6, 2. multa sunt occulta rei publicae vulnera; agr I 26. — II, 1. Sp. Carvilio graviter claudicanti ex vulnere ob rem publicam accepto; de or. II 249. qui vulnera exceperunt fortiter et tulerunt; Tusc II 65. satis habeo negotii in sanandis vulneribus, quae sunt imposita provinciae; A V 17, 6. quae meus discessus rei publicae vulnera inflixit; Piso 32. qui (Aesculapius) primus vulnus dicitur obligavisse; nat III 57. occulo, refrico: ſ. I. apparent. sano: ſ. impono. — 2. qui tela depellere et vulneribus mederi debeam; Quint 8. — 3. ex hoc ille animus in proeliis paratus ad vulnera; Tusc II 37, ille leviter saucius facile ex vulnere est recreatus; inv II 154. — III, 1. ut vulneri praesto medicamentum sit; inv I 30. — 2. cum Taquinius ex vulnere aeger fuisse falso diceretur; rep II 38. — IV. his (Deciis) levabat omnem vulnerum metum nobilitas mortis; Tusc II 59. — V, 1. quin is me confectum consularibus vulneribus consulari medicina ad salutem reduceret; Quir 15. quos vulnere ac dolore corporis cruciari et consumi vides; har resp 39. qui suam erga me benivolentiam et fidem non solum animi dolore, sed etiam corporis vulneribus ostendit; sen 30. fortunae gravissimo percussus vulnere; Ac I 11. recrudescere: ſ. I. consanescunt. — 2. ex.: ſ. II, 1. accipio. - quantum per caedem ac vulnera eripere potuissent; Sest 91.

vulpecula, Fuchs: I. in qua (insula) lepusculos vulpeculasque saepe vidisses; Lael I 88. — II. fraus quasi vulpeculae, vis leonia videtur; of I 41.

vulticulus, halber Blick: non te Bruti nostri vulticulus ab ista oratione deterret? A XIV 20, 5.

vultuosus, grimassenhaft: in quo (vultu) cum effeceris ne quid ineptum sit aut vultuosum; orat 60.

vulturius, Geier: I. exierunt malis ominibus duo vulturii paludati; Sest 72. — II. appellatus est hic vulturius illius provinciae imperator; Piso 38.

vultus, Blick, Miene, Gesicht, Gesichtsausdruck: vultus, qui secundum vocem plurimum potest, quantam adfert tum dignitatem, tum venustatem! orat 60. ut ad cuiusque modi genus ridiculi vultus etiam accommodetur, qui quidem quo severior est et tristior, hoc ..; de or II 289. imago animi (est) vultus, indices oculi; de or III 221. ut imago est animi vultus, sic iudices oculi; orat 60. timor eius,

perturbatio, suspensus incertusque vultus haec aperta faciebant; Cluent 54. ut eius vultus denique perspiciamus omnes, qui sensus animi plerumque indicant; de or II 148. potest: f. adfert. in hac nostra actione secundum vocem vultus valet; de or III 223. — II, 1. accommodo: f. I. est; de or II 289. si modo vultum importunum in forum detulisset; sen 15. qui effeminare vultum potes; fr A XIII 22. actor moderatur et fingit non modo mentem ac voluntates, sed paene vultus eorum; leg III 40. is (vultus) oculis gubernatur; de or III 223. vultum atque incessum animis intuemini; Sest 17. moderor: f. fingo. vultus mutantur; of I 131. perspicio: f. I. indicant. si vultum semper eundem videtis; Milo 92. cuperem vultum videre tuum, cum haec legeres; A IV 17, 4 — 2. cum (Lacedaemonius) esset vultu hilari atque laeto; Tusc I 100. — 3. quantum e vultu eius intellego; leg III 37. — III, 1. in te saepe vidi tantum ardorem vultuum atque motuum, ut . .; div I 80. — 2. cum ex vultu candidatorum coniecturam faciant; Muren 44. — IV, 1. sunt quidam ita vultu motuque corporis vasti atque agrestes, ut . .; de or I 115. si vultu saepe laeditur pietas; Sex Rosc 37. quae vultu et verbis saepe significassent; Milo 4. animus eius vultu, flagitia parietibus tegebantur; Sest 22. vastus: f. agrestis. — 2. vaecors repente sine suo vultu, sine colore, sine voce constitit; har resp 2.

uxor, Chefrau, Gattin, Gemahlin: I, 1. genus est uxor; eius duae formae: una matrum familias, altera earum, quae tantum modo uxores habentur; Top 14. cum Ameriae Sex. Roscii domus, uxor liberique essent; Sex Rosc 96. adhibitis amicis praesente matre sua Dinaea uxorem suam interrogavit, essetne praegnans; Cluent 33. ut uxores

eodem iure sint, quo viri; rep I 67. etiam nomina necessitudinum, non solum naturae nomen et iura mutavit, uxor generi, noverca filii, filiae pelex Cluent 199. Alexandrum uxor sua occidit; inv II 144 uxores suas a cena redeuntes attrectatas esse a Caelio; Cael 20. — 2. cuius illa quondam socrus, paulo ante uxor fuisset; Cluent 188. — II, 1. quod tu iure eandem sororem et uxorem appellare possis; dom 92. attrecto: f. I, 1. redeunt. cum uxorem sororemque non discernis; har resp 39. ut pater familias, cum uxorem praegnantem in provincia reliquisset, Romae alteram duxisset; de or I 183 (Quintus) a ducenda uxore sic abhorret, ut . .; A XIV 13, 5. habeo, interrogo: f. I, 1. est. relinquo: f. duco. — 2. sit censor, qui viros doceat moderari uxoribus; rep IV 6. uxori Caesarem nuntium remisisse; A I 13, 3. — 3. e quibus (filiis) septemdecim iusta uxore natis; Tusc I 85. — 4. aliquid salis a mima uxore trahere potuisti; Phil II 20. — III, 1. ut coniugia virorum et uxorum natura coniuncta esse dicerent; fin IV 17. cum uteretur uxoris dote numerata; Caecin 11. forma: f. I, 1 est; Top 14. huic fundo uxoris continentia quaedam praedia: Caecin 11. nuper cum morte superioris uxoris novis nuptiis domum vacuefecisses; Catil I 14. per eosdem istius iniuriarum uxorumque socios; Ver II 51. — 2. matrum in liberos, virorum in uxores scelera; Scaur 13. — IV. semper ille antea cum uxore, tum sine ea; Milo 55.

uxorius, die Gattin betreffend, der Chefrau gehörig: (amores) dirimi interdum contentione uxoriae condicionis; Lael 34. in arbitrio rei uxoriae, in quo est QUOD EIUS MELIUS AEQUIUS; Top 66. in arbitrio rei uxoriae MELIUS AEQUIUS; of III 61.

Xystus, Säulengang: 1. quae tibi gymnasii xystique videbuntur esse; A I 8, 2. — 2. cum inambularem in xysto; Bru 10. spatiari in xysto ut liceat; opt gen 8.

Zonarius, Gürtelmacher: Pergameni. quod Mithridates se velle dixit, id sutores et zonarii conclamarunt; Flac 17.

Nachträge.

S. 117, a. **clivus,** Hügel.

S. 168, b. **culmen,** Kuppel: » magno sub culmine «; fr H IV, a, 260.

S. 177, b. ß. 2 v. u. Phil VII 5.

S. 185, b. **deliberator,** Überleger: illi deliberatori merces duplicata est; Sest 74.

S. 188, b. **depopulator,** Verwüster: quis est Sergius? fori depopulator; dom 13.

S. 188, b. **depravate,** verkehrt: de quibus (voluptate, dolore) neque depravate iudicant neque corrupte; fin I 71.

S. 207, b. **dissolute,** nachlässig, ohne Verbindung, leichtsinnig: cum demptis coniunctionibus dissolute plura dicuntur; orat 135. itane dissolute decumas vendidisti, ut . .? Ver III 90.

S. 245, b. **eximie,** außerordentlich: Marius eximie L. Plotium dilexit; Arch 20.

S. 252, a. **exstinctio,** Vernichtung: si supremus ille dies non exstinctionem adfert; Tusc I 117.

S. 252, a. **exstinctor,** Vertilger, Unterbrecher: I. ut non exstinctor coniurationis et sceleris, sed auctor et dux fuisse videar; dom 101. — II. ne exstinctor patriae appelletur; Sulla 88.

S. 255, a. **fabricator,** Bildner: ut etiam inter deos Myrmecides aliqui minutorum opusculorum fabricator fuisse videatur; Ac II 120.

S. 262, a. **fataliter,** nach dem Verhängnis: si omnia ex omni aeternitate definita dicis esse fataliter; div II 19.

S. 275, a. **fratricida,** Brudermörder: de me quod tulisse te dicis, patricida, fratricida, sororicida; dom 26.

Druck von Richard Schmidt, Leipzig-R.

Lightning Source UK Ltd.
Milton Keynes UK
UKHW010938061118
331792UK00011B/2259/P

9 780364 426913